Johann Gottfried Walther (1684-1748), Organist, Composer and Lexicographer. Cousin of J.S. Bach.

Born in Erfurt, he studied under Johann Bernard Bach, Johann Kretschmar and David Adlung. He took positions as organist at St. Peter and St. Paul in Weuimar and as teacher to Prince Johann Wernst. He worked closely with J.S. Bach. In 1721 he was appointed Hof-musicus in the court orchestra of Duke Wilhelm Ernst. From there there were no significant appointments. The Lexicon was the first major music dictionary in German and gives a huge insight to music in his time.

More details available from
- Stanley Sadie: The New Grove Dictionary of Music and Musicians.
- http://en.wikipedia.org/wiki/Girolamo_Frescobaldi
- his autobiography Grundlage einer Ehren-Pforte.

© Travis & Emery 2010.

Musicalisches LEXICON

Oder

Musicalische Bibliothec,

Darinnen nicht allein

Die Musici, welche so wol in alten als
neuern Zeiten, ingleichen bey verschiedenen Nationen, durch Theorie und Praxin sich hervor gethan, und was
von jedem bekannt worden, oder er in Schrifften hinterlassen, mit allem Fleisse und nach den vornehmsten
Umständen angeführet,

Sondern auch

Die in Griechischer, Lateinischer, Italiänischer und
Frantzösischer Sprache gebräuchliche Musicalische Kunst-
oder sonst dahin gehörige Wörter,

nach Alphabetischer Ordnung

vorgetragen und erkläret,

Und zugleich

die meisten vorkommende Signaturen
erläutert werden

von

Johann Gottfried Walthern,

Fürstl. Sächs. Hof-Musico und Organisten an der Haupt-Pfarr-Kirche
zu St. Petri und Pauli in Weimar.

Leipzig,
verlegts Wolffgang Deer, 1732.

Dem
Durchlauchtigsten Fürsten
und Herrn
HERRN
Ernst August,
Hertzogen zu Sachsen, Jülich, Cleve und Berg, auch Engern und Westphalen, Landgrafen in Thüringen, Marggrafen zu Meissen, gefürsteten Grafen zu Henneberg, Grafen zu der Marck und Ravensberg, Herrn zu Ravenstein,

Ihro Römisch-Kayserl. Majestät würcklichem General-Feld-Marschall-Lieutenant,

Meinem gnädigst-regierenden Landes-Fürsten und Herrn.

Durchlauchtigster Hertzog,
Gnädigster Landes-Fürst und Herr,

Es geht nunmehr ins dritte Jahr, daß Ew. Hochf. Durchl. den Anfang meines Musicalischen Lexici in unterthänigster Ehrfurcht zu wiedmen mich unterfangen. Deroselben schrieb ich dasjenige billigst zu, was unter Dero gnädigsten Landes-Schutze, und bey meiner hiesigen Amts-Arbeit, war gesammlet worden, weil es auf solche Art nechst GOtt von Ew. Hochfürstl. Durchl.

den

den Anfang mit genommen. Ich fande mich desto munterer und williger ein, weil alles bey Dero völlig angetretenen Regierung in Frolocken und vollen Wünschen begriffen war, um meinen schuldigsten Theil mit unterthänigster Freude gleichfalls beyzutragen, da zumahl seither Dero unschätzbaren Gnade ins besondere genossen. Inzwischen ist es nicht ohne Göttl. Fügung geschehen, daß durch Vorschub eines anständigen Verlegers das gantze Werck, so ich sonst Stückweise herauszugeben entschlossen gewesen, bevorstehende Oster-Messe auf einmahl völlig ans Licht treten kan. Hat nun hiebevor ein alter Gottesgelehrter, Polycarpus Lyser, wie er in der Zueignungs-Schrifft seines Regenten-Spiegels anführet, um verschiedener Ursachen sich verbunden erachtet, entweder niemand, oder nicht leicht jemand anders, als seiner gnädigsten Herrschafft etwas zu wiedmen, so hoffe ich desto eher entschuldiget zu werden, wenn Ew. Hochfürstl. Durchl. als meinem gnädigsten Landes-Fürsten dasjenige

nun-

nunmehro in tieffster Unterthänigkeit völlig zueigne, wovon ich bereits den Anfang in gleichmäßiger Submission zu überreichen so hohe Ursachen gehabt. Unter DERO Landes-väterlichen Schutze habe ich noch bis dato die Gnade sicher und ruhig zu leben: ich genieße bey meiner Berufs-Arbeit meinen nothdürfftigen Unterhalt, wie mir denn auch seithero noch andere Hochfürstl. Gnaden-Bezeigungen zu meiner besondern Erminterung angediehen: welches alles ich nicht allein jetzo zu rühmen, sondern auch Lebens-lang in tiefster Ehrfurcht zu preisen mich auf das tieffste verbunden erkenne. Darneben aber hegen Ew. Hochfürstl. Durchl. gegen die GOTT und Menschen so gefällige Music und deren Ergebene eine besondere gnädigste Propension, welche alleine so viel zu würcken vermögend ist, daß gegenwärtiges so wohl auf Theorie als Praxin gerichtetes Musicalisches Werckgen zu DERO höchsten Gnade und Schutz billigst seine Zuflucht zu nehmen sich getrauet.

Es

Es geruhen demnach Ew. Hochf. Durchl. diese geringfügige Arbeit nebst meiner devotesten Zueignung in Gnaden anzusehen und aufzunehmen, auch künfftighin Dero Hochfürstl. Huld meine Wenigkeit nicht unwürdig zu schätzen, sondern mit Dero preißwürdigen Clementz mich fernerhin in Gnaden zu erfreuen. Der Höchste wird hiervor Ew. Hochfürstl. Durchl. mit allem Selbst erwünschten höchsten Wohlergehn reichlich seegnen, eine glückliche Regierung bis auf die spätesten Jahre verleihen und das gantze Land unter Dero weisesten Verfassungen blühen und wachsen lassen, welches alles nebst der unausgesetzten unterthänigsten Devotion Lebenslang von GOtt eifrigst zu erbitten trachten werde

Ew. Hochfürstl. Durchl.

Meines gnädigst-regierenden Landes-Fürsten und Herrns

Weimar, den 16ten Febr.
1732.

unterthänigster Knecht
Johann Gottfried Walther.

Vorbericht.

Daß vom Anfange dieses jetzt lauffenden Jahr-Hunderts bis hieher, verschiedene auch von verschiedenen Disciplinen und andern Materien handelnde Lexica in Teutscher Sprache ans Licht getreten, ist eine gantz bekañte Sache; daß auch in einem und andern von diesen einige der edlen Music eigene Kunst-Wörter angebracht und erklährt anzutreffen sind, wissen wenigstens diejenige, so selbige durchblättert haben: allein, es hat noch keins von dieser so schönen und angenehmen Wissenschafft, wie auch deren Scriptoribus und Liebhabern insonderheit zum Vorschein kommen wollen. Es führet zwar Marcus Meibomius in den Anmerckungen über des Gaudentii Introd. Harmonic. p. 30. ein Lexicon Musicum von seiner eigenen Arbeit an; ob aber dieses würcklich heraus gekommen, oder ein schrifftlich hinterlassenes Werck geblieben sey, habe nicht ausfindig machen können. Erstern Falls dörffte es doch etwa nur in lateinischer Sprache abgefasset, und demnach nicht für jedermann seyn. Mr. Brossard, ein Frantzose, ist, meines Wissens, der eintzige, dem nachhero beliebet, dergleichen in seiner Sprache zu sammlen und heraus zu geben; weil Er aber nur die blosen Nahmen der Musicorum theoreticorum (deren über 900 sind) hingesetzet, ohne zu melden, wer sie gewesen, und was sie geschrieben: so hat dieses eine Begierde in mir erwecket, dasjenige, so noch fehlet, zu eigener Nachricht und Ergetzlichkeit (nach verrichteter täglichen insgemein mühsamen Information) aufzusuchen, und, so viel als möglich seyn wollen, beyzufügen, wozu denn die hiesige Hochfürstliche vortreffliche Bibliothec die schönste Gelegenheit gegeben. Die Auctores Practici aber, und deren heraus gegebene Wercke sind aus des **Paul Parstorffers** an. 1653. in München ausgegangenem Indice di tutte le Opere di Musica, ingleichen des **Rogers** und seines Schwieger-Sohnes Mr. Cene, berühmter Kauffleute zu Amsterdam, in jetzigem Jahr-Hundert ans Tages Licht gebrachten Musicalischen Catalogis leicht zu ersehen gewesen; wiewol auch andere etwa besitzende eigene Sachen, und im Wercke selbst angeführte Fontes vieles hierinn zu erkennen gegeben. Nechst diesen haben einige Gönner, und sonderlich der Königl. Polnische und Chur-Sächsische, seel. verstorbene Capell-Meister, Hr. **Johann Christoph Schmidt,** durch seinen gleichfalls verstorbenen Stief-Sohn, Hrn. **Johann Christian Böhmen,** gewesenen Hof-Organisten in Dreßden, und nachhero dessen jetziger Successor, Hr. **Johann Christoph Richter,** auf Veranlassung des auch nunmehro seel. Capell-Meisters, Hrn. **Joh. David Heinichens,** aus denen daselbst in der Instrumental-Camer verwahrlich beygelegten gedruckten alten Musicalien, ein ansehnliches beygetragen: wie denn auch des Chur-Bayerischen Collegiat-Stiffts zur L. Frauen in München Music-Director, Hr. Franciscus Xaverius

Murschhauſer, der vor nunmehro 50 Jahren den ſämmtlichen obgedachten Parſtorfferiſchen Verlag an ſich gekauffet, von denen noch bey Handen gehabten Wercken 104 kurtz gefaßte Nachrichten an mich gelangen zu laſſen die beſondere Güte für mich gehabt, u. den Anfang vorhero gemacht. Des rühmlich wohlbekanten **Printzens Hiſtor. Beſchreibung der edlen Sing- u. Kling-Kunſt** iſt auch mit zu Hülffe genommen, und, um beliebter Kürtze willen, allezeit nur unter dem Titul: Hiſtor. Muſ. von mir angeführet worden. Dieſes nützliche und ſonſten ſo wol von Muſicis theoreticis als practicis viele Nachrichten mittheilende Buch dienet nun wohl zum Durchleſen, nicht aber zum Nachſchlagen; weil das daran befindliche Regiſter nach den Vornahmen eingerichtet worden; folglich derjenige, wem dieſe unbekannt ſind, ſodann von jenen nicht leicht, wenigſtens nicht ſo bald etwas finden kan. Und eben dieſes iſt auch eine Urſache meines obengemeldeten und auf meinen Gebrauch zielenden Unternehmens mit geweſen. Als aber die Gedancken ſich bey mir erregten: es könten vielleicht auch andere Liebhaber von allerhand Gattung, inſonderheit aber Anfänger dieſer GOtt und Menſchen angenehmen und beliebten Kunſt, auf eine und andere Art, einigen Nutzen aus dieſer Samlung ſchöpffen, und zu guter Nachfolge ſich erwecken laſſen; faſſete ich den Entſchluß, das bishero in Alphabetiſcher Ordnung geſammlete, nach und nach Buchſtabenweiſe dem Druck zu überlaßen, um dadurch jedem Leſer Anlaß zu geben, dasjenige, ſo hie und da, inſonder-

derheit was die Verfasser Musicalischer Schrifften,
und andere so diese Music getrieben, betrifft, noch
unvollkommen würde befunden werden, und ihm bes=
ser bewust seyn möchte, geneigt einzusenden. In
dieser Absicht ist, nebst noch einer andern hinlängli=
chen und besondern Ursache, der Buchstab A bereits
am Ende des Winter=Monaths an. 1728 im Druck
erschienen, auch bey verschiedenen unbekannten Per=
sonen von solcher Würckung gewesen, daß Sie mir
die Ehre gethan, nicht allein die nöthigsten Umstän=
de ihres eigenen Lebens, sondern auch anderer gütigst
mitzutheilen: dafür Ihnen allerseits, gleich denen
vorgemeldeten, hiermit öffentlichen Danck abstatte.
Es würde auch mein Vorhaben auf die einmahl an=
gefangene Art seyn fortgesetzt worden, (obschon die
Weise, dergleichen Stücke unterzubringen, mit vie=
lem Ungemach verknüpfft gewesen) wenn nicht in=
zwischen ein anständiger Verleger zum völligen
Wercke sich gefunden, der es, aus gewissen Ursachen,
auf einmahl heraus zu geben sich entschlossen, und
deswegen, aus eigenem Triebe, mir immer von einer
Zeit zur andern, ein mehrers zu sammlen, Frist gege=
ben hätte. Auf dessen Begehren und Vorschrifft
nun ist der Titul in etwas geändert, und, unter an=
dern, das Wort **hinlänglich** eingerücket worden,
nicht darum, als wenn das Werck alles in sich fassete
und nicht vollständiger werden könte, sondern des=
wegen, weil ein jeder so viel Vorrath und Nachrich=
ten darinnen findet, als ihm zu seinem Zwecke nöthig
seyn dörffte. Dieses nun immer vollständiger zu
machen, können diejenige Hrn. Musici u. Virtuosen,
die so schrifft=als mündlich um mehrern Beytrag be=

reits

reits ersuchet worden sind, auch andere aller Orten, die nicht zu nennen weiß, annoch Gelegenheit haben, dasjenige, so Sie entweder von Ihnen selbst, oder von andern so alt als neuen, der Musicalischen Welt wollen und können wissen lassen, an den Hrn. Verleger gemächlich zu überschicken, damit Dero Geburts-Ort-und Jahr, auch Amt u. Virtù nicht allein vor jetzo allenthalben bekannt, sondern sothanes werthe Andencken auch bey den Nachkommen erhalten, mithin die gantz leere, oder wenigstens annoch mager erscheinende Articul völler, und überhaupt das Werck durch ansehnliche Zusätze, dazu der Hr. Verleger sich bereit wird finden lassen, beliebter werden möge. Die Hrn. Buchhändler vornehmer Oerter, als Augspurg, Franckf. Leipzig, Nürnberg, Venedig u. s. w. allwo von ihren Vorfahren ehedessen viele Musicalien verlegt worden sind, auch jetzo noch gedruckt werden, könnten gleichfalls gar vieles beytragen, wenn Sie von denen nunmehro unbrauchbar gewordenen Sachen nur die Titul-Blätter, samt den Vorreden und Zuschrifften dem Hrn. Verleger dieses Wercks mitzutheilen, bey den neuern Sachen aber, der Hrn. Verfasser Vaterland und Amt ihren Catalogis einzuverleiben belieben wolten. Jenes brächte ihnen keinen Schaden, und dieses vielleicht Nutzen: weil, vermittelst dieses Haupt-Verzeichnisses, ihr Verlag zugleich mehr bekannt würde. Die Hrn. Auctores dörften sodann vielleicht selber nicht entstehen, das übrige, so zu Erhaltung Dero Andenckens dienlich ist, anzubringen und einzurücken. Da nun von allem nichts mehr, als die in gegenwärtige Form und Sprache gebrachte Sammlung mir zueignen kan,

wol=

wollen scharffsichtigere Augen die unvermerckt mit eingeschlichenen Fehler geneigt übersehen, verbessern, und dabey gedencken, daß dergleichen uns Menschen gar zu leicht wiederfahren können, weil es doch bey dem: **Irren ist menschlich**, allerdinges sein Verbleiben haben wird; solten aber gedachte Fehler von Wichtigkeit seyn, und man daher glauben, daß durch deren öffentliche Bekanntmachung dem Publico ein Gefalle und Dienst könte erwiesen werden; kan ichs gar wohl geschehen, und so wol andere, als mich eines bessern belehren lassen; zumahl wenn es in gebührenden Grentzen, und einer unter rechtschaffenen Leuten gebräuchlichen Bescheidenheit geschiehet. Denn ausser diesem, aus fremden Schrifften den darinnen befindlichen offt wenigen, und nicht viel bedeutenden Unrath anmaßlich ausfegen, in die eigenen aber weit mehrern Unrath anderer und schlimmerer Gattung, als Lieblose Anzügligkeiten, hämische Spöttereyen, empfindliche Beschimpffungen, u. s. f. vorsätzlich bringen wollen, ist keine politische, vielweniger Christl. Auffführung; weil nach jener die Wahrheit nicht in übel-riechenden Gefäßen (wovon sie gar leicht verdächtig und angesteckt werden kan) aufgetragen, nach dieser aber, bey der zu entdeckenden Wahrheit auch die Liebe des Nächsten beobachtet werden muß. Der geneigte Leser lebe wohl, u. bleibe gewogen dem nicht aus Ehr- oder Gewinn-Sucht, sondern bloß aus Liebe gegen die Music und deren Liebhaber, zu diesem Unternehmen angetriebenen

Verfasser.

I. N. J.

A. Dieser grosse Buchstabe bedeutet so wohl auf den Umschlägen, oder auch nur Uberschrifften musicalischer Stücke, als im General-Basse, die Alt-Stimme, und zwar im letztern: daß sie daselbst allein singen werde.

A. B. C. D. E. F. G. diese aus dem lateinischen Alphabet der Ordnung nach genommene sieben Buchstaben hat der Pabst Gregorius Magnus ums Jahr 594. eingeführet, und selbige nebst eben so vielen kleinern, nemlich: a b c d e f g (worzu noch das doppelte a a gekommen) denen damahls gebräuchlichen und mit griechischen Nahmen belegten 15 Saiten zugeordnet, auch dadurch die intervalla musica dergestalt bemercket: daß von einem jeden zu seinem nächst-folgenden das intervallum eines toni integri, oder gantzen Tones sey, ausser vom b zum c, und vom e zum f, (eben dieses ist auch vom B C, und E F zu verstehen) als zwischen welchen nur das intervallum eines Semitonii, oder unvollkommenen toni musici sich befindet. Hierbey aber ist wohl zu mercken: daß durch nur gedachtes B und b, unser ietziges H und h gemey t ist, welches so wohl dazumahl b e geheissen, als noch heutiges Tages von den Ausländern also genennet wird.

Abaco (*Evaristo Felice d'all*) ein Italiänischer Musicus aus Verona gebürtig, und Concert-Meister bey dem an. 1726. den 26. Febr. im 64. Jahr ætat. verstorbenen Chur-Fürsten in Bayern, Maximilian Emanuel, hat fünff Opera ediret, so sämtlich zu Amsterdam in Kupffer gestochen worden. Das 1ste Werck bestehet aus 12. Sonaten von einer Violin und Baß; das 2te aus 10. vierstimmigen Concerten vor die Kirche; das 3te aus 12. so wohl vor die Kirche als Cammer sich schickenden Sonaten, von 2. Violinen, Violoncello und Continuo; dieses hat er dem Hertzoge von Lothringen, Leopoldo I. jenes aber seinem Herrn dediciret; das 4te aus Sonate à Violino Solo e Continuo, und das 5te aus 6. Concerten von sieben Instrumenten, als 4. Violinen, Alto Viola, Fagotto o Violoncello, e Basso Continuo.

Abacus harmonicus (*lat.*) also nennet Kircherus die disposition eines so wohl manual- als pedal-Claviers.

Abbassare (*ital.*) abaisser, (*gall.*) deprimere, (*lat.*) herunter lassen, erniedrigen.

Abbassamento di mano (*ital.*) abaissement de la main (*gall.*) das Niederlassen oder Niederschlagen der Hand, beym Tact geben.

Abbatini, (*Antonio Maria*) ein sehr berühmt gewesener Componist zu Rom um die Mitte des 17. Seculi, wie er denn daselbst schon an. 1638. Motetten drucken lassen, von Tiferno gebürtig, (lat. Tiphernas) ist an verschiedenen Haupt-

Haupt-Kirchen, als St. Giovanni in Laterano, St. Lorenzo in Damaso, bey den Jesuiten, und letztlich an. 1649. als Kircherus seine Musurgie heraus gegeben, an der Kirche Sta Maria Maggiore Music-Director gewesen, und hat viele Music-Wercke ediret.

A battuta, (*ital.*) nach dem Tact. Kommt im stylo recitativo, und zwar mehrentheils am Ende desselben, bey etwas sententiösen Worten, vor.

Abblasen, e turri tibiis canere (*lat.*) ist ein bey den Stadt-Pfeiffern gebräuchlicher terminus.

Abdelmoumen, ein Persianischer Componist, von welchem Petit de la Croix in seiner Voyage du Levant viel Wesens machet, und davor hält: Er wäre der Lully zu seiner Zeit (bey den Seinigen) gewesen. s. Barons Untersuchung des Instruments der Laute, p. 186.

Abel (*Clamor Heinrich*) ein Cammer-Musicus zu Hannover, aus Westphalen gebürtig, hat unter dem Titul: Erstlinge *musicali*scher Blumen, Allemanden, Couranten, Sarabanden, &c. theils mit einer Violin, theils mit einer verstimmten Viola di Gamba und Violin, nebst dem G. B. zu Franckfurt am Mayn in folio drucken lassen, und zwar den 1sten Theil an. 1674; den 2ten an. 1676; und den 3ten an. 1677. Den ersten hat er seinem Herrn, Johann Friedrichen, Hertzogen zu Braunschweig und Lüneburg; und den zweyten dem Magistrat zu Bremen dediciret. In dem unter seinem Portrait befindlichen Carmine erwehnet er der beyden Schlösser Hunefeld und Ippenburg (ietzo Iburg) folgender massen gar danckbarlich:

Westphala gens vitam dedit, arx
Hunefelda salutem,
Arx *Ippenburgum* commoda mille mihi.
Nunc studio est, superis servire, pioque favorem
Brunsvici obsequio conciliare Ducis.

Multa almæ patriæ, magnis quoque multa Patronis,
Plura Duci magno debeo, cuncta Deo.

Abel (*Thomas*) hat des Königs in Engeland Henrici VIII. Gemahlin, Catharinam, in ihrer Jugend, in der Music und Sprachen informiret, auch einen Tractat: de non dissolvendo Henrici & Catharinæ matrimonio geschrieben, weswegen er an. 1540. den 30. Jul. gehenckt und geviertheilet worden. s. das *comp.* Gelehrten-*Lexicon*.

Abend (Andreas) war an. 1721. u. 1727. unter 23. Violinisten in der Käyserl. Capelle der dritte und vierdte.

Abendroth (Martin) von Eißleben, war unter den 53. verschriebenen Organisten der 26te, welcher das an. 1596. in die Schloß-Kirche zu Grüningen erbauete Orgel-Werck bespielt und examinirt gehabt. s. Werckmeisters *Organ. Gruning. rediv.* §. 11.

A beneplacito (*ital.*) nach Belieben.

Ab initio (*lat.*) vom Anfange.

Aboucher (*gall.*) wird gebraucht von Orgel-Pfeiffen, deren labia gegen einander zu stehen kommen, daß es läst, als ob sie sich mit einander unterreden wolten. Von bouche, und dieses vom lateinischen Wort bucca, als spräche man: adbuccare, abbuccare, ad buccam loqui. s. *Furetiere Diction*.

Abregés (*gall.*) also heissen die in den Orgeln an die claves angeschraubte sehr schmale Brettergen, vermittelst welcher, wenn man die claves niederdrücket, die Ventile aufgezogen, und die weit entfernte Pfeiffen klingend und ansprechend gemacht werden. Man nennet sie auch Abstracten.

Abruptio (*lat.*) eine Abreissung; ist eine musicalische Figur, da gemeiniglich am Ende eines Periodi die Harmonie plötzlich, (wenn es nemlich der Text, oder in Instrumental-Sachen andere Umstände also erfordern) abgebrochen und abgeschnappt wird. s. *Janowka Clavem ad Thesaurum magnæ artis Musicæ*, *p. 56*. Im Stylo Recitativo entstehet diese Figur, wenn die Sing-Stimme

Stimme gegen den Baß sich in der Quart endiget, und solche nicht erst durch die Terz resolviret, sondern den Baß die Cadenz alleine fertig machen läßt: z.E. Vide No. I. und Stierleins *Trifolium musicale*, p. 11.

Abtritt, oder Abzug; ist das dritte Stück eines Ballets, womit geendiget und geschlossen wird. ſi *Prætorii Syntagma Muſ. T. III. p. 19.*

Abub, soll nach Kircheri Bericht, Muſurg. lib. 2. c. 4. ſ. 3. p. 55. T. I. eine an dem untern Theil gekrümmte und erweiterte, oben aber am Mundstücke enge zu gehende, und unserm heutigen Cornetto gantz ähnliche Pfeiffe gewesen seyn, welche von den Leviten bey den Opffern gebraucht worden. Printz c. 3. ſ. 19. Muſ. Histor. schreibet Abhubh, und saget ſ. 20. daß M. Joannes Schütterus nur gemeldetem beystimme, aber noch dieses hinzu thue: daß sie fast wie ein Dolcian oder Krumhorn geklungen, auch vornen sechs, und hinten zwey Löcher gehabt habe.

Academie Royale de Musique (*gall.*) Regia Musicæ Academia, (*lat.*) also heisset die *Opera* zu Paris, welche bey nahe aus 200. Personen bestehet. Es hat solche an. 1669. ihren Anfang genommen, da der Abt Perrin das Privilegium erhalten, dieselbe nach der zu Venedig, unter vorgedachtem Titul, aufzurichten, und an. 1670. im Mertz-Monat die erste, Pomone genannt, aufgeführet, dazu er, der Abt, die Poësie, Cambert aber, der Organist von St. Honoré, die Music gemacht hatte. Nachgehends ist gedachter Perrin genöthiget worden, sein Privilegium an Mr. Lully von Florentz, damahligen Surintendanten de la Musique de la Chambre du Roy, gegen eine gewisse Summe Geldes, zu überlassen. Dieser, um mit der vorigen Bande nichts zu thun zu haben, ließ durch Vigarani, einen Italiäner, ein gantz neues Theatre aufrichten, nicht weit von dem Palais Luxembourg, und repræsentirte noch im Novembre desselben Jahres: Le Combat de l'Amour & de Bachus, so aus detachirten Stücken bestund, welche er zu verschiedenen Zeiten zu des Königes divertissemenz componirt hatte. Endlich ist dem Lully das Theatre im Palais Royal, woselbst bißher die Comœdianten agirt hatten, vom Könige geschenckt worden; und von der Zeit an ist die Opera beständig an diesem Ort verblieben. Sie wird wöchentlich dreymahl, als am Sonntage, Dienstage und Freytage, gespielet, und sagt man: daß sie des Jahrs bey 300000. Livres eintrage, davon aber doch mehr als zwey Theile Unkosten wiederum drauf gehen. Ein Edelmann oder Dame von Adel kan ohne Nachtheil ihres Standes sich in die Opera, als ein membrum, begeben; schlagen sie sich aber zu den Comœdianten, so verlieren sie dadurch ihren Adel, weil diese noch unter der Kirchen Excommunication stehen; da hingegen jene als Virtuosen considerirt werden. Wie solches, und noch ein mehrers, der Fürstl. Waldeckische Hof-Rath, Herr Nemeitz in seinem Sejour de Paris, c. 12 ſ. 5. p. 81. ſqq. it. c. 15. ſ 7. p. 271. und 272. anführet. conf. l'Histoire de la Musique, chap. 10. p. 226. und 234; ingleichen Mr. Bocheron Dissertation sur l'origine de l'Opera, welche er dem Theatre des Herrn Quinaut vordrucken lassen. Sonsten weiß Marinus Mersennus in seinen Quæstionibus und Commentario in Genesin, Articulo XV. p. 1683. von einer schon an. 1570. unter Königlicher Autorité und Protection in Franckreich aufgerichteten musicalischen Academie zu reden, deren Urheber, Joann Antonius Baifius, und Joachimus Theobaldus à Courvillo gewesen, in der Absicht, die Würckungen der ehemahligen alten griechischen Music wiederum hervor zu bringen und herzustellen; wie sie denn, unter andern, beschlossen gehabt, alle berühmte Musicos zu einem certamine musico einzuladen, damit ein jeder judiciren möge: ob sie ihre Intention erreichet hät-

hätten, oder nicht? es ist aber solche, durch einiger Neid, nicht völlig zu Stande kommen. conf. *l' Histoire de la Musique, chap. 10. p. 215.*

Academia Bruxellensis (*lat.*) diese musicalische Academie oder Opera zu Brüssel hat an. 1720. an statt des verstorbenen Printzens von Bergen, den Fürsten von Tour Taxis zum Protecteur bekommen. s. *Matthesonii Orchestre III. p. 209.* Die musicalische Academie zu Mecheln, (*lat.*) Academia Mechliniensis hatte an. 1719. den Herrn von Bertouch zum Haupte. s. *Matthesonii Crit. Mus. T. II. p. 183.*

Accademia de' Musici Filaschisi (*ital.*) ist eine an. 1633. von Domenico Burnetti, und Francesco Bertacchi aufgerichtete musicalische Societät zu Bologna, welche zum Symbolo eine Davids-Paucke, mit folgender Beyschrifft: Orbem demulcet attactu, führet. s. *Masini Bologna Perlustrata, P. I. p. 156.*

Accademia de' Filomusi (*ital.*) gleichfalls eine zu Bologna an. 1622. von D. Girolamo Giacobbi errichtete musicalische Societät, deren Symbolum ein mit Rohr oder Pfeiffen bewachsenes Hügelein (Cespuglio di Canne) mit der Beyschrifft: Vocis dulcedine captant, gewesen. *idem ibidem.* Ob diese beyde noch aufrecht seyn mögen, ist mir unwissend, weil besagter Auctor, in diesem an. 1666. zu Bologna gedruckten Buche, zweiffelhafft davon schreibet. Denn am 55sten Blate stehet: vi (nemlich zu Bologna) *sono* varie Accademie di Musica, &c. und am drauf folgenden 56ten Blatte lieset man: l' Impresa *era,* &c.

Accademico Filarmonico (*ital.*) also wird ein jedes membrum der zu Verona anietzo noch befindlichen musicalischen Societät genennet, welche erstlich vorher zu Vicenza errichtet, nachgehends aber von den Veronesern an sich gezogen worden. s. *Vockerodti Introd. in notitiam Societatum litterariarum, P. I. c. 2. §. 10.* Wenn, und von wem sie gestifftet worden, habe noch nicht finden können; doch erhellet aus Ludov. Moscardi Historia di Verona, lib. 2. p. 425. so viel: daß schon an. 1565. die Accademia dell' Incatenati sich mit der Accademia delli Filarmonici, durch ein öffentliches Notariat-Instrument, vereiniget; und p. 446. daß die Accademici Filarmonici an. 1602. bey der Stadt Verona um einen Platz angehalten, worauf sie die Wohnungen ihrer Academie alsdenn gebauet. In des Herrn Hof-Rath Remeitzens Nachlese besonderer Nachrichten von Italien, liesset man p. 398. folgendes: Nicht weit davon (nemlich vom Campo Martio) ist die so genannte Academie und Opern-Hauß. In der Academie kommen die Vornehmsten von der Noblesse zu Verona einige mahl wöchentlich zusammen, und divertiren sich daselbst mit dem Spiel. Es bestehet dieß Gebäude aus einem Saal und einigen Neben-Zimmern. Das Theatrum von der Opera ist noch nicht vollends fertig, wird aber, wenns erst ausgebauet, gar schön seyn. Der Platz dieser Academie ist mit einer Mauer umgeben, an welcher rings umher allerhand Fragmenta von Lateinischen und Griechischen Antiquitäten und Inscriptionen, so man hin und wieder in dasiger Gegend gefunden, eingefast xc. ,, Und in Francisci Scoti Itinerario d' Italia, P. I. p. 93. stehet dieses: è instituita anco una Academia di belle lettere, & una *Musica* in casa de i Signori Beuilacqua. Daß zu Grenoble in Franckreich eine Königliche Academie der Music, unter der Protection des Hertzogs von Orleans, ohngefehr ums Jahr 1723. errichtet worden; liesset man in Matthesonii *Musical.* Patrioten, in der 1sten Betrachtung, p. 13.

A capella (*ital.*) heisset: wenn Vocal-und Instrumental-Stimmen sich mit einander zugleich, und zwar dergestalt hören lassen, daß diese eben dasjenige, was jene haben, executiren.

Acathistus (vom α privativo, und καθίζω, sedeo) war in der Griechischen Kirche ein Hymnus, den man am Sonnabend der

der fünfften Woche in der Fasten, der Jungfrau Marien zu Ehren sang, wobey sich das Volck die gantze Nacht hindurch nicht niedersetzen durffte. s. Schöttgens *Antiquitäten-Lexicon*.

Aceas, ein Engländischer Bischoff zu Haguftald (Episcopus Haguftaldensis,) welcher an. 740. verstorben, ist, nach Balei Bericht, Centur. 1. p. 87. de Scriptor. illustr. Britanniæ, ein vortrefflicher Sänger gewesen. Nur besagte Stadt, auf Latein Haguftaldia, insgemein aber Auston genannt, liegt in Northumberland am Fluß Tyne, und an dem England von Schottland scheidenden Geburge Cheviota oder Zeviota. s. *Caroli à S. Paulo Geograph. Sacr.*

Accento (*ital.*) Accent (*gall.*) Accentus (*lat.*) sc. musicus, ein musicalischer Accent, ist diejenige Art zu singen oder zu spielen, da man, ehe die auf dem Papier vorhandene Note exprimirt wird, die nächste drüber oder drunter, vorher touchiret. Ist also zweyerley Gattung, davon die erste, wenn man nemlich aus einem höhern clave in den tiefern, z. E. aus dem c ins h gehet: *Accentus descendens,* oder *remitrens,* der Absteigende Accent; und die zweyte, wenn aus einem tiefern clave in den höhern, z. E. aus dem d ins e gegangen wird: *Accentus ascendens* oder *intendens,* der Aufsteigende Accent heisset. Beyderley Arten können, um mehrerer Deutlichkeit willen, weiter eingetheilet werden: in *Majores* und *Minores*. Ein Accentus major entstehet, wenn ein gantzer Thon; und der Accentus minor, wenn nur ein Semitonium im Gange adhibiret wird. Wobey zu mercken: daß allerseits Arten nurgedachter Accente (welche sonsten auch *Accentus simplices,* d. i. einfache Accente heissen) der folgenden Note an ihrer Geltung manchmahl nur etwas weniges: als in den grössern Noten; manchmahl aber, und zwar in

den kleinern, die Helffte abnehmen. s. Janowkæ Clav. ad Thesaur. magnæ artis Musicæ, p. 37. sq. Die Frantzosen, und ihre Nachfolger, pflegen solche entweder mit einem kleinen Häckgen, oder mit gantz kleinen und subtilen Nötgen (damit man die Manier von der Substantial-Note desto besser unterscheiden möge;) etliche Teutsche aber mit einem einfachen Strichelgen, folgender gestalt, zu exprimiren.

Sonsten bedeutet Accento auch den nachdrücklichen Laut und Ton eines Worts, nach der pronunciation oder Aussprache, welcher in der Poësie; Accento metrico (*ital.*) Accentus metricus (*lat.*) und in der Music: Accento melico (*ital.*) Accentus melicus (*lat.*) der Reim-und Singe-Fall heisset.

Accento doppio (*ital.*) Accent double (*gall.*) Accentus duplex (*lat.*) ein doppelter Accent; ist diejenige Art zu singen oder zu spielen, da man von zweyen Gangs-oder Sprungs-weise auf einander folgenden Noten, die zweyte dergestalt geschwinde zweymahl anschlägt, daß der ersten an ihrer Geltung die Helffte abgenommen, und hingegen die zweyte um so viel eher angeschlagen und gehöret wird. z. E. Vide wie No. II.

Beym Loulié p 80. seiner Elements oder Principes de Musique, ist die Einrichtung des Accents anders, und, so wohl der marque als expression nach, folgende: Wie beym Noten No. III. gewiesen.

Wird von Janowka, in seinem Clav ad Thesaur. magnæ artis Musicæ, unter dem Wort: Einfall, p. 38. durch zwey nahe beysammenstehende und herabwerts hangende Strichelgen angedeutet; da hingegen andre Musici dieses Zeichen zur marque einer Mordant, und noch andre zur expression eines trillo zu brauchen pflegen. Kommt es also hierinne, wie auch in andern Sachen, zwar guten theils auf das Belieben und die Freyheit eines Componisten an; doch ist nöthig, daß derselbe

selbe sich auch explicire, damit man wissen könne, was er durch solche ihm beliebig gewesene Zeichen wolle verstanden haben. Und dieses thun auch die mehresten, insonderheit die Frantzosen.

Der Hebräer ihre Accente sollen, nach einigen, auch zugleich Notæ musicæ gewesen seyn; wovon M. Adam Erdmann Miri kurtze Fragen aus der Musica Sacra, P. 1. c. 2. p. 45. sqq. Prætorii Syntagma Mus. T. I. p. 150. sq. und Kircheri Musurg. Tom. I. p. 64. sq. zu lesen sind.

Auch hat Zarlinus Vol. 3. Suppl. ein eigenes Capitel, nemlich das 13de, de Accentu Grammatico, Rhetorico und Musico geschrieben. Conf. Matthesonii Crit. Music. Tom. I. p. 40. sq. u. Tom. II. p. 326. sq.

Accentor (*lat.*) ein Tenorist. s. Pexenfelders Apparat. Erudit. in Syllabo Onomastico.

Accentus Ecclesiastici, (*lat.*) waren diejenigen, welche ehedessen in der Kirche bey Absingung der Prophetisch-Epistol- und Evangelischen Lectionen nach Veranlassung der Grammaticalischen distinctionen, strictè in acht genommen werden musten. Und solcher waren gemeiniglich sieben, als: Accentus

1) immutabilis, wenn die letzte Sylbe eines Worts weder erhöhet noch erniedriget wurde.
2) medius, wenn man die letzte Sylbe um eine Terz; und
3) gravis, wenn man sie um eine Quint tieffer sang.
4) acutus, wenn etliche Sylben vor der letzten zwar eine terz tieffer; die letzte aber in ihrem vorigen Tone wiederum gesungen wurde.
5) moderatus, wenn etliche Sylben vor der letzten um eine Secund zwar erhöhet; die letzte aber in ihren vorigen Ton wiederum gesetzet wurde. Der
6) interrogativus, elevirte die Fragweise vorkommende Redens-Arten am Ende um eine secund; und der
7) finalis, brachte die letzte Sylbe nach und nach herunter in die Quart, so, daß etliche vorhergehende gradatim in selbige descendiren musten. s. *Mart. Heinrici Myrti Ramum pro docentibus, Positione* 3.

Accidenti musicali (*ital.*) also nennet Gasparini im dritten Capitel seines Armonico Pratico al Cimbalo, das b, ♮ und ♯. (das x oder die zwey an dessen Stelle vorkommende gedoppelte ♯♯ werden auch nicht davon auszuschliessen seyn!)

Accidentia Notularum (*lat.*) πάθη (*gr.*) waren ehedessen: wenn entweder eine kleinere, zwischen etlichen grössern, stehende Note per Alterationem (wie es damahls hieß) augmentiret, d. i. an der Geltung grösser, und den vorhergehenden und darauf folgenden grössern Noten gleich gemacht; oder, wenn eine grosse Note entweder durch eine kleinere, eine Pause, oder auch dadurch, daß sie ausgefüllet und geschwärtzt war, imperficirt wurde, d. i. den dritten Theil von ihrer sonst gewöhnlichen Geltung verlohr. Und dieses geschahe nur in proportionirten Tacte. s. *Ottom. Luscinii Commentar. 1. c.* 7 u. 8. *Lampadii Compend. Mus.* u. *Georgii Rhavi Enchiridion Mus.* in den beyden: de Alteratione & Imperfectione handelnden Capiteln.

Acciaccatura (*ital.*) von acciacco, superfluus, überflüßig, übrig, entstehet: wenn z. E. nebst denen zum rechten Accord G gehörigen Clavibus, d g h auch noch das fis, als ein zur Mordant dienlicher Clavis mitgegriffen wird; item, wenn man auf Clavicymbeln die bey einer Cadenz vorkommende $\frac{6}{4}$ so wohl in der rechten als lincken Hand, und demnach doppelt oder übrig greiffet; den drauf folgenden Satz aber, oder die durch die scharffe terz geschehende Resolution, in der rechten Hand allein tractiret, und in der lincken Hand aussen lässet. u. b. g. s. das 6te und 9te Capitel des Gasparinischen Tractats, L'Armonico Pratico al co al Cimbalo genannt. Der seel. Hr. Capellmeister Heinichen deriviret es von acciaccare, welches zermalmen, zerquetschen, oder etwas mit Gewalt gegen einander stossen, bedeutet; daß demnach Acciaccatura eine gewaltsame Zusammenstossung unterschiedener neben einander liegenden clavium, die eigentlich nicht zusammen gehören, heisset. s. dessen Werck vom G. B. p. 535.

Accompagnare (*ital.*) accompagner (*gall.*) accompagniren heisset: wenn zu einer oder mehr Vocal-Stimmen, ingleichen zu einem oder mehrern Instrumenten noch ein anders, z. E. eine Laute, Tiorba, oder fürnehmlich ein Clavier pro fundamento tractirt wird, weil auf diesem die im G. B. vorkommende Ziffern, welche eigentlich das Accompagnamento (*ital.*) Accompagnement (*gall.*) oder Accompagnatur, ausmachen, unstreitig am besten zu exprimiren sind. Der solches verrichtet, heisset: Accompagnateur. (*gall.*)

Accordant, Accordahte (*gall.*) Adject. ad concentum aptus (*lat.*) übereinstimmend, zusammenstimmend.

Accordatura (*ital.*) eine Stimmung.

Accordo, ist ein mit 12. biß 15. Saiten bezogenes grosses Italiänisches Baß-Instrument, so mit dem Bogen tractirt wird, und zwar so, daß er 2 biß 3. Saiten zugleich touchiret. P. Mersennus nennet es: eine *moderne Leyer*. s. *Bonanni Gabinetto Armonico*, p. 102. woselbst die Abbildung davon zu sehen ist.

Accordo (*ital.*) Accord (*gall.*) ein Accord oder Zusammenstimmung, bestehet aus drey unterschiedenen, und doch zusammen klingenden Sonis, nemlich, dem fundamental-Tone, dessen Terz und Quint. z. E. c e g. d f a. u. d. g. Accord bedeutet auch ein gantz Stimm-Werck von allerhand Pfeiffen, z. E. Fagotten, Posaunen, u. s. f.

Accord à l'ouvert, à vuide (*gall.*) concentus liber (*lat.*) ein freyer Accord, der blossen Stimmung nach, den nemlich die rechte Hand, ohne Zuthun der lincken, auf einigen besaiteten Instrumenten machen kan. s. *Mersenni Harm. Instrum. lib. 1. Propos.* 7.

Accord agréable (*gall.*) ein angenehmer Accord.

Accord bon (*gall.*) ein guter Accord.

Accord desagreable (*gall.*) ein unangenehmer Accord.

Accord mauvais (*gall.*) ein schlimmer Accord.

Accordo consonante, buono, dissonante, cattivo (*ital.*) sind eben die vorhergehende. Die beyden erstern nennen die Frantzosen auch:

Accordes justes, rechte, d. i. reine; und die zwey letztern:

Accordes fausses, falsche, d. i. unreine Accorde. (hierdurch werden die aus der Secund, Quart, Septima, Nona; ingleichen aus dem Tritono, und der Quinta imperfecta oder auch superflua bestehende Sätze gemeynet.)

Accord simple (*gall.*) ein einfacher Accord.

Accord composé (*gall.*) ein doppelter, oder zusammen gesetzter Accord; item, wenn nur ein, oder zweene Klänge eines Accordes verdoppelt werden.

Accord immediat (*gall.*) ein unmittelbar auf den vorher gegangenen folgender Accord.

Accord éloigné (*gall.*) ein weit entfernter, oder von einander liegender Accord.

Accord parfait (*gall.*) ein vollkommener Accord, wenn nemlich die terz major ist.

Accord imparfait (*gall.*) ein unvollkommener Accord, dessen terz minor ist.

Accordare (*ital.*) Accorder (*gall.*) stimmen, d. i. die Instrumente, oder auch Orgel-Pfeiffen zu rechter Übereinstimmung bringen. z. E. accordar' il Liuto, Violino, eine Laute, Violin stimen.

Accordatoio (*ital.*) Accordoir (*gall.*) ein Stimm-Hammer, Stimm-Horn.

Accordeur d'Instruments (*gall.*) ein Instrumenten-Stimmer.

Accursius (*Maria Angelus*) dieser von Aquila im Neapolitanischen gebürtig, und an Käysers Caroli V. Hofe in die 33 Jahr

33 Jahr in grossen Ansehen gewesene Mann, hat ums Jahr 1524. florirt, und so wohl durch Fleiß, als in die mitternächtige Provintzen angestellte Reisen, sich eine grosse Gelehrsamkeit zuwege gebracht; soll auch ein guter Musicus, Opticus und Poet gewesen seyn. s. das Comp. Gelehrten=Lexic.

Acetabulum (*lat.*) war ein irdenes Gefäß, worauf mit einem Stecken geschlagen wurde, daß es einen Laut von sich gab; hernach machte man auch dergleichen aus unterschiedlichen zusammen geschmoltzenen Metall, damit es desto besser klingen möge. Die Griechen haben es ὀξυβάφων μουσικὴν oder ἁρμαλίαν genennet. s. *Prætorii Synt. Muſ. T. l. c. 18. p. 424.*

Achilles, ein tapfferer Grieche, des Pelei und der Thetidos, einer Tochter des Nerei, Sohn, (vom α privativo und χᾶλος die Lippe, also genannt) weil er die Ambrosiam, womit ihn seine Mutter Thetis bestrichen, um den Mund herum weggelecket, und daher durch das Feuer, worein sie ihn des Nachts über, zu dem Ende, geleget, damit er unsterblich werden möchte, an den Lippen ziemlich war beschädiget worden. Sein Vater Peleus hat ihn dem Centauro, Chironi, aufzuziehen anvertrauet, welcher ihn denn nebst andern Künsten und Wissenschafften, auch in der Music unterwiesen, worinnen er dergestalt reussiret, daß er, nach Homeri Zeugniß, berühmter Helden ihre Thaten in die Leyer abgesungen. Ein mehrers von ihm ist in Hederichs realen Schul=Lexico; Omeisens Reim=und Dicht=Kunst, oder vielmehr der dabey befindlichen Teutschen Mythologie, p. 19. seqq. beym Æliano lib. 14. c. 23. it. lib. 9. c. 38. de Var. Historia, und Athenæo lib. 14. c. 10. zu lesen.

Acquaviva. s. *Aquivivus.*

Acroama, war bey den alten Römern ein Instrumental=Musicus; wie solches aus verschiedenen Auctoribus Calepinus in seinem Dictionario in folgenden Worten darthut: est certè (Acroama) is, qui fidibus, non is, qui voce delectat. Es wurde auch die Music selbst, zumahl die kurtzweilige, also genennet. s. *Fabri Lex.*

Acte de Cadence (*gall.*) eine Schluß-Machung.

Acteur (*gall.*) Actor (*lat.*) eine agirende Manns=Person in einem Schauspiele.

Actes (*gall.*) Atti (*ital.*) Actus (*lat.*) sind die Haupt=Theile oder Handlungen eines Schauspiels; jedes hat deren gewöhnlich fünff, als: 1) den Eingang, (Prologus und Protasis genannt) darinnen Anlaß genommen wird, von einer Sache oder Begebenheit, so sich in=oder vor der Geschicht zugetragen, zu handeln; da denn auch zur Geschicht selbst zugleich die Bahn gemacht wird. 2) den Fortgang, oder Epitasin, darinnen derselben Fortgang, und schon etliche Anzeigungen zu einer Verwirrung vorgestellet werden. 3) die Verwirrung oder Catastasin selbst, darinnen der Geschichte status gantz und gar verwirret vorgetragen wird. 4) die Vorbereitung zur Auswickelung, oder Catastrophen, so entweder frölich oder traurig sich anlässet und ausbricht; und 5) den Schluß oder Epilogum, welcher ehedessen nur in zwey Worten: Valete & plaudite! bestund; heut zu Tage aber offt in einer gantzen Rede oder Carmine bestehet, darinne den Zuschauern Danck gesagt, und zugleich das Spiel mehrers erkläret wird. Die Actus werden in Scenen, oder Auftritte eingetheilet. s. Omeisens Anleitung zur teutschen Reim= und Dicht=Kunst, vom 233. biß zum 237. Blatte. Ob ein Schauspiel nothwendig fünff Actus haben müsse? ist beym Bisciola Tom. II. Horar. Subcesiv. lib. 6. c. 11. zu lesen.

Actrice (*gall.*) fœmina personam agens in Scena (*lat.*) eine agirende Weibes=Person in einem Schau=Spiele.

Acuité (*gall.*) Acumen (*lat.*) die Höhe; ist ein neu=erfundenes Wort, dasjenige, was sonst die Frantzosen, wiewohl sehr uneigentlich, la hauteur d'un d'un son, und die Italiäner Acutezza nennen, auszudrucken. f. Broſſ. Dictien. p. 265.

Acuto (ital.) acutus (lat.) ſpitzig, hoch.

Acylas, Ἀκύλας, ein Grammaticus und Muſicus beym Suida. f. *Aquila.*

Acyrologia (lat.) ἀκυρολογία (gr.) von ἄκυρ@-, improprius, und λόγ@-, Sermo, iſt; wenn ein Wort, oder auch ein gantzer ſenſus ungebührlich, und nicht nach Beſchaffenheit der Sache, in der Muſic tractiret und vorgeſtellet wird.

Adagio, oder abgekürtzt, adago und ado, (ital.) iſt ein aus dem Articulo Dativi a, und dem Worte agio zuſammen geſetztes Adverbium, und heiſſet: gemächlich, langſam; daß aber nicht a agio, ſondern adagio gebraucht, und das d darzwiſchen geſetzet wird, geſchiehet Wohllauts halber.

Adagio adagio, oder adagiſſimo, ſehr langſam.

Adagio à la Franceſe, langſam auf Frantzöſiſche Art.

Adam ab Fulda. Glareanus lib. 3. Dodecachord. p. 261. und 263. nennet ihn: Francum Germanum. In dem an. 1673. zu Magdeburg gedruckten Enchiridio geiſtliker Leder unde Pſalmen, ſtehet am 50. Blatte folgendes Lied: Ach hülp my Leidt und ſenlick Klag; unter Adam von Fulda Nahmen.

Adami (*Andrea*) ein Italiäner, hat in ſeiner Sprache Oſſervazioni per bén regolare il Coro dei Cantori della Capella Pontificia geſchrieben. f. das *Giornale de' Letterati d' Italia*, Tom. V. *p.* 411.

Adamus Dorenſis, ein Engländiſcher Abt Ciſtercienſer-Ordens, in einem nahe bey Hereford gelegenen Cloſter, hat ums Jahr 1209. Rudimenta Muſices, lib. I. geſchrieben. f. die *Centur. Magdeburg. Cent.* 12. c. 10. p. 1682.

Adelbertus oder Adalberus, ein Graf von Dillingen, und Abt zu Elwangen in Schwaben an. 904. welcher an. 922. als ein ſiebenzehenjähriger Biſchoff zu Augſpurg verſtorben, iſt ein ſehr gelehrter Herr, und excellenter Muſicus, auch vorher Kayſers Ludovici IV. Informator geweſen, und von ſelbigem in Staats-Geſchäfften zu Rathe gezogen worden. f. die *Centuriat. Mugdeb. Cent.* 10. c. 10. *p.* 602. und Hr. D. Buddei Lexicon.

Adelung (Jacob) iſt gebohren an. 1699. den 14ten Januarii zu Bindersleben, einem eine Stunde von Erffurt liegenden Dorffe, allda ſein an. 1722. verſtorbener Vater, David Adelung, Schulmeiſter geweſen. Hat von an. 1711. biß 1713. in Erffurt die S. Andreas-Schule, und von 1713. biß 1721. das Gymnaſium Senatorium beſuchet; hierauf 2. Jahr die daſige Univerſität, von 1723. aber biß 1727. die Univerſität Jena frequentiret, und, nachdem er den gradum eines Magiſtri erhalten, als Præſes eine Diſputation: de Obligationis veræ natura ac uſu, geſchrieben; ſich hierauf nach Erffurt wiederum gewendet, und daſelbſt an. 1728. im Januario dem Hrn. Buttſtett, als Organiſt an der Prediger-Kirche ſuccediret. Er hat ein Werck, von den geſamten Theilen der Clavier-Kunſt, bey nahe fertig, und iſt geſinnet, ſolches nach und nach drucken zu laſſen.

Ad libitum (lat.) nach Belieben.

Adò (*Pietro*) war an 1721. ein Violoncelliſt in der Kayſerlichen Capelle, und zwar, in der Ordnung, der dritte; an. 1727. hat er in eben dieſer qualité daſelbſt noch geſtanden.

Adonium (lat.) Ἀδώνιον (gr.) war bey den Lacedæmoniern ein Geſang, ſo zu à parten Flöten, tibiæ embateriæ genannt, geſungen wurde, wenn ſie ſich mit dem Feinde in ein Treffen einlaſſen wolten. f. *Meurſii Miſcellanea Laconica,* lib. 2, c. 11.

A Dorio ad Phrygium. Ein von zweet muſicaliſchen Modis hergenommenes Sprüchwort, ſo gebraucht wird, wenn man von einem gewiſſen Vorſatze abgehet, und plötzlich auf etwas gantz anders verfällt. f. *Glareani Dodecachordum lib.* 2. c. 11. *p.* 92. ſq.

Adoucir (von ad und dulcis) ou diminuer la force

la force de la voix, ou de l' Instrument (*gall.*) die Stärcke der Stimme, oder eines Instruments angenehmer oder schwächer machen, moderiren, dämpfen.

Adrastus, oder Adrestus, der aus der berühmten Stadt Philippi in Macedonien gebürtig gewesene Peripatetische Philosophus, und Schüler des Aristotelis, hat in griechischer Sprache drey Bücher Harmonicorum geschrieben, welche, nach Vossii Zeugniß, lib. 3. c. 48. de Mathesi, zu Rom in der Vaticanischen, und des Cardinals à S. Angelo, Bibliothec verwahrlich aufbehalten werden. conf. D. Fabricii Bibl. Gr. lib. 3. c. 10. p. 268. allwo gemeldet wird, daß Marcus Meibomius in der præfation des Buchs, de Proportionibus, geschrieben: Auctorem (Adrastum) ex quibusdam locis notum auro redimere vellem.

Adriana, eine samt ihrer Tochter und Schwester ums Jahr 1634. berühmt gewesene Neapolitanische Sängerin; derer Giulio Cesare Capaccio in seinem Forastiero, Giornata prima, p. 7. gedencket: daß sie unter die Sirenen könnten gezehlet werden.

Adrianus (*Æmilius*) Römischer Käyser, welcher von 117. biß 138. regieret, ist, wie Aurelius Victor schreibet, in der Vocal- und Instrumental-Music sehr erfahren gewesen. s. *Tiraquelli Commentar. de Nobilitate c. 34. §. 12. p. 364.* Conf. Printzens *Music. Histor. c. 8. §. 16.* woselbst er ein in der griechischen Sprache sehr erfahrner Herr, wie auch ein vortrefflicher Poët, ein guter Medicus, ein edler Musicus, ein stattlicher Geometra, künstlicher Mahler und Bildhauer genennet wird.

Adrianus (*Emanuel*) ein Lautenist zu Antwerpen, hat an. 1592. sein Pratum Musicum in folio ediret, und selbiges einem Kauffmanne daselbst, Nahmens Cesare Cini, dediciret. Es sind darinnen 12. Præludia, 5. Fantasien, 34 Madrigalien, 5. Motetten, 10. Cantiones Neapolicanæ, 5. Galliardæ, 9. Passamezzi mit ihren Galliarden, Allemanden, Couranten, Branles &c. enthalten.

Adrianus (*Franciscus*) hat, nach Conr. Gesneri Bericht. lib. 7. tit. 5. Partitionum universalium, Cantiones und Motetten ediret.

A due oder doi, tre, quattro, cinque, sei, sette, otto &c. sc. Voci (*ital.*) à deux, trois, quatre, cinq, six, sept, huit &c. Voix (*gall.*) von 2. 3. 4. 5. 6. 7. 8. &c. Stimmen (wenn anders eine Composition vocaliter gesetzt ist;) sind es aber Instrumental-Stimmen, oder vielmehr Partien, (solius enim animantis sonus, Vox proprie dicitur; inanimata enim vocalia non sunt, schreibet Ornithoparchus lib. 1. c. 2.) so wird das Wort, Parti (*ital.*) Parties (*gall.*) drunter verstanden.

Adunco (*ital.*) vom Lateinischen ad und uncus; Hacken-weise gebogen.

A dur heisset 1) in Ansehung des Modi, wenn die terz zum A nicht c, sondern cis ist. 2) kan auch das mit ein ✶ bezeichnete a, anstatt, daß es insgemein b genennet wird, mit besserer raison und Nutzen, A durum, oder das scharffe A genennet werden.

Ælianus (*Claudius*) der von Præneste gebürtig gewesene Historicus und Sophista, welcher nach der meisten Meynung im 2ten Seculo, zur Zeit des Käysers Hadriani; aber nach Perizonii Bericht in præfat. ad Ælianum de var. Histor. im 3ten Seculo, unter der Regierung Käysers Alexandri Severi, welche an. Christi 222. sich angehoben, gelebet, hat in griechischer Sprache (welches an ihm, als einem Lateiner, der niemahls ausser den Grentzen Italiens soll gekommen seyn, bewundert wird) 14. Bücher de Varia Historia geschrieben, worinnen an verschiedenen Orten, als: c. 30. 32. 40. lib. 3; c. 2. & 16. lib. 4; c. 2. & 4. lib. 7; c. 8. & 36. lib. 9; c. 6. & 18. lib. 10; c. 17. & 50. lib. 12; und c. 21. lib. 13. von Musicis, musicalischen Instrumenten, und andern in die Music einschlagenden Sachen gehandelt wird. Conf. Hederichs Notitiam Auctorum Antiq. p. 585.

woselbst

wofelbſt gemeldet wird, daß er von ſich ſelbſt ſchreibe: er ſey auch zu Alexandria geweſen. Er hat ſonſten in Cœlibatu gelebt und ſein Alter über 60. Jahr gebracht.

Ælinum (lat.) αἴλινον (gr.) ſoll, wie Epicharmus will, ein Weber-Lied geweſen ſeyn, und den Nahmen vom griechiſchen Worte: λίνον, linum (lat.) ſo Flachs bedeutet, her haben. Andere verſtehen dadurch dasjenige Carmen, welches von den Schülern des Poëten und Muſici Lini, als ihn der undanckbare Scholar, Hercules, umgebracht, verfertiget, und mit der Particula αἴ, heu, ach! zu Bezeugung ihres Betrübniſſes, verſehen worden. ſ. Prætor. Syntag. Muſ. T. I. c. 22. p. 312. ſq. conf. Joan. Guil. Bergeri Diſſertat. de Lino, zu Wittenberg an. 1707. und 1708. gehalten.

Æneator, pl. æneatores (lat.) Trompeter, it. Paucker; wenn anders ihre Inſtrumente aus Meßing und Kupffer gemacht ſind.

Æolis, iſt beym Heſychio, ein Nomus citharœdicus.

Æolius Modus (lat.) ſ. Modus Æolius.

Æqual-Gemshorn heiſſet: wenn dieſe Orgel-Stimme von 8. Fuß-Ton iſt.

Æqual-Principal heiſſet: wenn dieſes Orgel-Regiſter von 8. Fuß-Ton iſt.

Æquiſonus (lat.) Equiſono (ital.) ein gleichlautender Ton, ſo entſtehet, wenn in zwo oder mehr Stimmen einerley, oder gleiche Klänge mit einander zugleich gehöret werden. z. E. cc, dd, oder ccc, ddd, und d. g. ſ. Joh. Rudolph Ahlens Unſtruthinne, in der Zugabe, p. 74. Æquiſonare wird ſonſten nur von der Octav geſagt. ſ. Matthesönii Crit. Muſ. T. I. p. 48.

Æquivagans (lat.) eine mit andern zugleich, und auf gleiche Art fortgehende Stimme.

Æra cantionis. Æra, genit. æræ (fœm.) bedeutet eigentlich numerum, eine Zahl, oder Zeichen einer Zahl, z. E. auf Müntzen, um deren Werth anzuzeigen. Weil nun Numerus auch zum öfftern ſo viel heiſſet, als ein nach einem gewiſſen Rhythmo eingerichtetes Lied oder Melodie, wie aus Virgilii Verſe:

— numeros memini, ſi verba tenerem,

zu erſehen; als iſt æra cantionis eben ein ſolches Lied, oder eine ſolche Melodie, und aus dem erſten Worte nachgehends per dialyſin: Aira, und per metatheſin: Aria, erwachſen. ſ. Salmaſii Anmerckungen über Vopiſci Aurelian.

Affetto (ital.) Affection (gall.) Affectus (lat.) ein Affect, oder eine Gemüths-Bewegung. Kircherus, und mit ihm Hirſch in ſeinem Extract, lib. 4. c. 6. ingleichen Janowka p. 2. Clav. ad Theſaur. magnæ artis Muſicæ, geben derer fürnehmlich achte an, als: Liebe, Leid, Freude, Zorn, Mitleiden, Furcht, Frechheit und Verwunderung, ſo die Muſic erregen kan.

Affettuoſo, oder affettuoſamente (ital.) affectueſement (gall.) ſehnlich, nachdrücklich, hertzbeweglich.

Affettuoſo affettuoſo, oder affettuoſiſſimo, affettuoſiſſimamente (ital.) tres-affectueuſement (gall.) ſehnlichſt, nachdrücklichſt, ſehr hertzbeweglich.

Affilard, ein Königl. Frantzöſiſcher Muſicus, hat in ſeiner Sprache Principes tres-faciles pour bien aprendre la Muſique, qui conduiront promptement ceux qui ont du naturel le chant juſqu' au point de chanter toute ſorte de Muſique promptement & à livre ouvert, d. i. ſehr leichte Principia, die Muſic wohl zu erlernen, geſchrieben, welche diejenigen, ſo ein Naturel zum Singen haben, behende dahin bringen ſollen, jedes Muſic-Stück ex tempore fertig ſingen zu können. ſ. Roger. Catal. de Muſique, p. 10. ſq.

Affligé (gall.) ſchmertzlich; d' une maniere affligée, lugubre, triſte, auf eine ſchmertzliche, betrübte und traurige Art.

Afiano, von Pavia gebürtig, hat, nach Tevo Bericht, P. I. c. 12. p. 12. del Muſico Teſtore, den Fagott erfunden.

Agathon, ein griechiſcher Muſicus, und
Tragœ-

Tragœdien-Schreiber zu Athen, hat so angenehm singen, oder, wie Printz c. 7. p. 11. Histor. Mus. meldet, auf der Flöte spielen können, daß er dadurch das Gehör der Zuhörer über alle massen ergetzet; auch zuerst, wie Aristoteles de Poëtica c. 17. bezeuget, die ἐμβόλιμα, oder Carmina intercalaria, d. i. (wie es Printz erkläret) den Gesang des Chori tragici eingeführet. Das Genus modulandi chromaticum, ob es wohl, wegen seiner Weichlichkeit in nicht gutem Ruff war, ist dennoch gar starck von ihm gebraucht worden. Seine Sitten sind seiner Music nicht ungleich, sondern sehr zärtlich gewesen. Das Sprüchwort: Agathonica cantio, so von einer mehr schmeichelhafften, als nützlichen Rede gebraucht wird, hat von ihm seinen Ursprung. Suidas sagt: Er sey ein Discipul des Socratis gewesen; hat demnach An. Mundi 3580. oder 418. Jahr vor Christi Geburt, gelebet.

Agathonius (*lat.*) ἀγαθώνιος αὔλησις μαλακή (*gr.*) tibiæ cantus mollis (*lat.*) ein weiches oder delicates Flöten-Stück.

Agazzario (*Agostino*) ein von Siena gebürtiger Edelmann. s. *Draudii Bibl. Class. p. 1611.* und des Teutschen Collegii zu Rom, im Anfange des vorigen Seculi berühmt gewesener Music-Director. Von seiner Arbeit sind heraus gekommen: Madrigali Harmoniosi à 5 e 6 voci. an. 1600. Madrigali à 5 voci, con un Dialogo à 6 voci, & un Pastorale à 8 voci, an. 1602. Beyde Wercke sind zu Antwerpen in 4to gedruckt worden. An. 1607. hat Nicolaus Stein, Buchhändler zu Franckfurt am Mayn, bey Wolffg. Richtern 44. lateinische Motetten von 4. 5. 6. 7. und 8. Stimmen von ihm daselbst drucken lassen. Sonsten hat er auch 4. 5. und 8 stimmige Missen; ferner 8 stimmige Psalmen, und Dialogicos Concentus von 6 und 8 Stimmen gesetzet. Sein Sertum roseum ist an. 1619. zu Venedig gedruckt worden.

Agénor, Ἀγήνωρ, ein griechischer Philosophus, aus Mytilene, der Haupt-Stadt auf der Insul Lesbus (ietzo Metilino genannt) gebürtig, hat, wie Vossius lib. 3. c. 58. p. 19. de Mathesi, aus Aristoxeni lib. 2. Harmonicorum Elementorum berichtet, Musica geschrieben. Die musicalische Secte, Agenoria genannt, hat von ihm ihren Ursprung. s. D. *Fabricii Bibl. Gr. lib. 3. c. 10. p. 9. p. 266.*

Aggiustatamente (*ital.*) Adverb. fein richtig, nach der mensur und Ordnung.

Aggroppare la voce (*ital.*) mit der Stimme coloriren.

Aglais, Ἀγλαΐς, eine Tochter des Megaloclis oder Megaclei, von Alexandria, hat eine starcke Trompete geblasen; ist aber dabey eine noch stärckere Fresserin und Säufferin gewesen. s. Athen. lib. 10. c. 1. Pollux lib. 4. c. 11. Segm. 89. schreibet von ihr: tuba satis validè utebatur & certatoria, & pompica.

Agnelli (*Lorenzo*) schrieb ein Werck, aus einer Missa, Psalmen und Motetten von 4. Stimmen bestehend. s. *Parstorff. Catal. p. 3.*

Agnus Dei. Ist dasjenige Stück einer musicalischen Missæ, welches in der Römischen Kirche, bey administrirung der Hostie pflegt tractirt und abgesungen zu werden. Es ist solches aus dem 1sten Capitel des Evangelii Johannis genommen, und vom Pabst Sergio I. ums Jahr 688. angeordnet worden. s. *Præt. Synt. Mus. T. I. p. 58.*

Agobardus, gebohren an. 779. kam an. 782. aus Spanien in Franckreich, wurde an. 813. dem alten Ertz-Bischoffe zu Lion, Leidrado, substituiret, und, als dieser bald darauf ins Closter gieng, mithin sein Ertz-Bisthum aufgab, an. 816. Ertz-Bischoff daselbst; schrieb unter andern auch ein Buch: de divina Psalmodia, und noch ein anderes: de correctione Antiphonarii, worinnen die in der Lionischen Kirche gebräuchliche Art zu singen, wider die Einwürffe eines scioli (Amalarius soll deren Auctor seyn gewesen) gelehrt defendirt worden, und starb an. 840. Seine hinterlassene Schrifften hat Papyrius ein Maſſon bey einem Buchbinder unter Maculatur-Papier gefunden, und ſie an. 1605. zu erſt ans Licht geſtellet, welche Steph. Baluzius an. 1666. abermahl zu Paris in 2. Octav-Bänden auflegen laſſen. ſ. *Guil. Cave Hiſtor. Liter. p.326.* und das *comp.* Gelehrten-*Lexicon*.

Ἀγωγὴ (*gr.*) Ductus (*lat.*) war bey den alten Griechen eine ſpecies ihres alſo genannten Uſus oder χρήσεως, (ſo wiederum eine ſpecies ihrer Melopœiæ war) und entſtund: wenn von einem intervallo zum andern gradatim gegangen wurde; welches, ſo es aufwerts geſchahe, inſonderheit ἀγωγὴ εὐθεῖα, ductus rectus; unterwerts: ἀγωγὴ ἀνακάμπτουσα, ductus revertens; auf-und unterwerts aber zugleich: ἀγωγὴ περιφερὴς, ductus circumcurrens hieß. Wie ſolches beym Ariſtide Quintiliano lib. 1. de Muſica, p. m. 29. zu leſen. Allerſeits Arten ſtellet Marcus Meibomius in den Anmerckungen über des Euclidis Introd. Harmonic. p. 65. folgender geſtalt in Noten vor: Vide No. IV.

Agon muſicus (*lat.*) ἀγὼν (*gr.*) in pl. Agones muſici, it. Ludi muſici, ἀγῶνες, genannt, ein Kampff; da in den Griechiſchen und Römiſchen Schauſpielen ſich zweene Muſici gegen einander hören ließen, und mit einander in der Kunſt um den Vorzug ſtritten. ſ. Schöttgens *Antiquitäten-Lexicon*.

Agoſtini (*Ludovico*) ein gelehrter und hochgeachteter Muſicus zu Ferrara; ſo nennet ihm Agoſt. Superbi in ſeinem Apparato de gli Huomini illuſtri della Città di Ferrara, p. 130.

Agoſtino (*Paolo*) ein Scholar des Bernardino Nanino, und Capell-Meiſter an der S. Peters-Kirche zu Rom im vorigen Seculo; deſſen Arbeit in allerley Compoſitions-Art überhaupt, und die auf 4. 6. und 8. Chöre inſonderheit, von Antimo Liberati ſehr gerühmet wird: daß ſie von der gantzen Stadt mit Erſtaunen ſey angehöret worden, und wenn er nicht in der Blüte ſeines männlichen Alters geſtorben, würde er die gantze Welt in Verwunderung geſetzt haben; man könne von ihm mit Recht ſagen: Conſumatus in brevi, explevit tempora multa.

Agréable (*gall.*) angenehm, lieblich.

Agrément (*gall.*) bedeutet überhaupt eine Manier; bey einigen Frantzöſiſchen Organiſten aber inſonderheit ein tremblement oder trillo; bey andern ein Pincement. ſ. *Mr. de S. Lambert Principes du Claveſſ. c. 21. p. 105.*

Agricola (*Alexander*) ein Componiſt, der zu Anfange des 16ten Seculi muß floriret haben, weil in Sebald Heydens an. 1537. edirter Muſica, von ſeiner Arbeit Exempel angeführet werden.

Agricola (*Friedrich Heinrich*) war anfänglich Cantor in Hildburghauſen, wurde hierauf Capellmeiſter, ſuccedirte an. 1684. Hrn. Michael Bodino im Cantorat zu Coburg, ſtarb an. 1691. und wurde den 23. Decembris begraben. ſ. des Hrn. *Thomæ* Licht am Abend.

Agricola (*Georg Ludwig*) war gebohren an. 1643. d. 25. Octobr. zu Groſſen Forra, einem Chur-Sächſiſchen Dorffe in Thüringen, allwo der Vater Pfarrer geweſen, gieng von an. 1656. drey Jahr zu Eiſenach in die Schule, hernach biß an. 1662. zu Gotha ins Gymnaſium, ſtudirte hierauf zu Leipzig und Wittenberg, an welchem letztern Orte er conci nando und publicè diſputando zu verſchiedenen mahlen ſich hören laſſen, und den gradum Magiſterii angenommen. Von denen daſelbſt ſich damahls aufhaltenden Italiäniſchen Muſicis hat er in arte componendi ſo viel durch converſation gefaſſet, daß er ſich deſſen nachgehends bedienen können, maſſen er denn an. 1670. als er zu Gotha Capell-Meiſter geworden, unter dem Titul: Muſicaliſcher Nebenſtunden, etliche Sonaten, Præl. Allemanden, &c. mit 2 Violinen, 2 Violen v. G. B. zu Mühlhauſen in folio drucken

cken laſſen. Iſt an. 1676. menſe Februar. im 33ten Jahre ſeines Alters zu Gotha verſtorben, und mit einer den 22. Febr. gehaltenen, und nachgehends gedruckten Leichen-Predigt beerdiget worden.

Agricola (*Joannes*) ein Nürnberger, und des Gymnaſii Auguſtinianei zu Erffurt Collega (ſo nennet er ſich ſelbſt,) hat an. 1601. ſeine mit 4. 5. 6. 8. und mehr Stimmen geſetzte Motetten zu Nürnberg drucken laſſen, und ſelbige E. Hoch-Edlen Rathe zu Erffurt dediciret.

Agricola (*Martinus*) Cantor zu Magdeburg, hat 1528. den 15ten April ſeine teutſche Muſic; und den 24. Auguſti nur gedachten Jahres ſeine in teutſchen Verſen entworffene *Muſicam Inſtrumentalem* (worinnen der mehreſten Inſtrumenten Figur und tractirung angeführt und gezeigt wird) dem Wittenbergiſchen Buchdrucker, Georg Rhaw, zum Druck überſendet, welcher auch beyde Tractätgen in 8vo ediret, und zwar das letztere an. 1529. Seine aus 12. Capiteln beſtehende Teutſche *Figural-Muſica* iſt an. 1532. nebſt noch einem aus 10. Capiteln von den Proportionibus handelnden kleinen Tractätgen, daſelbſt in 8vo gedruckt worden. Die an. 1539. gedruckte lateiniſche Rudimenta Muſices machen $3\frac{1}{2}$ Bogen aus, und ſind gleichfalls zu Wittenberg bey gedachten Buchdrucker heraus gekommen; aber die Melodiæ Scholaſticæ ſub horarum intervallis decantandæ ſind an. 1612. zu Magdeburg in 8vo zum Vorſchein gekommen. ſ. *Draudii Bibl. Claſſ. p. 1650.* Sonſten hat er auch Scholia in Muſicam Planam Wenceslai Philomatis de Nova Domo, ex variis Muſicorum ſcriptis pro Magdburgenſis Scholæ tyronibus collecta, geſchrieben, ſo zuſammen $6\frac{1}{2}$ Bogen in 8vo betragen. In der præfation dieſes fine die & conſule abgefaſten ſcripti meldet er von ihm ſelbſt folgendes: Præterea, Lector optime, cogitabis, me nequaquam potuiſſe ſingula artificioſiſſime tradere, quemadmodum alii excellentes Muſici, quum ego nunquam certo aliquo Præceptore in hac arte uſus ſim, ſed tanquam Muſicus ἐυτοϕυὴς occulta quadam naturæ vi, quæ me huc pertraxit, tùm arduo labore atque domeſtico ſtudio, id quod cuilibet perito facile eſt æſtimare, Deo denique auſpice, exiguum illud quod intelligo, ſim aſſecutus, ut non omnino abſolute, verum tanquam aliquis vulgariter doctus, tantùm ſimpliciſſime, adeoque rudibus hujus artis pueris principia præſcribere, atque utcumque inculcare queam, non diſſimilis arbori, cui ſpontanea contigit è terra pullulatio, quæ nunquam ſua bonitate reſpondet alteri arbori, quæ primum ab ipſo hortulano, loco opportuno plantatur, ac deinceps etiam quotidie fovetur ac irrigatur. Ein gleiches, daß er nemlich die Muſic ohne Anführung von ſich ſelbſt erlernet, iſt in der Vorrede über die Teutſche Figural-Muſic, und am Ende der 15ten Hiſtorie in derſelben befindlich. Oben gedachte in teutſchen Verſen entworffene Muſica Inſtrumentalis iſt abermahl an. 1545. aber gantz umgeſchmoltzen und ſtärcker (weil den Auctorem bedüncket: daß jene Edition den Knaben an etlichen Orten zu dunckel und ſchwer zu verſtehen ſey) zu Wittenberg bey Georg Rhaw gedruckt, und dieſem dedicirt worden. Sie beſtehet, nebſt einer gleichfalls Verſweiſe geſetzten langen Vorrede aus 4. Capiteln, darinn das Fundament und die application der Finger und Zunge auf mancherley Pfeiffen, als Flöten, Krummhörner, Zincken, Bombarden, Schallmeyen, Sack-Pfeiffen und Schweitzer-Pfeiffen ꝛc. von dreyerley Geigen, als Welſchen, Polniſchen und kleinen Hand-Geiglein, und wie die Griffe darauf, auch auf Lauten künſtlich abgemeſſen werden, it. vom Monochordo, auch von künſtlicher Stimmung der Orgel-Pfeiffen und Zimbeln, ꝛc. kürtzlich begriffen iſt. Und da jene Edition 8 Bogen betragen,

AGR.

gen, macht diese 11 Bogen aus. Nach des Auctoris Tode, welcher an. 1556. den 10. Junii erfolget, sind an. 1561. zu Wittenberg bey den Erben Georg Rhaw in 8vo gedruckt worden: *Duo libri Musices*, continentes Compendium artis, & illustria exempla; scripti à Martino Agricola, Silesio Soraviensi, in gratiam eorum, qui in Schola Magdeburgensi prima elementa artis discere incipiunt. Das 1ste Buch hat 6 Capitel folgenden Inhalts: *c. 1.* de Musices descriptione & divisione. *c. 2.* de Clavibus Vocibusque musicalibus. *c. 3.* de Vocum mutatione & Solmisatione. *c. 4.* de transpositione Clavium. *c. 5.* de Modis musicalibus, und *c. 6.* de Tonis; das 2te Buch aber hat nur 5 Capitel, davon *c. 1.* de Notulis simplicibus mensurati concentus. *c. 2.* de Notularum colligatione. *c. 3.* de Punctis & Colore. *c. 4.* de tribus Tactibus, und *c. 5.* de tribus Gradibus handeln. Beyde Bücher betragen zusammen 14 Bogen.

Agricola (*Rudolphus*) der Aeltere, war zu Bafflen, einem in Frießland 2 Meilen von Gröningen liegenden Dorffe an. 1442. gebohren, ein sehr gelehrter, beredter, auch gereißter Theologus und Philosophus, hierbey ein guter Poet und Musicus; wie er denn nicht nur in seiner Mutter-Sprache viele 4 stimmige Lieder gesetzet, s. *Opmeer Opus Chronogr. T. 1. p. 436.* sondern auch die Laute gespielet, und darzu singen können, s. *Benthems Holländischen Kirch- und Schulen-Staat, p. 192.* woselbst P. 1. c. 3. p. 34. noch gemeldet wird: daß er an der in der S. Martins-Kirche zu Gröningen befindlichen Orgel gearbeitet habe; im 4ten Capitel des 2ten Theils wird sein Lebens-Lauff vom 187. biß zum 194ten Blatte weitläufftig erzehlet, auch sein zu Heidelberg, allwo er an. 1485. den 28. Octobr. in die Minoriten-Kirche begraben worden, befindliches Epitaphium angeführet. conf. *Valerii Andreæ Bibl. Belgic. p. 705.* woselbst, nebst andern und mehrern Umständen,

AGR. 15

nur gedachtes Epitaphium auch anzutreffen ist, und folgender maßen lautet:

*Invida clauserunt hoc marmore
 fata Rudolphum
Agricolam, Frisii spemque decus-
 que soli.
Scilicet hoc uno meruit Germania,
 laudis
Quicquid habet Latium, Græcia
 quicquid habet.*

Es hat solches der damahls am Käyserl. Hofe residirende Venetianische Botschaffter, Hermolaus Barbarus, verfertiget. Alle seine Opera sind an. 1539. zu Cölln in 2. Octav-Bänden gedruckt worden. Im Zweyten Tomo ist eine Oratio in laudem Philosophiæ & reliquarum artium, so er an. 1476. gehalten, enthalten.

Agricolin (*Catharina*) eines gelehrten Mannes aus Meissen Tochter, ist ums Jahr 1628. eine gute Poetin, und in der Music wohl geübt gewesen; wie das einem vornehmen Musico auf seine Hochzeit von ihr verfertigte, und bey Joh. Frauenlob, in der Lobwürdigen Gesellschafft gelehrter Weiber, p. 7. befindliche Carmen ausweiset. s. *Amaranthis Frauen-Zimmer-Lexicon.*

Agrippa (*Henr. Cornelius*) gebohren zu Cölln an. 1486. den 14. Sept. aus dem Adelichen Geschlechte von Nettesheim, ward an. 1509. zu Dole Professor Hebraicæ Linguæ, allwo er des Reuchlini Buch: de verbo mirifico, erklärete. Von dannen begab er sich in Italien, und wurde anfänglich bey der Armée Käysers Maximiliani I, Secretarius, hernach biß 1515. Kriegs-Commissarius, ließ sich hierauf zum Professor zu Pavia annehmen, und kam mit den gelehrtesten Leuten in Kundschafft. Nachgehends hat er sich, nachdem er Italien, Spanien, Franckreich und Engeland durchreiset, verheyrathet, und ist an. 1518. zu Metz Syndicus worden. Von dieser Bedienung danckte er ab, gieng an. 1520. nach Cölln, im folgenden Jahre nach Geneve, und studirte
Medi-

Medicinam. An. 1525. practicirte er in der Medicin zu Freyburg in der Schweitz mit sehr gutem Success, so daß er von des Königs in Franckreich Mutter, der Königin Louise, zur dignität des Obersten Leib-Medici erhoben wurde. Als er bey dieser verhaft war, nahm ihn die Gouvernantin der Niederlande, Margaretha von Oesterreich, an, da er auch den Titul eines Käyserl. Raths und Historiographi bekam. Nach ihrem Tode wurde er wegen seiner Bücher: de Vanitate Scientiarum, und de Occulta Philosophia an. 1531. zu Brüssel ins Gefängniß geworffen, woraus er aber bald wiederum befreyet wurde, daß er nach Bonn sich wenden kunte. In Franckreich solte er wider die Mutter Königs Francisci I. anzüglich geschrieben haben, weswegen er auch da eingezogen worden; als er aber bald loß gelassen worden, gieng er nach Grenoble (lat. Gratianopolis) allwo er an. 1535. in der grösten Armuth gestorben. In gedachten drey Büchern: de Occulta Philosophia, (denn das Vierdte soll 27. Jahr nach seinem Tode von einem gottlosen Menschen conscribiret worden seyn,) handelt das 24te Capitel des 2ten Buchs: de Musices vi & efficacia in hominum affectibus, qua concitandis, qua sedandis. s. *Casp. Schottum in proemio lib. 9. Organi Mathematici.* Im Buche de incertitudine & vanitate Scientiarum handelt das 17te Capitel im 4½ duodez-Blättern de Musica. s. das *comp.* Gelehrten-*Lexicon*, und D. *Jo. Nic. Martii* Unterricht von der *Magia naturali,* p. 17. *sq.* Sein in der Nouvelle Biblioth. Ecclef. des berühmten du Pin T.XIV. p. 145. befindliches Epitaphium lautet also:

Inter divos nullos non carpit Momus.
Inter Heroas monstra quæque infectatur Hercules.
Inter dæmones Rex, Erebi Pluto irascitur omnibus umbris.
Inter Philosophos ridet omnia Democritus;
Contra deflet cuncta Heraclitus.
Nescit quæque Pyrrhon.
Et scire se putat omnia Aristoteles.
Contemnit cuncta Diogenes.
Nullis hic parcit *Agrippa.*
Contemnit, scit, nescit, deflet, ridet, irascitur, infectatur, carpit omnia.
Ipse Philosopbus, dæmon, heros, Deus, & omnia.

s. die Unschuld. Nachrichten, an. 1703. p. 301. sq.

Aguilera (*Sebastian de*) ein berühmter Musicus und Organist zu Saragossa, (*lat. Cæsaraugusta*) der Haupt-Stadt des Königreichs Arragonien in Spanien, hat an. 1618. vier-5. 6. und 8stimmige Magnificat über die 8 Kirchen-Thone heraus gegeben. s. *Nic. Antonii Biblioth. Hispanam.*

A gusto, (*Ital.*) heisset: wenn einem etwas nach seiner Neigung eingerichtet ist, daß es ihm gefällt.

Agyrtes, ein Trompeter, dessen Statius lib. 4. Achillidis, und Ovidius Metamorph. lib. 5. fab. 1. v. 148. in folgenden Worten, wiewohl mit schlechtem Ruhme, gedencket:

— *& cæso genitore infamis Agyrtes.*

Ahenotympanum, pl. ahenotympana, (*lat.*) küpfferne Kessel-oder Heer-Paucken.

Ahle (*Joh. Georg*) ein Käyserl. gekrönter Poet, Rathsherr, und Organist an der S. Blasii-Kirche zu Mühlhausen, hat an. 1687. unter dem Titul: Unstruthinne, oder Musicalischer Garten-Lust, ein theoretisches Tractätgen von 6 Bogen in 8vo; ferner 1690. seines Vaters Anleitung zur Sing-Kunst zum ersten-und an. 1704. zum andernmahle mit Anmerckungen, in gleicher Grösse und Stärcke daselbst ediret. An. 1695. ist sein Frühlings-Gespräch; an. 1697. das Sommer-Gespräch; 1699 das Herbst-und an. 1701. das Winter-Gespräch, allerseits vom grund-und kunstmäßigen Componiren handelnd, gleichfalls daselbst in 8vo heraus gekommen. Sie betragen

gen zusammen 24. Bogen. Vor nur erwehntem musicalischen Werckgen hat er auch die Unstruthischen Musen, und zwar die *Clio*, oder musicalische Mayen-Lust, als den ersten Theil an. 1676; die *Calliopen*, als den 2ten, und die *Erato*, als den 3ten, an. 1677; und die *Euterpen*, als den 4ten Theil an. 1678. in länglicht 4to zu Mühlhausen gedruckt heraus gegeben. Den Inhalt dieser ietzt erwehnten Tractätgen giebt der Auctor selbst, in den Anmerckungen über seines Vaters Anleitung zur Singe-Kunst, p. 24. in folgenden Worten zu erkennen: "Wer „sonst auch von der Music Ursprung, „Erfindern, Liebhabern, Verächtern, „wunderbaren Würckungen, und an= „dern zur Geschicht-Music gehörigen „Sachen dienliche Nachricht verlan= „get, der kan unter meinen Unstru= „thischen Musen besehen die Klio, „Kalliope, Erato und Euterpe." Diesen ist gefolget die *Thalia* u. *Terpsichore*, von welchen keine Nachricht habe. Hierauf sind an. 1678. ans Licht getreten: die *Melpomene*, *Polyhymnia*, aus Bet=Buß=und Sterbe-Liedern bestehend; u. an. 1681. die *Urania* mit ihrem *Apollo*, davon jene zwölff geistl. Lentzen=und Liebes-Lieder; diese aber Fest=Lob=und Danck-Lieder enthält. Er ist an. 1707. im Januar. gestorben.

Ahle (Joh. Rudolph) des vorhergehenden Vater, von Mühlhausen gebürtig, war anfänglich Cantor zu S. Andreæ in Erffurt; wie er denn in dieser Function an. 1648. den ersten Theil seiner mit 2. 3. 4. und mehr Stimmen gesetzten geistlichen *Dialogorum*, wie auch das Compendium pro tenellis daselbst drucken lassen, das dreyfache Zehen allerhand Sinfonien, Paduanen, Balletten, Allemanden &c. von 3. 4. und 5. Instrumenten, ist gleichfalls zu Erffurt an. 1650. gedruckt worden. Der erste Theil des Thüringischen Lust-Gartens, worinnen 26. geistlich-musicalische Gewächse von 3. 4. 5. = 10. und mehr Stimmen befindlich, ist an. 1657. das 1ste Zehen geistlicher Arien, von 1. 2. 3 und 4 Singe=Stimmen, samt beygefügten Ritornellen, ist an. 1660. und das 2te Zehen, etliche Monate nach jenem zu Mühlhausen in folio heraus gekommen; Diesen beyden ist an. 1662. das 3te und 4te Zehen in gleichem format gefolget. In eben diesem Jahre sind auch die auf die hohen Fest=Tage durchs gantze Jahr gerichtete geistliche Andachten, 14 Stück an der Zahl von 1. 2. 3. 4 und 8 Stimmen, nebst Ritornellen auf 4 Violen; und die geistliche Andachten auf die Sonntage durchs gantze Jahr, 50 an der Zahl, von 1. 2. 3. 4. und mehr Stimmen, an. 1664. beyderseits in folio zu Mühlhausen ans Licht getreten. Nur gedachtes 1664te Jahr hat auch X. geistliche Chor-Stücke von 5-8 Stimmen in 4to geliefert. Die Neu-verfaste Chor-Music (so sein 13des Werck ist) 15. geistliche Motetten von 5. 6. 7. 8 und 10 Stimmen in sich haltend, hat er an. 1668. zu Mühlhausen, als er schon ein membrum des dasigen Raths gewesen, durch den Druck bekannt gemacht. Sonst ist auch ein lateinisches Tractätgen: *de Progressionibus Consonantiarum*; und die im vorhergehenden Articul erwehnte Teutsche kurtze Anleitung zur Singe-Kunst von 2½ Bogen, von ihm edirt worden. Er ist als Bürgermeister zu Mühlhausen gestorben.

Aichinger (*Gregorius*) ein Geistlicher, und Herrn Jacob Fuggers des Aeltern, Freyherrns in Kirchberg und Weissenhorn ꝛc. Organist, hat verschiedene musicalische Wercke heraus gegeben, als:

(1. Lib. 1. Sacrarum Cantionum, 4. 5. -& 10. vocum, cum Madrigaliis, *1590*.

(2. Lib. 2. Sacrarum Cantionum, 4. 5. & 6. vocum, cum Missa & Magnificat, nec non Dialogis aliquot, 8. & 10. vocum. an. *1595*. zu Venedig in 4to gedruckt.

(3. Sacras Cantiones, 5. 6. 7. & 8. vocum,

an. *1597.* zu Nürnberg gedruckt. Es
sind 20. Stück in diesem Wercke, und
vom Auctore dem Dom-Capitul zu
Augspurg dediciret worden.
(4. Tricinia Mariana, An. *1598.* zu Insprug in 4to gedruckt.
(5. Odaria, ex D. Bernhardi Jubilo delibata, & modis musicis expressa; it.
(6. Divinas Laudes, ex floridis Jac. Pontani excerptas, 3. vocum, An. *1602.* zu Augspurg in 4to gedruckt.
(7. Vespertinum Virginis Canticum, aus sechs 5stimmigen Magnificaten bestehend, an. 1603. zu Augspurg gedruckt. Dieses Werck hat der Auctor dem Fürsten Joanni Adamo, Abte zu Kempten (Præsuli Campidonensi,) mit welchem er drey Jahr zuvor, nemlich am Jubilæo, zu Rom bekannt worden, dediciret.
(8. Ghirlanda di Canzonette spirituali à tre voci, an. *1604.* zu Augspurg bey Georg Willern in 4to.
(9. Fasciculum Sacrarum Harmoniarum 4. vocum, zu Dillingen; und
(10. Solemnia corporis Christi in Sacrificio Missæ, & in ejusdem festi officiis ac publicis Processionibus cantari solita, zu Augspurg, beyde an. 1606. in 4to gedruckt.
(11. Cantiones Ecclesiasticas 3. & 4. vocum, an. *1607.* mit einem G.B. und
(12. Virginalia 5. vocum, an. *1608.* beyderseits zu Dillingen in 4to gedruckt.
(13. Corollam Eucharisticam 2. & 3. vocum, an. *1621.* zu Augspurg in 4to gedruckt. Hierzu kommen noch 2 andere von Draudio p. *1647.* Bibl. Class. angeführte Wercke, nemlich: Vulnera Christi à D. Bernhardo salutata, 3. & 4. vocibus musicè defleta, zu Dillingen, und
Lacrumæ B. Virginis & Joannis in Christum à cruce depositum modis musicis expressæ, zu Augspurg, (ohne Meldung des Jahrs) in 4to gedruckt.
Aigu, aiguë (gall.) Adj. vom lateinischen acutus, heisset: scharff-hoch-hell-lautend. z. E. un son aigu, ou haut, ein scharffer oder hoher Klang; une voix aiguë, eine hell-lautende, klare Stim

Alguës (gall.) Plural: hierdurch werden die chorden des also genannten Tetrachordi Hyperbolæon verstanden, welche nach ietziger Einrichtung in unserm Systemate folgende vier Claves, neml. das e f g und a seyn werden. Die Frantzosen nennen nur besagtes Tetrachordum: Tetrachorde des aiguës oder plus hautes; und die noch höhern Saiten: des sur aiguës.
Aguino, ein Scholar des Pietro Aron, von Brescia gebürtig, hat an. 1581. unter dem Titul: Tesoro illuminato, ein musicalisches theoretisches Werck in 4to heraus gehen lassen. s. Matthesonii Organisten-Probe in der Vorbereitung, §. 126.
Aiollæ (Franciscus) ist bey Mich. Pocciantio, in Catalogo Scriptorum Florentinorum. p. 70. ein trefflicher und nie zur Gnüge gepriesener Musicus von Florentz gebürtig, welcher ums Jahr 1530. in Franckreich gelebt.
Ajouté, oder ajoutée (gall.) hinzu gethan, ob. hinzu gethane, acquisita sc. chorda (lat.) ist eben was bey den Griechen ihre προσλαμβανομένη sc. χορδὴ war, welche dem Tetrachordo Hypaton unten noch angefüget wurde; damit sie, wenn vier Tetrachorda an einander gehänget wurden, 2. völlige Octaven haben möchten; und demnach nichts anders, als unser ietziges A.
Ajusté (gall.) vereiniget, zusammen gefüget. z. E. Tetrachorde des Ajustées, das Tetrachordum der zusammen gefügten Saiten, Tetrachordum Synemmenon genannt, so das dritte war, u. aus folgenden 4 Saiten, neml. dem a, unserm ietzigen b, c und d bestund.
Air (gall.) ein Lied / Melodie. Die Frantzösischen Airs bestehen aus einer kurtz gefasten, an einander hangenden, und mit wenig Passagen versehenen Melodie, weswegen sie auch ohne Accompagnement, und Cavallierement können gesungen werden. s. Matthesonii Orchestre I. Th. p. 3. c. 1. §. 18. p. 229. sq.

Ais

Ais; alſo könte u. ſolte man billig das mit einem ✱ bezeichnete|a (an ſtatt, daß es insgemein ſich muß b ſchelten laſſen) nennen; weil es ſodann einen von dieſem gantz unterſchiedenen concept (zumahl bey Erlernung des General-Baſſes, als in welchem beyde toto cœlo von einander differiren) verurſachen, wie auch einen eigenen von der Linie oder ſpatio abſtammenden Nahmen, ad imitationem des cis, dis, fis und gis, bekommen würde.

Al, dieſer aus dem a und il zuſammen geſetzte welſche Articulus wird niemahls allein geſetzt; aber bey dem Wörtgen più, erhöhet und erniedriget er den darauf folgenden terminum dergeſtalt, daß es nicht nachdrücklicher ſeyn kan. z. E.

 al più adagio, aufs allerlangſamſte.
 al più allegro, aufs allerluſtigſte.
 al più forte, aufs allerſtärckſte.
 al più piano, aufs allerſachteſte.
 u. d. g.

Ala (*Gio. Battiſta*) ein excellenter Componiſt und Organiſt an der Serviten-Kirche zu Mayland, welcher im 32. Jahr ſeines Alters geſtorben, hat folgende Wercke heraus gegeben, als:
 Canzonette e Madrigali à 2. lib. *1.* an. *1617.* in folio;
 Concerti Eccleſiaſtici à *1. 2. 3.* e *4.* voci, lib. *1.* an. *1618*; lib. *2.* an. *1621.* e lib. *4.* an. *1628.* (der dritte Theil wird ohne Zweifel auch heraus gekommen ſeyn.) Die
 Armida abbandonnata, und den Amante occulto, aus 4ſtimmigen Madrigalien, und Arien von 1. und 2. Stimmen, an. *1625.* in folio, allerſeits zu Mayland gedruckt. ſ. *Picinelli Areneo dei Letterati Milaneſi,* p. *269.*

Alæ *(lat.)* Plural. alſo heiſſen die Bärte an etlichen Orgel-Pfeiffen.

Alaigrement *(gall.)* Adverb. hurtig, freudig.

Alamoth, ein Hebräiſches Wort, ſo im 15ten Capitel des erſten Buchs der Chronicke v. 20. u. in der Überſchrifft des 46. Pſalms vorkommt, ſoll, nach Bartoloccii Bericht, P. *2.* p. *204.* ſq. Biblioth. Rabbin. eine dem in der Römiſchen Kirche heutiges Tages gebräuchlichen erſten Tone ähnliche, und auf gewiſſe Inſtrumente geſetzte Melodie bey den Jüden geweſen ſeyn; und von Alam herkommen, welches, nach des Jüdiſchen Lehrers Mardochæi Nathan Meynung, dreyerley bedeutet, als: (1 rem abſconditam, occultam. (2. Puellam, adoleſcentulam, ſeu virginem, eo quòd ſit occulta viro, und (3. Seculum, perpetuum, æternum. Gleichwie nun vorgedachter 1ſter Kirchen-Ton (wie die Gelehrten wollen) über das Phlegma herrſche, und die aus dieſem temperament entſtehende Schwachheiten, als Faulheit, Dummheit und Traurigkeit, ingleichen den Schlaf vertreibe; alſo jage auch der 46 Pſalm, und die über ſelbigen geſetzte Melodie die in dem Innerſten des Hertzens verborgene Traurigkeit, nach der erſten Bedeutung, völlig aus. Da auch von den Alten vorerwehnter Tonus (ſo ſonſten Dorius heiſſet,) als ein effector caſtitatis angeſehen, und deswegen zu guter ſittſamer Erziehung der Jugend adhibiret worden; alſo ſey dieſer Pſalm von oder über die Jugend (ſuper juventuribus & puellis) nach der zweyten Bedeutung, zu ſingen, daß GOTT, als Geber der Keuſchheit, ihnen dieſe Jugend beſtändig und Zeit ihres Lebens (in æternum) nach der dritten Bedeutung, verleihen wolle. Den Schluß macht der Auctor mit dieſen Worten: itaque iſtum Pſalmum, "Deus noſter refugium & virtus," ſub primo Tono cantatum fuiſſe credendum eſt, cùm pro *re occulta Adoleſcentulis* inſtruendis, *in æternum* inſcribatur.

A la meſure *(gall.)* nach dem Tact.

Alanus de *(ab)* Inſulis, oder Inſulanus, weil er aus Ryſſel in Flandern gebürtig geweſen, auch wegen ſeiner Gelehrſamkeit Doct. univerſalis genannt, war ein Theologus u. Rector Scholæ

Eccle-

Ecclesiasticæ zu Paris, (sed fortè illa Ecclesiastica Schola diversa fuit ab Academica, schreibet Conringius supplemento 46. ad p. 90. de Antiquitatibus Academicis) allein er verließ die Charge, und wurde ein Conversus monasterii Cisterciensis, oder Mönch im Closter zu Cisteaux, welcher Ort im Hertzogthum Burgund 5. Meilen von Dijon, in der Diœces von Chalon lieget, und die vornehmste Abtey der Cistercienser ist, welche auch hiervon ihren Nahmen bekommen haben; die Stadt Cisteaux, lat. Cistercium, aber selbst hat ihre Benennung von den daselbst befindlichen vielen Cisternen od. Wasserfängen. s. reales Staats-Zeitungs- u. Conversations-Lexicon, p. m. 413. Dieser Alanus handelt in seinem also genannten Anti-Claudiano, oder de officio viri in omnibus virtutibus perfecti, welches Werck auch insgemein Encyclopædia genennet wird, lib. 3. c. 5. in 83. lateinischen Versen von der Music. Im 2ten und 6ten Capitel des 7den Buchs sind abermahl 25. Verse musicalischen Inhalts. Gedachter Tractat ist unter seinen an. 1654. zu Antwerpen in folio edirten Operibus Moralibus, Parænericis und Polemicis der 9te. Der Auctor ist im 116. Jahre ætatis, den 30. Januarii an. 1294. gestorben, und liegt in der Abtey zu Cisteaux begraben, sein Bildniß, zu dessen Füssen sich Schaafe præsentiren, ist, mit folgendem Epitaphio, in Stein gehauen:

Alanum brevis hora, brevi tumulo tumulavit,

Qui duo, qui septem, qui totum scibile scivit,

Labentis sæcli contemptis rebus egens sit,

Intùs conversus, gregibus commissus alendis,

Mille ducenteno, nonageno quoque quarto

Christo devotus mortales exuit artus.

s. *Ludov. Jacob. de claris Scriptoribus cabilonensibus lib. 3. p. 145.*

A la quarte au dessus (*gall.*) eine Quart darüber.

A la quarte au dessous (*gall.*) eine Quart drunter.

A la quinte au dessus (*gall.*) eine Quint drüber.

A la quinte au dessous (*gall.*) eine Quint drunter.

Alardus (*Lampertus*) war gebohren an. 1602. zu Crempe im Hollsteinischen, wurde an. 1624. Magister zu Leipzig, und im Septembr. dieses Jahres, bey seiner Abreise, von D. Matthia Hoe von Hoenegg zum Kayserl. gekrönten Poëten solenniter declariret; im folgenden Jahre drauf Diaconus zu Crempe, u. fünff Jahr hernach Pastor zu Brunsbüttel; in dieser qualität hat er an. 1636. ein aus 29. Capiteln bestehendes lateinisches Tractätgen: de veterum Musica, zu Schlensingen in 12mo drucken lassen, und selbiges vier vornehmen genannten, und übrigen ungenannten membris des Convivii Musici zu Crempe, (wovon er selbst auch ein Mitglied gewesen) dediciret. Er ist nachgehends des Consistorii zu Meldorff Assessor, und an. 1643. den 8. Aug. Theologiæ Licentiatus geworden. Ausser gedachten Tractätgen, hat er noch 30. andre Schrifften ediret, welche Hr. Nicolaus Alardus, Pastor zu Steinbeck, in seiner an. 1721. herauß gegebenen Decade Alardorum Scriptis clarorum vom 24. bis zum 31. Blatte anführet. Ist gestorben den 29. Maji, 1672. im 70. Jahr seines Alters, und 47. Ministerii Ecclesiastici.

Den Inhalt oben gedachter 29. Capitel zeiget folgende Specification.

Cap. 1. in quo Musicæ commendatio, derivatio, definitio, totusque ambitus.

Cap. 2. de Subjecto Musices, quamquam latè se extendat.

Cap. 3. de modo considerandi, ob quem Musica varias sortita divisiones.

Cap. 4.

Cap. 4. Musica Veterum quomodo considerata in Physica, Metaphysica, Astronomia, Arithmetica.
Cap. 5. Musica Veterum, quomodo considerata in Ethica.
Cap. 6. Musica Veterum quomodo considerata in Medicina & Theologia.
Cap. 7. Musica Veterum quomodo considerata in Poësi.
Cap. 8. Veteribus Sapientes Musici dicebantur.
Cap. 9. Principia Musicæ, hoc est instrumenta.
Cap. 10. De fundamentis Instrumentorum musicorum, & de Scala.
Cap. 11. Affectiones Musicæ, hoc est intervalla.
Cap. 12. De Speciebus Musicæ, seu Modis variis.
Cap. 13. Discrimen Modorum Musicorum, & ambitus unius cujusque.
Cap. 14. Melos, Concentus vel Modulatio è Modis quotuplex.
Cap. 15. Musicæ melodiæ effectus varii.
Cap. 16. Musicæ melodiæ vis ad Dæmonem fugandum.
Cap. 17. Musicæ melodiæ vis ad devotionem excitandam.
Cap. 18. Musicæ melodiæ vis ad leniendos labores.
Cap. 19. Musicæ melodiæ vis ad commovendum animum.
Cap. 20. Musicæ melodiæ vis ad affectus sedandum.
Cap. 21. Musicæ melodiæ vis ad mœrori medendum.
Cap. 22. Musicæ melodiæ vis ad emolliendos mores.
Cap. 23. Musicæ melodiæ vis in Conviviis ad lætitiam excitandam.
Cap. 24. Musicæ vis ad lætitiam vitæ æternæ præconcipiendam.
Cap. 25. Quantùm hodierna Musica à veteri distet, deque ea divina profanaque querela.
Cap. 26. Quomodo inprimis vera hodie Musica corrumpatur, & à quibus.
Cap. 27. Quomodo divina scientia à corruptela vulgarium Musicorum asserenda.
Cap. 28. Quomodo Musicâ rectè utendum?
Cap. 29. Inventores Musicorum Instrumentorum, Citharœdi, Fidicines, Lyristæ, Tibicines, Choraulæ, Fistulicines, Tubicines, Buccinatores.

Hierauf folgt des Pselli griechische Synopsis Musicæ exactissima mit des Alardi lateinischen Uberſetzung. Alles zuſammen macht 9. Bogen und 4. Blätter aus.

A la renverse (gall.) umgekehrt, umgewandt.

A la Sexte au dessus (gall.) eine Sext drüber.

A la Sexte au dessous (gall.) eine Sext drunter.

A la Tierce au dessus (gall.) eine Terz drüber.

A la Tierce au dessous (gall.) eine Terz drunter.

Alber (Johann) und Paul Alber, haben an. 1721. und 1727. in der Käyserlichen Capelle als Violinisten gestanden, und ſind vielleicht noch am Leben.

Albergati (Pirro Capacelli) ein Graf zu Bologna, hat verschiedene musicalische Werke heraus gegeben, darunter das 9te, ſo ich geſehen, aus 12. geiſtlichen Cantaten à 1. 2. und 3. Vocal-Stimmen, mit 2. Violinen, 2. Violen, und G. B. auch Italiänischen Text beſtehend, an. 1703. zu Modena in folio gedruckt worden.

Albericus, ein Italiänischer Cardinal, von Settefratte, im Fürstenthum d' Alvito gebürtig. f. *Toppi Biblioth. Napolet.* zuvor aber ein Mont-Caſinenliſcher Mönch und Diaconus ums Jahr 1050. hat, wie Petrus Diaconus bezeuget, unter andern auch einen Dialogum de Musica, geschrieben. Seine sämtliche MSS. werden zu Florenz in der Bibliothec der Fratrum minorum S. Crucis aufgehoben, wie solches Guil. Cave in seiner Histor. literar. p. 428. anführet.

Alberti (Giuseppe Maateo) ein Violinist an der S. Petronii-Kirche zu Bologna, und Academico Filarmonico, hat an. 1713. ſein

1713. sein erstes Werck, aus 10. Concerten à 6. stromenti bestehend, daselbst drucken lassen, und selbiges einem dasigen Patricio, Nahmens Orazio Leonardo Bargellini, welcher in seinem Hause eine musicalische Academie (wie ers nennet) angeordnet, und wovon gedachter Alberti Director ist, dediciret. Es ist auch das zwepte aus XII. Sinfonie à quattro, due Violine, Alto, Violoncello e Organo bestehende Werck heraus gekommen. s. *Mr. le Cene Catalogue des Livres de Musique p. 56.*

Alberti *(Gioseppe)* ein Tenorist in der Breßlauischen Oper an. 1725. aus Padua gebürtig. s. *Matthesonii Musicalisch.* Patriot. 43. Betrachtung, *p. 347.*

Alberti *(Henricus)* ein guter Componist, und Organist zu Königsberg in Preussen, ums Jahr 1650. hat viel schöne Lieder gemacht, und nebst denen von ihm gesetzten Melodien in Druck gegeben, von welchen folgendes in einigen Gesang-Büchern gefunden wird: GOtt des Himmels und der Erden. s. Prinzens *Music. Histor. c. 13. §. 41.* Seine geistliche Arien, die zuerst in sechs unterschiedenen Theilen einzeln in folio gedruckt gewesen, sind von Ambrosio Profe an. 1657. zu Leipzig mit den Melodien in 8vo zum Druck befördert worden. s. Wetzels Lieder Historie I. Theil c. 161. die musicalische Kürbs-Hütte, an 12. kurtzen, mit 3 Stimmen gesetzten Versen bestehend, ist an. 1645. heraus gekommen. Ist nach Wittenii Bericht (bey welchem er Albert heisset) gestorben an. 1651. d. 10. Octobr. oder wie im Historischen Register des Naumburgischen Gesang-Buchs stehet, an. 1648.

Alberti *(Innocenzo)* ein Componist und Fürstl. Hof-Musicus des Hertzogs zu Ferrara. s. *Superbi Apparato de gli Huomini illustri della Città di Ferrara. p. 131.*

Alberti (Johann Friedrich) ist Fürstl. Sächs. Hof-und Dom-Organist zu Merseburg, und ein vortrefflicher Contrapunctist gewesen, vom Schlage an der rechten Hand gerühret worden, weswegen er viele Jahre vor seinem Tode nicht mehr spielen können und an. 17= gestorben.

Alberti *(Pietro)* hat 3stimmige Sonaten, so sein erstes Werck ist, heraus gegeben. s. *Roger. Catalog. p. 35.*

Albertini, eine virtuose und berühmte Italiänische Sängerin. s. *Amaranthis* Frauenzimmer-Lexicon.

Albertinus *(Franciscus)* ein gelehrter Florentinischer Priester, Doctor Juris Canonici, und berühmter Antiquarius ums Jahr 1500. hat unter andern auch einen Tractat: de Musica, geschrieben. s. *Pocciantii Catalog. Scriptor. Florentinor. p. 66.*

Albertus *(Leo Baptista)* ein ums Jahr 1452. hoch berühmt gewesener Abt des Closters S. Severini Pisani zu Florentz des Cardinals Alberti de Albertis Enckel, und sehr guter Freund des Politiani, ist auch in der Music, Mahlerey und Bildhauer-Kunst wohl erfahren gewesen. Liegt daselbst in der Kirche zum. H. Creutz begraben. s. *Pocciantii Catal. Script. Florent. p. 111. seq.*

Albertus Magnus, der wegen seiner grossen Gelehrsamkeit also genannte Bischoff zu Regenspurg, Dominicaner-Ordens, gebohren zu Lauingen, einer Schwäbischen an der Donau im Hertzogthum Neuburg liegenden Stadt. s. *Boisardi Biblioth. P. I. p. 67.* und das comp. Gelehrten *Lex. p. 71.* (oder in agro Laugingensi ex Bolstadiensibus regulis aus dem Geschlechte der Grafen von Bolstadt) an. 1193. nach andern, an. 1200. studirte zu Paris, wurde zu Padua ein Dominicaner-Mönch, und docirte hierauf an verschiedenen Orten, als zu Cölln, Hildesheim, Freyburg, Regenspurg u. Straßburg die Scholastische Theologie, promovirte zu Paris in Doctorem, wurde 3. Jahr hernach zu Cölln Lector Publ. u. Provincial seines Ordens,

dens, endlich an. 1259. von Pabst Alexandro IV. zum Bisthum Regenspurg befördert; welches er aber über ein Jahr nicht verwaltet, sondern, aus Liebe zum privat-Leben und Studiren, wiederum fahren lassen, und sich nach Cölln gewendet, woselbst er an. 1280. im 87. Jahre oder 80. Jahre seines Alters gestorben; hat unter andern auch ein Buch: de Musica, geschrieben. s. die *Centuriator. Magdeb. Centur. 13. c. 10. Philipp. Bergomens. lib. 13. Chron.* und *Gerard. Joan. Voss. de Mathesi c. 16. §. 9. it. c. 22. §. 10.*

Albicastro (*Henrici*) ein Schweitzer, Weissenburg eigentlich genannt, hat im letztern Spanischen Successions-Kriege, zu Anfange des ietzigen Seculi, unter der Armée der hohen Alliirten in den Niederlanden als ein Rittmeister gestanden, und als ein vortrefflicher Violinist folgende Wercke, worauf die Buchstaben D. B. W. und das Wort Cavaliero stehen, bey Roger zu Amsterdam in Kupffer stechen lassen, als:
Opera I. aus 3stimmigen Sonaten bestehend. Opera II. aus 15. Sonaten à Violino solo e Cont. Hr. Cornelio Sasbout van der Dussen dediciret. Opera 3. sind Sonaten à Violino, Violoncello e Cont. Opera 4. abermahl 3stimmige Sonaten; Opera 5. und 6. bestehen aus Sonaten à Violino solo e Cont. Opera 7. bestehet aus 4stimmigen Concerten. Opera 8. aus 12. Sonaten mit 3. Stimmen; und Opera 9. aus eben so viel Sonaten vor eine Violin und Violoncello, oder G. B. s. *Roger Catalogue de Musique.*

Albinoni (*Tomaso*) ein vortrefflicher Componist und Violinist in der Republique Venedig Dienstent, hat verschiedene Wercke ediret, davon Opera 1. aus 12. dreystimmigen Sonaten, und Opera 2. aus 6. sechs-und siebenstimmigen Sinfonien, und eben so viel Concerten bestehet, an. 1700. zu Venedig gedruckt. Opera 3. hält zwölff 3stimmige Balletti, oder Sonate da Camera (das Violoncello ist bißwei-

len obligat, und macht die 4te Partie aus) in sich. Opera 4. bestehet aus 12. Cantate da Camera, à Voce sola e Continuo, nemlich 6. vor den Discant, und 6. vor den Alt, an. 1702. zu Venedig gedruckt, und dem Cardinal Maria de Medici dediciret. In Opera 5. sind 12. Concerten à 6. stromenti. Opera 6. Trattenimenti da Camera genannt, hat 12. Sonaten à Violino solo e Cont. einem Nobile Veneto, Nahmens Gio Franz. Zeno dedicirt. Opera 7. bestehet aus 12. starcken Concerten mit Hautbois und Violinen. Opera 8. bestehet aus Sonaten und 6. Balletten von 2. Violinen, Violoncello e Continuo; und Opera 9. aus 12. Concerti à Cinque, 2. e 3. Oboé, Alto Viola, Violoncello e Cont.

Albinus (*Johannes*) ein Lautenist, welcher an. 1596. zu Magdeburg noch gelebt, und sowohl nach der Teutschen als Zieser-Tabulatur gespielet; aber durch die Vielheit der Regeln, Ziefern, Buchstaben und anderer Characteren, anstatt einer Erleichterung, solches Instrument nur in mehrere confusion und Dunckelheit gebracht hat. s. Barons Untersuchung der Laute, *p. 64.*

Albinus s. *Alcuinus.*

Albiosus (*Marius*) ein Canonicus regularis des H. Geist Ordens aus der Sicilianischen Stadt Naso gebürtig, woselbst er auch ums Jahr 1686. gestorben, ist in der Music sehr erfahren gewesen. s. *Mongitoris Bibl. Sicul. T. II. p. 46.*

Albonesius (*Theseus Ambrosius*) ein JCtus zu Pavia, hat eine Beschreibung des Fagotts heraus gegeben. s. *Königs Biblioth. veter. & novam;* das compendieuse Gelehrten-Lexicon nennet ihn einen Canonicum regularem zu Paris; setzet aber gleich drauf: als die Käyserl. Pavia an. 1525. erobert, wäre seine Zelle auch mit ausgeplündert, und seine MSta. zerstreuet worden. Ist gestorben an. 1540. Nur besagte Beschreibung ist, nach Mersenni Bericht, *lib. 2. Propos. 9. de Instrumentis harmonicis,*

monicis, vom 33ten biß 37ten Blatte seiner Einleitung in die Syrische und Armenische Sprache, nebst der Abbildung p. 179. befindlich. Daß der Autor aus einer Gräflichen Familie entsprossen, beyder Rechten Doctor, und Præpositus des Closters S. Petri in Cœlo aureo zu Pavia, auch eben deswegen auf dem General-Capitul in Ravenna damals mit gewesen, als inzwischen seine Zelle geplündert worden, solches hat Ghilini in seinem Theatro d' Huomini letterati P. 2. p. 230. angemercket.

Alborea (*Francesco*) ein Violoncellist in der Kayserl. Hof-Capelle an. 1727.

Albrici (*Vincenzo*) soll von Geburt ein Römer gewesen seyn; dienete unter des Churfürstens zu Sachsen Johann Georgii II. Regierung als Capell-Meister zu Dreßden, und bekannte sich zur Evangelischen Religion: als aber nach Absterben höchstgedachten Churfürstens die sämtliche Capelle ihre dimission bekam, wurde er zu Leipzig Organist, wendete sich hierauf nach Prage, changirte die angenommene Religion, erhielt wiederum die Direction über die Music, und starb daselbst.

Albutio (*Gio. Giacobo*) ist, wie Bonaventura Castiglione bezeuget, ein hochgeachteter Musicus zu Mayland gewesen. s. *Morigia Nobiltà di Milano. lib. 3. c. 36. p. 85.*

Alcæus, der an. Mundi 3340. und demnach 608. Jahr vor Christi Geburt berühmt gewesene Lyrische Poet, von Mytilene aus der Insul Lesbus gebürtig, wird von Athenæo lib. 14. p. m. 627. Musices Scientissimus genennet.

Alcibiades, der griechische Feldherr, hat von dem vortrefflichen Pfeiffer Pronomo auf der Flöte zu spielen gelernet. s. *Voss. de natura Artium lib. 2. c. 4. §. 35.*

Alcides, ein Alexandrinischer Musicus beym Athenæo, welcher daselbst lib. 4. p. m. 174. sq. mit dem Ulpiano einen weitläufftigen discurs von allerhand musicalischen Instrumenten führet.

Alcman, Alcmana nach Dorischen Dialecto, und Alcmæon nach der gemeinen Sprache. s. Tanaq. Fabri Vit. Poët. Græc. der älteste unter den 9. berühmten griechischen Poëtis Lyricis, so an. Mundi 3312. florirt, wird von den meisten Scribenten für einen Lacedæmonier gehalten: Suidas nennet gar den Theil der Stadt, oder des Gebiets Lacedæmon, neml. Messoa, wo er gebohren worden; allein Vellejus lib. 1. c. 18. sagt: Lacones falso sibi vindicare Alcmanem. Und bey nur gedachtem Suida nennet ihn Crates einen Lydier und Sardianer. Mag also wohl als ein Knabe aus seinem Vaterlande nach Lacedæmon gebracht, und daselbst seyn verkaufft worden: wie er denn des Agesidæ Knecht gewesen, aber auch von ihm frey gelassen worden. Die Liebs-Lieder haben von ihm, als einem Liebhaber des Frauenzimmers, und sonderlichen Courtisan der Poetin Megalostratæ, ihren Ursprung. Er ist zwar ein Musicus, doch aber kein αὐλωδὸς oder Pfeiffer gewesen, wie beym Æliano lib. 12. c. 50. de varia historia stehet; weil, nach Perizonii Anmerckung, dieses Wort mit dem vorhergehenden griechischen Text also heissen soll: καὶ Ἀλκμὰν ἂν (oder δ' ἂν) Λυδὸς γὰρ ἦν. Die gantze passage ist daselbst, nach dem lateinischen, folgende: Lacedæmonii Musicæ imperiti erant. Ipsis enim curæ erant gymnasia & arma. Si quando autem Musarum auxilio, vel morbo laborantes, vel mente capti, aut aliud quid simile publice passi, indigerent, arcessebant *homines peregrinos*, tanquam malorum istorum medicos, aut ex oraculo Apollinis. Arcessiverunt autem Terpandrum, Thaletem, Tyrtæum, Cydoniatam Nymphæum, & *Alcmanem, tibicen enim erat*; oder nach gedachter Anmerckung: & *Alcmanem rursum, Lydus enim erat*: Es will nemlich Ælianus hier die Ursache melden, warum er den Alcman unter die *homines peregrinos*, *us*, oder die Fremden zehle, und spricht deswegen: Denn er war ein Lydier.

Alcuinus (*Flaccus Albinus*) ein Engländer aus der Provintz Yorck, des Bedæ und Egberti Discipel, war erst Diaconus der Kirche zu Yorck (Diaconus Eboracensis) hernach Abt zu Canterbury, sodann Rector Scholæ Palatinæ bey dem Carolo M. und letztlich Abt zu Tours in Franckreich, schrieb unter sehr viel andern Sachen auch ein Buch: de septem artibus liberalibus, und starb an. 804. d. 19. Maji, eben am H. Pfingst-Tage, im S. Martins-Closter zu Tours. *f. Guil. Cave Histor. liter. p. 348.* woselbst noch besondere Umstände von ihm zu lesen sind; und *Hederichs Natit. Auctorum antiq. & med. p. 882. sq.* Es ist aber von gedachtem Buche, ausser der Grammatica und dem Dialogo de Rhetorica fast nichts mehr übrig. *f. Hr. D. Fabricii Biblioth. Latin. lib. 4. c. 7. p. 792.* Sonsten erwehnen Boëthius lib. 1. c. 12. Musicæ; und Cassiodorus de Musica, gegen das Ende, eines *Albini*, welcher in lateinischer Sprache eine kurtze Musicam geschrieben, und Vir Magnificus daselbst genennet wird; es kan aber dieser Albinus, wegen der Zeit-Rechnung, der vorige nicht seyn, weil beyde Auctores eine geraume Zeit vorher gelebet, und demnach von diesem nichts wissen, viel weniger ihn allegiren können.

Alderinus (*Cosma*) ein Musicus in der Schweitz, hat an. 1553. zu Bern 57. vier-und siebenstimmige Hymnos sacros in 4to drucken lassen. *f. Gesneri Biblioth. univers.* und *Draudii Bibl. Class. p. 16. 6.*

Aldrovandini (*Giuseppe*) ein Bologneser, und Academico Filarmonico, hat an. 1701. unter dem Titul: Armonia Sacra, 10. Motetten von 2 und 3 Stimmen, mit und ohne Violinen gesetzt, daselbst drucken lassen. Auf dem dritten Opere, welches an. 1703. unter dem Titul: Concerti Sacri, auch zu Bologna heraus gekommen, und gleichfalls aus 10 Motetten à voce sola con due Violini bestehet, nennet er sich: Giuseppe Antonio Vincenzo Aldrovandini, Maestro di Capella d' honore del Sereniss. di Mantoua, e Principe de Filarmonici. Opera quinta bestehet aus dreystimmigen Sonaten, und ist in Amsterdam gravirt worden.

A l' envers (*gall.*) umgewendt, umgekehrt, verkehrt.

Aleotti (*Vittoria*) die zweyte Tochter des Gio. Battista Aleotti von Argenta, war, als ihre ältere Schwester anfänglich von Alessandro Milleville, und hernach von Ercole Pasquino in der Music informiret wurde, im vierten bis fünfften Jahr ihres Alters allzeit zugegen, und fassete unvermerckt so viel, daß sie in Jahres-Frist anfieng, so wohl mit Verwunderung der Eltern, als des letztern Informatoris selbst, auf dem Arpicordo zu spielen; wurde hierauf zwey Jahr lang mit ungemein gutem Success von diesem guten Alten informiret, auch auf dessen Vorstellung in das zu Ferrara sonderlich wegen der Music berühmte Nonnen-Closter zu S. Viti gethan, um sich in selbigen noch besser zu perfectioniren. Nach erreichtem 14ten Jahre ist sie in nur gedachtem Closter geblieben, und hat verschiedene Sachen componiret, wovon oben gedachter ihr Vater an. 1593. unter dem Titul: Ghirlanda de Madrigali à 4 voci, 21. mit Italiänischen Text versehene Stücke, von des Guarini Poesie, zu Venedig in 4to drucken lassen.

Alexander, ein von Alexandria gebürtig gewesener Musicus zu Rom, (denn der beym Athenæo lib. 4. p. m. 183. discurirende Alcides nennet ihn: seinen unlängst verstorbenen Special-Landsmann) hat auf dem Instrument, Trigonon genannt, so wohl spielen können, daß er damit die Römer gantz unsinnig und erpicht auf die Music gemachet.

Alexander, hat ein Breviarium Musicarum

rum Phrygiorum geschrieben. s. *Zuingeri Theatrum Vitæ humanæ, Vol. V. lib. 3. p. 1280.*

Alexander ab Alexandro, der aus der Stadt Neapolis gebürtig, und sowohl daselbst, als zu Rom ums Jahr 1474. bekannt und berühmt gewesene JCtus und Advocat, hat die Praxin fahren lassen, und in seiner Einsamkeit die also genannte Dies Geniales in 6. Büchern geschrieben. In solchen handelt er an verschiedenen Orten von musicalischen, und wenigstens dahin einschlagenden Dingen, als ꝛc. 25. lib. 2. unter andern von unterschiedlichen Tantz-Arten der Alten; c. 8. lib. 5. von den Olympischen, Pythischen ꝛc. und c. 19. lib. 6. wiederum von andern Spielen.

Alexander Aphrodisiensis, ein von der in Carien gelegenen Stadt Aphrodisia also genannter, peripatetischer Philosophus, hat an. Christi 220. auf der Käyser Sept. Severi und Caracallæ Befehl die Philosophie zu Athen in sehr jungen Jahren gelehret und ein Buch von der Music geschrieben. s. Hederichs *Notit. Auctorum Antiq. p. 584.* und *Vossium de Mathesi, c. 58. lib. 3. §. 16.*

Alexander Cytherius, hat das musicalische Instrument, Psalterium genannt, mit mehrern Saiten bezogen, und dieses in seinem Alter zu Ephesus in den Tempel der Göttin Dianæ bringen lassen; wie solches aus dem Juba beym Athenæo lib. 4. p. m. 183. zu lesen.

Alexander Magnus, der bekannte erste griechische Monarch, hat in seiner Jugend auch die Music beehret, und auf der Cithara spielen gelernet; wie aus dem Æliano lib. 3. c. 32. de varia historia erhellet.

Alexander, ein Priester von Padua gebürtig, hat ums Jahr 1559. die Music zu Vincenza dociret, auch dieselbe an der Cathedral-Kirche daselbst mit grösstem Lobe dirigiret. s. *Bernhardini Scardeonii Antiquitat. Patavin. lib. 2. Class. 12. p. 263.*

Alexander Severus, oder Aurelius Alexander Severus, der von an. Christi 222. bis 235. an der Regierung gewesene Röm. Käyser, soll in der Music wohl erfahren gewesen seyn, und trefflich, niemals aber öffentlich gesungen oder gespielt haben; wie solches Tiraquellus in seinem Commentario de Nobilitate, c. 34. §. 12. aus dem Ælio Lampridio anführet, welcher also geschrieben: Alexandrum illum Severum Imperatorem laudatissimum musicæ fuisse peritissimum, cantavisse nobiliter; sed nunquam alio conscio, nisi pueris suis testibus: lyrâque ac tibia & organo cecinisse.

Alfredus, oder Alvredus, auch Ælfredus, u. Alfridus, König in England, wegen seiner löblichen Thaten u. sonderbaren Gelehrsamkeit, Magnus zubenahmt, war gebohren an. Christi 849. kam zur Regierung an. 871. excolirte nebst andern freyen Künsten und Wissenschafften die Music ungemein, und nahm an seinen Hof nicht solche Musicos an, welche, wie Jo. Spelman in dessen Lebens-Lauffe lib. 3. §. 64. schreibet: "tantùm usu vel memoriter cantare didicerant, verùm ipsius artis peritos," d. i. nur aus Gewohnheit etwas auswendig daher musiciren können, sondern solche, die die Music Kunstmäßig verstanden. Als die Dänen England beunruhigten, ist er als ein Citharœdus in ihr Lager, und so gar ins Königliche Zelt gekommen, hat den König und seine Armée incognito belustiget, alles dabey recognosciret, und hierdurch einen herrlichen Sieg über selbige erhalten, wie gedachter Spelman lib. 1. §. 56. berichtet. Ist gestorben an. 900. oder 901, und liegt zu Witton begraben. Ein mehrers von ihm ist in Guy Miege Groß-Britannischen Staate, P. 1. c. 10. p. 329. sq. zu lesen.

A livre ouvert (*gall.*) ad aperturam libri (*lat.*) heisset: die vorgelegte Partie ex tempore wegmachen.

Allabreve, oder a la Breve (*ital.*) war bey den alten Italiänern diejenige Tact-Art, in welcher eine Brevis, oder 2 schlä-

ATschlägige Note |○| halb im Niederschlagen, und, halb im Aufheben absolviret, oder an ihre Stelle zwo Semibreves, oder vier Minimæ (nemlich intactu æquali) gebrauchet wurden. Die Endigung dieses Tacts geschahe allezeit cum Tempore, d. i. mit einer Brevi, oder noch längern Note, welche beym Niederschlagen der Hand sich anfieng, und beym Aufheben derselben sich endigte, und nicht in Tempore. Ein durchschnittener halber Circul zeigte diesen Tact, welcher sehr geschwinde tractirt wurde, an, und hatte nur bey Motetten statt. s. Prætor. Syntag. Mus. T. III. p. 50. z. E. V. No. 5. Die auf diesen Tact gesetzte Compositiones waren voller Syncopationen, Ligaturen, an einander hangenden Fugen, und hatten keine kleinere Noten, als Viertel, und zwar sehr sparsam.

Alla Capella (*ital.*) auf Kirchen= oder Capell=Art. Wird beym Allabreve gebraucht, weil diese Compositions-Art die allerschönste in Kirchen-Music ist, und vor diesem allein daselbst gebraucht worden.

Alla diritta (*ital.*) gradatim auf=oder abwerts steigend.

Alla zoppa (*ital.*) auf hinckende Art.

Allegramente (*ital.*) Adverb. alacriter (*lat.*) freudig, lustig.

Allegretto (*ital.*) das Diminutivum von allegro, bedeutet: ein wenig munter, oder frölich, aber doch auf eine angenehme, artige und liebliche Art.

Allegrezza (*ital.*) Allegresse (*gall.*) alacritas (*lat.*) Hurtigkeit, Freudigkeit.

Allegri (*Gio. Battista*) ein Componist und Organist zu Arzignano (*lat.*) Arsignanum, Arx lanæ) einer zwischen den beyden Flüssen Gua und Chiampo, in der Venetianischen Landschafft Vicentino liegenden Stadt. s. *reales* Staats Zeitungs u. *Conversations-Lexicon*, hat an. 1700. sein erstes aus 12. Motetten à VoceSola con due Violini e Continuo bestehendes Werck zu Venedig drucken lassen, u. solches dem Cardinal. Pietro Ottoboni, dediciret.

Allegro (*ital.*) alaigre (*gall.*) vom lateinischen: alacer, hurtig; so im Schreiben und Drucken auch also, Allo, gebraucht wird; bedeutet: frölich, lustig, wohl belebt oder erweckt; sehr offt auch: geschwinde und flüchtig: manchmal aber auch, einen gemäßigten, obschon frölichen und belebten Tact, wie die Worte: allegro mà non presto, so zum öfftern pflegen beygesetzt zu werden, ausweisen. s. *Brossards Diction*. p. 9. conf. *Octav. Ferrarii Origin. Ling. Ital.*

Allegro allegro, bemercket eine Verdoppelung der Frölich=oder Geschwindigkeit.

Allegro assai (*ital.*) ziemlich geschwinde.

Allegrissimo, allegrissimamente (*ital.*) überaus hurtig und geschwinde.

Allegrus (*Gregorius*) ein Scholar und Favorit des Gio. Maria Nanino, hat ums Jahr 1648. im stylo Ecclesiastico unter den damaligen Componisten, als ein Päbstlicher Musicus, den Vorzug gehabt. s. die *Lettera* des *Antimo Liberati*, und *Kircheri Musurg.*

Allemanda, Allamanda (*ital.*) Allemande (*gall.*) qs. Alle Mann, ist ein Teutsches Kling=Stück, oder vielmehr Schwäbisches Lied, weil vorzeiten die Alemannen Schwaben=Land besessen. s. *D. Höns Coburgische Chron. lib.* 1. *c.* 2. *p.* 6. Hierbey stehet zu erinnern: 1) daß Alle Mann keinesweges ein aus dem Griechischen, nemlich ἀπὸ τῆ ἀλήμεναι, i. e. ab errando, herzuleitendes Wort ist; als wenn die Allemannen eine aus verschiedenen Völckern vermischte und zusammen gelauffene Nation wäre, demnach so viel, als Alleley Mann, oder aus allen Landen Mann bedeute; sondern es ist vielmehr unter denen sonst geführten Nahmen der Teutschen, da sie anfänglich Tuiscones, hernach Teutones, ferner Germani geheissen, der vierte und letzte, den sie sich selbst beygeleget, nachdem die Römer sie mit und in Frieden lassen müssen, und
heisset

heiſſet ſo viel als Adelmann, d. i. ein edler und freyer Mann. 2) Daß durch Schwabenland nicht die über Francken gegen Mittag ſtoſſende Gegend alleine, ſondern ein weit gröſſerer Umfang biß an die Oſt-See zu verſtehen iſt; denn die Suevi oder Schwaben ſind ehemals eingetheilet worden in Suevos Anglos, ſ. Angillos, Suevos Reudingos, Aviones, Longobardos, Varinos (im Hertzogthum Mecklenburg wohnhafft,) Hermunduros an der Saale, und Semnones oder Transalbinos, an der Elbe und Oder wohnhafft. ſ. hiervon mit mehrern Mich. Beutheri Animadverſiones Hiſtoricas, c. XI. und in einer muſicaliſchen Partie gleichſam die Propoſition, woraus die übrigen Suiten, als die Courante, Sarabande und Gique, als Partes ſlieſſen. ſ. den Muſical. Trichter p. 87. welches ernſthafft und gravitätiſch geſetzet, auch auf gleiche Art executirt werden muß, hat einen Viertheil Tact, zwo Repetitiones von faſt gleicher Länge, und hebet ſo wohl im erſten als zweyten Theile mit einer kurtzen Note, nemlinem Achtel oder Sechzehntheil, bisweilen auch mit drey Sechzehntheilen im Auffſchlagen an. In dieſer Gattung, zumahl, (wenn darnach getantzet werden ſoll,) übertreffen die Teutſchen andere Nationen, als welche zwar imitiren wollen, aber es ihnen nicht gleich thun können.

Alleluja oder Hallelu-jah, ein aus zwey Wörtern zuſammen geſetztes Hebräiſches Wort, davon Hallelu, lobet, und jah, den HErrn, heiſſet; wird in den Lobgeſängen beygeſetzet.

Allentamento (*ital.*) bedeutet einen Gang aus der Höhe in die Tieffe: z. E. aus dem a ins g.

Allibond (*Johannes* (ein Magiſter Muſices aus dem Collegio Magdalenenſi zu Oxford in England, ums Jahr 1626. ſ. *Antonii à Wood Hiſtor. & Antiq. Univerſ. Oxonienſis lib. 1. p. 330.*

Almeloveen (*Theodorus Janſonius ab*) ein Medicus zu Goude in Süd-Holland, handelt in ſeinem zu Amſterdam an. 1684. in 8vo gedruckten Inventis Novo-Antiquis, und zwar in dem dabey befindlichen Onomaſtico, unter andern, auch von muſicaliſchen und dahin gehörigen Dingen, wer nemlich ſolche erfunden. Dieſes Onomaſticon beträgt, ſamt der Vorrede, überhaupt 5. Bogen und 6. Blätter. Soll, nach Hr. D. Fabricii Bericht, p. 217. Bibliograph. Antiq. an. 1712. oder, wie Jacobus le Long in ſeiner Biblioth. Sacra, p. 604. will, an. 1713. zu Harderwick geſtorben ſeyn.

Alouiſius (*Joh. Baptiſta*) ein Minorita Conventualis, Theologiæ Baccalaureus, und der Communität zu Bologna Sacelli Muſices Præfectus, hat edirt

(1. Cœlum Harmonicum, ein aus vierſtimmigen Miſſen beſtehendes Werck, zu Venedig an. 1628. in 4to gedruckt.

(2. Contextus Muſicos, oder 2. 3. 4. 5. und 6ſtimmige Motetten.

(3. Cœleſtem Parnaſſum, oder 2. 3. und 4ſtimmige Motetten, nebſt Litanien und Canzonen.

(4. Vellus aureum, oder Litanien de B. Virgine, von 4. 5. 6. 7. und acht Stimmen.

(5. Motetta Feſtorum totius anni, von 4. Stimmen an. 1587. zu Mayland in 4to gedruckt. ſ. *Draud. Bibl. Claſſ. p. 1614.*

(6. Coronam Stellarum, an. 1637. in Venedig gedruckt.

Alphanus, ein Mönch anfänglich im Cloſter Monte Caſſino, hernach Abt des Benedictiner-Cloſters zu Salerno, und endlich Ertz-Biſchoff daſelbſt vom Jahr 1057. biß 1086, als in welchem er menſ. Maji geſtorben, ſoll ein guter Medicus, Muſicus und Poet geweſen ſeyn. ſ. *Cave Hiſtor. liter. p. 428. it. Toppi Biblioth. Napol. p. 9. und Lion Nicodemo Addizioni alla Bibliath. Napolet. del Toppi. p. 8.*

Alſtedius (*Joan. Henr.*) erſtlich zu Herborn in der Grafſchafft Naſſau, und nach-

nachgehends zu Weissenburg in Siebenbürgen Philosophiæ und Theologiæ Professor, hat an. 1613. neun Bücher admirandorum mathematicorum zu Herborn in 12mo drucken lassen, worunter das 8te von der Music handelt. s. *Lipenii Biblioth. real. Philosoph. Draudius p. 1413. Bibl. Class.* setzet: gedachter Methodus admirandorum mathemat. sey an. 1613. und sein Elementale mathematicum, worinnen de Arithmetica, Geometria, Geodoesia, Astronomia, Geographia, Musica und Optica gehandelt werde, an. 1611. zu Franckfurt in 4to heraus gekommen. Nur gedachtes Elementale musicum bestehet aus zwey Büchern, welche zusammen vom 287. biß 312ten Blatte 13. Blätter ausmachen. Der Auctor ist an. 1638. im 50. Jahr seines Alters gestorben.

Altambor, ist bey den Spaniern eine grosse Paucke, so sie samt dem Arabischen Worte von den Mauren bekommen, u. in ihrer Sprache behalten haben. s. *Joseph. Scaligeri Commentar. in Copam.*

Altenburg (Mag. Michael) war ums Jahr 1608. Pfarrer zu Ilversgehofen und Marpach, zweyen nahe bey Erfurt liegenden Dörffern, hernach 1610. zu Tröchtelborn, als seinem Geburts-Orte, ferner an. 1621. zu Grossen-Sömmerda; endlich an. 1637. Diaconus bey den Augustinern, und an. 1638. Pfarrer an der S. Andreas-Kirche in Erffurt, und darbey ein guter Musicus; wie er denn an. 1613. teutsche Hochzeit-Motetten von 7. Stimmen, an. 1618. den 55. Psalm mit 6. Stimmen, unter dem Titul: Musicalischer Schirm und Schild der Bürger und Einwohner der Stadt, im 35ten Jahre seines Alters, zu Erffurt heraus gegeben hat. An. 1620. und 1621. sind auch daselbst seine mit 5. 6. und 8. Stimmen gesetzte Kirch-und Haus-Gesänge in vier Theilen in 4to gedruckt worden, Er ist an. 1640. d. 12. Febr. gestorben.

Alteratio (*lat.*) qſ. altera actio, i. e. secundaria alicujus Notæ decantatio. s. *Ornithoparchi Microl. lib. 2. c. 12.* Alteratione (*ital.*) war ehedessen gebräuchlich, und entstund: wenn aus einer eintzigen Note zwo ihres gleichen (der Geltung nach) gemacht wurden, z. E. wenn im Tempore perfecto (als in welchem eine Brevis drey Semibreves galt) zwo Semibreves zwischen zwo Breves zu stehen kamen, so galt die andere Semibrevis zwo ihres gleichen, d. i. man repetirte die zweyte Semibreve noch einmahl, damit das Tempus nicht verrückt wurde. s. *Ottomari Luscinii Commentar. 1. c. 7.* dergleichen Nota alterabilis war auf zweyerley Art kentlich: (1. wenn über derselben ein Punct stund, und (2. wenn, in dessen Ermangelung, der Tact nach dem numero ternario, nicht eintreffen wolte. s. *Luc. Lossii Erotemata Musica Practica lib. 2. c. 8.*

Alterato (*ital.*) verändert, nemlich durch die Accidental-Zeichen: b, ♮, # und ## , oder x, ingleichen bb.

Alternare (*ital.*) abwechseln.

Alternativamente (*ital.*) alternativement (*gall.*) alternatim (*lat.*) wechsels-weise, eins ums andere. Z. E. Menuet qui se joue alternativement avec le Trio; ein Menuet, so mit dem drauf folgenden Trio wechselsweise gespielt wird.

Altista (*ital.*) der die Alt-Stimme singet.

Altitonans (*lat.*) bedeutet beym Glareano lib. 3. c. 13. Dodecach. die Alt-Stimme.

Altmann (von) ein Käyserl. Cammer-Buchhalter zu Breßlau, hat ein Compendium Musicum, oder einen kurtzen Unterricht vom General-Basse geschrieben, so aber noch nicht gedruckt worden. s. die Breßlauische Sammlung von Natur- und *Medicin-*wie auch hierzu gehörigen Kunst-und *Literatur -* Geschichten, *An.* 1718. mens. *Martio Artic. XI. Class. IV. §. 3.*

Alto (*ital.*) Altus (*lat.*) die Alt-Stimme; hat den Nahmen ab altitudine, weil

weil sie, wegen ihrer Höhe, dem Discant sehr nahe kommt, und mehr Claves aus dieses, als aus des Tenors seinem Systemate annimmt.

Altobasso, ein zu Venedig ehemals bekannt gewesenes Instrument, einer Ellen lang, inwendig hohl, und auswendig viereckigt, worauf etliche Darm-Saiten gezogen waren, welche von einem Suonatore mit der einen Hand, vermittelst eines kleinen Steckgens, gerühret wurden, indem er mit der andern Hand die Flöte darzu tractiret. s. *Zarlino Vol.1. Part.3.c.79.p.374.*

Alto Concertante (*ital.*) der concertirende Alt, d. i. die Alt-Stimme des ersten oder kleinen Chors, welcher aus den besten Sängern bestehet.

Alto Ripieno (*ital.*) der Alt des grossen Chors, welcher nur zur Ausfüllung bißweilen in einem musicalischen Stücke mitmachet.

Alto Rivoltato (*ital.*) der umgekehrte Alt; wenn nemlich diese Stimme in denen also genannten doppelten Contrapuncten zu einer andern Stimme gemacht und demnach verkehrt wird.

Alto Viola (*ital.*) die Alt-Partie in Instrumental-Sachen; welche gleichfalls auch Concertante und Ripieno seyn kan.

Alypius ein Alexandrinischer Sophista zu Zeiten des Jamblichi. s. *Gesneri Biblioth.* wird von Cassiodoro älter als Euclides, und Claudius Ptolemæus gehalten; Meursius nennet ihn einen Musicum, und meynet, er habe unter dem Käyser Juliano gelebet. s. *Joan. Bonæ Notitiam Auctorum.* Hat in griechischer Sprache eine Isagogen Musicam geschrieben; in selbiger sind alle die musicalische Noten, womit die Griechen die Saiten des Modi Lydii, Hypolydii, Hyperlydii; Æolii, Hypoæolii, Hyperæolii; Phrygii, Hypophrygii, Hyperphrygii; Jastii, Hypoiastii, Hyperiastii; Dorii, Hypodorii, und Hyperdorii, sowohl im Diatonischen, als Chromatischen und Enarmonischen Genere zu bemercken pflegten, entworffen. Es bestehen solche theils aus rechten aufrecht stehenden, theils dergleichen seitlings liegenden, und andern zerstümmelten griechischen Buchstaben. Gedachte Isagogen hat an. 1616. Joan Meursius zu Leyden in 4to, und an. 1652. Marcus Meibomius aus dem griechischen ins latein. vertiret; dieser aber noch mit Anmerckungen heraus gegeben. Diese Edition beträgt in allen 11. Bogen, wobey noch drey Tabellen sich befinden.

Alzamento di mano (*ital.*) das Aufheben der Hand beym Tact geben.

Alzen (Anton) war an. 1723. Organist an der S. Michaels-Kirche in Hamburg, und ist vielleicht noch am Leben. s. das ietztlebende Hamburg nurgedachten Jahres.

Amabile (*ital.*) artig, charmirend.

Amadri (*Michele Angelo*) ein Italiänischer Componist, dessen und seiner Motetten Prætorius T. 3. Synt. Mus. p.7. gedencket.

Amalarius oder Hamalarius, ein Diaconus zu Metz, welcher, wie der Cardinal Joannes Bona in Notitia Auctorum aus der im MS. vorhandenen Dissertation des Constantini Cajetani: de duobus Amalariis berichtet, nachgehends Archidiaconus zu Tours in Franckreich, und endlich Cardinal geworden, hat vier Bücher: de divinis sive ecclesiasticis Officiis an den Käyser Ludovicum, nach dem 819ten Jahre; und noch ein andres Buch: de ordine Antiphonarii, nach dem 827ten Jahre geschrieben, und ist ums Jahr 840. gestorben. s. *Cave Histor. Liter. p.358.* Eben dieser Auctor p. 151. seines Chartophyl. Eccles. schreibet: Er sey anfänglich Diaconus zu Metz, nachgehends Bischoff daselbst, und weiter Ertz-Bischoff zu Lion gewesen, habe ohngefehr vom 812. bis zum 836. Jahre, und vielleicht noch länger, floriret; des Hrn. D. Buddei Lexicon meldet: Er sey vom Käyser Ludovico Pio an. 831. nach Rom geschickt worden, um sich von den Kirchen-Gebräuchen daselbst unterrichten

ten zu laßen, da er denn nach seiner Zurückkunfft gedachte Bücher geschrieben. Possevinus eignet ietzterwehnte Schrifften dem Amalario Fortunato, Ertz-Bischoffe und Cardinale zu Trier zu. Diese verschiedene Meynungen rühren daher: weil noch einer dieses Nahmens, sonst auch Fortunatus genannt, an. 811. Bischoff zu Trier gewesen, zu Luxevil erzogen, von Alcuino unterrichtet, von Carolo M. an den Orientalischen Käyser, Michaelem Curopalatem geschicket worden, welcher bey seiner Zurückkunfft ums Jahr 814. verstorben ist. Diesen haben alle Scribenten mit jenem vermenget, biß an. 1611. Sirmondus in notis ad Ennodium den Unterscheid zwischen beyden gezeiget, welcher darinnen bestehet: daß unser Amalarius, dessen zwey Wercke, nemlich: de ecclesiasticis seu divinis officiis, und de ordine antiphonario in der Bibliotheca Patrum befindlich sind, nicht Bischoff zu Metz, vielweniger Ertz-Bischoff zu Lion, sondern nur Diaconus zu Metz gewesen. s. die zweyte von an. 1722. vermehrte Auflage des *Buddei*schen *Lexici*.

Amalia Catharina, eine Tochter Grafens Philippi Theodori zu Waldeck, und Gemahlin Grafens Georg Ludwigs von Erpach, hat die an. 1692. zu Hildburghausen in getheilt 4to gedruckte Andächtige Sing-Lust, so wohl der Poesie als Music nach, verfertiget, und selbige Hertzog Ernsten zu Hildburghausen zugeschrieben. Sie ist an. 1696. den 4ten Januar. gestorben.

Amantius, hat eine lateinische Musicam geschrieben, aus welcher Lambertus Alardus c. 17. p. 87. de Musica Veterum, eine passage anführet.

Amatus (*Vincentius*) von Cimina, einem im Thal di Mazara liegenden Orte gebürtig, (Ciminnensis) gebohren d. 6. Jan. an. 1629, kam als ein Jüngling ins geistl. Seminarium zu Palermo, und wurde, nach absolvirten Studiis, S. Theologiæ Doctor, auch an. 1665.

an der Dom-Kirche daselbst Capell-Meister, gab an. 1656. sein erstes Werck, unter dem Titul: Sacri Concerti à 2. 3. 4. e 5. voci, nebst einer Missa à 3. e 4; und in eben diesem Jahre das zweyte aus einer Missa, Salmi di Vespro, e Compieta von 4 und 5 Stimmen bestehend, bey Bisagnio in 4to gedruckt, daselbst heraus, und starb an. 1670. den 29. Julii, im 42. Jahr seines Alters. Liegt in der S. Nymphæ-Kirche der Clericorum Regularium Ministrantium Infirmis begraben. s. *Mongitoris Biblioth. Sicul.* T. 2. p. 274.

Ambitus (*lat.*) ist einer Vocal-Stimme oder auch eines Instruments mögliche Höhe und Tieffe. Sonsten bedeutet dieses Wort auch diejenigen Grentzen, worinn die nach ihren Modis eingerichtete Choral-Lieder enthalten sind. Conceduntur autem, schreibet D. Bernhardus in Prologo Musicæ suæ, cuique Tonorum non plus qùam decem notæ seu voces, in quibus cursum suum habeat. Und nach Glareani Bericht lib. 1. c. 14. p. 34. Dodecachordi, haben die ältesten Kirchen-Gesänge kaum eine Quint ausgemacht; nach und nach sind sie biß zur Octav, und endlich noch um etwas höher gestiegen, so, daß unter den *Modis imparibus* der erste und siebende in der Tieffe noch einen gantzen Ton; der dritte gar eine Tertiam majorem; und der fünffte ein Semitonium minus unter der Octav bekommen; hingegen in den *Modis paribus* ist dem zweyten, wiewohl selten, dem vierten aber desto öffter ein Semitonium; und dem sechsten und achten ein gantzer Ton in der Höhe hinzu gethan worden.

Ambrosius, der Mayländische Bischoff ums Jahr 374, soll der erste gewesen seyn, der die Gewohnheit, Hymnos und Psalmen zu singen, in die Abendländische Kirche eingeführet: andere schreiben solches dem Damaso zu; welches beydes wahr seyn kan: doch dergestalt, daß dieser *approbiret* und

gut

gut geheissen, was jener angefangen, zumahl beyde zu einer Zeit gelebt. s. Prinzens *Mus. Histor. c. 8. §. 35.* Er war gebohren zu Trier oder Arles an. 333. allwo sein Vater Ambrosius, von Römischer Ankunfft, Gallischer Land-Voigt oder Stadthalter gewesen. Anicius Probus, Käysers Valentiniani Obrister-Hofmeister, bestellte ihn erstlich zu seinem Rath, hernach erhob er ihn zur Bügermeisterlichen Würde, und trug ihm an. 369. die Stadthalterschafft über die Ligurische und Æmilische Provintzen zu Mayland auf, woselbst er endlich gar an. 374. nach des Bischoffs Auxentii Tode, weil er den bey der neuen Bischoffs-Wahl zwischen den Catholischen und Arianern entstandenen Streit durch seine Autorität beygeleget, dieses Amt anzunehmen (ob er gleich nur noch ein Catechumenus war) genöthiget wurde; worauf er sich tauffen lassen, seine Güter verkauffet, das daraus gelösete Geld unter die Armen ausgetheilet, seinem Bruder, Satyro, das Hauswesen und die weltlichen Geschäffte übergeben, und sich gantz und gar auf die göttlichen Wissenschafften geleget, worinn ihm Simplicianus, ein Römischer Presbyter, treulich an die Hand gegangen. s. *H. D. Buddei Lexicon.* Er hat viel geistliche Lieder gemachet, und ist an. 397. den 4. April gestorben.

Ambubajæ, waren gewisse Weiber, die aus Syrien nach Rom kamen, auf verschiedenen Instrumenten spieleten, und dadurch junge Kerl an sich lockten, daher sie auch in nicht gar grosser renommée lebten. Sie hielten sich sonderlich in Circo, den Bädern, und andern Orten auf, wo es lustig zugieng. s. Schöttgens *Antiquitäten Lexicon,* conf. *Horat. Satyr. 2. lib. 1. Sermonum.* Sollen, nach einigen, ihren Nahmen vom Chaldäischen Worte Abbuba, so eine Pfeiffe heisset; nach andern aber, vom lateinischen *am,* i. e. *circum,* und der ehemals sehr berühmt gewesenen, nunmehro aber verwüsteten Stadt *Baja,* her haben; wie hiervon eine Spur in des Sabbatini also genannten Antiquario sich befindet, welche der Hofrath Nemeitz in der Nachlese besonderer Nachrichten, von Italien, p. 301. allegiret, und also lautet: Sinus Bajanus olim Civitas celeberrima ac amœnissima, ubi ――― illis temporibus magna erat frequentatio hominum, ac pro multis ac multis *impudicis mulieribus,* quæ absque respectu ac ullo timore in viis publicis amplectabantur homines, propterea defecit clementia cœli ――― & illa pars, quæ nimis superata est à mari, istis temporibus est egregius, ac tutus portus naturaliter factus, imò illis temporibus erat proprius situs delitiosus civitatis, ubi permanebant *istæ tales mulieres,* & nominabatur littus gratiosum Veneris.

Ame (*gall.*) die Stimme, oder das kleine Höltzgen, so z. E. in denen Violinen inwendig unter dem Stege aufgerichtet ist, lat. columen, statumen. s. *Mersenn. lib. r. p. 9. de Instrum. harmon.*

Amen, ein Hebräisches Wort, so fast in allen Sprachen behalten worden, damit es von seiner vortrefflichen Bedeutung keinen Abbruch leiden möge; wird aber doch im lateinischen durch: verè, fideliter, sic est, ita fiat; und im Teutschen durch: es werde wahr, gegeben. Hiervon ist in des Cardinals Joannis Bonæ Divina Psalmodia c. 16. §. 17. s. ein mehrers zu lesen.

Amerbachius (*Elias Nicolaus*) gab an. 1571. zu Leipzig Tabulaturam Organorum heraus. s. *Gesneri Biblioth.*

Amerias, ein Macedonier, wird von Mr. Brossard p. 377. seines Diction. unter die Music-Autores gesetzet, und mag wohl in seinen beym Athenæo lib. 4. p. m. 176. angeführten Glossis von Musicalischen Sachen handeln. Das comp. Gelehrten-Lexicon meldet: er habe de origine vocum geschrieben.

Ametor, ein Citharœdus, welcher, nach Athenæi Bericht, lib. 14. p. m. 638. bey den Eleuthernæis am ersten die
Liebes-

Liebes=Lieder zur Cithara gesungen. Die Stadt Eleuthernæ hat auf der Insul Creta, so iezo Candia heisset, gelegen.

Amico (*Raymundus de*) ein von Noti oder Noto in Sicilien gebürtig gewesener Musicus und Prediger=oder Dominicaner-Mönch, hat an. 1621. den ersten u. 2dern Theil seiner Italiänischen mit 1. 2. 3. und 4. Stimmen gesetzten Motetten zu Messina in 4to drucken lassen. s. *Mongitoris Bibl. Sicul. T.2.p.196.*

Ammerbacher (Johann Caspar) Cantor in Nördlingen, hat an. 1717. eine kurtze und gründliche Anweisung zur Vocal-Music zu Nürnberg in 8vo drucken lassen. Sie bestehet aus zwey Bogen.

Ammiller (Andreas) ein Tenorist in der Römischen Kayserin, Amaliæ Wilhelminæ, Hof-Capelle an. 1721. und 1727.

Ammon (*Blasius*) ein Tyroler, und Componist gegen das Ende des 16ten Seculi; wie denn von seiner Arbeit an. 1590. Sacræ Cantiones 4. 5. & 6. vocum, nebst etlichen auf die drey Haupt-Feste gerichteten Hymnis; an. 1591. kurtze 4stimmige Missen; an. 1593. vier 4. 5. und 6stimmige Missen; und noch ein anderes Werck, nemlich kurtze 4. 5. und 6stimmige, auf gewisse Fest-Tage der Heiligen gerichtete Motetten, allerseits zu München, bey Adam Berg, in 4to gedruckt worden sind. s. *Draudii Bibl. Class. p. 1616. 1624. 1633.* und *1637.* Das erste von iezt-gedachten Wercken wird schon ein Opus posthumum von nur erwehnten Adam Berg (der es dem Abte zu Kempten dediciret,) und der Auctor selbst ein venerandus, solertissimus celeberrimusque Musicus genennet.

Amodei (*Cataldus*) ein aus der Stadt Sacca in Sicilien gebürtig, (*Saccensis*) und an verschiedenen Kirchen der Stadt Neapolis bedient gewesener Componist und Music-Director, hat an. 1685. Cantaten à Voce sola (so sein 2tes Werck ist) zu Neapolis in 4to drucken lassen; ist gestorben ums

Jahr 1695. s. *Mongitoris Bibl. Sicul. T. 1. p. 134.*

Amœbæum carmen, ein Gedicht oder Lied, da einer um den andern einen Vers erzehlet, oder singet.

Amœbeus, ein berühmter Citharœdus zu Athen, welcher daselbst nahe beym Theatro gewohnet, und wenn er in die Citharam gesungen, täglich ein Attisches Talent, oder 600. Cronen (beträgt nach unserm Gelde 666. Reichs-Thaler und 16. Groschen, oder, wie andere wollen, gar 750. Reichs-Thaler, s. Hederichs *reales* Schul *Lexicon* unter dem Articul: *Talentum*) soll bekommen haben; wie solches Athenæus lib. 14. p. m. 623. aus des Aristeæ Buche, de Citharœdis, meldet.

Amœbeus, ein anderer, und zwar jüngerer Citharœdus, welcher beym Athenæo lib. 14. p. m. 622. numerorum musicorum Artifex insignis genennet, und mit dem vorhergehenden am 623ten Blate in Vergleichung gesetzet wird.

A moll. s. *As.* Aber in Ansehung des Modi heisset A moll: wenn die Terz zum a das c, und nicht cis ist.

Amorfortius (*Joan.*) hat Modulos 3. vocum an. 1597. zu Heydelberg in 4to heraus gehen lassen s. *Draudii Bibl. Class. p. 1652.*

Amorofo (*ital.*) lieblich.

Ἄμουσος (*gr.*) aversus à Musis; so scheinet es Cicero in der Oration pro Archia zu erklären; bedeutet einen, der weder in literis, noch in Musicis etwas verstehet.

Amphion, ein Sohn Jovis und der Antiopæ, hat vortrefflich auf der Cithara spielen können, so, daß die Poeten daher Anlaß genommen zu dichten: es wären ihm die Felsen und harten Stein-Klippen selbst, wegen seiner anmuthigen Music, nachgefolget. Ja, man setzet hinzu: daß bey Erbauung der Stadt-Mauren zu Theben, die Steine von selbst sich herbey gewältzet, und in behörige Bau-Ordnung sollen gestellt haben, als der wundersame Ton seines Instruments erschollen;

schollen; worunter aber verstanden wird daß durch seine Beredsamkeit das Thebanische Volck bezwungen worden, eine Mauer oder einen Wall zu ihrer defension aufzuführen, und daß durch eine wohl gesetzte Melodie auch ein sonst hartes Hertz könne erweichet werden. s. H. D. *Buddei Lexic.* Er soll, nach Aristoclis Bericht lib. de Musica, zu dem schon vor ihm erfunden gewesenen Tetrachordo noch drey Saiten hinzu gethan, und deren eine, Nete genannt, vor dem einen Stadt-Thore zu Thebe erfunden haben, weswegen nachgehends die Thebaner gedachtes Tohr Neitidem genennet. Daß er ein Scholar des Mercurii gewesen, berichtet Horatius lib. 3. Carmin. Ode XI. in folgenden Worten:

Mercuri nam te docilis magistro
Movit Amphion lapides canendo
Tuque testudo resonare septem
Callida nervis.

Amselius (*Pancratius*) war gebohren in Rostock an. 1593. d. 22. Octobr. wurde an. 1614. Schul-Collega zu Gnoien, einer kleinen Stadt im Mecklenburgischen, welchen Dienst er aber 1616. wieder aufgab; an. 1716. Poëta Laureatus; hierauf Rector Scholæ Luegdensis in Westphalen; an. 1622. Cantor in Rostock; an. 1623. Magister, und starb an. 1654. d. 15. May. s. *J. H. von Seelen Athen. Lubecens. P. 3. p. 410. sqq.* woselbst er ein Musicus elegantissimus genennet wird.

Anabasis (*lat.*) von ἀναβαίνω, ascendo, ich steige in die Höhe; ist ein solcher musicalischer Satz, wodurch etwas in die Höhe steigendes exprimiret wird. Z. E. über die Worte: Er ist auferstanden ꝛc. GOtt fähret auf ꝛc. u. d. g.

Anacara, Plur. ἀνάκαρα, Heer-Paucken.

Anacarista, ein Heer-Paucker. Beyde Wörter braucht Curopalates, wenn er schreibet: parato jam, & equitato Imperatore (οἱ ἀνακαρισται κρϐϐοι τὰ ἀνάκαρα Anacaristæ pulsant anacara. s. *Oct. Ferrarii Origines Ling. Italicæ,* unter dem Articul: *Gnaccare.*

Anacreon, ein berühmter Lyrischer Poet, von Teos, einer Stadt in Jonien, gebürtig (*Tejus,*) hat A. M. 3420. oder 528. Jahr vor Christi Geburt an des PolycratesHofe gelebt, und, wie Neanthes Cyzicenus lib. 1. de horis beym Athenæo lib. 4. p. m. 175. bezeuget, das Instrument Barbiton oder Barbitus erfunden. Soll sonsten ein lustiger Bruder, und Liebhaber eines guten Glas Weins gewesen, auch an einem Weinbeer-Kern im 85ten Jahr seines Alters erstickt seyn. s. Hederichs *reales* Schul-*Lex.*

Anadiplosis, ἀναδίπλωσις, von διπλῆς, duplex, Reduplicatio (*lat.*) ist: wenn das letzte Wort eines Commatis, wiederum das erste im folgenden Commate abgiebt. Z. E. Singet und rühmet, rühmet und lobet.

Analepsis, ἀνάληψις, von ἀναλαμβαίνω, recipio, ist: wenn eine aus lauter Concordanzen bestehende kurtze Clausul oder Formul noch einmahl unmittelbar nach einander gesetzt und angebracht wird.

Anapera, ἀνάπερα, ist, nach Bulengeri Bericht, lib. 2. c. 27. de Theatro, ehemahls ein rythmus tibiæ gewesen.

Anaphora, ἀναφορά, von ἀναφέρω, refero, ist eine Rhetorisch-musicalische Figur, heisset so viel als Repetitio, und entstehet (1. wenn ein periodus, oder auch nur ein eintzeles Wort, absonderlichen Nachdrucks halber, in einer Composition öffters wiederholet wird, (2. wenn die Fundament-Noten etlichemahl (dergleichen in Ciaconen geschiehet) überein angebracht und tractirt werden. s. *Janowka*

nowka Clav. ad Thesaur. M. A. Musica, p. 55. und *Joach. Thuringi Opusc. P. 2. c. 18. p. 120.*

Anarmonia, ἀναρμονία, ohne Harmonie, ein Ubellaut.

Anaxénor, ein A. M. 3908, oder vierzig Jahr vor Christi Geburt dergestalt hoch berühmt gewesener Citharœdus, daß Marcus Antonius ihm, den Tribut oder die Schatzung von vier Städten zu erheben, zugelassen, auch eine eigene Leib-Wache zu seiner Bedienung verordnet, und eine Statuam aufgerichtet. Es hat ihn auch die Stadt Tiana in Cappadocien sehr hoch und werth gehalten. s. Prinzens *Mus. Hist. c. 6. §. 54.* Bey dem Strabone lib. 14. wird dieses von der Stadt Magnesia gemeldet, und Anaxenor selbst ein Magnesier genennet.

Anche (*gall.*) Lingula (*lat.*) also heisset das aus zwey Stückgen Rohr zusammen gefügte Mund-Stück vor die Hautbois, und andere blasende Instrumente, durch dessen kleine Spalte der Wind hinein gelassen wird.

Ancropoli (*Nicolò*) ein Kayserlicher Violinist an. 1721. und 1727.

Andante, vom Italiänischem Verbo andare; aller (*gall.*) cheminer à pas égaux, mit gleichen Schritten wandeln. Wird sowohl bey andern Stimmen, als auch solchen General-Bässen, die in einer ziemlichen Bewegung sind, oder den andern Stimmen das thema vormachen, angetroffen; da denn alle Noten sein gleich und überein (ebenträchtig) executirt, auch eine von der andern wohl unterschieden, und etwas geschwinder als adagio tractirt werden müssen.

Anders (*Henrici*) hat zwey Sonaten-Wercke von 3. und 4. Instrumenten ediret. s. *Roger Catalogue de Musique, p. 27. und 37.* Er soll ein Teutscher, und an der Alten Kirche in Amsterdam Organist gewesen seyn.

André (*Louis*) ein Königl. Polnischer und Chur-Sächsischer Compositeur und Capell-Meister an. 1719. s. den Dreßdnischen Hof-und Staats-Calender *a. cit.*

Andrea von Canareggio, ein berühmter Organist, dessen Garzoni im 43. *Discorso della Piazza universale*, p. 374. gedencket; und demnach in der zweyten Helffte des 16ten Seculi mag florirt haben. conf. *Canareno*.

Andrea dalla Viola, ein vortrefflicher Lautenist bey nur gedachtem Auctore p. 374.

Andrea (*Honofrio d'*) ein Neapolitaner, hat, unter andern, Discorsi in Prosa zu Neapolis an. 1636. in 4to ediret, worunter auch einer von der Music ist. s. *Toppi Biblioth. Napolet.*

Andreas Corinthius, ein Musicus beym Plutarcho, de Musica, welcher mit allem Fleiß sich vor dem Genere Chromatico, der Variation, und Vielheit der Saiten gehütet. Ob Corinthius den Geschlechts-Nahmen, oder den Geburts-Ort, nemlich die Stadt Corinth bedeute? wird nicht gemeldet.

Andreini (*Isabella*) eine in der Philosophie nicht unerfahrne Italiänische Comödiantin, hat sehr schöne Verse gemacht, die Spanische und Frantzösische Sprache, wie auch die Music wohl verstanden, und ist in die Accademia de' Intenti zu Pavia aufgenommen worden. Ihre Briefe sind an. 1610. zu Venedig, und ihre Gedichte an. 1605. zu Mayland heraus gekommen. s. das comp. Gelehrten-*Lexic.* Das Epitaphium, so ihr Mann setzen lassen, ist vor eine schöne Comödiantin was seltenes, und lautet folgender massen:

D. O. M.

Isabella Andreina, Paravina, mulier magna virtute prædita, honestatis ornamentum, maritalisque pudicitiæ decus, ore facunda, mente fœcunda, religiose pia, Musis amica & artis scenicæ caput, hic resurrectionem expectat. Ob abortum obiit 4. Idus Jun. 1604. annum agens 42. Franciscus Andreinus mœstissimus

stissimus posuit. s. Hrn. D. Buddei Lex. in Appendice.

Andron, ein Pfeiffer von Catanea in Sicilien gebürtig, soll, wie Athenæus lib. 1. p. m. 22. aus dem Theophrasto berichtet, wenn er gespielt, der erste gewesen seyn, so den Leib geschickt und artig darzu beweget.

Anemotheca; von ἄνεμος, ventus, der Wind, und τίθημι, pono, ich setze; der Wind-Canal an einer Orgel, it. der Wind-Kasten.

Anerio (*Felice*) ein Römischer Componist, und Scholar des Maria Nanino, von seiner Arbeit sind an. 1599. sechs-stimmige Madrigalien zu Antwerpen; und an. 1610. vier-stimmige Canzonetten zu Franckfurth am Mayn in 4to gedruckt worden. s. *Draudii Bibl. Exotic. p. 266.* und *ejusdem Biblioth. Classs. p. 1611.*

Anerio (*Gio. Francesco*) ein Römer, hat als Capell-Meister am Dom zu Verona an. 1611. seine Recreatione Musica in Venedig drucken lassen. Ist, wie Marcus Scacchius in der Vorrede seines Cribri Musici an den Leser meldet, auch Capellmeister an des Königs in Polen Sigismundi III. Hofe gewesen. s. *Matthesonii Crit. Mus. T. 2. p. 81.* Sein Theatro Armonico Spirituale di Madrigale à 5. 6. & 7. voc. ist an. 1619. in Rom gedruckt worden.

Ἄνεσις, (*gr.*) ist eben dasjenige, was die Italiäner Allentamento, Rilasciamento und Rallentamento, und die Lateiner Remissio nennen; wenn man nemlich von einer Note zur andern gradatim unterwerts gehet. s. *Zarlin. lib. 2. Suppliment. c. 1. p. 45. und 46.*

Angares, ist ein vornehmer Musicus an des Königs in Meden, Astyagis, Hofe gewesen, dessen Athenæus lib. 14. p. m. 633. gedencket.

Angeli (*Francesco Maria*) von Rivotorto, ein Franciscaner-Mönch, und gelehrter Musicus, hat ein kurtzes Manuscript von der Composition hinter-lassen, woraus Tevo, wie er P. 4. c. 3. p. 230. seines Testore Musico bezeuget, seinen ersten Unterricht genommen, und von ihm meldet: „er sey in der Music so gelehrt gewesen, daß niemand einen Schritt zum voraus vor ihm hierinn gehabt.,,

Angelica. sc. Vox (*lat.*) Engel-Stimme; ist ein Orgel-Register, von Hrn. Stumm, Orgelmacher in Sultzbach, verfertiget.

Angelique, ein Engländisches der Laute in etwas gleichendes Instrument, mit einfachen Darm-Saiten bezogen, wird, wie ein Clavier, Ton-weise gestimmet, und soll leichter als die Laute zu spielen seyn. s. den musicalischen Trichter *p. 91.* und *Matthesonii Orchest.* ersten Theil, *p. 277.*

Angelo da Picitone, ein Franciscaner-Pater, von der im Cremonischen Gebiete liegenden Stadt Picigghitone oder Pizigghittone, also genannt, hat in Italiänischer Sprache: Fior Angelico von der Music geschrieben, so an. 1547. zu Venedig gedruckt worden. Dieser Tractat handelt in 2. Büchern de Cantu plano & figurato. In Arisii Cremona literata T. 2. p. 162. wird gemeldet: Der Auctor sey an. 1541. zum General-Procurator seines Ordens im Mayländischen erwehlet, und im folgenden Jahre confirmiret worden.

Angermayer (*Johann Ignatz*) ein Violinist in der Kayserl. Hof-Capelle an. 1727, und zwar der 23te oder letzte.

Angioletta, eine Italiänische berühmte Sängerin im Hospital dell'Incurabili zu Venedig, welche sowohl Opern-als andere Sängerinnen daselbst übertroffen, ist vor einigen Jahren an einen Kauffmann, Bianchi genannt, in gedachter Stadt verheyrathet worden. s. H. Hof-Rath Nemeitzens Nachlese besonderer Nachrichten von Italien p. 61. in der Anmerckung, woselbst noch gemeldet wird: daß die Heyrath das eintzige Mittel sey, dergleichen Virtuosen aus diesen Hospi-

Hospitälern zu bekommen; denn die Republic lasse sie sonsten gar selten heraus.

Anglebermeus (*Pyrrhus*) hat ein Tractätgen de Saltatione & Musica geschrieben, welches, wie er selber gestehet, guten Theils aus dem Luciano genommen ist. s. *Tiraquelli Comment. de Nobilitate c. 34. §. 26. p. 367.*

Anglebert (*Jean Henry*) ein ums Jahr 1679. berühmt gewesener Königl. Frantzösischer Cammer-Musicus und Organist, hat ein starckes Buch voller Piecen vors Clavessin, so alle von Mr. Lully auf andere Instrumente vorher gesetzt gewesen; wie auch etliche Fugen vor die Orgel ediret und in Kupffer stechen lassen.

Angleria (*Camillo*) ein Cremoneser, und Franciscaner-Pater tertii Ordinis, hat die Composition bey dem grossen Virtuosen Claudio Merula von Correggio erlernet, und an. 1622. Regole del Contrapunto zu Mayland heraus gegeben. s. *Penna Albori Musicali, lib. 2. c. 13. p. 100.* und *Picinelli Ateneo dei Letterati Milanesi, p. 315.*

Anglicus (*Alphredus*) der an. 1270. bey dem vom Pabst Urbano IV. an König Henricum III. nach England geschickten Legaten, nemlich dem Cardinal Ottoboni, gewesene Gefehrde und Diaconus, hat unter andern auch ein Buch: de Musica, geschrieben. s. *Balei Catalog. Scriptorum Britan. Cent. 4. p. 322.*

Anglicus (*Bartholomæus*) wird so wohl von Possevino p. 223. Biblioth. Select. als Mr. Brossard p. 377. unter die Music-Autores gesetzet; wer er aber gewesen, habe nicht finden können; wohl aber, daß er an. 1360. gelebt, und 18. Bücher: de genuinis rerum cœlestium, terrestrium & inferarum proprietatibus geschrieben, so an. 1601. zu Franckfurt in 8vo gedruckt worden sind.

Angloise, ein Engländischer Tantz und Kling-Stück, so aus ruckenden Noten bestehet.

Anima, oder Animato (*ital.*) bedeutet so viel als allegro.

Animoso (*ital.*) animé (*gall.*) beseelt, belebt, frisch.

Animuccia (*Joannes*) ein Päbstlicher an. 1569. zu Rom verstorbener Capell-Meister, von Florentz gebürtig, hat unzehlige Madrigalien und Motetten heraus gegeben; insonderheit wird das zu Rom an. 1567. gedruckte, und den Vaticanischen Canonicis dedicirte Missen-Werck sehr gerühmet. s. *Pocciantii Catal. Scriptor. Florentin. p. 101.*

Animuccia (*Paulus*) des vorigen Bruder, hat auch viele Madrigalien und Motetten ediret; ist gleichfalls zu Rom an. 1563. verstorben. *id. ibid. p. 143.*

Anisotoni, vom Griechischen ἄνισος, inæqualis, ungleich, und τόνος, tonus, ungleiche Töne oder Klänge.

Anna Maria, eine Italiänerin im Hoipital alla Pietà zu Venedig, welche auf der Violin ungemein wohl, so fertig, als delicat spielet. s. H. Hof-Rath Nemeitzens Nachlese besonderer Nachrichten von Italien, *p. 61.*

Annibal, Patavinus zubenahmt, weil er aus Padua gebürtig gewesen, wurde im 25ten Jahre seines Alters zum Organisten an der S. Marcus-Kirche in Venedig angenommen, bey welcher function, durch edirung verschiedener Wercke, er in gantz Italien einen grossen Nahmen erlanget. Das Spielen auf zwo Orgeln zugleich, dergleichen ietzo noch, sonderlich an hohen Fest-Tagen daselbst gebräuchlich seyn soll, hat ihn zum Urheber. Hierbey ist er auch ein vortrefflicher Contrapunctist und anno 1560. noch am Leben gewesen. s. *Bernh. Scardeonii Histor. de antiquit. urbis Patavii, lib. 2. Class. 12. p. 264.*

Annonziata, Annunciata, Nonciata (*ital.*) das Fest der Verkündigung Maria.

Ansa (*lat.*) ist beym Kirchero lib. 6. Musurg. p. 476. so viel als manubrium,

brium, oder das Griff-Bret an einer Laute, und dergleichen Instrumenten.

Ansatz, wird von Einrichtung des Mundes auf blasenden Instrumenten gesagt.

Anschlagen, wird dem liegen, und insonderheit auf dem Claviere dem durchgehen entgegen gesetzt, und heisset: entweder den vorhergehenden Griff noch einmahl, oder einen neuen hören lassen.

Antecamentum (*lat.*) ein Vorspiel, Præambulum.

Antegnati (*Constanzo*) ein guter Componist, Orgelmacher, und Organist zu Brescia ums Jahr 1619. an der dasigen Dom-Kirche. Daß er schon an. 1591. in dieser Bedienung gestanden, beweisen die in nur gedachtem Jahre zu Venedig gedruckten Canzoni da Sonare à 4. & 8. voci. Die Orgel, so er unter Händen gehabt, ist von seinem Vater gebauet worden. Von seiner, zwar nach altem stylo doch künstlich eingerichteten Arbeit sind vier Theile 4stimmiger Canzonen; ein Werck zwey-und drey-Chörichter Missen und Motetten; wiederum ein anders 3stimmiger Motetten, und Litanien; weiter 3-Chöriche Motetten und Missen von 12. Stimmen; auch eins von 8-stimmigen Missen und Sinfonien; nebst Hinni d' Intavolatura d' Organo, und l' Antegnata Intavolatura di Ricercate, sämtlich zu Venedig bey Alessandro Vincenti gedruckt worden. s. *Leon. Cozzando Librar. Bresciana. p. 87. sq.*

Anthema, ἄνθεμα, ein griechischer gemeiner Tantz, worzu gesungen wurde. s. *Cœlii Rhodigini Lect. Antiq. lib. 5. c. 4.* und *Musonium de luxu Græcorum c. 6.* das Singen verrichteten die Täntzer selbst. s. *Athenæum lib. 14. p. m. 629.*

Anthologium, heist auf lateinisch, so viel als Florilegium; und war ein griechisches Kirchen-Buch, in welchem die Lieder und Lectiones befindlich, so durchs gantze Jahr auf die Fest-Tage gesungen und gelesen wurden. s. Schöttgens *Antiquitäten-Lexic.*

Anthropoglossa, ist das in einigen Orgeln befindliche Register, sonsten Vox humana, oder **die Menschen-Stimme** genannt.

Anticipatione della Nota (*ital.*) **Anticipatio Notæ** (*lat.*) die Vorausnehmung einer Note ist: wenn sie im nächsten intervallo drunter oder drüber eher eintritt, und sich hören lässet, als es eigentlich der ordinaire Satz sonsten thut. z. E. wie No. 6. Diese Figur ist von dem Accentu duplici nur in so weit unterschieden, daß solcher auch springend angebracht wird, welches die Anticipatio, so sonsten auch Præceptio und Præsumtio heisset, nicht thun kan.

Anticipatione della sillaba (*ital.*) **Anticipatio syllabæ** (*lat.*) ist, wenn eine zur folgenden Note eigentlich gehörige Syllbe eher eintritt, als es sonsten nöthig, und deswegen im Sprunge von einer Terz zur andern, die noch darzwischen liegende, ob gleich nicht auf dem Papier da stehende Note, zu ihrer expression mitnimmt. z. E. No. 7. s. den musical. Trichter *p. 70.* und *Mylii Rudimenta Musices,* im 5ten Stück §. 6. Ob aber, bey Anbringung dieser Figur, wegen des Texts nicht mehr ein Ubelstand zu befürchten, als ein Wohlstand zu hoffen sey, überlasse andern zu judiciren? Anticipario, das zuvorkommen, vorausnehmen, kan auch im General-Bass-Spielen statt haben, wenn nemlich ein Griff nicht erst zur folgenden Note, sondern zur vorhergehenden Pause, und demnach eher angebracht wird.

Antienne. s. *Antiphona.*

Antifona Consonanza (*ital.*) die Octav. s. *Galilei Dialogo p. 68.*

Antigenidas, ein zu Alexandri M. Zeiten berühmt gewesener Pfeiffer zu Theben, ein Sohn Satyri, und Discipul des Philoxeni, welcher am ersten die leichtsinnige Milesischen Mode-Schuh getragen. Plinius gedencket seiner

lib.

ANT ANT

lib. 16. c. 36. und Plutarchus Orat. 2. de Fortuna: vel Virtute Alexandri berichtet von ihm: daß, als er einstens den Modum Harmatium (ἁρμάτειον νόμον) gespielet, Alexander dadurch dergestalt sey aufgebracht worden, daß er die Waffen ergriffen, und schier die Hände an die Anwesende gelegt hätte. Andere legen dieses nicht dem Antigenidæ, sondern dem Timotheo bey. s. *Voss. de natura Artium, lib. 1. c. 4. §. 45. p. 19. b.* Beym Apulejo Floridorum lib. 1. heisset er: omnis voculæ melleus modulator, & idem omnimodis peritus modificator, seu tu velles Æolium simplex, seu Asium varium, seu Lydium querulum, seu Phrygium religiosum, seu Dorium bellicosum. Nach diesen Worten wird unmittelbar gemeldet: es habe ihn nichts so sehr verdrossen und gekräncket, als daß die monumentarii ceraulæ (die bey Leichen-Begängnissen aufgewartet) auch tibicines oder Pfeiffer genennet worden. Derjenige Antigenidas, dessen beym Gellio, lib. 15. c. 17. Noct. Atticar. Erwehnung geschiehet: daß er nemlich den Alcibiadem zu Athen auf der Flöte unterrichten sollen, dieser aber solche zerbrochen und weggeworffen, mag wohl ein anderer seyn: weil Alcibiades 94. Jahr eher, als Alexander M. gebohren worden. Daß Antigenidas ungemein berühmt müsse gewesen seyn, ist aus der Antwort des Epaminondæ, so er dem Uberbringer der Zeitung: daß die Athenienser eine mit neuem Gewehr versehene Armée in Peloponnesum geschicket; abzunehmen, welche diese war: *Antigenidas bekümmere sich wenig drum, wenn Tellen neue Flöten bekäme.* s. *Dalechampii* Anmerck. über *Athen. lib. 14. p. m. 031.*

Antimachus, ein griechischer Poet und Musicus, mit dem Beynahmen Psecas (von ψεκάζειν, ansprengen) genannt: weil er im Reden die nächst bey ihm stehende mit seinem Speichel zu besprützen pflegen. s. *comp.* Gelehrten-Lexicon, und *Cœl. Rhodig. Lect. Antiq. lib. 24. c. 28.*

Antiphona, ein aus ἀντὶ, contra, gegenüber, und φωνὴ, vox, sonus, die Stimme, der Klang, zusammen gesetztes Wort, Vox reciproca, (*lat.*) ein Entgegen-Klang, Gegen-Gesang, oder Gegen-Stimme; ist ein aus H. Schrifft, oder aus einem Kirchen Vater genommener Spruch, welcher vor seinem ihm zugehörigen Psalm herzugeben, und zwar von einem einzigen Sänger intoniret zu werden pfleget. Der darauf folgende Psalm wird alsdenn von zween Chören in den Stifftern und Clöstern wechselsweise gesungen, und nach dessen Vollendung die Antiphona, Antienne (*gall.*) von allen zugleich vollkommen wiederholet. Und dieses nur an also genannten Doppel-Festen; an einfachen aber wird die Antiphona nur nach dem Psalm gesungen. s. *Furetiere Dictionaire.*

Antiphonarium, Antiphonarius sc. liber, Antiphonale, ist das in der Römischen Kirche gebräuchliche grosse lateinische Gesang-Buch, woraus die Canonici und andere Geistliche nicht nur die Antiphonas (wovon es den Nahmen führet) sondern auch andere Hymnos, Collectas &c. absingen. Die Frantzosen nennen nurgedachtes Buch Antiphonier oder Antiphonaire.

Antipondia (*lat.*) die Gegen-Gewichte bey den Orgel-Bälgen.

Antippus oder Antiphus, wird von Polluce c. 10. Segm. 87. Onomast. als Erfinder der Lydischen Harmonic auf den Flöten angegeben.

Antisthenes, ein Athenensischer Philosophus. Zuhörer des Socratis, und Stiffter der Cynischen d. i. Hündischen Secte im 36. Seculo Mundi, hat, wie Diogenes Laertius lib. 6. Segm. 17. bezeuget, einen Commentarium von der Musie geschrieben.

Anti-

Antistrophe, ἀντιςροφή, war bey den Heyden ein Lieder-Tantz, welcher von der lincken zur rechten Hand des Altars verrichtet wurde.

Antithesis, ἀντίθεσις, heisset: wenn aus einer Clausula formali, gehling in eine frembde gegangen wird.

Antitheton, ist ein musicalischer Satz, wodurch solche Sachen, die einander contrair und entgegen sind, exprimirt werden sollen. Z. E. ich schlaffe, aber mein Hertz wachet u. d. g.

Antode, also hieß das Lied, so bey der Antistrophe, oder Gegen-Wendung gesungen wurde. s. *Bulenger. lib. 2. c. 12. de Theatro.*

Antonellio (*Abundio*) oder Antinello Capellmeister an der Ertz-Bischöfflichen Kirche zu Benevento im Neapolitanischen, hat an. 1614. Motetten zu Rom drucken lassen.

Antonianus (*Silvius*) aus einem Neapolitanischen Geschlechte zu Rom an. 1540. gebohren, ist ein grosser Liebhaber der Poesie, und der Music sehr ergeben gewesen; wurde im 16. Jahre Professor litterarum humaniorum zu Ferrara, nahm auch daselbst den Gradum Doctoris Philosophiæ und Juris an; kam hierauf nach Rom, wurde beym Cardinal Borromeo Secretarius, und, nach verschiedenen Bedienungen, Secretarius Brevium, Canonicus zu S. Petri, und endlich Cardinal. Ist an. 1603. zu Rom gestorben, und in die Kirche S. Mariæ in Vallicella begraben worden. s. das *comp. Gelehrten-Lex.* und *Mandosii Biblioth. Romanum, Centur. 9. §. 59.*

Antonii (*Pietro degli*) ein Capellmeister an der S. Stephans-Kirche zu Bologna und Academico Filarmonico, hat 8. Opera ediret, worunter Opera 5. aus Ricercate à Violino solo e Violone o Continuo bestehet. s. *Roger Catalogus de Music, p. 31.* Opera 7. ist an. 1696. zu Bologna herausgekommen, hält 6. Motetten à Voce sola con Violini, o Viole e Violoncello obligato in sich, und dem Hertzoge Carl von Lothringen, Groß-Priori von Castilien, Bischoffe zu Olmütz, und Abte bey S. Steffano zu Bologna dedicirt worden. Opera 8. bestehet aus 3 Missen von 2 Cänten und Bass, nebst 2 Violinen, welche aber auch aussen gelassen werden können. Auf dem Titul-Blate dieses Wercks nennet er sich: Maestro di Capella di S. Giovanni in monte di Bologna: hat auch selbiges dem dasigen Capitul de' Canonici Regolari Lateranensi dediciret. H. Johann Krieger, in der Vorrede an den Leser über seine 6. musicalische Partien, gedencket auch eines Antonii (*Giov. Battista de gli*) Organistens zu S. Giacomo maggiore in Bologna, und Accademico Filarmonico, welcher eine Intavolatura nuova di certi Versetti per tuttti li Tuoni per l' Organo drucken lassen.

Antonio, hat ein Sonaten-Werck vor Violinen, ingleichen Motetten ediret. s. *Boivins Music. Catalog. aufs Jahr 1729. p. 14. u. 26.*

Antonio da Bologna, hat Ricercali Intavolature da Organo herausgegeben. s. *Doni Libraria p. 84.*

Antonius (*Julius*) ein Orgelmacher, hat an. 1585. in die Marien-Kirche zu Dantzig ein Werck von 55. Stimmen gebauet, dessen dispositon in Prætorii Synt. Mus. T. 2. p. 162. befindlich ist.

Antonius (*Marcus*) ein Römischer Componist ums Jahr 1647.

Antonius, ein kunsterfahrner Musicus von Mazzara in Sicilien gebürtig, hat Citharam septem chordarum geschrieben, nach Jerusalem sich begeben, und daselbst sein Leben more Philosophorum zugebracht, wie Ab. Pirrus not. Ecclef. Mazar. p. 543. berichtet. s. *Mongitoris Biblioth. Sicul. T. 2. p. 69.*

Apobaterium (*lat.*) ἀποβατήριον (*gr.*) ein Abschieds-Carmen, oder Lied; von ἀποβαίνω, abeo. s. *Scalig. lib. 3. Poet. c. 107.*

Apoco-

Apocope (*lat.*) ἀποκοπή (*gr.*) Apocopa (*ital.*) ist eine musicalische Figur, so entstehet: wenn bey der letzten Note eines Periodi harmonicæ nicht ausgehalten, sondern behende abgeschnappt wird, und zwar bey solchen Worten, die solches zu erfordern scheinen.

Apodipna (*lat.*) ἀπόδειπνα (*gr.*) quasi Postcœnia, Gesänge nach dem Abend-Essen, wenn man schlaffen gehen will.

Apollo, ein Sohn Jovis und der Latonæ, soll die Music erfunden haben; welches seine Richtigkeit hat, wenn man mit Vossio und Huetio durch den Apollo den Jubal verstehet, von welchem Genes. c. 4. v. 21. und 22. gelesen wird: daß von ihm die Geiger und Pfeiffer herkommen. Cicero lib. 3. de natura Deorum führet vier Apollines an; unter diesen hat obgemeldter, als er des Admeti Rind-Vieh gehütet, die Citharam erfunden, wie Diodorus lib. 6. und Pausanias Eliacorum prior. oder lib. 5. berichten: Von des Apollinis, als einer heydnischen Gottheit, geheimen Bedeutung, kan Omeisens teutsche Mythologie, und P. Franc. Pomey Pantheum Mythicum p. 23. sq. unter vielen andern nachgeschlagen werden.

Apollon, ein musicalisches von Mr. Prompt, einem Frantzosen, erfundenes Instrument, so zwantzig einfache Saiten, und viel gemeinschafftliches mit der Theorbe hat; aber unvergleichlich besser afficiren, auch bequemer zu stimmen seyn soll. s. den *Mercure Galant*, im Monat Januar, des 1678ten Jahres, p. 80.

Aponensis (*Petrus*) oder de Apono, ein berühmter Philosophus, Medicus und Astrologus, gebohren an. 1250 in dem den Venetianern gehörigen, u. 5. Italiänische Meilen von Padua liegenden Flecken Abano (*lat. Aponus* genannt) studirte zu Paris, wurde daselbst Doctor Medicinæ, schrieb unter andern den Conciliatorem (davon er auch den Zunahmen: Conciliator, bekommen); in Prolegomena Aristotelis, und starb an. 1316. s. das *comp. Gelehrten-Lex.* wird von Mr. Brossard, p. 377. seines Diction. als ein Scriptor musicus angeführet.

Aposiopesis (*lat.*) ἀποσιώπησις (*gr.*) heisset in der Music: wenn eine Pausa generalis, oder ein durchgängiges Stillschweigen in allen Stimmen und Partien zugleich vorkommt; welches auf zweyerley Art geschehen kan, als: (1. wenn in der Mitte eines Stücks, vermittelst einer vorhergehenden Final-Cadenz, und drauf folgenden gantzen oder halben Tact-Pause, dergleichen gemacht wird; welche Art so dann insonderheit Homœoteleuton heisset. (2. wenn gleichfalls, vermittelst einer gantzen, halben, oder Viertels-Tact-Pause, ohne aber dabey einen formalen Schluß oder Cadenz zu machen, dergleichen Stillschweigen angebracht wird; diese Gattung heisset insonderheit Homœoptoton. s. *Joach. Thuringi Opusc. P. 2. c. 18.*

Apothetus ist bey den Griechen ein nomus tibialis, oder eine den Flöten eigene modulation gewesen. s. *Pollucis Onomasticon lib. 4. c. 9. Segm. 65.* und *Plutarchi Comment. de Musica.*

Apotome (*lat.*) ἀποτομή, von ἀποτέμνω, abscindo, ich schneide ab; also nannten die Griechen ihr in proportione super 139 partiente 2187 bestehendes Semitonium majus. s. *Zarl. Vol. I. P. 2. c. 28.* weil es ein abgeschnittenes Stück vom gantzen Tone ist.

Apòtre (*gall.*) Apostolus (*lat.*) ein Apostel. Pour un Apotre, auf einen Apostel-Tag, einem Apostel zu Ehren.

Applicatio, Applicatura (*lat.*) heisset: wenn in tractirung eines Instruments bald dieser, bald ein anderer Finger den Umständen nach nöthig ist, und füglich

füglich gebraucht werden kan, oder muß.

Appuyé (*gall.*) appogiato (*ital.*) unter/ stützt; 3. E. tremblement appuyé heisset: wenn man ein trillo nicht ox abrupto anfängt, sondern vermittelst eines andern Clavis, erst die præparation darzu machet.

Apulejus (*Lucius*) ein Platonischer Philosophus, von Madaura in Africa gebürtig, hat a. c. 150. florirt, zu Carthago, Athen und Rom studiret, auch hieselbst einen Advocaten abgegeben, und, wie H. D. Fabricius lib. 3. c. 10. p. 265. Biblioth. Græcæ aus dem Cassiodoro anführet, Institutiones Musicas geschrieben; welche aber, wie abermahl nurgedachter Hr. D. Fabricius lib. 3. c. 2. Biblioth. Latin. p. 527. aus Dan. Guil. Molleri an. 1691. zu Altorff gehaltenen Dissertation. de Apulejo, meldet, verlohren gegangen.

Aputo (*Domenico*) ein Violonist in der Kayserl. Capelle, an. 1721. u. 1727.

Apycnos, ἄπυκνος, sc. Φθόγγος, non-spissus, rarus sc. sonus; in plur.

Apycni, ἄπυκνοι, sc. Φθόγγοι, non-spissi, rari sc. soni; also heissen diejenigen Klänge, welche niemals zur disposition eines ad spissum Systema gerichteten Tetrachordi gehörten, und waren folgende drey, als: die Proslambanomenos, Nete Syncmmenon, und Nete Hyperbolæon: nach unserer Einrichtuung, das A. d und a. s. *Arist. Quintil. lib. r. p. 12.* und *Alypium p. 2.*

A quattro Parti (*ital.*) a quatre Parties (*gall.*) von 4 Partien.

A quattro soli (*ital.*) à quatre seuls (*gall.*) ein vierstimmiges Stück auch nur mit so vielen Stimmen, und nicht mehrern, executiren; damit die Schönheit der Composition, durch stärckeres Besetzen, nicht verdunckelt werde.

A quatre temps (*gall.*) von vier Vierteln, d. i. da der Tact in vier Viertel eingetheilt wird.

A quattro Voci (*ital.*) von 4 Stimmen.

Aquila, ein Grammaticus und Musicus, dessen Suidas gedencket.

Aquinus, ein Prediger-Mönch ums Jahr 1494. aus Suedia gebürtig (hierdurch dürffte wohl eher der Flecken Schweitz oder Schwitz im Schweitzerlande, welcher lateinisch Svitia, und auch Suedia heisset, s. *Ferrarii Lex. Geograph.* als das Königreich Schweden gemeynet seyn) hat den Boëthium imitiret, und ein Buch: de numerorum & sonorum Proportionibus, geschrieben. s. *Gesneri Biblith. univ.*

Aquivivus (*Andreas Matthæus*) Hertzog zu Atri, und Fürst zu Interamnia oder Teramo im Neapolitanischen (Hadrianorum Interamnatumque Dux,) lebte zu Ende des 15ten, und Anfange des 16ten Seculi, war im Kriege unglücklich, wurde blessirt und gefangen, da er denn zum Zeitvertreib, unter andern, auch über des Plutarchi Chæronei Tractätgen de Virtute morali, einen aus vier Büchern bestehenden Commentarium, so er Disputationes nennet, geschrieben, worinnen, im ersten Buche die letzten 22. Capitel, nemlich vom 14ten bis aufs 36, von musicalischen Materien, folgenden Inhalts, handeln. Cap. 14. de Musica, & qua ratione, atque industria Pythagoras per eam secretiora naturæ vestigaverit. Cap. 15. de Semitonio majore & minore. Cap. 16. de Diatesseron. Cap. 17. de Diapente. Cap. 18. de Diapason. Cap. 19. de Bisdiapason. Cap. 20. de Diapason cum Diapente conjuncta. Cap. 21. de Diapason cum Diatessaron copulata. (An statt des 22ten Capitels folget aus Versehen des Druckers das 23te) so de speciebus Consonantiarum, & tropis musicis handelt. Cap. 24. de Dorio sublimi. Cap. 25. de Hypodorio jugato. Cap. 26. de Phrygio sublimi. Cap. 27. de Hypophrygio jugato. Cap. 28. de Lydio sublimi. Cap. 29. de Hypolydio jugato. Cap. 30. de Myxolydio sublimi. Cap. 31. de Hypomyxolydio jugato. Cap. 32. de Phthongis, Diastemate

mate & Systemate. Cap. 33. de modulandi generibus. Cap. 34. de Cantilenarum structura, & vocum perfectarum, atque imperfectarum diversitate. Cap. 35. de vocum consonantiis, earumque cum elementis cognatione. Cap. 36. Pythagoram ad universæ, ac præsertim ad humanæ naturæ arcana per Musicam pervenisse. Angeführte Capitel betragen zusammen 26. 4to-Blätter. Der vornehme Verfertiger ist an. 1528. im 72ten Jahre seines Alters zu Conversano gestorben.

Arabius tibicen. Ein Sprichwort, so von denen, die des Redens kein Ende machen wollen, gebraucht wird; soll, nach einigen, daher seinen Ursprung haben: nemlich, zu der Zeit, da das Flöten-Spielen, als etwas, freyen und honetten Leuten unanständiges, verachtet, und nur von leibeigenen Knechten, so mehrentheils aus Arabien waren, dergestalt getrieben wurde, daß sie zum öfftern das Ende vergassen, und man von ihnen sagte: Pro drachma canit, pro quatuor cessat; nach andern aber: die Araber hätten auf ihren Nacht-Wachen continuirlich geblasen, und wäre das Innehalten derselben von den andern als ein Zeichen eines passirten Unglücks gehalten worden. s. *Bernard de Montfaucon Bibliothecam Coislinianam.* p. 606.

Aragona (*Pietro*) ein Florentiner, hat in seiner Sprache eine Historiam Harmonicam geschrieben. s. *Mr. Brossards Diction.* p. 369.

Araines, also wurden ehemals die Französischen Trompeter, vom lateinischen æs, æris, æra, ærania, gennenet. s. *Ménage Diction. Etymologique.*

Aranda (*del Sessa d'*) das erste Buch seiner vierstimmigen Madrigalien ist, nebst noch einem von Thomas Welkes, einem Engländer, an. 1619. zu Helmstädt bey Zach. Raben gedruckt worden. s. *Draudii Biblioth. Exotic.* p. 266. *Prat.* p. 243. T. 3. nehet ihn einen Mönch. Er hat schon an. 1583. florirt.

Arangement de plusieurs parties (*gall.*) die Zusammensetzung vieler Stimmen.

Aravxo (*Francisc. de Correa d'*) ein Dominicaner, aus einer Adelichen Familie in Spanien gebohren, war Professor zu Salamanca, und Præsul der Kirche zu Segovia, schrieb unter andern auch ein musicalisches Werck, folgenden Tituls: Musica practica y theoretica de Organo, so zu Alcala de Henares (lateinisch Complutum genannt) in folio gedruckt worden, und starb an. 1663. d. 13. Januarii. s. das comp. Gelehrten-Lex. und *Antonii Bibliothecam Hispanam.*

Arbeau (*Thoinot*) ein Frantzösischer Tantz-Meister von Langers, welcher an. 1588. eine Orchesographie, oder Tantz-Beschreibung daselbst ediret. s. *Furetiere Dictionaire,* unterm Articul: Orchesographie; wird von Mr. Brossard p. 360. als ein Auctor Musicus angeführet.

Arc, Archet (*gall.*) ein Bogen, womit die Geigen gestrichen werden.

Arca (*lat.*) der Wind-Kasten in Orgeln und Positiven.

Arcadet (*Jacques*) Verdier nennet ihn: Arcadelt; ein um die Mitte des 16ten Seculi berühmt gewesener Frantzösischer Componist, und Scholar des Josquini. Seine Cantiones gallicæ sind an. 1572. zu Lion; und die vierstimmige Madrigalien an. 1575. zu Venedig in 4to gedruckt worden. Zu Paris sind auch drey 4. 5. und 7stimmige Missen von ihm heraus gekommen. s. *Draudii Biblioth. Class.* p. 1611. 1628. und 1633.

Arcata oder Archata (*ital.*) ein Bogen-Strich auf besaiteten Instrumenten, als Violinen, Violdigamben, u. d. g.

Arcades. Die Arcadier, waren sonderderlich wegen der Music berühmt; denn sie liessen nicht allein ihre Knaben, sondern auch die Jünglinge bis ins 30te Jahr in derselben unterrichten; und war bey ihnen eine grosse Schande, so jemand die Music nicht verstund; andere Künste und Wissenschaffsenschafften aber nicht können, noch wissen, war keine. s. *Prat. Synt. Mus. T. 1. p. 176.*

Arcerius (*Joan. Theodoretus*) ein Frießländer, hat, nach Brossards Zeugniß, von der Music geschrieben; ohne Zweifel in seinem an. 1598. aus dem Griechischen ins Latein übersetzten, und mit Anmerckungen versehenen Jamblicho: de vita Pythagoræ. Ist gestorben an. 1604. zu Utrecht. Ein anderer Arcerius (*Sixtus*) des vorigen Sohn, und Professor der Griechischen Sprache zu Franecker, hat des Galeni Orationem hortatoriam ad Artium liberalium studium ins Latein übersetzet, und an. 1616. zu Leuwarden in 4to drucken lassen. s. *Valerii Andreæ Biblioth. Belgicam, p. 721.*

Archangelus, ein Mont-Cassinensischer Mönch zu Brixen in S. Euphemiæ oder Justinæ-Kloster, aus Lonato gebürtig, hat an. 1585. Sacras Cantiones, auf Weynachten, und in der Marter-Woche zu gebrauchen, zu Venedig heraus gehen lassen. s. *Possevini Apparat. Sacr. T. 1. p. 114.*

Archedamus, Archedemus, oder **Archidemus,** ein Stoischer Philosophus von Tarsis gebürtig, hat περὶ Φωνῆς, oder von der Stimme geschrieben. *Laert. 7.*

Archeggiare (*ital.*) mit Bogen streichen.

Archelaus, ein Cytharist, dessen Athenæus lib. 1. p. m. 19. gedencket.

Archestratus, ein Discipul des Terpsion, von Syracusa, oder, wie andere wollen, von Geloa in Sicilien gebürtig, hat unter andern auch zwey Bücher: de tibicinibus, von den Pfeiffern, geschrieben. s. *Athen. lib. 14. p. m. 634.* und das *comp.* Gelehrten-*Lex.*

Archimedes, der unvergleichliche, und nach Cardani Ausspruch, inimitable Mathematicus zu Syracusa, auch Blutsverwandter des Königs Hieron daselbst, welcher 210. Jahr vor Christi Geburt floriret. s. *Mart. Crusii Germano-Græciam, p. 4.* hat auch

die Music sonderlich excoliret. s. *Voss. de Mathesi, p. 85. b.*

Archiparaphonista, von παρὰ und φωνή; war in der alten Kirche ein Cantor, der bey der Messe den Introitum singen, auch dem Bischoffe zugleich das Wasser reichen muste. s. Schöttgens *Antiquit. Lex.*

Archisymphonia, it. **Archophonia,** vom Griechischen ἀρχός, princeps, und φωνή, vox, sonus; die vornehmste Stimme, oder Klang, das ist, die Octav.

Archytas, ein Musicus zu Mitylene, dessen Diogenes Laertius lib. 8. Segm. 82. gedencket; welcher, als es ihm übel genommen werden wollen, daß er (vielleicht im Reden) nicht könnte verstanden werden, geantwortet: Instrumentum pro me loquitur. s. *Volaterrani Commentar. Urban. lib. 13. p. 486.*

Archytas, ein Pythagorischer Philosophus und Mathematicus, von Tarento gebürtig, wird beym Athenæo lib. 13. p. 600. Harmoniacus genennet; welchen Zunahmen er, nach Joan. Meursii Muthmassung, lib. 1. Biblioth. Gr. daher haben soll: weil er ein Buch, dessen Titul: Ἁρμονικόν, geschrieben. Nach Suidæ Zeugniß ist er auch der Erfinder des Crepitaculi (πλαταγῆς.) s. *H. D. Fabricii Biblioth. Gr. Vol. IX. p. 663.* daß er in der 93ten Olympiade, oder 406. Jahr vor Christi Geburt gelebt, und, nebst schon gedachtem Buche, unter vielen andern, auch eins περὶ Αὐλῶν, de tibiis geschrieben, ferner in seinem Vaterlande die höchsten Ehren-Aemter verwaltet, und einige mal die Armée commandirt habe, ist im compend. Gelehrten-Lexico, in der 2ten Auflage, zu lesen.

Arcileuto, Arciliuto, Archileuto, und **Archiliuto** (*ital.*) Archiluth (*gall.*) eine Erz-Laute; hat den Nahmen vom Griechischen Wort: ἀρχός, vornehm, vortrefflich, und dem teutschen:

schen: Lauten, Klingen; weil dieses bey den Italiänern gebräuchliche Jnstrument, worauf sie den General-Baß zu tractiren pflegen, wegen seiner Grösse und starcken Bässe, auch einen durchdringenden und starcken Laut von sich giebt. Nach Bonanni Bericht, p. 92. del Gabinetto Armonico, hat es acht einfache, und sieben doppelte Darm-Saiten, nebst der feinsten und höchsten, so Cantino heisset.

Arciviola di Lira, eine grosse Italiänische Leyer, an der structur demBaß von den Violdigamben gleich, doch daß das Corpus und der Kragen, wegen der vielen Saiten, um ein ziemliches breiter ist. Denn etliche haben zwölff, andere 14, und andere noch ausserhalb des Kragens deren 2, und also zusammnn 16. Saiten, so mit dem Bogen gestrichen werden. s. *Prætorii Syntagma Mus. T. 2. p. 49.*

Arco (*ital.*) ein Fiedelbogen. Archetto, Arconcello, ein kleiner Fiedelbogen.

Arcytos, ein gewisser Tantz bey den Americanern. s. *Lansii Oration. contra Hispaniam p. 416.*

Ardalus, ein Musicus, des Vulcani Sohn, von Trœzene gebürtig, hat, wie Pausanias in descriptione Græciæ lib. 2. berichtet, nicht allein die daselbst unweit des Pitthei Grabmahle befindliche Cellam Musarum (welche von ihm Ardalidæ heissen) verfertiget, sondern auch die Pfeiffe erfunden. conf. *Natalis Comitis Mytholog. lib. 2. c. 6.*

Ardemanio (*Giulio Cesare*) ein Mayländer, hat daselbst an den vornehmsten Kirchen, als S. Maria della Scala, S. Fedele, wie auch bey Hofe, als Organist und Capellmeister gestanden, und an. 1616. Motetten, ingleichen anno 1628. eine vollstimmige Music drucken lassen. Ist gestorben an. 1650. s. *Picinelli Ateneo dei Letterati Milanesi, p. 358.*

Ardire, ist ein zitternder Tremul und schlechte Bewegung, oder Nicken des Halses und der Gurgel bey der letzten Note einer Clausul, welches mehr ein vitium, als ein Kunst-Stück des Singens ist, und gemeiniglich von alten Sängern, welche wegen des steten Athems die Gurgel nicht wohl mehr regieren können, gebraucht wird, absonderlich von denen Baßisten, die von Natur kein gut trillo im Halse haben, denen es noch so weit zuläßig, wenn es nur nicht in der Cadenz und letztenSchluß-Note angebracht wird. s. *Mylii Rudimenta Musices, §. 9.* der 5ten Abtheilung.

Ardito (*ital.*) frisch, behertzt, dreiste.

Ardoina (*AnnaMaria*) eine Tochter Pauli Ardoini, Fürstens zu Paliconia (*Princ. Palicii*) und Marchesens zu Floresta in Sicilien, zu Messina gebohren, und an den Italiänischen Fürsten von Piombino (Princ. Plumbini) vermählet, hat, wegen ihrer sonderbaren Gelehrsamkeit, und anderer vortrefflichen Wissenschafften, worunter auch die Music, zu Rom in grossem Ansehen gelebt, vieles, sowohl in gebundener als ungebundener Rede, Lateinisch und Italiänisch geschrieben, wovon ein gantzes Buch, unter dem Titul: Rosa Parnassi, &c. dem Kayser Leopoldo und dessen Gemahlin, Eleonoræ Magdalenæ, dediciret, an. 1687. zu Neapolis in 4to gedruckt worden; u. in verschiedenen gelehrten Italiänischen Societäten eine Stelle rühmlichst bekleidet. Nach ihres Gemahls, und eintzigen Printzens Tode, ist sie auch an. 1700. d. 29. Decembr. zu Neapolis gestorben, und in die Kirche des H. Didaci daselbst begraben worden. s. *Mongitoris Biblioth. Sicul. T. 1. p. 37.*

Aretino (*Giov. Appoloni*) hat an. 1607. Madrigalien zu Venedig in Druck gegeben.

Aretinus (*Guido*) der von seinem Geburts-Orte, nemlich der Hetrurischen Stadt Arezzo (lat. Aretium) also zubenahmte Benedictiner-Mönch, und Music-Director seines Closters zu Pomposa im Ferrarischen ums Jahr 1028, hat im 34. Jahre seines Alters zwey Bücher von der Music geschrieben,

ben, davon das erste in prosa, und das zweyte theils in Carmine heroico, theils in trochaico rhythmico abgefaßt seyn soll, und selbige dem Bischoffe, oder Abre zu Arezzo, Theobaldo, zugeschrieben. s. *Gesneri Biblioth. univers.* und *Voss. de Mathesi c. 22. p. 92. b.* das eine heisset: Introductorium, oder Micrologus; das andere ist ein Dialogus de Monochordo, und mag wohl ein Anhang zum vorigen seyn. s. *Matthesonii Crit. Music. T. 2. p. 87.* die Erfindung der 6. Sylben: ut, re, mi, fa, sol, la, so aus dem in der Römischen Kirche aufs Fest Joannis Baptistæ, gebräuchlichen, und wider die Heiserkeit vermeintlich dienenden Hymno:

Ut queant laxis   Resonare fibris
Mira gestorum   Famuli tuorum
Solve polluti   Labii reatum
Sancte Joannes

genommen sind, hat ihn an. 1022. zum Urheber. s. des *Cardinals, Joan. Bona, divinam Psalmodiam c. 17. §. 3.*

Aretinus (*Paulus*) hat Responsoria hebdomadæ Sanctæ, ac natalis Domini samt dem Benedictus und Te Deum laudamus von 4. Stimmen an. 1567. zu Venedig ediret. s. *Draudii Bibl. Class. p. 1643.*

Argentini (*Steffano*) oder Filippini, wie er eigentlich soll geheissen haben, ein Pater, Baccalaureus und Capellmeister an der S. Stephans-Kirche in Venedig, von Rimini, einer im Päbstlichen Gebiete liegenden Stadt, gebürtig, hat an. 1638. eine 3stimmige Missam, und concertirende Psalmen zu Venedig drucken lassen. s. *Parstorffari Music-Catalogum, p. 1.*

Argomenti (*Agostino*) ein Römer, war in Kaysers Ferdinandi III. Capelle, an. 1655. der erste Baßist. s. *Bucelin. P. 3. p. 279.*

Aria (*ital.*) heisset überhaupt eine jede Melodie, sie werde vocaliter oder instrumentaliter hervor gebracht; insonderheit aber ist es eine gesungene Melodie, die sich nach Beschaffenheit der Worte zu richten, und, nach Befinden, entweder aneinander zu schliessen, oder in zwey Theile zu separiren pflegt. Die vormahls gebräuchlichen Lieder, mit den vielen Strophen oder Versen, waren der ersten Art, und wurden in eins ohne Pausen weggesungen, hatten aber, wenn es die Worte zulassen wolten, dabey ihre Reprisen, wurden auch wohl zwischen iedem Versicul mit einer Ritournelle ausgezieret. Allein diese so genannten Lieder oder Stances haben denen ietzigen Arien, da eine iede zwey Haupt-Theile, und wenigstens eben so viele, wo nicht mehr, Absätze hat, damit allda die Stimme ein wenig pausiren und Athem holen, auch mit den Instrumenten oder dem General-Basse, die gantze Aria durch, hin und wieder zu embelliren, Gelegenheit gefunden werden möge, weichen müssen. s. *Matthesonii Orchest. 2. P. 2. c. 4. §. 31. p. 179.* Bey der ersten Art ists zum öfftern geschehen, sonderlich wenn der Poet die Music entweder gar nicht oder doch nicht recht verstanden, und in einer Strophe den sensum bald in der ersten, andern, dritten und vierten Zeile absolviret; die folgenden Strophen aber nicht just in den distinctionibus mit der ersten conformiret, daß wegen angebrachter Cadenzen vom Componisten, der Verstand alsdenn zerrissen, ja über diß auch in den folgenden Strophen ein gantz contrairer affect, als in der ersten da gewesen (nemlich im Texte) angebracht worden; Z. E. wenn in der ersten das Wort lachen vorgekommen, ist doch wohl in einer von den folgenden das Wort weinen dafür zu stehen gekommen; anderer inconvenientien zu geschweigen. Bey der andern und ietzigen Art aber hat zwar sowohl der Poet als Componist freyere Hände, doch jener dahin zu sehen, daß er in einer ieden Zeile, wo nicht einen vollkommenen, doch einen halben sensum anbringe: und dieser, daß er nicht eine iede Zeile (zumahl wenn
kein

kein sonderlicher Nachdruck darinnen enthalten ist) viel weniger ein dergleichen einzeles Wort unnöthig wiederhole, oder wohl gar, ehe ein sensus vorhanden, clausulire, oder die Instrumente zwischen dem Text allzulange alleine fortgehen lasse. Die Etymologie dieses Worts. s. unter *Æra Cantionis*.

Arietta (*ital.*) das Diminutivum von Aria, auf Frantzösisch, Petit Air, oder Chansonette, ein Liedgen, hat ordentlich 2 Reprisen, und ist auf Gavotten-Menuetten- und Sarabanden-Art gesetzet, oder wiederholet den Anfang, und schliesset mit solchem, wie ein Rondeau.

Arigoni (*Francesco*) ist beym Agostino Superbi ein wohl berühmt- und belobter Musicus von Ferrara. s. dessen *Apparato de gli Huomini illustri della Città di Ferrara, p. 129.*

Arigoni (*Gio. Giacomo*) ein Accademico Fileleutero, und in solcher Societät: il Affetruoso benahmt, hat an. 1623. zwey- und drey-stimmige Madrigalien zu Venedig heraus gehen lassen.

Arigot, plur. Arigots, oder mit dem Articul: Larigot, Larigots (*gall.*) die Zwerch-Pfeiffe oder Pfeiffen der Soldaten, so zur Trommel gebraucht werden. s. *Furetiere Dictionaire*.

Arion, ein ums Jahr der Welt 3338. oder 610. Jahr vor Christi Geburt sehr berühmt gewesener Citharœdus, von Methymna, aus der Insul Lesbus (wovon das Proverbium: Lesbius Cantor, ein guter Sänger, entstanden) gebürtig, hat zu Corinth, bey dem dasigen Könige, oder Tyrannen dem Periandro sich meistens aufgehalten, und ist, beym Suida, des τρόπε τραγικȣ̃. d. i. eines musicalischen Modi in der Tragœdia, wie auch des Chori stantis Erfinder. s. H. D. *Fabricii Biblioth. lib. 2. c. 19. p. 668.* Jm 15ten Capitel nur gedachten Buchs wird gemeldet: Er sey ein Sohn des Cyclei, und Discipul Alcmanis gewesen. s. *l. c. p. 574.* Als er

einstens, mit Erlaubniß vorgedachten Königs, insonderheit Italien und Sicilien durchreiset, durch seine Kunst grosses Geld zusammen gebracht, und wieder nach Corinth zurück gehen wollen, haben die Schiffer und seine eigene Bediente einen Anschlag, ihn umzubringen, und sich seines Geldes zu bemächtigen, gemachet. Allein es entdeckte ihm solches Apollo im Schlafe, und, als darauf seine Feinde über ihn her seyn wolten, bat er, nach des Apollinis Rath ihm nur noch so viel Zeit zu lassen, daß er sich selbst sein Sterbe-Lied singen möchte. Wie sie ihm solches vergönneten, zog er seinen Purpur-Habit an, nahm seine Leyer, und machte ein dermassen vollkommenes Stück auf, daß sich auch die Delphine häuffig um das Schiff herum einfanden. Und wie er aus dieser Gegenwart sich des Apollinis Hülffe versicherte, sprang er samt seinem Instrument, ohne Bedencken, aus dem Schiffe ins Meer, da er denn so fort von einem der besagten Delphine auf den Rücken genommen, und in dem Peloponneso, bey dem Tænarischen Vor-Gebürge, ans Land geführet wurde. Er machte sich hierauf unverzüglich zu dem Periandro, und erzehlete selbigem seine avanture, welcher denn, weil bemeldter Delphin am Ufer gestorben, solchem zum Andencken ein besonderes Monument aufrichten ließ. Einige Zeit darauf, wurde auch das Schiff, worauf er gewesen, in den einen Corinthischen Hafen durch Sturm angetrieben, da denn Periander die Schiffer befragte: wo sie den Arionem gelassen? allein zur Antwort bekam: daß er gestorben, und von ihnen sey begraben worden. Den Tag drauf zwang er sie, ihre Aussage zu beschwören; allein, als sie eben damit begriffen waren, kam Arion in seinem Habite, den er im Schiffe angehabt, aus dem Begräbniß hersür, worüber sie erstaunten, und weil also ihre Boßheit nicht zu läugnen war, ließ sie Periander insgesamt creutzigen;

gen; Apollo aber verſetzte ſo wohl den Delphin, als des Arionis Leyer unter die Sterne, woſelbſt ſie auch noch an dem mitternächtlichen Hemiſphærio zu ſehen ſind, ob wohl ſonſt einige Auctores ſolche Leyer nicht für des Arionis, ſondern des Orphei ſeine angeben. ſ. Hederichs *reales* Schul-Lexicon, *Aul. Gell. Noct. Attic. lib. 16. c. 19.* und *Plutarch. in Convivio*, allwo Gorgias, des Periandri Bruder, dieſe Begebenheit weitlaufftig erzehlet; ingleichen Ovid. lib. 2. Faſtorum. Dion Chryſoſtomus Orat. 37. ſagt: es habe nicht Periander, ſondern Arion ſelbſt obgedachtes Monument verfertigen laſſen. Die daran befindliche griechiſche Uberſchrifft hat Raphaël Volaterranus folgender geſtalt lateiniſch überſetzet:

Cernis amatorem, qui vexit
 Ariona Delphin,
A Siculo ſubiens pondera
 grata mari.

ſ. *Chaſſanæi Catalog. Gloriæ mundi, 51. Conſiderat. Part. ſ. lib. 10. p. 399.*

Arioſe oder arioſo, (*ital.*) bedeutet im ſtylo recitativo einen ſolchen Satz, welcher nach dem Tact exprimirt werden ſoll, als wäre es eine Aria.

Arioſti (*Attilio*) ein Italiäner, war bey der Churfürſtin von Brandenburg an. 1700. Capellmeiſter: wie er denn nicht allein das am 1. Junii, als zweytem Beylagers-Tage des Hrn. Erb-Printzen von Caſſel, Friedrichs, mit der Chur-Brandenburgiſchen Printzeßin, *Louiſen Dorotheen Sophien,* aufgeführte Ballet und Sing-Spiel: la Feſta del Himeneo, genannt; ſondern auch die den 6ten ejusdem auf hochgedachter Fürſtin ihrem eine kleine Stunde von Berlin liegenden Luſt-Hauſe Lützenburg repræſentirte Opera, die den beſtrafften Betrug des Schäffers Atis ausgedrucket, componiret: und gleichwie er bey dem vorigen ſich der Frantzöſiſchen Manier bedienet, alſo hat er in dieſer die Italäniſche Art mit groſſem Nachdruck vorgeſtellet; und ſonderlich in der letzten Scene, bey der ſogenannten Sinfonia infernale: da der in Raſerey und Verzweifelung gerathene Atis, auf lauter frembde, und ſeinem Zuſtande gemäß, gantz verwirrte und ungewöhnliche Tone verfallen, die nach der Gräßlichkeit, oder auch der Wehmuth ihrer lugubren und kläglichen Verſtimmungen, bey den Zuhörern bald Schrecken, bald Mitleiden zu erwecken vermocht. ſ. des Hrn. von Beſſers Schrifften, p. 366. und 380. Sonſten hat er auch nachhero, neml. an. 1708. auf Befehl der Römiſchen Kayſerin, Amaliæ Wilhelminæ, ein muſicaliſches Drama: Amor tra nemici genannt, am Geburts-Tage des Römiſchen Kayſers Joſephi I. verfertiget, und aufgeführet. Der Text dazu iſt gedruckt worden, aus deſſen Titul erhellet: daß er ein Geiſtlicher geweſen.

Ariſteas hat, wie Athenæus lib. 14. p. m. 623. berichtet, ein Buch de Citharœdis geſchrieben.

Ariſtides Quintilianus, lebte ums Jahr Chriſti 130. ſ. *Tevo MuſicoTeſtore P. 1. c. 12. p. 11.* oder, nach Hederichs Rechnung, an. 60. und ſchrieb in griechiſcher Sprache drey Bücher: περὶ μσσικῆς, de Muſica. Marcus Meibomius hat ſolche ins Latein überſetzet, und mit Anmerckungen verſehen. Beyderley Text beträgt zuſammen 20½ Bogen in 4to. Nur gedachter Meibomius hält ihn unter den übrigen von ihm vertirten griechiſchen Muſic-Autoribus, nach dem Ariſtoxeno für den älteſten.

Ariſto, ein Athenienſiſcher Muſicus, und Tragödien-Schreiber. ſ. *Laert. lib. 7. de Zenone, Seg. 164.* und das *comp.* Gelehrten-Lex.

Ariſtocles, ein vom Könige Antigono zur Ungebühr geliebter Citharœdus, deſſen Athenæus lib. 13. p. m. 603. und ſonſten erwehnet, hat de Muſica und de Choris geſchrieben, worinnen er von er von dem Nahmen der muſicaliſchen Inſtrumenten diſputiret.

Ariſtoclides, ein berühmter Cythariſt aus des Terpandri Nachkommen, hat zur Zeit des Mediſchen Krieges in Griechenland gelebt. ſ. *Beyerlinckii Theatr. vitæ humanæ.*

Ariſtocrates, ein Citharœdus von Theben auf des Alexandri M. Beylager. ſ. *Athen. lib. 12. p. m. 538.*

Ariſtonicus, ein Griechiſcher Muſicus aus der Inſul Corcyra, ſo jetzo Corfu heiſſet, ſoll, nach Menecharmi Bericht, der erſte geweſen ſeyn, der die Cyther allein, ohne zugleich darein zu ſingen, tractirt hat. ſ. *Prætorii Syntag. Muſ. T. 1. p. 370.* Hat zu den Zeiten des Alexandri M. florirt, und dieſem in einer Schlacht, durch Einbuſſe ſeines eigenen Lebens, das Leben gerettet; weswegen ihm dieſer Monarch im Tempel des Apollinis Pythii eine eherne Ehren-Säule ſetzen laſſen, die in der einen Hand das muſicaliſche Inſtrument, und in der andern eine Lantze gehalten. ſ. *Plutarchi Orat. 2. de Fortuna vel Virtute Alexandri.* Dieſer Ariſtonicus iſt ſonder Zweifel derjenige, von welchem *Athenæus lib. 10. p. m. 435.* aus des *Theopompi lib. 53 Hiſtoriarum* meldet: daß ihn Philippus, des Alexandri M. Vater, nebſt andern Muſicis [cum eo potare ſolitis] allenthalben mit ſich herum geführet habe. Nam, heiſſet es daſelbſt weiter, vinoſus, & ingenio moribusque petulans, ac intemperans, multos in comitatu habuit ſcurras, muſicos, & ſalſos ac dicaces qui riſum moverent, &c.

Ariſtonus, ein berühmter Citharœdus zu Lacedæmon A. M. 3542, oder 406 Jahr vor Chriſti Geburt, hat in den Pythiſchen- oder Wett-Spielen (worinnen anfänglich nur in der Muſic allein certirt wurde) ſechsmahl gewonnen.

Ariſtonymus, ein Pſilocythariſta beym *Athenæo lib. 10. p. m. 452.* i. e. tenui cithara canens, wie es Dalechampius in der Rand-Gloſſe giebet; oder beſſer: ſola cithara canens. Wie denn *lib. 12. p. m. 358.* von ihm gemeldet wird: er ſey von Athen gebürtig geweſen, und habe auf des Alexandri M. Beylager, nebſt dem Cratino und Athenodoro, die Citharam, ohne darein zu ſingen, geſpielet.

Ariſtoteles, des Königl. Leib-Medici in Macedonien, Nicomachi, und des Phæſtiadis Sohn, wurde A. M. 3566, oder 382 Jahr vor Chriſti Geburt, zu Stagiris, einer mittelmäßigen Stadt in beſagtem Königreiche gebohren, und nach ſeiner Eltern frühzeitigen Abſterben, unter der Aufſicht des Proxeni, auferzogen. Er legte ſich hernach, auf Rath des Oraculi, fürnehmlich auf die Philoſophie, und fieng im 17. Jahre an, den Platonem zu hören, continuirte auch ſolches, nach einiger Vorgeben, auf die 20. Jahr. Und weil er noch bey Leb-Zeiten ſeines Lehr-Meiſters in vielen Stücken von ihm abgieng, wurde er deswegen von ſelbigem mit einem jungen Maul-Eſel verglichen, der, wenn er ſich ſatt geſoffen, ſich umzukehren, und ſeine Mutter zum gratial mit den Hinder-Füſſen in die Ribben zu ſchlagen pfleget. Nach ſolcher Zeit wurde er von Philippo, Könige in Macedonien zu des Alexandri Præceptor verordnet, welchen er denn 5 Jahr informirte, und als ſolcher A. M. 3616, oder 332 Jahr vor Chriſti Geburt ſeinen Zug wider Perſien vornahm, kehrte er wiederum nach Athen, und docirte daſelbſt gantzer 13 Jahr in dem Lyceo, richtete auch eine beſondere Philoſophiſche Secte an, welche von ſeinem hin und wieder Gehen im dociren, Peripatetica genannt wurde. Weil er aber von ſich mercken ließ, daß er in der Religion nicht allzurichtig, und daher auch von dem Eurymedonte öffentlich angeklaget wurde, worzu nach des Alexandri M. Tode noch andere Bedruckungen kamen, retirirte er ſich nach Chalcis, oder in das heutige Negropont, woſelbſt er A. M. 3628 oder 320 Jahr vor Chriſti Geburt, im 63 Jahre ſeines Alters geſtorben. ſ. Hederichs *reales Schul-Lexicon*, und deſſen *Notitiam Auctorum antiq. & med.* Er hat unter andern ſehr vielen Sachen auch ein Buch: de Muſica, geſchrieben. ſ. *Laërt. lib. 5. de Ariſtotele, Segm. 28.* welches aber nicht mehr verhanden iſt. Unter den verhandenen handelt das 6te Buch Politicorum von der Muſic Nutzbarkeit.

Ariſtoxenus, ein Sohn des Mnisii oder Spinthari, von Tarento in Italien gebürtig, wurde anfänglich von ſeinem Vater, der ein Muſicus war, ſelbſt, nachgehends aber von Lampro, Xenophilo, und Ariſtotele in Künſten und Wiſſenſchafften unterrichtet, worinnen ers ſo hoch gebracht, daß er 453 Bücher von allerhand Materien geſchrieben. Von ſolchen ſind noch drey Bücher Elementorum Harmonicorum in griechiſcher Sprache verhanden, welche Marcus Meibobomius lateinisch mit Anmerckungen ediret hat. Beyderley Text beträgt zusammen 9 Bogen in 4to. Dieser Philosophus und Musicus hat zu allererst eine dem Pythagoræ gantz widrige Meynung in Musicis geheget, und daher zu zwo Secten Gelegenheit gegeben, so, daß diejenigen, welche mit Pythagora *Rationem* vor dem Richter in musicalischen Dingen erkenneten, *Canonici*; und die, welche mit ihm *Auditum* davor erwehlet, *Harmonici* genennet worden. s. Printzens *Mus. Histor. c. 6. §. 41. u. 42.* Ist sonsten von demjenigen Philosopho gleiches Nahmens, welcher in der 29 Olympiade, nehmlich A. M. 3286, oder 662 Jahr vor Christi Geburt, zur Zeit der berühmten Poeten Archilochi und Simonidis gelebt, und die Meynung geheget: Die Seele des Menschen sey eine Harmonie, wohl zu unterscheiden; denn unser Aristoxenus hat in der 11ten Olympiade, zu Zeiten des Alexandri M. und des Dicæarchi zu Messina, und also 314 Jahr vor Christi Geburt, und 328 Jahr nach jenem Aristoxeno florirt. Auch hätte vorgedachte Meynung, von der menschlichen Seele, nicht von Platone und Aristotele widerlegt werden können, wenn selbige von dem jüngern Aristoxeno, so nach ihren Zeiten sich hervor gethan, erst wäre auf Tapet gebracht worden. s. *Zarl. l* 1. *c.* 11. *Suppliment.* Ausser gedachten drey Büchern, hat er auch περὶ αὐλητῶν, de tibicinibus; ferner περὶ αὐλῶν καὶ ὀργάνων, de tibiis ac instrumentis; und περὶ αὐλῶν τρίσεως, de tibiarum perforatione geschrieben. s. H. D. *Fabricii Bibl. Gr. lib.* 4. *c.* 20. *p.* 650.

Arithmetica divisione dell' Ottava (*ital.*) Arithmetique division de l' Octave (*gall.*) Arithmetica divisio Octavæ (*lat.*) die Arithmetische Eintheilung der Octav. Solche geschiehet, wenn das Quart-Intervallum, als das kleinere und wenigere, der natürlichen Ordnung nach, unten; und das Quint-Intervallum, als das grössere und mehrere, oben in derselben zu stehen kommt. Z. E. g c g. a d a. Diese Eintheilung ist den also genannten Modis plagalibus eigen.

Armarius, hieß in den Clöstern so viel als Bibliothecarius, ingleichen der Cantor oder Præcentor, der die Kirchen-Bücher in seiner Verwahrung hatte. s. Schöttgens *Antiqu. Lex.*

Armstroff (Andreas) ein von Mühlberg bey Gotha gebürtiger Studiosus Juris, woselbst er An. 1670 den 9 Sept. das Tages-Licht erblicket, und sein Vater Aeltester und Gerichts-Schöppe gewesen; wurde in Erffurt anfänglich an der Regler hierauf an der S. Andreas-Kirche ums Jahr 1698, und letzlich an der Kauffmanns-Kirche daselbst Organist, in welcher Bedienung er An. 1699. den 31sten Decemb. im 28ten Jahre seines Alters gestorben ist, nachdem er verschiedene Kirchen- und Clavier-Stücke gesetzet.

Arnkiel, (*Trogillus*) ein Pastor und Probst zu Apenrade, einer an der Ost-See im Hertzogthum Schleswig liegenden Stadt, hat über das An. 1639 bey Tundern im Holsteinischen gefundene güldene Horn einen teutschen Tractat: vom Gebrauch der Hörner, insonderheit beym Gottesdienste An. 1683 in 4to drucken lassen.

Arnodus, pl. Arnodi, von ἄρς, genit. ἀρνός, agnus, ein Lamm, und ᾠδὴ cantus, ein Gesang; also hiessen diejenigen Sänger, welche ein Lamm zur Verehrung bekamen, wenn sie des Homeri Verse wohl abgesungen, und vor andern den Preiß davon getragen hatten. s. *Bulenger. de Theatro, lib.* 2. *c.* 9.

Arnoldi. In den Lippstädter Zeitungen wurde unterm 16 Augusti 1730 aus Stockholm folgendes von ihm berichtet: Ihre Königl. Maj. haben dem berühmten Musico Arnoldi von Wolffenbüttel noch jährlich 100 Species-Ducaten, als eine Pension zugeleget.

Arnone (*Guilielmo*) ein ums Jahr 15, 5 zu Mayland, als ein junger Mensch, schon berühmt gewesener Componist und Organist an dasiger Dom-Kirche. s. *Morigia Nobilità di Milano. p.* 185. Hat 4. 5. 6. 7. und 8stimmige Magnificat mit einem G. B. nach der Zeit ediret.

Aron (*Pietro*) ein Florentinischer Mönch, aus dem Orden der Cruciferorum, hat, wie Pocciantius in Catalogo Scriptorum Florentinorum p. 146. berichtet, zwey Bücher in Italiänischer Sprache von der Music geschrieben; deren eins unter dem Titul: Toscanelli in Musica, aus 3 Büchern, und das 2te unter dem Titul: Lucidario in Musica, aus vier Büchern, worinnen alte u. neue Meynunge befindlich sind, bestehet, un. an. 1545. zu Venedig in 4to gedruckt worden. In des Cinelli Bibliotheca volante, und deren Scanzia VIII. wird p. 95. folgendes angeführt: Compendiolo di multi dubbi, segreti, e sentenze, intorno al canto fermo e figura-

ra-

rato da molti eccellenti e consumati Musici dichiarate. Raccolte dall'Eccellente e Scienziato Autore, Fráte *Pietro Aron* dell'Ordine de Crosachieri, e della inclita Città di Fir'. In memoria æterna erit Aron, & nomen ejus nunquam destruetur. In Milano per Jo. Antonio da Castellione stampatore. In 4. Non vi è in che anno.

Arpa (*ital.*) Harpe (*gall.*) Harpa (*lat.*) vom Griechischen Verbo: ἁρπάζω, rapio, ich reisse, raffe (weil auf diesem Instrumente, oder Harffe, die Saiten mit den Fingern gerissen werden.) Einige deriviren dieses Wort von der Arpischen Nation (à gente Arporum) welche dieses Instrument soll erfunden haben; andere von ἅρπη, einer Sichel, weil die Harffe gekrümmet ist. s. *Ferrarii Origines Linguæ Ital.* Es giebt solcher dreyerley Arten: [1. die gemeine und überall bekannte, welche mit Drath-Saiten bezogen ist, und Harpanetta genennet wird. [2. die grosse mit Darm-Saiten bezogene, Arpa doppia (ital) Harpa gemina (lat.) Doppel-oder Davids-Harffe. Auf dieser sind alle Semitonia, und deswegen zum Accompagnement völlig geschickt. [3 die Irrländische aus 43 dicken Miessing-Säite bestehende Harffe, welche einen sehr lieblichen Resonanz von sich geben soll. s. *Prætorii Syntag. Mus. T.* 2.

Arpeggiare (*ital.*) auf Harffen Art, d. i. gebrochen spielen, oder den vorkommenden Griff nicht zugleich, sondern die in selbigem enthaltenen Noten einzeln, und nach einander anschlagen. Daher kommt Arpeggio, arpeggiato, arpeggiando, Arpeggiata und das Frantzösische Wort: Arpegement.

Arpicordo (*ital.*) Harpichordum (*lat.*) also heisset der Register-Zug auf einigen Clavicymbeln, welcher einen kreischenden Harffen-Klang von sich giebt.

Arrighus (*Ioan Baptista*) wird von Mr. Brossard p. 377 seines Diction. als ein Auctor musicus angeführt. Pocciantius p. 102 Catal. Script. Florent. und Possevinus T. 1. Apparatus Sacri gedencken seiner Axiomatum und Conclusionum, so er unter dem Titul: Simplex Scientiarum omnium, & liberalium artium enumeratio, herausgegeben hat; in solchen wird ohne Zweifel auch von der Music gehandelt werden. Er ist an. 1560 des Augustiner-Closters zum H. Geist in Florentz Prior; an 1570 auf

den 18 Meilen von Florentz gegen Morgen liegenden Closter, Vall' ombrosa, Præceptor monachorum gewesen; an 1579 wurde er zu Grotta Ferrata, einem im Päbstlichen Gebiete, 15 Meilen von Rom, nahe bey Frascati liegenden berühmten Closter, Lector literarum græcarum; und an. 1593 Professor Publicus auf der Universität zu Bologna. s. *Elssii Encomiasticum Augustinianum.*

Arsis (*lat.*) ἄρσις (*gr.*) von αἴρω tollo, bedeutet [1. das Aufheben der Hand beym Tactgeben; und demnach die zweyte Helffte so wohl des tactus æqualis, als inæqualis. [2. jeden geraden Theil aller im Tacte vorkommenden kleinern egalen Noten; z. E. in tactu æquali, das 2 und 4 Viertel; das 3, 4, 6, und 8te Achtel. u. s. f.

Artemidorus, mit dem Bey-Nahmen Daldianus, welchen er sich selbsten beygeleget. weil seine Mutter aus Daldia, einem schlechten Städtgen in Lydien gebürtig gewesen, damit solches durch ihn bekannt werden möge; denn vom Vater her, war er ein Ephesier s. H. D. *Fabricii Bibl. Græc. lib.* 4. c. 13. p. 402. lebte an. Christi 130, zu Zeiten der Römischen Kayser Hadriani und Antonini pii, wie er selbst lib. 1. c. 28. und 66. seiner Oneirocriticorum, oder de interpretandis somniis, anzeiget. In nur besagter Schrifft handelt zwar der Auctor von musicalischen Dingen, als c. 58 lib. 1. de certaminibus, von Trompeten-Blasen, Flöten- und Cyther-Spielen, auch von Singen; ingleichen c. 78. lib. c. de Saltatione, de Pyrricha & Cantilenis dieserley Gattungen; allein nur in so weit: was es zu bedeuten haben möge, wenn jemanden von dergleichen, und andern Sachen, traume.

Artemon, hat, nach Athenæi Bericht lib. 14. p. m. 656 ein Werck περὶ Διονυσιακῆ ἐπισήματος geschrieben; welchen Titul Meursius: de Dionysiaca columna sepulchrali; und Dalechampius: de Bacchica intelligentia übersetzet haben; weil aber das Wort ἐπίσημα, wie daselbst aus dem context zu ersehen, ein musicalischer terminus ist, und fast eben das, was σύστημα bedeutet: so hält der H. D. Fabricius lib. 1. c. 15 p. 575 und 576. Biblioth. Græcæ davor: Artemon habe in gedachten Wercke die Historie der in den Dionysiis und Bacchanalibus gebräuchlichen musicalischen Instrumenten beschrieben.

Artocopus (*Balthasar*) ein Muſicus, hat folgendes Grabmahl erhalten:

Parce hoſpes tumulo, ſacer eſt locus
iſte Camœnis,
Et circum tacitâ plangit Apollo
lyrâ.
Artocopi tegit hoc Balthaſaris oſſa
ſepulchrum,
Artis qui melicæ totius inſtar erat.
Quo neque ventoſis melior cantare
cicutis,
Nec dare multiplici voce canenda
fuit.
Et poterat dulci modulamine flecte-
re Divos,
Invideant tantis ni fera fata bonis.

ſ. *Otton. Aicheri Tneatrum funebre*, P. 3. *Scena* 7. *p.* 450 *ſq.*

Artufel (*Damianus de*) ein Spaniſcher Dominicaner-Mönch, hat in ſeiner Sprache Canto Uano, i. e. Cantum planum zu Valladolid an. 1572 in 8vo ediret. ſ. *Antonii Bibl. Hiſpan.*

Artuſi (*Gio Maria*) ein Bologneſer, hat an. 1586 ſeine Arte del Contrapunto ridotta in tavole, d. i. in Tabellen gebrachte Compoſitions-Kunſt oder Regeln zu Venedig in folio drucken laſſen, und ſelbige dem Viſitatori der Congregation Salvatoris, P. Gio. Battiſta Domenichi von Ferrara zugeſchrieben. An. 1598 iſt dieſes Buch aufs neue wiederum aufgelegt worden. Ob nun gleich vorgedachte aus 23 Blättern beſtehende Tabellen nur Einen Theil zuſammen ausmachen; ſo mögen ſie doch als 4 Theile angeſehen werden: davon der 1ſte eine anmuthige und nöthige Vorbereitung; der 2te die Elementa oder Grund-Stücke dieſer Kunſt; der 3te den Gebrauch derſelben; und der 4te die Lehre der Modorum, nach der neuen Art, vorſtellet. Der Titul und Inhalt jeder Tabelle iſt folgender: [1. della Muſica in univerſale; [2 altra diviſione della Muſica; [3 à che fine debba l'huomo dar opera alla Muſica; [4 quali coſe poſſino mover l'animo, e diſpor lo à diverſi affetti; [5. del Suono in univerſale come naſchi; [6. del Suono che in particolare il Muſico conſidera; [7 quello che ſia Conſonanza, Diſſonanza Harmonia e Melodia; [8. Diffinitione e diviſione de Contraponto; [9. de gl'Elementi del Contraponto; [10. altra diviſione de gl'Elementi; [11 della natura de gli detti Elementi; [12. di quelle coſe, che per vietare confuſione neceſſaire ſono; [13. delle ſpetie delle Conſonanze perfette, e di quelle che gli corriſpondono quanto alle corde, mà ſono ſuperflue overo diminute; [14 delle ſpetie delle Conſonanze imperfette, come tramutano d'una in l'altra; [15. delle ſpetie delle Diſſonanze & loro utilità; [16. di quello che ſi ricerca in ogni Compoſitione; [17. di quante ſorti ſiano i movimenti delle Conſonanze; [18. di quei movimenti che ſi fanno da una perfetta all'altra; [19. di quei movimenti che ſi fanno dalla perfetta ad una imperfetta; [20. di quei movimenti che ſi fanno dall'imperfetta alla perfetta; [21 di quei movimenti che ſi fanno da una imperfetta ad una imperfetta; [22. ultimi precetti di Contraponti e ſemplici; [23. di quello che oſſervar ſi debbe ne Contraponti compoſti à due voci; [24. come adoprar ſi debbano le Semiminime ne Contraponti compoſti, quando il Canto fermo ſarrà poſto nel grave; [25 come adoprar ſi debbano le Semiminime ne Contraponti quando il Canto fermo è poſto nell'acuto; [26. con qual ſorte di figure ſia lecito dar principio alle Cantilene; [27. quali paſſaggi ſi debbano fuggire, e quali ſia lecito ſeguitare; [28. della Battuta; [29. della Sincopa; [30. quello che ſia Cadenza, e di quante ſorti ſi ritrovi eſſere; [31. delle Fughe conſeguenze, & Imitationi; [32. di alcune Conſequenze che à due voci ſi fanno; [33 de Contraponti doppii che à due voci ſi fanno; [34. di alcune Conſequenze che à tre voci ſi fanno; [35. de Contraponti doppii che ſi fanno à tre voci; [36. di alcune coſe che ſi poſſono uſare, & altre che s'hanno à fuggire; [37. del Tempo, Modo e Prolatione; [38. della Perfettione de ſegni poſitivi; [39. della Imperfettione de ſegni poſitivi; [40. de Punti; [41. delle Ligature; [42. della natura de Modi, & come naſcino; [43. Diffinitione, diviſione, e natura de Modi; [44. da che ſi formano i Modi; [45. altra diviſione de Modi. Sonſten hat er auch delle Imperfettioni della Muſica moderna, oder de imperfectione Muſicæ modernæ an. 1600 zweene Theile u Conſiderationi Muſicali allerſeits in fol. zu Venedig heraus gehen laſſen.

As.

As, also wird das mit dem b bezeichnete A genennet, und hierdurch vom Gis unterschieden. Man kan es auch A molle, oder das weiche A nennen. Kommen zwey bb vor dem a zu stehen, kan es As molle, heissen, und wird alsdenn g gegriffen.

Ἄσαρκος, also hieß der Myrthen- oder Lorbeer-Ast, bey den Griechen, welcher auf Gastmahlen denjenigen Gästen, die nicht auf der Cithara kunstmäßig spielen kunten, in die Hand gegeben wurde, daß sie solchen halten, und dennoch etwas darzu absingen musten. Daß also das Wort ἄσαρκος zusammen gesetzt ist: aus ᾄσαι, canere, und ἀρκᾶν, arcere, weil sie zum Singen gezwungen wurden; oder, wenn es ἄσαρκος bey andern genennet wird: aus ᾄσαι, und ἄρχειν, incipere, weil der Anfänger, ἐξάρχης, den andern mit seinem Exempel, ein gleiches zu thun, vorgieng, und sie anreitzete; daher ἐξάρχος, i. e. præcentor zu lesen seyn möchte. s. *Stuckii* Antiquit. Conviv. *lib.* 3. *c.* 2. *p.* 392. *b.* und 393. *a.*

Ascanio, ein vortrefflicher Cornetist, oder Zinckenbläser von Bologna. s. *Garzoni* Piazza universale, Discorso 43. *p.* 374.

Ascarum, oder **Ascarus,** ein mit Saiten bezogenes viereckigtes Instrument der Troglodyten oder Lybier, so einer Ellen lang, und mit Feder-Kielen versehen gewesen; soll wie ein Crotalum geklungen haben. s. *Bulenger.* de Theatro *lib.* 2. *c.* 19. *p.* 365. *Musonium* de luxu Græcorum, *c.* 7. und *Pollucis* Onomasticum *lib* 4. *c.* 9. *Segm.* 61. Aus einhelliger Beschreibung dieser Auctorum erhellet: daß die Saiten herum gedrehet worden; denn es heisset bey ihnen: quæ (sc. chordæ) circumvolutæ sonum edebant crotali similem; glaublicher aber ist es, daß nicht die Saiten, sondern das Instrument selbst herum gedrehet, und durch Anrühren der tangenten klangbar gemacht worden.

Ascaula, Ascaules, ἀσκαύλης (gr.) bedeutet bey den mehresten Scribenten, einen Sack-Pfeiffer; nur *Isaacus Vossius* de Poëmatum cantu & viribus Rhytmi, p. 99. will dadurch einen Organisten verstanden wissen.

Ascaulus (*lat.*) ἄσκαυλος (*gr.*) tibia utre abdita, von ἀσκός, uter, ein Sack, und αὐλός, tibia, eine Pfeiffe. s. *Martinii* Lexicon Philologicum.

Aschenbrenner, (Christian Heinrich) eines ehemahligen Wolffenbüttelschen Capell- und nachgehends Raths-Musici instrumentalis zu Alten-Stettin Sohn, ist hieselbst gebohren an. 1654 den 29ten Dec. und so wol von seinem Vater, Herrn Heinrich Aschenbrenner, selbst als andern, nebst Frequentirung der Schule, in der Music, insonderheit aber anfänglich an. 1668 von dem berühmten *Johann* Theilen, in der Composition. und nach einiger Zeit, nehmlich anno 1676, von dem Kayserlichen Directore der Instrumental-Music, Hrn. *Andrea Antonio* Schmelzer, in Wien, bis ins 2te Jahr hierinn und auf der Violin weiter informiret worden, und dieses letztere auf Veranstaltung seines Stieff-Vaters, Hrn. *Johann* Schatzes, welcher ihn deswegen nach Wien geschicket. An. 1677 ist er in der Hochfürstl. Zeitzischen Capelle als Violinist angenommen worden; nach vier Jahren aber, als der damahlige Hertzog verstorben, und, wegen minorennität der Printzen, der Hof eingegangen, mithin auch die Capelle dimittirt worden, durch Recommendation des Hrn. Rosenmüllers, vor welchem er sich privatim hören lassen, in Hochfürstliche Wolffenbüttelsche Dienste getreten; als er aber nach Zeiz gereiset, seine Familie von da abzuholen, wurde ihm nach 8 Tagen avisiret: daß Hr. Rosenmüller gestorben, und hochbesagtem Hrn. Hertzoge der Appetit, eine gute Capelle anzurichten, wieder vergangen sey. Hierauf begab er sich an. 1683 als Premier-Violinist in Hochfürstl. Merseburgische, und von da, nach Absterben des dasigen Hrn. Hertzogs, an. 1695 abermahls in Hochfürstl. Zeitzische Dienste, als Music-Director, nachdem er an. 1692 den zweyten mahle eine Tour nach Wien gethan, sich daselbst vor Ihro Kayserl. Majestät auf der Violin hören lassen, auch Selbiger 6 Sonaten allerunterthänigst übergeben, und dafür mit einer güldenen Kette, samt einem Gnaden-Pfennige war regalirt worden. An. 1703 ist er zum 3ten mahle nach Wien gereiset; an. 1713 aber von Herrn Moritz Wilhelm, Hochfürstl. Durchl. zu Merseburg zu Dero Capellmeister gnädigst vocirt, auch Selbiger von dem Hrn. Hertzoge zu Zeiz mit dieser Bedingung überlassen worden, daß er dennoch in Dero Diensten zugleich bleiben, und an den Fürstl. Geburts-Tägen, auch, wenn er ausser diesen verlanget würde, erscheinen und seine function verwalten, dafür er denn defrairet, und jährlich 100 Thaler empfangen solte. An. 1719 hat er den

den Merseburgischen Hof verlassen, und sich nach Jena gewendet, allwo er noch, unter Geniessung einer jährlichen milden Pension von nur gedachtem Hofe, lebet, und sein Lebens-Ende zu erwarten gedencket.

Asclepiodotus (Ἀσκληπιόδοτος) und nicht Asclepiodorus, ein Medicus und Musicus zur Zeit Kaysers Diocletiani. *Photius* f 1053 seq. Bibliothecæ meldet, nach der lateinischen Ubersetzung, folgendes von ihm: Natus ad Musicam Asclepiodotus, deperditum tamen Enarmonicum non potuit revocare, quanquam alia duo cantus genera rescinderet & reprimeret, alterum Chromaticum appellatum, alterum Diatonicum; harmoniam tamen non invenit, quamvis magades, ut dixit, mutarit & transposuerit, non minus quàm viginti duas. Causa cur non inveniret, hæc est: minimam moderationem harmonicarum divisionum, quam diesin (h. e. primum sonum, qui in cantibus percipitur) vocant, e nostro sensu perdidit, & etiam aliud genus Enarmonicum simul corrupit. Aus dieser von *Damascio* in vita Isidori Philosophi mitgetheilten Nachricht (als woher es eben Photius genommen) erhellet: daß Asclepiodotus zwar bemühet gewesen das verlohren gegangene Genus Enarmonicum zu restituiren; solches aber zu præstiren nicht vermocht habe.

A sept Voix, ou Parties, (*gall.*) a sette Voci, overo Parti (*ital.*) von sieben Sing- oder andern Stimmen.

Aslas, Ἀσιάς; also hieß ehedessen eine aus besonderer Figur bestehende Cither, deren sich die Lesbischen Citharœdi bedienten; soll, nach einiger Meynung, deswegen also seyn genennet worden; weil die Lesbier nahe an Asien gewohnt haben, und zur Zeit Cepionis, des Terpandri Scholaren, zuerst aufgekommen seyn. s. *Plutarchi* Commentar. de Musica. Ezechiel *Spanhemius* in seinen Anmerckungen über die Callimachi Hymnum in Delum berichtet p. 467. aus dem *Stephano*: daß die Cithara Asiatica (κιθάρα Ἀσιάς) drey Saiten gehabt, und von der in Lydien am Berge Tmolo gelegenen Stadt Asia, weselbst sie zuerst erfunden worden, den Nahmen bekommen habe.

A six tems. (*gall.*) von sechs Viertelu oder Tact-Theilen.

A six Voix, ou Parties (*gall.*) von sechs Sing- oder andern Stimmen.

A son aise (*gall.*) nach seiner Bequemlichkeit.

Asor, war bey den Hebräern ein länglicht vierecktes Instrument von zehn Saiten, dessen Figur in Printzens Mus. Histor. c. 3. p. 27. befindlich ist.

Asosra, also hieß die Trompete der Hebräer, so von Silber ungefehr einer Ellen lang war, und von Mose erfunden worden, wie *Josephus* lib. 3. Antiquitat. Judaic. bezeuget.

Aspendius, ein Citharist, ist dadurch berühmt worden, weil er sein Instrument nur mit der lincken Hand allein, und zwar so leise soll tractirt haben, daß es niemand, als er selbst, hören können; da andere von seiner Profession mit der rechten Hand das plectrum zu führen; so foris canere, auswärts spielen, und mit der lincken Hand die Saiten zu rühren, so intus canere, einwärts spielen, hieß, gewohnt gewesen. Also wird aus dem Asconio Pediano in tertia Verrina diese Nachricht von vielen Auctoribus gegeben; weil aber Aspendius, nach Stephani Zeugniß, eine Stadt in Pamphilien gewesen, und Erasmus angemercket: daß die daher gebürtige Citharœdi, so in diesem Stück excelliret, Aspendii genennet worden; auch über diß *Pollux* lib. 4. c. 9. und *Athenæus* lib. 4. p. m. 183. melden: daß Epigonus der erste gewesen, so dieses zu thun versuchet: scheinet fast gedachter Nahme kein Nomen proprium eines Auctoris zu seyn. Sonsten ist auch noch eine Schwierigkeit mit der vorgegebenen Art, die Citharam zu spielen, verknüpffet: da nemlich (wie Vossius in Catullum haben will) nicht jede Saite bloß gegriffen, wie auf unsern jetzigen Harffen geschiehet, sondern auf einer jeden etliche Klänge formirt worden; wie, sage ich, solches mit einer Hand allein hat geschehen können? Ubrigens ist noch mit zu nehmen: daß die Griechen daher ein Sprüchwort genommen, und die Diebe Aspendios Citharistas genennet: weil diese ihre Kunst-Griffe gleichfalls in der Stille, und zu ihrem eigenen Nutzen zu verrichten pflegen. s. Hr. Doct. *Buddei* Lexicon.

Aspiration (*gall.*) eine auf doppelte Art, u. durch folgende Zeichen ʌ v zu exprimirende Manier vors Clavier; deren erstes, so die Spitze oben hat zur vorhergehenden Note eine Secund aufwerts; das zweyte aber,

aber, deßen Spitze unten ist, zu solcher vorhergehenden Note eine Secund unterwerts entlehnet. Damit nun solches geschehen könne, muß dergleichen marquirte Note etwas sehr weniges von ihrer Geltung fahren laßen. Vid. No. 8. s. Mr. *Lamberts* Principes du Clavecin, chap. 28. p. 123.

Aſſai (*ital.*) ein Adverbium quantitatis, so offt zu den Worten: adagio, allegro, presto, &c. geſetzt wird. Aſſez (*gall.*) wie einige wollen, soll es sehr oder viel heißen; und nach andern: es soll der Tact nicht zu geschwinde, noch zu langsam, sondern in gehöriger Maße, was recht ist (quod satis est) es mag nun langsam oder geschwinde gehen, fortgeführet werden, nachdem die verschiedene vorgezeichnete Characteres es erfordern.

Aſſamenta, s. *Axamenta.* Denn beydes ist einerley, und kommt nur von den Copiſten her, welche x und ſſ, wie jetzo die Italiäner, verwechſelt.

Aſſandra (*Catterina*) Ribovius p. 57. seines Enchiridii führet ein zwey-ſtimmiges VeniSanctæSpiritus von ihrer Arbeit an.

Aſſaph, ein Sohn Berechiä aus dem Stamme Levi, war unter den Capellmeiſtern des Königes Davids nicht nur der vornehmſte, und dirigirte den auf der rechten Hand der Bundes-Lade ſtehenden Chor, 1 Chron. 6. v. 39. ſondern auch ein Seher, oder Prophet, d. i. wie es M. Daniel *Feſſelius* erklähret, ein Doctor und Ausleger der H. Schrifft; oder, der vielmehr von GOtt die Gnade gehabt, daß er in ſeinen Sing-Gedichten weiſſagen können wie die von ihm verfertigte Pſalmen, neiml. der 50, und die vom 73 bis auf den 83 beweiſen.

Aſſare, abſolut geſetzt, wird verſtanden von den Pfeiffern, wenn ſie, ohne Zuthun anderer Inſtrumente und Stimmen, alleine blaſen, und ſich hören laſſen. Daher Aſſæ tibiæ. ſ. *Joſephi Scaligeri* conjectur. in Varronem de Lingua Latina.

Aſſa voce canere, heiſſet: einen Geſang mit Menſchen Stimmen allein, ohne einiges darzu kommendes Inſtrument, tractiren. Denn aſſus, a, um, bedeutet ſo viel, als: ſolus, a, um, allein. Oder vielmehr darum: weil die Stimme (vox) von Natur zum Singen gleich parat und zugegen iſt, qſ. nobis in promptu ſemper, & à natura *aſſit*; wie denn, aus gleicher Urſache, die Säug-Ammen von Nonio: aſſæ nutrices genennet werden, weil ſie ſtets um die Säuglinge zu ſeyn pflegen. ſ. *Putaani* Palladem Modulatam. c. 3. p. 28 & 29.

Aſſonance (*gall.*) wird von einigen, an ſtatt des Worts: Consonance, in der Muſic gebrauchet. ſ. *Furetiere* Diction.

Aſſouci (*Charles Copeyau* Hr. d') ein im 17 ſeculo berühmt geweſener Frantzöſiſcher Poet und Muſicus, hat ſeine beſondere Zufälle in einem Buche, genannt: D'Aſſouci de ſes avantures, beſchrieben. ſ. das comp. Gelehrten-Lexicon.

Aſſur, iſt mit Aſor einerley. Dieſes Inſtruments wird im 33ten Pſalm v. 2. und im 144. v. 9. Erwehnung gethan, und daſelbſt genennet: ein Pſalter von zehn Saiten.

Aſtier, ein Frantzoſe, hat ein Motetten-Werck verfertiget, ſo 5 Livres koſtet. ſ. *Boivins* Muſic-Catal. aufs Jahr 1729. p. 14.

Aſtorga, ein Baron, hat zu dem an. 1726. in Breslau aufgeführten Paſtorale: Il Daffni genannt, die Muſic verfertiget. ſ. *Mattheſonii* Muſical. Patriot 43te Betracht. p. 347.

Aſtrabicon, ἀστραβικόν, iſt eben was Carmen Bucolicum; und hat den Nahmen von der Geſtalt desjenigen Seſſels, worauf die, ſo dergleichen Carmen abſingen wollten, herbey gebracht wurden. Der Seſſel hieß: ἀστράβη. ſ. *Meurſii* Miſcellanea Laconica.

Aſula (*Giov. Matteo*) ein Geiſtlicher zu Verona, hat verſchiedene muſicaliſche Wercke diret, als: an. 1565 Introitus, & Alleluja Miſſarum omnium majorum Solennitatum totius anni ſuper Cantu plano, 4 vocum; An. 1578. Veſpertinam omnium Solennitatum Pſalmodiam, duoque B. Virginis Cantica primi Toni, cum 4 vocibus; An. 1587. Cantiones Sacras 4 vocum, ſämtl. zu Venedig in 4to gedruckt; ferner zwey Miſſen und 10 Sacras Laudes von 3 Stimmen an. 1589; und an. 1590. andere Miſſen über die 8 Kirchen-Tone, in 4to zu Mäyland gedruckt. ſ. *Draudii* Biblioth. Claſſ. p. 1616. 1633, 34. u. 1653.

Aſymphonia, ἀσυμφωνία, (gr.) ohne Zuſammenklang, ein Ubellaut, Mißlaut.

Atabal, alſo nennen die Spanier das tympanum crotaliſticum, welches Wort und Inſtrument ſie von den Arabern, oder Mauren überkommen, und in ihrer Sprache behalten haben. ſ. *Joſephi* Scaligeri Comment. in Copam.

A tempo (*ital.*) nach dem Tact.

A tempo giuſto (*ital.*) nach gebührenden Tact.

Athena, Ἀθηνᾶ, eine gewiſſe Flöte, welcher

sich der Thebaner Nicopheles insonderheit beym Hymno der Minervæ bedienet. s. *Pollucis* Onomasticon lib. 4. c. 10. Segm. 77.

Athenæus, ein Griechischer Grammaticus, von Naucratis in Egypten gebürtig, hat in 2 Seculo unter dem Kayser Marco Aurelio Pertinace gelebt, und unter andern auch Dipnosophistas geschrieben, darinnen er unterschiedliche Gelehrte an der Taffel des Römischen Bürgers Laresii, von verschiedenen curieusen und gelehrten Sachen redend eingeführet, oder vielmehr ihre geführte Discurse aufgezeichnet. Unter solchen kommen zum öfftern auch musicalische vor. Das gantze Werck bestehet aus 15 in griechischer Sprache geschriebenen Büchern, welche aber auch mit der lateinischen Ubersetzung heraus, und in folio gedruckt sind.

Athenodorus, ein aus der Jonischen Stadt Teos gebürtig gewesener Citharœdus, der, nach Athenæi Bericht lib. 12. p. m. 538. nebst andern auf des Alexandri M. Beylager mit aufgewartet.

A tre tempi (*ital.*) a trois tems (*gall.*) von drey Theilen oder Noten, die einen Tact ausmachen.

A trois Voix ou Parties (*gall.*) à tre Voci overo Parti (*ital.*) von drey Sing- oder andern Stimmen.

Atkins (*Johannes*) ein Socius des Collegii Mertonensis zu Oxford, ums Jahr 1467 wird in der Matricul nur gedachten Collegii ein Nobilis Musicus genennet. s. *Anti à Wood* Hist. & Antiquit. Univ. Oxon. lib. 2. p. 5.

Atto di Cadenza (*ital.*) eine Schlußmachung, d. i. eine gewisse Stellung der Klänge oder Noten, welche nicht nur in einer Stimme allein, sondern auch in den andern eine Cadenz zu machen, anzeiget. Z. E. wenn der Bass auf eine Note um eine Quart steiget, oder eine Quint fällt, so ist solche Bewegung ein Atto di Cadenza vor den Bass, oder Bassirender Schluß, und zugleich ein Zeichen oder Merckmahl, daß die obern Stimmen zu dieser Cadenz die übrigen ihnen gehörige Schlußmachungen auch mitmachen müssen.

Attore (*ital.*) eine agirende Manns-Person in einem Schau-Spiele

Attrice (*ital.*) eine agirende Weibes-Person in einem Schau-Spiele.

Au, oder des (*gall.*) von z. E. au commencement, dès le commencement, vom Anfange; kommt gemeiniglich in Arien vor, so auf Rondeau Art gemacht, und vom Anfange, (um die Mühe des zweymahl Abschreibens zu ersparen, wiederhohlt werden; wie auch in andern Piéces.

Avanzolini (*Girolamo*) hat 8 stimmige Psalmen mit einem G.B. gesetzt an. 1623 zu Venedig drucken lassen.

Aubade, pl. Aubades (*gall.*) antelucani ad fores alicujus gratulantium concentus (*lat.*) Musiquen die bey früher Morgens-Zeit aufgeführt werden; Morgen-Ständtgen.

Aubert, ein Frantzösischer Componist, hat unter dem Titul: le Ballet de Chantilly, ein Cantaten-Werck herausgegeben. s. den *Catalogue general pour l'année* 1729 zu Paris in 4to gedruckt. p. 3. Ingleichen drey Bücher Sonates pour les Violons, deren jedes 7 Livres kostet, drucken lassen. s *Boivins* Catal. general des Livres de Musique pour l'année 1729. p. 24.

Au dessous (*gall.*) unten drunter.

Au dessus (*gall.*) oben, drüber.

Audace, audacement (*ital.*) audaciter, per Syncopen, audacter (*lat.*) behertzt.

Avella (*Giovanni d'*) ein Barfüsser-Mönch und Pater, hat an. 1657 eine aus 5 Büchern bestehende Schrifft, unter dem Titul: Regole di Musica, zu Rom bey Francesco Moneta in folio drucken lassen. s. *Toppi* Bibliotec. Napolet.

Avenarius (*Philippus*) gab an. 1572. Cantiones Sacras 5 vocum zu Nürnberg in 4to heraus. s. *Draudii* Biblioth. Class. p. 1616.

Auffschneiter (*Benedictus Antonius*) Capellmeister zu Passau, hat verschiedene Wercke ediret. Die aus 6 Ouverturen bestehende Concors Discordia ist an. 1695 zu Nürnberg in folio gedruckt worden. Seine Dulcis Fidium Harmonia enthält 8 vierstimmige Kirchen-Sonaten in sich. Das 6te Opus, aus 5 sehr starcken Missen bestehend, ist an. 1711. unter dem Titul: Alaudæ V. zu Augspurg in folio gedruckt, und vom Auctore seinem Herrn, dem Cardinal von Lamberg, dedicirt worden.

Augilbertus, (vermuthlich Angilbertus) oder Engelbertus, (also nennet ihn Trithemius im Hirschauischen Chronico) ein Moselaner, war anfänglich ein gemeiner Mönch im Closter S. Eucharii, (jetzo S. Matthiæ) zu Trier, nachgehends ums Jahr 961 Abt daselbst in S. Martins-Closter, und schrieb einen Tractat: de Mono-

Monochordo. ſ. die Centuriat. Magdeburg. Centur. 10. c. 10.

Augmentatio (*lat.*) heiſſet: wenn die Noten und Pauſen an ihrer ſonſt gewöhnlichen Geltung zunehmen ſollen; ſolches geſchahe ehemals in einer einkigen Stime eines muſicaliſchen Stücks, und wurde entweder durch eine gewiſſe Uberſchrifft, Canon genannt, ż E. Brevis fit Maxima, Semibrevis Longa, Minima Brevis, d. i. die zweyſchlägige Note gelte 8 Tacte, die einſchlägige 4 Tacte die halbſchlägige 2 Tacte; oder: creſcit in duplo, triplo, hexagio numero &c. d i. ſie wachſet doppelt, dreyfach, ſechsfach, u. ſ. f. aber auch nur durch einen im Tact-Zeichen befindlichen Punct, alſo ⊙ ⊙ angedeutet. ſ. *Ornithoparchi Microlog.* lib. 2. c. 7.

Auguſtinus (*Aurelius*) des Patricii und der Monicæ Sohn, von Taguſta in Numidien, war gebohren an. 354 den 13 Nov. docirte anfänglich an gedachtem Orte die Grammatique, hernach aber zu Carthago die Oratorie, und gab zugleich hieſelbſt einen Juriſten mit ab. Er verfiel aber in den Manichæiſmum, und begab ſich nach Rom. Allhier unterwieſe er junge Leute, und als Symmachus, der Römiſche Raths-Herr und Gouverneur der Stadt, auf Kayſerl. Befehl einen Profeſſorem Oratoriæ nach Mayland ſchicken muſte, wurde er vor andern dazu erkieſet. Daſelbſt iſt er durch des H. Ambroſii Predigten dergeſtalt gerühret worden, daß er ſich nach zwey Jahren, an. 387 von ſelbigen tauffen laſſen. Er machte ſich darauf wieder in Africam, und hielt ſich in geheim auf ſeines Vaters Land-Gut auf; als er aber einſten ungefehr nach Hippon, oder dem heutigen Bona kam, ergriff ihn das Volck, führte ihn, ungeachtet auch ſeines Weinens und Widerſtrebens, zum Biſchoff Valerio, und verlangte, daß er zum Presbyter verordnet würde, ſo an. 391 geſchehen. Valerius ließ ſich ihn zu ſeinem Coëpiſcopo ſetzen; nach deſſen Tode wurde er Biſchoff, welcher Würde er in die 35 Jahr vorgeſtanden, und ſtarb an. 430, im 76 Jahre ſeines Alters, als die Vandalen die Stadt Hippon in den dritten Monat belagert hatten. ſ. Hederichs Notit. Auctorum Med. p. 738 ſqq. Unter ſeinen ſehr vielen Schrifften ſind auch 6 Bücher de Muſica, welche T. 1. ſeiner Operum von 310 biß 410. Blatte Edition. Baſil. von an. 1569 befindlich, 12½ Bogen ausmachen, und Geſprächs-weiſe, zwiſchen einem Magiſter und Diſcipul, eingerichtet ſind. Das 1ſte Buch hat 13 kurtze Capitel. Das zweyte 14 dergleichen; Das dritte Buch begreifft 9 Capitel; Das vierdte Buch beſtehet aus 17 Capiteln. Das fünffte Buch lieffert 13 Capitel; und das 6te Buch 17 Capitel. Daß dieſe Bücher nach empfangener H. Tauffe, und Wiederkehr aus Italien, von ihm in Africa geſchrieben worden, bezeuget er ſelbſt lib. 1. c. 6. Retractationum. Das 1ſte Buch hat 13 kurtze Capitel folgenden Inhalts: (c. 1. Muſica quid doceat. (2 Muſica quid fit. (3 quid ſit bene modulari. (4 Scientia & ſcientiæ imitatio. (5 Senſus Muſices ineſt naturæ. (6 Cantores theatricos neſcire artem. (7 Diu, & non diu. (8 Proportio in motu, ut in modis. (9 Motus rationales & irrationales. (10 Motus complicati & ſeſquati. (11 Motus & numerus infinitus. (12 de concordia numerorum, juxta Pythagoricos, (13 de proportionatorum motuum decore. Das zweyte Buch hat 14 dergleichen Capitel folgenden Inhalts: (1 Syllabarum ſpatia aliter Muſici, aliter Grammatici docent. (2 qui Verſus perperam pronunciatus, & Grammaticum offendat & Muſicum. (3 Syllabarum tempora. (4 Pedes diſſyllabi. (5 Pedes triſyllabi. (6 Pedes tetraſyllabi. (7 Verſus certo pedum, ut pes Syllabarum numero conſtat. (8 varia pedum nomina. (9 de pedum ſtructura. (10 Amphibrachus nec per ſe nec aliis mixtus Verſum conficit. (11 Pedum rationabilis mixtura. (12 Pedes ſex ſyllabarum. (13 ordo pedum quomodo mutetur concinnè. (14 qui pedes quibus miſceantur. Das dritte Buch handelt in 9 Capiteln folgendes ab: (1 Rhythmus ac metrum quid. (2 quid inter verſum & metrum. (3 Rhythmi ex pyrrhichiis. (4 Rhythmus continuus. (5 an ſint pedes ſupra ſyllabas quatuor. (6 Pedes longiores quatuor ſyllabis, carent nomine. (7 de metro, quibus & quot conſtituatur pedibus. (8 Silentia in membris. (9 Modus temporum ac pedum in metro. Das vierdte Buch beſtehet aus folgenden 17 Capiteln: (1 Ultima Syllaba quare indifferens in metro. (2 quot ſyllabis minimum conſtituatur pyrrhichium metrum, quamdiu quo-

quoque silentium. (3 Pyrrhichiorum metrorum ordo & numerus. (4 de metro Jambico.(5 de metro Trochaico.(6 de metro Spondaico.(7 Tribrachi metra quot sint.' (8 de pedibus dactylo postponendis propter silentium. (9 ex bacchiis pedibus versus. (10 plano pedi quid addatur ante silentium (11 Jambus post dichorium male ponitur. (12 summarius numerus pedum ac metrorum 571. (13 pars pedis quibus locis ponitur. (14 quibus locis silere liceat. (15 silentium in medio. (16 de pedum commixtione. (17 de metrorum copulatione. , Das fünffte Buch von 13 Capiteln stellet folgendes vor : (c. 1. quo modo differant rhythmus, metrum, & versus. (2 Metra in duas partes divisibilia. (3 Versus unde dictus. (4 Terminus versuum varius. (5 Heroici finis. (6 rursus de fine versus. (7 quomodo semipedum imparilitas in versuum membris ad parilitatem referatur. (8 paritas semipedum. (9 de paritate in membris versuum vario semipedum numero connexorum. (10 Senarios versus decentissimos non esse, nisi vel heroici sint vel jambici. (11 Senarii quomodo commodius metiendi (12 quod partes heroicorum versuum majorem omnibus habeant, quoad semipedes numerorum concordiam. (13 Epilogus. Der Inhalt des sechsten Buchs ist, wie folget: (e. 1 repetit, transitum faciens ad sequentia. (2 Sonorum numerus quid & quomodo deprehendatur. (3 Numeri num in usu sint pronunciantis sine numeris in memoria. (4 de sensus judicio naturali. (5 Anima an à corpore patiatur, & quomodo sentiat. (6 trium numerorum. (7 numerus judicialis. (8 numeri mortales. (9 alii numeri superioribus præstantiores. (10 ratio omnis concinnitatis inventrix. (11 summa numerorum æqualitas, & ex creatis æqualitatibus inquiritur. (12 de numeris spiritualibus & æternis. (13 Anima repugnans sensibus. (14 ad Dei amorem omnia referenda. (15 Mens quomodo triumphat de numeris temporalibus. (16 de quatuor virtutibus, an & quomodo sint in beatis. (17 quod peccatrix anima numeros agat, & numeris agatur.

Avianus (*Joh.*) oder, wie er sich selbst geschrieben, Avianius, von Thunborff, (einem drey Stunden von Erffurt liegenden Amts = Dorffe) gebürtig, (Tontorphinas,) war anfänglich Rector der Schule zu Ronneburg im Altenburgischen, hernach Pfarrer zu München-Bernsdorff, endlich Superintendens zu Eisenberg, und starb an. 1617. s. das comp. Gelehrten *Lexicon*. Hat eine Isagogen Musicæ Poëticæ an. 1581 zu Erffurt in 4to drucken lassen. s. *Draudii* Biblioth. Classº. p. 1642. In einem eigenhändigen und unleserlichen MS. des Autoris habe aufgezeichnet gefunden: daß er noch eilff theoretische, und zwey practische Wercke in Lateinischer Sprache zum Druck befördern wollen, nemlich: Quæstiones & Responsiones in Isagogen Musicæ Poëticæ Joan. A. T. ante sexennium typis Baumannicis editam, concinnatas in gratiam studiosæ juventutis summa cum perspicuitate ab ipso autore, qui in totam ferè Musicam, quid præterea commentatus sit ex se sequentibus licebit deprehendere lectori.

Catalogus illorum librorum quibus Musicæ artis restitutionem meditatur Joannes Au: hîc ideò propositus, si forte Bibliopolam inveniat, qui sumtibus suis publicos facere velit, aut Baumannum Typographum ad excudendum propendentem saltem juvare, cum autori grave sit vel devoratis scribendi laboribus tantis sustinere etiam sumtus ut aliis profit, vel quia non edantur frustra scripsisse.

(1 Musica Practica Vetus, ubi docebit, plerosque illos, qui mordicus retinere antiqua Fabrorum & id genus alia præcepta velint, non assequi tamen semper sententiam quam defendant.
(2 Compendium Veteris Musicæ practicæ.
(3 Compendium Musicæ modulativæ novum.
(4 Scholæ Musicæ, quibus explicantur causæ mutationis.
(5 Musica modulativa nova atque integra.
(6 Progymnasmata Ludi Rondeburgensis.
(7 Cantor, seu Instructio eorum, qui choro præficiuntur, ut in omnes casus paratiores evadant.
(8 Criticus in tanta varietate cantionum,

num, quæ probandæ, quæ improbandæ, quæ quibus præferendæ sint, ostendens.

(9 Disputatio de perfectissima suavitate titulo Orlandi, seu quid spectare quive mentem dirigere debeat, qui præstantem suavitate cantilenam sit compositurus.

(10 Musica Poëtica absoluté & ἀποδεικτικῶς tradita.

(11 Artificium corrigendi depravatas cantilenas, ut ad veritatem quandam proxime revocentur: reprehendetur ibi quorundam eodem in genere temeritas depravantium quod corrigere suscipiebant.

(12 Aliquot Tomi selectarum cantionum 4. 5. 6. 7. & 8 vocibus compositarum, nec antea unquam expressarum.

(13 Aliquot Tomi Missarum nova quadam methodo ex multis harmoniis παρωδικῶς derivatarum.

Die Zuschrifft obgedachter Quæstionum und Responsionum in Isagogen Musicæ Poëticæ war Lateinisch abgefasset, und an den Magistrat zu Nürnberg gerichtet. Die Unterschrifft lautete also: Datum Rondeburgi Anno supra millesimum quingentesimum octogesimo octavo, 4to Calendas Octobris. Die Vorrede an den Leser hub sich folgender gestalt an: Ediderim abhinc ferè sexennio Isagogen in meam Poëticam Musicam, cujus editionem inscriptio pollicebatur simul: & ut artem facillimam per se, perspicuitate Methodi & luce faciliorem etiam reddererem summa ibi elaboraveram cura.

Die Fortsetzung dieser Vorrede war 5½ quart - Blätter lang, biß auf folgende Worte: Interim lector φιλόμουσε hac enarratione Isagoges fruere, & fave molitionibus meis methodumque à me primo repertam accipe, ut etiamsi mihi aliquid humanum accidat quam cursum hunc absolvero, vestigiis tamen hisce, aut similibus ingressus, Vulgi errata corrigere, quæque ad artis constitutionem desiderata adhuc sunt, tuo Marte supplere queas. Hierauf folgten drey Epitaphia quibus tumulum felicissimi & summi Musici, Orlandi di Lasso ornavit summus illius admirator J. A. T. Diese drey Buchstaben bedeuten: Joannes Avianius, Tontorphinas; wie solches aus der Unterschrifft eines andern imme-

diate vor jetzt angeführten in gedachtem MS. befindlichen Lateinischen Carminis erhellet, woselbst nachfolgendes stehet: Ludi Rondeburgici Rector. Das erste vor nur gedachten Epitaphiis bestehet aus 20; das 2te aus 28; und das 3te aus 16 Lateinischen Versen.

Avicenna, der in der Stadt Balech, im Lande Usbeck an 992 gebohrne Arabische Arzt, Philosophus, und Secretarius bey dem Könige in Persien, dessen Leben Hottinger in Histor. Eccles. Sec. X¹. p. 461 sq. aufgezeichnet, hat unter andern auch eine Musicam in seiner Sprache geschrieben. s. H. D. Fabricii Biblioth. Gr. lib. 3. c. 10.

Avicula (Lampertus) von Culmbach gebürtig, ist ein vortrefflicher Musicus, und an der Schule zu Hof im Voigtlande Rector gewesen; hierauf aber Pfarrer zu Geffel geworden. s. Ludovici Schul-Histor. P. 2. p. 297.

Aulétes, genit. auletæ, ἀυλητής (gr.) ein Pfeiffer; von ἀυλέω, tibia cano.

Auleticus, a, um, Ad. ἀυλητικός (gr.) zum Flöten-Spielen gehörig.

Auletris, genit. auletridis, ἀυλητρὶς, ίδος (gr.) eine Pfeifferin.

Ἀύλημα, tibiæ cantus; eine Flöten-Melodie.

Aulio, genit. aulionis, von ἀυλός, tibia; ein Pfeiffer.

Ἀύλησις, das Flöten-Blasen, oder Flötten-Spielen.

Ἀυλητική (sc. τέχνη) ars canendi tibia, die Kunst auf Flötten zu spielen.

Ἀυλητηρία, theca tibiarum, ein Flöten-Futteral.

Ἀυλητρίδιον, tibicinula, eine kleine Flöten-Spielerin.

Ἀυλίσκος, eine kleine Flöte, oder Pfeiffe.

Aulœdus, ἀυλωδός, ein Pfeiffer: von ἀυλός, tibia, und ᾄδω, cano.

Ἀυλός, eine Pfeiffe, Flöte; hat, nach Eustathii Anmerckung in lib. 17. Iliac. die Benennung von ἄνω, oder ἄω, cloino, ich schreye. s. Bartholinum de Tibiis Veterum, lib 1. c 2. p. 13.

Ἀυλὸς καλάμινος, eine aus Rohr gemachte Flöte, oder Pfeiffe. Idem ibidem. c. 4. p. 32.

Ἀυλοποιός, Aulopœus, ein Pfeiffen-Macher.

Ἀυλῳδία, cantio ad tibiam, ein Flöten-Lied.

Avlozonum, die Krücke, oder der Drücker an den Mundstücken der Schnarr-Wercke in Orgeln, s. Kirch. Musurg. lib. 6. c. 3. Part. 3.

Avosani (Orfeo) ein Organist zu Viadana,

na, einer im Hertzogthum Mantua am Po-Fluß liegenden Stadt, hat an. 1645 dreystimmige Missen zu Venedig drucken lassen; auch ein Psalmen-Werck; und eine Compieta concertata, oder concertirendes Completorium von 5 Stimmen ediret.

Aurelianus, ein berühmter Musicus und Geistlicher an der Kirche zu Rheims, ums Jahr 900, nach dem Possevino, und Vossio; hat, unter dem Titul: Tonarius regularis, ein Werck de regulis modulationum, quas Tonos vel Tenores vocant, & de ipsarum vocabulis geschrieben, und selbiges dem damahligen Archicantori, Bernardo, dediciret.

Authentus (*lat.*) vom Griechischen Wort: Αυθεντης, so Dominum, einen Herrn bedeutet: weil diejenigen Modi, welche Authentici pflegen genennet zu werden, einen höhern Ambitum, als ihre Plagales, haben. Z. E. der Ambitus des also genannten Modi Jonici ist in der Octav $\overline{\overline{c}}$ c (nach dem Discant betrachtet) oder in der Octav c c (nach dem Tenor gerechnet) enthalten; hingegen der Ambitus Modi Hypoionici (welcher auch zum final-Clave das $\overline{c}$ oder c hat) ist in der Octav. g $\overline{g}$ (nach der Alt-Stimme betrachtet) enthalten, und gehet, als ein Laquay hinter seinem Herrn, eine gantze Quart tieffer; jener aber, als der Herr, (vom Final-Clave an gerechnet) eine völlige Quart höher; wie die zwey bekannte Choral-Lieder: Vom Himmel hoch da komm ich her ꝛc. und Nun freut euch lieben Christen gemein ꝛc. wenn beyde aus dem C tractirt werden sollen, ausweisen.

Autocabdali, also hiessen bey den Griechen diejenigen Musici, so einen Epheu-Crantz trugen. f. *Fabricii* Biblioth. Gr. Vol. 9 p. 759.

Avtomata, also heissen diejenigen Instrumente oder Claviere, deren palmulæ durch Wellen oder cylindros, diese aber durchs Wasser, oder Gewichte regiert werden.

Avxesis, αὔξησις, heisset: wenn ein modulus, oder eine Melodie zwey- bis dreymahl wiederholt wird, aber dabey immer höher steiget.

Axamenta, oder Assamenta; Lieder, so nur mit Menschen-Stimmen allein executirt werden. f. *Bulenger* de Theatro. lib. 2. c. 4. p 343. In Hrn. D. Meiers Critico sine crisi c. 2 p. 71. in not. lieset man folgendes: Assamenta so man auch Axamenta hieß, von axare, i. e. nominare, waren eigentlich eine Art Lieder, so die Salii allen Menschen zu Ehren abgesungen. In der neuen Acerra Philologica, und zwar in der Vten Nachricht des Vten Stücks wird angemercket: daß die Carmina Saliaria auch Carmina Axamenta deßwegen genennet worden, weil sie in höltzernen axibus, oder Taffeln, eingehauen gewesen. Vid. Tab. I. Fig.

Azpilcueta (*Martinus ab*) ein berühmter Rechtsgelehrter, von Verosoaim oder Verasoin bey Pampelona, im Königreich Navarra gebürtig, (daher er auch sonsten Navarrus genennet wird) hat zu Salamanca und Coimbra in Spanien und Portugall gelehret; war dabey ein Priester, und Canonicus Regularis S. Augustini von der Roncevallischen Congregation, schrieb sehr viele Sachen, wie denn seine Wercke an. 1597 zu Lion, und an. 1602 zu Venedig zusammen in 6 Voluminibus in folio gedruckt worden sind; in solchen soll er, wie Possevinus p. 223. Biblioth. Selectæ bezeuget, auch von der Music, und wie der Cantus figuratus zu singen sey, handeln; und starb zu Rom an 1586 im 95 Jahre seines Alters; woselbst er in die Kirche des H. Antonii von Padua, Portugiesischer Nation, mit folgendem Epitaphio begraben worden:

Martinus ab Azpilcueta
Navarrus
H. S. E.
Divini humanique Juris Consultiss.
Qui Salmanticæ primum, deinde Conimbricæ
Faventibus Portugalliæ Regibus Jus Pont.
docuit.
Romam profectus Pio V. Gregorio XIII. Sixto V.
P. P. M. M. carus,
Omnibus Nationibus gratus, huic Xenodochio beneficus.
Obiit XI. Kal. Jul. CIƆ. IƆ. XXCVI.
Ætatis anno XCIV. M. VI. D. VII.

Multis Doctrinæ suæ pervulgatis monumentis
Martinus Zuria Avunculo
B. m. pos.

s. das *comp.* Gelehrten-Lexicon, und *Isaac Bullarti Academie des Sciences & des Arts. liv. 1. p. 32.*

B.

B. Dieser grosse Buchstabe zeiget in den Uberschrifften und Umschlägen musicalischer Stücke den Singe-Baß, auch im Basso Continuo noch dieses an: daß jener daselbst allein singen werde.

B. C. bedeutet Basso Continuo.

B dur heisset: wenn in dem zum B-Clave gehörigen Accord die Tertia maior, nemlich das h unten, und das f, als die Tertia minor zum d, oben stehet, *v. Tab. II. F. 10.*

B moll heisset: wenn in dem zum B-Clave gehörigen Accord die Tertia minor, nemlich das weiche d (welches gar füglich, und mit einem einzigen Worte, des genennet werden kan) unten, und hingegen die Tertia maior nemlich das f oben zu stehen kommt. *v. Tab. II. F. 11.*

b tondo, rotondo, moll (*ital.*) **Bé mol** (*gall.*) **b rotundum, molle, mollare, orbiculare** (*lat.*) kan auf zweyerley Art betrachtet werden: (1. als ein absonderlicher Clavis; und (2. als ein chromatisches Zeichen. Als ein absonderlicher, von dem alten diatonischen B (welches also ♮ gezeichnet worden, und ietzo insgemein H heisset) herstammender Clavis, kan es entweder schlechtweg B, oder, mit Zusatz, das weiche B; aber, als ein bey vielen andern Clavibus zur Erniedrigung dienendes Zeichen, das weichmachende b ohnmaßgeblich genennet werden. Denn, so es einer Note zur lincken Hand, und zwar mit selbiger in einerley Linie oder Spatio stehet, wird derselben Note Klang um ein Semitonium minus erniedriget; wie die *Tab. II. F. 12.* befindliche Exempel ausweisen: Simon Brabantinus de Quercu in seinem Opusculo Musices, will vorgedachten Nahmen b molle nicht von seiner Würckung, nemlich à *mollitie* oder von der Weichlichkeit; sondern à *mobilitate*, d. i. von der aus seiner Gestalt entstehenden Beweglichkeit, hergeleitet wissen, und hält die erstere Meynung gar für ungereimt. Seine Worte lauten, wie folget; „operæ pretium est, latere neminem b ♮ „esse duplex: puta b fa, ♮ mi; & di-„citur b fa, b mol; & ♮ mi, ♮ „quadrum, ad literarum discrimen. „Plerique tamen asserentes & qui„dem *inepte* dicunt: b moll ideo di„ci, quod molle canatur; quam„quam ascensu Semitonium facit, „& molle canitur; tamen descensu „durè canitur, tonumque constituit, „& per consequens, &c. Sed dici„tur b moll, à *mobilitate*, nam mo„veri potest & ordinari quocunque „in loco, in lineis aut in spatiis, „secundum cantionis exigentiam.„ Anietzo unausgemacht, in wie weit die mittlern Worte: „quanquam ——— constituit,„ der Sache nach richtig sind, oder nicht; erhellet aus solchen, nebst dem, daß auch die Lexicographi gestehen: mollis sey so viel, als qs. mobilis, dieses noch: daß die Solmisatores den B-Clavem b fa zu nennen pflegen. Es hat solcher seinen Ursprung aus dem Tetrachordo Synemmenon, und ist unstreitig deswegen erfunden, und in die Scalam musicam gesetzt worden, damit man (aufwerts von ihm gerechnet) mit dem f eine reine Quint, und unterwerts eine dergleichen Quart, bekommen möchte. Dieses neu-eingeschalteten Clavis Octav, nemlich das kleine b, hat nachgehends zu Einführung des mehren e, oder vielmehr es, dieses zum as, u. s. f. zu allen durchs b-signum formirten clavibus chromaticis nicht nur Anlaß gegeben, sondern auch zu deren expression seine Signatur hergegeben.

Wenn im Basso Continuo das b vor, oder nach einer Ziefer stehet, so bedeutet es: daß man einen solchen durch die Ziefer angezeigten Clavem um ein Semitonium minus niedriger greiffen muß; ja, in geschriebenen Sachen wird die Zahl 3 gar aussen gelassen, und das b, absolut gesetzt, zur Signatur der kleinen Tertz gebrauchet. *v. Tab. II. F. 13.* Aus diesem Exempel erhellet auch zugleich; daß die durchs b-signum niedriger gemachte Claves, chromatische, und keine diatonische seyn dürffen;
weil

weil bey den letztern nicht das chromatische Zeichen b, sondern das diatonische ♮ statt hat. Eben deswegen ist auch beym obigen cis, zur expression seiner unvollkommenen Quint nicht das b, sondern das ♮ adhibirt worden; weil nur gedachter Quint-Clavis g kein chromatischer, sondern ein diatonischer, und demnach billig mit dem diatonischen Zeichen auch zu bemercken ist.

bb. Diese doppelte B-Signatur machet den ordinairen B-Clavem noch niedriger, so, daß an statt und in Ermangelung des eigenen und absonderlichen Clavis, auf dem Claviere das A gebraucht werden muß. Man könte diesen Clavem das weichgemachte B, oder bes nennen, und dadurch denen, so den General-Baß erlernen wollen, einen richtigen concept beybringen, was nemlich zu solchem die Secund, Tertz, Quart, Quint. u. s. f. sey.

♮ quadro. quadrato (*ital.*) Be quarré, b carre (*gall.*) B quadratum, durum (*lat.*) das vierecktigte und harte B. diesen Nahmen hat es bekommen nachdem das b erfunden, und in die Scalam gebracht worden; vorhero aber hat es schlechtweg B geheissen; welches auch die Solmisatores noch thun, doch mit dem Zusatze, B.mi. Es kan also gleichfalls (1. als ein absonderlicher Clavis, und (2 als ein Signum betrachtet werden. Als ein Clavis ist er in der Griechen ihrem ersten oder untersten Tetrachordo, Tetrachordum Hypaton genannt, auch der erste oder unterste, und so wohl in dieser Absicht, als auch weil er zur Erfindung des b und ♯, und aller davon entstandenen clavium, Gelegenheit gegeben: omnium Clavium Princeps nachgehends genennet worden: und die folgenden Teutschen Musici haben nurgedachten diatonischen B-Clavem, wegen seiner Gestalt, gar ♮, oder H geheissen. Als ein Zeichen ist es anfänglich gebraucht worden, die durchs b moll um ein Semitonium minus erniedrigte Claves wiederum um so viel zu erhöhen, und also aus weichen chromatischen Clavibus wiederum diatonische, oder also genannte natürliche zu machen, v. *Tab. II. F.* 14. Da nun das ♮, als ein Signum diatonicum, capable ist, alle durchs b gemachte, und also genannte weichen Claves chromaticas wiederum in ihre natürliche und diatonische Stelle zu versetzen; warum solte es denn nicht auch dergleichen effect bey denen durchs ♯ gemachten und also genannten scharffen clavibus chromaticis thun können? Es ist demnach billig, daß, wenn ein solcher durchs ♯ erhöheter clavis chromatica wiederum in seinen natürlichen oder diatonischen gebracht werden soll, solches durch das ♮, als ein diatonisches Zeichen, und nicht durchs b (welches eben so wol, als das ♯ ein chromatisches Zeichen ist) geschehe, ob es gleich alsdenn um ein Semitonium minus erniedriget, v. *Tab. II. F.* 15.

Wie es nun innerhalb des Systematis gehalten wird; also kan es auch ausser demselben mit den Ziefern gehalten werden. Wenn demnach das ♮ über einer Note des General-Basses stehet, so zeiget es an: daß die natürliche oder diatonische Tertz zu greiffen ist; stehet es vor, oder nach einer Ziefer, so nimmt man solche auch natürlich oder diatonisch; und wenn es über einer Note in ändern Stimmen, auser dem General-Basse, gefunden wird, ist's so viel, als stünde es vor derselben Note, weil es ein Versehen im Schreiben anzeiget. v. *Tab. II. F.* 16

Diese einzige Beschwerligkeit führet das also gebrauchte ♮ mit sich, daß, wenn ein solcher General-Baß ex tempore um einen Ton tieffer transponirt werden soll, man sich alsdenn an etlichen Orten an statt des ♮, das b einbilden muß. v. *Tab. III. F.* 1.

Baal (*Marianus*) ein Pater Ord. S. Benedicti in Schwartzach, einer im Bischoffthum Würtzburg am Mayn liegenden kleinen Stadt und Amt, ist zuvor Capell-Meister in Bamberg gewesen. Feyertags Syntax. p. 129.

Babel, ein sehr berühmter, nunmehro verstorbener Clavicymbalist und Componist zu Londen, hat in zwey Büchern verschiedener Autorum choisirte Trio für Instrumente ediret.

Babys, des Marsiæ Bruder, ist ein sehr ungeschickter und elender, aber doch dabey so hochmüthiger Pfeiffer gewesen, daß er sich auch unterstanden mit dem Apolline zu certiren, welcher ihn ohne Zweifel noch jämmerlicher, als seinen Bruder den Marsiam, würde gestrafft haben, wenn nicht die Pallas für ihn intercediret, und davor gehalten hätte; Er wäre keiner Straffe würdig, sondern ohnedem schon wegen seiner Unwissenheit und Ungeschicklichkeit genug gestrafft. Von ihm ist das Sprüchwort entstanden: Er singet oder pfeiffet noch schlimmer als *Babys*. s. Prinzens Music. Histor. c. 2. §. 32.

Bacchinius (*Benedictus*) oder *Benedetto* Bacchini, ein Italiänischer Benedictiner-Mönch Congregat. Casinensis zu Parma in S. Johannis-Closter, hat eine kurtze aus 5 quart-Blättern, und einem Kupfferstück bestehende Dissertation: de Sistris, in lateinischer Sprache geschrieben, und nur 50 Exemplaria drucken lassen. Eins davon hat I. Gaudentius Robertus, ein Carmeliter-Mönch zu Parma, Jacobö Tollio, mit der Bedingung verehret, daß er solches netter wiederum möchte aufflegen lassen; so auch an. 1696 zu Utrecht, nebst einem Zusatze in 4to geschehen; und nachgehends in des Grævii Thesaurum Antiquitatum Romanarum, und zwar in den VI. Tomum p. 411. eingerückt worden, woselbst diese Dissertation 3½ Blätter in folio ausmacht, wozu noch ein halber Bogen Kupfferstich kommt, auf welchem 26 Figuren allerhand Sistrorum vorgestellt werden.

Bacchius (*lat.*) βακχῖος (*gr.*) ist ein Pes in der Prosodie, so aus einer kurtzen und zwo langen Syllben bestehet. Z. E. amantes, petentes, paterni. Er hat den Nahmen von dem Baccho, weil er insonderheit in den Dithyrambis, so dem Baccho zu Ehren abgesungen wurden, pflegte gebraucht zu werden; wird sonsten auch Hypobacchius, item Oenotrius, Tripodius, Saltans und Hyperiambus genennet. s. Hederichs reales Schul-Lexicon.

Bacchius, Senior, ein Aristoxenischer Musicus, (im Catalogo Bibliothecæ Thuanæ wird er p. 54. ein Iatromathematicus genennet) hat eine aus Frag und Antwort bestehende Isagogen Artis Musicæ in Griechischer Sprache geschrieben, welche Marcus Meibomius mit der lateinischen Übersetzung und Anmerckungen an. 1652 in 4to vor ihm aber Marinus Mersennus (doch ohne Version) und Fed. Morellus an. 1623. mit der Version in 8vo. ediret hatten. Sie bestehet an sich aus drey Bogen; und die Anmerckungen betragen 5¼ quart-Blätter. Vorgedachter Meibomius, in der Vorrede über diesen Autorem, hält ihn vor älter als den Bryennium, und meldet: daß in dem Scaligerianischen Codice (woraus er die Griechischen Autores ediret) noch ein Tractat nebst einigen fragmentis, von ihm befindlich gewesen sey.

Bacchylides, ein Lyrischer Poet und Musicus aus der Insul Cea gebürtig [Cejus], und zwar aus der Stadt Julis, daher er beym Æliano lib. 4. c. 15. Var. Hist. ϝϛυλήτης [lat. Julieta] heisset, ein Sohn Medonis, Enckel des Fechters Bacchylidis, und Befreundter des Lyrischen Poeten Simonidis, hat in der 82ten Olympiade, und demnach 450 Jahr vor Christi Geburt, gelebt. s. Hrn. D. *Fabricii* Bibl. Gr. Vol. IX. p. 669. und das comp. Gelehrten-Lexicon.

Baccus (*Dominicus*) ein sehr berühmt gewesener Musicus zu Cremona, welcher an. 1549. den 27. Januarii gestorben, hat die Music dergestalt excolirt gehabt, daß Lud. Cavitellus in analibus ad h. a. von ihm schreiben können: Dominicus Baccus quo alter non fuit præstantior ciere viros, turbamque accendere cantu, & ad magis graphicè scribendum obiit. s. *Arisii* Cremonam Literat. T. 2. p. 451.

Bacfart (*Joannes*) ein berühmt gewesener Lautenist in Ungarn gegen das Ende des 16ten Seculi, von dessen Arbeit einige pièces in Besardi Thesauro Harmonico befindlich sind.

Bach (*Joh. Bernhard*) Hrn. Ægidii Bachs, gewesenen ältesten Raths-Musici zu Erffurt älterer Sohn, gebohren an 1676 den 23 Nov. wurde erstlich dasel st an der Kauffmanns-Kirche Organist, kam an. 1699 in dergleichen function nach Magdeburg, und an. 1703 nach Eisenach, allwo er als Hochfürstlicher Cammer-Musicus noch stehet.

Bach (*Joh. Christoph*) ein 38 Jahr lang gewesener Organist zu Eisenach, und Vater der dreyen Brüder, neml. des Jenaischen Organisten, Hrn. Joh. Niclas, welcher an. 1669 den 10ten Octob. gebohren worden, an. 1695 in nur besagter Stadt zu diesem Dienste gelanget, und insonderheit wegen seiner verfertigten Claviere, bekannt ist; des bishero in Rotterdam, jetzo aber in Engelland sich befindenden Musici, welcher Joh. Christoph heisset, und auf dem Claviere informiret, sich auch eine geraume Zeit vorhero in Erfurt und Hamburg aufgehalten hat; und des Mühlhäusischen Organistens an der

der S. Blasii-Kirche, Nahmens, Johann Friedrich, welcher an. 1730 verstorben ist; hat verschiedene seine Clavier-insonderheit aber dergleichen Vocal-Stücke gesetzet, so aber nicht gedruckt worden sind. Ist an. 1703 den 31 Martii, im 60 Jahre seines Alters gestorben.

Bach (*Joh. Michael*) erstberührten Joh. Christophs zu Eisenach Bruder, gewesener Organist und Stadt-Schreiber zu Gehren, einem Flecken und Amt am Thüringer Walde, Hrn. Johann Sebastian Bachs erster Schwieger-Vater, hat sehr viele Kirchen-Stücke, starcke Sonaten, und Clavier-Sachen gesetzt, wovon aber gleichfalls nichts gedruckt worden ist.

Bach (*Joh Sebastian*) Hrn. Joh. Ambrosii Bachs, gewesenen Hof- und Raths-Musici zu Eisenach Sohn, gebohren daselbst an. 1685 den 21 Martii, hat bey seinem ältesten Bruder, Hrn. Johann Christoph Bachen, gewesenen Organisten und Schul-Collegen zu Ohrdruff, die ersten Principia auf dem Clavier erlernet, wurde erstl. an. 1703 zu Arnstadt an der Neuen-Kirche, und an. 1707 zu Mühlhausen an der S. Blasii-Kirche Organist; kam an. 1708 nach Weimar, wurde daselbst Hochfürstl. Cammer-Musicus und Hof-Organist, an. 1714 Concert-Meister; an. 1717 zu Cöthen Hochfürstl. Capell-Meister, und an. 1723 nach des seel. Hrn. Kuhnauens Tode, Music-Director in Leipzig, auch Hochfürstl. Sachsen-Weißenfelsischer Capell-Meister. Von seinen vortrefflichen ClavierSachen sind in Kupffer herausgekommen: an. 1726 eine Partita aus dem B dur, unter dem Titul: Clavier-Übung, bestehend in Præludien, Allemanden, Couranten, Sarabanden, Giquen, Menuetten, ꝛc. Dieser ist gefolgt die Zweyte, aus dem C moll; die 3te aus dem A moll; die 4te aus dem D dur; die 5te aus dem G dur, und die 6te aus dem E moll; wormit vermuthlich das Opus sich endiget. Die Bachische Familie soll aus Ungern herstammen, und alle, die diesen Nahmen geführet haben, sollen so viel man weiß, der Music zugethan gewesen seyn; welches vielleicht daher kommt: daß so gar auch die Buchstaben b a c h in ihrer Ordnung melodisch sind. (Diese Remarque hat den Leipziger Hrn. Bach zum Erfinder.)

Bacheler (*Daniel*) ein ums Jahr 1610 sehr berühmt gewesener Lautenist in Engelland.

Bachi (*Giov. de*) ein um die Mitte des 16ten seculi bekannt gewesener Componist, von dessen Arbeit in dem von Joh. Montano und Ulrico Neubero an. 1564 zu Nürnberg edirten Thesauro Musico, T. I. Motetten befindlich sind.

Bachini (*Gislamerio*) hat ein Opus 3. 4. - 9 stimmiger Missen ediret. s. *Parstorff*. Catalog. p. 4.

Backhauß, (*Johann*) von Hameln, war unter den 53 Examinatoribus des an. 1596 erbaueten Grüningischen Schloß-Orgelwercks der zite. s. Werckmeisters Organum Gruningense redivivum, §. 11.

Baconus oder Baco (*Franciscus*) Baro de Verulamio, Vice-Comes S. Albani, Königl. Procurator, Groß-Siegel-Verwahrer, und Cantzler von Engelland, gebohren an. 1560 den 22 Januarii, und gestorben den 9 April. an. 1626. handelt in der gantzen zweyten wie auch grössentheils in der dritten Centuria seiner Historiæ naturalis *Sylva Sylvarum* genannt, in vier Bogen von physicalischen, nebst andern hauptsächlich auch den Sonum betreffenden Experimentis, unter folgender Überschrifft: Varie hactenus, neque infeliciter, praxis Musicæ exculta est: theoria verò, præcipuè quæ Practicæ caussas continet, admodum perfunctoriè habita; reducta enim est in mysticas quasdam subtilitates, quarum nec usus nec veritas constat. Itaque pro more nostro contemplativam in activa parte jungemus. Wegen obgedachter geographischer terminorum ist zu mercken: daß Verulam und Fanum Albani einerley, nemlich eine in der Provintz Hardfordshire in Engelland liegende alte Stadt ist; hieselbst liegt er in der S. Michaelis-Kirche begraben. Das aus weisen Marmor bestehende Monument stellet ihn sitzend, als wenn er auf etwas meditire, vor, worunter folgendes Epitaphium, so Henricus Wottonus verfertiget, befindlich ist:

Franciscus Bacon, Baro de Verulam,
    S. Albani Vice-Comes:
        seu,
    Notioribus Titulis,
Scientiarum lumen, Facundiæ Lex

hic sedebat.
Qui postquam omnia Naturalis Sapientiæ
& Ciuilis Arcana evolvisset,
Naturæ Decretum explevit:
Composita solvebantur
Anno Dom. M DCXXVI.
Ætatis LXVI.
Tanti Viri Memoriæ Thomas Meautus, Superstitis
Cultor, Defuncti Admirator
H. P.

Baconus (*Rogerius*) ein sehr sinnreicher Mathematicus und gelehrter Philosophus, Franciscaner-Ordens in Engeland, welcher von seinen Ordens-Brüdern bey ihrem General, Hieronymo de Esculo, der hernach unter dem Nahmen Nicolaus IV. Pabst geworden, fälschlich verklaget, und wegen vorgegebener verdächtiger Neuerungen in der Lehre, viel Jahre von ihnen gefänglich gehalten worden, hat unter andern auch ein Buch: de valore Musices, geschrieben. Ist gestorben An. 1284. und lieget zu Oxfort begraben. s. *Balei* Catal. Scriptorum Britanniæ. Cent. 4. Muß von Roberto Bacono, dem Prediger-Mönche, welcher Doctor und Lector Theologiæ auf der Universität Oxfort gewesen, und An. 1248. gestorben ist, unterschieden werden.

Badia (*Anna Elisabetha*) war eine verheyrathete, und, der Ordnung nach, erste Sängerin am Käyserlichen Hofe, An. 1721.

Badia (*Carlo Agostino*) ein Käyserlicher Componist, hat unter dem Titul: Tributi Armonici, zwölff Cantaten à Voce sola e Cembalo, in sehr saubern Kupferstich publiciret, und sie dem Römischen Käyser, Leopoldo I. zugeschrieben. Dieses mag wohl zu Anfang des ietzigen Seculi geschehen seyn. Er ist An. 1727. noch am Leben gewesen.

Bärpfeiffe, oder Bärpipe, ist ein 16. oder auch 8 füßiges gedacktes Schnarr-Register, so in sich klinget, und eine brummende intonation, auch, ohne Zweiffel, von eines Bären stillen Brummen den Nahmen hat. s. *Prætorii* Syntagma Mus. Tom. 2. c. 8. p. 147.

Bagatti (*Francesco*) ein excellenter Componist und Organist an verschiedenen Kirchen zu Mayland, als: S. Maria Porta, S. Vittore, S. Sepolcro, wie auch am Königlichen Hofe, hat zwey Wercke Motetten, ingleichen ein Missen-und Psalmen-Opus daselbst drucken lassen. s. *Picinelli* Ateneo dei Letterati Milanesi. p. 199. zu welcher Zeit er aber gelebt habe, wird nicht gemeldet.

Baglivus (*Georgius*) oder Georgio Baglivi, ein berühmter Medicus und Professor Anatomices in seiner Vater-Stadt Rom, ingleichen ein Mitglied der Käyserlichen Leopoldinischen Academiæ naturæ curiosorum, und der Engländischen Societät, hat An. 1695. unter andern auch eine Dissertation: de Anatome, morsu, & effectibus Tarantulæ, in lateinischer Sprache geschrieben darinne von der Music-Cur derer, so von dieser Apulischen Spinne gestochen worden, weitläufftig gehandelt wird. Er ist gestorben, An. 1708.

Bagnoli (*Alessandro*) hat An. 1713. unter dem Titul: Ragionamento in difesa delle Osservationi del Sig: Ottavio Maranta, contra l' Antologia del Sig. Fabio Carsellini, zu Rom einen aus 120. quart-Blättern bestehenden Tractat ediret, darinnen er wider des Jüdischen Rabbinen, Raphäelis Rabbenii (welcher unter den letztern Nahmen sich verborgen halten wollen) Meynung, vorgiebt: Der alten Hebräer Music sey nicht harmonisch gewesen. s. das *Giornale de' Letterati d' Italia*. Tom. 18. Artic. 7.

Bagolinus (*Sebastianus*) ein Sicilianer, aus Alcamo, einer 2. teutsche Meilen von Palermo gegen Mittag, und eben so viel von Drepano im Thal Mazara liegenden Stadt, gebohren An. 560. den 19. Ianuarii, und gestorben An. 1604. den 27. Iulii, eines Veronesischen Mahlers, *Leonardo* Bagolini, und einer Alcamenserin, *Catharinæ* Taboniæ Sohn, ist ein vortrefflicher Poet, Redner, Philosophus, Mahler und Musicus gewesen. Liegt in der von seinem Groß-Vater, *Petro* Tabono, fundirten Kirche S. Crucifixi zu Alcamo, welche die Franciscaner ietzo inne haben, begraben. s. *Mongitoris* Bibl. oth. Sicul. Tom. 2. p. 213. seq.

Bäif (*Jean Antoine*) ein natürlicher Sohn *Lazari* Bäif, Abts zu Charoux und Grene-

Grenetiere, Requeten-Meisters, Parlament-Raths zu Paris, und Ambassadeurs zu Venedig, von Anjou gebürtig, gebohren zu Venedig, An. 1531, war Caroli IX. Königs in Franckreich, Cammer-Secretarius (Cubiculi Secretarius,) s. *Iacobi le Long* Biblioth. Sacram. p. 623.) im Griechischen und Lateinischen sehr erfahren, legte sich sonderlich auf die Poesie, und bemühete sich die alten Griechen u. Römer zu imitiren, richtete in der Vor-Stadt S. Marcel zu Paris, in seines Vaters Hause, eine musicalische Academie auf, welche der König selbst mit seiner Hof-Statt wöchentlich einmahl frequentirete, um die nach dessen façon verfertigte Poesie und musicalische Composition anzuhören. An. 1587. hat dieses Divertissement, wegen innerlicher Unruhe, aufgehöret, und dieser berühmte Poet und Musicus ist An. 1591 gestorben. s. die *Histoire de la Musique*, Tom. I. p. 55. *Freheri* Theatrum virorum eruditione clarorum, p. 485. und das *Iournal des Sçavans*, Tome XX. de l'A. 692. p. 242. Adrian le Roy hat dessen musicalische Chansons spirituelles zu Paris in 4to gedruckt. s. *Draudii* Biblioth. Exotic. p. 182.

Baisser, *gall.*) erniedrigen, niederlassen; en baissant la main, im Niederschlagen der Hand, nemlich beym Tact-Geben.

Balani [*Gabriele*] D., hat die vom Cavalier Pier Maria Marcolini verfertigte, und auf die Einkleidung einer von Iesi gebürtigen, und im Closter S. Arcangelo zu Fano gewordenen Nonne, Nahmens *Felice Maria* Conti, gerichtete Poesie, Sacra Canzone genannt, in die Music gebracht, und An. 1682. daselbst bey Claudio Perciminci in 4to drucken lassen. s. die Galleria di Minerua, p. 285.

Balardus, ein frantzösischer Lautenist zu Ende des 16ten Seculi, von dessen Arbeit verschiedene piéces in Besardi Thesauro Harmonico befindlich sind.

Balbi (*Lorenzo*) ein Italiänischer Edelmann und Violoncellist, hat drey Opera herausgegeben, deren Erstes aus 6 Sonate da Camera, à Violino, Violoncello. Continuo; das Zweyte aus Sonate à Violino solo e Continuo, und das Dritte aus drey-stimmigen Sonaten, nemlich à 2 Violini, ioloncello e Continuo bestehet. s. *Roger* Catalogue de Musique.

Balbo (*Lodovico*) ein vortrefflicher Musicus, Scholar und Imitator des Constanzo Porta, von Venedig gebürtig, hat ums Jahr 1578. florirt, und verschiedene Sachen, als: Missen, Vespern, Motetten, Complete und Madrigalien ediret. s. *Alberici* Catalogo de gl' illustri & famosi Scrittori Venetiani, p. 47.

Baldacini (*Antonio Luigi*) hat 2 Wercke heraus gegeben, deren iedes aus zwölff drey-stimmigen Sonaten bestehet. Sie sind bey Roger in Amsterdam zu haben.

Baldini (*Bernardino*) von Borgo d' Intra, einem am Uffer des Lago Maggiore im Mäyländischen liegenden, und der Borromeischen familie gehörigen Orte gebürtig, hat unter andern in seiner Sprache: un breve discorso intorno all utilità delle Scienze, & arti, d. i. einen kurtzen Discurs betreffend den Nutzen der Wissenschafften und Künste, geschrieben und heraus gegeben, s. *Morigia* Nobiltà di Milano, p. 159. Als ein berühmter Philosophus, Mathematicus und Medicus zu Pavia und Mäyland gelehret, und ist am letztern Orte An. 1600. den 12ten Ianuarii, im 85. Jahre seines Alters gestorben. s. das Comp. Gelehrten-Lexicon. Cesare Millefanti, ein Rechtsgelehrter und Canonicus an der Kirche della Scala in Mäyland, hat ihm folgendes Epitaphium gesetzet:

Parvulus in parva Baldinus conditur urna;
Parva velut vivo resque, domusque fuit.
Utque viri spatio mens æqua capacior omni,
Sic in cœlesti sede patente viget. s. *Girol.* Ghilini Theatro d' Huomini letterati, P. 2. p. 45.

Balduccius (*Franciscus*) ein hochberühmter Poet, von Palermo in Sicilien gebürtig, hat diejenige Gattung der Poesie, so in Rom Oratorio oder Cantata, und anderswo Dialogo heisset, zu erst erfunden und heraus gegeben. s. *Mongitoris* Biblioth. Sicul. Tom. I. p. 203. Ist gestorben ums Jahr 1645. oder 1649.

Baldus (*Bernardinus*) ein sehr gelehrter Mathematicus, und Abt zu Guastalla im Mantuanischen, gebohren zu Urbino im Kirchen-Staate, An. 1553. den 6 Iunii,

Iunii, hat unter andern ſehr vielen Sachen (denn man will bey 100. Bücher zehlen, die er gedruckt, oder im Manuſcript hinterlaſſen) auch das Lexicon Vitruvianum verfertiget, darinnen die beym Vitruvio vorkommende termini technici, worunter nicht wenige muſicaliſch ſind, erkläret werden. Er ſoll 17 Sprachen verſtanden haben, und An. 1617. den 10ten Octobris geſtorben ſeyn. ſ. das Comp. Gelehrten-Lexicon; Ghilini aber in ſeinem Theatro d' Huomini letterati, P. 2. p. 44. ſagt: es ſey An. 1597. im 65ten Jahre ſeines Alters geſchehen; welches auch das daſelbſt befindliche Epitaphium bekräfftiget, alſo lautend:

D. O. M.
Bernardino Baldo Urbinati
Guaſtallæ Abbati
XII. inguarum peritia
Encyclopædia, & Euthymia
inſignito
Principibus quos coluit,
Orbi quem deſcripſit
Æque caro, æque claro
Ingenii monumentis XLVIII. relictis
Ætatis ſuæ Anno LXV.
Salutis M. D. XCVII.
Heu ſublato
Ex fratre Nepotes, ex corde Amicus
P. P.

Balg-Regiſter; alſo kan der in einigen Orgeln befindliche Zug genennet werden, ſo nach den Bälgen gehet, und dieſelben alle zugleich los läſt, auch wiederum verſchleuſt, daß der Calcant nicht mehr treten kan. ſ. *Prætorii* Syntagma.

Baliani (*Carlo*) alſo heiſſet der ietzige Capell-Meiſter am Dom zu Mayland. ſ. den 4ten Tomum des Marcelliſchen Pſalmen-Wercks, woſelbſt ein An. 1724. an den Auctorem von ihm abgelaſſenes Schreiben eingerückt worden.

Ballarini, ein berühmter Italiäniſcher Sänger des Römiſchen Königs, Ioſephi I. ums Jahr 1700. welcher in dieſem Jahre, auf das zu Berlin gehaltene Beylager des damahligen Hrn. Erb-Printzens von Caſſel mit der Chur-Brandenburgiſchen Princeßin, unter andern mit verſchrieben worden. ſ. des Herrn von Beßers Schrifften. p. 343.

Ballematia und balliſtia, Tänze und Lieder, wornach getantzt wird. ſ. *Salmaſii* not. in Vopiſci Div. Aurelianum.

Ballet, pl. ballets (*gall.*) ſind abſonderlich zu Mummereyen und Aufzügen gemachte Täntze, welche auf dergleichen Maſcaraden beſondere inventiones gerichtet ſind. Ein ſolches Ballet hat gemeiniglich drey Theile, als: (1. die *Entrée*, wenn die masquirten Perſonen, z. E. Wald-Götter, Waſſer-Götter, Schäfer, Bauren, u. d. g. zum Eingange erſcheinen. (2. die *Figuren*, welche die vermummten Perſonen im Stehen, Treten, auch Umwechſelung der Oerter, und ſonſten auf Buchſtaben in einem Creyße, Triangel, Viereck, Sechseck, oder andern Sachen formiren, und ſich durch einander winden. (3 die *Retraiecte*, oder den Abtritt, womit die invention und das gantze Ballet geendiget und beſchloſſen wird. Solcher Art geſetzte Inſtrumental Ballets können anderweit zum Tantzen nicht, ſondern nur zu ihrer à parten Maſcarade gebraucht werden. ſ. *Prætorii* Synt. Muſ. Tom. 3. p. 19. Man hat auch heut zu Tage Roß-Ballets, (lat. choreæ equeſtris ſpectacula) nach Trompeten und Paucken.

Balletto (*ital.*) vom Italiäniſchen Verbo: ballare; und dieſes vom Griechiſchen βαλλίζειν, tantzen; iſt ein im ſchlechten Tact, und zweyen Repetitionen, deren jede 4 oder 8 Tacte lang iſt, geſetzter Tantz auf Inſtrumente, deſſen Melodie mit einem Achtel im Aufheben anfängt. ſ. *Matheſonii* edirte Muſicaliſche Handleitung, Fr. Erhard Niedtens zur Variation des G B. p. 94. Jacobus Gaſtoldus, und Thomas Mo ley am Ende des 16ten Seculi, und Iſaac de Benſerade, ein Frantzoſe im vorigen Seculo, haben auch Ballette verfertiget, die zum Tantze mit Worten geſungen werden können.

Balletzius [*Marcus Antonius*] ein edler und gelehrter Niederländer, hat dem Besardo zu Ehren, als dieser seinen also genannten Novum Partum An. 1617. heraus gab, ein lateinisches Carmen aufgesetzet; und dieser hat von jenes seiner Arbeit eine Canzonetta vor die Laute in den dritten Theil, p. 45. eingerücket.

Ballius, ein ungemeiner Sänger, von welchem Marinus Mersennus meldet: daß er einen tonum musicum in vier Theile abgetheilt, exprimiren können. s dessen Quæst. & Commentar. in Genes. und zwar über den 21ten Vers des 4ten Capitels, Artic. 9. f. 1610.

Ballo [*ital.*] Ball [*gall.*] Ballus und Ballum [*lat.*] ein Tantz.

Ballo poscareccio [*ital.*] ein Bauren-Tantz.

Baltazarini, ein vortrefflicher Italiänischer Violinist, wurde von Königs Henrici III. in Franckreich Gemahlin nach Paris, nebst einer gantzen Bande Violinisten, deren Chef er war, verschrieben, und nachhero Beaujoyeux genennet; florirte ums Jahr 1577. s. die *Histoire de la Musique, Tom. I. p.* 219.

Balziani (*Leonardo*) hat ein Opus von einer, und zwo Violinen ediret.

Banchieri oder vielmehr Bianchieri (*Adriano*) ein Olivetanischer Mönch (so nennet ihn die Synopsis Musica, worzu Hr. Erasmus Gruberus, gewesener Superintend. in Regenspurg An. 1673. die Vorrede gemacht) und Abt ums Jahr 1612. s. das *Comp.* Gelehrten-*Lexicon*. von Bologna gebürtig, und in der daselbst florirenden Academia de' Filomusi, il Dissonante genannt, hat verschiedene musicalische Wercke ediret, als An. 1623. die Barca di Venetia per Padoua, aus Madrigalien bestehende; An. 1625. dreystimmige Missen und Psalmen, nebst Litaneyen, zu Venedig in 4to gedruckt; ein fünffstimmiges Missen-Opus; ferner unter dem Titul: Gemelli Armonici, oder Harmonischer Zwilling, ein Zweystimmiges Werck; il principiante Fanciullo, d. i. das anfangende Kind, auch An. 1625; il virtuoso ritrouato Academico, aus musicalischen Concerten von 1. 2. 3. 4. 5. Stimmen, oder Instrumenten bestehend, An. 1626; la Saviezza giovenile, e Pazzia senile, à 3 voci, An. 1627, sammt den vorhergehenden zu Venedig gedruckt; [Draudius p. 266. Biblioth. Exot. giebt das letztere, als ein schon An. 1601. zu Cöln bey Grevenbruch gedrucktes Werck an] und Trattenimenti di Villa concertati à 5 voci, An. 1630. gleichfalls zu Venedig gedruckt. Sonsten hat er auch noch ein theoretisches Werck in Italiänischer Sprache: la Cartella Musicale genannt, geschrieben.

Banda [*ital.*] Bande [*gall.*] caterva, turba [*lat.*] eine Menge, oder ein Hauffe, Z. E. la grande bande des 24 Violons, die grosse Bande der vier- und zwantzig Geiger, welche auch schlechtweg: les Vint & quatre, die Vier und zwantziger heissen, sind die Königl. Frantzösischen Cammer-Violinisten und Baß-Geiger, welche alle Donnerstage und Sonntage zu Mittage bey der Königl. Tafel, und bey allen Ballen und Balletten, so der König selbst anstellen lässet, zu spielen verbunden sind.

Bandereau (*gall.*) das Band oder die Schnure, woran die Trompete über die Achsel gehänget wird.

Banfi (*Carlo Francesco*) ein Canonicus an der Stiffts-Kirche S. Georgii in Palazzo zu Mayland, ums Jahr 1650, hat auf der Laute excelliret, und vielen Cavalieren lection drauf gegeben. s. *Picinelli* Ateneo dei Letterati Milanesi, p. 354.

Banfi (*Giulio*) eines Mayländischen Medici einziger Sohn, wurde nach dessen frühzeitigen Tode, vom vorhergehenden, als Vaters Bruder erzogen, und im Lauten-Spielen unterrichtet, welches letztere ihm nachgehends bey folgendem Unfalle zum grösten Glück gereichen müssen; denn, als er in seines Vetters, und eigenen mit der Mayländischen Cammer habenden affairen nach Madrit reisen wollen, und ohnweit Catalonien von einem Corsaren gefangen nach Tunis geführet worden, um alda verkaufft zu werden; fiel ihm ein, von einem Franciscaner Mönche, Nahmens Giudici gehöret zu haben: daß derselbe wegen seines vom Canonico Banfi erlerneten Lauten-Spielens, beym Fürsten zu Tunis sein Leben und Freyheit erhalten, auch gedachter Fürst den Nahmen das Canonici aufgeschrieben hätte; ließ sich deswegen bey Selbigem melden, und wurde erstlich zu dessen Diener, nach 15 Tagen zum Edelmanne, und sodann als Italiänischer Secretarius bestellet und angenommen, übte sich in der Fortification- und Artillerie-Kunst, gieng, mit Erlaubniß

laubniß des Fürsten, wiederum nach Mähland, von hier nach Madrit, wurde hieselbst Königlicher Ingenieur und General-Lieutenant über die Artillerie; begab sich hierauf, seinem Versprechen gemäß, wiederum nach Tunis, und endlich nochmahls zurück nach Madrit. Dieser vornehme Officier hat ein Denckmahl seiner Virtù auch dadurch hinterlassen, daß er An. 1653. ein in Kupfferstich zu Mähland edirtes Lauten-Buch, unter dem Titul: Il Maestro di Chitarra, dem Groß-Hertzoge zu Florentz, Ferdinando II. dediciret. s. *Picinelli* Ateneo dei Letterati Milanesi, p. 345. seqq.

Bannus (*Ioan Albertus*) hat Delicias Musices Veteris ediret. s. *Boecleri* Bibliogr. Crit. p. 509. Seine An. 1636. zu Harlem an Petr. Scriverium geschriebene Dissertatio Epistolica: de Musicæ natura, origine, progressu, & denique studio bene instituendo, ist unter Grotii und anderer Autorum An. 1643. zu Amsterdam in 12mo gedruckten Episteln die letzte, und p. 666. befindlich. Sie bestehet aus 25 kurtzen Capiteln folgenden Inhalts: c. 1. Poësis res ingeniosa, ac Musicæ subalterna. (2. Numeri Poëtici & Musici differentia. Ex Musicæ ignorantia, plurima Autoris commenta. (3 Occasio est ratio indagationis Musicæ. (4 Caussa huius Commentarioli de Musica conscripti. (5. Musica à natura est: perfectio ab arte. qualis apud Græcos fuerit. (6. Quomodo Ars creverit. Quæ Scripta Græcorum ac Latinorum de Musica. (7. Præcipui inter veteres Euclides, Boethius & Beda. Melopoeia Veterum qualis. (8. Melior ac facilior methodus Guidonis Aretini: ex quâ imperfectarum consonantiarum inventio, ac præcepta Compositionis prodierunt. (9. Qui è recentioribus Musicam perfecerint, rectiusque tradiderint. (10. Summa Musicæ sex Capitibus recensita. (11. De Systemate. (12. De tribus Generibus Musicæ. (13. De Modis ac Circulis. (14. de Modulamento. (15. de Compositione. (16. de arte cantandi. (17. Perfectio nostræ Musicæ. Græcorum historiæ de ratione ac energiâ Musicæ à Pythagora decantatæ, suspectæ fidei sunt: quod ex Modorum Dorii ac Phrygii consti-

tutionibus probatur. (18. Petri Gregorii Tholosani & aliorum opiniones refutatæ ex ipso Boëthio. (19. Natura Dorii ac Phrygii ex ratione intervallorum. (20. Quid sit *Spondaicum* Carmen ac Modulamen. (21. Quid sit, *Spondæum* succinere. (22. Modulamenti energia. Unde falsitas Historiæ Græcæ sit. (23. Aliud commentum Athenæi de Ionico Modo rejectum. (24. Disciplina Musica ex principiis Scientiæ, & elementis Artis petenda. Zarlinus unicus Phœnix inter alios Scriptores seligendus. Illius Compendium ingeniose ab Artusio concinnatum. Utriusque lectione Musica addiscenda: Sex capitibus supra §. 10. enumeratis, perficienda. (25. Uberior & accuratior Musicæ doctrina necessaria. Cuius methodus promittitur.

Banwart (*Giacomo*) hat zwey Opera von 2.3.4. und 5. Stimmen, nebst darzu gehörigen Violinen und General-Baß ediret.

Baptiste, ein berühmter und ietzo florirender Frantzösischer Violinist, hat ein Buch Sonates vor die Violin; und noch ein Buch von 2 Musettes oder Vielles, in Paris heraus gehen lassen. s. den Frantzösis. Music-Catalog. in 4to, von an. 1729, p 5. und 7.

Baptistin oder Batistin, ein ietzo florirender Frantzösischer Violoncellist in Paris, hat 4 Cantaten-Wercke daselbst heraus gegeben.

Barbaretti, (*Gio. Battista*) ein Kayserl. Musicus und Pensionist an. 1721, und 1727.

Barbarino (*Bartolomeo*) ein Italiäner von Fabriano, einer im Kirchen-Staate in der Marca d'Ancona liegenden grossen Stadt, gebürtig und il Pesarino genannt, hat an. 1609 ein Madrigalien-Werck; und an 1617 ein anders à 3 voci da cantarsi nel Clavicembalo in Venedig drucken lassen.

Barbarismus heisset: wenn einer, so noch nicht im Ruf ist, alles nachthun, und sich die Freyheit nehmen will, bisweilen etwas Unrechtes mit anzubringen; oder solche Sätze gar zu viel braucht, deren sich die berühmtesten und accuratesten Musici nur mäßig bedienet haben.

Barbaro (*Daniele*) ein Venetianischer Nobile, und berühmter Patriarche zu Aquileia, hat unter andern auch einen Lateinischen Commentarium, über des Vitruvii Buch: de Architectura, geschrieben, und in solchem einige Anmerckungen über die im 13ten Capitel des 10ten Buchs befindliche Waſſer-Orgeln gemacht. Iſt geſtorben an. 1569 im 41ten Jahre ſeines Alters.

Barbet (*Ad.*) hat an. 1599 zu Antwerpen in 4to heraus gegeben: Exemplaire de douze --- de la Muſique & de leur nature à 4 voix. ſ. *Draud.* Biblioth. Exot. p. 208.

Barbetti (*Giulio Ceſare*) ein Lautenist zu Padua, von deſſen Arbeit] l abulæ Muſicæ teſtudinariæ hexachordæ & heptachordæ an. 1582 zum Vorſchein gekommen. ſ. *Draud.* Biblioth. Claſſ. p. 1650. Garzoni in ſeiner Piazza Univerſale, Diſcorſo 43. p. 374. nennet ihn Barbetta.

Βαρϐιτίζειν, barbitum pulſare, das Inſtrument Barbitum tractiren.

Barbiton, Barbitos, Barbitum, Barbitus (*lat.*) Βάρϐιτος, Βάρϐιτον, (*gr.*) ein altes vom Poeten Anacreonte erfundenes, und mit vielen Drut-Saiten bezogenes Inſtrument, deſſen Horatius lib. 1. Carm. Od. 1. v. 32. erwehnet ſ. *Prætorii* Synt. Muſ. T. 1. p. 373. ſq. Eben dieſer Auctor nennet es Tom. 2. p. 5. ein Hackebret, vielleicht nach Anleitnng Strabonis, welcher, wie Hadrianus Junius in ſeinem Nomenclatore anführet, lib. 10. iæ Geographia, Sambucam und Barbiton für einerley Inſtrument gehalten. Salomo van Til, p. 95. ſeiner Sing-Dicht- und Spiel-Kunſt, ſchreibet: "es ſcheine ein Perſiſch Wort zu ſeyn; denn unter den Perſianern wäre ein gewiſſes Saiten-Spiel unter dem Nahmen *Barbet* bekannt. Die Griechen wollten (womit auch Athenæus lib. 14 p. m. 635. übereinſtimmet,) daß Terpander noch vor dem Anacreonte dieſes Satten-Zeug erfunden habe, übereinſtimmig zu ſeyn mit der Lydiſchen Pectis oder kleinen Harffe. Die Griechen hätten eine kleine drey-ſaitige Harſſe davon gemacht: aber man halte davor: daß ſie in den Morgenländern vor eine Fiedel gedienet habe, weil der Herr Golius derſelben eine Schlag-Feder, oder Fiedelbogen zuſchreibe.,, Nach Roberti de Fluctibus Abbildung, lib. 6. c.I. Templi Muſices, müſte es eine Laute geweſen ſeyn. Pollux c. 9. Segm. 59. Onomaſt. nennet es auch ξαρύμιτον i. e. gravichordum, von ξαρύς, gravis, und μίτος, filum, weil es einen tieffen

Laut von ſich gegeben, und anſtatt der jetzigen Saiten, ſtarcke leinene Faden ſoll gehabt haben. Antonius Mancinellus in den Anmerckungen über die 1ſte Ode lib 1. Carmin. Horat. p. 5. meldet: Barbidos ſey generis maſculini und fœminini; barbitum aber generis neutrius; beym Porphyrio: organi genus ad modum lyræ; beym Heſychio: genus citharæ lyricæ, vel ipſa lyra; und zu des Dionyſii Zeiten ſchon nicht mehr im Gebrauch geweſen, wie dieſer im 7 Buche ſolches bezeuge. Beym Merſenno iſt Barbitos und Barymitum, was die Frantzoſen Violon und Viole nennen.

Barbitum minus (*lat.*) ein Stock-Geiglein. ſ. *Merſen.* lib.1. de Inſtr.harm. Prop.25.

Barboſa (*Arius*, vulgo *Arias*, von Aveiro (lat. Lavare oder Lavara) einer in der Portugieſiſchen Provintz Beira, am Fluß Vouga (lat. Vacca, Vacua, und Vagus genannt) liegenden, und nur eine Meile vom Oceano Occidentali entfernten Stadt gebürtig. ſ. *Ferrarii* Lex. Geogragh. gieng als ein Knabe zu Salamanca in die Schule, begab ſich hernach in Italien, hörete zu Florentz etliche Jahr Angelum Politianum, und excolirte die Lateiniſche und Griechiſche Sprache dergeſtalt, daß er, nach ſeiner Rückkehr in Spanien, auf der Univerſität zu Salamanca Profeſſor Eloquentiæ gedachter Sprachen wurde. Als er ſich hieſelbſt 20 Jahr lang aufgehalten, und die Studia ſonderlich wiederum empor gebracht hatte, berief ihn Joannes III. König in Portugal zu ſich, daß er ſeine leibliche Brüder, Alphonſum und Henricum inſormirte; dieſe function hat er 7 Jahr verrichtet, hierauf, Alters wegen, das Privat-Leben erwehlet, darinn er an. 1530, oder, wie Baillet Tom. 4 des Jugemens des Sçavans p. 331. berichtet, ums Jahr 1520 geſtorben. Daß er auch (wie die mehreſten Portugieſen) ein Muſicus natus, und eben desweben auch in der Poeſie ſehr glücklich geweſen, führet nur beſagter Auctor an gedachtem Orte aus des Jeſuiten Andr. Schotti Bibliothec. Hiſpana an. Und dieſes beweiſet auch ſeine zu Salamanca in 4to edirte Epometria, worinn, wie Honcala bezeuget, er groſſe Klage führen ſoll: daß die Muſic am Genere chromatico und enarmonico nicht allein einen ſchädlichen Verluſt erlitten, ſondern auch ſo wol die gemeine, als poetiſche pronunciation

der

der Sylben und Wörter verlohren gegegangen wäre. s. *Antonii* Bibliothec. Hispan.

Bardi (*Giovanni*) ein Florentinischer Graf vom Geschlechte Vernio, wird von Ga, lilei p. 1. e 2. del Dialogo della Musica antica e moderna, als ein grosser Liebhaber und Kenner so wohl der theoretischen, als practischen Music. gerühmet; daß er durch sein Exempel viele von Adel zu diesem Studio aufgemuntert, auch in seiner Behausung mit ihnen musiciret und discuriret habe; weswegen er auch bewogen worden, selbigen in gedachtem Buche mit Pietro Strozzi redend einzuführen.

Bardi (*Girolamo*) ein Sohn des Joannis und der Lucretiæ à Turri, von Rapallo im Genuesischen, aber aus der Stadt Genua gebürtig, als daselbst er den 7ten Mertz an. 1603 das Licht dieser Welt erblicket, hat in nur gedachtem Orte die Grammatic, zu Parma die Rhetoric und Philosophie, und zu Genua die Theologie bey gelehrten Männern gehöret. Als er zu Pisa über den Aristotelem und Platonem öffentlich gelesen, leget er sich zugleich auf die Medicin, welche er nachgehends als ein Geistlicher, mit Päbstlicher Erlaubniß, vom 1651ten Jahr an practicirte, und schrieb unter andern eine Musicam medico-magicam, mirabilem, consonam, dissonam, curativam, catholicam, rationalem; wie auch eine Encyclopædiam sacram & prophanam observationibus Philosopho-medicis demonstratam, welcher beygefüget ist: die Strigilis Dispsaca, qua involuti flocci pædagogici, & duræ lappæ Musurgiæ Kircherianæ à Marco Meibomio male impositæ evelluntur. s. *Olduini* Athenæum Ligusticum, p. 238 sq.

Bardus, ein König der alten Gallier, so zu den Zeiten Attalii, Königs in Assyrien, ums Jahr der Welt 2140 regieret, soll ein grosser Liebhaber der Music und Poesie gewesen seyn, und die Barden sollen von ihm ihre Benennung her haben. s. Hrn. D. *Buddei* Lexicon. Alexander Sardus, de rerum inventoribus lib 1. c. 19. sagt: daß Bardus die Music und mancherley Zusammenstimmung bey den Celten (welches eben die alten Gallier gewesen) eingeführt habe; daher er auch von ihnen für den Erfinder derselben sey gehalten worden. s. *Aventin.* lib. 1. f. 34. a. und Prinzens Music. Histor. c.

2. §. 11. Welches auch M. Cyriacus Spangenberg in seinem Tractat: von der edlen Kunst der Music, bekräfftiget, wenn er daselbst folgendes schreibet: "Um die Zeit als Abraham gestorben, hat bey den Celten Teutschen, des Orts, wo jetzo Franckreich ist, der erste Bardus die Kunst, Lieder in gewisse Reime, Verse, und unterschiedene Töne zu fassen, erfunden, nach welchem Bardo man hernach alle Sang-Meister die Barden, d. i. die Wehrten, dignos, venerandos, reverendos, die Würdigen und Herbarden oder Ehrwürdige, honorandos genennet. Und diese sind der uralten Teutschen Priester u. Prediger gewesen, so wol als die Druiden. Ohne daß der Barden sonderlich Amt war, ihrer Vorfahren, der alten Teutschen Helden redliche und ritterliche Thaten in besondere Lieder, Lobsprüche und Reime zu fassen, und dieselbe der Jugend zu lehren, und wo das Volck beysammen, in die Leyer, Harffe, oder andere instrumenta musica, zum guten Exempel der Nachfolgung und Reitzung zur Tugend, vorzusingen. Daher sie Nonius: nobilitatis Cantores; Diodorus Siculus aber lib. 5. Pöetas melodiarum nennet, auch von ihnen lib. 6. meldet: daß sie mit zu Felde gezogen, und Lieder also singen und spielen können, daß sie damit das Kriegs-Volck zum freudigen Angriff, und wenn sie gewollt, und es Zeit gewesen, auch hinwiederum Freunde und Feinde (wenn sie gleich am hefftigsten wider einander in Streit gefochten) zum friedsamen Abzuge bewegen können. Sie haben auch ihr besonder Stifft und Hayn gehabt an der Ilmen-Au, nicht weit von der Elbe, so nach ihnen Bardwich geheissen, des Orts, da vor Zeiten den gantzen Strich die Longobarden bewohnet, und ietzt das Lüneburger Land ist, da sich allezeit im Heydenthum solche Barden aufgehalten, biß auf die Zeit des grossen Königs Carls zu Francken, welcher alle die Sachsen-Lande etliche Jahr lang bekrieget, letzlich bezwungen, und zum Christlichen Glauben gebracht hat. Nach derselben Zeit haben sich die zum Christlichen Glauben bekehrte Barden und alten Sänger auch beflissen, Christliche Lieder von den H. zehen Geboten GOttes, und dem Glauben, desgleichen von den Sacramenten, rc. in Reime, und unter ihre gewöhnliche Töne zu bringen, und für das gemeine Volck vorzusingen. "Herr Wagenseil hat in seinem Tractat, von den Meister-Sän-

Sängern, angemercket: daß diese an der alten Barden Stelle gekommen, und deswegen alle ihre Lieder noch auf den heutigen Tag Bar nenneten. Obgedachtem Könige Carl, der endlich an 801. zum Römischen Kayser erwehlet worden, hat das Vornehmen der Christlichen Barden so wohl gefallen, daß er nicht allein alle Meister-Gesänge fleißig zusammen suchen lassen, sondern auch selbst dergleichen Reim-Lieder gesetzet, und sich daran hertzlich ergetzet hat. Nach ihm hat Kayser Otto II. gegen die Meister-Sänger seine Gnade blicken lassen, indem er sie mit herrlichen Privilegien und Freyheiten beschencket, und dem, der sich vor andern hurtig gehalten, einen hierzu sonderlich bereiteten güldnen Crantz eine Zeitlang aufzusetzen vergönnet, doch daß selbiger stets bey der Gesellschafft verblieben; wie er denn zu Mayntz annoch zum ewigen Gedächtniß soll aufgehoben seyn. Wie solches M. Martin Kempe aus Rein. Reineccio, de dignit. Histor. f. 5. und Harsdörffers Specim. Philol. Germ. Præfat. anführet.

Barem, ist ein gar still- und gelinde intonirendes Gedackt und Orgel-Register.

Bargnani (*Ottavio*) ein Organist zu Salo im Brescianischen am Garder-See, hat verschiedene Wercke drucken lassen, davon Leonardo Cazzando nur folgende, so er selbst gesehen, anführet, als: Canzonette à quattro & otto voci, an. 1595 zu Venedig bey Angelo Gardano gedruckt, und Motetti, à 1. 2. 3. e 4. voci, welche ungemein seyn sollen. s. dessen Libraria *Bresciana* p. 275. Auf einem an. 1601 zu Venedig heraus kommenMadrigalien-Wercke à 5 voci, wird er ein Nobile Cittadino Bresciano genennet.

Baripicni suoni (*ital*.) Barypycni soni (*lat*.) βαρύπυκνοι φθόγγοι (*grec*.) von βαρὺς, gravis, tief, und πυκνὸς, spissus, dicke, dichte in einander; also nannten die Griechen die untersten und tieffsten Saiten ihrer Tetrachordorum im Genere chromatico und enarmonico, so folgende fünff: nehmlich die Hypate Hypaton, Hypate Meson, Mese, Paramese und Nete Diezeugmenon, oder nach unserm ietzigen Systemate, die Claves: H, e, a, h, und e waren; sie hiessen aber deswegen gravispissi, weil eine iede Saite im Systemate spisso mit ihrer nächsten, aufwerts gerechnet, ein gar kleines und geringes intervallum machte.

Ein Systema spissum aber hieß: wenn in einem tetrachordo zwey aus dreyen sonis bestehende intervalla (conjunctim betrachtet) kleiner waren, als dasjenige intervallum, so in selbigem noch übrig blieb. s. Tab. II. Fig. 17. in diesem chromatischen tetrachordo macht die erste Saite gegen die zweyte ein Semitonium majus, und diese gegen die dritte ein Semitonium minus; beyde intervalla aber zusammen genommen, constituiren noch keine tertiam minorem (welches doch die dritte Seite gegen die vierdte thut,) sondern nur einen tonum integrum; und sind also zusammen kleiner, als das überbleibende intervallum. In dem enarmonischen tetrachordo giebt die erste Saite gegen die zweyte eine Diesin; v. *Tab. II. F.* 18. diese gegen die dritte wiederum eine Diesin; alle drey soni aber, oder beyde intervalla, zusammen genommen, machen nur ein Semitonium majus; die dritte Saite aber gegen die vierdte giebt eine tertiam majorem; welches eintzige intervallum demnach grösser ist, als beyde vorhergehende. s. *Aristoxeni* Harmonic. Elementor. lib. 1. p. 24. *Euclid.* Introd. Harmon. p. 6. und *Meibomii* Anmerckungen über diesen Auctorem, p. 58. *Bacchium* Sen. p. 7. und *Aristid.* Quintil. lib. 1. de Musica, p. 12.

Barlaam, ein Mönch von S. Basilii Orden, aus der Stadt Seminaria in Calabrien gebürtig, welcher umb Jahr 1330. floriret, sich von der Lateinischen zur Griechischen Kirche, und von dieser wiederum zur Römischen gewendet, auch Bischoff zu Gieraci, im Königreich Neapolis geworden, hat unter andern Scholia in Ptolemæi libros Harmonicorum geschrieben, welche zu Venedig gedruckt worden. s. *Gesneri* Biblioth. univers. und das comp. Gelehrten-Lexic.

Bariola (*Ottavio*) ein vortrefflicher Componist und Organist zu Mäyland, an der Kirche della Madonna di S. Celso, hat daselbst an. 1585. Ricercate per suonar d' Organo, und an. 1594. Capricci, ouer Canzoni à 4. libri 3. drucken lassen. s. *Picinelli* Ateneo dei Letterati Milanesi, p 440.

Baritono (*ital*.) Bariton (*gall*.) Baritonans, Barytonus (*lat*.) von βαρὺς, gravis, und τόνος, tonus; also wird diejenige Baß-Stimme genennet, deren Clavis signata im Systemate entweder auf der

BAR.   BAR.   73

der mittelsten Linie, und demnach tief stehet; oder beym ordinairen Schlüssel in ihrem ambitu also gesetzt worden, daß derjenige, so dergleichen Stimme singen soll, so wohl die Höhe des Tenors, als auch einige Tieffe im Baß haben muß. Heisset sonsten insgemein der tieffe *Tenor*, oder hohe Baß. Es wird auch ein einer Violadagamba ziemlich ähnliches Instrument also genennet. s. den Musical-Trichter, p. 91. Welches unter dem Griff-Brete Drat-Saiten hat, und nebst den obern Darm-Saiten, unten mit dem Daumen zugleich gespielt wird. s. *Bäyers* primas lineas Musicæ vocalis, in Appendice.

Baron (*Ernst Gottlieb*) Hrn. *Michael Barons*, eines Posamentirers, und Wachtmeister-Lieutenants bey der Bürgerschafft zu Breßlau, nachgehends aber Küsters bey S. Barbara daselbst (welcher an. 1717. gestorben) Sohn, gebohren an. 1696. d. 17. Februarii, wurde anfänglich zur väterlichen Profession angehalten, ergriff aber, nebst der Music und insonderheit dem Lauten-Spielen, welches er ums Jahr 1710. bey einem Böhmen, Nahmens *Kohott*, zu erlernen angefangen, die Studia, frequentirte das Elisabethanische Gymnasium in seiner Geburts-Stadt, gieng an 1715. auf die Universität Leipzig, und hörete daselbst ins vierdte Jahr die Philosophie und das Ius; wendete sich hierauf eine kurtze Zeit nach Halle, und, nach Besichtigung der Höfe, Cöthen, Schlaitz, Saalfeld und Rudelstadt, an. 1720 nach Jena, woselbst er 2 Jahr gewesen; gieng nachgehends nach Cassel, ließ sich beym dasigen Hrn. Landgraffen hören, von dar nach Fulda, und nach 8 wöchentlichen Auffenthalt zu Würtzburg, über Nürnberg nach Regenspurg, um sich in Publicis ein wenig umzusehen, hatte auch daselbst das Glück mit Sr. Excellenz dem Hrn. von Reck, hoch meritirten Sachsen-Lauenburgischen Comitial-Gesandten in höchst-nützliche connoissance zu gerathen, welcher ihn an seinen Schwager, den Hrn. *Christiani*, Hochfürstl. Mecklenburgischen Hof-Rath recommendirte. Von dar kehrete er wieder zurück nach Nürnberg, und ließ daselbst an. 1727. eine Historisch-*Theoretisch* und *Practische* Untersuchung des Instruments der Laute in 8 drucken. Es bestehet dieses Werckgen, sammt der an Ihro Hochfürstliche Durchl. Hrn.

Ernst August, Hertzogen zu Sachsen-Weimar gerichteten Dedication, und Vorrede an den Leser, aus 16 Bogen, ist in 2 Partes abgetheilet; deren erster 7, und der Zweyte 6 Capitel ausmacht, worauf ein kurtzer Anhang oder Discurs vom Triebe zur Music, den Virtuosen, und allerhand Præjudiciis folget. Des 1sten Theils (1 Capitel handelt: von der Benennung dieses Instruments. (2 von dem Ursprunge dieses Instruments. (3. von dem Unterscheid ein. und andern Instruments, das man auch vor eine Laute gehalten und deren Beschaffenheit. (4. Wie die Laute nach Italien kommen, und was sie weiter für Fata gehabt. (5. Von wem sie wieder hervor gesucht, und nachgehends von den Francken zu den Teutschen kommen ist. (6. Von denen berühmtesten Meistern in der Music, welche in den ältesten, mittlern und neuern Zeiten gelebt und theils noch leben, und wie sich einer oder der andere um die Laute verdient gemacht. (7. Von den berühmten Lautenmachern, deren unterschiedenen Arbeit, und worinnen eigentlich die Güte und Tugend einer Laute bestehe. Des Zweyten Theils (1. Capitel handelt: Von denen Vorurtheilen, die man von diesem Instrument heget. (2. Von dem Genie der Laute. (3. Von den Anfangs-Gründen dieses Instruments, als (a. Von der Positur. (b. Haltung der Hände. (c. Neuen Tabulatur. (d. Application der Finger. (4. Von den vornehmsten Manieren auf der Laute, ihrer Bezeichnung, Natur, und worauf es vornehmlich heut zu Tage ankommt. (5. Von dem rechten gusto zu spielen, und (6. von dem General-Baß. Der Hr. Verfasser ist an. 1728. d. 12ten Maji. an dem Hoch-Fürstl. Sächs. Gothaischen Hofe, an des verstorbenen Hrn Meusels Stelle, als Lautenist angenommen worden.

Baroni (*Leonora*) eine Tochter der Adrianæ von Mantua, ist eine sehr berühmte Sängerin gewesen, welcher zu Ehren ein gantzes Volumen Griechischer und Lateinischer, Italiänischer, Frantzösischer und Spanischer Poesien gemacht, und unter dem Titul: Applausi Poetici alle glorie della Signora Leonora Baroni, heraus gegeben worden. s. *Erythrei* Pinacoth. II. p. 129.

Barotius (*Scipio*) à S. Martino ab Aggere. Von seiner Arbeit sind an. 1622. Sacri Concentus 8 voc. nebst einer Missa

Missa und Magnificat zu Cöln gedruckt worden. s. *Drauaii* Biblioth. Class. p. 1612.

Barre, also nennen die Frantzosen das Stückgen Holtz, so über den Tangenten eines Clavicimbels oder Spinets lieget, und gefüttert ist, damit diese Springer nicht heraus fahren und klappern können; ingleichen dasjenige schmale Stück Holtz, welches die Instrument-Macher in die Clavicymbel, Clavichordia, und anderer Instrumente mehr, zu machen pflegen, damit sie sich nicht verwerffen, oder krumm lauffen können; ferner den einen Tact bemerckenden Strich im Systemate musico, daß nehmlich selbiger aus sey, und ein neuer sich anhebe; und barres (*in plurali*) wenn viele dergleichen Striche vorkommen.

Barre (*Antonio*) hat verschiedener Auctorum Arbeit colligiret, und an. 1588. unter dem Titul: Liber Primus Musarum cum 4 vocibus, seu Sacræ Cantiones, qua vulgò Motecta appellantur, zu Mäyland in 4to drucken lassen. Die Auctores der in diesem Wercke enthaltenen 29 Stücke sind: Orlandus Lassus; Gio. Pietro Aloisio Palestrina; Clemens non Papa; Cipriano Rore; Lerma; Maillart; Adriano Valent; Paolo Animuccia; Annibale Zoilo; Lupi, und Orfeo Vecchi.

Barre (*Charles Henry de la*) ein Clavicymbalist bey der Königin in Franckreich, ums Jahr 1669. s. den *Etat de la France à Paris* 1669. p. 245. Der Hr. Autor des Sejour de Paris gedencket c. 25. p. 273. und 275. auch eines Musici obigen Zunahmens, welcher an. 713. 1714. und 1716 baselbst in der Opera die Flûte traversiere gespielt, und drey Bücher Trio edirt habe. Es sind auch unterschiedliche Airs serieux und à boire, ingleichen etliche Wercke vor die Flûte traversiere zu Amsterdam von ihm heraus gekommen, davon das Sechste aus Suittes vor 2 Flûtes ohne Baß; und das Siebende à 1 Flûtes traversiere mit einem Baß bestehet. s. *Roger* Catalogue de Musique.

Barré (*gall.*) durchstrichen; ist das Supinum vom Verbo barrer, durch etwas einen Strich machen. Also sagt man: C barre, das durchstrichene C.

Basrera oder Barella (*Rodianus*) ein Cremoneser, der so wol bey seinen Landsleuten, als grossen Herren in Teutschland sehr beliebt, und endlich ums Jahr 1580 am Dom zu Cremona Capell-Meister gewesen, hat verschiedene Wercke heraus gegeben. s. *Arisii* Cremonam literat. p. 453.

Barritus (*lat.*) Barrit; also wurde bey den alten Teutschen, das Lermen und Stürmen, so sie Gesangs-weise, mit einem harten und durchbrochenen Ton heraus gestossen, genennet, davon noch ein Spiel, nemlich das Baarlauffen vorhanden seyn soll; wie solches *M. Martin Kempe* aus dem Aventino anführet. conf. Tacit. de moribus Germanorum, und Ammian. Marcellin. lib. 16. rer. gestar. Lipsius bezeuget, daß es in einigen Codicibus viel besser heisse: Barditus. J. Wagenseils Tractat von den Meister-Sängern, p. 500.

Barrure [*gall.*] Die Quer-Höltzer in einer Laute. s. Frischens *Lex*.

Bartei [*Girolamo*] ein General des Augustiner-Ordens, von Arezzo gebürtig, hat an. 1608 zu Rom ein Buch 3stimmiger, und mit einem General Baß versehener Missen drucken lassen. s. *Effii* Encomiasticum Augustinianum.

Bartholinus (*Caspar*) des berühmten Thomæ Bartholini Sohn, und Caspari Bartholini Enckel, gebohren zu Coppenhagen an. 1654. hat im 22sten Jahre seines Alters einen lateinischen Tractat in 12mo: de Tibiis Veterum, geschrieben, selbigen an. 1677. zu Rom drucken lassen, und ihn dem Cardinal Sigismundo Chigi zugeschrieben. Er bestehet aus drey Büchern deren 1stes 10; das 2wente 19; und das Dritte 12 Capitel in sich hält. An. 1679 ist er zu Amsterdam bey Henr. Wetstenio mit noch einmahl so viel Kupffer-Figuren, als die Römische Edition hat, wiederum heraus gekommen, und macht 10. Bogen aus, folgenden Inhalts; *lib.* l. c. I. de *Tibia*, ad quam Musices partem apud Veteres pertinebat. c. 2. Nominis *Tibiæ* origo & synonyma. c. 3. de inventoribus *Tibiarum*. c. 4. de materia *Tibiarum*. c. 5. *Tibiarum* forma, earumque partes. c. 6. *Tibiarum* species & varia discrimina. c. 7. de arte *Tibias* inflandi. c. 8. *Tibiarum* sonus. c. 9. de Modis Numerisque *Tibiarum*. c. 10. A quibus ars *Tibias* inflandi exercita, & apud quos in usu. Lib. 2. c. 1. *Tibiæ* vis ad varie afficiendos animos, eosque vel concitan-
des

dos vel molliendos. c. 2. *Tibiæ* ufus in curatione morborum. c. 3 *Tibia* in regum inauguratione. c. 4. *Tibia* in triumphis. c. 5. *Tibia* in bello. c. 6. *Tibia* in Hymnis, & Deorum placationibus apud paganos. c. 7. *Tibia* in Sacris & Sacrificiis gentilium. c. 8. *Tibia* in facris Magnæ Deum Matris. c. 9. *Tibia* in feftis publicis. c. 10. *Tibia* in ludis, fpectaculis, atque Comediis. c. 11. *Tibia* in faltatione Pantomimi, Ludii aliorumque. c. 12. *Tibia* in nuptiis & choreis. c. 13. *Tibia* in Conviviis. c. 14. Ad *Tibiam* factæ Conciones ad populum, Carmina recitata atque Heroum laudes in conviviis & funeribus decantatæ, c. 15. *Tibia* in funeribus & luctu. c. 16. *Tibia* nautica. c. 17. *Tibiarum* vis ad commovenda bruta animalia. c. 18. de *Tibiis* Mira quædam ab Antiquis tradita, naturali ratione explicata. c. 19. de affa *Tibia*, eiusque cum aliis inftrumentis confonantia, fymphonia. Lib. 3. c. 1. de *Tibicinibus*. c. 2. Marfyæ *Tibicinis* fabula. c. 3. de rebus quibus ufi *Tibicines*, anulo, Tibiarum & lingularum theca, atque capiftro c. 4. de veftitu Tibicinum, & fcabello. c. 5. Tibiarum fabri & confectores. c. 6. de Tibiarum à reliquis Inftrumentis, quæ oris flatu animantur, differentia, & primò de Fiftula atque Pandurio. c. 7. de Tuba, concha, buccina, cornu, lituo, tibia, utriculari, & pithaulica, organo, atque hydrauli. Eorumque omnium & Tibiæ difcrimine.

Bartholutius (*Rufinus*) ein Italiänischer Franciscaner-Mönch, und Muficus, hat zu Venedig, Padua und Bologna durch verschiedene muficalische documenta sich berühmt gemacht, auch zu erst die Art, auf von einander gesonderten Chören zu muficiren, aufgebracht, welche hernach Adriano continuiret. f. *Freberi* Theatr. Virorum erudit. claror. p. 296.

Bartold, ein Orgelmacher, hat zu Lübeck in die L. Frauen-Kirche ein Werck von 46 Stimmen, und 3 manual-Clavieren gebauet, dessen difpofition in Prætorii Synt. Muf. T. 2. p. 165. feq. befindlich ist.

Bartoli (*Daniele*) ein berühmter Jesuit und Rector seines Collegii zu Rom, gebohren an. 1608. zu Ferrara, hat unter andern auch Tremori Armonici

geschrieben, und ist gestorben an. 1684. d. 13. Januarii. f. das comp. Gelehrten-Lexic. und des *Tevo* Mufico Teftore P. 2. c. 5. p. 38.

Bartholini (*Orindio*) von Siena hat Meffe concertate à 5-9 voc. nebft Motetten von 1. 2. 3. - 8 Stimmen mit einem G. B. ediret. f. *Parftorff*. Catal. p. 1. auch Canzonette & Arie alla Romana, à 3 voci, in Venedig drucken lassen.

Bartolocchius (*Iulius*) de Celleno beygenahmt, weil er zu Celleno in Toscanien an. 1613 gebohren worden, ein berühmter Profeffor der Hebräischen und Rabbinischen Sprache im Collegio der Neophitorum und Transmarinorum zu Rom, (welche function er von an. 1651 an, in die 36 Jahr verwaltet) Scriptor Hebraicus in der Vaticanischen Bibliothec, und Cifcercienfer-Mönch Congregationis Reform. S. Bernhardi, worein er an. 1632 getreten, und den Nahmen-Julius Sà. Anaftafia bekommen. f. Hrn D. *Buddei* Lex. auch Abt S. Sebaftiani ad Catacumbas dafelbft, hat an 1675. eine Bibliothecam magnam Rabbinicam, de Scriptoribus & Scriptis Hebraicis aus 4 Voluminibus in folio beftehende, geschrieben; im Zweyten Theile ift eine Differtation: de Pfalmorum libro, Pfalmis & Muficis Inftrumentis, p. 184. feq. befindlich. Er ift gestorben an. 1687 d. 1. Novemb. f. *Iac. le Long* Biblioth. Sacr. p. 544.

Bartolus (*Abraham*) ein Magister von Benten aus Meiffen gebürtig, (*l. c.* Bentenfis Mifnicus) hat an 1614 zu Altenburg eine Teutfche Muficam Mathematicam in 4to drucken laffen, darinnen er das Fundament der Music, daß neml. diefe in der Natur ftecke, ihre gewiffe Proportionen, d. i. Gewicht und Maaß habe, wie folche in der Mathefi, fonderlich aber in der Geometrie und Aftronomie beschrieben find, zeiget

Barymitum, f. Barbitos.

Baryphonus (*Henricus*) oder Grob-Stim, ein Cantor zu Quedlinburg, von Wernigeroda gebürtig, hat unter dem Titul: Plejades Muficæ, ein aus 6 Bogen in 8vo beftehendes theoretifch-muficalifches Werckgen in lateinischer Sprache geschrieben, welches an. 1615 zum erften mahle in Halberftädt, und an. 1630 zum zweyten mahle in Magdeburg viel vermehrter gedruckt worden. Die erfte Edition

Edition hat der Auctor Hrn. Joachim Joh. Georg von Schulenburg, Canonico, Seniori und Cellario an der Dom=Kir= che zu Halberstadt; und die zweyte den sieben zu Magdeburg damals versammlet gewesenen Abgeordneten der Hansee= Städte dediciret, und bey dieser Gele= genheit nicht nur eine weitläufftige Vor= rede: de numero septenario gemacht, sondern auch das Werckgen selbst derge= stalt vermehret, daß es 18 Bogen starck geworden. Die erste Plejas enthält 7 Quæstiones folgenden Inhalts: [1. an ratio judex sit rerum musicarum, an vero sensus? [2. an in intervallis sint proportiones? [3. Unisonus an intervallum, an vero intervallorum principium? [4. Unisonus an Conso- nantia sit, an vero Dissonantia? u- trumque negatur. [5. an Quarta sit Consonantia? [6. num Tertia & sex- tæ Consonantiæ? [7. an Diesis diatona sit Semitonium minus Synthonum, & an Apotome sit majus? Die zweyte Plejas bestehet aus nachstehenden 7 Se- ctionibus: [1. de numeris harmo- nicis in genere. [2. de relationibus numerorum harmonicorum primo- rum cum primis. [3. de relationi- bus numerorum harmonicorum pri- morum cum secundariis. [4. de re- lationibus numerorum harmonico- rum primorum cum tertiariis. [5. de relationibus numerorum harmoni- corum secundariorum secundariis (6. de relationibus numerorum har- monicorum secundariorum cum ter- tiariis. [7. de relationibus numero- rum harmonicorum tertiariorum cum tertiariis. Die dritte Plejas han= delt in 7 Sectionibus: de septuplici Proportionum harmonicarum logi- stica, und zwar Sect. 1. de Radicatione. Sect. 2 de Mediatione. Sect. 3. de Ad- ditione. Sect. 4. de Copulatione. Sect. 5 de Subtractione. Sect 6. de Com- paratione. Sect. 7. de Æquiparatio- ne. Die vierdte Plejas bestehet aber= mahl aus 7 Sectionibus, davon die [1ste de Consonantiis in genere & de per- fectis. Die [2te de Octava; Die [3te de Quinta; Die [4te de Quarta; Die [5te de Consonantiis imperfectis; Die [6te de Tertia majore & minore; und die [7te de Sexta majore & mi- nore handelt. Die fünffte Plejas be= greifft wiederum 7 Sectiones nachgehen= den Inhalts: [1. de Dissonantiis in

genere. [2. de Tono majore & mi- nore. [3. de Semitonio majore & minore. [4. de Commate & Diesi. [5. de Septima majore & minore. [6. de Dissonantiis per accidens ab- undantibus. [7. de Dissonantiis per accidens deficientibus. Die sechste Plejas hat auch 14 Sectiones, und han= delt die [1ste de Consonantiarum Sy- zygiis; die [2te de iis, quæ in Conso- nantiarum Syzygiis consideranda; die [3te de manuductione ad Syzygiarum praxin; die [4te de Syzygiarum pra- xi in exemplo; die [5te de Consonan- tiarum progressionibus in genere; die [6te de progressionibus Conso- nantiarum perfectarum; die [7te de progressionibus Consonantiarum imperfectarum; die [8te de progres- sionibus Octavæ; die [9te de pro- gressionibus Quintæ; die [10te de progressionibus Quartæ; die [11te de progressionibus Tertiæ majoris; die [12te de progressionibus Tertiæ mi- noris; die [13te de progressionibus Sextæ majoris; und die [14te de pro- gressionibus Sextæ minoris. Und die siebende Plejas handelt de septem Consonantiarum ad Monochordum applicatione. Sonsten wird von Præ- torio Tom. 3. Synt. Mus. p. 227. seq. ein aus 15 andern Tractätgen, wel= che edirt werden sollen, bestehender Ca- talogus, angeführt, als:
(1. Exercitationes Harmonicæ, quibus omnia tam ad theoriam, quam ad pra- xin musicam necessaria per Aphori- sinos, Theoremata & Problemata nervosè & dilucidè expediuntur.
(2. Diatribe Musica Artusia, ex tabu- lis Ioan Mariæ Artusii collecta, la- tinè reddita, exemplis illustrata, & publici juris, in usum & gratiam Germanorum Italicam linguam non callentium, facta.
(3. Dissertatio de Modis Musicis, è veterum & recentiorum tam Græ- corum quam Latinorum & Italorum monumentis excerpta, & in lucem edita in gratiam Philologorum & Musices amantium.
(4. Isagoge Musico-Theoretica, ex fun- damento Mathematico coram ratio- ne & sensu judicium proportione & Monochordo exercentibus pro- ducta in gratiam Petri Conradi Φι- λομόσου.
(5. Logistica Musica, in qua usus Pro- por-

portionum in addendis, fubtrahendis, copulandis, comparandis, æquiparandis intervallis fynopticè ob oculos ponitur.

(6. Ifagoge Muſica Euclidis, cum notis.

(7. Arithmológia Harmonica, in qua σχίσις tam numerorum harmonicorum primorum & radicalium, quam inter ſe compoſitorum & ſecundariorum & tertiariorum tabellares in conſtituendis intervallis ſimplicibus, compoſitis, prohibitis, diminutis & ſuperfluis ob oculos ponuntur.

(8. Confonantiarum Progreſſiones, quæ ad quosvis animi affectus exprimendos accommodatæ, ita ut materiæ hilari hilaris, triſti triſtis, auſteræ auſtera, & ſic deinceps reſpondeat Harmonia, à doctrina Proportionum demonſtratæ.

(9. Ars canendi. Aphoriſmis ſuccinctis deſcripta & notis philoſophicis, mathematicis, phyſicis & hiſtoricis illuſtrata. Draudius, p. 1609. Bibl. Claſſ. giebt dieſen Tractat als ein an. 1630 zu Leipzig in 4to edirtes Werck an.

(10. Progymnaſma Melopoëticum in παιδείαν & προπαιδείαν tributum.

(11. Catalogus Muſicorum tam priſcorum quam recentium.

(12. Hiſtoria veterum Inſtrumentorum muſicorum e Sacris literis, Græcis & Latinis monumentis, atque Philoſophorum, Philologorum, Muſicorum & Hiſtoricorum Scriptis collecta & publici juris facta.

(13. Exercitationes quatuor: de Muſica Vocali; de Muſica Inſtrumentali; de Muſices inventoribus; de Muſices uſu.

(14. Monochordi in Diatonico, Chromatico & Enharmonico genere deſcriptio.

(15. Spicilegium Muſicum, in quo quæſtiones Muſicorum præcipuæ per theoremata & problemata ſuccinctè & nervoſè diſcutiuntur.

Einige davon mögen auch wol ſeyn gedruckt worden; wie denn Lipenius die Iſagoge Muſicam an. 1609 zu Magdeburg in 8vo davor angiebt; ſo dieſes richtig, muß es die nr. 4. angeführte ſeyn, denn die nr. 6. ſtehet in der Præfation der an. 1615 gedruckten Plejadum Muſicarum unter andern noch als ein Opus edendum.

Baryphonus, ein Baßiſt.

Bas (*gall.*) niedrig, tief. Sons bas ou graves, niedrige oder tieffe Klänge. En bas, ou d'en bas, unten, oder von unten hinauf.

Baſanier (*Martin*) ein gelehrter Mathematicus und Muſicus zu Paris, lebte an. 1584. und ſchrieb: pluſieurs beaux Secrets touchant la Théorique & Pratique de Muſique, d. i. viel ſchöne Geheimniſſe, die theorie und praxin der Muſic betreffend. ſ. das comp. Gelehrten-Lexic.

Baſ-Deſſus (*gall.*) Der Zweyte Diſcant.

Baſile (*Adriana*) war eine gelehrte Poetin und excellente Muſica zu Neapolis ums Jahr 1628. ſ. *Toppi* Biblioth. Napolet. p. 2.

Baſilii (*D. Franceſco*) ein Capell-Meiſter an der Neuen Kirche zu Perugia der Haupt-Stadt in der Italiäniſchen Landſchafft Perugino im Kirchen-Staate, nicht weit von der Tyber liegend, hat das von Giuſeppe Buſti verfertigte, und von den Academicis Uniſonis der H. Cæciliæ zu Ehren an. 1696. abgeſungene Melodrama in die Muſic gebracht. ſ. *Cinelli* Bibliotheca Vilante, Scanzia. XIV.

Baſis [*lat.*] βάσις [*gr.*] bedeutet Symphoniæ vocem infimam, oder die tieffſte Stimme einer Harmonie; ingleichen den unterſten Klang einer triadis harmonicæ, oder eines Accords.

Baſſanelli, von ihrem Erfinder, Giov. Baſſani alſo genannt, waren zu Anfange des vorigen Seculi wohlbekannte Inſtrumente, welche vermittelſt eines Rohrs geblaſſen wurden; hatten, wie die Schallmeyen, oben ſieben Löcher, hinten aber keins, das unterſte war mit einem Meſſing-Schlüſſel verſehen, und giengen eine Quart tiefer als Cammer-Ton. ſ. *Pretorii* Syntag. Tom. 2. p. 41.

Baſſani [*Giovanni*] ein berühmter Componiſt und Inſtrumentiſt iſt zu Venedig, im Anfang des vorigen Seculi; iſt eben der Erfinder des vorher geſetzten Inſtruments.

Baſſani [*Giov. Battiſta*] ein Capell-Meiſter an der Cathedral-Kirche zu Bologna, und der Accademia della Morte zu Ferrara, wie auch ein Accademico Filarmonico, hat 31 Wercke ediret; worunter

Opera 5 aus drey-ſtimmigen Sonaten;

Opera 8 aus zwölff Motetten à Voce ſola con due Violini;

Opera 11 aus zwölff Motetten von 1, 2, 3.

1. 2. 3. und 4. Sing-Stimmen, mit und ohne Violinen an 1697. unter dem Titul: Concerti Sacri, zu Bologna gedruckt, bestehen.

Im 12ten und 13ten Wercke sind Motetten à Voce sola enthalten; im erstern können die Violinen auch nach Belieben aussen gelassen werden; und im letztern sind zu einigen Motetten Violinen, zu einigen aber keine gesetzt.

Das 18te Opus, aus dreyen 4. und 5 stimmigen Missen, nebst 2 Violinen bestehend, hat er an. 1698. publiciret, und selbiges dem vom H. Evangelisten Luca gemahlten, und auf dem Berge della Guardia zu Bologna aufgerichteten Marien-Bilde dediciret.

Das 20te Werck bestehet nur aus einer einzigen concertirenden Missa für die Verstorbenen à 4 Voci con Violini.

Im 21ten Opere sind 6 Psalmen und ein Magnificat von 3. 4. und 5. Sing-Stimmen mit 2 Violinen enthalten; es ist solches an. 1699. zu Bologna heraus gekommen, und Gio. Filippo Rossi, einem Canonico an der Kirche S. Iohannis Lateranensis, und Prefetto della Capella dei Cantori gedachter Kirche in Rom dedicirt worden.

Das 24te Werck, Davidde Armonico genannt, ist an. 1700 zu Venedig gedruckt, und vom Auctore dem Grafen Sigismundo Antonio Gavassini zugeschrieben worden. Es bestehet aus 6 Psalmen, von 3. und 4. Sing-Stimmen mit 2 Violinen.

Das 25te Opus führet den Titul: Completorii Concerti, und ist an. 1701 in Bologna zum Vorschein gekommen. Es bestehet aus acht 1. 2. und 4 stimmigen Stücken mit und ohne Violinen. Der Autor hat es dem Abt Antonio Anichini, Primicerio an der Cathedral-Kirche zu Ferrara dediciret.

Das 26te Opus enthält geistliche Antiphonas à Voce sola con Violini; Zwen Tantum ergo, und 1. 2. biß 3 stimmige Motetten mit Instrumenten. Opera 27. hat 6 Motetti Sacri à Voce sola con Violini, ist an. 1702 zu Venedig gedruckt, und dem General-Commissario des Printzen Pio von Savogia, Ippolito Migliorini dediciret worden.

Das 29te Werck, aus 24 Arien à Voce sola con 2 Violini bestehend, hat er an. 702 zu Bologna, unter dem Titul: Corona di Fiori Musicali drucken lassen, und es einem Ferrarischen Edelmanne, Nahmens Ludovico Betti, zugeschrieben. Und das 31te Opus, von 12 Cantate amorose à Voce sola con Violini unisoni, ist an. 1703 in Bologna heraus gekommen, und vom Auctore dem Fürsten Giuseppe del Bosco Sandoval dediciret worden.

Basse (*gall.*) s. f. bedeutet (1. das Fundament bey einer Music. (2. diejenige Person, so dasselbe tractiret, und (3. das Baß-Instrument selbst.

Basse chantante (*gall.*) der Singe-Baß.

Basse chiffrée (*gall.*) ein bezieferter, d. i. ein General-Baß; denn, wenn die Harmonie nicht durch Zahlen exprimiret wird, ist es nur ein Baß für geigende oder blasende Instrumente.

Basse de Cromhorne oder Cromorne (*gall.*) ein Fagott.

Basse-Continue (*gall.*) der General-Baß. s. *Basso Continuo*

Basse-Continue obligée ou contrainte (*gall.*) s. *Basso Continuo obligato*.

Basse-Contre (*gall.*) gravium partium cantor (*lat.*) der tiefe Baß, wenn nemlich der Baß-Schlüssel auf der obersten Linie des Systematis stehet; man kan auch einen grossen Violon, item ein 16 und 32 füßiges Orgel-Register; ingleichen die in der fünfften Octav eines grossen Clavicymbels befindliche tieffen Claves mit diesem Nahmen belegen.

Basse de Hautbois (*gall.*) ein Fagott.

Basse de Viole (*gall.*) eine kleine Baß-Geige; Violadigamba.

Basse de Violon (*gall.*) eine grosse Baß-Geige.

Basse double, oder double Basse (*gall.*) ein doppelter Baß-Violon; deswegen also genannt, weil er fast zweymahl so groß, als ein ordinairer Frantzösischer Baß-Violon ist, und folglich eine Octav tiefer klingt.

Basse recitante (*gall.*) der Baß des concertirenden Chors.

Basse-Taille, Seconde Taille (*gall.*) der tieffe, oder zweyte Tenor; mit einem Wort: Baritono.

Basset (*gall.*) Bassetto (*ital.*) bedeutet (1. einen

(1. einen kleinen Baß oder Bäßgen, fast wie der Frantzosen ihre Quintes oder Basses de Violon, kleine Baß-Geigen, (2. Diejenige Stimme, oder auch Instrument, so an statt des rechten Basses das fundament zu einer Harmonie in der Höhe führet.

Basse petite (*gall.*) eine kleine, und zwar eine Octav höher als der grosse Violon klingende Baß-Geige.

Basse premiere (*gall.*) der erste Baß.

la plus basse des moyennes (*gall.*) die tieffste (Saite) der mittlere, nemlich in der Griechen ihrem tetrachordo Meson, welche in unserm ietzigen Systemate das ungestrichene c ist.

la plus basse des principales (*gall.*) die tieffst. (Saite) oder untern, oder principalen, nemlich im tetrachordo Hypaton, so anietzo das tiefe H ist.

Bassista (*ital.*) derjenige, welcher bey einer Music die tieffste Stimme singet, insgemein von den Frantzosen Basse-Contre genannt. In Plurali: Bassisti.

Basso, die Italiäner bedienen sich dieses Worts, oder auch nur des Buchstabens B fast allein beym Sing-Baß, weil sie für die Instrument-Bässe andere terminos haben; doch setzet Penna lib. 2. c. 23. degli Albori Musicali auch das Epitheton, Cantante, noch darzu.

Basso Concertante (*ital.*) der General-Baß; deswegen also genannt, weil er vom Anfang eines musicalischen Stücks biß zu dessen Ende, ohne sonderliches pausiren, continuirlich fortzugehen pfleget.

Basso Continuo obligato (*ital.*) heisset (1. wenn der General-Baß an eine gewisse Zahl Tacte, die stets repetirt werden, gebunden ist, gleichwie in den Ciaconen geschiehet. (2. wenn er allemahl ein gewisses mouvement halten, oder (3. nur gewisse Noten machen muß. u. d. g.

Basson (*gall.*) ist der ordinaire Baß und das Accompagnement der Hautbois. Der ambitus dieses Instruments begreifft drittehalb Octaven, nemlich von

C biß ins f̄ und ḡ, auch manchmahl das contra B und A.

Basson petit (*gall.*) ein kleiner Basson, oder Quart-Fagott.

Basson premier (*gall.*) der erste Fagott.

Basson second (*gall.*) der zweyte Fagott.

Basso ripieno (*ital.*) der Baß des grossen, oder nur dann und wann mit einfallenden, und zur Verstärckung dienenden Chors.

Basso rivoltato (*ital.*) ein umgekehrter Baß; wenn nehmlich solcher in den also genannten doppelten Contrapuncten zu einer andern Stimme gemacht wird. z. E. in Contrapunct all' Octava zum Discant. s. *Tab. III. Fig.* 2.

Bassus (*lat.*) die Baß-Stimme, Grund-Stimme.

Bassus continuus (*lat.*) s. *Basso continuo.*

Bassus generalis (*lat.*) Basso generale (*ital.*) s. *Ribovium* p. 145. ein Allgemeiner Baß, deswegen also genannt, weil er eines musicalischen Stücks völlige Harmonie in sich schliesset, welche vermittelst der über die Noten gesetzten Ziefern auf der Orgel, dem Clavessin, Spinette, der Tiorbe, Laute, ic. exprimirt wird; daher die Italiäner solchen auch offt Liuto, Arciliuto, Partitura, Organo, Tiorba, Spinetta, Clavicembalo, &c. benahmen. Ein unbeziefferter General-Baß ist eigentlich kein General-Baß zu nennen. s. *Matthesonii* Anmerckungen über Niedtens Musical. Handl. zur Variation des G. B. p. 47. Der Auctor dieser sehr nöthigen und nützlichen Erfindung ist gewesen *Ludovico Viadana* ums Jahr 1606. s. Printzens Satyris. Componist, Part. 2. c. 17. p. 112. woselbst auch die Gelegenheit hierzu, und andere besondere Umstände weitläufftig erzehlt werden. Gedachter Viadana hat einen Tractat davon geschrieben, welchem nachgehends viele gefolget sind, als unter den Teutschen: *Bödecker, Crüger, Ebner, Fabricius, Heinichen, Matthesson, Niedt, Printz, Prætorius, Speer, Stierlein, Werckmeister;* und von Ausländern: *Agazzario, Buivin, Dandrieu, Gasparini, Penna,* und andre mehr.

Bassus major (*lat.*) der hohe Baß, wenn dessen Schlüssel auf der dritten Linie im Systemate stehet.

Bassus minor (*lat.*) der tieffe Baß; wenn dessen Zeichen auf der obersten oder fünfften Linie im Systemate gesetzt wird.

Bassus rectus (*lat*) der ordinaire Baß; s. Feyertags Syntax. min p. 12.

Bastini (*Vincenzo*) das erste Buch seiner 6 stimmigen Madrigalien ist an. 1567 in Venedig gedruckt worden. s. Draud. Bibl. Class. p. 1628.

Bat, ist derjenige Laut, welcher entstehet, wenn ein Zincken-Bläser sein Instrument von vom Munde absetzet. s. *Martinii* Lex. Philolog.

Bataille (*Gabriel*) hat an. 1608 und 1612 verschiedener Auctorum Arien für die Laute, zu Paris ediret. s. die Biblioth. Duboisianam, p. 400.

Batallum (*lat.*) ein Glocken-Klöppel. Batail, Batant (*gall.*) Bataglio, Batacchio (*ital.*) s. *Caroli du Fresne* Glossar.

Batalus, oder Batallus, ein Musicus und Griechischer Poet, hat sich zu erst auf dem Theatro in Frauenzimmer-Habit sehen lassen; daher die wollüstigen und weibischen, Batali genennet werden. s. das compend. Gelehrten-Lexic. Nach einigen ist er ein Pfeiffer zu Ephesus gewesen.

Batard (*gall.*) ein Bastard. Modes batards heissen die beyde *Tab. III. F. 3*. verzeichnete Modi Musici, weil keiner davon, wegen der unvollkommenen Quint, und mehr als vollkommenen Quart, brauchbar ist.

Baten (*Henry*) ein Doctor Theologiæ, Cantor und Canonicus zu Lüttich, auch der Universität Paris Cantzler, von Mecheln gebürtig, schrieb ums Jahr 1350 den Speculum divinorum in 10 Büchern, worinn er unter andern, auch quæstiones musicas tractiret. s. *Voss.* de Mathesi, p. 181. b. und *Swertii* Athenas Belgicas.

Baterie (*gall.*) eine gewisse Art, auf den Saiten der Guitarre manierlich zu spielen. s. *Richelets* Diction.

Batillus, ist eben das, was Batallum. s. *Caroli du Fresne* Glossarium.

Batistin. s. Baptistin.

Bâton (*gall.*) bedeutet eigentlich einen Stab, und in der Music diejenige Pausen-Figur, so vier Tacte gilt. s. *Tab. III. Fig. 4*.

Battaglia (*Anna Maria*) eine Italiänische Sängerin und Attrice in Diensten des Hertzogs von Mantua, agirte in dem an. 1699. zu Anspach aufgeführten Dramate: le Pazzie d'Amore e dell' Interesse, die Eusina.

Battaille (*gall.*) Battaglia (*ital.*) ein Treffen, eine Schlacht.

Battant (*gall.*) schlagend; en bartant, im Niederschlagen, neml. beym Tactgeben.

Battement (*gall.*) Battimento (*ital.*) bedeutet (1. das Schlagen, General-Bass-Spielen. (2. Die kleine Bewegung der Hand oder des Fusses von unten in die Höhe beym Tactgeben,

wenn man nemlich in gleichem Tacte 4, und im Trippel-Tacte 3 Theile auch äusserlich ausdrucket. (3 jeden Tact-Theil selbst (Temps) d. i. die Währung von einem Theil bis zum folgenden. s. *Loulié Elements de Musique*, p. 34.

Battiferri (*Luigi*) hat 3 stimmige Missen und Psalmen, auch Motetten, Litanien und Salve Regina in Druck gegeben. s. *Purstorff.* Catal. p. 5.

Battistini (*Giacomo*) ein Capell-Meister an der Cathedral-Kirche zu Novara im Mäyländischen, hat zwey Wercke ediret, davon das letztere den Titul: Armonie Sagre, führend, an. 1700 zu Bologna gedruckt, und dem Novarischen Bischoffe Gio. Battista Visconti, zugeschrieben worden. Es bestehet aus zwölff lateinischen Stücken von 1. 2. und 3 Stimmen, mit und ohne Violinen.

Battologia, ist ein läppischer Mischmasch der Propositionum eines Periodi untereinander, so aus offtmahliger ungeschickter Wiederholung derselben, und aus der Zusammenkunfft gantz verschiedener Worte entstehet. s. *Matthesonii* Crit. Mus. T. 2. p. 333. Hat von Batto, einem schlechten Poeten, welcher dergleichen zum öfftern practiciret, seinen Ursprung. s. *Jos. Barbetium*, de Miseria Poetarum Græcorum.

Battre la Mesure (*gall.*) den Tact schlagen.

Battuta (*ital.*) der Tact; ist diejenige Bewegung der Hand, so durch Niederschlagen und Aufheben geschiehet, die Halt- oder Währung der Klänge anzuzeigen. Soll von der Beweg- und Klopffung des menschlichen Hertzens seyn erfunden worden. Gleich wie nun das Hertz-Klopffen (welches die Medici Pulsum nennen) nach dem Alter, Geschlecht, Temperament, Affect, und Kranckheit des Menschen variiret, also muß auch nach Beschaffenheit des Texts, wenn derselbe lustig, traurig, ernsthafft, u. s. f. ist, bald ein geschwinder, bald ein langsamer, bald ein gleicher, bald ein ungleicher Tact gebrauchet und gegeben werden. Von solchen Veränderungen, so wohl des motus cordis, als tactus musici, handelt D. Hermann Grube in seinen an. 1672 edirten Conjecturis Physico-Medicis de ictu Tarantulæ, & vi Musices in ejus curatione, p. 54.sqq. s. *J. G. Ahlens* Anmerckungen über seines Vaters Anleitung zur Singe-Kunst, p. 64.

Baudo-

Baudofa, ein muficalisches Instrument, dessen der Frantzösische Abt zu Moissac, Aimerius de Peyrato, in seinem an. 1343 hinterlassenen MS. de Vita Caroli M. so in der Königlichen Bibliothec befindlich ist, in folgenden Worten erwehnet:
Quidam baudosam concordabant,
Plurimas chordas cumulantes. f.
Caroli du Fresne Glossar.

Bauer-Flöte, oder Bauer-Pfeiffe, ist eine gedackte Pedal-Stimme von 1 Fuß-Ton in einer Orgel; in einigen Orgeln findet man sie auch von 2 Fuß-Ton.

Βαυρισμὸς oder βαυκισμὸς, Baucismus, ein Jonischer Tantz und Tantz-Lied, so den Nahmen vom Tantz-Meister Bauco bekommen. f. *I. Meursii* Orchestram.

Bazzino (*Francesco*) von Lovero oder Lovere, einer kleinen in der Venetianischen Landschafft Bergamasco liegenden Stadt, gebürtig, wurde von Jugend auf im Seminario zu Bergamo, unter Gio. Cavaccio, erzogen, anfänglich Organist an der Kirche S. Maria Maggiore daselbst, kam hierauf an des Hertzogs zu Modena, von hier nach Wien, an Käyserlichen Hof, und wiederum zurück nach Modena, woselbst er biß ins Alter sich aufgehalten, wegen seiner schönen Stimme und Spielens auf der Tiorba, ungemein wohl gehalten, auch von andern grossen Herrn reichlich beschencket worden; an. 1636 gieng er, seiner häußlichen Affairen halber, wiederum nach Bergamo, und starb daselbst in hohem Alter, d. 15. April. an. 1660. Er hat vieles componirt, wovon aber nur folgendes gedruckt worden, nemlich:
La Representatione di S. Orsola, con diuersi instromenti.
Suonate di Tiorba, und Canzonette à Voce sola. f. *Calvi* Scena.
Letteraria de gli Scrittori Bergamaschi, p. 156. *seq.* woselbst ein mehrers umständlich von ihm zu lesen ist.

Bazzino (*Natale*) des vorigen älterer Bruder, auch ein Componist und Organist, hat an. 1628 zu Venedig Messe, Motetti und Dialoghi à 5 voci concertati; ferner zwey Motetten-Bücher von 1. 2. 3. und 4. Stimmen; Messe, t Salmi à tre concertati; und Arie diverse drucken lassen. Ist gestorben an. 1639. f. *Calvi* Scena Letteraria. p. 155.

Beau chant (*gall.*) heißt eine solche modulation, welche der Componist nicht so wohl nach dem richtigen Modo führet, als vielmehr solchen manchmahl mit Fleiß überschreitet, iedoch aber auch auf geschickte und ungezwungene Art wiederum in selbigen kommt; anbey in solcher modulation einige Tact-Veränderung, wie auch verschiedene Figuren, so selbige ohne einige affectation expressiv machen, anbringt. Kurtz; Beau chant ist: wenn man in seiner Composition etwas, weiß nicht was, angenehmes und artiges einfliessen läßt; welches so wohl durch eine lange und starcke Übung erlanget werden, als insonderheit von einem guten Naturel herkommen muß.

Beaulaigue (*Bartholom.*) ein um die Mitte des 16ten Seculi bekannt gewesener Componist, hat Motetten verfertiget, davon etliche in dem an. 1564 zu Nürnberg edirten Thesauro Musico anzutreffen sind.

Beaulieu, ein Königlicher Frantzösischer Componist ums Jahr 1580.

Beauregard (*François Godefroy*) ein Frantzösischer Altist in der Königlichen Capelle und Cammer-Music zu Dreßden an. 1729. f. den dasigen Hof-und Staats-Calender. a. c.

Beauvais (*Madame de*) eine ums Jahr 1678 bey der Opera zu Paris gewesene Sängerin.

Bebisatio, also hieß die Erfindung M. Daniel Hitzlers, da er die Claves, a b c d e f g folgender gestalt: la, be, ce, de, mi, fe, ge; und die Claves, h, cis, dis, es, fis, gis, also: bi, ci, di, me, fi, gi, an statt der Solmisation singend wolte ausgesprochen wissen. f. *Gibelium* de Vocibus musicalibus. p. 59. *seqq.*

Beccatelli (*Gio. Francesco*) Capell-Meister der Stadt Prato im Florentinischen, hat über das im 31 Tomo del Giornale de' Letterati. d' Italia proponirte Problema harmonicum: "Man sollt ein Concert von allerhand Instrumenten, die gantz unterschieden gestimmt sind, setzen, und die Composition nach einem jeden intervallo beliebig transponiren können. Der Instrumente sollten seyn, ein Clavier, ein Fagott, und zwo Flöten. Die Fagott solle um ein Semitonium majus tiefer als das Clavier, und die erste Flöte um eine grosse

Terz

Terz höher, die Zweyte aber um einen Ton niedriger seyn, und der Baß den Schlüssel offt verändern, u. s. f. " seine Meynung dahin eröffnet: Man finde keine Schwierigkeit in besagter Aufgabe, wenn die Instrumente einerley Tone haben; im wiedrigem Falle aber sey die Auflösung unmöglich, weil man nicht alle intervalla auf den Instrumenten habe. s. die Neuen Zeitungen von gelehrten Sachen, an. 1722. n. 40. p. 399. und 400. Nach der Zeit hat er auch ein Parere sopra il moderno uso di praticar nella Musica questo segno ♮, detto B quadro, heraus gegeben, worinnen er weiset: wie dieses Zeichen von den Alten gebraucht worden, und die Gewohnheit vertheidiget, durch dasselbe so wol das zu Anfang vorgezeichnete b moll, als auch die Diesin wieder wegzunehmen, so, daß es nicht nöthig sey, dazu ein neues Zeichen zu erfinden. s. die Neuen Zeitungen von gelehrten Sachen aufs Jahr 1726. n 80.

Beck (*David*) ein Bürger und Orgelmacher aus Halberstadt, hat unter andern auch das Orgel-Werck zu S. Martini daselbst verfertiget, und an. 1592 die in der berühmten Schloß-Kirche zu Grüningen noch befindliche kostbare Orgel selb zehende zu bauen angefangen, und an. 1596 vollendet. s. Werckmeisters Organum Gruningense redivivum, §. 1. & 2.

Becke (*Esaias*) wurde von der Stadt Hayn an. 1554 den 29. Sept. als ein Alumnus in die Schul-Pforte gethan, und ist nachgehends, als ein gelehrter und berühmter Orgelmacher zu Halle in Sachsen gestorben. s. *Pertuchii* Chronicon Portense, p. 289.

Becker, (*Dietrich*) ein Raths-Violinist zu Hamburg ums Jahr 1668 hat Sonaten von einer Violin, einer Viola di gamba und G. B. über Choral-Lieder gesetzet, und in den Vesper aufgeführet.

Becker, (*Hanß*) von Wernigeroba, war der 23te Examinator des Grüningischen Schloß-Orgel-Wercks an. 1596. s. Werckmeisters Organum Gruningense redivivum, §. 11.

Becker, (*Paul*) ein Musicus zu Weissenfelß, hat zu dem an. 1659 zu Jena in 8vo gedruckten Zweyten Theile der E. C. Homburgischen geistlichen Lieder die dreystimmigen Melodien, à 2 Canti e B. C. gesetzt.

Beda, mit dem Beynahmen Venerabilis, ein Engländischer Priester, gebohren zu Girwick, einem kleinen im Gebiete von Durham liegenden Dorffe, an. 672. hat unter andern sehr vielen Schrifften, welche an. 1612 zu Cöln in 8 Tomis zusammen gedruckt worden sind, auch eine Musicam quadratam sive mensuratam, ingleichen eine Musicam theoricam in lateinischer Sprache geschrieben: beyde sind im 1sten Tomo nurgedachter edition, und zwar die erste p. 251. biß 366, in nicht gar vier völligen Blättern, und die Zweyte p. 344 biß 351, in zwey Blättern, befindlich. Obgedachten Beynahmen soll er auf folgende Art bekommen haben: es hatte nehmlich einer von seinen Schülern ihm ein Epicedium gemacht, und unter andern auch diesen Vers eingerücket:

Istâc in fossâ sunt Bedæ Presbyteris ossa.

Weil er aber vermercket, daß solcher hart geklungen, hätte er ihn gerne verbessert; allein, es habe nicht angehen wollen, ob er sich gleich lange damit gequälet, bis ihm endlich im Schlaff das epitheton Venerabilis eingefallen, worauf er besagten Vers also eingerichtet.

Hâc sunt in fossâ Bedæ Venerabilis ossa.

Und da nachgehends vorgegeben worden; als habe ein Engel diesen Vers auf des Bedæ Grab geschrieben, ist derselbe gemeiniglich und durchgängig Beda Venerabilis, der Ehrwürdige *Beda* genennet worden. s. Printzens Mus. Histor. c. 9. §. 9. Beym Ioan. Cajo. lib. I. p. 104. de Antiquitate Cantebrigiensis Academiæ liesset man aus dem Radulpho Remington, de gestis Regum Angliæ folgende Ursach: fuit Romæ porta ferrea, in qua hæ literæ summatim erant scriptæ: P. P. P. S. S. S. R. R. R. F. F. F. quas nemo legere poterat vel intelligere. Postea Bedæ Romam venienti, & easdem literas inspicienti, dixit quidam Romanus: quid aspicis Anglice bos? cui Beda: confusionem vestram aspicio. Igitur Beda, quod in eisdem literis latebat, hoc modo declarabat: Pater Patriæ Perditus est. Sapientia Secum Sublata est. Ruet Regnum Romæ. Ferro, Flamma, Fame. Quod autem audiens & omnis populus Romanus dignum judicaverunt honore, & *Venerabilem* censue-

censuerunt appellare. Er ist gestorben an. 737. und in seinem Closter zu Girwich begraben worden; nachgehends aber hat man seine Gebeine nach Durham gebracht. Iacobus le Long, p. 544. Biblioth. Sacr. setzet dessen Tod ins Jahr 735; Opmeer aber p. 344. Tom. I. Operis Chronologici, ins Jahr 755. nachdem er 94 Jahr gelebt, und als ein siebenjähriger Knabe ins Closter gethan worden. Obgedachter Ioan. Cajus lib. I. p. 38 schreibet: er sey im 90sten Jahr seines Alters an Engbrüstigkeit und Schenckel-Geschwulst gestorben.

Bedfort (*Arthur*) ein Engländer, und Capellan zu Bristol, hat in seiner Sprache einen Tractat: Great Abuse of Musick, d. i. vom grossen Mißbrauche der Music, geschrieben, und selbigen an. 1711. zu Londen drucken lassen. s. *Matthesonii* Orch. III. p. 740. An. 1712 ist von ihm daselbst in 8vo heraus gekommen: the Temple Musick, or, an Essay concerning the method of singing the Psalms of David in the Temple before the Babilonisch Captivity; Wherein the Musick of our Cathedrals is vindicated, and supposed to be conformable not only, to that of the primitive Christians but also tho the practice of the Church in all preceding Ages. d. i. "die Kirchen-Music, oder ein Versuch, betreffend die Art die Psalmen Davids im Tempel zu singen vor der Babylonischen Gefängniß; worinn die Music unserer Dom-Kirchen vertheidiget, und gewiesen wird, daß sie nicht nur dem Gebrauch der ersten Christen, sondern auch der Kirche überhaupt ähnlich sey."

Bedon de Biscaye (*gall.*) eine kleine Biskaysche Trummel oder Paucke, so nicht mit Klöppeln, sondern mit den Fingern tractirt wird, auch rund umher silberne oder eherne Blechlein hat. s. *Mersenni* Commentar. in Genes. c. 4. quæst. 56. p. 1517.

Beer, oder Bähr (*Iohann*) war Hochfürstlicher Sächsischer Weissenfelsischer Concert-Meister, von S. Georgen aus Ober-Oesterreich gebürtig, und wurde an. 1700. bey einem im August-Monat angestellten Vogelschiessen, durch üble Vorsicht eines unweit von ihm mit den Büchs gestandenen Hauptmannes erschossen. Seine theils edirte, theils aber zu edirende musicalische Schrifften sind folgende, nemlich:

Ursus murmurat, oder der Bär brummet, ist ein an. 1697 gedrucktes und hieselbst in Weimar zum Zweyten mahle in 8vo aufgelegtes Tractätlen nicht gar 3 Bogen starck.

Ursus saltat, der Bähr tantzet.

Ursus triumphat, der Bähr triumphiret.

Ursus vulpinatur, List wieder List, oder die Musicalische Fuchs-Jagd, gleichfalls an. 1697 zu Weissenfels in 4to gedruckt, 12 Bogen starck. Sämtlich wider den Gothaischen Rectorem Hrn. Vockerodt seel. gerichtet.

Bellum Musicum, oder Musicalische Krieg, an. 1701 in 4to à 4½ Bogen.

Musicalische Discurse, durch die Principia der Philosophie deducirt, und in 60 Capitel eingetheilt, an. 1719 zu Nürnberg in 8vo gedruckt, 14 Bogen starck.

Schola Phonologica, darinnen de fundamentis theoreticis, wie auch von der Praxi tractirt werden sollen.

Der Wohl-Ehren-Veste Bier-Fiedler. Ein mehrers von ihm wird in der vom Hrn. Capell-Meister Mattheson zu edirenden Musicalischen Ehren-Pforte anzutreffen seyn.

Begerus (*Laurentius*) ein Churfürstlicher Brandenburgischer Rath, Antiquarius und Bibliothecarius, gebohren zu Heidelberg an. 1653 den 9 April und verstorben zu Berlin an. 1705 den 20 Febr. handelt in dem an. 1696 zu Cöln an der Spree in folio edirten Thesauro Brandenb. Select. an verschiedenen Orten, und zwar bey Erklährung der Griechischen Müntzen und Edelgesteine, von musicalischen Dingen und Instrumenten.

Begue (*Nic. A.*) ein Organist an der S. Mederic-Kirche zu Paris ums Jahr 1677 hat zwey Opera Piéces vors Clavessin publiciret. An. 1678 wurden an statt des verstorbenen Organistens an der Königlichen Capelle des Abts de la Barre, (weil sich viele vortreffliche Competenten darzu angegeben hatten) statt eines, vier andere, nemlich: Mr. Tomelin, Buterne, Nivers, und dieser Begue angenommen, dergestalt, daß er das zweyte Quartal im Jahre, nemlich, den April, May, und Junium zu besorgen bekommen. s. den *Mercure galant* des 1678sten Jahrs,

Jahrs, p. 24 und 125. Laut des an. 1729 zu Paris in 4to gedruckten Catalogue general, p. 4. und 9. hat er auch ein Motetten=Werck, und drey Bücher Orgel=Stücke publiciret.

Behm (*Georgius*) ein Jesuit von Leütmeriz (Litomericensis) in Böhmen gebürtig, Philos. Mathem. und Theologiæ Moralis Professor, hat Propositiones Mathematico - Musurgicas heraus gegeben. Ist gestorben an. 1666 den 7 Novemb. zu Znapm, im 48 Jahr seines Alters, und 30sten Societatis. s. *Wittenii* Diarium Biograph. und das comp. Gelehrten Lexicon.

Behm, (*Nicolaus*) von Wegeleben, einem Städtgen, Schloß und Amt im Fürstenthum Halberstadt, war unter den 53 verschriebenen Organisten der 1ste, welcher das an. 1596 in die Schloß=Kirche zu Grüningen erbauete Orgel=Werck bespielt und examinirt gehabt. s. Werckmeisters Organum Gruningense redivivum, §. 11.

Behr, (*Samuel Rudolph*) hat an. 1703 Musicalia, aus Couranten, Menuets, Passepieds, &c. von 3 Partien, als 2 Violinen und 1 Violone bestehende, in Leipzig heraus gegeben.

Belami (*Paul*) war ein berühmter Lautenmacher zu Paris an. 1612. s. Barons Untersuchung des Instruments der Laute, p. 94.

Beldomando (*Prosdocimo de*) ein edler Paduaner, herrlicher Musicus, vortrefflicher Philosophus und Astrologus in der erstenHelffte des 15ten Seculi, hat einen Tractat: de Sphæra; ingleichen einen wider seinen Lands=Mann, und coævum, den Marchettum, in musicalischen Sachen geschrieben, und dessen unrichtige Stellen widerlegt. Beyde sind in der Bibliothec der Canonicorum regularium zu Padua befindlich; wie solches Bernhardinus Scardeonius lib 2. Class. 12. de Antiquitat. urbis Patavii, p. 262. bezeuget.

Bele (*Georgius de la*) von seiner Arbeit sind, nach Gesneri Berichte, an. 1578 acht Missen zu Antwerpen gedruckt worden.

Bella, oder dasla Bella (*Domenico*) ein Italiänischer Componist und Violoncellist, hat 12 Sonaten à 2 Violini, Violoncello obligato e Cembalo publiciret.

Bellard, war ein zu Anfange des abgewichenen Seculi zu Paris berühmter Lautenist.

Bellasio (*Paolo*) ein Veroneser, ließ an. 1579 den 1sten Theil seiner Fiamelli von 3 und 4 Stimmen zu Venedig in 8vo drucken. s. *Draudii* Biblioth. Exot. p. 266.

Bell'havere (*Vincenzo*) so nennet und schreibet ihn Garzoni, p. 374. meldend: er sey ein Organist gewesen; und Gesnerus sagt: Vincentii Bellhaueri liber primus Madrigalium 5 & 6 vocum. sey an. 1567 zu Venedig gedruckt worden.

Belli (*Girolamo*) seine Vesper - Psalmen sammt Hymnis und Magnificat sind an. 1586 zu Venedig in 4to ans Licht getreten. s. *Draud.* p. 1653.

Belli (*Giulio*) Capell=Meister an der Cathedral=Kirche zu Imola [*lat.* Forum Cornelii genannt] einer wohlgebaueten und Volck=reichen Stadt in Romagna, auf einer kleinen Insul, welche der Fluß Santerno machet, und zum Kirchen=Staat gehöret. s. das *reale* Staats=Zeitungs- und *Conversations-Lex.* hat 2 und 3stimmige Kirchen=Concerten gesetzt, so an. 1621 zu Franckfurt am Mayn gedruckt worden. s. *Draudii* Bibl. Class. p. 1621 und seine Bibl. Exotic. p. 266. Nach Paul Parstorffers Music - Catalogo, p. 11. v. 29 hat er auch 8 stimmige Psalmen mit einem G. B. ingleichen Compiete. Antifone und Litanie à 5 voci con falsi bordoni heraus gegeben. Auf einem an.1615 in Venedig gedruckten Psalmen=Wercke heisset er: Longianensis, und Ecclesiæ magnæ Domus Capellæ Magister zu Venedig; soll aber vielleicht Longanicensis heissen, von dem an der Westlichen Küste in Istrien, zwischen Aquileja und Æmonia, oder Città nuova liegenden Dorffe Logitsch [*lat.* Longanicum, oder Longaticum, so ehemahls eine Stadt gewesen] genañt. s.*Ferrarii* Lexic. Geograph. Sonsten hat er auch des Scipionis Amirati in Italiänischer Sprache geschriebene Dissertationes Politicas über den Tacitum lateinisch vertirt, und zu Franckfurt am Mayn, nebst einer Lateinischen Vorrede und Zuschrifft an Albertum Fabrianum, inclytæ Philharmonicorum Academiæ Principem zu Verona, an. 1609 in 4o drucken lassen; in nur besagter Dedication nennet er sich; Justinopolitanum (ohne Zweifel nach dem bekannten Lege:
Qui

Qui ex vico ortus est, eam Patriam intelligitur habere, cui Reipublicæ vicus ille respondet]; denn Justinopolis [*ital.* Istria, Capo d'Jstria] ist die Haupt-Stadt in Jstrien, und liegt auf einer kleinen Jnsul des Golfo di Trieste. s. das *reale* Staats-Zeit. und *Conversf. Lex.* ein gleiches ist auch in der Præfation über Andr. Matth. Aquivivi in eben dem 1609ten Jahre zu Franckfurt von ihm edirten Disputationen geschehen. Alle diese Umstände nun, und insonderheit abgedachte Dedication [als welche recht musicalisch ist] geben zur Gnüge zu erkennen, daß es eine Person müsse gewesen seyn.

Bellin (*Guillaume*) ein Canonicus an der H. Capelle zu Paris, hat die von Lancelot de Carle, Bischoffe zu Riez in der Provence, in Frantzösische Verse gebrachte biblische Cantica mit 4 Stimmen componirt, und an. 1560 zu Paris in 8vo drucken lassen. s. *Verdier* Bibliotheque.

Bellon, ein Frantzösischer Componist zu Lion, dessen in dem Mercure Galant an. 1679, und zwar im Julii-Stück erwehnet wird.

Bema (*lat.*) ἕημα (*gr.*) war in der Griechischen Kirche der Chor, oder Ort, da sich die Geistlichen aufhielten, und dahin, den Kayser ausgenommen, sonst kein Laye kommen durffte. s. Schöttgens Antiquitäten-Lexicon.

Benaiah, des Hohen-Priesters Jojadæ Sohn von Kabzeel, war anfänglich ein Musicus. 1. Paral. 16. v. 18. 20. c. 17. v. 5. Hernach des Königs Davids heimlicher Rath, Oberster über 24000 Kriegs-Leute des 3ten Monden, und einer von dessen grössten Helden.

Benard, ein Frantzose, hat ein Sonaten-Werck vor Violinen ediret. s. *Boivins* Music-Catalog zum aufs Jahr 1729, p. 26.

Bencini, (*Giuseppe*) hat an. 1726 von Florentz einen Lob-Brief an den Hn. Marcello nach Venedig geschrieben, welcher den VII. Tomo seines Psalmen-Wercks vorgedruckt worden.

Bencini (*Pietro Paolo*) ein Componist ums Jahr 1700, dessen Gio Cinelli in seiner Biblioteca Volante, Scanzia 16 gedencket: daß er im gedachtem Jahre das vom Abt Giacomo Buonaccorsi verfertigte Oratorium, l'Innocenza portetta genannt, mit vier Stimmen componirt, und am zweyten Sonntage nach der Fasten zu Rom in der Kirche della Archiconfraternità della Pietà Florentinischer Nation aufgeführet habe.

Bendeler, (*Johann Jacob*) ein Bruder des folgenden, war an. 1697 Cantor und Collega tertius zu Wolffenbüttel, verfertigte zu Werckmeisters edirten Hypomnematibus musicis ein teutsches Distichon, wurde an. 1717 vom Schlag gerühret, und starb an. 1720 um Johannis-Tag.

Bendeler (*Joh. Philipp*) Cantor und Collega Schol. Quintus zu Quedlinburg, von Riedtnordhausen, einem 2 Stunden von Erffurt gegen Mitternacht liegenden Eisenachischen Dorffe gebürtig, hat ein Ærarium Melopoëticum edirt, davon der erste aus 8 Bogen bestehende Theil an 1688 zu Nürnberg in folio gedruckt worden. Seine Organographia ist an. 1690; und sein Directorium Musicum an. 1705, beyde in 4to, herausgekommen. Im ersten wird gewiesen, wie die schlechten intervalla musica können verändert werden; im zweyten, wie eine Orgel nach ihren Haupt-Stücken, als mensuriren, Abtheilung der Lade, Zufalle des Windes, temperatur, u. s. f. aus wahrem mathematischen Grunde zu erbauen sey; und im dritten werden diejenigen Streit-Fragen, so hin und wieder zwischen den Schul-Rectoribus und Cantoribus über das Directorium musicum movirt worden, erörtert. Der Auctor ist in der Kirche vom Schlag gerühret worden, und plötzlich gestorben.

Bendinelli, (*Agostino*) ein Lucchefer, und Canonicus Regularis Lateranensis, welcher, ob er wohl die Music nur zur Zierde seiner andern vielen Tugenden besessen, dennoch in selbiger so vortreflich gewesen, daß, nach Bononcini Erachten, P. 2. c. 12. seines Musico Prattico, heut zu Tage wenige seines gleichen seyn dörfften; wie denn letzterer von sich bezeuget: er habe das beste, so er in dieser Profession erlernet, dessen angenehmer und wohlgegründeter Anweisung zu dancken. Der an gedachten Orte angeführte Canon 4 vocum [welcher allezeit nach dem Ende eine Secund höher als vorher anfängt, da inzwischen zwey Stimmen nach im vorigen Tone moduliren] von ermeldtem Bendinelli ist im ersten Theile des Bononcinischen Musico

F 3 Prat-

Prattico, gleich nach dem Titul-Blatte, befindlich. Sonsten sind von ihm heraus gekommen: Cantiones Sacræ 8 vocum, auf zweene Chöre, an. 1585 zu Venedig; und eben dergleichen zwey Bücher, in deren einem die 4ſtimmige, und im zweyten die 5ſtimmige enthalten ſind, zu Franckfurt am Mayn an. 1604 in 4to gedruckt. ſ. *Draudii* Bibliothec. Claſſ. p. 1616.

Benedictus (*a Sto. Joſepho*) ein Geiſtlicher, hat verſchiedene Wercke ediret, davon das achte, aus dreyſtimmigen Sonaten beſtehend, in des Roger Muſic-Catalogo p. 37. angeführet wird.

Benedictus (*Joh. Baptiſta*) ein berühmter Mathematicus aus Venedig, welcher anfänglich bey dem Hertzoge zu Parma, Octavio Farneſio; hernach aber bey dem Hertzoge von Savoyen, Emanuel Philibert, in Dienſten geſtanden, hat nicht allein Speculationes Mathematicas und Phyſicas herausgegeben, ſondern auch noch andere MSS. de Optica, Muſica, & Machinis hinterlaſſen, welche in der Bibliothec zu Turin befindlich ſind, woſelbſt er auch an. 1590 d. 20 Januarii, im 60ten Jahre ſeines Alters verſtorben, und in die Auguſtiner-Kirche begraben worden. ſ. *Jac. Aug. Thuani* Hiſtor. Tom. V. lib. 99. p. 102. und das comp. Gelehrten-Lexicon.

Benelli (*Alemanno*) hat an. 1594 zu Venedig Concerten auf verſchiedene Inſtrumente in 4to drucken laſſen. ſ. *Thom. Hyde* Catal. Biblioth. Bodlejanæ.

Benevente (*Louis de*) ein Spaniſcher Poet und Muſicus ums Jahr 1645. ſ. die Hiſtoire de la Muſique, Tom. I. p. 260.

Benevoli (*Orazio*) ein Päbſtlicher Capell-Meiſter ums Jahr 1650. Antimo Liberati, als deſſen geweſener Scholar, in ſeiner an. 1685 zu Rom gedruckten Lettera, meldet folgendes von ihm: il quale avanzando il proprio maeſtro, e tutti gli altri viventi nel modo di harmonizzare quattro, e ſei chori reali, e con lo ſbattimento di quelli, e con l'ordine, e con le imitatione de' penſieri pellegrini, e con fughe rivoltate, e con i contrapunti dilettevoli, e con la novità de'roverſi, e con le legature, e ſciolimento di eſſe meravigliose, e con l'acordo del circolo impenſato, e con le giuſte, e perfette relationi, e con leggiadria delle Consonanze, e Diſſonanze ben collocate, e con l'ugualianza della teſſitura, e col portamento ſempre più fluido, ampolloſo a guiſa di fiume, che *creſcit eundo*; ed in ſomma con la ſua mirabiliſſima, quanto decoroſa harmonia, ha ben ſaputo vincer l'invidia con la ſua virtù [mà non colla ſua pouertà ſolita ne i gran virtuoſi] far tacere i Momi, ed eccitare tutti gli altri Profeſſori ad imitare un huomo nel maſſiccio del ſapere, e dell'arte, e nel maneggiare l'harmonia Eccleſiaſtica grandioſamente à più chori ſenza pari, e meritevole d'eſſere ſtato molti anni Maeſtro di Capella della Baſilica di S. Pietro, nella qual carica vi morì." Sein Lehr-Meiſter iſt geweſen Vincenzo Ugolini.

Benten (*Gottfr.*) ein Muſicus auf der Theorbe bey der Königlichen Capelle und Cammer-Muſic in Dreßden an. 1729. ſ. den daſigen Hof-und Staats-Calender a. c.

Benti (*Maria Anna Garberini*) Romanina genannt, iſt eine virtuoſe und berühmte Italiäniſche Sängerin geweſen. ſ. *Amaranthis* Frauen-Zimmer-Lex.

Berardi (*Angelo*) ein D. und Canonicus an der Stiffts-Kirche S. Angelo zu Viterbo, von S. Agata gebürtig, hat an. 1687 *Documenti Armonici* zu Bologna in 4to drucken laſſen, nelli quali con varie Diſcorſi, Regole, ed Eſſempii ſi dimoſtrano gli ſtudii arteficioſi della Muſica, oltre il modo di uſare le ligature, e d'intendere il valore di ciaſcheduna figura ſotto qualſiſia ſegno. Sie beſtehen aus drey Büchern: deren iſtes 30; das zweyte 20 Documenti; und das dritte nur ein Documento in ſich hält. Alle drey Bücher zuſammen aber betragen ein Alphabet. Eben daſelbſt iſt von ihm an. 1689. in 4to heraus gekomen: *Miſcellanea Muſicale*, diviſa in tre Parti, doue con dottrine ſi diſcorre delle materie più curioſe della Muſica: con Regole, ed Eſſempii ſi tratta di tutto il Contrapunto con l'intreccio di belliſſimi Secreti per li Profeſſori Armonici. Ferner an. 1693 hat er, als Capell-Meiſter am Dom zu Traſtevere, in Bologna edirt: *Il Perche Muſicale*, overo *Staffetta Armonica*, nella quale la Ragione ſcioglie le difficoltà, e gli Eſſempi dimoſtrano il modo d'isfuggire gli errori, e di teſſere con artificio

ficio i Componimenti Musicali. An. 1706 ist abermahl zu Bologna ein kurtzes Tractätgen von ihm unter folgenden Titul ans Licht getreten: *Arcani Musicali* suelati dalla vera Amicizia. Ne quali appariscono diversi studii artificiosi, molte osservationi e Regole concernanti alla tessitura de Componimenti armonici con un modo facilissimo per suonare trasportato. Dieser Auctor hat wie er in der Vorrede seiner Documenti selbst gestehet,) als er schon Canonicus und Capell-Meister in einer ansehnlichen Stadt gewesen, sich nach der information des Marco Scacchi bedienet.

Berardi oder Bernardi (*Steffano*) ein Capell-Meister am Dom zu Verona ums Jahr 1623, hat 4 und 5stimmige Missen; zwey Opera Psalmen, eins à 5, und das zwente à 8 voci; ingleichen Motetten à 1. 2. 3. 4. 5. und 6 Stimmen, nebst Instrumenten publiciret. Auf einem an. 1634 zu Salzburg gedruckten Motetten-Wercke wird er ein Canonicus baselbst zu S. Mariæ ad Nives, und Metropolitanæ Ecclesiæ Musicæ Præfectus genennet. Der 1ste Theil seiner Porta musicale ist an. 1615 zu Verona in 4to gedruckt worden. Er hat auch schon an. 1611 ein Madrigalien-Werck in Venedig drucken lassen.

Beraudiere (*Marc de*) ein Französischer Componist, ließ an. 1608 le Combat de seul à seul en champ clos, mit 4 Stimmen zu Paris in 4to drucken. f. *Hyde* Catalog. Bibliothecæ Bodlejanæ.

Berchem (*Jacques*) ein Niederländer, von Bercken bey Antorf, ist ein berühmter Componist, und ums Jahr 1580 noch am Leben gewesen. f. Federmanns Beschreibung der Niederlande, p. 47.

Berchorius (*Petrus*) oder Perthorius, ein aus Poictiers gebürtig gewesener [Pictaviensis] Benedictiner: Prior des H. Eligii-Closters zu Paris, welcher nach Sixti Senensis Biblioth. Sacr. p. 287. und Guil. Cave Chartophyl. Ecclesiast. p. 450 Zeugniß, an. 1260, oder, wie Jacobus le Long p. 634. Biblioth. Sacræ will, an. 1352 gestorben, wird von Mr. Brossard p. 365. unter die Auctores Musicos gesetzet. Und dieses ohne Zweifel wegen seines über die H. Schrifft verfertigten Commentarii, welcher in 4 Folianten an. 1692 zu Cöln gedruckt

worden ist, als darinnen sonder Zweifel etwas musicalisches vorkommen muß.

Berckzaimerus (*Wolffg.*) hat an. 1564 Sacrorum Hymnorum modulationes à 4. 5. & 6 vocibus zu München ediret. f. *Draud.* Biblioth. Claff. p. 1626.

Berenstadt (*Gaetano*) ein bey der Dreßdener Opera anno 1718. gestandener Sänger.

Berent (*Simon*) ein Preußischer Jesuit, (in welche Societät er sich an. 1600 begeben) und des Polnischen Cardinals, Caroli, Beicht-Vater, hat fast alle Disciplinen dociret, und in den Jahren 1638 und 1639 zwey Musicalische Wercke, nemlich Litanien de nomine Jesu, und de B. Virgine Maria [dabey er aber seinen Nahmen verschwiegen] drucken lassen. f. *Alegambe*. Bibliothec.

Bergamasca (*ital.*) ein gewisser Tantz, welcher, Zweifels ohne, seine Benennung von der Italiänischen in der Lombardie liegenden Stadt Bergamo her haben wird.

Berger (Adam Otto) ein Breßlauer, und Organist am Dom zu Marienwerder im Brandenburgischen Preussen, soll die Composition verstehen, auch allerhand musicalische Instrumente, als Violinen, Flöten, Hautbois, Bassons, &c. verfertigen.

Bergerus (*Andreas*) Dolfensis Misnicus, ließ an. 1606 Harmonias f. Cantiones Sacras 4-8 voc. zu Augspurg in 4to drucken. Es bestehet dieses Werck aus 32 Stücken.

Bergierius, ein Advocat zu Rheims, und sehr guter Freund des Mersenii, hat, wie dieser p. 1681 seines Commentar. in Genef. c. 4. v. 21 bezeuget, von den Modis Musicis, de vocis humanæ, atque soni præstantia, ein gantzes Buch schreiben und ediren wollen.

Bergomus (*Alexander*) hat an. 1572 Missen ediret. *Gesnerus*.

Beria (*Gio. Battista*) hat 2.3 und 4stimmige Concerten nebst einer 4stimmigen Missa, den Druck überlassen.

Beringer (*Maternus*) Cantor zu Weißenburg, schrieb die freye liebliche Singe-Kunst, an. 1610 zu Nürnberg gedruckt; worinn er das ut, re, mi, fa, sol, la, in Tabellen, Leitern, und allerhand Figuren, wie auch die Modos in Cochlea und Scala vorgestellet hat. f. *Matthesonii* Crit. Music. T. 2. p. 225.

Bermudo (*Joannes*) ein Spanischer Fran-

BER.

ciscaner-Mönch, von Ecisa, einer Bischöfflichen am Fluß Xenil in Andalusien liegenden kleinen Stadt (*lat.* Astigis in Bætica) gebürtig, war wegen der Music berühmt, und schrieb in seiner Sprache: Libro de la declaration de Instrumentos, an den König in Portugall, Joannem III. welches an. 1555 zu Granata, und an. 1649 zu Ostuna in 4to gedruckt worden ist. s. *Antonii* Biblioth. Hispanam.

Bernabei (*Ercole*) ein Römer und Scholar des Orazio Benevoli, succedirte diesem wenige Jahre nach dessem Tode in der Päbstl. Capell-Meister-Charge. s. *Antimo* Liberati Lettera. Er ist aber auch an der Kirche des H. Ludovici zu Rom, und, nach Joh. Caspar Kerls Tode, beym Churfürsten in Bayern, Ferdinando Maria, Capell-Meister gewesen. Hat an. 1669 zu Rom ein Madrigalien-Werck drucken lassen; und, nach seinem Tode, ist an. 1691 ein Opus Motteten zu München heraus gekommen. Ob es eben dasjenige Werck sey, so vor weniger Zeit zu Amsterdam publicirt worden, und aus 3 und 4 Stimmen, mit und ohne Instrumente bestehet, kan nicht wissen.

Bernabei (*Gioseffo Antonio*) des vorigen Sohn, gleichfalls ein gebohrner Römer, und vortrefflicher Componist, hat seinem Vater in Chur-Bayerischen Diensten als Hof-Capell-Meister succediret, und ein Mißen-Werck, (worinn verschiedene Canones enthalte seyn sollen,) ingleichen, unter dem Titul; Orpheus Ecclesiasticus, Sonaten, beyderseits zu Augspurg an. 1698 gedruckt, herausgegeben.

Bernard (*Emery*) von Orleans gebürtig, hat in Frantzösischer Sprache eine kurtze und leichte Methode, singen zu lernen, geschrieben, welche an. 1570 zu Genev gedruckt worden. s. *Verdier* Bibliotheque, und *Draudii* Biblioth. Exotic. p. 208.

Bernardi (*Bartolomeo*) ein Accademico Filarmonico, Componist und Violinist, auch Directeur der Music am Königl. Dänischen Hofe, hat drey Wercke ediret, worunter das zwepte aus dreystimmigen Sonaten, und das vierdte aus zwölff Sonaten à Violino solo e Conc. bestehet. Sie sind zu Amsterdam in Kupfer gestochen worden. s. *Roger* Catalog. de Musique.

Bernardi (*Frances.*) Senesino genañt, ein bey der Dreßdenischen Opera ums Jahr 1719 gewesener Italiänischer Sopranist.

Bernhard, ein Teutscher Musicus, hat an. 1470 sich zu Venedig aufgehalten, und daselbst das Pedal zu den Orgeln erfunden. s. *Prætor.* Syntagma Mus. T. 1. P. J. c. 14. p. 145 und T. 2. c. 5. p. 96. aus dem 8ten Buche Ennead. 10 des Sabellici solches anführend.

Bernhardi (*Christoph*) soll ein Wasser-Pole, oder nach anderer Meynung, aus Colberg in Hinter-Pommern bürtig gewesen seyn; lebte anfänglich als Director Musices in Hamburg, wurde nachgehends von Herrn Johann Georg II Churfürst zu Sachsen, als Vice-Capellmeister und Informator seiner beyden Enckel, neml. Joh. Georgii IV. und Friderici Augusti, itzigen Königs in Polen Majestät, um seines extraordinairen Verstandes willen, nach Dreßden beruffen, und ums Jahr 1682 zum würcklichen Capell-Meister declariret, welcher Bedienung er bis anno 1692, in welchem Jahr der Tod ihn den 14 Nov. übermeistert, rühmlichst vorgestanden. Diese Nachricht habe, nebst noch mehrern, von dem nunmehro seel. Hof-Organisten in Dreßden, Hrn. Christian Böhmen, welcher an. 1726 im August-Monat verstorben, auf Befehl dessen Stief-Vaters, Hrn. Johann Christoph Schmidts, gütigst communicirt bekommen. Der erste Theil seiner Geistlichen Harmonien, aus 20 teutschen Concerten von 2. 3. 4. und 5 Stimmen bestehend, ist, als das erste Werck, an. 1665 auf seinen Verlag zu Dreßden bey Wolffgang Seyfferten in 4to gedruckt worden. Auf solchem wird er Bernhard, und Director der Music in Hamburg genennet. In eben dieser qualité hat er auch an. 1669 auf das Absterben der beyden Frauen, Christinen und Annen, als der Mutter und Ehegattin des dasigen Doctoris und Professoris, Hrn. Rudolphi Capelli, davon jene an. 1668 den 6ten April, diese aber an. 1669 den 26 Januarii verschieden, einen bey Leich-Processionen gebräuchlichen, und aus dem Prudentio genommenen, wiewohl versetzten lateinischen Hymnum mit drey Contrapunctis convertibilibus verfertiget und unter dem Titul: Prudentia Prudentiana, zu Hamburg in folio drucken lassen. Sein teutsches Manuscript von der Composition besitzet der jetzige Hochfürstl. Sachsen-Gothische Capell-Meister, Herr Gottfried Heinrich Stöltzel im Original; die Copien aber davon sind in vieler Hänben. Es sind auch Sonaten von ihm in Druck kommen.

Bernhardus, der berühmte Abt zu Clairvaux (*Abbas Clarævallensis*) welcher function er 36 Jahr vorgestanden. s. *Raph. Volaterrani* Commentar. Urban. lib. 14 gebohren zu Fontaines einem Dorffe in Burgund an. 1091 [Fontanus oder Fontanajus] s. *Sixti Senensis* Biblioth. Sanct. p. 216. Richardus Normannus, in dessen Lebens-Beschreibung, und Wilhelmus Philander in seinem Commentario über den Vitruvium, sagen: er sey von Chatillon an der Seine in Burgund [Castilionii Burgundiæ natus] bürtig gewesen; und an. 1153 den 20ten Augusti im 63ten Jahre seines Alters gestorben; hat unter andern auch einen kurtzen Tractat: de Cantu, seu correctione Antiphonarii geschrieben, welcher, nebst einer Epistel oder Prologo, im 2ten Tomo der von Mabillon an. 1719 zu Paris in folio heraus gekommenen Edition befindlich ist, und drey Blätter beträgt.

Bernia (*Vincenzo*) ein von Bologna bürtig gewesener Componist, von dessen Arbeit in Besardi Novo Partu, Parte 3. p. 32. eine Toccata Cromatica; ingleichen ein Ricercar über das ut, re, mi, fa, sol, la; und p. 47. Gallus & Gallina, für die Laute befindlich ist.

Bernier, ein Instrumental=Musicus in der Opera zu Paris, hat, nach Bericht des Sejour de Paris, c. 25. p. 273 in den Jahren 1713, 1714 und 1716 die Flûte traversiere daselbst gespielet. Der Auctor der Histoire de la musique nennet ihn Tom. 4 an verschiedenen Orten einen Abt, und Componisten an der H. Capelle. Es scheinen demnach zwo Personen zu seyn. Die eine ist ietzo Königlicher Capellmeister, und hat, zu folge des Französischen General - Catalogi von an. 1729, acht Bücher Cantates, und zwey Bücher Motets heraus gegeben.

Berno, ein teutscher Mönch zu S. Gallen, und hernach Abt zu Reichenau (Abbas Augiæ divitis) in Schwaben, ums Jahr 1008, hat an den Ertz=Bischoff zu Cöln, Pilegrinum, ein aus drey Büchern (Gesnerus weiß nur von zweyen) bestehendes Volumen: de Musica seu Tonis; ferner an Arribonem, Ertz=Bischoffen zu Maynz einen Tractat: de instrumentis musicis; und noch ein Buch: de Mensura Monochordi, geschrieben. Ist gestorben an. 1048. den 7 Junii. s. Hrn. D. *Buddei* Lex. und die Centuriat. Magdeburgens. Cent. 10. p. 637. In Joh. Egonis, eines gewesenen Prioris zu Reichenau an. 1630 geschriebenen, und dem Thesauro Anecdotorum novissimo des berühmten Benedictiner= Mönchs, Bern. Pezii, T. l. P. III. einverleibtem Tractat: de Viris illustribus Monasterii Augiæ majoris, seu divitis, lieset man im 27 Capitel des 2ten Theils folgendes von ihm: "Bernonem, quem alii Bernardum malunt vocare, ex monacho Prumiensi à S. Henrico Imperatore Augiensi Cœnobio præfectum. præstantissimis Augiæ Doctoribus jure comparandum, aut etiam plerisque præferendum existimo. Inter Poetas enim sui ævi fuit excellens, Rhetor facundus, Philosophus præstans, Musicesque adeo peritus, ut doctissimis illam Commentariis illustrarit. (Hier sind obgedachte drey musicalische Bücher angeführet.) Endlich heisset es daselbst ferner: obiit tandem bonus Berno annis & meritis æque maturus an. 1048. 2 Idus Junii, & in S. Marci à se constructa Basilica tumulatus est." Aus diesem erhellet, daß er vorher nicht bey St. Gallen, sondern zu Prüm ein Mönch gewesen. Übrigens vermuthet obangeführter Pezius in seiner Dissertatione Isagogica über den 4ten Tomum seines Thesauri Anecd. noviss. aus einiger Auctorum Zeugniß: daß das 1ste und 3te von oben berührten Wercken, nur ein einiges und einerley Werck sey.

Beroaldus (*Philippus*) der ältere, ein berühmter Philosophus, Medicus u. Redner von Bologna, welcher zu Parma, Paris u. Bologna die literas elegantiores gelehret, u. an. 1504 [oder, wie Jacobus le Long will, an. 1505] gestorben ist, hat unter sehr viel andern Sache, auch eine nicht gar zwey quart. Blätter ausmachende lateinische Oration: de laude Musices geschrieben, so unter den übrigen an. 1509 zu Basel edirten, die siebende, und p. 13 befindlich ist. Der ehemahlige Universitäts = Secretarius zu Ingolstadt, M. Joan. Croesclius, in seinen an. 1584 in 8vo edirten Elogiis, setzet p. 489. dessen Tod ins 1510te Jahr, und führet folgende von Petro Myrteo ihm verfertigte Disticha daselbst an:

Sæpe novos, linguæ mirata Bononia flores
Non alios legit, quam Beroalde tuos.

Te nunc amisso languent cum flori-
bus horti,
Et flet delicias ad tumulum illa ſuas.
Seine in S. Petronii-Kirche zu Bologna befindl Grab-Schrifft lautet wie
folget:
Philippo Beroaldo, Seniori, civi
Bononienſi, viro omnium, quos ætas
ſua tulit, eruditiſſimo atque eloquen-
tiſſimo eidemque humaniores literas
Parmæ, Lutetiæ, atque in patria ſumma cum ingenii laude atque audientium admiratione profeſſo, Phil. &
F.F hæredes ex Vinc. teſtamento P. P.
I nunc, & vigilia, noctesque abſume
legendo:
O hominum curæ, cœptaque vana
nimis!
Vixit ann. LI, M. VIII. Obiit an. M.D.IV.
O literæ, ô cantus, ô Apollines: vobis
poſterum (heu!) quid fiet?
ſ. *Franc. Swertii* Selectas Chriſtiani orbis Delicias, p. 253.

Berret, (*John.*) lehret in der zu London
in Chriſt-Hoſpital befindlichen Schule
die Muſic. ſ. *Miege* Groß-Britanniſchen
Staats 1ſten Theil, c. 9. p. 271.

Berretari (*Aurelio*) ein Mönch vom Orden des H. Hieronymi, welche ſonſten
auch Fieſoli heiſſen, hat an. 1656 Miſſen
und Pſalmen in Venedig drucken laſſen.

Berſcelli (*Matteo*) ſung in der Italiäniſchen Opera zu Dreßden ums Jahr 1719
den Sopran.

Bertacchi (*Francesco*) war an. 1633 an
der St. Petronii-Kirche zu Bologna Un-
ter-Capell-Meiſter, und ſtifftete im nurgedachtem Jahre, nebſt ſeinem Collegen,
dem Ober-Capell-Meiſter, die Accademia de'Muſici Filaſchiſi daſelbſt. ſ.
Maſini Bologna Perluſtrata, p. 156.

Bertaldi (*Antonio*) ein in Kayſerlichen
Dienſten 40 Jahr lang geſtandener Muſicus und Capell-Meiſter, hat an. 1659
die von Aurelio Amalteo verfertigte
Favola Dramatica: Il Rè Gilidoro
genannt, in die Muſic gebracht, und aufgeführet. Von Gabr. Bucelino P. 3
p. 279 Germ. Topo-Chrono-Stemma-
to-graphicæ Sacræ & profanæ, wird er
Bertalli, ein Veroneſer, und Kayſers Ferdinandi III. Ober-Capell-Meiſter genennet.

Bertani (*Lelio*) war einige Zeit in ſeiner
Geburts-Stadt Breſcia am Dom, her-
nach an Herzogs Alphonſi zu Ferrara
Hofe, woſelbſt er jährlich 500 Scudi zum
Salario bekommen, Capell-Meiſter: ſoll-
te auch in gleicher qualität an Kayſers

Rudolphi Hof kommen; ſchlug es aber
aus, begab ſich in des Biſchoffs zu Padua
Dienſte, und ſtarb in hohem Alter an.
1600 zu Breſcia, von dannen ihn vorhero das wiedrige Glück [welches die Virtuoſen ordinairement in ihrem Vaterlande erfahren müſſen] vertrieben hatte.
Von ſeinen vielen Sachen iſt nur ein
Buch 6ſtimmiger Madrigalien zu Venedig gedruckt worden. ſ. *Leonardo* Cozzando Libraria Breſciana, p. 228 ſq.

Bertaus (*Joannes*) war an. 1548 in Kay-
ſers Caroli V. Capelle ein Tenoriſt. ſ.
Mameruni Catal. familiæ totius aulæ
Cæſareæ, p. 12.

Berthet, ein Frantzöſiſcher P. und Compo-
niſt ums Jahr 1678. deſſen der Mercure
Galant im May-Monat ietzt gedachten
Jahrs, p. 152 gedencket.

Berthin, ein Frantzoſe, hat in den Jahren
1713, 1714 und 1716 in der Opera zu Paris das Clavier geſpielet. ſ. das *Sejour
de Paris*, c. 25. p. 273.

Berti (*Gio Pietro*) ein Organiſt in der Republic Venedig Dienſten, hat Cantaten
und Arien drucken laſſen.

Berti (*Marc Antonio*) ein Baßiſt in der
Kayſerl. Hof-Capelle. an. 1727, und zwar
der ſechſte in der Ordnung.

Bertola (*Giov. Antonio*) gab an. 1639
fünffſtimmige Pſalmen, ingleichen Sonaten auf dem Fagott mit einem Continuo
geſetzt, zu Venedig heraus.

Bertolini (*Antonio*) hat an. 1655 an Kayſers Ferdinandi III. Hofe als ein Inſtrumental-Muſicus geſtanden. *Bucelinus.*

Bertouch (*Georg*) oder Bertuch, von
Helmershauſen in Francken gebürtig,
hat an. 1693 auf der Univerſität Kiel [in
illuſtri Chriſtian. Albertina] unter
præſidio Hrn. D. Eliæ Auguſti Stry-
kens eine Juriſtiſche Diſputation: de
eo, quod juſtum eſt circa Ludos ſce-
nicos Operasque modernas, gehalten, welche an. 1696 zu Nürnberg in 4to
gedruckt, aus ſechs Bogen beſtehet. Als
er zu Jena ſtudiret, hat Er in Geſellſchafft
des daſigen Organiſtens, Hrn. Johann
Nicol Bachs, eine Reiſe nach Jtalien angetreten, auch die Grentzen nur gedachten
Landes würcklich erreichet gehabt; als
Jhm aber eines Däniſchen Generals
Söhne, deren Hofmeiſter geſtorben war,
daſelbſt entgegen gekommen, und die va-
cante Stelle angetragen; iſt Er mit ihnen nach Dännemarck zurück gegangen,
auch nachhero ſo glücklich geworden, daß
er General-Kriegs-Commiſſarius,
Obri-

Obrister von der Cavallerie, und Commendant von Aggerhus in Norwegen an. 1719 gewesen; wie diese letztern Umstände in Matthesonii Crit. Musica, T. 2. p. 181 sqq. zu lesen sind, woselbst auch eine Probe seines Music-Fleißes inter arma, nemlich ein 13 stimmiges Kirchen-Stück über die Worte: GOtt zürnet über Jsrael etc. angeführet wird.

Bertrand (*Antoine de*) ein Frantzösischer Componist und Musicus, von Fontanges in Auvergne gebürtig, hat des Poeten Petri Ronsardi aus drey Büchern bestehende Liebes-Gedichte mit 4stimmigen Melodien, und einer Vorrede versehen; es sind selbige an. 1578 bey Adrian Roy u. Robert Ballard zu Paris gedruckt worden. s. *Gesneri* u. *Verdierii* Biblioth.

Bertus (*Cur.*) war ums Jahr 1593 Capellmeister an der Kirche della Nunziata zu Florentz, u. gab in diesem Jahre ein Magnificat 8 vi toni von fünff Stimen heraus.

Besardus (*Joan Baptista*) ein berühmt gewesener Lautenist, und Scholar des Laurenzini, von Besançon gebürtig, gab an. 1603 seinen Thesaurum Harmonicum in folio zu Cöln am Rhein auf eigene Kosten in Druck, und dedicirte solchen Philippo Wilhelmo, Fürsten von Oranien. Er ist in 10 Bücher eingetheilet, und enthält der besten Künstler Lauten-Stücke. Das Erste Buch begreifft in sich Præludia; das 2te Fantasien: das 3te Madrigalien und Villanellen, welche Laurencinus und andere, aus der besten Italiäner Arbeit genommen, und auf die Laute appliciret haben, der Auctor nennet es transponiren. Das 4te Buch bestehet aus Frantzösischen Airs; unter solchen befindet sich p. 73 auch folgende, deren Melodie unserm Choral-Liede: Von GOtt will ich nicht lassen ꝛc. sonderlich, was die zweyte Helffte betrifft, sehr ähnlich, und deswegen bedencklich ist. Noten und Text lauten daselbst, nach alter Schreib-Art, wie *Tab. III. F. 5.* ausweiset.

[Unterm Articul: Demantius, wird auch etwas hiervon vorkommen.] Das 5te Buch bestehet aus unterschiedlichen Passamezzi, einer Spanischen Pavana, und einem Bergamasco; das 6te aus lauter Gaillarden; das 7de mehrentheils aus Allemanden, etlichen Polnischen Täntzen, und einem eintzigen Engländischen; das 8te aus Branles, und einigen so wol auf eine, als zwo Lauten gesetzten Balletten; das 9te halb aus Curanten, und halb aus Volten; und das 10te aus allerhand Piéces. Im Anhange dieses Wercks wird gelehret, wie das Lauten-Spielen zu lernen sey. Ubrigens wird dieser Compilator in denen ihm zu Ehren verfertigten und voran gedruckten Carminibus, ein Jurisperitus und Musicus præstantissimus genennet; hat auch vom Käyser Rudolpho II. ein 10 jähriges Privilegium über nur besagtes Werck bekommen. Sein Novus Partus, sive Concertationes Musicæ, worinnen 12 Piéces auf zwo, und eben so viele auf drey Lauten enthalten sind, ist an. 1617 zu Augspurg gedruckt worden. s. *Draudii* Biblioth Class. p. 1622. daß er an. 161., als er seine Isagogen in Artem testudinariam zu Augspurg ans Licht gestellet, Doctor Iuris gewesen, die deutsche Ubersetzung von nur gedachter Instruction an gewisse alte adeliche Geschlechter, nemlich: die Zobel und Puroner; sein novus partus aber an Ernestum, Grafen von Holstein, Schauenburg und Sternberg dediciret worden, ingleichen, daß sich viele gelehrte Leute certatim bemühet, seine meriten mit allerhand schönen und ingenieusen expressionibus zu verewigen, hat Hr. Baron p. 70 sq. seiner Historisch-theoretisch und practischen Untersuchung des Instruments der Laute, nebst einigen Proben davon, angemercket.

Bessant, ein Frantzösischer Componist zu Poitiers, der Haupt-Stadt in Poitou, dessen der Mercure Galant im August-Monat des 1678 Jahrs p. 107 erwehnet.

Besseghi (*Angelo Michele*) ein Bolognesser, hat 12 Sonaten à Violino solo e Violoncello ò Basso Continuo, als sein erstes Werck, publiciret. Roger zu Amsterdam hat es in Kupffer stechen lassen.

Besser (*Johann Friedrich*) ein Orgelmacher aus Braunschweig hat die Orgel zu S. Catharinen in Hamburg renoviret.

Besson oder Beson, ein Frantzösischer Componist hat ein Sonaten-Werck heraus gegeben. s. den an. 1729 zu Paris gedruckten *Catal. gen. Mr. Boivins.* p. 25.

Bettini (*Girolamo*) ein Veroneser, ließ an. 1647 Missen zu Venedig heraus gehen.

Bettinus (*Marius*) ein Jesuit von Bologna, gebohren an. 1578 und gestorben daselbst an. 1657 den 7 Novemb. hat unter andern auch Apiaria universæ Philosophiæ, ingleichen ben Euclidem applicatum geschrieben, und an. 1642, und 1645 in folio publiciret. Sein Ærarium

rium Philosophiæ Mathematicæ ist in 3 Voluminibus an. 1648 nebst Kupferstücken zu Bologna in 4to gedruckt worden. s. die *Bibliothecam Heinsianam.*

Beverini (*Francesco*) ein Römischer Componist im 15ten Seculo, hat das vom Cardinal Raphaël Riario schon an. 1480 daselbst aufgeführte Operetgen in die Music gebracht. s. *Matthesonni* Crit. Mus. T. 2. p. 161.

Beurhusius (*Friedericus*) Corrector zu Dortmund (lat. Tremonia genannt) von Menertzhagen gebürtig, hat an. 1573 Erotemata Musicæ, in zwey Bücher und 18. Capit. eingetheilt, geschrieben und in 8vo drucken lassen. Ioan. Thomas Freigius zu Altdorff, nachdem er solche von einem Stud:oso verehrt bekomen, ließ sie an. 1580. nebst einer Vorrede an den Auctorem, zu Nürnberg wiederum auflegen; diese Edition beträgt 8 Bogen, und die Eintheilung ist folgende:

Lib. I. c. 1. Quid Musica, & eius partes.
 c. 2. De Sonorum generibus, differentiis, & communibus affectionibus.
 c. 3. De Sedibus Sonorum.
 c. 4. De Nomenclatura Sonorum per literas & syllabas.
 c. 5. De Vocibus.
 c. 6. De ordinis Vocum differentia simplici.
 c. 7. De conjunctio ordine.
 c. 8. De omnium Sonorum gradibus & ordinibus in uno Systemate conjunctis.
 c. 9. De Sonorum intervallis.
 c. 10. De Sonorum quantitate. De pari & essentiali impari.
 c. 11. De adventitia quantitate.
 c. 12. De Augmentatione.
 c. 13. De Proportione.

Lib II. c. 1. De simplicibus Cantus generibus.
 c. 2. De conjunctis generibus.
 c. 3. De Modis.
 c. 4. De Symphoniæ Consonantiis.
 c. 5. De Symphonia Melodiarum.

An. 1585 und 1591 ist dieses Music-Büchlein abermahl zu Nürnberg, gedruckt worden.

Beyer (*Johann Samuel*) Cantor und Chori Musici Director zu Freyberg in Meissen, von Gotha gebürtig, gab an. 1703 eine teutsche Anweisung zur Singe-Kunst, unter dem Titul: Primæ lineæ Musicæ Vocalis auf seine Kosten in länglicht 4to zu Freyberg heraus. Der 1ste Theil seiner auf General-Baß-Art gesetzten, und variirten Choral-Lieder, ist unter dem Titul: Musicalischer-Vorrath ꝛc. an. 1716; der Zweyte und dritte Theil aber an. 1719 in gleichen format zum Vorschein gekommen. Anno 1724 ist seine Geistlich-Musicalische-Seelen-Freude, bestehend aus 72 Concert-Arien von 2 Vocal- und 5 unterschiedlichen Imstrumental-Stimmen, auf alle Sonn-und Fest-Tage zu gebrauchen, zu Freyberg in 4to oblongo gedruckt, und vom Auctore Hrn. Joh. Michael Schumann, Sr. Hochfürstlichen Durchl. zu Sachsen-Weissenfels Overfurtischen Kirchen- und Ober-Consistorial-Rathe, wie auch bey der Residenz Weissenfels Pastori und Superintendenten dedicirt worden. In dieser Zuschrifft wird gemeldet: daß er ehedessen in nur gedachter Residenz-Stadt als Cantor und Collega III. 6 Jahr den Chorum Musicum dirigiret, und in der Stadt-Schule informiret habe.

Beyerlinck (*Laurentius*) gebohren zu Antwerpen an. 1578 wurde Theologiæ Licentiatus zu Löwen, woselbst er im Collegio Vaulxiano, insgemein Gandense genannt, erstlich die Poesie und Rhetoric, hernach aber im Bethlehemitischen Closter der Canonicorum Regularium die Philosophie gelehret; ferner Pastor auf dem Lande, und vom Bischoffe zu Mecheln, Matth. Hovio, dem also genannten Decano Christianitatis in der Stadt substituiret. Nachgehends berief ihn der Bischoff zu Antwerpen, Ioannes Miræus, zu sich ins Bischöffliche Seminarium, gab ihm ein Canonicat, und kurtz darauf die Würde eines Ertz-Priesters an der Cathedral-Kirche, daselbst er auch an. 1627 den 22 Junii im 49 Jahre ætatis gestorben. Dieser fleißige Mann hat unter andern auch des Zwingeri Theatrum vitæ humanæ vermehret, so nachgehends an. 1656 zu Lenden in folio herausgekommen ist; in dessen 5ten Tomo kommt vieles von der Music vor, als: p. 793. de Musicæ definitione, & etymologia, eiusque partitione; p. 794. de Musicæ veteris & hodiernæ discrimine; p. 795. de Musicæ inventoribus

ribus in genere; in specie, puta Modorum; p. 796 de inventoribus Instrumentorum; p. 797. de Musica muta; de Musicæ disciplina; de Scriptis & Scriptoribus Musicæ; p. 798. de Musicæ possessione in genere; de Cantoribus; de multorum Instrumentorum peritis; de fidicinibus, citharœdis, lyristis; p. 800. de tibicinibus & chorauiis; p. 801. de fistulicinibus & tubicinibus; p. 802. qui Musicam exercuere, sive Gentes, Pontifices, Principes, Reges, Duces, Philosophi, Ægroti, Liberi, Servi, Captivi; p. 803. de Musicis imperitis; p. 804. de Artis modis, organis, dignitate & usu; p. 805. de exercitatione certantium, discentium, artificum, de disputatione Musicæ, de certaminibus musicis p. 806-812. de Musicæ usu, quibus confert hominibus, puta: infantibus, adolescentibus, Oratoribus, Ducibus, Militibus, Artificibus mechanicis; brutis, saxis, inanimatis; de Musicæ usu in Sacris, acie, prælio, ludis, spectaculis, cubitu, somni tempore, funere; cur ad animi motus, in genere & in specie; p. 813. de Musicæ contemtu, in genere & in specie; und p. 814. de Musicæ mutatione portentosa & noxia. f. *Valerii* Andreæ Biblioth. Belgic. p. 571. seq.

Beyſſelius (*Jodocus*) ein von Ychen gebürtig geweſener Rechtsgelehrter, Philoſophus, Redner und vortrefflicher Poet, auch in der H. Schrifft beleſener Mann, hat ums Jahr 1454 floriret, und unter andern Sachen, auch einen Tractat: de optimo genere Musicorum, geſchrieben. f. *Swertii* Athenas Belgicas. Nur gedachter Tractat iſt, nach Gesneri und Poſſevini Zeugniß, Geſprächs-weiſe eingerichtet; er ſelbſt aber an. 1495, als Trithemius ſeinen Catalogum illuſtrium Virorum verfertiget, noch am Leben geweſen.

Beyzeichnung, heiſſet: wenn die Accidenti Muſicali nicht gleich hinter dem vorgezeichneten Muſic-Schlüſſel ſtehen; ſondern nur dann und wann innerhalb des Syſtematis vor die Noten geſetzt vorkommen.

Bezuyens (*Fridericus*) iſt von Antwerpen gebürtig, und an. 1493 Prior des bey Brüſſel liegenden alſo genannten Rothen-Cloſters [vulgo Roode-Cloo-ſter, ſo auf latein: Rubea Vallis heiſſet, ein ſehr gelehrter Mann, auch in der Muſic und Singe-Kunſt dergeſtalt berühmt geweſen, daß es ihm damahls hierinn niemand gleich thun können. f. *Ant. Sanderi Chorograph. Sacr. inſignis Canonicæ S. Pauli Rubeæ Vallis in Zonia Ord. Can. Reg. S. Auguſtini Capituli Windeſemenſis, c. 3. f. 9.*

Biais (*gall.*) bedeutet unter anbern auch den Ort, woran etwas anzufangen oder anzugreiffen iſt. z. E. tirer en biais dans la queüe d'une des Notes de l'Accord, d. i. an den Schwantz der einen Accord-Note einen Strich machen; daß nemlich daſelbſt das Arpeggio ſeinen Anfang nehmen, und entweder von unten hinauf, oder von oben herunter exprimirt werden ſoll. *v. Tab. III. F. 6.*

Bianca (*ital.*) ſc. Nota, die weiſſe Note; alſo wird inſonderheit die halbſchlägige ♀ genennet.

Bianchi (*Francesco*) war ein Päbſtlicher Tenoriſt um die Mitte des abgewichenen Seculi. f. *Kircheri* Muſurg. lib. 7. c. 5. p. 598.

Bianchi (*Giov.*) ein Mayländer, hat zwey Opera heraus gegeben; davon das erſte aus 12 dreyſtimmigen Sonaten; und das zweyte aus 6 vierſtimmigen Kirchen-Inſtrumental-Concerten, und 6 dreyſtimmigen Sonaten beſtehet. f. *Roger* Catalog.

Bianchi (*Giulio Cesare*) hat an. 1620 der Jungfrauen Mariä zu Ehren 1. 2. 3. 4. und 5 ſtimmige Motetten, und eine vierſtimmige Miſſam zu Venedig durch den Druck bekannt gemacht.

Bianchi (*Pietro Antonio*) ein Canonicus Regularis bey S. Salvator zu Venedig, und vortrefflicher Muſicus, hat, nach Giacomo Alberici Bericht, p. 77. del Catalogo breve de gl'illuſtri & famoſi Scrittori Venetiani, viele Muſicalien ediret, und an. 1605 noch gelebt.

Bianciardi (*Francesco*) ein zu Ende des 16ten Seculi berühmt geweſener Componiſt, von deſſen Arbeit in Melch-Borchgrevincks Giardino ein und ander Stück befindlich iſt.

Biber (*Henr. Ioan. Franceſcus*) Vice-Capell-Meiſter beym Ertz-Biſchoffe zu Salzburg, Maximil. Gandolpho, Reichs-Grafen von Khuenburg, ꝛc. ließ an. 1681 Sonaten mit einer Violin und

G. B.

G. B. in breit folio graviren; sein Fidicinium Sacro-Profanum, aus zwölff 4 und 5 stimmigen Sonaten bestehend; ingleichen die Harmonia artificiosariosa in septem Partes vel Partitas distributa mit 3 Instrumenten, sind zu Nürnberg gedruckt worden. Auf diesem letztern Wercke wird er ein Dapifer und Capell-Meister genennet.

Bicinium (*ital.*) ein zwey-stimmiges Lied.

Bickel (*Paulus*) war an. 1655. an Kaysers Ferdinandi III. Hofe ein Instrumental-Musicus. *Bucelinus*.

Biereige (*Iohann*) Organist zu Voitsberg einem Eisenachischen Dorffe in Thüringen, ließ an. 1620. auf Joel Hellermanns Hochzeit eine mit 8 Stimmen componirte Motette: Wohl dem, der ein tugendsam Weib hat ꝛc. in Erffurt drucken. Er ist auch Organist und Collaborator an der Kirche und Schule zu Grossen Mühlhausen (vulgo Grosen Mölzen) einem gleichfals Eisenachischen zwischen Erffurt und Buttelstedt liegenden Dorffe gewesen.

Biffi (*Antonio*) war an der Hertzoglichen Capelle zu Venedig Capell-Meister, und an. 1721 noch am Leben. s. des Hrn. Hof-Raths Niemeitzens Nachlese besonderer Nachrichten von Italien, p. 49.

Biffi (*Giuseppe*) ein Mayländer, hat an. 1582. ein Buch 4 stimmiger Madrigalien zu Brescia, und an. 1599 ein anderes von 5 Stimmen zu Venedig in 4to drucken lassen. s. *Picinelli* l' Ateneo dei Letterati Milanesi. p. 364. Nach Draudii Bericht, Biblioth. Class. p. 1611. sind an. 1596 zu Nürnberg auch Cantiones 6 vocum von seiner Arbeit gedruckt worden. Auf einem gleichfalls zu Nürnberg gedruckten 6 stimmigen Madrigalien-Wercke stehet: daß er von Cesena (soll vielleicht Cesano heissen) gebürtig, und am Würtembergischen Hofe Componist gewesen; das erstere bekrafftiget auch ein zu Mayland heraus gekommenes 5 stimmiges Madrigalien-Opus; auf welchem er aber ein Capellmeister des Cardinals Andreæ Battorii genennet wird.

Bigaglia (*Diogenio*) ein Venetianer, und Benedictiner-Mönch daselbst im Closter Giorgio Maggiore (dessen Geistliche fast alle von der Noblesse aus gedachter Stadt sind) ist ein berühmter Componist und Virtuoso ietziger Zeit. s. des Hrn. Hof-Raths Niemeitzens Nachlese besonderer Nachrichten von Italien, p. 53. an. 1726 zu Leipzig in 8vo gedruckt. Von seiner Arbeit ist ein aus XII. Sonaten à Violino solo e continuo bestehendes Werck in Amsterdam gravirt worden.

Bigelli (*Tomaso*) ein Kayserlicher Tenorist an. 1721 und 1727.

Bigoni (*Antonio*) ein Kayserlicher Bassist an. 1721; und alter Hof und Cammer-Musicus Jubilatus an. 1727.

Bildstein (*Hieronymus*) gab unter dem Titul ; Orpheus Christianus, seu Symphoniarum sacrarum Prodromus, 5. 6 und 8 stimmige Motetten an. 1624 in Augspurg heraus. s. *Draudii* Biblioth. Class. p. 1616.

Bilenius (*Iacobus*) ein Doctor und vortrefflicher Musicus, ist ein grosser Antagonist des Glareani und dessen edirten Dodecachordi, auch an. 1580 noch am Leben gewesen. s. *Ioan. Thom. Freigii* Præfat. über *Beurhusii* Erotemata Musicæ.

Bindella, ein Lautenist von Trevigo, der Haupt-Stadt in der Marca Trevigiana im Venetianischen gebürtig, dessen Garzoni in seiner an. 1595 edirten Piazza Universale, Discorso 43 p. 374 gedencket.

Bindung, oder Bindungen sind; wenn zwo Noten durch eins dieser Zeichen ⌒ ⌣ also zusammen gehängt werden, daß beyde (Noten) vocaliter, und auf blasenden Instrumenten in einem Odem; und auf besaiteten Instrumenten in einem Strich oder Halt, ohne Absatz, exprimirt werden müssen.

Bingham, ein Flötenist in Amsterdam hat vier Bücher Arien mit 2 Flöten ohne Baß, wie auch mit einer Flöte und G. B. bey Roger daselbst gravirt, heraus gegeben. Er ist nunmehro todt.

Bion, hat eine Musicam geschrieben, so in der Kayserlichen Bibliothec zu Wien als ein MS. in folio verwahret wird. s. Gesneri Bibliothec.

Bioni (*Antonio*) ein Venetianer und ehemahliger Scholar des Signr. Porta, hat an. 1726 in der Breslauischen Oper das Zweyte Clavicymbel gespielt, und an. 1728 die Opern: Lucio Vero; Attalo und Arsinoe; ingleichen den Artabano,

tabano, Rè de i Parti, daselbst componiret. s. *Matthesonii* Musical-Patrioten in der 43 Betrachtung, p. 347. sqq

Birckenstock (*Iohann Adam*) ist gebohren an. 1687 den 19 Febr. zu Alsfeld, einer kleinen am Fluß Schwalm in Nieder-Heßen, und dem Hrn. Landgrafen von Darmstadt gehörigen Stadt, allwo sein seel. Vater Baumeister gewesen, an. 1700 an den Heßen-Casselschen Hof gekommen, daselbst von dem damahligen Capell-Meister, Ruggiero Fedeli, 5 Jahr lang, auf Herrschafftlichen Befehl, in der Music informiret, hierauf 1 Jahr nach Berlin bey Mr. Volumier, und noch ein Jahr nach Bayreuth bey Sign. Fiorelli, um die Violin zu erlernen, endlich an. 1708 nach Paris bey Mr. de Val, um sich daselbst noch mehr zu perfectioniren, geschicket worden; hierauf hat er an. 1709 nachdem er 1½ Jahr in Paris zugebracht, anfänglich die Stelle eines Hof-Musici, hierauf an. 1721 die Premier-Violinisten-und endlich an. 1725 den 25ten Decembris die Concert-Meister-Stelle in Caßel bekommen, welche er noch ietzo rühmlich bekleidet. Anno 1722 hat er eine Reise nach Amsterdam gethan, sich daselbst 7 Monate aufgehalten und XII. Sonate à Violino solo e Continuo durch die Cenesche Handlung öffentlich heraus gegeben. Zur selbigen Zeit ließ der König von Portugall 20 Trompeter und 2 Paucker aus Teutschland in dero Dienste annehmen, auch von etlichen Orten verschiedene Violinisten nach dem Haag verschreiben, um aus selbigen einen Concert-Meister, gegen eine jährliche Besoldung von 2000 Gulden, erwehlen zu laßen: da denn, nach abgelegter Probe, Mr. Birckenstock hierzu angenommen werden sollen: welches er aber, um für die von seiner Herrschafft genoßene viele Gnade nicht undanckbar zu seyn, unterthänigst depreciret. In diesem 1730ten Jahre hat er abermahl XII. Sonate à Violino solo e Continuo; ingleichen XII. Concerti à 4 Violini obligati, Alto Viola, Violoncello e Basso Continuo, nach Amsterdam geschicket, welche in etlichen Monaten ans Licht treten werden.

Bird, oder Vogel, ein Engländischer Componist, und Liebhaber der Canonischen Arbeit.

Bis, (*lat.*) Zweymahl, wird gebraucht, wenn im schreiben eine Clausul vergeßen worden, und demnach aus Mangel des Raums auf solche Art ersetzet werden muß.

Bischoff, (*Melchior*) eines Schusters Sohn zu Pößneck, gebohren an. 1547 den 20 May, war anfänglich an. 1565 Schulmeister zu Rudolstadt, hierauf Cantor zu Altenburg, ferner Diaconus in seiner Geburts-Stadt, an. 1574 Pfarrer zu Geckenheim, weiter, nach 5 Jahren, zu Thundorff, und nach 6 Jahren wiederum zu Pößneck ebenfalls Pastor, nachgehends Hof-Prediger zu Coburg, an. 1597 Special-Superintendens zu Eisfeld, und endlich von an. 1599 bis 1614 General-Superintendens zu Coburg. Sein Epitaphium in der S. Moritz-Kirche daselbst lautet also:

Melchior Episcopus,
Pastor ac Superintendens Saxo-Coburgiacus Generalis, cum sub Christi cruce in verbi luce militasset, LXVII. cum dimidio, fessus tandem mutato solo & corporis vinculis huic positis, in Christo placide obdormivit MDCXIV. XIX Dec. hor. vespert. VII. s. Wetzels Lieder-Historie 1. Th. p. 116. seq. Wird in Printzens Musica Histor. c. 12. §. 3. als ein Componist angegeben, dessen Arbeit in Bodenschatzes Florilegio anzutreffen sey.

Bischroma oder Biscroma, plur. Bischrome oder Biscrome; also nennen die Italiäner die dreyegeschwäntzte Note, oder ein Zweyunddreyßig-Theil. s. *Bononcini* Musico Prattico, P. I. c. 8. p. 21.

Bisciola (*Lelius*) ein in Sprachen, literis humanioribus, und in der Theologie wohlerfahrner Italiänischer Jesuit, von Modena (Mutinensis) gebürtig, schrieb unter andern in lateinischer Sprache: Horas subcesivas de rebus Philologicis in 2 Tomis, davon der erste an. 1611 zu Ingolstadt, und der Zweyte an. 1618 zu Cöln am Rhein in folio gedruckt worden ist. War, als er besagten isten Tomum an. 1610 verfertigte, 70 Jahr alt, und starb an. 1629 den 10ten Novembris. In beyden Tomis kommt sehr vieles, so wohl directè als indirectè die Music angehend, vor

Biseau (*gall.*) bedeutet dasjenige Stückgen Zinn oder Bley an gewissen Orgel-Pfeifen, welches zu derselben intonation behülflich, und an beyden Seiten der

BIS. BIZ.

Aufschnitte befindlich ist; diese biseaux nennet man sonsten auch Seiten-Börte.

Bisgargui. s. Viscargui.

Bisson (*Louis*) ein Frantzösischer Componist, hat an. 1567 dreyßig 2 stimmige Chansons zu Paris heraus gegeben. s. *Draudii* Bibl. Exot. p. 183.

Bitti (*Martinello*) ein Musicus am Florentinischen Hofe, hat Sonaten auf eine Hautbois und G. B. ingleichen XII. Sonaten auf zwo Violinen und Baß gesetzet.

Biumi (*Giacomo Filippo*) ein Mayländer, war anfänglich an der Kirche della Passione, hernach au der Kirche di S. Ambrogio, und letzlich am Dom daselbst Organist, auch dabey ein guter Componist, wie er denn etliche Magnificat von 4. 5. 6. 7 und 8 Stimmen; vierstimmiger Fantasien; 2. 3 und 4 stimmiger Motetten; und Canzoni da suonar alla Francese à 4 & 8. im Druck heraus gegeben. Ist an. 1652 gestorben. s. *Picinelli* Ateneo dei Letterati Milanesi. p. 240.

Bizarrement oder **bigearrement** (*gall.*) heißt: fantastisch, närrisch, eigensinnig; wenn nemlich eine modulation bald geschwind, bald langsam, bald starck, bald leise, u. d. g. gehet, nachdem des Componisten Fantasie, oder vielmehr die verschiedene expressiones der Text-Worte es also zu erfordern scheinen. Es wird aber auch dieses Wort in gutem Verstande gebraucht, welches daraus erhellet: weil etliche Auctores selbst, und unter andern Giuseppe Valentini, ihre Kling-Stücke Bizarrie betitelt haben; wenn aber jemand seine Einfälle mit unangenehmer und wunderlicher Art an- und vorbringet, es geschehe nun solches in der Composition selbst, oder bey deren execution, vocaliter und instrumentaliter, so hat die obige erstere Bedeutung statt, und sagt man alsdenn: diese Composition ist bizarr gesetzt; oder dieses Singen und Spielen ist bizarr.

Bizarria (*ital.*) Bazarrerie (*gall.*) Fantasterey, Narrheit, Eigensinn; ingleichen, eine sonderliche und dabey angenehme Veränderung, z. E. la Satire est comme une prairie, qui n' est belle si non en sa bizarrerie, d. i. eine Satyra gleichet einer Wiese, welche nur schöne aussiehet, wenn sie bundfarbig ist. s. *Richelets* Diction. Nach

BIZ. BLA.

Octavii Ferrarii Bericht in seinen Originibus Linguæ Italicæ ist bizarro entweder so viel, als *bisvarius*: qui enim varius & instabilis est, non semel aut bis, sed semper talis manet; oder kommt von *divariare* her, welches eigentlich von veränderlichen und mannichfarbigen Kleider-Zierrath gebraucht, von diesem aufs menschliche Gemüth transferiret, und demnach von einem solchen Menschen gesagt wird, qui variis cogitationibus hac illac impellitur, & subinde sententiam mutat. Mag also Bizarria wol so viel, als Fantasia seyn, wenn nemlich ein Musicus nicht bey einer einmahl angebrachten Melodie verbleibet, und dieselbe ausführet, sondern immer eine andere anbringet.

Bizarro, ein Accademico Capriccioso oder Fantastico zu Rom, gab an. 1620 sein erstes Werck, Trastulli Estivi genamit, von 2. 3. und 4 concertirenden Stimmen; und an. 1621 zwey, 3 und 4 stimmige Madrigalien zu Venedig in Druck.

Blanc (*Didier le*) ein Frantzösischer Musicus, gab an. 1579 verschiedener Poeten, als des Baif, Belleau, Bellay, Jamin, und Des-portes Arien, vierstimmig von ihm gesetzt, zu Paris heraus. s. *Verdier* Bibliotheque.

Blancanus (*Josephus*) ein Jesuit, und Professor Mathem. zu Parma, von Bologna gebürtig, wird von Mr. Brossard p. 378. seines Diction: unter die Music-Auctores gezehlet. Daß er einige wenige Nachrichten von Musicis, in seiner an. 1615 zu Bologna in 4to edirten Chronologia celebrium Mathematicorum, ertheile, dessen berichtet uns der Hr. D. Fabricius, Biblioth. Græc. lib. 3. c. 10. p. 270; auch jenseit in seinen aus dem Aristotele colligirten Locis Mathematicis, musicalische Materien abhandele, ist gantz glaublich, und aus Pfeifferi Antiquitatibus Græcis Gentilium, c. 64. p. 429 und 431 erweißlich. Ist gestorben an. 1624 den 7. Junii. im 58 Jahr. s. das compend. Gelehrten-Lexic. In der Bibliotheca Heinsiana wird auch eine Tractatio de Echo, von ihm angeführet so an. 1653 zu Modena in folio gedruckt worden.

Blanche (*gall.*) eine weiße Note; insonderheit aber, die Minima, oder halbschlägige ♩.

Blan-

Blanche sans queüe (*gall.*) eine weiſe Note ohne Strich; hierdurch wird die Semibrevis ○ gemeynet.

Blanche pointée (*gall.*) eine weiſe Note mit einem Punct. ○· ♀· ♩·

Blanchin (*François*) ein Franzoſiſcher Lautenist, hat zu Lion bey Jacques Moderne Lauten-Pieces ediret. ſ. *Verdier* Bibliotheque.

Blancus (*Chriſtophorus*) gab an. 1614 zu Rom eine Tabelle unter folgenden Titul heraus: d'imparare di formare paſſaggi & fughe, & intavarli per il Liuto, Grauicembalo, Violone, & Viola da Gamba. ſ. *Merſenn.* lib. 1. de Inſtrumentis harmon. Prop. 17.

Blaſi (*Luca*) ein berühmter Italiäniſcher Orgelmacher, aus Perugia gebürtig, hat zu Ende des 16ten und Anfange des 17 Seculi floriret, und die in Baſilica Conſtantiniana aus 16 Regiſtern beſtehende Orgel zu Rom, auf Befehl Pabſts Clementis VIII. verfertiget. ſ. *Bonann.* Gabinetto Armonico, p. 79.

Blavet, ein anietzo zu Paris florirender Flötenist, hat ein Sonaten-Werck à 2 Flutes baſelbſt heraus gegeben. ſ. den Frantz. Muſic-Catal. an. 1729 in 4to. p. 7

Blegabridus Syllius, ein König in Engeland, welcher anno mundi 3858, vor Chriſti Geburt 112, zur Zeit des Jüdiſchen Regenten Ioan Hyrcani, 20 Jahr lang regieret, ſoll ein ſehr luſtiger Herr, weswegen er facetiarum parens, und joculatorius Deus damahls genennt worden) ein guter Poet, und erfahrner Muſicus auf Inſtrumenten geweſen ſeyn. ſ *Balei* Catalogum Scriptorum illuſtrium majoris Britanniæ, Centur. 1. p. 13. ſeq.

Bleſendorff, eine unverheyrathete Sängerin, hat ſich an den Königlichen Preuſſiſchen Vermählungs-Feſten an. 1706 und 1708 und in denen dabey aufgeführten Opern hören laſſen. ſ. des Hrn. von Beßers Schrifften, unter den Beylagers-Gedichten, p. 281. und 307.

Bleyer (*Georg.*) Gräflicher Schwartzburgiſcher Cammer-Schreiber zu Rudolſtadt, von Saalfeldt gebürtig, ließ an. 1670 den 1ſten und 2ten Theil ſeiner Luſt-Muſic, aus verſchiedenen 4 ſtimmigen

Pieces beſtehend, zu Leipzig in 4to drucken.

Blockwitz, (*Iohann Martin*) ein Muſicus auf der Flûte traverſiére bey der Königlichen Capelle und Cammer-Muſic in Dreßden. ſ. den Hof-und Staats-Calender aufs Jahr 1729.

Blondetus, ein Muſicus Vocalis zu Paris, von welchem Merſennus Comment. in c. 4. lib. . Geneſ. p. 1682. berichtet, daß er in der muſicaliſchen Wiſſenſchafft vortreflich geweſen, und eine Tabelle von den 12 Modis Muſicis verfertiget habe.

Blow, ein Doctor Muſices in England. ſ. *Mattheſonii* Crit. Muſ. T. 2. p 149.

Bluhme, (*Johann*) ein Muſicus in der Polniſchen Capelle an 1729 ſ. den Dreßdeniſchen Hof- und Staats-Calender. a. c.

Bobiſatio, oder Bocediſatio hieß: wenn anſtatt der ſonſt gewöhnlichen ſechs Syllben, ut, re, mi, fa, ſol, la, folgende ſieben, bo, ce, di, ga, lo, ma, ni, von den Niederländern [welches auch Sethus Calviſius in ſeinen Præceptis muſicæ artis novis, und M. Joan. Lippius in ſeiner Synopſi Muſicæ novæ gethan] zu Anfange des 17ten Seculi gebraucht wurden, um die 7 Muſic-Klänge dadurch zu exprimiren, und die mutation obgedachter 6 Aretiniſchen Syllben zu erſpahren. ſ. *Gibelii* Bericht de Vocibus Muſicalibus, p. 37.

Bocal, als inſtrument à bocal (*gall*) ein Inſtrument das man blaſen muß, als Trompeten, Poſthorn, u. d. g. Bocal, heißt auch das Mundſtück an dergleichen Inſtrumenten. ſ. Friſchens Diction.

Bocane, ſ. f. ein gewiſſer Tantz, von ſeinem Erfinder, Nahmens Bocan, einem Frantzöſiſchen Tantz-Meiſter, der an. 1645 noch gelebt, alſo genannt. ſ. *Menage* Dictionaire. Daß er in der Königin Annæ von Oeſterreich Dienſten geweſen, lieſet man in Richelett Dictionaire. *Merſennus* l. 1. de Inſtrum. harm. Prop. 25. gedencket beyder in folgenden Worten: quid Bocani enthuſiaſmo vehementius?

Bocchi (*Francesco*) ein gelehrter Florentiner, hat ums Jahr 1575 floriret, hat, unter andern, auch einen Discorſo ſopra la Muſica, non ſecondo l'arte di quella, mà ſecondo la ragione alla Politica pertinente, daſelbſt an. 1580 in 8vo in 8vo drucken laſſen. ſ. *Lipenii* Biblioth. und *Cinelli* Bibliotheca Volante, Scanzia 2. p. 46. Iſt alſo mehr eine politiſche, als muſicaliſche Schrifft.

Bocquet (*Charles*) ein ums Jahr 1574. berühmt geweſener Lautenist zu Paris. ſ. *Besardi* Theſaur. Harmon.

Bobenſchatz (Mag. Erhardt) von Lichtenſtein, einer Meißniſchen im Ertz-Gebürgiſchen Kreiſe, eine Meile von Zwickau liegenden kleinen Stadt und Schloſſe, gebürtig, hat als Cantor, der Schul-Pforte an. 1603 den erſten Theil ſeines Florilegii Portenſis, aus 115 vier, fünff, ſechs, ſieben und acht-ſtimmigen Motetten verſchiedener Auctorum beſtehend, zu Leiptzig in 4to drucken laſſen. Als Paſtor Eccleſiæ Oſterhuſanæ hat er an. 1618 einen General-Baſs zu nur gedachten Motetten; und an. 1621 den 2ten Theil des Florilegii wiederum daſelbſt heraus gegeben. An. 1606 iſt von ihm, als er ſchon Pfarrer zu Rehauſen war, noch ein anderes Florilegium ſelectiſſimorum Hymnorum 4 vocum, in Gymnaſio Portenſi ab alumnis pro felici in ſtudiis ſucceſſu & progreſſu mane veſperique decantandorum zu Leiptzig in 8vo edirt worden; von ſeiner eignen Compoſition aber iſt an. 1599 ein 4 ſtimmiges teutſches Magnificat in Leiptzig ans Licht getreten.

Bodinus (*Michael*) iſt ein ſehr guter Muſicus und Cantor zu Coburg geweſen, der bey ziemlichen Jahren nicht nur einen ſtarcken Baß, ſondern auch nach den Diſcant ſingen können. Anno 1684 iſt er nach Thornau gekommen, und daſelbſt geſtorben. ſ. Hrn *Thomæ*, des Rectoris zu Neuſtadt an der Heyde, Licht am Abend.

Bodinus (*Sebaſtian*) ein Hochfürſtl. Würtembergiſcher Cammer-Muſicus, hat 6 Sonaten à 2 Violini e Cembalo ô Violoncello, unter dem Titul: Muſicaliſchen Divertiſſements, oder in das Gehör gerichteter Trio Erſter Theil, zu Augſpurg bey Joſeph Friedr. Leopolden, Kunſthändlern daſelbſt, in folio, [ohne Jahrzahl] und ſehr ſaubern Kupfer ediret. Jede Partie beſtehet aus 10. Blättern. Ohnerachtet das Jahr [wie bereits gedacht] nicht gemeldet worden, iſt doch gewiß, an. 1726 oder 1727 dieſes Werck heraus gekommen. Der Zweyte Theil beſtehet aus 6 Sonaten à Flûte traverſ. Violino e Cembalo; und der dritte Theil abermahl aus 6 Sonaten à Hautbois, Violino e Cembalo. Auf ſolchem nennet er ſich: einen Premier-Violiniſten. Sein *Acroama Muſicum*, exhibens in 33 tabellis æri inſculptis VI. Sonatas, Violino ſolo & Clavichordio ad ſuaviſſimam aurium ac animi oblectationem præcinendas, juxta recentiſſimam componendi rationem elegantiſſime concinnatas, iſt in folio oblongo ans Licht getreten.

Bödecker (*Philipp Jacob*) ein Sohn und Succeſſor ſeines Vaters, Philipp Friedrich Bödeckers, am Stiffts-Organiſten-Dienſte zu Stuttgard, hat an. 1701 die von ſeinem Vater elaborirt geweſene Manuductionem novam methodico-practicam daſelbſt in folio zum Druck befördert. Es beſtehet ſolche in einer Partiturâ Organicâ über den von *Ioh. Albrecht* Kreßen, ehemaligen Würtenbergiſchen Capell-Meiſter, mit 3 Vocal-Stimmen geſetzten, und hernach von nurgedachten Philipp Friedrich Bödeckern mit 5 Inſtrumenten vermehrten Teutſchen Iubilum Bernhardi; Zeiget eine leichte Art zu ſpielen, nicht durch Regeln, ſondern durch regulmäßige Paradigmata; und erſtattet einen Vorbericht [1. generaliter, de inventis & augmentis Muſicis. [2. ſpecialius, vom General-Baſs, und [3. ſpecialiſſimè von dieſem Tractat und deſſen Gebrauch.

Böhm (*Georg*) ein braver Componiſt, und Organiſt an der S. Iohannis Kirche in Lüneburg, welcher vielleicht noch am Leben iſt; ſoll von Goldbach in Thüringen, ohnweit Gotha gebürtig ſeyn.

Böhme (*Iohann Chriſtian*) ein Dreßdner, iſt von an. 1682 an als Vice-Organiſt, und kurtz drauf als würcklicher Hof-und Cammer-Organiſt biß an. 1699 da er verſtorben, in Chur-Sächſiſchen Dienſten geſtanden; ein Vater des unterm Articul: Bernhardi erwehnten, und jetzt verſtorbenen Hof-Organiſtens in Dreßden geweſen, und hat verſchiedene, aber meiſtens Kirchen-Stücke geſetzet.

Böhme (*Iohann Gottfried*) ein in der Königl. Pohlniſchen-und Chur-Sächſiſchen Capelle als Cammer-Muſicus bishero geſtandener Fagotiſt, iſt von Lütztſchena, einem eine Stunde von Leipzig liegenden Dorffe gebürtig, ohngefehr 40 Jahr alt worden, und an. 1730 geſtorben.

Böhm

Böhm (*Michael*) ein vortrefflicher Hautboist, und Landgräflicher Heßen-Darmstädtischer Cammer-Musicus. s. des Hrn. Capell-Meister Telemanns kleine Cammer-Music, als welche ihm, nebst noch drey andern, dedicirt worden ist.

Böhnke (*Johann*) hat an. 1720. als Organist und Cantor an der Steindammischen Kirche zu Königsberg in Preußen gestanden. s. Matthesonii Anhang zu Niedtens Musical-Handleit. zur *Variation* des G. B. p. 187.

Bölsche (*Jacob*) ist von Mühen, nahe bey Zelle, allwo sein Hr. Vater als Prediger gestanden, gebürtig gewesen; hat erstlich in dem Flecken Hoya, hernach zu Burgdorff, und endlich von an. 669 bis an. 1684 in Braunschweig, und zwar anfänglich an der S. Uldarici-Kirche [alias zum Brüdern,] nachhero aber an der Stiffts-Kirche S. Blasii daselbst, als Organist rühmlichst gedienet, in letzt gedachtem Jahre völlig ausgedienet, nachdem er gute Clavier-Stücke gesetzet, und selbige cum applausu vorgestellet.

Bön, eine Baronessa, war bey der Dreßdener Oper an. 1718 eine Attrice und Sängerin.

Boeotius war ein von Terpandro erfundener Nomus Citharœdicus, dessen Plutarchus de musica gedencket.

Bösewillebald, ein Sänger, repræsentirte an dem den 28 Nov. an. 1708 celebrirten Vermählungs-Festin weyland Sr. Königlichen Majestät in Preußen mit der Durchlauchtigsten Princeßin, Sophien Louysen, Hertzogin von Mecklenburg, und in der dabey angestellten Oper, genannt: *Alexanders* und *Roxanen-Heyrath*, den Teronbazes, einen jungen Printzen, der auf Roxanen ein Absehen gehabt. s. des Hrn. von Bessers Schrifften, unter den Beylagers-Gedichten, p. 281.

Boëthius (*Anitius, Manlius, Torquatus, Severinus*) ein Römischer Patricius, gebohren an. Christi 455 studirte 18 Jahr zu Athen, war ein trefflicher Philosophus, Poet, Mathematicus und Musicus, wurde an. 487 zum ersten an. 510 zum zweyten: und an. 522 zum dritten und letzten mahle Bürgermeister zu Rom, auch des Gothischen Königs Theodorici vornehmster Staats-Ministre; weil aber Theodoricus einen Argwohn wider den Rath zu Rom geschöpffet hatte, als wenn derselbe mit dem Kayser Justino in heimlichen Verständniß lebte, wurde Boethius samt seinem Schwieger-Vater Symmacho, welche mit einander das Bürger-Meister-Amt verwaltet hatten, gefangen nach Pavia gebracht, und nach halbjähriger Gefängniß den 23 Octobr. an. 524 daselbst enthäuptet; wiewohl andere meynen: es sey an. 526 geschehen, als Boethius 71 Jahr alt gewesen. s. Hr. Doct. *Budæi* Lexicon. Philippus Bergomensis lib. 9. Suppl. Chron. f. 85 saget: es hätte Boethius dieses Tractament auf Anstifften der Arianer, wegen der Religion erhalten und über sich nehmen müssen; und hielten einige davor: er wäre deswegen in den Catalogum der Heiligen gesetzt, und Severinus secundus genennet worden; sein Leichnam läge zu Pavia in der Kirche des H. Augustini begraben in ermeldter Gefangenschafft soll er das Cithringen erfunden haben. Er ist übrigens unter den Lateinern der erste, so von der Music geschrieben, wie denn seine fünff Bücher de Musica noch vorhanden, und an. 1491 zu Venedig, an. 1546 u. 15 o aber, nebst allen seinen andern Schrifften zu Basel in folio gedruckt worden sind. Der Inhalt nurgedachter 5 Bücher bestehet in folgenden: Lib. I. c. 1. Musicam naturaliter nobis esse conjunctam, & mores vel honestare, vel evertere. c. 2. Tres esse Musicas, in quibus de vi Musicæ narratur. c. 3. de vocibus, ac de Musicæ elementis. c. 4. de Speciebus inæqualitatis. c. 5. Quæ inæqualitatis species Consonantiis aptentur. c. 6. Cur multiplicitas, & superparticularitas Consonantiis deputentur. c. 7. Quæ proportiones quibus Consonantiis musicis aptentur. c. 8. Quid sit Sonus, quid intervallum, quid Concinentia. c. 9. Non omne judicium dandum esse sensibus, sed amplius rationi esse credendum, in quo de sensuum fallacia. c. 10. Quemadmodum Pythagoras proportiones Consonantiarum investigaverit. c. 11. Quibus modis varie à Pythagora proportiones Consonantiarum perpensæ sint. c. 12. de divisione vocum. c. 13. quod infinitatem vocum humana natura finierit. c. 14. quis sit modus audiendi. c. 15. de ordine theorematum, i. e. speculationum. c. 16. de Consonantiis proportionum, & tono, & semitonio. c. 17. in quibus primis numer s Semitonium constet. c. 8. Diatessaron à Diapente tono distare. c 19. Diapason quinque tonis, & duobus Semitoniis jungi. c. 20. de additione chordarum, earumque nominibus. c 21. de generibus Cantilenarum. c. 22. de ordine chordarum nominibusque in tribus generibus. c. 23. quæ sint inter voces in singulis generibus proportiones. c. 24. quid sit Synaphe. c. 25. quid sit Diezeuxis. c. 26. quibus nominibus nervos appellavit Albinus. c. 27. qui nervi quibus sideribus comparentur. c. 28. quæ sit natura Consonantiarum c. 29 ubi Consonantiæ reperiuntur. c. o quemadmodum Plato dicat fieri Consonantias. c. 31. quid contra Platonem Nicomachus sentiat. c. 32. quæ Consor antia quam merito præcedat. c 33. quo sint modo accipienda quæ dicta sunt c. 34. quid sit Musicus.

Lib. II. c. 1 quid Pythagoras esse Philosophiam constituerit. c. 2. de differentiis quantitatis, & quæ cuique disciplinæ sit deputata. c. 3. de relativæ quantitatis differentiis. c. 4. cur multiplicitas antecellat. c. 5. qui sint quadrati numeri, deque his speculatio. c 6. omnem inæqualitatem ex æqualitate procedere, eiusque demonstratio. c. 7. Regula quotlibet continuas proportiones superparticulares inveniendi. c. 8. de proportione numerorum, qui ab aliis metiuntur. c. 9. quæ ex multiplicibus & superparticularibus multiplicatis fiant c. 10. qui superparticulares quos multiplices efficiant. c. . de arithmetica, geometrica, & harmonica medietate. c. 1. de continuis medietatibus & disjunctis. c. 3. cur ita appellatæ sint digestæ superius medietates. c. 4 quemadmodum ab æqualitate supradictæ processerant medietates. c. 15. quemadmodum inter duos terminos supradictæ medietates vicissim collocentur. c. 16. de consonantiarum modo secundum Nicomachum c. 17. de ordine onsonantium sententia Eubulidis & Hippasi. c. 18 Sententia Nicomachi quæ quibus Conso-

nantiis apponantur. c. 19. quid oporteat præmitti, ut Diapason in multiplici genere demonstretur. c. 20. Demonstratio per impossibile Diapason in multiplici genere esse. c. 21. Demonstratio per impossibile, Diapente. Diatessaron & Tonum in superparticulari esse. c. 22 Demonstratio, Diapente & Diatessaron in maximis superparticularibus collocari. c. 23. Diapente in sesquialtera, Diatessaron in sesquitertia esse, Tonum in sesquioctava. c. 24. Diapason ac Diapente in tripla proportione esse, Bisdiapason in quadrupla. c. 25. Diatessaron ac Diapason non esse Consonantiam secundum Pythagoricos. c. 26. de Semitonio, in quibus minimis numeris constet. c. 27. Demonstrationes, non esse 243 ad 256 toni medietatem. c. 28. de majore parte toni in quibus minimis numeris constet. c. 29. quibus proportionibus Diapente, Diapason constent.

Lib. III. c. 1. adversus Aristoxenum demonstratio, superparticularem proportionem dividi in æqua non posse, atque ideo nec tonum. c. 2. ex sesquitertia proportione, sublatis duobus tonis, toni dimidium non relinqui. c. 3. adversus Aristoxenum demonstrationes, Diatessaron Consonantiam ex duobus tonis & semitonio non constare, nec Diapason sex tonis. c. 4. Diapason Consonantiam à sex tonis Commate excedi, & qui sit minimus numerus Commatis. c. 5. quemadmodum Philolaus Tonum dividit. c. 6. Tonum ex duobus Semitoniis ac Commate constare. c. 7. Demonstratio, Tonum duobus Semitoniis Commate distare. c. 8. de minoribus Semitonii intervallis. c 9. de Toni partibus per Consonantias sumendis. c. 10. Regula sumendi Semitonii. c. 11. Demonstratio Architæ, superparticularem in æqua dividi non posse, eiusque reprehensio. c. 12. in qua numerorum proportione sit Comma, & quoniam in ea, quæ major sit quam 75 ad 74, minor quam 74 ad 73. c. 13. quod Semitonium minus majus quidem sit quam 20 ad 19, minus quam 19½ ad 18½. c. 14. Semitonium minus, majus quidem esse tribus Commatibus; minus vero quatuor.

tuor. c. 15. Apotome majorem effe quam 4 commata, minorem quam 5. Tonum majorem quam 8, minorem quam 9. c. 16. Superius dictorum per numeros demonstratio.
Lib. IV. c. 1. Vocum differentias in quantitate consistere. c. 2. diversæ de intervallis speculationes. c. 3. Musicarum, per græcas ac latinas literas Notarum nuncupatio [descriptio.] c. 4. Monochordi regularis partitio in genere diatonico. c. 5. Monochordi netarum hyperbolæon per tria genera partitio. c. 6. Ratio superius digestæ descriptionis. c. 7. Monochordi netarum diezeugmenon per tria genera partitio c. 8. Monochordi netarum synemmenon per tria genera partitio. c. 9. Monochordi meson per tria genera partitio. c 10. Monochordi hypaton per tria genera partitio, & totius dispositio descriptionis. c. 11. Ratio superius dispositæ descriptionis. c. 12. de stantibus & mobilibus vocibus. c. 13 de Consonantiarum speciebus. c. 14. de modorum exordiis in quo dispositio notarum per singulos modos ac voces. c. 15. descriptio, continens modorum ordinem ac differentias. c. 16. Superius dispositæ Modorum descriptionis. c. 17. Ratio superius dispositæ Modorum descriptionis. c. 18. quemadmodum indubitanter Musicæ Consonantiæ aure dijudicari possint.
Lib. V. c. 1. de vi harmonicæ, & quæ sint ejus instrumenta judicii, & quonam usque sensibus oporteat credi. c. 2. quid sit harmonica regula, vel quam intentionem harmonici Pythagorei, vel Aristoxenus, vel Ptolemæus esse dixere. c 3. in quo Aristoxenus vel Pythagorici vel Ptolemæus gravitatem atque acumen constare posuerint. c. 4. de sonorum differentiis Ptolemæi sententia. c. 5. quæ voces Harmoniæ sunt aptæ. c. 6. quem numerum proportionum Pythagorici statuunt. c 7. quod reprehendat Ptolemæus Pythagoricos in numero proportionum. c. 8. Demonstratio secundum Ptolemæum Diapason & Diatessaron Consonantiæ. c. 9. quæ sit proprietas Diapason Consonantiæ. c. 10. quibus modis Ptolemæus Consonantias statuat. c. 11. quæ sunt æquisonæ, vel quæ consonæ, vel quæ emmeles. c. 12.

quemadmodum Aristoxenus intervallum consideret. c 13. descriptio Octochordi qua ostenditur Diapason Consonantiam minorem esse sex tonis. c. 14. Diatessaron Consonantiam Tetrachordo contineri. c. 15. quomodo Aristoxenus vel Tonum dividat, vel genera ejusque (ejus, quæ) divisionis dispositio. c. 16. quomodo Architas Tetrachorda dividat, eorumque descriptio. c. 17. quemadmodum Ptolemæus & Aristoxeni & Architæ Tetrachordorum divisiones reprehendat. c. 18. quemadmodum Tetrachordorum div.sionem fieri dicat oportere.

Bötticher (Joseph) wurde an. 1608 den 7 Dec zum Diacono an der Kauffmanns-Kirche in Erffurt ordiniret, gab einen guten Musicum und Componisten ab, ließ ihm die Gesang-Bücher ungelegen seyn, konnte nicht leiden, daß eine Sylbe verrückt und geändert wurde, corrigirte solche in allen Druckereyen ohne Entgeld, vielweniger konte er die wunderlichen Melodien vertragen, so an. 1632 und an. 1633 vielen von der Francken Currente waren anhängig blieben. Starb an. 1635. s. Ioan. Hundorphii Encomii Erfurtini cotinuat. edit. 1651. n. X von den Diaconis bey der Kauffmanns-Kirche, §. 10.

Bötticher (Martin) ein Studiosus Iuris, von Frondorff, einem Chur-Sächsischen bey Cölleda in Thüringen liegenden Dorffe gebürtig, und daselbst Wertherischer Amt-Schreiber, hat etliche 3. 4 und 5, stimmige geistliche Cantiones componiret, und an. 1647 zu Erffurt in 4to drucken lassen.

Bogentantz (Bernhardinus) Lege ii us schrieb utriusque Cantus rudimenta, an. 1528 zu Cölln am Rhein gedruckt. s. Gesner Biblioth.

Bohlen (Adrian) war gebohren an. 1679 den 19 Oct. in der Ost-Friesischen Residenz-Stadt Aurich, woselbst sein seel. Vater, Hr. Rudolp Bohlen Cantor gewesen, legte den dieselben die fundamenta in der Music und im Clavier-Spielen, perfectionirte sich aber bey dem berühmten Organisten zu Norden in Ost-Friesland, Hrn. Druckmüller; bezog hierauf an. 1697 die Universität Wittenberg, und absolvirte daselbst innerhalb 2 Jahren das Studium Theologicum; wurde an. 1700 zum Hof-Cantorat in Aurich vociret, resignirte an. 1702 diese Station,

Station, (um sich noch etwas in der Welt umzusehen) und gieng vor erst nach Hamburg; ehe er aber von da seine Reise weiter fortsetzte, wurde er vom Magistrat der Stadt Stade zum Directore Musices und Collegen des dasigen Gymnasii bestellet; an. 1705 bekam er von dem Fürsten zu Anhalt-Zerbst, Hrn. Carl Wilhelm, Vocation zum Jeverischen Cantorat, in welcher Bedienung er an. 1727 den 17 Mertz gestorben. Was seine Arbeit in der Composition betrifft, so sind zwar viele Sachen, und verschiedene Jahr-Gänge in MSt. vorhanden, jedoch, ob er sich gleich vorgesetzt gehabt, insonderheit von der letzten von 1725 drucken zu lassen, ist solches, weil ihn GOtt darüber abgefordert, nachgeblieben.

Bohr (Andreas) ein Kayserlicher Lautenist an. 1721 und 1727.

Bois-Mortier ein Frantzösischer Componist hat folgende Sachen heraus gegeben, als: le premier livre des Cantates; les Titans, eine Cantate; und la Cantate de Bacchus; ferner le premier livre des Motets; weiter 25 Wercke Sonaten von 1. 2. 3. 4 und 5 Flöten, worunter das 11te und 17te von 2 Musettes, das 18te Trio de Violons, das 19te und 20te Duo, das 21te und 24te aber Concerts de Violons in sich hält.

Boisset (*Antoine*) ein Königlicher Frantzösischer Cammer-Componist, Musicæ interioris Regis atque Reginæ, oder Musicæ cubiculi Regii Præfectus, s. *Mersen.* de Instrumentis harmonicis lib. 1. Propos. 12. it. Propos. 16, hat verschiedener Auctorum Arien auf die Laute appliciret, und drucken lassen; wie denn an. 1617 das siebende; 1618 das achte; an. 1621. das zehnte; und an. 1623 das eilffte Werck zu Paris von ihm publicirt worden ist. s. die *Bibliothecam Duboisianam, p.* 400.

Boisset oder **Böesset**, ein Königlicher Frantzösischer Sur-Intendant oder Oberauffseher der Music ums Jahr 1669. welcher mit dem Lully in dieser Charge alterniret, so daß er, vom Ianuario an gerechnet, das erste halbe Jahr, und Lully, von Iulio an, das zweyte halbe Jahr zu besorgen gehabt; wofür er monathlich 131 Livres und 12 Sols Kost-Geld, auch jährlich 660 Livres Besoldung empfangen. s. den *Etat de la France, de l' an.* 1669. p. 108.

Boivin (*Iean*) ein Frantzösischer Organist an der Cathedral-Kirche zu Rouën, hat zwey starcke Bücher Orgel-Stücke, deren jedes Præludia, Fugen, Duo, Trio, u. s. f. über die 8 Kirchen-Tone enthält, in Kupfferstich; ingleichen einen kurtzen Tractat vom General-Baß, in 8vo gedruckt, publiciret. Er hat auch an einem Tractat von der Composition gearbeitet, ist aber vor dessen Vollendung gestorben, laut der unmittelbar vor dem ersten Capitel erstgemeldten Traité de l' Accompagnement pour l' Orgue & pour le Clavessin, in der Amsterdammischen Edition gesetzten Nachricht.

Bokemeyer (Heinrich) wohlberühmter Cantor zu Wolffenbüttel, hat das Licht dieser Welt an. 1679 im Mertz-Monat, zu Immensen, einem im Fürstenthum Zelle, und zum Amte Burgdorff gehörigen Dorffe, erblicket; nach dem 7ten Jahre erstlich in seinem Geburths-Orte, und hernach in Burgdorff die Schule besuchet; von an. 1693 aber bis 1699 die S. Martins- und S. Catharinen-Schulen zu Braunschweig frequentiret; sich hierauf an. 1702 nach Helmstädt auf die Universität begeben; an. 1704 den 2ten April das Cantorat an der S. Martins-Kirche in Braunschweig bekommen; an. 1706 die musicalische Composition bey Hrn. George Oesterreich erlernet; an. 1712 Vocation zum Cantorat nach Husum im Schleßwig-Holsteinischen erhalten, solches 4 Wochen vor Michaelis angetreten, und daselbst die hohe Gnade gehabt, unter der direction des Hrn. Capell-Meisters Bartolomeo Bernhardi (von welchem er die Manier, alla Siciliana zu singen, begriffen) so wol in dasiger Schloß-Kirche ein Solo, als nachgehends bey der Tafel einige von nurgedachtem Hrn. Capell-Meister gesetzte Italiänische Cantaten vor Ihro Königliche Majestät in Dännemarck nicht allein abzusingen, sondern auch Selbige zu sprechen, und von Selbiger beschenckt zu werden; an. 1716 hat er seine schon im Februario gesuchte dimission 3 oder 4 Wochen nach Michaelis erhalten, und 20 rthl. auf die Reise verehret bekommen; sich aber bis in den Ianuarium an. 1717. zu Husum noch aufgehalten, hierauf nach Braunschweig und Wolffenbüttel sich gewendet, an letzt gedachtem Orte, gegen Michaelis, erstlich die Adjunctur des dasigen Cantorats (denn der Cantor, Johann

Johann Jacob Bendeler, war vom Schlag gerühret worden) und, nach deſſen an. 1720 gegen Johannis = Tag erfolgtem Tode, die völlige Succeſſion überkommen. Er iſt daben ein fertiger Poet, und wegen der muſicaliſch Canoniſchen Arbeit, ingleichē der aufzuſuchenden, u. in formam artis zu bringenden principiorum melodicorum, mit dem Hrn. Capellmeiſter Mattheſon an. 1722 in Correſpondenz gerathen : davon die Probē in dieſes ſeiner Crit. Muſic. T. I. u. II. zu leſē ſind.

Boller (Nicolaus) war an. 1702 Organiſt an der S. Catharinen-Kirche zu Franckfurt am Mayn, und ſchrieb dem Hrn. Werckmeiſter, als dieſer ſeine Harmonologiam Muſicam damahls heraus gab, zu Ehren 2 teutſche Diſticha.

Bolicio (Nicolò) hat Inquiſitiones Muſicas in lateiniſcher Sprache geſchrieben. ſ. den *Muſico Teſtore* des *Tevo*, p. 60. Von Lipenio wird er Nicolaus Wollicius, und ſein Werck : ein an. 1512 zu Paris in 4to gedrucktes Enchiridion Muſices genennet.

Bombardo, oder, ſo es noch gröſſer, Bombardone (*ital.*) pl. bombardi, bombardoni, Brummer oder Baß-Pommer; waren ehedeſſen blaſende Baß-Inſtrumente zu den Schalmeyen, und hatten ihren Nahmen vom Welſchen Verbo: bombare, brummen, ſummen.

Bombardino oder Bambardo Picciolo, ein kleiner Alt = Pommer.

Bombo (*ital.*) Bombus (*lat.*) βόμβος (*gr.*) alſo hieß ehemahls diejenige künſtliche Bewegung der Hände, wodurch ein harmoniſches, und den Bienen ähnliches Sauſen gemacht wurde. ſ. *Ferrar.* de Acclamat. und das 10te Stück der Neuen *Acerre Philolog.* p. 569. Anjetzo wird die aus vier geſchwinden Noten beſtehende, und in einem Clave bleibende und wie Tab. III. No. 7 ausſehende Figur alſo, d. i. Schwärmer genennet. ſ. Printzens Compend. Muſicæ ſignatoriæ & modulatoriæ vocalis. c. 5. p. 49. Dieſe Figur wird in der Vocal-Muſic nicht gebraucht, ſo ſie aber vorkömt, bedeutet ſie nur ein trillo. idem ibid.

Bombyx, pl. bombyces (*lat.*) βόμβυξ pl. βόμβυκες (*gr.*) eine Schallmey, Schallmeyen; und zwar ſolche, die ſchon zu Ariſtotelis Zeiten aus einem gewiſſen Rohre (Calamo, woraus nachgehends das Frantzöſiſche Wort: Chalumeau, und das Teutſche = Schalmey, erwachſen) verfertiget wurden, und wegen ihrer Länge ſchwer zu blaſen waren. ſ. *Bartholinum* de Tibiis Veterum, c. 4 p. 27. Theophraſtus nennet auch das zu ſolchem Inſtrument dienliche Rohr ſelbſt, βόμβυκιαν. ſ. *Matth. Martinii* Lex. Philolog.

Bona (Joannes) der an. 1609 zu Mondovi (*lat.* Mons vici, it. Mons regalis) in Piemont gebohrne, und an. 1674 den 28 Octob. zu Rom verſtorbene Cardinal-Prieſter, unterm Titul: S. Bernhardi ad Thermas Diocletiani, ſ. *Oldoini* Athenæum Romanum, p 395 ſchrieb an. 1663, als er noch ein Abt Ciſtercienſer-Ordens war, eine Pſalmodiam divinam ; in ſolcher handelt der 9te §. c. 16. de Hymnis ; §. 10 de Antiphonis ; §. 11 de Pſalmis ; §. 12 de Canticis, und §. 15 de Reſponſoriis. Der 1ſte §. c. 17 handelt de Cantu Eccleſiaſtico ; §. 2 de Harmonia Mundi. Ineſſe Muſicam ſingulis rebus. De origine Muſicæ. An Inſtrumenta muſicalia admittenda in Eccleſia. De primo Organorum uſu. §. 3 Cantus Eccleſiaſtici qui fuerint primi inventores. De Muſicis & Cantoribus, eorumque diſcrimine. De Tonis, ſeu Modis tropicis. Omnem Muſicæ mutationem malam eſſe. Cur ab hodierna Muſica non iidem effectus ſint, qui ab antiqua. De triplici genere Cantus : Diatonico, Chromatico, Enharmonico. §. 4 De ſingulis Tonis, eorumque proprietatibus & effectibus. De Cantu Gregoriano. §. 5 Qualis eſſe debeat Eccleſiaſticus Cantus. Quæ vitia à Cantoribus evitanda. Quinam cenſeantur benè cantare. Quæ vera Muſica, quis verus animæ concentus ſit. In ſeinen Rebus Liturgicis kommt auch verſchiedenes von der Muſic, oder wenigſtens dahin gehöriges vor, als : c. I. lib. I. eine fünffſache derivation des Worts ; Miſſa ; c. 25 lib. cit. origo Cantus Eccleſiaſtici ; quando cœperit Organorum uſus ; olim plebs fidelis in Eccleſia canebat : tum inſtituti Cantores : ſchola Cantorum Romæ & alibi inſtituta ; quale fuerit olim Eccleſiaſtici Cantus ſtudium ; de Cantorum ordinatione in Eccleſia orientali. c. 3 lib. 2. de Introitu & ejus inſtitutione ; Antiphona quid ſit ; Hymnum : Gloria Patri, Apoſtolicæ traditionis eſſe. In der Vorrede,

rede dieses Tractats schreibt er von sich selbst folgendes: vixeram in Religione ab anno XV ætatis meæ usque ad LX- - nunc autem expulsus à jucunditate monasticæ vitæ, rerum exteriorum tumultus patior, quibus assuetus non eram, & omissis genialibus studiis, ad curas sæculi ejectus sum, à quibus maxime abhorrebam. Als Pabst Clemens X. gestorben, meynete man: er würde Pabst werden, und trug man sich mit folgendem Epigrammate:

Grammaticæ leges plerumque Ecclesia spernit,
Fortè erit, ut liceat dicere Papa bona.
Vana Solœcismi ne te conturbet imago;
Esset Papa bonus, si Bona Papa foret. s. *Wittenii* Diarium Biographicum.

Bona (*Valerio*) ein Maylåndischer Edelmann, welcher alles zeitliche interesse hindangesetzet, und, bloß seinem genie zu Folge, die Music excoliret, hat folgende Wercke heraus gegeben, als:

Mottetti à 8. an. 1591 zu Mayland;

Lamentationi, con l'Oratione di Geremia, à 4 an. 1591 zu Venedig;

Messe, & Motetti à 3 an. 1594 zu Mayland;

Canzonette à 3 lib. 3.

Canzonette à 3 lib. 4 an. 1599 beyde zu Mayland;

Madrigali à 5 lib. 2. an. 1601;

Mottetti à 6 lib. 1.

Messe, & Motetti à 2 Chori, lib 2 à 8 allerseits zu Venedig in nur gedachtem Jahre, und

Pietosi affetti, e lagrime del Penitente, Madrigali à 5 lib. 2 wiederum zu Venedig an. 1605 gedruckt. s. *Picinelli* Ateneo dei Letterati Milanesi. p. 510.

Leonardo Cozzando in seiner Libraria Bresciana, p. 313 sq. führet gleichfalls einen dieses Nahmens, als einen Brescianer, auch fast gleiche Wercke von ihm an, welcher an. 1619 floriret, ein Franciscaner-Mönch, und einige Zeit an den Cathedral-Kirchen zu Vercelli und Mordovi Capellmeister gewesen. Auf einem an. 1611 zu Venedig gedruckten Wercke, worinn eine auf vier Chöre gesetzte Missa und Vesper-Psalmen befindlich sind, heißt er: Maestro della Musica in S. Francesco di Brescia. Nebst schon angeführten Operibus werden ihm auch noch folgende zugeschrieben, als: Stellario Musicale, aus 2stimmigen Motetten bestehend; 2 und 5stimmige Motetten vom H. Abendmahle, nebst einem Tantum ergo Sacramentum; und ein theoretisches Werck, unter dem Titul: Regole di Musica.

Bonachelli (*Giov.*) hat 1. 2. 3. 4 und 5stimmige Motetten mit Instrumenten gesetzet

Bonagionta (*Giulio*) ein Italiånischer Musicus von S. Genesio gebürtig, dessen und anderer Musicorum Cantiones Neapolitanæ & Venetianæ 3 voc. anno 1562 zu Venedig in 8vo gedruckt worden sind. Er hat auch daselbst an. 1566 unterm Titul: il Desiderio, 4 und 5stimmige Madrigalien; ferner ein Werck 5 und 6stimmiger Motetten; und an. 1588 ein 4 und 5stimmiges Missen-Opus allerseits von anderer Auctorum Arbeit colligirt zu Mayland in 4to heraus gegeben. s. *Cravdii* Biblioth. pag. 1628. 1637 und 1652.

Bonanni (*Filippo*) ein an. 1725 zu Rom verstorbener Jesuit, gab an. 1722 daselbst in 4to heraus: Gabinetto Armonico pieno d'Istromenti sonori, welche in 136 sehr netten Kupffern abgebildet, und in 24 Bogen auf Italiånisch erkläret sind. Es wird aber durch dieses also betitulte Cabinet nichts anders verstanden, als diejenige Cammer, so neben dem Musæo des Römischen Collegii der Societät JEsu liegt, darinnen viele Arten von musicalischen Instrumenten, so wohl in- als ausländische verwahret werden. Der Beschreibung gedachter Instrumenten selbst sind 13 Capitel voran gesetzt, in welchen der Auctor aus Kircheri Musurgie, dessen Phonurgie, und andern Scribenten, von denen in Kirchen gebräuchlichen Instrumenten, ihrem Unterscheid und Gebrauch bey den Opffern, Festen, Sieges-Geprängen, Spielen, der Schiffarth, den Gastereyen, Begräbnissen und Kriegen der Alten, wie auch von dem Kirchen-Gesange der Christen, gelehrt handelt, und untersuchet: ob die musicalischen Instrumente, und welche sich in die Kirche schicken?

Bonardi (*Francesco*) ließ an. 1565 vier- fünff- und sechs-stimmige Madrigalien zu Venedig in 4to drucken. f. *Draud.*Bibl. p. 1628.

Bonafera (*Joannes*) ein sehr fertiger Poet und Musicus zu Palermo in Sicilien, welcher durch die Poesie und Music sich daselbst hingebracht, und als er solche, wegen langwieriger Kranckheit, nicht mehr treiben können, an. 1600 vor Kummer gestorben ist. f. *Mongitoris* biblioth. Siculam, T. I. p. 340.

Bonaventura, ein Minorit Franciscaner-Ordens zu Brescia, schrieb Regulam Musicæ planæ, ließ selbige an. 1523 zu Venedig in 8vo drucken, und dedicirte sie einem seines Ordens, Nahmens Marco Ducco f. die Libraria Bresciana des Leonardo Cozzando, p. 68. Nach Lipenii Bericht, soll gedachtes Buch an. 1501 in 4to seyn gedruckt worden und Cinelli in seiner Bibliotheca volante, Scanzia VIII. p. 20 giebt das 1518 Jahr an.

Bonavia (*Maddelena*) eine berühmt gewesene Italiänische Sängerin.

Bondioli (*Giacinto*) ein Prediger-Mönch von Quinzano (*lat.* Quintianum) im Brescianischen gebürtig, hat vierstimmige Missen und Litanien; an 1643 dreystimmige Psalmen zu Venedig; auch vorher an. 1628 dergleichen mit Ripien-Stimmen à 8 daselbst; und 4stimmige Compiete, Litanie und Antifone drucken lassen.

Bonelli (*Oreglio*) war ums Jahr 1600 ein berühmter Musicus und Mahler zu Mayland. f. *Masini* Bologna Perlustrata, p. 635.

Bonhomius (*Petrus*) von seiner Arbeit sind an. 1603 fünff-neunstimmige Melodiæ Sacræ zu Franckfurt am Mayn; und an. 1617 sechs-12stimmige Missen zu Antwerpen in 4to gedruckt worden. f. *Draudii* Bibloth. Classf. pag. 1634. und 1637.

Boni (*Guillaume*) ein Frantzose von S. Flour aus Auvergne gebürtig; hat die Sonnets des Petri Ronsardi, mit 4 Stimmen gesetzt, an. 1579 in 4to; ingleichen die Quatrains des Herrn de Pybrac an. 1582 mit 3. 4. 5. und 6 Stimmen; und im letztgedachten Jahre die Psalmen Davids mit 6 Stimmen cum Oratione Regia 12 vocum, allerseits zu Paris in Druck herausgegeben. f. *Verdier* Bibliotheque von Gesnero wird er Boni da genennet.

Bonini (*Pier Maria*) ein Florentiner, hat eine Musicam geschrieben, welche Vincenzo Galilei in seinem Dialogo p. 38. in margine allegiret. Poccantius in Catalogo Scriptorum Florentinorum, p. 145 gedencket seiner, als eines sehr guten und hurtigen Rechen-Meisters, welcher ein lucidario della Arithmetica geschrieben, und ums Jahr 1515 berühmt gewesen.

Bonini (*Severo*) ein Florentiner, hat an. 1613 ein Lamento d'Ariana in Venedig drucken lassen.

Bonnet, ein ehemahliger Zahl-Meister der Besoldungen, so die Herren des Parlaments zu Paris bekommen, hat aus denen von seines Vaters Bruder, dem Abt Bourdelot, un seines leiblichen Bruders, eines Königlichen Medici, überkommenen Observationibus, an. 1715 eine aus 14 Capiteln bestehende Histoire de la Musique verfertiget, und bey Jean Cochart zu Pariß in 12mo drucken lassen. Der Inhalt nur gedachter Capitel ist in den Actis Eruditorum Lipsiensibus, und zwar im April-Monat des 1717 Jahres, p. 213, 214 und 215 zu lesen. Es ist aber diese Histoire an. 1721 zu Amsterdam in 8vo wiederum aufgeleget, und so wohl die an den Hertzog von Orleans gerichtete Dedication, als der Nahme des Verfassers weggelassen; hingegen sind noch 3 Tomi hinzugefügt worden, davon die erste zehen Jahr älter, als die Bonnets Werck, ist: indem er an. 1705 zum ersten mahl ans Licht getreten. Der 1ste Tomus dieser neuen Edition beträgt 21; der zweyte 22; der dritte 20; und der vierdte fast 15 Bogen.

Bonometti (*Gio Battista*) ein von Bergamo gebürtiger Musicus beym Ertz-Hertzoge von Oesterreich, Ferdinando, ließ an. 1615 folgendes, aus Motetten über Lateinische Psalmen und Gebete, bestehendes Werck zu Venedig drucken: Parnassus musicus Ferdinandæus, in quo Musici nobilissimi, qua suavitate, qua arte prorsus admirabili & divina ludunt, 1. 2. 3. 4. 5 vocum, &c. Die Auctores deren Stücke er in diesem Wercke colligiret, sind nachstehende: Guilielmo Arnoni; Raimundo Balestra; Bartolomeo Barbarini; Giacomo Filippo Biumo; Alessandro Bontempo; Cesare Borgo; Giacomo Brignoli; Francesco Casati; Giov. Cavaccio; Bartolomeo Cesa-

na; Andrea Cima; Gio. Battista Coc-
ciola; Federico Coda; N. N. Cora-
dini; Flaminio Cumanedo; Giulio
Cesare Gabutio; Gio. Ghizzolo;
Claudio Monteverde; Horatio Nanterni; Giulio Osculati; Gio. Pasti;
Vincenzo Pelegrini; Giorgio Poss;
Gio. Priuli; Benedetto Rè; Dominico Rognoni; Michel Angelo Riz-
zi; Gio. Sansone ò Sansoni; Galeazzo Sirena; Alessandro Tadei; Francesco Turino, und Gio Valentini.
Auf einem an. 1623 in Wien heraus gekommenen dreystimmigen, aus Gagli-
arden und Correnti bestehenden Wercke
von zwey Violinen und einen Violone,
wird er *Buonamente* genennet.

Bononcini (*Antonio*) in dem 2ten Tomo
des Marcellischen Wercks: l'EstroHar-
monico genannt, ist ein aus Modena
an. 1723 von ihm datirter Brief befindlich.

Bononcini (*Gio. Battista*) ein Kayserlicher Componist ums Jahr 1703.

Bononcini (*Gio.*) ein zu Londen in England sich aufhaltender sehr berühmter
Italiänischer Componist, hat an. 1725
ein Schreiben an den Herrn Marcello
nach Venedig gesendet, welches dem Vten
Tomo des Marcellischen Wercks einverleibet worden. Dieser dörffte mit
dem vorhergehenden wohl eine Person
seyn.

Bononcini (*Gio. Maria*) ein berühmter
Italiänischer Componist, hat verschiedene Wercke ediret. Auf dem siebenden,
so an.1688 zu Bologna heraus gekommen,
und aus 4 kurtzen Missen von 8 Sing-
Stimmen bestehet, wird er ein Capell-
Meister zu S. Johannis in Monte daselbst, und ein Academico Filarmonico
genennet. Nur gedachtes Werck ist dem
Abte erwehnter Kirche, P. D. Orazio
Maria Bonfioli dedicirt worden. Auf
dem 8ten Wercke, Musico Prattico genannt, so aus zwo von der Composition
handelnden Theilen bestehet, und gleichfalls an. 1688 in 4to daselbst gedruckt
worden, heisset er ein Concert-Meister
des Hertzogs zu Modena, und ein Accademico Filarmonico zu Bologna.
Der erste Theil dieses Buchs bestehet aus
15 Capiteln, so 6 Bogen ausmachen, folgenden Inhalts: c. 1. dell'origine della
Musica. c. 2 che cosa sia Musica, e della sua prima divisione. c. 3. delle Pro-
porzioni Musicali, e loro specie. c. 4
dell'origine delle Consonanze, e Dissonanze. c. 5 in qual modo si debba
procedere volendo provare le radi-
ci delle Consonanze, e Dissonanze. c.
6 di tutte quelle cose, che concorrono alla Composizione de i Canti. c.
7 del Tempo musicale. c 8 delle Figure musicali, e loro valore. c. 9 del
Punto nella Musica, e suoi effetti. c.
10 delle Pause. c. 11. del B molle,
b, quadro ♮, Diesis Cromatico ♯,
Diesis Enarmonico ×, e d'altre cose
appartenenti alla Composizione. c.
12 come siona state ritrouate tutte
quelle cose che concorrono alla Compositione de i Canti. c. 13 della Battuta musicale. c. 14 delle Legature an-
tiche, e moderne. c. 15. de i Generi
della Musica. Der zweyte Theil bestehet aus 21 Capiteln; dieser ist auch
an. 1701 verteutscht zu Stuttgard ans
Licht getreten. Das 1ste Capitel handelt
ab: was und wie vielerley der Contrapunct sey, und woraus er bestehe. c. 2
von der Con. und Dissonanzen Natur,
wie auch von ihren Arten. c. 3 von einigen
Haupt- und general-Regeln des Contra-
puncts. c. 4 von dem eigentlichen Gange einer jeden Consonanz. c. 5 wie die
Dissonanzen gebunden und aufgelöset
werden. c. 6 was man ferner, über besagte Nachricht, in der Composition beobachten soll. c. 7 wie man einen einfachen
Contrapunct setzen soll. c. 8 von dem
künstlich ausgearbeiteten Contrapunct
(del Contrapunto composto). c. 9
von der Cadenz. c. 10 von den Fugen
und Nachahmungen. c. 11 was der doppelte Contrapunct, von wie vieler Art,
und wie er zu machen sey. c. 12 von den
Canonen und andern Obligationen oder
Verbindungen. c. 13 von der Composition mit zwey, drey, und vier Stimmen.
cap. 14 in welcherley Compositionen
und Sätzen einem Componisten zu wei-
len erlaubt sey, einige Freyheit und Au-
thorität zu gebrauchen. c. 15 von den
Tonen des figurirten Gesangs. c 16 von
einigen absonderlichen Dingen obgenann-
ter Tonorum, als auch von jedem ein
Exempel mit 2 Stimmen. c. 17 welche
von obgedachten Tonen bey den Componisten ordentlich im Brauch seyn. c. 18
ob das b molle und ♯ die Macht habe einen Ton zu verändern, und warum
der dritte, vierdte, und fünffte, sechst- und
siebende Ton nicht gebraucht werden. c. 19
das

daß in dem Canto figurato zwölff Tone, und nicht achte sind, wie etliche vorgeben. c. 20 Art und Weise, ein jedes musicalisches Stück zu erkennen, unter welchen Ton es gehöre. c. 21 von den Tonen des Canto fermo. Sämtl. Capitel betragen fast 13 Bogen. Die Cantate per Camera à voce sola, so er Francesco II. d'Este, Hertzogen zu Modena, Reggio, &c. zugeschrieben, sind an. 1677 zu Bologna gedruckt worden, und sollen, laut der Aufschrifft, sein zehendes Werck seyn (welches aber mit obangeführten nicht quadriren will); auf solchen nennet er sich, über voriges, auch einen Capell-Meister an der Haupt-Kirche, aber nicht wo; und in der Dedication, welche an. 1676 den 9ten Augusti zu Modena geschrieben worden, verspricht er in kurtzem fünffstimmige Madrigalien über die 12 Modos des Figural-Gesangs, unterm Titul: Compozizione da Tavolino, oder *Taffel-Music*, zu ediren.

Bontempi (*Gio. Andrea*) sonsten Angelini genannt, von Perugia gebürtig, hat als Chur-Sächsischer Capell-Meister an. 1660 seinen Novam quatuor vocibus componendi methodum, vermittelst dessen einer, so der Music gantz unwissend ist, soll componiren können, in 4to ans Licht gestellet; auch an. 1695 in Italiänischer Sprache eine Historiam Musicam zu Perugia in fol. drucken lassen. Diese aus 73 Bogen bestehende Schrifft begreifft in 2en Theilen die Historie der alten theoretischen; und in eben so viel Theilen die Historie der alten practischen Music; in den beyden übrigen aber ist die Historie der neuern Praxeos enthalten. Genauere Nachricht vom Inhalt dieses Scripti ist in den Actis Eruditorum Lipsiensibus und zwar im May-Monat des 1696 Jahrs, p. 241 sqq. zu lesen. Daß auch eine an. 1662 zu Dreßden aufgeführte Opera, Paris genannt, im Druck, und zwar in Partitura, von ihm verhanden sey, lieset man in Matthesonii Crit. Mus. T. I. p. 20.

Bon temps de la mesure (*gall.*) der gute Tact-Theil, nehmlich im schlechten Tacte die erste Minima, das 1ste und 3te Viertel, das 1ste, 3te, 5te und 7te Achtel, v. f. f. deswegen also genannt: weil solche Tact-Theile regulariter aus einer Consonanz bestehen müssen.

Bonus (*Petrus*) ein zu Ferrara berühmt gewesener Lautenist. f. *Raphaël. Volaterr.*

Commentar. Urban. lib. 35 f. 1288. auf welchen Philippus Beroaldus folgendes Epigramma verfertiget:

Jam cedat Thamyras: jam Methym-
  næus Arion:
Cedant threiciæ plectra canora
  lyræ:
Cedet & Amphion Circæus: cedat
  Olympus
Et Timothei docta Linique chelys.
Et cum Terpandro cedat crinitus
  Jopas:
Blandaque Chironis barbita nu-
  bigenæ.
Cedat & Arcadicus deus: & Patareus
  Apollo
Et lyrici vates, Thespiadumque
  chorus.
En citharœdus adest ævi nova gloria
  nostri.
Petrus cognomen ex bonitate trahens.
Hic celeri dulces percurrit pollice
  nervos,
Et movet artifici mobilitate
  manus.
Exprimit hic fidibus resonantia ver-
  ba canoris,
Est testudo loquax hujus in ar-
  bitrio,
Perstringunt acies oculorum & lu-
  mina fallunt
Petri docta manus, articulique
  leves.
Hunc post fata volet summi regna-
  tor olympi:
Hunc volet infernus tartareusque
  pater.
O *Bone* ter felix, qui post tua fata
  tonantis,
Aut Jovis Elysii qui citharœdus
  eris.

Boog (*Andreas*) ein Kayserlicher Posaunist an. 1721, und 1727.

Borchgrevinck (*Melchior*) ein Königl. Dänischer Hof-Organist, und braver Componist, ließ an. 1606 unter dem Titul: Giardino nuovo bellissimo di varii fiori musicali scieltissimi, d. i. Neuer sehr schöner Garten von mancherley auserlesenen Musicalischen Blumen 2c. zweene Theile Madrigalien von 5 Stimmen, der berühmtesten Auctorum

ctorum selbiger Zeit, drucken. s. Prinzens Mus. Hist. c. 12 § 12.

Bordigallus (*Jacobus Philippus*) ein Franciscaner-Mönch, und vortrefflicher Musicus zu Cremona, starb an. 1517 den 6 Aprilis, und bekam von Dominico Bordigallo folgendes Epitaphium:

Iste Philippus erat venerandus in orbe Jacobus,
  Musices hic Cantor, stirps sua Bordigala.
Pulchra Cremona parens, Francisci servus in æde
  Dilexit Dominum Religione pia.
Moribus, ingenio clarus, virtute coruscans,
  Pauperiem coluit, atque pudicitiam.
Mors rapuit, cœlo requievit Spiritus, Urna
  Membra jacent, surgens tempore Judicii.

s. *Arisi* Cremonam litteratam, s. 451.

Borgetti (*Innocentio*) hat gantz kurtze 4stimmige Psalmen mit einem General-Bass ediret.

Borghesi (*Bernardino*) ein wegen seines lieblichen Spielens sehr beliebt gewesener Organist an der Hertzoglichen Kirche della Scala zu Mayland ums Jahr 1595 s. la Nobilità di Milona del Morigia, p. 185.

Borghi (*Cajetano*) ein Tenorist in der Kayserl. Hof-Capelle an. 1727, und zwar in der Ordnung, der 8te und letzte.

Borgo (*Cesare*) ein excellenter Componist und Organist an Dom zu Mayland, von dessen Arbeit heraus gekommen:

Canzonette à 3 an. 1584 zu Venedig.
Messe à 8 an. 1588 zu Mayland,
Canzoni alla Francese à 4 lib. 2 an. 1599 zu Venedig
Canzonette à 3 lib. 1 an. 1608, und
Messe à 8 an. 1614 zu Mayland gedruckt. s. *Picinelli* Ateneo de i Letterati Milanesi, p. 137.

Borosini (*Antonio*) ein Kayserlicher Musicus und Pensioniste an. 1721.

Borosini (*Francesco*) ein Kayserlicher Tenorist an 1721, und 1727.

Borrini (*Rainero*) ein alter Kayserlicher Hof- und Cammer-Musicus jubilatus an. 1721.

Borsari (*Arcangelo*) in Ribovii Enchiridio Mus. ist p 67 ein Exempel aus einer seiner 8stimmigen lateinischen Motetten angeführt. Aus seiner an. 1602 in Venedig gedruckten Vespertina Psalmodia 8 voc erhellet; daß er aus Reggio (*lat*. Regium Lepidi genannt) der Haupt-Stadt des Hertzogthums dieses Nahmens, an den Parmesanischen Grentzen, dem Hertzoge von Modena gehörig, bürtig gewesen.

Borsari (*Lucretio*) ein Königlicher Polnischer und Chur-Sächsischer Virtuose, hat an. 1.1. in der Dreßdner Opera die Intermedia gesungen.

Borosinin (*Rosa*) eine verheyrathete, und, in der Ordnung, dritte Sängerin in der Kayserlichen Hof-Capelle an. 1727.

Boschi (*Francesca Vanini*) eine virtuose Italiänische Sängerin.

Bosia, die ältere Tochter M. Pauli Bosii, Predigers an der Creutz-Kirche zu Dreßden, so an den Superintendenten zu Torgau, Herrn Hofftunz verheyrathet worden, soll, nach Faurini Bericht im Gelehrten Frauenzimmer, p. 34 eine geübte Historica, herrliche Musica, die sowohl die Instrumental- als Vocal-Music ausbündig wohl verstanden, gewesen seyn. Und von der jüngern schreibt er: Sie habe ihrer Schwester, wie in Sprachen, also auch in der Music und Mathesi nicht leicht etwas zuvor gegeben.

Bossus (*Joannes*) ein zu Anfange des vorigen Seculi berühmt gewesener Instrument-Macher in Antwerpen.

Botrigari (*Ercole*) ein an. 1531 gebohrner, und an. 1609 verstorbener Graf zu Bologna, war in mathematischen Dingen sehr erfahren, hatte ein treffliches Cabinet, um welches Käyser Ferdinandus II. handeln lassen, und schrieb, unter andern, auch einen Dialogo de Concerti. s. *Tevo nel Musico Pastore*, P. I c. 20. p. 29. das comp. Gelehrten-Lexicon: woselbst er nur ein Patricius genennet wird; und *Bononcini Musico Prattico*, P. I. c. 12. p. 41. *Draudius* p. 261. Biblioth. Exotic. führet von ihm an: Considerationi Musicali, unter dem Titul: il Melone primo e secondo, an. 1603 zu Ferrara in 4to gedruckt. *Ghilini* in seinem Teatro d'Huomini letterati, P. 2. p. 171. nennet ihn gleichfalls nur einen Patrizio Bolognese, und führet daselbst unter andern, folgende musicalische Wercke von ihm an, als:

Il Patrizio, o vero de' Tetracordi Armonici di Aristoſſeno, Parere, & vera dimoſtrazione: Il Diſiderio, overo de' Concerti di varii ſtrumenti muſicali, in Dialogo.

Bottifango oder Bottifanga (*Giulio Ceſar*, ein in freyen Künſten wohl erfahrner Italiäner, und Ritter des Portugieſiſchen Ordens vom Kriege Chriſti, aus Orvieto gebürtig, hat nicht allein auf blaſenden und mit Saiten bezogenen Inſtrumenten ſpielen, ſondern ſie auch ſelbſt, und zwar beſſer als andere Meiſter, verfertigen können; wie er denn der im Jeſuiter-Collegio zu Rom befindlichen Sodalität B. V. Aſſumtæ ein dergleichen Clavicymbel per teſtamentum legiret, weil er ein membrum nur gedachter Sodalität geweſen. Nebſt dieſem hat er auch einen Mahler, Goldſchmidt, Schuſter, Schneider, ingleichen eine Nätherin für ſich agiret; bey zween Cardinälen als Secretarius geſtanden, verſchiedenes doch nichts muſicaliſches geſchrieben, und iſt an. 1625 in Rom geſtorben. ſ. *Erythræi* Pinacothec. alter. Edit. Lipſ. p. 58 ſqq. und das comp. Gelehrten-Lexicon.

Bouche (*gall.*) ſ. f. der Mund oder das Loch an einer Orgel-Pfeiffe, wo der Wind hinein gehet. ſ. Friſchens Diction. vielleicht kan auch die Oeffnung, oder der über dem Kern in der Mitte einer Pfeiffe befindliche Aufſchnitt dadurch verſtanden werden.

Bovicelli (*Gio. Battiſta*) ein von Aſſiſi, der im Herzogthum Spoleto auf dem Berge Aſi liegenden Päbſtlichen Stadt, dahin viele Wallfahrten geſchehen, gebürtiger Componiſt hat an 1594 Regole di Muſica madrigali e Motetti paſſeggiati zu Venedig in 4to drucken laſſen. ſ. *Draudii* Biblioth. Exot. p. 266.

Bovillus (*Carolus*) ein Franzöſiſcher Theologus, Mathematicus und Philoſophus ums Jahr 150, von Vermandois gebürtig, [Veromanduus] hat, unter andern, auch Rudimenta Muſicæ figuratæ, ſ. *Gesneri* Partit. univerſal. lib. 7. tit. 3. und ein Büchlein: de conſtitutione & utilitate Artium humanarum, ſo zu Paris in 4to bey J. Petit gedruckt worden, geſchrieben. ſ. die Bibliothec. Tellerianam, f. 403. Nach Jacobi le Long Bericht, iſt er ein Canonicus zu Nevers [Canonicus Noviodunenſis] geweſen.

Boule (*gall.*) ſ. f. eine Kugel; iſt eben diejenige Noten-Figur, ſo die Italiäner Groppo oder Gruppo nennen.

Bourdon (*gall*) ſ. m. ſoll vom Nieder-Sächſiſchen Worte, burden, welches ſ. v. crepitum emittere bedeutet herkommen. ſ. Friſchens Diction. und bedeutet im muſicaliſchen Verſtande [1. ein gewiſſes Orgel-Regiſter, welches ſtarck, und doch dabey lieblich brummet und ſummet; [*lat.* ordinem tuborum ſoni gravioris.] Es giebt deren 8- und 16- auch 32 füßige. [2. den Baß in einer Sack-Pfeiffe, welcher immer einerley Klang von ſich giebt, [*lat.* tubum ejusdem ſoni]; [3. auch die tieffſte Saite auf einer Baß-Geige. ſ. *Merſen.* lib. 1. Prop. 28. de Inſtrumentis harmonicis.

Bourgeois (*Louis*) ein Pariſer, ſchrieb in ſeiner Sprache: le droit chemin de Muſique, aus 12 Capiteln beſtehend, welches Buch an. 1550 zu Genev gedruckt worden iſt. An. 1561 hat er auch 83 Pſalmen Davids, den Lob-Geſang Simeonis, die zehen Gebote GOttes, und Tiſch-Gebete mit 4. 5 und 6 Stimmen geſetzt, wobey auch zweene Canones, einer von 4 und 5 Stimmen, und der zweyte von 8 Stimmen, zu Paris bey Antoine le Clerc drucken laſſen. ſ. *Verdier* Bibliotheque.

Bourgeois, ein Componiſt, vormahls zu Toul und Straßburg, nachgehends aber ohngefehr ums Jahr 1713 bey der Opera zu Paris, hat einige Ballets in derſelben aufgeführet, auch verſchiedene Cantaten à voce ſola verfertiget. ſ. das *Sejour de Paris*, c. 25. p. 274. In dem Franzöſiſchen Muſic-Catalogo des Boivins aufs Jahr 729, werden p. o. folgende Cantaten-Wercke von ſeiner Arbeit, als: le premiere Livre; und nachſtehende 6, nemlich: Zephire & Flore; Pſiché; l'Amour & Pſiché; Phedre & Hypolite: la Lyre d'Anacreon, und la belle Hollandoiſe, angeführet. Dieſe letztere beſtehet aus einer und 2 Singe-Stimmen, mit und ohne Inſtrumente.

Bournonville, ein Franzoſe, hat ein Motetten-Werck ediret. ſ. Boivins Muſic-Catalogum, p. 14.

Bourrée, (*gall.*) ſ. f. alſo ſchreiben es *Furetiere*, *Richelet* und *Friſch* in ihren Lexicis; andere aber nur mit einem r. der letzte ſagt, ſamt dem erſten: es bedeute eine Art Täntze oder Muſic-Stücke von

von zween gleichen Theilen, jeder Theil von 8 Schlägen, der erste habe zwar nur 4 Schläge, aber man spiele ihn zweymahl, die zweyte Helffte habe 8 Schläge, und werde wiederholet. *Richelet* mercket an: daß dieser lustige Tantz aus Auvergne, einer Frantzösischen; Taubert aber, lib. 2. c. 6. p. 368. seines rechtschaffenen Tantz-Meisters: daß er aus Biscaja, einer Spanischen Provintz, seinen Ursprung her habe. Der Hr. Capell-Meister *Mattheson* beschreibet ihn P. 2. c 4. p. 188. des Neu-eröffneten Orchest. folgender massen: die Bourée hat ordentlich einen vierviertel Tact, und deren 4 in der ersten, und 4 in der andern und letzten Reprise, dafern sie zum Tantzen destiniret, sonst nimmt man sich liberté. Sie hat übrigens ein dactilisches metrum, so daß gemeiniglich auf ein Viertel zwey Achtel folgen, und der Anfang mit dem letzten Viertel des Auffschlages gemacht wird, welches Viertel im Abschnitt, wo die Reprise ist, wie auch am Ende wieder abgekürtzet werden muß.

Boußet (du) oder Deboußet, ein verstorbener Frantzösischer Componist, hat ein Cantaten-Werck, und 21. Recüeils d'Airs à chanter heraus gegeben. Auch ist von seinem Sohne ein dergleichen Werck ans Licht getreten. s. die Pariser Music-Catalogos in 4to und 8vo, aufs Jahr 1729. p. 9. 10. und 33. Ist vielleicht mit Boisset einerley.

Boustetaire (*Conrade*) oder Boustetter und Boustester, hat Trio à un iolon & un Hautbois avec un Violoncello ou B. C. als das erste Werck; und noch eins, nemlich Sonate à tre stromenti per due Flauti traversi, Violoncello & Organo, als das 2te, heraus gegeben. s. *Boivins* Music. Catalogum aufs Jahr 1729. p. 23. und den Holländ. Music. Catalog. des le Cene, p. 37. und 38.

Boutade (*gall.*) f. f. kommt her vom alten Wort bouter (dessen sich der gemeine Pöbel in Franckreich annoch bedienet, und so viel, als mettre, oder setzen heisset,) bedeutet eine hurtige Bewegung, einen schleunigen, plötzlichen Einfall, einen Satz, den man aus bloser Caprice so hin setzet, sans façon, wie der Bauer den Hut auf den Kopf. s. *Matthesonii Orchestre* II. p. 224. aus *Faretiere Dictionaire*. welcher in der 9ten Suite seines Harmonischen Denckmahls ein Muster davon hat.

Vor diesem wurden diejenige Solo auf der Violadigamba also tituliret, welche so eingerichtet waren, als wenn sie ex tempore hervor gebracht würden. *idem ibidem*, daß auch ein von dem unter Königs Ludovici XIII. Regierung berühmten Tantz-Meister, Bocan, erfundener jäher und geschwinder Tantz also geheissen, dessen berichtet uns Richelet in seinem Dictionaire.

Boute-selle (*gall.*) f. m. butta-sella (*ital.*) also heisset das Zeichen, so den Reutern im Kriege durch die Trompete gegeben wird, die Pferde zu satteln, und aufzusitzen.

Bouton (*gall.*) f. m. globulus (*lat.*) bedeutet das Knöpffgen unten an Violinen, u. d. g. Instrumenten, woran das Saiten-Bretgen feste gemacht wird. s. *Mersen.* lib. I. de Instrum. harmon. Prop. 7.

Bouvard, ein Frantzose, hat 3 Cantates: ingleichen ein Sonaten-Werck publiciret. s. *Boivins* Music-Catalogum, p. 12. und 26.

Borberg (*Christian Ludewig.*) Organist zu Görlitz an der S. Petri und Pauli Kirche, hat die von Eugenio Casparini in gedachter Kirche neuerbauete, und an. 1704 eingeweyhete prächtige Orgel beschrieben, und in 4to daselbst drucken lassen.

Boyautier (*gall.*) f. m. ein Darmsaiten-macher.

Boyleau (*Simon*) ein Frantzösischer vortrefflicher Musicus, hat als ein junger Mensch 4 stimmige Motetten gesetzet, so an. 1544 zu Venedig gedruckt worden; ingleichen eine Musicam beschrieben. s. *Gesneri* Bibliothec. it. eiusdem Partition. universal. lib. 7. tit. 3. f. 82. b.

Bozza (*Modesta*) oder du Puy, eine Venetianerin, gebohren an. 1555 hat sich sonderlich auf die Poesie und Latinität gelegt, auch in der Music und Arithmetic excelliret. Von ihrer Feder sind unzähliche Sonette, Lieder und Madrigalien verhanden. Sie hat auch ein Buch: de Meriti delle donne geschrieben, und ist an. 1592 den 1sten Nov. im Kind-Bette, als sie mit ihren Ehe-Herrn, Philipp de Georgiis 20 Jahr in der vergnügtesten Ehe gelebt, gestorben. Gio. Nic. Doglioni hat an. 1593 ihr Leben heraus gegeben. s. *Amaranthis* Frauen-Zimmer-Lexicon.

Brabantius (*Petrus*) war an. 1548 in Kaysers Caroli V. Capelle ein Tenorist. s. *Mamerani* Catal. familiæ totius aulæ Cæsar. p. 12.

Braccio oder Brazzo (*ital.*) ist eine an structur und proportion etwas grössere Geige, als eine Violin, hat 4 Saiten, deren tiefste ins c, die zweyte ins g, die dritte ins $\overline{d}$, und die vierdte ins $\overline{\overline{a}}$ gestimmt wird. Das lateinische Wort brachium, ein Arm, mag ihr den Nahmen geliehen haben, weil sie von selbigem muß gehalten werden.

Bracchius (*Georgius*) oder Brack, ein ehemahliger Fürstlicher Würtenbergischer Capell-Meister, dem Andr. Ornithoparchus das zweyte Buch seines Micrologi Musicæ activæ zugeschrieben, und ihn einen Musicum peritissimum ac Ducalis Cantoriæ Wirtenbergensis ductorem primarium genennet.

Brachyologia (*lat.*) vom Griechischen βραχύς brevis, und λόγος, sermo; ist, nach Gretschmars Bericht, wenn in einem sonst langsam gehenden Gesange, einmahl eine geschwinde Clausel eingerücket wird.

Bradwardinus (*Thomas*) oder de Bradvuardyn, ein Engländischer Theologus und Mathematicus, gebohren zu Hatfeld in der Grafschafft Suffolck ums Jahr 1290 lebte im Franciscaner-Orden, ward anfänglich Königlicher Beicht-Vater, und hernach Ertz-Bischoff zu Canterbury. s. das Comp. Gelehrten-Lexicon. hat, nach Balei Bericht, cent. 5. Scriptorum Britann. f. 435. diese Würde nur ein Jahr bekleidet, und ist an. 1350 gestorben. Unter seinen Schrifften befindet sich auch 1 Buch de Arithmetica Speculativa und Practica; ingleichen 1 Buch de Proportionibus, so an. 1505 zu Venedig gedruckt worden; und diese mögen wol Mr. Brossard Gelegenheit gegeben haben, ihn unter die Musicos theoreticos zu zehlen.

Brague (*gall.*) s. f. also heisset das Bretgen, oder der Gurt-span unten an einer Laute, so die Ende der langen Bauch-Stücke bedecket.

Branches de la Trompette (*gall.*) die krummen Röhren an der Trompete.

Brancifortius (*Hieronymus*) ein Sicilianischer Graf von Camerata, und Ritter des Spanischen Ordens von Alcantara,

zu Palermo ums Jahr 1600. hat zu seiner Gemüths-Ergötzlichkeit so wol die Poesie als Musie trefflich excolirt. Von dieser befinden sich einige Proben, nemlich, 5 stimmige Madrigalien, in dem an. 1603 zu Palermo bey Ioa. Baptist. Maringo in 4to gedruckten Buche Infidi lumi genannt, worinnen auch anderer Sicilianischer Componisten Arbeit zusammen getragen worden. s. *Mongitoris* Biblioth. Sicul. Tom. I. p. 274.

Brancifortius (*Vincentius*) gleichfalls ein sehr erfahrner Sicilianischer Musicus, und Componist, dessen Arbeit in nur besagtem Buche: Infidi lumi, vorkommt. Ob er aber der gewesene Abt zu S. Mariæ Novæ lucis sey, welchen Petrus Carrera im 2ten Buche Epigrammat: p. 69 lobet, ist Mongitori selbst unwissend? s. dessen Bibliothec. Sicul. T. II. p. 278.

Branchus (*lat.*) βράγχος (*gr.*) i. e. vocis asperitas, raucedo, Heiser-Rauhigkeit der Stimme.

Brandiß (*Marcus Dietericus*) hat eine teutsche Musicam signatoriam geschrieben, und selbige an. 1631 zu Leipzig in 8vo drucken lassen.

Brandolinus (*Aurelius*) ein guter Redner, sehr gelehrter Musicus, und fertiger Poet, von Florentz gebürtig, wurde wegen seiner triefenden Augen, Lippus genennet; lehrete, auf Kaysers Matthiæ Befehl, zu Ofen und Gran in Ungarn die Oratorie; wurde hierauf zu Florentz ein Eremit Augustiner-Ordens, und starb an. 1498 zu Rom an der Pest. Seine edirte Schrifften, worunter aber nichts musicalisches ist, werden von Pocciantio p. 21. Catal. Scriptorum Florentinorum angeführet.

Bransle oder Branle (*gall.*) s. m. orbis saltatorius (*lat.*) ein Tantz, den ihrer viele, einander an den Händen führende, in die Runde tantzen. Die Tantz-Melodie heisset auch also. Verschiedene Gattungen dieses Tantzes, womit sich ehemahls alle Bals angefangen, führet Furetiere in seinem Dictionaire an. Mr. Arbeau Orchesographie an. Daß die Branles ietzo bey den Frantzosen wiederum Mode werden wollen, beweiset der Hr. Capell-Meister Mattheson in den Anmerckungen über Niedtens Musicalische Handleitung zur Variation des G. B. p. 95. aus dem Ballet des Ages des Hrn. Campra.

Bran-

Brantus (*Ioan.*) aus Posen in Pohlen gebürtig, wurde an 1571 ein Jesuit, studirte zu Rom die Theologie, und bekleidete daselbst in der also genannten H. Pœnitentiaria zwey Jahr die Stelle eines Confessarii ad D. Petri, promovirte nach seiner Zurückkunfft zu Wilna, nachdem er so wol alhier als zu Posen die Humaniora und Theologie gelehret, in Doctorem, wurde endlich Rector der Collegiorum zu Pultow und Lemberg, und starb hieselbst an. 1601. den 31 Dec. ohngefehr in 50sten Jahre seines Alters. Seine lateinische und Pohlnische Poëmata, worzu er die Melodien selbst gesetzet, werden in Pohlen noch gebraucht. s. *Alegambe Bibliothec. Scriptorum Societatis Jesu.*

Braun, ein iezo in Paris sich aufhaltender Teutscher, und berühmter Flötenist, hat ein Werck von 2 Flutes, und noch eins vor die Musette daselbst heraus gegeben. s. *Boivins* Music-Catalogum aufs Jahr 1729 p. 20.

Braynus (*Hieronymus*) ein Paduaner, hat daselbst seinem Vater und Bruder an der Cathedral-Kirche als Organist succediret; ist in seiner Kunst vortrefflich gewesen, und alda ums Jahr 1560 gestorben. s. *Bernhardini* Scardeonii Tractat: de Antiquitatibus urbis Patavii, lib. 2 Class. 12. p. 263.

Brayssinger (*Guillaume de*) ein Teutscher Organist zu Lion in Franckreich, ließ daselbst bey Jacques Moderne Tabulatur-Sachen vors Spinett drucken. s. *Verdier Bibliotheque.*

Brechen, heisset: wenn ein Accord, oder ein anderer musicalischer Griff, nicht auf einmahl, sondern eine Note nach der andern tractirt und gerühret wird.

Bredon (*Simon*) oder Biridanus, ein ums Jahr 1380 unter der Regierung Königs Richardi II. berühmt gewesener Engländer und Doctor Medicinæ, hat, unter andern, auch ein Buch: de proportionibus; ingleichen: de Arithmetica theorica hinterlassen. s. *Balei* Catalog. Scriptorum Britanniæ, Cent. 6. p. 488. Dieserwegen mag ihn wol Mr. Broßard unter die Auctores Musicos mit gezehlt haben.

Brendel (*Alam*) Medicinæ Doctor und Professor P. zu Wittenberg, hat an. 1706 den 15ten Maji. eine Dissertation: de curatione morborum per carmina & cantus musicos gehalten, in welcher er unterschiedliche Exempel von Timotheo Milesio, Melampo, Thalete Cretensi, Pythagora, Orlando Lasso und andern anführet, die mit ihrer Music Kranckheiten vertrieben, u. s. w. ingleichen handelt er auch de variis veterum cantibus, Phrygio, Dorio, Lydio & Æolio, und wie sie dieselben in unterschiedenen Fällen gebraucht. s. die *Nova Liter. Germ.* 706. p. 193. s;q.

Brescianello (*Giuseppe Antonio*) hat XII. Concerti e Sinfonie à tre Violini, Alto Viola e Violoncello in Amsterdam graviren lassen.

Bret-Viola, ist ein gantz kleines Geiglein, so die Tantz-Meister bey sich zu tragen und bey der information zu brauchen pflegen.

Breve (*ital.*) & (*gall*) Brevis (*lat.*) &c. Nota, die Kurtze unter den vierecktigten Noten; gilt im schlechten Tacte 2 Semibreves, und siehet folgender gestalt aus: ◻

Brevi (*Gio. Battista*) ein Capell-Meister an der Döm-Kirche di S. Francesco, ingleichen an der Jesuiter-Kirche di S. Fedele, und del Carmine zu Mayland, hat 8 Wercke ediret; worunter das 6te, la Catena d' oro genannt, so 24 Ariette da Camera à Voce sola in sich hält, an. 1'96 zu Modena gedruckt, und Fr. Marc. Cecilia Clerici, wie auch dem Marchese, Odoardo Fortunato Serafini, vom Auctore dediciret worden. Das 7te, la Divotione Canora betitult, begreifft 11 lateinische Motetten à Voce sola e Cont. ist an. 1699 gleichfalls zu Modena heraus gekommen, und dem Grafen Biglia zugeschrieben worden. Das 8te Werck, und zwar libro Imo, ist an. 170' unter dem Titul: Deliri d' amor divino, zu Venedig gedruckt worden, und bestehet aus moralischen Cantaten à Voce sola e Continuo.

Briccius (*Ioannes*) ein Römer, gebohren an. 1581 war von Natur zu allen Künsten und Wissenschafften wohl aufgeleget, welches sich gleich bey sehr jungen Jahren an ihm äusserte; denn, als er von einem seiner Schul-Cameraden, nemlich, des berühmten Mahlers Federico Zucchari Enckel, mit einigen Zeichnungen beschenckt worden, hat er selbige von selbst geschickt nachgemacht, so, daß besagter Künstler sich drüber verwundert, ihn deswegen lieb gewonnen, unterrichtet, und zu einen berühmten Mahler gemacht. Nachgehends hat er sich auf die Humaniora gelegt, die Rhetoric, Dialectic, Geometrie, Arithmetic, Astronomie, Astrologie, Music, Philosophiam naturalem und moralem, nicht weniger das Ius civile und Canonicum, wie auch die Theologie, und solches alles, mehr durch Umgang mit gelehrten Männern, und stetiges Lesen, als Præceptoribus excoliret und erlernet; so, daß er auch, so lang er gelebt, einem Præfectum Musices bey den Sodalitäten des Heil. Ambrosii und Caroli, zu Rom abgeben können. Nebst vielen Comœdien und Tragœdien sind von ihm heraus gekommen: Canoni enigmatici musicali a 2. 3. e 4 Voci, col Discorso, Musica & Enimmi; und im MS. ist noch ein Tractat della Musica vorhanden. Ist an. 1646 an der Gicht gestorben. Unter seinen vielen Söhnen ist Basilius ein Bau-Meister, Mahler, Mathematicus und Musicus geworden. s. *Mandosii* Bibliothec. Romanam. Centur. 5. n. 43.

Briccius (*Theodorus*) das 1ste Buch seiner 5 stimmigen Madrigalien in 8vo; ingleichen die 6 7-12 stimmige in 4to sind an. 1567 zu Venedig gedruckt worden. s. *Draudii* Biblioth. Class. p. 1628.

Bricnneo (*Ludovicus de*) ein Spanier, hat an. 1626 ein musicalisches Buch unter folgenden Titul: Tanner & templar la Guitarra, zu Paris drucken lassen. s. *Mersen.* lib. 1. de Instrum. harmon. Prop. 21.

Bridlingtona (*Gregorius de*) ein Engländer, Canonicus Regularis, und Præcentor seines Collegii, oder vielmehr Closters zu Yorck, ums Jahr 1217 hat, unter andern, drey Bücher de arte Musices geschrieben. s. *Balei* Catal. Scriptorum Britanniæ, Centur. 4. p. 346. und *Jacobi le Long* Biblioth. Sacr. f. 651.

Briegel (Wolfgang Carl) gebohren an. 1626. hat als Capellmeister zu Gotha, an. 1658 den ersten Theil seines Musicalischen Rosen-Gartens von 1. 2. 3. 4. und 5 Sing-Stimmen, nebst darzu gehörigen Instrumenten daselbst drucken lassen. Der Geistlichen Arien erstes Zehen, von 1. und 2 Sing-Stimmen, nebst beygefügten Ritournellen mit zweyen und mehr Violen, sammt dem B. C. ist an. 1660. in Verlegung des Autoris, zu Gotha in folio gedruckt, und der dasigen Hertzogin Elisabeth Sophien von ihm dediciret worden. Das zweyte Zehen, gleicher Gattung ist an. 1661 auf seine Kosten zu Mühlhausen in folio heraus gekommen, und nur gedachter Princeßin, so er im Spielen und Singen unterrichtet, von ihm zugeschrieben worden. An. 1660 ist der erste Theil der Evangelischen Gespräche auf die Sonn-und Haupt-Fest-Tage von Advent biß Sexagesimæ mit 5.10 Stimmen zu Mühlhausen in folio ans Licht getreten. Seine Danck-Lob-und Bet-Lieder sind an. 1663 in 4to zu Mühlhausen; und die Buß-und Trost-Gesänge an. 1664 zu Gotha in 4to gedruckt worden. An. 1666 ist sein auf madrigalische Art gesetzter Evangelischer Blumen-Garten von 4 Stimmen zum Vorschein gekommen. Als Capell-Meister zu Darmstadt hat er an. 1670 zwölff madrigalische Trost-Gesänge von 5 und 6 Stimmen, bey Leichen zu gebrauchen, zu Gotha in 4to; an. 1679 die Musicalische Trost-Quelle 4 voc. mit 2 Violinen; an 1680 den Musicalischen Lebens-Brunnen von 4 vocal. und 4 Instrumental-Stimmen; an. 1684 Christian Rehfelds Evangelischen Palm-Zweig von 1. 2. 3. und 4 Sing-Stimmen, nebst 2. 3. und 4 Instrumenten zu Darmstadt; an. 1685 die Evangelische Davids-Harffe; auch sonsten ein und ander einzelnes Stück durch den Druck bekannt gemacht. Die zweyte Auflage des Evangelischen Hosianna in geistlichen Liedern, aus den Sonn-und fürnehmsten Fest-Tags Evangelien erschallend, in leichter Composition, nach Belieben mit 1. 2. 3. 4. und 5 Sing-Stimmen, nebst 2 Instrumenten, ist mit einem Anhange von 6 Communion- 6 Hochzeit-und 6 Begräbniß-Liedern an. 1690 zu Giessen in 4to heraus gekommen; ingleichen die 7 Buß-Psalmen auf Concerten-Art von 4 Vocal-und 2 Instrumental-Stimmen. Er soll vorher Organist in Stettin gewesen seyn.

Briliante (*gall.*) Adj. lebhafft, munter, durchstechend.

Brimbaler (*gall.*) v. a. mit dem Glocken klingen, oder ein Geschelle machen, nicht recht läuten; olim & tantzen; mit einer wiederholten Bewegung erschüttern. s. *Frischens* Diction.

Brockland (*Corneille de*) oder Blockland, ein Doctor Medicinæ, von Monfort in Holland gebürtig, aber zu

S. Amour

S. Amour in Burgund wohnhafft, hat eine aus 16 Capiteln bestehende Instruction fort facile pour apprendre la Musique Pratique sans aucune Game ou la Main geschrieben, und selbige an. 1573 zu Lion in 8vo drucken lassen. Sein Second Jardinet de Musique, von vielen 4 stimmmigen Frantzösischen Liedern, ist an. 1579 daselbst bey Jean de Tournes in 4to gedruckt worden, s. *Verdier* und *Draudii* Bibliothek. Exot. p. 208.

Brodæus (*Ioannes*) oder Brodeau, ein berühmter Frantzösischer Criticus, aus Tours gebürtig, woselbst er auch an. 1563 im 63 Jahre gestorben, hat, unter andern, Miscellanea geschrieben, und in selbigen an verschiedenen Orten etwas weniges, die Music angehend, angebracht, als: c. 13. lib 2. wird gehandelt: de Pithaule & Salpista; c. 14. de Trigono, Nablo, & Pandura; Das 30te Capitel des 4ten Buchs führet die Uberschrifft: τυυβαυλοι, βυχανισαι; Das 31te: an Musicis cantibus sanentur ischiadici; und das 32te Capitel des 5ten Buchs handelt: de tibiis paribus & imparibus.

Broderie (*gall.*) f, f. eine Ausschmückung, wenn z. E. grosse Noten in kleinere zertheilet werden.

Brognonico (*Oratio*) ein Academico Filarmonico, gab an. 1599 zu Venedig Madrigalien in Druck.

Bronner (Georg) Organist an der H. Geist-Kirche zu Hamburg, gab an. 1715 ein mit doppelten auf G. B. Art eingerichteten Bässen versehenes Choral-Buch [jeder Choral ist auch mit 2 Canti und einem Basso gesetzt,] unter einem 20 jährigen privilegio des Magistrats daselbst auf seine Kosten in 4to heraus "Dieser "verstorbene hatte, nach seiner Art, ob= "gleich eben keine Vollkommenheit, doch "nicht selten solche Einfälle, die sich gar "wohl hören liessen, und keines weges zu "verwerffen waren, wie die zu der Zeit "berühmte und beliebte von ihm verfer= "tigte Opern: Narcissus und Procris, "unter andern, sattsam bewiesen haben." Sind Worte in Matthesonii 17ter Betrachtung des Musical=Patrioten, p. 144. befindlich Die erste von diesen beyden Opern ist an. 1693 und die zweyte an. 1701; die Venus aber an. 1694 auf dem Hamburgischen Theatro aufgeführet worden. s. die 22te Betrachtung. An. 1702 hat er den Tod des grossen Pans, auf das Absterben des Hrn. Gerhard Schott, I. U. L. und Raths= manns zu Hamburg, auch ersten Directoris der Opera daselbst, mit Music versehen. s. die 23te Betrachtung, p. 185. Der dritte Actus von der Opera: *Victor* genannt, so an. 1702 aufgeführet worden, hat ihn, wegen der Music, zum Urheber. *ibidem*.

Broomannus (*Ludovicus*) ein blind ge= bohrner Niederländer welcher an. 1597 zu Brüssel gestorben, wird von Vossio, lib. 1. de natura artium, c. 4. Artium liberalium doctor, Iuris Candidatus, & Musicæ princeps genennet. In der Franciscaner=Kirche zu Brüssel lautet seine Grab=Schrifft folgender maßen:

D. O. M.
Ludovico Broomanno
Iacobi & Corneliæ VerheyleWeghen F.
à nativitate cœco,
Artium liberalium Doctori,
Iurisprud. Candidato, Musicesque Principi:
Geertrudis Keysers,
Jodoci ex Maria Cleerhaghen F.
marito B. M. sibique pos.
Vixit annos LXIX.
Obiit VIII. Ianu. M. D. XCVII.

s. *Franc. Swertii* Selectas Christiani orbis delicias, p. 473.

Bronzetti (*Medardo*) ein Kayserlicher Musicus und Pensionist an. 1721.

Brossard (*Sebastien de*) ehemahliger Præbendarius und Capell=Meister, an der Dom-Kirche zu Strassburg, nachmahls Grand-Chaplain und Capell=Meister an der Cathedral-Kirche zu Meaux, hat in Frantzösischer Sprache ein musicalisches Lexicon, darinnen die Griechische, Lateinische, Italiänische und Frantzösische termini Musici erkläret sind, ge= schrieben und im Anfange des ietzigen Se= culi

culi zu Paris drucken laſſen, deſſen ſämtliche Articul, nebſt noch andern, alhier in teutſcher Erklährung, nach Möglichkeit, angebracht worden ſind. Die Amſterdammer Edition beträgt in groß 8vo 2 Alphabeth, und 2½ Bogen. Anno 1702 iſt ſein Prodromus muſicalis, oder Elevationes und Motetten von einer Sing=Stimme und G. B. zu Paris herauskommen. ſ. die *Bibliothecam Duboiſianam.* Daß übrigens dieſer Muſic-Auctor nunmehro [wenn er anders noch lebet] bey Jahren ſeyn müſſe, iſt aus dem Mercure Galant abzunehmen, welches Iournal ſeiner, als eines Abbé und Componiſten an. 1678 im Monat=Stück des Iulii p. 161 gedruckt, erwehnet, und daſelbſt eine Air von ſeiner Arbeit anführet. In Mr. Boivin Catalogue general des Livres de Muſique aufs Jahr 1729 werden p. 13. zwey Motetten=Wercke, und neuf Leçons de Tenebres angeführt, ſo er drucken laſſen.

Brougeck (*Iacobus de*) hat an. 1579 zu Antwerpen Cantiones ediret. ſ. Geſneri Bibliothec.

Brouhaha (*gall.*) ſ. m. alſo heiſſet dasjenige Geſchrey, welches in Comœdien pflegt gemacht zu werden, wenn man ſich über eine vorkommende ſchöne paſſage oder action erfreuet.

Bruczus (*Henricus*) gebohren an. 1531 zu Aelſt in Flandern, lehrte zu Rom einige Jahre Matheſin, kehrte wiederum nach Teutſchland, profitirte in die 25 Jahr zu Roſtock Medicinam und Matheſin mit groſſem Lobe, ſchrieb unter andern eine Muſicam Mathematicam in 4to, und ſtarb daſelbſt an einem Schlag=Fluß an. 1593 den 4 Ianuarii.

Brüchting (*Auguſtus*) ſonſten Schmidt genannt, hat an. 1582 ein Tractätgen: Lob der Muſic, betitult, zu Halle heraus gegeben; und ſoll unweit daſelbſt auf dem Lande Pfarrer geweſen ſeyn.

Brücknerus (*Wolfgangus;* Schul-Rector zu Raſtenberg, einem im Fürſtenthum Weimar bey Buttſtädt liegenden Städtgen, hat an. 1656 zwanzig teutſche Concerten von 4. 5. 6. 7. und 8 Stimmen, auf die Sonn= und Feſt=Tags=Evangelia geſetzt, in Erffurt drucken laſſen.

Bruhns (*Nicolaus*) ein braver Organiſt anfänglich zu Huſum im Holſteiniſchen, und hernach zu Coppenhagen, gegen die Helffte des abgewichenen Seculi, hat ſchöne Clavier=Stücken geſetzet.

Bruinings. Von ſeiner Arbeit ſind bey Roger zu Amſterdam Lauten=Stücke gravirt worden.

Brumel (*Antonius*) ein Componiſt zu Anfange des 16ten Seculi, von welchem Glareanus p. 456. Dodecachordi alſo raiſonniret: Antonius Brumel dignus, qui inter eximios Symphonetas numeretur, magis tamen diligentia & arte valuit, quam naturæ indulgentia.

Bruneau (*Ioannes*) ein vortrefflicher und gelehrter Frantzöſiſcher Muſicus von Chalon gebürtig [Cabilonenſis] welcher an. 1621 zu Criſſey, einem eine Meile von gedachter Stadt liegenden Dorffe den 3ten May geſtorben iſt, und daſelbſt begraben worden, hat zu Lion Muſicaliſche Bücher drucken laſſen, und ſelbige dem Prætori zu Chalon, Ioan. Bernardo dedicirt. ſ. *Lud. Iacob de claris Scriptoribus Cabilonenſibus,* lib. 1. p. 67.

Brunelli (*Antonio*) Capellmeiſter des Groß-Hertzogs von Florentz, hat an. 1621 den iſten Theil ſeiner Fioretti Spirituali von 1. 2. 3. 4. und 5 Stimmen, als das 15te Werck, zu Venedig in 4to drucken laſſen. ſ. *Cinelli* Bibliotheca volante, Scanzia VII. p. 7. ſeq.

Brunelli (*Lorenzo*) war Capell=Meiſter und Organiſt an der Dom-Kirche zu Prato, einer im Florentiniſchen Gebiet, am Fluß Biſentino liegenden kleinen Stadt, und gab an. 1629 zu Venedig Motetten heraus. Von Bononcini, P. 1. c. 12. del Muſico Prattico, werden auch Regole di Muſica, ſo er geſchrieben, angeführt.

Brunetti (*Giovanni*) war an der Dom-Kirche zu Urbino Capellmeiſter, und ließ an. 1625 zwo= und drey=ſtimmige Motetten in Venedig drucken.

Brunham (*Robertus*) ein Muſicus und Mönch in England, deſſen Flud lib. 4. c. 1. Templi Muſices, p. 192. gedencket.

Brunmüller (*Frias*) Bürger und Muſic-Meiſter zu Amſterdam, hat an 1709 ſein erſtes aus 1. und 2 Violinen, Violoncello und Continuo beſtehendes Werck daſelbſt graviren laſſen, und ſolches dem Königlichen Preußiſchen Geheimden Regierungsgierungs-Rathe und Ober-Empfänger von Cleve, und der Graffschafft Marck, Hrn. Paul Friedeborn, dediciret. An. 1710 ist sein Fasciculus Musicus, bestehend aus 3 Toccatinen fürs Clavier, einem Solo für die Hautbois, einem Solo für die Flöte, einem für die Violin, drey Arietten mit Italiänischen, und einer Arietta mit teutschen Text à Canto solo e Oboé in folio, unter einem 8jährigen Privilegio der Herren Staaten von Holl- und West-Frießland, in Kupfferstich publiciret, und der Königin Annæ von Groß-Britannien zugeschrieben worden. Man hat auch von ihm ein aus 6 Sonaten à Violino ò Hautb. solo e Continuo bestehendes Werck; ein anderes aber: Vom rechten Grunde der *Compositien* handelnd, hat er heraus zu geben versprochen.

Brunner (Adam Heinrich) hat Cantiones Marianas in Druck gegeben. s. FeyertagsSyntax. minor. p.69. Ingleichen, unter dem Titul: Seraphische Tafel-Music, 64. de Vener Sacramento handelnde Arien, von einer Sing-Stimme, 2 Violinen und G. B. in folio ans Licht gestellet. s. Hrn. Lotters Music. Catal.

Brunnetti (G. v.) hat eine Missam, und Salmi spezzati von 2. 3. und 4 Stimmen ediret.

Bruns (*Iohannes*) ist an. 1596 Organist an der S Iacobi-Kirche zu Einbeck gewesen. s. Ioav. Letzneri Daßelische und Einbeckische Chronicke, lib. 6. c. 12.

Brunus (*Franciscus*) ein ums Jahr 1590 berühmt gewesener Musicus und Componist von Alcara in Sicilien, ließ an. 1589 das erste Buch seiner 5stimmigen Italiänischen Madrigalien zu Messina in 4to drucken. s. *Mongitoris* Bibliothec. Siculam T. 1. p 210.

Brusco (*Giulio*) ein von Piacenza gebürtig, und daselbst an S. Francisci-Kirche gewesener Capellmeister, gab an. 1622 ein musicalisches Werck: Modulatio Davidica genannt; an. 1629 ein Opus Motetten zu Venedig; wie auch 1. 2. 3. und 4 stimmige Concerten und Litanien de B. . . ferner eine Missam, Psalmen, und Te Deum laudamus von 8 Stimmen heraus. s. den Parstorff Catal. p. 3 und 15.

Brusonius (*Lucius Domitius*) ein gelehrter Neapolitaner, aus Conturfio gebürtig, hat 7 Bücher rerum memorabilium, insignium sententiarum, historiarum, miraculorum, Apophthegmatum, exemplorum, facetiarumque &c. geschrieben, jedes Buch in etliche Capitel, deren jedes in Alphabetischer Ordnung einen gewissen Titul führet, abgetheilet, u. solches Werck dem Cardinal Pompejo Columnæ dediciret. Im 17ten Capitel des 4ten Buchs kommt die Reihe an die Musicos und Music, welche Materie etwas mehr als 2 Blätter in groß Octavo austrägt. Die zweyte Edition ist an. 1600 zu Franckfurt am Mayn, auf des damahligen Buchhändlers, Nicolai Steins, Kosten gedruckt, und von ihm dem Cistercienser Abte des Ost-Fränckischen Closters Eborach, im Stifft Würtzburg, Hieronymo, zugeschrieben worden.

Brust in Orgeln, Brust-Positiv; also heissen diejenigen Register zusammen, deren Pfeiffen [wenn ein Orgel-Werck drey Absätze gerade aus hat] in der Höhe, über dem in specie also genannten Wercke [gleichwie die Brust eines Menschen über dem Bauche] disponirt sind; hat aber ein Orgel-Werck nur 2 Absätze oder Stockwercke gleich aus, so heißt das untere, in Absicht auf des Organisten positur, also.

Brutti (*Vincenzo*) war an. 1721 der erste Sopranist in der Kayserlichen Capelle.

Bryennius (*Manuel*) ein Griechischer Musicus, hat in seiner Sprache drey Bücher Harmonicorum geschrieben, davon das erste aus 9; das zweyte aus 15; und das dritte aus 11 Sectionibus bestehet, welche zusammen 38 Bogen ausmachen. Er hat vieles, so gleichfalls beym Euclyde und Aristide Quintiliano vorkommt; daß man also, in Ermanglung der Zeit, wenn er eigentlich gelebt, nicht wissen kan: welcher von ihnen den andern es nachgeschrieben habe. s. *Ioan Bonæ* Notitiam Auctorum. Der Hr. D. Fabricius lib. 3. c. 10 p. 265 seiner Bibliothecæ Græcæ schreibet: es sey vielleicht derjenige Bryennius, welcher unter dem Kayser Palæologo Seniore ums Jahr Christi 1320 floriret. Das 1ste. Buch sey gleichsam ein Commentarius über des Euclidis Musicam ; das 2te und 3te Buch aber könne als ein Commentarius über des Ptolemæi Harmonica angesehen werden, weil darinnen alles dasjenige weitläufftilaufftiger vorkomme, so Ptolemæus in den zweyen letzten Capiteln des 1sten Buchs, und im gantzen zweyten Buche vorgebracht habe.

Bucnero (*Philippo Federico*) gewesener Capellmeister zu Maynz, hat drey Opera Motetten von 1. 2. 3. 4. und 5 Stimmen durch den Druck publicirt. s. Feyertags Syntax. min. p. 213.

Bucchianti (*Gio. Pietro*) ließ an. 1627 Scherzi & Madrigali à una e due voci, als sein erstes Werck, in Venedig drucken.

Buccina (*lat.*) βυχάνη (*græc.*) Bozina (*Hisp.*) Buccine olim (*gall.*) bedeutet [1. ein Hirten=Horn, worauf zum Aus=und Eintreiben des Viehes das Zeichen gegeben wird; und mag entweder vom Klange: bou bou; oder von bos und cano; oder von bucca und cano, den Nahmen bekommen haben. [2. ein musicalisches Instrument, dessen sich die Alten im Kriege bedieneten, und womit sie insonderheit das Signal zum Aufbruch, Angriff, und Retirade zu geben pflegten. Es war solches von Ertz, und gantz krum gebogen, worinn es denn von der Tuba [mit der es sonsten offt pflegt verwechselt zu werden] unterschieden, als welche gantz gleich war; doch war es dabey auch kleiner, als ein so genanntes Cornu. s. Hederichs reales Schul=Lexicon. Der Juden ihre Buccina, von ihnen bald Schophàr, bald Keren genannt, war auch ein krummes Widder=Horn, dessen sie sich bey Verkündigung der Fest=Tage, und des Neu=Monden, ingleichen beym Jubel=und Erlaß=Jahre bedieneten. s. *Bartholoccii* Biblioth. Rabin. P. 2. p. 186. seqq. Weil nun heutiges Tages die Trompeten zu diesen Verrichtungen gebraucht werden, können diese also heissen; obgleich einige Auctores das Wort: Buccina, durch Posaune; und andere es durch Zincken, übersetzen. Ein mehrers, wegen der Etymologie dieses Worts, ist in Martinii Lexico Philolog. zu lesen.

Buccinator, pl. Buccinatores (*lat.*) Buccinateur, busineur, pl. buccinateurs, busineurs (*gall.*) der, oder die nur gedachten Instrumente tractiren.

Buccinus, oder bucinus (*lat.*) also heisset der Klang oder Schall, so aus nur gedachten Instrumenten gehört wird. s. *Caroli du Fresne* Glossarium.

Buchenberg, oder Buckenberg, ein Teutscher Lautenmacher, hat an. 606 zu Rom gelebt. s. Barons Untersuchung des Instr. der Laute, p. 94.

Bümler (George Heinrich) Hochfürstlicher Anspachischer Capellmeister, ist ein berühmter Acteur, wie er denn schon an. 1699 in dem zu Anspach aufgeführten Dramate, genannt: le Pazzie d'Amore e dell' Interesse, den Lindauro agiret.

Bucoliasmus (*lat.*) βυκολιασμός (*græc.*) ein Bauer=Tantz und Melodie, deren Erfindung sich die Sicilianer zueignen. s. *Scalig. de Arte Poët. c. 4. &. 5.*

Buffardin (Peter Gabriel) ein Musicus auf der Flûte traversiére bey der Königlichen Capelle und Cammer=Music in Dreßden an. 1729. s. den dasigen Hof=und Staats=Calender.

Bufet oder Buffet (*gall.*) bufetto oder buffetto (*ital.*) das Gehäuß an einer Orgel; it. der Platz, worinn ein jedes Register, oder Reihe von Orgel Pfeiffen stehet; so eigentlich der Stock genennet wird.

Buini, ein jetziger Zeit berühmter Componist zu Bologna. s. des Hrn. Hof-Rath Nemeitzens Nachlese besonderer Nachrichten von Italien, 2. Th. p. 427.

Buisine oder Busine (*gall.*) s. f. bedeutet so viel, als Buccina.

Buisson (*gall.*) heißt: wenn zwey=oder drey=geschwäntzte Noten [zumahl in gedruckten Sachen, da jede ihre Striche und Hacken besonders hat] in solcher Verknüpf=und Verwirrung stehen, daß sie wie eine Hecke und Gebüsch [so dieses Wort sonsten bedeutet] aussehen.

Buisson (Mich. Charles de) ein Vocal. Musicus Ertz=Hertzogs Ferdinandi von Oesterreich. s. *Gesneri* Biblioth. hat an. 1573 vier 5 und 6 stimmige Cantiones im München drucken lassen. *Draudii* Biblioth. Classs. p. 1611. Eines andern Componisten, der auch Buisson geheissen, und seiner Arbeit, erwehnet das Frantzösische Journal, Mercure Galant genannt. im April=Monat des 1678 Jahres. p. 117.

Bulengerus (*Iulius Cæsar*) der an. 1628. zu Cahors verstorbene, und über 70 Jahr alt gewordene Jesuit und Doctor Theologiæ, von Loudun in Franckreich gebürtig, (Iuliodunensis) hat, unter andern, auch 2 Bücher: de Theatro ludisque scenicis in Lateinischer Sprache, und in selbigen vieles, zumahl im zweyten Buche, von musicalischen Sachen geschrieben, so im 2ten Tomo seines in folio edirten Systematis Opusculorum, vom 220 biß 396 Blat, befindlich ist. Des zweyten Buchs 1stes Capitel handelt: de ludis Musicis, & scenicis. c. 2. de Musica theatrali. c. 3. de Musica. c. 4. de Musicæ partibus. c. 5. de cantico assæ vocis. c. 6. de fibula. c. 7. de Phonascis. c. 8 de mollienda voce. c. 9. de Plasmate. c. 10. de Cantu in scena. c. 11. de vocibus Iuleis. c. 12. de Mesochoro, Hilarodo, Magodo, & aliis. c. 13. de Chori Canticis. c. 14. de Choris cyclicis. c. 15. de Chorago, & Chorodidascalo. c. 16. de Choro. c. 17. de tropis Musicæ. c. 18. de Musicà Pythagorica. c. 19. de Musica, quæ fit flatu, pulsu, aut tactu. c. 20. de organis empneustis. c. 21. de Tibia. c. 22. de Tibiæ auctore. c. 23. quid intersit inter tibiam & fistulam. c. 24. de rebus quibus usi tubicines. c. 25. de foraminibus tibiæ. c. 26. de tibiarum varietate. c 27. de variis tibiarum modis. c 28. de nomis tibicinum. c. 29. de tibiæ cantu. c. 30. de Pythaule & Pithaule. c. 31. de Panduria. c. 32. de Hydraule. c 33. de Organis. c. 34. de sorte tibicinum, & citharœdorum. c. 35. de Utriculariis. c. 36. de Cithara. c. 7. de Cithara, Lyra, Chely. c. 38. de partibus Citharæ. c. 39. quomodo Cithara pulsaretur. c. 40. de habitu Citharœdi. c. 41. de Citharæ sonis. c. 42. de legibus Citharœdorum in theatro. c. 43. de nouis citharœdicis. c. 44. de Psalterio. c. 45. de Barbito & Trigono. c. 46. de Crotalo. c. 47. de Sambuca. c. 48. de Sistro, und das 49 de versu Heroico, Iambo, & Lyrico.

Bull. (*Joannes*) ein Engländischer Doctor Musices von Cambridge, wurde an. 1596, als der erste Professor dieser Facultät, an das Collegium Greshamense nach Londen, unter seiner Besoldung von 50 lb. beruffen, trat solche Bedienung, nebst 6 neuen Professoribus anderer Disciplinen, nemlich der Theologie, Medicin, Juris Civilis, Astrono-

mie, Geometrie und Rhetorik, an. 1597 im Monat Junio an, und wurde wegen seiner Kunst so wohl von der Königin Elisabeth, als andern ausländischen Prinzen (denen er auf seinen Reisen bekannt worden) sehr æstimiret. f. *Ant. à Wood* Histor. & Antiquit. Universit. Oxoniensis, p. 307.

Bullialdus (*Jsmaël*) oder Boullieau, ein gelehrter Frantzose, gebohren zu Loudun an. 1605 den 28 Sept. welcher sich von den Reformirten zum Römisch-Catholischen gewendet, legte sich mit grossem Ernst auf die Theologie, Rechts-Gelahrheit, Mathematic und Astronomie, that viele Reisen in Holland, Teutschland, Polen und Orient; da er benn an vielen Höfen wohl aufgenommen worden, und endlich in der Abtey S Victor zu Paris an 1694 den 25 Novembr. gestorben. f. das comp. Gelehrten-Lex. Gab an. 1644 des Theonis Compendium: de Arithmetica & Musica, mit der Lateinischen Übersetzung, und gelehrten Anmerckungen zu Paris in 4to heraus.

Bulyovszki (*Michaël*) de Dulicz, ein, von dem in der Ober-Ungarischen Graffschafft Turocz oder Ovvar liegenden Lehn, also genannter Edelmann, welcher, nachdem er in seinem Vaterlande den Grund gelegt, erstlich zu Wittenberg, hernach zu Tübingen, und letzlich zu Strasburg studiret, so, daß er ein frommer Theologus, vortrefflicher Jurist, subtiler Philosophus, sinnreicher Mathematicus, fertiger Poet, und braver Instrumental-Musicus geworden, bekam anfänglich zu Oehringen im Hohenlohischen, hierauf am Gymnasio zu Stuttgardt, und letztens am Durlachischen Gymnasio das Amt eines Rectoris; ließ an 1680 eine kurtze Vorstellung von Verbesserung des Orgel-Wercks, Lateinisch und Teutsch zu Strasburg in 8vo von 9 Bogen drucken, und dedicirte selbige dem Magistrate daselbst. An. 1693 hat er zu Oehringen den Hodegum Gymnasii Hoenloici Calendariographum in 8vo; und an. 1705 zu Durlach den Speculum librorum Politicorum Justi Lipsii in 12mo heraus gegeben. f. *Czvittingeri* Specimen Hungariæ literatæ, p. 91 sqq. Daß er nachhero auch Marggräfl. Baaden-Durlachischer Kirchen-Rath gewesen, bezeuget ein unterm 8ten Martii an. 1709 an D. Fechten in Rostock von ihm abgelassener latei-

lateinischer, und in Matthesonii Crit. Muſ. T. 2. p. 246 unvollkommen eingeruckter Brief. In ſolchem nennet er ſich ſelbſt nicht einen Rectorem (wie Czvittinger gethan) ſondern einen Profeſſorem Philoſophiæ und Pro-Rectorem.

Bund-frey, heiſſet: wenn die Saiten eines Clavichordii alſo diſponirt ſind, daß, ſo man zweene neben einander liegende diatoniſche Claves, auch wohl einen diatoniſchen entweder mit ſeinem vorhergehenden, oder drauf folgenden chromatiſchen zugleich anſchlägt, auch zweene verſchiedene Klänge, oder Secunden gehört werden.

Buntingus (*Henricus*) gebohren zu Hannover an. 1545, wurde anfänglich Paſtor zu Gruno im Braunſchweigiſchen. ſ. *Geſneri* Biblioth. und hernach Superintendent zu Goßlar. ſ. das comp. Gelehrten-Lex. ſchrieb unter andern, eine Oration: de Muſica, welche an. 1596 zu Magdeburg in 4to gedruckt worden. ſ. *Draudii* Bibl. Claſſ. p. 1640.

Buochner oder **Bucchner** (*Joan*) iſt ein Scholar Pauli Hofhaimeri, und berühmter Muſicus zu Coſtnitz geweſen. ſ. *Luſcinii* Muſurg. lib. I. p. 17.

Buonaccordo (*ital.*) iſt ein kleines beſaitetes Schlag-Inſtrumentgen oder Spinettgen, worauf Kinder, wegen ihrer kurtzen Finger, zu ſpielen pflegen. ſ. *Vinc. Galilæi* Dialoga della Muſica antica e moderna, p. 61. ſq.

Buonporti (*Francesco Antonio*) ein Edelmann zu Trento, hat 10 muſicaliſche Wercke heraus gegeben. Die beyden erſten beſtehen aus drey-ſtimmigen Sonaten, à 2 Violini, Violoncello e Continuo. Das dritte, ſo 6 Motetten à Canto ſolo mit 2 Violinen in ſich hält, iſt an. 1702 zu Venedig bey Giuſeppe Salò gedruckt, und dem Ertz-Biſchoffe zu Saltzburg, Joh. Erneſto, Grafen zu Thun, und Fürſten des H. Römiſchen Reichs dedicirt worden. Opera 4 und 6 liefern drey-ſtimmige Sonate da Camera. Opera 7 beſtehet aus 10 Partien à Violino ſolo e Continuo. Opera 8, le Triumphe de la grande Alliance genannt, liefert 100 Menueten für eine Violin und Baß. Das 9te Werck beſtehet aus Balletti à Violino ſolo e Continuo. Des Zehente, Inventioni genannt, iſt an. 1714 zu Trento

ans Licht gekommen, und machet 10 Suiten für eine Violin und G. B. aus.

Burchardus (*Georgius*) ein Mönch, hat an. 1624 eine vierſtimmige Miſſam, nebſt einigen 2. 3. und 4ſtimmigen Symphonien zu Augſpurg bey Georg Willern drucken laſſen. ſ. *Draudii* Bibl. Claſſ. p. 1634.

Burck (*Joachim à*) ein Raths-Verwandter, Componiſt und Cantor zu Mühlhauſen, im Ertz-Stifft Magdeburg gebohren und erzogen, (und vielleicht aus der 2 Meilen von Magdeburg an der Elbe liegenden Stadt Borg oder Burg gebürtig) hat faſt alle Melodien zu M. Helmoolds Kirchen-Liedern geſetzt, auch ſonſten folgende Wercke heraus gegeben, als:

(1. Eine teutſche Paßion, an. 1550 zu Erffurt in 4to gedruckt.

(2. Cantiones ſacras 4 vocum, an. 1569.

(3. Das Symbolum Apoſtolicum, Nicænum, Te Deum laudamus, und die Einſetzungs-Worte des H. Abendmahls mit 4 Stimmen in 4to, gleichfalls an. 1569 zu Mühlhauſen gedruckt.

(4. Vier Decades Sententioſorum verſuum, in 8vo, an. 1567.

(5. Zwantzig geiſtliche Oden, auf Villanellen-Art geſetzt; davon der 1ſte Theil an. 1512. zu Erffurth und der 2 Theil an. 1578 zu Mühlhauſen in 8vo. heraus gekommen. ſ. *Draudii* Biblioth. Claſſ. p. 1616. 1620. 1636. und 1645.

(6. Viertzig teutſche Lieder vom H. Eheſtande, mit 4 Stimmen in 8vo 1583 edirt. ſ. *Gesneri* Biblioth.

(7. Die Hiſtorie des Leidens JEſu Chriſti, aus dem Evangeliſten Luca, von 5 Stimmen, an. 1597 zum erſtenmahle zu Mühlhauſen in länglich 4to gedruckt, und Henrico Julio, poſtulirten Biſchoffe des Stiffts Halberſtadt, Hertzogen zu Braunſchweig und Lüneburg dedicirt.

In dieſer Zuſchrifft meldet er: daß die an. 596 zu Gröningen von nur gedachtem Biſchoffe erbauete, und durch David Becken von Halberſtadt verfertigte Orgel, unter andern, vielen vornehmen Symphoniſten, auch von ſeiner wenigen Perſon, ſey probirt worden. Dieſes habe deswegen hier anführen wollen; weil in dem vom ſeel. Werckmeiſter edirten Organo Gruningenſi redivivo, und unter denen daſelbſt nahmentl. ſpecificirten 53 Organiſten, (ſo dieſes Werck probiret,) und zuſammen 3000 Rthlr. Tranck= Geld bekommen haben,) ſeines nicht erwehnet wird.

Burckart (*Gottſchalck*) ein Niederländer, hat die Orgel in der St. Peters-Kirche zu Lübeck von 45 Stimmen verfertiget, deren diſpoſitio beym Prætorio, T. 2 Synt. Muſ. p. 164 ſeq. beſindlich iſt.

Burckhart (*Nicolaus*) ein Oeſterreicher, war an. 1553 in Kayſers Ferdinandi III. Capelle ein Tenoriſt. ſ. *Bucelin.*

Burckhard, ein Orgelmacher zu Nürnberg, war zu ſeiner Zeit, daß er groſſe Orgelwercke geſchickt verfertigte, berühmt, dergleichen er hin und wieder in Teutſchland viele zu machen fande. Er bauete an. 1474 zu Nürnberg in der Kirchen zu S. Sebald eine Orgel, die ihme noch weiter ein groſſes Lob zu wege gebracht. Starb nach an. 1500. ſ. Hrn. Profeſſ. Doppelmayers Hiſtoriſche Nachricht von den Nürnbergiſchen Mathematicis, P. 2. p. 282.

Buret, ein Frantzoſe, hat drey Cantaten-Wercke heraus gegeben; die zwey letztern beſtehen nur aus einer eintzigen Cantate, die erſte heiſſet Bal, und die zweyte Daphné. ſ. Boivins Muſic- Catalogum aufs Jahr 1729, p. 11.

Burgdorffius (*Zacharias*) ein Componiſt zu Gardeleben, 7 Meilen hinter Magdeburg in der Alten Marck liegend hat 1582 ein fünff-ſtimmiges Magnificat zu Magdeburg drucken laſſen. ſ. *Draudii* Bibliothec. Claſſ. p. 1631.

Burleſco (*ital.*) burlesque (*goll.*) Adj. ſchertzhafft, kurtzweilig. ¿. S. Ouverture burlesque, eine poßirliche, kurtzweilige Overture, darinnen nebſt ſerieuſen, auch bisweilen lächerliche aus Quinten und Octaven beſtehende Melodien angebracht werden.

Burlini (*Antonio*) hat die Riviera fiorita drucken laſſen. ſ. *Prætor.* T. 3. p. 180.

Burlinus (*Gulielmus*) ein Flanderiſcher wohlerfahrner Muſicus, hat ſich ehemals in Italien aufgehalten, daſelbſt, durch Herausgebung verſchiedener Kirchen-Stücke, einen Ruhm erworben und nach Conſtontinopel ſich gewendet. ſ. *Sander* de Scriptoribus Flandr. p. 65.

Burmeiſterus (*Joachimus*) ein Magiſter

und Schul-Collega zu Roſtock, ließ an. 1601 ſeine αὐτοχειδιαϛικήν, und an. 1606 ſeine Muſicam Poëticam daſelbſt in 4to drucken.

Burnetti (*Domenico*) war ums Jahr 1633 Ober-Capell-Meiſter an der S. Petronii Kirche zu Bologna. ſ. Academia de' Muſici *Filaſ biſi.* und gab 5ſtimmige Magnificat heraus ſ. *Parſto. ſſ* Catal.

Burta (*Carolus*) war in Kayſers Caroli V. Capelle, ums Jahr 1543 ein Altiſt. ſ. *Mamerani* Catal. familiæ totius aulæ Cæſareæ, p. 12.

Burtius (*Nicolaus*) hat in lateiniſcher Sprache ein Werckgen: de Muſica, cum defenſione Guidonis Aretini, geſchrieben, ſo an. 1587 zu Bologna in 4to gedruckt worden. ſ. *Königii* Biblioth. und *Th. Hyde* Catal. Bibliothecæ Bodlejanæ. Es iſt ohne Zweifel der von Parma gebürtig und zu Bologna bekannt geweſene Redner und Poet, von welchem Ariſius in Cremona literata T. I. p. 76 und 77 meldet: daß er vor 190 Jahren floriret habe. (Nur gedachtes Buch aber iſt an. 1702 zu Parma heraus gekommen.)

Buſacca (*Cætanus*) ein Sicilianiſcher Abt von Milazzo gebürtig (Mylenſis) und daſelbſt geweſener Capell-Meiſter, hat, wie Mongitor in ſeiner Bibliotheca Sicula, T. I. p. 120 aus einem von Franciſco Amico aus Milazzo an ihm abgelaſſenen Schreiben meldet: muſicaliſche Wercke heraus gegeben.

Buſatti (*Cherubin*) hat Moretti à Voce ſola e Continuo ans Licht geſtellet.

Buſchius (*Caſpar*) ein ehemahls zu Nürnberg ſehr berühmt geweſener, und im 42 Jahr ſeines Alters verſtorbener Organiſt, deſſen Beyerlinck in ſeinem Theatro vitæ humanæ, T. V. f. 658 gedencket.

Buſcopius (*Cornelius*) hat 50 Davidiſche Pſalmen, mit 4 Stimmen geſetzt, zu Düſſeldorff drucken laſſen. ſ. *Geſneri* Biblioth.

Buſnois, ein Muſicus, deſſen Garzoni in der Anmerckung über den 42ten Diſcours ſeiner an. 1595 zu Venedig gedruckten Piazza univerſale, p. 376 erwehnet.

Buß (*Andreas*) von Braunſchweig, war unter den 53 verſchriebenen Organiſten der 34ſte, welcher das an. 1596 in die Schloß-Kirche zu Grüningen erbauete
koſt-

koſtbare Orgel-Werck beſpielt und examinirt gehabt. ſ. Werckmeiſters Organum Gruningenſe redivivum, §. 11.

Buteo (*Joannes*) oder de Boteon, ein berühmter Frantzöſiſcher Mönch des S. Antonii - Ordens von Vienne, aus Charpei nahe bey Valence im Delphinat gebürtig, hat ſich ſonderlich auf die Jura, Sprachen und Matheſin gelegt, verſchiedene mathematiſche und muſicaliſche Inſtrumente erfunden, auch ſonſten de Arca Noæ, cujus formæ & capacitatis fuerit, an. 1550 an den Cardinal Franc. Tournon; de quadraturis Circulorum; de libra & ſtatera; de pretio margaritarum, &c. geſchrieben, welche Wercke zu Lion in 4to zuſammen edirt worden. Muſte ſich, wegen der innerlichen Kriege, nach Romans retiriren, woſelbſt er an. 1564 im 75 Jahre ſeines Alters, vor Verdruß geſtorben. ſ. das Gelehrten-*Lex.* und *Sixti Senenſis* Biblioth. Sanct. f. 253.

Buterne, war der dritte von denen an. 1678 an Mr. de la Barre Stelle zugleich angenommenen vier Königl. Frantzöſiſchen Organiſten bey der Capelle, welcher das 3te Quartal im Jahr, nemlich den Monat Julium, Auguſtum und September zu beſorgen überkommen. ſ. den *Mercure Galant*, im Monat Junii des 1678ten Jahrs, p. 125. Auf einer von Mr. Dandrieu aufs Clavier geſetzten, und in Kupffer edirten vite, welche dieſer jenem dedicirt, wird er genennet: Ecuyer ancien Capitoul de la Ville de Touloufe, & Organiſte de la Capelle du Roy à Paris; möchte auf Teutſch ohngefehr ſo viel heiſſen: ein Ritter und älterer Bürger-Meiſter, oder Stadt-Hauptmann zu Touloufe, &c.

Buthnerus (*Crato*) war gebohren an. 616 zu Sonnenberg in Thüringen, wurde anfänglich an der S. Salvators-Kirche in einer der Vorſtädte zu Dantzig Organiſt und Cantor, hierauf in der Stadt ſelbſt, und zwar an der S. Catharinen-Kirche und Schule Muſic-Director und Cantor, und ſtarb unverheyrathet an. 1679, beſage der in nurbeſagter Kirche ihm zu Ehren geſetzten Grabſchrifft, alſo lautend:

D. O. M. S.
Crato Buthnerus
Sonnenberga Thuringus.
Muſarum Cultor eximius,
Olim in ſuburbano hic ad ſanctiſſimam
Salvatoris Ædem
Organo Templi muſico & Cantoris
Muneri præfuit.
Dein intra Urbem
Ad hanc S. Catharinæ Ædem Director
Chori Muſici
Et Cantor conſtitutus,
In Templo pariter & in Schola munere ſuo fideliter perfunctus eſt.
Vitam egit cœlebs Muſarum amore & dote contentus moriens.
Famam Scientiæ Muſicæ præclaræ ſtudiique muſici inexhauſti
Etiam poſt Fata ſuperſtitem in ore Muſas amantium,
Inſuperque opera harmoniaca quam plurima
et numeros innumeros
In ſacrum publicorum ornamentum ſua ſolertia
compoſitos
Eccleſiæ huic reliquit.
Denique hic conditus & compoſitus corpore
quidem requieſcit,
Anima vero inter choros cœleſtes
Jeſſæa præcinente Lyra
Quod perpetuum ita ſupremum ejus etiam
Votum fuit:
Miſericordias Domini cantabo in æternum.
Pſalm. LXXXIX.
Natus Anno M. DC. XVI. Denatus Anno M. DC. LXXIX.

ſ. *Curickens* Hiſtor. Beſchreibung der Stadt Dantzig, p. 328.

Büthnerus (*Fridericus*) ein berühmter Mathematicus, gebohren zu Oputsch in Böhmen, allwo sein Vater Adam Büthner, ein Prediger, damahls im exilio lebte, an 1622, den 11ten Julii, studirte zu Dantzig, Breßlau, Thorn, Königsberg, Wittenberg und Franckfurt an der Oder; wurde hierauf Rector der Johannis-Schule in Dantzig, und Professor Mathematum am Gymnasio daselbst, und starb an. 1701, den 13 Febr. s. comp. Gelehrten-*Lex*. Hat unter andern Scriptis ineditis, auch eine Musicam und Computum Ecclesiasticum von 12 Bogen im MSt. hinterlassen. s. *M. Rodolphi Mart. Meelführeri* Accessiones ad Theod. *Jansonii ab Almeloveen* Biblioth. promissam & latentem, p. 13.

Butler (*Carolus*) ein Engeländer, gebohren an. 1560 zu Wycomba in der Grafschafft Buckingham, wurde an. 1579 im Magdalenen-Collegio zu Oxford ein Clericus, an. 1587 Artium Magister, kurtz drauf zu Baginstock oder Basingstock in der Grafschafft Hantshire Schul-Rector, und sieben Jahr hernach zu dem 3 Meilen davon liegenden Vicariat S. Laurentii in Wotton befördert, woselbst er, unter andern, in seiner Sprache: the Principles of Musick, i. e. Principia Musices geschrieben, und an. 1636 zu Londen in 4to drucken lassen. Ist gestorben an. 1647 den 29 Martii, im 88ten Jahre seines Alters, im 47 seines Vicariats, und liegt zu gedachtem Wotton in Chor begraben. s. *Freheri* Theatrum Virorum eruditione clarorum, p. 533.

Büttner (*Erhard*) Cantor zu Coburg, von Römhild gebürtig, hat an. 1617 auf die am 30 Sept. gehaltene Hochzeit Hrn. M. Joh. Matthæi Meyfarts, damahligen Professoris am Coburgischen Gymnasio, den 27 Psalm mit 8 Stimmen; an. 1621 auf D. Joh. Jacob Draconis Hochzeit eine Odam Paradisiacam; und an 1622 auf Hrn. Daniel Langerns, eines Coburgischen Bürgermeisters, Hochzeit, den 46ten Psalm Davids mit 8 Stimmen componiret, und in 4to daselbst drucken lassen. An. 1624 ist sein μέλος ἐυχάριστον, oder das Lied: Singen wir aus Hertzens Grund, von 6 Stimmen, zu Coburg in 4to gedruckt worden. Daß er wegen begangenen Ehebruchs, und darauf erfolgter Melancholie, an. 1625 den 19 Januarii mit drey Stichen sich selbst ermordet habe; lieset man in Hrn. D. Hönns Chronicke, P. 2 p 251. Seine Rudimenta musica sind an. 1623 zu Coburg in 8vo. gedruckt worden.

Büttner, (*Jacob*) ein Lautenist, gab an. 1683 nach der damahligen neuesten und galantesten methode, die Laute zu tractiren, 107 überaus anmuthige und schöne Lauten-Stücke (wie seine eigene Worte lauten) zu Nürnberg heraus. s. Barons Unters des Instruments der Laute, pag. 73.

Buttstett (*Joh. Heinr.*) eines Priesters Sohn, von Bindersleben, einem unweit Erffurt liegenden, und dahin gehörigen Dorffe, gebürtig, war gebohren an. 1666 den 25ten April, wurde anfänglich in nurgedachter Stadt an. 1684 an der Reglerian. 1687 an der Kauffmanns-Kirche Organist, und zugleich an derselben Schule Collega 6tus, nachgehends aber an. 1691 an der Prediger- als Haupt- und Raths-Kirche unter den Evangelischen daselbst Organist. Von seinen Clavier-Sachen ist im Druck nach und nach heraus gekommen: (1 Allein GOtt in der Höh sey Ehr, von 2 Variationen, nebst dem schlechten Choral, an. 1705. (2. Wo GOtt zum Hauß nicht giebt seine Gunst, von 3 Variationen, an. 1706, und (3, an. 1713 die also genannte Kunst- und Vorraths-Cammer, worinnen 4 Præludia mit ihren Fugen, eine Aria mit 12 Variationibus, und 2 Partien enthalten sind. Dieses Werck hat er dem Grafen von Boineburg, als damahligem Studthalter in Erffurt, dedicirt. Nach der Zeit ist auch sein also titulirtes Ut. Re. Mi. Fa. Sol. La, tota Musica, &c. ein theoretisches teutsches Scriptum, so er dem Neu-eröffneten Orcheftre des Hrn. Mattheſons entgegen gesetzet, in 4to; ferner sind 4 Missen; und an. 1719 ein teutsches Kirchen-Stück: Zeuch mich dir nach, so lauffen wir, etc. à 4 Voci, 1 Violino, 2 Viole, Violoncello e Cont: bey derseits in folio zu Erfurt ans Licht getreten. Er ist sowohl in der Composition als Clavier-Spielen ein Scholar Hrn. Johann Pachelbels gewesen, und an. 1727 den 1 Decemb. gestorben.

Buus (*Giacomo*) ein Organist zu S. Marco in Venedig, ums Jahr 1580, hat 4= und 5stimmige Motetten und Madrigalien, ingleichen Ricercari fürs Clavier edirt, f. Libraria del Doni, p. 81 à p. 83 b. uub p. 84 a.

Buxte=

Buxtehude (*Dietrich*) Organiſt an der Haupt-Kirche zu S. Marien in Lübeck, ein Sohn Johann Buxtehudens, 32 Jahr lang geweſenen Organiſtens an der S. Olai-Kirche zu Helſingör in Dännemarck, hat 2 Opera à Violino, Violadagamba e Cembalo, und zwar das letztere Werck an. 1696 zu Hamburg in folio durch den Druck bekant gemacht. Von ſeinen vielen und künſtlichen Clavier-Stücken iſt auſſer dem, auf ſeines Vaters Tod, nebſt einem Klag-Liede geſetzten Choral: Mit Fried und Freud ich fahr dahin, etc. meines Wiſſens ſonſten nichts im Druck publicirt worden.

Byſtyn (*Pierre*) ein Organiſt in Seeland, hat 9 Suiten fürs Clavier, ſo ſein erſtes Werck iſt, zu Amſterdam bey Roger in Kupffer ſtechen laſſen, und ſelbige Hrn. Pierre de Huybert, einem membro des Flandriſchen Raths, zugeſchrieben.

C.

C. Wenn dieſer groſſe Buchſtab im General-Baſſe vorkommt, ſo zeiget er an, daß daſelbſt der Diſcant ſingen werde.

C. 1. } bedeutet den { erſten } Diſcant.
C. 2. }   { zweyten }

Auf Orgeln, oder auch andern Inſtrumenten, wird der unterſte c-clavis auch alſo C gezeichnet, und das tiefe c genennet, gleichwie die darauf folgende das ungeſtrichene, ein- zwey- und dreygeſtrichene c heiſſen; weil ſie in teutſcher Tabulatur alſo: C. c. c̄. c̿. c⃛. pflegen notirt, und eins vom andern unterſchieden zu werden.

C. Dieſes gleich im Anfange eines Syſtematis. nach dem Muſic-Schlüſſel, oder auch anders wo geſetzte Zeichen, ſo die Frantzoſen C ſimple, und die Teutſchen insgemein das ſchlechte C nennen, (es iſt aber eigentlich ein halber Circul) bedeutet einen entweder aus vier geſchwinden oder langſamen Theilen beſtehenden Tact, nachdem nemlich allegro oder adagio dabey ſtehet: iſt aber nichts dabey notirt, ſo wird alleʒeit adagio drunter verſtanden, und eine langſame Menſur gegeben, welche die Welſchen tempo ordinario, und tempo alla Semibreve nennen.

₵ barré, coupé, taillé, tranché (*gall.*) ₵ tagliato (*ital.*) das durchſchnittene C, oder vielmehr der durchſchnittene, oder von einander geſpaltene halbe Circul, zeiget einen geſchwinden und gleichen Tact an, und wird ſowohl beym allabreve oder da Capella in Kirchen-Sachen, als auſſer dieſen bey Fugen, Bourréen, Gavotten, u. d. g. gebraucht; da aber immer eine Gattung geſchwinder als die andere tractirt wird.

₵ Dieſer durchſchnittene und mit einem Punct in der mitten verſehene halbe Circel bedeutete ehemahls: daß in proportionirten Tacte eine Semibrevis 𝅝, drey Minimas 𝅗𝅥 𝅗𝅥 𝅗𝅥 gelten würde; welches Prolatio hieß.

Wenn in einem Zwey-ſtimmigen alſo genannten Canone zu Anfange des Syſtematis ein ſchlechter, und ein durchſchnittener halber Circul, über einander geſetzt, vorkommen, muß die eine Stimme die Noten, Pauſen und Puncte in ihrer gewöhnlichen Geltung, wie ſie nemlich da ſtehen; die zweyte Stimme aber ſelbige noch einmahl ſo lang tractiren: wieder von Joh. Andr. Herbſten verfertigte, und in deſſen Muſica Poëtica c. 9. p. 96 befindliche Canon ausweiſet. ſ. Tab. III. Fig. 8.

Welches Zeichen von beyden oben ſtehet, deſſelben Art fängt auch zu erſt an. Bey den alten Muſicis war dieſer halbe Circul C des alſo ſtehenden Ↄ ſein duplum; gleichwie die Fuſa 𝅘𝅥𝅮 d er umgekehrten 𝅘𝅥𝅮, und die Achtel-Pauſe 𝄾 der verkehrten 𝄾 ihr duplum. Solches geſchahe ad imitationem der alten Grammaticorum, bey welchen der Buchſtab C, ʒ. E. Cajum, den Mann, als das vollkommenere; und der umgewandte Buchſtab Ↄ, Cajam, das Weib, als das unvollkom̃enere und ſchwächre bedeutete; wie ſolches Andr. Ornithoparchus lib. 2 c. 13. Microl. aus dem Valerio Probo, und Fabio Quintiliano anführet.

C dur heiſſet: wenn die Terz dazu nicht das weiche c (welches füglich es genennet werden kan,) ſondern das rechte und natürliche e iſt.

C moll heiſſet: (1. in Anſehung des Clavis, wenn nehmlich vor dem c. clavi ein b ſtehet;

stehet; da alsdenn, in Ermangelung des rechten und eigentlichen clavis, auf dem Clavier die palmula h muß genommen werden. (2. in Ansehung des Modi, wenn die Terz zum c nicht e, sondern es, oder das weiche e ist. s. Tab. IV. fig. 1.

Cabezon (*Antonius*) ein Capell- und Cammer-Musicus beym Könige in Spanien Philippo II. aus Madrit gebürtig, hinterließ seinem Sohne: Libro de Musica para tecla, harpa, y viguela, b. i. ein Music-Buch vors Clavier, Harffe, und Guitarre, welches nachgehends an. 1578 daselbst bey Francisco Sanchez in folio gedruckt worden. Ist gestorben an. 1566. den 26 Martii, im 56 Jahre seines Alters, und liegt in der Franciscaner-Kirche zu Madrit, unter folgender Inscription, begraben:

Hic situs est felix Antonius ille sepulchro,
Organici quondam gloria prima chori.
Cognomen Cabezon cur eloquar?
inclyta quando
Fama ejus terras, Spiritus astra colit.
Occidit, heu! tota Regis plangente Philippi
Aula; tam rarum perdidit illa decus.

s. *Antonii* Biblioth. Hispan.

Cabinet d'orgues (*gall.*) Organi musici armarium (*lat.*) ein Orgel-Gehäuß. Cabinet portatif (*gall*) Organum gestatile s. portatile (*lat.*) ein Positiv, so fort getragen werden kan s. *Mersen.* lib. 3. de Instrum. Harmon. Propos. 16. p. 138.

Cacapensiero, also nennen die Toscaner eine Maul-Trummel, oder ein Brum-Eisen s. *Bisciola* Hor. Subces. T. 2. lib. 2. c. 18.

Caccini (*Giulio*) von Rom gebürtig, daher er auch Giulio Romano genennet worden, hat nach Prætorii Zeugniß T. 3. p. 250. Syntag Mus. herausgegeben: le nuove Musiche.

Cadence (*gall.*) Cadenza [*ital.*] Cadentia [*latin*] ein Stimm-fall, Gesang- oder Harmonie-Schluß, dienend, ein Musicalisches Stück entweder gänzlich, oder nur zum Theil zu endigen; solches geschiehet nun ordentlich auf einer von den Noten derjenigen triadis harmonicæ, woraus das vorhabende Stück gehen soll; ausserordentlich, aber auch auf andern Noten, die nicht in dergleichen triade enthalten sind.

Cadentia Altizans (*lat.*) eine *altisirende Cadenz*. oder dergleichen Schluß, siehe Tab. IV. fig. 2.

Cadentia Cantizans (*lat.*) eine *discandisirende Cadenz*, oder dergleichen Schluß heisset; wenn die in einer Formal Cadenz sonst gewöhnliche, nehmlich aus der Quart und Terz bestehende Discant-Clausul im Baß, oder in der fundamental-Stimme angebracht wird. s. Tab. IV. fig. 3.

Cadenza composta (*ital.*) Cadentia composita (*lat.*) eine zusammen gesetzte oder *extendi*rte Cadenz ist wenn in einem Quatuor die Grund-Stimme zwar nur aus zwo entweder um eine Quint herunterwerts fallenden, oder um eine Quart aufwerts-steigenden Noten bestehet; zwo von den übrigen Stimmen aber über der letzten Note ohne eine, mehrere Noten anbringen und hören laßen. Wenn demnach nurgedachte Nota penultima Basi, im ordinairen Tact, eine Semibrevis ist, und über solcher in den andern Stimmen vier Viertel zu stehen kommen, so ist es eine

Cadenza composta maggiore (*ital.*) grosse zusammengesetzte oder *extendirte* Cadenz. s. Tabel. IV fig. 4. In proportionirten Tacte müssen zu jetzt-gedachter Cadenz-Art zweene Tacte genommen werden, weil einer allein dazu nicht hinlänglich ist. s Tab: IV: f. 5. Wenn Nota penultima Basi nur eine Minima ist, und über solcher nur zwey Viertel angebracht werden, so ists eine

Cadenza composta minore (*ital.*) eine kleine zusammen gesetzte Cadenz. s. Tab. IV. fig. 6. Wird eine Semibrevis, als Nota penultima Basi einer Cadenz, in 2, 4 oder 8 Theile zergliedert, so entstehet daduch eine

Cadenza composta maggiore diminuita (*ital.*) s. Tab. IV. fig. 7. Wird aber nur eine dergleichen Minima in kleinern Noten verändert vorgestellet, so ists eine

Cadenza composta minore diminuita (*ital.*) s. Tab. V. fig. 1. s. *Gaspar*ini l'Armonico Pratico al Cembalo, cap. 6.

Caden-

Cadence détournée (*gall.*) eine Cadentz, da der Baſs, an ſtatt in die Quart zu ſteigen, oder in die Quint zu fallen, entweder um einen Ton, oder auch nur um ein Semitonium hinauf, oder um eine Terz herunter ſteiget. conf. *Cadentia Altizans.*

Cadence dominante (*gall.*) Cadentia dominans (*lat.*) eine Cadentz, ſo auf dem obern ſono einer triadis harmonicæ formiret wird.

Cadence doublée (*gall.*) ein doppeltes, oder vielmehr *variirtes trillo* oder *tremblement*, wird von *Mr. d' Anglebert* vors Clavier notirt und exprimirt, wie *Tab V. Fig.* 2. zu ſehen. Wenn demnach die Frantzoſen ihr tremblement eine Cadence nennen, geſchiehet es abuſivè, und wird das accidens bey einer Cadentz vor die Subſtantz ſelbſt ausgegeben. Da auch von Italiäniſchen Sängern gemeldet wird: daß ſie doppelte und dreyfache Cadentzen [Cadenzes doublées & redoublées] von 2. 3. 4 = = bis 8 Tacten machen; iſt, nach *Matthesonii* Beurtheilung Crit. Muſ. T. 1. p. 123. hierunter auch dasjenige Moduliren, ſo vor der Cadentz hergehet, und gleichſam den Weg dazu bahnet, zu verſtehen: es ſey nun ſelbiges vom Componiſten aufgeſchrieben, oder werde vom Sänger extemporiſiret.

Cadence étrangere (*gall.*) eine frembde Cadentz, die nicht in den Modum eines Muſic-Stücks eigentlich gehört.

Cadence evitée, feinte (*gall.*) Cadenza sfuggita, finta (*ital.*) Cadentia ficta (*lat*) eine verſtellte Cadentz, oder Schlußmachung iſt: 1.] wenn der Baß, an ſtatt um eine Quart zu ſteigen, oder um eine Quint zu fallen, weil die übrigen Stimmen alles zur rechten Cadentz gehörige veranſtaltet, einen andern Weg, nemlich entweder in die Tertz herunter, oder um einen Ton, oder Semitonium in die Höhe unvermuthet gehet, und alſo ſeinen ſonſt gewöhnlichen progreſs vermeidet. 2.] wenn zwar die Grund-Stime den Quint- oder Quart-Sprung machet; die Ober-Stimmen aber nicht das ihrige, und bey einer rechten Cadentz nöthige beobachten, ſondern, an ſtatt der ſcharffen Tertz, die weiche, und in tenoriſirenden Cadentzen, an ſtatt der ſcharfen Sext, die weiche hören laſſen. vid. Tab. V. F 3. Conr. Matthei nennet ſolche Cadentzen: Clauſulas occultas. Ob übrigens eine ſonſt an ſich ſelbſt formale Cadentz darum, weil ſie in alſo genannten Clavibus fictis angebracht werde, Cadentia ficta zu nennen ſey? überlaſſe andern zu beurtheilen.

Cadenza fiorita(*ital.*) eine ausgeſchmückte Cadentz, die nemlich in viel kleine Noten getheilt wird. Solches kan ſo wol in der Grund-Stimme, [wie aus vorhergehenden ſchon bekannt iſt] als in den Ober-Stimmen geſchehen. ſ. *Tab.V.F.* 4. Dieſe Art nennet *Mr. Broſſard* eine Cadenze composé.

Cadence hors du Mode(*gall.*) eine auſer dem Modo angebrachte Cadentz.

Cadence imparfaite oder **attendante** (*gall.*) Cadenza imperfetta (*ital.*) Cadentia imperfecta (*lat.*) eine unvollkommene Cadentz heiſſet: wenn in der Quint einer triadis harmonicæ aufwerts ſpringend geſchloſſen, und der ſonſt drauf folgende Clavis, als die rechte Schluß-Note, erwartet und deſideriret wird. v. *Tab. V. F.* 5.

Cadence irreguliere (*gall.*) Cadenza irregolare (*ital.*) Cadentia irregularis (*lat.*) iſt, deren Final-Note keine von den eſſentiel-chorden desjenigen Modi iſt, aus welchem man arbeitet.

Cadence médiane oder **médiante** (*gall.*) eine Cadentz ſo im mittlern ſono einer triadis harmonicæ gemacht wird.

Cadence parfaite (*gall.*) Cadenza perfetta (*ital.*) Cadentia perfecta (*lat.*) eine vollkommene Cadentz iſt, wenn in der herunterwerts ſpringenden Quint geſchloſſen wird. ſ. *Tab. V. F.* 6. Und dieſe Art allein dörffte vielleicht eigentlich eine Cadentz [als welche den Nahmen à cadendo, vom fallen hat] genennet zu werden, verdienen, und die übrigen nur Stimm-Springe und Gänge ſeyn.

Cadence reguliere (*gall.*) Cadenza regolare (*ital.*) Cadentia regularis (*lat.*) iſt diejenige, welche auf die eſſentiel-chorden eines Modi fällt.

Cadencé (*gall.*) becadentzet. Cadenciren, heiſſet einen Schluß machen

Cadence trompeuſe (*gall.*) Cadenza d'inganno (*ital.*) eine betriegende Cadentz iſt, wenn an ſtatt der Schluß-Note, welche das Gehör natürlich erwartet, eine gantze oder halbe Tact-Pauſe geſetzt wird.

Caden-

Cadence simple (*gall.*) Cadenza semplice (*ital.*) Cadentia simplex (*lat.*) eine schlechte Cadentz heisset; deren Noten in allen Stimmen der Geltung nach einander gleich sind. s. *Tab.* V F. 7.

Cadenza semplice descendendo di grado (*ital.*) eine um einen grad herunterwerts gehende, schlechte, oder kurtz zu sagen: tenorisirende Cadentz [Cadentia renorizans] siehet aus wie die 8te *Fig.* der V. *Tab.* zeiget.

Cadet (*Ioan*) ein Bassonist in der Königlichen Capelle und Cammer-Music zu Dreßden an. 1729. s. den dasigen Hof- und Staats-Calender.

Cæsar (*Ioan Michael*) hat Psalmos vespertinos Dominic. & Festivos zu Auspurg in 4to drucken lassen. Das 4te Werck, wobey 2 aus vier Sing-Stimmen 2 Violinen, und 2 Violen bestehende Magnificat befindlich sind, enthält 2. 3. 4. 5 und 6 stimmige Stücke, nebst ihren Instrumenten. s. Hrn. Lotters Music. Catal.

Cæsarius (*Iob. Martinus*) hat Concentus Sacros 2-8 vocum an. 1622 zu München drucken lassen. s. *Draudii* Bibl. Class. p. 162.

Cæsaron, ein Römischer Baßist, so wegen seines sehr tieffen und starcken Singens berühmt gewesen. s. *Prætorii.* Syntag. Tom. 2. p 17.

Cæsura (*lat.*) bedeutet [1. einen musicalischen Durchschnitt, oder kleinen Unterscheid, vermittelst welches der Progressus Notarum gleichsam ein wenig gehemmet wird, und geschiehet entweder mit einer etwas längern Note; oder einer kleinen Pause, welche clausulam formalem in etwas nachahmen. [2. einen Theil der Section, welcher von seinem vorhergehenden oder folgenden mit einem jetzt beschriebenen Unterscheid abgesondert wird. Cæsuræ relativæ sind die, welche einander an der Zeit und modo progrediendi gleich seyn. v. *Tab.* V *Fig.* 9. A B ist die gantze Section, welche drey Cæsuras erster Bedeutung hat, nemlich C, D, E, und vier der andern Bedeutung, nemlich, A C, C D, D E. und E B ; davon die ersten drey, A C, C D, und D E Relativæ genennet werden, weil sie einander an der Zeit und modo progrediendi gleich seyn. s. Printzens Satyr. Componist. I. Theil, c. 8. p. 32. und 33.

Caffi (*Bernardo*) ein berühmt gewesener Componist zu Rom, dessen Bonanni p. 2. seines Gabinetto Armonico gedencket.

Caimo (*Giuseppe*) ein sehr berühmt gewesener Musicus und Componist zu Maylaud, welcher an. 1568 ein fünffstimmiges Madrigalien-Werck zu Venedig; an. 1571 ein 5. 6. 7. und 8 stimmiges Madrigalien-Opus zu Maylaud; ferner an. 1581 und 1582 zwey Bücher 4 stimmiger Madrigalien und an. 1584 zwey Bücher 4 stimmiger Canzonetten zu Brescia im Druck ausgehen lassen. s. *Picinelli* Ateneo dei Letterati Milanesi, p. 364.

Caisse (*gall.*) s. f. eine Trommel.

Caix (*de*) ein Frantzose, hat zwey Violdigamben-Wercke heraus gegeben. s. *Boivins* Music-Catalogum aufs Jahr 1729 p. 32.

Calabis (*lat.*) καλαβίς (*gr.*) ist, nach Meursii Muthmaßung in seiner Orchestra, ein Laconischer Tantz und Tantz-Lied gewesen, so im Tempel der Dianæ Derrheatidis gebraucht worden.

Calamaula, eine Rohr-Pfeiffe.

Calamaules, καλαμαύλης (*gr.*) der eine Rohr-Pfeiffe bläset.

Calamella oder **Calamellus**, bedeutet auch eine solche Pfeiffe, deren sich die Schweitzer annoch im Kriege bedienen sollen: der solche tractirt heisset: Calamellarius. s. des Hrn. *du Cange. Gl. ss. rium. conf.* Chalumeau.

Calamus, bedeutet bey den Lateinern (1. ein jedes Rohr. (2. insonderheit eine Pfeiffe; und soll nach Isidori Zeugniß, lib. 2. c. 20 Origin: ein absonderlicher Baum à Calendo, i. e. fundendo voces, also seyn genennet worden: welches aber von Plino lib. 16. c. 36. Natural. Histor. einem zu gewisser Zeit abgeschnittenen Rohre, um Pfeiffen daraus zu verfertigen, zugeeignet wird. s. *Barthol.* de tibiis veterum, c. 4. p. 30 & 31.

Calandrone (*ital.*) eine Schallmeyen-Art mit zwo Klappen, durch deren Niederdrucken der Wind durch zwey just gegen über stehende Löcher fähret. Ein mehrers davon s. in *Bonanni* Gabinetto Armonico, p. 68.

Calcagninus (*Cœlius*) ein in der Lateinischen Sprache sehr erfahrner Italiänischer

nischer Redner und Poet, wie auch Canonicus zu Ferrara, als seiner Geburths-Stadt, ist in seiner Jugend Kriegs-Cassirer gewesen, nachgehends aber in Gesandschafften gebraucht worden, hat Ober-Teutschland, Ungarn und Sarmatien durchreiset, und sein Leben an. 1540 beschlossen. s. das *comp* Gelehrten *Lexicon*, und des Auctoris Commentationem ad Lilium Gregor. Gyraldum: *quod studia sint moderanda*, *f* 324 & 325. In seinen an. 1544 zu Basel in folio gedruckten Operibus kommt hin und wieder, und sonderlich Epistolarum lib. 5. fol. 71 und 72. ferner im Tractat: Ne quis se à sua umbra vinci sinat, vel. de profectu, f. 330. und in der fol. 552 befindlichen Oration, oder Encomio Artium liberalium, etwas weniges, zur Music gehörig, vor. Sonsten kan aus dessen f. 566 befindlichen Tractat, Equitatio genannt, folgendes noch mitgenommen werden, durch was für Gelegenheit er nemlich seinen Tauf-Nahmen überkommen; und wie sein Pathe dem Vater prognosticiret habe: Er würde ein Gelehrter werden. Vom erstern schreibt er: Sein Vater habe, als er gebohren worden, eben des Ciceronis Epistel ad Cœlium, Ædilem curulem in Händen gehabt, und in selbiger folgende Worte gelesen: "ego de pro-"vincia decedens quæstorem Cœli-"um præposui, puerum inquis? at "quæstorem. At nobilem adolescen-"tem, at omnium ferè exemplo: ne-"que erat superiore honore ullus, "quem præficerem.", und daher gesprochen: gut! *Coelius mihi natus esto.* Und vom letztern meldet er dieses von sich selbst: daß er bey dem Tauff-Actu mit der rechten Hand des Priesters Buch dergestalt angefasset und gehalten habe, daß es ihme mit Mühe wieder aus derselben gebracht werden können, weswegen der Pathe obige Worte gesprochen. Ubrigens ist noch anzuführen, daß unser Calcagninus auf der Überschrifft obgedachter Wercke, welche sein gewesener Discipul und vertrauter Freund, *Antonius Musa Brasavolus*, nebst *Jacobo Bojardo*, und *J. an. Hieron. Monserrato*, gleichfalls guten Freunden des Auctoris, colligirt und publicirt, zwar ein Protonarius Apostolicus genennet wird; weil aber am Ende nur besagter Operum ein Panegyricus befindlich ist, welchen unser Calcagninus als ein Knabe pro Calcagnino, Protonotario Apostolico gehalten, scheinet solche Überschrifft nicht allzurichtig zu seyn. Daß unser Calcagninus von seinem Vetter, dem Protonotario Apostolico, zu sich nach Rom gezogen, Pabst Leoni dem X. recommendiret, auch von diesem erstlich mit einer Bedienung an der Cathedral-Kirche zu Agria, nach jenes Tode aber, mit dem Protonotariat begnadiget, und also dessen Nachfolger worden, lieset man in Clarmundi Vitis clariss. in re liter. Virorum, und zwar im 9ten Theile, p. 195; woselbst am folgenden Blat auch sein in dem Dominicaner-Closter zu Ferrara über der Thür seiner Bibliothec, darein er begraben worden, stehendes Monument angeführet wird, also lautend:

Ingredientibus.

Cœlius Calcagninus, Apost. S. Protonot. vivus sibi posuit. Hoc scilicet deerat temeritati humanæ, ut eorum curam susciperet, quæ neque vivis, neque mortuis essent profutura.

Exeuntibus.

Cum Cœlius Calcagninus nihil magis optaverit, quam de omnibus, pro fortunæ captu, optime mereri: decedens Bibliothecam, in qua multò maximam ætatis partem egit, in suorum civium gratiam publicavit, & in ea se condi mandavit. Tu quisquis es, rogo, ut hominis B. M. manibus Deum propitium preceris. Ex diuturno studio inprimis hoc didicit:

Mortalia contemnere, & ignorantiam suam non ignorare. s. *Swertii* Select. christiani orbis Delicias, p. 273.

Calcant, ein Balg-Treter bey Orgel-Wercken.

Calcanten-Glöckgen, ist an Orgeln ein Zug, wodurch dem Balg-Treter das Zeichen, die Bälge zu treten, gegeben wird.

Caldara (*Antonio*) hat einige Zeit als Vice-Capellmeister am Kayserlichen Hofe gestanden, und in solcher Qualität an. 1722 in der Fasten ein Italiänisches Oratorium, Giuseppe; und noch ein anders, il Rè del dolore in Giesu Cristo Signor nostro coronato di spine genannt, aufgeführet; Man hat von feiner Arbeit 2 Opera Sonaten à due Violini e Continuo, so zu Amsterdam in Kupffer gestochen worden sind: beym erstern ist ein Violoncello obligato; auf solchem nennet er sich einen Venetianer und Musico di Violoncello. Das dritte Werck, aus Cantate da Camera à Voce sola, nemlich 6 Canti und 6 Alti bestehend, ist an. 1699 zu Venedig bey Giuseppe Sala gedruckt, und vom Auctore einem vornehmen Frauen-Zimmer, Nahmens Giovanna de Moura Moncada Contarini, dedicirt worden.

Caldenbachius (*Christophorus*) Professor Eloquentiæ zu Tübingen, hat an. 1664 den 22 Junii eine Dissertationem Musicam daselbst gehalten, worinnen die 5 stimmige Motette: In me transierunt &c. des Orlandi di Lasso, nach den Compositions-Regeln examinirt wird. Der Respondens ist gewesen Elias Walther, von Arnstadt gebürtig, welcher nur gedachte Dissertation dem Hertzoge Ernesto zu Sachsen-Gotha dediciret. Daß er auch Professor Poëseos & Histor. gewesen, liest man in Wetzels Lieder-Historie, P. 2. p. 32.

Calderinus (*Domitius*) oder, wie er eigentlich geheissen: Domenico da Caldiera, von einem im Veronesischen wegen der Bäder bekannten Orte, also genannt, hat als ein Criticus zu Rom gelehret, und etliche Lateinische Poeten mit Commentariis illustriret, auch libros observationum, Orationes und Episteln geschrieben. Ist an. 1484 im 30 Jahre seines Alters an der Pest gestorben. s. das compend. Gelehrten-Lexic. und das *Giornale de' Letterati d' Italia*, Tom. XIII. Artic. XV. In gedachten Commentariis mag er wol verschiedenes, die Music angehend, haben, weswegen ihn Mr. Brossard p. 378. unter die Music-Auctores wiewol mit dem unrechten Nahmen, Calderius, gesetzet. In M. Ioan. Croeselii, gewesenen Universitäts-Secretarii zu Ingolstadt, an. 1584. in 8vo edirten Elogiis findet man p. 474. daß er an. 1477. gestorben seyn soll, und wird daselbst dieses von Politiano verfertigte Epitaphium angeführet:

Hunc Domiti siccis tumulum qui
transit ocellis,

Vel Phoebi ignarus, vel malè gratus homo est.

Intulit hic vatum cœcis pia lumina chartis,

Obstrusum ad Musas hic patefecit iter.

Hunc Verona tulit, docti patria illa Catulli :

Huic lethum, atque urnam Roma dedit juveni.

Calderon, also nennen die Spanier dasjenige Musicalische Zeichen, welches bey den Italiänern Corona heisset, und also ⌢ ausstehet. s. *Furetiere* Diction. unterm Wort: Point.

Calegari (*Maria Cattarina*) eine vortreffliche Italiänische Sängerin, und Tochter Bartholomeo Calegari, von Bergamo, wurde an. 1644 gebohren, und Cornelia getauffet; als sie aber an. 1660 den 8ten Aprilis ins Nonnen-Closter di S. Margarita zu Mayland gegangen, und an. 1661 den 19ten Aprilis darinnen Profess gethan, hat sie obige Vornahmen angenommen, viele Sachen, als: Madrigalien à Voce sola, e due Voci; Canzonette à Voce sola; 6 stimmige Missen mit Instrumenten, und eine Vesper gesetzet, welche guten theils von Cavallieren, und andern vornehmen Personen publicirt worden sind. Auch ist schon an. 1659, und also im 15ten Jahre ihres Alters, ein Motetten-Werck à Voce sola von ihrer Arbeit gedruckt worden. s. *Calvi* Scena Letteraria degli Scrittori Bergamaschi, P. II. gantz am Ende.

Calegari (*Francesco Antonio*) also heisset der ietzige Capellmeister zu Padua, besage des an. 1724 an den Hrn. Marcello nach Venedig abgelassenen, und dem 4ten Tomo dieses seines Psalmen-Wercks einverleibten Briefs, worinn er sich, wie folget, unterschrieben: Maestro di Capella del Sancto. Daß er ein Franciscaner, und an. 1702 am Dom zu Venedig Magister Musices gewesen sey, erhellet aus der Censur, so er über des Tevo seinen Musico Testore gestellet.

Callimachus, der ältere, des Batti, und der Mesatinæ Sohn, ein nachdrücklicher Griechischer Poet, von Cyrene in Africa gebürtig, welcher 246 Jahr vor Christi Geburt gelebt, und des Egyptischen Königs, Ptolomæi Philadelphi, Bibliothecarius soll gewesen seyn, hat einige Epigrammata, und VI. Hymnos hinterlasterlaſſen, worüber, unter andern, Ezech. Spanhemius gelehrte Anmerckungen verfertiget, ſo an. 1697 zu Utrecht in 8vo gedruckt worden ſind. Nach Kircheri Vorgeben, Muſurg. lib. 7. T. I. f. 545. ſoll er auch etwas von der Muſic geſchrieben haben, ſo nebſt andern in der Jeſuiter-Bibliothec zu Rom, als ein groſſer Schatz, verwahrlich aufbehalten werde; welchem aber Marcus Meibomius in der Vorrede über die von ihm edirte Griechiſche Muſicos keinen Beyfall geben will.

Callinicus (*lat.*) καλλίνικας (*gr*) iſt, nach Meurſii Bericht in ſeiner Orcheſtra, ein dem Herculi zu Ehren ehemahls üblicher Tantz und Tantz-Lied vor die Flöte geweſen. conf. *Athen. lib. 14. f. m. 618.* woſelbſt in der von Dalechampio gemachten Rand-Gloſſe folgendes geleſen wird: Callinicus à tripudiantibus honoris cauſſa victoribus canebatur, his ferè verbis: Jo Pæan, io triumphe.

Calliope, Καλλιόπη (*gr.*) eine von den neun Muſen, welche ihren Nahmen ἀπὸ τῆς καλῆς ὀπὸς, d. i. von der ſchönen Stimme hat, und inſonderheit über die Oratorie, oder, nach andern, über die Muſic geſetzet iſt. ſ. Hederichs reales Schul-Lexicon.

Calmet (*Auguſtin*) ein gelehrter Benedictiner Congregationis S. Vitoni, und Abt bey S. Leopold zu Nancy, von Commercy in Lothringen gebürtig, hat einen Commentarium über die Bibel geſchrieben, welcher an. 17 5 Octav-Bänden zu Avignon, ohne des Auctoris Wiſſen, gedruckt worden iſt; weil aber dieſe Edition voller Fehler war, die Sachen ohne Ordnung darlegte, und ihm wenig Satisfaction gab, hat ſie ihn bewogen, eine neue Auflage zu beſorgen, in welcher alles verbeſſert, in gute Ordnung gebracht und mit vielen Zuſätzen, abſonderlich mit 18 gantz neuen Diſſertationibus vermehret iſt. Dieſe beſtehet nun aus dreyen an. 1720 zu Paris in 4to gedruckten Theilen. In dem 1ſten Theil hat er gebracht, was von der H Schrifft und den Sacris Antiquitatibus handelt; in den 2ten, was inſonderheit zum Alten, und in den 3ten, was zum Neuen Teſtament gehöret. Voran ſtehet eine chronologiſche Tabelle vom Anfange der Welt bis auf die Zerſtörung Jeruſalems, nach Uſſerii Zeit-Rechnung, hernach eine Land-Charte vom gelobten Lande, der Tempel, die Stadt Jeruſalem, die Samaritaniſchen Buchſtaben, und *inſtrumenta Muſica*, ſonderlich der Hebräer. ſ. die Unſchuld. Nachrichten an. 1721. p. 657. ſeq. und *le Long* Bibliothec. Sacr. f. 548.

Calvene (*Federico*) hat Motetten geſetzet. ſ. *Prætorii* Syntag. Muſ. Tom. 3. p. 7.

Calvi (*Lorenzo*) hat vier Sammlungen (Raccolte) zwey-, drey- und vierſtimmiger geiſtlichen Geſänge publiciret. An. 1626 iſt zu Venedig das Roſarium Litaniarum B. V. Mariæ gedruckt worden; auf ſolchem wird er ein Muſicus an der Cathedral-Kirche in Pavia genennet.

Calviſius (*Sethus*) eines armen Bauers, Nahmens Jacob Kalwitz, zu Gorſchleben unweit der Sachſenburg in Thüringen, Sohn, war gebohren an. 1556 den 21 Februarii, gieng anfänglich zu Franckenhauſen drey Jahr, hernach zu Magdeburg in die Schule, und mit dem daſelbſt geſammleten Chor-Gelde auf die Univerſität nach Leipzig, wurde daſelbſt, nach einiger Zeit, in der Pauliner-Kirche Muſic-Director, hierauf Cantor in der Schul-Pforte, und nach 10 Jahren Cantor und Collega an der Thomas-Schule zu Leipzig, woſelbſt er an. 1617 den 23 Novemb. [oder, nach andern, an. 1615] verſtorben. Dieſer gelehrte Mann, welchen verſchiedene Städte und Academien in ihre Dienſte verlanget, hat, unter andern, an. 1592, als er noch Cantor in der Schul-Pforte geweſen, eine Melopoeiam, ſeu melodiæ condendæ rationem, quam vulgò Muſicam Poeticam vocant, in Lateiniſcher Sprache zu Erffurt in 8vo; an. 1595 [wie Lipenius ſetzet] oder, nach andern, an. 1602 ein Compend um Muſicum für Anfänger in Druck gegeben, und ſolches an. 1612 um der damahls neu-erfundenen Vocum muſicarum: bo, ce, di, ga, lo, ma ni willen, [als welche er approbiret] unter dem Titul: Muſicæ artis præcepta nova & facillima &c. wiederum auflegen laſſen; auch drey Exercitationes muſicas, deren letzte an. 1611 eigentlich wider Hubmeierum geſchrieben worden, nebſt zwey Büchern in 4to, Bicinia in ſich haltend, an. 1612 in 8vo durch den Druck bekannt gemacht. ſ. *Freheri* Theatrum f. 1512. und *Gibelium* de Vocibus muſical.

130 CAL. CAM. CAM.

sical. p. 43. seq. An. 1615 hat er auch auf Caspar Anckelmanns, eines Hamburgischen Kauffmanns Hochzeit, den 150 Psalm mit 12 Stimmen auf drey Chöre componiret, und in folio zu Leipzig drucken lassen.

Calvör (*Caspar*) der an. 1725 den 11ten May im 75ten Jahre seines Alters verstorbene Hochfürstliche Braunschweigische Grubenhagische General-Superintendens und Pastor Primarius zu Clausthal, hat an. 1702 am 9ten Trinitatis-Sonntage zu Cellerfeld, bey Einweyhung der dasigen neuerbaueten Orgel, wozu der gleichfalls Hochfürstliche Braunschweigische Lüneburgische Rath und Resident bey den Herrn General-Staaten, Hr. Johann Valentin Siegel, die Kosten hergegeben einen Panegyricum gehalten, und solchen in nur gedachtem Jahre zu Leipzig in 12mo drucken lassen. Es bestehet dieses in Lateinischer Sprache geschriebene Tractätgen: de Musica, ac sigillatim de Ecclesiastica eoque spectantibus organis, aus 6 Capiteln; das 1ste handelt de musica tum generatim. tum sigillatim de Ecclesiastica; das zweyte, de speciebus Cantionum sacrarum; das 3te, de Psalmodia ac Hymnodia; das 4te, de Cantu figurali; das 5te, de Musica instrumentali; und das 6te, de Musicæ Directore, ubi & de sic dictis Capellis; welche zusammen brey Bogen ausmachen.

Calyce, ein Liebgen, dessen Auctor der Stesichorus gewesen, und auf eine Weibes-Person, die sich aus unsinniger Liebe von einem Felsen herab gestürtzet, von ihm gemacht worden. s. *Bulenger*. de Theatro, lib. 2. c. 9.

Cambefort, ein Frantzösischer Componist, dessen im dritten Tomo der Histoire de la Musique, p. 265 gedacht wird.

Cambert, ein berühmt gewesener Organist bey S. Honoré zu Paris ums Jahr 1663, und nachgehends Intendant der Musique bey des Königs Frau Mutter. s. die *Histoire de la Musique* T. I. p. 8. conf. die *Academie Royale de Musique*.

Camberi (*Piet.*) von seiner Arbeit sind drey Opera Missen und Psalmen von 2. 3. 4. 5. und 8 Stimmen, theils mit, theils ohne Instrumente, in Druck gekommen.

Camerarius (*Philippus*) war gebohren zu Tübingen an. 1537. studirte auf verschiedenen Universitäten in Teutschland, that eine Reise in Italien, auf welcher er zu Rom ins Gefängniß der Inquisition geworffen, aber auf hohe intercession wiederum losgelassen worden, promovirte zu Basel in Doctorem, u. wurde der erste Procancellarius auf der Universität zu Altorff, danckte im Alter von seinem Aemtern ab, und schrieb Centurias tres Horarum Subcisivarum, wovon er die 4te nicht vollenden können, weil er an. 1624 den 22 Junii gestorben. s. das comp. Gelehrten-Lexic. In nur gedachtem Buche handelt das 18te Capitel der 1sten Centuriæ in zwey quart-Blättern: de industria hominum, *quibusdam Veterum Instrumentis musicis*, & quatenus juventus in iis sit instruenda.

Camerota (*Giov.*) ein gelehrter Jesuit aus Neapolis, Bücher-Censor und Præpositus Generalis seiner Societät, hat in seiner Sprache Geistliche Oden, mit Melodien versehen, heraus gegeben. s. *Alegambe* Biblioth. Script. Societ. Iesu.

Cammer-Music, ist [1. Diejenige, welche in grosser Herren Zimmern pflegt aufgeführt zu werden. [2. die Personen selbst, so an nur gedachtem Orte musiciren, heissen auch also. Es ist merckwürdig, [welches entweder die Großheit der Frantzösischen Könige und deren Söhne, vor andern souverainen Fürsten, oder sonsten etwas bedeuten soll,] daß nemlich, wenn die Cammer-Music auf Befehl des Königs bey den Printzen vom Geblüt [die Königlichen Printzen ausgenommen] und bey auswärtigen obschon souverainen Printzen musiciret, und diese sich bedecken, die ermeldete Cammer-Music dergleichen auch thut. Solches geschahe bey dem Hertzoge von Lothringen an. 1626 zu Nantes, und an. 1642 zu Perpignan; da aber der Printz von Mourgues von dieser Freyheit gehöret, wolte er die Music lieber unbedeckt anhören. Eben solches hat man auch bey den Printzen von Modena und Mantua im Mazarinischen Palast in Gegenwart des Cardinals observiret. s. den *Etat de la France* aufs Jahr 1669 p. 110.

Cammer-Ton, heisset: wenn ein musicalisches Stück nicht nach dem alten Chor- oder Cornett-Tone, sondern hauptsächlich um der erwachsenen Sopranisten, so die Höhe nicht wohl haben können; und sobann, um der Instrumente willen, und damit die Saiten desto besser halten mögen, entweder um einen gantzen Ton, oder gar um eine kleine Tertz tieffer executirt wird.

Campana, plur. Campanæ (*lat.*) eine Glocke, Glocken.

Campanula, pl. Campanulæ (*lat.*) ein Glöckgen, die Glöckgen.

Campegius (*Symphorianus*) oder Champier, ein berühmter Medicus und Philosophus, auch Schöppe zu Lion in Franckreich, woselbst er gebohren, auch ein Collegium Medicum von ihm aufgerichtet worden, war Hertzogs Antonii von Lothringen Leib-Medicus. s. das comp. Gelehrten-Lexicon. Florirte fast zu Anfange des 16ten Seculi, und schrieb, unter andern, einen an. 1537 zu Basel gedruckten Tractat: de Dialectica, Rhetorica, Geometria, Arithmetica, Astronomia, *Musica*, Philosophia naturali, Medicina, Theologia, de Legibus, Politica & Ethica. s. *Draudii* Bibl. Class. p. 1423. Daß er auch ein Eques auratus, und Herr zu Tavergio gewesen, lehret uns Iacobus le Long, f. 673. Bibliothec. Sacr.

Campesius oder Campisi, ein aus der Sicilianischen Stadt Raialbuto oder Rayhalbuto [auf lateinisch Sergentium genannt] bürtig gewesener Prediger-Mönch, ist so wohl zu Palermo, als Rom, woselbst er sich an. 1630 aufgehalten, unter die vornehmsten Musicos gezehlt worden. s. *Mongitoris* Bibl oth. Sicul. T. I. p. 166. Von seiner Arbeit ist an. 1615 das erste, und an. 1618 das zweyte Buch 2. 3. und 4 stimmiger Motetten zu Palermo in 4to heraus gekommen; Rom aber hat folgende Wercke geliefert als: Floridum concentum, mit 2. 3 und 4 Stimmen, an. 1622; Lilia campi, von 2. 3. 4 und 5 Stimmen, nebst einem Completorio, und Litanien B. V. Mariæ, an. 1623; und abermahl Lilia campi, auf 2. 3 4. 5. und 6 Stimmen, an. 1627 allerseits in 4to gedruckt. s. *Allatii* Apes Urbanas.

Campioli, ein Italiänischer Castrat Altist und A... am W... ...eur hat vor 8 Jahren ...enbüttelischen Hofe in Diensten ...manden, nachgehends aber sich nach Hamburg gewendet.

Campion [*François*] ein Frantzösischer Theorb- und Guitarrist, auch ordinaires Mitglied der Opera zu Paris, hat daselbst an. 1705 von seiner Arbeit in Druck ausgehen lassen: Nouvelles decouvertes sur la Guitarre, contenantes plusieurs suites de pieces sur huit manieres differentes d'accorder. s. die *Bibliothecam Duboisianam*, p. 400. Man hat auch von ihm einen Traité d'accompagnement & de Composition, selon la Regle des Octaves de Musique. Ouvrage generalement utile pour la Transposition, à ceux qui se meslent du Chant & des Instruments d'accord, ou d'une partie seule, & pour apprendre à chiffrer la Basso Continüe. d. i. "einen Tractat vom Accompagne-"ment und von der Composition nach "Einrichtung der musicalischen Octaven. "Ein Werck überhaupt zur Transposi-"tion, und denen so mit dem Gesange und "Instrumenten, oder mit einer Partie "allein zu thun haben, und einen Baß "beziffern lernen wollen, dienlich." Es beträgt nur 1½ Bogen, nebst einer Tabelle von ¼ Bogen, und der Verfertiger hat es der Marquise de Beroutte zugeschrieben.

Campra, ein berühmter Frantzösischer Componist zu Paris, hat 4 bis 5 Opern in die Music gebracht, und drey Bücher Motetten heraus gegeben. s. die *Histoire de la Musique*, T. 3. p. 131. An. 1708 sind von seiner Arbeit Cantates Françoises melées de Symphonies, als das erste Werck, gedruckt worden. Der Hr. Autor des Sejour de Paris raisonnirt p. 273. also von ihm: "Einige von sei-"nen Opern haben reüssiret, andere nicht. "Seine Motetten und Cantaten sind sehr "schön. Er verstehet die Composition "hauptsächlich; allein, seine Sachen wer-"den nicht allemahl applaudiret." Er hat nebst Mr. Cochereau und Mr. Muret an. 1722 am 5ten May das Unglück gehabt, als er aus dem Palast des Printzen Conti, in dessen Diensten er damahls gestanden nach Hause gebracht werden sollen, von den Kutsch-Gläsern im Gesichte verletzt zu werden, weil der Kutscher umgeworffen. Er ist ietzo Königlicher Capellmeister; von seiner Composition aber sind nunmehro fünff Bücher Motetten, nemlich drey in folio, und zwey in 4to; auch drey Bücher Cantaten heraus.

Camptaules, genit. æ (*lat.*) ein Zinckenbläser. s. *Denzleri* Lexicon. Die ses Wort kommt beym Vopisco in Carino, c. 19. vor; Salmasius aber emendiret es durch *Cerataules*. Beydes kan einen, der auf einem gebogenen Instrument, wie die Waldhörner sind, bläset, bedeuten.

Camus, ein Frantzösischer Componist, dessen die Histoire de la Musique T. 3. p. 115 und 285 erwehnet.

Canace, καυάχη (*gr.*) ein Tantz=Lied, und Tantz, welcher die Fabel von der Canace vorstellete, und dessen beym Suetonio in Nerone, c. 21 gedacht wird. s. *Meursii* Orchestram.

Canalis (*Florentinus*) hat 4 stimmige Missen, Introitus, und Motetten an. 1588 zu Brixen heraus gegeben. s. *Draudii* Bibl. Class. p. 1634.

Canareno (*Andrea*) ein Mayländer, und vortreflicher Organist bey S. Marco in Venedig; zu welcher Zeit er gelebt habe, wird nicht gemeldet. s. *Morigia Nobilità di Milano*, p. 186.

Canario (*Giov. Maria*) hat ums Jahr 1649 wegen seines künstlichen Spielens auf dem Psalter, ein sonderliches Lob zu Rom erlanget.

Canarie, plur. Canaries (*gall.*) s. f. Saltatio Canariensis, plur. Saltationes Canarienses (*lat.*) sind sehr geschwinde und kurtze aus ⅜ Tact, und zwo kurtzen Reprisen bestehende Giquen; die erste Note eines jeden Tacts hat mehrentheils einen Punct hinter sich. Ihr Ursprung ist ohne Zweifel aus denen so genannten Canarien Insuln. s. *Matthesonii* Orch. 1 Th. p. 192.

Cancellen, sind die, vermittelst eichener Schenckel oder Ober=Höltzer gemachte, und über die Helffte wiederum zugespündete Hohl= und Abtheilungen in einer Orgel=Windlade, wodurch, nach aufgezogenen Ventilen und Registern, der Wind in die Pfeiffen blassen muß.

Candido (*Lodovico*) das erste Werck seiner Arbeit, auf Sonate per Camera, à Violino solo con Violoncello bestehend, ist vor dem 1715ten Jahre zu Venedig gedruckt worden.

Canere fidibus (*lat.*) auf besaiteten Instrumenten spielen.

Canere foris (*lat.*) heisset: mit der rechten Hand den Bogen führen, und damit die Saiten berühren.

Canere intus (*lat.*) bedeutet: mit der lincken Hand die Saiten eines Instruments tractiren; welches die Griechen ἐπιψεκαν nennen.

Cange (du) oder Ducange. s. *Fresne*.

Cangiamento (*ital.*) Veränderung.

Canis (*Cornelius*) ein Niederländischer Componist, hat ohngefehr um die Mitte des 16ten Seculi floriret. s. Federmanns Beschreibung der Niederlande, p. 46.

Canis [*Franciscus*] war an. 1548. an Kaysers Caroli V. Hofe ein Lautenist. s. *Mamerani* Catal. familiæ totius aulæ Cæsareæ, p. 32.

Canna d'Organo, plur. Canne d'Organo [*ital.*] eine Orgel=Pfeiffe, Orgel=Pfeiffen.

Canamella [*lat.*] Dieses Wort brauchet Dantes Aligheri, der berühmte Florentinische Poet, in seiner Comœdie von der Hölle, Cant. 22. und soll mit Calamella einerley; oder nach des Hrn du Cange Meynung, ein Flageolet bedeuten.

Cannevas de chanson [*gall.*] also nennen die Pariser die ersten Worte die zu einem Liede gemacht, und nach welchen die andern eingerichtet werden müssen. s. *Ménage* Dictionaire Etymologique.

Canonarcha, war in der Griechischen Kirche ein Mönch, der beym Gottesdienste anordnete, was man singen solte, auch selbst zu singen anfieng. Er muste auch herum gehen, und die andern mit dem Symandro zusammen ruffen, ingleichen die Faulen aufwecken. s. Schöttgens Antiquitäten=Lexic.

Canone (*ital.*) Canon (*lat.*) Κανών (*gr.*) heisset: eine Regul, oder ein Gesetz, welches man in acht nehmen soll; dergleichen wurde nun ehedessen (wie Zarlinq P. 3 Institut. Harmon. c. 54 angemercket) beym Anfange der Fugarum perpetuarum, oder der Fugen in Consequenza, sowohl durch gewisse Merckmahle und Zeichen, als Uberschrifften und klare Worte, wie nemlich solche Fugen=Arten tractirt werden solten, gegeben, und hiessen Canoni (*ital.*) Canons (*gall.*) Canones (*lat.*). Daher ists gekommen, daß, indem man die Titul, oder die Uberschrifft nachgehends vor die Sache selbst genommen, noch heutiges Tages gemeldte Fugen=Gattungen (deren es gar vielerley giebt) also genennet werden. Ist demnach Canone ein solches Sing= oder Kling=Stück, welches 2. 3. 4. und mehr Stimmen aus einer eintzigen musiciren können; deswegen also genannt;

nant: weil die anfahende Stime den übrigen folgenden zur Richtschnur dienen muß, und von welcher nicht im geringsten abgegangen werden darff.

Canone al Sospiro (*ital.*) ist ein solcher Canon, dessen Stimmen, eine nach der andern, um eine Viertel-Pause, später anfangen.

Canone à mente (*ital.*) heisset: wenn der Componist nur eine Stimme hinsetzet, auf die andern aber schon seine Absicht hat, welche, so sie in extensum gebracht werden, alsdenn nothwendig dazu klingen und harmoniren müssen.

Canone aperto (*ital.*) ein offener Canon ist: wenn die Stimmen à part aus einander gesetzt sind, so, daß nicht mehr aus einer einzigen musiciret werden darff.

Canone cancherizante (*ital.*) Canon cancrizans (*lat.*) ein Krebsgängiger Canon ist: welcher vom Anfange nach dem Ende, und vom Ende nach dem Anfange zu, und also auch rückgängig, zugleich kan tractirt werden. Er heisset auch sonsten: Canon per arsin & thesin, weil der von vorne nach hinten zu gehende Stime thesis in der von hinten nach vornen zugehenden zur arsi, & vice versa, wird. s. Tab. V. fig. 10. Dergleichen kan auch mit mehrern Stimmen geschehen.

Canone chiuso, oder **Canone in corpo** (*ital.*) Canon clausus (*lat.*) ein geschlossener Canon heisset: wenn alle Stimmen in einer einzigen enthalten sind, und aus selbiger tractirt werden sollen. s. Tab. VI. fig. 1.

Canone enimmatico (*ital.*) Canon ænigmaticus (*lat.*) ein Räzel-Canon ist: in welchem nur ein Music-Schlüssel vorgezeichnet sich befindet; aus den verschiedenen .5. .5. aber zu erkennen ist, daß noch andere Stimmen aus dem gegenwärtigen einzigen Systemate singen; was für welche es aber seyn, und in was für Ordnung dieselben eintreten sollen, vom Componisten verschwiegen, und also den Executoribus zu errathen überlassen worden. s. Tab. VI. fig. 2.

Die Auflösung dieses Canonis ist folgende: beym ersten Zeichen .5. fängt der Alt im a; beym zweyten der Discant im e, und beym dritten der Baß im a an. So offt dieser Canon wiederholt wird, treten alle Stimmen um einen Ton tieffer ein. s. *Penna Albori* musicali, lib. 2 c. 20. p. 126.

Canone finito (*ital.*) Canon finitus (*latin.*) ein Canon dessen Stimmen zum Schluß, oder, vielmehr zur Ruhe und Aufhören, vermittelst eines à parten Anhanges gebracht werden, und so dann sich endlich mit einander endigen.

Canon gradatus. s. *Climax*.

Canone in partito, oder **Canone risoluto** (*ital.*) ein in einzele, oder absonderliche Stimmen ausgeschriebener, oder aufgelöseter Canon. s. Tab. VI. fig. 3. Dieses wäre demnach ein Canone aperto, in partito, risoluto, und zugleich infinito. b. i. ohne Ende; weil die Stimen, wenn sie auf die letzte Note, oder Pause, kommen, immer von vorne wiederum anfangen, so daß, wenn man stets anhaltende Stimmen hätte, solcher unendlich wiederhohlt werden könte: weswegen er auch sonst

Canone circolare (*ital.*) Canon circularis (*lat.*) ein Creyß- oder Circul-Canon heisset. Hierbey ist noch zu gedencken: daß die Folge-Stimmen auch schlecht weg Risolutioni (*ital.*) d. i. Lösungen genennet werden.

Canon harmonicus. (*lat.*) Canone armonico (*ital.*) mit diesem Nahmen wird von einigen das Monochordum beleget.

Canon musicalis (*lat.*) der Wind-Kasten, oder vielmehr die Wind-Lade in einer Orgel und in einem Positiv.

Canon opisthobatus (*lat.*) κανὼν ὀπισϑόβαλος (*gr.*) von ὄπισϑεν, retro; also nennet Kircherus den Krebs-gängigen Canonem.

Canon per arsin & thesin. s. *Canone cancherizante*.

Canon per augmentationem (*lat.*) ist ein solcher, dessen Folge-Stimme der vorangehenden ihre Noten und Pausen, um die Helffte verlängert, nachmachet. s. das oben unterm Articul ₵ barré gesetzte Exempel.

Canon per augmentationem duplex (*lat.*) ist: wenn in einem dreystimmigen Canone die erste Folge-Stimme der vorangehenden ihre Noten und Pausen um die Helffte verlängert, und die zweyte Folge-Stimme der ersten Folge-Stime ihre Noten un Pausen wieder um die Helfte länger machet. s. Tab. VI. fig. 4.

Canon Polymorphus (*lat.*) κανὼν πολύμορφος (*gr.*) i. e. multiformis, ein aus sehr vielen Stimmen bestehender und veränderlicher Canon; dergleichen beym Kirchero Musurg. lib. 5. c. 19. und lib. 7. c. 5. befindlich sind.

Canones hiessen auch in der Griechischen Kirche die Lieder, welche man ausser den Psalmen zu singen, und nach den Materien abzutheilen pflegte. Etliche hiessen ἀναςάσιμοι, weil sie von der Auferstehung Christi handelten; andere ςαυρώσιμοι, von der Passion; andere δογματικοὶ, darinn eine Glaubens=Lehre enthalten war. u. s. f. s. Schöttgens Antiquitäten=Lexicon.

Canonica [*lat.*] κανονικὴ [*gr.*] behandelt denjenigen Music=Theil, welcher die Klänge nicht nach dem Gehör, weil nach Boëthii Ausspruch lib. 1. c. 9. de Musica: non omne judicium sensibus concedendum est; sondern durch Speculation der Zahlen beurtheilet. s. das *Lexicon Vitruvianum*, p. 2. conf. *Gellius* lib. 16. c. 18. und die beym Vossio lib. 3 c. 19. §. 7. de artium natura, s. de Mathesi allegirten Worte der Ptolemaïdis Cyrenaicæ. Die solches verrichten, heissen: Canonici, welchen Nahmen alle Pythagoräer geführet, und noch führen.

Canoniquement [*gall.*] heisset: wenn eine Stimme der andern ihre Noten, Pausen und Gänge unverändert nachmachet.

Cantabile [*ital.*] cantable [*gall.*] heisset: wenn eine Composition, sie sey vocaliter oder instrumentaliter gesetzt, in allen Stimmen und Partien sich wohl singen lässet, oder eine feine Melodie in solchen führet.

Cantata, pl. Cantate, [*ital.*] Cantate, pl. Cantates [*gall.*] ist eigentlich ein langes Music=Stück, dessen Text Italiänisch, und aus Arien mit untermischten Recitativ; die Composition aber aus verschiedenen Tact=Arten, und gemeiniglich à Voce sola nebst einem Continuo bestehet öffters aber auch mit zwey und mehreren Instrumenten versehen ist. Vor weniger Zeit haben auch die Franzosen in ihrer Sprache Cantates zu setzen angefangen, und die Teutschen thun dergleichen. conf. *Matthesonii Or.hestre* I. P. 2. c. 4. §. 30. Cantata, als ein Lateinisches Wort genommen, so Cantum ecclesiasticum bedeutet, ist schon vor mehr als 400 Jahren bekannt gewesen, wie das

an. 1314 bey Scheffero ad Chronicon Archiepiscoporum Upsaliensium p. 252 befindliche Schwedische Diploma, also lautend: Ut Vicarius perpetuus --- præsentibus 4 Vicariis, & 4 parvulis choralibus, annis singulis *cantatus* dicere teneatur, videlicet primam de B. Virgine in crastino Nativitatis ejusdem, secundam de omnibus Sanctis, &c. ausweiset. s. des Hrn. *du Cange* Glossarium.

Cantate amorose [*ital.*] deren Texte von Liebe handeln.

Cantate morali [*ital.*] deren Texte aus der Sitten=Lehre hergenommen sind.

Cantate spirituali [*ital.*] geistliche Cantaten.

Cantar'alla bastarda [*ital.*] wird gesagt: wenn ein Tenorist den Baß singen will.

Cantare il Magio [*ital.*] das May=Singen, ist in den Florentinischen Dörffern sehr gebräuchlich, da eine trouppe Bauer=Mägde allerhand Italiänische Lieder, so mehrentheils vom Lobe des Frühlings, des Mayens, der Blumen und der Land=Lust handeln, vor den Wirths=Häusern zwischen Ostern und Pfingsten singet, worzu eine von ihnen mit einer Art von Cympeln accompagniret. s. des Hrn. Hof=Rath *Nemeitzens* Nachlese besonderer Nachrichten von Italien, p. 327.

Cantarella (*ital.*) Cantatrix und Cantatricula (*lat.*) und also wird die letzte und höchste einfache Saite auf der Laute, Cither, Theorba, u. d. g. genennet; heisset sonsten auch insgemein die Quinte, ingleichen Cantarina. s. *Mersen.* lib. I. Propos. 12. und 28. de Instrumentis musicis.

Cantatorium (*lat.*) ist zu Rom ein Kirchen=Buch, woraus der Cantor nach abgelesener Epistel, das Responsorium gradale abzusingen pfleget; Die Francken nennen es-Graduale, weil es auf die Stuffen oder auf einem Pult geleget wird. s. *du Cange Glossar.*

Cantatrice (*ital.*) Cantrix, **Cantatrix** (*lat.*) eine Sängerin.

Cantes, um, plur. (*lat.*) Orgel=Pfeiffen. s. *Denzleri* Lexicon.

Canticinium (*lat.*) ein Kirchen=Gesang, Kirchen=Amt. s. *du Cange Gloss.*

Canticum(*lat.*)Cantique(*gall.*) ein geistlicher Lob=Gesang. Aus dem A. T. hat man deren sieben; und aus dem Neuen Testa=

CAN. CAN.

Testament drey: nehmlich des Zachariä, der Jungfrau Marien ihr Magnificat, und des Simeons seinen. s. *Joan. Bonæ* Divin. Psalmod. cap. 16. §. 12. Hieronymus aber c. 5. ad Ephes. schreibet: *Cantica* prædicasse mundi artificiosam compagem. s. Hrn. D. Meiers unvorgreiffliche Gedancken über die Kirchen-Music, c. 3. p. 38. in der Anmerckung.

Canticum chori (*lat.*) bedeutet bey weltlichen Scribenten ein Lied, so auf dem theatro von vielen Personen, jung und alten, zugleich abgesungen, und wobey auch manchmahl Flöten gebraucht worden. Wie solches aus Senecæ Epist. 84 befindlichen Worten abzunehmen ist, welche also lauten: Non vides, quam multorum vocibus chorus constet, unus tamen ex omnibus sonus redditur. Aliqua illic acuta est, aliqua gravis, aliqua media. Accedunt viris fœminæ, interponuntur tibiæ. Singulorum ibi latent voces, omnium apparent. Unus ex omnibus fuit, qui tonum præiret cuique, ne deerrarent, & discordes fierent. s. *Bulengerum* de Theatro lib. 2. c. 12.

Cantica graduum (*lat.*) sollen, nach der Jüden Vorgeben, diejenigen Lob-Gesänge gewesen seyn, welche sie am ersten Tage des Oster-Fests auf denen aus dem atrio der Männer ins atrium der Weiber gegangenen 15 Stuffen im Tempel, unter allerhand Instrumenten abgesungen. s. *Bartoloccii* Biblioth. magn. Rabbinicam, P. 2. f. 196.

Cantica mixta, neutralia (*lat.*) sind solche Kirchen-Melodien, die so wohl den ambitum des modi authentici, als plagalis habe, demnach von beyden participiren, und deswegen zu keinen von beyden eigentlich können referirt werden. Welche ungezähmte Freyheit der H. Bernhardus schon zu seiner Zeit in folgenden Worten gemißbilliget: & quæ est illa execrabilis licentia, quæ opposita conjungit: metas naturales transgrediens, ut discontinuitatem junctúræ, ita injuriam irrogat naturæ. s *Ornithoparchi* Microl. l. c. 5.

Canticum Psalmi (*lat.*) ᾠδὴ ψαλμῦ (*gr.*) ein Lied-Psalm, ist, nach des Cardinals. Joan Bonæ Bericht, c. 16 §. 12. de divina Psalmodia, wenn ein musicalisches Instrument vorher gespielet, und nach demselben alsdenn gesungen wird. Cum organo præcinente Canto-

ris vox, instrumenti æmplatrix, subsequitur. conf. *Mathesonii* Musical-Patriotens 33te Betrachtung, p. 268. sq. it. p. 277. und 284.

Cantilena (*lat.*) ein Lied.

Cantilenosus (*lat.*) kommt beym Sidonio lib. 4. Epist. 1 vor; und möchte wohl so viel, als cantabilis, seyn. s *du Cange Glossar.*

Cantin, ein Frantzose, hat 3 Sonaten-Wercke vor Violinen herausgegeben. s. *B_vins* Music-Catalogum aufs Jahr 1729, p. 26.

Cantino (*ital.*) bedeutet die kleineste Saite auf dem Arcileuto. s. *Bonanni* Gabinetto armonico, p. 92.

Cantio Anglicana (*lat.*) ein Engländisches Lied.

Cantio funebris (*lat.*) ein Leichen-Lied.

Cantio Gallica (*lat.*) ein Frantzösisches Lied.

Cantio Germana [*lat.*] ein Teutsches Lied.

Cantio Harmonica [*lat.*] ein Figural-Lied.

Cantio tibialis [*lat.*] ein Flöten-Lied, oder für die Flöte.

Canto, pl. Canti [*ital.*] die höchste unter den vier Haupt-Stimmen, oder, der Discant.

Canto concertante [*ital.*] der concertirende, d. i. sich insonderheit hören lassende Discant.

Canto fermo [*ital.*] der Choral-Gesang.

Canto figurato [*ital.*] der Figural- oder gemödelte Gesang. Die vollkommenste Beschreibung von diesen beyden lieset man in des Hrn Capell-Meister Matthesons Musical-Patrioten, und zwar in der 31 Betrachtung, p. 251. wie hier folget: "Der Choral ist ein einstimmiger Gesang menschlicher Kehlen, d. i. er bestehet in einer eintzelen schlechten Sing-Melodie, in harmonia simplici, die von der gantzen Gemeine, in einerley Führung ungekünstelter Stimmen, in einerley rythmo, ohne Instrumente, ohne eigentlichen Tact, ohne Zierath, auf die einfältigste Art hervorgebracht, und, wenn er recht aufgeschrieben werden soll, nur einerley Zeichen und Noten erfordert, da keine in der That mehr gilt, als die andere. Solcher allgemeiner Gesang wird zu dem Ende angestellet, daß auch von unerfahrnen und ungelehrten, mit der blossen natürlichen Stimme, GOtt gelobet werden möge. Der Figural-Gesang hergegen ist zweyerley. Einstimmig und vielstimmig. Die Viel-Stimmigkeit kommt aber hier nicht auf die quantitatem, sondern qualitatem vocum an; wie hergegen das einstimmige Singen so wohl von 100000. Personen zugleich, als von einer eintzigen, gesagt werden mag. Viele Leute können wohl einstimmig, und wenige, ja ihrer zwey oder drey, können vielstimmig singen. Es beruhet auch diese Viel-Stimmigkeit nicht darin, daß Discant, Alt, Tenor, Baß ꝛc. zusammen kommen; sondern es können verschiedene Discante, verschiedene Aelte ꝛc. dazu ebenmäßig dienen. Ersten Falls bestehet der Figural-Gesang in einer eintzigen gebrochenen Melodie und in vielfältigen rhythmis, die nach dem Tact genau gesungen, mit allerhand Manieren ausgezieret, und im Aufschreiben durch verschiedene besonders gebildete Zeichen und Noten, deren jede ihre eigene Geltung und Bedeutung hat, ausgedruckt wird: welches auch eine der Ursachen ist, warum man solche Melodien figürliche nennet, ob sie gleich nur eine Monodiam führen. Andern Falls bestehet die Figural-Music in vielen, theils ungebrochenen, theils gebrochenen Melodien zugleich, welche künstlich zusammen gesetzt seyn, und, ihrer Verschiedenheit ungeachtet, lieblich mit einander überein stimmen müssen, daraus denn harmonia composita und ein Contrapunct entstehet: indem die Führung der Stimmen so wohl, als ihre Tone, gantz verschieden sind, und gleichsam contrair scheinen. Dieser Figural-Gesang wird theils mit, theils ohne Instrumente, doch immer in gantz genauer Zeit-Masse auch mit vieler Geschicklichkeit, Kunst und Zierde zu dem Ende angestellet, daß erfahrne und gelehrte Leute, mit wohlgeübten Stimmen und fertig-bespielten Instrumenten, vor allen andern, GOtt füglich loben sollen."

Canto grave [*ital.*] ein aus grossen, lange zu haltenden, oder langsam sich bewegenden Tact-Noten bestehender, oder kurtz: ernsthaffter Gesang.

Canto Gregoriano [*ital.*] ist eben das, was Canto fermo, von seinem Erfinder, oder vielmehr Verbesserer, dem Pabst Gregorio M. also genannt.

Canto misurato [*ital.*] ist mit dem figurato einerley, und hat von Abmessung der Noten und Pausen seinen Nahmen.

Canto ripieno [*ital.*] ein zur Ausfüllung dienender Discant, welcher nur bisweilen mit einfällt.

Canto rivoltato [*ital.*] ein umgekehrter Discant, wenn nehmlich solcher in denen also genannten doppelten Contrapuncten zu einer andern Stimme gemacht wird. z. E. im Contrapunct all'Ottava zum Baß. s. das Exempel unterm Articul: *Basso rivoltato.*

Canto semplice [*ital.*] ist nichts anders als der Choral-Gesang.

Cantone [*Girolamo*] ein Pater Minor. Convent: S. Francisci, hat an. 1684. einen Tractat, Armonia Gregoriana genannt, im MS. hinterlassen, welchen der Pater Tevo besitzet. s. dieses seinen *Musico Testore*, p. 90.

Cantone [*Serafino*] ein Mähländer, und Mont-Casinensischer Mönch in S. Simpliciani Closter daselbst. s *Possevini* Apparat. Sacr. T. 2. von seiner Arbeit sind gedruckt worden:

Canzonette à 3. an. 1588.

Canzonette à 4. an. 1599.

Sacræ Cantiones à 8. con partitura. an. 1599.

Vespri à Versetti, & falsi bordoni à 5. an. 1602.

I Passii, le Lamentationi, & altre cose per la Settimana Santa à 5. an. 1603. In dieser Compositions-Gattung soll es ihm niemand haben gleich thun können.

Motetti à 5. lib. 2. con partitura. an. 1605. sämtlich zu Mayland.

Motetti à 2. 3 4 5. libri 4. co'l Basso Continuo - Venet. 1625. und

Motetti à 5. lib. 1. an. 1596 daselbst; wie auch die

Accademia di Spiritual Ricreatione à 6. co'l Basso continuo, an. 1627. zu Mayland gedruckt. s. *Picinelli* Ateneo dei Letterati Milanesi, p. 489. 490. Messa, Salmi & Lettanie à 5. voci del R. P. *Serafino Cantone*, Milanese Organista nella Chiesa di Milano, in Venetia 1621 dieses Werck ist in der Chur-Sächs. Instrumental-Cammer befindlich.

Cantore [*ital.*] Cantor [*lat.*] bedeutet
[1. je-

[1. jeden Sänger überhaupt. [2. Diejenige Person insonderheit, welcher bey einer Kirche das Singen anbefohlen ist, oder einen Vorsänger, der daselbst den Gesang anfängt, und damit aushält; benn in der ersten Kirche hatte man keine absonderlichen Sänger, sondern es fieng an, wer konte. Nach der Zeit nahmen sichs die Geistlichen an, welches aber geändert ward; und weil einer oder der andere über dem Singen etwas versehen hatte, so wurden hernach absonderliche Cantores angeordnet. Endlich kam Pabst Gregorius, und richtete eine absonderliche Scholam Cantorum an, darinn die Kinder im Lesen und Singen recht informirt wurden, dergleichen nachgehends nicht allein zu Rom, sondern auch an andern Orten auffkamen. s. Schöttgens Antiquitäten=Lexicon. Der Herr du Cange sagt in seinem Glossario: "es wäre obgemeldte Veränderung deswegen getroffen worden; weil man bey Bestellung der Diaconorum mehr auf ihre Stimme, als auf ein exemplarisches Leben gemeiniglich gesehen hätte." Nunmehro, da in vielen Städten die Kirchen=Music und deren direction den Cantoribus aufgetragen ist, solten sie auch, nebst einer guten Stimme, billig die Composition, wo nicht austehmend, mit in hohen Grad, doch so viel davon verstehen, daß sie die von andern Componisten überkommende, und durch vieles Abschreiben öffters verfälschte Arbeit wenigstens rectificiren, demnach eine richtige Partitur führen, und aus solcher die vom Auctore in ein Music=Stück gelegte Harmonie, wiederum in General-Baß bringen, und durch Ziefern accurat andeuten können. Denn, so lange ihnen dieses; und den Organisten die Allwissenheit mangelt, kan auch unmöglich eine gute wohlklingende Music zu hoffen seyn. In Thüringischen Flecken, und theils Dörffern, wo zweene Schul=Diener sind, heisset der, so die Music besorget, und die Chorale singet: Rector und Schul=Meister; und der Organist, gemeiniglich: Cantor. Sonsten lehret uns Boethius den Unterscheid zwischen einem Cantore und Musico, in folgenden cap. ult. lib. I. de Musica befindlichen Worten: Cantor ille est, qui harmoniacæ rationis expers, & à musicæ scientiæ intellectu sejunctus famulatur, nec quicquam affert rationis; is autem Musicus est, qui ratione perpensa canen-

di scientiam non servitio operis, sed imperio speculationis assumit. Cantor nec discernens Musicam, nec dijudicans, vocem suam flectere quidem, elevare, ac deprimere novit per phthongos, & intervalla; sed musicum systema, variamque modorum ordinationem prorsus ignorat. Musicus ordinat, & componit cantum, scitque eorum quæ cantantur rationem reddere.

Cantoratus (*lat.*) das Amt eines Cantoris an einer Kirche.

Cantorissa (*lat.*) eine Closter=Sängerin.

Cantrix (*lat.*) bedeutet eben die vorhergehende; ingleichen eine gemeine Sängerin.

Cantulare (*lat.*) ein Kirchen = Gesang= Buch.

Cantus (*lat.*) Canto (*ital.*) Chant (*gall.*) ein Gesang; *it.* actus canendi.

Cantus Ambrosianus (*lat.*) bedeutet 1.] den vom H. Ambrosio angeordneten Kirchen=Gesang. 2.] das Te Deum laudamus, oder: HErr GOtt dich loben wir.

Cantus artificialis (*lat.*) ein künstlicher Gesang.

Cantus artificialiter durus (*lat.*) ein durch Kunst hart gemachter Gesang, heisset derjenige, welcher in seiner Vorzeichnung das ♯ unter andern auch an dem Orte hat, daß die daselbst befindliche Note dadurch zum fundamental-clave die tertia major wird. v *Tab VII. F. 1.*

Cantus artificialiter mollis (*lat.*) ein durch Kunst weich gemachter Gesang, heisset der, welcher in der Vorzeichnung das ♭ unter andern auch an dem Orte hat, wodurch die daselbst befindliche Note gegen den fundamental-clavem die tertia minor wird. s. *Tab VII. F. 2.*

Hieher können auch die durchs ♯ formirte Systemata, und ihres gleichen gezogen werden. s *Tab. VII. F. 3.*

Cantus chromaticus (*lat.*) Canto cromatico (*ital.*) Chant chromatique (*gall.*) ein *chromatischer* Gesang soll seyn; der vieleb oder ♯ in der Vorzeichnung führet. conf. *Chromatico*.

Cantus coloratus (*lat.*) bedeutet manchmahl mit dem vorhergehenden einerley; manchmahl aber auch, und zwar gewöhnlicher, einen aus geschwinden, und fein bunt aussehenden Noten, bestehenden Gesang.

Cantus

Cantus conjunctus (*lat.*) ist, beym Goclenio, p. 805 seines Lexici Philosophici, eben das, was der Figural-Gesang.

Cantus conjunctosus, so auch **Cantus fictus** (*lat.*) heisset, Canto finto (*ital.*) Chant feint (*gall.*) wird genennet: wenn vermittelst der Zeichen b und ♯ die Linien und Spatia, so wol in der Solmisation, als nach den Clavibus, ihre sonst gewöhnlichen Voces und Buchstaben fahren, und dafür andere ihnen andichten lassen. In der Solmisation geschiehet solche fictio durchgängig; in den Buchstaben aber nur bey einigen. *vid. Tab. VII. F. 4.*

Cantus Ecclesiasticus (*lat.*) Canto Ecclesiastico (*ital.*) Chant Ecclesiastique (*gall.*) der Kirchen-Gesang. Von diesem, und was ihm anhängig, hat der Cardinal Joannes Bona ein sehr langes Capitel geschrieben, welches in seiner Psalmodia das 17te ist.

Cantus figuralis oder figuratus [*lat.*] s. *Canto figurato.*

Cantus firmus [*lat.*] s. *Canto fermo.* Mag den Nahmen wol daher bekommen haben; weil der Choral-Gesang in der Tieffe angebracht, den andern Stimmen ein starcker Grund ist, worüber sie figuriren, und gebauet werden können: oder, so er in der Mitte und Höhe gesetzt wird, wenigstens etwas beständiges angiebt, wornach sich die übrigen Stimmen figuraliter zu richten haben.

Cantus Gregorianus [*lat.*] s. *Cantus Romanus.* Von solchem kan die letzte oder 9te Observation des 17ten Capitels, §. IV. Psalmod. vorerwehnten Cardinals gelesen werden.

Cantus harmonicus [*lat.*] ein harmonischer Gesang.

Cantus monodicus [*lat.*] ist nichts anders, als der Choral-Gesang, deswegen also genannt: weil bey dessen Absingung von einer gantzen Gemeinde oder Versammlung, es dergestalt einförmig klingt, als wäre es nur eine Person, die solchen Klang von sich gäbe.

Cantus naturalis oder permanens [*lat.*] heisset: welcher keiner mutation oder Abwechselung der Vocum bedarff; weil er nicht über das la, und nicht unter das ut, d. i. nicht höher, als ins a, und nicht tieffer, als ins c̄ gehet. Z. E. der Choral: Wär GOtt nicht mit uns diese Zeit rc. wenn er aus dem ♮ gesungen werden solte. f. *Ribovii* Enchiridion, p. 15.

Cantus naturaliter durus [*lat.*] ein von Natur harter oder scharffer Gesang, ist der: welcher von seinem fundamental-clave an eine tertiam majorem, und in der Vorzeichnung gar kein ♯ noch b hat, sondern durch die also genannte 7 claves naturales gehet, f. *Tab. VII. F. 5.*

Cantus naturaliter mollis [*lat.*] ein von Natur weicher Gesang ist: welcher gegen seinen fundamental-clavem eine tertiam minorem, und in der Vorzeichnung weder das ♯ noch b hat, sondern, gleicher gestalt wie der vorige, durch die sieben claves naturales gehet, *v. Tab. VII. F. 6.*

Vorstehende Eintheilung ist nur in Absicht auf die Terz also gemacht worden; da sonst der Cantus in naturalem, duralem und mollarem pflegt eingetheilet zu werden, und zwar durch Hexachorda. Der Cantus duralis heisset sonsten auch: Cantus ♮ duri; und der mollaris: Cantus b mollis, weil in des erstern seinem Hexachordo der H-clavis oder das ♮, und in des zweyten seinem Hexachordo das b vorkommt.

Cantus polyodicus [*lat.*] der Figural-Gesang; weil nur etliche Personen verschiedene Melodien auf einmahl, und demnach vielförmig, doch so, daß sie zusammen klingen [welches cantar'in consonanza heisset] hören lassen.

Cantus Romanus [*lat.*] ist nichts anders, als der Gregorianische- oder Choral-Gesang; weil er anfänglich zu Rom von denen daselbst auf des Pabsts Gregorii M. Anordnung bestellten Cantoribus excolirt, und nachgehends von da aus an andere Christliche Gemeinden und Kirchen gekommen und gelanget ist.

Cantus transpositus [*lat.*] ist 1.] der, welcher aus einem also genannten natürlichen Modo, vermittelst Fortrückung der Clavium, und daher nöthiger Vorzeichnung entweder vieler b, oder eines und vielen ♯ gemacht wird; eigentlich aber, und κατ' ἐξοχὴν, oder Vorzugsweise 2.] derjenige Gesang, welcher in seiner Vorzeichnung nur ein eintziges b, und zwar an demjenigen Orte hat, woselbst

der

der clavis auch den Nahmen b davon bekommt. s. *Tab. VII. F. 7.*

Canus, ein berühmter, und beym Kayser Galba sehr beliebter Kunst-Pfeiffer ums Jahr Christi 68, dessen Martialis lib. 10. Epigram. 3. gedencket; rühmte von seiner Music: er könne mit selbiger ausrichten so wol was er wolle, als was der Zuhörer von ihm verlange. Das, dieser Rede halber, zwischen ihm und dem Philosopho, Apollonio Tyanensi zu Rhodus gehaltene artige, und theils schertzhaffte Gespräch ist beym Philostrato, lib. 5, c. 21. de vita Apollonii, zu lesen.

Canutio [*Pietro*] mit dem Zunahmen Potentino [vielleicht, weil er aus der an. 1694 durch ein Erdbeben verwüsteten Neapolitanischen Stadt Potenza mag gebürtig gewesen seyn] wird von Tevo, P. 3. c. 2. p. 115. del Mûsico Teſtore, als ein Auctor Musicus aus dem Picitone allegirt. Bey dem Possevino, fol. 223. Biblioth. Select. kommt Petrus de Canucciis, als ein Musicus, vor; beyde Nahmen dörfften wol eine Person andeuten.

Canzone [*ital.*] Chanſon [*gall.*] bedeutet ein musicalisches Lied, auf zweyerley Art, 1.] mit Texte, welcher mehrentheils weltlich, und öffters sehr lang ist, wozu eine fast dem Cantaten-Stylo gleichende Composition gemacht wird. s. *Bross. Diction.* Bisweilen haben die Canzoni auch geistlichen Text, und heissen alsdenn: Canzoni Spirituali. 2.] ohne Text, mit kurtzen Fugen und artigen Fantasien durchgeführt, und zwar so, daß am Ende die erste Fuge von vornen meistentheils wiederholt, und damit geschlossen wird. s. *Prætorii* Synt. T. 3. p. 16. sq.

Canzonetta [*ital.*] Chansonette oder petite chanson [*gall.*] ein Liedgen, oder kurtzer Gesang. Die Neapolitanische Canzonetten haben fast allezeit 2 Reprisen, [als wie die Frantzosen ihre Vaudevilles, oder Bauer-Liedergen] deren jede zweymahl gesungen wird. Die Sicilianische Canzonetten sind Giquen-Arten, deren Tact fast allezeit $\frac{12}{8}$ oder $\frac{6}{8}$ ist. Beyderley Canzonetten sind fast allezeit Rondeaux, darinnen die erste Reprise vom Anfange wiederholt, und damit geschlossen wird.

Capacité [*gall.*] Capacitas [*lat.*] bedeutet denjenigen Raum, welchen eine Octav, oder ein jeder Modus musicus in sich schliesset. Ist demnach eben so viel als Ambitus.

Capella, pl. Capelle (*ital.*) Chapelle (*gall.*) bedeutet [1. in grosser Herren Hof-Kirchen den Ort, wo musiciret wird. [2. das gantze Corpus der daselbst musicirenden, davon die membra Capellisten heissen; und [3. denjenigen besondern oder grossen Chor, welcher in einem musicalischen Stücke nur bißweilen zur Verstärckung mit einfällt, und Chorus ascititius genennet werden kan, weil er aus den andern concertirenden Stimmen genommen, und heraus gezogen wird. Wobey es denn wohl eine ausgemachte Sache ist, daß, wenn viele Vocal- und Instrumental-Stimmen einerley accurat zusammen heraus bringen sollen, die Composition auch so beschaffen seyn müsse, damit es füglich geschehen könne. Diesem nach findet man, daß gute und geübte Meister nur gantze, halbe, und viertel Tact Noten im allabreve-Tact brauchen, aber in solchen grosse Kunst und Geschicklichkeit auf allerhand Art anbringen; welcher ernsthaffte Stylus so dann eigentlich à oder da Capella (*ital.*) par la hapelle (*gall.*) heisset. Anlangend den Ursprung des Worts Capella, so sind zwar die Philologi hierinnen nicht einig; doch gehen die besten und mehresten dahin: es hätten die Fränckischen Könige und Feld-Herren im Gebrauch gehabt, die Kappe oder Haupt-Decke [andere nennen es einen Helm] des H. Martini, gewesenen Bischoffs zu Tours in Franckreich ums Jahr Christi 400, [welcher aber vorher ein Soldat gewesen] als ein grosses Heiligthum mit ins Feld zu nehmen, und bey selbigem Messe lesen zu lassen; das Zelt, worunter solches geschehen, hätte man Capelle, und den Meß-Leser Capellanum genennet. Und daher sey es gekommen, daß nachgehends grosser Herren zur privat-Andacht gewiedmete Oratoria den Nahmen einer Capelle davon getragen. Bey dieser Gelegenheit möchte wohl nicht undienlich seyn, die Einrichtung der Päbstlichen Capelle aus Missons Reise-Beschreibung, und zwar aus dem 37ten Schreiben, allhier einzurücken, welche am 87 Blatt folgender Gestalt lautet: "Was die Päbst-"liche Music anlanget, so hält der Pabst "gemeiniglich 32 Musicanten, und wenn "einer von denselben stirbet, lässet der "Capell-

"Capellmeiſter an allen Ecken der Straſ-
"ſen Placate anſchlagen, wodurch er
"denjenigen, welche nach ſolcher Stelle
"ſtreben, den Ort und die Stunde be-
"deutet, wo und wann ſie erſcheinen ſol-
"len. Allda müſſen ſie ſich in Beyſeyn
"aller Päbſtlichen Muſicanten hören laſ-
"ſen, und alsdenn nehmen ſie den tüch-
"tigſten davon heraus, und wenn er 25
"Jahr gedienet, ſo bekommt er ſeinen
"Lohn, wenn er gleich keine Dienſte
"mehr thut. Indeſſen iſt die Päbſtliche
"Muſic darinnen von andern unterſchie-
"den, daß man dabey keiner Orgeln oder
"anderer Inſtrumenten brauchet, ſon-
"dern die Stücke nur herſinget. Hin-
" gegen in andern Kirchen richtet man ge-
"meiniglich, den Wiederſchall zu beför-
"dern, ein Geſtell auf, auf welchem ſie
"ſtehend ſingen. u. ſ. f."

Capella (*Martianus Mineus Felix*) von Madaura in Africa gebürtig, lebte eine zeit lang zu Carthago und Rom, und ſchrieb hieſelbſt ums Jahr Chriſti 480 eine Satyram: de Nuptiis Philologiæ & Mercurii in 9 Büchern, worunter das letzte in 2 Theilen von der Muſic handelt; der erſte Theil enthält die Hiſtorie und das Lob; der zweyte aber die præcepta derſelben in ſich. Sie iſt lateiniſch, theils in proſa, theils in ligata, abge-faſſet, und beträgt, in der Meibomi-ſchen Edition, ohngefehr 4 Bogen in 4to. Der Auctor wird unter die Römi-ſchen Proconſulares mit gezehlet. ſ. das comp. Gelehrten-Lexicon.

Capelletus (*Joan. Antonius*) ein Päbſt-licher Capell-Muſicus, und Clericus des Biſchöfflichen Seminarii zu Peru-gia [von dannen er gebürtig] hat an. 1653 ein lateiniſches Carmen, de B. Ma-riæ infantulæ caſtitate & charitate, drucken laſſen, und iſt an. 1677 noch am Leben geweſen. ſ. *Oldoini* Athenæum Auguſtum, p. 165.

Capellini, ein Italiäner, war an. 1676 Cammer-Organiſt am Kayſerl. Hofe.

Capello (*Giov. Franceſco*) ein Venetia-ner, Geiſtlicher, und Organiſt zu Breſcia an der Kirche delle Gratie, hat in 13 Büchern Miſſen und Pſalmen an. 1616 zu Venedig ediret. Es iſt dieſes ſein 9tes Werck.

Capellus (*Hieronymus*) ein Venetianer, ließ an. 1570 einen aus 6 Büchern beſte-henden kleinen Tractat; de Diſciplinis ingenuis, urbe libera liberoque ju-vene dignis, zu Padua in 4to drucken; in ſolchem handelt das 5te Capitel, p. 22. 23. 24. unter der rubric. attinentia ad inſtitutionem rationis & mentis, mit ſehr wenigen von der Muſic, in ſo fern ſelbige, und was für welche, einem viro ingenuo anſtändig und nöthig ſey. In Jac. Salomonii Inſcriptionibus Agri Patavini lieſet man am 210ten Blatte folgende, ſo in der Kirche des H. Proſdocimi zu Cittadella befindlich iſt, und alſo lautet: Hieronymo Capello, Veneto, civi originario, Iurisconſul. Oratori, ac Aſſeſſori legalibus mo-numentis æternum victuris clariſſi-mo, ut immortalitatem induceret mortalibus ſpoliis exuto. 1680. [ſoll vielleicht 1580 heiſſen] vixit an 83. menſ. 7. dies 7. oder ſie gehet einer ganz an-dern Perſon, gleiches Nahmens, an.

Capillo (*Camillo*) war an. 1655 ein In-ſtrumental-Muſicus, an Kayſers Fer-dinandi III. Hofe, und von Friuli oder Friaul [Forojulienſis] gebürtig. ſ. *Bucellin*.

Capion, gr. Καπίων, iſt beym Heſichio ein Nomus Citharædicus. ſ. *Cepion*.

Capiſtrum (*lat.*) alſo hieß ehemahls die Binde, welche die Muſicanten, ſo ſich bey öffentlichen Feſten und Schau-Spie-len ſtarck mit blaſen angreiffen muſten, um den Mund zu binden pflegten, damit ſie die Backen nicht allzuſehr aufblaſen, oder ſich ſonſten Schaden thun möchten. ſ. Schöttgens Antiquitäten-Lexicon.

Capitaneus (*Georgius Mengelius*) das vierdte Werck ſeiner Arbeit führet den Titul: Sacri Concentus & Dialogi, von 1. 2. 3. 4. 5 und 6 Stimmen, wobey noch eine 4ſtimmige Miſſa, nebſt 2 Inſtrumenten, und iſt in 4to gedruckt.

Capital (*gall.*) der Haupt-Ton, ſo in einem Modo muſico der Führer, oder Herr iſt.

Capo (*ital.*) der Anfang.

Capo de' Iſtromentiſti (*ital.*) der Vor-nehmſte unter den Inſtrumentiſten.

Caponius (*Ginus Angelus*) ein Italiä-niſcher Edelmann, und berühmt gewe-ſener Componiſt zu Rom, deſſen Kirch-rus lib. 7. c. 6. Muſurg. T. 1. p. 611 & 614 erwehnet.

Capponi (*Giov.*) ein berühmter Italiä-niſcher Componiſt, von welchem in der Hiſto-

Hiſtoire de la Muſique, T. 1. p. 252 gemeldet wird: daß er auf dem zu Mille-Fonti gehaltenen Beylager einer Savoyiſchen Princeßin die Muſic verfertiget habe.

Capriccio (*ital.*), **Caprice** (*gall.*) ſubitus, fortuitus animi impetus (*lat.*) iſt eben das, was die Fantaiſie und Boutade, darinn einer ſeinem Sinn folget, und nach ſeiner caprice etwas hinſetzet oder herſpielet; welches jedoch manchesmahl weit artiger zu hören iſt, als was regulirtes und ſtudirtes: wenn es aus einem freyen Geiſte kommt. ſ. *Matthe-ſonii* Anmerck. über Niedtens Muſ. Handleit. zur Variation des G. B. p.95. conf. *eiusdem* Orcheſtre 1. p. 176. Mr. Broſſards Beſchreibung lautet folgender maſſen: "es ſey Capricio ein "ſolches Stück, worinn der Componiſt, "ohne ſich an eine gewiſſe Anzahl Täcte, "Tact-Art, oder aber vorher überlegten "Entwurff zu binden, der Hitze ſeines "naturels den freyen Lauff laſſe." Kurtz: ein Einfall, worauf vorher nicht meditirt worden. Daher werden auch die vors Clavier geſetzte, aber nicht ſonderlich ausgearbeitete Fugen alſo tituliret.

Capricioſo (*ital.*) **capricieux** (*gall.*) auf zufällige Art, ohne vorläuffiges Drauf-Dencken.

Capricetto (*ital.*) ein dergleichen gantz kurtzer Einfall, eine kleine Fantaſie.

Capricornus (*Samuel*) hat, als Muſic-Director an der H. Dreyfaltigkeits-Kirche zu Preßburg, ein Opus muſicum à 1-8 vocibus concertantibus & Inſtrumentis variis, adjuncto choro pleniori ſ. in ripieno, an. 1655 zu Nürnberg in folio drucken laſſen, und ſelbiges Andreæ Segnero, einen Conſulari in vorgedachter Ober-Ungariſchen Haupt-Stadt dediciret. An. 1659 hat er, als Hochfürſtlicher Würtembergiſcher Capellmeiſter zu Stuttgard, im 30 Jahre ſeines Alters, den ıſten Theil ſeiner Geiſtlichen Harmonien von 3 Stimmen, und beygefügten Inſtrumenten; an. 1660 den 2ten; und an. 1664 den 3ten Theil derſelben zu Stuttgard in 4to heraus gegeben. In nur gedachtem Jahre iſt auch von ſeiner Arbeit gedruckt worden; Scelta muſicale, ò la prima Opera d'eccellenti Motetti; ferner an. 1670 das Opus aureum Miſſarum; ingleichen die Tafel-Muſic, von 2, 3, 4. und 5 Vocal-Stimmen, [als ein Opus poſthumum] allerſeits zu Franckfurt in länglicht folio; und an. 1708 zu Wien in folio heraus gekommen: Sonate, Capricci, Allemande, Correnti, Sarabande, &c.

Caprioli (*Giov. Paolo*) ein Canonicus bey S. Salvator, hat an. 1628 Sonaten in Venedig drucken laſſen.

Capsbergerus. ſ. *Kapsberger.*

Capuana (*Mario*) ein Doctor und Capell-meiſter des Senats, und am Dom der Stadt Noto in Sicilien, hat an 1650 ein Miſſen-Werck zu Venedig drucken laſſen.

Capulus, und **Capulum** (*lat.*) der Hals an einer Laute, Tuorbe, Violin, u. d. g. Inſtrumenten.

Caputo (*Manilio*) ein Muſic-Befliſſener, von Coſenza, einer Neapolitaniſchen in Calabria liegenden Stadt, [lat. Conſentia und Coſentia genannt] gebürtig, deſſen Toppi in ſeiner Bibliotheca Napoletana gedencket.

Caracciolo (*Flaminio*) ein Muſicus zu Neapolis, deſſen Capaccio in ſeinem Foraſtiero, Giornata prima, p. 7. erwehnet.

Caracco (*Agoſtino*) oder Carazzi eines Schneiders Sohn, gebohren zu Bologna an. 1557, hat die Mahlerey, Kupfferſtecherey, Poeſie, Mathematic, Muſic, das Tantzen und andere exercitia erlernt gehabt und iſt an. 1605 zu Parma geſtorben. ſ. *Mr. de Piles* Hiſtorie und Leben der berühmteſten Europäiſchen Mahler, p. 358 und 366.

Caramella (*Honorius Dominicus*) ein Geiſtlicher zu Palermo in Sicilien, gebohren daſelbſt an. 1623 den 15ten Febr. und verſtorben zu Rom, an. 1661 den 10ten Febr. hat, unter andern würcklich edirten Sachen, auch Pictorum & Muſicorum Elogia; ingleichen eine Muſica Prattica, Politica, nella quale s'inſegna a' Principi Criſtiani il modo di cantare un ſol mottetto in concerto, geſchrieben; ob dieſe aber gedruckt worden, iſt mir unwiſſend? ſ *Mongitoris* Biblioth. Sicul. T. 1. p. 291.

Caramuel. ſ. *Lobkowiz.*

Caratti (*Antonia*) war eine ums Jahr 1679 berühmte Sängerin in der Opera zu Venedig, und von Rom gebürtig ſ. den *Mercure Galant* dieſes Jahrs in April-Monat, p. 84.

Caravaccio (*Giov.*) ein Capellmeister bey S. Maria Maggior zu Bergamo, ließ an. 1620 zu Venedig Psalmen in Druck ausgehen.

Cardanus (*Hieronymus*) ein Mayländischer Patricius und Medicus, war gebohren an. 1501 den 23ten Augusti, und starb an. 1576 zu Rom. Vor seinem Tode hat er folgende Verse aufgesetzet, vielleicht in der Absicht, daß sie ihm zum Epitaphio dienen möchten:
Non me terra teget cœlo sed raptus in alto
Illustris vivam docta per ora virûm.
Quidquid venturis spectabit Phoebus in annis,
Cardanos noscet, nomen & usque meum.
Unter seinen Schrifften befindet sich auch ein Tractat: de Musica. s. *Girolamo Gbilini* Teatro d' Huomini letterati, P. 2. p. 115 seq. von welchem Freberus in Theatro, fol. 1273 meldet, vaß er aus 5 Büchern bestehe.

Cardillo (*Giacomo Antonio*) seiner an. 1579 zu Venedig gedruckten Motetten erwehnet Gesnerus.

Cardoso (*Fr. Immanuel*) ein Potugiesischer Carmeliter=Mönch, aus der in der Proving Alentejo liegenden Stadt Beja [lat. *Pax Iulia* genannt] gebürtig, daher er Pacensis heisset, hat von seiner Arbeit an. 1613. 1625 und 1636, vierfünff= und sechs=stimmige Missen, Magnificat, und andere Sachen zu Lissabon drucken lassen. s. *Antonii* Biblioth. Hispanam.

Carelio (*Antonio*) ein Sicilianischer Musicus zu Messina, hat drey=stimmige Sonaten gesetzet, welche, als sein erstes Werck, bey Roger zu Amsterdam in diesem Seculo gravirt worden sind.

Caresana (*Cristoffero*) hat an 1681 Duo in Neapolis drucken lassen.

Carestini, ein Discant=Castrate, und Cammer=Musicus am Kayserlichen Hofe ums Jahr 1725. s. *Matthesonii* Crit. Musf. T. 2. p. 287.

Carillon (*gall.*) numerosus & modulatus æris campani sonitus [*lat.*] ein harmonisches Zusammen=Lauten vieler Glocken; it. ein Glocken=Spiel.

Carillonneur (*gall.*) qui æs campanum argute ac numeróse pulsat, (*lat.*) ein Glocken=Spieler.

Carissimi [*Giacomo*] ein sehr berühmter Capellmeister am Teutschen Collegio zu Rom, sonsten auch Collegium Apollinare genannt, ums Jahr 1649 welcher mit seiner Composition die Zuhörer zu allerhand Affecten bewegen und bringen können. s. *Kircheri* Musurg. lib. 7. c. 6. f. 603 und an. 1672 noch am Leben gewesen. s. *Matthesonii* Crit. Musf. Γ. 2. p. 171.

Carl [Johann George] ein Stiffts=und Stadt=Musicus in Halberstab., ließ an. 1700. Werckmeisters Cribrum musicum, oder Musicalisches Sieb drucken.

Carl [Johann Martin] gebohren in Walchenfeld ohnweit Bamberg an. 1697 hat mit einem vornehmen Ministre eine Reise nach Franckreich und Holland gethan, und daselbst die besten Maîtres auf der Violin gehöret; stehet jetzo seit etlichen Jahren als Violinist in Marggräflich=Anspachischen Diensten, und tractiret auch die Flûte traversière.

Carmen nuptiale [*lat.*] ein Hochzeit=Gesang, Braut=Lied, Hochzeit=Gedichte.

Carmina averruncalia [*lat.*] waren Lieder, welche dem Gott Averrunco, oder vielmehr den Diis Averruncalibus, so das Böse abzuwenden geordnet waren, abgesungen, und wenn solches [Böse] vorüber, denenselben zu Lobe angestimmet wurden. s. Hrn. Doct. Meyers Criticum sine crisi, in not. p. 71.

Carneus, ein berühmter Cytharist zu Zeiten des Terpandri, ums Jahr der Welt 3236 oder 712 Jahr vor Christi Geburt, welcher den Terpandrum selbst soll übertroffen haben.

Carola, ein Italiänisches von Bocatio gebrauchtes, aus dem lateinischen Choreola entstandenes, und einen Tantz bedeutendes Wort. s. *Octavii Ferrarii* Origines Linguæ Italicæ.

Carolus [Joannes] ein Spanischer Doctor Medicinæ, hat an. 1626 zu Lerida in Catalonien [lat. Ilerda genannt] heraus gegeben: Guitarra Espannola de cinco ordenes, d. i. die Spanische Guitarre von 5 Doppel=Saiten. s. *Antonii* Bibliot. Hispanam.

Carolus Magnus, der an. 800 gekrönte, und an. 814 im 72ten Jahre seines Alters verstorbene Römische Kayser, hat die Music ungemein geliebet, und an hohen Fest=Tagen beym Gottes=Dienste, wie ein Cantor, selbst mit gesungen. s. die Histoire de la Musique, T. 1. p. 192.

Carolus

Carolus V. der an. 1500 zu Gent gebohrne, und an. 1558 in dem Closter S. Justi in Extremadura verstorbene Römische Kayser, ist in der Music sehr erfahren, und mit einem ungemein delicaten Gehör begabt gewesen. s. ein mehrers in der Histoire de la Musique, T. 1. p. 263.

Carolus VI. jetzige glorwürdigst regierende Kayserliche und Catholische Majestät spielen das Clavier; wie hiervon in des Hrn. Capellmeister Matthesons Mus. Patrioten, p. 12. seq. eine ausnehmende Probe zu lesen ist.

Carolus IX. König in Franckreich, hat, so wol die Tenor- als Discant-Stimme sehr gut gesungen. s. die *Histoire de la Musique*, T. 4. p. 85.

Caron, wird von Sebald Heyden in der Vorrede seines Tractats: de arte canendi, &c. als einer, der nebst Joan. Ockgekhem die Music excolirt, und ins Aufnehmen gebracht hab, angeführet.

Carpœa Καρπαῖα oder **Carpea,** Καρπέα, war ein Macedonischer Tantz, welcher einen mit zween Ochsen pflügenden Bauer, so seine Waffen neben sich geleget: und einen bewaffneten Räuber, der jenen angreiffen und die Ochsen entführen wollen, wobey bald der eine, bald der andere die Oberhand behalten, unter Pfeiffen-Klang vorstellete. s. *Meursii* Orchestr. aus Xenophontis lib. 6. de Cyri expeditione, und Maximi Tyrii Dissert. 12.

Cartesius [*Renatus*] oder, auf Französisch, René des Cartes, der hochberühmte Philosophus adelichen Geschlechts, gebohren den 31 Martii zu la Haye einem in der Provintz Touraine liegenden ansehnlichen Flecken, wurde in das berühmte Jesuiter-Collegium nach la Fleche [lat. Flexia] geschicket, woselbst er in der Algebra extraordinaire progressen machte; worauf er war, wegen einer eingebildeten Unwissenheit, eine Zeit lang vor den Studien einen Abscheu bekommen, nachgehends aber zu Paris, in grosser Einsamkeit, alle seine Zeit auf die Mathematic und andere philosophische Disciplinen gewendet. Er begab sich auch nach Holland, als Volontair in Kriegs-Dienste, schrieb in dieser qualité, als er 22 Jahr alt, sich zu Breda in Braband befunde, ein aus 5 Bogen in 4to bestehendes Compendium Musices in lateinischer Sprache, welches an. 1650 zu Utrecht, an. 1656 zu Amsterdam, und an. 1668 zu Paris, ins Frantzösische übersetzt, unter dem Titul: l' Abregé de la Musique par M. Decartes, mis en François avec les eclaircissemens necessaires par N. PP. D. L. bey Charles Angot in 4to gedruckt worden. Er ist der erste gewesen, welcher tertiam majorem mit unter die vollkommenen Concordantien gezehlet hat. s. Printzens Music. Hist. c. 12. §. 72. Wie er hierauf sich ferner unter die Bayerische und Kayserliche Armée begeben, in Italien gereiset, nachgehends viel Jahre sich in Holland aufgehalten, aus Franckreich eine jährliche Pension von 3000 Livres bekommen, und in Schweden, woselbst er an. 1650 den 10 Febr. gestorben, von der Königin Christiana mit ungemeiner Ehre empfangen worden; solches alles meldet, nebst dem Verzeichniß einiger andern Schrifften, das compendieuse Gelehrten-Lexicon. Aus der von Mr. Chanut, damahligen Frantzösischen Ambassadeur zu Stockholm, ihm zu Ehren verfertigten, und in Bullarti Academie des Sciences & des Arts f. 136. befindlichen lateinischen Inscription erhellet: daß er nur 4 Monate, als er gestorben, am Schwedischen Hofe gewesen. Die zu Paris bey S. Genevieve du Mont ihm zu Ehren aufgerichtete Inscription lautet folgender maßen:

Renatus Cartesius, vir supra titulos omnium retro Philosophorum nobilis genere, Aremoricus gente, Turonicus origine. In Gallia Flexiæ studuit; in Pannonia miles meruit; in Batavia Philosophus deliruit; in Svecia vocatus occubuit. Tanti viri pretiosas reliquias Galliarum tunc Legatus, Petrus Chanut, Christinæ sapientissimæ Reginæ, sapientum amatrici, invidere non potuit, nec vindicare patriæ; sed, quibus licuit, cumulatus honoribus, peregrinæ terræ mandavit invitus, anno Dom. 1650. m. Febr. 10. ætatis 54. Tandem post XVII. annos, in gratiam Christianissimi Regis, Ludovici XIV. virorum insignium cultoris & remuneratoris, procurante Petro d'Alibert, sepulchri pio & amico violatore, patriæ redditæ sunt, & in isto urbis & artium culmine positæ: ut, qui

qui vivus apud exteros otium & famam quæsierat, mortuus apud suos cum laude quiesceret, suis & exteris in exemplum & documentum futurus. I nunc, viator, & divinitatis immortalitatisque animæ maximum & clarum assertorem aut jam crede felicem, aut precibus redde. s. *Wittenii* Diarium Biographic. T. 2. Seine verschiedene fata im Studiren erzehlet er selbst in der Dissertation: de Methodo inveniendi veritatem. Joh. Tepelius beschreibet dessen Leben in einem an. 1674 zu Nürnberg in 12 gedruckten Tractätgen. Von seinen Tugenden und Lastern ist Huetii Censura Philosophiæ Cartesianæ c. 8. § 4. zu lesen. In seinen an. 1682. zu Amsterdam in 4to gedruckten lateinischen Episteln kommt hin und wieder auch etwas von musicalischen Dingen vor, als Part. I. Ep. CXI. de Musica, & de celeritate motus. Part. II. Ep. XXIII. de Musica. Ep. XXIV. de nervorum sono. Ep. LXI. de vibratione chordarum Ep. LXVI. variæ animadversiones ad Musicam spectantes. Ep. LXVIII. de Musica, & Responsio ad quasdam quæstiones musicas. Ep. LXXII. cur sonus facilius feratur secundum longitudinem trabis percussæ, quam per aërem solum. De tremore aëris in chordis. Ep. LXXIII. de reflexione soni & luminis. De Consonantiis. De refractione sonorum. Ep. LXXIV. de resonantia chordarum. Ep. LXXVI. variæ quæstiones. Ep. LXXVII de motu chordarum. Ep. CIII. abermahl de motu chordarum, und de Musica. Ep. CIV de Sono. Ep. CV wiederum de motu chordarum und de Musica. De Sonis, & intensione chordarum Ep. CVI. de Tonis musicis. De Tonis mixtis. Ep. CX. ad quam distantiam sonus audiri possit. De imaginatione ad judicandum de tonis. De tonis. De sono fistularum. Und Ep CXII. de tonis Musicalibus.

Carthäuserin (Margaretha) eine Nürnbergische Nonne in S. Catharinen Closter, hat 8. musicalische Choral-Bücher geschrieben, so noch als MSS. in der Stadt-Bibliothec daselbst gezeigt werden. Der Titul davon ist dieser: "Nach Christi Geburt CIƆ. CCCC. in dem LVIII. Jahr hat geschrieben diß Buch, Schwester Margaretha Cartheüserin, zu Nutz ihrem Kloster zu S. Katharina in Nürnberg, Prediger Ordens, bitt GOtt vor sie." Das zwepte Buch ist an 1459; das dritte an. 1460; das vierdte an. 1461; das fünffte an. 1465; das sechste an. 1467; das siebende an. 1468; und das achte an. 1470 geschrieben worden. s. *Sauberti* Oration. 2. de Bibliotheca Norimb. p. 94. und *Hallervordii* Bibl. curios.

Cartilly, eine ums Jahr 1671. berühmte Frantzösische Sängerin zu Paris. s. die *Histoire de la Musique*, T. 3. p. 159.

Cartivelli (*Gio. Battista*) oder Cattivelli ein Kayserlicher Musicus und Pensioniste an. 1721, und 1727.

Cartonne, ein bey der Opera zu Venedig ums Jahr 1679. berühmter Sänger, dessen der Mercure Galant gedachten Jahrs, im April-Monat p. 93. gedencket.

Carus (*Joseph Maria*) ein Römischer Theologus und Antiquarius, hat, unter andern, auch an. 1691 Antiquos libros Missarum Romanæ Ecclesiæ, welchen eine Dissertation der alten Gebräuche beym Meß-Singen, als de Antiphona, Litania, Kyrie eleison, Hymno angelico, Halleluja, Tractu, und insonderheit vom Responsorio gradali voran gesetzt ist, zu Rom in 4to drucken lassen. s. die *Acta Erudit. Lips.* an. 1698. m. Oct p. 478. sq.

Casali (*Ludovico*) ein Modeneser, hat, wie Bononcini P. I. c. I. del Musico Pratico p. 10 meldet, in seinem vierdten Wercke von der Music Vortrefflichkeit und Wundern geschrieben.

Casati (*Francesco*) ein Mayländer, war daselbst erstlich an der Kirche di S. Maria della Passione, hernach bey S. Marco ein vortrefflicher Organist, und gab einige Motetten heraus, welche in der von Pietro Francesco Lucino, an. 1616 edirten Sammlung befindlich sind. s. *Picinelli Ateneo* dei Letterati Milanesi, p 206.

Casati (*Casparo*) ein Venetianer, hat ein Opus 4 und 5 stimmiger Missen und Psalmen; ferner Sacros Concentus à Voce sola; wiederum dergleichen von 2, 3, und 4 Stimmen; wie auch ein Werck 2, 3. und 4stimmiger Motetten mit 2 Violinen nebst einer 4stimmigen Missa; und etliche Theile auserlesener Arien- und concertirender Motetten von 1, 2, 3, und 4 Stimmen an. 1645 heraus gehen lassen.

Casati (*Girolamo*) ein gegen das Ende des 16ten Seculi berühmt gewesener Componist

ponist, und Capell=Meister zu Mantua, hat verschiedene Wercke dem Druck übergeben, worunter das dritte den Titul: Harmonicæ Cantiones à 1, 2, 3, 4, & 5. vocibus, cum Missa, Magnificat, & Litaniis, führet, wobey auch Violinen sind. Es ist auch ein aus einer Missa und Vesper-Psalmen von 2, 3, und 4. Stimmen bestehendes Opus von ihm heraus gekommen.

Casati (*Teodoro*) ein Maylänber, war anfänglich Organist und Capell-Meister an der Kirchen di S. Fedele daselbst, hernach in S. Sepolcro, und hierauf Dom-Organist vor dem 1667ten Jahre; (denn in nur-gedachtem Jahre hat er in dieser qualité, als ein Richter, der von Sanromano und andern abgelegten Probe zum Organisten-Dienste bey S. Celso, mit beygewohnet); letzlich wurde ihm auch von der Königin in Spanien, Maria Anna, wegen einer im Hertzoglichen Pallast von ihm aufgeführte grossen Opera durch ein Diploma die Anwartschafft zur Hof-Capell-Meister-Charge ertheilet. Von seiner Arbeit sind vier Wercke Missen, Motetten, u. s. f. gedruckt worden. s. *Picinelli Ateneo* dei Letterati Milanesi, p. 122. und 501.

Cascaveaux (*gall.*) so nennen die Provencer und Gascogner die kleinen hölzernen Klappern, deren sie sich beym Tantze bedienen; die in Nieder-Languedoc heißen sie: Cascavelles; die Spanier: Cascabeles; und die Pariser: Castagnettes; die Lateiner aber: Scabillos. s. *Menage* Dictionaire Etymologique de la Langue Françoise.

Case (*Jo.*) ein Englischer Doctor Medicinæ, von Woodstock gebürtig, lehrte die Philosophie zu Oxford Privatim, doch mit grossem Zulauffe, sonderlich seiner Religions-Verwandten, (er war Catholisch,) schrieb unter andern eine Apologiam Musices, tam vocalis quam instrumentalis, so an. 1588 am letztgedachtem Orte gedruckt worden ist, und starb an. 1600. den 23. Januarii, s. *das comp.* Gelehrten-*Lexicon* oder, nach der Engländer Rechnung, an. 1599, laut folgender in der Capelle des Collegii D. Johannis Baptistæ zu Oxford (woselbst er begraben liegt) unter seinem Bildniß befindlichen Inscription: Johanni Case nato Woodstochiæ, olim Choristæ Novi Collegii, tum Ædis Christi, dein & Socio hujus Collegii beneficentissimo, summo Philosopho, cui Auditores innumeri in Aristolis Dialecticen, Ethicen, Politicen, Oeconomicen, Physicen, præclare commentato; encomium Musicæ, Academiarum apologiam, rebellionis vindicias, egregie scriptis persequuto, Doctori Medico, summis, mediis, infimis percharo, multis meritis, prope sexagenario, minis 120. huic Collegio legatis, 23 Jan. an. 1599 sanctissime mortuo, uxor Elizabetha; Barthol. Warner, Gener, Matthæus Gwynne, Curator, Doctores Med. piæ memoriæ posuere. s *Antonii à Wood* Histor. & Antiquit. Universitatis Oxoniensis, lib. 2. f. 312. und lib. 1. f. 309. woselbst noch mehrere Umstände von ihm zu lesen sind.

Casentini (*Marsilio*) war von Lucca gebürtig, und Capell-Meister zu Gemona ums Jahr 1607, als in welchem er 5stimmige Madrigalien zu Venedig drucken lassen. An. 1615 sind seine Cantica Salomonis in Venedig herausgekommen.

Casini (*Giov. Maria*) ein Florentinischer Priester, Capell-Meister, und Organist Ihro Königl. Hoheit der Groß-Hertzogin von Toscana, hat an. 1704 unter dem Titul: Pensieri per l'Organo in Partitura, vierstimmige Orgel-Fugen zu Florentz in folio ediret, (es ist sein drittes Werck) und solche einem Patritio daselbst, Nahmens Cosimo degli Albizzi dediciret.

Casparini (*Adamo Orazio*) ein berühmter Orgel- und Instrument-macher in Breßlau, ein Sohn Eugenii Casparini; dieser ist todt; jener aber an. 1718 noch am Leben gewesen. s. die Breßlauische Sammlung von Natur- und Medicin- wie auch hierzu gehörigen Kunst- und Literatur-Geschichten a. cit. m. Mart, Artic. III. classf. V. §. 2. p. 853. sq.

Casparini (*Eugenius*) von Sorau in der Nieder-Lausitz gebürtig, hat die Orgelmacher-Kunst von seinem Vater erlernet, und solche weiter zu excoliren, sich in dem 17ten Jahre seines Alters auf die Reise erstlich nach Bayern, allwo er drey Jahr gelegen, und alsdenn nach Italien gemacht, da er sich zusammen in die 54 Jahre meistens zu Padua aufgehalten. Von dar wurde er nach Wien als Hof-Orgelmacher beruffen, allwo er in die Kayserliche Kunst-Cammer ein Positiv von 6 Stimmen verfertiget, dessen Pfeifsen von puren Papier. Als er in Wien die in der Hof-Capelle, und andere in der Kunst- und Instrumenten-Cammer befindliche Wercke repariret, ist er wieder nach Italien gegangen, und hat sich allda, ingleichen zu Trient in Tyrol so lange aufgehalten, biß ihn endlich E. Hoch-Edler und Hochweiser Rath der Stadt Görlitz an. 1697 beruffen, ein neues Orgel-Werck an statt der an. 1691 den 25. Martii von Hrn Damitio, Churfürstl.Sächß. gewesenen Hof-Orgelmacher von 47 Stimmen verfertigten Orgel, zu bauen. Welches er auch in seinem hohen Alter; sintemahl er 1704 schon 80 Jahre alt, nebst seinem Hrn. Sohn innerhalb 6 Jahren zu Wercke gerichtet. s. Hrn. Borbergs Beschreibung der grossen neuen Orgel in der Kirche zu S. Petri und Pauli in Görlitz.

Castanæus s. *Chassanæus*.

Cassanus (*Carolus*) ein wegen seiner Tiefse und Höhe an verschiedenen Chur- und Fürstl. Höfen in Teutschland bedienet und berühmt gewesener Baßist, ist zuvor ein Mönch in Neapolis gewesen. s. *Pretorii* Syntag. Mus. Γ. 2. p. 17.

Cassa secreta del Organe (*ital.*) die Wind-Lade in einer Orgel.

Cassati (*Michele Angelo*) ein Doctor Theologiæ, Poet und Musicus zu Alcara in Sicilien, ist durch allzugrossen Fleiß, sonderlich in mathematischen Wissenschafften, in Unsinnigkeit verfallen, und an. 1680 den 6 Octobr. im 44ten Jahre seines Alters daran gestorben. s. *Mongitoris* Biblioth. Sicul. T. 2. p. 76.

Cassati (*Pietro*) ein Kayserl. Altist an. 1721 und 1727.

Casserius (*Julius*) wird von Mr. Brossard als ein Music-Auctor, p. 378. allegirt; ist aber ein Anatomicus und Chirurgus zu Padua, von Piacenza gebürtig, des berühmten Aquapendente famulus, und hernach in der Profession, sein Successor gewesen. Er hat eine Historiam Anatomicam: de Vocis & Auditus organis geschrieben, so an. 1601 zu Ferrara mit Kupffern in folio gedruckt worden.

Cassiodorus (*Marcus Aurelius*) war aus einem vornehmen Römischen Geschlechte in der Provintz Lucanien, nach dem 463 Heyl-Jahre gebohren; wurde an. 490 Königs Theodorici in Italien Cantzler; an. 500 Patricius, mid an. 514 Bürgermeister zu Rom; aber an. 537 vom Könige Vitige seiner Ehren-Aemter entsetzet, da er sich denn in das von ihm erbaute

Closter in Calabrien begab, und, unter andern vielS Sachen, auch ein lateinisches Compendium von der Music geschrieben, hinterließ. Es beträgt nur einen Bogen. Schilazzo oder Squillace (*lat.* Scyllaceum) soll seine Geburts-Stadt, und das Closter Ravenna (dem er als Abt vorgestanden) seyn Auffenthalt gewesen, er selbst aber an. 575 im 96 Jahr seines Alters gestorben seyn. Der hochberühmte und sehr gelehrte Italiänische Graf, Hr Scipio Maffei, von Verona gebürtig, behauptet aus dem Titul und Schluß eines daselbst bey den Canonicis gefundenen Manuscripts, genannt: Cassiodorii Complexiones in Epistolas & Acta Apostolorum in Apocalipsin, so er an. 1721 zu Florentz drucken lassen, daß man diesen Auctorem bisher unrecht Cassiodorum genennet habe, weil dieser uralte Codex ihn Cassiodorium nenne; und diese termination sey auch in den Namen der Römischen Familien gar gewöhnlich. s. die Unschuldig. Nachrichten an. 1722. p. 8. sq.

Castagnettes (*gall.*) sind kleine hölzerne, der Forme nach einem Löffel ohne Stiel, und der Farbe nach einer Castanie gleichende Instrumentgen, so an den Daumen pfleget gebunden, und nach deren Klappern pflegt getantzt zu werden. Es bedienen sich solcher die Mohren, Spanier und Böhmen.

Castelbianco (*Quirino di*) von seiner Arbeit sind 2 variirte Arietten, und eine Toccata vors Clavier bekannt.

Castellanus (*Michael*) ein Musicus bey Possevino, f. 223. Bibl. Select.

Castello (*Dario*) ein Venetianer, und Musicus daselbst bey S. Marco, auch Capo di Compagnia de' Instrumentisti (so nennet er sich selbst,) hat concertirende Sonaten von 1. 2. 3 und 4. Partien heraus gegeben, davon der zweyte Theil an. 1627 zu Venedig in folio gedruckt, und Kayser Ferdinando II. von ihm dedicirt worden ist. An 1629 hat er wiederum 12 Sonaten von 2 und 3. Stimmen drucken lassen, und selbige dem damahligen Capell-Meister daselbst, P. Giacomo Finetti zugeschrieben.

Castello (*Giovanni*) hat an. 1722 zu Wien ein Werckgen vors Clavier, genannt: Neue Clavier-Ubung, bestehend in einer Sonata, Capriccio, Allemanda, Corrente, Sarabanda, Giga und Aria mit 12. Variationen in Kupffer gestochen publi-

publiciret. Die Vorrede davon ist in Matthesonii Crit. Musf. T. I. p. 151. zu lesen.

Castello (*Paolo da*) ein berühmter Organist, dessen Garzoni im 43 Discorso pag. 374 della Piazza universale gedencket.

Castiglione (*Baldassar*) ein Graf von Mantua, und Bischoff zu Avila, welcher am erstgedachten Orte an. 1528. im 56. Jahre seines Alters gestorben ist, hat, unter andern, in Italiänischer Sprache geschrieben: il Cortegiano, oder den Hof-Mann, so an. 1587. zu Venedig in 12mo gedruckt worden. In solchem wird vom 90 bis 93; und im 2ten Buche von 124. bis 127. Blatte von musicalischen Sachen gehandelt.

Castillo (*Alphonsus de*) ein Doctor zu Salamanca in Spanien, hat daselbst an. 1504 einen Tractat in 4to: Arte de Canto Uano genannt, d. i. Ars Cantus plani, drucken lassen. s. *Antonii* Bibl. Hispanam.

Castoldi (*Giov. Giacomo*) ein hochberühmter Componist am Dom zu Mayland, von Caravaggio gebürtig, hat 30 musicalische Wercke heraus gegeben, davon Picinelli in seinem Ateneo dei Letterati Milanesi, p. 302 nur folgende anführet, als:

Canzoni à 5. lib. 1. Venetia 1581.

Canzonette à 4. Venetia 1581.

Canzonette à 4. Mantoa. 1582.

Balletti à 5. co i versi per cantare, sonare & ballare, con un Mascherata de' Cacciatori à 6. & un Concerto de' Pastori à 8 Venetia 1591. Dieses Werck ist auch zu Antwerpen an. 1596 bey Petro Phalesio heraus gekommen: auf solchem wird der Auctor des Hertzogs von Mantua Capell-Meister genennet. s. *Draudii* Bibliothec. Classic. p. 1610.

Canzonette à 3. lib. 2. Milano 1595.

Canzonette à 3. lib. 3. & 4. Venetia 1597.

Musica à 2 da sonare. Milano 1598.

Messe à 5. 8. Venetia 1600.

Madrigali à 5. 9. lib. 4. Venetia 1602.

Balletti à 3. con intavolatura del Liuto. Venetia 1604.

Messe à 8. Venetia 1607.

Castoreum, κατόρειον (*gr.*) war ein besonderes Lied bey den Lacedämoniern, welches auf der Pfeiffe beym ersten Angriff der Feinde pflegte gemacht zu werden, also daß sie nach solchem, gleichsam als zum Tantze in die Schlacht giengen. Einige wollen, daß es von dem Castore zu erst erfunden worden, und daher den Nahmen bekommen; andere aber, daß die erste Erfinderin selbst die Minerva gewesen, welche mit dergleichen den Castorem und Pollucem beehret, und mithin dem ersten Ursprunge nach, ein Stückgen gewesen, welches bey der Pyrrichia, oder dem Tantze in vollen Waffen aufgespielt worden. s. Hederichs reales Schul-Lexicon.

Castoreus hymnus, und Castoreum melos, ist mit dem vorigen einerley.

Castrato (*ital.*) eviratus (*lat.*) ein verschnittener Sänger, dem die Mannheit genommen ist, es mag nun solches durch Artzeney, oder auf gewaltsame Art geschehen seyn.

Castris (*Franciscus de*) ein an. 1724 m. Octobr. zu Rom verstorbener Musicus des Groß-Hertzogs von Florentz, hat einem seiner nahen Unverwandten 100000 Thaler hinterlassen; weil er auch ein und anderes seiner Ihro Hoheit zu verwalten gehabt: so hat auch der Cardinal Corsini, im Nahmen des Groß-Hertzogs alle seine Brieffschafften versiegeln lassen. s. das CXLII. St. der Hällischen Zeitungen.

Castritius (*Matthias*) seine nova Harmonia 5. voc. Carmina 4. voc. und Symbola Principum 4. & 5. vocum, sind an. 1569 und 1571 zu Nürnberg gedruckt worden. s. *Draudii* Bibl. Class. p 1625.

Castro (*Johannes à*) ein Lütticher, und Johanns Wilhelmi, Hertzogs zu Jülich, Cleve und Berg, Musices Præfectus, hat an. 1588 Cantiones sacras, oder Motetten von 5. 6. und 8. Stimmen zu Douay in 4to drucken lassen, und sie dem Ertz-Bischoffe zu Cöln, Ernesto; zugeschrieben. Sonsten sind noch mehrere Opera von ihm heraus gekommen, als:

Madrigalia & Cantiones, an. 1569. und 1570 zu Antwerpen und Löven;

Flores cantionum 3 vocum, an. 1574 und 1575 zu Löven;

Cantiones permixtæ, selectæ ex præstantioribus Musicis secundum

dum tonos dispositæ, an. 1575 zu Antwerpen;

Rose fresche. Venet. 1591. Es sind 3 stimmige Madrigalien.

Sonetti. Antverp. 1592.

Sonetti. Duaci 1593.

Bicinia sacra. Colon. 1593.

Harmonia jocosa & delectabilis 4 vocum, Antverp. 1595.

Sonnets du Seigneur de la Mechiniere, mises en Musique à trois parties. Douay. 1600. allerseits in 4to gedruckt.

Ausser diesen in Draudii Bibl. Class. hin und wieder angeführten Wercken, kan man noch mehrere in dessen Biblioth. Exotica, p. 208. recensirt antreffen.

Castrucci (*Pietro*) ein Römer, und Virtuose auf der Violin, in Diensten des Engländischen Grafens, Richards Burlington, hat Sonate a Violino e Violone Cembalo zu Amsterdam in Kupffer publiciret, und nur gedachtem Herrn dediciret. Es ist sein erstes Werck.

Casulana (*Maddalena*) von ihrer Composition sind an. 1568 zu Venedig vierstimmige Madrigalien bey Hieron. Scoto gedruckt worden. s. *Draudii* Bibl. Class. p. 1628.

Catabasis, gr. καΐάβασις, von καΐαβάινω, descendo, ist ein harmonischer Periodus, wodurch etwas niedriges, geringund verächtliches vorgestellet wird. z. E. Er ist hinunter gefahren. Ich bin sehr gedemüthiget. u. d. g. Daher heisset auch ein Ton-Weise, oder auch durch Semitonia ordentlich, und ohne einigen Sprung herunterwerts steigendes thema, ein *Subjectum Catabatum*. s. *Janowka* Clav. ad thesaur. M. A Musicæ. p. 51. und 56.

Catachoreusis, gr. καΐαχόρευσις, war ehedessen ein Lied, womit in den Pythischen Spielen der siegende Apollo tantzend repræsentirt wurde. s. *Laurentium* de Conviviis. und Voss. lib. 3 Instit. Poët. c. 13. §. 4.

Catachresis, gr. καΐάχρησις, heisset so viel als abusio, ein Mißbrauch, oder uneigentlicher Gebrauch. Dergleichen entstehet, wenn eine Dissonanz nicht auf ordentliche, sondern ausserordentliche und harte Art resolvirt wird. Der Progressus vieler auf einander folgenden Quarten, welche durch den Bass klang- und brauchbar gemacht werden, heisset auch also; weil nach der Pythagoräer Meinung solche auch unter die vollkommene Consonanzen mit gehören, und demnach immediate einander nicht folgen sollen. s. Tab. VII. fig. 8. s. *Thuringi* Opusc. Bipart. P. 2. c. 18.

Catalanus (*Octavius*) ein Sicilianer, aus dem im Val di Noto liegenden Flecken Enna gebürtig, Abt und Canonicus zu Catanea, ist in der Music ungemein erfahren, zu Rom Pabsts Pauli V. und hernach zu Messina am Dom Capell-Meister gewesen, woselbst er auch gestorben, hat an. 1616 Sacras Cantiones à 8 voc. mit einem G. B. zu Rom bey Barthol. Zannetto in 4to drucken lassen, und sie vorgedachtem Pabste zugeschrieben. s. *Mongitoris* Biblioth. Sicul. T. 2. p. 111.

Catapleon, also hiess ehemahls die Melodie, wornach der Waffen-Tantz pflegte verrichtet, und die Waffen geschüttelt zu werden. s *Jos. Laurent*. de conviviis.

Catastasis. Catastrophe. s. *Actes*.

Cathros, soll bey den Chaldäern so viel als Cithara heissen. s. *Politiani* Miscell. c. 15.

Cattivo, m. Cattiva, f. (*ital.*) böse, schlimm. s. *tempo*.

Cavaccio (*Giov.*) von Bergamo gebürtig, hat, als ein Sänger ersttlich in Teutschland am Bayerischen Hofe, hernach zu Rom, und Venedig sich aufgehalten; ist hierauf in seiner Geburtsstadt am Dom Capell-Meister (welchem Amte er 23 Jahr rühmlichst vorgestanden) so dann an der dasigen Kirche di S. Maria Maggiore, dergleichen geworden, und an. 1626 den 11ten Augusti, 70 Jahr alt, gestorben. Sein in nur gedachter Kirche befindliches, und von Silano Licini verfertigtes Epitaphium lautet also:

Joannes Cavaccius hic quiescit,
Qui ab ipsa pene infantia
Fere prius canendi doctor, quam doctus
Tum Romæ, tum Venetiis,
Et alibi, & demum Bergomi
Cantu dulciss. auditorum animos

In

In fui amorem, & admirationem rapuit,
Simulque omnes muſicas leges
Fere prius docuit, quam didicit,
Hinc Muſices Præfectus
In patria eſt renunciatus.
Et primo in Cathedr. Eccleſia,
Deinde in Auguſtiſſ. D. Mariæ templo,
Quod munus ſumma cum laude obiit
Annos quinquaginta.
Igitur editis pluribus, iisdemque præclaris
Ingenii, virtutisque monumentis
In his volitat, dicunt, per ora virum
Licet ſeptuagenarius e vivis exceſſerit
Anno Domini M. DC. XXVI.
III. Idus Auguſti.

Als Præfectus Muſices an der Cathedral-Kirche zu Bergamo, hat er an. 1581 ein Magnificat omnitonum zu Venedig drucken laſſen, und ſelbiges den Magnificis Miſericordiæ Bergomi Præſidibus zugeſchrieben. Der zweyte Theil, auch ein dergleichen Magnificat, iſt gleichfalls zu Venedig an. 1582 bey Angelo Gardano gedruckt, und dem damahligen Biſchoffe zu Bergamo, Hieronymo Ragazzono, dediciret worden. Die übrigen Wercke ſind folgende:

Madrigali à 5. lib. 1. Venet. 1583.
Muſica à 5. Venet. 1585.
Dialogo à 7. nel lib. 1. de Madrigali di Claudio da Correggio. Milano, 1588.
Madrigali à 5. lib. 2. Venet. 1589.
Salmi di Compieta con le Antifone della Vergine, & 8. falſi bordoni à 5. Venet. 1591.
Salmi à 5. per tutti i Veſpri dell' anno, con alcuni Hinni, Motetti, & falſi bordoni accommodati ancora à voci di Donne. Venet. 1593.
Madrigali à 5. lib. 4. Venet. 1594.
Salmi à 5. Venet. 1594.
Madrigali à 5. lib. 5. Venet. 1595.
Canzoni Franceſi à 4. Venet. 1597.
Canzonette à 3. Venet. 1598.
Madrigali à 5. lib. 6. Venet. 1599.
Meſſe per Defonti à 4,5. con Motetti. Milano. 1611.

ſ. *Calvi* Scena letteraria degli Scrittori Bergamaſchi, p. 202. ſq. und *Picinelli Atheneo* de letterati Milaneſi, p. 293. woſelbſt er als ein Mayländer angegeben wird.

Cavalerius (*Æmilius*) ein von Rom bürtig, und zu Florenz berühmt geweſener Muſicus beym Erythræo, Pinacoth. 3. p. 144.

Cavalieri [*Girolamo*] ein Prieſter von der Congregation degli Armeni, [welcher die Kirche und das Cloſter des H. Damiani] zu Monforte inne gehabt, und vom Pabſt Urbano VIII. aufgehoben worden], iſt ein guter Componiſt, und ſtarcker Organiſt geweſen. Von ſeiner Arbeit ſind folgende Sachen durch den Druck zum Vorſchein gekommen, als:

Nova metamorfoſi lib. 1. Milano. 1600.
Nova metamorfoſi à 5. lib. 2. con partitura. Milano 1605.
Nova metamorfoſi à 6. lib. 3. co'l Baſſo principale per l'Organo. Milano 1610.
Madrigali di diverſi accommodati per Concerti ſpirituali con partitura. Lovanio. 1616. ſ. *Picinelli* Atheneo dei Letterati Milaneſi, p. 339.

Cavalquet (*gall.*) iſt eine gewiſſe Art, die Trompeten im Kriege zu blaſen, wenn eine Armée ſich einer Stadt nahet, oder in ſelbige hinein marchiret.

Cavalletti [*Giov.*] ein ums Jahr 1501 zu Bologna berühmt geweſener Mahler, Bildhauer, und Muſicus. ſ. *Maſini Bologna* perluſtrata, p. 627.

Cavalletti [*Giulio*] ein Kayſerlicher Altiſt an. 1721; und alter Hof= und Cammer= Muſicus jubilatus an. 1727.

Cavanago [*Lucio*] ein Mayländiſcher Edelmann, welcher nicht allein vortrefflich ſingen, ſondern auch auf allerhand

K 3   Inſtru=

Instrumenten spielen können. s. *Morigia Nobilita* di Milano, lib. 3. c. 36. p. 185.

Cavata [*ital.*] ist ein Adjectivum, das pro Substantivo, mit Auslassung desselben, gesetzt wird, und heisset: 1] wenn eines weitläufftigen Recitativs gantzer Inhalt gemeiniglich am Ende in gar wenig Worten gleichsam concentrirt, und dergestalt herausgeholet wird, daß es (um einen Unterscheid zu machen) nöthig, solche sententiösen Worte nach dem Tact, und arioso zu setzen. (2. wenn eine Arie, oder etwas anders, ungemein wohl ausgeführet, und nach Wunsch gelungen ist. conf. *Matthesonii* Crit. Mus. T. 2. p. 146. it. *ejusd.* Musical. Patrioten, p. 254.

Cauda, s. *Coda.*

Cavea, Area, Conistra (*lat.*) also hieß ehemahls in den Römischen Theatris der geringste und geraumeste Platz, wo sich jedermann hinstellte, wer nur wolte. s. *Matthesonii* Musical. Patrioten, p. 126.

Caula. Dieses von Philemone gebrauchte Wort, soll, wie Raphaël Volaterranus lib. 35. Commentar. Urbanor. davor hält, eine Sack-Pfeiffe bedeutet haben.

Caurroy. s. *Corroys.*

Causeus (*Michael Angelus*) oder de la Chausse, handelt in seinem Tractat: de Insignibus Pontificis Maximi, Flaminis Dialis, Auguris, & Instrumento Sacrificantium, welcher dem Vten Tomo des zu Leyden an. 1696 in folio gedruckten Thesauri Antiquitatum Romanarum Joan. Georgii Grævii einverleibet, und am 313 Blate daselbst befindlich ist, tabula 15. 16. 17. vom Egyptischen Sistro, dessen Form, und Gebrauch. Der gantze Tractat bestehet aus 5½ Blättern, und 5 Blättern Kupffer-Stücken.

Cauvenbergus (*Antonius*) war an. 1548 in Kaysers Caroli V. Capelle ein Altist. s. *Mamerani* Catal. familiæ totius aulæ Cæsar. p. 12.

Caux (*Salomon de*) ein Chur-Pfältzischer Ingenieur und Bau-Meister, hat in Frantzösischer Sprache eine Institution Harmonique von 2 Theilen geschrieben, welche an. 1614. zu Heydelberg, und 1615 zu Franckfurt in groß folio gedruckt worden ist. s. *Draudii* Bibl. Exotic p. 152. Der 1ste Theil fasset 44 Propositiones, nebst ihren Beweißthümern in sich, und ist voller Figuren in Holtz geschnitten, worinn die Proportiones intervallorum gezeiget werden. Der 2te Theil bestehet aus 40 Capiteln, worinn die Regeln der Composition, nebst den darzu gehörigen Exempeln, ausführlich vorgetragen werden. Joh. Casper Trost hat solche ins Teutsche übersetzt, mit Kupffern und Anmerckungen an. 1673. ediren wollen. s. *J. C. Trosts, jun.* Beschreibung des Orgelwercks auf der Augustus-Burg zu Weissenfels, p. 72.

Cazzati (*Mauritio*) von Mantua gebürtig, war, ums Jahr 1664 Ober-Capell-Meister an der S. Petronii-Kirche zu Bologna. s. *Masini* Bologna Perlustrata, p. 687. Im Parstorfferischen Music-Catalogo stehen folgende von ihm verfertigte Wercke, als:

Messa e Salmi à 5 Voci, e due Violini.

Messa, Salmi e Litanie à 3 Voti.

Motetti à Voce sola.

Motetti à due Voci.

Motetti à 2. 3. e 4. Voci, con Violini.

Correnti e Balletti à 3 e 4 stromenti; und

Sonate à 1. 2. 3. e 4. stromenti. Diese aber sind es bey weitem nicht alle: denn das 8te Buch der an. 1678 zu Bologna heraus gekommenen Motetti à Voce sola, machet das 65te Werck aus.

Cecchiellus (*Dominicus*) war ums Jahr 1649 an der Kirche di S. Maria Maggiore zu Rom Capell-Meister. s. *Kirch. Musurg.* lib. 7. c. 6. p. 614.

Cecchino (*Tomaso*) ein Veroneser, publicirte ums Jahr 1622 Missen, Motetten, und Sonaten.

Cedraro (*Francesco*) ein gegen das Jahr 1590 bekannt gewesener Componist.

Celeritas. s. *Commissura.*

Celer Progressus (*lat.*) ein geschwinder Fort- und Durchgang, und zwar, nach Matthesonii Anmerckung, Crit. Mus. T. l. p. 78. ein solcher: wenn die erste im thesi, d. i. im Anschlage stehende Note dissonirt.

Celeusma, gr. κέλευσμα, bedeutet beym Laurentio de Conviviis, das Geschrey auf den Schiffen, wenn nehmlich einer dem andern zurufft, was zu thun sey; und beym Pignorio de Servis, p. 81. ein Lied, so die Schiffer zu singen, oder zu pfeiffen pflegen.

Celev.

Celeustis, gr, κελευςὶς, ein Schiffer=Tantz nach Pfeiffen. ſ. *Meurſii.* Orcheſt.

Cembal d'Amour (*gall.*) alſo nennet Hr. Silbermann ſein neu = erfundenes Schlag=Inſtrument. *Matthesonii* Crit. Muſ. T. 2 p. 243. und 380.

Cembaliſta (*ital.*) der das Clavicymbel, it. die Heer=Paucken tractirt. Dieſe letztere Bedeutung hat ihr Abſehen auf der Alten ihr tympanum, welches auch nachgehends Cymbalum iſt genennet worden.

Cembalo, Cimbalo, Chiavicembalo, Clavicembalo, Gravecembalo (*ital.*) iſt ein langes, und in Form eines Flügels beſaitetes Schlag=Inſtrument, mit tangenten verſehen, durch deren Feder=Kielen die Saiten klangbar gemacht werden.

Cembalo verticale (*ital.*) ein in die Höhe ſtehendes Clavicymbel. ſ. *Clavicytherium.*

Cenci (*Ludovico*) ſeiner 5 ſtimmigen Madrigalien gedencket Bononcini P. 2. c. 6. del Muſico Prattico

Cennamela, iſt eben das, was Cannamella, nemlich eine Flöte oder Pfeiffe. Menagius dediciret dieſes Wort à calamo, quaſi Calamela. Calamo triviſſe labellum: daher die alten Frantzoſen Chalamie, die Italiäner Ceramela; die Spanier aber Calamillos und Chirimias geſagt. ſ. *Octav. Ferrarii* Origines Linguæ Italicæ.

Cenſorinus, der an. Chriſti 230 zu Rom berühmt geweſene Grammaticus hat de Die natali ein Werckgen in lateiniſcher Sprache geſchrieben, darinn auch etwas weniges von der Muſic vorkommt, als : c. 10. wird fürnemlich von den 3 erſten alſo genannten Symphoniis, nemlich der Quart, Quint, und Octav, wie ſelbige von Pythagora, vermittelſt an die Saiten gehängten Gewichts, in gewiſſer proportion ſind erfunden, und dieſe nachgehends auf Pfeiffen und Flöten applicirt worden, gehandelt ; c. 12. warum die Muſic bey Schau=Spielen, Triumphen, und Götzen=Dienſten, u. ſ. f. gebraucht worden; und c. 13. in was für proportion die Planeten gegen einander ſtehen, und eine angenehme, den Menſchen aber nicht vernehmliche Harmonie machen ſollen. Worüber Henr. Lindenbrogius in ſeinen Anmerckungen aus dem Plinio ſich folgender Worte bedienet: ſed hæc jucunda magis, quam neceſſaria ſubtilitate differuntur. Das am Cenſorino befindliche Fragmentum eines unbekannten Auctoris handelt c. 9. de Muſica ; c. 10. de Rhythmo ; c. 11. abermahl de Muſica; und c. 12. de Modulatione, gantz kurtz.

Cephalo, ein Griechiſcher Citharœdus, hat in denen von den Amphictyonibus angeſtellten Muſicaliſchen Wett = Spielen, und zwar in der 48 Olympiade [oder 586 Jahr vor Chriſti Geburt] den Preiß davon getragen. ſ. *Pauſan.* in Phocicis, ſ. lib. 10.

Cepheſias, ein künſtlicher Pfeiffer in Griechenland, hat einſtens einen ſeiner Scholaren, weil ſelbiger die Flöte gar zu ſtarck geblaſen, geſchlagen, und dabey geſprochen: ἀκ ἐν τῷ μεγάλῳ τὸ εὖ, ἀλλ ἐν τῷ εὖ τὸ μέγα, d. i. die Güte und Zierlichkeit beſtehe, nicht in der Gröſſe [ſtarcken Blaſen], ſondern dieſe in der Zierlichkeit und Güte. ſ. *Scalig.* de Poëtica lib. 1. c 18.

Cepion, Κηπίων war ein Scholar des Terpandri, von welchem der nomus Citharœdicus, Capion, ſeine Benennung bekommen. ſ. *Pollucis* Onomaſticon, lib. 4. c. 9. Segment. 65. und Kühnii Anmerckungen über dieſen Ort.

Ceraſius (*Tiberius*) eines Römiſchen Medici Sohn, war daſelbſt erſtlich bey den Gerichten 20 Jahr lang ein Advocat, hernach vom Jahr 1589 beym Conſiſtorio, Advocatus Fiſci, in der Päbſtlichen Cammer, hierauf Cammer=Clericus, und endlich Päbſtlicher Schatz=Meiſter, ſtarb den 7. Maji, an. 1601 und wurde in die von ihm in der Kirche della Madonna del Popolo erbauete Capelle begraben, woſelbſt dieſe Inſcription zu leſen:

D. O. M.
Tiberio Ceraſio Romano
primum in Romana Curia
inde Fiſci
& Sacræ Aulæ Conſiſtorialis Advocato
mox
Cameræ Apoſtolicæ Clerico

tandem S. D. N. Thesaurario
per gradus,
pro doctrinæ virtutisque meritis
evecto.
Xenodochium consolationis
hæres ex asse
in hoc Sacello
ab ipso ante obitum
constructo atque exornato
in quod
Parentum, ac Fratris ossa transferri
seque in eodem humari
ex testamento jussit.
Custodibus Curatoribus posuit.
Obiit anno ætatis suæ LVII.
Salutis MDCI. Non. Maji.

Iſt hierbey auch ein ſehr erfahrner Muſicus geweſen. ſ. *Mandoſii* Bibliothecam Romanam, Centur. 1.

Cerataules, gr. κεραταύλης, Ceraules, κεραυλης, ein Horn = oder Zinckenblaſer. ſ. *Camptaules*.

Cercar della Nota (*ital.*) ein Suchen der Note, heiſſet: wenn zwiſchen 2 per tertias auf=oder abſteigenden Subſtantial-Noten, noch eine eingerücket, und in der execution gantz gelinde mitgenommen wird; iſt alſo von dem Accent, wegen der Verwandſchafft, kaum zu unterſcheiden, nur daß dieſer meiſt im Anfange, und am Ende einer Note gebraucht wird; das Cercar della Nota aber auch ſonſt in vielſyllbichten Worten angebracht werden kan. ſ. *Mytii* Rudimenta, im 5ten Stück, §. 8. woſelbſt dieſes noch gemeldet wird: daß nemlich dieſe Figur in Quart = Quint = und Sext=Sprüngen wegen deutlicher Ausſprache des Texts, ſchwer und übel zu gebrauchen ſey; doch gäbe es Worte, auf welchen ſie angebracht werden könne.

Cereſini (*Giov*) von Ceſena gebürtig, hat ein fünff=ſtimmiges aus einer Meſſe und etlichen Pſalmen beſtehendes Werck; ingleichen ein anderes aus Motetten und Litanien de B. V. von 2.3 und 4 Stimmen, an. 1638 zu Venedig drucken laſſen.

Cerodetos, gr. κηρόδατος, alſo hieß die von Marſya erfundene, und mit Wachs zuſammen geſetzte Pfeiffe. ſ. *Cœlii* Rhodigini Lect. Antiq. lib. 9. c. 3.

Cerone (*Domenico Pietro*) ein Königlicher Capellmeiſter zu Neapolis, von Bergamo gebürtig, hat eine Muſicam theoricam und practicam geſchrieben, ſo zu Antwerpen an. 1619 in folio gedruckt worden iſt. ſ. *Draudii* Bibl. Exotic. p. 279.

Cerrini (*Fabricio*) ein alter Kayſerlicher Hof = und Cammer = Muſicus jubilatus iſt an. 1727 noch am Leben geweſen.

Certamen Muſicum, ein muſicaliſches Wett=Spiel; dergleichen unter dem Kayſer Nerone zu Rom alle fünff Jahr, und unter dem Auguſto zu Neapolis angeordnet worden. ſ. *Tacit.* lib. 14. & *Sueton*. in Ner. c. 12.

Ceſarini (*Carolo*) ein Römiſcher Componiſt, welcher daſelbſt an. 1700 in der Kirche der Ertz = Brüderſchafft della Pietà Florentiniſcher Nation in der Faſten, das von einem alſo genannten Paſtore Arcade verfertigte Oratorium, il Trionfo della divina Providenza ne' ſucceſſi di S. Geneviefa genannt, componirt und auſgeführet hat. ſ. *Cinelli* Bibliotheca Volante, Scanzia XV.

Ces, alſo kan das mit einem b bezeichnete c gar füglich genennet werden, um es vom rechten h zu unterſcheiden.

Ceſure (*gall.*) ſ. *Cæſura*.

Cetera Tedeſca (*ital.*) ein mit zehn Saiten bezogenes Lauten = mäßiges Inſtrument bey den Teutſchen, deſſen corpus etwas platt, und in der Runde aus=und eingebogen iſt, ſo daß es wie eine Roſe anzuſehen. ſ. *Bonanni* Gabinetto Armonico, p. 97.

Ceterare (*ital.*) auf der Cither ſpielen.

Ceteriſta (*ital.*) ein Cither = Schläger. ſ. *Galilei* Dialogo f. 74.

Chaconne (*gall.*) ſ. *Ciacona*.

Chæris, ein Griechiſcher Citharœdus beym Suida.

Chalci

Chalcidius, ein Platonischer Philosophus, und, nach etlicher Vorgeben, Archidiaconus an der Kirche zu Carthago ums Jahr 336 hat einen Commentarium über des Platonis Timæum verfertiget, und in solchem verschiedenes zur theoretischen Music dienlich angebracht. Die beste edition ist an. 1617 zu Leyden mit Joan. Meursii Anmerckungen in 4to heraus gekommen. Ob er ein Christ, oder Heyde gewesen, will Guil. Cave f. 106 Histor. liter. nicht ausmachen?

Chalemie (*gall.*) Calamus pastoritius (*lat.*) eine Schäfer-Pfeiffe, Schallmey; it. ein Dudel-Sack [lat. uter pastoritius] s. *Mersenni* lib. 2 de Instrum. Harm. Prop. 11.

Chales (*Claudius Franciscus de*) ein gelehrter Jesuit, aus dem Geschlechte Millet, hat zu Paris Mathesin dociret, und sich von dar nach Turin begeben, woselbst er an. 1678 gestorben ist. Man hat unter andern von ihm einen Cursum Scientiarum mathematicarum, oder Mundum mathematicum, welcher an. 1674 zu Lion in folio gedruckt worden ist; in solchem handelt gleich der Anfang des III Tomi, nehmlich der XXII Tractat in 47 Propositionibus, von der Music. Nurgedachte Propositiones sind folgende: [1 Soni numeris & lineis explicari possunt. [2 de Natura soni acuti, & gravis. [3 de Soni productione. [4 quid sit Consonantia. [5 divisio Consonantiarum. [6. in divisione Monochordi diatonica observatur proportio harmonica. [7 de antiquorum Musica communi, & genere diatonico. [8 de tribus Musices antiquæ generibus. [9 de genere chromatico & enharmonico. [10 Convenientia trium Systematum. [11 de Monochordo naturali diatonico, ejusque defectibus. [12 Systema commune Guidonis Aretini. [13 Modus corrigendi ulterius Aretini Monochordum, s. quomodo organa pithaulica ad concentum revocentur. [14 Fistularum organi pithaulici proportio. [15 Methodus facilior adducendi ad concordiam Clavicymbala. [16 de combinatione ordinum fistularum in organis pithaulicis. [17 de saltu tubæ, & fistularum. [18 Fistulæ tribus tantum foraminibus constantes. [19. Extensio fistularum sex foraminibus constantium, & lateraliter inflatarum. [20 Guidonis Aretini cala. [21 Scala recentiorum. [22 Notarum valor. [23 de duodecim Modis. [24 de Modis antiquorum. [25 de duodecim Modis recentiorum. [26 Methodus dignoscendi Modum. [27 Regulæ generales Melopoeiæ seu Compositionis Musices. [28 Regulæ generales Musices, plurium vocum. [29 Regulæ peculiares Tertiarum. [30 Leges Sextarum. [31 Leges Quintæ & Octavæ. [32 de Contrapuncto. [33 Citharam minorem explicare. [34 Lyra sex chordarum. [35 Lyram orchestricam s. quatuor chordarum explicare. [36 de novis Lyris & Archiviolis. [37 de Testudine. [38 de Clavocymbalis. [39 de Utriculo. [40 de aliis Instrumentis. [41 de machinis ad Musicam pertinentibus. [42 Nullus sonus sine motu tremulo. [43 Sonus nullus percipitur, nisi tremor ad aurem usque protendatur. [44 Probabilius est, sonum non esse qualitatem a motu tremulo corporis distinctam. [45 qualis sit motus qui sonus est. [46 modi varii sonum augendi & propagandi. [47 de Echone seu reflexione soni. Diese Materien zusammen machen, nebst einigen Figuren. 24½ Blätter in folio aus.

Chalil, wer eine aus den Schienbeinen der Craniche, Störche und dergleichen, oder auch wohl aus Holtz gemachte Pfeiffe bey den Juden zu Zeiten Davids und Salomons, unsern jetzigen Flöten nicht ungleich. s. Printzens Musf. Histor. c. 3. §. 22. Hat den Nahmen von durchlöchern. Ein mehrers von diesem Instrument ist in Joan. Guil. Stuckii Antiquit. Convival. lib. 3. c. 20. f. 390. b. und Bartoloccii Bibliothec. Magna Rabbinica P. 2. f. 194. sqq. zu lesen.

Chalumeau, pl Chalumeaux (*gall.*) Fistula pastoritia [*lat.*] eine Schallmey, Schäfer-Pfeiffe; weil sie mehrentheils aus Rohr [so calamus heisset] gemacht ist. Nebst dieser Bedeutung wird auch die an einem Dudel-Sacke befindliche Pfeiffe; ferner ein kleines Blaß-Instrument, so sieben Löcher hat, und vom f biß ins $\overline{a}$ gehet, also genennet. Ferner ein kleines aus Buchsbaum verfertigtes Blaß-Instrument, so sieben Löcher oben beym Ansatze, zwo meßingene Klappen, auch bey der untern noch ein à partes Loch hat, und vom $\overline{F}$ biß ins $\overline{\overline{a}}$ und $\overline{\overline{b}}$, auch wohl biß ins $\overline{\overline{\overline{k}}}$ und $\overline{\overline{\overline{c}}}$ gehet.

Cham, des Noah Sohn, soll nebst seinem eigenen Sohne, dem Mesraim, nach der Sündfluth die Egyptier in der Music unterwiesen haben.

Chamade (*gall.*) ein Zeichen mit der Trompete oder Trummel, den Feinde anzudeuten: daß man ihm einige Vorschläge wegen der Ubergabe seines belagerten Orts thun wolle.

Champerius. s. *Campegius.*

hanbonniere. die Frantzosen haben, nach Marsenni Bericht, lib. 3. Prop. 30 de Instrum. harmon den jüngern Hrn. Capellam, insgemein den Baron de Chanbonniere zu nennen pflegen, welcher, sammt seinem Vater ein vortreflicher Clavicymbalist gewesen. Die gantze auch sonsten merckwürdige passage obgedachten Auctoris lautet am 141 Blatte folgender massen: adverte tamen summam ludentis industriam non in eo sitam esse, quòd digiti tantâ celeritate quamlibet animi cogitationem veluti prævertente tangant palmulas, sed in illa industria, dexteritate, & elegantia, quæ etiam absque sonis ita placet, ut animum extra se rapere videatur: quales Gallia duos habet præcipuos, illum nempè cujus sunt hæ diminutiones, quam propterea multi pro viribus æmulantur; (er verstehet den *Barreum*) & *juniorem Capellam*, vulgò Baronem de Chanbonniere nuncupant, cui vix alter in orbe toto similis; sed & hujus pater, jam octogenarius, quondam à Clavicymbalis Henrici IV. scitissimé lusit, cujus parentem ambobus eruditiorem fuisse hic libenter affirmat, negatque ullum unquam ei fore industriâ æqualem. In dem an. 1729 zu Paris in 4to gedruckten Music=Catalogo stehen p. 8. zwey Clavier=Wercke von Chambonnier angeführt, deren jedes 6 Livres kostet.

Chamborn, hat. X Sonaten à Violino solo und B. C. herausgegeben.

Chancy (de) ein Königlicher Frantzösischer Capellmeister [Præfectus Musicæ Regiæ] hat an. 1629 ein Tabulatur=Buch für die Manduram drucken lassen. s. *Mersen.* lib. 1. de Instrum. harm. Prop. 20 woselbst er ingenio felicissimus genennet wird.

Chanson (*gall.*) ein Lied, Gesang.

Chansonette (*gall.*) Cantiuncula (*lat.*) ein Liedgen, kurtzer Gesang.

Chansonnier (*gall.*) einer der die Chansons vor die Componisten machet; oder beydes, nemlich den Text, und die Melodie darzu, verfertiget. (*lat.*) Cantilenarum scriptor it. cantûs modulator.

Chanson à boire oder **bachique** (*gall.*) Cantilena baechica (*lat.*) ein Trinck= Sauff=Lied.

Chanson à danser (*gall.*) Cantilena saltatoria (*lat.*) ein Tantz=Lied.

Chant (*gall.*) s. *Cantus.*

Chant Ambrosien (*gall.*) hierdurch wird gemeiniglich das bekannte Lied: Te Deum laudamus, oder HErr GOtt dich loben wir c. le Te Deum, sagen die Frantzosen, verstanden; weil zu dessen Verfassung der H. Ambrosius, als er Augustinum getauffet, mit erwehnten Anfangs=Worten, und der getauffte Augustinus mit seiner Antwort: te Dominum confitemur! zu weiterer extension soll Gelegenheit gegeben haben.

Chant de Victoire (*gall.*) ein Siegs= Triumph=Lied.

Chant du coq (*gall.*) Galli Cantus (*lat.*) das Hahn=Geschrey.

Chanter (*gall.*) canere, cantare (*lat.*) singen.

Chanter à livre ouvert (*gall.*) ad aperturam libri canere (*lat.*) die vorgelegte Stimme oder Partie wegsingen, oder wegspielen, ohne sie vorher zu probiren.

Chanterelle (*gall.*) chorda omnium acutissima (*lat.*) s. *Cantarella.*

Chanter sur le livre (*gall.*) planum simplicemque cantum frequentamentis quibusdam ac modulis variare, ornare (*lat.*) einen Choral=oder schlechten Gesang mit allerhand Manieren und coloraturen ausschmücken. Hiervon kan das von Pabst Joanne XXII. gegebene, und lib. 3. Extravagantium communium, tit. 1. de vita & honestate Clericorum, befindliche Decret, wel=

CHA.

welches sich folgender massen anhebet: Docta sanctorum Patrum decrevit autoritas, gelesen werden. Die eigentlich hieher gehörigen Worte lauten also: sed nonnulli novellæ Scholæ discipuli, dum temporibus mensurandis invigilant, novis notis intendunt fingere, suas, quam antiquas cantare malunt, in semibreves & Minimas ecclesiastica cantantur, notulis percutiuntur; nam melodias hoquetis intersecant, discantibus lubricant, triplis & motetis vulgaribus nonnunquam inculcant, adeo ut interdum antiphonarii & graduarii fundamenta despiciant, ignorent super quoquo ædificant; tonos nesciant, quos non discernunt, imò confundunt: quum ex earum multitudine notarum ascensiones pudicæ, descensionesque temperatæ, *plani cantus*, quibus toni ipsi secernuntur, ad invicem obfuscentur: currunt enim, & non quiescunt aures inebriant, & non medentur: gestibus simulant, quod depromunt: quibus devotio quærenda contemnitur, vitanda lascivia propalatur. &c.

Chanteur (*gall.*) ein Sänger. ⎫
Chanteuse (*gall.*) eine Sängerin. ⎬ beyde
Worte werden nur von weltlichen Personen gebrauchet.

Chant figuré (*gall.*) der Figural=Gesang.
Chant funebre (*gall.*) ein Trauer=Lied.
Chant Gregorien (*gall.*) der Gregorianische = oder Choral = Gesang.
Chant musical (*gall.*) Concentus Musicus, Harmonia (*lat.*) κατ᾽ ἐξοχὴν der Figural=Gesang.
Chant naturel (*gall.*) bedeutet [1 einen diatonischen. [2 einen ungezwungenen, und fliessend gesetzten Gesang.
Chant notté (*gall.*) ein in Noten vorgestellter Gesang.
Chant nuptial (*gall.*) ein Hochzeit=Lied.
Chant pastoral (*gall.*) ein Schäfer = Hirten=Lied.
Chant plein, oder Plein chant (*gall.*) Cantus, planus (*lat.*) der Choral = Gesang. Ein ungenannter Auctor von der Congregation S. Mauri hat an. 1683 einen Tractat, unter dem Titul: la Science & la Pratique du Plain-Chant, où tout ce qui appartient à la pratique est établi par les Principes de la Science, & confirmé par le témoignage des anciens Philosophes, des Peres de l'Eglise, & de plus illustres

CHA. 155

Musiciens, entre autre le Guy Aretin & de Jean de Murs, bey Louis Billaine zu Paris in 4to drucken lassen. s. das *Journal des Sçavans.*

Chantre (*gall.*) Chori Cantorum Præfectus (*lat.*) ist so wohl in den Clöstern, als andern Kirchen ein Ehren=Amt, welches theils in Direction der Music, als Vorsing = oder vielmehr Anfangung der Lieder bestehet. Unter den Canonicis an Cathedral = Kirchen führet auch einer diesen Titul. Z.E. in der H. Capelle zu Paris ist der erste Tresorier der zweyte Chantre.

Chantrerie (*gall.*) Chori Cantorum Præfectura (*lat.*) die Cantorey, oder Stelle eines Stiffts=Cantoris.

Chapelle (*gall.*) s. *Capella.*

Charde (*Joannes*) ein Englischer Musicus, hat an. 1518 bey der Universität Oxfort um die Stelle eines Professoris Musices angehalten, und vorgestellet: daß er in die 16 Jahr sich der Musik beflissen, auch eine 5 stimmige Missam und Antiphonam gesetzt habe, welche zwey Specimina hinlänglich seyn, und ihn legitimiren würden, daß er die Boëthische Music=Bücher erklären dörffe; welches ihm auch mit dieser condition zugestanden worden: wenn er nemlich nutzgedachte Stücke den Universitäts=Procuratoribus auslieffern, und noch eine dergleichen Missam über Kyrie Rex splendens, componiren würde. Wobey zu mercken: daß [laut der Academischen Matricul] keiner vor ihm dergleichen præstiret, und er der erste gewesen, der nach dem Willen und Exempel Königs Henrici VIII als eines grossen Liebhabers und Kenners der Music solche vollstimmige Sachen gesetzet. s. *Antonii* à Woot Histor. & Antiqu. Universit. Oxoniens. lib. 2. f. 5

Charge (*gall.*) also heisset ein gewisser Trompeten=Klang, oder Trommel=Schlag, wodurch den Soldaten das Zeichen gegeben wird den Feind anzugreiffen. Daher sagt man: Sonner la Charge, battre la charge.

Charpentier, ein ums Jahr 1678 sehr berühmt gewesener Componist an der H. Capelle zu Paris, welcher sich lange in Italien aufgehalten, den Carissimi zu Rom frequentiret, und sonderlich deswegen gelobet wird: daß er in seine Stücken, zumahl den lateinischen Text mit convenablen Klänge zu versehen, u. zu exprimiren gewust. s. den *Mercure Galant* obgedachten Jahrs, p. 151 des Jenner=Monats.
conf.

conf. *l' Histoire de la Musique* T. 2. p. 35. und T. 4. p. 120.

Chalosra oder **Chazozra**, war eine aus Ertz oder Silber gemachte Trompete, welche vom Mundstücke an, gerade aus je länger ie mehr bis an6 zwente Ende sich erweiterte. Ihr Erfinder soll Moses gewesen seyn, wie Printz Musf. Histor. c. 3. §. 25. aus dem Josepho, lib. 3. c. 11 Antiquit. Judaic. anführet, und die Juden sollen zu Davids und Salomons Zeiten sich derselben noch bedienet haben.

Chastanæus (*Bartholomæus*) ein oberster Præsident im Parlament von Provence zu Aix [lat. Aquæ Sextiæ genannt] in Franckreich, von Isle l' Evêque, einem in der Voigten Autun liegenden Dorffe gebürtig, hat, unter andern, auch ein starckes Werck: Catalogus Gloriæ mundi titulirt, verfertiget, dessen letztere edition an. 1617 zu Turin in folio heraus gekommen ist; in solchem handelt die 51 Consideratio des 10ten Theils oder Buchs, vom 397 biß 400 Blatt von Sachen, die der Musie zum Lobe gereichen. Er ist an. 1542 gestorben, und bekennet von sich selbst: daß er von Jugend an auf Gymnasiis die Music erlernet, quia olim [fähret er fort] & tempore meo Præceptores & Gymnasiarchæ bis in hebdomadâ post prandium loco solatii & recreationis Musicam docebant, quod hodie malè observatur; sed hoc contingit, quia ignari sunt illius scientiæ. Ideò non est in honore, quemadmodum fuit & esse deberet. Wie diese Worte f. 398. col. a zu lesen sind.

Chassis (*gall.*) die Wind-Lade in einer Orgel und Positiv.

Chateaunef (*Maria di*) oder Landini, eine virtuose und berühmte Italiänische Sängerin. s. *Amaranthis* Frauen-Zimmer-Lexicon.

Chauffer les voix à leur point (*gall.*) den Stimmen, ratione des Ambitus und cantabler Möglichkeit, ihr Recht thun, damit sie wohl passen, und sich fügen.

Chauvon, hat ein Werck Pièces vor die Flöte und Hautbois, sammt etlichen Sonaten vor die Violin zu Amsterdam in Kupfferstich ediret.

Chef (*gall.*) das Haupt, oder der Anführer einer musicalischen Bande.

Chelleri (*Fortunato*) soll, dem Vernehmen nach, erstlich bey der verwittbeten Churfürstin von der Pfaltz, Joannis Wilhelmi Gemahlin, zu Florentz Capellmeister gewesen seyn. hierauf in Venedig sich aufgehalten und daselbst Opern componirt haben, nachhero zu Würtzburg, und nach erfolgtem Absterben des dasigen Bischoffs, an. 1725 zu Cassel Capellmeister geworden seyn.

Cheliodus, ist bey Pexenfelder p. 417 seines Apparatus Eruditionis so wol ein Lautenist, als Violdigambist und Violinist; die erste Bedeutung aber dürffte die beste seyn, und zwar einen solchen Lautenisten bemercken, der zugleich in sein Instrument singet. Denzlerus und Zehnerus setzen Chelonius, gr. χελώνιος, von χελώνη. conf. *Scapulæ* Lexic.

Chelys, f. gr. χέλυς, lat. testudo, war dasjenige musicalische Instrument, welches Mercurius aus der Schaale [testa, woraus eben das lateinische Wort testudo erwachsen] einer Schild-Kröte, oder andern Muschel gemacht, und nach etlicher Meynung, erstlich nur mit 4, oder, wie andere wollen, gleich mit 7 Saiten soll bezogen, und vermittelst eines Resonanz-Bodens klangbar gemacht haben. Die Gestalt sowol ietzterwehnten, als da man auch dergleichen aus dem Ober-Theile eines Ziegen-Kopffs sammt dessen Hörnern, zwischen welche ein Querholtz gemacht gewesen, woran die Saiten befestiget worden, fabricirte, ist zu finden in Vinc. Galilei Dialogo della Musica antica e moderna an 126 und 129 Blatte; it. in Printzen Musf. Histor. c. 3. §. 33. Iconismo V. Hierbey ist zu mercken: daß die Wörter Chelys, Testudo, Lyra und Cithara bey den Poeten offt einerley bedeuten, wie der Hr. Rector Schöttgen aus dem Pitisco anführet; nur, daß solche Instrumente der Grösse nach differiren, wie etwa heutiges Tages ein Clavichordium u. Clavicymbel, so daß, wer auf diesem fortkomen will, vorher auf jenem zu lernen pfleget; also auch damahls, wer die Citharam excoliren wolte, muste erst auf der Lyra anfangen, weil diese nicht so viel force brauchte, und leichter als jene zu tractiren war. s. *Galilei* l. c. f. 62. Beym Kirchero p. 406 heissen Cheles auch allerhand Gattungen grosser und kleiner Geigen.

Chenania, ein Sang-Meister und Oberster der Leviten, welcher sie im Singen unterwiese, ein verständiger Mann, zur Zeit Königs

Königs Davids, deſſen Chronic. lib. 1. c. 16. v. 23 & 27 gedacht wird. ſ. *Feſſelii* Concordanz. conf. *Mattheſonii* Muſical. Patriot. p. 63.

Cherici (*Sebaſtiano*) ein Accademico Filarmonico, und Capellmeiſter bey der Accademia dello Spirito Santo zu Ferrara ums Jahr 1684. Sein 6tes Werck, aus 12 geiſtlichen Motetten von 2 und 3 Sing-Stimmen mit und ohne Violinen beſtehend, hat er unter dem Titul. Motetti Sagri, dem Kayſer Leopoldo I. dediciret.

Cheris, ein Citharœdus, deſſen Pherecrates in agris gedencket. ſ. *Volaterr.* commentar. Urban. lib. 14. f. 516. conf. *Chæris.*

Cheron, ein Frantzoſe, hat Suites des Trio pour la Flute [als ſein erſtes Werck, ſo 6 Livres koſtet] heraus gegeben. ſ. *Boivins* Muſic. Catalogum aufs Jahr 1729 p. 22.

Cherubino (*Nicolò*) hat Sacros concentus von 2, 3 und 4 Stimmen mit Litanien ediret.

Chevalet (*gall.*) ſ. m. fidium cantheriolus (*lat.*) der Steg auf einer Geige, oder andern Inſtrumenten. Z. E. Chevalet de Epinette (*gall.*) der Steg auf einem Spinet. Chevalet mobile (*gall.*) der bewegliche Steg auf dem Monochordo. Chevalet à croc, ein krummer, gebogener Steg.

Chevalier (*Mariana*) eine in der Hiſtorie, Geographie, Arithmetic und Muſic berühmt geweſene Frantzöſiſche Dame, und Tochter Jacobi Chevalier. ſ. *Deviſes* Mercur. Polit. an. 1684 m. Febr. p. 179 und 180.

Chevilles (*gall.*) ſ. f. die Wirbel an muſicaliſchen Inſtrumenten.

Cheute. ſ. *Chûte.*

Chiamata (*ital.*) der Trompeten-und Paucken-Schall bey Auffforderung einer Stadt. ſ. *Caſtelli* Lexic. conf. *Chamade.*

Chiarellus (*Andreas*) ein Sicilianer, von Meſſina gebürtig, begab ſich, um die Muſic [zu welcher er aufgelegt war] zu erlernen, nach Rom und Neapolis, da er denn nach ſeiner Zurückkunfft aller Augen und Ohren nach ſich zoge und zwar wegen ſeines ungemeinen Spielens, auf der Ertz-Laute oder Arciliuto. Starb an. 1699 m. Septembr. in 24ten Jahre ſeines Alters, nach kaum verſtrichenen erſten Quartal im Eheſtande, und wurde in die Jeſuiter-Kirche S. Nicolai zu Meſſina begraben. In nur gedachtem Jahre ſind von ſeiner Arbeit Suonate Muſicali di Violini, Organo, Violine, Arciliuto zu Neapolis in 4to gedruckt worden. ſ. *Mongitoris* Bibliothec. Siculam. T. 1. f. 28.

Chiava, ein Clavicymbaliſt von Lucca.

Chiave, pl. Chiavi (*ital.*) Clef, pl. Clefs (*gall.*) Clavis, pl. Claves (*lat.*) einer von den dreyen Muſic-Schlüſſeln, nemlich

[musical notation] oder [musical notation]

welcher anzeiget, wie die Noten heiſſen ſollen, ihr Klang beſchaffen, und was man für eine Stimme ſingen ſoll. Der erſte davon heiſſet c̄, clef d' Ut (*gall.*), und zeiget, wenn er auf der erſten, oder unterſten Linie des Syſtematis ſtehet, den ordinairen Diſcant an; auf der zweyten Linie, den Semicant, d. i. tiefen Diſcant oder hohen Alt; auf der dritten, den rechten Alt; und auf der vierdten den Tenor an. Der zweyte Schlüſſel heiſſet g, Clef de Sol (*gall.*) und zeiget, wenn er auf der unterſten Linie eines Syſtematis befindlich iſt, die hohe, oder Frantzöſiſche Violin- und Flöten-Zeichnung an; auf der zweyten Linie aber die ordinaire, welche von den Frantzoſen auch zum Singen pflegt gebraucht zu werden. Der dritte heiſſet f, clef de Fa (*gall.*) und wird auf drey Linien gefunden: auf der dritten Linie bedeutet er den hohen, oder Frantzöſiſchen Beß, Baß-Taille oder concordant, auf Italiäniſch Baritono, genannt; auf der vierdten Linie, den gemeinen Baß, und auf der fünfften, den Tiefen Baß, auf Italiäniſch Gran-Baſſo, und auf Frantzöſiſch Baßcontre genannt. Dieſes wären alſo die Figural-Schlüſſel, welche in Choral-Sachen folgender geſtalt ausſehen: c. g. [notation] oder F. Vom letzten iſt zu mercken: daß es in alten geſchriebenen Pergament-Büchern nicht allezeit angetroffen, ſondern durch die daſelbſt befindliche rothe Linie angedeutet wird ſ. Haſens Einführung in die Muſic. c. 2. Allerſeits Gattungen heiſſen claves Signatæ, Initiales, Expreſſæ, und characteriſticæ, oder Vorgezeichnete Muſic-Schlüſſel, auch Claves Principales, oder Haupt-Schlüſſel; weil ſie

sie durch ihre Vorzeichnung den Linien und Spatiis den Nahmen geben, und dadurch ein Lied [gleichwie sonst ein Schloß durch den Schlüssel] aufgeschlossen wird. Es ist artig: daß bey ordinairer Stellung der beyden Music-Schlüssel c und g in der Tab VII. f. 9. befindlichen Ordnung, die unterste Linie alsdenn das ut, re, mi fa, sol, la vorstellet. s. *Loulié* Elements de Musique, p. 27 Alle in Systemate enthaltene übrige Buchstaben heissen claves intellectæ, non signatæ, weil sie aus den signatis erst erkannt und verstanden werden müssen. Ne st diesen giebt es auch Beygezeichnete Neben-Schlüssel, derer bey den Alten, nach Lossii Zeugniß in Erotem. Mus. Pract. nur zweene waren, nemlich das b und ♮, welche von einigen Auctoribus auch claves principes genennet werden, weil sie einen Gesang, der Qvalität nach, unterscheiden; M. Cyriacus Snegassius, als ein etwas neuerer Auctor, zehlet schon das ♯ mit unter die Neben-Schlüssel, oder claves minus principales; s. dessen Isagog. Mus. lib 1. c 7. heutiges Tages aber langen auch diese drey nicht hin, sondern man hat und findet auch ♯ ♯ oder, an deren statt das einfache ✕. Durch diese Zeichen nun, sammt dem bb, doppelt gesetzt, werden alle im Systemate vorkommende Semitonia exprimirt und vorgestellet, welche Semitonia, oder auch wol von den natürlichen clavibus herstammende Subsemitonia eben die rechten beygezeichnete Neben-Schlüssel sind.

Chiave maestra (*ital.*) also heisset der natürliche Schlüssel, in welchen ein transponirter reducirt wird.

Chicaneau, war ums Jahr 1679 beym Fürsten zu Monaco Capellmeister.

Chichino, ein Päbstlicher Castrate an. 1721. s. des Hrn. Hof-Rath Niemeigens Nachlese besonderer Nachrichten von Italien, p. 196.

Chiesa (*ital.*) eine Kirche. Sonate, Musiche, Concerti da Chiesa, Sonaten, Musicken, Concerten, so sich in die Kirche schicken.

Chiffre, pl. chiffres (*gall.*) s. m. eine Zahl, Zahlen.

Chiffré, m. Chiffrée, f. (*gall.*) beziffert, mit Zahlen versehen.

Chilmead (*Edmundus*) ein berühmter Mathematicus, Criticus, Orator und Linguist, aus der Graffschafft Glocester gebürtig, wurde an. 1623 zu Oxfort Magister und nachgehends an der Christ-Kirche daselbst Capellan; an. 1648 aber durch eine Parlaments-Visitation abgesetzt, und hierdurch genöthiget, sich nach Londen zu begeben, woselbst er „nebst einigen andern, wöchentlich ein Collegium Musicum gehalten, [nam & Musicæ inter alias artes peritissimus erat] und dadurch sich hingebracht, biß er an. 1653 den 19 Febr. gestorben. Er hat unter andern einen Tractat: de Sonis, geschrieben: von welchem man aber nicht weiß, ob er noch vorhanden sey, oder nicht? s. *Ant. n. à Woot* Histor. & Antiquit. Univers. Oxon. lib. 2. f. 201 seq.

Chinelli (*Giov. Baptista*) hat 2 Theile concertirender Missen von 3. 4 und 5 Stimmen, nebst 2 Violinen à beneplacito, wiederum 3 Theile 2. 3 und 4stimmige Concerten; und Motetten von einer Singe-Stimme heraus gegeben.

Chiodino [*Giov. Battista*] ein Franciscaner-Mönch, hat in Lateinischer Sprache Artem Practicam geschrieben. s. den Musico Testore des *P. Tevo*, p. 61.

Chiotus [*Angelus Clemens*] ein Componist und Augustiner-Mönch, von Livorno im Toscanischen gebürtig, gab an. 1616 lib. I. Music. heraus. s. *Elssii* Encomiast. Augustin.

Chirimias [*hisp.*] s. *Cennamela*. Mr. de la Loubere in der Beschreibung des Ost-Indianischen Königreichs Siam, P. 2. c. 12. p. 208. berühret dieses Wort, meldend: daß die Indianer dergleichen sehr scharff-klingende Schallmeyen Pi nenneten

Chiron, der Philyræ u. des Saturni Sohn, welcher in einer grossen Höle des Berges Pelii in Thessalien sich ordentlich aufgehalten, soll nicht nur ein guter Medicus und Astronomus, sondern auch ein ausbündig-guter Musicus gewesen seyn, und den Achillem hierinn unterwiesen, sonsten aber von Geschicklichkeit der Hände in Heilung der Wunden, den Nahmen bekommen haben. s. Hrn. D. *Fabrici* Bibl. Græc. lib. 1. c. 3. §. 1. welcher solches aus Ottonis Heurnii Antiquitatibus Philos. Barbaricæ anführet.

Chirubelli, etliche ums Jahr 1566 berühmte Mute Musici zu Cremona, derer Alex. Lamus in Somnio, cant. 3. stroph. 13 gedencket. s. *Arisii* Cremonam Literatam, f. 452.

Chitarra (*ital.*) Guitarre, Guiterre (*gall.*) Cithara Hispanica (*lat.*) κιθάρις und κιθάρα (*gr.*) ein mit 5 doppelten Darm-Saiten-Chören bezogenes plattes Lauten-mäßiges Instrument, welches sonderlich vom Spanischen Frauenzimmer gebraucht wird, (daher auch das Wort Spagnuola offt dabey stehet) aus Spanien nach Italien, und von da in andere Länder gekommen; Es ist aber dieses Instrument mit der unterm Articul: Chelys angeführten Cithara nicht zu confundiren. Die Abbildung ist in Bonanni Gabinetto. Armonico, p. 97. und in Mersenni Harmonic. Instrumentor. lib. I. Prop. 21. zu sehen. Hierselbst wird noch gemeldet: daß es ehemahls nur 4 chöricht gewesen; ietzo aber aus 5 doppelten in unisono gestimmten Saiten bestehe, doch habe die eine zum öfftern auch nur eine Saite.

Chitarrino (*ital.*) ein dergleichen manchmahl mit vier, bisweilen aber mit sechs Saiten bezogenes kleines Instrument, dessen sich die Neapolitanischen Bootsleute gemeiniglich zu bedienen pflegen. Die Abbildung ist gleichfalls beym Bonanni, p. 100 befindlich.

Chitarrone (*ital.*) ist, nach einigen, eben was Chitarra, aber in etwas grösserer Form, und demnach eine Tiorben-Art, welche zu Rom 6½ Schuh und 2 Zoll in die Länge verfertiget worden. s. Barons Untersuchung des Instruments der Laute, p. 129. allein, wie es Bonanni, als ein Bauren-Instrument, p. 103. vorstellet, ist das corpus nicht platt, sondern rund, und hat nur 2 Chöre Saiten; doch gedencket er am vorhergehenden 92 Blatte, aus dem Mersenno dieses Instruments, als einer, halb aus Darm- und halb aus Metallenen Saiten (deren bisweilen an der Zahl 40 wären) bestehenden LautenArt, daran viele Saiten, welche, ob sie schon nicht gerühret würden, dennoch mitklängen.

Chitarrista (*ital.*) der vorgesetzte Instrumente tractiret.

Chiudendo (*ital.*) ist das Participium des Verbi chiudere, welches zuschliessen, beschliessen, heisset; bedeuten demnach die Worte: ciudendo chol Ritornello, coll' Aria, col Choro, &c. so viel: daß mit einem Ritornello, einer Aria, einem Chor, u. s. f. (wenn man solche gespielet oder gesungen hat,) soll geschlossen werden.

Chiurlino, ein berühmter Italiänischer Trompeter, dessen Garzoni in der Anmerckung über den 121 Discorso der Piazza Universale erwehnet.

Chizzolo. s. Ghizzolo.

Choeur, pl. choeurs (*gall.*) s. *Choro.*

Choeur de parties Recitantes; item, le petit Choeur (*gall.*) ein Chor der recitirenden, oder *Solo* singenden Stimmen; der kleine Chor; wird auch sonst Choeur cheri, favori und favorisse gennennet, weil er aus den besten Musicis zu bestehen pflegt.

Chöre; also heissen die Saiten auf Lauten, Tuorben. v. d. g. Instrumenten. Daher sagt man: ein Zwey- und Dreychörichtes Clavichordium oder Clavicymbel, wenn nehmlich ieder Clavis an so viel Saiten schlägt; vermuthlich aber soll es vielmehr *chordæ* und *chordig* heissen, und dependiret dieser Irrthum von der Aussprache.

Choragi (*lat.*) χορηγοὶ (*gr.*) waren zu Athen gewisse vornehme und reiche Leute, welche die Aufsicht über die SchauSpiele hatten, und mehrentheils ein grosses Theil von ihrem Vermögen drauf wandten, um sich bey dem Völcke dadurch beliebt zu machen. Ihre vornehmste Sorge bestund darinn, daß sie den Sängern tüchtige, und die Stimme stärckende Speise, oder auch dazu dienende Artzeneyen anschafften. Hingegen hatten sie auch die Ehre, daß, wenn sich ihr Chor in dem Feste des Bacchi, Dionysia genannt, wohl hielte, sie einen güldenen Dreyfuß bekamen, und selbigen dem Baccho mit grossen Ceremonien consecriren liessen. Hernach hieß auch *Choragus* überhaupt derjenige, welcher die zu dem Schau-Spielen gehörigen Sachen herbey schaffen muste. Wie solches der Hr. Schöttgen in seinem AntiquitätenLexico aus dem Postello, de Republ. Athen. c. 21. Sigonio, de Republ. Athen. Bulengero de Theatro, lib. 2. c. 15. und Pitisco, lib. 421. anführet. conf. Bisciola, lib 6. c. 6. Hor. Suboel. f. 423. sq. und Stuckii Antiquit. conviv. lib. 3. c. 21. f. 396. b.

Choragium (*lat.*) χοραγεῖον (*gr.*) bedeutet (1. den Vorrath an Kleidern und andern Geräthe, den man bey den SchauSpie-

Spielen brauchte. (2. den Ort, wo solches verwahret wurde. (3. eine Leich-Procession, die man den Jungfern hielt, weil ein gantzer Chor von Jungfern mitgieng. (4. den Ort, wo getantzt wird. s. Schöttgens Antiquitäten-Lexicon.

Choraula, χοραύλης, Choraules, pl. Choraulæ, (von χορός, chorus, und αὐλός, tibia) waren bey den Griechen diejenigen, welche bey der Comödie nebst dem Chor mitbliesen; sich aber hernach von der Comödie absonderten, und mit einem Chor insonderheit auf dem theatro hören liessen. s. Schöttgens Antiquit. Lex. *Choraules* erat chori præses, schreibet P. Montfaucon, lib. 5. c. 2. Tom. III. de l'Antiquité expliquée, & représentée en figures, f. 343.

Choraula, χοραύλη, die Pfeiffer-Kunst.

Choraules (*Ambrosius*) ist der Nahmen eines Pfeiffers, dessen Juvenalis in der 6ten Satyra erwehnet. conf. *Echion* und *Præt.* Synt. Mus. T. I. c. 15. p. 407.

Chorda, Corda, pl. chorde, corde (*ital.*) Chorde, Corde, pl. Chordes, Cordes [*gall.*] Chorda, pl. chordæ [*lat.*] χορδὴ, pl. χορδαὶ [*gr.*] bedeutet [1 eine jede Saite [Saiten] auf Instrumenten. [2. jeden Music-Sonum oder Klang.

Chorda æquitona [*lat.*] χορδὴ ἰσότονος [*gr.*] eine mit einer andern gleichen Klang von sich gebende Saite.

Chordes avallées [*gall.*] herunter gelassene, oder herunter gestimmte Säiten.

Chordes belles [*gall.*] Chordæ elegantiores [*lat.*] also heissen, nach der neuern Modisten Sprache, diejenigen Chorden oder Klänge, welche eigentlich in den antiquen ambitum eines musicalischen Stücks nicht gehören; doch aber, wegen der Cadentzen (oder anderer Gänge) unentbehrlich sind. z. E. wenn im c dur, in clausula peregrina das cis zum Vorschein kommt, it. wenn in der G. und A. Cadenz das fis und gis, und bey anderer Gelegenheit, das b sich hören lassen; ferner, wenn aus dem c moll in Clausula primaria das ♮ oder h, und in Clausula secundaria das fis, u. d. g. andere in der Vorzeichnung sich nicht befindende Klänge angebracht werden.

Chordes chromatiques [*gall.*] Chordæ chromaticæ [*lat.*] chromatische Saiten oder Klänge sind die, welche durchs ♯ oder b gemacht werden.

Chordes diatoniques [*gall.*] Chordæ diatonicæ [*lat.*] diatonische Saiten oder Klänge, also werden die 7 ordinairen, nehmlich c. d. e. f. g. a. h. genennet.

Chordes enharmoniques [*gall.*] chordæ enharmonicæ [*lat.*] enharmonische Saiten oder Klänge, sind an den doppelten ♯ ♯ und bb, oder an statt der ersten, am einfachen x kentlich.

Chordes essentielles d'un Mode [*gall.*] Chordæ essentiales Modi [*lat.*] wesentliche Saiten eines Modi. Hierdurch werden die drey Saiten oder Klänge einer jeden triadis harmonicæ gemeinet, deren erste oder unterste, Chorde finale [*gall.*] Chorda finalis [*lat.*] der Endigungs-Klang; die mittlere, Chorde mediante [*gall.*] Chorda medians [*lat.*] der vermittelnde; und die oberste, Chorde dominante [*gall.*] Chorda dominans [*lat.*] der herrschende Klang heisset, weil er der oberste unter diesen dreyen Klängen ist. Z. E. c. e. g. d. f. a.

Chorde mobili [*ital.*] Chordæ mobiles [*lat.*] waren diejenigen Saiten, welche in jedem Genere ihren Ort und Nahmen veränderten. Z. E. im Genere Diatonico und dessen Tetrachordo Hypaton, waren die Parypate und Lichanos, oder unser ietziges c und d; im Tetrachordo Meson, gleichfals die Parypate und Lichanos, oder das itzige f und g; im Tetrachordo Synemmenon, die Trite und Paranete, oder b und c; im Tetrachordo Diezeugmenon, abermahl die Trite und Paranete, nemlich c̄ und ♯; und im Tetrachordo Hyperbolæon wiederum die Trite und Paranete, nehmlich das f̄ und ḡ solcherley Art, wie aus dem Euclide p. 6. zu ersehen, allwo er mit klaren Worten sagt: es wären die Soni mobiles die, so zwischen denen daselbst unmittelbar vorher gesetzten Stantibus sich befänden.

Chorde mitoyenne [*gall.*] Chorda intermedia, media [*lat.*] war bey den Griechen der mittelste Sonus ihres Systematis Disdiapason, nemlich das a, zwischen dem A und ā. s. *Mese*. Heutiges Tages könte man, auf denen aus 4 Octaven bestehenden Clavieren, das c̄

also

CHO.

also nennen, weil es unter den 29 diatonischen Clavibus der mittelste ist.

Chordes naturelles d'un Mode [*gall.*] Chordæ naturales Modi, die natürlichen Saiten eines *Modi Musici*, sind, nach itziger Mode, in ieder Octav folgende zwo, nehmlich [1. das Semitonium majus, sive naturale sive accidentale sit, unter der Final-Note; und [2 die Sexta major in den also genannten Modis majoribus; aber in den minoribus die Sexta minor s. Tab. VIII. fig. 1. deswegen also genannt, weil sie der natürliche progreſs verlanget und erfordert.

Chordes necessaires [*gall.*] chordæ necessariæ [*lat.*] sind in iedem Modo folgende, nehmlich [1 der gantze Ton über die Final-Chorde, die Secunda perfecta. [2 der gantze Ton unter der dominirenden chorde, d. i. die Quarta perfecta, über die Final-Corde, s. Tab. VIII fig. 2. Boſſards Diction p. 65. und 66.

Chordes Principales [*gall.*] chordæ principales [*lat.*] sind eben die drey Saiten einer ieden triadis harmonicæ, woraus ein Stück gesetzt werden soll.

Chorde stabili [*ital.*] chordæ stabiles, oder stantes, [*lat.*] waren diejenigen Saiten oder Klänge, welche in iedem Genere weder den Ort noch Nahmen veränderten. Z. E. im Genere Diatonico hieſſen also: die Proslambanomenos, oder nach itziger Einrichtung, das A; die Hypate Hypaton, oder das H; die Hypate Meson, e; die Meſe, a; die Nete Synemmenon, d die Paranese, h; die Nete Diezeugmenon, e; und die Nete Hyperbolæon, a. ſ. *Euclidis* Introd. Harmon. p 6.

Chorda stativa [*lat.*] ist in Georgii Rhaui Enchiridio eben was Chorda finalis.

Chordotonia, χορδοτονία [*gr.*] chordarum intensio die Auffspann- oder Stimmung der Saiten.

Chordotonum, χορδότονον [*gr.*] das Instrument, womit die Saiten gestimmet werden. ſ. *Pollucis* Onomaſt. c. 9, Segm. 64.

Chorea, χορεία (*gr.*) ein Tantz; soll den Nahmen von χαρά, à gaudio, von der Freude, weil er ein Zeichen der innerlichen Freude iſt, herhaben. Von wem das Tantzen erfunden worden, iſt in *Stuckii* Antiquitat. Conviv. lib. 3. c. 21 zu leſen.

CHO.

χορεύων, ſaltare cum cantu, tantzen und dazu ſingen.

Choreuma, χόρευμα, ein Tantz der von vielen verrichtet, und worzu geſungen wird.

Χορικός, Chori dux & magiſter, der Anführer eines Chors.

Choriſte, Coriſte (*gall.*) Choriſta, Coriſta (*ital.*) ein Chor-Sänger.

Choro (*ital.*) Chorus (*lat.*) χορός [*gr.*] bedeutet [1. den in einer Kirche, oder anders wo, abgeſonderten Ort, woſelbſt muſicirt wird. Stationem Muſicorum, Odeum. (2. Denjenigen Theil eines muſicaliſchen Stücks, worinn alle Stimmen zuſammen, und mit einander zugleich gehen. [3. Das Corpus der auf Univerſitäten und Gymnaſiis ſich befindenden, und an gewiſſen Tagen herum gehenden Sänger, welche einen halben Circul formiren; und dieſes vielleicht ad imitationem desjenigen Orts der Alten Kirche, wo die Geiſtlichen ſaſſen, und ihre Horas hielten, ſo bey den Griechen mehrentheils rund gebauet war. ſ. Schöttgens Antiquitäten-Lex.

Chorocitharista, χοροκιθαριστής, der im Chor die Cither ſchlägt.

Chorodidaſcalus, χοροδιδάσκαλος, war der Vor-Tänzer, der den andern zeigte, wie ſie es recht machen ſollten; ingleichen der den Chor führte und dirigirte. *idem ibidem*. qui Chorum doceret & regeret. ſ. *Bulengeri* de Theatro lib. 2. c. 1. welches Capitel durchgehends vom Chorago und Chorodidaſcalo handelt.

Choro di Flauti (*ital.*) ein Flöten-Chor.

Choro di Tromboni [*ital.*] ein Poſaunen-Chor.

Choro di Viole [*ital.*] ein Violen-Chor.

Choro di Voci [*ital.*] ein Singe-Chor.

Choro favorito [*ital.*] ein Chor, so aus den beſten Sängern und Inſtrumentiſten beſtehet.

Choro palchetto [*ital.*] Chorus extraordinarius [*lat.*] der Capell-Chor, welcher, wenn nicht genug Perſonen vorhanden ſind, auſſengelaſſen werden kan.

Choro ſpezzato (*ital.*) Choeur épaisſi [*gall.*] eine auf zwey und mehr Chören geſetzte Compoſition, welche alſo aufgeführet wird, daß bald dieſer, bald jener in groſſen Kirchen von einander geſtellte Chor wechſels-weiſe, und demnach interruptè, auch manchmahl zuſammen ſich hören läſſet. ſ. *Zarlini* Inſtitut. Harmon. c. 66.

Choróſtates, χοροστάτης, ein Chor-Regent. ſ. *Pexenfelders* Apparat.

Χοροτύπης, qui in choro, seu chorea terram pedibus plaudit, sive pulsat, der beym Tantzen mit Fuß-Auftreten den Tact giebt. Der Actus oder die Handlung selbst heisset: χοροτυπία. s. *Stuckii* Antiquit. Conviv. lib. 3. c. 21.

Chorus [*lat.*] s. *Choro.* Hier ist noch mitzunehmen; daß, wenn ehemahls ein Actus in der Commœdie oder Tragœdie ausgewesen, und alsdenn etwas darzwischen gesungen oder getantzt worden, dieses also geheissen. Bißweilen redete nur eine Person, bisweilen auch mehrere. Anfangs bestund die Tragœdie aus einem continuirlichen Chor, nachgehends aber ward sie abgetheilet in partem scenicam, da agirt wurde: und choricam, da der Chor von allerhand Personen einige moralische Gedancken über das bisher gespielte absung; wie in des Senecæ Tragödien zu ersehen. s. Schöttgens Antiquit, Lex. Der Chorus Comicus bestund aus 24; ein Chorus Tragicus aber nur aus 15 Personen: in jenem giengen 4, und in diesem allezeit 3 neben einander in einer Reihe, so sie ζυγὸν; die Reihen aber, nach der Länge genommen, τοιχὸν nannten. Jede Person hieß Choreutes, oder choricus. Wie der Chor von einem vorangehenden Pfeiffer auffs Theatrum geführet, und wiederum abgeführet worden, solches alles ist, nebst noch mehrern Umständen beym Bulengero, lib. 2. c. 12. de Theatro, weitläuftig zu lesen.

Chorus, war auch ehedessen ein blasendes Instrument, welches vorne ein Mundstück, in der Mitte zwey auswerts gebogenen Röhre, und unten ein weites Loch hatte. s. *Pretorii* Synt. Mus. T. II. c. 46. p. 76 und dessen Sciagraph tab. XXXII. n. 1. woselbst die Abbildung davon zu sehen ist.

Chorus instrumentalis [*lat.*] ein mit lauter Instrumenten besetzter Chor.

Chorus vocalis [*lat.*] ein mit lauter Sängern bestellter Chor.

Chresis, χρῆσις, war bey den Griechen das dritte Stück ihrer Melopœia, welches wiederum drey species, nehmlich: ἀγωγήν, Ductum; πετlίαν, Pettiam; und πλοκήν, Nexum, unter sich hatte. s. *Aristid.* Quintil. lib. 1. p. 29.

Christenius [*Joan.*] war Fürstl. Sächs. Hof-Cantor und Musicus zu Altenburg, von Bottstädt in Thüringen gebürtig. An. 1609 ist von ihm zu Jena gedruckt worden: Selectissima & nova Cantio, quam Valedictionis ergo dedicat Patronis, à 6 vocibus.

Christ [*Jodocus*] ein Trombonist in der Kayserin, Amaliæ Wilhelminæ, Hof-Capelle an. 1721. und 1727.

Christian [Joh. Georg]
Christian [Leopold] der ältere, } Kayserliche Posaunisten an. 1721. und 1727.
Christian [Leopold] der jüngere,

Christiani, ein Teutscher, und Scholar des berühmten Hellwigs, war an. 1703 ein Trombonist in der Kayserlichen Hof-Capelle. Von diesem hat der Hr. Capellmeister Aschenbrenner mir berichtet: daß er ihn in nurgedachtem Jahre mit dem vortrefflichen Tenoristen, Buzzolini, ein Concert in der Kayserlichen Hof-Kirche habe musiciren hören, und mit Wahrheit sagen könne, nichts angenehmers jemals gehört zu haben. Ob er einer von den obigen sey, ist mir unbekannt, und kan wohl seyn.

Christianelli [*Filippo*] ein Capellmeister zu Aquila im Neapolitanischen, hat an. 1626 fünffstimmige Psalmen zu Venedig drucken lassen.

Chroma, Croma, pl. Chrome, Crome (*ital.*) Chroma, gen. chromatis [*lat.*] also heisset die Eingeschmäntzte- oder Achtel-Note.

Chrome simple & double (*gall.*) chroma simplex & duplex [*lat.*] hierdurch wird das einfache und doppelte x ♪ verstanden.

Chromatico [*ital.*] Chromatique (*gall.*) von χρῶμα, color, Farbe. Ist eins von den dreyen Generibus musicis der Alten, wie auch die beste Zierde der heutigen Music, und entstehet: wenn eine modulation durch Semitonia majora und minora einhergehet; und überhaupt: so offt man die diatonische und natürliche Ordnung, so zwischen den Tonen ist, verwechselt, indem man solche verändert, und entweder durchs ♯ erhöhet, oder durchs ♭ erniedriget: nicht aber, wie sich viele einbilden, und auch gar zu behaupten unterstehen: wenn viele ♯ oder ♭ nach dem Clavi signata stehen. Es ist alsdenn wohl eine vermittelst der chromatischen Zeichen gemachte transposition; aber, wenn der Gesang nur durch tonos und semitonia majora einhergehet, so ists aufs höchste weiter nichts als ein diatonisch-transponirter Gesang. s. *Brossards* Diction. daß dieses seine Richtigleit habe, ist z. E. mit einem aus dem G. mol gesetzten, und mit einer Oboé versehenen Chor-Stücke gantz klärlich zu erweisen; denn da die andern Stimmen und Partien aus dem G moll, dessen Vorzeichnung Tab. VIII. fig. 3. befindlich, und demnach chroatisch ist, moduliren, spielet die Oboé, aus dem A, in pur diatonischen clavibus; ja, wenn dieses Instrument um eine kleine Terz tieffer als Chor-Ton stehet, muß z. E. in einem aus dem D moll gesetzten Kirchen-Stücke, welches weder in der Vorzeichnung, noch anderswo ein b hat, und demnach pur diatonisch ist; muß, sage ich, die Oboé ihrer modulation aus dem F moll durch die Tab. VIII. fig.4. gezeichnete Tone formiren: welche zwar, wegen der chromatischen Zeichen, an und vor sich, nicht aber in Absicht auf die mit ihr zugleich einhergehende diatonische modulation, chromatisch kan genennet werden; es müste denn erlaubt seyn, zu sagen: man könne zweyerley Genera modulandi mit einander zugleich anstellen, und hören lassen.

Chronometron, das Zeit-Maaß, i. e. der Tact, weil durch selbigen die Zeit abgemessen wird.

Chrotta [*lat.*] ein bey den Engländern sonsten bekannt gewesenes musicalisches Instrument, in ihrer Sprache Crowde genannt, dessen Fortunatus lib. 7 Carm. 8. im folgenden Disticho gedencket.

 Romanusque lyra plaudat tibi, Barbarus harpa,
 Græcus Achilliaca, *chrotta* Britanna placet.

s. des Hrn. du Cange Glossarium, woselbst es durch tibia und κρόταλον erkläret wird.

Chrysogonus, ein ums Jahr der Welt 3542 oder 406 Jahr vor Christi Geburt berühmt, und in dem Comitat des aus seinem Exilio zu Schiffe retournirenden Alcibiadis befindlich gewesener Sänger, hat die Hände der Ruderer mit solcher Kunst zu regieren gewust, daß, da sie die Schläge ihre Ruder seinem Gesange beygefüget, solches eine artige Zusammenstimmung gemachet s. *Cœlii Rhodigini* Antiq. Lect. lib. 9. c. 10.

Chrysostomus s. *Dio*.

Chrylothemis, ein Sohn Carmanoris, aus der Insul Creta gebürtig, und Discipul des Lini, soll, nachdem er von diesem die drey-saitige Harffe empfangen,

die vierdte Saite hinzugethan, und in denen auf gedachte Insul angestellten Pythischen Spielen, mit einem dem Apollini zu Ehren abgesungenen Hymno, zu erst den Preiß davon getragen haben.

Chutte oder Chûte (*gall.*) s. f. ist eine Sing- und Spiel-Manier, welche Mr. d'Anglebert auch bisweilen Port de Voix nennet, und so wohl auf- als absteigend, durch ein kleines Häckgen exprimiret. s. Tab. VIII. fig. 5. Ist eben dasjenige, was man sonst insgemein einen Accent zu nennen pfleget. Nur gedachter Auctor braucht auch folgende Gattungen, als die

Chutte sur une Notte [*gall.*] bey einer Note, und sur deux Nottes, bey zwo Noten. s. Tab. VIII. fig. 6. Ferner die double Chutte à une Tierce, und die double Chutte à une Notte seule (*gall.*) d. i. doppelte Chutte bey einer Terz, und bey einer Note allein s. Tab. VIII. fig. 7. s. die Preface über das Buch seiner Piéces de Clavecin. Mr. Loulié aber in seinen Elements de Musique beschreibet diese Manier am 79ten Blatte folgender gestalt: "la *Chute* est une inflexion de la Voix d'un Son fort ou ordinaire à un petit Son plus bas," daß sie nehmlich von einem starcken oder ordinairen Klange zu einem schwächern und tiefern sich bewege; zeiget sie durch diese Marque ' an, und will sie also exprimirt wissen, wie Tab. VIII. fig. 8 ausweiset. Die Expression des letztern Tacts scheinet, was die in sulchem befindliche Bindung anbelanget, accurater als die vorhergehende zu seyn. Ubrigens dörffte wohl die Meynung dieses Auctoris des Angleberts seiner, weil das Wort Chûte einen Fall, oder das Fallen bedeutet, vorgezogen werden können.

Chytræus (*David*) auf Teutsch, Koch Hafen genannt, vom griechischen χύτρα, olla, der hochberühmte Doctor und Professor Theologiæ, Philosophiæ und Historiæ zu Rostock, gebohren an. 1530 den 26. Februarii zu Ingelfingen in Schwaben, und verstorben an. 1600. den 25. Junii, hat in seiner Jugend Regulas Studiorum, seu, de ratione & ordine discendi, in præcipuis artibus. recte instituendo geschrieben; in deren an. 1595 zu Jena in 8vo. gedruckten Appendice handelt das dritte Capitel in 16. Blättern: de Musica, und zwar anfänglich,

lich, de Sententia, Rhythmo, & vocis modulatione; sodann von den Speciebus intervallorum, Tétrachordis, Generibus, und Modis muficis. Von seinem Leben und Schrifften hat Hr. Otto Friedrich Schütz an. 1720. ein besonderes Buch zu Hamburg heraus gegeben, welches er noch mit drey Theilen zu vermehren gedencket. s. das compend. Gelehrten-*Lex.*

Chytræus [*Nathan*] des vorigen Bruder, ein vortreflicher Poet, und Professor anfänglich zu Rostock, nachgehends aber Rector am Gymnasio zu Bremen, gebohren an 1543 zu Menzingen, einem in der Unter-Pfaltz, und zwar im Creichgau oder Creichgow liegenden Städtgen, woselbst der Vater, Matthæus Priester gewesen. s. Erdmann Uhsens curieus. Lex. der Geistlich-Gelehrten im 16. und 17. Secul. p. 126. und verstorben an. 1599. den 27. Febr. gab an 1592. des Buchanani, eines Schottländers, Paraphrasin Poeticam der Davidischen Psalmen mit 4 stimmigen Melodien zu Herborn in 12mo heraus. Er hat aber diese Melodien nicht selbst verfertiget. s. den Articul *Olthovius*, ob er schon, vielleicht dieser wegen, von dem Abt Brossard p. 378. seines Dictionaire de Musique, als ein Musicus allegirt wird.

Ciacona [*ital.*] Chaconne [*gall.*] ist eigentlich ein Tantz, und eine Instrumental-piéce, deren Bass-Subjectum oder thema gemeiniglich aus vier Tacten in ¾ bestehet, und, so lange als die darüber gesetzte Variationes oder Couplets währen, immer obligat, d. i. unverändert bleibet, (Es kan aber auch das Bass-Subjectum selbst diminuiret und verändert, allein den Tacten nach nicht verlängert werden, so, daß ¾ E an statt voriger vier Tacte, in der Veränderung 5 oder 6 daraus gemacht würden.) Hernach findet man auch dann und wann in Vocal-Sachen dergleichen Compositions-Art angebracht, welche, wenn sie nicht allzulange währet, immerzu noch Liebhaber findet; wenn aber gantze und lange Stücke auf solchen Fuß gesetzt werden, ists verdrüßlich anzuhören, weil die Sänger, wegen ihres ambitus, nicht so viele Veränderungen, als die Instrumentisten machen können. In solcher Art Stücken gehet man offt aus dem Modo majori in den Modum minorem, & vice versa, und lässet, wegen der Obligation, vieles mit einfliessen, welches sonst in einer freyen Composition regulariter nicht zugelassen ist. s. *Brossards* Diction. und *Matthesonii* Orchest. I. p. 184. Übrigens kommt Ciaconna weder vom Italiänischen Verbo: ciaccare oder ciaccherare, so zerschmettern, zerscheitern; noch von cieco, welches blind heisset, oder anders woher; sondern ist ein Mohrisches Wort, und ein aus Africa nach Spanien, und von dar an andere Nationen gekommener Tantz s. *Furetiere* und *Ménage* Diction. Etymolog. in den Additions. und mag vielleicht seyn, daß es die ehemahls in Spanien wohnhafft gewesenen Saracenen etwa von den Persern [bey welchen Schach einen König bedeutet] entlehnet, und als einen Königlichen i. e. vortrefflichen Tantz bemerckendes Wort nach sich gelassen haben.

Ciaia (*Alessandro*) hat Lamentationes Sacras mit einer Sing-Stimme und G. B. ediret.

Ciaia [*Azzolino Bernardino della*] ein Componist, von Siena gebürtig, hat an. 1700 zehen 5 stimmige lateinische Psalmen mit 2 obligaten Violinen, und einer Violetta à beneplacito [als das erste Werck] zu Bologna drucken lassen, und es dem Römischen Kayser Leopoldo I. dediciret.

Ciaconetta [*ital.*] ist das Diminutivum von Ciacona.

Cibrovius [*Friedr.*] stund an. 1720 als Organist an der Sackheimischen Orgel zu Königsberg in Preussen s. *Matthesonii* Anhang zu Niedtens Musical. Handleit. zur Variation des G. B p. 188.

Cicuticen [*lat.*] s. m. ein Pfeiffer; von cicuta, Pfeiffen-Rohr.

Ciera (*Hippolito*) ein ums Jahr 1559 berühmter Dominicaner-Mönch, von Venedig gebürtig, hat verschiedenes von der Music, welche er sehr wohl verstanden, drucken lassen. s. *Giac. Alberi.i* Catalogo breve dei Scrittori Venetiani, p. 47.

Cifra [*Antonio*] ein Römer, und Scholar des Nanino, wurde, nachdem er verschiedene Capellen, und unter selbigen auch des Römischen Kaysers Ferdinandi II. Bruders, Ertz-Hertzogs Caroli von Oesterreich seine frequentiret, Capell-Meister zu Loreto, in welcher Bedienung, nachdem er vieles ediret, gestorben ist. s. *Antimo* Liberati Lettera.

Nurgebachte Sachen sind ohngefehr von an. 1611 bis 629 zum Vorschein gekommen. Ein im iezt besagten Jahre zu Venedig gedrucktes Werck bestehet aus 12=stimmigen Motetten und Psalmen, auf drey Chöre. Daß er auch im Teutschen Collegio zu Rom Music=Director gewesen sey, bezeuget ein an. 1611. zu Venedig herausgekommenes Motetten-Werck von 2. 3 und 4 Stimmen.

Ciffra, pl. Ciffre [*ital.*] sind die Zahlen und andere Zeichen, so in G. B. über die Noten pflegen gesetzt zu werden, um die Beschaffenheit der Harmonie dadurch anzudeuten.

Cima (*Andrea*) ein Mayländer, und Bruder des Giov. Paolo Cima, war anfänglich Capell=Meister und Organist an der Kirche della Rosa zu Mayland, hernach aber an der Marien=Kirche zu Bergamo [welches einer der considerablesten Posten in Italien ist] Capell=Meister. Von seiner Arbeit ist an. 1614 zu Mayland lib 1 Concerti à 2 3. e 4 voci; und an. 1627 zu Venedig lib. 2. Concerti à 2. 3. e 4 voci gedruckt worden. s. *Picinelli Ateneo* dei Letterati Milanesi, pag. 31.

Cima [*Giov. Battista*] ein Organist an der Collegiat=Kirche des H. Nazario zu Mayland, wie auch an der im Valtelin liegenden kleinen Stadt Scondrio, woselbst er im 60 Jahr seines Alters gestorben; ist nicht nur ein guter Musicus, wie die an. 1626. zu Mayland gedruckte 2. Bücher 2. 3. und 4 stimmiger Concerten ausweisen, sondern auch ein braver Astrologus und Physiognomon gewesen. *id. ibid.* p. 277.

Cima [*Giov. Paolo*] ein vortrefflicher Organist und Capell=Meister an der Kirche des H. Celso zu Mayland, hat, ausser denen von P. Angleria in seiner Regola del Contrapunto eingerückten Canonibus seiner Arbeit nach folgende Wercke heraus gegeben, als: an. 1599 Motetti à 4; an. 1609. Canzoni, Conseguenze, & Contrapunti doppii à 2. 3. 4; und an. 1610 Concerti Ecclesiastici à 1. 2. 3. e 4 voci, nebst zweyen von 5, und einem von 8 Stimmen, con Partitura, allerseits zu Mayland gedruckt. s. *Picinelli Ateneo*, p. 315. welcher ihn einen virtuosissimo Compositore di Canoni, Ricercate, & altre vivezze, attenenti à i Professori, così di Contrapunto, come d'Organo nennet.

Cimbal, ist ein mit Drath=Saiten und doppelten Stegen versehenes vierecktiges Instrument, so mit hölzernen Häckgen oder Schlägeln tractirt wird; heisset sonsten auch ein Hackebret.

Cimbale [*gall.*] s. f. Cimbel oder Zimbel, ist ein aus ganz kleinen Pfeiffnen bestehendes, und nur zur Ausfüllung dienendes Orgel=Register.

Cimbel octav, ein Orgel-Register auf Cimbel-Art klingend; so ist Cimbel-Octav 1. Fuß in der Alt=Dreßdener Orgel, wie auch in der Schloß=Kirche daselbst.

Cimbel-Paucke, ist ein Orgel=Register zu S. Catharinen in Hamburg.

Cimbel-Regal, also heisset ein Orgel=Register zu Grüningen im Schlosse.

Cimbe-Stern, sind kleine, nach einer gewissen Zusammenstimmung ausgesuchte Glöckgen in einer Orgel, welche, vermittelst einer absonderlichen Wind=Röhre, an einem Register [so äusserlich einen Stern repræsentiret] herum getrieben, und klingend gemacht werden.

Cimon, der tapffere Athenienssiche Feld-Herr, oder General, ist auf einem Gastmahl dem Themistocli deswegen vorgezogen worden, weil er in die Lyram singen können. s. *Prætor.* Synt. Mus. T. 1. p. 391.

Cinciarinus [*Petrus*] wird von Possevino f. 223 Bibl. Select. als ein Music=Auctor angegeben.

Cinesias, ein Athenienser, und Sohn des Evagora, wird von Plutarcho lib. de Superstitione: ein μελοποιός; und von Aristophane, ein κυκλοδιδάσκαλος oder κύκλων ἀσμάτων ποιητής genennet. s. des Hrn. D. *Fabricii* Bibl. Gr lib. 2. c. 15. p. 578. ist aber sonsten, wegen seiner Ruchlosig= und Ungerechtigkeit, übel angeschrieben. *idem. ibid.* Vol. 9. p. 677. beym Suida heists von ihm: erat corpore pigro, & fracto crure. s. *Volaterr.* Comment. Urban. lib. 14. f. 518. woselbst er ein Thebaner, und Dithyramborum Scr ptor; von Proclo aber in seiner Chrestomathia, gar der Erfinder des Dithyrambischen Carminis, und des Chori cyclici genennet wird. s. *Perizonii* Anmerckungen über das 6te Capitel des 10ten Buchs *Æliani* de Var. Historia.

Cinira [*ital.*] Cinyra (*lat.*) κινύρα (*gr.*) wird von Zarlino lib. 8. c. 3. Supplement.

ment, für eben dasjenige Instrument gehalten, welches Suetonius und andere Citharam nennen. Josephus lib. 7. c. 10 sagt: es habe zehen Saiten gehabt, die mit einem plectro tractiret worden. s. *Montfaucon* Supplement au Livre de l'Antiquité expliquée & represenée en Figures, l. 8. f. 196. Matthias Martinius in seinem Lexico Philologico ist gleichfalls der Meynung: daß es eine Cither-Gattung gewesen, welche aber einen lamentablen Klang von sich gegeben; von κινυρός, lamentabilis, oder κινύρομαι, lamentor; weil er aber kurz vorher spricht: es komme dieses Wort, nach der Lateinischen Übersetzung, vor 1. Maccab. 4. v. 54. so im Teutschen durch Cymbeln gegeben worden, und an nur gedachter Schrifft-Stelle von dem ersten Opffer gehandelt wird, welches nach der Zeit, da die Heyden das Heiligthum verunreiniget gehabt, mit Lob-Gesang und musicalischen Instrumenten daselbst solenniter gebracht worden, ist nicht zu vermuthen, daß es mit lamentablen Instrumenten geschehen. Beym Mersenno, lib. 1. Instrument.Harmon. bedeutet es eine Harffe.

Cinque [*ital.*] cinq [*gall.*] heisset fünff.

Cinquiéme [*gall.*] heisset: der, oder das fünffte.

Cinque Pas [*gall.*] ist eine alte Gaillarde, oder ein Tantz von fünff Schritten, dessen Melodie in Printzens Satyr. Componisten, P. 3. c. 18. p. 115 befindlich ist.

Cionacci (*Francesco* (oder de Cionaccis, ein Priester und Accademico Apatista zu Florentz, gebohren daselbst an. 1633 den 17. Nov. und verstorben an. 1714 den 15 Martii, hat, unter andern, auch einen Discorso dell'origine e progressi del Canto Ecclesiastico geschrieben, welcher zu des Matteo Coferati an. 1682 zu Florentz gedrucktem Tractat: Cantore addotrinato genannt, als eine Vorrede gesetzt ist. s. das *Giornale* dei Letterati d'Italia, T XIX Artic. 7.

Circolo [*ital.*] ein Circul oder Creyß; also heisset (1. die Art des doppelten C ⊃ oder O, so man noch in alten Musicalien nach dem Clavi signata gesetzt antrifft. s. *Broß. Diction.* (2. wenn zweene Circoli mezzi also zusammen- und an einander gehänget werden, daß, so sie über einander gesetzt werden solten, sie einen vollkommenen Circul darstellen würden, s. Tab. VIII. fig. 9. und Printzens Compend. Musc. Signat. & modulat. vocalis, P. 2. c. 5. p. 52.

Circolo mezzo [*ital.*] ist eine aus vier Noten bestehende, und die Gestalt eines halben Circuls vorstellende Figur. s. Tab VIII. fig. 10. s. *Broß.* Diction. p. 20. Printz aber in seinem Compendio Musicæ Signatoriæ & Modulatoriæ vocalis, c. 5 p. 48. nennet dergleichen Figur, deren erste und dritte Note einerley, die zwente und vierdte aber ungleiche Stellen haben, ein Groppo; und hingegen, p. 49. die Tab. VIII fig 11. befindliche Noten-Figur, deren zwente und vierdte einerley, die erste und dritte aber unterschiedene Stellen haben, einen Circolo mezzo.

Circuli Harmoniæ, heissen in Banni Dissertatione Epistolica c. 13. so viel als Modi oder Tropi Musici

Ciret, ein Frantzose, hat zwey Bücher Pieces de Clavesin heraus gegeben, die zusammen 7 Livres und 10 Sols gelten. s. *Boivins* Music. Catalogum aufs Jahr 1729. p. 16.

Cirilli (*Francesco*) ein Neapolitanischer Musicus, von welchem Nicoli Toppi in seiner Bibliotheca Napoletana f. 332 meldet: daß er das Drama Musicale des Giacinto Andrea Cicognini, Ororea Regina d'Fgitto genannt, an. 1654 abermahl drucken lassen; ingleichen das Drama musicale des Gennaro Paolella, il Ratto di Elena genannt, an. 1655 daselbst in 12mo ediret, und beyde mit Music versehen habe.

Cirillo (*Bernardino*) ein von Aquila bürtig gewesener Protonotarius und Secretarius Apostolicus zu Rom, Archipresbyter zu Loreto, Canonicus bey S. Maria Maggiore, und endlich Commendator des berühmten Hospitals di S. Spirito in Sassia zu Rom, welcher an. 1575, 75. Jahr alt, daselbst gestorben, hat, wie Possevinus fol. 223 Bibliothecæ Selectæ berichtet, eine Italiänische Epistel an Ugolinum Gualterveium vom Mißbrauch der Kirchen-Music geschrieben.

Cirvellus (*Petrus*) ein Spanischer Theologus, Philosophus und Mathematicus, von Daroca aus Aragonien, ward Doctor zu Paris, Canonicus zu Salamanca, und Professor Theol. zu Alcala. s. das comp. Gelehrt. Lex. schrieb unter andern, einen Cursum quatuor Mathematicarum disciplinarum, worinninnen auch von der Muſic gehandelt wird. Dieſes Werck iſt an. 1526 zu' Alcala de Henares (*lat.* complutum genannt) in folio gedruckt worden. ſ. *Lipenii* Biblioth. hiloſ.

Cis, alſo heiſſet die mit einem ♯ bezeichnete c Note.

Cis dur heiſſet (1. wenn zwey doppelte Creutzgen, oder welches dem Gebrauch nach, beſſer und ſicherer) an deren ſtatt ein einfaches ⨯ neben den c. clavem geſetzt wird. (2. In Anſehung des Modi, wenn die Terz zum cis nicht das ordinaire, ſondern das durchs ♯ erhöhete e [welches gar füglich eis genennet werden kan] iſt; hingegen

Cis moll hat zur Terz das natürliche und ordentliche e. ſ. Tab. VIII. fig. 12.

Ciſtre, alſo nennen die Frantzoſen eine Italiäniſche Ritarre oder Cither, welche vom Abt Furetiere folgender maſſen beſchrieben wird: "Ciſtre iſt ein beſaitetes, und in Italien ſehr gebräuchliches Inſtrument, hat bey nahe die Geſtalt einer Laute, aber einen längern in 18 Griffe abgetheilten Hals, vier Reihen Saiten, deren jede aus dreyen in uniſono geſtimten beſtehet, ausgenommen die zweyte Reihe, als welche deren nur 2 hat. Die Saiten ſind von Meßing, und werden mit einem Feder-Kiel tractirt, ꝛc. Es giebt auch Ciſtres von 9 Reihen Saiten." das Dictionaire der Société de Trevoux füget noch dieſes hinzu: "Es ſolle dieſes Inſtrument im Lateiniſchen nicht durch Siſtrum, ſondern durch Cithara gegeben werden, weil es vom Italiäniſchen Wort Cetra, u. dieſes vom lateiniſ. Cithara herkomme." Die verſchiedenen Gattungen der Zither können beym Prætorio T. 2. Syntagm. p. 54. und 55 nachgeſchlagen werden. Merſennus lib. 1. Harm. Inſtrum. Prop 7. giebt es lateiniſch durch: Ciſtrum, und ſtellet deſſen Abbildung, Theile, und Stimmung, in der 22ten propoſition, mit mehrern vor. Sonſten wiederſpricht Bonanni, p. 109 ſeines Gabinetto Armonico obigem Vorgeben des Abts Furetiere in folgenden Worten: non eſſendo uſato nell'Italia, ſi tralaſcia la figura di eſſo.

Cithara (*lat.*) κιθάρα (*gr.*) was es eigentlich für ein Inſtrument geweſen, darüber haben ſich die Gelehrten noch nicht recht vertragen können. Einige ſagen: es ſey ſo viel, als Lyra und Φόρμιγξ. Hieronymus giebt vor: es habe ausgeſehen wie der griechiſche Buchſtab Δ. Die meiſten gehen dahin: es ſey dasjenige Inſtrument, womit der Apollo gemeiniglich abgemahlet werde, wiewol auch dieſes offt Lyra heiſſet. Mit der rechten Hand hielte man einen Kiel, und rührte damit die Saiten, mit der lincken Hand aber griff man, daß die Saiten verſchiedene Tone von ſich gaben. Erſt hatte ſie nur 3 Saiten, hernach wurden deren 5, 7, und ſo weiter bis auf 24. Sie ward auf den Theatris, bey der Mahlzeit und ſonſt bey fröhlichen Begebenheiten gebraucht. ſ. Schöttgens Antiquitäten-Lexicon, welcher ſolches aus dem Bulengero, de Theatro lib. 2. c. 36. & ſq. und Pitiſco anführet. Nach Euſtathii Meynung ſoll κιθάρα ſo viel ſeyn, als κινᾶσα oder κεύθυσα ἔρωτας, movens, vel occultans amores. Und Matthias Martinius ſagt: man möge zuſehen, ob es nicht vom Chaldäiſchen Worte Kethar, welches circulum, ambitum bedeutet, herkomme, weil der Bauch dieſes Inſtruments rund ſey? conf. cap. II. Tom. I. Synt. Muſ. *Prætor.* woſelbſt von dieſem Inſtrument weitläufftig gehandelt wird.

Citharodia (*lat.*) κιθαρῳδία (*gr.*) ein Lied auf ſolchem Inſtrumente.

Citharis (*lat.*) κίθαρις (*gr.*) ſoll, wie Ammonius in ſeinem Tractätgen: de differentiis vocum und Ariſtoxenus in Commentatione περὶ ὀργάνων angemerckt haben, von der Cithara unterſchieden ſeyn, und eine alſo genannte Leyer bedeuten. Von dieſem Inſtrument haben die κιθαρισταὶ oder Lyricines, und von jenem die κιθαρῳδοὶ oder Citharœdi ihre Benennung her. ſ. *Illuſtr. Ezech. Spanhemii* Obſerv. in Calimachi Hymnos, und zwar *in Hymnum Apollinis*; und *Cœl. Rhodig.* lib. 9. c. 6. Antiquar. Lexicon.

Cithariſta (*lat. ital.*) hieß derjenige, welcher nur die Cither ſpielen, aber nicht in ſelbige zugleich ſingen konnte. ſ. *Galilei* Dialogo della Muſica antica e moderna, f. 99. Citharistria iſt das Fœmininum.

Citharœdus (*lat.*) Citharedo (*ital.*) κιθαρῳδός (*gr.*) hieß bey den Griechen derjenige, welcher die Citharam ſpielte, und zugleich drein ſang.

Citherius (*Alexander*) ein Muſicus, der ſein Pſalterium mit mehrern Saiten angefüllet, und als er zu Epheſus alt worden,

den, selbiges im hasigen Tempel der Dianæ aufheben lassen. s. *Athen.* lib. 4.

Citola, ein musicalisches Instrument, dessen der H. du Cange in seinem Glossario aus einem Frantzösischen Poeten, Nahmens Guill. Guiart, welcher an. 1214 gelebt, erwehnet.

Ciufolo pastorale, pl. Ciufoli pastorali (*ital.*) eine aus verschiedenen Röhren bestehende Hirten=Pfeiffe. s. *Bonanni* Gabinetto Armonico, p. 65. conf. *Flûte de Pan.*

Clairon (*gall.*) eine engere, und heller als die ordinaire klingende Trompete; ingleichen ein Trompeten = Register 4 s. Ton in einer Orgel. s. *Furetiere* Diction. In den ältern Zeiten ist die Trompete auch Clario, Claro, und Clarasius auf lateinisch genennet worden, von ihrem hellen und klaren Klange, wie solches der Hr. du Cange aus Wilhelmi Malmesb. lib. 4. Hist. Angli. an. 1101 anführet. Bey den Griechen hat sie geheissen: ὀξυφωνότερος αὐλός; auf Engländisch: Carions, und bey den alten Britten: Clariwn.

Clangor (*lat.*) der Trompeten=Schall.

Clarino, pl. Clarini (*ital.*) eine Trompete, Trompeten . worauf hoch oder klar geblasen wird. Es giebt deren mancherley Arten: einige gehen aus dem b, die mehresten aus dem c; etliche aus dem d. e. ja gar aus dem f. Der ordinaire ambitus einer Trompete ist aus Tab. VIII. F. 13 zu ersehen. Uber diesen ambitum können grosse Practici auch bis ins f ja noch höher hinauf klettern, und dabey das 𝄪is, gis und h mit Mühe heraus bringen. das zweygestrichene fis spricht reiner als das f͞ an.

Clarinetto, ist ein zu Anfange dieses Seculi von einem Nürnberger erfundenes, und einer langen Hautbois nicht ungleiches höltzernes Bloß=Instrument, ausser daß ein breites Mund=Stück daran besestiget ist; klingt von ferne einer Trompete ziemlich ähnlich, und gehet vom f bis ins d durch die Tab. IX. F. 1. angezeigte Klänge.

Claquebois (*gall.*) s. m. ein höltzernes Gelächter, ist ein aus 17 Stäben von Holtz deren letzterer fünffmahl kleiner

als der erste, bestehendes Schlag=Instrument; die mittlern sind gegen nur gedachte proportionirlich eingerichtet. s. *Furetiere* Diction. *Mersennus* lib. 4. Propos. 18. Harmon. Instrum. nennet dieses Instrument ligneum Psalterium, einen hölzernen Psalter, und beschreibet es folgender massen: es bestehe nemlich aus 12 ungleichen, in Gestalt eines Trianguls disponirten hölzernen Stäben, zwischen iedem liege auf beyden Seiten ein Küglein, durch diese so wol als die Stäbe selbst gehe ein Strick, an diesem werde es mit der lincken Hand in freyer Lufft gehalten, und mit der rechten, vermittelst eines andern Stecken, geschlagen.

Clas, Classes, s. m. also haben ehemahls die Frantzosen, und sonderlich die Occitani oder Languedocker das letzere Wort vor ein Zusammenschlagen der Glocken gebraucht; ietzo aber schreiben sie es durch ein g, Glas, und bedeutet das Todten=Geläute. s. des Hrn. *du Cange* Glossar. und *Frischens* = Lexicon.

Classicum (*lat.*) bedeutet [1 und eigentlich einen Zusammen=Klang vieler Instrumente, welcherley Gattung sie auch seyn mögen; daher es Fortunatus lib. 3. Poëm. 4. bey Einweyhung seiner Kirche von den Glocken in folgenden Disticho gebraucht:

Nunc Domini laudes, inter tua classica, canta,

Et Trinitatis opem machina trina sonet.

s. des *du Cange* Glossar. [2 eine Trompete, und [3 derselben Klang. s. *Stewechii* Commentar. ad Fl. Vegetii Renati c. 22. lib. 2. de Re militari. Daher heisset auch nach der zweyten Bedeutung, Classicen, qui classico canit, ein Trompeter; und, nach der ersten: Classicum canere, Lerm blasen.

Claudin le jeune, oder Glaudin, ein Königlicher Frantzösischer hochberühmter Cammer=Componist, von Valentienne gebürtig, hat an. 1607 unter dem Titul: Mesanges, verschiedene mit lateinischen, Frantzösischen und Italiänischen Texten versehene Vocal=Stücke seiner Composition von 4. 5. 6. 8. und 10 Stimmen, zu Paris bey Peter Ballard drucken lassen. Im ersten Theile ist der Cantus firmus: Veni Sancte Spiritus, &c. im 2ten Discante und 2ten Tenore als
ein

CLA.   CLA. 169

ein Canon angebracht; die übrigen vier Stimmen aber sind ungebunden und frey. Den zweyten Theil hat an. 1612 nach seinem Tode, Iud. Mardo, eine ihm nahe Anverwandtin, eben daselbst heraus gegeben, und selbigen Mr. de la Planche. einem Parlaments-Advocaten zu geschrieben. In diesem sind auch 2 Canones befindlich, und eine zehnstimmige Motette, welche 5 Stimmen vor: und 5 Stimmen rückwerts zugleich absolviren. Im dritten Tomo der Histoire de la Musique, p. 254. wird er ein Huguenot, und Maitre de la Musique Königs Henrici IV. genennet; und im ersten Tomo, chap. 2. p. 25. wird seines *Decacorda*, als eines Haupt- und Kunst-Wercks, Erwehnung gethan; auch unmittelbar vorher erzehlet, was sich mit einem jungen Herrn, bey Anhörung eines auf dem Beylager des Duc de Joyeuse in des Königs Zimmer gehaltenen Concerts, zugetragen gehabt.

Claudio da Correggio. s. *Merulo.*

Claveçin, Clavessin, s. m. (*gall.*) **Clavicembalo** (*ital.*) s. *Cembalo.*

Claveçin oder Clavessin brisé (*gall.*) ein Clavicymbel so aus einander = auch wiederum zusammen gelegt, und deswegen gar bequem auf Reisen fortgebracht werden kan.

Claves. s. *Chiave.* **Claves capitales** (*lat.*) sind im Guidonianischen Systemate folgende achte, als: Γ. A, ♮, C, D, E, F, G; weil sie mit capital- und grossen Buchstaben gezeichnet werden. Die untersten viere heissen insonderheit *graves*, weil sie einen tieffen Klang von sich geben; und die obern viere *finales*, weil die 8 Kirchen-Töne aus diesen Clavibus zu gehen pflegen. s. *Mart. Agricolæ* Scholia in Musicam Planam Wenceslai Philomatis de Nova Domo, de tonor. regul. 4 sedibus.

Claves chromaticæ (*lat.*) chromatische Claves, so durchs ♯ oder ♭ formirt werden.

Claves diatonicæ (*lat.*) sind die also genannte natürliche Claves, c, d, e, f, g, a, h. Sie heissen auch essentiales. s. *Glareani* Dodecachordum lib. I. c. 2.

Claves enharmonicæ oder enarmonicæ (*lat.*) werden durch zwey doppelte ♯,

oder ein einfaches ♮, und durch zwey ♭♭ neben einander vorstellig gemacht.

Claves expressæ, initiales, signatæ (*lat.*) diese Nahmen führen die Vorgezeichnete Music-Schlüssel. s. *Chiave*

Claves geminatæ (*lat.*) also heissen im Guidonischen Systemate die mit doppelten Buchstaben exprimirte fünff Claves, nemlich das aa. bb. cc. dd. ee. Sie werden sonsten auch Supremæ und Excellentes genennet, weil sie in nur gedachtem Systemate, so wol in Ansehung der Stellung, als des Klangs, die Höchsten sind.

Claves intellectæ, non signatæ (*lat.*) hierunter werden alle übrige im Systemate enthaltene, und nach den Signatis erst abzuzehlende Claves, oder Ungezeichnete Music-Schlüssel, verstanden.

Claves minutæ (*lat.*) sind in der Guidonischen Scala folgende sieben, nemlich: a, b, (♮) c, d, e, f, g; weil sie mit kleinen Buchstaben exprimirt werden. Sie heissen sonsten auch Mediæ und Acutæ, weil sie zwischen vorgedachten Infimis und Supremis liegen, und in Ansehung der erstern einen schärffern und hohen Klang von sich geben.

Claviatura, Claviarium (*lat.*) **Clavier** (*gall.*) s. m. sind diejenigen aus Holtz, Knochen oder Helffenbein gemachte Stücke eines Clavichordii, Clavizimbels Orgel, u. d. g. [Pinnæ tactiles, organicæ, lat.] die man mit den Fingern und Füssen tractiret, damit die Saiten und Pfeiffen ihren Ton von sich geben mögen. s. *Jablonski* allgemeines Lexicon der Künste und Wissenschafften.

Clavicordo (*ital.*) **Clavichordium** (*lat.*) qf. clavis chordarum. Dieses sehr bekannte Instrument, ist, so zu reden, aller Spieler erste Grammatica; denn, so sie dieses mächtig sind, können sie auch auf Spinetten, Clavicymbeln, Regalen, Positiven und Orgeln, zurechte kommen. Ist übrigens ein aus einem Lateinischen und Griechischen zusammen gesetztes Wort. s. *Pexenfelders* Apparat. Erudit. p. 417. Matthias Martinius aber sagt: das lateinische Wort Clavis komme aus dem Griechischen κλῂϲ, welches die Dorier κλᾶϲ, ausgesprochen, und sey nur der Buchstabe υ da-

dazwischen gesetzt worden; gleichwie aus dem Worte ὄις, ovis entstanden.

Clavicytherium (*lat.*) Cembalo verticale (*ital.*) ist eine Clavicymbel- oder Flügel-Art, dessen corpus etwas dünner, als die ordinairen, und nicht liegend, sondern in die Höhe stehend eingerichtet ist, auch deswegen weniger Raum einnimmt. Die tangenten werden durch einen Drath wiederum zurück getrieben.

Clavier-Gamba, ist ein altes, ietzo aber, und vor gantz kurtzer Zeit auffs neue wiederum hervorgesuchtes, und mit Darm-Saiten bezogenes Schlag-Instrument, welches unter dem Corpore [welches oval ist] ein Rad hat, wodurch andere mit Colophonie bestrichene kleine Rädergen in dem Corpore umgetrieben werden auf solchen streichen die Saiten, vermittelst eines Häckgens an, und geben, wenn der Spieler mit den Händen die Clavier-palmulas anhält, einen Violdigamben-Strich ähnlichen Klang von sich. Ehemahls wurde es ein Nürnbergisches Geigen-Werck genennet. s. *Prætorii* Syntag. Mus. Tom. 2. c. 44. vom 67 biß 72ten Blatte. Itzo aber verfertigen dergleichen Hr Joh. Georg Gleichmann, Organist zu Jlmenau, und Hr. Wahl, Fried. Ficker, Orgel- und Instrumenten-macher, zu Zeitz, u a.

Clausula (*lat.*) also heißt derjenige Theil eines Canonis, oder auch einer Fuge, welcher sich hören lässet, ehe die andere oder Folge-Stimme eintritt. Man leget auch, ausser diesen, jeder kurtzen Melodie diesen Nahmen bey; wie aus Kircheri Arte Magnetica, f. 59. und 595 zu ersehen ist.

Clausula (*lat.*) à claudendo, ein Schluß, oder vielmehr nur ein Absatz, wobey die Stimmen und Partien entweder gantz und gar aufhören, oder nur einiger massen zur Ruhe kommen. Die Clausulæ in der Music correspondiren den distinctionibus in der Oratorie.

Clausula Altizans (*lat.*) eine Alt-Clausul, bestehet entweder aus lauter Notis unisonis, oder fällt von der Nota penultima auf die ultimam durch eine Tertz herunter. Heisset sonsten auch Clausula explementalis, weil sie nur zur Ausfüllung der Harmonie dienet. s. nro. 1. Tab. IX. Fig. 2.

Clausula Cantizans (*lat.*) eine *Discant-*

Clausul, bestehet aus dreyen folgender Gestalt disponirten Noten, deren mittlere so wol gegen die erste, als letzte um ein Semitonium majus [es sey gleich naturale oder artificiale] fällt und steiget. s. nro. 2. ead. Tab. & Fig.

Clausula dissecta heißt: wenn die Grund-Stimme entweder um eine Quart herunter- oder um eine Quint hinauf-steiget, und eine Note gleichsam von der Cadentz abgeschnitten zu seyn scheinet. Diese letztere Gattung zehlet Printz im 1. Th des Satyr-Componisten, p. 27. unter die Clausulas perfectas; Conradus Matthæi aber in seinem Unterricht von den Modis Musicis, p. 8. unter die imperfectas. [Die dem also genannten Modo Phrygio und Mixolydio, und deren Plagalibus, eigene final-Baß-Cadentzen gehören nicht hieher.]

Clausula dissecta acquiescens (*lat.*) ist, deren Noten, wegen Grösse des valoris verursachen, daß das Gehör, die abgeschnittene Note zu hören, eben nicht verlanget. s. nro. 1. Tab. IX. Fig. 3.

Clausula dissecta desiderans (*lat.*) aber ist: wenn das Gehör, wegen Kürtze der Noten, die abgeschnittene noch verlanget. s. nro. 2. ead. Tab. & Fig.

Clausula fundamentalis (*lat.*) die Baß-Cadentz wird also disponiret, daß ihre Nota antepenultima mit dem Discant in der Octav anstimmet, und hernach die penultima entweder [1 um eine Quart, und die ultima vollend um eine Quint herunter; oder [2 jene um eine Quint, und diese um eine Quart hinauf springen; oder [3 beyde entweder um eine Quart oder Quint fallen und steigen, & vice versâ. s. Tab. IX. Fig. 4.

Clausula ordinata ascendens perfectior (*lat.*) ist eben was Cadentia Cantizans.

Clausula ordinata ascendens imperfectior (*lat.*) ist eben was Cadentia Altizans, nach der ersten daselbst Exempels weise vorgestellten Art.

Clausula ordinata descendens (*lat.*) ist mit der Cadenza semplice descendendo di grado einerley.

Clausulæ peregrinæ (*lat.*) frembde Cadentzen, sind, nach etlicher Meynung, überhaupt alle diejenigen, welche nicht auf den Clavibus derjenigen Triadis Harmonicæ [worauf eine Composition gerichtet ist] sondern auf andern Clavibus gemacht werden; andere aber machen

chen einen Unterscheid, und nennen Z.E. aus dem c dur, die A- und F- Cadentzen: Clausulas affinales; die D - und B - Cadentzen: Clausulas peregrinas; und die C - E - und G - Cadentzen, Clausulas proprias. Die erste unter nur gedachten drey letzten heisset insonderheit: Clausula primaria, perfectissima, und finalis: die zweyte: tertiaria; und imperfecta; und die dritte: secundaria, und perfecta.

Clausula saltiva perfectior (*lat.*) ist der perfectæ totali in allem gleich, ausser, daß sie über der Final-Note, an statt der tertiæ majoris [welche in einer Clausula perfecta vorhanden seyn soll] eine tertiam minorem hat.

Clausula saltiva imperfectior (*lat.*) ist eben was Cadentia Altizans, aber nach dem zweyten Exempel.

Clausula Tenorizans (*lat.*) die Tenor-Cadentz, gehet in Modis majoribus durch gantze Tone, und sonderlich aus der Nota penultima in ultimam, so wol ascendendo als descendendo, wie unter nro. 1. Tab. IX. Fig. 5. zu ersehen, einher; aber in Modis minoribus entweder durch ein Semitonium, oder auch Semitonia einher, wie nro. 2. ej. Tab. & Fig. zu ersehen.

Die Discantisirende und Tenorisirende Clausuln, werden auch Clausulæ principales genennet, weil sie mit einander können verwechselt werden, so, daß der Discant die Tenor- und dieser die Discant-Clausul bekommt. NB. Die Clausuln der vier Singe-Stimmen behalten dennoch ihre Benennung, ob sie schon unter einander verkehrt werden, als: die Discant-Clausul in Bass; dieses seine in Discant, u. s. f.

Weil auch die Nota antepenultima sehr wandelbar ist, und nicht allezeit an ihren vorbeschriebenen Orte gefunden wird; so constituiren dennoch die beyden letzten, als die vornehmsten Noten in jeder Stimme [wenn anders diese ihre gehörige und angeführte Form behalten], eine clausulam formalem perfectam, welche, so die Grund-Stimme entweder um eine Quart hinauf - oder um eine Quint herunter springt, auch totalis heisset.

Cleepauer (*Wolfgangus*) war an. 1655 an Kaysers Ferdinandi III. Hofe ein Instrumental-Musicus. *Bucelinus.*

Clef d' Epinette, de clavessin (*gall.*) s. f. ein Stimm-Hammer.

Clef de Fa (*gall.*) der Bass-Schlüssel.

Clef de Sol (*gall.*) der Violin-Schlüssel.

Clef petite (*gall.*) der kleine Schlüssel, ist; wenn der F-Schlüssel auf der dritten Linie des Systematis stehet; befindet er sich aber auf der vierdten Linie, so wird er genennet: Clef grande (*gall.*) der grosse Schlüssel.

Clef d' Ut (*gall.*) der c-Schlüssel er sey befindlich auf welcher Linie er nur wolle.

Clefs marquées (*gall.*) die gezeichnete, vorgezeichnete Music-Schlüssel, oder Claves. s. *Chiave.*

Clefs naturels (*gall.*) natürliche Claves. s. *Claves diatonicæ.*

Clemens (*Titus Flavius*) ein Priester oder Catecheta zu Alexandria, [von welcher Stadt er auch Alexandrinus genennet wird] aus Athen gebürtig, hat ums Jahr Christi 190 floriret, und, unter andern, acht Bücher Stromatum geschrieben: in solche wird etwas sehr weniges von einigen alten Musicis gehandelt; im vierdten Capitel des 2ten Buchs seines Pædagogi führet er aus: wie man sich auf Gastmahlen ergötzen solle; da er denn wider die Instrumental-Music sehr eiffert.

Clementi (*Orazio*) war ums Jahr 1703 am Kayserlichen Hofe ein Theorbist.

Clementini, war an. 1676. ein Sopranist in der Kayserlichen Hof-Capelle. Er soll ein Teutscher, und eines gemeinen Mannes Sohn, von Cölln am Rhein gewesen seyn.

Cleon, ein zu Theben berühmt gewesener Sänger, dem zu Ehren eine Statua daselbst aufgerichtet worden, worein, bey der durch Alexandrum M. geschehenen gäntzlichen Zerstörung der Stadt, ein flüchtiger Bürger viel Geld geschüttet, und nach 30 Jahren solches wieder gefunden haben soll. Wie uns dessen Athenæus lib. 1. f. 19. Edit. Commelinæ berichtet, woselbst auch die unter gedachter Statua gestandene Griechische Verse zu lesen sind, welche, nach Dalechampii Ubersetzung, lateinisch also lauten:

Iste Cleon Thebanus erat, Pythea patre natus:
Et cantor: cujus crebra corona caput
Præcinxit: summum nunc gloria tangit Olympum.
Salve

Salve Cleon, Thebas nobilitas patriam.

Cleonides, oder Cleonidas. s. *Euclides*.

Clepsiambus, κλεψίαμβος, stehet beym Polluce c. 9. lib. 4. Onomast. unter den besaiteten Instrumenten.

Clerambault, Organist zu St. Sulpice in Paris [welches die gröste Gemeinde daselbst seyn soll] hat an. 1707 zwo Partien vors Clavier durch Claude Roussel in Kupffer stechen lassen, und sie dem Herzoge von Orleans dediciret. Der Hr. Auctor des Sejour de Paris erwehnet p. 275. auch 3 Bücher Frantzösischer Cantaten, so er an. 1710 heraus gegeben; und p. 57 wird gemeldet: daß alle 14 Tage, oder 3 Wochen ein Concert bey ihm gehalten werde, so aus den besten Maitres bestehe, worinn zu seiner Zeit [an. 1714. 1716] ein Demoiselle von etwa 1 Jahren das Clavecin ungemein fertig und manierlich gespielt und accompagnirt habe. Nach der Zeit sind noch folgende heraus gekommen, als: das 4te und 5te Buch; la Muse de l'Opera; le Bouclier de Minerve; Abraham; und le Soleil Vainqueur, so allerseits Cantaten sind. s. *Boivins* Frantzös. Music-Catalog. an. 1729.

Clerc (le) oder Claire ein jetzo florirender Königlicher Frantzösischer Cammer-Musicus und Violinist, hat 2 Bücher Sonaten, deren jedes 12 Livres kostet, heraus gegeben. s. den *Catalogue general pour l'année* 1729 in 4to p 1. und 5. it. *Boivins* Catalogue general p. 26.

Clereau (*Pierre*) ein Frantzösischer Componist, hat an. 1556 zu Paris Tricinia in 12mo drucken lassen. s. *Draudii* Bibl. Class. p. 1652. ingleichen Chansons sprituelles von 4 Stimmen. s. *Verdier* Bibliotheque.

Cleve (*Joannes de*) hat an. 1580 Cantiones Sacras von 1. 2. 3. - 10. Stimmen zu Augspurg ediret.

Cliegel (Johann Caspar) war Music-Director und Organist in der Stadt Weyden. s. Prinzens Mus. Hist. p. 148.

Climax, oder Gradatio, κλίμαξ (*gr.*) ist [1 eine Wort-Figur, wenn z. E. gesetzt wird: Jauchzet und singet, singet und rühmet, rühmet und lobet. s. J. G. Ahlens Sommer-Gespräche p. 17. [2 eine Noten-Figur, wenn nemlich zwo Stimmen per Arsin & Thesin, d. i. auf- und unterwerts gradatim Tertzenweise mit einander fortgehen. s. *Jonch. Thuringi* Opusc. Bipart. P. 2. c. 18. [3 wenn eine Clausul mit und ohne Cadentz etlichemahl immediatè nach einander immer um einen Ton höher angebracht wird. [4 dörffte auch diesen Nahmen derjenige vierstimmige Canon verdienen, welcher, so offt zwo Stimmen von vorne wiederum anheben, allezeit um einen Ton höher steiget, da inzwischen die andern beyden Stimmen noch im vorigen tieffern Tone sich aufhalten, und dennoch zusammen klingen, zum Exempel kan der Tab. IX. Fig. 6 befindliche Canon über das Lied: Christum wir sollen loben schon ꝛc. bienen, dessen Einrichtung diese ist: der Discant hebet an; der Tenor, durchs T angedeutet, folget dem Discant in der Octav drunter; der Alt, durch A bemercket, fängt in der Quart unter dem Discant, und der Baß, mit B bezeichnet, in der Octav unter dem Alt an, das Steigen kan, wenn es anders der Stimmen und Instrumenten ambitus zuliesse, in infinitum geschehen.

Clinias, ein Italiänischer Philosophus Pythagoricus, und Musicus von Tarento gebürtig, in der 65 Olympiade, und demnach 518 Jahr vor Christi Geburt, welcher, wenn er gemercket, daß ihn der Zorn einnehmen wollen, alsobald seine Cither oder Leyer ergriffen, und darauf gespielet; auf Befragen aber geantwortet: πραΰνομαι, mitesco, d. i. mein Gemüth wird dadurch besänfftiget. s. *Atheneum* lib. 14. f. m. 623 und *Ælianum* lib. 14. c. 23.

Clinio (*Teodoro*) ein vortrefflicher Venetianischer Musicus, und Canonicus Regularis daselbst bey S. Salvatore, hat verschiedene musicalische Wercke ediret, und ist an. 1692 gestorben. s. *Alberici* Catalogo de gli Scrittori Venetiani, p. 77.

Clittorius (*Joannes*) ein Lausitzer, wurde, nachdem er zwölff Jahr bey den Fürstlichen Gerichten in Lignitz als Notarius gestanden, an der S. Petri- und Pauli- ingleichen an der S. Iohannis-Kirche daselbst Cantor und Schul-Collega, verwaltete diese functiones 14 Jahr, starb an. 1653 den 15ten Augusti, 44 Jahr alt. und bekam von seiner hinterlassenen Wittbe, und sieben Kindern folgendes Epithaphium:

Johanni

Johanni Clittorio
Lufat.
Judicior. Ducal. Curiæ Lig. Notar.
In Schola ibid. docentium Collegæ
Templorumque ad SS. Petr. & Paul.
& S. Johann. Cantori
Mufico infigni
pofteaq
Muneri politico XII. Scholaft. XIV.
Annos præfuiff.
Variaque fortuna XLIV. annor.
Ætatem egiff.
An. Chr. M. DC. LIII. XV. Augufti
pie ac beate mortuo,
Hedwigis Debiffina marito
& VII. Libb. fuperftit, parenti defid.
L. H. P. C
f. Hr. Doct. Wahrendorffs Lignitzifche Merckwürdig=
keiten, P. 1. lib. 1. c. 3. p. 170.

Clonas, ein Poeta Elegiographus und Epicus, aus der Stadt Tegea in Arca=
bien gebürtig, wird für den Urheber der Carminum tibialium, und der Profo=
diorum gehalten, König in feiner Bibliotheca vet. & nova fagt über=
haupt: er habe die νόμυς, oder leges muficas erfunden; welches aber von den
legibus tibialibus, deren fieben gewe=
fen, zu verftehen feyn foll. f. *Galilei* Dialogo della Mufica antica e moderna, f. 114.

Cnifmus, κνισμός, war ehedeffen bey den Griechen ein gewiffer Tanz, und Tanz=
Lied vor die Flöte. f. *Joan. Meurfii* Orcheftr.

Cnophius (*Andreas*) von Cüftrin gebür=
tig, war anfänglich Rector zu Treptow in Pommern, hernach aber an. 1522 der
erfte Evangelifche Superintendent zu Riga in Lieffland, brachte einige Pfal=
men in teutfche Verfe, verfertigte auch verfchiedene geiftliche Lieder, und machte
die Melodien dazu f. Printzens Muf. Hiftor. c. 13. §. 6. und *Melch. Adami*
Vitas Germanorum Theologorum, p. 17.

Coberg (*Anthon*) ein guter Componift, und Hof=Organift zu Hannover hat in fpecie
Frantzöfifche Suiten wohl fpielen können, auch Lateinifch, Italiänifch und Frantzö=
fifch verftanden, ift dergeftalt beliebt ge=
wefen, daß er zu zweyen mahlen nach Berlin kommen, und dafelbft die König=
gin jedesmahl ein halb Jahr [mit dero Hrn. Vaters, Churfürft Ernft Augufts,
Erlaubniß] informiren müffen; hat aber allda den Hals geftürtzet.

Coberus (*Georgius*) ließ an. 1589 ein Tyrocinium muficum zu Nürnberg
in 8vo drucken. f. *Lipenii* Bibl. Philof.

Cocherean, ein vielleicht noch lebender Muficus zu Paris, in Dienften des Prin=
tzen von Conti, hat am 5ten May an. 1722 das Unglück gehabt, als er nebft zween
andern Muficis des Abends nach Haufe gefahren worden, durch Unvorfichtigkeit
des truncken gewefenen Kutfchers, wel=
cher die Kutfche umfchmeiffen laffen, zwo Rippen zu zerbrechen. Der Hr. Auctor
des Sejour de Paris fagt c. 25. §. 7. p. 274; Er wäre Haute Contre in der
Opera, ein guter Acteur, und habe eini=
ge Bücher mit Arien heraus gegeben.

Cochia (*Claudio*) hat 5 ftimmige Pfalmen, Antiphonen und Litanien durch den
Druck bekannt gemacht.

Cochlæus, oder Cocleus (*Joannes*) fon=
ften Dobnek genannt, ein Römifch= Ca=
tholifcher Theologus, Doctor und Decanus an der L. Frauen=Kirche zu Franck=
furt am Mayn, gebohren an. 1503 zu Wendelftein, einem 3 Stunden von Nürn=
berg liegenden Städtgen [von welchem er feinen Nahmen angenommen, weil
Wendelftein auch eine Schnecke heiffet], hat Rudimenta Muficæ & Geometriæ, in quibus Urbis Norimber-
genfis laus continetur, gefchrieben. Ehe er Dechant zu Franckfurt worden,
welches nachdem 1530ten Jahre gefche=
hen, ift er vorher erftlich zu Maynz bey S. Victor, und an. 1521 zu Worms Canonicus gewefen. Er foll an. 1552 den 10ten Januarii zu Breßlau, oder, wie
andere wollen, zu Wien, im 49ten Jahr fei=

seines Alters, gestorben seyn. s. *Freheri* Theatrum Virorum eruditione clarorum, f. 156. *Boissardi* Bibliothec. P. 2. p. 100. und das comp. Gelehrten = Lexicon.

Coclicus (*Adrianus*) hat ein Compendium Musices heraus gegeben. s. Königs Biblioth.

Coda (*ital.*) Cauda (*lat.*) bedeutet [1. den Schwantz an den Noten, und [2 insonderheit den Anhang, oder die Zugabe in einigen also genannten Canonibus infinitis, damit die Stimmen mit einander zugleich aufhören können.

Codon, gen. codónis (*lat.*) s. m. κώδων (*gr.*) bedeutet [1 ein Glöckgen, eine Schelle. [2 die Stürtze an einer Trompete, und [3 synecdochicè, die Trompete selbst.

Coferati (*Matteo*) ein Florentinischer Geistlicher, und Maestro di Canto fermo daselbst, hat in Italiänischer Sprache einen Tractat: il Cantore addottrinato genannt, geschrieben, welcher an. 1682 zu Florentz gedruckt worden. s. das *Giornale de' Letterati d' Italia*, T. XIIX. p. 445.

Coffre (*gall.*) s. m. organi musici corpus (*lat.*) der Bauch einer Laute, eines Claviers. u. d. g.

Col (*gall.*) s. m. Cervix (*lat.*) ist eben was Collet, nemlich das an einigen Instrumenten, als Violinen, u. d. g. über dem Halse krumm hinaus gehende Stückgen Holtz, worinnen die Wirbel stecken.

Cola (*Matth. à*) hat an. 1576 zu Venedig Tricinia drucken lassen. s. *Draudii* Bibl. Class. p. 1652.

Colander (*Antonius*) hat 4 stimmige Motetten heraus gegeben. Daß er an. 1602 den 5ten May, als ein Alumnus von der Stadt Weissenfels in die Schul-Pforte gethan worden, nachgehends ein Studiosus Iuris und Organist zu Leipzig gewesen, lieset man in M. Iustini Pertuchii Chron. Port. p. 366.

Colascione (*ital.*) Colachon (*gall.*) s. m. ein in Türcken, sonderlich beym Frauen-Zimmer, sehr gebräuchliches musicalisches Instrument von 2 bis 3 Saiten, dessen corpus rund, wie eine Laute, aber gantz klein ist; der Hals hingegen, welcher in 16 Griffe abgetheilet, hält 6 Schuh in die Länge. Die Araber nennen es Dambura. Die Neapolitaner brauchen es sehr starck, und tractiren die Saiten mit einem plectro, oder mit einer Feder s. *Bonanni* Gabinetto Armonico p. 100. conf. *Mersen.* lib. 1. Harm. Instrument. woselbst es in der 7 Proposition durch: Cithara bichordos, gegeben, und in der 24ten Propos. weitläufftiger, der Figur und Gebrauch nach, erklärt wird.

Colasse, ein Frantzösischer wohlberühmter Componist, dessen die Histoire de la Musique an verschiedenen Orten gedencket.

Colerus (*Martinus*) Hertzogs Augusti zu Braunschweig Capellmeister, hat, nebst Heinrich Papen, zu Johann Ristens an. 1648 zu Hamburg in 8vo gedruckten Passions-Andachten die Melodien gemacht. s. **Wetzels** Lieder-Historie, P. 2. p. 364.

Colerus (*Valentinus*) Gräffl. Schwartzburgischer Phonascus oder Cantor zu Sondershausen, von Erffurt gebürtig, ließ an. 1604 zu Urseren (Ursellis) seine 4. 5 - 8 stimmige Cantiones Sacras drucken. Seine lustige Intraden sind an. 1605 in Jena heraus gekommen. Er hat auch an. 1599 drey Missen, und eben so viele Magnificat in Erffurt drucken lassen.

Coletti (*Agostino Buonaventura*) ein Accademico Filarmonico, hat an. 1699 unter dem Titul: Armonici Tributi, zwölff Italiänische Cantaten à Voce sola e Cembalo, zu Lucca drucken lassen. Es ist solches sein erstes Werck, und den Herren Contar. Contarini, und Luigi Cornaro zugeschrieben worden.

Collet de Violon (*gall.*) ist das oben am Halse einer Violin, u. d. g. krumm gedrehete, oder ausgeschweiffte Stückgen Holtz.

Colin, ein jetzo florirender Königlicher Frantzösischer Concert-Meister, von Blamont gebürtig, hat ein Buch Cantates heraus gegeben.

Colista (*Lelio*) ein junger und geschickter Musicus, ist ums Jahr 1648 für den besten Harffenisten zu Rom gehalten worden. s. *Kircheri* Mus. Γ. 1. lib. 6. p. 480.

Collabus, κόλλαβος (*gr.*) ein Wirbel auf Instrumenten, womit die Saiten auf- und nieder gelassen werden. In noch ältern Zeiten hat dieses Wort Collops, κόλλοψ geheissen, welches eigentlich das harte aus dem Nacken und Rücken der Ochsen

Ochsen und Schaafe genommene Leder bedeutet, woraus damahls die Wirbel fabriciret worden. f. *Bulenger*, de Theatro, lib. 2. c. 38.

Collenius (Friedrich) war im vorigen Seculo Organist zu Hildesheim.

Collinus (*Martinus*) hat an. 1568 seine Harmoniam univocam in Odas Horatianas, & in alia quædam carminum genera, zu Straßburg drucken lassen. f. *Draudii* Biblioth. Classi. p. 1625.

Collobis, ist beym Hesychio ein Nomus Citharœdicus. f. *Bulenger*. de Theatro, lib. 2. c. 42.

Colombe (*de Sainte*) ein an. 1678 sehr berühmt gewesener Frantzösischer Violinist, dessen der Mercure Galant im Monat Febr. nurgedachten Jahrs, p. 142. gedencket.

Colombi (*Giov. Bernardo*) ein zu Ende des 16ten Seculi bekannt gewesener Italiänischer Componist, dessen Arbeit in Melchior Borchgrevincks Giardino befindlich ist.

Colombi (*Vincenzo*) ein von Casal maggiore, einer im Cremonischen Gebiet im Hertzogthum Maylandam Po-Fluß liegenden mittelmäsigen Stadt, gebürtig, und berühmt gewesener Orgel- und Instrument-Macher, dessen in Zarlini Institut. Harm. P. 3. c. 79. gedacht wird.

Colonna, ein Bologneser, hat Fugen vors Clavier manualiter gesetzet.

Colonna (*Fabio*) ein aus dem berühmten Römischen Geschlechte der Columnarum gebohrner edler Neapolitaner, hat, unter andern, auch einen aus drey Büchern bestehenden Italiänischen Tractat: della Sambuca Lincea, oder dell' Istrumento Musico perfetto geschrieben, und selbigen an. 1018. zu Neapolis in 4to drucken lassen. Der Auctor ist dazumahl 40 Jahr alt gewesen, und hat dieses sein Instrument desswegen Lincea benahmet, weil er selbst ein also genannter Accademico Linceo gewesen; er hat es aber auch Pentecontachordon genennet, weil es aus 50 ungleichen Saiten bestanden. Jeder Ton ist in 4 Theile abgetheilt gewesen, um alle drey modulandi genera, nemlich das Diatonische, Chromatische, und Enharmonische oder Harmonische, drauf zu exprimiren. Die dabey befindliche Kupffer hat der Auctor mit eigner Hand verfertiget. f. *Lionardo Nicodemo* Addizioni alla Bibliotheca Napoletana del Dottor *Niolo Toppi*, fogl. 73. Mersennus lib. 6. Harmonicorum, Prop. 13. sagt: es wäre jeder gantzer Ton, als c d oder d e, in fünff einander fast gleiche Theile, abgetheilt und bezeichnet gewesen, wie aus Tab. IX. Fig. 7 zu ersehen. Und sey diese Erfindung schon von Salina lib. 3. c. 27 angeführt worden, daß er an. 1537 ein Archicymbalum von solcher Art in Italien gesehen habe, worauf alle Tone in 5 Theile getheilt gewesen, wovon 3 ein Semitonium majus, und 2 ein Semitonium minus ausgemacht.

Colonna (*Giov. Ambrogio*) ein sehr berühmter Lautenist zu Mayland, Stampadorino zubenahmt, weil er entweder eines Buchdruckers Sohn mag gewesen seyn, oder in seiner Jugend die Buchdrucker-Kunst gelernet haben, gab an. 1616: eine Intavolatura di Liuto, und noch einige andere, aus Arien und Sonaten bestehende Wercke, daselbst heraus. f. *Picinelli* Ateneo dei Letterati Milanesi, p. 257. Mersennus lib. 1. Harm. Instrum. Prop. 21. allegiret von ihm folgendes Werck: Intavolatura di Cithara Spagnola, so an. 1627 zu Mayland gedruckt worden.

Colonna [*Giov. Paolo*] hat 6 Motetten à Basso solo, e due Violini heraus gegeben. Daß er an der Stiffts-Kirche des H. Petronii zu Bologna an. 1687 Capellmeister gewesen, ist aus des Angelo Berardi Documentis Harmonicis, p. 177. als am Ende des gantzen Buchs zu ersehen. Seine 8 stimmige Psalmen sind an. 1694 in Bologna gedruckt worden.

Colonna [*Vincenzo*] war ein guter Orgel-Macher zu des Zarlini Zeiten.

Colophone, Colofone, Colofane [*gall.*] f. t. Colophonia, Colophonium (*lat.*) Geigen-Hartz, womit die Bogen gestrichen werden. Plinius sagt: es habe den Nahmen von der Jonischen Stadt Colophone, weil es von da häuffig hergekommen sey. f. *Furetiere* Diction.

Color (*lat.*) ist so viel als Notarum denigratio; weil man ehemahls die grossen und weissen Noten zu schwärtzen gewohnt war; welches es in figuris perfectis geschahe, verlohren solche den dritten Theil von ihrer sonst gewöhnlichen Geltung; in den figuris imperfectis aber

aber nur den vierdten Theil. s. Mart.
Agricolæ Schola in Muficam Planam
Wenceslai Philomatis. c. 3.

Coloratura, pl. Colorature (*ital.*) ist
das gemeine und sehr bekannte Wort, so
man allen geschwinden Figuren, als: den
Circoli mezzi, Tremoli, Trilli, Diminutione, Variationi, und andern
überhaupt beyzulegen pflegt, weil sie fein
bunt und farbicht aussehen. Salomon
van Til nennet sie p. 120. seiner Sing-
Dicht- und Spiel-Kunst: geschwinde
Drehungen.

Columbani (*Orazio*) hat an. 1576. seine
Harmoniam super vespertinos omnium solennitatum Pfalmos 6 vocum, zu
Venedig in 4to; auch ein Completorium und Cantiones, Falsi Bordoni
insgemein genannt, sex ordinibus diſtinctas quinis vocibus super 8 Tonos decantantas, an. 1585 zu Brixen in
8vo heraus gegeben. s. Draudii Bibliot.
Class p. 1615 und 1653. In Lindneri
Corollario Cantionum Sacrarum ist
von seiner Arbeit nro. 46. auch ein fünffstimmiges Te DEum Laudamus befindlich.

Columbini (*Francesco*) oder Colombini ein Organist zu Massa hat 4-
stimmige Psalmen; 2. 3. 4. und 5. stimmige Motetten, und dergleichen Concerten; auch an. 1718 Madrigalien zu
Venedig edirt.

Columbo [*Giov. Antonio*] oder de Columbis, ein Franciscaner Mönch, und
Musicæ Magister, von Ravenna gebürtig, hat an. 1643 zu Venedig Motetten
drucken lassen. Sonsten ist auch von ihm
herausgekommen: ein aus einer Missa
und Psalmen bestehendes Werck à 2. und
3 vocibus; ferner an. 1640 ein anderes
aus Completen, Antiphonen und Litanien à 5. voc. wie auch ein Syntaxis Harmonica von 2. 3. und 4 Stimmen.

Columbus (*Dominicus*) von S. Severino gebürtig, war erstlich ein Kayserl.
nachgehends aber ums Jahr 1648 ein
Päbstlicher Sänger. s. *Kircheri* Musurg.
T. I. lib. 7. c. 5. p. 598

Coma (*Annibal.*) ein ums Jahr 1590 bekannt gewesener Componist.

Comanedo (*Flaminio*) ein Componist zu
Mayland, hat 6 Wercke heraus gegeben,
wovon Picinellis p. 196. folgende anführet, als:

Canzonette à 3. voci, lib 1. an. 1601
zu Venedig.

Conzonette à 3. voci, lib. 2. an. 1602
zu Mayland;

Madrigali à 5 voci, an. 1615 in Venedig; und

Vesperi à 4. con partitura per l'Organo (welches eben das sechste ist)
an. 1618. zu Venedig gedruckt.

Comarchius, ist beym Plutarcho: de
Musica, ein Nomus tibialis.

Combiner les sons [*gall.*] die Klänge zusammen setzen.

Comedia burlesca (*ital.*) eine sehr lustige, possirliche Comödie.

Comedien [*gall.*] ein Comædiant.
Comedienne [*gall.*] eine Comædiantin.

Comes (*lat.*) also wird die zweyte Stimme, so das thema oder den Ducem einer
Fuge imitiret, genennet; weil sie dessen
Gefehrde ist.

Comes [*Natalis*] oder de Comitibus,
ein in Humanioribus wohl versirter
Venetianer, hat unter andern, eine Mythologie in Lateinischer Sprache geschrieben, darinnen verschiedenes die Music,
und deren alte Cultores angehend, vorkommt, als: lib. 1. c. 4. & 10; lib. 2. c.
6; lib. 3. c. 13; lib. 4 c. 5. 10 & 12;
lib. 5. c 1. 2. 5. & 6; lib. 6. c. 14 & 15;
lib. 8. c. 14. & 15. Ist gestorben ohngefehr ums Jahr 1582.

Come sopra (*ital.*) comme cy dessus
[*gall.*] heißt: wie hier oben.

Comme stà (*ital.*) heißt: wie es steht,
nehmlich ohne etwas darzu zu thun, ohne
Ausschmückung.

Comin (*Giacomo*) hat 2- und 3stimmige
Correnti und Balletti alla Francese
durch den Druck bekannt gemacht. Es
dörffte vielleicht der Cominy seyn, von
welchem die Histoire de la Musique.
T. I. p. 221 bezeuget: daß er am Französischen Hofe, bey der Königin Margaretha, Königs Henrici IV. Gemahlin,
ums Jahr 1589 Maitre de Musique von
ihrer Cammer-Music gewesen.

Comma musico (*ital.*) Comma musicum (*lat.*) κόμμα (*gr.*) ist ein gar kleines: und in der Scala Diatonico-Syn-
to-

tonâ in proportione sesquioctogesima (81 gegen 80) bestehendes, an sich selbst aber nicht zu gebrauchendes intervallum, welches vernommen werden kan, wenn eine Saite in 81 gleiche Theile getheilet, und 80 Theile davon angeschlagen werden. s. Werckmeisters Hodegum musicum, c. 18. oder die differenz, so sich zwischen einem tono majore und minore befindet. Was das Comma antiquum gewesen, und was vor eine proportion es gehabt, ist beym Zarlino Vol. 2. Ragionamento 2. Definit. 25. zu lesen; insonderheit aber ist der Dialogus: de Commate musico, artig und merckwürdig, welcher in dem 2ten Theile des von Cosmo Pierio verteutschten, und an. 1676. edirten Güldenen Hundes, c. 5. sich befindet.

Commissura (*lat.*) heisset: wenn zwischen zwo gegen eine Ober- oder Unter-Stimme consonirenden Noten, eine dissonirende, und zwar im nechsten intervallo, zu stehen kommt.

Commissura cadens, oder, wie Goclenius hat, cedens, ist: wenn die in thesi stehende Note consoniret, und die in arsi dissoniret.

Commissura directa ist: wenn die in thesi stehende Note dissoniret, hingegen die in arsi consoniret. s. *Goclenii* Lexicon Philosophicum, p. 400. und *Joach. Thuringii* Opusc. Bipart. P. 2. c. 15. p. 98. sqq.

Commodamente (*ital.*) commodement (*gall.*) nach guter Bequehmlichkeit; ist so viel, als adagio.

Comœdia (*lat.*) Comedia (*ital.*) Comedie (*gall.*) κωμῳδία (*gr.*) eine Comödie, hat ihren Nahmen von κώμη, vicus, und ᾠδή, cantus. Denn man gieng oder fuhr anfänglich in einem Dorffe oder Flecken herum, machte eine Music, und eine eintzige Person sung drein. Nach der Zeit nahm man sich die Freyheit, die Laster der Leute durchzuhecheln, und da beschmierte sich einer das Gesicht mit rother oder anderer Farbe, hieng sich ein Täffelgen vor die Brust, darauf stunde der Nahme derjenigen Person, die er agirte, und striegelte also die Laster durch; weil aber dieses den Leuten unerträglich ward, so schaffte man dieses ab, und wurden hernach selbst gedichtete Erzehlungen gemacht, welche mit der Zeit nach und nach, mit mehr Personen, Music, und

variationibus ausgezieret worden, biß endlich die Comödie aus 5 Actibus und verschiedenen Scenen bestanden, wobey es auch geblieben. Jene heisset Comœdia antiqua, und diese Comœdia nova. s. Schöttgens Antiquit. Lex. woselbst auch die verschiedenen Gattungen angeführt werden.

Comœdus (*lat.*) ein Comödiant.

Comœdus (*Geminus*) des Kaysers M. Aurelii Informator im 2ten Seculo, soll unter allen Musicis, die dahmahls im gantzen Römischen Reiche gewesen, die hurtigste Faust auf musicalischen Instrumenten zu spielen, und die lieblichste Stimme zu singen, gehabt haben. s. *Guevarre* Horologium Principum lib. I. c. 3.

Compas, also nennen die Spanier das Niederschlagen und Aufheben der Hand beym Tact geben.

Compenius (*Esaias*) war zu Anfange des abgewichenen Seculi ein Fürstl. Braunschweigischer Orgel- und Instrument-Macher, wie auch Organist. s. *Præt.* Synt. Mus. T. 2. p. 185.

Compenius (*Henricus*) hat die Magdeburger Dom-Orgel von 42 Stimmen verfertiget. s. *Prætorii* Synt. Mus T. 2. p. 172. Daß er von Nordhausen, und der 19te Examinator des an. 1596 in der Schloß-Kirche zu Grüningen erbaueten Orgel-Wercks gewesen; liest man in Werckmeisters Org. Gruning. redivivo, §. II.

Compenius (*Ludovicus*) Orgelmacher zu Naumburg hat an. 1649. die Orgel in der Prediger-Kirche zu Erffurt gebauet.

Compieta (*ital.*) Complies (*gall.*) Completorium, Ecclesiasticarum precum ultima (*lat.*) also heisset der Gottesdienst, welcher in den Clöstern Abends nach der Mahlzeit verrichtet wird; weil alsdenn alle Arbeit des gantzen Tages vollendet ist. s. Schöttgens Antiquitäten-Lex. Mehrere Nachricht davon findet man beym Cardinal Joan. Bona, c. 11. de divina Psalmodia

Compimento (*ital.*) Complementum (*lat.*) Ausfüllung; wird von solchen Stimmen gebraucht, die eine Music verstärcken.

Complexio (*lat.*) heisset: wenn der Anfang eines harmonischen Satzes am Ende wiederholt wird, ad imitationem des Poeten, welche öffters mit einem Worte
einer

einen Vers anfangen, und mit demselben auch wiederum schlüssen. Z. E. Crescit amor nummi, quantum ipsa pecunia crescit. s. *Joach. Thuringi* Opusc. bipart. P. 2. c. 18.

Componaster (*lat.*) ein unverständiger, ungeschickter Componist.

Componere (*lat.*) componere, comporre (*ital.*) composer (*gall.*) zusammen setzen, in Noten bringen; nemlich allerhand Melodien erfinden, und Harmonien aufsetzen, oder zu Papier bringen.

Componimento, pl. componimenti (*ital.*) Composition, pl. compositions (*gall.*) ein Musicalisches Werck, so bereits verfertiget ist.

Composition (*gall.*) Compositio (*lat.*) scribendæ Musicæ Regulæ, oder die Wissenschafft, Con- und Dissonanzen also zusammen zu setzen, und mit einander zu vereinigen, daß sie eine Harmonie geben.

Compositio exotica (*lat.*) soll seyn: wenn man aus Unwissenheit von den Grund-Regeln abgehet, sich ungezähmter Freyheit bedienet, und demnach gleichsam nicht recht zu Hause ist.

Compositore armonico, Componista (*ital.*) Compositeur (*gall.*) scribendæ Musicæ peritus, der eine Music verfertiget.

Composto (*ital.*) composé (*gall.*) heisset: (1 ohne Sprünge. (2 verdoppelt, als: intervalle composé, ein zwey- und mehrmal gesetztes intervallum Triple composé, ein Triple, so nicht nur 3 Zeiten, oder Tact-Theile (tems) in sich hält, sondern dessen jede Zeit, oder jeder Tact-Theil wiederum in drey Zeiten, oder gleiche Noten getheilet werden kan. (3 ausgeschmückt, z. E. Cadence composé, eine Cadenz, oder ein Schluß, dessen nota penultima in viel kleine Noten getheilet, oder diminuiret ist.

Comus (*lat.*) κῶμος (*gr.*) bedeutet das nächtliche divertissement, so mit Trincken, Gassenschwärmen und Music geschiehet. Ein mehrers hievon kan in Theophili Amelii Erörterung der schwersten Schrifft-Stellen Neuen Test. vom 733ten bis zum 750ten Blatte gelesen werden.

Con (*ital.*) mit. Diese Præposition wird öffters vor folgenden Substantivis gesetzt gefunden, als: con affetto, mit Anmuth. Con l'arco, mit dem Bogen. Con bizarria, auf ungewöhnliche Weisse. Con dolce maniera (*ital.*) avec d'une maniere douce, gracieuse, Insinuante, agréable (*gall.*) mit einer süssen, liebreichen, einschmeichlerischen, angenehmen Art. Con diligenza (*ital.*) mit Fleiß. Con discretione [*ital.*] cum circumspectione, prudentia [*lat.*] mit Vorsichtigkeit. Con, e senza Violini (*ital.*) mit, und ohne Violinen Con furia (*ital.*) furiosé (*lat.*) mit einem hefftigen und sehr hafftigen Tacte, oder mit dergleichen einer expression. Con osservanza (*ital.*) alles in acht nehmend, oder, alles was angemerckt ist, genau betrachten, und weder zu viel noch zu wenig machen. Con spirito, oder spirto (*ital.*) begeistert, beseelt, belebt.

Conantius, ein ehemahliger Spanischer Bischoff zu Palencia, einer im Königreich Leon liegenden Stadt, auf Latein Palantia genannt, ist ein Musicus gewesen s. *Broff.* Diction. p. 379 von welchen Possevinus T. I. Apparat. Sac. aus S. Ildephonsi Catalogo Virorum illustrium Hispanorum berichtet: daß er über 30 Jahr in solcher Würde gelebt, und viele Melodien heraus gegeben habe

Concentus (*lat.*) ist, stricte genommen, eben so viel als ein Accord. Ehemahls sind mit diesem Nahmen auch folgende intervalla musica, als: Diatessaron, Diapente, Diapason, Disdiatessaron, Disdiapente, und Disdiapason, d. i. die Quart, Quint, Octav, Undecima, Duodecima, und Decimaquinta, belegt worden. s. *Vossium* de Mathesi, lib. 3. c. 19.

Concertante (*ital.*) Dieses Adjectivum wird zu allen Recitirenden Stimmen gesetzt, um sie von denen, so nur im grossen Chor, oder à Capella singen, zu unterscheiden. Es geschiehet auch solches in Instrumental Sachen.

Concertato, in fœm. Concertata (*ital.*) heisset: also componirt oder gesetzt, daß alle Stimmen etwas insonderheit zu thun haben, und sich vor andern hören lassen, es sey nun gantz allein, oder nebst mehrern. Also sagt man, z. E. Messa concertata, Salmi concertati à 2. 3. e 4 Voci, eine Messe, Psalmen, darinnen zwey, drey, und vier Stimmen zu thun haben.

Con-

Concerter (*gall.*) præludere, præparare se ad concentum; voces, instrumenta musica privatim componere, consociare. [*lat.*] sich zu einem Concert bereiten, die Instrumente zusammen stimmen; item, ein Stück vorher zusammen probiren, ehe es öffentlich aufgeführet wird.

Concertisten, ein Auszug der besten Sänger und Instrumentisten.

Concerto [*ital.*] Concert [*gall.*] bedeutet [1. ein Collegium Musicum, oder eine musicalisch Zusammenkunfft. [2 eine sowohl Vocal- als Instrumental-Cammer-Music, [d. i. ein Stück, das Concerto heist], und [3. Violin-Sachen, die also gesetzt sind, daß eine jede Partie sich zu gewisser Zeit hervor thut, auch mit den andern gleich in die Wette spielet. Derowegen denn auch in solchen Sachen, worinn nur die erste Partie dominiret, und wo unter vielen Violinen, eine mit sonderlicher Hurtigkeit hervorraget, dieselbe Violino concertino genennet wird. s. *Matthesonii* Orch. 1.Th. c. 4. p. 173. sq.

Conclure [*gall.*] schlüssen, einen Schluß machen.

Conclusione [*ital.*] Conclusion (*gall.*) Conclusio [*lat.*] eine Schlußmachung.

Concordant [*gall.*] einer der den Baß und Tenor zur Noth haben kan. s. *Basse-Taille*.

Concordantia [*lat.*] eine Zusammenstimmung verschiedener Klänge, es mögen derselben wenig oder viel seyn.

Conducimento [*ital.*] eine Führung, ist eben dasjenige, was die Griechen ἀγωγὴν genennet haben; die Italiäner auch di grado; die Frantzosen par de grez conjoints; und die Lateiner drücken noch nennen: wenn nemlich die Klänge gradatim einhergehend angebracht werden, über, oder unter solche eine Harmonie zu bauen und anzubringen.

Conducimento retto (*ital.*) heißet: wenn die Klänge ascendendo gradatim auf einander folgen.

Conducimento ritornante (*ital.*) wenn die Klänge descendendo gradatim auf einander folgen.

Conducimento circoncorrente [*ital.*] eine auf- und wiederum unterwerts gehende Führung, und zwar ascendendo durchs ♮, descendendo durchs b. s. ἀγωγή.

Conduite [*gall.*] eine Führung, Stimmgang, Noten-Folge; wenn nemlich eine Stimme durch die Voces: ut, re, mi, fa, sol, la, b. i. durch die Claves: c, d, e, f, g, a, hinaufwerts geführet wird. Ist demnach eben was Conducimento retto.

Conducteur [*gall.*] Præfectus [*lat.*] der Anführer.

Coneo, [*Hercole*] ein Mayländer, und vortrefflicher Musicus so wohl in der Stimme, als auf dem Violone, welcher auch Director eines Concerts gewesen. s. *Morigia* Nobiltà di Milano, lib. 3. c. 36. p. 186.

Confessor (*lat.*) also wird im 9ten C. des ersten Toletanischen Concilii der Præfectus Scholæ Cantorum, oder ein solcher Geistlicher, der andere im Singen unterrichtet, genennet. Wie denn das im 2ten und 3ten Verse des 9ten Psalms befindliche lateinische Wort: Confitebor, durch psallere, (welches daselbst singen heißen soll) in des Sarnellii Ep. Ecclesiast. Epist. 27. erkläret wird. s. die *Acta Eruditorum Lipsiensia* an. 1687. m. Maji p. 249. sq.

Conforti (*Giov. Battista*) hat an. 1567 fünffstimmige Madrigalien zu Venedig ediret. s. *Draudii* Bibl. Class. p. 1628. Es ist solches sein erstes Werck, und von Claudio da Coreggio corrigirt worden. s. *Gesneri* Biblioth.

Coni [*lat.*] also heissen die Spitz-Flöten in einer Orgel.

Conjoint (*gall.*) conjunctus [*lat.*] heisset (1. vereiniget, verbunden. z. E. Tetrachorde conjoint, Tetrachordum conjunctum. s. *Tetrachordum*. (2. was unmittelbar Stuffen-weise auf einander folget. s. oben *Conducimento*.

Conjonction [*gall.*] Conjunctio [*lat.*] Vereinigung, Verbind-Hinzufügung.

Conistra [*lat.*] also wurde ehemahls der geringste und geraumeste Platz vor den Theatris genennet, wohin sich iederman stellen durffte. s. *Matthesonii* Mus. Patrioten, p. 126.

Conna, ein sehr schlechter Cithar-Schläger, welcher alle sein Erbgut liederlich durchgebracht, und sehr arm geworden: daher das Sprüchwort entstanden: Connæ calculus; so gesagt und gebraucht wird von einem Menschen, an dem nichts gelegen, und dessen Meynung nicht geachtet wird. s. Printzens Mus.Hist.c.7.§.45.und *Prætorii* Synt. Mus. T. I. c. 18. p. 408.

Connidas, ein Cithar-Schläger, welcher nebst andern Künsten, den Theseum auch hierinnen unterrichtet. s. *Meursii* Theseum, c. 2.

Connus oder **Connas**, ein berühmter Griechischer Citharœdus, und Sohn des Metrobii hat den Socratem, als dieser schon bey hohen Jahren war, annoch in der Music unterwiesen; daher nachgehends Sprüchworts-weise derjenige ein Connus genennet worden, welcher erwachsene Leute worinnen informiret. s. Hederichs Schul-Lex. und *Prætorii* Synt. M. T. I. c. 15. p. 393.

Conradi (Joh. Georg.) oder Counradi, gewesener Capell-Meister zu Dettingen, hat nachstehende und zu Hamburg aufgeführte Opern in die Music gebracht, als: an. 1691 die Ariadne; den Diogenem, und Numam Pompilium. An. 1692 den Carolum M. Jerusalems 1sten und 2ten Theil. An. 1693 den Sigismundum, Gensericum, und Pygmalionem. s. *Matthesonii* Musical-Patrioten, die 22te Betrachtung.

Conradine, eines Barbierers Tochter, aus Dreßden gebürtig, ist nicht nur eine virtuose Sängerin, sondern auch eine vortreffliche Actrice auf dem Hamburgischen Theatro gewesen; wie sie denn noch an. 1706 und 1708, nemlich, bey den Vermählungen des damahligen Cron-Printzens, und des Königs von Preussen Majestät, in den beyden zu Berlin aufgeführten Opern, genannt: Sieg der Schönheit über die Helden, und Alexanders Heyrath mit Roxanen, in dieser Qualität aufgewartet; nach der Zeit aber, und zwar von dem 1711ten Jahre ist sie an den Grafen Grujewska vermählet worden. s des Hrn von Bessers Schrifften, p. 281. 307 u. 451.

Conradus, ein Benedictiner-Mönch in der diœces Cöln, hat ums Jahr 1100 floriret, und unter andern ein Buch: de Musica & differentia tonorum geschrieben. s. *Gesneri* Bibl. universal.

Conradus de Mure, ein ums Jahr 1273 bekannt gewesener Canonicus und Præcentor oder erster Dom-Sänger zu Zürch in der Schweitz, schrieb unter andern eine Musicam. s *Gesneri* Bibl. univers. und das *comp.* Gelehrten-Lex.

Conradus, ein gelehrter Benedictiner-Mönch im Closter Hirschau ohnweit Calw im Würtembergischen gelegen, schrieb unter andern ums Jahr 1140 ein Buch: de Musica & tonis, dessen Anfang also lautet: Musica est secundum cujusdam &c. s. *Possevini* Apparat. Sacr. T. I.

Conradus è Zabernia, ein Teutscher, ums Jahr 1470, hat zwey musicalische Bücher geschrieben; das eine de Monochordo fänget also an: Cum ut quidam sapiens &c. und das zweyte, de modo bene cantandi, folgender gestallt: Quanquam plerique &c. s. *Possevini* Appar. Sac. T. I.

Conseguente oder **Conseguenza**, it. Conseguenza in Conseguenza [*ital.*] also wird in den Canonibus und Fugen die zweyte Stimme genennet, welche der ersten, oder dem Duci nachsinget, und dessen Gänge von Note zu Note, sammt den Pausen, nachmachet.

Consonanza, pl. Consonanze (*ital.*) Consonance, pl. Consonances [*gall.*] Consonantia, pl. Consonantiæ [*lat.*] also nennet man alle dem Gehör angenehme intervalla, Mit, oder Einstimmungen, sie mögen perfect, als die Octav und Quint; oder imperfect als die Sext und Terz seyn. Sie heissen auch Concordantiæ.

Consonante [*gall.*] ist ein grosses vom Abt du Mont neu-erfundenes musicalisches Instrument, dessen corpus auf einem Fuß-Gestelle gerade in die Höhe stehet, und eine doppelte Decke hat; jede Seite ist mit Saiten bezogen, welche wie eine Harffe tractirt werden. s. *Furetiere* Diction.

Consonantiæ compositæ [*lat.*] sind diejenigen Consonanzen, so die Octav überschreiten.

Consonantiæ compositæ primæ [*lat.*] sind die, welche nur eine Octav überschreiten. Z. E. $\overline{c.\ \bar{c}.}$ $\overline{c.\ g.}$ u. d. g.

Consonatiæ compositæ secundæ [*lat.*] welche über den zweyten, d. i. in der dritten Octav gesetzet werden. Z. E. $\overline{G\ \overline{g.}}$ | $\overline{G\ \overline{f.}}$ | $\overline{G\ \overline{h.}}$

Consonantiæ compositæ tertiæ [*lat.*] so über der dritten, und demnach in der vierdten Octav zu stehen kommen. Z. E. $\overline{\overline{C\ c.}}$ | $\overline{\overline{C\ g.}}$ | $\overline{\overline{C\ e.}}$

Consonantiæ simplices [*lat.*] sind diejenigen Consonanzen, welche die Octav nicht überschreiten, sondern in selbiger enthalten sind. Z. E. c ē. c g. c e.

Consonantia prima, it. Consonantia minima; also wird von einigen Musicis theoreticis das Quart-Intervallum genennet.

Consonance doublée, triplée (*gall.*) eine zwey- oder dreymahl gesetzte Consonanz.

Consonance imparfaite (*gall.*) Consonanza imperfetta (*ital.*) Consonantia imperfecta [*lat.*] eine unvollkommene Consonanz, nehmlich die Terz und Sext.

Consonance parfaite [*gall.*] Consonanza perfetta (*ital.*) Consonantia perfecta [*lat.*] eine vollkommene Consonanz, als die 8 und 5.

Consonantia mixta (*lat.*) Consonanza mista [*ital.*] Consonance mixte [*gall.*] eine vermischte Consonanz; Hierdurch wird die Quart gemeynet, weil selbige die Practici bald als eine Consonanz, bald als eine Dissonanz brauchen, und ihr also die Mittel-Stelle unter den Con- und Dissonanzen geben.

Das Wort Consonantia wird auch bisweilen vor jedes intervallum musicum von den Auctoribus gebraucht, und in dieser Bedeutung Tonus folgender massen beschrieben: quod sit prima species consonantiæ musicæ. s *Lavinete* explic. artis Lullianæ, c. 3. de Musica.

Constantini (*Fabio*) ein Römer, und Capell-Meister der Societät des Rosarii zu Ancona ums Jahr 1630, hat 4 und 5 stimmige Psalmen; wiederum 8 stimmige Psalmen, Hymnos und Magnificat; ferner 1, 2, 3, 4 und 5 stimmige Motetten; wie auch ein Werck von 8 stimmigen Psalmen, Magnificat und Antiphonen anderer Auctorum in Druck gegeben.

Constantini [*Livia*] eine Königl. Polnische und Chur-Sächsische Virtuosin, hat an. 1718 in der Dreßdner Opera die Intermedia gesungen.

Constantinus, der Orientalische Kayser, Porphyrogenneta zubenahmt, zu welcher Würde er als ein siebenjähriger Knabe an. 911. gelangte, war nicht nur in andern Künsten und Wissenschafften, sondern auch in der Music vortrefflich erfahren,

und starb an. 959 d. 9 Novembr. an einem Gifft-Tranck. s. *Cave* Histor. literar. f. 404.

Constantius (*Barbarinus*) ein Sicilianischer Musicus, hat verschiedene Stücke componiret, welche in dem an. 1603 zu Palermo gedruckten Buche: Infidi lumi genannt, befindlich sind. s. *Mongitoris* Bibl. Sicul. T. 1. f. 95.

Constitutio (*lat.*) heisset: die Art einen Gesang anzufangen, fortzuführen, und zu endigen, da man nehmlich gewisse Klänge oder Chorden mehr als andere braucht, und aus solcher Zusamensetzung ein ganzes, nehmlich eine Harmonie, constituiret.

Conti (*Angelo*) gab an 1639 ein Motetten-Werck von 2, 3, 4, 5, 6 und 8 Stimmen zu Venedig heraus.

Conti (*Francesco*) war an. 1703 Theorbist, nachgehends Kayserlicher Cammer-Componist, und so dann Vice-Capell-Meister. Dieser vortreffliche Meister hat, unter andern sehr vielen Sachen, auch noch an. 1722 am 29ten Januarii eine Tragicomedia per Musica, deren Titul: Archelao, Rè di Cappadocia, von der Poeße des Hrn. Pariati, zu Wien aufgeführet. Vor dem 2ten Tomo des Marcellischen Wercks stehet ein aus Wien. an. 1723 datirter Brief von ihm. conf. *Matthesonii* Crit. Mus. T. I p. 98. und 119. In dem also genannten Wienerischen Address-Calender von an. 1727 wird er ein Compositore und Theorbist genennet.

Contini (*Giov.*) hat an. 1565 Cantiones 6 vocum; Introitus & Halleluja 5 vocum, auf die Fest-Tage gerichtet: Hymnos 4 vocum; Threnos Hieremiæ (Jeremiæ) 4 vocum, in der Char-Woche zu gebrauchen; und eine vierstimmige Missam, sämmtlich zu Venedig in 4to drucken lassen. s. *Draudii* Biblioth. Class. p. 1611. 1614. 1626. 1627. und 1634.

Continin [*Maria*] eine verheyrathete und zwente Sängerin in der Kayserlichen Hof-Capelle an. 1721. In dem also genannten Wienerischen Adreß-Calender von an. 1727, stehet Maria Anna Continin als die fünffte Sängerin.

Continuato [*ital.*] heisset überhaupt: einerley Tact, oder einerley Sing-Art continuiren, fortführen; insonderheit aber ratione der Stimmen: wenn man gewiſſe Klänge mit einerley Stärcke hervorbringet; ratione der Inſtrumenten, abſonderlich derjenigen, ſo mit Bogen geſtrichen werden: wenn der Klang in gleicher Stärcke, und nicht abgezuckt, oder von einander abgeriſſen, fortgeführet wird. Auf Teutſch mag mans geben: angehalten, oder, den Ton gleich haltend.

Continuer [*gall.*] fortfahren, anhalten.

Continuo [*ital.*] iſt [1. ſo viel als der General-Baſs. [2. eine Harmonie-Gattung, davon Julius Pollux gedencket: daß ſie mit dem ſtets anhaltenden, und dennoch wohllautenden Brummen der Frantzöſiſchen Loures oder Muſettes, oder dem Summen der Leyer übereinkomme.

Contius [*Chriſtoph*] ein Orgelmacher zu Halberſtadt, hat an. 1704 die Grüningiſche Schloß-Orgel repariret.

Contra-Baſs, alſo wird der 32 füßige Subbaſs in Orgeln genennet.

Contraint (*gall.*) coactus, adactus [*lat.*] heißt: gezwungen. ſ *Baſſe continuë obligée ou contrainte.*

Contralto, oder deutlicher Contr'Alſo, in pl. Contralti. Dieſes Termini bedienen ſich die Italiäner bey den Duetten, à doi Contralti, von zween Alten; weil einer gegen den andern ſinget.

Contra-Poſaune, iſt eine 32 füßige Orgel-Stimme.

Contrapuntiſta, pl. Contrapuntiſti [*ital.*] der, oder die Contrapuncte verfertigen und ausarbeiten.

Contrapunto [*ital.*] Contrepoint [*gall.*] Contrapunctus, und Contrapunctum [*lat.*] auf Teutſch: ein Gegen-Punct; deswegen alſo genannt, weil urſprünglich die Noten oder Zeichen der Klänge Puncte waren, ſo man gegen, oder über einander ſatzte. Überhaupt nun iſt iede harmoniſche Zuſammenſetzung ein Contrapunct; inſonderheit aber ſind es ein, 2 und mehrfache Melodien über ein gemeiniglich aus Kirchen-Geſängen genommenes Subjectum, auf Italiäniſch Soggetto genannt. Man ſetzt bisweilen das Subjectum in Tenor, oder in einer andern Ober-Stimme, welches ſodann Soggetto Sopra heißet, und der Baſs, oder die andern Partien, ſo man drunter machet, heiſſen: Contrapunto infra, oder ſotto il Soggetto. Ordentlich iſt das Subjectum im Baſſe, kan aus gantzen oder halben Tacten beſtehen, und die Partien über dergleichen Baſs heiſſen: Contrapunto ſopra Soggetto.

Contrapunto alla diritta [*ital.*] eine Compoſition, deſſen Noten ohne Sprünge auf- und abwerts ſich bewegen, und zwar über oder unter ein gewiſſes Subjectum.

Contrapunto alla Zoppa [*ital.*] eine über oder unter ein gewiſſes Subjectum auf hinckende Art dergeſtalt geſetzte Compoſition, daß z. E. auf eine Semibrevem im erſten und vierdten Tact-Theile eine Semiminima, und auf den zweyten und britten Tact-Theil eine Minima zu ſtehen kommen.

Contrapunto alla Terza, Quarta, Quinta, Seſta, Settima, Ottava, Decima, Undecima, Duodecima &c. [*ital.*] Contrepoint à la 3ce, 4, 5, 6, 7, 8, 9, 10, 11, 12, &c. [*gall.*] eine in die Terz, Quart, Quint, Sext, Septima, Octava, Decima, Undecima, Duodecima zu verkehrende Compoſition.

Contrapunto compoſto [*ital.*] Contrepoint compoſé [*gall.*] Contrapunctus compoſitus [*lat.*] ein zuſammen geſetzter *Contrapunct*, iſt derjenige, welcher aus Noten von ungleicher Figur und Geltung beſtehet, und zwar ſo, daß, indem eine Note hält und ſtille ſtehet, die andern inzwiſchen fort- und durchgehen. Heiſſet demnach deswegen alſo, weil er aus Con- und Diſſonanzen zuſammen geſetzt wird. ſ. *Penna Albori Muſicali*, P. 2. c. 4.

Contrapunto colorato [*ital.*] Contrepoint coloré [*gall.*] Contrapunctus coloratus [*lat.*] ein ausgeſchmückter Contrapunct, welcher bund ausſiehet, und das Mittel zwiſchen dem æquali und fracto iſt.

Contrapunto diminuto [*ital.*] Contrepoint diminué [*gall.*] ein in allerhand kleinen Noten angebrachter Contrapunct.

Contrapunto doppio [*ital.*] Contrepoint double [*gall.*] Contrapunctus duplex [*lat.*] ein doppelter Contrapunct, der mit ſeinem Subjecto convertible iſt, und dennoch wiederum klinget. Wenn drey themata ſich verkehren laſſen, alſo, daß jedes die Grund-Stimme abgeben kan, ohne einen a parten Baſs dazu zu machen, ſo iſts ein *Contrapunctus triplex*; geſchiehet dergleichen mit vieren, ſo iſts ein *Contrapunctus quadruplex*.

CON. CON. 183

Contrapunto d'un sol paſſo (*ital.*) heiſ=
ſet: ein Geſang von 1, 2, oder 3 Tacten,
welcher über die erſten Noten eines Sub=
jecti componirt iſt; den man aber im
Fortgange über den andern Noten des
Subjecti, nicht eben in den vorigen Chor=
den oder Klängen, ſondern nur durch Ob=
ſervirung einerley Noten=Bewegung, ei=
nerley Noten=Anzahl, und einerley No=
ten=Figur der erſtern paſſage, b. i. Gan=
ges, zu imitiren hat. ſ. Tab. IX. fig. 8.
Es iſt eine Art des Contrapunto perfi=
diato. ſ. *B. oſſ.* Diction p. 89. und 90.

Contrapunto fiorito (*ital.*) Contre=
point fleuri (*gall.*) Contrapunctus
floridus [*lat.*] ein ausgeſchmückter Con=
trapunct, wenn nehmlich jede Stimme
ihre eigene Noten hat, und aus Con= und
Diſſonanzen beſtehet.

Contrapunto fugato [*ital.*] Contre=
point fugué [*gall.*] Contrapunctus
fugatus [*lat.*] ein aus Fugen beſtehen=
der Contrapunct.

Contrapunto legato (*ital*) Contre=
point lié [*gall.*] Contrapunctus li=
gatus [*lat.*] ein aus Bindungen beſte=
hender Contrapunct.

Contrapunto obligato [*ital.*] Contre=
point obligé [*gall.*] Contrapunctus
obligatus [*lat.*] ein obligater Contra=
punct, d. i. ein ſolcher, von welchem nicht
abgegangen werden darff. Heiſſet des=
wegen auch Contrapunto perfidiato,
oder di perfidia, (*ital.*) ein hartnä=
ckiger Contrapunct, weil man bey der
über oder unter ein gewiſſes Subjectum
einmahl angefangenen Art beſtändig ver=
bleibet. v Tab. X fig. 1. Dieſes Exem=
pel zeiget auch zugleich, was ein Contra=
punto di ſalto oder ſaltando, d. i. ein
ſpringender Contrapunct ſey.

Contrapunto ſciolto (*ital.*) Contra=
punctus ſolutus [*lat.*] ſ. Contrepoint
délié.

Contrapunto ſemplice (*ital.*) Contre=
point ſimple (*gall.*) Contrapunctus
ſimplex, oder æqualis [*lat.*] eine Com=
poſition, darinnen alle über einander ſte=
hende Noten von einerley Geltung ſind,
und conſoniren.

Contrapunto ſincopato (*ital.*) Contre=
point ſyncopé (*gall.*) Contrapunctus
ſyncopatus [*lat.*] eine aus lauter rü=
ckenden Noten beſtehende Compoſition.

Contrapunto ſopra Soggetto [*ital.*]
Contrepoint au deſſous du Sujet (*gall.*)
ein über ein gewiſſes Subjectum geſetzter
Contrapunct.

Contrapunto ſotto il Soggetto [*ital.*]
Contrepoint au deſſous du Sujet
(*gall.*) ein unter ein gewiſſes Subjectum
geſetzter Contrapunct.

Contrepoint affecté [*gall.*] iſt eben was
Contrapunto perfidiato.

Contrepoint boiteux, oder à la boiteu=
ſe [*gall.*] ein hinckender, oder auf hin=
ckende Art geſetzter Contrapunct.

Contrepoint contraint [*gall.*] ein ge=
zwungener obligater Contrapunct.

Contrepoint coloré [*gall.*] ſ. *Contrapunto colorato*.

Contrepoint délié oder libre [*gall.*] ein
freyer, ungebundener Contrapunct, wor=
innen keine Bindungen und Rückungen
vorkommen.

Contrepoint diminué [*gall.*] ſ. *Contrapunto diminuto*.

Contrepoint entrelacé [*gall.*] ein in
einander gebunden= oder geflochtener Con=
trapunct.

Contrepoint fait ſur le champ, oder ex-
temporané [*gall.*] Contrapunctum
extemporaneum, it. Contrapunctus
extemporalis [*lat.*] ſonſten auch na=
turalis und uſualis, oder, mit einem
Worte, Sortiſatio genannt, iſt ſo viel,
als ein auf der Stelle, oder ex tempore
gemachter Contrapunct.

Contrepoint figuré [*gall.*] Contrapunctus figuratus (*lat.*) heiſſet: wenn eine
über oder unter ein Subjectum gelegte
Compoſition, verſchiedene Noten = Figu=
ren anderer Geltung als das Subje=
ctum hat.

Contrepoint libre [*gall.*] ſ. *Contrepoint
délié*.

Contrepoint lié (*gall.*) ſ. *Contrapunto
legato*.

Contrepoint Note contre Note (*gall.*)
eine Compoſition, worinnen Nota con=
tra Notam, d. i. Note gegen Note, in
gleicher Geltung, geſetzt wird.

Contrepoint obligé [*gall.*] ſ. *Contrapunto obligato*. Heiſſet auch Contre=
point oſtiné [*gall.*] ein obſtinater oder
hartnäckiger Contrapunct.

Contre=tems cauſé par la Syncope [*gall.*]
eine durch die Syncopation oder Rückung
verurſachte wiedrige Ordnung des Tacts.

Contra=Tenor, oder ſchlechtweg Contra,
M 4 ſind

sind lateinische Wörter, und bedeuten die Haute-Contre, oder die nächste Partie über der Taille; mit einem Wort: den Alt.

Convenientia (*lat.*) die Nach= oder Zusammenkommung. Das Signum Convenientiæ oder moræ [*lat.*] oder Zeichen der Halt= und Wartung, bis die andern Stimmen nachkommen, siehet also aus: ⁀ oder ‿.

Conversi (*Girolamo*) ein ums Jahr 1590 bekannt gewesener Componist.

Conus fistulæ organicæ [*lat.*] der Fuß an einer Orgel=Pfeiffe, weil er unterwerts spitzig, wie ein Kegel, zugehet.

Copernicus [*Erdmannus*] hat etliche alte lateinische Hymnos des Ambrosii, Sedulii, Propertii, und anderer, mit 4 Stimmen gesetzet, so an. 1575 in 8vo gedruckt worden sind.

Coprarius [*Johannes*] ein Engländer hat 6 stimmige Fantasien vor Violinen gesetzt.

Copula [*lat.*] Coppel insgemein genannt, ist ein Orgel=Register oder Zug, wodurch die manual=Stimmen auch im Pedale zugleich mit gehöret; oder zwey manualia dergestalt mit einander verbunden werden, daß, so man eins spielt, das zweyte sich auch zugleich mit beweget, und die angezogene Stimmen sich hören lassen. In Sambers zweyter Unterweisung c. 1. von der Continuation der Manuduct. p. 145. bedeutet *Copula* auch ein à partes Register, oder eine Orgel=Stimme, so zu einer oder zwo Vocal=Stimen gebraucht werden kan.

Coquus [*Antonius*] war an. 1548 in Kaysers Caroli V. Capelle ein Bassist. s. *Mamerani* Catal. familiæ totius aulæ Cæsareæ, p. 12.

Cor [*gall.*] s. m. ein Horn, Jäger=Horn.

Cor de Chasse, pl. Cors de Chasse [*gall.*] ein Wald=Horn, Wald=Hörner.

Cor de Chasse premier [*gall.*] das erste Wald=Horn.

Cor de Chasse second [*gall.*] das zweyte Wald=Horn.

Coranus [*Ambrosius*] Coriolanus oder de Cora, sonsten auch Ambrosius de Massaris genannt, ein in der Theologie, und andern Künsten wohl versirter Benedictiner=Mönch, und Pœnitentiarius Pabsts Sixti IV. auch Prior Generalis seines Ordens, welcher an. 1485 den 17 Maji zu Rom gestorben, hat über 30 Bücher, und unter selbigen auch eins: de Inventione Artium, geschrieben. s. *Elsu* Encomiasticum Augustinianum.

Corbera (*Franciscus*) ein Spanischer Musicus, hat in seiner Sprache: Guitarra Espannola, y sus differencias de sonos, d. i. die Spanische Guitarre, und ihre unterschiedenen Tone, geschrieben, und selbige Könige Philippo IV. dediciret.

Corbett (*Guilielmo*) hat verschiedene Wercke elaboriret, davon Opera I. aus dreystimmigen Violin Sonaten; Opera 2 aus 6 Sonaten à deux Flutes & B. C. und Opera 3 aus 6 Sonaten à Hautbois ô. Tromba, 2 Violinen und G. B. it. aus Ouverturen und Arien mit 2 Trompeten oder Hautbois, 2 Violinen, Tenor und G. B. bestehen. Sie sind zu Amsterdam bey Roger graviret.

Corda. s. *Chorda*.

Corda di Liuto (*gall.*) eine Lauten=Saite.

Cordes de boyau (*gall.*) Darm=Saiten.

Cordillus (*Jacobus Antonius*) gab an. 1579 zu Venedig Motetten heraus. s. *Draudii* Biblioth. Exot. p. 1657.

Corelli (*Arcangelo*) ein sehr berühmter Componist und Violinist, von Fusignano, einem unweit Imola im Kirchen=Staate liegenden Orte gebürtig, war ums Jahr 1680 in Chur=Bäyerischen Diensten. s. Printzens Satyr. Componist. 3ten Theil p. 227. hat sich aber nach der Zeit zu Rom aufgehalten, woselbst ihm in der S. Peters=Kirche eine Statua mit dieser Umschrift: Corelli, Princeps Musicorum, aufgerichtet worden. s. das unter dem Nahmen *Melante* vom Hrn. Capellmeister Telemann verfertigte *Carmen* über des Hrn. Capellmeister *Mattheſons* Organisten=Probe. Gasparini in seinem Armonico Pratico al Cembalo, c. 7. nennet ihn: einen Virtuosissimo di Violino, e vero Orfeo de' nostri tempi. Von seiner Arbeit sind 7 Opera durch Kupferstich bekannt worden. Das erste bestehet aus 12 dreystimmigen Sonaten; das zweyte aus dergleichen Baletti da Camera; das dritte wiederum aus dreystimmigen Sonaten; das vierdte abermahl aus Baletti da Camera;

mera; das fünffte aus 12 Sonaten à Violino solo e Continuo, so an. 1700 in folio oblongo publiciret, und der Chur-Fürstin von Brandenburg Sophien Charlotten, dediciret worden; das sechste aus 12 Sonaten à 2 Flutes & Basse: und das siebende, als ein Opus posthumum, aus 3 stimmigen Sonaten. s. *Roger* Catal. Es mag aber wol hierinnen ein Versehen stecken, weil Opera Sesta, welches der Auctor selbst an. 1712 unterm 3ten Decembris, dem Chur-Fürsten von der Pfaltz, Joanni Wilhelmo, dediciret, aus starcken Concerten à 2 Violini e Violoncello di Concertino obligati, e 2 altri Violini, Viola e Basso Concerto grosso ad arbitrio bestehet, welches gleichfalls zu Amsterdam graviret worden ist.

Corette, ein Frantzose, hat ein Sonaten-Werck ediret. s. *Mr. Boivins* an. 1729 zu Paris in 8vo gedruckten Catal. general des Livres de Musique, p. 27. Diesem sind noch drey andere gefolget, als: le deuxiéme livre à 2 Flutes; le troisiéme livre Trio; und le quatriéme livre à deux Musettes. s. den Pariser-Music. *Catalogum* in 4to, p. 7.

Corinna, eine Tochter des Archelodori, und Schülerin des Myrtidis von Theben, eine stattliche Musicantin und Poetin, hat in den musicalischen Kampff-Spielen fünffmahl über den Pindarum selbst den Sieg erhalten, funfftzig Bücher und viele Epigrammata geschrieben. s. Printzens Mus. Hist. c. 5. §. 28. Andreas Hondorffius in seinem Theatro Historico p. m. 371. gedencket überhaupt nur 5 Bücher Epigrammatum, so sie geschriebe: und Aelianus in var. Hist. meldet die Ursache, warum der Pindarus von ihr übertroffen worden, in folgenden: "Pindarus Poëta certamine "Thebis suscepto, *cum in auditores* "*indoctos incidisset,* quinquies à Co-"rinna victus est." Pausanias in Boeoticis, s. lib. 9. füget noch dieses hinzu: vicisse eam arbitror linguæ caussâ, neque enim Dorica, uti Pindarus cecinit; sed ea quam essent facilè Æolenses percepturi. Quod autem fuerit ea sui temporis foeminarum formosissima, non est difficile ex ipsius imagine conjicere. Sie hat zu Tanagra, einem 150 Stadia von Theben gelegenen Orte gelebt, woselbst sie nach ihrem Tode mit einem monumento beehret worden Pindarus soll auch in seiner Jugend sich ihres Raths in carminibus rectè pangendis bedienet haben.

Corinthius. s. *Andreas Corinthius.*

Coriscus, ein Musicus beym Aristotele in Metaphysica.

Cornamusa (*ital.*) Cornemuse (*gall.*) s. f. ein Dudel-Sack, eine Sack- oder Bock-Pfeiffe, von den hervorragenden Pfeiffhörnern also genannt.

Cornamusare (*ital.*) auf der Sack-Pfeiffe blasen.

Cornamusista, Sonatore di Cornamusa (*ital.*) Cornemuseur (*gall.*) ein Bock-Pfeiffer.

Cornare, cornicare (*lat.*) heisset beym Hrn. du Change so viel, als cornu inflare, in ein Horn stossen, ein Horn anblasen. Corner (*gall.*)

Cornaro (*Angelo Maria*) ein Servit, und Organist seines Ordens zu Mayland. ums Jahr 1667.

Cornelia, eine Römerin, des Metelli Scipionis Tochter, hat die Music verstanden, wie Plutarchus in Pompejo mit folgenden Worten von ihr bezeuget: quippe in literatura pulchrè erat exercitata, & lyræ cantu, & geometriâ. s. *Voss.* de natura Artium, lib. I. c. 4.

Cornelius (*Alexander*) mit dem Zunahmen Polyhistor, aus der in Phrygien liegenden Stadt Cotyæum, welche jetzo von den Türcken Cutaige oder Chiutaie genennet wird, gebürtig, hat ein Buch: de Musicis Phrygiis geschrieben, so aber, nebst allen andern, verlohren gegangen. s. *Voss.* de nat. Artium, lib. I. c. 4. conf. *Alexander.*

Cornelius (*Andreas*) ein Friesländischer Historicus, von Staveren gebürtig, und Organist zu Harlingen, woselbst er an. 1589 gestorben hat eine Chronicke von Friesland geschrieben. s. *Valerii Andreæ* Biblioth. Belgic. p. 136.

Cornet à bouquin (*gall.*) s. m. ein Zincke.

Cornet (*Christoph*) ein berühmter Musicus zu Cassel im Anfange des 17ten Seculi, dessen Prætorius T. 2. p. 66. Syntag. Mus. gedencket.

Cornet (*Severin*) von Valenciennes im Hennegau gebürtig [lat. Valencenates] war am Dom zu Antwerpen Capellmeister,

ſter, und gab an. 1581 Chanſons Françoiſes miſes en Muſique à 5. 6 & 8
parties baſelbſt heraus. ſ. *Verdier* Bibliotheque, welcher ihn einen *Maitre des
enfans* de la grande Egliſe d' Anvers
nennet. An. 1582 iſt von ihm ein 5. 6. 7
und 8 ſtimmiges Motetten - Werck; wie
auch ein dergleichen Madrigalien-Werck
zu Antwerpen in 4to gedruckt worden. ſ.
Draudii Biblioth. Claſſ. p. 1628 u. 1637.

Cornet (*gall.*) ſ. m. ein kleines Jäger-
Horn. [2 ein Orgel-Regiſter, welches,
wie es der Abt Furetiere beſchreibet, wol
nichts anders als eine Mixtur ſeyn kan,
weil er ſpricht: das groſſe *Cornet* habe
5 Pfeiffen auf einem Clavier; und wenn
er in der fernern Beſchreibung des *Cornet
ſeparé* gedencket, iſt ſolches, allen Umſtänden nach, von der Petal-Mixtur wohl
zu verſtehen. In der an. 1703 erbaueten
Orgel zu Görlitz iſt

Cornetti ein aus drey Pfeiffen weiter menſur, da die eine Quinta 6 Fuß, die zweite
Octav 4 Fuß, und die dritte die Tertia
über 4 Fuß-Ton iſt, beſtehendes Regiſter,
welches wie ein 8 füßiges Scharr-Werck
klinget, obgleich keines füßige Pfeiffe darinnen vorhanden, und nicht tieffer als ins
ungeſtrichene a manualiter gehet. ſ. Boybergs Beſchreibung gedachten Orgel-
Wercks, woſelbſt noch gemeldet wird; daß
es ſich wohl mit der rechten Hand zu dem
16 füßigen Bombard und andern darzu
bequehmen Stimmen brauchen laſſe.

Cornetti (*Paolo*) hat ein Motetten-Werck
von 1. 2. 3. 4. 5 und 6 Stimmen, nebſt
Violinen und einem G. B. ediret.

Cornettiſta (*ital.*) ein Zinckenblaſer. Man
findet auch Cornettiniſta, pl. Cornetti-
niſti.]

Cornetto (*Lodovico*) war ums Jahr 1619
ein berühmter Muſicus zu *Breſcia*. ſ.
Cozzando Librar. Breſciana. p. 88.

Cornetto (*ital.*) ein Zincke, deſſen ambitus vom a bis ins c̄ gehet.

Cornettino (*ital.*) ein Quart-Zincke,
deſſen ambitus vom d̄ bis ins d̿,
auch wohl bis ins g̿, ja zur Noth bis
ins a gehet.

Cornetto curvo (*ital.*) ein krummer
Zincke.

Cornetto diritto (*ital.*) ein gerader
Zincke, worauf ein abſonderliches Mundſtück geſtecket wird.

Cornetto muto (*ital.*) ein ſtiller Zincke,
am welchem das Mundſtück gedrehet iſt;
wird darum ſo genennet: weil er am Ré-
ſonanz, gleichwie der diritto, gar ſtille
und lieblich klingt.

Cornetto torto (*ital.*) auch Gornon genannt, ein ſehr krummer Zincke, gehet
eine Quint tieffer, als der gemeine, klingt
aber gar unlieblich und hornhafft.

Cornetus [*Joan. Maria*] ein Paduaner,
hat den Zunahmen Cornetti von dem
Blas-Inſtrument, ſo Cornetto heiſſet,
bekommen, weil er ſelbiges ungemein
tractiret, und deswegen uns Jahr 1550
zu Venedig in groſſer Hochachtung gelebt.
ſ. *Scardeenii* Hiſtor. de Antiquit. urbis Patavii, lib. 2. Claſſ. 12. p. 263.
conf. *Riccius* [*Joannes Maria.*]

Cornicen, Cornicularius (*lat.*) ein Zin-
cken-Horn-Blaſer. Heutiges Tages
können die Waldhorniſten Cornicines
und Cornicularii genennet werden.

Corno di Caccia, Corni di Caccia [*ital.*]
ein Waldhorn, Waldhörner.

Cornu (*lat.*) ſ. *Buccina.*

Coroebus. ſ. *Choroebus.*

Corona, oder Coronata, alſo wird von den
Italiänern dieſes Zeichen ⌒ genennet, welches, wenn es über gewiſſen Noten in allen Stimmen zugleich vorkommt,
ein allgemeines Stillſchweigen, oder eine
Pauſam generalem bedeutet; wenn es
aber über einer final-Note in einer Stimme allein ſtehet, ſo zeiget es an; daß ſie
daſelbſt ſo lange aushalten ſoll, biß die
übrigen Stimmen auch zu ihrem natürlichen Schluß nachkommen; die Frantzoſen nennen es Point d' Orgue. Man
braucht es auch in den Canonibus, um
den Ort zu bemercken, wo alle Stimmen
inne halten können, wenn geſchloſſen werden ſoll.

Corps, oder Tête d' une Note (*gall.*)
Corpo della Nota [*ital*] bedeutet
eine Note an ihr ſelbſt, ohne Abſehen auf
ihren ſo wol geraden als krummen auf-
oder abſtehenden Strich.

Corradi [*Giov. Battiſta*] ein Geiſtlicher
und Capellmeiſter am Dom zu Mayland,
welcher vom Cardinal Federico Borromeo wegen ſeiner ungemeinen virtù,
ſehr æſtimirt worden. ſ. Picinelli Ateneo, p. 278. Aus nur gedachtem Um-
ſtande erhellet, daß er zu Anfange des vorigen Seculi muß floriret haben, denn gemeldter

COR.   COR. COS. 187

melbter Cardinal ist an. 1631 gestorben. s.
das comp. Gelehrten-Lexicon.

Corradini [*Nicolò*] ein berühmter Capellmeister an der Dom-Kirche zu Cremona ums Jahr 1620 hat verschiedene Musicalien zu Venedig drucken lassen, auf welchen er sich einen Musicæ Præfectum in Academia Animosorum genennet. s. *Arisii* Cremon. literat. p. 264. Seine Canzoni Francese à 4. sind an. 1624 in Venedig gedruckt worden: auf solchem Wercke wird er genennet: Organista nel Duomo di Cremona.

Corroys [*Eustache du*] war Königs Caroli IX. in Franckreich Capellmeister, in welcher function er auch nach dem Tode dieses Königs, so an. 1574 sich zutrug, unter Henrico III. geblieben, und von Beauvais gebürtig. s. die *Histoire de la Musique*, T. 1. p. 215. seq.

Corsi [*Bernardo*] ein Componist von Cremona, hat an. 1617 fünffstimmige Psalmen zu Venedig drucken lassen; ingleichen 8 stimmige Litanien, Antiphonen und Motetten ediret.

Cortaro [*Antoni*] ein zu Rom ums Jahr 1614 berühmt gewesener Lauten-Macher. s. *Barons* Unters. des Instruments der Laute, p. 94.

Corteccia [*Francesco*] ein Canonicus bey S. Laurentii zu Florentz, und vortrefflicher Organist, wurde vom Groß-Hertzoge Cosmo II. zu seinem Capellmeister declariret, welcher function er fast 30 Jahr mit grösstem Lobe vorgestanden hat. In seiner Jugend sind 4 stimmige Madrigallen von ihm verfertiget, und zu Venedig bey Girolamo Scoto gedruckt worden; nachgehends aber hat er Motetten, und im Alter Responsoria und Lectiones Hebdomadæ sanctæ heraus gegeben. Ist gestorben an. 1571 im May, und liegt in obgedachter Kirche begraben. s. *Pocciantii* Catal. Scriptorum Florentin. p. 71. und *Gesneri* Partition. Universal. lib. 7. f. 84. b.

Cortelini [*Camillo*] ein Musicus der Signoria zu Bologna, hat an. 1617 ein Missen-Werck zu Venedig; sonsten aber auch ein Opus 8 stimmiger Psalmen; und ein 6 stimmiges Magnificat ediret.

Cortivil, von seiner Arbeit sind 6 Sonaten von 2 Flöten ohne Baß, in Amsterdam bey Roger in Kupfferstich zu haben.

Corvinus [*Joh. Michael*] ein Pfarrer zu Orsloew in Seeland, hat als Rector Slaglosianus in lateinischer Sprache das Hepdachordum Danicum, s. nov. Solfisationem, in qua Musicæ practicæ usus, tam qui ad canendum, quam qui ad componendum cantum facit, ostenditur, geschrieben; diesem ist beygefüget: Logistica Harmonica, Musicæ vera & firma præstruens fundamenta, an. 1646 zu Coppenhagen in 4to gedruckt. s. *Bartholinum* de Scriptis Danorum, p. 83. Ist an. 1663 den 10ten Augusti gestorben. s. *Wittenii* Diarium Biograph. T. 2. p. 87.

Coruo [*Casparo*] ein Kayserlicher Baßist an. 1721; an. 1727 ein alter Hof- und Cammer-Musicus jubilatus.

Cosimi [*Nicolò*] ein Römer, hat 12 Sonaten von einer Violin und G. B. gesetzet, welches sein erstes Werck, und von Roger durch Kupfferstich bekannt gemacht worden ist.

Cosmas, Hierosolymitanus, sonsten auch Hagiopolita genannt, der Majumenser Bischoff ums Jahr 730. hat 13 Hymnos in præcipuas anni festivitates hinterlassen, und gewisse Zeichen erdacht, so gewisse interualla andeuteten, sund zum Choral-Gesang dieneten. Ehe er Bischoff zu Majuma in Palæstina worden, haben ihn die Saracenischen See-Räuber gefangen und zu Damascus an des Joannis Damasceni Vater verkaufft gehabt, welcher denn seinen nurgedachten Sohn von ihm informiren lassen. s. das comp. Gelehrten-Lexic. und *Printzens* Mus. Histor. c. 9. §. 3.

Cosmedes, ein Freygelassener im 2tem Seculo, aus der Insul Creta, so jetzo Candia heisset, gebürtig, ist ein Lyrischer Poet uud Musicus gewesen, hat viele Liebes- und Bacchus-Lieder auf Anacreontische façon verfertiget, und sich in des Kaysers Æmilii Adriani Gnade gesetzet. s. die *Histoire de la Musique*, T. 1. p. 27.

Cossoni [*Carlo Donato*] D. und Ober-Organist bey S. Petronii-Kirche zu Bologna ums Jahr 1667. gab daselbst in nurgedachtem Jahre Salmi à 8 voci in Druck.

Costa [*Carlo*] ein Kayserlicher Tenorist an. 1721 und 1727

Costa [*Giov. Maria*] hat etliche Wercke Motetten, Litanien, u. d. g. heraus gegeben.

Costa [*Margarita*] eine vortreffliche Poetin

tin und Sängerin, von Rom gebürtig, hat ums Jahr 1648 floriret, und verschiedene Wercken, als: la Citharra; il Canzoniere amoroso; il Violino; lo Stipo; la flora feconda; la Selva de Cipressi, &c. und unter andern des Groß-Hertzogs von Florentz, Ferdinandi I [an dessen Hofe sie sich eine Zeit lang aufgehalten] Reise geschrieben; und beschrieben. Von ihrer Italiänischen Poesie hat der Cardinal Mazarini etwas gar prächtig zu Paris drucken lassen. Nur-gedachten Umstand führet Mandosius Centur. 6. Biblioth. Roman. nebst andern als einen Beweiß wider Jan. Nicium Erythræum an, welcher sie P. 2 Pinacothecæ, p. 130. einiger verdächtigen Liebes=Affairen beschuldiget, und nennet ihn deßwegen einen Scriptorem vade ad maledicendum pronum. Conf. *l' Histoire de la Musique,* T. 1. p. 225.

Costagutus [*Vincentius*] ein Genueser, war anfänglich Pabsts Urbani VIII. Protonotarius, hernach Apostolischer Cammer=Clericus und an. 1643. den 13. Julii Cardinal, starb zu Rom an. 1660 den 6 Dec. im 48 Jahr seines Alters. Dieser vornehme und gelehrte Herr hat, unter andern, auch einen Discours: de Musi a und die Applausi Poetici alle glorie della Signora Leonora Baroni, geschrieben. s. *Oldoini* Athenæum Ligusticum, p. 530.

Costanzi [*Battista*] ein Römischer Musicus auf dem Violoncello, oder auf der Bassettel, wie der Hr. Hofrath Nemitz p. 228. seiner Nachlese besonderer Nachrichten von Italien, es nennet, welcher ihn an. 1721 zu Rom darauf spielen hören.

Costeley [*Guillaume*] ein Frantzösischer Organist, und Königlicher Cammer=Diener, hat an. 1579 zu Paris bey Adrian le Roy drucken lassen: Musique. s. *Draudii* Biblioth. Exod. p. 209. und *Verd*er Bibliotheque.

Coti [*Ignatio*] ein jetzo in Italien florirender Violoncellist.

Cotrona [*Antonius*] ein Priester und Theologiæ Doctor, von Syracusa in Sicilien, gebohren an. 1638 den 14 Sept. lebte eine Zeitlang in der Jesuiter=Societät, wurde, nachdem er solche verlassen, an der Stiffts-Kirche S. Maria Consolationis zu Sicli, einer kleinen im Val di Noto liegenden Sicilianischen Stadt, Decanus, und endlich an der Collegiat-Kirche des H. Celsi und Iuliani zu Rom Archipresbyter, woselbst er an. 1708 sich noch befunden. Unter seinen vielen theils edirten, theils unedirten Sachen sind auch verschiedene Dramata, worüber er selbst die Composition verfertiget. s. *Mongitoris* Biblioth. Sicul. T. 1. p. 61.

Cotta [*Johannes*] war an. 1701 Capellmeister in Hanau, und schrieb über Werckmeisters Harmonologiam musicam ein teutsches Carmen gratulatorium.

Cotzani [*Faostina*] eine berühmte Italiänische Sängerin, wurde an. 1723 nach London verschrieben, woselbst sie vor die zwey Jahrs=Zeiten, da die Opern gehalten werden, 3000 Pf. Sterling und freye Tafel für 6 Personen bekommen sollen. s die Hällische Zeitungen, a. c. nro. 17.

Coulé (*gall.*) ist eine auf dem Clavier sich wohl ausnehmende Manier: da zwischen zwo eine Tertz von=und über einander stehenden, und demnach zugleich anzuschlagenden Noten, die dazwischen liegende noch mitgenommen, und hergegen eine von gedachten beyden Tertz=Noten nachgeschlagen wird. Das Zeichen besagter Manier ist ein Querstrichelgen. s. Tab. X. F. 2. Sie hat auch auf andern so wol besaiteten als blasenden Instrumenten statt. s. *Janowka* Clav. ad Thesaur. magnæ artis Musicæ, p. 31. In Mr. Lamberts Principes du Clavecin handelt das gantze 25te Capitel von dieser Manier, und werden daselbst, nach Mr. d'Angleberts Lehr=Art, sechs biß sieben Gattungen derselben angeführet. Conf. Mr. *Loulié* Elements ou Principes de Musique, p. 77. seq. allwo diese Figur durch ein Häckgen also ' angezeiget, auch anders exprimiret wird. Sie hat übrigens ihre Benennung, ohne zweifel, vom durchschleichen, fortrutschen.

Couleur d'une Note (*gall.*) die Farbe einer Note, ob sie nemlich weiß oder schwartz ist.

Couperin [*François*] ein Königlicher Frantzösischer Organist, hat an. 1713 den ersten Theil seiner Piéces de Clavessin zu Paris in groß folio gestochen ediret, solchen dem Hrn. Lajot de Villers zugeschrieben, und vom Könige ein Privilegium drüber bekommen. Es bestehet dieses Werck aus fünff langen Partien. Im 4ten Tomo der Histoire de la Musique, p. 210. wird er ein Organist bey Saint Gervais genennet. Auch hat er ein

ein brehstimmiges Sonaten-Werck vor Violinen, und ein anders vor die Violadigamba heraus gegeben. f. *Boivins* an. 1729 zu Paris in 8vo gedruckten Catal. *general des Livres de Musique*, p. 24 und 32. Noch sind von seiner Clavier-Arbeit, nebst der Methode pour le Clavessin, und der Apotheose de Lully, das zwente, dritte und vierdte Buch ans Licht getreten. s. den Pariser Music=*Catalogum* in 4to aufs Jahr 1729 p 8.

Couper les sons (*gall.*) die Klänge abkürtzen, d. i. ihnen an der Geltung etwas abnehmen, oder, nach Befinden des zu exprimirenden affects, solche gelinde oder starck abstossen.

Coupillet, ein Frantzösischer Componist zu Meaux, und nachgehends an der Königlichen Capelle zu Paris, hat ums Jahr 1694 florirt. s. die *Histoire de la Musique*, T. 4. p. 128. seq.

Couplet (*gall.*) vom lateinischen Wort Copula, bedeutet einen Vers oder Absatz von einem Liede.

Courante (*gall.*) **Corrente** (*ital.*) Currens Saltatio (*lat.*) ist eine aus mehr kurtzen und lauffenden, als langen Noten bestehende, und im ¾ oder 3/2 Tact gesetzte Melodie vor Instrumente von 2 Reprisen, so eigentlich solte getantzt werden können. Sie fängt mit einer gantz kurtzen Note im Aufheben des Tacts an, und endet sich im Niederschlagen mit einer langen Note, welcher so viel an der Geltung abgehet, als die anfangende ausgetragen. Conf. *Matthesonii* Orchestre 1 Th. p. 186. *it. eiusd.* Anmerckung über Niedtens Musical=Handleitung zur Variation des G B. p. 96. Der Couranten-Tact, oder vielmehr der Rhythmus, welchen die Couranten, als Täntze, erfordern, ist der allerernsthaffteste den man finden kan. s. *Matthesonii* Göttingischen Ephorum, in der Anmerckung p. 02.

Courante luthée (*gall.*) ist bey Gaspar le Roux in seinen zu Amsterdam gravirten *Pieces de Clavessin*, p 6. eine solche Courante, so auf Lauten=Art, arpeggiando oder gebrochen tractirt werden soll.

Courbois, ein Frantzösischer Componist, hat ein Cantaten=Werck heraus gegeben. s. den Pariser Music=*Catalogum* in 4to aufs Jahr 1729, p. 2.

Courtaud (*gall.*) die Baß=Pfeiffe an einem Dudel=Sacke, die unten abgekürtzt ist, das der Wind wiederum über sich muß. s. *Frischens*=Lexicon.

Couster [*Joan. Sigismund*] Johannis Couster, eines zu Preßburg in Ungarn renommirten Cantoris und Componisten Sohn, hat sich fürnehmlich auf die Instrumental=Music und Composition anfänglich appliciret, in verschiedenen Capellen als Musicus und Componist gedienet, sich auch zu Paris sechs Jahr lang aufgehalten, und das Glück gehabt, von dem weltberühmten Lully geliebt zu werden, und von ihm die Frantzösische Art zu componiren zu erlernen. Er hat gantz Teutschland durchreiset, und wird nicht leicht ein Ort seyn, da er nicht bekannt geworden; doch aber, wegen seines flüchtigen und hitzigen Temperaments, nirgend gar lange bleiben können, auch nicht, da er zu Wolffenbüttel, Stuttgardt Capellmeister gewesen, und in Hamburg einige Jahre die Opern dirigiret; sondern ist nachhero zwenmahl in Italien gereiset, am daselbst auch dasige methode völliger zu acquiriren. Endlich, weil ihm Teutschland zu enge geschienen, ist er znach England gegangen, woselbst er als ein privatus sich aufgehalten, von information und bisweilen aufgeführten musicalischen Concerten, für die Gebühr, etliche Jahr gelebt, bis ihm das Glück günstiger geworden, und er die Capellmeister=Stelle zu Dublin in Irrland emportiret, welcher function er bis etwa an. 1726 da er ohngefehr 69 bis 70 Jahr alt, gestorben, mit gutem Vergnügen und Ansehen vorgestanden. Zu Dublin hat er Musicam theoreticam besonders studiret, und ist sein Absehen gewesen, in Doctorem Musices zu promoviren. Von seiner Arbeit sind an. 1700 in folio zu Nürnberg heraus gekommen 6 Ouvertures, unter dem Titul: Apollon enjoüé, contenant six Ouvertures de theatre accompagnées de plusieurs Airs. In eben diesem Jahre ist auch daselbst seine *Heliconische* Musen=Lust aus der Oper, Ariadne genannt, in folio gedruckt worden. In des Hrn. Capellmeister, *Matthesons* Musical. Patrioten stehen p. 181. seqq. folgende von ihm in die Music gebrachte, und auf dem Hamburgischen Theatro aufgeführte Opern, als: an. 1693 Erindo; an. 1694 Porus; Pyramus und Thysbe

[diese

[dieſe letzte ſoll nicht zur execution ſeyn gebracht worden]. An. 1695 Scipio Africanus, und an. 1597 Jaſon. *conf. p.* 343. nurgedachten Wercks. Durch gütigen Vorſchub eines auswärtigen Freundes und Gönners habe, nebſt obigangeführten Umſtänden, auch noch einen Bogen Text in 4to erhalten, welcher folgenden Titul führet: A Serenade to be represented on the Birth-Day of His Moſt Sacred Majeſty *George.* By the Grace of God King of Great Britain, &c. at the Caſtle of Dublin the 28th of May, 1724. Compos' by Mr. John Sigismond Couſſer, Maſter of the Muſick, attending His Majeſty's State in Ireland, and Chappel-Maſter of Trinity-College. Dublin printed by Thomas Hume, next Door to the Walsh's-Head in Smock-Alley, 1724.

Couſtures [des] ein Baron hat eine Morale Univerſelle geſchrieben, ſo an. 1687 zu Paris in 8vo gedruckt worden; in ſolcher handelt die im 1ſten Tomo befindliche XIII. Maxime in der erſten, zweyten, 3ten, 4ten und 5ten Reflexion, vom 232 bis 262ten Blatte, folgenden Satz ab: l' Harmonie de l' Univers prouve aſſez, que l' invention de la Muſique eſt düe à Adam.

Couſu (*Jean de*) ein gelehrter Franzöſiſcher Componiſt in der erſten Helffte des abgewichenen Seculi, welcher durch ſeine künſtliche Stücke, und inſonderheit durch eine lange 4 ſtimmige Fantaſie, ſo Kircherus lib. 7. c. 7. p. 627. Muſurg. aufgezeichnet, ein ſonderbares Lob erlanget. Von nur beſagter Fantaſie bezeuget Kircherus: Er habe unter ſo vielen Muſicis der Stadt Rom keinen gefunden, der ſie alſobald vollkommen wegſingen können.

Cozzi (*Carlo*) von Parabiago, einem im Mayländiſchen liegenden Orte, gebürtig, wurde anfänglich ein Barbier; legte ſich aber nachgehends mit ſolchem Fleiße auf die Muſic, daß er nicht nur an der Kirche des H. Simpliciani zu Mayland, ſondern auch ferner von der Königin in Spanien, Maria Anna, wegen eines bey Ihrer Durch-Reiſe dedicirten 8 ſtimmigen Miſſen- und Pſalmen-Wercks zum Hof-Organiſten in gedachter Stadt beſtellt worden. Er hat auch noch andere Wercke drucken laſſen, und iſt an. 1658 oder 1659 geſtorben. ſ. *Picinelii* Ateneo dei Leterati Milaneſi, p. 115.

Cozzolani (*Chiara Margarita*) eine in dem zu Mayland ſonderlich wegen der Muſic berühmten S. Rothegundæ-Cloſter, Benedictiner-Ordens, geweſene Nonne, begab ſich an. 1620 in dieſen Orden, und that ſich vom Jahr 1640 bis 1650 mit Herausgebung vier muſicaliſcher Wercke ſonderlich hervor; denn An. 1640 ließ ſie zu Mayland Primavera di fiori muſicali à 1. 2. 3. e 4 voci drucken, und dedicirte ſolches Opus dem daſigen Ertz-Biſchoffe und Cardinal Monti; An. 1642 ſind 1. 2. 3 und 4 ſtimmige Motetten; an. 1648 Scherzi di Sacra Melodia; und an. 1650 Salmi à 8 voci concertati con Motetti, e Dialoghi a 2. 3. 4 e 5 voci, allerſeits zu Venedig ans Licht getreten. ſ. *Picinelii* Atheneo p. 147.

Cradias, ein alter nomus tibialis auffs theatrum, deſſen Plutarchus lib. de Muſica gedencket.

Craft, ein Inſtrumental-Componiſt am Chur-Pfältziſchen Hofe, hat Sonate da Camera à 2 due Violini, Violoncello e Continuo [ſo ſein erſtes Werck iſt] geſetzet, und Roger hat ſie in Kupfferſtich publiciret.

Cramer (*Caſpar*) Them. Fr. Scholæ Salzenſis Conrector, hat an. 1641 ſiebenzig theils von andern Componiſten ſchon verfertigte, theils aber von ihm ſelbſt geſetzte Choral-Lieder 4 vocum colligiret, und unter dem Titul: Animæ ſauciatæ medela, &c. zu Erffurt in 8vo drucken laſſen.

Cramer (*Johann*) ein Kayſerlicher Violoncelliſt an. 1721 und 1727.

Crameria (*Anna Maria*) M. Andreæ Crameri, eines Magdeburgiſchen Factoris Tochter, iſt in der Hiſtorie und Poeſie, ingleichen in der Muſic und Rechenkunſt, wie auch in der lateiniſchen Sprache vortrefflich geübt geweſen, und an. 1627 den 6ten Auguſti, im 14ten Jahre ihres Alters, geſtorben. ſ. *Paſchii* Gynecæum doctum.

Crantius (*Henricus*) ein Orgelmacher, hat an. 1499 die groſſe Orgel in der Stiffts-Kirche S. Blaſii zu Braunſchweig verfertiget. ſ. *Prætorii* T. 2. p. 111.

Crappius [*Andreas*] ließ an. 1582 fünffſtimmige Cantiones Sacras, nebſt einer über das Lied: Schaffe in mir GOtt ein reines Hertze, ꝛc. verfertigten Miſſa zu Magdeburg drucken. Seine Muſicæ artis elementa ſind an. 1608 zu Halle in 8vo heraus gekommen. ſ. *Draudii* Bibl. Claſſ. p. 1617 und 1641.

Craſſot

Craſſot [*Richard*] hat alle Pſalmen Davids mit 4 Stimmen geſetzt, und zu Genev in 16mo drucken laſſen. ſ. *Verdier* Bibliotheque.

Crates, ein ſehr alter Muſicus und Diſcipul des Olympi, hat Μουσικά beſchrieben, woraus Iulianus in der ſiebenden Oration ein fragmentum p 397. allegiret. ſ. *Joan. Meurſii* Bibliothec. Græc.

Cratinus, ein Cithariſt aus der Stadt Methymna, ſo jetzo Metelino heiſſet, auf der Inſul Lesbus gebürtig, war auf des Alexandri M. Beylager nebſt andern Muſicis mit gegenwärtig. ſ. *Athenæum* lib. 12. p. m. 538.

Credius [Johann Chriſtian] gebohren an: 1681 den 8ten Auguſti zu Dardesheim im Fürſtenthum Halberſtadt, woſelbſt ſein Vater, Hr. Andreas Credius, Rector der Schule geweſen, iſt, nach deſſen frühzeitigen Abſterben, nach Burg zu ſeinen Groß-Eltern gebracht, und daſelbſt fleißig zur Schule gehalten worden, und weil er nachgehends ſonderlich zur Muſic incliniret, hat man ihn im Singen und auf dem Clavier informiren laſſen als er nachdem an. 1695 nach Braunſchweig gekommen. hat er die S. Catharinen-Schule faſt 3 Jahr frequentiret, und nebſt den Studiis ſich auch fleißig in der Muſic geübet; von an. 1698 bis 1705 in Halberſtadt die S. Johannis-Schule beſuchet, und ſich vollends auf die muſicaliſche Compoſition geleget, wie ihm J. A. Herbſts teutſche Muſica Poëtica, nebſt Perluſtrirung guter Componiſten Arbeit in Partitur, Anleitung gegeben, weil er zu der Zeit keine manuduction in dieſem ſtudio ſonſt bekommen können. An. 1706 im Jenner hat er ſich nach Helmſtädt auf die Univerſität begeben; zu Ausgange dieſes Jahres aber iſt er nach Verſel bey die Hochwohlgebohrnen Herren von Röſſigen als Muſicus beruffen; von dar an. 1707 im Jenner nach Halberſtadt in die S. Johannis-Schule als Collega quartus, und Organiſt an die darzu gehörige Kirche; an. 1709 im December nach Blanckenburg als Subconrector und Organiſt vociret worden, worauf Ihro Hochfürſtliche Durchl. Hr. Ludewig Rudolph, Hertzog zu Braunſchweig und Lüneburg-Blanckenburg ihn an. 1710 von der Schule befreyet, und erſtlich zum Concert-endlich aber an. 1722 zum Capellmeiſter gnädigſt angenommen haben.

Crembalum [*lat.*] κρέμβαλον [*gr.*] eine Maultrumpe, Maultrummel, ein Brumm-Eiſen.

Cremoneſi [*Ambroſio*] Capellmeiſter an der Cathedral-Kirche zu Ortona à mare, einer an der Küſte von Abruzzo circa in Neapolis liegenden, und dem Hertzog von Parma gehörigen kleinen Stadt, ließ an. 1636 Madrigali Concertati in Venebig drucken.

Crequilon (*Thomas*) ein Niederländer und Kayſers Caroli V. Capellmeiſter, hat verſchiedene Sachen heraus gegeben, als: an. 1556 eine 6 ſtimmige Miſſam über: Mille regrez; an. 1576 ein Opus Sacrarum Cantionum von 5. 6 und 8 Stimmen, zu Löven in 4to gedruckt. ſ. *Draudii* Biblioth. Claſſ. p. 1637. ferner Cantiones Gallicas 4. 5 & 6 voc. und noch mehrere. ſ. *Swertii* Athenas Belgicas. Cortois Crecquillon iſt auch ein berühmter Muſicus geweſen. ſ. Federmanns Beſchreibung der Niederlande p. 46.

Creſſelle, oder Crecerelle (*gall.*) ſ. f. κέγχρις (*gr.*) eine höltzerne Klapper, ſo in der Char-Woche an ſtatt der Glocken gebraucht wird. ſ. Friſchens-Lexic.

Creſpel (*Joan.*) ein gegen die Mitte des 16ten Seculi bekannt geweſener Componiſt, von deſſen Arbeit ein und andere Motette in dem an. 1564 zu Nürnberg edirten Theſauro Muſico beſindlich iſt.

Creteus, oder Cretheus, ein Poet und Muſicus zu Zeiten des Æneæ, auch von deſſen Parthey, welcher nebſt andern von Turno niedergemacht worden. ſ. Hederichs Schul-Lexic.

Creux (*gall.*) wird als ein Subſtantivum, von einem ſtarck und tieff ſingenden Baſſiſten gebraucht.

Crexus, ein in der Muſic frey- und neugierig geweſener Poet, welcher gemeiniglich der Manier, ſo Philanthropon und Thematicum genennet worden, ſich befliſſen. ſ. Printzens Muſ. Hiſtor. c. 7. §. 39. und *Plutarch.* de Muſica.

Cribrum (*lat.*) iſt der obere Theil einer Windlade in Orgeln und Poſitiven gleich unter dem Regiſter, worinnen ſo viel runde Löcher befindlich ſind, als Pfeiffen oben drüber ſollen zu ſtehen kommen. Hat alſo den Nahmen von der Geſtalt, weil es wie ein Sieb ausſiehet. ſ. *Janowka* Clav. ad Theſaur. magnæ artis Muſicæ.

Crinitus

Crinitus (*Petrus*) ein ums Jahr 1500 berühmt gewesener Florentinischer Gelehrter, welcher daselbst die literas elegantiores gelehret, hieß anfänglich von seines Vaters krausen Haaren Riccius, wolte aber nachgehends lieber Crinitus genennet werden, schrieb 25 Bücher: de honesta disciplina; 5 Bücher; de Poëtis Latinis, und 2 Bücher Poëmatum. s. *Hallervordii* Biblioth. curios. Dieser wegen zehlet ihn Mr. Brossard p. 365. unter die Music-Auctores. Allein, ausser folgenden auf seine Laute gesetzten, und lib. 2. Poëmatum befindlichen Carmine:

> Salve dulcis amor chelys
> Quæ reddis tenerum melos,
> Et quæ flectis ad oscula
> Cervicem Glyceres bonam
> Ut spiras Veneres & Charites
>   simul.
>
>   Te Cyllenius aliger
> Inter fulgida sidera
> Visandam merito tulit
> Quo rite ad numerum velis
> Nobis summe parens mitior
>   affore.

[Welches beweiset, daß er die Laute tractiren können], ist in gedachten Schrifften weiter nichts musicalisches vorhanden, als daß c. 12. lib. 12. de honesta disciplina, von dem Antigenide und Ismenia gehandelt; das beym Hieronymo in præfatione Paralipomenôn ad Chromatium befindliche dictum des Ismeniæ, nemlich: *Se ipsum sirimet canere*, erkläret; und c. 9. lib. 14. de triplici numerorum proportione, in Arithmeticâ, Musicâ & Geometriâ, und ihrer Vergleichung mit der Regierungs-Form, gehandelt wird.

Crispoltus, Chrispoltus, oder de Crispoltis, der ältere, ein Doctor Iuris, Canonicus, und der Academiæ Insensatorum, zu Perugia Princeps, ist nicht nur in der Theologie, sondern auch in der Music, und Italiänischen Poesie wohl erfahren gewesen, wie er denn an. 1604 eine Ideam Scholarium in seiner Sprache daselst in 4to drucken lassen. s. *Oldoini* Athenæum Augustum p. 65.

Crispoltus (*Dionysius*) des vorigen leiblicher Bruder, auch ein Academicus Infensatus, wurde an. 1603 den 14 Junii Professor P. Iurisprudentiæ, schrieb einen Tractat: de Comœdia & Tra-

gœdia, und starb an. 1651 den 16 Febr. *idem ibidem* p. 90. *seq.*

Crispus, ein Pater und Music-Director bey den Jesuiten zu Hildesheim, hat so viele Noten geschrieben, daß selbige wegzutragen kaum ein Pferd vermögend seyn soll, und ist ums Jahr 1722 gestorben. s. *Matthesonii* Crit. Mus. I. 1. p. 86. und 319.

Cristofali [*Bartolomeo*] ein beym Groß-Hertzoge zu Florentz in Diensten stehender Clavier-Macher [Cembalista] von Padua gebürtig, hat ums Jahr 1711 ein Clavessin erfunden, auf welchem das piano und forte zu haben. Die Beschreibung davon ist im Vten Tomo, Articolo, IX. p. 144. seqq. des Giornale de' Letterati d' Italia befindlich; und die teutsche Ubersetzung des Hrn. Königs in Matthesonii Crit. Mus. T. 2. p. 335. seqq. zu lesen.

Crito, ein Athenensischer Philosophus, hat 350 Jahr nach Erbauung der Stadt Rom gelebt, und 17 Dialogos geschrieben; unter selbigen handelt auch einer: de Artibus. s. das compend Gelehrten-Lexic. und Diogen. Laërt. lib. 2. Segmento 121. Suidas gedencket seiner als eines μελοποιὸς s. Hrn. D. *Fabricii* Biblioth. Græc. lib. 2. c. 15. p. 279.

Crivellati [*Cesare*] ein Medicus zu Viterbo, einer im Kirchen-Staat liegenden Stadt, hat ums Jahr 1631 florirt, und unter andern auch Discorsi musicali daselbst in 8vo drucken lassen. s. *Allatii* Apes Urbanas.

Crivelli [*Giov. Battista*] hat ein Motetten-Werck von 2. 3. 4 und 5 Stimmen heraus gegeben.

Croce [*Giovanni*] ein zu Ende des 6ten, und Anfange des 17ten Seculi berühmt gewesener Capellmeister bey S Marco zu Venedig, von Chioggia gebürtig, hat viele Musicalien, als: Messe, Vespri, Motetti, Canzoni, u. s. f. drucken lassen, und ist an. 605 noch am Leben gewesen. s. *Alberici* Catalogo degli Scrittori Venetiani, p. 40. seq. Seine in Italiänischer Sprache heraus gegebene 7 Buß-Psalmen von 6 Stimmen, hat ein ungenannter Liebhaber der Music zu Nürnberg, an. 1599 mit lateinischem Text versehen, daselbst in Druck gegeben, und selbige Georgio Grubero, einem Kauffmanne, der ihm das welsche Exemplar

plar zuvor geschencket, dediciret. An. 1610 sind seine nove Lamentationi per la settimana santa herausgekommen; an. 1611 Motetti à 4 voci.

Croche (*gall.*) ein Adject. heißet: krum, und bedeutet eine Achtel=Note, weil sie am Ende des Schwantzes einen krummen Hacken hat.

Croche pointée [*gall.*] eine Achtel=Note mit einem Punct.

Croches liées (*gall.*) an einander gebundene, oder zusammen gezogene Achtel.

Croches separées (*gall.*) von einander gesonderte Achtel, deren jede nemlich ihren Hacken à part hat.

Croci (*Antonio*) hat eine vierstimmige Missam, und dergleichen Psalmen ediret.

Crofft (*William*) ein Doctor und Ober=Organist an der Königl. Engländischen Hof=Capelle zu S. James-Westmünster, componiret die musicalischen Stücke, und bekoimt jährlich 240 lb. Sterling zur Gage: weil er aber auch die Chor=Knaben in der Music unterrichtet, so empfängt er noch à part 73 lb. Sterling. s. *Miege* Groß-Brittannischen Staats I. Th. c. 33. p. 1071. und *Matthesonii* Crit. Mus. T. 2. p. 288. Roger hat von seiner Arbeit 3 Sonaten à Violino solo, e Violoncello ò Basso continuo; ferner 6 Sonaten von 2. Flöten ohne Bass und 3 Sonaten mit einer Flöte und Bass, durch Kupfferstich bekannt gemacht.

Cromerus (*Martinus*) ein Bischoff in Wermeland, von Biecz in der Cracauischen Woywodschafft, wurde beyder Rechten Doctor, that eine Reise durch Teutschland und Italien, wurde hierauf Canonicus zu Cracau, und Königlicher Secretarius, als Gesandter an den Kayser, Pabst, und die Hansee=Städte geschicket, wohnete auch dem Concilio zu Trident, ingleichen verschiedenen Friedens=Tractaten bey, und starb an. 1589 den 13 Martii im 77 Jahre seines Alters. Hat unter andern, auch de concentibus musicis, (quos Chorales appellamus,) geschrieben. s. das comp. Gelehrten=Lex. und *Fr beri* Theatrum Virorum eruditione clarorum.

Cromette, ist beym Ribovio in seinem Enchiridio musico, ein Krumbügel, oder Krummbogen.

Cromorne (*gall.*) s. m. bedeutet [1. einen Basson. s. *Ménage* Dictionaire Etymologique. [2. ein Orgel=Register, so dergleichen Ton von sich giebt. Es kan seyn, daß in der ersten Syllbe dieses Worts zweene Buchstaben versetzt sind, und es vielleicht *Cormorne* heißen soll; von cor, ein Horn, und morne, dunckel, still, traurig.

Cropatius (*Georgius*) der erste Theil seiner 5 stimmigen Missen ist an. 1548 zu Venedig gedruckt worden. s. *Draudii* Bibl. Class. p. 1634.

Crotalum (*lat.*) κρόταλον (*gr.*) war bey den alten Griechen und Römern ein Instrument, so aus zwey Stücken ehern Blech, und einer Handhabe bestund, welches gewisse Frauenzimmer, die davon Crotalistriæ hießen, bey vornehmer Leute Tafel rührten, und darzu tantzten. Es hat seinen Nahmen von κρούω, pulso. s. Schöttgens Antiquitäten=Lexicon. D. Lampe in seinem Tractat: de Cymbalis Veterum lib. I. c. 5. sagt: es wäre dieses Justrument ein gespaltener calamus gewesen, sey bisweilen aus Holtz, irdenem Geschirr, und Ertz gemacht worden; werde deswegen öffters mit den Cymbalis von den Auctoribus confundiret; der Unterscheid aber zwischen beyden bestehe darinn: (1. Die Cymbeln hätten geklungen, die Crotala aber geklappert. (2. jene wären auch grösser, und in jeder Hand nur eine; dieser aber viere gewesen, und in jeder Hand zwey und drey gerühret worden. Conf. *Scaligeri* Commentar. in Copam. Montfaucon l'Antiquité expliquée & représentée en figures, Tom III. lib 5. c. 3. f. 546. und *Clem. Alexandr.* lib. :. Stromat. f. 307. welcher noch hinzu setzet: Die Sicilianer hätten die crepitacula, so Crotala genennet würden, erfunden.

Crotelini [*Camillo*] hat 8 stimmige Missen mit einem G. B. edirt.

Crotta. s. *Chrotta*. Henr. Spelmannus in seinem Archæologo erkläret es durch *Fidiculam Britannicam*; und stellet dahin: obs à fidibus, von den Saiten, so auf Spanisch cuerda heissen, oder vom griechischen κρόταλίζω, herkomme.

Crotuslius [*Arnoldus*] hat an. 1590 eine fünffstimmige Misse zu Helmstädt drucken lassen. s. *Draudii* Biblioth. Class. p. 1634.

Crousaz [*J. P. de*] Philosophiæ und Mattheseos Professor zu Lausanne in der Schweitz, hat in der Französischen Sprache ein Buch: du Beau [lat. de Pulchro] intitulirt, geschrieben, welches an.

an. 1715 zu Amsterdam gedruckt worden; in solchem handelt fast die Helffte de la beauté de la Musique, b i von der Schönheit der Music. s. *Matthesonii* Orchest. III. p. 194.

Crüger [*Joan.*] Music-Director an der S. Nicolai-Kirche in Berlin, von Guben in der Nieder-Lausitz gebürtig, gab an. 1624 seine Synopsin Musices, continentem rationem constituendi & componendi melos harmonicum, an erst gedachtem Orte in 12mo. gedruckt heraus. Dieser Tractat ist an. 1630 etwas verändert zu Berlin in 4to wiederum aufgeleget worden, und beträgt 5 Bogen. An 1660 ist von ihm der rechte Weg zur Singe-Kunst in 4to; wie auch ein Gesang-Buch mit Noten, Praxis Pietatis melica genannt, so an. 1703 zum dreyßigsten mahle zu Berlin aufgeleget worden, herausgekommen. Sonsten hat er auch schon an. 1622, als er noch ein Studiosus Theologiæ gewesen, Meditationum musicarum Paradisum primum, oder Erstes musicalisches Lust-Gärtlein von 3. und 4 Stimmen, und an. 1626 Meditat. music. Paradisum secundum, aus einigen nach den 8 Kirchen-Tonen eingerichteten teutschen Magnificat von 2–8 Stimmen bestehend, ingleichen andere Motetten und Concerten drucken lassen. Daß zu Guben, Sorau und Breslau, ingleichen in dem Jesuiter-Collegio zu Olmütz in Mähren, endlich auch zu Wittenberg studiret habe, und an 1662 gestorben sey, solches berichtet das comp. Gelehrten-Lexicon Ferner sind von ihm herausgekommen: Præcepta Musicæ practicæ figuralis, an. 625. und Quæstiones Musicæ practicæ an. 1650, beyderseits zu Berlin in 8vo gedruckt.

Crumata (*lat.*) κρύματα [*gr.*] eine in den mittägigen Theilen des Königreichs Spanien gebräuchliche Gattung der Crotalorum, oder Klappern, so ietzo Castagnettes genennet werden. s. *Montfaucon* Antiquité T. 3. p. 546. Beym Scapula heißet κρούω der Klang, den die Schlag-Instrumente von sich geben; κρυμαλική σοφία, peritia pulsandi organa musica, die Wissenschafft musicalische Instrumente zu schlagen, und κρούσις, ipsa actio pulsandi, die Handlung oder execution selbst.

Crusius (*Joh.*) ein Hallenser, hat an. 1592 eine Isagogen ad artem musicam zu Nürnberg in 8. drucken lassen. s. *Draudii* Bibl. Class. p. 1609.

Crusius (*Martinus*) gebohren an. 1526 den 19 Sept. zu Grebern im Bischoffthum Bamberg, wurde, nachdem er seine studia zu Straßburg und Tübingen absolviret, an. 1554 als Rector an die Schule zu Memmingen beruffen, an. 1559 vom Herzoge zu Würtemberg, Christophoro, zum Informator der Edel-Knaben, und Professor der Griechischen Sprache zu Tübingen bestellet, und starb an. 1607 den 25 Februarii. Dieser berühmte Mann meldet in seinem an. 1584 zu Basel in folio gedruckten Turco-Græcia, lib. 2. p. 197. von der Griechen Kirchen-Gesänge etwas sehr weniges, in folgenden Worten: Cantus figuralis apud Græcos non est: nisi quod Cantores in Templis, variata interdum voce, eam imitari conantur; & more utriculariorum nostrorum, alius vocem eodem sono tenet: alius, Dra, Dra, saltatorium in modum canit. In Musicis libris notulas nostras non habent; sed certa quædam signa (veluti

᛫ ᛬ ᛭ ᛮ — II ͝ —)

ex quibus vocem variare noverunt. Instrumentis musicis non utuntur: nisi forte testudine & Chlavichordio, ii, qui ex Chio, Cypro, Creta, Corcyra, aliisque Italicæ imitationis locis, veniunt. Habent Lyram, instrumentum oblongum 6 aut 7 chordarum, quod calamo pulsant Βάρβιτον & τρίχορδον, de quibus quæris, ignorant. Diese Nachricht hat der Auctor von dem in der Suite des von Tübingen nach Constantinopel abgereiseten Frey-Herrn, David von Ungnad, sich damahls befundenen Gesandschafft-Prediger, M. Stephan Gerlachs, an 1575 den 27 Nov. überliefert bekommen; denn aus dieser, ingleichen mit andern gelehrten Griechen geführter Correspondenz, und denen von ihnen erhaltenen Büchern ist eben vorgedachtes Werck des Auctoris erwachsen. An. 1585 hat er auch seine Germano-Græciam zu Basel in folio drucken lassen; in den Anmerckungen über das 6 Buch dieses Wercks, p. 271. sq. handelt er vom rechten Gebrauch der Music, und sagt von ihm selbst: "er werde durch die Music dergestalt afficiret, daß er das viele Jahre unterlassene Lauten-Spielen wiederum vorgenommen, auch bey M. Georg Fleck, einem Theologo und Organisten zu Tübingen vor einem Jahre das Clavier zu tractiren angefangen habe, mit fernern Beyfügen: Sentio mirifice me sic refici post asfiduos labores."

Cruſithyrus [*lat.*] κρυσίθυρος (*gr.*) war ehemahls bey den Griechen ein Tantz, und Tantz Lied vor die Flöte. ſ. *Meurſii Orcheſtram.* Weil Dalechampius in der Rand-Gloſſe dieſes beym Athenæo lib. 14. p. m. 618 vorkommende Wort durch: qui fores pulſat, erkläret; iſt kein Zweifel, es ſey zuſammen geſetzt aus κρῶσις, pulſatio, und θύρα, janua, und dieſer Tantz ſamt ſeinem Liede von den Nacht-Schwärmern beym Anklopffen an die Thüren gebraucht worden.

Cryſaphe [*Manuel Lampadarius*] ein neuerer Griechiſcher Poet und Muſicus, hat in ſeiner Sprache einen Tractat: de arte pſallendi geſchrieben, auch ſo wohl ſeine eigene, als andere Poëmata Eccleſiaſtica mit muſicaliſchen Noten, nach der ietzigen Griechen Art, verſehen; beyde ſollen ſich in der Bibliothec des Spaniſchen Cloſters Eſcurial befunden haben. ſ. Hrn. D. *Fabricii* Bibl. Gr. lib. 3. c. 10. p. 270.

Ctenia [*lat.*] κτένια [*gr.*] alſo ſind ehemahls die Arme oder Seiten-Stützen der alten Mercurialiſchen Cither oder Harffe genennet worden. Cubiti extantes citharis. ſ. *Bulenger;* de Theatro, lib 2. c. 38.

Cteſibius, eines Barbierers Sohn von Alexandria gebürtig, iſt 120 Jahr vor Chriſti Geburt durch Erfindung der Waſſer-Orgeln berühmt worden. Die Gelegenheit dazu beſchreibet Bernardino Baldi in der Vorrede über des Heronis Automata, p. 7.

Cuello [*Eliſabetha*] eine ſehr berühmt geweſene Mahlerin und Muſica zu Morviedro oder Murviedro, einer kleinen im Königreich Valentia liegenden Spaniſchen Stadt, ſo vormahls Saguntum geheiſſen, und ehe ſie Hannibal zerſtöret, groß, reich und berühmt geweſen; hat auf verſchiedenen Inſtrumenten wohl ſpielen können. ſ. *Antonii* Biblioth. Hiſpanam.

Cuivrette (*gall.*) ſ. f. alſo heiſſet der meſſingene Schlüſſel oder die Klappe an den Fagotten, die untern Löcher deſto beſſer erreichen zu können.

Cuntz [*Steph.*] ein Nürnbergiſcher Orgelmacher, brachte bey vielen angewendeten Fleiß, der auf die Verbeſſerung der Orgel-Wercke iederzeit abzielte, dergleichen von ihm verfertigte Wercke vor andern in einen guten Stand, und dadurch ſeiner Kunſt ein groſſes Lob zu wege, da ſeine Orgeln noch bis dato ſehr æſtimiret werden. Starb nach an. 1635. ſ. des Hrn. Profeſſ. Doppelmayers Hiſtoriſche Nachricht von den Nürnbergiſchen Künſtlern, p. 298.

Cuper [*Gisbert*] der an. 1644 den 14 Sept. gebohren, und an. 1716 den 22 Novemb. verſtorbene Bürgermeiſter und Raths-Cämmerer zu Deventer, wurde ohngefehr ums Jahr 1666 nach Deventer zum Profeſſ. Hiſtor. & Eloq. beruffen, als er eben auf der Reiſe nach Franckreich begriffen war. Dieſes Amt legte er an. 1681 nieder, als ihm die Provintz Ober-Iſſel zum Deputirten bey der Verſammlung der General-Staaten ernennete. Nachgehends iſt er in den beyden letzten Frantzöſ. Kriegen der General-Staaten Deputirter zu Felde geweſen. Wurde an. 1715 das erſte Mitglied unter den 6 Ausländern der Pariſiſchen Academie des Inſcriptions. ſ. Hrn. D. *Buddei* Lex. Dieſer vornehme Mann erkläret unter andern in ſeinem Harpocrate den locum Euſtathii ad iliad. Σ. de ſex tibiarum generibus, p. 141 ſq. ſ. Sal. van Til Sing- Dicht- und Spiel-Kunſt, p. 57. Vorgedachtes Buch iſt an. 1676 zu Amſterdam in 8vo, und an. 1687 zu Utrecht in 4to gedruckt worden

Cupre (*Jean'de*) ein Componiſt zu Heydelberg, gab an. 1610 zu Franckfurt am Mayn 30 fünffſtimmige Frantzöſiſche Madrigales heraus. ſ. *Draudii* Bibl. Claſſ. p. 1629.

Curte (*Fabio de*) ein Neapolitaniſcher Philoſophus, Poet und Muſicus, hat die Griechiſche und Lateiniſche Sprache wohl verſtanden; iſt aber dabey blind geweſen.

Curte (*Mario de*) ein Bruder des vorigen, iſt gleichfalls blind, dem aber ungeachtet dennoch ein groſſer Theologus, Philoſophus, und excellenter Muſicus auf vielen Inſtrumenten, auch Lector publicus, und ein ungemeiner Prediger zu Neapolis geweſen, und hat zu Königs Philippi II. in Spanien Zeiten florirt. Beyde haben noch drey Brüder gehabt, davon der eine, Scipio, Königl. Spaniſcher Rath, und Capo di Rota; zweyte, Franceſco, auch Königl. Rath; und der dritte, Giulio, Königl. Capellan geweſen. ſ. *il Foraſtiero* di Giulio Ceſare Capaccio, Giornata 7 p. 589.

Curth (*Joh.*) von Freyberg aus Meiſſen gebürtig, ward an. 1662 an der SS. Petri und Pauli Kirche in Zittau zum Organisten angenommen, und starb den 4 Julii an. 1692. f. Hrn D. *Carpzovii* Analecta Pastor. Zittav. P. 3. c. 4. pag. 95.

Curtia (*Maria Elisabetha*) Mag. Jacobi Curtii, des Zittauischen Gymnasii Sub-ConrectorisTochter, wird in Joh.Casp. Eberti eröffneten Cabinet des gelehrten Frauen-Zimmers, p. 120. als ein in der Instrumental-Music, und überdiß der Lateinischen, Griechischen und Italiänischen Sprache wohlerfahrnes Frauenzimmer angeführet. Daß sie an den Pfarrer zu Witgendorff, Jacobum Scultetum, verheyrathet worden, berichtet M. Gottfried Ludovici P. 2. p. 73. seiner Schul-Historie.

Cusa (*Nicolaus de*) oder Cusanus, eines armen Fischers, Nahmens Krebs, zu Cusa, einem Trierischen Dorffe an der Mosel, Sohn, gebohren an. 1401, war ein unvergleichlicher Philosophus, J U. Doctor, Mathematicus und Theologus. Wurde Bischoff zu Brixen in Tyrol, und Cardinal-Priester unterm Titul: S. Petri ad Vincula, kam etliche mahl als Päbstlicher Nuntius nach Teutschland, und starb an. 1464 den 11ten Augusti zu Todi. Liegt zu Rom begraben, sein Hertz aber ist in den von ihm bey seinem Geburts-Orte erbaueten, auch mit guten Einkünfften, und Büchern versehenen Hospital des H. Nicolai, an der Mosel, Berncastel gleich über liegend (lat. Ursicastrum) gebracht worden. Sein zu Rom in der Kirche S. Petri ad Vincula befindliches Epitaphium lautet folgender maßen:

Nicolaus de Cusa Trevirensis
S. Petri ad Vincula Cardinalis
Brixinensis Episcopus
Tuderti obiit M. CCCCLXIV. XI Augusti
Ob devotionem Catenarum S. Petri hic sepeliri voluit.
Dilexit Deum, timuit, & veneratus est,
ac illi soli servivit,
Promissio Retributionis non fefellit eum.
Vixit ann LXIII. f. *Ghilini* Teatro d'Huomini letterati, P. 2. p. 200.

Seine Schrifften sind an. 1565 zu Basel in 3 Volumin. heraus gekommen. In solchen handelt er an verschiedenen Orten, und insonderheit c. 1. & 14. lib. 2. de docta ignorantia; ferner c. 2. lib. 2. de Conjecturis; u. im 4ten Dialogo Idiotæ, de staticis experimentis, etwas weniges von musicalischen Dingen. Und im Tractat, de ludo Globi, welcher lib. 2. p. 234 befindlich ist, schreibet er von ihm selbst folgendes: licet enim Musicæ scientiam habeam, tamen cum Geometriæ vacuo, non sentio me Musicum.

Cuselius (*Henricus*) von Magdeburg, war unter den 53 verschriebenen Organisten der siebende, welcher das an. 1596 in die Schloß-Kirche zu Grüningen erbauete Orgel-Werck bespielet und examiniret gehabt. f. Werckmeisters Organ. Gruning. rediv. § 11.

Custodis (*Joannes*) war an. 1548 in Kaysers Caroli V. Capelle ein Discantist. f. *Mamerani* Catal. familiæ totius aulæ Cæsareæ, p. 11.

Custos (lat.) ist das am Ende eines Systematis musici befindliche u. also gestallte Zeichen, welches zu erkennen giebt, wo die im folgenden Systemate vorkommende erste Note stehen werde.

Custrovius oder **Gustrovius** (*Joannes*) ein Lüneburgischer Musicus. Von seiner Arbeit ist ein Motetten-Werck von 4, 5, 6 und 8 Stimmen zu Franckfurt am Mayn bey Nic. Stein heraus gekommen. Die Jahrzahl wird nicht gemeldet. f. *Draudii* Bibl. Class. p. 1611. woselbst er auch Chustrovius geschrieben wird.

Cycnus oder **Cygnus**, des Sthenelei Sohn, und König in Ligurien, war von dem Apolline mit einer besondern Annehmlichkeit zu singen begabt worden, grämete sich aber hernachmahls, als sein guter Freund, der Phaëton, von dem Jove mit dem Donner erschlagen worden, dermassen, daß ihn endlich die Götter aus Mitleiden in einen Schwan verwandelten, und Apollo sodann mit unter die Sterne versetzete. Er ist daher an den mitternächtlichen Theile des Himmels zu sehen, und bestehet aus 18 Sternen. f Jederichs Schul-Lexicon. Von diesem Vorgeben meldet Pausanias in Atticis, f. lib. 1. nach der lateinischen Übersetzung folgendes: Ego, apud Ligu-
res

res regnasse in Muſicis ſolertem hominem, ut credam facile adduci poſſum: ſed hominem in avem mutatum, minime fide dignum videri poteſt.

Cymbaliſta (*lat.*) der mit Cymbeln ſpielet.

Cymbaliſtria (*lat.*) die mit Cymbeln ſpielet.

Cymbalum (*lat.*) κύμβαλον [*gr.*] war bey den Alten ein Inſtrument von Ertz, zwey hohlen Becken nicht ungleich, welche, wenn ſie beyde mit flachen Händen zuſammen geſchlagen wurden einen hellen Ton von ſich gaben. Servius vergleichet ſie mit den Hemycyclis, oder halben Theilen des Himmels; woraus man ihre Figur gar deutlich abnehmen kan. Man brauchte die Cymbala beym Gottesdienſte des Bacchi, der Cybeles, ingleichen bey den myſteriis der Cabirorum und Samothracum. D. Frider. Adolphus Lampe hat einen aus drey Büchern beſtehenden Tractat davon in lateiniſcher Sprache geſchrieben, welcher an. 1703 zu Utrecht in 12:mo gedruckt worden. Heutiges Tages führet dieſen Nahmen ein dreyeckigt Inſtrument von dünnen Stahl-Drath mit 5 Ringen, ſo mit einer eiſernen Ruthe geſchlagen wird; it. das Zimbel-Regiſter in den Orgeln, ſo 2 oder 3 fach accords-weiſe geſtimmt iſt. Die Frantzoſen nennen es Cimbale, oder Cymbale. ſ. Friſchens Lex. conf. Furetiere Diction.

Cymbalum orale (*lat.*) heiſſet beym Merſenno eine Maul-Trummel, oder ein Brummeiſen.

Cynura, iſt, nach dem Muſonio, de luxu Græcorum c. 7. eine Gattung der Lyræ, von welcher der ſehr reiche, und der Muſic befliſſen geweſene König in Cypern, Cynuras, ſeinen Nahmen bekommen. conf. *Cinyra*.

Czeis (*Caſpar*) ein Componiſt, deſſen Ornithoparchus in ſeinem Micrologo, lib. 2. c. 8 gedencket.

D.

D. Dieſer groſſe Buchſtab zeiget in G. B. den Diſcant, oder der Frantzoſen ihren Deſſus an. Das kleine d entweder allein, oder mit dem m alſo geſetzt: d. m. bedeutet ſo viel, als dextra manu, mit der rechten Hand, und bemercket in Tabulatur-Sachen vors Clavier, welche Noten mit dieſer Hand gegriffen werden ſollen.

Da. Dieſe Italiäniſche Præpoſition bedeutet (1. durch. Z. E. da Capella, durch die Capelle. (2. vor. Z. E. Sonate da Camera, Sonaten vor das Zimmer, oder Cammer-Sonaten. Sonate da Chieſa, Sonaten vor die Kirche, Kirchen-Sonaten, (3. vom. Z. E. da Capo, vom Anfange. (4. mit. Z. E. Stromenti d'arco, Inſtrumente, ſo mit Bögen tractirt werden. (5. um, wenn ſie vor einem Verbo ſtehet. Z. E. da ſuonare, um, oder zu ſpielen.

D dur heiſſet: wenn [1. ein ♯ vor dem d-Clave ſtehet, welcher alsdenn eigentlich dis genennet zu werden verdienet. [2. wenn, in Anſehung des Modi, die Terz zum d-clave nicht f, ſondern fis iſt.

D moll heiſſet: wenn [1. ein b vor dem d-clave ſtehet, welcher ſodann gar füglich des genennet werden kan. [2. wenn, in Anſehung des Modi, die Terz zum d-clave nicht fis, ſondern fiſt.

Dal, iſt der Ablativus des Italiäniſchen Articuls il, und bedeutet von. Z. E. dal Signore N. vom Herrn N.

Dalechamp oder **Dalecampius** (*Jacob*.) ein in literis elegantioribus wohl erfahrner Frantzöſiſcher Edelmann und Medicus, welcher zu Caën in der Normandie gebohren, und ums Jahr 1587 oder 88 zu Lion verſtorben; mag unter den Muſic-Scribenten vielleicht deswegen einen Platz von Mr. Broſſard bekommen haben, weil er des Athenæi 15 Bücher Deipnoſophiſtarum aus dem Griechiſchen ins Lateiniſche überſetzt, und mit Rand-Gloſſen edirt hat.

Dallum (*Robertus*) ein aus der Engländiſchen Graffſchafft Lancaſter bürtig geweſener, und weit gereiſter Orgelmacher, iſt an. 1665 im 63ten Jahre ſeines Alters zu Oxford geſtorben, und daſelbſt in die Kirche des Neuen Collegii begraben worden. ſ. *Anton à Wood* Hiſtor. & Antiquit. Univerſitat. Oxonienſis, lib. 2. p. 155.

Damaſcenus. ſ. *Johannes Damaſcenus*.

Damaſus, der unter Kayſers Theodoſii M. Regierung an. 384 im 80ſten Jahre ſeines Alters verſtorbene Römiſche Biſchoff, von Madrit aus Spanien gebürtig, ſoll,

soll, nach einigen, das Psalm= und Halle=
luja=Singen an den Fest=Tägen in die
Abend=Ländische Kirche eingeführt haben.

Damianus, ein Præmonstratenser=Mönch
in dem zu Ninove in Flandern liegenden
Closter, hat so wohl in der Gelehrsamkeit,
als Music es andern zuvor gethan, unter
andern aber der beyden Märtyrer Cornelii und Cypriani Officium, so die
Mönche gedachten Closters heutiges Tages noch zu singen pflegen, componiret,
und ums Jahr 1190 floriret. f. *Swertii*
Athenas Belgicas, und *Sanderum* de
Scriptoribus Flandr. p. 46.

Damon, ein zu Athen berühmt gewesener
Musicus, und Lehrmeister des Periclis,
soll die Hypolydische Sing=Art, so der
Mixolydischen zuwider ist, erfunden haben. f. Printzens Mus. Histor. c. 2. §.
39. conf. c. 7. §. 43. Woselbst an statt
Hypolydisch Iydisch stehet. Plutarchus in vita Periclis meldet von ihm:
daß, ob er gleich ein spitiger Sophist gewesen, er dennoch lieber ein Musicus heissen wollen. f. *Königii* Bibl. Nach
Platonis Zeugniß, lib. 4 de Republica,
hat er davor gehalten: Die Music könne
nicht verändert werden, daß sich nicht zu
gleich das Regiment und gemeine Wesen
auch mit verändere. f. *Voss*. de nat. Art.
lib. 1. c. 4. §. 47.

Damophila, eine Griechische Weibes=Per-
son, Poetin und Musica, soll nach einigen, aus der Insul Lesbus gebürtig, und
in der 43 Olympiade, oder 606 vor
Christi Geburt berühmt gewesen
seyn. f. das comp. Gelehr. Lex. Raphael Volaterranus lib. 15. Commentar. Urban. hält sie vor ein Ehe=Weib
des Pamphili; aber Hr. D. Gottfr. Olea-
rius, in seinen Anmerckungen über den
Philostratum, de vita Apollonii Tya-
nensis, lib. 1. c. 30. sagt: Pamphilia
sey ihr Vaterland, und der also genannte
Modus Pamphilius, welcher sonsten
Mixolydius heisse, und der Sappho insgemein zugeschrieben werde, ihr inventum gewesen.

Dandrieu, oder d'Andrieu (*J. François*)
ein Organist bey St. Merry und St. Bar-
thelemy zu Paris, hat zwey Bücher mit
dreystimmigen Sonaten, und drey Suiten
vors Clavier heraus gegeben. f. das *Sejour de Paris*, p. 276. das erste davon ist
an. 1705 in groß folio zu Paris gravirt,
und der Madame von Franckreich dedicirt worden. An. 1719 hat er Principes de l'accompagnement du Clavecin, exposez dans les Tables, &c. ediret, und sie dem Hertzoge von Noailles
zugeschrieben. Dieses Werck bestehet aus
69 in Kupfer gestochenen Tabellen, woraus einige Arien, Brunettes genannt, auf
18 Kupffer=Blättern folgen. Der Auctor selbst sagt: seine methode begreif-
fe wenigstens das wichtigste, so zum accompagnement erfordert werde. f. die
Zeitungen von gelehr. Sachen an. 1719
p. 446. Man hat auch von ihm un Livre de Noël vor die Orgel. f. *Boivins*
Music=Catalogum aufs Jahr 1729, p. 15
ingleichen les Caractères de la Guerre
vor Violinen gesetzt. *ibid.* p. 24.

Daniel, ein Frantzösischer Componist ums
Jahr 1678, dessen der Mercure Galant
im Decemb. Monat a. c. p. 65 seq. gedencket.

Danielis (*Daniel*) soll zu Güstrau Capellmeister gewesen seyn.

Danse, pl. Danses (*gall.*) f. f. ein Tantz,
Täntze.

Danse par bas (*gall.*) Saltatio mode-
stior (*lat.*) ein sittsamer Tantz, worinnen keine Sprünge oder Cabrioles vorkommen.

Danse per haut (*gall.*) Saltatio subli-
mior (*lat.*) ein aus Cabrioles bestehender Tantz. f. *Furetiere* Diction.

Danse rustique (*gall.*) ein Bauer=Tantz.

Danseur (*gall.*) ein Täntzer. Danseu-
se, eine Täntzerin.

Danti (*Egnatio*) oder Ignatius Dantes,
ein in der Philosophie und Theologie, sonderlich aber in der Mathematic wohl erfahrner Italiänischer Dominicaner=
Mönch, von Perugia gebürtig, welcher
vom Pabst Gregorio XIII. das Bißthum
Alatri erhalten, und an. 1586 den 19 Oct.
gestorben, wird von Mr. *Brossard* p.
379. seines Diction. auch als ein Auctor Musices angegeben. Daß er am
Gymnasio zu Bologna Professor Matheseos gewesen, ist beym *Vossio* de Mathesi lib. 3. c. 70. §. 27. zu lesen.

Daphnis, des Mercurii und einer Nymphen Sohn, wurde in Sicilien, in einem
Thale, wo viele Lorber=Bäume stunden,
gebohren, von seiner Mutter weggewor-
fen, und von den Hirten gefunden, welche,
weil sie ihn unter nur gedachten Bäumen
angetroffen, Daphnin genennet. Soll
vom Pan die Music erlernet, Winters-
und Sommers=Zeit sich um den Berg
Ætnam

Ætnam, als ein Hirte, aufgehalten, und der Nymphe Nomiæ endlich versprochen haben, seine Liebe, auſſer ihr, keiner andern zuzuwenden; als er aber dieſe Zuſage nicht gehalten, ſondern ſich von der Königl. Princeßin in Sicilien, Chymera, mit Wein berauſchen, und zu ungebührenden Dingen verleiten laſſen, um ſein Geſicht gekommen ſeyn. ſ. Hederichs Schul-Lex. *Perizonii* Anmerckungen über das 18te Capitel des 10 Buchs Æliani, de varia Hiſtoria; und *Parthenii* Erotic. c. 29.

Daquoneus (*Joan*) hat an.1567 ſechs- und ſiebenſtimmige Madrigalien zu Venedig drucken laſſen, ſ. *Draudii* Biblioth. Claſſ. p. 1629.

Daſerus (*Ludovicus*) Fürſtl. Würtembergiſcher Capellmeiſter, ließ an. 1578 eine Paßion ſeiner Arbeit zu München in groß folio drucken. Von ſeinen Motetten hat Johann Wolz etliche aufs Clavier appliciret.

Daſypodius (*Conradus*) von Straßburg gebürtig, war des Chriſtiani Herlini, eines berühmten Mathematici daſelbſt Diſcipul, und in dieſer Profeſſion deſſen Nachfolger, wie auch des Collegii Thomani Decanus, ſchrieb, unter andern, Inſtitutiones Mathematicas, eine Oration. de Diſciplinis mathematicis, und ein Lexicon mathematicum. Nach Voſſii Bericht, de nat. Art. lib. 3. c. 22. §. 1. wird in den erſten am 30 und 31 Blatte, und am 24 und 25ten Blate der Protheoriæ mathemat. von der Theoretiſchen Muſic Eintheilung gehandelt. Er iſt geſtorben an. 1600 den 26ten April, im 68ten Jahre ſeines Alters.

Dathi (*Agoſtino*) ein in Sprachen wohlerfahrner Redner und Philoſophus, von Siena gebürtig, und dieſer Stadt, als ſie noch eine Republic war, Secretarius ums Jahr 1460, hat, unter andern, auch de Muſica Diſciplina geſchrieben. ſ. das *Buddeiſche* Lex. und *Geſneri* Partition. univerſal. lib. 7. tit. 3.

Daubenrochius [*Georgius*] ließ an. 1613 eine Epitomen Muſices zu Nürnberg in 8vo drucken.

David, der wohl bekannte König und Prophet, hat, wie Beyerlinckius aus dem 7 Buche Antiquit. Joſephi meldet, verſchiedene muſicaliſche Inſtrumente erfunden.

Dauphin, ein Frantzoſe, hat zwey Bücher Sing-Arien heraus gegeben. ſ. *Boivins* Muſic-Catal. aufs Jahr 1729. p. 34.

De (*gall.*) von.

Debora, die Prophetin in Iſrael, und Eheweib des Lapidoth, wurde, nach einigen, An. Mundi 2638, oder, nach andern, an 2720 Richterin über das Volck Iſrael, erhielt mit Barack den Sieg wider Siſteram, den Feld-Hauptmann des Cananäiſchen Königes Jabin, ſang das im 5ten Capitel des Buchs der Richter aufgezeichnete Triumph-Lied, und ſtarb an. 2670 oder 2678. ſ. *Feſſelii* Promptuar. und Hrn. D. *Buddei* Lex.

Decachordum (*lat.*) von δέκα, decem, zehen, und χορδή, chorda, eine Saite; was zehen Saiten hat.

Decentum (*lat.*) alſo iſt ehemahls ein gewiſſer Zuſammenklang muſicaliſcher Inſtrumente genennet worden; und mag vielleicht vom Frantzöſiſchen und Engländiſchen Wort: *decent* (lat. decens, decorus) gebührend, wohlanſtändig, herkommen. ſ. *du Cange* Gloſſar.

Dechius, Degius und Thechius [*N ccl.*] ein anfänglich an einer Schule zu Braunſchweig bedient, und nachgehends geweſener Præpoſitus eines daſigen Nonnen-Kloſters, hat in nur gedachter Stadt zu allererſt vielſtimmige Muſic-Stücke, ſo damals daſelbſt noch etwas unerhörtes geweſen, aufgeführet. ſ. *Joan. Streitbergeri* Orat. inaugural. p. 21. ſq.

Decima [ital. lat.] la Dixième (*gall.*) ein muſicaliſches intervallum, aus einer Octav. und Tertia majori oder minori [aufwerts gerechnet] beſtehend. Mit dem Wort Opera geſetzt, iſts der numerus ordinalis, und heiſſet: das zehende Werck.

Decima terza (*ital.*) Decima tertia (*lat.*) die doppelte Sext. Z. E. c. ā.

Decima quarta (*lat. ital.*) die doppelte Septima. Z. E. c. h̄.

Decima quinta (*lat. ital.*) die doppelte Octav. Z. E. c. c̄.

Decima ſeſta (*ital.*) Decima ſexta (*lat.*) die dreyfache Secunda, oder doppelte Nona. Z. E. c. d̄.

Decima ſettima (*ital.*) Decima ſeptima (*lat.*) die dreyfache Tertz. Z. E c. ē.

Decima ottava [*ital.*] Decima octava (*lat.*) die dreyfache Quart. Z. E. c. f̄.

Decima nona (*lat. ital.*) die dreymahl genommene Quint. Z. E. c. ḡ.

Decker [*Dav.*] war im vorigen Seculo Organist zu Görlitz.

Declamatione [*ital.*] Declamation (*gall.*) Dœlamatio (*lat.*) eine mündliche Stand-Rede, Hersagung; war bey den Alten eine Ubung in der Oratorie, da so wohl die Rhetores junge Leute anführten, wie sie sich vor Gerichte verhalten solten; oder auch alte und erfahrne Redner sich selbst noch, in Beyseyn guter Freunde, exercirten. Auf Griechisch wird diese Ubung μελέτη genennet. s. Hederichs Schul-Lex. In der Music ist es eben was Recitativo; der solches verrichtet, heisset: Declamatore (*ital.*)|Declamateur [*gall.*] und Declamator (*lat.*)

Déconcerter [*gall.*] aus dem Tone bringen, wenn man mit einander ein Musicalisches Stück übet. s. Frischens Lex.

Déconter [*gall.*] den Nahmen und Ton oder Klang einer Note durch Abzehlen suchen und finden. s. *Loulié* Elements de Musique, p. 93. sqq.

Decorus (*Volupius*) s. *Schonslederus*.

Découvert [*gall.*] entdeckt, offen. conf. Parties découvertes.

Dedekind, [*Constantinus Christian*) ein Kayl. gekrönter Poet, und Churf. Sächß. Concert-Meister, auch des Meißnischen und Ertzgebürgischen Creyses Steuer-Caßirer, hat an. 1683 singende Sonn- und Fest-Tags-Andachten zu Dreßden bey Michael Günthern drucken lassen. Seine geheime Music-Kammer, darinnen 30 Psalm-Sprüche enthalten, ist an. 1663; der süssen Mandelkernen erstes und zweytes Pfund, von ausgekernten Salomonischen Liebes-Worten, in 15 Gesängen mit Violinen, an. 1664; und der sonderbahren Seelen-Freude, oder geistlicher Concerten 1ster und 2ter Theil an. 1672, gleichfalls in Dreßden zum Vorschein gekommen.

Dedekind (*Euricius*) Cantor an der S. Johannis-Kirche in Lüneburg, von Neustadt gebürtig, gab an. 1592 breves Periochas Evangeliorum von Advent bis Ostern von 4 und 5 Stimmen heraus.

Dedekindus (*Henningius*) Cantor Salissanus [zu Langen-Saltza] hat an. 1590 seinen Præcursorem metricum artis musicæ in Erffurt drucken lassen.

Dedicace [*gall.*] s. f Dedicatio [*lat.*] Dedicatione [*ital.*] die Einweihung einer Kirche; also findet man: pour la fête de la dedicace [*gall.*] per la dedicatione [*ital.*] vors Fest der Einweyhung.

Deduttione [*ital.*] Deduction (*gall.*) Deductio (*lat.*) ist die Benennung, welche Guido Aretinus seiner aufwerts steigenden Syllben-Folge beygeleget, als: ut, re, mi, fa, sol, la.

Deffendu [*gall.*] verbothen.

Defonti [*ital.*] Defunts (*gall.*) Defuncti (*lat.*) die Verstorbene; Salmi per gli defonti [*ital.*] Pseaumes pour les defunts (*gall.*) Psalmi pro defunctis (*lat.*) Psalmen vor die Verstorbenen.

Degen [Matthias und Melchior] beyderseits von Gotha, waren unter den 53 verschriebenen Organisten der 9te und 32te, welche das an. 1596 in der Schloß-Kirche zu Grüningen erbauete Orgel-Werck bespielt und examinirt gehabt. s. Werckmeisters Organ. Gruning. rediv. §. II.

Degré [*gall.*] s. m. von de und gradus, eine Stuffe. Par degrez conjoints, stuffenweise, d. i von einem Klange zum nechst folgenden. Par degrez disjoints, Sprungs-weise; wenn man nemlich von einem Klange zum andern springet, und die dazwischen liegenden Klänge überhüpffet. Degré interrompu [*gall.*] ein Stimm-Sprung.

Dehelia [*Vincentius*] ein Sicilianischer Musicus, welcher lange Zeit an der Königlichen Capelle S. Petri zu Palermo bedient gewesen, hat an. 1636 Salmi & Hinni di Vespri ariosi a 4 & 8 voci daselbst in 4to drucken lassen. s. *Mongitoris* Bibl. Sicul. T. 2. p. 281.

Deiwes [Anton] von Leipzig, war unter den 53 verschriebenen Organisten der 14te, welcher das an. 1596 in die Schloß-Kirche zu Grüningen erbauete Orgel-Werck bespielet und examinirt gehabt. s. Werckmeisters Org. Gruning rediv. §. II.

Del, pl. delli oder degli [masc.] de la, della, pl. delle [fœm.] der Articul des Italiänischen Genitivi, bedeutet Frantzösisch: de, du, des, de la &c. vor den Nahmen und Qualitäten der Auctorum so viel als des z. B. del Signore N. [*ital.*] du Sieur N. (*gall.*) des Herrn N. del Padre N. [*ital.*] du Pere N. [*gall.*] des Paters N. Man findet ihn auch sehr offt in den Registern der Italiänischen Motetten, vor den Innhalt, oder die Materien des Textes also gesetzt: del Signore [*ital.*] du Seigneur, ou du

S. Sa-

S. Sacrement [*gall.*] ein Text vom Herrn Christo, oder vom H. Sacrament. del santo nomine di Giesu [*ital.*] du S. nom de Jesus (*gall.*) vom heiligen Nahmen JEsu. della Madonna (*ital.*) de la sainte Vierge (*gall.*) von unserer lieben Frauen, von der H. Jungfrau Maria.

Délié, oder deslié (*gall.*) ungebunden, frey.

Demantius [*Christophorus*] Cantor zu Freyberg in Meißen, von Reichenberg gebürtig, [daß er vom 1597 bis zum 1604ten Jahre auch Cantor zu Zittau gewesen, berichtet M. Godofr. Ludovici P 2. p. 94. seiner Schul-Historie,] hat 4. 5. und 6 stimmige *Magnificat* ad 8. usitatos, & 12 Modos musicos zu Franckfurt; *Tandem precum vespertinarum* ad 8 tonos & modos concinnatam an. 1602 zu Nürnberg drucken lassen. An. 1610 sind, unter dem Titul: *Corona Harmonica*, auserlesene Sprüche aus den Evangelien auf alle Sonntage und vornehmste Feste durchs gantze Jahr mit 6 Stimmen, und auf allerhand Instrumenten zu gebrauchen, in Leipzig herausgekommen. An. 1615 ist sein aus 21 Streit- und Triumph-Liedern bestehendes *Tympanum militare* von 5. 6. 8 und 10. Stimmen zu Nürnberg ans Licht getreten. An. 1618 hat er ein 5stimmiges *Te Deum laudamus*; und an. 1619 die *Triades Sionias* Introituum, Missarum & Prosarum von 5-8 Stimmen zu Freyberg durch den Druck publiciret. An. 1620 gab er seine *Torenoaias* oder Begräbniß-Gesänge von 4. 5. und 6 Stimmen in 8vo heraus. In der Vorrede lieset man: "Er habe etliche schöne andächtige Texte, "so zuvor weltliche Melodien gehabt, "auf andere anmuthige Art componi-"ret, und mit angehänget." Unter solchen ist nun das sechste Stück p. 388. der Choral: Von GOtt will ich nicht lassen, etc. auf die Tab. X. fig. 3. befindliche Melodie. An. 1632! ist die achte, und an. 1671 die neunte Edition seiner *Isagoges artis musicæ* zu Freyberg in 8vo gedruckt worden, welche aus halb lateinischen, und auf der Seite gegenüber, verteutschten præceptis, mehr aber aus vielen Sing-Exempeln von 12 Bogen bestehet. Die erste edition mag wohl an. 1607 herausgekommen seyn. Er ist an. 1643 den 20 April. im 76 Jahre seines Alters gestorben. s. Hrn. D. *Carpzovii Analecta Pastor.* Zittav. P. 3. c. 6 p. 114.

Demarets, iehiger Capellmeister des Hertzogs von N. hat sich an. 1721 den 12 Januarii in der Königlichen Capelle zu Paris, aus Danckbarkeit, hören lassen, daß S. Majestät ihn, da er wegen Entführung eines jungen Frauenzimmers zum Tode verurtheilet gewesen, pardoniret haben. s. das 13te St. Hällischen Zeitungen obgedachten Jahres, Conf. Démarets.

Demelius [*Christianus*] Cantor in Nordhausen, war an. 1643 den 1 April. zu Schlettau, einem bey Annaberg liegenden Städtgen, gebohren, studirte von an. 1666 bis 1669 zu Jena, und erlernete daselbst bey Hrn. Adam Dresen die musicalische Composition, kam in obiges Amt den 1sten Advents-Sonntag an. 1669, schrieb ein aus lauter Exempeln bestehendes Tirocinium Musicum in 4to, und starb den 1 Nov 1711.

Demetrius, ein lateinischer Poet und Musicus, dessen Acron in seinem Commentario über den Horatium gedencket. s. *Jac. Thomasii* Dissert. de plagio literario.

Demi [*gall.*] Adj c. halb, it. unvollkommen.

Demi-Bâton (*gall.*) s. m. also wird die zweyschlägige Pause genennet, weil sie nur die Helffte von der vierschlägigen, und eigentlich nur einen halben Stab repræsentiret.

Demi-Cercle (*gall.*) ein halber Circul, welcher das Zeichen des schlechten, oder ordinairen Tacts ist.

Demi-Dessus (*gall.*) der tieffe Discant, oder hohe Alt, dessen Schlüssel auf der zweyten Linie im Systemate stehet.

Demie-Mesure (*gall.*) ein halber Tact.

Demie-Pause (*gall.*) eine halbe Tact-Pause.

Demi-quart de mesure [*gall.*] eine Achtel-Pause.

Demi-Soupir [*gall.*] eine Achtel-Pause. Mr. Ozanam p. 656 seines Diction. Mathemat. nennet die Sechzehntheil-Pausen: Demi-Soupirs.

Demi-Tirade (*gall.*) ein kurtzer Läufer, so aufs höchste aus drey oder vier zweygeschwäntzten Noten bestehet, und demnach mit der drauf folgenden Note entweder ein quart- oder quint-intervallum ausmachet.

Demi-Ton majeur (*gall.*) ein grosser unvollkommener Ton z. E. e f. cis d.

Demi-

Demi-Ton mineur (*gall.*) ein kleiner unvollkommener Ton. Z. E. c cis. f fis.

Democritus, Abderites zubenahmt, weil er aus Abdera in Thracien, so itzo Asperosa heisset, bürtig gewesen, ein Heydnischer, weit gereißter, und uns Jahr der Welt 3521, oder 427 Jahr vor Christi Geburth, berühmt gewesener Philosophus, welcher 104 bis 109 Jahr alt worden, soll derjenige seyn, so, unter andern auch einen Tractat: de Concentu l. Harmonia geschrieben. Wiewohl andere davor halten: der Democritus, so ein Musicus gewesen, habe zwar zu des obigen Zeiten gelebt, aber aus der Insul Chius seinen Ursprung gehabt.

Demodocus ein Poet und Musicus zu Zeiten des Ulyssis, aus Corfu gebürtig [Corcyræus,] wird von Homero genennet, Cantor divinus, und soll durch Vorstellung der vorgegangenen Zerstörung der Stadt Troja, als wenn sie gegenwärtig geschähe, den Ulyssem zum Weinen bewogen haben. Es mögen aber wohl zweene dieses Nahmens, der eine, dessen Homerus c. v. Odysseæ. v. 27. erwehnet, aus der kleinen Insul Ithacæ gebürtig, und an dem Hofe des Königs Alcinoi in Phæacia, [so eben Corcyra ist] bedient; der zweyte aber, der von Agamemnone seinem Eheweibe, der Clytemnestræ, zugeordnete verschnittene Musicus gewesen seyn, welcher mit seiner Music die Keuschheit der Clytemnestræ so lange vor dem Ægisto unverletzt erhalten, biß dieser ihn fortgejaget, und gar getödet f. *Zarl.* Vol. I. P. I. p. 89. und *Beyerlirckii* Theatrum vitæ humanæ. Daß dem einen Demodoco etwas widriges wiederfahren sey, scheinet Ovidius in Ibin, v. 271. in diesen Worten anzudeuten:

Ut duo Phineidæ, quibus idem lumen ademit,
Qui dedit: & Thamyræ, Demodocique caput.

Dempsterus [*Thom.*] ein gelehrter Schottländer, welcher an verschiedenen Orten in Franckreich, nachgehends zu Pisa und Bologna in Italien die humaniora dociret, und an. 1625 gestorben ist, hat, unter andern, über Rosini Antiquitates Romanas Anmerckungen geschrieben, und einige Capitel des 5ten Buchs, so von musicalischen Sachen handeln, erläutert, weswegen er beym Brossard p. 365 als ein Music-Auctor allegirt wird.

Demurs, oder **Desmurs.** f. *Muria*.

Denaisius [*Petrus*] ein Juris Consultus, gebohren zu Straßburg an. 1560, oder, nach dem Buddeischen Lexico, an. 1561 den 1sten Maji, wurde von dem Pfaltz-Grafen zu seinem Rath angenommen, und als Abgesandter nach Polen und England geschicket, hernach Assessor beym Cammer-Gerichte zu Speyer und starb an 1610 den 20 Sept. zu Heidelberg. f. das comp. Gelehrten-Lex. Wird von Frehero, Musices insignis amator & cultor genennet.

D'en bas (*gall.*) von unten auf.

D'en haut (*gall.*) von oben herein.

Denis, ein Frantzose, hat zwey Sonaten-Wercke publiciret, f. den an. 1729 zu Paris in 4to gedruckten *Catalogum general*. p. 5.

Denner [*Johann Christoph*] ein Flötenmacher, gebohren zu Leipzig den 13 Aug. an. 1655 begabe sich in dem achten Jahre seines Alters mit seinen Eltern nach Nürnberg, allda solche sich wohnhafft niederliessen, und erlernete von seinem Vater das Wildruff- und Horn-Drehen, welches dieser als seine Profession triebe, mit vielem Fleiß; hierauf legte er sich auch auf die Flöten und andere blasende Instrumenta zu machen, und brachte nachdeme bey selbigen, da er sich zugleich in der Music, die er ohne einen Lehrmeister begriff, trefflich habilitirte, nach den musicalischen Fundamenten eine so accurate Stimmung an, daß dergleichen Instrumenta, absonderlich aber seine Flöten, deßwegen allenthalben, auch an den entferneßten Oertern, vor andern sehr starck gesuchet wurden. Zuletzt triebe ihn sein Kunst-Belieben annoch dahin an, wie er noch ein mehrers durch seine Erfindung und Verbesserung bey bemeldten Instrumenten dargeben möchte; dieses gute Vorhaben erreichte auch würcklich einen erwünschten Effect, indem er zu Anfang dieses lauffenden Seculi eine neue Art von Pfeiffen-Wercken, die so genannte Clarinette, zu der Music-Liebenden grossen Vergnügen, außfande, ferner wiederum die vor alten Zeiten schon bekannte Stock- oder Rackettten-Fagotte. Diese rechnet man zu der Art der compendieusesten Fagotte, dann inwendig die Röhre sich neunfächtig umwendet, da solche sonsten neunmahl so lang sind. f. Hrn Doppelmayers Historische Nachricht von den Nürnbergischen Künstlern, p. 305.

p. 305. Endlich auch die Chalumeaux verbesserter darstellte. Er starb den 20 April. an. 1707 und hinterließ zwey Söhne, welche den Ruhm ihres Vaters durch eine weitere Ausübung, so wohl in gegeschickter Verfertigung als künstlicher Tractirung eben dieser Instrumenten annoch bestens befördern.

Denſs (*Adrianus*) ein berühmter Niederländischer Lautenist, ließ an. 1594 sein Florilegium zu Cöln am Rhein in folio drucken, und dedicirte es Arnoldo, einem Grafen von Manderscheid und Blanckenheim.

Dentice (*Fabritio*) ein Neapolitanischer Edelmann, ungemeiner Lautenist, und Componist auf diesem Instrument. s. *Galilei* Dialogo della Musica antica e moderna, p. 138. und *Besardi* Thesaur. Harmonic.

Dentice (*Luigi*) gleichfalls ein Neapolitanischer Edelmann, hat zwene Dialogos von der Music geschrieben, so an. 1553 zu Rom in 4to gedruckt worden sind. s. *Draudii* Bibl. Exot. p. 266. und *Lipenii* Bibl. Philos.

Dentice (*Scipione*) abermahl ein Neapolitanischer Musicus, dessen Cappacio in seinem Forastiero, Giornato prima, p. 7. erwehnet.

Depositio (*lat.*) bedeutet bey Mart. Agricola in den Scholiis über Wenceslai Philomatis Musicam Planam, und zwar c. 7. unter dem Articul: de Tonorum ambitibus, die Tieffe eines Liedes, wie aus denen daselbst befindlichen, und also lautenden Worten: quot igitur vocibus excellit acutus gravem summ in elevatione, tot superatur ab ipso in *depositione*, zu schlüssen ist. Die drauf folgende Worte in eben diesem Capitel, unterm Articul: de recta cantilenarum inceptione, machen es noch deutlicher, wenn es heisset: hic Cantoribus summopere advertendum erit, ut cantica competenter incipiant, ne aut in *elevatione*, ob nimiam cantus altitudinem, vox deficiat, aut in *depositione*, propter superfluam profunditatem evanescat.

Depreſsio (*lat.*) das Niederlassen der Hand beym Tact-Geben; oder vielmehr im schlechten, d. i. egalen Tacte, die erste Helffte; u. in proportionirten Tacte, die ersten beyden Theile desselben, weil solche Eintheilung nicht allein durch ein äusserliches Zeichen der Hand, sondern auch nur innerlich im Sinne formirt werden kan.

Derniere (*gall.*) Adj. f. sc. chorde, die letzte, oder höchste Saite eines Tetrachordi.

Derosier (*Nicolas*) ein Chur-Pfältzischer Cammer-Musicus, hat drey Bücher Trio vor unterschiedliche Instrumente; ferner dreystimmige Ouvertures, und ein vierstimmiges Concert auf allerhand Gattungen Instrumente; weiter zwölff Ouvertures vor die Guitarra, so das 5te Opus, und im Haag gravirt worden ist; auch einen Tractat in Frantzösischer Sprache, die Guitarre spielen zu lernen, drucken lassen. s. *Roger* Catalogue de Musique. An. 1689 ist von ihm heraus gekommen, und zu Amsterdam gravirt worden: la Fuitte du Roy d'Angleterre, oder, die Flucht des Königs in Engelland, à 2 Violons ou 2 Fluttes & Basse ou Continue.

Des, also kan der mit einem b bezeichnete d-clavis gar füglich genennet werden, um solchen vom ordinairen cis, Deutlichkeit halber, zu unterscheiden.

Des, du, de la (*gall.*) derer, des, der. s. *del.*

Desmarets, s. *Démarets.* Daß er an. 1693 eine Tragedie, Didon genannt, in die Music gebracht habe, und zu Paris drucken lassen, ist aus der Bibliotheca Duboisiana, p. 400 zu ersehen.

Desmatins, eine berühmte Frantzösische Sängerin, deren in der Histoire de la Musique, T. 2. p. 117. 122. und 124 gedacht wird.

Despreaux, ein Frantzose, hat an. 1695 eine Satire: la Poësie & la Musique genannt, zu Paris bey Denis Mariette in 4to heraus gegeben, worinnen er von Mißbrauche dieser zwo Disciplinen handelt. s. das *Journal des Sçavans*, T XXIII. p. 709.

Deſsansonnieres, ein ums Jahr 1678 sehr berühmt gewesener Frantzösischer Lautenist zu Paris. s. den *Mercure Galant* d. a. im Mertz-Monat, p. 167.

Destous (*gall.*) Adv. unten.

Deſsus (*gall.*) Adv. oben. Substantivè, der Discant; it. ein Discantist; Die Obere Partie unter Instrumenten.

Deſsus de l'Flûte (*gall.*) der Flöten-Discant.

Deſsus de Hautbois (*gall.*) die höchste, oder erste Hautbois

Deſsus

Dessus de Viole oder **Violon** (*gall.*) die höchste, oder erste Violin.

Dessus du grand Chœur (*gall.*) die Discant-Stimme des grossen, oder vollen Chors.

Dessus du petit Choeur (*gall.*) die Discant-Stimme des kleinen, oder concertirenden Chors.

Détaché (*gall.*) abgezuckt; ist eine folgender gestalt über oder unter einer Note befindliche Manier 1, 7; 1, *L*; wodurch eine solche marquirte Note die Helffte von ihrer Geltung verliehret, und an statt der zwenten Helffte ein Stillschweigen entstehet, da denn z. E. ein Viertel nur wie ein Achtel, und dieses wie ein Sechzehntheil tractirt wird. ſ. *Lamberts Principes du Claveçin,* ch. 27.

Détonner [*gall.*] aus der Melodie eines Gesanges kommen, falsch, d. i. höher oder tieffer singen als man soll.

Deuteros, δευτερος ſc. τονος, secundus Tonus ſc. Ecclesiasticus, der zwente Kirchen-Ton; hierdurch werden unter den 8 Kirchen-Tönen der dritte un vierdte genennet, weil beyde zusammen in die zwente Classe gehören.

Deuringus (*Benedictus*) hat unter dem Titul: Conceptus Musici, XII. Motetten in folio drucken lassen. ſ. Hrn. Lotters Music. Catalog.

Deux quarte (*gall.*) bedeutet den zwen Viertel-Tact, welcher also 2/4 gezeichnet wird. ſ. *Loulié* Elements de Musique, pag. 35.

Di, der Italiänische Articulus indefinitus des Genitivi, heisset (1. vor den Tauff-Nahmen der Auctorum des, als: di Giov. Maria Bononcini, des Johannis Mariæ Bononcini, u. d. g it. vor andern Substantivis, z. E. Salmidi Terza, di Compieta, derer Psalmen, so in der dritten, in der Endigungs-Stunde gebraucht werden. (2 um, als: di Seconda, di Terza, di Quarta, di Quinta, di Sesta (*ital.*) um eine Secund, Terz, Quart, Quint, Sext [nehmlich höher oder tieffer.] Vor etlichen Adverbiis bedeutet er auch [3. so viel, als der Franzosen ihr de oder d'au. z. E. di sopra [*ital.*] de dessus oder d'au dessus [*gall.*] oben drüber; di sotto [*ital.*] de dessous, oder d'au dessous [*gall.*] unten drunter.

Diadromi, von δια, per, und δρομοι, cursus, Durchläuffer; also heissen [1. die-

jenigen Schwenck- und Schwebungen, welche eine Saite von sich giebt, wenn sie angeschlagen wird [2 eine Orgel-Pfeiffe, che sie bey der Stimmung mit einer andern, oder auch für sich allein, in den rechten Klang eintritt.

Diafonia [*ital.*] **Diaphonia** [*lat.*] διαφωνία (*gr.*) ein Mißlaut, Ubellaut

Diagoras, ein in der 91 Olympiade, oder 414 Jahr vor Christi Geburt berühmt gewesener Philosophus zu Athen, und Sohn des Teleclidis, von seiner Geburts-Stadt Mileten, in Klein Asien, Milesius und Melius, sonsten aber auch, weil er einen Gott, oder, nach andern, nicht so wohl eine Gottheit, als vielmehr die Viel-Götterey, geläugnet, Atheus genannt, soll ein guter Musicus, und Poeta Melicus gewesen seyn.

Diagramma (*lat.*) διάγραμμα (*gr.*) von διά, ex, und γράφω, scribo, bedeutet (eine aus der Partitur geschriebene Stimme oder Partie. ſ. *Broſſ.* p. 88. unterm Articul: Parte. (2 eine Partitur selbst. idem. p. 89. (3. Die vor Guidonis Zeiten gebräuchlich gewesene disposition, Ordnung und Benennung der Saiten mit griechischen Nahmen, von der untersten, nemlich der Proslambanomeno an, bis zu der obersten und 15ten, nemlich der Nete Hyperbolæon. ſ. *Walſii* Append. in Ptolemæi Harmonica.

Dialogo [*ital.*] **Dialogue** [*gall.*] **Dialogus** [*lat.*] διάλογος (*gr.*). von διαλέγομαι, differo, ich unterrede; ist eine Composition wenigstens von zwo Stimmen, oder so viel Instrumenten, so wechsels-weise sich hören lassen, und wenn sie am Ende zusammen kommen, mit dem G. B. ein Trio machen; es giebt aber auch Compositiones auf 2. 3. und 4 Chöre, so Gesprächs-weise alterniren. Die Organisten imitiren dergleichen Umwechselungen auch auf den Orgeln, wenn sie mehr als ein Clavier haben.

Diamantina, eine Italiänische Sängerin in der Breslauischen Oper an. 1727. ſ. die 43 Betrachtung des *Musical. Patrioten,* p. 348.

Diapason, gr. διὰ πασῶν; mit diesem termino, welcher durch alle heisset, wird die Octav beleget, weil sie alle intervalla simplicia in sich begreiffet. Omnes enim alios modos (i. e. intervalla) in se concludit, sagt Agricola in Scholiis ad Musicam Wenceslai Philomatis

matis, c. 6 Und dieses ist die eigentliche Ursache, warum die Octav von den Griechen also, und nicht ad imitationem der andern intervallen, διὰ ὀκτὼ genennet worden; denn so die Benennung in Absicht auf alle in einer Octav enthaltenen Klänge geschehen wäre, hätte eine Quart auch nicht Diatessaron sondern διὰ ἕξ; und eine Quint nicht Diapente, sondern διὰ ὀκτὼ genennet werden müssen, weil z. E vom c bis zum f (als der Quart) sechs; und vom c bis zum g [als der Quint] acht Klänge befindlich sind: oder man müste noch ietzo folgende disposition, als c cis d dis, eine Quart; und c cis d dis e, eine Quint nennen. Da nun jenes nicht geschehen, und dieses auch noch nicht geschiehet, ist hieraus offenbar: daß die Wörter, Diatessaron und Diapente, ihren Nahmen nicht aus der chromatischen, sondern aus der diatonischen Scala empfangen haben. Welches auch P. Schott bekräfftiget. welcher, nachdem er lib. 9. c. 3. f. 3. Organ. Mathemat angeführet, wie und auf was für Art die vielsaitigten Instrumente möchten seyn erfunden und gestimmet worden, endlich meldet: daß nachgehends die Griechen das intervallum zwischen der ersten und zweyten Saite, διὰ δυῶ, per duas sc. chordas; das intervallum zwischen der ersten und dritten (so, daß die zwo yte) und zwischen der zweyten und vierdten (da die dritte aussen gelassen worden) διὰ τριῶν, per tres; zwischen vieren, διὰ τεσσάρων, per quatuor; zwischen fünffen, διὰ πέντε, per quinque; zwischen sechsen, διὰ ἕξ, per sex; zwischen sieben, διὰ ἑπτὰ, per septem; und zwischen achten, nicht διὰ ὀκτὼ, per octo, sondern διὰ πασῶν, per omnes (sc. chordas) deswegen genennet hätten: quod initio octo ad summum chordas extenderint. Sonsten führet auch den Nahmen Diapason ein gewisses Modell, wornach bey den Instrumentmachern die Orgel-Pfeiffen zugeschnitten, die Löcher in die Flöten, u. s. f. gemacht werden

Diapente, gr. διὰ πέντε, per quinque sc. chordas diatonicas, eine vollkommene, oder reine Quint, aus drey ganzen und einem unvollkommenen Tone bestehend. Z. E. c g | g d. u. d. g. Sie kan auch in chromatischen Clavibus vorgestellet werden.

Diapente col Ditono [lat.] die grosse Septima. Z. E. c h̄. u. d. g.

Diapente col Semiditono [ital.] die kleine Septima. Z. E. c b̄. u. d. g.

Diapence major [lat.] die grobe Quint, als ein Orgel-Register.

Diapente minor [lat.] die kleine Quint, als ein Orgel-Register. s. *Regula Diapente*

Diapente puleata (lat.) die gedeckte Quint in einer Orgel. s. *Nassat* und *Nazard*.

Diaspasma, gr. διάσπασμα, von διασπάω, divello, dirimo, perrumpo, ich reisse ab, trenne von einander; bedeutet beym Pexenfelder p 415 seines Apparatus Erudit. das Innehalten zwischen einem abgesungenen Verse zum zweyten. In Matth. Martinii Lex. Philologico stehet: Diapsalma, und wird durch interpositum in psallendo silentium erkläret. In Scapulæ Lex. ist διάψαλμα so viel, als melodiæ & cantus modulationisque immutatio, eine Versetzung und Veränderung der Melodie. s. *Matthesonii Musical-Patrioten*, p. 264 der 32 Betracht.

Diaschisma, gr. διάχισμα, ist beym Boëthio lib. 2. c. 27. und Zarlino Vol 2. Ragion 2. Definit. 27 just die Helffte eines Semitonii minoris; und, nach Snegassii Meynung, c. 6. de Monochordi dimensione, der vierdte Theil eines Commatis musici; Mr. Brossard aber, nachdem er gesagt: das Comma musicum werde mathematice in zwey Schismata getheilet, deren 8 einen Ton ausmachen, versetzet gleich drauf: zwey Commata, auf eine andre Art, machten das, so man Diaschisma nenne, vier Diaschismata aber und ein omma beträgen einen ganzen Ton. dessen Diction. unter dem Articul: Comma, p. 21. Ubrigens kommt dieses Wort her von σχίζω, scindere, findere, spalten.

Diastaltica, gr. διασταλτικὴ, war eine Art der Griechischen Melopœiæ, wodurch das menschliche Hertz erweitert, und zur Freude aufgemuntert werden kunte s. *Aristid. Quintil.* lib. 1. de Musica, p. 30 In Euclidis Introd. Harmon. p. 21 heisset diese Art, ἦθος διασταλτικὸν, mos distendens. conf. *Distendente maniera*.

Diastema, pl. diastemata, gr. διάστημα, pl. διαστήματα, ein intervallum, pl. intervalla, eine Stimmweite, Stimmweiten.

Dia-

Diaſtema antiphonum, iſt ſo viel als die Octav.

Diaſtema commune, gr. διάςημα κοινὸν, war bey den Griechen ein ſolches intervallum, welches, in gewiſſer Abſicht, bald ein compoſitum, bald ein incompoſitum vorſtellete. z. E. das hemitonium war im diatoniſchen und chromatiſchen Genere ein intervallum: weil, der Stimmung nach, im erſten zwiſchen dem H und c; und im zweyten, zwiſchen dem H c, und c cis kein ſonus intermedius ſich befand; im enarmoniſchen Genere aber war das *hemitonium* ein *intervallum compoſitum*, weil zwiſchen dem H und c das ſcharffe H noch zu ſtehen kam. Der gantze Ton war im chromatiſchen Genere ein *intervallum compoſitum*; aber im diatoniſchen, ein *intervallum incompoſitum*. ſ. *Euclid.* Introd. Harm. p. 9.

Diaſtema compoſitum, gr. διάςημα σύνθετον, war ein intervallum, ſo ein oder mehr andere in ſich faſſete.

Diaſtema diaphonum, iſt ein intervallum, ſo nicht wohl klingt; beym Volaterrano lib. 35. Commentar. Urbanorum heiſſen Diaſtemata diaphona, alle diejenigen intervalla, welche kleiner als eine Quart ſind, als Dieſis, hemitonium, tonus, auch ſo gar ditonus.

Diaſtema homophonum, iſt eben was Æquiſonus; quod gravitate aut acuitate non diſcrepat.

Diaſtema incompoſitum, gr. διάςημα ἀσύνθετον; war bey den Griechen ein ſolches intervallum, zwiſchen welches in einem Tetrachordo [nach Beſchaffenheit des Generis] kein anderes eingeſchaltet werden kunte. Z. E. wenn ein Tetrachordum chromaticum [ſo eine Quart ausmachte] angelegt werden ſolte, muſte die erſte und tieffſte Saite gegen die zweyte das intervallum eines hemitonii; die zweyte mit der dritten,

Hypaton Diatonos.	Principalium	
Meſon Diatonos.	Mediarum	
Synemmenon Diatonos.	Conjunctarum	Extenſa.
Diezeugmenon Diatonos.	Diviſarum	
Hyperbolæon Diatonos.	Excellentium	

Wobey zu mercken: daß ſo wohl ὁ διάτονος, in maſculino, als ἡ διάτονος, in fœminino gebraucht wird. ſ *Walliſii* Append. in Ptolemæi Harmonica p. 285.

Diaulion, gr. διαύλιον, hieß ehemahls: wiederum dergleichen; und die dritte, gegen die vierdte das intervallum einer tertiæ minoris [der Stimmung nach] geben, welches letztere intervallum Nicomachus p. 20. ſeines Enchiridii ein incompoſitum triemitonium nennet, nicht darum, als wenn nurgedachtes intervallum, als cis-e, oder fis-a, dem Gebrauch nach, keine ſonos intermedios, als d, dis, und g, gis zugelaſſen hätte; [ſonſt wäre ja die dritte Saite in etlichen Tetrachordis vergeblich ἡ λιχανός, oder *digitalis* genennet worden. denn auf ſolcher, von unten an gerechnet, wurden ſo dann erſt die Finger der lincken Hand appliciret,] ſondern bloß deswegen, weil ratione der Stimmung kein anderes intervallum eingerucket werden durffte. Es mag demnach jetzo ein jedes ſo genannte intervallum interruptum, oder Stimm-Sprung ein Diaſtema compoſitum, hingegen ein intervallum continuum, oder Stimm-Gang [auf gewiſſe Art] dieſer Gattung ſeyn.

Diateſſaron, gr. διὰ τεσσάρων, i. e. per quatuor ſc. chordas; eine vollkommene oder reine Quart, aus zween gantzen Tonen, und einem Semitonio majori beſtehend. Z. E. c f.

Diatonico (*ital.*) diatonique (*gall.*) diatonicum (*lat.*) diatoniſch heiſſet: wenn eine Melodie nicht nur mehr durch gantze Tone, als Semitonia majora; ſondern auch weder durchs ♯ noch b geführet wird. ſ. *Mattheſonii* Orch. I. p. 55 ſq. zum Exempel kan die Melodie: Vom Himmel hoch da kom ich her etc. dienen, wenn man ſie aus dem c tractiret.

Diatonos, διάτονος, mit dieſem Griechiſchen Termino belegte Martianus Capella, p. 180. alle zeit die dritte Saite der Tetrachordorum, von unten aufwerts gezehlet, als:

wenn in einer Scena alle Acteurs ſtille ſchwiegen, und innwendig aufm Theatro ſich ein Pfeiffer hören ließ. ſ. Coel. Rhodig. Lect. Antiq. lib. 1. c. 7.

Διάζευξις, (*lat.*) Disjunctio, eine Trennung;

nung; entstund, wenn die höchste Saite eines Tetrachordi nicht wiederum die erste und tiefste des folgenden Tetrachordi war; sondern, wenn beyde Tetrachorda durch eine absonderliche Saite von einander gesondert wurden, wie aus dem Schemate Tab. X fig. 4. zu sehen; daher auch der zwischen dem a und h befindliche tonus bey den Griechen: τόνος διαζευκτικός, (*lat.*) tonus disjunctus, divisus hieß. s. *Meibomii* Anmerckung über Euclidis introduct. Harmon. p. 49.

Dicæarchus, ein Philosophus, Historicus, Mathematicus, und Discipul des Aristotelis, von Messina in Sicilien gebürtig, welcher in der 115 Olimpiade, oder 317 Jahr vor Christi Geburt gelebt, hat de Musica, und περὶ μουσικῶν ἀγώνων, oder de musicis certaminibus geschrieben. s. *Mongitoris* Bibl. Sicul. T. I. p. 152.

Dichordium, gr. δίχορδον, ein altes mit zwo Saiten bezogenes Instrument, dessen Figur Montfaucon im Supplement au Livre de l'Antiquité expliquée & réprésentée en Figures, lib. 8. c. 4. so verstellet, daß es am untern Ende viereckigt, und nach der Höhe immer spitziger zugehet. Wie der Augenschein daselbst giebt, mag es aus 4 sehr schmalen Bretgen bestanden, und fast wie ein also genanntes Trommel-Scheit ausgesehen haben, auch mit einem Bogen seyn tractirt worden.

Dichoria, gr. διχορία, chorus divisus, ein in 2 Theile getheilter Chor. s *Bulenger* de Theatro, lib. 2. c. 12. und *Vossii* Instit. Poët. lib. 2. c. 6. p. 78.

Didelius [Johann Wolffgang] hat ums Jahr 1695 als Organist zu Hildburghausen gestanden. s. Hr. D. Hönns Coburgische Chronick, P. I. c. 41. p. 247.

Didymus, von Alexandria, führet den Beynahmen χαλκέντερος, d. i. mit dem eisernen Eingeweide, weil er stets und ohne Unterlaß studiret, wie er denn auf 3500, oder wie andre wollen, auf die 4000 Bücher soll geschrieben, und An. Mundi 3910, oder 38 Jahr vor Christi Geburth florirt haben. s. Hederichs Notit. Auctor. antiq p. 35. Gesnerus gedencket in seiner Bibl. univers. auch eines Didymi, welcher ein Sohn des Heraclidæ, ein Grammaticus und Musicus beym Kayser Nerone gewesen, und von diesem sehr beschencket worden. Noch ein anderer Didymus zu Alexandria, und Præfectus der Catechismus-Schule daselbst, welcher an. Christi 392 noch gelebt, und damahls über 80 Jahr alt gewesen, hat, als ein Knabe, durch eine Kranckheit sein Gesichte verlohren gehabt, dem aber ungeachtet die Grammatique, Rhetorique, Dialectique, Arithmetique, *Musique*, und andere Wissenschafften in grosser Vollkommenheit erlernet. s. Hederichs Notit. Auctor. med. p. 696. Der erste von diesem mag wohl derjenige seyn, welcher das Pythagorische Genus modulandi diatonicum durch Erfindung einer neuen Proportion für den tonum, 10 : 9, welcher um ein Comma tiefer ist als der Pythagorische 9 : 8, verbessert, und vom Unterschiede der Pythagorischen und Aristoxenischen Music commentirt hat. conf. *Matthesonii* Orch. III. p. 407. sqq.

Dieckmann [Lübert] ein gebohrner Schwede und Organist zu Stockholm an. 1720. s. *Matthesons* Anhang zu Niedtens Musical. Handleit. zur Variat. des G. B. p. 199.

Dies iræ, dies illa, &c. eine in der Römischen Kirche noch heutiges Tages bey Leich-Begräbnissen gebräuchliche musicalische Sequenz, so Thomas von Celano (dem Text nach) an. 1220. verfertiget. s. das Giornale de Letterati d'Italia, T. XIII. Articolo XI.

Δίεσις, diesen griechischen terminum, welcher so viel, als divisio, eine Theilung, bedeutet, haben so wohl die Lateiner, Italiäner, und andere mehr für den ihrigen angenommen, und nennen ihn Diesis; nur die Frantzosen machen in ihrer Sprache Diese oder Dieze daraus. Mit solchem pflegten anfänglich die Pythagorici ihr in proportione 256 : 243 bestehendes Semitonium, als H-c, und e-f, in der diatonischen Scala zu benennen; nachgehends aber hat er auch dasjenige intervallum, so kleiner als das Semitonium ist, bedeutet. s. *Macrob.* in Somnium Scipionis, lib. 2. c. 1. daher Jacobus Milichius in seinem Commentario über C. Plinii lib. 2. de Mundi Historia, c. 2. angemercket hat: daß auch das Semitonium minus von den Griechen Diesis sey genennet worden. Vitruvius lib. 5. c. 4. Aristoxenus p. 14. & 20. und Aristides Quintil. p. 13. edit. Meibom. halten die Diesin für den vierdten Theil eines toni musici.

fici. Heutiges Tages bedeutet sie eine Erhöhung der Note über ihren sonst natürlichen Sitz, auf eine Linie, oder in einem spatio, welche durch folgende zwey Zeichen, so eben Dieses heissen, auf zweyerley Art geschiehet, als: [1 wenn eine Note, z. E. das f ins fis, und dennoch um ein Semitonium minus soll erhöhet werden, brauchet man das doppelte, d. i. aus vier Strichen bestehende Creutz, ✚, weil dergleichen intervallum auch bey nahe aus 4 Commatibus bestehen soll, und heisset: Diesis chromatica und duplex (*lat.*) Diese chromatique oder double Dieze (*gall.*) einige nennen es auch b cancellatum, und signum cancellatum, das gegitterte b und Zeichen. s. *Demantii* Isagog. artis Musicæ. [2 wenn eine Note, z. E. das fis ins fis durum, oder das cis ins cis durum, und also nur um die Helffte eines Semitonii minoris erhöhet werden soll, brauchet man das ✕ oder einfache Creutz, weil es aus eben so viel Strichen, als nur gedachtes Semitonium minus Commata haben soll, bestehet, und heisset: Diesis enarmonica und simplex (*lat.*) Dieze enharmonique mineur oder simple (*gall.*) Brossard erwehnet noch einer Gattung, nehmlich der Dieseos enarmonicæ majoris (*lat.*) Dieze enharmonique majeur, oder triple Dieze (*gall.*) welche mit einem dreyfachen also gestalten ✚✚ bezeichnet werde, und die Note, vor welcher es befindlich, um 6 oder 7 Commata d. i. fast um ¾ eines Tons erhöhe. s. den Articul: *Fabio Colonna*, woselbst auch ein aus 4 Strichen bestehendes Creutz ✚✚ vorkommt. Im 2ten Theile des Güldenen Hundes, von Cosmo Pierio aus dem Polnischen verteutscht, c 5 liesset man: Diesis begreifft in sich ein Comma, und ein kleines intervallum, dessen Proportion ist 2048 : 2025.

Das ✚ vor, oder nach den Ziefern des General-Basses gesetzt, thut eben den effect, als vor den Noten; man muß aber wohl mercken: daß offt aus Mangel der Drucker-Zeichen, anstatt ietzt gedachten doppelten Creutzes, nur ein einfaches gefunden wird; in solchem Vorfall muß man es allemahl vor ein chromatisches oder doppeltes annehmen.

Wenn das ✚ gantz allein über einer Note stehet, bedeutet es: daß man die grosse Tertz nehmen soll. Ob auch gleich ordentlicher weise die doppelte Creutzgen über die General-Bas-Noten [ietzt besagter massen] gehören; so findet man sie doch auch [aus Versehen] manchmahl über, oder unter andern Noten in Sing- und Stimm-Partien geschrieben; sie müssen aber alsbenn betrachtet werden, als wenn sie vor den Noten stünden.

Dietbold [*Caspar*] ein Zürcher, hat an. 1656 zu des Daphnis aus Cimbrien Hirten-Liedern die 4 stimmigen Melodien gesetzet. In der Vorrede wird gemeldet: Er habe die Singe-Kunst nicht in der Schulen, noch von wohl erfahrnen Componisten und Organisten, sondern, bey seiner gewöhnlichen täglichen Hand-Arbeit, zu seiner und seiner Hauß-Genossen Ergötzligkeit, aus eigenem Triebe erlernet. [Die Composition zeuget auch deutlich davon.]

Dieterichus (*Georgius*) hat an. 1569 und 1573 lateinische und teutsche Cantiones funebres zu Nürnberg drucken lassen. s. *Draudii* Bibl. Class. p. 1616.

Dietericus [*Joh. Conrad.*] der berühmte Philologus und Professor der Griechischen Sprache zu Marpurg und Giessen, welcher an. 1612. den 19 Januarii zu Butzbach gebohren worden, und an. 1667 den 24 Junii gestorben ist, handelt in seiner an. 1671 zu Giessen in folio gedruckten Antiquitatibus Biblicis, bey Erklärung des 5ten Verses aus dem 6ten Capitel des 2 Buchs Samuelis, vom 349 bis 353 Blatte: de Musica sacra.

Dietrich [*Sixtus*] ein berühmt gewesener Componist zu Costnitz, hat dem Glareano verschiedene Proben seiner Arbeit zugeschickt, so dieser seinem Dodecachordo, am 276, 328 und 343 Blatte, einverleibet.

Dieterich [*Mat.*] ließ an. 1631 eine Musicam Signatoriam zu Leipzig in 8vo drucken.

Dieupart, ein Frantzösischer Componist, hat 6 Ouvertures vors Clavier bey Roger zu Amsterdam graviren lassen, welcher auch auf eine Violin und G. B. gerichtet, bey diesem zu bekommen sind.

Differentiæ Tonorum heissen: wenn in der Römischen Kirche die über die acht Kirchen-Tone gesetzte Psalmen nicht zu allerzeit überein, sondern bald in diesem, bald in einem andern Tone außhalten

und

und schliessen. Ornithoparchus meldet davon lib. 1. c 12. folgendes: Differentiæ de Tonorum essentia non sunt, sed pro indoctis tantum, ut in diversis tonorum initiis facilius ordiantur, repertæ. Inquit enim Pontifex (er verstehet Joannem XXII.) c. 23. Musicæ suæ: "Ego nullam hujus rei „caufam, nisi usum invenio: nec ab „ullo Muficorum scriptam reperi. „Neque D. Bernhardus multum ap„probare videtur Multarum enim „confufionum errorumque occasio„nem dant Differentiæ.

Dillen (*Wilhelm*) ein Niederländer, und Capellmeister an der Cathedral-Kirche zu Parma, hat an. 1622. zu Venedig 5. 6 = 12 stimmige Missen drucken lassen.

Dilliger Johann) war an 1593 am Tage des Apostels Andreæ zu Eißfeld in Francken gebohren, wurde anfänglich Cantor an der Schloß-Kirche zu Wittenberg, erlangte daselbst an. 1623 den gradum Magisterii, und an. 1625 die Vocation zum Coburgischen Cantorat. Von seiner Arbeit ist gedruckt worden: *Medulla ex Psalmo.* 68 deprompta & harmonicè 6 voc. composita, an. 1614 zu Magdeburg in 4to, *Musica votiva; Musica Domstica*, oder, wie der völlige Titel lautet: Musica Christiana-Cordialis-Domestica, d. i Christliche Hauß-und Herzens-Musica, aus 37 in Contrapuncto simplici gesetzten 2. 3. und 4stimmigen Arien bestehend. an. 1630 zu Coburg in 4to, den sämtlichen Herren Professoribus auf der Universität Marpurg zugeschrieben Laut der Dedication haben auf die damahls drauf folgende Neu-Jahrs-Messe zweene *Appendices* dieser Hauß-Music, und auf die Oster-Messe das Schatz-Kämmerlein neuer geistl. Concerten von 1. 2. 3. 4. 5. 6. 7. 8. Stimmen heraus kommen sollen; *Musica Oratoria; Musica Thanatobuleutica* und *Musica Castrensis; Musica invitatoria ad Epulum cœleste,* an. 1633 aus 48 zwey, drey und 6stimmigen Liedern bestehend. Im nurgedachten Jahre wurde er Pfarrer zu Gellershausen, und an. 1634 Diaconus an der Morit-Kirche in Coburg. Der *Jeremias Pœnitentiarius,* aus 52 teutschen Buß-Sprüchen, aus jedem Capitel des Propheten Jeremiæ genommen, und 2 Sing-Stimmen bestehend, ist an. 1640 in 2 Theilen zu Coburg in 4to gedruckt worden. Den ersten Theil hat er

Hrn. Ernsten, und den zweyten Theil Hrn. Friedrich Wilhelm, beyderseits Hertzogen zu Sachsen dediciret. Ist gestorben an. 1647 den 28. Augusti. s Jacob Quehls Orgel-Predigt an. 1682 zu Gräfenhan gehalten; und *Thomæ* Beschreibung der Reformation Lutheri im Coburgischen.

Dimanche (*gall.*) Dies Dominica (*lat.*) Dominica oder Domenica (*ital.*) der Sonntag.

Dimanche (*Louise*) eine französische Sängerin bey der Königl. Capelle und Cammer-Music zu Dreßden an. 1729 s. den dasigen Hof-und Staats-Calender.

Diminuer (*gall.*) diminuere (*lat.*) verringern, kleiner machen.

Diminué (*gall.*) diminuto, diminuito (*ital.*) diminutus (*lat.*) verringert, kleiner gemacht, s. *Cadenza.* Alle intervalla, so um ein Semitonium minus kleiner sind, als sichs sonst, ihrer Benennung nach, gebühret, werden diminuta genennet, und entweder am unten beygefügten ✠ oder oben beygesetzten b erkennet. z. E. cis‾c, und h‾b, sind Octavæ diminutæ.

Diminutione (*ital.*) Diminution (*gall.*) Diminutio (*lat.*) ist eben was Coloratura, wenn man nemlich eine grosse Note in viel kleine zertheilet. Es giebt deren vielerley Arten, als: (1. *gradatim* gehende, dergleichen die Trilli, Tremoli, Tremoletti, Groppi, Circoli mezzi, Fioretti, Tirate, Ribattute di gola, u. s. f. sind (2. *Saltuatim* eingerichtete, nemlich um eine Terz, Quart, Quint, u. s. f. springende. Ehemahls hieß auch Diminutio, wenn der Tact um den dritten Theil, oder um die Helffte geschwinder, als ordinair gewöhnlich, gegeben wurde. s. *Ornithoparchi Microl. lib. 2. c. 8.*

Diocles, ein Griechischer Musicus, aus der Asiatischen Stadt Elea gebürtig (Eleates,) hat, unter andern, ἁρμονικά geschrieben, so in Italiänischen Bibliothecken anzutreffen seyn sollen. s. *Bœcleri Bibliograph. Crit. p. 506.* und *Ger. Joan. Vossium, lib. 3. c. 22. §. 6. de Mathes.*

Dio, ein Redner und Philosophus, aus der Stadt Prusia in Bithynien gebürtig, daher er Prusæus, sonsten aber auch, wegen seiner Beredsamkeit, Chrysostomus
genen-

genennet worden, hat an. Christi 120 florirt, und 80 Orationes in griechischer Sprache geschrieben, welche, nebst der lateinischen Übersetzung mit Morelli und Casauboni Anmerckungen an. 1604 und 1623 zu Paris in folio gedruckt worden sind. Unter solchen handeln einige, als die 1ste 2c, 7, 10, 13, 14, 19, 20, 26, 32, 33, 37, 48 und 49te einiger maßen und nur incidenter von musicalischen, oder dahin zu referirenden Dingen, und Personen.

Diocles, ein Comicus zu Athen in der 87 Olympiade, ohngefehr 430 Jahr vor Christi Geburt, soll aus dem Klange der Acetabulorum und irdenen Geschirre, welche er mit einem hölzernen Stecken tractiret, eine Harmonie zu machen erfunden haben. s. *Voss. de Poëtis Græcis, c. 6. p. 208.* und Hr. D. *Fabricii Biblioth. Græc. Vol. IX. p. 688.*

Diodorus, ein dem Kayser Vespasiano, ums Jahr Christi 70 beliebt gewesener Citharist. s. *Beyerlinckii Theatrum vitæ humanæ*, unterm Artickul, *Fidicines, Citharœdi, Lyristæ*.

Diodorus, der aus Sicilien, von einem Orte Agyrium, jetzo S. Filippo d' Agirone genannt, bürtig, und ums Jahr Christi 58 am Leben gewesene Historicus, welcher in verschiedene Europäische Provinzen gereiset, um seine Bibliothecam Historicam, so aus 40 Büchern bestanden, wovon aber nur noch 15 vorhanden sind, vollkommen zu verfertigen, wird, von Possevino p. 223. Bibloth. Select. und Mr. Brossard p. 365. als ein Music. Scribent angegeben.

Diogenes, mit dem Zunahmen Laërtius, welchen er entweder von seinem Geschlechte, oder von der in Cilicien gelegenen Stadt Laërte bekommen, ein Griechischer Philosophus im 2 Seculo, hat X. Bücher de Vitis Philosophorum geschrieben, worinn er hin und wieder auch einiger Musicorum erwehnet, weswegen er (gleich wie der vorhergehende) von Mr. Brossard l. c. unter die Music-Autores mit gezehlet wird.

Diomedes, ein Lautenist zu Ausgange des 16ten Seculi, von dessen Arbeit etwas in Besardi Thesauro Harmonico befindlich ist; soll, nach einigen, aus Sarmatien, nach andern aber, aus Venedig bürtig gewesen seyn.

Diomus, ein alter Sicilianischer Hirte und Poete, hat einen gewissen artigen Tantz, und Tantz-Lied vor die Flöte, Bucoliasmus genannt, erfunden, welcher nicht allein von den dasigen Hirten durchgehends angenommen, sondern auch nachhero von den Componisten beständig imitiret worden ist. s. *Mongitoris Bibl. Sicul. T. 1. p. 159.*

Dionysiodorus, ein künstlicher Pfeiffer zu des Alexandri M. Zeiten, welcher, auch den sehr berühmten Ismeniam zu übertreffen, beflissen gewesen. s. *Plin. lib. 37. c. 1.* Es gedencket seiner auch Diogenes Laërtius lib. 4. de Cratete.

Dionysius, von seiner Arbeit sind an. 1672 drey Hymni, oder Griechische Oden mit musicalischen Noten und Anmerckungen in 8vo gedruckt worden. s. *Thom. Hyde Catal. Biblioth. Bodlejanæ*, und *Matthesonii Orch. III. p. 405.*

Dionysius, (*Ælius*) Halicarnassæus und Halicarnassensis (von seinem Vaterlande also genennet) lebte unter dem Kayser Hadriano, ums Jahr Christi 118, und erwarb den Zunahmen, Musicus, weil er in der musicalischen Wissenschafft und Kunst vortrefflich erfahren und geübt war, schrieb 24 Bücher ῥυθμικῶν ὑπομνημάτων oder Rhythmicorum Commentariorum; ferner 36 Bücher Musicæ Historicæ, worinnen er aller Pfeiffer, Citharœdorum und Poeten gedencket; 22 Bücher μουσικῆς παιδείας sive διατριβῶν, i. e. Exercitationum musicæ disciplinæ; und 5 Bücher de iis, quæ Musice dicta sunt apud Platonem in Politia. s. Hrn. *D. Fabricii Biblioth. Græc. lib. 3. c. 32. p. 794.* it. *Vol. 9. p. 690.*

Dionysius, der ältere, ein vom Jahr der Welt 3542 bis 3582 oder vom 366 bis 406ten Jahre vor Christi Geburt, an der Regierung gewesener Sicilianischer Tyrann zu Syracusa, wird von Cicerone lib. 5. Tuscul. quæst. ein Poet und Historicus; und von Mongitore T. 1. Bibl. Sicul. p. 162. homo præsertim doctus à puero, artibus ingenii doctus & *Musices studiosissimus* genennet. Ein mehrers von ihm ist in Hederichs Schul-Lexico zu lesen.

Dionysius, ein ohngefehr 380 Jahr vor Christi Geburt berühmt gewesener Musicus zu Theben, hat den Epaminondam in der Vocal-und Instrumental-Music unterrichtet. s. *Cornel. Nepot. in vita Epaminondæ.*

Diophantus, ein Pfeiffer auf dem Beylager

ger Alexandri M. s. *Athen. lib.* 12. *p.* 538.

Diopi, heißen beym Cœlio Rhodigino lib. 9. c. 7. bifores tibiæ, b. i. zwo-löcherichte Pfeiffen; von διζ. bis, zwey, und ὀπή, foramen, ein Loch.

Dioxia, gr. διοξᾶα, war bey den alten Griechen eben so viel, als bey den neuern διὰ πεντε. s. *Aristid. Quintil. lib.* 1. *de Musica, p.* 7.

Diphonium, (*lat.*) eine Composition von zwo Stimmen.

Diphthera (*lat.*) διφθέρα (*gr.*) also heisset bey den Kirchen-Vätern das aus Pergamen bestandene Kirchen-Buch, woraus gelesen, insonderheit aber gesungen worden. s. *J. A. Schmidii Dissert. de Cantoribus Ecclesiæ V. & N. Testamenti,* §. 15.

Diphthongus, ist so viel, als Ditonus, d. i. die große Terz. s. *Maurolyci Elementa musica, p* 146.

Direttore della Musica (*ital.*) **Directeur de la Musique** (*gall.*) **Director Musices** (*lat.*) der die Music aufführet und anordnet.

Direttore del Organo (*ital.*) **Director Organicus** (*lat.*) ein Organist.

Diringus (*Richardus*) ein Engeländer, dessen Cantiones Sacræ 5 vocum nebst einem G. B. an. 1619 zu Antwerpen gedruckt worden sind. s. *Draudii Biblioth. Class. p.* 1617.

Diruta (*Agostino*) ein Pater Augustiner-Ordens, und Theologiæ Baccalaureus, von Perugia gebürtig, war ums Jahr 1622 Capellmeister und Organist zu Asola, einer kleinen und befestigten Stadt in der Venetianischen Provinz Bresciano; in dieser Function hat er an. 1622 Messe concertate à 5 voci in Venedig drucken lassen; nachgehends aber ums Jahr 1646 Music-Director, im Augustiner-Closter zu Rom, und ließ daselbst 19 musicalische Wercke bey Lud Grignano in 4to drucken. s. *Oldoini Athenæum Augustum, p.* 33.

Diruta (*Girolamo*) ein Pater Franciscaner-Ordens hat unter dem Titul: il Transilvano Dialogo sopra il vero modo di sonar organi & Instromenti da penna, ein Werck in folio geschrieben, so an. 1515 in Venedig gedruckt worden.

Dis, ist der durchs ♯ erhöhete d. clavis.

Dis dur, wird insgemein genennet (1 wenn die Terz zu dem mit einem b versehenen

e-clave (welcher aber eigentlich es heissen solte) g ist. (2. Wenn das mit einem ♯ bezeichnete d zur Terz das scharffe fis hat, an dessen statt auf dem Clavier zwar der g-clavis genommen, aber nicht als ein diatonischer, sondern als ein enharmonischer alsdenn betrachtet werden muß.

Dis moll heißet, wenn (1. der durchs b erniedrigte e-clavis zur Terz das weiche g hat, welches man genennen kan; accurater aber, wenn (2. der durchs ♯ erhöhete d.clavis zur Terz fis hat.

Discanto (*ital.*) **Discantus** (*lat.*) soll so viel seyn, als biscantus, oder diversus cantus; weil diese Stimme, als die höchste unter den singenden, nicht allein die mehresten Coloraturen und Veränderungen vor den andern zu haben pflegt; sondern auch, weil die Alten einen Figural-Gesang, Discantum, und was iezo figuriren, oder Musicam figuralem tractiren heisset, *discantare* genennet haben s. *Thuringi Opuscul. bipart. P.* 2. *c.* 3. Glareanus lib. 3 c. 10. Dodecach. sagt: Diese Stimme führe deswegen den Nahmen Discantus, damit sie vom gemeinen Worte Cantus möge unterschieden seyn.

Discanto primo (*ital.*) Discantus primus (*lat.*) oder 1. der erste Discant.

Discanto secondo (*ital.*) Discantus secundus (*lat.*) oder 2. der zweyte Discant.

Discordant, discordante (*gall.*) Adj. nicht einstimmig, verstimmt.

Discreto, con discretione (*ital.*) discretement, avec discretion (*gall.*) bescheidentlich, mit Maße, nemlich nicht zu geschwinde, noch zu langsam etwas tractiren, it. die Stimme weder zu sehr zwingen noch mit derselben der Sache zu wenig thun.

Disdiapason, gr. δὶς διὰ πασῶν. bedeutet eine doppelte Octav, z. E. aus dem A ins a. u. b. g. von diesem intervallo ist das Sprüchwort: Disdiapason distare entstanden, wenn man nemlich andeuten wollen, daß ein Ding vom andern so weit abgelegen und unterschieden sey, als Himmel und Erde. Denn nachdem es die Natur mit sich bringet, daß fast ein jeder Mensch mit voller Stimme nicht wohl höher oder tieffer kommen kan, als nur auf 2. Octaven; also sind auch die Alten in einem jeden Tropo oder Modo musico, sowol in der Vocal- als Instrumental-

Music

Musie nicht weiter gegangen, denn nur auf diß intervallum der zwo Octaven. s. *Gibelii* Bericht von den *Vocibus musicalibus p.* 7.

Disjoindre (*gall.*) absondern, von einander thun.

Disjoint (*gall.*) abgesondert von einander gethan. z. E. degrez disjoints [*gall.*] gradus disjuncti [*lat.*] Sprünge, wenn man nemlich saltuatim, aus einem Clave in den andern kömmt.

Disjonction (*gall.*) Disjunctio (*lat.*) eine Absonderung.

Di sotto (*ital.*) unten. Di sopra (*ital.*) oben.

Dissonance (*gall.*) Dissonanza (*ital.*) Dissonantia (*lat.*) ein Übel-Lauf, Mißlaut.

Dissonans (*lat.*) wiedrig klingend.

Dissonantiæ per se, oder absoluté, sind beym Calvisio c 6. Melopoeiæ, die Secunda und Septima, mit ihren compositis.

Dissonantiæ per accidens, sind beym Calvisio c. 7. folgende intervalla, als: die Quarta diminuta und superflua; die Quinta diminuta und superflua; und die Octava diminuta und superflua.

Distendente maniera, it. Distendimento (*ital.*) heißet: (1. wenn auf einem Sono lange gehalten, und viel Syllben drunter gelegt werden. (2. Wenn im Genere diatonico so wol durch große intervalla, als auch durch einen weiten ambitum, und demnach pathetisch procediret wird.

Distina (*lat*) à distinendo, i. e. remorando, bedeutet in Matth. Martinii Lexico Philol. eine gantze Tact-Pause.

Dithyrambus, gr. διθύραμβος, Ditirambo (*ital.*) war ehemals ein Carmen, so dem Baccho (welcher auch also hieß) zu Ehren pflegte gemacht zu werden, und insonderheit aus sehr langen und vielfältig zusammen gesetzten Worten bestund, welche Horatius ampullas und sesquipedalia verba, weitbäuchige und anderthalbschuhige, d. i. prächtige, hochtrabende Worte nennet, und durch einander lief. Anietzo heisset auch ein Carmen also, so entweder aus großen und kleinen durch einander vermischten Versen oder Zeilen, so wie sie der raptus poëticus unter einander giebt, bestehet; oder, da es auch nur einerley Verse enthält, doch dem bemeldten raptui also folget, daß es sich zuförderst an keine künstliche invention und disposition bindet, sondern die Gedancken nach einander exprimiret, wie sie kommen, indessen aber doch nicht leicht anders, als in frölichen Dingen statt findet. s. Hederichs Schul-Lexicon. Omeis nennet die Dithyrambos, Jrrgebäude, weil die Reim-Zeilen gleichsam in der Jrre gehen, und nach weitem Herumlauffen zusammen gesucht werden müssen. s. dessen Dicht-Kunst p. 18. Furetiere sagt: der Dithyrambe habe den Nahmen von einem Thebaner, welcher Dithyrambus geheissen: conf. Hrn. D. Meiers Criticum sine crisi. p. 71. in der Anmerckung, woselbst noch aus des Lælii lib. 7. c. 5. angeführet wird: daß dieser Thebaner, welcher aus der Stadt Thespia bürtig gewesen, diese Gedicht-Art zu erst erfunden, und zu den Zeiten da Xerxes Griechenland bekrieget, mit der Spartaner Könige Leonida die Enge bey Thermopilä eingenommen, daselbst auch tapffer fechtend, sein Leben gelassen habe. In Theod. Jansonii ab Almeloveen rerum inventarum Onomastico werden p. 22. andere, als Erfinder, angegeben. Die Frantzosen nenneten diese Gattung Verse, Vers libres; und die Italianer, Versi sciolti, weil sie mehr einer Rede, als Poesie ähnlich wären. Ein mehrers hiervon kan in Vossii Institut. Poët. lib 3. c. 16. gelesen werden, als welches gantze Capitel vom Dithyrambo handelt.

Ditono (*ital.*) Diton (*gall.*) Ditonus (*lat.*) δίτονος (*gr.*) von δίς und τόνος, ein zwey-töniges intervallum, d. i. die grosse Tertz, weil sie aus zween gantzen Tonen bestehet.

Ditono con Diapente (*ital.*) Ditonus cum Diapente (*lat.*) i. e. Septima major, die grosse oder scharffe Septima. z. E. c h̅.

ad Ditonum infra (*lat.*) eine grosse Tertz tiefer.

ad Ditonum supra (*lat.*) um eine grosse Tertz höher.

Ditono composto (*ital.*) Ditonus compositus (*lat.*) δίτονος σύνθετος, hieß bey den Griechen, wenn das intervallum einer großen Tertz, vermittelst derer dazwischen liegenden Klänge, formirt wurde.

Ditono incomposto (*ital.*) Ditonus incompositus (*lat.*) δίτονος ἀσύνθετος, hieß

hieß.: wenn zwo Saiten, der Stimmung nach, einen großen Terz = Sprung gegen einander hören ließen. Nach heutigem Gebrauch, ist jeder Stimm=Sprung, in die große Terz dieser; und jeder Stimm=Gang in selbige, der vorhergehenden Gattung.

Divisio arithmetica und harmonica. s. *Mediatio* und *Arithmetica divisione*.

Dix (Aurius oder Audius) ein Lautenist zu Prag, welcher an. 1721 gestorben ist. s. Barons Unters. des Instr. der Laute p. 76.

Dixiéme [*gall.*] s. *Decima*.

Dix-huitieme [*gall.*] ist das intervallum einer doppelten Octav mit der Terz. z. E. c ē.

Dix-neufiéme, [*gall.*] ist das intervallum einer doppelten Octav mit der Quart. z E. c f̄.

Dix-septieme [*gall.*] ist das intervallum einer doppelten Octav mit der Secund. z. E. c d̄.

Dlugan (Balthasar Philipp) war an der L. Frauen-Kirche zu Lignitz in Schlesien an. 1724 Organist. s. Hrn. *D.* Wahrendorffs Lignitzische Merckwürdigkeiten p. 502.

Dlugorai (*Albertus*) ein am Ende des 16ten Seculi berühmt gewesener Lautenist in Polen, von dessen Arbeit ein und anderes Stück in Besardi Thesauro harmonico befindlich ist.

Do, dieser Sylbe bedienen sich die heutigen Italiäner an statt der Sylbe ut, in der Salmisation, weil sie besser klingt, und auch leichter auszusprechen ist. s. *Bononcini* Musico Prattico, P. I. c. 12.

Docticanus, heißet beym Papia so viel, als qui doctè canit.

Dodart (*Denis*) ein Licentiatus Medicinæ zu Paris, und membrum der Königlichen Academie des Sciences, gebohren an. 1634, und gestorben an. 1707 den 5. Nov. hat in den Memoires de l' Academie Royale vieles zur theoretischen Music dienliches mit einfließen lassen. s. *Matthes.* Orch. III. p. 228. 434.

Dodecupla di Crome [*ital.*] Dodecuple de croches [*gall.*] zwölff-Achtel-Tact.

Dodecupla di Minime [*ital.*] Dodecuple de blanches [*gall.*] heißet: wenn zwölff halbschlägige Noten auf einen Tact gehen und wird also gezeichnet: $\frac{12}{2}$

Dodecupla di Semicrome [*ital.*] Dodecuple de doubles croches [*gall.*] der Zwölff=Sechzehentel=Tact.

Dodecupla di Semibrevi [*ital.*] Dodecuple de Rondes [*gall.*] ist: wenn zwölff ganze Schläge auf einen Tact tractirt werden sollen, da er denn also $\frac{12}{1}$ gezeichnet werden müßte.

Dodecupla di Semiminime [*ital.*] Dodecuple de Noires [*gall.*] ist, wenn zwölff Viertel auf einen Tact gehen.

Doi oder due, auch duoi [*ital.*] heißet: Zwey. z. E. à doi Canti, von 2 Discanten.

Doi-Flöte, oder Dui-Flöte, ist eine mit zweyen labiis versehene Orgel-Stimme, Gedackt=Art, ohngefehr ums Jahr 1590 von dem damahls jungen Orgelmacher, Esaia Compenio, erfunden. s. *Præt.* Synt. Mus. T. 2. p. 140.

Dolce, dolcemente, con dolce maniera [*ital.*] heißet: lieblich, anmuthig, leise; und bedeutet, daß man einen mit solchen Worten bezeichneten periodum so wohl mit der Stimme, als mit dem Bogen, und andern Instrumenten rührenden Organis moderiren, und so lieblich machen soll, als man nur kan. Sign. Piani hat in seinem ganzen ersten Opere das Wort: dolce, durchgängig, an statt des sonst gewöhnlichen piano gebrauchet, vielleicht die Aehnlichkeit seines Nahmens zu vermeiden.

Dolce melo [*ital.*] ein Hackebret.

Dolce suono [*ital.*] bedeutet beym Prætorio, T. 2. p 38. einen Fagott.

Dominante [*ital. gall.*] ist der obere sonus einer Triadis harmonicæ. z. E. g gegen das untere c. s. *Chordes* essentielles.

Dominicus [*Joannes*] ließ an. 1566 Cantiones Sacras 5 vocum zu Venedig drucken. s. Draud. Bibl. Class. p. 1637.

Donati [*Ignatio*] war ums Jahr 1622 und 1626 zu Casale maggiore, einer im Cremonischen Gebiet am Po=Fluß liegenden Stadt, wie auch der Erz=Brüderschafft und Academie des H. Geistes zu Ferrara Capell = Meister; gab zwey Wercke 4, 5, und 6stimmiger Missen; ferner Salmi boscarecci à 6 voci con Ripieni; weiter 2 Opera fünffstimmiger Motetten, und eins dergleichen à voce sola; und 2. 3. 4. und 5stimmiger Concerten in Druck. Daß er auch am Dom zu Mayland Capellmeister gewesen, bezeuget ein an. 1633 zu Venedig heraus gekommenes Missen-Opus.

Donato [*Baldassaro*] ein im 16ten Seculo bekannt gewesener Italiänischer Componist, von dessen Arbeit ein und anderes Stück im 2ten und 3ten Theile der an. 1589 und 1590 von Friedrich Lindnern edirten Gemmæ musicalis befindlich ist. An. 1561 sind Neapolitanische Villanellen, und an. 1567 sechs- und siebenstimmige Madrigalien von ihm zu Venedig gedruckt worden. s. *Draudii* Bibl. Class. p. 1629 und 1654.

Δόναξ, bedeutet ein sehr dünnes Rohr, und dergleichen Pfeiffe. s. *Barthol.* de tibiis Veter. c. 4. p. 30.

Donfridus [*Joannes*] hat ein Promptuarium musicum, worinnen 200. Concentus Ecclesiastici von 2, 3 und 4 Stimmen verschiedener Auctorum befindlich sind, an. 1623 zu Straßburg ediret. s. *Draud* p. 1621. und in eben diesem Jahre zu Hamburg den 2ten Theil der Tabulatur, welcher verschiedene Variationes und Fugen über die Psalmen und Lieder in sich enthält, heraus gegeben.

Doni [*Antonio Francesco*] ein gelehrter Florentiner, und Servit. B M. V. auch Mitglied der Academie der Peregrini, in der er den Nahmen Bizarro geführet, hat, unter andern, auch einen Dialogum, Musica genannt, ingleichen eine Libraria geschrieben, welche an 1580 zu Venedig in 12mo gedruckt worden, worinnen vieler Musicorum edirte Wercke angeführet werden, und ist an. 1574 im Sept. zu Venedig, ohngefehr 35 Jahr alt, gestorben. s. *Pocciantii* Catal. Scriptor. Florent. p. 19. sq. und Hrn. D. *Buddei* Lex.

Donius [*Joan. Baptista*] ein gleichfalls gelehrter Florentinischer Patricius hat folgende musicalische Wercke geschrieben, als:

(1. Compendio del Trattato de' Generi, e de' Modi della Musica; con un Discorso sopra la perfezione de' Concenti, ed un Saggio a due voci di Mutazioni di Genere, e di Tuone in tre maniere d' Intavolatura; ed un principio di Madrigale del Principe, ridotto netta medesima Intavolatura. In Roma per Andrea Fei, 1635 in 4to. Es ist dieses, laut der an den Cardinal Barberino gerichteten Zuschrifft, nur der Auszug eines großen in 5 Bücher getheilten Wercks, welches der Autor wegen anderer Verrichtungen, nicht völlig zu Stande bringen und ediren können.

(2. Annotazioni sopra il Compendio de' Generi, e de' Modi della Musica, doue si dichiarano i luoghi più oscuri, e le massime più nuove, ed importanti si provano con ragioni, e testimonianze evidenti d' Autori classici; con due Trattati, l' uno sopra i buoni, e veri Modi, l' altro sopra i Tuoni, ed Armonie degli Antichi; e sette Discorsi sopra le materie più principali della Musica, e concernenti alcuni Instrumenti nuovi praticati dall' Autore. In Roma nello Stamperia d' Andrea Fei, 1640. in 4to gleichfalls dem Cardinal Antonio Barberini dedicirt.

(3. De Præstantia Musicæ veteris libros tres totidem Dialogis comprehensos, in quibus vetus & recens Musica cum singulis earum partibus accuratè inter se conferuntur, adjecto ad finem Onomastico selectorum Vocabulorum ad hanc facultatem, cum elegantia, & proprietate tractandam pertinentium. Florentiæ typis Amatoris Masiæ, Foroliviensis 1647. in 4to. Dem Cardinal Mazarrini zugeschrieben.

(4. Trattato sopra il Genere Enarmonio. Discorsi cinque 1mo. del Sintono di Didimo, e di Tolemeo. 2do. del Diatonico equabile di Tolemeo. 3tio. degli Strumenti di Tasti. 4to. della disposizione è facilità delle Viole diarmoniche. 5to. in quanti modi si possa adopare l' Accordo perfetto nelle viole Diarmoniche. Alcune Modulazioni, &c. Dieser Tractat ist, nebst vielen andern, so er angefangen gehabt, (worunter auch einer von 16. Titulu, und Adversaria Musica gewesen) nicht gedruckt worden, weil er, wegen des am Römischen Hofe, und zwar anfänglich beym Barberinischen Hause, und hernach beym Cardinals-Collegio geführten Secretariats, solche nicht perfectioniren können; und ob er gleich in dieser Absicht sich von nur gedachter Bedienung loß und in sein Vaterland gemacht, ist er doch kurtz drauf gestorben, nachdem er sein Alter nicht

nicht viel über 50 Jahr gebracht. Auf seinen Tod hat Nic. Heinsius folgendes verfertiget:

Joann Baptistæ Donio Patricio Flor.
Viro inter doctos optimo, inter Bonos doctissimo,
Musicæ veteris, & antiquitatis omnis magno
Instauratori, immatura morte sublato.

Scientiarum pectus omnium sedes,
Vindex vetusti temporis, sui lumen,
Pitho Pelasga, Svada Romulæ gentis,
Etrusca Siren, nectar aureæ vocis,
Sal gratiarum, mens leporis antiqui,
Cortina Phœbi, Musici Chori plectrum,
Minervæ amores, ipse cantor, & virtus.
Hæc, pluraque his, hoc clausa nunc tacent saxo.
Dixi, viator, multa: nil tamen dixi.

f. die *Notizie Letterarie, ed Istoriche intorno agli Uomini illustri dell' Accademia Fiorentina. Parte prima*, vom 336 bis zum 346 Blatte. Der Cardinal Joan. Bona urtheilet in seiner Notitia Auctorum also von ihm: de Musica, Modisque musicis antiquis & novis doctissimè scripsit, doctius scripturus, si Græca eruditione præditus fuisset.

Donner la mesure [*gall.*] den Tact geben.

Donner le ton du Chœur [*gall.*] den Chor-Ton angeben.

Donte [*gall.*] vom Ital. tondo, lat. rotundus; das Runde, oder der Bauch an einer Laute, Tuorbe, Mandore, u. d. g. f. Fritzschens Lex. und *Furetiere* Dict.

Doppelte Flöte, war bey den alten Griechen ein sehr gebräuchliches Blas-Instrument, aus zwey geraden, oder auch krummen Röhren bestehend, welche zusammen nur ein Mundstück hatten, und demnach auch von einer Person konte tractiret werden.

Dop (Wilhelm) ein Königl. Dänischer Cammer-Diener und Musicus, auch Canonicus zu Rothschild, und Vicarius zu Arhus, von Bergen gebürtig, ist an der Schwindsucht an. 1628 den 26 Febr. im 57. Jahr seines Alters zu Coppenhagen gestorben; laut der daselbst in der Nicolai-Kirche befindlichen Inscription, also lautend:

Dn. Wilhelmo Dop, Bergen.
Regio olim Cubiculario & Musico, Canonico Rœschildensi, & Vicario Arhusiensi, qui annos 15 debita animi devotione & fide muneribus sibi gratiose demandatis defunctus, febri tandem confectus hectica Christo Redemptori animam cum certa indubitata ad vitam resurrectionis spe tradidit XXVI. Februarii, Anno M. DC. XXVIII. Ætat suæ LVII. f. *Petri-Joan. Resenii* Inscriptiones Haffnienses, p. 169.

Doratius (*Hieronymus*) ein Lucchefer, gab an. 1609 Vesper-Psalmen zu Venedig heraus.

Doratus (*Nicolaus*) ein ums Jahr 1590 bekannt gewesener Componist.

Dorceus, ein bey den Thraciern sehr berühmt gewesener Citharist, der nach dem Orpheus für den besten gehalten worden. f. *Valer. Flacc.* lib. 3. Argonaut. 159.

Dorffschmid (*Georg.*) hat ein sacrificium vespertinum, worinnen alle Vesper-Antiphonen mit 4 Stimmen befindlich sind, an. 1597 zu Augspurg drucken lassen. f. *Draudii* Bibl. Class. p. 1653.

Dorion, ein Pfeiffer beym Macedonischen Könige Philippo, des Alexandri M. Vater, welcher ihn allenthalben mit sich herum geführet; wie solches Athenæus lib. 10. p. m. 415. auch des Theopompi lib. 53. Historiarum berichtet.

Dorium carmen, heisset beym Horatio Epod. 9. v. 6. eine nach dem Modo Dorio gesetzte Ode.

Dornel, ein Organist zu Paris, hat drey Wercke, Trio mit 2 Violinen und einem G. B. heraus gegeben; auch unter den Titulen: les Caracteres de la Musique, und le Tombeau de Clorinte, zwey Cantaten-Wercke daselbst drucken lassen. f. *Mr. Boivin.* Catalogue general des Livres de Musique pour l'année 1729. p. 10. und 22.

Dorothea, Anhaltina, Hertzogs Anthon Ulrichs zu Braunschweig-Lüneburg Fr. Mutter, soll in der Music wohl erfahren gewesen seyn, und zu dem von hochbesagten Hertzoge verfertigten Christ-Fürstlichen Davids Harffen-Spiele, so an. 1667 zu Nürnberg in 8 gedruckt worden,

DOU.

die Melodien geſetzt haben. ſ. Wetzels Hymnopœograph. P. I. p. 66.

Dorotheus, ein vortrefflicher Pfeiffer und Citharist, ließ, als er die Kunst aufgab, ſeine Pfeiffen und Cither im Tempel des Apollinis bringen. ſ. *Bulenger*. de Theatro lib. 2. c. 26.

Dos dupla di Chrome [*ital.*] der zwölffte Theil eines Tacts, d. i. ein Achtel vom Zwölff=Achtel=Tacte.

Double [*gall.*] Adj. doppelt. Wird auch als ein Substantivum bisweilen gebraucht, z. E. le Double d' un Air, ou ſecond Couplet en diminution, bedeutet: den zweyten Vers einer Arie variirt, d. i. in kleinern Noten vorgeſtellt und angebracht. Eine Verdoppelung, oder eine Variation, gemeiniglich bey Allemanden und Couranten. ſ. Niedts Handl. zur Variation des G. B. p. 97.

Double Baſſe, oder Baſſon [*gall.*] eine groſſe Baßgeige, oder groſſer Fagott.

Double Cadence, oder tour de goſier [*gall.*] ein wiederholtes Anſchlagen der Kehle. ſ. *Cadence double*.

Double Fugue [*gall.*] ſ. *Fuga doppia*.

Double Croche [*gall.*] eine Sechzehntel=Note.

Doubles Croches liées [*gall.*] an einander gebundene Sechzehntel=Noten.

Doubles Croches ſeparées [*gall.*] von einander geſonderte Sechzehntel=Noten, deren jede nemlich ihre 2 Hacken à part hat.

Double Octave [*gall.*] die doppelte Octav. z. E. c c̄.

Double Triple [*gall.*] iſt der ½ Tact. ſ. *Broſſ. Dict.* p. 198.

Doublé [*gall.*] doppelt geſetzt, oder genommen. Z. E. die Secund, Terz, Quart, u. ſ. f.

Doublette, ſ. f. alſo nennen die Frantzoſen die zwey=füßige Octav in Orgeln.

Doucement [*gall.*] Adv. leiſe, nicht ſtarck; Plus doucement, noch leiſer; trés-doucement, am allerleiſeſten.

Douland oder Dooland [*Johannes*] ein vortrefflicher Engländiſcher Lautenist, gab ohngefehr ums Jahr 1619 verſchiedene Wercke vor die Laute heraus. ſ. Barons Unterſ. des Inſtruments der Laute, p. 54.

Douth (*Philipp*) ein Engländer, von dem

DRA.

an. 1674 die Muſica incantans, ſeu Poëma exprimens vires Muſices, juvenem in inſanjam adigentis, & Muſici inde periculum, zu Londen in 4to gedruckt worden. ſ. *Lipenii* Biblioth. Philoſoph.

Doux, m. Douce, f. Adj. [*gall.*] vom lat. dulcis, lieblich, angenehm.

Douze quatre [*gall.*] zwölff Viertel=Tact. Douze huit, zwölff Achtel=Tact; Douze ſeize, zwölff ſechzehentel Tact. ſ. *Loulié Elemens de Muſique*, p. 44.

Douziéme [*gall.*] die Duodecima. z. E. c. g.

Doxologia, von δόξα, gloria, und λέγω, dico, heißt eine Verkündigung des Lobes GOttes; abſonderlich aber bedeutet es ein Paar gewiſſe Formuln; wie man denn Doxologiam magnam und parvam hat. Jene beſtehet in den Worten: Gloria in excelſis Deo. Dieſe aber heißt: Gloria Patri, & Filio, & Spiritui Sancto. Dieſe letztere ward der Arrianer wegen um die Zeit des Nicäniſchen Concilii aufgebracht, wie einige wollen, von Flaviano, dem Biſchoffe zu Antiochia. In die Lateiniſche Kirche hat ſie, nebſt dem Sicut erat &c. der Pabſt Damaſus eingeführet. ſ. Schöttgens Antiquitäten-Lexicon.

Draco, ein Athenienſiſcher Muſicus, und Lehrmeiſter des Platonis in dieſer Kunſt.

Draghi (*Antonio*) Capellmeiſter der theatraliſchen Muſiquen an der Römiſchen Kayſerin Eleonoræ Hofe, hat die an. 1677 am Grünen=Donners=Tage beym H: Grabe aufgeführte Muſic über die geiſtl. Vorſtellung: le cinque Piaghe di Chriſto genannt, verfertiget. ſ. *Cinelli* Bibliotheca Voiante, Scanzia XIV. pag. 286. Iſt an. 1703. noch am Leben geweſen.

Draghi (*Carlo*) war an. 1703 Kayſerl. Organiſt, und zwar in der Ordnung der dritte.

Drama (*Ital. lat.*) vom Griechiſchen δράν, agere; ein Schau=Spiel, ſo redend oder ſingend aufgeführt wird. Omeiſſens Dicht=Kunſt, p. 226. das letztere heiſſet, zum Unterſchied des erſtern: Drama per Muſica, oder Drama muſicale (*ital.*) weil, nebſt den Sing=Stimmen, auch verſchiedene Inſtrumente dabey gebraucht werden. Der Alten ihre dramata beſchreibet Raphaël Volaterranus lib. 33. Commentar. Urbanorum, ingleichen Gerard Joan. Voſſius Inſtitut. Poët. lit. 2. c. 2. ſqq.

Drechsel (Johann) ein Nürnberger, Discipul des Herrn Frobergers, und erster Lehrmeister des seel. Herrn Johann Philipp Kriegers auf dem Claviere. s. *Matthesonii* Crit. Muſ. T. 2. p. 169.

Drechslerus (*Joan. Gabriel*) ein Baccalaureus Theologiæ, hat an. 1670 eine Dissertation: de Cithara Davidica zu Leipzig gehalten, und in 4to drucken lassen. Er war von Wolckenstein aus Meissen gebürtig, und Schul-Collega zu Halle, woselbst er an. 1677 den 20 Oct. gestorben. s. das comp. Gelehrten-Lexicon.

Dreßdenische Hof-Organisten sind folgende gewesen:
(1. Jacob Merß. (2. Hanß von Cölln. (3. Gall Philipps, ein Niederländer. (4. Martinus, so hernach zu Zwickau Organiſt worden. (5. Friedrich Nürmitzer. (6. Ægidius (communiter Gilligis) ein Niederländer, iſt sonſt Lucifer genennet worden. (7. Chriſtoph Walther. (8. Petrus. (9. Joachim Merß, iſt hernach in die Marck kommen. (10. Johann Treubling, iſt nach Braunſchweig kommen. (11. Auguſtus Nürmitzer. (12. George Kretzſchmar. (13. Chriſtian Walther. (14. Johann Chriſtian Böhme, war ein guter Componiſte. (15. Johann Chriſtian Braunitz, ſtarb an. 1717 den 14 Aug. in Dreßden. (16. Johann Chriſtian Böhme, des vorigen Hof-Organiſtens Sohn, iſt an. 1727 an der Schwindſucht geſtorben. (17. Johann Chriſtoph Richter, kam an. 1728 zu dieſem Amt. s. Herrn Doct. Joh. Andr. Gleichens Dreßdeniſche Reformations- und Hof-Prediger Hiſtorie, im Vorbericht c. 10. §. 9. p. 58.

Dreſe (Adam) wurde in ſeiner Jugend von Wilhelmo IV. Hertzogen zu Sachſen-Weimar, nach Warſchau zu dem Königl. Polniſchen Capellmeiſter, *Marco Scacchi*, geſchickt, um von ſelbigem in der Muſic zu profitiren, und hierauf zu ſeinem Capellmeiſter angenommen. Nach dem Tode dieſes Hertzogs iſt er bey Hertzog Bernharden in Jena, als Capellmeiſter, Cammer-Secretarius, Stadt- und Amt-Schultze in Dienſten geſtanden, und hat in dieſer Qualität an. 1672 den 1ſten Theil etlicher Allemanden, Couranten, Sarabanden, Balletten, Intraden und Arien daſelbſt in folio ediret, ſelbige ſelbſt verlegt, und ſeinem Herrn dediciret; ſonſt aber auch in Neumarckt an. 1657 herausgegebenen poetiſchen Luſt-Walde, und andern, inſonderheit zu des Rath Büttners Liedern, viele Melodien gemacht. Als nurgedachter Hertzog auch verſchieden, iſt er nach Arnſtadt bey daſigem Grafen, als Capellmeiſter in Dienſte kommen, und daſelbſt in hohem Alter geſtorben. Er hat viele Kirchen-Stücke, Sonaten, auch theatraliſche Sachen verfertiget, und ſonderlich in ſtylo recitativo excelliret.

Dreſe (Johann Samuel) hat die Anfangs-Gründe der Muſic bey dem vorigen, als ſeinem Vetter, begriffen, und iſt hierauf bey Hertzog Bernharden in Jena als Hof-Organiſt beſtellt worden: nach deſſen Tode hat ihn Hertzog Wilhelm Ernſt, höchſtſeel. Andenckens, hieher nach Weimar vociret, und als geſammten Capellmeiſter an. 1683 beſtellet, in welcher function er an. 1716 den 1 Decemb. im 72 Jahre ſeines Alters verſtorben, nachdem er verſchiedene Clavier-Sachen, Sonaten, Partien, und viele Kirchen-Stücke, auch theatraliſche Sachen verfertiget.

Dreßler (Chriſtoph) ein Orgelmacher aus Leipzig, hat an. 1685 das groſſe und koſtbahre Orgelwerck in der S. Johannis-Kirche zu Zittau verfertiget, welches den 19 Auguſti a. c. eingeweyhet worden iſt. s. Herrn D. *Job. Bened. Carpzovii* Analecta Faſtorum Zittavienſium, P. I. pag. 61.

Dreslerus (*Gallus*) ein Magiſter, von Nebra, einem dem Hertzoge zu Weiſſenfels gehörigen, und an der Unſtrut unterhalb dem Cloſter Memleben in Thüringen liegenden Städtgen gebürtig, (*Nebræus*) wurde an. 1558 Cantor zu Magdeburg, und gab, nach *Draudii* Bericht, p. 1617 Biblioth. Claſſ. folgende Wercke heraus, als:

XVII. Cantiones Sacras 4 & 5 vocum; it. III. alias zu Wittenberg an. 1568 in 4to gedruckt.

XIX. Cantiones Sac. 4 & 5 vocum, zu Magdeburg an. 1569 in 4to

XC. Cantiones 4 & plurium vocum, zu Magdeburg an. 1570 gedruckt.

XIV. Cantiones 4 & plur. vocum abermahl zu Magdeburg in 4to; und Sacras Cantiones 4 & 5 & plur. vocum zu Nürnberg an. 1577 gedruckt. Seine Elementa Muſicæ practicæ in uſum Scholæ Magdeburgenſis ſind an. 1584 zu Magdeburg in 8vo lateiniſch gedruckt, und dem damahligen Abte des daſigen

sigen Reichs-Closters Bergen (imperialis monasterii in monte Parthenopolitano) Herrn Petro Ulnero Gladebachio, unterm 1sten Maji an. 1571 zugeschrieben worden. Dieser Tractat bestehet aus drey Theilen, davon der erste 5, der zweyte 8, und der dritte 9 Capitel in sich hält, und ist Frag=weise eingerichtet. Des ersten Theils c. 1. handelt: de Musica Chorali & Figurali; c. 2. de Figuris, nemlich den Noten, Pausen und Ligaturen; c. 3. de Clavibus; c. 4. de Vocibus musicalibus; und c. 5. de divisione Cantus. Des zweyten Theils c. 1. handelt: de Intervallis; c. 2. de divisione Diatessaron & Diapente; c. 3. de divisione & mediatione Diapason; c. 4. de definitione, nomine & numero Modorum; c. 5. de nomine & mediatione omnium Modorum; c. 6. de Ambitu; c. 7. de Fine; und c. 8. de Transpositione. Des dritten Theils c. 1. handelt: de Gradibus; c. 2. de Signis; c. 3. de Tactu; c. 4. de Punctis; c. 5. de Augmentatione; c. 6. de Diminutione; c. 7. de Imperfectione; c. 8. de Alteratione; und c. 9. de Proportionibus. Sämtliche Materien betragen zusammen acht Bogen.

Dretzel [*Valentinus*] ein Nürnberger, und Organist baselbst bey S. Laurentii, hat an. 1621 sein Sertulum musicale ex sacris flosculis contextum von 3-8 Stimmen drucken lassen.

Dreux [*Jaques Philippe*] ein verstorbener Flötenist hat drey Bücher Fanfares pour deux Chalumeaux ou deux Trompettes gesetzet, welche zu Amsterdam bey Roger in Kupffer zu bekommen sind. Er hat auch Arien auf 2 Clarinetten oder Chalumeaux heraus gegeben.

Dreyer [*Joannes*] ein an. 1667 den 6ten Octob. zu Saltzburg verstorbener Geistlicher und Musicus, liegt baselbst bey S. Petri mit diesem Monument begraben:

Sta Viator, & lege documenta, quæ mortuus dabo.
Vita Musica est:
Penè musca dixissem.
Vita Musica est
Ah! quam nonnunquam absona!
Ejus notæ nigræ sunt, ideoque celeres:
Mensuram Deus numerat, clavis est falx mortis, quæ totam finit.
Hæc ego Musicus loquor *Joannes Dreyer*,
Cui mors lessum confinxit, ah! nimium veracem!
Ex væ duro.
Eadem, priusquam planè presbyter è Diacono fierem, me Deo sacrificavit.
Dicam tamen: *Pax tecum*.
Tu alterum mihi apprecare: *Et cum Spiritu tuo*.
s. *Otton. Aicheri Theatrum funebre*, P. 3. Scena 7, p. 452.

Dropa (Matthias) ein Orgelmacher, hat die Orgel zu S. Johannis von 47 Stimmen; ingleichen die bey S. Michaelis von 43 Stimmen zu Lüneburg ums Jahr 1710 gebauet. s. Matthesonii Anhang zu Niedtens Mus. Handl. zur Variation des G. B p. 190. sq.

Drot [*Jean David*] ein Frantzösischer Bassist in der Königl. Capelle und Cammer-Music zu Dreßden an. 1729. s. den dasigen Hof= und Staats=Calender.

Druelæus [*Christianus*] Pfarrer zu Kellingen im Holsteinischen ließ an. 1650 neun und zwantzig Concerten, aus den zehen ersten Psalmen Davids genommen, unter dem Titul: Psalmodia Davidico-Ecclesiastica, als den ersten Theil, zu Hamburg drucken.

Drusimüller (Johann Dietrich) ein zu Norden in Ost=Frießland in der zweyten Helffte des vorigen Seculi berühmt gewesener Organist, hat Clavier=Stücke gesetzet. *Corf. Bohlen.*

Drusini, Meißner, sind zu ihrer Zeit vortreffliche Lautenisten gewesen. s. Barons Unters. des Instruments der Laute, p. 55.

Du [*gall.*] s. *Del.*

Ductus [*lat.*] lauffenden, ein Gang, eine Führung, s. Ἀγωγή.

Due. s. *Doi*.

Dueto [*Antonio*] ein Geistlicher aus Piemont, und Capellmeister am Dom zu Genua, hat zu Venedig Madrigalien drucken lassen.

Duetto, pl. Duetti [*ital.*] das Diminutivum von Duo, bedeutet (1. ein kurtzes Lied von zwo Sing=Stimmen, [der dazu gehöri=

gehörige Spiel = Baß wird nicht mitgerechnet.) (2 Eine dergleichen Piece vor zwo Instrument=Partien, NB die Baß=Partie wird hier mitgezehlt. f. Matthesonii Crit. Mus. T. 1. p. 131.

Dufay, ein alter Frantzösischer Musicus, wird von Sebald Heiden, in der Vorrede über sein Buch: de arte canendi, gerühmt, daß er die in England von Dunstaplo zuerst erfundene Art, mit vielen Stimmen zu componiren, nebst dem Binchoi, besser excolirt habe; biß sie nachgehends von Joan. Okegam, Busnoe und Caronte immer mehr und mehr verbessert worden. Petrus Gregorius, lib. 12. c. 11. Syntax. art. mirab. druckt seinen Nahmen also aus: Guilielmus du Fay, und sagt: er habe in der Music = Scala unter das tieffe G, das b noch hinzugethan.

Dulcino, dulcin und Dolce suono (ital.) Dulcisonans [lat] insgemein Dulciana und dulcian genannt, ist ein Blas = Instrument oder kleiner Basson, welcher sonsten auch ein Quart = Fagott heisset, und mit den Frantzösischen Taillen und Quint = Hautbois übereinkommt. f. Broff. Diction. conf. Præt. Synt. T. 2. p. 38. Niedt nennet den teutschen Fagott, it. eine Orgel=Stimme, welche ein gefüttert Schnarrwerck von 6 oder 8 Fuß=Ton ist, einen Dulcian. f. dessen mus. Handl. zur Variat. des G. B. p. 110.

Dulichius [Philippus] ein von Chemnitz bürtig gewesener, an Gymnasio zu Stettin gestandener Musicus, hat an. 1609 sein Opus musicum, continens dicta insigniora ex Evangeliis dierum dominicalium & festorum totius anni desumta zu Leipzig; und an. 1619 seine Centurias 7 & 8 vocum zu Leipzig und Dantzig in 4to drucken lassen. f. Draudii Bibl. Class. p. 1614 und 1617. dieses letztere aus 3 Theilen bestehende Werck ist schon vorher an. 1607 in Stettin aus Licht getreten.

Dulingius [Antonius] ein Magdeburger, und Cantor daselbst, ließ an. 1620 lateinische Motetten von 8 = 12 Stimmen, auf die Fest = Tage gerichtet, unterm Titul: Cithara melica, drucken.

Dulnerus (Paulus) ein Nürnbergischer Bürger ums Jahr 1583, muß ein verständiger Musicus gewesen seyn; weil Leonhardus Lechnerus, in der an selbigen gerichteten Zuschrifft seiner Harmoniarum Miscellarum, als eine Ursache seines Unternehmens, sich folgender Worte bedienet: feci etiam hoc eo lubentius, quia de istis Compositionibus recte judicare potes & soles, artem enim intelligis.

Dumont. f. Mont.

Dunstan, der an. 988 im 79 Jahr seines Alters verstorbene Engländische Ertz = Bischoff zu Canterbury, soll in seiner Jugend sich sehr auf die Music gelegt, auch die Art, mit vier Sing=Stimmen als C. A T. E. zu componiren, erfunden haben. f. des Herrn D. Buddei Lex. und Printzens Mus. Hist. c. 9. §. 23. daß er vorher erstlich Abt zu Glasco gewesen, sodann Bischof zu Wigorn, hierauf zu Londen, und endlich an. 961 Ertz=Bischoff geworden, ist in Guil. Cave Chartophylace Ecclesiastico, p. 180. zu lesen. Von einigen wird er auch Dunstaphus und Dunstaplus genennet. Nach Salom. van Til Meynung, ist der vielstimmige Gesang viel älter. f. dessen Sing=Dicht = und Spiel = Kunst, p. 125 und 126. Conf. Matthesonii Crit. Mus. T. 2. §. XIX. und XX. Mag also wol Dunstan diese vollstimmige Music=Art bey seinen Lands = Leuten, denen sie vorher unbekannt gewesen, am ersten aufgebracht und eingeführt haben.

Duo, ein Italiänischer und Frantzösischer Terminus, vom lateinischen duo; bedeutet instrumentaliter eine Composition von 2 Singe = Stimmen, welche von einem G. B. als der dritten Partie begleitet wird.

Duodecima [ital. lat.] ist die doppelte oder zweymal genommene Quint. z. E. c. g. Wenn dieses Wort bey Opera stehet, heisset es alsdenn: das zwölffte Werck.

Duplo, m. dupla, f. (ital.) doppelt.

Du premiere, du second, du 3me, du 4me, 5me, 6me, 7me, 8me Ton (gall.) aus dem ersten, zweyten, dritten, vierten, fünfften, sechsten, siebenden, achten Tone.

Durale, duro [ital.] dur [gall.] hart. Also nennet man das viereckigte ♮, weil derjenige Klang, den es bey der Erhöhung verursachet, etwas hartes oder scharffes an sich hat, oder nicht so angenehm, als das b. moll. ist. f. Broff. Diction.

Duran [Dominicus Marcus] ein Spanischer Musicus, aus Alconetar in Estremadura gebürtig, soll das an. 1590 zu Tole-

Toledo in 4to herauß gekommene Buch: Lux bella del Canto Uano genannt; wie auch den über nurgedachtes Buch an. 1598 zu Salamanca edirten Commentarium, oder Comento sobre la lux bella, so gleichfalls in 4to, verfertiget haben. s. *Antonii* Biblioth. Hispanam.

Durandus [*Caspar Chrysostomus*] überließ an. 1667 sein Exultans Halleluja dem Druck in Dreßden.

Durante [*Ottavio*] ein in geist=und weltlichen Wissenschafften versirter Römer, hatte das Unglück, durch einen Büchsen=Schuß ohnversehens getroffen zu werden, begab sich deswegen auf sein nahe bey Viterbo liegendes Land=Gut, und verfertigte unter andern auch Arie devote, so an. 1608 zu Rom in folio gedruckt worden sind. Es bestehet dieses Werckgen nur aus 16 Blättern, nebst der Anweisung von einem Blat, und enthält Sing-Manieren in sich. Der völlige Titul desselben lautet folgender gestalt: Arie devote, le quali contengono in se la maniera di cantar con gratia, l' imitationi delle parole, & il modo di scriver passaggi, & altri affetti. Novamente composte da Ottavio Durante, Romano. In Roma, appresso Simone Verovio. 1608. Der Auctor ist an. 1614 noch am Leben gewesen. s. *Mandosii* Bibl. Rom. Cent. 7. n. 83.

Durastanti [*Margherita*] ist eine vortreffliche und künstliche Italiänische Sängerin gewesen.

Durée des Sons [*gall.*] die Währ = oder Haltung der Klänge.

Durete [*gall.*] bedeutet so viel als Dissonance, und unter den Dissonanzen eigentlich die ausserordentlichen, als die intervalla diminuta und superflua. s. *Brossaire* diction. p. 282.

Du S. Esprit [*gall.*] Per il Spirito Santo [*ital.*] vors Fest des H. Geistes.

Duval, ein Franzose, hat sieben Sonaten=Wercke vor Violinen herausgeben lassen. s. *Boivins* Music = Catalogum aufs Jahr 1729. p. 25.

Dux [*lat.*] ist in den Fugen und Canonibus die zuerst anfahende Stimme, und also der andern Folge=Stimme ihr Führer. conf *Matthesonii* Orchestre I. p. 143. §. 5.

Dux (*Benedictus*) hat über alle Oden des Horatii 3 und 4 stimmige Harmonien an. 1539 zu Ulm, der dasigen Jugend zu Ge=fallen, drucken lassen. s. *Gesneri* Biblioth. univers.

Dux [*Philippus*] ein berühmt gewesener Musicus aus Flandern, hat 5 und 6 stimmige Madrigalien drucken lassen, und selbige den Herren, Joanni, Jacobo und Carolo Khisest, Freyherren in Kaltaprum und Gruems, 2c. Jäger = Meistern in Cärnthen und der Windischen Marck, zugeschrieben. s. *Sanderum* de Scriptor. Flandr. p. 140.

Dyas musica [*lat.*] vom griechischen δυάς, bedeutet zweene gegen einander entweder con = oder dissonirende Klänge.

E.

E ohne Accent, ist eine Italiänische Conjunctio, bedeutet: und, so gebraucht wird, wenn ein Consonans drauf folget; wenn aber ein Vocalis drauf folget, wird das d noch daran gehänget, und ed geschrieben, z. E. allegro e præsto, lustig und geschwind; allegro ed andante, lustig und gleichgehend; (anstatt des weichen d findet man auch offt das harte t gesetzt.) stehet aber ein Accent über dem e, also: è, so ists die dritte Person aus dem Italiänischen Verbo essere, und heisset ist.

Ebart (*Samuel*) ein Componist und Organist zu Halle in Sachsen, (jetzo im Magdeburgischen) hat ums Jahr 1679 floriret, woselbst er 8 Jahr lang in Diensten gestanden, und 30 Jahr alt gestorben. Er ist aus Wettin gebürtig gewesen.

Ebeling (*Johann Georg*) wird von Printzen c. II. §. 54. Mus. Histor. ein Professor Musices am Gymnasio Carolino zu Stettin genennet; welches aber (wie mich dessen ein aus besagter Stadt gebürtiger vornehmer und gelehrter Mann gewiß versichert) irrig seyn, und daher rühren soll: weil vormahls der Professor Græcæ Linguæ und Poëseos auch zugleich Cantor gewesen; jetzo sey das Cantorat für sich. Nurgedachter Musicus hat an. 1666 Paul Gerhardts Lieder, 120 an der Zahl, mit 4 Sing-Stimmen und 2 Violinen erstlich in folio, und hernach an. 1669 nur mit Discant und Baß in 8vo heraus gegeben; auch an. 1657 Archæologias Orphicas, sive Antiquitates musicas, so nur bis aufs Jahr

Jahr der Welt 3920 gehen, zu Stettin in 4to drucken lassen.

Eberlinus [*Daniel*] ein vortrefflicher Violinist, von Nürnberg gebürtig, war an. 1480 Capellmeister zu Eisenach, gieng von dar nach Cassel, kam aber ums Jahr 1685 wiederum nach Eisenach, und wurde hierauf endlich zu Cassel Stadt-Hauptmann, in welcher Bedienung er auch daselbst gestorben. Seine trium variantium fidium Concordia, h. e. Moduli musici, quos Sonatas vocant, ternis partibus conflati, ist an. 1675 zu Nürnberg in folio heraus gekommen.

Ebert [*Johann*] ist gebohren zu Naundorff bey Dippoldiswalda in Meissen den 27 Sept. an. 1693. hat 12 Jahr lang die Creutz-Schule in Dreßden frequentiret, ist an. 1718 nach Leipzig auf die Universität gezogen, von dannen an. 1720 an den Hochfürstl. Sachs. Weissenfelsischen Hof als Tenorist beruffen worden; an. 1725 aber in Hochfürstl. Sachsen-Eisenachische Dienste gekommen, hat an. 1729 6 Sonate a Flauto traverso con Cembalo heraus gegeben, und solche Sr. Hochfürstl. Durchl. Friderico, Erb-Printzen zu Sachsen-Gotha dediciret.

Ebion [*Matthias*] hat eine Isagogen Musicam in teutscher Sprache geschrieben.

Ebner [*Wolffgang*] Kaysers Ferdinandi III. Hof-Organist, ums Jahr 1655, von Augspurg gebürtig, hat die von Ludovico Viadana erfundene Wissenschafft, den General-Baß zu tractiren, verbessert und erweitert, auch eine sehr kurtze Instruction davon in lateinischer Sprache geschrieben, welche Herbst, loco Corollarii, seiner Arte Prattica & Poëtica, in 3 quart Blättern, verteutscht angehänget hat. An. 1648. ist höchstgedachten Kaysers Aria von 36 Variationibus, durch ihn zu Prag in Druck gegeben worden.

Eccardus [*Johannes*] von Mühlhausen gebürtig, war beym Marggrafen von Brandenburg, Georgio Friderico, als Hertzoge in Preussen, zu Königsberg Vice-Capellmeister, und gab an. 1597 geistliche mit 5 Stimmen gesetzte Lieder, auf den Choral, oder gemeine Kirchen-Melodie gerichtet, daselbst in Druck. An. 1574 sind 4, 5 und mehrstimmige Cantiones Sacræ Helmboldi, 20 an der Zahl, von seiner Arbeit zu Mühlhausen gedruckt worden.

Eccelius [*Matthias*] ist ein berühmter Musicus an Hertzog Heinrichs zu Sachsen Hofe, und ein Anverwandter des an. 1487 verstorbenen Canonici und Doctoris Decret. zu Meissen, Christophori Eccelii, gewesen. f. *Gearg. Fabricii* Annal. urbis Misniæ, lib. 2 p. 162.

Eccles, hat zwey Bücher Sonaten vor Violinen heraus gegeben. f. *Boivins* Music-Catalogum aufs Jahr 1729, p. 25. Der Auctor mag wol ein Engländer seyn; wie denn, nach Bericht Guy Miege, im ersten Theile seines Groß-Britannischen Staats, c 33. in der Königlichen Engländischen Capelle drey Musici diesen Nahmen führen, nemlich John, Henry und Salomon Eccles.

Echembrotus, ein Kunst-Pfeiffer aus Arcadien, hat in den Olympischen Spielen, und zwar in der 48 Olympiade, oder 586 Jahr vor Christi Geburt, den Preiß davon getragen, f. *Natal. Comitis Mythol. c. 1. lib.* 5. und *Pausaniam in Phocicis*, f. *lib.* 10. woselbst gemeldet wird: daß er deswegen dem Herculi einen ehernen Dreyfuß geopffert habe.

Echion, ein alter Citharœdus, dessen Juvenalis Satyr. 6. erwehnet:

Accipis uxorem, de qua Citharœdus Echion,
Aut Glaphyrus fiat pater Ambro-
siusque Choraules.

Echo, gen. echus, (gr. ἠχώ, ἧς) Ecco [*ital.*] Echo oder Eco [*gall.*] Sonus reciprocus [*lat.*] ein Wiederhall, ist eigentlich eine Wiederholung der Stimme, welche natürlicher Weise durch die Zurückschlagung der Lufft geschiehet. Man imitiret es in der Music öffters, wenn nemlich ein Chor dem andern, und zwar etwas schwächer, antwortet. Es kan auch dergleichen auf Orgeln von 2 und 3 Clavieren artig vorgestellet werden. Das Wort Ecco wird auch manchmahl an statt piano gebraucht, um anzuzeigen, daß der Stimm- oder Instrumenten-Klang moderirt und schwächlich gehen soll, gleich als wolte man ein Echo machen. Es heisset auch ein Orgel-Register also. f. *Sambers* Continuation der Manuduct. p. 153.

Eckel [*Christoph*] von Nürnberg gebürtig, war an. 1655 an Kaysers Ferdinandi III. Hofe ein Instrumental-Musicus. f. *Bucelin*.

Eckel (*Hermann*) von Lübeck, war unter den 53 verschriebenen Organisten der 45te, wel-

welcher das an. 1596 in die Schloß-Kirche Grüningen erbauete Orgel-Werck bespielte und examinirte. s. Werckmeisters Organ. Gruning. rediv. §. 11.

Eckstein (*Antonius*) ein an. 1721 zu Prag verstorbener Lautenist. s. Barons Unters. des Instruments der Laute, p. 76.

Eclisses du Luth [*gall.*] costæ, ferulæ, assulæ [*lat.*] die an dem corpore einer Laute dünn ausgearbeitete Bretlein, oder Späne.

Ecloga [*lat.*] Egloga [*ital.*] Eglogue [*gall.*] ἐκλογή [*gr.*] von ἐκλέγω, deligo, ein auserlesenes Gedicht, so ins besondere von Land- oder Feld-Materien handelt; es werden aber auch andere kleine Gedichte also genennet.

Ede [*Richardus*] ein Engeländischer Canonicus Regularis zu Oxford, unter der Regierung Königs Henrici VII. hat bey nurgedachter Universität um das Baccalaureat in der Musicæ angehalten, auch selbiges mit der Condition erhalten gehabt: wenn er nemlich eine Missam nebst einer Antiphona componiren, und sie am Tage seiner admission öffentlich aufführen würde. s. *Anton. à Wood* Histor. & Antiq. Universf. Oxon. lib. 2. p. 5.

Edelbauer (Johann Michael) ein Violinist, in der Kayserin Amaliæ Wilhelminæ, Hof-Capelle, an. 1721, und 727.

Edelmann (Moritz) von Greiffenberg aus Schlesien gebürtig (Gryphismont. Sl.) war an. 673 Fürstl. Sächs. Magdeburg. Hof-Organist zu Hauæ, wurde aber an. 1676 von dar nach Zittau, als Organist und Music-Director beruffen, trat nur gedachte Function den 1sten Advent-Sonntag an, und starb an. 1680 den 6. Dec. s. J. C. Trosts Beschreibung des Orgel-Wercks auf der Augustus-Burg zu Weissenfels, p. 8. und Hrn. D. Carpzovii Analecta Fastor. Zittav. P. 3. c 4. p. 94.

Edinthonius (*Joan.*) ein zu Paris ums Jahr 1603 berühmt gewesener Lautenist.

Edlinger (Thomas und Joseph) Vater und Sohn, Lauten-Macher in Prag, haben sich hervor gethan, und ist absonderlich der letztere eine ziemliche Zeit in Italien gewesen, daß man sich schon was gutes von seiner Faust verspricht. s. Barons Untersuchung des Instruments der Laute, p. 96.

Edwarts (*Richardus*) ein aus Somersethire (Somersetensis) bürtig gewesener Engeländischer Poet, und so wol in der theoria als praxi wohl erfahrner Musicus, ist an. 1540 in das Collegium Corporis Christi, und an. 1547 in das Collegium Ædis Christi zu Oxford als ein Alumnus gekommen, hierauf Magister Artium geworden, von der Königin Elisabeth in die Königliche Capelle aufgenommen worden, und an. 1566 ohngefehr im 43 Jahre seines Alters, gestorben. s. *Ant. à Wood*. Hist. & Antiq. Univ. Oxon. lib. 2. p. 234. sq

E dur heißet (1. wenn die Terz zum e gis ist. (2 wenn vor dem e ein Creutzgen stehet, welches sodann, an statt f, gar füglich eis genennet werden mag.

E moll heißet (1. in Ansehung des Modi, wenn die Terz zum e nicht gis, sondern g ist. (2. wenn vor dem e in b stehet; da man es denn auch sehr wohl es nennen kan, um dieses vom eigentlichen dis mercklich und mit Nutzen im G. B. zu unterscheiden.

Efforcer, s'efforcer, en s'efforçant, oder, de toute sa force (*ga l.*) zwingen, sich zwingen, sich starck oder mit allen Kräfften angreiffen; singen, als wenn man Gewalt litte, und den Schmertz, so man hat, wolte mercken lassen.

Efferdingen [Heinrich von] ein zu Anfange des 3ten Seculi erstlich an Hertzogs Leopoldi von Oesterreich, und hernach an Landgraf Herrmanns in Thüringen Hofe zu Eisenach berühmt gewesener Edelmann und Meister-Sänger, hat wegen seiner Kunst mit seines gleichen viele Verdrüßlichkeiten gehabt, und das Helden-Buch, aus vielen der alten Teutschen Liedern zusammen gebracht, und auf die Art, wie es noch vorhanden, Gesangsweise verfasset. s. Haumanns Anmerckungen über Opitzens Teutsche Prosodie, vom 153 bis 156 Blatte, woselbst seine fata erzehlet werden.

Egal, également (*gall.*) Adv. uguale (*ital.*) gleich, z. E. aller chemin er également, oder, à notes égales, gleich gehen, einen gleichen Schritt halten, oder mit einerley gleichen Noten fortgehen.

Egalité reglée, & bien marquée de tous les tems de la Mesure (*gall*) eine mit Fleiß eingerichtete Gleichheit des Tacts, welche bey allen Theilen desselben angezeigt, oder exprimirt wird.

Egedacher [Johann Christoph] Hochf. Saltzburgischer Hof- und Land-Orgelmacher,

macher, hat an. 1706 die Orgel in dasiger Dom-Kirche von 42 Stimmen gebauet.

Ἔγερσις, von ἐγείρω, expergefacio; also hieß das Lied, so gemacht wurde, wenn Bräutigam und Braut des Morgens aufstunden. s. *Voss.* Institut. Poët. lib. 3. c. 3. §. 5.

Egidio, ein zu Mayland berühmt gewesener Priester, Componist, und Instrumental-Musicus welcher, wie Paolo Morigia, c. 36 lib. 3 del a Nobiltà di Mileno, p. 185 bezeuget, einige musicalische Wercke heraus gegeben hat.

Eglise (*gall.*) s. *Chiesa.*
Eglogue (*gall.*) s. *Ecliga.*

Egosiller (*gall.*) faucibus contendere, fauces elidere (*lat.*) so sehr schreyen, daß der Kehle Wehe geschiehet; s'egosiller (*gall.*) sich heisch schreyen.

Ehlers (Nicolaus Wilhelm) Organist an der Lieben Frauen-Kirche in Bremen an. 1721, hat ein Werck von 40 Stimmen unter Händen. s. *Matthesonii* Anhang zu Niedtens Mus. Handl. zur Variat. des G. B. p. 162.

Ehrnstein (*Joh. Jacob. Stupan gt.*) hat an. 1702 sechs Partien von 2 Violinen und einem G. B. unter dem Titul: Rosetum Musicum, 15 Bogen starck, heraus gegeben.

Εἱρμός, lat. Nexus, hieß in der Griechischen Kirche eine gewisse Composition, die sie mit leichter Mühe unter einander selbst machten, und nach welcher die andern Lieder oder Hymni abgesungen wurden. s. Schöttgens Antiq. Lex.

Eis, also kan der mit einem ♯ versehene e-clavis füglich genennet, und vom f sicher unterschieden werden.

Eisenhuet (*Thomas*) ein Canonicus Regularis bey St. Georgen zu Augspurg hat an. 1702 sein also genanntes Musicalisches Fundament zu Kempten in 4to drucken lassen. Es ist dieses die zweyte und vermehrte Auflage, und bestehet aus 10. Bogen. Zu dieser Zeit hat der Auctor beym Fürsten zu Kempten als Capellmeister in Diensten gestanden. Das 1ste Capitel handelt de Vocibus & Clavibus; c. 2. de Clavibus & Solmisatione; c. 3. de Cantu; c. 4. de Tactu, Notis & Pausis; c. 5. de Signis & Triplis; c. 6. de variis Signis & Punctis, c. 7. de Tono; c. 8. de Ligatura & Syncopatione; c. 9. de Textu; c. 10.

de Saltu; c. 11. de Cantu Ecclesiastico Chorali; c. 12. de Tonis Cantûs Choralis; c. 13. de Clavibus & Salmisatione; und c. 14. de Tono authentico & plagali. Diese Materien machen den ersten Theil, und zusammen 3¼ Bogen aus; der zweyte Theil bestehet aus lauter Exempeln.

Eisentraut (Wolffgang) von Halle, war unter den 53 verschreibenen Organisten der 4te, welcher das an. 1596 in die Schloß-Kirche zu Grüningen erbauete Orgel-Werck bespielte und examinirte. s. Werckmeisters Organum Gruning. rediv. §. 11. In M. Joh. Gottfr. Olearii Coemiterio Saxo-Hallensi lautet seine Grabschrifft p. 99. also: Anno 1629 den 11ten Jun. ist in Gott seelig entschlaffen der Erbare, Ehren-Wohlgeachte und Kunstreiche Hr. Wolffgang Eisenkraut, 46. Jahr alhier gewesener Organist, seines Alters 69 Jahr. Welche Schreibart von beyden die richtigste sey, ist zu untersuchen?

Ἐκκλησιάρχης (*gr.*) Ecclesiarcha (*lat.*) war in der Griechischen Kirche so viel als heutiges Tages ein Kirchner, hieß sonsten auch Thesaurarius, und hatte nicht nur allen Kirchen-Ornat in seiner Verwahrung, wie auch die Aufsicht über die Glocken und σήμαντρα, sondern muste auch im Chor mit ablesen, singen, die Kertzen anstecken, u. s. f. die dergleichen Verrichtungen in Frauen-Clöstern hatte, hieß ἐκκλησιάρχισσα, Ecclesiarchissa. s. Schöttgens Antiquit. Lexicon.

Elaboratio (*lat.*) die Ausarbeitung einer Composition.

Elater, Elaterium (*lat.*) ἐλατήρ (*gr.*) bedeutet beym Mersenno die Krücke, d. i. den meßingen oder eisernen gekrümmten Drath, welcher auf dem Blatte der also genannten Schnarr-Wercke in Orgeln lieget, durch dessen Auf- und Unterziehen solcher Art Pfeiffen gestimmt werden.

Elegia (*ital. lat.*) Elegie (*gall.*) ein aus Wechsels-weise gesetzten Versibus Hexametris und Pentametris eigentlich bestehendes Trauer- oder Klage-Gedicht so von der doppelten Griechischen Interjection oder particula dolentis ἒ ἒ und λέγειν, dicere, den Nahmen hat, und von Theocle soll seyn erfunden worden; wiewol Horatius in Arte Poëtica spricht:

Quis

Quis tamen exiguos Elegos emiserit autor,
Grammatici certant, & adhuc sub
⟩ judice lis est.
Ein mehrers hiervon ist in Vossii Instit.
Poët. lib. . c. , zu lesen.

Elevation de la voix (*gall.*) Elevatio vocis (*lat.*) die Erhebung der Stimme.

Elevatio (*lat.*) Elevation (*gall.*) bedeutet (1. das Aufheben der Hand beym Tact geben, und demnach die zweyte Helffte eines Tacts (2. jeden geraden Theil desselben, als: das zweyte und vierdte Viertheil; ingleichen die das 2te, 4te, 6te und 8te Achtel, u. s. f. in noch kleinern Noten. (3. Diejenige Motette, so in der Römischen Kirche musiciret wird, wenn der Priester unter währender Messe die Hostie in die Höhe über sein Haupt hebet, und selbige der Gemeinde zeiget, als welche Handlung bey ihnen Elevatio Corporis Christi heisset, und gedachtem Sing-Stück den Nahmen geben muß. (4. die Höhe eines Choral-Liedes über den Final-Clavem. s. *Mart. Agricolæ* Scholia in Wenceslai Philomatis Musicam Planam, im Articul: de Conorum ambitibus ac Musicorum licentiis.

Eleutherus, ein Griechischer Vocal-Musicus, welcher, wie Pausanias in Phocicis, s. lib. 10. meldet, wegen seiner angenehmen Stimme in den Pythischen Spielen, ob er gleich nicht seine eigene Arbeit abgesungen, dennoch einsten den Preiß davon getragen.

Ellipsis [*lat.*] ἔλλειψις [*gr.*] von ἐλλείπω, prætermitto, deficio; ist eine Auslassung oder Verschweigung einer Consonanz, und entstehet, wenn an statt dieser eine Pause gesetzt wird, worauf eine Dissonanz folget f. Tab. X. F. 5. s. Stierleins Trifolium musicale, p. 20.

Elmenhorst [*Heinrich*] ein Magister Philosophiæ, und Prediger an der Catharinen-Kirche zu Hamburg, schrieb an. 1688 eine Dramatologiam Antiquo. Hodiernam, oder einen Bericht von den Oper-Spielen, deren Inhalt dahin gehet: daß solche, als Mittel-Dinge, von Christlicher Obrigkeit wohl können erlaubt, und von Christen, ohne Verletzung des Gewissens geschauet und angehöret werden. Es ist dieser Tractat zu Hamburg in 4to teutsch gedruckt, machet ein Alphabet und 2. Bogen aus.

Elsbethus (*Thomas*) von Neustadt in Francken gebürtig (Neapolitanus Francus) hat an. 1660 zwey und zwantzig lateinische, und vier teutsche Motetten von 6. Stimmen zu Franckfürth an der Oder componiret und daselbst drucken lassen, auch selbige Joachimo Friderico, Hertzoge zu Lignitz und Brieg in Schlesien, als Dom-Proste zu Magdeburg zugeschrieben.

Ἔλυμος [*gr.*] Elymus [*lat.*] eine aus Buchs- oder Lorber-Baume verfertigte Phrygische Flöte. s. *Tiraquelli* Annot. ad Alex. ab Alexandro Géniales Dies, p. 545.

Embaterium [*lat.*] ἐμβατήριον [*gr.*] war bey den Spartanern ein vor Pfeiffen gesetzter Marche, wornach die Soldaten ihre Schritte einrichteten. Ein mehreres hiervon ist in Meursii Miscellaneis Laconicis lib. 2. c. 11. zu lesen.

Embouchement [*gall.*] das Blasen mit dem Munde in ein musicalisches Instrument.

Emboucher [*gall.*] in ein Horn oder Trompete blasen.

Embouchure [*gall.*] das Mundstück an einer Trompete, Zincken, Waldhorn.

Emmelia [*lat.*] ἐμμέλεια [*gr.*] modulatio, concinnitas, von ἐν, in, und μέλος cantus; war ein gewisser gravitätischer Tantz bey dem Tragödien gebräuchlich; das Lied, so dabey musiciret und abgesungen wurde, hieß auch also. s. Schöttgens Antiquit. Lexicon. conf. Voss. Instit. Poët. lib. 2. c. 16. §. 5.

Emmerling, ein Cammer-Musicus beym Hrn. Marggrafen von Brandenburg, Christian Ludwig, in Berlin, ist ein Componist, tractiret die Violadigamba, und das Clavier. Er soll von Eißleben gebürtig seyn.

Empedocles, ein aus der Sicilianischen Stadt Agrigent [Gergenti] gebürtig, und 444 Jahr vor Christi Geburt berühmt gewesener Philosophus, Medicus, Poet und Redner, soll, wie Printz aus Zwingeri Theatro vitæ humanæ meldet, durch einen wohlgesetzten Gesang einen unsinnigen Jüngling wiederum zu recht gebracht haben.

Ἐναρμόνιος [*gr.*] heißet seinem Ursprung und ältesten Gebrauch nach nichts anders, als harmonicus. Von ἄρω, conjungo kommt ἁρμός, conjunctio, compages; von diesem ferner ἁρμονία, welches eben so viel, und in specie eine musicalische Com-

Compoſition und Übereinſtimmung bedeutet.

ἐναρμόνιος, quod in harmonia eſt, vel in quo harmonia eſt.

en baiſſant la main (*gall.*) ſ. *baiſſer.*

en bas (*gall.*) Adv. deorſum (*lat.*) unterwerts.

Encænia, gen. encæniorum (*lat*) ἐγκαίνια (*gr.*) das Kirchweyh-Feſt. von ἐν und καινός, novus.

Enchordus, a, um, [*lat.*] ἔγχορδος, ον [*gr.*] was Saiten hat.

Enck [*Mauritius*] ein an. 1575 zu Weil in der Schweitz verſtorbener, und zu St. Gallen begrabener Benedictiner-Mönch, hat, nebſt den Anmerckungen über das Syriſche Neue Teſtament, auch eine Vorrede über ein gewiſſes Muſicaliſches Werck verfertiget. ſ. *Jodoci Mezléri* Tractat: de Viris illuſtribus Monaſterii S. Galli. lib. 1. c. 60.

Ende [Johann von] von Caſſel, war unter den 53. verſchriebenen Organiſten der 38te, welcher das an. 1596 in die Schloß-Kirche zu Grüningen erbauete Orgel-Werck beſpielet und examiniret. ſ. *Werckmeiſters* Org. Gruning. rediv. §. 11.

Endoſimon, [gr. ἐνδόσιμον, ου, τό,] alſo hieß bey den Griechen eine von dem Chorodidaſcalo oder Vorſänger gegebene Vorſchrifft, wornach ſich der gantze Chor im Nachſingen richten muſte. ſ. *Bulenger.* de Theatro, lib. 2. c. 27.

En frappant [*gall.*] im Niederſchlagen, nemlich beym Tact geben.

Engelmann [Georg] hat drey Theile 5ſtimmiger Paduanen und Gaillarden ediret, wovon der letzte an. 1622 zu Leipzig heraus gekommen iſt. ſ. *Draud.* Bibl. Claſſ. p. 1647. Zwey Jahr vorher iſt auch ſein Quodlibetum Latinum von 5 Stimmen daſelbſt gedruckt worden. *idem ib. p. 1650.*

Engelbrecht [Johann] von Einbeck, war der 30te Examinator des an. 1595 erbaueten Orgel-Wercks in der Grüningiſchen Schloß-Kirche. ſ. *Werckmeiſters* Org. Gruning. rediv. §. 11.

Engelhart [Salomon] ehemahliger Collega des Gräfl. Mansfeldiſchen Gymnaſii zu Eisleben, und Cantor bey S. Andreæ daſelbſt, hat ein Muſicaliſches Streit-Kräntzlein von 6 Stimmen heraus gegeben.

En harmonie [*gall.*] iſt beym Rouſſeau ſo viel, als tutti.

Enharmonique [*gall.*] Adj. m. und f. generis, enharmonicus, a, um, [*lat.*] wenn eine Melodie durch Subſemitonia und Superſemitonia, oder kürtzer: durch halbe Semitonia geführet werden ſolte.

Enjouement (*gall.*) ſ. m. eine luſtige Pièce in der Muſic.

En levant (*gall.*) im Aufheben des Tacts.

En melodie (*gall.*) heißt ſo viel, als ſolo. ſ. *Rouſſeau.*

Enneachordum (*lat.*) ein Inſtrument mit neun Saiten; von ἐννέα, novem, und χορδή, chorda.

Enoplium (*lat*) ἐνόπλιον, (*gr.*) iſt eben was Embaterium. ſ. *Athen.* lib. 14. In des Hrn. D. Joh. Alb. Fabricii Anmerckungen über das 6te Buch Sexti Empirici adverſus Muſicos p. 358. lieſet man folgendes: ἐνόπλιος κίνησις erat ad numerum ejusmodi, quem pes facit Amphimacrus, (-υ-) appellatus etiam Creticus, quia a Cretenſibus totus ille mos promanavit; und werden nachſtehende Stellen angeführet, als: der Scholiaſtes Ariſtophanis ad Nubes, v. 651. Lucianus de Saltatione T. 1. p. 788. Marcus Meibomius ad Ariſtidem Quintil. p. 254. und Meurſius in Creta, p. 183.

En pleurant (*gall.*) weinend.

Enrhumer (s') gall. vom Griechiſchen ῥεῦμα, fluentum, ein Fluß, heißet: einen rauhen Hals bekommen, heiſer werden. Un ton enrhumé, ein heiſerer Ton.

Entonner (*gall.*) intonare, incinere, præire tono (*lat.*) den Ton angeben; entonner un Pſeaume, une Antienne, zu einem Pſalm, einer Antiphona den Ton angeben; entonner la Trompette, in die Trompete ſtoſſen.

Entonnement (*gall.*) ſ. m. das Anſtimmen.

Entr' acte (*gall.*) ſ. m. Diludium, Intermedium (*lat.*) bedeutet in einer Comödie das Zwiſchen-Spiel, aus Muſic, Tantzen, oder anderer Kurtzweil, von einem Actu zum andern beſtehend, damit die Acteurs ſich umkleiden, und die Decorations des Theatri verändert werden können.

Entrée de balet (*gall.*) der Auftritt der Täntzer in einem Ball, davon das Ballet eine continuation. ſ. *Friſchens* Lex.

P   Entrée

Entrée (*gall.*) f. f. ist eine serieuse Arie mit zwey Reprisen, aber bloß vor Instrumente; sie siehet dem ersten Theil einer Ouverture nicht unähnlich, nur daß die letzte Reprise eben der Art ist wie die erste. Insgemein theilt sich ihr Tact in zwey gleiche, und ihr Gebrauch ist zum Tantzen oder Interlcenio. d. i. zum Zwischen-Spiel in einer Opera &c. f. *Matth. funii* Orcheftre l. P. 2. c. 4 §. 41. conf. Niedtens Handl. zur Variation des G B. p. 95.

Entretenir le ton (*gall.*) bedeutet (1. im Tone bleiben, d. i. weder auf noch unterziehen. (2. im angefangenen Modo bleiben.

Enthusiastica sc. harmonia, ἐνθουσιαστική ἁρμονία (*gr.*) war diejenige Eigenschafft eines Gesanges, wodurch Hastig- und Hefftigkeit kunte erregt werden. f. Tils Sing-Dicht-und Spiel-Kunst, p. 14.

Enzina (*Joannes de la*) ein Spanischer Poet und Muficus von Salamanca gebürtig, (Salmantinus) foll eine Zeit lang am Päbstlichen Hofe Capellmeister gewesen, und für seine treue Dienste hernach Prior zu Leon geworden seyn. Er lebte ums Jahr 1520, that eine Reise nach dem gelobten Lande, und beschrieb dieselbe bey seiner Zurückkunfft in Versen. f. das *comp.* Gelehrten-Lexicon.

Eolio (*it. l.*) **Eolien** (*gall.*) diesen Nahmen gaben die Alten einem ihrer Modorum, dessen Final-Chorde A, die Dominans e, und die Medians c ist.

Epaminondas, der ums Jahr der Welt 3580, oder 368 Jahr vor Christi Geburt berühmt gewesene Thebanische Feld-Herr, hat wie Cornelius Nepos c. 2. seiner Lebens-Beschreibung meldet, auf der Cither zu schlagen und drein zu singen von Dionysio, das Flöten-Spielen von Olymp odoro und Orthagora, und das Tantzen von Calliphrone erlernet. conf. *Athenæus lib. 4. c. ult.*

Epanadiplosis, gr. ἐπαναδίπλωσις, Reduplicatio (*lat.*) ist eine Wort-Figur, so entstehet, wenn in einer Sentenz das Anfangs-und Schluß-Wort einerley ist, oder überein heisset.

Epanalepsis, gr. ἐπανάληψις, Resumtio (*lat.*) von ἐπαναλαμβάνω, repeto; ist eine Rhetorische Figur, nach welcher ein, oder mehr Worte, so zu Anfange eines Periodi u. d. g. stehen, auch am Ende desselben wiederhohlt werden. z. E. *Vanitas* vanitatum & omnia *vanitas*. f. Hederichs reales Schul-Lexicon.

Epanodus, gr. ἐπάνοδος, Reditus (*lat.*) von ἐπὶ und ἄνοδος, via sursum ferens; ist eine Wort-Figur, so entstehet, wenn die Worte einer Sentenz umgekehrt oder rückwerts wiederholt werden. Z. E. Singet, rühmet und lobet; lobet, rühmet und singet. idem ibidem.

Epheftion. f. *Hephæftion*.

Ephraem, Ephrem, oder Ephraim, ein von Nifibe, oder Edessa in Syrien gebürtig, und daselbst an. Chr. 370 eine Zeit lang gewesener Diaconus welcher, als er einhellig zum Bischoffe erkohren worden, sich unsinnig gestellet, damit er solche Würde nicht annehmen dörffen. f. Hederichs Notit. Auctorum Med. p. 685. soll, wie Theodoretus lib. 4. c. 19. Hist. Ecclef. und Nicephorus lib. 9. c. 19. melden, die harmonische Modulation erfunden haben; welches der Cardinal Bona §. III. Pfalmodiæ divinæ alfo verstehet: quod vel antiquum cantum in aliqua particulari Ecclesia instituerit: vel canendi methodum, & notulas intervallorum ac vocum indices aliqua faciliori ratione innovarit.

Epi, gr. ἐπὶ eine Præpositio, bedeutet über. z. E. Canon in Epidiatessaron, Epidiapente, Epidiapason, &c. ein Canon, da die Folge-Stimme über dem Führer eine Quart, Quint, Octav, u. f. f. eintritt.

Epibomium (*lat.*) ἐπιβώμιον μέλος (*gr.*) carmen ad aras, ein Lied so beym Altar gesungen wird.

Epicedium (*lat.*) ἐπικήδιον (*gr.*) von ἐπὶ und κῆδος, funus; carmen funebre, lugubre, nondum sepulto cadavere, ein Leichen-Trauer-Stück, so vor des Verstorbenen Beerdigung gemacht wird.

Epichalcum, (*lat.*) ἐπίχαλκον (*gr.*) bedeutet beym Hesychio: os tibiarum, das Mundstück an einer Pfeiffe; weil aber nurbesagtes griechisches Wort vom Ertze den Nahmen hat, erhellet daraus; daß vielmehr ein meßingenes Mundstück an einer Trompete, Waldhorn, u. d. g. und durch tibia auch eins von beyden und dergleichen Instrumenten müsse verstanden werden.

Epichorea, ein Nach-Tantz.

Epicitharifma, ἐπικιθάρισμα, also hieß ehemahls

ehemals eine Piéce vor die Cither, welche am Ende eines Schau-Spiels gemacht wurde.

Epicles, ein ums Jahr der Welt 3470, oder 478 vor Christi Geburt, zu Athen berühmt gewesener Citharœdes, welchen Themistocles gerne um sich leiden mögen.

Epicurus, ein Sohn des Neoclis und der Chærestratæ, aus Gargettio, einem Städtgen in Attica, war 342 Jahr vor Christi Geburt gebohren, hielte sich in seiner Jugend meist in Samos, oder auch zu Teos, Colophon, Mitylenæ, und anderweit auf, bis er im 36 Jahr seines Alters nach Athen zurück kam, und eine besondere Philosophie zu lehren anfieng. Schrieb, unter sehr viel andern Sachen, so aber mehrentheils verlohren gegangen, auch περὶ μησικῆς, wie Laërtius lib. 10. Sect. 28. bezeuget, und starb im 73 Jahr seines Alters.

Epiglossis, Epiglottis, gr. ἐπίγλωσσις, ἐπιγλωττὶς, das Züngelgen in den Tangenten an Spinetten und Clavicymbeln.

Epigonus, ein aus der in Epiro liegenden Stadt Ambracia, welche jetzo Larta heisset, gebürtig und berühmt gewesener Musicus, hat eine Harffe (s. Sal. van Til Sing-Dicht- und Spiel-Kunst, p. 95) oder Instrument von 40 Saiten gemacht, und selbiges nach seinem Nahmen Epigonium ἐπιγόνιον (gr.) genennet, die Sicyonier sollen ihm, wegen seiner grossen Erfahrenheit in der Music, und weil er der erste gewesen, welcher ohne Bogen mit der Hand die Saiten tractiret, das Bürger-Recht geschenckt haben. s. Præt. Syntagma Mus. T. I. c. 13. p. 380. Es gedencken seiner auch *Pollux*, lib. 4. c. 9. und *Athenæus* lib. 4. & 14. daß seine Nachfolger, nach seinem Nahmen, Epigonii genennet worden, und einige davon, nebst dem Laso statuiret haben: sonum habere latitudinem, lieset man beym Aristoxeno, lib. 1. Elementor. Harmonic. p. 3.

Epilenia, gr. ἐπιλήνια, Epilenii hymni, ἐπιλήνιοι ὕμνοι, waren bey den Griechen diejenigen Lieder, so sie beym Wein-Keltern dem Baccho zu Ehren, und in die Wette absungen, wer am ersten den mehresten Most bekäme. Der Singularis von beyden heisset: Epilenium, ἐπιλήνιον, Epilenius hymnus. ἐπιλήνιος ὕμνος. Daß auch bey dabey üblich gewesene Tantz, welcher alle die bey den Weinlese vorfallende Handlungen, vorgestellet, ingleichen das Tantz-Lied also genennet worden, berichtet Meursius in seiner Orchestra.

Epimylium, gr. ἐπιμύλιον war bey den Alten ein Lied, so beym Mühlwercke gesungen wurde. s. *Athen.* lib. 14.

Epinette [*gall.*] s. f. von épine, den spitzigen Raben-Federn, welche die Saiten rühren, ein Spinett oder Instrument mit Clavieren. s. Frischens Lex. Mersennus lib. 1. de Instrument. harmon. nennet es auf Latein: Organum fidicülare.

Epinette sourde oder muette [*gall.*] ein Clavichordium.

Epinicium, gr. ἐπινίκιον, von ἐπὶ und νίκη, victoria; ein Triumph-Siegs-Lied, so einem Uberwinder zu Ehren gemacht und gesungen wird. M. Michaël Schwaenius hat an. 1705, unter dem Præsidio Herrn Joh. Wilh. Bergeri, Poëseos P. P. eine aus 7½ Bögen bestehende Dissertation davon zu Wittenberg gehalten.

Epiodium, von ἐπὶ super, und ᾠδὴ, canticum, bedeutet beym Tiraquello in seinen Annot. über das 14 Capitel des 6ten Buchs Genialium Dierum Alexandri ab Alexandro, p. 927. ein Todten-Lied vor dem Begräbniß. Seine Worte sind diese: Epiodium s. Epioedium, canticum quod dicitur cadaveri nondum sepulto: alio nomine Nænia dicitur.

Epiparodus, gr. ἐπιπάροδος, also hieß der zweyte Auftritt des Chors aufs theatrum. s. *Bulenger* de theatro, lib. 2. c. 12.

Epiphania, von ἐπὶ und φαίνω, appareo; Epiphanie (*gall.*) das Fest der Offenbahrung Christi, insgemein das H. Drey-Königs-Fest. Daß die alten Griechen den Tag der Geburt Christi, nemlich den 25 Dec. also genennet haben; hierauf der 26 Jan. also geheissen, und dieser Tag gefeyert worden, weil an selben die Weisen aus Morgenland nach Bethlehem gekommen; Christus an demselben getauft worden, auch zu Cana in Galiläa das Wasser in Wein verwandelt hat; ist in Schöttgens Antiquit. Lexico zu lesen.

Ἐπιφώνησις (*grec.*) Conclamatio, Concentus, Plenus Chorus (*lat.*) der volle Chor. s. *Prætor.* Synt. Mus. T. 3. p. 111.

Epiphora, ἐπιφορὰ, oder Epistrophe, ἐπιςροφὴ, ist eine Rhetorische Figur, da ein oder mehr Worte zu Ende der Commatum, Colorum, u. s. f. wiederholt werden.

den. Z. E. Schrecket dich der Tod? dencke an JEsum. Fürchtest du dich vor dem Teuffel? dencke an JEsum: Erzitterst du vor der Hölle? dencke an JEsum

Epipompevtica, ἐπιπομπευτικά, Lieder, so bey prächtigen Aufzügen gemacht wurden. s. *Voss.* Initit. Poët. lib., c.13. §.6.

Epiproslambanomenos, gr. ἐπιπροσλαμβανόμενος sc. φθόγγος, superassumtus sc. sonus; also hieß die unter der Proslambanomene noch befindliche Saite, welche unserm G correspondirte. s. das Lexicon Vitruvianum unter dem Wort: *Proslambanomenos.*

Epistomium, ἐπισόμιον, von ἐπὶ super, und τόμα, os, [lat.] oris obturaculum, vel canalis operculum, ein Ventil, oder eine Wind-Klappe in einer Orgel oder Positiv.

Episynaphe, gr. ἐπισυναφὴ, hieß: wenn drey tetrachorda nach der Ordnung an einander gefügt und tractirt wurden. s. *Bonchii* Senioris Introd. Artis Musicæ, p. 21.

Epitasis. ἐπίτασις, intentio intensio (lat.) die Erheb-Erhöhung eines Klanges, conf. *Ailes.*

Epithalamium (lat.) ἐπιθαλάμιον, von ἐπὶ und θάλαμος. cubiculum, (gall) Epithalame, ein Hochzeit-Lied oder Carmen. Ein Hamburger, Nahmens Peter Zorn, damals Professor am Gymnasio zu Stettin, hat von den Epithalamiis der alten Hebräer, an. 1722 eine aus 2½ Bögen bestehende Dissertation geschrieben.

Epitonium, ἐπιτόνιον, von ἐπιτείνω, intendo; plur. epitonia, orum, die Wirbel an allerhand Instrumenten, womit die Saiten angespannet und nachgelassen werden.

Epitritus, ἐπίτριτος, von ἐπὶ und τρίτος, tertius; Epitrito [ital.] ist diejenige mathematische Proportion, so entstehet, wenn eine grössere Zahl eine kleinere einmahl, und überdiß noch den dritten Theil der kleinern Zahl in sich hält. Z. E. 4-3. (8-6).2-9. 40-30. Sie heisset auch deswegen Proportio Sesquitertia und Supertertia.

Epizeuxis, gr. ἐπίζευξις, Adjunctio, von ἐπιζεύγνυμι, adjungo; ist eine Rhetorische Figur, nach welcher ein oder mehr Worte sofort hinter einander emphatischer Weise wiederholt werden. Z. E. Jauchzet, jauchzet, jauchzet dem HErrn alle Welt; setzet man aber: Jauchzet, jauchzet dem HErrn alle, alle Welt; so ist's eine doppelte Epizeuxis. s. J.G. Ahlens Sommer-Gespräch, p. 16.

Epodus, ἐπῳδός, war bey den Griechen der Nachsatz eines Lieds, welcher vor dem Götzen-Bilde stehend hergesungen wurde, da das vorhergehende gehend um den Altar herum geschahe; daher noch heutiges Tages der letzte Theil von einer Ode; ingleichen eine Ode, wo ein kleiner Vers den Periodum schlüsset, von den Frantzosen Epode genennet wird. s. Frischens Lexicon. Und Horatius soll sein letztes Buch der Oden deswegen mit dem Titul Epodon belegt haben, weil er (nach einiger Meinung) dazumahl Lieder zu schreiben aufgehöret.

Epodium oder Epodion. heisset beym Pexenfelder in Syllabo Onomastico, ein Versicul in den Psalmen.

Epogdous sc. numerus, Epogdoo (ital.) Epogdoa sc. Proportio, ist das Verhältniß, da die grössere Zahl die kleinere einmahl, und überdiß noch den achten Theil der kleinern Zahl in sich fasset. Z. C. 9-8. (18-16.)

Epp (Matthäus) hat zu Straßburg gelebt, und verschiedene Lauten aus Elffenbein gemacht. s. Barons Untersuchung des Instruments der Laute, p. 95.

Eptacordo, it. Ettacordo (ital.) eine gewisse Reihe, oder Ordnung aus sieben Chorden oder Klängen bestehend; kurz: eine Septima.

Eptacordo maggiore (ital.) die grosse Septima. Z E c h.

Eptacordo minore (ital.) die kleine Septima. Z. E. c b.

Equuleus, (lat.) der Steg auf besaiteten Instrumenten.

Eratosthenes, des Aglai oder Agaclei Sohn, von Cyrene gebürtig, in der 126. Olympiade, oder 274 vor Christi Geburt ohngefehr gebohren, hatte den Lysaniam, Callimachum und Aristonem Chium zu Præceptoribus, wurde von dem Könige Ptolemæo Evergete von Athen nach Alexandrien beruffen, und an des Callimachi Stelle zum Bibliothecario gemacht, in welcher Charge er auch bis ins 81 Jahr seines Alters gestanden, da er sich endlich aus Verdruß, weil er nicht mehr sehen können, selbst mit Hunger hingerichtet. s. Hederichs Notitiam Auctorum Mediam, p. 251.

und *Raph. Volaterrani* Commentar. Urbanor. lib. 15. daß er, unter andern, auch ἁρμονικά geschrieben, so aber verlohren gegangen, dessen berichtet uns der Hr. D. Fabricius, lib. 3. c. 18. pag. 474. Biblioth. Græcæ.

Erbach (**Christian**) von Algesshaim gebürtig (Algeshaimensis), war Herrn Marci Fuggers zu Augspurg Organist, und gab an. 1600 Cantus musicos ad Ecclesiæ Catholicæ usum von 4 und 8 Stimmen daselbst in Druck; diesen sind an. 1606. und 1611. drey Theile Modorum Sacrorum, und Cantionum Sacrarum gefolget. s. *Draudii* Bibl. Class. p. 1617.

Erdtmann (*Fabricius*) war an. 1655 an Käysers Ferdinandi III. Hofe ein Instrumental-Musicus. s. *Bucelin*.

Eremita (*Giulio*) ein delicater Organist zu Ferrara, hat, wie Superbi in seinem Apparato de gli Huomini illustri della Città di Ferrara, p. 132. meldet, drey Bücher Madrigalien heraus gegeben, und ist im 50. Jahr seines Alters gestorben. Das erste Buch nurgedachter Madrigalien von 6 Stimmen ist an. 1600 zu Antwerpen in 4to gedruckt, oder, welches glaublicher, nachgedruckt worden. s. *Draudii* Bibl. Exot. p. 267.

Erhardi (*Laurentius*) ein Magister, von Hagenau aus dem Elsaß gebürtig, hat an. 1660 ein Compendium Musices Latino-Germanicum zu Franckfurt am Mayn in groß 8vo drucken lassen. Es bestehet aus acht Bogen, und begreifft in sich (1. Tricinia. (2. Fugen. (3. einen Discursum musicalem. (4. einen indicem Terminorum musicalium. (5. Rudimenta Arithmetica, und (6. einen Appendicem ad Arithmeticam. Es ist dieses die zweyte und vermehrte edition, denn die erste ist an. 1640 gleichfalls zu Franckfurt heraus gekommen. Der Auctor hat seit an. 1619 zu Saarbrück, Straßburg, Hagenau und Franckfurt dociret, auch an. 1659 ein Harmonisches Choral- und Figural-Gesang-Buch heraus gegeben.

Erhardt (**Andreas Elias**) ein anjetzo in Sr. Hoch-Fürstl. Durchl. Herrn Ernst Augusts Diensten alhier stehender Cammer-Musicus und Bassist, hat an. 1704 zu Erffurt, woselbst sein Vater, Herr Heinrich Erhardt, Rector an der Michaelis Schule ist, das Licht dieser Welt erblicket, das dasige Gymnasium Senatorium, hernach das Gymnasium zu Altenburg nicht völlig ein Jahr, an beyden Orten aber den Chorum symphoniacum frequentiret, an. 1723. mit eines gewissen Patrones Sohne auf die Universität Jena gehen wollen und sich deswegen schön inscribiren lassen; als aber dieses nach Ostern bewerckstelliget werden sollen, ist die wegen ihrer Virtu bekannte Cantatrice, Mad. Paulina, nebst dem Land-Rentmeister, Herrn. Kobelio von Weissenfels nach Altenburg gekommen, haben ihn zu sich kommen lassen, und mit nach Weissenfels genommen, woselbst er an Ihro Hochfürstliche Durchl. Geburts-Tage mit seiner Stimme gnädigste approbation gefunden, daß er an des in der Saale ertrunckenen Bassisten, Herrn Stieglers Stelle angenommen worden. Nachdem er in dieser function 3 Jahr gestanden, und sich sonderlich in der Methode, durch das öfftere Hören anderer so einheimischen als fremden Virtuosen, geändert, haben Ihro Hochfürstl. Durchl. zu Gotha, ihn, auf sein Ansuchen, in Dero Dienste nehmen, und in Italien schicken wollen, wofern er seine dimission schrifftlich würde vorzeigen; weil er aber solche nicht erlangen können, ist er an. 1727 in Ihro Hochfürstl. Durchl. Hertzog Wilhelm Ernst alhier zu Weimar, höchstseeligen Andencken, Dienste, und in des verstorbenen Secretarii und Pagen-Hofmeisters, Herrn Gottfried Ephraim Thielens Stelle, als Bassist getreten, an. 1728 nach hochbesagten Hertzogs d. 26. Augusti erfolgten Tode zwar dimittiret, aber auch von jetzt regierender Hochfürstl. Durchlauchtigkeit wiederum auffs neue angenommen worden. Hat sich an. 1730. nach Hamburg gewendet.

Erichius (*Nicolaus*) Cantor zu Jena, hat an. 1622 den 29 Augusti, als der Graf zu Mansfeld, Ernestus Ludovicus, das erstemahl Rector Magnificentissimus wurde, den ersten Psalm Davids: Wohl dem, der nicht wandelt im Rath der Gottlosen zc. mit 6 Stimmen componiret, und daselbst drucken lassen.

Erich (**Daniel**) ein Organist zu Güstrau, und Scholar des seel. Buxtehudens, hat verschiedene Clavier-Stücke gesetzet.

Ericus der XIV. dieses Nahmens, König in Schweden hat, wie Schefferus in Svecia literata, p. 29. anführet, etliche lateinische Lieder, als: In te Domine speravi, &c. it. Cor mundum crea in me Deus, &c. mit 4 Stimmen componiret; sonsten, nach dem Tode seines Herrn Vaters, Gustavi I an. 1560, im 27 Jahre seines Alters die Regierung angetreten, selbige aber an. 1569 niederlegen, und in ewiges Gefängniß gehen müssen, darinnen er an. 1527 den 25 Febr. an dem von seinem Herrn Bruder Johanne beygebrachten Giffte gestorben, s. des Herrn D. *Buddei* Lex.

Ericus (*Joh. Petrus*) Ling. & Geogr. Professor, wie auch Corrector Publicus zu Padua in Italien, von Eisenach in Thüringen gebürtig, hat an. 1686 ein lateinisches Tractätgen, dessen Titul: Renatum e Mysterio Principium Philologicum, an erstgedachten Orte in 8vo drucken lassen, worinnen gantz ungemeine, und theils paradoxe Meinungen, betreffend den Ursprung der Buchstaben, Wörter, Zeichen und Zahlen, Gesprächsweise zwischen einem fragenden Philologo, und einem antwortenden Theopranico vorgetragen werden. Vom 16ten bis 22 Blatte wird auch von der Music gehandelt.

Erlach (Friedrich von) ein an. 1708 den 2 Augusti zu Berlin gebohrner, von Jugend auf blinder, und anjetzo in Eisenach sich aufhaltender Cavalier, excelliret in der Music; indem er nicht nur fertig auf dem Clavier spielet, sondern auch auf der Flûte à bec und traversiere seines gleichen so leicht nicht hat, tractiret überdiß die Violin, Hautbois und Violdigamba, componiret fast täglich etwas neues, welches man ihm nachschreiben, und, nach Befinden, ins reine bringen muß; ist anbey capable ex tempore eine völlige Cantata herzusingen, und sich durch ein wohl ausgesonnenes thema darzu zu accompagniren; mit dem Munde kan er so wol das Waldhorn als die Trompete so natürlich imitiren, daß man es kaum glauben kan.

Erlebach (Philipp Heinrich) war gebohren an. 1657 den 25ten Julii in der Stadt Essen. Hat als Gräfl. Schwartzburgisch- und Hohnsteinischer Capell-Meister zu Rudelstadt an. 1693 sechs fünffstimmige Ouverturen, und an. 1694 sechs Sonaten à Violino, Violadagamba e Cont. bey derseits zu Nürnberg in folio drucken lassen, und letztere Hertzog Friedrichen zu Gotha dediciret. Seine Gott-geheiligte Sing-Stunde, bestehend aus 12 kurtz gefaßten Arien, mit einer oder zwo obligaten Sing-Stimmen, jedoch jedesmahl von 2 Violinen accompagnirt, worauf bey jeder Arie eine Schluß-Capella à 4 Voci und 2 Violini, folget, ist an. 1704 zu Rudelstadt in 4to gedruckt worden. Der 1ste Theil Harmonischer Freude, Musicalischer Freunde, aus 50 moralisch- und politischen teutschen Arien von einer Sing-Stimme und 2 Violinen, nebst einem G. B., bestehend, ist an. 1697 zu Nürnberg in folio oblongo gedruckt worden. Der Auctor ist an. 1714 den 17 April gestorben.

Ermini [*Cosimo*] ein Baßist bey der Königl. Capelle und Cammer-Music in Dreßden an. 1729. s. den dasigen Hof- und Staats-Calender a. c.

Ermini (*Margherita*) eine Altistin daselbst.

Erotica, ἐρωτικά, Liebes-Lieder.

Ertelius (*Sebastianus*) ein Benedictiner-Mönch, hat an. 1611 Symphonias Sacras von 6-10 Stimmen, und an. 1615 ein achtstimmiges Magnificat zu München in Druck gegeben. s. *Draudii* Bibl. Class. p. 1617 und 1631.

Es, also solte billig das mit einem b bezeichnete e genennet werden, um es vom rechten dis, dem Gebrauch nach, zu unterscheiden; das mit zweyen bb bezeichnete e kan man es es nennen.

Eschalotte (*gall.*) s. f. bedeutet das messinge Blat oder Blechlein am Mundstück der also genannten Schnarr-Register in Orgeln und Positiven, als der Posaune, Trompete, Cornet und Regal. Mersennus lib. 3. de Instrumentis Harm. Propos. II. nennet den untern ausgehölten Theil des Mundstücks also, und das drüber liegende Blat: Languette. Seine Worte lauten, wie folget: glottida, quæ componitur ex duabus partibus, quarum inferior est dimidia cylindri pars excavata, quam Organarii appellant *Echalotte*. Superior vero pars est tenuissima lamina ænea, quæ cavitatem præcedentis ita tegit, ut videri nequeat; vocaturque Languette, lingula.

Eschelle (*gall.*) s. f. bedeutet (1. die musicalische Scalam, d. i. die Linien samt ihren Spatiis, worauf die Noten pflegen gesetzt zu werden. (2. ein aus zwölff ungleichen Stäben zusammen gesetztes, in verschiedene Form rangirtes musicalisches Instrument, so mit einem kleinen Stecken tractirt wird.

Eschen-

Eschenbach (Wolffram von) ein berühmt gewesener Meister = Sänger aus der Schweitz, welcher, nachdem er vieler grosser Herren Höfe in Teutschland besuchet, und allenthalben stattliche Verehrung bekommen, endlich bey Landgraf Herrmann in Thüringen (als einem Liebhaber aller Gelehrten und guten Künste, sonderlich der Music) ums Jahr Christi 1200 auf dem Schloß Wartenburg bey Eisenach in Dienste kommen. s. Hanmanns Anmerckungen über Opitzens Teutsche Prosodie, p. 145.

Espace [*gall.*] s. m. das Spatium zwischen den Linien im Systemate musico.

Espinel [*Vincentius de*] ein Spanischer Poet und Musicus, von Ronda, [*lat. Arundo*] einer am Fluß Guadiero im Königreich Granada auf einem Berge liegenden kleinen Stadt gebürtig, ist an. 1634 zu Madrit gestorben. s. das *comp.* Gelehrten=*Lexicon.*

Espinette [*gall.*] s *Epinette.*

Essacordo maggiore [*ital.*] eine grosse Sext. 3. E. d h̄.

Essacordo minore [*ital.*] eine kleine Sext. 3. E. d b̄.

Estenduë, oder étenduë [*gall.*] s. f. Extensio [*lat.*] ist eben so viel als Ambitus.

Estiacus, aus Colophon, einer Jonischen Stadt in Klein Asien, gebürtig, ist derjenige Musicus, welcher zu des Mercurii Leyer die zehende Saite soll erfunden und hinzu gethan haben.

Estival, ein Frantzösischer Vocal = Musicus zu Paris, welcher ums Jahr 1678 gestorben ist. Das Frantzösische Journal, Mercure Galant genannt, meldet im Decembre=Monath nurgedachten Jahrs p. 82. von ihm weiter nichts, als folgendes: Monsieur d' Estival est mort, & le Roy a perdu un de ses grands Musiciens en sa Personne, der König habe an ihm einen grossen Musicum verlohren.

Estocartus (*Paschalis*) oder Paschal de l' Estocart, ein Frantzösischer Componist, hat unter andern vielen Sachen auch Octonaires de la vanité du monde von 3. 4 = 6 Stimmen an. 1582 zu Lion in 4to heraus gegeben.

Estrée (*Jean d'*) ein Königl. Frantzösischer Hautboist, hat an. 1564 vier Bücher de Danseries von allerhand Gattungen, auf Noten gesetzt, in 4to drucken lassen. s. *Verdierii* Biblioth.

Ethan, einer von den dreyen Capell = Meistern des Königs Davids, welcher den auf der lincken Hand der Bundes = Lade stehenden Chor dirigirte, dessen Ankunfft, Stamm und Geschlecht 1. Reg: 4. v. 31. 1. Paral. 2. v. 6. 8. c. 7. v. 42. 44. und c. 26. v. 1. beschrieben wird, ist geübt gewesen in Cymbeln, Harffen und Drommeten, 1 Paral, 6. v. 16. c. 17. v. 6. Pf. 87. v. 1 f. *Fesselii* Biblische Concordanz. conf. Salom. van Til Dicht=Sing= und Spiel=Kunst, vom 181 bis 189 Blatte.

Ethryg, und Etheridge, oder, wie er sich selbst genennet, Edrycus (*Georgius*) in der Provintz Oxfordshire bey der Stadt Thame gebohren, wurde an. 1539 ein Socius probationarius im Collegio Corporis Christi zu Oxford, an. 1543. Artium Magister, an. 1545 Medicinæ Baccalaureus, und endlich Professor Græcæ Linguæ daselbst; verstund, nebst der Poesie und Mathesi, so wol die Vocal= als Instrumental = Music, und starb gegen das Jahr 1568. s. *Anton. a Wood* Histor. & Antiquit. Universs. Oxon. lib. 2. p. 235.

Eucerus, ein von Alexandrien bürtig gewesener Pfeiffer, dessen Cornelius Tacitus Annal. lib. 14. gedencket.

Euclides, der hochberühmte Mathematicus, welchen einige von Alexandrien in Egypten, andere von Perga in Pamphylien, die dritten von Tyrus, und die vierdten von Gela in Sicilien bürtig gewesen zu seyn vorgeben, lebte an. Mundi 3630, oder 318 Jahr vor Christi Geburt, und schrieb unter andern auch einen kleinen Tractat von der Music in Griechischer Sprache unter dem Titul: εἰσαγωγὴ ἁρμονικὴ, i. e. Introductio Harmonicä; ingleichen κατατομὴν κανόνος oder Sectionem Canonis, welche beyde Tractätgen Marcus Meibomius ins Latein übersetzet, und, nebst noch 6 andern griechischen Auctoribus, an. 1625 mit Anmerckungen zu Amsterdam in 4to edirt hat. Der erste machet, samt der Version, drey, und der zweyte zweene Bögen aus; die Anmerckungen aber über beyde betragen 3½ Bögen. Ausser dieser Edition sind noch andere vorhanden, als des Georgii Vallæ seine, unter dem Titul: Cleonidæ Harmonicum Introductorium, an. 1498 zu Venedig gedruckt, so die allererste seyn soll; des Joann. Penæ oder

oder Peniæ, an. 1557 zu Paris, und des P. Forcadel an. 1572. u. f. w.

Eudes, ein Benedictiner-Münch, und berühmt gewesener Musicus in der Abtey Clugny im Herzogthum Burgund, zu Ende des 9ten Seculi. s. die *Histoire de la Musique*, T. I. p. 204.

Eudoxus, der um die 103te Olymp. oder 366 Jahr vor Christi Geburt bekannt gewesener Mathematicus und Medicus, von Cnidus, einer ehemals berühmten Stadt in Carien, so jetzo Cabo di Chio, oder Cabo Crio, und Standia heisset, gebürtig, mag auch etwas von der Music geschrieben haben, wie der Herr D. *Fabricius* lib. 3. c. 5. §. 9. p. 86. Biblioth. Gr. aus dem Theone Smyrnæo muthmasset, als welcher folgendes aus dem Eudoxo anführet: Rationem Consonantiarum numeris comprehendi, & graves vel acutos tonos dependere a tardo vel acuto motu. Daß er übrigens im 53. Jahr seines Alters gestorben sey, solches berichtet *Diogenes Laertius* lib. 8. Segm. 90.

Eve (*Alfonso d'*) von seiner Arbeit hat Roger Airs serieux & à boire; ferner Trio vor verschiedene Instrumente; und eine Missam von 1. 2. bis 3 Stimmen, und 5 Instrumenten durch Kupfferstich bekannt gemacht.

Eveillé (*gall.*) excitatus, hilaris (*lat.*) aufgeweckt, munter.

Eviter (*gall.*) vermeiden. Z. E. eviter la Conclusion, die Cadenz vermeiden.

Evius, ein Pfeiffer von Chalcis, der Haupt-Stadt auf der Insul Euboea, jetzo (wie die ganze Insul) Negroponte genannt, gebürtig, welcher nebst andern auf des Alexandri M. Beylager erstlich das Pythicum geblasen, und hernach mit den Chören musiciret hat. s. *Athen.* lib. 12. p. m. 538. Plutarchus in Eumene meldet noch dieses von ihm: Evius tibicen Hephæstioni ita fuit acceptus, ut ei ædes restituerit, quas pueri Eumenis ei priores ceperant. (Diese Stelle ist sehr obscur vertirt.)

Eumachus, ein Sicilianischer Musicus beym Plinio lib. 4. und 6.

Eumelus, ein berühmter Citharist von Elea (einer Stadt in Morea, so jetzo Belvedere heisset) gebürtig, welcher auf seiner alten Cithara, die sammt seiner auf dem Haupte getragenen Crone kaum 10 drachmas oder denarios wehrt ge-

wesen, den mit Gold und Edelgesteinen gekleideten, auch eine gleichfalls mit Edelgesteinen besetzte Citharam führenden Evangelum, von Tarent gebürtig, in dem zu Delphis angestellten Agone Musico weit übertroffen, und deswegen von den Athlothetis als Uberwinder erkläret; der prahlende Evangelus aber von den Mastigophoris mit blutigen Beinen vom theatro gejagt worden. s. *Bulengerum* de Theatro lib. 2. c. 1. Vielleicht sind beyde in diesem Articul angeführte Nahmen erdichtet, und mag der eine etwa einen guten Sänger, und der andere einen, der viel von sich verspricht, bedeuten.

Eumolpus, ein Thracier, und Sohn des Neptuni, soll, wie Vossius de Mathesi lib. 3. c. 20. §. 1. aus der 273 Fabel des Hygini anführet, in denen schon vor dem Trojanischen Kriege angestellten Certaminibus Musicis mit der Stimme den Preiß davon getragen haben.

Eunidæ, gr. Εὐνίδαι, also hieß zu Athen eine ganze aus Citharoedis bestehende familie, welche bey den Opffern ihre Verrichtung, von Euneo aber, dem Sohne des Jasonis und der Hypsipiles, den Nahmen hatte. s. *Joan. Meursii* Attic. Lection. lib. 5. c. 10.

Eunomius, oder Eunomus, ein Locrensischer Citharoedus, ist insonderheit dadurch bekannt und berühmt worden, daß, als er von Aristone, einem Citharoedo aus Reggio (lat. Rhegium Julium) einer Calabrischen Stadt gebürtig, zu einem Wett-Spiel ausgefordert worden, und ihm unter währenden Spielen eine Saite gesprungen, alsobald eine Heuschrecke soll herzu geflogen, und mit ihrem Girren den Mangel der Saite ersetzt haben; wodurch es geschehen, daß er gewonnen, und deswegen zu Locris in Italien (Gieraci und Geraci jetzo genannt) dem Apollini zu Ehren eine Cither, worauf eine eherne Heuschrecke gesessen, aufrichten lassen. s. *Printzens* Mus. Hist. c. 7. §. 48. und *Prætorii* Synt. Mus. T. 1. pag. 391.

Evolutio (*lat.*) heisset: wenn in einer musicalischen Composition die Stimmen oder Partien unter einander verwechselt und verkehrt werden können, daß z. E. die Ober-Stimme unten, und die Unter-Stimme hingegen oben, ingleichen die Alt-Stimme in Tenor und dieser in Alt, und demnach verkehrt zu stehen kommen, aber dennoch wiederum gut klingen.

Evo-

Evovæ, ist ein aus denen sechs Vocalibus, so sich in den zweyen Worten: Seculorum Amen befinden, zusammen gesetztes und erdichtetes Wort, welches nur in Musica Corali am Ende der Antiphonen gefunden, aus denen drüber gesetzten Noten aber der Psalmen, Introituum und Responsoriorum Tonus, d. i. Art und Weise, selbige anzufangen und zu endigen, erkannt wird.

Euphonia, ἐυφωνία (gr.) Eufonia (ital.) Euphonie (gall.) ein Wohllaut.

Euphranor, ein Pythagorischer Musicus, hat ein Buch περὶ αὐλῶν, de tibiis geschrieben. s. *Athen.* lib. 4. p. m. 182. und 184.

Euporistus, ein ἱερανλης, oder einer von der Gesellschafft der geweyheten Priester, welche ihr Fest der Pfeiff-Weyhung zu Rom auf den 14 Junii hielte, an selbigen Tage voller Freuden-Bezeugung durch die Stadt schwärmte, und endlich im Tempel der Minervæ zusammen kam. s. Salomons van Til Sing-Dicht-und Spiel-Kunst, p. 141.

Euremont (*Saint*) oder Charles de Saint Denis, ein aus der Nieder-Normandie in Franckreich bürtig gewesener Cavallier, so sich meistentheils in Engelland aufgehalten hat, und daselbst an. 1703 den 20 Septembre im 92 Jahre seines Alters gestorben ist, handelt in seinen Oeuvres meslées, und zwar fast am Ende des zweyten Tomi vom 579 bis zum 591 Blatte, in sechs Octav-Blättern, von den Opern.

Eurythmia, gr. ἐυρυθμία, concinnitas, quam afferunt numeri, die Zierlichkeit und Schönheit so in der Music aus den Zahlen entstehet, wenn nemlich eine Melodie nach dem Numero wohl eingerichtet wird, dergleichen hauptsächlich in Frantzösischen Pieces zu observiren nöthig ist.

Eustachio (*Luca Antonio*) ein Neapolitanischer Edelmann, und Cämmerer Pabsts Pauli V. zu Anfange des 17 Seculi, nemlich nach dem 1605ten Jahre, ist, wie der Abt Furetiere in seinem Dictionaire unterm Articul: Harpe, meldet, der drey-chörichten Harffe Erfinder.

Eustathius, ein Bischoff zu Thessalonich ums Jahr 1170, hat einen weitläufftigen griechischen Commentarium über den Homerum geschrieben, worinnen auch vieles von musicalischen Dingen vorkomt.

ἐξάρχων, incipere, ist, wie Athenæus lib. 5. p. m. 180 meldet, ein eigenes Wort vor die Cither (verbum citharæ peculiare); worüber Dalechampius folgendes am Rande glossiret hat: præludenti (sc. citharæ sonos & modos inchoanti;) und demnach ein Music-terminus, welcher mit Music etwas anfangen, oder præludiren bedeutet.

Exclamatio (*lat.*) Exclamation (*gall.*) ἐκφώνησις (gr.) ist eine Rhetorische Figur, wenn man etwas beweglich ausruffet; welches in der Music gar füglich durch die aufwerts springende Sextam minorem geschehen kan.

Exclusus sc. sonus (*lat.*) ist in einer triade Harmonica der oberste Klang, oder die Quint. Z. E. c e g. oder deutlicher: g. e. c.

Executio (*lat.*) Execution (*gall.*) die Aufführung eines musicalischen Stücks.

Exemple (*gall.*) Exemplum (*lat.*) ein Modell, Muster.

Exodia, sind wie der Auctor der Neuen Acerræ Philologicæ p. 638. s. T. 1. ohnmaßgeblich davor hält, " diejenige Music gewesen, womit man in den Comödien der Griechen und Römer einen Actum zu beschliessen, und den andern anzufangen pflegte; daher Suidas die νόμους ἐξοδίους, durch tibiarum modos ac sonos, ad quos chori & tibicines exibant erkläret; ins besondere aber hätte Exodium diejenige gebundene Rede geheissen, womit eine gewisse Person die Aufmercksamkeit der Zuschauer unterhalten, wenn ein Actus geschlossen worden, und der folgende hätte angefangen werden sollen, daher die Exodia aus lächerlichen und lustigen Versen bestanden, weil diese am bequemsten gewesen, ein Gelächter zu erregen, und die Anwesende bey dem affect, und der attention zu erhalten." Beym Pexenfelder heisset deswegen Exodium, eine kurtzweilige Untersetzung (Unterhaltung) des Spiels, und Exodiarius, ein solcher Kurtzweiler. Bulengerus aber lib. 2. c. 12. de theatro sagt: Exodium, canticum est, quod exeuntes canunt. Aus diesen Worten solte man schliessen: als wenn die abgehende Personen alle gesungen hätten; weil er aber kurtz vorher folgender gestallt sich heraus lässet: quemadmodum autem inducebatur Chorus a *tibicine* in scenam, ita & revocabatur

tur ac emittebatur, unde modi tibicinum, quibus receptui canitur, dicuntur ἔξοδοι; dürffte es wol dabey bleiben: daß der vorangegangene Pfeiffer, welcher den Chor auf= und wiederum abgeführet, alleine geblasen hat. Daß übrigens das Ende oder der Ausgang einer Sache, von den Griechen nicht allein ἔξοδας, von ἐξ, und ὁδός, via, sondern auch ἐξόδιον genennet worden, ist beym *Vossio*, lib. 2. Instit. Poetic. c. 35. §. 2. zu lesen.

Expressif (*gall.*) aptus ad significandum (*lat.*) das etwas recht vorstellet und ausdrucket.

Expression de tristesse & de douleur (*gall.*) eine traurige und schmertzhaffte Vorstellung.

Expression de Sanglots, de Soûpirs (*gall.*) Vorstellung unterbrochener Seuffzer.

Expression d' Etonnement (*gall.*) Vorstellung des Schreckens.

Extensio (*lat.*) τονὴ (*gr.*) sonsten auch ἀγωγὴ τοναία genannt. s. *Calvisii* Melopoeiam c. 8. war bey den Griechen die vierdte Gattung oder species ihrer Melopoeiæ, und bestund darinn, daß die Stimme immer in einerley Tone lag. vid. Tab. X. F. 8. und *Zarlini* Suppl. Mus. c. 17.

Extentus, extenta (*lat.*) διάτονος (*gr.*) also hieß in jedem Tetrachordo die dritte Saite von unten an gerechnet. s. *Diatonos*.

Extrem-Stimmen, sind so wol in Vocal- als Instrumental-Sachen die höchste und tieffste, als die äusersten.

Exuperans (*lat.*) s. *Tetrachordum Hyperbolæon*.

Eylenstein (*Gregorius Christoph*) ist gebohren an. 1682 den 28 Oct. zu Gelmroda, einem eine Stunde von Weimar liegenden Dorffe; erlernete an. 1696 die Stadt-Pfeiffer-Kunst alhier, kam an. 1706 bey Sr. Hochfürstl. Durchl. Herzog Johann Ernsten, hochseel. Andenckens, als Hautboist und Laquais, und nach dessen Tode an. 1707 bey dem jüngern Prinzen, Johann Ernsten, hochseel. Andenckens, in Dienste, welcher ihn an. 1713 zum Reise-Cammerdiener und Cammer-Musico ernennete, an. 1715 wurde er von Ihro Hochfürstl. Durchl. Herzog Wilhelm Ernsten, als Cammer-Diener und gesammter Cammer-Musicus; nach dem Tode aber dieses Regenten, an. 1728 von Ihro Hochfürstl. Durchl. unserem jetzo gnädigst regierenden Hertzoge, Herrn Ernst Augusten, als Cammer-Musicus angenommen und behalten. Er tractiret ordinairement den Violoncello.

F.

F. f. jeder von diesen beyden Buchstaben, wenn er über oder unter dem Music-Systemate vorkommt, bedeutet forte, d. i. es soll daselbst starck gespielt, oder gesungen werden.

Fa, diese vierdte von *Guidone Aretino* ausgefundene Music-Sylbe wird in der also genannten Scala naturali im f und c, und in der Scala b mollaris im b jeder Octav gebraucht.

Fabarius, bedeutete ehemals einen Sänger; weil diese gewohnt waren des Tages zuvor, wenn sie singen solten, nicht ordentlich zu essen, wol aber stets Bohnen zu sich zu nehmen, um dadurch die Stimme gut zu machen; daher sie auch den Nahmen bekommen. s. *Bulenger*. de theatro, lib. 2. c. 9. welcher diese Nachricht aus dem Isidoro, de divinis officiis lib. 2. c. 12. genommen, also lautend: Antiqui, pridie quam cantandum erat, cibis abstinebant, psallentes tamen legumine in causa vocis assidue utebantur. Unde & Cantores apud Gentiles *fabarii* dicti sunt.

Faber (*Benedictus*) ein Musicus am Coburgischen Hofe, von Hildburghausen gebürtig, hat an. 1602 auf des Eißfeldischen Diaconi, Hrn M. Michaelis Seltii, den 9ten Febr. gehaltene Hochzeit, den 148 Psalm Davids lateinisch mit 8 Stimmen; an. 1608 den 51 Psalm: Miserere mei Deus, &c. mit 8 Stimmen in folio; an. 1610 neun und zwantzig 4-8 stimmige Cantiones Sacras; und an. 1620, auf die den 7 Nov. celebrirte Hochzeit Herrn Joan. Christiani Aldtenburgii, Pfarrers in Eberstedt und Sonnenborn, ein aus dem 9ten Psalm Davids genommenes, und von ihm mit 8 Stimmen gesetztes Gratulatorium musicale; ingleichen auf das an den 11ten Januarii an. 1631. in Eißfeld begangene Hochzeit-Festin Herrn D. Andreæ Keßlers, ein dergleichen Gratulatorium musi-

muſicale von 5 Stimmen, in 4to zu Coburg drucken laſſen.

Faber (*Daniel Tobias*) Organiſt zu Creylsheim oder Crailsheim, einer in Marggrafthum Anſpach an der Jaxt liegenden Stadt und Schloß, hat ein Clavichordium erfunden, ſo durchgehends Bundfrey iſt, und durch verſchiedene Machinen ſich dreymahl verändern läßt, ſo, daß es (1. wie eine Laute, (2. wie ein, dem Reſonanz nach, ungedämpfftes, und (3. wie ein gedämpfftes Glocken=Spiel klingt. ſ. den Coburgiſchen Zeitungs=Extract an. 1725 im April Monath, p. 78.

Faber (*Gregorius*) Luzcenſis, hat in lateiniſcher Sprache eine Inſtitutionem Muſices, oder Muſices practicæ Erotematum lib. 2. geſchrieben, ſo an. 1553 zu Baſel bey Henr. Petri gedruckt worden. ſ *Lipenii* Bibl. Philoſ. und *Gesneri* Biblioth. univerſ.

Faber (*Henricus*) ein von Lichtenfelß in Francken bürtig geweſener Magiſter, hat eine Introductionem ad muſicam practicam geſchrieben, ſo an. 1558, und 1571 zu Leipzig, auch an. 1608 zu Mühlhauſen in 4to gedruckt worden. ſ *Draudii* Bibl. Claſſ. p. 1642. *Gesneri* Biblioth. und *Hyde* Catal. Biblioth. Bodlejanæ. Ob das lateiniſche Compendium Muſicæ, welches nach Lipenii Bericht, an. 1552 zu Leipzig, an. 1593 zu Magdeburg, an. 1596 zu Straßburg, und an. 1609 zu Erffurt in 8vo ans Licht getreten, mit der vorigen Introduction einerley ſey, iſt mir unbekannt. Nurgedachtes Compendiolum Muſicæ pro incipientibus iſt auch zu Franckfurt an der Oder bey Johann Eichorn ohne Jahr=Zahl in 8vo heraus gekommen; die an Doctor Medlers drey Söhne gerichtete Zuſchrifft aber, iſt an. 1548 den 29 Julii zu Braunſchweig datirt. Das gantze Werckgen beträgt 2 Bögen, und iſt Frag=weiſe geſtellet. Daß übrigens M. Henr. Faber an. 1570 Rector zu Quedlinburg geworden, und daſelbſt an. 1598 den 27 Auguſti, 55 Jahr alt, an der Peſt geſtorben ſey, iſt aus dem in der Benedictiner=Kirche ihm zu Ehren vom Magiſtrate aufgerichteten ſteinern Epitaphio zu erſehen, welches alſo lautet:

Clariſſ. & Doctiſſ. Viro, M. *Heinr. Fabro*, optimè de hac Schola merito monumentum hoc poſuit Reipu. hujus Quedlinburg. Senatus.

Henrici ecce Fabri ora, Lector, omnis
Qui doctus bene liberalis artis,
Linguarumque trium probe peritus
Hanc rexit patriam Scholam tot annos,
Quot menſis numerat dies ſecundus,
Fide, dexteritate, laude tanta,
Quantam & poſtera prædicabit ætas,
Nunc peſtis violentia ſolutus
Iſto, quod pedibus teris, ſepulcro
In Chriſto placidam capit quietem,
Vitam pollicito ſereniorem.

27. Aug. obiit An. 1598. cum vixiſſet annos LV.

ſ. *Ludovici* Schul=Hiſtorie, P. II. p. 277. woſelbſt ſo wol dieſes gemeldet, als auch aus D. Joh. Gerhards Præfation Exegeſeos ſuæ noch folgendes angeführet wird: "compertum nondum habeo & cognitum, an alius ab hoc fuerit M. Heinricus Faber, quem Lichtenfelſæ in Variſcis natum fuiſſe me legere memini, & de quo Nicolaus Medlerus, Antiſtes Brunſuicenſis, in Dedicatione Rudimentorum Rhetorices, ad filios, tunc Alumnos Curienſes, ita ſcripſit: Dominum M. Heinricum Fabrum, ſincerum Amicum noſtrum, hortatus ſum, ut eadem brevitate quoque Muſicæ præcepta vobis traderet." Hieraus und dem obigen erhellet: daß, da dieſer Quedlinburgiſche Rector nur 55 Jahr alt, und gedachtes Muſic=Tractätgen ſchon an. 1548 gedruckt worden, nicht dieſer, ſondern ein anderer gleiches Nahmens und Tituls Auctor davon ſeyn müſſe, indem jener an. 1548 nur 5 Jahr alt geweſen.

Faber [*Jacobus*] Stapulenſis genannt, weil er von Etaples, einer in der Niedern Piccardie liegenden kleinen Stadt bürtig geweſen, ein Doctor Sorbonicus zu Paris, welcher an. 1537, oder, nach Frehero, an. 1547, 101 Jahr alt, geſtorben, hat, unter andern vielen Schrifften, auch eine Introductionem in Arithmeticam Speculativam Boëthii, und eine aus vier Büchern beſtehende Muſicam, oder Elementa Muſicæ, ſo an. 1514. 1551 und 1552 zu Paris in 4to gedruckt worden. ſ. *Lipenii* Biblioth. Philoſ. hinterlaſſen. Conf. Voſſ. de Mathesi lib. 3. c. 22. §. 11. woſelbſt gemeldet wird: daß Jacobus Labi-

Labinius und Jacobus Turbelinus seine Lehr-Meister in der Music gewesen; ingleichen: Josephus Blancanus habe gedachte Elementa Musicalia sehr hoch und davor gehalten: man solle anfänglich diese, alsdenn aber erst den Boëthium, Aristoxenum, Ptolemæum und Euclidem lesen, weil, nach Possevini Urtheil lib. 15. c. 5. Biblioth. Selectæ, in selbigen alles gelehrt erklärt sey, was Boëthius in Musicis geschrieben habe. Werckmeister in seinen Paradoxal-Discursen allegiret p. 79. eine an. 1496 gedruckte Edition der Elementorum Musicalium. Georgius Buchananus hat ihm folgende Grab-Schrifft gemacht:

> Qui studiis primus lucem intulit
> omnibus, artes
> Edoctum cunctas hæc tegit urna
> *Fabrum.*
> Heu tenebræ tantum potuere extinguere lumen?
> Si non in tenebris lux tamen ista
> micet.

Und Simon Vallambertus hat ihm dieses zum Andencken aufgesetzet;

> Hac quicunque urna *Fabrum* putat
> esse sepultum.
> Errat; cœlestem non tegit urna
> virum.

s. Uhsens Leben der berühmtesten Kirchen-Lehrer und Scribenten des 16 und 17 Seculi. c. 1. p. 166.

Faber (*Nicolaus*) Wolzanus, hat Rudimenta Musicæ geschrieben, welche Joan. Aventinus an. 1516 zu Augspurg in 4to drucken lassen. s. *Gesneri* Biblioth. Er mag vielleicht aus Botzen im Etschlande, welcher Ort auf Italiänisch Bolsano, und auf Lateinisch Bolzanum genennet wird, bürtig gewesen seyn. s. *Bolicio.*

Faber (*Petrus*) ein Königl. Frantzösischer Rath, und oberster Parlaments-Herr zu Toulouse, von Sanjoro, einem in dieser Voigtey liegenden Orte gebürtig, hat, unter andern, auch einen aus drey Büchern bestehenden lateinischen Tractat, genannt: Agonisticon, sive de re athletica, ludisque Veterum gymnicis, musicis, atque circensibus geschrieben, welcher an. 1592 zu Lion in 4to gedruckt worden; Er aber ist an. 1600 den 20 Maji, im 60 Jahr seines Alters am Schlage gestorben. s. das *comp.* Gelehrten-*Lex.*

Fabri (*Steffano*) war an der Frantzösischen National-Kirche des H. Ludovici zu Rom ums Jahr 1648 Music-Director. s. *Kircheri* Musurg. lib. 7. c. 6. p 614. Von seiner Arbeit sind schon an. 1607 Tricinia sacra juxta duodecim Modorum seriem concinnata zu Nürnberg bey Daniel Kauffmannen gedruckt worden. s. *Draudii* Biblioth. Class. p. 1652.

Fabriano (*Alberto*), ein vornehmer und gelehrter Veroneser, auch Ober-Haupt dasiger Academie der Philarmonicorum, welchen Julius Bellus an. 1609 die aus dem Italiänischen ins Latein übersetzte Dissertationes Politicas in C. Cornelium Tacitum des Scipionis Amirati zugeschrieben hat.

Fabrici (*Pietro*) hat Regole generali di Canto fermo geschrieben. s. *Bononcini* Musico Prattico, Part. 2. c. 21.

Fabricius (*Albinus*) ließ an. 1595 sechsstimmige Cantiones Sacras zu Grätz in Steyermarck drucken. s. *Draudii* Bibl. Class. p. 1617

Fabricius (*Bernhardus*) ein Straßburger, hat in zwey Büchern Tabulaturas organis & instrumentis inservientes an. 1577 daselbst in folio in Druck gegeben. s. *Draudii* Biblioth. Class. p. 1647.

Fabricius (*Georgius*) ein berühmter Poet und Criticus, war an. 1516 den 23. April zu Chemnitz in Meissen gebohren, sein Vater, Georg Goldschmidt, der auch ein Goldschmidt war, hielt ihn erst auch zu dieser Profession an, doch wurde er hernach, wegen seiner Fähigkeit, zum Studiren gelassen, welches, als es zu Leipzig geschehen, ihm die Hofmeister-Stelle beym Hrn. Wolffgang von Werthern zuwege brachte, in welcher Function er zu Rom und andern Orten in Italien die Antiquitäten mit grossem Fleiß durchsuchet, und sich nach Straßburg begeben hat; hierauf ist er ans Gymnasium zu Meissen als Rector beruffen worden, woselbst er sich so grosse Liebe erworben, daß auch die Schüler nach seinem Tode sich vernehmen lassen: sie wolten, wenn es GOtt gefiele, ihn gerne mit ihren Nägeln wieder aus der Erde kratzen; doch hat er auch von einigen viel ausstehen müssen, daher sein Symbolum gewesen: nVsqVaM tVta fIDes, woraus auch zugleich das Jahr seiner Geburt erhellet. Er wurde vom Kayser Maximiliano II, zum Poeten gekrönet, und in den Adel-Stand erhoben, starb aber kurtz drauf an 1571 den 13 Julii. s. das *comp.* Gelehrten-*Lexicon.* Dieser Auctor

FAB. FAB. 237

ctor erkläret in seinem lateinischen Commentario über der alten Christlichen Poeten Carmina, welcher an. 1564 zu Basel in groß 4to, oder vielmehr klein folio gedruckt worden ist, hin und wieder einige Music-Terminos. Und Gesnerus berichtet: er habe auch Disticha de quibusdam Musicis, & septem Graciæ Sapientibus an. 1546 zu Straßburg ediret. Seine Grabschrifft lautet also:
Christo Sacrum.
D. Georgius Fabricius, Chemnicencensis, pietate, eruditione, ingenii monumentis, nominisque celebritate apud exteros quoque clarissimus, Evangelii lucescentis tempore, Poeta Christianus excellens, Grammaticus acutus, Historicus Saxoniæ Electorum &c. elegans, Scholæ illustris Misnæ annos XXVI. fideli & felici institutione Rector industrius, laborum sanctorum patiens, doctissimus, omnibus carus, suis desideratus, ætatis annos LVI. m. I. d. XIX, complens, Anno Christi Servatoris M. D. LXXI. m. Julio, d. XIII. in functione, pie defunctus est: quicquid mortalitati habuit in hoc quietis cubiculum posteris memor. caussa venerand. depositum est. M. Magdalena uxor, Georgius, Jacobus, Heinricus, Christianus, Magdalena, Margareta, Anna, liberi orphani, marito & patri desideratiss. mœstis. desid. Mon. unan. pon. cur. M. D. LXXI. s. Laur. Fausti Geschicht- und Zeit-Büchlein der Stadt Meissen, p. 70 und 71. Daß er ein Musicus und Componist gewesen, erhellet aus einigen Stellen seines Lebens-Lauffes, welchen der damahlige Conrector in Meissen, hernach wolverdienter Rector in der Schul-Pforte, Hr. M. Johann David Schreber, sel. an. 1717 zu Leipzig in 8vo lateinisch heraus gegeben hat, als pp. 111. sq. und 115. sq.

Fabricius (Hieronymus) ein von Aquapendente bürtig gewesener Italiänischer Medicus, war daselbst an. 1537 von armen Eltern gebohren, profitirte zu Padua 40 Jahr die Chirurgie und Anatomie, bekam von der Venetianischen Republic ein jährliches Salarium von 1000 Cronen in Golde, wurde auch von derselben mit einer güldenen Kette beehret, schrieb unter andern: de Voce, de Gula, de respiratione, & ejus instrumentis, starb an. 1619 den 23 May, im 86 Jahre seines Alters, und wurde in die Kirche des H. Francisci begraben. s. das comp. Gelehrten-Lexicon, und Ghilini Theatro d' Huomini letterati, P. I. p. 118. Wenn anders das Sterbe-Jahr richtig ist, muß er an. 1533 seyn gebohren worden.

Fabricius (Joan. Ludovicus) ein Chur-Pfältzischer Kirchen-Rath, Doctor und Professor Theologiæ zu Heidelberg, von Schaffhausen gebürtig, woselbst er an. 1632 den 29 Julii gebohren worden, hat unter andern auch eine διάλεξιν de Ludis scenicis casuisticam quinquepartitam geschrieben, welche im 8ten Tomo des Thesauri Gronoviani Antiquitatum Græcarum den 17ten Ort einnimmt, aus 6 Bogen in folio bestehet, und Gesprächs-weise inter Doxastam & Philalethen eingerichtet ist. Der Auctor hat solche an. 1663 zu Heidelberg ediret, und Jacobo Mosanto de Brieux, einem Königl. Frantzösischen Rath dedicirt. Ist gestorben an. 1697 den 1. Febr. Ein mehrers von ihm ist in des Hrn. D. Buddei Lexico zu lesen.

Fabricius (Wernerus) ein Notarius Publicus Cæsar. und Organist zu Leipzig, aus dem Holsteinischen gebürtig, hat an. 1657. Delicias harmonicas, aus 65 fünffstimmigen Paduanen, Allemanden, Couranten, u. s. f. bestehende; An. 1662 geistliche Arien, Dialogen und Concerten, so zu Heiligung hoher Fest-Tage mit 4-8 Vocal-Stimmen, nebst allerhand Instrumenten, können gebraucht werden, daselbst in 4to drucken lassen, und dieses letztere Werck, worauf er sich Organ. Lipliensem bey S. Thomæ nennet, Hr. Christian Ludwig, Hertzogen zu Braunschweig und Lüneburg zugeschrieben. Zu Ernst Christoph Homburgs geistlicher Lieder 1sten Theile, welcher an. 1659 zu Jena in 8vo gedruckt worden, hat er die Melodien à Canto e Basso gesetzt; so wol auf dem Titul-Blate, als in der Vorrede dieses Wercks, wird er ein Music-Director an der Pauliner-Kirche zu Leipzig genennet. Seine aus lauter Exempeln bestehende Manuduction zum General-Bass ist an. 1675 daselbst zum Vorschein gekommen. An. 1671 den 28 Sept. als dem Nahmens-Tage seines liebwehrten Freundes, Hrn Wentzel Buhlens, hat er eine vierstimmige Motette: Vater in deine Hände befehl ich meinen Geist, w. durch den Druck bekannt gemacht. Ist gestorben gegen das 1678ste Jahr.

Fabri-

Fabrinus (*Joannes*) ein Musicus beym Possevino p. 223. Biblioth. Selectæ.

Fabula (*lat.*) eine Comödie, ist, nach Bisciolæ Beschreibung: res,quæ fieri poterat, & narratur ut facta, cum facta non fuerit: s. dessen *Hor. Subcesiv. T. I. lib. 5. c. 15. p.* 374.

Fabulo, (*lat.*) fabulas componens, ein Comödien-Macher. s. *Vossii* Institut. Poëtic. lib. 2. c. 2. §. 1. welcher angemercket: daß das beym Macrobio lib. 2. c. 1. Saturnaliorum befindliche Wort Fabulo, als irrig und falsch, am ersten von Salmasio sey entdecket worden, und Fabulo heissen müsse.

Facciata [*ital.*] und abbrevirt: fac. bedeutet die Seite eines Blats.

Faccini [*Giov. Battista*] hat an. 1644 Salmi Concertati von 3 und 4 Stimmen zu Venedig heraus gegeben.

Fach, wird gebraucht: wenn in einem Orgel-Register, als in der Mixtur und Cimbal, etliche Pfeiffen auf einem Clavi stehen, und sich mit einander zugleich hören lassen.

Facco. [*Giacomo*] hat ein aus XII. Concerten von 3. Violinen, Alto Viola, Violoncello und B. C. bestehendes Werck heraus gegeben, so zu Amsterdam in der Ceneschen Handlung gravirt zu bekommen ist.

Facteur d' Instruments [*gall.*] ein Instrumenten-Macher.

Facteur d' Orgues [*gall.*] ein Orgel-Macher.

Fadini [*Andrea*] hat ein aus XII. Sonate à due Violini, Violoncello & Organo, und dreyen subjectis bestehendes Werck in Amsterdam graviren lassen. s. den Ceneschen Music-*Catalogum, p.* 55.

Fa fictum [*lat.*] Fa finto [*ital.*] Fa feint [*gall.*] das erdichtete *Fa*; wird von allen denjenigen diatonischen und chromatischen Clavibus gesagt, welche an des natürlichen oder ordinairen Fa Stelle zu stehen kommen. v. Tab. X. F 6.

Fagotto [*ital.*] Fagot [*gall. & angl.*] ist eben was Basson, und hat die Benennung in Absicht auf das Zusammensetzen der zwey aus einander zu nehmenden, und aus Holtz bestehenden Haupt-Stücke, so das Corpus, der Länge nach, ausmachen; weil fagotter, in Büschel binden, heisset. s. *Furetiere* Dictionaire. Der ambitus des Fagots gehet vom c bis ins f und g auch wol bis ins Contra-B. und A (einige können noch das a exprimiren.) s. *Matthesonii* Orchest. I. Part. 3. c. 3. §. 9. p. 269. Es führet auch eine Orgel-Stimme diesen Nahmen, und gehöret unter die gedeckten Schnartwercke. s. Niedtens Mus. Handleit. zur Variat. des G. B. p. 110.

Fagottino, Fagotto piccolo [*ital.*] Petit Fagot [*gall.*] ein kleiner Fagott, oder blasendes Baß-Instrument.

Fagottista, pl. Fagottisti [*ital.*] ein Fagott-Bläser, Fagott-Bläser.

Fagotto doppio, Fagotto grande [*ital.*] Quart-Fagot [*gall.*] der grosse Fagott, ist zweyerley Gattung, eine gehet noch eine Quart tieffer unter das C, nemlich bis ins Contra-G; die zweyte aber gehet gar bis ins Contra-F, demnach eine Quint tieffer, und heisset auch deswegen ein *Quint-Fagott.* Des ersten sein ambitus erstrecket sich bis ins f, auch bis ins g und a; und des zweyten bis ins es, auch wohl bis ins f und g. s. *Prætorii* Synt. Mus. T. 2. p. 23. Auf dem jetzigen Quart-Fagott soll man das d gantz rein haben, auch wohl bis ins F, aber nicht allzurein, kommen können; die Tieffe ist bis ins Contra-B und A.

Faignient [*Noe*] ein berühmt gewesener Musicus und Componist zu Antwerpen, welcher einige Jahre die Music daselbst gelehret, und Simia Orlandi genennet worden, weil er selbigen zu imitiren sich beflissen. Von seiner Arbeit sind an. 1569 vier-fünff-und sechsstimmige Motetten und Madrigalien; und an. 1595 fünff-bis achtstimmige Madrigalien zu Antwerpen gedruckt worden. s. *Draudii* Bibl. Class. p. 1629 und Swertii Athenas Belgicas.

Falcke [Georg] der ältere, Cantor primarius und Organist bey S. Jacob zu Rotenburg an der Tauber, gab an. 1688 seine Ideam boni Cantoris zu Nürnberg in 4to gedruckt heraus, wozu Hr. Sebastian Kirchmayer, Superintendent und Pastor an gedachter Kirche die Vorrede gemacht hat. In solcher wird gemeldet: es habe der Autor auch die Ideam boni Organœdi, oder die Kunst den General-Baß zu spielen; ingleichen ideam boni Melothetæ, oder die æstimable Wissenschafft des Componirens ediren wollen.

Falckenhagen [Adam] ist gebohren an. 1697 den

den 17 April zu Groß-Dalzig, einem zwischen Leipzig und Pegau liegenden Dorffe, woselbst sein Vater, Hr. Johann Christian, als Schulmeister stehet, und nach dem 10ten Jahre zu einem Priester in Knauthayn nahe an Leipzig gethan worden, woselbst er 8 Jahr in ′literis und musicis, insonderheit aber auf dem Clavier, und in den letztern Jahren, auf der Laute sich geübet; hierauf hat er einige Zeit bey dem damahligen Lautenisten in Merseburg, Hrn. Grafen, Lection genommen, nachgehends zu Leipzig ein Jahr; zu Weißenfels aber 7 Jahr lang selbst wiederum auf der Laute informiret, und dabey die letztern 4 Jahre über als Cammer-Muficus und Lautenist in seiner Hochfürstl. Durchl Herzog Christians Diensten gestanden. Unter währender Zeit ist er etliche Monate in Dreßden gewesen, und hat daselbst von dem berühmten Lautenisten, Hrn. Weiß profitiret, auch an verschiedenen andern Höfen sich umgesehen und hören laffen; hierauf sich nach Jena gewendet, und daselbst 2 Jahr zugebracht; endlich aber an. 1729 im May-Monat in hiesige Hochfürstl. Ernst-Augustische Dienste, als Cammer-Muficus, sich begeben.

Falset-Stimme, Falsetto [*ital.*] heisset: (1. was über oder unter eines jeden blasenden Instruments sonst natürliche und ordinaire Höhe oder Tieffe von einem guten Meister zuwege gebracht und erzwungen werden kan. (2. Bey erwachsenen Sängern, wenn sie an statt ihrer ordentlichen Bass-oder Tenor-Stimme, durch Zusammenzwingen und Dringen des Halses, den Alt oder Discant singen. Man nennet es auch deswegen eine unnatürliche Stimme.

Falso bordone, pl. Falsi bordoni [*ital.*] heisset (1. wenn auf eine Maximam, d. i. achtschlägige Note, viele Sylben und Wörter in Unisono gesungen werden; dergleichen in den Psalmen und Magnificat geschiehet. Einige haben gemeynet: es müsten unter eine solche Note nicht mehr als acht Sylben gelegt und angebracht werden; welches aber Freytag in seinem Syntaxi minori, c. 10. p. 77. wiederleget, und aus Johann Stadelmeyers Compositionen beweiset: daß es weniger und auch mehr Sylben seyn können. (2. werden diejenigen Sätze einer Composition also genennet, worinnen die Ober-Stimme gegen die Untere lauter Sexten, die Mittlere aber gegen die untere Tertien, und gegen die obere Quarten machet; weil solcher gestallt jedem Satze das rechte und ordentliche Fundament, die wahre Stütze, oder das eigentliche Ende der Harmonie und des Accords mangelt. f. Tab. X. F. 7. *Prætor.* Synt. Muf. T. 3. p. 9. und Baryph. Plejad. Muficar. Plejad. 6. Sect. 6. §. 6. und *Kirch.* Musurg. T. 2. p. 154. Falckens Ideam boni Cantoris, P. I. c. 7. Thuringi Opusc. bipartit. P. 2. c. 18. (3. Wenn die Melodie eines Cantus firmi nicht in den extrem. sondern in den Mittel-Stimmen (so gemeiniglich im Tenor geschiehet) angebracht und geführet wird, wozu die übrigen Stimmen figuriren.

Falsterus [*Christianus*] Corrector zu Ripen oder Rypen, einer Handels-Stadt auf der Halb-Insul Jütland, handelt in seinen an. 1718 zu Leipzig und Flensburg in 8vo heraus gegebenen Quæstionibus Romanis, five Idea Historiæ Literariæ Romanorum, lib. 3. c. 7. quæst. 5. in zwey Blättern etwas sehr weniges de Musica.

Fanfare, pl. fanfares [*gall.*] s. f. (von fan, ital. fante und fare, Soldaten, Knechte werben) bedeutet [1. das Getöne einer Kriegs-Music mit Paucken, Trompeten, Trommeln und Pfeiffen. f. Frischens Lexicon. [2. eine Piéce, welche zwar Lermens und Prallens genug machet, sonsten aber wenig nach Kunst schmecket.

Fantasia [*ital.*] Fantaisie [*gall.*] Phantasia [*ιat.*] ist der effect eines guten Naturells so auch theils ex tempore sich äussert, da einer nach seinem Sinn etwas spielet, oder setzet, wie es ihm einfällt, ohne sich an gewisse Schrancken und Beschaffenheit des Tacts zu binden. f. Bross. Diction. und Niedtens Handl. zur Variation des G. B. p. 97.

Fantinus [*Hieronymus*] ein Römischer Trompeter ums Jahr 1642 ist in ganz Italien für den besten gehalten worden. f. *Mersenn.* lib. 2. de Instrumentis harmonicis, p. 109.

Farce [*gall.*] s. f. Farsa, Farza [*ital.*] ein Possen-Gauckel-Nachspiel.

Fardiola. f. Greca.

Fargia [*Guseppe del*] hat dreystimmige Psalmen publiciret.

Farina [*Carlo*] ein Violinist am Chur-Sächsischen Hofe, aus Mantua gebürtig, gab

gab an. 1626 Pavanen und Sonaten zu Dreßden heraus.

Farinelli, ein ums Jahr 1684 berühmt gewesener Componist, Violinist und Concert-Meister zu Hannover, ist, auf seiner Reise nach Dännemarck daselbst vom Könige nobilitiret, und nachhero, von Sr. Groß-Britannischen Majestät, Georgio I. zu dero Residencen in Venedig bestellt worden.

Fasch [Johann Friedrich] jetziger Hochfürstl. Anhaltischer Capellmeister in Zerbst, ist an. 1688 den 15ten April in Buttelstädt, einem zwischen Weimar und Buttstädt liegenden Städtgen, gebohren, hat in Leipzig unter dem seel. Herrn Kuhnau die ersten fundamenta in der Music, und besonders im G. Basse geleget; bey dem Herrn Capellmeister Graupner aber in der Composition sich feste gesetzet, in seinen Studenten-Jahren die Direction eines Collegii Musici in Leipzig etliche Jahre gehabt, ist hierauf am Gräfl. Reuß-Plauischen Hofe zu Gera verschiedene Jahre Cammer-Schreiber, ferner nicht gar 2 Jahr Stadt-Schreiber zu Graitz, sodann bey Sr. Excellenz dem Herrn Grafen Morzini zu Prag engagirt gewesen, und von da aus an obgedachten Hochfürstl. Hof vocirt worden.

Fasching [Joseph] ein Kayserlicher Violinist an. 1721, und 1727.

Fasolo (Giov. Battista) hat ein Annuale heraus gegeben, darinnen alles enthalten ist, so ein Organist (Römisch Catholischer Religion) durchs gantze Jahr, um dem Chore zu antworten, spielen muß. Könnte demnach Agenda Organœdi heissen. s. den Parstorfferischen Music-Catalogum.

Fastolphus (Richardus) ein Præcentor und Cistercienser-Abt anfänglich zu Clairevaux (lat. Vallis clara genannt) und hernach zu Fontaines in Burgund, aus Yorck [lat. Eboracum] der Haupt-Stadt in Nord-England gebürtig, ist ein vertrauter Freund des H. Bernhardi gewesen, hat an. 1150 floriret, und unter andern auch ein Tuch: de Harmonia (ita Gesnerus) oder: de Musica geschrieben. s. Baleum de Scriptoribus Britanniæ, Centur. 11.

Fatius (Anselmus) ein Sicilianer, von Enna gebürtig, hat Sacras Cantiones, und ein fünffstimmiges Madrigalien-Werck an. 1589 zu Messina in 4to drucken lassen. s. Mongitoris Biblioth. Sicul. T. I.

p. 40. woselbst noch einer dieses Nahmens vorkommt, welcher ein Augustiner-Mönch gewesen, und an. 1628 zu Messina einen Tractat in 8vo, genannt: Memoria artificiale di casi di Conscienza, &c. heraus gegeben hat. Ob es eine Person sey, weis nurgedachter Auctor selbst nicht zu entscheiden.

Fattorini [Gabriele] von Faenza, einer kleinen in Romagna am Fluß Amone liegenden Päbstlichen Stadt gebürtig, ließ an. 1608 Concerten von 2 Stimmen in Venedig drucken.

Fau, hat leichte Suites à 1 Dessus & Basse vor die Flöte oder Hautbois gesetzet, welche bey Roger in Kupfferstich zu bekommen sind.

Faucet oder Fausset [gall.] s. m. bedeutet die Person, so eine Falset-Stimme singet.

Faverius (Joannes) hat an. 1593 das erste Buch Neapolitanischer Canzonetten von 3 Stimmen; und an. 1606 ein Opus Cantionum mutarum von 4 und 5 Stimmen zu Cöln am Rhein in 4to drucken lassen. s. Draudii bibl. Exot. p. 267. und Class. p. 1616. (Es mag vielmehr ein Nachdruck seyn.)

Favola [ital.] Fable [gall.] ein Poetisch Gedicht. s. Fabula.

Favre, ein Frantzose, hat ein Sonaten-Werck heraus gegeben. s. Boivins Music-Catalogum aufs Jahr 1729, p. 24.

Fausse-Quarte [gall.] s. f. die falsche Quart. s. Quarta falsa.

Fausse-Quinte [gall.] s.f. die falsche Quint. s. Quinta falsa.

Fausse-Relation [gall.] s. f. s. Relatio non harmonica.

Faut, ist die Benennung des Baß-Schlüssels bey den Solmisatoribus.

Faut (du) ein Frantzösischer Lautenist.

Faux-Accord [gall.] s. m. ein falscher unreiner Accord, oder eine dergleichen Zusammenstimmung.

Faux-Bourdon [gall.] s. m. ist eben was Falso bordone. Beym Furetiere ist Faus-Bourdon auch so viel, als Contrepoint simple.

Fay [Guil. du] s. Dufay.

Febure [Jean le] ein beym Cardinal von Oesterreich gewesener Capell-Meister [Sacelli Magister] hat selbigem die durchs gantze Jahr mit 4 Stimmen gesetzte Hymnos, als sein erstes Werck, zugeschriegeschrieben, und an. 1596. zu Costnitz in groß folio hauptsächlich beswegen drucken lassen, damit, wenn gedachter sein Herr bald in Tyrol, bald in Elsaß sich aufhielte, allenthalben ein Exemplar beym Gottes-Dienste bereit seyn möge. Sonsten hat er auch schon an. 1569 vier- fünff- und sechsstimmige Madrigalien und Motetten; ingleichen an. 1595 vier- fünff- und achtstimmige Madrigalien zu Antwerpen heraus gegeben. Ferner ist auch ein Fasciculus Sacrarum Cantionum von 6-12 Stimmen an. 1607. zu Maynz und Franckfurt gedruckt worden. s. *Draudii* Biblioth. Class. pag. 1617 und 1629.

Féde, hat Sonaten vor eine Flöte und G. B. gesetzet, welche zu Amsterdam bey Roger gravirt worden sind.

Fedele [*Dan ele Teofilo*] oder Daniel Theophilus Treu, ein Enckel des Abdiæ Treu, und Sr. Hochgräffl. Excellenz des Herrn Grafen von Henckel und Donnersmarck, zu Beuthen bey Tarnowitz in Ober-Schlesien der Zeit wohlbestalter Capell-Meister, hat im zehnten Jahr seines Alters die Musse im Singen und Schlagen, nebst der Composition zu lernen angefangen, drey Jahr damit continuirt, und hernach zwanzig Jahr lang, so wol speculative als active, ausgeübet, mit Hülffe seiner beyden seel. Lehrmeister, nemlich: des Herrn Peuckers in fundamentis primariis, und des Herrn Conßers, seines gewesenen Vetters, Capellmeisters in Dublin, im doppelten Contrapunct, auch eine Reise nach Italien gethan. s. dessen des Herrn Capellmeister Mattheson unterm 1. Julii an. 1724. abgelassenen, und in dieses seinem Musical. Patrioten, in der 42. Betrachtung befindlichen Brief, daß er Lutherischen Glaubens, ein sehr comportabler und leutseliger Mann sey, einen guten teutschen und welschen Vers mache, in der Breßlauischen Italiänischen Opera den ersten Clavicymbel gespielet, an. 1725, 1726 und 1727 die Opern, Astarto, Cajo Marcio Coriolano, Telemach und Don Quixotte gesetzt, und aufgeführet habe; solches alles lieset man daselbst in der 43 Betrachtung.

Feinte [*gall.*] s. f. bedeutet jede mit einem ♯ oder b bezeichnete Note; ingleichen, die auf dem Clavier zwischen den breiten clavibus befindliche schmalen und kurzen claves.

Feithius [*Everhardus*] ein in den Humanioribus, wie auch in der Griechischen und Hebräischen Sprache wohl versirt gewesener Gelehrter im 16 Seculo, von Elburg in Geldern gebürtig, hat auf der Reformirten Academie zu Bearn studiret, und die Griechische Sprache in Franckreich gelehret; als er aber nach Rochelle gereiset, ist er daselbst sammt seinem famulo in eines Bürgers Haus geruffen, und hierauf nicht mehr gesehen worden, so daß niemand, auch der dißfalls inquirirende Magistrat selbst, nicht erfahren können, wie es mit ihm zugangen. Hat Antiquitates Homericas geschrieben, welche vom Henrico Brumano, Rectore der Schule zu Zwoll an. 1677 edirt worden, und an. 1726. zu Amsterdam wiederum in 8vo herausgekommen sind; in selbigen handelt das 4te Capitel des 4ten Buchs, in 4 Blättern: de Musica, in so weit Homerus derselben, und der dabey vorkommenden Sachen gedencket, als der Lyræ, des Plectri, des mit der Cithara verknüpfften Gesanges, daß solcher aus göttlichen, natürlichen, und andern merckwürdigen Dingen bestanden, und insonderheit bey den Opffern und Gastmahlen gebraucht worden; ingleichen, daß die Sänger selbst in allen Stücken der Welt-Weisheit wären erfahren gewesen.

Feldmayer (Johann) ein von Geissenfeld in Ober-Bayern bürtig gewesener, und zu Berchtolsgaden in Diensten gestandener Organist, gab an. 1611 unter dem Titul: Scintillæ animæ amantis Deum, vierstimmige Motetten zu Augspurg; ingleichen den also genannten Jubilum D. Bernhardi teutsch und lateinisch mit 4 Stimmen zu Dillingen in 4to heraus. s. *Draudii* Bibl. Class. p. 1611 u. 1645.

Felice (*Agostino di*) ein am Kayserl. und Chur-Bayerischen Hofe sehr beliebt gewesener Italiänischer Sänger, aus der kleinen in der Campagna di Roma im Kirchen-Staate liegenden Stadt Piperno (lat. Privernum genannt) gebürtig, hat in der ersten Helffte des vorigen Seculi florirt. s. *la Cità nova di Piperno del Teodoro Valle*, in Napoli 1646. c. 37.

Felinus [*Marcus*] ein Canonicus an der Cathedral-Kirche zu Cremona, ist ein excellenter Instrumental-Musicus gewesen, und an. 1579 im May-Monath gestorben. s. *Arisii* Cremonam literatam p. 45.

Ω Felis

Felis [*Steffano*] gab an. 1584 fünffstimmige Madrigalien zu Venedig heraus.

Fenestræ rhomboideæ [*lat.*] hierdurch werden die schmalen Löcher in den Register-Zügen der Clavicymbel, in welchen die Döckgen oder Springer stehen, gemeynet.

Feretus [*Joannes*] ein Italiänischer Musicus, dessen Lansius in Orat. pro Italia gedencket.

Fergusius [*Joannes Baptista*] ein Italiäner von Savigliano, aus Piemont gebürtig, hat zu Anfange des 17 Seculi Motetten in Druck gegeben.

Fermer [*gall.*] schliessen, einen Schluß, oder eine Cadenz machen.

Fernandus, s. *Phernandus*.

Ferrabosco [*Alfonso*] ein Italiänischer Componist, von dessen Arbeit so wol in Schadæi Promptuario Musico, P. 2. als Besardi Thesauro Harmonico ein und andere Piéce anzutreffen ist.

Ferrabosco [*Constantino*] hat an. 1591 vierstimmige Canzonetten zu Venedig drucken lassen. s. *Draudii* Bibl. Class. pag. 1612.

Ferrabosco [*Matthia*] ein von Bologna bürtig gewesener Componist, ließ an. 1591 Canzonette à 4 Voci zu Venedig drucken. s. *Draudii* Bibl. Exot pag. 267. (weil die unter diesen beyden Articuln befindliche Canzonetten von gleicher Stärcke, auch in einem Jahre heraus gekommen sind, scheinet es: daß ihr Verfertiger vielleicht eine Person gewesen, und beyde Vornahmen zugleich geführet habe.)

Ferrari [*Filippo*] ein Maylander, war an. 1655 an Kaysers Ferdinandi III. Hofe ein Altist. *Bucelinus*.

Ferrariensis [*Paulus*] hat Passiones, Lamentationes, Responsoria, Benedictus, Miserere, und noch andere in der Marter-Woche gebräuchliche Lieder an. 1565 zu Venedig in 4to drucken lassen. s. *Draudii* Bibl. Class. p. 1647.

Ferrarius [*Franciscus Bernardinus*] ein Mayländischer Theologus, und des Ambrosianischen Collegii daselbst Doctor ums Jahr 1620, hat de Veterum Acclamationibus & Plausu sieben Bücher geschrieben. Im 11 Capitel des 1sten Buchs wird, unter andern, erkläret: was Bombus gewesen; das 17 Capitel l. c. ist folgenden Inhalts: ad rhythmum musicosque modos pronunciatas olim Acclamationes; c. 18. musicum in acclamando concentum alternis factitatum interdum, interdum ab omnibus simul acclamantibus. Acclamandi signum fuisse in Auditoriis a Mesochoro datum, quemadmodum vel canendi in Veterum Choris à Coryphæo, &c; im 14. Cap. des 2ten Buchs werden die Wörter: Sibilum, Sibilare, Fistulari, Syrinx, συρίζειν, erläutert; im 14 und 15 Cap. des 7 Buchs wird vom Hymenæo weitläufftig; und im 9 Cap. nur gedachten Buchs vom Wort Hosanna, oder Hosianna gehandelt. Der gantze Tractat, so wie er im VI Tomo des Thesauri Antiquitatum Romanarum Joan. Georgii Grævii befindlich ist, als woselbst er die erste Stelle einnimmt, beträgt 29 Bogen in folio.

Ferrarius [*Octavius*] der an. 1607 den 20 May zu Maylland gebohrne, auch daselbst in die 22 Jahr als Professor Rhetorices gestandene, nachgehends aber in dieser qualität nach Padua beruffene gelehrte Criticus, hat unter andern auch Origines Linguæ Italicæ geschrieben, worinnen viele Italiänische Termini lateinisch erklärt anzutreffen sind. Nur gedachtes Buch ist an.1676 zu Padua in folio heraus gekommen; er aber ist an.1682 den 7 Martii gestorben.

Ferrazzi [*Gio Battista*] hat an. 1652 Arien in Venedig drucken lassen.

Ferresti [*Giov.*] von seiner Arbeit sind an. 1567 fünffstimmige Cantiones zu Venedig gedruckt worden. s. *Draudii* Bibl. Class. p. 1612.

Ferrini [*Antonio*] ein Kayserl. Musicus und Pensionist, ist an. 1727 noch am Leben gewesen.

Ferrinus (*Joannes Baptista*) dieses Componisten, und seiner in stylo melismatico gesetzter Arbeit gedencket *Kircherus* Mus. T. 1. lib. 7. c. 5. p. 586.

Ferrier [*Michel*] ein von Cahors, der Haupt-Stadt in der Landschafft Quercy (lat. Divona Cadurcorum genannt) bürtig gewesener Frantzösischer Componist, hat die von Marot in Frantzösische Verse gebrachte Davidische Psalmen mit Musie versehen, und zu Paris bey Nicolas du Chemin drucken lassen. s. *Verdier* Bibliotheque.

Ferro (*Marco Antonio*) ein Eques auratus

tus, Comes Palatinus Cæsareus, und Cammer-Musicus Kaysers Ferdinandi III. hat an. 1649 ein aus 2. 3. und 4 Stimmen bestehendes Sonaten-Werck in Venedig drucken lassen.

Ferronati (*Lodovico*) sein erstes aus Sonate per Camera à Violino e Cembalo bestehendes Werck ist vor dem 1715ten Jahre zu Venedig heraus kom̃en.

Ferrus [*Balthasar*] ein vortrefflicher Italiänischer Instrumental-Musicus, von Perugia gebürtig, dessen elogia beym Bontempi P. 2. Coroll. 21. dell' Istoria Musica zu lesen sind. s. die *Acta Erud. Lipsiensia*, an. 1696. m. Maii p. 243.

Fes, also kan das mit einem b bezeichnete f genennet werden.

Feser, stund an. 1723 als Hof-Organ. ist in Bischöfflichen Diensten zu Freysingen.

Fesch [*Guilielmo de*] ein Violoncellist, welcher jetzo an der grossen Kirche zu Antwerpen Organist ist, hat 6 Sonaten von 2 Violinen ohne Baß; ein Opus Concerten von 4 Violinen, Alto, Violoncello und Continuo; und noch ein anders aus 6 Concerten bestehend in Kupferstich publiciret.

Fevin [*Antoine*] ein von Orleans bürtig gewesener Frantzösischer Componist, dessen Glareanus in seinem Dodecachordo erwehnet.

Feyerabend (Gottfried) ein Bruder des Hamburgischen Raths-Musici, Herrn Christian Feyerabends; hat an. 1720 an der Schloß Orgel zu Königsberg in Preussen als Organist gestanden. s. *Matthesonii* Anhang zu Niedtens Mus. Handleit. zur Variat. des G. B. p. 186.

Feyertag (Moritz) Ludi Rector und Instructor exercitii musici, wie auch Procurator Jud. Eccl. Mogunt. zu Duderstadt, aus Francken gebürtig, hat in teutscher Sprache einen Syntaxin minorem zur Singe-Kunst von 32 Bogen an. 1695 an nurgedachtem Orte in länglicht 4to drucken lassen.

Fichtel (Ferdinand) ein Kayserl. Violinist. an. 1721.

Fichtholdt (Hanß) hat an. 1612 vortreffliche auf Italiänische Art gearbeitete Lauten gemacht. s. Barons Unters. des Instrum. der Laute, p. 94.

Fides, gen. fidis, bedeutet beym Festo eine Cither-Gattung, quod tantum inter se chordæ ejus, quantum inter homines fides, concordant, b. i. weil ihre Saiten eben so, wie unter den Menschen Treu und Glauben, zusammenstim̃en; eigentlich aber *chordam*, eine Saite, und daher ein mit Saiten bezogenes Instrument selbst. Beym Ægratio wird fides de fidelitate, und fidis de chorda gebrauchet. s. *Martini Lex. Philolog.* welcher davor hält: das Wort fidis habe den Nahmen von findo, quod de rebus flexilibus findendo seu decerpendo, & contorquendo fierent, und daher das teutsche Wort: Fade, filum (*lat.*) welches die Alten auch, an statt chorda gebrauchet, seinen Ursprung; gleichwie Saite, oder Seite vom Italiänischen Wort Seta, Seide, weil auch hieraus Saiten pflegen verfertiget zu werden.

Fides, gen. fidium (*lat.*) plur. Saiten, it. allerhand besaitete Instrumente.

Fidicen (*lat.*) qui fidibus canit, der ein besaitetes Instrument tractiret.

Fidicina (*lat.*) quæ fidibus canit, die ein besaitetes Instrument tractiret.

Fidicula (*lat.*) parva fidis, i. e. Cithara, eine kleine Cither, oder Lautenmäßiges Instrument, so ehemals auch Lyra genannt worden, dessen Spieler λυριστης, fidicinarius geheissen. s. *Martini Lexicon Philologicum*. it. eine Violin, oder Discant-Geige, vulgò, eine Fiedel.

Fienus (*Joannes*) insgemein Joannes de Turnhout genannt, weil er von Turnhout oder Tornhout, einer kleinen vierdtehalb Stunden von Brügge im Teutschen Flandern liegenden Stadt bürtig gewesen, ein berühmter Medicus und Stadt-Physicus zu Antwerpen, hat in seiner Jugend die Music ungemein excolirt gehabt, so daß an. 1559 ein Madrigalien-Werck in 4to, und an. 1600 Cantiones Sacræ 5. 6. & 8 Vocum zu Douay, gleichfalls in 4to von seiner Arbeit gedruckt worden; Er aber ist an. 1585 zu Dordrecht gestorben. s. das comp. Gelehrten-Lex. *Valerii Andreæ* Bibl. Belg. und *Draudii* Bibl. Class. pag. 1620 und 1630.

Fies (*Giulio*) fù non-solo Musico, mà degno Suonatore de varii Instrumenti, sind Worte des Agostino Superbi in seinem Apparato de gli Huomini illustri della Città di Ferrara, p. 130. woraus erhellet: daß er von Ferrara gebürtig, und nicht allein ein Componist, sondern

sondern auch ein guter Spieler auf verschiebenen Instrumenten gewesen. Beym *Draudio*, p. 1629. Bibl. Claff. heisset er: Julius Fiescus, habe an. 1563. vier- fünff- und sechsstimmige Madrigalien, nebst zween sieben- und noch zween achtstimmigen Dialogis; und an. 1567 ein fünffstimmiges Madrigalien-Werck zu Venedig drucken lassen.

Fissaro (*ital.*) Fifre (*gall.*) s. m. eine Queer-Pfeiffe der Soldaten bey der Trummel; it. der Pfeiffer bey einer Compagnie. s. Frischens Lexicon.

Figulus (*Wolffgangus*) hat 4. 5. 6 und 8stimmige Cantiones Sacras in unterschiedlichen Decadibus in 4to drucken lassen. s. *Gesne·i* Bibliot h. univ. Nach Draudii Bericht, Bibl Claff. p. 1626. sind an. 1605. Hymni sacri & scholastici cum melodiis & numeris musicis, aucti a M. Frid. Birck, zu Leipzig in 8vo von ihm gedruckt worden; und pag. 1643 werden seine Vetera & nova Carmina sacra & selecta, de Natali Christi, oder 20 Weynacht-Lieder 4 vocum à diversis composita, und an. 1575 gedruckt, allegiret. Daß er von Naumburg gebürtig, und zu Meissen Cantor gewesen, erhellet aus der ex ludo illustri daselbst geschriebenen Dedication seiner an. 1555 zu Leipzig gedruckten Elementorum Musicæ, so Frag-weise eingerichtet sind, und drey Bogen in 8vo betragen. Aus *Laurentii Fausti* gewesenen Pfarrers zu Schirmenitz an. 1588 zu Dreßden in 4to gedruckten Geschicht-und Zeit-Büchlein der Stadt Meissen, erscheinet am 39 Blatte: daß er an. 1551 auf Lætare dem an. 1549 den 23 Febr. verstorbenen Cantori an der Fürstl. Land-Schule daselbst, Michael Voigten, succediret, und an. 1588 in dieser function noch gestanden habe.

Figura, pl. figure (*ital.*) Figura, pl. figuræ (*lat.*) also werden überhaupt alle einzele in der Music gebräuchliche Zeichen, so die Klänge, deren Geltung, die Pausen u. s f andeuten, genennet. Anfänglich waren es nur Puncte von gleicher Währ- oder Geltung, so auf die Linien allein gesetzt wurden; bis Jean de Murs, und andere nach ihm, die jetzo noch gebräuchliche erfunden haben. Die aus etlichen auf verschiedene Art zusammen gesetzten Noten bestehende Figuren, haben von ihrer besondern Gestalt auch besondere Nahmen, als:

Figura bombilans [*lat.*] ist, wenn lauter schwärmende Figuren zusammen gesetzt werden. s. *Bombus*.

Figura corta [*ital.*] bestehet aus drey geschwinden Noten, deren eine allein so lang ist, als die übrigen beyde. vid. Tab. XI. Fig. I.

Figura muta [*lat. ital.*] pl. Figure mute [*ital.*] Figuræ mutæ [*lat.*] Figure muëtte, pl. figures muëttes [*gall.*] eine stumme Figur, stumme Figuren, hierdurch werden die Pausen gemeynet. Flud lib. 4. p. 191. seines Templi Muf. nennet die Pausen: Figuras reticendas.

Figura suspirans [*lat.*] ist eben was Figura corta, nur daß sie, an statt der vordern längern Note, eine halb so grosse Pause, und drauf eine den andern beyden gleiche Note hat. s. Tab. X. F 9. s. Printzens Compend. Signatoriæ & Modulatoriæ vocalis, p. 50. sq.

Filagio [*Carlo*] ein Organist bey S. Marco zu Venedig, aus der Stadt Rovigo gebürtig, hat an. 1642 Sacri Concérti à Voce sola zu Venedig drucken lassen.

Fileur de corde d'un Instrument de Musique [*gall.*] der die Saiten zu musicalischen Instrumenten machet.

Filiberi [*Orazio*] hat Salmi concertati à 3-8 voci, mit 2 Violinen publiciret.

Filippi [*Gasparo*] hat Sing-Concerten von 1. 2. = 5 Stimmen drucken lassen.

Filippini [*Steffano*]. s. *Argentini*.

Filippini, ein Italiänischer Castrat, war an. 1576 in der Kayserl. Hof-Capelle Altist, und an. 1692 noch am Leben.

Filippucci [*Agostino*] ließ an. 1665 eine Messa e Salmi per un Vespro a 5 voci con 2 Violini e Ripieni, zu Bologna in 4to drucken.

Fillet [*Jacob*] ein Kayserl. Musicus und Pensionist, war an. 1727 noch am Leben.

Filomarino [*Fabritio*] ein Neapolitanischer Lautenist, dessen Capaccio in seinem an. 1634 gedrucktem Forastiero, Giornata 1. p. 7. erwehnet.

Filum [*lat.*] ein Faden, oder eine Saite; ingleichen, nach Orontii Finæi Meynung, der gerade Strich an einer Note, welchen die Italiäner Virgola, und die Frantzosen Queüe zu nennen pflegen.

Filum ferreum [*lat.*] die eiserne Krücke, vermittelst welcher durch Auf-und Unterziehen die Schnarr-Register einer Orgel, oder eines Positivs gestimmt werden.

Fina-

Finale [*ital.*] Finalle [*gall.*] die End-Note eines Modi musici, woraus ein Stück überhaupt gehet; oder auch, worauf ein periodus desselben, ingleichen die letzte Note einer Cadenz aushält, und sich endet.

Finatti [*Giov. Pietro*] hat ein Opus Missen, Motetten, Litanien B. V. sammt ihren 4 solennen Antiphoniis von 2. 3. 4. und 5 Stimmen, und Instrumenten ediret.

Finekius [*Hermannus*] Königs Alexandri in Polen Capellmeister ums Jahr 1501, über welchen sich höchstgedachter König, da er ihm etliche hundert Gülden zur Besoldung geben sollte, mit folgenden Worten beschweret: Wenn ich einen Fincken ins Gebäuer setze, der singet mir durchs ganze Jahr, und kostet mich kaum einen Ducaten, es thut mir eben so viel. s. *Valerii* Herbergers Herz-Postilla, Dom. Cantate, pag. 370. Seine Musicam Practicam allegiret Conr. Matthæi in der Vorrede seines Berichts von den Musicis; ingleichen Petrus Gregorius, lib. 12. c. 17. Syntax. artis mirabil. daß er an. 1557 noch am Leben gewesen, und sich dazumal in Wittenberg befunden habe, beweiset die den 25 Dec. a. c. an nur gedachten Orte datirte, und an den Erz-Bischoff zu Magdeburg, Sigismundum, Marggrafen von Brandenburg, gerichtete Zuschrifft des von ihm auf viererley Art componirten, und von Alberto, Marggrafen zu Brandenburg-Bareyth in seinem Exilio verfertigten Lieds: Was mein GOtt will, das gescheh' allzeit 2c. Es ist solches an 1558 in 4to gedruckt worden, und nennet er sich so wol in der Auf- als obgedachter Unterschrifft nur schlecht weg, einen Musicum. (Diesemnach muß er sehr alt, oder dieser letztere ein anderer gewesen seyn.)

Fine [*Arnoldus de*] ein Königl. Dänischer Musicus und Canonicus. s. *Molleri* Spicil. Hypomnematum, ad Alb. Bartholini lib. de Scriptis Danorum, p. 21.

Fine, il [*ital.*] fin, le [*gall.*] finis [*lat.*] das Ende.

Fineti [*Giacomo*] ein Pater Franciscaner-Ordens, und Capell-Meister zu Ancona, von dannen er bürtig gewesen, hat an. 1611 acht-stimmige Vesper-Psalmen zu Venedig in Druck. Auf einem an. 1615 in Venedig gedruckten Concerten-Opere von 4 Stimmen wird er genennet: Maestro di Capella nella gran Chiesa di Venetia.

Finger [Gottfried] ein Schlesier, hat verschiedene Wercke ediret, worunter das 1ste aus 12 Sonaten bestehet; die drey ersten sind mit einer Violin und Bass; die andern 3 mit 2 Violinen und Bass; die 3 folgende mit 2 Violinen, 1 Viola und Bass; und die 3 letzten mit 3 Violinen und G. B. Das 2te Werck bestehet aus 6 Sonaten, nemlich 3 à Flauto solo e B. C. und 3 à Violino solo e Continuo. Opera 5ta hält Sonaten von 2 Violinen und G. B. in sich. Ohne die andern Sachen, so an anderer Auctorum Arbeit, von Roger gravirt angehänget worden. Daß er zu der an. 1706 im Dec. am Beylager des damahligen Cron-Printzens, jetzigen Königl. Majestät von Preussen zu Berlin aufgeführten Oper, Sieg der Schönheit über die Helden, zum theil die Music und Symphonien verfertiget, berichtet der Herr von Besser p. 308 seiner Schrifften, und nennet ihn einen Capellmeister.

Finito [*ital.*] fini [*gall.*] finitus [*lat.*] endlich, das ein Ende nimmt.

Fino, infino [*ital.*] bis.

Finold [*Andreas*] ein Schulbediener zu Schloß-Heldrungen, von Nehausen, einem Thüringischen ohnweit Cölleda liegenden Dorffe gebürtig, hat an. 1616 ein Magnificat Genethliacum von acht Stimmen dem Grafen von Manßfeld zum Neuen Jahre dediciret; ferner an. 1620 drey 8stimmige Magnificat, auf Weynachten, Ostern und Pfingsten gerichtet, unter dem Titul: Prodromus musicus, zu Erffurt in 4to drucken lassen. s. *Draudii* Bibl. Class. p. 1631.

Finot [*Domenico*] hat an. 1549 Modulationes unter dem Titul: Fructus; an. 1563 vierstimmige Psalmen, nebst 2 Magnificat, und an. 1564 und 1565 zweene Theile fünfstimmiger Motetten; allerseits zu Venedig in 4to drucken lassen. s. *Draudii* Bibl. Class. p. 1612. 1637. 1638 und 1648.

Fiocco [*Pietro Antonio*] ein Venetianer, und Capellmeister an der Kirche des Sabloris, oder der L. F. von Sablone (nella Chiesa Ducale della Madonna del Sablone) zu Brüssel, hat eine Missam und Motetten von 1. 2. 3. 4. und 5 Stimmen, mit 3. 4. und 5 Instrumenten bey Roger zu Amsterdam heraus gegeben.

Sein Sohn hat auch ein Werck 4stimmiger Motetten, wobey 3 Instrumente sind, ediret. s. *Roger.* Catal. p. 9 und 10.

Fiore (*Andrea*) ein Mayländer, Accademico Filarmonico, und Cammer=Musicus Sr. Königl. Hoheit, Victoris Amadæi II. Hertzogs von Savoyen, hat zwölff künstliche Kirchen-Sonaten von 2 Violinen, Violoncello und Continuo, so sein erstes Werck ist, ediret. Im VI. Tomo des Marcellischen Psalmen=Wercks ist ein von Steffano Andrea Fiore, Königl. Sardinischen Capellmeister, an. 1726 aus Turin datirter Brief besindlich. Vermuthlich ist es eine Person

Fiore (*Angelo Maria*) hat vierzehn Sonaten, oder Trattenimenti da Camera, worunter 10 à Violino, und 4 à Violoncello solo gesetzet, so, als das erste Werck, bey Roger gravirt worden sind.

Fioretto, pl. fioretti (*ital.*) sind Diminutions=Arten, oder Ausschmückungen so gemeiniglich am Ende einer Cadenz pflegen gemacht zu werden. s. Tab. XI. Fig. 2.

Fiorini (*Ippolito*) ein von Ferrara gebürtig, und daselbst an Hertzogs Alphonsi II. Hofe anfänglich gestandener Musicus, hernach aber dessen in die zwanzig Jahr gewesener Capellmeister, hat unzehlich viel Kirchen=Stücke, als Psalmen, Motetten, und Missen, wie auch Madrigalien gesetzet, ist im 72ten Jahr seines Alters gestorben, und in die Franciscaner-Kirche daselbst begraben worden. s. *Agostino Superbi* Apparato de gli Huomini illustri della Città di Ferrara, p. 131. und 132.

Fiorito, m. fiorita, f. (*ital.*) fleuri (*gall.*) floridus (*lat.*) geputzt, geschmückt, d. ist. mit allerhand Läufflein gezieret.

Firmare cantum, Psalmos, Hymnos, &c. wird von denen gesagt, die, ehe sie in der Kirche dergleichen öffentlich absingen, sich zuvor darinnen üben. s. des Hrn. du Cange *Glossarium*.

Fis, ist der durch ♯ um ein Semitonium minus erhöhete f. clavis.

Fis durum, ist (1. der durch zwey doppelte ♯♯, oder (welches besser) durch ein einfaches ✕ um eine Diesin Enarmonicam erhöhete fis-clavis, in dessen Ermangelung auf Orgeln und andern Clavieren der temperirte g-clavis genommen werden muß. (2. in Ansehung des Modi ist fis dur: wenn die Tertz nicht a, sondern ais ist.

Fis molle heisset: wenn in Ansehung des Modi, die dazu gehörige Tertz nicht das ais, sondern die weiche, nemlich das a ist.

Fischer (*Johann*) hat, als Musicus bey den Barfüssern zu Augspurg, an. 1681 den 1sten Theil seiner Musicalischen Mayen-Lust, aus 50 Frantzösischen Liedergen von 2. Violinen und G. B. bestehend, daselbst in 4to 5½ Bogen starck durch Kupfferstich publiciret. Als Anspachischer Hof-Musicus hat er an. 1686 die Himmlische Seelen=Lust à Voce sola con stromenti, aus 12 teutschen Arien, und 6 dergleichen Madrigalien bestehend, zu Nürnberg ediret. Sein Musicalisches *Divertissement* à 4 voc. in fol. ist an. 1700 zu Augspurg; und die Tafel-Music an. 1702 zu Hamburg in folio gedruckt, auch an. 1709 in Berlin wiederum aufgelegt worden. Dieses aus Ouverturen bestehende Werck hat er, als Mecklenburg=Schwerinischer Capellmeister heraus gegeben, und seinem Herrn, Hertzog Friedrich Wilhelm, zugeschrieben. Seine Musicalische Fürsten=Lust bestehet aus 6 Ouvertures, Chaconnen und lustigen Svites, samt einem Anhange Polnischer Täntze à 2 Violini, Viola, e B. in folio. s. Hrn. Lotters Music-Catal.

Fischer (*Johann Caspar Ferdinand*) Marggräflicher Capell=Meister zu Baaden, hat etliche Wercke heraus gegeben; worunter das zweyte: Musicalisches Blumen=Büschlein genannt, aus 8 Partien, nebst einer variirten Aria; und das vierdte: *Ariadne Musica* genannt, aus 20 Præludiis, und eben so viel Fugen, allerseits vors Clavier gesetzet, an. 1702 zu Schlackenwerde publicirt worden. Sonst hat er auch VIII. Litanias Laur. und IV. Antiphon; ferner das Journal du Printems à 5. Parties & les Tromp. ein neu=eingerichtetes Schlag=Wercklein; und Psalmos Vespertinos pro toto anno, à 4 voc. concert. 4 Ripien. 2 Violin. und G. B. so das 3te Werck ist, allerseits in folio heraus gegeben. s. Hrn. Lotters Music-Catal.

Fischer (*Vitus*) ein Magister und Præceptor zu Gaildorff, einer anderthalb Meilen von Schwäbisch=Halle in Francken liegenden kleinen Stadt, hat zu Calisii Andächtidächtiger Hauß-Kirche, so an. 1676 zu Nürnberg in 8vo gedruckt worden ist, die Melodien, an der Zahl 64, gemacht.

Fischer, zweene, zu des Orlandi di Lasso Zeiten, in der Fürstl. Bayerischen Capelle zu München, wegen der tieffen Baß-Stimme, berühmt gewesene Brüder, deren Prætorius T. 2. Syntag. muſ. p. 17. gedencket.

Fischietto (*ital.*) ein Pfeiffgen.

Fistula (*lat.*) eine Pfeiffe, vom Griechischen φυσάω, inflo, inspiro; weil sie durch An- oder Hineinblasen klangbar gemacht wird; oder, nach anderer Meynung, von den Wasser-Röhren, so auch Fistulæ heissen, wegen Aehnlichkeit derselben also genannt. ſ. *Prætor.* Synt. T. I. P. 2. c. 3. p. 326. woselbst ein mehrers, die Materie, Gestalt, Ursprung und Gebrauch derselben betreffend, nachgelesen werden kan.

Fistula organica (*lat.*) eine Orgel-Pfeiffe.

Fistula pastoritia (*lat.*) eine Hirten-Pfeiffe.

Fistulæ pileatæ (*lat.*) Orgel-Pfeiffen, welche oben nicht offen, sondern zugedeckt sind, und gleichsam einen Hut tragen.

Fistulator (*lat.*) ein Pfeiffer.

Fistulicen, pl. fistulicines (*lat.*) der, oder die auf Pfeiffen blasen.

Fistuliren; wird von Sängern gesagt, die natürlicher weise eine grobe und tieffe, gezwungener weise aber, eine helle und hohe Stimme von sich geben können.

Flaccomius (*Joannes Petrus*) ein Sicilianischer Priester, und Capellmeister Philippi III. Königs in Spanien, von Milazzo gebürtig, wurde vom Hertzoge zu Savoyen zu seinem Allmoseniter angenommen, und starb an. 1617 zu Turin. An. 1611 ist zu Venedig folgendes Werck in 4to von ihm gedruckt worden: Concentus in duos distincti Choros, in quibus Vesperæ, Missa, sacræque cantiones in Nativitate B. M. V. aliarumque Virginum festivitatibus decantandi continentur. ſ. *Mongitoris* Biblioth Sicul. T. *I.* p. 395.

Flaccus, ein Römischer Componist, der zu des Terentii Comœdien die Musie gemacht.

Flachflöte, ist ein Orgel-Register, welches unten im labio nicht gar weit, mit einem engen niedrigen Auffschnitt, doch gar breit labiret, oben aber nur ein wenig zugespitzt ist, und beswegen etwas flacher als das Gemshorn klingt. Es giebt deren dreyerley Arten, als: Groß-Flach-Flöt 8 Fuß-Ton, 4 Fuß-Ton, und Klein-Fachflöt 2 Fuß-Ton. ſ. *Præt.* Synt. muſ. T. 2. p. 136.

Flageolet, pl. flageolets (*gall.*) sind kleine helffenbeinerne Pfeiffgen, womit die Canarien-Vögel zum Singen pflegen abgerichtet zu werden; haben oben vier Löcher vor beyde Daumen; gehen vom $\overline{\overline{a}}$ bis ins $\overline{\overline{e}}$, durch die Tab. XI. F. 3. befindliche Tone: An. 1667 sind zu Londen zwey Tractätgen in 8vo von diesem Instrument unter folgenden Titeln heraus gekommen; Directiones ad pulsationem elegantis & penetrantis Instrumenti, vulgò *Flageolet* dicti; Socius jucundus, ſ. nova collectio lectionum ad Instrumentum *Flageolet* ſ. *Lipenii* Bibl. Philoſ. Beym Furetiere heisset auch ein offenes Orgel-Register oder Stimme von 1 Fuß-Ton also.

Flamminii (Flamminio) ein Ritter des H. Stephan-Ordens, ließ an. 1610 Villanelle à 1. 2. e 3. voci con Stromento e Chitarra Spagnola in Rom drucken.

Flandrus (*D. Arnoldus*) hat an. 1608 zu Dillingen ein fünffstimmiges Madrigalien-Werck; und eine siebenstimmige Missam, deren Titul: Si fortuna favet, in 4to drucken lassen. ſ. *Draudii* Bibl. Claſſ. p. 1629 und 1634.

Flator tibiarum [*lat.*] ein Pfeiffer, Flötenist.

Flavianus, der an. 404 verstorbene Patriarch zu Antiochien, hat nebst Diodoro die Gewohnheit aufgebracht, die Davidischen Psalmen auf 2 Chören wechselsweise zu singen. ſ. *Printzens* Muſ. Hiſtor. c. 8. §. 29. sqq.

Flauta cuspida [*lat.*] eine Spitz-Flöte, ist ein Orgel-Register von 8. 4. 2. und 1. Fuß-Ton.

Flautino, Flauto piccolo (*ital.*) Petite Flûte (*gall.*) ist eben was Flageolet.

Flauto (*ital.*) Flûte (*gall.*) eine gemeine oder Quart-Flöte mit sieben Ober-Löchern, und einem Daumen-Loche; gehet vom $\overline{\overline{c}}$ bis ins $\overline{\overline{\overline{c}}}$ durch diejenigen Tone, so Tab. XI. F. 4. zu finden.

Flautone (*ital.*) eine grosse oder Baß-Flöte.

Flauto traverso (*ital.*) Flûte Allemande oder d' Allemagne, traversiére (*gall.*) tibia transversa (*lat.*) eine Qveer-Flöte, weil sie die Qveere vor den Mund gehalten wird; die Teutsche Flöte aber heisset sie darum, weil sie von den Teutschen erfunden worden: wiewol Polydorus Vergilius lib. 1. de inventoribus rerum, c. 15. vorgiebt: Midas, ein König in Phrygien, sey ihr Erfinder gewesen. Es giebt deren zweyerley Gattungen: Fistula minor Helvetica, die gemeine vor die Soldaten hat 6 Löcher, und gehet vom $\overline{d}$ bis ins $\overline{\overline{d}}$; die zweyte aber, welche die Musici zu excoliren pflegen, hat 7 Löcher, inclusive der messingenen Klappe, so durch eine Feder regieret wird, gehet vom d bis ins $\overline{\overline{g}}$, nach Cammer-Ton gerechnet, durch die Tab. XI. Fig. 5. angezeigte Töne. Die Flûte Allemande hat im Loche, wo der Ansatz ist einen Kern; die Flûte traversiére aber hat keinen Kern, und gehet bis ins $\overline{\overline{a\,b}}$.

Flecha (*Matthæus*) ein Spanischer Carmeliter-Mönch, von Prades einer kleinen Stadt in Catalonien gebürtig, und Kaysers Caroli V. Capellmeister, hat unter andern vielen Sachen, so theils in Spanien, theils aber in Franckreich heraus gekommen, auch divinarum Completarum Psalmos, Lectionem brevem, und Salve Regina, nebst einigen Motetten an. 1581. zu Prag in 4to drucken lassen; Er aber ist an. 1604 den 20 Febr. in der Benedictiner-Abtey zu Solsona (lat. Celsona) einer grossen Catalonischen Stadt, dahin er sich aus Ungarn an. 1599 begeben gehabt, gestorben. s. *Antonii* Bibl. Hispanam.

Fleckius (*Georgius*) ein Magister, Theologus und Organist zu Tübingen, bey welchem der dasige Professor, Martinus Crusius, ums Jahr 1584 das Clavier noch zu erlernen angefangen; wie dieser solches in annotat. ad lib. 6. Germano-Græciæ, p. 272 von sich selbst berichtet.

Fleischer (*Johann Christoph*) ein sehr berühmter und erfahrner Künstler in Verfertigung allerhand musicalischer, sonderlich aber Saiten-und Clavier-Instrumenten zu Hamburg, bey welchem allerhand Sorten Clavesins, von 60. 70. 100. bis 1000. thl. und unter andern ein von

ihm also genannter Theorben-Flügel 16 Fuß-Ton, und ein Lauten-Clavesin 8 Fuß-Ton zu haben; jener hat 3 Register, wovon 2 aus Darm-Saiten, und das 3te aus metallenen bestehet; dieses aber hat 2 Darm-saitene égal-Register: wobey das remarquableste, daß die Darm-Saiten eben die temperatur, wie die metallenen, und noch besser halten sollen. s. die Breßlauische Sammlung von Natur-und Medicin-wie auch hierzu gehörigen Kunst-und *Literatur*-Geschichten, *A*°. 1718. *ad tit.* III. *Classis* V. im Mertz-Monat, p. 851. *sqq*.

Fleuret, Fleuretis (*gall.*) s. *Fioretto.*

Fleury, ein Frantzösischer Musicus, von Chasteaudun (lat. Castellodunum) einer an der Loire in der Landschafft Blaisois liegenden Stadt, gebürtig, hat einen Tractat von der Theorbe, oder vielmehr eine Tabelle davon, bey Mr. Ballard drucken lassen, vermittelst welcher, und denen beygefügten Regeln, man den Basso Continuo mit und ohne Zahlen in sehr kurtzer Zeit von sich selbst soll erlernen können. s. den *Mercure Galant* im Decembre-Monat des 1678 Jahrs, p. 67. und 68.

Fliedner (Valentin) Cantor in Lippstadt, hat eine von dem reformirten Prediger zu Lipperode, Hrn Johann Georg Hermann Nisio auf das Jubel-Fest an. 1730 verfertigte Cantata, so zu Lippstadt à 2 Bogen in folio gedruckt worden, componiret, und mit allerhand Instrumenten beym mittägigen Gottes-Dienste des 1sten Tages, nemlich den 25 Junii, in der grossen Marien-Kirche daselbst aufgeführet.

Flitner (Johann) gebohren an. 1618 den 1. Nov. zu Suhla im Hennebergischen, woselbst sein Vater ein Gewehr-und Eisen-Händler gewesen, studirte zu Schleusingen, Jena, Leipzig und Rostock, wurde an. 1644 zu Grimmen, einer Vor-Pommerischen 2 Meilen von Greiffswald liegenden kleinen Stadt, anfänglich Cantor, an. 1646 aber Diaconus allda, und starb an 1678 den 7 Jan. an der weissen Ruhr zu Stralsund im Exilio, in welchem er einen auf 5 Stücken bestehenden Tractat: Himmlisches Lust-Gärtlein genannt, geschrieben hat, aus dessen Præfation erscheinet, daß er ein guter Musicus gewesen, und weder die alten noch neuen Componisten verachtet, sondern sie zugleich und neben einander hertraben
lassen

laſſen wollen. ſ. Wetzels Lieder-Hiſtorie, P. I. p. 245 ſqq.

Flor (Chriſtian) Organiſt an der S. Johannis-und Lamberti-Kirche zu Lüneburg, hat bey Abſterben ſeiner nahen Angehörigen, unter dem Titul: Todes-Gedancken, das bekannte Lied: Auf meinen lieben GOtt, mit umgekehrten Contrapuncten vors Clavier ſehr künſtlich geſetzet, welche an. 1692 zu Hamburg gedruckt worden ſind. Auch hat er zu Joh. Riſten an. 1660 und 1662 zu Lüneburg in 8vo gedruckten 2 Theilen des Muſicaliſchen Seelen-Paradieſes die Melodien gemacht. Der ietzige Organiſt an der S. Michaelis-Kirche in Lüneburg heiſſet Gottfried Philipp Flor. ſ. Niedtens Muſicaliſche Handleitung zur Variation des G. B. und zwar *Matthesonii* Anhang einiger Orgel-Diſpoſitionen, p. 191.

Flor (Johann Georg) Organiſt zu S. Lamberti in Lüneburg an. 1720, hat ein Werck von 40 Stimmen unter Händen, ſo vor 50 Jahren von Berigel renoviret worden iſt. ſ. *Matthesonii* Anhang zu Niedtens Muſ. Handl. zur Variat. des G. B. p. 192.

Floriani (*Criſtoffero*) hat verſchiedene Wercke ediret, als 5 und 6ſtimmige Pſalmen; zweene Theile Miſſen, davon der erſte von 4. 5. und 6; der zweyte aber von 8 Stimmen iſt, und Opus 4tum ausmachen.

Floris oder Florius (*Jacobus*) der erſte Theil ſeiner ſo wol geiſt- als weltlichen 3ſtimmigen Modulorum iſt an. 1573 zu Löven gedruckt worden. ſ. *Draudii* Bibl. Claſſ. p 1652.

Flud oder de Fluctibus (*Robertus*) ein Phyſicus und Medicus zu Oxford, gebohren an. 1574 zu Milgate in der Proving Kent, und geſtorben an 1637 den 8. Sept. im 63 Jahre ſeines Alters. ſ. *Buddei* Lex. hat unter andern in ſeiner an. 1617 zu Oppenheim in folio gedruckten Hiſtoria utriusque Coſmi, auch einen à parten Tractat, unter dem Titul: Templum Muſices, in quo Muſica univerſalis tanquam in ſpeculo conſpicitur, geſchrieben. Nurbeſagter Tractat beſtehet aus 7 Büchern. Des 1ſten Buchs 1ſtes Capitel handelt: de Muſicæ definitione, etymologia & Inventoribus; das 2te: de Muſicæ differentiis; das 3te: de Muſices operatione in corpore & anima; das 4te: de Muſico; und das 5te: de materia ſive ſubjecto Muſices, & de ſenſu auditus. Des zweyten Buchs c. 1. handelt: de trium Templi turrium expoſitione, ubi agitur de Cantu & Clavibus ejusdem. c. 2. quomodo B molle & durum ſunt ponenda in Monochordo; c. 3. de Clavibus Syſtematis, tam ſignatis, quam ſubintellectis; c. 4. de nominibus Vocum, de earum ordinibus ſeu mutationibus, & quali intervallo menſurentur; und c. 5. de proportionibus diſtantiarum harum ſyllabarum ſeu Vocum in Monochordo, h. e. quibus intervallis menſurantur. Des dritten Buchs c. 1. handelt: de parvis Monochordi quantitatibus. c. 2. de proportionibus Semitonii majoris & minoris, Commatis & Schiſmatis; c. 3. de Conſonantiis ex ſonorum conjunctione, tam ſimplicibus, quam compoſitis; c. 4. de Conſonantiis perfectis & imperfectis; c. 5. de Diateſſaron; c. 6. de Conſonantia Diapaſon, & quomodo invenitur à qualibet litera in Monochordo, und c. 7. quomodo Conſonantiæ ex proportionibus in Arithmetica Muſica expreſſis, & quomodo proportiones ſuper proportionem oriuntur. Des 4ten Buchs c. 1. handelt: de figuris ſimplicibus voce exprimendis: c. 2. de Notularum ligatura ſeu compoſitione; c. 3. de figurarum temporalium ſimplicium valore, & de notularum punctis, ſimiliter de figuris reticendis. c. 4. de perfectione & imperfectione notularum, & de prolatione. c. 5. de Notulis perfectis & imperfectis in Templi triangulo temporali deſcriptis. c. 6. de Muſicæ menſuralis valore proportionato; c. 7. de proportione Notarum ad invicem, in figura triangulari temporali deſcripta; und c. 8. de ſignis internis & externis, quibus judicatur temporis imparis forma & quantitas. Des 5ten Buchs c. 1. giebt Nachricht: quot ſint Concordantiæ, & quomodo inter ſe differant; c. 2. de intervallis trianguli in ſpecie, quæ Concordantias recipiunt, Diſſonantiasque efficiunt, & quot eorum ſufficiant ad vocem hominis; c. 3. de ſymphoniacæ melodiæ partibus; c. 4. de legibus generalibus in hac Muſicæ parte conſiderandis; c. 5. de regulis ſpecialibus partium cantionis;

tionis; *c. 6*. quomodo TrianguliQuadrata intervallis, h. e. lineis & spatiis Systematis referantur, & quomodo secundum differentias illorum cantus genera distinguantur. *c. 7*. de usu Trianguli prædicti, & quomodo harmonia composita per ejus Quadrata producatur; *c. 8*. quomodo Trianguli arcana in parallelogrammali superficie delineentur, & eo modo luculentius explicentur; *c. 9*. de quatuor Templi fenestrarum naturis, & quomodo idem hic possit præstari in mechanica cantus compositione, quod in Triangulo; und *c. 10*. de Thaliæ baculo, per quem non modò cantuum partes, sed & veræ ipsorum Concordantiæ, earumque positiones debitè delineantur. Des 6ſten Buchs iſtes Capitel handelt: de Barbito; *c. 2*. de inſtrumentis dictis Orpharion & Pandura. *c. 3*. de Violo; *c. 4*. de Siſtrena; *c. 5*. de inſtrumentis ſolo aëre ſonantibus; *c. 6*. de quibusdam Inſtrumentis noviter inventis. Und des 7ten Buchs *c. 1*. handelt: de Inſtrumento noſtro, & de generali ejus compoſitione; *c. 2*. de corporis ſonantis ſtructura; *c. 3*. de fabricæ curſoriæ ſtructura; *c. 4*. de machinæ moventis ſ. primi mobilis deſcriptione; *c. 5*. de vera Inſtrumenti cum ſua fabrica curſoria & machina movente poſitione; *c. 6*. de modo diſponendi cantum *Baſſum* alicujus Symphoniæ ad hoc Inſtrumentum; *c. 7*. de diſpoſitione notularum

Tenoris ſuper hujus fabricæ coſtis. *c. 8*. de adaptatione cantuum *Contratenoris*, & medii ad hujus fabricæ curſoriæ uſum; *c. 9*. de translatione cantus ſuperioris ſeu *Diſcanti* ad hujus fabricæ curſoriæ uſum; *c. 10*. quod multa alia inſtrumenta muſica ad motum iſtius inſtrumenti magni ſonare poſſint; *c. 11*. de motione iſtius inſtrumenti, & quomodo ab oculis auditorum ſit occultandum; *c. 12*. de ſpeciebus cantus, quæ ad hoc noſtrum inſtrumentum referri debent; und *c. 13*. de cantilenæ ejusdem in hoc Inſtrumento repetitione. Dieſe recenſion deſto beſſer zu verſtehen, iſt zu wiſſen: daß das vor gedachtem Tractate befindliche Kupffer-Blat einen mit Thürnen, Fenſtern, Säulen, Drey- und Viereckengezierten Tempel vorſtellet. Daß er übrigens der älteſte Sohn des Ritters Thomas Fludd geweſen, eigentlich zu Bearſted in der Provintz Kent gebohren, an. 1502 im 18ten Jahre ſeines Alters ein Convictor im Collegio D. Joannis zu Oxford geworden, an. 1598 n Magiſtrum Artium, und an 160; in Doctorem Medicinæ daſelbſt promovirt habe, endlich an. 1637 in ſeinem auf der Colemanſtreet zu Londen liegenden Hauſe geſtorben, von da aber nach obgedachten Bearſted gebracht, und im Chor der daſigen Kirche ſey begraben worden, iſt, nebſt folgenden Epitaphio, in Ant. à Wood Hiſtor. & Antiquit. Univerſ. Oxon. lib. 2, p. 508. ſq. zu leſen:

Magnificis non hæc sub odoribus urna vaporat,
Crypta tegit cineres nec speciosa tuos:
Quod mortale minus, tibi te committimus unum;
Ingenii vivent hic monumenta tui.
Nam tibi qui similis scribit, moriturque; sepulchrum
Pro tota æternum posteritate facit.

Flûte à bec, oder Flûte douce, pl. Flûtes douces (*gall.*) eine Flöte, deren erſter Zunahme vom Mundſtück (weil es wie ein Schnabel ausſiehet) und der zwente von der ſtillen Annehmlichkeit; bender Vornahmen aber entweder vom Teutſchen Fleut, Flaut, Flöte, oder vom lateiniſchen flare, blaſen, herkommen mag. Gehet vom f̄ bis ins ḡ, nach Cammer-Ton gerechnet, durch die Fig. 6. Tab. XI. befindliche Klänge.

Flûte douce premiere (*gall.*) die erſte Flöte.

Flûte douce seconde (*gall.*) die zwente Flöte.

Taille, die Alt-Flöte; gehet vom $\overline{\overline{c}}$ bis ins c.

Flûte de Pan (*gall.*) eine Hirten-Pfeiffe, aus ſieben an einander gefügten Röhren beſtehend, welche der Hirten-Gott Pan zuerſt ſoll erfunden haben, als er die Nymphe Syringen verfolget, und ſolche in Schilff verwandelt worden; da denn der durchs Schilff ſauſende Wind ihm Gelegenheit gegeben, ſolche Pfeiffe zu inventiren. Sie heiſſet auch Sifflet de Chau-

Chaudronnier (*gall.*) weil sie aus Kupffer oder weissem Blech pflegt gemacht zu werden. Ihre Gestalt repræsentiret, wegen ab = und zunehmender Grösse der Röhren, fast einen verschnittenen Gänse=Flügel.

Flûteur (*gall.*) ein Pfeiffer.

Fodero, fodro, fodera (*ital.*) ein Futteral zu etwas. Z. E. un fodero da Liuto, ein Lauten=Futteral.

Förster (Christoph) ein Hochfürstl. Sachs. Merseburgischer Cammer = Musicus, ist gebohren an. 1693 den 30ten Novembr. zu Bebra in Thüringen, allwo sein annoch lebender Vater, Herr Christian Förster, die Raths=Cämmerer = Stelle bekleidet, hat, nachdem er vorhero schon ein ziemliches, so wol im Singen als Spielen auf verschiedenen Instrumenten gethan, die Organisten= Kunst anfänglich bey Herrn Pizlern zu erlernen angefangen, selbige nachgehends an verschiedenen Orten, absonderlich aber in Weissenfels bey dem nunmehro seel. verstorbenen Capellmeister, Herrn Heinichen, im General-Baße fortgesetzet, auch bey diesem die principia Compositionis begriffen; als aber dieser nach Italien gegangen, beyde Stücke bey Herrn Kauffmann in Merseburg excoliret, hierauf eine Versorgung bey Hofe bekommen, in welcher, nachdem er in stylo gravi profectus gemachet, er auch des theatralischen styli sich beflissen, und über 300 Stück, so wol an Cantaten, Sonaten, Overturen und Concerten verfertiget. Überdiß hat er sich auch angelegen seyn lassen, die Italiänische Sprache zu erlernen, weil an er meldtem Hofe bey Tafel= und Cammer= Musicken keine andere als in dieser Sprache abgefaßte Cantaten, geduldet werden. An. 1719 hat er den Dreßdenischen Hof frequentiret; an. 1723 die Königl. Crönung zu Prag mit angesehen, und alle daselbst so wol bey Hofe, als in den 3 Haupt= Theilen der Stadt angestellte Musicken angehöret, bey den Holländischen Herrn Gesandten (wenn er dann und wann ein Collegium Musicum gehalten) das Clavier und die Violin gespielet, und selbigem verschiedenes von seiner Arbeit zeigen müssen, welcher ihm dann viele Bekanntschafft mit den Kayserl. Herren Musicis, als dem Ober=Capellmeister Fux, dem Vice-Capellmeister Caldara, dem Compositeur. Conti, und dem Herrn Piani, zuwege gebracht hat. Nach der Zurückkunfft hat er seiner Fr. Hertzogin 12 geschriebene Concerten von verschiedenen Instrumenten dediciret, dergleichen auch vorher mit einem halben Dutzend Cantaten, und eben so vielen Sonaten geschehen.

Förner (Christian) eines Bürgermeisters und Zimmermanns Sohn, aus Wettin gebürtig, hat bey seinem Schwager, Herrn Johann Wilhelm Stegmann, einem Orgelmacher, Organisten und Bürgermeister daselbst die Orgelmacher=Kunst erlernet gehabt, nebst dieser nicht allein das Feldmessen, Visiren, die Wasser=Künste, und etlicher massen die Büchsenmeisterey, sondern auch allerhand trefliche mechanische Hand=Griffe, und absonderlich die Eigenschafften des Feuers und Wassers wol verstanden; unter andern das nützliche Instrument die Wind=Probe oder Wind=Waage genannt, erfunden; verschiedene Orgeln, und unter selbigen die bey S. Ulrich in Halle, ingleichen an. 1673 die auf der Augustus = Burg zu Weissenfels, verfertiget. Ist an. 1677 noch am Leben, damahls 67 Jahr alt, und unverheyrathet gewesen. s. J. C. Trosts, Jun. Beschreibung des neuen Orgel=Wercks auf der Augustus=Burg zu Weissenfels, c. 2.

Förtsch (Johann Philipp) ein Bruder des Jenaischen Doctoris Theologiæ Primarii, kam als ein Studiosus an. 1671 nach Hamburg, diente als Tenorist bey der Raths=Capelle, begab sich auch in die Oper daselbst, und wurde von dem Regierenden Hertzoge zu Schleßwig, Herrn Christian Albrecht, an des Herrn Theilen Stelle, als Capellmeister nach Gottorff beruffen, eben zu der Zeit, als man ihm das Cantorat zu Lübeck offerirte. Zu gedachtem Gottorff hat er, wegen der Landes=Troublen, sein officium nur eine kurtze Zeit verwalten können; deswegen die resolution ergriffen, zu Kiel publice pro Licentia zu disputiren, und bald hernach den Gradum eines Doctoris Medicinæ anzunehmen, worauf er, nach erfolgter restitution hochgedachten Hertzogs in seine Fürstenthümer, an. 1689 dessen Hof-Medicus geworden, mithin die Capell=Meister=Stelle, nach seinem gethanen Vorschlag, Herrn Georg Oesterreich, der damahls zu Wolffenbüttel in Fürstl. Diensten gestanden, cediret, her= auf ist er Ihro Durchl. Herrn Bruder, dem Bischoffe zu Lübeck, als Leib=Medicus überlassen, und bey dem Abzuge von Gottorff, mit dem Prædicat eines Hof= Raths,

Raths, nebst würcklicher Besoldung, begnadiget worden. Die Composition hat er von dem seel. Capellmeister zu Weissenfels, Herrn Johann Philipp Kriegern erlernet, selbst aber in denen also genannten doppelten Contrapuncten seine besondere Speculationes gehabt, und vielerley Canones ersonnen, so er seinem Antecessori, dem Herrn Theilen, gezeiget. Der teutschen Poesie, wie auch der Italiänischen und Frantzösischen Sprache ist er vollkommen mächtig, und in allen habil gewesen. Sonsten hat er verschiedene zu Hamburg aufgeführte Opern in die Music gebracht, als: an. 1684 den *Croesum*; und das unmöglichste Ding.

an. 1688 den Alexander in Sidon; die Eugeniam, und den Polyeuct;

an. 1689. den Xerxes; Cain und Abel; und die Cimbria.

an. 1690. Thalestis; *Ancile Romanum*; it. Bajazeth und Tamerlan;

ferner Don Quixotte. s. die 22te Betrachtung des Musicalischen vom Herrn Capellmeister Mattheson edirten Patrioten.

Foggia (*Radesca di*) Capell-Meister an der Dom-Kirche zu Turin, hat an. 1620 Messe & Motetti à 8 voci in Venedig drucken lassen.

Foggia (*Francesco*) ein Music-Director an der Kirche S. Johannis Lateranensis zu Rom, dessen Kircherus in dieser qualität schon an. 1648, lib. 7. cap. 6. §. 5. p. 614 Musurg. gedencket; ist an. 1684 noch am Leben, 80 Jahr alt, und des Paolo Agostino Scholar und Eydam gewesen. s. *Antimo Liberati Lettera*, worinnen noch folgendes von ihm angeführet wird: --- essendo il sostegno, e'l Padre della Musica, e della vera harmonia ecclesiastica, come nelle stampe hà saputo far vedere, e sentire tanta varietà di stile, & in tutti far cognoscere il grande, l'erudito, il nobile, il pulito, il facile & il dilettevole, tanto al sapiente quanto all'ignorante; tutte cose, che difficilmente si trovano in un solo huomo, che dovrebbe esser' imitato da tutti i seguaci di buon gusto della Musica, essendo stato sempre invaghito, & innamorato di quella nobilissima maniera di concertare.

ogliani (*Ludovico*) ein Modaneser, hat an. 1529. eine in lateinischer Sprache geschriebene Musicam theoreticam zu Venedig in folio drucken lassen, und solche in drey Sectiones, deren erste 9; die zwente 18; und die dritte 7 Capitel in sich hält, eingetheilet. Der 1sten *Section* 1stes Capitel handelt ab: quid Subjectum Musices, & cur illa dicatur Scientia media & subalternata, & quis Operis ordo. Das 2te Capitel: quot modis numeri ad invicem comparentur, ex quibus proportionum genera eliciuntur. Das 3te Capitel: de ordine jam inventorum generum. Im 4ten Capitel wird gewiesen: cujuslibet generis inferioris ad proportionem majoris inæqualitatis specierum procreatio. Im 5ten Capitel: quomodo cujuscunque proportionis radices inveniantur. Im 6ten: datam in quibuscunque numeris plurium proportionum continuam connexionem radicitus invenire. Im 7den: quotlibet proportiones ordine continuato simul aggregare. Im 8ten: de Subtractione proportionis à proportione, quomodo fiat. Und im 9ten Capitel wird gehandelt: de Harmonica proportionaliter. Im 1sten Capitel der 2ten *Section* wird gelehret: quomodo unaquæque Consonantia suæ aptetur proportioni. *c.* 2. quid Consonantia, Dissonantia, Sonus. *c.* 3. quare magis Consonantiæ à proportionibus majoris quam minoris inæqualitatis oriri dicantur. *c.* 4. quomodo ad Diapason tota Consonantiarum diversitas terminetur. *c.* 5. quænam Consonantiæ sint perfectæ, quæve imperfectæ. *c.* 6. alia sonorum intervalla, quæ non sunt Consonantiæ, à Musicis considerari. *c.* 7. quot & quæ sint à Musicis considerata dissona intervalla. *c.* 8. de utilitate dissonantium intervallorum, ab utilitate toni majoris incipiendo. *c.* 9. de utilitate toni minoris. *c.* 10. de utilitate Semitonii majoris. *c.* 11. de utilitate Semitonii minoris. *c.* 12. de utilitate Semitonii minimi. *c.* 13. de utilitate Commatis. *c.* 14. de differentiis Consonantiarum quantitativis. *c.* 15. quomodo toni & semitonia, & cœtera id genus ad invicem secundum quantitatem differant. *c.* 16. quid quodlibet intervallum, sive consonum, sive dissonum suo simili generet additum. *c.* 17. quænam diversæ Consonantiæ simul aggregatæ generent Consonantias, & quæ non. und *c.* 18. quomodo diversa intervalla disso-

dissona sese habeant in compositione. Im 1sten Capitel der 3ten *Section* ist enthalten: Monochordi in puris numeris rationi tantum subjecta divisio, non prius tentata. *c.* 2. quod duo b sol re, & duo b mollia, de necessitate ponantur. *c.*3. Monochordi aurium judicio subjectam partitionem sine circino quam facillime fieri posse. *c.* 4. qualiter in divisione Monochordi, quæ fit per sensum, duo soni consonantiam facientes, simul audiri possint. *c.* 5. quare juxta tritum antiquorum morem non est facta Monochordi divisio. *c.* 6. positam Monochordi positionem esse secundum naturam. Und *c.* 7. Ratio compositionis manus sive Introductorii Latini, & quomodo a Græcis Tetrachordis originem trahat s. *Gesneri* Partitionum universalium lib. 7. p. 86. b. welcher ihn daselbst einen Modaneser; anderswo aber einen Mayländer nennet. Der ersten Meynung ist gefolget Bononcini P.1.c.3. del MusicoPratico; und in der zweyten Picinelli. p. 389. seines Ateneo dei Letterati Milanesi.

Fokkerodt (Johann Arnold) Cantor zu Herforden, einer in der Grafschafft Ravensberg liegenden, und dem Könige in Preussen gehörigen Stadt, von Mülhausen gebürtig, hat an. 1692 den fünfften, und an. 1695 den sechsten Tritt zu dem neu-gepflantzten Westphälischen Lust-Garten, aus 4 stimmigen Arien mit zwey Violinen bestehend, und von Sexagesimis Johannis zu gebrauchen, in 4to zu Mühlhausen ediret. (Hieraus ist zu schlüssen: daß, wo nicht hernach, doch vorher noch mehrere Tritte geschehen, und vorhanden seyn müssen.) An. 1698 ist der 1ste Theil seines *musicali*schen Unterrichts zu Mühlhausen in 4to gedruckt worden, darinnen die musicalischen Regeln, aus mathematischen Principiis untersucht, in 28 Capiteln, so 10 Bogen ausmachen, vorgetragen worden. Das 1ste Capitel handelt von dem Zweck eines Musici; it. von der Beschreibung der Music und derselben Eintheilung; das 2te, von der Musica historica, oder Erfindung, Fortpflantzung, Wirckungen, Immerwährigkeit, Veränderlichkeit, Gebrauch und Mißbrauch der Music; das 3te, von der Erfindung des Klanges; das 4te, von der Mediation; das 5te, von der Reduction; das 6te, von der Addition; das 7de, von der Subtraction;

das 8te, von der Copulation; das 9te, von der Comparation; das 10de, von der Æquiparation; das 11te, von der Eintheilung des Klanges, und dem Monochordo insgemein; das 12te, von dem Diatonischen Monochordo; das 13, von dem Cromatischen Monochordo; das 14, von dem Enharmonischen Monochordo; das 15, von dem Syntonischen Monochordo; das 16, von dem Syntono-cromatischen Monochordo; das 17, von dem Syntono-chromatico-Enharmonischen Monochordo; das 18, von unterschiedlicher Ausfertigung des Monochordi; das 19, von weiterer Eintheilung des Syntono-chromat-Enharmonischen Monochordi; das 20, von der Benahmung der Syntono-chromat-Enharmonischen Clavium; das 21, von unsern Syntono-chromatico-Enharmonischen Monochordo; das 22, von der Stimmung insgemein; das 23, vom Stimmen der Diatonicorum; das 24, von Stimmen der Syntonicorum; 25, von der Stimmung der Syntono-Chromaticorum, und Syntono-Chromatico-Enharmonicorum; das 26, von der eigentlichen Ursach der Temperatur; das 27, von der richtigen Eintheilung des ermangelnden Commatis; und das 28, von der Art und Weise zu stimmen selbst. Der zweyte Theil bestehet aus 14 Capiteln, die $2\frac{1}{2}$ Bogen betragen, und ist an. 1716 heraus gekommen. Das 1ste Capitel handelt von der Ursach der musicalischen Temperatur; das 2te, von der irrigen Temperatur durch $\frac{1}{4}$ Commatis; das 3te, von einer Temperatur in modis fictis; das 4te, von einer vermeynten universal-Temperatur; das 5te, von der Temperatur durch $\frac{1}{12}$; das 6te, von einer Temperatur auf mechanische Art; das 7de, von den Temperaturen durch $\frac{1}{5}$, $\frac{1}{7}$, $\frac{1}{9}$ Commatis. das 8te, von der eintzigen, richtigsten und besten Temperatur durch $\frac{1}{6}$ Commatis; das 9te, von den Einwürffen gegen diese Temperatur; das 10de, von dem falschen Circulo Quintarum; das 11te, von dem vermeynten ungereimten Schweben der Quinten durch $\frac{1}{6}$ Commatis; das 12te, von den vermeynten überflüßigen Semitoniis; das 13te, von der Müglichkeit alle Lieder mit 12 tangenten zu spielen; und das 14, von der eingebildeten Unmüglichkeit das volle Clavier zu tractiren. Der dritte Theil

(auf welchem der Auctor sich Vokkerod schreibet) ist an. 1728 zu Bielefeld gedruckt worden, und untersuchet in 28 Capiteln, so 5½ Bogen betragen, die Musicalische Composition aus mathematischen Principiis. Das 1ste Capitel handelt von der Musica practica, und ihrem Objecto; das 2te, von den Blaß-Instrumenten; das 3te, von den Instrumenten, die gestrichen werden; das 4te, von den Instrumenten die gegriffen werden; das 5te, von clavirten Instrumenten, und sonderlich vom Continuo; das 6te, von der Composition insgemein; das 7de, von den Consonantiis; das 8te, von den Dissonantiis; das 9te, vom natürlichen Sitz der Con- und Dissonantien; das 10te, von den Progressionibus insgemein; das 11. von den Progressionibus insonderheit, und zwar der Octav; das 12. von den Progressionibus der Quintæ; das 13. von den Progressionibus der Quarten; das 14. von den Progressionibus der scharffen Terz; das 15. von den Progressionibus der weichen Terz; das 16. von den Progressionibus Sextæ majoris; das 17. von den Progressionibus Sextæ minoris; das 18. vom Gebrauch der Dissonantien; das 19. von der Syncopation; das 20. von der Relatione non-harmonica; das 21. von den Syzigiis oder Verbindungen; das 22. von dem ambitu der Stimmen und Instrumenten; das 23. von den Modis musicis, das 24. von der sehr nützlichen Triade harmonica; das 25. von den Clausulis; das 26. von der quantitäte intrinseca der Clavium; das 27. von der Zeit, des Zuhörers Gemüth und

Affecten; und das 28. noch in zehn paragraphis von einigen Anmerckungen, ohne Uberschrifft.

Folie d' Espagne (*gall.*) ist der bekannte Spanische Tantz, welcher von einer Person allein executirt wird.

Follia (*ital.*) ein Einfall, Fantasie, musicalische Grille.

Follis, pl. folles [*lat.*] ein Blasebalg, Blasebälge an kleinen und grossen Orgeln.

Fondamento [*ital.*] Fondement [*gall.*] Fundamentum [*lat.*] die Grund-Stimme in einer Music.

Fontana (*Giov. Battista*) hat Sonate à 1. 2. 3. per il Violino, Cornetto, Fagotto, Violoncino, und andere Instrumente, mit einem G. B. ediret. s. *Parstorff* Catal. p. 32.

Fontana (*Giov. Steffano*) hat 8stimmige Missen, Motetten, Miserere und Litanien drucken lassen. s. *Parstorff* Catal. p. 7.

Fontana (*Marco Publio*) ein in der Vocal- und Instrumental-Music, auch andern schönen Wissenschafften wohl versirter, und deswegen in verschiedene also genannte Academien, als der Vertunni, Rapiti &c. aufgenommener Italiäner, war an. 1548 den 18. Januar. zu Palosco, einem im District von Bergamo liegenden Orte gebohren, wurde auch an. 1569 den 17 Aprilis Pfarrer daselbst, und starb an. 1609 den 10 Nov. zu Desenzano, wurde aber von da nach Palosco gebracht, und in seine Pfarr-Kirche des H. Laurentii begraben. s. *la Scena Letteraria de gli Scrittori Bergamaschi del Donato Calvi*, p. 450. *sqq.* woselbst p. 455. folgende Inscription vom ihm zu lesen ist.

D. O. M.
In *Publii* poëtæ ambiguo vultu,
ambiguoque nomine
Quid hospes incertus hæres, sitne *Fontana*, quem cernis, an *Maro?*
Ita *Publio Publius* similis extat,
Ut ne parens quidem Mantua suum internoscat à nostro
Uterque sub *Aquoso* Virgiliarum signo constitutus,
Ut lacteam poesim orbi uterque deplueret.
Fontano in hoc speculo dum se Virgilius conspicit,
Narcisso felicior se se geminavit, non perdidit.
Heroici carminis *Aquilam* in hoc *Fonte* dices renovatam.
Quot Musæ feruntur esse,
Tot *Publias* ingenuarum Artium Pantheon
Posthabito Helicone à Musis est factus.
Orator idem summus, Poeta, Medicus, Musicus,
Philosophus, Physiognomus, Theologus, Pictor, Sculptor.
Capacissimum *Fontanæ* ingenium
Quam bene *Fontem* appellaveris lucis,
Quæ cunctos illustratura colores, cunctis est amica coloribus.

Heroicum hunc Poetam, & poëtarum Heroem
Cave credas violari à morte potuisse.
Singularis hæc gloria *Fontium* est, annare perennes,
Meliorem Castalio fonte venam ubi aperuit Musis,
Alatus noster Pegasus hinc se subduxit ad astra.

Fontana (*Michele Angelo*) hat 2. 3. und 4stimmige Motetten, und eine Missam mit einem G. B. ediret. s. *Parstorfferi* Catal. p. 8.

Fontaines (*Robsard de*) ein Franßösischer Poet und Componist ums Jahr 1678, dessen und seiner Arbeit der Mercure Galant, im Julius- und August-Monat besagten Jahrs gedencket.

Fonte (*Moderata*) s. *Bozza*.

Fontegi (*Silvestro*) hat eine Institutionem ad Testudinem, Chelyn & Fistulam in Italiänischer Sprach geschrieben. s. *Draudii* Bibl. Class. p. 1650. Der eigentliche Titul des leßtern Tractats ist lib. 7. Partitionum Universalium Conradi Gesneri folgender: Fontegar, la quale insegna à suonare di Flauto.

Fontei (*Nicolò*) hat verschiedene Wercke herausgegeben, worunter die mit 4. 5. 6 und 8 Stimmen, nebst Violinen, geseßt. Missa und Psalmen das sechste ist; bey den Melodiis Sacris 2. 3. 4. & 5 Vocum ist ein G. B. s. *Parstorfferi* Catal. p. 6. Auf denen von ihm in die Music gebrachten, und an. 1634 in Venedig gedruckten Pizzarien Poetiche, wird er ein Orcianese genennet; daß er demnach aus der kleinen im Brescianischen Gebiet liegenden Stadt Orci nuovi (lat. Orcinovum, oder Urcei novi) mag bürtig gewesen seyn.

Forcroix oder **Forcroy**, ein Franßösischer Bassist de Viole, oder Violdagambist zu Paris, soll dem Marais zum wenigsten gleich kommen, wo er selbigen nicht gar übertrifft. s. das *Sejour de Paris* c. 25. p. 275. ist an. 1723 vom Hertzoge von Chartres mit hundert tausend Livres beschenckt worden, unter dem Bedinge, solche auf Leib-Renten schlagen zu lassen. s. die Hällischen Zeitungen im May-Monat. An. 1725 bey Ankunfft der Königl. Franßösischen Braut, ist er gleichfalls von dem damals zu Paris gegenwärtig gewesenen Churfürsten zu Cöln, wegen seiner Virtu mit 100. Louis d'Or, und einer jährlichen Assignation auf 600 Livres regalirt worden.

Forster (*Caspar*) ein Cantor, starcker Baßist, und Buchhändler zu Danßig, welchem Scacchius sein an. 1643 herausgegebenes Cribrum musicum zugeschrieben hat. s. *Matthesonii* Crit. Mus. T. 2. p. 79. 81. In einem von nurgedachtem Scacchio an Christ. Wernerum geschriebenen Briefe wird er ein Magister Capellæ Gedanensis, oder Capellmeister zu Danßig genennet, und seine Præcepta theoretica werden jeßtbesagtem Wernero in folgenden Worten angepriesen: si vero theoretica quædam præcepta valde eximia videre cupit, omnino sibi comparet Manuscripta Caspari Forsteri, Mag. Capellæ Gedanensis, certoque sibi persuadeat, se multa in eis valde sublimia & nobilissima harmonicæ artis præcepta reperturum. Daß er in seinem Alter die Römisch-Catholische Religion angenommen, und an. 1652 gestorben sey, bezeugen nachstehende in Closter Oliva bey Danßig befindliche Epitaphia, so Simon Starovolscius in seinen Monumentis Sarmatarum, p. 344. sq. aufgezeichnet hat:

Viator,
Siste gradum parumper,
Et hominem te memineris ex alieno fato.
Casparus Forsterus,
Civis & Bibliopola Gedanensis,
Atque Musices in Templo urbis primario Præfectus,
Vitæ integritate, literarum scientia,
Ac morum suavitate incomparabilis.
Qui
Heterodoxorum erroribus implicatus,
Cum oculis sub decrepitum ætatis caligare cœpisset,
Lumen Orthodoxæ fidei divinitus aspexit,
Et vanitatibus hujus mundi renunciatis,

Bono

Bono pacis æternæ omine,
In Olivenſi Ciſtercienſium Cœnobio
Ritu Catholico exomolog. ſi expiatus,
Placide ex his terris in cœleſtem patriam
Anno Salutis, M. DC. LII.
Demigravit.
Tu ſi eodem aſpiras, Viator
Æmulare pietatem,
Et pie defuncto præmium immortalitatis precare.
S. S.

Das Zweyte, so deſſen Sohn, Georgius Forſterus, ein Königlicher Buchhänd-ler, in Marmor verfertigen laſſen, lautet folgender Geſtalt:

D. O. M.
Æternæque Memoriæ,
Viri Præclarisſimi,
Caſpari Forſteri,
Muſices peritiſſimi,
Et Capellæ in urbe Gedanenſi Præfecti,
Vitæ innocentia, morum integritate,
Et animi candore inſignis.
Anno Dei in carne patefacti,
M. DC. LII.
Ad Regalem cœli Curiam acciti.
Georgius Forſterus,
S. R. M. Bibliopola,
Pietatis, Naturæ atque Officii memor,
Parenti deſideratiſſimo, atque optime merito,
Hoc Mnemoſynon
Mœſtiſſimus poſuit.
S. S.

Printz in seiner Muſica Hiſtorica c. 12. §. 83. führet auch einen dieses Nahmens an, welcher Königl. Däniſcher Capellmeiſter zu Coppenhagen, im vorigen Seculo geweſen. Eben dieſer iſt es, welcher in Matthesonii Crit. Muſ. T. 2. p. 169. ein Ritter zu S. Marco genennet wird, und wie die Umſtände an beſagter Stelle geben, ums Jahr 1664 zu Coppenhagen, als Capellmeiſter floriret hat.

Forſterus (*Georgius*) ein Nürnbergiſcher Medicus, wird von Sebald Heiden in der Vorrede über ſeinen Tractat: de Arte canendi, "Vir, ut literarum & Medicinæ, ita & Muſicæ peritiſſimus" genennet.

Forſterus (*Georgius*) wurde an. 1556 Cantor in Zwickau, an. 1564 von da zum Cantorat nach Annaberg beruffen; aber vier Jahr hernach zu Dreßden in die Chur-Fürſtl. Capelle gezogen, woſelbſt er an. 1588 als Chori Symphoniaci Magiſter geſtorben iſt. ſ. M. Chriſtian. Fr. Wiliſchii Incunabula Scholæ Annæbergenſis, und *M. Tobiæ Schmidts* Chronic. Cygn p. 423.

Forſterus, oder Forſtius (*Nicolaus*) von Hof im Voigtlande gebürtig, hat an Joachimi I. Churfürſtens zu Brandenburg Hofe gelebt, und viele Muſic-Stücke, worunter auch eine 16ſtimmige Miſſa, componiret. ſ. *M. Joan. Streitbergeri* Orationem inaugural 1. ſo er an. 1548 den 18. Martii in Gymnaſio zu Hof gehalten, und erſt an. 1717 gedruckt worden iſt.

Foris canere. ſ. *Aſpendius.*

Forlana (*ital.*) ein zu Venedig ſehr gebräuchlicher Tantz.

Formica (*Antonius*) ein erfahrner Siciliſcher Muſicus, von deſſen Arbeit ein und anderes Stück in dem an. 1603 zu Palermo in 4to gedruckten Muſic-Buche, deſſen Titul: Infidi lumi, &c. enthalten iſt. ſ. *Mongitoris* Bibl. Sicul. T. 1. p. 47.

Fornaci (*D Giacomo*) ein Cœleſtiner-Mönch, von Chieti gebürtig, hat Melodias Eccleſiaſticas an. 1622 in Venedig herausgegeben.

Forſterus (*Georgius*) In Hrn. D. Gleichens Dreßdniſchen Reformations- und Hof-Prediger-Hiſtorie, c. 10. §. 3 des Vor-

Vorberichts, p. 95. stehet folgendes: Ihm (Joh. Bapt. Pinello) folgte ein Teutscher, Georg Forster, ist von Annaberg, daselbst er Cantor gewesen, nach Hofe in die Capelle, anfänglich nur zu einem Sänger beruffen worden, hat hernach in die 4 Jahr als Capellmeister, die Music dirigiret, und ist an. 1587 den 16 Octobris gestorben.

Forte (*ital.*) fort, fortement, (*gall.*) starck, hefftig, jedoch auf eine natürliche Art, ohne die Stimme, oder das Instrument gar zu sehr zu zwingen.

piu forte (*ital.*) plus fortement (*gall.*) stärcker; wird durch zwey große oder zwey kleine FF, ff. angedeutet: fortissimo (*ital.*) tres fort (*gall.*) sehr starck, mit grosser Hefftigkeit und Gewalt (um eine hefftige, erhitzte Passion zu exprimiren,) wird durch drey FFF oder fff angezeiget.

Fort, oder tres doucement (*gall.*) sehr sachte, sehr leise.

Fort, oder tres gayement (*gall.*) sehr frölich.

Fort, oder tres lentement (*gall.*) sehr langsam.

Fort, oder tres vite (*gall.*) sehr geschwinde.

Forwerg (Daniel) ist ums Jahr 1617 Hof-Organist zu Weimar gewesen.

Fosconi (*Tomaso*) ein Carmeliter-Mönch von Ravenna, und daselbst an der Ertz-Bischöfflichen Kirche des Cardinals und Ertz-Bischoffs Caponi, Capellmeister, hat an. 1642 zu Venedig 2. 3. 4. und 5stimmige Motetten in Druck ausgehen lassen.

Fourestier (*Mathurias*) ein um die Mitte des 16 seculi bekannt gewesener Componist, hat Missen heraus gegeben.

Fourniture (*gall.*) f. f. ist, nach Furetiere Beschreibung, wohl nichts anders als eine Mixtur, oder Cimbel-Register in Orgeln.

Fragmengo (*Filippo*) ließ an. 1584 fünffstimmige Madrigalien zu Venedig in 4to drucken.

Francare (*ital.*) frey machen, lösen, ablösen, befreyen; wird von Gasparini c.7. del Armonico Prattico an statt des sonst gewöhnlichen Termini: risolvere [*ital.*] resolvere [*lat.*] gebraucht.

Francesco, ein sehr berühmt gewesener Lautenist, von Mayland gebürtig, (daher er auch Francesco da Milano heis-

set) gab an. 1536 zu Venedig heraus: Intavolatura di Liuto di diversi, con battaglia; eben daselbst an. 1547 Intavolatura di Liuto, lib. I. und an. 1548 Intavolatura di Liuto zu Mayland. f. *Picinelli* Ateneo dei Letterati Milanesi, p. 197.

Francese [*ital.*] Adj. und Subst. Frantzösisch; à E. alla Francese, auf Frantzösische Art.

Franchi [*Pietro*] von seiner Arbeit ist ein dreystimmiges Sonaten-Werck bey Roger zu Amsterdam gravirt worden.

Franchis [*Franciscus de*] war Organist an der St. Martins-Collegiat-Kirche zu Pieve di Sacco, oder, wie dieser Ort, nach Alberti Bericht, eigentlich heissen soll, zu Pieve de Sciocco im Paduanischen, laut des in nurgedachter Kirche befindlichen Epitaphii, also lautend:

Ex antiqua Mariota familia Franc. de Franchis nuncupatus. Marci F. Organorum pulsator, sibi & posteris, V. F. 1528. f *Jac. Salomonii* Inscriptiones sacr. & prophan. Agri Patavini, p. 291 und 301.

Franchinus. f. *Gafurus*.

Francia [*Gregorio*] ein Römischer Componist, hat 2. 3. und 4stimmige Motetten an. 1611 zu Neapolis drucken lassen.

Francisci [*Ludov.* S.] ein Portugiese, handelt in seinem an. 1586 zu Rom edirten Buche, dessen Titul: Globus Canonum, & Arcanorum divinæ Scripturæ, lib. 10. c. 9. von der Music. f. *Possevini* Bibl. Select. p. 213.

Franciscus à Sancta Cruce, von Padua gebürtig, docirte anfänglich die Music zu Tarvisio. wurde hernach Canonicus zu Loretto, und starb an. 1556. f. *Scardeonium* de antiquit. urbis Patavii, lib. 2. Class. 12. p. 63.

Franciscus [*Joannes*] ein berühmter Doctor und Professor Medicinæ zu Coppenhagen, welcher an. 1532 zu Rüpen in Jütland gebohren worden, und an. 1584 den 4ten Julii gestorben, ist ein guter Poet und Musicus gewesen f. *Joann. Molleri* Hypomn. Historico-Critica ad Alb. Bartholini libr. de Scriptis Danorum, p. 268. Sein in der Marien-Kirche zu Coppenhagen befindlich gewesenes Epitaphium lautet in Petri Joannis Resenii Inscriptionibus Hafniensibus p. 76. folgender Gestalt:

R   Claris-

Clarissimo Viro doctrina pietate, virtute atque prudentia excellenti Dno. Joanni Francisco, Ripensi, Facultatis medicæ Doctori eximio, Poetæ atque Musico summo, marito dulcissimo, qui ætatis LII. anno Christi vero 1584. die 4. Julii ex hac vita migravit., uxor mœstissima *Maria Laurentii* filia, postquam cum eo in sancto ac placido conjugio annos 23 vixisset, ac ipse in hac Academia ann. 24 Professionem medicam fideliter & cum Auditorum fructu docuisset in Posteritatis memoriam monumentum hoc fieri curavit.

Am 83 und 84ten Blatte nurgedachten Buchs liefet man noch nachstehendes von ihm:

Doctiss. & Humaniss. Viro Dn. *Joanni Francisco* (†)
Ripensi, Medicinæ Galenicæ Doctori, Poetæ & Musico eximio, omnibusque bonis charo.

Si mortale nihil deceat perferre Camœnas
   Sique Poëtarum vita perennis erit,
Arte Machaonia docuit qui primus Apollo
   Si Libitina tuum jus inhibere licet,
Musica lætitiæ genitus convictus amicus
   Si cita Parcarum sistere fila queant.
Quæris in hoc tumulo cur condidit ossa *Joannes*
   Franciscus? curque is cecidit ante diem?
Quem Musæ & Charites adeo coluere, quod inter
   Præcipuos vates nomen habere darent.
Et cui contribuit facundi cura Galeni,
   Conspicuus Medica Doctor ut arte foret.
Musica mentem hilarem, facilis convictus amicos,
   Egregium mores attribuere decus.
Ille severa tamen poterat nec flectere fata,
   Et multo lustris plus superesse decem.
Scilicet est certi præfixus terminus ævi,
   Quem superare nequit; stat sua cuique dies.
Nec mors sæva ulli parcet, licet ipse Machaon
   Arte fiet medica, carminibusque Maro.
Orphea seu cantu superet, seu Thesea amore,
   Est adeo claris mors inimica viris.
Ergo nihil mirum est, quod fatis cessit iniquis
   Vir qui perpetuo vivere dignus erat.
Forsitan & mores, hominum terrasque perosus
   Optabat superis civis adesse diis.
Nec frustratus in hoc Christo duce gaudet Olympo
   Hic sine fine quies, vita salusque datur.

Obiit anno M.D.LXXXIV. Ætatis suæ LII. Amico post fata quod vivo addixit *Tycho Brahe. F. Haf.*

In patrui vero memoriam collapsum restitui curavit C. P. D. (Claudius Plumius Doctor) Anno M. DC. XXII.

(†) de eo vide Thom. Barthol. Cistam Medicam a pag. 6. ad pag. 77. it. Eras. Vind. Acad. Hafn. p. 110. ad pag. 114. ut & Gassend. de Vit. Tych. p. m. 261 & 262.

Franck (Johann) ein Kayserl. Violinist an. 1721, und 1727.

Franck (*Johannes*) lebte zu Lutheri Zeiten, und war erstlich ein Dominicaner-Mönch zu Magdeburg, nachgehends aber ein Evangelischer Prediger zu Leipzig. Er hat viel Lieder gemacht, und scheinet auch Rector zu Eißfeld gewesen zu seyn, wie aus Trautschelii Davidischer Buß-und Todes-Harffe erhellet, als darinn unter andern auch gedacht wird: daß er seine Lieder, wegen Mangel der Schul-Jugend, meist nur in 2 Stimmen zu setzen gepflogen. s. Wetzels Lieder-Historie, P. I. pag. 261.

Franck. Sein erstes aus 2 Violinen, Baß und G. B. bestehendes Werck ist bey Roger zu Amsterdam in Kupfferstich zu haben. In des Herrn Capellmeister Mathesons Musical-Patrioten, und zwar in der

22 Betrachtung, p. 178. wird auch eines Capellmeisters dieses Nahmens gedacht, von welchem folgende zu Hamburg aufgeführte Opern in die Music gebracht worden sind, als: an. 1679, Michal und David; Andromeda und Perseus; die Maccabäische Mutter; und Don Pedro. An. 1680, Æneas; und sein Selbst-Gefangener, oder Jodelet. An. 1681, Semele; Hannibal; und Charitine. An. 1682, Diocletianus, und Attila. An. 1683, Vespasianus. An. 1686, Cara Mustapha, erster und zweyter Theil. Er hat mit den Vornahmen, Johann Wolffgang, geheissen.

Franck (Melchior) ein Schlesier, oder, nach Wetzels Bericht P. 2. der Lieder-Historie p. 175. ein Zittauer, wurde an. 1603 Fürstl. Sächsischer Capellmeister zu Coburg, und gab verschiedene Wercke heraus, als: an. 1602 zu Nürnberg die Musicalische Bergreyen; als diese heraus gegeben, hat er sich auch daselbst aufgehalten; an. 1604 Teutsche weltliche Gesänge und Täntze von 4. 5. 6 und 8 Stimmen; an. 1604, 1606 und 1607 lateinische *Melodias sacras* von 5. 6. 7. 8. und 12 Stimmen in dreyen Theilen. An. 1608 Geistl. Gesänge und Melodien, meistens aus dem Hohen Liede Salomonis genommen. An. 1611 die *Vincula Natalitia*, aus 9 Psalmen bestehend. An. 1611 und 1612. sechs teutsche *Concerten* von 8 Stimmen; *Suspiria Musica*, oder zwölff Musicalische Gebetlein über die Paßion, von 4 Stimmen; ferner das *Opusculum* etlicher geistlichen Gesänge von 4. 5. 6. und 8 Stimmen. An. 1613 das *Ferculum Quodlibeticum*, e variis patellis ac versibus Rhopalicis corrasum, ac 4 vocibus concoctum. An. 1614 zweene Grab-Gesänge von 4 Stimmen. An. 1615 *Threnodius Davidicas*, oder 6stimmige Buß-Psalmen; allerseits zu Coburg in 4to gedruckt. Der 1ste Theil des geistlichen Musicalischen Lust-Gartens, 35 mit vier, fünff, sechs bis neun Stimmen gesetzte Gesänge in sich haltend, ist an. 1616 zu Nürnberg gedruckt worden. Coburg hat an. 1621 das teutsche musicalische fröliche *Convivium*, 12 vierstimmige, 13 fünfftimmige, 5 sechsstimmige, und 2 achtstimmige Lieder in sich fassend; it. eine auf D. Joan. Jacobi Draconis Hochzeit gesetzte 5stimmige *Odam Paradisiacam*; an. 1622 die *Laudes Dei Vespertinas*, aus etlichen teutschen 6stimmigen Magnificat; an. 1623 die *Gemmulas Evangeliorum musicas*, aus 68 vierstimmigen teutschen Motetten bestehende, geliefert. Eben daselbst ist an. 1628 *Sacri Convivii Musica Sacra*, worinnen 14 mit vier, fünff und sechs Stimmen gesetzte, und bey Administrirung des H. Abendmahls zu gebrauchende Lieder, und andere Texte enthalten sind; ingleichen das aus 32 Stücken bestehende, und mit 4. 5. .. 8 Stimmen verfertigte *Rosetulum musicum* gedruckt worden. Die *Cithara Ecclesiastica & Scholastica*, von 53 vierstimmigen Arien, ist zu Nürnberg ohne Jahrzahl in 4to, doch nach dem 1628ten Jahre, ans Licht getreten. Die *Psalmodia Sacra*, welche lauter in Contrapuncto simplici gesetzte Choral-Lieder von 4 und 5 Stimmen in sich hält; ingleichen die *dulces mundani exilii Deliciæ* von 1. 2. 3. 4. 8stimmiger Composition, sind an. 1631 zu Nürnberg; der vierstimmige 51ste Psalm an. 1634 zu Coburg; und endlich an. 1636 der in 2 Theile verfaßte *Paradisus musicus* von 2. 3 und 4 Stimmen, über die vornehmsten Sprüche aus dem Esaia, 66 an der Zahl, zum Vorschein gekommen. Er aber ist an. 1639 den 1sten Junii gestorben.

Franck (Michael) ein Kayserl. gekrönter Poet, und Schul-Collega zu Coburg, von Schleusingen gebürtig, hat an. 1657 das geistliche Harffen-Spiel, aus 30 vierstimmigen Arien und einem G. B. bestehend zu Coburg in 4to drucken lassen. War an. 1609 den 16 Martii gebohren, erlernte an. 1625 das Becker-Handwerck in Coburg, wurde an. 1628 den 23 Octob. Meister zu Schleusingen, und trieb diese Profession daselbst 12 Jahr lang. Kam an. 1640 als ein exulant, gantz arm und bloß, mit Weib und Kindern (wegen allzugrosser Kriegs-Belästigung) nach Coburg; wurde an. 1644 zu einem Præceptore der beyden untern Classen daselbst angenommen, excolirte daneben die Music und teutsche Dicht-Kunst, brachte es auch hierinnen so weit, daß er nicht nur mit den berühmtesten Poeten meist poetische Brieffe wechselte, sondern ihn auch der vortreffliche Johann Rist, an. 1659 aus freyen Triebe den Poetischen Lorber aufsetzte, und ihn in den löblichen Elbischen Schwanen-Orden, unter dem Nahmen Staurophili, recipirte. Starb an. 1667 den 24 Sept. im 58ten Jahr seines Alters. Unter sein Bildniß hat M. Samuel Scheiner, Pfarrer zu Wallstorff, folgende disticha gesetzet:

Præceptor, Fidicen, Pistor, Cantorque, Poeta.
Dogma, chelyn, panes, cantica sacra, modos;
Doctus, jucundus, promptus, devotus, acutus,
Ingenio, digitis, mulcibere, ore, stylo:
Instillat, pulsat, pinsit, decantat & ornat,
En nostri, Michael Francus, amoris onyx.

s. die Unsch Nachrichten an. 1725. pag. 90 s. sqq. Conf. Wetzels Lieder-Historie, P. I. p. 276. sqq.

Franckenau (*Georgius Francus de*) ein Dänischer Medicus, gebohren zu Naumburg an. 1644 den 3. May, hat zu Leipzig sich auf die Critic, Historie, Philologie und Astronomie gelegt, und darauf zu Jena und Straßburg die Physic und Medicin excoliret; wurde zu Heidelberg Professor Med cinæ, promovirte zu Straßburg in Doctorem, und nahm auch nachgehends mit Henrico Coccejo den Gradum Magisterii an, bekam das perpetuirliche Procancellariat bey der Academie, wurde oberster Curator in Kirchen-Sachen, wie auch beym Marggrafen von Baaden, und beym Herzoge vom Würtemberg Rath und Leib-Medicus, dergleichen Würde er auch vom Ertz-Bischoff zu Trier erhielt. Als er sich hierauf, wegen entstandener Kriegs-Unruhe nach Franckfurt und Wittenberg begeben, hat er am letztern Orte die Professionem Medicam bekommen, auch sich öffters beym Chur-Fürsten von Sachsen aufgehalten, und endlich den wiederholten Königl. Beruff zum Justiz-Rath, und obersten Leib-Medico nach Coppenhagen angenommen. Er war auch unter dem Nahmen Argil. der Academiæ naturæ curiosorum Adjunctus, wie auch der Königl. Englischen, it der Italiänischen Societät derer Recuperati Collega, und wurde von dem Kayser Leopoldo mit dem Adelichen Titul, und privilegiis begnadiget. Er starb endlich an. 1704 den 18 Junii. s. das *comp* Gelehrten-*Lexi on*. Dieser vornehme Mann hat, unter andern, auch 20 Satyras Medic s geschrieben hinterlassen, welche von seinem Herrn Sohne an. 172. zu Leipzig in 8vo dem Druck überlassen worden. Diesen sind 6 Dissertationes Medicæ beygefüget, worunter die zweyte, so er an. 1672 den 9 Nov. zu Heidelberg gehalten,

in 17 Blättern de Musica handelt: wie nemlich die Wissenschafft der Music auch einem Medico, in Curirung allerhand Kranckheiten, dienlich sey.

Francœur der ältere, hat 2 Bücher Sonaten vor die Violin publiciret, s. den an. 1729 zu Paris in 4to gedruckten Catal. general. p 4.

Francœur, der jüngere, einer von den 24 ordinairen Musicis des Königs in Franckreich, wie auch ordinarius der Academie Royale de Musique, hat vor wenig Jahren Sonaten von einer Violin und G. B. zu Amsterdam bey Roger in Kupffer publiciren lassen. In Mr. Boivins Catalogue general, an. 1729 zu Paris in 8vo gedruckt, wird er p. 24 ein Cadet genennet.

François (*René*) ein Königl. Frantzösischer Prediger, handelt in seinem an. 1631 zu Rouen in 8vo zum achtenmahle gedruckten Essay des Merveilles de Nature, & des plus nobles Artifices, und zwar in 54 Capitel, in acht Blättern, von der Music, und in dem drauf folgenden 55ten Capitel, in zwey Blättern, von der Stimme. An. 1644 ist nurgedachtes Buch zum 9ten mahle daselbst aufgelegt worden. Die darinnen enthaltene Music-Materie gehet nur die Noten, Pausen, Puncte, Ligaturen, Intervalla, und Modos, nebst noch etwas mehrern, an.

Francone da Colonia, wird von Donio, p. 257. del Discorso sopra le Consonanze, für einen von den ersten, oder ältesten Contrapunctisten gehalten s. *Mattheſonii* Crit. Mus. T. 1. p. 273. in den Anmerckungen.

Francus (*Johannes*) ließ an 1600 ein geistliches Opus von 5 6. 7. und 8 Stimmen zu Augspurg in 4to ausgehen. s. *Draudii* Bibl. Class. p. 1517.

Franzoni (*Amante*) das erste Buch seiner stimmigen Madrigalien ist an. 1608 in Venedig, bey Ricciardo Amadino gedruckt worden.

Frapper (*gall.*) bedeutet das Niederschlagen beym Tact-Geben. s. *Loulié* Elements de Musique, p. 34.

Freddi (*Amadeo*) ein Capellmeister zu Trevigo oder Trevigi, der Haupt-Stadt in der Marca Trevigiana, im Venetianischen Gebiete, um Jius Pievesella (Ecclesiæ Tarvisinæ Musices Magister) hat an. 1617 Sacras Modulationes, oder Motetten von 2. 3. und 4 Stimmen zu
Vene-

Venedig ediret. Im Parstorfferischen Music-Catalogo werden noch folgende Wercke von ihm angeführet, als: Divinæ Laudes à 2. 3. 4. Voci con Basso, lib. 4; Hinni concertati à 2. ?. 4 e 6 Voci, con doi instrumenti acuti, & uno grave per le Sinfonie; und Antifone à 4 Voci. Dieses letztere ist an. 1642 herausgekommen, als der Auctor an der Dom-Kirche zu Padua Music-Director gewesen.

Fredon (*gall.*) s. m. bedeutet (1. ein Sechzehentheil-Note. (2. ein Trillo, weil zu dessen expression zweene Klänge hin und her flabbern, wie die Sonne, wenn sie aufs Wasser scheinet.

Fredonner (*gall.*) vocem crispare (*lat.*) ein Trillo machen.

Fregosi (*Bartolomeo*) von Pistoja gebürtig, war an. 1655 an Kaysers Ferdinandi III. Capelle ein vortrefflicher Discantist. *Bucelinus.*

Fregosius (*Antonius*) oder Fulgosius, ein Genueser, hat an. 1521. Dialogos Fortunæ, & Musices zu Venedig in Italiänischer Sprache drucken lassen, wie Oldoinus in seinem Athenæo Ligustico p. 45. solches aus den Bibliothecen des Doni und Soprano berichtet. Auf Italiänisch wird er Antonio Fregolo genennet.

Freigius (*Joannes Thomas*) der von Freyburg im Brißgau bürtig gewesene, und vom Magistrat zu Nürnberg an. 1576 nach Altorff zum Rectore des dasigen Gymnasii, an des damahls verstorbenen M. Valent. Erythræi Stelle beruffene Rechts-Gelehrter, und J. U. Doctor, hat unter andern einen Pædagogum zum privat-Gebrauch seiner 2 Söhne, Joan. Thomæ und Joan. Osualdi, geschrieben, darinnen, nebst Anweisung zu andern Künsten, vom 157 bis 218ten Blatte auch von der Music fragweise gehandelt wird. Nurgedachte zweene Brüder haben erwehnten lateinischen Tractat an. 1582 in 8vo zu Basel drucken lassen, und selbigen Joan. Martino Amelio, dem Cantzler der Maragrafen von Hochburg zugeschrieben. Der Auctor, welcher von Bononcini P. 2. c. 9. del Musico Prattico, auf Italiänisch: Freggi genennet wird, ist, nach Freheri Zeugniß, p 890. seines Theatri, den 16 Januarii an. 1583 zu Basel an der Pest gestorben.

Fremart, ist an der Kirche de Nostre-Dame zu Paris Capell-Meister, und, wegen seiner Composition, sehr beliebt gewesen. s. den an. 1649 daselbst in 8vo gedruckten Lebens-Lauf des *Marini Mersenni* p. 66.

Frequentamentum vocis (*lat.*) ist wol nichts anders, als ein Trillo.

Frequentato (*ital.*) heisset: mit rechtmäßiger Stimme, wie man insgemein zu singen pflegt, d. i. nicht zu leise, auch nicht zu starck. s. Printzens Compend. Signat. & modulatoriæ vocalis, P. l. c. 5. p. 31.

Frere (*Alexandre*) ein Frantzose, und gewesenes Mitglied der Academie Royale de Musique zu Paris, hat einen Tractat von den Transpositionibus in seiner Sprache geschrieben. s. *Roger. Catal.*

Freschi (*Gio-Domenico*) ein Geistlicher und Capellmeister zu Vicenza in Italien ums Jahr 1679, hat die in gedrucktem Jahre zu Venedig aufm Theatro di S. Angelo repræsentirte zwo Opern, genannt: Sardanapalo und Circe, in die Music gebracht. s. den *Mercure Galant*, im April-Monat a. cit. An. 1660 sind von seiner Arbeit eine 5stimmige Messa, und 3-5stimmige Psalmen mit 3 Instrumenten, in Venedig gedruckt worden.

Frescobaldi (*Girolamo*) Organist zu S. Peter in Rom, hat an. 1642 das iste Buch seiner Capricci, Canzoni Francese, &c. zu Venedig in Partitur herausgegeben, auch an. 1628 Canzoni zu Rom drucken lassen. Sonsten aber ist auch ein Opus 1. 2. 3 und 4stimmiger Motetten; ferner 2 Ca-z netten-Wercke von 1. 2. 3. und 4 Instrumenten; wie auch Fiori Musicali di Toccate, Kyrie, Canzoni, Capricci & Ricercari in partitura per Sonatori con Basso von ihm edirt worden. s. den Parstorfferischen Music-Catalogum. Daß er von Ferrara bürtig gewesen, daselbst schon in seiner Jugend auf Orgeln was grosses præstiret, hernach in Flandern sich viel Jahre aufgehalten, auch vieles von seiner Arbeit so wol in letztgenannter Provintz, als zu Maynland und Rom gedruckt werden, berichtet Agostino Superbi in seinem Apparato de gli Huomini illustri della Città di Ferrara, pag. 133. Lorenzo Penna lib. 3. c. 1. dell' Albori Musicali, p. 146. nennet ihn, wegen seiner ungemeinen Virtù: il Mostro de suoi tempi. Beym Mersenno lib. 2. de Instrum. Harmon. p. 109. wird er genennet: Ducis Hetruriæ & Ecclesiæ Romanæ D. Petri Organista.

Fresman (*Henricus*) hat 8 Magnificat 4 vocum in klein folio drucken lassen.

Fresne (*Charles du*) Herr von Cange, aus einer vornehmen Familie auf einem Land-Gute bey Amiens in Franckreich an. 1610 den 18 Decembris gebohren, studirte anfänglich im Jesuiter-Collegio daselbst, setzte nachmahls seine studia zu Orleans und Paris fort, ward hierauf ein Advocat an diesem Orte, und nachgehends Königl. Schatzmeister zu Amiens. Als er an. 1645 wegen der Pest genöthiget wurde sich nach Paris zu retiriren, schrieb er, unter andern, das Glossarium ad Scriptores mediæ & infimæ Latinitatis, welches an. 1678 in 3 Folianten daselbst gedruckt worden. s. das *comp*. Gelehrten-*Lexicon*. In solchem sind viele Music-termini erkläret. Er aber ist an. 1688 den 23 Oct. als Königlicher Rath gestorben.

Freudemannn (*Johann*) von Braunschweig, war unter den 53 verschriebenen Organisten der zwente, so das an. 1596 in die Schloß-Kirche zu Grüningen erbauete Orgelwerck bespielt und examinirt gehabt s. Werckmeisters Org. Gruning. rediv. §. 11.

Freudenberg (*Johann*) ein Schlesier, war gebohren an. 1590, studirte zu Straßburg, Paris und Siena, verstund die Music sehr wol, und starb an. 1635 den 25 Nov. zu Dantzig, woselbst in der S. Catharinen-Kirche folgende Grabschrifft von ihm zu lesen ist:

Joannes Frewdenbergius
Anno Christi M. D. XC.
Bressæ in Silesia honestè natus
ibidemque
Qua prima literarum rudimenta
fideliter formatus.
Post uberioris eruditionis causa
in Academiis nobilissimis
Argentoratensi, Parisiensi, Senensi
laudabiliter commoratus.
Germaniæ, Galliæ, Italiæ
cultissimas partes
prudenter contemplatus.
Omnibus honestis literatis & Musicis
ubique valde charus habitus,
ut nemini innotuerit,
Quin & statim & constanter amaretur.
Ipse honestate literis ac Musices scientia
longe ornatissimus.
Anno Christi cIɔ DC. XXXV. die XXV. Nov.
Ætatis suæ XLVI.
Gedani pie & placide denatus,
Hic in spem Resurrectionis conditus est.
Quod te nescire voluerunt
in honorem
Filii, Propinqui, & Amici sui.
Cui vitam conservare non potuerunt
Ut memoriam ejus conservarent.
Se vivis mortuisque
Maria Eichleria Mater
Non sine moerore superstes.
Joannes Kurtzmannius
Defuncti Consanguineus
Et Joannes Mochingerus.
Uterque inter multos alios beati
amantissimus.
Omnes
Eum aliquando videbimus,

Et cum beato Frewdenbergio beati
lætabimur. Anno 1636.
ſ. *Curickens* Hiſtoriſche Beſchreibung der Stadt Dantzig. *lib.* 4. *p.* 317.

Frey (Hannß) war ein Lautenmacher ums Jahr 1415 zu Bologna. ſ. Barons Unterſ. des Inſtruments der Laute, p. 92.

Freymuth, ein geſchickter Muſicus auf der Hautbois und Quer-Flöte, zu Hamburg, von welchem der Herr Capellmeiſter Mattheſon T. 1. Crit. Muſ. p. 1.3. berichtet: daß er nicht etwa nur ein bloſſer Inſtrumentiſt, ſondern auch in höhern muſicaliſchen Sachen ziemlich curieux iſt.

Friccius (Chriſtoph) ein Magiſter, und Diener des göttlichen Worts zu Burgdorff, hat an. 1615 eine Predigt, ſo er das Jahr zuvor am 8ten Trinitatis-Sonntage, bey Einweyhung der neu-gebauten Orgel, gehalten, mit einer kurtzen Epiſtola Præſatoria Herrn Johann Aendts, Fürſtl. General-Superintendentis zu Zelle, heraus gegeben, ſo den Titul führet: *Muſica Chriſtiana*, oder Predigt über die Worte Pſal. 98. Lobet den Herrn mit Harffen und Pſalmen, ꝛc. darinnen von dem Urſprung, Brauch und Erhaltung Chriſtlicher Muſic vornehmlich gehandelt wird. Dieſe Predigt hat er ſeinem Vater, Herrn Caſpari Friccio, Seniori, Superintendenti und Paſtori zu Burgdorff, zugeſchrieben. In Becmanni Catalogo Bibliothecæ Publicæ Univerſitatis Francofurtanæ wird auch eines Friccii, der mit dem Vornahmen Chriſtian geheiſſen, und an. 1631 ein Muſic-Büchlein in 8vo zu Lüneburg drucken laſſen, erwehnet.

Friderici (*Daniel*) ein von Eisleben bürtig geweſener Magiſter, war zu Roſtock Cantor primarius, und ſchrieb in teutſcher Sprache eine Muſicam figuralem, welche an. 1638 zum fünfften: und an. 1677. zum ſechſtenmahle in 8vo von acht Bogen daſelbſt gedruckt, und von ihm der ſtudirenden Jugend in den Schulen der Alten- und Neuen-Stadt Eisleben dedicirt worden. Seine an. 1654 zu Roſtock in 8vo gedruckte Deliciæ juveniles beſtehen aus 4ſtimmigen Liedergen. An. 1623 ſind auch Bicinia ſacra daſelbſt von ihm heraus gekommen. ſ. *Draudi*. Bibl. Claſſ. p. 1610.

Friedel (Zacharias) ein Orgelmacher aus Zittau, hat an. 1611 die in der S. Johannis-Kirche daſelbſt damahls befindliche alte Orgel erweitert, mit neuen Stimmwercken, neuen Blaſe-Bälgen, und einem Rück-Poſitiv verſehen; ingleichen ein aus 7 Stimmen beſtehendes Poſitiv an. 1613 auf das daſige Singe-Chor verfertiget gehabt, um ſolches in den Veſpern zu gebrauchen; welches aber an. 1685 wieder hinweg gethan worden. ſ. Herrn D. *Joh. Benedicti Carpzovii* Analecta Faſtor. Zittav. P. l. p. 61. Das Sertum muſicale primum, oder erſtes Muſicaliſches Kräntzlein, d. i. der erſte Theil dreyſtimmiger Concerten iſt an. 1623 zu Greiffswald bey Hanß Witten zum drittenmahle in 4to gedruckt worden. Die Zuſchrifft iſt an etliche Schüler zu Roſtock gerichtet, und an. 1614 den 1 Januarii datirt.

Friedrich (Johann Jacob) ein Fagottiſt in der Kayſerl. Hof-Capelle an. 1727.

Frieſe (Chriſtian Friedrich) ein Violiniſt in der Polniſchen Capelle an. 1729. ſ. den Dreßdeniſchen Hof-und Staats-Calender.

Frigdora (ſc. melodia) iſt in Spelmanni Archæologo, eine aus zweyen Modis Muſicis, nemlich dem Phrygio und Dorio, zugleich beſtehende und zuſammen geſetzte Melodie. Möchte wol beſſer: Phrygiodora geſchrieben werden. ſ. *Voſſ.* de Matheſi, lib. 3. c. 21. §. 12.

Fringoter (*gall.*) vocem cantando interfringere (*lat.*) ſo erkläret es Menage in ſeinem Dictionaire Etymologique; ſingen und zwitſchern als ein Vogel, mit der Stimme abbrechen. ſ. Friſchens Lexicon.

Friſchlinus (*Nicodemus*) der berühmte Poet und Profeſſor erſtlich zu Tübingen, welcher hernach Director der Schule zu Laubach, und endlich Rector zu Braunſchweig geweſen, aber von dar, wegen beſchuldigten Ehebruchs entweichen müſſen, war an. 1547 den 22. Sept. zu Balingen im Hertzogthum Würtemberg gebohren, wurde von Kayſer Rudolpho wegen der Comödie, Rebecca genannt, mit dem Lorbeer-Krantz, und Geſchlecht-Waren begnadiget; aber vom Hertzoge zu Würtemberg, wegen eines harten Briefs, auf das Schloß Hohen-Urach gefangen geſetzt, woſelbſt, als er ſich herunter laſſen wollen, er ſich zerſchmettert, und

und an. 1590 mit grossen Schmertzen gestorben ist. s. das *comp.* Gelehrten-Lexicon. Hat unter andern, auch eine Oration: de Encomio Musicæ geschrieben, welche der Herr von Franckenau, p. 470. anzuführen weiß.

Frisius (*Joannes*) ein Zürcher, welcher 27 Jahr lang in dasigem Gymnasio gelehret hat, und an. 1565 im 60 Jahr seines Alters gestorben ist, schrieb unter andern auch eine Isagogen Musicæ, die an. 1554 zu Basel in 8vo gedruckt worden. s. *Draudii* Bibl. Class. p. 1641.

Frisoni (*Lorenzo*) ein Maylländischer Priester und Componist, hat an. 1625 Concerti à l. 2. 3. e 4 Voci; und an 1628 einen Tractat: vom Canto fermo, daselbst drucken lassen. s. *Picinelli* Ateneo dei Letterati Milanesi, p. 399.

Fritsch (*Balthasar*) hat Primitias musicales, aus vielen Paduanen, und Gaillarden bestehende, an. 1606 zu Franckfurt am Mayn in 4to heraus gegeben. s. *Draudii* Bibl. Class. p. 1647.

Fritsch (*Christian*) ein Zwickauer, kam an. 1617 an des daselbst verstorbenen Organisten an der S. Marien-Kirche, Christoph. Musculi Stelle. s. *M. Tobiæ* Schmidts Chron. Cygn. p. 436

Fritsche (*Gottfried*) ein Orgelmacher aus Meissen, hat an. 1629 die Orgel zu S. Marien Magdalenen in Hamburg mit 23 Stimmen gebauet, deren manual ein paar Subsemitonia in jeder Octav hat, welche unten kurtz ist. s. *Matthesonii* Anhang zu Niedtens Mus. Handl. zur Variat des G B. p. 18. Daß er schon an. 1614 floriret, Chur-Sächs. Hof-Orgelmacher gewesen, und unter andern die Schloß-Orgel zu Dreßden von 33 Stimmen, und die zu Sondershausen von 36 Stimmen gebauet habe, liesst man beym *Pretorio* T. 2. Synt. Mus. pag. 157 und 197.

Fritschius (*Thomas*) hat ein Opus musicum von 5. 6. 8 9. und mehrern Stimmen, auf alle Fest-Tage zu gebrauchen, zu Leipzig in 4to edirct. idem ibid. p. 1646.

Fritzius (*Jacob. Frider.*) gab an. 1588 seine fünffstimmige Piam Commonefactionem vom Jüngsten Gericht zu Grätz in 4to; it. an. 1594 Psalm heraus. s. *Draud.* Bibl. l. p. 1633 und 1648.

Froberger (*Johann Jacob*) eines Cantoris Sohn zu Halle in Sachsen, wurde als ein 15jähriger Knabe, wegen seiner schönen Discant-Stimme, von einem Schwedischen Ambassadeur mit nach Wien genommen, vom Kayser zum Frescobaldi nach Rom in die information gethan, hierauf Kaysers Ferdinandi III Hof-Organist; (daß er an. 1655 nebst noch zweyen andern, nemlich Wolffgang Ebnern, und Carlo Simonelli, die dritte Stelle bekleidet, ist beym Buccelino zu lesen,) begab sich aber, wegen Kayserl. Ungnade, von Wien nach Maynz, alwo er unverheyrathet gestorben. (Wie mich dessen ein Anverwandter von ihm gewiß versichert.) Seine Partien sind an. 1696 zu Maynz in Kupfferstich heraus gekommen. Auch noch an. 1714 ist zu Franckfurt am Mayn folgendes Werck in folio oblongo ans Licht getreten, dessen Titul also lautet: Diverse ingegnosissime, rarissime & non mai più viste curiose Partite, di Toccate, Canzone, Ricercate, Alemande, Correnti, Sarabande e Gique, di Cimbali, Organi, Instromenti, dal Eccellentissimo e Famosissimo Organista, Giov. Giacomo Froberger, per la prime volte con diligentissimo studio stampate.

Frobese, war ein Vocal-Musicus in der Königl. Preußischen Capelle ums Jahr 1706 und 1708. s. des Herrn von Bessers Schrifften, unter den Beylagers-Gedichten, p. 281 und 307.

Froid, ein Frantzösischer Componist, wird im Mercure Galant des 1678 Jahrs, p. 55. des May-Monats genennet: un homme fort consommé en Musique, & qui fait de tres-habiles Ecoliers.

Fromm (*Andreas*) ein Magister, Professor und Musicus des Königl. Pædagogii zu Stettin, hat an. 1649 einen Musicalischen Actum, de Divite & Lazaro, mit 14 Stimmen auf 2 Chöre; wie auch einen Dialogum Pentecostalem von 10 Stimmen, daselbst drucken lassen. Daß er an. 1654 Probst zu Cöln an der Spree, und nachmahls Consistorial-Rath daselbst, als er den Gradum eines Licenciati Theol. angenommen, geworden; diese station aber heimlich verlassen, sich zu Wittenberg aufgehalten, und von dar, als er zu Altenburg Superintendens werden sollen, mit seinem Weibe und 5 Kindern an. 1668 zu Prag die Catholische Religion angenommen, und erstlich daselbst ein Decanat, nachgehends aber ein Canonicat zu Leutmeritz bekommen habe, alwo er an. 1685 in hohen Alter gestor-

storben, lehret uns das *comp.* Gelehrten=
Lexicon

Frommann (Johann Christian) ein Doctor und Sachsen=Coburgischer Land=Medicus, auch Profeſſor Publ. daſelbſt, ließ an. 1675. einen lateiniſchen Tractat: de Faſcinatione, zu Nürnberg in 4to drucken. Im 1ſten Buche, P. 1. Sect. 2. c. 3. wird in ſieben paragraphis, ſo zuſammen 4 Blätter betragen, de Muſicæ vi in inanimata, bruta, homines, Spiritus, & morbos gehandelt.

Fromme (Valentin) ein teutſcher Theologus, Philoſophus, Orator und Poet, gebohren zu Potsdam in der Merck Brandenburg an. 1601, den 22 Febr. ſtudirte zu Wittenberg, ward daſelbſt Adjunctus Facult. Philoſ. hierauf Rector der Schule in der Neuſtadt Alt=Braulenburg, ferner Catecheta zu S. Pauli, endlich Superintendens, und ſtarb an. 1679 am 3ten Oſter=Tage den 2 April. ſ. das *comp.* Gelehrten=Lexicon In ſeiner an. 1615 in 12mo gedruckten Iſagoge Philoſophica, und zwar im 3ten Buche, handelt er, unter andern, auch de Muſica. ſ. die Unſchuld. Nachrichten an. 1716. p. 257.

Frontiſpicium (*lat*) alſo wird von einigen das Principal in einer Orgel genennet, weil es ordinairement vorn an, und demnach ins Geſicht, pflegt geſetzt zu werden.

Froſchius (*Joannes*) hat in lateiniſcher Sprache ein Opuſculum rerum muſicalium geſchrieben, ſo an. 1535 zu Straßburg gedruckt worden. Ob der Doctor Theologiæ, und Carmeliter=Prior zu Augſpurg Auctor davon ſey, iſt mir unbekannt; kan aber der Zeit=Rechnung nach gar wohl ſeyn.

Frühwirth (Anton) ein Violiniſt in der Römiſchen Kayſerin, Amaliæ Wilhelminæ Hof=Capelle an. 1721, und 1727.

Fruſius (*Andreas*) ein Frantzöſiſcher Jeſuit von Chartres (Carnutenſis), begab ſich an. 1541 zu Rom in dieſe Societät, lehrete an verſchiedenen Orten in Italien und Sicilien, ward endlich Rector im Teutſchen Collegio zu Rom, und ſtarb, nach einer langwierigen Kranckheit, daſelbſt an. 1556 den 25 Octobris. Unter andern rühmlichen qualitäten, beſaß er auch eine ſolide Wiſſenſchafft in der Muſic. ſ. das *comp.* Gelehrten=Lex. und *Alegambe* Bibliothecam Scriptorum Societatis Jeſu.

Frutto, das erſte Buch ſeiner 6ſtimmigen Motetten iſt zu Venedig gedruckt worden. In der an. 1580 edirten Libraria des Doni werden ſolche auch angeführet, woraus die Zeit erhellet, wenn er ohngefehr gelebt.

Fuenllana (*Michael de*) ein von Jugend auf blind geweſener Spaniſcher Inſtrumental=Muſicus, von Navalcarnero, einem im Madritiſchen Gebiet liegenden Orte, gebürtig, hat an 1557 in folio heraus gegeben: Orfenica lyra: libro de Muſica para Viguela. ſ. *Antonii* Bibl. Hiſpan. Thomas Hyde in ſeinem Catalogo Bibliothecæ Bodlejanæ giebt das 1554te Jahr an, und meldet: es ſey dieſer Tractat zu Sevilia gedruckt worden.

Fugha, Fuga (*ital*) Fugue (*gall.*) Fuga (*lat.*) Φυγή, (*gr.*) eine Fuge, iſt ein künſtlich Stücke, da eine Stimme der andern, gleichſam fliehend, mit einerley thematè, in verſchiedenem Tone nacheilet. ſ. Niedtens Muſical. Handleitung zur Variation des G. B p. 11. oder, nach Mattheſonii Beſchreibung, Crit. Muſ. T. 1. p. 256. in der Anmerckung: eine Haupt=Figur, beſtehend in einer gewiſſen Wiederhohlung und künſtlichen Vertheilung einer einzigen feſt=fürgeſetzten Clauſul (auch wohl mehrer, wenn ſie doppelt iſt) welche man in verſchiedenen Theilen, des Geſanges, er ſey mit 2. 3. 4. oder mehr Stimmen, wechſels=weiſe zu hören bekommt. " Hat den Nahmen a fuga: do, weil eine Stimme die andere gleichſam jaget. Daß einige Italiäner dieſes Wort auch im Singulari mit dem h zu ſchreiben pflegen, geſchiehet ohne Zweiffel darum: den Pluralem, (welcher Fughe heiſſet) deſto beſſer zu formiren, und zu verhindern, daß er nicht unrecht möge ausgeſprochen werden. In Pexenfelders Apparatu eruditionis ſiehet das Wort Fuga, auch an ſtatt Fuſa gebraucht, und bedeutet eine Achtel=Note.

Fuga ad Octavam (*lat.*) Fugue à l'Octave (*gall.*) heiſſet wenn die Wiederhohlung der angefangenen Clauſul in der Octav drüber oder drunter geſchiehet.

Fuga æqualis motus (*lat.*) iſt: wenn der Comes dem Duci in gleicher Bewegung, ſo wol auf= als niederwerts, nachfolget.

Fuga al contrario riverſo it **Fuga contraria riverſa** (*ital.*) Fugue renverſée (*gall.*) dieſe Fugen=Art beobachtet nebſt der Contrarietät auch einen gewiſſen Gegenſtand der Buchſtaben, nemlich: dem

dem in der anfahenden Stimme gesetzten c, correspondirt in der Folge-Stimme das e; dem d das d; dem e das c; dem f das h; dem g das a, & vice versa; damit an eben dem Orte, wo jene das Semitonium gehabt, diese auch dergleichen bekommen möge. s. *Bononcini* Musico Prattico, P. 2. c. 10.

Fuga autentica [*ital.*] Fuge avthentique [*gall.*] Fuga avthentica [*lat.*] eine aufsteigende und Haupt-Fuge heisset: wenn die Noten eines thematis aufsteigend gehen oder springen, auch dabey die repercussion des Modi berühren, und genau observiren.

Fuga Cancrizans [*lat.*] wird beym Janowka, p. 50. genennet: wenn etliche Stimmen von vorne an, nach dem Ende zu; und hingegen etliche vom Ende, nach dem Anfange zu tractirt werden können.

Fuga composta [*ital.*] ist ein thema, welches gradatim, und nicht durch Sprünge einher gehet.

Fuga contraria [*lat.*] Fuga per contrarii movimenti [*ital.*] Fugue par mouvemens contraires [*gall.*] ist: wenn die Folge-Stimme der anfangenden ihre intervalla dergestalt nachmachet, daß, wenn jene ihre Noten z. E. aufwerts, diese ihre unterwerts, und demnach verkehrt formiret; dabey aber den Gegenstand der vollkommenen und unvollkommenen Tone nicht regardiret.

Fuga diatona, ist beym Janowka eben was Fuga composta.

Fuga doppia [*ital*] Fugue double [*gall.*] Fuga duplex [*lat.*] eine Doppel-Fuge heisset: wenn zwey, drey bis vier themata mit einander zugleich sich hören, und auf unterschiedliche Art umkehren lassen, so, daß jedes bald oben, in der Mitte, und unten zu stehen kommt, und doch allezeit eine richtige Harmonie vernommen wird. (Denn zwo und zwo Stimmen, collective genommen, machen insgemein eine Fuge.)

Fuga fracta [*lat.*] ist mit der partiali einerley.

Fuga grave [*ital.*] Fugue grave [*gall.*] Fuga gravis [*lat.*] eine gravitätische, aus lang-haltenden Noten, und langsamer Mensur bestehende Fuge.

Fuga homophona, Fuga in Unisono [*lat.*] Fugue à l' unisson [*gall.*] ist: wenn die Folge-Stimmen mit der anfangenden in einerley Klange einhergehen.

Fuga impropria [*lat. ital.*] Fuga irregolare [*ital.*] Fuga irregularis [*lat.*] eine uneigentliche, unrichtige Fuge, ist nichts anders, als Imitatio.

Fuga inæqualis motus [*lat.*] ist: wenn der Comes in seinen Gängen allezeit dem Duci contrair verfähret; und demnach mit der Fuga contraria einerley.

Fuga incomposta [*ital.*] eine aus Sprüngen bestehende Fuge, oder thema.

Fuga in conseguenza [*ital.*] ist eben dasjenige, was sonsten insgemein, und zwar abusive Canon pflegt genennet zu werden; wenn nemlich eine oder mehr Folge-Stimmen der anfangenden ihre Noten und Pausen, vom Anfange bis zum Ende, d. i. auch diejenigen so, nachdem die Folge-Stimme eingetreten ist, vorkommen und angebracht werden, in einem gewissen intervallo beständig nachmachen. Welche Art, so sie über oder unter einen Cantum firmum, oder ein anderes Subjectum angebracht werden soll, zu verfertigen desto schwerer ist.

Fuga in Epidiapente, Hyperdiapente, i. e. in Quinta superiori [*lat.*] eine Fuge, deren Folge-Stimme gegen die anfangende eine Quint höher eintritt.

Fuga in Hypodiapente, i. e. in Quinta inferiori [*lat.*] wenn die Folge-Stimme in der Quint unter der anfangenden moduliret. Jede von diesen beyden heisset auch überhaupt: Fuga ad Quintam [*lat.*] Fugue à la Quinte [*gall.*]

Fuga in Epidiatessaron, Hyperdiatessaron, i. e. in Quarta superiori [*lat.*] eine Fuge, deren Folge-Stimme gegen die anfangende eine Quart höher eintritt.

Fuga in Hypodiatessaron, i. e. in Quarta inferiori [*lat.*] eine Fuge, deren Folge-Stimme gegen die anfangende eine Quart tieffer einhergehet. Beyderseits Art heisset auch schlechtweg: Fuga ad Quartam [*lat.*] Fugue à la Quarte [*gall.*]

Fuga libera [*lat*] eine freye, ungebundene oder ungezwungene Fuge, Fugue libre oder déliée [*gall.*] ist: wenn die anfangende Stimme von den Folge-Stimmen nur so lange und weit wiederholt wird, als das thema gewähret, ehe diese eingetreten.

Fuga ligata [*lat.*] Fuga legata [*ital.*] Fugue liée [*gall.*] ist: wenn eine oder mehr Folge-Stimmen der anfangen-

den,

ben nicht nur ihr thema, d. i. den von Anfange bis auf die zweyte eintretende Stimme gemachten Satz, sondern auch alle andere, nach der eingetretenen zweyten oder Folge-Stimme, vorkommende Noten durchgängig nachmachen. Heisset deswegen auch Fuga mera und integra [*lat.*] obligata [*lat. ital.*] Fugue obligée [*gall*]

Fuga pathetica [*lat*] Fugue pathetique [*gall.*] eine pathetische Fuge, ist eben was Fuga grave; sie muß aber auch, einen absonderlichen affect zu exprimiren geschickt seyn, daß sie den Nahmen einer Fugue passionée (wie sie sonsten auch genennet wird) verdiene.

Fuga partialis [*lat.*] ist eben so viel als libera; heisset auch bey einigen Particularis.

Fuga perpetua [*lat.*] Fugue perpetuelle [*gall.*] eine immerwährende Fuge, welche nemlich kein gewisses Ende hat, sondern immer wiederum von vorne anfangen kan und muß; daher sie auch von andern Longa und Reciproca genennet wird. Ist also eben was Canone infinito.

Fuga plagalis [*lat.*] Fuga plagale [*ital.*] Fugue plagale [*gall.*] eine absteigende und Neben-Fuge heisset: wenn die Noten eines thematis absteigend, oder unterwerts springend formirt werden, und die Repercussion des Modi erreichen.

Fuga propria, regularis [*lat.*] Fuga propria regolare [*ital.*] eine richtige Fuge ist: in welcher die Folge-Stimme eben die gantzen und unvollkommenen Tone an dem Orte wiederum anbringet, wo sie in der anfangenden Stimme gewesen.

Fuga recta [*lat.*] eine per gradus ordentlich auf- oder absteigende, oder gleichfortgehende Fuge.

Fuga sciolta [*ital.*] Fuga soluta [*lat.*] ist mit der libera einerley.

Fuga totalis [*lat.*] Reditta [*ital.*] ist eben was Fuga ligata. conf. *Matthesonii* Crit. Mus. T. I. p. 287. in der Anmerckung. Heisset auch bey andern: Fuga universalis.

Fuga bedeutet auch einen solchen musicalischen periodum, welchen man bey Worten, die eine Flucht anzeigen, anbringet, und der Sache, so viel nur möglich, in Aehnlichkeit vorstellet. s. *Janowke* Clavem ad Thesaurum magnæ artis Musicæ, p. 56.

Fuhrmann [Martin Heinrich] wohlbestalter Cantor am Friedrich-Werderschen Gymnasio zu Berlin, hat ohne sich zu nennen, an. 1706 einen artigen Tractat, unter dem Titul: Musicalischer Trichter, dadurch ein geschickter Informator seinen Informandis die edle Singe-Kunst nach heutiger Manier bald und leicht einbringen kan, u. s. w. zu Franckfurth an der Spree, in länglicht 4to, auf eigene Kosten drucken lassen. Er beträgt 12 Bogen (wenn man die schöne lebhaffte und gelehrte Vorrede mitrechnet) hat nachdem in Matthesonii Crit. Mus. T. I. p. 54. enthaltenen Bericht, um etliche Spannen vermehrt, und nebst dem Musicalischen Trichter edirt werden sollen. An. 1728 sind von ihm gedruckt worden, (1. *Musica vocalis in nuce*, d. i. richtige und völlige Unterweisung zur Singe-Kunst in wenig Blättern, in 8vo. (2. das in unsern Opern-*Theatris* und Comödien-Bühnen siegende Christenthum, und siegende Heydenthum, auf Veranlassung zweyer, wieder den Musicalischen Patrioten sich empörenden Hamburgischen Theatral-Malcontenten Musandri und Harmonii, betrachtet und zur Schau und Scheu, die so schwehr bey Menschen, noch schwehrer bey GOtt sich legitimirende Profession der Opersten und Comödianten zu entdecken, und alle Christliche Hertzen von dergleichen Lebens-Art und Besuch dieser Schauplätze der Eitelkeit abzuschrecken, in einem Gespräch vorgestellt von Liebhold und Leuthold. (3. die Musicalische Striegel; und (4. die Gerechte Waag-Schaale von dem Streit zwischen Hrn. D: Joachim Meyern und Hrn Matthesson. s. Die N. Zeitungen von gelehrten Sachen aufs Jahr 1728 *Nro Cl.* p. 983. *sq.*

Fulcus, ein sehr berühmter Musicus zu Ferrara, hat von Joviano Pontano folgende Grabschrifft bekommen:

Bistonis anne senis sonat hic lyra? Bistonis anne
   Quæ traxit sylvas horridaque antra chelys?
At neque Bistonii senis est lyra: sed lyra Fulci,
   Quæ mulsit juvenum pectora, quæque senum.

Assonuit

Assonuit cui Penæo persæpe relicto
Delius, & carmen flebile junxit amans.
Assonuit cui Cylleni-testudo, & amantum
Deflevit curas, flevit & ipse suas.
Nec nunc muta silet Fulci lyra, Fulcus & ipse
Non silet, at stygias carmine mulcet aquas.
Dum sonat. Elysiæ ludunt ad plectra puellæ,
Dum canit, ad numeros quæque puella canit.
Nec sentit Tityus rostrum, nec vulturis ungues,
Nec ferus ad portas Cerberus ipse latrat.
Dum vixit Fulco Regum plausêre theatra:
Nunc plaudit Stygii flebilis aula Dei.
Vive igitur plausus inter choreasque silentum
Æternum & valeas; perpetuumque cane.

f. *Otton. Aicheri* Theatr. funebre, P. 3. Scena 7. p. 447. & sq.

Fulgosius. s. *Fregosius.*

Funccius [*Fridericus*] hat eine Januam latino-germanicam ad Artem Musicam in 8vo drucken lassen.

Junck [David] gewesener Cantor zu Reichenbach, hat ein teutsches Compendium Musices von 1. Bogen in 8vo zu Leipzig, ohne Jahr-Zahl drucken lassen. Dörffte wol derjenige seyn, dessen in der Vorrede über Georg Falckens Ideam boni Cantoris gedacht, als woselbst er ein Böhme (Bohemus) genennet wird. Conf. *Riemer* Seine Stricturæ Violadigambicæ ex Sonatis, Ariis, &c. quatuor Violis da gamba concinendis, sind an. 1670 in folio oblongo heraus gekommen.

Fundamentalis sonus [*lat.*] ist in jeder triade harmonica der unterste Klang.

Fundamento [*ital.*] Fondement [*gall.*] Fundamentum [*lat.*] ist überhaupt iede Partie, so den Bass führet; insonderheit aber die General-Bass, weil dieser, nebst den Grund-Noten, auch die Harmonie zugleich mit exprimiret. s. *Fondamento.*

Furchheim (Johann Wilhelm) hat anfänglich beym Chur-Fürsten von Sachsen, Joh. Georgio II. als Ober-Instrumentist und Organist; nachgehends aber unter Joh. Georgii III. Regierung als Vice-Capellmeister gedienet, und an. 1687 sein alsogenanntes *Auserlesenes Violinen-Exercitium*, aus verschiedenen Sonaten, nebst ihren Arien, Balletten, Allemanden, Couranten, Sarabanden und Giquen, von 5 Partien bestehend, zu Dreßden in folio drucken lassen. Seine *Musicalische Tafel-Bedienung* von 5 Instrumenten, als 2 Violinen, 2 Violen, 1 Violon nebst dem B. C. ist an. 1674 zu Dreßden in folio oblongo heraus gekommen.

Furdaulx, Capellmeister an der Cathedral-Kirche zu Metz, dessen im Mercure Galant des 1678 Jahrs, p. 201. im Julius-Monat gedacht wird.

Furetiere (*Antoine*) ein Mitglied der Academie Françoise, von Paris, hat sich in den geist- und weltlichen Rechten wohl umgesehen, ist unter die Zahl der Parlaments-Advocaten, und der Fiscal-Procureurs bey der Königl. Abtey zu S. Germain des Prez aufgenommen worden. Nachgehends hat er sich in den geistlichen Stand begeben, die Abtey zu Chalivoy, wie auch die Probstey zu Chuines erhalten, und ausser andern Wercken ein Dictionaire Universel in seiner Sprache geschrieben, vor dessen Endigung er aber an. 1688, im 69 Jahr seines Alters gestorben. s. das *comp.* Gelehrten-Lexicon. Es ist besagtes Dictionaire an. 1690 zu Rotterdam in folio gedruckt worden, und enthält, unter andern, auch sehr viele Music-Terminos.

Furies (*gall.*) bedeutet eine schwärmende Instrumental-Piéce in Ouverturen, und kommt ursprünglich aus Opern und Comödien her; wenn Heydnische Furien tantzend aufgeführt werden.

Furioso [*ital.*] furieux [*gall.*] rasend, wütend.

Furmannus (*Leopoldus*) ein Lautenist.

Furtarus (*Gregorius*) aus Bayern gebürtig, hat eine Missam ad modu'um: Exoptata &c. des Scandelli drucken lassen.

Fusa, pl. Fusæ [*ital.*] Fusa, pl Fusæ [*lat.*] Fuse, pl. Fuses [*gall.*] diesen Nahmen führen folgende zwo Noten-Gattungen: 𝄾 𝄾 ; im schlechten Tacte

Tacte gehen von der ersten achte (wovon sie auch Achtel, d. i. acht Theile, heissen,) und im Tripel-Tacte von jeder nur 6 oder 3 auf einen Tact.

Fuſella [*lat.*] also wird von einigen die dreygeschwäntzte Note, oder Zwey und dreßigtheil genennet.

Fuſellala, [*lat.*] also heisset die viergeschwäntzte Note, oder ein Vier und sechzigtheil.

Fuß-Ton, ist ein mechanischer und Orgelmacher-Terminus, woraus die Höhe und Tieffe eines jeden Registers, oder Orgel-Stimme abzunehmen und zu erkennen. z. E. eine achtfüßige Stimme ist der menschlichen Stimme gleich, so, daß die vier Haupt Stimmen, als Baß, Tenor, Alt und Discant selbige unter sich theilen, und bey nahe, so wohl der Tieffe als Höhe nach, erreichen können. Vier-Fuß-Ton heisset demnach: wenn das tieffe C eben den Ton von sich giebt, welchen in einer 8füßigen Stimme das kleine ungestrichene c hören läſſet; Zwey-Fuß-Ton heisset: wenn dessen tieffes oder unterstes C eben den Klang von sich giebt, welchen in einer 8füßigen Stimme das einmahl gestrichene c hören läſſet; und Ein-Fuß-Ton: wenn dessen unterstes C mit dem zweymahl gestrichenen c einer 8füßigen Stimme überein kommt. Sechzehen-Fuß-Ton hergegen ist: wenn dessen unterstes C eine Octav tieffer, als das 8füßige C, klingt; und zwey und dreyßig-Fuß-Ton heisset: wenn dessen unterstes C um zwo Octaven, oder, noch zweymahl tieffer, als das unterste C 8 Fuß-Ton thut, klinget.

Fux (*Johannes Josephus*) Kayserlicher Ober-Capellmeister, hat an. 1701 seinen Concentum Musico-Instrumentalem in 7 Partitas divisum, zu Nürnberg in folio drucken laſſen, und dem damahligen Römischen Könige Josepho I. dediciret. Sein Gradus ad Parnassum, sive manuductio ad Compositionem Musicæ regularem nova ac certa, nondum ante tam exacto ordine in lucem edita, wozu Se. jetzo regierende Kayserl. Majestät, Carolus VI. (welcher er dedicirt worden) die Kosten hergegeben, ist (laut der Zeitungen von gelehrten Sachen unterm 6 Dec. an. 1725 aus Wien) in nurgedachtem Jahre in folio gedruckt worden, und bestehet aus 2 Theilen, davon der erste de Musica theoretica, und der zweyte de Musica practica handelt.

Von seiner practischen Arbeit ist ferner eine auf den Geburts-Tag der regierenden Römischen Kayserin, Elisabethæ Christianæ, aufgeführte Oper, Elisa genannt, in Amsterdam bey Michel Charles le Cene für 30 Holländische Gulden, oder 15 Reichs-Thaler zu haben.

Fux (Matthäus) ein berühmter Lauten-Macher zu Wien, hat vom Käyserl. Hofe dependiret. ſ. Barons Unterſ. des Instruments der Laute, p. 96.

G.

G ist (1. einer von den vorgezeichneten Music-Schlüſſeln, so den hohen Stimmen, als Violinen, Flöten, Clarinen, Hautbois, u. ſ. f. gewiedmet. (2. einer von den übrigen Clavibus Intellectis.

G.dur heisset: wenn die Terz zum g, h und nicht b ist.

G moll heisset: wenn die Terz zum g, b und nicht h ist.

Gabrieli (*Andrea*) ein Venetianer und Organist bey S. Marco daselbst, von dessen Arbeit an. 1572 fünffstimmige Madrigalien, und an. 1575 dergleichen dreystimmige zu Nürnberg nachgedruckt worden sind. Das erste Buch seiner Cantionum Ecclesiasticarum 4 Vocum, omnibus Sanctorum solennitatibus deservientium ist an. 1576; und Cantionum Sacrarum erster und zweyter Theil von 6 bis 16 Stimmen an. 1578 zu Venedig in 4to heraus gekommen. In Alberici Catalogo de gl'illustri & famosi Scrittori Venetiani, p. wird er genennet: Huomo di gran valore, e molto stimato, e massime nella Musica. Seine Madrigali & Ricercari à quattro voci sind an. 1589 in Venedig aufs neue mit einem Privilegio gedruckt worden.

Gabrielli (*Giovanni*) ein vortrefflicher Musicus und Organist in der Republic Venedig Diensten, hat gleichfalls viel Musicalische Wercke ediret, und vom Jahr 1587 ohngefehr bis 1612 (in welchem er gestorben) floriret.

Gabriel (Johann) ein Kayserl. Hautboiste an. 1721 und 1727.

Gärtner (Johann Peter) war ums Jahr 1665 ein Chur-Brandenburgischer Cammer-Musicus zu Berlin.

Gætani, ein ungemeiner Theorbist zu Rom, der mit dem Corelli und Pasquini zugleich gelebt. s. *Matthesonii* Crit. Muf. T. I. p. 159. und des Hrn. Hofrath Neumeitzens Nachlese besonderer Nachrichten von Italien, p. 424.

Gaffarellus [*Jacobus*] des Cardinals Richelieu Bibliothecarius, Theologiæ, und Juris Canonici Doctor, auch Prior S. Eligii, von Mans in Provence gebürtig, hat einen Tractat: de Musica Hebræorum stupenda geschrieben, so aber noch nicht gedruckt worden; er ist an. 1681 im 80 Jahr seines Alters zu Sigonce gestorben. s. *Jac. le Long* Bibl. Sacr. p. 736. *Allatii* Apes Urb. *Fabricii* Bibl. Gr. und das comp. Gelehrten-Lexicon.

Gaforus, oder Gafurius [*Franchinus*] ein Professor Musices zu Brescia in Italien, von Laon in Franckreich gebürtig (Laudensis,) hat ums Jahr 1514 zum allerersten die Lehre von den 12 Modis, aus dem Boëthio, recht deutlich und völlig erkläret. s. Printzens Muf. Histor. c. 11. §. 2. Seine Theorica Musicæ ist an. 1496 zu Mayland in folio heraus gekommen: s. den *Catal. Biblio- thecæ Thuanæ, p.* 54. Die Practica Musicæ, aus vier Büchern bestehend, an. 1502 zu Brixen; und das Werck: de Harmonia Instrumentorum musicorum, so er Joanni Grolierio, dem Königl. Frantzösischen Rentmeister zu Mayland dediciret, an. 1518 zu Mayland. s. *Th. Hyde* Catal. Bibl. Bodlejanæ, und *Glareani* Dodecach. lib. 1. c. 21. In letztgedachtem Jahre sind alle drey zusammen, unter dem Titul: de Musica Practica Theorica, & Instrumentali, daselbst in lateinischer Sprache gedruckt worden. s. *Draudii* Bibl. Clasf. p. 1641. Daß er übrigens auch eine Apologie wider Joan. Spatarium zu Bologna, und dessen Complices daselbst, geschrieben, ein Königlicher Musicus, und öffentlicher Lehrer der Music, auch zu Mayland an einer Kirche Phonascus, oder Music-Director gewesen, bezeuget Gesnerus in seiner Bibliotheca universali, und Vossius de Mathesi, lib. 3. c. 22. §. 12.

Gaggi [*Lucia*] war eine Virtuosin in der Dreßdnischen Oper an. 1718.

Gagliano [*Giov. Battista da*] ein Musicus und Componist am Florentinischen Hofe, von dessen Arbeit an. 1643 zu Venebig 6 und 8stimmige Motetten gedruckt worden. Ob er übrigens von Gagliano aus Sicilien, (lat. Galeria und Galarina genannt) oder von Galliano (lat. Gallianum) einer kleinen im Hertzogthum Mayland, an den Grentzen der Grafschafft Como liegenden Stadt, etwa mag bürtig gewesen seyn, und daher den Nahmen bekommen haben, ist mir unwissend. Auf einem an. 1606 zu Venedig gedruckten 5stimmigen Madrigalien-Wercke wird er ein Florentiner genennet.

Gagliano [*Marco da*] ein Mitglied von der Academie der Elevatorum, und in selbiger: l' Affanato genannt, hat verschiedene Musicalien von seiner Composition drucken lassen, davon das fünffte Buch 5stimmiger Madrigalien an. 1658 in Venedig bey Angelo Gardano heraus gekommen ist.

Gagliarda [*ital.*] quasi Valiarda, vom lateinischen validus, starck; Gaillarde [*gall.*] s. s. ein lustiger, starcker Tantz, dessen Composition fast allezeit in Tripel-Tact gesetzt ist. Hieß ehedessen Romanesque, weil er aus Rom seinen Ursprung soll gehabt haben. s. Brosf. Diction. conf. Tauberts Tantzmeister lib. 2. c. 6. p. 369. sq. Eine Art Täntze, da man bald nach der Länge, bald nach der Quere des Gemachs, bald mit Schleiffen der Füsse auf der Erden, bald mit Cabriolen tantzet. s. Frischens Lexicon.

Gaillard, eines Frantzösischen Perruquirers Sohn, aus Zelle gebürtig, und Scholar des Hrn. Marschalls daselbst, war in England beym Printz Georg von Dännemarck Cammer-Musicus auf der Hautbois, in welcher qualité er auch bey der Königin Anna verblieben. Von seiner Arbeit sind vor weniger Zeit 6 Sonates à 1. Flûte & Basse bey Roger gravirt worden.

Galaurone [*ital.*] ein Brumm-Eisen. s. *Bisciolæ* Horar. Subcesiv. T. 2. lib. 2. c. 18.

Galeno [*Giov. Battista*] von seiner Arbeit ist an. 1594 das 1ste Buch 5 und 6stimmiger Madrigalien zu Antwerpen in 4to gedruckt worden. s. *Draudii* Bibl. Exot. p. 267.

Galilei [*Michele Angelo*] ein zu Anfange des 17ten Seculi berühmt gewesener Lautenist, von Florentz aus Adelichen Geschlechte gebürtig. s. Printzens Muf. Histor. c. 12. §. 19.

Galilei

Galilei (*Vincenzo*) ein Florentinischer gelehrter Edelmann, hat an. 1581 einen Dialogo della Musica antica e moderna geschrieben. s. *Tevo* Musico Testore, P. 1. c. 16. p. 17. Die zu Florentz an. 1602 in folio gedruckte Edition ist, sammt dem Register, 40 Bogen starck. Nach *Draudii* Bericht pag. 1650 Bibl. Classi. und p. 267 Bibl. Exot. soll er auch an. 1569 Regeln vom Lauten-Spielen zu Venedig in folio herausgegeben haben. Es dörfte wol dasjenige Buch seyn, so *Mersennus* lib. 1. de Instrumentis harmonicis, Prop. 17. unter folgendem Titul anführet: Fronimo Dialogo sopra l' Arte del bene intavolare, an. 1583. Die Folge nurbesagten Tituls ist diese: & rettamente sonare la Musica negli Stromenti artificiali, sì di corde come di fiato, & in particolare nel Liuto. In Vineggia 1584.

Galot, ein in der 2ten Helffte des abgewichenen Seculi sehr berühmt gewesener Frantzösischer Lautenist zu Paris. s. Printzens Mus. Hist. c. 12. §. 84 und 85.

Gallecius, Gallesius oder Galletius (*Franciscus*) ein Musicus von Mons, der Haupt-Stadt im Hennegau gebürtig (Montensis,) hat an. 1586 seine Hymnos communes Sanctorum von 4. 5 und 6 Stimmen zu Douay in 4to drucken lassen. s. *Draudii* Bibl. Classi. p. 1626.

Gallemart (*Joannes de*) ein Niederländer aus dem Hennegau (Hanno), Theologiæ Doctor und Regent des Königl. Collegii zu Douay, woselbst er an. 1625 an der Pest gestorben, ist auch im Jure, in der Medicin und Music sehr erfahren gewesen. s. *Svvertii* Athenas Belgicas.

Gallerano (*Leandro*) oder Galerano, von Brescia gebürtig, unter den Academicis occultis: l' Involato genannt, war anfänglich Organist an der Kirche des H. Francisci zu Brescia, und hernach Capellmeister an der S. Antonii-Kirche zu Padua. Im Parstorfferischen Music Catalogo stehen folgende Wercke von ihm angeführt, als: 6stimmige Missen : 1. 2. 3. 4. und 5stimmige Motetten : ferner Motetten von einer Singe-Stimme weiter 8stimmige Complete und Litanie mit Instrumenten : und an. 1629 ein Opus Miss. und Salmi concertati a 3. 5-8 Voci con Ripieni zu Venetig gedruckt.

Galliazzi (*Antonio*) ein jetzo florirender Violinist zu Venedig, hat Cantaten gesetzet.

Galliculus (*Joannes*) seine Libelli de Musica & compositione cantus sind an. 1520 zu Leipzig, und an. 1548 zu Wittenberg gedruckt worden. s. *Lipenii* und *Gesneri* Biblioth. Die Edition des einen Tractätgens, genannt: Libellus de Compositione Cantus (so ich gesehen habe) war an. 1553 zu Wittenberg bey Georg Rhauens Erben in 8vo gedruckt, und bestund aus 12 Capiteln folgenden Inhalts: c. 1. de Contrapuncti definitione ac divisione. c. 2. de Vocibus ex quibus harmonica consurgit melodia. c. 3. de Concordantia. c. 4. de Discordantia. c. 5. quæ & ubi in Contrapuncto admittendæ sunt discordantiæ. c. 6. de consentanea suavitate Quartæ, & quibus locis in Contrapuncto admittitur. c. 7. de Concordantiarum divisione. c. 8. quibus modis ipsa cantilenarum intervalla sese invicem consequantur, & comprehendit sex regulas. c. 9. de Clausulis formalibus, quibus omnis exornatur cantus. c. 10. de diversarum cantilenarum partium compositione, & quo modo elementariæ Contrapuncti species, proportionatis invicem sonis, perquam congruas intervallorum dimensiones, sibi invicem solent in cantilenis commisceri. c. 11. quibus causis Pausularum figuræ in Contrapuncto constituuntur. c. 12. manuductionem in praxim explanat. Das gantze Werckgen beträgt 2½ Bogen. Der Auctor hat es *Georgio Rhau*, Viro Artium Humanitatis atque Musicæ perito zugeschrieben, und solche Zuschrifft an. 1520 auf Philippi Jacobi zu Leipzig unterschrieben.

Galliculus (*Michael*) de Muris, ein Cistercienser-Mönch zu Alten-Zelle, hat de vero psallendi modo Regeln geschrieben. s. *Ornithoparch.* lib. 1. c. 12.

Gallino (*Gregorio*) Capellmeister an dem Städtgen Gemona (lat. Glemona) in Friaul, hat an. 1654 Missen und Psalmen zu Venedig durch den Druck bekannt gemacht.

Galloni (*Giuseppe*) ein alter Kayserl. Hof- und Cammer-Musicus jubilatus, ist an. 172. noch am Leben gewesen.

Galluccio (*Gerrardo*) hat ein Werck, bestehend aus einer Messa, Salmi, Compiete, Litanie della Madonna, und Falsi Bordoni von 4 Stimmen, herausgegeben.

Galtus

Gallus (*Henricus*) soll einen Tractat: de Instrumento novo, zu Erffurt in 8vo edirt haben. f *Draudii* Bibl. Claſſ p. 162. und *Gesneri* Bibl. Univ.

Gallus (*Jacobus*) sonsten auch Hänbl, oder besser, Hänel genannt, des Bischoffs zu Olmütz, Stanislai Pavvlosky, Capellmeister, aus Crain gebürtig, woselbst er ohngefehr ums Jahr 1550 gebohren worden, gab unter dem Titul: Muſicum Opus, vier Theile 5. 6 und 8stimmiger Cantionum heraus, davon der 1ste an. 1586; der zwente und dritte an. 1587; und der vierdte an. 1590 zu Prag mit einem 10jährigen Kayserl. Privilegio, den 19 Martii an. 1588 ertheilt, gedruckt worden. Die letzte Motette: Cantate, ist von 24 Stimmen auf vier Chöre gesetzet.

Gallus (*Josephus*) ein Mayländer, hat ein Opus muſicum ediret, welches *Prætorius* Synt. Muſ. T. 3. p. 107. anführet.

Gallus (*Vincentius*) ein ums Jahr 1600 berühmt gewesener Sicilianischer Franciscaner-Mönch, und so wol an der Königlichen Capelle, als an der Cathedral-Kirche zu Palermo gestandener Capellmeister, hat an. 158) bey Joan. Franc. Carrara den ersten Theil 5stimmiger Madrigalien zu Palermo: und an. 1596 zu Rom 2 Missen in 4to drucken lassen, davon die erste aus 8 Stimmen auf 2 Chöre, und die zwente aus 12 Stimmen auf 3 Chöre gerichtet, bestehet. Sein Closter Annunciationis zu Palermo hat er, von dem mit der Muſic erworbenen Gelde, noch mit einem Clauſtro und andern Gebäuden erweitern, und an eine Säule des gedachten Clauſtri diese Worte, zum Andencken, setzen lassen: Muſica Galli. f. *Morgitoris* Bibl. Sicul. T. 2. pag. 294.

Gamberini (*Michele Angelo*) Capellmeister an der Stiffts-Kirche des H. Venanza zu Fabriano, einer in der Anconitanischen Marck liegenden Stadt, von Cagli im Hertzogthum Urbino gebürtig, ließ an. 1655 Motetten zu Venedig drucken.

Gamma (gall. Gamme) ein griechischer Buchstab, also gestaltet, wurde von Guidone Aretino seinem Syſtemati perfecto, wie auch schon von seinen Vorfahren ihrem Syſtemati disjuncto unten noch angehänget, um solchen von dem schon darinn befindlichen grossen G zu unterscheiden, und nicht die Griechen, als Muſic-Erfinder, dadurch zu beehren. f. *Vinc.* Ga*lilei* Dialogo della Muſica antica e moderna, p. 94. sq. und *Gibel.* de Vocibus muſical. p. 28. conf. *Matthesonii* Crit. Muſ. T. 2. p. 121. sqq.

Gamm-ut, oder Gamma-ut, bedeutet nichts anders, als die Scalam Guidonianam, weil, jetzt verstandener massen, selbige vom r oder Gamma, worauf, nach der Solmiſation, ut gesungen wird, sich anhebet. f. *Wallisii* Append. ad Ptolemæi Harmonica, p. 286.

Gandinus (*Salvator*) D. hat an. 1654 Psalmen zu Venedig drucken lassen.

Gangris, war bey den Syriern eine Flöte, einer Hand lang, worauf die Phönicier ihre Trauer-Lieder in den Fest-Tagen des Adonidis spielten. f. Tils Licht-Sing- und Spiel-Kunst, p. 66. Beym *Athenæo* lib. 4. p. m. 175. stehet: Gingras, gr. γίγγρας: und unmittelbar vorher wird gemeldet: die Phönicier hätten auch den Adonin selbst, Gingren, gr. γίγγρην genennet.

Gantes, ein Frantzösischer Componist, dessen die Hiſtoire de la Muſique T. 4. p. 120 gedencket.

Garcioni (*Lucia*) eine ums Jahr 1590 berühmt gewesene Muſica, aus Bologna gebürtig. f. *Mafini* Bologna Perluſtrata, p 667.

Gardane (*Antoine*) ein Frantzösischer Componist, hat an. 1564 Frantzösische Bicinia zu Venedig gegeben; auch vorher an. 1549, unter dem Titul: Fructus, seine und anderer Meiſter Modulationes daselbst drucken lassen. f. *Draudii* Bibl. Claſſ. p. 1610 und 613 und *Verdier* in seiner Bibliotheque sagt: er habe viel Frantzösische 4stimmige Lieder ediret.

Gardien (*gall.*) f. m. ist eben was Custos.

Garghetti (*Silvio*) ein Kayserlicher Tenorist an. 1721, und 1727.

Garulli (*Bernardino*) gab an. 1565 fünffstimmige Cantiones zu Venedig in 4to heraus. f. Draud. Bibl. Claſſ. p. 1612.

Garzia (*Bernardus*) ein Canonicus zu Zamora, einer Spanischen im Königreich Leon liegenden grossen und ziemlich befestigten Stadt, hat einen Tractat: de Muſica geschrieben. f. *Antonii* Bibl. Hiſp.

Garzoni (*Tomaso*) ein Canonicus regularis Lateranenſis, von Bagnacaballo, oder Bagna Cavallo (lat. è balneo Caballi)

GAS.   GAS.   273

balli) einer kleinen im Kirchen-Staat, im Herzogthum Ferrara, am Fluß Seno, zwischen Ravenna und Bologna liegenden Stadt gebürtig, woselbst er an. 1549 gebohren worden, er lernete fast von sich selbst die Hebräische und Spanische Sprache, schrieb unter andern ein Werck, genannt: la Piazza universale de tutte le professioni del Mondo, so an. 1589 und 1651 zu Venedig gedruckt, auch an. 1614 durch Nic. Bellum ins Latein übersetzt worden ist, und starb an. 1589 den 6 Junii zu Ravenna. s. das *comp. Gelehrten-Lex.* In nurgedachtem Tractat handelt der 42te Discorso: de' Musici, così Cantori, come Suonatori, & in particolare de' Pifferi, d. i. von Musicis, so wol Vocalisten als Instrumentisten, und insonderheit von Pfeiffern.

Gascong (*Matthias*) ein um die Mitte des 16 Seculi bekannt gewesener Componist.

Gaspardini (*Gasparo*) sein zweytes Werck bestehet aus dreystimmigen Sonaten.

Gasparini (*Francesco*) ein Luccheser, Chor-Director im Hospital della Pietà zu Venedig, und Accademico Filarmonico. Sein erstes Werck, aus zwölff Cantate de Camera à Voce sola bestehend, ist an. 1697 zu Lucca ans Licht getreten. An. 1708 ist die erste Edition seines Armonico pratico al Cimbalo, vom General-Baß handelnd, zu Venedig, und die zweyte eben daselbst an. 1715 zu 4to zum Vorschein gekommen. Es bestehet dieses Werckgen aus, 12 Capiteln, welche, sammt der Vorrede, 11½ Bogen ausmachen. Das erste Capitel handelt: de' nomi e posizioni de' Tasti; das 2te; del modo di formar l'armonia con le Consonanze; *c. 3.* degli accidenti musicali; *c. 4.* delle Osservazioni sopra i moti per salire, e prima di grado; di Perza, di quarta, di quinta, e di sesta in su; *c. 5.* delle Osservazioni per descender di grado, e di salto di terza, di quarta, di quinta, e di sesta; *c. 6.* per far le Cadenze d' ogni specie; *c. 7.* delle Dissonanze, Legature, Note sincopate, e modo di risolvere; *c. 8.* Osservazioni per meglio impossessarsi degli Accompagnamenti per ogni suono, per ben modulare prevedere, e passar con proprietà da un suono all' altro; *c. 9.* delle Falsedei Recitativi, e del modo di far Acciaccature; *c. 10.* del di-

minuire, abbellire, o risiorire gli accompagnamenti; *c. 11.* del diminuire, o risiorire il Fondamento; und *c. 12.* del modo di trasportar per ogni Tuono.

Gassendus (*Petrus*) ein berühmter Canonicus, und nachmahliger Probst der Cathedral-Kirche zu Digne, in Provence (Canonicus & Præpositus Ecclesiæ Diniensis), wie auch Königl. Professor Matheseos zu Paris, war an. 1598 (oder, nach des Herrn D. Buddei Lex. an. 1592) den 22 Januarii, zu Chantersier, einem Flecken in Provence (Campotercerianus) von gar schlechten Eltern gebohren, legte sich auf die Astronomie und Sprachen, suchte des Epicuri Philosophie wieder hervor, lehrete auch anfänglich die Rhetoric zu Digne, wurde hierauf Professor Philosophiæ zu Aix, lat. Aquæ Sextiæ genannt) da er sich durch seine an. 1624 in 8vo gedruckte, und aus 7 Büchern bestehende Exercitationes paradoxas adversus Aristotelicos zuerst bekannt machte; reisete hiernechst nach Holland, und schrieb daselbst wieder den Robertum Flud, um zugleich den Marinum Mersennum zu refutiren. Seine Schrifften sind in 6 Tomis zusammen gedruckt worden. s. das *comp. Gelehrten-Lex.* Unter solchen ist auch eine Manuductio ad Theoriam Musices enthalten. Er aber ist an. 1655 den 24 Oct. gestorben. Ein mehrers von ihm kan in des Herrn D. Buddei Lexico gelesen werden.

Gallitzius (*Georgius*) aus Berzevitz in Ober-Ungarn gebürtig, woselbst er an. 1658 den 22 Febr. gebohren worden, wurde, nachdem er zu Breßlau studiret, zu Wittenberg Magister, hierauf Sub-Rector am Gymnasio zu Bremen, endlich Rector, und starb daselbst an. 1694 den 15 April. s. das *comp. Gelehrten-Lexicon.* allwo ferner gemeldet wird: er habe auch grosse Wissenschafft in der Music gehabt, und seine Compositiones wären an verschiedenen Orten aufgeführet worden.

Gastoldi. s. *Castoldi.*

Gastorius (*Severius*) Cantor zu Jena, hat das überall bekannte Lied: Was GOtt thut, das ist wohl gethan, es bleibt gerecht sein Wille ꝛc. welches ihm, als er an. 1675 kranck darnieder gelegen, sein guter Freund, M. Samuel Rodigast, zum Trost soll verfertiget haben, als er wieder genesen, in die gleichfalls bekannte Melo-
S   die

die gebracht, und es dem Choro Musico, um es vor seiner Thür wöchentlich zu singen, übergeben. s. Wetzels Lieder-Historie, P. 3. p. 395.

Gastricius (*Matthias*) oder Garbicius, s. *Castricius*.

Gattus (*Simon*) ein Venetianer, und Ertz-Hertzogs Caroli von Oesterreich Capellmeister, ließ an. 1579 Missen zu Venedig drucken. s *Gesneri* und *Draudii* Bibl. pag. 1634.

Gatzmannus (*Wolffgangus*) das 1ste Buch seiner Phantasiarum s. Cantionum mutarum ist an. 1610 zu Franckfurt am Mayn in 4to gedruckt worden. s. *Draud.* pag. 1648.

Gavassi (*Giacomo*) ein Minorita Conventualis, und Musicæ Præfectus an der Cathedral-Kirche zu Belluno, einer kleinen im Venetianischen am Fluß Piave liegenden Stadt, hat an. 1612 zu Venedig verschiedene Musicalia, und unter andern an. 1634 Ecclef. Missarum Fructus drucken lassen.

Gaucquier (du) sonsten Alardus Nucæus eigentlich genannt, von Ryssel gebürtig, Insulensis), war Ertz-Hertzogs Matthiæ von Oesterreich Capellmeister, und ließ 4 Missen von 5. 7. und 8 Stimmen in groß folio zu Antwerpen drucken. s. *Nicol. Alardi* Decadem Alardorum Scriptis clarorum, in præfat. und *Draud.* Bibl. Class. p. 1635.

Gaudentius, ein Philosophus, welcher nach dem Aristoxeno, und vor dem Ptolemæo gelebt, hat eine Isagogen Harmonicam in griechischer Sprache geschrieben, so von Marco Meibomio ins Latein übersetzt, und mit Anmerckungen an. 1652 zu Amsterdam gedruckt worden. Der Griechische und Lateinische Text beträgt zusammen 4 Bogen, und die Anmerckungen machen $1\frac{1}{2}$ Bogen aus.

Gaudimelus (*Claudius*) oder Claude Goudimel, ein sehr berühmter Frantzösischer Componist, aus der Franche Comté gebürtig, welcher an. 1572 den 24ten Augusti, als am Tage Bartholomæi, nebst andern, der Religion wegen, zu Lion, auf der also genannten Parisischen Blut-Hochzeit massacrirt worden, hat an. 1555 des Marc Antoine de Muret Chansons Spirituelles, 19 an der Zahl, mit 4 Stimmen, zu Paris bey Nicolas du Chemin; an. 1565 die von Marot und Beza in Frantzösische Verse

gebrachte sämtliche Davidische Psalmen mit 4stimmigen Melodien versehen, in 8 Theilen zu Paris drucken lassen. Nach seinem Tode sind an. 1574 und 1576 die 4stimmige Flores Cantionum zu Lion heraus gekommen. s. *Vossier* Bibliotheque, und *Draudii* Bibl.

Gaulin, ein Frantzose, hat ein Buch 2 und 3stimmiger Sonaten vor die Flöte herausgegeben. s. den Pariser Music-Catalogum in 4to, aufs Jahr 1729, p. 7.

Gaultier, ein von Marseille gebürtiger Componist, hat Duo und Trio vor Flöten heraus gegeben, so zusammen ein Werck ausmachen, und 4 Livres gelten. s. *Boivins* Music-Catalogum aufs Jahr 1729 in 8vo, p. 18.

Gavotta (*ital.*) Gavotte (*gall.*) ist ein Tantz, und Tantz-Lied aus 2 Reprisen bestehend, deren erste 4, die zwente aber gemeiniglich 8 Tacte in schlechter Mensur hat, welche manchmahl hurtig, bisweilen aber auch langsam tractirt werden. Jede Reprise fängt im Aufheben entweder mit einer Minima, (welches selten vorkommt,) ordinairement aber mit zwey Viertheln, oder gleichgeltenden Noten an, und höret so wol im Abschnitte, als am Ende mit einem halben Tacte auf; doch findet man beym Abschnitte zum öfftern auch 2 Viertheln gesetzt. Die erste Reprise soll nicht in dem Ton, woraus die Gavotte gehet, sondern in der Tertz oder Quint schlüssen: es sey denn, daß man ein Rondeau draus machen wolle. s. *Broff.* Diction. und *Matthesonii* Orch. I. p. 191. Menage *in seinem* Dictionaire Etymologique de la Langue Françoise führet aus Mr. Huet Traité de l'origine des Romans an: daß die Gavots, eine Frantzösische Berg-Nation in der Landschafft Gap diesem Tantze den Nahmen gegeben hätten; und schreibet diesen terminum nur mit einem t also: Gavote.

Gautier, ein Frantzösischer Lautenist zu Lion, dessen im Mercure Galant des 1178ten Jahrs, im Mertz-Monat, p. 169. Meldung geschiehet.

Gayement (*gall.*) lustig, freudig. Plus gayement, lustiger, freudiger. Fort gayement, sehr lustig, sehr freudig.

Gazius (*Laurentius*) ein Mont-Casinensischer Mönch in S. Augustinæ-Closter zu Padua, von Cremona gebürtig, hat, nebst andern Wissenschafften auch die Music sie sehr wohl verstanden. Das von Joan. Baptista Rota ihm zu Ehren verfertigte und in Basilica D. Augustini zu Padua befindliche Epitaphium latet also:

Laurenzio Gazio, Cremonensi, Monacho Casinen. viro summa Relig. conspicuo, ac in Musicæ & Arithmeticæ studiis theoricæq. Scientiæ peritiss. & cunct. eruditor. hujus tempestat. judicio excellentiss. & scribendi arte ita præclaro, ut parem fortassis aliquem; superiorem verò habuerit neminem. Qui senio tandem confectus, Patavii nonagenarius ob. non sine amicor. moerore ann. Dni. M. D. LII. XIV. Kls. Sept. f. *Scardonium*, de antiquit. urbis Patavii, in Append. de Sepulchris insignibus Patavii jacentium, p. 389.

Gedackt, ist ein 16, 8, und 4 füßiges Orgel-Register, aus Holtz oder Zinn gemacht; hat den Nahmen vom Deckel oder Hute, womit die Pfeiffen oben zugedeckt sind. Die erste Gattung heisset Grob- und die letzte Still-Gedackt, weil jene gröber, und diese stiller klingt, als das ordinaire 8 füßige, so zum G. B. am bequemsten ist.

Geitanus (*Michael*) gewesener Prior und Theologiæ Baccalaureus im Cistercienser-Closter zu Alten-Zelle, wird nebst Mich. Galliculo von Ornithoparcho lib. 3. c. 2. Micrologi sehr gerühmet: daß beyde so wol der Choral- als Figural-Music sich beflissen, und der eine in Musica Organica, der zweyte aber in Musica Harmonica solche Wissenschafft und Erfahrung gehabt, daß man sie damahls mit gutem Recht unter die vornehmsten Musicos zehlen können.

Gellius (*Aulus*) der, wie dafür gehalten wird, von Rom gebürtig, und ums Jahr Christi 140 im Flor gewesene Grammaticus, und anfänglich des Frontonis, hernach aber, als er sich von Rom nach Athen begeben, des Phavorini, Tauri, Eustachii, u. a. Discipul, handelt in seinen 20, unter dem Titul: Noctes Atticæ, von allerhand, meist philologischen Dingen geschriebenen Büchern, auch hin und wieder von musicalischen oder wenigstens dahin gehörigen Sachen, als: lib. 1. c. 11. lib. 4. c. 13. lib. 15. c. 17. lib. 16. c. 19. und lib. 18. c. 14.

Geminiani (*Francesco*) ein in Engeland jetzo sich aufhaltender Italiäner hat Sonate à Violino, Violine o Cembalo her-

aus gegeben, und sie dem Herrn Baron von Kilmauseck, Königl. Groß-Britannischen und Chur-Braunschweigischen Ober-Stallmeister und Cammer-Herrn dediciret. Es ist sein erstes Werck, und zu Amsterdam in Kupffer zu haben.

Gemshorn, ist ein Orgel-Register von 16. 8, 4 und 2 Fuß-Ton, unten weit und oben zugespitzt; klingt auch deswegen lieblicher als ein Principal, und andere auf Principal-Art mensurirte Pfeiffen.

Genderang, ist bey den Ost-Indianern eine grosse Trummel. f. Lorbers Erklärungen über sein Tractätgen: Lob der edlen Music, p. 105.

Gendre (*Jean le*) ein Frantzose, hat an. 1554 in seiner Sprache eine kurtze Einleitung zur Music, so wol was den Cantum Planum, als noch etwas höhers betrifft, zu Paris bey Pierre Attaignant drucken lassen. f. *Verdier* Bibliotheque.

Generi, also werden von den Italiänern die fünfferley Sorten der Proportionum inæqualitatis genennet.

Gênes, oder Gesnes [*gall.*] pl. f. f. also heissen die Saiten, oder Schnüre, womit eine Trummel gespannet, und dem Fell gleichsam Marter angethan wird. f. *Ménage* Diction. Etymol.

Gengenbach [*Nicolaus*] Cantor zu Zeitz, hat an. 1626 eine Neue Singe-Kunst, geschrieben, und zu Leipzig in 8vo drucken lassen.

Genre condensé, épais [*gall.*] ist nichts anders, als das Chromatische und Enharmonische Genus, weil die intervalla darinnen viel kleiner, und, so zu reden, enger oder dichter als im Diatonischen sind.

Gentili [*Giorgio*] ein Venetianer, hat verschiedene Wercke ediret, worunter das erste aus dreystimmigen Sonaten; das dritte aus zwölff Sonate à Violino solo e Cont; das vierdte aus dreystimmigen Sonaten; und das fünffte aus 4 und 5 stimmigen Concerten bestehet. Dieses letztere ist an. 1708 zu Venedig gedruckt, und vom Auctore dem Engländischen Extraordinair Ambassadeur bey der Republic, Grafen Carl von Manchester zugeschrieben worden.

Gentili [*Pietro Girolamo*] hat l'Armonia del Mondo geschrieben. s. *Bononcini* Musico Prattico, P. I. c 1

Genuesi [*Domenico*] ein Käyserlicher Sopranist an. 1721, und 1727.

Genus

Genus modulandi chromaticum [*lat.*] Genere cromatico [*ital.*] Genre chromatique [*gall.*] die gebrochene tonische Sing-oder Spiel-Art ist, wenn eine Melodie nicht durch gantze, sondern durch Semitonia, d. i unvollkommene Tone einhergehet. Salomon van Til p. 116. seiner Sing-Dicht-und Spiel-Kunst, nennet diese Art: die zierliche; und Andr. Matthæus Aquivivus c. 33. Disput de virtute morali lib. 1. sagt: es habe diese Sing-und Spiel-Art den Nahmen à colore, quoniam à superficie in superficiem mutari soleat. Dieses Genus hat seinen Ursprung aus der Alten ihrem Tetrachordo chromatico, in welchem die 4 Saiten folgender gestalt gestimmt wurden, nemlich: die unterste hatte gegen die zweyte das diatonische Semitonium H-c, in proportion $\frac{243}{256}$; die zweyte gegen die dritte das chroma c-cis, in der Form $\frac{7}{7}$; und die dritte gegen die vierdte die Terz cis-e, in der Form $\frac{16}{19}$. s. Fofferodts Musical. Unterrichts 1 Th. c 13. Raphaël Volaterranus, lib. 35. Commentar. Urbanorum beschreibet dieses Genus modulandi mit folgenden Worten: Chromaticum [genus] eo dicitur, quòd è diatonico in alium quasi colorem mutatur, genus sanè rarius & mollius, constatque Semitono & Semitono ac tribus Semitonis Nebst dieser Bedeutung finde auch im Lexico Vitruviano folgende: daß nemlich die neuern Musici dieses ein Genus chromaticum zu nennen pflegen, wenn eine Melodie aus Achtel-Noten (welche, wegen der schwartzen Farbe, Chromata heissen) bestehet.

Genus Chromatico-diatonicum ist, wenn in einer Melodie der chromatischen Clavium mehr als der diatonischen sind.

Genus diatonicum [*lat.*] Genere diatonico [*ital.*] Genre diatonique [*gall.*] die gantz-oder volltonische Sing-oder Spiel-Art, heisset: wenn eine Melodie durch also genannte natürliche Claves c d e f g a h, und demnach mehr durch gantze, als unvollkommene Tone einhergehet, auch in der Vorzeichnung gar kein ♯ noch ♭ hat Dicitur diatonicum quasi extensum, ac tonis abundantibus, sagt *Andr. Matth. Aquivivus* c. 33. lib. 1. Es hat gleichfalls seinen Ursprung aus der Alten ihrem

Tetrachordo diatonico, in welchem die 4 Saiten folgender gestalt gestimmt wurden: die unterste bekam gegen die zweyte das Semitonium H-c, in der proportion $\frac{243}{256}$; die zweyte gegen die dritte den tonum c-d, in proportione $\frac{8}{9}$; und die dritte gegen die vierdte abermahl diesen in eben der proportion stehenden tonum, d-e; denn vom tono majori und minori wusten sie zur selben Zeit noch nichts. s. Fofferodts Musical. Unterrichts 1 Th. c. 12.

Genus diatonico-chromaticum ist, wenn in einer Melodie der diatonischen Clavium mehr sind, als der chromatischen.

Genus Enharmonicum, Enarmonicum oder Enarmonium [*lat.*] Genere Enarmonico [*ital.*] Genre Enharmonique [*gall.*] die Haupt-übereinstimmige Sing-oder Spiel-Art (also verteutschet es Til) war ehemals: wenn ein tetrachordum folgende Klänge von sich gab, als: die erste und unterste Saite gegen die zweyte eine Diesin enharmonicam. H-His (welches, nach jetzigem Clavier betrachtet, der Mittel-Clavis zwischen H und c wäre) in dieser Form $\frac{499}{512}$; die zweyte gegen die dritte wiederum eine Diesin enharmonicam in proport: $\frac{486}{499}$, in den clavibus His-c; und die dritte gegen die vierdte den diatonischen diatonum, in proportione $\frac{64}{18}$, in den clavibus c-e. s. Fofferodts Musical. Unterrichts 1 Th. c. 14.

Nurgedachte drey Genera, als das diatonische, chromatische und enharmonische sind ehemals, als die Music nur in blosser Melodie, d. i. unterschiedenen nach einander gesetzt-und gehörten Klängen bestanden, rein und pur gebraucht worden; als man aber angefangen, verschiedene Klänge auch über einander zu setzen, und solche zugleich hören zu lassen (welches eigentlich Harmonie heisset) ist man genöthiget worden, die beyden ersten Genera zu vermischen, und entweder das Genus chromatico-diatonicum, oder das diatono-chromaticum einzuführen, da, nach durzu gekommener temperatur, die an sich selbst diatonischen Claves manchmahl auch als enharmonische passiren, und betrachtet werden müssen.

Georgetto, ein berühmter Violinist zu Rom, der sonder Zweiffel annoch am Leben

ben ſeyn wird, und welchen der Hr. Hof=
rath Nemeitz an. 1721 daſelbſt ſpielen hö=
ren. ſ. deſſen Nachleſe beſ. Nachrich=
ten von Italien, *p.* 228.

Georgius, ein Prieſter, von Venedig ge=
bürtig, hat auf Recommendation eines
Pannoniſchen Grafens, Nahmens Bal=
dricus dem Kayſer Ludovico Pio eine
Waſſer=Orgel zu Aix verfertiget. ſ. *Præs.
Synt. T. I. p.* 145. Nach dem Bericht
der Hiſt. de la Muſique, T. I. p. 199 iſt
gedachter Venetianiſcher Prieſter von Be=
nevento bürtig geweſen.

Georgius de Monte Majore, ein berühm=
ter Muſicus an des Königs in Spanien
Philippi II. Hofe, von Montemor ohn=
weit Coimbra in Portugall gebürtig, iſt
ums Jahr 1560 ſehr jung geſtorben. ſ.
das *comp.* Gelehrten=*Lexicon.*

Georgius (*Joachimus*) ein Lauteniſt.

Gerdrut, eine im Hoſpital alla Pietà zu
Venedig anietzo ſich aufhaltende vortreff=
liche Sängerin ſ. des Hrn. Hof=Rath
Nemeitzens Nachleſe beſonderer Nach=
richten von Italien, *p.* 61.

Gerle (Hanß) ein ums Jahr 1523 ſehr be=
rühmt geweſener Lauteniſt zu Nürnberg.
ſ. Barons Unterſ. des Inſtruments
der Laute. p. 46. hat nach Geſneri und
Draudii Bericht, p. 1651 anno 1546, in
Teutſchen Tabulatur=Sachen vor die Lau=
te daſelbſt in 4to drucken laſſen.

Gerl (Hanß) der jüngere, ein Nürnbergi=
ſcher Geigenmacher, war ſo wohl in Gei=
gen als Lauten von einer ſchönen propor=
tion, guten Reſonanz und mancherley
Gröſſen zu machen, auf welchen beyden
Inſtrumenten er auch gar fein ſpielete; zu
ſeiner Zeit in einer guten Renommée.
Starb ums Jahr 1570. ſ Hrn Dop=
pelmayrs Hiſtor. Nachricht von den
Nürnbergiſchen Künſtlern, p. 291.

Germer (Andreas) von Eißleben, war
unter 53 Examinatoribus des an. 1596
in die Schloß=Kirche zu Grüningen er=
baueten Orgel=Wercks der 33te. ſ.
Werckmeiſters Organ. Gruning. re=
liv. §. 11.

Gero (*J.*) ſeiner 2ſtimmigen Madrigalien
gedencket Bononcini P. 2. c. 6. del Muſico Prattico; und Draudius p. 1652.
Bibl. Claſſ. führet Tricinia von ihm an,
ſo an. 1570 zu Venedig gedruckt worden.

Gerſon oder Jarſon (*Joannes*) von einem
Dorffe in Champagne, woſelbſt er an.
1363 gebohren worden, alſo, ſonſten aber
Charlier genannt, (lat. Carlerius) ein
Cœleſtiner=Mönch, und Prior dieſes
Ordens zu Lion, nachgehends im Na-
varriſchen Collegio zu Paris, wie auch
Cantzler der Kirchen und Univerſität da=
ſelbſt, hat unter andern de Canticorum
originali ratione geſchrieben, ſo im drit=
ten Tomo ſeiner Schrifften befindlich iſt.
ſ. das *comp.* Gelehrten=*Lexicon* und
Poſſevini Apparat. Sacr. T. 1. In
des Cardinals Joan. Bonæ Pſalmodia
c. 17. §. 5. ſtehet; Joannes Gerſon triplici tractatu de Canticis; itemque
duodecim tractatibus ſuper *Magnificat* totius Muſicæ praxin moraliter, &
anagogicè explicat difuſiſſimè, quem
ſtudioſus lector non ſine magno animæ profectu percurret. Daß er, we=
gen ſeiner Frömmigkeit, Doctor Chri-
ſtianiſſimus, genennet worden, auf dem
Concilio zu Coſtnitz die Decreta ent=
worffen, einen Tractat: de auferibili-
tate Papæ ab Eccleſia geſchrieben, und
hierauf zu Lion die kleinen Kinder im
Catechiſmo unterrichten müſſen, auch
kurtz darauf an. 1429 den 12 Julii plötzlich
unter dem Gebete geſtorben, berichtet das
comp. Gelehrten=*Lexicon*. unter dem
Articul: Charlier.

Gerſtenbüttel (Joachim.) ein Muſicus
theoretico practius, und Cantor zu
Hamburg, aus Wißmar gebürtig, hat ſich
eigentlich dem Studio theologico ge=
widmet, und ſelbiges zu Witten. erg ab-
ſolvirt, dabey aber die Muſic ſo wol vocaliter, als ein guter Baßiſt, und inſtru-
mentaliter das Clavier und Violin, in=
gleichen die Compoſition doch als ein
Neben=Werck, inne gehabt; da er aber
ein faſt beſtändiger valetudinarius ge=
worden, hat er die Muſic ex profeſſo zu
tractiren recht angefangen, und ſich des=
wegen nach Hamburg begeben, woſelbſt er
mit Information in der Muſic ſich fort=
gehollfen und dergeſtalt beliebt gemacht,
daß er an des Hrn. Chriſtophori Bernhardi Stelle, als Cantor bey der St.
Johannis=Schule angenommen worden,
welcher Bedienung er wenigſtens 45 Jahr
rühmlichſt vorgeſtanden, bis er an. 1720
oder 1721 geſtorben. An. 1675 iſt ihm
aus Groſſen=Hayn folgendes carmen
gratulatorium gedruckt zugeſchicket
worden:

Joachimus Gerstenbuttel,
durch Versetzung der Buchstaben:
Er hat ein gutes Music-Lob!

Was von dem Himmel stammt, das flammet nach den Sternen,
Und pflegt nach Feuers-Art sich aufwerts zu entfernen
Dem dunckeln Erden-Ball. Darum ward Hammions Sohn
Mercurius erhitzt, so bald er von dem Thron
Des Vaters abwerts kam; Es muste Haupt und Schenckel
Zum Flug geflügelt seyn. Zwar derer Sohn und Enckel
Amphion scheinte schwach; wie aber sein Gesang
Und süsser Saiten-Klang die harten Steine zwang
Zu einem Marmor-Bau, das wissen die Thebanen,
Und schwingen noch darob der Famen Freuden-Fahnen:
Allein, noch nicht genug: wir sagen, daß die Stadt
Die grosse Hammons-Burg, Amphions gleichen hat:
Der mit Gesang und Klang nicht Steine, sondern **Seelen**
Fast auf Magneten-Art aus ihren Leibes-Hölen
An sich zu ziehen weis. Sein Nahme zeigt verdeckt,
Was ihm die Kunst-Music vor gutes Lob erweckt.
So sey und bleibe dann der Musicanten Meister,
Und schicke, liebster Freund, die angestammten Geister
Nach Ham-und Himmels-Burg, zu weisen, daß du bist
Mehr, als Amphion war und nie gewesen ist.

Gerstner (*Gabriel*) ein Baßist in der Römischen Kayserin, Amaliæ Wilhelminæ, Hof-Capelle an. 1727.

Gervais, ein Maître de Musique beym Hertzoge von Orleans, gewesenen Regenten in Franckreich, hat vormahls Cantaten, und die Opera: Hypermnestre genannt, welche die letztere gewesen, so von den neuern bishero zu Paris gespielt worden, gesetzt. s. das *Sejour de Paris*, p. 276. Itzo ist er Königlicher Capellmeister. Daß er von Rouen gebürtig sey, und zwey Bücher Cantates heraus gegeben habe, ersiehet man aus dem Frantzösischen Music-Catalogo 1729.

Ges, also kan das mit einem b gezeichnete g gar füglich genennet werden, um es vom rechten fis zu unterscheiden.

Gesius (*Bartholomeus*) Cantor zu Franckfurt an der Oder, von Münchberg gebürtig, hat an. 1595 *Hymnos* quinque vocum de præcipuis Festis anniversariis, an der Zahl 13, deren jeder etliche lateinische Strophen hat, zu Wittenberg in 4to ediret; an. 1609 ist die *Synopsis Musicæ practicæ* zum ersten-und an. 1615, nebst noch einem andern Tractätgen: de ratione componendi cantus zum zweytenmahle zu Franckfurt in 8vo gedruckt worden. Seine *Psalmodia choralis* ist mit einer Vorrede Christ. Pelargi an. 1600 in 8vo; das *Opus Cantionum ecclesiasticarum* von 2 Theilen, davon der erste 5. 6. 7. 8. und mehrstimmige Missen, und der zwente Introitus, Kyrie, Sequent. &c. 4. 5. & 6 vocum in sich hält, an. 1613 in 4to; und nach seinem Tode an. 1614 sind die *Cantiones nuptiales* 5. 6. 7. & plurium vocum; ingleichen die *Mutetta latino-germanicæ* nebst den Gaillarden an. 1615 durch den dasigen Buchdrucker Friderich Hartmann, und an. 1621 ein 5. 6 und mehrstimmiges Missen-Werck bey Martin Guth in 4to heraus gekommen. s. *Draudii* Bibl. Class. p. 1616. 1637. 1642. 1646. und 1648. Daß er an. 1601 ein Gesang-Buch, welches an. 1607 in 1mo wiederum aufgelegt worden, in 4to heraus gegeben habe, ist in Wetzels Hymnopœographia zu lesen. Conf. das Historische Register des Naumburgischen Gesang-Buchs, p. 32 allwo gemeldet wird: es sey an. 1607 ein Gesang-Buch in 4to mit 4 Stimmen von ihm edirt worden. Vielleicht ist es die oben gemeldte Psalmodia choralis, obschon das Format von diesem differiret. Seine Teutsche Geistliche Lieder mit 4 Stimmen sind an. 1594 heraus gekommen.

Gesner (*Vitus Albertus*) ein Priester vom Orden des Märtyrers Pancratii, ließ an 1632 geistliche Concerten in Wien drucken.

Gesualdus (*Carolus*) der an. 1600 wegen der Music hochberühmt gewesene, und an. 1614 verstorbene Neapolitanische Fürst von

von Venosa, hat verschiedenes componiret, weswegen Josephus Blancanus in Chronologia Mathematicorum ad Seculum Christi 17. nachstehendes von ihm berichtet: Nobilissimus Carolus Gesualdus, Princeps Venusinus, nostræ tempestatis Musicorum ac Melopœorum princeps. Hic enim, rhythmis in Musicam revocatis, eos, tum ad cantum, tum ad sonum modulos adhibuit, ut cæteri omnes Musici ei primas libenter detulerint; ejusque modos Cantores, ac Fidicines omnes, reliquis posthabitis, ubique avide complectantur. s. *Voss.* de Mathesi, lib 3. c. 49. §. 26.

Getzmann (*Wolffgangus*) ein Organist zu Franckfurt, gab daselbst an. 1613 Phantasias sive Cantiones mutas ad 12 Modos figurales in Druck.

Geuckius (*Valentinus*) nach seinem Tode ist an. 1605 das von ihm verfertigte Opus musicum, continens textus metricos sacros Festorum dominicalium & Feriarum 5 6-8. voc. zu Cassel in 4to gedruckt worden.

Gezelius (*Joannes*) ein Schwedischer Theologus, zu Gezala in Westermannland (*Westmannn*) an. 1615 den 3 Febr. gebohren, war anfänglich zu Dörpt in Liefland der Griechischen und Orientalischen Sprachen, nachgehends aber Theologiæ Professor; hierauf an. 1650 General-Superint. von Liefland, und der Academie zu Dörpt Pro-Cancellarius, endlich aber an. 1664 Bischoff zu Abo in Finnland, und Pro-Cancellarius der Universität daselbst; gab an nurgedachtem Orte an. 1672 eine in drey Theile abgefaßte Encyclopædiam Synopticam ex optimis & accuratissimis Philosophis collectam, auf seine Kosten in 8vo heraus. Im ersten Theile wird die Philosophie überhaupt, die Logic, Metaphysic, Pnevmatica und Noologie; im zweyten die Arithmetic, Geometrie, Geodasie, Cosmographie, Astronomie, Geographie, *Music*, Optica und Statica; und im dritten die Ethica, Politica und Oeconomia abgehandelt. Er ist gestorben an. 1690 den 2. oder 19. Januar. s. das *comp.* Gelehrten-Lexicon, und *Schefferi* Sueciam literatam, p. 169. 171.

Gherardi (*Biagio*) Capellmeister am Dom zu Verona, gab an. 1610 fünfftimmige Motetti concertati, wiederum ein Opus 8stimmiger Motetten; und Compiete concertate à 3. 4. 5. e 6 voci, nebst einigen Psalmen mit Instrumenten, zu Venedig im Druck.

Gherardinius (*Arcangelus*) ein von Siena bürtig gewesener Servit zu Mayland, hat an 1587 daselbst 17 lateinische 8stimmige Motetten in 4to drucken lassen, und selbige dem General seines Ordens, Aurelio Menocchio, dediciret.

Ghersem (*Gaugericus de*) ein Flanderer aus Dornick gebürtig, und an basiger Cathedral-Kirche gestandener junger Musicus, gieng, als Georgius de la Hele vom Könige in Spanien, Philippo II. zur Capellmeister-Charge beruffen wurde, mit dahin, und wurde nachgehends bey eben diesem Könige, nachdem er von Georgio de la Hele war unterrichtet worden, Capellmeister; kam aber aus Liebe zum Vaterlande, von dannen wiederum zurück, und bekam erstlich die Capellmeister-Stelle am Hofe zu Brüssel, hierauf wurde er beym Ertz-Hertzoge Alberto, und dessen Gemahlin Isabella, Orator, (dieses ist eine geistliche Bedienung) endlich aber erhielt er eine Præbende in Dornick. Er hat verschiedene Missen, Motetten, und eine Gattung Lieder, so die Spanier Villanficas nennen, aufs Weynacht- und H. Drey-Könige-Fest gebräuchlich, in Druck gegeben. s. *Andr. Catullii* Fornacum p. 100.

Gheesdalius (*Joannes*) von Berchem, einem nahe bey Oudenarde in Flandern liegenden Dorffe gebürtig, ist, wie Swertius in Athenis Belgicis berichtet, sein und seiner Brüder Lehrmeister, ein Poet von Natur, und ein Musicus von Kunst, auch an der Marien-Schule zu Antwerpen bedient gewesen, woselbst er gestorben.

Ghiselinus (*Joannes*) von seiner Composition sind fünff Missen gedruckt worden. s. *Gesneri* Pandect. lib. 7. tit. 4.

Ghizzolo (*Giov.*) ein Componist zu Brescia ums Jahr 1619, hat ein Opus 4 und 5stimmiger Missen edirt. s. *Cozzando* Librar. Brescian. p. 98. In Parstorfferischen Music-Catalogo werden eine Missa, etliche Psalmen, und Falsi Bordoni à 4 voci von ihm angeführet. Auf einem an. 1622 zu Venedig heraus gekommenen Psalmen-Wercke wird er Capellmeister zu Ravenna genennet.

Giacobbi (*Girolamo*) ein hochberühmter Capellmeister an der Kirche des H. Petronii zu Bologna, hat an. 1622 die Academie der Filomuſi daſelbſt errichtet. ſ. *Maſini,* Bologna Perluſtrata, p. 155. ſq.

Giambertus (*Joſephus*) ein Römiſcher Componiſt und Capellmeiſter, hat nach Mandoſii-Bericht, Centur. 9. Biblioth. Romanæ, viel Muſicalien ediret, und ohngefehr ums Jahr 1660, oder etwas weiter hinaus floriret.

Giannettini, ein Italiäniſcher Componiſt, hat die Opera: la Schiava Fortunata genannt, in die Muſic gebracht. Dieſe iſt an. 1693 auf dem Hamburgiſchen theatro aufgeführet worden. ſ. *Mattheſonii* Muſical-Patrioten, p. 181 und p. 182. werden noch zwo andere, nemlich die Medea und Herminoe, allegiret, ſo an. 1695 daſelbſt executirt worden ſind.

Gianſetti, ein Römiſcher Virtuoſe ums Jahr 1673. ſ. *Mattheſ.* Crit. Muſ. T. 2. p. 171.

Giardiniero (*ital.*) ein Gärtner-Lied.

Gibbons (*Orland*) ein Baccalaureus Muſices, und Organiſt in der Königl. Engländiſchen Capelle zu Londen, hat daſelbſt 9 Fantaſien mit 3 Inſtrumenten, nemlich 1. Violin, tiefem Diſcant und hohem Baß; ingleichen Muſick for the Virginals heraus gegeben.

Gibelius (*Jacobus*) von Lauben in der Lauſitz gebürtig, war an der Marien-Kirche zu Liegnitz in Schleſien 30 Jahr lang Cantor, ſtarb an. 1600 den 8ten Julii, im 51ten Jahre ſeines Alters, und bekam nachſtehendes Epitaphium:

Jacobi Gibelii, Laubenſ.
Cantoris Eccleſiæ Marianæ
& Collegæ Scholæ
apud Ligios per annos 30.
fideliſſ.
Exuviæ ſub hoc monum.
poſitæ anima vero
in manu Dei,
expectant diem reſtitutionis
omnium.
Obiit Anno Sal 1600.
8. Menſ. Julii,
Ætat. 51.

Auf dieſem Grabeſteine ſtehet jetzo dieſe Inſcription:

Chr. Mort Reſuſcit. S.
Hac ſub urna quam
olim
Jacob Giebel Luba Luſat.
Eccl. Lign. ad D. Virgin. per
XXX. ann. Cantor
& Schol. Collega
fortitus eſt
Caſpar Reuſnerus Goldberg.
primum Patr.
poſt dict. Lig. ad D. Virg. Eccleſ.
Cantor & Schol. Colleg.
ad ann. XXIII.
Virum ut doct. ſic erudit.
non ſine ſpe reſurrect.
poſ.
Barbara Rœſtelia, Vid.
& Libb. ſuperſt.
Ob. ille An. Chr M. DC. M. Jul.
Hic A. M. DC. XLIII.
D. XIII Febr.
Poſtq vivis interfuiſſ.
Prior LI. Poſt. L. H. XXIX.
D. VI.

f. Grn.

GIB.   GIC.

s. Hrn. Doct. Wahrendorffs Lignitzische Merckwürdigkeiten, p 572. sq.

Gibelius (*Otto*) von Femarn aus dem Holsteinischen gebürtig, und Scholar Henr. Grimmii, wurde an. 1634 Cantor zu Stadthagen, einer kleinen Stadt in der Graffschafft Schaumburg in Westphalen, den Grafen von der Lippe zuständig, hernach aber Music-Director und Cantor zu Minden. Er hat folgende Werckgen heraus gegeben, als: (1. *Seminarium Modulatoriae Vocalis*, oder den Musicalischen Pflantz-Garten, an. 1658. (2. den kurtzen, jedoch gründlichen Bericht von den *Vocibus Musicalibus*, darin gehandelt wird von der Musicalischen Syllabication, oder von der Solmisation; wenn, von wem, und zu was Ende dieselbe erfunden, u. s. w. an 1659 zu Bremen in 8vo gedruckt, von 6 Bogen (3. *Partem generalem Introductionis Musicae theoretico didacticae*, von 16 Bogen in 4to gleichfalls zu Bremen lateinisch; und (4. drey *Praepositiones Mathematico-Musicas*, an 1666 in 4to zu Minden, teutsch auf 6 Bogen gedruckt.

Gibellinus (*Helisaeus*) seine Introitus Missarum de Festis per cursum anni 5 vocum sind an. 1565 zu Rom in folio gedruckt worden; und die 5stimmige Motetten hat Venedig geliefert. s. *Draudii* B bl. Class. p. 1634 und 637. In Simleri Epitome Bibliothecae Conr. Gesneri wird er Gibellus genennet.

Gibellini (*Nicolo*) ein Augustiner-Mönch, und Capellmeister bey S Steffano zu Venedig, von Norcia (lat. Nursia) einer kleinen im Kirchen-Staate zwischen dem Gebürge, am Fluß Freddara liegenden Stadt, gebürtig, hat an. 1555 zu Venedig Motetten drucken lassen.

Giegel (*Carl*) ein Violinist in der Römischen Kayserin Amaliae Wilhelminae, Hof-Capelle an. 1727.

Giga (*ital*) Gigue (*gall*.) oder Gicque, ist eine Instrumental-Piéce, welche als ein behender Englischer Tantz aus zwo in $\frac{3}{8}$, $\frac{6}{8}$, oder $\frac{12}{8}$ Tact gesetzten Reprisen bestehet, und bey der ersten Note jedes Tact-Viertels gemeiniglich einen Punct hat. Die auf Gigen-Art gesetzte Fugen aber können dieses Umstandes entbehren, dabey etwas mehr couliren, wie auch im schlechten Tacte gesetzt werden. Man hält dafür: sie habe ihren Nahmen vom Italiänischen Wort Giga, welches eine Geige oder Fiedel heisset. s. Niedtens Musical. Handleitung zur Variation des G. B. p. 98. es kan aber auch wohl seyn; daß dieser Tantz vom Schlenckern der Beine, dessen sich so wohl die Seil-Täntzer, als andere bedienen, und giguer (*gall*.) genennet wird die Benennung bekommen hat. Wie denn auch im Teutschen das Wort giguen nicht unbekannt ist, sondern vom ungewöhnlichen Gehen eines Menschen gebraucht wird.

Giglius (*Thomas*) ein Sicilianischer, ums Jahr 1600 bekannt gewesener Componist, von dessen Arbeit ein und anderes Stück in dem an. 1603 zu Palermo gedruckten Buche: Infidi lumi genannt, befindlich s. *Mongitoris* Biblioth. Sicul. T. 2. p 26.

Gilbertus, welcher anfänglich ein Mönch zu Fleury in Burgund (Monachus Floriacensis,) hernach Ertz-Bischoff zu Rheims, und zu Ravenna gewesen, endlich an. 999 Pabst, unter dem Nahmen Sylvest. II. geworden, und an 1003 gestorben ist, hat Orgeln erdacht, so durch die Gewalt des erhitzten Wassers den Klang von sich gegeben. s. *Bernardino Baldi* Discorso über Heronis Automata, p. 8. b. und *Sim*. Majoli Canicular. hierum T. 1. Colloq. 3.

Gilliers, ein anjetzo lebender Frantzose, componirt die kleinen Arien in den neuen Comœdien. s. das *Séjour de Paris*, p. 276.

Ginglarus, war bey den Egyptiern eine kleine Flöte, und mit der Syrier ihrem Gangris einerley. s. Tils Sing-Dicht und Spiel-Kunst, p. 66.

Ginglarus, minuta tibia Ægyptiaca monodiae commoda, heissets beym Bulengero, lib 2. c. 26. de Theatro conf. *Pollucis* Onomast c. 10. lib. 4. Segm. 82.

Gingras, gr. γλυγρας, ist ohnstreitig richtiger, als Gangris; und findet man es also beym Cœlio Rhodigino lib 9. c. 7. Lect. Antiquar und Polluce, lib 4. c. 10. Segm. 76. Es führete auch von dieser Flöten-Gattung ein Tantz seinen Nahmen, welcher gleichfalls Gingras hieß, weil nach selbiger getantzt wurde. s. *Joan. Meursii* Orchestram.

Gingriator, und **Gingritor** (*lat*.) der diese Flöte blies; ein Schalmeyer.

Giorgio, ein Venetianischer Mahler, der wegen seiner courage und vortrefflichen Leibes-Statur, insgemein Giorgione genennet worden, gebohren an. 1478 in dem

dem Flecken Castelfranco in der Trevisanischen Marck, ist, ob er gleich von mittelmäßigen Stande und Herkommen, dennoch von einem sehr hohen Geiste, galant, und ein Liebhaber der Music gewesen, wie er denn eine sehr angenehme Stimme gehabt, und auf Instrumenten wohl gespielet. Er ist an. 1511. gestorben, und nur 32 Jahr alt geworden. s. *Mr. de Piles* Historie und Leben der berühmtesten Europäischen Mahler, p. 305. sq.

Giovanelli (*Ruggiero*) ein Päbstlicher Musicus, hat 5stimmige Madrigalien in Venedig heraus gehen lassen.

Giovannl (*Scipione*) hat eine Partitura di Cembalo & Organo, Toccate Romanesque, Partite sopra il Ballo di Fiorenza è Mantoua, Capricci, Correnti, Balletti e Gagliarde diverse drucken lassen. s. den Parstoufferischen Music-*Catalogum*, p. 35. sq.

Gippenbusch (*Jacob*) ein Jesuit, von Speyer gebürtig, docirte zu Cöln die Griechische und Lateinische Sprache, war Prediger und Præfectus Chori daselbst, schrieb Cantiones musicas 4 vocum; Psalteriolum Harmonicum; Cantiones und Motetta selectissima, unter dem Nahmen Philareti, und starb an. 1664 den 3ten Julii. s. das *comp.* Gelehrten-*Lexicon.* Daß er an. 1629, den 11 Martii sich in gedachte Societát begeben, meldet Alegambe in seiner Bibliotheca Scriptorum Societatis Jesu.

Giraldus (*Sylvester*) ein Archi-Diaconus zu Brechin in Nord-Schottland, und nachgehends Bischoff zu Mans in Franckreich, war auf dem Schlosse Mainarpa, in dem Süblichen Theile von Cambrica gebohren, (daher er auch Cambrensis genennet worden) begleitete, nachdem er in der Philosophie und Mathematic guten Grund gelegt hatte, des Königs Prinßen in Irrland; wurde aber wegen seiner Gelehrsamkeit, und andern guten Qualitäten sehr beneidet, auch endlich seines Bisthums gar entseßet, worauf er an. 1210, oder an. 1214 im 70 Jahre seines Alters gestorben s. das *comp.* Gelehrten-*Lexicon.* In der von ihm geschriebenen Topographia Hibernix, sive de Mirabilibus Hiberniæ, und zwar Distinctione III. handelt das XI Capitel, de gentis istius (nemlich der Irrländer) in Musicis Instrumentis peritia incomparabili; cap. XII. de commodis & effectibus Musices; c. XIII. de primis Musicæ Consonantix inventoribus; c. XIV. de Musicorum Instrumentorum cultore præcipuo & ornatore; und das XV. Capitel: de nomine Musicæ.

Girelli (*Santino*) ein Brescianer, hat an. 1627 fünff-bis 8stimmige Missen zu Venedig drucken lassen.

Girolamo da Monte del Olmo, hat ein Motetten-Werck à Voce sola heraus gegeben.

Girolamo da Udine, deswegen also genannt, weil er aus Udine der Haupt-Stadt im Friaul bürtig gewesen, wird von Garzoni, nel Discorso 43 della Piazna universale, als ein guter Componist angegeben. Auf seinem an. 1184 in Venedig gedruckten Wercke, so den Titul führet: il vero modo di diminuir con tutte le sorti di stromenti, nennet er sich: Capo de Concerti delli stromenti di fiato della Illustr. Sig.ria di Venetia.

Gis dur heisset (1. in Ansehung des Modi: wenn die Terz zum gis-clave nicht minor, sondern major, nemlich nicht h, sondern his, oder das scharffe h ist. (2. in Ansehung des Clavis: wenn das mit einem ♯ marquirte g, noch ein dergleichen ♯, oder, welches besser und kenntlicher, ein einfaches ╤ bekommt; da alsdenn der temperirte a-clavis auch, als ein scharffes gis betrachtet, und tractirt werden muß.

Gis moll heisset: wenn die Terz zum gis h ist.

Gislebertus, ein Benedictiner-Mönch in S. Laurentii-Closter zu Lüttich, ist, samt seinem Bruder Johanne, ein Musicus und Componist gewesen. s. das 15te und 16te Capitel lib. 1. de claris Scriptor. Monasterii S. Laurentii Leodiens. Reineri, woselbst von dem ersten folgendes zu lesen stehet: qui dum ceteris polleret artibus, maximè tamen in Musica dulces faciebat modos, quemadmodum liquet in cantibus, quos vel de S Georgio martyre, vel de S. Ragenufla virgine, nec non & de S. Begga composuit; von dem zweyten aber heisset es daselbst also: binos etiam Cantus composuit, i. e. de S. Christophoro martyre, & de S. Maria Ægyptia, --- & Cantica Canticorum aliquanta ex parte antiphonarim modulatus est.

Git-

Gitthith, wird von einigen vor ein musicalisches Instrument und Saiten-Spiel gehalten, worauf die Juden am Lauber-hütten Fest, bey der Weinlese und Wein-presse gespielet, so in der Stadt Gathver-fertiget, und vom Könige David, da er sich beym Könige Achis als ein Exulant aufgehalten, aus nurbesagter Stadt mit-gebracht worden; andere stehen in der Meynung: es habe die Melodie, wor-nach der 8te, 81 und 84 Psalm abgesungen worden, also geheissen, und sey dem in der Römischen Kirche also genannten und bekannten Tono Septimo ähnlich ge-wesen. Hic Tonus modulis suis super alios Tonos elevatur, perque jucundos ac suaves satus progreditur, tùm leviter descendens ad quietem animum sedat. Hinc duplicem effectum producit, incitat, primò ad gaudium, sed illicò revocat ad mœstitiam, non secus ac ii, qui in torculari tempore vindemiæ magna licentia utuntur: sed vindemia absoluta, ad mœstitiam redeunt s. *Feßelii* Promptuarium Biblicum, und *Bartoloccii* Bibliothec. Rabbinic. P. 2. p. 2-9. col. 1. conf. *Prætorii* Synt. Mus T. I. p. 106. sq.

Giuliani (*Francesco*) ein aus Vicenza, der Haupt-Stadt des in der Venetiani-schen Lombardie liegenden Gebiets, Vicentino genannt, bürtig gewesener Componist, hat an. 1630 zu Venedig Missen drucken lassen.

Giulio da Madona, ein von Modena bür-tig gewesener geschickter Harffenist, dessen Tassoni in seinen Pensieri diversi, lib. 10. c. 23. p. 529. gedencket, hat ums Jahr 1530 florirt. Aus des Doni Libraria, p. 85. will fast erhellen: daß er ein Lau-tenist müsse gewesen seyn.

Giusti [*Maria*] eine berühmte Sängerin aus Rom, und Virtuosin Sr. Königli-chen Hoheit, des Prinzen Constantin aus Polen, hat sich an. 1725 und 1726 in der Breslauischen vor andern Opera distin-guiret. s. *Mattbesonii* Musical. Patrio-ten, in der 43ßten Betrachtung, p. 347 sq.

Glanerus (*Caspar*) hat an. 1578. und 1580 vier- und fünffstimmige Cantiones zu München in Druck gegeben.

Glaphyrus, ein Citharœdus beym Juvenale, Sat. 6. conf. *Echion*.

Glareanus, von seiner Geburts-Stadt Gla-ris in der Schweiß also, sonsten aber Hen-ricus Loritus genannt, ein Philosophus, Mathematicus, Historicus, Geographus, Theologus und Poëta Laureatus, gebohren an. 1488, und ge-storben an. 1563 zu Freyburg, hat an. 1547 sein Dodecachordum, von den 12 Modis musicis handelnd, in lateinischer Sprache zu Basel in folio drucken las-sen. Es bestehet aus drey Büchern, da-von das erste 21, das zwente 39, und das dritte 26 Capitel hat. In dem Proœ-mio, ingleichen im 2 Cap. des 3ten Buchs gedencket er des Joannis Coclæi, als seines in Musicis gewesenen Præcepto-ris. Sonsten hat er auch eine Jsagogen in Musicam geschrieben, so an. 1516 zu Basel in 4to gedruckt worden. Daß er zu Cöln und Basel Philosophiæ, und, nachdem er alhier die Religion changi-ret, zu Freyburg Historiæ & Poeleos Professor, auch übrigens sehr scherg-hafft gewesen, findet man im compend. Gelehrten-Lexico, nebst ein paar Exem-peln, und seinen übrigen Schriften ange-führet. Mehrere Nachricht von ihm ist in Pantaleonis Prosopographia, P. 3. p. 126. zu lesen, woselbst das ihm zu Frey-burg im Brißgau aus Messing aufgerich-tete Epitaphium also lautet:

Henricus Glareanus, Poëta Lau-reatus, Gymnasii hujus ornamentum eximium, expleto feliciter supremo die, componi hic ad spem futuræ re-surrectionis providit, cujus manibus propter raram eruditionem cando-remque in profitendo, Senatus rei publicæ literariæ, gratitudinis & pie-tatis ergò, monumentum hoc æter-næ memoriæ consecratum, posteri-tati ut extaret, erigi curavit. Exces-sit vita anno salutis M. D. LXIII. die XXVIII. mensis Martii, ætatis suæ LXXV. Unter andern von M. Joan. Croeselio zusammen getragenen Elogiis findet sich auch folgendes das Geburts-Jahr in sich haltende Distichon:

HeLVetICo natVs CLaret GLa. rean's Vt agro,
ÆternVs MVsIs s Vrgere Cœ. pIt honos.

Noch wird daselbst gemeldet: daß des Glareani ehemahliger Auditor, der Bi-schoff zu Augspurg, Joan. Ægolphus à Knöringen, seine hinterlassene Biblio-thec von den Erben erkaufft, und sammt der eigenen nachmahls der Universität zu Ingolstadt geschencket habe.

Glas. s. *Clas.*

Glau-

Glauce, eine sehr berühmte Cithar-Schlägerin beym Könige Ptolemæo Philadelpho, deren *Plinius* lib. X, 22. *Ælianus* lib. 12. c. 1. Histor. animal. und *Plutarchus* im Tractat: περὶ τȣ̃ μὴ χρᾶν, erwehnen.

Glaucus, ein von Reggio bürtig gewesener Italiäner (Rheginus), hat, wie Plutarchus de Musica bezeuget, einen Commentarium von den alten Poeten und Musicis geschrieben.

Gläßel (*Romanus*) ein Hautboist in der Kayserl. Capelle an. 1721, und 1727.

Gläßel (*Xaverius*) ein Kayserlicher Fagottist an. 1721.

Gleichen (Andreas) von Erffurt gebürtig, war am Reuß-Plauischen Gymnasio zu Gera Collega 4tus, und Cantor Figuralis (welches Amt er an. 1648. angetreten), ließ an. 1653 ein teutsches Compendium musicum von 2½ Bogen zu Leipzig in 8vo drucken, und starb den 23 Febr. an. 1693. s. *Kœberi* Differtat. de Musicæ quibusdam admirandis.

Gleichmann (Georg) ist gebohren an. 1685 den 24ten Dec. zu Stelzen, einem in das Amt Eißfeld gehörigen Dorffe; hat bereits im 13ten Jahre seines Alters sich selbst ein Clavichordium, ohne die geringste Anweisung, verfertiget; dieses Unternehmen aber bis ins 24te Jahr liegen lassen, da er auf Antrieb eines Geistlichen, welcher ein Schwager von ihm ist, angefangen, seine also genannte Clavier-Gamba und das Lauten-Clavier mit der Veränderung der Davids-Harffe, welches keine Bekielung hat, auf gleiche Art zu erfinden. Das Clavier-Spielen hat er bey dem Stadt-Organisten in Hildburghausen, Herrn Zahn, erlernet; ist an. 1706 zum Organisten in Schalckau, einer kleinen Stadt und Amt am Fluß Ih, 4 Stunden von Coburg gelegen, und an. 1717 zum Organisten und Schul-Collegen in Ilmenau am Thüringer Walde, bestellt worden. conf. *Matthesonii* Crit Muf. T. 1. p. 254.

Gleimius [*Joan. Laurentius*] ein Lautenist von Quedlinburg, hat sich auf das Studium Juris, nebst andern plaisanten Dingen appliciret, und meist zu Halle in Sachsen sich bishero aufgehalten. s. Barons Unters. des Instruments der Laute, p. 81. ist vermuthlich ein Sohn des Quedlinburgischen Organisten an der S. Benedictus-Kirche, Jo. Ernesti Gleimil, welcher an. 1644 gebohren worden, und an. 1711 den 2 April. verstorben, und hat zu Werckmeisters an. 1687 edirtem Hodego curioso Musicæ Mathematicæ, ein lateinisches und zu dessen an. 1697 heraus gegebenen Hypomnematibus musicis ein teutsches Carmen gratulatorium verfertiget.

Gleitsmann, ein von Arnstadt in Thüringen gebürtiger Lautenist, hat nebst der Music an. 1716 oder 17 sich auf das Studium Juris in Leipzig gelegt, hierauf zu Prag vieles profitirt, und stehet jetzo zu Würtzburg in Bischöfflichen Diensten. f. Barons Unters. des Instrum. der Laute, p. 83.

Gleitsmann (Paul) eines Stadt-Musici zu Weissenfels Sohn, hat bey dem dasigen Concert-Meister, Joh. Beer, die Composition erlernet, ist hierauf ums Jahr 1690 beym Grafen zu Arnstadt Capellmeister und Cammer-Diener geworden, und an. 1710 den 11ten Nov. daselbst gestorben.

Glettinger (Georg) hatte anfänglich die Organisten-hernach aber die Stadt-Pfeiffer-Kunst erlernet; ist nachgehends bey der Pfarr-Kirche zu S. Marien Magdalenen in Breslau 42 Jahr lang Adjuvant gewesen, und über 78 Jahr alt geworden.

Glettinger (Johann) ein Sohn des vorigen, und Organist an der Haupt-Kirche zu S. Elisabeth in Breßlau, gebohren daselbst an. 1661 den 20ten Augusti, hat von seinem Vater so wol das Clavier, als die Violin, Viola di gamba, Viola di Bardone und Harffe, nebst noch andern blasenden Instrumenten, erlernet, an. 1684 im Brach-Monat eine Reise über Thoren nach Dantzig, daselbst er ½ Jahr geblieben, gethan, und als er hierauf sich weiter in Polnisch- und Brandenburgischen Preussen, ingleichen im Brandenburgischen Pommern umgesehen, an. 1685 im Mertz-Monat eine Raths-Musicanten-Stelle zu gedachtem Dantzig bekommen; im November-Monat aber des 1690sten Jahrs von E. Hoch-Edl. Rathe zu Breslau zur obigen Organisten-Stelle Vocation erhalten, welche er auch den 6ten Decembris angetreten, und annoch bekleidet.

Glettle (Johann Melchior) ist ohngefehr ums Jahr 1680 Capellmeister zu Augspurg gewesen: s. Printzens Muf. Hist. c. 12. §. 83. p. 149.

Glöck-

Glöcklein-Ton, ist in der Görlitzischen Orgel ein 2füßiges weit mensurirtes Register, welches klingt, als ob man mit einem Hammer auf einen wohlklingenden Amboß schlüge. Wenn es zu der 16füßigen Quintaden gezogen wird, läst es sich wol zu lauffenden Sachen, nebst einem doucen Accompagnement eines andern Claviers brauchen. s. die Beschr. gedachter Orgel.

Glösch [Peter] ein wohlberühmter Königl. Preußischer Cammer-Musicus und Hautboist zu Berlin, ist noch am Leben, und derjenige, welchem der Herr Capellmeister Telemann seine an. 1716. edirte kleine Cammer-Music zugeschrieben hat.

Glossocomium, gr. γλωσσοκόμιον, ist das Behältniß, worein ehemals die Pfeiffer, und auch heutiges Tages, die Hautboisten ihre Röhre zu legen pflegen, damit sie nicht unbrauchbar gemacht werden. Hat den Nahmen von γλῶσσα, lingua, und κομέω, curo, servo. s. *Buleng.* de Theatro lib. 2. c. 14. und *Coelii* Rhodig. Lect. antiq. lib. 9. c. 7. Man findet auch Glottocomium vom Attischen Wort γλῶττα; und γλωσσόκομον, Glossocomum gesetzet.

Glossopæus, γλωσσοποιός, der solche Röhre verfertiget.

Glottis, γλωττίς, das Rohr zu einer Hautbois und Basson. Lingula tibiæ.

Glovak [Heinrich] ein Orgelmacher zu Rostock, hat an. 1593 ein Werck von 39 Stimmen, für 5000 Gülden daselbst gebauet. Die disposition desselben ist beym *Prætorio* T. 2. Synt. Mus. pag. 164. zu lesen.

Glycæus [Joannes] oder Glyce, ein Grieche, hat ein Musicalisches Buch geschrieben, so unter denen im Escurial befindlichen MSS. aufgehoben wir. s. *D. Fabricii* Bibl. Gr. lib. 5. c. 10. p. 269.

Gnocchi [Gio Battista] hat ein vierstimmiges Missen-Werck publiciret.

Goclenius [Rudolphus] der ältere, ein Philosophus und Poet, aus Corbach oder Corbach, der Haupt-Stadt in der Graffschafft Waldeck gebürtig, woselbst er auf 1547 den 1 Martii gebohren, wurde Professor Logices zu Marpurg, schrieb unter andern ein Lexicon Philosophicum, welches an. 1613 zu Franckfurt in groß 4to gedruckt worden, worinnen auch verschiedene Musicitermini erklärt sind, und starb an. 1628 den 8 Junii. s. das comp. Gelehrten-Lex.

Godeau [Antoine] ein Frantzösischer Bischoff anfänglich zu Grasse, und nachmahls zu Vence, von Dreux gebürtig, hat unter andern Paraphrases der Davidischen Psalmen geschrieben, die so wol mit einer, als 4 Stimmen bey Roger in Amsterdam zu haben sind; ob er aber auch der Auctor von der Music sey, ist mir unwissend. Er ist an. 1572 den 21 April in 67 Jahre seines Alters am Schlage gestorben. s. das *comp.* Gelehrten-Lexicon.

Göbbel [George] ein noch lebender Componist und Organist an der Evangelischen S. Christophori-Kirche zu Breßlau, hat Cantaten und Clavier-Stücke gesetzet, auch einen Sohn von 20 Jahren, welcher gleichfalls auf dem Clavier starck ist.

Goës [Damianus à] ein Portugiesischer Edelmann, aus dem Flecken Alenquer gebürtig, wurde an des Königs Emanuelis Hofe erzogen, allwo er auch nebst seinem Bruder, Fructo von Goes, Königl. Cammer-Juncker, in Bedienung stunde. Der König brauchte ihn in den wichtigsten Angelegenheiten, schickte ihn in Franckreich, in die Niederlande, nach Teutschland und Polen, auf welchen Reisen er 24 Jahr zubrachte. An. 1534 gieng er nach Padua, und studirte daselbst 4 Jahr. Er vermählte sich mit Johanna von Hargen aus dem Haag, und setzte sich zu Löven: als aber an. 1542 dieser Ort belagert wurde, muste er sich anders wohin wenden. Endlich da er schon bey ziemlichen Alter war, erhielt er ordre, wieder in Portugal zu kommen, und die Historie desselbigen Reichs zu schreiben. Die besondere Ehre, so er alda genoß, machte ihm viel Neider, welche es letztlich dahin brachten, daß er in Arrest kam; da man ihn denn todt in seinem Hause fand, ohne zu wissen, ob er am Schlage gestorben, oder, ob ihn seine Neider erdrosselt. s. des Herrn *D. Buddei* Lex. Ist, als er sich beym Erasmo Roterodamo zu Friburg etliche Monate aufgehalten, daselbst, wegen der Music, mit dem Glareano bekannt worden, so daß dieser verschiedene Specimina von dessen Composition seinem Dodecachordo einverleibet hat. *Oppmeer* T. 1. Oper. Chronogr. p. 488 sagt: er wäre gewesen in componendis Symphoniis magnus artifex, & à cunctis doctis viris amatus plurimùm. Sein Landsmann, Andreas Resendius, hat dieses Epigramma auf ihn gemacht:

Eli-

Elige utro mavis horum te nomine
dici:
An Phœbi an Orphei; dulcis uterque modis.
Aut, si non spernis genus, à quo Musica primum
Inventa est, nobis sis, Damiane,
Tubal.
f. *Peregrini* Bibliothecam Hispaniæ,
Tom. 3. p. 492.

Görner (Johann Valentin) ein Bruder des Organisten zu S. Thomæ in Leipzig, ist gebohren an. 1702 den 2 ten Februarii in Pönig, einer Meißnischen im Ertz-Gebürgischen Kreise, 2 Meilen von Chemnitz liegenden Stadt und Schloß, gieng von da nach Dreßden auf die Schule, beschloß die Studia in Leipzig, besahe hierauf verschiedene vornehme Höfe in Teutschland, und langte endlich in Hamburg an, allwo er sich noch aufhält. Er machet Profeßion vom Claviere und componiret.

Goettingi (*Valentinus*) von Witzenhausen gebürtig, hat an. 1587 ein Compendium Musicæ modulativæ in 8vo zu Erffurt drucken lassen, und selbiges einigen seiner Scholaren, als: dreyen Brüdern von Sachsen, Gromannen, Schaden, Nacken und Mueß dediciret. Woraus muthmaßlich erhellet: er werde daselbst eine Cantor-Stelle bekleidet haben. Sein methodus docendi bestehet nur in einer Tabelle, welche in 4 Blättern erläutert wird. Die drauf folgende Exempel, aus 2. 3 und 4 stimmigen Fugen bestehend, sind auf die 12 Modos musicos gerichtet.

Gola (*ital.*) Gosier (*gall.*) s. m. die Kehle.

Gold (Martin) ein Braccist in der Königl. Capelle und Cammer-Music zu Dreßden an. 1 29. s. den dasigen Hof- und Staats-Calender.

Gombertus (*Nicolaus*) ein Scholar des Josquini. s. *Thuringi* Opusc. P. 2 c. 4. p. 20 und Kayserlicher Capellmeister, hat an. 1541 fünfstimmige Missen, und an. 1550, it 564 vierstimmige Motetten zu Venedig in 4to drucken lassen. s. *Gesneri* und *Draudii* Bibl. Class. p. 619. 1637. daß er ein Niederländer gewesen, liesst man in Daniel Federmanns Beschreibung der Niederlande, p. 46.

Gong, ist bey den Indianern ein Becken, darauf man mit einem hölzernen Klöppel schläget, wodurch, weil es aus Glo-ckenspeiß gemacht ist, einen hellen Laut giebt. Gongong ist der Pluralis, wiewol man insgemein auch ein einzig Becken Gonggong, oder, wie es ausgesprochen zu werden pflegt, Gomgom nennet. Dergleichen Becken werden allerwegen zu ihrer Music gebraucht, und insonderheit unterschiedliche nach ihren Tonen zusammen geordnet, darauf denn aufgespielet, und der Tact genau in acht genommen wird, welches denn die Ruder-Knechte auf den Schiffen zu einer durchgehenden Gleichheit beysammen halten kan. s. *Lorbers* Erklährung über das Lob der edlen Music. p. 84

Gontier ein Frantzösischer Componist, von Beauvais gebürtig, hat Missen gesetzet, deren Beschaffenheit in der Histoire de la Musique, T. 4 pag. 102. sq. entdeckt wird.

Goodeson (*Richardus*) ein Professor Musices zu Oxford in England, lieset wöchentlich des Donnerstages 1 Uhr öffentlich in der Music. s. *Miege* ersten Theil des Groß-Britannischen Staats, c. 7. p. 109. sqq.

Goretti (*Antonio*) ein geehrter und verständiger Musicus zu Ferrara ums Jahr 1620, dessen Haus eine rechte Herberge der Music gewesen, weil er kostbare Instrumente, und sehr viel Musicalia besessen. s. *Superbi* Apparato degli Huomini illustri della Citta di Ferrara p. 130.

Gorga, Gorgia (*ital.*) die Gurgel, Kehle. tirar la gorgia, im Singen coloriren.

Gorgheggiare, gorgarizzare (*ital.*) im Singen coloriren, trillen. s. *Castelli* Lexicon.

Gorin, ein Frantzösischer Componist ums Jahr 1679. s. den *Mercure Galant* a. c. p. 230 sq.

Gorlier (*Simon*) ein Frantzösischer Musicus, hat an. 1558 zu Lion Tabulatur-Sachen vor Teutsche Flöten; ferner an. 1560 den ersten Theil der vors Spinett, Guiterne und Cistre gesetzten Tabulatur-Pieces, daselbst in 4to selbst gedruckt. s. *Verdier* und *Draud* i Bibl. Exot. p. 209. denn, daß er ein Buchdrucker müsse gewesen seyn, solches erhellet aus dem folgenden 210ten Blatte der Draudianischen Bibliothec unter dem Articul: Ant. F an. Paladin.

Gosselin (*Jean*) Königs Caroli IX und Henrici III. in Franckreich Bibliothecarius, von Viré aus der Normandie gebür-

gebürtig, hat unter andern, auch an. 1571 zu Paris in folio heraus gegeben: la Main Harmonique, ou les principes de Musique antique, & moderne, und darinnen die Eigenschafft so die Music von den 7 Planeten herhaben soll, bemercket. s. Verdier Bibliotheque. Ist in sehr hohen Alter ins Camin-Feuer gefallen, und also verbrannt. s. das Buddeische Lexicon.

Gostuinus (*Antonius*) gab an. 1581 vierstimmige Cantiones zu Nürnberg in Druck. s. Draudii Bibl. Class. p. 1612.

Gotschovius (*Nicolaus*) ließ an 1604 Decadem musicalem primam sacrarum Odarum von 4. 5. bis 10 und mehr Stimmen zu Rostock drucken. Aus diesen Decadibus mögen nachgehends die Centuriæ erwachsen seyn, welche an 1608 so wohl zu Rostock als Hamburg in 4to ans Licht getreten sind. s. Draudii Bibl. Class. p. 1638 und 1642.

Gottwald (Georg) ein Cornettist und Trombonist in der Kayserin Amaliæ Wilhelminæ, Hof-Capelle an. 172 und 1727.

Gotzinger (Friedrich) ein Kayserlicher Baßist an 1721, und 1727

Gouet, ein Frantzose und Capellmeister oder Music-Director an einem Nonnen-Closter zu Longchamp, von dessen Arbeit ein 3stimmiges Chanson, nebst einem G. B. im Mercure Galant, des 1628ten Jahrs, im Novembre Monat, p. 28 befindlich ist.

Gouvernail (*gall.*) s. m. bedeutet die Krücke, wodurch die Schnarr-Register einer Orgel und eines Positivs gestimmt werden.

Gracieusement, gracieux (*gall.*) graziofo (*ital.*) lieblich, anmuthig.

Gradatio. s. Climax.

Gradenthaller (*Hieronymus*) ein Organist zu Regensburg, hat verschiedene Wercke heraus gegeben, als: (1 Deliciæ Musicas, davon der erste Theil an. 1675, und der zwente an. 1676 zu Nürnberg in 4to gedruckt worden. (2. das Andachts-Ubung an 1677 in 8vo; (3. die heilige Seelen-Lust, an 1685 in 4to daselbst gedruckt. Dieses Werck bestehet aus 25 Arien a l'enore solo mit 4 Viol und G. B. und ist das achte. (4. das Florilegium musicum in 8vo, an. 1687; (5. die Facetias musicales, aus 114 Stücken allerhand Gattung, an. 1695 in folio;

und (6. das *Horologium musicum* von 6 Bogen darinnen die Fundamen.a zum Singen in Exempeln gewiesen werden, an. 1687 zum zwentenmahle in 8vo, und allerseits zu Nürnberg, gedruckt.

Grado, pl. gradi (*ital.*) Stuffe, Stuffen, di grado, stuffen-weise; wenn nemlich die Noten von einer Linie in das nächste spatium, oder aus diesem in die nächste Linie gehen; welches, so es aufwerts geschiehet, di grado ascendente, und unterwerts, di grado descendente heisset.

Graduale (*lat.*) Graduel (*gall.*) war in der alten Kirche derjenige, aus wenig Worten bestehende Gesang, welcher nach der Epistel gesungen wurde; und hieß deswegen also; weil der Diaconus noch auf den gradibus oder Stuffen des Ambonis sich befunde, oder die Stuffen nach der Evangelien-Seite hinauf stieg. s. Schöttgens Antiquitäten-Lexicon. Die Ursache, warum das Graduale eingeführet worden, ist beym Bellarmino Controversiarum T. 3. p. 233. folgende: ne otiose transigeretur tempus illud, quod necessario interponendum erat inter Epist. lam & Evangelium, dum se Diaconus ad illud cantandum præparabat.

Gräbner (Johann Heinrich) ein Chur-Sächs. Hof-Orgelmacher, verfertiget auch gute Clavicymbel und Clavichordia.

Gräfenthal (Georg) war Organist an der S. Catharinen-Kirche in Zwickau, und starb daselbst an. 1633.

Gräfenthal (Johann) war zu Zwickau an der S. Catharinen-Kirche Organist, und starb an. 1547.

Gräfenthal (Martin) ist 43 Jahr Organist in Zwickau, und zwar erstlich an der Catharinen-hernach aber an der Marien-Kirche gewesen, auch daselbst, nachdem er mit seinem ersten Weibe 34 Jahr gelebet, und 6 Söhne und 5 Töchter gezeuget; mit dem zwenten Weibe aber ins 12te Jahr gehauset, an. 1504 im 72 Jahre seines Alters gestorben. s. M. Tobie Schmidts Chron. Cygn. c. 10. p. 50. und p. 436.

Gräfestein (Johann) von Erffurt, war unter den 53 verschriebenen Organisten der achte, welcher das an. 1596 in die Schloß-Kirche zu Grüningen erbauete Orgel-Werck bespielt und examinirt gehabt. s. Werckmeisters Org. Gruning. rediv. §. 11.

Græ-

Græfinthalius (*Christianus*) gebohren zu Zwickau an. 1571, wurde von seinem Vater Martino, der 9 Jahr dem Churfürsten zu Sachsen, Augusto, als ein Instrumental-Musicus gedienet, in der Organisten-Kunst unterrichtet, studirte und informirte in Organaria Musica vier Jahr lang zu Leipzig, wurde zu Wittenberg Organist, an. 1594 daselbst Magister, ferner an 1613 Protonotarius des basigen Hof-Gerichts und Schöppen-Stuhls, und starb an. 1624. s. *Freheri* Theatrum. Er war unter den 53 verschriebenen Examinatoribus des an. 1596 in die Schloß-Kirche zu Grüningen erbaueten Orgel-Wercks der 16te, bekam 60 Fl. und einen Klepper für 60 Fl zum gratial. s. *Werckmeisters* Organ. Gruning. rediv §. 1.

Graff Johann eines Schul-Rectoris zu Erffurt Sohn, hat, mehr aus natürlichem Triebe, und Anhörung anderer Organisten, insonderheit des Hrn Pachelbels, als Unterweisung, das Clavier erlernet; wurde in nurbesagter Stadt anfänglich an der S Thomas- hernach an der Regler- und letztlich an der Kauffmanns-Kirche Organist; trat ohngefehr ums Jahr 1694 eine Reise nach den Nordischen Quartieren an, da er denn zu Lüneburg bey Hr. Böhmen etwas in der Composition soll gethan haben, wurde auf der Rückreise zu Magdeburg an der S. Johannis-Kirche (nachdem er vorher wegen der Soldaten einige Fatalitäten ausgestanden) endlich angenommen, woselbst er auch an. 1709 gestorben.

Graff (Johann) aus dem Nürnbergischen gebürtig, hat, so wohl in Erlernung der Composition, als Violin, und anderer Instrumenten, verschiedene Lehr-Meister gehabt. Seine 1ste Condition war im Teutschen Hausse zu Nürnberg, als Violinist. Die 2te in Ungarn, bey dem Löffelhöltzischen Regiment, als Instructeur und Hautboisten-Meister über eine Bande von 16 Personen; in welcher er Gelegenheit bekommen, sich zweymahl in Wien aufzuhalten, und in musicis sich besser zu habilitiren. Die 3te als Chur-Mayntzischer und Hochfürstl. Bambergischer Hof- und Cammer-Musicus; in welcher er an. 178 sechs Sonate à Violino solo e Cont. zu Bamberg in Kupfferstich publiciret hat. Und die 4te ist nun als Hochfürstl. Schwartzburgischer Concert-Meister zu Rudelstadt, allda er an. 1723 das zweyte Opus, so gleichfalls aus 6 Sonate à Violino solo e Cont. bestehet, zum Vorschein kommen lassen; ist auch gesonnen, von seiner jetzigen Arbeit abermahl der Welt etwas mitzutheilen.

Graffus (*Valentinus*) oder Greffus, ein Lautenist aus Ungarn, dessen Garzoni im 34 Discorso seiner Piazza universale gedencket. Von seiner Arbeit ist an. 1569 der erste Theil Harmoniarum musicarum in usum testudinis zu Antwerpen gedruckt worden. s. *Gesneri* Biblioth. univers.

Gramaye (*Joannes Baptista*) ein Doctor Juris, päbstlicher Protonotarius und Probst zu Arnheim, von Antwerpen gebürtig, war ein guter Poet und Historicus, auch in Sprachen wohl erfahren, lehrete die Rhetoric und Jura als Professor Eloquentiæ und Juris zu Löven, wurde in den Niederlanden Historiographus, that eine Reise in Teutschland und Italien, wurde durch einen Corsaren nach Africa geführet; und starb, nach seiner Zurückkunfft an. 1635 zu Lübeck. Er hat vieles geschrieben, so an. 1708 zu Löven in folio gedruckt heraus gekommen. s. das *comp.* Gelehrten-Lexicon. Ob nun das von Franc. Swertio in seinen Athenis Belgicis angeführte, und damahls noch zu edirende Werck: de Musica Latina, Græca, Maurica, & Instrumentis Barbaricis, darunter mit enthalten sey? ist mir unbewust.

Grancini (*Michele Angelo*) ein Mayländer, wurde im 17ten Jahre seines Alters daselbst an der Kirche del Paradiso Organist, und fieng an, Sachen in Druck heraus zu geben; hierauf Organist und Capellmeister am Dom, da er denn wegen seiner gantz ungemeinen Virtu, in verschiedene seine Profession angehenden Begebenheiten, als ein Schieds-Mann erwehlt worden, auch wieder das vom H. Carolo gegebene Decret, nach welchem derjenige so verheyrathet ist, nurbesagte zwey Aemter nicht bedienen soll, erhalten. Er hat 23 Wercke an Missen, Psalmen, Motetten, Madrigalien, Canzonetten, u. s. f. durch den Druck bekannt gemacht. s. *Picinelli* Ateneo dei Letterati Milanesi, p. 425.

Grand (*Nicol. Ferdin. le*) hat 2 Opera Cantaten und Arietten à Voce sola mit und ohne Violinen; ingleichen den Triomph der Bataviren, bestaande in eenigen oorlogs-zangen, minne-zangen en drinck-liederen, d. i. Triumph des

der Niederländer, (Holländer) bestehend in Krieges= Liebes= und Trinck= Liedern, zu Amsterdam bey Roger graviren lassen.

Grand Chœur (*gall.*) oder Gros Chœur, der grosse, d i. Capell=Chor.

Grande Clef (*gall.*) der grosse Bass-Schlüssel, so auf der vierdten Linie stehet.

Grande Reprise (*gall.*) die grosse oder völlige Wiederholung. s. *Ripresa.*

Grand Triple (*gall.*) grosser Tripel-Tact.

Grandi (*Alessandro*) ein aus Sicilien gebürtig, in vielen Italiänischen Städten aber bedient und berühmt gewesener Capellmeister, hat verschiedene Wercke herausgegeben, als: sechs Theile 2. 3. 4. 5. 6. 7. und 8stimmiger Motetten, davon der erste an. 1619 zu Palermo in 4to gedruckt worden; Madrigali concertati, deren dritte Auflage an. 1619 zu Venedig in 4to ans Licht getreten ist; Messe concertate 8 voc; Messa e Salmi a 2. 3. e 4 voci con Basso e Ripieni, ferner ein Werck kurtzer 8stimmiger Psalmen wiederum Motetti à Voce sola; noch ein Werck 5stimmiger Motetten samt Litanien de B. Virgine; Celesti Kiori à 1 2. 3. e 4 voci; weiter drey Theile 1. 2. 3. und 4stimmiger Motetten mit 2 Violinen; und ein Werck 2 und 3stimmiger Arien und Cantaten mit 2 Violinen. s. *Mongitoris* Bibl. Sicul. T. 1. p. 17. von den Parstorfferischen Music= Catalogum. Als Capellmeister an der Cathedral-Kirche zu Rimini, hat er sein drittes, aus dreyen 3 und 4stimmigen Missen, mit und ohne Violinen bestehendes Werck, zu Bologna drucken lassen, und selbiges dem Capitul gedachter Kirche zugeschrieben. Es sind auch an. 1640 von ihm als Capellmeister bey S. Maria Maggiore zu Bergamo, Psalmen in Venedig zum Vorschein gekommen.

Grandval, ein Französischer Musicus, componiret die kleinen Arien in den neuen Comödien zu Paris. s. das *Sejour de Paris* p. 276 eine davon ist im Mercure Galant an 1722, p. 68. des Octobre-Monats in Noten befindlich. Das 1ste Buch seiner Cantates ist bey Mr. François Boivin in Paris zu haben. s. dessen *Catalogue general des Livres de Musique pour l'année* 1729 p. 9.

Grani (*Aloisio*) ein in der Republic Venedig ehemals gestandener Musicus hat 5stimmige concertirende Sonaten herausgegeben.

Graphæus (*Cornelius Scribonius.*) s. *Scribonius.*

Graßbach (**Valentin**) hat als ein Studiosus Theologiæ an. 1622 den 5ten Versiculum des 62 Capitels Esaiä, auf das Beylager Hrn. Georg Heinrichs von Raschau, mit 5 Stimmen componiret, und zu Jena in 4to drucken lassen.

Grasser, eines Bauren Sohn, ist in der Bayerischen Hof-Capelle, zu Zeiten des Orlandi de Lasso, bedient, und wegen seiner sehr tieffen Bass=Stimme berühmt gewesen. s. *Præt.* synt. Mus. T. 2. p. 17.

Grassi (*Bernardino*) ein Mantuaner, war an. 1655 in Kaysers Ferdinandi III. Capelle, ein Tenorist. s. *Bucelini* Germ. Topo-Chrono-Stemmatograph. P. 3. p. 279.

Grassi, (*Francesco*) Capellmeister zu Rom an der Königl. Kirche S. Giacomo de gli Spagnuoli, hat das vom Abt Giacomo Buonacorsi verfertigte Oratorium, genannt: il Trionfo de Giusti, in die Music gebracht, und an. 1701 am letzten Sonntage Fasten: in der Kirche della Archiconfraternità della Pietà Florentinischer Nation aufgeführt. s. *Cinelli* Biblioteca Volante, Scanzia XVI.

Grassini (*Francesco Maria*) hat Motetti concertati von 2. 3. 4. und 5 Stimmen, mit und ohne Violinen, nebst Litanien de B. Virgine herausgegeben.

Gratiani (*Bonifacio*) war an der Jesuiter-Kirche zu Rom Music= Director; von seiner Arbeit ist an. 1652 ein Werck 2. 3. 4. 5. und 6stimmiger Motetten zu Antwerpen gedruckt worden.

Grave, ein ohnweit Halberstadt gebürtiger Lautenist, thät an. 1718 eine Reise nach Schlesien, wurde, nachdem er wieder zurück kam, am Hochfürstl. Merseburgischen Hofe engagirt, allwo er ohngefehr ums Jahr 1724 an der Schwindsucht gestorben. s. *Barons* Unters. des Instruments der Laute, p. 82.

Grave, ein blinder, aber berühmter Organist an der Neuen Kirche auf dem Dom zu Amsterdam, kan die neuesten Italiänischen Concerten, Sonaten, &c. mit 3. und 4 Stimmen auswendig, und gut auf seiner Orgel spielen. s. *Matthesonii* Orchest. II. p. 130. Nach Bericht eines sichern Freundes, der ihn, auf meine Veranlassung, an. 1730 zu Ausgang des May-Monats gesprochen, heisset er mit dem

Vornahmen; Johann Jacob, ist aus Amsterdam gebürtig, ohngefehr 60 Jahr alt, und hat rothe trieffende Augen.

Grave, gravemente (*ital*) gravement (*gall.*) ernsthafft, und folglich: langsam, gravissimo, gravissimamente [*ital.*] sehr ernsthafft sehr langsam.

Graveures, (*gall.*) pl. s. f. die Cancellen an einer Windlade in Orgeln.

Gravina (*Janus Vin. ent. us*) ein Römischer Rechts-Gelehrter, und Antecessor, hat an. 1696 Orationes und Opuscula zu Rom in 12mo heraus gegeben; selbige sind an. 1713 zu Utrecht nachgedruckt worden; unter solchen ist auch eine, und zwar die dritte, so er an. 1700 von den Wissenschafften überhaupt gehalten, und darinn den Ursprung und Fortgang einer jeden Wissenschafft insonderheit berühret hat. s. Stollens Einleitung in die Historie der Gelahrheit, p. 28.

Gravius (*Abraham*) ein Professor zu Franecker, hat daselbst an. 1674 eine Historiam Philosophicam in 8vo drucken lassen, in welcher an verschiedenen Orten, als: lib. 1. c. 4. lib. 2. c. 6. 10. und 14. lib. 3. c. 1. 8. 9. und 12. von Music-Auctoribus, und andern in die Music lauffenden Sachen gehandelt wird.

Graun (*Johannes Amadeus*) Capell-Director am Hochfürstl. Hofe zu Merseburg, hat 6 Sonaten vor die Violin und Clavier gesetzt, in Kupfferstich ohne Jahr-Zahl ediret, und solche der Frau Hertzogin daselbst, Henrietten Charlotten, gebohrnen Fürstin von Nassau Idstein, in Italiänischer Sprache dediciret. Ob nun gleich gedachter massen, das Publications-Jahr auf diesem Wercke nicht gemeldet worden; so ist doch gewiß: daß es entweder das 1726 oder 1727te sey.

Graupner (*Christoph*) Hochfürstl. Hessen-Darmstädtischer Capellmeister, hat an. 1718 acht Partien vors Clavier in Kupffer herausgegeben; diesen sind an. 1722 gefolget: Monatliche Clavier-Früchte, aus Præludien, Allemanden, Couranten, Sarabanden, Menueten, Giquen, &c. bestehende. Die von ihm verfertigte Opern heissen, wie folget: Dido, an. 1707 Hercules und Theseus; Antiochus und Stratonica; ingleichen Bellerophon, an. 1708; und Simson, an 1709; allerseits auf dem Hamburgischen Theatro aufgeführt. s. *Matthesoni* Musical. Patrioten, p. 187. Er soll von Kirchberg, aus dem Chur-Sächs. Gebürge gebürtig seyn, zu Leipzig auf der Thomas-Schule und sodann auf dasiger Universität studirt, hierauf nach Hamburg sich begeben haben, und von da aus, nachdem er sich durch seine Composition renomirt gemacht, an obgedachten Hof gekommen seyn.

Grayff (*Paulus*) hat an. 1655 an Kaysers Ferdinandi III. Hofe als ein Instrumental-Musicus gestanden. *Bucelinus*.

Greca (*Antonius la*) Fardiola zubenahmt, weil er des Philippi Fardiolæ, Panormitanæ Ecclesiæ Beneficiati, Discipul gewesen, war an. 1631 zu Palermo in Sicilien gebohren, legte sich auf die Music, und gab an. 1657 unter dem Titul: Armonia Sacra, den 1sten Theil seines ersten, aus 2. 3. 4. und 5 Stimmen bestehenden Wercks daselbst in 4to drucken, starb an. 1668 den 8 Maji, und wurde in die Kirche des H Augustini begraben. s. *Mongitoris* Bibl. Sicul. T. I. p. 68.

Greco (*Giov.*) ein Kayserl. Altist an. 1721, und 1727.

Green, ein Engländischer Componist, hat ohngefehr an.1724 in der Cathedral-Kirche St. Pauli zu London ein Te Deum, und Jubilate vocaliter und instrumentaliter aufgeführet. s. *Matthesonii* Crit. Mus. T. 2. p. 96.

Greenwood (*Frans*) ein jetzo zu Rotterdam lebender Kauffmann, ist ein Liebhaber von allem was schön heißt, auch in der Zeichen-Kunst und Music nicht unerfahren. An 1718 sind Gedichte von ihm publicirt worden. s. die Neuen Zeitungen von gelehrten Sachen an. 1719. p. 45.

Gregoras (*Nicephorus*) der uns Jahr Christi 1295 zu Heraclea in Asien gebohrne, und an. 1359 in einem Closter zu Constantinopel verstorbene Philosophus und Redner, soll über des Ptolomæi Harmonica etwas geschrieben haben. s. D. *Fabricii* Bibl. Gr. lib. 3. c. 10. p 269.

Gregori (*Giov. Lorenz*) ein Violinist in der Republic Lucea Diensten, hat an. 1698 Arie in stil Francese à 1 e 2 Voci; wiederum 10 vierstimmige Concerten; und an. 1699 Cantate da Camera à Voce sola daselbst drucken lassen, und dieses letztere Werck der Fr. Bianca Teresa Buonvisi dediciret.

Gregorii (*P.*) sein Encomium, Verbo incarnato, ejusdemque matri musicis numeris decantatum, ist an. 1618 zu Ingolstadt gedruckt worden.

Grego-

Gregorio (*Annibale*) von Siena gebürtig, hat Sacras Cantiones und Lamentationes 2. 3. & 4 vocum daselbst an. 1620 ediret.

Gregorius ein Canonicus regularis und Præcentor zu Bridlington, einer kleinen in der Provinz Yorck liegenden Engländischen Stadt, im 13 Seculo, hat drey Bücher: de arte Musices geschrieben. f. die *Centur. Magdeburg. Centur.* 13. c. 10. *Possevinus* T. 1. *Apparatus Sacri* gedencket deren nur zwey.

Gregorius Magnus, der von an 591 bis 604 gesessene Römische Pabst, ein grosser Liebhaber, Beförderer und Kenner der Music, hat die 15 Buchstaben oder Noten auf 7 reduciren, und den sehr einfältig damahls gewesenen Kirchen-Gesang merklich verbessern lassen; daher solcher auch noch heutiges Tages, Jhm zu Ehren, der Gregorianische Gesang genennet wird. Nach seinem Tode ist er mit folgender Grabschrifft beehret worden:

    Suscipe terra tuo corpus de corpore sumtum
      Reddere, quod valeas, vivificante Deo.
    Spiritus astra petit, Lethi nil dira nocebunt,
      Cui vitæ alterius mors magis illa via est:
    Pontificis summi hoc clauduntur membra sepulchre,
      Qui innumeris vixit semper ubique bonis.
    Esuriem dapibus superavit, frigora veste,
      Atque animas monitis texit ab hoste sacris,
    Implebatque actu, quicquid sermone docebat,
      Esset ut exemplum, mystica verba loquens.
    Anglos ad Christum vertit pietate magistra,
      Acquirens fidei agmina gente nova.
    Hic labor, hoc studium, hæc tibi cura, hoc Pastor agebat,
      Ut Domino offerres plurima lucra gregis.
    Hisque Dei consul factus lætare triumphis,
      Nam mercedem operum jam sine fine tenes.

f. den 2ten Theil der Vergnügung müssiger Stunden, *p.* 31. *sq.* aus *Onuphrii Panvinii* Annot. ad Platinam.

Gregorius (*Petrus*) ein Doctor J. U. und Parlaments-Advocat zu Toulouse, auch von dannen gebürtig, war ungefehr ums Jahr 1574 anfänglich auf der Universität zu Cahors (Academiæ Cadurcensis,) nachgehends aber auf der neuen Lothringischen Academie zu Pont a Mousson (in nova Academia Lotharingica Pontis Camassonii) Professor P. Juris Civilis, und schrieb in Lateinischer Sprache Syntaxes artis mirabilis in 40 kurzen Büchern, welche an. 1600 in 2 Tomis zu Cöln in groß 8vo sind gedruckt worden. Die Dedication dieses Wercks ist an. 1574 den 4ten Nov. zu Lion an Henricum III. König in Franckreich und Polen gerichtet. Jm ersten Tomo sind sieben, und im zweyten 33 Bücher enthalten. Jm 1ten Buche handelt das 3te Capitel: quid sit Musica; c. 4. de Sono, Subjecto Musices; c. 5. de Musices inventione; c. de divisione Musices; c. 7. de cœlesti Musica; c. 8. de Musica mundana; c. 9. de artificiali Musica, ejus divisione, & instrumentis musicalibus, seu organis; c. 10. de vocali Musica & ejus divisione; e. 11. de voce seu phthongo in artificiali Musicæ, & ejus Scala; c. 12. de vocum expressione, figura, tactu, pausa, punctis; c. 13. de unisono & tonis; c. 14. de concordantia & discordantia; das 15te Capitel trägt etliche compositions-Regeln, oder axiomata componendarum modulationum vor; c. 16. handelt de Tonis tropicis; c. 17. de Modis Musices antiquorum; c. 18. de effectibus & vi Musicæ; c. 19. de saltationibus & tripudiis; c. 20. de scenicis antiquorum saltationibus, und c. 21. de diversis moribus antiquorum circa Musicam & tripudia. Alle diese Capitel machen zusammen 10 Blätter aus.

Greiterus (*Mattheus*) ein an der Hauptkirche zu Straßburg bedient gewesener, und daselbst an. 1550 den 20. Decembr. verstorbener Musicus, hat eine Musicam, oder Elementale Musicum geschrieben. f das Historische Register des Naumburg. Gesang-Buchs, *p.* 33. und *Gisneri* Partit. univers. lib. 7. tit. 3. item Wenels Lieder-Historie, *p.* 349.

Gretschmar (*Johann*) hat eine teutsche Melopœiam, oder Componir-Kunst geschrieben,

schrieben, darinn er zeiget, wie man Gesänge mit viel Stimmen machen kan, und die Regeln sind mit Exempeln guter Auctorum erläutert.

Grez contraire [*gall.*] die Gegen-Bewegung.

Griesbacher [Johann] ein Kayserlicher Cornettist an. 1721, und 1727.

Griesippus, ein Musicant, der verliebten Leuten Nacht-Musiquen verfertiget gehabt, auch auf dem Trigono und Sambuca dazu gespielet. s. *Athenæum* lib. 14.

Grießtopf [Ulrich] von Magdeburg, war unter den 53 verschriebenen Organisten der erste und älteste, so das an 1596 in der Schloß-Kirche zu Grüningen verfertigte Orgel-Werck bespielet und examiniret gehabt. s. Werckmeisters Organum Gruningense redivivum, §. 11.

Grigny [*N. de*] Organist an der Cathedral-Kirche zu Rheims, hat an. 1700 ein Buch vor die Orgel ediret, worinnen eine Missa und Hymni auf die vornehmste Feste im Jahr enthalten sind.

Grille [*Jean Baptiste*] ein Frantzösischer Componist ums Jahr 1670. Es sind auch schon an. 1618, unter diesem völligen Nahmen, zu Venedig Sacri Concentus herausgekommen.

Grimaldus [*Joan. Petrus*] ein Carmeliter-Mönch, und Vicarius Generalis seines Ordens zu Rom, von Genua gebürtig, ist ein guter Poet, auch Vocal- und Instrumental-Musicus gewesen, und an. 1631 gestorben. s. *Oldoini* Athenæum Ligusticum, p. 365.

Grimaret, hat an. 1707 zu Paris einen Traité du Recitatif dans la lecture, dans l'action publique, dans la Declamation, & dans le Chant in 8vo ediret, worinnen das 8te, als das letzte Capitel vom 193 bis 232 Blatte, vom Gesange handelt.

Grimbaldus, ein gelehrter Frantzösischer Mönch und Musicus, hat den Engländischen König Alvredum informiret; wie solches *Joan. Cajus* lib. I. p. 165. de Antiquitate Cantebrigiensis Academiæ, mit folgenden Worten des Ranulphi darthut: Alvredus eleemosinæ dator, Missarum auditor, rerum ignotarum investigator, Sanctum *Grimbaldum* monachum, *literatura & cantu peritum*, de partibus Galliæ, & Joannem monachum de ultimis Walliæ finibus, scilicet de monasterio S. David Meneviæ, ad se vocavit, ut literis instrueretur.

Grimmius (*Henricus*) war Cantor zu Magdeburg, und nach geschehener Zerstörung dieser Stadt, Cantor an der Catharinen-Kirche in Braunschweig. s. *Conr. Matthei* von den Modis Musicis in der Zuschrifft. Daß er an. 1624. einen Unterricht ausgegeben, wie ein Knabe nach der alten Guidonischen Art zu solmisiren leicht angeführet werden könne; liest man in *Matthesonii* Orch. II. p. 395. Sonst hat er auch einen Tractat: de Monochordo in teutscher Sprache geschrieben.

Gringotter (*gall.*) zwitschern, singen, als die kleinen Sing-Vögel thun.

Griphus, mit diesem termino beleget Janowka einen Griff, den man auf Instrumenten thut.

Groh (Heinrich) Fürstl. Sächs. Merseburgischer Capell-Director, gab an. 1676 seine aus 12 Suiten bestehende Tafel-Ergötzung heraus.

Groh (Johann) ein Dreßdener, ließ an. 1603 sechs und dreyßig Intraden in Nürnberg drucken; es sind auch daselbst 30 Paduanen von ihm herausgekommen.

Gronde (*gall.*) ist eben was Trompe, und hat ehemahls eine Trompete, ein Waldhorn, und eine Maul-Trummel bedeutet. s. *Furetiere* Diction.

Groppo, oder **Gruppo**, pl. groppi, gruppi (*ital.*) grouppe (*gall.*) ist in der Music eine *Diminutions*-Gattung grosser und langer Noten, und bestehet ordinairement aus vier Achteln oder Sechzehntheilen, deren erstes und drittes in einerley Tone, das zweyte und vierdte aber in verschiedenen Tonen sich befinden. Steiget die vierdte Note in die Höhe, so ists ein Groppo ascendente; steigt sie aber abwerts, so ists ein Groppo descendente. s. Tab. XI. F. 7. ascend. descend. Diese diminution wird öffters auf der penultima einer Cadenz, um das trillo zu endigen, gebraucht. s. *Brossardi* Diction. Weil nun solcher gestalt diesem Auctori ein Circolo mezzo, p. 20. und ein Groppo, p. 43. einerley ist; halte ohnmaßgeblich dafür: daß diese letztere Figur alsdenn erst den Nahmen einer Kugel oder Walze meritiret, wenn vorgemeldte vier Noten zweymahl angebracht werden. v. Tab. XI. F. 8. aber Printzens, unter dem Articul: Circolo mezzo,

mezzo, angeführte Meynung ist des Brossard, seiner vorzuziehen.

Groß (Peter) ein Musicus zu Zeitz, gab an 1616 fünffstimmige Paduanen und Intraden in 4to heraus.

Grosse (Severus) von Hildesheim, war unter den 53 verschiedenen Organisten der letzte, welcher das an. 1596 in die Schloß-Kirche zu Grüningen erbauete Orgel-Werck bespielt und examinirt gehabt.

Großke (Stephan) von Hildesheim, ist unter nurgedachten Examinatoribus der 13te gewesen. s. Werckmeisters Org. Gruning. rediv. §. 11.

Gros (Simon le) der Dritte Violinist in der Königl. Capelle und Cammer-Music zu Dreßden an. 1726. s. den dasigen Hof- und Staats-Calender a. c.

Großmann (Gottfried) ein Musicus in der Polnischen Capelle an. 1729.

Grossi (Andrea) ein Musicus und Violinist beym Hertzoge zu Mantua, hat verschiedene Sachen publiciret, worunter das dritte Werck aus zwölff Sonaten von 2. 3. 4. und 5 Stimmen bestehet.

Grosthead, Grosteſt, Grossa, oder Capito (Robertus) ein von armen Eltern zu Strabbroot in Suffolck gebohrner Engländer, studirte zu Oxford und Paris, wurde Archidiaconus zu Leicester, hernach an. 1235 den 10 Junii Bischoff zu Lincoln, und starb den 9 Oct. an. 1253. Soll, unter andern, auch über des Boëthii Musicam und Arithmeticam commentirt haben. s. Herrn D. Fabricii Bibl. Gr. lib. 3. cap. 10. Antonius à Wood, lib. 1. Hiſtor. & Antiq. Universitatis Oxonienſis, p. 81. hält unter 12 ihm beygelegten Nahmen, den 7den vor den ächteſten; weil aber die Zahl VII. (aus Versehen des Druckers) zweymahl daselbst vorkommt, mag ein der Engländischen Sprache Kundiger, den rechten davon erwehlen. Die gantze passage ist diese: neque minus diſcrepant Anglicanæ ipſius (in libris tum impreſſis tum manu exaratis repertæ) nuncupationes. Vocatur enim

I. Groſſeteſte. II. Groſteſt.
III. Groſtet.   IV. Groſtead.
V. Grouthead.   VI. Groſtede.
VII. Greathead. VIII. Groſtheved.
IX. Greatheved. X. Groſehede.
XI. Grokede.   XII. Groſchede.

E quibus nominibus primum illud Gallicanum, septimum verò Anglicum, ad literam eſt.

Groteford (Elias) von Halberstadt, war unter den 53 Examinatoribus des Grüningischen Orgel-Wercks der 27te. s. Werckmeiſters Org. Gruning. rediv. §. 11.

Grotte (Nicolas de la) ein Königl. Frantzös. ordinairer Cammer-Organiſt, hat des Ronsard, Baif, Desportes, Tillac, und anderer ihre Chanſons mit 4 Stimmen componiret, und an. 1570 zu Paris, bey Adrian le Roy drucken laſſen: An. 1583 hat er auch 3. 4. 5. und 6 ſtimmige Airs und Chanſons daſelbſt bey Jean Cavellat herausgegeben. s. Verdier Bibliotheque.

Grotti (Giov. Francesco) Siphax zubenahmt, ist ein unvergleichlicher Sänger auf dem Theatro des H. Joh. Chryſoſtomi zu Venedig ums Jahr 1679, und von Rom bürtig geweſen. s. den Mercure Galant, im April-Monat a. c. p. 84.

Grua (Carlo Luigi Pietro) Capellmeister zu Düſſeldorff, ist an. 1711 noch am Leben geweſen.

Grube (Hermannus) eines Schuſters Sohn aus Lübeck, gebohren an. 1637, wurde an. 1666 zu Leyden Doctor Medicinæ; an. 1667 Stadt-Physicus zu Habersleben, an. 1685 ein Mitglied des illuſtris Colleg. Naturæ Curioſorum, und starb an. 1698 zu Anfange des Febr. Schrieb an. 1679 Conjecturas Phyſico-Medicas, de ictu Tarantulæ, & vi Muſices in ejus curatione, zu Franckfurt in 8vo gedruckt. f. J. Henr. von Seelen Athen. Lubecenſ. P. 3. p. 222.

Grubner (Simon) war Organist an der S. Catharinen-Kirche in Zwickau, und zog von da an. 1595 nach Marienberg. s. M. Tob. Schmidts Chron. Cygn. p. 436.

Grünewald, ein Schwieger-Sohn des seel. Weiſſenfelsiſchen Capellmeiſters, Herrn J. Philipp Kriegers, und Vice-Capellmeiſter zu Darmſtadt, ist ein vortrefflicher Sänger, und hat zu der an. 1703 zu Hamburg aufgeführten Oper, Germanicus genannt, die Muſic verfertiget. s. Mattheſonii Crit. Muſ. T. 2. pag. 214. 248. Organiſten-Probe, p 177. und Muſical. Patrioten, p. 186.

Grunthlerus (Andreas) ein Profeſſor Medicinæ zu Heidelberg, von Schweinfurt gebürtig, componirte den 42 Pſalm: Wie der Hirſch ſchreyet, ꝛc. mit 4 Stimmen,

men, als seine Ehelicbste mit grossen Anfechtungen heimgesuchet wurde, und hierauf an. 1555 den 26 Oct. verstarb; dieses Stück hat Martin Crusius, welchen es sehr afficiret, an. 1564 an Cœlium Secundum Curionem, einen Professorem Eloquentiæ zu Basel, als dessen Tochter gestorben, nebst einem griechischen Carmine übersendet. s. *Crusii* Annot. in lib. 6. Germano-Græciæ, p. 299.

Guænarius (*Petrus Antonius*) ein Musicus und Componist an der Cathedral-Kirche zu Padua ums Jahr 1559, dessen Scardeonius de Antiq. urbis Patav. p. 263 gedencket.

Gualtero (*Alessandro*) hat ein Opus achtstimmiger Missen und Litanien ediret.

Gualtieri (*Antonio*) Capellmeister zu Monselice (lat. Mons Silicis genannt) einer ohnweit Padua liegenden Stadt, hat an. 1613 fünffstimmige Madrigalien zu Venedig drucken lassen.

Gualterus, ein Benedictiner-Mönch zu Evesham in England, ums Jahr 1240, hat ein Buch: de Speculatione Musices geschrieben. s. die Centuriat. Magdeb. Cent. 13. c. 10.

Guami (*M. Gioseffo*) ein Organist am Dom zu Lucca, auch dabey ein excellenter Componist und Violinist, hat an. 1586 Sacras Cantiones oder Motetten von 5-10 Stimmen zu Venedig drucken lassen. Seine Canzonette Francese à 4 5 e 8 Voci, nebst einem Madrigale passeggiato, sind an 1613 zu Antwerpen heraus gekommen. s. *Draudii* Bibl. Class. pag. 1612 und 1638.

Guarin (*Pierre*) ein wegen seiner Gelehrsamkeit in der Hebräischen und Chaldäischen Sprache berühmter, und zu Anfange des 1730ten Jahres verstorbener Pater Benedictiner Ordens von der Congregation S Mauri, hat vor 6 Jahren den ersten Band von der Hebräischen und Chaldäischen Grammatick heraus gegeben; diesem ist nunmehro der zweyte gefolget, darinnen eine Tabulatur der unter den Juden in Spanien, Teutschland und Italien gebräuchlichen Music befindlich ist; wie man nun dergleichen musicalische Noten in Franckreich niemahls gedruckt, so hat es eben viel Zeit gebraucht, dieselben mit gehöriger accuratesse schneiden und giessen zu lassen. Den dritten Band dieses Wercks (so an. 1723 fertig seyn soll) wird ein anderes Mitglied vorgedachter Congregation und ein Schüler des verstorbenen, der P. Nic. le Tournois, besorgen. Jeder Band kostet per subscriptionem 10 livres. s. die gel. Zeitung 1731. N. IX. p. 78.

Guedon, ein Frantzose, hat ein Cantaten-Werck heraus gegeben s. *Boivins* Music-Catalogum aufs Jahr 1729, pag. 11. conf. *Guedvon.*

Gueinzius (*Christianus*) ein Magister und Rector zu Halle, von Kola, im district Guben, in der Nieder-Lausitz gebürtig, welcher an. 1650 den 3ten Aprilis im 58 Jahr seines Alters, und 22 seines Amts gestorben, hat unter andern eine Disputation de Musica geschrieben. s. *Wittenii* Diarium Biographicum. Sein zu Halle befindliches Epitaphium lautet also:

Christian Gueinzius, Guben. Lusat. nat. 1592.
Christianus fuit fide, humanitate homo,
Istic veræ vitis Palmes ob fructum, hic ob
Odorem rosa flagrans,
Philosophus sua ætate clarissimus.
Wittebergæ enim constitutus Elector. Consist.
Advocatus
Una Philosophiam & Jura magna cum laude
professus est.
Postea Salinarum Gymnasiarcha Saxonicarum
factus
Dexteritate, integritate, sedulitate,
& suam & Gymnasii famam auxit,
Docuit enim cum admiratione præsentes voce,
Scriptis absentes.
Utilitati certe publicæ publicus servus
serviit ann. 28.
Sed serviit! nunc in cœlis capit mercedem

poſtq. A. 1650. D. 3. April. ipſo nominali die ſuo
ſervire deſiit.
Reliquit autem ingens ſui deſiderium non
tantum conjugi
Catharinæ Berndes & 2 filiis filiabusque 5.
Sed & Gymnaſ. & univerſ. literat. orbi.
Tu v. Lector, ne nihil ab hoc Præceptore diſcas.
Diſce Mori.
Perpetuæ memoriæ Dn. Parentis poſuit
Filius natu major.
Joh. Chriſtian Gueinzius, J. U. D. Reipub. Hall. Conſul
& Conſiliarius Mansfeldicus, 1681.

ſ. Wetzels Hymnopœogr. 1 Th. p. 360, ſq.

Guedron, ein Frantzöſiſcher Componiſt, deſſen in der Hiſtoire de la Muſique T. 1. p. 265. gedacht wird. *Merſennus* lib 7. Harmonic. Prop. 17. erwehnet ſeiner, und ſeines Eydams in folgenden Worten: unus ſiquidem *Guedronius* nuper, uti nunc illius *gener* ſoli in Gallia cantus pulcherrimos feciſſe cenſentur. Quod cùm habeant à natura potiùs quàm ab arte, nec ullus reperiatur, qui ſola arte fretus illorum cantus ſuperet, vel æmuletur, quis confidat ſe methodum invenire poſſe, juxta quam cantus optimi pro quolibet argumento poſſint componi non ſolum ab iis, quibus aſtra, temperamentum, vel nativitas favent, ſed etiam ab aliis, quibus hujusmodi prærogativas natura denegavit, ſi tamen methodum illam calleant.

Günther (Conrad) war an. 1617 Vice-Capellmeiſter alhier in Weimar ſtarb als Capellmeiſter an. 1638, und wurde ihm den 8ten Sonntag poſt Trinitatis in hieſiger Stadt-Kirche von dem damahligen General-Superintendenten Hrn. M. Johann Kromayern eine ſolenne Leichen-Predigt de laude Muſicæ gehalten.

Guerre, eines Organiſten Wittbe zu Paris, hat in ihrer Jugend, da ſie noch am Hofe geweſen, ſehr viel Muſicaliſche Stücke, ingleichen etliche Opern componiret, davon die Cephale und Procris; zwey Bücher Clavier-Sachen; ein Buch mit Sonaten vor eine Violin; und zwey Bücher mit Frantzöſiſchen Cantaten, gedruckt worden ſind. Die bey ihr gehaltene Muſicaliſche Concerts haben vor einigen Jahren aufgehöret. ſ das *Sejour de Paris*, p. 57. und 275. Iſt an. 1716 noch am Leben geweſen. In Mr. *Boivins* Catalogue general des Livres de Muſique pour l'année 1729 wird p. 11. einer Mademoiſelle dieſes Nahmens erwehnet, die 3 Bücher Cantates herausgegeben hat, davon die zwey erſtern aus der H. Schrifft genommen ſind. Sie hat auch ein Sonaten-Werck, ſo 9 Livres koſtet, publiciret. ſ. den an. 1729 zu Paris in 4to gedruckten *Catalogue general*, p. 5. Dieſes letztere, nebſt noch einem andern, dörfte vermuthlich dasjenige ſeyn, ſo in den Nov. Liter. Germ. an. 1708. p. 141. folgender maſſen recenſiret wird: qui Muſica delectantur, forte non vulgari perfundentur lætitia ex inſpectione duorum libellorum, quos in hoc artis genere excellens virgo *Delaguerre* publice extare voluit. Inſcriptio prioris hæc eſt: "Pièces de Clavecin qui peuvent ſe jouër ſur le Violon, dediées au Roi. Compoſées par Mademoiſelle *Delaguerre*, & gravées par H. de Bauſſen. A Paris chez Pierre Ribou prés dis grands Auguſtins, chez Foucault a la Regle d'or ruë S. Honore; & chez l'Auteur dans l'Isle Nôtre Dame, ruë Regrattiere. 1707, pagg. 26. in fol." Alter apud eosdem venalis proſtat inſcriptus: "Sonates pour le Violon & pour le Clavecin, dediées au Roi. Compoſées par Mademoiſelle *Delaguerre*, & gravées par H. de Bauſſen A Paris 1707. pagg 54. in fol."

Guerrero (*Franciſcus*) ein Portionarius und Capellmeiſter zu Sevilla, der Spaniſchen Haupt-Stadt im Königreich Andaluſien, welcher, über 72. Jahr alt, daſelbſt geſtorben, und in die Haupt-Kirche zur L. Frauen begraben worden iſt, hat ums Jahr 1520 floriret, und viele Muſicalien heraus gegeben, wovon an. 1565 vierſtimmige Magnificat zu Löven in folio gedruckt worden. ſ. *Antonii* Bibl. Hiſp. und *Draudii* Bibl. Claſſ. p. 1631. Im 11ten Capitel T. 1. der Hiſtoire de la la Muſique, p. 26;. wird er Guerreno genennet.

Guec (*gall.*) ſ. m. ein Trompeter-terminus, bedeutet denjenigen Trompeten-Klang, welcher die Reuterey erinnert, ſich zurück zu ziehen, weil es ſpät iſt. ſ. *Richelets* Diction.

Guevelius. ſ. *Kneſelius.*

Guetwillig (*Georgius Ludovicus*) hat die Antiphon. Alma Redemptoris mater; Ave Regina; Regina cœli; Salve Regina, von einer Sing-Stimme, 2 Violinen, und G. B. ſo das 2te Werck ausmachen, in 4to drucken laſſen. ſ. Hrn. Lotters Muſic-Catal.

Guggumos (*Gallus*) des Hertzogs in Bayern, Alberti, Organiſt, ließ an. 1612 ein Motetten-Werck von 4. 5. und 6 Stimmen in Venedig drucken.

Guicciardi [*Franceſco*] ein Virtuoſe des Hertzogs von Modena, war an. 1718 in der Dreßdener Opera mit bedienet.

Guida [*ital.*] Guide [*gall.*] der Führer, iſt in den Fugen und Canonibus die anfangende Stimme, welche der Conſequens, d. i. die folgende Stimme imitiren oder repetiren muß. Soll ſo viel ſeyn, als vix dux.

Guidetti [*Gioſeffo*] ein Muſicus an der Petronii-Kirche zu Bologna, vom Pöbel insgemein Gioſeffo dal Biabò genannt, weil er das Biambe (was dieſes für ein Inſtrument ſey, iſt mir unbekannt) vertrefflich tractiren können, und deswegen von den Päbſten Clemente VIII. und Paulo V. auch andern Fürſten ſehr beſchencket und begnabiget worden, iſt an. 1625 den 7 Decemb. geſtorben. ſ. *Maſini* Bologna perluſtrata, p. 681.

Guidettus, oder Guidottus [*Joannes*] Pabſts Gregorii XIII Capellan, von Bologna gebürtig, ſchrieb an. 1582 das Directorium chori ad uſum Baſilicæ Vaticanæ & aliarum Cathedralium ac Collegiatarum Eccleſiarum, und ließ es zu Rom in 8vo drucken. ſ. *Lipenii* Bibl. Philoſ. Sein Cantus Eccleſiaſticus Paſſionis Chriſti, wie er in der Päbſtl. Capelle gebräuchlich, iſt an. 1585 zu Rom in folio heraus gekommen. ſ. *Draudii* Bibl. Claſſ. p. 1647.

Guidiccione (*Lelio*) ein gelehrter Römer, hat, unter andern, einen Diſcorſo ſopra la Muſica geſchrieben; welcher aber noch nicht gedruckt worden. Iſt geſtorben nach dem 1641ſten Jahr. ſ. *Allatii* Apes Urbanas, und das *comp.* Gelehrten-*Lexicon.*

Guido Aretinus (*lat.*) Gui oder Guy Aretin (*gall.*) ein Benedictiner-Mönch, und Muſic-Director ſeines Cloſters zu Pompoſa im Ferrariſchen ums Jahr 1028, hat im 34 Jahr ſeines Alters den Micrologum geſchrieben, und ſolches Muſic-Buch dem Biſchoffe zu Arezzo, Theobaldo. dediciret, auch die 6 Muſic-Sylben, ut. re, mi, fa, ſol, la eingeführet. Der erſte Theil gedachten Buchs ſoll in proſa, und der zweyte in ligata abgefaßt ſeyn. ſ. *Geſneri* Bibl. univ. conf. *Voſſ.* de natura Artium, lib. 1. c. 4. §. 10. it. lib. 3. c. 22. §. 9.

Guidon (*gall.*) ſ. m. iſt eben was Cuſtos.

Guidonius (*Joannes*) gab an. 1554 Minervalia in quibus Scient. præconium, &c. artium liberalium in Muſicen decertatio enthalten, zu Maſtricht in 4to heraus. ſ. *Lipenii* Bibl. Philoſoph.

Guignon, ein zu Paris lebender berühmter Violiniſt.

Guilhelmus de Marſcandia, ein Muſicus, welchen Franchinus öffters allegiret. ſ. *Geſneri* Biblioth. univerſ.

Guilielmus, ein Teutſcher Mönch Cluniacenſer-Ordens, anfänglich bey S. Emeran zu Regenſpurg, und hernach Abt in S. Aurelii-Cloſter zu Hirſchau, hat unter andern, auch ein Buch: de Muſica & Tonis geſchrieben; iſt geſtorben an 1091 den 4ten Julii. ſ. *Poſſevini* Apparat. Sacr. T. 1. und *Voſſ.* de natura Artium, ſ. de Matheſi, lib. 3. c. 36. §. 12. it. cap. 59. §. 9.

Guilielmus, Malmesburienſis genannt, weil er zu Malmesbury, einer kleinen in der Engländiſchen Provintz Wiltshire liegenden Stadt, im Benedictiner-Cloſter Bibliothecarius und Præcentor geweſen; hat ſonſten eigentlich Somerſet geheiſſen, des Ertz-Biſchoffs Dunſtani Leben in 2 Büchern beſchrieben, und iſt an. 1142 geſtorben. ſ. *Balei* Catal. Scriptorum Britanniæ, p. 186. ſq.

Guitarre [*gall.*] Guitarra [*ital.*] ſ. *Chitarra.*

Günter [*Frantz*] eines Organiſten Sohn zu Wien, iſt daſelbſt an. 1676 in der Kayſerl. Hof-Capelle ein Sopraniſt, und ein gebrechlicher Menſch, auch an. 1703 noch am Leben geweſen.

Gumpelzhaimer [*Adam*] Cantor bey der
S. An-

S. Annen-Kirche zu Augspurg, von Troſperg aus Bayern gebürtig, gab an. 1601 und 1614 den erſten aus 2, Stücken beſtehenden, und an. 1619 den zweyten Theil ſeiner achtſtimmigen Concentuum Sacrorum daſelbſt in Druck; ferner das Würtz-Gärtlein 4ſtimmiger geiſtl. Lieder; wiederum ein Würtz-Gärtlein vierſtimmiger Arien, nach Art der Welſchen Canzonen. An. 1595 iſt ſein Compendium Muſicæ latino-germanicum zum erſten: und an. 1605 zum vierdten mahle in 4to zu Augſpurg gedruckt worden. Eben daſelbſt iſt auch an. 1604 der 51te Pſalm von 8 Stimmen heraus gekommen. Daß er an. 1612 drey und ſechtzig Jahr alt geweſen, erhellet aus Jani Jacobi Boiſſardi Bibliotheca Chalcographica illuſtrium virtute atque eruditione in tota Europa clariſſimorum Virorum, welche der Kupfferſtecher Jean Theod. de Bry an. 1650 zu Franckfurt in 4to heraus gegeben, und zwar aus dem 7 Theile der zweyten Continuation, woſelbſt unter des Auctoris Bildniß folgendes Diſtichon ſtehet:

Naturæ accentum mirantur; & ejus imago
Muſica corda rapit; quo duce? præſto vides.

Gumpelzhaimerus [Georgius] gebohren zu Lintz in Oeſterreich an. 1596 den 7 Auguſti, ſtudirte zu Regenſpurg, Wittenberg, Jena und Straßburg, woſelbſt er den gradum Doctoris in Jure erhielte, auch legendo und diſputando ſich berühmt machte, reiſete darauf in Italien, von da wieder in Teutſchland, da er zu Regenſpurg Syndicus und Stadt-Conſulent wurde, an. 1634 gieng er wieder nach Straßburg, und ſtarb als Rheingräflicher, und anderer vornehmen Stände des Reichs Rath an. 643. ſ. das comp. Gelehrten-Lexicon. Dieſer vornehme Mann hat, als ein Studioſus zu Straßburg, geſchrieben: Gymnaſma de Exercitiis Academicorum, &c. ſo Joh. Michael Moſcheroſch, nach des Auctoris Tode, an. 1652 daſelbſt in 12mo heraus gegeben. In dieſem artigen Buche hat er P. 2. Sect. 1. die Muſic unter die Exercitia animi oben an geſetzet, und einen grund-gelehrten diſcours von ihr gehalten, woraus viel zu profitiren.

Guſſago [Ceſare] ein General des Hieronymiten-Ordens, von Breſcia gebürtig, hat in ſeiner Jugend vortrefflich ſingen können, auch einige 2. 3. und 4 ſtimmige Motetten geſetzet, welche an. 1560 zu Venedig bey Gardano gedruckt worden ſind. ſ. la Libraria Breſciana del Cozzando, pag. 78.

Guth (Johann) ein Fürſtl. Heſſen-Rheinfeldiſcher Inſtrumental-Muſicus, hat an. 1675 unter dem Titul: Novitatis Muſicalis, 19 Canones und Fugen von 2. 3. und 4 Inſtrumenten, ſamt einem G. B. zu Franckfurt am Mayn auf ſeine Koſten in 4to drucken laſſen, und ſie Hermanno Cappio, Fürſtl. Heſſen-Rheinfelſ. Amtmanne zu Reichenberg und im Vierherriſchen, ꝛc. ingleichen Melchior Büchnern, Rheinfelſ. Cantzley-Secretario und Regiſtratori dediciret.

Güttler (Johann Michael) ein Breslauiſcher Lautten-Macher hat meiſt auf einen ſtarcken Ton geſehen. ſ. Barons Unterſ. des Inſtr. der Laute, p. 97.

Gutmann (Ægidius) wird für den Auctorem der an 1585 zu Brüſſel in 4to und teutſcher Sprache gedruckten Cyclopædiæ Paracelſicæ Chriſtianæ gehalten, welche Samuel Siderocrates Brettanus, ein Fürſtl. Speyeriſcher Medicus, als Corrector heraus gegeben hat. ſ. Arnolds Kirchen-und Ketzer-Hiſtorie, P. IV. Sect. III. nr. XVIII. Im zweyten Buche vorgedachten Gutmanniſchen Tractats iſt vom 23 bis zum 53ten Blat auch etwas von der Sing-Kunſt, welche daſelbſt in die Himmliſche und Geiſtliche eingetheilet, auch angeführt wird, wie die letztere ſey gebraucht worden (1. im Hauſe GOttes. (2. wenn man in Krieg gezogen. (3. nach erhaltenen Siege, (4. zur Freude. (5. zur Klage (6 zum Troſt, und (7. zu Austreibung der Teuffel; da denn der Auctor nicht vergeſſen hat, bey jedem Satze ſchöne Lehren mit anzuhängen, welche von jedem Muſico und Componiſten geleſen zu werden verdienen.

H.

Haas [Giov. de] hat dreyſtimmige Balletti heraus gegeben, ſo ſein zweytes Werck ausmachen. ſ. Roge. Catal.

Hacke (Georg Alexander) hat, unter dem Titul: Muſicaliſch-Marianiſche Schatz-Kammer, 58 Arien und Motetten auf alle Feſte B. V. M; 14 Arien auf Weynachten, ingleichen auf unterſchiedliche

liche Heiligen, samt 2 Trauer-Arien zu Exequien, u. s. f. von einer und zwo Sing-Stimmen, 2 Violinen, einer Viole, und G. B. in 4to drucken lassen. s. Hrn. Lotters Music-Catal.

Hadrianus, Castellensis, der in der Lateinischen, Griechischen und Hebräischen Sprache, auch in der Theologie und andern Wissenschafften, sonderlich aber in den Schrifften der Väter trefflich erfahrne Cardinal, und Bischoff zu Herford in England, gebohren zu Corneto, erlangte durch seine Gelehrsamkeit beym Pabst Innocentio VIII. solche Gunst, daß er ihn, als seinen Nuncium nach Schottland sandte, bey welcher Gelegenheit er sich beym Könige in England, Henrico VII in grosse Gnade satzte. Bey seiner Zurückkunfft nach Rom, machte ihn Pabst Alexander VI zum Secretario, und hernach an. 1503 zum Cardinal. Als er sich aber mit dem Cardinal Petrucci wieder Pabst Leonem X. in eine Conspiration eingelassen, wurde er der Cardinals-Würde verlustig erklärt, und aus der Zahl der Geistlichen herausgestossen, worauf sich endlich nach Constantinopel begeben, woselbst er an. 1518 gestorben. Dieser vornehme Mann hat unter andern aus Hieronymi, Ambrosii, Augustini und Gregorii Schrifften auch einen aus 4 Büchern bestehenden Tractat: de vera Philosophia verfertiget; in solchem handelt das 3te Capitel des 4ten Buchs, de Geometria, Astrologia, Arithmetica und *Musica*; und das 5te de septem artibus liberalibus überhaupt s das *comp* Gelehrten-*Lexicon*, unter dem Titul: Adrianus; und *Possevin.* Apparat Sacr. T. 1.

Hadrianus (*Emanuel*) s. *Adrianus.*

Händel s. *Gallus.*

Hægelin (*Jacobus*) war an. 1655 an Kaysers Ferdinandi III. Hofe ein Instrumental-Musicus. s. *Bucelin.*

Hærerius (*Mich.*) oder Herrerius, hat an. 1604 sechsstimmige Magnificat; und an. 1607 den Hortum musicalem von 5. 6. 8. und mehr Stimmen in 3 Theilen zu Padua und Augspurg ediret.

Hafenrefferus (*Samuel*) ein Medicus, von Herenberg aus dem Würtenbergischen, Medicinæ Doctor und Practicus zu Kirchheim und andern Orten, zuletzt Medicinæ Professor zu Tübingen, schrieb unter andern ein Monochordon Symbolico-Biomanticum, pulsuum doctrinam ex Harmoniis musicis demonstrans, &c. so an. 1640 zu Ulm in 8vo gedruckt worden. In diesem Tractat handelt die 3te und 4te Paraphrasis vom 33 bis 68 Blatte von Musicalischen Dingen. Der Auctor ist an. 1660 den 26 Sept. in 73 Jahr seines Alters gestorben. s. das *comp.* Gelehrten-*Lexicon.*

Hagiopolites, hat ein Ms. de Musica Ecclesiastica recentium Græcorum hinterlassen. s. Herrn D. *Fabricii* Bibl. Gr. lib 3. c. 10. p. 269.

Hagius (*Conradus*) ein Gräfl. Holstein-Schaumburgischer Musicus und Componist, von Rinteln gebürtig, woselbst er an. 1559 gebohren worden, hat an. 1606 vier- fünff- und sechsstimmige Magnificat zu Dillingen; und an. 1614 den ersten Theil seiner Teutschen Gesänge von 2. 3. 8 Stimmen zu Lauingen in 4to drucken lassen. s. *Draudii* Bibl. Class p. 1631.

Hagius (*Joannes*) ein Superintendent zu Eger, ließ an. 1569 das Symbolum Norimbergensium; und an. 1570 etliche Symbola magnorum Principum mit 4stimmigen Melodien zu Nürnberg in 4to drucken s *Gesneri* Bibl. univers. Auf denen an. 1572 zu Eger in länglicht 4to gedruckten lateinischen und teutschen Symbolis der beyden hochberühmten Männer, Lutheri und Melanchthonis, von 5 und 6 Stimmen, schreibet er sich einen Magistrum und Concionatorem. Die Zuschrifft ist an den damahligen Doctorem und Professorem Theologiæ zu Wittenberg, Hrn. Georg Majorem gerichtet.

Hakart (*Carolo*) ein verstorbener Violdigambist, hat Præludia, Allemanden, Couranten, und dergleichen Piecen vor eine Violadigamba und G. B gesetzet; auch ein Werck 3. 4. und 5stimmiger Motetten mit Instrumenten heraus gegeben. s. *Roger* Catal. die daselbst kurz vorherstehende 10 Sonaten von der Composition des Carolo auf 2 Violadigamben und G. B. dörfften auch wol von seiner Arbeit seyn.

Hake (*Hanß*) ein Violinist und Musicus der Stadt Stade, gab an. 1648 den ersten Theil seiner Pavanen, Balletten, Couranten und Sarabanden auf 2 Violinen und G. B. zu Hamburg in 4to heraus.

Hakenberger (*Andreas*) Capellmeister an der Marien-Kirche in Danzig, hat an. 1612 Odaria suavissima ex mellifluo D. Bern.

Bernhardi jubilo delibata mit 3 Stimmen zu Leipzig; und an. 1619 dreystimmige Odas sacras Christo infantulo Bethlehemitico decantatas daselbst herausgegeben. Seine Harmonia Sacra, aus 6 bis 12stimmigen Motetten, samt einem G. B. bestehend, ist an. 1615 zu Franckfurt; und die Sacri modulorum concentus auf die hohen Fest-Tage des ganzen Jahrs an. 1615 zu Stettin, an. 616 zu Franckf. und an. 1619 zu Wittenberg gedruckt worden. s. *Draudii* Bibl. Class. p. 164. 1637. 1644. und 1645.

Hallelujah, ein aus zwey Wörtern zusammen gesetztes Hebräisches Wort, bedeutet so viel, als: Lobet GOtt, oder lobet den HErrn.

Halowinus (*Georgius*) Herr von Comines und Halowin in Flandern, ein trefflicher Liebhaber gelehrter Leute und tapferer Kriegs-Held, unter dessen Anführung an. 1519 Dornick erobert worden, wurde als Kayserl. Abgesandter von Carolo V. an Henricum VIII. König in Engelland geschicket; wäre auch, nachdem seine Gemahlin gestorben, und er ein Geistlicher zu werden Willens war, beynahe zum Bischoff von Dornick gemacht worden. Unter seinen herausgegebenen Sachen ist auch ein Werckgen: de Musica, darinnen verschiedenes und unerhörtes anzutreffen seyn soll. Er ist an. 1537 an der Schwindsucht gestorben, und liegt im Schloß Halowin begraben. s. *Svvertii* Athenas Belgicas.

Hamboys (*Joannes*) ein unter der Regierung Eduardi IV. ums Jahr Christi 1470 sehr berühmt gewesener Engländischer Musicus und Doctor in dieser Profeßion, hat in lateinischer Sprache geschrieben: Summam artis Musicæ lib. 1. auch verschiedene Cantiones componirt hinterlassen. s. *Balei* Catal. Scriptorum Britanniæ, cent. 8. p. 617.

Hammer (*Matthias*) ein alter Kayserlicher Hof- und Cammer-Musicus jubilatus, ist an. 1727 noch am Leben gewesen.

Hammerschmidt (*Andreas*) aus Brira in Böhmen, woselbst er an. 1611 gebohren, ward an. 1635 Organist zu S. Petri in Freyberg, so dann an. 1639 den 26ten April bey S Johannis zu Zittau in der Ober-Lausitz, allwo er auch an. 1675 den 29 Oct. im 64 Jahr seines Alters gestorben. s. *Wetzels* Hymnopœograph. Sein erstes Werck: Instrumentalischer erster Fleiß genannt, ist an. 1636 im Sept. Monat herausgekommen. Der erste Theil seiner geistlichen Concerten von 1. 2. 3. und 4 Stimmen ist an. 1638; und der zweyte Theil von 4. 5. und 6 Stimmen an. 1641 zu Freyburg gedruckt worden. Der erste Theil seiner *Dialogorum,* oder Gespräche zwischen GOtt und einer gläubigen Seele, von 2. 3. und 4 Stimmen, ist an. 1645 it. 1652 zu Dreßden; und der zweyte Theil von 1 und 2 Vocal-Stimmen, 2 Violinen, und G. B. über Opitzens Hohes Lied Salomonis, an. 1658 eben daselbst in 4to ans Licht getreten. Freyberg hat an 1648 und 1650 den ersten und 2ten Theil seiner Paduanen, Gaillarden, Balletten, etc. ingleichen vorher an. 1646 die Musicalische Andachten, geistliche Motetten und Concerten von 5. 6. 12 und mehr Stimmen in folio geliefert. Der erste und zweyte Theil weltlicher Oden ist an. 1650 in Freyberg zum Vorschein gekommen. Im 1652sten Jahr ist so wol der dritte Theil seiner Musicalischen Andachten von 2 Sing-Stimmen, 2 Violinen, und G. B. zu Freyberg, als der fünffte Theil seiner musicalischen Stücke, Chor-Music genannt, zu Leipzig in 4to edirt worden; im letzten sind 27 Motetten mit 5, und 4 Motetten mit 6 Stimmen enthalten. Die Musicalischen Gespräche über die Evangelien von 4. 5. 6 und 7 Stimmen sind an. 1655 zu Dreßden; und der dritte Theil seiner Fest- Buß- und Danck- Lieder von 5 Stimmen, und eben so viel Instrumenten ist an. 1659 zu Zittau gedruckt worden. Seine Kirch- und Tafel-Music, aus geistlichen Concerten bestehend, ist an 1662 gleichfalls zu Zittau in 4to; die 5. 6. 12 und mehrstimmige Missen aber sind an. 1663 zu Dreßden; und die Fest- und Zeit-Andachten an. 1671 daselbst heraus gekommen. Sein in der H. Creutz-Kirche zu Zittau befindlicher Leichen-Stein enthält folgendes:

Es schweiget zwar alhier des edlen
 Schwanes Ton,
Doch klingt er schön vor seines GOttes Thron.

Mors mea Vita mea est.

Des edlen Schwanes Ton hat nun
 hier aufgehöret,
Weil er vor GOttes Thron der Engel
 Chor vermehret.

Andreas

Andreas Hammerschmidt, Muſicus eeleberrimus vixit annos 64 in officio 41 denatus anno 1675. d. 29. Oct.

Der Deutſchen Ehre, Ruhm und Zier,
Amphion, ruht und ſchläffet hier.
Ach! Orpheus wird nicht mehr gehört
Den Zittau vorhin hat geehrt.

ſ Herrn *D. Joh. Bened. Carpzovii* Analecta Paſtor. Zittavienſ. P. 1. cap. 13. pag. 113.

Han (*Gerardo*) iſt Glockeniſt- oder Glocken-Spieler auf dem Stadt-Hauſe in Amſterdam. Sein erſtes aus dreyſtimmigen Sonaten beſtehendes Werck iſt bey Roger daſelbſt im Kupfferſtich zu haben.

Hanc (*Andreas*) ein Orgelmacher von Nürnberg, hat ſich in Polen aufgehalten, und daſelbſt zu Ilkuſch oder Ilcuſſia, einer in der Woywodſchafft Cracau liegenden Stadt, ſeinen Sohn Jacinthum in der Auguſtiner-Kirche mit dieſer Grabſchrifft beerdigen laſſen:

Andreas Hanc de Norimberg, filium ſuum Jacinthum, ſub hac mole ſtructuræ ſuæ muſicalis ſepelivit.
f. *Sim. Starovolſcii* Monumenta Sarmatarum, p 615.

Hauff (*Johann Niclas*) von Weßmar, einem Hochfürſtl. Gothaiſchen Dorffe gebürtig, war erſtlich Capell-Director zu Eutin, und hernach Dom-Organiſt zu Schleßwig, woſelbſt er ohngefehr ums Jahr 170 geſtorben. Von ſeiner Arbeit ſind ſo wol einige Vocal- als Clavier-Stücke bekannt.

Hangeſt (*Hieronymus*) der von Compiegne bürtig geweſene, und an. 1538 zu Mans verſtorbene Doctor und Profeſſor zu Paris, Canonicus der Kirche zu Mans, auch des Cardinals von Bourbon, Biſchoffs ſelbiger Stadt, obriſter Vicarius, wird von Mr. Broſſard, p. 380. ſeines Dictionaire unter die Muſic-Auctores geſetzet, und dieſes, ohne Zweifel, wegen des de Proportionibus geſchriebenen Buchs.

Hannibal, Patavinus. ſ. *Annibal.*

Hardi, hardiment (*gall.*) bedeutet in der Muſic ſo viel, als der Welſchen ihr animato und vivace, nemlich: lebhafft, beherzt, munter.

Harlequinade (*gall.*) ein Narren-Tantz oder Aufzug.

Harmatejus, eine gewiſſe Melodie, von welcher *Plutarchus* Orat. 2. de virtute Alexandri M. meldet: daß dieſer Held durch ſelbige, als ſie Antigenidas geblaſen ſey aufgebracht und in Harniſch gejagt worden. Daß dieſe Melodie-Art ſich gar nicht auf den Ton, oder ſo genannten Modum tonicum, bezogen; ſondern auf den Rhytmum allein, ſo wie der Paræenius, Hormius und andere Modi rhytmici, die, mittelſt der Reim-Füſſe und veränderten Kürtze oder Länge des Klanges, allerhand Bewegungen verurſachen können, hat der Herr Capellmeiſter Matheſon in ſeinem Ephoro Göttingenſi, p. 31. wohl angemercket.

Harmodium (*lat.*) ἁρμόδιον (*gr.*) war bey den Athenienſern ein gewiſſes Lied, ſo ſie einem geweſenen Mitbürger zu Ehren, der Harmodius geheiſſen, und die Stadt Athen von der Tyrannen der Piſiſtratidarum befreyet, auf den Scheide-Wegen zu ſingen pflegten, und ſich alſo anfieng: φίλτατε Ἁρμόδιε ὅτι τυ τέθνηκας, i. e. chariſſime Harmodi, haudquaquam mortuus es.

Harmonia (*ital. lat.*) Harmonie (*gall.*) ἁρμονία (*gr.*) von ἁρμός, beyde Wörter bedeuten (1. aptam commiſſuram, coagmentationem, compagem, ein geſchicktes Zuſamenlaſſen, Zuſammenfügen; welches entſtehet: wenn etliche oder viele ungleiche Klänge dergeſtalt mit einander vereiniget, und zugleich gehört werden, daß auch die dabey befindliche, aber recht angebrachte Diſſonanzen dem Gehör nicht allein nicht verdrießlich fallen, ſondern auch die drauf folgende Conſonanzen nur deſto ſchöner und lieblicher machen. (2. bedeutet das Wort ἁρμονία beym Ariſtoxeno und ſeinen Nachfolgern Vorzugs-weiſe ſo viel, als Genus Enarmonium. ſ *Meibomii* Anmerckungen über den Ariſtoxenum, pag. 77. (3. auch bey den älteſten Muſicis ſo viel, als διὰ παςῶν. ſ. ejusdem not. in Euclidis Introduct. harmonic. pag. 42. und *Ariſtidem* Quintil. de Muſica, lib. 1. pag. 17.

Harmonica, Harmonice [*lat.*] ἁρμονικὴ [*gr.*] in eigentlichen und genuinen Verſtande genommen: iſt eine Wiſſenſchafft, wie die Tone ſich gegen einander in ihrer Ordnung und Gröſſe verhalten. ſ. *Matheſonii* Orch. III. p. 284. in gemeinen Verſtande aber: iſt ſie nichts anders, als Symphoniurgia, oder die vollſtimmige

mige Art zu setzen. s. dessen *Crit. Muſ.* T.1. *p.* 323. Die Harmonie begreiffet, nach einigen, folgende 6 Stück unter sich, als: Sonos, Intervalla, Systemata, Genera, Tonos und Tonorum commutationes; worzu andere noch die Melopœiam, oder Modulationem ipsam rechnen wollen. ſ. *ejusdem* Orch. III. p. 311. sqq conf. *Meibomii* not. in Vitruv. lib. 5. c. 4.

Harmonici, heissen beym Cœlio Rhodigino, Lect. Antiq. lib. 5. c. 1. diejenigen, welche in Beurtheilung musicalischer Dinge, mehr Autorität dem Gehör, als der Ration oder Proportion beylegen; weil aber dieses, gegen den vorhergehenden Articul, und dessen genuinen Verstand gehalten, eine contradiction involviret, ist vielmehr dafür zu halten: daß das Prædicat (Harmonici) auf den gemeinen Verstand sein Absehen haben müsse, da selbst-gewachsene Componisten bloß nach ihrem Gehöre componiren, und keine andere Ursach ihrer Sätze, als diese, geben können: es klingt. ſ. Printzens *Muſ. Hiſtor.* c. 6. §. 43. wo selbst erinnert wird: man solle sie, weil sie in ihre übel beschaffene Componimenta einen Hauffen schlimm-Disponirter Dissonanzen, und unfundirte Progressus, die offt ärger, als die Dissonanzen selbst, das Gehör verletzen und quälen, mit einsticken, billiger *Anarmonicos* nennen. Denn, nach *Meibesonii* Anmerckung, Orch. III. p. 11. sq. haben weder Aristoxenus selbst, noch die ihm folgende und also genannte Harmonici die Ration oder numeros gäntzlich verworffen; sondern ihre Zuversicht zum Gehör ist nur grösser als zu den Zahlen gewesen. *Meibomius* in not. ad Aristox. p. 78. sagt: die Harmonici hätten ihren Nahmen daher: weil sie vornehmlich das Genus Enarmonicum excolirt, und ihren Schülern vorgeschrieben.

Harmonieux, euse [*gall.*] Adj. harmonicus, a, um [*lat.*] wohlklingend, wohl zusammen lautend.

Harmonicusement [*gall.*] Adv. wohl-zusammen klingend. [*ital.*] harmonioſo.

Harmonizzare [*ital.*] zusammenstimmen.

Harnisch (Otto Siegfried) hat einen Faſciculum selectiſſ. Cantionum von 5. 6. und mehr Stimmen an. 1592 zu Helmſtädt in 4to, und Artis muſicæ delineationem, doctrinam Modorum in ipso concentu practico de-monstrantem; item, brevem introductionem pro incipientibus accommodatam zu Franckfurt am Mayn an. 1607 in 4to drucken laſſen. ſ. *Droudii* Bibl. Claſſ. p. 1612. und 1642. Sein Roſetum muſicum iſt an. 1617 zu Hamburg herausgekommen.

Harpa. ſ. *Arpa.*

Harpator [*lat.*] ein Harffeniſt. ſ. *Cange Gloſſar.*

Harpegement [*gall.*] ſ. m. ſ. *Arpeggiare.*

Harpeggiato [*ital.*] ſ. *Arpeggiare.*

Harpe lutée [*gall.*] eine mit Darm-Saiten bezogene Harffe.

Harper, hieß ehemahls bey den Frantzosen: auf der Harffe spielen.

Harpicordo [*ital.*] ein Spinet.

Harpiſta [*ital.*] ein Härffeniſt, Harffen-Schläger.

Harris (*Renatus*) ein sehr berühmter Orgel-Bauer iſt an. 1724 zu London mit Tode abgegangen. ſ. *Matthesonii* Crit. Muſ. T. 2. p. 64.

Hartmann (Carl) ein Kayserl. Violiniſt an 1721, und 1727.

Hartmann (Daniel) ein Hautboiſte in der Kayserlichen Hof-Capelle an. 1727

Hartmann (Heinrich) Rœheſtadienſis, wurde an. 1608 Cantor zu Coburg, und ließ an. 1613 den 1ſten Theil seiner Confortativæ Sacræ Symphoniacæ von 5. 6. 8. und mehr Stimmen daselbſt in 4to drucken. Der 2te Theil iſt an. 1617 zu Erffurt herausgekommen. Jener hält 24; und dieser 25 teutsche Gesänge in sich. Er iſt gestorben an. 1616. ſ. *Thomæ* Licht am Abend, p. 522.

Hartmannus, oder Herimannus (wie ihn Hermannus Contractus nennet) der an. 924 verstorbene, und faſt drey Jahr geweſene Abt zu St. Gallen, soll die Muſic ſehr excolirt haben. ſ. die *Centurias. Magdeb.* cent. 10. lib. 10. p. 656 Cave in Hiſtor. liter. p. 394 ſagt: er habe Hartmuttus geheiſſen, ſey ein Unverwandter des Burgundiſchen Königs Rudolphi, und anfänglich zu St. Gallen ein Mönch geweſen, an. 872 nach des Grimoaldi Tode der 14te Abt geworden; habe aber an. 883 dieſes Amt freywillig wiederum niedergeleget.

Hartung (Michael) ein ums Jahr 1624 berühmt geweſener Lautenmacher zu Padua,

dua, und Lehrling des gantz jüngern Leonhard Tieffenbruckers zu Venedig. s. Barons Unterf. des Instruments der Laute, p. 95.

Hase (Wolffgang) ein Queblinburger, hat, nachdem er ums Jahr 1634 Cantor an der Stiffts-Schule S. Alexandri zu Einbeck, in der Haupt-Stadt des Fürstenthums Grubenhagen, geworden, an. 1644 eine gründliche Einführung in die edle Music heraus gegeben; solche ist nachgehends an. 1657, als der Auctor Pfarrer zu Regenhorn im Amt Saltz der Helden war, zu Goßlar vermehrter edirt, und von ihm dem Seniori und Capitularen gedachten Stiffts, auch Schultheißen, Bürgermeister und Rath der Stadt Osteroda; ingleichen den Richtern, Bürgermeistern und Rath der Städte Clausthal, Andreasberg, Elbingeroda, Altenau und Lautenberg zugeschrieben worden. Sie ist in 8vo, 5½ Bogen starck. In der Dedication führet er aus: wie die Clavisation älter, vollkommener, leichter und nützlicher als die Solmisation sey; rühmet auch anbey, wie der Rath zu Osteroda, da diese seine præcepta zu erst gedruckt worden, den Verlag gethan; ferner, wie der Magistrat zu Einbeck, ihn an. 1636 nicht allein ad Cantoratum seiner Schule befördert, sondern auch, auf geschehenes Ansuchen, ihm, seiner Frau und Kindern das Bürger-Recht und die Brau-Gerechtigkeit gratis verliehen; item, wie das dasige Cap. tul ihn nicht nur zum Cantore, und nachgehends Rectore an die Stiffts-Schule vocirt, sondern mit einem Vicariat angesehen, auch dieses nebst der Pfarre zu Regenborn gelassen, und pro residente Vicario ihn gehalten habe.

Hasenknopffius (Sebastianus) ließ an. 1588 fünff- sechs- acht- und mehr-stimmige Motetten zu München in 4to drucken. s. Draudii Bibl. Class. p. 1618.

Hasert (Johann) gebohren zu Bercka vorm Haynich an. 1680 den 1sten April, hat von Jugend auf die Music zu erlernen, anbey allerhand Schnitz-Werck zu verfertigen, und im 17ten Jahre Claviere zu machen, angefangen; an. 1699 auf die Trompeter-Kunst, an. 1701 aber in Kriegs-Dienste sich begeben, und in Brabant neun Campagnen gethan, auch Winters-Zeit in den Städten die Collegia musica fleissig besuchet. Er stehet von an. 1709 als Hof-Trompeter in Hochfürstl. Eisenachischen Diensten, und verfertiget sint der Zeit allerhand gute Instrumente, als: Violinen, Violdigamben, Violoncelli und Clavichordia.

Haslerus (Casparus) ein Organist zu Nürnberg, und Bruder des Joan. Leonis, hat verschiedener Auctorum Symphonias Sacras von 4. 5. = 16 Stimmen an. 1598 daselbst in 4to drucken lassen, und selbige Hrn. Octaviano II. Fuggero dedicirt. Der zweyte Theil, oder die Continuation ist an 1600 daselbst zum Vorschein gekommen. Im ersten Theile sind 72; und im zweyten 90 Stücke enthalten. Er ist unter den 53 Examinatoribus des Grüningischen Orgel-Wercks an 1596 der 5te gewesen. s. Werckmeisters Org. Grun. rediv. §. 11. Sonsten applicirte er sich auf die Music, wozu ihm der von seinem Bruder, Johann Leone Haslern, hierinnen angewendete Fleiß eine grosse Aufmunterung gab, mit vielen Eifer, und erlangte so wol auf dem Claviei als in der Composition eine besondere Fertigkeit, bey welcher er zu Nürnberg von an. 1587 an, als einer der geschicktesten Organisten über 30 Jahr seinem Amte vorstunde, und starb an 1618 s. des Hrn. Prof. Doppelmayers Historische Nachricht von den Nürnbergischen Künstlern, p. 214.

Haslerus (Jacobus) ein Nürnberger, und Organist beym Grafen von Hohen Zollern, gab an. 1601 ein 4stimmiges Magnificat; eine 6stimmige Missam; und den 51sten Psalmen mit 8 Stimmen; an. 1608 aber verschiedener Auctorum Magnificat von 4. 5. = 12 Stimmen zu Nürnberg in 4to heraus. s. *Draudii* Bibl. Class. p. 1631.

Haslerus (Joannes Leo) ein Nürnberger, und Organist Hrn. Octaviani II. Fuggeri, Freyherrens in Kirchberg und Weissenhorn, auch Kayserl. Raths, hat an. 1590 vier und zwantzig Canzonette a 4 voci zu Nürnberg an. 1591 Cantiones sacras de Festis præcipuis totius anni, 4. 5. - 8. & plurium vocum zum erstenmahle in Augspurg bey Valentin Schönigen, und an. 1597 zum zweytenmahle verbessert und vermehret zu Nürnberg bey Paul Kauffmannen drucken lassen. Dieses Werck ist unter Kayserl. privilegio heraus gekommen, und hält 28 lateinische Motetten in sich. Seine 4. 5. 6. und 7stimmige Missen hat gleichfalls Nürnberg an. 1599 geliefert. s. *Draudii* Bibl.

Bibl Claſſ. p. 1634. Daß ſein Vater, Iſaac Haslerus, ein Muſicus in Joachims-Thal geweſen, ſich aber von da mit ſeiner Familie nach Nürnberg gewendet habe, auch dieſer Johann Leo daſelbſt gebohren, erzogen, und von ſeinem Vater nach Italien geſchicket worden, hierauf an Kayſers Rudolphi II. Hof gekommen, und von dieſem Kayſer geadelt worden; in den letzten vier Jahren aber ſeines Lebens den beyden Churfürſten von Sachſen, Chriſtiano II. und Joan. Georgio, Gebrüdern, als Organiſt gedienet habe, und endlich zu Franckfurt am Mayn, woſelbſt er mit dem Churfürſten ſich aufgehalten, an. 1612 den 8 Junii, im 48 Jahr ſeines Alters an der Schwindſucht geſtorben ſey, nachdem er 7 Jahr in unfruchtbarer Ehe gelebt; ſolches alles berichtet Freherus p 1607 Theat. aus der von M. Daniel Hänichen, Churfürſtl. Hof-Prediger ihm gehaltenen Leichen-Predigt. Sein Luſt-Garten neuer Teutſcher Geſänge, Balletten, Gaillarden, und Intraden von 4. 5. 6. und 8 Stimmen, iſt an. 1601 zu Nürnberg gedruckt, und Churfürſt Friedrichen von der Pfaltz dedicirt worden. Nebſt dieſem weiß Witte T. 2. Diarii Biograph. nachfolgende 3 Wercke anzuführen, als 4ſtimmige teutſche Pſalmen und Lieder; *Cantiones novae*, ad modum Italicum 4. 5. 6. & 8 vocum; und den *Hortum Veneris*, ſ novas & amœnas Cantiones & Choreas, ad modum Germanorum & Polonorum. 4. 5. & 6 vocum. Er iſt unter den 53 Examinatoribus des an. 1596 erbaueten Grüningiſchen Orgel-Wercks der 40te geweſen. ſ. Werckmeiſters Org. Gruning. rediv. §. 11. In des Hrn. Profeſſ. Doppelmayers Hiſt. Nachricht von den Nürnbergiſchen Künſtlern, p. 211 ſind nachſtehende Umſtände noch von ihm zu leſen, nemlich: daß er an 1564 in Nürnberg gebohren worden, anno 1584 ſich nach Venedig begeben, und nicht nur auf einem und dem andern Inſtrument, ſondern auch bey dem berühmten Andrea Gabrieli die Compoſition daſelbſt erlernet, auf der Rück-Reiſe in Augſpurg von dem Herrn von Fugger, Octaviano II. zu ſeinem Organiſten angenommen, von an. 1585 bis zu Ende deſſelben Seculi bey ſelbigem geblieben, und in ſolcher Station verſchiedene Wercke ediret habe, an. 1601 von Augſpurg nach Nürnberg ſich gewendet, hierauf auf Wien gereiſet, und vom Kayſer Rudolpho II. als Hof-Muſicus angenommen, auch von ſelbigem gar nobilitiret worden; letztens aber ums Jahr 1608 bey dem Churfürſten von Sachſen, Chriſtiano II. als Hof-Muſicus in Dienſte getreten ſey. Eben daſelbſt wird p. 214 in der Anmerckung gemeldet: daß Jacob Hasler, der als Organiſt bey einem Grafen von Hohen Zollern-Hechingen in Dienſten geſtanden, der dritte Bruder geweſen.

Haſſe (Daniel) ein Muſicus in der Polniſchen Capelle an 1729. ſ. den Dreßdeniſchen Hof-und Staats-Calender.

Haſſe (Nicolaus) Organiſt an der Marien-Kirche in Roſtock, hat an. 1656 unter dem Titul: *Delitiæ Muſicæ*, Allemanden, Couranten, und Sarabanden, auf 2 oder 4 Violinen, 1. Violon, Clavicymbel oder Tiorbe zu muſiciren, daſelbſt in 4to heraus gegeben. An. 1658 hat er die Muſicaliſche Erquickſtunden, gleichfalls aus Allemanden, Couranten, und Sarabanden, auf 2 Violinen, 1 Violadagamba, 1 Violon, Clavicymbel oder Tiorbe, beſtehende, zu Roſtock drucken laſſen, und ſelbige den ſämtlichen Licentiatis, Magiſtris und Studioſis daſiger Univerſität, zum Neuen Jahre, und zur Danckbarkeit für den von Ihnen erhaltenen Recompens wegen des vorigen Wercks (ſo er Ihnen dedicirt gehabt) zugeſchrieben. In nurgedachtem Jahre iſt auch der *Appendix* etlicher Allemanden, Couranten, Sarabanden und Balletten, von Straßburgiſche Studioſis an Roſtockiſche Studioſos überſendet gehabt, von ihm daſelbſt in 4to zum Druck befördert worden.

Havemann (*Joannes*) Director der Churfürſtl. Brandenburgiſchen Kirchen-Muſic zur H. Dreyfaltigkeit, und Cantor des Fürſtlichen Joachimsthaliſchen Gymnaſii, hat an. 1659 den 1ſten Theil, aus 30 lateiniſchen Concerten der berühmteſten Italiäner, von 1. 2. - 7 Stimmen beſtehend, zu Berlin und Jena drucken laſſen.

Havemann (Michael) ein Doctor Theologiæ, gebohren zu Bremerwörden anno 1597 den 29 Nov. lehrte anfangs am Gymnaſio zu Stade die Philoſophie und Matheſin, wurde darauf daſelbſt Rector, Prediger der Kirchen S. Coſmi und Damiani, ſodann Schloß-Prediger, und des Miniſterii Senior. Als er im 3 jährigen Kriege von dannen verjagt worden, wurde er nach Norden in Oſt-Frießland zum Ober-Prediger, Schul-Inspectore und Professore beruffen, doch, nach dem Frieden, wiederum nach Stade geholet, und endlich zum General-Superintend. der Hertzogthümer Bremen und Verden, auch Præsidenten des Königl. Consistorii zu Stade verordnet, woselbst er an. 1672 den 12 Jan. gestorben. s. das comp. Gelehrten-Lex. Hat, unter andern, auch einen Tractat: Amusium, sive Cynosura Studiosorum genannt, an. 1657 in 8vo drucken lassen; in solchem handelt das 20te Capitel der zweyten Section, vom 53. bis zum 536 Blatte: de Musica Harmonica.

Havingha (Gerardus) hat sieben Svites vors Clavicymbel graviren lassen. s. den Leneschen Music-Catalogum, p. 69.

Haug (Virgilius) hat in lateinischer Sprache Erotemata Musicæ Practicæ geschrieben.

Hausen (Johann) ist in Groß-Mellern, einem ohnweit Greussen im Schwartzburgischen liegenden Orte, an. 1698 im Mertz-Monat gebohren, hat bey seinem Vater, Johann Georg Hausen, Cantore, nurgedachten Orts, die fundamenta in der Music geleget, selbige nachgehends nicht nur auf Schulen, sondern auch auf der Universität Jena (allwo er etliche Jahre das Collegium musicum dirigiret) nebst dem studio philos. und Juridico beständig getrieben, am meisten aber die Davids-Harffe excoliret. Er stehet von an. 1729 als Cammer-Musicus in hiesigen Hochfürstlichen Diensten, und ist im Begriff, eine Harffe sich verfertigen zu lassen, worauf man alles accompagniren kan, so daß einem die Semitonia weder im Basse noch im Discante im Wege liegen.

Hausmann (Valentin) Gerbipol. Saxo, ließ an. 1604 eine 8stimmige Misäam nebst zwo 10 und 14stimmigen Motetten in folio; ingleichen einen Manipulum Sacrarum Cantionum von 5 und 6 Stimmen an. 1602 zu Nürnberg in 4to drucken. Dieses Werckgen bestehet aus 21 Stücken. s. Draudii Bibl. Class. p. 1618. 1634.

Hausschild (Hanß) ein Raths-Herr in Joachims-Thal, und, nach Nicolai Hermanns Zeugniß, der beste Musicus, den man damahls weit und breit finden können, ist an. 1561 an S. Thomas-Tage gestorben.

Hausse (gall.) s. s. bedeutet den also genannten Frosch on einem Geige-Bogen. Fulcrum arcuatum (lat.) s. Mersen. lib. 1. de Instrum. harmonicis.

Hausser (gall.) erhöhen, in die Höhe ziehen, nemlich die Stimme oder Saiten.

Haut oder Ha, ein Americanisches Thier, welches die Spanier Perillo Ligero, die Jesuiten aber gemeiniglich, wegen seines langsamen Ganges, lateinisch Pigritiam oder die Faulheit zu nennen pflegen, läst zur Nachtzeit die 6 musicalischen Klänge, nemlich: c. d. e; f. g. a auf-und unterwerts von sich hören. s. Printzens Mus. Hist. c. 15. §. 12. Dieses Thier ist wol 2 Spannen lang, und auch eben so breit, hat keinen Schwantz, aber an seinen Füssen starcke Klauen, mit denen es alles anfasset und nicht leichtlich wiederum fahren lässet. Sein Kopff und Gesichte ist fast gestaltet als eines Menschen, und an Farbe gantz grau. Wegen Ungeschicklichkeit seiner Füsse kan es in einem Tage kaum 50 Schritte fortkriechen. Es hält sich viel auf den Bäumen auf, muß aber wol ein paar Tage Zeit haben, ehe es auf einen kommen kan. s. Polianders Analecta historico-literario-curiosa, im eilfften Gange, woselbst auch die Abbildung dieses Thiers zu sehen ist.

Haut (gall.) hoch.

Hautbois (gall.) s. m. ist das überall bekannte, und aus Buchsbaum Holtz verfertigte Blas-Instrument, welches die sonst üblich gewesene Schallmey abgelöset, und dessen ambitus vom $\overline{c}$ bis ins $\overline{\overline{c}}$, auch wol ins $\overline{\overline{d}}$, nach Cammer-Ton gerechnet, gehet. Heisset eigentlich ein hohes Holtz. Der dieses Instrument bläset, wird auf Frantzösisch auch also genennet.

Hautbois d'Amour (gall.) ein ohngefehr an. 1720 bekannt gewordenes Blas-Instrument, ist in allem der ordinairen Hautbois gleich, ausser daß es eine andere unten zugemachte Stürtze, und in selbiger eines Fingers dicke Mündung hat; gehet vom a bis ins $\overline{\overline{a}}$, auch wol bis ins b und $\overline{\overline{h}}$.

Haut-Dessus (gall.) s. m. der hohe, d. i. der erste Discant.

Haute-Contre de Hautbois (gall.) ist in einem musicalischen Stück die zweyte Hautbois mit dem c-Schlüssel, oder auch wol die Alt-Partie.

Haute-

Haute-Contre chantante (*gall.*) der singende Alt, oder Altist.

Haute-Contre recitante, du grand, ou de petit Choeur, du premier, ou de second Choeur (*gall.*) der recitirende Altist des grossen, oder kleinen, des ersten, oder zweyten Chors.

Haute-Contre premiere (*gall.*) die erste Alt-Stimme, oder Partie.

Haute-Contre seconde (*gall.*) die zweyte Alt-Stimme oder Partie.

Haute-Contre de Viole (*gall.*) die zweyte Violadagamba.

Haute-Contre de Violon (*gall.*) ist diejenige Kling-Partie vor eine Violin, deren c.Schlüssel gemeiniglich auf der ersten Linie stehet.

Hauteur (la) d'un son (*gall.*) s. f. die Höhe eines Klanges. Dieser terminus will Mr. Brossard nicht gefallen; sondern er will lieber davor Acuité brauchen, und dieses dem Wort Gravité entgegen setzen.

Hautcletus (*Hubertus*) war an. 1548 in Kaysers Caroli V. Capelle ein Tenorist. s. *Mamerani* (atal. familiæ totius aulæ Cæsareæ, p. 12.

Hautes, also nennen die Frantzosen die höchsten Saiten des alten Systematis, sonsten Hyperbolæon genannt.

Haute - Taille, oder Premiere Taille chantante, recitante; du grand ou du petit Choeur, du premier, ou du second Choeur (*gall.*) der erste singende Tenor des grossen oder kleinen, des ersten oder zweyten Chors.

Hauuil (*Adrian*) von seiner Arbeit ist in dem an. 1588 von Giulio Bonagionta zu Mayland edirten Missen-Wercke eine von 4 Stimmen befindlich.

Hauuil (*Antoine de*) ein Frantzösischer Componist, dessen mit 4 Stimmen gesetzte Lyre Chrestianne an. 1566 zu Lion bey Simon Gortier gedruckt worden. s. *Draudii* bibl. Exot. p. 209. und *Verdier* Biblioth. (Der Zeit nach, kan dieser mit den vorigen eine Person seyn, und vielleicht ein Versehen im Vornahmen stecken.)

Hayden (*Hanß*) der ältere, ein Nürnbergischer Musicus, fande aus grosser Hochachtung vor die Music, die er mehr zur Ergötzlichkeit als dem Beruff nach triebe, gegen an. 1610 eine besondere Art von einem Clavicymbel aus; es war aber sein Haupt-Intent bey dieser Erfindung dahin gerichtet, wie man die moderation des Claviers den Sing-Stimmen conform, nemlich bald laut, bald leise, das sonsten auf den ordentlichen Wercken nicht zu præstiren, gar schicklich mit angeben könte, solches geschahe, indem bey Tractirung des Claviers, in die 10 bis 12 durch den geschwinden Umgang eines grossen Rades um ihre centra getriebene kleine Räder, die auf der Circumferenz mit Pergament glatt überzogen und mit Colophonio bestrichen waren, die correspondirende Saiten-Züge, wie gebräuchlich aus Metall, entweder starck oder gelinde, nachdem man die Claviere anschlug, als wie die Fiedelbögen die Geigen-Saiten angreiffen, und einen Resonanz vielen Geigen gleich dargeben musten, dahero der Erfinder auch solches ein Geigen-Werck, Geigen-Instrument, und weil es sonsten die Figur eines Clavicymbels hatte, ein Geigen-Clavicymbel benennet. Hiervon gabe dieser Künstler an. 1610 eine Beschreibung und Erklährung, wie dergleichen Instrument recht zu tractiren, in etlichen Bögen unter dem Titul: Musicale Instrumentum reformatum zum Druck, und dodurch Anlaß, daß solches von vielen um desto mehr æstimiret und gesuchet wurde, deswegen er auch letztens bey dem Kayser Rudolpho II. um ein Privilegium anhielte, daß niemand, ohne seine und dessen Erben Bewilligung, dergleichen Wercke machen und verkauffen dörffte, welches er auch, nicht allzulang vor seinem Tode, der an. 1613 erfolget, annoch erhalten s. Herrn Doppelmayers Historische Nachricht von den Nürnbergischen Künstlern, p. 212.

Haym, oder Haim (*Nicolò Francesco*) ein Römer, aber von teutschen Eltern gebohren, hat 2 Opera Sonaten da Camera von 2 Violinen und G. B. gesetzet, welche bey Roger zu Amsterdam gestochen worden, und sich an. 1713 in England aufgehalten. s. *Matthesonii* Orch. I. p. 211. und Crit. Mus. T. 2. p. 149. sq.

Hebenstreit (*Panthaleon*) ein Königl. Polnischer und Chur-Sächsischer Cammer-Musicus. s. den Dreßdenischen Hof- und Staats-Calender aufs 1729te Jahr. Conf. *Pantaleon*.

Hedius oder Heddius (*Stephanus*) ein ums Jahr 720 berühmt gewesener Engländischer Mönch und Musicus zu Canterbury, welcher in verschiedenen Kirchen

chen der Provintz Northumberland einen Sang-Meister abgegeben, und des Ertz-Bischoffs zu Yorck, S. Wilfridi Leben beschrieben hat. f *Balei* Catal. Scriptor. Britanniæ, cent. 1. und *Possevini* Apparat. Sacr. T. 1.

Hedycomus, ἡδύκωμος, war ein Tantz, und Tantz-Lied. f. *Meursii* Orcheſtr.

Hedymeles, ein Citharœdus, deſſen Juvenalis Satyr. 6 in folgenden Worten gedencket:

Quo tener Hedymeles operam dedit, hunc tenet, hoc ſe
Solatur, gratoque indulget baſia plectro.

Heiden oder **Hayden** [*Sebaldus*] der bey S. Seb ald zu Nürnberg geweſene Rector, gebohren daſelbſt an. 1498, hat an. 1537 einen lateiniſchen aus zwey Büchern beſtehenden Tractat: de arte canendi, ac vero ſignorum in cantibus uſu geſchrieben, und daſelbſt in 4to drucken laſſen. Die dritte Edition iſt an 1540 zu Nürnberg gedruckt, vom Auctore ſelbſt revidirt, geändert und vermehret worden. Jedes Buch beſtehet aus 8 Capiteln folgenden Inhalts: c. 1. lib. I. handelt: de Muſica, quid ſit, unde dicta. c. 2. de Scala, Clavibus, & earum uſu. c. 3. de Intervallis. c. 4. de Solmiſatione, & varietate cantus, &c. c. 5. de tactu, quid ſit & quotuplex. c. 6. de Notulis, quid ſint, quotuplices, &c. c. 7. de Punctis, & eorum uſu, und c. 8. de Pauſis, quid ſint, quotuplices, & quis earum valor. Des zweyten Buchs c. 1. handelt: de Menſura, quid ſit, quid perfectio, imperfectio, &c. c. 2. de Prolatione, quid, quotuplex ſit, &c. c. 3. de Tempore, quid, & quotuplex ſit, &c. c. 4. de Modis, quid & quotuplices ſint, &c. c. 5. de Proportionibus. c. 6. de Augmentatione & Diminutione. c. 7. de eodem Tactu ac reſolutione diverſorum ſignorum, und c. 8. de Tonis. Sämtliche Capitel machen 15 Bogen aus. Der Auctor iſt an. 1561 den 9 Julii geſtorben. f. *Pantaleonis* Proſopograph. T. 3. p. 185.

Hein (Albert) ein Kayſerl. Violiniſt an. 1721, und 1727.

Heinichen (Johann David) eines Prieſters Sohn, war gebohren an. 1683 den 17ten April in Cröſſuln, einem 2 Stunden von Weiſſenfelß nahe bey Teuchern liegenden Orte, ſtudirte in Leipzig, that ohngefehr ums Jahr 1710 eine Reiſe nach Italien, wurde anfänglich an 1715 bey Sr. Königl. Hoheit, dem Chur-Printzen von Sachſen, und, nach Abſterben Herrn Johann Chriſtoph Schmidts, Königlich-Polniſcher und Chur-Sächſiſcher Capellmeiſter. In dieſer Qualität hat er an. 1728 den *Genera-Baſs* in der *Compoſition*, oder die neue und gründliche Anweiſung, wie ein Muſic-Liebender mit beſonderm Vortheil, durch die Principia der Compoſition, nicht allein den General-Baſs im Kirchen-Cammer- und Theatraliſchen Stylo vollkommen, & in altiori gradu erlernen; ſondern auch zu gleicher Zeit in der ompoſition ſelbſt, wichtige Profectus machen können; nebſt einer Einleitung oder Muſicaliſchen Raiſonnement von der Muſic überhaupt, und vielen beſondern Materien der heutigen Praxeos, herausgegeben. Es beſtehet dieſes Werck aus 2 Abtheilungen, und jede aus 6 Capiteln folgenden Inhalts: c. 1 handelt von den Muſicaliſchen Intervallen, und deren Eintheilung. c. 2. von den ordentlichen Accorden, und wie ſelbige den Incipienten nutzbar beyzubringen. c. 3 von den Signaturen des General-Baſſes, und wie ſelbige ordentlich und gründlich zu tractiren. c. 4. von geſchwinden Noten, und mancherley Tacten. c. 5. von der Application der Accorde, Signaturen und geſchwinden Noten in allen übrigen Tonen. c. 6. vom manierlichen General-Baſs, und fernern Exercitio eines Incipienten. Das erſte Capitel der zweyten Abtheilung handelt von theatraliſchen Reſolutionibus der Diſſonantien. Das 2te Cap. von dem General-Baſs ohne Signaturen und wie dieſe in Cammer- und Theatraliſchen Sachen zu erfinden. Das 3te Cap. vom Accompagnement des Recitatives inſonderheit. Das 4te von der Application der gegebenen Regeln, welche nebſt einigen Obſervationibus practicis, in einer gantzen Cantata deutlich und nutzbar gezeiget wird. Das 5te von einem Muſicaliſchen Circul, aus welchem man die natürliche Ordnung, Verwandſchafft, und Ausſchweiffung aller Modorum Muſicorum gründlich erkennen, und ſich deſſen ſo wohl im Clavier, als in der Compoſition mit trefflichem Nutzen bedienen kan. Das 6te Cap. handelt von einem nützlichen Exercitio pra-

practico, und einigen Consiliis, wie man sich selbst weiter helffen, und die Perfection im General-Basse suchen müsse. Alles zusammen beträgt 122 Bogen in 4to, in Dreßden bey dem Auctore zu finden. Der Anfang zu diesem nunmehro vollkommenen Wercke ist bereits durch Herausgebung der an. 1711 zu Hamburg in 4to gedruckten Anweisung zum G. B. gemacht worden, welche nur 37 Bogen starck ist. Der Herr Verfasser ist an. 1729 den 15 Julii um 1 Uhr Nachmittages in Dreßden gestorben, ein einziges Töchtergen von 7 Jahren hinterlassend, so er in der an. 1721 den 29 Dec. mit eines Kauffmanns einzigen Tochter in Weissenfels, Nahmens Erdmuth Johannen Libischin, angetretenen Ehe erzeuget.

Heinlein (Paul) ein Nürnbergischer Musicus, in specie aber ein guter Organist, gebohren den 11 April an. 1626, wurde, nachdem sich gar zeitlich eine grosse Inclination zur Music hervor gethan, geschickten Musicis untergeben, und bey Erlernung unterschiedlicher, absonderlich blasender Instrumenten, auch auf dem Clavier und im Singen so weit in wenigen Jahren gebracht, daß er in der Frembde, und zwar an. 1646 zu Lintz und München, dann das folgende Jahr drauf in Italien, mit vielen Nutzen sein Music-Studium fortsetzen kunte, wobey er auch der Composition allda mit einem trefflichen Success drey Jahr lang oblage. Solchen bishero rühmlich angewendeten Fleiß ließ dieser Mann, als er an. 1649 wiederum bey den Seinigen glücklich angelanget, gar bald aus vielerley Proben zu Hause wohl wahrnehmen, deßwegen er auch nach weniger Zeit die Stelle eines Musici daselbst erhielte, und dann immer weiter kam, massen ihme an. 1655 die Bedienung eines Organisten bey S. Egidien, das folgende Jahr drauf die Direction des Chori musici in der Frauen-Kirchen, endlich aber an. 1658 der Platz des vordersten Organisten in der Sebalder-Kirchen zu Theil wurde. Immittelst zeigte eben dieser auch weiter ein mehrers, ja noch grössers, indem er sich sonderbar dahin beflisse, nicht nur die Orgel mit vieler Fertigkeit und Geschicklichkeit zu tractiren, sondern auch nach seiner schönen Composition einen feinen Vorrath von Vocal- und Instrumental-Stücken darzugeben, wie er es dann auch so weit brachte, daß er auf dem Clavier mit wenig spührsamer Bewegung der Finger und Hände auf das fertigste spielte, und viele herrliche Stücke, die mehrentheils aus Toccaten, Fantasien, Fugen und Ricercaren &c. bestunden, componirte, die annoch eines Æstimis würdig sind. Starb den 6 Aug. an. 1686. s. Hrn. Prof. Doppelmayrs Histor. Nachricht von den Nürnbergischen Künstlern, p. 240. sq.

Heinrici (Martinus) ein Ludimoderator zu Mücheln, einem Thüringischen 2 Meilen von Weissenfels liegenden Städtgen, gab an. 1665 seinen also genannten Myrti Ramum pro discentibus, oder die Teutsche Singe-Kunst, in 21 Fragen abgefasset, zu Halle von 3 Bogen (wovon die lateinische Vorrede alleine einen Bogen ausmachet), und in eben diesem Jahre auch den Myrti Ramum pro docentibus, in gleicher Stärcke, lateinisch daselbst in 8vo heraus. Dieser bestehet aus 20 Positionibus folgenden Inhalts: *Posit.* 1. Musica est ars bene canendi. *Posit.* 2. Musica est vel Choralis vel Figuralis. *Posit.* 3. Choralis Musica est, cujus Notæ & Pausæ sunt unius ejusdemque valoris. *Posit.* 4. Figuralis Musica Notas & Pausas diversi valoris habet. *Posit.* 5. Musica versatur circa cantum. *Posit.* 6. Cantus est duplex: mollis & durus. *Posit.* 7. Tres sunt partes Cantilenæ; Claves, Figuræ, quas deinde Signa vocabimus, & Textus. *Posit.* 8. Clavis est index soni formandi respectu qualitatis. *Posit.* 9. Septem sunt Claves. *Posit.* 10. Claves sunt vel signatæ, C. F. G. vel non signatæ, A. B. D. E. *Posit.* 11. Figuræ, quæ nobis sunt pars cantilenæ altera, melius vocantur Signa. *Posit.* 12. Signa, in cantu præprimis Figurali attendenda, sunt Notæ & Pausæ. Punctus autem Notarum est affectio seu proprietas. *Posit.* 13. Notæ sunt signa soni præsentis, tactu mensurabilia. *Posit.* 14. Pausæ sunt signa, per quæ silentium seu absentia soni judicatur. *Posit.* 15. Octo sunt Notæ & totidem Pausæ. *Posit.* 16. Octo ista signa vocantur: Maxima, Longa, Brevis, Semibrevis, Minima, Semiminima, Fusa, Semifusa: quorum valor notissimus, perque visibilem θέσιν και ἄρσιν exprimitur. *Posit.* 17. Dantur Figuræ musicæ cùm Principales, tùm minùs Principales. *Posit.* 18. Tertia pars Cantilenæ est Textus, in cujus locum certæ syllabæ seu voces substituuntur. *Posit.* 19. Tyro-

Tyronibus septem Claves, vel septem Voces ut, re, mi, fa, sol, la, si proponi debent, ex quibus demùm perficientur. *Posit.* 20. Cantiones, fictæ & quidem b. b. b. mollares & Chromaticæ ♮ ♯ 𝄪 per Transpositionem imaginatam commodissimè addiscuntur.

Heitmann (Johann Joachim) war an. 1723 Organist an der S. Jacobi - Kirche in Hamburg. s. das lebende Hamburg nurgedachten Jahres.

Helderus (*Bartholomæus*) von Gotha gebürtig, war anfänglich Schulmeister zu Friemar, einem Dorffe unweit gedachter Stadt, und hernach Pfarrer zu Remstädt. s. Wetzels Hymnopœograph. 1 Th. p. 407. gab an. 1620 unter dem Titul: *Cymbalum Davidicum*, 25 teutsche Psalmen zu Erffurt in 4to heraus, davon 2 mit 8, 22 mit 6, und einer mit 5 Stimmen gesetzt sind. In der Dedication gedencket er auch seines an. 1615 gleichfalls zu Erffurt gedruckten *Cymbali Genethliaci*, welches aus 15 mit 4. 5 und 6 Stimmen gesetzten teutschen und lateinischen Weyhnacht=und Neu=Jahrs Gesängen bestehet. An. 1621 ist das Vater Unser, nebst dem 103 und 123ten Psalm, nach ihren gewöhnlichen Melodien in Contrapuncto colorato mit 4 Stimmen gesetzt, zu Erffurt in 4to gedruckt, und dem Grafen zu Gleichen, Johann Ludwigen, und dessen Gemahlin von ihm zugeschrieben worden. Auf diesem Wercke nennet er sich einen Musicum Rembdensium.

Heldius (*Jeremias*) hat ein Schema Melopoëticum, fundamentum contexendi concentus rationem repræsentans, an. 1623 zu Franckfurt herausgegeben. s. *Draudii* Bibl. Class. p. 642.

Hele (*Georgius de la*) Capellmeister an der Cathedral - Kirche B. Mariæ Virginis zu Tournay oder Dornick in Flandern, hat an. 1578 ein aus acht 5. 6 und 7stimmigen Missen bestehendes Werck in groß folio zu Antwerpen bey Christoph. Plantino drucken lassen. idem ibid. p 1634. und *Sander.* de Scriptoribus *Fland*. p. 60. der die Anzahl der Missen nicht bemercket, sondern sie als 5. 6. 7. und 8stimmig angiebt. Daß er vom Könige in Spanien, Philippo II als Capellmeister beruffen worden, auch mit 3 andern Musicis, nemlich Petro Maillartio, Gaugerico de Ghersem, und N. Mussele dahin gezogen sey, dessen berichtet uns Andr. Catullius in seiner 1652 zu Brüssel in 4to unter dem Titul: Tornacum, civitas metropolis & Cathedra Episcopalis Nerviorum, gedruckten Beschreibung von der Stadt Dornik, p. 100. sq.

Helena [*Flavia*] des Kaysers Constantini M. Mutter, und des Britannischen Königs Cœli oder Choel einzige Tochter und Erbin, hat die Hebräische, Griechische und Lateinische Sprachen, und dabey verschiedene Musicalische Instrumente wohl verstanden. s. *Balei* Catal. Scriptorum Britanniæ. Centur. 1. p. 31.

Helicon, ist beym Ptolemæo lib. 2. c. 2. Harmonicorum ein von den Mathematicis verfertigtes Instrument, um darauf die Proportiones der Consonanzen auszufinden, *Kircherus* giebt zu dessen Verfertigung lib. 4 Musurg. p. 189 sieben Linien an, deren Einrichtung folgende: Man soll nemlich die eine Seite (latus) eines Vierecks erstlich in 2, hernach in 4, und letzlich in 3 gleiche Theile abtheilen, durch diese also gemachten Puncte parallel-Linien, und, wenn dieses geschehen, von der obern Ecke vorgedachter Seite (lateris) eine Linie in die Mitte der untersten Linie ziehen; alsdenn gäbe diese unterste auf solche Art in zwo gleiche Theile getheilte Linie den Unisonum; die zweyte längere Linie von unten, gegen die dritte ihresgleichen, das Semitonium majus; dergleichen 4te gegen die 5te, den Tonum majorem, &c. &c. Nach *Cœlii Rhodigini*, Lect. Antiq. lib. 22. c. 8. Erklährung soll es neun Saiten gehabt haben, welche auch die neun Musen genannt worden.

Helner (Johann) von Braunschweig, war unter den an. 1596 zu Probierung des in die Schloß=Kirche zu Grüningen erbaueten Orgel=Wercks verschrieben gewesenen Examinatoribus der 46te. s. Werckmeisters Org. Gruning rediv. §. 11.

Hellmann (Johann Adam Maximilian) ein Kayserlicher Cymbalist an. 1727.

Helpericus, ein Teutscher ums Jahr 1069 berühmt gewesener gelehrter und ingeniöser Mönch zu S Gallen, hat unter andern auch ein Buch: de Musica geschrieben. s. *Pantaleonis* Prosopograph. pag. 131.

Hellwig (Friedrich) war an. 1676 in der Kay-

Kayserl. Capelle ein Trombonist. Dieser mag wohl mit dem folgenden eine Person seyn.

Helwig (*Joan. Friedericus*) ein Preusse, war an. 1655 on Kaysers Ferdinandi III. Hofe ein Instrumental=Musicus. s. *Bucelin.*

Heman, ein Enckel des Propheten und Richters in Israel, Samuelis, wird 1 Chron. 6. v 33. ein Sänger genennet, dessen Chor, so er dirigiret, zwischen des Assaphs und Ethans ihren, vor der Bundes=Lade gestanden.

Hemi, ἡμι (*gr.*) bedeutet in musicalischen Verstande (1. nicht gar die Helffte eines Gantzen. (2. mehr als die Helffte desselben. (3. manchmahl auch halb; wird aber selten allein gefunden, sondern mehrentheils einem andern Worte vorgesetzet.

Hemidiapente, die unvollkommene Quint. Z. E. e b. [h f.]

Hemiolia ist, nach Gellii Zeugniß, lib. 18. c, 14. Noctium Atticarum, nichts anders, als Proportio sesquialtera, welche eben ἡμιόλιος, oder auch ἡμόλιος, von ἡμι, halb, und ὅλος, gantz (i. e. totus aliquis numerus cum dimidia sui parte) von den Griechen genennet worden; weil die grössere Zahl die kleinere einmahl, und noch die Helffte der kleinern in sich hält. z. E. 3=2. 15=10. [30=20.] bedeutet demnach anderthalb, d. i. ein Gantzes, und ein Halbes. Als man ehedessen im Allabreve=Tact die Proportionem trium Semibrevium mit den Zahlen ½ exprimirte, führete sie mit Recht den Nahmen Sesquialtera oder Hemiolæ majoris. s. *Walliseri* Musicam Figuralem, p. 22 woselbst dergleichen Exempel befindlich ist; jetzo aber gehet es nicht mehr an, weil man in unserm alla Semibreve=Tact gedachte Proportion mit den Zahlen ¾ anzudeuten pfleget. s. J. G. Ahlens Anmerckungen über seines Vaters Singe=Kunst, p. 69.

Hemisphærium, also soll, nach Blancani Zeugniß, Aristot. Loc. Mathemat. p. 247. der Tact von den Griechen seyn genennet worden. s. *J. P. Pfcifferi* Antiq. Græc. Gentilium, c. 64. p. 431.

Hemitonium [*lat.*] Hemituono [*ital.*] ἡμιτόνιον [*gr.*] ein unvollkommener gantzer Ton; der die Helffte eines vollkommen=gantzen toni musici entweder nicht erreichet, oder etwas drüber hat.

Hemmel (*Sigismund*) Hochfürstl. Würtembergischer Capellmeister, hat an 1569 den gantzen Psalter Davids mit 4 Stimmen zu Tübingen ediret.

Hencke (Johann Jacob) ein Schwieger=Sohn und Substitut Hrn. Andreä Knillers, hat an. 1723 als Organist an der S. Peters=Kirche in Hamburg gestanden. s. das lebende Hamburg nurgedachten Jahres.

Hendel (Georg Friedrich) oder Händel, ein anjetzo hochberühmter, in Engländ sich aufhaltender Capellmeister, von Halle im Magdeburgischen gebürtig, und Scholar des seel. Zachau ums Jahr 1694, ist gebohren an. 1685 den 23ten Februarii. Von seiner Composition sind auf dem Hamburgischen Theatro folgende Opern aufgeführet worden, als: an. 1704 die Almira; an. 1705 der Nero; an. 1708 Florindo, und Daphne; an. 1715 der Rinaldo; an. 1717 die Oriana; an. 1718 die Agrippina; an. 1721 die Zenobia; an. 1723 der Muzio Scevola, und Floridantes; an. 1725 der Tamerlan, und Julius Cæsar in Egypten; und an. 1726 der Otto, König in Teutschland. s. des Hrn. Capellmeister Matthesons Musical. Patrioten, in der 23 und 24ten Betrachtung. An. 1720 sind 8 Suites de Pieces pour le Clavecin, zu London in 4to oblongo von seiner Arbeit in Kupffer gestochen worden. s. *Matthesonii* Crit. Mus. T. 1. p. 45. Ein mehrers von ihm stehet in des Hrn. Matthesons Musical. Ehren=Pforte zu erwarten.

Henning (Johann) war Organist an der St. Catharinen=Kirche in Zwickau, und zog von da an. 1593 weg.

Henning (Nicol) war an der Marien=Kirche zu Zwickau Organist, und starb an. 1552. s. *M. Tobiæ* Schmidts Chron. Cygn. p 436.

Henning, ein Orgelmacher aus Hildesheim, hat ehemals in die Stiffts=Kirche S. Blasii zu Braunschweig ein Werck von 35 Stimmen gebauet, dessen dispositon in *Pret.* Synt. Mus. T. 2. p. 178 befindlich ist. Daß er anfangs ein Tischer gewesen, und unter andern, auch die Orgel zu St. Gothardt in Hildesheim verfertiget habe, liesset man, nebst der disposition, gleichfalls bey nurgedachtem Auctore, p. 198

Hennig (Tobias) eines Trompeters Sohn, ist gebohren an. 1669 zu Königsberg in Preussen, und hat alda so wol die Violin als den Basson erlernet. An. 1688 ist er nach

nach Wien gereiset, und hat daselbst so wohl bey dem Hrn. Ober-Violinisten Schmeltzer, Baron von Ehrenruff, als bey dem zweyten Violinisten, Hrn. Hoffer, lection genommen, sich hierauf an. 1691 in des Fürsten von Lichtenstein Dienste begeben, und in selbigen 4 Jahr gestanden; nach diesen ist er bey dem Hrn. Grafen von Rabatta, als Stallmeister drey viertel Jahr gewesen; ferner hat er der Gemahlin des Hrn. Obersten, Barons Brascinsky aufgewartet, bis er an 1697 in des Königs von Polen Majestät Dienste, als Cammer-Musicus, gekommen, und endlich bey der Schwedischen Invasion an. 1707 in Ihro Hochfürstl. Durchl. zu Sachsen-Gotha Hof-Capelle als Violinist und Cammer-Musicus angenommen worden, in welcher function er jetzo noch stehet.

Hennius (*Ægidius*) ließ an. 1620 den Hymnum S. Casimiri principis, filii Regis Poloniæ, &c. mit 4 und 8 Stimmen zu Cöln am Rhein in 4to drucken. s. *Draudii* Bibl. Class. p. 1626.

Heptachordo, Hettachordo, Ettachordo [*ital.*] Heptachordum [*lat.*] ἑπτάχορδον [*gr.*] Heptachorde [*gall.*] das intervallum per Septimæ; welches zweyerley Gattung ist, nemlich das grosse, und kleine. Z. E. c h̄. c b. das erste heisset sodann Heptachordo maggiore [*ital.*] Heptachordum majus [*lat.*] Heptachorde majeur [*gall.*] und das zweyte, minore, minus, mineur.

Heraclides, ein Philosophus, von seiner Geburts-Stadt Heraclea in Ponto, Ponticus; und wegen seiner prächtigen Aufführung zu Athen, da er, als ein reicher Studiosus, viel aufgehen ließ, Pompicus zubenahmt; ein Sohn des Euthyphronis, und Zuhörer des Speusippi und Aristotelis uns Jahr der Welt 3630, soll, unter andern, auch zwey Bücher von der Music, unter dem Titul: συναγωγὴ μουσικῆς geschrieben haben, die aber nicht mehr vorhanden, sondern verlohren gegangen sind. s. das *comp.* Gelehrten-Lexicon. Printzens Mus. Hist. c. 6. §. 6. und Hrn. D. *Fabrici* Bibl. Gr. lib. 1. c. 2. §. 3. Athenæus lib. 10. p. m. 455. gedencket auch eines dritten Buchs περὶ Μουσικῆς.

Heraclitus, ein Musicus von Tarento, hat, nach Athenæi Bericht, lib. 12. p. m. 538 auf des Alexandri M. Beylager die Citharam tractiret und darein gesungen.

Herbenus (*Matthæus*) ein Brabanter, von Mastricht, gebürtig, war uns Jahr 1495 an der Servatius-Schule daselbst Rector, schrieb: de natura Vocis, und præcepta Musicæ. s. *Swertii* Athenas Belgicas.

Herbst (*Joannes*) von Neustadt gebürtig, war an. 1655 an Kaysers Ferdinandi III. Hofe ein Instrumental-Musicus. s. *Bucelin.*

Herbst (*Johann Andreas*) von einigen lateinisch Autumnus genannt, hat als Capellmeister zu Nürnberg, an 1643 seine in Teutscher Sprache geschriebene, und aus 12 Capiteln von 16 Bogen bestehende Musicam Poëticam daselbst in 4to drucken lassen. An. 1653 hat er, als Capellmeister zu Franckfurt am Mayn, seine gleichfalls teutsch verfaßte Arte Pratticae Poetica in 10 Büchern (welche vor ihm Giov. Chiodino Lateinisch und Italiänisch geschrieben,) nebst einem gantz kurtzen Unterricht; wie man einen Contrapunct à mente, non à penna, d. i. im Sinn, und nicht mit der Feder componiren solle; und eine kleine Anleitung zum G: B: daselbst in 4to edirt. Alle drey machen zusammen 7 Bogen aus. Seine Musica moderna prattica, overo Maniera del buon Canto, worinnen gezeigt wird, wie man auf Italiänische Art singen solle, ist an. 1658, zehn Bogen starck zu Franckfurt in 4to gedruckt worden. Die Meletemata sacra Davidis, und Suspiria S. Gregorii ad Christum von 3 Stimmen, worunter auch ein 6stimmiges Stück, sind schon an. 1619 in 4to heraus gekommen. s. *Draudii* Bibl. Class. p. 1649. Er war an. 1588 gebohren, und an. 1660 noch am Leben. In des Hrn. Prof. Doppelmayrs Histor. Nachricht von den Nürnbergischen Künstlern werden p. 227. noch folgende Umstände von ihm angeführet; daß er nemlich von an. 1628 bis 1641 das Amt eines Capellmeisters zu Franckfurt am Mayn bekleidet; in nur gedachtem Jahre aber die Vocation zu gleicher Stelle in Nürnberg, seinem Vaterlande, bekommen, die er auch acceptiret, und sich dahin begeben habe. Uns Jahr 1650 sey er wieder nach Franckfurt gezogen, und in den vorigen Dienst getreten, welchem er bis an das Ende seines Lebens, so gegen an. 1660 erfolget, mit vielem Lobe vorgestanden.

Here-

Heredia, (*Pietro*) ein so wohl in der Theorie als Praxi wohlerfahrner und gesetzter Römischer Musicus, gegen die Mitte des 17ten Secu i, wird von Kirchero bedauret, daß er nicht länger leben sollen. s. dessen zweyte Vorrede über seine *Musurgie*, und die *Musurgie* selbst, p. 675.

Herennius (*Marcus Octavius*) war in seiner Jugend ein Pfeiffer, und nachgehends, weil er sich auf seine Kunst nicht verlassen wollen oder können, ein Kauffmann. s. *Macrobii* Saturnal. lib. 3. c. 6.

Herlicius (*Elias*) hat einen Tractat, unter dem Titul Musico-Mastix, zu Stettin an. 1606 in 8vo drucken lassen. s. *Becmanni* Catal. Biblioth. Francofurt.

Hermannus Contractus, ein so wohl in geist- als weltlichen Wissenschafften gelehrter Graf, vom Geschlechte Veringen, und Mönch zu S. Gallen in der Schweitz, hat, nebst andern vielen Sachen, auch ein Buch: de Musica, und noch ein anders: de Monochordo geschrieben. Unter seinen nach der Gregorianischen Richtschnur eingerichteten und componirten Liedern, wird insonderheit die Prosa de B. V. Ave præclara maris stella in lucem gentium Maria divinitus orta; von Glareano, p. 176 Dodecach. sehr gerühmet: daß er nemlich in selbiger mehr musicalische Geschicklichkeit erwiesen, als eine grosse Menge anderer Musicanten in 600 Juder Liedern. Den Zunahmen Contractus hat er von Lähmung seiner Gliedmasen empfangen. s. die *Centuriat. Magdeb.* Centur. 11. c 10. und Printzens Mus. Hist. c. 9. §. 18 und c. 10. §. 18 Joan. Andreas Bosius in seiner Diatrib. Isagog. de prudentia & eloquentia civili comparanda, p. 185 sq. sagt: er sey an. 1013 den 18 Julii gebohren worden, und nicht zu S. Gallen, sondern im Closter Reichenau ein Mönch gewesen. Cave in Hist. liter. p. 421 bekräfftiget dieses letztere, mit dem Zusatz: er wäre vorher im Closter S. Gallen erzogen, nachgehends aber zu Reichenau ein Benedictiner-Mönch geworden. Ist gestorben an. 1066 den 24 Sept. und liegt zu Alschusen, oder Aleshusen begraben. s. *Judoci Mezleri* Tractat: de Viris illustribus Monasterii S. Galli, lib. 1. c. 47 woselbst, nebst oben berührten, von ihm gemeldet wird: daß er die Griechische, Lateinische und Arabische fast wie seine Mutter-Sprache reden können, dabey ein Philosophus, Redner, Astronomus, Poet, Mathematicus und Historicus gewesen.

Hermannus (*Joannes*) war an. 1548 in Kaysers Caroli V. Capelle ein Baßist. s. *Mumerani* Catal. familiæ totius aulæ Cæsareæ, p. 12.

Hermann (*Nicolaus*) der fromme Cantor im Joachims-Thal, einer Berg-Stadt gegen dem Voigtländischen Geburge, zu Zeiten Matthesii, ist ein guter Musicus und Poet gewesen, und als ein podagricus an. 1561 den 3 Maji, im hohem Alter gestorben. s. Wetzels Lieder-Historie, p. 413. sq.

Hermes, Trismegistus, oder der dreymahl Grosse zubenahmt, soll ums Jahr der Welt 2000 gelebt haben, des Königs Osiridis in Egypten Geheimder Rath, und Nachfolger im Reiche gewesen seyn; auch nach dem Bryennio und Nicomacho, die siebensaitigte Cither erfunden, und nach vieler Meynung, den Nahmen Trismegisti daher erhalten haben: weil er alle drey Gattungen der weltlichen Dinge, nemlich das regnum animale, vegetabile und minerale vollkommen verstanden, und in allen dreyen unvergleichliche Wissenschafft gehabt. Dieses, und daß die Geschichte Mercurii und Hermetis Trismegisti Mosen oder den Patriarchen Joseph, oder vermuthlich beyde zugleich angehen, ist in einer p. 519. sqq. enthaltenen Observation der Unschuld-Nachrichten des 1714ten Jahrs zu lesen.

Hermippus, ein aus Griechenland von dem Römischen Prætore, Lucio Anitio, nebst andern verschriebener künstlicher Pfeiffer, hat den von gedachtem Stadt-Richter und General an. M. 3782 angestellten Triumph über den gefangenen König der Illyrier, Gentium, mit der Music, auf dem im Circo aufgebaueten sehr grossen Theatro, ansehnlich machen helffen; wie solches Athenæus lib. 14. p. m. 615 aus dem 30 Buche des Polybii anführet.

Hermogenes, ein kunstreicher, und dem ersten Römischen Kayser, Julio Cæsari, ohngefehr 50 Jahr vor Christi Geburt sehr lieb gewesener Citharœdus. s. Printzens Mus. Hist. c. 6. §. 53. Horatius gedencket seiner lib. 1. Sermonum, Satyra 3.

Hermon (*Joannes* und *Joannes Thomas*) zweene von Nürnberg gebürtige Brüder, waren an. 1548 an Kaysers Caroli V.

Hofe Lautenisten. s. *Mamerani* Catal. familiæ totius aulæ Cæsareæ, p. 32.

Herodorus, ein Megarensischer Trompeter bey dem Demetrio Poliorcete, dem er in der Belagerung der Stadt Argos gute Dienste gethan, indem er zwey Trompeten zugleich geblasen, und dadurch verursachet haben soll, daß die sonst schwere Kriegs=Machine, Helepolis genannt, durch die Soldaten hurtig an die Mauer gebracht worden. Daß er von Statur sehr groß, anbey aber ein noch weit grösserer Fresser und Säuffer gewesen, ist beym *Athenæo*, lib. 10. p. m. 414 woselbst er Herodotus genennet wird, zu lesen.

Herold (*Joannes*) hat an. 1594 ein 6stimmiges Passionale zu Grätz in 4to drucken lassen. s. *Draudii* Bibl. Class. p. 1647.

Herpol (*Homerus*) ein Priester zu Freyburg in der Schweitz, und Discipul Henrici Glareani, hat an. 1555 sein novum & insigne Opus Musicum, in quo textus Evangeliorum totius anni, vero ritui Ecclesiæ correspondens, 5 vocum modulamine singulari industria ac gravitate exprimitur, zu Nürnberg drucken lassen.

Hertel (Christian) ein excellenter und kunstreicher Organist erstlich in Sorau, hernach in Luckau, und endlich in Fürstenwalde, war ein Sohn Matthäi Hertels, Organistens in Zülchau, welcher eine Orgel=Probe geschrieben. s. Printzens Mus. Hist. c. 12. §. 83.

Hertel (Johann Christian) ist gebohren zu Oettingen, einer in Schwaben liegenden Stadt, an 1696 im Julius=Monath, in Merseburg erzogen, und von seinem Vater, welcher so wohl in Oettingen, als nachhero in Merseburg Capellmeister gewesen, von Jugend auf zur Music angeführt worden. An. 1717 hat die Durchl. Herrschafft zu Merseburg ihn nach Darmstadt geschicket, um bey dem dasigen berühmten Violdigambisten, Mr. Hessen dieses Instrument vollends zu excoliren; an. 1718 ist er von dar wieder zurück, und in Hochfürstl. Sächs. Eisenachische Dienste gegangen. An. 1727 hat er Sonaten à Violino solo eContinuo zu Amsterdam graviren lassen, und sie Ihrer Hochfürstl. Durchl Hrn. Ernst August allhier in Weimar dediciret.

Herther (*Guilielmus*) war an. 1626 Musices Doctor und Lector auf der Universität Oxford in England. s. die an.

1675 zu London in 4to gedruckte *Notitiam Oxoniensis Academiæ*, p. 35 woselbst man noch dieses lieset: ejus (sc. Lectoris) est, semel vel sæpius quolibet anni termino, in Schola musica, illius artis theoriam, inter horas octavam & nonam antemeridianas, legere.

Hervelois (*Caix de*) hat zwey Bücher Piéces de Basse de Viole mit einem G. B. gesetzet, welche bey Roger in Kupfferstich zu bekommen sind.

Heß (*Michaël*) hat eine 5stimmige Missam über: Quam dilecta &c. ediret.

Hesychastica, ἡσυχαστικὴ, war bey den Griechen eine species ihrer Melopœiæ, wodurch das menschliche Gemüth besänfftiget und beruhiget werden können. s. *Euclid.* Introd. Harm. p. 21.

Heudeline, hat 2 Bücher Pieces vor 1 Dessus und Basse herausgegeben, welche Roger graviren lassen.

Heulen, ist ein Orgelmacher terminus, welcher gebraucht wird: wenn auf Orgeln und Positiven ein Clavier stocket, oder ein Ventil gantz offen bleibet, und demnach der Klang durch alle Register sich hören lässet.

Heumann (Christoph August) der hochberühmte Doctor Theologiæ, und Inspector des Gymnasii zu Göttingen, hat an. 1726 im Mertz=Monat ein lateinisches Programma: de Minerva Musica, sive de eruditis Cantoribus daselbst in 4to von 1½ Bogen drucken lassen, als Hr Adam Frantz Schwartzkopf, von Gebesen in Thüringen gebürtig, das Cantorat zu gedachtem Göttingen, vermittelst einer inaugural-Oration über die Sentenz des Isacrotis: Bona educatio robur Reipublicæ, angetretten.

Heurion (Carl) ein Hautboist in der Königl. Capelle und Cammer=Music zu Dreßden an. 1729. s. den dasigen Hof- und Staats=Calender.

Hexachordo, Hestachordo, Essachordo [*ital.*] Hexachorde [*gall.*] Hexachordum [*lat.*] ἑξάχορδον [*gr.*] von ἕξ, sex, und χορδή chorda; ein sechsfaitigtes intervallum; kurtz: ein Sext-Intervallum. so zweyerley Gattung ist, nemlich, das grosse, und kleine. Z. E. c a [c as.] das erste heisset alsdenn Hexachordo maggiore [*ital.*] Hexachor. de majeur [*gall.*] Hexachordum majus [*lat.*] und das zweyte: minore, mineur, minus.

Hexachor.

Hexachordum durale oder durum heisset: wenn die dispositiou der clavium folgende ist: g a. h. c. d. e und zwar deswegen; weil darinn das ♭ quadratum im h, tacitè befindlich.

Hexachordum mollare oder molle heisset: wenn die sechs Voces, ut, re, mi, fa, sol, la, folgenden clavibus, nemlich dem f. g. a. b. c. d. zugeeignet werden, und demnach das runde b in dieser disposition vorkommt.

Hexachordum naturale oder permanens heisset: wenn die sechs Voces, ut, re, mi, fa, sol, la, den clavibus, c. d. e. f. g. a. applicirt werden. Alle drey Hexachorda sind in diesem Vers enthalten:

C. naturam dat: F, b molle tibi signat.
G. per ♭ durum dicas cantare modernum.

Die Hexachorda sind an statt der Tetrachordorum aufkommen, und von Guidone Aretino eingeführt worden, als welcher sein aus 22 Clavibus bestehendes Systema Maximum (worinnen das b und bb mit begriffen war) in sieben dergleichen eingetheilet hat. f. *Gibelium* de vocibus musicalibus, p. 28. sqq.

Hexapsalmus, oder Hexapsalmum [*lat.*] ἑξάψαλμος oder ἑξάψαλμον [*gr.*] also hiessen sechs gewisse Psalmen, welche bey den Griechen in der Metten (in matutinis) pflegten gesungen zu werden. f. *Meursii* Gloss. Græcobarb.

Heydorn, ein Geistlicher, und Organist zu Brüssel ums Jahr 1693, hat verschiedene Sachen für die Orgel gesetzt.

Heyther (*Wilhelm*) oder Heather, ein an der Königl. Engländischen Capelle bedient, und zu Westmünster wohnhafft gewesener Doctor Musices, welchen Gradum er zu Oxford erlanget, hat an. 1627 bey nurgedachter Universität ein Gestifft von 16 Pf. und etwas drüber gemacht; Krafft dessen, sind einem an gewissen Tagen die Music in einer Schule treibenden Magistro oder Lehrer 13 Pf. 6 Sol. und 8 Denar. mit der Bedingung angewiesen; daß er die nebst etlichen gedruckten und ungedruckten Music-Büchern, zugleich mit legirte Instrumente, auf eigene Kosten, in gutem Stande erhalten soll; die übrigen 3 Pf. aber sind dem Prælectori Musices theoreticæ gewidmet worden. f. *Anton. à Wood* Hist. & Antiq. Univers. Oxonienf. lib. 1. p. 9. & 330. it. lib. 2. p. 44.

Heywode (*Joannes*) ein ums Jahr 1556 zu Londen wegen der Music und Poesie berühmt gewesener Bürger, hat verschiedene Comödien, Tragödien, und Epigrammata ohne Anführung verfertiget, und herausgegeben f. *Balei* Catal. de Scriptoribus Britanniæ, Cent. II.

Hiagnis, ein Phrygier, des Marsyæ Vater, und Erfinder der doppelten Pfeiffen, ingleichen der sechsten Saite auf der Mercurialischen Leyer oder Cither, soll am Ende des 26 Seculi gelebt, und noch vor dem Apolline auf der Flöte gespielt haben. f. *Printzens* Mus. Hist. c. 2. §. 18. 25.

Hialemos, war ein dem Apollini zu Ehren abgesungenes Carmen. f. *Joseph. Laurentium* de Conviviis.

ἱερόφωνοι, waren bey den alten Griechen die geweyheten Sänger, so bey ihrem Göbendienste sich musten hören lassen.

Hierax, ein Discipul und famulus des Olympi, ist jung gestorben; der Modus Hieracius vor die Flöte, hat von ihm den Nahmen bekommen. f. *Pollucis* Onomast. lib. 4. c. 10. Segm. 79 und *Beyerlinckii* Theatr. Vitæ humanæ unter dem Artickul: *Fidicines, Citharœdi* und *Lyristæ.*

Hieronimo, ein zu Ende des 16 und Anfange des 17 Seculi berühmt gewesener Italiänischer Lautenist. f. *Printzens* Mus. Hist. c. 12. §. 19.

Hieronimo (*Elias*) ein Walach, war an. 1655 an Kaysers Ferdinandi III. Hose ein Instrumental-Musicus f. *Bucelin.*

S. Hieronymus, der zu Stridon, einem an den Grentzen von Ungarn und Dalmatien gelegenen Städtgen (jetzo Sdrigna oder Sdrin genannt) an 329 gebohren und an. 420 verstorbene Kirchen-Lehrer, f. das *comp.* Gelehrten-Lexicon. (das Supplem. Chronic. Jacobi Philippi, Bergomensis meldet im 9ten Buche, f. 177 er sey im 91sten Jahr seines Alters, bey Bethlehem im Jüdischen Lande gestorben) hat die Horas Canonicas aufgebracht; die Doxologiam, oder das Gloria mit dem folgenden Versicul: Sicut erat in principio, &c. vermehret, f. *Printzens* Mus. Hist. c. 8. §. 39. und in der an Dardanum geschriebenen Epistel (wenn sie anders von ihm ist) von verschiedenen Musicalischen Instrumenten geschrieben. Diese Epistel ist im 4ten Tomo seiner Operum befindlich).

Hieronymus Rhodius, ein Peripatethi‑
scher Philosophus, hat etliche Bücher
de Poëtis geschrieben, worunter das sie‑
bende, wie Athenæus lib. 14. p. m. 635
bezeuget, de Citharœdis handelt.

Hildebrand (Balthasar) war aus Jauer,
der Haupt-Stadt des Fürstenthums glei‑
ches Nahmens in Nieder-Schlesien, ge‑
bürtig, ein Kayserl. Notarius Publ. in
der Music ein Scholar Ambrosii Profi,
und 31 Jahr lang Organist an der S. Pe‑
ter-und Paul-Kirche in Lignitz, starb an.
1657 den 22ten Dec. nachdem er 47 Jahr
8 Monate und 2 Stunden gelebt. Sein
auf dem Gottes-Acker vor der Pforte zu
Lignitz befindliches Epitaphium lautet
also:

Viator
Quid hoc Sax. literat.
ad te velit
vel lege vel audi,
Balthasar Hildebrand,
Vir insig. Literatur.
Lectionisque var.
Ob excell. Artis Music.
Scient. Candoremque
intemerat.
adamatus omnib.
Postq.
Reipubl. Lignic. ad P. Paul.
tanq. alter Orpheus
aut Assaphus ipse,
memorabil. navasset operam
Prætur. & infer. præfuisset
Annos XXXI.
Immort. mact laude
non exig. post se reliquit desid.
ad triumph Cœl. Chor.
& Organ. Angelor.
assumtus est
A pestili post Chr. Nat. clɔ. lɔ. CLVII
Mens. Xbr. D. XXII.
Ætat. s. XLII. M. VIII. H. II.
Barbara Thilen, Vid. afflictiss.
& Libb. superst. Joh. Frider.
Joh. Ehrenfeld. Joh. Christian.
Mar. & Parent. meritiss.
M. H. P. C.
Jaura dedit cunas, Lignitium mihi tecta ministrat,
Terra tegit corpus, Spiritus astra colit.

s. Hrn. D. Wahrendorffs Lignitzische
Merckwürdigkeiten, p. 464 und den Arti‑
cul: *Profius*.

Hill, eine verheyrathete berühmte Sängerin
zu Londen im Jahr 1724. s Leipz. Zei‑
tung 4tes St. der 25 Woche, a c..

Hilliger (*Joan. Zacharias*) ein Magister
von Chemnitz gebürtig, hat an 1717 zu
Wittenberg eine Dissertation pro loco:
de Tibicinibus in funere adhibitis,
gehalten.

ἱμαία μέλη, Lieder, die man beym Wasser‑
schöpffen gesungen.

Himnæus, ἱμναῖος, ein Müller-Lied. Himne.
s. *Hymnus*. Richelet hat angemercket:
daß es mehr im fœm. als masculino ge‑
braucht werde; ursprünglich einen zu
GOttes Lobe, Religions-Geheimnissen
und der Heiligen, gewidmeten Gesang be‑
deute; nichts desto weniger aber auch, die
Tugenden und Vortrefflichkeiten anderer
Personen heraus zu streichen, ingleichen
natürliche Dinge zu loben, vorkomme.

Himeneo [*ital.*] s. *Hymenæum*.

Hinestrosa (*Ludovicus Venegas de*) ein
Spanischer Musicus, hat in seiner Spra‑
che geschrieben, und an. 1557 zu Alcala de
Henares in folio drucken lassen: Tra‑
tado de Cifra nueva para Tecla, Har‑
pa y Viguela, Canto llano, de Organo
y Contrapunto. Hinter‑

Hintereder [Frantz] und J. G. Hintereder, 2 Kayserl. Violinisten an. 1721; der letztere hat an. 1727 noch in seiner Function gestanden.

Hinterleiter, ein Wiener Lautenist. f. Barons Unters. des Instr. der Laute, p. 76.

Hintze [Jacob] ein Instrumental-Musicus zu Berlin, hat die Epistolischen Gesänge, so in Crügers Gesang-Buche zuletzt mit beygedruckt sind, componirt. f. Printzens Mus. Hist. c. 12. §. 83.

Hipparchion, ein berühmter Griechischer Citharœdus, welcher, als er einsten mit dem Ruffi..o öffentlich certiret, und das Theatrum einfallen wollen, dergestalt erschrocken, daß er kein Wort mehr singen können. Daher das Sprüchwort: Mutus Hipparchion, entstanden; so von denen gebrauchet wird, welche, wenn man etwas grosses und sonderliches von ihnen erwartet, gehling stille schweigen. f Printzens Mus. Hist. c. 7. §. 34. aus *Erasmi* Chiliadibus, und *Textoris* Officin. lib. 4 cap. 36.

Hippasus, ein Musicus von Metapont, einer ehemaligen Lucanischen, am Uffer des Tarentinischen See-Busens gelegenen Stadt, gebürtig, wovon noch ein schlechtes Schloß, Torre di mare genannt, übrig ist; dessen Theo Smyrnæus Mathematicorum lib. 2. c. 12. gedencket. f *Voss.* de Mathesi lib. 3. c 10.

Hippomachus, ein künstlicher Pfeiffer, welcher nicht leiden können, als einer von seinen Discipuln, der in seinen Ohren noch nicht recht spielte, dennoch vom unerfahrnen Volcke einsten gelobt wurde, sondern denselben aufhören heissen: weil das Lob des unwissenden Volcks ein gewisses Zeichen des Fehlers sey. f. Printzens Mus. Hist. cap. 7. §. 4 aus dem *Æliano* lib. 14. c. 8. und lib. 2. c. 6. de varia Historia.

Hipponax, ein Poet von Ephesus, und Durchhechler (von welchem das Carmen Hipponacticum, so auch sonsten Scazon heisset, den Nahmen bekommen) wird von Plutarcho auch unter die berühmten Musicos gezehlet. Soll von Angesicht so ungestaltet gewesen seyn, daß ihn die Mahler abgemahlet, und sein Bildniß öffentlich ausgesetzet haben, damit die Leute etwas zu lachen haben möchten f. Printzens Mus. Hist. c. 7. § 20. Er hat in der 60 Olympiade, oder 533 Jahr vor Christi Geburt gelebt. f. das *comp.* Gelehrten-*Lexicon*.

Hippothorus, ἱππόθορος, eine Melodie, so f. v. beym coitu der Pferde ehemahls gebraucht worden. f. *Plutarch.* in Conjugalibus præceptis.

Hirquire, hirquitallire [*lat.*] wird von den Knaben gesagt, die im 14ten Jahre, aus natürlichen Ursachen, ihre Stimme verändern. Nurgedachte Ursachen sind beym Alexandro Aphrodiseo, Problemate 12; zu lesen.

Hirsch (Andreas) ein Evangelischer Pfarrer zu Bächlingen, in der Graffschafft Hohenloh, hat an. 1662 einen teutschen philosophischen Extract aus Kircheri Musurgiæ, unter dem Titul: Kircherus Jesuita Germanus Germaniæ redonatus, sive Artis magnæ de Consoro & Dissono Ars minor, zu Hall in Schwaben, in 8vo drucken lassen. Dieser Auszug beträgt ein Alphabeth.

His, also kan der mit einem doppelten Creutz ♯ bezeichnete H-clavis gar füglich genennet werden, um ihn vom rechten C zu unterscheiden.

Histiæus, Colophonius, ein Musicus aus der in Jonien, zwischen Smyrna und Ephesus gelegenen Stadt Colophon gebürtig, so jetzo von einigen Altobosco, von andern aber Belvedere genennet wird, hat zur Lyra die zehnte Saite hinzugethan. f. *Voss.* de Mathesi lib. 3. cap. 20. §. 3. und *Ferrarii* Lex. Geograph.

Hitzenauerus (*Christoph*) hat an. 1585 einen Tractat, genannt: Ratio componendi Symphonias, Concentusve musicos, zu Lauingen in 8vo drucken lassen. f. *Draudii* Bibl. Class. p. 1041.

Hitzlerus (*Daniel*) ein von Haidenheim im Würtenbergischen bürtig gewesener Magister und Prediger an verschiedenen Orten, auch Pastor und Inspector der Schulen zu Lintz in Oesterreich, ferner Superintendens zu Kirchheim, sodann Superintendens Generalis, und endlich an. 1532 Probst und Rath zu Stuttgardt, hat unter andern, auch eine Musicam novam geschrieben, darinn er die also genannte und von ihm erfundene Bebisation an statt der Solmisation recommendiret. Ist gestorben an. 1635 den 4 Sept. f. *Witten ii* Diar. Biograph. und *Gibelium* de Vocibus Musical. p. 59. sq.

Hobertus, ein Lautenist aus dem Jülichischen.

ſchen. ſ. Barons Unterſ. des Inſtrum. der Laute, p 55.

Hobrecht (*Jacobus*) ein Niederländer, von welchem Glareanus p. 456. Dodecachordi meldet: er ſey ſo inventiös geweſen, daß er in einer Nacht eine betrliche, und von Verſtändigen bewunderte Miſſam verfertigen können. *Geſnerus* lib. 7. tit. 4. Partit univerſal. nennet ihn Obreth, und führet 5 Miſſen von ſeiner Arbeit an. Conf. *Obrecht*.

Hochreiter (*Joſ. Balthaſar*) hat zwey Wercke herausgegeben, als: Veſperas Dominicales & Feſtivas von 4 Sing-Stimmen nebſt Inſtrumenten; und Veſperas de B. V. Maria von 4 Sing-Stimmen, 2 Violinen, 2 Violen, und G B. in folio. ſ. Hrn. Lotters Muſic. Catal.

Hochbrucker (Simon) von Donawerth gebürtig, iſt ein groſſer Künſtler auf der von ſeinem Vater erfundenen groſſen Bret-Harffe, auf welcher er ohne Verſtimmung, alle Semitonia ſpielen und mitnehmen kan. Er hat ſich zu Ausgange des 1729ſten Jahres vor Ihro Kayſerl. Majeſtät in Wien rühmlich hören laſſen, und iſt etliche 30 Jahr alt. Sein noch lebender, und in Augſpurg ſich aufhaltender Vater, iſt gleichfalls ein ſtarcker Harffeniſt.

Hœffler (*Conrad*) ein Weiſſenfelſiſcher Cammer-Muſicus zu Ende des abgewichenen Seculi, von Nürnberg gebürtig, hat im 48 Jahr ſeines Alters 12 Partien vor eine Violadagamba und G. B. in Kupffer ſtechen, und in länglicht folio ediren laſſen.

Högmann, ein junges Schwediſches Frauenzimmer von 10 Jahren, hat, als der Organiſt bey der Teutſchen Kirche in Stockholm, am Michaelis-Tage an. 1730. eine vortreffliche Muſic aufgeführet, ſich mit ihrer Stimme zu jedermanns Vergnügen hören laſſen. ſ. die Lippſtädter Zeitungen, nr. 86.

Hölb (Johann) ein alter Kayſerl. Hof-und Cammer-Muſicus jubilatus, iſt an 1717 noch am Leben geweſen.

Hœpner (*Stephanus*) Cantor zu München, berg, von Pentzlin im Mecklenburgiſchen gebürtig, gab an. 1614 ſeine teutſche und lateiniſche Geſänge heraus. ſ. Printzens Muſ. Hiſt. c. 12. §. 14.

Hofer (*Andreas*) ſ. *Samber*.

Hofhaimer [*Paulus*] ein ohnweit Saltzburg gebürtig, und bey dem Kayſer Maximiliano I. in Dienſten geweſener Componiſt und Organiſt, wird von Ottomaro Luſcinio lib. I. Muſurg. p. 15. ſqq. über die maſſen gerühmet; unter andern daſelbſt befindlichen elogiis iſt folgendes nicht das geringſte, wenn er ſchreibet: quicquid enim Roma ſuo debet Romulo, aut Camillo, hoc totius rei Muſicæ univerſitas Paulo tribuit, ſuo inſtauratori. Seine Harmoniæ Poëticæ, quales ſub ipſam mortem cecinit, ſo wol vor Stimmen als Inſtrumente geſetzt, ſind an 1539 zu Nürnberg gedruckt worden, welchen vieler gelehrten Männer teſtimonia von ihm vorgeſetzt ſind. ſ. *Geſneri* und *Draudii* Bibl. Claſſ. p. 1625.

Hoffer [Jacob] ein Kayſerlicher Violiniſt an. 1721. und 1727.

Hoffmann [Martin] ein berühmter Lauten-Macher in Leipzig, iſt vor einigen Jahren geſtorben; hat aber zweene Söhne hinterlaſſen, davon der jüngere ſich auf das Violin- und Gamben-Machen ꝛc. der ältere aber, Hr. Johann Chriſtian Hoffmann auf die Lauten-Arbeit appliciret. ſ. Barons Unterſ. des Inſtruments der Laute, p. 95.

Hofman [*Laurentius*] aus Francken gebürtig, wurde in der an. 1543 geſtiffteten Fürſten-Schule zu Meiſſen der erſte Muſicus oder Cantor; ſtarb aber an. 1547 den 24 Octob. und in dem Chore der S. Afræ-Kirche, mit folgendem Epitaphio begraben:

Hic jaceo Hofmanus, cantandi clarus ab arte
 Miſniacæ quondam portio magna Scholæ.
Francia naſcenrem, morientem Miſnia vidit,
 Dantem operam ſtudiis Leucoris ipſa bonis.
Deſerui terras, cum nondum luſtra peractæ
 Ætatis cœpi ſex numerare meæ.
Si vitam quæris, placuit mihi ſemper honeſtas,
 Et ſtudii mores compoſuiſſe meos:
Sedulus impoſitum munus ſine crimine geſſi.
 Primaque cura mihi de pietate fuit.

Hac, quod debetur morti, fub mole quiefcit,
Pars melior cœli regna beata tenet.

f. *Georgii Fabricii* Annales urbis Mifnæ, lib. 3. p. 202. 203.

Nurgedachtes Epitaphium hat Michael Cufpidius verfertiget, woraus zu erſehen: daß er noch nicht 30 Jahr alt geweſen, als er geſtorben.

Hoffmann [Johann George] ein beliebter Componiſt und Unter-Organiſt bey der Haupt-Kirche zu S. Eliſabeth in Breßlau, hat das Licht dieſer Welt erblicket an. 1700 den 24 Octobr. vor Nimtſch im Briegiſchen Fürſtenthum, unter der Herrſchafft von Brauckiſch, allwo ſein Vater ein Züchner iſt, welcher ihn, nachdem er vorhero einige Jahre die daſige Stadt-Schule frequentiret, im 13ten Jahre ſeines Alters beym daſigen Organiſten, Hrn. Johann Heinrich Quiel auf 5 Jahr (more Silefiaco) die Kunſt zu erlernen, verdungen, von welchem er auch ſo wol im Singen und Spielen, als auf der Violin und allerhand blaſenden Inſtrumenten getreue information genoſſen. Er hat ſich hierauf nach Breßlau gewendet, um in der Muſic, und hauptſächlich in der Compoſition fernere profectus zu machen, daſelbſt bey dem jungen Herrn Baron von Reichenbach (welcher auf dem Elifabethaniſchen Gymnaſio ſtudiret) Dienſte angenommen, und hierdurch Gelegenheit bekommen, von deſſen Hofmeiſter, nunmehro aber berühmten Profeſſore Matheſeos daſelbſt, Herrn Gottfried Gierſch noch vieles in literis zu profitiren, bis er an. 1720 den 1 Sept. durch gute Recommendation und Vermittelung Herrn Jacobi Wiliſii, wohlverdienten Directoris Chori muſici an der S. Eliſabeth- und S. Barbaræ-Kirche, auch Collegæ am nurgedachtem Gymnaſio, von den hochlöblichen HerrnVorſtehern zu obiger function ernennet worden.

Hoffmann [*Chriſtian*] Cantor zu Croſſen, von Guben in der Nieder-Lauſitz gebürtig, gab 1690 eine teutſche Muſicam Synopticam in 8vo heraus, worinn er ſich bey den Proportionibus und Vocibus am meiſten aufhält.

Hoffmannus [*Eucharius*] ein Corrector zu Stralſund, von Heldburg in Francken gebürtig, hat an. 1582 Doctrinam de Tonis & Modis Muſicis; und an. 1584 Muſicæ Practicæ Præcepta zu Grypswalde ediret. Das erſtere Tractätgen beträgt, ſammt vorangeſetzten Carminibus gratulatoriis, und der Dedication, 5 Bogen in 8vo, und beſtehet aus 7 Capiteln; deren erſtes: de definitione rei & nominis; das 2te: de fundamento & origine Tonorum; das 3te: de numero & diviſione Tonorum; das 4te: de tonorum duplici conſtitutione, in Scala dura & molli; das 5te: de diſcrimine Tonorum; das 6te: de cognitione Tonorum; und das 7de: de ſpeciali Tonorum tractatione Nachricht giebt. Das zweyte beſtehet aus 10½ Bogen, worinnen 13 Capitel enthalten ſind; das 1ſte handelt: de vocibus muſicalibus. Das 2te: de Clavibus; das 3te: de Scala; das 4te: de generibus cantionum & Muſicæ apud Veteres; das 5te: de Notulis; das 6te: de Pauſis; das 7de: de mutatione Vocum; das 8te: de transpoſitione clavis & cantus; das 9te: de intervallis; das 10te: de Tonis ſeu Modis muſicis; das 11te: de Accentu Eccleſiaſtico; das 12te: de Tactu; und das 13de: de vario Notarum & Pauſarum valore.

Hoffmeiſter [Reinhold] von Afchersleben, war unter den 53 verſchriebenen Organiſten der 18te, welcher das an. 1596 in die Schloß-Kirche zu Grüningen erbauete Orgel-Werck beſpielte und examinirte. f. Werckmeiſters Organ Gruning. rediv. §. 11.

Hoher Alt iſt: wenn der c-Schlüſſel auf der zweyten Linie im Syſtemate muſico geſetzt wird.

Holflöte, iſt ein offen weites Stimmwerck, durchaus einer Weite, mit einem engen labio verſehen, und hat den Nahmen vom hohl klingen. Es giebt deren verſchiedene Gattungen, als 8 und 4 Fuß-Ton; Holquinten 3 Fuß-Ton; kleine Holflöten 2 Fuß-Ton, ſonſten auch Nachthorn genannt; Quintflöte 1½ Fuß-Ton Waldflöte 2 Fuß-Ton; und Sifflöte 1 Fuß-Ton.

Holland [Chriſtoph] iſt ein Kayſerlicher Muſicus, und Componiſt geweſen.

Hollandre [*Chriſtianus*] oder Holländer, aus den Niederlanden gebürtig, ließ an. 1570 Cantiones Sacras von 4. 5. 8 Stimmen zu München drucken. Sein Falci-

Fasciculus Tricinorum ist an. 1573 auch daselbst in 4to herausgekommen. s. *Draudii* Bibl. Class. p. 1612. 1652.

Holoander [*Sebastian*] von Dordrecht gebürtig, war um die Mitte des 16ten Seculi bey Hertzog Wilhelm in Bayern Capellmeister. s. Printzens Mus. Hist. c. 11. §. 25.

Holtzhauser [Heinrich] hat an. 1721. an der verwittibten Römischen Kayserin, Amaliæ Wilhelminæ, Hofe, als Music-Director gestanden.

Holtzner [*Antonius*] von seiner Arbeit ist ein Opus 5. 6. und 8stimmiger Missen; ferner ein Werck Motetten von 1. 2 und 3 Stimmen, beyderseits mit einem G. B. versehen; wie auch 5 und 6stimmige Magnificat und Antiphonen gedruckt worden.

Homati [*Tomaso*] hat 8stimmige kurtze Missen und Psalmen in Druck gegeben.

Homerus, ein Griechischer Musicus und Geometra, Argivischer Nation, hat an. Mundi 3083 unter der Regierung des Assyrischen Königs Ascrazapis floriret. s. das *Giardino* des Contarino, pag. 99. Daß acht berühmte Homeri gewesen, ist von *Lælio Bisciola* in seinen Horis Subcesivis, T. 1. lib. 4. c. 6. angemercket worden, worunter jetztbesagter der siebende; der hochberühmte, obschon seiner gantzen Historie nach fast unbekannte Poet Homerus aber der achte ist, als über dessen Vaterland sich wol ehemahls sieben Städte unter einander gezancket haben, wie beym *Gellio* lib. 3. c. 11. Noctium Atticarum zu lesen. Nurgedachten Zancks Ursprung wird von *Bisciola* l. c. untersuchet. Es haben sich auch nachgehends die Gelehrten über dessen Nahmen und Bedeutung nicht vereinigen können; denn, nach einigen, soll er deswegen Homerus seyn genennet worden, weil er blind gewesen; nach andern, weil er keine Kinder gehabt; und wiederum, nach einigen, weil er einen Geisel abgegeben. s. Hederichs Notitiam Auctorum antiq. & mediam, p. 53. sq. Die vierdte und fast unbekannteste Bedeutung bringet mehrgedachter Bisciola aus des *Heliodori* lib. 1. Hist. Æthiop. vor, wenn er lib. 8. c. 22. T. 2. schreibt: er habe viel dicke Haare auf der einen Hüffte gehabt, und deswegen hätten diejenigen, so ihn mit seinen rechten Nahmen Melesigenes nicht nennen, sondern gleichsam mit ausgestrecktem Finger gedachte Hüffte anzeigen wollen: ὁ μηρός gesprochen; aus diesen sey hernach ein Wort. als ein Nomen proprium, nemlich Ὅμηρος, Homerus (als wenn er also geheissen) entstanden.

Homophoni. s. *Suoni Homophoni*.

Honorio (*Romualdo*) ein Italiänischer Camaldulenser-Mönch, welcher unns Jahr 1642 floriret, hat verschiedene 4. 5. 6. 7. und 8stimmige Missen; ingleichen 3. 4 und 5stimmige Psalmen; zwey Wercke 1. 2. 3. und 4stimmiger Concerten; und ein Opus 4. 5. 6. und 8stimmiger Litanien de B. V. (welches das 7de ist) ediret.

Hoppe (Andreas) ein Margräfl. Anspachischer Musicus, agirte in dem an. 1699 daselbst gehaltenen Dramate, genannt: le Pazzie d' Amore e dell' interesse, die Jena, als Seug-Amme der Eusina.

Horchius (*Henricus*) ein Doctor und Professor Theologiæ zu Herborn, handelt in seinen dreyen an. 1691 daselbst gedruckten Dissertationibus Theologicis, und zwar in der ersten (so er beym Antritt gedachter Profession gehalten) de Igne sacro, auch obiter de *Musica*, sacro igni victimas absumenti accinente, wie nemlich solche aus den Leviten, und ihren Söhnen, als Capell-Knaben bestellt, und wie diese gestellt gewesen: daß die Leviten ordinarie folgende drey Instrumente, nemlich die Citharam, das Nablium und Cymbalum tractiret, und zu welcher Zeit solches exercitium täglich geschehen sey; ferner, daß an hohen Fest-Tagen andere blasende Instrumente, als die Schalmen und Trompete darzu gekommen, und wie viel deren auf einmahl gebraucht worden.

Hoorn (van) ist Organist an der Capell-Kirche in Amsterdam, und ohngefehr 50 Jahr alt

Horicius (*Erasmus*) ein Teutscher Musicus, hat ein geschriebenes Werck dem Cardinal Grimani dedicirt, so aber, wie *Vossius* de Mathesi, lib. 1. c. 21. §. 17 davor hält, noch nicht ans Licht getreten ist

Horn, ist, wie es Magister Samber beschreibet, ein Orgel-Register, aus der Mixtur genommen, so allenthalben die grosse Terz mit hat, und demnach nicht anders, als eine Sesquialtera. s. dessen *Continuation der Manuduct. ad Organum*, p. 153 und 155.

Horn

Horn (*Johann Caspar*) ein Doctor zu Dreßden, hat als ein Studiosus Juris den 1sten Theil seines *Parergi Musici*, aus 5stimmigen Allemanden, Couranten, Balletten und Sarabanden bestehend, in 4to herausgegeben. Seine Musicalische Tugend- und Jugend-Gedichte von 1. 2. 3. 4. 5. und 6stimmigen Arien und Canzonetten, mit 5 Violinen, oder auch Flöten, und einem G. B. sind an. 1678 zu Franckfurt am Mayn in folio gedruckt, und von ihm den sämtlichen membris des Franckfurtischen Collegii Musici zugeschrieben worden. Seiner geistlichen Harmonien Winter- und Sommer-Theil über die Evangelia von 4 Stimmen, nebst 2 Violinen, 2 Braccien, und G. B. ist an. 1680 und 1681 zu Dreßden in 4to herauskommen. Es ist dieses die zweyte Edition.

Hornburg (*Carl*) ein Componist, von dessen Arbeit Demantius in seiner Isagoge eine Fugam contrariam 2 Vocum anführet.

Hornburg (*Johann*) von Brandenburg, war unter den 53 verschriebenen Organisten der sechste, welcher das an. 1596 in die Schloß-Kirche zu Gröningen erbauete Orgelwerck bespielt und examinirt gehabt. s. Werckmeisters Org. Gruning. rediv. §. 11.

Horologium, also hieß in der Griechischen Kirche das Buch, woraus täglich die Horæ gesungen wurden. s. Schöttgens Antiquit. Lexicon.

Horologius (*Alexander*) ein Kayserlicher Componist und Musicus, hat an. 1627 Motetten zu Venedig drucken lassen.

Horus, ein König in Egypten, und Sohn der Isidos, hat von ihr die Music erlernet. s. *Fabricii* Bibl. Gr. lib. 1. c. 14. p. 95.

Hosianna, oder, wie es die Welschen aussprechen, Osanna, ein bey den Ebräern sehr bekannt gewesenes Wort, und aus dem 25sten Vers des 118 Psalms genommene Formul, so in der Römisch-Catholischen Kirche bey der Messe annoch musicalisch pflegt gesungen zu werden, soll zusammen gesetzt seyn aus Hosiah und Anna, und so viel heissen, als: Obsecro Domine, salvum fac, salvifica, oder, wie es in der teutschen Ubersetzung lautet: O HErr hilf! s. *Ferrarium*, de Acclamationibus, lib. ·. c. 9. woselbst ein mehrers hiervon zu lesen

Hottemann oder Hotmannus, war ein Frantzösischer Violdagambist zu Anfange des vorigen Seculi.

Hotteterre, ein vielleicht noch lebender Römischer und Königlicher Musicus zu Paris, hat Principes von der Flûte traversière, von der Flûte à bec oder Flûte douce, und von der Hautbois geschrieben. Seine übrige vor die Quer-Flöte gesetzten Wercke, deren, mit der Art de préluder, an der Zahl noch zwölffe sind, stehen in dem an. 1729 zu Paris in 4to gedruckten Catal. general des Livres de Musique, p. 6. recensirt.

Houdemann (*C. F.*) ein Rechts-Gelehrter, der nicht allein in der theoretischen Music grosse Schritte gethan, sondern auch in der Ausübung nicht unerfahren, und die Feder bisweilen zur Composition, die Finger zum Spielen, den Hals zum Singen ansetzet, ingleichen nebst der gründlichen Kundschafft vieler Sprachen, einen saubern, so wol Lateinisch- als Teutschen Vers, absonderlich einen galanten Italiänischen und Frantzösischen Brief, schreibet. Von dem letztern ist eine Probe in des Herrn Capellmeister Mattheſons Musical. Patrioten, in der 43sten Betrachtung, p. 350. sq. befindlich, an. 1728 den 29 Junii aus Fridrichsstadt datirt.

Houlondel (*Jean Baptiste Joseph du*) und Robert du Houlondel, dieser als Vater, und jener als Sohn, sind Violoncellisten in der Königl. Capelle und Cammer-Music zu Dreßden an. 1729. s. den dasigen Hof- und Staats-Calender.

Hoven (*Joachim van den*) ein Niederländischer Lautenist, hat an. 1612 Delicias Musicas oder Cantiones (so er aus berühmter Componisten Stücken genommen, und auf die Laute appliciret) zu Leyden in folio, ingleichen Lauten-Præludia zu 2 Sing-Stimmen, und 2 Violinen eingerichtet, daselbst in folio drucken lassen. s. *Draudii* Bibl. Class. pag. 1620. und 1651.

Howartin (*Maria Ruth*) eine gute Teutsche Poetin, und fertige Musica. s. *Paullini* hoch- und wohlgelehrtes Frauen-Zimmer, p 74.

Hoyer (*Gregorius*) war an. 1593 ein Alumnus in der Schul-Pforte, und nachgehends ein Chur-Sächsischer Vocal- und Instrumental-Musicus. s. *M. Justini Pertuhii* Chron. Portense, p. 204.

Hoyvus (*Balduinus*) oder, wie er beym *Lansio* in Orat. pro Germania p. 43 genen-

genennet wird, Hoioul, hat an. 1586 sechs-sieben-acht-und zehnstimmige Cantiones sacräs; und an. 1590 Tricinia sacra zu Nürnberg in 4to drucken lassen. s. *Draudii* Bibl. Class p. 161, und 1652.

Hubaldus, Huebaldus, oder Hugbaldus, ein gelehrter Philosophus, Poet und Benedictiner-Mönch zu S. Amand (lat. Elno, Amandopolis und Fanum S. Amandi) einer Stadt und Abten im Frantzösischen Flandern an den Hennegauischen Grentzen, hat unter andern auch ein Buch: de Arte Musica, geschrieben. Ist gestorben an. 930 den 25ten Junii, und liegt an obgedachtem Orte, mit folgendem Epitaphio, begraben:

Dormit in hac tumba simplex sine
 felle columba,
Doctor, flos, & honos tam Cleri,
 quàm Monachorum.
Huebaldus, famam cujus per clima-
 ta mundi
Edita Sanctorum modulamina, ge-
 itaque clamant
Hic Cirici (a ii Quirici) membra
 pretiosa reperta Nivernis
Nostris invexit oris, scripsitque
 triumphum.

s. *Swertii* Athenas Belgicas, und *Sanderum* de Scriptoribus Flandriæ, p. 78.

Hubmeier [*Hippolytus*] Laberanus (er ist vielleicht aus dem Ober-Pfältzischen zwischen Nürnberg und Regenspurg liegenden Marck-Flecken Laber bürtig gewesen) ein Magister, Poëta Laureatus Cæsareus, und Pædagogiarcha zu Göttingen. s. *Givelium* de Vocibus Musicalibus, p. 44 welcher vom Rect. rat zu Gera an. 1620 zu dem Coburgischen gelanget, daselbst an. 1622 Bibliotecarius, und an. 1623 in die Adjunctur Schalckau translociret worden. s. *D. Hænns* Coburgische Chronicke P. 1. c. 16. p 85 und 89.

Hueber (*Wendelinus*) Organist zu Wien bey S Dorotheæ, und Cor-Regent der Todten-Brüderschafft, hat 2 Motetten-Wercke ediret, davon das zweyte, unter dem Titul: Cantiones Sacræ 1. 2. & trium Vocum cum Basso ad Organ. an. 1650 daselbst in 4to gedruckt, und von ihm dem bamahligen Ober-Stadt-Syndico, D. Andr. Leonh. Denck, unterm 20 Octobr. 1649 in Lateinischer Sprache dedicirt worden.

Hübner [Johann] ist gebohren zu Warschau in Pohlen, von Preußischen Eltern, im Mertz des 1696ten Jahres; hat die Music mehr aus natürlichen Triebe, als Unterweisung, erlernet, auffer, daß er an. 1714. vom Herrn Rosetti in Wien 16 Lectiones auf der Violin genommen; hierauf ist er als Director von der Music des Römisch-Kayserl. Gesandten, Herrn Grafens Kinsky, mit nach Moscau gegangen, woselbst er 5 Jahr lang, nemlich biß an. 1727 bey dem Herrn Hertzoge von Holstein, Hochfürstl. Durchl. als Cammer-Musicus in Diensten gestanden; nach hochgedachten Hertzogs Retour aber ist er in der Residenz-Stadt Moscau geblieben, und als Concert-Meister in Ihro Majestät der ietzigen Rußischen Käyserin, Annæ, Dienste gekommen.

Huelse [*Aebatius Casimirus*] ein gewesener Cammer-Diener beym Grafen Logi zu Prag, von welchem er sich zwar weg- und nach Nürnberg begeben, doch aber, weil er etwas rechts auf der Laute von ihm profitiret, so hoch gehalten worden, daß er ihn, so offt er durch Nürnberg gereiset, zu sich holen lassen und beschencket. Daß er ein Mensch von lustigen und ingeniœsen Einfällen gewesen, jedermanns Stimme und Rede imitiren, auch selber componiren können, so, daß er in Exprimirung allerhand Affecten die Frantzosen übertroffen; bey zugenommenen Alter aber das Unglück gehabt, vom Schlage gerührt zu werden, welcher ihn dergestalt verstellet, daß, indem er noch eine ziemliche Zeit darauf gelebt, er mehr einem Monstro, als Menschen ähnlich gesehen, ist in Hrn. Barons Untersuch. des Instr. der Laute, p. 75. zu lesen.

Huerga [*Cyprianus de la*] ein Spanischer Cistercienser-Mönch, und Ausleger der H. Schrifft, welcher an. 1560 zu Alcala gestorben, hat, unter andern, auch de ratione Musicæ & Instrumentorum usu apud veteres Hebræos geschrieben. s. *Jacobi* le Long Bibl. Sacr. p. 784.

Hueter [Matthias] ein Kayserl. Baßist an. 1721, und 1727

Hugenet ober Huguenet hat zwey Sonaten-Wercke publiciret. s. den an. 1729 zu Paris in 4to gedruckten *Catal. general*, p. 4. und 5.

Hugolinus, ein Italiäner, von Orvieto, oer Pabstl. Haupt-Stadt in der Landschafft Orvietano, im Patrimonio Petri, gebürtig, hat eine Musicam geschrieben. s. *Gesneri* lib. 7. tit. 3. Partit. univers.

Hum-

Hummel [Matthäus] ein Lauten- und Geigen-Macher in Nürnberg.

Hundt [Frances o] der fünffte Violinist in der Königl Capelle und Cammer-Music zu Dreßden an. 1729. s. den dasigen Hof- und Staats-Calender.

Hungarn [Gottfried] Cantor zu Weissensee, von Rochlitz in Meissen gebürtig, hat an. 1690 unterschiedliche Concerten von 2. 3. 4 und 5 Stimmen, nebst Instrumenten, unter dem Titul: Musicalische Kirchen-Lust 2c zu Gotha in 4to drucken lassen.

Hunnius [Christianus] ein Musicus zu Cronenburg in Dännemarck, von Herbsleben, einem Thüringischen an der Unstrut ohnweit Tennstedt liegenden grossen Marck-Flecken gebürtig; von seiner Arbeit ist an. 1624 zu Erffurt folgendes Werck in 4to gedruckt worden, so den Titul führet: Trias melodiarum sacrarum, sive Cantionum sacrarum 5. 8. & 10 vocum, tum vivæ voci, tum omnibus instrumentis musicis accommodatæ, cum adjecto contrapuncto, ad musici artificii normam composita à *Christiano Hunnio*, Herbslebiensi Thuringo, apud Cronoburgenses in Dania Musico. Die Zuschrifft ist an Fridericum Ulricum, Hertzogen zu Braunschweig und Lüneburg gerichtet.

Hurel, ein ums Jahr 1678 bekannt gewesener Componist, dessen der Mercure Galant a. c. im May-Monat, pag. 15. gedencket.

Hurlebusch [Christ. Friedrich] der ältere Sohn des folgenden, hat vor wenig Jahren Italien frequentiret, sich, nach seiner Rückkunfft, zu Wolffenbüttel aufgehalten, hierauf nach Schweden, als Cammer-Musicus und dabey die beste Orgel in Stockholm zu haben, Vocation bekommen. s. *Matthesonii* Crit. Mus. T. 1. pag. 319.

Hurlebusch (Heinrich Lorentz) gebohren zu Hannover an 1666 den 8 Julii, woselbst sein Herr Vater ein Raths-Herr, und der Groß-Vater 30jähriger Stadt-Physicus gewesen, erlernete anfänglich bey Herrn Knüllern sodann bey Herrn Cobergen, und noch einem in Westphalen, Nahmens Ehrensting, das Clavier-Spielen, ingleichen etwas von der Composition; war erstlich Organist an der S. Magni-Kirche in Braunschweig, succedirte aber an. 1694 dem seel. Delphin Strunck daselbst an der S. Martins- und Egidien-Kirche, und bekam nach einigen Jahren die Catharinen-Kirche dazu, welche drey Kirchen er noch theils sel'st verwaltet, theils durch seinen jüngsten Herrn Sohn verwalten lässet. Er soll die Orgel sehr lieblich tractiren, in Frantzösischen Suiten excelliren, ein vortreffliches judicium und ingenium haben, sehr beliebt im Umgange, und ein Ausbund der Höflichkeit seyn.

Hurtado [Thomas] ein Spanischer Clericus Regularis Minimorum, von Toledo gebürtig, war Theologiæ Professor zu Rom, Alcala de Henares und Salamanca, nach diesem Præpositus zu Sevilla, woselbst er an. 1659 im 70 Jahr seines Alters gestorben, und schrieb unter andern: de Chori Ecclesiastici antiquitate, necessitate & fructibus. s. das *comp.* Gelehrten-Lex. und *Antonii* Biblioth. Hispanam.

Husmedel, ein Cavalier des Schwedischen Ambassadeurs am Königl. Preussischen Hofe, hat, auf Königl. Ersuchen, an dem an. 1706 im Dec. gehaltenen Beylager des damahligen Cron-Printzens von Preussen, in der Opera: Sieg der Schönheit über die Helden genannt, mitgesungen, und in dem Epilogo die Person des Mercurii vorgestellet s. des Herrn von Bessers Schrifften, unter den Beylagers-Gedichten, p 308

Hutmann (Hanß) Organist an der Habbergischen Orgel zu Königsberg in Preussen an. 1720. s. *Matthesonii* Anhang zu Niedtens Musical. Handleit. zur Variat. des G. B. p. 187.

Huygens [Constantinus] oder Hugenius, ein Niederländischer Edelmann und Erb-Herr zu Zulichem, auch des Fürstens von Oranien, Henrici Friderici, gewesener geheimer Rath, hat, unter andern, in Niederländischer Sprache ein Tractätgen: vom Gebrauch und Mißbrauch der Orgeln, geschrieben, und solches mit approbation verschiedener Theologorum zu Leyden, an. 1641 drucken lassen. s. die 30te Exercitation *Marti i S. Baccaerkii*. Daß er an. 1687 am 28 Mertz in einem hohen Alter gestorben sey, dessen berichtet uns das *comp.* Gelehrten-Lexicon.

Hyagnis s. *Hiagnis*. *Apulejus* lib 1. Floridorum meldet von ihm noch folgendes: primus in canendo manus discapedinavit. Primus duas tibias uno spi-

spiritu animavit, primus dextris & lævis foraminibus acuto tinnitu & gravi bombo concentum musicum miscuit.

Hydimeles. s. *H:dymeles.*

Hydraulus, Hydraula, Hydraules [*lat.*] ὑδραύλης [*gr.*] von ὕδωρ, aqua, und αὐλός, tibia; bedeutet (1. die ehemahls bekannt gewesene Wasser-Orgel. (2. deren Spieler. s. *Ma t: i is* Lex Philol. von diesem Wasser-Instrument, so auch von andern Hydraulicum schlecht weg, ingleichen hydraulicum [sc. Organum] genennet wird, können gelesen werden: *Vitruvius* de Architectura, lib. 10. c. 3. *Atheneus* lib 4. pag. m. 174. *Kircherus* Musurg. T. 2. p. 10. sqq. *Isaacus Vossius*, de viribus Rhythmi, p 100. sqq. und aus ihm Salomon van Til, p. 10. seiner Sing- Dicht- und Spiel-Kunst; welche letztern drey solches auch abgebildet haben.

Hylton [*Gualterus*] ein Engländischer Cartheuser- Mönch in dem ohnweit Londen am lincken Ufer der Temse von Henrico V. erbaueten Closter, Bethlehem genannt, hat unter der Regierung Königs Henrici VI florirt, und ein Buch: de Musica Ecclesiastica geschrieben. s. *Balei* Catal. Scriptorum Britanniæ, Centur. 7. p. 569.

Hymenæum (sc. carmen) ein Hochzeit-Braut-Lied; it. dergleichen Glückwunsch. Die viel- und mancherley Meynungen von diesem Wort hat Franc. Bernardus *Ferrarius* im 14ten Capitel des 7den Buchs: de Veterum Acclamationibus zusammen getragen, worunter er des Procli seine den übrigen vorziehet, und solches Wort von ὁμονοῦν oder ὁμοναλιν, welches unà habitare, zusammen wohnen bedeutet, herleitet.

Hymni E pistolici, sind diejenigen Lob-Gesänge, so vor der Epistel gesungen werden. s. *Prætor.* Synt. Mus. T. I. p. 44.

Hymni Evangelici, sind diejenigen Lob-Gesänge, so nach der Epistel abgesungen werden. idem ibid. p. 45.

Hymni saliares, waren bey den alten Römern diejenigen Gesänge, welche die Salii oder Priester des Martis sungen, wenn sie an dem Feste dieses Abgottes, nemlich am ersten Maji springend und tantzend mit den Ancilibus durch die Stadt Rom schwermeten. Der Oberste unter solchen Saliis wurde Magister Salierum ge-

nennet, und wie dieser vortantzete, so tantzeten die andern nach, welches die amtruare und redamtruare nach dem alten Latein hieß. s. Hederichs reales Schul-Lexicon, woselbst ein mehrers hiervon zu lesen ist. Conf. *Vossius* de Poëtis Latinis c. 1.

Hymnista, pl. hymnistæ, gr. ὑμνησαι, Lob-Gesangs-Sänger.

Hymnographus [*lat.*] ein Lob-Gesangs-Schreiber.

Hymnus [*lat.*] ὕμνος [*gr.*] Himne [*gall.*] ist eigentlich ein Lied, oder Singstück, worinnen G Ott gelobet wird; von ὑμνέω, laudo. Alt & hominum præconium hac voce apud profanos scriptores venit, præcipue vero, quod adstricto sit numero, unde & simpliciter ἡ ᾠδη ac Carmen Hymnus dicitur. s. Herrn D. Meiers Crit. sine crisi, c. 3 p. 96. in notis, aus des seel. Hrn. *Calvœrs* Rituali P. 1. Sect. 5. c. 7. §. 1.

Hymnus glorificationis, also ist von den Kirch-Vätern der denen Psalmen angehängte Vers: Gloria Patri, &c. genennet worden. s. *Juan. Bonam* de Rebus Liturgicis.

Hypate, ὑπάτη, principalis sc chorda, die vornehmste, d. i. tiefste Saite der zwey untersten Tetrachordorum. Sie heisset auch Suprema; denn diejenigen, so dieser und andern Saiten der Tetrachordorum zuerst die Benennung gegeben, haben (anders, als man jetzo zu thun pflegt) das Tieffe oder grave, *Summum*, und das Hohe oder acutum, *Imum* genennet. s. D. *Wallisii* Append. ad Ptolemæi Harmonica, p. 291. *Nicomachum*, p. 6. und *Boëthium* hin und wieder.

Hypate Hypaton, ὑπάτη ὑπάτων, principalium; oder, wie sie Euclides nennet, ὑπάτη βαρεῖα, principalis gravis; war die tiefste Saite im untersten oder tiefsten Tetrachordo, welche unserm heutigen grossen H oder ♮ duro etlicher massen zu vergleichen. s. *Gibelium* de Voeibus musical. p. 5.

Hypate Meson, ὑπάτη μέσων, principalis mediarum, die tiefste Saite des mittlern oder zweyten Tetrachordi; ist unser heutiges e, wenn nemlich vorgedachtes grosse H zum termino à quo bleiben soll.

Hypatoides, ὑπατοειδής, auch Hypatæ genannt; sind die untersten Saiten aller Tetrachordorum.

Hyper,

Hyper, ὑπέρ, (*lat.*) super, über, oben.

Hyperbolæon. f. *Tetrachordum Hyperbolæon.*

Hyperbolus, Cyzicenus, ein Muficus von Cyzicus, einer Aſiatiſchen Stadt in Myſien, gebürtig, (jetzo Chizico und Spiga genannt), iſt, nach *Athenæi* Bericht lib. 12. p. m. 538. auf des Alexandri M. Beylager nebſt vielen andern mit zugegen geweſen, und hat mit dem Dionyſio in die Flöte geſungen.

Hyper-Eolio (*ital.*) **Hyper-Eolien** (*gall.*) **Hyper-Æolius** (*lat.*) wäre der Nahme desjenigen Modi, deſſen ambitus vom H (welches über dem A lieget, und alſo die Benennung verurſachet) durch folgende Claves, H c d e f g a h gienge; weil aber das f gegen das untere H keine reine Quint, und gegen das obere h keine reine Quart, und demnach keinen reinen Accord machet, iſt er deswegen verwerflich, und kan (in dieſem Verſtande) gar nicht gebraucht werden.

Hyperfrigio (*ital.*) **Hyper-Phrygien** (*gall.*) **Hyper-Phrygius** (*lat.*) wäre der Nahme desjenigen Modi, deſſen final-Note aus dem H, und der ambitus aus dem tiefen F bis ins f, durch folgende Claves F G A H c d e f gienge, weil aber dieſe diſpoſition eben die vorige, doch umgekehrt, iſt, kan ſolcher Modus, wegen Ermangelung des reinen Accords, gleichfalls nicht gebraucht werden.

in { Hypo-Diapaſon, d. i. um eine Octav
Hypo-Diapente, d. i. um eine Quint
Hypo-Diateſſaron, d. i. um eine Quart } drunter, oder tiefer.

Wenn dieſes Wörtgen Hypo vor den Nahmen der Modorum muſicorum gefunden wird; ſo bedeutet es derſelben ihre Plagales, das nemlich die Melödie eine Quart unter den final-clavem des Modi authentici gehe. Conf. *Authentus.*

Hyporchema, pl. hyporchemata, Tantz-Lieder. *Erasmus Francisci* in der Vor-Unterredung ſeines Lufft-Crayſes, p. 309. ſchreibet: Man unterſcheidet die Täntze der Alten hauptſächlich in zweyerley Arten, nemlich in den Poetiſchen oder Gedicht-Tantz, und in den Gymnaſtiſchen oder Ubungs-Tantz. In jenem befliſſe man ſich, allerhand menſchliche Begebenheiten auszudrucken: weswegen ſolche Täntze ὑπορχήματα, Tantz-Ge-

Hyper-hypate, ὑπερπάτη, alſo heiſſet beym *Boëthio* lib. 1. c. 20. diejenige Saite, die den beyden erſten oder tiefſten Tetrachordis, ſo zuſammen aus 7 Chorden, und demnach aus einer Septima beſtunden; noch oben angehänget wurde, (denn bey dieſem Auctore heiſſet das oben, was wir jetzo unten nennen) damit ſie gegen die unterſte (bey uns oberſte) Saite eine Octav geben möchte; iſt alſo dadurch nichts anders, als das tiefe A, ſonſten Proslambanomenos genannt, zu verſtehen. f. *Wallisii* Append. ad Ptolemæi Harmonica, p. 291.

Hypermeſe, ὑπερμέση, iſt beym *Nicomacho*, p. 7. nach nurgemeldten Boethianiſchen principio, eben das, was bey andern Lichanos; nemlich im einfachen und unterſten Tetrachordo, die dritte Seite von unterſten aufwerts (nach jetziger Art) gerechnet, oder, nach dem heutigen Syſtemate, das d. ὑφόλμιον (*gr.*) iſt beym *Bulengero*, lib. 2. cap. 24. de Theatro, das Mundſtück an einer Flöte, pars tibiæ, quæ admovebatur ad os, aut ipſæ lingulæ: bey dem *Merſenno* aber lib. 1. Harmonicorum, Prop. 24. bedeuten Hypholmia. die Löcher in einer Flöte, foramina tibiæ.

Hypo, ὑπό, (*lat.*) infra, drunter, unten. Man findet dieſe particulam öfters in den Titeln der Canonum zu den griechiſchen Nahmen der intervallorum geſetzt, als:

ſänge, oder Sing-Täntze genennet wurden; in dieſem aber geſchahe keine Nachahmung, ſondern allein eine Bewegung des Leibes. Daß übrigens der Tantz-Lieder Erfinder, nach einigen, die Curetes, nach andern aber, des Achillis Sohn, Pyrrhus, geweſen; auch zu ſolchen nicht die Flöten, ſondern die Lyra gebraucht worden, hat *Vosſius* lib. 3. c. 13. §. 4. Inſtitut. Poeticarum angemercket. Was die Curetes für Leute geweſen, davon iſt Heberichs reales Schul-Lexicon nachzuſchlagen. Das Reihen-Lied der alten Griechen, welches von einem Hauffen tantzender Perſonen um den Altar abgeſungen wurde, hieß auch Hypochema. f. Herrn D. Meiers Unvorgreifliche Gedancken über die Kirchen-Muſic, p. 28.

I.

Jacob (*Günther*) ein Benedictiner-Mönch, und Pater in S. Nicolai-Closter zu Prag, hat an. 1726 Acratismum pro honore Dei, s. Missas V. daselbst in folio herausgegeben. Von seiner Arbeit sind durch den Druck bekannt worden (1. Psalmi Vespertini, pro omnibus totius anni Festivitatibus, & Te Deum laudamus, à 4 voc. 2 Violin. 2 Lituis, cum Organo, in folio; und (2. V. Missæ, Vivorum IV, Defunctorum I. à 4 voc. 2 Violin. 1 Viola, 2 Clarin. 2 Lituis & Organo, in fol. 1725. s. Hrn Lotters Music-Catal.

Jacobi, ein Meißner, und geschickter Componist vor die Laute, dessen Sachen zwar etwas tiefsinnig, doch wohl ins Gehör fallen sollen s. Barons Unters. des Instruments der Laute, p. 82.

Jacobi (*Christian Gotthilff*) ein Sohn des an. 1703 verstorbenen Archi-Diaconi bey der Haupt-Kirche zu St. Johannis in Magdeburg, Herrn M. Johann Balthasars Jacobi, ist gebohren an. 1696 den 20ten Januarii. Die Mutter, Frau Elisabeth Margaretha, gebohrne Trillerin, ist aus Zeitz gebürtig, und stammet von den alten getreuen Köhler her, welcher in der Erlösung der beyden Sächsischen Printzen sich so bereit finden lassen. In dem zweyten Jahre seines Lebens hat er die Bocken so entsetzlich starck bekommen, daß die Medici besorget, er würde an den einen Fusse lahm werden, weil an selbigem eine Fäulung entstanden war; ob nun gleich dieses nicht erfolget, so hat ihn doch noch ein weit grösseres Unglück betroffen: denn, nachdem er 19 Wochen beständig blind gelegen, ist das lincke Auge ausgeschworen, und, nach Verlauff eines Viertel-Jahres, der Stern aus dem rechten Auge der Wärterin, die ihm eben eine Suppe geben wollen, in den Löffel gefallen. Diesen äusserlichen Sinn-Verlust aber hat GOtt mit einem lebhafften Geiste, und einer unvergleichlichen Memorie desto reichlicher ersetzet, daß, nachdem er vom neunten Jahre an das Magdeburgische Gymnasium besuchet, er ohne einiges Bedencken ad altiora schreiten können. Weil er auch, nebst der Liebe zu den Studiis, einen besondern Trieb zur Music an sich gespühret, die Seinigen aber so wohl als andere, wegen seines Unglücks, gezweifelt, daß er in dieser Kunst etwas würde profitiren können; hat es endlich der Organist an der S. Johannis-Kirche, Hr. Simon Conrad Lippe gewaget ihn anzunehmen, auch innerhalb 2 Jahren, durch göttliche Hülffe, es dahin gebracht, daß er ziemlich præludiren, und die Chorale auf der Orgel mitspielen können. Der Anfang zu dieser musicalischen Ubung ist an 1710 gemacht, und bis an 1714 (nachdem er an. 1712 das Gymnasium in Zeitz frequentiret, und an. 1713 von da retourniret) continuiret worden. In den folgenden Jahren hat er die Universitäten Leipzig und Jena, ingleichen verschiedene Fürstl. Höfe in Sachsen und Francken besuchet, und mit nicht geringen Beyfall sich hören lassen; hierbey die Teutsche Poesie excoliret, auch angefangen sich auf die Composition zu legen, welche dann, wenn er jemand gewohnet ist, seine inventiones aufzuschreiben, ihme geschwinde genug, besonders wenn es nicht gar zu viel Stimmen sind, von statten gehet. An. 1720 ward er Organist an der S. Petri-Kirche, und 6 Jahr drauf an der S. Catharinen-Kirche in Magdeburg, welche Bedienung er noch jetzo bekleidet.

Jacobi (*Girolamo*) war an der S. Johannis-Kirche zu Bologna Capellmeister. conf. *Giacobbi*.

Jacobi (*Michael*) von ihm ist an. 1663 in folio heraus gekommen: Timor Domini. Daß er zu Lüneburg an der S. Johannis-Schule Cantor gewesen; auch, nebst andern, zu Johann Ristens an. 1651 zu Lüneburg in 8vo gedruckten Sonderbahrem Buche neuer himmlischen Lieder, ingleichen zu dessen an. 1654 daselbst in 8vo gedruckten Frommer und gottseliger Christen alltägl. Hauß-Music oder Musicalischen Andachten; ferner zu dessen an. 1656 heraus gekommenen Musicalischen Catechismus-Andachten die Melodien gemacht habe; lieset man in Wetzels Lieder-Historie, P. 3. p. 366 und 373.

Jacobi (*Samuel Francisc. us*) ist Music-Director und Organist an der Schloß-Kirche zu Wittenberg.

Jacobi (*Tobias*) ein Ludi-Moderator und Notarius Juratus zu Seidenberg in der Ober-Lausitz, von Hirschberg in Schlesien gebürtig, gab an. 1674 zu Zittau: Scalam Cœli musicalem & spiritualem, oder die Geistliche Musicalische

Him-

Himmels-Leiter, von 20 Sprossen oder Sprüchen, Altes und Neues Testaments, welche mehrentheils von der Auferstehung unsers Fleisches, und vom Ewigen Leben handeln, mit 4. 5. = 10 Stimmen auf Madrigal-und Motetten-Art gesetzt, in 4to auf eigene Kosten heraus.

Jacobitus (*Petrus Amicus*) der erste Theil seiner 4. 5. und 6stimmigen Motetten ist an. 1589 zu Venedig in 4to gedruckt worden. f. *Draudii* Bibl. Class. p. 1633.

Jacobus, ein berühmter Organist an der Cathedral-Kirche zu Cracau in Polen, ist an. 1571 den 17 Mertz, im 22 Jahre seines Alters gestorben, und daselbst in der Trinitatis-Kirche mit diesem Epitaphio, von seinem sehr guten Freunde, Thoma Wolski, beehret worden:

Nobilis olim Jacobi Eccl. Cath. Crac. Organistæ juvenis jucundissimi
    Epitaphium.

Organa dum digitis pulsaret celsa Jacobus,
  Arx ubi Sigismundi confabricata manu est.
Audiit hunc Rex, & præsul, sic dulce canebat,
  Non habuit similem terra Polona sibi.
Protinus Astrorum motus dulcedine Rector
  Hunc vocat, & sedes fecit adire suas.
Paruit, & chari. dixit, valeatis amici,
  Præsertim Wolsci, semper amande vale.
Tu mihi fidus eras, fae vultum pingere, nam scis
  Qualis eram, parvus contegat ossa lapis
Nil famam teget: huc propera sero; omnia Divi
  Læta ferant socios, quales & ipse fui.

Thomas Wolski amicissimus, non sine mœrore posuit maximo, Anno Domini, M. D. LXXI. Martii XVII. ætat. XXII. f. *Sim.* Starovolscii Monumenta Sarmatarum, p. 142. sq.

Jacobus I. der von an. 1423 bis 1437 an der Regierung gewesene König in Schottland, hat auf vielen Instrumenten dergestalt nett gespielet, daß er mit den besten Meistern damahliger Zeiten hätte um den Vorzug streiten mögen. f. *Phil.* Camerarii Oper. Subcesiv. Centur. 3. c. 97. und *Buchanan.* lib. 10. Rerum Scoticarum, welcher schreibet: Er habe aus curiosität in der Music mehr gethan, weder einem Könige anständig und nützlich sey.

Jades, ein Griechischer Musicus, hat περὶ Μυσικῆς, oder de Musica geschrieben f. *Voss.* de Mathesi, lib. 3 c. 58. §. 19.

Jalemus, ein Sohn Calliopis, hat, weil er ein schlechter und elender Sänger gewesen, zu dem Sprüchworte: Jalemi cantilena, so von einer schlechten und nichtswürdigen Sache gebraucht wird, Gelegenheit gegeben. Beym Athenæo lib. 14. p. m. 619. bedeutet ἰάλεμος, cantionem lugubrem, ein Trauer-Lied. Nach Dalechampii Rand-Glosse soll es aus ἴα, vox, und ἀλάομαι, incertus sum, vagor, zusammen gesetzt seyn; weil die Betrübten für Scuffzen und Aechzen nicht reden können, sondern τὴν ἴαν ἀλῶνται, voce titubant, mit der Stimme hin und her wancken.

Jambe (*Philibert*) ein von Fere bürtig gewesener Frantzösischer Componist, hat die von Clement Marot und Theodore de Beze in Frantzösische Verse übersetzte Davidische Psalmen in die Music gebracht, und an. 1564 zu Lion mit 4. und 5. Stimmen drucken lassen; auch vorher an. 1561 zwey und zwantzig Octonaires des 119 Psalms von 4 Stimmen daselbst heraus gegeben. f. *Verdier* Bibliotheque.

Ἰαμβιχὸν, also hieß in den Pythischen Spielen der dritte Theil des Nomi tibialis, da der Apollo mit zum Streit geschickten Schritten, auf den Drachen losgehend, vorgestellt, die Trompete dazu geblasen, und das Lied, Odontismus genannt, gebraucht wurde. f. *Voss.* lib. 3. Institut. Poet. c. 13. §. 4.

Jamblichus, der von Chalcis, einer Stadt in Cœlesyrien gebürtig, und ums Jahr Christi 330 berühmt gewesene Platonische Philosophus, hat, unter andern, auch 7 Bücher de Vita Pythagoræ geschrieben, wovon nur 4 zu uns gekommen sind; die beyden erstern sind gedruckt, die letztern beyde aber werden noch im MS. zu Rom in der Vaticanischen Bibliothec aufgehoben. f. Hederichs Notit. Auctorum Med. & Antiq. p. 651. und *Joan. Bon.* Notitiam Auctorum. In gedachten Büchern kommt verschiedenes von der Music vor.

Jannequinus (*Clemens*) oder Clement Jennequin, ein Frantzösischer Componist

niſt ums Jahr 1554, hat Inventions Muſicales von 4. und 5. Parties geſetzet, welche zu Lion und Paris gedruckt worden ſind.

Jani (*Johannes*) aus Göttingen gebürtig, hat ſich ehedeſſen zu Braunſchweig in der S. Martins-Schule, unter dem berühmten Rectore, Gebhardi, in ſeinen ſtudiis humanioribus als einen ausbündigen Scholaren erwieſen, und anbey in der Muſic ungemein habilitiret, maſſen er das Clavier nicht allein wohl verſtanden, worinn er noch weiter vom ſeel. Hrn. Leybingen unterrichtet worden, ſondern auch einen geſchickten Baßiſten abgegeben, ſo, daß er letzlich die Præfectur bey dem Choro Symphoniaco bekommen, und öffters in den Opern mit geſungen hat. Als nun, währender ſeiner Præfectur, der ſeel. Theil ſich einige Zeit in Braunſchweig aufgehalten, hat er ſich der guten Gelegenheit bedienet, und von ihm die muſicaliſche Compoſition erlernet. Nachgehends iſt er als Studioſus Theologiæ zu Helmſtädt geweſen, da er denn die Muſic fleißig fortgeſetzet, und, nach Verlauff der Academiſchen Jahre, ſich nach Hamburg begeben hat, woſelbſt er in literis informiret, und in den Opern mit geſungen. Endlich iſt er von da nach Aurich zuerſt als Cantor bey Hofe und in der Stadt beruffen; aber nach einigen Jahren, als der daſige Hof-Organiſt geſtorben, auch mit dieſem Dienſte verſehen worden. Währender ſeiner function hat er eine groſſe Menge vortrefflicher Kirchen-Stücke geſetzet, die alle devot, lieblich und ausnehmend ins Gehör fallen; und weil ſeine Frau eine geſchickte Sängerin geweſen (maſſen er ſolche von Hamburg, allwo ſie nebſt ihm auf dem Theatro geſungen, als Braut heim geholet) ſo hat er, ihr zu Gefallen, manch ſchönes Solo componiret. Die Texte zu ſeinen Compoſitionen hat er jederzeit aus der Biebel genommen, und ſolche mit geſchickten Arien (maſſen er ein guter Poet geweſen, und bald mit ſeiner Arbeit fertig werden können) ausgezieret. Wobey merckwürdig, daß er ſich im Kirchen-Stylo wunderſelten eines Recitativs bedienet, ob er gleich ſolchen vollkommen verſtanden hat. Dagegen aber ſollen ſeine Muſicken dergeſtalt afficirend, auch anbey ſo deutlich und ſchön in der Melodie ſeyn, daß jeder, ſo dieſelben höret, ſolche approbiren müſſe. Er iſt an. 1728 geſtorben.

Janotty, hat ein Sonaten-Werck vor Violinen heraus gegeben. ſ. *Boivins* Muſic-Catalogum aufs Jahr 1729, p 27.

Janowka (*Thomas Balthaſar*) ein Böhme, von Kuttenberg bürtig, Philoſophiæ Magiſter, und in der Alt-Stadt Prag, an der nahe beym Teyn liegenden Marien-Kirche Organiſt, hat an. 1701 ein aus 14 Bogen beſtehendes Muſicaliſches Lexicon in lateiniſcher Sprache, unter dem Titul: Clavis ad Theſaurum Magnæ Artis Muſicæ, auf ſeine Unkoſten in 8vo daſelbſt drucken laſſen. (NB. Teyn iſt ein Gaſthaus mit einem groſſen verwahrten Hofe, worinn alle Kutſcher einzukehren pflegen.) Ob der Theſaurus ſelber nachhero heraus gekommen ſey, iſt mir unwiſſend?

Janſſen (*Johann*) Organiſt zu S. Ansgarii in Bremen, deſſen der Hr. Capellmeiſter Matthesōn im Anhange zu Niedtens Variation des G. B. p. 160 rühmlichſt erwehnet: als woſelbſt er ein geſchickter, verſtändiger Mann, der ſich das Studium muſicum wohl angelegen ſeyn laſſe, und das plus ultra zum Symbolo habe, genennet wird.

Jantzon (*Thomas*) Organiſt an der St. Martins-Kirche in Bremen an. 1721, hat ein Werck von 26 Stimmen unter Händen. ſ. *Matthesōnii* Anhang zu Niedtens Muſ. Handleit. zur Variar. des G. B. p. 162.

Japys, ein Augur und Citharœdus, deſſen Virgilius lib. 12. Æneid. v. 391 gedencket.

Jaquier, ein kleines und lediges Frantzöſiſches Frauenzimmer ums Jahr 1678, ſo das Claveſſin tractiret, wird im Mercure Galant a. c. im Decembre-Monat, p. 80. la merveille de noſtre Siecle genennet.

Ibycus, der von Reggio im Neapolitaniſchen, oder, nach andern, von Meſſina in Sicilien bürtig, und ums Jahr der Welt 3380, oder 3474 berühmt geweſene Lyriſche Poet, Muſicus und Hiſtoricus, ſoll das muſicaliſche Inſtrument, Sambuca, it. Ibycinum und Ibycaneta von ihm genannt, erfunden haben. Iſt auf dem bey Reggio liegenden Vorgebürge Leucopetra, von Straſſen-Räubern erſchlagen worden. Wobey merckwürdig, daß, als eben ein Hauffen Kraniche vorbey geflogen, er zu den Mördern geſprochen: Dieſe würden ſeinen Tod rächen! welches auch hernach geſchehen; denn, als dieſe Purſche zu Corinth ohngefehr

gefehr dergleichen Vögel worden fliegen sahen, fieng einer zum andern im Scherz an: Ἰδὲ αἱ Ἴβυκυ ἐκδικοί, d. i. siehe des *Ibyci Rächer*! welches aber jemand gehöret, und es dem Magistrat angezeiget, welche diese Mörder einzogen, und nach erhaltenem Geständniß, gebührend abgestraffet. s. Zederichs Schul-Lexicon, und *Mongitoris* Biblioth. Siculam, T. I. p. 306. sqq.

Icosichordum, also nennet Maurolycus das aus 20 Klängen bestehende Guidonische Systema musicum; von ἄκοσι viginti, und χορδή, chorda.

Idiomelum [*lat.*] Ἰδιόμελον [*gr.*] ein Lied, so einem gewissen Feste eigen ist, oder, auf selbiges sich eigentlich schicket; von Ἴδιον, proprium, und μέλος, carmen

Jedithun, ist, nach Salomons van Til Muthmassung, der Ehren-Nahme des Ethan, welchen ihm David und Assaph beygelegt haben, und heissen kan: ein Mann der Bekänntniß giebt, d. i. der GOttes Nahmen in GOtt geziemenden Lob-Gesängen, und zu seinen Ehren aufs kräfftigste bekennet. s. dessen Dicht-Sing-und Spiel-Kunst, p. 188. *sq.*

Jeep (Johann) von Dransfeld im Braunschweigischen gebürtig, hat 2 Theile weltlicher Lieder von 3. 4. und 5 Stimmen unter dem Titul: Studenten-Gärtlein, herausgegeben, davon die vierdte Edition des 1sten Theils an. 1614, und der zweyte Theil auch in diesem Jahre zu Nürnberg in 4to gedruckt worden sind.

Jelich (*Vincentius*) ein Canonicus an der St. Marien-Staffts-Kirche in Elsaß-Zabern, wie auch Capellan des Ertz-Hertzogs Leopoldi, und Instrumental-Musicus, von S Veit am Flaum (Fluminensis S. Viti) gebürtig, hat Parnassiam militiam Concertuum 1. 2. 3. & 4 vocum gesetzet, an. 1623 zu Straßburg gedruckt worden ist. s. *Draudii* Bibl. Class. p. 1647. An 1628 ist auch daselbst sein 2tes und 3tes Werck, unter dem Titul: Arion Primus, und Arion Secundus, in 4to heraus gekommen. Im erstern sind 21 lateinische Motetten von 1. 2. 3. und 4 Stimmen; und im letztern 11. vierstimmige Vesper-Psalmen enthalten.

Jeu, pl. Jeux [*gall.*] s. m. wird so wohl von Orgel-als andern Stimm-Wercken gebraucht, Z. E. vom erstern sagt man: Grand Jeu, das grosse; Petit jeu, das kleine; Plein Jeu, das volle Werck; und von den übrigen findet man: Jeu de Violes, ein Stimm-Werck Violen: Jeu de Hautbois, ein Stimm-Werck Hautbois, u f f.

Ignatius, welcher fast mit allen Aposteln eine Zeit lang gelebt, an. Christi 68 zum Bischoff von Antiochien bestellt, und an. 108 den 1 Febr. zu Rom (da man ihn den wilden Thieren vorgeworffen) zum Märtyrer worden, soll ain ersten die Weise, auf verschiedenen Chören zu singen, aufgebracht haben. s. *Antiphona*; *Polydor. Vergil.* lib. 6. c. 2. de rerum inventoribus; und Ahlens Anmerckungen über seines Vaters Singe-Kunst. p. 17. sqq.

Illuminatus (*Sixtus*) ein Dominicaner-Mönch aus dem Genuesischen, und gelehrter Musicus, hat ein theoretisches Werck: Illuminata genannt, für seinen Orden geschrieben s. *Olduini* Athenæum Ligusticum, p 502 und *Tevo* Musico Testore, P. 2. c. 8. p. 59.

Imitatione, oder Imitazione [*ital.*] Imitation [*gall.*] Imitatio [*lat.*] eine Nachahmung, Nachmachung, ist: wenn eine Stimme die Melodie einer andern in der Secund, Terz, Sext, oder septima nachmachet.

Imitatione concherizante, oder cancherizata [*ital.*] Imitation in retrogradant [*gall.*] Imitatio cancrizans [*lat.*] ist: wenn die Folge-Stimme der vorangehenden ihre Noten zurückgehend, oder rückwerts, d. i. vom Ende nach dem Anfange zu imitiret.

Imitatione legata [*ital*] Imitatio ligata [*lat.*] eine gebundene Wiederholung, oder Nachahmung ist: wenn alle Figuren und Noten der vorangehenden Stimme oder Partie, von den Folge-Stimmen oder Partien in nurgemeldten intervallis durchgängig, d. i. vom Anfange bis zum Ende des Stücks, in unverändertem valore nachgemacht werden. Wenn dieses nun also geschiehet, so entstehet die Art eines sogenannten Canonis.

Imitatione per movimenti contrarii, oder Imitatione riversa [*ital.*] Imitation par mouvement contraire, oder Imitation renversee [*gall.*] Imitatio per motum contrarium [*lat.*] ist: wenn die Folge-Stimme der vorangehenden ihre Noten umgekehrt nachmachet, so daß, wenn die erste per gradus oder saltus aufwerts sich beweget, die imitirende solche per gradus oder saltus unter-

unterwerts verrichtet, & vice versa. NB. Die Wörter renversée und riversa werden allhier in sensu latiori genommen.

Imitatione sciolta, semplice [*ital.*] Imitatio libera, simplex [*lat.*] Imitation simple [*gall*] eine freye ungebundene Nachahmung ist: wenn die Folge=Stimme nur etliche Figuren und Noten der vorangehenden wiederholet

Imponere Psalmum, Litaniam, heisset: die Melodie eines Psalms, einer Litaney anfangen. s. *Fresne Glossar.*,

Incentivum [*lat.*] das Anstimmen der Instrumente, theils dadurch hören zu lassen, daß Music seyn werde, theils auch die Instrumente einzustimmen.

Incentor [*lat.*] ein Intonirer im Chor, ein Vorsänger.

Incinere [*lat.*] anstimmen.

In Concerto [*ital.*] in der Zusammen=Stimmung.

In Corpo [*ital.*] wenn verschiedene Stimmen in einer, und auch in einem Systemate musico enthalten, und versteckt sind.

Index [*lat.*] s *Custos.*

India (*Sigismundo d'*) ein kunsterfahrner Musicus, von Palermo in Sicilien gebürtig, hat ums Jahr 1610 florirt. Von seiner Arbeit ist an. 1611 der erste und zweyte Theil seiner Italiänischen 5stimmigen Madrigalien zu Venedig in 4to gedruckt worden s. *Mongitoris* Bibl. Sicul. T. 2. p. 225. Auf denen an. 1627 zu Venedig heraus gekommenen Motetten wird er genennet: D. Marci Eques, ein Ritter des H Marci.

Indigitamenta, waren solche Lieder, worinnen sonderlich viel Nahmen der Götter vorkamen. s. *Scaliger.* ad Orphei Hymn p 323. oder, nach Hr. Doct. Meiers Bericht, c. 2. p 71 nes Critici sine crisi waren Indigetamenta solche Lieder, so den Diis Indigetibus, oder Göttern, so vorhin Menschen gewesen, zu Ehren gesungen wurden. Von nurgedachten Göttern kan die 8te Nachricht des 9ten Stücks der Neuen Acerræ Philologicæ, p. 406 nachgeschlagen werden.

Infantas (*Ferdinand de la*) ein Priester zu Corduba in Spanien, hat, nebst andern theologischen Sachen auch Musicalia verfertiget; wie denn an. 1570 Plura Modulationum genera, quæ vulgo Contrapuncta appellantur, super excelso Gregoriano cantu; und an. 1580 Sacrarum varii styli Cantionum tituli Spiritus Sancti Lib.II. cum 5 vocibus zu Venedig in 4to von seiner Arbeit gedruckt worden sind. s. *Antonii* Bibl. Hispan.

Infinito [*ital.*] infini [*gall.*] infinitus [*lat.*] was kein Ende hat; oder, welches wenigstens nicht angedeutet ist. s. *Canone infinito,* und *Fuga perpetua.*

Infra [*lat.*] unten, drunter.

Ingenierius (*Marcus Antonius*) ein vortrefflicher Capellmeister an der Cathedral-Kirche zu Cremona, hat 2 Bücher Missen; Responsoria HebdomadæSanctæ; und Cantiones Sacras 5 vocum an. 1576 zu Venedig in 4to drucken lassen. s. *Arisii* Cremonam literatam, p. 45: sq. und *Draudii* Biblioth. Classi. p.1618. Seine 4stimmige Madrigali sind an. 1592 in Venedig gedruckt worden.

Inno, pl. Inni, also schreiben die Welschen das Wort Hymnus; man findet aber auch Hinno.

In partito [*ital.*] in partitura [*ital. lat.*] das erstere ist der Gegensatz von in corpo, und wird gebraucht: wenn die in einer einzigen Stimme enthaltene andere Stimmen heraus gezogen, demnach getheilt, doch (nach des zweyten Worts Bedeutung) über einander gesetzt werden.

Insonus, a, um, [*lat.*] das keinen Laut oder Klang giebt, unschallbar.

Instrument de Musique [*gall.*] Instromento musico [*ital.*] Instrumentum musicum [*lat.*] ein musicalisches Spiel-Zeug.

Instrumenta cruomena [*lat.*] κρυόμενα, κρυσά [*gr*] Instrumens à batterie [*gall.*] Schlag=Instrumente.

Instrumenta empnevsta [*lat.*] ἔμπνευστα, ἐμφυσώμενα [*gr.*] blasende Instrumente.

Instrumenta enchorda [*lat.*] ἔγχορδα, ἔντατα [*gr*] besäitete Instrumente

Instrumenta fidicina [*lat.*] Instrumens à Cordes [*gall.*] besäitete Instrumente.

Instrumenta inflatibilia [*lat.*] Instrumens à Vent [*gall.*] blasende Instrumente.

Instrumenta percussionalia, pulsatilia [*lat.*] schlagende Instrumente

Instru-

Inſtrumenta pnevmatica [*lat.*] πνευματικὰ [*gr.*] blaſende Inſtrumente.

Inſtrumentiere [*ital.*] ein Inſtrument-Macher.

Inſtrumentiſta [*ital.*] ein Inſtrumental-Muſicus.

Intavolare [*ital.*] in die Tabulatur ſetzen.

Intavolatura [*ital.*] die Tabulatur.

Intentione [*ital.*] intenſio [*lat.*] die Erheb-oder in die Höh-Ziehung einer Stimme, Saite, oder Pfeiffe.

Interludium, intermedium [*lat.*] Intermede [*gall.*] Interludio, Intermedio, Intermezzo [*ital.*] Interſcenium [*lat.*] Interſcenio [*ital.*] ein Zwiſchen-Spiel, mehrentheils aus Inſtrumental-bisweilen auch Vocal-Muſic zwiſchen den Actibus einer Comödie beſtehend. ſ. *Prætor.* Synt. Muſ. T. 3. p. 110.

Intermediare, intermezzare [*ital.*] ein Zwiſchen-Spiel machen.

Intervalle [*gall.*] Intervallo [*ital.*] Intervallum [*lat.*] magnitudo vocis à duobus ſonis circumſcripta. *Ariſtid.* Quintil. lib. 1. p. 13. die diſtanz zwiſchen einen tieffen und hohen Klange; & vice versa.

Intervalle bon [*gall.*] intervallo buono [*ital.*] intervallum bonum [*lat.*] ein gutes Intervallum, oder Stimmweite.

Intervalle compoſé [*gall.*] intervallum compoſitum [*lat.*] ein zuſammengeſetztes *intervallum* heiſſet dasjenige, ſo die erſten ſieben einfachen intervalla (ſimplicia. lat. intervalles ſimples gall.) nemlich die 2. 3. 4. 5. 6. 7. und 8 überſchreitet, und aus ſolchen ein-zwey-und mehrmahl zuſammen geſetzt iſt, als: die 9. 10. 11. 12. 13. 14. 15. [16. 17. 18. 19. 20. 21. 22.] 23. 24. 25. 26. 27. 28. 29] u. ſ w. die in der erſten Claſſe heiſſen: intervalla duplicata [*lat.*] intervalles doublés [*gall.*] die in der zweyten: intervalla triplicata [*lat.*] intervalles triplés [*gall.*] und die in der dritten: intervalla quadruplicata [*lat.*] intervalles quadruples [*gall.*] alle drey aber: intervalles eloignés [*gall.*] d. i. entlegene Stimm-Weiten. Von dieſem letzten Worte ſ. J. G Ahlens Muſicaliſche Gartenluſt, p. 17. ſq. NB. Wenn von einem Intervallo compoſito die Zahl 7 ein-oder etlichemahl abgezogen wird, ſo macht das reſiduum allezeit das einfache intervallum aus.

Intervalle defendu [*gall.*] ein verbotenes intervallum.

Intervalle diminué [*gall.*] intervallo diminuto [*ital.*] intervallum diminutum [*lat.*] eine Stimm-Weite, ſo um ein Semitonium minus kleiner, als ſie ſonſten iſt, gemacht wird.

Intervalle faux [*gall.*] eine falſche, unreine Stimm-Weite, oder Diſſonanz.

Intervalle juſte [*gall.*] ein accurates richtiges intervallum, ſo eben recht iſt.

Intervalle mauvais [*gall.*] ein ſchlimmes intervallum.

Intervalle permis [*gall.*] ein zugelaſſenes Intervallum.

Intervalle petit [*gall.*] iſt das Semitonium minus, und alle andere, ſo kleiner, als dieſes, ſind.

Intervalle toleré [*gall.*] ein erträgliches intervallum, ſo zu dulten iſt.

Intervallo compoſto [*ital.*] intervallum compoſitum [*lat.*] iſt eben was Diaſtema compoſitum; und demnach ganz was anders, als unterm Artikul: Intervalle compoſe gemeldet worden. Die neuern Practici nennen es auch Intervallo Syſtematico, und ſtellen es vor, wie Tab XI. F. 9. zu erſehen.

Intervallo incompoſto [*ital.*] intervallum incompoſitum [*lat.*] iſt eben, was Diaſtema incompoſitum; wird von den neuern Italiäniſchen Practicis auch Intervallo Diaſtematico genennet, und ſiehet aus, wie Tab. XI. Fig. 10. zeiget. ſ. den *Muſi o Teſtore* des *Zaccaria Tvo, P. 1. c. 9. p. 62. ſq.* und *Meibomii* not. in Vitruvium.

Intervallum ἀμελῴδητον, das nicht geſungen werden kan. ſ. *Meibomii* annotat. in Euclid. p. 44.

Intervallum vietato [*ital.*] ein verbothenes intervallum.

Intervallum commune [*lat.*] ſ. *Diaſtema commune.*

Intervallum continuum [*lat.*] ein Stimm-Schritt, wenn nemlich eine Stimme oder Inſtrument die Klänge Stuffen-weiſe vorbringet.

Intervallum falſum [*lat.*] ſ. *Intervalle faux.*

Intervallum interruptum [*lat.*] ein Stimm-Sprung.

Intervallum inuſitatum [*lat.*] ein ungebräuchliches intervallum.

Intervallum ufitatum (*lat.*) ein gebräuch=
ſund gewöhnliches intervallum.

Intonare (*ital.*) anſtimmen, vorſingen.
Z. E. intonar' un Salmo, intonare l'
antifona, einen Pſalm, die Antiphonam anſtimmen, anfangen.

Intonatio (*lat.*) Intonation (*gall.*) die
Anſtimmung.

Intrada, Intrata, Entrata (*ital.*) iſt ein
Præludium oder Symphonie, ſo gleich=
ſam ſtatt einer Vorbereitung zu den fol=
genden Inſtrumental = Piéces dienet,
gleichwie bey den Frantzoſen die Ouverture, wird kurtz und lang, ohne und mit
Repriſen, deren gemeiniglich zwo von
einerley Tact-Art, als $\frac{5}{8} \frac{3}{8}$ u. d g. ſind,
geſetzet, hat übrigens ein pathetiſches und
vollſtimmiges Weſen ohne Fugen. ſ. *Mattheſonii* Orch. I. p. 172. und *Broſſ.* Diction. p. 50.

Introitus (*lat.*) Introït (*gall.*) das Fœmin. Introïte, ſoll beſſer ſeyn Introito
(*ital.*) iſt ein aus H. Schrifft genomme=
ner Vers, der in der Römiſch=Catholi=
ſchen Kirche beym Anfange einer ſolen-
nen Miſſe pflegt geſungen zu werden.
Z. E. bey einem Leich=Begängniß, Requiem æternam, &c. Von dergleichen
Introitibus haben die Sonntage in der
Faſten ihre Nahmen bekommen, als: *Invocavit*, weil an dieſem Sonntage die
Worte: Invocavit me, & ego exau-
diam eum, &c. geſungen werden. *Re-
miniſcere*, von den Worten: Reminiſce-
re miſerationum tuarum Domine,
&c. *Oculi*, von Oculi mei ſemper ad
Dominum, &c. *Lætare*, von Lætare
Jeruſalem, & conventum facite
omnes, qui diligitis eam, &c. *Judica*,
von Judica me Deus, & diſcerne cau-
ſam meam, &c.

Intus canere. ſ. *Alpendius*.

In Uniſono (*lat.*) in gleichem Tone oder
Klange.

Involucrum (*lat.*) der Umſchlag, worein
die muſicaliſchen Partien gelegt werden.

Joachimus (*Giovacchino*) der aus Calabrien gebürtig, und wegen verſchiedener
Propheceyungen ſehr berüchtiget geweſene Benedictiner = Mönch und Abt des
Cloſters Flora, hat, unter andern, auch
de Pſalmodia; ingleichen de modo &
uſu pſallendi ſimul, & pſallentium,
ein Werck geſchrieben, ſo an. 1527 zu Venedig in 4to gedruckt worden. Er hat
ums Jahr 1200 florirt. ſ. die Addizio-

ni del *Lionardo Nicodemo* alla Biblioteca Napoletana del Nicolò Toppi,
p. 91. 93. und 94.

Joachimus Pomeranus, iſt an. 1567 an
der S. Johannis-Kirche zu Zittau Organiſt geweſen. ſ. Herrn D. *Joh. Bened.
Carpzovii* Analecta Faſtorum Zittav.
P. 3. c. 4 p. 94.

Joannes XXII. Römiſcher Pabſt, ſonſten
Jacobus Oſſa genannt, war eines armen
Schuſters Sohn, und von Cahors, der
Frantzöſiſchen Haupt=Stadt in der Land=
ſchafft Quercy gebürtig, ſchrieb unter
andern auch eine Muſicam, und ſtarb an.
1334 den 2 Decemb. im 90 Jahr ſeines Alters ſ. das *comp*. Gelehrten=*Lexicon*,
und *Geſneri* Partit. univerſ. lib 7. tit. 3.

Joannes, Archicantor zubenahmt, war
ein Römer, daſelbſt an der Peters=Kirche
Præcentor, und Abt im St. Martins=
Cloſter, florirte ums Jahr 679, und
ſchrieb unter andern ein Buch: de modulandi ac legendi ritu. ſ. *Balei* Catal. de Scriptoribus Britanniæ, Centur. 12.

Joannes, Damaſcenus, von ſeiner Ge-
burts=Stadt Damaſcus in Syrien alſo,
ſonſten aber Theologus genannt, hat,
als er ums Jahr Chriſti 725 daſelbſt ein
Münch geworden, (da er vorher ein Kayſerlicher Schreiber geweſen) an ſtatt der
in der Muſic vor ihm gewöhnlichen griechiſchen Characteren, andere und leich-
tere Zeichen erdacht, deren jedes nicht
(wie jene) nur ein bloſſen Klang oder
chorde, ſondern ein gantzes intervallum anzeiget; und weil er überdiß die
Kirchen=Geſänge mit Melodien verſehen,
iſt er deswegen Vorzugs = weiſe Μελῳδὸς
oder Cantor genennet worden, und ums
Jahr 760 geſtorben.

Joannes, Paduanus, hat Inſtitutiones
muſic. as geſchrieben, ſo an. 1578 zu Verona in 4to gedruckt worden. ſ. *Lipenii*
Biblioth. Philoſoph.

Joannes, Saresberienſis, oder Sarisbery
genannt, weil er von Salisbury der
Haupt=Stadt in der Engländiſchen Provintz Wilt bürtig geweſen, woſelbſt er
ums Jahr 1110 gebohren worden; auch
Carnotenſis zubenahmt, weil er nachhero Biſchoff zu Chartres in Franckreich
geweſen, in welchem Amte er an. 1182 geſtorben, hat unter andern den Policrati-
cum, oder de nugis Curialium, d. i. von
der Eitelkeit des Hof=Lebens geſchrieben,
worinnen das 6te Capitel des 1ſten Buchs
de

de Musica, instrumentis, modis, & fructu eorum in 2½ Octav-Blättern handelt. s. das comp. Gelehrten-Lexicon, und *Balei* Catal. Scriptor. Britanniæ, Centur. 4.

Joannes, Tanetos genannt, weil er aus der kleinen Engländischen auf der Küste von Kent liegenden Insul Thanet (lat. Tanetos) bürtig gewesen, ein ums Jahr 1330 zu Canterbury berühmter Benedictiner-Mönch, und Præcentor, hat, nebst andern mathematischen disciplinen, insonderheit die Music sehr excoliret, und sich als ein anderer Amphion bewiesen. s. *Balei* Catal. Scriptor. Britanniæ, Cent. 5.

Jobinus (*Bernhardinus*) hat an. 1573 Lauten-Stücke zu Straßburg ediret s. *Draudii* Bibl. Class. pag. 1651. auch an. 1680 Sixti Kargelii Frantzösische und Italiänische Lieder, Motetten, u. s. f. in folio daselbst herausgegeben. s. *Gesneri* Biblioth. universal.

Jodocus de Prato. s. *Josquinus*.

Joannellus (*Petrus*) von Gandino aus dem Bergamascischen gebürtig, hat unter dem Titul: Thesaurus Harmonicus, 4. 5. 6. 7. und 8stimmige Motetten von guten Auctoribus colligiret, und an. 1564 zu Venedig in 4to drucken lassen. s. *Draudii* Biblioth. Class. p. 1638.

Johann Ernst, Printz von Sachsen-Weimar, gebohren den 26 Decemb. an 1695, war, nebst andern Fürstl. Qualitäten, auch in der Music, insonderheit aber auf der Violin, (welche er von seinem Cammer-Diener, Gregorio Christoph Eylensteinen erlernet) wohl exercirt, tractirte anbey das Clavier, und ohngefehr vor seinem Tode, welcher an. 1715 den 1sten Augusti zu Franckfurt am Mayn erfolget, auch drey viertel Jahr lang die Composition, in welcher Zeit er, unter meiner geringen und unterthänigsten Anführung 19 Instrumental-Stücke elaboriret, wovon 6 Concerten durch Kupferstich in folio publiciret worden sind.

Johann Georg II. Chur-Fürst von Sachsen, hat den 117 Psalm: Laudate Dominum omnes gentes, mit Trompeten und Paucken componiret, und selbigen an dem an. 1679 den 2 Nov. (war der 20. Trinitatis Sonntag) angestellten Friedens-Feste in der Vesper musiciren lassen. s. die deswegen gedruckte, und der Friedens-Predigt D. Martin Geiers vorgesetzte Nachricht.

Jopas, ein Citharœdus, dessen *Virgilius* lib. 1. Æneidos, v. 744. gedencket.

Josaphat, der löbliche König in Juda, ist der erste gewesen, der eine geistliche Music zum Kriege gebrauchet. s. Printzens Mus. Hist. c. 5. §. 1. aus dem 20sten Capitel des 2ten Buchs der Chronicke solches anführend.

Joseph (*Michael*) wurde an. 1576 Organist an der S. Johannis-Kirche in Zittau, und starb daselbst an. 1599 den 21 Nov. an der Pest. s. die Analecta Fastor. Zittav. P. 3 c. 4. p. 94.

Josephi (*Georgius*) ein Bischöfflicher Musicus zu Breßlau, hat zu Johan. Angeli Liebern die Melodien verfertiget. s. Wetzels Hymnopoeograph. P. 1. p. 52.

Josquinus Pratensis, de Prato, oder insgemein Jodoculus de Pres genannt, ein Niederländer, Discipul des Joan. Okegem, und nachgehends Königs Ludovici XII. in Franckreich (welcher vom 1498 bis zum 1515ten Jahre regieret) Capellmeister, wird von *Glareano* lib. 3. c. 24. Dodecach. p. 362. sq. so wol wegen seines grossen ingenii, als insonderheit deswegen sehr gerühmt; daß er sich nicht übereilet, sondern ein musicalisches Stück offt geändert, ja erst nach etlichen Jahren in andere Hände habe kommen lassen. Sein Bildniß und Grabschrifft sind zu Brüssel in D. Gudulæ-Kirche vor dem Chore zu sehen, auch letztere in Printzens Mus. Hist. c. 10. p. 116 nebst noch andern Umständen, zu lesen. *Svvertius* in seinen Athenis Belgicis führet noch ein anderes Epitaphium an, so an gemeldtem Orte gestanden, folgenden Inhalts:

O mors inevitabilis,
Mors amara, mors crudelis,
Josquinum dum necasti,
Illum nobis abstulisti;
Qui suam per harmoniam
Illustravit Ecclesiam,
Propterea dic tu Musice:
Requiescat in pace. Amen.

Jouëur d' Instrument (*gall.*) ein Instrumentist, oder der ein musicalisches Instrument spielet. Z. E. Jouëur des Orgues, ein Organist. Jouëur du Clavessin, ein Clavicymbalist; Jouëur du Luth, ein Lautenist. Jouër du Violon, ein Violinist; Jouëur de Harpe, ein Harffenist; Jouëur de Flûte, ein Pfeiffer.

Joung (*Wilhelm*) ein Engländer, hat an. 1653 Sonaten und Canzonen von 3. 4. und

und 5 Instrumenten; ingleichen 3stimmige Ballette in folio durch den Druck publiciret, und sie dem Ertz-Hertzoge von Oesterreich, Ferdinando Carolo dediciret.

Joyeux, (*gall.*) ist so viel, als allegro.

Irrocare, inrocare (*ital.*) eine heisere Stimme bekommen. Irrochito, heiser geworden.

Isaac (*Henricus*) ein teutscher Componist, der viel sinnreiche Stücke über Kirchen-Gesänge soll verfertiget haben. s. *Glareani* Dodecach. p. 149. und 460. item *Ottomari Luscinii* Comment. 2. p. 94. *Angelus Politianus* lib. Epigrammat. p. 622. nennet ihn Arrighum Isac.

Isidorus, Hispalensis, der an. 636 den 4ten April, oder, nach andern, an. 633 verstorbene Spanische Bischoff zu Sevilien (wovon er eben Hispalensis heisset) da er sonst von Carthagena bürtig gewesen; auch Junior genannt, um ihn von dem ältern Isidoro Cordubensi zu unterscheiden, hat, unter andern, zwantzig Bücher Originum s. Etymologiarum geschrieben, worinnen lib. 3 nebst der Arithmetique, Geometrie und Astrologie, auch etwas von musicalischen Dingen gehandelt wird, als: c. 1. de Musica & ejus nomine; c. 2. de Inventoribus ejus; c. 3. quid sit Musica; c. 4. de tribus partibus Musicæ; c. 5. de triformi Musicæ divisione, c. 6. de prima divisione Musicæ harmonica; c. 7. de secunda divisione organica; c. 8. de tertia divisione rhythmica; und c. 9 de musicis numeris, welche Capitel in der von Günther Zainern an. 1472 auf Pergamen in folio gedruckten Edition nicht gar drey Blätter zusammen ausmachen; ohne was in den übrigen folgenden Büchern vorkomt.

Isis, die Mutter des Hori oder Ori, hat die Music von Hermete erlernet, und selbige bey den Egyptiern eingeführet. s. Herrn D. *Fabricii* Bibl. Gr. lib. 1. c. 14. p. 93. und *Alexandri Sardi* c. 15. de rerum inventoribus. *Plato* lib. 2. de Legibus bezeuget: daß zu seiner Zeit die ποιηματα der Isidos in Egypten noch gebräuchlich gewesen, welches nurbesagter Herr Fabricius nicht von der Poesie, sondern von der Music l c. verstehet.

Ismenias, ein sehr guter Pfeiffer und Discipul des Antigenidis, von Theben aus Bœotien gebürtig, hat, wie *Boëthius* lib. 1. c. 1. de Musica meldet, mit der Music vielen seiner Lands-Leute vom Hüfften-Wehe geholffen. Seiner gedencken *Plutarchus* lib. 2. quæst. Convival. und *Valerius Maximus* lib. 3. c. 7. daß er kostbare Edelgesteine getragen, und einen Smaragd aus Cypern für 6 güldene denarios erkaufft habe, ist in *Beyerlinckii* Theatro vitæ humanæ, unter dem Titul: Fidicines, Citharœdi, Lyristæ zu lesen.

Isnardus (*Paulus*) oder Paólo Isinardi, ein Hertzoglicher Musicus zu Ferrara, und Capellmeister am Dom daselbst, welcher Bedienung er viele Jahr vorgestanden, viele Scholaren gezogen, und insonderheit auch gute Musicos an seinen Söhnen, nachdem er im 60 Jahr gestorben, hinterlassen. s. *Agostino* Superbi nell' Apparato degli Huomini illustri della Città di Ferrara, p. 132. Von seiner Arbeit sind an. 1568 sechsstimmige Missen, und vorher an. 1565 Cantus hebdomadæ sanctæ; an. 1578 alle Vesper-Psalmen, nebst 3 Magnificat von 4 Stimmen, sämtlich zu Venedig gedruckt; das letztere Werck aber ist an. 1590 zu Mayland wiederum aufgelegt worden. An. 1594 ist eine 8stimmige Missa, nebst dergleichen Motette, zu Venedig heraus gekommen. *Possevinus* T. 2. Apparatus Sacri nennet ihn einen Abt Congregationis Cassinensis.

Ἰσόφωνος, Unisonus; quia est sibi ipsi aut alteri omnino æqualis. s *Schott.* lib. 9: c. 3. §. 2. Organ. Mathemat. und mit dem hier folgenden einerley.

Isotoni (*lat.*) von ἴσος, æqualis, und τόνος, tonus; gleiche Töne, oder Klänge.

Ithymbus (*lat.*) ἴθυμβος (*gr.*) also hieß ehemals ein gewisser Tantz, der dem Baccho zu Ehren gehalten wurde; imgleichen das Lied, und der Sänger desselben.

Ithomæa, war ein Fest, welches die Messenier dem Jovi Ithomatæ zu Ehren feyerten, und dabey ein Certamen musicum anstellten. s. Schöttgens Antiquitäten-Lexicon.

Jubal, Lamechs Sohn, ist nach dem 21 Vers des 4ten Capitels Geneseos, der Urheber und Erfinder der besaiteten und blasenden Instrumente. In der Görlitzischen an. 1703 bey SS. Petri und Pauli erbaueten Orgel, heisset auch eine 4füßige Octav im Pedal also. s. Boxbergs Beschreibung dieser Orgel, lit. c. 2.

Jubé

Jubé (*gall.*) s. m. (Lat. jube, e verbis Breviarii: jube Domine &c.) die Höhe oder das Erhabene des Chors von der andern Kirche. s. Frischens Lex.

Judelius (*Joannes*) ein Magister, ließ an. 1625 sein Encomium Gamico-Harmonicum, d. i. einen Musicalischen Hochzeit-Gesang auf Günther Heinrich Boden, zu Erffurt in 4to drucken.

Judice (*Cæsar de*) ein gelehrter Sicilianer zu Palermo, gebohren daselbst an. 1607 den 28 Januarii, wurde an. 1632 Doctor, an 1650 General-Visitator im gantzen Thal di Noto, und starb an. 1680 den 13 Sept. In der Jugend hat er sich ungemein auf die musicalische Composition applicirt, und insonderheit den pathetischen stylum dergestalt excolirt gehabt, daß bey dem an. 1666 angestellten Leich-Begängnis Philippi IV. Königs in Spanien und Sicilien, vor allen andern ein also genanntes Requiem, oder eine Trauer-Missa von seiner Arbeit ausgelesen, und aufgeführet worden. Sonsten sind von ihm heraus gekommen Madrigali concertati à 2. 3. e 4 voci, e altre Canzonette alla Napolitana, e Romana per la Chitarra Spagnola (so sein erstes Werck ist) an. 1628 zu Messina; und Motetti e Madrigali an. 1635 zu Palermo, beyderseits in 4to, gedruckt. s. *Mongitoris* Bibl. Sicul. T. 1. p. 119.

Judice (*Josephus de*) ein von Catanea in Sicilien bürtig gewesener Musicus und Poet, hat ums Jahr 1645 floriret.

Judice (*Josephus de*) ein Doctor Juris zu Palermo, hat, nebst dem mathematischen disciplinen, auch die Poesie, Bildhauer-Kunst, und Music verstanden. s. von beyden *Mongitoris* Bibl. Sicul. T. 1. p. 386.

Jugum (*lat.*) der Kragen oder Hals an einer Laute, worinn die Wirbel gehen.

Jugum pectinis (*lat.*) der also genannte Frosch an einem Geige-Bogen.

Julien (*Pierre*) von Carpentras, der Frantzösischen Haupt-Stadt der Landschafft Venaissin in Provence, gebürtig, hat einen Tractat, genannt: Le vray Chemin pour apprendre à chanter toute sorte de Musique, d. i. der richtige Weg alle Music-Arten singen zu lernen, herausgegeben. s. *Verdier* Bibliotheque, und *Draudii* Biblioth. Exot. pag. 210.

Jullien (G.) Organist an der Dom-Kirche zu U. Frauen in Chartres, der Frantzösischen Haupt-Stadt der Landschäfft Beauce, hat ein Buch Orgel-Sachen über die 8 Kirchen-Tone, zu Paris durch Heinrich Lesdop, einem Orgelmacher daselbst in Kupffer stechen lassen.

Julus (*lat.*) ἴουλος, war bey den Griechen ein Lob-Lied der Göttin Ceres, so die Schnitter zu singen pflegten. Es hat solchen Hymnum M. Paulus Jacobus Eccardus, von Jüterbock in Sachsen gebürtig, in einer an. 1721 den 17 Sept. zu Wittenberg, unter dem Præsidio Herrn Fried. Struntzii, Poëseos P. P. gehaltenen Dissertation, mit mehrern erkläret.

Jumillac, ein Frantzösischer Pater, hat einen Tractat, genannt: la Science & pratique du plein-Chant geschrieben. s. *Histoire de la Musique*, T. 4. p. 80.

Juncker (Anton) von Catelnburg, war unter den 53 verschriebenen Organisten der 22te, welcher das an. 1596 in der Schloß-Kirche zu Grüningen erbauete Orgel-Werck bespielte und examinirte. s. Werckmeisters Organ. Gruning. rediv. §. 11.

Junge (Christoph) ein berühmter Orgelmacher, kam aus der Lausitz nach Sondershausen, und bauete daselbst ein Werck, hernach allhier zu Weimar das in der Stadt-Kirche zu S. Petri und Pauli aus 25 klangbaren Stimmen und 5 Benzügen bestehende Orgel-Werck ohngefehr ums Jahr 1683, begab sich von hier nach Erffurt, verfertigte daselbst das Dom-Werck, und starb an nurgedachtem Orte gegen das Jahr 1688.

Junius (*Hadrianus*) ein Doctor Medicinæ, Philosophus, Historicus, und Poet, von Horn in Holland, woselbst er an. 1512 den 1 Julii gebohren worden, hat unter andern, auch einen aus verschiedenen Sprachen bestehenden Nomenclatorem geschrieben, welcher zu verschiedenen mahlen gedruckt worden. In solchen werden unter dem Titul: Musica Instrumenta, eoque spectantia, und zwar in der an. 1583 zu Antwerpen in 8vo herausgekommenen dritten Auflage, vom 243 biß 2.1sten Blatte, unterschiedliche Music-termini erkläret. Am 347ten und folgenden Blatte sind, unter dem Titul: Artium nomina, wiederum ein Dutzend dergleichen erkläret anzutreffen. Er ist an. 15,5 den 16 Junii zu Armuyden in

See-

Seeland gestorben, und liegt zu Mittelburg in der Præmonstratenser Abtey begraben, woselbst sein Epitaphium also lautet:

Hadrianô Junio, Hornano, Philosopho, Medico & Poetæ celeberrimo, Bataviæ Historico fidelissimo; cujus in omni disciplinarum genere exquisita eruditio, singularis industria, infinitæ lectionis præstantia, multiplex linguarum scientia pari conjuncta comitate, Doctorum omnium admirationem laudemque meruit: post varia incomparabilis ingenii monumenta, quibus æternam sibi memoriam comparavit, sub hoc marmore condito Patri optimè de se merito, Petrus Junius mœstiss. Pietatis ergo P. C. vixit ann. LXIII. obiit XVI. sibi cognominis Mensis, AnnoSalutisChristianæ cIɔ.Iɔ.LXXV. f. *Isaac Bullart* Academie des Sciences & des Arts, liv. 3. p. 183. Wer ein mehrers von ihm zu wissen verlanget, findet solches im *comp.* Gelehrten=Lexico (woselbst aber seine Geburts=Jahr unrichtig angeführet ist); und in *Joh. Molleri* Hypomnematibus Historico-Criticis ad *Alberti Bartholini* de Scriptis Danorum librum posthumum, p. 228. sq. allwo noch andere fontes angewiesen werden.

Ivo, Abt zu Clugny, hat eine Historiam figuralem geschrieben, welche nach Possevini Bericht, in der Closter=Bibliothec zu S. Gallen im MS. aufgehoben wird.

Jussov (*Joannes Andreas*) ein von Göttingen gebürtiger Studiosus Theologiæ zu Helmstädt, hat an. 1708 eine aus 5¼ Bogen bestehende Dissertation: de Cantoribus Ecclesiæ Veteris & Novi Testamenti geschrieben, und selbige auf vorgedachter Universität unter dem Præsidio Herrn Joan. Andreæ Schmidii, Abts zu Marien=Thal, Theol. Doct. und Antiquit. S. S Profess P. den 30 Junii öffentlich defendiret. Daß der Auctor und Respondens dieser Dissertation ein Musicus sey, bezeuget gemelder Herr Præses in folgenden Worten: Si faber fabrilia, si musicus musica tractat, neuter ab officio suo aliena agit. Non ergo miror, te musicum, quem patria ob musicæ rei peritiam, pietatem & diligentiam a multo jam tempore æstimavit, argumentum elegisse musicum. --- it. abunde testari possum de tua industria in excerpendis ad præsentem materiam spectantibus, nec non de indefesso labore in conferendis notis Gregorianis cum signis musicis nostri ævi & proxime illud antecedentium seculorum.

Justinus à Despons, R. M. V. ein Pater und Prediger Carmeliter-Ordens, auch Organist, hat an. 1711 eine Chirologiam Organico-Musicam, oder Musicalische Hand = Beschreibung, d. i. Regeln und Exempel des Manuals, oder der Orgel=Kunst, &c. zu Nürnberg in folio drucken lassen, und selbige an Herrn Albertum, Canonicum Regularem S. Augustini in Heydenfeld ad S. Mauritium infulirten Probst und Prälaten, &c. vermittelst einer d. 8. Julii gedachten Jahrs, von Würtzburg aus datirten Zuschrifft, gestellet. Die Vorrede und Regeln, so in gewissen Stücken sehr merckwürdig sind, machen drey Blätter aus. Hierauf folgen in zwey Blättern gantz kurtze General-Bass-Exempel, auf doppelte Art vorgestellet: nemlich einmahl, wie solche ordinairement pflegen geschrieben oder gedruckt zu werden: und zweytens, wie solche, der connexion nach, (welche durch dreyfache Ziefern exprimirt ist) executirt werden sollen; ferner 6 Bogen lateinische aus Heil. Schrifft genommene Texte a voce sola e Continuo; und sodann 9 Bogen Bicinia vors Clavier durch alle Tone. Diesen sind letzlich noch 9 Bogen Kupfferstiche angefüget, so in drey Partes eingetheilet; davon der erste Theil in zween Bogen 16 drey= bis vierstimmige kurtze Arien, der zwente sechs dergleichen Partien in vier Bogen; und der dritte vier Arien mit Variationibus in denen noch übrigen Bogen, sämtlich vors Clavier gesetzt, in sich enthält. Die lateinische Dedication ist an Frantz Adam Stampffer, Frey=Herrn von Walchenberg, Herrn zu Trawuschnen, und Kayserl. privilegirten Kupffer = Herrn in Walchen und Groß-Fragant, gerichtet. An. 1723 ist zu Augspurg und Dillingen von seiner Arbeit gedruckt worden ein Werck, genannt: Musicalische Arbeit und Kurtzweil, d. i. kurtze und gute Regeln der Componir-und Schlage=Kunst, à 4 leichte und schwere Exempel und Fragen, voll= und lehr=grifftige Schlag=Stück, dem Scholaren zwey Hände voll Arbeit, dem Liebhaber zwey Hände voll Kurtzweil.

K. Käfer

K.

Käfer (Johann Philipp) von Römhild gebürtig, war daselbst bey Herzog Heinrichen Hof-Organist; von an. 1708 bis 1714, aber bey Herzog Ernsten zu Hildburghausen, und nachgehends zu Durlach Capellmeister.

Kästner (George Friedrich) ein Violinist in der Königl. Capelle und Cammer-Music zu Dreßden an. 1729. s. den dasigen Hof- und Staats-Calender.

Kalhar (*Henricus d.*) oder Kalkar, auch Henricus Kalkariensis, ingleichen der Krancke zubenahmt, aus dem Herzogthum Cleve gebürtig, wurde zu Paris Doctor Theologiæ, hierauf zu Kayserswehrt (in Cæsaris Insula) und zu Cöln bey S. Georgii Canonicus; nachgehends ein Cartheuser und Prior, auch Visitator dieses Ordens, schrieb unter andern: Cantuagium de Musica lib. 1. und starb an 1448 im 80 Jahr seines Alters zu Cöln in S. Barbaræ-Closter. s. *Suvertii* Athen. Belgic. und *Possevini* T. I. Appar. Sac.

Καλλίνικος. s. *Callinicus.*

Kapsberger (*Joan. Hieronymus*) hat, wie *Leo Allatius* in seinen Apibus Urbanis bezeuget, folgende musicalia herausgegeben, als:

(1. d' Intavolatura del Citharrone, lib. 3. davon das 1ste an. 1604 zu Venedig; das 2te und 3te an. 1616 und 1626 zu Rom in folio gedruckt worden.

(2. d' Intavolatura di Lauto, lib. 2. con le sue Tavole per sonar sopra la parte. Romæ 1611. & 1623. in folio.

(3 Libro (1. d' Arie passeggiate à una voce, con l' intavolatura del Chitarrone. Romæ 1612. (2. à una, e più voci. Romæ 1623. (3 à una, e più voci. Romæ 1630. in folio.

(4. di Villanelle à una, doi, & tre voci, lib. V. con l' Intavolatura del Chitarrone, & Alfabeto per la Chitarra Spagnola. Ibidem apud Lucam Antonium Soldum, & Paulum Masottum, 1610. 1619. 1623 & 1630 in folio.

(5. Libro 1. di Madrigali à 5 voci col Basso, continuo, con suoi numeri. Ibidem apud Petrum Manelphum 1609. in 4to.

(6. Libro 1. di Motetti passeggiati à una voce. Romæ 1612.

(7. Modulatus sacros diminutis vocibus concinnatos, volum. II. Romæ apud Paulum Masottum, in folio.

(8. Cantiones sacras musicis modulis aptatas, volum. I. apud eundem 1618 in 4to.

(9. Libro 1. de Balli, Gagliarde, e Correnti à quattro voci. Romæ apud Joannem Baptistam Roblettum, 1615. in 4to.

(10. Libro 1. di Sinfonie à quattro, con il Basso continuo. Romæ 1615 in 4to.

(11. Poematia, & Carmina composita a Maphæo Barberino, nunc Urbano VIII. Pont. Opt. Max musicis modis aptata, Volum. I. Romæ apud Lucam Antonium Soldum, 1624 in fol. & Vol. II. apud Paulum Masottum 1633 in fol.

(12. Coro Musicale, in nuptiis DD. Thaddæi Barberini, & Annæ Columnæ. Ibidem apud eundem 1627 in fol.

(13. Fetonte, Dramma recitato à più voci. Ibidem 1630.

(14. Pastori di Betelemme nella nascita di N. S. Dialogo recitativo à più voci, apud eundem 1630 in fol.

(15. Epitalamio, in nuptiis DD. Caroli Antonii à Puteo, & Theodoræ Costæ, recitato à piu voci. Romæ 1628.

(16. Missarum Urbanarum, à 4. 5. & 8 vocibus, Volum. I. Romæ 1631 in 4to.

(17. Litanias Deiparæ Virginis, musicis modis aptatas, 4. 5 & 8 voc. Romæ 1631. in 4to.

(18. li Fiori, lib. VI. di Villanelle, à 1. 2. 3. e 4 voci, con l' Alfabeto per la Chitarra Spagnola. Romæ 1632 in fol.

Sonsten hat er auch noch folgende Sachen absolvirt, und zum Druck parat gehabt, als:

d' Intavolatura di Chitarrone, lib. IV. V. VI.
d' Intavolatura di Lauto, lib. III. e IV.
d' Arie, lib. IV. V. VI.
di Balli, lib. II. e III.
di Sinfonie, lib. II. e III.
di Salmi per Vesperi, lib. I. II. e III.
di Motetti passeggiati, lib. III. e IV.

Carmina Cardinalis Barberini, nunc Urbani VIII. muſicis modis aptata, ſo Vol. III. ausmachen. Draumii diverſi. Dialoghi Latini diverſi. Dialoghi Volgari diverſi. Di Concetti Spirituali; & alia. *Kircherus* Muſurg. lib. 7. cap. 5. weiß von dem erſten Vornahmen Joannes nichts; wohl aber dieſes zu referiren: daß er ein edler Teutſcher geweſen, auf der Tiorba excellirt, und dieſes Inſtrument zur höchſten Vollkommenheit gebracht habe. Conf. Prinzens Muſ. Hiſt c 12. §. 21. und 54. woſelbſt Kircheri Worte von dieſem Kapsberger verteutſcht zu leſen ſind.

Kargel (*Sixtus*) ließ an. 1569 drey Wercke zu Maynz ausgehen, worinnen allerhand pieces vor die Laute und Chitarre, auch eine Anweiſung, wie man das letztere Inſtrument von ſich ſelbſt erlernen könne, enthalten ſind. ſ. *Draudii* Biblioth. Claſſ. p. 1622.

Καταβαυκαλήσις, Wiegen = Lieder, die Kinder ſchweigend und ſchlaffend zu machen.

Κατακελευσμος, alſo hieß in den Pythiſchen Spielen der zwente Theil des Nomi tibialis, da der Apollo aufgeführet wurde; wie er den Drachen zum Streit herausfordere. ſ. *Pollucis* Onomaſt. lib. 4. cap. 10.

Κατακοιμησις oder κατακοιμητικον, alſo hieß dasjenige Lied, ſo gemacht wurde, wenn Bräutigam und Braut ſchlaffen giengen. ſ. *V. ſſ.* Inſtit. Poëtic. l. 1. c. 13. §. 5.

Καταρροπα, alſo iſt, nach Terpandri Eintheilung, ehemals ein gewiſſer Theil des modi cithar œdici genennet worden. ſ. *Pollucis* Onomaſt lib. 4. c. 9. Se gm. 66. woſelbſt dieſes Wort in der lateiniſchen Überſetzung durch: *Fuga* gegeben wird.

Καταςομις, pars tibiæ, quæ ad os admovetur, das Mundſtück an einer Flöte. ſ. *Bulenger*. de Theatro, lib. 2. c. 14.

Kauffmann (Georg Friedrich) von Oſtermondra, einem zwiſchen Cölleda und Raſtenberg liegenden Dorffe, gebürtig, hat das Clavier=Spielen, gegen das Ende des abgewichenen Seculi, bey Herrn Buttſtetten in Erffurt anfänglich erlernet, ſolches nebſt der Compoſition bey Herrn Alberti in Merſeburg, continuiret, ihn, nachdem er vom Schlag gerühret worden, ſubleviret, und, nach deſſen Tode, ihm in der Hof= und Dom=Organiſten

Stelle ſuccediret, auch die Direction über die Kirchen=Muſic nachgehends bekommen; in welcher function er ſchon an 1725. ein muſicaliſches Werck unter folgendem Titul zum Druck parat gehabt: "Introduzz one alla Muſica antica & moderna, d. i. eine ausführliche Einleitung zur alten und neuen Wiſſenſchafft der edlen Muſic, in welcher nicht nur 1. die einem jeden Muſico zu wiſſen nöthigſten Stücke, ſo wohl in Theoria als Praxi, nach ihrem Urſprung, Fortſetzung und Verbeſſerung, auf das deutlichſte beſchrieben, und dem heutigen galanten Gebrauch nach appliciret, ſondern auch 2. hauptſächlich die General und Special Reguln der Compoſition mit alten und neuen ſtylo auf das fleißigſte angewieſen; mit den allermodulandeſten 2. 3. 4. und mehrſtimmigen Exemplis illuſtriret, mit Fugen und gedoppelten Contrapunct gezieret, und denen anfangenden Componiſten die kürzeſten und richtigſten Wege zu dieſem unvergleichlichen Studio gebähnet werden. Da denn beſonders zu mercken: daß man das gute und annoch brauchbahre aus der Antiquität behalten, das Unnütze und Überflüßige abgeſondert, das Neue aber geſichtet, das Beſte davon recommendiret, und das übrige eines jeden ſeiner Libertät überlaſſen hat. Alles zur Ehre GOttes, dem Publico zum Beſten entworffen, und mit einem nöthigen Regiſter begleitet." Es iſt aber noch nicht aus Licht getreten. Sonſten ſind verſchiedene Clavier und Kirchen = Stücke von ihm bekannt, die von Verſtändigen nicht anders, als wehrt gehalten werden müſſen.

Kauffmann (Herrmann) von Quedlinburg, war unter den 53 verſchriebenen Organiſten der zehnte, welcher das an. 1596 in die Schloß=Kirche zu Grüningen erbauete Orgel=Werck beſpielt und examinirt gehabt. ſ. Werckmeiſters Org. Gruning. rediv. §. 1.

Kegelmannus, oder Kugelmannus (Joannes) ein Trompeter, hat nach *Geſneri* Bericht, Partition. univerſ. lib. 7. tit. 7. Concentus trium vocum, Eccleſiarum uſui in Pruſſia præcipuè accommodatos, zu Augſpurg drucken laſſen.

Kegel (Emanuel) eines Amt=Schöſſers Sohn, war gebohren an. 165. frequentirte das Gymnaſium in Gotha, und continuirte ſeine Studia in Jena; wurde de hierauf erſtlich ein halbes Jahr Cantor zu Neuſtadt an der Heyde, hernach Cantor in Saalfeld (woſelbſt er Sophien Dorotheen Kupfferin geheyrathet) ferner Cantor Figuralis in Gera, endlich aber Capell-Director daſelſt bey Jhro Hochgräffl. Gnaden, Henrico XIIX. und Organiſt an der Haupt-Kirche. Starb an. 1724. den 23 Junii.

Kegel (Ludwig Heinrich) ein Sohn des vorigen, iſt gebohren an. 1705 den 25 Octobr. in Gera, allwo er die Schule beſuchet; an. 1725 den 28 Sept. gieng er auf die Univerſität Leipzig, wurde aber von Jhro Hochgräffl. Gnaden, Herrn Heinrich dem XIIX. an. 1726 am 12 Apr. wiederum nach Gera beruffen, und daſelbſt bey S. Salvator zum Organiſten beſtellet. Jetzo exeoliret er auf Befehl und Koſten ſeiner Herrſchafft, die Compoſition bey dem Herrn Capellmeiſter Stölzeln in Gotha.

Kehrab, iſt bey den Spiel-Leuten ein ſehr langer Tantz, womit der Tantz-Platz durch des Frauenzimmers lange Kleider gleichſam abgekehret, und die gantze Luſt beſchloſſen wird. ſ. *Enoch Hanmanns* Anmerckungen über Opitzens teutſche Proſodie, p. 192.

Keifererus [*Chriſtianus*] ein Pater, hat an. 1612 Odas ſoporiferas ad infantulum Bethlehemiticum ſopiendum von 4 Stimmen zu Augſpurg; und an. 1618 unter dem Titul: Flores muſici, verſchiedene Cantiones, nebſt einer 6ſtimmigen Miſſa zu Jngolſtadt in 4to drucken laſſen. ſ. *Draudii* Bibl. Claſſ. pag. 1634 und 1644.

Keirleberus (*Joan. Georgius*) ein aus dem Würtenbergiſchen gebürtiger Magiſter Philoſophiæ & Artium liberalium Cultor, hat auf den an. 1691 den 19 Martii eingefallenen Geburts-Tag des Römiſchen Königs Joſephi I. eine Aggratulationem Muſico-Poëticam, aus ſechs lateiniſchen Diſtichis, und einem Canone perpetuo von 16 Diſcanten, und 16 Violinen, anderer Melodie, beſtehende, theils drucken, theils ſtechen laſſen. Der Text dazu heiſſet: Lætare Cæſar, lætare Rex, lætare, gaude, exulta, dominare in medio inimicorum. Es kan dieſer Canon, laut der dabey befindlichen kurtzen Anweiſung, auch mit 256 Stimmen, und wenn Jnſtrumente noch dazu kommen, mit eben ſo vielen, demnach zuſammen mit 512 Stimmen und Partien gemacht werden. Das in den zweyen Worten: Ora & labora, kurtz- und wohl-abgefaßte Chriſtenthum, iſt, nebſt einigen in Kupffer geſtochenen Sinnbildern und nützlichen Moralien, gleichfalls auf einem Bogen in groß folio, ohne Jahr-Zahl, ans Licht getreten. Auf ſolchem iſt (1. in drey Circkul-Syſtematibus ein Canon perpetuus von 8 Stimmen, neinlich 4 Violdagamben, 2 Aelten, und 2 Tenören, über die Worte: da Adam hackt, und Eva ſpann, wer war damahls ein Edelmann? und (2. in vier Circkul-Syſtematibus eine 8ſtimmige Arietta, davon 4 Stimmen vor- und 4 Stimmen rückwerts gehen, über die Worte:

Greiff an das Werck und ſey nicht faul;
Kein g'bratne Taub fliegt dir ins Maul;
Die Ameiß dieſen Reimen ſingt:
Der Müßiggang kein Brod dir bringt,
Verricht das deine nur getreu,
Und bleibe gutes Muths dabey;
Ein treuer Schaffner GOtt gefällt,
Und der auf ihn ſein Hoffnung ſtellt.

enthalten.

Keiſer [*Reinhard*] Hochfürſtl. Mecklenburgiſcher Capellmeiſter, ohnweit Weiſſenfels gebürtig, hat, nebſt vielen Kirchen-Stücken, und andern Sachen, ungemein viele Opern in die Muſic gebracht, welche, nach Mattheſonii Verzeichniß, in der 22, 23, und 24ten Betrachtung ſeines Muſicaliſchen Patrioten, alle auf dem Hamburgiſchen Theatro in nachſtehenden Jahren aufgeführt worden ſind, und alſo heiſſen: An. 1694, Baſilius. An. 1696, Mahumeth. An. 1697, Adonis. An 1698, Irene; Janus; und ein Ballet auf des Römiſchen Kayſers, Leopoldi Nahmens-Tag. An. 1699, Ismene; Iphigenia; Hercules und Hebe; die Wiederkehr der güldnen Zeit; und der güldene Apfel. An. 1700, la Forza della Virtù; und Endymion, oder Phaeton. An. 1701, Königl. Preußiſches Ballet; Störtebecker und Gödje Michel erſter und zweyter Theil; Pſyche. An. 1702, Circe, oder Ulyſſes erſter Theil; Penelope, oder Ulyſſes zweyter Theil; Pomona; Orpheus, erſter und zweyter Theil; Neues Preußiſches Ballet. An. 1703, Claudius; Minerva; und Salomon. An. 1704, Nebucadnezar. An. 1705, Octavia; und Lucretia. An. 1706, la Fedeltà coronata; Maſagniel lo furioſo;

rioso; Sueno; il genio di Holsatia; und Almira. An. 1707, das Carneval von Venedig. An. 1709, Helena; Heliates und Olympia; Desiderius; und Orpheus. An. 1710, Arünoe; die Leipziger Messe; Aurora; und Julius Cæsar. An. 1711, Croesus. An. 1712, Carolus V; Diana; Heraclius. An. 1714, Inganno fedele; die gekrönte Tugend. An. 1715, der Triumph des Friedens. Fredegunda; Cato; Artemisia. An. 1716, das Römische April-Fest; das triumphirende Haus Oesterreich; Achilles. (Dieses ist sein 66tes elaborirtes Schau-Spiel.) An. 1717, Julia; Tomyris; Trajanus; Jobates und Bellerophon. An. 1722, Ariadne. An. 1724, das frolockende Groß-Britannien. An. 1725, Bretislaus; der Hamburger Jahr-Marckt; die Hamburger Schlacht-Zeit. (Diese ist, laut der Vorrede des gedruckten Exemplars, die 107de Oper seiner Composition.) An. 1726, das Geburts-Fest des Prinzen von Wallis; Mistevojus; Jodelet; der stumme Printz Atis, ein Intermezzo; Barbacola, ein Intermezzo. Hierzu kommen noch die p. 105 des beschützten Orchesters angeführte und edirte Wercke, als:

(1 Sing-Gedichte oder Cantaten mit einer Stimme und Instrument.

(2. Divertimenti Serenissimi delle Cantate, Duette, & Arie diverse, senza stromenti, oder durchlauchtige Ergötzung über verschiedene Cantaten, Duetten, und Arien ohne Instrumente, an. 1713 in breit folio zu Hamburg gedruckt.

(3. Auserlesene Soliloquia aus dem in der stillen Woche an. 1712 und 1713 musicalisch aufgeführten Oratorio, genannt: der für die Sünde der Welt gemarterte und sterbende JEsus; zu Hamburg auf Unkosten des Autoris an. 1714 in folio gedruckt.

(4. Musicalische Land-Lust, an. 1714.

(5. Kayserliche Friedens-Post, nebst verschiedenen moralischen Sing-Gedichten und Arien mit allen darzu gehörigen Instrumenten gesetzt, und dem Römischen Kayser Carolo VI. gewiedmet. Hamburg an. 1715 auf Unkosten des Autoris in folio gedruckt.

(6. Seelige Erlösungs-Gedancken, aus dem Oratorio: der zum Tode vertheilte und gekreutzigte JEsus, in verschiedenen Arien, Chören, Recitativen

und Duetten, mit allen darzu gehörigen Instrumenten, an. 1715 zu Hamburg in folio gedruckt, und Herrn Lucas von Bostel, J. U. D. und der Hamburgischen Republique p. t. præsidirenden Bürger-Meister, ꝛc. dedicirt. Daß dieser hochberühmte Mann an. 1722 sich in Copenhagen, als Königl. Dänischer Capell-Meister aufgehalten, daselbst auf des Königs Geburts-Tag eine neue Opera, *Ulyss.*, ferner ein Drama, der Armenier genannt, verfertiget; auch ein gedrucktes Werck, die Königl. Dänische Cammer-Music betitelt, ans Licht stellen wollen, und an. 1723 an einer neuen Opera, *Sancino*, oder die siegende Großmuth genannt, zu componiren angefangen; solches lieset man in *Matthesonii* Crit. Mus. T. I. p. 208. und 288.

Keller (Johann Andreas) war des Churfürsten von der Pfalz, Caroli Ludovici, Hof-Organist.

Keller, von seiner Arbeit sind 6 Sonaten bey Roger zu Amsterdam in Kupffer gestochen worden, davon die drey ersten aus 2 Violinen, 1 Viola, 1 Trompete oder Hautbois, und Bass; die drey letzten aber aus 2 Flûtes, 2 Hautbois oder Violinen, und einem G. B. bestehen. Der Auctor hat sie der Königin Annæ in England dediciret. Sonsten hat er auch noch ein anderes, aus 6 Sonaten von 2 Flûtes und G. B. bestehendes Werck hinterlassen, welches, nach seinem Tode, gleichfalls zu Amsterdam gravirt worden.

Kellnerin (Christiana Paulina) stehet, als eine grosse Virtuosin und Sängerin, annoch in Hochfürstlichen Weissenfelsischen Diensten.

Kelzius (*Mattheus*) Cantor zu Stargard in Pommern ums Jahr 1626, von Bautzen gebürtig, hat an. 1635 unter dem Titul: Operetta nuova, Evangelische Sonntags-Sprüche von Advent bis Palmarum, auf eine leichte, doch reine Italiän-Villanellische- wie auch Dialogen-Manier von drey Stimmen gesetzt, zu Leipzig durch den Druck bekannt gemacht, und solches Werckgen dem Stargardischen Magistrat dediciret: laut dieser Zuschrifft haben auch die übrigen Theile, nebst den Fest-Tagen, heraus kommen sollen. Nachgehends ist er Cantor zu Sorau gewesen. Sein MS. de arte componendi (so er in Italien erlernet) ist nicht gedruckt, sondern nur von ein und andern

andern Musico, worunter auch Printz gewesen, abgeschrieben worden. s. dieses seine *Muſ. Hiſtor. c.* 12. §. 33. das Exercitium muſicum iſt an. 1664 in folio herausgekommen. Unter den Muſicalien des verſtorbenen Stadt-Richters in Merſeburg, Herrn Wilhelm Ernſt Hertzogs, befindet ſich folgendes Werck: Exercitationum muſicarum à Violino & Vio'adagamba Semicenturia, complectens Joco-ſeria à Matth. Kelz, Parergon primum. Auguſtæ Vindelicorum, 1669. in folio. Iſt vielleicht mit dem vorhergehenden einerley.

Keplerus (*Joannes*) der an. 1571 den 27 Dec. zu Wied im Würtembergiſchen gebohrne, und an. 1630 zu Regenſpurg verſtorbene hochberühmte Aſtronomus und Kayſerl. Mathematicus, hat unter andern ſehr vielen Sachen, auch eine aus fünff Büchern beſtehende Harmonicen Mundi in lateiniſcher Sprache geſchrieben, welche an. 1619 zu Lintz in Oeſterreich in folio gedruckt worden. ſ. das *comp.* Gelehrten-*Lexicon*, und den Catal. Biblioth. *Thuanæ*, p. 55.

Keraſbola, κεράσβολα, alſo hieſſen ehemals die Wirbel an der alten Leyer. ſ. *Bulenger.* de Theatro, lib. 2. c. 38.

Keren (*hebr.*) κέρας (*gr.*) Cornu (*lat.*) war ein aus dem Horn eines Thiers, oder aus einer andern Materie in geſtallt eines Ochſen- oder Rehbock-Horns gekrümmtes Blas-Inſtrument, unſerm jetzigen Zincken oder Cornetto gäntzlich gleich. ſ. Printzens Muſ. Hiſt. c, 7. § 2.

Kerl (Johann Caſpar) aus Sachſen gebürtig, wurde vom Ertz-Hertzoge Leopold nach Wien zum Hof-Organiſten beruffen, und wegen ſeines vortrefflichen Talents dem Kayſerl. Hof-Capellmeiſter, Giov. Valentini übergeben, ſodann nach Rom zu dem berühmten Componiſten, Giacomo Cariſſimi geſchicket, um von ſelbigem weitere inſtruction zu empfangen; hierauf vom Churfürſten in der Pfaltz in Dienſte verlanget, nachgehends aber vom Churfürſten in Bayern, Ferdinando Maria, zum Hof-Capellmeiſter angenommen. Seine Modulatio Organica ſuper Magnificat octo Tonis Eccleſiaſticis reſpondens, iſt an. 1686 zu München in folio gravirt worden. An. 1669 hat er ein Opus 2. 3. 4 und 5ſtimmiger Motetten, unter dem Titul: Delectus Sacrarum Cantionum; und an. 1689 ſechs Miſſen von ungemeiner Kunſt daſelbſt drucken laſſen. Daß er einſtens mit den übrigen Muſicis ſeiner Capelle, abſonderlich den Italiänern, groſſe Händel gehabt, da er ein Stück componiret, ſo lauter intervalla inuſitata, und ſolche Abweichungen von den gewöhnlichen Regeln in ſich enthalten, daß die guten Leute in der Execution nicht fortkommen können; iſt in Herrn Johann Krigers Gedancken über die, dem Neu-eröfneten Orcheſtre durch das Ut erregte Controvers, p. 220 der *Mattheſoniſchen* Crit. Muſ. T. 2. zu leſen. Daß er an. 1677 in Kayſerl. Dienſten geſtanden habe; deſſen bin vom Herrn Capellmeiſter Aſchenbrenner verſichert worden.

Kerle (*Jacobus de*) ein Canonicus am Dom zu Cambray, von Ipern in Flandern gebürtig, hat verſchiedene Wercke herausgegeben, als: Preces ſpeciales pro ſalubri Concilii generalis ſucceſſu, an. 1569; Carmina Italica muſicis modulis ornata, an 1570; Cantiones Sacras 5 & 6 vocum, an. 1571 ſämtlich zu Venedig in 4to gedruckt. Ferner ſind an. 1573 zu München 2. 4. und 5ſtimmige Motetten, nebſt einem 6ſtimmigen Te Deum laudamus; ingleichen ſechs 4 und 5ſtimmige Miſſen, denen gleichfalls ein Te Deum angehänget iſt, ans Licht getreten.

Kerrena, iſt bey den Indianern eine lange Trompete, von 15 Schuhen. ſ. *Bonnet* Hiſtoire de la Muſique, chap. 3. p. 326.

Keslerus (*Wendelinus*) Cantharobolenſis Thyrigeta, d. i. von Kannenwurff in Thüringen gebürtig, hat Cantioues ſuper Evangelia Dominicalia & Sanctorum, von Advent bis Oſtern zu gebrauchen, verfertiget, welche, nach *Geſneri* Bericht, an. 1582, oder wie *Draudius* in ſeiner Bibl. Claſſ p. 1614 ſetzet, an. 1502 (eins von beyden mag wol unrecht ſeyn) zu Wittenberg in 4to gedruckt worden ſind. Obgedachter Ort iſt ein Dorff nicht weit von Kindelbrück, Rudelſtädtiſcher Hoheit, unterſchiedenen Herrn von Adel gehörig; der griechiſche Nahme kommt von κάνθαρος, eine Kanne, und βάλλω, jacio, ich werffe, her.

Khniel (*Carolus*) von Mergentheim, einer an der Tauber in Francken liegenden Stadt gebürtig, war an. 1655 in Kayſers Ferdinandi III. Capelle ein Altiſt. ſ. *Bucelini* Germ. Topo-Chrono-Stem-

Stemmato-graph. facr. & profan. P.1. p 279.

Khugler (*Burcardus*) aus Wien gebürtig, war an. 1655 Kaysers Ferdinandi III. Vice-Capellmeister. f. *Bucelin.*

Kikletus, ein Königl. Frantzösischer Cornettist, wird von Marino *Merfenno*, lib. 2. de Instrumentis Pnevmaticis Prop. 16. ein Muficus peritissimus genennet, auch Quieletus geschrieben.

Κιθαριϛική, ars canendi cithara, die Kunst auf der Cither zu spielen.

Κιθαρισματα, citharæ cantica, Cither-Stückgen, oder Lieder.

Κιθαρίζειν, cithara pfallere, auf der Cither spielen.

Κιθαρωδία. f. *Citharodia.*

Kickler (Johann Ludwig) gebohren in Berlin an. 1694, hat erstlich dem Könige in Preussen in dem letztern Schwedischen Kriege sieben Jahr lang als Hoboiste gedienet, und hierauf bey dem Marggraf Philippen von Brandenburg 1 und ein halb Jahr als Muficus gestanden; nachhero ist er allhier zu Weimar in Ihro Hochfl. Durchl. Hertzog Ernst Augusts Dienste 3 Jahr getreten, weiter in des höchstseeligen Hrn. Marggrafens zu Anspach Capelle, als Cammer-Muficus und Fagottiste beruffen, und endlich von dem jetzigen Hrn. Marggrafen daselbst in dieser qualität angenommen worden.

Kindermann (*Joan. Erafmus*) ein sehr berühmt gewesener Componist und Organist bey S. Ægidii zu Nürnberg, hat folgende Sachen heraus gegeben, als: an. 1643 *Muficam catecheticum,* oder den Muficalischen Catechifmum auf die 6 Hauptstück deſſelben gerichtet, wobey noch zweene Gefänge vor und nach dem Essen, samt einem Morgen- und Abend-Seegen, von 5 Stimmen und einem G. B. zu Nürnberg in 4to gedruckt, und dem Magistrat zu Ulm dediciret. Es sind zusammen 12 Stück. An. 1645 die *Harmoniam Organicam* auf eigene Kosten in folio durch Kupferstich. Dieses Werck bestehet aus 12 Bogen, und enthält in sich 14 kurtze Præludia, 8 Fugen, 2 Intonationes, und ein Magnificat octavi Toni von 6 Versiculn, alles in teutscher Tabulatur gesetzet. An. 1653 vier Bücher Sonaten, und Canzonen zu Nürnberg in klein folio gedruckt. Daß er an 1616 den 29 Martii zu Nürnberg gebohren worden; an. 1645 ein Werck in folio unter dem Titul: Harmonia organica in Tabulaturam germanicam compofita,, darinnen Præambula durch alle Figural-Tone, Fantafien, Fugen, Intonationes &c. enthalten; an. 1653 noch ein anders, so allerhand Sonaten und Canzonen mit Violinen und dem G. B. vorstellig machet, heraus gegeben; und an. 1655 den 14 April gestorben sey; dessen berichtet uns Hr. Prof. Doppelmayr in der Hist. Nachricht von den Nürnbergischen Künstlern, p. 225.

Kinder (Friedrich) war an der Evangel. S. Peter- und Paul-Kirche in Lignitz an. 1723 Organist. In nurgedachtem Jahre ist das aus 9 Thürmen bestehende neue Orgel-Werck daselbst fertig worden. s. Hrn. D. Wahrendorffs Lignitzische Merckwürdigkeiten, p. 245.

Kinnor, war bey den Juden ein mit 32 Saiten bezogenes, und in Gestalt eines Triangels gemachtes Justrument, und also unferm Pfalterio nicht unähnlich. s. Printzens Muf. Hift. c. 3 §. 6.

Kirchbauer (*Alphonfus*) ein Pater, hat an. 1731 unter dem Titul: Jubilus Curiæ cœlestis in terrestri curia, sieben sehr kurtze Missen von 4 Stimmen, 2 Violinen, und G. B. in Kupffer stechen laſſen. s. Hrn. Lotters Muſic-Catal.

Kircherus (*Athanafius*) der von Fulda (Fuldensis) oder vielmehr aus dem Fuldischen von Buchow (Buchonius) bürtig gewesene, und wegen vieler Schriften berühmt gewordene Jesuit, welcher anfänglich zu Würtzburg in Francken gelehret, hernach aber zu Avignon in Franckreich, und letztlich zu Rom sich aufgehalten hat, auch an diesem Orte an. 1680 den 30 Oct. im 78 Jahr seines Alters gestorben ist, hat an. 1650 seine aus 2 Tomis in folio bestehende Musurgiam, oder Artem magnam Confoni & Diftoni, zu Rom drucken lassen. Beyde Tomi zusammen bestehen aus 10 Büchern, wovon 7 den ersten, und 3 den zweyten Tomum ausmachen. Liber 1 *Anatomicus* zeiget in 15 Capiteln Soni naturalis genefin, naturam, proprietatem & effectus. Liber 2. *Philologicus* unterfuchet in 7 Capiteln Soni artificialis, five Muficæ primam inftitutionem & propagationem. Liber 3. *Harmonicus* trägt in 17 Capiteln motuum harmonicorum fcientiam per numeros vor. Liber 4. *Geometricus* handelt in 8 Capiteln de divifione Monochordi geometrica. Liber 5 *Melotheticus* lehret

lehret in 19 Capiteln rationem componendi omnis generis melodias. Liber 6. *Organicus*, tractiret in vier Theilen Instrumentorum omnis generis musicorum structuram. Liber 7. *Diacriticus*, comparationem veteris Musicæ cum moderna instituit, abusus detegit, cantus ecclesiastici dignitatem commendat, methodumque aperit, qua ad patheticæ Musicæ perfectionem tandem perveniri possit, in 2 Theilen. Liber 8 *Mirificus*, exhibiret in 5 Theilen novam artem musarhythmicam, qua quivis etiam Musicæ imperitus, ad perfectam componendi notitiam brevi tempore pertingere possit, continetque Musicam Combinatoriam, Poeticam, Rhetoricam, &c. Liber 9. *Magicus*, reconditiora totius Musicæ arcana producit; continetque Physiologicam consoni & dissoni; præterea Magiam Musico-medicam; Phonocamticam doctrinam, novam tuborum oticorum fabricam; item Statuarum, ac aliorum Instrumentorum musicorum authophonorum, uti & Sympathicorum structuram docet. Liber 10 *Analogicus*, Decachordon naturæ exhibet, quo Deum in 3 Mundorum. Elementaris, Cœlestis, Archetypi fabrica ad musicas proportiones respexisse per 10 gradus, veluti per 10 Naturæ Registra demonstratur. Dieses ist der kurtze Innhalt dieses aus 7 Alphabeten bestehenden gantzen Wercks. Sonsten handelt er auch in seiner an. 1654 gleichfalls zu Rom in folio edirten Arte Magnetica, Parte 8. lib. 3. de Magnetismo Musicæ, und zwar c. 1. de magnetica Musicæ vi & facultate. De affectibus animi, ad quos Musica incitat, & de tonorum diversitate. De causis numeri consoni & dissoni. c. 2. de Tarantismo, sive Tarantula seu Apulo Phalangio, ejusque Magnetismo, ac mira cum Musica Sympathia. De variis Tarantismo affectorum gestibus. De Musica & Harmonia, instrumentisque Tarantismo affectis præludi solitis. Hierauf folgen nachstehende vier Fragen:

(1. Utrum à Tarantulæ vita dependeat vehemens illa saltandi passio, quali, qui à Tarantula icti sunt, afficiuntur; & quænam sit causa tam vehementis symptomatis?

(2. Cur Tarantismo laborantes nullo alio nisi harmonico medio, sive sola Musica curari possint?

(3. Cur Tarantismo affecti certis quibusdam coloribus tantopere delectentur?

(4. Cur Tarantismo affecti tam diversos motus mentiantur?

Angeführtes beträgt zusammen 16 Blätter; und obgemeldte Edition von 1654 ist die dritte. Daß Kircherus übrigens von Profession zwar kein Musicus gewesen sey; dennoch aber, unter frembden Nahmen, verschiedene Compositiones in Teutschland drucken lassen, bezeuget er selbst in der zweyten Vorrede über seine Musurgie in folgenden Worten: ego tametsi Musicam dicta ratione nunquam professus sim; notum tamen est, me ab ineunte ætate uti præclarioribus artibus, & scientiis, ita & Musicæ practicæ summo studio, & pertinacissimo labore incubuisse, neque speculativæ solummodo musicæ me occupatum fuisse, sibi persuadeant, *cum & compositiones meæ variæ sub aliorum tamen nomine impressæ in Germania,* summa audientium voluptate circumferantur, & in pretio habeantur, & specimina in hoc libro (er meynet die Musurgie) edita, quid sciam, quid nesciam, testari affatim possunt. Seine Phonurgia ist nach der Musurgie heraus gekommen, und an. 1684 von Agatho Carione ins Teutsche übersetzt, zu Nördlingen in folio unter folgenden Titul gedruckt worden: Athanasii Kircheri è Soc. Jesu Neue Hall- und Ton-Kunst, oder mechanische Geheim-Verbindung der Kunst und Natur, durch Stimme und Hall-Wissenschafft gestifftet, worinn ingemein der Stimm, Tons, Hall- und Schalles Natur, Eigenschafft, Krafft und Wunder-Würckung, auch deren geheime Ursachen, mit vielen neuen und ungemeinen Kunst-Wercken und Proben vorgestellt worden. u. s. f. Dieses Werck bestehet ohngefehr aus 46 Bogen.

Kirchhoff (Gottfried) ist gebohren an. 1685 den 15 Sept. zu Mühlbeck in das Amt Witterfeld gehörig; hat das Clavier und die Composition bey dem seel. Hrn. Zachau erlernet, an. 1709 im Januario die erste Vocation, als Capellmeister bey Ihro Durchl. dem Hertzoge zu Holstein-Glücksburg, bekommen, und dieser function zwey und ein halb Jahr vorgestanden; an. 1711 im Junio die zweyte Vocation nach Quedlinburg zum Organisten-Dienste an der S. Benedicti-Kirche; und die dritte an. 1714 von einem hochlöblichen Kirchen-Collegio zu U. L. Frauen in Halle, als Director Musices und Organist erhalten, welche Bedienung er den 26 Augusti a. c. angetreten und noch rühmlich verwaltet. Es sind ihm zwar, währenden Auffenthalts in Halle, von 2 Hochfürstl. Höfen Capellmeister-Dienste angetragen worden; er hat aber solche aus gewissen Ursachen ausgeschlagen.

Kirsten (Michael) jetziger Organist bey S. Marien Magdalenen in Breßlau, ist an. 1720 zu dieser Bedienung gelanget, als eben das in nurbesagter Kirche befindliche schöne und grosse Orgel-Werck zu bauen angefangen worden, welches er denn disponiren, und insonderheit die Paucken mit angeben helffen; er hat auch in das Manual ein Glocken-Spiel selbst gemacht, welches wegen der Dämpffung zu bewundern ist.

Klein (Jacob) der jüngere, ein Musicus in Amsterdam hat 3 Theile Sonaten bey Jeanne Roger daselbst in Kupffer stechen lassen. In den ersten beyden sind 12 Sonates à 1 Hautbois und G. B. und im dritten 6 Sonaten à une Basse de Violon und G. B. enthalten.

Klemme (Johann) Chur-Sächsischer Hof-Organist, hat an. 1631 ein aus 36 freyausgeführten Fugen vor die Orgel bestehendes Werck zu Dreßden heraus gegeben. s. *Matthesonii* Crit. Mus. T. 1. p. 272. auch an. 1647 das zehende Opus des Churf. Capellmeisters, Heinrich Schützens, auf eigene und Alexander Herings, Organistens zu Baußen, Kosten drucken lassen. Der erste Theil seiner mit 4. 5. und 6 Stimmen, nebst B. C. gesetzten Teutscher Geistlicher Madrigalien ist in Verlegung des Autoris an. 1629 zu Freyberg in 4to gedruckt, und von ihm seinem Herrn, Churfürst Johann Georgen dediciret worden. In der Zuschrifft meldet er: wie Churfürst Christianus II. ihn an. 1605 bey Dero Tafel-Music zum Discantisten angenommen, und in die 6 Jahr unterhalten; und nochgehends erstgemeldter Churfürst Johann Georg ihn an. 1613 nach Augspurg zu Christian Erbachen, vornehmen Organisten und Componisten geschicket, nach Verfliessung dreyer Jahre wiederum abgefordert und zu Dero eigenem Capellmeister, Heinrich Schützen, gethan, auch an. 1625 an Georg Kretzschmars Stelle zum Hof-Organisten angenommen habe.

Klingenberg (Gottlieb) ein vielleicht noch lebender Componist und Organist an der S. Jacobi-als Haupt- und Johannis-Kirche zu Stettin.

Klingenstein (Bernhard) gewesener Music-Director zu Augspurg, von dessen Arbeit der 1ste Theil Trinodiarum Sacrarum an. 1605 zu Dillingen; und der erste Theil der Symphoniarum von 1. 2. 3 = 8 Stimmen an. 1607 zu München in 4to gedruckt worden sind. s. *Draudii* Bibl. Class. p. 1625 und 1652.

Klingsohr, ein sehr berühmter, aber auch wegen der schwartzen Kunst verdächtig gewesener Meister-Sänger, welcher zu Cracau, Paris und Rom studiret, die Morgenländer, sonderlich Arabien wohl durchwandert, und in Siebenbürgen sich mehrentheils aufgehalten, wurde von Landgraf Hermannen in Thüringen an. 1208 nach Eisenach beruffen, woselbst er mit Wolffram von Eschenbach um die Meisterschafft gesungen; selbigen aber (ob er schon vorher 52 der besten Meister-Sänger anderswo darnieder geleget) nicht übertreffen können, weil dieser nicht, wie er, von der Schöpffung, den himmlischen Sphären, Planeten, u. d. g. sondern von der H. Dreyfaltigkeit, von der Menschwerdung und Geburt Jesu Christi, u. s. f. mit ihm singen wollen; welches denn Klingsohren dergestalt verdrossen, daß er gedrohet: den Teuffel Nasian ihm zu schicken; welcher auch in der drauf folgenden Nacht sich eingefunden, aber dem von Eschenbach gleichfalls nichts anhaben können, sondern sich wieder fort packen müssen, wobey er gesprochen, und an die Wand geschrieben haben soll: Schnib schnab, was bistu mehr denn ein grober Lay, drum gib nur Klingsohren die Meisterschafft? s. Hanmanns Anmerckungen über Opitzens teutsche Prosodie, von 147 bis 153 Blate, aus M. Cyriaci Spangenbergs Buche von der Music, und Auffkommen der Meister-Sänger genommen.

Knapp (Paul) von Wehrden, war unter denen an. 1596 zu Probierung des in die Schloß-Kirche zu Grüningen erbaueten Orgel-Wercks verschriebenen Examinatoribus der 37te. s. Werckmeisters Org. Gruning. rediv. §. 11.

Knefelius (*Joannes*) von Lauben in der Ober-Lausitz gebürtig. s. *Gesneri* Bibl. univ. und des Churfürsten von der Pfaltz, Ludovici, Capellmeister, ließ an. 1571 zwey und dreyßig 5. 6. und 7stimmige Stim-

Cantiones; an 1575 seinen mit 5 Stimmen gesetzten, und durchs gantze Jahr gebräuchlichen Choral=Gesang; und an. 1580 Cantiones pias < & 6 voc. tam voci humanæ, quam instrumentis musicis accommodatas, sämtlich zu Nürnberg in 4to drucken. s. *Draudii* Bibl. Class. p. 1612. 1614. und 1618.

Kniller (Andreas) Organist an der S. Peters=Kirche zu Hamburg, hat verschiedene Orgel=Stücke gesetzet, und als ein Emeritus an 1723 noch gelebet.

Knoep (Lüder) Organist zu S. Stephan in Bremen, hat an. 1652 den ersten Theil seiner Paduanen, Gaillarden, Balletten, Mascaraden, Arien, Allemanden, Couranten und Sarabanden von 3 Instrumenten; und an. 1660 den zweyten Theil von 2 und 3 Instrum. nebst einem G. B. daselbst in 4to drucken lassen.

Knopp (Hanß) von Bremen, war unter den 53 verschriebenen Organisten der 36te, welcher das in die Schloß=Kirche zu Grüningen erbauete Orgel=Werck an 1596 bespielte und examinirte. s. Werckmeisters Organ Gruning rediv. §. 11.

Knüpfer (Sebastian) ein Sohn Joan. Knüpfferi, gewesenen Cantoris und Organistens zu Aschen im Voigtlande, und Cantor in Leipzig, war nicht nur ein trefflicher Philologus, sondern auch ein ausbündiger Componist und Musicus, wie seine Kirchen=Stücke ausweisen. An 1657, als Churfürst Johann Georg II. zu Sachsen dem Magistrate der Stadt Leipzig seine vorhin gehabte Jagden gnädigst wiederum überlassen, ließ er ein von 4 Sing=Stimmen, und 5 Instrumenten bestehendes Madrigal, dessen Anfang ist. Glück zu! Dieweil der milde Sachse Euch wiederum eröffnet Wald und Bahn, u. s. f. daselbst in folio drucken. Seine lustige Madrigalien und Canzonetten, und zwar die erstere von 2. 3. und 4 Vocal-Stimmen allein; die Canzonetten aber von 1. 2. und 3 Vocal-Stimmen, nebst beygefügten Instrumenten sind an. 1663 auf seinen Verlag zu Leipzig in 4to gedruckt worden. Laut der Vorrede dieses Wercks ist er 6 Jahr vorher daselbst Music-Director geworden. Er ist an. 1633 den 7 Sept. gebohren worden, und an. 1676 den 10 Octobr. verstorben.

Kobelius (*Joan. Augustinus*) Hochfürstl. Sächs. Weissenfelsischer Land=Rentmeister und Capell=Director zur H. Dreyfaltigkeit in Sangerhausen, hat die von D. Johann David Schieferdeckern über verschiedener hoher Häupter Christliche Symbola verfertigte Cantaten, an. 1715 und 1716 elaboriret und in Noten gebracht.

Köber (Johann Friedrich) ein Magister und Rector am Gymnasio zu Gera im Voigt=Lande, woselbst er an. 1634 den 14ten Dec. gebohren worden, hat an. 1695 den Manibus des dasigen an. 1693 verstorbenen Cantoris, Andreä Gleichens, durch Christian Friedrich Schmidten eine Parentation halten lassen, und daben in Form eines Programmatis, einen Bogen: de Musicæ quibusdam admirandis, drucken lassen. Ist gestorben an. 1696 den 9 Januar.

Körber (*Georgius*) ein Nürnberger, hat an 1589 ein Tyrocynium musicum in 8vo; an. 1599 zwen=stimmige Disticha moralia; imgleichen Benedictione, Gratiarum actiones, und andere Stücke von 4 Stimmen, daselbst in 4to herausgegeben. s. *Draudii* Bibl. Class. p. 1610. 1636 und 1640.

Kolberer (*Caj.*) ein Pater, hat XXX. Offertoria Festiva von Advent bis auf Pfingsten, und von Pfingsten bis Advent wiederum so viel, unter dem Titul: Partus IV. & Partus V. von 4 Sing-Stimmen, 2 Violinen, Fagott, und 4 Ripien-Stimmen samt einem G. B. in folio herausgegeben. Der 2te Partus bestehet aus dreh Theilen, enthält kurtze und leichte Introitus durchs gantze Jahr, und ist gleichfalls in folio gedruckt. s. Hrn. Lotters Music-Catal.

Koch (Christian) von Wolffenbüttel, war der 5ite Examinator des in die Schloß-Kirche zu Grüningen an. 1596 erbaueten Orgel-Wercks. s. Werckmeisters Organ. Gruning. rediv. §. 11.

Koch (Johann Christian) gebohren in Dreßden an. 1681 den 12ten Febr. kam an. 1697 in Maggräfl. Bareuthische, an. 1700 in Hochfürstl. Weissenfelsische, und an. 1708 den 10. Dec. als Violinist in Hochfürstl. Eisenachische Dienste, darinn er noch lebet.

Koch (Johann Sebastian) gebohren an. 1689 den 16. Junii in Ammern, einem nahe bey der Reichs-Stadt Mühlhausen gelegenen und derselben zugehörigen Orte, frequentirte erstlich in nurgedachter Stadt, allwo er die fundamenta in seiner Music geleget, hernach 5 Jahr in Blanckenburg am Hartze, und endlich wieder 2 Jahr als Præfectus Chori zu erwehnten

Mühlhausen, zog hierauf nach Jena, und ſtudirte daſelbſt 2 Jahr lang Theologiam. An. 1712 wurde er nach Schlaiz im Voigtlande als Baccalaureus bey der Schule allda vociret, ingleichen als Hof-Cantor und Baßiſt bey der Gräfl. Reußiſchen Capelle daſelbſt angenommen. An. 1719 wurde ihm das vacant gewordene Figural-Cantorat, und an. 1728, nach Abſterben des Capell-DirectorisLiebichs, das Directorium bey der Muſic in Hochgräfl. Schloß-Capelle aufgetragen, in welcher function er noch ſtehet.

Koch (*Paulus*) der ältere, iſt Organiſt an der S. Marien-Kirche in Zwickau geweſen, und daſelbſt an. 1535 geſtorben. Paul Koch der jüngere, war erſtlich an der S. Marien- und nachgehends an einer andern Kirche daſelbſt Organiſt, und ſtarb an. 1580. ſ. *M. Tobiæ* Schmidts Chron. Cygn. p. 436 woſelbſt folgendes noch gemeldet wird: "man hat ſo viel Nachrichtung, daß die Köche dieſes Geſchlechts, eine ſonderliche natürliche Zuneigung zum Orgelſchlagen gehabt, und ſind etliche daraus hin und her Organiſten worden, unter andern *Samſon* Koch, und *Joannes* Koch, beyde von Zwickau, ſind zu Freyberg, und *Paulus* Koch, auch von Zwickau, iſt zu S. Marienberg Organiſt geweſen."

Köhler (Johann Hermann) gebohren in Anſpach an. 1686 hat ſich anfänglich bey Signr. Torelli auf der Violin qualificirt gemacht, und hierauf Venedig, Rom und Neapolis beſehen; ſtehet jetzo als Cammer-Regiſtrator und Premier-Violiniſt in Marggräflich Anſpachiſchen Dienſten.

Köhler (Matthias Siegmund) ein Polniſcher Capell-Muſicus an. 1729. ſ. den Dreßdniſchen Hof-und Staats-Calender.

Κόλλοπες. ſ. *Collabus*.

Konninck (*Servaas de*) ein zu Amſterdam verſtorbener Muſicus, hat zu der von Mr. Racine verfertigten Tragödie, Athalie genannt, die muſicaliſchen Chöre; zwey Theile Hollandſche Minnen Drinck-liederen, d. i. Holländiſche Liebes-und Trinck-Lieder; ein Opus 1. 2. 3. und 4ſtimmiger Motetten nebſt 2 Inſtrumenten; zwey Bücher Trio vor allerhand Inſtrumente; ferner 12 Sonaten von einer Flöte und G. B; ingleichen eilff Theile de Hollandſche Schouburg en Pluggen Dancen, nevens Sang-Airen, d. i. Holländiſche Comödien und dergleichen Tänze, nebſt Sing-Arien geſetzet, ſo durch die Rogeriſche und Ceneſiſche Handlung zu Amſterdam in Kupfer publicirt worden ſind.

Konwalynka (*Paulus*) Sagolcenſis Hungarus, hat an. 1672 den 15ten Julii, als am Geburts-Tage Hrn. Georg à Schöbel und Roſenfeld, Kayſerl. Raths, deſignirten Canonici zu Magdeburg bey S. Petri und Pauli, und Uranophroni im Palm-Orden, ſelbigem mit einem à Baſſo ſolo und Viole di Braccio, über die Worte: Chriſte tibi vivo, moriar tibi Chriſte, reſurgam; tu mea, tu ſolus, ſpes in agone manes, geſetzten Stück aufgewartet, und ſolches zu Jena in Noten drucken laſſen.

Kopp (*Georgius*) machte um die Mitte des vorigen Seculi ein Opus 5 und 6ſtimmiger Miſſen durch den Druck bekannt.

Kopff (Nicolaus) ein Orgelmacher von Nürnberg, brachte und verſetzte an. 1546 die im Cloſter zu Meiningen befindliche Orgel in die daſige Stadt-Kirche. ſ. *M. Joh. Seb.* Güthens Poligraph. Meiningenſ p. 242.

Körner (Johann Georg) ein Fagottiſt in der Römiſchen Kayſerin Amaliæ Wilhelminæ Hof-Capelle an. 1721 und 1727.

Κορυφαῖος, Coriphæus, alſo hieß bey den Griechen der Vorſänger, oder der Anfänger beym Chore. ſ. *Voſſ.* Inſtit. Poët. lib. 2. c. 6. §. 10.

Κραδίης. ſ. *Cradias*.

Kraff (*Michel*) von ſeiner Arbeit ſind an. 1616 zu Dillingen die 9 Muſen mit 8 Stimmen und einem G. B; an. 1624 ein Opus 6. 8. und 12ſtimmiger Miſſen; it. Sacri Concentus 2. 3. 4 - 7 vocum zu Ravensburg gedruckt worden. ſ. *Draudii* Bibl. Claſſ. p. 1631. 1634 und 1643.

Krampau, war an. 1721 Organiſt in Buxtehude, woſelbſt ein Werck von 36 Stimmen. ſ. *Mattheſonii* Anhang zu Niedtens Muſ. Handl. zur Variation des G. B. p. 163.

Krauſe (Johann) iſt Gräfl. Schwartzburgiſcher Organiſt zu Sondershauſen geweſen. Ein anderer dieſes Nahmens iſt an der Dom-Kirche zu S. Johannis in Breslau jetzo noch Organiſt, und wegen ſeiner Virtu berühmt.

Krebs (Friedrich) ein im 15ten Seculo bekannt geweſener Orgelmacher, deſſen *Præt*. Synt. Muſ. T. 2. p. 111. erwehnet.

Krebs

Krebs (Johann Tobias) gebohren an. 1690 den 7 Julii in Heichelheimb, einem am Ettersberge liegenden, und hieher nach Weimar gehörigen Dorffe, hat hieselbst einige Jahre frequentiret, ist auch Willens gewesen die angefangenen Studia auf Academien zu prosequiren; als aber an. 1710 das Cantorat oder der Organisten-Dienst in Buttelstädt vacant worden, ist er von den Hoch-Adl. Göchhausischen Gerichten dahin beruffen, und von da an. 1721 nach Buttstädt als Organist vociret worden, in welcher function er noch stehet. In der erstern Bedienung hat er bis an. 1717 so wohl anfänglich bey mir in der Composition und Clavier-Spielen, als in diesem bey Hrn. Joh. Sebastian Bachen, von Hauß aus lection genommen, und nachhero verschiedene, meistens Kirchen-Stücke gesetzet.

Κεϱγμὸ:, resonantia, κϱέκκιν, resonare. s. *Polluc.* Onomast. lib. 4 c. 9. Segm. 63.

Κϱεμβαλιαςὴς, ein Brumm-Eisen-Spieler.

Κϱεμβαλίζειν, auf dem Brumm-Eisen, oder auf der Maul-Trummel spielen.

Kremberg (Jacob) ein Chur-Sächsischer Cammer- und Hof-Musicus, von Warschau in Polen gebürtig, hat an. 1689 vierzig teutsche Arien (deren einige er selbst gedichtet) à Voce sola e Cont. oder auch zugleich und besonders auf die Laute, Angelique, Violadagamba und Citharra gerichtet, auf seine Kosten zu Dreßden in groß folio unter dem Titul: Musicalische Gemüths-Ergötzung ediret. Das Werck ist 23 Blätter starck. Der Autor ist, (wie er in der Vorrede meldet) zuvor in des Administratoris zu Magdeburg, wie auch in der Schwedischen Hof-Capelle Cammer-Musicus und Altist gewesen. Die Sing-Stimme und der G. B. nurgedachten Wercks bestehen aus gedruckten Noten; die Systemata aber der vier andern Instrumente (davon die ersten drey 6 Linien haben) aus Teutscher Tabulatur in Kupfferstich.

Krengel (*Gregorius*) ließ an. 1584 zu Franckfurth an der Oder allerhand Lauten-Stücke, jedes auf doppelte Art gesetzt, in folio drucken. s. *Draudii* Bibl. Class. p. 1651.

Kreß (Johann Albrecht) Vice-Capellmeister zu Stuttgardt, ließ an. 1681 geistliche Concerten von 4 Stimmen, und 6 Instrumenten daselbst in 4to drucken.

Kridel (Johann Christoph) Organist zu Rumburg einer an der Lausitzischen Grentze in Böhmen, 4 Meilen von Königsgrätz liegenden Stadt, hat an. 1706 sechs Concerten à Voce sola con 2 Violini, Neueröffnetes Blumen-Gärtlein betittelt, zu Bautzen von 20 Bogen drucken lassen.

Krieger oder Krüger (Adam) ein teutscher Poet, und Chur-Sächsischer Capellmeister, gab Arien heraus, und starb an. 1660 im 32 Jahre seines Alters. s. das comp. Gelehrten-*Lexicon*. Nurgedachte Arien sind an. 1667, nach seinem Tode zu Dreßden in folio gedruckt worden: auf selbigen aber wird er nur ein Churfürstl. Cammer- und Hof-Musicus genennet.

Krieger (Johann) ein Nürnberger, hat die Organisten-Kunst bey Hr. G. C. Weckern daselbst, die Composition aber bey seinem ältern Bruder Hrn. Johann Philipp Kriegern erlernet. War erstlich Capellmeister in Graitz, hernach zu Eisenberg, endlich Organist und Director Chori Musici in Zittau, woselbst er an. 1681 am Sonntage Quasimodogeniti, als den 5ten April in der S. Johannis-Kirche seine erste Music aufgeführet hat. s Printzens Satyr. Componist: 3 Th. p. 227 und Hrn. D. *Joh Bened. Carpzovii* Analecta Fastor. Zittav. P. 3. c. 4. p. 95. woselbst noch gemeldet wird: daß er auch von an. 1698 den Organisten-Dienst zu SS. Petri & Pauli daselbst zugleich mit verwaltet. In dieser function hat er an. 1684 Musicalische Ergötzlichkeiten von 5-9 Stimmen in Franckfurt und Leipzig in folio herausgegeben; ferner an. 1697 sechs Musicalische Partien, vors Clavier gesetzt, mit einer Italiänischen und Teutschen Vorrede zu Nürnberg drucken lassen, und selbige denen membris des dasigen Schönerischen Collegii musici zugeschrieben. An. 1699 ist auch daselbst seine aus unterschiedlichen Ricercarien, Præludiis, Fugen, einer Ciacona, und einer aufs Pedal gerichteten Toccata bestehende Clavier-Übung in folio oblongo ans Licht getreten.

Krieger (Johann Gotthilff) ein Sohn des seel. Weissenfelsischen Hrn. Capellmeisters, ist gebohren an 1687 den 13 Sept. in Weissenfels, und daselbst am 15 Sept. in der Stadt-Kirche getaufft worden. Hat, nachdem er so wohl zu Hause, als in der dasigen Stadt-Schule unter dem damahligen Cantore, Hrn. Johann Samuel Bayern, gute information in literis & musicis genossen, an. 1704 im Julio das dasige Gymnasium illustre bis den 8 Oct.

Oct. an. 1706 frequentiret, hierauf erſtlich bis an. 1710 die Univerſität Halle, und auf ſelbiger, nebſt dem Studio Juris, ſo wohl in der Compoſition, als auf dem Claviere beym ſeel. Hrn. Zachau lection genommen, ſodann aber auch die Univerſität Leipzig ein halbes Jahr beſuchet. Nachdem er von dem damahls regierenden Hertzoge, Hrn. Johann Georg, zu Dero Regierungs-Conſiſtorial-und Amts-Advocaten gnädigſt ernennet worden, hat er die Muſic niemahls gantz ausgeſetzet, ſondern allezeit vor ſeinen Hrn. Vater ſo wohl in der Kirche, als bey Tafel-Muſiquen das Clavier geſpielet, auch bey ihm zu vier verſchiedenen mahlen die Compoſition durch und durch gehöret und exerciret. Bey Antritt der hohen Landes-Regierung Ihro Hochf. Durchl. Hrn. Chriſtiani, (ſo den 6 Mertz an. 1712 geſchehen) wurde er als Cammer-Muſicus und Cammer-Organiſt in Dienſte genommen, und nach Abſterben ſeines Hrn. Vaters (welches an. 1725 den 5ten Febr. erfolgte) zum würcklichen Capell-Director gnädigſt erkläret, welche function er bis dato rühmlichſt bekleidet.

Krieger (Johann Philipp) war gebohren zu Nürnberg an. 1649 den 25 Febr. fieng im 8ten Jahre ſeines Alters an, das Clavier bey Hrn. Johann Drechſeln, einem Diſcipul des Hrn. Frobergers, zu erlernen, kam im 15ten Jahr nach Coppenhagen zu Hrn. Johann Schrödern, damahls Königl. Däniſchen Cammer-und in der Teutſchen-Kirche zu S. Peter Organiſten, verſahe bey dieſem in die 5 Jahr für die Information und freye Station nurbeſagten letztern Dienſt, und bediente ſich anbey der Information in der Compoſition des Königl. Capellmeiſters, Hrn. Förſters. Begab ſich von hier nach Holland, und von dar nach Nürnberg, wurde erſtlich Cammer-Organiſt zu Bareuth, und hernach Capellmeiſter daſelbſt, gieng an. 1672 nach Italien, woſelbſt er zu Venedig bey Hrn. Roſenmüllern, und zu Rom bey dem Abbatini in der Compoſition, bey dem Paſquini aber auf dem Clavier Lection genommen; dergleichen er auch auf ſeiner Rückreiſe von Neapolis abermahl bey dem Hrn. Roſenmüller in der Compoſition, und bey dem Hrn. Rovetta, Organiſten zu S. Marco, auf dem Clavier gethan. Ließ ſich hierauf zweymahl am Kayſerl. Hofe hören, wurde deswegen in den Adel-Stand erhoben, und nebſt dem Kayſerl. Bildniß von Golde an einer dergleichen Schnur, mit 25 Ducaten begnadiget; continuirte ſeine am Bareuthiſchen Hofe, mit Bewilligung der Herrſchafft ausgeſetzte Station; verlangte endlich ſeine Dimiſſion; wurde zu Halle beym Hrn. Adminiſtratore Vice-Capellmeiſter und Cammer-Organiſt, letzlich aber am Hochfürſtl. Weiſſenfelſiſchen Hofe Capellmeiſter, in welcher function er etliche 40 Jahr geſtanden, bis er an. 1725 den 6ten Febr. geſtorben, und ſein Alter bey nahe auf 76 Jahr gebracht. ſ. Printzens Satyr. Componiſt. 3 Th. p. 227 und *Mattheſ nii* Crit. Muſ. T. 2 p 169. ſqq. woſelbſt noch mehrere Umſtände befindlich ſind. In Druck hat er folgende Sachen heraus gegeben, neml.
(1. XII. Suonate à 2 Violini e Cont. an. 1688. Opera 1.
(2. XII. Suonate à doi, Violino e Viola da Gamba. an 1693. Opera 2.
(3. Auserleſener Arien 1ſten und 2ten Theil. Die
(4. Luſtige Feld-Muſic, auf vier blaſende, oder andere Inſtrumente gerichtet, beſtehet aus 6 Ouverturen. Den
(5. Muſicaliſchen Seelen-Frieden, oder die geiſtliche Hertzens-Freude, aus 20 teutſchen und lateiniſchen Pſalmen, ingleichen andern Texten, à Voce ſola, mit 1 und 2 Violinen, theils obligat, theils ad beneplacito, um aber alle Sonn-und Feſt-Tage zu gebrauchen, gleichfalls, wie die vorhergehende, an. 1697 zu Nürnberg, und an. 1707 wiederum daſelbſt, und zu Leipzig revidirt und correcter in folio gedruckt. Sonſten hat er auch folgende 3 zu Hamburg aufgeführte Opern, als: an. 1694 den Wettſtreit der Treue; ingleichen den 1ſten und 2ten Theil des *Herculis*, in die Muſic gebracht. ſ. *Mattheſonii* Muſ. Patrioten, p. 181. ſq. An. 1690 ſind auch auserleſene in den dreyen Sing-Spielen, Flora, Cecrops und Procris enthaltene Arien, zu Nürnberg in folio oblongo gedruckt worden. Der Vater dieſer beyden Hrn. Brüder, Nahmens Johann Krieger, iſt ein vornehmer Handelsmann in Nürnberg, und die Frau Mutter, Roſina eine gebohrne Baumeiſterin geweſen.

Kropffgantz (Johann) ein annoch lebender Kauffmann zu Breslau, von Neuſtadt an der Orla im Oſterlande gebürtig, daſelbſt er an. 1668 den 12 Sept. gebohren worden, und ſein Vater, Hr. Johann Caſpar Kropffgantz, in den Aemtern Arns-

Arnshaug und Ziegenrück-Assessor, anbey aber auch ein wohlfundirter Musicus und Lautenist gewesen, hat im 9ten Jahre seines Alters die Laute zu excoliren angefangen, in dem 12ten Jahre aber die Handelung in Leipzig erlernet, und mithin dieses Instrument einige Jahre negligiret: nachgehends aber solches wiederum hervor gesuchet, und an nurgedachten Orte anfänglich bey Mr. Schucharten, und sodann bey Mr. *Meley*, als dieser von Paris retourniret, eine geraume Zeit lection genommen; dieses Studium vor nunmehro etliche 30 Jahren bey Hrn. Philipp Frantz *le Sage de Riche,* und vor 25 Jahren bey dem grossen Künstler, Hrn. *Sylvio Leopoldo* Weißen, der damahls in Pfaltz-Gräflichen Diensten gestanden, zu Breslau beständig fortgesetzet, und von diesem das rechte fundamentale Wesen dieses Instruments begriffen; hat aber vor 12 Jahren die rechte Hand verstauchet, daß ihm also bloß die theorie von diesem Instrumente noch übrig ist. Seine drey Kinder haben gleichfalls gar zeitlich dieses Instrument zu excoliren angefangen, als der ältere Sohn, Johann, gebohren an. 1708 den 14 Oct. im 9ten; die Tochter, Johanna Eleonora, gebohren den 5ten Nov. an. 1710, im 8ten; und der jüngere Sohn, Johann Gottfried, gebohren, an. 1714 den 17 Dec. im 12ten Jahre ihres Alters, und auf selbigem allerseits gute profectus erlanget, so daß der erste nunmehro extemporiret, den General-Bass spielet, transponiret, auch seine Sachen componiret; und die Tochter vor Hohen und Verständigen sich kan hören lassen.

Krumbhorn (Caspar) eines Raths-Verwandten Sohn in Lignitz, war daselbst gebohren an. 1542 den 28 Oct. verlohr im dritten Jahre seines Alters, durch die Blattern, beyde Augen; der Todt beraubte ihn auch seines Vaters, da nachmahls seine Mutter eine gebohrne Schultzin, einen, Nahmens Stimmler, geheyrathet, nach welchem er von den Leuten gemeiniglich der blinde Stimmler genennet wurde. Nachdem er an Alter zugenommen, hat er grosse Lust zur Music gezeiget, deswegen ihn auch sein Bruder, Bartholomæus Krumbhorn, Pastor in Waldau, zu dem damahligen berühmten Musico und Componisten in Goldberg, Knöbeln, gethan, der ihn anfänglich auf der Flöte, ferner auf der Violin, und endlich auf dem Clavichordio informiret, wobey der blinde Schüler seinen Fleiß nicht gesparet, sondern so geschickt sich erwiesen, daß er in kurtzer Zeit gute profectus gezeiget, und von jedermann, besonders im Componiren admiriret worden. Zur selbigen Zeit lebte Churfürst Augustus zu Sachsen, vor dem kam auch der Ruff von diesem blinden Musico, und weil er denselben zu sehen verlangte, muste unser blinder Krumbhorn nach Dreßden kommen, und seine Kunst im Musiciren und Componiren, vor dem Churfürsten und desselben Hof-Bedienten hören und sehen lassen, darüber auch der Churfürst ein sonderbahres Vergnügen zeigete, und unserm Krumbhorne die Gnade anbothe, in Dreßden zu bleiben; weil ihm aber sein Vaterland lieber war, wandte er sich wieder nach Lignitz, und wurde daselbst der Peter-Paul-Kirche im 23sten Jahre seines Alters Organist, welchem Dienste er 56 Jahr wohl vorgestanden, in der Zeit gute Musicos gemacht, auch in den Collegiis musicis öffters dirigiret, und viele musicalische Stücke componiret hat, bis er endlich an. 1621 den 11ten Junii im 79 Jahre seines Alters gestorben, da ihm denn nachstehendes Epitaphium gesetzt worden:

Vis scire viator
Casparum Krumbhornium
Lign. Reip. civem honoratum,
qui
cum tertio ætatis anno variolar.
ex malignitate visu
privatus,
Musices dehinc scientia & praxi
admiranda
præclaram sibi nominis
Existimationem domi forisque
comparasset,
Conjugii optabilis felicitate,
Bonorum etiam Magnatum,

Dei

Dei inprimis gratia evectus
Singulari fortem moderatione
ad ann. usque LXXIIX. toleravit
Organic. munus apud Ecclef. P. P.
Annos LVI. non fine induftriæ
teftimonio geffiffet,
pie demum beateque A. C. 1621
11. Jun. in Dom. obdormivit.
Anna, Regina Filiæ, earumque
Mariti fuperftites
Parentem Socerumque B. M.
hoc fub lap. quem
Vivens fibi ipfimet deftinaverat
honorifice condiderunt.
Nofti, quod voluit, quicunque es,
Nofce te ipfum.

f. Hrn. D. Wahrendorffs Lignitzische Merckwürdigkeiten, P. 2. c. 3. p. 393. fqq.

Krumbhorn (Tobias) war an des Hertzogs zu Lignitz, Georgii Rudolphi, Hofe, Organift, hatte verfchiedene Reifen durch Böhmen, Mähren, Ungern, Teutfchland und die Niederlande gethan, ftarb unverheyrathet an. 1617 den 14ten April, nachdem er 31 Jahr gelebt, und bekam nachftehendes Epitaphium:

Lege viator & luge
Tobiam Krumbhornium
Illuftr. Princip. Georgii Rud. Muficum
& in Sacello aulico Organic.
incomparabil.
qui
poft varias peregrinationes
bohemic. morav. hung. germ. & belgicam,
lento demum ex morbo
inter fufpiria chriftiana pie evocatus,
A. C. M.DC. XVII. M. April. D. XIV.
cum cælebs vixiffet annos XXXI.
terrena ex patria ad cœlum
commigravit.

f. Hrn. D. Wahrendorffs Lignitzische Merckwürdigkeiten, P. I. lib. 1. c. 2. p. 169.

Κρυσθυρον. f. *Crufithyron.*

Krunander (Petrus) ein Holfteinifcher Hof-Organift, wird von Printzen c. 11. §. 83. Muf. Hift. wegen gehabter Hurtigkeit in den Füffen auf dem Pedal und manierlicher Fauft auf dem Manual gerühmet.

Küchenthal (Johann George) ein Organift zu Nordhaufen zu Ende des vorigen und Anfange des jetzigen Seculi, hat verfchiedne Clavier-Sachen gefetzet.

Kuhnel (*Auguftus*) hat, als Capellmeifter zu Caffel, an. 1698 Sonaten oder Partien von einer und 2 Violdagamben nebft einem G B. in folio heraus gegeben.

Kühne (Johann Michael) der ältere, ein Lautenift und Violdigambift erftl an dem Königl. Preußifchen, hernach ums Jahr 1717 oder 1718 an dem hiefigen Hofe, bey Ihro Hochfürftl. Durchl. Hertzog Ernft Auguften, welche ihm das prædicat eines Secretarii angedeyen laffen; nachhero bey Sr. Hochgräfl. Excellenz dem Hrn.General-Feld-Marfchall Flemming zu Dreßden; worauf er fich in Hamburg aufgehalten, hat vor gantz kurtzer Zeit Sonates à 1. & 2 Violes de Gambe bey Jeanne Roger zu Amfterdam in Kupfferftich publiciret. f. *Roger* Catal.

Kümmel (Johann Valentin) aus Darmftadt gebürtig, hat Suiten mit Hautbois und Waldhörnern gefetzet, welche noch feinem Tode an. 17 4 zu Hamburg, unter dem Titul: Neuer Muficalifcher Vorrath, in folio gedruckt worden find.

Künftel (Johann Georg) eines Müllers-Sohn aus Weiffenfelß, hat eines Bürger-Meifters Tochter aus Anfpach zur Ehegattin gehabt; woraus zu vermuthen ift, daß

daß er erst daselbst in Diensten gestanden, bis er nach Coburg, als Capellmeister bey Hertzog Albrechten gekommen. Ist gestorben an. 169=.

Kudoffsky, ein berühmter Fagottist bey dem Herrn Marggrafen, Christian Ludwig von Brandenburg, in Berlin, soll aus dem Magdeburgischen gebürtig seyn.

Kugel-Harffe, also nennet Salomon van Til die mit 7 Saiten bezogen, und bey den uralten Griechen bekannt gewesene Mercurialische Citharam, Lyram oder Testudinem; weil sie unten einen Kugel-runden Boden gehabt. s. dessen Sing-Dicht- und Spiel-Kunst, p. 77. und 81.

Kuhnau (*Joannes*) von Geysingen, einem Zinn-Berg-Städtgen bey Altenberge an der Böhmischen Grentze, 4 Meilen von Dreßden, gebürtig, eines Tüchers Sohn, wurde an. 1684 Organist an der S. Thomas-Kirche zu Leipzig, schrieb in dieser Station an. 1688 eine aus 5 Bogen bestehende Dissertation: de Juribus circa Musicos Ecclesiasticos, so er unter dem Præsidio Herrn D. Andreæ Mylii, den 21 Dec. öffentlich defendiret. Derselben Inhalt ist folgender: c. 1. wird gehandelt de Musicis Ecclesiasticis in genere. c. 2. de Personis Musicos Ecclesiasticos constituentibus, ac constituendi requisitis. c. 3. de Personis, quæ ad Musicorum Ecclesiasticorum munus constitui possunt. c. 4. de officio Musicorum Ecclesiasticorum. c. 5. de Salario Musicorum Ecclesiasticorum, und c. 6. de Privilegiis Musicorum Ecclesiasticorum. Gab an 1689 zwey Theile der Clavier-Ubung, aus 14 Partien zusammen bestehende; ferner an. 1696 die Clavier-Früchte aus 7 Sonaten; an 1700 die so genannten Biblische Historien von 6 Sonaten, allerseits in Kupffer radirt; und den Musicalischen Quacksalber in 12mo gedruckt, heraus, so eine Satyrische Schrifft ist. Wurde in nurgedachtem Jahre Cantor bey der Stadt und Director Musices bey der Universität, und starb an. 1722 den 5ten Junii, im 63 Jahr seines Alters. Der Comes Palatinus Cæsareus und Stadt-Richter zu Merseburg, Herr Ernst Wilhelm Hertzog, hat in einer aus 2 Bogen bestehenden lateinischen Schrifft, genannt: Memoria beatè defuncti Directoris Chori Musices Lipsiensis, Dn. Johannis Kuhnau, Polyhistoris Musici, & reliqua, summopere incluti, &c. zu Leipzig an. 1722 bey Joh. Theodoro Boetio, in 4to zu haben, nicht so wol dessen Lebens-Lauff, als vielmehr dessen in Theologia, in Jure, in Oratoria, in Poësi, in Algebra & Mathesi, in linguis exoticis, und in Re Musica besessene grosse Wissenschafft an Tag gelegt, und dieses Scriptum dem in Rom sich (damahls) aufgehaltenen jungen Grafen von Watzdorff zugeschrieben, auch dahin übersendet. Sonsten hat der seel. und berühmte Mann auch 2 Manuscripta in lateinischer Sprache hinterlassen; das eine, von mehr als 4 Alphabeten, führet diesen Titul: *Tractatus de Monochordo*, seu Musica antiqua ac hodierna, occasione Tetrachordi, non ad systema tantum, sed & Melopoeiam accommodati, cum prævio Præludio e penu Mathesëos puræ depromto, ac lectorem ad intelligenda, quæ in hoc opere tractantur, præparante. In Præludio Dn. Autor quatuor species ex Algebra & quicquid ad ea, quæ hoc opere occurrunt, intelligenda facere potest, erudite ac clare ostendit, ubi & ea tractat, quæcunque ad Monochordum spectant. Das Werck selbst bestehet aus dreyen Sectionibus folgenden Inhalts: *Sectionis I. c. 1.* continet Explicationem Terminorum Rubri Thematis. c. 2. varias Tetrachordi divisiones c. 3. handelt de Tetrachordo Generis Chromatici. c. 4. de Genere Diatonico. c. 5. de origine Tetrachordi, ejusque multiplicatione ac singulorum nominibus. c. 6. de nominibus singulorum græci Diagrammatis cujuslibet sonorum s. chordarum. c. 7. de signis chordarum Diagrammatis veterum seu eorum Notis Musicis. *Sect. II.* de usu Tetrach Veterum. c. 1. de quolibet Veterum Tetrachordo per Sectionem Canonis exhibito. c. 2. de ulteriori Sectionis jam factæ explicatione, & aliis hujus generis Diatonici Diagramma Musicum in Monochordo accommodandi modis. c. 3. de usu Instrumenti Veterum, quod Helicona dixerunt, & pro Canone in exhibitione Diagrammatis Musici Consonantiarum & Toni usurparunt. c. 4. de mutatione Tetrachordorum seu systematis Tetrachorda continentis & quidem eorum varia positione. c. 5. de Tonis seu Modis Musicis veterum Græcorum.

corum. *c.* 6. de Mutatione. *c.* 7. de effectu Græcorum Musices. *Sect. III.* de hodierno Tetrachordi usu. *c.* 1. de Genere hodierni Tetrachordi ejusque Element. *c.* 2. de vero colore hodierni Tetrachordi. *c.* 3. de Concinnitate Tetrachordi Syntoni. *c.* 4. de Temperatura Tetrachordi Diatonici Syntoni. *c.* 5. de Tetrachordo mediante Logistica Musica numerosa, in Monochordo exhibito. *c.* 6. de Tetrachordo per constructionem geometricam atque algebraice demonstratam ad Monochordum applicato. *c.* 7. de arte aversis oculis & solo tactu experiendi tam numeros quosdam certos Monochordi, quam etiam in specie numeros rationum intervallorum Tetrachordi. *c.* 8. de arte chordam tensam in multas partes æquales sine circino dividendi, sicque Tetrachordi chordarum longitudines determinandi. *c.* 9. de Tetrachordo per pondera & Mordas exhibito. Hierauf folget noch ein Tractatus de usu Tetrachordi hodierno, dessen *c.* 1. de Melopoeia in specie respectu Modorum, Musicorum duodecim. *c.* 2 de usu Tetrachordi hodierno, respectu Modorum novo hodierno modo modulantium. *c.* 3. de usu Tetrachordi in Melopoeia; respectu Consoni & Dissoni, und *c.* 4. de usu Tetrachordi in Melopoeia, respectu illius elementorum varietati ordinis, handelt. Das zweyte Manuscript, so ohngefehr 1 Alphabet starck, ist eine *Disputation: de Triade Harmonica,* und bestehet aus 2 Theilen. Des 1sten Theils *c.* 1. handelt de Triade Harmonica Pythagoræorum. *c.* 2. de Triade Harmonica Pythagoræorum in Monochordo exhibita. *c.* 3. exhibiret Triadis Harmonicæ, imo totius qui Pythagoræ quatuor malleorum fabrilium sonitu, teste Nicomacho obtigisse dicitur concentus Musici in instrumento Veterum, quod Helicona dixerunt, quasi Monochordo, demonstrationem. *c.* 4. de Triadis Harmonicæ Pythagor. in Monochordo exhibitione per appensa chordis pondera. Des zweyten Theils *c.* 1. handelt: de Triade Harmonica recentiorum & nostrorum Practicorum. *c.* 2. entscheidet die Frage: cui duarum Triadum Harmonicarum, nempe Triadi Pythagoricæ & Triadi no-

strorum Practicorum, competat jus prælationis. *c.* 3. handelt de Triade recentiorum in Monochordo exhibita. *c.* 4. de Triade Practicorum nostrorum e chordis, quas pondera tendunt, audienda. *c.* 5. de exhibitione Triadis Harmonicæ in Instrumentis Musicis, und *c.* 6. de Triadis Harmonicæ usu in Melopoeia. f. des Hrn. Capellmeisters Heinichens General-Baß in der Composition, am Ende.

Kuniß (Georg) ist Organist an der S. Catharinen-Kirche in Zwickau gewesen, und daselbst an. 1538 gestorben. f. *M. Tobic* Schmidts Chron. **Cygn.** p. 436.

Kutzial-Flöte, ist eine Orgel-Stimme von 1½ Fuß-Ton zu Dreßden, und 1 Fuß-Ton zu S. Dominico in Prag.

Kuntze, hat zu den beyden Opern: *Cadmus,* und *Critique* des Hamburgischen Schau-Platzes, genannt, so an. 1725 zu Hamburg præsentirt worden, die Music gemacht. f. *Matthesonii* Musical.Patrioten, p. 192.

Kuntzel (Johann) ein Polnischer Capell-Musicus an. 1729. f. den Dreßdenischen Hof- und Staats-Calender.

Kyrie, ist ein griechisches Wort, und zwar der Vocativus, bedeutet: Herr, womit alle musicalische Messen ihren Anfang nehmen. Man braucht es offt als ein Substantivum, oder, als ob es der Nahme eines Musicalischen Stücks wäre; also sagt man: das ist ein schönes Kyrie, it. ein wohl ausgearbeitetes Kyrie, u. f. f. f. *Brossards* Diction. p. 51.

Kyrielle, pl. Kyrielles (*gall.*) f. f. ein alt Frantzösisches Wort, vom griechischen κύριε ἐλέησον gemacht, bedeutet: Litaneyen, Kirchen-Gebete, zu Ehren dem HErrn Christo, der Mutter GOttes, und anderer Heiligen.

L.

La, ist unter den Guidonischen Music-Sylben die sechste und letzte, womit der a-clavis durch alle Octaven ordinarie bemercket wird.

Labbé, ein habiler Violdigambist und Capellmeister erstlich bey S. Jaques zu Dieppe, einer in der Normandie, und zwar in der Landschafft Caux liegenden Frantzösischen Stadt, ums Jahr 1678, und hernach im drauf folgenden 1679ten Jahr

Jahr zu Caën; der Haupt-Stadt in der Normandie am Fluß Orne, dessen der Mercure-Galant im May-Brach- und Herbst-Monat des 1678ten Jahrs, pag. 105. sq. 134 und 20. ingleichen im August-Monat des 1679ten Jahrs, p. 116. sq. rühmlichst erwehnet, auch etwas von seiner Arbeit anführet. Ein jetzo zu Paris florirender Violoncellist heisset auch also.

Labium (*lat.*) also wird der Aufschnitt nächst dem Kerne in allerhand Pfeiffwerck genennet.

Labinius (*Jacobus*) ein alter Frantzösischer Musicus, dessen Jacobus Faber in der Vorrede über die Elementa Musicalia, als seines gewesenen Præceptoris in Re Musica gedencket. s. *Gesneri* Biblioth. univ.

Labirinto Musico (*ital.*) Labyrinthus Musicus (*lat.*) ist, dem Gehöre nach, nichts anders, als eine dreystimmige Sonata; der Schreibung aber und execution nach im Spielen, ein Irr-Garten: massen eine von den Ober-Stimmen bald hinauff, bald gerade fort, bald hinunter, bald gar zurück gehet, also, daß sie bisweilen ihre eigene Clausulas hat, bisweilen aber in die andere Stimme gehet, und von derselben die Melodie entsehnet, jedoch nur Stück-weise. s. *Printzens* Satyr. Componist. 3. Th. c. 24. woselbst ein Muster und eine Anleitung dazu, zu sehen ist.

Lâcher (*gall.*) laxare, remittere (*lat.*) herunter lassen. Z. E. lâchez un peu la corde, alle est trop bandée, lasset die Saite ein wenig herunter, sie ist zu hoch gezogen.

Labe (Jost) von Osterode, war unter den 53 verschriebenen Organisten der 29te, welcher das an. 1596 in die Schloß-Kirche zu Grüningen erbaute Orgel-Werck bespielte und examinirte. s Werckmeisters Organum Gruning. rediv. §. 11.

Lælius (*Daniel*) D. ließ an. 1616 Testudinem Spiritualem, worinn die Davidische Psalmen, nach den Frantzösischen Melodien, oder dem Lobwasser, auf die Laute enthalten sind, zu Franckfurt in 4to drucken.

Lætius (*Jacobus*) oder Laetius, von Löven gebürtig, hat ein in ungebundener Rede geschriebenes Encomium Musices zu Mastricht herausgegeben. s. *Suvertii* Athenas Belgicas, und *Valerii Andreæ* Biblioth. Belgicam.

Lagknerus (*Daniel*) Bürger und Organist zu Losdorp, gab an. 1602 Sobolem Musicam, i.e. Cantiones Sacras 4-8 vocum, aus 28 lateinischen Stücken bestehend; und an. 1606 Flores Jessæos musicis modulis aptatos zu Nürnberg in 4to heraus. s. *Draudii* Bibl. Class. p. 1613. Der völlige Titul dieses letztern Wercks lautet also : Florum Jessæorum semina vocibus quatuor per musicos numeros disseminata per magnificorum Heroum à Losenstain, &c. Musurgum, Danielem Lagknerum, Marchburgensem Styrium, civem Losdorpianum. Noribergæ 1607 in 4to. Woraus zu ersehen ist, daß der Auctor aus Marchpurg, einer in Steyermarck an der Drau liegenden Stadt gebürtig, und der Grafen von Losenstein Componist gewesen.

Lago (*Giovanni del*) ein ums Jahr 1545 berühmt gewesener Venetianer, hat in seiner Sprache eine schöne und artige Introduttione alla Musica geschrieben, s. *Alberici* Catalogo de gl' illustri & famosi Scrittori Venetiani, pag. 35. welche von *Bononcini* P. I. c. 3. seines Musico Prattico allegirt wird.

Lagrimoso (*ital.*) beweglich, traurig, und gleichsam weinend.

Lai oder Lay (*gall.*) ist eben so viel als Lessus.

Laire [*de*] ein Frantzose, hat einen Traité d' accompagnement herausgegeben. s den Pariser Music-*Catalogum* in 4to aufs Jahr 1729, p. 8.

Lalemi, hat wegen seiner künstlichen Stücke (wie er sie selbst geachtet) einen ewigen Nachklang hinterlassen, daß man, wie Paulus Manutius sagt, solche Gesänge *Lalemi*-Gesänge nennet, davon die Teutschen sprechen: es gehet auf ein Lami aus. s. *Garzoni* Piazza univers. Discorso 40. und *Martin Kempens* Anmerckungen über die zwepte Tafel der Neumarckischen Poetischen Tabellen. §. 25. p. 103.

Lalouëtte, oder l' Alouette, la Louëtte, ein berühmter Maitre de Musique an der Cathedral-Kirche zur h. Frauen in Paris, ums Jahr 1679, ist des Lully Scholar gewesen. s. die *Histoire de la Musique* T. 1. p. 17. und T. 4. p. 104. conf Louëtte.

Lambardo [*Francesco*] ein Neapolitanischer Componist und Musicus, dessen Capac.

Capaccio in seinem Forastiero, Giornata 1. p.7. rühmlichst gedencket.

Lambert [*de Saint*] Maitre de la Musique de la Chambre du Roy, d. i. Königl. Frantzösischer Cämmer-Componist, hat Trio vor allerhand Instrumente gesetzt; auch Principes du Clavecin und an. 1707 wiederum einen Tractat de l' Accompagnement du Clavecin, de l' Orgue, & des autres Instruments zu Paris in 8vo herausgegeben, welche sämtlich zu Amsterdam nachgestochen und nachgedruckt worden sind. Jener hält 28 Capitel in sich, folgenden Inhalts. *c.* 1. des Notes & des Clefs *c.* 2. du Clavier. *c.* 3. de la maniére d' étudier les Piéces. *c.* 4. de la Valeur des Notes. *c.* 5. du Point. *c.* 6. de la Tenue. *c.* 7. de la Liaison. *c.* 8. des signes qui marquent la Mesure & le Mouvement. *c.* 9. des Parties. *c.* 10. des Pauses. *c.* 11. de la double Barre. *c.* 12. du Renvoy. *c.* 13. du Guidon & du Renvoy. *c.* 14. des Feintes en général. *c.* 15. du Diéze. *c.* 16. du Bémol. *c.* 17. du Béquarre. *c.* 18. des Piéces transposées. *c.* 19. de la position des Doigts. *c.* 20. des Agrémens en général. *c.* 21. du Tremblement. *c.* 22. de la Double Cadence. *c.* 23. du Pincé. *c.* 24. du Port de Voix. *c.* 25. du Coulé. *c.* 26. de l' Harpegé. *c.* 27. du Détaché. und *c.* 28. de l' Aspiration. Hierauf folgen noch einige Anmerckungen über einige Stellen dieses Tractats, welcher, sammt der Vorrede und dem Vorbericht, 9 Bogen starck ist. Der zweyte Tractat bestehet aus 9 Capiteln, davon das erste von der Definition de l' Accompagnement. *c.* 2. des Intervalles. *c.* 3. de la Pratique de l' Accompagnement. *c.* 4. des Tons, des Modes, & de la Transposition. *c.* 5. du mouvement des Mains. *c.* 6. du Choix des Accords *c.* 7. des Regles pour deviner les chiffres, quand les Basses-Continuës ne sont pas chiffrées. *c.* 8. des Licences qu' on peut prendre en Accompagnant, und *c.* 9. du Goût de l' Accompagnement handelt, und ist mit dem vorigen von gleicher Stärcke. Daß auch ein Lambert des Lully Schwieger-Vater gewesen, lieset man in *Matthesonii* Crit. Mus. T. 1. p. 183.

Lambertini (*Giov. Tomaso*) hat an. 1569 die sieben Buß-Psalmen mit 4 Stimmen zu Venedig drucken lassen. s. *Draudii* Bibl. Class. p. 1649.

Lambertus, der zweyte Abt des Benedictiner-Closters S. Laurentii zu Lüttich, hat das Leben und die Wunder S. Heriberti, des Ertz-Bischoffs von Cölln, auch etwas musicalisches auf selbigen gesetzt hinterlassen. s. *Reineri* Tractat: de claris Scriptoribus obgedachten Closters, c. 1. lib. 1. welcher dem Thesauro Anecdotorum noviss. des Bern. Pezii, und zwar dessen 4ten Tomo, P. 2. einverleibet ist. Das compend. Gelehrten-Lexicon meldet: er habe zur Zeit Kaysers Friderici II. gelebt: demnach muß er in der ersten Helffte des 13ten Seculi floriret haben.

Lamentable (*gall.*) lamentabilis (*lat.*) kläglich. Lamentablement (*gall.*) kläglicher weise.

Lamentatione, pl. lamentationi (*ital.*) Lamentation (*gall.*) Lamentum (*lat.*) eine Klage, ein Klag-Lied. Lamento (*ital*) ein trauriges Vor- und Zwischen-Spiel von Instrumenten, an statt einer Sonate oder eines Ritornello. s. Niedtens Musical. Handleitung zur Variation des G. B. p. 99.

Lamentationi per la Settimana Santa [*ital.*] Lamentations pour la Semaine Sainte [*gall.*] Klag-Lieder vor [auf] die Char-Woche; werden insgemein von den Frantzosen les Leçons de Tenebres, Lectiones tenebrarum [*lat.*] genennet.

Lami, ein Frantzösischer Geistlicher, und Maitre de la Musique, erstlich an der Kirche des H. Innocentii zu Paris, und hernach an der Kirche de Nôtre-Dame daselbst. s. die *Histoire de la Musique*, T. 4. p. 105. und 109.

Lami, ist ein aus der Music hergenommenes Sprüchwort, dessen unter dem Articul Lalemi schon gedacht worden, wahrscheinlicher aber mag es wol von der aus dem A ins E schlüssenden Bass Cadentz herkommen: weil, nach der Solmisation, auf dem ersten Buchstaben *la*, und auf dem zweyten *mi* gesungen, und dadurch ein lamentabler progressus gemacht wird.

Lamia, eine ums Jahr der Welt 3652, oder 296 Jahr vor Christi Geburt, zur Zeit des Demetrii Poliorcetis berüchtiget gewesene Dame zu Athen, hat nicht allein auf der Flöte zierlich spielen, sondern auch noch zierlicher singen können. Ihrer gedencken *Plutarchus* in Demetrio, und

Ælia-

Ælianus lib. 12 c. 17. de Varia Historia nicht zum besten.

Lamia [*Ælius*] ein guter Sänger beym Suetonio in vita Domitiani, c. 10. gab diesem Kayser, welcher ihm sein Eheweib genommen hatte, als er seine Stimme lobte, zur Antwort ἐντακτῶ, i. e. continenter vivo, nec ruo præter modum in Venerem, quia uxore careo. s. *Perizonii* Commentar. in Ælian. de Varia Hist. lib. 3. c. 30.

Lamiras, ein griechischer Poet und Musicus aus Thracien, welcher vor dem Homero gelebt, soll die Dorische Sing-Art erfunden haben, und der erste gewesen seyn, der zur Harffe mit gesungen. s. die *Histoire de la Musique*, T. 1. p. 23.

Lampadarius [*Joannes*] hat de Musica recentiorum Græcorum geschrieben. s. *D. Fabricii* Bibl. Gr. lib. 3, c. 10.

Lampadius, war Cantor zu Lüneburg, und schrieb ein lateinisches Frag-weise eingerichtetes Compendium Musices, so an. 1537 zu Bern in der Schweiz in 8vo gedruckt worden, und 7 Bogen starck ist.

Lampe (*Fridericus Adolphus*) Pastor an der Stephans-Kirche zu Bremen. s. *Jacobi le Long* Bibl. Sacr. p. 818. legte sich schon im 15ten Jahr seines Alters auf die Antiquitäten, und schrieb an. 1703 zu Franecker einen aus 3 Büchern bestehenden lateinischen Tractat: de Cymbalis Veterum, welcher in nurgedachtem Jahre zu Utrecht mit verschiedenen Kupfferstücken gedruckt worden. Das erste Buch hält 23, das 2te wiederum so viel; und das 3te 20 Capitel in sich, welche zusammen 18 Bogen ausmachen. Die Collectores der Actorum Eruditorum Lipsiens. nennen ihn p. 143. an. 1704 mens. Martii (an welchem Orte dieses gelehrte Büchlein recensiret wird) Lampadium. Daß dieser Auctor nachhero Theolog. Doctor und Professor zu Utrecht geworden, ist aus dem Coburgischen Zeitungs-Extract des-Jahrs 1726, im April-Monat, p. 77. zu ersehen. Er ist gestorben an. 1729 den 8ten Decemb.

Lampons (*gall.*) s. m. ein Lied unter gemeinen Leuten, das sich mit diesem Wort in allen Absätzen endiget. s. *Frischens Lexico*. Richelet sagt, es bedeute so viel, als: last uns trincken; und chanter des lampons heisse: Sauff-Lieder singen.

Lamprocles, ein griechischer Musicus zu Athen, dessen *Plutarchus* in Commentario de Musica gedencket.

Lamprus, oder Lambrus, (von Sexto Empirico lib. 6. auch Lampon genannt) ein alter berühmter Musicus und Lehrmeister des Socratis, wie auch des Sophoclis, soll diesen letztern nicht allein in der Music, sondern auch im Tantzen unterrichtet haben, wie *Atheneus* lib. 1. p. m. 20. berichtet. Ein viel neuerer Musicus dieses Nahmens, aus der in Candia oder Creta ehemahls gelegenen Stadt Erythræa gebürtig, hat den Aristoxenum informiret. s. *D. Fabricii* Bibl. Gr. lib. 2. c. 15. p. 584.

Lamy oder l' **Amy** (*Bernard*) ein berühmter Presbyter Oratorii, und Mathematicus zu Paris, welcher an. 1714 am 29 Januarii, im 74sten Jahre seines Alters verstorben ist, wird von *Mr. Brossard*, p. 360. seines Diction. als ein Scriptor Musicus angeführet.

Lancelot, ein Frantzose, hat in seiner Sprache: l' Art de chanter geschrieben, und selbige an. 1685 zu Paris bey Ballard in 4to drucken lassen. s. die Biblioth. *Tellerianum*, f. 380.

Lande (*Michel de la*) ein Ritter von S. Michaël-Orden, Ober-Auffseher der Königlichen Cammer-Music, und Capellmeister, oder vielmehr Sous-Maitre der Kirchen-Music (denn der Capellmeister ist gemeiniglich ein Bischoff, Cardinal, u. s. f) in Paris ist an. 1726 den 18 Julii zu Versailles im 68ten Jahr gestorben, und hat durch seine lateinische Wercke grosse reputation erworben. s. die *Lettres Historiques* im *Julius-Monat*, an. 1726, und die *Histoire de la Musique*, T. 1. p. 291. Im dritten Tomo nurgedachten Buchs, p. 106 und 173, wird auch eines Violinisten, der Lande geheissen, gedacht, welcher beym Marschall de Grammont anfänglich Laquais, hernach aber Cammer-Diener gewesen, und von ihm gesagt: daß er einer von den besten Violinisten in Europa sey.

Landgraff (*Johann Friedrich*) Organist an der Kauffmanns-Kirche in Erffurt, und Collaborator an der dasigen Schule, ist gebohren an. 1683 den 21 Maji zu Schloß-Wippach, einem nach nurbesagter Stadt gehörigen Amts-Flecken, hat das Clavier-Spielen bey seinem Antecessore, Herrn Gutgesellen erlernet, und selbigem an. 1706 succediret. Er ist der einzige, der

der sich mit Setzung vieler Kirchen=Stücke daselbst jetzo hervor thut.

Landi (*Steffano*) Capellmeister des Bischoffs zu Padua, Cornaro, gab an. 1619 ein Madrigalien=Werck; ingleichen La Morte d'Orfeo, zu Venedig in Druck.

Landinus (*Franciscus*) ein um Jahr 1380 zwar blind, aber berühmt gewesener Philosophus, Astrologus und Musicus auf vielen Instrumenten zu Florentz, wurde, wegen seiner vortrefflichen Qualitäten, von dem Könige in Cypern, und dem Hertzoge zu Venedig mit dem Lorbeer=Crantz beehret, und hat einige den Musicis dienliche Sachen herausgegeben. s. *Pocciartii* Catal. Scriptor. Florent. p. 58. sq.

Landriano (*Carlo Antonio*) ein Mäyländer, sang in seiner Jugend einen vortrefflichen Discant, und wurde deswegen vom Hertzoge zu Parma, Odoardo Farnese, auf seinem Beylager stattlich beschencket; bekam hierauf den Organisten=Dienst bey S. Rafaele zu Mayland, war auch am Dom daselbst bedient, und starb im 33ten Jahr seines Alters. Es sind von seiner Arbeit an. 1555. Motetti à Voce sola zu Mayland gedruckt worden. s. *Picinelli* Atheneo dei Letterati Milanesi, p. 106. welcher sagt: er sey in der Kirche, und auf dem Theatro ein Miracul gewesen.

Lanfranco (*Giov. Maria*) ein um die Mitte des vorigen Seculi berühmt gewesener Musicus, von Lonato gebürtig, hat in Italiänischer Sprache einen Tractat: Scintille du Musica genannt, geschrieben.

Lange (*Johann*) ein Componist ums Jahr 1651, hat in Zesens Dichterischen Liebes=Flammen verschiedene Melodien verfertiget. Es hat auch ehemals ein Benedictiner=Mönch zu St Gallen also geheissen, welcher ein vortrefflicher Musicus gewesen, und viele Melodien über seiner und anderer Ordens=Brüder Sequenzen verfertiget. s. *Judoci Mezleri* Tractat: de Viris illustribus Monasterii S. Galli, lib. 1. c. 41.

Lange (*Johann Caspar*) Cantor zu Hildesheim, ließ an. 1688 seinen Methodum novam & perspicuam in artem Musicam, oder eine recht gründliche Anweisung, wie die edle Music mit allen Stücken aufs leichteste zu erlernen sey, daselbst auf seine Kosten in 8vo drucken. Sie bestehet aus 5 Bogen.

Lang (*Valentin*) ein ums Jahr 1621 berühmt gewesener Lautenist.

Lang (*Philipp Carl Otto*) war an. 1702 Organist in Hochstadt, einem 1 Meile von Hanau auf der Höhe liegenden Städtgen, und schrieb dem Herrn Werckmeister zu Ehren, als dieser seine Harmonologiam musicam heraus gab, ein Teutsches Carmen gratulatorium.

Langius (*Gregorius*) Cantor an einer trivial-Schule zu Franckfurt an der Oder, von Havelberg, einer in der Brandenburgischen Landschafft Prignitz an der Havel liegenden Stadt, gebürtig, gab an. 1580 den ersten Theil seiner Cantionum Sacrarum von 4. 5. 6. und 8 Stimmen; und an. 1584 den 2ten Theil derselben zu Nürnberg unter die Presse; es ist aber dieser noch in nurgedachten 584ten, und jener erst im 1586ten Jahre fertig worden. Beyde Theile hat er dem Rath zu Breßlau dediciret, anführend: daß er durch ein unverhofftes Unglück seinen Dienst aufgegeben habe.

Langius (*Franciscus*) ein Jesuit, hat ein aus 4 Sing=Stimmen, und verschiedenen Instrumenten bestehendes Theatrum Solitudinis Asceticæ, sive Doctrinas Morales per Considerationes Melodicas ad normam sacrorum Exercitiorum S. P. Ignatii in 4to herausgeben. s Herrn Lotters Music=Catal.

Langlade, ein anjetzo florirender Frantzösischer Violinist zu Paris.

Langmasius (*Gottfried*) gebohren zu Guben in dem Marggrafthum Nieder=Lausitz den 3ten April. an. 1684, hat 6 Jahr auf der Universität Leipzig studiret; ist an. 1710 als Baßist nacher Eisenach in dasige Hochfürstl Capelle beruffen worden; woselbst er noch, nebst nurgedachter function, auch als Cammer=Verwalter stehet, demnach in Rechnungs=Wesen und andern Verrichtungen gebraucht wird. Sonst hat er auch verschiedenes so wol vor die Kirche, als vor die Tafel componiret.

Languente, languido (*ital.*) languissant, languissamment (*gall*) halb matt, ohnmächtig, krafftloß; und folglich: sachte, langsam, den Gesang und Tact aufhaltend, zerrend.

Languette (*gall.*) s. f. bedeutet das Züngelgen an den Tangenten in Clavicymbeln und Spinetten; it. an Orgel=Pfeiffen, so man das Blatt zu nennen pflegt; ferner ein *Ventil* oder Wind=Klappe an einer

einer Orgel, in dem so genannten Wind=Kasten; und die Klappe an blasenden Instrumenten, als Hautbois und Bassons. s. Furetiere Diction. univers.

Laodocus, ein griechischer Citharœdus, mit welchem der Nicostratus soll certirt, und von ihm gesagt haben: der Laodocus sey in einer grossen Kunst klein; er aber (der Nicostratus) in einer kleinen Kunst groß. s. Ætianum de var. histor. lib. 4. c. 1.

Lapicida [*Erasmus*] ein Componist, dessen *Ornithoparchus* lib. 2. c. 8. seines Micrologi rühmlich gedencket.

Lappi [*Pietro*] ein Florentinischer Geistlicher und Capellmeister bey S. Mariæ Gratiarum zu Brescia, hat 4. 5. 6. 7. und 8stimmige Litanie della Madonna; Salmi concertati à 5 voci; und das Rosarium musicale, aus einer Missa, Psalmen, Magnificat, Litanien, Te Deum laudamus, von 2. und 3 Chören bestehend, und zwar letzteres an 1629 zu Venedig; andere Sachen aber schon an. 1605 und in folgenden Jahren daselbst drucken lassen. Seine Compieta à tre & quattro Chori, als das 16te Werck, ist an. 1626 in Venedig gedruckt worden.

Larba, [*Giov. Leonardo*] gab an. 1565 dreystimmige Cantiones Neapolitanas zu Venedig heraus. s. *Draudii* Bibl. Class. p. 1644.

Larga, also nennet *Flud* c. 1. & 3 lib. 4. seines Templi Musices, die achtschlägige Note, so sonsten Maxima genennet wird.

Largo [*ital.*] sehr langsam, den Tact gleichsam erweiternd, und grosse Tact-Zeiten oder Noten offt ungleich bemerckend, ꝛc. welches absonderlich in Italiänischen Recitativo vorkommt, worinn öfters die Noten einander nicht recht gleich gemacht werden, weil er eine Declamations=Art ist, in welcher ein Acteur mehr der auszudruckenden Passion, als der Bewegung eines gleichen und ordentlichen Tacts folgen muß. s. *Brossards* Diction. Bey etlichen Auctoribus bedeutet es eine etwas geschwindere Bewegung, als adagio erfordert; welches daher abzunehmen ist, weil dieses Wort öfters nach jenem gemeiniglich an Ende eines periodi harmonicæ gesetzt gefunden wird.

Larigot [*gall.*] ein altes Wort, bedeutet eine Wald-Flöte und Flageolet, deren

imitation zu einer Orgel-Stimme, die sehr hoch gehet, Gelegenheit gegeben hat.

Λαρυγγιζων, mit vollem Halse, und weit eröffneter Kehle schreyen.

Lassus [*Ferdinandus*] oder de Lasso, ein Sohn des folgenden, hat an. 1588 zu Graitz in Steyermarck Cantiones Sacras 6 vocum von seiner Arbeit in 4to drucken lassen. Daß er an. 1604 bey Hertzog Maximilian in Bayern Capellmeister gewesen, ist aus dem Titul-Blatte des 21sten Orlandischen Wercks zu ersehen. s. *Matthesonii* Crit. Mus. T. 2. p. 103.

Lassus [*Orlandus*] oder de Lasso, ein Niederländer, zu Bergen im Hennegau an. 1520 gebohren, wurde, wegen seiner schönen Stimme, dreymahl aus der Schule entführet, und zum drittenmahle von Ferdinando Gonzaga, damahligem Kayserl. General und Vice-Roy in Sicilien, nach geendigter Campagne in den Niederlanden, als ein Knabe von ohngefehr 12 Jahren, mit Bewilligung seiner Eltern, nach Mayland und Sicilien mitgenommen; kam im 18ten Jahre, nachdem er die Discant-Stimme verlohren, mit Constantino Castrioto nach Neapolis, und blieb alda bey dem Marquis de la Terza ohngefehr 3 Jahr; begab sich hierauf nach Rom, und wurde nach einem halben Jahre Capellmeister bey S. Johannis Lateranensis; reisete nachgehends mit Julio Cæsare Brancatio in Franckreich und Engeland, hielte sich auch hernach einige Jahre zu Antwerpen auf; wurde von hier an 1569 an des Hertzogs in Bayern Alberti Hof nach München, als Capellmeister beruffen, welcher Bedienung er mit solchem Ruhme vorgestanden, daß Kayser Maximilianus II. ihn in Adel-Stand erhoben, und König Carolus IX. in Franckreich ihm die Charge seines Capellmeisters aufgetragen, welche er auch acceptiren wollen, und sich deswegen auf den Weg begeben; da er aber auf solchem den Tod des Königs vernommen, ist er zurück gekehret, und endlich an. 1594. den 5ten Junii im 47ten Jahre seines Alters zu München gestorben. s. Herrn D. *Buddei* Lex und *Bissardi* Biblioth P. 2. p. 152. sq. Im folgenden vom Reusnero verfertigt. n. und in *Ottonis Aichert* Theatro funebri, P. 3. Scena 7. p. 448 sq. befindlichen Epitaphio sind nurgedachte Umstände fast alle auch enthalten, ausser daß im Geburts- und Sterbe-Jahr eine mercklische Discrepanz sich eräuget, wenn jenes in das 1530te, und dieses ins 1585te Jahr gesetzet, mithin sein gantzes Alter nur auf 55 Jahr angegeben wird.

Orlandus Lassus, Bergæ, Hannoniæ urbe
natus anno M. D. XXX.
Musicus & Symphoniacus sui seculi facilè princeps:
Primâ ætate admodum puer, ob miram vocis suavitatem
in canendo, aliquoties plagio sublatus:
Sub Ferdinando Gonzaga Prorege Siciliæ, annis fermè sex
partim Mediolani, partim in Sicilia, inter Symphoniacos educatus.
Neapoli dein per triennium, ac demùm Romæ amplius biennium
Musico præfectus Sacello longè celeberrimo.
Post peregrinationes Anglicanas & Gallicanas cum
Julio Cæsare Brancacio susceptas, Antverpiæ
totidem annis versatus.
Tandem Alberti & Guilielmi Ducis Bojorum, Musicæ Magister
supremus per integrum vicennium.
A Maximiliano II. Cæs. nobilitatus: a summis imperii Principibus
ac Proceribus summe honoratus.
Cantionibus Harmonicis tam sacris, quam profanis omnium
linguarum in orbe universo celebratiss.
Obiit Monaci anno Sal. M. D. XXCV. Æt. LV.

Er hat sehr viel musicalische Wercke mit Lateinischen, Teutschen, Italiänischen und Frantzösischen Texten herausgegeben, davon einige vor dem 1569ten Jahre zu Venedig und Paris; die mehresten aber nach der Zeit zu München, Nürnberg, Antwerpen, Löwen, und anderswo (auch öffters ein Opus mehr als an einem Orte) gedruckt worden sind. *Buissardus* und *Gesnerus* allegiren deren 20; *Draudius* aber p. 1645. sq. Bibl. Class. noch mehrere; conf. *Matthesonii* Crit. Mus. T. 2. p. 105.

Lassus [*Rudolphus de*] der ältere Sohn des vorhergehenden, war Hertzogs Maximiliani in Bayern Organist, und gab folgende Musicalia heraus, als: an. 1606 Cantiones 4 vocum zu München; an. 1611 Circum Symphoniacum zu Augspurg; an. 1614 Modos Sacros ad Convivium sacrum von 2. 3 = 6 Stimmen, zu München; an. 1615 Virginalia Eucharistica von 2. 3 = 7 Stimmen; (dieses Werck dörffte mit dem vorhergehenden wol einerley seyn.) s. *Draudii* Biblioth. Class. p. 1612 und 1623. An. 1621 Alphabetum Marianum triplici Cantionum serie ad multifariam 2. 3 4 vocum harmoniam, mit einer lateinischen Zuschrifft an den Bischoff zu Freysingen, Virum Adamum, gerichtet, und zu München gedruckt. Es enthält 57 Stück in sich. Jetztgedachte zwene Brüder und Söhne des Orlandi haben die lateinischen Wercke ihres Vaters zusammen herausgegeben, davon der Titul ist: Magnum opus musicum *Orlandi de Lasso*, Capellæ Bavaricæ quondam Magistri, complectens omnes cantiones, quas Motetas vulgo vocant, tàm antea editas, quàm hactenus nondum publicatas, à 2 - 12 voc. à *Ferdinando* Serenissimi Bavariæ Ducis Maximiliani Musicorum Præfecto, & *Rudolpho*, eidem Principi ab organis; authoris filiis summo studio collectum, & impensis eorundem typis mandatum. Monachii 1604. in folio Hinten an ist Orlandi Epitaphium, also lautend:

Orlandi cineres, eheu, modo dulce loquentes
  Nunc mutos, eheu, flebilis urna premit.
Lassæ sunt flendo Charites tua funera Lasse,
  Principibus multum chareque Cæsaribus.
Belgica quam tellus genitrix dedit ingeniorum,
  Ingeniorum altrix Boia fouit humus.
Corporis exuvias eadem quoque Boia texit,
  Post lustra, ac hiemes, sena bis acta, duas.
Robora, saxa, feras Orpheus, at hic Orphea traxit,
  Harmoniæque duces percalit Harmonia.
Nunc quia complevit totum concentibus orbem,
  Victor cum superis certat apud superos.

(Diesemnach wäre er 62 Jahr alt geworden, wenn man 1 Lustrum vor 5 Jahr annimmt.)

Lasus, ein griechischer Poet und Musicus, von Hermione, einer Stadt in Achaia gebürtig, und Sohn des Chabrini, hat ohngefehr in der 58ten Olympiade oder 546 Jahr vor Christi Geburt gelebt, und am ersten ein Buch von der Music geschrieben, ferner die Choros cyclios, und einige Veränderung in der alten Music aufgebracht. s. Voss. lib. 2. c. 8. §. 1. de Mathesi. Er hat auch eine Oden ἀσίγμον, darinnen nemlich kein s vorkommt, und einen dergleichen Hymnum in Cererem geschrieben. s. Zvvingeri Theatrum vitæ humanæ, Vol. 4. lib. 3. fol. 1146 und Vol. 5. lib. 3. fol. 1218. conf. Voss. de Poëtis Græcis, cap. 4. p. m. 204. b.

Latinus (*Joannes*) ein Musicus und Poet ums Jahr 1575, aus Æthiopien gebürtig, hat die lateinische Sprache zu Granata in Spanien öffentlich gelehret, exemplo (wie Miræus schreibet) non audito, in Cathedra *nigrum hominem latinè loqui*. s. *Königii* Biblioth.

Latitudo soni, die Stärcke eines Klanges, welche mit folgenden Worten, als: forte, piano, più piano, frequentato, solo, Capella oder tutti angedeutet wird. s. Printzens Compend. Mus. pag. 31.

Latre (*Jean de*) insgemein Petit Jean, der kleine Johannes genannt, hat an. 1566 Motetten von 5. 6. und 7 Stimmen, zu Düsseldorff in 4to drucken lassen.

Laubanus (*Melchior*) ein Schlesier, gebohren an. 1567 den 10 Dec. zu Sprottau, war anfänglich Rector daselbst, hernach Conrector zu Goldberg, sodann an. 1605 Professor Gr & Latinæ Linguæ am Gymnasio zu Dantzig, und endlich Rector zu Brieg, woselbst er an. 1633 den 1 Maji verstorben. s. das comp. Gelehrten=Lex. *Alstedius* in seinem Elementali musico hat p. 512. ein von ihm verfertigtes lateinisches Schema, die præcepta musica betreffend, eingerucket.

Lauda Sion Salvatorem, ist eine in der Römischen Kirche aufs Frohnleichnams=Fest gebräuchliche Sequenz.

Laudes, ist in der Römischen Kirche das letzte Stück des nächtlichen Gottes=Dienstes; oder, der 148 Psalm nebst den beyden drauf folgenden, welche alsdenn pflegen gesungen zu werden. s. *du Cange* Glossarium.

Laudis, dieses corrupte lateinische Wort brauchet *Gotfridus Vitertiensis* in seinem Chronico, p. 9. in folgendem Disticho, und bedeutet eine Laure:

Mira videre meat, celebri plaudente chorea,
Laude, tuba, cithara, festa canuntur ea.

s. *Martinii* Lex. Philolog. Die Mauren und Spanier nennen dieses Instrument Laud; die letztern mögen es wol von den Gothen, und die erstern von den Spaniern angenommen, und bekommen haben. In Schlavonischer Sprache heisset es: *Lauta*; in Böhmischer: *Lautna*; in Ungarischer: *Lant* oder *Lalt*; und in der neuen Griechischen: λαβότο. idem ibid.

Laudus (*Victorius*) ein von Alcar in Sicilien gebürtig, und an der Cathedral-Kirche zu Messina ums Jahr 1597 bedient gewesener Capellmeister, hat in nurgedachtem Jahre das erste Buch 5stimmiger Madrigalien, nebst einem 8stimmigen Dialogo, zu Palermo in 4to herausgegeben. s. *Mongitoris* Bibl. Sicul. T. 2 p. 272.

Lauff (Carl und Christoph) jener war, als Schloß= und dieser als Stadt=Organist zu Grüningen der 47te und 52 Examinator nurgedachten an. 1596 erbauten Schloß=Wercks. s. Werckmeisters Org. Gruning. rediv. §. 11.

Lauffensteiner, ein Chur=Bayerischer Cammer=Diener und Lautenist. s. Barons Unters. des Instruments der Laute, p. 76.

Lavineta (*Bernhardus de*) ein sehr gelehrter Mönch ums Jahr 1523, hat in seiner compendiosa explicatione artis Lullianæ auch 9 sehr kurtze Capitel von der Music geschrieben; das erste handelt: de Musicorum consideratione; das 2te: de sonorum potestatibus; das 3te: de spatiorum consideratione; das 4te: de mutationibus sc. Vocum musicalium; das 5te: de deductionibus; das 6te: de disjunctis; das 7te: de Tonis generalibus; das 8te: de Contrapuncto; und das 9te: de Cantu Organi.

Lauremberglus (*Petrus*) ein Doctor Medicinæ, und Professor Poeseos zu Rostock, woselbst er an. 1639 am 11 May gestorben, hat, unter andern, auch eine Musomachiam, oder ein Bellum musicale geschrieben, so an. 1642 zu Rostock in 8vo gedruckt worden ist. f. das comp. Gelehrten=Lex. und *Lipenii* Bibl. Phi. losophicam.

Laurencinus, oder Lorenzino, ein am Ende des 16ten Seculi sehr berühmt gewesener Lautenist zu Rom, qui propter insignem testudinis experientiam Eques auratus Romæ fieri promeruit, wie *Besardus* in der Vorrede seines Thesauri Harmonici meldet.

Laurentii (*Girolamo*) hat VI. Concerti à tre Violini, Alto Viola, Violoncello e Organo herausgegeben, so zu Amsterdam in der Ceneschen Handlung zu bekommen sind.

Laurentianus (*Paulus*) ein Römer, und Music = Director erstlich in Templo Farnesiano Societatis Jesu, und hernach ums Jahr 1682 an der Französischen Kirche daselbst. s. *Mandosii* Biblioth. Romanam, centur. 4.

Laurentii (*Filiberto*) hat Motetten à Voce sola herausgegeben.

Laurentio (*Marianus de*) ein Sicilianischer Priester und Canonicus in seiner Geburts = Stadt Noti oder Noto, hat ums Jahr 1620 floriret, und, nach Rocchi Pirri Zeugniß in not. Ecclef. Syriac. p. 220. viele Musicalien herausgegeben, davon *Mongitor* nur folgende, so er gesehen, T. 2. Bibl. Sicul. p. 43. anführet, als: Primo libro di Madrigali à cinque Voci, con un Dialogo à 8, zu Venedig an. 1601 in 4to; und Salmi, Magnificat. Falsi bordoni, e Messa à quattro Voci con il Basso continuo per l' Organo (so sein 5tes Werck ist) zu Palermo an. 1624 in 4to gedruckt.

Laurentius (*Josephus*) ein Italiänischer Gelehrter zu Lucca, hat eine Collectionem de Præconibus, Citharoedis, Fistulis ac Tintinnabulis in lateinischer Sprache geschrieben, welche aus 4 Capiteln bestehet, und dem 8ten Tomo des Thesauri Gronoviani einverleibet ist, woselbst sie drey Blätter in folio ausmachet. Im 9ten Tomo des vorbesagten Thesauri ist auch ein aus 5 Bogen bestehender, de Conviviis, Hospitalitate, tesseris & strenis handelnder Tractat von ihm befindlich, in dessen 10ten Capitel verschiedene Lieder = Arten der Alten, dem Nahmen nach, gantz kurtz erklärt sind.

Laurus (*Dominicus*) ein Capellmeister zu Mantua um die Mitte des 16ten Seculi, von Padua gebürtig, hat, wie *Bernh.* *Scardeonius* lib. 2. class. 12. Antiquit. Patav. p. 263. bezeuget, sehr viele Sachen ediret.

Lauto (*ital.*) ist beym Tevo, p. 39. seines Musico Testore eben so viel, als Liuto, eine Laute.

Lawes (*Henry*) ein Engländer, hat an. 1648 zu Londen in seiner Sprache auserlesene Psalmen von 3 Stimmen in die Music gesetzet, welches Will. Lawes verlegt, und in 4to drucken lassen. s. *Hyde* Catalog. Bibl. Bodlejanæ.

Lauxmin (*Sigismund*) ein Polnischer Jesuit, aus Samogitien, welcher verschiedener Collegiorum Rector, endlich Vice - Provincial von Litthauen gewesen, und an. 1670 am 11 Sept. im 74ten Jahre seines Alters, und 54ten der Societät gestorben ist, hat unter andern, auch eine Artem & Praxin Musicam geschrieben, so an. 1667 zu Wilna in 4to gedruckt worden. s *Wittenii* Diarium Biograph. und *Lipenii* Bibl. Philos.

Layette (*gall.*) s. f. also heisset das Stückgen Bein an den Sack=Pfeiffen, so unten an die Röhren derselben gemacht, und herum gedrehet werden kan. s *Frischens* Lex. und *Furetiere* Diction. unter dem Articul: Musette.

Layolle (*Aleman*) ein Musicus und Organist zu Lion in Franckreich, hat daselbst an. 1561 bey Simon Gorlier 4stimmige Chansons und Voix de Ville drucken lassen. s. *Verdier* Bibliotheque.

Lazari, ein Geistlicher, von Bologna gebürtig, ist jetzo zu Venedig an der Kirche, li Frati genannt, Capellmeister. s. des Hrn. Hof=Rath Niemeitzens Nachlese besonderer Nachrichten in Italien, p. 57.

Lazarone (*Clemente*) ein von Roato oder Rouato im Brescianischen bürtig gewesener, auch daselbst an 1629 im Closter della Annonciata verstorbener Servit, hat nicht nur in seiner Sprache an den vornehmsten Orten in Italien, sondern auch in Spanien in Spanischer Sprache, mit grossem Ruhme, geprediget; dabey lieblich gesungen, und fast alle Musicalische Instrumente tractiret. s. *Cozzando* Libraria Bresciana, p. 84. sqq.

Lechnerus (*Leonhardus*) ein Etschländer (Athesinus) und Hertzogs Ludovici von Würtemberg Compenist und Musicus, hat an. 1576 Mutetas sacras 4. 5. & 6 vocum; an. 1582 auf Herrn Sebaldi Welsers, eines Augspurgischen Patricii, und

und Magdal. Imhoffin, eines Nürnbergischen Patricii Tochter Hochzeit, ein aus 24 Stimmen bestehendes Epithalamium; an. 1583 Harmonias miscellas anderer Auctorum; an. 1584 fünff-und sechs-stimmige Missen, nebst einigen auf die vornehmsten Feste von Advent bis Trinitatis damahls gebräuchlichen Introitibus, allerseits zu Nürnberg in 4to drucken lassen. An. 1580 hat er das Regnardi Triciniani, ingleichen die teutsche Villanellen von 3 Stimmen, in zween Theilen daselbst ediret. An. 1587 sind seine 6stimmige Buß-Psalmen; und an 1594 ist eine 4stimmige Paßion zu Nürnberg in folio heraus gekommen. s. Draudii Bibl Class. p. 1633. 1634. 1638. 1644. 1647. 1653 und 1654.

Leçons te tenebres [*gall.*] s. Lamentationi.

Lectio harmonica [*lat.*] also nennet Puteanus so wohl in der Vorrede, als c. 2. 3. 4. &c. seiner Palladis modulatæ, die Singe-Kunst oder Artem canendi, d. i. die Vocal-Music.

Lectio musica [*lat.*] ist beym Pexenfelder eben was Solmisatio.

Lessloth (*Joh. Matthæus*) ein jetziger Organist zu Nürnberg, hat eine aus 2 Bogen in folio bestehende Sonata und Fuga; ingleichen ein gleichfalls aus 2 Bogen in folio oblongo bestehendes Divertimento musicale, consistente in una Partita da Cembalo, daselbst durch Kupferstich publiciret.

Legabile, pl. legabili [*ital.*] legabilis, legabile, pl. legabiles, legabilia [*lat.*] was sich binden lässet.

Legato [*ital.*] lié [*gall.*] ligatus [*lat.*] gebunden, it. *obligat*. Im erstern Verstande wird es gebraucht: wenn zwo Noten in einer Linie, oder in einem spatio ober-oder unterhalb mit einem halben Circul also ⌢⌣ bezeichnet sind, und demnach nur als eine einzige Note betrachtet worden; daß man aber zwo besondere daraus zu machen pflegt, geschiehet deswegen: weil die eine Helffte am Ende des vorhergehenden, und die zwente Helffte im Anfange des folgenden Tacts, über diß auch nur eine Sylbe sich darunter befindet. Es werden auch öffters etliche Noten, welche nicht in einerley Grad, sondern in verschiedenen Linien und spatiis stehen, mit solchen Zeichen gebunden, um anzuzeigen: daß vocaliter nur eine Sylbe unter solche gelegt, instrumentaliter aber dergleichen gezogen, und mit einem Bogen-Strich absolvirt werden sollen. Im zweyten Verstande wird es gebraucht: wenn ein Componist sich vorsetzet, etwas auf gewisse Art angefangenes zu vollführen, und davon im geringsten nicht abzugehen.

Legatura [*ital.*] Ligatura [*lat.*] Lien, s. m. Liaison, s. f. [*gall.*] eine Bindung, Zusammenhängung. Wie solche jetzo beschaffen sey, ist allbereit gesagt worden. Bononcini nennet sie Legatura moderna; wie sie aber in vorigen Zeiten ausgesehen habe, soll unter dem Articul: Ligatura recta gezeiget werden.

Legèrement [*gall.*] leicht überhin; wenn nemlich eine Stimme, oder insonderheit ein Instrument nicht starck angegriffen, und dabey fertig tractirt wird.

Leggiodro, oder leggiadramente [*ital.*] sehr schön, über die massen annehmlich, mit einer artigen Manier.

Legrenzi (*Giovanni*) von Clusone aus dem Bergamascischen gebürtig, ist lange Zeit Organist bey S Maria Maggiore zu Bergamo, nachgehends aber Capellmeister nello Spirito Santo zu Ferrara gewesen, in welcher function er an. 1664 noch gestanden und folgende Wercke edirt gehabt, als:

Concerto di Messa, e Salmi 3. 4. con 2 Violini, zu Venedig an. 1654 Motetti à 2. 3. e 4 voci 1655. Suonate per Chiesa. 1655. Suonate da Chiesa, & Camera à tre. 1656.

Una Muta di Salmi. 1657. Una Muta di Motetti. an. 1660. Compiette, Litanie, Antifone à 5. 1662. Una Muta di Suonate. an. 1664 Sentimenti devoti à 2. & 3. sämtl zu Venedig gedruckt.

s. *Donato Calvi Scena Letteraria degli Scrittori Bergamaschi*, P. 2. p. 33. Das zehnte Werck ist an. 1673 herausgekommen führet den Titul: *la Cetra* consecrata al nome immortale della Sacra Cesarea Real Maestà di Leopoldo I. und bestehet aus 2. 3 und 4stimmigen Sonaten. An. 1679 ist der zwente Theil des 14ten, aus 24 Cantaten à Voce sola bestehenden Wercks, unter dem Titul: Echi di Riverenza, &c. zu Venedig bey Giuseppe Sala in 4to heraus gekommen. Und, nach seinem Tode, ist an. 1692 das 17te Opus daselbst edirt worden, dessen Titul also lautet: Motetti Sacri à Voce sola con trè Stromenti, und bezeuget, daß er an der Hertzoglichen Kirche zu S. Marco in Venedig Capellmeister gewesen.

Lehmann (Anton) ein Orgelmacher aus Bautzen, hat an. 1549 die Orgel in die Pfarr-Kirche zu Dantzig von 31 Stimmen erbauet. ſ. *Matthesonii* Anhang zu Niedtens Musical. Handleitung zur Variation des G. B. p. 165. Daß Blaſius Lehmann von Bautzen an. 1543 eine Orgel in der S. Marien- oder U L. Frauen-Kirche zu Zwickau verfertiget gehabt, lieſet man in M. Tob. Schmidts Chron. Cygn. p. 59.

Lehmannus (*Immanuel*) ein Magister und Rector zu Annaberg, von Scheibenberg gebürtig, hat an. 1675 im May-Monat ein Programma ad Actum valedictorium, de Musica, geschrieben.

Lehneiß (Carl Matthias) ein Violinist, und zwar der siebende in der Ordnung, bey der Königl. Capelle und Cammer-Music zu Dreßden an. 1729. ſ. den daſigen Hof-und Staats-Calender.

Leibing (Georg Eraſmus) eines Biereigen Sohn, wurde gebohren in Erffurt an. 1683, und daſelbſt den 12 Febr. in der Evangeliſchen Prediger-Kirche getaufft, erlernete das Clavier-Spielen und die Compoſition bey dem ſeel. Buttſtett, ſuccedirte an. 1715 dem daſigen Dom-Organiſten, Hrn. Paul Meinongen, und ſtarb an. 1728 den 11ten Nov. als ein Glied der Römiſch-Catholiſchen Kirche.

Leiding (Georg Dietrich) war gebohren den 23 Febr. an. 1664 zu Bücken, einem Flecken in der Grafſchafft Hoya. Sein Vater iſt geweſen Otto Leiding, Rittmeiſter unter der Frantzöſiſchen Leib-Guarde, welcher ſich im 30jährigen Kriege wohlgehalten, und vermittelſt des Hertzogs von Sachſen-Weimar, Bernhardi, Armee, in Frantzöſiſche Dienſte gekommen; nach geendigtem Kriege aber ſelbſt abgedancket, und ſich mit Geſe Bolmanns zu Bücken verehliget, zweene Söhne und eine Tochter gezeuget, unter welchen jetztbenänter Georg Dietrich der jüngſte geweſen: welcher, als er in ſeinen gar jungen Jahren ein auſſerordentliches naturell zur Muſic von ſich blicken laſſen, nachhero im 15ten Jahre unter die muſicaliſche ınformation des Hrn. Jacob Bölſchen, Organiſten zu Braunſchweig, an 1679 gegeben worden, deren er ſich dann bis ins 5te Jahr mit höchſten Fleiße bedienet, und an. 1684 eine Reiſe nach Hamburg und Lübeck vorgenommen, um allda von den beyden damahls extraordinair berühmten Organiſten, Hrn. Reincken und Buxtehuden zu profitiren. Als er am letztern Orte ſich aufhielte, notificirte ihm Hr. Bölſche ſeine Kranckheit, mit Bitte, ihn die Zeit ſeiner Schwachheit über zu ſubleviren, welchem petito er auch, und zwar zu ſeinem Glück, willige Folge leiſtete: denn, als Hr. Bölſche in nurgedachtem 1684 Jahre ſtarb, wurde ihm das officium organicum zu S. Uldarici und zu S. Blaſii conferiret. Hierauf erlernete er die Compoſition vom Hrn. Capellmeiſter Theilen, bekam, nach einigen Jahren, auch den Organiſten-Dienſt an der S Magni-Kirche, bekleidete dieſe dreyfache Bedienung mit vielem Ruhm und applauſu bis ins 1710te Jahr, in welchem er am 10ten May verſtorben, eine Wittbe, zweene Söhne, und eine Tochter hinterlaſſend. Der ältere Sohn, Hr. Otto Anthon, hat die väterlichen functiones bekommen, und der jüngere, Hr. Johann Andreas, hat die Expectanz auf den Organiſten-Dienſt zu S. Catharinen. Seine Compoſition hat er vornehmlich auf die Orgel appliciret, (wie die dißfalls vorhandene viele Clavier-Stücke bezeugen,) übrigens aber den Ruhm hinterlaſſen, daß er ein demüthiger, ſehr beſcheidener, und friedfertiger Mann geweſen, der niemahls übel von andern geſprochen, ſondern jedermann in ſeinen Würden gelaſſen.

Leisringius (*Volckmarus*) von Gebſtädt, einem zwiſchen Buttſtädt nnd Eckartsbergen in Thüringen liegenden Dorffe gebürtig, hat als ein Studioſus Theologiæ zu Jena, ein Braut-Lied aus dem 26 Cap. Sprachs aut. 1609, und an. 1611 das Cymbalum Davidicum, von 4. 5. 6. und 8ſtimmigen lateiniſchen und teutſchen Liedern, daſelbſt drucken laſſen. War ums Jahr 1617 noch Ludi Rector zu Schkölen, einem Thüringiſchen eine Meile von Naumburg liegenden Städtgen; an.1619 iſt er Pfarrer zu Nohra, einem 2 Stunden von Weimar liegenden Erffurtiſchen Dorffe geweſen, und hat an. 1624 unter dem Titul: Tædæ Nuptiales, 16 lateiniſche und teutſche Hochzeit-Geſänge von 4. 5. 6. und 8 Stimmen, zu Erffurt drucken laſſen Von an. 1626 bis 1637 iſt er Pfarrer zu Buchfarth, und dem darzu gehörigen Filial Vollhardsroba, und zwar, poſt Reformationem Luther:, der ſechſte geweſen, auch am erſtern Orte geſtorben, laut des daſigen Kirchen-Buchs; wiewohl er nach Anzeige, ſeiner an. 1628 in Erffurt gedruckten Strenophophoniæ, aus 21 lateinisch und teutschen Neu-Jahrs-Gesängen bestehende, in nur-gedachtem Jahre noch Rector in Schkö-len soll gewesen seyn.

Lemberger (Ferdinand) ein Kayserl. Vio-linist an. 1721 und 1727

Lenteur des Notes, & de la Mesure [*gall.*] die langsame Bewegung der No-ten, und des Tacts.

Lenthon (*Joh.*) ein Königl Engländi-scher vielleicht noch lebender Musicus, hat Trio auf allerhand Sorten Instrumente gesetzet, so in Holland gravirt worden sind.

Lento [*ital.*] lent oder lentement [*gall.*] langsam, tres oder fort lentement, sehr langsam.

Leo II. Römischer Pabst, aus Sicilien ge-bürtig, ist ein guter Musicus gewesen, und hat ums Jahr 683 die lateinische Kir-chen-Gesänge, oder Hymnos mit einem bessern und lieblichern Concent gezieret f. *Balei* Catal. Scriptor. illustr. maj. Britanniæ, centur 1. p. 77.

Leonelli (*Antonio*) ein ums Jahr 1490 zu Bologna berühmt gewesener Musicus, und Mahler in Blumen-Werck, Früch-ten und Thieren, dessen Stücke daselbst noch angetroffen werden, ist von Creual-core oder Crevacore (lat. Crepaco-rium) einem, dem Fürsten von Masera-no gehörigen, und im Vercellischen Ge-biet, nicht weit von den Mayländischen Grentzen, am Fluß Sessara liegenden, und mit einem Schlosse versehenen festen Städtgen, bürtig gewesen. f. *Masini* Bologna illustrata, p. 614. und *Ferra-rii* Lex. Geograph.

Leonhardt (Johann Michael) gebohren zu Schlaitz, einer im Voigtlande liegenden Stadt, Schloß und Gräflichen Residentz, dem Hrn. Grafen Reuß von Plauen gehö-rig, an. 1695 den 25sten Januarii, hat an. 1708 die Hautbois, Hautbois d'Amour, Flût à bec, und übrige Instrumente zu excoliren angefangen, und beym Hessen-Darmstädtischen Cammer-Musico, Hrn. Michael Böhmen, Lection genommen, hierauf in Hoch-Gräfl. Reuß-Plauischen Diensten, bis nach Ableben des Hochge-bohrnen Grafen und Herrn, Heinrichs des XI. an. 1727 als Musicus gestanden, und in eben diesem Jahre die Gnade ge-habt, bey Jhro Hochfürstl. Durchl. un-serm nunmehro gnädigst regierenden Her-tzoge, Herrn Ernst Augusten, als Cammer-Musicus allhier in Dienste zu kommen. An 1730 gegen Pfingsten ist er wieder nach Hause gekehret.

Leoni (*Leo*) ein Academico Olimpico, und Capellmeister am Dom zu Vicenza, hat an 1623 achtstimmige Psalmen zu Ve-nedig drucken lassen.

Leonetti (*Giov. Battista*) hat 4. 5. 6. 7. und 8stimmige Litanien ediret.

Leopoldus I. der an. 1640 den 9ten Junii gebohrne, und an. 1705 den 5ten May verstorbene Römische Kayser, glorwür-digsten Andenckens, ist in der musicali-schen Composition hoch erfahren gewesen, und hat viele monumenta dieser Kunst verfertiget.

Leporati (*Steffano*) hat Cantaten gesetzet.

Λεπτόφωνος, tenui voce præditus, der eine schwache Stimme hat. f. *Pollucis* Onomast lib. 4. c. 9. Segm. 64.

Lepsis, λῆψις, [*gr.*] Sumtio [*lat.*] also hieß bey den Griechen das erste Stück ih-rer Melopœiæ, welches lehrte, auf wel-cher Saite eines Tetrachordi, eine Me-lodie anzufangen sey. f. *Aristid.* Quintil. lib. 1 de Musica, p. 29.

Lesgu, ein Frantzösischer Componist, dessen und seiner Arbeit im Mercure Galant des 1678ten Jahrs, und zwar im Jun und Oct. Monat. p. 45 und 209 gedacht wird.

Lessus [*lat.*] Lesso [*ital.*] ein Klag-Trau-er-Lied über einen Todten.

Lestannier (*Joannes*) ein Magister, war an. 1548 in Kaysers Caroli V. Capelle Organist f. *Mumerani* Catal. familiæ totius aulæ Cæsareæ, p. 12.

Lettre, oder Note de Musique [*gall.*] eine Music-Note.

Lettres de la Gamme [*gall.*] sind die drey Music-Schlüssel.

Levant [*gall.*] aufhebend; en levant, im Aufheben des Tacts.

Levare Antiphonam [*lat.*] eine Anti-phonam aufschlagen, it. anstimmen.

Levatione [*ital.*] Levatio [*lat.*] Lever [*gall.*] das Aufheben der Hand beym Tact-geben, oder die zweyte Helffte eines Tacts.

Leutheisel (*Michael*) ist im vorigen Seculo Organist zu Culmbach gewesen.

Leudus [*lat.*] ist, nach des Hrn. von Cange Glossario so viel, als Cantus; vom teut-schen Wort: Lied herkommend.

Levi (*Steffano*) Organist an der S. Blasii

Stiffts-Kirche zu Codogno im Mayländischen, ließ an. 1647 zu Mayland Psalmen drucken.

Leutherd (Johann Daniel) eines Priesters Sohn, ist gebohren in Heilsberg, oder Heilsburg, einem zwischen Rudelstadt und Remda liegenden Dorffe, an. 1706 den 14 Junii, hat an. 1723 zu Weymar bey den Hoff-Organisten, Hrn. Vogler, auf dem Claviere Lection genommen, an. 1727 bey dem Concert-Meister in Rudelstadt, Hrn. Grafen, die Violin und Composition erlernet; stehet von 1730 an als Notiste in Hochf. Weymarischen Diensten, und componiret dann und wann einige pieces für die Hof-Bande.

Leuto, Liuto [ital.] eine Laute.

Liaison [gall.] s. Legatura.

Libano (J. Leopold) ein Violinist in der Kayserl. Hof-Capelle an. 1727.

Liberati (Antimo) war in seiner Jugend in der Kayserl. Capelle zu Wien, bey Ferdinando III. und dessen leiblichen Bruder, Leopoldo, bedienet, hierauf Capellmeister und Organist an der Kirche di S. Maria dell'Anima Teutscher Nation; auch Capellmeister an der Kirche della Santissima Trinità de' Pellegrini zu Rom, und endlich ein Päbstlicher Musicus, schrieb in dieser qualität an. 1684 den 15 Oct. einen Brief, als eine Antwort auf des Ovidii Persapegii seinen, unter folgendem Titul an. 1685 zu Rom gedruckt: Lettera scritta da Sig. Antimo Liberati, in risposta ad una del Sig. Ovidio Persapegii. In solchem, und in so weit ich einen Auszug davon, durch gütigste communication des Hochfürstl Sächs. Gothaischen Capellmeisters, Hrn. Gottfried Heinrich Stölzels, besitze, werden einige der allerberühmtesten und besten Italiänischen Componisten, und wie einer von dem andern erzogen worden, recensiret; nebst welchen er auch von sich selbst meldet: daß er ein Scholar des Poratio Benevoli gewesen.

Liebich (Gottfried Siegmund war gebohren an. 1672 den 22ten Julii zu Franckenberg in Meissen, allwo sein Vater das Cantorat bekleidete, frequentirte nachgehends zu Bautzen, zog von da 1 Jahr nach Jena, und studirte daselbst Medicinam wandte sich von hier nach Dreßden, und weil er bereits die FundamentaMusices bey seinem Vater gelegt hatte, auch einen feinen Tenor sang, applicirte er sich hier völlig auf die Music; und kam an.

1695 nach Schlaitz im Voigtlande, wurde anfänglich Amt-Schreiber, nachhero Capell-Director bey der Hochgräfl. Reuß-Plauischen Capelle daselbst, hierauf auch geheimder Cammer-Schreiber, und starb an. 1727 den 1sten Junii. Er hat unter andern 2 Jahrgänge über die Evangelia componiret, und zwar den erstern mit einer Singe-Stimme, 2 Violinen, 2 Violen, und G B. den andern aber mit 4 Singe-Stimmen nebst verschiedenen Instrumenten.

Liedmayer (Johann Caspar) ein Kayserlicher Baßist an. 1721.

Lichanos λιχανός [g.] also hieß die dritte Saite in den beyden untersten Tetrachordis (doch mit Hinzusetzung der WorteHypaton oder Meson; (1. darum, weil selbige mit dem Indice oder Zeige-Finger der lincken Hand tractirt wurde. s. Aristid. Quintil. lib. 1. de Musica, p. 10. und Nicomach. lib. 1. p. 22. (2 weil derselben Saite Klang der Index oder Anzeiger war, ob es das Genus molle, oder intensum sey? denn, ie weiter derselbe Klang von der vierdten drauf folgenden Saite ihrem war, ie weicher war das Genus modulandi; ie näher er aber demselben kam, ie schärffer war das Genus modulandi. s. Ptolomei Harmon. lib. 2 c.5. p.139. in notis Wallisii. Die Lichanos Hypaton correspondiret auf dem Clavier unserm jetzigen d. und die Lichanos Meson dem g. s. das Lexicon Vitruv. p. 66. woselbst auch dieses noch gemeldet wird: daß nemlich das Wort λιχανός den Nahmen ἀπὸ τῦ λίαν χαίνειν, i. e. ab eo, quod valde hiet, h. e. distet a pollice, weil der Zeige-Finger weit vom Daumen abstehet.

Licentius, von Hippon, ein Poet und guter Freund des H. Augustini, hat diesem ein Carmen de Musica in libros M. Varronis zugeschrieben.

Ligatura cum proprietate [lat.] ist eine aus zween Brevibus, deren eine einen Strich über oder unter sich hat, bestehende Bindung.

Ligatura sine proprietate [lat.] ist eine aus zweyen Brevibus, deren keine einen Strich über oder unter sich hat, bestehende Bindung. s. Flud. Templ. Musices lib. 4 c.2.

Ligatura recta oder quadrata [lat.] eine gerade oder gevierdte Bindung war, wenn zwo oder mehr Breves an einander gehän=

LIG.

gehänget wurden, welche sodann an ihrer sonst gewöhnlichen Geltung bald ab- bald zunahmen, nachdem die erste unter ihnen entweder oben oder unten einen Strich hatte. Hierzu kan folgende general-Anmerckung dienen: wenn die erste Brevis einen Strich unterwerts hatte, so wurde sie, der Geltung nach, für sich allein betrachtet, und gar kein Absehen auf die folgende gehalten; hatte sie aber einen Strich aufwerts, so war diese und die folgende von einerley Gattung; hatte sie aber gar keinen Strich, so wurde jede Note für sich à part (nachdem sie nemlich unter- oder aufwerts sich bewegte) betrachtet. s. *Walliseri* Musicam Figuralem, p. 17. Wenn zwo, drey oder mehr Breves an einander hiengen, und die erste, oder initialis, keinen Strich weder übernoch unter sich hatte, auch die folgende Noten (davon die mittlern mediæ, und die letzte finalis hieß) aufwerts sich bewegten, so galt eine iegliche (gleichwie sonsten) zweene Schläge, nach dem lateinischen Vers

Prima carens cauda brevis est, scandente secunda. v. Tab. XI. F. 11.

wenn zwo, drey oder mehr Breves an einander hiengen, und die erste gleichfalls keinen Strich weder über noch unter sich hatte, die folgende Noten aber unter-Semibrevis prima est, sursum caudata sequensque.
} Quælibet è medio brevis est: at proxima adhærens
} Sursum caudatæ, pro Semibrevi reputatur.
{ Ultima dependens quadrangula sit tibi Longa.
{ Ultima conscendens Brevis est quæcunque ligata s. T. XII. F. 3. & 4.

Ligatura obliqua [*lat.*] Legatura indiretta [*ital.*] eine krumme oder länglichte Bindung war: wenn zwo oder mehr Breves auf schiefe Art vorgestellet wurden. v. Tab. XII. F. 5. Aus dem letztern, und denen Tab. XII. F. 6. befindlichen Exempeln erhellet, was die halb- oder gantz-geschwäntzten Breves und Semibreves gegolten haben.

Λιγυρὸς [*gr.*] einer der helle und lieblich singet.

L bloß oder l m bedeutet: læva manu, mit der lincken Hand: kommt in Clavier-Sachen vor, und zeiget an, was für Noten in dieser Hand gegriffen werden sollen.

Limidi (*Giov. Steffano*) ein Mayländischer Musicus und Historicus hat einige Musicalische Wercke durch den Druck publiciret. s. *Picinelli* Ateneo dei Letterati Milanesii, p 330.

Limma, λᾶμμα [*gr*] heisset eigentlich das

LIM. 363

werts sich beweaten, so galt die erste und letzte Note vier Schläge, die mittlern aber nur zweene Schläge, nach dem Vers:

Prima carens cauda longa est, pendente secunda. s. Tab. XII. F. 1.

Waren zwo Breves zusammen gebunden, und die erste hatte einen Strich unterwerts, so galt diese 2 Schläge, die folgende Note mochte auf- oder unterwerts gehen; hiervon lautet der Vers also:

Sit tibi prima brevis, læva caudata deorsum. v. Tab. XII. F. 2.

Waren 2. 3 oder mehrere Breves zusammen gebunden, und die erste hatte einen Strich aufwerts, so galt unter zwo Noten, jede steigende oder fallende 2 Tacte; unter drey Noten, die erste und zweyte (es mochte diese gleich auf oder niedersteigen) einen Tact, oder eine Semibrevem und die letzte zweene Tacte, oder eine Brevem; unter vieren: die erste und zweyte einen Tact, oder eine Semibrevem, die dritte eine Brevem, oder 2 Tacte (sie mochte auf oder niedersteigen) und die vierdte, wenn sie herunterwerts hing, galt vier Schläge oder Semibreves; wenn sie aber aufwerts sich bewegte (es mochte nun gradatim oder saltuatim geschehen) nur 2 Schläge, oder eine Brevem. Die Verse hiervon lauten also:

jenige, was übrig geblieben ist, Reliquiæ, vom Griechischen Verbo: λήπομαι, reliquus sum, supersum, ich werde übrig gelassen, und dieses vom Activo: λήπω, linquo, relinquo. Den Pythagoricis ist es zwar eben so viel, als das kleinste unter zweyen Dingen, so von einander getheilt werden. s. *Macrob.* in Somnium Scipionis lib. 2. c. 1. und *Plutarch.* de procreatione animæ; Prinz aber P. 3. c. 5. p. 51 sq. des Satyr. Componist nimmt es eigentlich für dasjenige, so nach Wegnehmung eines vornehmen Dinges übrig bleibet es mag gleich grösser oder kleiner seyn. 3. E wenn das Semitonium majus a tono majore subtrahirt wird, so bleibt das intervallum 135-128, welches sodann Limma minus kan genennet werden (und eben das Pythagorische ist;) subtrahiret man aber das Semitonium minus à tono majore, so bleibet das intervallum 27-25, welches nur-

nurgedachter Auctor, in Ermangelung eines schicklichern Nahmens, Limma majus nennet. Die Operation des jetztgemeldten ist daselbst zu sehen.

Lind [*Franciscus*] hat Sonat. Capric. Allemand. Corrent. Sarab. und Giqu. nebst einer mit XII. Variationibus versehenen Arie auf das Clavier in folio bekannt gemacht. s. Lotters Music-Catal.

Lindebrogius [*Henricus*] der an. 1641 verstorbene Holstein-Gottorpische Bibliothecarius, von Hamburg gebürtig, hat in seinem über den Censorinum, de Die Natali, verfertigten Anmerckungen, verschiedene musicalische Sachen berühret.

Lindemann (Johann) Cantor zu Gotha, hat an. 1594, 1596 und 1598 verschiedene Decades Amorum Filii Dei herausgegeben; die in letztgedachtem Jahre edirte 2 Decades von 5 Stimmen, sind zu Erffurt in 4to oblongo gedruckt, und von ihm seinem Herrn, Hertzog Johann Casimir zu Sachsen, deme er, laut der Interschrifft, damahls in das 27te Jahr gedienet, den ersten Januarii zu Gotha datirt, zugeschrieben worden. Unter solchen sind die 2 Lieder · JEsu wollst uns weisen, ꝛc. und In dir ist Freude, ꝛc. über Italiänische Balletde des Gastoldi gesetzt, anzutreffen. Er ist an. 1630 gestorben.

Lindemann (Johann) von Goßlar, war unter den 53 verschiedenen Organisten der 28te, welcher das an. 1596 in die Schloß-Kirche zu Grüningen erbauete Orgel-Werck bespielte und examinirte. s. Werckmeisters Org. Gruning. rediv. §. 11.

Lindner (Friedrich) ein Schlesier, von Liegnitz gebürtig, wurde an. 1574, nachdem er vorher 10 Jahr bey dem Marggrafen zu Anspach, Georgio Friderico, in Diensten gewesen, Cantor bey S Ægidii zu Nürnberg, woselbst er an. 1585 Cantiones Sacras, an. 1588 die Continuation derselben, und an. 1590 das aus 69 Stücken anderer Auctorum bestehende Corollarium mit einer lateinischen Vorrede herausgegeben An. 1588 hat er unter dem Titul; Gemma musicalis, den ersten; an. 1589 den zweyten; und an. 1590 den dritten Theil verschiedener starcker und schwacher Madrigalien und Neapolitanen in länglicht 4to; auch an. 1591 fünffstimmige Missen in 4to daselbst drucken lassen. Sämmtliche Stücke aber sind nicht von seiner, sondern anderer Auctorum Arbeit, welche er nur colligiret. Vorgedachten ersten Theil der Gemmæ musicalis hat er dem Chur-Fürsten von Sachsen, Augusto dediciret; weil er in dessen Capelle etliche Jahr den Discant gesungen, auch auf dessen Kosten nachgehends so wol in der Schul-Pforte, als ein Alumnus, als auch zu Leipzig auf der Universität, als ein Studiosus, erhalten worden.

Lindner (Johann Jacob) ist Succentor oder Neben-Cantor in der Schloß-Kirche zu Dreßden, und verrichtet dieses Amt, ohngeachtet er sich im 79 Jahre befindet, noch immer. Er stunde bey der ehemahligen Capell-Music als Hof-Musicus und Altiste, und hat bey der Chur-Fürstl. Hof-Capelle von an. 1677 redlich gedienet. s. Herrn Doct. Joh. Andr. Gleichens Dreßdenische Reformations- und Hof-Prediger-Historie im Vorbericht, c. 10. §. 7. p 97.

Linea, pl. lineæ [*ital.*] Ligne, pl. lignes [*gall.*] s. f. Linea, pl lineæ [*lat.*] diesen Nahmen giebt man den parallellauffenden Strichen, auf und zwischen welche die Music-Noten gesetzt werden, Sie heissen auch Lignes Horizontales [*gall.*] Lineæ Horizontales [*lat.*] Im Cantu plano hat man deren ordentlich nur viere; aber im Cantu figurali fünffe; zum Clavier-Spielen, ausser denen extraordinairen, zweymahl fünffe; also so die Piéce auf 2 Claviere und Pedal gerichtet ist, dreymahl fünffe; und auf der Laute sechse. Die Frantzosen nennen die ausserordentliche Linien: Petites lignes surnumeraires, oder hors d'œuvre, d. i. die kleinen über die ordentliche Anzahl, oder ausser dem Systemate.

Linike [Joh. G.] hat von Herrn Johann Theilen die Composition zu Berlin erlernet, auch daselbst bis an 1713 als Cammer-Musicus gestanden, die Vices des abwesenden Capellmeisters vertreten, und die Königl. Trauer-Music aufgeführet; hierauf als Concert-Meister am Weissenfelsischen Hofe gedienet, mit nurbesagten Hofes Erlaubniß eine Reise nach Engeland vorgenommen, und daselbst 3 Jahr zugebracht; nachhero zu Hamburg als einer von den premiers Violons in basigen Opern sich aufgehalten. und an. 1725, bey Anwesenheit der Hochfürstl. Wolffenbüttelschen Herrschafft, einen Prologum; inglei-

ingleichen den Wett-Streit der Poesie, Music, und Mahlerey, so ein Prologus ist, in die Music gebracht. s. *Matthesonii* Crit. Muſ. T. 2 p. 250, woselbst noch ein mehrers von ihm zu lesen ist; und dessen Musical Patrioten, p. 192.

Lintercolo [*ital.*] Linterculus [*lat.*] ein Stockgeiglein; weil dessen corpus wie ein Kahn aussiehet.

Λίνου ἄσμα, war bey den Griechen ein solennes Klag-Lied über den Tod des Lini, welches zu Theben, in Phönicien, Cypern, und an andern Orten mehr gesungen worden. Hiervon sind unter dem Præsidio Hrn. Johann Wilhelm Bergers, Poël. Prof. P. zu Wittenberg drey Disputationes gehalten worden, als: die erste an. 1707 von Hrn. M. Joh. Andr. Knoblach, einem Wittenberger; die zweyte an. 1708 von Hrn. M. Joh. Sam. Luppio, von Delitsch in Meissen; und die dritte von Hrn. M. Joh. Gottfr. Leschnerto, von Dahme in Sachsen gebürtig.

Λίνον bedeutet auch bey den Auctoribus zum öfftern so viel, als eine Saite.

Linus, ein Sohn des Apollinis und der Uraniæ oder Terpsichores; nach andern, des Mercurii und der Psamathes; oder, wie Pausanias will, des Amphimari und der Uranies, aus Chalcis gebürtig, so ehemahls die Haupt-Stadt der Insul Euboea war, und jetzo Negroponte heisset, wird von den Griechen für den Erfinder des Dicht-Wercks und der Sing-Lieder, wie auch des Thamyræ, Orphei und Herculis Lehrmeister gehalten und angegeben. Letzterer soll ihn auch mit der Lyra, oder vielmehr mit deren plectro, weil er selbigen über dem ungeschickten Spielen ausgespottet, erschlagen haben, wie Pausanias lib. 9. und Ælianus lib. 3. c. 32. de var. Hiſt. berichten.

Lipparino (*Guilielmo*) ein Augustiner-Mönch, und Music-Director am Dom zu Como, von Bologna gebürtig, hat an. 1614 fünfstimmige Madrigalien zu Venedig drucken lassen; sonsten aber auch ein Opus 8 und 9stimmiger Missen, sammt einem 8stimmigen Te Deum laudamus; ferner an. 1635 ein Motetten-Werck, und an. 1637 ein Opus achtstimmiger Psalmen; weiter 1. 2 3. und 4stimmige Concerten mit Litanien de B. Virgine, und noch ein anders dergleichen Litanien-Werck von 3 = 8 Stimmen ediret.

Lippe (Simon Conrad) ist gebohren an. 1683 den 31 Martii zu Grossen-Saltze, einer 2 Meilen von Magdeburg nicht weit von der Elbe liegenden kleinen Stadt, allwo sein seel Vater, Hr. Martin Lippe, in die 39 Jahr als Organist in Diensten gestanden; der Groß-Vater, Herr Melchior Lippe, ist Bürgermeister zu Ermsleben im Fürstenthum Halberstadt, und die Mutter, Frau Anna Martha, eine Tochter Herrn M. Tobiæ Leidenfrosten, Predigers zu Wipra und Decani des Grafen zu Mansfeld, gewesen. Im 11ten Jahre seines Alters hat er das Alt-Städtische Gymnasium in Magdeburg frequentiret, und sich zugleich mit auf die Music appliciret; an. 1706, nach absolvirten humanioribus, und da er aus gewissen Ursachen die Universität noch nicht beziehen können, auf Persuasion einiger Patronen, die vices eines Organisten bey S. Catharinen daselbst fast ein Jahr lang vertreten, dabey aber einige Collegia bey dem Doctore und Senatore dieser Alt-Stadt, Herrn Treuern, gehalten. An. 1707 gieng er nach Halle auf die Universität, prosequirte daselbst das Studium Juridicum in die 2 Jahr, und disputirte auch an. 1709 öffentlich unter dem berühmten Professore, Herrn Strycken, dem jüngern; in nurgedachtem Jahre bekam er von einem hochlöbl. Kirchen - Collegio zu S Johannis in Magdeburg zu dasigem Organisten-Dienste Vocation, welchen er, mit Uberlegung guter Freunde, acceptiret, und annoch, als ein würdiger Succeſſor des seel. Herrn Grafen, rühmlichst bekleidet, ob er gleich, in seiner unterm 26 Augusti 1730 an mich abgelassenen Antwort, sich der Worte des ehemahligen Magdeburgischen Cantoris, Martini Agricolæ, bedienet: ego nunquam certo aliquo in hac arte usus sum præceptore, sed tanquam Musicus αυτοφυής, occulta quadam naturæ vi, quæ me huc pertraxit, tum arduo labore atque domestico studio, Deo denique auspice exiguum illud, quod inteligo, sum assecutus.

Lippius (*Joannes*) der Straßburgische Theologus, gebohren daselbst an. 1585 am Tage Joannis Baptiſtæ, hat als Magister Philosophiæ drey Disputationes de Musica zu Wittenberg gehalten, nemlich die erste an. 1609 den 30 Junii, die zweyte den 16ten Sept. a. c. und die dritte an. 1610 den 27 Oct. Als Adjunctus

ctus Philof. zu Jena, hat er an. 1611 den 4ten Aprilis abermahl eine, unter dem Titul: Breviculum errorum muſicorum veterum & recentiorum in 4to; und eine Synopſin Muſices geſchrieben, welche an. 1612 zu Straßburg in 8vo, und an. 1614 zu Erffurt in 12mo gedruckt worden. Der Titul davon iſt dieſer: Philoſophiæ veræ ac ſinceræ (1. *Præparatio* per Muſicam Diam: (2. *Perfectio interior* realis per Metaphyſicam, rationalis per Logicam, *exterior* realis per Ethicam, rationalis per Rhetoricam, &c. acceſſit in fine ejusdem Compendiolum Oeconomicæ. Dieſer Tractat beträgt ein Alphabet, und handelt, beſage des angeführten Titulo, nebſt der Muſic, auch von andern Philoſophiſchen Diſciplinen. Der Auctor iſt an. 1612 den 24ten Sept. nachdem er, wegen erhaltener Theologiſchen Profeſſion in ſeiner Vater = Stadt, zu Gieſſen Doctor worden, auf dem Rückwege zu Speyer geſtorben.

Lira (*ital.*) Lire (*gall.*) eine Art eines beſaiteten Inſtruments, worauf das gantze Syſtema der Alten erbauet und gegründet worden. Man giebt vor; daß dieſes Syſtema anfänglich von Mercurio gleichſam zufälliger weiſe ſey erfunden worden, und damahls nur drey Saiten gehabt habe, deren erſte gegen die zweyte ein Semitonium, und die zweyte gegen die dritte einen gantzen Ton ausgemacht, z. E. H. c. d. Apollo habe die vierdte Saite hinzu gethan: Corœbus die fünffte; Hiagnis die ſechſte, und Terpander die ſiebende. In dieſem Zuſtande ſey es geblieben bis auf Pythagoram, oder, wie andere wollen, auf den Lycaon, von welchem die achte noch hinzugethan worden, um die unterſte und oberſte gegen einander einſtimmend zu machen. Nachgehends habe Timotheus die 9te, 10te und 11te hinzugefüget. Endlich ſind noch 5 Saiten darzu gekommen, daß deren zuſammen 16 geworden; wer aber ſolches gethan habe, kan eigentlich nicht geſagt werden. ſ. *Broſſards* Dictionaire.

Lira da Braccio (*ital.*) eine kleine Leyer, iſt an der Structur einer Tenor-Viola da Braccio gleich, hat ſieben Saiten, davon ihrer fünffe auf dem Kragen, zwo aber auſſerhalb demſelben liegen, und wird mit dem Bogen tractiret.

Lira da Gamba (*ital.*) iſt eben was Arci-Viola di Lira.

Lirare, liteggiare (*ital.*) heiſſet (1. auf nurerwehnten Inſtrumenten ſo wol, als andern ſo mit Bogen tractirt werden, mit ſolchem 2. 3. und mehr Noten in einem Strich abſolviren. (2. auf der Leyer ſpielen, leyren.

Lirone perfetto (*ital.*) eine groſſe Leyer. ſ *Arci-Viola di Lira*.

Liſcio, dieſen Italiäniſchen Terminum brauchet Hugo Wilderer in einem Miſerere, bey dem Accompagnement der Inſtrumente, ſammt dem Wort adagio, und heiſſet ſo viel, als planus, lævis, glatt, ohne Zierrath. Ferrarius meynet: von lævis komme lævitio, und entweder aus dieſem, oder à lingendo, lecken, ſey liſcio entſtanden.

Liſtenius (*Nicolaus*) hat an. 1543 eine aus 6 Bogen beſtehende lateiniſche Muſicam zu Leipzig in 8vo drucken laſſen, und ſie Herrn Johann Georgen, Churfürſts Joachimi II. zu Brandenburg, Erb-Printzen dedicirt. In gedachter Zuſchrifft meldet er: daß das Brandenburgiſche ſein Vaterland geweſen ſey. Beſagtes Buch iſt ſchon vorher an. 1540 bey Joan. Petreio zu Nürnberg, wie auch an 1548 daſelbſt gedruckt, ingleichen an. 1553 wiederum zu Leipzig aufgeleget worden. Sie iſt in zwey Theile getheilet. Der erſte Theil enthält 10 Capitel folgenden Inhalts, als: c. 1. de Muſica theoretica, practica & poëtica. c. 2. de Scala: c. 3. de Clavibus ſignandis in utroque cantu. c. 4. de Vocibus. c. 5. de Mutatione. c. 6. de Scalis ac Cantuum generibus. c. 7. de Solmiſatione. c. 8. de Clavium transpoſitione. c. 9. de Modis ſeu intervallis, und c. 10. de Tonis. Der zweyte Theil, de Muſica menſurali handelnd, beſtehet aus 12 Capiteln, deren erſtes: de Figuris Notarum. Das 2te: de Pauſis. Das 3te: de Ligaturis Das 4te: de tribus Gradibus muſicalibus. Das 5te: de Augmentatione. Das 6te: de Diminutione. Das 7de: de Imperfectione. Das 8te: de Alteratione. Das 9te: de quadruplici Punctorum genere. Das 10te: de Tactu. Das 11te: de Syncopatione, und das 12te: de Proportionibus Unterricht giebt.

Litania, pl. litanie (*ital.*) Litania, pl. litaniæ (*lat.*) Litanies (*gall.*) ohne Singul. λιτανία (*gr.*) heiſſet ſo viel, als Supplicatio, ſupplices preces, ein demüthiges, brünſtiges Gebet, vom griechi-

griechischen Verbo λιτανεύω, supplico, so von λιτὴ, preces herkommt. s. Broff. Diction. und *Martini* Lex. Philologicum. Castelli weiß in Italiänischen von seinem Singulari, sondern nur von einem Plurali, auf zweyerley Art geschrieben, nemlich Letanie und Litanie. Es werden solche in vielen Römischen Kirchen auch figuraliter tractiret.

Liticen [*lat.*] qf. lituo canens, ist aus lituicen zusammen gezogen, und bedeutet einen Zincken-Bläser.

Lituus [*lat.*] ein Zincke. Ehemahls hat es auch eine Schalmey; it. tubam curvam, ein Heer-Horn bedeutet.

Liturgia, λειτυργια [*gr*] bedeutet einen Dienst, insonderheit aber den Gottes-Dienst in der Kirche, worzu vornehmlich die Administration des Heil. Abendmahls und die Horæ gehören; ingleichen auch das Buch, oder Agende, darinn alles, was zum Gottesdienste gehöret, aufgezeichnet stehet. s. Schöttgens Antiquit. Lex.

Lityerses, des Königs Midæ, welcher an. M. 3647, oder 301 Jahr vor Christi Geburt, zu Celænæ in Phrygien regieret, natürlicher Sohn, ist ein braver Schnitter gewesen, und hat ein gewisses Schnitter-Lied eben den Nahmen Lityerses oder λιτυέρσις [*gr.*] von ihm nachgehends bekommen. s. *Martinii* Lex. Philol.

Liutaro [*ital.*] ein Lautenmacher. Liutista [*ital.*] ein Lautenschläger.

Liuto [*ital.*] eine Laute.

Lobetius [*Joannes*] ein JCtus und vortrefflicher Organist zu Straßburg ums Jahr 1567, dessen, als seines vom 1548ten Jahre her gewesenen guten Freundes, *Martinus Crusius* in annot. ad cap. 2. lib. 1. Germano-Græciæ, pag. 128. erwehnet.

Lobkowiz [*Joannes Caramuel à*] eines Luxenburgischen Edelmanns, Laurentii Caramuelis Sohn, gebohren von einer teutschen Mutter zu Madrit in Spanien an. 1606 den 23 Maji, trieb in seiner Jugend die Mathesin und Poesie, auch die Orientalischen Sprachen, und insonderheit das Chinesische, ward Doctor Theologiæ zu Löven, kam nach dem 1648ten Jahr in Böhmen, und wurde nach Rom beruffen; schrieb, unter andern, in Spanischer Sprache ein Musicalisches Buch unter folgendem Titul:

Arte nueva de Musica inventada anno de '00 por S. Gregorio, desconcertada anno da 1026 por Guidon Aretino, restituida à su primera perfeccion anno 1620 por Fr. Pedro de Vrenna, reducida à este breve compendio anno 1644 por I. C. &c. in 4to. En Roma por Fabio de Falco 1669. ingleichen an. 1645 bey Cosmerovio zu Wien gedruckt. s. *Antonii* Bibl. Hisp. das comp. Gelehrten-Lex. und das *Giornale le de' Letterati d' Italia dell' anno* 1669. in Roma, p. 124. sq. woselbst der Inhalt dieses Buchs recensirt wird. Im dritten Tomo seines Cursus Mathematici ist auch etwas von der Music enthalten. s. *Antonii* Bibl. Hisp. daß der Auctor ein Cistercienser, Theol. Professor, auch zu Vigevano, einer kleinen Stadt im Maylländischen, Bischoff gewesen, und an. 1682 gestorben sey, ist in *Jacobi le Long* Bibliotheca Sacra, p. 667 zu lesen.

Locatelli [*Pietro*] von Bergamo gebürtig, hat XII Concerti grossi à quattro & à cinque zu Amsterdam bey Mr. le Cene in Kupffer herausgegeben, und sie D. Camillo Cibo de Duchi di Massa e Carrara &c. Patriarca di Constantinopoli zugeschrieben. Der Auctor hält sich jetzo in Amsterdam auf.

Lochnerus (*Joachimus*) hat an. 1578 vierstimmige Magnificat, über die 8 Kirchen-Töne gerichtet, zu Nürnberg in 4to drucken lassen. s. *Drauaii* Bibl. Class. pag 1631.

Lochon, ein Frantzösischer Componist von Tours gebürtig, hat lateinische Motetten gesetzet. s. die Histoire de la Musique, T. 4. p. 103.

Lodi [*Demetrio*] hat drey Wercke herausgegeben, davon das letzte aus 1. 2. und dreystimmigen Canzoni, oder Sonate concertate per Chiesa bestehet. Daß er ein Camaldulenser-Mönch, und aus Verona bürtig gewesen, bezeuget ein an. 1623 in Venedig gedrucktes Sonaten-Werck.

Löber (*Johann Ernst*) Stadt-Organist alhier zu Weimar, von Erffurt gebürtig, hat an. 1612 den 19 Junii auf Johann Schröters, Cantoris und Organisten zu Woilsberg Hochzeit, ein Concert von 2 Stimmen und G. B. über den Text: Ich schlaffe, aber mein Hertz wachet, *ꝛc.* componiret, und zu Erffurt drucken lassen.

Löbe

Löbe (Arnold) von Halberstadt, war unter den 53 verschriebenen Organisten der 25te, welcher das an. 1596 in die Schloß-Kirche zu Grüningen erbauete Orgel-Werck bespielte und examinirte. s. Werckmeisters Organ. Gruning. rediv. §. 11.

Löhner (Johann) Organist an der S. Laurentii-Kirche in Nürnberg, hat daselbst seine auserlesene Kirch- und Tafel-Music an. 1682 in 4to; die Trauungs-Lust, oder Erden-Freude an. 1697 in folio; und die *Suavissimas canonum musicalium delitias*, oder Musicalische Lustbarkeiten lieblich lautender Ton-Ubungen, 2c. von 3. 4. 5 = 8 Stimmen, an. 1700 in 4to drucken lassen.

Löscher (Caspar) der hochberühmte nunmehro seel. Doctor und Professor Theologiæ, auch General Superintendens zu Wittenberg, hat daselbst an. 1699 eine Dissertation: de Saule per Musicam curato, in 4to geschrieben. Er war gebohren zu Werda an der Pleiße den 8 Maji, an. 1636, studirte von an. 1656 bis 1668 zu Leipzig, wurde in diesem Jahre Pastor und Superintendens zu Sondershausen, an. 1676 Senior des Ministerii zu Erffurt, drey Jahr hernach Superintendens zu Zwickau, und endlich an. 1687 zu Wittenberg Theologiæ Professor Primarius. der gantzen Universität Senior, des Consistorii Assessor, Pastor an der S. Marien-Kirche, und General-Superintendens des Sächsischen Chur-Creyses woselbst er an. 1718 den 11ten Julii gestorben ist.

Löw (Johann Jacob) von Eisenach gebürtig, war Capellmeister zu Zeiz, schrieb an. 1664 verschiedene leichte und schwere Canones, theils vor Instrumente, theils aber vor Sänger, und zwar über M. Martin Krempens 1sten und 2ten Theil seiner Arien, von 1. 2. 3. 4 bis 8 Stimmen gesetzt, und dedicirte selbige seinem Herrn, Hertzog Moritzen. Der Chur-Sächsische Capellmeister, Heinrich Schütz, hat ein Gutachten darüber verfertiget, und ihm diesen Titul beygeleget: Edler, Vester, Sinnreicher, insonders und als Sohn vielgeliebter Freund. In der Vorrede meldet der Auctor folgendes: "Was ein verständiger Music-Freund bey Erblickung dieser meiner Canonum vor Gedancken schöpffen will, bin ich begierig zu vernehmen. Dieses einige weiß ich sonder ungebührliche Ruhmsucht zu bejahen, daß, nachdem mir das Glücke das gepriesene Welschland und seiner berühmten Capellmeister Unterricht und genau-vertraute Conversation vergunt, mich dennoch viel Arbeit gekostet hat einen Canonem nach besagter Belehrung einzurichten: wiewol es einer schwerlich glauben wird, ehe er die Hand ans Werck leget. Ob sie aber nach Kunst-Regeln geformet, mag derjenige, der Bescheid darinnen weiß, beurtheilen. Anfänglich war ich willens, jeden Canon in Partheyen resolvirt zu setzen, damit alle Schwierigkeit, so etwa diesen oder jenen abschrecken dörffte, ihnen benommen würde; als ich aber sorgfältiger mit mir selbst zu Rathe gieng, hab ichs aus erheblichen Ursachen anstehen lassen. Dannenhero bedüncket mich, und die Furcht wird kaum vergeblich seyn, daß ihrer viel darüber die Nase rümpffen werden, denen sothane Arbeit nicht gefallen wird, halte aber auch gäntzlich davor, es werde solcher Eckel bey einem schwachen und dergleichen Speise ungewohnten Magen aufsteigen. Zu dem bin ich unbekümmert, ob diese Blätter ein Bier-Fiedler oder Pfuscher, der nur zu Kannen oder Ellen gewohnt ist, und der wahren Kunst mehrmahls durch ein ungeschicktes Geplerre einen Schandflecken anhängt, anschießen werde oder nicht, denn solche Gesellen, ob sie gleich grausam-grosse Componisten, und nach ihrer Einbildung, stattliche Harmonien-Schmiede seyn wollen, erheische ich nicht zu Richtern, oder Lobsprechern, weil der hochverständigen und durch lange Zeit ausgeübten Künstler, die mit Ehren diesen Nahmen verdienen, weißlich gefälltes Gutduncken mir allewege beliebt gewesen, demselben unterwerffe ich diese Canones auch." Und in oben gedachter Zuschrifft wird erwehnet: "daß er seine in studio musico habende Scienz, so wol in Theoria als auch in Praxi bey vernehmen Virtuosen am Kayserl. Hofe zu Wien, und an andern Fürstl. Höfen erlanget habe."

Löwenstern [*Mattheus Apelles* von] von Polnisch-Neustadt aus dem Oppelschen Fürstenthum in Schlesien gebürtig, eines Sattlers Sohn, gebohren an. 1594 den 20 April, bahnte sich durch die Music den Weg zu seinem Glück, und ward anfänglich an. 1625. Fürstl. Bernstädt. Rentmeister und Director Chori Musici, dann an. 1626 der Fürstl. Schule zu Bernstadt Præses, ferner an 1631 Rath und Secretarius, hierauf Cammer-Director, folgends bey den Römischen

Kay-

Kayſern Ferdinando II. und III, von welchem letztern er auch in den Adel-Stand erhoben worden, endlich bey Hertzog Carl Friedrich zu Münſterberg und Oels, Staats-Rath, und ſtarb an. 1648 den 11 April, nach vielen Gicht-Schmertzen am Podagra. ſ. Wetzels Lieder-Hiſtorie, P. 2. p. 84. ſq.

Loge [*gall.*] l. f. ein Orgelmacher-Terminus, heiſſet das Lager. Z. E. la loge de Souflets de l'Orgue, das Lager der Orgel-Bälge.

Logeum, λογεῖον [*gr.*] war ein Ort auf dem Theatro, wie ein Pult oder Catheder gemacht, von welchem man zu dem Volcke reden konte. ſ. Schöttgens Antiquitäten-Lexicon.

Logi, ein Böhmiſcher Graf, und vortrefflicher Lauteniſt, ſoll vom Kayſer Leopoldo wegen ſeiner groſſen Virtù auf der Laute in dieſen Stand ſeyn erhoben worden. Iſt geſtorben an. 1721, nachdem er ſein Leben auf etliche 80 Jahr gebracht. ſ. Barons Unterſ. des Inſtruments der Laute, p. 73. ſq.

Lohenſtein (Daniel Caſpar von) der an. 1635 den 25 Jan. zu Nimptſch in Schleſien gebohrne, und an. 1683 den 27 Aprilis verſtorbene Breßlauiſche Ober-Stadt-Syndicus und Kayſerl. Rath, hat in ſeinen unvergleichlichen Arminius, P. 2. p 907. ſqq. einen gelehrten Discours: von Krafft der Muſic, eingerücket.

Lohet (*Simon*) war am Ende des 16 Seculi Organiſt am Würtembergiſchen Hofe; denn Johann Woltz hat ſeiner an. 1617 herausgegebenen Tabulaturæ Muſices Organicæ, 24 Fugen von deſſen Arbeit, welche er ehemahls von ihm bekommen, mit angehänget.

Lohr (Michael) Cantor zu Dreßden, von Marienburg gebürtig, gab an. 1629 auf ſeine Koſten 15 ſieben- und achtſtimmige Motetten, unter dem Titul: Neue Teutſche und Lateiniſche Kirchen-Geſänge und *Concerten*, zu Freyberg; und den zweyten Theil derſelben an. 1639 zu Dreßden in 4to heraus.

Lokkenburg (*Joannes à*) hat eine fünffſtimmige Miſſam edirt.

Lombardo (*Girolamo*) oder Hieronymus Lombardus, ein ums Jahr 1600 ſehr berühmt geweſener Sicilianiſcher Componiſt, hat vier Miſſen von 4 und 5 Stimmen, nebſt einem G. B. herausgegeben. ſ. *Mongitoris* Biblioth. Sicul.

T. I. p. 280 und den *Parſtorff.* Muſic. Catalog. p. 4.

Lonardo (*Giovanni*) ein Harffeniſt zu Neapolis, deſſen *Capaccio* in ſeinem an. 1634 daſelbſt gedruckten Foraſtiero, Giornata 1, p. 7. gedencket.

Londicer (Ernſt Johann) aus Stockholm gebürtig, hat als ein achthalbjähriger Knabe, ein recht artiges Præludium von 4 Stimmen, nebſt einer ſchönen cantablen Menuet, ſelbſt componiret, und dem Herrn Hof-Marſchall, Baron Andreas von Düben dediciret. ſ. die Jenaiſche Zeitung, an. 1724. den 18 Decemb. Daß er von einem vormahls bey einer Schwediſch-Teutſchen Baraillon geſtandenen Officier, welcher ſchon verſchiedene dergleichen Proben einer beſondern Art zu informiren, gezeiget, unterwieſen worden; an. 1723 am 26 Mertz in einem unter Direction des Königl. Capellmeiſters Rohmann bey vorgedachtem Herrn Hof-Marſchall angeſtellten Concert ſich unvermuthet, als ein Knabe von 6 Jahren, eingefunden, um ſich auf dem Clavier hören zu laſſen, welches auch auf einem Clavichordio geſchehen, worauf er eine zeitlang viele ſehr künſtliche Sachen weggeſpielet, endlich aber gar den General-Baß zu einer Italiäniſchen Aria, welche Mademoiſelle Reinkin geſungen, auf einem Clavicymbel tractiret; hierauf in dieſem und folgenden 1724 und 1725 Jahre, ſo wol bey Hofe, als in der St. Jacobi-Kirche auf dem Norden-Malm zu verſchiedenen mahlen figuraliter und choraliter wundernswürdige Proben ſeiner Geſchicklichkeit abgeleget, auch an der Königin Nahmens-Tage ein muſicaliſches Concert aufgeführet habe; nicht weniger in Theoria ſo ſtarck damahls ſchon geweſen ſey, daß er viele Capell-Muſicos beſchämen dörffen; ſolches alles iſt im Hiſtoriſchen Kern, oder in der kurtzen Chronica der merckwürdigſten Begebenheiten des Jahrs 1726, im Januario, vom 33ten bis 36 Blatte weitläufftiger zu leſen. Von Stockholm wurde unterm 15 Nov. an. 1730 folgendes von ihm berichtet: "Am verwichenen Sonntage ward allhier das Feſt Aller Heiligen gefeyert, an welchem in der hieſigen Haupt-Kirche zu St. Maria Magdalenen eine ſehr groſſe Menge Volcks ſich eingefunden, um die von dem neuen Organiſten, Ernſt Johann Londicer aufgeführte ſonderbahre ſchöne Muſic anzuhören; derſelbe iſt neulich von Caſſel, woſelbſt er ſich 2 Jahr aufgehalten, wieder alhier in ſeine Geburts-Stadt angekommen, iſt 13 Jahr und etliche Monat alt, und hat ſeine Beſtallung nicht allein bey bemeldter Kirche, ſondern auch am Königlichen Hofe. ſ. das 96ſte Stück der Lippſtädter Zeitungen.

Longa, ein Italiäniſches Subſtantivum, Longue (*gall.*) Longa (*lat*) alſo heißt die vierſchlägige Note, welche alſo ausſiehet: 𝄻 oder 𝄼.

Longepierre, ein gelehrter Frantzoſe, führet in ſeinen Anmerckungen über den Anacreon verſchiedene Gattungen von Saiten-Spiel an. ſ. Barons Unterſ des Inſtruments der Laute, p. 16.

Longueil (de) einer von den beſten Frantzöſiſchen Vocal-Muſicis, hat viel habile Scholaren gezogen; ſ den *Mercure Galant* des 1678 Jahrs, im *Decembre*-Monat, p. 80.

Longitudo ſoni (*lat.*) die Währung eines Klanges.

Lopez oder Lobo (*Eduardo*) ein Portugieſe, Beneficiarius, und Capellmeiſter an der Dom-Kirche zu Liſſabon, hat folgende Sachen herausgegeben, als:

Natalitiæ noctis Reſponſoria, von 4 und 8 Stimmen.

Miſſam ejusdem noctis, von 8 Stimmen.

B. Mariæ Virginis Antiphonas, von 8 Stimmen.

B. Mariæ Virginis Sa've, auf drey Chöre mit XI. Stimmen, und

B. Mariæ Canticum: Magnificat, von 4 Stimmen, an. 1605 zu Antwerpen in groß folio gedruckt. ſ. *Antonii* Biblioth. Hiſpanam.

Lorber (Johann Chriſtoph) ein Kayſerl. gekrönter Poet, und Hochfürſtl. Weimariſcher Hof-Advocatus ordinarius, gebohren an. 1645, den 19ten April, gab an. 1690 das Lob der edlen Muſic, in teutſchen Verſen, von 4 Bogen in 8vo, nebſt Poetiſch- und Hiſtoriſchen Erklährungen über einige darinn vorkommende Redens-Arten, ſo auch 2½ Bogen betragen: ferner an. 1697 die aus 2½ Bogen beſtehende Vertheidigung der edlen Muſic, wieder einen angemaßten Muſic-Verächter ausgefertiget, allhier zu Weimar in 8vo heraus. Er iſt geſtorben an. 1722 den 16ten April.

Lorbeer (Joſeph) ein Hautboin in der Kayſerl. Hof-Capelle an. 1721.

Lorenzani (*Paolo*) ein Römer und Scholar des Horatii Benevoli, war anfänglich zu Rom an der Jeſuiter-Kirche, hernach zu Meſſina in Sicilien an der Cathedral-Kirche Muſic-Director, kam hierauf an den Königl. Frantzöſiſchen Hof, woſelbſt er ſich mit ſeiner Compoſition trefflich inſinuirte, gieng auf des Königs Befehl nach Italien, und brachte an. 1679 von dannen fünff Vocaliſten mit. ſ. den *Mercure Galant*, im May- und Chriſt-Monat *a. c. p.* 172 *ſqq.* und 216 *ſq.* Von ſeiner Arbeit iſt das erſte Motetten-Buch in Paris zu bekommen. ſ. den *an.* 1729 daſelbſt in 4to gedruckten *Cat-l general, p.* 4.

Loritus. ſ. *Glareanus.*

Looſe (Gottfried) von Klein Brembach einem zwiſchen Neumarck und Cölleda liegenden halb Eiſenach- und halb Erffurtiſchen Dorffe, gebürtig, iſt gebohren an. 1686 im Decembr. an. 1717 an den Fürſtl. Naſſau-Ibſteiniſchen Hofe als Pagen-Hofmeiſter und Sopraniſt beruffen; nach tödtlichem Hintritt aber des daſigen Fürſten, an. 1727 in der Hochfürſtl. Eiſenachiſchen Capelle als Cammer-Muſicus angenommen worden.

Loſius (*Cyprianus*) ein Franciſcaner-Mönch zu Cremona ums Jahr 1600, hat ſich inſonderheit auf die Muſic appliciret, ſehr viel Wercke davon zuſammen getragen, und in Ordnung gebracht, welche in der Cloſter-Bibliothec daſelbſt verwahrlich aufbehalten werden. ſ. *Ariſii* Cremonam literatam, p. 456.

Loſſius (*Lucas*) der zu Lüneburg über 50 Jahr im Schul-Amte geweſene Rector, gebohren an. 1508 den 18 Oct. zu Vacha in Heſſen (Fachenſis) hat an. 1553 eine Pſalmodiam, darinn die damahls gebräuchliche lateiniſche Kirchen-Geſänge in Noten vorgeſtellet ſind, in 4to drucken laſſen. An. 1579 iſt ſolche, nebſt einer Vorrede Philippi Melanchthonis, zu Wittenberg wiederum aufgelegt worden. Seine Erotemata Muſicæ practicæ ſind an. 1563 zum erſten- und an. 1570 zum zweytenmahle zu Nürnberg in 8vo gedruckt worden, nachdem er ſelbige mit Hülffe Chriſtophori Prætorii, eines Schleſiers, und Cantoris an der S. Johannis-Kirche in Lüneburg (welcher eine Tabelle darzu verfertiget) nochmahls revidiret; ſie beſtehen in Fragen, und machen

machen 13 Bogen aus. Die dritte Edition ist abermahl zu Nürnberg an 1579 herausgekommen. Das erste Buch handelt in 7 Capiteln; de Musica Chorali, und zwar c. 1. de Clavibus & Vocibus. c. 2. de Vocum mutatione. c. 3. de Cantu. c. 4. de Solmisatione. c. 5. de Clavium transpositione. c. 6. de intervallis. und c. 7. de Tonis. Das zweyte Buch in 12 Capiteln; de Musica Figurali seu Mensurali, c. 1. de Notarum figuris. c. 2. de Paulis. c. 3. de Notarum ligaturis. c. 4. de tribus Musicæ gradibus eorumq; signis. c. 5. de Augmentatione. c. 6. de Diminutione. c. 7. de Imperfectione. c. 8. de Alteratione. c. 9. de quadruplici Punctorum genere. c. 10. de Tactu. c. 11. de Syncopatione, und c. 12. de Proportionibus. Er ist den 8ten Julii an. 1582 gestorben, und Lucas Baemeisterus hat, als er an. 1585 Rector auf der Universität Rostock geworden, ihm, als seinem gewesenen Præceptori, zu Ehren, eine Orationem Panegyricam gehalten, welche in Herrn Georg Heinrich Götzens Elog. German. Theolog. gleich im Anfange befindlich ist. s. *Wilisii* Incunabula Scholæ Annæbergensis, p. 22. in notis. Sein von ihm selbst ein Jahr vor dem Tode aufgesetztes Epitaphium lautet folgender gestalt:

Hac placide Lucas requiescit Lossius urna.
Parte cinis terræ, qua levis ille fuit.
Pars melior vivens cœli mens incolit arcem,
Inter, qui multos erudiere, viros.
Qui pubi decies quinos atque amplius annos
Tradidit hic artes cum pietate bonas.
Edidit & facili qui simplicitate libellos
Non paucos, Christi, Pieridumque scholis.
Finibus Hassiacis nemorosis natus, & agris,
Vacham qua præter, clare Visurge, fluis.
Hæc ubi cognoris, quo te via ducit euntem,
Lector abi, & felix vive, valeque diu.

s. *Melch. Adami* Vitas Germanorum Philosophorum, p. 309.

Loth (*Urbanus*) gab an. 1616 unter dem Titul: Musica Melica, 1. 2. und 3stimmige Fest=Concerten zu Passau in 4to heraus. s. *Draudii* Bibl. Class. p. 1641.

Lotherus [*Melchior*] hat an. 1522 Responsoria zu Leipzig drucken lassen.

Lotti [*Antonio*] ein Venetianischer Componist, hat ein aus 12 Madrigalien von 2. 3. 4. und 5 Sing=Stimmen bestehendes schönes Werck drucken lassen. Verfertigte an. 1718 zu Dreßden die Opern; gieng von dar an. 1720 wiederum nach Venedig, woselbst er jetzo an der S. Marcus-Kirche der erste Organist ist. s. des Herrn Hofrath Uffenbachs Nachlese besonderer Nachrichten von Italien, p. 50. Seine Fr. Ehe=Liebste, Santa Stella Lotti hat in der Dreßdenischen Oper an. 1718 bis 1720 ihre Partie mit gesungen.

Lotti [*Johann Friedrich*] der vierdte Violinist in der Königlichen Capelle und Cammer=Musik zu Dreßden an. 1729. s. den dasigen Hof= und Staats=Calender.

Lotos, wird beym *Ovidio* lib. 4 Fastorum v. 187. pro tibia in folgenden Worten gebraucht:

Sed me sonus æris acuti
Terret, & horrendo lotos adunca sono.

weil es dazumahl Pfeiffen gegeben, so aus einem Lotischen Baume, oder Rohre, so diesen Nahmen geführet, verfertiget worden.

Louette (la) ein Frantzose, hat ein Motetten=Werck aus Licht gestellet. s. *Bovins* Music=Catalogum aufs Jahr 1729, p. 14. conf. *Laloüette*.

Louis de Benevente, ein Spanischer Poet und Musicus ums Jahr 1645. s. die *Histoire de la Musique*, T. I. p. 260.

Loulié, ein Frantzose, hat Elements ou Principes de Musique mis dans un nouvel ordre, trés-clair, trés facile, & trés-court, & divisez en trois parties, d. i. sehr deutliche, leichte und kurtze aus 3 Theilen bestehende Elementa musica oder Musicalische Anfangs=Gründe an. 1698 zu Paris in 8vo drucken lassen. (Sie sind auch in eben diesem Jahre zu Amsterdam herausgekommen.) Der erste Theil ist für Kinder; der 2te für etwas erwachsene, und der 3te für solche Leute, die

von

von den Principiis muſicis zu raiſonniren fähig ſind. Daß der Auctor dieſes Werck, ſo ſieben Bogen ausmacht, an. 1696 geſchrieben habe, iſt aus p. 48. ermeißlich. Es iſt dabey ein Küpffergen einer neu-erfundenen Machine, Chronometre genannt, ſamt derſelben Beſchreibung und Gebrauch befindlich, vermittelſt welcher die Componiſten das veritable mouvement ihrer Compoſition hinführo bemercken, und ihre nach ſolcher verfertigten Wercke auch abweſend eben alſo executirt werden können, als wenn ſie ſelbſt zugegen den Tact gäben

Louiſon, ein Frantzöſiſcher Violiniſt, beſſen die Hiſtoire de la Muſique T. 3. p. 106. gedencket.

Loure [*gall.*] ſ. f. bedeutet (1. eine groſſe Sack-Pfeiffe. ſ. *Ménag-Dict. Etymol.* [2. eine Piéce oder einen Tantz, ordinairement in $\frac{6}{4}$ Tact geſetzt, welcher langſam und gravitätiſch tractirt wird; jedes halben Tacts erſte Note bekommt einen Punct, welcher wohl gehalten werden muß. ſ. *Matthe ſonii* Orch I. p. 176.

Lourer [*gall.*] beſtehet darinn: daß man unter 2 gleichgeltenden Noten, bey der erſten ein wenig mehr hält, und derſelben mehr Nachdruck giebt, als der zweyten, jedoch ſo, daß man ſie nicht punctiret oder abſtöſſet. ſ. Broſſards Diction. pag. 293 ſq.

Loureur [*gall.*] ſ. m. ein Sack-Pfeiffer.

Lowe [*Edoardus*] Organiſt an der Chriſt-Kirche, und Königl. Capelle zu Oxford, wurde an. 1661 an D. Wilſons Stelle, zum Profeſſor Praxeos Muſicæ daſelbſt [als der vierdte nach der Stiftung] angenommen. ſ. *Antonii a Wood* Hiſt. & Antiquit. Univerſ. Oxonienſis, lib.2. pag. 44.

Low [*Edwardus*] ein Baccalaureus Muſices, war an. 1675 bey der Königlichen Capelle, und an der Kirche Chriſti [Ædis Chriſti] zu Oxford in England Organiſt. ſ. die *Notitiam Oxonienſis Academiæ, p. 35.* am Rande.

Loyſeau, ein Organiſt und Componiſt an der S. Martins-Kirche zu Tours in Franckreich, ums Jahr 1679, deſſen der *Mercure Galant* im Januario a. c. pag. 49 gedencket.

Lozange, oder Loſange [*gall.*] ſ. f. Rhombus [*lat.*] eine länglicht-gezogene viereckigte Figur.

Luc [*de St.*] ein Königl. Frantzöſiſcher Theorb- und Lautenist, zu Ende des vorigen, und Anfange des jetzigen Seculi, hat zwey Bücher Lauten-Stücke, wozu noch ein Deſſus vor die Flöte oder Hautboi, und ein Baſſe, nach Belieben, tractirt werden kan., bey Roger in Kupfferſtich ediret. Der Herr von Beſſer, p. 343. ſeiner Schrifften meldet folgendes von ihm: "daß, als er an. 1700 aus Franckreich nach Wien gehend, durch Berlin gezogen, man denſelben alda, bis zu dem bevorſtehenden Beylager des Cäſſeliſchen Erb-Printzens mit der Chur-Brandenburgiſchen Princeßin, aufgehalten, um die Annehmlichkeit der Symphonien, nebſt andern, zu verſtärcken.„ Und pag. 378 ſtehet: " den 6 Junii zu Mittage ward die Tafel in dem Oranien-Saale gedecket, und bey derſelben nur mit einer ſtillen Muſic aufgewartet: nemlich mit der Theorbe, Laute, und Guitarre; die der Frantzöſiſche groſſe Künſtler de St. Luc, zu des gantzen Hofes Verwunderung, alle drey mit einer faſt entzückenden Lieblichkeit rührte, und ſich dadurch den Glauben gar leicht zu wege brachte: daß Se. Königl. Majeſtät von Franckreich, wie das Gerüchte von ihm gehet, ihn vor andern würdig befunden, Sie bißweilen mit dem Klange ſeiner Saiten bey Ihren Mahlzeiten zu ergetzen.„

Luca [*Severo de*] hat das von Silbo Tropei verfertigte Oratorium, il Martirio di S. Erasmo genannt, in die Muſic gebracht, und an. 1700 am dritten Sonntage in der Faſten, zu Rom in der Kirche der Erb-Brüderſchafft della Pietà, Florentiniſcher Nation, aufgeführet. ſ. *Cinelli* Biblioth. Volante, Scanzia XV.

Lucas, iſt ein anjetzo zu Paris florirender Flötenist.

Luceia, eine berühmte Sängerin beym Plinio, welche hundert Jahr lang ſich auf dem Theatro ſoll haben hören laſſen. ſ. *Erythræi* Pinacoth. II. p. 221. edition. Lipſ. de anno 1692.

Lucelburgerus oder Lucelburgius [*Andreas*] hat zwey Bücher Muſicæ Practicæ an 1604 zu Coburg und Jena in 8vo drucken laſſen. ſ. *Draudii* Biblioth. Claſſ. p. 1641. und *Lipenii* Biblioth. Philoſoph.

Lucernates, alſo hieſſen die Lieder, ſo die erſten Chriſten bey ihrem nächtlichen Gottes-Dienſte ſungen. ſ. *Muſurgium,* pag. 64.

Lucchini [*Matteo*] ein Tenoriſt bey der Königl.

Königl. Capelle und Cammer-Music in Dresden an. 1729. s. den dasigen Hof- und Staats-Calender, a. cit.

Lucini [Franc.so] ein Mayländischer Priester, und Baßist am Dom daselbst, hat an. 1616 Concerti diversi a 2. 3. e 4 con partitura, und an. 1617 den Anhang derselben zu Maylandherausgegeben. s. *Picinelli* Ateneo dei Letterati Milanesi, pag. 212.

Lucio [*Francesco*] gab an. 1650 zwey- und dreystimmige Motetti concertati in Venedig heraus.

Lucretius [*Titus*] Carus, der anno Mundi 3880, oder 68 Jahr vor Christi Geburt berühmt gewesene Römische Poet, und Philosophus von des Epicuri Secte, welcher im 43 oder 44 Jahr seines Alters durch einen Liebes-Trunck, welchen ihm seine Maitresse, Lucillia, soll gegeben haben, in Raserey gefallen, und sich selbst entleibet hat, handelt im 5ten Buche: de rerum natura, nicht weit vom Ende, etwas weniges vom Ursprunge der Music. s. Hederichs Notit. antiq. p 304. Ob er aber würcklich in Raserey gefallen, wird von einigen deswegen in Zweifel gezogen: weil die Redens-Arten, daraus man dieses schliessen will, auch von dem furore der Poeten gebraucht werden.

Ludecus [*Johann Melchior*] von Franckfurt an der Oder gebürtig, woselbst er an. 1698 gebohren worden, ist an. 1720 von der Universität Jena hieher nach Weimar gekommen, und von Ihro Hochfürstl. Durchl. Herzog Ernst Augusten, als Cammer-Musicus angenommen, an. 1728 aber als Secretarius gnädigst bestellet worden. Er tractiret, nebst der Violin auch die Violadigamba, Flûte traversière, Flûte douce und die kleine Flöte.

Ludecus (*Mattheus*) von Wilsnach aus der Marck, war Bischoff zu Havelberg, Canonicus und des Capitels daselbst Decanus, schrieb ein Missale, i. e. Cantica, preces & lectiones sacras, quæ ad Missæ officium cantari solent, und starb an. 1606. s. das *omp.* Gelehrten-Lexicon. In den Unschuld. Nachr. an 1706 stehet p. 13 der Titul, wie folget: Vespera & Matutinale, h. e. Cantica. Hymni, & Collectæ, quæ in primis & secundis vesperis itemque matutinis precibus per totius anni circulum in Ecclesiis & religiosis piorum congressibus usitate cani solent, notis rite applicatæ & in 2 Partes ordine digestæ à

Matthæo Ludeco, Eccles. Cathedral. Havelbergens. Decano. Wittenberg. 1589 fol. 18 Alphabet.

Ludenius (*Laurentius*) ein von Ecklenfort im Holsteinischen bürtig gewesener Kayserl. gekrönter Poet, Philosophiæ & J. U. Doctor, welcher auf der Universität Greiffswald 17 Jahr lang anfänglich die Poesie und Historie, hernach Mathesin und Philosoph. Practicam dociret, hierauf zu Dörpt in Liefland die Profess. Juris, Orat und Poëseos bekleidet, auch letztlich Königl. Bibliothecarius gewesen, hat, unter andern, auch eine Oration de Musica, geschrieben, und ist an. 1654 den 21 April, im 62ten Jahr seines Alters gestorben. s. *Wittenii* Diarium Biograph.

Lübeck (Vincent.) ein annoch lebender berühmter Organist an der S. Nicolai-Kirche in Hamburg ist gebohren an. 1654 zu Pobingbüttel im Hertzogthum Bremen, und in Flensburg, woselbst sein seel. Vater an der S. Marien-Kirche als Organist gestanden, erzogen worden; an. 1674 hat er die Organisten-Stelle an der Haupt-Kirche S. Cosmæ und Damiani in Stade erhalten, und selbige in die 28 Jahr bekleidet: endlich aber ist er an. 1702 an obgedachte S. Nicolai-Kirche, nach vorgängiger Probe, als Organist einmüthig erwehlet und vociret worden.

Lullo (*Antonio*) ein Scribent zu des Zarlini Zeiten, aus einer der Balearischen Insuln gebürtig, hat (wie dieser aus dem 6ten Capitel des 5ten Buchs della Oratione anführet) auch l'Arte intiera della Musica geschrieben; welche aber Zarlinus, aller angewandten Mühe ungeachtet, dennoch nicht zu sehen bekommen können, und deswegen fast zweifelt, ob sie heraus gekommen sey. s. Zarl. Vol. 3. lib. 6. p. 266. und 268.

Lulli (*Giov. Battista*) war an. 1633 zu Florentz gebohren, kam, ohngefehr 12 Jahr alt, nach Franckreich an des Königs Brudern Tochter Hof als Küchen-Junge, bey welcher schlechter Bedienung er anfänglich für sich allein, hernach aber, als man sein musicalisches Naturel wahrgenommen, unter Anführung eines Meisters, sich auf der Violin übte; wurde hierauf unter die 24 Violons des Königs gethan, da er denn anfieng allerhand Arien zu componiren; bekam hernach eine eigene Bande, so les petits Violons genennet wurde, unter seine direction; weiter die

Aa 3 Sur.

Sur-Intendanten-Stelle der Königl. Music, und an. 1672, als er 39 Jahr alt war, dergleichen über die Opera. Kurtz: er brachte sich durch seine unvergleichliche Compositionen in so grosse Gnade, daß er, nebst schon gemeldten Ehren-Aemtern, auch Königl. Secretarius und Rath geworden; ist gestorben an. 1687 den 22 Mertz, im 54 Jahr seines Alters, und liegt in der Kirche der kleinen Augustiner zu Paris begraben, woselbst er eine Capelle bauen, und seine Witbe ihm ein sehr schönes Grabmahl setzen lassen. Ausser geistlichen und andern Compositionen, zehlet man, in den 15 Jahren seines Directorii, von ihm 19 Opern und Operetten, deren Benennung, nebst mehrern Umständen, in *Matthesonii* Critica Musica, T. 1. p. 184. & præced. zu lesen. conf. *l' Histoire de la Musique*, T. 3. p. 133. 176.

Lumbardus (*Joan. Baptista*) gab an. 1587 den ersten Theil seiner Canticorum B. Virginis zu Rom in 4to heraus. f. *Draudii* Bibl. Claff. p. 1631.

Lumiére (*gall.*) s. f. ist an blasenden Instrumenten die Ritze oder Spalte, wodurch der Wind und Odem hineingelassen wird; it. an Orgel-Pfeiffen das untere Loch, wodurch der Wind in selbige kommt. Beym Mersenno lib 2. de Instrumentis Harmonicis, Prop. 2. bedeutet es an blasenden Pfeiffen das orificium, oder den Aufschnitt; wodurch das Licht hinein fällt.

Lummerg (*Daniel*) ein Magister, ist zu Franckfurt am Mayn Capellmeister gewesen.

Lunssendörffer (Albrecht Martin) ein Organist und Music-Director zu Nürnberg, hat zu denen an. 1659 daselbst herausgekommenen geistlichen Liedern M. Arnschwangers, einige Melodien à Voce sola e Cont. gesetzet.

Lupi (*Didier*) ein Frantzösischer Componist, hat an. 1571 vierstimmige Chansons Spirituelles zu Paris in 8vo drucken lassen. f. *Hyde* Catal. Bibliothecæ Bodlejanæ.

Lupi (*Lupus*) ein Niederländischer Componist, mag ohngefehr um die Mitte des 16ten Seculi florirt haben. f. Daniel Federmanns Niederlands Beschreibung, p 46.

Luppachini (*Bernardino*) hat 5stimmige Madrigalien zu Venedig ediret. f. *Draudii* Bibl. Claff. p. 1629.

Lupus (*Eduardus*) f. *Lopez*.

Lupus (*Michael*) war an. 1548 in Kaysers Caroli V. Capelle ein Tenorist. f. *Mamerani* Catal. familiæ totius aulæ Cæsareæ, p. 12.

Luscinius (*Ottomarus*) oder Nachtigall, ein Mönch und Lector in dem Closter SS Udalrici und Afræ zu Augspurg, ums Jahr 1520. f. *Possevini* Apparat. Sacr. T. 2. oder Prediger zu Basel, f. *Burcardi* Commentar. de Ulrici Hutteni vita, P. 2. p. 270. in notis, von Straßburg gebürtig, hat eine Musurgiam f. Praxin Musicam geschrieben, welche an. 1542 daselbst in 4to gedruckt worden ist. Die ersten zwey Bücher, so Gesprächs-Weise eingerichtet, und deren Interlocutores Andreas Silvanus, und Sebastian Virdung, ingleichen Barthol. Stöflerus und der Autor selbst sind, handeln von allerhand Instrumenten, welche er (laut der Vorrede) aus des zweyten seinem teutschen Tractat genommen, und ins Latein übersetzt hat. Die 2 übrige Commentarii handeln de Concentus polyphoni, i. e. ex plurifariis vocibus compositis vocibus. Das gantze Werckgen beträgt 14 Bogen. Der Auctor ist an. 1535 gestorben. f. *Jacobi le Long* Biblioth. Sacr. p. 568.

Luth oder **Lut** [*gall.*] f. m. eine Laute.

Luthée [*gall.*] das einer Laute gleich ist.

Luthier oder **Luttier** [*gall.*] f. m. ein Lauten-Macher.

Lutkemannus (*Paulus*) hat 4.5. und 6stimmige teutsche und lateinische Cantiones eintzeln heraus gegeben, welche an. 1615, nach seinem Tode, zu Franckfurt an der Oder in 4to zusammen gedruckt worden sind. f. *Draudii* Bibl. Claff. p. 1612.

Luyr (*Adam*) von Aachen gebürtig, hat schon als ein Knabe dem Glareano, als dieser zu Cöln Mathesin docirte, musicalische Compositiones offeriret, davon er ein Exempel seinem Dodecachordo, p. 290 einverleibet hat.

Luyton (*Carolus*) ein Kayserl. Organist und Componist, hat an. 1603 fünffstimmige Cantiones Sacras; ingleichen ein Opus Musicum in Lamentationes Jeremiæ; und an. 1609 siebenstimmige Missen zu Prag drucken lassen, und diese Kayser Rudolpho II. dediciret: An. 611 ist nutzgedachtes Missen-Werck zu Franckfurt am Mayn in groß folio nachgedruckt worden. f. *Draudii* Bibl. Claff. p. 1627 und 1636.

Luzaschi (*Luzasco*) von Ferrara gebürtig,

war

LYR.   LYR.   375

war daselbst an des Herzogs Alphonsi II. Hofe Concert-Meister, und hernach Organist, verfertigte viele Madrigalien, Motetten, und andere Wercke, starb im 62 Jahr seines Alters, und wurde in die Carmeliter-Kirche begraben. Ist, nebst Claudio da Correggio, der beste Organist gewesen, so iemahls Italien gehabt hat. ſ. *Superbi Apparato degli Huomini illustri della Città di Ferrara*, p. 131.

Lydii cantores, waren ehemahls diejenige,
  Musicus Artista, doctorque Parisius iste,
    Sub cæso Antonius marmore carne jacet:
    De Lydo genitus, mens cujus gaudet in astris,
    Famoso laudes nomine mundus habet.

ſ. *Scardeon* de Antiquit. urbis Patavii, lib. 2. Claſſ 12. p. 262.

Lynna (*Nicolaus de*) ein ums Jahr 1370 hauptsächlich in der Astrologie, so dann aber auch in der Arithmetique, Geometrie und Musique berühmt gewesener Engländischer Carmeliter-Mönch zu Lyn oder Kings-Lynne (lat. Linum Regis,) einer in der Provintz Norfolk, am Einfluß der Ouse ins Meer liegenden großen Stadt, von welcher er den Nahmen bekommen hat, und woselbst er auch gestorben seyn soll. ſ. *Balei* Catal. Scriptorum Britanniæ, Centur. 6. p 468.

Lyra [*lat.*] λύρα [*gr.*] quasi Lytra; ein uraltes mit Saiten bezogenes Spiel-Zeug oder Instrument, welches Mercurius aus einer gefundenen dürren Schild-Kröte soll erfunden, und dem Apollini als ein Löse-Geld für die ihm, oder vielmehr dem Admeto, gestohlene Rinder abgetreten und überlassen haben. Von der wahren Beschaffenheit dieses Instruments kan, bey so vielen verschiedenen Meynungen, nichts zuverläßiges gesagt, inzwischen aber vieles davon in Martinii Lexico Philologico gelesen werden.

Lyra hexachordis [*lat.*] λύρα ἑξάχορδος [*gr.*] ein solches Spiel-Zeug von sechs Saiten

Lyra Lesbia, ist das mit drey Saiten bezogen gewesene Instrument des Arionis, aus der Insul Lesbus gebürtig, dessen Ovidius lib. 2 Faſtorum v. 82 gedencket. Horatius lib 1. Odar. Od. 1. nennet es: Lesbœum Barbiton.

Lyra octachordis [*lat.*] λύρα ὀκτάχορδος [*gr.*] eine acht-saitigte Leyer, oder besser, acht-saitigtes Spiel-Zeug; um es von der Bauren-Leyer zu unterscheiden, als welche nicht, wie diese, wovon jetzo die Rede ist, mit dem Bogen tractirt wird.

so auf den theatris schändliche Lieder sungen, oder tantzten. ſ *Fabricii* Comment. in Poëtas Christianos

Lydius (*Antonius*) ein Italiäner sehr berühmt gewesener Musicus, hat zu Paris studiret, und insonderheit der Music obgelegen, mag auch wohl etwas herausgegeben haben: ist in seiner Vater-Stadt Padua an. 1385 gestorben, und liegt bey den Eremiten in Porticibus daselbst begraben: sein Epitaphium lautet also:

Lyra pentachordis [*lat.*] λύρα πεντάχορδος [*gr.*] ein dergleichen fünffsaitiges Instrument.

Lyra Pythagoræ, hat acht Saiten gehabt, und wie ein Drey-Fuß ausgesehen. Die Figur dieses Spiel-Zeuges, wie auch der andern hier angeführten Lyrarum, sind in des Montfaucon Supplement au Livre de l'Antiquité expliquée & reſpreſentée en Figures, ch. 5. p. 94. abgebildet zu sehen.

Lyra quadrichordis [*lat.*] λύρα τετράχορδος [*gr.*] ein mit vier Saiten bezogen gewesenes Instrument, Harffe oder Cither, wie man es etwa nennen möchte.

Lyra rustica, oder pagana [*lat.*] Lyre [*gall.*] eine Bauren-Leyer; auf welcher die vier darinnen befindliche Saiten, an statt des Bogens, von einem mit Hartze bestrichenen hölzernen Rade gerühret, und die daran befindliche Claviere niedergedruckt werden, und zwar mit der lincken Hand, da inzwischen die rechte das Rad mit einer Handhabe herum drehet. Bonanni p. 107 seines Gabinetto Armonico nennet sie: Lira Tedesca, die Teutsche Leyer.

Lyra septichordis [*lat.*] λύρα ἑπτάχορδος [*gr.*] eine mit sieben Saiten versehen gewesene Harffe, Cither, oder Spiel-Zeug.

Lyra trichordis [*lat.*] λύρα τρίχορδος [*gr.*] ein dergleichen Instrument von drey Saiten.

Lyricen [*lat.*] λυρῳδός [*gr*] qui lyra canit, der eines von vorgesetzten Instrumenten tractirt; it. Lyricus cantor, und Lyriſtes, λυρισής.

Λυρίζειν, lyra canere, auf einem von vorangeführten Instrumenten spielen.

Λυροκτύπης, oder, welches gebräuchlicher, λυρόκτυπος, qui lyram pulſat, der die

Aa 4   alſo

also genannte Leyer (nemlich eines von gemeldten Instrumenten) tractirt; von λύρα, und τύπτω, pulso.

Λυροποιός, Lyrifaber, der dergleichen Instrumente verfertiget.

Λυρῳδία, lyræ cantus, ein Lied auf solchen Instrumenten.

Lysander, ein Citharist aus der im Königreich Morea, auf einem hohen Berge gelegenen, jetzo aber meistens ruinirten Stadt, Sicyon gebürtig.

Lytiersa. s. *Lityerses*. gr. λυτιέρσης.

M.

Maaß (*Nicolaus*) ein Orgelmacher, hat an. 1543 ein Werck von 43 Stimmen in Stralsund verfertiget, dessen disposition im .ten Tomo des Prætorianischen Synt. Mus. p 167 sq. zu lesen ist. Er hat sich hernach bey seiner Königl. Maj. in Dännemarck aufgehalten.

Macharani (*Steffano*) ein Römischer Patricius, hat ein aus 12 Sonaten à Violino solo e Continuo bestehendes Werck, so sein erstes ist, herausgegeben; man kan es zu Amsterdam in Kupffer haben.

Machicots, also hiessen die Choralisten an der L. Frauen-Kirche zu Paris.

Machicoter [*gall.*] heisset: einen Vers allein singen, nicht, denen Noten nach, schlecht weg, sondern mit musicalischen Zierrathen und Läuffen, wie die Choralisten an der L Frauen-Kirche in Paris zu thun pflegen.

Machol, wird von einigen für ein besaitetes, und unsern jetzigen Violdigamben nicht ungleiches; von andern aber für ein Schlag-Instrument der Hebräer gehalten, so aus einem mit vielen Eisen, Ertz, Silber oder Gold gemachten Glöcklein, umgebenen Ringe mit einer Handhabe soll bestanden haben. s. Printzens Mus. Histor. a. 3. §. 8. und 13.

Macholdus (*Joannes*) hat an. 1595 fünff auf die damahlige Türcken-Gefahr gerichtete Motetten in Erffurt drucken lassen.

Macke(*Heinrich*) ist Capellmeister zu Stuttgardt gewesen.

Macque (*Giov. di*) hat 6stimmige Madrigaletten, und Neapolitanische Canzonetten herausgegeben. s. *Draudii* Bibl. Class. p. 1629. conf *Marque*.

Macrobius (*Ambrosius Aurelius Theodosius*) der ums Jahr Christi 390 am Käys. Hofe gestandene Præfectus Sacri Cubiculi, oder Cämmerling, hat einen aus zwey Büchern bestehenden lateinischen Commentarium über des Ciceronis Somnium Scipionis; ingleichen sieben Bücher Saturnaliorum geschrieben. In jenem wird an verschiedenen Orten, als lib. 1. c. 6. und insonderheit lib. 2. c. 1. 2. 3. & 4. von musicalischen, und dahin gehörigen Dingen gehandelt.

Madoni, ein Italiänischer Instrumental-Musicus in der Breslauischen Oper an. 1725. s. *Matthesonii* Musical. Patr. p. 347. Es heisset auch ein berühmter Violinist bey dem zu Paris sich jetzo aufhaltenden Venetianischen Ambassadeur, also, welcher gleichfalls ein Italiäner ist, sich aber bereits über 15 Jahr zu Paris befindet.

Madrigale, pl. Madrigali [*ital.*] Madrigal, pl. Madrigaux [*gall.*] ist eine kurtze, aus freyen und ungezwungenen, auch meist ungleichen Versen bestehende Poesie, welche weder die Mühe eines Sonnets, noch die Scharffsinnigkeit eines Epigrammatis, sondern nur einen zärtlichen und artigen Einfall von nöthen hat. s. *Bross*. Diction. Die Italiänische Schau-Spiele sind fast durchgehends Madrigalien; und muß in allen Zeilen, wo nicht ein gantzer, doch wenigstens ein halber sensus seyn. Die Composition über dergleichen Verse wird auch also genennet. Die Derivation dieses Worts betreffend sagen etliche: es sey so viel, als Madrigal, ein Hirten- oder Schäfer-Lied, von mandra oder mandria, eine Heerde, und deswegen von den alten Italiänern Mandriagale genennet worden. Bey andern heisset es so viel, als Madre della gala, oder Madre galante, Madre gaia, ein zierliches, munter und frölickes Liedgen, qs. mater lætitiæ. Octavius Ferrarius in seinem Originibus Linguæ Italicæ will es vom Spanischen Verbo: madrugar, i. e. diluculo surgere, früh auffstehen, herleiten, inde *Madrigali*, carmina, quæ ab amatoribus diluculo amicarum ostium occentantibus canebantur. s. Omeissens Anleitung zur Teutschen Reim- und Dicht-Kunst, p. 114 *Præt.* Syntag. Mus. T. 3. p. 11. 12. und *Matthesonii* Orch. II. p. 122.

Madrigaletto [*ital.*] ein kurtzes Madrigal.
Madrigalone [*ital.*] ein langes Madrigal.

Mæander, bedeutet einen sehr krummlauffenden Fuß; per Metaphoram: was geflochten

MAE. MAG. 377

ten und krumm umgewunden ist; daher Mæandri vocum, Läufflein in einem Gesange. s. Pexenfelderi Apparat. Eruditiônis, in Syllabo Onomastico.

Maestoso, Maestuoso [*ital.*] majestueux [*gall*] auf eine majestätische, prächtige und etwas besonders in sich haltende oder ausdruckende Art; und daher: ansehnlich und langsam, iedoch mit einer lebhaften Expression.

Maestra. s. *Chiave maestra.*

Maestro di Capella [*ital*] Maître de Musique [*gall*] ein Capellmeister, Music-Meister. Weil Capella auch einen grossen Chor bedeutet, da, um einen starcken Laut zu machen, viel Personen eine einige Stimme, und zwar nach Römischer Art in diesem Zeichen C allabreve, und daher von nöthen, daß sie in gleicher Mensur singen; so nennen die Italiäner den Tact-Führer, wenn er übrigens die gehörigen requisita, so einen Meister machen, hat, einen Maestro di Capella, und die Frantzosen einen Maitre de Musique.

Maffei (*Scipione*) ein Veronesischer Marchese und Accademico della rusco hat, unter andern, das unterm Articul: Cristofali gemeldte Clavicymbel, worauf das piano und forte zu exprimiren ist, in seiner Sprache beschrieben, welche Beschreibung dem an. 1711 herausgekommenen Vten Tomo des Giornale de' Letterati d' Italia, so zu Venedig gedruckt wird, einverleibet worden.

Magadium [*lat.*] μαγάδιον [*gr.*] ist auf besaiteten Instrumenten der also genannte Steg, worauf die Saiten ruhen, und ohne welchen sie nicht klingen können. s. *Bulenger.* de Theatro, lib. 2. c. 38.

Magadis, ist, nach einigen, eine gewisse Flöte; nach andern aber, ein besaitetes Instrument gewesen, wovon beym Athenæo lib. 14. p. m. 634 sqq. ein weitläufftiger Discours zu lesen ist.

Magas, genit. magadis [*lat.*] μαγὰς [*gr.*] Magada [*ital.*] bedeutet, bey einigen, (1. den beweglich- und fortzuruckenden Steg, welcher bey Abmessung der Klänge auf dem Monochordo gebraucht wird. (2. bey andern, das Monochordum selbst; weil die darauf bezogene Saite, deren extremitates: μαγάδες heissen, zwischen zween unbeweglichen Stegen sich befindet. s. *Bross.* Diction. *Martinii* Lex. Philolog. unter dem Worte: Lyra;

Glarean. lib. 1. p. 46. sqq. woselbst am 48ten Blatte gemeldet wird, daß einige davor hielten: ἡ μαγὰς, τῆς μαγάδος sey der Steg; ἡ μάγαδις, τῆς μαγάδιτος, ein Cither-Spiel-Zeug; und ὁ μάγαδος, τοῦ μαγάδου, eine Pfeiffe.

Mage (*du*) ein Frantzösischer Organist an der Königl. Kirche S. Quentin zu Paris, hat eine Suite über den 1sten Kirchen-Ton, so das erste vor die Orgel gesetzte Buch ausmachet, heraus gegeben.

Mager (*Ferdinandus*) aus Steyer gebürtig, war an. 1655 an Kaysers Ferdinandi III. Hofe ein Instrumental-Musicus. s. *Bucelin.*

Magerius (*Steffanus*) hat M. Joan. Schertzeri Symbolum in die Music gebracht, und in 1569 zu Nürnberg in 4to drucken lassen. s. *Gesneri* Biblioth. universf. Nach Draudii Bericht ist es an. 1599 geschehen.

Maghi (*Gio.*) ein Kayserl. Musicus und Pensionist an. 1721, und 1727.

Magghiels (*Jean.*) hat ein Buch 4. 5. und 6stimmiger Lieder gesetzet, so an. 1600 zu Douay in 4to gedruckt worden ist. s. *Draudii* Bibl. Class. p. 1612.

Magiellus (*Dominicus*) das erste Buch seiner 5stimmigen Madrigalien ist an. 1567 zu Venedig heraus gekommen. s. *Gesneri* Biblioth. universf.

Magirus (*Joannes*) von Cassel gebürtig, war erstlich Cantor an der S. Catharinen-Schule in Braunschweig, nachgehends aber Pastor der Hertzogl. Kirche ad D. Blasium daselbst, ein sehr gelehrter Mann und vortrefflicher Musicus seiner Zeit, und schrieb zu besserer Aufnahme der Kunst, Artis Musicæ methodice legibus logicis informatæ libros 2, ad totum Musices artificium, & rationem componendi valde accommodos, in 8vo. Die erste Edition ist an. 1596 zu Franckfurt, ex officina Paltheniana, sumtibus & typis Spiessianis, herausgekommen; die zweyte aber, so gäntzlich umgeschmoltzen und verbessert worden, hat der Auctor, als er schon Pastor an obgedachter Dom-Kirche war, an. 1611 auf eigene Kosten zu Braunschweig drucken lassen, und sie dem Hertzoge Friedrich Ulrich dediciret. In *Draudii* Bibl. Class. p. 1610 wird er auch ein Cantor der Schule zu Cassel genennet.

Magirus (*Samuel*) ein Magister, und Sohn des Stuttgardischen Probsts D Joannis

Joannis Magiri, ist auf der Universität Tübingen Professor Musicæ gewesen. s. *Freheri* Theatrum, p. 1486.

Magister cyclicus (*lat.*) διδασκαλος κύκλιος [*gr.*] also hieß derjenige, so bey den Griechen den Chor unterrichtete. s. *Eulenger*. de Theatro, lib. 2. c. 14.

Magius [*Franciscus*] ein Sicilianischer Componist, von Castro Vetrano gebürtig, hat an. 1670 zu Mayland in 4to ediret: Sacra Armonia, e musicali concenti à due, tre, quattro, e cinque voci, con una Messa à cinque concertata. s. *Mongitoris* Bibl. Sicul. T. 1. pag. 217.

Magius [*Hieronymus*] ein Rechts-Gelehrter, von Anghiera im Mayländischen gebürtig (Anglarensis), legte sich anfangs auf die Beredsamkeit, Historie, mathematische und andere philosophische Wissenschafften, und hernach auf die weltlichen Rechte. Wurde hierauf von den Venetianern zum Richter zu Famagusta in Cypern ernennet, woselbst er sich als einen guten Ingenieur erwieß, und durch neu-erfundene Feuer-Machinen denen Türcken ziemlichen Schaden zufügte; allein, da diese den Ort eroberten, wurde er in die Sclaverey nach Constantinopel gebracht, woselbst er seine übrige Lebens-Zeit in einem erbärmlichen Zustande zubringen müssen, bis er gar an. 1572 oder 1573 den 27 Maji stranguliret worden. In währender Gefängniß hat er, ohngeachtet aller Bücher entblösset, dennoch einen lateinischen Tractat: de Tintinnabulis, und de Equuleo verfertiget; auch vorher, unter andern, Miscellanea s. Varias Lectiones, herausgehen lassen. s. das *comp.* Gelehrten-Lex. Erstgedachter Tractat bestehet aus 20 kurtzen Capiteln, welche in der zu Amsterdam an. 1691 in 12mo gedruckten Edition 4½ Bogen ausmachen, worüber Franciscus Swertius Anmerckungen gemacht. Der, de Equuleo, ist diesem beygefügt, gehöret aber nicht in unser forum; wohl aber die aus vier Büchern bestehende, und zu Venedig an. 1564 in 8vo gedruckte Miscellanea oder Variæ Lectiones, als darinnen an zween Orten etwas weniges von der Music enthalten ist; nemlich im 13 Capitel des ersten Buchs, allwo Auli Gellii locus emendatur, & quæ esset *funebrium tubarum forma*, à Casellio, Capitono, Gellio, Nonio, & ceteris ignorata, item *tibiarum*, ad quem sonum Siticines incinerent, declaratur. Quæ de iisdem tubis tibiisque a nonnullis prodita sunt, improbantur, & cur gravem sonum organa musica, quæ inflantur, emittant, demonstratur. Dieses Capitel beträgt 2 Octav-Blätter. Und im 33ten Capitel des 4ten Buchs wird demonstriret: Musicæ in humanos animos inque corpora ipsa vim esse maximam. Dieses Capitel machet nur ein Octav-Blatt aus.

Magnes, ein schöner, in der Poesie und Music wohlerfahrner Jüngling von Smyrna, welcher sich prächtig in der Kleidung zu halten, und umher zu reisen gewohnet, auch insonderheit dem Lydier Könige, Gygi, sehr angenehm gewesen. s. *Printzens* Mus. Histor. c. 7 §. 5.

Magni [*Giov. Crisostomo*] von Ravenna gebürtig, ist ein Canonicus Regularis Lateranensis, und vortrefflicher Musicus daselbst an der Kirche Santa Maria in Porto gewesen. s. *Girolamo Fabri* Sagre Memorie di Ravenna antica, P. 1. p. 279. woselbst aus dem 9ten Buche des Abts Celsi Rosini dieses noch angeführet wird; daß nemlich in nurgedachter Kirche eine von den zwo darinn befindlichen Orgeln, papierne Pfeiffen habe, und dennoch gut klinge. Des Abts eigene Worte sind folgende: Habet Basilica illa, quod forte nullibi, vel paucis saltem in locis conspicitur, organa ex papyracea materia composita artificis ingeniosissimi opificium admirabile, in quo candor, durities, & suavitas machinam reddunt conspicuam.

Magni [*Benedetto*] hat an. 1616 zu Venedig Motetten; ingleichen 8stimmige Messe concertate, und drey Theile 1. 2. 3. = 8stimmiger Concerten drucken lassen.

Magni [*Giuseppe*] Capellmeister an der Cathedral-Kirche zu Foligno, hat das von dem Grafen Nicolò Montemellini verfertigte Melodrama, genannt: Decio in Foligno, in die Music gebracht, selches am 24 Januarii an. 1697 in gedachter Kirche aufgeführet, und es dem dasigen Bischoffe, Giov. Battista Palloto zugeschrieben. s. *Cinelli* Biblioteca Volante, Scanzia XV.

Magnificat, ist der Anfang des bekannten Lob-Gesangs der H. Jungfrau Maria, welcher, nebst den folgenden Versiculn, sowol in der Römischen als Evangelischen Kirche

Kirche muſicaliſch pflegt aufgeführt zu werden.

Magraphe oder **Magrephà**, iſt, nach der Talmudiſten Vorgeben, ein muſicaliſches, unſern Kirchen-Orgeln gleiches Inſtrument bey den Juden geweſen, ſo aus vielen Reihen Pfeiffen beſtanden, und von Bälgen angeblaſen worden. ſ. Printzens Muſ. Hiſtor. c. 3. §. 30. und *Bartolocci* Bibliothec. Rabbinic. P. 2. p. 200.

Mahler (Lucas oder, wie er ſich ſelber geſchrieben, *Lauz Mahler*, iſt ein berühmter Lauten-Macher geweſen, und hat, wie man davor hält, an. 1415 zu Bologna gelebt. ſ. Barons Unterſ. des Inſtruments der Laute, p. 92.

Majer, Cantor in Schwäbiſch Hall, hat an. 1718 einen Hodegum Muſicum in 8vo ediret.

Maier (*Conrad*) ein in der Griechiſchen Sprache, und Muſic wohlerfahrner Schul-Rector zu Hof im Voigtlande, hat aus dem daſigen Nonnen-Cloſter zu S. Claræ, eine Adeliche Nonne, Nahmens Veronicam à Zedwitz, welche die erſte geweſen, ſo die Evangeliſche Religion angenommen, geheyrathet, und iſt an. 1532 Rector zu Wonſidel geworden. ſ. *Ludovici* Schul-Hiſtorie, P. 2. p. 300.

Majeſtueux, avec Majeſté, majeſtueuſement (*gall.*) ſ. *Maeſtoſo*.

Maillard (*Gilles*) ein Componiſt aus der von Kayſer Carolo V. an. 1552 geſchleifften, und in der Grafſchafft Artois gelegenen Stadt Therovenne oder Terovanne, (lat. Tervanna it. Tarvanna) und von den Flanderern Terwanen genannt, gebürtig, hat ſich zu Lion in Franckreich aufgehalten, und auſſer dem daſelbſt an. 1581 bey Jean de Tournes gedruckten Buche: La Muſique, contenant pluſieurs Chanſons Françoiſes à 4. 5. & 6 parties, noch viel andere Sachen zum Druck parat gehabt. ſ. *Verdier* Bibliotheque.

Maillard [*Petrus*] ein Jeſuit von Ypern, gebohren an. 1585 den 9ten Februarii, war des Cloſters zu Hertzogenbuſch Rector, ſchrieb, unter andern, auch in Frantzöſiſcher Sprache einen Tractat: de Tonis, und ſtarb anno 1640 den 12 Nov. ſ. das *comp.* Gelehrten-Lex. und *Meibomii* annotat. in Euclidis Introd. Harmon. p. 46.

Maillartius (*Petrus*) ein Flandriſcher Muſicus an der Cathedral-Kirche zu Dornick, wog, als Georgius de la Hele vom Könige in Spanien, Philippo II. zur Capellmeiſter-Stelle an ſeinen Hofberuffen wurde, nebſt noch zween andern Muſicis, nemlich dem Gaugerico de Gherſem und Muſſele, mit dahin; gieng aber, nachdem er des Hele information genoſſen, von dannen wiederum in obbeſagte Stadt zurück, und wurde daſelbſt an vorgenannter Dom-Kirche anfänglich Muſic-Director, hernach Canonicus, und ſchrieb einen Tractat: de Tonis Muſices, welcher gedruckt worden iſt. ſ. *Andr. Catulli* Tornacum, p. 100.

Maillerie [*de la*] hat Piéces en Trio pour toutes ſortes d'Inſtruments; ingleichen 6 Sonaten vor 2 Flöten und G: B geſetzt, und bey Roger zu Amſterdam graviren laſſen.

Main harmonique. ſ. *Mano harmonica.*

Mainerio, ein ums Jahr 1566 berühmt geweſener Muſicus zu Cremona. ſ. *Ariſii* Cremon. literat. p. 452.

Majoragius [*Marcus Antonius*] hieß eigentlich, dem Geſchlechte nach, Comes, und der Tauffe nach, Antonius; weil aber ſein Vater, Julianus Comes zu Majoraggio gewohnet, und von andern deswegen Majoragius genennet worden, hat er ſolchen auch, nebſt dem einen Vornahmen Maria, welchen ihm ſeine Mutter (weil er der eintzige Sohn unter ſeinem Geſchwiſter geweſen) aus heiliger Superſtition beygeleget, eine zeitlang behalten und geführet, bis er endlich ſolchen Vornahmen mit dem Nahmen Marcus vertauſchet; war Profeſſor Eloquentiæ zu Mayland, ſchrieb, unter andern 25 lateiniſche Orationes, worunter die 23te: de Muſica, von ihrem Urſprunge und Alterthum, ſodann ihrer Eintheilung, Krafft und Nutzen in 9 Octav-Blättern handelt; und ſtarb an. 1555 den 4 April, im 42. oder, wie im Buddeiſchen Lexico ſtehet, im 40 Jahre ſeines Alters. ſ. deſſen 10te *Oration*, und das *comp.* Gelehrten-Lexicon. Er liegt in der Kirche des H. Ambroſii zu Mayland unter folgendem Epitaphio begraben:

M. Antonio Majoragio,
Dicendi magiſtro ſingulari,
Latinis Græcisque literis perpolito,
Et libris editis illuſtri
Qui publice docuit ann. 14.
Vixit ann. 4'.
Bartolomeus Comes, uxoris fratri.
B. M. poſuit.

ſ. *Morigia Nobiltà di Milano*. p. 149.

Maire,

Maire, ein Frantzösischer Componist, hat, unter dem Titul: les quatre Saisons, das erste Buch seiner Cantates heraus gegeben. s. *Catalogue general pour l' année* 1729 *in* 4to, *p*. 3 Auch sind von ihm sechs in Kupffer gestochene Recueils d' Airs à chanter zu haben. s. *Boivins* Music-Catalogum auss Jahr 1729, p. 34.

Maistre [*Matthias le*] Herr Doct. Joh. Andr. Gleich berichtet in seiner Dressdenischen Reformations- und Hof-Prediger Historie, und zwar im Vorberichte c. o. §. 2. p 95. daß nach Johann Walthers Tode, der Churfürst von Sachsen Mauritius diesen berühmten, muthmaßlich aus Franckreich gebürtigen Musicum nach Dressden vociren lassen; er sey aber erst nach höchstgedachten Churfürstens Tode (welcher am 12ten Julii an. 1553 nach dem den 9ten Julii mit Marggraff Albrechten von Brandenburg gehaltenen Treffen bey Sieverschausen auf der Lüneburger Heyde sich begeben) daselbst ankommen, jedoch von Chur-Fürst Augusto angenommen und bestätiget worden

Maistre (*Valerius de*) ein Kayserlicher Musicus, ist an. 1569 ein Alumnus in der Schul-Pforte. s. *Pertuchu* Chronicon Portense, p. 199. und vielleicht ein Sohn des Chur-Sächs. Capellmeisters, Matthæi de Maistre oder Meistre gewesen.

Maitre de Musique. s. *Maestro di Capella.*

Majuma, ein Lied, so von Knaben und Mägdchen im May-Monat gesungen wird. s. *Joseph Laurentium* de Conviviis. conf. *Cantare il Magio.*

Malcolm [*Alexander*] ein gelehrter Schottländischer Edelmann, hat an 1721 zu Edinburg ein Music-Buch in 8vo, so 1 Alphabet und 15 Bogen starck ist, unter folgendem Titul drucken lassen: A Treatise of Musick, speculative, practical and historical d. i. einen theoretisch-practisch- und historischen Tractat von der Music. Die Zuschrifft ist an die Directores der Königl. Musicalischen Academie in London gerichtet, die aus 22 hohen Standes-Personen bestehet, worunter 3 Hertzoge, 3 Grafen, 3 Lords, 2 General-Brigadiers, 1 General-Major, 2 Obristen, etc. befindlich sind. s. *Matthesonii* Crit. Mus. T. 2, p 147.

Malerti [*Jean de*] von S. Maximin in Provence gebürtig, hat des Ronsard Amours 4stimmig gesetzt, und an. 1578 zu Paris bey Adrian le Roy, und Robert Ballard drucken lassen. s. *Verdier* Bibliotheque.

Malliard (Anton) ein Fagottist in der Kayserlichen Hof-Capelle on 1727.

Malliard (Carl) ein Fagottist in der Kayserlichen Hof-Capelle, an. 1721, und 1727.

Maltot (de) ein berühmt gewesener Theorbist in der Oper zu Paris, und Antecessor des Herrn Campion, hat die Theorbe in bessern Stand gebracht. s. *Campion* Traité d' accompagnement & de Composition, p. 7.

Malvezzi [*Virgilio*] ein Italiänischer Marchese von Bologna, ward schon im 17 Jahre Doctor Juris, war dabey in der Theologie, Medicin, Mathematic, Humanioribus, Mahlerey und Music wohl erfahren; wurde von dem Könige in Spanien, Philippo IV so wol im Kriege unter dem Duca di Feria, als in den wichtigsten Staats-Affairen gebraucht, und starb im August-Monat des 1654 Jahrs. s. das *comp.* Gelehrten-Lex. und *Wittenii* Diarium Biograph.

Manara [*Francesco*] ein Hertzoglicher Musicus zu Ferrara, hat es in seiner Profession weit gebracht, verschiedene gute, und insonderheit geistliche Wercke gesetzt gehabt, und ist in hohem Alter daselbst gestorben. s. *Superbi Apparato delli huomini illustri della Città di Ferrara,* pag. 130.

Manara (Giacomo) hat Motetti à Voce sola gesetzet.

Manche [*gall.*] s. m. der Griff oder Hals an besaiteten Instrumenten.

Manchicurtius [*Petrus*] ein Magister von Bethune gebürtig (Betunius), war an der Cathedral-Kirche zu Dornick, im Wallonischen Flandern, Music-Director und gab verschiedene Music-Stücke zu Paris bey Pierre Haignant im Druck heraus. Daß er uns Jahr 1566, und weiter herein, florirt habe, ist in Federmanns Beschreibung der Niederlande p. 46. zu lesen.

Mancini [*Francesco*] hat ein Oratorium, genannt: l' Amor divino trionfante nella morte di Cristo, in die Music gebracht, und am vierdten Sonntage in der Fasten an. 1700 bey der Ertz-Brüderschafft della Pietà, Florentinischer Nation, zu Rom aufgeführet. s. *Cinelli* Bibliotheca Volante, Scanzia XVI.

Mancini [*Thomas*] des Capellmeisters (vielleicht zu Grüningen) Sohn, war an. 1596 der 5ote Examinator des dasigen Orgel-Wercks. s. Werckmeisters Org. Gruning. rediv. §. II.

Mandola [*ital.*] Mandora, it. Testudo minor [*lat.*] Mandore [*gall.*] ein gantz kleines mit 4 Saiten bezogenes Lautenmäßiges Instrument, wird gestimmt:

g d g d, und hat den Nahmen vielleicht daher: quia manu facilè comprehendi & tractari potest; wird so wol mit einem Feder-Kiel, als ordinairement mit einem eintzigen Finger der rechten Hand gespielet. s. *Bonanni* Gabinetto Armonico, p. 99. und *Pretorii* Syntagma Mus. T. 2. p. 53. woselbst die Abbildung davon zu sehen ist. *Furetiere* in seinem Dictionaire saget: die Chanterelle, oder höchste unter vorhergedachten 4 Saiten wäre mit dem Zeige-Finger der rechten Hand, woran ein Feder-Kiel gemacht gewesen, die drey übrigen aber wären mit dem Daumen, und zwar eine nach der andern, gerühret, und auf jener die Melodie geführet worden. Man habe jetzo noch dergleichen; aber auch deren von 6 und mehr Saiten, um die Laute desto besser zu imitiren, und nenne sie deswegen *Mandores luthées*.

Manehou. s. *Menehou*.

Manelli (*Carolo*) ein Römischer Violinist, von Pistoja, einer im Florentinischen Gebiet am kleinen Fluß Stella liegenden grossen und schönen Stadt gebürtig, hat an. 1682 zu Rom Sonaten herausgegeben.

Maneros, oder Manerus also hat das solenne Trauer-Lied, so bey den Egyptiern auf ihren Gastmahlen dem Maneroti oder Lino, als ihres ersten Königs frühzeitig verstorbenen Sohne zu Ehren abgesungen worden, geheissen. s. *Beyerlinck* Theatr. vitæ humanæ, welcher solches aus dem 2ten Buche des Herodoti anführet. *Plutarchus* lib. de Iside & Osiride sagt: die Egyptier eigneten ihm die Erfindung der Music zu. s. *Voss.* de nat. artium, lib. 1. cap. 4. §. 8. und *Præt.* Synt. Mus. T. I. p. 315

Manfredi (*Ludovico*) ein Minorit, hat an. 1638 zu Venedig Motetten drucken lassen. Im Parstorfferischen Music-Catalogo werden auch zwey Bücher 1. 2. 3. 4. und 5stimmiger Concerten von ihm angeführet.

Manfredini, von seiner Composition wird in des *Roger* Catalogue de Musique das 2te, aus 2 Violinen, Alto di Viola, und G. B. bestehende Werck angeführet.

Manfredus [*Sebastianus*] ein Secular-Priester, aus der kleinen in der Mayländischen Graffschafft Cremona liegenden Stadt, Castel Leone (lat. Castrum Leonis genannt) gebürtig, ist ein ungemeiner Organist gewesen, hat sich viele Jahre zu Venedig aufgehalten, und ums Jahr 1558 florirt. s. *Arisi* Cremon. literat. p. 451.

Mangones, waren bey den Griechen und Römern Leute, die, gleichwie mit Hunden und Pferden, also auch mit Sclaven handelten, und selbige so wol in andern Künsten, als sonderlich auch in der Music unterrichteten, oder von andern unterrichten liessen, die dann bey Gastmahlen fürs Geld aufwarten, und ihren Herren solcher gestalt etwas gewinnen musten; auch von ihnen an andere mit Profit wiederum verkaufft wurden. Wie davon eine Stelle beym *Macrobio* lib. 2. c. 4. Saturnaliorum vorhanden ist.

Mangoni [*Antonio*] ein Italiänischer Componist, von Caravaggio, einem zwischen den Städten Mayland und Brescia liegenden Flecken und Castell, gebürtig, hat an. 1623 eine Mißam und Psalmen zu Mayland drucken lassen.

Manicordion [*gall.*] s. m. ein Clavichordium.

Manico [*ital.*] ein Handgriff, eine Handhabe. Z. E. manico del Liuto, der Hals an einer Laute. Manico del Violino, das Griff-Bret, oder der Hals an einer Geige.

Maniera distendente [*ital.*] s. *Distendente maniera*.

Maniera quieta [*ital.*] wenn man nicht zu vollhälsig, auch nicht zu mattherzig, sondern gelassen und mittelmäßig singet.

Manifattore della Lira [*ital.*] ein Leyer-Macher.

Mano harmonica [*ital.*] Main harmonique [*gall.*] also nennete man die Application des gantzen Guidonischen Systematis, welches, sammt der 6 Sylbenmutation, an den Fingern und Gelencken der lincken Hand (um es desto eher zu fassen) vorgestellet wurde.

Manoir [*du*] ein Frantzösischer Violinist beym Könige Ludovico XIII. ums Jahr 1630; von welchem im ersten Tomo der *Histoire de la Musique*, ch. 10. p. 224. gemeldet wird: daß er von nur-gedachter Majestät durch einen offenen Brieff (Patent) zum Könige der Violons declarirt worden, mit der Vollmacht, gegen Erlegung 10 Livres, Meisterschaffts-Brieffe andern ertheilen zu können, um in allen Provintzen des Königreichs die Corpora dieser Profeßion zu etabliren.

Mans (Heinrich) von Lübeck, war unter den 53 verschrieben gewesenen Organisten der 44te, welcher das an. 1596 in die Schloß = Kirche zu Grüningen erbauete Orgel=Werck bespielte und examinirte. s. Werckmeisters Organ. Gruning. rediv. §. 11.

Mantelius [*Joan.*] ein Eremit Augustiner Ordens, war gebohren zu Haßelt an. an. 1599. studirte zu Douay, promovirte daselbst in Doctorem, lehrte die Rhetoric, Music und Geographie, gab nachmahls einen Fasten-Prediger in verschiedenen Niederländischen Städten ab, und ward endlich Prior seines Ordens zu Antwerpen. s. das *comp.* Gelehrten-Lexicon.

Manubria Epistomiorum [*lat.*] die Claviere an einer Orgel, oder an einem Positive, so die Ventile aufziehen.

Manuducteur [*gall.*] Manuductor [*lat.*] von manus, die Hand, und duco, ich führe; ein *Tact*=Führer, weil solches am füglichsten mit der Hand geschiehet.

Manutius [*Aldus*] ein Sohn Pauli Manutii, und Enckel Aldi Manutii, wurde für einen der gelehrtesten Leute zu seiner Zeit gehalten. Er hat bereits im 14 Jahre seines Alters einen Tractat von der Lateinischen Orthographie herausgegeben, hierauf zu Venedig, Bologna und Pisa die Rhetoric gelehret, und endlich sich nach Rom begeben, allwo er doch gar keinen Applausum gefunden, und öffters im Auditorio eine zeitlang spatzieren gegangen, ehe sich ein Auditor eingefunden; wie er denn, auch bloß Unterhalt zu haben, seine vom Vater und Groß=Vater geerbte vortreffliche Bibliothec von 80000 Stück Büchern, verkauffen müssen. Ist daselbst an 1597 zu Ende des Octob. etwas über 50 Jahr alt, gestorben. s. das *comp.* Gelehrten=Lex. welches seine herausgegebenen Schrifften recensirt. Auffer solchen hat er auch eine an Bartholomæum Capram gerichtete Epistel: de Tibiis Veterum geschrieben, welche an. 1570 zu Venedig gedruckt worden, und im VI. Tomo des Thesauri Græviani, am 210ten Blatt befindlich ist.

Manna (*Antonio*) ein Kayserlicher Musicus und Pensionist an. 1721, und 1727.

Marais, ein unvergleichlicher Frantzösischer Violdigambist zu Paris, dessen Wercke in gantz Europa bekannt sind, hat, als er noch die mesure im Orchestre geschlagen, auch einige Opern gemacht. s. das *Sejour de Paris*, p. 274. In des Roger Music=Catalogo sind drey, auf eine und zwo Violdigamben nebst einem B. C. gesetzte Wercke von ihm befindlich. Man hat auch von Mr. Maraice oder Marais, ordinaire de la Musique de la Chambre du Roy, *Pieces en Trio*, pour les Flutes, Violon & Dessus de Viole, an. 1692 zu Paris in 8vo oblongo gravirt. In *Matthesonii* Crit. mus. T. 2. p. 288. lieset man folgendes: der Herr Marais, Königlicher Frantzösischer Cammer=Musicus, hat das fünffte Buch seiner Violdigamben=Stücke, mit dem General=Baß, neulich (1725) in Kupffer stechen lassen und herausgegeben.

Marais, der Sohn des vorhergehenden, ist ebenfalls ein trefflicher Violdigambist, und hat verschiedene Sachen, so wol Cantaten, als auf der Basse de Viole componiret, davon aber noch keine gedruckt sind. s. Das *Sejour de Paris*, p. 274. Einer von diesen beyden heisset mit dem Vornahmen: Roland.

Marastoni (*Antonio*) ein Italiänischer Organist zu Asti, hat an. 1625 Motetten in Venedig drucken lassen.

Marbeck [*Joannes*] oder Merbeck, ein gelehrter Musicus und Organist zu Windsor, einer kleinen in Barkshire an der Temse in England, 25 Meilen von London liegenden kleinen Stadt, allwo ein schönes Königliches Schloß ist, darinnen der Orden des Hosen-Bandes jährlich am Tage S. Georgii Capitul zu halten pfleget, & ubi magnificum valde Symphoniacorum Clericorum Collegium est (sind Worte des Balei), hat ums Jahr 1550 floriret, unter andern ein Book of Common-prayer noted, d. i. das gemeine Gebet = und Gesang-Buch mit Noten geschrieben, und wegen Bekänntniß der Wahrheit sich, nebst noch drey andern, ad flammas & focos condemniren lassen müssen, wovon er aber, **durch**

durch König Heinrichen, an. 1543 befreyet worden. s. das comp. Gelehrten-Lex. und *Baiei* Centur. 12.

Marcello (*Benedetto*) ein Venetianischer Patritius, und Scholar des Francesco Gasparini, hat an. 1724 den 1sten, 2ten, und 3ten Tomum seiner Psalmen, unter dem Titul: Estro Poetico-Armonico, zu Venedig in groß folio bey Dominico Lovisa drucken lassen. Es sind darinnen die ersten 18 Psalmen Davids enthalten, und sollen die übrigen 32 in fünff andern Tomis folgen. s. *Mattbesonii* Crit. Mus. T. 2. p. 58. sqq. woselbst, wie auch p. 126. sq. und p. 344 mehrere Umstände von dem bereits edirten 4 Tomis zu lesen sind. Er hat auch andere Sachen bereits heraus gegeben; wie denn das 2te, aus XII. Sonaten à Flauto solo e Cont. bestehende Werck zu Amsterdam gravirt worden.

Marcello (*Bartolomeo*) hat an. 1656 unter dem Titul: Sacra Corona, 2 und 3stimmige Motetten in Venedig drucken lassen.

Marchánd, ein Organist bey den Franciscanern zu Paris, s. die *Histoire de la Musique*, T. 3. p. 94 hat 2 Bücher, oder vielmehr Piéces vors Clavier gesetzet und herausgegeben. s. das *Sejour de Paris*, p. 275. Auf dem Titul dieser beyden Bücher heisset er: Organiste de la Chapelle du Roy. Sie sind dem Könige dedicirt, und an. 1718 in 4to oblongo heraus bey Christoffle Ballard; jedes Buch hält 8 Blätter. Sonsten sind auch noch 2 Bücher Piéces de Clavecin von ihm bekannt, auf solchen wird er genennet: Organiste de l'Eglise de St. Benoist a Paris. Er hat auch XII. Sonate à une Flûte traversiére e Basse Cont. herausgegeben. s. den Holländischen Music Catalogum des *le Cene*, p. 35.

Marche [*gall.*] s. f. bedeutet (1. jede palmulam oder assulam auf Clavichordiis Clavicymbeln und Orgeln. (2. eine serieuse, doch dabey frisch ermunternde Melodie, welche ihren eigentlichen Sitz vor den Troup auf der Parade hat; doch findet sie auch in theatralischen Aufzügen, und in Suiten statt; hat mit einer Entrée grosse Gemeinschafft, nur daß jene mehr passagen als diese admittiret. s. *Mattbesonii* Orch. 1. p 192 sq.

Marchesi (*Bevardo*) hat kurtze 8stimmige Messe concertate herausgegeben.

Marcheselli (*Pellegrino*) ein Kayserl. Musicus und Pensionist an. 1721, und 1727.

Marchetti (*Dominico*) von Bologna gebürtig, war an. 1655 in Kaysers Ferdinandi III. Capelle ein Altist. *Bucelinus*.

Marchetto, Padouano zubenahmt, ein ohngefehr ums Jahr 1320 berühmt gewesener Philosophus und Musicus, von Padua gebürtig, soll vom Genere modulandi enharmonico Præcepta generalia gegeben, und an des Königs von Sicilien, Roberti, Hofe, zu Neapolis, dahin er beruffen worden, sich aufgehalten, und bey selbigem eben dasjenige, was Timotheus ehemahls bey Alexandro M. vermocht haben. Es sind von ihm 2 theoretische in lateinischer Sprache geschriebene Wercke von der Music heraus gekommen, davon das eine: Pomarium, und das zwente: Lucidarium genennet wird. s. *Scardeonium* de Antiquitatibus urbis Patavii, & claris civibus Patavinis, lib. 2. Class. 12. p. 262.

Maraianus (*Joannes*) ein Päbstlicher Tenorist ums Jahr 1649, dessen Kircherus T. 1. Musurg. p. 598. gedencket.

Marconus (*Anselmus*) ein Römischer Poet und Musicus ums Jahr 1657. s. *Mandosii* Bibl. Roman. Centur. 8.

Marcus (*Dominicus*) ein Musicus, dessen Possevinus in Bibl. Select. erwehnet.

Marcus (*Joachimus*) hat Sacras Cantiones 5. 6. — 9 & plurium vocum herausgegeben, so zu Stettin, und an. 1608 zu Leipzig gedruckt worden sind.

Marenzo (*Luca*) ein vortrefflicher, und sonderlich in Stilo Madrigalesco berühmt gewesener Italiänischer Componist, gebohren zu Coccaglio, einem unweit Brescia, nach Mayland zu, liegenden Orte. s. das *Itinerario d'Italia* des *Franc. Scoto*, P. 1. p. 105. wurde von Andrea Masetto, dem Ertz-Priester daselbst, wegen Armuth, so lange auferzogen und unterhalten, bis er endlich, vermittelst seiner schönen und galanten Stimme, sich selbst reichlich ernehren könnte: wie er denn, nachdem sein Ruhm sich allenthalben ausgebreitet, am Königl. Polnischen Hofe jährlich 1000 Scudi Gage bekommen; weil er aber der fremden, und seiner zarten complexion wiedrigen Lufft daselbst nicht gewohnen können, begab er sich, nachdem er vor seiner Abreise zum Ritter declarirt worden, nach Rom an den Hof des Cardinals Cintio Aldobrandino, starb daselbst ziemlich jung an 1599 den 22 Augusti, und wurde in die Kirche des H. Laurentii in Lucina begraben. Auf seinen Tod hat, nebst andern, der Jesuit Bernardino Stessonio folgendes verfertiget:

>Vocum opifex, numeris mulcere Marentius aures
>Callidus, & blandæ tendere fila Chelys,
>Frigore lethæo victus jacet. Itꞌ supremam
>In seriem mœsti funeris exequiæ;
>Et charis, & blandi sensus aurita voluptas,
>Et Chorus, & fractæ Turba canora lyræ:
>Densæ humeris, udæ lachrymis. urgete sepulchrum,
>Quis scit, an hinc referat vox rediviva sonum?
>Sin tacet, ille Choros alios instaurat in Astris,
>Vos decet amisso conticuisse Deo.

Aliud.

>Te lepor extinctum, Charitum te Turba Marenti
>Luget, & elinguis pallida Turba Chori.
>Tu cantu mollire leas. tu blandius Orpheo
>Eurydicem poteras emeruisse lyra.
>Quin exorati revocasses stamina fusi.
>Sed tibi mors blandæ vocis ademit iter.

s. *la Libraria Bresciana del Leonardo Cozzando*, p. 249 sq. und *la Scena Letteraria de gli Scrittori Bergamaschi del Donato Calvi*, alle carte 373. Diese zwey Autores allegiren nachstehende von ihm öffentlich edirte Wercke, so ihnen bekannt geworden, als:

Nove libri di Madrigali à cinque voci. In Venetia stampati per Angelo Gardano, gl' anni 1587. 1593. 1594. 1595. 1598. 1600 & 1601.

Altri sei libri di Madrigali à sei voci. In Venetia stampati per il Gardano gl' anni 1584. 1593. 1594. 1595. & 1600.

Madrigali à tre voci, stampati in Venetia per Allessandro Vincenti alla Pigna.

Madrigali à cinque voci, per l'istesso.

Madrigali à sei voci, per il medesimo.

Canzonette per il Liuto, per l'istesso Vincenti.

Canzonette à tre, per il Gardano.

Motetti à quattro voci, libro 1 per l'istesso.

Sacras Cantiones, quinis, senis, ac septenis vocibus modulandas, herausgegeben von Giov. Maria Piccioni, gedruckt zu Venedig an. 1616.

Marescotti (*Francesca Gozzadini*) eine ums Jahr 1590 berühmt gewesene Musica zu Bologna. s. *Masini* Bologna Perlustrata, p. 667.

Margaritonus (*Nicolaus*) ein berühmter Poet und Musicus, von Perugia gebürtig, hat sich an des Fürsten von Massa Hofe aufgehalten, und an. 1654 ein Italiänisches Werck, dessen Titul: Le Rugiade di Pindo, so er dem Cardinal und Pabst. Legaten zu Ferrara, Alderano Cibo, de licitet; ingleichen an. 1656 ein Drama Musicum, unter dem Titul: La Penitente. zu Lucca drucken lassen, so er der Hertzogin von Tursi, Joannæ Gonzagæ Doriæ zugeschrieben. s. *Oldoini* Athenæum Augustum, p. 251.

Marggraff (*Andreas*) von Eger gebürtig, war an der Schule zu Schwandorff Cantor, und ließ an. 158⁵ den 128ten Psalm Davids mit 5 Stimmen gesetzt, zu Amberg in 4to oblongo drucken.

Margherita (*Bella*) eine vortreffliche Italiänische Sängerin, welche sich ohngefehr ums Jahr 1687 lange Zeit zu Dreßden aufgehalten, und von jedermann bewundert worden.

Mariée, also heißt ein gewisser neuer Tantz. s. *Matthes.* Orch. 1. p 199.

Marin (*Fabrice*) ein Frantzösischer Componist, hat einige Poesien des Ronsard, Baïf, Jamin und Desportes mit 4 Stimmen gesetzet, und an. 1578 zu Paris bey Adrian le Roy drucken lassen. s. *Verdier* Bibliotheque.

Marinelli. Bononcini P. 2. c. 21. del Musico Prattico sagt: wer genauere Wissenschafft von den Tonen des Canto fermo haben wolle, solle dessen 3ten und 4ten Theil della via retta della voce Corale besehen.

Marini (*Alessandro*) ein Venetianischer Componist, und Canonicus Lateranensis, hat fis. hat um's Jahr 1556 floriret, und verschiedene muficalische Sachen ediret. f. *Alberici* Catalogo de gli Scrittori Venetiani, alle Carte 3. Wie denn an. 1587 vierstimmige Vesper-Psalmen; und an. 1588 sechsstimmige Motetten, zu Venedig in 4to gedruckt, von ihm herausgekommen sind. f. *Draudii* Bibl. Class. p. 1618. und 1653.

Marini (*Biagio*) war von Brescia gebürtig, und bey dem Pfalz-Grafen Nürnbergischer Linie, Hrn. Wolffgang Wilhelm, um's Jahr 1624 Capellmeister, laut der in diesem Jahr zu Venedig herausgekommenen 4. 5. und 6stimmigen Concerten, nebst Instrumenten, kunte verschiedene Instrumente, insonderheit aber die Violin in hohem grad tractiren. Daß er von nurgedachtem Pfalz-Grafen den Titul eines Cavaliers bekommen habe, und um's Jahr 1660 zu Padua gestorben sey, berichtet Leonardo Cozzando in seiner Libraria Bresciana, am 68ten Blatte; woselbst auch folgende Wercke seiner Arbeit angeführet werden, als:

Salmi à 4 stampati in Venetia dal Gardano.
Musiche da Camera, a 2. 3. e 4.
Miserere à 2.3. e 4 voci, con Violini.
Compositioni varie, Madrigali à 3.4.5. e 7. voci, con Violini. In Venetia per Alessandro Vincenti.
Madrigali sinfonie a 2. 3. e 4.
Arie à 1.2.3. Musiche à 1.2.3.4. e 5. lib. 4.5.7.
Sonate, Canzoni, Passemezzi, Balletti, Correnti, Gagliarde, Ritornelli à 1.2.3 4.5. e 6 stampati presso Bartolomeo Magni nella stamparia Gardana.

Anderswo finde: daß er auch Capellmeister am Dom zu Vicenza gewesen; und auf einem an 1620 in Venedig gedruckten Arien-Madrigalien und Couranten Wercke von 1. 2. und 3 Stimmen, genennet wird: Maestro di Capella in Brescia.

Marini (*Carlo Antonio*) ein Violinist an der Kirche di S Maria Maggiore zu Bergamo, auch von dar gebürtig, hat acht Wercke von 2, 3, 4, und mehr Instrumenten herausgegeben, worunter das 3te aus XII Sonaten bestehet, davon die acht ersten mit 2 Violinen, Violonc. und G. B. und die vier leztern mit 6 Instrumenten geiezt sind. Opera 5ta, aus dreystimmigen Balletti à la Francesa bestehend,

ist an. 1699 zu Venedig herausgekommen. Das 6te Werck hält 6 Sonaten à 2 Violini, Violonc. e B. Cont. und 6 Sonaten à 2 Violini, Alto Viola, Violoncello, e Basso Cont. in sich. Opera 7ma liefert XII Sonaten à due Violini, Violonc. e Basso Cont. und Opera 8va XII. Sonaten à Violino solo e Continuo.

Marini (*Gioseffo*) war Capellmeister zu Pordenone, einer im Friaul liegenden, und den Venetianern gehörigen Festung, welche auf Latein: Portus Naonis, auf Teutsch aber Portenau genannt wird, und gab an. 1618 ein Madrigalien-Werck zu Venedig in Druck.

Marino (*Ægidius de*) wird von Possevino p 223. Biblioth. Selectæ, als ein Music Auctor angeführet.

Marino (*Giov. Battista*) ein Italiänischer Poet, gebohren zu Neapolis an. 1569 den 18 Oct. wurde zu Rom zum Ritter des S. Lazari und Mauritii Ordens gemacht, gieng von hier nach Turin und Paris, von dar wieder nach Rom und Neapolis, allwo er an. 1625 den 16 Martii gestorben. f. das comp. Gelehrten-Lexicon. Hat, unter andern, auch drey Dicerie Sacre geschrieben, davon die mittlere den Titul führet: la Musica sopra le sette parole dette da Christo in Croce. Sie hat vier Theile, bestehet aus 128 Blättern in 12mo, ist pur allegorisch abgefasset, von ihm dem Cardinal von Savoyen, Mauritio, zugeschrieben, und nebst der ersten: la Pittura, und der lezten: il Cielo genannt, an 1618 zum ersten, und an 1620 zum zweytenmahle zu Turin gedruckt worden.

Marin-Trompete, ist ein mit einer Saite bezogenes Instrument, den intervallis und Sprüngen nach, der Trompete gleichend. f. *de Chales* Mundum Mathematicum, T. III. P. 2. p. 23. Prop. 26. woselbst dessen Ton-Abtheilungen physice und mathematice untersuchet werden. Conf. *Bonanni* Gabinetto Armonico, p. 103. allwo die Abbildung davon zu sehen ist.

Mariottellus (*Fulvius*) ein Gelehrter von Perugia, hat eine Einleitung zu allen Wissenschafften, untern Titul: Neopædia geschrieben, selbige an. 1624 zu Rom in 4to drucken, und am Crönungs-Feste Pabsts Urbani VIII. bekannt werden lassen. In solcher wird, nach Oldoini Bericht, p. 128 seines Athenæi Augusti, auch von der Music gehandelt.

Marissal (*Antonius*) ein Baccalaureus Juris Pontificii, von Douay gebürtig, hat an. 1611. Flores melodicos daselbst in Druck gegeben.

Marius (*Simon*) oder Mayer, gebohren zu Guntzenhausen, einer am Fluß Altmühl, eine Meile von Weissenburg am Nordgau liegenden Anspachischen kleinen Stadt, an. 1570, brachte durch die Music sich des Marggrafens Gnade zu Wege, daß selbiger ihm ein Stück Geld reichen ließ, damit er beym Tychone de Brahe die Astronomie erlernen möchte: worauf er sich etliche Jahr zu Padua und Venedig aufgehalten, und, nach seiner Wiederkunfft, zu Anspach Hof-Mathematicus geworden. s. das comp. Gelehrten-Lexicon.

Maroni (*Giov.*) von Ferrara gebürtig, war einige Jahre daselbst an der Dom-hernach an der Cathedral-Kirche zu Lodi, der Haupt-Stadt des Gebiets Lodesano im Hertzogthum Mayland, Capellmeister, woselbst er an 1640 noch gelebt, und viele Sachen, als Madrigalien, Vespern Motetten, u. d. g. verfertiget. s. *Superbi* Apparato de gli Huomini illustri della Città di Ferrara, alle carte 133.

Marotta (*Frasmus*) ein wohlerfahrner Musicus, von Randasso oder Randazzo, einer kleinen am Fluß Cantara im Val di Demona liegenden Sicilianischen Stadt, gebürtig (Randazzensis oder Randatiensis) wurde an. 1612 ein Jesuit, Rector des Collegii Menensis gab Cantus pios musicis modulis expressos und Italiänisch den Aminta Pastorale, i. e. Torquati Tassi Aminta, mit Music versehen, heraus, und starb den 6 Oct. an. 1641 zu Palermo. s. *Alegambe* Biblioth. Scriptorum Societatis Jesu, und *Mongitori* Biblioth. Sicul. T. I. p. 184.

Marque (*Joannes de* ein Niederländer, war ums Jahr 1616 an der Königlichen Capelle zu Neapolis Capellmeister. s. *Lio...d Nic.dem* ddizioni alla Bibliotheca Napoletano del D. Nicolo oppi, alle carte 72 Conf. *M que* (*Giov. d* welcher Nahme von beyden richtig sey, ist zu untersuchen?

Marque di Repetition [*gall.*] ein Wiederholungs-Zeichen.

Marque di Silence [*gall.*] ein Stillschweigungs-Zeichen.

Marqué [*gall.*] bemerckt.

Marschall (Samuel) von Dornick in Flandern gebürtig, ist ein Notarius Publ. ein Musicus bey der Universität, und Organist zu Basel, auch an. 1627, als am 19 Junii seine Ehe-Frau, Anna Hertzogin im 70 Jahre ihres Alters gestorben, noch am Leben gewesen Unter ihrem in der S. Leonhardi-Kirche daselbst befindlichen Teutschen Epitaphio stehet folgende lateinische Schrifft:

    Samuel Marcschallus
    Tornacensis Fland. N.
    Musicus & Organ. Bas. per
    Ann. obiit Ann. D.
    Æt.

s. *Joan. Tonjola* Basileam sepultam &c. p. 200.

Marsmann, Organist zu Königsberg, hat eine Suite, vors Clavier gesetzt, zu Amsterdam bey Jeanne Roger graviren lassen. Conf. Maßmann.

Marsyas, des Hiagnidis Sohn, hat zur Zeit der Richter in Israel gelebt; und so wohl die Rohr-Pfeiffen, als die aus Ertz erfunden. s. *D. Fabricii* Bibl. Gr. Vol. IX. p. 737. Plinius lib. 7. c. 56. eignet ihm die Erfindung der Phrygischen Melodien, und der Doppel-Flöten zu; welche aber andere seinem Vater beylegen. Er soll in seiner Kunst, nachdem er nemlich die von der Minerva weggeworffene Flöten gefunden, und selbige geführet, dermassen bewandert und vortrefflich gewesen seyn, daß er sich unterstanden, mit dem Apolline selbst und dessen Cithara (welcher er seine Flöte entgegen gesetzet) um den Vorzug zu streiten, worinnen er auch anfänglich reussiret, und in der Stadt Nysa, woselbst dieses vorgegangen, der Apollo sich schon eine Zeit lang aufgehalten, und wegen seiner Music auf der Cithara in Ansehen gelebt; der Marsyas aber zum erstenmahle dahin gekommen; demnach dieses seine Music den Nysæern unbekannt und etwas neues, jenes seine aber schon bekannt gewesen. Nachdem aber Apollo auch zugleich in seine Lyram oder Citharam zu singen angefangen, hat dieser von den Richtern den Vorzug erhalten, obgleich Marsyas darwieder protestiret, und gesagt: es sey unbillig, daß man einer eintzigen Kunst, nemlich seinem Flöten-Blasen, zwo Künste, nemlich das Spielen auf der Cither, und Singen mit dem Munde entgegen setzen, und vergleichen wolle; worauf aber Apollo repliciret: er thue eben nichts mehr denn Marsyas, als der ja auch den Mund beym Flöten-Blasen brauche; es müsse

müsse demnach entweder beyden die Hände und den Mund zugleich zu gebrauchen erlaubt, oder keinem von beyden den Mund, sondern nur die Hände zu gebrauchen, vergönnet seyn Da nun dieses Vorgeben den Richtern billig geschienen, ist Marsyas von dem Apolline solcher gestalt überwunden, und aus Zorn lebendig von ihm geschunden worden. Wie solches *Beyerlinckius* in seinem Theatro vitæ humanæ, aus des *Diodori* dritten Buche, c. und dem Pausania in Phocicis anführet. Es mag nun seyn, daß solches harte Tractament ihm entweder wegen der von beyden Theilen zuvor beliebten Condition, vermöge welcher der Uberwinder mit dem Uberwundenen vornehmen möge, was er wolle, wiederfahren. s *Natal. Comit.* Mythol. lib. 6. c. 15. oder, weil Marsyas gegen den Apollinem Schmäh-Worte ausgestossen gehabt. s. *Appulej.* lib. 1. Floridorum, bey welchem des Marsyæ Conduite schlimm genug vorgestellet wird. Ubrigens sollen die Nymphen seinen Tod dergestalt beweinet haben, daß von ihren Thränen der Fluß in Phrygien, so nach ihm Marsyas heisset, entstanden. s. *Volaterr.* lib. 17. Commentar. Urbanor.

Marteau d' Espinette oder Epinette [*gall.*] s. m. ein Stimm-Hammer.

Martelius [*Elias*] ein ehemahliger Lautenist, von Straßburg gebürtig, dessen Arbeit in *Besardi* Thesauro Harmonico angeführet wird.

Martellement [*gall.*] mit diesem Termino, so ein Hämmern bedeutet, beleget Mr Loulié p. 84. seiner Elements de Musique diejenige Manier, welche sonsten eine Mordant oder ein Pincement genennet wird, und eignet ihrer expression diese marque V zu, siehe Tab. XIII. Fig. I.

Martelli (*Marco*) diente an. 1655 an Kaysers Ferdinandi III. Hofe, als ein Instrumental-Musicus. s. *Bucelinus.*

Marti, hat Madrigalien gesetzet. s. *Gesneri* Partition. univers. lib. 7. tit. 5.

Martin, der jüngere, war ums Jahr 1678 ein Clavicymbalist, Violdigambist und Violinist, setzte auch Frantzösische Arien. Sein Vater ist gleichfalls ein berühmter Musicus gewesen. s. den *Mercure Galant* im April-Monat a. c. p. 46.

Martin (*Nicolas*) ein von S. Jean de Morienne (lat. Mauriàna, und Fanum S. Johannis in Mauriana genannt) einer kleinen und ohne Mauren, doch aber schönen Bischöfflichen Haupt-Stadt der Graffschafft Marienne in Savoyen, am Fluß Arc liegend, bürtig gewesener Musicus, hat so wol in Frantzösischer, als Savoyischer Land-Sprache, Patoyes genannt, von der Geburt Christi handelnde Gesänge componiret, und an 1566 zu Lion mit Noten in 8vo drucken lassen. s. *Verdier* Bibliotheque.

Martinelli (*Giovanna*) eine Virtuosin und berühmt gewesene Italiänische Sängerin.

Martinengi [*Gabriele*] von seiner Arbeit sind vierstimmige Madrigalien zu Venedig gedruckt worden. s. *Draudii* Bibl. Class. p. 1629. *Gesnerus* lib. 7. tit. 7. Partition. univers. nennet ihn: Mattinengi.

Martini (*Ch.*) Handbock van den waren Loop der Ton, ist an. 1641 zu Amsterdam herausgekommen.

Martini (*Claudius*) Colchensis, hat Elementa Musicæ Practicæ in zwey Büchern geschrieben, und an 1550 zu Paris drucken lassen. s. *Verdier* Bibliotheque.

Martini (*Martinus*) Von seiner Arbeit sind bey Herrn Johann Jacob Lottern, Buchdrucker und Händlern in Augspurg, in 4to zu haben; (1. LXII. ein und zweystimmige Arien auf alle Feste in dem Jahr, mit 2 Instrumenten und G. B; (2. vierstimmige Vespern de B. V. Maria, & Sanctis Apostolis, Litanien und Salve Regina, mit 2 Violinen und G. B. s. dessen *Music.-Catal.*

Martinius (*Matthias*) von Freyenhagen, aus der Graffschafft Waldeck gebürtig, war anfänglich am Gymnasio zu Herborn Professor, hernach zu Embden Pastor, und endlich am Bremischen Gymnasio Rector und Theologiæ Professor; schrieb unter andern vielen Sachen auch ein Lexicon Philologicum, so an. 1623 an letztgedachtem Orte in folio gedruckt worden, worinnen sehr viel musicalische Kunst-Wörter erklähret anzutreffen sind, und starb an. 1630, im 58ten Jahre seines Alters. s. das *comp.* Gelehrten-Lex.

Martorellus (*Antonius*) ein von Padua bürtig gewesener sehr berühmter Musicus, der in der Composition seines gleichen schwerlich, über sich aber niemand, zu seiner Zeit gehabt, und dessen Madriadrialia oder Madrigalia (wie man sie jetzo nennet) in gantz Italien und Franckreich in hohem Werht gehalten worden, kam sehr jung nach Rimini (lat. Ariminum) eine Päbstliche in Romagna liegende Stadt, daselbst die Music zu dociren, da er denn bey jedermann ungemein beliebt gewesen, und an. 1556 den 13 Sept. 85 Jahr alt, gestorben ist. s. *Scardeonium de Antiquitat. urbis Patavii, & claris civibus Patavinis, lib.* 2. Class. 12. p. 263.

Martyr. Pour un Martyr (*gall.*) einem Märtyrer, oder Blut-Zeugen zu Ehren.

Mascara (*Fiorenzo*) ein vortrefflicher Organist zu Brescia, woselbst er in die 40 Jahr in Diensten, dabey ein unvergleichlicher Violinist, und dergestalt berühmt gewesen, daß wenig Städte in Italien vorhanden, die ihn nicht zu hören verlanget; wie er denn auch einer von den ersten mit gewesen, der Canzoni Francese auf die Orgel gesetzt hat. s. *Leonardo Cozzando* Libraria Bresciana, p. 113. Im dritten Theile der von Johann Woltzen an 1617 edirten Tabulaturæ Musices Organicæ sind X Canzoni Francese von gedachtem Auctore, den er aber Maschera nennet, befindlich; woraus die Zeit, wenn er müsse florirt haben, einiger massen abzunehmen ist, weil selbige besagter Cozzando nicht angemerckt hat.

Mascarada oder Mascherata (*ital.*) Masquerade (*g. ll*) ist eine Anzahl verschiedener auf einander folgender, und aus mancherley Tact bestehender, aber meist possierlicher und lächerlicher Melodien, so zu einer Mummerey gesetzt sind. s. *Bross.* Diction.

Masciti (*Michele*) ein Neapolitanischer Componist und Violinist; von seiner Arbeit sind sieben Opera durch Kupferstich bekannt geworden. Das erste Werck bestehet aus 6 Sonaten à Violino solo col Basso Cont. und 6 Sonaten von 2 Violinen, Violoncello und Cont. Das zweyte aus XV. Sonaten à Violino e Violoncello o Basso Continuo; das dritte abermahl aus XII Sonaten à Violino solo e Cont. und des vierdten Wercks erster Theil aus Sonaten à Violino solo; aber der zweyte Theil aus zwey stimmigen Sonaten mit einem Violoncello und G. B. das fünffte Werck enthält XII. Sonate a Violino solo e Continuo; das sechste abermahl Sonate à Violino solo col Violone o Cembalo; und das siebende ist ein Concerten-Werck. s. *Mich. Charles* le Cene, und *Boivins* Music-Catalog. auffs Jahr 1729, p. 23.

Mascrokita oder Maschrokita, dessen im 5ten Vers des 3ten Capit. Danielis gedacht wird, soll, dem Vorgeben nach, ein Instrument gewesen seyn, so aus vielen und unterschiedlich proportionirten Pfeiffen bestanden, welche auf ein dazu schickliches Lädgen fest gemacht, oben offen waren, und unten ihre Ventile hatten. Das Lädgen hatte auf einer Seite eine Handhabe, auf der andern aber ein Clavier, und vornen war ein Wind-Canal. So dasselbe angeblasen, und die Ventile, vermittelst der Clavium, mit den Fingern geöffnet wurden, liessen sich die Pfeiffen hören, und lauteten, nachdem das Clavier gespielt wurde. s *Printzens* Musc. Histor. c. 3. §. 2 woselbst auch pag. 32. die Abbildung davon zu sehen ist.

Massainus (*Tiburtin*) ein Augustiner-Mönch, von Cremona gebürtig, hat sich viele Jahre zu Piacenza aufgehalten, ist Capellmeister an der Kirche S. Maria del Popolo zu Rom und an. 1592 zu Prag am Kaysers Rudolphi II. Hofe gewesen. s. *Arisii* Cremon. literat. p. 454. Von *Dessauo* werden folgende Wercke von ihm allegiret, als:

Concentus 5. vocum in universos Psalmos in Vesperis omnium Festorum per totum annum frequentatos, cum tribus Magnificat, quorum ultimum novem vocum modulatione copulatur. Venetiis anno 1576. in 4to.

Sacri modulorum Concentus, qui 6 - 10 & 12 Vocibus, in duos tresve Choros coalescentes concini possunt. Venet. 1567 & 1592.

Missæ & 6 vocum, (1. Rorate cœli, 5 vocum. (2. Nuncium vobis, 5 vocum (3. Omnes gentes, 5 vocum liber 1. Venet. 1578. in 4to.

Nebst diesen meldet obgedachter *Arisius* l. c. p. 455. daß er selbst von des Massaini Arbeit nachstehende Sachen besitze, als:

Il quarto Libro de' Madrigali a cinque voci. Venet. 1593. und Musicam super Threnos Jeremiæ Prophetæ quinque vocibus. Venetiis an. 1599. ingleichen: daß in den Collectaneis

MAS.

ėtaneis diverforum Autorum Huberti Vaelrandi, so unter dem Titul: Symphonia Angelica, an. 1583 zu Amurg oder Amurgos gedruckt worden, noch mehrere Wercke von Maſſaino befindlich wären.

Maſſelli (*Lorenzo*) ein Altiſt in der Kayſerlichen Hof-Capelle an. 1721, und 1727.

Maſſentius *D.minicus*) hat ums Jahr 1032 zu Rom florirt, und folgende Wercke daſelbſt drucken laſſen, als:

(1. Motetti à Voce ſola, in fol. (2. Motetti à due, e più Voci. (3. Salmi à quattro. (4. Salmi à otto- und (5. Canzonette à una. e più Voci, ſämmtlich in 4to. ſ. *Allatii* Apes Urbanas.

Maſſi (*Francesco Maria*) ein Minorita Conventualis, und Capellmeiſter hat die vom Grafen Nicolo Monte Mellini verfertigte Poeſie, ſo unter dem Titul: Un peccator pontito al Riambino Gieſù nella notte di Natale, an. 1696 zu Perugia in 8vo gedruckt worden, mit Muſic à Voce ſola verſehen, und ſie den Accademici Oſcuri zu Lucca dediciret. ſ. *Cinelli* Bibliotheca Volante, Scanzia X.V

Maſſima [*ital.*] Maxime [*gall.*] Maxima | / ( ] alſo heiſſet die achttichlägige Muſic-Note, welche folgender geſtalt ausſiehet

Maßmann (*Alexander*) ein Organiſt zu Königsberg in Preuſſen im Kneiphoff (Dom) an 1720, hat ein Werck von 59 Stimmen unter Händen. ſ. *Matthesonii* Anhang zu Niedtens Muſical. Handl. zur Variation des G. B. pag. 83. Conf. **Marsmann**. Die hier angeführte Benennung iſt wol die richtigſte.

Maſſon [*C.*] ein Frantzoſe, iſt Muſic-Director an der Cathedral - Kirche zu Châlons in Champagne, wie auch an der Jeſuiter-Kirche des H. Louis zu Paris geweſen, und hat an. 1705 einen Traité des regles pour la Compoſition de la Muſique, &c. in 8vo daſelbſt drucken laſſen. Dieſer Tractat beſtehet aus zwey Theilen, davon der erſte die Melodie, und der zweyte die Harmonie abhandelt. Im erſten Theile ſind 7 Capitel folgenden Inhalts: *ch* 1. de la Muſique, du Son, du Ton & du Demi ton, des Intervalles, de la Meſure & de la difference de ſes mouvements. *ch.* 2. des Modes ou Tons, &c. *ch.* 3. du Sujet &c.

MAT.

ch. 4. des differents Chants. *ch.* 5. ce qu'il faut obſerver pour faire un Air ou de Baſſe ou de Deſſus. *ch.* 6. des Cadences dans une ſeule Partie. *ch.* 7. ce qu'il faut obſerver quand on met des paroles en Chant; Und im 2ten Theile 10 Capitel nachſtehender Matérien: *ch.* 1. de l'Harmonie, du Contrepoint. *ch.* 2. Regles pour compoſer à deux Parties. *ch.* 3. du choix qu'il faut faire de la Quinte ou de la Sixte. *ch.* 4. maniére de pratiquer les Accords. *ch.* 5. de la Cadence à deux Parties. *ch.* 6. ce qu'il faut obſerver pour préparer une Cadence. *ch.* 7. Pratique des Diſſonances à deux Parties. *ch.* 8. Regles de la Compoſition à trois Parties. *ch.* 9. Regles de la Compoſition à quatres Parties. *ch.* 10. de la Fugue Alles zuſammen beträgt 9½ Bogen.

Maſſy [*Franciſcus*] war an. 1548 an Kayſers Caroli V. Hofe ein Lauténiſt. ſ. *Mamerani* Catal. familiæ totius aulæ Cæſareæ, p. 12.

Maſtro, anſtatt: Maeſtro, ſo beſſer, di Capella [*ital.*]

Maſucci [*Anto.10*] war an. 1655 in Kayſers Ferdinandi III. Capelle, ein Tenoriſt. *Bucelinus*.

Maſurius, der im Anfange des 3ten Seculi nach Chriſti Geburt hochberühmte Heydniſche Juriſconſultus, iſt, nach *Athenæi* Zeugniß, lib. 14. p. m. 623. ein guter Inſtrumental-Muſicus geweſen.

Mattei, ein Italiäniſcher Componiſt, hat an. 1723 unter dem Nahmen Pipo, i. e. Filippo, in dem Orcheſtre zu London ben Violoncello geſpielt. ſ. *Matthesonii* Crit. Muſ. T. 1. p. 156.

Matthæi [*Conradus*] ein Braunſchweiger, hat an. 1652 einen Bericht von den Modis Muſicis, unter der Philoſophiſchen Facultät zu Königsberg in Preuſſen Cenſur, daſelbſt auf ſeine Koſten in 4to drucken laſſen. Dieſer Tractat iſt, ſammt der an den Magiſtrat zu Braunſchweig gerichteten Zuſchrifft und Vorrede an den Leſer, 18 Bogen ſtarck. Daß er nachhero als Doctor juris zu Braunſchweig geſebet, iſt aus Herrn Doct. *Meyers* Critico ſine criſi, p. 53. in der Anmerckung zu erſehen.

Mattheis (*Niclas*) ſo ſchreibet ihn der Wieneriſche Addreſſ - Calender des 1721ten und 1727ten Jahrs, woſelbſt er unter

unter den 23 Kayserlichen Violinisten die Ober-Stelle hat, in des *Roger* Catalogue de Musique, p. 30, stehen von seiner Arbeit 5 Wercke, unter dem Titul: Arie Cantabile à Violino solo e Violoncello o Basso Continuo; und sein Nahme also ausgedruckt: *Nicola Mathys.*

Mattheson (Johann) ist in Hamburg 1681. den 28 Sept. gebohren, und den 29. dito getaufft. Sein Herr Vater, Johann, war Accise=Einnehmer daselbst, die Fr. Mutter, Margaretha, gebohrne Hölings, stamte aus Rensburg her. Seine Schul=Jahre brachte er theils in dem Hamburgischen Johanneo, theils bey besondern Lehrern zu, wurde dabey, seit dem siebenden Jahre seines Alters, in der Singe=Kunst, im Spielen auf 5 Instrumenten, im Componiren, Tantzen, Reissen, Rechnen, und bey zunehmenden Kräfften, im Fechten, Reiten und andern Leibes-Ubungen, mit grossem Fleiß unterwiesen. Im neunten Jahr ließ er sich mit eigner Composition von den Hamburgischen Orgeln singend hören, bespielte sie auch alle, und fieng zugleich an sich in den Opern hervorzuthun, womit er 15 Jahr fortfuhr. Weil er aber die gründlichen Dinge allem schnöden Aussenschein dabey vorzuziehen wuste, hielte er bey 2 berühmten Doctoribus nacheinander besondere Collegia juridica, legte sich auf verschiedene Sprachen, und vor allen auf die Staats=Wissenschaft. Im achtzehnten Jahr verfertigte er seine erste Opera, und stellte selbst die Haupt=Person vor, darauf dennoch fünff andere folgten. An. 1703. wurde ihm die Anwartschafft auf den einträglichen Organisten-Dienst in Lübeck an der Marien=Kirche angeboten, welche er aber, wegen der Heyraths=Bedingung, ausschlug. An. 1704 that er eine Reise nach Holland, woselbst man ihm in Harlem, den besten Dienst im Lande mit 1500 Gulden Besoldung antrug; er trat aber lieber, noch desselbigen Jahrs, bey seiner Zurückkunfft, erst als Informator, bald darauf als Secretarius, bey dem damahligen Königl=Gros=Britannischen Ministro im Niedersächsischen Kreise in Dienste, mit ansehnlicher Besoldung, vielen Abfällen, und einer freyen Herrschafftlichen Tafel; bey welcher Gelegenheit er sich nicht nur der Engländischen Sprache bemächtigte, sondern auch die Politische Historie, und die allgemeinen Rechte ernstlich trieb; doch daneben der Music so wenig vergaß, daß, ob er gleich An. 1705 vom Theatro Abschied nahm, dennoch eine Menge Dramatum und Kammer=Sachen von ihm verferriget wurden. An. 1706. ist er in wichtigen Verschickungen, nach Leipzig, Bremen, und andern Orten gebraucht worden, und 1707. abermahl nach Sachsen, bey Anwesenheit des Königs von Schweden, mit gewissen Commissionen versandt gewesen. Bey diesen Reisen, und den dabey vorfallenden Festivitäten betraff ihn ein hefftiger Ohren=Fluß, welcher hernach immer zugenommen, und der musicalischen Ergetzlichkeit mercklichen Eintrag gethan hat. An. 1708. da die Kayserl. Commission in Hamburg war, gab ihm dieselbe genug zu schaffen, und wurde seine Besoldung deswegen erhöhet. An. 1709 ehelichte er die Wohlgebohrne Catharina Jennings, eines Engländischen Predigers Tochter, von der Familie des Admirals selbigen Nahmens, mit welcher er auch nunmehro über 20 Jahr in der vergnügtesten Ehe, obgleich ohne Kinder, lebet. Unter andern Staats-Geschäfften die ihm An 1710. in die Hände geriethen, war auch die von England übernommene Vermittelung der Dänischen und Holsteinischen Streitigkeiten, welche An. 1711. zum Stande kamen, da ihm denn für seine Mühe nomine Serenissimi ein beträchtliches gratiale ins Hauß gebracht wurde. Desselben Jahres verfertigte er in einigen Neben=Stunden seine sechste Opera, und schlug das Clavier selbst bey der Auffführung. Der Dänische Einfall ins Bremische, die darauf erfolgte Verbrennung der Stadt Altona, absonderlich aber das an. 1713 erlebte Absterben seines Vorgesetzten machten ihm desto mehr zu schaffen, da er, als Subdelegatus, die Königl. Angelegenheiten in diesem Kreise so lange besorgen muste, bis der junge Herr, ein Sohn des wohlseel. Abgesandten, seine credentiales erhalten hatte. Da nun die Königin Anna in eben diesem Jahr auch den Weg aller Welt gieng, verfertigte er auf die Krönung Georgii I. eine denckwürdige Serenata, und erhielt An. 1715. so wol die Anwartschafft auf das Directorium Musicum in cathedrali Hamb. als auch ein Vicariat in Petro, führte verschiedene starcke Kirchen=Musiken auf, und übernahm die würckliche function, sammt einem kleinen Canonicat, An. 1718. mehr aus Liebe zum klingenden Gottesdienst, als zum Gewinn, welcher gar nicht

nicht dabey vermacht ist. An. 1719. halff er einen Commercien-Tractat mit der Stadt Hamburg schliessen, auch begnadigten ihn in diesem Jahre Ihro Königl. Hoheit der regierende Hertzog von Holstein mit dem Caractere Dero Capellmeisters, wie er denn, in solcher Bedienung verschiedene grosse Musiken bey Hofe aufgeführet, und ansehnliche Belohnungen dafür erhalten hat. An. 1720. wurde er in Königl. Geschäfften mit einer grossen Summa gemüntzten Goldes und vielen wichtigen Wechseln an einem gewissen Königl. Hof versandt, wo man ihn an des Herrn General-Feld-Marschalls Tafel zog, und mit einem Faß Ungarischen Weine bey der Abreise beschenckte. Da auch selbigen Jahrs sein Vorgesetzter nach England reisete, verwaltete er abermahl dessen vices vier Monath lang, richtete verschiedene Königl. Befehle aus, mit völliger und förmlicher Genehmhaltung des Hofes und seines Obern. Bey dergleichen Geschäfften und einem von GOtt bescheerten reichlichen Auskommen, so wol an Besoldung als Eigenthum, lebet er auch bisher, als Secretaire des Commandemens de S. M Br, und Hochfürstl. Schleswig-Holsteinischer Capellmeister, recht von Hertzen vergnügt, und in beständiger fleißigen Abwechselung Staats- und musicalischer Sachen, davon seine bis An. 1729. herausgegebene Wercke, so wie sie hier angefüget, mehr Zeugniß geben können:

(1. Douze Sonates à 2 & Flutes sans Basse, gravées deux fois à Amsterdam par Roger & par Mortier, 1708. III. Vol. fol.
(2. Die durch ein automaton zu findende, von John Carte angegebene Longitudo, ins Teutsche und in Ordnung gebracht. Hamb. 1708. 4. In Verlag des Erfinders.
(3. Bischoff Robinsons Predigt vor dem Parlament, aus dem Engländischen übersetzt. Hamb. 1711. 4. in Verlag des Uebersetzers.
(4 Arie scelte de l' Opera Henrico IV. Rè di Castiglia. Hamb. 1711. fol. V. Vol appr. l' Autore.
(5. Die Eigenschafften und Tugenden des edlen Tobacks, aus dem Engländischen. Hamb. 1712. 8. in Verlag des Uebersetzers.
(6. Orcheſtre, erſte Eröffnung. Hamb. 1713. 12. bey Schillers Erben.

(7. Der Vernünfftler, theils aus dem Engländischen, theils von eigner Erfindung. Hamb. 1713. 4. bey Wierings Erben
(8. Geschichte Alexanders Selkirch, eines Schottländers, aus seinem eignen Munde beschrieben Hamb. 1713. 4. bey Wierings Erben
(9. Sonata per il Cembalo, in Form einer Land-Charte, Kupfer. Hamb. 1713. verlegt von dem Verfasser.
(10. Harmonisches Denckmahl, XII. Suites pour le Clavecin, in Kupfer, London, 1714. groß fol. Gedruckt bey Richard Meares.
(11. Groß-Britannischer Gnaden-Brief Hamburg 1714. 4. bey Wierings Erben.
(12. Anrede des Lord Groß-Meisters in England, bey Verurtheilung 6 Lords. ꝛc. Hamb 1716. 4. bey Wierings Erben.
(13. Görtzische und Gyllenborgische Briefe. Hamburg 1717. in Kißners Verlag.
(14. Vertheidigung des wieder die Schwedischen Gesandten in Engelland ꝛc. angestellten Verfahrens. Hamb 1717. 4. bey Wierings Erben.
(15. Orcheſtre zweyte Eröffnung, Hamb. 1717. 12. bey Kißnern.
(16. Die Organisten-Probe im General-Baß. Hamburg 1719. 4. bey Kißnern.
(17 Betrachtung über das Finantz-Werck oder den Actien-Handel, aus dem Frantzösischen Hamburg 1720. 8 bey Wierings Erben.
(18. Der brauchbahre Virtuose, XII. Sonate per il Violino overo Flauto traverso. Hamb. 1720. fol. bey Kißnern.
(19. Reflexions sur l'Eclaircissement d'un Probléme de Musique, Hamb. 1720. 4. auf Kosten des Verfassers.
(20. Orchſtre, dritte Eröffnung, Hamb 17 1.12. bey Kißnern.
(21. Prologo per il Rè Ludovico XV. (Italiänische Verse.) Hamb. 1722. 4. In Verlag des Opern-Wesens.
(22. Critica musica, Tom. I. Hamb. 1722. 4. auf eigne Kosten
(23. Zenobia, eine aus dem Italiänischen übersetzte Opera. Hamb. 1722. 4. in Verlag des Opern-Regiments.
(24. Arſaces, aus dem Italiänischen.

Hamburg 1722. 4. in eben demselben Verlag.

(25. *Nero*, aus dem Italiänischen, mit Zusätzen. Hamb. 1723. 4. verlegt wie vorige.

(26 Groß=Britannische Haupt=Verrätherey, aus dem Engländischen. Hamb. 1723 4. in Wierings Verlag.

(27. Moll Flanders, einer Engländerinn, wundernswürdige Begebenheiten. Hamb. 1723. 8. in Wierings Verlag.

(28. Bischof Burnets Geschichte seiner Zeit. Hamb. 1723. 4 bey vorigen Verlegern.

(29. Niedtens Handleitung zur Variation des General=Basses, neue Auflage, mit Anmerckungen des Herausgebers, Hamb. 1724. 4. obl. bey Kißnern.

(30. *Critica musica*, Tom. 2. Hamb. 1725. 4. auf Kosten des Verfassers.

(31. *Marie Scoticæ* Lebens=Beschreibung. Hamb. 1726 8. bey Wierings Erben.

(32. Untersuchung der Groß=Britannischen Aufführung, aus dem Engländischen. Hamb. 1727. 4. bey Wierings Erben.

(33. Ephorus Göttingensis. Hamb. 1727. 4. in Verlag des Verfassers.

(34. Die Herannaherung des Krieges, aus dem Engländischen. Hamb. 1727. 4. in Wieringischen Verlag.

(35. Ramsays reisender Cyrus, aus dem Engl. Hamb. 1728. 8. Eben daselbst.

(36. Der Musicalische Patriot. Erster Band. Hamb. 17 8. 4. Auf Kosten des Verfassers.

(37. Einige geistliche und weltliche Poesien: als Oratorien und Texte zur Music, Gedichte auf Hochzeit= und Nahmens=Tage ꝛc. Vorberichte bey andrer Leute Wercken, Parlaments=Reden, u. d. gl. welche einen guten Quart=Band geben, und zu verschiedenen Zeiten verfertiget worden.

(38 Aesopus, eine aus dem Italiänischen übersetzte Opera, Hamb. 1728. 4. in Verlag des Opern=Regiments.

(39. Anmerckungen über die Aufführung ob Seiten Groß=Britanniens, in Absicht auf die Friedens=Hantlung und andre Staats=Geschäfte ausserhalb Landes, aus dem Engländischen, Hamb. 1729. 4. bey Wierings Erben.

(40. Die Richtigkeit des Groß=Britannischen Reichthums und Gewerbes, aus dem Engländischen, Hamb. 1729. 4. bey Wierings Erben.

Matthias, ein Römischer Lautenist, ohngefehr um die Mitte des 16ten Seculi, dessen Garzoni im 43 Discorso seiner Piazza universale, am 374 Blatte gedencket.

Mattho, ein Königl. Frantzösischer Musicus, hat an. 1715 die Oper, A1 on genannt, componiret. s. das *Sejour de Paris*, c. 25. p. 274.

Matthius (*Maurus*) ein Servit von Florentz, ingleichen Organist und Componist, hat, als ein junger Mensch, an. 1571 vierstimmige Madrigalien zu Venedig drucken lassen, und ist an. 1589. noch am Leben gewesen. s. *Pocciantii* Catal. Scriptorum Florentinorum, p. 125.

Mattinengi (*Gabriele*) s. *Martinengi*.

Mattioli (*Andrea*) Capellmeister der Accademia dello Spirito Sante zu Ferrara, gab an. 1653 eine Missam und Psalmen zu Venedig in Druck.

Maulgred (*Pierre*) oder Maulgræus. Von seiner Arbeit sind Chansons honestes à 4 & 5 parties; und 4. 5. 8ftimmige Cantiones Sacræ an. 1604 zu Antwerpen in 4to gedruckt worden. s. *Draudii* Bibl. Class. p. 1612. und 1618.

Maugardus, ein zu Anfange des vorigen Seculi berühmt gewesener Frantzösischer Violdigambist, dessen *Mersennus* lib. I. de Instr. harm. Prop. 30. rühmlichst erwehnet.

Maupin, eine Frantzösische Opern=Sängerin, deren die *Histoire de la Musique*, T. 2. p. 117. und 122 gedencket.

Maurini oder Mauro d'Alay, hat XII. Concerti à Violino Principale, 2 Violini, Alto Viola, Violoncello e Cembalo, als sein erstes Werck, herausgegeben, so zu Amsterdam bey Mr. le Cene in Kupffer zu bekommen ist. Ob er vielleicht aus der in Languedoc liegenden Stadt Alais gebürtig sey, stehet dahin?

Mauritius, Landgraf zu Hessen=Cassel, hat die Musicalische Composition verstanden; wie denn im Florilegio Portensi etwas von seiner Arbeit befindlich ist.

Maurolycus (*Franciscus*) der aus Messina in Sicilien bürtig gewesene Mathematimaticus, und Abt zu S. Mariæ à partu daselbst, gebohren an. 1494 den 15 Sept. und gestorben an. 1575 den 21 Julii, hat, unter andern, Opuscula Mathematica in lateinischer Sprache geschrieben, so an. 1575 zu Venedig in 4to gedruckt worden. Die darinnen befindliche Musicæ Traditiones oder Musica Elementa sind aus dem *Boëthio* genommen, und machen, nebst dem sonsten noch beygefügten, 8 Blätter aus.

Maurus, ein Sicilianer, von Palermo gebürtig, und Mont-Cassinensischer Mönch in dem unweit von Palermo liegenden Closter S. Martini de Scalis, hat an. 1590 Sacras Cantiones von Vocal- und Instrumental-Stimmen zu Venedig in 4to drucken lassen s. *Possevini* Apparat. Sacr. T. 2. und *Draudii* Bibl. Class. p. 1619.

Maxime (*gall.*) s. *Massima.*

Mayr (*Rupertus Ignatius*) von Scharbingen gebürtig, war anfänglich am Hochfürstl. Bischöfflichen Hofe zu Freysingen, hierauf zu Aichstädt, ferner am Chur-Bayerischen Hofe als Cammer-Musicus und Violinist bedienet, wurde endlich Capellmeister zu Freysingen, und ließ an. 170 Offertoria, ingleichen an. 1706 ein Psalmen-Werck zu Augspurg drucken. Seine Palæstra musica aus XIII. 2. 3. und 4stimmigen Sonaten, und einem 5stimmigen Lamento bestehend, ist an. 1674 zu Augspurg in folio oblongo ans Licht getreten. Noch sind von seiner Arbeit zum Vorschein gekommen: XXV. Offertoria Dominicalia, oder Motetten von 4 und 5 concertirenden Sing-Stimmen, 2 Violinen, 3 Posaunen oder Violen, und G. B; ingleichen eine Psalmodia brevis ad Vesperas totius anni von 4 Sing-Stimmen, 2 Violinen, 3 Violen oder Posaunen, und G. B. beyderseits in 4to gedruckt. s. *Lotters* Music-Catalog.

Mayſtus (*Bartholomæus*) ein Musicus, hat von Joan. Thom. Muſronio folgendes Epitaphium bekommen:

Hac jacet, heu miseræ Mayſſus cura parentis,
Ante dum raptus Bartholomæus, humo.
Flexiſſet duras vario modulamine linguæ
Suavisonoque canens dulcius ore, Deas.
Invida sed blandam eripuit Proserpina vocem.
Ut fieret campis cantor in Elysiis.

s. *Otton. Aicher.* Theatrum funebre P. 3. Scena VII. p. 447.

Mazak (*Albericus*) ein Pater Cisterzienser-Ordens im H. Creutz-Closter zu Wien, und Cantor Chori daselbst, hat an 1650 unter dem Titul: Cultus Harmonicus Deo opt. max. exhibitus, Missen ediret, so aus 12 Büchern in klein folio bestehen.

Mazi (*Luigi*) ein Fürstl. Musicus und Componist zu Ferrara, hat Madrigalien und Psalmen gesetzet. s. *Superbi Apparato de gli Huomini illustri della Città di Ferrara,* p. 131.

Mazzarensis. s. *Antonius* von *Mazzara.*

Mazzochi (*Domenico*) Seines zu Rom gedruckten Madrigalien-Wercks gedencket *Kircherus* T. l. Musurg p. 660. Ob die an. 1638 daselbst herausgekommene Dialogi und Sonnetti etwa hierdurch gemeynet werden, ist mir unbewust? Die Catena d'Adone ist an. 1626 in Venedig herausgekommen. Die Musiche sacre e morali aber à una, due & tre voci, sind an. 1640 zu Rom in folio aus Licht getreten.

Mazzochi (*Virgilio*) ist Päbstlicher Ober-Capellmeister, und des Bontempi Lehrmeister gewesen. s. die *Acta Erudit. Lips.* an. 1696. p. 242.

Mazzoni (*Alfonso*) Music-Director an der Cathedral-Kirche des Heil. Geistes zu Ferrara, ließ an. 1640 Motetten zu Venedig drucken.

Mazzonius (*Jacobus*) ein Professor Philosophiæ zu Pisa, von Cesena gebürtig, ist in allen Arten der Wissenschafften wohl beschlagen gewesen, hat, unter andern, einen lateinischen Tractat: de triplici hominis vita, Activa, Contemplativa, & Religiosa geschrieben, darinn er in 5197 Quæstionibus aller Disciplinen methodum zeiget. Es ist solcher an. 1576 zu Cesena in 4to gedruckt worden. Von der 2684ten bis zur 2777ten Frage, welche zusammen nicht gar sieben Blätter ausmachen, wird auch von der Music Subjecto, Ordine, Consonantiis simplicibus, perfectis & imperfectis, Consonantiis compositis, & Dissonantiis;

nantiis; it. de Musica Organica, Mundana & Humana; ferner de Genere Diatonico, Chromatico & Enharmonico, und endlich de Musicæ Modis theoreticè gehandelt.

Mechel, ein Frantzösischer Componist hat sieben Bücher Sonaten vor die Violin publiciret. s. den an. 1729 zu Paris in 4to gedruckten *Catal. general, p. 4.*

Meck (Joseph) soll am Chur-Mayntzischen Hofe als Violinist stehen; von seiner Composition sind verschiedene geschriebene Concerten, und Soli auf die Violin bekannt. Auch sind XIII Concerten von 5 bis 6 Instrumenten in Amsterdam gestochen worden. s. den *Ceneschen Music-Catalogum, p. 62.*

Mediante (*ital.*) also heisset diejenige Saite eines Toni oder Modi Musici, welche eine Terz höher als dessen final-Chorde ist.

Mediatio Octavæ arithmetica (*lat.*) die Arithmetische Theilung einer Octav ist, wenn eine Melodie unter die Final-Note eines Modi um eine Quart, und über dieselbe um eine Quint steiget. s. z. E. das unterm Articul, Authentus angeführte Lied: Nun freut euch lieben Christen gemein. Sie heisset aber deswegen also, weil gedachter beyder intervallorum Stellung (wenn man die grösseste Zahlen in die Tieffe setzet) in proportionalitate sive medietate arithmetica also stehen:

$$\underset{4}{}\underbrace{}_{\text{I.}}\underset{3}{}\underbrace{}_{\text{I.}}\underset{2}{}$$

Proportio Quartæ. Quintæ.

und demnach die Differenz zwischen diesen Zahlen überein, nemlich die Zahl 1 ist.

Mediatio Octavæ harmonica [*lat.*] die Harmonische Theilung einer Octav ist, wenn eine Melodie über die Final-Note eines Modi um eine Octav steiget, demnach das Quint-Intervallum unten, und das Quart-Intervallum über solches oben zu stehen kommt. s. z. E. das unter dem Articul, Authentus angeführte Lied: Vom Himmel hoch da komm ich her. Sie heisset aber deswegen also, weil gedachter beyder intervallorum Stellung (wenn man abermahl, wie in Mathesi gewöhnlich, die grösseste Zahlen in die Tieffe setzet) in proportionalitate sive medietate harmonica also stehen:

$$\underset{6}{}\underbrace{}_{\text{2}}\underset{4}{}\underbrace{}_{\text{1}}\underset{3}{}.$$

Proportio Quintæ Quartæ.

und demnach die Proportio der beyden äussersten Zahlen, der Proportion derer differentiarum gleich ist. s. *Matthei* Bericht von den Modis Musicis, c. 2. p. 16, 17, und 18.

Medices (*Laurentius*) hat 8stimmige Missen gesetzt.

Medius harmonicus [*lat.*] also heisset der mittlere sonus in einer triade harmonica. z. E. c. e g.

Megalophonus, bedeutet beym Pexenfelder, einen Altisten.

Megerle [*Abraham*] war Ertz-Bischöfflicher Capellmeister, auch Canonicus bey S. Mariæ ad Nives zu Saltzburg, und gab an. 1647 unter dem Titul: Ara Musica, drey Tomos Offertoriorum von 1 = 10 Stimmen mit Instrumenten daselbst in Druck.

Mei [*Girolamo*] oder Hieronymus Meius, ein Florentinischer gelehrter Edelmann, Mathematicus, Philosopus und Musicus theoreticus, hat einen Discorso sopra la Musica antica e moderna geschrieben, welcher an. 1602 zu Venedig in 4to gedruckt worden. s. den *Catalogum Bibliothecæ Thuanæ, p. 55.* und die *Notizie letterarie, ed istoriche intorno alli Huomini illustri dell' Accademia Fiorentina, P. 1. alle carte 84.*

Meibomius [*Marcus*] ein berühmter Philologus, von Tönningen in Holsteinischen gebürtig, lebte bereits zur Zeit der Königin Christinæ, wegen seiner Gelehrsamkeit, zu Stockholm in grossen Ansehen; weil er aber auf die alte Music gefallen war, und, nachdem die Königin ihm nach seinem Angeben allerhand Instrumente verfertigen lassen, ein Concert öffentlich angestellet, dabey er selber, wiewol er eine schlechte Stimme hatte, singen wolte, lief es auf ein allgemein Gelächter hinaus, und weil er argwohnete, daß der Königin Mignon, der junge Bourdelot, an dieser Prostitution Ursach sey, lief er zu ihm hinauf auf die Gallerie, und schmiß selbigen in Gegenwart der Königin an den Hals, darüber er Schweden quittiren muste. Er gieng also nach Coppenhagen, allwo er gar wol aufgenommen, ihm eine Profession zu Sora, der Titul eines Königl. Raths, und endlich die Dignität eines Architectoni zu Helsingör beygeleget und anvertrauet

trauet wurde; allein, weil er des Königs Interesse nicht allerdings mochte beobachtet haben, so war seines Bleibens nicht länger daselbst. Er wendete sich hierauf nach Amsterdam, und ward Professor Historiarum beym Gymnasio; er muste aber auch diese function wiederum niederlegen, weil er sich geweigert hatte, eines gewissen Bürger-Meisters Sohn privatim zu informiren, unter dem Vorwand: daß er keine Jungen, sondern Studiosos zu unterrichten gewohnt wäre. That hierauf eine Reise nach Franckreich und England, kam wieder nach Amsterdam, und führte ein privat-Leben. Ist gestorben an. 1711, oder, wie *Jacobus le Long* in seiner Bibliotheca Sacra, pag. 570 will, an. 1710, in hohem Alter. f. das *comp.* Gelehrten-*Lex.* und *Mulleri* Hypomnemata Historico-Critica ad librum Alberti Bartholini, de Scriptis Danorum, pag. 327. wie auch nurbesagtes Buch selbst, p. 93. Er hat, unter andern, Anmerckungen über den Vitruvium geschrieben, welche, sammt dem Text, an. 1649 zu Amsterdam in folio gedruckt worden sind; in solchen hat er insonderheit die von andern Auctoribus unrecht verstandenen Music-Stellen, und demnach falsche musicalische Anmerckungen zu verbessern, sich angelegen seyn lassen. An 1652 hat er in nurgedachtem Orte die sieben Griechischen Music-Auctores, nemlich den Aristoxenum, Euclidem, Nicomachum, Alypium, Gaudentium, Bachium, und Aristidem Quintilianum (denen das 9te Buch Martiani Capellæ: de Musica, noch beygefügt ist) ins Latein übersetzt, mit Anmerckungen, Griechisch und Lateinisch in 4to drucken lassen; und an. 1656 einen Dialogum: de Proportionibus zu Coppenhagen in folio herausgegeben.

Meier (Peter) ein Componist ums Jahr 1651.

Meilandus (*Jacobus*) ein Meißner (so nennet ihn Nicod. Frischlinus) hat an. 1575 drey und dreyßig lateinische und teutsche Motetten zu Franckfurt am Mayn drucken lassen, und sie dem Landgrafen von Hessen, Wilhelmo, dediciret; in solcher Zuschrifft führet er, unter andern, an: daß, als er ab officio Chori aulici, Georgii Friderici, Marchionis Brandenburgensis, ad liberale otium clementer & honeste sey dimittirt worden, Hieronymus Glauburgerus, ein Doctor U. J. und Franckfurtischer Patritius, nebst noch andern ihn mit grossen præmiis dahin vermocht hätten, das teutsche *Psalterium Lutheri* in die Music zu bringen. In eben diesem 1575ten Jahre hat Georg Rab, ein Buchdrucker zu Franckfurt, 18 weltliche teutsche Gesänge von 4 und 5 Stimmen gesammlet, selbige gedruckt, und einem Vicario am Dom-Stifft zu Maynz, nahmens Franz Schilling, zugeschrieben. Als der Auctor an. 1576 seine Cantiones novas 5 vocum, bey Sigmund Feyerabend, einem Franckfurtischen Buchhändler, herausgegeben, ist er 34 Jahr alt gewesen. Seine übrigen Scripta sind folgende, als

Cantiones Sacræ 5 & 6 vocum, zu Nürnberg, an. 1573.
Harmoniæ Sacræ 5 vocum, zu Erfurt an. 1588.
Cigneæ Cantiones latinæ & germanicæ, zu Wittenberg an. 1590, allerseits in 4to gedruckt. f. *Draudii* Bibl. Class. p. 1618. 1625. 1633.

In Herrn Sam. Grossers Lausitzischen Merckwürdigkeiten, P. 4. p. 179 stehet folgendes von ihm: Jacobus Meyland, Senftenbergensis, war Capellmeister Margraf George Friedrichs zu Anspach, und ein zu seiner Zeit berühmter Componist, der seine Music in der Sächsischen Hof-Capelle erlernet, und nachmahls auf seinen Reisen, mit sehr bemüheten Fleisse, perfectioniret hatte.

Meinong (Paul) ein Raths-Herr und Dom-Organist in Erffurt, gebohren daselbst an. 1639 den 18ten Octobr. ist ein guter Künstler und Componist gewesen, und an. 1715 den 31 Octobr. gestorben.

Meister (Johann Friedrich) gab an. 1693 die Fürstl. Gleichsburgische Musicalische Gemüths-Belustigung, in XII Theile getheilt, zu Hamburg in folio heraus. An 1695 ist auch daselbst sein Giardino del piacere, overo Raccolta de diversi Fiori musicali, gleichfalls in folio gedruckt worden.

Meisterus (*Michael*) ein Cantor zu Halle in Sächsischen (jetzo im Magdeburgischen) hat verschiedener Auctorum Tricinia, unter dem Titul: Crepundia Musica, an. 1621 daselbst zum Druck befördert. f. *Matthesonii* Orch. II. p. 390. und *Draudii* Bibl. Class. p. 1643.

Meistre (*Mattheus de*) oder Maistre, gab an.

396 MEL.   MEL.

an. 1557 Magnificat 8 Tonorum in groß folio; und an. 1570 das erste Buch sstimmiger Motetten zu Dreßden in 4to heraus. s. *Draud.* p. 1638. Sein Officium de Narivitate & Afcenfione Chrifti von 5 Stimmen, ist an. 1574 gedruckt worden. Daß er ein Niederländer, und am Chur-Sächsischen Hofe Capellmeister gewesen, liefet man im Hiftor. Regifter des Naumburg. Gefang-Buchs, p. 8. welches auch die an. 1577 in Dreßden gedruckte Teutsche und Lateinische Lieder von 3 Stimmen beweisen.

Melanchthon (*Philippus*) der an 1497 den 16 Febr. zu Bretten in der Unter-Pfalz gebohrne, und an. 1560 den 19 April zu Wittenberg verstorbene sehr bekannte Theologus, sonsten Schwartz-Erde genannt, handelt in einer seiner von *Casp. Peucero* an. 1570 zu Wittenberg in 8vo edirten lateinischen Episteln, am 473 biß 476 Blatte befindlich: de ommendatione Musicæ. Sonsten hat er auch an 1517 eine Oration: de Artibus liberalibus, zu Tübingen gehalten, so hernach in 4to gedruckt worden ist. s. die Bibliothec *Tellerianum,* p. 103.

Meletus (*J.*) ein Lautenist, hat von *M. Monerio* diese Grabschrifft bekommen:

   Meletus Citharam, chordas fi ferret ad orcum,
     Meleti manes non premeres, Hecate.
   Orpheo id indultum eft, fed non bene calluit artem,
     Meleto vetitum, vincere qui poterat.

s. *Otton. Aicheri* Theatrum funebre, P. 3. Scena 7. p. 449.

Meley, ein sehr berühmter Lautenist, der zu Leipzig in Licentiatum Juris promoviret. s. Barons Unterf des Inftruments der Laute, p 77. Conf. Kropffgantz. Ist ohngefehr an. 1707 oder 1708 mit einem Printzen ins Holsteinische gegangen, und daselbst nachhero Hof-Rath geworden.

Meli [*Pietro Paolo*] ist ein Kayserlicher Muficus gewesen; von seiner Arbeit stehet in *Befardi* Novo Partu, P. 3 p. 36. eine auf die Laute gesetzte Gagliarda.

Melicus, a, um [*lat.*] μελικός, ή, όν, [*gr.*] ad cantum pertinens, musicalifch.

Melificare [*lat.*] in carmen feu melos redigere, in Melodie bringen. s. des Herrn *du Cange* Gloffarium.

Meliffa [*Matteo*] ein Organift an der Jefuiter-Kirche zu Goritz, [lat. Goritia] der im Friaul am Fluß Lifonzo (auf Latein Sontius genannt) liegenden Haupt-Stadt der Graffchafft Goritz, an den Venetianischen Grentzen, hat an. 1652 Salmi concertati à 2 3. e 5 voci, zu Venedig in 4to drucken laffen.

Melitari [*lat.*] μελετᾶν [*gr.*] wird, nach Salmasii Anmerckung in Solinum, von den Pfeiffern gesagt, wenn sie die Kunft erlernen: daher *Virgilius* Ecloga 1. das Wort meditari [welches so viel, als melitari heiffet] in folgendem Verse gebrauchet: Sylveftrem tenui musam meditaris avenâ. Wie denn auch die Lateiner das Verbum: meditari, von denen, so auf Saiten-Spiel lernen, brauchen; welches aus dem Suetonio in Nerone, c. 20. erhellet, wenn er schreibt: "der Kayser Nero habe täglich nach der Abend-Mahlzeit, dem damahls berühmten Citharoedo, nahmens Terpnus, bis in die späte Nacht zugehöret; und hinzusetzt: paullatim & ipfe *meditari* exercerique coepit.

Melitona. s. *Melton.*

Melle [*Renatus de*] hat 5. 6.= 12ftimmige Cantiones Sacras gesetzt, welche, nebst einer sstimmigen Litanie de B. Maria Virgine, an. 1.89 zu Antwerpen in 4to gedruckt worden. s. Draw ii Bibl. laff. p. 1618. Ob es der von Printzen in seiner Muf. Hift. c. 11. §. 12, angeführte Flanderer, Rivaldus Mellus [soll vielleicht Rinaldus heiffen] sey, welcher an. 1538 florirt, stehet dahin, scheinet aber doch wenigstens sehr probable.

Melli [*Domenicu Mari*] ein Muficus von Reggio, hat an. 1609 zu Venedig Mufiche drucken laffen.

Mellini [*Salvator*] ein Kayserlicher Muficus und Penfionift an. 1721, und 1727.

Mellinus [*Alexander*] ein Servit, und vortrefflicher Inftrumental-Muficus, von Florentz gebürtig wurde von Pabft Leone X zu seinem Capellmeifter angenommen, und starb an. 1554. s. *Pocciantii* Catalog. Scriptor. Florentinorum, pag. 4.

Melodia [*lat. ital.*] Melodie [*gall.*] μελωδία [*gr.*] von μέλος, und ᾠδὴ; eine Sang-Weise; continuata sonorum connexio.

Mele-

Melodieusement, Adv. und melodieux, melodieuse. Adj [*gall.*] wird von einem musicalischen Stücke gesagt: wenn in selbigem eine gute und angenehme Sang-Weise enthalten ist.

Melodima [*lat.*] μελόδημα [*gr.*] ist in des Herrn *du Cange* Glossario, so viel, als Melodia.

Melodrama [*lat.*] ein musicalisches Schau-Spiel.

Melodus [*lat.*] μελωδὸς [*gr.*] der Verfertiger oder vielmehr Executor einer Sang-Weise, ein Sänger.

Melopoeia [*lat.*] Melopée [*gall.*] μελοποιία [*gr.*] hierdurch wird insgemein die Musicalische Composition, oder Verfertigung einer Melodie verstanden, von μέλος, cantus, und ποιέω, facio, fingo, fabrico, compono; der Herr Capellmeister Mattheson der erinnert hierbey: daß er lieber das Wort Melothesia davor brauchen möchte; weil die Griechen per Melopoeiam mehrentheils nur modulationem ipsam, oder das blosse Singen, verstanden hätten. s. dessen *Orch. III. p.* 313.

Melopoeus [*lat.*] μελοποιός [*gr.*] der Verfertiger einer Melodie.

Melorapta [*lat.*] μελοράπτης [*gr.*] melorum consarcinator, ein Stimm-Flicker.

Melpomene [*lat.*] Μελπομένη [*gr.*] von μέλπω oder μέλπομαι, canto; ist der Nahme einer von den neun Musen.

Melos [*lat.*] μέλος [*gr.*] ist diejenige Arbeit, so ein Componist verfertiget, vulgo ein Stück s. *Matthesonii* Crit. Mus. T. . p. 261. in der Anmerckung, quia in certa *membra* (μέλος heisset sonsten membrum) harmonicè dividitur. s. *Martini* Lex. Philolog.

Melos Castoreum. s. *Castoreum.*

Melotheta [*lat.*] ein Componist, Stimmen-Setzer.

Melton [*Guilhelmus*] oder de Melitona, ein sehr gelehrter Engländischer Prediger-Mönch, und Cantzler zu Yorck [Cancellarius Eboracensis] so ums Jahr 1520 floriret, hat ein Buch: de Musica cœlesti geschrieben s. *Balei* Catal. Scriptor. Britanniæ, Centur. 9.

Melvio. [*Francesco Maria*] ein Römischer Minorit, und Music-Director seines Closters daselbst. Auf seiner an. 1648 in Venedig herausgegebenen Galatea,

wird er ein Capellmeister der Stadt Castello genennet; hat an. 1650 2. 3. 4. und 5stimmige Cantiones Sacras zu Venedig ediret.

Membrio [*Damiano*] hat 3 4 -8stimmige Missen mit einem G. B. herausgegeben.

Memmolus [*Decius*] ein Italiänischer Patricius zu Ariano [Arianensis], war Pabsts Pauli V. Secretarius ad Principes, und Canonicus an der Kirche des H. Liberii, schrieb, unter andern, in seiner Sprache. Dialoghi della Musica, und starb an. 1631 den 19 Jul. im 51 Jahr seines Alters. s. *Wittenii* Diarium Biographicum. Ob er nun entweder aus der im Neapolitanischen, zwischen Benevento und Luceria, oder im Ferrarischen Hertzogthum an den Venetianischen Grentzen liegenden Stadt Ariano bürtig gewesen sey, wird nicht gemeldet.

Men, ist die Abbreviatur vom Italiänischen Adverbio: meno, welches weniger, nicht so, ꝛc. heisset; wird öfters, vor andern Worten gesetzt, angetroffen, um den Nachdruck ihrer Bedeutung zu verringern. Z. E. men' allegro, nicht so lustig; men forte, nicht so starck; men præsto, nicht so geschwinde.

Menagius [*Ægidius*] oder Ménage, ein gelehrter Frantzose, gebohren zu Angers, der Haupt-Stadt in der Provintz Anjou (lat. Andegavum genannt) an. 1613, war anfänglich Parlaments-Advocat zu Paris, hernach aber Decanus zu S. Petri in seiner Geburts-Stadt: schrieb unter andern ein Dictionaire Etymologique de la Langue Françoise, worinnen sehr viele Music-Wörter erklärt sind. Die neueste Edition, so der Autor selbst revidiret und vermehret hat, ist an. 1694 zu Paris in folio gedruckt worden; er aber ist an 1692 gestorben. s. das comp. Gelehrten-*Lexicon*.

Menatzeach, also hieß bey den Juden der Præcentor, und Music-Director. s. *Bartoluccii* Biblioth. Rabbin. P. 2. pag 204.

Menecrates, ein Citharœdus zu Zeiten des Kaysers Neronis, von welchem er trefflich beschenckt worden. s. *Sueton.* in vita Neronis, c 30.

Menedemus, ist ein Musicus, und Discipul des Aristotelis gewesen. s. *Textoris* Officin. c. 35.

Menehou (*Michel de*) ein Maître des Enfans de Choeur, oder Lehr-Meister der

der Chor-Knaben, an der S. Mauri-Kirche, hat eine Instruction des Preceptes ou fondements de musique tant pleine que figurée, oder Præcepta der Choral- und Figural-Music, geschrieben, und selbige an. 1571 zu Paris drucken lassen. s. *Verdier* Bibliotheque.

Menestrels, oder Chanterres, also hiessen ehemahls bey den alten Frantzosen, diejenigen Musici, so der Poeten ihre Romances in die Music brachten, daß sie kunten gesungen werden. s. die *Histoire de la Musique*, T. 1. ch. 10. p. 190.

Menestriers, also hiessen ehemals bey den alten Frantzosen die Instrumentisten, so die Sänger accompagnirten. *ibidem*. In Frischens Lexico bedeutet Menestrier oder Menetrier, einen Vier-Fiedler, Kirchweih-Geiger, Spielmann.

Menestrier (*Claude François*) ein Frantzösischer Jesuit, hat, unter andern vielen Sachen, auch de Representations en Musique anciennes & modernes, oder: de Dramatibus musicis Veterum & hodiernis, einen Tractat geschrieben, welcher an. 1681 zu Paris in 12mo gedruckt worden. Diesem ist an. 1682 ein anderer: des Ballets anciennes & modernes, selon les regles du Theatre, oder de Saltationibus Veterum & hodiernis, juxta leges Theatri gefolget, so gleichfalls zu Paris in 12mo herausgekommen. Beyder Inhalt ist in den Actis Eruditorum Lipsiensibus zu lesen, und zwar des erstern im Julius-Monat des 1682ten, und des zweyten im Julius-Monat des 1683ten Jahrs. Der Autor ist gestorben an. 1705 den 21 Januarii.

Mengelius (*Georgius*) ein Bamberger, hat erstlich in Kayserl. und Chur-Bayerischen Diensten als Capitoin, nachgehends aber in des Bischoffs zu Bamberg, Melchioris Ottonis, Diensten als Capellmeister gestanden, und an. 1644. Quinque limpidissimos lapides Davidicos cum funda, seu Psalm 51 cum Motetta centuplici varietate, zu Würtzburg in folio drucken lassen.

Mengoli (*Pietro*) ein berühmter Mathematicus zu Bologna. s. *Wittenium* in recentione Professorum, hat Speculationi musicali geschrieben. s. *Tevo* Musico Testore, p. 3?. & 43. und ums Jahr 1655 florirt. s. *Königii* Bibl.

Meninus (*Joannis Battista*) eines Organisten Sohn zu Padua, hat schon in seiner zarten Jugend auf dem Clavichordio und auf der Orgel es dem Vater fast gleich gethan; und würde, wenn er nicht so frühzeitig gestorben, ohne Zweifel alle zu seiner Zeit hierinn übertroffen haben. s. *Scardeonii* Antiquit. urbis Patavii, lib. 2. Class. 12. p. 263.

Mensura [*lat.*] der Tact, oder vielmehr: die Ausmessung der Noten und Pausen.

Menuet [*gall.*] s. m. ein Frantzösischer Tantz, und Tantz-Lied, so eigentlich aus der Provintz Poitou her- und den Nahmen von den behenden und kleinen Schritten bekommen; denn menu, menuë heisset klein s *Menage* und *Furetiere* Dictionaires. Die Melodie dieses Tantzes hat ordentlich 2 Repetitiones, deren jede zweymahl gespielt wird; jede Reprise aber 4 oder 8 Tacte, oder doch wenigstens, bey gemachter Exception (da sie anders zum Tantzen nicht unbrauchbar seyn soll) keinen ungeraden numerum der Tacte. Die Mensur ist ein Tripel, nemlich $\frac{3}{4}$ welcher aber, gewöhnlicher weise, fast wie $\frac{3}{8}$ geschlagen wird s. *Matthesonii* Orch. l. p. 193. Conf. dessen verbesserte Edition Niedtens Musicalischer Handleitung zur Variation des G. B. allwo p. 99. obige Derivation bekräfftiget, selbige aber auf die Melodie applicirt wird, weil es der kleinste und kürtzeste Tantz sey; ferner meldend, daß jede Reprise wenigstens 8 Mesures, und nicht mehr als 16 haben müsse. In der Anmerckung hierüber stehet: "Ich finde ein Exempel von Lully in seinem Roland, allwo der erste und letzte Theil einer Menuet jeder 10 Tacte hat, und ist der numerus sectionalis 5, welches sich schwer tantzen läßt."

Merckerus (*Matthias*) ein Niederländer, hat Concentus harmonicos 2 3 4. 5 & 6 vocum, nebst verschiedenen Instrumenten, gesetzet, welche an. 1613 zu Franckfurt am Mayn in 4to gedruckt worden sind. s. *Drauaii* Bibl. Class. p. 612.

Mercurius ein Sohn des Jovis und der Majæ. hat, wie Polydorus Vergilius, lib. 1. c. 15 de rerum inventoribus erzehlet, am allerersten die Lyram aus einer Schild-Kröte verfertiget, und erfunden. Man schreibet ihm auch die Erfindung der einfachen Pfeiffe, Monaulus genannt, zu, wie Plinius lib. 7. und M. Ant. Cœc. Sabellicus, de rerum artium Invent. bezeugen. s. Printzens Mus. Hist. c. 2. §. 26. sq.

Meri-

Merideth (*Guilielmus*) ein an. 1637 den 5ten Januarii verstorbener Organist an der Kirche des Neuen Collegii zu Orford, wird in der daselbst befindlichen Grabschrifft vir pius, & facultate sua peritissimus, genennet. s. *Anton. à Wood.* Histor. & Antiquit. Univers. Oxoniensis, lib. 2 p. 157.

Merieux, ein Frantzösischer Componist, von dessen Arbeit der Mercure Galant im Septembre-Monat des 1678ten, p 19. und im Febr. des 1679ten Jahrs, p. 35. zwo Arien anführet.

Mersennus (*Marinus*) ein Frantzösischer Minorit S. Francisci de Paula, gebohren zu Oise, einem Flecken im Hertzogthum Maine (in vico Oecii Provinciæ Cenomanicæ) an. 1588 den 8 Sept. hat in der Sorbonne zu Paris die Theologie und Hebräische Sprache tractirt, auch eine sonderliche Neigung zur Mathematic gehabt, und unter andern, einen sehr weitläufftigen Commentarium über die 6 ersten Capitel des 1sten Buchs Mosis in lateinischer Sprache geschrieben, welcher an. 1627 zu Paris in groß folio gedruckt worden ist. In solchem handelt er über den 21 Vers des 4ten Capitels des 1sten Buchs: Et nomen fratris ejus Jubal Ipse fuit pater canentium cithara, & organo, vom 1513 bis 1712ten Blatte, von lauter musicalischen, und dahin zu referirenden Dingen, deren Inhalt folgender ist: Quæstio 56. Quænam fuerint instrumenta harmonica, quibus tum Hebræi, quam Græci, cæteræque nationes utuntur, aut etiam antiquitus utebantur. Quæstio 57. De vi Musicæ tum antiquorum, tum nostræ.

Articulus I. An revera Concentus Harmonicus vim tantam habuerit, quantam autores asserunt.

Artic. 2. Unde Musica tantam vim habere possit, ubi de sono concinno, consono, & inconcinno quædam afferuntur.

Artic. 3. Quare Consonantiæ musicæ vim in animum exerceant, & cur una consonantia gratior sit, quam alia.

Artic. 4. De pronunciatione eorum, quæ canuntur, ut distincte audiri possint, & de literarum, atque dictionum electione.

Arti. 5. Quod audientes cantilenam & verba distinguentes, eam insuper intelligere debeant, ut vim integram Musicæ exercere possit.

Artic. 6. Quod verborum quantitas, & tempus observari debeant, ubi fuse de pedibus metricis agitur.

Artic. 7. De Versibus, & quantam vim Musicæ tribuant, quodque necessarii sint, ut perfecte vires exerat, ubi nonnulla de Versibus hebraicis afferuntur.

Artic. 8. Quod lingua hebraica Versus nostris similes pati valeat adversus Scaligerum.

Artic. 9. Quod optima instrumenta, si quis illorum beneficio passiones movere velit, & voces eligi debeant, si ad scopum pervenire volueris.

Artic. 10. De gestibus, atque motu corporis, quos in canendo Musici servare debent, ut harmoniæ vis perfectum quid edat.

Artic. 11. Musicum debere se, suamque cantilenam moribus, humoribus, temperamento, patriæ & statui illius accommodare, quem commovere voluerit, & tamdiu canere, donec ad scopum pervenerit, auditorem vero attentum esse debere.

Artic. 12. Quod Modus immutandus sit, quando res ita postulat.

Artic. 13. De Modis Harmonicis, tam recentiorum, quam antiquorum.

Artic. 14. De Modis Harmonicis antiquorum continuatio.

Artic. 15. Num Musicus alio quam diatonico genere uti debeat, ut perfecte vires Musicæ restituat, & eam ad perfectionis fastigium adducat.

Artic. 16. Quomodo Musica componi debeat, ut suum effectum sortiatur, ubi plurima de industria musicorum antiquorum, & de vi ipsius Musicæ.

Artic. 17. De Musica Hebræorum, & explicatio locorum Scripturæ Sacræ, quæ de Musica, & vi sonorum loquuntur.

Hierzu kommen noch die musicalische Paralipomena, welche abermahl 16 Blätter betragen. Nebst diesem hat er auch an. 1634 ein theoretisch-musicalisches Werck geschrieben, so an 1648 (es ist die vermehrte Auflage) zu Paris in folio, unter folgendem Titul gedruckt worden ist: Harmonicorum libri XII. in quibus agitur de Sonorum naturæ, causis & effectibus: de Consonantiis, Dissonantiis, Rationibus, Generibus, Modis

Modis, Cantibus, Compositione, orbisque totius Harmonicis Instrumentis. Das 1ste Buch handelt in 25 Propositionibus de natura, & proprietatibus Sonorum. Das 2te Buch in 43 Propositionibus: de causis Sonorum, seu de corporibus sonum producentibus. Das 3te Buch in 22 Propositionibus: de fidibus, nervis & chordis, atque metallis, ex quibus fieri solent. Das 4te Buch in 29 Propositionibus: de Sonis consonis, seu Consonantiis. Das 5te Buch in 39 Propositionibus: de Musicæ Dissonantiis, de Rationibus, & Proportionibus. Das 6te Buch in 26 Propositionibus: de Speciebus Consonantiarum, deque Modis, & Generibus. Das 7de Buch in 19 Propositionibus: de Cantibus, seu Cantilenis, earumque numero, partibus, & speciebus. Das 8te Buch in 18 Propositionibus: de Compositione musica, de canendi methodo, & de voce. Hierauf folgen 4 Bücher Harmonicorum Instrumentorum, welche zu den vorhergehenden 8ten (laut des obigen Titul-Blats) zwar gerechnet, doch aber auch, nach des Auctoris intention, für sich à part betrachtet werden müssen. Das 1ste Buch handelt in 45 Propositionibus: de singulis Instrumentis ἐνάσοις, seu ἐγχόρδοις, h.e. nervaceis & fidicularibus. Das 2te Buch in 23 Propositionibus: de Instrumentis pnevmaticis. Das 3te Buch in 31 Propositionibus: de Organis. Und das 4te Buch handelt in 21 Propositionibus: de Campanis, & aliis instrumentis κρουόμενοις seu percussionis, ut Tympanis, Cymbalis, &c. Die erstern 8 Bücher betragen 44, und die letztern 4 Bücher 42 Bogen. Das von in Frantzösischer Sprache geschriebene, und an. 1636 zu Paris in folio gedruckte Werck, genannt: L'Harmonie universelle, contenant la theorie & la pratique de la Musique, welches im Catal. Biblioth. Thuanæ, p. 55. angeführt wird, dörffte mit dem vorhergehenden wohl einerley seyn. Seine Cogitata Physico-Mathematica diversis tractatibus de hydraulico-pnevmaticis phænomenis de Musica theoretica & practica, sind an. 1644 zu Paris in 4to gedruckt worden. s. *Lipenii* Biblioth. Philosoph. Sonsten hat er auch noch einen Tractat: de la Verité des Sciences, oder de Veritate Scientiarum, in Frantzösischer Sprache geschrieben, auf dessen 2tes und 3tes Buch er die Musicos verweiset. Ist gestorben an. 1648 den 1 Sept. zu Paris, nachdem er seinen vertrauten Freund Cartesium in den Hunds-Tagen besucht, und mit ihm das kalte Wasser zu häuffig hinein getruncken. Sein Leben hat Hilarion de Coste beschrieben. s. das *comp.* Gelehrten-*Lexicon.*

Mertel (Elias) oder Mertolius, wie ihn Draudius nennet, ein Straßburgischer Lautenist, hat daselbst an. 1615 unter dem Titul: Hortus musicalis, &c. ein Lauten-Buch in folio heraus gegeben s. dessen Bibl. Class. p. 1651.

Mertz (Johann Conrad) ist ums Jahr 1655 dritter Schul-Collega zu Weyden in der Ober-Pfalz, auch dabey ein erfahrner Componist und Organist gewesen. s. *Printzens* Mus. Hist. c 17. §. 7.

Merula [*lat.*] der Vogel-Gesang, ist ein Orgel-Register, so aus einem bleyernen Kästgen, worinn 3 oder 4 Pfeiffen sind, bestehet, wenn Wasser darzu gegossen wird, so giebt es ein Zwitschern von sich, als wenns lauter Vögel wären. s. *Niedtens* musical. Handleitung zur Variation des G. B. der Matthesonischen Edition p. 115.

Merula (Claudio) von Correggio, einer kleinen aber wohlgebaueten Stadt, nebst einem festen Schlosse und dem Titul eines Fürstenthums im Modenesischen Gebiet, gebürtig, (Corrigiensis) war Organist beym Hertzoge zu Parma, und gab Toccaten auf die Orgel in Kupfferstich heraus. Das 1ste Buch seiner Cantionum Sacrarum ist an. 1578 zu Venedig in 4to; und an. 1604 sind von seiner Arbeit auch Missen, Psalmen, Motetten, und Magnificat gedruckt worden.

Merula (*Tarquinio*) ein Cavalier, Accademico Filomuso zu Bologna, Capellmeister und Organist am Dom zu Bergamo ums Jahr 1639, hat heraus gegeben:

Messe e Salmi à 2. 3. 4. - 12. Voci con Istromenti, e senza si piace.

Messa e Salmi à 3. e 4 Voci, con Violini e senza. Opera XVIII.

Pegaso musicale, Salmi, Motetti, Sonate, Litanie della B. V. à 2-5 Voci.

Canzoni, overo Sonate concertate per Chiesa e Camera, a 2. e 3. Stromenti, lib. 1. 2. 3 e 4. s. den Parstorfs

Parstorfferischen Music-Catal. ingleichen Musiche concertate & altri Madrigali à 5, an. 1633 in Venedig gedruckt. Sonate concertate an. 1637. Das zweyte Buch seiner Concerti Spirituali, con alcune Sonate à 2. 3. 4. & 5 voci, ist an 1628 in Venedig gedruckt worden; auf solchem wird er genennet: Organista nella Chiesa Collegiata di S. Agata, e Maestro di Capella nella Cathedrale di Cremona.

Mesangeau, ein Frantzösischer Lautenist, ums Jahr 1613. s. Printzens Mus.Hist. c. 12. §. 19.

Mescolamento [*ital.*] s. μίξις.

Mescolanza [*ital.*] eine kurtzweilige Music, darinnen Gutes und Schlimmes mit Fleiß unter einander vermischet wird.

Mese [*lat.*] μέση [*gr.*] also nannten die Griechen die mittelste Saite in ihrem aus 15 Chorden bestehenden Diagrammate (nemlich von der Proslambanomeno A, bis zu der Nete hyperbolæon aa gerechnet) welche unserm jetzigen a correspondiret, und so wohl unter als über sich 7 Chorden hat.

Mesnardiere (*Jules de la*) ein Frantzose, hat eine aus 3 Tomis in 4to bestehende Poëtique Françoise geschrieben, davon der erste Tomus an. 1640, der voran gesetzte lange Discours aber an. 1639 zu Paris unter Königl. Privilegio, gedruckt worden. Das 12 Capitel nurgedachten Tomi handelt vom 420 biß 434 Blatte, als dem Ende des gantzen Buchs, von der Music

Mesochorus [*lat.*] μεσόχορος [*gr.*] der mittelste in einem Music-Chore, oder Chor-Music-Director, Capellmeister; weil sie so wohl in alten als neuern Zeiten in der Mitte gestanden und noch zu stehen pflegen. In den ältern Zeiten hat es auch denjenigen bedeutet, welcher einer gantzen Versammlung das Zeichen zum Acclamiren und Applaudiren gegeben; wobey er aber selbst nicht mitgemachet. s. F. *Bern. Ferrarium* de Veterum Acclamationibus, lib. 1. c. 18.

Mesoeides, die mittelsten Klänge.

Mesomedes, ein Poëta Lyricus und Musicus, aus der Insul Creta gebürtig, hat bey dem Kayser Adriano, als ein Freygelassener, wegen seines Spielens auf der Cithara, in grossen Gnaden gestanden. s. Hrn. *D. Fabricii* Bibl. Gr. lib. 2. c. 15. p. 585. sq.

Meson, μέσων, ist der Genitivus Pluralis vom Griechischen Adjectivo μέσος, und bedeutet: was die mittlere Stelle inne hat, oder die Mitte ausmacht. Durch dieses Wort unterschieden die Griechen eines aus ihren Tetrachordis von den 3 übrigen. s. *Tetrachordo.*

Meson Diatonos. s. *Diatonos.*

Mesonycticum [*lat.*] μεσονυκτικὸν [*gr.*] mediæ noctis canticum, ein Lied, so in der Griechischen Kirche zu Mitternacht gesungen wurde.

Mesophonus, bedeutet beym Pexenfelder, p. 416 seines Appar. Erudit. so viel, als Tenor.

Mesraim oder Mizraim, ein Sohn des Chams, und Stamm-Vater der Egyptier, welche den Nahmen im Ebräischen von demselben haben, soll seine Nachkommen auch in der Music unterwiesen haben. s. *Kirch.* Musurg. lib. 2. c. 1.

Messa, pl. Messe [*ital.*] Messe, pl. Messes [*gall.*] so heisset eine Menge Italiänischer, Frantzösischer und anderer Compositionen, welche aus einem Kyrie und Christe, einem Credo, Sanctus und Agnus Dei bestehen, so in die Music gebracht sind.

Messanza, [*ital.*] ist eine vermengte Figur, so aus vier geschwinden Noten bestehet, welche entweder zum theil bleiben, und zum theil sich bewegen, oder theils springen, theils ordentlich gehen. s. Tab. XII. F. 7. s. Printzens Compend. Sign. & Modulatoriæ vocalis. p. 51. Beym Prætorio T. 3. c. 5. ist Messanza oder Mistichanza so viel, als ein Quodlibet: wenn nemlich aus vielen Motetten und Madrigalien, weltlichen und possierlichen Liedern, eine halbe oder gantze Zeile Text, sammt den Melodien, herausgenommen, und aus solchen Fleckgen und Stückgen wiederum ein gantzes Lied gemacht wird. Kurtz: es ist ein aus allerhand Clausuln, auch unterschiedlichen Texten, die keinen Zusammenhang haben, bestehender Gesang.

Messe brevi [*ital.*] Messes courtes [*gall.*] kurtze Messen.

Messe concertate [*ital.*] Messen, deren Stimmen concertiren (solo singen) mit untermischten Chören.

Messe da Capella [*ital.*] Messen, die durchgehends von einem vollen Chor, d. i. von starck besetzten Stimmen gesungen werden sollen; welche denn gemeiniglich mit

Fugen,

Jugen, doppelten Contrapuncten, und andern kunstmäßigen Zierrathen angefüllt sind.

Messe per li Defonti [*ital.*] Messes pour les Défunts [*gall.*] Messen vor die Verstorbenen.

Mest [*Raphael*] ein Lauten-Macher und Scholar des berühmten Meister Michael Hartungs zu Padua, hat an. 1627 floriret. s. Barons Unters. des Instruments der Laute, p. 93.

Mesure [*gall.*] Mensura [*lat.*] der Tact in der Musik, wodurch die Geltung der Noten abgemessen, und eingetheilet wird.

Mesure binaire [*gall.*] oder Mesure double; Mensura binaria [*lat.*] der Tact, in welchem das Niederschlagen und Aufheben von gleicher Länge oder einander gleich sind, nemlich in tactu æquali, C. Er wird auch Mesure à quatre Temps [*gall.*] d. i. vier Viertel-Tact genennet.

Mesure ternaire, oder triple [*gall.*] der Tact, in welchem das Niederschlagen der Hand noch einmahl so lang ist, als das Aufheben. Z. E. $\frac{3}{4}$. $\frac{3}{2}$. $\frac{3}{8}$.

Metallo, hat an. 1665 Ricercari à due voci (nemlich Canto e Tenore) zu Venedig in 4to drucken lassen.

Metellus, ein ehemahliger gelehrter, und wohlerfahrner Musicus, aus Gergenti in Sicilien gebürtig (Agrigentinus), von welchem Plato die Music erlernet. s. *Mongitoris* Bibl. Sicul. T. 2, p. 66.

Metochita (*Theodorus*) hat ums Jahr Christi 1314 unter dem Kayser Andronico Palæologo dem ältern die Würde eines Logothetæ magni zu Constantinopel bekleidet, und unter andern auch 122 Capita Philosophica & Historica Miscellanea in griechischer Sprache geschrieben, welche in der Kayserlichen Bibliothec zu Wien in MS. anzutreffen sind; das 13te Capitel handelt περὶ Πλάτωνος καὶ τοῦ μαθηματικοῦ τῆς σοφίας, καὶ μάλιστα περὶ τὸ ἁρμονικῷ, h. e. de Platone & Mathematica Philosophiæ parte, & maxime de *Harmonica*. Er ist an. 1332 den 13ten Merz in einem Closter zu Constantinopel gestorben. s. Herrn D *Fabricii* Bibl. Gr. Vol. IX. pp. 214. 217. und 219.

Metru, ein berühmter Musicus vocalis zu Paris ums Jahr 1676. s. die *Histoire de la Musique,* T. I. p. 17.

Metrum [*lat.*] μέτρον [*gr.*] der Tact.

Metsiloth, war bey den Hebräern ein Instrument von vielen musicalisch proportionirten Glöcklein zusammen geordnet, welche mit zween eisernen Klöppeln, so am Ende Knöpfgen hatten, tractiret wurden. s. Prinzens Mus. Hist. c. 3. §. 17. woselbst die Abbildung davon zu sehen ist.

Meursius [*Joannes*] ein Philologus, gebohren zu Losdun, eine Meile von Haag an. 1579, wurde bey des berühmten Bernevelds Söhnen Informator, bey welchem er 10 Jahr geblieben, die vornehmsten Höfe und Bibliothequen mit ihnen frequentiret, und an. 1608 zu Orleans in Franckreich in Doctorem Juris promoviret hat. Nach seiner Wiederkunfft wurde er zum Professore Historiarum und Græcæ Linguæ zu Leiden, auch nachgehends von dem Könige in Dännemarck, Christiano IV, zum Königlichen Historiographo, Professore Politices und Historiarum nach Sora beruffen, worauf er an 1639 den 20 Sept. oder, nach andern, erst an. 1641 an Stein-Schmertzen gestorben. s. das comp. Gelehrten-Lex. Unter seinen edirten sechzig Schrifften befindet sich auch:

(1. Aristoxeni Elementa Harmonica, Græcè, Leidæ 1616. in 4to.

(2. Nicomachi Enchiridion Harmonices, Græcè, Leidæ 1616.

(3. Alypii Isagoge Musica, Græcè. Ibidem an. 1616. und

(4 Orchestra, sive de Saltationibus Veterum. Leidæ 1618. in 4to.

Diesen Tractat, worinnen 129 Griechische Täntze in Alphabetischer Ordnung erklärt sind, hat *Gronovius* seinem an. 1699 edirten VIII. Tomo Antiquitatum Græcarum einverleibet, woselbst er die erste Stelle einnimmt, und 16 Blätter in groß folio ausmacht.

(5. Porphyrii Philosophi Opera omnia Græcè; sämmtlich (ausser den vorhergehenden Tractat) mit Anmerckungen.

Meursius [*Joannes*] des vorigen Sohn, von Sora gebürtig, hat, unter andern, an. 1641 Collectanea de Tibiis Veterum daselbst geschrieben, und in 8vo drucken lassen. Es bestehen selbige in 25 gantz kurtzen Capiteln folgenden Inhalts: c. 1. de derivatione Tibiæ. c. 2. de

Tibiæ

MEU. MEY. 403

Tibiæ inventione. *c. 3. de inventione* cantus tibiarum. *c. 4. de
genere & differentia materiæ tibiarum. c. 5. de Lydicarum, & Phry-
giarum tibiarum differentia. c. 6.
de laudatione, existimatione & pretio Tibicinum. c. 7. de contemptio-
ne Tibiarum. c. 8. de appellatione
Libycæ Tibiæ. c. 9. de Thracibus, &
Arcadibus, qui ad tibiam armati sal-
tabant. c. 10. quomodo Arcades præ
omnibus nationibus pueros suos tibia ludere assuefaciant? c. 11. de choreis ad tibias, & fistulas. c. 12. de cantionibus ad tibias ex Prolegomenis
in Pythionicas c. 13. Tibia ad Bac-
chanalia, & lætitiæ signum usurpa-
ta. c. 14. de Præficis Tibicinis. c. 15.
de Tibia funesta, sive usu Tibiarum
in funeribus. c. 16. Minervam usam
fuisse tibia, lamentationis causa. c. 17.
de Tibia nuptiali. c 18. de usu Tibiæ
in bello. c. 19. Usus Tibiarum in conviviis, spectaculis, & bello. c. 20. de
longis Tibiis. c. 21. de apertis Tibiis.
c. 22. de Synaulia & Monaulo Ægyptiorum invento. c. 23. Pejus Babys
tibia canit. c. 24. de certamine Marsyæ cum Apolline de tibiis, und c. 20.
de tempore Sacrorum*. Dieser Tractat
ist gleichfalls im VIII. Tomo des Thesauri Gronoviani Antiquit. Græc. befindlich, woselbst er das 22te Scriptum
ausmacht, und 1½ Bogen in groß folio
beträgt.

Meusel (N.) ein Lautenist von Breßlau
gebürtig, studirte anfangs in Leipzig, und
applicirte sich daselbst, nebst der Music,
einige Jahre auf das Studium Juris;
wurde nach diesem an den Zeitzischen Hof
beruffen; als aber dieser aus einander
gieng, begab er sich nach Nürnberg, und
hielt sich eine zeitlang bey der Gräfin von
Bollheim auf. Nach der Zeit ist er an
den Hochfürstl. Sachsen-Gothaischen Hof
gekommen, s. Barons Untersuchung des
Instruments der Laute, pag. 8. allwo er
das Unglück gehabt, am 27 Mertz an 1728
früh um 10 Uhr, als er von Ohrdruff nach
Gotha reisen wollen, vom Pferde zu stür-
tzen, daß er nachmittags um drey Uhr seinen Geist darüber aufgeben müssen, nachdem er ohngefehr 41 Jahr gelebet. Daß
er auch zu Halle studiret, ingleichen am
Saalfeldischen Hofe in Diensten gestanden, und in Gotha Hof-Marschall-Amts-
Registrator gewesen, dessen bin gewiß
versichert worden.

Meuschel (Hanß) ein Nürnbergischer Po-
saunenmacher, war wegen seiner Kunst,
weil er dergleichen blasende Instrumente vor andern gar nett und accurat zu
machen, und so wol allein, als bey der
Vocal-Music, gar lieblich zu tractiren
wuste, allenthalben sehr berühmt, dahero
dieselbige auch von vielen Liebhabern der
Music, absonderlich aber von denen, die
an Königl. und Fürstl. Höfen sich aufhielten, so starck gesuchet worden, daß man
die mehreste in die Ferne, ja offt über einige hundert Meilen schicken muste. Pabst
Leo X, welchem er verschiedene silberne
Posaunen verfertiget, ließ ihn wegen seiner Geschicklichkeit nach Rom kommen,
und die Posaunen, weil er ein besonderes
Wohlgefallen daran hatte, zum öfftern
vor ihm blasen, worauf er dann wohl beschencket wieder zurück gekehret, und nachdem er auch noch an andern grossen Höfen
seine Kunst gezeiget. Starb an. 1533. s.
Herrn Professoris Doppelmayrs Histor.
Nachricht von den Nürnberg. Künstlern,
pag. 284.

Meyer (Bernhard) ist ums Jahr 1670
Organist und Cammer-Musicus zu Zerbst
gewesen. s. Printzens Mus. Hist. cap.
12 §. 83.

Meyer (*Gregorius*) ein Organist zu Solo-
thurn in der Schweitz, dessen *Glareanus*
am 354 Blatte seines Dodecachordi
gedencket.

Meyer (Johann Friedrich) gebohren in
Anspach an. 1704, ist ein Scholar des dasigen berühmten Capellmeisters, Herrn
Bümlers, mit welchem er auch eine zeitlang in Italien gewesen, stehet an erstgedachtem Orte, als Baßiste, jetzo in Diensten; spielet das Clavier, und verstehet
auch die Composition, wie er denn verschiedene Partien verfertiget hat.

Meyer (Joachim) J. U. Doctor und Professor des Königl. Groß-Britannischen
Gymnasii in Göttingen, ist an nurgedachtem Gymnasio an. 1686 als Cantor
Figuralis, (weil damahls an der untern
Schule ein Cantor Choralis gewesen)
und Musicus introduciret worden, hat
hierauf den Titul eines Professoris Musices erhalten, auch, nach Ablegung dieser Profession, noch 10 Jahr publicé
Historiam und Jura in Collegiis dociret, das Gymnasium nach Absterben
des seel. Rectoris und Professoris, Justi
von Dransfeld, als Senior Collegii
Professorii drey Jahr dirigiret, bis ihm

der Herr Inspector und Professor, nunmehro Doctor, Heumann succediret, da ihm dann, wegen herannahenden Alters die Gnade wiederfahren, mit Beybehaltung seines Salarii und aller vorhin gehabten Emolumenten und Zulage einer allergnädigsten Pension, pro emerito erklährt zu werden, in welcher Station er noch (an. 1728) gestanden, und daben als Advocatus Ordinarius verschiedenen consulendo bedient gewesen. Hat, unter andern vielen Sachen, an. 1726 eine Schrifft von vier und $\frac{3}{8}$ Bogen in 8vo, unter folgenden Titul herausgegeben: "Unvorgreiffliche Gedancken über die neulich eingerissene theatralische Kirchen-Music, und denen darin bisher üblich-gewordenen Cantaten, mit Vergleichung der Music voriger Zeiten, zur Besserung der unsrigen, vorgestellet." Dieser ist an. 1728 gefolget "der anmaßliche Hamburgische Criticus sine crisi, entgegen gesetzet dem so genannten Göttingischen *Ep.......* Joh. Matthesons, &c. Diese Schrifft ist 12 Bogen starck in 8vo, und, gleich der vorigen, zu Lemgo gedruckt

Mezogori [*Giov. Niccolò*] hat dreystimmige Magnificat mit einem G. B. herausgegeben.

Mezza-Pausa [*ital.*] eine halbe Tact-Pause, siehet also aus: ▬

Mezza-Tirata [*ital.*] s. *Tiata-mezza.*

Mezzo oder mezo [*ital.*] Adj. m. in Fœmin. Mezza oder meza, heisset: halb, it. mittelmäßig. Z.E. mezzo forte, nicht gar zu starck; mezzo piano, nicht gar zu leise.

Mezzo-Soprano [*ital.*] der hohe Alt, oder tieffe Discant, dessen Schlüssel auf der zwenten Linie stehet.

Mezzo-Sospiro [*ital.*] eine Achtel-Pause, siehet also aus: 𝄾

Mi, ist unter den 6 Guidonischen Sylben die dritte, wodurch im diatonischen Systemate der e- und h-Clavis in allen Octaven angedeutet wird.

Mi contra Fa. s. *Relatio non harmonica.*

Michaël VII. Ducas, oder Parapinacius, it. Parapinaces, der von an. 1071 bis 1078 an der Regierung gewesene Orientalische Kayser, ist in allen freyen Künsten, insonderheit aber in der Music wohl erfahren, und des Pselli Lehrling gewesen. s. Printzens Mus. Hist. c. 10. §. 19. und Hübners Historischer Fragen 1sten Theil, p. 544.

Michaël [*Rogerius*] Chur-Sächs. Capellmeister zu Dreßden, hat an. 1599 Introitus Dominic. Dierum 5 vocum; an. 1603 Introitus anniversarios zu Leipzig in 4to drucken lassen, und diese seinem Herrn, Churfürst Christiano II. und dessen Herrn Brüdern, Joanni Georgio und Augusto dedicirt. Daß er ein Niederländer gewesen, und an. 1587 den 12 Decembris Georg Förstern, als sechster Capellmeister am Chur-Sächsischen Hofe succediret habe; dessen berichtet uns Herr Doct. Johann Andr. Gleich, in seiner Dreßdenischen Reformations- und Hof-Prediger-Historie, c. 10. §. 3. p. 95. im Vorberichte.

Michaël [*Samuel*] von Dreßden gebürtig, hat, als Organist an der Nicolai-Kirche zu Leipzig, an. 163. den ersten Theil seiner Psalmodiæ Regiæ, oder auserlesenen Sprüche aus den ersten 25 Psalmen Davids, mit 2. 3. 4. und 5 Stimmen, beydes vocaliter und auch instrumentaliter zu gebrauchen, daselbst in 4to drucken lassen.

Michaël [*Simon*] war an. 1599 ein Alumnus in der Schul-Pforte, und nachgehends ein Vocal-Musicus am Dreßdenischen Hofe. s. *Pertuchii* Chron. Port. p. 204.

Michaël [*Tobias*] ein Sohn des Rogerii, ohngefehr ums Jahr 1597 gebohren, war Director des Chori Musici zu Leipzig, gab an. 1635 den ersten, und an. 1637 den zwenten Theil der Musicalischen Seelen-Lust daselbst heraus, worinnen 50 teutsche, mit 1. .3. 4. 5. 6. und mehr Stimmen, nebst abwechselnden Instrumenten, doch nur 5 Voces und ihrem G. B. eingetheilte Concert-Stücke befindlich sind. Er hat an. 1631 Johann Herman Scheinen succediret, und ist an. 1657 gestorben.

Michaëlius [*Romanus*] oder Romano Micheli, ein Römer, und Capellmeister nella Cathedrale di Concordia, hat an. 1 16 eine sechs-stimmige Compieta zu Venedig drucken lassen; und durch Herausgebung verschiedener musicalischer Werckgen, die Canonische Music, so er mit mancherley neuen Erfindungen ausgezieret, zu hoher Fürtrefflichkeit gebracht; wie er denn, unter andern einen Canonem auf 9 Chöre mit 36 Stimmen

men gesetzet, welcher in *Kircheri* Musurgia, T. I. lib 7. p. 584. angeführt, und resolvirt zu sehen ist.

Michalus, ein Muficus, und Doctor Mufices, deffen Alanus de Infulis in feiner Encyclopædia oder Anti-Claudiano, lib. 3. c 5 erwehnet Conf. *D. Fabricii* Bibl. Gr. Vol. IX. p. 613. wofelbft er Micalus genennet wird.

Michel, Music-Director, Tenorist und Falsetist in Bareuth.

Michna [*Adamo*] hat Cantiones Sacras pro festis totius anni von 1. 2. 3. 4. 5. und 6. Stimmen, nebst 1. 2. 3. 4. und 5 Instrumenten ad libitum gesetzt, herausgegeben. f. den Parstorfferischen Music-Catal.

Michtàm, ist der Titul des 16. 56. 57. 58. 59. und 60ten Psalms, woran man, nach *Bartoloccii* Meynung, P. 7. Biblioth. Rabbinicæ, p. 207. bey den Juden hat erkennen können: cujus Toni solche Psalmen wären. Die Worte des Auctoris sind diese: Per hanc vocem agnofcebatur, cujus speciei harmoniæ & Toni Cantus effet compofitio Pfalmi, qui fuper Inftrumentis muficis canendus erat. Und unmittelbar vorher eignet er solchen dem also genannten jetzigen Tono quarto zu.

Miette [Michael] ein an. 1719 verstorbener Instrument-Macher in Berlin, hat schöne Clavicymbel verfertiget.

Mignon, ein uns Jahr 1679 bekannt gewesener Frantzöfischer Maitre de la Mufique an einer Kirche zu Paris (welche es fey, wird nicht gemeldet). f. den *Mercure Galant a. c. p.* 119. im *Junius*-Monat, daß er Miffen verfertiget habe, erhellet aus dem 3ten Tomo der *Histoire de la Mufique*, p. 118.

Milan (*D. Ludovicus*) ein vornehmer Spanischer Edelmann zu Valentia, hat an. 1534 daselbst in folio herausgegeben: El Maestro, o Mufica de Viguela de mano.

Milani (*Francefco*) hat 8stimmige Litanien und Motetten, mit einem G. B. herausgegeben.

Milanta (*Giov. Francefco*) von ihm ist das erste aus einer Miffa, Pfalmen und Motetten con-Sinfonie beftehende Werck von 1. 2. 3. 4. 5. und 8 concertirenden Stimmen gedruckt worden. f. den Parstorff. *Catal*.

Milanuzio (*Carlo*) ein geistlicher Ordens-Bruder von Santa Natoglia, und Capellmeister zu S. Euphemiæ in Verona, hat folgende Sachen ediret, als (1. Meffe à 3. 7. e 11 Voci con Inftromenti, an. 1629. zu Venedig gedruckt. (2. Concerto Sacro di Salmi à 2 e 3 Voci, con Baffo, lib 1. (3. Salmi à 2 Voci, con Baffo. (4. Concerto Sacro di Salmi à 2 e 3 Voci, con 2 Violini, lib. 2 (5. Hortum Saerum deliciarum, aus 1. 2 und 3stimmigen Motetten, Litanien, und einer Miffa beftehend. (6. Armonia Sacra a 5 Voci, con Meffa e Canzoni, an. 1622 zu Venedig gedruckt. 7. Litanie della Madonna, à 4-8 Voci. (8. Compieta concertata con le Antifone e Litanie, à 2. 3. e 4 Voci. (9. Balletti, Saltarelli, e Correntine alla Francefe, à 1 Violino. lib. 1. Seine Ariofe Vaghezze sind an. 1628 in Venedig gedruckt worden, als er dafelbft bey S. Steffano Organist gewesen.

Miletus (*Jacobus*) ein Francifcaner-Mönch Ordinis Minorum de Obfervantia, aus Irrland gebürtig (Hibernus Pontanus), hat in Italiänifcher Sprache einen Tractat: dell' Arte Mufica, gefchrieben, welcher zu Neapolis in 8vo gedruckt worden ist. f. *Allatii* Apes Urbanas.

Milieu Harmonique, alfo nennen die Frantzofen den mittlern Klang einer Triadis harmonicæ, oder deffen Terz.

Millet (*F.*) ein Frantzofe, hat an. 1666 das Directoire du Chant Gregorien zu Lion drucken laffen. f. die Biblioth. *Duboifianam*, p. 400.

Milleville (*Aleffandro*) ein von Ferrara bürtig gewefener excellenter Organist, hat in diefer Qualität dem Könige in Polen, dem Römifchen Kayfer, zuletzt aber dem Hertzoge zu Ferrara gedienet, wofelbft er auch, 68 Jahr alt, gestorben ist, und zu S. Rocco begraben worden. f. *Superbi Apparato de gli Huomini illuftri della Città di Ferrara*, pag. 130. Im Parstorfferifchen Music-Catalogo stehen folgende Wercke von ihm, als: (1. Meffe e Salmi à trè Voci. (2. Concerti à 1. 2. 3 e 4 Voci libro 1. (3. Motetti a 2. 3. 4. 5. e 6 Voci, libro 5. (4. Motetti a 2. 3. e 4 Voci, libro 7. (5. Novelli Fiori a 2. 3. e 4 Voci. (6. Mazzo di Harmonici Fiori, a 2 e 3 Voci, libro 6. und (7 Litanie de B. V. a 3 Voci. Auf denen an. 1622 zu Venedig gedruckten Gemme Sacre, wird er Maeſtro di Capella di Ferrara genennet; und auf denen 1629 zu Venedig heraus gekommenen Motetten heiſſet er: Maeſtro di Capella del Duomo di Volterra.

Milo, ein Benedictiner-Mönch zu S. Amand (Monachus Elnonenſis) iſt

> Milo Poeta Sophus cubat hoc ſub marmore clauſus,
> Carmine dulciloquus, qui librum Sobrietatis
> Edidit, & ſanctum pulchre depinxit Amandum,
> Floribus exornans metro proſaque venuſtans,
> Tanti Pontificis palmam capit atque coronam.

Milvina, eine Flöten-Gattung, ſo einen ſehr hellen Klang von ſich gegeben, und deßwegen alſo genennet worden: entweder, weil ſie aus Hüner-Geyers Beinen verfertiget geweſen, wie Camers in ſeinen Anmerckungen über den Solinum vorgiebt; oder, weil ſie alſo geklungen, wie dieſe Vögel zu ſchreyen pflegen. ſ. *Martinii* Lex. Philologicum.

Mimeſis [*lat.*] μίμησις [*gr.*] imitatio, heiſſet in einer Compoſition: wenn ein gewiſſes thema in einer Stimme immer wiederholt wird. ſ. *Thuring.* P. 2. c. 18.

Mimnermus, ein Poëta Elegiographus, und berühmt geweſener Pfeiffer in der 37 Olympiade, oder 630 Jahr vor Chriſti Geburt, welcher auch Mimermus, und ab arguto & ſuavi cantu, Ligyoſtades genennet worden, iſt, nach einigen, von Colophon, einer zwiſchen Smyrna und Epheſus gelegenen Joniſchen Stadt, oder, nach andern, von Smyrna ſelbſt, oder, wie noch andere wollen, aus der Stadt Aſtypalæa bürtig geweſen. ſ. *Geſneri* Biblioth. univerſ. und 70 bis 80 Jahr alt geworden. ſ. *Voſſ.* de Poetis Græcis, c. 3. p. m. 202. b.

Minjamin, ein Prieſter und Muſicant zur Zeit Nehemiæ, welcher die Mauren der Stadt Jeruſalem einweyhen helffen. ſ. das 12te Capitel, *Nehemiæ* v. 4t. und *Fiſſelii* Promptuarium Biblicum.

Minima [*ital. lat.*] Minime [*gall.*] alſo heiſſet die halbſchlägige Note; weil ſie unter den weiſen und offenen Noten die kleinſte iſt.

Miniſcalchi (*Guilielmo*) hat den 51 Pſalm: Miſerere mei Deus, &c. mit drey Stimmen geſetzt, herausgegeben. ſ. den Parſtorffer. Catal. An. 1617 ſind zu Venedig Arien von ſeiner Arbeit gedruckt worden.

Minozzi (*Marcello*) war Capellmeiſter am Dom zu Carpi, und ließ an. 1638 Salmi,

ein guter Redner, Poet und Muſicus geweſen, und an. 871 geſtorben. Seine Schrifften und Grabſchrifft ſind ſo wohl in Swertii Athenis Belgicis, als Valerii Andreæ Bibliotheca Belgica zu leſen. Die letztere lautet alſo:

Sinfonie e Litanie à 3. 4. e 5 Voci, con Violini, zu Venedig drucken.

Mintanor, ein Muſicus τῶν κρηματοποιῶν.

Minuetta [*ital.*] iſt eben was Menuet.

Minuritio [*lat.*] heiſſet eigentlich das Piepeln und Zwitſchern der kleinen Vögel; und ſodann das behende und hohe Singen der Diſcantiſten, welche jene gleichſam imitiren; von μινυρίζειν, exiliter canere. Es bedeutet aber auch die Diminutiones notarum, die Paſſaggi, die neumata, melismos, &c. oder, wie es der gemeine Mann nennet, die Coloraturen. ſ. *Mattheſonii* Muſical. Patrioten in der zweyten Betracht. p 22.

Mi poſt Fa, und Fa poſt Mi entſtehen: wenn man in die Secundam ſuperfluam, als einem irrationabilem progreſſum, folgender geſtalt gehen wolte. v. Tab. X. Fig. 8.

Mirabella (*Vincentius*) ein in allen ſchönen Wiſſenſchafften, als der Geographie, Hiſtorie, Poeſie, Muſic, und Antiquitäten wohl verſirter Sicilianer, und Patritius zu Syracuſa, welcher zu Rom ein Accademico Linceo, zu Neapolis aber ein Accademico Otioſo geweſen, und an. 1624 zu Modica oder Motica geſtorben, woſelbſt er auch in der Kirche S. Mariæ Gratiarum begraben worden, hat an. 1606 das erſte Buch de' Madrigali zu Palermo in 4to drucken laſſen; auch andere Muſicaliſche Stücke verfertiget, welche in dem an. 1603 baſelbſt heraus gekommenen Buche, Inſidi Lumi genannt, enthalten ſind. Sein in gedachter Kirche ſtehendes Epitaphium lautet alſo:

D. O. M.
D. Vincentius Mirabella, & Alagona, Patritius Syracuſanus, ſtudio vetuſtatis, liberalium Artium peritià ac ſplendore Virtutum Vir inſignis, ubique clariſſimus, & inter Lynczos honorifice

norificè cooptatus, qui antiquam Patriæ gloriam è tenebris erutam, ac luci reſtitutam, cum ſui nominis laude poſteritati fecit immortalem. Motycæ decedens poſt Deiparæ Virginis feſtum, cujus ergo advenerat, in ejus templo, cura ſua præcipue olim extructo, mortalitatis exuvias depoſuit Anno Domini M. DC. XXIV. ætatis ſuæ LIV. ſ. *Mongitoris* Bibliothecam Siculam, T. 2. p. 290.

Miraglies (Johann Ludwig) ein Altiſt in der Kayſerlichen Hof-Capelle an 1721; und alter Hof-und Cammer-Muſicus jubilatus an. 1727.

Mirandula. ſ. *Picus*.

Mirjam, die Schweſter Aarons und Moſis, hat ſich auch der Muſic befleiſſen gehabt, wie aus dem 15 Capitel des 2 Buchs Moſis abzunehmen.

Mirus (Adam Erdmann) ein Magiſter, und des Zittauiſchen Gymnaſii wohlverdienter Con-Rector, hat unter andern auch Kurtze Fragen aus der *Muſica Sacra* an 1715 zu Dreßden in 12mo drucken laſſen. Des erſten Theils 1ſtes Capitel handelt von der Muſic Urſprung und Fortgange; das 2te, von der Muſic Eintheilung, und das 3te von der Muſic ſonderbaren Eigenſchafft; des zweyten Theils 1ſtes Capitel handelt von dem Gebrauch der Muſicæ Sacræ insgemein; das 2te, von der allgemeinen geiſtlichen Muſic; das 3te, von der ſonderbaren Muſic der Leviten, und in ſpecie von den Sängern; das 4te, von der Art zu ſingen; das 5te, von dem Orte, wo die Leviten geſungen; das 6te, von der Zeit, in welcher die Leviten geſungen; das 7de, von der öffentlichen Muſic in weltlichen Sachen; und das 8te, von der eigenen Muſic einer jeden Privat-Perſon. Der gantze Tractat beträgt 7 und 1 halben Bogen

Miſenus, ein berühmter Trompeter des tapffern Hectoris im Trojaniſchen Kriege, welcher nachdem Hector umgekommen, ſich zu dem Æneas begeben, und endlich von dem Gott Triton erſäufftet worden, weil er die Meer-Götter zum Kampff auf der Trompete aufgefordert gehabt. Das in dem Neapolitaniſchen liegende Promontorium Miſenum (ital. Monte Miſeno, und Capo Miſeno genannt) ſo zuvor Promontorium Aërium geheiſſen, hat von ihm, weil er daſelbſt begraben worden, den Nahmen bekommen. ſ. *Virgil.* lib. 6. *Æneid.* v. 232. ſqq. wie auch den vorhergehenden 162, und folgende Verſe.

Miſerocca (*Baſtiano*) ein Capellmeiſter und Organiſt an der Collégiat-Kirche des H. Pauli zu Maſſa, von Ravenna gebürtig, hat an. 1609 und 1611 Muſicaliſche Sachen als Miſſen, Veſpern und Motetten in Venedig heraus gegeben.

Miſſa [*lat.*] ſ. *Meſſa*. Von dem Urſprunge und der Bedeutung dieſes Worts kan des Cardinals, Joan. Bonæ Werck, de Rebus Liturgicis, lib. I. c. I. nachgeſchlagen werden.

Miſtichanza compoſta [*ital.*] heiſſet: wenn lauffende und ſchwebende Figuren zuſammen geſetzt werden. ſ. Tab. XIII. F. 2. ſ. *Printzens* Compend. Signatoriæ & Modulatoriæ Vocalis, p. 53. Conf. *Meſſanza*.

Miſura [*ital.*] ſ. *Meſſure*.

Miſura proportionata oder proportionale [*ital.*] der Tripel-Tact.

Mithobius (*Hector*) ein Doctor Theologiæ, von Hannover gebürtig, war erſt bey dem Hertzoge zu Sachſen-Lauenburg, Francisco Julio, Hof-Prediger, hernach Superintendens zu Böblingen im Würtembergiſchen, hierauf General-Superintendens zu Halberſtadt, Kirchen-Rath und Paſtor, und endlich General-Superint. in Mecklenburg, und zugleich Paſtor Primarius zu Ratzeburg; ſchrieb unter andern eine Pſalmodiam Chriſtianam, oder de Muſica Chriſtiana, und ſtarb an. 1655 den 7 Junii, im 55 Jahr ſeines Alters. ſ. *Wittenii* Diarium Biographicum.

μίτος, pl. μίτοι [*gr.*] alſo hieſſen in uralten Zeiten die aus Flachs zubereitete Faden auf muſicaliſchen Inſtrumenten, ehe die gedrehete Darm-Saiten aufgekommen ſind.

μίξις [*gr.*] Miſtio [*lat.*] war bey den Griechen ein Stück ihrer Melopœiæ, ſo da lehrete, wie die Klänge füglich an einander gehänget, und unter einander vermiſchet werden könten; und demnach, kurtz zu ſagen, nichts anders, als man heutiges Tages Artem melodicam nennet. ſ. *Broſſ.* Diction. p. 254 und *Ariſtidem Quintil.* lib. 1. de Muſica, p. 29.

Mixtura, oder Miſcella acuta [*lat.*] iſt eine Orgel-Stimme von vielen Pfeiffgen auf einem Clavi; z. E. wenn das c noch e und g neben ſich hat, die zugleich anſprechen, so ist die Mixtur dreyfach, u. s. w. biß zwölff- und mehr-fach. Es bleiben diese Pfeiffen aber immer im Accord der Tertiæ und Quintæ eines ieglichen Tones, und wiederholen denselben processum in der Helffte der Claviaturæ, oder auch bey der Octava, derowegen denn keine Mixtur alleine; sondern nur zur Verstärckung, unter den Principal-Stimmen mit gespielet werden mag.

Mixtur-Cymbeln sind Pfeiffen-Wercke, dreyerley Art: grosse, mittel und kleine Mixtur. In der grossen waren vor Alters wohl 30, 40, und mehr Pfeiffen auf einem Clavi; nun aber 10 bis 12, deren grösste Pfeiffe 8 Fuß-Ton hat. Die Mittel-Mixturen sind von 4. 5. bis 8 Pfeiffen, davon die grösste 2 oder 1 Fuß-Ton hält. Die kleine Mixtur heisset sonsten Scharff, ist nur von 3 oder 4 Pfeiffen, davon die grösste 3 Zoll lang. s. von beyden Niedtens Handleitung zur Variation des G. B. p. 110. und 111.

Mhaanim, war bey den Juden ein Instrument aus einer hölzernen viereckigten Tafel zubereitet. Am obern Theil war eine Handhabe, daß man es halten kunte; auf der Tafel aber waren hölzerne oder eherne Kügelein an einer eisernen Kette, oder an eine von Hanff gemachte Saite, so über die Tafel ausgespannet war, angereihet. Wenn man selbige schlug, stiessen die Kügelein selbst an einander, wie auch auf die Tafel, und machte also einen starcken Schall, der gar weit gehöret wurde. s. Printzens Mus. Histor. c. 3. §. 15. woselbst die Abbildung davon zu sehen ist.

Mocci, ist ehemahls Capellmeister bey dem Churfürsten von der Pfaltz zu Düsseldorff gewesen.

Mockwitz (Sebald) war gebohren in Udestädt, einem 2 Stunden von Erffurt liegenden, und dahin gehörigen Dorffe, an. 1696 den 2 May, wurde Organist an der Evangelischen Augustiner-Kirche in nur-besagter Stadt, und starb anno 1721 den 8ten Nov. Sein daselbst befindlicher Leich en-Stein hat drey Spitzen. In der erstern siehet man den Tod, der eine Laute verstimmet, nebst einer Violadigamba und Violin ohne Wirbel, mit dieser Umschrifft: Mors diffonat. Es stimmt schön überein, der Tod verstimmts allein. In der zweyten Spitze zeiget sich eine Hand aus der Wolcke, welche von einem Jünglinge ein Noten-Buch vorgehalten wird, mit dieser Umschrifft: Suscipe miserator. Hier kan ich nichts anrühren, dort will ich musiciren. In der dritten ist ein geflügeltes Hertz zu sehen, und umher sind folgende Worte zu lesen: Artifex supra artem. Die Musica ist hoch gestiegen, ein Musicus muß höher fliegen. Unten aber stehet nebst dem Leichen-Text, auch schon oben berührten Geburts- und Sterbe-Jahre, nachfolgendes:

Was mein'stu Leser, hier zu lesen,
Der du ein Virtuos gewesen,
Und sehr berühmt durch Kunst und Tugend,
Den nahm der Tod in seiner Jugend,
Und legte ihn unter diesen Stein,
Die Seele gieng in Himmel ein.

Moderato [*ital.*] mit Bescheidenheit, d. i. nicht zu starck nicht zu schwach; nicht zu geschwinde, auch nicht gar zu langsam.

Modernus (*Jacobus*) oder Jaques Moderne, ein Frantzösischer Componist zu Lion an der Kirche Notre Dame de Confort, hat verschiedene Wercke gesetzet, wovon Gesnerus lib. 7. tit. 7. Partition. univers. das 3te Buch 5 und 6stimmiger Motetten, und 4stimmige Chansons anzuführen weiß.

Modi Cantus Ecclesiastici octo; die acht Kirchen-Tone; sind zur Zeit Kaysers Caroli M. aufgekommen, und den Griechen, so in der Suite der an Ihn nach Aachen geschickt gewesenen Griechischen Gesandten sich befanden, und den Gottes-Dienst nach ihrer Weise daselbst hielten, abgelernet, und auf des Kaysers Befehl nachgeschrieben worden; da vorher, nach des Pabsts Gregorii M. Einsetzung, deren nur viere, nemlich der Dorius, Phrygius, Lydius und Mixolydius, gewesen. s. *Beyerlinckii* Theatrum V. H. Und gleichwie diese sich allezeit in den 4 Clavibus, D. E. F. G. geendiget; eben also ist es auch nachgehends mit den acht Tonen gehalten worden, daß ihrer zwey und zwey, neml. der Authenticus und Plagalis, sich in einem dieser Clavium regulariter endigen solten, und zwar nach Ausweiß Fig. 3. T. XIII. Es sind aber einige davon, insonderheit der 5te und 6te, mit der Zeit dergestalt degeneriret, daß, zumahl diese beyde an statt des in dem ambitu befindlichen h, das b davor angenommen, und sich demnach in den modum Jonicum und Hypoionicum transpositum verändert haben; wie solches Glareanus schon zu seiner

seiner Zeit an verschiedenen Orten seines Dodecachordi, als lib. 2. c. 11. p. 91. c. 18. p. 111. c. 31. p. 130. und lib. 3. c. 13. p. 280 angemercket hat. Weil auch einige ambitus (wenn sie in obgedachten 4 Clavibus schliessen solten) vor die Tenor-Stimme entweder zu tief, oder zu hoch gehen würden, pflegen sie gemeiniglich transposite executirt zu werden.

Modos concidere & frangere [*lat.*] langsame und simple Melodien mit geschwindern Noten hervorbringen, diminuiren und brechen.

Modulatio [*lat.*] Modulatione oder Modulazione [*ital.*] Modulation [*gall.*] die Führung einer Melodie oder Sangweise; d. i. die Art und Weise, oder die Manier, womit ein Sänger oder Instrumentist die Melodie herausbringet. s. *Matthesonii* Crit. Mus. T. 1. p. 261, in der Anmerckung.

Modulisare [*lat.*] bedeutet in des Hrn. du Cange Glossario so viel, als eine Sangweise formiren.

Modulus [*lat.*] wird gebraucht (1. vor eine Motette. s. *Pexenfelders* Apparat. Erudit. (2. vor einen gewissen Gang, und (3. vor ein musicalisches Förmelchen.

Modus Musicus, ist die Art einen Gesang anzufangen, in gewissen Grentzen recht fortzuführen, und gebührend zu endigen. Bey den Griechen sind deren hauptsächlich zwölffe, nemlich 6 Haupt-und eben so viel Neben-*Modi* (oder, wie sie selbige genennet, ιόμοι oder τρόποι) bekannt gewesen, welche, nach der Buchstaben-Folge (der sie nachgehends accommodiret worden) geheissen: Dorius, Hypodorius, Phrygius, Hypophrygius, Lydius, Hypolydius, Mixolydius, Hypomixolydius, Æolius, Hypoæolius, Jonicus und Hypoionicus. Was es mit diesen 12 Sing-Arten vor eine Bewandniß eigentlich gehabt habe, ist noch nicht ausgemacht, dörffte auch wohl so leicht nicht ausgemacht werden; inzwischen ist es ihnen ergangen, wie einigen Gassen an verschiedenen Orten, die von gewissen Professions-Verwandten, z. E. Schlössern, Kürschnern, Schmiedten, u. d. g. so selbige in vorigen Zeiten bewohnet, annoch den Nahmen führen, obgleich nicht einer mehr von solchen Handweckern anjetzo in selbigen sich befindet, und es demnach wohl heissen mag: nil sine nomen restat. Eben also, deucht mich, ist es auch mit nurgedachten Modis beschaffen: die Griechische Nahmen sind nur geblieben, und solche den aus folgenden 6 Clavibus D. E. F. G. A. C. gesetzten *diatoni*schen Melodien beygeleget worden. Anlangend den Ursprung dieser Modorum, rühret selbiger Zweifels ohne daher: weil es einem Sänger nicht möglich ist, immer durch tonos integros zu procediren; auch gesetzten Falls, ein solcher aus lauter gantzen und vollkommenen Tonen bestehender Progressus, s. Tab. XIII. F. 4. eine modulation ohne modulation, und ein purer Mischmasch wäre, womit in die geringsten nichts anzufangen: so hat die Natur in jeder obgedachter 6 Clavium Octav das intervallum eines Semitonii zweymahl, und zwar an ungleiche Stellen geleget und geordnet; welche ungleiche Stellung denn zur richtigen transposition gedachter diatonischen Modorum in also genannte Chromatische Modos(als in welchen das Semitonium an eben den Ort wiederum zu stehen komen muß, wo es im diatonischen Modo seinen Sitz gehabt) das meiste beyträgt und contribuiret, (wovon man übrigens den von Zarlino P. III. Instit. Harmon. c. 13. und Mersenno Harmonicorum lib. 6. Propos. 25. schon angemerckten Unterscheid inter tonum majorem und minorem hierbey nicht mit in die Rechnung bringet;) doch muß auch die Folge des gantzen Tones nicht negligiret, sondern so wohl als des Semitonii mitgenommen, und an eben den Ort, wo er im diatonischen Modo gewesen, wiederum gesetzt werden. Wie alsdenn eines jeden diatonischen Modi transposition, wenn diese durch alle 12 in einer Octav befindliche Claves geschehen solte, der Verzeichnung nach, aussehen müsse, soll in folgenden gezeiget werden: weil diese Lehre insonderheit den Organisten, als die mit Choral-Liedern am meisten zu thun haben, worunter aber viele auf solche alte Modos gesetzt und recipirt sind, zu wissen unentbehrlich ist. Hierauf folget nun, nach obengemeldter Buchstaben Ordnung, und so wohl nach dem Sinn der Alten, als heutigem Gebrauch in Stifftern und Clöstern, der erste, welcher

I. Dorius Modus [*lat.*] Mode Dorien [*gall.*] Modo Dorio [*ital.*] oder die Dorische Sing-Art (deren sich die Dores, eine Griechische Nation soll bedient haben) heisset: wenn nemlich eine Melodie

lodie zwischen den Clavibus d und d̄ (nach der Tenor-Stimme zu rechnen) der zwischen dem d und d̄ (nach der Discant-Stimme enthalten ist, in diesem ambitu die Tab XIII. F. 5 angemerckte Claves berühret und im D die ordinaire Baß-Cadenz machet. Weil nun in dieser Specie Octavæ das Semitonium im 2ten und 6ten grad zu stehen kommt, so sehen die sämtliche transpositiones dieses Modi, der Vorzeichnung nach, aus, wie Tab. III. Fig. 6. zu finden.

Specification einiger auf diesen Modum gesetzten und bekannten Choral-Lieder.

1. JEsus Christus unser Heyland, der von uns den GOttes Zorn wand.
2. Christ lag in Todes-Banden.
3. Christ ist erstanden von der Marter alle
4. Mit Fried und Freud ich fahr dahin.
5. Auf meinen lieben GOtt trau ich in Angst und Noth.
6. Wir gläuben all' an einen GOtt ꝛc. nach der langen Melodie.
7. Jesulein, du bist mein, weil ich lebe.
8. Ach GOtt thu' dich erbarmen.
9. Vater unser im Himmelreich.
10. Als Christus gebohren war ꝛc. it. Singen wir aus Hertzens-Grund.

Ob nun gleich in dem ambitu einiger jetzt angeführten Lieder manchmahl ein Clavis mehr oder weniger ist, ja so gar der ambitus des Liedes: Vater unser im Himmelreich ꝛc. eine kleine terz über die Octav hinausgehet (welches wegen der im ersten Vers befindlichen Worte: ruffen an, ad exprimendum animi ardorem geschehen soll;) anbey auch in der letzten Clausul an statt des h, das b berühret; ferner, in etlichen an statt des nach dem rigore Modi erforderlichen c und g, cis und gis vorkommen; so heisset es auch hierinn: à potiori fit denominatio, weil doch jene Claves in den mehresten Melodien vor diesen dominiren (wie die hierüber anzustellende Probe zeigen wird,) und ist zu vermuthen, daß insonderheit das cis, ad imitationem des Modi Jonici, hauptsächlich der Cadenz wegen, in den Dorium gebracht worden; dieses ist auch von dem folgenden Modo zu verstehen, welcher

II. **Hypodorius** [*lat.*] Hypo - Dorien [*gall.*] Hypodorio [*ital.*] von ὑπὸ sub, und Δώριος oder Subdorius heisset, weil er eben die diatonischen Chorden

des vorigen Modi berühret, und NB. im D die final-Cadenz formiret; an statt aber, daß jenes sein ambitus zwischen d und d̄, so ist dieses sein ambitus zwischen a und ā enthalten, und gehet demnach eine Quart unter den vorigen, v. Tab. XIV. F. 1. wie folgende Kirchen-Lieder, wenn sie anders aus dem D-Clave tractirt werden sollten, oder vielmehr wegen des tieffen ambitus könten ausweisen, als:

1. Hilff GOtt, daß mirs gelinge ꝛc. oder: Wenn meine Sünd mich kräncken.
2. Von GOtt will ich nicht lassen ꝛc. oder: Helfft mir, GOttes Güte preisen.
3. JEsus Christus unser Heyland, der den Tod überwand.
4. GOtt Vater der du deine Sonn.
5. Was mein GOtt will das gescheh allzeit

NB. Die Schluß-Note der Melodie ist das schwartzgemachte d̄.

Die Systemata transposita dieses Modi sind mit dem vorigen überein beschaffen.

III. **Phrygius Modus** [*lat.*] Mode Phrygien [*gall.*] Modo Frigio [*ital.*] oder die Phrygische Sing-Art (deren sich die Phryges, eine Griechische Nation insonderheit soll bedienet haben) heisset: wenn eine Melodie zwischen den Clavibus e und ē (nach der Tenor-Stimme) oder zwischen dem ē und e (nach dem Discant zu rechnen) enthalten ist, und in solchem ambitu die Tab. XIV. Fig. 2. notirte Claves berühret. Weil nun in dieser Disposition und Specie Octavæ das Semitonium im ersten und 5ten grad zu stehen kommt; so sehen die sämmtliche Transpositiones dieses Modi, der Vorzeichnung nach, also aus: wie die XIV. Tab. und 3. Fig. ausweiset. Hierbey folgen einige auf diesen Modum gesetzte Kirchen-Lieder:

1. Es woll uns GOtt genädig seyn.
2. Ach GOtt vom Himmel sie darein.
3. Christus, der uns seelig macht.
4. Aus tieffer Noth laßt uns zu GOtt.
5. Da JEsus an dem Creutze stund.
6. Ach HErr mich armen Sünder.
7. Christum wir sollen loben schon.
8. HErr JEsu Christ wahr'r Mensch und GOtt.

Ob nun schon in den beyden erstern an statt des sonst nach Maßgebung dieses Modi erforderlichen f, das fis in jedem einmahl

einmahl vorkommt; so gilt auch hier die oben beym ersten Modo angeführte Regul: indem doch im erstern das f dreymahl dargegen angebracht ist; auch fällt im zweyten solches fis ohne den weg, wenn die vier ersten Noten, nach Anleitung einiger Noten-Gesangbücher, um einen Thon höher, nemlich, an statt No. I. Fig. 7. Tab. XIV. auf die No. 2. befindliche Art gesungen werden. Da nun das f diesem Modo gantz eigen ist, so folget von selbst, daß die Haupt-Cadenz dieses Modi nicht aus dem H ins E angestellet werden kan, sondern aus dem A ins E (secundum Solmisationem: la mi) oder auf die Tab. XV. Fig. I befindliche Arten im Basse verrichtet werden muß. Daß auch die mit dem † bezeichnete anstößige, und ohne Zweifel mit der Zeit corrupt gewordene Clausul, durch andere, und dem Modo convenablere Baß - Gänge rectificiret, und das fis weggebracht werden könne, wäre, (wie mich deucht,) gar wohl, und vielleicht auf die Tab. XV. Fig. 2. bemerckte Art möglich. Ein gleiches könte auch mit dem in der Mittel-Stimme gleich drauf folgenden fis vorgenommen, und selbiges gleichfalls weggeschaffet werden. Anlangend den Gesang: Christum wir sollen loben schon ꝛc. welcher eine Übersetzung des Hymni: A Solis ortus cardine, ist, welchen Cœlius Sedulius in der ersten Helffte des 5ten Seculi verfertiget hat, (wenn die Melodie auch damahls gemacht worden, ist sie alt genug!) soll solcher, nach einiger Meynung, insonderheit wegen des Anfanges, Dorii Modi, und das Ende eine Clausula disſecta seyn; andere aber meynen, er sey Phrygii Modi, worunter auch *Glareanus* ist, als welcher ihn lib. 2. cap. 36. p. 164. Phrygii elegantissimum exemplum nennet. Erstern Falls, wenn nemlich ein Organist aus dem D über diesen Choral præludiret, ist es einem Cantori gantz leichte, richtig anzufangen; Zweyten Falls aber, wenn jener mit seinem Præludio im E aushält, und dieser darauf sich im d̄ anfangen soll, müssen sich beyde wohl zusammen verstehen. Solte dieser Choral etwa eben die fata erlitten haben, als der: Der du bist drey in Einigkeit ꝛc. (wovon an seinem Orte) wäre die letzte Meynung wohl die sicherste.

IV. Hypophrygius Modus [*lat.*] Mode Hypo - Phrygien [*gall.*] Modo Hipofrigio [*ital.*] von ὑπὸ sub, und

Φρύγιος oder Subphrygius heisset der, welcher eben die diatonischen Chorden des vorigen Modi berühret, und NB. im E die final-Cadenz auf gleiche Art formiret, an statt aber, daß jenes sein ambitus zwischen e̿ und e, so ist dieses sein ambitus zwischen h und h̄ enthalten, und gehet also eine Quart unter dem vorigen, v. Tab. XIV. F. 4. diesen Ambitum solte er de jure absolviren; es hat aber *Snegaſſius* Iſag. Muſ. c. 8. notione 2, de Ambitu angemercket: daß dieser Modus selten in den untersten Clavem h herunter zu steigen, sondern dieses Semitonium, so er mit dem c unten erreichen solte, oben in der Höhe davor anzunehmen, ja gar bisweilen biß ins d̄ hinauf zu steigen pflege; daher es komme, daß zwischen diesem und dem vorigen Modo ein geringer Unterschied sey. Und dieses bekrafftigen folgende Kirchen-Gesänge:

1. Mitten wir im Leben sind mit dem Tod umfangen.
2. Erbarm dich mein o HErre GOtt.
3. HErr GOtt dich loben wir.
4. Mensch, wilt du leben seeliglich.
5. O grosser GOtt von Macht.

Dieser Choral erreichet zwar das unterste h, aber nicht das obere h̄, und wird insgemein transposité executiret. Die Transpositiones dieses Modi sind mit dem vorigen einerley.

V. Lydius Modus [*lat.*] Mode Lydien [*gall.*] Modo Lidio [*ital.*] oder die Lydische Sing-Art (deren sich die Lydi, eine Griechische von Lud, Sems Sohne herstammende Nation in klein Asien, soll bedient haben) heisset: wenn eine Melodie zwischen dem f und f̄ [nach der Tenor-Stimme zu rechnen] oder zwischen dem f̄ und f̿ [nach der Discant-Stimme] enthalten ist, in solchem ambitu die Tab. XIV. F. 5. bemerckte Claves berühret, und im F. cadenciret. Da nun in dieser Disposition das Semitonium im 4ten und 7den grad zu stehen kommt; so sehen die sämmtliche Transpositiones dieses Modi, der Verzeichnung nach, Tab. XIV. F. 6. befindlich aus: Auf diesen und den folgenden Modum findet man keine Kirchen-Gesänge gesetzet, weil, wie oben unter dem Articul: Modi Cantus Ecclesiastici octo, aus dem Glareano bereits angeführt führet worden, schon damahls, und nunmehro vor 183 Jahren, diejenigen Hymni und andere auf diese Modos gesetzt gewesene Stücke degeneriret, und in die transponirte Jonische Sing-Art, vermittelst des eingeschlichenen b, verändert worden sind. Hiervon will nur einige Passagen aus gedachten Auctore hier einrücken: Im 11ten Capitel des zweyten Buchs pag. 9. schreibet er folgendes: Veteres sane Ecclesiastici Lydio ac Hypolydio deiectati sunt propter diapente severitatem, præsertim in Gradualibus quæ vocant. Item in Passione Dominica, quæ sacra illa hebdomada canitur. Ubi Evangelista, ut gravis Historicus, eam habet diapente narrationi aptam. At nostra ætas pleraque mutat temere, aut vitiat verius, dum quærit mollia potius quam gravitatem observare curet. Und im 19 Capitel nurgedachten Buchs pag. 115 lässet er sich folgendergestalt heraus: Cæterum in ea sum opinione, conspirasse quosdam, ut ex omnibus Lydiis Hypolydiisque facerent Jonios Hypoionicosque, at id parum feliciter processisse Ideoque nunc tam tortos esse cantus, præcipue in Gradualibus. Noch an einem andern Orte pag. 130. sagt er: Diximus in superioribus hunc Modum [Lydium] nostra ætate apud Cantores in nullo esse usu, cujus omnes cantus in Jonicum deflectunt, pro *mi* in b clave *fa* substituentes. Quæ consuetudo ita invaluit, ut purum Lydium nunc raro invenias, cui non alicubi *fa* sit insertum, quasi conspiratione in eum facta, de exilio ejus publice sit decretum.

VI. **Hypolydius Modus** [*lat.*] Mode Hypo-Lydien [*gall.*] Modo-Hipolidio [*ital.*] von ὑπό sub, und λύδιος oder Sublydius heisset der, welcher zwar in eben den diatonischen Chorden des vorigen Modi einhergehet, auch im F die final-Cadenz machet; aber darinn von jenem abgehet, daß sein ambitus zwischen e und c [nach der Tenor-Stimme zu rechnen] oder [nach dem Discant]

zwischen c̄ und c enthalten ist, und demnach eine Quart tieffer oder unter seinem Authentico den ambitum ordinarie absolviret.

VII. **Mixolydius Modus** [*lat.*] Mode Mixolydien it. **Lydien mêlé** [*gall.*]

Modo Missolidio, Mixolydio und Missolidio, [*ital.*] μιξολύδιος [*gr.*] qf. mixtus Lydius, heisset: wenn eine Melodie zwischen den Clavibus g und g enthalten ist, in diesem ambitu die Tab. XV. Fig. 5. notirten Claves berühret, und im G die Cadenz machet, doch so, daß dabey kein fis in den andern Stimmen vorkommt; dieses nun zu vermeiden, schlüsset der Bass nicht aus dem d ins G, sondern aus dem c ins G. wie er denn auch die Cadenz ins H [aus dieser Ursache] nicht admittiret, sondern davor die C. Cadenz annimmt, übrigens aber auch im f clausuliret, wovon er eben den Nahmen soll bekommen haben, weil nurgedachte Cadenz im diatonischen genere dem Lydio eigen ist. Da nun in dieser Specie Octava das Semitonium im 3ten und 6ten grad zu stehen kommt; so sehen die Transpositiones dieses Modi, der Vorzeichnung nach, also aus, wie Tab. XVI. F. I. zeiget. Von Kirchen-Gesängen, so auf diesen Modum gerichtet, kan ausser dem: Ach wir armen Sünder unser Missethat ꝛc. sonsten wol keiner aufgetrieben werden, welcher den richtigen und legalen ambitum aufweisen könne. Raselius und Snegassius referiren zwar das Lied: Es ist das Heyl uns kommen her ꝛc. zu diesem Modo; ersterer aber bekennet dabey, daß schon damahls [an. 1589] in der Antistrophe oder in dem zweyten Theile es insgemein corrupt gesungen, und in die Jonische Sing-Art sey verändert worden. Nurgedachter vitiösen Veränderung ist es nun heutiges Tages noch unterworffen, so daß (weil es wegen der Tieffe aus dem authentischen und diatonischen Modo insgemein, sammt dem vorhergehenden, aus dem D transposite tractirt wird) in dem ersten Theile zwar c, im zweyten aber das cis vorkommt, anbey gantz andere Bass-Gänge (als nach dem rechten Modo seyn solten) causiret; die variable Schluß-Noten dieser Melodie scheinen auch nicht accurat mehr zu seyn, sondern dörfften wol, wegen der authentischen Bass-Cadenz dieses Modi, vielmehr in einem Tone still stehen sollen, wie z. E. in dem: Diß sind die heilgen Zehen Gebot ꝛc. am Ende geschieht. Hierzu kommt noch der im Stengerischen Gesang-Buche pag. 155. befindliche Himmelfahrts-Gesang: Auf diesen Tag bedencken wir ꝛc. welcher

oder

aber vom ē bis ins f̄ hinauf gehet, demnach die eigene Speciem Octavæ dieses Modi in der Höhe nicht erfüllet, hingegen in der Tieffe zwo Claves mehr hat, als er eigentlich haben solte. s. *Rosselii* Hexachordum c. 6. Dieser Gesang kan zugleich einen Zeugen abgeben von dem, was oben von der F-Cadenz gesagt worden: denn diese kommt in solchem vor dem Ende zweymahl immediatè nach einander vor, und scheinet im Baß unvermeidlich zu seyn.

VIII. Hypomixolydius Modus [*lat.*] Mode Hypomixolydien [*gall.*] Modo Hipomißolidio [*ital.*] von ὑπὸ und μιξολύδιος oder Submixolydius heisset der, welcher zwar in eben den diatonischen Chorden des vorhergehenden moduliret, auch im G die final-Cadenz auf gleiche Art machet; aber darinn von ihm abgehet, daß sein ambitus zwischen dem d̄ und d̿ (nach der Discant-Stimme zu rechnen) oder zwischen dem d und d̄ (nach dem Tenor) enthalten ist, und also eine Quart unter jenem gehet, vid. Tab. XV. F. 3. Die aushaltende oder final-Note in der Melodie, ist schwartz gemachet

Von Kirchen-Liedern sind folgende auf diesen Modum gesetzet:

1. Veni Sancte Spiritus &c. oder, Komm Heil. Geist, erfüll die Hertzen.
2. Grates nunc omnes reddamus Domino &c. oder, Dancksagen wir alle, GOTT unserm HErrn Christo.
3. O Lux beata Trinitas &c. oder, Der du bist drey in Einigkeit.
4. Veni Creator Spiritus &c. oder, Komm GOTT Schöpffer Heiliger Geist.
5. GOtt sey gelobet und gebenedeyet.
6. Diß sind die heiligen zehen Gebot.
7. Gelobet seyst du JEsu Christ, daß du Mensch gebohren bist.

Unter solchen ist insonderheit das dritte merckwürdig, weil die Music-Auctores nicht haben einig werden können, cujus Modi es eigentlich sey; daher einige Organisten aus dem D, andere aus dem F, die wenigsten aber aus dem G auf selbiges zu præludiren pflegen. Wenn man aber weiß, daß das Ende zwar richtig, der Anfang aber und das Mittel unrichtig und corrupt sind, und an beyden Orten es nur auf eine eintzige Note, nemlich das g noch ankommt, welches so wol in neuen als alten Notên-Gesang-Büchern insgemein mangelt, oder vielmehr nur versetzet worden, ist auf einmahl alle Schwierigkeit gehoben. Die eigentliche Melodie aber, wie selbige aus einem Römischen Mißali geschrieben, ist Tab. XV. F. 4. zu finden. Von der Melodie des 5ten Liedes ist zu wissen: daß selbige an einigen Orten auch nicht mehr durchgängig pur, und nach diesem Modo gesungen, sondern vermittelst des fis, so sich sonderlich in den Schluß insinuiren will, in Modum Hypoionicum verändert wird; die accurate Melodie aber ist Tab. XVI. F. 2. vorgeschrieben. Um die Mitte des 7den Chorals: Gelobet seyst du JEsu Christ &c. siehet es, anlangend die Baß-Gänge, so insgemein darzu pflegen gemacht zu werden, auch nicht zum besten aus; und ist gantz glaublich, daß, wenn nicht die gleich im Anfange befindliche C-Cadenz, ingleichen die in einem Tone am Ende stehende Schluß-Noten es verhindert hätten, er würde von der Reinigkeit noch weiter herunter gekommen seyn. Die in dem ersten und sechsten Gesange vorkommende F-Cadenzen bestätigen abermahl dasjenige, so oben bey dem Nahmen angeführet worden. *Joachimus Thuringus* giebt zwar vor: die Benennung des Modi Mixolydii komme von den Mysolydis (welche sonsten auch Mysomacedones und Mysotmolitæ geheissen) einer aus den Musis und Lydis vermischten Asiatischen Nation her, und könne demnach besagter Modus Mysomacedonius und Mysotmoliticus genennet werden. Man findet auch in des *Ferrarii* Lexico Geographico von den Mysomacedonibus, daß es eine Asiatische Nation gewesen, so bey Ephesus in Lycien gewohnet; hingegen von den Mysolydis ist darinn nichts anzutreffen. Da nun dieser Modus keine Landschafft und Nation (gleich den andern Modis), wovon er den Nahmen führen möge, wohl aber entweder die Poetin Sappho, oder den Pythoclidem zu Erfindern aufzuweisen hat, s. *Alex.* Sardum de rerum inventoribus lib. 1. c. 19. stehet dahin; ob nicht *Kircherus* lib. 3. c. 16. Mus. T. 1 diesen Modum mit Fleiß vielleicht ausgelassen, weil er von solchem dasjenige, so von denen übrigen vorgebracht, nicht sagen können? Und beym *Tevo*, P. 4. cap. 4. p. 247.

p. 247. heißt es: fù detto Miſtolidio, per eſſere propinquo e participante del Lidio; oder aber, wie Galilei am 70 Blatt ſeines Dialogo della Muſica antica e moderna redet: quaſi che per la vicinità, che haveva con il Lidio, foſſe ſeco meſcolato. (Hier wird abermahl keiner Landſchafft oder Nation gedacht!) Ob nun ſchon beyder Auctorum Worte, in der daſelbſt befindlichen Erklährung, auf etwas anders abzielen; dörffte es dennoch eben nicht ſo ungereimt ſeyn, wenn man ſie (weil die angeführte Experienz es doch lehret) auf obige F-Cadenz appliciren wolte.

IX. Æolius Modus [*lat.*] Mode Eolien [*gall.*] Modo Eolio [*ital.*] die Æoliſche Sing-Art (deren ſich inſonderheit die Æoles, eine Griechiſche Nation, bedienet) heiſſet: wenn eine Melodie zwiſchen den Clavibus a und ā, oder ā und a̿ enthalten iſt, in ſolchen das final machet, und im ambitu die Tab. XVI. Fig. 3. bemerckte Claves berühret. Weil nun in dieſer Diſpoſition das Semitonium im 2ten und 5ten grad zu ſtehen kommt; ſo ſehen die ſämmtliche Tranſpoſitiones dieſes Modi, dergeſtalt aus, wie ſolche Tab. XVII. F. 1. vorgezeichnet zu finden.

Einige auf dieſen Modum geſetzte Kirchen-Lieder:
1. GOTT hat das Evangelium gegeben ꝛc.
2. Magnificat; oder, Meine Seel erhebt den HErren ꝛc. toni peregrini.
3. Ich dancke dem HErrn von gantzem Hertzen.
4. Ich ruff zu dir HErr JEſu Chriſt.
5. Erhalt uns HErr bey deinem Wort.

X. Hypoæolius Modus [*lat.*] Mode Hypo-Eolien [*gall.*] Modo-Hipo-Eolio [*ital.*] von ὑπὸ ſub, und αἰόλιος, Subæolius heiſſet der, welcher eben die diatoniſchen Chorden des vorigen Modi berühret, und im A die final-Cadenz machet; an ſtatt aber, daß jenes ſein ambitus zwiſchen a und ā, oder ā und a̿, ſo iſt dieſes ſein ambitus zwiſchen dem e und ē, oder ē und e̿ enthalten, und gehet demnach eine Quart unter den vorigen, vid. Tab. XVII. F. 2. Not. Die ſchwartzgemachte Note zeiget das final an.

Von Kirchen-Liedern ſind folgende auf dieſen Modum geſetzet:
1. Mag ich Unglück nicht wiederſtahn.
2. Allein zu dir, HErr JEſu Chriſt.
3. Wär GOtt nicht mit uns dieſe Zeit.
4. Von allen Menſchen abgewandt.
5. Wo GOtt der HErr nicht bey uns hält.

XI. Jonicus Modus [*lat.*] Mode Jonien [*gall.*] Modo Jonico [*ital.*] oder die Joniſche Sing-Art (deren ſich die Jónes, eine Griechiſche in Klein Aſien wohnhafft geweſene Nation inſonderheit bedienet) heiſſet nunmehro: wenn eine Melodie zwiſchen den Clavibus c und c̄, (nach der Tenor-Stimme zu rechnen) oder zwiſchen dem c̄ und c̿ (nach der Diſcant-Stimme) enthalten iſt, in ſolchem ambitu die Tab. XVII. F. 3. notirte Claves berühret, und im c ſchlüſſet. Da nun in dieſer Diſpoſition das Semitonium im 3ten und 7den grad zu ſtehen kommt; ſo ſehen die ſämmtliche Tranſpoſitiones dieſes Modi, durch alle palmulas, alſo aus, wie dieſelbe Tab. XVII. Fig. 4. vorgezeichnet zu finden.

Einige Kirchen-Geſänge, ſo auf dieſen Modum gerichtet ſind:
1. Ein feſte Burg iſt unſer GOtt.
2. Vom Himmel hoch da komm ich her.
3. Wo GOtt zum Haus nicht giebt ſein Gunſt.
4. GOtt der Vater wohn uns bey.
5. Jeſaia dem Propheten das geſchah.
6. Sag was hilfft alle Welt.

XII. Hypoionicus Modus [*lat.*] Mode Hypo-Jonien [*gall.*] Modo Hipo-Jonico [*ital.*] von ὑπὸ ſub, und Ἰωνικός, oder Subionicus heiſſet der, welcher eben die diatoniſchen Chorden des vorhergehenden Modi berühret, auch im c die final-Cadenz machet; an ſtatt aber, daß des vorigen ambitus zwiſchen c und c̄, oder c̄ c̿, ſo iſt dieſes ſein ambitus zwiſchen G und g, oder g und ḡ enthalten, und gehet alſo eine Quart unter jenen, ſ. Tab. XVII. Fig. 5. Hierauf folgen einige auf dieſen Modum geſetzte Choral-Lieder, welche aber transpoſite pflegen executirt zu werden.

1. Nun freut euch lieben Chriſten gemein.
2. Es ſpricht der Unweiſen Mund wohl.
3. Wenn

3. Wenn wir in höchsten Nöthen seyn.
4. O HErre GOtt dein göttlich Wort.
5. Aus tieffer Noth schrey ich zu dir.
6. HErr GOtt dich loben alle wir
7. Nun lob mein Seel den HErren.
8. Wenn mein Stündlein verhanden ist.

Dieses wäre demnach der erste und ältere Vortrag dieser Lehre, welchem die mehresten Musici angehangen haben, wie die diffalls vorhandene Scripta bezeugen, und nach welchem die 6 Haupt-Tone oder Modi, wenn sie in alle in einer Octav befindlichen Claves versetzet werden, 66 transpositiones vorstellen, deren einige mit andern zwar der Vorzeichnung, nicht aber der Grund-Note nach, übereinkommen: und wenn man gedachte Haupt-Tone selbst mit darzu nimmt, entstehen (jeden Clavem nur auf eine Art exprimirt) 72 dispositiones; werden aber einige Claves, als dis und es, gis und as, auf zweyerley Art (wie sie denn können) ausgedruckt, so kommen auch noch mehrere transpositiones heraus

Der andere und neuere Vortrag dieser Lehre ist ungefehr folgender: man betrachtet hauptsächlich in einer Octav jeden Clavem nach seiner weichen und scharffen terz; da denn, weil 12 Claves in einer Octav sind, von jeder terz-Gattung auch eben so viel dispositiones vorkommen, welche zusammen genommen, 24 ausmachen. Man ordnet ferner, nebst der vollkommenen Quint zu jeder final-Note (welche samt angeführten zweyerley Terz-Gattungen: *Chordæ essentiales* genennet werden) zwo *Chordas naturales,* nemlich ein Semitonium majus unter die in der Tieffe oder Höhe befindliche final-Note, und eine Sextam minorem oder majorem (nachdem der Modus ratione tertiæ, entweder minor oder major ist;) so dann zwo *Chordas necessarias:* nemlich, einen gantzen Ton, oder Secundam perfectam über die final-Note, und einen gantzen Ton zwischen dem Terz- und Quint-Clavem, der mit der final-Note eine Quartam perfectam constituiret; weiter setzet man vier *Chordas elegantiores,* als (1. in einem Modo minori das Semitonium majus, und in einem Modo majori, das Semitonium minus über die final-Note; (2. in beyderley Modis das Semitonium majus unter den Quint-Clavem; (3. in Modis minoribus das Semitonium minus über die Sextam

minorem, und das immediate drauf folgende Semitonium majus, welches ferner gegen die drauf folgende Chordam naturalem ein Semitonium minus machet; und (4 in Modis majoribus das Semitonium majus unter die Sextam majorem, und das Semitonium majus über die Sextam majorem Hierzu kommt noch eine *Chorda peregrina,* welche in Modis minoribus die scharffe, und in Modis majoribus die weiche terz ist Tab. XVIII. Fig. I. Da nun beyderley Arten (wie mich düncket, und der Augenschein es giebt) figuraliter auf eins hinaus lauffen, brauchet es wohl keines solchen Streits! zumahl auch jede für der andern in gewissen Stücken etwas zum Voraus zu haben scheinet, und der erstern dieses insonderheit eigen ist: daß man die Vorzeichnung etwas leichter finden, und dabey sicher seyn kan, welche Claves in selbige eigentlich gehören und nicht gehören; diese hingegen kommt jener hierinnen zu statten, daß sie zeiget, was für Claves bey Formirung derer Cadenzen so wohl als anderer Gänge gebraucht, und wieder den Inhalt der Vorzeichnung noch zugebüsset werden müssen, ob sie gleich, weder bey einer noch der andern Art, in die Vorzeichnung selbst gesetzet werden.

Die Hauptraison aber, warum man auf diese 24 Modos gefallen, ist weil die in einer diatonischen Octav befindlichen toni integri nicht von gleicher, sondern ungleicher Grösse, nemlich c d, f g, und a h toni majores, die übrigen aber, als d e, und g a, toni minores sind, (die differenz zwischen beyden beträgt ein Comma musicum) und demnach keiner vor den andern (wie bey der vorigen und ältern Art in transpositione geschiehet) eigentlich gesetzt und gebraucht werden kan. Welches denn auch allerdings seine Richtigkeit hat, wenn völlig ausgemacht seyn wird: daß nurbesagtes sehr kleine intervallum auch in praxi dem Gehöre sensible ist; als welcher Meynung viele noch wiederstreiten, und es vor insensible ausgeben. Ich will demnach beyderseits Modlen-Lehre hiermit kürtzlich berühret und vorgetragen, keines weges aber an dem so wohl in vorigen als neuern Zeiten hierüber entstandenen hitzigen Streite Theil genommen haben, jedem überlassende, mit welcher Art er es halten wolle, und so wohl figuraliter als choraliter wohl auszukommen gedencke. Modus

Modus Authenticus. ſ. *Authentus.*

Modus Collateralis [*lat.*] Mode collateral [*gall.*] der einem andern noch an der Seite stehet. Dergleichen Modi collaterales ſind die alſo genannte Plagales; und weil dieſe mit ihren Authenticis einerley ſpeciem Quintæ und Quartæ haben, werden ſie Modi cognati, oder befreundete Modi genennet. ſ. *Matthei* Bericht von den Modis Muſicis, p. 26.

Modus compoſitus oder **connexus** [*lat.*] heiſſet: wenn in einem Geſange die Stimmen ſich weiter als eine Octav erſtrecken, und ihren gewöhnlichen ambitum überſchreiten. *idem ibidem.*

Modus Harmatejus. ſ. *Harmatejus.*

Modus Hieracius [*lat.*] νόμος ἱεράκιος [*gr.*] ſ. *Hierax.*

Modus Hyperjaſtius, iſt bey dem Ariſtoxeno eben derjenige Modus, welcher ſonſten Hypomixolydius heiſſet. ſ. *Glareani* Dodecach. lib. 1. c. 21. p 64.

Modus Hyperdorius, heiſſet bey dem Glareano l. c. derjenige, ſo ſonſten Hypoæolius genennet wird. Hyperlydius iſt bey ihm ſo viel: als Hypoionicus; Hyperæolius ſo viel: als Hypophrygius; und Hypermixolydius ſo viel; als Hypodorius.

Modus Jaſtius, iſt bey nurgedachtem Auctore eben ſo viel: als Jonicus. Dieſes alles beſſer zu verſtehen, will deſſen eigene Worte herſetzen; ſie lauten aber alſo: Hypomixolydium Ariſtoxenus Hyperjaſtium vocat ad exemplum aliorum cum τῷ ὑπὲρ compoſitorum Modorum. Nam eosdem principes (wovon er immediate vorher gehandelt) cum τῷ ὑπὲρ ſi quis componat, ſex præterea inveniet Modos, ſed qui in alios ita recidant, ut Ariſtoxeni *Hyperiaſtius* in Hypomixolydium, & Ptolemæi *Hypermixolydius* in Hypodorium, non ſecus *Hyperdorius* in Hypoæolium, *Hyperphrygius* in Lydium, *Hyperlydius* in Hypoionicum vel Mixolydium, & *Hyperæolius* in Hypophrygium cadunt. Conſtat itaque hanc difficultatem totam in nominibus eſſe, non in rebus.

Modus impar [*lat.*] Mode impair [*gall.*] ein ungerader Modus; Modus par [*lat.*] Modus pair [*gall.*] ein gerader Modus; beyde lateiniſche Benennungen hat Glareanus lib. 1. c. 14. p. 34 Dode-cach. ſonſten aber findet man nurgedachte epitheta eigentlich von den 8 Kirchen-Tonen gebraucht, davon der 1ſte, 3te, 5te, und 7de, die impares: der 2te, 4te, 6te und 8te aber die pares ſind.

Modus imperfectus [*lat.*] wird gebraucht und geſagt von einer Melodie, die den ambitum einer Octav nicht erreichet, ſondern manchmahl nur ein Quint-manchmahl aber ein Sext-Intervallum abſolviret. z. E. in den Liedern: Chriſte der du biſt Tag und Licht. Nun komm der Heyden Heyland. Dancket dem Herren, denn er iſt ſehr freundlich.

Modus legitimus [*lat.*] heiſſet, ambitus oder Octav Harmonice und Arithmetice, d. i. der in die reine Quint und Quart kan getheilt werden.

Modus Locricus oder **Locrenſis** [*lat.*] ἁρμονία Λοκρικὴ [*gr.*] iſt bey dem Polluce lib. 4. c. 9. Segm. 65. ſeines Onomaſtici, des Philoxeni Erfindung, und ſo wohl nach Anmerckung des Cardinals Bonæ c 17. §. IV. n. 7. de Div. Pſalmodia, als Salom. van Til p. 114 ſeiner Sing-Dicht-und Spielkunſt, der Modus Mixolydius, oder die Vermiſchte Lydiſche Muſic-Weiſe. Hier ereignet ſich zwiſchen des Pollucis, und unter dem Articul: Mixolydius Modus, angebrachtem Vorgeben des Alexandri Sardi, wegen des Erfinders, eine diſcrepanz; der Modus aber ſelbſt hat entweder von den am Corinthiſchen Meer-Buſen ehemahls wohnhafft geweſenen Achaiſchen Völckern, Locri genannt, deren Haupt-Stadt Naupactum, und die Landſchafft Locris geheiſſen; oder von der in Græcia magna, d. i. im Neapolitaniſchen gelegenen groſſen Stadt Locri (welche eine Colonie von nurgedachten Völckern geweſen) den Nahmen bekommen.

Modus major [*lat.*] Mode majeur [*gall.*] Modo maggiore [*ital.*] bedeutet (1. nach der neuern Modiſten-Sprache, einen ſolchen Modum muſicum, deſſen Grund-Note eine ſcharffe oder groſſe *Terz* hat. (2. Bey den Alten war Modus major: debita Longarum in Maxima menſura, d. i. wie viel Longæ, oder 4ſchlägige Noten, auf eine Maximam oder 8ſchlägige gehen ſollten; welches denn durch gewiſſe Zeichen zu erkennen gegeben wurde: ſtunde nemlich bey dem Clave ſignata ein gantzer mit einer 3 verſehener Circkel, ſo Signum externum,

externum, oder, daß äusserliche Zeichen hieß. vid. Tab. XVIII. Fig. 2. oder, in dessen Ermangelung, zwo Linien oder zweene Striche, deren jeder drey spatia im Systemate einnahm, so Signum internum, oder das innerliche Zeichen genennet wurde, s. ead. Tab. Fig. 3. so giengen drey *Longæ* auf eine *Maximam*, und der Modus hieß Major Perfectus; Stunde aber bey dem Clave signata ein halber mit einer 3 versehener Circkel, nebst vorangesetzten zwo Linien oder zween Strichen (denn es haben nicht alle Musici hierinn überein verfahren) s. Fig. 4. ej. Tab. so giengen nur 2 *Longæ* auf eine *Maximam*, und der Modus selbst hieß Major Imperfectus. s. *Lessii* Erotemata Musicæ Practicæ, c. 4. Nicol. *Listenii* Musicam, c. 4. und *Glareani* Dodecach. lib. 3. c. 5. p. 201. conf. *Broff.* Diction. p. 67. sq. woselbst abermahl so wohl wegen gemeldter Striche, als Beschaffenheit der Circkel eine Veränderung befindlich ist. Die Frantzosen nennen die erste Art: Mode majeur parfait; und die zweyte: Mode majeur imparfait, oder insgemein: Moeuf majeur parfait, und Moeuf majeur imparfait.

Modus minor [*lat.*]Mode mineur [*gall.*] Modo minore [*ital.*] bedeutet (1. einen solchen Modum musicum, dessen Grund-Note eine weiche oder kleine *Terz* hat. (2. bey den Alten hieß Modus minor so viel: als debita Brevium in Longis mensura, d. i. wie viel Breves oder 2schlägige Noten auf eine Longam oder vierschlägige gehen solten; welches abermahl durch gewisse Zeichen zu erkennen gegeben wurde: stunde nemlich nach dem Clave signata ein gantzer mit der Zahl 2 versehener Circkel, auch wohl vorher noch, eine drey spatia einnehmende und vier Linien im Systemate berührende Quer-Linie oder Strich, so giengen drey Breves auf eine Longam, und der Modus hieß Minor Perfectus; stunde aber nach dem Clave signata ein halber mit der Zahl 2 versehener Circkel, ingleichen nurbeschriebener Strich, so Pausa modalis hieß, oder drey geschwäntzte Longæ, so giengen nur zwo Breves auf eine Longam, und der Modus selbst wurde Minor Imperfectus genennet. s. Tab. XVIII. Fig 5. Die Frantzosen nennen die erste Gattung: Mode mineur parfait; und die zweyte: Mode mineur imparfait, oder insge-

mein: Moeuf mineur. parfait, und Moeuf mineur imparfait.

Modus musicus, heißt bey einigen Auctoribus auch so viel, als Intervallum musicum.

Modus nothus [*lat.*] ein unächter Modus. s. *Modus Spurius.*

Modus Orthius [*lat.*] it. Carmen Orthium, νόμος ὄρθιος [*gr.*] war bey den Griechen eine vor Pfeiffen sehr hoch gesetzte Melodie oder Lied, so im Kriege gebraucht wurde. s. *Martinii* Lex. Philol. und *Alex. ab Alexandro* Dies Geniales, lib. 4. c. 2. Daß Arion solches Lied mit hocherhabner Stimme auch gesungen habe, als er ins Meer gesprungen, ist aus des Gellii Erzehlung dieser Geschicht, lib. 16. c. 19. abzunehmen, weil daselbst folgendes gemeldet wird; carmen,quod orthium dicitur, voce sublatissima cantavit. Und aus des *Natalis Comitis* Mythologia lib. 4. c. 5. erhellet: daß nurbesagter Arion unter allen der erste gewesen, der auf die Palladem Carmina Orthria (diese Lectio ist, samt der obigen, auch beym Suida befindlich) verfertiget und gesungen habe, deren rhythmus capable gewesen, die menschlichen Gemüther wunderbarer weise zum Streite aufzumuntern und zu erwecken. Welches die zwischen dem Alexandro M. und Timotheo passirte Historie bekräfftiget. Weil übrigen auch ὄρθριος, matutinus, summo mane, sehr frühe heisset, hat diese Lectio etliche auf die Gedancken gebracht, daß sie diesen Modum vor ein Morgen-Ständtgen gehalten. s. *Menage* Diction. Etymologique unter dem Articul: Aubade.

Modus Pamphilius. s. *Damophila.*

Modus perfectus [*lat.*] ist: welcher seinen ambitum (nemlich die Octav) nicht allein völlig absolviret, sondern auch aus sonderbarer Freyheit, selbigen manchmahl mit einem oder 2 Tonen überschreitet; dergleichen in folgenden Choral-Liedern vorkommt, als:

1. Wir glauben all' an einen GOtt.
2. Vater unser im Himmelreich.
3. Es woll uns GOtt genädig seyn.
4. Mitten wir im Leben sind.
5. Durch Adams Fall ist gantz verderbt. und noch andere.

Modus plagalis [*ital.*] von πλάγιος, obliquus transversus. auf die Seite gebogen, verkehrt, heisset: wenn eine Melodie zwar das Quint-Intervallum über die

die final-Note oben, aber das sonsten in einer harmonice getheilten Octav oben befindliche Quart-Intervallum nicht daselbst, sondern unter der final-Note, und demnach verkehrt oder umgekehrt absolviret. Wird sonsten auch Modus Remissus und Secundarius genennet.

Modus primarius [*lat.*] ist eben was Modus Authenticus.

Möring (Michael) war gebohren an. 1677 den 11ten Octob. zu Hildburghausen, allwo sein Vater, Friedrich Möring, Kirchner gewesen, frequentirte die Stadt-Schule bis an. 1695, da er den 13ten April sich auf das Coburgische Gymnasium Casimirianum gewendet. An 1699 den 28 April begab er sich, nach abgelegter Oratione valedictoria, auch unter Hrn. Professor Fuchsen an. 1697 gehaltenen Disputatione: de Causa finali; it. an. 1698. de Creaturæ æternæ impossibilitate, auf die Universität nach Jena. Als er an. 1704 von da zurück kam, wurde er in der Hochfürstl. Hof-Capelle Baßiste, und an. 1710 zugleich Pagen-Informator. An. 1712 bekam er eine Vocation zur Pfarr Seidenstadt, und wurde dazu den 18 Nov. ordiniret; weil er aber sonderlich wegen der Music, mehr Beliebung hatte, GOtt in der Schule zu dienen, nahm er an. 1713 den 3ten Merz die Vocation zum vacanten Cantorat in Hildburghausen an, und verwaltete dieses Amt ins 8te Jahr; an. 1720 Dom. 3. post Trinit. legte er die Probe zum Cantorat in Coburg ab, und erhielte sogleich des andern Tages die Vocation. s. Thomä Licht am Abend.

Mohrhart (Peter) Es sind von ihm Sonaten à 2 Violinen, 2 Violen, Fagotto und Cont. vorhanden.

Moine, ein excellenter Frantzösischer Lautenist, dessen die *Histoire de la Musique*, T. 1. p. 17. gedencket.

Moitié de demi quart (*gall.*) bedeutet bey dem *Rousseau* p. 39. ein Sechzehentheil.

Moito (*Giov. Battista*) hat sechsstimmige Madrigalien gesetzet, so an. 1600 zu Antwerpen in 4to gedruckt worden, s. *Draud.* Biblioth. Class. p. 1630.

Molendino (*Fridus à*) war an. 1548 in Kaysers Caroli V. Capelle ein Altist. s. *Mamerani* Catal. familiæ totius aulæ Cæsareæ, p. 12.

Molina (*Bartholomæus de*) ein Spanischer Franciscaner-Mönch, hat an. 1509 zu Valladolid (lat. Pincia oder Pintia Vaccæorum genannt) in seiner Sprache folgendes musicalisches Werck: Arte de Canto Uano, dicha, Lux videntis, drucken lassen. s. *Antonii* Biblioth. Hispanam.

Molle [*ital.*] mol [*gall.*] mollis, e, [*lat.*] weich.

Mollerus [*Joannes*] ein Magister, und an der Raths-Schule zu Franckfurt an der Oder 36 Jahr gewesener Rector, hat an. 1667 den 3ten Januarii, bey Einführung eines neuen Cantoris, eine lateinische Oration: de Musica, ejusque Excellentia, daselbst gehalten, welche sein Herr Sohn, M Jacobus Mollerus, C. E. Advocatus, nebst noch einer andern; de exiguo Discentium profectu, & quæ hujus mali causa & culpa sit, so an. 1648 d. 22. Decemb. bey Einführung eines neuen Sub-Rectoris abgelegt worden, auf Verlangen an. 1681 drucken lassen. Die erstere beträgt 3 und einen halben Bogen in 4to, und der damahls introducirte neue Cantor, hat *Nicolaus* Kühnel geheissen.

Mollerus [*Joannes*] Landgräflicher Hof-Organist in Darmstadt, ließ daselbst an. 1611 Teutsche Motetten von 5. 6. und 8 Stimmen drucken.

Molitor [*Valentinus*] ein Mönch zu S. Gallen hat ein Directorium oder Cantus und Responsoria in processionibus in 8vo drucken lassen.

Molitor [*Ingenuin.*] hat VI. Canzonen von 2 Violinen, einer Viola, Viola di Gamba und Violone; und 19 Motetten von 2 Discanten, 2 Violinen und Baß, in 4to drucken lassen. s Lotters Music-Catal.

Molpus, ein Pfeiffer bey dem Plutarcho, in Quæstionibus græcis, welcher wieder den Tenem ein falsches Zeugniß abgeleget.

Molteri [*Gio M.*] hat 6 Sonate à Violino solo e Basso Continuo ediret, so in der Ceneschen Handlung zu Amsterdam gravirt worden.

Moltner (Balthasar) ein Schul-Collega zu Schleusingen, hat an. 1614 auf Fr. Annæ Lattermannin Tod zu Eißfeld, eine 6stimmige Motette componiret, und zu Coburg in 4to drucken lassen.

Momentum [*lat.*] bedeutet ein Sechzehentheil-Pause; und **Momentulum**, ein zwey

MON.

zwey und dreßigtheil-Pause. s. den Musical. Trichter, p. 52.

Momletti, ein Italiänischer Castrat und vortrefflicher Sopranist, hat bisher in Hessen-Cassellischen Diensten gestanden, und, wie man sagt, jährlich 1400 Besoldung bekommen.

Monaca [*Ricardus la*] ein Sicilianischer Carmeliter-Mönch, von Piazza oder Plazza gebürtig (Platiensis), ist ein Scholar des Petri Vinci, und ums Jahr 1600 wegen seiner vortrefflichen und vielen Compositionen berühmt gewesen. s. *Mongitoris* Biblioth. Sicul. pag. 200. woselbst dessen Geburts-Ort lateinisch Platia genennet wird; welcher vermuthlich des Ferrarii Plutia ist.

Monaulus [*lat.*] μόναυλος [*gr.*] von μόνος, solus, und αὐλός, tibia; also nannten die Griechen der Egypter ihre einfache Pfeiffe, welche Osiris, der erste Egyptische König soll erfunden haben. Wiewol andere solche Erfindung dem Mercurio zuschreiben. s. Printzens Music. Histor. c. 2. §. 5. & 27. Nach *Bulengeri* Anmerckung lib. 2. c. 4. de Theatro, hat dieses Wort auch einen Pfeiffer bedeutet, der die Pfeiffe, ohne daß ein anderer Instrument darzu gekommen allein tractiret; seine Worte sind folgende: in Græcis Epigrammatibus Monaulos dicitur auletes, qui aſia tibia canit. Nurbesagtes Instrument heisset bey andern auch Monaulum und Monaulium.

Mondodono [*Girolamo da*] oder Mondondono, ein Italiänischer Geistlicher hat vor dem 1653ten Jahre ein aus einer Missa, Salmi und falsi Bordoni bestehendes 5stimmiges Werck herausgegeben. s *Parsto ff.* Catal. p. 2 An. 1603 sind wiederum Psalmen von seiner Arbeit zu Venedig gedruckt worden.

Moniglia [*Gio. Andrea*] ein Florentinischer Componist, hat das an. 1696 zu Düsseldorff am Carneval præsentirte Drama Musicale, Giocasta genannt, in die Music gebracht. s. die *Galleria di Minerva*, f. 204.

Monjou [*de*] zwo von Cöthen gebürtige junge Sängerinnen, haben sich an. 17 2 zu Berlin vor der Königin einige mahl hören lassen. s. *Matthesonii* Crit. Mus. T. I. p. 85.

Monnier [*Joannes*] ein Licentiatus Juris, von Dornick gebürtig, war erstlich beym Bischoffe zu Arras, Hermanno Ortembergo, Secretarius, hernach an der Dom-Kirche hieselbst Canonicus und Decanus, endlich aber, bey der Vacanz des Bischöfflichen Sitzes, General-Vicarius, und verstund die Music wohl. s. *Andr. Catullii* Tornacum, p. 118.

Monochordum, und Monochordium [*lat.*] μονόχορδον (*gr.*) Monochordo (*ital.*) Monochorde (*gall.*) von μόνος, solus, a, um, und χορδή, chorda, ist (1. das mit einer Saite (wovon es den Nahmen bekommen) bezogene Instrument, so etwa anderthalb Ellen lang, und eine Viertel- oder Achtel-Elle breit seyn kan, auch inwendig hohl ist, worauf vermittelst des Circkels und eines beweglichen oder fortzurückenden Steges, die Proportionen und Quantitäten der Klänge ausgemessen und gefunden werden, dessen Erfindung dem Pythagoræ beygeleget wird. NB. Die Liebhaber und Kenner dieses Instruments pflegen, um mehrerer Bequem- und Deutlichkeit willen, wol 2, 3 biß 4 Saiten drauf zu ziehen. (2. Führet diesen Nahmen auch die also genannte Trompette Marine.

Monodia [*lat.*] μονῳδία [*gr.*] ein einstimmiger Gesang, wenn nemlich eine Person allein singet; von μόνος, und ᾠδή, cantus.

Monodus [*lat.*] μονῳδός [*gr.*] der allein singet.

Monotonia [*lat.*] μονοτονία [*gr.*] Monotonie [*gall.*] die Einthönigkeit, una quædam spiritus ac soni intentio, oder unus idemque vocis sonus vel tenor; wenn nemlich immer einerley Ton gehöret wird.

Monotonus [*lat.*] μονότονος [*gr.*] der immer in einem Tone bleibet.

Mont [*Henry du*] ein Königl. Frantzösischer Capellmeister, von dessen Arbeit die Bibliotheca *Dubuiſi na*, p. 399. Cantica sacra, zu Paris an. 1652. und die Bibliotheca *Fellerana*, p. 380. sq. Motets à 2. 3. & 4 parties, an. 1681 in 5 Voluminibus und wiederum Motets pour la Chapelle du Roy, von 16 Voluminibus an. 1686. in 4to daselbst gedruckt, anführen.

Montanaro [*Francesco*] ein jetzo florirender Römer und Päbstlicher Musicus, hat ein aus 6 Sonaten a Violino solo e Violoncello bestehendes Werck, so das erste ist, auch einige Sonaten vor die Flöte, gesetzt,

gesetzt, welche in Amsterdam bey Michel Charles le Cene in Kupffer zu haben sind.

Montannes [*Franciscus*] ein Portionarius an einer Kirche zu Valladolid in Spanien, hat in seiner Sprache an. 1592 daselbst in 4to drucken lassen. Arte de Musica theorica y practica; ingleichen an. 1610 zu Sa'amanca Arte de Canto Uano, auch in 4to. s. *Antonii* Biblioth. Hispanam.

Montbuisson [*Victor de*] ein aus Avignon in Franckreich bürtig gewesener Lautenist, von dessen Arbeit ein und ander Stück dem Thesauro Harmonico des *Besardi* einverleibet ist.

Monte [*Philippus de*] fr. Philippe de Mons, deswegen also genannt, weil er von Bergen oder Mons im Hennegau bürtig gewesen; er lernete die Music von Orlando di Lasso, war bey den Römischen Kaysern Maximiliano II. und Rudolpho II. Capellmeister, an der Ertz-Bischöfflichen Kirche zu Cambray Canonicus und Thesaurarius, ungefehr uns Jahr 1587. Unter seinem Portrait stehet folgendes Distichon:

Cernimus excelsum mente, arte & nomine Montem,
Quo Musæ Charites constituere domum.

Ob er nun gleich mit einem vortrefflichen ingenio begabt gewesen, auch von obgedachten seinem Lehrmeister (welcher ihn sehr wehrt gehalten) ihm alle Kunst-Stücke und Vortheile in der musicalischen Composition aufrichtig entdecket worden; nichts desto weniger hat er sein Symbolum seyn lassen: Absque labore nihil. Nichts ohne Mühe. s. *Suvertii* Athenas Belgicas. Von seinem herausgegebenen Sachen führet *Draudius* folgende an, als:

Gallicas Cantiones, 5. 6. & 7 vocum. Antvverp. vel Venet. 1575.
Madrigalium lib. 2. 5 vocum. Venet. 1567. in 4to.
Madrigalium lib. 3. 6. vocum. Venet. 1576.
Madrigalium lib. 4. 6 vocum. Venet. 1576.
Madrigalium lib. 7. 6 vocum. Venet. 1578.
Sacrarum Cantionum lib. 2, 3. 4. & 5. Venetiis 1579.
Missam ad modulum: *Benedicta* es &c. 6 vocum in charta regali. Antverp. 1680.

Monte majore. s. *Georg. de* Monte Majore.

Monteclair, ein vielleicht noch lebender Frantzösischer Musicus und Componist, hat præcepta von der Music geschrieben; ein Buch mit Cantaten und Trio herausgegeben, und noch neulich (nemlich vor dem Jahr 1718) ein Ballet: Les fétes de l' Eté genannt, in der Opera zu Paris aufgeführet s. des Herrn Hofrath Nemeitzens Sejour de Paris. cap. 25. §. 7. p. 276. Jetzo sind, laut des Frantzös. Music. Catalogi aufs Jahr 1729. von seiner Arbeit 3 Bücher Cantates, 2 Bücher Motets, ferner die grosse und kleine Methode pour apprendre la Musique heraus. Hierzu kommen noch: Six Concerts à deux Flutes; Six Concerts à Dessus & Basse; Brunettes pour la Flute; quatre Recueïls de Menuets, und deux de Contre-Danse. s. *Boivins* Music-Catalogum aufs Jahr 1729, p. 18.

Monte Dolio [*Alfonso dal*] ein Italiänischer Graf. s. *Prætorii* Syntag. Mus. T. 3. p. 6.

Montella [*Gio-Dominico*] ein excellenter Musicus zu Neapolis, dessen Capaccio in seinem an. 1634. edirten Forastiero, Giornata Settima, pag. 719. gedencket.

Monter [*gall.*] v. a. höher stimmen; en montant, aufwerts steigend.

Monteriso [*Giuseppe*] ein Sopranist in der Kayserlichen Hof-Capelle an. 1721, und 1727.

Montesardo [*Girolamo*] hat vor dem Jahr 1653 ein aus einer Messa, Salmi und Litanie bestehendes Werck, von 4. Stimmen herausgegeben. s. *Parsturff.* Catal. p. 3.

Monteverde [*Claudio*] Capellmeister bey S. Marco zu Venedig, ist, wie *Kircherus* Musurg. lib. 7. c. 5. p. 594. meldet, sonderlich im Stylo Recitativo berühmt, auch ein membrum der an. 1622 zu Bologna errichteten Accademia de' Filomusi gewesen. s. *Masini* Bologna Perlustr. P. 3. p. 15. Daß er wegen einiger in den Madrigalien ihme herausgenommenen Freyheit, die Dissonanzen ungewöhnlich zu tractiren, mit dem Artusi zu Anfange des vorigen Seculi in grossen Disput gerathen, und dieser den ersten und

und 2ten Theil seiner Imperfettioni della moderna musica wieder ihn geschrieben habe, ist aus des *Zaccaria* Tevo Musico Testore, P. 3. c.13. p. 175. sqq. zu ersehen. An. 1620 sind zu Venedig seine Madrigali gedruckt worden. Im *Parstorfferischen* Catalogo wird folgendes Werck von ihm angeführet: Selva, nella quale si trova Messe, Salmi, Hymni, Magnificat, Motetti, Salve Regina, & Lamento della Madonna, à 1. 2. 3. 4. 5. 6. 8 Voci con Violini, so an. 1610 herausgekommen ist. Seine Scherzi musicali à tre voci sind an. 1615; und das fünffte Buch seiner 5stimmigen Madrigalien ist an. 1612 in Venedig wieder aufgelegt worden: auf diesem Wercke wird der Auctor ein Capellmeister des Hertzogs von Mantua genennet.

Montfaucon [*Bernard de*] ein gelehrter Benedictiner von der Congregation des H. Mauri zu Paris, handelt in seiner an. 1719 daselbst in folio gedruckten Antiquité expliquée & représentée en figures, Tom. III. lib. 5. c. 2. von verschiedenen musicalischen Instrumenten, als: de tibiis, tibia Panos s. Syringe, tuba vel buccina, hydraulo, und utre symphoniaco. c. 3. lib. c. de testudine, Cymbalis, Crotalis, und Sistro. Und in dem an. 1724 herausgekommenen Supplement, und zwar vom ersten biß 6ten Capitel inclusive des 8ten Buchs, von mehreren Instrumenten, welche alle in Kupffer gestochen, und so wol in lateinischer als Frantzösischer Sprache erklärt sind. Dieses vortreffliche, aus X schwachen Voluminibus bestehende Werck, worinnen fast 2000 wohlgezeichnete Kupfer, kostet auf groß Papier 300, und auf klein Papier 200 Livres. s. den neuesten Gelehrten Staat von Paris, p. 92.

Montferrato [*Natal.*] Vice-Capellmeister bey S. Marco zu Venedig, hat vor dem Jahr 1653, Salmi concertati à 5. 6. & 8 Voci con Violini drucken lassen. s. *Parstorff.* Catal. p. 12. An. 1655 sind auch zu Venedig Motetten von seiner Arbeit herausgekommen; ingleichen an. 1660. Motetti Concertati; und an. 1666 Motetti à voce sola.

Montfort [*Cornelius de*] oder de Blockland genannt, ein Frantzose, hat eine Instructionem methodicam & facilem ad discend. Musicam Practicam an. 1587 zu Lion bey Tornæsio Frantzösisch herausgegeben. s. *Draud.* Bibl. Class. p. 1641. conf. *Brockland*.

Montigny [*de*] ein Frantzösischer Componist von Hayre, dessen der *Mercure Galant* im Monat Julii an. 1678, p. 22. und im May-Monat des Jahrs 1679, p. 71 gedencket.

Montre [*gall.*] la montre d'une Orgue, die vordersten Pfeiffen an einer Orgel, oder Positiv; von montrer, monstrare, weil sie im Gesicht stehen, und sich præsentiren; weil nun mehrentheils das also genannte Principal gedachten Ort einnimmt, wird solches la Montre genennet.

Moralis oder Morales [*Christoph. de*] ein Spanischer Componist hat folgende Wercke ediret, als:

Missas musicas 5 vocum, zu Lion an. 1545 in fol. und zu Venedig an. 1565 in 4to gedruckt.

Missas musicas 4 vocum, an. 1563 zu Venedig in 4to gedruckt. s. *Draud.* Biblioth. Class p 1635.

Magnificat 8 tonorum, 4 voc. an. 1564. zu Venedig in folio.

Lamentationes Hieremiæ, 4. 5. & 6 vocum. an. 1564 zu Venedig in 4to gedruckt. s. *Gesneri* Biblioth.

Moranus [*Hieronymus*] hat nach *Gesneri* Bericht, eine Musicam geschrieben.

Mordant [*gall.*] eine auf Instrumenten gebräuchliche Manier, zu deren expression man zu einer auf dem Papier befindlichen Note die nechste drunter noch darzu nimmt, und beyde dergestalt touchiret, daß es lässet, als würde etwas hartes (z. E. eine Nuß) von einander gebissen und getheilet; wie denn dieses Wort vom lateinischen mordere herzukommen scheinet, welches (nach *Matthiæ Martinii* Meynung in Lex. Philolog.) aus dem Griechischen μείρω ἔδων, divido edens, ich theile oder *separire* essend etwas von einander, herstammet. Könte demnach auf Teutsch ein Beisser genennet werden.

Moreau d'Alay s. *Maurini*.

Morel, ein Frantzose, hat, unter dem Titul: les Thuilleries, ein Cantaten-Werck publiciret. s. *Boivins* Music-Catalogum aufs Jahr 1729 zu Paris in 8vo gedruckt, p. 10. ingleichen das Te Deum laudamus in Frantzösischer Sprache, mit Music versehen, drucken lassen. *ibid.* p. 13.

p. 13. auch ein Violdigamben - Werck herausgegeben. ibi p. 32

Morella [*Juliana*] eine án. 1594 zu Barcellona in Spanien gebohrne, aber zu Lion in Franckreich (wohin sich ihr Vater seiner Affaires halber begeben) erzogene gelehrte Jungfer, hat daselbst an. 1606 den 16 Febr. als am Fest der H. Julianæ, und demnach in ihrem 12ten Jahre, in einem Capuciner-Habit über etliche philosophische Theses, so sie der Spanischen Königin, Margarethæ von Oesterreich dediciret, mit Erstaunen vieler Gelehrten, öffentlich disputiret, hernach zu Avignon ins Closter der H. Praxede, Dominicaner-Ordens, sich begeben, etliche geistliche Bücher aus dem Lateinischen ins Frantzösische übersetzet, und, nebst 14 Sprachen (die sie reden können, (s. das compend. Gelehrten-*Lexicon*) auch die Jurisprudenz und Music verstanden. Der Jesuit Cabillau hat ihr zu Ehren folgende Verse verfertiget:

Juliana Morella,
Græcè, Latinè, & Hebraicè docta.
Lingua sonat Marcum, Grajum sonat Æschinis hostem,
Hebræoque fluunt balsama mista croco.
Quot genus hoc sexus? Dictu mirabile; claudit
Ter geminos uno pectore Virgo viros.

s. die *Academie des Sciences & des Arts* des *Isaac Bullart*, lib. 2. f. 130.

Moretus [*Theodorus*] ein Jesuit von Antwerpen, war Ethices, Philosophiæ und Theologiæ, wie auch Matheseos Professor zu Prag und Breßlau, endlich Rector seines Collegii zu Klatow, oder Clatow, einer Böhmischen im Pilsner-Creyse liegenden kleinen Stadt, lat. Clatovia u. Glatovia genannt, schrieb unter andern einen Tractat: de magnitudine Soni, und starb an. 1667. den 6. Novembr im 65 Jahr seines Alters, und 49 der Societät. s. *Wittenii* Diarium Biographicum.

Moretti, ein Italiänischer Tenorist in der Breslauischen Oper an. 1728. s. *Matthesonii* Musical. Patr. 43 Betracht. p. 348.

Morfia [*Cornelius*] ein Sicilianischer Componist, von Palermo gebürtig, von dessen Arbeit ein und ander Stück in dem an. 1603 daselbst in 4to gedruckten und also titulirten Buche: Infidi lumi &c. befindlich ist. s. *Mongitoris* Biblioth. Sicul. T. 1. p. 147.

Morgenstern (Gottlieb). ein Bracceist in der Königl. Capelle und Cammer-Music zu Dreßden an. 1729. s den dasigen Hof- und Staats-Calender.

Morhofius [*Daniel Georgius*] der an. 1639. den 6. Febr. zu Wismar gebohrne, und an. 1691 den 30 Jul. zu Lübeck verstorbene hochberühmte Professor Poeseos, Eloquentiæ und Historiarum, wie auch Bibliothecarius zu Kiel, nicht weniger Mitglied der Königl. Engländischen Societät der Wissenschafften, hat unter andern eine Dissertation: de Scypho vitreo, per certum humanæ vocis sonum fracto, geschrieben, welche an. 1682 zu Kiel in 4to gedruckt worden ist.

Mori [*Pietro*] Capellmeister an der Collegiat-Kirche zu S. Geminiano, einem Toscanischen Städtlein, dem Groß-Hertzoge von Florentz gehörig, hat an. 1647 ein 5stimmiges Psalmen-Werck; und an. 1651 vier - und 5stimmige Missen zu Venedig drucken lassen. Es ist auch von ihm noch ein ander 4stimmiges Psalmen - Opus, ingleichen eine 4stimmige Compieta und Litania herausgekommen. s. *Parstorff*. Catal. p. 12. und 29.

Morillas [*Cæcilia de*] alias Henriquez, eine Spanierin, von Salamanca gebürtig, und Ehegattin Antonii Sobrini, eines Portugiesen aus dem Geschlechte Braganza, ist, gleichwie in andern guten Künsten und Sprachen, (welche in des *Antonii* Bibliotheca Hispana nach der Länge erzehlt werden) also auch in der Music, so wol was theoriam als praxin, insonderheit aber das Clavier - Spielen und Singen darzu betrifft, sehr erfahren und geübt gewesen, so, daß sie auch alle ihre 9 Söhne, von welchen einige zu hohen Ehren - Aemtern gelanget, selbst informiret. Sie ist im 42 Jahr ihres Alters an. 1581 zu Valladolid (lat. Pincia) gestorben, woselbst nachstehende Inscription zu lesen:

Cœcilia Morillas natione
Hispana genere nobilis
Conjuge felix filiisque clara
Literarum Artiumque
varietate docta.

Obiit

Obiit anno reparatæ salutis MDLXXXI. Octob. die XXXI. Ingenti desiderio sui relicto.

Morin, ist der erste gewesen, welcher Frantzösische Cantaten componirt; hat auch einige Motetten drucken lassen. s. das *Sejour de Paris*, c. 25. p. 275. Laut des Frantzös. Music-Catalogi aufs Jahr 1729. sind von seiner Arbeit sieben Bücher Cantates, und zwey Bücher Motets heraus.

Morlaye [*Guillaume*] ein Frantzösischer Lautenist, von welchem *Verdier* in seiner Bibliotheque meldet: daß er viele Tabulatur-Bücher vor die Guiterne, aus verschiedenen Piéces bestehende, an. 1550 zu Paris bey Michel Fezandar habe drucken lassen.

Morley [*Thomas*] ein Königl. Englandischer Musicus zu Ende des 16ten Seculi, hat vortreffliche Compositiones in seiner Sprache, als Gesänge mit 3 Stimmen; Madrigalien mit 4 und 5 Stimmen; Ballette von 5 Stimmen, und eine Einleitung zur Music ediret. s. das *comp.* Gelehrten-Lex. In der Weissenselsischen Orgel-Beschreibung wird dessen Musicæ Practicæ erwehnet, welche Joh. Caspar Trost aus dem Englischen vertirt.

Morley [*William*] ein an. 1721 verstorbener Baccalaureus Musices zu London.

Mors (*Antonius*) von Rostock, war unter den 53 verschriebenen Organisten der 39te, welcher das an. 1596 in der Schloß-Kirche zu Grüningen erbauete Orgel-Werck bespielt und examinirt gehabt.

Mors (*Hieronymus*) von Schwerin, war unter den 53 verschriebenen Organisten der 3te, welcher das an. 1596 in die Schloß-Kirche zu Grüningen erbauete Orgel-Werck bespielet und examinirt gehabt. s Werckmeisters Organ. Gruning. rediv. §. 11.

Morsolinus (*Joannes*) ein um's Jahr 1566 sehr berühmt gewesener Musicus, von Cremona gebürtig, ist am Bayerischen, und Keysers Maximiliani II. Hofe überaus wohl gelitten und geehret worden. s. *Arisii* Cremonam literatam, s. 452. woselbst folgendes von ihm zu lesen stehet: Joannes Morsolinus, Musicæ excellentia toti Orbi notissimus, de quo scribit P. Ansaldus Cotta S. J. in sua Orat. habita Cremonæ pro instauratione studiorum anno 16 3 ibi excusa, cui tit. dedit: Omnia Cremonæ summa. " Vigeret vetustatis injuriis subtracta ingeniosis animata vulneribus Joannis Morsolini Virtus, quem regiis plane honoribus & Bavariæ Dux Serenissimus, & Maximilianus II. Imper. humanissime exceperunt. „ Laudatur etiam ab Alex. Lamo in Somnio cant. 3. p. 54.

Mortaro (*Antonio*) ein Franciscaner-Mönch, von Brescia gebürtig, hat als Organist an den Cathedral-Kirchen zu Ostaro und Novara gestanden, und im Franciscaner-Closter zu Brescia an. 1619 sein Leben geendiget. s. *Cozzando* Libraria Bresciana, p. 46. welcher daselbst diejenigen Wercke, so er von ihm gesehen, anführet, als:

Fiammelle Amorose à tre voci. Venetia an. 1599.

Messe, Salmi, Magnificat, Canzoni da suonare, e Falsi Bordoni a 13. con la Partitura. Milano 1610.

Canzoni à 4 lib. 1. e 2. Venetia 1622. in 4to.

Letanie à 4. con Basso. Venetia.

Morus (*Jacobus*) ein Italiänischer Componist, von Viadana, einer kleinen im Mantuanischen Gebiet am Po-Fluß liegenden festen Stadt gebürtig, hat 1. 2 3. und 4stimmige Concerti Ecclesiastici mit einem G. B. gesetzet, so an. 1613 zu Antwerpen in 4to gedruckt worden. s. *Drandii* Biblioth. Class. p. 1621.

Morus (*Thomas*) der an. 1535 den 7 Julii mit dem Beile hingerichtete Englandische Ritter und Cantzler ist in der Music sehr erfahren gewesen, so daß er so wol seine erste, als zweyte Gemahlin auf verschiedenen Instrumenten selbst unterrichtet. s. Printzens Mus. Histor. c. 11. §. 11. woselbst, wie auch in *Camerarii* Hor. Subcec. c. 28. die Ursache seines Todes zu lesen ist.

Morzillo (*Sebast. Fox*) ein Informator bey des Königes in Spanien, Philippi II. Infanten, Don Carlos, war an. 1528 zu Sevilla gebohren (Hispalensis), und schrieb unter andern drey Bücher: de Regni Regisque institutione, werinnen, und zwar im erstern Buche, etwas weniges von der Music, und dahin gehöriges, vorkommt. Sie sind an. 1566 zu Antwerpen in 8 gedruckt worden. Daß er auf der Reise von Löven nach Spanien, nachdem er unter Weges Schiffbruch gelitten, in der besten Blüte seines Alters gestorben sey, berichtet das *compend.*

Gelehrten-*Lexicon*, unter dem Artikul: *Fox Morzillo*.

Mos (*de*) ein Priester in der Dioecese von Geneve, hat an. 1728 folgenden Tractat zu Paris in 8vo drucken lassen, und selbigen der Königin zugeschrieben: Methode de Musique selon un nouveau Systeme très-court, très-facile & très-sur, approuvé par M. M. de l'Academie Royale des Sciences, & par leplus habiles musiciens de Paris. s. die neuen Zeitungen von gelehrten Sachen, 1729. *nr*. 38. *p*. 349.

Moschianus (*Constantinus*) ein Grieche, dessen mit musicalischen Noten versehene Poëmata Ecclesiastica, nebst des Mönchs Gerasini seinen, in dem Spanischen Closter Escurial unter den MSS. aufgehoben werden. s. Herrn *D. Fabricii* Biblioth. Gr. lib 3. c. 10. p. 269.

Moschus, ein ungeschickter Citharœdus, der ohne Athemhohlen, lange auszuhalten pflegen; und von welchem das Sprüchwort: Moschus canens Bocoticum, entstanden; so von viel und unzeitig Plaudernden gebraucht wird. s. *Beyerlinckii* Theatrum Vitæ humanæ, und Printzens Mus. Histor. c. 7. §. 56.

Mosengel (Johann Josua) ein Orgelmacher, hat die Orgel in Löbenicht zu Königsberg in Preussen von 48 Stimmen, an. 1698 verfertiget. s. *Matthesonii* Anhang zu Niedtens Mus. Handl. zur Var. des G. B. p. 185. an. 1707. hat er daselbst das Sackheimische Werckgen von 14. Stimmen gebauet. ibid. p. 1188.

Moser (*Georgius*) war an. 1655 an Kaysers Ferdinandi III. Hofe ein Instrumental, Musicus, und sammt seinem Sohne, Christoph Mosern, Notist *Bucelinus*.

Moses, der Israelitische Heer-Führer war gebohren an. Mundi 2372, erfand die Trompete, so von denen Hebräern Asosra, nach der in Teutschland aber recipirten Art besser Chazozra genennet wurde und starb an. 2493. s. Printzens Mus. Histor. c. 2. §. 12. Der Jude Philo erkläret die Actor. c. 7. v. 22. befindliche Worte des Märtyrers Stephani: Und Moses ward gelehret in aller Weisheit der Egyptier, lib. 1. de Vita Mosis also: didicit Moses ab Ægyptiis Arithmeticam, Geometriam, Metricam, Harmonicamque theoriam, & omnem *Musicam*, tum Symbolicam Philosophiam : reliquasque liberales, quas Græci docebant, artes. „Und *Clemens Alexandrinus* lib. 1. Strom. beschreibet des Mosis Egyptische Weißheit folgender massen: Cum autem jam esset ætate grandior, Arithmeticam & Geometriam, Rhythmicam & Harmonicam, & præterea Medicinam simul & *Musicam* ab iis edoctus est, qui inter Ægyptios erant insigniores; & præterea eam, quæ traditur per symbola & signa, Philosophiam, quam in literis ostendunt hieroglyphicis. &c. s. *Georgii Paschii* tract. de Novis Inventis, c. 6. §. 12. p. 336.

Mossi (*Giov.*) ein Römischer Componist, und Corelliner, hat 4 Wercke ediret; davon das erste aus Sonaten à Violino solo e Cont; das zweyte aus 8 mit 3 und 5 Instrumenten gesetzten Concerten; das dritte aus Concerten à 4 Violini, Alto è Basso; das vierdte aus XII. Concerten von 3 und 8 Violinen, Violoncello e Continuo; und das fünffte aus Sonate à Violino solo e Violoncello bestehet. s. den Holländischen Music-Catalogum des *le Cene*, p. 42. 44. 55. 61. und 62.

Mosto (*Gio. Battista*) Capellmeister am Dom zu Padua, ließ an. 1584 in Venedig Madrigalien drucken.

Mostra [*ital.*] ist eben was Custos.

Motetto, plur. Motetti [*ital.*] Motet, plur. Motets [*gall.*] Andere schreiben: Motteto; noch andere Moteto; Lateinisch: Motettus oder Mottetus, Motetus, Morectum; Moteta &c. ist eigentlich eine mit Fugen und Imitationibus starck ausgeschmückte, und über einen Biblischen Spruch bloß zum Singen ohne Instrumente (den General-Bass ausgenommen) verfertigte musicalische Composition; doch können die Sing-Stimmen auch mit allerhand Instrumenten besetzt und verstärckt werden. Ja die Ausländer extendiren nunmehro die Bedeutung dieses termini: Motetto, auch auf eine solche geistliche Composition, deren Text lateinisch, aus Arien und Recitativ bestehet, und wozu noch verschiedene Instrumente, mit à parten Melodien abwechselnd, gesetzt sind; wie, unter andern, aus des *Gio. Batt. Allegri* erstem Wercke zu ersehen. Anlangend die Etymologie dieses termini; so deriviren ihn einige vom lateinischen Wort motus, weil dergleichen Composition

in

in steter Bewegung ist, und immer (wie bereits gesagt worden) eine Fuge und imitation nach der andern anfangen, durch alle Stimmen ausführen, und anbringen soll; andere von mutare, verändern; und noch andere, vom Italiänischen motto, und Frantzösischen Mot, so ein Wort, item etliche Worte, Zeilen, oder einen Spruch bedeuten, und vom alten lateinischen Worte *Muttum*, welches gleichfalls ein Wort geheissen, herkommen. Denn, bey dem Festo bedeutet mutire so viel, als loqui, reden; und bey dem Lucilio findet man: Non audet dicere multum, er getrauet sich nicht ein Wort zu sagen, oder zu muchsen. f *Ménage* Dictionaire Etymologique, unter dem Articul: Mot. Und hiervon mag wohl die oben gemeldte verschiedene Schreib-Art entstanden seyn. conf. *Pretorii* Synt. Musf. T. 3. p. 6. woselbst, über berührte derivations und Schreib-Arten, noch einige andere, und wie insonderheit die Wörter Motetta und Motecta von den Auctoribus bald als Fœminina, bald als Neutra, Mottetta im Neutro plurali, und Muteta in fœminino gebraucht worden, zu lesen stehen. Sonsten handelt die Histoire de la Musique, Tome 4. im ersten Articul des 1sten Stücks gewisse Regeln ab, wornach von der Güte eines Motet zu judiciren sey.

Mothon, μόθων, also hieß ehemahls bey den Griechen ein gewisser Tantz und Tantz-Lied vor die Pfeiffe. f. *Athen*. lib. 14. fol. m. 618. und *Joan. Meursii* Orchestram.

Motivo di Cadenza [*ital.*] Modif de Cadence [*gall.*] heißt; wenn die aus Wechselsweise aufsteigenden Quart- und absteigenden Quint-Intervallis bestehende Grund-Stimme Anlaß giebt, und die andern Stimmen nöthiget, entweder vermittelst der scharffen terz formal-Cadenzen, oder, so an statt der nurgedachten scharffen terz, aber nota penultima die weiche terz genommen, welche alsdenn zur folgenden Grund-und letzten Note der Cadenz die Septima wird, Cadenze sfuggite nach einander zu machen. f. *Cadence evitée*. nr. 2. und *Broff*. Dict. p. 70.

Moto [*ital.*] die Bewegung.

Motta (*Artemio*) D. ein Componist von Parma gebürtig, hat 10. fünfstimmige Concerten, à due Violini, Alto Viola, Tenore Viola, e Basso Continuo ge-

setzet, welches sein erstes Werck, und zu Amsterdam gravirt worden ist.

Motz (Georg) Cantor und Director Musices zu Tilse, einer kleinen aber wohlgebaueten in Brandenburgischen Preussen am Fluß Miemel 16 Meilen von Königsberg, und 8 Meilen von Insterburg liegenden Handels-Stadt: (der kleine Fluß Tilse, welcher neben der Börse sich in die Miemel ergeußt, hat dieser Stadt den Nahmen gegeben) f. Hübners reales Staats-Zeitungs-und Conversations-Lexicon. von Augspurg gebürtig, hat an. 1703 wieder M. Christian Gerbers, Pastoris in Lockwitz bey Dreßden, edirte Unerkannte Sünden der Welt, und zwar wieder das 81 Capitel dieses Buchs, vom Mißbrauch der Kirchen-Music handelnd, seine also genannte Vertheidigte Kirchen-Music; und an. 1708 die abgenöthigte Fortsetzung der vertheidigten Kirchen Music in 8vo drucken lassen. der erste Tractat machet 17, und der zwente 13. Bogen aus. Der Hr. Capellmeister Mattheson zu Hamburg besitzet auch im MS. dessen grosse und unbegreiffliche Weißheit GOttes, in dem göttlichen und Weißheits-vollem Gnaden-Geschenck der geistlichen Sing-und GOtt wohlgefälligen Kling-Kunst.

Movius (*Caspar*) Leont. Marchicus, Scholæ Stralfundanæ Sub-Rector, hat an. 1640 seinem Triumphum musicum spiritualem, oder Geistliche Triumph-Lieder von 6 und 8 Stimmen, zu Rostock in 4to drucken lassen.

Moulin (*Jean du*) puerorum Senonensis ecclesiæ Rector, oder Knaben-Rector an der Kirche zu Sens, der Haupt-Stadt des Frantzösischen Gebiets Senonois, hat anderer Auctorum starcke Stücke auf drey Stimmen reduciret, und zu Paris bey Pierre Attaingnant drucken lassen.

Moulinié (*Estienne*) hat Lauten-Sachen, und zwar an. 1635 das fünffte Buch, aus Airs de Cour bestehend, zu Paris heraus gegeben. f. die Bibliothec. *Duboisianam*, p. 400.

Mouton (*Joannes*) oder Mottonus, Königs Francisci I. in Franckreich Capellmeister, hat zuerst die Diminutiones der Noten, und den Gebrauch der lauffenden Noten aufgebracht. f. *Printzens* Musf. Histor. c. II. §. 4. Daß er des Adriani Vuillaert Lehrmeister in musicis gewesen, meldet Baryphonus p. 25.

Plejadum Muſicarum, Edit. auctioris. Bey dem Glareano, p. 464 Dodecach. ſtehet folgendes von ihm: Joannes Mouton, Gallus, quem nos vidimus, raritatem quandam habuit ſtudio ac induſtria quæſitam, ut ab aliis differret, alioqui facili fluentem filo cantum edebat. Maxime autem in Principis Franciſci gratiam, a quo honeſte decoratus eſt, reſpiciens, Pſalmos ac vulgata quædam proferebat. Porro graviſſimas Miſſas compoſuit, a Leone X. Pontifice Maximo approbatas. Und Conr. Geſnerus Partition. univerſ. lib. 7. tit. 7. p. 85. a. gedencket dreyſtimmiger Motetten, die er herausgegeben.

Mouret, ein Frantzoſe, hat, unter dem Titul: Didon, eine Cantate; ferner drey Recueils d'Airs a chanter, ſo zuſammen 9 Livres koſten; weiter drey Recueils de Theatre Italien, deren Preis 36 Livres; und ſechs Recueils du Theatre Italien, welche 18. Livres gelten, herausgegeben. ſ. *Boivins Muſic-Catalogum* aufs Jahr 1729, p. 10. und 34. Auch hat er ein Sonaten-Werck a 2 Flutes publiciret. ſ. den Pariſer Muſic-Catalogum aufs Jahr 1729 in 4to p 7. conf. *Mu*, *et*.

Mouton, ein anderer vom vorhergehenden, hat vier Bücher Lauten-Pieces, nebſt einer Inſtruction vor dieſes Inſtrument, welche im erſten Buche befindlich iſt, editret. Sie ſind ſämtlich zu Amſterdam bey Roger und Mortier in Kupffer zu haben. ſ. des erſtern *Catalogue de Muſique, p.* 45.

Mouvement [*gall.*] movimento [*ital.*] motus [*lat.*] die Bewegung, bedeutet (1. jeden Gang, oder jede Bewegung von einem Sono zum andern, es geſchehe nun ſolche gradatim oder ſaltuatim. z. E. in die Secund, Terz, Quart, Quint, u. ſ. f. (2. die Beſchaffenheit des Tacts, ob er nemlich langſam oder geſchwinde ſey. (3. die Vergleichung derjenigen Bewegung, ſo z. E. eine Oberſtimme gegen ihre Unterſtimme, und dieſe gegen jene zugleich, d. i. zu gleicher Zeit machet; ſolche kan nun auf dreyerley Art geſchehen, davon die erſte iſt, und heiſſet:

Mouvement contraire [*gall.*] moto contrario [*ital.*] motus contrarius [*lat*] wenn z. E. der Diſcant auf- und der Baß zu gleicher Zeit abſteiget, & vice verſa. Die zweyte heiſſet:

Mouvement oblique [*gall.*] moto obliquo [*ital.*] motus obliquus [*lat*] wenn z. E. eine von 2 Stimmen ſich fortbeweget, die andere aber ſtille ſtehet. Die dritte heiſſet:

Mouvement ſemblable oder droit [*gall.*] moto retto [*ital.*] motus rectus [*lat.*] wenn z. E. zwo Stimmen ſich mit einander zugleich auf oder nieder bewegen. ſ. *Broſſard.* Diction. p. 72. (4. bedeutet Mouvement auch die an Schnarr-Wercken in Orgeln befindliche Krücke, d. i. den ſtarcken Drat, durch deſſen Niederziehen dergleichen Pfeiffen höher, und durchs Aufziehen tieffer geſtimmt werden. (5. Das anmuthige Beben eines Klanges, ſo die Lautenitſten, Violiniſten und Violdigambiſten durch gelinde Bewegung der Finger zu machen pflegen Sonſten handelt Mr. Rouſſeau am Ende ſeines Tractats, genannt: Methode pour aprendre à chenter la Muſique, in der 15ten Quæſtion, vom Unterſcheide zwiſchen der Menſur und dem Mouvement.

Muance, plur. muances [*gall.*] alſo heiſſen die in der Solmiſation gebräuchliche Veränderungen der *Vocum muſicarum*, da, nachdem eine Melodie die Grentzen des Hexachordi ut re mi fa ſol la überſchreitet, nurgedachte voces unter einander verändert, und da z. E. auf dem $\overline{g}$ vorher ſol geſungen worden, alsdenn daſelbſt (wenn nemlich ♮ oder b im neuen Hexachordo drauf folgen) entweder ut oder re, und im $\overline{a}$, anſtatt des vorigen la, re oder mi, geſungen werden müſſen, u. ſ. f. welches ſodann

Muer [*gall.*] mutare [*lat.*] genennet, auch anderweit geſagt und gebraucht wird; wenn die Knaben die Diſcant-Stimme verliehren, und zu einer andern ſich begeben müſſen.

Muffat (Georg) Fürſtl. Paſſauiſcher Capell- und Pagen Hof-Meiſter, hat an. 1695 ſeinen alſo genannten Blumen-Bund lieblicher Ballet-Stücke (ſuavioris harmoniæ inſtrumentalis hyporchematicæ Florilegium primum) aus 50, auf vier oder fünff Geigen ſamt dem B. C. gerichteten und beſtehenden Pieces, ſo ſieben Ouvertures zuſammen ausmachen, zu Augſpurg in folio drucken laſſen, und ſelbige ſeinem Herrn, Johann Philipp, Biſchoffen, und des Heil. Röm. Reichs Fürſten zu Paſſau, Grafen von Lamberg, dediciret. In der Vorrede dieſes Wercks meldet der Autor von ſich: "Daß er zu Paris durch ſechs Jahre, nebſt andern

andern Music-Studien, der Lullyschen Art emsig nachgetrachtet, auch solche zurück ins Elsaß, und als er von da durch den Krieg vertrieben worden, vielleicht zu erst in Oesterreich und Böhmen, auch nachmahls auf Saltzburg und Passau gebracht habe." Daß er vorhero am Münster zu Straßburg Organist, nachhero aber zu Wien und Rom, weiter biß an. 1690, da er seinen aus XII. Toccaten bestehenden *Apparatum Musico-Organisticum* herausgegeben, bey dem Ertz-Bischoffe zu Saltzburg Organist und Cammer-Diener gewesen, erhellet aus der an den Römischen Kayser Leopoldum I. gerichteten lateinischen dedication und Titul nurbesagten Wercks, als womit er sich, an dem in besagtem Jahre vollbrachtem Crönungs-Tage der Gemahlin und ältesten Printzen Josephi höchstgenannter Majestät, zur Römischen Käyserin und zum Römischen Könige, zu Augspurg hören laßen.

Muffart (Gottlieb) hat an. 1721 und 1727 so wohl an des Römischen Kaysers, als an der verwittibten Römischen Kayserin, Amaliæ Wilhelminæ Hofe, als Organist gestanden.

Muffat (Johann Ernst) ein Violinist an letztgedachtem Hofe an. 1721, und 1727.

Muiler (*Georgius*) ein Orgelmacher von Augspurg, hat an. 1695 in die Kirche Assumptionis B. V. zu Solesino im Paduanischen die Orgel gebauet, laut der daselbst befindlichen Inscription, also lautend:

Ut harmonico sono suavius Dei laudes concinantur, festisque diebus musica modulatione hoc Templum alacrius exultet, populi pietate, Antonii Nepotis Laudensis hujus Ecclesiæ Archipresbyteri cura Organum hoc extructum fuit An. M. DC. XCV. Artifice *Georgio Muiler* de Augusta. f. *Jac. Salomonii* Inscript. agri Patavini, p. 112.

Müller (Andreas) von Hammelburg, einer kleinen in der Abtey Fulda, am Fluß Saal liegenden Stadt, gebürtig, war der Stadt Franckfurt am Mayn Musicus ordinarius, und gab teutsche weltliche Canzonetten heraus

Müller (Johann Michael) Music-Director und Organist zu Hanau, hat 12 Sonaten mit einer concertirenden Hautbois, 2 andern Hautbois oder Violons, einer Taille, Fagot und G. B. zu Amster-dam stechen laßen, und solche (als seiner stes Werck) dem Grafen zu Hanau, Philipp Reinhard, seinem Herrn dediciret.

Müller (Johann) ein Dreßdner und Scholar des Perandi, ist unter der Regierung des Churfürsten Joh. Georgii II. als Componist und Organist in Dienste kommen, und zur Zeit Joh. Georgii III. gestorben. Das an. 1649 zu Jena in 4to herauskommene Jubileum Sionis dörfte wohl von ihm seyn.

Mullerus (*Philippus*) war anfänglich Cantor an der Stadt-Schule in Meissen, hernach aber an. 1552 Diaconus daselbst an der Fürsten-Schule. f. *Georgii Fabricii* Annal. urb. Misnæ, lib. 3. p. 206.

Müllner (Nicolaus) von Mildenberg, war ein Orgelmacher im 15ten Seculo. f. *Præt.* Synt. Mus. T. 2. p. III.

Münsterus (*Joan. Joach. Bened.*) hat, unter dem Titul: Sacrificium Vespertinum, lange Fest- und Marien-Vespern, wie auch kurtze durchs gantze Jahr gebräuchliche, mit 4 Stimmen, und 2 Violinen auf moderne Art gesetzte Vespern in folio herausgegeben. f. Hrn. Lotters Music-Catal.

Munnices (*Joannes*) hat an. 1611 das erste Buch seiner 4. 5. 6. und 8 stimmigen Cantionum Sacrarum zu Straßburg drucken laßen. f. *Draud.* Biblioth. Class. p. 1618.

Mure (*Conradus à*) der an. 1273 zu Zürich in der Schweitz gewesene Cantor und Canonicus, hat, unter andern, auch eine Musicam geschrieben. f. *Possevini* Apparat Sacr. p. 382. und *Append.* T. 1.

Muret, ein Maitre de Musique beym Duc du Maine, hat ein Ballet: Les fêtes de Thalie genannt, gemachet, welches in der Opera (zu Paris) præsentiret worden. f. das Sejour de Paris, c. 25. p. 275. Daß er als ein Musicus des Printzen Conti, an. 1722 den 5 Maji, als er fahrend nach Hause gebracht werden sollen, beym Umschlagen der Kutsche, ein Bein zerbrochen, wurde damahls in dem Corriere di Vienna, nro. 41. berichtet. conf. *Mouret*.

Muria (*Joannes*) oder Jean de Meurs, it. de Muris, soll von Geburt ein Engländer, vortrefflicher Mathematicus und Philosophus gewesen seyn. f. *Balei* Centur. XI. de Scriptoribus Britannix, und *Gesneri* Bibliothec. univers.

in welcher folgendes von ihm gemeldet wird: Joannes de Muris, Anglus, ut fertur, bonarum artium magister, scripsit de Musica practica tractatum, in quem epitomen scripsit Prosdocimus Patavinus. Daß er die mehresten von den Figural-Noten, so eine gewisse und abgemessene Zeit andeuten, an statt der vor und zu seiner Zeit üblich gewesenen blossen Puncte, aus den beyden Signis ♮ und ♭ erdacht, und nebst den Tact-Zeichen O und C in Gebrauch gebracht habe: hierinnen kommen die Auctores mit einander überein; allein in der Zeit, wenn er eigentlich gelebt, differiren sie mercklich von einander: Printz, der diese Erfindung c. 10. §. 21. sq. Mus. Histor. aus dem Kirchero weitläufftig beschrieben hat, setzet sie in das 1220te; Brossard. p. 73. in das 1330te oder 1333te Jahr, mit dem Zusatze: er sey ein Doctor zu Paris gewesen; Bononcini P. I. c. 12. del Musico Pratico, und mit ihm Tevo, P. 2. c. 7. del Musico Testore, nennen ihn gleichfalls einen Franzosen, setzen solche Erfindung ins 1353te Jahr, und letzterer allegiret p. 37. aus dessen Speculo Musices, Part. 2. folgende Worte: Sonus est fractio aeris, ex impulsu percutientis ad percussum. Woraus so viel erhellet, daß er dieses Werck in lateinischer Sprache geschrieben. Mersennus lib. . Propos. 25. Harmonicorum gedencket dieses in der Königlichen Bibliothec verwahrten und aus 7 Büchern bestehenden Wercks auch, und nennet dessen Autorem, Joannem de Muris, einen Canonicum und Decanum Ecclesiæ Parisiensis. Im ersten Tomo der Histoire de la Musique lieset man p. 16. dieses: Jean Desmurs, Parisien, Docteur de Sorbonne, bon Poete, & encore plus sçavant Musicien, qui vivoit environ l'an. 1553, &c. (diese Jahr-Zahl dörffte wohl unrecht seyn.)

Murschhauser (*Franciscus Xaverius Antonius*) Tabernensis Alsata, oder aus Elsaß-Zabern, einer vier Meilen von Strasburg im Nieder-Elsaß liegenden Stadt, gebürtig, und des Chur-Bayerischen Collegiat-Staffts zu U. L. Frauen in München Music-Director, hat verschiedene Wercke herausgegeben, als:

(1. Octitonium novum Organicum, an. 1696 zu Augspurg in Kupffer; worinn kurtze Præludia und Fugen über die 8 Kirchen-Tone, ingleichen 13 Variationes über; Laßt uns das Kindlein wiegen ꝛc. 7 Variationes über: Gegrüsset seystu o Jesulein ꝛc. und eine Partie ex E ♮. enthalten.

(2. Vespertinum Latriæ & Hyperduliæ Cultum, an. 1700 zu Ulm gedruckt.

(3. Prototypi longo-brevis organici Partem primam, in länglicht 4to zu Nürnberg durch Kupfferstich ohne Jahr-Zahl publiciret. Dieses gantze Werck bestehet aus 20 Blättern, und enthält abermahl kurtze Præludia und Fugen.

(4. Prototypi longo-brevis organici Partem secundam

(5. Fundamentalische Handleitung so wohl zur Figural als Choral-Music, an. 1707 in Verlegung des Autoris, zu München in Kupfferstich und folio oblongo. Dieses Werck en bestehet aus 17 Blättern.

(6. Operis Organici tripartiti Partem primam, an. 1712.

(7. Operis Organici tripartiti Partem secundam, an. 1714 und die

(8. Academiam Musico-Poetico bipartitam, oder Hohe Schul der musicalischen Composition in zwey Theile eingetheilet. Der erste Theil von den Intervallis, Con- und Dissonantiis, Tonis oder Modis Musicis, so wohl Choralibus als Figuratis handelnd, ist an. 1721 zu Nürnberg, in folio gedruckt worden, und machet überhaupt 52 Bogen aus. Der zweyte Theil ist noch nicht herausgekommen.

Dieser Autor ist, besage des Titulblats und der Vorrede jetztgedachten Wercks, des Caspar Kerls Scholar, etliche Jahr lang, bis an dessen Tod gewesen. Seine Psalmi Vespertini über die 8 Kirchen-Tone mit 4 concertirenden Sing-Stimmen und 2 Violinen, nebst einem G. B. sind in 4to gedruckt worden. s. Lotters Music-Catalog.

Musa [*lat.*] Musetta [*ital.*] Musette [*gall.*] eine Sack-Pfeiffe; ist ein sehr altes Instrument, dessen Erfinder, nach einigen, Faunus, nach andern, der Marsyas und Daphnis, oder wie Virgilius will, Pan soll gewesen seyn. Des Pindarj Scholiastes eignet dessen Erfindung den Lydiern zu. s. *Furetiere* Diction. conf. Glossar. *du Cange*, woselbst gemeldet wird: daß die Irrländer dieses Instrument an statt der Trompete im Kriege brauchten, wie solches Richardus Stanihurstius lib. 1. de Rebus Hibernicis

nicis in folgenden Worten (welche zugleich dieses Instrument weitläufftig beschreiben) bezeuget: "Utuntur etiam Hibernici, loco tubæ, lignea quadam fistula, callidissimo artificio fabricata: cui saccus ex corio compositus, & cingulis arctissimè complicatus, adhærescit. Ex pellis latere dimanat fistula, per quam, quasi per tubum, fistulator, inflato collo, & buccis fluentibus, inflat. Tum pellicula aëre farcta, turgescit: intumescentem rursus premit brachio. Hac impressione duo alia excavata ligna, brevius scilicet ac longius, sonum emittunt grandem & acutum. Adest item quarta fistula, distinctis locis perforata, quam buccinator ita articulorum volubilitate, qua claudendo, qua aperiendo foramina, moderatur: ut ex superioribus fistulis sonitum, seu grandem seu remissum, quemadmodum ei visum erit, facile eliciat. Totius tamen rei prora & puppis est, ut aër per ullam aliam folliculi particulam, præter fistularum introitus, pervadat. Nam si quis vel acu punctum in culeo rimaretur, actum esset de isto instrumento, quandoquidem follis subito flaccesseret. Hoc genus sistri apud Hibernos bellicæ virtutis cotem esse constat. Nam ut alii milites tubarum sono, ita isti hujus clangore ad pugnandum ardenter incenduntur.,, Um die Zeit hierbey zu bemercken, wenn nemlich diese Gewohnheit gewesen, kan nicht undienlich seyn zu wissen, daß vorgedachter Irrländer Stanihurst erst an. 1618 zu Brüssel gestorben ist. s. das comp. Gelehrten-Lexicon. Von den verschiedenen Gattungen dieses Instruments, und deren Abbildung, kan das 19te Capitel des 2 Tomi Syntagm. Prætor. sammt hierzu gehöriger Sciagraphie gelesen und besehen werden. Auch ist im vorigen Seculo zu Paris in folio herausgekommen ein Traité de la Musette, avec une nouvelle methode pour apprendre de soy-mesme en peu de temps à jouër de cet Instrument, dessen Inhalt in dem 6ten Tomo des zu Amsterdam an 1679 edirten Journal des Sçavans p. 268. sqq. recensiret wird. conf. Bonanni Gabinetto Armonico, p. 75. welcher saget: es sey dieses Instrument vor weniger Zeit erfunden, und in Franckreich gebraucht worden.

Musæus, ein stattlicher Musicus und Poet, des Eumolpi secundi und der Selenes Sohn von Athen, soll mit bey der Expedition der Argonauten gewesen, zu Phaleris gestorben seyn, und ums Jahr der Welt 2710 florirt haben. s. Printzens Mus. Hist. c. 2. §. 40. und Federichs Noticiam Auctorum antiqu. p. 30. Wenn er von einigen Auctoribus des Orphei Sohn genennet wird, ist es, nach des Herrn D. Fabricii Meynung, also zu verstehen: daß er dessen Discipul gewesen. s. Biblioth. Gr. lib. 1. c. 16. p. 101. woselbst er ein Philosophus und μελοποιός heisset.

Muscovius [Joannes] der an. 1695 im 61 Jahr seines Alters verstorbene Pastor Primarius und Inspector der Kirchen und Schulen in Lauben, hat an 1694 einen teutschen Tractat: Gestraffter Mißbrauch der Kirchen-Music und Kirchhöfe, aus GOttes Wort zur Warnung und Besserung vorgestellet, in 8vo sieben Bogen starck drucken lassen.

Musculus (Balthasar) Schulmeister zu Ziegenrück, einer kleinen im Voigtlande, zwischen Schlaitz und Pöseneck liegenden Stadt und Schloß, hat 40 geistliche Lieder von 4 Stimmen ediret, welche Georgius Kœrber an. 1597 nebst 8 weltlichen von Orazio Vecchi gesetzten, und mit teutschen Texten versehenen Canzonetten, ferner 7 dergleichen von Jacobo Meilando componirten, und 13 geistl. mit lateinischen Texten von ihm selber componirten 4stimmigen Stücken zu Nürnberg drucken lassen. An. 1602 sind sie abermahl daselbst herausgekommen.

Musculus (Christoph) oder Mäußlein, war an der S. Marien-Kirche in Zwickau Organist, und starb daselbst an. 1617. s. M. Tob. Schmidts Chron. Cygn. p. 436.

Musculus (Wolffgangus) war eines Böttichers, oder, wie man andere wollen, eines Leinewebers Sohn, und zu Dieuse in Lothringen an. 1497 den 8ten Sept. gebohren. Er studirte zu Colmar und Schletstadt, wurde, wegen seiner anmuthigen Stimme, zu Lixheim in den Benedictiner-Orden umsonst aufgenommen, da er sich denn ins besondere, nebst andern Instrumenten, aufs Clavier legte, welches letztere ihm der Prior nurgedachten Closters, Wernerus, in der 1 Meile von Elsaß-Zabern liegenden kleinen Stadt Neuweiler erlernen lassen, worauf er, nach weniger Zeit, auf der in seinem Closter neu-erbaueten Orgel als Organist gedienet. Hierbey hat er sich auf die Theologie appliciret, in der Bibel umgesehen, und Lutheri Schrifften gelesen, wodurch er zur Erkänntniß der Wahrheit kommen. Als er sich hierauf verheyrathet, muste er sich nach Straßburg begeben, woselbst er das Weber-Handwerck gelernet, auch nachgehends bey der Fortification schantzen zu helffen sich vorgenommen, wenn er nicht auf dem Dorffe Dorlitzheim das Evangelium zu predigen wäre beruffen, und von Bucero, dem er seine Wercke abschreiben müssen, unterhalten worden. Er vertrat auch die Stelle eines Schulmeisters, und wurde von den Straßburgern mit etwas Geld aus der öffentlichen Casse versehen, worauf er das Diaconat in Straßburg angenommen, auch eine zeitlang auf dem Straßburgischen Dorffe, Deßna, geprediget, und in kurtzer Zeit die Hebräische Sprache und undeutlichen Rabbinischen Schrifften gelernet hat. Hiernechst wurde er nach Augspurg beruffen; von da aber, wegen des Interims, hat er sich wiederum weg, und nach Lindau, Costnitz, Zürch und Basel begeben. Endlich wurde er Professor Theologiæ zu Bern, und starb daselbst an. 1563 den 30 Augusti, im 66ten Jahre seines Alters, nachdem er auch noch in diesem viele mit seiner Music ergetzet und in Verwunderung gesetzet. f. das *compend.* Gelehrten-*Lexicon*, und *Melch. Adami* Vitas German. Theolog. p.369.

Musica (*lat. ital.*) Musique (*gall.*) μουσικὴ sc. τέχνη, musica sc. ars; wird als ein Adjectivum durchgängig Substantivè gebraucht, und bedeutet überhaupt die Ton-Kunst, d. i. die Wissenschafft wohl zu singen, zu spielen, und zu componiren. Die beste Derivation dieses Worts mag wohl seyn ἀπὸ τῶν Μυσῶν, à Musis: weil diese, gleichwie aller, also insonderheit der Music Urheber, auch der Sänger und Poeten Præsides von den Alten gehalten worden. Es waren aber die Musen (welche sonsten auch Camœnæ, qf. Canenæ, à canendo, Sänger-Göttinnen genennet werden) nach Heydnischem Gedichte, Töchter des Jupiters, welche er mit der Mnemosyne am Berge Pierus in Macedonien gezeuget, und ihrer an der Zahl neune, nahmentlich: Calliope, Clio, Thalia, Melpomene, Polyhymnia, Terpsichore, Euterpe, Erato und Urania, wohnhafft auf dem Berge Parnassus oder Helicon, und hatten zum Gouverneur den Apollo, welchem die Leyer oder Cither angedichtet wurde. Mit diesem Gedichte haben die Heyden ohne Zweifel zu verstehen geben wollen:

(1. Daß alle Bewegungen der Himmel, der Sitz der Elementen, die Abwechselungen der Jahr-Zeiten, u s. f. in ihrer Ordnung und herrlichen Proportion, nichts anders, als eine woglangeordnete und mit einander geschränckte Harmonie abgeben. Welches unter vielen andern auch bekräfftigen *Macrobius* lib. 2. cap. 3. in Somn. Scipionis, wenn er schreibet: *Musas* esse Mundi Cantum; ingleichen der Jude *Philo.* in diesen Worten: Cœlum perpetuo concentu suorum motuum reddit harmoniam suavissimam; und die Margarita Philosophica *Reuschii*, tract. 1 c. 5. non enim sine maxima proportione & harmonia orbes cœlestes ad invicem locati sunt, ob id & dulcissimam motu suo concinentiam faciunt. Den ordentlichen Sitz der Elementen hat *Oviduis* lib. 1. Metamorph. fab. 1. sehr artig folgender gestalt beschrieben:

Ignea convexi vis, & sine pondere cœli
Emicuit, summaque locum sibi legit in arce.
Proximus est aër illi levitate locoque.
Densior his tellus, elementaque grandia traxit,
Et pressa est gravitate sui. Circumfluus humor
Ultima possedit, solidumque coërcuit orbem.

Und *Boëthius* giebt die Harmonie und Eigenschafften der Jahrszeiten gantz nervös also zu erkennen: quod constrinxit Hyems, Ver laxat, torret Æstas, maturat Autumnus.

(2. Daß alle gute Künste und Wissenschafften von GOtt herkommen, und daß zu deren Erlernung ein gut Gedächtniß und Judicium erfordert werde.

(3. Daß Fürsten und Herren die Künste, als ihre Töchter, lieben, dieselben unterhalten und beschirmen sollen.

(4 Daß Künste an solchen Orten am besten fortkommen, wo viel Liebhaber und Liebhaberinnen derselben sind; dergleichen vielleicht am Berge Pierus (wovon die Musen auch Pierinnen heissen) damahls mögen gewesen seyn.

(5. Daß

(5. Daß alle freye Künste an einander hangen, und gleichsam verschwestert sind. Daher auch *Cassiodorus* will: daß das Wort Μῦσαι so viel sey, als sagte man ὁμοιῶσαι oder ὁμοῦσαι, auch ὁμύσαι, d. i. gleichwesentliche; oder ὁμῦ ὗσαι, weil die freyen Künste und Wissenschafften so beschaffen, daß keine der andern ohne mercklichen Schaden entbehren kan, sondern vielmehr immer eine der andern die Hand bietet. Wie denn auch sonder Zweiffel die Musen deswegen pflegen abgebildet zu werden, daß sie einen Reihen oder Creiß im Tantzen formiren.

(6. Daß es eben so mühsam sey zu grosser Geschicklichkeit zu gelangen, als einen hohen Berg zu ersteigen.

(7. Daß zu Erlernung freyer Künste ein Lehr-Meister von nöthen sey, der das Kleine mit dem Grossen (wie die Saiten) stimmen, und verständig anweisen müsse. s. *Omeissens* Anleitung zur Dicht-Kunst, in der Mythologie, pag. 166. sq. Haben demnach diejenigen nicht unrecht, welche das Wort Musæ von μύεσθαι, quod arcanum habeant, herleiten; weil, angeführter massen, unter diesem Nahmen lauter geheime Bedeutungen verborgen liegen. s. *Reim. Neuh. su* Synopsin Etymologicam, p. 126. Ferner ists auch nicht ungereimt, wenn andere das Wort Musica von μῶσθαι, solerter inquirere, investigare, fleißig nachforschen, untersuchen, deriviren; weil nicht allein alle diejenigen Künste und Wissenschafften, so man Musas zu nennen pfleget, durch emsiges Suchen und Forschen sind erfunden worden, als worunter die Music vornehmlich mit zu zehlen ist; sondern auch, weil eben diese, ob sie schon beydes dem Fundament als Invention nach, sehr hoch gestiegen zu seyn, scheinet, dennoch, wegen ihres ungemeinen und unbegreifflichen Reichthums nicht völlig mag ergründet werden. Noch andere wollen es gar vom Egyptischen oder vielmehr Chaldäischen Wort μω, so Wasser heissen soll, und dem Griechischen ἦχος, welches sonum bedeutet, herleiten, und zwar darum, weil *Thales Milesius* (wie im Fragmento Censorini c. 1. vorgegeben wird) das Wasser aller Dinge Anfang genennet; oder, weil nach *Varronis* Meynung, die Music auf dreyerley Art entstehe, nemlich entweder aus dem Geräusche des Wassers, oder aus der Repercussion der Lufft, oder mit der Stimme. Womit zum Theil auch *Kircherus* übereinstimmet, wenn er lib. 2. cap. 1. Musurg. schreibet: "Die Music sey nach der Sündfluth von denen Egyptiern zu allererst am Fluß Nilo wiederum erfunden und angerichtet worden; von selbigen hätten sie nachgehends die Griechen, und von diesen die Lateiner und andere Nationen überkommen.„ Etliche fügen, als eine Neben-Ursache, noch folgendes hinzu: weil die Music ohne Feuchtigkeit nicht bestehen könne: allein, hierdurch wolle niemand das bekannte Sprüchwort: Cantores amant humores, entschuldigen oder rechtfertigen. Dieses sey von der Derivation hiemit genug. Sonsten mercket man an, daß das Wort *Musica* ausser der oben angeführten, noch mehrere Bedeutungen habe; da es bald vor das Werck eines Auctoris; bald vor allerhand Gattungen in Noten gebrachter Lieder; bald vor ein Corpo oder Versammlung von Musicis; vor die Wissenschafft der harmonischen Proportionen; vor den Stylum oder Compositions-Art, da man sagt: Italiänische Music, Frantzösische Music, u. s. w. Kirchen-Cammer-Theatralische Music; und endlich vor alles dasjenige, so eine Harmonie macht, genommen wird, nemlich vor die Ordnung, Einrichtung und Disposition, kurtz, vor den Accord des Gantzen mit seinen Theilen, oder der Theile unter einander selbst. Und in diesem Verstande wird es von denen gebrauchet, so behaupten, daß in der gantzen Welt alles Music sey; wie aus vorhergesetzten unter nr. 1. zu ersehen. conf. *Broff.* Diction. p. 73. und *Loulié* Elements ou Principes de Musique, p. 90.

Musica Antica [*ital.*] Musique Ancienne [*gall.*] Musica Antiqua [*lat.*] ist eigentlich die Music der alten Griechen, und alten Lateiner biß aufs 11te Seculum, ums Jahr 1024, da Guido Aretinus die vielstimmige Music erfand, so Antiquo - Moderna zu nennen; Moderna oder Moderne, in Absicht auf die Griechen; Antiqua, in Absicht auf uns. idem ibid. p. 74.

Musica Arithmetica [*lat. ital.*] Musique Arithmetique [*gall.*] betrachtet die Klänge nach der Proportion, so sie mit den Zahlen machen.

Musica Artificiale [*ital.*] Musique Artificielle [*gall.*] Musica Artificialis [*lat.*] bedeutet (1. eine nach den Kunst-Principiis und Regeln eingerichtete Music.

fic. (2. Die auf Instrumenten, so die Kunst erfunden, executirt wird. (3. Welche etwas besonders hat, z. E. wenn ein zweystimmiges Stück gespielt wird, da eine Stimme durchs b moll, und die zweyte durchs ♮ moduliret; dergleichen Vitali in seinen Artifici Musicali practiciret hat. u. d. g.

Musica Attiva oder **Prattica** [*ital.*] Musique Prattique [*gall.*] Musica Activa oder Practica [*lat.*] bestehet nur in praxi oder executione, i. e. im blosen Singen oder Spielen, ohne sich um die Principia oder Ursachen des guten Effects dabey zu bekümmern.

Musica Canonica [*ital. lat.*] f. *Canonica*.

Musicarius [*lat.*] ein Sänger. f. *Salmasii* Anmerckungen über des *Tertulliani* Buch de Pallio. p. 470.

Musica Chorica [*lat.*] Musique choraique [*gall.*] f. *Broff.* Diction. pag. 74. Tantz-Music, wornach man tantzen kan.

Musica Chorale [*ital.*] Musique Chorale [*gall.*] Musica Choralis [*lat.*] so im Chor, oder in der Kirche gesungen wird, und in welcher alle Tact-Zeiten und Noten einander gleich sind. Dieses ist fast die durchgängige Meynung; allein Maur. Feyertag verwirfft sie, und sagt: "daß die Noten im Choral nicht gleich wären, sondern wie die Figural-Noten, doch nicht so gar stricte, eine lang, die andere kurtz, und die dritte kürtzer als die andere solle und müsse angebracht werden." Er verstehet hierdurch folgende 3 Noten ▬▬▬ und beruffet sich auf ein in Franckreich herausgekommenes und vom Könige privilegirtes Cistercienser Graduale. f dessen Syntax. Minor. p. 3 & 4.

Musica Chromatica [*lat. ital.*] Musique Chromatique [*gall.*] in welcher viel chromatische signa, dergleichen intervalla, und chordae chromaticae sind. f. *Chromatico.* Andere heissen eine *chromatische* Music diejenige, worinn viele Achtel und noch kleinere Noten vorkommen; wie aus folgenden Worten des *Cælii Calcagnini* nicht undeutlich abzunehmen, wenn er in Comment. de Profectu also schreibet: duabus his (Enharmonica fc. & Diatonica) defitis ac longe ablegatis, ea fola viget atque amatur, quae *Chromatica* nuncupatur, ad perdendos animos hominum inventa, *celeritate & crebris motibus* mentem è fua sede propellens: quam Pythagorici perpetuo edicto interdictam voluere. Sed & non alia de caufa Timotheum Milefium magna fuisse in invidia apud Spartiatos obfervavimus, nisi quod *multiplicem muficam reddens & ad genus chromaticum* divertens, puerorum animos, quos erudiendos fufceperat, a modestia ad libidinem traduxisset.

Musica Combinatoria [*lat.*] lehret die Klänge auf so vielfältige Art als es nur möglich ist aus ihrer Stelle und Figur in andere zu versetzen.

Musica Conjuncta oder **Ficta**, item **Adjuncta** [*lat.*] also wurde ehedessen ein aus seinem natürlichen Tone in eine erhöhete oder erniedrigte Secund oder Terz versetzter Gesang genennet. f. *Marr. Agricolæ* Scholia in Muficam planam Wenceslai Philomatis de Nova Domo, c. 5. de Solfa ficti cantus. conf. *Cantus conjunctofus.* und *Ornithoparchi* Micrologus lib. 1. c. 10.

Musica Contemplativa oder **Speculativa**, **Theorica** oder **Theoretica** ist: welche nur über die Klänge zu urtheilen sich befleißiget, ihre Natur, Eigenschafften und Würckungen 2c. untersuchet, und in praxin sich nicht einlässet.

Musica Diatonica [*lat. ital.*] Musique Diatonique [*gall.*] deren Melodie nur durch tonos und *Semitonia* majora procediret, als eine Art, so die Natur lehret, und die Ungelehrtesten oder aller Unwissendsten practiciren lernen: weswegen sie auch Naturalis [*lat.*] Naturale [*ital.*] Naturelle [*gall.*] genennet wird. f. *Diatonico.*

Musica Didactica [*lat.*] ist eine Gattung der Speculativischen Music, welche nur die Quantität, Proportiones, und verschiedene Qualitäten der Klänge zu untersuchen sich bemühet.

Musica Drammatica, Stenica oder **Theatralis** [*lat.*] eine vors Theatrum gehörige Music.

Musica Ecclesiastica [*lat.*] Musica da Chiesa [*ital.*] Musique d'Eglise [*gall.*] Kirchen-Music, oder, die sich schicket in der Kirche executirt zu werden.

Musica Enharmonica [*ital. lat.*] worinn die

die enharmonischen Dieses gebraucht werden. s *Enharmonico*.

Musica Figuralis, Figurata oder **Colorata** [*lat.*] Musique Figurée [*gall.*] Figural-Music, deren Noten von verschiedener Gattung und Geltüng sind; ingleichen, deren Tact bald geschwind, bald langsam gehet.

Musica Frigdora. s. *Frigdora*.

Musica Harmonica [*ital. lat.*] Musique Harmonique [*gall.*] wird eigentlich heutiges Tages genennet: wenn vielerley Melodien und differente Stimmen mit einander zugleich gehört werden, die aber doch wohl zusammen klingen, und einen guten Effect thun müssen.

Musica Historica (*lat.*) Musica Istorica (*ital.*) Musique Historique (*gall.*) erzehlet den Ursprung und erste Erfindung der Music, und derer dahin gehörigen Dinge, auch deren Aufnahme und Fortgang, ingleichen die berühmtesten Auctores, und deren Wercke oder Arbeit. u.d.g.

Musica Humana (*lat. ital.*) so mit menschlicher Stimme verrichtet wird, quæ voce hominis fit. s. *Beyerlinckii* Theatr. f. 793. und *Guil. Stuckii* Antiquit. Convivial. lib. 3. c. 20. In allegorischem Verstande, und nach *Platonis* Meynung, werden die drey Stücke der Seele, nemlich der Intellectus, Sensus und Appetitus hierunter verstanden. s. *M. Eliæ Nathusii* Disputat. de Musica Theoretica, thes. 2. & 9. 1. und *Ang. Politiani* Panepistem. fol. 464.

Musica Hyporchematica (*lat.*) Music, so zu Balletten, und nach welcher man tantzen kan, gemacht wird.

Musica Instrumentalis (*lat.*) Musique Instrumentale (*gall.*) Music vor Instrumente.

Musica Manierosa (*ital.*) zu welcher gewisse Manieren, oder besondere Arten gehören, wenn sie anders wohl herausgebracht werden soll.

Musica Melismatica oder **Melodica** (*lat.*) Musique Mélodique (*gall.*) ist eigentlich der so genannte Beau Chant, oder, ein wohl modulirender, angenehmer und Melodie-reicher Gesang.

Musica Melopoëtica (*lat.*) ist die Wissenschafft oder Kunst, die Klänge nach einander auf eine angenehme Art zu stellen und zu disponiren, woraus die Melodie und der Beau Chant entstehet.

Musica Mensurata mensuralis (*lat.*) Musica misurata (*ital.*) Musique Mesurée (*gall.*) deren Figuren und Noten, so nach einem gewissen Tacte zu machen, von ungleicher Geltung sind.

Musica Metabolica, ist eigentlich eine transponirte Music, oder, da man aus einem Modo naturali in einen transponirten modum gehet, um die Text-Worte besser zu exprimiren, oder einige Veränderung in der Action anzuzeigen, zc.

Musica Metrica (*lat. ital.*) Musique Metrique (*gall.*) ist die harmonische Cadenz, so gehört wird, wenn man declamiret, oder Verse wohl ausspricht; oder ein über Verse verfertigter Gesang.

Musica mixta (*lat.*) eine aus Menschen-Stimme und Instrumenten zugleich bestehende Music.

Musica Moderna (*lat. ital.*) die heutige Music; kan in zwey Theile eingetheilt werden. Die Musica Antiquo-Moderna ist diejenige ernsthaffte und gravitätische vollstimmige Music-Art, so von der Zeit *Guidonis Aretini* an, biß zum Anfang des vorigen Seculi gestanden hat; die in der That Moderna zu nennende aber, ist die, so man ohngefehr seit 50 biß 60 Jahren her zu perfectioniren, munterer, expressiver und dem Text convenabler zu machen angefangen hat. s. *Brossards* Diction. p. 76 Nurgedachte Zeit-Rechnung besser zu verstehen, wolle man den Articul: *Brossard* nachschlagen, und in selbigem anmercken, wenn er sein Dictionaire geschrieben habe, und von da an die Rechnung zurück anstellen.

Musica Modulatoria (*lat.*) die da wohl zu moduliren lehret, oder, selbst wohl moduliret, d.i. den guten Regeln der Modorum folget, und wie man wohl singen und spielen solle, unterweiset.

Musica Mondana (*ital.*) Musica Mundana (*lat.*) ist die Harmonie und Ubereinstimmung aller in dem gantzen Universo befindlichen Theile.

Musica Muta oder **Mimica** (*lat.*) wurde ehemals genennet, wenn ein Mimus oder Pantomimus bloß durch Geherden, und ohne ein Wort dabey zu sprechen, eine Geschicht so natürlich vorzustellen wuste, daß sie nicht besser erzehlt oder aufgeschrieben werden mögen. s. *Cassiod.* lib. t. Variar. ad Albinum. *Parcinollus* hat einen absonderlichen Titul, welcher

Ee Part. I.

Part. 1. rerum memorab. f. deperditar. der 40te ist, und *Henr. Salmuth* einen Commentar. drüber geschrieben.

Musica Naturale [*ital.*] Musique Naturelle [*gall.*] Musica Naturalis [*lat.*] bedeutet (1. eine bloß durch natürliche Menschen-Stimme, und nicht durch einig-gekünsteltes Instrument, hervorgebrachte Music, so Musica Physica sonsten auch genennet, und der Artificiali, nach der zwenten Bedeutung, entgegen gesetzt wird. (2. eine *diatonische* Music, deren intervalla auf Instrumenten ganz ungezwungen und leicht zu exprimiren sind. (3. eine solche, welche ganz schlecht gesetzt, und worinnen nichts künstliches und judicieuses anzutreffen ist.

Musica Occidentaria [*lat.*] also hieß ehedessen die in der Abendländischen Kirche gebräuchliche Choral-Music. f. *Pauli Huchenbergi* Germaniam Mediam, Differt. 6. de Studiis Veterum Germanorum, p. 169.

Musica Odica [*lat.*] soll, nach *Brossards* Meynung, fast die Hyporchematische, oder (wie er das Wort schreibet) die Choraica seyn.

Musica Organica [*lat.*] eine aus allerhand Instrumenten (einige ziehen auch die Kehle mit hieher) bestehende Music.

Musica Pathetica [*lat.*] Musique Pathetique [*gall.*] eine die Affecten bewegende oder erregende Music.

Musica Piana (*ital.*) Musica Plana (*lat.*) Musique Plaine (*gall.*) ist der Choral-Gesang.

Musica Poëtica (*lat.*) Musique Poëtique (*gall.*) vom Griechischen ποιέω, facio, compono; also heisset die eigentlich also genannte musicalische Composition, oder die Kunst, Melodien zu erfinden, und die con- und dissonirende Klänge mit einander zu vermischen.

Musica Politica (*lat.*) ist das gute Vernehmen aller und jeder Glieder in einer Republic, oder in einem wohl eingerichteten Staat unter einander.

Musica Prattica (*ital.*) f. *Musica Attiva*.

Musica Pythagorica, heisset diejenige, da nach Pythagoræ Vorgeben, die sieben Planeten einen Concentum unter einander machen sollen. Wie hiervon, unter andern, *Bulengerus* in einem à parten Capitel, so lib. 2. de Theatro das 18te ist, handelt.

Musica Recitativa, Scenica oder Drammatica, eine singende Declamations-Art, welche die Affectus exprimiret, und deswegen an keine genaue Haltung des Tacts und der Noten gebunden ist. Die beyden letztern Nahmen führet sie darum, weil sie eigentlich vors Theatrum gehöret.

Musica Rhythmica (*lat.*) Musica Ritmica (*ital.*) ist, wenn eine Piéce in gewissen Tacten so und so viel von dieser und jener Geltung, Noten auf verschiedene Art disponirt hat, und eben solche Art im Fortgehen hie und da, der Disposition nach unverändert, obschon dem Tone nach verändert, wiederum anbringet. v. Tab. XVIII. F. 6.

Musica Signatoria (*lat.*) lehret die Claves, Noten, Figuren, Pausen, und überhaupt alle vorkommende Signa und Zeichen kennen.

Musica Speculativa. f. *Musica Contemplativa*.

Musica Symphonialis (*lat.*) Musica Sinfoniale (*ital.*) ist, nach einigen, die vielstimmige und wohl accordirende Music.

Musica Theatralis (*lat.*) Musica Theatrale (*ital.*) Music vors Theatrum.

Musica Theoretica (*lat.*) Musica Teorica (*ital.*) f. *Musica Contemplat*.

Musica Tragica (*lat. ital.*) Music, so etwas Trauriges, oder was sich zu einer Tragœdie schicket, exprimiret.

Musica Vocale (*ital.*) Musica Vocalis (*lat.*) Musique Vocale (*gall.*) so vor den Hals, und nicht vor Instrumente gesetzt ist.

Musica Usuale (*ital.*) Musica Usualis (*lat.*) heisset: wenn Handwercker über ihrer Arbeit Choral-Lieder singen, und einige aus Gewohnheit einen Baß, oder auch wohl Mittel-Stimmen darzu ex tempore anstimmen f. *Thuring*. Opuscul. bipart. P. 2. c. 4.

Musical, e (*gall.*) Adject. Musicalement (*gall.*) Adverb. nach der Music, musicalisch.

Musice vivere, l. ætatem agere (*lat.*) bedeutet nicht ein asotisches liederliches, sondern ein lustiges und vergnügtes, aber auch zugleich honettes wohl eingerichtetes Leben führen. f. *Acerr*. Philol. 7 Stück, pag. 74.

Musici Canonici, Harmonici. f. *Canonica* und *Harmonici*.

Mu-

Muficien de la Ville (*gall.*) ein Kunſt-Pfeiffer, Haußmann.

Muficienne (*gall.*) eine Sängerin, it. Spielerin verſchiedener muſicaliſcher Inſtrumente.

Mufico (*ital.*) **Muficien** (*gall.*) **Muficus** (*lat.*) bedeutet ſo wol einen Componiſten, als Executorem; doch leget es der Uſus mehr dem Executori, als dem Componiſten bey. ſ. *Broſſard. Diction.* p. 77. Die heutigen Italiäner verſtehen durch einen Muſicum ſonſt nichts, als einen bloſſen Sänger. ſ. *Mattheſonii* Crit. Muſ. I 2. p 91.

Mufico d' Arco [*ital.*] der ein Inſtrument mit dem Bogen tractiret.

Mufico d' Oboè (*ital.*) ein Hautboiſte.

Mufico di Violadagamba (*ital.*) ein Violdigambiſte.

Mufico di Violino *ital.*) ein Violiniſte.

Mufico Prattico (*ital.*) Muſicus practicus (*lat.*) einer, der ſich bloß und ſchlechtweg auf ein gewiſſes Inſtrument, ſelbiges wohl zu tractiren, appliciret, oder die Kehle excoliret, ohne ſich zu bekümmern, von dem, was er machet, Red und Antwort zu geben, vielweniger ſelbſt etwas Neues zu inventiren und zu componiren; wiewohl es auch hierin Practicos giebt, von denen es heiſſet: Sic volo, ſic jubeo, ſtat *pro ratione* voluntas.

Mufteaus (*Petrus*) war. an. 1548 in Kayſers Caroli V. Capelle ein Baſſiſt. ſ. *Mam-rani* Catal. familiæ totius aulæ Cæſareæ, p. 12.

Mufurgus (*lat.*) μεσεργός (*gr.*) von μουσεργών, modulari; bedeutet (1. einen Sänger. (2. einen Componiſten, qui μόυης ἔργον facit.

Muſſele, ein Flandriſcher an der Dom-Kirche zu Dornick geſtandener Muſicus, gieng mit Georgio de la Hele, als dieſer vom Könige in Spanien, Philippo II. zur Capellmeiſter-Bedienung an ſeinen Hof beruffen wurde, unter andern nach Spanien, und bediente ſich deſſen Unterweiſung; trat hierauf in den Capuciner-Orden, und ſtarb gegen die Mitte des vorigen Seculi. ſ. *Andr. Catullii* Tornacum, p. 100. ſq.

Mutatione [*ital.*] mutatio (*lat.*) bedeutet (1. in der Solmiſation die Verwechſelung der Sylben, wenn z. E. im g-Clave bald ut, bald re, bald ſol geſungen werden muß (2. eines derer Accidentium, ſo in Ordnung der Klänge, welche eine Melodie oder Geſang ausmachen, vorkommen; welches Accidens durch eine Veränderung auf viererley Weiſe geſchiehet und verrichtet wird:

(a Da man das Genus verändert, d. i. aus dem Genere Diatonico ins Chromaticum oder Enharmonicum, und umgekehrt, aus dem Chromatico ins Diatonicum gehet, ꝛc. dieſes heiſſet: *Mutatio per Genus.*

(b. Wenn man einen Geſang aus einem ſehr hohen Klange in einen tieffen abſteigen läſſet, um einige Text-Worte zu exprimiren. Z. E. qui in altis habitat & humilia reſpicit in cœlo & in terra. Dieſes heiſſet: *Mutatio per Syſtema.*

(c. Wenn, um einigen Affect zu exprimiren, aus einem Modo in einen andern gegangen wird; z E aus dem Modo minore in majorem, & vice verſa. Dieſes heiſſet: *Mutatio per Modum aut Tonum.*

(d. Wenn man von einer Manier, z. E. männlich und ſtarck zu ſingen, ſo maniera diſtendente heiſſet, ab- und in eine angenehmere, ohnmächtigere, weichere und weibiſche, ſo maniera reſtringente genennet wird, gehet; oder in eine ruhige und ſtille, ſo das Mittel zwiſchen gedachten beyden iſt, und maniera quieta heiſſet, gehet. Dieſe Veränderung wird genennet: *Mutatio per Velopocium.* ſ. *Bruſſ.* Diction. p. 77. und 78.

Mutterſtiel (*Thomas*) war Organiſt an der S. Marien-Kirche in Zwickau, und ſtarb daſelbſt an. 1511. ſ. M. *Tobiæ* Schmidts Chron. Cygn. p 43.

Mylius (*Andreas*) ein wohlberühmter Cantor in Schwerin, iſt des Nicolai Mylii zu Meiſſen, ſo im Nov. an 563 verſtorben, Bruder geweſen ſ. *Georgii Fabricii* Annal. urb. Miſnæ, p 19

Mylius (*Joan. Daniel*) ein Chymicus aus der Wetterau gebürtig, gab an. 1621 ſeinen Theſaurum Gratiarum, worinn verſchiedener Lautenſten, oder vielmehr anderer Auctorum Cantiones, als Præludia, Toccaten, Fugen, Fantaſien, Gaillarden, ꝛc. vor die Laute, enthalten ſind, zu Franckfurt in folio heraus. ſ. *Draudii* Biblioth. claſſ. p. 1651 und p. 899.

Mylius (*Wolffgang Michael*) Fürſtlicher Sächſ.

Sächſ. Capellmeiſter zu Gotha, hat an. 1686 ſeine aus 11 Bogen in länglicht 8vo beſtehende Rudimenta Muſices in teutſcher Sprache ediret, und auf ſeine Koſten daſelbſt drucken laſſen. Jm fünfften Stück von der lieblichen und zierlichen Sing-Art handelnd, meldet er: daß Chriſtoph Bernhardi, Churf. Sächſ. junger Prinzen Informator und älteſter Capellmeiſter, ſein Lehr-Herr geweſen, führet auch daſelbſt, aus dem von Jhm empfangenen Entwurff, die üblichſten Sing-Manieren, als fermo, forte, piano, trillo, Accento, Anticipatione della ſillaba, e della nota, Cercar della nota und Ardire an. Er iſt ums Jahr 1712 oder 1713 geſtorben; ſonſten ein Candidatus Theologiæ, und aus dem Fürſtenthum Weimar bürtig geweſen.

Mylothros, μυλωθρὸς ᾠδή [*gr.*] ein Müller- item Becker-Lied.

Mynecomius (*Matthias*) ein Mitglied des Creutzträger-Ordens, von Maſtricht gebürtig (ex Trajecto ſuperiori oriundus) hat ums Jahr 1495 floriret, und des Boëthii Muſicam in ein Compendium gebracht. ſ. *Gesneri* Biblioth. univerſ.

Myropnus Nanus, ein Chorales deſſen P. Montfaucon lib. 5. c. 2. Tom. III. de l' Antiquité expliquée, & repréſentée en figures, f. 343. und lib. 8. c. 2. du Supplement f. 188. ingleichen Bartholinus de Tibiis Veterum, c. 6. p. 83. woſelbſt er Myripnus genennet wird, gedencken.

N.

Nabla, gr. νάβλα, it. Nablium, Naula, Naulia und Naulium, ein ſehr altes von den Phöniciern erfundenes Spiel-Zeug, von den Hebräern Nebhel genannt, deſſen 1 Sam. X, v. 5. gedacht wird, mag ſo viel als eine Cither geweſen ſeyn, dergleichen die alten mit zwo Händen zu ſpielen pflegten. Man kan die eigentliche Geſtalt nicht ſo gewiß beſchreiben, weil die Poeten Nablium, Lyram, Citharam und Chelyn ſtets mit einander vermengen. ſ. Salom. van Til Sing-Dicht- und Spiel-Kunſt 5te Abtheilung, §. 15. p. 97. *Politiani* Miſcellan. c. XIV. und Schöttgens Antiquitäten-Lexicon. Clemens Alexandrinus lib 2. c. 4. Pædag. ſchreibet: die Cappadocier hätten das Nablium zu erſt erfunden. Daß es ein beſäitetes Jnſtrument geweſen, und nach Beſchaffenheit der Form, bald 15, bald wenigere Saiten mag gehabt haben, iſt in Bartoloccii Bibl. Rabbin. P. 2. p. 189. ſq. mit mehrern zu leſen, und am wahrſcheinlichſten. Printz ſagt Muſ. Hiſt. c. 3. §. 5. Nebhel ſey ein unſern Frauenzimmer-Harffen gantz gleiches Jnſtrument von 22, oder wie Schütterus wolle, von 24 Saiten geweſen, und ſtellet es daſelbſt im Kupffer vor. conf. *Montfaucons* Supplement au Livre de l' Antiquité expliquée & repréſentée en Figures, lib. 8. c. 4. fol. 195.

Nablio, Navilio, der vorgeſetztes Jnſtrument tractiret. ſ. *du Cange* Gloſſar. Nabliſare, auf dieſem Jnſtrumente ſpielen. *idem ibidem.*

Nacara, pl. Nacaræ [*lat.*] Naccare oder Gnaccare, it. Nacchera [*ital.*] Nacaire oder Nachère [*gall.*] ἀνακάρα oder ἀνάκαρα [*græc. barb.*] eine Reuter-Trummel oder Paucke bey den Türcken, deren Abbildung in Bonanni Gabinetto Armonico, p. 131 befindlich, und den Spaniſchen Caſtagnetten ähnlich iſt. Ein mehrers davon kan in des Hrn. du Cagne Gloſſario geleſen werden, woſelbſt über dieſes noch gemeldet wird: daß bey den Chineſern auch ein gewiſſer eiſerner Circkel oder Triangel, der mit einem dergleichen Stecken geſchlagen werde, alſo heiſſe.

Nachthorn. ſ. Holzflöte.

Nænia, oder beſſer Nenia, pl. Neniæ vom Griechiſchen νήνια: alſo hieß das Lied, welches ehemahls die vor einer Leiche hergehende Præficæ, oder gedungene Weiber ſungen, und ſo wohl das Lob, als viele ſchmertzhaffte Klagen über den Verluſt des Verſtorbenen in ſich faſſete. Die Phrygier ſollen dieſe Trauer-Lieder zu erſt erfunden haben. Es bedeutet dieſes Wort auch denjenigen Geſang, womit die Sing-Ammen und Wärterinnen die kleinen Kinder einzuſchläffern, und öffters la la, la la zu ſingen pflegen.

Nafiri, iſt bey den Oſt-Jndianern ein Blaß-Jnſtrument, eine Trompete. ſ. Lorbers Erklährung über deſſen Lob der edlen Muſic p. 150.

Nagel (Johann) von Göttingen, war unter den 53 verſchriebenen Organiſten der 17te, welcher das an. 1596 in die Schloß-Kirche zu Grüningen erbauete Orgel-Werck

Werck bespielt und examinirt gehabt. s. Verckmeisters Org. Gruning. rediv. .II.

Naich (*M. Hubertus*) hat 4 und 5stimmige Madrigalien zu Venedig drucken lassen. s. *Draud.* Bibl. Class. p. 1630.

Naldio (*Romulo*) von seiner Arbeit ist das erste Buch Motectorum duobus Choris, Dominicis diebus, concinendorum gedruckt worden. s. *Parstorff.* Catal. p. 25.

Nanino (*Gio. Bernardino*) ein Römischer Componist, und jüngerer Bruder des folgenden, hat an. 1620 Salmi a 4 Voci per le Domeniche, Solennita della Madonna ed Apostoli con doi Magnificat, uno à 4 e l' altro a 8 Voci, zu Rom drucken lassen.

Nanino (*Gio Maria*) ein Päbstlicher Sänger, sehr vertrauter Freund und Condiscipul des Pelestrina, auch gelehrter Componist und Contrapunctist, hat an. 1581 fünffstimmige Madrigalien zu Venedig durch den Druck publiciret. s. *Draud.* Bibl. Class. p. 1630. und *Antimo* Liberati Lettera. Nurgedachter Liberati meldet von dem Pelestrina und den beyden Nanini nachfolgendes: Non hebbe egli (Pelestrina) genio di far Schola, o non potendo per l' assiduo impiego della Compositione musica; mà s' uni, e si conformò con la Schola di *Gio. Maria Nanino*, suo Condiscepolo, & amico confidentissimo, valoroso quanto dotto Compositore, e Contrapuntista, ascritto per Cantore nella Capella Pontificia; di modo che in quella Schola compariva, & assisteva bene spesso il medesimo Pelestrina, come dignissimo Maestro principale, decidendo le differenze, & opinioni che nascevano tra' Scholari, o Professori diversi, che vi a bella posta frequentavano. I Scholari poi perfettionati, scielti, e diletti (trà i molti del detto *Gio. Maria Nanino*) fu primieramente *Bernardino* suo fratello minore, che riuscì di mirabile ingegno e diede maggior lume alla professione con la novita della sua vaghissima harmonia in ogni stile, e piena di grand' osservanza e dolcezza.

Nannini (*Livia*) la Polacchina genannt, eine Virtuose und berühmte Sängerin in Italien. s. *Amarantis* Frauenzimmer-Lexicon.

Nanterni (*Michel Angelo*) ein Sohn des folgenden, hat nicht allein die Composition wohl verstanden, sondern auch die Citharra vortrefflich tractiren können, und Madrigalien nebst Arien drucken lassen.

Nanterni (*Oratio*) der Vater des vorigen, war aus Mayland gebürtig, und daselbst an der Kirche di S. Celso viel Jahre Capellmeister, hat einige Wercke in Druck heraus gegeben. s. *Picinelli* Ateneo dei Letterati Milanesi, p. 435. woselbst noch folgendes von ihm gemeldet wird: il gran Milano puo vantarsi, d' aver prodotto Oratio Nanterni, nelle cose musicali raro, ed ammirato Componeva con sodo fondamento nell' arte, pasceva gli uditori, e gli ricreava con somma delicatezza, e non v'era alcuno, che l' ascoltasse, che non gli contribuisse le lodi. Und *Morigia nella Nobilta di Milano* (an. 1595 gedruckt) rühmet ihn p. 186 folgender gestalt: Oratio Nanterne e delicato Musico, & intelligente, e lodato. Woraus erhellet, daß er damahls müsse floriret, und noch gelebt haben.

Narduccius (*Benedictus*) ein Römischer Componist, von welchem *Kircherus* Musurg. lib. 7. c. 9. p. 675. berichtet: daß er ein Buch de piis lacrymis B. V. herausgegeben, und in selbigem sich des Styli metabolici gemeiniglich bedient habe.

Narvaez (*Ludovicus de*) ein Spanischer Musicus, hat an. 1530 zu Valladolid in 4to drucken lassen: Libros del Delfin de musica para tanner viguela, d. i. Bücher vom musicalischen Delphin, auf der Violin zu spielen.

Nascimbeni (*Steffano*) Capellmeister an der Hertzoglichen Kirche di S. Barbara zu Mantua, hat an. 1610 zwölffstimmige Concerti Ecclesiastici; und an. 1616 fünff- und sechsstimmige Motetten zu Venedig drucken lassen.

Nasco (*Giov.*) gab Lamentationes Jeremiæ, nebst einer Passion und Benedictus mit 4 Stimmen zu Venedig an. 1564 heraus. s. *Draud.* Bibl. Class. p. 1627.

Nassat, ist eine gedeckte *Quinta*, oder Orgel-Stimme, welche oben nur halb so weit, als unten ist. conf. *Nazard.* und *Diapente pileata.*

Nathusius (*Elias*) ein Magister Philosophiæ und Collegii B. Virg. Coll hat an an. 1652 den 21 Augusti zu Leipzig eine Disputation: de Musica Theoretica als Præses gehalten, sie machet 2 Bogen in 4to aus, und bestehet in diesen 3 Thesibus: (1. Musica dicitur ἀπὸ τῆς μύσις, inde latinum vocabulum Musa. (2. Et in hoc sensu vox Musicæ iterum vel abusivè sumitur pro humana & cœlesti seu mundana, vel proprie pro artificiali. (3. Musica theoretica est scientia differentias acutorum & gravium sonorum ratione perpendens.

Naturale [ital] Naturel [gall.] Naturalis [lat.] bedeutet (1. so viel als diatonisch. (2. physicalisch, wenn es von der Kehle des Menschen, als einem organo naturali gebraucht wird. (3. leicht, anmuthig, angenehm; item was ungezwungen ist, nicht zu hoch, noch zu tief, nicht zu geschwind, noch zu langsam gehet. (4. die Chordas essentiales eines Modi.

Navarra (*Vincentius*) ein Priester zu Palermo in Sicilien, gebohren daselbst den 3 May, an. 1666 hat an 1713 als ein Beneficiatus an der Ertz-Bischöflichen Kirche noch gelebt, und an. 1702 Brevem & accuratam totius Musicæ notitiam, bey Dominico Cortesio, in lateinischer Sprache zu Palermo in 4to drucken lassen. Er hat auch in Italiänischer Sprache: Le Tavole della Legge Numerica & Armonica, nelle quali si disvelano gli arcani piu reconditi del numero, e della Musica verfertiget, und zum Druck parat gehabt; allein, die an. 1710 den 16 Julii entstandene Feuers-Brunst hat dieses Werck, samt seinen gantzen Wohnhause verzehret; doch hat er selbiges wiederum vor die Hand nehmen, und ediren wollen. s. *Mongitoris* Biblioth. Sicul. T. II. p. 290. & sq.

Nauce, ein Frantzösischer Componist ums Jahr 679, dessen der Mercure Galant im Julius-Monat a. c gedencket, und ihn: un des excellens Maistres de Musique du Royaume nennet. p. 84.

Naudot, ein jetzo florirender Frantzösischer Flötenist, hat fünff Wercke von 2 und 3 Flutes in Paris herausgegeben. s. den an. 1729 daselbst in 4to gedruckten *Catal. general*. p. 6.

Nausea (*Fridericus*) der an 1550 verstorbene Theologiæ & Juris utriusque Doctor, und Bischoff zu Wien, Blancicampianus zubenahmt, aus Francken gebürtig, hat unter andern vielen Sachen,

die aber nicht alle gedruckt worden sind, auch eine Isagogen Musices geschrieben. s. das *comp.* Gelehrten-Lexicon, und *Gesneri* Biblioth. univers.

Nazard, oder Nasarde [gall.] organicus concentus n. siloquus [lat.] eine kleine Gemshorn-Quinta 1½ Fuß-Ton, von Prætorio Nasath genannt; ist ein Orgel-Register, so zu andern Stimmen gezogen, wegen seiner Kleine gleichsam nösselt, d. i. durch die Nase singet, und nieselt. s. *Furetier*e Dict. univers.

Neander (*Alexius*) Music-Director bey S. Kilian zu Würtzburg (Collegii Chilianei apud Herbipolenses Chori Musici Præfectus) hat drey Bücher oder Theile 4.5.6. - 2 stimmiger Motetten heraus gegeben, so an. 1605, und 1606 zu Franckfurth am Mayn in 4to sind gedruckt worden.

Neander (*Petrus*) wurde an. 1608 Cantor Figuralis zu Gera, woselbst er auch an. 1645 verstorben, wegen seiner Kunst κατ᾽ ἐξοχὴν, der *Componist*, und wegen seiner Statur der Lange genennet.

Nearchus, des Tyrannen zu Mitylene, Pittaci, Sohn, ein Citharœdus, hat durch Bestechung eines Priesters die im Tempel daselbst verwahrte Lyram des Orphei weggpracticiret, und eine andere davor substituiret, in Hoffnung, er werde auch so grosse Thaten, gleich jenem, damit ausrichten können: als er aber in gedachter Stadt nicht sicher genug zu seyn vermeynte, sich deswegen bey der Nacht ausserhalb retirirte, und daselbst durch den Klang dieses Instruments die Hunde aufweckte, ist er von ihnen zerrissen, und also in der Todes-Art, nicht aber in der Kunst, dem Orpheo ähnlich geworden. s. *Beyerlinckii* Theatr. Vitæ hum.

Νεάτη, ist die höchste Saite auf Instrumenten. νεάτη, novissima, extrema instrumenti musici chorda, quæ sonum acutum edit, & per Crasin dicitur νήτη. s. *Joh. Phil. Pfeifferi* Antiquit. Græc. Gentil. c. 64. p. 430.

Necessario, fœm. Necessaria [ital.] Necessaire [gall.] was man nicht entrathen kan, oder, ohne welches eine Sache nicht gantz wäre. Man findet dieses Wort offt mit den Nahmen der musicalischen Partien, so wohl vor die Sing- als Instrument-Stimmen, z. E. à doi Violini necessarii; Canto necessario, u. d g. gesetzet, und heisset alsdenn eben das, was
Con-

Concertante. In den Modis giebts auch gewiſſe chordas neceſſarias. ſ. Bruſſ. Dction.

Nechiloth, von Nechil, Examen Apum, ſoll, nach der Rabbinen Vorgeben, bey den Juden ein den ſchwärmenden Bienen ähnlicher Concentus, ſo auf einem hierzu bequehmen Inſtrumente heraus gebracht, und worein der 5te Pſalm Davids geſungen worden, geweſen ſeyn, und dem in der Römiſchen Kirche üblichen Tono Sexto correſpondirt haben. ſ. Bartoloccii Biblioth. Rabbinic. P. 2. f. 708. Weil aber der Radix dieſes Worts Chul oder Chalal iſt, welches durchlöchern heiſſet; iſt Nechiloth vermutblich ein Syſtema von verſchiedenen Pfeiffen geweſen.

Neghinoth, iſt der general-Nahme, welchen alle beſaitete Inſtrumente bey den Hebräern gehabt, von Naghan, Inſtrumentum muſicum pulſare, h. e. illius chordas digitis, aut plectro artificioſe movere.

Negri (*Giuſeppe*) ein Veroneſer, und Chur-Cölniſcher Cammer-Muſicus, hat an. 1622 Madrigalien und Arien in Venedig heraus gehen laſſen.

Negri (*Marco Antonio*) ein Veroneſer, hat an. 1613 ein Werck von 7ſtimmigen Pſalmen zu Venedig drucken laſſen.

Neidhardt (Johann George) ein Schleſier, von Bernſtadt, einer am Fluß Weyda im Fürſtenthum Oels liegenden Stadt, gebürtig, gab als ein Studioſus Theologiæ an. 1706 ſeine aus 14 Bogen beſtehende Temperatur des Monochordi zu Jena in 4to heraus; wurde nach der Zeit Königl. Preußiſcher Capellmeiſter zu Königsberg, und publicirte an. 1724 daſelbſt in 4to Sectionem Canonis Harmonici, zur völligen Richtigkeit der Generum modulandi, in 6¼ Bogen. Daß bey ſeiner Einführung Hr. D. von Sanden eine beſondere Predigt gehalten, ſo gedruckt worden, lieſet man in des Hrn. Capellmeiſter Mattheſons Muſical. Patrioten, in der erſten Betrachtung, p. 13.

Nekabhim, eine Jüdiſche Pfeiffe, deren Ezechiel c. 28. v. 13. gedencket, und davon die Abbildung in Prinzens Muſica Hiſtorica. c. 3. Iconiſmo III. beym Buchſtaben H zu ſehen iſt.

Nel', nella, pl. nelle [*ital*] dans le, dans la, dans les [*gall*.] in oder auf. z. E. nell' Organo [*ital*.] dans l'Orgue, oder fur l'Orgue, in oder auf der Orgel.

Nembrio (*Damiano*) D. ein Caſſinenſiſcher Mönch von Leſina, einer auf dem Golfo di Venetia gegen die Küſten von Dalmatien, in der Inſul gleiches Nahmens liegenden Stadt, gebürtig (Pharenſis,) hat an. 1640 drey und achtſtimmige Miſſen zu Venedig heraus gegeben.

Nemorarius (*Jordanus*) ein Mathematicus, florirte ums Jahr 700, und ſchrieb eine Arithmeticam in 10 Büchern, eine Muſicam, wie auch ein Epitomen in Arithmet. Boëthii &c. ſo an. 1503 zu Paris in folio gedruckt worden. ſ. das comp. Gelehrten-Lexicon; und Lipenii Bibl. Philoſ.

Nepos, ein Biſchoff in Egypten, hat ums Jahr 260, in der daſigen Chriſtlichen Kirche die Pſalmen choraliter zu ſingen eingeführet, und die Melodien dazu gemacht. ſ. Prinzens Muſ. Hiſtor. c. 8. §. 21.

Neri (*Maſſimiliano*) Organiſt bey S. Marco zu Venedig, hat Sonate e Canzoni à 4 Stromenti da Chieſa e da Camera, con alcune Correnti, als das erſte Werck, daſelbſt ediret Das zweyte Werck beſtehet aus 3 bis 12 ſtimmigen Sonaten.

Nerini (*Bianca*) eine Sängerin in der Breslauiſchen Oper an. 1727. ſ. den Muſical. Patrioten, in der 43 Betrachtung, p. 348.

Nero, der Römiſche Kayſer, hat nicht allein in ſeiner Jugend die Muſic erlernet, ſondern ſelbige auch nachgehends bey angetretener Regierung (ſo an. Chriſti 55 erfolget) öffentlich und über die Gebühr getrieben, ja gar die Lyram auf die Müntzen, und auf den Statuen ſich in habitu cithar œdico vorſtellen laſſen.

Neron, ein verſtorbener Frantzöſiſcher Componiſt hat 3 Cantaten-Wercke ediret, als: le premier livre; les Charmes de la Voix; und le Papillon. ſ. Boivins Catalogue general des Livres de Muſique pour l'année 1729, p. 10.

Neronia, waren Schauſpiele, welche Kayſer Nero, ſich ſelbſt zu Ehren, alle fünff Jahr angeſtellet. Man hatte in ſolchen breyerley Exercitia, nemlich in der Muſic und Poeterey, im Ringen und Fahren. ſ. Schöttgens Antiquitäten-Lex.

Nervi [*lat.*] νευροι [*gr.*] it. nervium, pl. nervia, und nervia, pl. nerviæ [*lat*] Saiten auf Inſtrumenten. Die alten Muſici

Musici haben auch die Claves, Nervos zu nennen pflegen. f. *Martinii* Lex. Philolog. und *Glareani* Dodecach. lib. I. c. 2.

Nervius (*Leonardus*) ein Capuciner-Mönch: von dessen Arbeit an. 1610 zehn 4. 5. 6 und 7stimmige Missen; und an. 1623 Cantiones Sacræ, nebst Litaneyen de B M. Virgine von 8 Stimmen, zu Antwerpen gedruckt worden. f. *Draud.* Bibl. Class. p 1618 und 1635.

Nete, hiervon ist bereits unter dem Articul: *νεάτη* Meldung geschehen; hier aber noch anzumercken: daß solche Saite Amphion vor dem einen Thore der Stadt Theben soll erfunden, und auf seine Citharam gezogen haben, wovon nurgedachtes Stadt-Thor nachgehends Neitis genennet worden. f *Pausa* in Bœoticis, f. lib 9. Er setzet aber gleich hinzu: wie er einsten gehöret, daß ermeldten Amphionis Bruders-Sohn *Neis* geheissen, und daß von diesem erwehntes Thor seinen Nahmen bekommen habe. In Ansehung nun des erstern Vorgebens, möchte dieser aus *νεάτη* in Nete contrahirte terminus wohl so viel als *novissimam* sc. chordam, oder die neueste Saite bedeuten. Dem sey aber wie ihm wolle, so ist doch dieses gewiß: daß er im Tetrachordo Diazeugmenon, Hyperbolæon, und Synemmenon die letzte und höchste und klärste Saite, oder, nach jetziger Einrichtung, das ē, ā, und d̄ bemercket hat.

Nette (**Johann**) Königl. Preuß. Hof-Orgelmacher in Berlin, hat das an. 1704 reparirte Grüningische Orgel = Werck durchgangen, und den Renovatorem desselben, Hrn. Christoph Contium, in allen Stücken loß gesprochen. f. Werckmeisters Org. Gruning. rediv. §. 75.

Neubauer (**Frantz**) war an. 1721 unter den 6 Kayserl. Hof=Organisten der vierdte; an. 1727 aber hatte er noch vicre unter sich.

Neue (*de*) ein Pater dessen livre premier des Chansons Musicales von 5 und 6 Stimmen zu Middelburg in 4to gedruckt worden. f. *Draud.* p 1613.

Neuf quatre [*gall.*] Neun=Viertel=Tact; Neuf huit, Neun=Achtel=Tact; Neuf seize Neun Sechzehentel=Tact. f. *Louie* Elements de Musique, p. 42.

Neufville (*J. av. Jacob de*) eines Frantzösischen Kauffmanns=Sohn, war an 1705 Organist in einer Vorstadt zu Nürnberg,

gab an. 1710 das Honig=Opffer auf andächtigen Lippen trieffend, oder den allersüssesten Nahmen JEsus, in 4 Denck=Sprüchen, daselbst in Druck heraus; reisete in Italien, woselbst er zu Venedig lateinische Enconiia, als: Sit nomen Domini benedictum; Non est similis tui Domine; Beatus vir, cujus est nomen Domini spes ejus; und Confitemini Domino quoniam excelsum nomen ejus, a Voce sola 3 stromenti e Continuo drucken lassen. Man hat auch 6 variirte Arien aufs Clavier von ihm. Daß er an. 1684 den 5 Octob. in Nürnberg gebohren worden, daselbst so wohl das Clavier=Spielen als die Composition von Hrn Pachelbeln erlernet, an. 1707 im November eine Reise nach Italien gethan, über Grätz und Wien in dem April an. 1709 retourniret, und an. 1712 den 4ten Augusti im ledigen Stande gestorben sey; dessen berichtet uns die Historische Nachricht von den Nürnbergischen Künstlern des Hrn Doppelmayrs. p. 263. sq

Neuma [*lat.*] Neume [*gall*] das lateinische Wort kommt mehr in genere fœminino, *neuma, æ,* als in genere neutro, *neuma, atis,* vor, und bedeutet, nach einigen, (1. denjenigen Gesang, welcher in der Römischen Kirche, zu gewissen Zeiten, nach dem Alleluja pflegte gesungen zu werden. (2. Das Aushalten am Ende einer Antiphonæ, um dem Choristen Zeit zu geben, daß er eine andere umher ansagen, und der Chor inzwischen nicht stille seyn möge: welches alsdenn *neumatizare* heisset. (3 eine Musicalische Note; und *neumare,* so viel, als Noten über einen Text oder Wort setzen. f. *du Cange* Glossar. und *Menage* Dictionaire Etymologique. conf. *Joan. Bonæ* Divin. Psalmod c. 17. §. IV. n. 9. welcher über die angeführte erste Bedeutung folgende Erklährung daselbst giebt, wenn er schreibet: ut ipse vero cantus supernæ patriæ lætitiam indicet, aliquando sine voce longum edit sonum jubilationis pluribus notis sub una syllaba descriptis, quod maxime fit voce *Alleluja.* Illi enim, qui cantant, ait Augustinus (in Psalm. 32 Conc. 1.) cum cœperint in verbis Canticorum exultare lætitia, veluti impleti tanta lætitia, ut eam verbis explicare non possint, avertunt se a syllabis verborum, & eunt in sonum jubilationis. Jubilus sonus quidam est significans cor parturire, quod dicere non potest.

Und

und Casp. *Calvör* de Musica, c. 4. §. 1. p. 38. allwo man folgendes lieset: *Gregorius* [sc. Magnus] Halleluja cum *Neumatibus* græco sine dubio ritu instituit. Est autem νεῦμα [à νεύμαι aut νέομαι, eo, redeo, nato, propterea, quod eant, redeant iterum natentque undulentve quasi soni] cantus artificialis species, quâ syllabæ prolixo ac vario tractu flectuntur ac circumaguntur (Musici coleraturas vocant) & hoc cumprimis in fine vocis Halleluja, ad notandam cœlicolarum æternam ac ineffabilem jucunditatem; aus des *Gregorii* eben Buche, Epist. 64. genommen. s. *Mattbesonii* Crit. Mus. T. 2. p. 14.

Neumann (Martin) hat 5stimmige Missen heraus gegeben, s. *Parst* Catal. p. 5.

Neumarck (Georg) der an. 1621 den 16. Mertz zu Mühlhausen gebohrne, allhier in Weimar aber als Bibliothecarius und Registrator (so nennet er sich selbst; oder, wie Hr. J. C. Wetzel in seiner Lieder-Historie, P. 2. p. 220 setzet: als F. S. Geheimber Archiv-Secretarius) gestandene Comes Palatinus, und berühmte Poet, in der Fruchtbringenden Gesellschafft der Sprossende genannt, welcher an. 1681 den 8 Julii im 61 Jahre seines Alters verstorben, ist auch in der Musicalischen Composition nicht unerfahren gewesen, wie solches die in seinem an. 1657 zu Jena in 8vo gedruckten Fortgepflantzten Musicalisch-Poetischen Lust-Walde befindliche, und so wohl auf Instrumente als Sing-Stimmen gesetzte Melodien ausweisen.

Neusiedler (Hanß) ein Lautenist und Lautenmacher, lebte an. 1547 zu Nürnberg, und ließ sich trefflich angelegen seyn, die vorhero in der grösten Unvollkommenheit gesteckte Laute zu verbessern; s. Barons Untersuchung des Instruments der Laute, p. 56. *Gesnerus* lib. 7. Partit. univers. tit. 7. gedencket eines von ihm verfertigten, und aus 2 Theilen bestehenden Lauten-Buchs. Daß er den Jan. an. 1563 gestorben sey, hat Hr Prof Doppelmayr in seiner Hister. Nachricht von den Nürnbergischen Künstlern p. 200 angemercket.

Neusiedler (Melchior) ein Lautenist zu Augspurg ums Jahr 1574, hat 2 Lauten-Bücher in Italiänischer, und noch eins in Teutscher Tabulatur in folio heraus gegeben. *idem ibid.* p. 59 & sqq. Daß

er ein Nürnberger gewesen, und daselbst ums Jahr 1590 gestorben sey; solches lieset man in der Hist Nachricht von den Nürnbergischen Künstlern des Hrn. Profess. Doppelmayrs, p. 207.

Nicarchus, ein berühmter Pfeiffer zu Athen, wider welchen *Lysias* eine Oration geschrieben. s. *Meursii* Bibliot. Attic. lib. 3.

Nicasius (*Claud.*) oder Nicaise, ein Frantzösischer Abt, von Dijon gebürtig, welcher an. 1702 verstorben, s. das *comp.* Gelehrten-Lexicon, hat unter ander 1 auch eine Dissertation; *de Veterum Musica* geschrieben, so aber noch nicht gedruckt worden ist. s. *Novell.* Reipubl. liter. an 1703 mens. Oct. p. 370.

Nicholson (*Richard*) ein an dem Collegio Magdalenensi zu Oxford damahls stehender Organist, und Baccalaureus Artis Musicæ, wurde an. 1726 zum ersten Professore Praxeos Musicæ bey der dasigen Universität vom Stiffter, D. Guil. Heythero, verordnet, und starb an. 1639. s. Ant. *à Wood* Hist. & Antiq. Univers. Oxoniensis. lib. 2. p. 44.

Nicolai (*Elias*) gab Tabulaturam heraus, so an. 1571 zu Leipzig, und an. 1583 zu Nürnberg gedruckt worden, s. *Draud.* Bibl. Class. p 651.

Nicolai (*Joh Michael*) ein Hof-Musicus zu Stuttgardt, hat an. 1675 den zweyten Theil seiner aus 24 Capricci von 4 Violen und G. B. bestehenden Instrumental-Sachen zu Augspurg drucken lassen. Der erste Theil, so aus 12 Sonaten von 2 Violinen und 1 Violadagamba, oder theils 1 Fagott bestehet, ist gleichfalls daselbst an 1675 in folio oblongo heraus gekommen.

Nicolaus, ein Augustiner-Mönch von Verona gebürtig, und daher Veronensis zubenahmt, welcher an. 1514 den 28 Nov. im 46 Jahre seines Alters zu Chiozza (at Fossa Clodia genannt) einer in der Insul gleiches Nahmens auf der Laguna von Venedig liegenden Stadt gestorben ist, hat verschiedene Cantiones heraus gegeben. s. *Possev.* T. II. Apparat. Sacr. Nach *Elssii* Bericht in Encomiastico Augustiniano, ist er so wohl zu Bologna und Verona erstl. Prior, als nachgehends Vice-Præpositus Generalis gewesen, und am letzten Orte in S. Euphemiæ Closter begraben worden. NB. Laguna ist das zwischen Venedig und dem

und Casp. *Calvör* de Musica, c. 4. §. 1. p. 38. allwo man folgendes lieset: *Gregorius* [sc. Magnus] Halleluja cum *Neumatibus* græco sine dubio ritu instituit. Est autem νεῦμα [à νεύμοῃ aut νέομοῃ, eo, redeo, nato, propterea, quod eant, redeant iterum natentque undulentve quasi soni] cantus artificialis species, quâ syllabæ prolixo ac vario tractu flectuntur ac circumaguntur (Musici coleraturas vocant) & hoc cumprimis in fine vocis Halleluja, ad notandam cœlicolarum æternam ac ineflabilem jucunditatem; aus des *Gregorii* 7ben Buche, Epist. 64. genommen. s. *Matthesonii* Crit. Mus. T. 2. p. 14.

Neumann (Martin) hat 5stimmige Missen heraus gegeben, s. *Parst* Catal. p. 5.

Neumarck (Georg) der an. 1621 den 16. Mertz zu Mühlhausen gebohrne, allhier in Weimar aber als Bibliothecarius und Registrator (so nennet er sich selbst; oder, wie Hr. J. C. Wetzel in seiner Lieder-Historie, P. 2. p. 220 setzet: als F. S. Geheimder Archiv-Secretarius) gestandene Comes Palatinus, und berühmte Poet, in der Fruchtbringenden Gesellschafft der Sprossende genannt, welcher an. 1681 den 8 Julii im 61 Jahre seines Alters verstorben, ist auch in der Musicalischen Composition nicht unerfahren gewesen, wie solches die in seinem an. 1657 zu Jena in 8vo gedruckte Fortgepflanzten Musicalisch-Poetischen Lust-Walde befindliche, und so wohl auf Instrumente als Sing-Stimmen gesetzte Melodien ausweisen.

Neusiedler (Hanß) ein Lautenist und Lautenmacher, lebte an. 1547 zu Nürnberg, und ließ sich trefflich angelegen seyn, die vorhero in der größten Unvollkommenheit gesteckte Laute zu verbessern; s. Barons Untersuchung des Instruments der Laute, p. 56. *Gesneus* lib. 7. Partit. univers. tit. 7. gedencket eines von ihm verfertigten, und aus 2 Theilen bestehenden Lauten-Buchs. Daß er den Jan. an. 1563 gestorben sey, hat Hr Prof Doppelmayr in seiner Hister. Nachricht von den Nürnbergischen Künstlern p. 200 angemercket.

Neusiedler (Melchior) ein Lautenist zu Augspurg ums Jahr 1574, hat 2 Lauten-Bücher in Italiänischer, und noch eins in Teutscher Tabulatur in folio heraus gegeben. *idem ibid.* p. 59 & sqq. Daß

er ein Nürnberger gewesen, und daselbst ums Jahr 1590 gestorben sey; solches lieset man in der Hist Nachricht von den Nürnbergischen Künstlern des Hrn. Profess. Doppelmayrs, p. 207.

Nicarchus, ein berühmter Pfeiffer zu Athen, wider welchen *Lysias* eine Oration geschrieben. s. *Meursii* Bibliot. Attic. lib. 3.

Nicasius (*Claud.*) oder Nicaise, ein Frantzösischer Abt, von Dijon gebürtig, welcher an. 1702 verstorben, s. das *comp.* Gelehrten-Lexicon, hat unter andern auch eine Dissertation; *de Veterum Musica* geschrieben, so aber noch nicht gedruckt worden ist. s. *Novell.* Reipubl. liter. an 1703 mens. Oct. p. 370.

Nicholson (*Richard*) ein an dem Collegio Magdalenensi zu Oxford damahls stehender Organist, und Baccalaureus Artis Musicæ, wurde an 1726 zum ersten Professore Praxeos Musicæ bey der basigen Universität vom Stiffter, D. Guil. Heythero, verordnet, und starb an. 1639. s. Ant. *à Wood* Hist. & Antiq. Univers. Oxoniensis. lib. 2. p. 44.

Nicolai (*Elias*) gab Tabulaturam heraus, so an. 1571 zu Leipzig, und an. 1583 zu Nürnberg gedruckt worden, s. *Draud*. Bibl. Class. p 651.

Nicolai (*Joh Michael*) ein Hof-Musicus zu Stuttgardt, hat an. 1675 den zweyten Theil seiner aus 24 Capricci von 4 Violen und G. B. bestehenden Instrumental-Sachen zu Augspurg drucken lassen. Der erste Theil, so aus 12 Sonaten von 2 Violinen und 1 Violadagamba, oder theils 1 Fagott bestehet, ist gleichfalls daselbst an 1675 in folio oblongo heraus gekommen.

Nicolaus, ein Augustiner-Mönch von Verona gebürtig, und daher Veronensis zubenahmt, welcher an. 1514 den 28 Nov. im 46 Jahre seines Alters zu Chiozza (at Fossa Clodia genannt) einer in der Insul gleiches Nahmens auf der Laguna von Venedig liegenden Stadt gestorben ist, hat verschiedene Cantiones heraus gegeben. s. *Possev.* T. II. Apparat. Sacr. Nach *Elssii* Bericht in Encomiastico Augustiniano, ist er so wohl zu Bologna und Verona erstl. Prior, als nachgehends Vice-Præpositus Generalis gewesen, und am letztern Orte in S. Euphemiæ Closter begraben worden. NB. Laguna ist das zwischen Venedig und dem

442 NIC. NIE. NIE.

dem festen Lande besindliche Meer, oder vielmehr der durchs Meer überschwemte Morast. s. des Hrn. Hof-Raths Nemeitzens Nachlese besonderer Nachrichten von Italien, c. 1. p. 20.

Nicoletti (*Filippi*) ein von Ferrara gebürtiger Priester, ist eine geraume Zeit zu Rom Capellmeister, an. 1620 noch am Leben gewesen, und hat viele Madrigalien und Kirchen-Sachen heraus gegeben, s. *Superbi* Apparato degli Huomini illustri della Cità di Ferrara, pag. 133.

Nicolini, der vornehmste Castrat zu Rom, welcher die an. 1721 daselbst von *Sign. Porpora* componirte Opera, *Comene* genannt, so auf dem Theatre von Alibert aufgeführet worden, merveilleux gemacht. s. des Hrn. Hof-Rath Nemeitzens Nachlese bes. Nachrichten von Italien, p. 227.

Nicolinus (*Bartholomæus*) ein Päbstl. Musicus und Bassist zu *Kircheri* Zeiten. s. dessen *Musurg.* p. 598.

Nicolo, ist bey dem Prætorio T. 2. Synt. p. 36. ein blasendes Tenor-Instrument, nicht tieffer als ins C gehend.

Nicomachus, ein Pythagorischer Philosophus ums Jahr Christi 60. von Gerasa, einer Stadt in Arabien gebürtig, daher er auch insgemein Gerasenus genennet wird. s. Hederichs Notit. Auctor. p. 449. hat unter andern auch ein Enchiridion Harmonices in Griechischer Sprache geschrieben. Es bestehet aus 2 Büchern, welche samt des *Meibomii* lateinischer Version 5 Bogen ausmachen; die Anmerckungen darüber betragen auch fast 2½ Bogen in 4to.

Nicopheles, hat die Athenam, eine gewisse und der Minerva gewiedmete Pfeiffen-Art erfunden. s. *Raph. Volater.* Comment. Urb. lib. 35. Es heisset aber die Minerva selbst auch Αϑηνᾶ oder Athena.

Nicostratus, ein Citharist, von welchem Ælianus lib. 4. c. 2. Var. Hist. erzehlet, daß er zum Laodoco, einem Citharœdo, welcher mit ihm in der Kunst certiret, gesprochen: Laodocus wäre in einer grossen Kunst klein; er aber in einer kleinen Kunst groß.

Niedt (*Friedrich Erhardt*) dem Vernehmen nach, ein Thüringer, hat an. 1708 das Musicalische ABC zu Hamburg in 4to; und den Teutschen Frantzosen, aus 6 Suiten bestehend, zu Coppenhagen in folio ediret. Der *musicalischen* Handleitung ıster Theil, vom G. B. handelnd, ist an. 1710 in 4to oblongo von 8¼ Bogen zu Hamburg heraus gekommen; diesem ist gefolget der 2te Theil, welchen der Herr Capellmeister *Matthefon* an. 1721 vermehrter und verbessert, nebst vielen Anmerckungen, und einem Anhang von mehr als 60 Orgel-Dispositionibus, à 26½ Bogen zum zweyten mahle heraus gegeben hat. Es wird darinn von der Variation des G. B. samt einer Anweisung, wie man aus einem schlechten General-Bass allerley Sachen, als Præludia, Ciaconen, Allemanden, &c. erfinden könne, gehandelt. Der 3te Theil ist gleichfalls zu Hamburg an. 1717 als ein Opus posthumum, vom Contrapunct, Canon, Motetten, Choral, Recitativ, Stylo und Cavaten handelnd, nebst *Veritophili* deutlichen Beweißgründen, worauf der rechte Gebrauch der Music, beydes in der Kirchen und außer denselben beruhet, und *Matthefonii* Vorrede, in 4to oblongo gedruckt worden. Dieser 3te und letzte Theil an sich selbst bestehet aus 9, und des Veritophili [so ein Nomen fictum] Tractat aus 10 Bogen.

Niedt (*Nicolaus*) Stadt-Organist zu Sondershausen, gab an. 1698 die *musicalische* Sonn- und Festags-Lust, von 5 Vocal- und eben so viel Instrumental-Stimmen gesetzt, daselbst in folio heraus. In solcher ist durchs gantze Jahr erstlich ein Concert-weise gesetzter biblischer Spruch, so dann eine mit 2 Cänien und Baß gesetzte Aria, welche mit einem Chor schlüsset, befindlich.

Nicrop (*Dyrck Rembrantz van*) ein Liebhaber der mathematischen Künste, hat an. 1659 unter folgendem Titul: Wis. Konstinge Musyka, vertoonende de oorsaecke van't geluyt, de redens der zanghtoonen telkonstigh uytgereeckent, ende het maken en stellen der Speeltuygen. Als mede van den ouden Musijck, en verscheyden gevoelens der selfder: zynde alles seer gediensigh en vermakelick voor Musikanten, Organisten, of andere Instrument-Speelders, einen aus 4 Theilen, und zusammen aus 36 gantz kurtzen Capiteln bestehenden Music-Tractat von 5½ Bogen in 8vo drucken

cken laſſen. Obiger Titul möchte auf Teutſch ohngefehr ſo lauten: Mathematiſche Muſic, die Urſache des Klanges, die Verhältniſſe der Muſic-Töne durch Zahlen ausgerechnet, das Machen und Stimmen der Inſtrumente vorſtellende. Ingleichen von der alten Muſic, und verſchiedene Gedancken drüber, ſo alles ſehr dienlich und plaiſirlich iſt den Muſicis, Organiſten, oder andern Inſtrumentiſten

Nieſe (Conrad) Organiſt zu Weiſſenſee, einem Thüringiſchen Städtgen, hat die Sonntags-Evangelia durchs gantze Jahr muſicaliſch ediret

Niletus, ein Pfeiffer, deſſen *Propertius* lib. 4. eleg 9. gedencket.

Nilio (*Giorgio*) von Monaco gebürtig, war an. 1655 an der Capelle Kayſers Ferdinandi III. ein Baſſiſt. *Bucelinus.*

Nitſchius (*Petrus*) hat an. 1543 vierſtimmige teutſche Lieder des Morgens und Abends, ingleichen vor und nach dem Eſſen zu ſingen, in Leipzig herausgegeben. ſ. *Geſneri* Biblioth. univerſ. *Draudus* erwehnet p. 1018 einer zu Leipzig in 4to herausgekomenen lateiniſchen und teutſchen Edition.

Nivers ein Königl. Frantzöſiſcher Organiſt bey der Capelle, welcher an. 1678 nebſt noch drey andern, an ſtatt des verſtorbenen Mr. de la Barre, zugleich angenommen worden, und das letzte Quartal im Jahr zu beſorgen hatte. ſ. den *Mercure Galant a. c. p.* 125. im Monat *Junio*, gab an. 1683 eine Diſſertation ſur le Chant Gregorien, zu Paris in 8vo heraus. ſ. die *Biblioth. Tellerianam*, ſ. 382. ferner einen Traité de la Compoſition de Muſique, welcher auch zu Amſterdam an. 1697 gedruckt bey Roger in 8vo zu haben iſt. Auf ſolchem wird er als Componiſt und Organiſt an der Kirche des H. Sulpice zu Paris genennet. Er beſtehet aus 3 Theilen, welche zuſammen, ſammt der Holländiſchen von Etienne Roger verfertigten, und dabey gedruckten Uberſetzung, 12 und einen halben Bogen betragen. Des erſten Theils cap. 1. handelt: de la Muſique; c. 2. du Son; c. 3. du Ton, & Semiton; c. 4. des Intervalles; und c. 5. de la diverſe Compoſition des Intervalles. Des zweyten Theils cap. 1. handelt: du Sujet; c. 2. des Modes ou Tons; c. 3 des Parties; c. 4. des mauvais progrez & des fauſſes Relations;

c. 5. des Cadences; und c. 6. de l' ordre de la Compoſition. Und des dritten Theils cap. 1. handelt: du Contrepoint ſimple; c. 2. du Contrepoint figuré; c. 3. de la Compoſition à 3. 4. 5. & 6 Parties; und das letzte cap. des Fugues. Der Uberſetzer hat dieſes Werckgen einem Kauffmanne in Amſterdam, Nahmens Abraham Maubach, zugeſchrieben; und dieſer hat jenen mit einem Holländiſchen Carmine gratulatorio beehret. In dem an. 729 zu Paris in 4to gedruckten Catalogue general ſtehet p. 4. le premier livre des Motets, und pag. 9. le premier livre des Piéces d' Orgue angeführet.

Nizo, ein ehemahliger Benedictiner-Mönch in S. Laurentii-Cloſter zu Lüttich, hat, nebſt einem Tratätgen, von den Thaten, Wundern und Tode Frederici, Biſchoffs zu Lüttich, auch Melodien von den Märtyrern, Johanne, Paulo, Nazario und Celſo herausgegeben. ſ. *Reineri* Tractat: de claris Scriptoribus vorgedachten Cloſters, lib. 1. c. 17.

Nobenus [*Ægidius Paesmans*] gebohren zu Haſſelt im Stifft Lüttich an. 1541 den 15. Aug. legte ſich anfänglich auf die Muſic, brachte es darinnen ſehr weit, ließ ſich zu Wien vor Kayſer Carolo V. hören, und durchreiſete Teutſchland, Böhmen, Schleſien, Ungarn und Spanien. Wurde hierauf Theologiæ Doctor zu Löven, und verſchiedenen Orten Pfarrer; trat endlich an 1615 in den Franciſcaner-Orden, hielt an. 1621 den 15 Junii das Jubilæum ſeines 50 jährigen Prieſter-Amts, und ſtarb an. 1623. ſ. das *compend* Gelehrten-*Lexicor.*, und *Swvertii* Athenas Belgicas, allwo gemeldet wird: daß er an. 1626 noch gelebet habe.

Noblet, ein Frantzöſiſcher Sänger, deſſen die *Hiſtoire de la Muſique*, T. 3. p. 73. gedencket.

Nocetti (*Flaminio*) hat 8ſtimmige Miſſen durch den Druck publiciret. ſ. *Parſtorff.* Catal p. 1.

Noël. Pour le jour de Noël, alſo nennet man insgemein im Frantzöſiſchen gewiſſe Lieder, ſo zu Ehren der Geburt unſers HErrn JEſu Chriſti, über Vaux de Villes, oder gemeine Arien, welche jederman bekannt ſind, geſungen werden. ſ. *Broſſ.* Diction. p. 300.

Noema, heiſſet in *Joach. Thuringi* Opuſculo

sculo Bipartito, P. 2. c. 18. so viel, als collectio nudarum concordantiarum una vice suavissime in Motettis prolata, d i. ein solcher Satz, worinn lauter Consonanzen auf einmahl gehört und hervor gebracht werden.

Noir, m. noire, f. [*gall.*] schwartz, die schwartze. Z. E. noire sans queuë, eine Viertel=Note; ♩ ; noire à queuë, eine Achtel-Note, ♪ ; noire pointée, ein Viertel mit einem Punct, ♩· ; noire quarrée oder lozangée, eine vierecfigt-geschwärtzte Note, ■ ◆ ; noire syncopée, coupée, eine sich ruckende, oder wieder den Tact gehende Viertel=Note.

Nola [*lat.*] ein Glöckgen, eine Schelle.

Nomi citharœdici [*lat.*] νόμοι κιθαρῳδικοί [*gr.*] sollen vom Apolline ihren Ursprung her haben: denn man hält davor, er habe den unbändigen Leuten Lebens = Regeln oder Gesetze vorgeschrieben, selbige in Melodien gebracht, und in die Lyram gesungen, damit sie solche leichter fassen, und durch die Lieblichkeit der Melodie sich desto eher guberniren lassen möchten. Und daher sey es gekommen, daß nachgehends dergleichen Gesetze *Leges cithar œ licæ* genennet worden. Daß nach der Zeit *Terpander* diesen Nomis citharœdicis gewisse Nahmen beygeleget, und den einen Nomum Bæotium, einen andern Nomum Æolium, Trochæum, Acutum, Cepionem, Terpandrium und Tetraœdium genennet habe, ist bey dem *Plutarcho* de Musica, zu lesen. Was es aber so wol mit jetztgenannten, als mit den Nomis tibicinum, vor eine Bewandnis eigentlich gehabt habe, überlasse den Gelehrten. Wie *Bulengerus* lib. 2. de Theatro, cap. 28. & 42. beyderley Gattungen abhandelt, scheinet das Wort νόμος hauptsächlich zweyerley zu bedeuten, als (1. ein gewisses *pensum*; wie aus *Suetonii* Worten c. 20. Nero non ante cantare aestitit, quam *inchoatum nomon* absolveret; i. e. partem cantici, quam ille proprie cantaturus erat, f. *Perizonii* Anmerckung über diesen locum; und aus des *Pollucis* Onomastico, lib. 4. c. 8. Segm. 66. woselbst die Partes eines Nomi citharœdici (nach des *Terpan-*

dri Eintheilung) folgende sind, nemlich Præludia [ἔπαρχα], Initia [ἐπαρχᾶα], Metarcha [μέταρχα], Fugæ [κατάτροπα], Inflexiones [μετακατέροτα], Medium [ὀμφαλός], Sigillum [σφραγίς], und Epilogus [ἐπίλογος], erhellet. (2 Die Grentzen oder Schrancken einer Melodie in jedem Genere musico, und deren Rhythmum, Und hierauf dörffte wol das meiste ankommen. Diese letztere Bedeutung ist unter andern auch *Lælio Biscioli* am wahrscheinlichsten vorkommen, wenn er lib. 6. c. 6. Horar. Subcisiv. T. 1. folgendes schreibet: Probabilior mihi videtur illa, quam literis consignavit libro de Musica Plutarchus, ob certam modulationis, soni videlicet & cantus legem ac normam, cui adstricta erat, certum carminis genus ita nominatum, imo, varium ac diversum, ut mox constabit: Legem enim νόμος significat. Neque enim, ut nunc licebat citharæ modulos instituere, nec vero concentus, rhythmosque transferre: in ipsis namque regulis & legibus, cuique suam conservabant tensionem, ex quo & rei nomen inditum, scilicet, ut νόμοι, i. e. leges dicerentur: neque enim fas erat transgredi, quasi lege præscriptam cujusque propriam tensionem, seu tensionis formam: deinde subjicit explicatiorem nominis rationem: ex quo perspicuum a sono & cantu ad ipsa mele, ad quæ sonus fiebat, & quæ canebantur, denominationem traductam.

Non, eine Italiänische Negation, so offt durch Nò abbreviret wird. Man findet sie offt beym Adverbio: troppo, und beyde zusammen noch bey andern Adverbiis, so den Tact bemercken, um den Nachdruck ihrer Bedeutung zu verringern, gesetzet. Z. E. non troppo presto, nicht gar zu geschwind; non troppo adagio, nicht allzu langsam.

Nona, ist das Fœmininum vom Adjectivo Nono [*ital.*] Neuviéme [*gall.*] wird Substantive gebraucht, und bedeutet: die um eine Octav erhöhete Secund. Bey dem Wort Opera gesetzt, bleibet es ein Adjectivum, und heisset: das neunte Werck.

Non-Papa [*Clemens*] oder Jacob Clemens Non-Papa, ein Niederländer, und Käyser Carolo V. höchst angenehmer Com-

NOT. **NOT.** 445

Componist, hat an. 1567 sieben Bücher 4stimmiger Cantionum sacrarum oder Moretten in 4to; und an. 1580 eine Missam defunctorum zu Löven in folio regali drucken lassen. s. *Draud.* Bibl. Class. p. 1034. und 1637. und *Suvertii* Athen. Belgic.

Nonupla [*ital.*] **Nonuple** [*gall.*] oder Mesure a neuf tems, ist ein Tripel-Tact von dreyerley Gattung, als Nonupla di Semiminime, oder $\frac{9}{4}$ Tact; Nonupla di Crome, $\frac{9}{8}$ Tact; und Nonupla di Semicrome, oder $\frac{9}{16}$ Tact.

Noort (*van*) ist an der Alten Kirche zu Amsterdam Organist gewesen. Von seiner Arbeit ist daselbst bey Roger gravirt worden: Mélange Italien ou Sonates à une Flûte ou Violon, & une Basse Continuë.

Nota, pl. **Note** [*ital.*] **Notte,** pl. **Nottes** [*gall.*] Nota, pl. Notæ (*lat.*) bedeutet überhaupt alle in der Music vorkommende Zeichen; insonderheit aber und per Antonomasiam diejenigen, welche die Klänge und deren Geltung anzeigen. Die alten Griechen brauchten hierzu die Buchstaben aus ihrem Alphabet, entweder gerade stehend, oder umgekehrt, oder zur lincken Hand gehend, ꝛc. wie solche beym *Alypio* zu sehen und anzutreffen sind. Den Griechen folgeten von Zeiten des *Boëthii* die Lateiner nach, und brauchten gleichfalls die ersten 15 Buchstaben ihres Alphabets; hernach setzte Pabst Gregorius solche, biß auf die 7 ersten, herunter. Im 11ten Seculo applicirte man solche auf eben so viel Linien, so daß die Spatia verschonet blieben; man setzte auch Puncte auf gedachte Linien; hernach wurden solche auch in die Spatia gestellet, und die 7 Linien auf 5 reduciret, wobey es geblieben, biß *Jean de Murs* unsere noch heutiges Tages übliche mensural-Noten erfunden hat. s. *Brossards* Diction. und *Tevo* Musico Testorè, P. II. c. 7. p. 47. & sqq.

Nota contra Notam [*lat.*] **Note contre Note** [*gall.*] heißt: wenn in der Harmonie Noten von gleicher Geltung übereinander gesetzt werden.

Notare [*lat.*] **Noter** [*gall.*] mit Noten versehen, in Noten bringen. s. *du Fresne* Glossar.

Note ferme, oder Quasi-ferme; So nennen die Italiäner gemeiniglich die Noten, deren jede 2 Schläge gilt, und zum Subjecto bey einem Contrapunct gebraucht werden; absonderlich, wenn sie aus dem Cantu plano ecclesiastico, oder Gregorianischen Gesänge, Canto fermo genannt, genommen sind.

Note legate [*ital.*] **Notæ ligatæ** [*lat.*] **Nottes liées oder jointes** [*gall.*] zusammen gebundene, an einander gehängte Noten.

Note mutate, oder cambiate [*ital.*] also heissen die in thesi dissonirend vorkommende und anschlagende, wie auch die in arsi befindliche consonirende Noten; weil sie solcher gestalt mit und unter einander verwechselt werden.

Note oscurate [*ital.*] sind die schwartz gemachte, oder ausgefüllte Noten, als die Brevis und Semibrevis, welche sonst ordinairement weiß und offen sind.

Note vacue (*ital.*) weisse oder offene Noten.

Notari (*Angelo*) gab an. 1614 Prime Musiche à una, due, e tre voci, per cantare con la Tiorba & altri stromenti, zu Londen in folio heraus. s. *Draud.* Bibl. Class. p. 1642.

Notgerus, oder **Notkerus,** ein Abt zu St. Gallen in der Schweitz ums Jahr 850, hat am allerersten Sequentias Missales componiret, selbige Lutuardo, Kaysers Caroli M. Archi-Capellano und Bischoffe zu Vercelli dediciret, und in seinem Closter zu singen eingeführet; welche aber nachgehends Pabst Nicolaus I. (der an. 858 zu dieser Würde gelanget) auch in andern Kirchen zu singen erlaubet hat. s. *Possevin.* Tom. 2. Apparat. Sacr. woselbst aus dem Arnoldo Vuion wieder Trithemium, ja gar aus dieses eigenen Schrifften bewiesen wird: daß dieser Notgerus, und ein anderer dieses Nahmens, Bischoff zu Lüttich, nicht eine, sondern zwo Personen gewesen sind. Unser *Notgerus* heisset, mit dem Zunahmen, l. c. auch *Balbulus*, und wird ihm ein Buch, so er de Musica geschrieben, zugeeignet, auch anderswo berichtet: daß solches nebst des Juonis, eines Abts zu Clugny, Historia Figurali, in der Closter-Bibliothec zu S. Gallen in MS. aufgehoben werde. Nach des Herrn *du Cange* Bericht in Glossario, unter dem Articul: Nota. ist auch ein Opusculum

lum von ihm im Vten Tomo Antiq. Lect Canisii, P. 2. p. 739 vorhanden, so folgende Aufschrifft führet: Notker Lanthberto fratri salutem. Quod singulæ literæ in superscriptione significent cantilenæ, prout potui, juxta tuam petitionem explanare studui. *Jodocus Mezlerus* in seinem Thesauro Anecdotorum novissimo, P. 3. Tom. I. Bern. Pezii einverleibtem Tractate: de Viris illustribus Monasterii S. Galli Ord. S. Bened. hat im 21ten Capitel des ersten Buchs, unter andern, folgendes von ihm: Notkerus, cognomento Balbulus, ex Caroli M. prosapia castro Heiligow oriundus, Abbati Grimaldo juvenculus oblatus, voce balbulus, corpore gracilis, ad repentina timidulus, auditor studiosus fuit Ysonis & Marcelli, orando, legendo, dictando assiduus, atque, ut verbo dicam, vere Spiritus S. vasculum, in quo & Prophetiæ Spiritus abundaret, ita quidem, ut nescias, an magis in eo mireris genus, an doctrinam, an virtutem? Primus adinvenit Jubilos seu Sequentias modulatas, quas ipse ad distinctionem Metensium *Frigdoras*, aut *Occidentanas* appellabat: quas & inter SS. Mysteria toties olim repetebat Ecclesia. Hierauf wird daselbst ferner gemeldet: daß er ein Buch de Musica & Symphonia geschrieben habe; an. 912 den 6ten April in St. Gallen Closter gestorben, und in die St. Peters-Kirche neben den Altar begraben, auch endlich an. 1514 canonisiret worden sey.

Notho, pl. Nothi (*ital.*) Nothus, a, um (*lat.*) νόθος, η, ον; auch ὁ νοὶ ἡ ὅπις (*gr.*) non legitimus, illegitimus, durch unregelmäßige Wege hervorgebracht, unächt. Dieses Epitheton wird dem also genannten Modo Hyperzolio und seinem Plagali, nemlich dem H-Tone in der diatonischen Scala beygeleget, weil er in derselben über sich keine reine Quint, und unter sich keine reine Quart, sondern oben eine Quintam deficientem, unten aber eine Quartam superfluam, nemlich das f und F hat, und demnach weder harmonicè noch arithmeticè getheilt, auch folglich keine pièce daraus gesetzt werden kan.

Notingus, oder Notingerus, ein Graf von Veringen, war anfänglich ein Benedictiner-Mönch zu S. Gallen, ein Philosophus, Redner, Poet, und vollkommener Musicus; wurde nachgehends Bischoff, und starb, nachdem er ohngefehr 14 Jahr in dieser Würde gesessen zu Costnitz. s. *Jodoci Mezleri* Tractat: de Viris illustribus Monasterii S. Galli, lib. 1. c. 63.

Notrup, ein Böhme, hat an. 1721 als Violinist und Hautboist zu Freysingen gestanden.

Novelli, hat 3stimmige Sonaten, als sein erstes Werck ediret, so zu Amsterdam graviret worden. s. *Roger* Catal. p 35.

Noyau (*gall.*) Nucleus (*lat.*) der Kern in einer Pfeiffe. s. Frischens Lex.

Noyers, ein unvergleichlicher Frantzösischer Hautboiste, welcher auch gar artig componiret, hat sich an 1716 zu Paris beym Printzen von Vaudemont in Diensten befunden, und soll sich anjetzo in Lothringen aufhalten. s. das *y nr de Paris*, cap. V. §. 2. pag. 34. in der Anmerckung.

Nozeman (*Giacomo*) hat ein Sonaten-Werck a Violino solo e B.C. durch die Cenesche Handlung in Amsterdam publiciret.

Nub (*Georgius*) von Schlüsselfeld, einer kleinen Stadt im Bißthum Würtzburg, gebürtig, war an. 1655 an Kaysers Ferdinandi III. Hofe ein Instrumental-Musicus. *Buchnerus*.

Nucæus. s. *Gaucquier*.

Nucius (*Joan.*) ein Abbas Gymielnicensis, hat an. 1613 zu Neisse in Ober-Schlesien ein musicalisches Werckgen unter folgendem Titel: Musices Poeticæ, sive de compositione cantus, Præceptiones absolutiss. in 4to drucken lassen. s. *Mattheson*ii Crit. Mus. T. I. pag 274. und *Draudii* Biblioth. Class. p. 1642.

Numeri radicales Consonantiarum & Dissonantiarum (*lat.*) die Wurtzel-Zahlen der *Con*- und *Dissonanzen* sind folgende, 1. 2. 3. 4. 5. 6. 8. 9. 10. 15. 16. 24. 25. 80. 81. 125. 128. s. *Cons. Matthæi* Bericht von den Modis Musicis p. 16.

Numeri radicales Harmonici (*lat.*) Harmonische Wurtzel-Zahlen heissen folgende, als: 1. 2. 3. 4. 5 6. 8. weil je zwo und zwo absonderlich (und mathematice) betrachtet, ein gewisses intervallum musicum geben. idem ibid. pag 14.

Numeri

Numeri musici [*lat.*] bedeuten (1. eben das, was die vorhergehende. (2. eine Melodie, wie aus dem Virgilio, Eclog. 9 v. 45. erhellet, woselbst folgende Worte stehen: numeros memini, si verba tenerem. (3. können auch die im G. B. vorkommende Ziefern füglich also genennet werden.

Numerus perfectus [*lat.*] ist bey den Mathematicis z. E. die Zahl 6; weil sie aus allen ihren partibus aliquotis wiederum entstehet und gemacht wird; theilet man sie nemlich erstlich in zwey Theile, kommen 3; hernach in 3 Theile, kommen 2; endlich in sechs Theile, kommet 1. Diese Theile nun wieder zusammen gethan, kommt sie selber, d. i. 6 wieder heraus, als:

| 1 | Dieser Zahl-Art sind sehr wenige;
| 2 | denn in 10 ist nur diese 6; In 100. ist
| 3 | 28; in 1000. ist 496; in 10000. ist
| 6 | nur 8128.

s. Conr Matthei Bericht von den Modis Musicis, p. 15: welcher den hiervon noch mehr zu wissen begierigen Leser auf die 16. Prop. des 9ten Buchs Euclidis verweiset.

O.

O dieser Buchstab ist eigentlich ein Circul, und das Zeichen Temporis perfecti, er sey nun also schlecht weg, oder in der Mitte mit einem Punct versehen, also: ☉, oder durchschnitten, ⌽. Bey unsern Vorfahren war er allezeit das Zeichen des Tripel-Tacts, weil sie prætendirten, daß der numerus ternarius viel vollkommener wäre, als der binarius, und daß sich der Circul am besten schickte, den Tripel anzuzeigen, weil er die allervollkommenste Figur sey.

Obizzi (*Domenico*) ließ an. 1627 Madrigali concertati zu Venedig drucken.

Obligato, fœm. obligata, plur. obligate, ein Italiänisches Adjectivum, obligé [*gall.*] bedeutet (1. eben so viel, als *necessario concertante*, z. E. à doi Violini obligati [*ital.*] a deux Violons obligez [*gall.*] con Fagotto obligato [*ital.*] avec un Basson obligé [*gall.*] con Viola obligata [*ital.*] avec une Basse de Viole obligée [*gall.*] wenn nemlich keine von jeztbesagten Stimmen bey der execution wegbleiben oder aussen gelassen werden kan, sondern nothwendig mitgenommen werden muß. (2. gezwungen, in gewisse Grentzen eingeschlossen, oder gewissen Gesetzen (die man aber wegen eines gewissen Vorsatzes, sich selbst machet und aufleget) unterworffen. In diesem Verstande sagt man: Contrapunto obligato, Fuga obligata, u. s. f. In eben dergleichen Verstande brauchet man auch diesen terminum von einem General-Basse, wenn solcher in eine gewisse Anzahl Tacte eingeschränckt ist, so allemahl repetirt werden müssen, wie in Ciaconen geschiehet; oder aber, wenn er allezeit ein gewisses mouvement halten, oder nur gewisse Noten machen muß, u. d. g.

Obliquo, fœm. obliqua [*ital.*] oblique [*gall.*] obliquus [*lat.*] schief, krumm. Wenn dieses Wort bey Nota befindlich ist, so bedeutet es zwo zusammen verbundene, und nur ein Corpus ausmachende Breves; daher man solche Note auch: Nota d'un Corpo solo, nennet. Was es bedeute, wenn es bey Moto stehet, davon siehe *Mouvement oblique*.

Oboé [*ital.*] ist eben was Hautbois.

Oboista, pl. Oboisti [*ital.*] der, oder die eine Oboé tractiren.

Obrecht (*Jacobus*) oder Hobrecht, ein berühmter Niederländer, von dessen Arbeit fünff Missen in *Gesneri* Partition. universal lib. 7. tit. 5. angeführt werden. Daß er Erasmum Roterodamum, als dieser zu Utrecht einen Choraulem, oder Chor-Schüler (wie es Printz c. 10. §. 31. Hist. Mus. ausdrucket) abgegeben, in der Music unterwiesen habe, ist in Pet. Opmeer Opere Chronogr T. I. f. 426. zu lesen.

Obturamentum [*lat.*] der Spund vor dem Wind-Kasten in Orgeln und Positiven.

Occha (*Alberto dall'*) ein Componist zu Ferrara, hat vieles, und unter andern zu des Cipriano Rore Madrigalien den fünfften Theil gesetzet und herausgegeben. s. *Superbi* Apparato degli Huomini illustri della Citta di Ferrara, p. 131.

Occidentaria. s. *Musica Occidentaria*.

Ochsenkuhn (*Sebastian*) hat an. 1558 bey dem Churfürsten Otto Heinrichen von der Pfaltz als Hof-Lautenist in Diensten gestanden, und auf seines Herrn Befehl in nurgedachtem Jahre den 26 Jul. ein Lauten-Werck publiciret. s. Barons Untersuchung des Instruments der Laute, p. 6. und 62. In dem zu Heydelberg auf dem S. Peters-Kirchhofe befindlichen Epitaphio, wird er Ochsenkum genennet, und lautet selbiges wie folget:

Anno

Anno Domini 1574 den 20 Augusti, ist der Ehrenhafft und fürnehm Sebastian Ochsenkum, Churf. Pfaltz. Lautenist, in Christo seeliglichen verschieden, dem GOtt gnad." s. das *Apographum Monumentorum Haidelbergensium*, p. 100. allwo unmittelbahr vorher seiner Ehe-Frau Epitaphium, also lautend, angeführet wird, auf welchem die Schreib-Art wiederum veränderlich ist:

Animæ piorum vivunt in sinu Dei. M. D. LX. XI. Septembris obiit in Christo pie Sibylla Sebastiani Ochsenkuntz uxor carissima, cui fidei & amoris ergo hoc monumentum fieri c. maritus superstes.

En fuit in terris clara pietate Sibylla
   O*chsenkinn* moriens sic ea salva subiit.
Hic igitur post se cunctis imitanda reliquit
   Vitam, qui cupiunt claudere mente pia.

Ockenheim (*Joannes*) oder Okenheim, it. Okegam ein Niederländer, welcher im 15ten Seculo für den besten Componisten gehalten worden, und Gesänge von 36 Stimmen auf 9 Chöre, ingleichen andere künstliche Sachen, als Fughe dritte, und roverse, Canoni, und Contrapunti doppii, auch eine Messa in ogni tono erfunden und gesetzet hat. s. *Antimo* Liberati Lettera. Welcher diese Nachricht aus dem Glareano genommen; dessen eigene Worte folgende sind: Antiquior aliquanto (sc. Jodoco Pratensi denn dieser ist jenes sein Scholar gewesen) fuit Okenheim, & ipse Belga, qui ingenio omnes excelluisse dicitur; quippe quem constat triginta sex vocibus garritum quendam instituisse. Certe inventione & ingenii acrimonia admirabilis fuit. Amavit autem καθολικὰ in cantu, h. e. cantiones instituere, quæ *multis cantarentur modis* ad Cantorum propemodum arbitrium, (er setzte nemlich keine Claves vor, also, daß man selbige im Ut, Re oder Mi singen kunte, nachdem es den Sängern gefiele, s. Prinzens Mus. Hist. c. 10. §. 32. Diese Worte können eine Auslegung der oben gedachten Messa in ogni tono zugleich abgeben) ita tamen, ut harmoniæ ac Consonantiarum ratio nihilo secius observaretur s. dessen *Dodeca bordum* p. 454. Von seiner und des Jodoci Cano-

nischen Arbeit (wie mich dünckt(schreibet Glareanus am 440 Blatte also: Amavit Jodocus *ex una voce plures deducere*, quod post eum multi æmulati sunt. Sed ante eum Joannes Ockenheim ea in exercitatione claruerat.

Octava [*lat.*] Ottava [*ital.*] Octave [*gall.*] bedeutet (1. einen Ton oder Klang, der von seinem fundament oder Gegenstand Klänge höher oder tiefer abstehet, und mit jenem einerley Nahmen hat. z. E. c c̄. d d̄. cis c̄is, dis d̄is. u. s. f. (2. ein Orgel-Register von verschiedenen Fuß-Ton, nach dem Principal gerechnet und eingerichtet.

Octava chromatica, bestehet aus 12 Semitoniis.

Octava diatonica, bestehet aus 5 gantzen Tonen, und 2 semitoniis.

Octava deficiens it diminuta [*lat.*]Octave diminuée [*gall.*] eine unvollkommene Octav. die ein Semitonium minus zu wenig hat z. E. cis c̄. dis d̄.

Octava elliptica [*lat.*] eine verdeckte oder heimliche Octav.

Octava enharmonica hat 27 biß 32 intervalla gehabt. s. *Matthesonii* Orch. 1. Th. p. 56

Octava superflua [*lat.*] Octave superflüe [*gall.*] eine mehr als vollkommene Octav, die ein Semitonium minus zu viel hat.z.E.c cis.

Octaviana [*ital.*] Octavine [*gall.*] ist auf mehr als ein-chörichten Instrumenten derjenige Saiten-Zug, welcher gegen die andern Saiten eine Octav höher klingt.

Octiphonium [*lat.*] eine Composition von 8 Stimmen.

Oda (*lat.*) ᾠδή (*gr.*) Ode (*lat. gall.*) war bey den Alten ein Lied, so das Lob der Götter, Helden, und derer, so entweder im Spielen oder im Streite gesieget hatten, in sich hielt. Es begreifft auch in sich Bacchus Lieder oder Materien, Liebes-Materien, u. d. g s. *Richelets* Diction. In heutiger Poesie ist's ein Gedicht, welches mit etlichen Absätzen, die alle ein gleiches Zeilen- und Reimen-Maaß halten, durchgeführet wird: ein Lied. Sie werden gemeiniglich zu Lob-Gesängen gebrauchet, und wollen mit hohen Worten und scharffsinnigen Gedancken ausgearbeitet seyn. s. *Jablonski* allgemeines Lexic. der Künste und Wissenschafften.

Odarium [*lat.*] ὠδάριον (*gr.*) ein Lied. Odaria saltare kommt in *Petronii* Fragmento vor. f. *du Cange* Glossar.

Odeum (*lat.*) ᾠδεῖον (*gr.*) war ein Gebäude zu Athen, in Gestalt eines theatri, darinn die Poeten und Muſicanten, ehe noch ein theatrum erbauet ward, mit einander certirten. f. Schöttgens Antiquitäten Lexicon. Andere ſagen: es ſey der Ort geweſen, woſelbſt der Poeten und Muſicorum ihre Wercke vorher probiret worden, ehe ſie auf dem Theatro öffentlich produciret werden dörffen. Zu Rom waren 4 Odea, als: das von Domitiano erbauete; das Aventiniſche; das zwiſchen dem monte Palatino und Cœlio; und das nahe bey des Pompeji theatro liegende. f. das *Lexicon Vitruvianum*. Auf Teutſch kan es ein Geſang-Hauß genennet werden, ἀπὸ τῆς ᾠδῆς, à cantu.

Odo, der erſte Benedictiner-Abt zu Clugny in Burgund, iſt vorher Archicantor zu Tours in Franckreich, ein hocherfahrner Muſicus und Diſcipul des Remigii Antiſiodorenſis in der Muſic und Dialectica, und ums Jahr 920 berühmt geweſen. f. *Sixti Senenſis* Bibl. Sanct. p. 277. Wer mehrere Umſtände von ihm zu wiſſen verlanget, leſe *Guil. Cave* Hiſtor. liter. p. 405. & ſq.

Odontiſmus (*lat.*) ὀδοντισμὸς (*gr.*) alſo hieß im dritten Theile des Pythiſchen Kampfes [darinn der Apollo mit dem Drachen ſtreitend repræſentirt wurde] diejenige Art auf der Trompete zu blaſen, welche des mit dem Pfeile durchſchoſſenen Drachens Zahn-Knirſchen vorſtellete f. *Pollucis* Onomaſt. lib. 4. c. 10.

Oeillet (*Jean. Baptiſte l'*) ein Muſicus von Gent (Gandavienſis,) hat bey Roger zu Amſterdam fünff Wercke graviren laſſen; davon jedes der vier erſtern aus XII. Sonaten vor eine Flöte und G. B. und das fünffte aus 6 Sonaten vor eine Flûte Traverſiére oder Hautbois und Baſs, und 6 Sonaten vor 2 Flûtes Traverſiéres oder Hautbois ohne Baſs beſtehet. Er ſoll, den Vernehmen nach, ſich in Engeland aufhalten, und auf dem Clavier informiren.

Oeſterreich (Georg) iſt zu Magdeburg an. 1664 gebohren, und hat daſelbſt die Muſic zu erlernen den in Singen und Componiren wohlerfahrnen Cantoren der Stadt-Schule, Hrn. Johann Scheffler zum erſten Informator gehabt, von da er im 14 Jahre nach Leipzig ſich auf die Schule zu S. Thomas begeben, und unter dem fürtrefflichen Cantore, Hrn. Johann Schellen, ſich einer beſſern Methode zu ſingen befliſſen, auch in kurtzen ſolche Fertigkeit bekommen, daß, zu des Hrn Schellen und anderer Verwunderung, er die ihm zu ſingen gegebene Partie das unterſte oben kehrete und ſolche alſo wegſang. Worauf er an. 1680 nach Hamburg in die Raths-Capelle als Altiſt geruffen ward, zu Leipzig aber, wegen von ſich geſtelleten Reverſes annoch ſeine dimiſſion nicht bekommen konte, bis im Auguſto die Peſt daſelbſt ſich ſtarck anfienge zu äuſſern, da er denn, auf Befehl ſeiner Eltern, in Zeiten ſich retirirte und recta auf Hamburg zueilete, woſelbſt er, wegen ſeiner angenehmen Alt-Stimme, ſo fort in Dienſte genommen, und von vielen reichen Kauff-Leuten aufs beſte beſchencket wurde. Er proſequirte ſeine ſtudia am daſigen Johanneo, bis er ſich auf die Academie nach Leipzig begab, von wannen er hernach wieder nach Hamburg als Tenoriſt verſchrieben wurde, da er denn es nicht refuſirete, ſondern ſich wieder dahin begab, daſelbſt 3 Jahr verblieb, mitler Zeit ihm von guten Gönnern in patria das erledigte Cantorat unter der Hand angeſtellet wurde, welches er aber wegen Bedünckung ſeines noch nicht zulänglichen Alters declinirete. Inzwiſchen hatte er ſich in der Inſtrumental-Muſic zu üben allbereit Progreſſen gemacht, welches aber unterbrochen ward, durch die unverhoffte Ankunft des Fürſtlichen Wolffenbüttelischen Capellmeiſters, Theilen, welcher auf Befehl Sereniſſimi, mit ihm ſelber ſprechen und dahin ſehen ſolte, ihn zu perſuadiren in Fürſtl.Wolffenbüttelische Capell-Dienſte zu treten. Welches auch alſo erfolgete, und er 1686 als Tenoriſt der Capelle daſelbſt antrat, bald darauf auch zum Printzlichen Cammer-Diener darneben gnädigſt beſtellet wurde. Hier apprehendirte er bey Zeiten die ſchöne Gelegenheit von den Italiäniſchen Muſicis ihre Methode zu ſingen recht zu erlernen, worzu die beyden fürtrefflichen Caſtraten, Giuliano Giuliani aus Venedig, wie auch Vincentino Antonini aus Rom gebürtig, ihre hegende Liebe ihm gar beſonders erwieſen, und ihn faſt täglich beſſer unterrichteten. Er begab ſich auch zu dem Hrn. Capellmeiſter ins Haus und logirete bey ihm, welcher dann ihn in der Compoſition als ſeinen Liebling

ling gantz unermüdet treulich unterrichtete, worinnen stets continuiret wurde, bis er mit dem Antritt des 1690sten Jahres von dem Fürstl. Schleswig-Holsteinisch-Gottorpischen Hofe dahin als Capellmeister zu kommen invitiret wurde, welches er aber zweymahl gleich nach einander unterthänig deprecirte, bis, als zum drittenmahl wieder vocation und dabey ein Schreiben an Ihro Hochfürstl. Durchl. zu Wolffenbüttel ankam, die anädigste permission, unter gewissen Vorbehältnissen, accordiret wurde. Darauf begab er sich nach Gottorp, und zogen nach der Hand viel seine Musici successive dahin, fürnehmlich aus der Capelle zu Dreßden und Wolffenbüttel, und geriet die Capelle in grosse renomée, so lange der Hertzog lebete. Nachdem wurde zwar auf eine Zeit die Capelle reduciret, der Capellmeister aber bekam eine gnädigste invitation von Ihro Durchl. dem Hertzog Albrecht nach Dero residence Coburg zu kommen, und da er da ankame, wurde ihm eine und andere Composition zu verfertigen aufgegeben, welche bey dem damahligen Festivitäten solte gebrauchet werden. Und da die Durchl. Herrschafft ihn gantz in Diensten zu behalten ihm offeriren lassen, weil vor kurtzen Dero Capellmeister, Herr Künstel, mit Tode abgegangen war, so acceptirete er es, bekam eine weit ansehnlichere Gage in seiner ihm Fürstl. ertheilten Bestallung, wurde mit gar ansehnlichen Präsenten begabet, und ihm, zu Transportirung seiner Familie, 200. Thl. accordiret. Da er nun wieder nach Gottorp kam, wolten Ihro, des Herrn Hertzog Friedrichs, regierende Hochfürstl Durchl. in das vorhabende changement nicht einwilligen, und declarirten gnädigst, daß die reducirung der vorigen Capelle nur auf eine nicht gar lange Zeit sich erstrecken solte. Also blieb er daselbst, verließ die neue Coburgische Bestallung, und verrichtete nachgehends seine Capellmeister-Dienste wiederum bis auf höchstgemeldten Herrn Hertzogs schmertzliches Ableben in der Polnischen Schlacht, an. 1702. wo Sie als Königl. Schwedischer Generalissimus im Streit umkamen. Hier entstunden der Capell-Music wiederum neue Fatalitäten, weil die sämtlichen Capell-Musici, bis auf den Capellmeister exclusive, ihre dimission bekamen, indem der in der succession folgende Erb-Printz kaum 2 Jahr alt war, sich zu Stockholm befand, und also bis zu seiner Majorennité seine Hertzogthümer administriret werden müssen. Es hat sich aber der Capellmeister, weil in so langer Zeit keine völlige Hof-Music gehalten wurde, er aber gern sich in einigem Exercitio erhalten wolte, die gnädigste Permission aus, entweder sich nach Hannover zu begeben, oder nach Braunschweig zu wenden, alwo er ein Brau-Hauß ererbet hatte, und also mit mehrer commodität sich an dem letzten Orte so lange aufzuhalten, ohne andere Dienste zu nehmen, zumahlen er sich verbunden hatte, wann und so oft es begehret würde, sich persönlich zu sistiren, so auch bisweilen, auf Befehl, geschehen ist. Inzwischen aber ließ sich zu Schleswig und nahe gelegenen Orten die Pest verspüren, und erfolgete die unvermuthete und so lange anhaltende Krieges-Unruhe in den Fürstenthümern, und die Einnehmung der Länder von Ihro Königl. Majestät zu Dännemarck, welche annoch continuiret, wodurch geschahe, daß Herr Oesterreich, zu besserer Subsistence sich resolvirte bey der Hochfürstl Wolffenbüttelischen Capelle sich zu engagiren bey der Cammer- und Kirchen-Music, und übernahm dabey das Cantorat an der Schloß-Kirche, wie auch die Information einiger jungen Cantatricen, mit Hochfürstl. Befehl, mit besonderm guten Effect bey den mehresten, und dirigirete in Abwesenheit des Herrn Capell-Meisters die Fürstl. Kirchen-Music. Er wurde auch, als der neue Landes-Herr, des Hertzog Carl Friederichs Königl. Hoheit zum erstenmal aus Schweden kommend, den Teutschen Boden betraten, und auf dem Hertzogl. Wolffenbüttelschen Lust-Schlosse, Saltzthalum, die Visite gaben, von neuen als Dero Capell-Meister confirmiret, wie denn auch) der berühmte Hamburgische Herr Mattheson, gleiche Dignität gnädigst überkommen. Inzwischen bleiben beyde an ihren bißherigen Orten, weil Ihro Königl. Hoheit vorerst nur das eintzige Hertzogthum Holstein wieder in Besitz genommen, das Hertzogthum Schleswig aber wieder zu erhalten in Hoffnung leben. P. S. Es hat Herr Oesterreich von 5 Söhnen, so alle 3 Theologiam studirt, noch 2 im Leben, die albereit ins Predigt-Amt befördert sind. Seine Tochter, so als eine fürtreffliche Sängerin etliche Jahr bey hiesiger Kirchen- und Cammer-Music in der Hertzogl. Capelle in Diensten gestanden, wird ehestens

stens mit einem Secretario am Hochfürstlichen Beverschen Hofe vermählt werden.

Oettel (Matthias) ein Tenorist in der Kayserl. Hof=Capelle, an. 1721.

Offereiius (Joan. Damascenus) ein Musicus von Pesaro, ließ an. 1609 in Venedig Concentus Ecclesiasticos drucken.

Offertorium, Offerenda [*lat.*] Offertoire, Offrande [*gall.*] heisset in der Römischen Kirche derjenige Gesang, den man singet oder auf der Orgel spielet, wenn das Volck, unter währender Messe, zum Opfer gehet.

Offnero (Gio.Giacomo) hatCantilene vom Neugebohrnen JEsulein à 5 Voci, e 5 stromenti herausgegeben. s. Parst. Catal. pag. 22.

Olbertus, der an. 1048 zu Lüttich im Closter St. Jacobi Benedictiner=Ordens verstorbene erste Abt, (dergleichen er auch vorher zu Gemblours in Brabant gewesen), hat einige Vitas Sanctorum geschrieben, und als ein guter Musicus einen Cantum ecclesiasticum darüber verfertiget. s. *Possev.* Apparat. Sacr. T. 2.

Oliviciani (Vincenzo) ein Kayserl. Musicus und Pensionist an. 1721. ist ein Castrat.

Olivo (Simpliciano) ein Mantuaner, gab an. 1618. die carcerata Ninfa zu Venedig in Druck.

Olophyrmus [*lat.*] ὀλοφυρμός [*gr.*] war ein gewisses Trauer=Lied, von ὀλοφύρομαι, lamentor. ✝. *Matth.Martinii* Lex Philolog.

Olthovius (Statius) ein Magister und Cantor primarius zu Rostock, von Osnabrück gebürtig, hat auf Veranlassung des damahligen Rectoris, Nathanis Chytræi, die in Georgii Buchanani Paraphrasi Psalmorum enthaltene dreyßigerley Carminum genera mit 4 Stimmen theils selbst, theils von andern vor seiner Zeit schon componirte, an. 1584 gesetzet und hinzugethan s. *Nath. Chytræi* Vorrede über gedachte Paraphr. von ihm verfertigte Collectanea.

Olympiodorus, ein berühmt gewesener Pfeiffer zu Theben, der den Epaminondam auf der Flöte unterwiesen.

Olympus. Es haben zweene Musici also geheissen. Der ältere soll vor dem Tro-

janischen Kriege gelebt, und die νόμως ἀυλητικός erfunden haben, aus Mysien gebürtig, und des Marsyæ Discipul gewesen seyn; der jüngere aber ein Phrygier, und der Erfinder des Generis Enharmonici gewesen seyn, und zur Zeit des Königs Midæ florirt haben.

Omnes [*lat.*] bedeutet, daß alle Stimmen mit einander zugleich sich hören lassen.

Onda maris. s. *Unda maris.*

Ondeggiare [*ital.*] hin und her wancken, wie die Wellen; wird vom Tact geben gesagt: wenn man nemlich die Hand, nachdem sie niedergelassen worden, nicht gerade aus=sondern also herumführet, daß das zweyte und dritte tempo, durch einen Umschweiff, kenntlich gemacht, und vom völligen Niederschlagen und Aufheben, oder vom ersten und letzten Tact=Theile unterschieden werde.

Ongarello, ein verständiger und braver Musicus von Ferrara gebürtig. s. *Superbi Apparato de gli Huomini illustri della Città di Ferrara*, p. 132.

Opera [*ital. gall.*] bedeutet ein musicalisches Schauspiel; wenn es aber, als ein Italiänisches Wort, bey andern numeris ordinalibus, z. E. prima, seconda, terza, quarta, u. s. w. stehet, so bemercket es die von einem Auctore herausgegebene Wercke, ob es nemlich das erste, 2te, 3te, 4te, u. s. f. sey.

Operatrice [*gall.*] die in einer Opera agirt.

Operetta [*ital.*] ein kurtzes musicalisches Schauspiel, Operetgen.

Oraffi (Pietro Marcellino) ein Italiänischer Abt, hat 1. 2. 3. 4. und 5stimmige Concerti sacri; ingleichen 2. 3. 4 und 5stimmige Musiche per Congregationi, Accademie, Chiese, Oratorii, & ogni altro luogo di honesta Ricreatione, herausgegeben. s. *Parst.* Catal. pag. 16. und 35. Vorgedachte Concerti Sacri sind an. 1640 in Venedig gedruckt worden.

Oratorio [*ital.*] Oratorium [*lat.*] Oratoire [*gall.*] eine geistliche Opera, oder musicalische Vorstellung einer geistlichen Historie in den Capellen oder Cammern grosser Herrn, aus Gesprächen, Soli, Duo und Trio, Ritornellen, starcken Chören ꝛc. bestehend. Die musicalische Composition muß reich an allen seyn, was nur die Kunst sinnreiches und gesuchtes aufzubringen vermag. In Rom, sonderlich zur Fasten-Zeit, ist nichts gemeiners, als solche Oratori.

Orchesographie [*gall.*] die Tantz-Beschreibung von ὄρχησις, ein Tantz, und γραφή, Beschreibung.

Orchestra (*ital.*) Orcheftre (*gall.*) ist heutiges Tages ein Theil des Theatri, wo die Instrumentisten sich befinden. Von den verschiedenen Bedeutungen dieses Worts ist sonderlich des Herrn Capellmeister Matthesons Musical. Patriot, in der 15ten Betrachtung, p. 125 und 126 zu lesen.

Ordine (*ital.*) Ordre (*gall.*) die Einrichtung oder das Zusammenfügen vieler Stücke, so ein Gantzes ausmachen. Z. E. wenn vom Systemate der Alten die Rede ist: so sagt man: Ordine di Mercurio, di Terpandro, di Philolao, di Pitagora (*ital.*) Ordo Mercurii, Terpandri, Philolai, Pythagoræ (*lat.*) um die Stellung, so jeder dieser Auctorum den Klängen gab; ingleichen die Anzahl der Saiten, so er statuirte; die Weite und Proportion, so sie unter einander hatten, u. s. f. anzuzeigen. Auf diesen Schlag sagt man auch, daß das Tetrachordum eine Stellung von vier Saiten, d. i. ein aus 4 Saiten zusammen gesetztes Gantzes ist.

Oreille (*gall.*) pl. oreilles, die Seiten-Bärte an einigen Orgel-Pfeiffen, tuborum lambulæ mobiles (*lat.*)

ὄργανα ἔμπνευστα, blasende Instrumente. s. *Instrumenta*.

ὄργανα ἔντατα, besaitete Instrumente. s. *Instrumenta*.

Organarius (*lat.*) Organdio (*ital.*) ein Orgelmacher.

Organetto (*ital.*) eine kleine Orgel.

Organicus, Organicen (*lat.*) Organista (*ital.*) Organiste (*gall.*) ein Organist, Orgelspieler.

Organiser (*gall.*) musicalische Instrumente verfertigen.

Organiste (*ital.*) eine Orgel-Spielerin.

Organistrum (*lat.*) der Ort in der Kirche, wo die Orgel stehet. s. *du Cange* Glossar.

Organo [*Perinus*] ein vortrefflicher Lautenist, von Florentz gebürtig, ist an. 1500 im 30 Jahr seines Alters zu Rom gestorben, woselbst in der Kirche Ara Coeli, ein Epitaphium von Marmor ihm zu Ehren aufgerichtet worden, folgenden Inhalts:

Perino Organo, Florentino, qui singulari morum suavitate ac testudinis non imitabili concentu dubium reliquit, amabilior ne esset sua ingenii bonitate, an admirabili artis excellentia clarior. Paulus Jacobus Mormita. Parmensis amico. M. P. Vixit annos 29.

s. *Pocciansii* Catal. Script. und *Otton. Atcheri* Theatrum funebre P. 3. Scena 7. p. 445. *Florentin.* p. 144.

Organoedus [*lat.*] ein Organist, oder vielmehr, ad imitationem des Worts Citharoedus, einer der die Orgel spielt, und zugleich drein singet.

Organopoeus [*lat.*] ein Orgelmacher. ὀργανοποιός [*gr.*]

Organum [*lat.*] Organo [*ital.*] Orgue [*gall.*] eine Orgel.

Organo di Campane [*ital.*] ein Glocken-Spiel.

Organo picciolo [*ital.*] Orgue petit [*gall.*] eine kleine Orgel, oder Positiv, so man forttragen und hinsetzen kan wo man will; daher es auch Organo portatile [*ital.*] Organum portatile [*lat.*] genennet wird.

Organorum moderator [*lat.*] ein Organist.

Oristaneus (*Julius*) ein Sicilianer, von Trepano gebürtig (Drepanitanus) ein Organist an der Königl. Capelle zu Palermo, hat ein fünffstimmiges Madrigalien-Werck an. 1588 zu Venedig in 4to; und an. 1602 vierstimmige Responsoria Nativitatis, & Epiphaniæ Domini zu Palermo in 4to drucken lassen. s. *Mongitoris* Biblioth. Sicul. T. 1. p. 415.

Orgosinus (*Henr.*) ließ an. 1603 eine so intitulirte Neue Singe-Kunst in 8vo zu Leipzig drucken. Sie ist lateinisch und teutsch abgefaßt.

Orlandi (*Chiara*) eine Italiänerin, hat in der Breßlauischen Oper an. 1725 den Alt gesungen. s. *Matthesonii* Musical. Patrioten, in der drey und vierzigsten Betrachtung, p. 347.

Orlandi (*Santi*) von seiner Arbeit ist an. 1607 ein fünffstimmiges Madrigalien-Werck zu Venedig herausgekommen.

Orlandini, ein habiler Italiänischer Componist, dessen in *Matthesonii* Crit. Mus. T. 1. p. 14. 15. und 24. gedacht wird

Orme

Orme (*Robert*) ein Ecuyer, hat eine Sonate vor 2 Flöten und G. B. gesetzet, so nebst 7 andern von Mr. Keller, zu Amsterdam bey Roger gravirt worden. s. *Roger* Catalog. p. 24.

Ornithoparchus (*Andreas*) ein Magister Artium, von Meinungen gebürtig, hat einen aus 4 Büchern bestehenden Micrologum de arte cantandi in lateinischer Sprache geschrieben, welcher an. 1535 zu Cöln in 8vo oblongo gedruckt worden. (Es mag aber auch wol eine ältere Edition vorhanden seyn.) Das erste Buch, so XIII. capita enthält, hat er dem Magistrat zu Lüneburg dediciret. Im ersten Capitel wird gehandelt: de Musicæ Definitione, divisione, utilitate, ac ejus inventoribus, und specialiter: de Musica mundana, humana, instrumentali, organica, harmonica, inspectiva s. theorica, activa, mensurali, & plana. Ferner de utilitate hujus artis; de Musici & Cantoris distantia; quis vere Musicus dicatur; qui dicantur Cantores; de Musicæ inventoribus. Im 2ten wird gehandelt: de Vocibus; quis Voces musicas primo invenerit; de Vocum divisione. Im 3ten: de Clavibus; und de Clavium numero ac differentia. Im 4ten: de Tonis in genere; de Tonorum numero; de finalibus Tonorum; de ambitibus Tonorum; de repercussionibus Tonorum; und quot modis Toni cognoscantur. Im 5ten: de Solfizatione; de triplici canendi modo; de Scalis, nemlich quid sit Scala ♮ duralis & b mollis; Im 6ten: de Mutationibus. Im 7den: de Modis seu intervallis; de numero Modorum, als dem Semiditono, Ditono, der Diatessaron, Diapente, dem Semitonio cum Diapente, Tono cum Diapente, und der Diapason; de Intervallis prohibitis, nemlich dem Tritono, der Semidiapente, dem Ditono cum Diapente, der Semidiapason, dem Semitonio cum Diapason, Semiditono cum Diapason, der Diapason cum Diapente, und der Disdiapason. Im 8ten: de dimensione Monochordi. Im 9ten. de definitione, utilitate ac usu Monochordi. Im 10ten: de Musica ficta; de conjunctis; und de conjunctarum divisione ac numero; Im 11ten: de Cantu ac transpositione; de deductionum numero; und de transpositione Clavium. Im 12ten: de Tonis in specie; de Tono primo; de Tonorum differentiis; de divisionibus Psalmorum; de vero psallendi modo; de intonationibus Psalmorum; de Tono secundo; de tertio Tono; de Tono quarto, quinto, sexto, septimo, octavo; und de Tono peregrino. Im 13ten: quod diversi diversis delectentur Modis. Das zweyte Buch, so abermahl XIII. capita enthält, hat der Auctor Georgio Bracchio, gewesenem Fürstl Würtembergischen Capellmeister, dediciret. Im 1sten Capitel wird gehandelt: de artis (Musices sc. mensuralis) utilitate ac laudibus. Im 2ten: de Figuris earumque numero. Im 3ten: de Ligaturis. Im 4ten: de Modo, Tempore ac Prolatione; de Modi divisione, majore sc. & minore; Im 5ten: de Signis eorumque divisione, nemlich extrinsecis, intrinsecis, & minus principalibus. Im 6ten; de Tactu ejusque divisione. Im 7den: de Augmentatione. Im 8ten: de Diminutione s. Syncopatione. Im 9ten: de Pausis. Im 10ten: de Punctis. Im 11ten: de Imperfectione, totali sc. & partiali. Im 12ten: de Alteratione; und im 13ten: de Proportionibus, earumque quinque generibus, & horum speciebus. Das dritte, aus 8 Capiteln bestehende Buch, hat der Auctor Philippo Suro dediciret. Das 1ste Capitel handelt: de laude Accentus; das zweyte: de definitione ac divisione Accentus; das dritte: de Regulis Accentus generalibus; das vierdte: de Regulis specialibus; das fünffte: de Punctis; das sechste: de Accentu Epistolarum; das siebende: de Accentu Evangeliorum; und das achte: (welches aber nicht exprimirt worden) de Accentu Prophetiarum. Das vierdte, wiederum aus 8 Capiteln bestehende Buch, hat der Auctor M. Arnoldo Schlick zugeschrieben. Das 1ste Capitel handelt: de definitione, divisione ac nominum Contrapuncti differentia; das 2te: de Consonantiis ac Dissonantiis; das 3te: de Concordantiarum divisione; das 4te: de generalibus Contrapuncti præceptis; das 5te: de Cantilenæ partibus ac clausulis; das 6te: de specialibus Contrapuncti præceptis; das 7te: quibus de causis Pausæ in

Con-

trapuncto ponantur: und das 8te: de vario canentium ritu ac decem canendi mandatis. Dieses ist der Inhalt des gantzen aus 68 Blättern bestehenden Werckgens. Am Ende des 8ten Buchs gedencket der Auctor seiner gethanen Reisen in folgenden Worten: in peregrinatione nostra, quinque Regna, Pannoniæ, Sarmatiæ, Bohemiæ, Daciæ, ac utriusque Germaniæ; Dioeceses sexaginta tres; urbes ter centum quadraginta; populorum ac diversorum hominum mores pene infinitos vidimus; maria duo, Balticum sc. atque Oceanum magnum, navigavimus, non ut merces arctoi sideris, sed palladios fructus cumularemus. Quæ omnia dixisse volo: ut experientia potius quam præceptis, hunc de Ecclesiastico Accentu librum in lucem prodiisse, studiosi Lectores cognoscant.

Orologius (*Alexander*) von seiner Arbeit sind an. 1507 fünff= und sechsstimmige Intradæ in Helmstädt gedruckt worden.

Orpharion, also schreibt es *Eud.* cap. 2. lib. 6. Templi Musices, oder Orpheoreon, und Orphoreon, ist, nach *Prætorii* Beschreibung, T. 2. cap. 3. Syntagm. ein mit Meßing- und Stahl-Saiten bezogenes, und an Proportion etwas kleineres Instrument als die Pandura, so wie eine Laute gestimmt wird. Die Stimmung ist in gedachtem Tomo, im 4ten Capitel, p. 28. n. 30. und die Abbildung in der XVII. Tabelle n. 2. zu sehen.

Orpheus, des Apollinis und der Calliopes Sohn, oder vielmehr eines Königs oder doch Fürstens Prinz, wurde zu Libethris in Thracien gebohren, und in seiner Jugend von dem Lino unterwiesen. Als er nach diesem durch Reisen und Conversation mit moraten und gelehrten Leuten sich eine ziemliche Erudition zuwege gebracht, und wiederum zurück in Thracien kam, brachte er durch seine Beredsamkeit die Barbaren dahin, daß sie ihr wildes Wesen ablegten, ihm folgeten, und sich einer geziemenden Humanité beflissen. Wannenhero die Poeten gedichtet, er sey ein guter Musicus gewesen, so durch seine Kunst und Leyer nicht nur die Menschen, sondern auch die Berge, Felsen, Bäume, wilden Thiere, und dergleichen, wodurch eben die Barbarischen Thracier verstanden werden,

nach sich ziehen können. s. Hederichs Notitiam Auctorum Antiq pag. 27. und 28. woselbst sein Alter in das 2700 Jahr der Welt gesetzet wird. Seiner Music wird beym *Boëth.* f. 1383 der an. 1570 zu Basel gedruckten Edition gedacht. conf. Printzens Music. Histor. c. 2 §. 37. *Horat.* in Arte Poet. v. 391. sq. *Virgil.* lib. 6. Æneid. v. 119. & 120.

Orschler (Johann Georg) eines in des Herrn Teutsch=Meisters zu Breslau Diensten gestandenen Hatschierers Sohn, hat anfänglich die Music bey Herrn Michael Kirsten erlernet; ist nachgehends als Page in des Herrn Grafen Zirotins Dienste getreten, und von diesem Herrn nach Wien geschicket worden, daselbst er erstlich bey Mr. Freyen, hernach bey Herrn Rosetti auf der Violin, und bey Herrn Fuxen in der Composition Lection genommen. Er hält sich jetzo bey einem gewissen Grafen in Ollmütz auf, und ist ohngefehr 34 Jahr alt.

Orsini (*Cajetano*) ein Altist in der Kayserlichen Hof=Capelle an. 1721, und 1727.

Orthagoras, ein berühmter Flöten=Spieler, welcher den Thebanischen = Feld=Herrn, Epaminondam, hierinnen unterrichtet. s. *Athenæum* lib. 4. c. ult.

Ortiz (*Didacus*) oder Ortix, ein Spanier, und (wie davor gehalten wird) Music-Professor, hat an. 1565 vierstimmige Hymnos, Magnificat, Salve, Psalmos, u. d. g. zu Venedig in folio herausgehen lassen. s. *Antonii* Biblioth. Hispanam, und *Gesneri* Bibl. univers.

Orumbellus, ein Citarœdus, welcher wegen Ehebruchs mit des Mayländischen Hertzogs Philippi Gemahlin, der Beatrice, fälschlich in Verdacht gerathen. s. *Jovium* in Philippo, und *Fulgosum* lib. 5. c. 3.

Osbernus, ein Engländischer Benedictiner-Mönch und Præcentor zu Canterbury (lat. Cantuaria und Darverinum oder besser Durovernum genannt. s. *Ferrarii* Lex. Geogr.) weswegen er auch mit dem Zunahmen Dorobernensis heisset, ist zu seiner Zeit vor den besten Musicum gehalten worden, hat ums Jahr 1074 florirt, und 1 Buch de re musica, auch noch eins: de Vocum consonantiis hinterlassen. s. *Balei* Catalog. Scriptorum Britanniæ, p. 165. Einige halten nurgedachte zwey Bücher vor eins. s. *Voss.* de Mathesi c. 59. §. 8. f. 181 b.

Osiris,

Ofiris, der erste Egyptische König, soll zu Abrahams Zeiten gelebt, seinem Reiche 270 Jahr rühmlichst vorgestanden, und die einfache Pfeiffe, Monaulus genannt, erfunden haben s. Printzens Mus. Histor. c. 2. §. 5. woselbst in den folgenden §. §. noch mehrere Umstände von ihm zu lesen sind.

Ofius (*Theodatus*) ein Jurist zu Mayland im 17ten Seculo, hat sich sonderlich auf die Music und Arithmetique gelegt, und L' Armonia del nudo parlare; Meditationes rhythmicas, und Sylvain novarum opinionum geschrieben. s. das comp. Gelehrten-Lexicon. Dieses letztere Buch ist auch an 1669 zu Franckfurt am Mayn in 12mo herausgekommen, und enthält verschiedenes in die Music einschlagendes in sich, als c. 7. befindet sich eine Auslegung des Platonischen Vorgebens: de mundi constructione harmonica; c 31. warum die Last-Träger gemeiniglich zu singen pflegen; c. 54. quod medium harmonicum sit in Semitonio Mi; c 73. quod omne mistum naturæ consistat tantum ex duobus elementis differentibus sub inæquali concursu, arithmetisch und musicalisch vorgestellt; c. 75. quota pars toni sit Comma musicum; c. 77. begreifft eine musicalische Speculation pro distinctione dierum criticorum in indices & judices; c. 87. wird der dreyfache Unterschied Justitiæ distributivæ, arithmetica, musica & geometrica speculatione gewiesen; c 90. zeiget die modulos regiminis politici in Systemate musico; c. 99. wird gemeldet: cur in Unisono & Æquisono pulsata una chorda moveatur & altera: und c. 111. quod Semitonium non sit pars toni. Nach Ghilini Zeugniß, P. I. p. 213. del Teatro d' Huomini letterati, lauten die völligen Titul der beyden ersten also: (1 L' Armonia del nudo parlare, overo la Musica ragione della voce continua, nella quale a forza di Aritmetiche, & di Musiche speculationi si pongono alla prova le regole sino al presente stabilite da gl' Osservatori del numero della prosa, & del verso. (2. Meditationes Rhythmicæ in duas partes distinctæ, quarum una Theoricam, altera Praxin facultatis sciendi per numeros, sive restitutam Pythagoreorum doctrinam pollicetur.

Oforius (*Hieronymus*) ein Bischoff zu Silves in Algarbien, aus einer ansehnlichen Familie zu Lissabon entsprossen, studirte zu Salamanca, Paris und Bologna, und wurde wegen seiner Beredsamkeit der Portugiesische Cicero genennet. Schrieb, unter andern, auch vier Bücher: de Regis institutione & disciplina, welche zu Cöln an 1582 in 8vo nachgedruckt worden sind. In solchen wird am Ende des 4ten Buchs vom 122 bis zum 125ten Blatte von der Musie, und zwar bey Gelegenheit der Frage: ob solche auch von Königen solle gelernet werden? gehandelt. Er ist an. 1580 d. 20. Augusti zu Tavila gestorben. s. das comp. Gelehrten-Lexicon.

Offervanza [*ital.*] con osservanza, da man etwas executiret, wie es steht, und weder mehr, noch weniger machet.

Oftinato [*ital.*] obstiné [*gall*] heißt hartnäckig, d. i. dasjenige, so man einmahl angefangen hat, beständig fortsetzen, und nicht davon ablassen. Also sagt man: Contrapuncto oftinato.

Ottava. s. *Octava*.

Ottho (*Valerius*) wurde von der Stadt Leipzig an. 1592 den 25 May in die Schul-Pforte, als ein Alumnus, gethan, und ward nachgehends an der Lutherischen Kirche in der Alt-Stadt Prag Organist. s. *M. Justini Pertuchii* Chronicon Portense, p 272. Seine Musa Jessæa, quinque vocibus ad octonos modos expressa, ist an. 1609 zu Leipzig in folio gedruckt worden. s. *Draudii* Bibl. Class. pag. 1632.

Otmaierus (*Caspar*) ein Musicus, hat an. 1551 floriret, und in Nürnberg bey Petreio Musicalien drucken lassen. s. *Simleri* Epitomen Bibliothecæ Conr. Gesneri.

Otto (*Georgius*) Capellmeister zu Cassel, von Torgau gebürtig, ließ an. 1588 die teutschen Gesänge Lutheri, auf die vornehmsten Feste mit 5 und 6 Stimmen gesetzt, an erstgedachtem Orte in 4to oblongo drucken, und dedicirte selbige seinem Herrn, Landgraf Wilhelm. Auf denen an.1574 zu Erffurt gedruckten fünffstimmigen Introitibus totius anni, wird er ein Musicus Salzensis, und in *M. Justini Pertuchii* Chronico Portensi, p. 211. Cantor Salcensis genennet, der an. 1564 ein Alumnus in der Schul-Pforte gewesen, und, nach besagtem Cantorat von dem Landgrafen zu Hessen,

Mauritio, zu seinem Capellmeister angenommen worden. Sein Opus musicum, continens textus Evangelicos dierum Festorum Dominicalium & Feriarum per totum annum, von 5. 6. und 8 Stimmen, ist an. 1605 zu Cassel in 4to herausgekommen. s. *Draudii* Bibl. Class. p. 1615.

Otto (*Joannes*) ein Nürnberger, gab an. 1537 sein novum & insigne Opus musicum 4. 5. & 6 vocum in Druck.

Otto (*Stephanus*) ein Schanbauischer Phonascus, von Freyberg gebürtig, hat an. 1648 sein also genanntes Cronen-Crönlein, oder den *musicalischen* Vorläuffer, auf Concert- Madrigal-Dialog- Melod-Symphon-Motetten Manier gesetzt, zu Freyberg in Meissen in 4to drucken lassen.

Ottupla [*ital.*] Ottuple [*gall.*] ist, nach *Brossards* Beschreibung, wol nichts anders, als ein aus lauter, oder, wenigstens meistentheils aus Achtel-Noten bestehender gleicher Tact.

Oudot, ein Frantzösischer Componist, dessen der *Mercure Galant* im Septembre-Monat des 1679ten Jahrs pag. 138. gedencket.

Οὔπιγγος, war bey den Griechen ein Hymnus, welcher der Dianæ zu Ehren gesungen wurde. s. illustr. *Spanhemium* ad Callimachum pag. 121. Es handelt auch hiervon weitläufftig M. *Paulus Jacobus Eccardus*, in einer an. 1721 den 24. Septemb. zu Wittenberg gehaltenen Dissertation, in welcher Joh. Frider. Gregorius, ein Studiosus Theologiæ, Respondens gewesen.

Ouverture [*gall.*] hat den Nahmen vom Eröffnen, weil diese Instrumental-Piéce gleichsam die Thür zu den Suiten oder folgenden Sachen aufschliesset. Ihr eigentlicher Platz ist zu Anfang einer Opera, oder eines andern Schau-Spiels, wiewol man sie auch vor Cammer-Sachen setzet. Sie leidet hauptsächlich 2 Eintheilungen, deren erste einen egalen Tact, und ordentlicher weise den 2 halben haben wird, dabey ein etwas frisches, ermunterndes und auch zugleich elevirtes Wesen mit sich führet, kurtz und wohl gefaßt, auch mehrentheils nicht über 2 Cadenzen aufs höchste admittiren muß. Der andere Theil bestehet in einem, nach der freyen 'nvention des Componisten eingerichteten, brillirenden Themate, welches entweder eine reguliere oder irreguliere Fuge, bisweilen und mehrentheils auch nur eine blosse aber lebhaffte Imitation seyn kan. Die meisten Frantzösischen Ouverturen schliessen nach dem Allegro, oder andern Theile der Ouverture, wiederum mit einem kurtzen Lentement, oder ernsthafften Satze. s. *Matthesonii* Orchestre I. P. 2. c. 4. §. 22. p. 170. und 171.

Ouvrardus (*Renatus*) oder René Owrard, ein Frantzösischer Canonicus zu Tours, von Chinon, einer kleinen Stadt in der Landschafft Touraine, gebürtig, (auf lateinisch Caino und Chinonium genannt) welcher an. 1694 gestorben, s. *Jacobi le Long* Biblioth. Sacram, f 889 Im ersten Tomo der Histoire de la Musique, ch. 2. p 30. wird er ein Maitre de la Musique de la Sainte Chapelle genennet, hat eine Historiam Musices apud Hebræos, Græcos & Romanos geschrieben, welche von Claudio Nicasio dans les Sirenes, ou Discours sur leur forme & figure §. 28. p. 55. sehr gerühmt wird, s. *Theophili Amelii*, oder, wie der rechte Nahmt heißt, *Petri Zorns* Erörterung der duncklesten und schwersten Schrifft-Stellen im Alten Testament, p. 251.

Oüyes [*gall.*] aures [*lat.*] die Oeffnung an beyden Seiten des Steges auf Violinen, Violadigamben, u. d. g. s. *Mersen.* lib. 1. de Instrum. harm. Prop. 7.

Oxyphonus [*lat.*] ὀξύφωνος [*gr.*] ein Discantist.

Ozanam (*Jacques*) ein Königl. Frantzösischer Professor Mathematum zu Paris, hat in seinem an. 1691 in 4to herausgegebenen Dictionaire Mathematique, am Ende auch Music-terminos erkläret. Es betragen solche in der Amsterdamer Edition 16 Blätter. Der Auctor ist an. 1640 im Fürstenthum Dombes gebohren worden, und an 1718 gestorben. s. Hrn. Profess. Stollens Anleitung zur Historie der Gelahrheit, c. 7. p. 302.

P.

P. oder p, bedeutet Pedale, ingleichen Piano.

Pacæus (*Richardus*) oder Paise, Pace, Pacey, war Dechant bey S. Pauli in London. König Henricus VIII. gebrauchte sich seiner in Gesandschafften und andern wichtigen Geschäfften. Endlich brachte es der Cardinal Wolsey dahin, daß der König ihm seine Gnade entzog. Dieses kränckte denselben so sehr, daß er darüber vom Verstande kam, und an. 1532, ohngefehr 50 Jahr alt, starb. s. das comp. Gelehrten-Lexicon. Nach Balei Bericht, Centur. 8. seines Catalogi Scriptorum Britanniæ, p. 653. ist er nur 40 Jahr alt geworden, hat unter andern ein Buch: de restitutione Musices geschrieben, und liegt im Stepuey mit diesem Epitaphio begraben:

Ricardus jacet hic, venerabilis ille Decanus,
 Qui fuit ætatis doctus Apollo suæ.
Eloquio, forma, ingenio, virtutibus, arte
 Nobilis, æternum vivere dignus erat.
Consilio bonus, ingenio fuit utilis acri,
 Facunda eloquii dexteritate potens.
Non rigidus, non ore minax, effabilis omni
 Tempore, seu pueri, seu loquerere senes.
Nulli unquam nocuit, multos adjuvit, & omnes
 Officiis studuit demeruisse bonos.
Tantus hic & talis, ne non doleatur ademptus,
 Flent Musæ, & laceris moesta Minerva comis

Pacellus (*Asprilius*) oder Asprilio Pacelli, ein Italiäner, aus Vasciano, einem in der Diæces von Narni liegenden Orte gebürtig, hat dem Könige in Polen und Schweden, Sigismundo III. über 20. Jahr als Capellmeister gedienet, ist am 4ten May an. 1623 im 53ten Jahre seines Alters in Warschau gestorben, und daselbst in die Kirche S. Joannis Baptistæ mit nachstehendem Epitaphio, so höchstgedachter König ihm setzen lassen, begraben worden.

D. O. M.
Piæ Memoriæ
Excellentis viri, Asprilii Pacelli, Itali, de oppido Vasciano, Diœcesis Narniensis. Qui professione Musicus, eruditione, ingenio inventionum, delectabili varietate, omnes ejus artis coætaneos superavit, antiquiores æquavit & Serenissimi atque Victoriosissimi Principis, Domini, D. Sigismundi III. Poloniæ & Sueciæ Regis, Capellam Musicam, toto Christiano Orbe celeberrimam, ultra 20 annos mira solertia rexit, eadem S. R. Majestas, ob fidissima obsequia, hoc benevolentiæ monumentum poni jussit. Desiit die 4 Maji, Anno Dom. M. DC. XXIII. Anno ætatis suæ LIII.

Von seiner Arbeit sind an. 1604 und 1608. 5. 6. 7. bis 10 und 20stimmige Cantiones sacræ; it. an 1608 vierstimmige Psalmen, Magnificat, und Motetten; vorher aber an. 1607 achtstimmige Psalmen und Motetten; auch 2 Theile Madrigalien, der erste von 4, und der zweyte von 5 Stimmen, zu Franckfurt am Mayn in 4to gedruckt worden.

Pachelbel (Johann) In der Historischen Nachricht von den Nürnbergischen Künstlern des Hrn. Profess. Doppelmayrs stehet p. 258. sq. folgendes von ihm: Johann Pachelbel, ein Musicus und vortrefflicher Organist, gebohren den 1. Sept. an. 1653. Zeigte bey anwachsenden Jahren zu den Studiis, und vornehmlich mit zur Music ein besonderes Belieben, welchen rühmlichen Lust-Bezeugungen zur Folge, ihme sodann seine Eltern so wohl in der Latinität und den Humanioribus, als auch allerhand Instrumenten, hauptsächlich aber auf dem Clavier, von geschickten Leuten, vornemlich aber von Heinrich Schwemmern, einen guten Unterricht mittheilen liessen, worauf er von Nürnberg auf Altdorff gienge, in der Intention, seine Studia zu prosequiren, weil aber die Mittel hierzu nicht lange zulänglich seyn wolten, begab er sich auf Einrathen einiger seiner guten Gönner, nach dem Verlauff eines Jahrs, besserer Subsistenz wegen, nach Regenspurg in das dasige Gymnasium poëticum, und verblieb allda 3 Jahr, da er sich neben den Studiis in der Music, durch seinen beykommenden grossen Fleiß so habil machte, daß ihm, als er von dar am ersten seinen Weg nach Wien nahm, und kaum einige Zeit da war, in Ansehung solcher Geschicklichkeit angediehe eines berühmten Organisten bey der S. Stephans-Kirche Vicarius zu werden, dabey er sich auch noch absonderlich mit auf die Composition, in welcher er den trefflichen Componisten und wohlbekannten Wienerischen Capell-

Capellmeister, Caspar Kerln, zu einen guten Vorgänger hatte, mit vielen Eiffer legte. Nach diesen erhielt er gegen an. 1675 eine ansehnliche Vocation nach Eisenach, die er freudigst annahme, allwo er die Stelle eines Hof-Organisten etliche Jahr lang versahe. An. 1678 zoge er nach Erffurt, und stunde daselbsten, in die 12 Jahr, seinem ihm anvertrauten Amte auch rühmlich vor. Hierauf begab er sich an. 1690 auf eine wiederum neu-erhaltene Vocation nach Stuttgard, er muste aber diesen Ort, wegen des nach dem erfolgten Einfalls der Frantzosen eher, als er vermeynte, quittiren, und fernere andere Dienste annehmen, die er dann zu Gotha fande. Endlich wurde er an. 1695 auch nach Nürnberg an den Platz des damahls verstorbenen, Georg Caspar Weckers, vociret, welcher Beruff ihme, aus Liebe vor sein Vaterland, vor vielen am angenehmsten war, daher er sich auch um desto schleuniger dahin machte, daselbsten wiese er gar bald so wohl auf dem Clavier als in der Composition eine besondere Geschicklichkeit, indem er jenes auf eine gar angenehme Art zu tractiren, da er sich mit am ersten in Teutschland die liebliche Manier von Ouverturen darinnen einzuführen bemühete, und in den Kirchen-Stücken so wohl die Vocal-als Instrumental-Music vollkommener, als man vorhero gethan, richtete, gar trefflich darzugeben wußte, wovon seine hinterlassene Stücke, davon nur wenige in etlichen Werden zu einen öffentlichen Verlag gekommen, als da von ihm erstlich zu Erffurt zur Zeit der dazumahl grassirenden Contagion, vier Sterbe-Lieder mit Variationen auf dem Clavier, dann aber zu Nürnberg 7 Sonaten mit zweyen verstimmten Violinen, 6 Choräle auf allerhand Art angeführet, dann 6 variirte Arien nur ediret worden, annoch ein sattsames Zeugniß abstatten, die auch nach seinem Tode noch sehr æstimiret werden, nachdem dieser den 3 Martii an 1706 zu vieler Music-Liebenden grossen Bedauren allbereit erfolget. (Wo mich nicht irre, ist er an. 1705 um Lichtmeß gestorben.)

Pachelbel (*Johan*) ein Nürnberger, und Scholar des Hrn. Weckers, hat zu Regenspurg das Gymnasium frequentiret; hierauf eine Reise nach Wien gethan, und nachgehends zu Eisenach bey der Capelle als Organist eine kurtze Zeit gedienet; wurde an. 1676, im 27 Jahr seines Alters, als Organist an der Prediger-Kirche in Erffurt angenommen; nach der Contagion aber zum Hof-Organisten in Stuttgardt vociret, von dar durch die Frantzosen mit Weib und Kindern vertrieben; kam zurück nach Gotha, woselbst er so wohl als letzlich zu Nürnberg an der S. Sebalds-Kirche die Organisten-Stelle rühmlichst bekleidet. Ist gestorben den. 2 Febr. an. 1704 oder 1705. Seine in Kupffer herausgegebene Sachen sind folgende, als:

(1. Musicalische Sterbens-Gedancken, aus 4 variirten Choralen bestehend, an. 1683.

(2. Musicalische Ergetzung, aus 6 verstimmeten Partien von 2 Violinen und G. B an. 1691

(3. Chorale zum Præambuliren, 8 an der Zahl, an. 1693 zu Nürnberg; und

(4. Hexachordum Apollinis, aus 6 sechsmahl variirten Arien, an. 1699 zu Nürnberg in länglicht 4to. Ohne die andern vielen Clavier-Vocal-und Instrumental-Stücke, so er gesetzt gehabt.

Pachelbel (*Wilhelm Hieronymus*) des vorhergehenden Sohn, gebohren zu Erffurt, war anfänglich an 1705 an der Prediger-Kirche, hernach aber bey S. Sebald zu Nürnberg Organist. Von seiner Arbeit sind durch Kupfferstich bekannt geworden: an 1725 ein Præludium und Fuga, aus dem C dur, in Verlegung des Autoris, und zu finden in Leipzig bey Fried. Lanckischens Erben; ingleichen eine Fuga aus dem F dur.

Pacius (*Antonius*) ein Priester und Ritter des S. Stephani-Ordens, von Florentz gebürtig, ist ein guter Musicus gewesen, wie die zu Venedig herausgekommene sechsstimmige Madrigalia bezeugen; und hat an. 1589 noch gelebt. f. *Pocciantii* Catal. Script. Florentinorum, p. 16.

Padoana, Paduana [*ital.*] Pavane [*gall. angl.*] ein gravitätischer Tantz, welcher, wie einige davor halten, in der Stadt Padua zuerst erfunden und getantzt worden, und davon den Nahmen her hat. f. *Tauberts* Tantzmeister lib. 2. c: 6. p. 369. Nach *Prætorii* Bericht, T 3. c. 11. p. 24. Syntag. bestehet er meistentheils aus 3 Repetitionen, deren jede 8, 12, oder 16 Tacte, weniger aber nicht haben muß, wegen der 4 Tritte oder Passuum, so darinn observirt werden müssen.

Pæan, pl. pæanes [*lat.*] παιάν, pl. παιᾶνες,

PAE. PAL. 459

ne [*gr.*] ein Gesang, so ehemahls nur dem Apollini und der Dianæ, nachgehends aber auch andern Göttern zu Ehren gesungen worden. s. *Photii* Bibliothecam f. 986. Daß dergleichen Lob=Gesänge tantzend verrichtet, und dabey auf der Cither gespielet, ja auch vornehmen Leuten zu Ehren verfertiget worden, hat Georgius Fabricius in seinem Commentario in Poetas Græcos angemercket. Uberhaupt aber ist Pæanismus [*lat.*] παιανισμός [*gr.*] ein Freuden-und Lob=Gesang, von παιανίζω, ovo, canto, so diejenigen, welche von einem Ubel erlöset und befreyet werden, zu singen pflegen.

Pæanem citare, ist bey dem Cicerone lib. 1. de Oratore so viel, als vocem sensim excitare, vel intentiore voce altum & acutum scansim insonare, mit der Stimme nach und nach immer höher steigen; παιανίζειν. s *Haur. Junii* Nomer clat.

Paisible, ein in England sich aufhaltender Musicus auf der Flute douce, von dessen Arbeit ein und ander Stück zu Amsterdam bey Roger gravirt worden. s dieses seinen Music=Catal. p. 16. 22. und 26.

Paix (*Jacobus*) von Augspurg gebürtig, war Organist zu Lauingen, und gab daselbst an. 1583 ein Buch vor die Orgel in folio heraus. s. *Gesneri* Biblioth. univers. *Draudius* führet p. 1651 seiner Bibl. Class. nurgedachtes Tabulatur=Buch, als 1587 edirt, an; und gedencket auch folgender, als : (1. eines an. 1589 zu Lauingen gedruckten teutschen Tractats, dieses Inhalts : daß die Music so wohl in öffentlichen Kirch=Versammlungen, und Schulen, als in privat-Häusern fleißig zu treiben sey. (2. eines von 2. 3. 4. und mehrstimmigen künstlichen Fugen bestehenden, und zu Lauingen an. 1587 gedruckten Motetten=Wercks; ferner (3 einiger Missen, und eines Fugen=Buchs mit Noten und Buchstaben, nach Ordnung der 12 Modorum eingerichtet, und an letztgemeldten Orte an. 1588 in 4to gedruckt. s. *p.* 1641. 1638. 1625.

Paladin (*Antoine François*) ein Mayländer, hat 2 Lauten=Bücher, worinn viele Psalmen und geistliche Lieder enthalten sind, an. 1562 zu Lion bey Simon Gorlier drucken lassen. s. *Verdier* Bibliotheq.

Palæomagadis [*lat*] πλαιομάγαδις [*gr.*] ist ein blasendes Instrument gewesen, so einen hohen und tieffen Klang von sich gegeben. Magadis & Palæomagadis tibia est, quæ acutum & gravem sonum efficit. s. *Bulenger.* lib. 2 de Theatro, c. 26. p. 375. und *Athenæum* lib. 4. p. m. 182.

Palavicinus (*Benedictus*) oder Benedetto Palavicino, ein ums Jahr 1595 hochberühmt gewesener Musicus (præter omnem laudem præclarissimus) von Cremona gebürtig. s. *Arisii* Cremon. literat. p. 455. *Draudius* p. 1630. Bibl. Class. nennet ihn einen Capellmeister des Hertzogs von Mantua, und führet folgende von ihm elaborirte Wercke an, als :

Madrigali à 5 voci, an. 1604 zu Antwerpen gedruckt.
Madrigali à 6 voci, an. 1606. und
Libro 6 de Madrigali à 5 voci, an. 1612 daselbst gedruckt

Vorgedachter Arisius gedencket l. c. auch eines an. 1605 zu Venedig edirten 8, 12. und 16stimmigen Wercks.

Palazzottus (*Josephus*) und Tagliavia, ein Sicilianischer Priester, Theol. Doct. Archidiaconus zu Cephaleda, und Examinator Synodalis, ist in der Music sehr erfahren gewesen, hat an. 1645 florirt und an. 1632 zu Neapolis dreystimmige Madrigali concertati, als sein 9tes Werck, in 4to drucken lassen. s. *Mongitoris* Bibl. Sicul. p. 395.

Palestrino (*Gio. Pietro Aloisio*) oder wie ihn Antimo Liberati nennet, Pelestrina; beym Bononcini, P. 1. c. 7. del Musico Prattico heisset er : Palestina ; oder Joannes Petrus Aloysius Prænestinus, wie er sich selbst auf denen an. 1589 zu Rom in groß folio gedruckten 4. 5. und 6stimmigen lateinischen Hymnis totius anni nennet, welches Werck er, als Capellmeister bey S. Petri zu Rom, dem Pabst Sixto V. zugeschrieben, hat von seinem Geburts-Orte, nemlich der in der Campagna di Roma liegenden Stadt Palæstrina, so lateinisch Præneste genennet wird, den Nahmen geführet, und ausser jetzt gemeldten Wercke noch andere ediret, als 4stimmige Missen, welche Alessandro Nuvoloni, ein Maylänischer Organist, an 1610 aufs neue wiederum drucken lassen. Es sind auch an. 1639 zu Rom Missen von ihm gedruckt worden. Augustinus Pisa, in seinem Tractat dalla Battuta, nennet ihn p. 87 einen Fürsten der Musicorum, und Ruhm der gantzen Music ; und p. 124 beglaubet er : daß um seinet willen die Music nicht wäre aus der Kirche verbannet worden,

worden, welches doch die Päbste, wegen vieler Mißbräuche ungeschickter und grober Componisten sonst hätten thun wollen. Nach seinem Nahmen werden auch die mit einander zugleich singende Stimmen, alla Palæstrina, gleichwie sonsten à Capella, genennet. s. *Bononcini* Musico Prattico, P. 2. c. 14. *Josephus Suaresius*, lib. 2. *Prænestes antiquæ*, p. 269 nennet und lobet ihn gleichfalls als Principem Musicæ, ejusque in sacris tutorem & conservatorem. Die Geschichte beschreibet gedachter Suarez, aus einem Briefe, den Loelius Guidiccionus aus Rom 17 Kalend. Febr. An. 1637 an ihn abgehen lassen, und kan in den Monathlichen Unterredungen, Sept. An. 1692 p. 720 & 721 nachgelesen werden. s. *Matthesonii* Ephor. Göttingens. p. 59.

Palilogia [*lat.*] heisset; wenn einerley Worte allzuofft wiederhohlt werden.

Palimpsestus [*lat.*] παλίμψησος und παλίμησος [*gr.*] von πάλιν, rursus, und ψέω, tergo, rado; it. Palinxestus oder Palinxystus [*lat.*] παλίγξεσος oder παλίγξυσος [*gr.*] jenes von ξέω, und dieses von ξύω, i. e. rado, æquo, complano, ist so viel als membrana rasilis, d. i. eine solche mit einem gewissen Gips und Firnis zugerichtete Eselshaut, worauf das geschriebene wiederum weggelöschet und abgekraßet werden kan. Man nennet es insgemein ein Cartell. s. *Matth. Martinii* Lex. Philol.

Pammigerus (*Leonhardus*) oder Bammigerus, und Paming (mit diesem leßtern Nahmen beleget ihn Prinß c. XI. §. 29. Histor. Musicæ) beym Gesnero heißt er: Pannigerus; hat an. 1572 den 1sten Tomum an. 1574 den 2ten, und an. 1576 den 3ten Tomum seiner 4. 5. 6. und mehrstimmigen Cantionum Ecclesiasticarum zu Nürnberg in 4to drucken lassen. s. *Draud.* Bibl. Class. p. 1616.

Pamphilus (*Josephus*) ein Benedict. Mönch von Verona gebürtig, ist so wohl in den Kirchen-Vätern und Historien, als andern Disciplinen, absonderlich aber in der Music versirt gewesen; wurde an. 1568 Päbstlicher Sacristaner, und Scholæ Capellæ Pontificiæ Præfectus; an. 1570 den 6 Febr. Bischoff zu Segni, einer in der Campagna di Roma, im Kirchen-Staate, auf dem Berge Segni liegenden Stadt, begab sich aber erst an. 1574 dahin und starb an. 1581 in seinem Vaterlande. s. *Elssii* Encomiast. Augustian.

Pan, der aus der fabulösen Antiquieät bekannte Hirten-Jäger u. d. g. Gott, soll die aus sieben ungleichen Röhren bestehende Hirten-Pfeiffe erfunden haben. Die Gelegenheit zu dieser Erfindung ist in des *Natalis Comitis* Mythol. lib. 5. c. 6. zu lesen.

Pancirollus (*Guido*) ein Italiänischer JCtus, gebohren an. 1516, war eine Zeit lang Professor Juris zu Turin, woselbst er über die ordinairen hundert Ducaten, noch tausend Besoldung hatte; weil ihm aber die Lufft daselbst nicht bekommen wolte, und er gar ein Auge verlohr, so wendete er sich nach Padua, woselbst er schon anfänglich die Rechte gelehret hatte. s. das *comp.* Gelehrten-Lexicon. In seinem lateinischen Tractat Rerum memorabilium sive deperditarum, handelt der 39 Titul des ersten Theils, in sehr wenigen Zeilen de Musica, und der drauf folgende 40 Titul auf gleiche Art de Musica muta, & Hydraulica. Ist, nach einigen, an 1591 den 16 May, im 75 Jahr seines Alters, nach andern aber, erst an. 1599 gestorben.

Pancotti (*Antonio*) war an. 1703 Kaysers Leopoldi I. Capellmeister.

Pancrates, ein Musicus, von welchem Plutarchus meldet: daß er vor dem Genere Gromatico, der Variation und Vielfältigkeit der Saiten sich gehütet. s. Prinßens Mus. Histor. c. 7. §. 43.

Pandura [*lat.*] Pandora [*ital.*] Pandore [*gall.*] ist, nach Bonanni Beschreibung p. 97. del Gabinetto Armonico, ein bey den Neapolitanern also genanntes, und mit 8 Metallenen Saiten bezogenes Instrument, so mit einem Feder-Kiel tractirt wird. Beym *Prætorio* T. 2. c. 28. p. 53. stehet folgendes: "Bandoer (fortasse simile quid, si non idem fuit πανδυρα sive πανδυρὲ Græcorum) ist in Engelland erfunden, nach der Lauten-Art, fast einer grossen Cither gleich, mit einfältigen (einfachen) und doppelt-auch vier- oder mehrfach gebrauchten Meßings und stählernen Saiten bezogen, und wird von sechs, bisweilen auch sieben Chören wie eine Laute, doch unterschiedlich, gestimmet: ohne daß ihme die Quinta, welche sonsten auf der Laute gebraucht wird, mangeln thut." Die Abbildung ist bey beyden nur angeführten Auctoribus zu sehen. *Pollux* lib. 4. c. 9. Segm. 60. sagt: daß die Assyrer das Trichordum, so sie erfunden, Panduram genennet hätten. Wer einige etymologische allusiones von diesem Wort zu wissen verlanget, besehe *Matthiæ Martinii* Lexicon Philologicum. Daß es von den Ochsen-Nerven, die vor Saiten darauf gelegt worden, den Nahmen bekommen habe, ist beym Salom. van Til p. 96 zu lesen.

Panduristes [*lat.*] τανδυριϛής [*gr.*] it. Pandurus [*lat.*] πάνδυρος [*gr.*] der nur gemeldtes Instrument tractiret.

Pandurizo [*lat.*] πανδυρίζω [*gr.*] i.e. Pandura cano, ich spiele das Instrument, Pandura genannt.

Pane (*Dominico*) ein Römer, war an. 1655 in Kaysers Ferdinandi III. Capelle ein vortrefflicher Sopranist. *Bucelinus.*

Paner (*Tobias Franciscus*) stund an. 1655 an Kaysers Ferdinandi III. Hofe als ein Instrumental-Musicus in Diensten. *Bucelinus.*

Pantaleon, ein grosses mit Darm-Saiten bezogenes, und von Mr Pantaleon Hebenstreit, einem hochberühmten annoch in Dresden lebenden Virtuosen erfundenes Instrument, so mit Klöppeln, gleich einem Hackebret, tractiret wird. Der Hr. Erfinder ist eines Stadt-Musici Sohn, und von Eißleben gebürtig.

Paolini (*Aurelio*) hat dreystimmige Sonaten, so sein erstes Werck ist, gesetzet, welche zu Amsterdam bey Roger gravirt worden.

Pape (Heinrich) Organist zu Altona, hat nebst Martino Colero, zu Johann Ristens an. 1648 zu Hamburg in 8vo edirten Paßions-Andachten die Melodien gesetzet. s. Wetzels Lieder-Historie, P. 2. p. 364.

Papenius (Joh. Georg) ein Bürger und Orgelmacher in Stollberg, hat unter andern an. 1708 das Oldischlebische 16stimmige Werckgen verfertiget.

Papius (*Andreas*) des Bischoffs zu Antwerpen, Lævini Torrentii, Schwester Sohn, von Gent gebürtig, war in der Lateinischen und Griechischen Sprache, wie auch in der Music und Poesie wohl erfahren, wurde zu Lüttich Canonicus, weselbst er an. 1581 den 15 Julii, 30 Jahr alt, als er sich mit Schwimmen divertiren wollen, in der Maas ersoffen. Sein in der Martins-Kirche befindliches Epitaphium lautet folgender massen:

Trismegisto orbis Servatori.
Dardanidæ, Ausonii, Gandenses, Musica, Phœbus,
Multiscii flerunt tristia fata Papi:
Qui cum plus nimio malefidis credidit undis
Corpus, abit Mosæ sub vada cæca miser.
Andreas Papius Gandensis
Hujus ædis Canonicus utriusque linguæ peritiss.
Musicus & Poeta optimus
Magni illius Lævini Torrenti Antverp. II. Episc.
Nepos & Alumnus
Dum Syrios pertæsus ardores ad Lontigerorum turrim
aquæ silenti se committit
meando remeando tandem fatiscens occidit
Id. Julii M.D.LXXXI. triduo post hic sepultus.
Vivat & ætherea luce fruatur.
Hoc *Papio* posuit *Janus* collega *Guilelmus.*

s. *Swertii* Athenas Belgicas. Man hat, unter andern Sachen, auch von ihm einen aus 2 Büchern bestehenden lateinischen Tractat: De Consonantiis, seu pro Diatessaron, welcher, nach Lipenii Bericht, schon an. 1568 zu Antwerpen in 8vo gedruckt worden seyn soll; diejenige Edition aber, so ich gesehen habe, ist an. 1581 daselbst bey Christophoro Plantino herausgekommen, und vom Auctore dem Bischoffe zu Lüttich, Ernesto, dediciret worden. Das erste Buch enthält 21, und das zweyte 22 Capitel, welche ohngefehr 13 Bogen zusammen betragen. Das Hauptwerck darinnen ist: daß er die Quartam vor eine Consonanz hält, und von andern davor gehalten wissen will.

Pappo (*Francesco*) ein Maylandischer Geistlicher und Prediger, hat die musicalische Composition wohl verstanden, und an. 1608 zwey und vierstimmige Motetten daselbst drucken lassen. s. *Picinelli* Ateneo dei Letterati Milanesi, p. 217.

Pappus, ein berühmter Mathematicus von Alexandrien, unter des Kaysers Theodosii M. Regierung, gegen das Ende des

des 4ten Seculi, soll, wie einige wollen, der Auctor von des Euclidis Isagoge Harmonica, ingleichen von den Commentariis über des *Ptolemæi* Harmonica seyn, welche sonst dem *Porphyrio* zugeeignet werden; weil dieser nur über die vier ersten Capitel commentiret hat. s. *Joan. Bona* notitiam Auctorum.

Parabosco (*Girolamo*) ein Italiänischer gelehrter Musicus und Poet, von Piacenza gebürtig, florirte ums Jahr 1541 zu Venedig, und starb an. 1587. s. das *Giornale de' Letterati d' Italia*, T. XI. *Artic.* XII. p. 277. *Zarlinum,* lib. 8. c. 13. Suppliment. f. 326. und *Contarino nel suo Giardino*, p. 4.6. Seine poetischen Wercke, als Comœdien und Tragœdien, ingleichen die Lettere amorose sind in der Libraria des *Antonio Francesco* Doni, pag. 21. b. specificirt anzutreffen. conf. *Giddius* T. 2. de Scriptoribus non Ecclesiasticis, f. 200.

Paraceleusticon [*lat.*] παραχελιυσικǫν [*gr.*] ein Schiffer-Lied.

Paradinus [*Guilielmus*] ein Frantzösischer Historicus und Decanus in Beaujeu [*Belljocensi*], aus der Burgundischen Stadt Cuiseaux [*Cynsellensis*] gebürtig, florirte ums Jahr 1581, und schrieb unter andern vielen Sachen, auch einen Tractat: de Choreis. in seiner Sprache, welcher an. 1566 zu Beaujoi in 8vo gedruckt worden. s. *Lud. Jacob*, de claris Scriptoribus Cabilonensibus, pag. 123 sqq. und das *comp.* Gelehrten-Lexicon.

Paragoge [*lat.*] παραγογή [*gr.*] heisset: wenn in einer Cadenz noch etwas angehänget wird, so nicht expresse vom Componisten hingesetzet worden, sondern vom Executore angebracht wird; von παρά præter, und ἄγω, duco.

Paramese [*lat.*] παραμέση [*gr.*] sc. chorda, quæ est παρὰ μέσῃ, i. e. juxta mediam; also hieß bey den Griechen die nächste Saite über der mittelsten in ihrem Systemate (vom A biß ins a gehend) welche unserm jetzigen h auf der Orgel correspondiret.

Paranete παρανήτη [*gr.*] sc. chorda, quæ est παρανήτην, juxta ultimam, ultimæ proxima; also hieß bey den Griechen in einigen Tetrachordis die letzte Saite ohne eine, oder die penultima, als: die Paranete Diezeugmenon παρανήτη διεζευγμένων [*gr.*] oder Subultima divisarum, war die dritte, oder die nächste an der letzten in diesem Tetrachordo, und correspondirte unserm jetzigen d auf dem Clavier. Die Paranete Hyperbolæon παρανήτη ὑπερβολαίων [*gr.*] oder Subultima excellentium, war die dritte, oder nächste an der letzten in diesem Tetrachordo, und correspondirte unserm jetzigen g. Die Paranete Synemmenon, παρανήτη συνημμένων [*gr.*] oder ubultima conjunctarum, war die dritte oder nächste an der letzten in diesem Tetrachordo, und kam mit dem heutigen c überein.

Paraphonista [*lat.*] παραφωνιςής [*gr.*] ein Vorsänger, qf parans sonos. s. *du Cange* Glossarium.

Parapinacius. s. *Michael.*

Paratico [*Giuliano*] ein vortrefflicher Lautenist, und Cantzellist beym Bischoff zu Brescia, ist ein vertrauter Freund des Luca Marenzo und Lelio Bertani gewesen, welche ihm, wegen seiner sonderbahren Geschicklichkeit, gerne zu besserm Glück öffters beförderlich seyn wollen, wenn er nicht biß an sein Ende, welches an. 1613 erfolget, lieber in seiner Vater-Stadt in Ruhe bleiben, und daselbst sterben wollen. s. *Libraria Bresciana del Leonardo Cozzando,* p. 209 sq.

Parc [*du*] ein Frantzösischer Componist ums Jahr 1678, von dessen Arbeit 2 Arien im *Mercure Galant*, und zwar im Extraordinairen Tomo des Julii-Monats, p. 235. und im Octobre-Monat p. 81. a. c. befindlich sind.

Parcham [*Andreas*] ein verstorbener Accompagnateur, hat ein aus 12 Sonaten von einer Flöte und G B. und 2. Capricen von 2 Flöten und Bass bestehendes Werck, als das erste, zu Amsterdam bey Roger graviren lassen. s. dessen *Catal.* pag. 20.

Parent [*Antoine*] oder Paran, ein Frantzösischer Jesuit, von Nismes oder Nimes gebürtig [*Nemausensis*], war Humaniorum Lector, und Coadjutor Spiritualis, schrieb in seiner Sprache ein Werck de Musica speculativa & practica, und starb zu Bourges an. 1650 d 24 Octobr. im 63 Jahr seines Alters. s. *Witte* Diar. Biograph. und das *comp.* Gelehrten-Lexicon.

Parhypate [*lat.*] παρυπάτη [*gr.*] sc. chorda juxta Hypaten collocata, s.
Sub-

Subprincipalis, oder die nächste Saite über der untersten in zweyen Tetrachordis, als: die Parhypate Hypaton, παρυπάτη ὑπατῶν [*gr.*] Subprincipalis principalium, war die nächste Saite in dem also genannten Tetrachordo Hypaton über der tiefsten, und correspondirte unserm jetzigen also genannten ungestrichenem c. Die Parhypate Meson παρυπάτη μέσων [*gr.*] Subprincipalis mediarum, war die nächste Saite über der tiefsten in dem also genannten Tetrachordo Meson, und kam mit unserm jetzigen f überein.

Pariambis, pl. pariambides [*lat.*] παριαμβις, pl παριαμβίδες [*gr.*] mögen ehemahls gewisse Flöten gewesen seyn, die sich zu den jambischen Versen wohl geschicket, und daher den Nahmen bekommen haben. s. *Matth. Martinii* Lex. Philolog.

Paris, einer von den Söhnen des Trojanischen Königes Priami, ist ein kunstreicher Musicus gewesen. s. Printzens Mus. Histor. c. 2. §. 48.

Parisi [*Nicodemo*] hat ein Werck fünffstimmiger Messen und Psalmen herausgegeben. s. *Parstorff.* Catal. p. 5.

Paritonus [*lat.*] ein Vorsänger, Cantor, qui parat tonos. s. *du Cange* Glossarium. Dieses Wort mag wol von einem barbarischen Schreiber corrumpirt worden seyn, und soll etwa Barytonus heissen: da es denn ein Grammaticalisches Wort seyn, oder auch einen Bassisten bedeuten kan, von βαρύς, gravis, und τόνος, tonus.

Parma [*Nicol.*] hat 5. 6. = 10stimmige Cantiones sacras an. 1580 zu Venedig in 4to drucken lassen. s. *Draudii* Bibl. Class. pag. 1619.

Parochianino, ein berühmt gewesener Musicus auf der Viola zu Mayland, dessen *Morigia nella Nobiltà di Milano*, c. 36, lib. 2. p. 185 gedencket.

Parœnia, Lieder so beym Weine gesungen wurden. παροίνια ἄσματα. s. *Matth. Martinii* Lex Philolog. Bey dem *Polluce* lib. 4. c. 10. Segm. 80. Onomast. sind Parœnii, παροίνιοι [*gr.*] kurtze und égale Flöten, so beym Wein-Trincken gebraucht worden.

Parrhesia heisset beym *Thuringo* Part. 2. Opusc. Biparc. wenn das mi contra fa in einer musicalischen Composition also angebracht wird, daß es keinen Übellaut verursachet.

Parte, pl. Parti [*ital.*] Partie, pl. Parties [*gall.*] Pars, pl. Partes [*lat.*] Stimme, Stimmen, sind eigentlich Theile einer Partitur, welche, um besserer Bequemligkeit willen der executirenden, besonders aus solcher pflegen gezogen und ausgeschrieben zu werden.

Parte che canta [*ital.*] ist in Compositionibus à Voce sola und Instrumenten die Sing-Partie oder Stimme.

Parte inferiore [*ital.*] ist diejenige Partie, deren Melodie das Fundament zu einer Harmonie giebt; kurtz: eine Unter- oder Grund-Stimme.

Parte superiore [*ital.*] ist jede Stimme oder Partie, deren Melodie über das Fundament oder Grund-Stimme gesetzt ist; kurtz: eine Ober-Stimme oder Partie.

Parterre [*gall.*] bedeutet im Comœdien- oder Opern-Hause a. den Ort, wo man stehend zuschauet und zuhöret, lat. aream imam, planum (2. das Billet, so man bekommt aufs Parterre zu gehen. s. *Richelets* Diction.

Parthenai (*Anna de*) eine Gemahlin Antonii von Pons, Grafens von Marennes in Franckreich, lebte zu Anfang des 16 Seculi, und war eine Frau von grossem Verstande und vieler Gelehrsamkeit. Sie war im Latein und Griechischen so fertig, daß sie in beyden Sprachen Bücher lesen konte. In der Theologie hatte sie gleichfalls eine grosse Wissenschafft, dabey verstund sie die Music vollkommen, und sang vortrefflich. s. das comp. Gelehrten-Lexicon.

Participatione [*ital.*] Partition [*gall.*] ist so viel als Temperatur.

Partie du grand Choeur [*gall.*] eine Ripien-Stimme, da alles zusammen gehet.

Partie du petit Choeur [*gall.*] eine Concert-Stimme, so vor andern sich hören lässet.

Partie inferieure [*gall.*] Pars inferior [*lat.*]

Partie superieure [*gall.*] Pars superior [*lat.*]

Parties couvertes, ou Mytoyennes, ou Parties du Milieu [*gall.*] bedeckte oder Mittel-Stimmen.

Parties découvertes ou Extremes [*gall.*]

Partes extremæ [*lat.*] aufgedeckte oder Extrem-Stimmen, d. i. die höchste und tieffste Stimme einer Composition.

Partito [*ital.*] in Stimmen vertheilet. f. *Canone in partito.*

Partitura [*ital.*] Partition [*gall.*] heisset derjenige Entwurff eines Componisten, da er alle Stimmen und Theile seiner Composition über und unter einander rangiret; um Fehler desto eher zu vermeiden, und sodann den Executoribus (so sie etwa fehlen wollen) daraus zu recht zu helffen.

Pascale (*Francesco*) ein Casentinischer Edelmann, hat an. 1615 fünffstimmige Madrigalien zu Venedig drucken lassen.

Paschalius, insignis Mathematicus veræ Praxeos theoriam, & infinitos propemodum Dissonantiis utendi modos pollicetur. f. *Mersenni* Harmon. lib. 8. p. 179.

Paschius (*Georgius*) gebohren zu Dantzig an. 1661 den 23 Sept. studirte daselbst, zu Rostock, Wittenberg, Königsberg, Straßburg, Coppenhagen, Paris, Orford, und auf andern berühmten Universitäten, wurde an. 1689 Professor zu Kiel, und schrieb unter andern einen Tractat: de Novis Inventis, quorum accuratiori cultui facem prætulit Antiquitas, dessen zwepte Edition an. 1700 zu Leipzig in 4to gedruckt worden. In solchem wird an verschiedenen Orten etwas von musicalischen, doch wenigstens dahin gehörigen Sachen gehandelt, als: cap 2. §. 24. cap. 6. §. 25. c. 7. §. §. 14. 21. 24. und 60.

Pasino (*Steffano*) D. ein Italiänischer Componist zu Lonato, hat verschiedene Wercke herausgegeben, als 2. 3. und 4stimmige Missen; 2. 3. und 4stimmige Motetti concertati con Violini se piace, nebst 5stimmigen Psalmen. f. *Parstorff.* Catal. p. 5. und 27. Das 8te Opus, bestehend aus 12 Sonaten à 2. 3. e 4 Instrumenti, de quali una è composta in Canone, & un'altra ad imitatione di versi che sogliono fare diversi animali brutti, ist an. 1679 zu Venedig in folio gedruckt, und den Syndicis und Raths-Herren zu Lonato von ihm dedicirt worden. Er nennet diesen Ort Metropolin Musicæ, weil so viele Musici daselbst berühmt worden, die auch die Music selbst berühmt gemacht hätten. Insonderheit gedencket

er des Verdina, des Gio. Antonio Bertola, und des Lanfranchi: der erste habe an den vornehmsten Europäischen Höfen die Music so empor gebracht, daß er von Fürsten und Herren wäre beliebt und hochgehalten worden. Des zweyten Lob erschalle noch bis daro in den Kirchen, und die Instrumente selbst, womit er die Capellen in der Lombardie erfüllet, bliesen als mit einer Posaune seinen Nahmen aus. Und den dritten könne er deßwegen nicht stillschweigend übergehen, weil er nicht so wol ihme mit gleichen studiis, als einerley Gemüth und Affecten verwand, und ein grosses, doch aber zunehmendes Lumen Musices sey, welches mit seinem so hellen Morgen-Lichte schon andeute, wie schön und heiter der Mittag seyn werde. Von ihm selbst aber meldet er folgendes: ed io appena hebbi posto il piede in Lonato, mi sentii trasformato in tutt'altro da quel di prima; e non essendo più Musico, nuovamente Musico vi divenni. Aus diesen Worten erhellet so viel, daß er nicht aus Lonato gebürtig gewesen.

Pasqualigo, ein vornehmer Päbstlicher Castrat, welchen der Herr Hofrath Nemeitz an. 1721 singen gehöret. f. seine *Nachlese besonderer Nachrichten von Italien*, p. 196.

Pasques closes [*gall.*] also heisset der erste Sonntag nach Ostern.

Pasquini [*Bernardo*] ein vortrefflicher Römischer Organist ums Jahr 1672.

Pasquini (*Ercole*) ein excellenter Organist und Discipul des Alessandro Milleville, von Ferrara gebürtig, hat viel Jahre in seiner Geburts-Stadt die besten Orgeln unter Händen gehabt, nachgehends aber zu Rom eine lange Zeit die Organisten-Stelle in der S. Peters-Kirche rühmlichst bekleidet; dem ungeachtet ist er dennoch daselbst eben nicht allzu glücklich gestorben. f. *Agostino* Superbi Apparato de gli Huomini illustri della Città di Ferrara, p. 132, dieses Buch ist an. 1620 herausgekommen.

Passacaglio oder Passagaglio [*ital.*] Passacaille [*gall.*] ist eigentlich eine Chaconne. Der gantze Unterschied bestehet darinn, daß sie ordinairement langsamer als die Chaconne gehet, die Melodie mattherziger (zärtlicher), und die Expression nicht so lebhafft ist; und eben deswegen werden die Passecaillen fast

faſt allezeit in den Modis minoribus, b. i. in ſolchen Tonen geſetzt, die eine weiche Terz haben. ſ. *Broſſ.* Diction. Nach dem Dictionaire Etymologique des *Mènage* iſt es eigentlich ein Spaniſcher Terminus, der, ſint der Zeit die Opern in Franckreich aufgekommen, in die Franzöſiſche Sprache eingeführet worden iſt, und ſo viel als Paſſe-ruë, einen Gaſſenhauer, ein Gaſſen-Lied bedeutet.

Paſſaggio [*ital.*] Paſſage [*gall.*] iſt, wenn etliche lauffende Figuren anders als in Tirata und Circolo zuſammen geſetzt werden. it. wenn Circoli, Tiratæ bombilantes und einfach lauffende, viel oder wenig einander unmittelbar folgen. ſ. Printzens Compendium Signatoriæ & Modulatoriæ vocalis, pag. 53. oder, nach *Broſſards* Beſchreibung, eine Reihe Geſang, aus vielen kleinen Noten, als Achteln, Sechzehentheilen ꝛc. beſtehend, ſo 1. 2. oder aufs längſte 3 Tacte währet. ſ. deſſen *Dictionaire*, p. 89. Am 303ten Blatte erkläret er es durch Morceau de Chant; und giebt dadurch zu verſtehen: daß eine Paſſage nicht länger ſeyn ſolle, als man in einem Athem verrichten könne; gleich einem Biſſen (morceau) den man auf einmal ins Maul nimmt.

Paſſage d' un Son à un autre [*gall.*] **Paſſo d' un Sono ad un altro** [*ital.*] ein Gang von einem Klange oder Tone zu einem andern.

Paſſamezo [*ital.*] iſt, nach Tauberts Anmerckung p. 370. ſeines rechtſchaffenen Tantzmeiſters, ein gantz langſamer und doucer Tantz geweſen. In Friſchens Lexico ſtehet folgendes: Paſſemeſe, ſ f. Paſſemeze, ſ. m. (von paſſer und mezzo) ein Tantz, vor dieſem, in Italien, darin man mitten durch das Gemach gieng; ein Italiäniſches Lied zum Tantzen. *Prætorius* T. 3. c. 11. p. 24. Synt. ſchreibet; gleichwie eine Gagliarda 5 Tritte hat, und daher ein Cinque Pas genennet wird; alſo hat ein Paſſamezo kaum halb ſo viel Pas, als jene, quaſi dicas: mezo paſſo.

Paſſepied, pl. **Paſſepieds** [*gall.*] it. **Paſſepié**, pl. **Paſſepiés**, von paſſer, fortgehen, vorüber gehen, und pié, der Fuß, iſt ein gar geſchwinder Frantzöſiſcher Tantz, in $\frac{3}{8}$ oder $\frac{6}{8}$ Tact geſetzt, fängt mit einem Achtel im Aufheben des Tacts an, hat 3 bis 4 Repriſen, davon die dritte gantz kurtz und tändelnd pflegt eingerichtet zu werden, übrigens gerade Tacte, und ihren Urſprung aus der Frantzöſiſchen Provintz Bretagne her. ſ. *Mattheſonii* Orch. l. p. 190. und Tauberts Tantzmeiſter lib. 2. c. 6. p. 368.

Paſſenti (*Pellegrino*) ließ an. 1628 ein Werck Canora Sampogna genannt, in Venedig drucken.

Paſſerus (*Joannes Baptiſta*) ein ſehr geſchickter, und ſo wol in Humanioribus, als höhern Diſciplinen erfahrner Römer, wie er denn nicht nur ein Mahler, Poet und Baumeiſter, ſondern auch ein Muſicus, und ein Academicus Infœcundus, Intrecciatus, Humoriſta und Sterilis geweſen. ſ. *Mandoſii* Bibliothecam Romanam, Centur. 5. Iſt geſtorben anno 1679. ſ. das comp. Gelehrten-Lexicon, woſelbſt einige Schrifften von ihm recenſirt werden.

Paſſetto (*Giordano*) Capellmeiſter am Dom zu Padua hat ein Madrigalien-Werck zu Venedig bey Anton. Gordano drucken laſſen. ſ. *Geſneri* Partition. univerſ. lib. 7. tit. 7. f. 85. a.

Paſſetsky (*Leopold*) von Paſſeka, ein Kayſerl. Kriegs-Officier, hat an. 1713 zwölff Sonate da Camera, à Violino ſolo e Cembalo, davon die letzte mit 2 Violinen geſetzt iſt, zu Augſpurg, bey Andreas Maſchenbauer in breit folio drucken laſſen, und ſolche Sr. Kayſerl. Majeſtät Carolo VI. dediciret.

Paſſionei (*C.*) hat 12 Sonaten à une Baſſe de Violon Cont. geſetzet, ſo zu Amſterdam gravirt worden ſind.

Paſſionner [*gall.*] heiſſet: demjenigen, was man redet oder ſinget, einen Nachdruck geben, oder es beſeelen. ſ. *Richelets* Diction.

Paſta (*Giovanni*) ein gelehrter Hiſtoricus, Poet, und Muſicus, gebohren zu Mayland, an. 1604, war einige Jahre Organiſt bey S. Aleſſandro zu Bergamo, hernach ein Canonicus bey S. Maria Falcorina in ſeiner Geburts-Stadt, endlich Capellano Maggiore beym Regiment des Carlo del Tufo, und ſtarb an. 1666. ſ. *Picinelli* Ateneo dei Letterati Milaneſi, p. 317. In der Scena letteraria delli Scrittori Bergamaſchi des *P. Donato Calvi*, P. l. pag 510. werden 16 von ihm verfertigte Tractate, und unter ſolchen auch dieſer: Due Sorelle, Muſica & Poeſia, concertate in Arie muſicali, in 2 Theilen allegiret,

ret, davon der erste bey Vincenti, und der zweyte bey Gardano in Venedig gedruckt worden.

Pastorale [*ital. gall*] pl. Pastorali, Pastorals; Drama Pastoritium [*lat.*] ein Schäfer-Spiel; ist eine Piéce vors Theatrum, worinn von Liebes-Händeln und Intriquen der Schäfer singend und klingend gehandelt wird. Bey den Italiänern heisset auch eine gewisse, vor den Stich der Tarantulen dienende Melodie also. s. Tauberts Tantzmeister lib. 1. c. 2. p. 72.

Pastorita, bedeutet in der Orgel zu Sendomir in Polen das Orgel-Register, so sonsten Nachthorn heisset. s. *Matthesonii* Anhang zu Niedtens Musical. Handleitung zur Variation des G. B. p. 197.

Pata Pata pan, sind im Sinne abgefaßte Wörter, den Klang oder Rhythmum der Trommel anzuzeigen.

Pate [*gall.*] das unterste an einer Pfeiffe oder Schallmey; it. eine Rastral oder Noten-Linien-Feder. s. Frischens *Lexicon*.

Pate de Hautbois, pate de Flûte [*gall*] ist das untere Ende an einer Hautbois und einer Flöte. s. *Richelet* Diction.

Patetique [*gall.*] was Passiones erreget.

Patricius [*Franciscus*] ein wegen seiner Gelehrsamkeit berühmter Bischoff zu Gaëta (Pontifex Cajetanus) von Siena, oder, nach andern, von Clissa einem Dorffe in Istrien gebürtig, welcher nach dem 1480 Jahre verstorben, hat unter andern auch einen aus 9 Büchern bestehenden lateinischen Tractat: de Regno & Regis institutione, geschrieben, und solchen dem berühmten Calabrischen Hertzoge, Alphonso Aragonio, dediciret. Im 15ten Titul des zweyten Buchs handeln nicht gar drey Octav-Blätter von der Music.

Pavana oder Pavane, ein so wohl in Spanischer, als Italiänischer und Frantzösischer Sprache gebräuchliches Wort, bedeutend einen Spanischen gravitätischen Tantz, da die Täntzer mit sonderbahren Tritten und Setzen der Füsse einer vor dem andern ein Rad machen, beynahe wie die Pfauen, wenn sie sich brüsten, als wovon er eben den Nahmen bekommen. Er ist vor gar ehrbar gehalten worden und sind die Cavaliers in Ober-Rock und Degen, die Obrigkeitlichen Personen in ihren Ehren-Kleidern, die Fürsten in ihren Mänteln, und die Dames mit ihren Schleppen dran gegangen Man nennete ihn den grossen Tantz, und ließ gemeiniglich eine Gaillarde drauf folgen. s. *Furetiere* Dictionaire. Daß die Melodie dieses Tantzes ordinairement in égalen Tacte gesetzet worden, hat *Brossard* pag. 303. seines Diction. angemercket.

Paucke. s. *Timbale*.

Paulin, ein Frantzösischer Componist hat ein Motetten-Werck publiciret. s. den an. 1729. zu Paris in 4to gedruckten *Catalogus general*, p. 4.

Pavillon [*gall*] das weite Theil unten an einer Trompete.

Paulinus (*Fabius*) ein von Udine, der Haupt-Stadt im Friaul, gebürtiger Philosophus, und gewesener Professor der Griechischen Sprache zu Venedig, hat, unter dem Titul: *Hebdomades*, sieben Bücher de numero septenario, über den Virgilianischen Vers: Obloquitur numeris septem discrimina vocum, geschrieben, und an. 1589 zu Venedig in 4to drucken lassen. Der Inhalt des zweyten Buchs, und dessen sieben Capitel ist folgender: c. 1. probatur, Musicum sub Orphei persona recte intelligi. tria mysteria Musicæ a Poeta significata in versu demonstratur, nempe septem vocum varietatem, septem partium divisionem, sermonisque imitationem, & versus explicatio affertur. c. 2. de Lyræ inventore, & discrepantes de hac re sententiæ componuntur, ut dicatur primum fuisse inventorem Mercurium, mox Apollinem, tum Orpheum, postremo Terpandrum, de quo plura. c 3. Omnes veterum harmonias fuisse septichordes, & omnia probata veterum instrumenta musica ad Lyræ referri harmoniam, & idem fere cum illa esse Citharam, pectida, magadin, Sambycen, Psalterium, & Tripoda. c. 4. Lyræ septichordis præstantia, & quanti apud veteres esset, demonstratur. c. 5. Causæ duæ potissimæ afferuntur, propter quas lyra septichordis tantopere probaretur, eruditionis, & animi remissionis: in prima probatur, multum posse Musicam ad mores informandos ex Platone, lyramque potissimum esse accommodatam ad mores ἠθικωτάτην multis de causis; in seeundanecessarium esse animi remissionem, & nullam potuisse meliorem inveniri, quam Musicam, & potissimum lyram, quæ habeat jucundum simul, & honestum. *c. 6.* de concentus Diapason præstantia, quem adhibitum ab Orpheo in hoc versu significare Poetam demonstratur, & de pulsatione lyræ, variisque illius nominibus. *c. 7.* O literam demonstratur artificiose positam initio versus ad declarandum motum utrumque ι orationis, & musici soni, de quibus locutus Poeta, & hoc ex duplici forma illius rotunda, i. & ovali. Das dritte Buch handelt: de humani animi harmonia, und die sieben Capitel sind folgenden Inhalts: *c. 1.* triplex Musicæ genus proponitur, artificiosum, humanum, & cœleste; per Lyram demonstratur intelligi naturam humanam, & Musicum pro sapiente vocari. *c. 2.* ex animæ & corporis conjunctione, tanquam ex Diapente & Diatessaron, in Musica effici Diapason; & primum animam efficere Diatessaron, corpus Diapente ostenditur, item contra, & prima affertur de humana Musica versus explicatio. *c. 3.* Platonis opinio de animæ harmonia recitatur, & eam Diapason efficere, & esse septenariam in generibus, in partibus, & in globis demonstratur, alteraque affertur versus explicatio; qua probatur, omnes numeros Platonicos, & fabricam animæ in hoc versu expressam. *c. 4.* ex Ptolemæi sententia demonstratur, animam in suis partibus naturali harmonia circumsonare Diapason, & huic respondere rationalem, ejus partibus Diapente & Diatessaron, sensitivam ac vegetativam. *c. 5.* moralis animæ harmonia declaratur, quæ fit ex virtutum conjunctione bis diapason concentum efficiente, & hanc esse Doricam Platonis harmoniam ostenditur. *c. 6.* rationalis animæ harmonia, quæ est Sapientia declaratur, & quomodo Diapason efficiat; ... accommodatur versus ad Musarum significationem, quæ septem fuisse traduntur, numerorum septem, & novem affinitas demonstratur, novemque Musarum, & versus ad illas accommodati explicatio affertur. *c. 7.* de Rhythmorum septem generibus

agitur, quorum *quatuor* in corpore deprehenduntur, saltatorius, medicus sive pulsus, de quibus multa, respirationis & ordinis; *tria* in animo, musicus, poeticus, & oratorius, & horum plures species explicantur; *duo* præterea genera in mente, & interioribus sensibus posita demonstrantur. Diese zwey Bücher betragen zusammen 13 und einen halben Bogen. Das vierdte Buch handelt: de Astrologia, und die sieben Capitel tragen folgende Materien vor, als: *c. 1.* Astronomiam esse tertium genus Musicæ, Orpheum fuisse Astrologum, & per Lyram significatam cœlestem harmoniam, lyramque in cœlo ob id collocatam, ejusque situs describitur. *c. 2.* Harmoniam fieri in cœlorum conversione demonstratur multorum Auctorum testimonii *c. 3.* variæ Philosophorum de cœlesti harmonia sententiæ recitantur, eamque pluribus modis fieri demonstratur, affertur Virgilianæ sententiæ accommodata ratio, qua urbes chordis lyræ comparantur, & fieri Diapason in cœli demonstratur harmonia, & Platonis opinio affertur de Musis, orbibus singulis insidentibus. *c. 4.* Versus explicatio affertur de Astrologia, quatuorque causæ recitantur, ob quas non exaudiri a nobis cœlestem harmoniam volunt. *c. 5.* habendæ disputationis, quod Orpheus lyræ sono vere potuerit saxa trahere, occasio explicatur, & methodus proponitur, variisque res hæc testimoniis declaratur. *c. 6* proponuntur septem modi, quibus Orpheus saxa vere trahere potuerit, & quatuor probantur fundamenta, sive principia quæstionis, quod scilicet cœlum moveatur harmonia, quod inferiora subjecta supernis sint, idque multis herbarum, animantium, & lapidum exemplis probatur, quod in omnibus rebus sint igniculi latentis harmoniæ, & lapides quoque vivant, quod adhibita præparatione cœlestium vires trahantur ad inferiora, & præsertim lapides, visque Musicæ cœlitus deductæ attingitur. *c 7.* Septem illæ rationes explicantur, quibus Orpheus vere potuerit saxa trahere; prima, Musicæ vi, in qua agitur de cœlesti virtute trahenda; secunda, cantu, in qua

qua de verborum poteſtate afferuntur multa; tertia, Aſtrologia; quarta, figuris, in qua de earum apud antiquos opinione & vi; quinta, vi eximia naturæ, in qua plurima afferuntur de prærogativis naturæ datis tum ſpeciebus, tum ſingularibus, & individuis; ſexta, Magia, ſive Faſcino, in qua nonnulla his artibus fieri ſolita commemorantur, & ſeptem modi ponuntur, quibus dæmones fallunt hujus artis ſectatores; ſeptima, vi admixtionis, in qua multa, & quinque potiſſimum genera conſtituuntur admixtionis naturalis, totidemque artificioſæ. Dieſe Materien machen zuſammen 7 und einen halben Bogen aus.

Paulus Ferrarienſis. ſ. *Ferrarienſis.*

Paulus Jordanus der II. dieſes Nahmens, Herzog von Bracciano aus der Urſiniſchen Familie, gebohren an. 1591, war ein ſehr geübter Poet, und ungemeiner Liebhaber der Muſic, erfand ein muſicaliſches Inſtrument, ſo von der im Urſiniſchen Wapen befindlichen Roſe, Roſidra von ihm genennet wurde, und ſtarb zu Rom an. 1656 Franciſcus Maria de Luco Serenio hat ihm folgendes Elogium verfertiget.

Romana Virtus
quæ ſemper virens enituit
in Urſinis Roſis ſplendidior floruit.
Paulus Jordanus
Secundus nomine
Bracciani Dux Sextus Imperio
Corporis mentisque dotibus primus
Adoleſcentia virilitatem prævenit.
Dum otia repellit
Omnium Scientiarum dogmata
Literarum oblectamenta
Artium peritias advocat.
Generis & Patriæ majeſtate illuſtris
Ad orbem illuſtrandum
urbem relinquit.
Rebus peragendis paratus
Arduis ſuperior
Sedandis optimus
In Norvegiæ Regnum progreditur.
Sibi Coronas
Populis ſeditiones componit.
Magna ingenii ſolertia clamides rejicit.
Sic in ætatis flore
Senilis Prudentiæ fructus exhibet.
Ut tanti Principis animus
Haut lateat in armis
Euboico in bello ſtrenue detegitur.
Enſem æque tractat ac calamum
Ab hoſtium clade immortalitatem
Ab atramenti tenebris lucem
conſequitur.
Septentrionis fluctuantis ærumnas
deſerit.
Romam optatus ad fortunandam
revertitur
Tranquillitatis in æde
Ad eruditos labores ſtylum excitans
Blandientes Camœnas amplectitur.
Ne Muſarum cantus inſonus exeat
Novum Inſtrumenti genus
Sub Roſidræ titulo
Armonice conſtruit.

Conſtantiæ ac Munificentiæ
Clypeo munitus
Fortunæ Invidiæque victor
Templum Æternitatis
ingreditur.
Felix Roma
Cujus in gremio
Non Urſinorum tantum olida Roſa
Sed Quiritum decus
Paulus Jordanus
colitur.

ſ. *Mandoſii* Biblioth. Roman, Centur. 6.

Pauſa [*lat. ital.*] Pauſe [*gall.*] παῦσις [*gr.*] eine Ruhe, Stillhalten in der Muſic, ſo durch ein gewiſſes Zeichen angedeutet wird.

Pauſa di Breve [*ital.*] gilt im ordinairen Tact, zween Schläge, lat. Pauſa brevis. ſ. Tab. XVIII. Fig. 7.

Pauſa di Croma [*ital.*] eine Achtel-Pauſe, lat. Pauſa Fuſæ. vid. F. 8. ej. Tab.

Pauſa di Longa [*ital.*] gilt vier Schläge, neml. im ordinairen Tact alla Semibreve; lat. Pauſa longa Tab. ead. F. 9.

Pauſa di Maſſima [*ital.*] eine achtſchlägige Pauſe, præſentiret ſich, wie auf gedachter Tabell. F. 10. zu ſehen. lat. Pauſa maxima

Pauſa di Minima [*ital.*] eine halbe Tact-Pauſe. lat. Pauſa minima. ead. Tab. Fig. 11.

Pauſa di Semibreve eine gantze Tact-Pauſe. lat. Pauſa Semibrevis. Tab. cit. F. 12.

Pauſa di Semicroma [*ital.*] eine Sechzehentheil-Pauſe ſiehe die 13te Figur: und in gedruckten Sachen manchmahl die, ſo Fig. 14 vorkömmt. lat. Pauſa Semi-Fuſæ.

Pauſa di Semiminima [*ital.*] eine Viertel-Pauſe, ſiehe Fig. 15. ej. Tab. lat. Pauſa Semiminima. Alle dieſe Gattungen ſind, wie gedacht, vom ordinairen ęgalen, und von den mehreſten proportionirten Tacten zu verſtehen.

Pauſa generalis [*lat.*] Pauſe generale [*gall.*] wenn alle Stimmen zugleich mit einander inne halten.

Pauſa initialis, it. **modalis** [*lat.*] Pauſe initiale [*gall*] wurde ehemahls zu Anfange des Syſtematis, mehrentheils vor dem Tact-Zeichen geſetzt; bedeutete aber kein Innebalten, ſondern zeigete, nachdem ſie geſtaltet war, bald den Modum majorem, bald den Modum minorem des Tacts an.

Pauſa ſpecialis [*lat.*] wenn im Fortgange des Muſicirens bald dieſe, bald eine andere Stimme oder Partie eine gewiſſe Zeit ruhet.

Pauſer [*gall.*] inne halten. Das Pauſiren iſt um vielerley Urſachen halber erfunden worden, als: (1. damit die Sänger reſpiriren, und die Inſtrumentiſten, inſonderheit aber die blaſende ſich wieder erholen können. (2. Damit die Vocaliſten und Inſtrumentiſten ſich bisweilen allein hören laſſen, und das Gehör durch die anmuthige Veränderung deſto beſſer afficiren können. (3. Damit ein Componiſt ein thema Fugen-weiſe ſetzen kan, und (4. damit die verbothene intervalla getilget werden ſ. mit mehrern den *Muſical Trichter*, p. 49. und 50.

Payer (Chriſtian) ein Kayſerl. Tenoriſt an. 1721.

Pebuſch (N.) ein Doctor Muſices in England, hat verſchiedene Sachen heraus gegeben, davon folgende bey Roger zu Amſterdam in Kupffer geſtochen worden: Six Sonates à une Flûte & une Baſſe Continue; XVI. Sonate à Violino e Violoncello o Baſſo Continuo Dieſes iſt ſein zweytes, auch in zwo Bücher eingetheiltes Werck. Opera terza beſtehet aus dreyſtimmigen Sonaten von 2 Violinen, Hautbois oder Flauti traverſi, und G. B. das vierdte Werck hält XII. Sonate à Violino ſolo e Violoncello o Baſſo Continuo in ſich. Opera quinta, oder das dritte Buch des obgedachten zweyten Wercks, liefert X. Sonate à Violino e Violoncello. Opera ſeſta, oder das vierdte Buch nurgedachten zweyten Wercks, enthält abermahl X. Sonate à Violino e Violoncello o Baſſo Continuo. Opera ſettima beſtehet aus X Sonaten vor eine Flûte Traverſiére oder Hautbois und eine Violin nebſt G. B. geſetzet, das achte Werck begreifft

PEC.

begreifft 6 Concerts à 2 Flutes à bec, 2 Flutes traverſiéres, Hautbois ou Violons, & Baſſe Continue. ſ. *Roger* Catalog. Vom Doctor-Titul ſ. *Mattheſonii* Crit. Muſ. T. 2. p. 130. und G. *Paſchii* tract de Novis Inventis, c. 7. §. 24. woſelbſt er ſchreibet: daß die Creirung eines Doctoris Muſices in England, von einem Profeſſore Philoſophiæ verrichtet werde; und aus *Anton. à Wood* lib. 1. Hiſtor. & Antiq. Univerſit. Oxon. folgendes anführet: Ad Doctoratum jam devenimus, quem gradum, quoad Henricus II. rerum potius eſt inter Anglos receptum non fuiſſe ſatis liquet: deinceps vero pariter manifeſtum eſt, tum a Grammatices, tum Muſicæ, nec non Philoſophiæ Artiumque in genere Profeſſoribus capeſſi ſolitum. -- Quibus tamen Facultatibus, quod opes & honores haud perinde ac per reliquas obtinerentur, eviléſcere demum apud vulgus cœpit Doctoris præfatio; adeoque unis tantum Muſicæ Profeſſoribus adhæſit, qui ad Gradum utique illum aſpirare etiamnum ſuſtinebant.

Pecci (*Deſiderio*) il Ghiribizzoſo genannt, ließ an. 1619 le Muſiche ſopra l'Adone in Venedig drucken.

Pecci (*Tomaſo*) gab an. 1609 ein fünffſtimmiges Madrigalien-Werck zu Venedig heraus.

Pecten [*lat.*] Pettine [*ital.*] bedeutet (1. einen Kamm, worauf, vermittelſt eines vorgelegten Papiers, mit dem Munde kan geblaſen werden. (2. einen Fiedelbogen, it. Feder-Kiel, womit beſaitete Inſtrumente pflegen tractirt zu werden. Pecten iſt alſo bey den Alten ſo viel als Plectrum, ſo von πλήσσω, percutio herkommt, und gleichſam p rcuſſorium inſtrumentum heiſſet, geweſen.

Pectis [*lat.*] πηκτίς [*gr.*] ſoll ein Lydiſches, und mit dem Pſalter etwas gemeinſchafftliches muſicaliſches Inſtrument geweſen ſeyn. ſ. *Hadr. Junii* Nomenclat. und *Matth Martinii* Lex. Philol. *Scaliger* in Hiſtorio, c. 48 erzählet folgendes: Erat & πηκτίς duobus tantum nervis. Pulſabant autem radiolo altera manu, quod plectrum a percuſſione appellarunt: altera premebant nervos certis intervallis. &c. ſ. *Eſchenbachii* notas in Orphei hymnos.

PEL.

Pedale [*ital. lat.*] Pedalle [*gall.*] ein Fuß-Clavier. Deſſen Erfinder iſt geweſen Bernhard ein Teutſcher im 15ten Seculo. ſ. *Berrhard*. Organi pneumatici pedariæ palmulæ.

Pedalion, πηδάλιον [*gr.*] iſt die Mitte des Halſes an einer Cithara. ſ. *Buleng*. lib. 2. de Theatro, c. 38.

Pediaſimus (*Joannes*) ein Secretarius der Patriarchen zu Conſtantinopel, lebte im 11ten Seculo, und hinterließ unter andern einen Tractat: de Symphoniis Muſicis. ſ. das comp. Gelehrten-Lex. und *Bæcleri* Bibliograph. Criticam p. 506.

Peintre, ein ums Jahr 1678 berühmt geweſener Frantzöſiſcher Componiſt, deſſen im Mercure Galant a c. im Monat Januarii p 81. gedacht wird.

Peliay (*Claud.*) ein Frantzöſiſcher Poet, Muſicus und Mathematicus von Poitiers, florirte zu Paris ums Jahr 1584. ſ. das comp. Gelehrten-Lex.

Pellatis (*Angelo*) ein Franciſcaner-Mönch, und Organiſt zu Treviſo, der im Venetianiſchen Gebiete, am Fluß Pieveſella liegenden Haupt-Stadt der Trevisaniſchen Marck, hat ein Compendio di Canto fermo in Italiäniſcher Sprache geſchrieben. ſ. des *Tevo Muſico Teſtore*, p. 79.

Pellegrini (*Vincenzo*) ein Canonicus zu Peſaro, einer im Hertzogthum Urbino, im Kirchen-Staate, am Einfluß des Fluſſes Foglia liegenden groſſen Stadt, hat an. 1604 Miſſarum librum 1 zu Venedig drucken laſſen. ſ. *A. ton. Poſſevini* Appar. Sac. T. 2. Es ſind auch 1. 2. 3 4. 5. und 6ſtimmige Concerti nebſt einer 6ſtimmigen Meſſa von ihm herausgekommen. ſ. *Parſtorff*. Catalog. p. 14. Auf dem an. 1619 zu Venedig edirten Motetten-Werck, wird er genennet: Muſices Præfectus in Metropolit. Eccl. Mediolanenſi.

Pellio (*Gio.*) von ſeiner Arbeit hat Angelo Gardano an. 1597 den zweyten Theil der Canzoni Spirituali von 6 Stimmen, zu Venedig gedruckt, und ſelbigen D. Antonio Antonioli, einem Benedictiner-Priori zu Caſtrovillari, und Vicetheſaurario Caſinenſi des Cloſters S. Georgii Majoris zu Venedig dediciret.

Pelyx, ein altes ehedeſſen bekannt geweſenes Spiel-Inſtrument. Inſtrumentum quod

quod pfallitur, ὄργανον ψαλτήριον. f. *Buleng.* lib. 2. de Theatro, c 19.

Pendler (*Joannes*) von Neustadt, war an. 1655 an Kaysers Ferdinandi III. Hofe ein Instrumental-Muſicus. *Bucelinus.*

Penna (*Lorenzo* ein von Bologna bürtig gewesener Carmeliter-Mönch, und Profeſſor Muſices, Maeſtro di S. Theologiæ, Dottore Colleg. frà gli Accademici Filaſchiſi, Filarmonici, e Riſoluti, l' Indefeſſo genannt, hat in Italiäniſcher Sprache einen aus drey Büchern beſtehenden Tractat, unter dem Titul: li Primi Albori Muſicali geſchrieben, deſſen fünffte Edition an. 1696 zu Bologna in 4to gedruckt worden. Das 1ſte Buch enthält 21 Capitel, worinn die Principia des Cantus figurati vorgetragen werden; das 2te Buch beſtehet aus 24 Capiteln, ſo von der muſicaliſchen Compoſition handeln; und das 3te Buch lehret in 17 Capiteln den General-Baſſ tractiren. Daß dieſer Auctor auch ſchon an. 1656 ein muſicaliſches Werck, ſo ſein erſtes geweſen, zu Mayland habe drucken laſſen, bezeuget er c. 8. lib. 1. delli primi Albori Muſicali, p. 26. ſelbſt. Um das, vor dem Titul obgedachter fünfften Edition ſtehende Portrait des Auctoris, iſt auch das 56 Jahr ſeines Alters bemercket.

Pentachordo [*ital.*] Pentachordum [*lat.*] iſt eine Stellung oder Reihe von fünff Saiten; deswegen führet auch die Quint dieſen Nahmen, welche auch anderweit Pentafonia [*ital.*] Pentaphonia [*lat.*] genennet wird. Pentaphonium, ein fünffſtimmiges Stück.

Penta-tonon, iſt bey dem Broſſard ſo viel, als eine Sexta ſuperflua, weil ſie aus fünff gantzen Tonen beſtehet. z E. b. gis.

Pentecontachordon, alſo hat Fabio Colonna ſein aus 50 ungleichen Saiten beſtehendes und von ihm eingerichtetes Muſic-Inſtrument genennet. ſ. *Colonna.*

Per, dieſe Italiäniſche Præpoſition hat verſchiedene Bedeutungen, als:

(1 vor den Nahmen der Auctorum: durch

(2 zu, vor, von, auf, u. ſ. w. als:

Per la Beata Virgine, oder abbrevirt, per B. M. V. zu Ehren der Heil. Jungfrau.

Per li oder gli Defonti, vor die Verſtorbenen.

Per la Reſurrezzione, von der Aufferſtehung, oder aufs Oſter-Feſt.

Per lo Spirito Santo, vom Heil. Geiſte, oder aufs Pfingſt-Feſt.

Per ogni tempo, auf alle Zeiten, oder an welchem Tage und Gelegenheit es ſey

Mehrere Exempel ſind in *Broſſards* Dictionaire p. 93 befindlich.

Perandi (*Marco Gioſeffo*) ſoll von Geburt ein Römer geweſen ſeyn. Joh. Georg II. Churfürſt zu Sachſen, hat als Chur-Printz bey ſeines Hrn Vaters Lebzeiten ihn ſchon zum Capell-Meiſter beruffen gehabt, welcher function er auch bis ohngefehr an. 1670 rühmlichſt vorgeſtanden, und wird ſonderlich an ihm gerühmet: daß er die Gemüths-Regungen über alle maſſen wohl exprimiret.

Peraldus (*Guilielmus*) wird in des Poſſevini an. 1607 edirten Bibliotheca Selecta als ein Muſicus angeführt.

Pereccaccio (*Giov.*) D. Maeſtro und Organiſt zu Breno, hat an. 1698 ſein erſtes aus 12 Sonate da Camera à tre beſtehendes Werck heraus gegeben.

Percuſſionum Modi, it. Percuſſiones numerorum [*lat.*] die Tact-Arten.

Perego (*Camillo*) ein Pfarrer an der im Paſquirolo zu Mayland liegenden Kirche di S. Vito hat daſelbſt in die 35 Jahr die Seminariſten in Cantu Ambroſiano unterrichtet, auch einen Tractat: La Regola del Canto fermo genannt, geſchrieben hinterlaſſen, welcher nach ſeinem Tode, auf Befehl des Cardinals Federico Borromeo an 1622 in 4to iſt gedruckt worden. Sonſten ſind ſchon an. 1555 auch vierſtimmige Madrigalien, und viel andere Wercke von ihm herausgekommen. ſ. *Morigia* Nobilta di Milano, lib. 3. c. 36. p. 185. und *Picinelli* Ateneo dei Letterati Milaneſi, p. 102.

Perfetti, ein Toſcaniſcher Cavallier und berühmter Sänger, iſt an. 725 den 13 May auf dem Capitolio zu Rom, von den Raths-Herrn und Conſervatore dieſer Stadt, wegen ſeiner ungemeinen Verdienſte in der Muſic mit einem Lorbeer-Crantz öffentlich gecrönet worden, welches in 300 Jahren nicht geſchehen. ſ. *Mattheſonii* Crit. Muſ. T. 2 p 208. Im Coburgiſchen Zeitungs-Extract, menſ. Jun. an. 1725, p 132 ſtehet folgendes: den 6 May wurde dem Ritter Bernard Perfetti, einem berühmten Toſcaniſchen Poeten, der auſſer ſeiner ſchönen Stimme und Fertigkeit in der Muſic, auch der Philosophie, Rechts-Gelehrsamkeit, Theologie und verschiedener anderer Wissenschafften kundig ist, auf dem Saale des Capitolii in Rom, in vieler vornehmen Personen Gegenwart der Lorbeer-Krantz aufgesetzet.

Perfetto, m. perfetta, f. pl. Perfetti, Perfette [*ital.*] Parfait, pl. Parfaits [*gall.*] Perfectus, perfecta, perfectum [*lat.*] vollkommen. Bey dem Worte Modo oder Tempo, bemercket es den Tripel-Tact; weil die Zahl 3 nicht kan getheilt werden, und deswegen vor vollkommener als die Zahl 2 geachtet wird.

Perfidia [*ital.*] Perfidie, Déloyauté, Infidelité [*gall.*] heisset sonsten Untreue; aber in der Music bedeutet es so viel, als Ostination d. i. eine Affectation immer einerley zu machen, und immer seinem Vorhaben nachzuzachen, einerley Gang, einerley Melodie, einerley Tact, einerley Noten, u. s. f. zu behalten. Beym Zarlino findet man das Wort Pertinacia davor gesetzt. s. Bross. Dict. p. 94.

Perger (*Georg. Christoph.*) war an. 1655 in Kaysers Ferdinandi III. Capelle ein Altist. Bucélinus.

Peri (*Jacopo*) oder Jacobus Perius, ist ein Componist zu Florentz gewesen, und hat ohngefehr ums Jahr 1600 floriret. s. die *Notizie Letterarie ed Istoriche intorno agli Huomini illustri dell' Academia Fiorentina*, P. 1. p. 259. und *Erythrei* Pinacoth 3. p. 144. conf. *Muttbesonii* Musical. Patr. in der 2ten Betrachtung, p. 23.

Pericles, der beredete Athenienfische General, hat, um dem allgemeinen Feste daselbst, Panathæa genannt, ein Ansehen zu machen, die musicalischen Wett-Spiele zu erst eingeführet, und sich selbst als einen Ober-Auffseher dabey gebrauchen lassen. s. Tils Sing-Dicht- und Spiel-Kunst, p. 137.

Periclitus, ein berühmter Cithar œdus, aus der Insul Lesbus gebürtig, soll in den Carniis zu Sparta, in welchen die Musici um den Preiß in die Citharam gesungen, am allerletzten den Sieg davon getragen haben. Nach seinem Tode hat die stetswährende Nachfolge der Citharœdorum bey den Lesbiern aufgehöret: weil sie keinen mehr unterhalten wollen. s. Printzens Histor. Mus. c. 7. §. 19. aus des *Plutarchi* Comment. de Musica.

Perinellus, ein berühmter Instrumental-Musicus, hat vom Joviano Pontano nachstehendes Grabmahl bekommen.

Plectra jacent sine honore, lyræ sine honore sepultæ,
   Et cithara, & cantus & sine honore tuba,
Sibilaque arboribus desunt, & murmura rivis,
   Destituit tacitas ipse susurrus apes.
Sola avium veteres servat Philomela querelas,
   Sola & hirundo novos suscitat ore modos.
Hæ Perinelle obitum luctu testantur, at illa
   Sordent, & nimio muta dolore tacent.
Sume lyram in tumulo Perinelle, & plectra moveto.
Jam lyra, jam citharæ, jam tuba & ipsa canet.
Sibilaque arboribus strepitent, & murmura rivis,
   Juverit atque alacres ipse susurrus apes.
Quo tumulo Perinelle jaces, tecum jacet omnis
   Et sonus, & cantus: auraque, voxque silet.

s. Otton. Aichert Theatrum funebre, P. 3. Scena 7. p. 449. sq.

Petinthus, hat die neunte Saite auf die Lyram des Mercurii gezogen und dieses Instrument damit vermehret. s. Printzens Mus. Hist. c. 2. §. 25.

Periodus harmonica [*lat.*] also wird insonderheit die erste clausul oder das erste membrum eines Canonis genennet, ehe die zweyte Stimme eintritt; sonsten aber kan auch jeder Absatz eines musicalischen Stücks also genennet werden.

Perla (*O. tensio*) ein Lautenist zu Padua, von dessen Arbeit ein und ander Stück in *Besardi* Thesauro Harmonico befindlich ist.

Perrault (*Charles*) oder Peraultus, von Paris, war ein Mitglied der Academie Françoise, schrieb les Hommes illustres de France du XVII. Siecle, worinn unter andern des Lully Lebens-Lauff enthalten ist; d. i. Parallele des anciens & modernes en ce qui regarde les arts, & les sciences an 1680 in 12mo zu Paris gedruckt, darinn er die neue Music der alten vorziehet; und starb an. 1703 s. das

PER.   PES. PET.

f. das *comp.* Gelehrten-*Lexicon.* Er war unter seinen noch übrigen 3 Brüdern der jüngste. f. *Matthesonii* Crit. Muf. T. 2 p. 116.

Perrault (*Claude*) des vorigen Bruder, ein berühmter Medicus, Baumeister, und Physicus, auch Mitglied der Academie des Sciences, welcher an. 1688 den 9 Octobr. im 75 Jahre gestorben, hat unter andern Eſſais de Phyſique in 4 Voluminibus geschrieben; im 2ten Tomo kommt vieles von der Musie vor. Er war der zweyte unter seinen Brüdern. f. das *comp.* Gelehrten-*Lexicon*, und *Matthesonii* Crit. Muf. T. 2. p. 116.

Perronin (*Anna*) eine verheyrathete, und der Ordnung nach, vierdte Sängerin in der Kayserl. Hof-Capelle an. 1727.

Perroni (*Giov.*) ein Violoncellist in der Kayserl. Hof-Capelle an. 1727.

Perſica [*lat.*] Περσική [*gr.*] ein gewisser von den Persern hergekommener Tanz, worzu Flöten gebraucht worden: welcher sonsten auch ὀκλασμα geheissen. f. *Meurſii* Orcheſtram.

Perti (*Gio. Antonio*) hat das an. 1687 zu Bologna in 8vo gedruckte Oratorio, genannt: Abramo, Vincitor de' propri Affetti, in die Muſic gebracht, und daselbst in des Grafen Franceſo Carlo Senat. Caprara Palast aufgeführet. f. *Cinelti* Biblioteca Volante, Scanzia XIV.

Peſaro (*Domenico*) ein berühmter Instrumentmacher zu Venedig ums Jahr 1548, von dessen Arbeit Zarlinus ein Clavicymbel gehabt, worauf nicht allein die Semitonia majora, sondern auch die minora befindlich, und demnach jeder ganzer Ton in vier Theile getheilet gewesen. Er hat also geheissen von der Stadt Pesaro, aus welcher er bürtig gewesen.

Peſaro (*Steffano da*) ist ein Musicus an des Herzogs von Urbino Hofe gewesen; von seiner Arbeit ist in *Besardi* Novo Partu, P. 3 p. 35. ein Ricercar auf die Laute befindlich.

Peſenti (*Martino*) ein von Geburt blinder Musicus, hat an. 1647 Capricci ſtravaganti in Venedig drucken lassen. Sonſten sind von ihm heraus gekommen drey-ſtimmige Missen, und dergleichen Motetten; ferner vier Theile Correnti alla Franceſe, Balletti Gagliarde, Paſſemezzi parte Cromatici, e parte Enarmonici von 1. 2. und 3 Stimmen. f. *Parſtorff.* Catal. p. 6. 33. und 34

Peſer [*gall.*] Verb. act. und neutr. morari, moram facere [*lat.*] sich worauf aufhalten, z. E. auf einer Sylbe; peſer davantage ſur une touche, eine Clavier-palmulam mehr niederdrücken.

Peter (*Chriſtoph*) oder Petræus, Cantor zu Guben ums Jahr 1655, gab daselbst an. 1669 sein aus 12 Litanien oder Missen von 5. 7. und 8. Stimmen bestehendes Thuribulum Precationis heraus.

Petit Duo [*gall.*] eine zweystimmige kurze Compoſition.

Petri (*Adrianus*) oder, wie ihn Geſnerus nennet, Adrianus Petitus, hat ein Compendium Muſices, de modo ornate canendi: de regula Contrapuncti: und de Compoſitione geschrieben, so an. 1552 zu Nürnberg gedruckt worden. f. *Draud.* Bibl. Claſſ. p. 1641. und *Lipenii* Bibl. Philoſ.

Petrinus (*Jacobus*) ein Italiäniſcher Muſicus, dessen Lanſius in Oratione pro Italia, p. 709. erwehnet. Dieser und des Erythræi Jacobus Perius, dörffte wohl eine Person seyn.

Petrobelli (*Franceſco*) Capellmeiſter an der Cathedral-Kirche zu Padua, ließ an. 1657 Motetten zu Venedig drucken.

Petrogrua (*Gaſparo*) Im Parſtorfferi-ſchen Catalogo stehet folgendes: Meſſa e Salmi alla Romana per cantarſi alli Veſperi di tutto l' anno con doi Magnificat, le quattro Antifone, & otto Falſi Bordoni di Gaſparo Petrogrua, à 4 Voci, lib. 5. conf. *Pietragrua.*

Pettia, gr. πεττέα, also wurde von den Griechen das offt wiederhohlte Anschlagen in einerley Tone genennet. Pettia eſt percuſſio in uno eodemque tono frequenter facta. f. *Euclidis* Introd. Harmon. p. m. 22. und *Meibomii* Anmerckung über diesen Ort, p. 65 woselbst ein Exempel davon in Noten zu sehen iſt.

petty (*Wilhelm*) eines Schneiders Sohn, aus einem kleinen Städtgen in Hampſhire, gebohren an. 1623 den 26 Maji, besuchte die Schmiede und dergleichen Handwercker bis ins 12te Jahr, und verſtand ſich wohl darauf; hernach fieng er an in die Schule zu gehen, reiſete nach Caen in die Normandie, allwo er einen kleinen Handel anfieng, und sich also durchbrach-te, auch im 18ten Jahre anfieng sich auf Matheſin zu legen, ſtudirte darauf zu Paris Medicinam, wurde zu Oxford Profeſſor Anatomiæ, und hernach zu Louden

Londen im CollegioGreshamensi Professor Musices, mischte sich auch in Politische Sachen, und bekam eine Commission in Irland, dadurch er so viel gewann, daß er auf 50000 Aecker Feld in Irland, und über 30000 Thaler jährliche Einkünffte hatte. Er war hernach der erste mit in der Königl Societät, erfand eine neue Art von Schiffen, schrieb viele Sachen, und starb an. 1687 den 16 Dec. am Podagra. s. das comp. Gelehrten-Lexicon.

Petzschmann (Michael) ein Braccist in der Königl Capelle und Cammer-Music zu Dreßden an. 1729. s. den dasigen Hof- und Staats-Calender.

Pevernazius (*Andreas*) oder Pevernage, Music-Director an der Marien-Kirche zu Antwerpen, von Cortryck gebürtig, hat verschiedene so wohl geist-als weltliche Sachen gesetzet, als:

Cantiones sacras 6. 7. & 8 Voc. an. 1578 zu Antwerpen in 4to gedruckt.
Chansons Spirituelles à 5 parties an. 1589. Livre 1.
Chansons Spirituelles à 5 parties an 1590. Livre 2 & 3.
Chansons Spirituelles à 5 parties an. 1591. Livre 4.
Missas, 5. 6. & 7 vocum, an. 1593. in 4to auch unter dem Titul:
Laudes Vespertinas Mariæ, Hymnos venerabilis Sacramenti, Hymnos sive Cantiones Natalitias, 4.5. & 6. voc. an. 16 4 in 4to.
Harmonia Celeste, anderer berühmter Auctorum 4 5. 6. und 8stimmige Stücke colligiret, so an. 1606 zu Antwerpen in 4to gedruckt worden. Er aber ist gestorben an. 1589 den 30 Julii, und liegt in obgedachter Kirche begraben. Das daselbst befindliche Epitaphium lautet also:

M. Andreæ Pevernagio
Musico excellenti,
Hujus Ecclesiæ Phonasco,
& Mariæ filiæ
Maria Haecht vidua & FF. M. Poss.
Obierunt hic XXX. Julii, ætat. XLVIII.
Illa II. Febr. ætat. XII. M. D. LXXXIX.

s. *Swertii* Athenas Belgicas, und *Draud.* Bibl. Class. und Exotic.

Pexenfelder (*Michael*) ein Jesuit, gebohren zu Amstorff im Stifft Passau an. 1613 lehrte 22 Jahr die Rhetoric, schrieb unter andern den Apparatum Eruditionis tam rerum quam verborum per omnes artes & scientias, welcher an. 1670 zu Nürnberg in 8vo gedruckt, dem Churfürsten in Bayern Maxim I. Emanuel, von ihm dediciret, und zu Landshut den Febr. a. c datirt worden. In solchem handelt das 59te Capitel de Musica ohne was im 43ten, und 48ten davon vorkomt, und in dem angefügten Syllabo Onomastico, s. Indice Latino-Germanico befindlich ist, denn auch hierin viele Music-termini erklärt anzutreffen sind.

Peyer (Christian) ein Kayserl. Tenorist an. 1727, und zwar der siebende in der Ordnung.

Peyer (Johann Baptist) ein Organist in der Kayserl. Hof-Capelle an. 1727 und zwar der siebende in der Ordnung.

Pez (*Juan. Christoph.*) der an. 716 zu Stuttgard verstorbene Capellmeister hat verschiedene Sachen heraus gegeben, als:

Sonate à tre, due Violini, Violoncello e Basso Cont. Opera prima. Der Titul dieses Wercks soll eigentlich also lauten: Sonate da Camera a due Flauti e Basso, Opera seconda Sonate da Camera a due Flauti e Basso, Opera terza. s. *Roger* Catal. p. 24. und 37. Das 4te an. 1710 zu Stuttgardt in folio gedruckte, und unter dem Titul: Corona Stellarum duodecim heraus gekommene Werck, so der Auctor selbst verleget, bestehet aus 12 Stücken a Voce sola, due Violini e Continuo Das aus 4 Sing-Stimmen, und 2 Violinen nebst einem G. B. bestehende Missen-Werck in folio ist an 1706, unter dem Titul: Jubilum Missale sextuplex, zu Augspurg gedruckt worden Er ist aus München in Bayerland gebürtig, und anfänglich daselbst ein Hof-und Cammer-Musicus, hernach aber beym Churfürsten zu Cölln Capellmeister gewesen. Es soll auch einer dieses Nahmens an 1723 bey dem Bischoffe zu Frensingen, als Capellmeister gestanden und ein Geistlicher seyn, der aber vorhero verheyrathet gewesen.

Pezelius (*Journes*) ein berühmter Musicus der Stadt Bautzen, hat an. 1675 auf seine

seine Kosten Bicinia variorum Instrumentorum, ut a 2 Violinis, Cornet, Flautinis, Clarinis, Clarino & Fagotto, nebst einem Anhange a 2 Bombardinis, vulgo Schalmeyen & Fagotto zu Leipzig in 4to ediret. An. 1692 ist dieses Werck abermahl daselbst gedruckt worden. Seine Delitias Musicales, oder Lust-Music, bestehend in Sonaten, Allemanden, Balletten, Gavotten, Couranten, Sarabanden und Giquen von 5 Stimmen, als 2 Violinen, 2 Violen, nebst dem G. B. zu Franckfurt am Mayn, an. 1678 in 4to gedruckt, hat er 12 Leipziger Kauffleuten dediciret. Das Opus Musicum Sonatarum præstantissimarum senis Instrumentis instructum, ut 2 Violinis, 3 Violis, & Fagotto, adjuncto B. C. ist an. 1686 zu Franckfurt am Mayn in folio gedruckt, vom Auctore, vermittelst einer lateinischen Dedication den Bürgermeistern und Raths-Personen der Sächsstädte in der Ober-Lausitz zugeschrieben, und von ihm, als Musicæ Instrumentalis Directori unterschrieben worden. In Lipenii Bibliotheca Philosoph. werden noch folgende Wercke von ihm angeführet, als: Musica Politico-Practica, in 4to 1678. Dieses Werck dörfte wohl mit den obgedachten Biciniis einerley seyn. Infelix Musicus, in 4to 1678. und Observationes Musicæ, in 4to, an. 1578.

Pezold (Christian) ein annoch lebender Componist und Organist an der Sophien-Kirche zu Dreßden, hat zwar nichts im Druck herausgegeben, wohl aber verschiedene gute Kirchen- und Clavier-Stücke gesetzet. Er ist auch bey der Königlichen Capelle und Cammer-Music bedient. s. den Hof- und Staats-Calender des 1729ten Jahrs.

Pezzoni (Pietro Paolo) ein Kayserl. Baßist an. 1721, und 1727.

Pfeiffer (Johann) von Nürnberg, gebohren an. 1697 den 1 Januarii, hat daselbst bey verschiedenen Meistern die Violin excoliret, zu Halle und Leipzig studiret, und hierauf als ein Passagier sich ohngefehr ein halb Jahr zu Schlaitz, beym Graf von Reußen, Heinrich dem XIten aufgehalten; kam hierauf an. 1720 nach Weimar als Violinist, und wurde an. 1726 den 1 Januarii von Jhro Hochfürstl. Durchl Hertzog Ernst Augusten zu Dero Concert-Meister declariret. In dieser function contentiret er noch jetzo so wohl mit seinem ungemeinen Spielen, als vortrefflicher Composition nicht allein die hohe Herrschafft, sondern auch Kenner und Liebhaber der Music aufs höchste. Er hat mit höchstgedachtem Hertzoge vom 4ten Augusti an. 1729 biß fast zu Ende des Monats Januarii an. 1730 eine Tour nach Holland, den Niederlanden, und Franckreich gethan.

Pfeiffer-Tag. Es lassen Jhro Hochfürstl. Durchl. der Pfaltz-Graf von Birckenfeld, als Graf von Rappoltstein im Ober-Elsaß, und als sogenannter König der Pfeiffer oder Spiel-Leute, den Pfeiffer-Tag jährlich, durch Jhren Königs-Lieutenant, welcher solche Charge von Serenissimo erkauffet, an dreyen Orten halten, als nemlich im Augusto zu Bischweiler im Nieder-Elsaß, allwo alle Spiel-Leute selbiger Landgraffschafft, deren Anzahl sich auf 400 erstreckt, erscheinen müssen. Im Monath Septembre darauf wird der Pfeiffer-Tag zu Rappoltsweiler im Ober-Elsaß von allen Spiel-Leuten selbiger Landgraffschafft gehalten, und in eben diesem Monath auch zu Thaun oder Dann, im Suntgau, von allen Spiel-Leuten, die in selbigem Gebiete, bis nach Basel wohnen. Es werden in allem bey 1000 Personen seyn. In ihrem Auffzuge zu Bischweiler wird der Anfang von vier Trompetern, und einem Paucker zu Pferde, gemacht; darauf folget ein Herold in Pfaltz-Gräflicher Liverey: dann des Königs Lieutenant, mit einer auf dem Hute befestigten Krone; nach ihm das Gericht, oder die Gerichts-Leute der Musicanten, und alsdenn der Jähnrich mit der Fahne. Hernach marchiren die Spielleute, 6 in einer Reihe, welche alle aufspielen, was verlanget wird. Ehe sie aber ins Schloß ziehen, gehen sie vorher in ein nahgelegenes Dorff, alle in ihrer Ordnung, und müssen alda, dem alten Gebrauch nach, in einer Cotholischen Capelle eine Music machen, und eine Messe lesen lassen: dabey aber die Evangelischen Spiel-Leute nicht knien: weil es dem Pfaffen nur um das Opfern zu thun ist, dann sie ihm alle etwas von Geld, nach eines jeden Belieben, auf den Altar legen müssen. Wenn sie nun solchergestalt geopfert haben, und darauf durch den Garten in den Schloß-Hof eingezogen sind, so stellt sich erstlich die beste Bande der Bischweilerischen Musicanten in den Kreiß, und läßt sich allein hören; nachgehends tritt die zweyte Bande auf, und so fort. Zuletzt muß ein jeder einen silber-

silbernen vergüldeten Becher, der ein halbes Maaß hält, austrincken, und darauf ziehet der gantze Hauffe, in vorbesagter Ordnung, aus dem Schlosse in das Wirths-Haus, woselbst das Mittag-Essen, für einen Thaler auf jede Person, bestellt ist. Nach vollbrachtem Pfeiffer-Tage wird Gerichts-und Frevel-Tag gehalten über die Spiel-Leute, so etwas verbrochen haben. f. *Matthesonii* Crit. Muſ. T. 2. p. 343. und 344.

Pfeifferus (*Joh. Philippus*) gebohren zu Königsberg in Preussen an. 1645. den 19 Febr. S. Theol. Doctor und Profeſſor P. daſelbſt, Churfürſtl. Brandenburgiſcher Unter-Hof-Prediger und Bibliothecarius der Wallenrodianiſchen Bibliothec, handelt in ſeinen Antiquitatibus Græcis Gentilium lib. 2. c. 64. in 9. Quart-Blättern von der Muſic. Iſt geſtorben an. 1695 den 10 Decembris. f. das *comp.* Gelehrten-Lex. 2te Auflage. Daß er endlich zu der Päbſtiſchen Religion ſich gewendet habe, iſt in den Unſch. Nachrichten, an. 1723. p. 504. zu leſen.

Pfendnerus (*Henricus*) hat an. 1623. librum ſecundum 2.3-4ſtimmiger Motetten zu Würtzburg drucken laſſen. ſ. *Draud.* Biblioth. Claſſ. pag. 1638.

Pfleger (*Auguſtin*) Fürſtl. Holſtein-Gottorpiſcher Capellmeiſter ums Jahr 1565. ſ. *Molleri* Iſagog. ad Hiſtor. Ducatuum Slesvicenſis & Holſatici, p. 3. p. 173. Daß er nach der Zeit auch Capellmeiſter zu Schlackewerde in Böhmen geweſen, habe anderswo gefunden.

Pflug (*Johann*) iſt ums Jahr 1644 Hof-Cantor zu Altenburg, und ein Componiſt geweſen; wie denn von ſeiner Arbeit eine 8ſtimmige Motette: O HErr, lehre uns bedencken, daß wir ſterben müſſen, ꝛc. geſehen.

Pfreumbderus (*Joan. Chriſtoph.*) Cantor an der Kirche und am Gymnaſio zu Heilbronn, ließ an. 1629 eine richtige Unterweiſung zur Singe-Kunſt zu Straßburg in 8vo drucken. Sie beſtehet aus zwey Bogen.

Pfuhl (*Abraham*) ein Muſicus, war den 6 Dec. an. 1681 in Nürnberg gebohren, und bey mehr anwachſenden Jahren des Sinnes, die Studia, wozu ihn ſeine Neigung triebe, zu tractiren, ſolcher Intention gemäß gieng er die Claſſes in der Schule im neuen Spital durch, beſuchte hierauf die Lectiones publicas, und verfügte ſich an. 1700 nach Altorff, dann nach einiger Zeit auch auf Jena, woſelbſt er in dem Jure einige Fundamenta legte, endlich aber zeitlich, weil die Mittel einen längern Auffenthalt auf Univerſitäten nicht zulaſſen wolten, wiederum nach Hauß. Indem nun ſelbiger, neben dem Studiis, ebenfalls die Muſic wohl auszuüben keine Gelegenheit verabſäumete, ſo wurde ihm in Anſehung auch dieſes von ihm angewendeten Fleiſſes bald nach dem auf ſein Anſuchen die Stelle eines Cantoris in dem benachbarten Marckt-Flecken Fürth zugetheilet, welche er faſt 5 Jahr mit gutem Ruhm verwaltet. Hierauf begab er ſich wieder nach Nürnberg, als er ſich immittelſt in der Compoſition trefflich umgethan, und bey der Unterweiſung in der Muſic einer leichten und gründlichen Methode befliſſen, um denen der Muſic Ergebenen mit ſeinem von GOtt ihm verliehenen ſeinen Talent zu dienen, welches er auch verſchiedene Jahr allda mit einem guten Effect, indem er ſich nachmals beſtändig und beſtändig in formiren ſo wol auf dem Clavier als im Singen, (bey welchem er denen Lehr-Begierigen allerhand ſchöne Manieren glücklich beybrachte) dann auch mit componiren, abſonderlich der Cantaten (darinnen er dem Italiäniſchen Guſto ſehr wohl getroffen,) ſeine Suſtentation ſaubte, zu ſeinem groſſen Lob præſtiret, da man ebenfalls ſeinen unermüdeten Fleiß dabey billig rühmen mag. Starb den 15 Julii an. 1723. ſ. des Herrn Profeſſ. Doppelmayrs Hiſtor. Nachricht von den Nürnberg. Künſtlern, p. 274. ſq.

Phaletus (*Hieronymus*) oder Faletti, ein gelehrter Graf von Trignano, aus Savona, im 16ten Seculo, iſt, wo nicht ein Muſicus, doch ein Liebhaber der Muſic geweſen, wie das in *Beyerlinckii* Theatro Vitæ humanæ f. 793 von ihm befindliche lateiniſche Carmen aus 8 Verſen bezeuget.

Phemius, des Terpi Sohn, ein berühmter Muſicus und Sänger an dem Hofe der Penelopes in Ithaca, welcher den Freyern beſagter Princeßin die Zeit mit paſſiren helffen muſte; allein hernach würde er auch mit dem Halſe haben bezahlen müſſen, wenn nicht noch Telemachus, des Ulyſſis Sohn für ihn gebethen, und ihm alſo das Leben erhalten hätte. Er ſoll ſonſt auch zu Smyrna einen Schulmeiſter abgegeben, und unter *andern*

andern auch selbst den Homerum, dessen Mutter Critheidem er geheyrathet, an Sohns statt angenommen, und unterwiesen haben. So will man auch, daß er nebst andern Dingen zufoderst auch die Wiederkunfft derjenigen, so mit dem Agamemnone, aus dem Trojanischen Kriege wieder zurück gekommen, geschrieben; so aber alles ohne gnugsamen Grund fürgegeben wird. s. Hederichs reales Schul-Lexicon. Daß nach seinem Nahmen jeder geschickter Musicus also genennet worden, erhellet aus des *Ovidii* l. 3. Amorum, Eleg. 7. wenn er schreibet:

Quid juvat ad surdas si cantet Phemius aures?

s. Herrn D. *Job. Alberti Fabricii* Bibl. Græc. lib. 1. c. 25. p. 153.

Phernandus (*Carolus*) oder Ferrandus, von Brügge in Flandern gebürtig, verlohr in seiner Jugend das Gesicht, wurde aber, dem ungeachtet, als ein anderer Homerus, ein subtiler Philosophus, vortrefflicher Redner, guter Poet und Musicus, auch vom Könige in Franckreich, Carolo IIX. zum Professore Humaniorum zu Paris bestellet. Begab sich endlich zu Casal in den Benedictiner-Orden, machte sich durch Predigen sehr beliebt, und florirte zur Zeit Pabsts Alexandri VI. und Kaysers Maximiliani, ums Jahr 1493. Sein Bruder Johannes Phernandus ist auch ein berühmter Poet und Musicus am Frantzösischen Hofe gewesen. s. *Pantaleonis* Prosopographiam, f. 464.

Philammon, soll ein Sohn des Apollinis, welchen er mit der Nymphe Chione, oder, wie andere wollen, mit der Philonide gezeuget, und der Vater des Thamyræ gewesen seyn, zu Delphis florirt, daselbst zur Zeit Gideonis, anno Mundi 3920, die Jungfern-Tänze um den Tempel zuerst angeordnet, und die Citharam vortrefflich tractirt haben. s. Herrn D. *Fabricii* Bibl. Gr. lib. 1. c. 26. pag. 156. und 157. und *Stuckii* Antiq. Conviv. lib. 3. c. 21. f. 397. b. Printz c. 7. §. 18. Mus. Hist. führet aus des *Plutarchi* Comment. de Musica noch folgendes an: daß die Carmina Citharœdica, die von etlichen dem *Terpandro* zugeeignet worden, ihm zugeschrieben würden. Bey obgedachten Herrn *Fabricio* aber lautet diese Passage etwas anders, also: quosdam (und demnach nicht alle) citharœdicorum nomorum à Terpandro excultorum Philaminonem auctorem agnoscere. Es gedencket auch seiner *Ovidius* lib. 2. Metamorph. v. 318. in folgenden Worten:

Carmine vocali clarus, citharaque Philammon.

Philarmonici. s. *Academico Filarmonico*.

Philidor (*François*) ein Frantzose, hat zwey Bücher vor die Flöte herausgegeben.

Philidor (*Pierre*) hat ein Flöten-Werck edirt. s. *Boivins* Music-Catalogum aufs Jahr 1729 in 8vo, p. 18. Einer von diesen beyden, und zwar der Sohn, ein Königlicher Musicus, hat ein Pastorale, l' Amour vainqueur genannt, gesetzet, und in folio drucken lassen. s. den Holländischen Music-*Catalogum* des *le Cene, p. 8.*

Philippi (*Gasparo*) hat Sacras Laudes à Voce sola edirt. s. *Parstorff.* Catal. pag 27.

Philipps (*Arthurus*) ein Baccalaureus Musicæ, und Organist am Collegio Magdalenensi zu Oxford, wurde daselbst an. 1639, nach Rich. Nicholsons Tode, Professor Musices; danckte aber ums Jahr 1656 wiederum ab. s. *Ant. à Wood* Hist. & Antiqu. Univ. Oxon. lib. 2. p. 44.

Philippus (*Petrus*) ein Engländer, war an der Stiffts-Kirche des Heil. Vincentii zu Soignies, einer kleinen in Hennegau liegenden Stadt, Canonicus, (Sonegiensis Canonicus) und des Ertz-Hertzogs von Oesterreich Alberti Organist. Von seiner Composition sind folgende Sachen zu Antwerpen gedruckt worden, als:

Madrigali à 8 voci, in 4to. an. 1599.

Cantiones sacræ 5 vocum, in 4to. an. 1612.

Gemmulæ sacræ 2 & 3 vocum, in 4to. an. 1613.

Litaniæ B. M. V. in Ecclesia Loretana cani solitæ 4. 5. – 9 vocum, in 4to. an. 1623.

s. *Draud.* Bibl. Class. p. 1610. 1624. 1630. und dessen Biblioth. Exotic. p. 268.

Philiscus, oder Philistus, von Mileto aus Jonien gebürtig (Milesius), war anfänglich ein sehr berühmter Pfeiffer; hernach aber des Isocratis Discipul in der Rede-Kunst, welcher ihn seinen αυλοτρύπην, oder Pfeiffen-Macher zu nennen pflegte. s. Printzens Mus. Histor. c. 6. §. 14.

und

und *Bulenger.* lib. 2. c. 26. de Theatro.

Philo, von Metapontus, einer ehemahls mächtigen an dem Sinu Tarentino gelegenen, nunmehro oder gantz und gar verwüsteten Stadt in Italien gebürtig, ist ein Pfeiffer und Poet gewesen. s. *Stephan. byzant.* in μεταπουτιον.

Philolaus, ein Pythagorischer Philosophus von Croton, oder wie er noch jetzo heisset, Crotona, einem in Calabria ulteriori liegenden Haupt-Ort eines besondern Marggraffthums gebürtig, (Crotoniates), ist ein Discipul des Archytæ gewesen, hat A. R. 360. zu Heraclea und Metapont gelebt, und nach *Claudiani Mamerti* Zeugniß lib. 2. de statu animæ, c. 2. (welcher ihn vor einen Tarentiner ausgiebt) verschiedene Volumina de intelligendis rebus & quid quæque significent geschrieben, und in selbigen musicalische Dinge berühret. Wie er den tonum eingetheilet habe, ist beym *Boethio* de Musica, lib. 2. c. 5. und 8. zu lesen. s. Herrn *D. Fabricii* Bibl. Gr. lib. 2. c. 13. p. 513 und 514. it. das *comp.* Gelehrten-*Lexicon.*

Philomates (*Wenceslaus*) von Neuhauß (de Nova Domo) gebürtig, hat eine Musicam Planam in lateinischen Versen geschrieben, so an 1512 zu Wien, auch an. 1543 zu Straßburg gedruckt worden. *Martinus Agricola* hat dergleichen Anmerckungen in prosa darüber verfertiget.

Philomélus, ein Citharœdus, dessen *Martialis* lib. 3. Epigr. 51. und anderswo in folgenden Worten gedencket: plus habuit Didymus, plus Philomelus habet. s. *Text.* Offic. lib 4. c. 36.

Philomusus [*lat.*] Φιλόμυσος [*gr.*] bedeutet einen Liebhaber so wol der Music als anderer Künste.

Philotas, ein Citharœdus und Discipul des Polydæ, welcher einsten vor dem Timotheo den Preiß, wiewol unbilliger Weise, davon getragen; welches aus des Stratonici Antwort, die er dem Polydæ gegeben, erhellet: denn als sich dieser viel damit wuste, daß sein Schüler den Timotheum übertroffen, sprach er zu ihm: Mich wundert, daß du nicht weißt, daß Timotheus νόμες, Philotas aber nur ψοφίσματα mache. s. Prinzens Mus. Hist. c. 6. §. §. 28. und 29.

Philoxenus, ein Griechischer Poet und Ci-

tharist, von Cytherea gebürtig, daher er auch Cytherius zubenahmt worden, lebte 400 Jahr vor Christi Geburt. (s. *Matthesonii* Ephor. Göttingens. p. 34.) an des Tyrannen von Syracusa, Dionysii des jüngern Hoie; wurde von ihm in den Steinbruch verwiesen, daselbst Steine zur Straffe zu schneiden, weil er die ihm zur Correctur vorgelegte Tragœdie vom Anfang biß zum Ende durchstrichen hatte; von dannen er aber entwischet und nach Tarent geflohen, auch nicht wieder umkehren wollen, sondern zur Antwort einen gantzen mit dem Wörtgen Nein angefüllten Brieff zurück geschicket. f Prinzens Mus. Hist. c. 5. §. 19. und c. 6. §. 13.

Phœnix [*lat.*] Φοῖνιξ [*gr.*] ein besaitetes Spiel-Instrument, dessen *Julius Pollux* lib. 4. c. 9. Segm. 59. Onomast. gedencket. *Matth. Martinius* in seinem Lex. Philol. saget: es sey von den Phöniciern erfunden worden.

Φωναὶ τῶν γερόντων, corruptè γερόνθων, ist in *Joh. Pet. Evici* Principio Philologico, p. 15. so viel, als: primum tibicinum rudimentum, seu modulus, quem primum docentur, qui tibias inflare discunt, oder die erste Anweisung auf blasenden Instrumenten, da die Tone auf- und unterweris nach der Ordnung biß in die Octav einem Anfänger gezeigt werden.

Phonascus, i. e. Magister vocalitatis, Φωνασκὸς, [*gr.*] ein Sang-Meister, der andere im Singen unterrichtet; it. der die Melodie verfertigen kan, wie aus dem *Glareano* lib. 2. c. 18. Dodecach. zu ersehen, woselbst dieses Wort einem Symphonetæ, oder Componisten, der neinlich nicht nur eine Melodie, sondern über diß noch mehrere Stimmen zu setzen weiß, entgegen gesetzt wird. *Bulengerus* hat ein eigenes Capitel de Phonascis, welches lib. 2. de Theatro das 6te ist. Man findet es auch von einem Music-Directore und Capellmeister manchmahl gebraucht.

Φορβιον, Φορβίον [*gr.*] also hieß ehemahls das Leder, so die Pfeiffer, wenn sie bliesen, deswegen um den Mund hatten, theils daß ihre Leffzen nicht Schaden nehmen, theils auch ihre Instrumente desto angenehmer klingen möchten f. *Bulengerr.* de Theatro lib. 2. c. 24.

Phorminx, Φόρμιγξ [*gr.*] ist eben was Cithara und Lyra. s. *Bisciola* Horar. Sub-

Subceſiv. T. 2. lib. 3. c. 17. Und wie es von *Bulengero* lib. 2. c. 39. de Theat. erkläret wird, nichts anders, als eine Laute. Beym *Clemente Alexandrino* lib. 1. Stromatum stehen in der Lateinischen Verſion folgende Worte: Siculi quoque, qui ſunt in Italia, primi invenere *Phorminigem*, quæ non multum differt a cithara.

Photinx, gen. ingis [*lat.*] ein Krumhorn. Jobas nennet dieſes Inſtrument beym *Atheneo*, lib. 4. p. m. 175 Φώτιγγα πλαγίαυλον, i. e. obliquam tibiam

Photius, war anfänglich der vornehmſte Staats = Secretarius am Kayſerlichen Hofe zu Conſtantinopel, und hernach Patriarch daſelbſt ums Jahr 886, als in welchem Jahre er zum letztenmahle abgeſetzt worden, ſchrieb unter andern eine alſo genannte Bibliothecam, worin an verſchiedenen Orten auch von muſicaliſchen und dahin gehörigen Dingen gehandelt wird, betreffende ſo wol Perſonen als Kunſt=Terminos, ſo er aus anderer Auctorum Büchern excerpiret.

Phrynichus, einer von den Pfeiffern auf des Alexandri M. Beylager. ſ. *Athen*. l. 12. f. m. 538.

Phrynis, ein Diſcipul des berühmten Citharisten Ariſtoclidis, ſoll bey den Athenienſern zuerſt ſich hören laſſen, und in denen Panathenæis daſelbſt gewonnen haben; ſonſten aber von Mytilene bürtig geweſen ſeyn. Die von ihm hervorgebrachte Melodien oder moduli, werden von den Comicis δυσκολόκαμπτοι i. e. contortuplicati, und er ſelbſt Ιωνοκάμπτης genennet: quod ſicut Jones ſaltationes maſculas in effœminatas flexiones gyrosque fregerunt, ita ipſe in ſeveriorem muſicam criſpas quasdam & lubricas invexiſſet modulationes. ſ. *Kühnii* annotat. in Pollucis Onomaſt. cap. 9. lib. 4. Segm. 66.

Phthongus, pl. Phthongi, [*lat.*] Φθόγγος, pl. Φθόγγοι [*gr.*] ein Klang, Klänge. it. eine Saite, Saiten.

Phyllis, oder Phillis, Delius zubenahmt, weil er aus der Inſul Delus, oder derſelben Haupt=Stadt gleiches Nahmens mag bürtig geweſen ſeyn, hat einen Tractat περὶ αὐλητῶν, de tibicinibus, ingleichen einen andern περὶ μυσικῆς de Muſica geſchrieben. ſ. *Athen*. lib. 14. f. m. 634. und 635.

Pi, iſt nach Bericht des Herrn *de la Loubere*, bey den Siamern eine ſehr ſcharffklingende Schallmey. conf. *Chirimias*.

Pia (*Margarita*) eine ums Jahr 1679 in der Opera zu Venedig, und zwar auf dem Theatro di S Luca berühmt geweſene Sängerin und Actrice, ſo in den 2 Monathen des währenden Carnevals vierhundert Piſtoles d' or vor ihre Mühe bekommen. ſ. den *Mercure Galant* im April Monath a. c. p. 82.

Piani (*Antonio*) hat an. 1721 und 1727 als der zweyte Violiniſt in der Kayſerl. Capelle geſtanden.

Piani (*Gio. Antonio*) oder des Planes ein Neapolitaner und Violiniſt beym Groß-Admiral von Franckreich, Louis Alexandre de Bourbon, Grafen von Thoulouſe, hat an. 1712 ein aus XII. Sonate a Violino ſolo e Cembalo beſtehendes Werck, ſo ſein erſtes iſt, zu Paris in Kupfer ſtechen laſſen, und es obgedachten ſeinem Herrn dediciret. Es ſind auch 6 Sonaten à Flauto ſolo e B. C. von ihm heraus gekommen.

Piani (*Thomas*) war an. 1721 und 1727 in der Kayſerl. Capelle Violiniſt.

Piano, oder abbrevirt, Pian, auch Pia, ingleichen ſchlechtweg durch ein groſſes oder kleines P. p. angedeutet, iſt ſo viel als leiſe; daß man nehmlich die Stärcke der Stimme oder des Inſtruments dermaſſen lieblich machen, oder mindern ſoll, daß es wie ein Echo laſſe

Piu piano, oder durch PP, ingleichen durch pp. angedeutet, heiſſet leiſer, oder wie ein zweytes Echo, ſo daß es als noch weit entlegener denn das piano klinge.

Pianiſſimo [*ital.*] abbrevirt durch PPP oder ppp angedeutet, tres - doucement [*gall.*] iſt gleichſam das dritte Echo, welches iſt, als wenn die Stimme oder der Inſtrument-Klang in die Lufft zergienge.

Piano Piano, oder Pian Piano, iſt wie più piano oder pianiſſimo.

Piatek (*Simon de.*) ein Polniſcher Prieſter, war erſtlich Vicarius und Vice-Cantor an der Cathedral-Kirche in Cracau, nachgehends aber Capellæ Roran. Præbendarius, und, wegen ſeiner muſicaliſchen Wiſſenſchafft, hellen und angenehmen Stimme Cantor an vorgedachter Kirche, ſtarb den 31. Dec. 1592, und bekam dieſes Epitaphium:

Hono.

Honorabili Simoni de Piatek Sacerdoti, pietate ac morum comitate omnibus grato, primum Vicario & Vicecantori Ecclesiæ Cathed. Crac. tandem Capellæ Roran. Præbendario, simul propter art. Musices peritiam, ac vocem canoram & suavem prædictæ Ecclesiæ Cantori, die ultima Anni 1592 extincto, Fratres commun. Rorantium tanquam Confratri desideratiss. amoris ergo posuere. s. Starowolscii Monumenta Sarmatarum, p. 56.

Piazza (*Gio. Battista*) hat verschiedene Wercke ediret, wovon im Parstorfferischen Catalogo p. 33. und 35. folgende befindlich sind, als:
    Balletti e Correnti à 1 Violino con Basso, lib 3.
    Ciacone, Passagagli, Balletti e Correnti à 1 Violino, lib. 4.
    Canzoni à 1 Violino, libro 5.
    Correnti, Ciacone e Balletti à 1 Violino, lib. 6.
    Canzonette à 1 Violino.

Picenetti (*Gio. Felice Maria*) ein Violoncellist in der Königlichen Capelle und Cammer-Music zu Dresden an. 1729. s. den dasigen Hof- und Staats-Calender.

Picerli (*Silverio*) ein Pater Ordinis Minorum de Observantia, von Rieti, einer Päbstlichen an den Neapolitanischen Grentzen liegenden Stadt gebürtig, (Reatinus), hat an. 1630 Specchio primo & secondo di Musica zu Neapolis bey Octavio Beltramo drucken lassen. s. *Allatii* Apes Urban.

Picchi (*Giovanni*) ein Organist della Casa grande zu Venedig, ließ an. 1625 daselbst Canzoni da sonar drucken.

Piccioni (*Gio. Maria*) von Quinzano oder Quintiano, einem von Brescia Abendwerts in der also genannten Francia curta liegenden Orte, gebürtig, war in seiner Jugend ein Sänger beym Hertzoge zu Mantua, hernach am Dom zu Brescia und andern berühmten Kirchen, in welcher qualité 4stimmige Vesper-Psalmen, zu Venedig bey Alessandro Vincenti gedruckt, von ihm herausgekommen sind. Hierbey ist er auch ein Theologus und Mansionarius oder Capellan zu Coccaglio. ingleichen ein guter Redner gewesen, wie die an. 1624 zu Brescia in 4to gedruckte lateinische Orationes bezeugen, und an. 1637 zu Coc-

caglio gestorben. s. *le Libraria Bresciana del Leonardo Cozzando*, P. I. pag. 186. sq.

Piccioli (*Giacomo Antonio*) von Corbario, hat 5stimmige Litanien de B. V. herausgegeben. s. *Parstorff*. Catal. p. 29. An denen an. 1588 von Giulio Bonajuncta zu Mayland edirten Missen verschiedener Auctorum, ist am Ende auch eine 5stimmige super: Voce mea, von ihm befindlich; das Benedictus in selbiger enthält einen 4stimmigen Canonem, welchen 2 Stimmen motu recto, und 2 Stimmen motu contrario absolviren. *Draudius* p 165. Bibl. Class. führet auch Jtaliänische Tricinia seiner Arbeit, an. 1593 zu Venedig in 4to gedruckt, an. Daß er ein Geistlicher, und des Costantino Porta Scholar gewesen, erhellet aus des *Angelo Berardi* Documenti Armonici, lib. 2. p. 115.

Pichelmair (*Georg*) ein Kayserlicher Cammer-Diener und Musicus, ließ an. 1637 eine Psalmodiam sacram in Regenspurg drucken.

Pichis (*Erasmus de*) ein in Humanioribus wohl erfahrner Römer, hat ums Jahr 1415 floriret, und einen Tractat von der Music geschrieben. s. *Mandosii* Biblioth. Roman. Centur. 7.

Πηκτὶς, [gr.] ist, wie *Scaliger* c. 48. Historici will, ein mit zwo Saiten versehenes Spiel-Zeug gewesen, so mit einem Bogen gestrichen, und übrigens mit der lincken Hand tractirt worden.

Pichsellius (*Sebast.*) hat ein Lateinisches Carmen de Musica an. 1588 zu Speyer in 8vo drucken lassen. s. *Lipenii* Bibl. Philosoph.

Picinini (*Filippo*) ein von Bologna bürtig gewesener, auch daselbst an. 1648 verstorbener Lautenist, ist vom Könige in Spanien wegen seiner Virtu mit 300 Ducatonen jährlicher Einkünffte für sich und seine Kinder auf den Saltz-Zoll der Stadt Mayland begnadiget worden. s. *M. sint* Bologna Perlustrata, P. I. p. 687.

Pico (*Giov.*) oder Joan. Picus, Graf von Mirandola, ein sehr gelehrter Herr, hat in seiner Jugend sich dergestalt auf die Music geleget, daß auch seine Composition sehr gerühmet worden; ist an. 1494 den 17 Novemb im 33 Jahre seines Alters zu Florentz gestorben. s Printzens Mus. Histor. c. 10. §. 30. Seine in der

S. Jo-

S. Johannis-Kirche zu Florenz an einer Mauer stehende Grabschrifft lautet folgender massen:

Johannes jacet hic Mirandula, cætera norunt

Et Tagus & Ganges, forsan & Antipodes.

s. *Missons* Reise = Beschreibung durch Italien, das 39te Schreiben, p. 929.

Piéce, pl. piéces [*gall.*] wird hauptsächlich von Instrumental-Sachen gebraucht, deren etliche als Theile ein gantzes Stück zusammen constituiren.

Piechbeck, ein Engländer, hat eine musicalische Kunst=Machine erfunden, auf welcher derselbe sich in Londen, mit grosser Approbation des Hofes, hören lassen; es ist dieselbe so beschaffen, daß sie, ausser dem Flöten und Cymbel-Wercke, auch den Schall von Trompeten und Kessel-Paucken gantz wesentlich nachahmet; der Erfinder soll sie auch dergestalt zu perfectioniren gesonnen seyn, daß auch die Corellischen Sonaten darauf könten gespielt werden. s. den Coburgischen Zeitungs=Extract, mens. Octob an. 1724. p. 251.

Piellacher (*Ignatius Leopold*) ein Kayserl. Bassist an. 1721, und 1717.

Pieno, fœm. Piena [*ital.*] Plein, Rempli, Entier [*gall.*] ausgefüllet, gantz vollständig, z. E. Choro pieno, der volle Chor; Note piene, ausgefüllte Noten, die nicht weiß und offen, sondern schwartz und voll sind; manchmahl bedeutet es auch den Nachdruck oder die Stärcke einer Consonanz, oder eines Accords; also sagt man: die Quint klinget stärcker als die Octav, d. i. thut einen stärckern effect; ist durchdringender und vernehmlicher.

Pieri (*Gio Michele*) ein Cammer=Musicus am Casselischen Hofe, von welchem der Herr von Besser p. 308 seiner Schrifften berichtet: daß er an dem im Decembre an. 1706 gehaltenen Beylager des damahligen Cron = Printzens von Preussen, in der Opera: Sieg der Schönheit über die Helden genannt, mitgesungen habe.

Pietoso [*ital.*] auf eine Art, so Erbarmung und Mitleiden erregen kan.

Pietragrua (*Gasparo*) ein Prior, hat so wol an der S. Johannis-Kirche in Monza, einer zwischen Como und Bergamo im Mayländischen am Fluß Lambro 10 Meilen von Mayland liegenden Stadt, als zu Canobio, einer gleichfalls im Hertzogthum Mayland am Lago maggiore liegenden kleinen Stadt, die Orgel gespielet, und als ein braver Componist an. 1629 folgende Sachen zu Mayland drucken lassen, als:

Concerti e Canzoni Francesi ad 1.2.3. e 4. con Messe da Vivo, e da Morti, Magnificat, Falsibordoni, Litanie della Madonna e de i Santi. Canzonette a trè, und Motetti à Voce sola. s. *Picinelli* Ateneo de i Letterati Milanesi, p. 235 und 234. Der Nahme scheinet corrupt zu seyn, und soll vielleicht Gasparo Pietro Grua heissen. conf. *Petrogrua.*

Piffaro und **Piffero** [*ital.*] Pifferus [*lat.*] heisset nach *Ferrarii* Muthmassung so viel als tibia biforis, und in *Castelli* Dizzionario eine Pfeiffe, Schallmey, it. einen Schallmey-Bocks=Pfeiffer.

Pighius (*Albertus*) wird von *Possevino* f. 223 Biblioth. Select. als ein Music. Autor angegeben. Daß er von Campen aus Ober=Yssel (Campensis Transisselanus) gebürtig, Probst und Archi-Diaconus bey S. Johannis in Utrecht, auch freyer Herr in Midrecht, Wilnes, u. s. f. gewesen, und nach einigen an. 1542, nach andern aber an. 1543, oder erst an. 1562 gestorben sey, berichtet das *comp. Gelehrten-Lexicon*.

Pignorius (*Laurentius*) der an. 1571 zu Padua gebohrne, und an. 1631. den 15 Junii an der Pest verstorbene Canonicus zu Trevisi, hat unter andern einen lateinischen Tractat de Servis, & eorum apud veteres ministeriis in 4to geschrieben, worinn verschiedenes, die Musik betreffend, hie und da vorkommt, nemlich vom 79 biß zum 96 Blatte der an 1613 zu Augspurg herausgekommenen Edition.

Pigott (*Thom.*) ein Engländischer Prediger aus Lancashire, und Socius in der Königl. Societät, hat unter andern von einigen neuen Phænomenis in der Music geschrieben, so in den Engl. Transactionibus stehen, und ist an. 1686. den 14 Aug. zu Westmünster gestorben. s. das *comp. Gelehrten-Lexicon.*

Pileata major [*lat.*] das Grob=Gedackt, eine 16 oder 8füßige Orgel-Stimme, so oben zugedeckt ist, und gleichsam einen

Hut trägt, als wovon sie eben den Nahmen hat. Pileata maxima ist der Untersatz oder Subbaß.

Pileata minor [*lat.*] das Klein-Gedackt, ist eine dergleichen vierfüßige Orgel-Stimme.

Pinax, gen. **Pinacis** [*lat.*] πίναξ [*gr.*] ist eben was Cribrum. it. der Resonanz-Boden, oder die Decke auf Instrumenten.

Pincer [*gall.*] die Saiten eines musicalischen Instruments mit den Fingern delicat berühren.

Pindarus, ein ohngefehr 474 Jahr vor Christi Geburt berühmter griechischer Poet, von Theben gebürtig, und Sohn des Scopelini, von welchem er anfänglich auf der Flöte, und hernach bey dem Hermione auf der Lyra spielen gelernet. Als so wol die Lacedæmonier, als Alexander M. die Stadt Theben ruiniret, haben sie dennoch beyderseits des Pindari Hauses geschonet, ja letzterer soll selbst, oder durch jemand anders, folgende Worte an selbiges geschrieben haben, oder schreiben lassen: Πινδάρυ τῦ μυσοποιῦ τὴν τέγην μὴ καίετε, *Pindari*, des *Musici* Hauß, verbrennet nicht. s. *Printzens* Mus. Histor. c. 5. §. §. 26. 27. und *Dionis Chrysostomi* Orat. 2. de Regno.

Pinel, von seiner Arbeit sind einige leichte Suites vor eine Flöte oder Hautbois und Basse; it. vor eine Laute nebst einer Violin oder Flöte gesetzt, zu Amsterdam bey Roger gravirt zu haben. s. dieses seinen *Catal.* p. 14 und 45.

Pinelli (*Gio. Battista*) von Genua gebürtig, war bey dem Chur-Fürsten zu Sachsen, Augusto, Capellmeister, und gab folgende Sachen heraus, als: 6 vierstimmige Missen an. 1582; teutsche Magnificat über die 8 Kirchen-Tone an. 1583; und Madrigalien; wie auch 8. 10. 15stimmige Cantiones an. 1584 zu Dreßden in folio gedruckt. Auf denen an. 1588 zu Prage in 4to gedruckten 5stimmigen Motetten, (18 an der Zahl,) wird er ein Nobilis Genuensis und S. C. M. Musicus genennet. Daß er ohngefehr drey Viertel Jahr nach des Scandelli Tode, nemlich an. 1581, nach Dreßden gekommen, und jenem in der Capellmeister Charge succediret habe; aber, wegen übler Aufführung, seines Dienstes entsetzet worden, wiederum nach Prag gezogen, und daselbst gestorben sey; dessen berichtet uns Hr. D. Joh. Andr. Gleich in der Dreßdenischen Reformations- und Hof-Prediger Historie, und zwar im Vorbericht, c. 10. §. 3. p 95.

Pinelli (*Gio. Vincenzo*) gebohren zu Neapolis an. 1535 aus einer vornehmen Familie, brachte fast die gantze Lebens-Zeit in Padua zu, legte sich nicht allein mit ungemeinen Succeß auf die Rechte, sondern war auch unvergleichlich in Kenntniß der Medaillen, in der Medicin, Historie, Mathematic, und Music, welche er von seinem Præceptore domestico, Philippo de Monte, erlernet, desgleichen in verschiedenen Sprachen, als der Hebräischen, Griechischen, Lateinischen, Spanischen und Frantzösischen erfahren. Wurde auch so berühmt, daß aus gantz Europa Leute zu ihm kamen, und sich seines Raths bedieneten. Ist, nach Bericht des *comp. Gelehrten-Lexici*, an. 1602 den 4 Augusti an Verhaltung des Urins, oder, nach Aug. Oldoini Anzeige p. 372 seines Athenæi Ligustici, an. 1601 gestorben.

Pinetti (*Gaetano*) ein Italiäner, hat in der Breslauischen Oper, an. 1725 den Baß-Stimme gesungen. s. *Matthesonii* Musical. Patr. in der 43 Betrachtung, pag. 347.

Pini (*Nicola*) ein Altist in der Römischen Kayserin, Amaliæ Wilhelminæ, Hof-Capelle an. 1721, und 1727.

Pinnæ tactiles, organicæ [*lat.*] s. *Clavichordium.*

Pionnier (*Joh.*) war Capellmeister zu Loretto. Das zweyte Buch seiner 5stimmigen Cantionum oder Motetten ist an. 1564 zu Venedig in 4to gedruckt worden. s. *Draudii* Biblioth. Class p. 1638.

Piovesana (*Francesco*) hat Misure Harmoniche geschrieben. s. *Tevo* Testore Mus. p. 189, und 193.

Pipilare (*Mattheus*) ein Componist, dessen *Ornithoparchus* lib. 2. c. 8. seines Micrologi gedencket.

Pippingius (*Henricus*) der an. 1670 den 2 Jan. zu Leipzig gebohrne, und an 1722 den 22 Aprilis zu Dreßden verstorbene Königlich-Polnische und Chur-Sächsische Ober-Hof-Prediger, Kirchen- und Consistorial-Rath, hat an. 1688 den 11ten Septembris, unter dem Præsidio Hrn. D Casp. Löschers, als Magister eine Dissertation: de Saule per Musicam cura-

curato, gehalten, welche in seinen an. 1723 zu Leipzig in 8vo gedruckten Exercitationibus Academicis Juvenilibus die dritte ist, und daselbst vom 103ten Blatte biß aufs 223te gehet. Wie er nach und nach verschiedene Aemter bedienet, als 1693 an der Nicolai-Kirche zu Leipzig Sonnabends-Prediger, an. 1697 Mittags-Prediger, an. 1701 Vesper-Prediger zu S. Thomæ daselbst geworden, an seines Schwieger-Vaters, Herrn D. Seligmanns Station gekommen, und an. 1709 zu Wittenberg in Doctorem Theologiæ promoviret, ist in den Unsch. Nachrichten an. 1722. p. 495 zu lesen.

Piroy, ein Frantzösischer Componist.

Pisa (*Agostino*) hat in Italiänischer Sprache einen Tractat vom Tact geschrieben. s. *Bononcini* Musico Pratico, P. I. c. 13.

Pisador (*Didacus*) ein Spanischer Musicus zu Salamanca, hat an. 1552 unter dem Titul: de Musica de Viguela, Citharisticæ artis documenta, in folio daselbst drucken lassen. s. *Antonii* Bibliothecam Hispanam.

Piscator (*Franciscus*) war an. 1708 Organist und Hof-Musicus in Hanau, und schrieb in der Harmonologia musica des Herrn Werckmeisters ein teutsches Carmen gratulatorium, dessen letzter Vers also lautet:

Mild = freundlich Fama rufft, Mit samt den Musen-Hauffen,
Werckmeisters Lob Sol Fast biß an die Sternen Lauffen.

In diesen Guidonischen Vocibus, mi, re, fa, mi, sol, fa, la, ist ein vierstimmiger Canon Musicus enthalten, welcher auf unterschiedliche Weise kan versetzt werden. Ist gestorben im Septembr. des 1724ten Jahres.

Piscopia (*Elena Lucretia*) des Joh. Baptistæ aus dem Geschlechte der Corneli oder Cornari, von dem Stamm-Gute Piscopi genannt, Procuratoren von S. Marco zu Venedig, Tochter, gebohren an. 1646 den 5 Junii, wurde wegen ihres guten Naturels im 7 Jahre den Studiis gewiedmet, erlernte Lateinisch, Hebräisch, Arabisch, Spanisch, Frantzösisch, und sonderlich Griechisch so fertig, daß sie diese Sprachen meist reden konte. Im 11ten Jahre that sie das Votum castitatis, und ob sie wol vom Pabste Erlaubniß erhielte zu heyrathen, begab sie sich doch unter die Nonnen Benedictiner-Ordens, und nahm den Nahmen Scholastica an, wurde darauf an. 1678 zu Padua öffentlich, nachdem sie ihre Lection gehalten, zur Magistra Philosophiæ creiret, auch in viele Academien aufgenommen, darin sie allerhand Reden gehalten, welche nebst ihren Inscriptionibus oder Elogiis, Brieffen, und andern zusammen gedruckt worden sind. Sie starb an. 1684 den 26 Julii an der Pest. s. das comp. Gelehrten-Lexicon. Daß sie auch, nebst nurgedachten Stücken, die Music wohl verstanden, ist aus der an 1690 zu Venedig in folio gedruckten, und also titulirten Conchiglia celeste des *Gio. Battista Fabri,* und zwar aus der Umschrifft ihres daselbst s. 33. im letzten Theile befindlichen Portraits, abzunehmen.

Pisendel (*Johann Georg*) ist aus Anspach gebürtig, und in der Königl Capelle und Cammer-Music zu Dreßden Erster Violinist. s. den dasigen Hof- und Staats-Calender aufs 1729te Jahr. Nach dem an 1730 gehaltenen vortrefflichen Königl. Campement bey Mühlberg, soll er zum Concert-Meister allergnädigst declariret worden seyn.

Pisenti (*Benedetto*) ein Olivetanischer Mönch zu Venedig, welcher daselbst ums Jahr 1525 floriret, auch in die Kirche di Sta. Helena begraben worden, hat verschiedene Musicalia verfertiget, und dem Druck übergeben. s. *Giac. Alberici* Catalogo breve de gl' illustri & famosi Scrittori Venetiani, p. 16.

Piseus, ein König der Tyrrhener, soll, wie *Plinius* lib 7. c. 56. Historiæ Natural. meldet, die von Ertz gemachte Trompete, 260 Jahr vor Erbauung der Stadt Rom, oder im 2951 Jahre nach Erschaffung der Welt erfunden haben. Beym *Polydoro Vergilio* lib. I. cap. 15. werden verschiedene als Erfinder dieses Instruments angegeben. s. Printzens Mus. Histor. c. 2. §. 13.

Pisticci (*Atanasio*) ein Minorit, hat an. 1633 Motetten zu Venedig heraus gehen lassen. Im *Parstorfferischen Music-Catalogo* wird das dritte Buch 2 und 3stimmiger Motetten; ingleichen 4stimmige Psalmen von seiner Arbeit angeführet. s. p. 11. und 16.

Pistocchi (*Francesco Antonio*) Capellmeister bey dem Hrn. Marggrafen zu Anspach ums Jahr 1699. Von seiner Arbeit sind 6 Cantaten, als 2 Duetti, 2 Frantzösische, und

und 2 Teutsche Arien, bey Roger zu Amsterdam (so sein erstes Werck aus inichen) in Kupfferstich zu haben. s. dessen Catal. p. 7.

Pistorius, (*Joan. Fridericus*) ein Doctor, hat an. 1593 eine Psalmodiam Vespertinam, nebst einigen 4 und 5stimmigen Canticis B. Virginis Mariæ zu München bey Adam Berg in 4to drucken lassen. s. *Draudii* Biblioth. Class. pag 1649.

Pithaules [*lat.*] πιθαύλης [*gr.*] qui πιθω αυλῶ, tibia instar dolioli facta canit; und mag demnach wohl einen Sack-Pfeiffer bedeuten. s hiervon mit mehrern *Matth. Martinis* Lex. Philolog. und *Bulenger.* lib 2. c. 30. de Theatro.

Pitoni (*Michele*) also soll der jetzige Päbstliche Capellmeister heissen.

Piu ein Italiänisches Adverbium, bedeutet mehr, und wird öffters bey andern Adverbiis und Adjectivis, selbigen einen Nachdruck an der Bedeutung zu geben, gefunden, als:

Piu piano, leiser. Piu allegro, freudiger, lustiger. Piu moderno, mehr nach der heutigen Art. Piu presto, geschwinter.

Piva [*ital.*] die Röhre an einer Sack-Pfeiffe, tibia utricularis. *Bonanni* braucht es, p. 73. del Gabinetto Armonico, von der Sack-Pfeiffe selbst, oder derselben gantzen machine.

Pizzicare [*ital.*] schnippen. Pizzicato, geschnippt: wenn nemlich die Saiten, an statt des Bogens, mit den Fingern gezwickt und klingend gemacht werden.

Pizzoni (*Giovanni*) von Rimini, hat 5stimmige Canzoni zu Venedig in Druck gegeben.

Plagiavlus [*lat.*] πλαγίαυλος [*gr.*] von πλάγιος, obliquus, transversus, und αὐλός, tibia, mag, ratione etymologiæ, wol nichts anders, als eine Queer-Pfeiffe gewesen seyn. conf. *Scaliger* lib. 1. Poet. c. 20.

Plagiaula [*lat.*] πλαγιαύλης [*gr.*] der solches Instrument tractiret.

Plainte [*gall.*] ein Klage-Lied.

Plaisanterie [*gall.*] eine lustige Piéce.

Planitzky (*Josephus Ant.*) aus Böhmen gebürtig, hat an. 1723 als Componist und Tenorist am Bischöfflichen Hofe zu Freysingen gestanden, und unter dem Titul: Opella Ecclesiastica XII. mit verschiedenen Stimmen und Instrumenten gesetzte Arien durch den Druck in folio bekannt gemacht. s. Lotters Music-Catal

Platage [*lat.*] πλαταγή [*gr.*] eine Kinder-Klapper.

Platnerus (*Augustinus*) hat an 1623 achtstimmige Missen zu Nürnberg bey Wagemann drucken lassen. s. *Draud.* Bibl. Class. p. 16 s.

Plato, der an. Mundi 3525 gebohrne Philosophus, ist auch ein guter Musicus, und in solcher Kunst ein Discipul Draconis des Atheniensers, und des Metelli von Agrigent gewesen, wie *Plutarchus* in Commentario de Musica erzehlet. Er ist gestorben an M. 3602. *Cicero* schreibet: er sey in der Geometrie und Music vortrefflich gewesen. s. Printzens Mus. Hist. c. 6. §. 4.

Platpays (*Jacobus*) Morinus, ein Frantzose, aus der Piccardie gebürtig, deren Einwohner vor Alters Morini geheissen, ist an Kaysers Caroli V. Hofe ein Musicus gewesen. Sein in *Ottonis Aicheri* Theatro funebri, P. III. Scena VII. pag. 446. & sq. befindliches, und von *Joh. Secundo* verfertigtes Epitaphium lautet, wie folget:

Cui fors innocuo frustra quæsiverat hostem,
    Armavit socias in mea fata manus.
Perfidus incauto ferrum demisit in armos,
    Labentem solis destituitque locis.
Sanguine rorantes cædem lachrymantur olivæ,
    Sub quibus exspirans ultima verba dedi.
Et mea turmatim gemuerunt fata volucres,
    Hæc fuit una meæ conscia turba necis.
Flete piæ volucres: & nos quoque flevimus umbras,
    Claraque sunt cantu multa sacella meo.
Infantem tellus Morinum nutrivit amœna.
    Arragonum montes sunt mihi pro tumulo.
Cæsaris ante focos solennia sacra peregi,
    Quam peterem moriens, non fuit ara mihi.

Cæruleos sparsi fumos ante ora Deorum,
Sanguine styx late nunc rubet atra meo.
Tu quicunque cupis meliori occumbere fato,
Suspectum Fidei nobile nomen habe.

Plauen (*Leopold à*) ein Benedictiner-Mönch, hat verschiedene musicalische Wercke ediret.

Plausus [*lat.*] bedeutet beym Augustino lib. 2. c. 10. de Musica den Tact, oder vielmehr das mit der Hand zu gebende Zeichen desselben.

Plautzius (*Gabriel*) aus dem Herzogthum Crain gebürtig (Carniolus) s. Feyertags Syntax. minor. p. 85. hat unter dem Titul. Flosculus vernalis, 3. 4. 8stimmige Cantiones Sacras, Missas, aliasque laudes B. Mariæ, an. 1621 zu Aschaffenburg in 4to heraus gegeben. s. *Draudii* Bibl. Class. p. 1619 woselbst er Platzius genennet wird.

Playfort (*Joan.*) ein Engländer, schrieb in seiner Sprache eine Introductionem ad Scientiam Musicam, so an. 1668 zu Londen in 8vo gedruckt worden. s. *Lipenii* Bibl. Philosoph.

Plectropœus [*lat.*] von πλήκτρον, plectrum, und ποιέω facio, der Bogen, Schlägel, und andere dergleichen Stücke verfertiget, womit musicalische Instrumente klingend gemacht werden.

Plein Chant [*gall.*] Cantus planus [*lat.*] der Choral-Gesang.

Pleno Choro [*lat.*] mit vollem Chor.

Pleuritides [*lat.*] Orgel-Register, qs. laterales, von πλευρά, latus; weil sie an beyden Suiten eines Orgel-Wercks sich befinden.

Plochflöte, ist ein stumpffes 2füßiges Orgel-Register.

Plotinus, ein Platonischer Philosophus zu Rom im 3ten Seculo, welcher an. 270 im 66ten Jahre verstorben, ist, wie Jacobus Gaddius T. 2. de Scriptoribus non Ecclesiasticis, f. 132. berichtet, nebst andern disciplinen, nemlich der Geometrie, Arithmetic, Mechanic, und Perspectiv-Kunst, auch in der Music wohl erfahren gewesen.

Plutarchus, ein von Chœronea in Boeotien gebürtiger Philosophus, Historien-Schreiber und Redner, welcher Griechenland und Egypten durchreiset, florirte zu Nervæ und Trajani Zeiten, schrieb unter andern vielen Tractäten, auch eins περὶ Μουσικῆς, oder de Musica, worinn Onesicrates, Sotericus und Lysias redend eingeführt sind, und starb in seinem Vaterlande fast um die Mitte des 2ten Seculi. s. das *comp.* Gelehrten-Lexicon.

Poccetta [*ital.*] Poche [*gall.*] Fidicula [*lat.*] ein Geiglein, so einige Tantzmeister bey sich zu tragen pflegen.

Poco [*ital.*] wenig.

Podbielski, (*Christian*) war an. 1720 an der Orgel im Löbenicht zu Königsberg in Preussen Organist. Dieses Werck hat 48 Stimmen. s. *Matthesonii* Anhang zu Niedtens Mus. Handleit. zur Var. des G. B. p. 185.

Podbielski (*Gottfried*) Organist an der Altstädter Orgel zu Königsberg in Preussen, hat an. 1720 ein an. 1590 gebautetes und aus 53 Stimmen bestehendes Werck unter Händen gehabt. s. *Matthesonii* Anhang zu Niedtens Mus. Handl. zur Var. des G. B. p 184.

Podbielski (*Jacob*) ein Organist in der Altenstadt Preussen ums Jahr 1703. s. Motzens vertheidigter Kirchen-Music 1. Theil. Von seiner Arbeit besitze eine vors Clavier gesetzte Partie.

Podio (*Guilielmus de*) stehet in *Possevini* Bibliotheca Selecta f. 224. unter den Music-Auctoribus.

Podius (*Franciscus*) ein ums Jahr 1604 berühmt gewesener Musicus zu Palermo in Sicilien, hat in nurbesagtem Jahre das erste Buch Ricercaten daselbst in 4to drucken lassen. s. *Mongitoris* Bibl. Sicul. T. 1. f. 234.

Pöck (*Anton*) ein Baßist in der Kayserl. Hof-Capelle an. 1727, und zwar der siebende der Ordnung.

Pogioli (*Antonio*) hat verschiedener Auctorum auserlesene Motetten zusammen getragen und ediret. s. *Pitstorff.* Catal. p. 27.

Pogiolo (*Baltasare*) war an. 1655 in Kaysers-Ferdinandi III. Capelle ein Altist, und hatte die Capell-Knaben unter seiner Information. *Bucelinus.*

Pohle (*David*) war zu Halle, ingleichen zu Merseburg Capellmeister in der zweyten Helffte des vorigen Seculi.

Point [*gall.*] ein Punct.

Point de division [*gall.*] oder **Point à queue**, ein Punct mit einem Schwantze wurde ehemahls zwischen die Noten gesetzet, so offt ein proportionirter Tact aus war, und muste demnach dasjenige verrichten, was jetzo der einzele Strich im Systemate thut.

Point d'Orgue [*gall.*] s. *Corona*.

Pointé [*gall.*] punctirt, mit einem Punct versehen.

Poisson, ein Frantzösischer Pater Oratorii hat gelehrte Anmerckungen über Careßii Compendium Musices geschrieben.

Polaroli (*Carlo Francesco*) oder **Pollaroli**, ist als Unter-Capellmeister an der S. Marco-Kirche zu Venedig, an. 1723 im 70 Jahr seines Alters verstorben. s. des Hrn. Hof-Rath Nemeizens Nachlese besonderer Nachrichten von Italien, p. 49.

Poli (*Angelo*) ein Sopranist in der Hof-Capelle der Römischen Kayserin Amaliæ Wilhelminæ, an. 1721, und 1727.

Polidori (*Ortensio*) Capellmeister am Dom zu Chietti, der Haupt-Stadt in Abruzzo citra, am Fluß Pescara im Neapolitanischen liegend (lat. Theate, it. Teatea in Marrucinis,) von Camerino gebürtig, hat an. 1637 Motetti à voce sola & à doi, als sein zehntes Werck; und an. 1641 Salmi concertati zu Venedig drucken lassen. Im Parstorfferischen Catalogo stehen folgende Wercke von ihm als:

Messe à 5 & 8 Voci con Ripieni, & 2 Violini. p. 4.

Salmi concertati à 3 e 5 Voci. libro 2. con stromenti. p. 10.

Salmi à doi Cori, parte concertati e parte pieni, libro 2. p. 12

Polietti (*Alessandro*) war an 1676 Kayserlicher Cammer-Organist. Er soll ein Teutscher gewesen seyn.

Politianus (*Angelus*) ein Priester und Canonicus, wie auch Professor der Griechischen und Lateinischen Sprachen zu Florentz, gebohren zu Monte Pulciano (lat. Mons Politianus) im Toscanischen (von welchem Orte er den Nahmen bekommen) an. 1454, den 14 Julii, hat unter andern in lateinischer Sprache Miscellanea geschrieben; in selbigen handelt das 14te Capitel bey Gelegenheit des Ovidianischen Distichi: Disce etiam duplici genialia naulia palma Vertere, conveniunt dulcibus illa modis. von dem Musicalischen Instrument, Naulia genannt, weitläufftig; und in der Prælection, die den Titul: Panepistemon führet, von der Musica naturali, mundana & artificiali, und nach einigen andern Musicalischen Dingen. Der Auctor ist an. 1494 im 40ten seines Alters zu Florentz gestorben. In der S. Marcus-Kirche daselbst soll ihm folgendes Epitaphium gesetzt worden seyn:

Politianus in hoc tumulo jacet Angelus unum
Qui caput, & linguas, res nova, tres habuit.

s. den 13den Theil der *Observationum miscellanearum*, p. 55. in der Anmerckung.

Pollicci (*Gio. Battista*) hat das von Alessandro Guidi verfertigte Drama, genannt: Amalasunta in Italia, in die Music gebracht, und an. 1681 in dem Collegio de' Nobili zu Parma aufgeführet. s. *Cinelli* Bibliotheca volante, Scanzia VI. p. 13.

Pollux (*Julius*) der an. Christi 190 berühmt gewesene Grammaticus zu Athen, von Naucratis, einer Egyptischen Stadt, gebürtig, hat ein aus 10 Büchern bestehendes Onomasticum in Griechischer Sprache geschrieben, und selbiges dem Kayser Commodo dediciret. In solchem handelt das 4te Capitel des zweyten Buchs de Voce, aut his quæ a voce derivantur; c. 7. lib. 4. de Poëtis & cantilenis gentilitiis; c. 8 gedachten Buchs: de Instrumentis Musicæ, Musicis, & quæ hos attinent; c. 9. de his, quæ pulsantur, Instrumentis; de instrumentis inventis à gentibus; de partibus instrumentorum, quæ pulsantur; de Harmoniis & modulationibus; de instrumentis quæ inflantur; de tibiarum compactore, & earum materia. c. 10. de speciebus organorum; de harmoniis tibicinum, modulatoribus, modis Olympi, & reliquis; de differentia horum; de tibiæ cantu & rudimentis; de quinque Pythicis certaminibus, und das 11te Capitel de tuba; und demnach von lauter musicalischen Dingen. Er ist 58 Jahr alt gestorben.

Polonia, eine im Hospital alla Pieta zu Venedig anjetzo berühmte Sängerin. s. Nachlese besonderer Nachrichten von Italien, p. 61.

Polverino, ein musicalischer Abt zu Neapolis,

polis, welcher wegen geschwinder Fauſt von Giul. Cesare Capaccio, in seinem an. 1634 daselbſt in 4to edirten Forastiero, Giornata 1. p. 4. gelobet wird.

πολυαρμόνιος [*gr.*] multisonus [*lat.*] vielſtönicht.

Polyctor, ein Citharœdus beym, Athenæo lib. 6. p. m. 245.

Polyeidus, Πολύιδος, ein im 3ten Jahre der 95 Olympiadis, oder 396 Jahr vor Chriſti Geburt berühmt geweſener Griechiſcher Poëta Dithyrambicus, hat auch in der Mahlerey und Muſic excelliret. ſ. *Voſſ.* de Poëtis Græc. c. 7.

Polymneſtus, ein alter Griechiſcher Poet und Muſicus von Colophon, ein Sohn des Meletis, hat vor Pindaro und Alcmane gelebt. Plutarchus lib. de Muſica gedencket ſeiner zu verſchiedenen mahlen.

Polyphonium [*lat.*] eine vielſtimmige Compoſition.

Polyprepon, ein wahnſinniger Pfeiffer bey dem Luciano in Convivio.

Polzius (*Joannes*) von Lübeck, hat als Studioſus eine Diſſertation: de Harmonia Muſica von 14 Quart-Blättern geſchrieben, ſelbige unter dem Præſidio Hr. Mich. Waltheri, Mathem. Super. Profeſſoris P. & Alumnorum Electoralium Ephori, an. 1679 den 28 Junii zu Wittenberg öffentlich defendiret, und den Lübeckiſchen Hrn. Hrn. Conſulibus, Syndicis, Senatoribus, Protonotario und Secretariis dediciret.

Pomponius, ein Lautenist zu Bologna.

Pomposius (*Michael*) ein Mönch, wird von Poſſevino f. 224. Biblioth. Select. als ein Auctor Muſicus angeführet.

Ponheimer (Johann Otto) ein Baßiſt in der Kayſerin Amaliæ Wilhelminæ, Hof-Capelle an. 1721, und Director nurgedachter Capelle an. 1727.

Ponte (*Paulus de*) ſtund an. 1655 als ein Inſtrumental-Muſicus in Kayſers Ferdinandi III. Dienſten. *Bucelinus.*

Ponticello [*ital*] Ponticulus [*lat.*] ein kleiner auf verſchiedenen Muſicaliſchen Inſtrumenten befindlicher Steg, oder vielmehr der Sattel, worauf die Saiten oben zu liegen pflegen. ſ. *Merſ.* lib. 1. de Inſtr. harm. Prop. 7.

Pontio (*Pietro*) von Parma, hat verſchiedene Sachen dem Druck übergeben, als

Pſalmos Veſperarum totius anni 4 Vocum; an. 1578 zu Venedig in 4to gedruckt.

Librum 1. Miſſarum 4 voc. libr. 2. Miſſarum, an. 1584. und

Librum 3 Miſſarum cum 5 vocibus, an. 1585 allerſeits zu Venedig in 4to gedruckt.

An. 1590 ſind 6 achtſtimmige Miſſen von ihm herausgekommen.

An. 1595 iſt zu Parma ſein Dialogo: della Muſica theorica e prattica in 4to ans Licht getreten, wie der Catalogus BibliothecæThuanex p. 55. meldet: aber in *Draudii* Bibliotheca Exotica p. 269 ſtehet das Jahr 1603. und der Drucker Bindoni angemerckt.

Pontius (*Franciſcus*) ein Venetianiſcher Patricius hat unter andern, faſt aus allen Wiſſenſchafften genommenen Problematibus, auch 17 muſicaliſche zur öffentlichen Diſputation lateiniſch vorgetragen, und ſolche zu Venedig an. 1559 in 4to drucken laſſen.

Popma (*Oevering de*) hat 6 aus allerhand Arien beſtehende Suittes vors Clavier geſetzet, ſo zu Amſterdam bey Roger gravirt zu bekommen ſind. ſ. deſſen Catal. p. 43.

Pordènoni (*Marc' Antonio*) Von ſeiner Arbeit ſind, nach Geſneri Bericht, 2 Bücher 5ſtimmiger Madrigalien an. 1567 zu Venedig gedruckt worden.

Pordigal oder Perdigal, ein Frantzöſiſcher Componiſt, deſſen die Hiſtoire de la Muſique T. 1. p. 227. und T. 3. p. 265 gedencket.

Porfile (Joſeph) ein Kayſerlicher Componiſt an. 1727.

Porphyrius, ein Platoniſcher Philoſophus zu Ende des 3ten Seculi, von Tyro gebürtig, hat unter andern vielen Sachen auch einen Commentarium über des Ptolemæi Harmonica, und zwar (das letzte Capitel ausgenommen) nur über die 15 Capitel des 1ſten, und die 7 erſten Capitel des zweyten Buchs, geſchrieben, welcher Griechiſch und Lateiniſch zuſammen 42 Bogen ſtarck iſt. Wer mehrers von dieſem Auctore zu wiſſen verlanget, leſe *Lucæ Holſtenii* Diſſertationem de Vita & Scriptis ejus.

Porpora (*Nicolo*) ein jetzo florirender Componiſt zu Rom, deſſen der Hr Hof-Rath Nemeitz in der Nachleſe beſonderer Nachrichten von Italien p. 227. rühmlichſt

lichst gedencket. Man sagt: er solle an des Hrn. Heinichens Stelle, Königl. Polnischer und Chur-Sächs. Capellmeister werden.

Porta (*Costanzo*) ein hochberühmter Musicus und Franciscaner-Mönch, von Cremona gebürtig, war erstlich Capellmeister an der Dom-Kirche zu Osimo (lat. Auximum) einer kleinen am Fluß Musone in der Marca d'Ancona 12 Meilen von Ancona Mittagwerts liegenden Päbstlichen Stadt, und nachgehends zu Loreto. Von seiner Arbeit sind verschiedene Sachen zu verschiedenen Zeiten, als an. 1566. 1580 (in diesem Jahre mag er wohl gestorben seyn) 1588 und 1590 zu Venedig gedruckt worden. Daß er schon an. 1553 in grossem Ruhm gewesen, erhellet aus folgenden Worten, so Ansaldus Cotta in der an. 1653 zu Cremona gehaltenen Oration. Pro instauratione Studiorum Cremonæ, anführet: Constantius Porta non tam hujus urbis, quam Franciscanæ familiæ decus eximium, cujus in Musica facultate præstantiam plerisque cum Italiæ urbibus Roma potissimum, omnium Regina gentium est admirata, s. *Arisii* Cremonam literatam, p. 453. woselbst, über jetzo gemeldtes, er noch Musicorum omnium præter invidiam facile princeps genennet wird. Ja, nach *Draudii* Bericht p. 1639. Bibl. Class. ist schon an. 1546 das 1ste Buch seiner 5stimmigen Motetten zu Venedig in 4to herausgekommen.

Porta (*Ercole*) ein Bologneser, hat, unter dem Titul: Lusinghe d'amore, dreystimmige Canzonetten in Venedig drucken lassen.

Porta (*Francesco della*) soll von Monza gebürtig, und ein Scholar des Gio. Domenica Ripalta gewesen seyn. Er hat lange Zeit als Organist und Capellmeister an der Kirche di S. Ambrosio zu Mayland gestanden, nachgehends aber dem Antonio Maria Turato im Organisten- und Capellmeister-Dienste bey S. Celso daselbst succediret, und eben diese Bedienung auch bey S. Antonio bis an seinen an. 1666 im Januario erfolgten Tod verwaltet. Von seiner Arbeit sind zu Mayland vierstimmige Ricercate, und zu Venedig 2 Motetten-Theile gedruckt worden. s. *Picinelli* Ateneo de i letterati Milanesi, p. 219.

Porta (*Gio. Battista*) von Neapolis, ver-

stund die Philosophie, Mathematic, Astrologiam judiciariam und Magiam naturalem, halff viel zur Aufrichtung der Accademia de gli Otiosi, hatte die Accademia di Secreti in seinem Hause, und starb an. 1615. s. das *comp*. Gelehrten-*Lexicon*. Wird im ersten Tomo der Histoire de la Musique, p. 59 ein grosser Musicus genennet. Nach Casp. Schotti Bericht in proëm. lib. 9. Organ. mathem. handelt er c. 7. lib. 20. Magiæ naturalis: de Musices vi & efficacia in hominum affectibus, qua concitandis, qua sedandis. Sonst hat er auch in lateinischer Sprache drey Bücher: de Spiritalibus geschrieben.

Port de Voix [*gall.*] heißt im musicalischen Verstande: ein Fort-Tragen der Stimme (sonsten aber aus einerley Ursache, ein Sprach-Rohr oder ein Vorschlag,) und ist eine Manier, so entstehet, wenn zwischen zweyen um einen grad von einander stehenden Noten, die vorhergehende tiefere oder höhere bey der drauf folgenden noch einmahl schleichend gerühret, zur folgenden gezogen und fortgetragen wird, so daß diese von ihrer Geltung etwas schwinden lassen muß. Ihr Zeichen ist gemeiniglich ein vor der substantial-Note stehendes Häckgen, und demnach eben was Accento. Andere wollen diese Manier dergestalt exprimirt wissen: daß die vorhergehende Note zwey- auch wohl dreymahl touchiret, demnach getheilt, und die drauf folgende substantial-Note bey ihrer Geltung gelassen werde. s. *Mr. Saint Lamberts* Principes du Clavecin chap. 24. woselbst er diese Materie weitläufftig abhandelt, diese Manier in Port de Voix simple, appuyé, und Demi Port de Voix eintheilet, und solche, nach der letztern Art eingerichtet, also vorträgt, wie Fig. 17. Tab. XVIII. zu sehen. Nach Mr. Loulié Anweisung ist das Port de Voix nur eine Erhebung der Stimme aus der Tiefe in die Höhe, wird durch dieses Zeichen / angedeutet, und auf die Tab. XVIII. Fig. 18. befindliche Art exprimiret: s. dessen *Elements* oder *Principes de Musique*, p. 79 und 80.

Porte-vent [*gall.*] der Wind-Canal an einer Orgel, wodurch der Wind aus den Bälgen in den Wind-Kasten geführet wird. Fistula aërem trajiciens.

Portée [*gall.*] also nennet Mr. de Saint Lambert, p. 66. seiner Principes du Clave-

Clavecin, die 5 parallel-Linien, oder das Systema Musicum.

Portinarius (*Franciscus*) ein ingenieuser und hocherfahrner Componist zu Padua, hat um die Mitte des vorigen Seculi floriret, und verschiedene musicalia heraus gegeben. s. *Scardeon*. lib. 2. Class. 12. Histor. de antiquit. urbis Patavii, f. 263.

Portugall. Verzeichniß der Capellmeister und vornehmsten Instrumentisten in der Königl. Portugiesischen Capelle zu Lissabon, an. 1728.

 Scarlatti, Capellmeister, ein Römer.
 Joseph Antoni, Vice-Capellmeister, ein Portugiese.
 Pietro Giorgio Avondano, erster Violinist, ein Genueser.
 Antonio Baghetti, erster Violinist, ein Römer.
 Alessandro Baghetti, zweyter Violinist, ein Römer.
 Johann Peter, zweyter Violinist, ein Portugiese, aber von Teutschen Eltern.
 Thomas, dritter Violinist, ein Florentiner.
 Latur, vierdter Violinist, und zweyter Hautboist, ein Franzose.
 Veith, vierdter Violinist, und erster Hautboist, ein Böhme.
 Ventur, Braccenist, ein Catalonier.
 Antoni, Braccenist, ein Catalonier.
 Ludewig, Bassonist, ein Böhme.
 Juan, Violoncellist, ein Catalonier.
 Laurenti, Violoncellist, ein Florentiner.
 Paolo, Cantra-Violinist, ein Römer.
 Antonio Joseph, Organist, ein Portugiese.
 Floriani, Discantist, ein Castrat und Römer.
 Mossi, Tenorist, ein Römer.

Es sollen wohl noch einst so viel Instrumentisten in dieser Capelle sich befinden; und die Anzahl der Sänger sich auf 30 bis 40 Personen belauffen, so mehrentheils Italiäner sind.

Posa [*ital.*] s. *Pausa*. und *Cramers* Lexicon.

Posaune. s. *Trombone*. Es heisset auch eine Pedal-Stimme in Orgeln, von 16 und 32 Fuß-Ton, also.

Poscentio (*Peregrino*) hat Canzoni à 2. 3. und 4 Instrumenten dem Druck übergeben. s. *Parstorff.* Catal. p. 32.

Posch (Anton) ein Kayserl. Lautenmacher an. 1721, und 1727.

Poschius (*Isaacus*) von seiner Arbeit sind an. 1623 Cantiones sacræ 1. 2. 3. & 4 vocum zu Nürnberg bey Simon Halbmeyer gedruckt worden. s. *Draud.* Bibl. Class. p. 1619.

Posément [*gall.*] lentè, dulciter [*lat.*] langsam, ohne Übereilung, sittsamlich.

Positif [*gall.*] ein kleines Orgel-Werck, Organum pnevmaticum minus.

Positione [*ital.*] Positio [*lat.*] das Niederlassen der Hand beym Tactgeben.

Poss (*Georgius*) der erste Theil seiner 6 und 8stimmigen Missen; ingleichen dessen Orpheus mixtus, vel Concentus musici tam sacris quam profanis usibus concinnati, ist an. 1608 zu Augspurg heraus gekommen. s. *Draudii* Bibl. Class. p. 1633 und 1635.

Possevinus (*Antonius*) der an. 1534 zu Mantua gebohrne, und an. 1611 den 26 Febr. zu Ferrara verstorbene Jesuit, handelt in seiner also genannten Bibliotheca Selecta lib. 15. c. 5. & 6 einiger maassen von der Music, betreffend ihre Ordnung, Methode, Cautiones und Auctores; dieser letztern Anzahl ist zwar ziemlich groß, allein, ausser den blossen Nahmen, ist weiter nichts daselbst befindlich.

Postellus (*Guilielmus*) der an. 1477 zu Barenton in der Normandie gebohrne, und an. 1582 zu Padua in S. Martini Closter (woselbst er wegen irriger Meynungen Arrest halten müssen) über 100 Jahr alt, verstorbene Professor frembder Sprachen zu Paris, ist anfänglich Schulmeister auf einem Dorffe gewesen, und hat eine Tabulam in Musicam Theoricam geschrieben, welche an. 1552 zu Paris gedruckt worden. s. das *comp.* Gelehrten-*Lexicon* und *Lipenii* Biblioth. Philos.

Potence [*gall.*] das Krumme an den Röhren einer Trompete.

Potentino. s. *Canutio.*

Potheine, eine Pfeifferin, deren Athenæus lib. 13 f. m. 576 gedencket.

Pothoff (Johann Heinrich) ein Violdigambist von Eisenach, woselbst er an. 1710 den 8. Oct. gebohren worden, hat 6 Jahr lang bey dem dasigen berühmten Hrn. Hertel auf der Violadigamba Lection genommen, und stehet fast vom Anfange des jetzigen 1730ten Jahres, als Cammer-Musicus in hiesigen Hochfürstl. Diensten.

Pottier (*Matthias*) ein Geistlicher und Phonascus an der Cathedral-Kirche B. M zu Antwerpen, hat Flores selectissimarum Missarum, 4. 5. & 6 vocum an. 1500 daselbst in 4to drucken lassen. f. *Draud.* Biblioth Class. p. 1635. An. 1640 sind auch an nurgedachtem Orte herausgekommen: Missæ 7. 8. voc. à præstant. Italiæ Musicis, per R D. Matth. Pottier, Cathedralis Ecclefiæ B. M. Antverpiensis Phonascum.

Poufils (*Johann*) ein Kayserl. Musicus und Pensionist ah. 1721, und 1727.

Pourcel (*Daniel*) ein an. 1696 verstorbener Componist, liegt zu Londen in der Westmünster-Kirche mit einer zwar kurtzen, aber sehr schmeichelhafften Engländischen Grabschrifft, welche auf Teutsch also lautet: "Hier liegt Heinrich Purcel, welcher an den seeligen Ort gegangen ist, wo einzig und allein seine Music übertroffen werden kan," begraben. s. *Matthesonii* Crit. Mus. T. 2. p. 148. woselbst am folgende Blatte noch gemeldet wird: daß Doctor Blow sein Lehrmeister, er aber ein Frantzose gewesen sey. In Roger Catalogue de Musique stehen folgende Wercke von seiner Arbeit angeführt, als: Recueil d' Airs à 4 instruments tirez des Opera, Tragedies & Comedies Livre 1 & 2. Six Sonates, trois à une Flûte & Basse Continue, e trois à un Violon & Basse Continue.

Pozzi (*Luigi*) hat, besage des Parstorfferischen Catalogi, p. 25. ein Motetten-Werck à Voce sola herausgegeben.

Pozzi (*Nicolo*) ein Altist bey der Königl. Capelle und Cammer-Music in Dreßden an. 1729. s. den dasigen Hof-und Staats-Calender auf nurgedachtes Jahr.

Pradonerus (*Caspar*) hat sechsstimmige Harmonien über die Davidischen Psalmen gesetzet, so an. 1593 zu Venedig in 4to gedruckt worden. f. *Draudii* Bibl. Class. p. 1649.

Præcentio [*lat.*] das Vorsingen, oder die Handlung so ein Præcentor, d. i. Vorsänger verrichtet. Præcentrix [*lat.*] eine Vorsängerin.

Præficæ [*lat.*] also hiessen ehemahls bey den Römern diejenigen Weiber, welche bey Leichen-Begängnissen gewisse Lieder, Neniæ genannt, zu den Pfeiffen abjungen, und darinn so wohl das Lob der Verstorbenen, als viele schmertzhaffte Klagen über deren Verlust, vors Geld, verbrachten. f. der Neuen *Acerræ Philol.* zweytes Stück, p. 17. conf. *Joan. Meursii* Collect. de Tibiis, c. 14 allwo erobgemeldte Neniaș, so sie zu blasenden und besaiteten Instrumenten gesungen, ein von ihnen (den Præficis) verfertigtes und abgeschmacktes Carmen; sie selbst aber tibicinas, und aus dem Apulejo, monumentarias Ceraules nennet.

Præludium [*lat.*] Prælusio ein Vorspiel Prelude [*gall.*]

Prænestinus. s. *Palestrino.*

Præstant, bedeutet so viel, als das Principal in Orgeln.

Prætorius (*Christoph*) s. *Lossius.*

Prætorius (*Godescalcus*) Die Melodiæ Scholasticæ sub horarum intervallis decantandæ, in quibus Musica Martino Agricolæ, Hymni suis autoribus, Distributio cum aliis nonnullis Godescalco Prætorio debentur, in usum Scholæ Magdeburgensis, sind an. 1584 zu Magdeburg in 8vo mit 4 Sing-Stimmen gedruckt, und von ihm M. Georgio Fabricio, Chemnicensi, 1sten Julii an. 1556, dediciret worden. Laut dieses Tituls so wohl, als der Zuschrifft, hat Martinus Agricola diese Melodien, davon einige schon vorher gebräuchlich gewesen, einige aber von neuen hinzugekommen, mit diesem Prætorio damahls vor wenig Monaten zusammen getragen, in der Absicht, selbiger vorgedachtem Fabricio deswegen zu wiedmen, weil dieser jenem einige lateinische Hymnos seiner Poesie vorher geschenckt gehabt; weil aber Agricola darüber gestorben, hat dieser Prætorius dasjenige ausgerichtet, was jener nicht thun können. Jede Stimme (deren eine nach der andern gedruckt folget) macht 4 Bogen und etwas drüber aus.

Prætorius (*Hieronymus*) Organist an der S. Jacobs-Kirche in Hamburg, hat folgendes ediret, als:

Lateinische Cantiones sacras von 5-8 Stimmen, auf die vornehmsten Feste des gantzen Jahrs, an 1599;

Magnificat 8 vocum über die acht Kirchen-Tone, nebst einigen 8-12stimmigen Motetten, an. 1602 in 4to zu Hamburg, bey Philipp de Ohr, gleich dem vorigen, gedruckt. Die Dedication dieses Wercks ist lateinisch an den Land-

Landgraffen von Hessen, Mauritium, gerichtet; und sind, dem Auctori zu Ehren, 15 lateinische Carmina gratulatoria, in die Stimmen vertheilet, diesem Wercke vorgesetzet.

An. 1613 hat er den Vers: Ein Kindelein so löbelich ꝛc. mit 8 Stimmen drucken lassen, und dieses Stück Fr. Marien, Hertzogin zu Sachsen, gebohrner Hertzogin von Braunschweig und Lüneburg, als ein Neu-Jahrs-Geschencke, dediciret.

An. 1616 ist sein drittes, nemlich ein 5-8stimmiges Missen-Werck; und

An. 1618 das vierdte, aus 5-20 Stimmen bestehende Werck lateinischer Cantionum Sacrarum, zu Hamburg in 4to gedruckt worden. Alle jetzt angeführte (das Teutsche Lied ausgenommen) sind an. 1623 unter dem Titul: Opus musicum novum & perfectum, V Tomis concinnatum daselbst in 4to herausgekommen. s. *Draudii* Bibliothecam Classicam. p. 1646. Er war unter den 53 verschriebenen Organisten der 43te, welcher das an. 1596 zu Grüningen erbauete Orgel-Werck bespielt und examinirte. s. Werckmeisters Org. Gruning. rediv. §. 11.

Prætorius (*Michael*) von Creutzberg, einer in Thüringen an der Werra liegenden Stadt, Schloß und Amt, dem Hertzoge zu Sachsen-Eisenach gehörig, woselbst er an. 1571 den 15 Febr. gebohren worden. war Prior des im Bißthum Hildesheim, zwischen Goßlar und Lichtenberg befindlichen Benedictiner-Closters Ringelheim, oder Ringeln, Cammer- (al. Geheimder) Secretarius, bey Fr. Elisabethen, Hertzogs Heinrichs Julii zu Braunschweig Gemahlin, auch an diesem Hofe Capellmeister und Cammer-Organist, wie er denn schon an. 1596 in dieser function gestanden, als das in die Schloß-Kirche zu Grüningen erbauete Orgel-Werck auch von ihm, als dem 48ten Examinatori bespielt und durchgangen worden. s. Werckmeisters Organ. Gruning. rediv. §. 11. (Daß er auch am Chur-Sächsischen Hofe zu Dreßden als Capellmeister gestanden, beweiset die Uberschrifft des von D. Joh Steinmetzen verfertigten lateinischen Carminis gratulatorii, so dem sten Tomo des Syntagmatis Musici vorgesetzet ist,) und gab verschiedene Sachen heraus, als:

Sacrarum Motetarum Primitias 4. 5-16. voc. wobey eine Missa und Magnificat, zu Magdeburg bey Francken, und in Leipzig an. 600 gedruckt.

Magnificat 8 vocum über die 8 Kirchen-Tone, nebst einigen 8-12stimmigen Motetten, an. 1602 zu Hamburg bey Frobenio.

Musarum Sioniarum Pars 1 oder geistliche Concert Gesänge von 8 Stimmen, an. 1605 zu Regensburg gedruckt. Diesem Wercke hat Oswaldus Matthesonius, ein Regenspurger, ein lateinisches Carmen gratulatorium vorgesetzet. Pars 2 ist an. 1507 zu Jena; und Pars 3 in eben diesem Jahr zu Helmstädt von 8. 9 und 12 Stimmen herausgekommen.

CXXXIV geistliche Lieder und Psalmen auf die Fest-Tage durchs gantze Jahr mit 4 Stimmen in Contrapuncto simplici, zu Wolffenbüttel an. 1609, in Verlegung des Auctoris, und an. 1611 bey Michael Heringen zu Hamburg in 4to gedruckt. Auf diesem Wercke wird er ein Archi-Musicus Brunsvicensis genennet.

Evlogodiam Sioniam, aus 2.3-8stimmigen Cantionibus sacris, beym Beschluß des Gottes-Dienstes zu gebrauchen, bestehend.

Bicina & Tricinia, darinnen die meisten Psalmen und geistliche in Kirchen und Häusern gebräuchliche Lieder mit 2 und 3 Stimmen auf Motetten-Madrigalische und sonst noch eine andere vom Autore erst erfundene Art zu finden. 1611. Vom Autore nach vollendetem Druck anderweit corrigirt, in Hamburg in 4to. An. 1612 die Terpsichoren, darinnen allerhand Frantzösische Täntze und Lieder von 4.5. und 6 Partien enthalten sind.

Hymnodiam Sioniam, aus XXIV 2. 3-8stimmigen Hymnis sacris bestehend; und beyderseits an. 1511. bey Michael Heringen zu Hamburg gedruckt.

Megalynodiam Sioniam, 5.6 und 8stimmige Magnificat, nebst einigen Madrigalien und Motetten in sich haltend, an. 1619 zu Franckfurt in 4to gedruckt.

Puericinium, s. Concentionem trium vel quatuor puerorum, trium plurimumve adultorum, & 4 instrumentorum, darinnen 15 Teutsche Kirchen-Lieder und andere Concert-Gesänge befindlich, an. 1621 zu Franckfurt in 4to gedruckt.

Polyhymniam Panegyricam & Caduceatricem, aus 15 an. 1619 zu Wolffenbütfenbüttel in folio gedruckten Büchern, und 39 vollstimmigen Kirchen-Liedern bestehend, deren Specification im 3ten Tomo des Syntagm. Musici, p. 203 und 204 enthalten ist. Nurgedachtes Syntagma Musicum aber selbst begreiffet 3 Tomos in 4to; davon der erste lateinisch, halb zu Wolfenbüttel, und halb zu Wittenberg an. 1614; der zweyte und dritte aber an. 1618 zu Wolffenbüttel teutsch gedruckt worden.

Tomus I. ist in 2 Partes eingetheilt, davon der erste wiederum aus 4, und der zweyte aus 2 Membris bestehet. Partis primæ *membrum* 1. hat 16 Capitel folgenden Inhalts:

C. 1. de Psalmodia Chorali a Davide & Salomone instituta, & quæ post, à veteri Ægyptiorum diversissima, in Ecclesiarum Græcarum Latinarumque Choris recepta est.
C. 2. de Veterum in Psalmodiis modulatione, ejusdem fine, vario Ecclesiastico canendi genere, atque de ritu in Psalmis Graduum connotato.
C. 3. de fructibus Psalmodiæ in genere, Legi, & disciplinæ devote ac modeste psallendi conjunctis, &c.
C. 4. de Psalmodiæ suavitate & gravitate pathetica, a Melopoeis attemperata ad voces, modosque musicos, non inutiliter inventos.
C. 5. de efficacia & religioso devotoque fructu Psalmodiæ, quod veritatis divinæ meditatione ac celebratione numerosa, convenientes coram Deo & Angelis, erga proximum & adversus Satanam affectus ubique solenniter excitet.
C. 6. de usu Psalmodiæ μνημονευτικῷ καὶ ποιδευτικῷ, quod institutioni & memoriæ inserviat, &c
C. 7. de usu Psalmodiæ in Encæniis & dedicatione Templorum.
C. 8. de virtute & fructu Psalmodiæ ἰδιοποιητικῷ, quo decantati textus verba canens, vel auscultans cum compunctione & conversione pro suis usurpat.
C. 9. de usu Psalmodiæ θαρρυτικῷ in persecutione pro veritatis oppressæ assertione, ad compungendum Satanam & Tyrannos simul ad animandum pressos, & ad convincendum hæreticos.
C. 10. de usu Psalmodiæ ad corrigendum & convertendum in fine errabundos & Catechumenos
C. 11. de usu Psalmodiæ illustri in aulis Imperatorum, &c
C. 12. de usu Psalmodiæ in conviviis, &c.
C. 13. de usu Psalmodiæ procubitum vespere euntibus, & somno mane surgentibus.
C. 14. de usu Psalmodiæ ad fallendas laborum molestias.
C. 15. de usu Psalmodiæ angustiis, martyriis, contra metum mortis & supplicii sub Tyrannis.
C. 16. de usu Psalmodiæ cygneo & lugubri, &c.

Partis primæ *membrum* 2. handelt vom 35 bis 61 Blatte de Liturgia Summa, sive Missodia, ad Missæ, sive Liturgiæ Summæ ritus accommodata.

Partis primæ *membrum* 3. giebt vom 62 bis 84 Blatte Nachricht von denen in Christlichen Kirch-Versammlungen so wohl zur Metten-als Vesper-Zeit, und Beth-Stunden üblich gewesenen Gesängen; da denn von den Antiphonis, Psalmis majoribus und minoribus; ingleichen von den Responsoriis, Hymnis, Cantico B. V. Mariæ, und am Ende von den Litaneyen Horis Canonicis und vom Psalterio D. Virginis, oder sogenannten Pater noster gehandelt wird.

Partis primæ *membrum* 4. enthält 15 Capitel folgenden Inhalts;

C. 1. de Autoribus Musicæ Instrumentalis Sacræ, &c
C. 2. de Ætate Levitarum adeoque Musicorum, &c.
C. 3. de Numero Musicorum.
C. 4. de distincta variaque Musicorum per familias & classes distinctorum functione, & in ea exquisita per seriem sedulitate.
C. 5. de victu & amictu Musicorum.
C. 6. de Titulis plerisque Psalmis præfixis, qui generalem formam moderandi Musicam indicasse videntur.
C. 7. de variis Instrumentorum speciebus, quæ eliciuntur ex psalmorum inscriptionibus.
C. 8. de Instrumentis variis cum Psalmorum, tum aliorum Hagiographorum; & primo quidem de Organo.
C. 9. de Cithara & Chordis; de Nablo & Cymbalis, & de Psalterio decem Chordarum.

C. 10.

PRÆ.   PRÆ.   493

c. 10. de Tympano, ejusque usu & abusu

c. 11. de Tuba & Buccina.

c. 12. de Tintinnabulis, Nolis & Campanis.

c. 13. de Musica Instrumentali, quæ in Novo Testamento a Patribus asserta est.

c. 14. de Organo Ecclesiastico nostri Seculi

c. 15. Epilogus exhortatorius ad Musicæ fautores & artifices, pro Organis in Ecclesia non abolendis, sed pie asservandis, & in Dei cultum rite exercendis

Partis secundæ *membrum* 1. bestehet aus 21 Capiteln, deren Inhalt folgender ist:

c. 1. de Musica extra Ecclesiam ab Ecclesiastica generaliter nominibus distincta, ejusdemque primis ac generalioribus principiis.

c. 2. de Artis Musicæ Inventoribus, ex inventione Calamorum, Chordarum, malleorum, sonorum & proportionum auscultatione.

c. 3. de Doctoribus, Scriptoribus, Cultoribus, Discipulisque Musicæ eximiis.

c. 4. de inventione in Harmoniæ generibus in tetrachordis, h. e. de Chordarum sive Clavium, sive Vocum numero aucto, & ad διὰ πασῶν apud Veteres, hodie plus ultra, constituto.

c. 5. de Inventoribus Melodiarum quarundam apud Veteres, quas ipsi Modos seu Tonos vel Tropos vocabant.

c. 6. de diverso horum Modorum seu potius Melodiarum affectu & effectu, & discreto eorundem selectu

c. 7. de voce & pronunciatione in cantu, deque vocis utili, necessario, decoroque exercitio, docili imitatione, ac suavi audiendi voluptate ac obiectamento.

c. 8. de Musices cognatione cum Ethica, Physica & Mathematica.

c. 9. de Musicæ vi & efficacia, atque usu παθητικῷ ad affectus cum placide sedandos, tum rapide excitandos.

c. 10. de efficacia ac usu Musicæ civili ac militari &c.

c. 11. de usu Musices in pompis & solennitatibus triumphalibus.

c. 12. de efficacia Musicæ ad mores honestos contra feritatem componendos, & ad virtutem conservandam.

c. 13. de virtute Musicæ medica & sanatrice, ad pellendos corporis morbos.

c. 14. de usu Musicæ Philosophico, sive Scholastico, institutioni discentium, & refectioni doctiorum atque occupatorum conducente.

c. 15. de admiranda vi, motu & effectu Musicæ in brutis, cum per Naturæ inclinationem, tum per institutionis assuefactionem.

c. 16. de usu & exercitio Musices in Sacris & Sacrificiis Ethnicorum Deorum Dearumque peragendis.

c. 17. de usu Musices in epularibus & convivialibus hilaritatibus.

c. 18. de usu Musicæ saltatorio, deque quibusdam saltationum præcipuarum speciebus, varioque earundem usu.

c. 19. de usu Musices in ludis scenicis & theatricis.

c. 20. de usu Musices ad certamina Musica. &c

c. 21. de usu Musices in funerum & exequiarum deductionibus.

c. 22. de variis Veterum cantionibus.

Partis secundæ *membrum* 3. machet 21 Capitel aus, worinnen folgende Contenta abgefasset sind:

c. 1. de Musis & Apolline, omnis harmonici concentus autoribus & præsidibus, deque earum numero.

c. 2. de generali Musicorum Instrumentorum distinctione.

c. 3. de Fistulæ notatione, materia, structura vel figura, speciebus, inventione & usu.

c. 4. de Tibia, ejus notatione, descriptione, inventione & origine atque partibus, variisque ab Inventoribus speciebus.

c. 5. de variis Tibiarum generibus & appellationibus, a regionibus & gentibus desumtis.

c. 6. de variis Tibiarum generibus, a varia apud varias gentes materia.

c. 7. de multiplici Tibiarum usu atque ab eodem deductis tibiarum nominibus, deque singularibus qui-

quibusdam modis & cantu tibicinum.

c. 8. de Harmoniis & Modis Tibicinum musicis.

c. 9. de peritis quibusdam Tibicinibus & Auleticēs cultoribus.

c. 10. de imperitis quibusdam Tibicinibus, deque tibiarum ὀλιγωρία & contemtu.

c. 11. de Citharæ & Lyræ notatione, inventione, partibus, chordarum numero, & circa illum Lacedæmoniorum severitate, modis & cantu.

c. 12. de variis Instrumentis, Lyræ & Citharæ proximis, de Scindapso, Helicone, Barbito, Trigono, Sambuca, Phœnice, Nablo, Pandura.

c. 13. de Magadi, Pectide, Psalterio, Epigoneo, Tripode, &c.

c 14. de Carminibus Lyricis, quæ Lyræ vel Citharæ accinebantur.

c. 15. de Artis Citharœdicæ studio & dignitate: de peritis quibusdam Citharœdis eorundemque factis dictisque, & cumprimis Stratonici falsis dicteriis.

c. 16. de Tuba, ejusque materia, figura, generibus, usu.

c. 17. de Lituo, Cornibus & Buccina.

c. 18. de Sistro, Crembalo, Cymbalo, Tintinnabulo, &c.

c. 19. de Tympano.

c. 20. de Hydraulico Organo, ejusque inventore & structura.

c. 21. de Instrumentorum Musicorum, nostro tempore usitatorum, descriptione & pleniori distributione. Dieses Capitel begreiffet aber= mahl 16 gantz kurtz gefaßte membra in 4 Blättern.

Tomus 2. enthält, unter dem Titul: Organographia, aller musicalischen, alten und neuen, so wol ausländischen, barbarischen, bäurischen und unbekannten, als einheimischen Instrumenten Nomenclatur, Intonation und Eigenschafft, samt derselben Abriß; dann auch der alten und neuen Orgeln Beschreibung, ꝛc.

Tomus 3. erkläret und beschreibet die Nahmen der Italiänischen, Frantzö= sischen und Engländischen Gesänge, wie auch anderer Music. terminorum; item, was bey den Noten, Ta= cte, Modis und Transpositionu. s. f.

zu observiren: wie die Instrumenta musicalia zu unterscheiden, abzu= theilen, und füglich zu nennen; der General = Baß zu gebrauchen; ein Concert mit Menschen = Stimmen und Instrumenten auf verschiedene Chöre anzuordnen; und Knaben an die Italiänische Sing=Manier zu ge= wehnen seyn.

Dieses ist der Entwurff des gantzen Buchs. Der auf dem Titul=Blatte ge= meldete 4te Tomus, welcher von der Composition handeln sollen, ist nicht ans Licht kommen: woraus einige schlies= sen, daß der Auctor, nachdem er diese 3 Tomos ediret, wegen vieler Reisen und Travaillen (darüber er in den Dedicationen klaget) müsse verstorben seyn, wie denn auch einige das Jahr 1621, und den 15 Febr. als seinen Sterbe=Tag zu Wolf= fenbüttel angeben. s. das Historische Register des Naumburgischen von Hrn Schamelio edirten Gesang=Buchs, p. 59 und 60.

Prameyer (Leopold) war an. 1721 und 1727 in der Kayserlichen Capelle ein Cor= nettist.

Prandini (Gio. Battista) das erste Werck seiner Arbeit, aus 3stimmigen Sonate per Camera bestehend, ist vor dem 1715ten Jahre zu Venedig gedruckt worden.

Praspergius (Balthasar) von Merseburg, hat ein Buch: de Musica Chorali, mit vielen Regeln und Exempeln angefüllt, geschrieben, so an 1500 zu Basel in 4to gedruckt worden. s. Gesneri Biblioth. univers.

Pratinas, ein Instrumental = Musicus beym Plutarcho de Musica.

Prattico [ital.] s. Musico Prattico. Hier will nur Octavii Ferrarii Meynung noch einrücken, als welcher dieses Wort nicht a praxi, sondern von peritus, expertus herleitet; seine eigene Worte sind folgende: Prattico. Peritus. Non a praxi, sed ab experto, experticus, par= ticus, prattico. Etrusci: Spertico. A praxi est prattìcare, agere, versari, quamvis & illud a frequenter agendo dictum videri possit. s. dessen Ori= genes Linguæ Italicæ.

Praun (Christoph) ein Kayserl. Bassiste an. 1721, und 1727.

Praxidamas, ein Griechischer Musicus, schrieb von den alten Musicis oder Poeten.

Pré

PRE.

Pré [*du*] ein Frantzöſiſcher Componiſt; von ſeiner Arbeit iſt eine Diſcant-Air mit einem G. B. in dem *Mercure Galant*, und zwar im Februar-Monath des 1679 Jahrs, p. 163 befindlich.

Precenteur, alſo heiſſet an einigen Frantzöſiſchen Cathedral-Kirchen der Cantor oder Maitre du Choeur; als an der Johannis-Kirche zu Lion, weil er den andern vorſinget. ſ. *Furetiere* Dictionaire.

Prelude [*gall.*] Preludio [*ital.*] ein Vorſpiel, ſo als eine Einleit- und Vorbereitung zum folgenden dienet; alſo ſind die Opern-Ouvertures Arten von Præludiis; wie auch die Ritournelles, welche vor den Scenen hergehen, u. ſ. f. Offt läſſet man auch alle Inſtrumente eines Orcheſters, um den Ton anzugeben, præludiren. ſ. *Broſſards* Dictionaire.

Preluder [*gall.*] præludere [*lat.*] vorſpielen.

Preſa [*ital.*] Priſe [*gall.*] iſt überhaupt ein Zeichen, den Muſicis dienend, wo und wie ſie entweder zu ſingen, oder zu ſpielen anfangen ſollen; beſonders aber (wenn man mit Fugen und Canonibus zu thun hat) wird es alſo .S. gemacht, und über die Note geſetzet, bey welcher die zweyte Stimme, ſo die erſte imitiren muß, anfangen ſoll. Kommt es mehrmahls vor, ſo iſts eine Nachricht, wenn die übrigen Stimmen, als die dritte, vierdte, u ſ. f. anheben ſollen.

Preſcimonius (*Nicolaus Joſephus*) gebohren zu Francavilla in Sicilien den 23 Julii an. 1669. hat von Franciſco Catalano, ſeiner Groß-Mutter Bruder die Muſic erlernet, im Jeſuiter-Collegio zu Meſſina die Humaniora excoliret, an. 1687 in Catanea den gradum Doctoris in Jure erlanget, zu Palermo einen Advocaten abgegeben, dabey noch höhere Aemter bekleidet, und folgende muſicaliſche Wercke ediret, als:

La Gara de' Fiumi; Serenata à 5 voci, an. 1653 zu Palermo in 4to gedruckt.

La Naſcita di Sanſone annunziata dall' Angelo; figura della Sacratiſſima Annunziatione del Verbo; Dialogo à 5 Voci, an. 1694 zu Meſſina in 8vo gedruckt.

L' Onnipotenza glorificata da' tre fanciulli nella fornace di Babilonia; Dialogo à 5 voci per la Sacra Cena del Redentore, zu Neapolis an. 1695 in 4to gedruckt.

Il Trionfo degli Dei ſu l' Olimpo; Serenata à 4 voci, due Chori, e 60 Stromenti, an. 1695 zu Meſſina in 4to gedruckt.

Gli Angeli Salmiſti per la Concezion di Maria; Dialogo à 5 Voci, an. 1696 zu Rom in 4to und 8vo unter dem Anagrammatiſchen Nahmen Pompei Genini de Criſpis herausgegeben.

Il Fuoco Panegiriſta del Creatore nella fornace di Babilonia; Dialogo a 5 Voci, zu Palermo in 4to ediret.

La Notte felice; Serenata à 6 voci, an. 1700 in 4to. zu Palermo.

La Criſi Vitale del Mondo languente nel ſudor di ſangue del Redentore in Getſemani; Oratorio à 3 Voci, an. 1701 zu Meſſina in 4to gedruckt.

I Miracoli della Providenza, eſpreſſi nelle Spighe Euchariſtiche, e delineati dalla Sacra Storia in Ruth Mohabite; Oratorio à 5 voci, an. 1703 zu Palermo in 4to.

Il Tripudio delle Ninfe nella piaggia di Mare Dolce; Serenata à 3 voci, e piu ſtromenti, zu Palermo an. 1704 in 4to.

Il Giudizio di Salomone nella conteſa delle due Madri; Sacro trattenimento armonico, an. 1705 daſelbſt in 4to gedruckt.

La figlia unigenita di Gefte, ſacrificata a Dio dal Padre, in voto della Vittoria, ottenuta contro gli Ammoniti; Dialogo a 5 voci, an. 1705 zu Palermo in 4to.

Le Virtu in Gara; Trattenimento armonico a 4 voci, an. 1706 daſelbſt.

Il Latte di Jaele figura dell' Euchariſtia Sacroſanta, e dell' immaculata Purità di Maria Vergine; Oratorio a 5 voci, e piu ſtromenti, an. 1706 wiederum daſelbſt in 4to gedruckt.

ſ. *Mongitoris* Bibliothecam Siculam, T. I. f. 399. ſq. woſelbſt, auſſer jetzt angeführten, auch noch einige andere recenſirt werden; ob ſie aber auch alle würcklich in die Muſic gebracht worden, ſtehet dahin? Als nurgedachte Bibliothec thee an. 1708 zu Palermo gedruckt worden, ist dieser Auctor noch am Leben gewesen.

Prestant [*gall.*] bedeutet das also genannte Principal-Register in einer Orgel.

Prestement [*gall.*] Adverb. geschwind.

Presto [*ital.*] **Preste** [*gall.*] paratus, celer, expeditus, qui *præsto* est [*lat.*] geschwind.

Preus (*Georg*) Organist der Stadt Greiffswald, an einem kleinen Busen der Ost-See in Vor-Pommern liegend, hat an. 1706 Observationes musicas, oder musicalische Anmerckungen, in Eintheilung der Tone, deren Eigenschafft und Würckung bestehende, daselbst in 4to, 2 Bogen starck (die Contrapuncts-Exempel machen auch fast einen Bogen noch aus) in teutscher Sprache drucken lassen, und selbige dem dasigen Magistrat dediciret. Es hat auch der Organist an der Heil. Geist-Kirche in Hamburg, welcher eben diesen Nahmen vollkommen führet, an. 1729 einen aus 7 und einen halben Bogen bestehenden Tractat, unter folgendem Titul daselbst in 8vo drucken lassen: "Grund-Regeln von der Structur und den Requisitis einer untadelhafften Orgel, worinnen hauptsächlich gezeiget wird, was bey Erbauung einer neuen, und Renovirung einer alten Orgel zu beobachten sey, auch wie eine Orgel bey der Überlieferung müsse probiret und examiniret werden, in einem Gespräch entworffen.,, Weil aber der Verfertiger p.11. folgendes meldet: " Ich bin zwar niemahls Willens gewesen, etwas zu schreiben; allein ꝛc. so weiß ich nicht; ob der Verfasser dieser Schrifft eben diejenige Person sey, so die vorige aufgesetzt hat?

Price (*Joannes*) ein Engländischer Flötenist, dessen *Mersennus* lib. 2. de Instrum. Harmonic. Propos. 2. gedencket.

Prima [*lat. ital.*] die erste Morgen-Betstunde in der Römischen Kirche. s. *Crameri* Lex.

Primavera (*Gio. Leonardo*) hat an. 1565 ein Werck 5. und 6stimmiger Madrigalien; ingleichen 3stimmige Canzonette Napolitane zu Venedig drucken lassen. s. *Draudii* Bibl. Class. p. 1630. und 1644.

Primicerius [*lat.*] bedeutete überhaupt den Vornehmsten in einem Collegio, qs. primum in cera; weil die Alten auf wächserne Tafeln zu schreiben pflegten, da denn ein solcher auf der Rolle oben an stund; s. Schöttgens Antiquitäten-Lexicon. Nach dem Kirchen-Stylo aber einen Præfectum Cantorum, nemlich in Stifftern. s. *Joan. Bona* Res Liturgicas lib. 1. c. 25. it. Acta Eruditor. Lipsiensia an. 1687. mense Maji, p. 250.

Princeps, war der Nahme eines Pfeiffers zu Zeiten des Kaysers Augusti, welcher, wenn Bathyllus tantzete, die Music dazu machte. s. *Phædri* Fabul. lib. 5. fab. 7.

Principal, ist ein offen Pfeiff-Werck in Orgeln, welches gemeiniglich vorne an, im Gesichte stehet. Es giebt deren manualiter von 16. 8. 4. und 2 Fuß-Ton; und von solchen bekommt ein Orgel-Werck den Nahmen, daß man es nemlich 16. 8. 4. und 2füßig nennet. Pedaliter hat man, nebst nurgedachten zwo stärcksten Arten, noch eine, nemlich von 32 Fuß-Ton.

Prinz (*Wolffgang Caspar*) gebohren an. 1641 den 10 Octobr. zu Waldthurn, einem in der Obern Pfaltz an der Böhmischen Grentze, eine Meile von Weyden, und eben so weit von Leuchtenberg liegenden Städtgen, woselbst dessen Vater Forst-Meister und Contributions-Einnehmer gewesen; als an. 1649 seine Eltern, der Religion halber, sich nach Vobenstraus gewendet, hat er daselbst bey Wilhelm Stöckeln, dem Organisten, einem von Nürnberg bürtigen Scholaren des berühmten Erasmi Kindermanns in Compositione, und Andreæ Pauli von der Heyd aus Böhmen, das Clavier und die Violin erlernet; hierauf vom Septembre-Monat des 1655ten Jahres biß an 1659 zu Weyden die Schule frequentiret, anbey das Clavier-Spielen bey dem dasigen Organisten, Johann Conrad Mertz, welcher zugleich dritter Collega selbiger Schule, und ein erfahrner Componist gewesen, continuiret, auch bey dem Musico Instrumentali daselbst, Johann George Schobern, auf etlichen Blaß-Instrumenten Lection genommen; weiter vom 24 Maji an. 1659 biß ar. 1661 zu Altorff studiret; kam an. 1562 um Ostern nach Dreßden, wurde hieselbst von Francesco Santi, einem von Perugia bürtigen Musico, an den Herrn Reichs-Grafen von Promnitz recommendiret, der ihn dann zu seinem Music-Directore und Hof-Componisten angenommen; mit diesem seinem Herrn, welcher damahls Obrister über ein Kayserl. Regiment zu Fuß war, rei-

sets

ſete er ſogleich durch Schleſien, Mähren und Oeſterreich biß ins Feld=Lager bey Ungariſch=Altenburg, ſo den 27 Junii an. 1663 geſchahe, gieng den 8 Octobris aus dem Feld=Lager bey Preßburg mit ſeinem Herrn, (welchen eine gefährliche Kranckheit zugeſtoſſen) wiederum zurück, und kam um Martini a. c. zu Sorau an; bekam nach ſeines Herren Tode, welcher den 19 Januarii an. 1664 erfolgte, ſeine dimiſſion; bald aber drauf, nemlich im May=Monat dieſes Jahrs die Vocation nach Triebel zum Cantorat, welchem Amte er ein Jahr lang vorgeſtanden, auch an dieſem Orte den 6 Septembris ſich verheyrathet; wurde hierauf an. 1664 (ſoll vielleicht 1665 heiſſen, denn die Rechnung will ſonſt nicht eintreffen) um Pfingſten zum Cantore nach Sorau beruffen; welches Amt er auch am Tage Johannis Baptiſtæ angetreten. An. 1682 den 4 Auguſti wurde ihm die Direction der Capell-Muſic zu Sorau aufgetragen. Seine herausgekommene Schrifften ſind folgende, als:

(1. Anweiſung zur Singe=Kunſt, an. 1666 zum erſten, an. 1671 zum zweyten=und an. 1685 zum drittenmahle.

(2. Compendium Muſices, an. 1668.

(3. des Satyriſchen Componiſtens 1. Theil, an 1676. gedruckt.
2. Theil, an. 1677 gedruckt.
3. Theil, an. 1579 dem Verlag überlaſſen. Die Edition dieſer 3 Theile, ſo ich beſitze, iſt an. 1696 zu Dreßden und Leipzig in 4to herauskommen.

(4. Muſica modulatoria vocalis, an. 1678.

(5. Exercitationes muſicæ theoretico-practicæ curioſæ de Concordantiis ſingulis, oder Muſicaliſche Wiſſenſchafft= und Kunſt-Uebungen von jeder Concordanz, als: dem Uniſono; von der Octav; Quint; Tertia majore; Quart; Tertia minore; Sexta majore; und Sexta minore handelnde; nebſt dem Prodromo, an. 1687. 1688 und 1689 teutſch in 4to zu Dreßden gedruckt.

(6. Hiſtoriſche Beſchreibung der edlen Sing= und Kling=Kunſt, an. 1690 zu Dreßden in 4to gedruckt. Dieſes Werck iſt zu verſtehen, wenn in dieſem meinem Lexico Printzens Muſica Hiſtorica, Kürtze halber, allegirt wird. Der Auctor hat es den 1 Junii an. 1689 zu ſchreiben angefangen, und den 1 Septembris a. c. zu Ende gebracht. Sonſten hat er noch geſchrieben und editen wollen folgende, als:

Ideam boni Compoſitoris, in 9 Büchern, denen er die Nahmen der neun Muſen gegeben.

Eine lateiniſche Muſicam Hiſtoricam.

Einen Tractat de Circulo Quintarum & Quartarum muſico, und von der Temperatur.

Den 4ten Theil des Satyriſchen Componiſten.

Muſicæ arcanæ etliche Theile.

Erotemata Muſicæ Schelianæ.

Erotemata Muſicæ Pezoldianæ.

Muſicam theoreticam ſignatoriam.

Des Satyriſchen Componiſten Spatzier-Reiſe nach Holiardus.

Melopoeiam integram.

ſ des *Auctoris* Muſic. Hiſtor. cap. 17 und *Matthesonii* forſchendes Orcheſtre, p. 242 ſq Daß er in ſeiner letzten Kranckheit noch ein Buch: de Inſtrumentis in toto orbe muſicis, verfertiget, an. 1717. den 10 Octobris, und demnach an ſeinem Geburts=Tage geſtorben ſey, berichten die Zeitungen von Gelehrten Sachen nurgemeldten Jahrs, p. 750.

Prioli (*Giov.*) Kayſers Ferdinandi II Capellmeiſter, ließ an. 1624 acht= und neunſtimmige Miſſen zu Venedig; und an. 1625 in Wien Delicie muſicali drucken. Der erſte Theil ſeiner Concentuum ſacrorum iſt an. 1518 in Venedig herausgekommen.

Proaſma [*lat.*] προάσμα [*gr.*] von προάδω, præcino, der Eingang eines Liebs oder Geſangs, Cantilenæ proœmium.

Proaulion [*lat.*] προαύλιον [*gr.*] ein Vorſpiel auf der Flöte. Alſo findet man es in *Lud. Cœl. Rhodigini* Lect. Antiq. lib. 5. c. 26. geſchrieben, und aus dem 3ten Buche Rhetor. c. 14. *Ariſtotelis* angeführt; anderswo aber lieſet man auch Proavlium.

Profius (*Ambroſius*) Organiſt zu S. Eliſabeth in Breßlau, gab an. 1641 den erſten und zweyten, an. 1642 den dritten, und an. 1646 den vierdten und letzten Theil

Theil der geistlichen Concerten von 1. 2. 3. = 7. und mehr Stimmen; so er meistens aus Italiänischen Auctoribus genommen, und nur mit andern lateinischen Terten versehen hat, zu Leipzig im Druck heraus. Das Corollarium dazu ist auch daselbst an. 1649 gedruckt, und von gedachtem Compilatore, Herrn Wilhelm, Hertzogen zu Sachsen, dediciret worden. *Balthasar Hildebrandi*, Jaura-Silef. N. P. C. und Organist an der S. Petri und Pauli-Kirche in Lignitz, als des Profii gewesener Scholar, hat, nebst Pezelio, ihm zu Ehren ein teutsches Carmen gratulatorium zu jetztbesagtem Anhange verfertiget. Im Nachbericht des Qvirsfeldischen *an. 1717 edirten Breviarii Musici* wird eines Compendii musici vom Profio erwehnet. Es ist solches an. 1641 in 4to ans Licht getreten.

Progli (*Dominico*) war an. 1655 an Kaysers Ferdinandi III. Capelle ein Sopranist. *Bucelinus*.

Progressio Harmonica, auch Auctio harmonica, it. Analogia und Proportionalitas musica genannt, ist: wenn in dreyen Zahlen die beyden differentiæ sich eben also verhalten, d. i. eben die Proportion geben, welche der Proportionalität erster und letzter terminus giebt. Z. E. 6 4 3. Gleichwie nun der erste und letzte terminus 6 und 3 Proportionem duplam constituiret; eben also giebt auch der zwischen 6 und 4 befindliche binarius, oder die Zahl 2, gegen der zwischen 4 und 3 befindlichen Unität, oder gegen die Zahl 1, gleichfalls Proportionem duplam.

Progressio oder Progressus [*lat.*] Progrez [*gall.*] Progresso [*ital.*] heisset so wol in der Melodie als Harmonie der Fortgang von einer Note zur folgenden, und von einem Satze zum folgenden.

Prolatio major [*lat.*] Prolatione maggiore [*ital.*] Prolation majeure [*gall.*] item perfecta, perfetta, parfaite genannt, war ehemals der Semibrevi eigen, und ein durch eins folgender zwey Zeichen ⊙ ℂ angedeuteter Tact, in welchem 3 Minimæ ♩♩♩ auf eine Semibrevem ⊙ giengen.

Prolatio minor, imperfecta [*lat.*] Prolazione minore, imperfetta [*ital.*] Prolation mineure, imparfaite [*gall.*] wurde gleichfalls durch eins voriger zwey Zeichen, aber ohne Punct, angedeutet, da denn eine Semibrevis ◯ nur zwo Minimas ♩♩ galt.

Prologus [*lat.*] Prologue [*gall.*] Prologo [*ital.*] das Vorspiel in einer Comœdie und Tragœdie, oder die Anrede in denenselben an die Zuschauer und Zuhörer. it der Vorredner.

Prompt, ein um's Jahr 1678 berühmter Frantzösischer Musicus, welcher das von ihm also genannte Instrument Apollon erfunden, und alle Mittwoche sich auf selbigem im St. Johannis-Closter in Gréve zu Paris öffentlich hören lassen. s. den *Mercure Galant a. c. mens. Januar.* p. 81. NB. Gréve ist zu Paris ein Platz am Ufer, wo die Missethäter gestrafft werden.

Promptement [*gall.*] pronto [*ital.*] geschwind, ohne Verzug.

Pro omus, ein Pfeiffer, welcher das Volck zu Thebe in Boeotien dergestalt belustigen können, daß sie ihm zugleich mit dem Epaminonda, des Polymnidis Sohne, und an einerley Orte, eine Ehren-Säule aufgerichtet. Er soll einen langen Bart und stattliche Kleider getragen haben; weswegen man ihn für einen Zärtling gehalten. s. Printzens Music. Hist. c. 7. §. 6. welcher diese Nachricht aus des *Pausaniæ Arcadicis* f. 19. zum Theil genommen; als woselbst noch gemeldet wird: daß er solche Flöten erdacht, worauf so wol die Dorische, Lydische, als Phrygische modi zu haben, da vorher zu einem jeden dieser modorum auch eine à parte Flöte von nöthen gewesen.

Propempticus, a, um, [*lat.*] προπεμπτικος, ἡ, ὀν [*gr.*] qf. comitativus.

Propempticum carmen, ein Carmen oder Lied, womit einem Verreisenden zuförderst Glück auf den Weg gewünschet, und ein solcher gleichsam begleitet wird.

Propertia, eine vortreffliche Sängerin, wie auch in der Instrumental-Music herrlich erfahrne Musica, von Bologna gebürtig, zeichnete wohl mit der Feder, stach ein nettes Kupffer, schnitte in Pirsen-Steine und Marmor; wie sie denn die

PRO.   PRO.

die gantze Paſſion in ſehr vielen Bildern auf einem kleinen Pirſen-Stein, und die Hiſtorie des keuſchen Joſephs, wie ihn des Potiphars Weib ins Bette ziehen will, ſehr ſchön; in Marmor gebildet; und dieſes darum; weil ſie ſich in einen Jüngling verliebt, und ſich ſelbſt dadurch, als einer Ehe-Frau, eine heimliche reprimande geben wollen. Pabſt Clemens VII. ſoll groſſe Hochachtung vor ſie gehabt haben. ſ. *Amaranthis* Frauenzimmer-Lexicon.

Proportio [*lat.*] **Proportione** [*ital.*] **Proportion** [*gall.*] iſt eine Zuſammenſchätzung (habitudo) zweyer Dinge einerley Art nach der Gröſſe. ſ. *Werckmeiſters* Hodegum c. 5. Proportio duarum rerum comparatio, *proportionibus*, i. e. ſecundum partes inter ſe collatis. ſ. *Matth. Martinii* Lex. Philolog. Die Italiäner pflegen alle Tripel-Arten mit dem general-Nahmen: Proportioni zu belegen. ſ. *Broſſ.* Diction. p. 102.

Proportio æqualitatis [*lat.*] Proportion [*gall.*] heiſſet wenn zwey Dinge einander juſt gleich, oder von einerley Gröſſe ſind. Z. E. 1 gegen 1. 2 gegen 2. 4 gegen 4. u. ſ. f.

Proportio dupla [*lat.*] Proportion double [*gall.*] wenn z. E. eine gröſſere Zahl eine kleinere accurat zweymahl in ſich hält, und zwar ſo, daß nichts übrig bleibet, als: 4 gegen 2. 6 gegen 3. u. ſ. w.

Proportio inæqualitatis [*lat.*] Proportion d' inéga ité [*gall.*] heiſſet: wenn z. E. zwey ungleiche Zahlen gegen einander gehalten werden.

Proportio inæqualitatis maioris iſt: wenn z. E. unter zwey ungleichen Zahlen die gröſſere gegen die kleinere gehalten wird, als: 2 gegen 1. 3 gegen 2. u. ſ. f.

Proportio inæqualitatis minoris iſt: wenn unter zwey ungleichen Zahlen die kleinere gegen die gröſſere gehalten wird, als 1 gegen 2. 2 gegen 3. 3 gegen 4. u. ſ. f.

Proportio multiplex [*lat.*] Proportion multiple [*gall.*] wird genennet: wenn z. E. die gröſſere Zahl eine kleinere mehr als einmahl richtig, ſo daß nicht das geringſte übrig bleibet, in ſich begreifft. Den rechten und eigentlichen Nahmen dieſer Proportion zeiget, nach verrichteter Diviſion, der Quotient an, als:

$2:1. \ \frac{2}{x} \ $ 2 Proportio dupla.

$3:1. \ \frac{3}{x} \ $ Proportio tripla.

$4:1. \ \frac{4}{x} \ $ Proportio quadrupla. u. ſ. f.

Proportio multiplex ſuperparticularis [*lat.*] Proportio moltiplice ſuperparticolare [*ital.*] Proportion multiple ſur-particuliere [*gall.*] iſt: wenn z. E. die gröſſere Zahl die kleinern etliche mahl, und noch einen eintzigen Theil derſelben in ſich hält Den eigentlichen Nahmen erkläret man durch die Diviſion, als: $5:2. \ \frac{1}{\frac{8}{2}} \ 2\frac{1}{2}$, und

$10:3. \ \frac{1}{\frac{x\emptyset}{3}} \ 3\frac{1}{3}$ Proportio tripla ſeſquitertia. u. ſ. w. heiſſet: Proportio dupla ſeſquialtera.

Proportio multiplex ſuperpartiens [*lat.*] Proportio moltiplice ſuperpartiente [*ital.*] Proportion multiple ſur-partiente [*gall.*] iſt: wenn z. E. die gröſſere Zahl die kleinere etlichemahl, und noch dazu etliche Theile derſelben in ſich hält, als: $8:3. \ \frac{2}{\frac{8}{3}} \ 2\frac{2}{3}$ welche Proportio dupla ſuper-bi-partiens tertias, oder Proportio dupla ſuperpartiens duas tertias genennet wird;

item $12-5. \ \frac{2}{\frac{x2}{8}} \ 2\frac{2}{5}$ ſo Proportio dupla ſuper-bi-partiens quintas, auch Proportio dupla ſuperpartiens duas quintas heiſſet. u. b. g.

Proportio ſeſquialtera [*lat. ital.*] Proportion ſeſquialtere [*gall.*] iſt: wenn z. E. eine gröſſere Zahl die kleinere ein und ein halbmahl in ſich faſſet; als 3:2. 6:4 9:6.

Proportio ſuperparticularis kan auf Teutſch: eine Übertheilige; und

Proportio ſuperpartiens, eine Übertheilende Proportion genennet werden.

Proportionalitas arithmetica [*lat.*] iſt

Ji 2   eben

eben was Medietas arithmetica. s. *Mediatio Octave arithmetica.*

Proportionalitas harmonica [*lat.*] ist eben was Medietas harmonica. s. *Mediatio Octave harmonica;* und ein mehrers von diesen beyden in *Conr. Matthæi* Bericht von den Modis Musicis, c. 2. p. 16. und 17.

Proposta [*ital.*] Propositio [*lat.*] heißt in einem musicalischen Gespräch die fragende Stimme oder der fragende Chor.

Proprietà [*ital.*] Proprietas [*lat.*] also wird der von einer Note gerade unter- oder aufwerts gehende Strich genennet.

Prosa, pl. Prosæ [*lat.*] Prose, pl. Proses [*gall.*] sind Gesänge, darinnen entweder das Lob GOttes, oder eine Erzehlung dessen Thaten, und eine Danckfagung davor enthalten; und heissen deswegen also: weil der Text mehr aus einer ungebundenen als gebundenen Rede bestehet, wiewohl auch einige Versweise eingerichtet sind. s. *Lossii* Psalmod. pag. 18.

Proscenium oder Pulpitum, hieß der offene Platz, welchen wir das Theatrum nennen, wo die Comœdianten und Pantomimi agirten, ingleichen der Chor der Sänger sich hören ließ. Daselbst hatte die Kayserliche Familie ihre Logen, damit sie alles recht eigentlich in Augenschein nehmen konten. s. Schöttgens Antiquitäten-Lexicon Προσκήνιον, vestibulum scenæ: locus πρὸ σκηνῆς. s. *Matth. Martinii* Lex. Philolog.

Proslambanomenos, προσλαμβανόμενος sc. φθόγγος, assumtus sonus, προσλαμβανομένη sc. χορδή assumta sc. chorda, von προσλαβεῖν, assumere; also wurde von den Griechen die unter das tiefste Tetrachordum noch hinzugefügte oder angenommene Saite (welche unserm jetzigen A correspondiret) genennet: weil sie zu vorgedachtem Tetrachordo nicht gehörte, und mit selbigem keine Gemeinschafft hatte. s. *Lex. Vitruv.*

Prosodia, προσῳδία, modulatio, quæ syllabis adhibetur, die Maaß-Forschung oder Erkundigung des Lauts in den Sylben nach der quantität und qualität.

Prosodium, προσῴδιον, also hieß ehemahls bey den Griechen ein mit Flöten-Spiel vereinigter Gesang oder vielmehr Vorgesang, welcher verrichtet wurde, wenn man das Opffer zum Altar führete, und zur Schlachtung zubereitete. s. Salom.

van Til Sing-Dicht- und Spiel-Kunst, §. 3. der 8ten Abtheilung.

Prosperi (*Angelo*) hat 2 Bücher Motetten a Voce sola ediret. s. *Parstorff.* Catal. p. 17.

Protasis [*lat.*] Protase [*gall.*] ist der erste Theil eines Dramatis, so den Inhalt des Wercks darstellet.

Protopsaltes, πρωτοψάλτης, der vornehmste Sänger in Stifftern; ist eben was Primicerius. s. *Acta Erudit. Lips. an.* 1687. mens. Maji, p. 250.

Protos, πρῶτος sc. τόνος, der erste Kirchen-Ton, primus Tonus sc. Ecclesiasticus, es werden aber hierunter 2 Toni zugleich verstanden; denn es ist zu mercken: daß die Auctores, so nach des *Guidonis Aretini* Zeit von der Choral-Music geschrieben, die 8 Kirchen-Tone in vier Classen eingetheilt, und in jede Classe 2 Tonos locirt haben.

Prudenza, eine auf der Tiorbe excellirende Italiänerin im Hospital alla Pieta zu Venedig, ums Jahr 1721. s. des Hrn Hofrath Nemeitzens Nachlese besonderer Nachrichten von Italien, p. 6.

Prunier, hat sechs Recueils d'Airs à chanter herausgegeben. s. *Boivins* Music-Catalogum aufs Jahr 1729, p. 34.

Psallentia, s. und Psallentium n. [*lat.*] heißt in des Herrn *du Cange* Glossario so viel, als die Art und Ordnung oder Einrichtung des Kirchen-Gesanges.

Psallere [*lat.*] ψάλλειν [*gr.*] von ψάω, tangere, berühren, heisset (1. auf einem musicalischen Instrumente spielen; (2. auch zugleich in selbiges singen.

Psallocitharista, ψαλλοκιθαριστής, der die Citharam spielet, und darzu-singet.

Psalma, gen. psalmatis, ψάλμα, carmen, quod fidibus canitur, ein Lied, so auf Saiten-spielen tractirt, oder zu solchen gesungen wird.

Psalmellus, eine aus denen Psalmen Davids genommene Antiphona. s. *du Cange* Glossär.

Psalmicen, pl. Psalmicines [*lat.*] Psalmen-Sänger.

Psalmi graduales oder graduum, Stufen-Psalmen, oder, nach Lutheri Ubersetzung: Lieder im höhern Chor; also heissen die vom 120 biß 134 einander folgende 15 Psalmen, entweder weil sie an der Juden hohen Festen, sonderlich aber am Lauberhütten-Feste mit grossen Freuden, unter allerhand Instrumenten, auf erhöheten Stuffen, oder einem erhabenen

benen Chor abgesungen worden; oder, weil sie nach der Heimreise aus der Babylonischen Gefängniß verfertiget worden; oder auch, weil man die Stimme nach und nach erhoben hat. s. Schöttgens Antiquitäten-Lexicon, woselbst gesagt wird: daß es fast nicht möglich sey, eine gewisse Ursach von dieser Benennung zu geben.

Psalmi majores [*lat.*] dieser Nahme wird dem Magnificat, oder dem von der Heil. Jungfrau Maria angestimmten Lob-Gesange: Meine Seel erhebt den Herrn rc. und dem Benedictus, oder dem Lob-Gesange des Zachariae: Gelobet sey der HErr, der GOtt Jsrael rc. beygeleget.

Psalmi minores, also heissen die Davidischen Psalmen.

Psalmista, pl. Psalmistae [*lat.*] ψάλτης, pl. ψάλται [*gr.*] Psalmen-Sänger.

Psalmodia, ψαλμῳδία, bedeutet die Handlung, nemlich Psalmen abzusingen, selbst. Psalmodie [*gall.*]

Psalmodier [*gall.*] Psalmen singen. Psalmodizare [*lat.*] bedeutet in des Hrn. du Cange Glossario eben dieses.

Psalmodus [*lat.*] ψαλμῳδὸς [*gr.*] der ein musicalisches Instrument tractiret, und zugleich darzu singet.

Psalmus [*lat.*] ψαλμὸς [*gr.*] Pseaume [*gall.*] ist ein Gesang, er werde nun gleich mit dem Munde allein, oder mit einem musicalischen Instrumente zugleich hervorgebracht. s. *Joan. Bona* divinam Psalmodiam c. 16. §. II. Nach Hrn. D. Fabricii Anmerckung in lib. 6. Sexti Empirici adversus Musicos, ist ψαλμὸς so viel, als tactus digitorum, das Berühren eines besaiteten Instruments mit den Fingern. Seine Worte sind folgende: ψάλλειν proprie est tangere ac movere digitis, unde ψαλτήριον, instrumentum quod pulsatur non plectro sed ψαλμῷ h. e. tactu digitorum, ut πηκτὶς sive μάγαδις. Die Controvers des Hrn. Doct. Meiers, und Hrn. Capellmeister Matthesons über die 2. Worte: ψάλλειν und ψαλμὸς, ist in jenes seinem Critico sine crisi, p. 55. sqq. und in dieses seinem Ephoro Göttingensi, p. 19. sqq. zu lesen.

Psalterium [*lat*] ψαλτήριον [*gr.*] mag wohl ein unsern Harffen nicht ungleiches Instrument von zehen Saiten gewesen seyn, so in der Höhe einem Resonanz-Boden gehabt, als wodurch es von der Cithara unterschieden worden, die dergleichen nur unten gehabt; wie solches aus des H. Augustini Worten nicht undeutlich abzunehmen, also lautend: Psalterium habuisse superiore in parte sonorum lignum, quasi tympanum, cui nervorum series incumbat, ut meliorem sonum reddat, quod lignum in Cithara inferius sit. s *Hadr. Junii* Nomenclat. woselbst unter andern auch des Chrysostomi in Protheoria ad Psalmos befindliche Worte von diesem Instrument folgender massen lateinisch angeführet werden: Psalterium instrumentorum unum est, quae fidibus tenduntur, sed erectum, cujus sonus altrinsecus e superiore parte redditur. Habet autem decem verticilla, quae in jugo ipsius vertuntur, totidemque chordas, sono dispares: dextra autem plectrum tractabat, laeva altrinsecus chordis oberrans, per intervalla, digitosque frequenter transponens, vel gravem, vel acutum, mistumve sonum excitabat. Hierauf folget des H. Hieronymi Nachricht: daß nemlich dieses Instrument wie der griechische Buchstab Δ ausgesehen habe. Durch vorgedachte Worte des Chrysostomi verstehen einige ein andres Instrument, nemlich das ψαλτήριον ὄρθιον, so eigentlich Lyrophœnix geheissen. s. *Matthiae Martinii* Lexicon Philologicum, woselbst noch gemeldet wird: daß das Wort Psalterium metonymice auch (2. bedeute ψαλμὸν, oder cantionem ipsam: und specialiter Canticum εἰσόδιον. (3. das Psalter-Buch. Was Canticum εἰσόδιον gewesen, sonsten auch Dicterium genannt, ist in Josephi Scaligeri notis in Sphaeram barbaricam M. Manilii, p. 360 zu lesen, wenn es daselbst heisset: Dicterium verbum scenicum, ut alibi ostendimus ex Varrone:

Quibus sonant in Graecia dicteria,
Qui fabularum collocant exordia.

εἰσόδια in fabulis eum locum obtinebant, quem in arte fidicina προκιθαρίσματα. Aliter dicuntur ἀναβολαὶ, καὶ ἐνδόσιμα, καὶ πρὸχορδα ἄσματα. Experimenti enim gratia tantum fiebant. Propterea δηκτήρια dicebantur, tanquam δήγματα quaedam, quod essent specimen futuri cantus, aut modorum fidicinorum. Nam experimentum in antecessum dabant mimarii scurrae, & pantomimi, & citharistae.

Quum autem scurra urbicarius prodiret in scenam, is citharam, aut psalterium adferebat, aliquid proludii loco præcenturus ad colligendum studia & favorem spectatorum. - - - Multa autem ridicularia in eo specimine funditabant, adeo ut *dicteria* in maledicæ procacitatis infamiam abierint. Quin & *Psalterii* nomine probra intelligebantur. Paulus Sen entiarum libro V. tit. 4. De injuriis: "*Psalterium, quod vulgo dicitur canticum, in alterius infamiam compositum, & publice cantatum.*" Canticum dicterium, psalterium, tria hæc idem significant &c. Conf. *Bulenger.* lib. 2. de Theatro, c. 43 als welches gantze Capitel de Psalterio handelt. Das jetzo noch gebräuchliche Psalterium oder Psalterion [*gall.*] ist, nach Mersenni Beschreibung, lib 3 ein dreyeckigtes mit 13 Chören Saiten, deren etliche von Messing, etliche aber von Stahl sind, bezogenes Instrument, so mit Schlägeln tractirt wird. s. *Richelets* Diction. und demnach wohl nichts anders, als ein Hackebret. Wie denn die Russen ein Instrument, Psaltir genannt, fast wie ein Hackebret vor sich liegen haben, welches sie mit den Fingern, wie eine Harffe rühren. s. *Jablonski* allgemeines Lexicon der Künste und Wissenschafften.

Psaltes m. [*lat.*] ψάλτης [*gr.*] ein Sänger, Spieler auf Instrumenten.

Psaltria, f. [*lat.*] ψάλτρια [*gr.*] eine Sängerin, Spielerin.

Pseaume [*gall.*] s. *Psalmus.*

Psellus (*Michael*) der jüngere, ein Constantinopolitaner vornehmen Geschlechts, lebte an. Christi 1050, war ein Bedienter des Kaysers Michaelis Stratiotæ, und Informator des Michaelis Ducæ, dem er auch hernachmahls durch seinen Vorschub zum Kayserthume halff. Wie aber dieser folgends wieder abgesetzet würde, verlohr er auch seine Chargen, wurde daher ein Mönch, und starb kurtz drauf. s. Hederichs Notit. Auctorum Antiq. & Mediam, p. 946. hat unter andern Sachen auch eine Σύνοψιν τῆς Μυσικῆς ἠκριβωμένην, i. e. ein Compendium de Musica exactissimum geschrieben, so an Lamperti Alardi Tractat: de Veterum Musica, befindlich, und daselbst 6 Blätter in 12mo starck ist, samt der lateinischen Übersetzung dieses Auctoris aber 13 und ein viertel Blat ausmachet.

Psilocitharista [*lat.*] ψιλοκιθαριστής [*gr.*] der allein die Citharam spielet, ohne daß von ihm selbst, oder andern darzu gesungen werde.

Psithyra, ψιθύρα [*gr.*] ist, nach einigen, eben was Ascarum.

Ptolemæus, ein König in Egypten ums Jahr der Welt 3870, und Vater der berühmten Cleopatræ, hat den Nahmen Auletes, d. i. eines Pfeiffers davon getragen, weil er sich nicht geschämet selbst zu Tantze zu pfeiffen. Ausser dem, was bey dem Strabone lib 14. & 17 Appiano de bello civili. Diodoro lib. 38 & 39 und Sueton. in Jul. c. 54. von ihm zu lesen; ist auch an. 1698 zu Paris bey Pierre Aubouyn und Charles Clousieur eine aus zwey Theilen bestehende Histoire in 12 heraus gekommen.

Ptolemæus (*Claudius*) ein Mathematicus von Pelusio aus Egypten ums Jahr Christi 150, lebte lange Zeit zu Alexandria, daher er auch den Bey-Nahmen Alexandrinus bekommen; jedoch soll er auch auf die 40 Jahr zu Canobo oder dem heutigen Bichieri sich aufgehalten, und seine Astronomische Demonstrationes daselbst in Säulen haben einhauen lassen. s. Hederichs Notit. Auctorum Antiq. & Med. p. 537. Hat unter andern auch in griechischer Sprache drey Bücher ἁρμονικῶν hinterlassen, welche der hochberühmte Doctor Theologiæ und Professor Geometriæ zu Oxford, Hr. Johannes Wallis, an. 1682 in 4to, und an. 1699 in folio, und zwar im 3ten Volumine seiner Operum mathematicorum, vor andern am besten vertirt und edirt hat. Des 1sten Buchs 1stes Capitel handelt de Criteriis in Harmonica. c. 2. quis sit scopus Harmonici. c. 3. quomodo sonituum Acumen & Gravitas constituatur. c. 4. de Sonis, eorumque differentiis. c. 5 de Pythagoreorum traditis circa Consonantiarum Hypotheses. c. 6. quod perperam ratiocinati sint Pythagorei de Consonantiis. c. 7. quomodo rectius definiantur rationes Consonantiarum. c. 8. quo pacto Consonantiarum Rationes indubitato ostendantur per Monochordum Canonem. c. 9 quod perperam Aristoxenei Intervallis, non ipsis Sonis, dimentiuntur Consonantias. c. 10. quod non recte ponunt Dia-tessaron Consonantiam, tonorum duorum & semissis

PTO.   PTO.   503

femiſſis. c. 11. quomodo, vel ad ipſum Senſum, oftendi poſſit (ope Canonis Octachordi) quod minus fit Dia-paſon, quam tonorum fex, c. 12. de Generum diviſione, fecundum Ariſtoxenum, & Tetrachordorum in ſingulis. c. 13. de Generum & Tetrachordorum, fecundum Archytam, diviſione. c. 14. Demonſtratio, quod neutra diviſionum harum retinet id quod eſt revera Concinnum. c. 15. de tali Tetrachordorum ſecundum Genus diviſione, quæ ſit tum Rationi tum Obſervatis conſentanea. Und c. 16. quot ſint Genera auribus magis congrua, & quænam ea. Das 1ſte Capitel des 2ten Buchs handelt: quo pacto Senſu capiantur conſuetorum Generum Rationes. c.2. de uſu Canonis, fecundum inſtrumentum Helicona dictum. c. 3. de eis quæ ſunt, in primis Conſonantiis, Speciebus. c. 4. de Syſtemate perfecto; quodque ſolum Dis-diapaſon tale ſit. c. 5. quomodo ſonorum Appellationes ſumuntur, pro eorum tum Poſitione, tum Poteſtate. c. 6. quomodo magnitudo Conjuncta, ex Dia-paſon & Dia-teſſaron, opinionem obtinuerit Perfecti Syſtematis. c.7 de mutationibus ſecundum (quos vocant) Tonos. c. 8. quod ipſo Diapaſon terminari oporteat Tonorum extremos. c. 9. quod ſeptem duntaxat tonos ſupponi oporteat; quot nimirum ſunt Species ipſius Dia-paſon. c. 10. quomodo rite ſumantur Tonorum differentiæ. c. 11. quod non oporteat per Hemitonium augere Tonos. c. 12. de incommodo Monochordi Canonis uſu. c. 13. de eis, quæ videntur Didymus Muſicus ſuperaddidiſſe Canoni. c. 14. Expoſitio numerorum ſectionem ipſius Dia-paſon facientium, in Immutabili Tono, & Generum ſingulis. c.15. Expoſitio numerorum, qui ſectiones exhibent, in ſeptem Tonis contingentes, uſitatorum Generum. und c. 16. de eis quæ Lyra & Cithara canuntur. Das 1ſte Capitel des dritten Buchs handelt: quomodo univerſim, Rationum tum uſus, tum dijudicatio fiat, in quindecim chordarum Canone. c. 2. Methodi quibus, per octo duntaxat ſonos, inſtrui poſſit ſectio, usque ad Dis-dia-paſon. c.3. in quo genere ponenda ſit Harmonica facultas, ejusque Scientia. c. 4. quod Harmonica poteſtas, omnibus quidem, perfectiores naturas ſortitis, ineſt: maxime autem conſpicitur in animabus humanis, & cœleſtibus motibus. c. 5. quomodo congruunt, Conſona, primis Animæ differentiis, cum ſpeciebus ſuis. c. 6. Comparatio inter Concentus Genera, eaque quæ primarias Virtutes ſpectant. c. 7. quomodo Concentus Mutationes aſſimilantur Animæ mutationibus pro diverſo rerum ſtatu c. 8. de ſimilitudine Perfecti Syſtematis, & Zodiaci circuli. c. 9. quomodo quæ in Harmonico concentu ſunt Conſona & Diſſona, ſimiliter ſe habent ac illa in Zodiaco. c. 10. quomodo Stellarum motui in Longitudinem aſſimilatur, continuus in Sonis motus. c. 11. quomodo, qui eſt in Altitudinem, Stellarum motus. Generibus in Harmonia comparatur. c. 12. quod Stellarum motibus in Latitudinem congruunt quæ ſunt ſecundum Tonos mutationes. c. 13. de Analogia, quæ eſt inter Tetrachorda, & Aſpectus ad Solem. c 14. Secundum quos primos numeros, comparantur, Soni ſtantes Perfecti Syſtematis, cum primis in mundo Sphæris. c. 15. quomodo, per Numeros, ſumantur, ſuorum cujusque motuum Rationes. Und c. 16. quomodo Planetarum Proprietates, cum eis, quæ ſunt Sonorum, conferantur. Nurbeſagte Capitel betragen in obgedachter Quart-Edition 1 und ein halbes Alphabet; worauf ein Appendix, de Veterum Harmonica ad Hodiernam comparata, des Hrn. Wallis folget, welcher 7 Bogen ausmacht, daß demnach das gantze Werck beynahe zwey Alphabet ſtarck iſt. Joh. Meurſius in den Anmerckungen über des Nicomachi Geraſeni Muſicam, hält nicht den Geographum und Aſtrologum, ſondern einen jüngern und neuern Pythagoriſchen Philoſophum, nemlich den Ptolemæum Philadelphum, für den Auctorem nurbeſagter Harmonicorum. ſ. des Cardinals Bonæ Notitiam Auctorum. Conf. Gerardi Joh. Voſſii lib.3. c.58. §.19. de natura Artium ſ. de Matheſi. Daß das letzte Buch vom Auctore nicht völlig abſolviret, ſondern er über ſolchen vom Tode übereilet worden, berichtet uns der P. Montfaucon in ſeiner an. 1715 zu Paris edirten

edirten Bibliotheca Coisliniana, olim Segueriana, fol. 228.

Ptolemais, von Cyrene, soll noch vor Aureliano, ohngefehr zur Kayserin Juliæ Domnæ Zeiten, da nach ihrem Exempel das Frauenzimmer sich sonderlich auf die Philosophie legte, gelebt, und de Pythagorica Musices institutione geschrieben haben. s. das *comp.* Gelehrten-Lexicon.

Puerto (*Didacus del*) ein Capellan und Cantor an der Capelle des H. Bartholomæi zu Salamanca, wie auch Beneficiatus zu Laredo, hat eine Arte de Canto Uano geschrieben, welche D. Alphonsus de Castilia, Rector der Universität zu Salamanca corrigirt, und an. 1504 daselbst in 4to edirt hat. s. *Antonii* Bibl. Hispan.

Pusterus (*Theophilus*) ein Musicus zu Weida, hat drey 6stimmige Gesänge, nemlich: drey schöne Dinge sind 2c. Wem ein tugendsam Weib 2c. und Meine Seele erhebt den Herrn 2c. zu Erfurt in 4to oblongo drucken lassen.

Puliti (*Gabriele*) oder de Pulitis, ein Franciscaner-Mönch, und Organist an der Cathedral-Kirche zu Capo d'Istria (in Cathedrali Ecclesia Justinopolitaria) hat an. 1618 fünffstimmige Salmi e Litanie della Madonna zu Venedig drucken lassen.

Puls (*Friedrich*) ein Organist zu Göttingen in der zweyten Helffte des vorigen Seculi, hat in Teutscher Tabulatur verschiedene Clavier-Stücke gesetzet.

Punctum oder Punctlein [*lat.*] Punto Æthereos inter cives, animasque beatas
Punterus summum jam canit ante Deum.
Gratus erat terris vivendo, legendo, canendo;
Cœlo nunc vivit, nunc legit atque canit.
Sic tribus ille locis superest: sunt namque reposta
Claustris ossa, choro laus, animusque Polo.
s. *Otton. Aicheri* Theatrum funebre, P. 3. Scena 7. p. 451.

Pupini (*Biagio*) ein berühmt gewesener Musicus und Mahler zu Bologna ums Jahr 1542. s. *Musini* Bologna Perlustrata, P. 1. p. 614.

Puschmann (*Adam*) Cantor zu Görlitz, hat einen Tractat von der edlen Kunst der Meister-Sängerey geschrieben, welchen Wagenseil öffters allegiret. s. das *comp.* Gelehrten-Lexicon.

Puteanus (*Erycius*) gebohren zu Venloo in Geldern, den 4 Novemb. an. 1574 studirte zu Dordrecht, Cölln, Löven, Padua

[*ital.*] ein Punct, hat seinen Ort allezeit hinter einer Note, und verlängert dieselbe um die Helffte an ihrer sonst gewöhnlichen Geltung. Eben diese Bedeut- und Würckung hat er auch, wenn er im General-Basse neben einer Ziffer stehet; heisset deswegen insonderheit Punctum augmentationis [*lat.*] Punto d'Accrescimento, d'Augmentatione oder d'Additione [*ital.*] und Point d'Augmentation [*gall.*]

Punctus caudatus [*lat.*] item Punctus divisionis, Punto di divisione [*ital.*] s *Point de division*. Sahe also aus, wie Fig. 16. Tab. XVIII. vorgezeichnet ist, pflegt auch Punctus Separationis genennet zu werden.

Punctus percutiens [*lat.*] heisst der, welcher so wohl in Sing- als Kling-Stücken über oder unter die Noten gesetzet wird, anzuzeigen, daß selbige abgestossen werden sollen. v. Tab. XVIII. Fig. 19. Wenn nebst den Puncten auch Bogen sich über oder unter den Noten in Instrumental-Sachen befinden, müssen selbige mit einem Strich absolvirt werden.

Punctus serpens [*lat.*] zeiget an, daß die nach der Tab. XVIII. Fig. 20. angezeigten Art gesetzte Noten sollen geschleiffet oder gezogen werden.

Punctus syncopatus heisset, wenn an statt einer syncopirten Note ein Punct gesetzt wird, doch so, daß solcher gegen die andere Stimme, worüber er stehet, consonire. s. Tab. XIX. F. 1.

Punterus (*Guilielmus*) ein Engländischer Musicus liegt in London mit dieser Grabschrifft beerdiget:

und Mayland, an welchem letztern Orte er an 1601 Professor Eloquentiæ und Königl. Spanischer Historiographus wurde. Nach Löven kam er an 1606 und blieb zugleich Historiographus Regius; An. 1603 machte ihn die Stadt Rom zu ihrem Cive und Patricio, und Ertz-Hertzog Albrecht zu seinem Rath, und zum Gouverneur des Castells zu Löven. Er hatte mit Päbsten, Königen, Fürsten, Ambassadeurs, Generalen und Gelehrten so starcke Correspondence, daß man bey 16000 Briefe in seiner Bibliothec gefunden. Er starb den 17 Septembr.

an-

an. 1646 ju Löven. ſ. das *comp. Gelehrten-Lexicon.* conf. *Valerii Andreæ, Deſſelii,* Biblioth. Belgic. p. 251. wo- ſelbſt dieſes alles umſtändlicher und ordentlicher erzehlet wird. Seine von ihm ſelbſt verfertigte Grabſchrifft lautet alſo:

Audire vivus pauca verba mortui
Si non times, quod hactenus feci, loquar.
Puteanus egó ſum, fama quem circumfluit
In liberis mihi ſuperſtes, & libris.
Hanc eſſe lucem umbram fuiſſe cogita:
Dum navigas, vel Scylla, vel Charybdis eſt:
Poſt fata portus: vita morte naſcitur.
Quid ergo? vive: ſic licebit non mori.
Vixiſſe pulchre in rebus eſt æternitas.
Mortuum audis: ut ego te vivum
Bene precare mortuo.

Das von ſeinem Sohne Juſto Puteano aber aufgeſetzte Epigramma, deſſen Alter betreffend, lautet folgender geſtalt:

Edita Bruxella eſt tibi ſeptenaria nuper
Cum decies vitæ ſeptimus annus erat:
Paulo poſt moriens, illo non deſinis anno
Palladis hunc numerum morte referre tua.
Septembri nam menſe, die qui ſeptimus atque
Eſt decimus, vitæ terminus ecce fuit.
Qui tua ſepteno ſic omnia perficis actu,
Non mors illa tibi eſt, ſed, Putane, quies.

ſ. *Iſaaci Bullarti* Academie des Sciences & des Arts, T. 2. liv. 3. f. 221. und 222. Dieſer vornehme Mann hat unter andern vielen Sachen auch einen muſicaliſchen Tractat, unter dem Titul: Pallas Modulata, ſive Septem diſcrimina Vocum, ad Harmonicæ Lectionis novum & compendiarium uſum aptata & contexta Philologo quodam filo, an. 1599 ju Mayland in 8vo drucken laſſen, und ſelbigen dem berühmten Joh. Vincentio Pinello zugeſchrieben. Es beſtehet ſolcher aus 21 Capiteln, welche, auſſer der Dedication Præfation und verſchiedenen Carminibus gratulatoriis, ſo auch 9 Blätter zuſammen betragen, aus 6 und ein halben Bogen. Der Jnhalt iſt folgender:

C. 1. Materies operis & inſtitutum. Palladis nomen ad modulos recte referri. Septenarii numeri Symbolum apud antiquos.

C. 2. Harmonicam Lectionem partem eſſe Muſicæ. Muſica definita. Ejus gradus & accretio per ſonorum augmenta.

C. 3. Muſica diviſa. Quid Aſſa Vox. &c.

C. 4. Harmonicæ & Organicæ comparatio. Illam præcellere Antiquitate, Dignitate, Poteſtate. &c. Chordæ, digiti, ipſe pſallens vocalis. Quid Vox.

C. 5. Idem de Poteſtate quoque probatum recenti & miro quodam exemplo. De Amore ſalubriter quædam diſputata.

C. 6. Harmonica partitio, & membrorum explicatio. Quid Harmonica Lectio. Quid Legere. Quid Nota.

C. 7. De Notis Harmonicis Veteribus, Mediis, Novis. &c.

C. 8. Diviſio Vocis. Harmonicarum Notarum cauſſa, & numerus, hic nove auctus.

C. 9. Adſtruuntur ſeptem Notæ. Tot eſſe Voces, Sonorum & Tonorum diſcrimen, ad hanc rem obiter quædam de Diaſtematis Muſicis. Vocalium numerus apud Græcos Latinosque perpenſus. Iisdem olim apud Ægyptios Græcosque voces articulari.

C. 10. Amplius Pallas illa Vocum formatur. Lyra antiquitus ſeptem chordarum; ſed & inſtrumenta reliqua, quæ chordis tendebantur. Fiſtula item ſeptem calamorum. Quid Intus, quid Foris canere: & utrum ſuavius. &c.

C. 11. Plura de Septem Vocibus. eas regere affectus, præcipue eſſe cauſſam Amoris, &c.

C. 12.

PUT.   PYL. PYT.

C. 12. Objectio posita & remota. Notarum & Numerorum comparatio.

C. 13. Nomina, & ordo Chordarum Lyræ. Iis aptata Modulata Pallas. De forma ejusdem Lyræ, & ratione psallendi.

C. 14. Planetæ Lyræ chordis tribuuntur: Planetis Notæ. Septem Typi Harmonici.

C. 15. Notæ cum ipsa vita humana comparantur, &c.

C. 16. Transitio ad Litteras. in iis duo considerari: quam unaquæque designet Notam, & in qua linea aut intervallo. Prius absolutum. Inibi de duplici Genere Harmonico dictum.

C. 17. Posterius quoque explicatum, de Notarum in tabella inventione.

C. 18. Quæ de Litteris hactenus dicta, quomodo per compendium cognoscantur.

C. 19. Ad Tempora ventum, ea definita, & divisa: cognosci a formis. Formæ quando, & a quo inventæ. Præmissum aliquid de Temporibus antiquis. Contrapunctum.

C. 20. Pausarum necessitas, explicatio, distinctio.

C. 21. Tempora interdum mutari.

Eben dieser Tractat ist auch in des Auctoris an. 1615 zu Löven und Franckfurt in 8vo herausgekommenen Amœnitatibus Humanis, alwo er die zweyte Diatribam (es sind ihrer zusammen XII.) ausmachet, befindlich, nur daß der Titul anders, nemlich Musathena heisset, das 1ste Capitel etwas weitläufftiger und verändert ist, und das Werckgen selbst, an statt vorgedachter 21 Capitel, deren nur 17 hat, und nur 5 und ein halben Bogen beträgt. Die drauf folgende Diatriba III. heisset *Iter Nonianum*, und ist nichts anders als ein kurtzer Auszug der Musathena, oder ein Discurs, den der Auctor mit Arnaldo Cathio, einen Studioso auf dem Wege gehalten, als er auf Anrathen des Pinelli sich auf des Bembi Landgut, Nonianum genannt, begeben, dessen Museum daselbst zu perlustriren. Diese nicht gar 6 Blätter ausmachende Diatribam hat er Ludovico Septalio, einem Patricio und Medico zu Mayland dediciret, und an. 1600 unter dem Titul: Plejas Musica, in Venedig drucken lassen.

Pylades, ein alter aus der Stadt Mistarnis in Cilicien bürtig gewesener Tantz-Meister, hat zuerst die Manier aufgebracht, daß, wenn er getantzet und einen Pantominium agiret, viele Pfeiffer nebst einem Chor dabey aufgewartet, da vor seiner Zeit nur ein Pfeiffer geblasen und ein Knabe gesungen. s. *Salmasii* Anmerckungen über den Flavium Vopiscum in Carino. Daß er übrigens de Saltatione italica, davon er der Erfinder gewesen; ferner de Saltatione Comica, so Cordax geheissen: weiter de Saltatione Tragica, so Sicinnis; und de Saltatione Satyrica, so Emmelia genennet worden, geschrieben, ist in des Hrn. D. *Job. Alberti Fabricii* Bibliotheca Græca, Vol. IX. p. 779 zu lesen. Und bey dem Plutarcho stehet folgendes: Pylades citharœdus quosdam Timothei versus audiente Philopœmene cantavit ad citharam.

Pythagoras, der sehr bekannte Philosophus, und Sohn des Mnesarchi, eines Stein-Schneiders (Sculptoris annulorum) aus Thyrrenien gebürtig, kam mit seinem Vater in die Insul Samos, hörete daselbst den Pherecydem und andere, reisete in Egypten und Chaldäam, begab sich hierauf wiederum nach Samos, von dar aber nach Croton in Italien, woselbst er über 500 Scholaren gezogen. s. des Hrn D. *Fabricii* Biblioth Gr. Vol. IX. p. 779. Daß er ohngefehr in der 62 Olympiade oder 530 Jahr vor Christi Geburt gelebt habe, berichtet aus andern Cyrillus lib. 1. und zu Metapont in Italien, samt einer guten Anzahl seiner Scholaren entweder verbrannt, oder doch erschlagen worden, als er seine Jahre auf 80 bis 90 gebracht, auch der Auctor oder Vorgänger der nach ihm also genannten Philosophiæ Pythagoricæ, oder Italicæ gewesen, ist in Hr. Hederichs Notitia Auctorum Antiq. p. 109. nebst andern curieusen Umständen befindlich. Conf. *Raph. Volater.* Commentar. Urban. lib. 18. und *Abrah. Gravii* Histor. Philosoph. lib. 2. c. 6. p. 123. c. 10. p. 186 & 187. c. 14. p. 217. sqq. item Hederichs reales Schul-Lexicon. Dieser ist der erste gewesen, so aus dem verschiedenen Gewicht der Schmiede-Hämmer die Proportionen der musicalischen intervallen von ohngefehr entdecket und erfunden, auch nachgehends durch appliciirung gedachten

dachten Gewichtes auf die Saiten, und dieser hieraus entstandenen Eintheilung Musicam theoreticam aufgebracht hat: welcher Handel beym *Boëthio* lib. 1. Musices c. 10. und 11. und aus ihm in Printzens Musica Historica c. 5. §. §. 29. 30. und 31. weitläufftig zu lesen stehet.

Pithaules, πυθαύλης, pl. Pythaulæ, πυθαῦλαι, also hiessen die Pfeiffer, welche in der Stadt Pytho oder Delphi dem Apollini zu Ehren die Pæanes bliesen. s *Salmasii* Anmerckungen über den Flavium Vopiscum in Carino. Vom Pythaule und Pithaule hat *Bulengerus* lib. 2. de Theatro ein eigenes Capitel, so das 30te ist.

Pythermus, ein aus der ehemahls in Jonien gelegenen Stadt Teos bürtig gewesener Musicus, soll die Jonische Sing-Art erfunden haben. s. *Alex. Sardum* de rerum inventoribus lib. 1. c. 19.

Pythia, Πύθια, waren solenne Spiele der Griechen, welche dem Apollini zu Ehren bey Delphis in Phocide gehalten wurden. Sie hatten zu ihren ersten Stiffter besagten Apollinem selbst, als er den ungeheuren Drachen, den Pythonem, erleget, und zwar solten sie erst alle 7 Jahr, hernach dem Musen zu Ehren alle 9 Jahr gefeyert werden; allein als sie eine zeitlang unterblieben, und endlich von den Amphictyonibus A. M. 1364 wieder erneuret wurden, setzten solche zugleich ihren Periodum auf 5 Jahr, und zwar certirte man sich nur in der Music; allein nach der Zeit wurden auch alle andere Arten der Kampf-Spiele, welche in den Ludis Olympicis üblich waren, mit eingeführet. Es præsidirten aber dabey obbenannte Amphictyones, und bekamen die Obsieger zu ihrer Belohnung einen Lorbeer-Crantz, stunden aber doch nicht eben in so grossem Estime, als die, so den Preiß in den Olympischen Spielen erhalten hatten. s. Hederichs reales Schul-Lexicon.

Πυθιας ἐορ, carmen pythium, so gesungen und geblasen wurde. s. Herrn D *Fabricii* Biblioth. Gr. Vol. IX. p. 780.

Pythoclides, wird vor den Erfinder der Mixolydischen Harmonie gehalten. s. *Plutarch.* de Musica.

Pytocharis, ein Pfeiffer, soll durch starckes Blasen den Anfall der Wölffe abgehalten haben. s. *Æliani* Histor. Animal. lib. XI. c. 18.

Q.

Quadragesima [*lat.*] Quadragesime [*gall.*] der erste Sonntag in der Fasten.

Quadrain oder Quatrain [*gall.*] eine Strophe oder Satz von 4 Versen oder Zeilen in der Poesie; item, die 4 Verse in einem Sonnet, so sich allezeit auf einander reimen. s. Frischens Lexicon.

Quadrato oder Quadro [*ital.*] Quarre [*gall.*] viereckigt; ist der Beynahme, so man dem B giebt, wenn es ein diatonisches Zeichen, und also ♮ gestaltet ist. s. ♮ *quadro*.

Quagliera [*ital.*] eine Wachtel-Pfeiffe.

Quantitas Notarum extrinseca, & intrinseca [*lat.*] die äusserliche und innerliche Geltung der Noten; nach jener Art ist jede Note mit ihres gleichen in der execution von gleicher; nach dieser aber, von ungleicher Länge: da nemlich der ungerade Tact-Theil lang, und der gerade Tact-Theil kurtz ist.

Quantz (Johann Joachim) ein Musicus auf der Flûte traversière in der Königl. Capelle und Cammer-Music zu Dreßden an. 1729. s. den dasigen Hof- und Staats-Calender.

Quarrée.[*gall.*] also heisset die zweyschlägige Note, ▢, weil sie viereckigt ist.

Quarrée à queue [*gall.*] bedeutet die vierschlägige Note, ♩.

Quarta [*lat, ital.*] Quarte [*gall.*] hat den Nahmen von den 4 ihr intervallum ausmachenden Klängen. Z. E. c d e f. | d e f g u. s. f. und bestehet aus 2 vollkommenen, und einem unvollkommenen Tone, oder 2en tonis, und einem Semitonio majori.

Quarta abundans, major, superflua [*lat.*] Quarte majeure superfluë [*gall.*] die überschiessende, grosse Quart; weil sie ein Semitonium minus mehr hat, als die reine. Z. E. c fis. d gis. u. d. g.

Quarta deficiens, minor [*lat.*] Quarta deficiente, minore [*ital.*] Quarte mineure [*gall.*] die unvollkommene, mangelhafte und kleine Quart; weil sie ein Semitonium minus weniger, als die vollkommene und reine hat. Z. E. cis f. | dis g. u. s. f.

Quarta

Quarta falsa [*lat. ital.*] Quarte fausse [*gall.*] die falsche, unreine Quart; hierunter können vorhergehende beyderley Arten verstanden werden.

Quarta fundamentalis, non fundata [*lat.*] heisset, nach einigen, diejenige disposition, da die Quart gegen die Grund-Stimme also zu stehen kommt, daß sie so wol gegen diese, als andere sie (die Quartam) umgebende Stimmen, eine dissonanz machet, und deswegen resolvirt werden muß. s. n. 1. Tab. XIX. Fig. 2.

Quarta non fundamentalis, oder fundata [*lat.*] hergegen, soll seyn, wenn sie in den Mittelstimmen folgender gestalt stecket, daß sie gegen die Grund-Stimme consoniret, und demnach keiner resolution bedarf. s. nr. 2. ead Tab. & Fig. conf. *Matthesonii* Orchestre, 3. Theil, p. 530. und 531.

Quart de Mesure [*gall.*] eine Vierthel-Pause. s. *Rousseau*, p. 39.

Quart de Soupir [*gall.*] eine Sechzehntheil-Pause.

Quart-Fagott. s. *Fagotto doppio.*

Quarto, m. **Quarta,** f. [*ital.*] Quatrième [*gall.*] der, die oder das vierdte.

Quasimodo [*gall.*] Quasimodogeniti [*lat*] der erste Sonntag nach Ostern; heisset also von den Anfangs-Worten eines Introitus bey der an diesem Tage üblichen Messe, welcher sich also anhebet: Quasi modo geniti infantes.

Quasi-Syncope heißt: wenn derjenige Theil einer Note, darauf die Rückung geschehen, und die einfolglich auf eine andere Art gebunden seyn sollte, nicht ausgehalten, sondern expresse angeschlagen wird. Es kan in solcher eine grössere Figur (i.e. Note) gar wohl an eine kleinere stossen, weil sie nicht gebunden sind. s. *Matthesonii* Crit. Mus. T. I. p. 77 sq.

Quatre huit [*gall.*] vierachtel-Tact.

Quatricinium, Quatuor [*lat.*] Quattro [*ital*] Quatre [*gall.*] ein vierstimmiges Stück.

Quatricroma oder **Quarticroma** [*ital.*] ein zwey und dreyßigtheil Note, oder dergleichen Pause. *Broff.* Diction.

Quaß (Caspar Ernst) ein Bassonist bey der Königl. Capelle und Cammer-Music in Dreßden an. 1729.

Quentin, ein Franzose, hat 3 Bücher Sonaten publiciret. s. den an. 1729 zu Paris in 4to gedruckten *Catal. general des Livres de Musique,* p. 5.

Quer-Pfeiffe. s. *Flauto traverso.*

Quercu (*Simon à*) oder van der Eycken, ein Musicus aus Brüssel in Brabant gebürtig, schrieb ein Opusculum Musices de Gregoriana & Figurativa, atque Contrapuncto simplici, &c. so an. 1516 zu Landshut in 4to gedruckt worden. Er hat solches 8 und einen halben Bogen ausmachende Werckgen den Hertzogen von Mayland (deren Cantorem er sich auf dem Titul-Blatte nennet) dediciret, und diese Zuschrifft an. 1508 daselbst unterschrieben.

Querini (*Giulio Cesare*) ein Servit und Capell-Meister an der Cathedral-Kirche zu Fuligno oder Foligno, einer im Hertzogthum Spoleto am Fluß Topino liegenden, und dem Pabst gehörigen Stadt, welche an. 1703 durch ein Erdbeben sehr ruiniret worden, hat an. 1692, bey Versammlung des Provincial-Capituls gedachten Ordens in der Stadt Castello, ein Oratorio in Music gebracht und aufgeführet s. *Gio. Cinelli* Biblioteca Volante, Scanzia XV.

Questenberg, ein annoch lebender Graf zu Wien, hat sich um die Laute höchst verdient gemacht. s. Barons Unters. des Instruments der Laute, p. 77.

Queüe [*gall.*] bedeutet (1. an Violinen und Baß-Geigen dasjenige stückgen Holtz unter dem Stege, woran die Saiten angebunden werden; man kan es auch von dem über das Griffbret oder den so genannten Hals hinaus gehenden Stückgen Holtz verstehen. (2. den an den Noten gerade auf- oder unterwerts gehenden Strich, welcher, auf erstern Fall, insonderheit Queüe ascendante, und auf die zweyte Art, Queüe descendante oder pendante, pflegt genennet zu werden. s. *Coda.*

Quinaria consonantia [*lat.*] also nennet der Adrianische Hertzog, *Andreas Matthæus Aquivivus,* lib. 1. c. 17. Disputat. de Virtute morali, pag. 35. die Quint.

Quinot, ein Königl. Frantzösischer Comœdiant, hat die Opera, genannt: Divertissement de la Comedie du Roi de la Cocagne, in die Music gesetzet, und an. 1719 zu Paris herausgegeben Sie ist überaus lustig, und hat den König nebst

nebſt gantz Paris vergnüget. ſ. die Gelehrten Zeitungen *a. c.* im Mertz-Monat, p. 156.

Quinquatrus minusculæ, oder auch Quinquatria minora (qſ. quinque ab atro die) alſo hieß das Feſt der Pfeiff-Weyhung, so den 13ten, oder, nach andern, den 11ten Junii von den Pfeiffern zu Rom gefeyert wurde, als an welchem Tage ſie in langen Weiber-Röcken in der Stadt umher giengen, und im Tempel der Minervæ zuſammen kamen. ſ. Hederichs Schul- und Schöttgens Antiquitäten-Lexicon, it. Herrn D. Meiers Unvorgreiffliche Gedancken über die Kirchen-Muſic, c. 2. §. 3. p. 24.

Quinque [*lat.*] ein fünffſtimmiges Stück.

Quinquennalia, hieſſen bey den Römern die Spiele, so alle 5 Jahr gehalten wurden, dabey allerhand Muſic zu hören war. Sie waren den Olympiſchen Schau-Spielen der Griechen nicht ungleich. Der Kayſer Auguſtus hat dieſen Spielen ſonderlich ein Anſehen gegeben, indem er allerhand Luſtbarkeiten, welche zuvor nicht gebräuchlich waren, dabey anſtellen ließ, so daß ſie denen ludis Actiacis nichts nachgeben. ſ. Schöttgens Antiquit. Lexicon.

Quinta decima, oder Decima quinta, iſt eine zuſätzige Stimme in der Orgel zu S. Bartholomæi in Dantzig, und demnach nichts anders als ein Octävgen, so gemeiniglich 2 auch wol nur 1 Fuß-Ton hat, und ſonſten Superoctava it. Sedecima genennet wird. ſ. Matthesonii Anhang zu Niedtens Muſ. Handl. zur Var. des G. B. p. 168.

Quinta [*lat. ital.*] Quinte [*gall.*] hat den Nahmen von den 5 ihr intervallum ausmachenden Klängen. Z. E. c d e f g. d e f g a. u ſ. w. ſie beſtehet aus 3 vollkommenen Tonen, und einem Semitonio majori.

Quinta abundans, major, superflua [*lat.*] Quinte ſuperfluë, majeure [*gall.*] Quinta maggiore, superflua, [*ital.*] die überſchieſſende oder übriggroſſe Quint, weil ſie ein Semitonium minus mehr hat, als die reine. Z. E. c gis.

Quinta deficiens, minor, diminuta [*lat.*] Quinte mineure, diminuée [*gall.*] Quinta deficiente scarsa, minore, diminuita [*ital.*] die kleine, mangelhaffte, unvollkommene Quint,

weil ſie ein Semitonium minus weniger hat, als die reine und vollkommene. Z. E. cis g. dis a. u. d. g.

Quinta duplicata [*lat.*] Quinte doublée [*gall.*] iſt eben was Duodecima.

Quinta triplicata [*lat.*] Quinte triplée [*gall.*] iſt mit Decima nona einerley.

Quinta quadruplicata [*lat.*] Quinte quadruplée [*gall.*] iſt die Vigeſima ſexta. Die erſte heiſſet auch compoſita, die zweyte bicompoſita, und die dritte tricompoſita.

Quinta falſa [*lat. ital.*] Quinte fauſſe [*gall.*] eine falſche, unreine Quint; hierdurch wird mehrentheils die Quinta deficiens gemeynet; weil aber ſo wol dieſe, als auch die Quinta abundans falſch, (nemlich in defectu und exceſſu) klinget, und man nicht ſo gleich wiſſen kan, welche von beyden ſoll verſtanden werden: wäre wohl dienlicher, wenn man das Epitheton *falſa* als das Genus von vorigen beyden, und dieſe als Speciem anſehen wolte.

Quinta iſt auch eine offene Orgel-Stimme, von 6, 3, und 1 und einen halben Fuß-Ton. it. die oberſte oder feineſte Saite auf einer Geige, oder Laute.

Quintadena, quaſi *Quinta ad una*. ſ. *Quintitenens*.

Quinte juſte (*gall.*) die reine Quint.

Quintilianus. ſ. *Ariſtides Quintilianus*.

Quintilianus (*M. Fabius*) der ums 80te Jahr nach Chriſti Geburt berühmte Redner, oder, nach unſerer Art zu reden, Profeſſor Eloquentiæ publicus zu Rom, von Calahorra aus Spanien gebürtig, handelt lib. 1. c. 17. Inſtitutionum Oratoriarum von der Muſic.

Quintitenens (*lat.*) qſ. Quinta ad una, die Quintatön, iſt eine gedeckte Orgel-Stimme, von 16 und 8 Fuß-Ton, und heiſſet deßwegen alſo: weil in jeder Pfeiffe über den ordinairen Haupt-Ton die Quint von ſelbigem noch mittönet und ſich hören läſſet, so die Frantzoſen quintadiner zu nennen pflegen.

Quinto (*ital.*) der, oder das fünffte; in fœmin. Quinta (*ital. lat.*) die fünffte.

Quinzapus (*Lucretius*) ein ums Jahr 1595 wegen der Muſic ſehr berühmt geweſener Ciſtercienſer-Mönch in dem 3 Meilen von Cremona liegenden Cloſter S. Magdalenæ Cavæ, deſſen muſicaliſche Wercke die Zuhörer in die gröſte Verwundewunderung sollen gesetzt haben. Zu Franckfurt sind davon an. 1611 vierstimmige Introitus Missarum gedruckt worden s. *Aristi* Cremonam Literatam, Tom. 2. p. 455. und *Draudii* Biblioth. Class. p. 1635.

Quirsfeld (Johann) hat als Cantor zu Pirna an. 1675 ein Breviarium Musicum von 4 und ein Bogen in 8vo zu Dreßden in teutscher Sprache drucken lassen, welches an. 1683, und an. 1717 abermahl daselbst aufgeleget worden. Daß der Auctor von Dreßden bürtig, Philosophiæ Magister, erstlich Collega tertius und Cantor, nachgehends aber Archidiaconus in besagter Stadt, 2 kleine Meilen von Dreßden an der Elbe liegend, gewesen, und daselbst an. 1686 den 8 Junii gestorben sey, berichtet *Witte* Diarii Biographici Tomo 2.

Quitschreiber (Georg) von Cranichfeld gebürtig, war Cantor zu Jena, und gab daselbst an. 1607 ein Music-Büchlein von 6 Bogen in 8vo zum drittenmahle heraus; vorher aber, nemlich 1598 einen Bogen in 4to, achtzehen lateinische Præcepta: de canendi elegantia in sich haltend. Als Pfarrer zu Haynichen und Stiberitz, hat er an. 1622 den 19 Augusti auf das Rectorat des Grafen von Mansfeld, Ernesti Ludovici, zu Jena, den 4 Psalm mit 6 Stimmen componirt daselbst drucken lassen, und unter dem Titul: Teutscher Harmonie, hochgedachtem Grafen dediciret.

Quointe, ein Pater hat verschiedene Wercke herausgegeben, so zu Amsterdam bey Roger gravirt zu haben, sind, als: Cantiques Spirituels in dreyen Theilen oder Büchern; Missas, Litanias, Motetti und Tantum ergo Sacramentum von 5 Sing- und 5 Kling-Stimmen, so das dritte Werck ausmachen; sein fünfftes Werck bestehet aus einer kurtzen Missa, Motetta, einem Te Deum, und einer Litanie von 5 Stimmen, und 5 Instrumenten: das sechste Opus enthält 1. 2. 3. 4 und 5stimmige Salmi concertati, mit 4 und 5. Instrumenten; Opera Settima liefert Motetti à Voce sola e Basso Continuo; Das 9te Werck Motetti à Voce sola con tre stromenti; und das 11te ist eine Sammlung anderer Auctorum Arbeit, von 1. 2. 3. 4. und 5 Stimmen, ohne Instrumente. s. *Roger* Catalogue p. 5. 9. und 10.

Quolibet [*gall.*] Quodlibet, ein lateinisches aus 2 zusammen gesetztes Wort, nemlich quod libet, was einem beliebt; ist also eben das, was Mistichanza. Prætorius führet deren dreyerley Arten an, wenn er also schriebe. (1. Etliche Quodlibeten haben in einer jeden Stimme einen besondern und vollkommenen Text. (2 einige haben zwar in einer jeden Stimme einen besondern Text, aber gar zerstümmelt und zerbrochen. Und (3. etliche haben in allen Stimmen einerley Text, welcher aber auch unvollkommen und abrumpirt, und bald ein anderer darauf erwichet wird. s. dessen Syntagma Tom. 5. p. 18. Weil auch, wenn sie aus weltlichen Texten bestehen, mehrentheils Schertz-Reden darinnen vorzukommen pflegen, als werden sie deswegen von einigen auch Dicteria mordacia und acuta auf Latein genennet. Hierbey verdienet das Sentiment, so der Auctor des musicalischen Trichters p 85. von den ärgerlichen Quodlibeten fället, gelesen zu werden.

Quoüance, ein Frantzose, hat Suites des Pieces à deux Flutes (als sein erstes Werck) heraus gegeben. s. *Boivins* Music-Catalogum aufs Jahr 1729, p. 21.

R.

Rabannen, sind eine Art Trommeln, in Gestalt der Heerpaucken, aber nur eine Spanne hoch, mit welchen die Indianischen Dirnen auf Sumatra, mit der einen Hand spielen, und darein singen, auch daben nach ihrer Art tantzen, und allerhand posituren machen. Die Könige und andere grosse Herren in Indien bedienen sich dieser Täntzerinnen durchgehends, wenn sie fremdden Gesandten, und andern ankommenden Ausländern, oder ihnen selbst bey angestellten Gastmahlen eine Lust machen, und jenen eine Ehre anthun wollen, und müssen die Täntzerinnen auf den ersten Winck besagter grossen Herren erscheinen, sie mögen gleich seyn wo sie wollen, weil gar keine Entschuldigung von ihnen angenommen wird. &c. s Vogels Ost-Judianische Beschreibung p. 464 Lorber p. 105. seiner Erfahrungen über das Lob der edlen Music, schreibet: Rabana, ist bey den Ost-Indianern eine kleine Trummel, welche unter die Arme gefasset, und mit der Hand drauf geschlagen wird.

Rable [*gall.*] Rutabulum plumbarium [*lat.*]

[*lat.*] eine Gieß-Form, oder Gieß-Lade, deren sich die Orgel-Macher bedienen, um die dünnen Platten, zu den Pfeiffen darauf giessen zu können. Rabot [*gall.*] bedeutet eben das.

Racanus (*Joan. Baptista*) hat ein Opus 5stimmiger Cantionum Sacrarum, auch 4 und 5stimmiger Missen an. 1588 zu Venedig in 4to drucken lassen

Raccorder [*gall.*] von re und accord, fides iterum intendere, aptare ad concentum [*lat.*] die Saiten wiederstimmen, umstimmen.

Racler [*gall.*] inconcinne fidibus canere [*lat.*] übel auf der Violin, Viola di gamba, Laute, und dergleichen Saiten-Spiel-Zeuge spielen, kratzen.

Racleur, racleur de boyaux [*gall.*] ingratus fidicen [*lat.*] ein Bier-Fiedler, Scheer-Geiger.

Raddoppiamento [*ital.*] Verdoppelung.

Raddoppiato [*ital.*] verdoppelt.

Raël (*Cydrac*) ein Lautenist von Bourges, in Franckreich gebürtig, (Bituricensis) hat ohngefehr zu Anfange des 17 Seculi floriret, weil Besardus in seinem an.1603 edirten Thesauro harmonico seiner gedencket.

Ragazzani (*Ottavio*) ein von Parma gebürtiger Carmeliter-Mönch, hat nicht allein einige geistliche Lieder des Constantii Portæ colligiret, sondern auch, nach Gesneri Bericht, lib. 7. tit. 5. Partition. universal. Madrigalien (vielleicht von seiner eigenen Arbeit) herausgegeben. s. Arisii Cremon. literat. f. 453.

Ragazzi (*Angelo*) ein Violinist in der Kayserl. Capelle an. 1721, und alter Hof- und Cammer-Musicus jubilatus an. 1727.

Ragione oder Ratione [*ital.*] Raison [*gall.*] Ratio [*lat.*] wird von den accuratesten Mathematicis an statt des Worts: Proportio, gebraucht.

Raguenet, ein Französischer Abbé, und vormahliger Informator des Printzen Friedrichs von Auvergne, hat an. 1702 eine Parallele des Italiens & des François en ce qui regarde la Musique & les Opera, zu Paris in 12, wie auch eine Reponse à la Critique du Parallele drucken lassen.

Ragusa (*Vincenzo*) ein Sicilianer, gebohren zu Modica (Modycensis) an. 1630 den 7 Februarii, hat in seiner Jugend, ehe er ein Franciscaner-Mönch geworden, wegen der Music sich drey Jahr an des Marquis von = = = Hofe in aula Marchionis Ispicæfundi) aufgehalten, woselbst er wohl gehalten, und von mannen reichlich beschenckt wieder nach Hause gekommen. Nach angenommenen Orden, ist er mit vielen Ehren-Aemtern zwar überhäufft, dennoch aber in der Music sehr fleißig gewesen, so daß er vieles davon geschrieben, welches in der Closter-Bibliothec Sanctæ Maria de Jesu zu Modica verwahrlich aufgehoben wird. Er ist daselbst an. 1703 den 24 May gestorben, und lieget in der Kirche nurgedachten Closters mit folgendem Epitaphio begraben:

Vincentius Ragusa, Motycensis, Min. Obs. Concionator Apostolicus, Lector Generalis, Guardianus, Definitor, Custos, Provincialis, apud se ipsum nihil, apud alios, Sancti Patris Pauperum, & Humilium filius. Decessit anno M. DCC. III. Maji XXIV. ætatis LXXIII.

s. *Mongitoris* Biblioth. Sicul Tom. 2. p. 293. und die *Galleria di Minerva, Parte VIII. f.* 224. allwo ausführlichere Nachricht von ihm befindlich, und gemeldet wird: daß D. Girolamo Renda dessen Lebens Lauff an. 1705 zu Palermo in 12. edirt habe.

Raineri (*Giacomo Maria*) hat 12 Sonaten von 2 Violinen, Violoncel o und G. B. ediret.

Raison (*André*) Organist an der Königl. Abtey der Heil. Genevievfve zu Paris, hat an. 1688 ein Buch vor die Orgel in Kupfferstich herausgegeben, worinnen 5 Missen, und eine, auf des Königes an.1687 geschehene glückliche Genesung, gesetzte Offerte, als derselbe den 30 Januarii nurgedachten Jahres das Rath-Hauß besehen, enthalten sind.

Ramarinus (*Nicolaus*) hat eine Clavicymbel-Art erfunden, so in ein iegliches intervallum kan verändert werden, da er nemlich einen gantzen Tonum in 9 Commata abgetheilet, und so viel Register dazu verordnet, vermittelst welcher man alsobald den Ton in das verlangte comma verändern mag. Der erste grad ist nach der Römischen Music eingerichtet, und wird insgemein Tonus chorista, oder der Chor-Ton genennet. So nun entweder die Stimmen oder die transposition des Gesanges solches erfordert, kan dieses Instrument augenblicklich erhöhet oder erniedriget werden. z E. wenn der Chor=Ton um ein Semitonium soll erhöhet werden, so ziehet man das Register, so selbigem zukommt, so wird das gantze Clavier alsbald um ein Semitonium höher werden, als der Chor=Ton ist. u. s. w. s. *Kircheri* Musurg. lib. 6. p. 461. sq. und aus ihm Printzens Mus. Histor. c. 12. §. 48.

Ramazzottus (*Domitius*) hat einige Vesper=Psalmen, nebst einem Magnificat, von 5 Stimmen an. 1567 zu Venedig in 4to ans Licht gestellet. s. *Draudii* Bibl. Class. p. 1653.

Rameau, Organist an der Dom=Kirche zu Clermont in Auvergne, hat an. 1722 einen Traité de l' Harmonie reduite à ses principes naturels, zu Paris in 4to, von 432 Blättern drucken lassen. Der gantze Tractat bestehet aus 4 Büchern. Im ersten wird auf mathematische Art die Natur der Tone, der Intervallen, und der Accorde; im zweyten die empfindliche und aus der Erfahrung bekannten Natur derselben; im dritten die gantze Kunst zu componiren; und im 4ten die praxis nebst allen Vortheilen derselben zu accompagniren vorgetragen. s. das 84te und 90te Stück Neuer Zeitungen von gelehrten Sachen aufs Jahr 1723. woselbst eine ausführlichere recension davon zu lesen stehet. Es sind auch an. 1708 Piéces vors Clavecin von ihm heraus gekommen, so das erste Buch ausmachen, auf solchem wird er genennet: Organiste des R. Peres Jesuites de la rue S. Jaques, & des R. Peres de la Mercy. Sonsten hat er auch herausgegeben: le nouveau Systeme, so 3 livres kostet: und deux Suites de Piéces vors Clavessin, so zusammen 5 livres gelten. s. *Boivins* Music = Catalogum aufs Jahr 1 29, p. 16.

Rampollinus (*Matthias*) ein Musicus zu Florentz ums Jahr 1560, hat sehr viel Musicalia über des Petrarcha Canzonen verfertiget, und selbige dem dasigen Groß=Hertzoge Cosmo Medicæ dediciret. s. *Pocciantii* Catal. Scriptorum Florentin. p. 125.

Ramus (*Bartholomæus*) ein Spanier, und Professor Publicus zu Bologna um den Anfang des 17 Seculi, wird von Franchino Gafurio und Baryphono vor den Erfinder der Scalæ Syotonæ gehalten; aber mit besserm Rechte ist er nur derselben Restaurator zu nennen. In *Possevini* Bibliotheca Selecta f. 223. wird er als ein Scriptor musicus allegiret.

Ranch (*Hierbnymus*) ein Dänischer Pfarrer und Canonicus zu Wiburg, der Haupt = Stadt und Stifft in Nord=Jütland, welche an. 1726 fast völlig abgebrannt ist, hat einen Tractat: Avium Catilena genannt, worinn von der fürnehmsten Vögel Gesang und Natur gehandelt wird, geschrieben, welcher an. 1630 zu Wittenberg in 4to gedruckt worden. s. *Albert. Bartholinum,* de Scriptis Danorum, p. 57.

Rapis (*Hieronymus de*) ein Poet und Musicus von Palermo, war ein Mitglied der Academie der Accensorum, und florirte ums Jahr 1573. s. *Mongitoris* Biblioth. Sicul. T. 1. p. 285.

Rasch (*Joannes*) hat an. 1572 etliche lateinische Weynacht=Oster=und andere Cantica von 4 und mehr Stimmen zu München in Druck gegeben.

Raselius (*Andreas*) ein Magister und Cantor am Gymnasio zu Regenspurg, von Amberg gebürtig, hat an. 1589 sein Hexachordum oder Quæstiones musicas practicas zu Nürnberg in 8vo drucken lassen. Es bestehet dieses Werckgen aus 6 Capiteln, deren 1stes vom Systemate; das zweyte von den Clavibus; das dritte von den Vocibus; das vierdte von den Intervallis; das fünffte von den Noten und das sechste von den Modis musicis handelt; so zusammen, nebst der an den Magistrat zu Regenspurg gerichteten Dedication und Præfation an den Leser, 11 Bogen ausmachen. Seine Cantiones sacræ von 5. 6. 8. und 9 Stimmen sind an 1595 zu Nürnberg in 4to gedruckt worden. s. *Draudii* bibl. Classic. p. 1615.

Rasette [*gall.*] ist der eiserne oder messingene Drath, welcher in den Schnarr-Registern einer Orgel auf den Blättern lieget, und sonsten die Krücke genennet wird, durch deren Auf-und Niederziehen man den Klang solcher Pfeiffen niedriger und höher zu machen pfleget.

Rasi (*Francesco*) ein Aretinischer Edelmann, ließ an. 1613 Madrigalien in Venedig drucken.

Rasor [*lat.*] ein Kratzer auf der Laute, Violin μ. d. g. Instrumenten. s. *Racleur.*

Rastrum [*lat.*] ist das Instrument, womit die 5,(oder in Lauten=und Violdigamben=Sachen)

Sachen) 6 parallel-Linien zugleich aufs Papier gezogen werden. Rastellum ein dergleichen Instrument von kleinerer Form.

Rathgeberus (*Valentinus*) ein Pater, hat sieben Wercke heraus gegeben, so folgenden Titul führen: (1. Octava Musica Clavium octo Musicarum in Missis octo Musicalibus, cum appendice duarum Missarum de Requiem, a 4 Voc. 2 Violinis & duplo Basso Cont. Opus I. fol. Edit. II.

(2. VI. Vesperæ integræ, de Dominica, B. V. M. & Apostolis, cum annexis Psalmis residuis, per annum occurr. II, Magnificat, IV. Antiphonis de B. V. M. & Litaniis Lauret. à 4 voc. 2 Violin Organo & Violone. conc. Tubis & Lituis. Opus II. Fol.

(3. Missæ IX. Principales, à 4 voc. 2 Violin. 2 Clarin. vel Lituis, cum duplici Basso Opus III. fol. 1725.

(4. XXIV. Offertoria de tempore & Sanctis, à 4 voc. 2 Violinis necess. 2 Tubis vel Lituis ex diversis Clavibus ad libit. cum duplici Basso Continuo Opus IV. fol.

(5. Litaniæ VI. Lauretanæ de B. V. M. cum Antiphonis: Alma redemtoris 3; Ave Regina cœlorum 3; Regina cœli lætare 3; Salve Regina 6; Te Deum laudamus 2; Miserere 2. à 4 voc. 2 Violin. necess. 2 Tubis vel Lituis, ex diversis Clavibus & Tympano ad placitum, cum duplici Basso Continuo. Opus V. fol. 1727.

(6. Chelys Sonora: constans 24 Concertationibus, quarum 12. partim à Violino Principali, partim a 2 Violinis concertantibus, 12 à 2 Clarin. vel Lituis ex diversis clavibus partim oblig. partim pro libit. 2 Violin. cum Organo & Violoncello. Opus VI. fol. 1728.

(7. X. Missæ solennes diductiores, minusque solennes breviores non tam pro festivitatibus B. V. Mariæ, quam per annum univers. producenas à 4 voc. partim 2 Violin. partim Violino unis. Item notandum, Missa IX. de 7 doloribus B. V. Mariæ a 2 Alt-Violis f. Bracciis, ultima ve-

rò brevissima à Violino unis. ad libitum; Clarinis vel Lituis ad 8 Missas, ex diversis Clav. ad libit. exceptâ primâ solenn. Clarin. obligatis. Opus VII. fol. 1730. f. Herrn Lotters Music=Catal.

Ratio [*lat.*] f. *Ragione*.

Rattus (*Laurentius*) war von Perugia gebürtig, zu Loreto Capell=Meister, gab verschiedene musicalische Wercke heraus, und starb an letztgedachtem Orte an. 1630. f. das *comp.* Gelehrten *Lexicon*, und *Oldoini* Athenæum Augustum, p 202. Im *Parstorffischen* Catalogo werden 5.6.= 12stimmige Litanie von ihm angeführet. Daß er ein Enckel und Scholar des Vincenzo Ugolini gewesen, berichtet Antimo Liberati in seiner Lettera. Auf einem an. 1628. in Venedig gedruckten Wercke, so den Titul: Sacræ Modulationes führet, wird er ein Römer, und Capellmeister des Teutschen Collegii zu Rom genennet.

Rau (Christian) ein Marggräflich=Anspachischer Musicus, stellte in dem anno 1699. daselbst aufgeführten Dramate, genannt: le Pazzie d'Amore e dell' interesse, den Boldo, oder des Rosmiro schertzhafften Knecht vor.

Rauch (Andreas) ein Oesterreicher, Organist und Bürger in der freyen Königl. Stadt Edenburg in Nieder-Ungarn, hat an 1648. seinen Currum Triumphalem Musicum herausgegeben, in welchem er sich eines prächtigen und pompeusen Styli bedienet f Printzens Mus. Hist. c. 12. §. 66. Im *Parstofferischen* Catalogo werden 3 und 4stimmige Motetten und teutsche Concerten, nebst einer Missa, allerseits mit Violinen accompagniret, angeführet Sein Concentus votivus, welchen er an. 1634 den 18 Dec. beym Einzuge des Römischen Käysers, Ferdinandi II. in Edenburg, auf des Raths Befehl daselbst aufgeführet, ist hierauf in Wien durch Gregorium Gelbhaar Kays. Buchdruck. publicirt worden.

Rauch (Christoph) ein Magister aus Bayern gebürtig, hat der von D. Ant. Reisero an. 16.a herausgegebenen Theatromaniæ eine Theatrophaniam entgegen gesetzet, und zur Vertheidigung der Christlichen, insonderheit musicalischen Opern, und Verwerffung aller Heydnischen, von den alten Kirchen=Lehrern nur alleine verdammten Schauspiele, aufgesetzet. Es bestehet solche in 2 Theilen, und ist an. 1682,

1682. zu Hannover in 8vo gedruckt worden. s. *Joan. Molleri* Isagogen ad Historiam Chersonesi Cimbricæ, P. 4. c. 10. p. 600.

Rauch (Sebastian) ein Lauten-Macher in Prag, hat bey dem sehr berühmten Herrn Schelle in Nürnberg gearbeitet. s. Barons Untersuchung des Instruments der Laute. p. 97.

Ravenscroft (*Thomas*) hat an. 1611 Melismata, or musical! Phansies zu London in 4to ediret s. *Tb. Hyde* Catal. Bibliothecæ Bodlejanæ. In des *Roger* Catalogue de Musique, p. 32. stehet auch ein Music-Auctor dieses Zunahmens, alias *Redieri* genannt, welcher 2 Wercke à due Violini, Violoncello e Continuo graviren lassen.

Ravis, it. Raucedo [*lat.*] Heiserkeit der Stimme.

Raupach (*Christoph*) ein in Theoria Musices wohl-erfahrner Organist an der St. Nicolai, als Haupt-Kirche in Stralsund, ließ unter dem Nahmen Veritophili an. 1717 deutliche Beweis-Gründe, worauf der rechte Gebrauch der Music, beydes in den Kirchen, als ausser denselben, beruhet, :c. zu Hamburg in 4to oblongo von 7 Bogen drucken. Derselben Inhalt ist folgender: c. 1. von den Befehlen GOttes, welche von der Kirchen-Musica, so wohl Vocali als instrumentali handeln, c. 2. von denen Exempeln der Jüden und Christen. c. 3. von der kräfftigen Nutzbarkeit der gesammten Kirchen-Music, auch von deren Nothwendigkeit. c. 4. von der kräfftigen Nutzbarkeit der Music in Erleichter-und Versüßung anderer Tages-Verrichtungen. c. 5 von den unterschiedlichen kräfftigen Würckungen der Music im Gemüthe des Menschen. c. 6. von dem Nutzen der Music in leiblichen Kranckheiten. c. 7. von dem Nutzen der Kirchen-Music, krafft welcher man den Vorschmack des ewigen Freuden-Lebens empfindet. Additamentum. Der Herr Capellmeister Mattheson hat solche, als einen Anhang zu Niedtens Musicalischer Handleitung 3ten Theile nebst einer Vorrede zum Druck befördert. Die abgenöthigte Beantwortung der beyden Fragen: (1. Ob das Wort Psalmodia, apud Patres, qui ante Nazenzenum vixere, ein blosses Singen, oder ein Singen zum musicalischen Instrument bedeute? (2. Ob so wohl das Spielen auf musicalischen Instrumenten, als Singen, unter den ersten Christen, bey ihren geistlichen Versammlungen, manches mahl im Gebrauch gewesen? womit zugleich der §. 2. seiner 717. herausgegebenen deutlichen Beweiß-Gründe von der *Music*, vertheidiget wird: ist in *Matthesonii* Critica Musica T. 1. p. 167. in 5½ quart Blättern zu lesen.

Rauque (*gal.*) Adj. der Klang einer unangenehmen und von Flüssen verderbten Stimme

Rausgler (Sebastian) ein Lautenmacher der ums Jahr 1494 florirt s. Barons Untersuchung des Instruments der Laute.

Rautenberg (Johann) Cantor zu Landsberg an der Warte, dessen Novem verbenæ sacræ, oder Neun geistliche Kräuter und Blumen sind an. 1629 zu Berlin in 4to gedruckt worden.

Rautenstein (*Julius Ernestus*) war Hof-Organist zu Alten Stettin, und gab an. 1653 Leichen-Arien heraus. In dem an. 1637 zu Goßlar in 4to gedruckten, und von etlichen Music-Liebhabern zu Northausen colligirten Fasciculo 2do geistlicher Concerten von 1 und 2 Stimmen, nebst einem Continuo, heisset er ein Organist zu Quedlinburg.

Rauzzino (*Pietro*) ein Sopranist in der Kayserl. Hof-Capelle an. 1721. und 1727.

Raymundus (*Victorius*) sein erstes Buch, aus drey fünfstimmigen Missen bestehend, ist an. 1584 zu Venedig in 4to ans Licht gekommen. s. *Draud.* Biblioth. Class. p. 1636.

Rayola (*Anton*) ein Kayserl. Violoncellist, und zwar unter vieren der zweyte, an. 1721. und an. 1727 abermal unter sechsen der zweyte. s. den Wienerischen Addreß-Calender dieses Jahrs, allwo er: *Ravola* genennet wird.

Re, ist die zweyte unter denen von Guidone Aretino ausgefundenen sechs Music-Syllben, so in der Scala naturali im d und a: und in der Scala b mollari im g jeder Octav und Stimme gebraucht wird.

Reali (*Zuanne*) von seiner Arbeit ist das erste aus dreystimmigen Sonaten bestehende Werck bey Roger in Amsterdam zu haben. s. dessen *Catal.* p. 33.

Rebattement. s. *Repercussio.*

Rebec, ein altes Französisches Wort, so ehemals eine mit 3 Seiten bezogene, und
Quin-

Quinten-weise gestimmte Violin bedeutet, womit, nebst einer kleinen Paucke, man Bräutigam und Braut zur Kirche begleitet gehabt. s. *Furetiere Diction:* Es soll vom Spanischen Worte Rabel, und dieses vom Arabischen Rebab, Rebaba oder Rabib, so durch Lyram übersetzt wird, und woraus die Italiäner ihr Ribebba formirt, herkommen, auch sollen die Frantzosen anfänglich Rebel, nachgehends aber Rebec daraus gemacht haben. s. *Ménage Diction:* vorgedachter Frantzösischer Abt aber hält davor; daß es vielmehr aus dem Celtischen oder Nieder-Bretagnischen Worte Rebet entstanden, als in welcher Sprache *Rebet* eine Violin, und *rebeter*, die Violin spielen, heisse. In Frischens Lexico stehet Rebube, als ein vom Arabischen Revaba herkommendes musicalisches Instrument.

Rebel, ein Frantzösischer Musicus, von welchem der Herr Hofrath Nemeitz in seinem Sejour de Paris. c. 25. p. 273. und 274. meldet, daß er bey den Opera zu Pariß im Orchestre die Mesur (an. 1716) geschlagen, hat verschiedene Sonaten-Wercke ediret, als: livre premier; livre deuxième; la Boutade; Terpsicore; les Caracteres de la Danse, und le Caprice. s. *Mr. Boivins* an. 1729. zu Pariß in 8vo gedruckten Catalogue general des Livres de Musique, p. 5.

Recano (*v. lat.*) ich singe noch einmal, it. öfters.

Rechanter (*gall.*) cantitare (*lat.*) offt singen.

Recit (*gall.*) bedeutet das, was die Italiäner durchs Wort Solo und Soli ausdrücken, und auch von 2. 3. und 4 einfachen Stimmen verstanden werden kan.

Recitare (*lat. ital.*) Reciter (*gall.*) singend etwas hersagen, erzehlen.

Recitante (*ital.*) ein Sänger in Opern.

Recitativo, oder abgekürtzt, Reco. Rec. und Ro. (*ital.*) Recitatif (*gall.*) ist eine Sing-Art, welche eben so viel von der Declamation als von dem Gesange hat, gleich ob declamirte man singend, oder sänge declamirend: da man denn folglich mehr bestiessen ist die Affectus zu exprimiren, als nach dem vorgeschriebenen Tacte zu singen. Diesem ungeachtet, schreibet man dennoch diese Gesang-Art in richtigen Tacte hin; gleichwie man aber Freyheit hat, die Noten der Geltung nach zu verändern, und selbige länger und kürtzer zu machen; also ist nöthig, daß die recitirende Stimme über den G. B. geschrieben werde, daß der Accompagnateur dem Recitanten nachgeben könne.

Recitatrice (*Ital.*) eine Sängerin in Opern.

Recordus (*Robertus*) ein Doctor Medicinæ und Professor Matheseos zu Oxford in Engand, aus der Provintz Vvallis oder VVales (*lat. Cambria*) gebürtig, florirte ums Jahr 1552, und schrieb unter andern auch ein Buch: de origine artium, in seiner Mutter-Sprache. In des *Balei* Catalogo Scriptorum Britanniæ, Centur: 8. s. 695 stehet auch noch folgendes: Astrologiam docuit, Cosmographiam exposuit, Geometriam & *Musicam* illustravit.

Redde, ein Frantzösischer Componist ums Jahr 1679, von dessen Arbeit im Mercure Galant. p. 27. im Monat Mertz a. c. eine Air von einer Discant-Stimme und G. B. befindlich ist.

Reditta. s. *Replica.*

Redoublée (*gall.*) verdoppelt Redoublement (*gall.*) Verdoppelung.

Reduction (*gall.*) Reduttione (*ital.*) Reductio (*lat.*) s. *Deduttione.* Hier ist nur noch zu erinnern, daß es auch gebraucht wird: wenn man eine mit vielen b versehene, und demnach chromatische piéce in das diatonische genus bringet und versetzet, um zu erfahren, ob die Vorzeichnung richtig oder mangelhafft sey, als welches sich sodann äussert.

Refrain (*refrains gall.*) also heissen eine oder etliche sententiöse Zeilen, so zu Anfang einer Strophe gesetzt, und am Ende derselben allemal wiederholt werden; quòd sæpius ferantur & referantur, qs. *referaneus cantus.*

Regale, s. f. (*gall.*) bedeutet (1. so viel als das Orgel-Register, so Vox humana genennet wird. (2. bey den Flanderern so viel als Claquebois, oder ein hölzernes Gelächter. s. *Furetiere Diction.* (3. aber u. insgemein ein aus meßingenen oder hölzernen Pfeiffen bestehendes, und mit 2 Blas-Bälgen versehenes Schnarr-Werck, so man aus einander nehmen, und überall hin auf einen Tisch oder Kasten setzen kan. s. mit mehrern hiervon *Pretorium* T. 2. Syntagm. music c. 45. woselbst er p. 74. erinnert: daß etliche vermeynen, es habe seinen Nahmen von

Kk 2 dem

dem Erfinder, der es einem Könige zum præsent offeriret, und daher Regale, quasi dignum Rege, Regium vel Regale Opus heisse.

Regino, ein Abt zu Prüm (Abbas Prumiensis) im Trierischen gegen das Ende des 9ten Seculi, hat ein MS. de harmonica institutione ad Rathbodum, Archiepiscopum Treverensem, hinterlassen; wovon ein mehrers in *Matthesonii* Critica Musica, T. 1. p. 83. sqq. und p. 147. sqq. zu lesen stehet. conf. *ejusdem* Orch. ill. p. 307.

Registre oder Regître, pl. Registres, oder Regîtres [*gall.*] Registro, pl. Registri dell' Organo [*lat.*] Registrum, pl. Registra [*lat.*] Orgel=Register, so sich auf=und ab=ziehen lassen.

Regler [*gall.*] liniren, Linien ziehen. Regleur [*gall.*] Lineator [*lat.*] der Linien zum Noten=Schreiben ziehet.

Regnard (*François*) ein Französischer Componist, hat des Ronsards und anderer Poesien, mit 4 und 5 Stimmen gesetzt, an. 1579 zu Paris in Druck gegeben. f. *Verdier* Bibliotheque. Daß er aus Douay in Flandern gebürtig, an der Cathedral=Kirche B. Mariæ Virginis zu Tournay oder Dornick, als ein Instrumental=Musicus, bedient gewesen, und an. 1573 fünffzig 4 und 5stimmige Motetten gesetzt habe, so an. 1575 in Douay bey Joan. Bogardo gedruckt worden, dessen berichtet uns Sanderius de Scriptoribus Flandr. p. 53.

Regnardus (*Jacobus*) Kayserl. Vice-Capellmeister, aus Flandern gebürtig, hat 9 Missas sacras ad imitationem selectissimarum cantionum von 5. 6 und 8 Stimmen, zu Franckfurt an. 1602 gedruckt, herausgegeben, und selbige seinem Herrn, Kayser Rudolpho II, dediciret. In der zu Prag d. 31. Decemb. an. 1599 unterschriebenen Dedication meldet er: sein Eheweib werde wol dieses zum Druck gegebene Werck S. K. Majestät præsentiren, weil er mercke, daß die ihm angekommene Kranckheit entweder lange anhalten, oder er gar bald sterben möchte. Seine eigene Worte lauten also: Eheu destituor viribus, languescunt corporis membra, inopinata me corripit infirmitas, stratum lectuli mei quærere cogor, mens mea ingentem præsagit mihi calamitatem futuram, aut morte cito solvar, aut diuturnum vitæ periculum sustinere impellor, nisi fallor, tempus resolutionis meæ jam modo instabit, discedendum mihi esse video, hæc ultima manus mea his ultimis operibus imponenda est, satis hactenus cecini, satis cantionum composui, satis mundo vixi. Nach nur angeführten Worten befiehlet er seine Seele GOtt, sein Weib und Kinder aber höchstgedachter Kayserl. Majestät, und fähret folgender gestalt fort: hæc mea charissima conjux jam ex omni parte desolata hanc Missalis mei partem post meam ex hac misera lachrymarum valle emigrationem in Reipubl. Christianæ utilitatem emissam, Sacratiss. Cæs. Majest. V. humillime præsentabit, & sub præsidium & umbram alarum ejusdem S. C. Majest. V. cum dilectis prolibus nostris confugiet, &c. Laut dieser Zuschrifft ist der Auctor schon bey dem Kayser Maximiliano II. ein Alumnus Chori musici, und, bey mehrern Alter, auch viele Jahre bey selbigem Vice-Magister gewesen, ingleichen eine Zeitlang an den Ertz=Hertzog Ferdinandum (auf dessen Ansuchen) vom Kayser Rudolpho überlassen, aber nachgehends, nach jenes Tode, auch wiederum in seine Dienste übernommen worden. Sonsten sind auch folgende Sachen von ihm herausgekommen, als:

Magnificat, secundum octo vulgares Musicæ modos à diversis Musicis compositum, 4. & 5 voc. an. 1552;

Cantiones ex veteri & novo Testamento collectæ 4 vocum, Norimbergæ an. 1577 in 4to;

Canzone Italiane à cinque voci, zu Nürnberg an. 1581 in 4to;

Mariale, h. e. Opusculum sacrarum Cantionum pro omnibus B. Mariæ Virginis festivitatibus cum 4. 5. 6. & 8 vocibus, Oeniponti an. 1588. 4to.

Motetæ 4. 5. 6. 7. 8. & 12 vocum, pro certis quibusdam diebus dominicis, Sanctorumque festivitatibus, an. 1605 zu Franckfurt;

Canticum Mariæ 5 vocum, zu Dillingen an. 1605 in 4to;

Magnificat, decies octonis vocibus ad octo modos musicos compositum, una cum duplici Antiphona, Salve Regina, totidem vocibus decantanda, zu Franckfurt an. 1614 in 4to gedruckt.

f. *Draudii* Bibl, Class. p. 1013. 1623. 1632. 1635

1635. 1639. Sein kurtzweilige teutsche Lieder, 25 an der Zahl, mit 4 Stimmen, und auf allerley Instrumenten zu gebrauchen, hat er, als Capellmeister Ertz=Hertzogs Ferdinandi, an 1591 zu München drucken lassen, und selbige von Jnspruck aus, unterm 25 Febr. Hr. Carl, Marggrafen zu Burgaw, Landgrafen zu Nellenburg, Grafen und Herrn zu Veldkirchen, Bregenitz und Hohenegg &c. zugeschrieben.

Regula Diapason, das Orgel=Register, Octav genannt.

Regula Diapente, die Quint, ein Orgel=Register.

Regula Disdiapason, die Super-Octav in einer Orgel.

Regula mixta [*lat.*] die Mixtur, ein Orgel=Register.

Regula pedalis [*lat.*] ein vor die Füsse gehöriges Orgel=Register.

Regula pressior [*lat.*] Regula obtusior, Regula pileata das Gedackt.

Regula primaria, principalis [*lat.*] das Principal.

Regula tremula [*lat.*] ein die Orgel=Pfeiffen zitternd machender Zug oder Register; kurtz: der Tremulant.

Regula quintitenens [*lat.*] die Quintatön.

Regulæ pleuritides [*lat.*] Orgel=Register. s. *Pleuritides.*

Reichel (Johann Christian) ein Braccist bey der Königl. Capelle und Cammer=Music in Dreßden an. 1729. s. den dasigen Hof-und Staats=Calender.

Reich (Paul) hat an. 1631 eine Teutsche Musicam zu Wittenberg in 8vo drucken lassen.

Reier (Thomas) von Thomasbrück gebürtig, war an. 1543 ein Alumnus in der Schul=Pforte, studirte zu Leipzig und anderswo, und kam in die Kayserl. Capelle. s. *Pertuchi* Chronicon Portense. p. 575.

Reinmann (Johann Balthasar) ein Componist, ist bey der vor Hirschberg in Schlesien liegenden Evangelischen Kirche an. 1729 als Organist an der in diesem Jahre neu=erbaueten Orgel angenommen worden.

Reimannus (*Matthæus*) von Reimannswalde, ein JCtus und Musicus aus Lemberg in Schlesien, war J. U. Doctor, Kaysers Rudolphi II. Rath, und schrieb Noctes Musicas. s. das *comp.* Gelehrten=*Lexicon.* Nach *Drandii* Bericht p. 1633 Biblioth. Class. sind nurgedachte Noctes Musicæ an. 1598 zu Leipzig *in folio;* und dessen Cithara sacra Psalmodiæ Davidis ad usum testudinis accommod. an. 1612 zu Cöln in 4to gedruckt worden. *idem ibidem.* p. 1651.

Rein (*Conradus*) ein Componist, dessen Ornithoparchus lib. 2. c. 8. Micrologi nebst andern rühmlichst gedencket.

Reina (*Sisto*) ein Minorit, von Sarono einem mitten im Hertzogthum Mayland liegenden, und dem Grafen von Biglia gehörigen Flecken gebürtig, war so wohl an der Marien=als S. Francisci-Kirche zu Mayland Capellmeister, und ließ daselbst an. 1653 Psalmen drucken.

Reincke (*Joh. Adam*) gebohren zu Deventer in der Niederländischen Provintz Ober=Yßel (Daventriensis Transisalanus) an. 1623 den 27 April hat, als Organist an der St. Catharinen=Kirche zu Hamburg, unter dem Titul: Hortus Musicus, 6 Sonaten a due Violini, Viola e Continuo in folio ohne Jahr=Zahl gravirt herausgegeben, und selbige dem Kayserl. Rathe und Canonico zu Lübeck, Hr Johann Adolph, Freyherrn von Kielmansegg, dediciret. Die Dedication und Vorrede sind lateinisch abgefasset; und die Sonaten selbst bestehen aus 30 Suiten, als Sonat. Allemand. Courant Sarab. und Giquen. Er ist an. 1722 den 24 Nov. gestorben, nachdem er sein Leben auf hundert Jahr, weniger 5 Monat und 3 Tage gebracht hat, und ist in obgedachter Kirche, an welcher er etliche 50 Jahr gedienet, begraben worden. s. *Matthesonii* Crit. Mus. T. 1. p. 255. sq. allwo noch einige andere Umstände von ihm zu lesen sind.

Reineccius (*Christianus Fridericus*) ein von Eißleben gebürtiger Magister und Rector des dasigen Gymnasii, hat an. 1729 ein lateinisches aus 1 und ein halben Bogen bestehendes Programma: de effectibus Musices merito suspectis, drucken lassen. Er ist der eintzige Sohn des seel. Hrn. Georgii Theodori Reineccii, welcher aus Neu-Brandenburg gebürtig, von an. 1681 Cantor in Eißleben, und von Ostern an. 1687 bis den 30sten Nov. an. 1726 Cantor alhier in Weimar gewesen, und sein Alter auf 65 Jahr gebracht hat. Dieser war ein guter Componist, ob er gleich die Composition bloß aus guten Partituren erlernet, so, daß der seel. Hr. Capellmeister Theile, als selbigen auf seinem Krancken=Bette in Naumburg besuchte, ihm, wegen einer aus dem E ♯ gesetzten Misse, einen gelehrten Componisten nennete.

Reinero (*Ambrosio*) des Ertz=Hertzogs von Oesterreich, Ferdinandi Caroli, Musices Præfectus, gab an. 1655 Missen von 5 Stimmen und 3 Instrumenten zu Inspruck heraus. Im *Parsto fferischen* an. 1653 zu München gedruckten Music-Catalogo stehen folgende Wercke von seiner Arbeit angeführet, als:
Motetti à 2. 3 e 4 Voci, con Violini. lib. 1.
Motetti à 4. 5 e 6 Voci, con 2 Violini. lib. 2.
Motetti à 8 Voci. lib. 3.
Salmi à 8 Voci, con Violini. lib. 4.

Reinerus, Raynerus, oder Reinerive, ein ehemahliger Benedictiner=Mönch in S. Laurentii-Closter zu Lüttich, hat an. 1182 floriret (wie solches aus seinem Tractat: de casu fulminis super Ecclesiam Monasterii sui erweißlich) und verschiedene Melodien verfertiget, so er c. 2. 5 7. und 5. lib. 2. des von ihm de claris Scriptoribus monasterii sui geschriebenen Tractats anführet. s. *Bern. Pezii* Thesaur. Anecdotor. noviss. Tom. 4. P. 3. woselbst, nebst andern, nur gedachter Tractat befindlich ist.

Reinerus (*Jacobus*) ein Benedictiner=Mönch, und Music-Director zu Weingarten, einer kleinen Schwäbischen im Algöw liegenden Stadt hat verschiedene Wercke ediret, als:
Cantiones 5 & 6 vocum, zu München an. 1579 in 4to;
Cantiones germanicas 4 & 5 vocum, & vivæ voci, & musicis instrumentis accommodatas, an. 1581 daselbst in 4to;
Psalmos pœnitentiales tribus vocibus concinnatos, ibidem an. 5;
Cantiones 6. 7. 8. adjunctaque in fine una 10 vocum, abermahl zu München an. 1591; item 4 vocum, an. 1600.
Motetas sacras 5 & 6 vocum, an. 1595 zu Costnitz; it.
Cantiones s. Motetas 4 & 5 vocum, nebst einigen Magnificat an. 1593. hieselbst gedruckt. s. *Draudii* Bibl. Class. p. 1613. 1619. 1639 und 1650.
Es sind auch an. 1604 sechsstimmige Missen zu Dillingen von ihm gedruckt worden.

Reinnel (*Sebastian*) ein Musicus in der Polnischen Capelle an. 1729. s. den Dreßdnischen Hof= und Staats=Calender.

Reinhard (*Andreas*) Organist zu Schneeberg, hat an. 1604 zu Leipzig ein Büchlein in 12 drucken lassen, so genannt wird: Musica, sive Guidonis Aretini de Monochordo Dialogus recognitus. s. *Matthesonii* Crit. Mus T. 2. p. 86.

Reinhard (*Frantz*) ein Kayserl. Violinist an. 1721. und 1727.

Reinhard (*Johann Georg*) einer von den Kayserl. Organisten, und zwar der dritte in der Ordnung, an. 1721, und 1727.

Reinhard (*Kilian*) war an. 1721 und 1727. Kayserl. Concert-Meister.

Reinhardus (*Michael Henricus*) hat an. 1659 eine Dissertation de Instrumentis Musicis Hebræorum zu Wittenberg gehalten. s. Hr. D. *Fabricii* Bibliogr. Antiquar. c. XI. §. 15.

Reinhardt (*Johann Christian*) eines Schuhmachers Sohn aus Leipzig, woselbst er an. 1691 den 24ten Decemb. gebohren worden, hat im 10ten Jahre seines Alters bey Mr. Rech, einem gewesenen Cammer=Musico der Königin von Polen, nebst noch 5 andern, auf des Cammer-Herren von Neitsch Kosten, die Oboë 2 Jahr lang erlernet; ist im 16ten Jahre bey dem Hrn. Grafen von Wackerbart zu Diensten gelanget, in welchem er 10 Jahr, als Page, und 7 Jahr, als Cammer=Musicus gestanden; an 1724 ist er in des Polnischen Fürsten, Lubomirsky Spisky; an 1725 in des Fürsten Radzivil Dienste getreten; an. 1726 aber, gegen Weynachten, in hiesige Hochfürstl. Ernst-Augustische Dienste, als Cammer=Musicus, angenommen worden.

Reinmann (*Georg Friedrich*) hat an. 1644 ein Music-Büchlein zu Erffurt drucken lassen. s. J. G. Ahlens Anmerckungen über seines Vaters Anleitung zur Singekunst, p. 56.

Reinmann (*Joh. Hartmann*) ein Scholar des seel. Erlebachs, und Capell-Director zu Saalfeld, hat an. 1715 eine Passion componiret, und selbige daselbst aufgeführet. Ist gestorben an. 1729.

Reinspeck (*Michael*) ein Musicus von Nürnberg gebürtig, ließ an. 1500 sein
Lilium

Lilium Musicæ pianæ zu Augspurg in 4to drucken. s. *Gesneri* Biblioth.univerf.

Rejouiſſance [*gall.*] heiſſet ſo viel, als Lætitia, gaudium [*lat.*] Freude, Fröhlichkeit: und kommt in Ouverturen vor, da einige luſtige Piéces alſo pflegen titulirt zu werden.

Reiſchius (*Georgius*) ein Carthäuſer=Prior des Cloſters bey Freyburg im Brißgau, hat eine Margaritam Philoſophicam geſchrieben, deren allerer ſte Edition an. 1503 zu gedachtem Freyburg gedruckt worden iſt. In ſolcher handelt das 5te Buch, in 2 Tractaten, de Muſica ſpeculativa & practica, und zwar Tractatus primi c. 1. de Muſicæ laudibus & utilitate. c. 2. de definitione Muſicæ. c. 3. de origine nominis, & quid ſit Muſicus. c. 4. de Muſicæ primo inventore. c. 5. de diviſione Muſicæ in Mundanam, Humanam & Inſtrumentalem. c. 6. de Sono & voce vocisque diviſione. c. 7. de Conſonantiæ Diſſonantiæque definitionibus. c. 8. de Conſonantiarum numero. c. 9. cur in exemplis muſicis utimur numeris, & numerorum ad ſonos applicatione. c. 10. de Conſonantiarum ordine & perfectione. c. 11. de diviſione toni in ſemitonia. c. 12. de inventione Semitonii minoris. c. 13. de Conſonantiarum partibus. c. 14. de Monochordi definitione & nomine. c. 15. de diviſione Monochordi in genere diatonico. c. 16. de chordarum inventionibus & Tetrachordis. c. 17. de interpretatione nominum chordarum Monochordi. c. 18. de tribus modulandi generibus, und das 19te Capitel de Modis ſive Tropis. Des 2ten Theils Iſtes Capitel handelt de Principiis Muſicæ practicæ in genere. c. 2. de Clavibus muſicæ. c. 3. de Vocibus & Clavibus ſignandis. c. 4. de Cantu & Clavibus ejusdem. c. 5. de Mutatione Vocum unius in aliam. c. 6. de conjunctis & locis earundem. c. 7. de Tonis. c. 8. de Tonorum Clavibus finalibus. c. 9. de Clavibus Tonorum initialibus. c. 10. de initiis Tonorum cujusvis Toni. c. 11. de curſu & fine Tenoris. c. 12. de applicatione Tenorum ad Pſalmos. Beyde Theile ſind Geſpräch=weiſe zwiſchen einem Magiſter und Diſcipul eingerichtet, und betragen 14 Blätter in 4to. In dem Anfange des Buchs befindlichen Carmine gratulatorio, von Ad. Vvenhero geſetzt, wird er zu zweyenmahlen Gregorius Reiſch; aber in dem am Ende von Paulo Volzio geſetzten Epigrammate eben ſo vielmahl Georgius mit dem Vornahmen genennet. Daß er übrigens Kayſers Maximiliani Beicht=Vater geweſen ſey, berichtet das *comp.* Gelehrten=*Lexicon*.

Reiſerus (*Antonius*) gebohren an. 1628 den 7 Martii zu Augſpurg, ſtudirte zu Straßburg, Tübingen, Gießen und Altorff, war hierauf eine Zeitlang im Miniſterio zu Schemnitz und Preßburg aber an. 1672 von dar ins Elend verjaget. Nachmahls wurde er Rector beym Gymnaſio zu Augſpurg und endlich Paſtor zu St. Jacob in Hamburg, woſelbſt er an. 1686 den 29 April verſtorben. ſ. das *comp.* Gelehrten=*Lexicon*. Dieſer Theologus und Doctor Theol. hat, nebſt andern Schrifften, auch bey Gelegenheit der zu Hamburg eingeführten Opern, ein teutſches Tractätgen, unterm Titul: "Theatromania, oder die Wercke der Finſterniß, in den öffentlichen Schau=Spielen von den alten Kirchen-Lehrern, und etlichen Heydniſchen Scribenten verdammet," an. 1681 zu Ratzeburg in 12mo drucken laſſen. Und, als hierwieder M. Chriſtoph Rauchii alſo genannte Theatrophania zum Vorſchein kam, hat er ſelbigem in einem andern Tractätgen, ſo an. 1682 zu Hamburg in 12mo gedruckt worden und dieſen Titul führet: "Der Gewiſſenloſe Advocat mit ſeiner Theatrophania kürtzlich abgefertiget," geantwortet &c. ſ. *Joh. Molleri* Iſagogen ad Hiſtoriam Cherſoneſi Cimbricæ, P. IV. c. X. p. 600.

Reitter (Georg) oder Reutter war an. 1703 in der Ordnung der fünffte Organiſt an der Kayſerl. Capelle; an 1721 und 1727 aber der erſte unter ſechſen und 8ten. Iſt jetzo ſichern Vernehmen nach, Capellmeiſter an der S. Stephans=Kirche in Wien, und ſein Herr Sohn Stadt=Organiſt daſelbſt.

Relâcher [*gall.*] nicht zu hoch ziehen, ein wenig herunter laſſen (wenn von Saiten die Rede iſt.) Relâche, fœm. relâchée [*gall.*] relaxatus, relaxata [*lat.*] herunter gelaſſen.

Relatio non harmonica [*lat.*] oder Relatio obliqua anarmonica, ein unharmoniſcher Qweerſtand heiſſet: wenn zweene Soni, welche in dem Progreſſu oder Veränderung einer Concordanz in die andere querüber stehen, dissoniren; v. Tab. XIX. Fig III. Unter den falschen *Relationen* (Relations fausses, *gall.*) giebt es nicht nur erträgliche, tolerabiles (*lat.*) tolerables (*gall.*) und vortreffliche (excellentes, *gall. lat.*); sondern auch unerträgliche, Intolerabiles [*lat.*] intolerables [*gall.*] und vitiöse; welche aber von der letztern Gattung eigentlich seyn mögen, ist jetzo schwer zu decidiren, weil die Auctores sowohl, als der goût der Zuhörer hierinnen nicht einig sind, daß man demnach mit jenem Frantzosen wohl sagen mag: Evite qui voudra, ou plûtôt qui pourra les fausses Relations, d. i. Wer will, oder vielmehr kan, vermeide die falschen *Relationes*. Denn sich unterstehen wollen eine wohlausgearbeitete Composition zu machen, und etwas besonders oder künstliches darinnen anzubringen, ohne falsche Relationes, ist eine falsche Einbildung. s. *Brossards Diction: p.* 112. Doch ist's wohlgethan, wenn man solche in den Extrem- und in mehrern Stimmen, denjenigen sonum, welcher sie sonsten verstärcken und unerträglicher machen würde, weglasse, und einen andern davor setze; und insonderheit die Octav, wenn die Grund-Stimme um ein Semitonium steiget, und die erstere Note eine scharffe Terz gehabt, bey der zweyten Note anzubringen vermeide, weil sonst ein an sich ungeheures intervallum zum Vorschein kommen würde. s. Tab. XIX. Fig. VII. Ein mehrers hiervon ist in Printzens Satyrischen Componisten, c. 17. des 1sten Theils, und c. 23 des 3ten Theils in 43 Positionibus; Desgleichen in Werckmeisters Musicalischen Wegweiser c. 32 zu lesen.

Remissio [*lat.*] die Erniedrigung.

Remonter [*gall.*] adaptare ad concentum. [*lat.*] neue Saiten aufziehen. z. E. remonter un Luth de cordes, eine Laute beziehen.

empli [*gall.*] ausgefüllt. Remplissage [*gall.*] eine Ausfüllung.

Renaldus (*Julius*) hat zwey Bücher Madrigalien heraus gegeben, deren 1stes von 4. 5. und 6 Stimmen, nebst 8 siebenstimmigen Dialogis; das 2te aber von 4 Stimmen ist. Beyde sind an. 1567 zu Venedig in 4to gedruckt worden. s. *Draudi* Biblioth. Class. p. 1630.

Renaldus oder Reginaldus, ein Bischoff zu Aichstädt in Bayern, war in der Hebräischen, Griechischen und Lateinischen Sprache, wie auch in der Music wohl erfahren, kam an. 965 an die Regierung, und starb an. 989. s. das *comp.* Gelehrten *Lex.*

Reneri (*Adam*) ein Componist ums Jahr 1555.

Reni (*Daniele*) ein vortrefflicher Musicus, welcher ums Jahr 1574 zu Bologna florirt. s. *Mr de Piles* Historie und Leben der berühmtesten Europäischen Mahler, p 376.

Renier, ein Frantzösischer Componist, hat ein Cantaten-Werck, und die Semelé heraus gegeben, so, laut des Frantzösischen Music-Catalogi, bey Mr. François Boivin, an 1729 in Paris zu bekommen sind. Er hat auch zwo Flöten-Suites publiciret. s. den in 4to an. 1729. zu Paris gedruckten *Music-Catalogum*, p 7 und 17 Recueils d'Airs à chanter ediret. s. *Boivins* Music-Catal. p. 34.

Rentschius (*Joh. Wolffg.*) gebohren zu Busbach bey Bareuth an. 1637 den 23 Novembr. hat als Magister an. 1661 am 17 Julii eine Dissertation ex Mathematicis de Musica von 2 Bogen geschrieben, und zu Wittenberg gehalten; auf solcher nennet er sich einen Pegnitio-Francum. (Der Respondens ist gewesen Johann Georg Sauer, von Allerheim in Schwaben gebürtig, und dörffte wohl der zu Anfange dieses Seculi noch am Leben gewesene Nürnbergische Capellmeister seyn.) Er wurde zu Wittenberg Adjunctus Philosophiæ, nachgehends Rector der Schule zu Bareuth, wie auch der erste Professor Philos im dasigen Gymnasio und Inspector Alumnorum, an. 1670 erhielt er das Diaconat noch darzu, ferner die Professionem Mathem. an. 1674 wurde er zum Hof-Diacono, an. 1674 zum Hospital-Pfarrer, und Prof. Theol. Moral. endlich anno 1677. zum Hof-Prediger ernennet, und starb an. 1690 den 13 Decemb. am Podagra. s. das *comp.* Gelehrten *Lexic.*

Renvoicy (*Richard*) ein Maitre des Enfans an der H Capelle zu Dijon in Franckreich, hat des Anacreontis Oden mit 4 Stimmen gesetzet, und zu Paris drucken lassen. s. *Verdier Bibliotheque.*

Repausare [*ital.*] Reposer [*gall.*] wieder ausruhen, sich erholen.

Repercussio [*lat.*] Repercussione [*ital.*] also heisset dasjenige intervallum, welches in einer Fuge der Dux und Comes, dem

REP. REQ.   RES. REU.   521

dem Modo gemäß, gegen einander formiren, vid. Fig. 8. Tab. XIX. In diesem Exempel, welches Modi Dorii ist, springet der Dux aus dem Final-Clave in die Quint; hingegen der Comes aus dem, unter den Final-Clavem, vermöge des Ambitus Modi Hypodorii (welchen der Comes eben observiren muß) gehenden a nur in die Quart. Weil nun diese zwey intervalla, wenn noch mehr Stimmen darzu kommen, alterniren, so wird ein solcher processus Repercussio, oder der Wiederschlag genennet.

Repetatur [*lat*] man wiederhole. Repetez [*gall.*]

Repetitio [*lat.*] die Wiederholung. Repetition [*gall.*]

Replica [*ital.*] Replique [*gall.*] oder Reditta und Riditta [*ital.*] heisset, (1 wenn eine Stimme, nach einigem Stillschweigen, eben die von der vorhergehenden Stimme gemachte Noten, intervalla und Bewegungen, kurtz eben die Melodie, so jene im währenden Pausiren gesungen, nachsinget, und demnach dasjenige noch einmahl vorbringet, was die vorangehende zuvor angebracht hat. Eben dieses ist es, was eine Fuge giebt. (2 ists auch offt der Imperativus des Verbi Replicare, und heisst so viel als repetatur; wenn aber höflich geredet werden soll, sagt man: Si replica se piace, man wiederhole, so es beliebet, dieses oder jenes.

Replicato [*ital.*] Repliqué (*gall.*) wiederholt; also sagt man; Ottava replicata (*ital.*) die wiederholte oder duplirte Octav. z. E. $\overline{\overline{c}}$ zum c. Quinta replicata (*ital.*) die wiederholte oder duplirte Quint. z. E. $\overline{g}$ zum c. welche alsdenn die Duodecima ist.

Répons (*gall.*) ist eben was Responsorium.

Reprise (*gall.*) also heisset das Wiederholungs-Zeichen; welches, wenn es also gestaltet ist, wie Fig. 4. Tab. XIX. ausweiset, Reprise grande, das grosse Wiederholungs-Zeichen; wenn es aber wie Fig. 5. aussiehet, und fast am Ende einer grossen Reprise vorkommt, Reprise petite das kleine Wiederholungs-Zeichen genennet wird. Ein mehrers hiervon besiehe unter Ripresa.

Requiem, s. m. (*gall.*) vom Lat. Requies, also pflegt eine Seel-Messe genennet

zu werden, weil sie mit diesen Worten: Requiem æternam &c. sich anhebet.

Resolutio (*lat.*) Resolution (*g. ll*) heisset: (1. wenn ein Uebelllaut in einen Wohllaut verändert wird. (2 so viel, als die Erklährung einer Sache. Resolutio catachrestica (*lat.*) wenn solches auf eine ungewöhnliche Art geschiehet. Resolutio immediata (*lat.*) welche bey einer unmittelbar folgenden Note verrichtet wird. Resolutio mediata (*lat.*) welche vermittelst anderer darzwischen stehenden Noten zwar eine Zeitlang aufgehalten, dennoch aber und endlich auf gebührende Art noch angebracht wird. s. Tab. XIX. Fig 6.

Résonnant. m. Resonnante, f. (*gall.*) resonans, canorus, sonorus (*lat.*) wohlklingend, als die Höhle oder der Bauch eines musicalischen Instruments.

Résonnement (*gall.*) der Klang, den das corpus eines musicalischen Instruments hat.

Résonner (*gall.*) resonare (*lat.*) schallen, klingen, wiederhallen.

Respondre it. répondere (*gall.*) respondere (*lat.*) antworten, gegen einander in der Kirche singen, alternatim canere (*lat.*)

Respirare (*ital. lat.*) Odem holen.

Responsorii (*ital.*)

Responsorium, pl. responsoria (*lat.*) die Antwort des Chors in der Kirche, auf das Singen des Priesters, oder eines andern. Responsorio, pl.

Ressort, s. m (*gall.*) ist mit Rasette einerley.

Restringente maniera (*ital.*) s. *Mutatione.*

Retardatio (*lat.*) ein Auffenthalt. s. das Exempel unter: Resolutio mediata: Ein anderes aber giebt Stierlein in seinem Trifolio Musicali, p. 20. also aussehend, wie Fig. 9. Tab. XIX. vorgezeichnet.

Retrogrado (*ital.*) retrogradus (*lat.*) Zurückgängig. Retrogradare (*ital.*) retrogredi (*lat.*) zurück gehen.

Reuschel (Johann Georg) war Cantor zu Marckersbach, einem an der Böhmischen Grentze, 4 Meilen von Dreßden liegenden Dorffe, und ließ an. 1667 eine Decadem Missarum sacram von 4 bis 18 Stimmen zu Freyberg drucken.

Reussius (*Jacobus*) seine Opellæ musicæ sind

R r 5

sind an 1643 zu Nürnberg in 8vo gedruckt worden. s. *Lipenii* Biblioth. Philos.

Reuschius (*Joannes*) von Rotach oder Rodach, einer ins Amt Coburg gehörigen, und 2 Meilen von da liegenden kleinen Stadt gebürtig, hat des *Georgii Fabricii* lateinische Oden mit Melodien versehen, und solche an. 1554. in Leipzig drucken lassen. s. *Gesneri* Biblioth univers. daß er an. 1543 an der Meißnischen Raths-Schule als Collega gestanden, und nachgehends des dasigen Bischoffs Cantzler gewesen, lieset man in *Georgii Fabricii Analibus urbis Misnæ*, lib. 3 p. 194. woselbst er ein Musicus excellens genennet wird.

Reußner (*Elias*) ein Schlesischer Lautenist, hat an. 1668 seine Lauten-Lust, aus Præludien, Paduanen, Couranten, Sarabanden, Giquen, Gavotten und andern Piecen zu Breßlau heraus gegeben. s. Barons Untersuchung des Instruments der Laute, p. 72.

Reußner (*Esaias*) des vorigen Sohn, und ein Chur-Fürstl. Brandenburgischer Cammer-Lautenist, ließ an. 1676. Neue Lauten-Früchte; und nachgehends hundert geistliche Melodien Evangelischer Lieder, auf die Laute gesetzt, durch Kupfferstich in Folio heraus gehen. Diese betragen 10½ Bogen.

Reusnerus (*Jacobus*) hat an. 1604 ein sechsstimmiges Missen-Werck: und noch ein anders von 4 und 5 Stimmen, cum officio B. Mariæ Virginis, zu Dillingen in 4to drucken lassen. s. *Draudii* Bibl. Class. p. 1635. & 1636.

Reusnerus (*Caspar*) s. den Articul: *Jacobus Gibelius*.

Reusnerus (*Christianus*) aus Goldberg in Schlesien gebürtig, war anfänglich Cantor zu Caschau in Ungarn 1 Jahr und 9 Monate, hernach zu Freyenwalde, in der Mittel-Marck, 1 Jahr und 3 Monate, endlich aber an der S. Peter und Paul-Kirche in Lignitz, 10 Jahr und 9 Monate, allwo er an. 1684 den 29ten Julii im 58 Jahre seines Alters gestorben; laut seines daselbst auf dem Kirchhofe befindlichen, und hier folgenden Epitaphii, also lautend:

Christianus Reusnerus
Goldberg. Silesius
credidit
Remissionem peccatorum
Carnis resurrectionem
&
Vitam æternam,
Cantorem egit

Primum Cassoviæ in Hungar.	Ann.	1. M. 9.
Deinde Freienwaldæ in March.		1. M. 3.
Tandem in urbe Lignit. ad P. P.		10. M. 9.

Vixit in conjugio
cum

| Ann. Marg. | Kribelia / Hübneria | Ann. | V. / XXII. | M. | 3. H. 2. / 7. 3. |

Suscepit ex utroque conjugio Lib. XII.
Masc. V. Fœmell. VII.
unico filio, quinque filiab. superst.
Denatus est
Ann. Chr. 1684. die 29 mens. Julii
Annum vitæ agens 57. cum dimid.
hic expectat
Tubam Angeli suscitantem,
Sat terræ nugisque datum, terrena valete
Cœlica terrenis sunt potiora bonis.

s. Hrn. *Doct.* Wahrendorffs Ligniziſche Merckwürdigkeiten, p. 571.

Reyher (*Andreas*) der an 1601 den 4 Maji zu Heinrichs, einem Hennebergischen Flecken gebohrene, und an. 1673 den 2 April zu Gotha verstorbene berühmte Magister Philosophiæ und Rector des Gymnasii, hat unter andern vielen Sachen auch an. 1636, als er noch Rector am Gymnasio zu Schleusingen gewesen, eine Margaritam Philosophicam in annulo, oder Synopsin totius Philosophiæ zu Nürnberg in 8vo drucken lassen; in solcher handelt die zwölffte Disputation on in 14 Blättern von der Music. Daß er auch ein Specimen Musicum pro-Exercitio hebraice conjugandi geschrieben, welches an. 1671 zu Gotha in 4to gedruckt worden, berichtet *M. Godofredus Ludovici* P. I. p. 14. seiner Schul-Historie.

Reys (*Jacobus de*) ein Augspurger, insgemein der Pohle genannt, weil ihn Henricus III. König in Franckreich an. 1574 von dar mitgebracht, ist wegen seiner vortrefflichen Kunst auf der Laute vor andern berühmt gewesen. s. Printzens Music. Histor c. XI. § 30.

Rhaptaules, ῥαπλαύλης (*gr.*) qui tibias compingit aut inflat, ein Flöten-Macher, it. ein Flöten-Blaser. s. *Scapulæ Lex.* beym Cœl Rhodig. lib. 9. c. 7. stehet: Rhapaulus, qui calamum inflat, i. e. stipulam, ein Rohr-Pfeiffen-Blaser.

Rhapsodus, pl. rhapsodi (*lat.*) hiessen diejenige, welche des *Homeri* carmina auf den theatris recitirten; und zwar deswegen, weil sie ῥάβδας oder virgas, Gerten dabey in der Hand hielten. s. Hr. *D. Fabricii* Bibl. Gr. Vol. IX. p. 781. und ein mehrers in Bisciolæ Hor. Subcesi T. 2 lib. 15. c 20. Daß sie roth gekleidet gewesen, wenn sie die Iliadem; blau aber, wenn sie die Odisseam gesungen, hat Richelet in den Additions seines Lexici angemercket.

Rhavv (*Georg*) ein gelehrter Buchdrucker zu Wittenberg, gebohren an. 1494. s. die Unschuld. Nachricht. an. 1722. p. 361. welcher aber zuvor sowohl hieselbst, als zu Leipzig öffentl. von der Music profession gemachet, hat an. 1531. ein Enchiridion utriusque Musicæ Practicæ, ex variis Musicorum libris congestum, in 8vo gedruckt, und selbiges *Joan. Bugenhagen*, dem dasigen Superintend. dediciret. Der erste Theil handelt in 8 Capiteln, so zusammen fünff Bogen betragen, folgende Materien ab, als *c. 1.* Scalas, una cum Clavibus & Vocibus in eis contentis docet. *c. 2.* de Vocum progressionibus. *c. 3.* de Mutatione Vocum, quæ ad Solmizationem perquam necessaria est. *c. 4* de Solfizatione. *c. 5.* Clavium transpositionem declarat. *c. 6.* de Intervallis seu Modis Musicis. *c. 7.* de conjunctis seu Musica ficta. & *c. 8.* Tonorum vim ac naturam explicat. Der zweyte Theil, de musica Mensurali handelnd, trägt in eilff Capiteln, so vier Bogen ausmachen, folgende Stücke vor, als: *c. 1* considerationem Notarum & Pausarum *c. 2.* Ligaturas. *c. 3.* tres Musicæ Gradus, nemlich Modum, Tempus & Prolationem. *c. 4.* Augmentationem & Diminutionem Notarum. *c. 5.* Signa musica. *c. 6.* Notarum imperfectionem. *c 7.* Tactum. *c. 8.* Duplicationem s. Alterationem *c. 9* Puncta. *c. 10.* Syncopen, und *c. 11.* Proportionem. Dieses Music-Büchlein ist von des Autoris Erben an. 1553. abermahl zu Wittenberg gedruckt worden; und wird vom Tevo in seinem an. 1705 zu Venedig edirten Musico Testore zum öfftern allegiret. Daß er, als Cantor zu S. Thomæ in Leipzig, bey der an. 1519 zwischen Luthero und Eccio daselbst angestellten Disputation, zum Anfange eine 12stimmige Missam, und zum Beschluß das Te Deum laudamus aufgeführet habe, ist in den Unschuld. Nachrichten an 1717. p 17. u. 20. zu lesen. Anno 1538 sind von ihm gedruckt worden: Selectæ Harmoniæ 4 vocum. In diesem Wercgen sind enthalten 2 lateinische Passiones; die erste von Joan Galliculi, und die zweyte von Jacobi Obrecht Arbeit; ferner ein Introitus in die Paraſceves; eine Missa de Passione Domini; Lamentationes Jeremiæ; Oratio Jeremiæ; noch einige andere lateinische Motetten von Joan Walthero, Ludov. Senfelio, Simone Cellario, Benedicto Duce, Matthia Eckel, Laurentio Lemlin, Joan. Stoel, und Henr. Isaac. Philippus Melanchton hat eine lateinische Vorrede darüber verfertiget; Anno 1544 sind 123 deutsche geistliche Gesänge von 4. und 5 Stimmen für die Schulen in 4to oblongo von ihm zum Druck befördert worden. Auf der 2ten Seite des Titul-Blats stehet sein Bildnis, mit dieser Umschrifft: Georgius Rhavvus, Typographus Wittemb. anno ætatis suæ LIII. (Fällt demnach seine Geburt ins 1490te Jahr.) Die Auctores der in diesem Werche befindlichen Kirchen-Lieder sind: Balthasar Resinarius, Lupus Hellingk oder Hellinck, Martin Agricola, Lud. Senfelius, Thomas Stoltzer, Arnold de Brück, Stephan Mahu, Virgilius Hauck, Benedictus Dux, Sixtus Dieterich, Johann Weinmann, Wolff Heintz, Georg Vogelhüber, Georg Forster, und Johann Stahl.

Rhedanus, ein aus dem Geldrischen bürtig gewe-

gewesener Lautenist. f. Barons Unters. des Instruments der Laute, p. 55.

Rhein (Carl Joseph) der zweyte Violinist, in der Königl. Capelle und Cammer-Music zu Dreßden an. 1729. s. den dasigen Hof-Staats-Calender.

Rhieman (Jacob) oder Rieman hat zwey Wercke bey Roger zu Amsterdam in Kupfer stechen lassen, davon das erste vor eine Basse de Viole und G. B. gesetzt ist, und aus Preludes, Allemandes, Courantes, Sarabandes, Giques &c. Das zweyte aber aus 6 Sonate à Violino solo e Cont. bestehet. Der Auctor hat dieses Werck dem Hrn. Landgrafen von Hessen-Cassel Frantzösich dediciret. Opera 3 bestehet aus Sonate à Violino, Violdigamba e Continuo.

Rhodiginus (Ludov. Cœlius) oder Lud. Cœl. Richerius Rhodiginus, ein Platonischer Philosophus, zu Rovigo im Venetianischen an. 1450 gebohren, profitirte anfänglich zu Mayland, hernach zu Padua (woselbst er an. 1520 verstorben) die Griechische und Lateinische Sprache, und schrieb unter andern 30 Bücher Antiquarum Lectionum. In solchen handelt das 3te, 4te, und 11te Capitel des 5ten Buchs; ferner das 3te, 4te, 5te, 6te, 7de, und 8te Capitel des neunten Buchs; weiter das 19 Capitel des 16; das 8te des 22; und des 27 Buchs, von allerhand zur Music indirecte gehörigen Sachen.

Rhonchus (lat.) ῥέγχος das Schnarchen der Nase, von ῥέγχω oder Attice ῥέγκω, sterto, ich schnarche, welches von ῥιν, naris ein Nase-Loch herkommt. f. Matth. Martinii Lex Philolog.

Rhythmus [lat] ῥυθμός (gr.) bedeutet unter andern, Numerum musicum certo temporum spatio constantem. idem ibidem. f. Musica Rhythmica, ein mehrers aber in Salmasii Anmerckungen über des Vopisci Aurelianum und Meibomii annot. in Arristid. Quintil. p 252. sq. Der deutlichste Begriff davon möchte wol seyn, wenn man sagt: es sey ein überein fortgesetzes m(etrum); z. E. kan der Tab. XIX Fig. 10. befindliche Corellische Satz dienen.

Ribizky (Adam) ein Violinist, und zwar nach der Ordnung, der sechste in der Königlichen Capelle und Cammer-Music zu Dreßden an. 1729. f. den dasigen Hofund Staats-Calender.

Ribeca (ital.) ist eben was Rebec, und wird insgemein durch eine Leyer oder Bauren-Geige gegeben. f. Cramers Lexicon.

Ribecare (ital.) auf solchen fiedeln idem Ibidem.

Ribechista (ital.) ein Bauren-Fiedler.

Ribombare, rimbombare [ital.] starck wiederbrummen, wiederschallen. Z. E. far rimbombar le trombe ed i tamburi, die Trompeten und Paucken tapffer hören lassen

Rimbombo, ein starcker Wiederhall. z. E. il ribombo di tamburi & nacchere, das Schallen der Trompeten und Paucken.

Ribovius (Laurentius) der Kirche und Schule im Löbenicht-Königsberg Cantor, von Grypswalde in Pommern gebürtig, hat an. 1638 ein Enchiridion Musicum oder einen kurtzen Begriff der Singekunst ꝛc. zum zweytenmahle auf seine Kosten in 8vo drucken lassen, und solches den Mitarbeitern am Worte GOttes bey der Königsbergischen Gemeinde, den Scholarchen der drey Städte, auch der Schulen selbigen Orts Anverwandten und Collegen dediciret. Es ist 1½ Bogen starck, u. Frag-und Antwortsweise eingerichtet, folgenden Inhalts: c. 1. handelt de Clavibus musicalibus. c. 2. de Vocibus, oder Syllabis musicalibus. c. 3. de Cantu. c. 4. de Mutatione Vocum in 14 Blättern. c. 5. de Figuris, fast in 8 Blättern. c. 6. de Mensura Notarum. c. 7. de Proportionibus, in 11 Blättern. c. 8. de Signis, in 6 Blättern. c. 9. de Intervallis, in 6 Blättern, und c. 10. de Fugis, in 6 Blättern. Hierauf folgen in drey Blättern einige über die 8 Kirchen-Tone, nach welchen die Psalmen und Magnificat gesungen werden, eingerichtete Exempel; Ferner 13 Regeln von der Stimme oder Klange, 4 vom Tacte, u. 8 vom Texte; nach diesen, vom 145 biß 161 Blatte inclusive eine kurtze Erklährung Italiänischer und anderer musicalischer Terminorum, in 8½ Blättern, aus dem Prætorio zusammen gezogen. Weiter ein kurtzer aus 16 Blättern bestehender Auszug der nothwendigsten Stücke, so im Singen zu wissen nöthig sind. Vom 195 biß zum 211 Blatte sind einige lateinische Schul-Gesänge von 4 Stimmen, und vom 112 biß 241 Blatte geistliche Bicinia befindlich. Den Schluß machen in 4 Blättern etliche Lob-Sprüche von der Music, aus der Bibel und Lutheri Schrif-

Schrifften genommen; und das Register über das gantze Buch.

Ricci (*David*) ein Lautenist, und Lautenisten Sohn von Turin gebürtig, war anfänglich an des Hertzogs von Savoyen Hofe engagirt; gieng aber von dar mit Moretio, des Hertzogs Gesandten, nach Schottland an der Königin Mariä Hof, woselbst er es dahin brachte, daß er von gedachter Königin mit grösserer Gnade, hingegen von andern mit neidischen Augen angesehen wurde. Dannenhero er andere zu verläumden, und sie neben sich zu verachten, oder auch wohl gar abzuschaffen und zu vertreiben, dabey sich auch in wichtigere Hof=Geschäffte mit einzumengen anfieng, so daß er der Königin Secretarius, und aus einem Bettler ein reicher Herr wurde; nachdem er aber von der Königin zur höchsten Gewalt und Macht erhoben gewesen, ist er an. 1564 auf Befehl König Heinrichs Stuart jämmerlich hingerichtet, und mit vielen Wunden erstochen, und wegen seines Ehrgeitzes grausamlich gestrafft worden. s. Printzens Mus. Histor. c. XI. §. 22. welcher aber im gleich drauf folgenden e 3 §. hinzusetzet: Ich halte davor, dem guten Ricci sey es, wie andern Hof=Leuten mehr ergangen, nemlich, seine Tugend habe ihn erhoben; der Neid aber gestürtzet. Ein mehrers von ihm ist in *Micr. Casp. Lundorpii* Sleidano continuato lib. 5. & 6 zu lesen. conf. Hübners Historischer Fragen 2ten Theil, p. 1067. und *Majoli* Dies Caniculares, Tom. 2. Colloquio 5, de Aula & Caula, f. 542. it. *Buchanan*. Rerum Scoticarum lib. 17. und aus diesem Barons Unters. des Instr. der Laute, p. 51. sq.

Ricci (*Eustachio*) von Piperno gebürtig, ist Päbstlicher Capellmeister gewesen, und hat in der ersten Helffte des vorigen Seculi floriret. s des *Teodoro Valle* Citta nova di Piperno, c. 32. zu Neapolis an. 1646 gedruckt. In der Auffschrifft nurgedachten Capitels so wohl, als im Register stehet: Eustathio Caporiccio; im Texte aber selbst: Eustathio Ricci.

Riccio (*Gio. Battista*) hat Divine Lodi Musicali à 1. 2. 3. e 4 Voci, nebst einigen Canzoni di Sonare à 1. 2. 3. e 4. Stromenti herausgegeben. s. *Parstorfferi* Catal. p. 17.

Riccio (*Teodoro*) von Brescia gebürtig, hat einige Zeit als Capell=Meister zu Ferrara, nachgehends am Kayserl. Hofe ge=

standen; von dar aber sich in Chur=Sächsische Dienste begeben, die Evangelische Religion angenommen, und ist an. 1580 zu Wittenberg gestorben. Von seiner Arbeit sind folgende Sachen gedruckt worden, als:

    Libro primo de Madrigali à cinque voci. In Venetia 1567.
    Libro secondo, 6. 7. 8. e 12 voci. In Venetia 1567.
    Canzoni alla Napolitana à 5 e 6 voci. In Norimberga 1577.
    Messe, zu Königsberg in Preussen, an. 1579.
    Motetti à cinque & otto Voci, zu Franckfurt s. *Leon.* Cozzando Libraria Bresciana, P. 1. p. 305. und 306.

Uber dieses allegiret *Draudius* noch p. 1619.

    Cantion. Sacr. 5. 6. & 8 vocum, an. 1570 zu Nürnberg, in 4to

Dieses Werck dörffte wohl das zu Franckfurt gedruckte, und ohne Jahr=Zahl von Cozzando angegebene seyn. Anderswo wird er des Marggrafen von Brandenburg, als Hertzogs von Preußen, Capell-Meister zu Königsberg ums Jahr 1579 genennet.

Riccioni (*Carlo*) ein Römer, war an. 1655 an der Capelle Kaysers Ferdinandi III. ein Baßist. *Buczlinus*.

Riccius (*Joannes Maria*) ein Priester und Musicus von Padua, dessen Scardeonius lib. 2 class. 12. f. 263. de Antiquitatibus urbis Patavii & claris civibus Patavinis in folgenden Worten gedencket: quid non expectamus à *Joanne Maria Riccio*, Sacerdote familiari nostro? quid non Petrus Antonius Guaenarius, quid præter ea, quæ in Ecclesia nostra cantantur, quæ ipse composuit, propediem alia majora etiam pollicetur? quid non plerique alii, tam inter Sacerdotes, quam seculares Cornicines, videlicet primi & præcipui; idque genus alii multi, qui hac Tempestate hic Patavii florent. Magna laus in ea re *Joanni Mariæ* tribuitur: qui à re ipsa *Corneti* cognomentum sortitus est. Is primus fere novis modulationibus cornu placere coepit, & ex eo Venetiis in magna, dum vixit, existimatione semper habitus.

Ricercare, pl. Ricercari [*ital.*] dieses Wort brauchet so wohl *Galilei* in seinem Dialoge

Dialogo della Musica antica e moderna, f. 87. *Tevo* in seinem Musico Testore, p. 267. als Penna lib. 3. c. 1. delle Albori Musicali, Joh. Krieger in seiner Clavier-Übung, und *Prætorius* T. 3. c. 8. Syntagm. als ein Substantivum, und diese letztern beyde insonderheit von einer künstlichen Fuga; sonsten aber ist ricercare ein Verbum, und heisset so viel, als investigare, quærere, exquirere, mit Fleiß suchen, als welches bey Ausarbeitung einer guten Fuge allerdings nöthig ist, nam ex hac omnium maxime musicum ingenium æstimandum est, si pro certa Modorum natura aptas Fugas eruere, atque erutas bona & laudabili cohærentia rite jungere noverit. Andere brauchen und setzen davor: Ricercata [*ital.*] Recherche [*gall.*] wovon *Brossard* schreibet: es sey eine Præludien- oder Fantaisie-Art, so auf der Orgel, Clavicymbel, Theorbe, u. d. g. gespielt werde, wobey es scheine, ob suche der Componist die harmonischen Gänge oder Entwürffe, so er hernach in den einzurichtenden Piéces anwenden wolle. Solches, geschehe ordinairement ex tempore und ohne præparation, und erfordere folglich einen starcken habitum. Mich deucht, man könne beyde terminos gar füglich also von einander unterscheiden: daß man dasjenige, so noch gesucht wird, ein *Ricercare*; hingegen das, so bereits gesucht und künstlich durch starckes Nachsinnen aufgesetzt worden, alsdenn mit gutem Recht eine *Ricercata* nenne.

Ricercar' uno stromento, un Liuto, Violino [*ital.*] ein Instrument, Laute, Geige versuchen, obs gestimmt sey. Far una ricercata d'uno stromento, Liuto, Violino, bedeutet mit dem vorigen einerley.

Richardus (*Valentinus*) Pfarrer zu Klein-Balhausen, von Tennstädt aus Thüringen gebürtig, gab an. 1609 eine fünffstimmige lateinische Hochzeit-Motette zu Erffurt in Druck.

Riche (*François le*) ein Königl. Polnischer und Chur-Sächsischer Cammer-Musicus auf der Hautbois, ist einer von denen, welcher wegen seiner Virtu an. 1700 auf das Beylager des Hr Erb-Printzens von Cassel mit der Chur-Brandenburgischen Princeßin, nach Berlin verschrieben worden; und unter denen übrigen der erste, welchem der Hr. Capellmeister Telemann seine an. 1716 edirte Kleine Cammer-Music zugeschrieben hat.

Riche (Philipp Frantz *le Sage de*) ein Lautenist hat 12 Partien in folio oblongo, unter dem Titul: Cabinet der Laute, ohne Jahr-Zahl heraus gegeben. Wenn und wo er gelebt habe, ist unterm Articul: Kropffganß, einiger massen zu ersehen.

Richefort (*Joannes*) oder Ricciafort ein um die Mitte des 16ten Seculi berühmt gewesener Componist, in den Niederlanden, dessen *Glareanus* p. 288. *Dodecach*. folgender massen erwehnet: Joannis Richafort magna est nostra ætate laus in componendis vocibus.

Richerius. s. *Rhodiginus*. Hier ist nur noch anzumercken, daß, ehe er noch zu Mayland dociret, er auch dergleichen zu Vicenza und Ferrara verrichtet.

Richter (Anton) war an. 1721 in der Ordnung der sechste und letzte unter den Kayserl. Hof-Organisten; hatte aber an. 1727 noch zweene unter sich.

Richter (*Franciscus*) ein Königl. Polnischer und Chur-Sächsischer Cammer-Musicus auf der Hautbois, ist der zweyte, welchem der Hr. Capellmeister Telemann seine an. 1716 herausgegebene Kleine Cammer-Music dediciret hat.

Richter (Johann Christoph) stehet von an. 1726 als Hof-Organist zu Dreßden in Diensten, und erlernet, auf Königl. Befehl, von Mr. Panthaleon Hebenstreit das von ihm erfundene, und nach ihm also genannte Instrument, Panthaleon.

Richter (Johann Christian) ein Hautboist in der Königl. Capelle und Cammer-Music zu Dreßden an. 1729. s. den dasigen Hof-und Staats-Calender.

Richter (Johann Sigmund) ein in der Music habiler Künstler, war gebohren den 31 Oct. an. 1657 und von der ersten Jugend an so wohl den Studiis als der Music ergeben, welche beyde er unter guter Direction geschickter Männer bey mehrern Jahren um desto mehr ausübte, so daß er, um jene noch ferner fortzusetzen, sich in den 17ten Jahr seines Alters die Universität Altdorff zu besuchen tüchtig befand, und deswegen an. 1674 dahin gieng, alsdann noch weiter seinen Studiis 3 Jahr lang mit gleichem Fleisse oblage; worauf er dann Altdorff quittirte, und sich nicht weit davon bey einem vornehmen Mann zur Information zweyer Söhne

Söhne auf eine lange Zeit gebrauchen ließe. An. 1687 wurde dieser fleißige Mann nach Nürnberg in seine Vater-Stadt zu einer Schreiberey-Bedienung in dem dasigen Stadt-Gericht gezogen, auch bald hernach als ein Organist in der Frauen-Kirchen wohl employret, dann aber an. 1691 noch weiter in gleicher Station nach S. Egidien beforhert, da er endlich, nachdem der vortreffliche Organist bey S. Sebald, Johann Pachelbel, an. 1706 mit Tod abgegangen, an dessen Stelle kam, und solche ebenfalls mit vielem Lob bekleidete, massen dieser nicht nur einen soliden Componisten, da seine Composition in Sing-Stücken, neben der in Theatralischen Stylo vornehmlich herrlich war, abgabe, sondern auch das Clavier wohl zu tractiren eine grosse Geschicklichkeit hatte, welche er mit vielen Proben ie mehr und mehr bis an sein Ende rühmlich erwiesen. Starb den 4 May an. 1719. s. des Hrn. Profess. Doppelmayrs Histor. Nachricht von den Nürnbergischen Künstlern, p. 271.

Richter (Tobias Ferdinand) ein Oesterreicher war an. 1703 in Kaysers Leopoldi I. Capelle der erste unter den fünff Organisten

Rid (Magister Christoph) Cantor zu Schorndorff im Würtembergischen ließ an. 1573 seine aus 3 Bogen in 8vo bestehende teutsche Musicam, so er aus M. Henrici Fabri lateinischen Compendio Musicæ verbotenus übersetzet, zu Nürnberg drucken.

Riebstein (Johannes) ein in der lateinischen und Griechischen Sprache wohl versirter Schul-Rector zu Hof im Voigtlande, vor der Reformation, ist ein vortrefflicher Musicus gewesen, und endlich ein Raths-Herr daselbst geworden. s. Ludovici Schul-Historie, P. II. p. 296.

Rieck, der jüngere, war an. 1700 Chur-Fürstl. Brandenburgischer Director der Cammer-Music, und verfertigte die den 4 Junii c bey dem Vermählungs-Feste des Casselischen Erb-Printzen, Hrn Friedrichs, mit der Chur-Brandenburgischen Printzeßin Louisen Dorotheen Sophien aufgeführte Tafel-Music, Triumph der Liebe, genannt. s. des Hrn. von Bessers Schrifften p. 376. woselbst dieses noch von ihm gemeldet wird: "Man weiß, daß er neben der raren Wissenschafft, mit seiner Kunst der Natur zu folgen; zugleich die beyden Haupt-Quellen aller schönen modulation, nemlich das Clavier und die Violin, fast in dem höchsten Grad besitzet."

Ried (Dorothea vom) ist eine berühmte Violdagambistin gewesen, auf welche Georg Neumarck dieses Distichon verfertiget:

Stell nur dein Spielen ein, du edler Musen-Chor,
Denn Dorothe vom Ried die thuts euch allen vor.

s. die 3te Abtheilung seines fortgepflanzten Lust-Walds p. 36.

Rieman. s. *Rhieman*.

Riemer (*Mag. Joannes*) von Halle in Sachsen gebürtig, hat an. 1673 eine aus 4 Bogen bestehende Disputation: de Proportione Musica Veterum & nostra zu Jena pro Loco gehalten; der Respondens ist gewesen David Funccius, aus Joachims-Thal.

Riemschneider, ein Hamb. virtuoser Sänger, dessen in *Matthesonii* Crit. Mus. T. I. p. 15. gedacht wird.

Riese (*Bartholomæus*) von Wernigeroda, war unter den 53 verschriebenen Organisten der 24te, welcher das an 1596 in die Schloß-Kirche zu Grüningen erbauete Orgel-Werck bespielte und examinirte. s. Werckmeisters Organum Gruning. rediv. §. 11.

Riga, pl. righe, also nennen die Italiäner die Horizontal-Linien, worauf man die musicalische Noten setzet und schreibet. Rigare, liniren.

Rigabellum [*lat.*] ein bey den Italiänern in Kirchen gebräuchlich gewesenes musicalisches Instrument, ehe die Orgeln aufkommen. s des Hrn. *du Cange* Glossar. auf das 179 Blat der zwenten Edition der Descriptionis Venetiarum Sansovini sich beziehend.

Rigatti (*Gio. Antonio*) hat an. 1640 Missen und Psalmen zu Venedig drucken lassen, und selbige dem Römischen Kayser Ferdinando III. dediciret Im Parstorfferischen Catalogo stehen folgende von ihm edirte Wercke specificiret, als:

Messa e Salmi ariosi à tre Voci con Ripieni.
Messa e Salmi a 3. 5. 6. 7. e 8 Voci con 2 Violini & altri instrumenti à beneplacito & parte à 5. à Capella.
Messa e Salmi a 3 Voci con 2 Violini & 4 parti di Ripieni à beneplacito.

Motetti

Motetti à 2. 3 e 4 Voci, con alcune Cantilene e Ripieni.
Motetti à Voce sola, lib. 1.
Motetti à Voce sola, lib. 2. und
Motetti à 2. 3. Voci, con una Messa breve à 3 Voci.

Rigaudon [*gall.*] ist ein aus gerader Mensur, und 3 bis 4 Reprisen (worunter die dritte gantz kurtz und badine zu seyn pfleget) bestehender lustiger Tantz, so im Auffschlag anhebet f. *Mattheſonii* Orch. 1. p 188. *it* dessen Anmerckung über Niedtens Musical. Handleitung 2ten Theil, p. 103 Daß dieser Tantz aus Provence herkomme, hat Richelet angemercket.

Rigaut oder **Rigault**, ein Frantzösischer Componist von Tours gebürtig, dessen im Mercure Galant, und zwar im Monat Junio an. 1678 p. 203 und im Monat Decemb. p. 31. a. c. erwehnt wird.

Rimonte (*Pietro*) von seiner Arbeit ist zu Antwerpen bey Per. Phaleſio gedruckt worden. Parnaſo Eſpannol de Madrigales y Villancicos, à quatro, cinco, y seys, an. 1614 in 4to; und an 1607 Lamentationes Jeremiæ 6 voc. in 4to. f. *Draudii* Bibl. Claſſ. & Exot. p. 1619. und 279.

Ringin (*Maria Elisabeth*) verwitbete Rhodin, eine gelehrte Tochter des berühmten Profeſſ Rings zu Franckfurt an der Oder, hat nicht nur in der Poeſie excelliret, sondern auch nebst der Mathesi die lateinische und Frantzöſiſche Sprache verstanden. ist dabey eine gute Muſica gewesen, und hat auch etwas in der Mahlerey verstanden. f. das Frauenzimmer-Lexicon.

Ripa (*Albertus*) hat an. 1574 zu Löwen seinen aus Lauten-Stücken bestehenden Theſaurum muſicum in 4to drucken laſſen.

Ripalta (*Gio. Domenico*) ein vortrefflicher Organiſt und Capell-Meister an der S. Johannis-Kirche zu Monza, einer im Hertzogthum Mayland liegenden kleinen Stadt, (von dar er auch gebürtig gewesen,) hat zu der Zeit floriret, als Henricus III. König in Franckreich aus Polen retourniret, und solches Königreich verlaſſen: dieser, als er durch Monza paſſiret, hat ihn mit nach Franckreich nehmen wollen; Ripalta aber zog die Liebe zu seinem Vaterlande aller ausländischen Glückseeligkeit vor, und blieb an gedachtem Orte, woselbst er auch verstorben, und setzte oberwehnte Kirche zum Univerſal-Erben ein. Von seiner Arbeit sind an. 1629 fünffſtimmige Miſſen con Partitura zu Mayland gedruckt worden. f. *Picinelli Ateneo* dei Letterati Milaneſi, p. 295.

Riper, ein Frantzose, hat drey Sonaten-Wercke von 2 Flutes; und zwo Recueïls de Brunettes à deux Flutes heraus gegeben. f. den Pariſer Muſic-*Catalogum* in 4to aufs Jahr 1729. p. 7.

Ripieno, pl. ripieni (*ital.*) ein aus ri und pieno zusammen gesetztes Wort, heiſſet mit vollem Chor. Wird öfters durch ein bloſſes R angedeutet; auch als ein Stimm-Titul gebraucht, und über diejenigen Stimmen geſetzet, welche nur zur Ausfüll-und Verſtärckung einer Muſic beygefüget werden.

Ripoſta oder **Rispoſta** (*ital.*) Responſio (*lat.*) ist in einem Dialogo die antwortende Stimme oder dergleichen Chor.

Ripreſa (*ital.*) also heiſſet das Wiederholungs-Zeichen, welches, wenn es wie Fig. 4. Tab. XIX. aussiehet, Ripreſa maggiore, das groſſe Wiederholungs-Zeichen; wenn es aber wie Fig 5. ej. Tab. gestaltet ist, und fast am Ende einer groſſen Ripreſa vorkommt, Ripreſa minore, das kleine Wiederholungs-Zeichen genennet wird. Die groſſe *Ripreſa* bedeutet, daß alles, was biß daher gesungen oder gespielet worden, wiederholt werden müſſe, so wohl wenn es im Anfange eines Stücks, als auch am Ende deſſelben ist; was also zweymahl gemacht und executirt wird, h ist eine Ripreſa. Einige wollen, daß, wenn die Ripreſa 2 Puncte auf beyden Seiten habe, sie die Wiederholung so wohl des vorhergehenden als nachfolgenden alsdenn anzeige; und daß, wenn sie die Puncte zur lincken Hand also:‖ habe, die Repetition des vorhergehenden, so sie aber die Puncte zur rechten Hand also ‖: habe, die Repetition des folgenden verlanget und angedeutet werde. Die kleine *Ripreſa* iſt: wenn nur etliche und zwar die letzteren Tacte aus einer groſſen Ripreſa wiederholt werden; man zeichnet sie über oder unter die Note, bey welcher repetirt werden soll.

Risentito (*ital.*) auf eine lebhaffte und ausdruckende Art, so man verſtehen, oder deutlich vernehmen kan.

Riſoluto, m. riſoluta. f. Adj. (*ital.*) reſolu oder délie (*gall.*) aufgelöſt.

Rist (Johann) ein teutscher gekrönter Poet, gebohren zu Pinneberg, einem kleinen 2 Meilen von Hamburg liegenden Flecken an. 1607. den 8 Martii, war von seinen Eltern schon im Mutterleibe dem Studio theologico gewiedmet worden, wurde Comes Palatinus, Prediger zu Wedel an der Elbe, und Hertzogl. Mecklenburgischer Kirchen-Rath; hieß in der Frucht-bringenden Gesellschafft der Rüstige, und starb an. 1667. den 31 Aug. s. das *comp.* Gelehrten-*Lexicon.* Hr. Erdmann Uhse im Leben der berühmtesten Kirchen-Lehrer und Scribenten des 16 u. 17 Seculi, schreibet c. 1. p. 893. Er sey in der Graffschafft Pinneberg gebohren, und sein Vater, Caspar Ristius, Prediger zu Otten gewesen, handelt in seiner Aprilens-Unterredung vom 157 biß zum 215 Blatte von der Alten und Neuen Music. s. Ahlens Winter-Gespräch, in den Anmerckungen, p. 5.

Ristori (*Gio Alberto*) von Bologna gebürtig, ist bey Sr. Königl. Hoheit, dem Chur-Prinzen von Sachsen, Compositeur.

Risvegliato (*ital.*) wird gesetzet, wenn, da vorher mattherzig und gleichsam schläffrich gesungen worden, man auf einmahl den Tact und das mouvement gleichsam erwecket, indem man beyde munterer und frölicher giebt; welches auf den Verstand des Componisten, oder Auffführers des Concerts ankommt, als welcher hierinn auf die verschiedene Expreſsiones, so das Subjectum und die Worte erfordern, sehen muß.

Ritardato (*ital.*) aufgehalten.

Ritter (Christian) war an, 1683 Vice-Capellmeister und Cammer-Organist zu Dreßden, nachmahls Königl. Schwedischer würcklicher Capellmeister.

Ritter (Florian) ein berühmter Muſicus Instrumentalis, von Lemberg in Schlesien gebürtig, woselbst er an. 1625 gebohren worden, ist, nach rühmlich gethanen 8jährigen Hochfürstl. Oelßnischen Diensten, an. 1657 nach Zittau vociret, daselbst, als er sich zum zweytenmahle verlobet, des Hrn. Andreas Hammerschmidts Eydam geworden, 29 Jahr in Diensten gewesen, u. an. 1685 den 22 Maji gestorben. s, Hrn. D. *Joh. Bened. Carpzovii* Analecta Fastor. Zittav. P. 2. p. 114.

Ritterus (*Carolus*) hat VI. Miſsen von 4 Sing-Stimmen, 2 Violinen, 2 Clarinen, und G. B. an. 1727 in Folio drucken lassen. s. Lotters Music-Catal.

Ritornello, pl. Ritornelli (*ital.*) Ritournelle, pl. Ritournelles (*gall.*) Jm Dictionaire de Trevoux wird es auf lateinisch: intercalata cantilena, clauſulæ repetitio, iteratio genennet: sind kurze von Instrumenten zu machende Wiederholungen, nicht eben einer völligen vorhergesungenen oder drauf zu singenden Aria, sondern, (zumahl wenn diese lang ausgeführt ist) nur einer oder etlichen aus derselben genommenen Clauſulen. Haben demnach, weil sie wieder umkehren, und sowohl vor, als nach einer Sing-Aria sich hören zu lassen berechtiget sind, von ritornare ihren Nahmen. Es heissen auch Ritornelli: diejenige Instrumental-moduli, welche an einer mit Instrumenten gesetzten Sing-Arie so wohl den Anfang als Ende ausmachen, und dergestalt mit ihr verknüpfft sind, daß sie à corpore cantionis nicht abgesondert, sondern entweder völlig ausgeschrieben, oder vom Anfange wiederholt werden müssen.

Rivolgimento (*ital.*) eine Umkehr-Umwend-Verkehrung.

Rivoltare (*ital.*) umkehren, umwenden, verkehren.

Rivoltato, m. rivoltata, f. (*ital.*) umgekehrt, umgewandt, verkehrt. Diese drey Termini werden von künstlichen Compositionen gebraucht, deren Stimmen unter einander verkehrt werden mögen, so daß z. E. der Discant zum Baß, und dieser zum Discant, der Alt zum Tenor, und dieser zum Alt gemacht wird.

Rivotorto (*Angelo da*) ein Franciscaner-Pater, hat in Italiänischer Sprache ein musicalisches Manuscript hinterlassen, welches von l'evo etlichemahl allegirt wird.

Riwitzky. hat bey dem jetzigen Könige in Pohlen, als Hof-Lautenist in Diensten gestanden, und ist ohngefehr von 15 oder 16 Jahren gestorben. s. Barons Untersuchung des Instruments der Laute, p. 76.

Roa (*Martin de*) ein Spanischer Jesuit, gebohren zu Cordua an. 1563. lehrte daselbst eine Zeit lang die Rede-Kunst, und erklährte die heilige Schrifft, wurde in verschiedenen Collegiis Rector, starb zu Montella an. 1637. und hinterließ, unter andern, Singularia S. Scripturæ; in deren

deren Parte 2. p. 600. ſq. wird (nach Anzeige des Hrn. D. *Fabricii* c. XI. §. 17. p. 373 Bibliographiæ) auch de Cymbalis Veterum gehandelt.

Robert, der am Königl. Frantzöſiſchen Hofe an. 1669 geſtandene Capell-Meiſter, welchen er aber an. 1680 oder 82 verlaſſen, und ſich zur Ruhe begeben, hat an. 1679 Motets & Elevations in 8vo; und an. 1684 Motets in 19 Quart-Voluminibus zu Paris drucken laſſen. ſ. die *Bib. Tellerian.* f. 331. (woſelbſt er ein Abt genennet wird,) und die *Bibliothecam Dubuiſianam.* p. 641. ferner den Etat de la France des Jahrs 1669, p. 26. und die Hiſtoire de la Muſique, T. IV. p. 122.

Robertus, der ums Jahr 998 wegen heiligen Lebens und groſſer Gelehrſamkeit berühmt gewordene Frantzöſiſche Biſchoff zu Chartres (Epiſcopus Carnotanus) hat die Manier im Singen etlichermaſſen verbeſſert.

Robertus Lorayne, ein aus Lothringen bürtig geweſener, und deswegen alſo zubenahmter Engeländiſcher Biſchoff zu Hereford, welcher ums Jahr 1096 verſtorben, hat in den Niederlanden an vielen berühmten Schulen vorher gedienet, und, gleichwie in andern diſciplinen, alſo auch in der Muſic, nach damahliger Art, groſſe Erfahrung gehabt. ſ. *Balei* Centur. XII. de Scriptoribus Britanniæ.

Robinſon, ein an der St. Magnus-Kirche in Londen anjetzo ſtehender Organiſt, wird in gantz Engeland für den beſten gehalten. ſ. *Matthesonii* Crit. Muſ. T. 2. p. 150.

Robuſta (*Maria*) ſonſten Tintoretta genannt, eine Venetianerin, des berühmten Mahlers Tintorets, welcher eigentlich Giacomo Rubuſti geheiſſen, und den Zunahmen Tintoret deswegen bekommen, weil er eines Färbers Sohn geweſen, Tochter, iſt nicht allein in der Vocal-und Inſtrumental-Muſic wohl erfahren, ſondern auch eine vortreffliche Mahlerin geweſen, an. 1550 im 30 Jahr ihres Alters geſtorben, und liegt zu S. Maria dell Horto begraben. ſ. *Amaranthis* Frauenzimmer-Lexicon, und *Mr. de Piles* Hiſtorie und Leben der berühmteſten Europäiſchen Mahler, p. 323 ſqq. woſelbſt gemeldet wird, daß ihr Vater auch ein Muſicus geweſen, 82 Jahr alt geworden, an einer Magen-Kranckheit geſtorben, und an. 1594 gleichfalls in die Kirche della Madonna dell Horto ſey begraben worden.

Rocca (*Angelo*) ein in den Kirchen-Antiquitäten wohl beſchlagener Auguſtiner-Mönch und Titular-Biſchoff von Tagaſt, wurde von ſeinem Geburts-Orte, Rocca Contrada in Umbrien, alſo genannt, ſchrieb unter andern einen Commentarium de Campanis, welcher an. 1612 zu Rom in 4to gedruckt worden, und ſtarb daſelbſt an. 1620 im 75 Jahr ſeines Alters. ſ. das *comp.* Gelehrten-Lexicon und die Biblioth. *Tellerianam*, f. 403.

Receus, ein Lautenist bey dem Könige in Franckreich, Henrico III. von welchem *Merſennus* Artic. V. Quæſt. & Comment. in Geneſin, f. 1572 aus relation eines andern, (dem es aber ſelbſt wiederfahren) bezeuget, daß er die Zuhörer bald traurig, und gleich drauf wiederum luſtig, ja gar tantzend machen können.

Rocedine [*ital.*] Heiſerkeit Roco [*ital.*] raucus [*lat.*] heiſer; con roca voce, mit heiſſerer Stimme; un ſuono roco, ein dumpffer Laut.

Rochi (*Criſtoffero*) ein Lauten-Macher zu Padua ums Jahr 1620.

Rochi (*Sebaſtiano*) ein Lauten-Macher zu Venedig ums Jahr 1620. ſ. Barons Unterſ. des Inſtruments der Laute, p. 94. und 95.

Rocchigiano (*Gio. Battiſta*) von Orvieto gebürtig, war Capell-Meiſter an der Dom-Kirche S. Maria zu Rieti, einer im Hertzogthum Spoleto liegenden Päbſtlichen Stadt, und gab an. 1634 eine Miſſam und Motetten in Druck.

Rochois oder Rochoix, eine Frantzöſiſche Haupt-Actrice, deren in der Hiſtoire de la Muſique, T. 2. p. 117. und 122. ingleichen im 3ten Tomo, p. 10. gedacht wird.

Rocta, Rota, Rotta, gen. Roctæ, Rotæ, Rottæ, iſt, nach des Hrn. *du Cange* Gloſſario, ein muſicaliſches Inſtrument geweſen, deſſen *Sanutus* lib. 2. Part. 4. c. 21. und *Conſtantinus Africanus* lib. I. de morborum curat. c. 16. gedencken.

Rode; alſo heiſſet der jetzige Organiſt an der Königl. Stiffts-Kirche zu St. Mariæ in Stettin; er iſt ein Scholar des Hrn. Klingenbergs.

Röbel (*Gregorius*) hat an. 1646 den erſten Theil ſeiner Arien zu Sachſenhofe in 4to drucken laſſen. ſ. *Lipenii* Biblioth. Philoſoph.

Röberus (*Paulus*) an. 1587 den 6 Febr. zu Wurtzen gebohrne, und an. 1651 den 18 Mar-

18 Martii verstorbene Professor und Doctor, Theologiæ, auch General-Superintendens zu Wittenberg, ist, nach Anzeige des *comp.* Gelehrten-*Lexici*, ein guter Poet, Musicus, Mathematicus, Historicus und Philosophus gewesen.

Röcher (Michael) wird ohne Zweiffel (Rogerius) Michael seyn sollen.

Römer (Ferdinand Johann) Kayserlicher Orgelmacher an. 1721, und 1727.

Römer (Leopold) war an. 1703 in der Kayserl. Capelle Organist, und zwar in der Ordnung der vierdte; an. 1721 und 1727. aber der zweyte.

Rogantini (*Francesco*) hat Messe, Concerti, Deus in adjutorium, Falsi Bordoni, Magnificat e Litanie della B. V. à 1. 2. 3. e 4 Voci herausgegeben. f. *Parstorff.* Catal. p. 6.

Roger (*Guil.*) ein auf vielen musicalischen Instrumenten berühmter Engeländer, wurde von Jacobo III Könige in Schottland beruffen, (an welchem Hofe er viele Scholaren gezogen) und, als gedachter König ins Gefängniß gerieth, von Schotten stranguliret. f. *Zwingeri* Theatrum Vitæ humanæ, Vol. V. lib. 3.

Roggius (*Nicolaus*) Cantor an der Martins-Schule zu Braunschweig, ließ an. 1566 seine Musicæ practicæ, sive artis canendi Elementa daselbst in 8vo drucken. An. 1596 sind solche zu Hamburg wieder aufgelegt worden. f. *Lipenii* Biblioth. Philos.

Rognone (*Riccardo*) oder Rognoni, ein excellenter Violinist, welcher auch noch andere, so wohl besäitete als blasende Instrumente tractiret, hat zu Mayland gelebt, und folgende Sachen in Druck gegeben, als:

Canzonette alla Neapolitana à tre e quattro Voci. Venetia. 1586.
Libro di Passaggi per voci e strumenti. Venetia 1592.
Pavane, e Balli con 2. Canzoni, e diverse sorti di Brandi per suonare à 4 e 5. Milano 1603.

f. *Picinelli* Ateneo dei Letterati Milanesi, p. 482. und *Morigia* Nobilta di Milano, p. 186.

Rognoni (*Francesco*) Capell-Meister bey S. Ambrosio in Mayland, ließ an. 1620 daselbst drucken: Selva de varii Passaggi.

Rohmann, Königl. Schwedischer Capellmeister, hat am dritten Pfingst-Feyertage an. 1724 eine solenne Music in der Teutschen Kirche zu Stockholm aufgeführet.

Roi des Violons [*gall.*] also wird der Vornehmste unter den vier und zwantzigern des Königes, und aller Geiger in Franckreich genennet, ohne welches permission kein Geiger daselbst gefunden wird, der öffentlich auffspielen darff. f. *Richelets* Lexicon.

Rolle (Christian Ernst) hat, als Organist an der Lutherischen Kirche in Cöthen, an. 1716, sechs Concerten aufs Clavier in Kupffer herausgegeben.

Romana (*Giuglia*) eine ums Jahr 1679 berühmt gewesene Italiänische Sängerin und Actrice, welche in denen 2 Monaten, da das Carneval zu Venedig währet, 250 Pistoles d'or Gage daselbst bekommen. f. den *Mercure Galant* im April-Monat *a.c. p.* 82.

Romano. Von seiner Arbeit sind bey *Roger* in Amsterdam zu haben:

Douze Sonates à deux Flûtes & Basse Continue, Livre premier.
Dix Sonates à deux Flûtes & Basso Continue, Livre second.

Romanus (*N.*) ein Schul-Collega zu Annaberg vor dem 1550 Jahre, ist ein trefflicher Mahler und Bildhauer, wie auch ein excellenter Musicus gewesen. f. *M. Christiani Frid. Wilischii* Incunabula Scholæ Annæbergensis, p. 238.

Rombo [*ital.*] das Gesumme der Bienen, Mücken, oder Fliegen.

Rondatinella, mit diesem Worte sollen die alten Teutschen die Überwinder bey ihnen angefungen, solches aus der Griechen ihrem πυελκα (erat lyra pulsatiuncula, quæ in victoria edebatur) und ihrem eigenen *Ronda* oder *Rontartschen*, i. e. runden Tartschen, welches ein übliches Gewehr bey ihnen gewesen, formirt und als ein Sieges-Lied, wie die Römer das Jo triumphe, Jo triumphe & victori & Reipublicæ, gebraucht und auf unsere Zeiten gebracht haben. f. *Hanmanns* Anmerckungen über Opitzens Teutsche Prosodie, p. 120. it. *Mart. Kempens* Anmerckung über *Neumarcks* Poetische Tabellen, c. 2. §. 4. p. 24.

Ronde [*gall.*] bedeutet die einschlägige Note ○; weil sie rund ist.

Rondeau [*gall.*] bedeutet einen Creis oder Circul: kommt her von rond, rund, und ist eine im ¾ oder auch im egalen Tact gesetzte

gesetzte Melodie: deren erster Satz so eingerichtet ist, daß er den Schluß machen kan. Die andern reprisen, deren bisweilen 3 bis 4 zu finden, müssen sich allemahl so verhalten, daß der erste Satz auf jede wohl passe. Die Anzahl der Tacte bey einem Rondeau ist nicht zu determiniren, doch muß die erste Clausul weder zu lang, noch zu kurtz seyn; denn, wenn sie zu lang ist, erwecket ihre öfftere Wiederholung den Ohren Verdruß, ist sie aber zu kurtz, so wird die chute, oder der Fall, nicht recht bemercket. Acht Tacte sind gar wohl zu nehmen; aber sie müssen recht artig seyn, damit man sie gerne 5 oder 6 mahl höre. Und dieser erste Satz heisset eigentlich (weil er im Circul herum gehet) Rondeau pl. Rondeaux; die übrigen reprisen, oder vielmehr Sätze, werden nicht wiederholet. s. Niedtens Musical. Handl. zur Variation des G.B. p. 102. der zweyten Auflage.

Ronsard (*Nicolas*) Herr von Roches, ein Frantzösischer Poet und Musicus, florirte zu Paris ums Jahr 1584. s. das comp. Gelehrten-*Lexicon*.

Ronsin (*François*) Herr von Plessis, war ein vortrefflicher Musicus, Physicus, und Frantzösischer Poet, starb zu Paris gegen das Ende des 16 Seculi. s. das comp. Gelehrten-*Lexicon*.

Roo (*Gerardus de*) ein Holländer von Osdewater im Utrechtischen gebürtig (Veteraquinas,) war des Ertz-Hertzogs von Oesterreich, Ferdinandi, Bibliothecarius, schrieb unter andern: Convivium Cantorum, so an. 1585 zu München in 4to gedruckt worden, und starb 1590. s. das comp. Gelehrten-*Lexicon*, und *Swertii* Athenas Belgicas. Ob nurgedachtes Buch musicalischen Inhalts sey? ist mir unbekannt?

Ropalum [*lat*] ein Glockenschwengel.

Rore (*Cipriano*) oder Cyprianus Rorus, ist von Mecheln gebürtig, an verschiedenen Orten in Italien Capellmeister gewesen, endlich an. 1565 im 4. Jahre ætatis zu Parma gestorben, woselbst er in der Dom-Kirche mit nachstehenden Epitaphio begraben liegt:

Cypriano Roro, Flandro,
artis musicæ
viro omnium peritissimo,
cujus nomen famaque
nec vetustate obrui
nec oblivione deleri poterit,
Herculis Ferrariensis. Ducis II.
deinde Venetorum,
postremo.
Octavi Farnesi Parmæ & Placentiæ
Ducis II, Chori Præfecto,
Ludovicus frater, fil. & hæredes
mœstissimi posuerunt.
Obiit anno M.D.LXV. ætatis XLIX.

s. *Swertii* Athenas Belgicas. Von seinen herausgegebenen Wercken führet *Draudius* p. 1630. 1636. und 1639, folgende an, als:

 Madrigali à cinque Voci. Venetia an. 1562. und 1565. in 4to.

 Librum Missarum 4. 5. & 6 vocum, Venet. 1566.

 Cantiones sacras s. Muteta 5 vocum, Lovanii 1573.

Rorus (*Lucas*) ein Lautenist, dessen Behend- und Fertigkeit von Mart. Crusio in den Anmerckungen über das 6te Buch seines Germano-Græciæ, f. 272 gelobet wird, wenn er schreibet: Græci mirantur, quando nostri testudinem musicam pulsant: qualem artificem Constantinopoli secum habuit generosus D. Ungnadius, ut ait Gerlachius. Talis artifex etiam est Cæciliæ hujus frater, *Lucas Rorus*: juvenis mirabili digitorum velocitate testudinem pulsans.

Rosalba, eine recht virtuose Mahlerin en miniatur, aus Venedig, deren Gemälde weit und breit gerühmet werden; spricht dabey einige Sprachen, und verstehet die Music sehr wohl. s *Amaranthis* Frauenzimmer-Lexicon.

Rose [*gall*.] Rosa [*lat*.] also heissen die mitten auf der Decke eines musicalischen Instruments befindliche kleine Löcher, welche zusammen in die Runde eine Rose etlicher massen vorstellen.

Rosenmüller (Johann) aus Sachsen gebürtig, war erst Collaborator an der Tho=

Thomas-Schule in Leipzig, machte sich durch die Music-Patronen, und bekam, ungeachtet Tobias Michaëlis (welcher an. 1631. Joh. Hermann Scheinen succediret, und an. 1657. verstorben) Chori Musici Director war, einen à parten Chor; da er aber wegen Sodomiterey, in Verdacht und Verhafft gerieth, entfloh er aus dem Gefängniß an. 165. auf Hamburg, und gieng in Italien, kam daselbst in æstim, und endlich als Capell-Meister an den Wolffenbüttelschen Hof, allwo er an. 1686 verstorben. Denn an. 1685 hat er noch gelebt. s. Hrn. D. *Jouch. Mey*ers *Criticum sine crisi*, p. 26. in der Anmerckung. Von seiner Arbeit sind an. 1648 und an. 1652 Kern-Sprüche A. u. N. Testaments in folio heraus gekommen. Seine Studenten-Music von 3. und 5 Instrumenten hat er an. 1654 zu Leipzig in 4to drucken lassen, und sie dem Rathe zu Görlitz unterm 29 Martii a. c. dediciret. An. 1667 hat er 11 Sonate da Camera à 5 stromenti zu Venedig in folio ediret, und solche Hertzog Johann Friedrich zu Braunschweig und Lüneburg in Italiänischer Sprache zugeschrieben. Jede Sonata fängt mit einer Sinfonie an, worauf eine Allemanda, Corrente, Ballo und Sarabanda folget. Dieses Werck ist auch an. 1671 gedruckt worden, und kan mit 2 Violinen und Baß gemacht werden. Der Auctor ist wegen Reinligkeit seiner Composition billig zu loben. s Printzens Mus. Histor. c. 12. §. 83.

Rosier (*Carolus*) Vice-Capell-Meister bey dem Churfürsten von Cöln, hat 14 Sonaten von einer Trompete oder Hautbois, 2 Violinen, 1ner Haute contre, 1 Basse und G. B. bey Roger zu Amsterdam graviren lassen. Mauritius Feyertag allegiret auch zu zweyen mahlen, nemlich p. 75. und 134. dessen Opus 2 Cantionum sacrarum.

Rosinus (*Joannes*) ein in den Antiquitäten wohl erfahrner Prediger, von Eisenach gebürtig, wurde anfänglich Conrector am Poetischen Gymnasio zu Regenspurg, nachmahls Prediger zu Naumburg auf der Freyheit, und starb an 1619 den 7. Januarii zu Aschersleben im 66 Jahre seines Alters an der Pest. s. das *comp. Gelehrten-Loxicon.* Handelt in seinen *Antiquitatibus Romanis*, unter andern, auch hin und wieder von musicalischen, und dahin einschlagenden Dingen;

insonderheit lib. 5. c. 6. de Ludis Scenicis; c. 7. de Tragœdia; c 8. de Comœdia, & ejus atque Tragœdiæ differentia; c. 9. de partibus Comœdiæ & Tragœdiæ; c. 10. de ornatu Scenæ, atque saltationibus; und c. 11. de Tibiis, & earum differentiis.

Rossettus (*Blasius*) ließ an. 1529 Rudimenta Musices, de triplici Musices specie; de modo debitè solvendi divinum pensum: & de auferendis nonnullis abusibus in Templo Dei, zu Verona in 4to drucken f. *Hyde* Catalog. Bibliotheca Bodlejanæ.

Rossetus (*Stephanus*) gab an. 1566 ein 6stimmiges Madrigalien-Werck zu Venedig heraus. An. 1567 ist daselbst ein dergleichen 3stimmiges, so Claudio von Corréggio corrigiret, zum Vorschein gekommen. Seine Cantiones sacræ 5 & 6 vocum sind an. 1573 zu Nürnberg in 4to gedruckt worden. s. *Draudii* Biblioth Class. p. 1630 und 1639.

Rossetus (*Vincentius*) ein Veroneser, hat des Stephani Vannei Recanetum de Musica aurea ins Latein übersetzet.

Rossi (*Agostino Antonio*) ein Violoncellist in der Königl. Capelle und Cammer-Music zu Dreßden an. 1729. s. den dasigen Hof-und Staats-Calender.

Rossi (*Christofero*) hat eine Messa, Motetto und Introito von 3 und 4 Stimmen heraus gegeben. s. *Parstorff.* Catal. p. 2. In Gabr. Buccelini German. Topo-Ghrono-Stemmato-graphica sacr. & profan. P. 3. p. 279. findet man: daß er aus Mayland gebürtig, und an. 1655 an Kaysers Ferdinandi III. Hofe ein Tenorist gewesen.

Rossi (*Gio Battista*) D. ein Genueser, ließ an. 1618 sein Organo de Cantori per intendere da se stesso ogni pass. difficile che si trova nella Musica, in Venedig drucken.

Rossi (*Gio. Maria*) hat ums Jahr 1560 zu Brescia floriret, und mehr Geschicklichkeit als Glück besessen. Seine Composition ist von andern seines gleichen sehr æstimirt worden, welche davor gehalten: daß, wenn ihm das privat- dem Hof-Leben vorzuziehen nicht beliebet, er ohne Zweifel den ansehnlichsten Dienst hätte bekommen mögen. s. *Cozzando* Libraria Bresciana, P. 1. p. 188. sein 1stes Buch 5stimmiger Motetten ist an. 1567. zu Venedig gedruckt worden. s. *Gesneri* Biblioth. univers.

Rosſi (*Harmonio e*) ein Muſicus, Organiſt, und vortrefflicher Comicus von Verona, iſt an. 1557 geſtorben, und ein membrum des Creutz-Träger-Ordens geweſen. ſ. das *Giardino* das *Luigi Contarino*. p. 458.

Rosſi (*Lemme*) oder Lemmius Rubeus, it de Rubeis, ein Mathematicus, Philoſophus, und in der Griechiſchen Sprache wohlerfahrner Profeſſor am Gymnaſio zu Perugia, ließ an. 1666. ein Siſtema Muſico, overo Muſica Speculativa, dove ſi ſpiegano i più celebri di tutti trè generi, daſelbſt in 4to drucken. ſ. *Oldoini Athenæum Auguſtum*. p. 205.

Rosſi (*Luigii*) ein Römer.

Rosſi (*Michel Angelo*) hat Toccate e Corrente d'intavolatura d'Organo e Gimbalo, in länglicht Folio heraus gegeben.

Rosſi (*Salomon*) ein Jude, hat verſchiedene Muſicalien heraus gegeben, woran Draudius p. 1626. Biblioth. Claſſ. das erſte Buch 5ſtimmiger Madrigalien, ſo zu Antwerpen an. 1610 gedruckt worden, anführet; und im Parſtorfferiſchen Catalogo, p 33 ſtehet deſſen 4tes aus 2 Violinen beſtehendes Werck, welches Sonaten, Gegliarden, Branli und Correnti enthält, allegiret, ſo an. 1623 zu Venedig heraus gekommen iſt.

Rosſignoler [*gall.*] den Geſang der Nachtigall imitiren.

Rosofsky (Frantz) ein Kayſerlicher Organiſt an 1727. und zwar der 8te und letzte in der Ordnung.

Rosſius (*Petrus Hieronymus*) Organiſt zu Worms, hat an. 1614 vier 8ſtimmige Miſſen zu Franckfurth am Mayn in 4to drucken laſſen. ſ. *Draudii* Biblioth. Claſſ. p. 1636.

Rosthius (*Nicolaus*) ein Chur-Pfältziſcher Muſicus, von Weimar gebürtig, ließ an. 1583 dreyßig geiſt- und weltliche teutſche Lieder von 4. 5. und 6 Stimmen zu Franckfurth drucken, ſo er ſeinem Herrn, Churfürſt Ludwigen zugeſchrieben. Seine Cantiones ſelectiſſimæ von 6. und 8 Stimmen, an der Zahl 17 lateiniſche Motetten, ſind an. 1614 zu Gera gedruckt worden, als er ſchon Paſtor zu Cosmenz in der Altenburgiſchen Diœces geweſen. Daß er nicht allein zu Heydelberg, ſondern auch vorher zu Altenburg und Weimar als ein Muſicus gedienet, iſt daſelbſt zu leſen. Von ſeiner Arbeit iſt auch noch eine ſtimmige lateiniſche und teutſche Paſſion vorhanden.

Roſtrum [*lat.*] iſt eben was Raſtrum.

Rosvvick (*Michäel*) ein Magiſter, gab an. 1519 ſeine compendiariam Muſicæ editionem, cuncta quæ ad practicam attinet, mira quadam brevitate complectentem. zu Leipzig in 4to von 3½ Bogen heraus.

Rota, ſ. Rotta.

Rota (*Andrea*) an. 1579 ſind zu Venedig 5ſtimmige Madrigalia in 4to von ihm heraus gekommen. ſ. *Draudii* Biblioth. Claſſ. p. 1630.

Rota (*Antonius*) ein vortrefflicher Zinckeniſt von Padua, welcher in gantz Italien ſeines gleichen nicht gehabt, und durch information ziemlich reich geworden, hat von dieſem Inſtrument einen Tractat geſchrieben, und iſt an. 1548 geſtorben. ſ. *Scardœonium de Antiquitatibus urbis Patavii, & claris civibus Patavinis, lib*. 2. *Claſſ*. 12. *f*. 263. An. 1546 iſt ein aus Ricercari, Motetti, Balli, Madrigali, und Canzoni Franceſe beſtehendes Werck, von ſeiner Compoſition, in Venedig gedruckt worden.

Rotenbürger (Conrad) eines Beckers Sohn aus Nürnberg, hat an. 1493 das groſſe Werck im Stifft Lamberg gebauet. ſ. *Prætor*. Synt. Muſ. T. 2. p. III.

Roubenius (Johann Chriſtoph) Muſic-Director zu Luckau, der Haupt-Stadt in der Marckgraffſchafft Nieder-Lauſitz, hat an. 1720 am 3ten Auguſti einen Brief an den Hrn. Capellmeiſter Matheſon geſchrieben, welchen dieſer ſeiner Crit. Muſ. T. 2. p. 261 ſqq. einverleibet hat.

Reverſcio [*ital.*] umgekehrt, verkehrt.

Rovetta (*Giovanni*] war Capell-Meiſter bey S. Marco zu Venedig, und gab an. 1662 Pſalmen daſelbſt in Druck. Im Parſtorfferiſchen Muſic-Catalogo ſtehen folgende Wercke von ſeiner Arbeit angeführt, als:

Meſſa e Salmi à 5. 6. 7. & 8 Voci, con 2 Violini.

Salmi à 5 e 6 Voci, con 2 Violini.

Salmi à 3 e 4 Voci, con 2 Violini ò altri ſtromenti.

Salmi à 8 Voci.

Motetti e Littanie della Madonna, à 2 & trè Voci.

Mo-

Motetti concertati à 2 & 3 Voci, con Violini se piace.

Motetti concertati à 2 & 3 Voci, con Litanie à 4 Voci.

Ums Jahr 1639 ist er Vice-Capellmeister bey S. Marco gewesen.

Roulade [*gall*] Vocis crebra inflexio [*lat.*] das behende Lauffen und Drehen im Singen, insonderheit aber der Vögel heisset auch Roulement. Dieses Worts bedienen sich auch die Paucker, welche ihre öfftern Schläge mit den Klöppeln Roulements zu nennen pflegen.

Rousseau (*Jean*) ein Maitre de Musique & de Viole, hat eine Methode claire, certaine & facile pour aprendre à chanter la Musique von 9½ Bogen heraus gegeben, und selbige dem Hrn. Lambert, Maître de la Musique de la Chambre du Roy dediciret. Es ist schon die 4te Auflage bey Roger in Amsterdam zu haben. In Boivins Music-Catalogo aufs Jahr 1729, stehen p. 32. auch Principes pour la Viole, so drey Livres gelten, angeführt.

Roussel (*François*) hat 4. 5. und 6stimmige Chansons gesetzet, so an 1577 zu Paris gedruckt worden. s. *Draudii* Bibl. Exot. p. 211.

Roux. Von seiner Arbeit hat man Pièces vor 1 und 2 Clavecins, so bey Roger in Kupfferstich zu bekommen sind.

Roy (*Adenez le*) ein alter Poet und vortrefflicher Musicus in Franckreich, florirte ums Jahr 1260, und schrieb verschiedene Romanen. s. das *comp.* Gelehrten-Lexicon.

Roy (*Adrian le*) ein Buchdrucker zu Paris, hat, nach Verdier Bericht in seiner Bibliotheque, folgende Sachen gesetzet, und auch selbst gedruckt, als:

Douze Chansons Spirituelles à 4 parties, dont la lettre est de Jean Antoine de Bayf. An. 1562. 8vo.

Instruction de partir toute Musique des huit divers tons, en tabulature de Luth.

Briefve & facile Instruction pour aprendre la tabulature à bien accorder, conduire, & disposer la main sur la Guiterne, en l'an. 1578.

Rubeis (*Galeazius de*) ein Waffen-Schmidt zu Pavia, ist ein Mitglied derjenigen Societät gewesen, welche an Fest-Tagen Hymnos zu singen, und der Pöbel Scholares beatæ Marthæ zu nennen pfleget; er hat weder Weib, noch Kinder gehabt, und ist ohngefehr 55 Jahr alt, an. 1522 gestorben. s. *Hier.* Cardani lib. 15. c. 84. de rerum varietate, f. 586.

Rubellus (*Michaël*) ein Musicus aus Rotweil, einer am Schwartzwalde in Schwaben liegenden freyen Reichs-Stadt gebürtig, hat ums Jahr 1517 zu Bern in der Schweitz, und nachgehends in seinem Geburts-Orte die Music profitiret; auch an erstgedachtem Orte und Jahre Glareanum in solcher unterwiesen, wie dieser lib. 2. c. 33. Dodecach. solches in folgenden Worten bezeuget: Is (*Mich. Rubellus*) nos bonas literas, & Musices elementa bona fide primum Bernæ in Helvetiis ante annos jam triginta, deinde in sua item patria docuit.

Rubert (*Johann Martin*) von Nürnberg gebürtig, war an der Haupt-Kirche zu St. Nicolai in Stralsund Organist, und ließ an. 1650 Sinfonien, Scherzi, Ballette, Allemanden, Couranten und Sarabanden von 2 Violinen und G. B. zu Grypswalde in 4to drucken. Nach Lipenii Bericht, sind auch an. 1647 zu Stralsund Arien in 4to von seiner Arbeit gedruckt worden.

Rubeus (*Georgius*) ein Augustiner-Mönch, und Organist zu Bergamo, gab an. 1590 sein erstes Buch 4stimmiger Motetten zu Venedig in Druck. s. *Elssii* Encomiasticum Augustinianum.

Rubini (*Nicolo*) ließ an. 1615 Madrigalien in Venedig drucken.

Rudenius (*Joannes*) oder Rude ein Lautenist von Leipzig gebürtig, gab an. 1600 durch Antrieb der Durchlauchtigsten Fürsten und Herren, Herrn Johannis Ernesti, und Herrn Augusti, beyderseits Gebrüdern und Hertzogen zu Braunschweig-Lüneburg, in Leipzig, im Monat Augusto, eine Collection von den berühmtesten Meistern, deren Stücke er in Lauten-Tabulatur nach Italiänischer Art gesetzt hatte, unter dem Titul: Flores Musicæ, s. suavissimæ cantiones Notis musicis expressæ, ad testudinis usum in folio heraus, und dedicirte solche obgedachten Herren in lateinischer Sprache. Er hat, nebst der Music, sich auch auf das Studium Juris appliciret gehabt. s. *Barons* Untersuchung des Instruments der Laute, p. 65. sq. *Th Hyde* Catal. Bibliothecæ Bodlejanæ; und *Draudii* Biblioth. Class.

Rudingerus (*Martinus Ludovicus*) gab an. 1620 Pſalmum inter pœnitentiales Regium ad tres voces accommodatum zu Rotenburg heraus. ſ. *Draud.* Bibl Claſſ. p. 1650.

Rudumel (*Matthias*) war an. 1548 in Kayſers Caroli V. Capelle ein Baſſiſt. ſ. *Mamerani* Catal. familiæ totius aulæ Cæſareæ, p 12.

Rue (*Petrus de la*) ein Flanderer, hat Harmonias in Lamentationes Jeremiæ geſetzt, ſo Caſpar Bruſchius, der Poet, an. 1549 ans Licht gegeben hat. ſ. Prinzens Muſ. Hiſtor. c. XI. §. 19. Beym Glareano, lib 2. c. 26. Dodecach. heiſſet er Petrus Platenſis, und ein Franzoſe, (*Gallus*.) In des Antonii Bibliotheca Hiſpana wird er Petrus de Ruimonte, Cæſarauguſtanus (demnach ein Spanier von Saragoſſa,) Muſicæ artis peritia eximius, apud Belgarum Principes, Albertum & Iſabellam tùm in Sacello Choragus, tùm Cubicularius Muſicus genennet, und nachſtehende von ihm edirte Wercke angeführet, als: Ll Parnaſſo Eſpannol de Madrigales y Villancicos a quatro, cinco y ſeis voces, zu Antwerpen an. 1614 in 4to gedruckt ; Alia duo Volumina eum publicaſſe, alterum de Miſſas, alterum de Motetes y Lamentaciones, lego apud 1 anuzam Aragoniæ Hiſtoricum. Er mag demnach wol vor einen Flander, nur wegen ſeines Auſſenthalts, ſeyn gehalten worden.

Ruettino, ein an der S. Marcus-Kirche in Venedig berühmt geweſener Organiſt. ſ. *Gaſparini* l' Armonico Pratico al Cimbalo, p. 59.

Ruffinus, ein vornehmer Citharœdus bey den Griechen, welcher mit dem Hipparchion um den Preiß ſich hören laſſen. ſ. Prinzens Muſ. Hiſtor. c. 7. §. 34.

Ruffus (*Antoninus*) ein gelehrter und edler Sicilianer zu Meſſina, hat in der Muſic und Mahlerey ſolche profectus gehabt, als wenn beydes ſeine einzige Verrichtungen geweſen wären, und iſt an. 1714 noch am Leben geweſen ſ. *Mongitoris* Biblioth. Siculam, in Appendice ad Tomum I. f. 4.

Ruffus (*Vincentius*) das ıſte Buch ſeiner ſeiner ſechsſtimmigen Motetten, auf die mehreſten Feſt-Tage im Jahr gerichtet, iſt an. 1583 zu Venedig in 4to gedruckt worden. ſ. *Draud.* Bibl. Claſſ. p. 1639. Geſnerus lib. 7. Partit. univerſ. tit. 7. erwehnet auch beſſen ıſten Buchs, aber nur 5ſtimmiger Motetten, welches Joan. Antonius Caſtilioneus zu Mayland gedruckt habe. Seine Madrigali à 5 voci ſind an. 1553 in Venedig ans Licht getreten.

Rufus, ein alter Griechiſcher Auctor, ſchrieb eine Hiſtoriam dramaticam & Muſicam, welche Photius anführet. ſ. das *comp*. Gelehrten-Lexicon. conf. *Joan à Wower* Tract. de Polymathia, c XII. §. 20.

Ruggeri (*Giov. Maria*) ein Venetianer, hat an. 1706 ſein fünfftes, aus 12 Cantaten mit und ohne Violinen beſtehendes Werck daſelbſt heraus gegeben und drucken laſſen. In des Roger Muſic-Catalogo ſtehet p. 36 Opera quarta, aus Sonate a tre, nemlich 2 Violinen, Violoncello und Continuo von Maria Ruggieri angeführet.

Ruggiero (*Filippo*) war des Königs in Spanien, Philippi II. Capellmeiſter. ſ. *Angelo Berárai* Documenti Armonici, lib. 2. p. 114.

Rühling (*Samuel*) ein Magiſter und Diaconus zu Dresden iſt ein Componiſt geweſen.

Rumpf (*Conrad*) oder Rumpff iſt zu Lutheri Zeiten bey dem Churfürſten von Sachſen Capell-Meiſter geweſen; welcher nebſt Johann Walthern die teutſche Meſſe mit Melodien gezieret, auch viel Choral-Geſänge verbeſſert, und von Fehlern gereiniget hat. ſ. Prinzens Muſ. Hiſtor. c. XI. §. 5.

Rumpff, ein Magiſter, hat an. 1708 zu Leipzig eine Diſſertation: de Choreis gehalten.

Rumſey (*VValther*) von Llannover in Monmouthſhire aus Engeland gebürtig, war in Rechten ſo erfahren, daß man ihn den Haupt-Schlüſſel der Geſetze nennete, darneben ein guter Philoſophus, auch ein Baumpropffen und in der Muſic wohl erfahren; weil er mit Flüſſen ſehr incommodirt war, erfand er ein Inſtrument von Fiſchbein, den Schlund und Magen damit zu reinigen, wovon die ſo genannte Magenbürſte, ihren Urſprung haben mag. Iſt geſtorben an. 1660. ſ. das *comp*. Gelehrten-Lexicon.

Run (Tobias) ein berühmter Lautenist zu Anfange des 17 Seculi.

Ruota (*Andrea*) ein Sopranist bey der Königl. Capelle und Cammer-Music in Dreßden an. 1729. f. den dasigen Hof- und Staats-Calender.

Rupertus, ein Mönch in dem Closter S. Albani zu Maynz, hat ums Jahr 1392 gelebt, und einen Tractat: de Musica Proportione geschrieben. f. das *Comp. Gelehrten-Lexicon*.

Ruschardus (*Ludovicus*) hat verschiedenes ediret, als:
Mutetorum 4 vocum, lib. 1. zu Nürnberg an. 1602. in 4to;
Mutetorum 5 vocum, lib. 2. zu Nürnberg an. 1603 in 4to;
Motectorum 6. vocum, lib. 3.
Magnificat octo Tonorum 6 voc.
Missarum 4 vocum, lib. 2.
Diese 3 hat er selbst verleget.
Missarum lib 3 zu Venedig an. 1603. und zu Nürnberg an 1605 in 4to gedruckt. f. *Draudii* Biblioth. Classi. p 1632. 1636. und 1639.

Ryntjes (Johann) ist jetzo Organist an der alten Lutherischen Kirche in Amsterdam.

S.

S. bedeutet solo oder soli [*ital.*] allein.

Sabbatini (*Galeazzo*) Capellmeister von der Cammer-Music des Hertzogs zu Mirandola, von Pesaro, einer im Hertzogthum Urbino, im Kirchen-Staate, am Einfluß des Flusses Foglia liegenden grossen Stadt gebürtig (Pisaurensis,) hat folgende Sachen herausgegeben, als:
Sacrarum Laudum lib. 1. & 2 von 2. 3. 4. und 5 Stimmen.
Sacre Lodi à Voce sola.
Litanie à 3. 4. 5. e 6 Voci.
Regola facile e breve per sonar sopra il Basso Continuo nell' Organo. f. *Parstorff*. Catal. p. 13. 15. 20. 29. und 31.
Madrigali concertati à 5 Voci, con alcune Canzoni concertate con Sinfonie ed Ritornelli, an. 1636, und 1637 zu Venedig gedruckt.

Daß er nicht nur in der practischen, sondern auch in der speculativischen Music sehr erfahren gewesen; unter andern auch ein Clavier erfunden gehabt, worauf alle Arten der Harmonie vorgestellet werden können; und mit *Kirchero* Bekandt- und Freundschafft gepflogen, berichtet dieser *Musurg*. T. 1. lib. 6. f. 460. und 461.

Sabecca, oder Sabecha, soll, nach *Angeli Politiani* Bericht c. 14. Miscellaneorum, ein Chaldäisches Wort, und so viel als Sambuca, oder der Griechen ihr σαμβύκη seyn. Es kommt dieses Wort im 3ten Capitel des Propheten Daniels, und zwar im 10 Vers vor.

Sabino (*Hippolito*) hat an. 1584 ein sechsstimmiges Madrigalien-Werck, und ein vierstimmiges Magnificat zu Venedig in 4to drucken lassen. f. *Draudii* Biblioth. Classi. p. 1630. und 1632.

Sabulo, pl. Sabulones [*lat.*] soll ehemahls einen Pfeiffer bedeutet haben. f. *Bulenger*. de Theatro, lib. 2. c. 23 und c. 26. conf. *Fabulo*.

Sabulum [*lat.*] müste, nach Anzeige des vorhergehenden Articuls, eine Pfeiffe gewesen seyn; allein, *Josephus Scaliger* in seinen Conjecturis über den Varronem de Lingua Latina hält es vor ein instrumentum citharœdicum, sich auf den Apulejum, lib. 2. Floridorum beziehend, welcher geschrieben: Sabulum esse genus organi musici, sive illud sit Psalterium, sive Cithara, sive quid simile, quod fidibus tenderetur, & plectro pinseretur. Doch Elmenhorstius will haben, es heisse *pulsabulum*: da es denn ein allgemeiner Nahme, und so viel als ein instrumentum κρουσικόν.

Sac oder Sacq, hat drey Flöten-Wercke edirt. f. die *Pariser Music-Catalogus* an. 1729.

Sacadas, ein Argiver und berühmter Pfeiffer, hat, wie Pausanias in Corinthiacis, oder lib. 2. de Descript. Græciæ bezeuget, am ersten das Pythische Carmen zu Delphis geblasen, und dadurch den, wegen des mit dem Marsyæ und Sileno gehaltenen musicalischen Kampffes, über die Pfeiffer hefftig erzürneten Apollinem, wiederum versöhnet. Er soll auch ein stattlicher Poet gewesen seyn, und in dem Olympischen Spielen, in der 48 Olympiade unter den Pfeiffern den Vorzug davon getragen haben. f. *Natal* Comitis Mytholog. lib. 5. c. 1. und *Plutarch*. de Musica, welcher über dis noch meldet: daß er Strophen gemachet, deren erste nach der Dorischen, die zweyte nach der Phrygischen, und die dritte nach der Lydischen Sing-Art executirt, und weswegen solche Gesang-Ordnung die dreytheilige (Nomus tripartitus) genannt worden.

Sacellus (M. Leo) Capell-Meister am Dom zu Vicenza hat Flores 2. 3. & 4 vocum herausgegeben, so an. 1619 zu Antwerpen gedruckt worden. s. Draudii Biblioth. Class. p. 1625.

Sacchi (Salvator) Capellmeister zu Toscanella, einer kleinen im Kirchen-Staate am kleinen Fluß Martha liegenden Stadt, hat an. 1607 ein Missen-Werck zu Rom drucken lassen. Auf dessen Titul-Blatte wird er ein Cirilonanus aus Apulien genennet.

Sachse (Ambrosius) ließ an 1595 den Psalm: Ad te levavi von 8 Stimmen zu Dreßden drucken.

Sacrati (Francesco) war Capellmeister beym Hertzoge von Modena, und ließ an. 1650 sein Ergasto in Venedig drucken.

Sacrotubicen, oder besser Sacer tubicen [lat.] ein Trompeter beym Gottes-Dienst.

Sälti (Anton) ein alter Kayserl. Hof- und Cammer-Musicus Jubilatus, hat an. 1721 noch gelebt.

Sxtzl (Christoph) Music-Director des Frauenzimmer-Stiffts zu Hall am Inn-Fluß in Tyrol, hat folgende Sachen herausgegeben, als:
Messe à 1. 2. 3. 4. e 5 Voci.
Salmi à 2 e 3 Voci con Violini.
Concerti à 2 Voci, e 3 Instrumenti.
Cantiones Genethliacas ad Christi cunas 5 voc.
Hortum pensilem, oder Motetti à 2. 3. 4. 5. e 6 voci, con Violini.
Cantate per Pasqua à 5 e 6 Voci.

Alles ist vor dem 1653 Jahr gedruckt worden. s. Parstorfferi Catal. p. 6. 13. 19, 21. 22. und 25. Nach Draudii Bericht, p. 1622. Bibl. Class. sind schon an. 1621 zwey, drey, vier und fünfftimmige Concentus Ecclesiastici zu Augspurg heraus gekommen; sonsten aber auch an. 1661 ein Missen-Werck zu Inspruck publicirt worden.

Sagioni, hat ein Sonaten-Werck publiciret. s. Boivin. Catal. general aufs Jahr 1729 in Paris gedruckt, p. 25.

Sale (Franciscus) ein Niederländer, und Capellmeister zu Hall in Tyrol zu S. Magdalenen, hat an. 1589 unter dem Titul: Patrocinium Musices, ein Volumen Missen herausgegeben, und solches dem Ertz-Bischoffe zu Saltzburg, Wolffgango Theodorico, dediciret.

Salicet, ist in der Görlitzischen an. 1703. zur perfection gebrachten Orgel zu S S. Petri und Pauli, als der Haupt-Kirche daselbst, ein 4füßiges Register, so wegen seiner engen mensur, einer Weiden-Pfeiffe gleichet, und den Nahmen davon träget.

Salicianal, oder Salcional ein 8füßiges Orgel-Register so oben offen ist, klinget einer Viola di Gamba nicht ungleich. Dieses Wort mag wohl Italiänischer Ankunfft seyn, von Salcio oder Salce, so einen Weidenbaum bedeutet. s. Matthesonii Anhang zu Niedtens Musicalischer Handleitung zur Var. des G. B. p. 168.

Salinas (Franciscus de) eines Rentmeisters Sohn, von Burgos in Spanien, ward, ungeachtet er im 10. Jahr sein Gesicht verlohren hatte, ein ungemein gelehrter Mann. Er verstund die Griechische und Lateinische Sprache sehr wohl, brachte es auch in der Mathesi, insonderheit aber in der Music sehr weit; wie er denn durch sein Spielen auf allerhand Instrumenten, die Affecten der Zuhörer nach Belieben erregen können. Nachdem er sich 20 Jahr lang in Italien aufgehalten, und von vielen Standes-Personen, insonderheit aber von Pabst Paulo IV. sehr werth gehalten worden, hat er einen Professorem artis musicæ im Collegio zu Salamanca in Spanien abgegeben, auch in lateinischer Sprache sieben gelehrte Bücher davon geschrieben, welche daselbst an. 1577 in folio gedruckt worden sind. Er selbst aber ist an. 1590 mense Februario, im 77 Jahre seines Alters verstorben. s. das comp. Gelehrten-Lexicon, und Antonii Bibliothecam Hispanam, allwo noch dieses stehet: daß er auch Abt zu St. Pancratio della Rocca Salegna im Königreich Neapolis gewesen. Joan. Scribanius, Professor der Griechischen Sprache, hat folgendes auf ihn verfertiget:

Tiresiæ quondam cæco petisaverat auctor
   Naturæ damnum munere fatidico.
Luminis amissi jacturam cæcus Homerus
   Pignore divini sustinet ingenii.
Democritus visu cernens languescere mentis

Vires

SAL. SAL. 539

> Vires, tunc oculos eruit ipse sibi.
> His ita dum doctæ mentis constaret acumen,
> Corporis æquanimi damna tulere sui.
> Unus at hic magnus pro multis ecce *Salinas*
> Orbatus visu, præstat utrumque simul.

s. *Peregrini* Bibl. Hispaniæ, Tom. 3. p. 568.

Salmasius (*Claudius*) oder Saumaise der an. 1588 zu Dijon in Burgund gebohrne, an. 1652 den 3ten Septembre im Sauerbrunnen Spa verstorbene, und zu Mastricht im Dom begrabene Criticus, hat ein Buch de Instrumentis musicis Veterum schreiben wollen, und würcklich in der Arbeit gehabt, so aber durch seinen Tod unterbrochen worden. s. den Lebens-Lauff, so vor seinen Episteln stehet.

Salmeggiare, Salmodiare [*ital.*] Psalmen singen.

Salmeggiatrice pl. **Salmeggiatrici** [*ital.*] eine Psalm-Sängerin, Psalmen-Sängerinnen.

Salmi concertati, oder **in Concerto** [*ital.*] Psalmen, in deren Composition jede Stimme etwas alleine zu singen hat.

Salmi di Compieta [*ital.*] Psalmen, die in der letzten Canonial-Stunde des Tages gesungen werden; mit einem Worte: Complet-Psalmen.

Salmi di Terza [*ital.*] Terz-Psalmen, d.i. die in der dritten Canonial-Stunde aus den 7 gesungen werden.

Salmi Dominicali [*ital.*] Psalmen vor die Sonntags-Vesper.

Salmi Festivi [*ital.*] Psalmen zur Vesper der Feste der Heiligen, oder anderer Fest-Tage.

Salmi per li Defonti [*ital.*] Seel-Meß-Psalmen, oder vor die Verstorbenen.

Salmi Vespertini [*ital.*] Vesper-Psalmen.

Salmista [*ital.*] der König David.

Salmo pl. **Salmi** [*ital.*] ein Psalm, Psalmen.

Salmodia [*ital.*] s. *Psalmodia*. Zarlinus will: es habe Pabst Leo III. den Gebrauch der Psalmen eingeführet, und dabey die Intonationes, Mediationes, Terminationes, und alles was zur Art, die Psalmen zu singen, gehöret, so überhaupt Psalmodia genannt wird, eingerichtet. s. *Brossards* Diction. p. 119.

Salminger (*Sigismundus*) ein Musicus zu Augspurg, ließ an. 1546 fünff- sechs- und siebenstimmige Cantiones drucken.

Salmon (*Thomas*) hat in Engländischer Sprache eine Dissertation: de augenda Musica geschrieben, so an. 1667 zu London in 8vo gedruckt worden. s. *Lipenii* Bibl. Philos.

Salmonnin (*Florentia*) ein vortreffliches und künstliches Frauenzimmer, soll zu ihrer Zeit in der Music ihres gleichen nicht gehabt haben. s. *Amaranthis* Frauenzimmer-Lexicon.

Salmuth (*Henricus*) ein Doctor Juris und Syndicus zu Amberg in der Pfaltz, von Schweinfurt gebürtig, hat unter andern, auch einen lateinischen Commentarium über des Guidonis Pancirolli Res memorabiles sive deperditas geschrieben, und, die in selbigen vorkommende Stellen von der Music erläutert.

Salomo, der klügeste und weiseste unter allen Menschen, Davids Sohn und Nachfolger im Jüdischen Regiment, hat die öffentliche Kirchen-Music in höchsten Flor gebracht, und dieselbe an. Mundi 2940 in den von ihm neuerbaueten allerberühmtesten Tempel zu Jerusalem eingeführet. s. *Printzens* Music. Histor. c. 2. §. 61. Es ist auch nicht zu zweifeln, daß er selbst ein vortrefflicher Musicus gewesen; wie solches Joannes de Pineda in Salomone prævio, seu de Rebus Salomonis lib. 3. weitläufftig dargethan.

Salomon, ein Königl. Frantzösischer Musicus, ist bekannt, wegen der Opera Jason und Medée, welche an 1713 gespielt worden. s. *Sejour de Paris,* c. 25. p. 2-4.

Salpicta [*lat.*] σαλπικτης [*gr.*] ein Trompeter.

Σάλπιγξ [*gr.*] eine Trompete. σαλπιζειν, die Trompete blasen.

Saltarella, oder **Saltarello** [*ital.*] ist eine Bewegungs-Art, so allezeit im Sprunge gehet, und fast durchgehends im Tripel-Tact geschiehet, da das erste tempo jeden Tactes mit einem Puncte exprimirt wird. Man saget auch: in Saltarello; wenn 3 Viertel gegen eine Minimam, als im 6/4 Tacte; oder 3 Achtel-Noten gegen ein Viertel: wie im 6/8 Tacte, insonderheit, wenn die erste Note jeder Tact-Zeit einen Punct hat, gemacht werden. Also sind die Forlanes de Venise, die Siciliennes, die Englische Giquen, und andere lustige Täntze, deren Melodie hüpfend

hüpfend und im Sprunge gehet, gemacht. f. Brojf Diction. p. 119. Es heisset auch ein Kurtzer Tantz also, welcher bey uns Teutschen der Nach-Tantz genennet wird, weil er mehrentheils, oder vielmehr de jure kürtzer, als der Vor-Tantz seyn soll und muß.

Saltarelli [ital.] Subsilia it. ligna subsultantia [lat.] sind die Döcken in Clavicymbeln, welche, wenn das Clavier tractirt wird, in die Höhe springen, und gleichsam tantzen.

Salterio [ital.] s. Psalterium.

Salterio Persiano [ital.] ein dreyeckigtes mit 6 Saiten bezogenes Instrument bey den Persern, so mit den Fingern, oder auch mit einem plectro von ihnen tractirt wird. Die Abbildung davon ist in Bonanni Gabinetto Armonico p. 111. zu ersehen.

Salterio Tedesco [ital.] ist, wie der in Bonanni Gabinetto Armonico p. 106 befindliche Abriß zeiget, nichts anders als ein Hackebret.

Salterio Turchesco [ital.] ist ein mit vielen Drat-Saiten bezogenes viereckigtes Instrument, so mit den Fingern gerührt, und von dem Türckischen Frauenzimmer, vor sich liegend, pflegt tractirt zu werden; wie die in Bonanni Gabinetto Armonico p. 104 befindliche Figur ausweiset.

Salti composti [ital.] bestehen aus vier geschwinden Noten, und dreyen Sprüngen. z. E. n. 1. Tab. XX. Fig I.

Salto semplice [ital.] ist einer Sylben-Dehnung durch ein springendes intervallum. z. E. n. 2. Tab. XX. Fig I. f. Printzens Compendium Signat. & Modul. vocal. p. 50.

Saltuatim [lat.] sprungsweise.

Saltus [lat.] Salto [ital.] ein Sprung; wenn nemlich die Melodie gar nicht nach der Ordnung oder gradatim einhergehet, sondern, wenn zwischen jeder Note ein quart- quint- sext- oder wenigstens ein terz-intervallum ist.

Salvagnini (Margherita) eine berühmte und künstliche Italiänische Sängerin. f. das Frauenzimmer-Lexicon.

Salvare [ital.] retten. Salvar' una dissonanza, eine dissonanz resolviren.

S. Salvianus, der von Trier, oder, wie andere wollen, von Cölln bürtig gewesene Lirinensische Eremit, und beredte Bischoff zu Marseille in Franckreich, welcher an. 481 floriret, soll nach Elsii Bericht in Encomiastico Augustiniano, nebst andern Wissenschafften, auch die Music wohl verstanden haben.

Samber (Mag. Joannes Baptista) ein Hochfürstl. Saltzburgischer Cammer Diener, auch Dom- und Stiffts- Organist, hat an. 1704 eine Manuductionem ad Organum oder sichere Handleitung zur edlen Schlag-Kunst, durch die höchstnothwendige Solmisation, in 4to daselbst drucken lassen. An. 1707 ist auch die Continuation oder Fortsetzung dieses Wercks, aus vier Unterweisungen bestehend, in länglicht 4to eben daselbst herausgekommen. Die erste zeiget in 21 Capiteln, wie mit Beyhülffe der besagten Manuduction ad Organum, die intervalla und Concentus in auf- und absteigend- haltend- und springenden Noten auf dem Clavier mögen genommen werden. Die zweyte lehret in 8 gantz kurtzen Capiteln, die Natur und Nahmen der Stimmen oder Register in Orgel-Wercken erkennen, solche zu verwechseln und zusammen zu ziehen. Hierauf folget ein kleiner Unterricht von einigen Pieces, als Allemanden, Couranten, Sarabanden, Gavotten, u. d. g. wie solche zu erkennen, zu nennen, und von einander zu unterscheiden seyn. Die dritte handelt in 24 Capiteln, wie man eine Harmonie componiren soll; und die vierdte trägt in 4 Capiteln etwas von verschiedenen Fugen vor. Das gantze Werck beträgt 1. Alphabet und 7 Bogen. Der Auctor ist der beyden Capellmeister und Hof-Organisten, Andreae Hofers, und Georgii Muffats, Scholar gewesen. f. das Ende der zweyten Unterweisung, p. 160.

Sambuca [lat.] Sambuque [gall.] σαμβύκη [gr.] Campona [Hisp.] ein dreyeckigtes mit Drat-Saiten bezogenes Instrument, so die Teutschen ein Hackebret zu nennen pflegen. Ein mehrers hiervon ist in Matthiae Martinii Lexico Philologico zu lesen.

Sambucina, Sambucistria [lat.] σαμβυκίστρια [gr.] die vorgemeldtes Instrument spielet, eine Hackebretschlägerin.

Sambucinarius, Sambucen [lat.] σαμβυκιστής [gr.] der nurgedachtes Instrument tractiret, ein Hackbretschläger.

Samotherus Logotheta, ist an. Christi 1145 bey dem Constantinopolitanischen Kayser Manueli in grossen Werth gehalten worden: weil er nicht allein in die Lyram

SAN.   SAQ.

Lyram zierlich singen, sondern auch die Citharam künstlich spielen, und mit wunderbarer Kunst tantzen können s. Printzens Mus. Histor. c. 10. §. 20.

Sampogna [*ital*] s. *Zampogna*. Sampognaro [*ital*.] ein Bock-Pfeiffer.

Sances [*Gio. Felice*] ein Musicus Kaysers Ferdinandi III. hat an. 1638 Motetten zu Venedig drucken lassen. Seine Capricci Poetici sind an. 1649 zu Venedig ans Licht getreten. Im Parstorfferischen Musical atalogo stehen folgende von ihm edirte Wercke angeführt, als:

Salmi brevi à 4 Voci concertati.
Motetti à Voce sola con Basso.
Motetti à 1...3. & 4 Voci con Basso.
Motetti à 2. 3. 4 e 5 Voci.
Antiphone, Litanie à 2. 3. 4. 5. 6. 7. & 8. Voci. und
Antiphonæ Sacræ B. M. V. per totum annum, à Voce sola.

Daß er ein Römer und an. 655 Kaysers Ferdinandi III. Vice-Capellmeister; an. 1678 aber Kaysers Leopoldi I. Capellmeister gewesen, erhellet aus Gabr. Bucelini German. Topo-Chrono-Stemmato-graphica sacra & profana, P. 3. p. 279. & P. 4. p. 5,6.

Sanromano (*Carlo Giuseppe*) zu Mayland gebohren, aber dem Ursprunge nach von San Romano, einem in Königreich Galicien berühmten Orte herstammend, applicirte sich im 11ten Jahre seines Alters dergestalt auf die Vocal-Music, daß er im folgenden Jahre zum Discantisten an dem daselbst angenommen wurde; Dieser Function hat er 5 Jahr vorgestanden, und in währender Zeit das Clavier und Composition von Antonio, Maria Turato, und Michel Angelo Grancini, Capell-Meistern an nurgedachter Cathedral-Kirche zu Mayland, erlernet; im 18ten Jahre ætat. ist er bey den Cœlestiner-Patribus und an. 1650 Organist zu Caforate worden; nachdem aber an. 1655 die Frantzosen ins Land gefallen, hat er sich wiederum nach Mayland retiret, und erstlich bey S. Babila die Organisten-Stelle, kurtz drauf die Capell-Meister-Stelle bey S. Giovanni in Conca, und hernach die Organisten-und Capell-Meister-Charge bey s. Maria della Passione zu Mayland rühmlich bekleidet. Als an. 1667 die Organisten- und Capell-Meister-Function an der Kirche S. Celso vacant war, ist er, unter den andern Competenten, von denen hierzu erwehlten und dißfalls in Pflicht genommen Richtern, nemlich dem Capell-Meister am Dom, Michel Angelo Grancini, dem Dom-Organisten, Teodoro Casati, und Angelo Maria Cornaro, Organisten bey den Serviten, vor den bestengehalten worden. Seine heraus gegebene Sachen sind folgende:

Il Cigno Sacro, Motetti à più Voci. Milano 1668, und
Il primo libro di Motettti à Voce sola. 1669 gedruckt.

Nebst diesen hat er auch nachstehende ediren wollen, als:

Un Opera di Motetti, Messa, Salmi, &c. à cinque Voci.
Altri Salmi à due Chori, & altri Motetti à più Voci.

s. *Picinelli* Ateneo dei Letterati Milanesi, p. 121. 122.

Santer (*Antonius*) hat 1. 2. und 3stimmige Psalmen und Antiphonen, mit 1 und 2 Violinen, nebst einem G. B. in 4to drucken lassen. s. Lotters Music-Cat.

Santerre (*Pierre*) ein Frantzösischer Componist zu Poictiers, der Haupt-Stadt in Poitou, hat an. 1567 die sämtliche Davidische Psalmen in die Music abgebracht, und daselbst bey Nicolas Logerois drucken lassen. s. *Verdier* Bibliotheque.

Santi (*Francesco*) war ein vortrefflicher Sänger in der Chur-Sächsischen Capelle zu Dreßden ums Jahr 1662, und von Perugia gebürtig. s. Printzens Mus. Histor. c. 12. §. 78. und c. 17. §. 12

Santinelli, ein Italiänischer Marquis, ist ein grosser Musicus gewesen, und, wegen etlicher zu Kaysers Leopoldi I. Zeiten aufgeführten Opern, zum Kayserl. Cammer-Herrn declarirt worden. s. die *Histoire de la Musique*, T I. p. 276.

Santis (*Giovanni de*) ein anjetzo florirender Neapolitanischer Musicus.

Sappho, eine Tochter des Scamandronymi und kunstreiche Poetin, aus Mutylene, einer Stadt in der Insul Lesbus, gebürtig, hat an. Mundi 3340, oder 608 Jahr vor Christi Geburt, zur Zeit Alcæi und tesichori floriret, und das Instrument Barbiton trefflich wohl spielen können. s. Printzens Mus. Histor. c. 5. §. 71

Saquebute [*gall.*] s s. eine Bass Posaune; von saquer, ziehen, und busten, olasen. s. Frischens Lex.

Sa-

Sarabanda [*ital.*] Sarabanda [*gall.*] ist eine gravitätische, denen Spaniern insonderheit sehr beliebte und gebräuchliche etwas kurtze Melodie, welche allezeit zum Tantzen den $\frac{3}{2}$, zum Spielen aber bisweilen den $\frac{3}{4}$ Tact, langsam geschlagen, und zwey Reprisen hat. s. *Matthesonii* Orch. I. p. 187. §. 40. it ejusdem edirte musicalische Handleitung zur Variation des G. B. von Niedten, p. 105. Conf. p. 145 und 147. woselbst so wohl wegen Zahl der Tacte, als ihre Section eine artige und den Componisten nöthige Anmerckung befindlich ist. Daß sie ordinairement im Aufheben des Tacts sich endigen müsse, und von den Saracenen oder Mauren, nach andern aber, von einer Comcediantin, welche die erste in Franckreich getantzet, und Sarabanda geheissen; oder, nach einigen, vom Spanischen Worte Saraò, so einen Tantz bedeute, ihren Ursprung und Nahmen her habe, ist in Furetiere Dictionaire zu lesen.

Sardi (*Benedetto*) war von Bologna gebürtig, und an. 1655 an Kaysers Ferdinandi III. Hofe eine Baßiste. s. *Gabr. Bucelini* German. Topo-Chrono. Stemmato-graph. Sacr. & profan. P. 3. p. 279.

Sardus (*Alexander*) ein Italiänischer Philosophus, von Ferrara gebürtig, lebte an. 1579 zu Venedig, und schrieb, unter andern, zwey Bücher: de rerum inventoribus. Im 1sten Buche sind verschiedene Capitel musicalischen Inhalts, wie denn das 19te und folgende Capitel nachstehende rubriquen führen: Musica μανέρος cantus, aliaque Harmoniæ genera; c. 20. Lyricorum chorus, Cithara, Fides, earum leges, Barbitos, Phorminx, Monochordium, Dichordium, Trichordium, Quinquechordium, Plectrum; c. 21. Epigonium, Psithyr, Ascaros, Magadis, Psalterium, Pectis, Sambuca, Trigonon; c. 22. Tibiæ, earum leges, foramina, Tibia duplex, Plagiatos, Elymos, Hippophorbos, Monaulos, Theria, Tibia ex aquilarum & vulturum ossibus, Gingras; c. 23. Syringæ, Cerodetos, Photinx, Fistula plurimis calamis, Tripos, Phœnix, Crembala; c. 24. Tubæ, Cornua, Organa pnevmatica, & fistulis plumbeis. Hieher mögen noch einige unmittelbahr folgende Capitel etlicher massen referirt werden. Das 21ste Capitel im 3ten Buche seines Tractats, de moribus ac ritibus gentium, führet diese Überschrifft: de Poëtarum & Symphoniacorum certamine; Musica, Saltatioque non damnatur, und beträgt im 2ten Tomo der Miscellaneorum Italicorum eruditorum nicht gar ein Quart-Blat.

Sarto (*Gio. Vincenzo*) oder Sarti, hat eine 3 und 4stimmige Messa und Salmi concertati; ferner 2, 3, 4, und 6stimmige Concerti; und 8stimmige Litanias Mariales in Druck gegeben. s. *Parjtorff.* Catal. p. 7. 21. und 31.

Sartorius [*Erasmus*] hat an. 1635 Institutiones musicas zu Hamburg in 8vo drucken lassen. Er ist Cantor daselbst gewesen.

Sartorius [*Nicolaus*] aus der Stadt Meissen gebürtig, war Cantor in Schwerin, und starb an. 1566 den 7den May am Seiten-Weh. s. *Georgii Fabricii* Annal. urb. Misnæ, lib. 3. p. 226.

Sartorius [*Paulus*] von Nürnberg gebürtig, war Ertz-Hertzogs Maximiliani zu Oesterreich, Organist, ließ an. 1601 sechsstimmige Sonetti Spirituali an nurgedachtem Orte in länglicht Quarto drucken, und dedicirte selbige Marquardo, Freyherrn von Ech, und Hungerspach, Obersten Beschlshaber der Provintz Oesterreich, Rath und Hofmeister höchstgedachten Printzens. An. 1600 sind auch drey achtstimmige Missen von seiner Arbeit zu München in folio gedruckt worden. s. *Draudii* Bibliothecam Class. p. 1619 und 1636.

Satyrus, ein Pfeiffer, hörete den Philosophum Aristonem zum öfftern, wurde auch durch dessen Vortrag so eingenommen, daß er in folgende Worte ausbrach: Cur ego non igni trado hoc nihil utile telum? s. *Ælianum* de var. Histor. lib. 3. c. 31.

Savetta [*Antonio*] Capell-Meister an der Kirche Incoronata zu Lodi, der im Hertzogthum Mayland am Fluß Adda liegenden Haupt-Stadt des Gebietes Lodesano, hat an. 1616 zwo Missen; an. 1620 Psalmen; und an. 1638 eine Missam und Psalmen zu Venedig drucken lassen. Im Parstorfferischen Music-Catalogo stehen folgende Wercke von ihm angeführt, als:

Messe à 4, 8 Voci.
Messa e Salmi à 9 Voci. an. 1639.
Messe concertate à 8 Voci.
Salmi à 5 Voci.
Litanie & Antifone à 8 Voci.

Sa.

Savionius [*Marius*] war ein Päbſtlicher Altiſt ums Jahr 1648.

Sauler (*Joannes Baptiſta*) ein Geiſtlicher, vortrefflicher Baßiſt und Muſic-Director an der Ertz-Biſchöfflichen Kirche in Saltzburg, iſt an. 1638 den 27 Mertz geſtorben, und daſelbſt in der S. Peters-Kirche mit dieſem Epitaphio begraben worden:

R. D. Joannes Baptiſta Sauler, Metropolitani chori Regens, & Baſſiſta eximius, id quod fecit vivus, etiam nunc mortuus facit negotium, & ex hac tumba *de profundis* clamat:

Tu viator, ſi, quem modò ipſe exoptat, propitium judicem experiri velis, lamentabilem Echûs tonum redintegra, & pro eodem *de profundis* clama. Utque aridis cineribus, quousque conflagrato orbe in novum Phœnicem reparentur, bene ſit, piam lacrymam, aut ſaltem piacularis lymphæ guttam aſperge. Cantores enim, ſi fato urgente *de profundis* intonant, plerumque tales amant humores Abiit, obiit Saliſburgi 27 Martii anno M. DC. XXXVIII. ſ. *Ottonis Aicheri* Theatrum Funebre, P. 3. Scena 7. p. 445. ſq.

Sault [*gall.*] ein Sprung. ſ. *Saltus.*

Sautereau [*gall.*] fidicularis organi ſubſaltans plectrum [*lat.*] eine Docke in einem Clavicymbel, ſo auf- und niederſpringt, und, vermittelſt eines am Zünglein befindlichen Kiels, die Saiten klingend machet.

Sauver [*gall.*] iſt ſo viel, als reſolviren, oder eine Diſſonanz in eine Conſonantz verändern.

Sauver, ein ums Jahr 1721 in Franckreich verſtorbener Mathematicus, hat zu Anfange des jetzigen Seculi, ſo wohl in Anſehung der Temperatur, Intervallen und Noten, ein gantz neues Syſtema muſicum angegeben: da er eine Octav in 43 gleiche Theile, Merides von ihm genannt, jede Meridem in 7 Heptameriden, und jede Heptameridem in 10 Decameriden eingetheilet, daß demnach eine Octav aus 30. Heptameridibus, und 3010 Decameridibus zuſammen geſetzt iſt Dieſe Merides und Heptamerides hat er zur allgemeinen Abmeſſung aller Intervallen beſtimmet, daß z. E ein Tonus major, aus 7, und ein Semitonium majus aus 4 Meridibus beſtehen ſolle; Die in einer diatoniſchen Octav befind-

lichen intervalla, welche ſonſt mit den Vocibus: ut, re, mi, fa, ſol, la, ſi, oder mit den Buchſtaben: c, d. e. f. g. a. h. c̄ pflegen bemerckt zu werden, will er durch folgende ſieben groſſe Conſonantes, als: P, R, G, S, B, L, D, davon die 3 erſtern noch den Vocalem A, und die 4 letztern den Vocalem O bekommen, exprimirt wiſſen. Da er nun, (wie ſchon gedacht) einen Tonum in ſieben Merides eingetheilet, ſo bedienet er ſich, um ſelbige auszudrucken, der Vocalium a, e, ı, i, o, u, u, ſo daß ein zwiſchen PA und RA enthaltener tonus major, der Abtheilung nach, folgender geſtalt PA, pe, pe, pi, ro, ra, ru, RA ausſiehet Hiervon, und andern Unternehmungen beſehe man mit mehrern die Acta Eruditorum Lipſienſia, an. 1706. menſe Junii, p. 270 & 271. ingleichen die Quelle ſothaner Nachricht, nemlich die Hiſtoire de l' Academie Royale des Sciences des Années 1700, & 1701. conf. Mattheſonii Forſchendes Orcheſtre hin und wieder, nach Anzeige des eten Regiſters.

Sayne [*Matthias de*] ließ an. 1595 den 1ſten Theil fünffſtimmiger Motetten zu Prage drucken. *idem ibidem.*

Sayve [*Lamberdus de*] Kayſers Matthiæ Ober-Capellmeiſter, hat an 1612 Sacras Symphonias 4. 5.- 16 vocum, zu Nürnberg in fol. drucken laſſen. ſ. *Draudii* Bibl. Claſſ. p. 1639.

Scabellum oder **Scabillum**, war ehedeſſen ein geſpaltenes Holtz, welches an die Füſſe angemacht wurde, ſo daß ſolches durch deren Bewegung einen Klang von ſich gab. Es ward auch bißweilen von Eiſen gemacht, und ſo wohl auf den theatris nebſt anderer Inſtrumental-Muſic, als bey dem Gottesdienſt gebraucht. ſ. Schöttgens Antiquitäten-Lexicon.

Scacchi(*Marco*) ein Römer, oder vielmehr von Galleſe, einem im Päbſtlichen Gebiete liegenden Städtgen gebürtig, iſt bey Sigismundo III. und Uladiſlao IV, Königen in Polen 30 Jahr lang Capellmeiſter geweſen, und in ſeinem Vaterlande verſtorben. ſ. *Berardi* Documenti Armonici, p. 11. und *Mattheſonii* Crit. Muſ T. 2, p. 77. woſelbſt p. 80. der Titul ſeines wieder Paul Seyferten, einen Organiſten zu Dantzig, geſchriebenen Buchs folgender maſſen lautet:

Cribrum muſicum ad triticum Siferticum, ſeu Examinatio ſuccincta Pſalmorum, quos non ita pridem Paulus Siferdus, Dantiscanus, in æde Parochiali ibidem Organœdus, in lucem edidit, in qua clare & perſpicue multa explicantur, quæ ſumme neceſſaria ad artem melopoeticam eſſe ſolent, Autore Marco Scacchio, Romano, Regiæ Majeſtatis Poloniæ & Sueciæ Capellæ Magiſtro. Venetiis, apud Alexandrum Vincentium 1643. fol. und im drauf folgenden XVII. §. der Inhalt daraus kürtzlich vorgetragen wird. An. 1634 hat er auch 5ſtimmige Madrigali concertati da cantarſi ſu gli ſtromenti zu Venedig drucken laſſen.

Scala [*ital. lat.*] bedeutet (1. die Stellung der 6 Guidoniſchen Sylben, welche, nachdem ſie rangirt ſind, eine oder mehr an einander gefügte Leitern gantz natürlich repræſentiren. (2. die zuſammengehörige 5 Linien.

Scaldi, waren der Gothen und Schweden Poeten, aus den edelſten und vornehmſten Geſchlechtern der Könige Räthe, und begleiteten dieſelbe in ihren Krieges-Zügen, damit ſie als teſtes oculares von ihren tapffern Thaten die ſicherſte Nachricht haben, und ſolche der Nach-Welt in Verſen hinterlaſſen könten. ſ Hrn. D. Meiers Unvorgreiffliche Gedancken über die Kirchen-Muſic, c. 2. p. 34. in der Anmerckung, aus des *Loccenii* Antiqu. Sueco-Gothic. welcher ihren Nahmen von Skallen, ſonaro herführet, weil ſie mit ſtarckem Schall ihre Lieder geſungen. Conf. *ejusdem* Criticus ſine criſi, p. 86. ſqq.

Scaletta (*Horatio*) von Bergamo gebürtig, war anfänglich zu Salo, einer am Garder See im Breſcianiſchen liegenden kleinen Stadt [lat. Salodium und Longa Salina genannt] ums Jahr 1601, und 1609 hernach zu Crema, der Haupt-Stadt in dem Venetianiſchen Gebiete Cramaſco, Capell-Meiſter an den Haupt-Kirchen; that eine Reiſe an den Frantzöſiſchen Hof, bekleidete hierauf erſtlich die Capellmeiſter-Stelle bey S. Maria Maggiore zu Bergamo, und letztlich bey S. Antonio zu Padua, woſelbſt er an. 1630 an der Peſt geſtorben. Er hat ſeinen Erben verſchiedene Medaillen, Edelgeſteine, und güldene Ketten, womit er hier und da beſchencket worden, hinterlaſſen. f. *la Scena Letteraria dè gli Scrittori Bergamaſchi del Donato Calvi.* P. 1. p. 330. welcher von deſſen ſehr vielen Operibus, nicht mehr als folgende auftreiben und aufzeichnen können, als:

Scala di Muſica per principianti, 1677.

Madrigali à ſei Voci.

Meſſa breve da morti, à 4 Voci. ſämtlich zu Venedig gedruckt.

Scalichius (*Paulus*) nennete ſich einen Fürſten della Scala, Marggrafen zu Verona und Herrn von Creutzburg in Preuſſen, aus Croatien gebürtig, war ein Philoſophus und Canonicus zu Münſter ums Jahr 1570 brachte es bey dem Chur-Fürſten von Brandenburg Alberto dahin, daß er die alten Räthe abſetzte, und andere, welche ſeine Parthey hielten, an deren Stelle annahm; wodurch er aber wenige Zeit hernach verurſachete, daß er aus Preuſſen verbannet wurde. Die neuen Räthe wurden zum Tode verdammt, und dem einen davon der Kopf abgeſchlagen. Er ſelbſt aber hat ſich vor der Zeit, ehe ſeine Intriguen kund worden, unſichtbar gemacht, dahero man nicht weiß, wo er geſtorben Man hat von ihm verſchiedene Schrifften mit prächtigen Tituln; welche das *comp.* Gelehrten-*Lexicon* alleguiret. Unter ſolchen iſt Tomo II. Miſcellaneorum, auch ein Dialogus: de Lyra befindlich. In den Unſchuld. Nachrichten des 1709ten Jahres ſtehet p. 714. ſq. folgendes von ihm: Scalichius hat zu ſeiner Zeit, nemlich gegen an. 1550. 1560. viel Redens von ſich in der Welt gemacht, und kan von ihm nachgeleſen werden *Morhofii* Polyhiſtor, T. 1. lib. 1. c. 11. §. 4. Er nennete ſich do Lika, Comitem Hunnorum & Baronem Zkradini, s Theol. Doctorem, und wolte aus der alten ſcaligeraniſchen Familie bürtig ſeyn. Er hat ſich in ſeiner Jugend zu Rom faſt wie Picus Mirandulanus bekannt gemacht, iſt hernach zu Tübingen zu unſerer (Evangeliſch-Lutheriſchen) Religion getreten, da er auch viel Bücher geſchrieben. Er gab eine Zeit lang einen Chur-Brandenburgiſchen, ingleichen Hertzogl. Preußiſchen Rath ab, kam aber in Ungnaden davon, und gieng endlich wieder zu den Papiſten über, welche Religions-Wechſel und Mengerey ſeinem generi ſtudiorum auch nicht ungemäß war. Marcus Wagner meldet in ſeinem Bericht von Nic. Storchens Aufruhr, daß zu erſt Kayſ. ſacellanus geweſen, im Colloquio Ratisbon

SCA. · SCA. 545

Ratisbon. bekehret worden, zu Königsberg mit Funccio gefährlich zugehalten, darauf davon gegangen, und würcklich päbstisch worden, auch im Closter desperat gestorben. vid. *Tenzelii* Unterredungen, An. 1694. p. 308.

Scaliger (*Josephus Justus*) der an. 1540 den 4 Aug. zu Agen in Franckreich gebohrne, und an. 1609 den 21 Januarii zu Leyden verstorbene gelehrte Criticus, bringet so wohl in Commentariis in Ætnam und Copam als Notis in M. Manilii Sphæram Barbaricam verschiedenes, alte musicalische Instrumente, hauptsächlich aber im letztern, vom 379 biß 384 Blatte, vieles die Laute betreffend, bey. Sein Epitaphium lautet folgender massen:

Æternæ Memoriæ Josephi Justi Scaligeri, Jul. Cæs. à Burden. Fil. Principum Veronensium nepotis, Viri qui invicto animo una cum parente Heroe maximo, contra Fortunam adsurgens, ac jus suum sibi prosequens, Imperium Majoribus ereptum, ingenio excelso, labore indefesso, eruditione inusitata in Litteraria Rep. quasi fataliter recuperavit: sed præsertim ejusdem modestiæ, quod sibi fieri vetuit, iidem qui in urbem hanc vocarunt Curatores Academiæ, ac Urb. Coss. hoc in loco monumentum P. F. I. C. Ipse sibi æternum in animis hominum reliquit. Obiit XXI. Januarii M. DC. IX.

s. *Isaaci Bullarti* Academie des Sciences & des Arts, T. II. liv. 3. fol 202.

Scaliger (*Julius Cæsar*) der Vater des vorigen, gebohren an. 1484 zu Riva am Garder-See in Italien, war erst ein Franciscaner, diente hierauf Kayser Maximiliano, wie auch nachgehends dem Könige in Franckreich, Francisco I. als Rittmeister; heyrathete zu Agen, practicirte allda als ein Medicus mit grossem Ruhm, und starb anno 1558 im October-Monath. s. das *comp.* Gelehrten-*Lexicon*, woselbst von beyden Scaligeris noch andere merckwürdige Umstände zu lesen stehen. Unter seinen Schrifften ist eine Commentatio: de Comœdia & Tragœdia, ejusque apparatu omni & partibus, welche im 8ten Tomo des Thesauri Gronoviani den 10ten tractat, und 7 Bogen in folio ausmachet. Sie bestehet aus 23 Capiteln, folgenden Inhalts:

Cap. 1. de Comœdia & Tragœdia.
 2. de Tragœdia.
 3. de Comœdiæ speciebus.
 4. de Tragœdiarum speciebus.
 5. de Comœdiæ & Tragœdiæ partibus.
 6. de Mimo.
 7. de Tragœdiæ partibus. De Choro iterum.
 8. de Satyra.
 9. de Comicis Personis.
 10. de Personis certis.
 11. de Mimicis Personis.
 12. de Tragicis Personis.
 13. de Satyricis Personis.
 14. de Saltatione.
 15. de Modis & Tibiis.
 16. de Tibiis.
 17. de Theatro.
 18. de Ludis.
 19. de Ludis Græcis Pythiis.
 20. de Olympiis.
 21. de Nemeis.
 22. de Isthmiis.
 23. de Ludis aliis minus nobilibus.

Sonsten handelt er auch im 57 Capiteln des IIten Buchs, de Arte Poëtica, vieles von musicalischen, und dahin zu referirenden Dingen. Seine in der Augustiner-Kirche zu Agen befindliche, und von *Bullario* lib. 2. f. 72. del' Academie des Sciences & des Arts angeführte Grabschrifft ist folgende:

Julii Cæsaris Scaligeri quod fuit obiit
Anno M. D. LVIII. Kal. Novembris ætatis suæ LXXV.

Scalmus [*lat.*] σκαλμός [*gr.*] le clou de la marche [*gall.*] bedeutet beym Mersenno lib. I. de Instrum. harmon. Prop 7. den Stifft, woran sich die Claviere auf Clavichordiis, Clavicymbeln und Orgeln bewegen.

Scandelli (*Antonio*) ein Italiäner, war bey dem Churfürsten von Sachsen, Mauritio, Capellmeister, und verfertigte über dessen Epitaphium eine 6stimmige Missam, welche Georgius Fabricius, an. 1558 heraus gegeben hat. Churfürst Augustus behielt ihn gleichfalls, da er denn an. 1570 Cantiones germanicas 4 & 5 vocum; ferner dergleichen 4stimmige zu Nürnberg in 4to drucken lassen. Anno 1575 sind von seiner Arbeit auch 5 und 6stimmige geistliche teutsche Lieder mit

mit Inſtrumenten, nebſt einem 8ſtimmigen Dialogo zu Dreßden gedruckt worden; und an. 1583 iſt liber primus Cantionum Neapolitanarum 4 voc. zu Nürnberg ans Licht getreten. Daß er an. 1562 gegen Weynachten zur Muſic-Direction in der Churfürſtl. Hof-Capelle zu Dreßden gelanget, und an. 1580 den 18ten Januarii daſelbſt geſtorben ſey; hat Hr. D. Joh. Andr. Gleich in der Dreßdniſchen Reformations- und Hof-Prediger-Hiſtorie, und zwar im Vorbericht, c. 10. §. 2. p. 95. angemercket.

Scandellus (*Auguſtus*) iſt an. 1583 ein Alumnus in der Schul-Pforte, hierauf ein Chur-Sächſ. Vocal- und Inſtrumental-Muſicus, nachgehends aber am Braunſchweigiſchen Hofe bedient geweſen, und als er von da nach Dreßden retourniret, in ſeiner vorigen Bedienung daſelbſt geſtorben. ſ. *M. Juſtini Pertuchii* Chronicon Portenſe, p. 202. Vermuthlich iſt er ein Sohn des Capellmeiſters geweſen.

Scanello [*ital.*] ein Steg auf Inſtrumenten.

Scaphiſias, oder Caphiſias, iſt ein trefflicher Pfeiffer, und auf des Alexandri M. Beylager mit zugegen geweſen. ſ. *Athen.* lib 12. p. m. 538.

Scapitta (*Viacenzo*) von Valenza, einer im Hertzogthum Mayland am Po-Fluß liegenden feſten Stadt gebürtig, war beym Ertz-Hertzoge von Oeſterreich, Leopoldo, ſein Muſicus und Capellan, und gab an. 1630 eine Muſica di Camera zu Venedig in Druck.

Scapus [*lat.*] der Hals an beſaiteten Inſtrumenten, als Violinen, u. d. g.

Scapi tabula [*lat.*] das Griff-Bret, ſo am Halſe ſich befindet. la touche du manche [*gall.*] ſ. *Merſen.* lib. 1. de Inſtrum. harmon. Prop. 7.

Scarabelli (*Diamante Maria*) iſt eine vortreffliche und künſtliche Sängerin geweſen. ſ. *Amaranthis* Frauenzimmer-Lexicon.

Scarani (*Giuſeppe*) war Organiſt bey dem Hertzoge zu Mantua, und ließ an. 1641 Motetten in Venedig drucken. Im Parſtorferiſchen Muſic-Catalogo ſtehen 2. 3. 4 und 5ſtimmige Concerti Ecclesiaſtici, ingleichen 2 und 3ſtimmige Sonate Concertate von ihm angeführet.

Scarlatti (*Aleſſandro*) hat zwey Wercke, als: Cantate à una e due Voci; und Motetti à una, due, tre, e quattro Voci con Violini geſetzet, welche in Amſterdam bey Roger zu haben ſind. Daß ihrer zweene alſo heiſſen, und der ältere in Neapolis; der jüngere aber in Rom Capellmeiſter ſey, lieſet man in des ſeel. Hrn. Capellmeiſter Zeinichens G.B. p. 797. Dieſen berühmten Römiſchen Capellmeiſter hat der König von Portugall an. 1728 in Dienſte genommen, und ihm zu ſeinen Reiſe-Koſten 2000 Thaler auszahlen laſſen. ſ. die Hälliſche Zeitungen *nro. CXXII*.

Schabtai ben Joſeph, ein Rabbine und Baßiſt zu Prag, iſt ein Bruder des Rabbinen, Jacobi Strimerii geweſen, und hat an. 1681 unter einem Hebräiſchen Titul, welcher auf Latein ſo viel, als *Labia Dormientium* bedeutet, einen Tractat zu Amſterdam in 4to drucken laſſen, in welchem, nach Anzeige der Actorum Erudit. Lipſ. an. 1682. menſ. Jul. p. 203. und zwar im 3ten Capitel der zweyten Section, unter andern auch muſicaliſche Bücher der Juden angeführt werden.

Schadæus (*Abraham*) Rector zu Speyer, von Sennftenberg gebürtig, ließ ſein aus den vornehmſten Auctoribus zuſammen getragenes Promptuarium muſicum an. 1611. 1612. 1613 und 1617 ans Licht treten. Der erſte Theil davon beſtehet aus 9 Büchern in 4to, und iſt an. 1611 in Straßburg gedruckt worden; Caſpar Vincentius, Organiſt zu Speyer, hat den General-Baſs dazu geſetzt.

Schade (Johann) ein Orgel-Macher aus Weſtphalen, hat ums Jahr 1628 floriret, und nicht allein die im Münſter zu Aachen aus 24 Regiſtern beſtehende Orgel, ſo über 2600 Thaler gekoſtet, ſondern auch zuvor eine bey S. Voilani von 17 Regiſtern für 1800 Aacher Thaler, ingleichen eine bey den Regulirern, Carmeliten, Weiſſen Frauen zu Rüremond, Erckelens, und an mehr andern Plätzen gebauet. ſ. *Joan. Noppii* Aacher Chronicke, p. 25.

Schaffen [*Henri. us*] ließ an. 1565 zwey fünfſtimmige Motetten-Bücher zu Venedig in 4to drucken. ſ. *Draudii* Bibl. Claſſ. p 1639.

Schaffnitz, ein Lautenist, hat in Chur-Bayeriſchen Dienſten als Lieutenant geſtanden, und artige Sachen vor die Laute componiret. ſ. *Barons* Unterſ. des Inſtruments der Laute, p. 76.

Schalſim, war bey den Juden ein muſicaliſches Inſtrument von drey Saiten, welche mit einem von Pferde-Haaren angeſtrenstrengten Bogen gestrichen wurde, aus Holtz also gemacht, daß es am untern Theil hohl war, oben aber einen Halß hatte, wie unsere kleine Geigen. s. Printzens Mus. Hist. c. 3. §. 9. woselbst die Abbildung davon zu sehen ist

Schallmey, ist ein teutsches berohrtes Blas-Instrument; it. ein Orgel-Register von 8 und 4 Fuß-Ton.

Schauer (Carl) ein Musicus in der Pohln. Capelle an. 1729. s. den Dreßdenischen Hof-und Staats-Calender.

Schedius [*Paulus Melissus*] oder Sched, war gebohren an. 1539 den 20 Dec. zu Melrichstadt oder Mellerstadt, einer kleinen im Bischofthum Würtzburg am Wasser Stray liegenden Stadt und Amt, studirte zu Zwickau, an. 1557 zu Jena, begab sich von hier an. 1561 nach Wien, u. wurde an. 1564 vom Kayf. Ferdin. selbst zum Poeten gekrönet. Lebte nachgehends eine Zeitlang zu Leipzig u. Wittenberg, ingleichen am Würtzburgischen Hofe, wurde hernach Hofmeister über 42 Cadetten zu Wien, und that folgends Kriegs-Dienste unter der Kayserl. Armee in Ungarn. Gieng an. 1567 nach Franckreich, und ferner nach Padua, allwo er zum Comite Palat. Equite aurato und cive Romano gemacht wurde. Ferner that er eine Reise nach Engeland, und als er wieder zurück kam, berief man ihn an. 1571 zum Bibliothecario in Heydelberg, allwo er, nachdem er erst an. 1593 in Ehestand getreten, an. 1602 den 3 Febr. in einer Ohnmacht gestorben. s. das comp. Gelehrten-Lexicon, und *M. Tobiæ* Schmidts Chron. Cygn. p. 489. woselbst aus *M. Wolffgang* Krügers Catalogo vel Historiologia Virorum gente & mente, arte & marte, genio & ingenio illustrium und dessen 212ten Blatte noch angeführet wird: daß er auch Rath und Professor zu Heydelberg gewesen; und am 487 Blatte vorgedachter Zwickauischen Chro-"nicke wird er genennet:" ein überall "beruffener hochbelobter Poet, und Mu-"sicus, dessen Compositiones in der "Cantorey zu Zwickau biß an. 1656 ge-"bräuchlich gewesen."

Schedlich (David) war Organist zu S. Laurentii in Nürnberg, und gab baselbst sein aus Balletten, Couranten und Sarabanden bestehendes Musicalisches Klee-Blatt, von 2 Violinen und einer Violetta, an. 1665. auf eigene Kosten, in breit-klein-octav heraus. Die Zuschrifft ist an Jemand und Niemand.

Schedlich (Jacob) ließ an. 1613 vierstimmige Magnificat und Intonationes precum vespertinarum über die 8 Kirchen-Tone, zu Leipzig in 4to drucken s. *Draudii* Bibl. Class. p. 1632.

Scheele (Johann) Dom-Organist in Bremen an. 1721, hat ein 50 stimmiges Orgel-Werck unter Händen, so der berühmte Orgelmacher zu Hamburg, Arp Schnitker, von an. 1694 bis 1698 erbauet, und 8000 Thaler gekostet hat.

Schefferus (*Martinus*) oder, wie ihn Lipenius nennet, Schefflerus, gab an. 1605 zu Hildesheim in zwey Büchern Sylvulas musicas in 8vo heraus.

Schefferus (*Paulu.*) hat zwey Bücher oder Theile Melodiarum Biblicarum von 5 und 6 Stimmen; ferner zwölff Intraden und Couranten, nebst einem 6stimmigen Canzon, an. 1619 zu Breslau in 4to drucken lassen. s. *Draudii* Bibl. Class. p. 1570 & 1627.

Scheibel (Gottfrid Ephraim) ein Candidatus Ministerii von Breslau gebürtig, hat an. 1721 Zufällige Gedancken von der Kirchen-Music, wie sie heutiges Tages beschaffen ist, zu Franckfurth u. Leipzig in 8vo ans Licht gestellet. Es bestehet diese Schrifft aus 5¼ Bogen: das erste Capitel handelt von der Music überhaupt; das 2te: von dem Endzwecke der Music, oder der Bewegung der Affecten; das 3te: von der Kirchen-Music in specie; das 4te: von der Nothwendigkeit der Kirchen-Music; das 5te: daß die Kirchen-Music mit der Weltlichen in movirung der Affecten nichts eigenes habe; das 6te: von den unterschiedenen Arten der Kirchen-Music; das 7de: von der Bestellung eines Chori musici in der Kirchen; und das 8te: von der Materie der Kirchen-Music, oder, wie ein musicalischer Text aussehen soll.

Scheidemann (Heinrich) Organist an der S. Catharinen-Kirche in Hamburg, ist an. 1654 gestorben, und so wohl wegen seiner Composition, als seines Spielens dergestalt berühmt gewesen, daß ein grosser Musicus zu Amsterdam, als er gehöret, daß Adam Reincke an des Scheidemanns Stelle gekommen, ge-"sprochen:,, es müsse dieser ein verwege-"ner Mensch seyn, weil er sich unterstan-",,en, in eines so sehr berühmten Mannes ",Stelle zu treten, und wäre er wohl so cu-",rieux, denselben zu sehen.,, Reincke hat ihm hierauf den aufs Clavier gesetzten Kirchen-Gesang: An Wasser-Flüssen Ba-

Babylon, mit folgender Beyschrifft zugesandt: Hieraus könne er des verwegenen Menschen *Portrait* ersehen. Der Amsterdaminische Musicus ist hierauf selbst nach Hamburg gekommen, hat Reincken auf der Orgel gehöret, nachher gesprochen, und ihm, aus veneration, die Hände geküsset.

Scheidt (Samuel) von Halle gebürtig, ist daselbst des Administratoris, Christiani Wilhelmi, Organist und Capellmeister gewesen, hat sich auch mit seiner Kunst, und seinen musicalischen in Hamburg, Leipzig u. Halle gedruckten Schrifften dergestalt berühmt gemacht, daß ihm unter dem gemahlten grossen Crucifix-Bilde, so in der L. Frauen-Kirche-Bibliothec zu Halle befindlich ist, bey seinem effigie, und bey der Orgel der S Moritz-Kirche daselbst (zu deren Erbauung er ein ziemliches beygetragen hat) nachstehende Disticha zum Ehren-Gedächtniß gesetzt worden:

Hæc est effigies Samuelis Scheidii, acumen
  Ingenii cujus nulla figura capit.
Musicus hic quantus, vocale & chroma vibratum
  Extaticis digitis, organa, scripta docent.
Defunctus in Domino die crucifixi Salvatoris Anno M. DC. LIV.
  Ætatis LXVII.

Daß er am 24ten Mertz nurgedachten 1654ten Jahrs gestorben sey, lieset man in VVittenii Diario Biographico. In Draudii Bibliotheca Classica werden nachstehende von unserm Auctore edirte Wercke angeführet, als:

Cantiones sacræ 7 vocum, an. 1621, in Hamburg.

Concertuum sacrorum pars prima, 2. 3. 4. 5. 8. & 12 vocum, adjectis Symphoniis & Choris instrumentalibus, gleichfalls daselbst in nurgedachtem Jahre gedruckt; it. ibidem & eodem anno

Ludorum musicorum 1ma & 2da Paris, aus 4. 5. und 6stimmigen Paduanen, Gaillarden, Allemanden, Canzonen und Intraden bestehend.

Die Cantiones sacræ 8 vocum, an der Zahl 39 Stücke, sind an 1620 in klein folio zu Hamburg ans Licht getreten. Seine aus drey Theilen bestehende Tabulatura ist an. 1624 zu Hamburg in folio gedruckt worden. Im 1sten Theile sind enthalten:

(1. vier Variationes über das Kirchen-Lied. Wir glauben all' an einen GOtt.

(2. eine aus einer 4fachen Fuge bestehende Fantasia über: Io son ferito.

(3. neun Variationes über das Lied: Vater unser im Himmelreich rc.

(4. eine 2. 3. und 4stimmige Fantasia über das ut, re, mi, fa, sol, la.

(5. zwölff Variationes über das Lied: Warum betrübst du dich mein Hertz.

(6. ein vierstimmiges Passamezzo, zwölffmahl variirt.

(7. ein Niederländisches Liedgen von zwölff Variationibus.

(8. und 9. Zwo vierstimmige Couranten.

(10. ein sieben mahl variirtes Niederländisches Liedgen.

(11. ein aus zehn Variationibus bestehendes Frantzösisches Liedgen.

(12. sechs Variationes über das Lied: Da JEsus an dem Creutze stund

(13. eine 4stimmige lange Fantasia über: Ich ruff zu dir HErr JEsu Christ.

Hierauf folgen XII. Canones verschiedener Art. Diesen 1sten Theil hat der Auctor dem Churfürsten zu Sachsen, Joanni Georgio, und dem Marggrafen von Brandenburg, Christiano, zugeschrieben.

Im 2ten Theile sind enthalten: (1. eine Fuga contraria 4 vocum (2. ein Echo. (3. eine vierstimmige Fuge. (4. zwo Variationes über das Lied: Hertzlich lieb hab ich dich o HErr. (5. fünff Variationes über Christ lag in Todes-Banden. (6. eine dreystimmige Fantasie. (7. neun Variationes über das Lied: Christe, der du bist Tag und Licht. (8. ein aus fünff Variationibus bestehendes Engländisches Lied (9. Gelobet seystu JEsu Christ rc. von 8 Veränderungen. Diesem folgen zwo variirte Allemanden, und den Schluß machet eine Toccata Diesen zweyten Theil hat der Auctor dem Rathe zu Nürnberg, Dantzig und Leipzig dediciret.

Im 3ten Theile, welchen der Auctor
(gleich

(gleich den vorigen beyden) lateinisch dem Magistrate zu Lübeck, Hamburg, Lüneburg und Magdeburg gewidmet hat, kommen vor: (1. ein Kyrie Dominicale. (2. neun Magnificat. (3. fünff Variationes über: Christum wir sollen loben schon. (4. eben so viel Variationes über das Lied: Nun komm der Heyden Heyland. (5. sieben Variationes über: Christe der du bist Tag und Licht. (6. fünff Veränderungen über den Gesang: Der Heiligen Leben thut stets ɛc. (7. drey Variationes über: Komm GOtt Schöpffer, Heiliger Geist. (8 sieben Variationes über: Der du bist drey in Einigkeit (9. Der Choral: Wir glauben all' an einen GOtt. (10. sechs variirte Verse über das Communion-Lied: JEsus Christus unser Heyland. Zum Beschluß folget eine Manier, auf dem vollen Wercke mit dem Pedal zu spielen. Sämtliche drey Theile betragen über 8 Alphabet. Sonsten habe von seiner Arbeit noch folgende Sachen gesehen, nemlich: liebliche Krafft-Blümlein Concert-weise mit zwo Stimmen und G B. gesetzet, an 1625 zu Halle, in Melchior Oehlschlegels Druckerey und Verlag, in 4to verfertiget; ferner Geistliche Concerten, mit 2 und 3 Stimmen, nebst einem G. B. auf alle Fest-und Sonntage durchs gantze Jahr zu gebrauchen, in vier unterschiedenen Theilen. Der 1ste davon ist an. 1631 zu Leipzig in 4to gedruckt worden, und enthält 20 Choral-Lieder; unter solchen sind folgende drey, als: Vater unser im Himmelreich, im Discante; Christ unser HErr zum Jordan kam, im Tenore; und ich ruff zu die HErr JEsu Christ, im Baße, zusammen componiret. Es ist auch ein Tabulatur-Buch 100 geistlicher Lieder und Psalmen von 4 Stimmen, zu Görlitz an. 1650. und 1653 in folio heraus gekommen.

Schein (Johann Herrmann) von Grünhayn in Meissen gebürtig, allwo sein Vater, M. Hieronymus Schein, damahls Pastor, vorher aber Con-Rector zu Annaberg, und Pastor zu Arnsfeld gewesen, versahe in seiner Jugend in der Chur-Sächsischen Capelle 4 Jahr lang die Stelle eines Discantisten; wurde nach einiger Zeit Capellmeister allhier in Weimar, und nach 2 Jahren Director Musices in Leipzig, woselbst er an. 1631, oder nach VVittenii Bericht, an. 1630 gestorben. s. das Historische Register des Naumburgischen Gesang-Buchs, p. 67 und Wetzels Lieder-Historie, P. 3. p. 45. daß er an. 1603 den 18 May ein Alumnus in der Schul-Pforte geworden, und in Leipzig studiret, liefet man in M. Justini Pertuchii Chronico Portensi, p. 24. Seine heraus gegebene Sachen sind folgende:

Concerten von 4 Stimmen, an. 1612 zu Leipzig in 4to gedruckt, als er daselbst schon Musik-Director gewesen.

Cymbalum Sionium. aus 30 halb teutsch- und halb lateinischen mit 5. 6. 8. 0. und 12 Stimmen gesetzten Cantionibus bestehend, an. 1615 in Leipzig gedruckt, und Hrn. Christiano VVilhelmo, postulirtem Administratori des Primat-Ertz-Stiffts Magdeburg dediciret.

Opellæ novæ erster Theil, oder geistliche Concerten von 3. 4. und 5 Stimmen, an. 1618 zum ersten- und 1627 zum zweyten mahle in Leipzig gedruckt.

Opellæ novæ zweyter Theil, oder geistl. Concerten von 3. 4. 5. und 6 Stimmen, an. 1626 zu Freyberg (Leipzig) in 4to gedruckt.

In diesem Wercke sind 27 teutsche, und 5 lateinische Stücke enthalten.

Das Israëlis-Brünnlein von 6 Stimmen, an. 1623 zu Leipzig in 4to gedruckt.

Seine also genannte Musicam - Boscarecciam - sacram von drey Stimmen hat Ein Liebhaber Der Musik, mit geistlichen Texten gezieret, an. 1651 zu Erffurt in Druck gegeben. Oben gedachter VVitte allegiret Cantilenas Sylvestres, und Odas Amorum sive Corollam Veneris; Das erste Werck von diesen beyden dürffte wohl die vorgemeldte Musicâ Boscareccia, oder Wald-Lieder seyn, welche, nachdem sie geistliche Texte bekommen, auch den Zusatz am Titul erhalten haben.

Schelguigius (*Samuel*) hat an. 1671 eine Disputation: de Musica, zu Thoren gehalten, und in 4to drucken lassen f. E. Franckens von Franckenau Disp. Medic. de Musica, p. 456. daß er als Doctor, Professor Theologiæ und Pastor zur H. Dreyeinigkeit, auch Rector des Gymnasii zu Dantzig, an. 17.. den 13 Januarii verstorben, dessen berichten uns die theologischen Annales und zwar das

2te Decennium des XVIII. Seculi Hrn. D. Valentin Löschers, p 659.

Schellius (*Jacobus*) Cantor der Schule zu Eißfeld in Francken, ließ seinen aus dem 121ten Psalm genommenen, und mit 6 Stimmen componirten Christlichen Wunsch und Seegen, als Johann Lattermann von da nach Erffurt zum Ober-Geleitsmann vocirt wurde, dieselbst an. 1618 in 4to drucken.

Schellius (*Johannes*) eines Cantoris, gleiches Vornahmens, Sohn, von Geysingen, einem in Meißnischen Ertz-Gebürge liegenden Städtgen, gebürtig, ist bey S. Thomæ in Leipzig bis an. 1701 Cantor und Music-Director gewesen; er hat zwar nichts in Druck, wohl aber viele Music-Stücke und Jahrgänge geschrieben heraus gegeben, und bekannt werden lassen. Daß er in seiner Jugend in der Churfürstl. Capelle zu Dreßden die Music bestellen helffen, von dar nach Wolffenbüttel recommendirt, daselbst von Hertzog Anton Ulrichen mit einem Ringe von seinem Finger bey der Abreise beschencket worden; als er zu Leipzig studiret, beym damahligen Organisten an der S. Thomas-Kirche, Hrn. Gerhard Preisensin, freye Kost und Wohnung, und hierauf das Cantorat in Eilenburg bekommen habe; lieset man in Hrn. Uhsens wohl-informirten Redner, p. 395. sq.

Schenck (*Joannes*) ein Chur-Pfältzischer Cammer-Musicus und Violdigambist, hat verschiedene Wercke ediret, davon in des Roger Catalogo folgende stehen, als:

Sang-Airen van d' Opera van Ceres en Pachus. Opera 1.

Konst-oeffeningen, oder quinze Sonates à une Basse de Viole, e Basse Continue. Opera 3.

Scherzi Musicali, ou Suittes pour une Basse de Viole, & une Basse Continue, composées de Preludes, Allemandes, Courantes, Chaconnes, &c. Opera 6.

XVIII. Sonate à Violino solo e Basso Continuo. Opera 7.

La Nimphe del Rheno, contenant douze Sonates à deux Basses de Viole, composées de Preludes, Allemandes, Sarabandes, Courantes, Giques, Chaconnes, Ouvertures, Gavottes, Menuets, Passacailles, &c. Opera 8.

L'Echo du Danube, contenant des Sonates à une Basse de Viole e Basse Continue, à une Basse de Viole & Basse Continue ad libitum, & à une Basse de Viole sans Basse Continue. Opera 9.

Les Bisiareries de la goûte, contenant douze Sonates à une Basse de Viole & Basse Continue. Opera 10.

Scherard (*Giacomo*) oder Sherard, von seiner Arbeit sind bey Roger zu Amsterdam in Kupfferstich zu haben: Sonate à tre, due Violini, Violoncello e Continuo. Opera 1. XII Sonate à tre, due Violini, Violoncello e Continuo. Opera 2.

Scherer (*Hanß*) ein Orgelmacher, hat an. 1576 zu Bernau in der Marck, und an. 1580 zu Stendal in die L. Frauen-Kirche ein aus 29 Stimmen bestandenes Werck gebauet, dessen dispositon beym Prætorio Tom 2. Syntag. Mus. p. 176. sq. zu ersehen ist.

Scherer (*Sebastian Anton*) gab an. 1656 Musicam Sacram, h e. Missas, Psalmos, & Motettas 3. 4. & 5 voc. cum Instrumentis, als sein 1stes aus 9 Stücken bestehendes Werck zu Ulm in 4to heraus, und dedicirte solches dem Magistrat daselbst in lateinischer Sprache. Auf diesem Wercke nennet er sich: einen Musicum Ulmensem. Als Vice-Organist daselbst, hat er an. 1664 in folio ediret: Operum musicorum secundum, distinctum in libros duos: Tabulaturam in Cymbalo & Organo Intonationum brevium per octo Tonos, & Partituram octo Toccatarum usui aptam cum vel sine Pedali, mit gedruckten Noten in Discant, Alt, Tenor, und Baß gesetzt. Es ist 26 Bogen starck, und dem Collegio musico in der Reichs-Stadt Meiningen vom Auctore lateinisch zugeschrieben worden. In eben diesem 1664ten Jahre hat er auch librum primum Tabulaturæ in Cymbalo & Organo Intonationum brevium per octo Tonos selbst in Kupffer gestochen, und in folio, 8 Bogen starck, heraus gegeben. Von seiner Composition sind auch Suites auf die Laute in folio heraus gekommen. s. Lotters Music-Catal.

Scherzi musicali [*ital.*] sind allerhand musicalische weltliche Lieder.

Scheyrer (*Bernhardus*) ein Römisch-Catholischer Geistlicher, hat eine Musicam aam choralem theoretico-practicam drucken laſſen.

Schiaſſi (*Gajetano Maria*) ein Violiniſt und Academico Filarmonico, von Bologna gebürtig, hat XII. Concerti a Violino principale, Violino primo di ripieno, Violino ſecondo obligato, Alto Viola, Violoncello ò Cembalo, als ſein erſtes Werck, heraus gegeben. In der Ceneſchen Handlung zu Amſterdam iſt es in Kupfferſtich zu haben.

Schiavettus (*M. Julius*) hat an. 1565 fünff-und ſechsſtimmige Motetten zu Venedig in 4to drucken laſſen. ſ. *Draudii* Bibl. **Claſſ**. p. 1639.

Schickhard (Johann Chriſtian) ein annoch lebender Muſicus in Hamburg, hat folgende Sachen bey Roger zu Amſterdam graviren laſſen, als:

Sonates à une Flûte & Baſſe Cont. Opera 1.
Sonates à un Hautbois & B. C. Opera 2.
Sonates à une Flûte & Baſſe Continue. Opera 3.
Sonates à deux Flûtes & B. Opera 4.
Sonates a une Flûte, deux Hautbois ou Violons, une Viole de Gambe & Baſſe Continue. Opera 5.
Sonates à deux Flûtes & Baſſe. Opera 6.
XII. Sonates à deux Hautbois, Baſſe de Violon & B. C. Opera 7.
Sonates à un Hautbois, & Baſſe Continue. Opera 8.
Sonates à deux Flûtes & une Baſſe Cont. ad libitum. Opera 9.
Sonates à deux Hautbois & Baſſe Cont. Opera 10.
Recueil de Menuets a un Hautbois & B. C. Opera 11.
Principes de la Flûte, contenant des Airs a deux Deſſus ſans Baſſe, propres a pouſſer un écolier tres avant & la maniere de faire tous les Tons & toutes les Cadences ſur cet Inſtrument. Opera 12.
Concerts a deux Hautbois, deux Violons, Baſſe & B. C. Opera 13.
XIV. Sonates a un Hautbois, une Flûte, une Baſſe & B. C. Opera 14.
Principes du Hautbois, contenant des Airs a deux Hautbois ſans Baſſe, tres propres a aprendre jouer du Hautbois & la maniere de faire tous les Tons ſur cet Inſtrument. Opera 15.
XII. Sonates a deux Flûtes & Baſſe. Opera 16.
VI. Sonates a 4 Flûtes & Baſſe Cont. Opera 19.
Sonates a un Hautbois & Baſſe Cont. Opera 20.
Airs Spirituels des Lutheriens a 2. Flûtes & Baſſe. Opera 21.
Sonates a un Hautbois 2. Flûtes & B. C. Opera 22.

Schiebel (Johann Georg) ein Poet, Rector und Cantor zu Ratzeburg, ſchrieb unter andern: Curieuſeſte Wunder-Wercke der Natur, ſo ſie durch den einſtimmenden Klang an Menſchen, Vieh, und allen Creaturen ausübet, ꝛc. und ſtarb den 2ten May an. 1684. ſ. das comp. Gelehrten *Lexic.* und J. G. Ahlens muſicaliſches Herbſt-Geſpräche p. 4.

Scheiffelholz (*Joan. Paul.*) hat VIII. Concerten, a Violino Principale, 2. Violini, Viola, Violoncello & Organo in folio heraus gegeben. Es iſt ſein erſtes Werck. ſ. Lotters Muſic-Catal.

Schiefferdecker (Johann Chriſtian) des ſeel. Buxtehudens Schwieger-Sohn und Succeſſor am Organiſten-Dienſte bey S. Marien in Lübeck, hat ehemahls XII. muſicaliſche Concerten componirt gehabt, welche, mit ſeiner Genehmhaltung, ein anderer an. 1714 zu Hamburg in folio zum Druck befördert. Nach des Hrn. Mattheſons Bericht p. 184. ſqq. ſeines Muſicaliſchen Patrioten, haben folgende auf dem Hamburgiſchen Theatro aufgeführte Opern, ihn, wegen der Muſic, zum Auctore, als: Alaricus; Der erſte Actus von der Oper-Victor genannt; Regnerus; und Berenice, ſämtlich an. 1702 executirt. An. 1716. Juſtinus.

Schietto [*ital.*] ohne Zierrath. Schiettamente, Adv. [*ital.*] ſchlecht weg.

Schiff (Chriſtian) Chori muſici Director zu Lauben, hat an. 1694 das Tractätgen Joh. Muſcovii: vom rechten Gebrauch und Mißbrauch der Kirchen-Muſic, ꝛc. wiederleget.

Schild (Anton) von Hannover, war unter den 53 verſchriebenen Organiſten der eilffte, welcher das an. 1596 in die Schloß-Kirche zu Grüningen erbauete Orgel-Werck beſpielte und examinirte. ſ. Werckmeiſters Organ. Gruningenſe redivivum, §. 11.

Schild (Melchior) ein an. 1668 verstorbener Componist, und dergestalt berühmt gewesener Organist zu s. Georgii und Jacobi in Hannover, daß man von ihm gesprochen: Er könne, nachdem es ihm gefällig, spielen, daß man lachen oder weinen müsse; hat die Gnade gehabt, daß Herzog Christian Ludwig ihn öffters in seinem Wagen nach Hofe holen lassen, da er denn von selbigem und andern so reichlich beschenckt worden, daß, ob er wohl nur ein Salarium von 100 Rthl. gehabt, er dennoch seinem Sohne und Tochter 12000. Reichs-Thaler hinterlassen, auch ein jährliches Stipendium von 80 Thalern gestifftet. Der Sohn hat zu des Vaters Leb-Zeit studiret, und ist nachgehends Rittmeister; die Tochter aber an einen Amtmann verheyrathet worden.

Schimperlin (Christian) von Ochsenhausen gebürtig, ließ an. 1616 vier achtstimmige Missen zu Augspurg in 4to drucken. s. *Draudii* Bibl. Class. p. 1636.

Schindler (Andreas) und Johann Adam Schindler stehen beyde als Waldhornisten bey der Königl. Capelle und Cammer-Music zu Dreßden an. 1729 in Diensten. s. den dasigen Hof- und Staats-Calender.

Schisma [*lat.*] σχίσμα [*gr.*] heisset eine Spaltung, von σχίζειν, scindere, findere, und bedeutet die Helffte eines Commatis musici. s. *Martinii* Lex. Phil. und *Roberti* de Fluctibus Templum Musices, lib 3.

Schlegel (Valentin) von Waldhausen, ließ 13 Psalmen drucken.

Schlick (*Arnoldus*) ein Magister, war ums Jahr 1535 am Pfälzischen Hofe Organist. s. *Ornithoparchi* Microlog. lib. 4. woselbst er ein Musicus consummatissimus, ac Palatini Principis Organista probatissimus genennet wird.

Schlickius (*Rudolphus*) hat an. 1588 eine Exercitation: de Musicæ origine, cultu, dignitate, &c. zu Speyer in 8vo drucken lassen. s. *Thomas Hyde* Catal. Biblioth. Bodlejanæ.

Schlinsky, ein Böhmischer Lautenist. s. Barons Unters. des Instrum. der Laute, p. 76.

Schmelzer Johann Heinrich) ein Oesterreicher, war an. 1655 ein Kayserl. Instrumental-Musicus, nachgehends aber Kayf. Vice-Capellmeister, und an. 1695 noch am Leben. Von seiner Arbeit ist an. 1662 zu Nürnberg in länglicht folio gedruckt worden: Sacro-profanus Concentus musicus fidium aliorumque Instrumentorum. Es bestehet dieses Werck aus 13 Sonaten von Violinen, Violen, Tromben, &c. Er hat auch XII. Sonaten à Violino solo herausgegeben. Daß er dem Gio. Felice Sances, und zwar als der erste Teutsche in der Capellmeister-Charge succediret habe, auch vom Kayser baronisiret worden sey, dessen bin vom Hrn. Capellmeister Aschenbrennern versichert worden.

Schmelzer (Andreas Anton) des vorigen Sohn, hat als Director der Kayserlichen Instrumental-Music, Ober-Instrumentist und erster Violinist, ums Jahr 1677 floriret.

Schmelzer (Peter) war an. 1721 und 1727 ein Kayserl. Violinist.

Schmelzer (Georg) hat an. 1671 Motetten oder Cantiones sacras von 2. 3. 4. - 9 Stimmen, so wohl an Instrumenten als concertirenden Sing-Stimmen, zu Augspurg in länglicht folio drucken lassen.

Schmidbauer (Frantz) ein Kayserl. Violdigambist an. 1721, und 1727.

Schmid (Johann) ist Organist zu Luckau in der Nieder-Lausitz, und ein Scholar des Hrn. Schiffs. s. den Brief des Hrn. *Roubenii*, an. 1720. an den Hrn. Capellmeister Mattheson geschrieben, und im 2ten Tomo der Crit. Mus. p. 263. befindlich.

Schmidius (*Joan. Andreas*) SS. Theol. Doctor & Antiquit. Eccles. Professor zu Helmstädt, auch Abt zu Marienthal, hat an. 1708 eine Dissertation: de Cantoribus Veteris Ecclesiæ an erstgedachtem Orte gehalten. An. 1715. ist noch eine andere: de Elisæo ad Musices sonum Propheta, daselbst von ihm in 4to gedruckt worden.

Schmidt (Bernhard) hat an. 1607 ein Tabulatur-Buch, auf Orgeln und Instrumenten zu gebrauchen, colligirt, und zu Straßburg in folio drucken lassen.

Schmidt (Christoph) ein Magister und Rector zu Sondershausen, von Gera gebürtig, schrieb an. 1687 im Octob. ein Programma von einen halben Bogen: de Musica.

Schmidt (Jacob) ein Musicus des Churfürsten von Brandenburg, Georgii Wilhelmi, gab an. 1620 die von Nicolao Zangio

Zangio hinterlassene teutsche Quodlibete von 5 und 6 Stimmen, zu Berlin in folio in Druck.

Schmidt (Johann Christoph) ist gestorben den 13 April an. 1728 im 64sten Jahre seines Alters, und den 15ten, unter ansehnlicher Begleitung, nach S. Johannis zu seiner Grufft gebracht worden. s. Hr. Doct. Gleichens Dreßdnische Reformations- und Hof-Prediger-Historie, c. 10. §. 5. p. 96.

Schmidt (Johann Wolffgang) ein Clavicymbalist in der Königl. Capelle und Cammer-Music zu Dreßden an. 1729. s. den dasigen Hof- und Staats-Calender.

Schmidt (Melchior) ein zu Nürnberg an. 1608 gebohrner, und berühmt gewesener Lautenist und Theorbist, ist an einem Flügel der Orgel bey S. Sebald daselbst abgemahlt zu sehen. s. Barons Untersuchung des Instruments der Laute, p. 65.

Schmiedeknecht (Johann Matthes) gewesener Cantor zu Gotha, hat ein teutsches Tyrocinium Musices, so mit den Exempeln 5 Bogen starck ist, in 8vo geschrieben; es ist selbiges an. 1700 zum drittenmahle daselbst aufgelegt worden.

Schmiedlein (Cajus) von Dantzig, war unter den 53 verschriebenen Organisten der vierdte, welcher das an. 1596 in die Schloß-Kirche zu Grüningen erbauete Orgel-Werck bespielt und examiniret gehabt. s. Werckmeisters Organum Gruningense redivivum §. 11.

Schnakade, bedeutet eine auf Instrumente gesetzte piéce, welche bald eine gute harmonische, bald aber eine aus lauter Octaven und Quinten bestehende Clausul hören lässet.

Schnautz (Anton) ein Kayserlicher Violonist an. 1721 und zwar unter dreyen der letzte; aber an. 1727 unter dreyen der zweyte.

Schnautz (Frantz Peter) ein Kayserlicher Violoncellist, und zwar an. 1721 unter vieren der letzte; aber an. 1727 der dritte und letzte Violonist.

Schnegassius (Cyriacus) oder Snegassius, ein Magister, gewesener Pfarrer und Adjunctus in der damahls Weimarischen, anjetzo Gothaischen Superintendur zu Friedrichsroda, hat in lateinischer Sprache geschrieben: (1. Novam & exquisitam Monochordi Dimensionem, selbige seinem Schwager, Joanni Lindemanno, damahligen Cantori in Gotha dediciret, und in Erffurt an. 1590, zweene Bogen starck, in 8vo drucken lassen. Im 1sten Capitel wird gehandelt: Monochordum quid & quomodo construatur; c. 2. de justa Monochordi dimensione, quæ fit per Diatessaron; c. 3. de alia dimensionis ratione, quæ fit adminiculo Trianguli; c. 4. de intervallorum quorundam proportionibus, quarum cognitione ad mensurandum Monochordum opus est; c. 5. de utroque semitonio; c. 6. quid Comma, quid schisma & Diaschisma, & cur iisdem Monochordum sit distinctum; und c. 7. de utilitate & usu hujus Instrumenti. (2. Isagoges Musicæ libros duos, gleichfalls in Erffurt an. 1591 in 8vo gedruckt, und dem Rath zu Ohrdruff gewidmet. Dieser Tractat bestehet aus 6 und ein halben Bogen folgenden Inhalts: lib. 1. c. 1. quid Musica, & quot partes, c. 2. de Cantu; c. 3. de Characteribus, & primum de Notis: c. 4. de Pausis; c. 5. de Signis; c. 6. de Clavibus; c. 7. de divisione Clavium, & de Signatarum (sc. Clavium) usu. lib. 2. c. 1. quid Intervallum, quot & quotuplicia; c. 2. de usitatis intervallis; c. 3. de prohibitis intervallis; c. 4. de differentia specierum Diapason, & earundem duplici divisione; c. 5. quid Modus, deque Modorum divisione, numero ac nominibus; c. 6. de Modorum natura & proprietate; c. 7. de Modorum fine, deque ratione cognoscendi Modos; c. 8. de Modorum Repercussionibus, & de Ambitu; c. 9. de Modorum sive cantuum transpositione, und c. 10. de Modorum Tropis. Diesem ist noch ein anderes Tractätgen von fünff Capiteln, folgenden Inhalts, beygefüget: c. 1. de Cantu composito. c. 2. de Vocibus sive Partibus Cantus compositi. c. 3. de Fugis. c. 4 de Consonantiis & Dissonantiis, und c. 5. de Clausulis. An. 1595 hat er 40 Weynacht- und Neu-Jahrs-Motetten von 4 Stimmen, deren etliche er selbst, die mehresten aber Joach. à Burck, Joan. Steurlinus, und Phil. Avenarius componiret, zu Erffurt bey Georg Baumannen in 2 Theilen drucken lassen, und selbige denen zu seiner Adjunctur gehörigen Schuldienern und Cantoribus in den Aemtern Reinhardtsbrun und Georgenthal zugeschrieben; in welcher Zuschrifft erwehnt wird: daß er auch 15 Psalmos graduum, nebst noch fünff andern, habe in Druck ausgehen lassen. Daß er an. 1597 den 23ten Oct. gestorben sey, lieset man in Wetzels Lieder=Historie, P 3. p. 116.

Schneider (Conrad Michael) jetziger Music=Director, und Organist zu Ulm, hat die erste Partie seiner Clavier=Ubung, aus verschiedenen Pieces bestehend, so samt dem Titul=Blatte, und der Vorrede 5 und ein halben Bogen ausmachet, zu Augspurg bey Jacob Andreas Fridrich sehr sauber graviren lassen. Nachhero ist auch die 2te Partie, bestehend in Ouverture, Gavotte, Aria, Chaconne, Menuet, Trio, &c. ingleichen die 3te Partie, bestehend in Concerto, Gavotte, Menuet, Trio und Gique durch Kupfferstich in breit folio herausgekommen. s. Hrn. Lotters Music=Catal.

Schneider (Johann) eines Müllers Sohn von Lauder bey Coburg, woselbst er an. 1702 den 17 Julii gebohren worden, hat bey dem dasigen Schulmeister und Organisten, Nahmens Müller, die principia im Singen und Clavier-Spielen gelegt; das letztere aber, nebst der Composition, bey dem nunmehro verstorbenen Capell=Directore zu Saalfeld, Hrn. Reinmann, im 16ten Jahre weiter 3 Jahr lang excoliret; hierauf bey dem Hrn. Capellmeister Bachen in Leipzig auf dem Claviere, ingleichen bey dem Herren Graun und Grafen auf der Violin einige Lection genommen, und sodann an. 1721 die Hof=Organisten= und Premier-Violinisten=Stelle in Saalfeld bekommen; an. 1726 ist er bey hiesiger Hochfürstl. Capelle als Violinist angenommen, und, nach dem Tode des höchstsel. Herzogs, Wilhelmi Ernesti, an. 1728 von Ihro gnädigst regierenden Hochfürstl. Durchl. Herrn Ernst August, in dieser qualité wiederum behalten; an. 1729 aber im December als Organist an der Nicolai=Kirche zu Leipzig bestellt worden.

Schnitger (Arp) oder Schnitker, ein berühmter Hamburgischer Orgelmacher, hat verschiedene schöne Orgeln so wol daselbst, als in Magdeburg, und anderswo verfertiget, und schon von an. 1698 ohngefehr floriret.

Schnitzer (Sigmund) ein Nürnbergischer Pfeiffenmacher, war, um allerhand blasende Instrumente, absonderlich die Fagotte &c. von einer ausserordentlichen Grösse, nett zu drehen, sehr rein zu stimmen, und alle gar fein auch in die Höhe zu blasen, fast aller Orten deswegen berühmt und zugleich immer beschäfftiget, von solchen Pfeiffen=Wercken so wol durch Teutschland als nach Franckreich und Italien vor die Liebhaber der Music gar viele zu verfertigen. Starb den 5 Dec. an. 1578. s. des Hrn. Prof. Doppelmayrs Histor. Nachricht von den Nürnbergischen Künstlern, p. 293.

Schnitzkius (*Gregorius*) ein Dantziger, ließ an. 1607 Cantiones Sacras 4. 5. 6-12 vocum; ferner eine fünffstimmige Missam, und ein 6stimmiges Magnificat, daselbst in 4to drucken. s. *Draudii* Bibl. Class. p. 1619 und 1636.

Schœllenberger (*Casp.*) Seine Offertoria Festiva pro toto anno, à 4 voc. 2 Violin, Viola, Violone & Organo, sind, als das 3te Werck, in folio ans Licht getreten. s. Hrn. Lotters Music=Catal.

Schönberger (*Huldaricus*) ein blinder und dabey sehr gelehrter Mann, gebohren zu Weida in der Ober=Pfaltz den 1 Dec. 1601 wurde im dritten Jahre seines Alters durch die Pocken beyder Augen beraubet, doch brachte er es so weit, daß er 1621 mit Ruhm nach Altorff ziehen können. An. 1623 kam er nach Leipzig, wurde daselbst 1624 Magister, und hielt Collegia Philosophica. Hierauf lebte er eine Zeitlang zu Coppenhagen; nach diesen informirte er im Holsteinischen und zu Hamburg 13 Jahr lang vornehmer Leute Kinder. Endlich zog er nach Königsberg in Preussen, allwo er Collegia in Orientalischen Sprachen und Philosophicis hielte. Er war 7 fremder Sprachen mächtig, und in Physicis, Mathemat. Musica, Optica &c. hatte er was sonderliches gethan, machte auch schöne Instrumente, worauf er selber spielte, schoß sehr glücklich nach der Scheibe, und starb an. 1649 den 22 April. Man beschuldigte ihn ohne Grund, als ob er einen spiritum familiarem gehabt. s. das *comp.* Gelehrten=Lexicon. In Starovolscii Monumentis Sarmatarum, p. 372 lautet sein Epitaphium wie folget:

Hac terra requiescit Uldericus
Schonbergerus, & Artium Magister.
Et cum nota Sophies, pérennis olli
Dulces nox oculos triennii ademis.

SCH. SCH. 555

  At natura faventior, Deusque
  Millenas animo facies, diemque
  Cœlo sideribusque puriorem
  Succendit triplicis theatra mundi.
  Rerum ortus obitusque, & involucra
  Causarum abdita quælibet sagaci
  Perlustravit acumine, & serena
  Mentis luce, oculisque certus hausit.
  Pandens cuncta fideliter juventæ,
  Quid linguas Orientis hic narrem;
  Quid Graijam Latiamque? Quid cicutas
  Chordasque artificem bonum decenti
  Junctura potuisse comparare?
  Hoc rapto nece Phocidem universam,
  Se Centone ferunt Apollinemque
  Involvisse, diesque lachrymarum,
  Noctesque officio dedisse totas.
  Impendes tu quoque lachrymas Viator,
  Miratus potuisse tantum obire.
 Natus est Weydæ Palatinorum, Anno Dom. 1601.
 Denatus Regiomonti Borussorum, Anno Dom. 1649.

Schön (Ludwig) ein Hautboist in der Kayserlichen Capelle an. 1721, und 1727.

Schönmeyer (Georg) von Schöningen, war unter den 53 verschrieben gewesenen Organisten der 4yte, welcher das an. 1596 erbauete Grüningische Schloß-Orgelwerck bespielte und examinirte. s. Werckmeisters Organum Gruning. rediv. §. 11.

Scholares Beatæ Marthæ. s. *Rubeis*.

Schonslederus (*Wolffgangus*) war gebohren zu München an. 1570, trat an 1590 in die Societät der Jesuiten, und brachte es sonderlich in der lateinischen und Griechischen Literatur sehr weit; schrieb unter andern, und zwar unter dem Nahmen: Volupii Decori Musagetis eine Architectonicen Musices universalis, ex qua Melopœiam per universa & solida fundamenta Musicorum, proprio marte condiscere possis. Dieser an. 1631 zu Ingolstadt in 4to gedruckte Tractat bestehet aus 2 Theilen, welche zusammen : Alphabet und 7½ Bogen ausmachen. Des 1sten Theils $c.1$. handelt: de vocabulis artis; $c.2$ de modis componendi; $c.3$. de Unisono & ejus structura, $c.4$. stellet Tabulam naturalem, und $c.5$. Tabulam necessitatis vor; $c.6$. handelt de Consonantiis; $c.7$. de Diesi; $c.8$ de Voce infra Bassum; $c.9$. de Quarta; $c.10$. de Quinta; $c.11$. de Sexta; $c.12$. de Septimis; $c.13$. de Notis aberrantibus; $c.14$. de Ligatura seu Syncopatione; $c.15$. de ornamentis, decoro, &c.

$c.16$. de Musica ficta; $c.17$. de vitiis; $c.18$. de Pausis; $c.19$. de Clausulis; $c.20$. de Tonis; $c.21$. de Contrapuncto; $c.22$ de Fugis; $c.23$. trägt 2 general-Regeln vor; $c.24$. handelt de biciniis & triciniis; $c.25$. de pluribus vocibus; $c.26$. de octo vocibus; $c.27$. de transpositione; und $c.28$. de Musica literaria. Des 2ten Theils $c.1$. handelt: de una voce; $c.2$. de duabus vocibus; $c.3$. de tribus vocibus; $c.4$. de quatuor vocibus; $c.5$. de quinque vocibus; $c.6$. de pluribus vocibus; $c.7$. de Fugis; $c.8$. de Textu; und $c.9$. de Coloraturis. Nurgedachte Capitel sind zwar mehrentheils kurtz abgefasset; die Exempel hingegen desto länger. Daß der Auctor an. 1651 den 7 Dec. zu Halle in Schwaben gestorben sey, berichtet Witte in Diario Biographico.

Schoockius (*Martinus*) war gebohren an. 1613, oder 1614 zu Utrecht, lehrte daselbst, wie auch im Gymnasio zu Deventer, und auf der Academie zu Gröningen, theils als Professor der Beredsamkeit, Historie und Griechischen Sprache, theils als Professor Physices, Logices und Philosophiæ practicæ. Von Gröningen kam er nach Franckfurt an der Oder, da er nicht nur Professor, sondern auch zugleich Chur-Brandenburgischer Historiographus und Rath wurde. An letztgedachtem Orte ist er an. 1609 gestorben, und hat, unter andern, auch eine Exercitation de Musica organica in templis hinterlassen, welche bey den übrigen an. 1663 zu Utrecht in 4to gedruckten Exercitacitationibus befindlich ist. s. *Lipenii* Bibl. Philos. und das *comp.* Gelehrten= *Lexicon*, woselbst noch einer andern Dissertation: de natura soni & Echus, erwehnet wird.

Schep (Albert) Fürstl. Mecklenburgischer Hof= Organist, ließ an. 1666 den 1sten Theil der Music=Andachten à voce sola e Cont. in Rostock drucken.

Schop (Johann) gab an. 1640. Paduanen, Gaillarden, Allemanden, &c. zu Hamburg in 4to heraus. s. *Lipenii* Bibl. Philosoph. Anno 1644 ließ er den 1sten, aus 30 teutschen Concerten bestehenden Theil, von 1.2.3.4 und 8 Stimmen daselbst drucken, und dedicirte selbigen dem Hertzoge zu Braunschweig und Lüneburg, Augusto, und dessen Gemahlin, Sophien Elisabeth, gebohrner Hertzogin von Mecklenburg. In Georg Neumarcks fortgepflantztem Poetischen Lust= Walde, und zwar in der 3ten Abtheilung, lieset man p. 34 folgendes: Als der weitberühmte Organiste Hr. Heinrich Scheidemann, und der Weltbekannte Geigen= Künstler, Hr. Johann Schop in Hamburg sich beyderseits mit einander in der Vesper hören ließen:

Bin ich denn im Geist' entzückt? welcher kan mein Hertz so beugen
Durch so schönes Pfeiffen=Werck? wessen ist der schöne Ton,
Der durch alle Sinnen bringt? bist du es, Hipparchion,
Und dein Mitgesell Rufin, der mit einer sanfften Geigen
Das gekünstelt' Orgelspiel noch beliebter machen kan?
Nein, ihr seyd zu schlecht darzu. Es ist Schop und Scheidemann.

schopar, ist bey den Juden ein aus Ertz oder Silber verfertigtes Blaß=Instrument, dessen Schall dem Klange unserer Trompeten nicht ungleich gewesen; doch hat es eine gantz andere Gestalt gehabt, welche in Printzens Mus. Histor. c. 3 p. 30 im 2ten Iconismo, unter dem Buchstaben E zu sehen ist.

schorerus (*Christophorus*) war gebohren zu Memmingen in Schwaben an. 1618. studirte zu Straßburg Mathesin, und schrieb Calender, gieng nach Basel und legte sich mit auf die Medicin, wurde hierinn Doctor zu Padua, hierauf in seinem Vaterlande Physicus, und nach diesem bey dem Fürsten zu Mompelgard, und andern Leib=Medicus, starb an. 1671 den 12ten Febr. und hinterließ eine Dissertation: de Musica addiscenda; ingleichen unter einem fremden Nahmen, einen Discurs: de saltatione. s *Witteni* Diarium Biograph und das *comp.* Gelehrten=*Lexicon*.

schorn (*Joan. Paul*) hat XII. Partien, theils mit 2 Violinen, 2 Hautbois und Baß; theils mit 2 Violinen, 2 Violoncelli und Baß; theils aber mit 2 Violinen und zwey Waldhörnern u. s. w. in folio drucken lassen. s. Hrn. Lotters Music=Catal.

Schott (Caspar) ein Mathematicus, gebohren an. 1608 zu Königshofen unweit Würtzburg, trat an 1627 in den Jesuiter=Orden. Nachgehends begab er sich nach Palermo in Sicilien, allwo er etliche Jahre die Theologiam moralem und Mathesin lehrte, endlich wurde er wieder nach Würtzburg geruffen, docirte daselbst die Mathematic, ward Confessionarius, und starb daselbst an. 1666 den 22ten May f. das *comp.* Gelehrten= *Lexicon*. Handelt im 9ten Buche seines Organi Mathematici [welche Schrifft das Collegium Societatis Jesu zu Würtzburg an. 1668 edirt hat,] und zwar in den zweyen ersten Capiteln von der musicalischen Composition, wie ein derselben sonst Unerfahrner, vermittelst 6 musurgischer aus combinirten Ziefern bestehender Tabellen, und eben so vieler zur Erläuterung dienender 4t=Blätter, über einen Text einen vierstimmigen Contrapunctum simplicem und floridum, einmahl die Oberstimme, und auf andere Art die Unterstimme zu erst, hernach aber die übrigen 3 Stimmen dazusetzen könne. Das 3te Capitel handelt: de Musices definitione ac divisione, de sonis, Intervalis, Consonantiis, Dissonantiis, Systematibus, und Generibus musicis; c. 4. de Musica Latinorum ac nostrate; c. 5. de requisitis ad Musurgiam, tam antiquam quam novam; c. 6. de Melopœia antiqua seu ordinaria, & regulis in ea servandis; c. 7 de Melopœia seu Compositione practica Contrapuncti simplicis per methodum ordinariam; c. 8. de Melopœia seu Compositione practica Contrapuncti simplicis per bacillos musurgicos; und c. 9. de Melopœia seu Compositione practica Contrapuncti simplicis per Musurithmos melothedicos. Im zweyten Theile seiner Magiæ universaversalis, und zwar im 6ten und 7den Buche handelt er auch von musicalischen Dingen. Die dritte Classe seiner an. 1654 zu Palermo aufgesetzten, und an. 1657 in Würzburg edirten Mechanicorum Hydraulico - Pneumaticorum stellet in 7 und ein halben Bogen verschiedene musicalische Instrumenta automata vor.

Schott (Martin) ein Lauten-Macher zu Prag, ist wegen der Romanischen Theorben, die er vortrefflich nachgemachet, sehr berühmt gewesen. s. Barons Unters. des Instrum. der Laute, p. 96. sq.

schottelius (*Justus*) von Northeim gebürtig, ist zu Dassel Schulmeister, anbey ein guter Instrumental-Musicus gewesen, und, nachdem er zum zweytenmable aus Lieffland wiederkommen, in Duderstadt erschlagen worden. s *Joan. Letzneri*, gewesenen Pastoris zu Iber im Amt Grubenhagen, Dasselische und Einbeckische an. 1596 zu Erffurt in folio gedruckte Chronica, lib. 5. c. 2.

schrammius (*Melchior*) ein Schlesier von Münsterberg gebürtig, und Organist in der freyen Reichs-Stadt Offenburg, ließ an 1606 seine Cantiones selectas 5. 6. 7 & 8 voc. zu Franckfurt am Mayn drucken, dedicirte selbige dem Cardinal von Lothringen, Carolo, Bischoffe zu Straßburg und Metz, wie auch dem dasigen Dom-Capitul. Es sind zusammen 29 Stück. An. 1576 hat er auch, als ein Musicus des Grafen Caroli-von Hohen-Zollern, [in dessen Dienste er 2 Jahr vorher gekommen] 5. und 6stimmige Cantiones sacras, unter einem sechsjährigen Kayserl. Privilegio, zu Nürnberg drucken lassen, und sie seinem Herrn, vermittelst einer lateinischen zu Sigmaringen datirten Zuschrifft, dediciret.

Schreiber (Christoph) von Dreßden gebürtig, war erst an 1622 Organist bey S. Petri in Freyberg, nachgehends aber an 1634 zu Zittau an der S. Johannis-Kirche, und starb am 6ten April an. 1639 im 34ten Jahr seines Alters. s. Hrn. *D. Joh. Bened. Carpzovii* Analecta Fastor. Zittav. P. 3. c. 4.

Schröder (Johann) war ums Jahr 1665 Königl. Dänischer Cammer- und an der Teutschen Kirche zu S. Peter in Coppenhagen Organist.

Schröder (*Laurentius*) Organist an der H. Geist-Kirche in Coppenhagen, gab an. 1639 Laudem Musicæ in 8vo daselbst heraus. s *Alb. Bartholini* lib. de scriptis Danorum, p. 97.

Schröter (Leonhard) ein Musicus an der Schule in Magdeburg, von Torgau gebürtig, gab an. 1580 fünff und zwanzig, und 1587 acht und zwanzig geistl. lateinische Hymnos, auf die Haupt-Feste zu gebrauchen, von 4. 5. 6. und 8 Stimmen, zu Erffurt in Druck.

Schröter (Peter) von Rostock, war unter 53 Examinatoribus des Grüningischen Schloß-Orgel-Wercks an. 1596 der 35te. s. Werckmeisters Organ Gruningense rediv. §. 11.

Schubart (Johann Martin) eines Müllers Sohn, war gebohren an. 1690 den 8ten Mertz in Gehra, einem eine Stunde von Ilmenau liegenden Gothaischen Dorffe, erlernete bey Hrn. Johann Sebastian Bachen das Clavier-Spielen, und hielte sich bey demselben von 1707 bis 1717 beständig auf, wurde auch, nach dessen Wegzuge von hier, in nurgedachtem Jahre gegen Advent zum Cammer-Musico und Hof Organisten allhier in Weimar angenommen, und starb an 1721 den 2ten April an einem hitzigen Fieber. Auf seinem Leichen-Steine stehen folgende Verse:

Hier liegt ein Musicus, der in dem Heiligthum
Vor seines Fürsten-Stuhl erhöhte GOttes Ruhm;
Doch diese Lust ist aus. Es stirbet Hand und Ton,
Dort aber spielt er fort vor seines Königs Thron.

Schuchbauer, war an. 1723 Concert-Meister am Chur-Bayerischen Hofe, und ist hoffentlich noch am Leben.

schuchardus (*Theodoricus*) gewesener Cantor zu Eisenach, hat bey Beerdigung eines Söhnleins des Giesischen Professoris, Hrn. Johann Weisens, welches an. 1656 den 22 Augusti gestorben, nachdem es nur 22 Wochen und 4 Stunden alt geworden, das im Schleusingischen Gesangbuche p. 632. edit. 1719 befindliche Lied: Ach GOtt, wie ist mein Hertz betrübt, &c. unter dem Titul: Christlich Gespräch eines betrübten Vaters mit seinem abgelebten Söhnlein, aufgesetzt, selbiges mit 4 Stimmen componiret, und an. 656 zu Gotha in 4to drucken lassen. s. Wetzels Lied. Hist. P. 3. p. 126.

Schult=

Schultheiß (*Benedictus*) der an. 1693 den 1. Mertz verstorbene Organist an der Ægidii-Kirche in Nürnberg, hat an. 1679 den ersten Theil seiner Muth und Geist ermunternden Clavier-Lust, auf welchen hernach auch der zweyte Theil gefolget ist, in längl. 4to heraus gegeben.

Schultsen (*A.*) ein Componist, von dessen Arbeit im Holländischen Music-Catalogo nachstehende zwey Wercke angeführet werden, als:
  Six Sonates à une Flûte & une Basse Cont.
  Six Sonates à un Hautbois & B.C.

Schultze (Andreas Heinrich) ist an. 1681 den 4ten Febr. in Braunschweig gebohren, hat daselbst die S. Martins-Schule frequentiret, die fundamenta im Singen erstlich unter dem Cantore, Bach, geleget, selbige nachgehends unter m Cantore, Günther, continuiret, auch bey herantretenden Jahren die Hertzogl. Hof-Capelle zu Wolffenbüttel, und die Opern in Braunschweig angehöret; nach diesen aber sich an andere Oerter begeben, in der Composition, als auch in der Organichen-Kunst sich geübet; bis er endlich zu Hildesheim das Gymnasium Andreanum noch einige Zeit besuchet, und hierauf daselbst an. 1706 als Organist bey St. Lamberti angenommen worden.

Schultz (Christian Andreas) ist in der zweyten Helffte des vorigen Seculi Dom-Cantor in Meissen, und ein Componist gewesen.

Schultz (Christoph) Cantor in Dölitzsch, von Sorau in der Lausitz gebürtig, gab an. 1647 sein aus zehn geistlichen Leib-Sprüchlein mit 5 Stimmen, nebst einem G. B. auf Madrigalien-Art gesetztes Collegium musicum charitativum, zu Dölitzsch in 4to in Druck. Sein Denarius musicus bestehet aus 1. 2. und 3. Concert-Stimmen, nebst beygefügten Symphonien und G. B. Sonst hat er auch zu denen Benjamin Prætorii an. 1659 und 1668, unter dem Titul: Jauchzendes Libanon, zu Leipzig in 8vo editten Liedern, die Melodien verfertiget. s. Wetzels Lieder-Historie, P. 2. p. 314.

Schultze (Heinrich) ist Königl. Cämmerer und Premier-Musicus in der Polnischen Capelle an. 1729. s. den Dreßdenischen Hof-und Staats-Calender.

Schultze (Johann) Fürstl. Braunschweigischer Organist zu Danneberg, aus Lüneburg gebürtig, ließ an. 1522 hieselbst den Musicalischen Lustgarten, aus allerhand Motetten bestehend drucken.

Schultze (Joh. Nicol Wilhelm) hat an. 1728 im Febr. unter dem præsidio, Hrn. D. Weideners eine Disputation: de usu Musices in Ecclesia Christiana, zu Rostock gehalten, und in 16 Bogen starck drucken lassen. s. *Matthesonii* Musical-Patriot. 41te Betrachtung, p. 255.

Schultz (Ludewig) ein Hautboist in der Kayserlichen Capelle an 1721 und 1727.

Schultzin (Maria Anna) eine verheyrathete, und vierdte Sängerin in der Kayserlichen Capelle an. 1721; oder zweyte Cantatrice an. 1727.

Schürmann (Georg Casper) eines Pfarrers Sohn aus den Hannöverschen Landen, hat sich von Jugend auf, nebst dem Studiren, der Music beflissen, und kam an. 1693 nach Hamburg, allwo er als Altist bey der Kirchen-Music, wie auch bey den Opern engagirt war; an. 1697 in Hochfürstl. Braunschweig-Wolffenbüttelsche Dienste als Altist, und war damahls kein Capell-Meister da war, so dirigirte er die Music der Kirchen so wohl als der Opern: An. 1701 schickte ihn des damahls regierenden Hertzog Anton Ulrichs Durchl. nach Italien, da er denn in Venedig mit den berühmtesten damahligen Componisten und Musicis sich bekannt gemacht. Von an. 1702 bis 1707 ist in Hoch-Fürstl. Sachsen-Meinungischen Diensten als Capellmeister gestanden; von an. 1707 aber bis jetzo wiederum beständig in Hochfürstl. Braunschweig-Wolffenbüttelschen Diensten als Capell-Meister, woselbst er, wie auch in Meinungen, verschiedene Jahr-Gänge starcker teutscher Kirchen-Cantaten, nebst einer Anzahl Opern und Instrumental-Suiten zu Tafel-Musicken gemacht. Er ist auch ein geschickter Poet, und weiß nicht nur einen füglichen Text unter fremde Compositiones zu legen, sondern auch die Fehler anderer Poeten in den Opern zu verbessern. Ubrigens ist er so wohl im Singen und der Action, als in der Composition und dem accompagnement auf dem Clavier ein grosser Virtuose. Daß er die zwo an. 1719 und 1721 auf dem Hamburgischen Theatro aufgeführte Opern, nahmens: Alceste und Telemachus, in die Music gebracht habe, dessen berichtet uns Matthesonii Musical. Patriot, p. 190.

Schütt (Johann Michael) ein Baßist in der Römischen Kapserin, Amaliæ VVilhelminæ, Hof-Capelle an. 1721.

Schütz (Heinrich) war gebohren an. 1585 den 8ten Octob. zu Köstriz, einem an der Elster im Voigtlande liegenden Flecklein, zog mit seinem Vater, Christoph Schützen, an. 1591 nach Weissenfels, woselbst der Groß-Vater, Albrecht Schütz, Raths-Cämmerer damahls gestorben war, und Güter hinterlassen hatte. Sein Vater ist nachgehends Bürgermeister in Weissenfels geworden; er aber ist an. 1599 den 20ten Augusti, wegen seiner feinen Stimme, an Landgraf Moritzen von Hessen-Cassel Hof gekommen, und daselbst unter Grafen, vornehmen von Adel, und andern tapffern ingeniis, zu allerhand Sprachen, Künsten und Exercitiis angeführt worden. An. 1607 ist er mit seinem Bruder, Georgio, und seines Vaters Bruders Sohne, Henrico, auf erhaltene permission, nach Marpurg auf die Universität gezogen, hat daselbst das studium juris excoliret, und in weniger Zeit durch eine Disputation, de Legatis, erwiesen, daß er seine Zeit nicht übel angewendet habe. Als an. 1609 Landgraf Moritz nach Marpurg kommen, hat er demselben aufgewartet, bey welcher Gelegenheit der Hr. Landgraf gegen ihn erwehnet: weil er bey ihm eine sonderbahre inclination zur Music vermerckte, und der Welt-berühmte Musicus, Giovanni Gabrielli, zu Venedig annoch am Leben sey, so wäre Er (der Landgraf) gesonnen, ihn auf seine Kosten dahin zu senden, damit er das studium musicum rechtschaffen fortsetzen könte. Diese gnädige offerte hat er mit unterthänigsten Danck angenommen, selbiges Jahr noch sich nach Venedig aufgemacht, und daselbst bey gedachtem Musico bis ins 4te Jahr aufgehalten, auch vor den andern seiner damahls neben ihm sich aufhaltenden Gesellschafft hervor gethan, und ein musicalisches Wercken drucken lassen. Nachdem aber sein Lehrmeister an. 1612 verstorben, hat er sich wiederum zu hochgemeldten Hrn. Landgrafen gewandt, welcher ihm auch alsobald 200 Gülden, bis zu einer gewissen Bestallung setzen lassen; weil ihm aber nicht gefallen, solcher gestalt bey der Music zu verbleiben, hat er lieber seine Bücher wieder vor die Hand nehmen wollen, um dasjenige, was er in Italien darinnen versäumet, zu ersetzen.

Nachdem ihn aber an. 1615 der Churfürst zu Sachsen, Joan. Georgius I. als ihm der 2te Prinz Augustus getaufft werden solte, nach Dreßden beruffen, und ihm das Directorium über Dero Churfürstliche Music angetragen worden; hat er sich, auf erhaltene dimission, wobey er mit einer Kette und Bildniß regalirt worden, dahin gewendet, an. 1619 den 1sten Jun. mit Jfr. Magdalenen, Hrn. Christian Wildecks, Churfürstl. Sächs. Land- und Tranck-Steuer Buchhalters Tochter trauen lassen, mit selbiger zwo Töchter gezeuget, und nach dem an. 1625 den 6ten Sept. erfolgten Tode seiner Eheliebste, auf erhaltene Erlaubniß, sich an. 1628 den 11ten Augusti zum 2ten mahle nach Italien aufgemachet, nach seiner glücklichen Wiederkunfft aber erfahren müssen: wie sein Vater an. 1631 den 25ten Augusti, und sein Schwieger-Vater den 1sten Octobr. ejusdem anni verstorben. An. 1629 hat er symphonias sacras in Venedig, unter dem lateinischen Nahmen, sagillarius, drucken lassen. Und nachdem die unruhigen Kriegs-Zeiten noch kein Ende nehmen wollen, ist er immer von einem Orte zum andern, jedoch stets mit permission seiner Herrschafft, gereiset; wie er denn an. 1634. auf Sr. Königl. Majestät in Dännemarck Begehren nach Coppenhagen; an. 1638 nach Braunschweig und Lüneburg; und an. 1642 wiederum nach Dännemarck, daselbst beym Königl. Beylager die Music zu dirigiren, sich begeben gehabt. Etliche Jahr vor seinem Tode hat sein Gehör sehr abgenommen, weswegen er seine meiste Zeit mit Lesung der H. Schrifft, und anderer Theologischen Bücher, zu Hause zugebracht, auch noch immer stattliche Compositiones über etliche Psalmen, sonderlich den 119ten; item die Paßion nach 3 Evangelisten, mit grossem Fleiß verfertiget, und dabey sich sehr diætisch gehalten. Von starcken Flüssen ist er auch etliche mahl überfallen, aber jedesmahl durch Gebrauch nützlicher Artzeneyen wiederum davon befreyet worden, bis ihn endlich an 6ten Nov. an 1672 ein gehlinger Steck-Fluß übereilet, an welchem er noch selbigen Tages gestorben, nachdem er in die 57 Jahr Churfürstl. Sächs. Capellmeister gewesen, und sein Alter auf 87 Jahre und 29 Tage gebracht. Von seinen in Druck heraus gegebenen Wercken kan nur folgende anführen, als: die Historie der Auferstehung JEsu Christi,

Schütt (Johann Michael) ein Baßist in der Römischen Kayserin, Amaliæ VVilhelminæ, Hof-Capelle an. 1721.

Schütz (Heinrich) war gebohren an. 1585 den 8ten Octob. zu Köstritz, einem an der Elster im Voigtlande liegenden Flecklein, zog mit seinem Vater, Christoph Schützen, an. 1591 nach Weissenfels, woselbst der Groß-Vater, Albrecht Schütz, Raths-Cämmerer damahls gestorben war, und Güter hinterlassen hatte. Sein Vater ist nachgehends Bürgermeister in Weissenfels geworden; er aber ist an. 1599 den 20ten Augusti, wegen seiner feinen Stimme, an Landgraf Moritzens von Hessen-Cassel Hof gekommen, und daselbst unter Grafen, vornehmen von Adel, und andern tapffern ingeniis, zu allerhand Sprachen, Künsten und Exercitiis angeführt worden. An. 1607 ist er mit seinem Bruder, Georgio, und seines Vaters Brudern Sohne, Henrico, auf erhaltene permission, nach Marpurg auf die Universität gezogen, hat daselbst das studium juris excoliret, und in weniger Zeit durch eine Disputation, de Legatis, erwiesen, daß er seine Zeit nicht übel angewendet habe. Als an. 1609 Landgraf Moritz nach Marpurg kommen, hat er demselben aufgewartet, bey welcher Gelegenheit der Hr. Landgraf gegen ihn erwiesen: weil er ihm eine sonderbahre inclination zur Music vermercke, und der Welt-berühmte Musicus, Giovanni Gabrielli, zu Venedig annoch am Leben sey, so wäre Er (der Landgraf) gesonnen, ihn auf seine Kosten dahin zu senden, damit er das studium musicum rechtschaffen fortsetzen könte. Diese gnädige offerte hat er mit unterthänigsten Danck angenommen, selbiges Jahr noch sich nach Venedig aufgemacht, und daselbst bey gedachten Musico sich bis ins 4te Jahr aufgehalten, auch vor den andern seiner damahls neben ihn sich aufhaltenden Gesellschafft hervor gethan, und ein musicalisches Werckgen drucken lassen. Nachdem aber sein Lehrmeister an. 1612 verstorben, hat er sich wiederum zu hochgemeldten Hrn. Landgrafen gewandt, welcher ihm auch alsobald 200 Gülden, bis zu einer gewissen Bestallung setzen lassen; weil ihm aber nicht gefallen, solcher gestalt bey der Music zu verbleiben, hat er lieber seine Bücher wieder vor die Hand nehmen wollen, um dasjenige, was er in Italien darinnen versäumet, zu ersetzen.

Nachdem ihn aber an. 1615 der Churfürst zu Sachsen, Joan. Georgius I. als ihm der 2te Prinz Augustus getaufft werden solte, nach Dreßden beruffen, und ihm das Directorium über Dero Churfürstliche Music angetragen worden; hat er sich, auf erhaltene dimission, wobey er mit einer Kette und Bildniß regalirt worden, dahin gewendet, an. 1619 den 1sten Jun. mit Jsr. Magdalenen, Hrn. Christian Wildecks, Churfürstl. Sächs. Land- und Tranck-Steuer Buchhalters Tochter trauen lassen, mit selbiger zwo Töchter gezeuget, und nach dem an. 1625 den 6ten Sept. erfolgten Tode seiner Ehelichste, auf erhaltene Erlaubniß, sich an. 1628 den 11ten Augusti zum 2ten mahle nach Italien aufgemacht, nach seiner glücklichen Wiederkunfft aber erfahren müssen: wie sein Vater an. 1631 den 25ten Augusti, und sein Schwieger-Vater den 1sten Octobr. ejusdem anni verstorben. An. 1629 hat er symphonias sacras in Venedig, unter dem lateinischen Nahmen, sagillarius, drucken lassen. Und nachdem die unruhigen Kriegs-Zeiten noch kein Ende nehmen wollen, ist er immer von einem Orte zum andern, jedoch stets mit permission seiner Herrschafft, gereiset; wie er denn an. 1634. auf Sr. Königl. Majestät in Dännemarck Begehren nach Coppenhagen; an. 1638 nach Braunschweig und Lüneburg; und an. 1642 wiederum nach Dännemarck, daselbst beym Königl. Beylager die Music zu dirigiren, sich begeben gehabt. Etliche Jahr vor seinem Tode hat sein Gehör sehr abgenommen, weswegen er seine meiste Zeit mit Lesung der H. Schrifft, und anderer Theologischen Bücher, zu Hause zugebracht, auch noch immer stattliche compositiones über etliche Psalmen, sonderlich den 119ten; item die Paßion nach 3 Evangelisten, mit grossem Fleiß verfertiget, und dabey sich sehr diætisch gehalten. Von starcken Flüssen ist er auch etliche mahl überfallen, aber jedesmahl durch Gebrauch nützlicher Artzeneyen wiederum davon befreyet worden, bis ihn endlich am 6ten Nov. an 1672 ein gehlinger Steck-Fluß übereilet, an welchem er noch selbigen Tages gestorben, nachdem er in die 57 Jahr Churfürstl. Sächs. Capellmeister gewesen, und sein Alter auf 87 Jahre und 29 Tage gebracht. Von seinen in Druck heraus gegebenen Wercken kan nur folgende anführen, als: die Historie der Auferstehung JEsu Christi,

Christi, in 7 Büchern, an. 1623 zu Dreßden in klein folio; den 1sten und 2ten Theil der kleinen geistlichen Concerten von 1. 2. 3. 4. und 5 Stimmen, an. 1636 in Leipzig gedruckt. An. 1647 ist der zweyte Theil der *Symphoniarum sacrarum,* aus teutschen Concerten von 3. 4. 5. Stimmen und Instrumenten bestehend, als sein 10tes Werck, zu Dreßden in Verlegung Johann Klemmens, Hof-Organistens daselbst, und *Alexandri* Herings, Organistens zu Bautzen, in folio heraus gekommen, und Christiano V. Könige in Dännemarck dedicirt worden. Der 1ste aus 29 Stücken bestehende Theil seiner *Musicalium ad Chorum sacrum,* oder geistlichen Chor-Music, von 5. 6. und 7 Stimmen, so das 11te Werck ausmachet, ist an. 1648 zu Dreßden in folio edirt, und dem Rathe in Leipzig zugeschrieben worden. Diesem ist an. 1650 der 3te Theil *Symphoniarum sacrarum* in folio gefolget. Das 1661ste Jahr hat alle von D. Cornelio Beckern in teutsche Verse gebrachte Psalmen Davids mit 4stimmigen Melodien zu Dreßden in folio gelieffert. Der Auctor hatte bereits an. 1628 eilff alte, und 92 neue Melodien zu Freyberg, bey Georg Hoffmannen, in 8vo drucken lassen; da nun Hertzog Adolph Friedrich von Mecklenburg, selbige an. 1640 zu Güstrau in 4to wiederum aufzulegen, befohlen hatte; wolte der Churfürst von Sachsen, Joan. Georgius II. sie auch in seinen Landen eingeführt wissen, besahl demnach dem Auctori die revision derselben, welcher sodann die übrigen, und also alle Psalmen mit Melodien versahe, und, wie vorhin gedacht worden, heraus gab.

Schuyt (*Cornelius*) ein Organist zu Leyden, gab an. 1611 Madrigali nuptiali von 6 Stimmen, mit einem doppelten Echo von 12 Stimmen, daselbst in 4to heraus. s. *Draudii* Biblioth. Class. p. 1646.

Schwaiger (*Georgius*) in Draudii Bibl. Class. werden von seiner Arbeit Moduli sacri, an 1572; Fasciculus sacrarum cantionum 5 voc. an. 1579; und septem Psalmi pœnitentiales 5 voc. an. 1588, allerseits zu München in 4to gedruckt, angeführet

Schwartze (*Lazarus*) von Helmstädt, war unter denen an 1596 zu Probierung der in die Schloß-Kirche zu Grüningen erbaueten Orgel-Wercks verschriebenen 53 Organisten der 20te. s. **Werckmeisters** Organum Gruningense redivivum, §. 11.

Schwartzin (*Regina Gertrud*) eine geschickte Jungfer von 14 Jahren, und der damahls berühmten Pommerischen Poetin, Sibyllen Schwartzin, Bruders Tochter, verstund nicht allein viele fremde Sprachen, sondern war auch eine Meisterin, in der Vocal- und Instrumental-Music; ihr Præceptor in linguis exoticis war Petrus Gergerus, Königl. Professor Linguarum exoticarum zu Stettin, sie soll viel musicalische Sachen in solchen zarten Jahren schon componirt haben, so unter dem Titul: Musicalische Gemüths-Weyde, heraus zu geben sind versprochen worden. s. die Collect. Nov. literar. Lubec. an. 1704 p. 104.

Schwartzkopff (*Theodorus*) ist schon, gegen das 1600te Jahr, als ein Componist berühmt, f. **Printzens** Mus. Histor. c. 12. §. 83. und an. 1716 noch am Leben gewesen.

Schweiffelhut (*Jacob*) ein gewesener Musicus bey S. Annen in Augspurg, gab an. 1684 den zweyten oder Sommer-Theil des von ihm musicalisch componirten Heiligen JEsu, oder der Sonntags-Freude, daselbst in Druck. Man hat von seiner Arbeit ferner Sonaten, ꝛc. von 2 Violinen, und Baß, in 4to; ingleichen das Musicalische Kleeblat, aus verschiedenen Piecen von 2 Violinen und Violoncello bestehend, s. **Lotters** Mus. Cat.

Schweinitz (*David von*) ein Schlesischer Edelmann, und berühmt gewesener Lautenist.

Schweitzer-Flöte, ist eine Orgel-Stimme von Principal-Art, aber gar enger mensur, und mit Seiten-Bärten versehen; wurde vor diesem 8 und 4 Fuß-Ton verfertiget, jetzo aber mehrentheils nur 2 Fuß-Ton gefunden: doch scheinet die vor weniger Zeit aufgekommene Violon-Baß 16 Fuß, aus obiger Art entsprungen zu „seyn, weil Prætorius schreibet:" Die „grosse Schweitzer-Pfeiffe 8 Fuß-Ton. „habe einer Baßgeige gar ähnlich ge- „klungen.„ Sie hat den Nahmen daher: weil sie so lang, und wegen Enge des corporis einer Schweitzer-Pfeiffe nicht ungleich ist.

Schweitzelsperger (*Caspar*) hat VI. Ouvertures von 2 Violinen, iner Viole u. Baß

Baß, in folio drucken laſſen ſ. Lotters Muſic-Catalog.

Schweling (Johann) ein ehemahliger berühmter Organiſt zu Hamburg, und Lehrmeiſter des Danßiger Organiſtens, Pauli Syferti. ſ. *Mattheſonii* Crit. Muſ. T. 2 p. 83.

Schwemmer (Heinrich) ein Schul-Collega bey S. Sebald in Nürnberg, iſt ein Componiſt geweſen.

Schwenckenbecher, war ums Jahr 1688 Muſic-Director zu Königsberg in Preuſſen.

Schwiegel, iſt in der S. Catharinen-Orgel zu Dantzig ein Stimmgen von 1 Fuß-Ton ſoll Niederländiſchen Urſprungs ſeyn, u. vom Schweigen, tacere, den Nahmen führen. ſ. *Mattheſonii* Anhang zu Niedtens Muſical. Handleit. zur Variation des G. B p. 169.

Scialumò [*ital.*] ſ. *Chalumeau.*

Scimphius (*Chriſtophorus*) ein Magiſter und Pater, hat unter dem Titul: Sacra Fremus, Motetten heraus gegeben.

Scindapſus, σκινδαψὸς [*gr.*] iſt bey den Griechen ein muſicaliſches Inſtrument geweſen, welches scindapſus, ein Sohn der Pfeifferin Poeciles, aus der Stadt Eretria gebürtig, erfunden gehabt. ſ. *Ptolemæi Hephæſtionis* lib. 6. am Ende.

sciocchezza [*ital.*] frey, ungebunden, wobey man nichts beſonders in acht zu nehmen hat. z. E. Note ſciolte, Noten, die nicht zuſammen oder an einander gehänget ſind, ſondern frey und einßeln ſtehen. Contrapunto ſciolto, eine nur nach General-Regeln verfertigte Compoſition.

Sclafanus (*Joan. Antonius*) oder Scrofano, der an. 1605 den 4ten Julii zu Raguſa in Sicilien gebohrne, und an. 1625 den 9ten May zu Meſſina in Doctorem promovirte Medicus, hat verſchiedene muſicaliſche Inſtrumente tractiret, auch viele Sachen componiret, iſt hierbey ein trefflicher Poet, und in mathematiſchen Diſciplinen erfahren geweſen; endlich an. 1681 den 14ten Nov. zu Modica geſtorben, und in die von ihm erbauete Capelle, in der Kirche S. Mariæ de Succurſu daſelbſt, begraben worden. ſ. *Mongitorii* Bibl. Sicul. T. 1. p. 320.

scolion, pl. scolia [*lat.*] von σκολιὸς

ourvus, obliquus; waren Lieder, ſo meiſtens bey den Athenienſern auf Gaſtereyen von den Gäſten ſelber, und zwar nur von den Gelehrten, abgeſungen wurden, als die, bey Überreichung des Trinckgeſchirres und der Leyer, einander nahmentlich, auſſer der Ordnung, und demnach oblique, aufgefordert.

Sconcertare, diſconcertare [*ital.*] nicht zuſammen ſtimmen. Sconcerto, Diſconcerto [*ital.*] Subſt. eine übel zuſammen klingende Muſic.

Sconianzin (Maria Regina) eine verheyrathete, und dritte Sängerin in der Kayſerlichen Hof-Capelle an. 1721; oder erſte Sängerin an. 1727.

Scopelinus, des Pindari Vater, iſt ein Pfeiffer geweſen.

Scordare [*ital.*] von dis und corda, verſtimmen. z. E. un Liuto ſcordato, eine verſtimmte Laute.

Scribonius (*Cornelius*) ſonſten Graphæus, oder auch Schreyer genannt, und zu Aloſt in Flandern an. 1482 gebohren, iſt ein trefflicher Redner, Poet, Antiquarius und Muſicus, auch Archivarius und Raths-Secretarius in Antwerpen geweſen, woſelbſt er an. 1558 den 19ten Dec. geſtorben, und in die Dom-Kirche begraben worden. Sein allda befindliches Epitaphium lautet folgender maſſen:

Corn. Scrib. Graphæus, præclaræ hujus urbis a secretis ſibi ſuiſque & Hadrianæ Philippæ dulciſſimæ uxori vivens, poſuit. Ipſa quidem vixit annis LXXI. deceſſit autem XVII. Auguſti 1556. uno & quadraginta annis marita, Matrona & prudentiſſima & pietatis cultrix eximia. Ille verò caram ſecutus conjugem, migravit XIX Decembris M. D. LVIII. cum vixiſſet annos LXXVI. ſ. *Sanderum de Scriptoribus Flandr.* p. 45. woſelbſt, und am vorhergehenden 44ten Blatte, ſeine herausgegebene Schrifften angeführt werden.

Scylax, ein berühmt geweſener Mathematicus und Muſicus, aus der in Carien gelegenen Stadt Carianda gebürtig.

Sdegnoſo [*ital.*] trotzig.

Se, eine Italiäniſche Conjunctio conditionalis, heiſſet: wenn. z. E. Se piace, wenn es beliebig; oder höfflicher: Se piace a voſtra Signoria, wenn es dem Herrn beliebet.

Sebaſtiani (*Joannes*) Chur-Brandenburgiſcher

gischer Capell-Meister in Preussen, von Weimar gebürtig, ließ an. 1672 eine Passion von 5 Sing-und 6 Kling-Stimmen, nebst einem G. B. zu Königsberg drucken, und dedicirte selbige seinem Herrn, Friedrich Wilhelmen, hochgedachten Chur-Fürsten.

Sebastianus (*Claudius*) von Metz gebürtig, schrieb Bellum musicale inter Plani & Mensuralis Cantus Reges, welcher Tractat an. 1563 und 1568 zu Straßburg in 4to gedruckt worden. s. *Thom. Hyde* Catalog. Biblioth. Bodlejanæ, und *Lipenii* Bibl. Philosoph.

Secchione (*Gio. Battista*) ein berühmt gewesener Instrumental-Musicus zu Mayland, dessen *Morigia* lib. 3. c. 26. *della Nobilità di Milano*, p. 185. gedencket.

Seconda [*ital.*] seconde [*gall.*] Secunda [*lat.*] ist ein aus 2 einander immediatè oder gradatim folgenden Tonen, oder vielmehr Klängen bestehendes intervallum von viererley Gattung, als: (1. Secunda diminuta [*lat.*] seconde diminuée [*gall.*] z. E. c cis. (2. Secunda minor [*lat.*] Seconda minore [*ital.*] seconde mineure [*gall.*] z. E. e f. fis g. (3. secunda major [*lat.*] Seconda maggiore [*ital.*] Seconde majeure [*gall.*] z. E. c d. d e. f g. (4. secunda superflua [*lat.*] seconde superflue [*gall.*] z E. c dis, f gis, vid. Tab. XX. Fig. 2.

Secret de l' Orgue [*gall.*] secretum organicum [*lat.*] die Wind-Lade in einer Orgel.

Seel (*Jacob*) Pfarrer zu Unterneubrunn im Grunde, ließ an. 1631 auf die den 11ten Januarii celebrirte Hochzeit Hrn D. Andreæ Keßlers, damahligen superintend. zu Eißfeld in Francken, den 4ten Psalm Davids, mit 8 Stimmen componirt, zu Coburg in 4to drucken.

seelen (*Joann. Frider. à*) wohlverdienter Rector zu Lübeck, hat unter andern geschrieben: Principem Musicum, ex sacra & profana Historia exhibitum; welches aus drey Bogen bestehende scriptum den Orationibus Olai Molleri, de.eruditis Musicis vorgedruckt, und an. 1715 zu Flensburg in 4to heraus gekommen ist. s. des Hrn. *Auctoris Athenas Lubec.* P. 4 p. 572.

Segno, pl. Segni [*ital.*] unter diesem Nahmen werden alle in der Music gebräuchliche Zeichen, als die Claves, Noten, Ziefern, Puncte, ♯, b, u. s. f. verstanden.

Segno di Silentio [*ital.*] ein Stillschweigungs-Zeichen; eine Pause.

Segue [*ital.*] es folget.

Seidel (*Ferdinand*) aus Falckenberg im Schlesischen Fürstenthum Oppeln gebürtig, hat bey Sign. Rosetti in Wien die Violin erlernet, stehet anjetzo beym Hrn. Grafen Zirotin in Falckenberg als Violinist in Diensten, und ist ohngefehr 27 Jahr alt. Sein jüngerer Bruder, Carl, stehet gleichfalls bey hochgedachtem Grafen als Violinist in Diensten. Ihr Vater ist bey diesem Herrn Cammer-Diener gewesen.

Seidel (*Samuel*) Cantor und Organist auf den Glaß-Hütten, gab an. 1657 Coronam Gloriæ, oder das geistliche Ehren-Kräntzlein; und an. 1658 das geistliche Seelen-Paradieß-und Lust-Gärtlein, zu Freyberg in Meissen in 4to heraus.

Seldenus (*Joannes*) der an. 1584 am 6ten Dec. zu Salvinton in Sussex gebohrne, und an. 1654 den 3cten Nov. verstorbene Engländische Juris-Consultus, handelt unter andern in seinen an. 1628 zu Londen in 4to heraus gekommenen Marmoribus Arumdellianis hin und wieder von einigen musicalischen Antiquitäten, und alten Musicis, als: p 76. und 77. von dem Hyagnide, von den tibiis Phrygiis und den Ambubajis; p. 78. seqq. von den Nomis insonderheit, u. s. f.

Selichius (*Daniel*) Hochfürstl. Braunschweigischer Capell-Meister zu Wolffenbüttel, ließ an. 1625 unter dem Titul: Opus novum, geistliche lateinische und teutsche Concerten und Psalmen Davids, von 2. 3. 4. - 12 Stimmen zu Hamburg in folio drucken, und dedicirte solche seinem Herrn, Friedrich Ulrichen, Hertzogen zu Braunschweig und Lüneburg. Sein Prodromus cantilenarum harmonicarum, exhibens Paduanas, Intradas, Galliardas & Courantes, ist an. 1614 zu Wittenberg in 4to heraus gekommen; im folgenden 1615ten Jahre ist eben daselbst der Prodromus exercitationum musicarum, von 4. 5. und 6 stimmigen Paduanen, Gaillarden, Intraden, und Couranten, in 4to ans Licht getreten. s. *Draudii* Bibl. Class. p. 1647. (Beydes dürffte wohl einerley Werck seyn.) Auf einem an, 1619 zu Jena in 4to gedruckten, und

und etlichen Erffurtischen Raths-Herren zum Neuen-Jahr-Wunsch gewidmeten Weynacht-Gesange, nehmet er sich einen Vinariensem, und Chori musici in arce Weisenstein (so ein zwischen Dreßden und Pirna, lincker Hand an der Elbe liegendes Berg-Schloß ist) Directorem.

Selle (Thomas) ist Music-Director u. Canonicus am Dom zu Hamburg gewesen. Als er dem Hrn. Neumarck ein mit Geigen-Violdigamb-und Sing-Stimmen gesetztes Concert zugeschrieben; hat dieser folgende Danck-Verse aufgesetzet, so in seinem an. 1657 edirten fortgesantzten Lust-Walde, in der dritten Abtheilung, p. 34. befindlich sind, und also lauten:

Hab Danck, du wehrter Mann, du weitberühmter Selle,
Vor dein so schönes Stück, welchs du hast aufgesetzt,
Und mich aus reiner Gunst, nechst GOtt, damit ergetzt,
So ich noch nicht verdient. Wohlan, an dessen Stelle
Geb' ich dies wenige. Nimm, edler Sell, es hin,
Und traue fest dabey, daß ich dein Diener bin.

Sellinger, war Organist an der Dom-Kirche zu Upsal in Schweden an. 1720. s. *Matthesonii* Anhang zu Niedtens Musical. Handl. zur Variat. des G. B. p. 203.

Selnecker (Nicolaus) der an. 1530 den 6 Dec. zu Hertzbruck in Francken gebohrne, und an 1592 den 24ten May in Leipzig verstorbene berühmte Theologus und Doctor, hat in der Music dermassen proficiret, daß er (als ein Knabe von 12 Jahren) die Orgel des Sonntags in der Capelle (zu Nürnberg) zu spielen bestellet ward, dafür er jährlich acht Thaler, und zwey Juder Holtz, seinem Vater verdiente. Welches künstliche Spielen ihn bey König Ferdinando, (welcher damahls zum öfftern sich in Nürnberg aufhielte) dermassen bekannt machte, daß er mit den Königlichen Musicis, auch des Königs Beicht-Vater, Hrn. Petro Malvenda, welcher ihn, als einen muntern und aufgeweckten Knaben, vielmahl in seine Armen genommen, und an seine Brust gedrucket, zum öfftern conversiret, auch auf Befehl des Königes Ferdinandi, in seiner höchsten Gegenwart, in der Vesper das gantze Magnificat spielen, und mit den Königl. Sängern abwechseln müssen. Ja es gefiel dem Könige selbst der Knabe, wegen seiner Geschicklichkeit, dermassen wohl, daß er seinen Leuten befohlen, ihn heimlich zu entführen; welches auch zweifels ohne geschehen, wenn sein Vater nicht von dem Gast-Wirthe, bey welchem der König Ferdinandus logirte, wäre gewarnet worden, er solte seinen Sohn zu Hause behalten, und nicht wieder zu des Königs Musicanten kommen lassen, sie würden ihn sonst entführen. s. hiervon, und sonsten ein mehrers in Hrn. D. Joh Andr. Gleichens Dreßdenischen Reformations- und Hof-Predigerhistorie, P. 1. p. 92. u. f. Bl.

Selner (Daniel) war an. 1586 ein Alumnus in der Schul-Pforte, und nachgehends ein Hochfürstl Braunschweigischer Vocal-Musicus.

Selner (Gabriel) war an. 1527 ein Alumnus in der Schul-Pforte, und nachgehends ein Hochfürstl. Braunschweigischer Vocal-musicus. s. *M. Justini Pertuchii* Chron. Portense, p. 199 u. 202.

Semi. Diese Particula heisset (1. halb. (2. unvollkommen: sonsten müsten Semidiapente und Semiditonus eine halbe Quint, und halbe Tertz bedeuten.

Semibreve [*ital. gall.*] Semibrevis [*lat.*] die Halb-Kürtze, d. i. die Einschlägige Note, welche also O aussiehet, oder dergleichen Pause.

Semicantus. [*lat.*] Semicanto [*ital.*] der hohe Alt, wenn nemlich dessen Clavis signata auf der zweyten Linie des Systematis musici stehet.

Semichorus [*lat.*] ein halber Chor.

Semichroma oder Semicroma, eine Sechzehntheil-Note.

Semicircolo [*ital.*] ein halber, oder un-unvollkommener Circul; welcher das Zeichen des égalen, oder vierviertel-Tacts ist, und also C aussiehet.

Semidiapason, eine um ein Semitonium minus unvollkommene Octav.

Semidiapente, eine unvollkomene Quint, welcher ein Semitonium minus mangelt. z. E. e. b.

Semidiatessaron, eine unvollkommene Quart, so ein Semitonium minus zu wenig hat. z. E. cis f. dis g.

Semiditono [*ital.*] Semiditonus [*lat.*] eine kleine Tertz z E. d f.

semiditono con Diapente [*ital.*] die kleine Septima. z. E. c b.

semiditas [*lat.*] die Helffte, oder halber egaler Tact deſſen Zeichen alſo ₵ aus=ſiehet; wenn es nemlich, in Canonibus nebſt dem ordinairen C zugleich in einem Syſtemate geſetzt, vorkommt, da denn die eine Stimme, zu welcher das C gehö=ret, die Noten und Pauſen in der ordi=nairen Geltung; die andere Stimme aber, zu welcher dieſes ₵ gehöret, die Noten und Pauſen nur halb, und dem=nach noch einmahl zu geſchwinde expri=miret. conf. ₵.

semifuſa [*lat. ital.*] eine Sechzehntheil=Note, ſ. Tab. XX. Fig. 4. Beym Pe=xenfelder wird dieſe Note auch semi-fuga genennet; item eine dergleichen Pauſe.

semiminima [*lat. ital.*] semiminime [*gall.*] eine Viertel=Note, oder derglei=chen Pauſe.

semi-soſpiro [*ital.*] eine Achtel=Pauſe.

semitonium [*lat.*] semiton [*gall.*] se-mitono und semituono [*ital.*] bedeu=tet ſo wohl den einen als andern Theil eines auf zweyerley Art getheilten ganzen Tones, oder toni muſici integri. Der eine Theil heiſſet: semitonium majus [*lat*] semiton majeur [*gall.*] semi-tuono maggiore [*ital.*] der groſſe un=vollkommene Ton. z. E. cis d. [e f.] h c. Der zwente Theil heiſſet: semi-tonium minus [*lat.*] semiton mineur [*gall.*] semituono minore [*ital.*] der kleine unvollkommene Ton. z. E. ccis. [f fis.] u. b. g.

semitonium fictum, oder artificiale [*lat.*] iſt bey den Auctoribus, der vermittelſt eines ♯ oder ♭ formirte unvollkommene Ton. z. E. cis d. [dis e. [fis g. [gis a. [oder d es. [g as. [a b.

semitonium naturale [*lat.*] heiſſet der in der diatoniſchen scala ohne ♯ oder ♭ zu formirende unvollkommene Ton. z. B. e f. [h c.

semplice [*ital.*] simple [*gall.*] sim-plex [*lat.*] einfach, was nicht doppelt, oder aus mehrern Stimmen, item Fi=guren verſchiedener Geltung, Gröſſe, u. ſ. f. zuſammen geſetzt iſt.

Senaille, der jüngere, ein unvergleichlicher Violiniſt zu Paris ums Jahr 1716. hat ſchöne Sonaten, mit einer Violin und G. B. geſetzt, davon drey Bücher in Kupf=fer geſtochen ſind. ſ. das *Sejour de Paris*, c. 25. p. 275. Er lebet noch jetzo, und hat, über die drey vorigen Wercke, noch das 4te und 5te herausgegeben.

Seneſino, in den Leipz. Zeitungen, und zwar im IV. Stück der 20 Woche 1731. wurde aus London vom 1 May geſchrieben: Am Char=Freytage hat der berühmte Sänger, Seneſino, nebſt noch 2 Virtuoſinnen, in des Portugieſiſchen Reſidenten Hauß=Capelle ein Paßion=Stück muſiciret, welchem viele Standes Perſonen, ſowohl Catholiſche als Proteſtanten zugehöret.

Senfelius (*Ludovicus*) ein Zürcher, und Scholar Henrici Iſaac. ſ. *Glareani* Dodecach. p. 331. war ums Jahr 1530 Capellmeiſter bey dem Hertzoge in Bay=ern, ſetzte auf Lutheri Anſuchen die Mo=tette: Non moriar, ſed vivam, ſ. Prin=tzens Muſ. Hiſtor. c. 11. §. 9. und war an. 1540 noch am Leben. ſ. Sebald Heydens Præfat.

Senfthemerus (*Chriſtophorus*) war aus Kärnthen gebürtig, und an. 1540 an der damahls neuerrichteten Raths=Schule in der Stadt Meiſſen der erſte Cantor. ſ. *Georg. Fabricii* Annal. urb. Miſnæ, lib. 3. p. 193.

Sengverdius (*Arnoldus*) ein Profeſſor Philoſophiæ zu Utrecht, von Amſter=dam gebürtig, wohin er auch an. 1648 wiederum gezogen, und an. 1667 daſelbſt geſtorben, ſ. das *comp. Gelehrten-Lexicon*, hat, unter andern, einen Tra-ctat: de Tarantula, geſchrieben.

Sennertus (*Andreas*) der an. 1606 zu Wittenberg gebohrne, und an. 1689 da=ſelbſt wiederum verſtorbene, Profeſſor Linguarum Orientalium, hat, unter andern, auch de Muſica quondam He-bræorum geſchrieben. ſ. das *comp. Ge-lehrten-Lexicon*, und *Jacobi le Long* Bibliothecam Sacram, p. 959.

Senza, eine Italiäniſche Præpoſitio, be=deutet: ohne. z. E. ſenza l' Aria, ohne die Arie; ſenza Ritornello, ohne das Ritornello; ſenza Violini, ohne Vio=linen; ſenza ſtromenti, ohne Inſtru=mente; anzuzeigen, daß man angeführte Sachen weg= und auslaſſen könne.

Sepp (Paul) hat Concerten verfertiget.

Septima [*lat.*] settima [*ital.*] sepriè-me [*gall.*] ein muſicaliſches interval-lum von dreyerley Gattung, als:

Septima diminuta, oder deficiens, ins=gemein Septima falſa genannt, beſtehet aus

aus 3 gantzen Tönen, und 3. semitoniis. z. E. dis c. f. n. 1. Tab. XX. Fig. 5.

septima major [*lat.*] settima maggiore [*ital.*] septiéme majeure [*gall.*] bestehet aus 5 gantzen Tönen, und 1 semitonio. z. E. c h. f. n. 2. ead. Tab. & fig.

septima minor [*lat.*] settima minore [*ital.*] septiéme mineure [*gall.*] enthält 4 gantze Töne, und 2 semitonia. z. E. c b. f. n. 3. ead. Tab. & Fig. Die zwey letztern können durch folgenden Vortheil alsobald erkannt werden, nemlich: wenn an der Octav ein semitonium mangelt, so ists eine septima major; mangelt aber ein gantzer Ton, so ists eine septima minor.

sequenza, pl. sequenze [*ital.*] sequence, pl. sequences [*gall.*] eine Art von Hymnis, so öffters und mehr am Ende gereimt: und in Cadenz gebrachte Prosæ, als ordentliche Verse sind, und in vielen Römisch-Catholischen Kirchen nach dem Graduali, und gleich vor dem Evangelio, manchmahl auch in Vespern vor dem Magnificat, gesungen werden. Diese Gesänge waren ehedessen mehr, als jetzo, im Gebrauch. Der Römische Gottes-Dienst hat deren nur drey beybehalten, welche die Italiäner: le tre sequenze dell' anno, die drey *Sequenzen* im Jahr, nennen. Diese sind: (1. Victimæ Paschali Laudes, &c. zur Oster-Octav; (2. Veni Sancte Spiritus, &c. zur Pfingst-Octav; und (3. Lauda Sion Salvatorem, &c. zur Frohn-Leichnams-Octav. (NB. Octav sind 8 Tage, binnen welchen man einerley Officium hält) An vielen Orten singet man gedachte 3 sequenzen musicalisch; an andern Orten singet man sie wechselsweise mit der Orgel und sur le Livre, oder in Contrapuncto, &c. Ausser diesen ist noch eine, nemlich: Dies iræ, dies illa, &c. vor die Verstorbenen, über welche Legrenzi Lulli, und andere vortreffliche Compositiones verfertiget haben. f. *Brossards* Diction. p. 124. und 125.

serafini (*Gio. Bernardino*) D. und Capell-Meister zu Perugia ums Jahr 1696.

serafino Aquilano, ein Ritter und Commendator vom Orden des Heil. Grabes zu Jerusalem, ist, nebst der Poesie, ein starcker Musicus und angenehmer Sänger gewesen. Liegt zu Rom in der Kirche s. Maria dell Popolo begraben. f. *Nic.*

Toppi Bibl. Napolet. Aquilano scheinet zu bedeuten: daß er von Aquila, der im Königreich Neapolis in Abruzzo oltra liegenden Haupt-Stadt mag bürtig gewesen seyn.

Seraglio (*Ercole*) ein zu Ferrara berühmt gewesener Fürst. Musicus dessen Superbi p 131 seines Apparato de gli Huomini illustri delle Citta di Ferrara gedencket.

serenata [*ital.*] serenade [*gall.*] ein Abend-Ständgen, eine Abend-Music; weil dergleichen meist bey still-und angenehmer Nacht pflegt gemacht zu werden.

Serini (*Giuseppe*) ein Musicus und Componist von Cremona, hat an. 1590 in der Römischen Kayserin Eleonoræ Capelle zu Wien, dem H. Huomobuono zu Ehren, als Protectori in ansteckenden Seuchen, ein Oratorium: Il Genio deluso genannt, musicalisch aufgeführet, davon der Text daselbst in 4to gedruckt worden. f. *Gio. Cinelli* Biblioteca Volante, scanzia XV.

sermisi (*Claude de*) hat an. 1583 drey Missen in folio zu Paris drucken lassen. f. *Draud.* Bibl. Class. p. 1636.

serpent [*gall.*] serpentono [*ital.*] serpens [*lat.*] ein Schlangen-Rohr; ist ein in Franckreich wohl bekanntes Blaß-Instrument von Metall oder schwartzen Holtze, mit Leder überzogen, hat 6 Löcher, siehet fast wie eine gekrümmte Schlange aus (davon es eben den Nahmen bekommen,) und 5 bis 6 Schuh lang. f. *Richelets* Diction. Nach Bonanni Bericht, ist es ohngefehr nur drey Spannen lang, wird sonderlich, wegen des tiefen Klanges, im Kriege zu den Hautbois gebraucht, und an Hals des Spielers gehänget; er erinnert aber dabey: daß, wenn es gerade ausgestreckt werden solte, es 6 Schuh lang seyn würde. f. dessen *Gabinetto Armonico*, p. 70. *Kircherus* hat in seiner Musurgie, T. 1 lib. 6. c. 2. f. 505. folgendes davon: Est & serpens instrumentum in Gallia maxime usitatum, Basso sonando admodum opportunum; quod etsi Fagotum superet intensione vocis, dulcedine tamen ab eo multis, ajunt, parasangis superatur. Bey den letzten Auctoribus ist die Abbildung davon zu sehen.

serperio (*Francesco*) ein Römischer Componist, hat eine 4stimmige Missam und

und Vespertinum Officium dominicale in Druck gegeben. s. *Parstorff.* Catal. p. 8.

Serra (*Michele Angelo*) ein Geistlicher von Mantua gebürtig, war ums Jahr 1603 an der Kirche Maria del Vado zu Ferrara Musices Magister, und gab in diesem Jahre sein Completorium Romanum zu Venedig heraus.

Sertorio (*Antonio*) hat an. 1679 die zu Venedig auf dem Theatro di S. Luco repræsentirte Opera: Le due Tiranni genannt, verfertiget. s. den *Mercure Galant*, im April-Monat a. c. p. 81.

Servin (*Jean.*) ein Frantzösischer Componist, hat an. 1578 vier-fünff-sechs-und achtstimmige Chansons zu Lion bey Charles Pesnot; und an. 1580 die von Buchanano in Verse gebrachte Davidischen Psalmen, mit eben so viel Stimmen in die Music gebracht, und daselbst in 4to drucken lassen. s. *Verdærii* und *Gesneri* Bibliothec.

Sesjen, ein Engländischer Tantz.

Sesqualtera. s. *Proportio Sesquialtera.* Es heisset auch eine Orgel-Stimme also, welche nach der alten und rechten Art, folgender Gestalt disponirt seyn solte; daß auf einem Register nebst der Quint, noch eine kleinere Pfeiffe, so gegen nurgemeldte Quint eine Sextam majorem, und gegen den fundamental - Clavem eine Tertiam majorem primo - compositam constituirte, gefunden, und demnach z. E. c g e, d a fis, u. s. s. gehöret würden. Die jetzige also genannte Sesquialtera aber hat vorgedachte Quint nicht mehr, bestehet nur in einer Pfeiffe, und ist nichts anders als eine Tertia. s. Werckmeisters Orgel - Probe, c. 30. p. 73. sq. In Niedtens Musical. Handleitung zur Variat. des G B stehet p. 114. folgendes: sesquialtera ist ein Register im Manual, da auf jedem Clavi zwo Pfeiffen stehen, die das Intervallum sextæ machen, und entweder in der Helfte des Claviers, oder alle Octaven repetirt werden.

Sesquialtera maggiore perfetta [*ital.*] ist ein solch-gezeichneter Tripel, $\bigoplus \frac{3}{2}$, in welchem die Brevis drey semibreves gilt, wenn sie gleich keinen Punct hat.

Sesquialtera magg'ore imperfetta [*ital.*] ist ein also gestalter Tripel, $\mathbb{C}\frac{3}{2}$, in welchem die punctirte Brevis drey semibreves, und ohne Punct zwey semibreves gilt.

Sesquialtera minore perfetta [*ital.*] ist ein Tripel also gestaltet $\bigcirc \frac{3}{2}$, worinnen die semibrevis auch ohne Punct, wenn eine oder etliche andere semibreves auf sie folgen, 3 Minimas gilt.

Sesquialtera minore imperfetta [*ital.*] ist ein folgender gestalt aussehender Tripel $\mathbb{C}\frac{3}{2}$, in welchem die punctirte semibrevis, 3 Minimas; aber ohne Punct nur 2 Minimas gilt.

Sesquiottava, ist eine also gezeichnete Tripel-Art $\mathbb{C}\frac{9}{8}$, sonsten auch Nonupla di Crome genannt, in welcher, an statt 8, neun Achtel einen gantzen Tact, und 3 Achtel einen Tact-Theil ausmachen.

Sesquiquarta dupla, ist ein also gezeichneter Tripel $\mathbb{C}\frac{9}{4}$, sonsten auch Nonupla di seminimime genannt, in welchem an statt 4, 9 Viertel auf einen Tact, und 3 Viertel auf jeden Tact-Theil, gehen. Von diesen, und noch andern Tact - Arten s. *Brossards* Diction. p. 125 und 126.

Sessa (*Claudia*) eine ums Jahr 1599 des Singens halber berühmt gewesene Italiänische Nonne, die vielleicht zu Mayland gelebet, und von welcher Puteanus c. 4. Palladis modulatæ folgende Worte führet: quæ in laudem vocis scripta, sacra tibi sunto *Claudia Sessa*, virgo Deo dicata castissima, quæ vocis mortales miraculo universos præstas. Tibi præsentis seculi suffragio cedit Antiquitas, & honorem habitura est Posteritas. Fabulis quid ultra locus? Illæ Jovis filiæ ora compescant, ne te canente obstrepere deinceps videantur: Sirenes facessant, quarum tu concordiam superas: Eccho silentio invidiam suam tegat, frustra te referre conatur.

Sesta [*ital.*] sexta [*lat*] sexte it. sixiéme [*gall.*] ein musicalisches intervallum von zweyerley Gattung, als:

Sesta maggiore [*ital.*] sexte ober sixiéme majeure [*gall*] sexta major [*lat.*] die grosse oder scharffe Sext. z. E. c. a. d h. u. d. g.

Sesta minore [*ital.*] sexe ober sixiéme mineure [*gall.*] sexta minor [*lat.*] die kleine oder weiche Sext. z. E. e. as. d b. u. f f.

Sestupla di seminimime [*ital.*] also heisset der $\frac{6}{4}$ Tact.

settima

Settima. f. *Septima*.

Settimana Santa [*ital.*] die heilige oder Char-Woche.

Severi (*Francesco*) ein Päbstlicher Musicus, von Perugia gebürtig, hat an. 1626 Arien in Rom drucken lassen.

Severini, drey Brüder dieses Nahmens sind uns Jahr 1634 zu Neapolis wegen des Lauten-Spielens berühmt gewesen. f. *il Povastiero del Giul. Cef. Capaccio, Giornata* I. p. 7.

Severino (*Vincentius à S.*) ein Augustiner-Mönch, hat an. 1601 Lamentationem B. M. Magdalenæ musicalisch herausgegeben. f. *Elssii* Encomiasticon Augustinianum.

Severo de Luca, hat das von Silbo Tropei verfertigte Oratorium: Il Martirio di S. Erasino genannt, in die Music gebracht, und an. 1700 am dritten Sonntage in der Fasten, in der Kirche della Archiconfraternita della Pietà Florentinischer Nation zu Rom aufgeführet. f. *Gio. Cinelli* Biblioteca Volante, Scanzia XV.

Severus (*Cassius*) von Parma gebürtig, hat ein Carmen: de industria Orphei circa studium Musices geschrieben, so an. 1608 mit Nathanis Chytræi Anmerckungen zu Franckfurt in 8vo gedruckt worden. f. *Lipenii* Bibl. Philosoph.

Sexta [*lat.*] f. *Sesta*.

Sextus, ein Artzt von der Empirischen Secte, daher er Empiricus heisset, lebte im 2ten Seculo unter des Kaysers Antonini Pii Regierung, und schrieb unter andern 6 Bücher wieder die Matheticos oder *Disciplinarum Professores Dogmaticos per omne genus disciplinarum* in griechischer Sprache. Unter nurgedachten Büchern handelt das 6te adversus Musicos.

Seyffert (Martin) ein Hautboist in der Königl. Capelle und Cammer-Music zu Dreßden an. 1729.

Seyfrid (*Ludovica*) eine Sopranistin in der Königl. Capelle und Cammer-Music zu Dreßden an. 1729. f. den dasigen Hof- und Staats-Calender auf nurgedachtes Jahr.

Seyne (*Erasmo de*) ein Cammer-Laquay des Kaysers Matthiæ, gab an. 1614 in Nürnberg bey Abrah. Wagenmann, Melodia spirituale à tre voci, in 4to heraus.

Sfuggito [*ital.*] im fœm. sfuggita, ist das Participium vom Verbo: sfuggire, fliehen, ausweichen, vom rechten Wege abweichen. f. *Cadenza sfuggita*.

Sherard (*Giacomo*) hat ein Werck von 2 Violinen, Violoncello und B. C. (so das 1ste ist) gesetzet, welches bey Roger zu Amsterdam in Kupffer gestochen worden, und aus XII. Sonaten bestehet.

Shippen (*William*) A. M. ist Professor Musices im Collegio Greshamensi zu Londen gewesen. Nurgedachtes Collegium lieget in der Bishopsgate-Strasse, und führet von seinem Stiffter, Thoma Gresham, einem Ritter, den Nahmen. Er bauete die Königliche Börse, und legte die eine Helffte von deroselben Einkünfften bey dem Lord-Mayor zu Londen, samt der gantzen Raths-Gesellschafft und deren Nachkommen; die zweyte Helffte aber bey der Seiden-Cramer-Gesellschafft auf ewig in Verwahrung, und zwar mit dieser hinterlassenen Anordnung, daß von der einen Helffte vier geschickte Personen, welche in diesem Collegio die Theologie, Astronomie, Music und Geometrie läsen, und von der andern Helffte drey tüchtige Männer, welche über die Rhetoric, das Jus civile, und die Medicin ihre Lectiones anstelleten, solten salarirt werden. Diese Prælectiones werden in der Termin-Zeit alle Tage in der Woche, (den Sonntag ausgenommen) Vormittags in Lateinischer, und Nachmittags in Engländischer Sprache gehalten. Die Music aber wird nur in Engländischer Sprache tractiret. Von diesem Dienst hat ein jeder Prælector 50 Pfund Sterling, nebst einem feinen Zimmer im Collegio zu geniessen. f. *Guy Miege* Groß-Britannischen Staats 1sten Theil, c. 9. p. 251. sq.

Si, ist die siebende Music-Sylbe, so noch zu den 6 Guidonischen gekommen, um die Mutation in diesem zu vermeiden.

Si, diese bey einem Verbo stehende Italiänische Particula bedeutet so viel, als: man, oder der Frantzosen ihr: on, z. E.

si replica, man wiederhole.

si replica, da capo, man wiederhole den Anfang.

si replica, se piace, una altra volta, man wiederhole es noch einmahl, wenn es beliebig.

si segue, man muß fortfahren.

si suona, man spielet, i. e. die Instrumente gehen alleine, ohne Singe-Stimmen.

si volti, man wende das Blat um. si volti

volti subito oder presto, man wende geschwinde um.

Sibilum oder **Sibilus** [*lat.*] bedeutet eigentlich, den Klang, so eine angeblasene Pfeiffe oder Flöte von sich giebt; sodann auch, das Zischen, so mit den Zähnen geschiehet. s. *Fr. Bern. Ferrarium*, de Veterum Acclamationibus, lib. 2. c. 14.

Sicard, ein Frantzösischer Componist und Sänger. s den *Mercure Galant*, im Februar=Monat des 1678 Jahrs, p. 205.

Sichart (*Laurentius*) Organist an der St. Marien=Kirche in Nürnberg, hat eine aus dem A dur gesetzte Sonata, samt dergleichen Fuge durch Kupfferstich in 2 Bogen in folio herausgegeben.

Siciliana [*ital.*] s. *Canzonetta*. **Sicilienne** [*gall.*]

Sicinium pl **Sicinia** [*lat.*] ein Lied, so von einem allein gesungen wird.

Sicinnotyrbe [*lat.*] σικιννοτύρβη [*gr.*] also hieß ehemahls ein Lied, und ein nach selbigem eingerichteter Tantz. s. *Joan. Meursii* Orchester.

Sidelius (*Joannes*) ein Collaborator an der Schule zu Cölleda, und Symphonist, hat auf seines Schwieger=Vaters, Casp. Schwemlers, Raths=Cämmerers und Collectoris des Closters zu Cölleda, zweyten Hochzeit, eine teutsche Motette von 8 Stimmen: Ein freundlich Weib ꝛc. gesetzet, zu Erffurt drucken lassen, und selbige den 17 Oct. an 1614 aufgeführet.

Siebenhaar (*Malachias*) ein Componist ums Jahr 1651.

Sieber, ein in Rom sich aufhaltender Musicus, hat 6 Sonaten vor eine Flöte und Baß gesetzet, die zu Amsterdam an Mr. Gaillards seine gravirt anzutreffen sind.

Sieburg (*Just*) ein Orgelmacher und Bürger zu Mühlhausen, hat unter andern an. 1669 die Pulßnitzische Orgel verfertiget.

Siegfried (*Johann*) von Borna gebürtig, ein Componist und gewesener Superintendens zu Schläiz im Voigtlande ums Jahr 1620, hat eine Motette aufs Michaelis=Fest: Es erhub sich ein Streit ꝛc. mit 6 Stimmen gesetzet, welche gedruckt worden ist.

Sifflöte. s. Holflöte, hat vielleicht den Nahmen vom Frantzösischen Sifler, und dem Lateinischen Sibilare, pfeiffen, zischen; wie denn St.lement das Pfeiffen, Zischen, und Sislet eine Pfeiffe heisset. conf. *Flute de Pan*.

Sigea (*Angela*) ein in der Griechischen und Lateinischen Sprache versirt gewesenes Spanisches Frauenzimmer, von Toledo gebürtig, hat die Music dergestalt verstanden, daß sie mit den besten Meistern dieser Kunst sich einlassen können. s. *Antonii* Bibliothec. Hispanam.

Sigefridus (*Otto*) seine delineatio Musicæ ist an. 1608 zu Franckfurt in 8vo gedruckt worden.

Signa quantitatis mensuralis, oder dimensionis [*lat.*] die Zeichen, so die Hurtigkeit und Langsamkeit des Tacts anzeigen, sind folgende viere, als: das C, ₵, ₵, und ⊙; davon das erste einen sehr langsamen; das zweyte einen mittelmäßigen; das dritte einen geschwinden, und das vierdte einen sehr geschwinden Tact anzeiget. s. Printzens Compendium Musicæ Signatoriæ & Modulatoriæ Vocalis, c. 4. Die zwey letztern sind heutiges Tages nicht mehr gebräuchlich.

Signoretti (*Aurelio*) Regiensis, ob er nun entweder aus der im Hertzogthum gleiches Nahmens liegenden Haupt=Stadt Reggio (lat. Regium Lepidi genannt) dem Hertzoge von Modena gehörig; oder aus der im Königreich Neapolis liegenden Haupt=Stadt der Provintz Calabria oltra, Reggio (lat. Regium Julium genannt) gebürtig gewesen, stehet dahin? hat an 1629 5=stimmige Psalmen zu Venedig; it. 2. 3. 4. 5. 6. und 8stimmige Motetten drucken lassen.

Signorile (*Nicolo*) ein Altist in der Kayserlichen Hof=Capelle an. 1727, und zwar in der Ordnung, der sechste.

Signum conclusionis [*lat.*] das Schluß-Zeichen, bestehet aus zween durch alle fünff Linien gezogenen Strichen, siehe Tab. XX. Fig. 3.

Signum continuationis [*lat.*] ist eben was Costos.

Signum connexionis [*lat.*] also heisset dieses Zeichen ⌣ oder der halbe Circul, womit man im Singen die Noten also zusammen ziehet, daß man nur eine Sylbe drunter legen; und im Geigen dieselben in einem Strich schleiffen muß.

Signum quietis [*lat.*] das Ruhe=Zeichen, siehet folgender Gestalt aus ⌒, und wird

wird bald über, bald unter eine Note gesetzet, anzuzeigen, daß man daselbst etwan so lange aushalten soll, als wenn eine Pausa generalis da stünde. s. den Musical.Trichter p. 62.

Silenus, wird für den Erfinder der aus vielen Röhren bestehenden Pfeiffe gehalten. s. *Beyerlinckii* Theat. Vitæ humanæ.

Sillaba, pl. Sillabe, (*ital.*) pl. Sillabes (*gall.*) hiermit belegen die Italiäner zum öfftern schlechtweg die Guidonischen Sylben, ut, re, mi, fa, sol, la.

Sillet (*gall.*) also heisset das kleine stückgen Helffenbein oben an einer Laute, worauf die Saiten liegen.

Silbermann, ein Meißner, hat an. 1724 den Character eines Hof- und Land-Orgelbauers zu Dreßden erhalten, und ein Instrument erfunden, so er Cembal d'Amour nennet. s. *Ma theſonii* Crit Muſ. T. 2. p. 380.

Simicum, also hat das von Simo erfundene, und aus 35 Saiten bestandene Instrument geheissen. s. *Printzens* Hist. Muſ. c. 7. §. 32.

Simmias, ein Zuhörer des Socratis, von Theben gebürtig, hat 23 Dialogos geschrieben, worunter auch einer, de Musia, enthalten. s. *Diog. Laërtium* lib. 2. Segm. 124.

Simon, ein Gerber zu Athen, hat alles was er von Socrate gehöret (als der zum öfftern in dessen Werckstadt sich eingefunden) aufgeschrieben, und 33 Dialogos zusammengeschrieben, worunter der 18te de Musica gehandelt. s. *Laertium* lib. 2. Segm. 122. und Ægid. Menagii Obſervationes p. 129.

Simonetti (*Carlo*) war an. 1655 Kaysers Ferdinandi III. zweyter Hof-Organist. *Bucelinus*.

Simonelli, ist Hochfürstlicher Concertmeister in Wolffenbüttel.

Simonetti (*Leonardo*) hat verschiedener berühmter Auctorum Motetten à voce sola zusammen getragen, und unter dem Titul: Ghirlanda Sacra, drucken lassen. s. *Parſtorff.* Catal. p. 20.

Simon, Magnesius zubenahmt, weil er aus der Stadt Magnesia bürtig gewesen, dessen Strabo lib. 14. gedencket, scheinet ein Muſicus, und Poet gewesen zu seyn. Ob der beym Athenæo lib. 14. f. 620. vorkommende Simus Magnesius, und der beym Porphyrio in vita Pythagoræ p. 3. befindliche Σίμος ἁρμονικὸς, eben der obige sey, stehet dahin. s. Hr. D. *Fabricii* Biblioth. Græc. lib. 2. c. 15. p. 596.

Simonides, ein von Julis aus der Insul Cea bürtig gewesener Poet und Muſicus, lebte an. Mundi 3400, oder 548 Jahr vor Christi Geburt, und wurde auf die 90 Jahr alt; soll, wie Plinius schreibet, die achte Saite auf der Cithara, ingleichen die Gedächtniß-Kunst erfunden haben. s. *Printzens* Muſ. Histor. c. 7. §. 8. wieselbst die Gelegenheit zum letztern aus dem Cicerone lib. 2. de Oratore ausführlich erzehlet wird. conf. *Hederichs* reales Schul-Lexicon, it. dessen Notitiam Auctorum, und besonders wegen anderer Umstände, Biſciolæ Horas Subceſiv. lib. 5. c. 19.

Simpſon (*Chriſtopher*) ein neuerer Engländer, hat an. 1670 in seiner Sprache ein aus 5 Theilen bestehendes, und in 8vo zu Londen gedrucktes Werck, unter folgendem Titul ediret; A Compendium or Introduction to Compoſition, ſhevving the rudiments of Song, the Principles of Compoſition, the Uſe of Diſchords, the Forme of figurate Deſcant, and the Contrivance of Canons. d. i. Ein kurtzer Begriff oder Einleitung zur Compoſition, zeigend die Anfangs-Gründe des Gesangs, den Anfang der Compoſition, den Gebrauch der Diſſonantien, die Beschaffenheit des figurl. Gesangs und die Einrichtung der Canonum.

Simpſon (*Thomas*) ein Engländer, und Fürstl. Holstein-Schaumburgischer Violiniſt, hat an. 1621 unter dem Titul: Tafel-Conſort, allerhand luſtige Lieder von 4 Inſtrumenten und einem G. B. theils seiner eigenen, theils anderer, als Joh. Grabbens, P. Philippi, Joh Doulands, Chriſt. Töpffers, Nic Bleyers, Moritz Webſters, Joh. Krotſchens, Alex. Chezam, Roberti Johnſon, Eduard Johnſon, und Joſeph Scherley Arbeit zu Hamburg in 4to gedruckt heraus gegeben. In *Draudii* Bibliothec. Claſſ. p. 1647. findet man auch ein an. 1611 zu Franckf. in 4to gedrucktes Werck, voller Pavanen, Volten und Gaillarden.

Sincinnium, ist in des Hrn. du Cange Gloſſario eben was *Sicinium*.

Sincopa [*ital.*] s. *Syncope*.

Sinfonia [*ital.*] s. *Symphonia*.

Sinibaldis (*Anna de*) eines Muſices Magiſtri, Joannis de Sinibaldis, Tochter, von Cremona, hat sich anfänglich bey des Kaysers Maximiliani II. Gemahlin, Mariæ Hofe lange aufgehalten; hernach aber in ihrem Vaterlande an Petrum Palearium, einen gelehrten J. C. von Cremona verheyrathet, und ist, als dieser zu Lodi (Laudæ Pompejæ) Advocat des Königl. Fisci, war, ums Jahr 1566 daselb gestorben. s. *Arisii* Cremonam Literatam, f. 4:2. woselbst dieses elogium von ihr gemeldet wird: in ea Musicæ Veneres omnes, & Charites confluxisse videbantur.

Sinn (Christoph Albert) ein Braunschweig-Lüneburgischer Geometra in dem Fürstenthum Blanckenburg und Gräflich-Stollbergischen, hat einen aus 15 Bogen bestehenden Tractat an. 1718. zu Wernigeroda drucken lassen: in solchem handeln 2 Bogen von der practischen Temperatur. f. *Matth.* Organ-Probe in der Vorbereitung, p. 51.

Sinzigus (*Georgius Ludovicus*) hat verschiedene Hymnos, beym Vesper-Gottes-Dienste durchs gantze Jahr zu gebrauchen, von 4 Stimmen, 2 Violinen, 2 Violen, Fagott und G. B. in 4to durch den Druck bekannt gemacht. f. Lotters Music-Catal.

Siphax. f. *Grotti.*

Siris, ein berühmter Tantz-Meister zu Londen, und Auctor der Engländischen Corographie, hat Tänze heraus gegeben. f. den Holländischen *Music-Catalogum* des *le Cene*, p. 17.

Sirites, ein Libyer aus dem Geschlechte der Nomadum, soll, nach einigen, die Pfeiffer-Kunst erfunden, und solche bey dem Dienste der Cybeles zu erst eingeführt haben.

Sistema [*ital.*] Sisteme [*gall.*] f. *Systema.*

Sistinus (*Theodorus*) ließ an. 1600 Cantiones 2 vocum zu Hamburg in 4to drucken. f. *Draudii* Bibl Class. p. 1653.

Sistrena, oder Cistrona (*lat.*) ist, nach Roberti de Fluctibus Bericht, lib. 6. c. 4. Templi Musices, ein mit vier metallenen Saiten doppelt bezogenes Instrument.

Sistrum [*lat.*] Sistro [*ital.*] σεῖστρον [*gr.*] ἀπὸ τοῦ σείειν, à quatiendo, vom schütteln also genannt, war ehedessen ein Instrument von hell-klingendem Ertze, so insonderheit bey dem Götzen-Dienste der Isidis von dem Egyptischen Frauen-

Zimmer mit einer Hand gehalten, und zum Tantze gebraucht wurde. Es war länglicht-rund, und hatte eine Handhabe. Durch das gebogene giengen etliche meßingene Stäbgen, so auswendig am Ende krum gebogen waren, damit sie nicht durchfahren kunten, sondern durch ihr Anschlagen, u. das Hin-und Herschütteln, ein Rasseln und Klimpern verursachen musten. Daher nennet es Salomo van Til, eine Egyptische Kassel. Wer eine genauere Beschreibung auch die Abbildung davon zu wissen und zu sehen verlanget, lese Bonanni Gabinetto Armonico, p. 121. sqq. nurgedachten Tils Sing-Dicht- und Spiegel-Kunst, p. 107 sqq. Mich. Angeli Caufei de la Chausse Tractat: de Insignibus Pontificis Maximi, &c. in der 15, 16 und 17 Tabelle, welcher im 5ten Tomo des Thesauri Antiquitatum Romanarum Joan. Georg. Grævii. f. 318 befindlich ist; ferner, und insonderheit, die ebenfalls daselbst Tomo VI. befindliche Dissertation des Benedicti Bacchini.

Siticines, so hießen bey den Römern die Pfeiffer, welche sich bey Beerdigung der Todten brauchen ließen, quia apud Sitos, h. e. mortuos canebant. Sie hatten etwas grössere tubas, als die andern Musici, und wurden von diesen nicht recht vor ehrlich gehalten. f. Schöttgens Antiquitäten-Lexicon. conf. Aulii Gellii lib. XX. c. 2.

Six quatre [*gall.*] Sechsviertel-Tact; Six huit, Sechsachtel-Tact; Six seize, Sechssechzehntel-Tact. f. *Loulié* Elements de Musique, p. 41.

Slegelius (*Valentinus*) hat an. 1578 zwölff aus Heil. Schrifft genommene Lieder componiret, und zu Mülhausen in 4to drucken lassen. f. *Draudii* Bibl. Class. p. 1619.

Slissato [*ital.*] geschleifft.

Sminuito, fœm. Sminuita [*ital.*] diminuirt, kleiner gemacht, d. i. wenn an statt einer grossen und langen Note, etliche kleinere und kürtzere gesetzt werden; ist also eben so viel, als: Diminutione, Double.

Smorzato [*ital.*] sonst ausgelöscht, gelöscht, ausgethan; aber in des Zotti ersten Music-Opere bedeutet es einen solchen Bogen-Strich, woran der Klang des Instruments immer schwächer und schwächer wird, und gleichsam verlöschet. f. *Brossards* Diction. p. 132.

Snep

Snep (*Jean*) ein Organist zu Zirkzee, der Haupt-Stadt auf der Insul Schouwen in der Provintz Seeland an der Schelde, hat nederduytſe Liederen met een en tvve ſtemmen en B. C. ingleichen Sonates, Allemandes, Courantes, Sarabandes, Gigues, Gavottes, &c. à une Baſſe de Viole, & une Baſſe Continue geſetzet, und bey Roger zu Amsterdamm graviren laſſen.

Soave, Adj. Soavemente, Adv. [*ital.*] angenehm, lieblich.

Socrates, der an. M. 3530 oder 418 Jahr vor Christi Geburt berühmt geweſene Philoſophus, des Sophronisci, eines Stein-Metzen, und der Phænaretæ, einer Heb-Ammen, Sohn, von Athen, hat in ſeinem Alter (ſo er auf 60 biß 70 Jahr gebracht) noch die Music von Canno erlernet.

Soggetto, pl. Soggetti [*ital.*] bedeutet (1. eine Melodie, worüber oder worunter eine Compoſition zerfertiget wird; welche nach der erſten Art: Contrapunto ſopra il Soggetto, und nach der zweyten: Contrapunto ſotto il Soggetto heiſſet. (2. einen Text oder Worte, auf welche man ein Compoſition von einer oder mehr Stimmen ſetzet. (3. eine ſolche *Clauſul* oder *Formul*, woraus ein Fuga gemacht werden kan.

Sol, iſt unter den 6 Guidoniſchen Sylben die fünffte. Es führet auch dieſen Nahmen der alſo genannte G. Schlüſſel 𝄢

Solfeggiare, ſolfiare, Solmizare [*ital.*] **Solfier** [*gall.*] heiſſet nach den Guidoniſchen Sylbi, ut, re, mi, fa, ſol, la, ſingen. Das Nomen dazu iſt: Solfeggiamento [*ital.*] Solfizatio, Solmiſatio [*lat.*] ſo eben dieſe Bedeutung hat.

ſollecito [*ital.*] auf eine traurige, betrübte und ängſtliche Art, ſo den Schmertz exprimiret; es bedeutet auch, fleißig und accurat, it. bisweilen; behende, ſtracks, parat.

Solo [*ital.*] **Seule** [*gall.*] alleine; zeiget in vielſtimmigen Stücken an: daß an ſolchem mit dieſem Worte bemerckten Orte, nur eine eintzige Stimme oder Partie fortſingen und ſpielen ſoll; ſtehet aber der Pluralis: Soli [*ital.*], Seules [*gall.*] ſo bedeutet es: daß daſelbſt 2. 3. und 4. Stimmen alleine dergleichen verrichten,

und die übrigen Sänger und Inſtrumentiſten daſelbſt ſchweigen ſollen.

Sementiis (*Corona de*) eines Cremoneſiſchen Raths-Herrn Tochter, und Nonne zu Mayland, ſoll etwas componirt haben; ſie iſt an. 1609 den 12 Aprilis verſtorben. ſ. *Ariſii* Cremonam literat. f. 42.

Somis, Capellmeiſter des Königs von Sardinien, hat Sonate à Violino ſolo e Baſſo Continuo heraus gegeben. ſ. den Holländiſchen Muſic-Catal. des *le Cene*, p. 42.

Sommeil [*gall.*] der Schlaff; bedeutet in Ouverturen eine ſchläffriche piéce.

Sommering (Martin) ein Orgelmacher von Erffurt, hat an. 1596 ein Orgel-Werck in die Stadt-Kirche zu Meiningen für 635 Gülden zu verfertigen, den 13 Octobr. a. c. contrahiret. ſ. *M. Joh. Seb. Güthens* Poligraph Meiningenſ. p. 307.

Sommier [*gall.*] iſt, nach einigen, die Wind-Lade in einer Orgel; nach andern aber, der darüber befindliche und mit Löchern verſehene Regiſter-Zug, oder vielmehr, das auf der Wind-Lade belöcherte Bret, auf welchem die Regiſter-Züge hingehen. Beym Merſenno lib. 1. Prop. 41. de Inſtr. Harmonicis, bedeutet es auch in Clavicymbel den Wirbel-Stock.

Sonaglio [*ital.*] eine Schelle, Sonaille [*gall.*].

Sonata oder ſuonata [*ital.*] von Sonare oder ſuonare, lauten, klingen; iſt ein vor Inſtrumente, inſonderheit aber vor Violinen, geſetztes gravitätiſches und künſtliches Stück, ſo in abgewechſelten adagio und allegro beſtehet.

Sonates d'Egliſe, oder pour Egliſe [*gall.*] Kirchen-Sonaten.

Sonatina [*ital.*] eine kurtze Sonate.

Sonatori [*ital.*] .Sonatores [*lat.*] Spiel-Leute.

Sonnant, Sonnante [*gall.*] klingend, hell-lautend.

Sonner [*gall.*] klingen, lauten, läuten. Sonum emittere, edere [*lat.*]

Sonnerie [*gall.*] das Geläute, zuſammenſchlagen der Glocken; omnium campanarum pulſus [*lat.*]

Sonnet [*gall.*] Sonetto [*ital.*] eine Art Verſe, von 16 Reyhen, da die erſten achte

achte nur zweyerley Reim-Sylben haben; ein Kling-Gedichte.

Sonnette [*gall.*] Sonaglietto [*ital.*] ein Glöcklein.

Sonneur [*gall.*] Sonatore [*ital.*] campanarum pulsator [*lat.*] ein Glocken-Läuter, it. ein Spiel-Mann.

Sonore [*gall.*] Sonoro [*ital.*] Sonorus [*lat.*] hell, laut, wohlklingend.

Sonus [*lat.*] Suono [*ital.*] Son [*gall.*] ein Klang.

Soni anisotoni. s. *Anisotoni.*

Soni isotoni. s. *Isotoni.*

Soni mobiles [*lat.*] s. *Chorda mobili.*

Soni stantes [*lat.*] s. *Chorde stabili.*

Sonnwald (Anton) ein Violinist in der Kayserin. Amaliæ Vvilheminæ, Hof-Capelle an. 172. und 1727.

Sophianus (*Theodorus*) soll in Griechischer Sprache etwas von der Music geschrieben haben.

Sophocles, der 406 Jahr vor. Christi Geburt, im 88 Jahr gestorbene Griechische Tragödien-Schreiber, hat in seiner Jugend die Music von Lampro erlernet, u. wegen schwacher Stimme, in der Tragödie der Citharæ sich bedienet; und weswegen sein Bildniß mit diesem Instrument in der *Gallerie* zu Athen, so die bunde genennet wurde (in porticu Pœcile) aufgehänget worden.

Sopra [*ital.*] über di sopra, von oben her. nella parte di sopra, in der Ober-Stimme

Soprano [*ital.*] die höchste unter den Singe-Stimmen pl. soprani.

Sordino [*ital.*] pi Sordini, (1. eine kleine Tanz-Meister-Geige. s. *Bonanni* Gabinetto Armonico. p. 102. (2 ein kleines ausgehöltes Hölzgen, so unten in die Trompeten gesteckt wird, wodurch sie um einen Ton höher worden, und dabey ganz sanffte klingen, als wenn sie von weiten wären.

Sordun, aliis, Bordun, ist eine Schnarr-Stimme von 16 und 8 Fuß-Ton auf Regalen-Art. Dieses Wort mag wohl von surdus herkommen, und so viel bedeuten, daß es ein stilles, liebliches Register sey. s. Niedtens Mus. Handl. zur Var. des G. B, p. 114.

Sore (*Martinus*) hat ein lateinisches nur aus einem Bogen bestehendes Tractätgen, genännt: Libellus de octo Tonorum regularium compositione, Versweise geschrieben, welches den Scholiis Martini Agricolæ in Musicam Planam VVenceslai Philomatis de Mova Domo beygefüget ist. In der Vorrede gedencket er des Cypriani Vommelii, als seines Beystandes; und dieses beweiset so viel: Daß er in der ersten Helffte des 16 seculi müsse gelebt haben Hierbey ist zu mercken, daß Martinus Sore und Martinus Agricola eine Person gewesen; wie solches so wohl aus seiner an. 1545 herauß gekommenen Musica instrumentali, und zwar auß der an Georgium Rhaw gerichteten Zuschrifft, in welcher es heisset: wundsch ich Martinus Shor odder Agricola; als aus dem Titul eines an. 1561 zu Wittenberg gedruckten Tractätgens, genannt: Duo libri Musices, continentes compendium artis, & illustria exempla, scripti à *Martino Agricola*, Silesio *Soraviensi*, erhellet, daß es darum geschehen, weil er von Sorau bürtig gewesen.

Soriano (*Francesco*) ein Römer und Päbstlicher Capellmeister, hat über den in der Römischen Kirche gebräuchlichen Hymnum: Ave maris stella, &c. 120. Canones gesetzet; auch Psalmen und Motetten an. 1616 zu Venedig drucken lassen.

Sortisatio, s. *Contrepoint fait sur le Champ.*

Sospiro [*ital.*] Sopir [*gall.*] Suspirium [*lat.*] eine Viertel-Pause Mr. Ozanam p. 656. seines Liction. Mathemat. nennet die Achtel-Pausen: Soupirs.

Sostenuto (*ital.*) Sovenu (*gall.*) ober en soutenant, anhaltend; daß nemlich die Klänge, zumahl bey Haltung eines, zween oder mehrerer Tact, fest und gleich in Singen gehalten werden sollen

Soteridas, ein guter Musicus theoreticus, aus der in dem Peloponneso gelegenen Stadt Epidaurus, so jetzo Esculapio, Pigiada und Limera genennet wird, gebürtig, hat drey Bücher von der Music geschrieben. s. Prinzens Mus.Histor. c. 7. §. 9.

Sotto (*ital.*) unter, unten, di sotto, von unten, nella parte di sotto, in der Unter-Stimme.

Sou-Chantre (*gall.*) m. Subcantor (*lat.*) der Unter- oder zwoyte Cantor an einer Cathedral-Kirche.

Soufflerie (*gall.*) das Blas-Werck, oder die

SOU. SPA.

die Bälge an einer Orgel. Follium inflatio (*lat.*) Soufflet (*gall.*) ein Blase-Balg.

Souffleur (*gall.*) ein Balg-Treter an einer Orgel, qui folles inflat, flator (*lat.*)

Souffret, ein Frantzose, hat ein Motetten-Werck drucken lassen. s. *Boivins* Music-Catalogum aufs Jahr 1729, p. 14.

Souico (*Michele*) ein in der Lateinischen, Griechischen und Hebräischen Sprache wohl-versirter Pfarrer an der Kirche di S. Maria Passarella zu Mayland, welcher an. 1571 im May-Monath daselbst verstorben, hat die Clersey im Canto fermo, nach der Ambrosianischen Art, unterrichtet, und mit eigener Hand etliche Bücher geschrieben, so im Dom-Chore gebraucht werden. s. des *Morigia* Nobilità di Milano, p. 167.

Soupape (*gall.*) Valvula mobilis, versatilis (*lat.*) pl. Soupapes [*gall.*] valvulæ mobiles, versatiles [*lat.*] ein Ventil oder Windklappe. Ventile oder Windklappen in einer Orgel.

Sourdeline, pl. Sourdelines (*gall.*) eine Art Italiänischer Sack-Pfeiffen. s. *Frischens* Lexicon.

Sourdine, pl. Sourdines (*gall.*) s. *Sordino*, nach der zweyten Bedeutung. Man nennet auch andere aus Messing oder Bley gemachte kleine Instrumente, so auf den Geigen-Steg, und andere Instrum. gesetzt werden, um sie zu dämpffen, also.

Soupir. s. *Sospiro*.

Spacino (*Enea*) ein Mitglied des Creutz-Träger-Ordens, war in der Griechischen, Latein. und Hebräischen Sprache, wie auch in der Music bewandert, und starb an. 1538. s. des *Luigi* Contarino Giardino, p. 453.

Spada, war Capellmeister bey S. Marco zu Venedig.

Spadix, σπάδιξ, also hat ehemahls ein gewisses Music-Instrument geheissen.

Spangenberg (*Joannes*) ein Magister, aus dem Calenbergischen Städtgen Hardessen gebürtig, wurde, nach dessen Kirchen-Diensten zu Stollberg und Nordhausen, endlich auf Lutheri Einrathen, an. 1543 Superint. zu Eisleben, schrieb in lateinischer Sprache: Quæstiones musicas, so an. 1536, ferner an. 1579 in 8vo, und an. 1593 in 12 zu Cöln gedruckt worden, und starb den 13 Junii an. 1550, im 66 Jahre seines Alters.

SPA SPE. 573

Spagnola (*Bartholomeo*) hat 2. 3. und 4 stimmige Canzoni, Fantasie und Correnti vor Instrumente drucken lassen. s. *Parstorff* Catal. p. 32.

Spaignart (*Georgius Christoph Gilbertus de*) ist ums Jahr 1635 Organist zu Torgau gewesen.

Spanhemius (*Ezechiel*) oder Baron von Spanheim, Königl. Preußischer ältester geheimer Rath und Envoyé Extraord. in Engelland, woselbst er an. 1710 am 25 Novemb. im 81 Jahre seines Alters gestorben; hat unter andern lateinische Anmerckungen über des Callimachi Hymnos geschrieben, (so an. 1697 zu Utrecht gedruckt worden,) und in selbigen sehr vieles in die Music lauffendes, von Instrumenten, sonderl. aber von der Cithara, aus der Antiquität gelehrt angeführet.

Spassa Pensiere [*ital.*] ein Brumm-Eisen.

Spataro (*Giov.*) ein Musicus zu Bologna, gab daselbst an. 1521 heraus: Errori di Franchino Gafurio. s. die *Biblioth. Duboisianam*, p. 400. Und Thom. Hyde in Catalogo Bibl. Bodlejanæ führet einen an. 1531 zu Venedig gedruckten Trattato di Musica von ihm an. Conf. *Bononcini Musico Prattico*, P. I. c. 7. Ob beyde einerley sind? ist mir unbekannt.

Spatio [*ital.*] Spatium [*lat.*] also heisset das zwischen jeder der 5 Music-Linien befindliche Leere. oder der Raum zwischen inne; wovon das über der untersten Linie befindliche: das erste; das über der folgenden Linie: das zweyte, u. s. f. genennet wird.

Spé [*gall.*] m. der älteste Chor-Knabe an der Dom-Kirche zu Paris. Puer major vel antiquior.

Spedito (*ital.*) expeditus, expeditè (*lat.*) fertig, behende.

Speraciario (*Gio Giorgio*) hat 3stimmige Psalmen in Druck gegeben. s. *Parstorff*. Catal. p. 9.

Speer (*Daniel*) war anfänglich ein Stadt-Pfeiffer, hernach aber Cantor und Calaborator an der lateinischen Schule zu Göppingen im Würtenbergischen, von Breßlau gebürtig, ließ an. 1601 seine vor 5 Stimmen und 2 Violinen gesetzte, und von Advent biß Trinitatis gerichtete Arien, unter dem Titul: Evangelische Seelen-Gedancken, zu Stuttgard in 4to drucken; ingleichen an 1697 das an. 1687 in 8vo edirte Werckgen, unter folgendem "Titul:" Grund=richtiger, kurtz=leicht= "und nöthiger, jetzt wohlvermehrter Un= "terricht der Musicalischen Kunst, oder "vierfaches Musicalisches Kleeblat, wor= "innen zu ersehen, wie man füglich und "in kurtzer Zeit das (1. Choral=und Fi= ,gural=Singen; (2. das Clavier und "General=Baß=Tractiren; (3. Aller= "hand Instrumente greiffen, und blasen "lernen kan; (4. Vocaliter und In= "strumentaliter componiren soll ler= "nen, ,, zu Ulm in länglicht 4to heraus gehen. Dieses vermehrte Werck beträgt 43 Bogen, und in solchem werden folgen= de, als Opera edenda specificiret, nem= lich: (1. ein Opus aller brauchbaren Kirchen=Gesänge, sub Tit. Echo Cœlestis; mit 2 C. C. 2 Viol. A. T. B. & instrum. ad placitum, auf jede Sonn=und Fest=Tägl. Evangelien=und Epistel=Predigten ein besonderer Gesang, worinnen jedes auch einen Vers=Choral führet, und die Violen bey jedem Absatz ein Echo spielen. (2. Die erste 50 Psalmen carminice auf erst=bemeldten Schlag, doch auf besondere Arien=Art. (3 Geistrei= Lehr=Buß=und Danck=Lieder auf eben solche Art, doch nicht Arien=weise, aber mit doppelten lateinisch=und teutschen Texten; item: Der Jubilus Bernhardi, mit doppelten Texten, Canto aut Tenore solo, 5 Instr. A. T. B. in vocibus ad placitum. (4. Æternum Alleluja, eben mit dergleichen doppelten Texten unter einer Melodey, in 2 Theilen, auf Arien=Art, à 2 C. A. T.B. & Instrum. ad placitum, finiret überall mit einem Alleluja. (5. Æternum Amen, ein lateinisches Opusculum nach dem A. B. C. Canto aut Tenore solo, & 6 Instrum. finiret allwege mit einem certirenden Amen und (6. Musicalisches dreyfaches Klee=Blat, zu Freud=Zeit=und Leid=Begebnissen zu gebrauchen. a 3. 4 & 5 vocibus, & 5 instrum. bestehet in Sprüchen, welche zur Tauff=Hochzeit Communion=Andacht, Danck=und hohen Festen, auch bey Trauer=und Leich= Begängnissen dienlich; wie auch noch andere so wohl Lateinische als Teutsche Werckgen von Messen, Vespern, Passion u d. g. Sonsten hat er auch ein Choral-Buch aufs Clavier in Druck gegeben.

Sperling (Johann Peter Gabriel) ein Magister Philosophiæ, und des Dom= Stiffts bey S. Petri in Bautzen Chor=Regent, hat daselbst an. 1705 seine *Principia Musica* in länglicht 4to drucken lassen. Sein *Concentus Vespertin. s. Psalmi minores* per annum in folio, bestehet aus 4 Sing=Stimmen, 2 Violinen, 3 Violen oder Trombonen, und G. B. die *Porta Musica* ist in 8vo gedruckt, auf solcher stehet Secretar. zu Bautzen und Chor=Regent.

Spesso (*ital.*) Spissus, a, um (*lat.*) πυκνὸς (*gr.*) diese Epitheta oder Bey= wörter werden gebraucht, wenn von kleinen intervallis die Rede ist.

Spethen (Johann) von Sprinshardt in der Ober=Pfaltz gebürtig, war Organist am Dom zu Augspurg, und ließ an. 1693 unter dem Titul: Organisch=Instrumentalischer Kunst=Zier= und Lust= Garten, zehen Toccaten, acht Magnificat, sammt darzu gehörigen Præambulis, Versen und Clausuln, nebst drey variirten Arien, so zusammen ohngefehr ein Alphabet betragen, daselbst in folio vors Clavier drucken: er hat aber dieses Werck nicht selbst verfertiget, sondern es von andern Auctoribus nur zusammen getragen.

Sphecismus, σφηκισμὸς, also hieß ehe= mahls ein Lied vor die Flöte, so das Brummen der Wespen vorstellete. s. Bulenger. de Theatro, lib. 2. c. 27.

Σφραγις, Sigillum (*lat.*) also wurde ein Theil des modi Citharœdici, nach der Terpandrischen Eintheilung, ehedessen genennet. s. *Pollucis* Onomasticon c. 9. Segm. 66.

Spiccato (*ital.*) bedeutet: daß man die Klänge auf Instrumenten wohl von einander sondern, und jeden distinctè soll hören lassen.

Spiegler (*Matthias*) hat 1 2. 3. und 4stimmige Motetten mit Violinen heraus gegeben. s. *Parst.* Catal. p. 20.

Spieß (Heinr.) von seiner Composition sind heraus gekommen, (1. XX Offertoria, à 4 voc. conc. 4 Ripien. 2 Violin. 2 Viol & Organo, in folio. (2. VIII Litaniæ Lauretanæ de B. V. M. & una de Venerab. Sacramento, à 4 voc. 2 Violin.

Spinetta, Spinetto (*ital.*) ein kleines Clavicymbel.

Spinola (*Giacinta*) eine Italiänische Sängerin in der Breßlauischen Oper an. 1725. s. *Matthesonii* Mus. Patr. in der 43ten Betracht. p. 347.

Spi-

SPI. SQU. STA. 575

Spiridion à Monte Carmelo, ein Carmeliter-Mönch in dem Closter S. Theodori zu Bamberg, gab an. 1671 den zweyten Theil seiner novæ instructionis, pro pulsandis Organis, Spinettis, Manuchordiis, &c. in folio gravirt heraus, und dedicirte solchen dem General-Priori gedachten Ordens, P. Matthæo Orlando. Das Werckgen ist 12 Bogen starck, und enthält 240 Variationes über fünff, aus 4 bis 5 Tacten bestehende Clausuln, samt angehängten 7 Toccatinen, 2 Gaillarden, und 4 Corrrenten. Feyertag p. 134 seines Syntax. minor. gedencket auch dessen Musica Theoliturgicæ. Seine Musica Romana DD. Foggiæ Carissimi, Gratiani, aliorumque tribus duntaxat voribus decantata, ist von ihm mit zwo Violinen vermehrt, und an. 1665 zu Bamberg in folio oblongo gedruckt worden.

Spiritoso oder spiritu oso, auch con spirito oder con spirto [*ital.*] belebt, beseelt.

pithama, σπιθάμη, von σπίζω, extendo; ist das spatium zwischen dem Daumen und kleinen Finger.

Spondalia [*lat.*] aus spondeis bestehende Lieder; von σπονδή, libatio, weil solche bey den Opffern üblich waren. Spondalia, schreibet Cælius Rhodiginus lib. 9. c. 6. Lect. Antiquar. sunt spondaica ratione concinnati cantus, quibus utebantur in rebus divinis, ut melodiis longioribus prospera Deorum voluntas firmaretur: qua ratione Pompilius Numa Spondeum & *Pontificium* dixit.

Spondiaules oder spondiauli [*lat.*] σπονδαυλοι [*gr.*] also hiessen ehedessen diejenigen Pfeiffer, so beym Gottes-Dienste langer Pfeiffen sich bedieneten. s. Haur. Junii Nomenclatorem oder vielmehr; die unter währenden Opffer bliessen; ἀπὸ τῶν σπονδῶν, à libationibus, daß sie demnach nicht so wohl von den langen Pfeiffen, sondern vom letztern Worte ihren Nahmen geführet, und der Singularis σπονδαύλης, Spondaula heisset. s. *Salmasii* Anmerckungen über des Vopisci Carinum.

Spontoni (*Bartolomeo*) hat an. 1567 den zweyten Theil 5stimmiger Madrigalien zu Venedig in 4to drucken lassen. s. *Draudii* Bibl. Class. p. 1630.

Squarcialupus (*Antonius*) ein sehr berühmt gewesener Organist zu Florentz ums Jahr 1450, dem zu Gefallen viele Frembde von Ausländern dahin gekommen, um ihn zu hören, und kennen zu lernen. Er hat einige Sachen heraus gegeben, und der Magistrat daselbst hat sein Bildniß in Marmor hauen, und es bey dem Eingange in die Dom-Kirche mit folgender Inscription setzen lassen:

Multum profecto debet Musica *Antonio Squarcialupo*, Organistæ. Is enim ita arti gratiam conjunxit, ut quartam sibi viderentur Charites Musicam adscivisse sororem. Florentia Civitas grati animi officium rata ejus memoriam propagare, cujus manus sæpe mortales in dulcem admirationem adduxerát, civi suo monumentum donavit.

s. *Pocciantii* Catal. Scriptorum Florentinorum, p. 15. Daß diese inscription heutiges Tages noch daselbst zu lesen sey, bezeuget der Hr. Hof-Rath Nemeitz in seinem Fasciculo Inscriptionum singularium, p. 235. sq.

Squilla [*ital.*] vielleicht vom Griechischen καλῶν, vocare; eine Schelle, Glöckgen.

Stabiles (*Annibal*) wird vielleicht Annibal, Patavinus seyn. s. *Annibal*.

Staccato oder stoccato [*ital.*] ist mit spiccato fast einerley, daß nemlich die Bogen-Striche kurtz, ohne Ziehen, und wohl von einander abgesondert werden müssen. Das erstere kommt von staccare, entkleben, ablösen, und dieses Verbum von taccare, kleben, und dis; oder, besser, von attacare, anhängen, ankleben her, und wird anstatt der Sylbe at, dis oder s, so ent bedeutet, genommen; das zweyte aber kommt her von stocco, ein Stock, heisset demnach gestossen, nicht gezogen. Die marque dieser Art ist, wenn das Wort staccato oder stoccato nicht dabey stehet, ein kleines über oder unter den Noten befindliches Strichelgen, also gestaltet: |.

Stadelmaier (*Joannes*) war des Ertz-Hertzogs von Oesterreich, Maximiliani, Capellmeister zu Grätz, von Freysingen gebürtig, und gab folgende Sachen heraus, als:

Missas 8 vocum, an. 1569 (soll vielleicht 1596 seyn) zu Augspurg bey Joh. Krügern in 4to gedruckt. s. *Draudii* Bibl. Class. p. 16,6.

Canticum B. Mariæ; 5. 6. 7. & 8 vocum,

cum, an. 1603 zu Augspurg und München gedruckt.

Messe concertate à 10 & 12 voc. an. 1610 und 1616.

Salmi à 4 voci, e 2 Violini.

Apparatum musicum Sacrarum Cantionum concertantium à 6. 7. 8. 9. 10 - 24 vocibus & instrumentis.

Miserere mei Deus, à 4. 5. 6. 7 & 8 vocibus, cum instrumentis ad libitum. s. *Purstorff.* Catal. p. 5. 11. 22. und 31. Prætorius nennet ihn einen vortrefflichen Contrapunctisten und Musicum. An. 1643 sind zu Inspruck gedruckt worden: Psalmi Vespertini omnes cum 2 Magnificat & Officio divino de S. Norberto, &c. auf diesem Wercke wird er genennet: Serenissimæ *Claudiæ,* Archiducis Austriæ, &c. Capellanæ Musicæ Præfectus.

Staden (Johann) ein Nürnberger, und Organist bey S. Sebald daselbst, ließ an. 1616 seine Harmoniam Sacram 4. 5. 6. 7. & 8 vocum in Druck heraus gehen, und dedicirte selbige dem Magistrat. Die Continuation ist an. 1621 daselbst ans Licht getreten. Die Jubila sancta Deo, per Hymnum & Echo in Ecclesia Noribergensium Festum Evangelico-Jubilæum 11 Novemb. celebrante, sind an. 1618 bey Simon Halbmayer, gedruckt worden. Auf diesem Wercke wird er Organist zu S. Laurentii genennet. Das 1622te Jahr hat die Harmonicas Meditationes animæ de amore Jesu reciproco, 4 vocum in 4to geliefert. Der Kirchen Music Erster Theil, 15 geistliche Gesänge und Psalmen auf die fürnehmsten Feste im Jahr, von 2 - 4 Stimmen, ist an. 1625 zu Nürnberg in 4to publicirt worden. An. 1632 sind seine Harmoniæ variatæ Sacrarum Cantionum von 1. 2. 3. - 12 Stimmen; und an. 1646 (nach seinem Tode) ist die Hauß-Music geistl. Gesänge mit 4 Stimmen zu Nürnberg in 4to gedruckt worden. Er hat auch einen kurtzen Unterricht von der Composition im MS. hinterlassen, so 2 und einen halben Bogen ausmacht. Sein Sprüchwort ist gewesen: Italiäner nicht alles wissen, Teutsche auch etwas können.

Staden (*Theophilus*) ein Nürnbergischer Musicus und Organist ums Jahr 1628, der so wohl in theoria als praxi sehr ge-

übt gewesen: dessen Georg Philipp Harsdörffer in seinen Deliciis Philosophicis und Mathematicis Partis 3. Parte 5. Quæst. 18. mit Ruhm gedencket. s. Printzens Musi. Histor. c. 12. §. 4.

Stampita, pl. stampite, it. stampia pl. stampie [*ital.*] von stampare, drucken; heissen gedruckte Gesänge von Mährlein oder Wunder-Wercken, so auf dem Jahr-Marckt herum getragen und abgesungen werden.

Stance [*gall.*] stanza [*ital.*] eine Art Verse, von gewisser Zahl, davon die letzten allezeit den völligen Verstand geben und schlüssen, und drey und drey sich reimen müssen. s. Frischens Lex.

Stanley, wurde an. 1726 den 28 Augusti als ein 14jähriger blinder Knabe, durch die meisten Stimmen zum Organisten bey St Andreas Holborn-Kirche in London erwehlet. s. den Historischen Kern, oder die kurtze Chronica der merckwürdigsten Begebenheiten des Jahrs 1726. p. 222.

Stasimon, τάσιμον, so hieß bey den Griechen der Nach-Gesang; welcher nach dem um den Altar verrichteten Tantze oder Reyhen-Lieder von dem Hauffen stillstehend gesungen wurde. s. Salomon van Tils Sing-Dicht und Spiel-Kunst, p. 137.

Status oder Constitutio Octavæ, ist nichts anders als das ordentliche Auffsteigen einer Octav, d. i. so man von der final-Note durch die vornehmsten sonos oder Claves gradatim auffsteiget.

Status immutatus naturalis heisset: wenn dergleichen Auffsteigen bloß durch diatonische Claves geschiehet, und gar kein ♮ noch ♭ weder zu Anfange nach dem Schlüssel, noch bey einer andern in der Octav vorkommenden Note gesetzt wird.

Status immutatus transpositus heisset: wenn ein natürlicher Modus entweder um eine Quart, oder um eine Quint höher transponirt wird; da denn bey der ersten Art nur ein ♭, und bey der zwoten nur ein ♯ in der Vorzeichnung zu stehen kommt. Jene wird status immutatus per b molle, und diese status immutatus per Diesin genennet.

Status Octavæ mutatus heisset: wenn in einem natürlichen, oder auch transponirten Modo, wieder den Inhalt der sonst accuraten, dem Modo gemässen Vorzeichnung, ein oder anderer in der Octav

Octav befindlicher Clavis mit einen ♯ oder ♭ beleget wird; z. E. wenn im Modo Dorio an statt f, fis, an statt h, b, und an statt c, cis, vorkommt.

Stechanius (*Andreas*) ein Magister und Rector der Schule zu Arnstadt, hat an. 1634 Quæstiones miscellas Philosophico - Philologicas daselbst disputando in 4to geschrieben, und zu Erffurt drucken lassen; in solchen behandeln II. Theses

    Audi Viator.
Chori Metropolit. Regens incipit *Deus in adjutorium*
 Tu votis & precibus *ad adjuvandum festina*.
D. M. Julius Stecher Saulgensis vitæ candore, integritate
  insignis Sacerdos, raucus obmutuit.
 Ætat. LVI. Anno Christi M. DC. LXVI.
    mense Majo die IX.
 Tu pro eo nunc canta: *Requiem æternam*.

f. *Dodonis Richea*, oder *Ottonis Aicheri* Theatrum Funebre, P. III. Scena VII. p. 446.

Steffani (*A.*) ein Abt von Lepsing, und des Päbstlichen Stuhls Protonotarius, hat ein Sendschreiben in Italiänischer Sprache, unter dem Titul: Quanta certezza habbia da suoi Principi la Musica, ediret, welche der seel. Werckmeister ins Teutsche übersetzet, und mit einigen Anmerckungen an. 1700 zu Quedlinburg und Aschersleben in 8vo herausgegeben hat. In des Roger Music-Catalogo stehen p. 40 auch Sonate da Camera, à due Violini, Alto Viola e Continuo von seiner Arbeit allegiret. Daß er an. 1695 Capellmeister zu Hannover gewesen, verschiedene Italiänische Opern in die Musie gebracht habe, so auf dem Hamburgischen Theatro verteutscht aufgeführet worden, als: an. 1695 der hochmüthige Alexander; an. 1696 der Roland; Heinrich der Löwe; und Alcides; an. 1697 der Alcibiades; an. 1698 die *Atalanta*; und an. 1699 *il Trionfo del Fato*; hernach Abt, und endlich Bischoff worden, lieset man in *Matthesonii* Musical. Patr. in der 22ten Betracht. p. 182 sqq. Ist nach dem Tode des Churfürstens zu Hannover, Ernesti Augusti, als Geheimder Rath nach Düsseldorff vociret, und vom Pabste zum Bischoff zu Spiga gemacht worden.

Steigleder (*Adam*) ist Organist zu Ulm gewesen.

Steigleder (*Joan. Ulricus*) hat an. 1624 eine Tabulaturam Organis & Organœdis unice inservientem, selbst zu Ulm in Kupffer gestochen, und herausgegeben. f. *Draudii* Biblioth. Classi. p. 1631.

Steinbrücker (*Anton*) ein Trombonist in der Kayserin, Amaliæ Wilhelminæ, Hof-Capelle an. 1721.

Steinbrücker (*Ignatius*) ein Posaunist in der Kayserl. Hof-Capelle an. 1727.

Steinmann (*Christoph*) war erstlich Organist zu Voitsberg, einem zwischen Erffurt und Buttstädt liegenden Eisenachischen, und hernach zu Grossen-Nebhausen, einem zwischen Weimar und Cölleda liegenden Chur-Sächsischen Dorffe, und ließ an. 1659 Motetten zu Jena; an. 1660 aber zu Erffurt das Rosen-Kräntzlein, in 4to drucken.

Stella (*Scipione*) ein Musicus und Theatiner-Mönch zu Neapolis. f. *il Forastiero del G. C. Capaccio*, Giornata 1. p. 7. Das zweyte Buch seiner 5stimmigen Madrigalien ist an. 1608 von Angelo Gardano wieder aufgeleget worden.

Stella (*Vito*) ein Bruder des an. 1571 verstorbenen Gio. Francesco Stella, ist ein excellenter Musicus im Closter delli Crociferi zu Venedig gewesen. f. *il Giardino del Luigi Contarino*, p. 299.

Steinler (*Johann*) war gebohren an. 1662 den 14 April zu Neustadt an der Orla, woselbst sein Vater mit ihm gleiches Nahmens Archi-Diaconus gewesen, studirte ab an. 1673 zu Gotha, und ab an. 1688 zu Jena, begab sich von dar an. 1682 nach Leipzig, gieng aber das Jahr darauf nach Michaelis wieder nach Jena, da er sich mense Oct. wegen noch anhaltender Contagion bereden ließ mit noch zween Studiosis nach Erffurt zu reisen, und über

Vermuthen daselbst an der S. Michaelis-Kirche das Cantorat bekam, auch allda an. 1687 zu gleicher Stelle von der Evangelischen Gemeinde zum Kauffmännern vocirt wurde; muste aber von dar an. 1689 als ein Lands-Kind und Stipendiat nach Neustadt an der Orla in patriam, und kam endlich an 1661 m. Jun. auf gnädigste vocation, und Dom. 2. post. Trinit. geschehene Probe in Gegenwart aller 3 Hochfürstl. Herren Gebrüder von Sachsen-Zeit, zum Cantorat nach Schleusingen, daselbst er an. 1720 den 1. May gestorben. f. Wetzels Lieder-Historie, P. 3 p. 258. allda er ein geschickter Musicus genennet wird.

Steneken (*Conrad*) ein Studiosus LL. und Music-Liebhaber, von Bremen gebürtig, gab an. 1662 unter dem Titul: Hortulus musicus, zwölff aus Allemanden, Couranten und Canzonen bestehende piècen, vor 2 Violinen, 1 Viola und G B. (so er zu seiner privat-Lust aufgesetzt gehabt) daselbst in Druck.

Stengel (*Joan. Laurentius*) ist gebohren an. 1686 zu Grossen Zerbst im Fürstenthum Anhalt, woselbst sein Hr. Vater Fürstlicher Secretarius und Stiffts-Verwalter gewesen; kam an. 1698 auf das Gymnasium in Gotha, und bald darauf als Capell-Knabe in die dasige Hochfürstl. Capelle zum Friedenstein; an. 1705 begab er sich auf das Gymnasium academicum zu Zerbst, von da an. 1706 auf die Universität Jena, und an. 1709 nach Halle, um seine Studia juridica zu absolviren, wurde daselbst zu zween Baronen als Hofmeister beruffen, aber gleich drauf von Serenissimo Gothano, als Sopranist, in Dienste genommen, und erhielt nebst dieser function, als er sich vorhero eine Zeit lang in praxi juridica habilitiret, an. 1712 eine Canzellisten-Stelle bey Hochfürstl. Regierung, und endlich an. 1727 das würckliche Canzeley-Secretariat in nurgedachtem hohen Collegio, nebst Beybehaltung seiner musicalischen Verrichtungen.

Stenger (*Nicolaus*) ein Magister, gebohren in Erffurt, den 31 Augusti an. 1609. war erstlich Cantor, hernach an der Kauffmanns-Kirche daselbst 3 Jahr Diaconus, hierauf von an. 1638 Pastor, zuletzt des Evangelischen Ministerii Senior, Theol. & LL. Oriental. Professor, und des Gymnasii Inspector, und starb den 5 April an. 1680, im 71ten Jahre seines Alters, und 44 seines Amts. f. das *comp.* Gelehrten-*Lexicon*. Seine Manuduction ad Musicam theoreticam ist an. 165; zum zweytenmahle von 6 Bogen in 8vo teutsch gedruckt, und an. 1666 abermahl daselbst aufgeleget worden.

Stenius (*Georgius*) ein Lautenist, liegt in Lüneburg mit folgendem Epitaphio begraben:

Stenius hic recubat testudine ludere doctus.
Cui peperit nullum Teutona terra parem.
Cum moriebatur, Musæ Charitesque gemebant,
Tristis & abjecta flebat Apollo lyra.
Ast cœlum risit: quoniam ut mortalibus ante,
Sic insigne melos nunc canit ille Deo.

f. *Otton. Aichzri* Theatrum funebre, P. 3 Scena 7. p. 451.

Stentato [*ital.*] bedeutet: daß man die Stimme mit aller Macht forciren, und also singen soll, als ob man viel leide, und ein anderer den Schmertz mercken könne.

Stentor, ein in dem Trojanischen Kriege berühmter Trompeter, hat eine sehr starcke, gleichsam eiserne und unüberwindliche Stimme gehabt, daß man daher ein Sprüchwort gemachet. f. Printzens Mus. Histor. c 2. § 49 Es scheinet fast, als wenn das vorstehende Wort von diesem stentore seinen Ursprung habe.

Stephanus (*Clemens*) von ihm sind zu Nürnberg gedruckt worden:

Cantiones sacræ 4. 5 & 6 vocum, an. 1560.
Harmonia suavissima 4. 5 & 8. vocum, an. 1567.
XXXV. Cantiones, 6. 7 - 12. & plurium vocum, an. 1568.
Cantiones 5 vocum, an. 1568. und Psalmus 24. Beati omnes, qui timent Dominum, 4. 5 & 6 vocum, von 17 Musicis componirt, an. 569 sämtlich in 4to.

f. *Draudii* Bibl. Class. p. 1613. 1619. 1626. und 649.

Stephanus, ein gelehrter Canonicus zu Metz, wurde an. 904 Bischoff zu Lüttig, schrieb unter andern einige lateinische Lieder, als: von der H. Dreyfaltigkeit; von Findung des ersten Märtyrers Stephani; von

von dem Bischoffe und Märtyrer Lamberto, machte die Melodien dazu, und starb an. 921. f. die *Centuriat. Magdeburg. Cent. X. c. 10. f. 577.*

Stephanus (*Johannes*) von Lüneburg, war unter den 53 verschriebenen Organisten der 42te, welcher das an. 1596 in die Schloß-Kirche zu Grüningen erbauete Orgel-Werck bespielte und examinirte. f. Werckmeisters Organ. Gruning. rediv. §. 11.

Stesander, ein Citharœdus aus der Insul Samos gebürtig, hat die pugnas Homeri am ersten zu Delphis abgesungen, und den Anfang von der Odysiea gemachet. f. *Athenæum* lib. 14. f. m. 638.

Stesichorus, ein ums Jahr der Welt 3393 oder 555 Jahr vor Christi Geburt berühmt gewesener Poet und Musicus, aus der Sicilianischen Stadt Himera gebürtig, und Sohn des Hesiodi (nach andern, soll die Stadt Matauria in Italien sein Geburts-Ort, und der Vater Euphorbius, oder Euphemius, oder, wie noch andere wollen, Euclides von Hyetes gewesen seyn) soll eigentlich Tisias geheissen, hernach aber den Nahmen Stesichorus, i. e. stator choreæ, deswegen bekommen haben: ὅτι κιθαρῳδίᾳ πρῶτος ἔςησεν χορόν, d. i. weil er das Cither-Schlagen mit dem Chor oder Reihen vereiniget, und endlich im 85 Jahr seines Alters zu Cantanea gestorben seyn, alwo ihm denn nach der Zeit ein prächtiges Grabmahl von 8 Säulen, 8 Stuffen, und 8 Ecken aufgerichtet worden, von welchem das Sprüchwort: πάντα ὀκτώ, für etwas vollkommenes entstanden. f. Prinzens Mus. Histor. c. 5. §. 20. Hederichs Notitiam Auctorum Antiq. p. 102. und Hr. D. Fabricii Bibl. Gr. Vol. IX. p. 795. Daß das eine Stadt-Thor zu Catanea in Sicilien, vor welchem er begraben worden, Porta Stesichoria nach ihm genennet werde, berichtet Raph. Volaterranus Commentar. Urban. lib. 19.

Stevardus (*Jacobus*) f. *Jacobus I.*

Steuccius (*Henricus*) ein Studiosus von Weissenfelß, ließ an. 1662 allerhand teutsche Lieder von 5 Stimmen in Wittenberg drucken.

Steuerlinus (*Joannes*) oder Steuerlein, gebohren an. 1546 den 5 Julii zu Schmalkalden, war anfänglich Stadt-Schreiber zu Wasungen, hierauf an. 1580 Cantzley-Secretarius zu Meinungen in der Fürstl. Graffschafft Henneberg, und endlich an. 1604 Stadt-Schultheiß daselbst, dabey ein Kayserl. gekrönter Poet, Notarius Publ. ingleichen ein Musicus und Componist und starb den 5 May an.1613. Von seiner Arbeit sind an 1571 vier- und fünffstimmige Cantiones lateinisch und teutsch zu Wittenberg; an. 1578 vier- fünff- und sechsstimmige Cantiones zu Nürnberg; und an. 1588 der 150 Psalm: Laudate Dominum in Sanctis ejus von 4 Stimmen, zu Erffurt, allerseits in 4to gedruckt worden. f. *Oleari* Lieder-Schatzes I Theil. p. 53 sq. *M. Joh. Seb. Güthens Poligraph. Meiningens.* p. 80. und *Draudii Bibl. Class.* p. 1613. 1619. 1649. Nebst angeführten ist auch von ihm heraus gekommen; eine 4stimmige teutsche Passion; ferner der 117 Psalm, auf dreyerley weise, oder so viel unterschiedliche Tonos, mit 4 Stimmen an. 1599 zu Erffurt; und Præcatio vespertina & matutina ex Lutheri Catechismo sumta, 4. voc. an. 1573 in 8vo gedruckt.

Stevinus (*Simon*) ein Mathematicus von Brügge in Flandern, welcher an. 1595 floriret, und Commendant über die an der See gelegenen Vestungs-Wercke gewesen, hat, unter andern, auch ein Buch: de Musices θεωρία geschrieben. f das comp. Gelehrten-Lexicon, und *Voss. de Mathesi* lib. 3. c. 59. f. 182.

Stewechius (*Godeschalcus*) ein Professor zu Pont à Mousson in Lothringen von Heüsden oder Huesden, einer an den Grenzen von Brabant liegenden Holländischen Stadt gebürtig, florirte ums Jahr 1586, war in der Historie und Römischen Antiquitäten wohl erfahren, und schrieb, unter andern, einen lateinischen Commentarium über das Vegetium de re militari; in solchem kommt bey Erklährung des 22. Capitels lib. 2. und des 5ten Capitels lib. 3 etwas weniges von den Tubicinibus, und Buccinatoribus, it. von der Tuba und Buccina (als zur Music gehörig) vor.

Stichodi, στιχῳδοί, also hiessen diejenigen Sänger, welche, wenn sie einige Carmina des Homeri abgesungen, eine Lorbeer-Gerte in der Hand hielten f. *Bulenger. de Theatro,* lib. 2. c. 9.

Stickl (*Franciscus*) hat zwey Wercke in folio heraus gegeben, nemlich Psalmos Vespertinos pro toto anno, à 4 voc. Violino unisono & Continuo und an. 1,27. 6 Missen von 4 concertirenden Stim-

Stimmen, u. verschiedenen Instrumenten. s. Hrn. Lotters Music=Catal.

Stierlein (Johann Christoph) Fürstl. Würtembergischer Vice-Capell-Meister, gab 1691 auf seine Kosten einen Tractat, unter dem Titul: Trifolium musicale, consistens in Musica Theoria, Practica, & Poëtica, oder eine dreyfache Unterweisung, wie (1. ein Incipient die fundamenta im Singen recht legen solle, samt einem Anhang, die heutige Manier zu erlernen; (2. Wie der General-Bass gründlich zu tractiren; und (3. wie man arithmeticè, und mit lauter Zahlen, anstatt der Noten componiren lernen könne, zu Stuttgart in länglicht 4to heraus. Es bestehet solcher aus 24 Blättern gedruckten, und Frag=weise eingerichteten Lehr=Sätzen, und 22 Kupfer=Blättern, worauf die Exempel sich befinden. Als Fürstlicher Hof=Musicus hat er an. 1688 fünff und zwanzig Arien von einer Singe=Stimme und G. B. worunter 12 Monat-Lieder zu finden, die übrigen aber in allerhand Zeiten zu gebrauchen sind, unter dem Titul: Musicalische geistliche Zeit und Ewigkeit=Betrachtung, in gantz klein länglicht=Octav, auf seine Kosten in Stuttgard drucken lassen.

Stilo. s. *Stylus*.

Stinfalico (*Eterio*) hat Cantate da Camera à Voce sola vor dem 1/15ten Jahre zu Venedig drucken lassen.

Stiphilius (*Laurentius*) Cantor zu Naumburg, hat an. 1609 ein Compendium musicum heraus gegeben; worinnen er nur drey voces, nemlich re, mi, fa zum Aufsteigen, und die übrigen drey voces, nemlich la, sol, fa zum Absteigen, als eine Erleichterung im solmisiren, vorgetragen; weil er sich nicht getrauet, ohne einhelligen Consens anderer Musicorum die Guidonischen 6 voces gar fahren zu lassen, oder noch eine Sylbe hinzu zu thun. s. *Martini Heinrici* Myrti Ramum pro usu atque commoditate docentium, Posit. XIX. An 1614 ist solches zu Jena in 8vo wiederum aufgelegt worden. Daß er an. 1573 ein Alumnus in der Schul-Pforte gewesen, lieset man in *Pertuchii* Chron. Portensi, p. 355.

Stiva. ist bey dem Domnizo, Lib. 1. c. 10. de vita Mathildis in folgendem Verse: Tympana cum cytharis, stivisque, lyrisque sonant hic, ein musicalisches Instrument. s. *du Cange* Glossar.

Stivorius (*Franciscus*) Organist zu Montagnano oder Montagnana, (Organista Communitatis Montaneanæ) einer kleinen im Paduanischen Gebiete liegenden Stadt, hat an. 1587 fünffstimmige Cantiones Sacras, und an. 1596 das vierdte Buch 6. 7. und 8stimmiger Cantionum Sacrarum zu Venedig in 4to drucken lassen. s. *Draudii* Bibl. Class. p. 1619 woselbst er aber Stivarius genennet wird.

Stobæus (*Joannes*) war aus Graudentz gebürtig (Grudentinus) und Churfürstl. Brandenburgischer Capell=Meister zu Königsberg in Preussen ums Jahr 1624, gab in nurgedachtem Jahre Cantiones Sacras 4. 5.-10 vocum, zu Franckfurth; und an. 1634 ein 5stimmiges Werck zu Dantzig in Druck.

Stoccato. s. *Staccato*.

Stoechus, στοιχὸς, also hieß im Tragischen Chor jede aus 5 Personen in die Länge bestehende Reihe. s. *Bulenger*. de Theatro lib. 2. c. 12.

Stölzel (Gottfried Heinrich) ist aus Grünstädel, einem in Meissen, und zwar im Ertzgebürgischen Creyse ohnweit Schneeberg liegenden Orte, woselbst sein seel. Vater Organist gewesen, gebürtig, hat zu Schneeberg die Schule frequentiret, und des dasigen Cantoris Hrn. Umblaufftens information in musicis genossen, hierauf das Gymnasium in Gera besuchet, von dar die Universität Leipzig bezogen, und daselbst, nebst dem Studio Juris, der Music unter der Handleitung des seel. Hrn. Hoffmanns emsig obgelegen. Als er nach diesem eine geraume Zeit seine Composition nicht nur in Breslau hören lassen, und daselbst in der Music Lection gegeben, sondern auch nachgehends in Sachsen, sonderlich zu Naumburg und Gera vier Opern von seiner Composition aufgeführet, hat er eine Reise nach Italien gethan, sonderlich in Venedig, Florentz und Rom, in allen aber über 1½ Jahr sich in solchem Lande aufgehalten, und auf der Rück-Reise ist er in beständiger Praxi der musicalischen Composition fast drey Jahr zu Prag geblieben, bis ihn an. 1717 das Glück an den Hochfürstl. Brandenburg-Bayreuthischen Hof geführet, woselbst er am zweyten Lutherischen Jubilæo die Kirchen-Music componiret und aufgeführet, und in folgenden Jahre zum Capellmeister an dem Hochgräfl. Reuß-Plauischen Hofe in Gera

STO.

Gera angenommen worden, endlich aber in. 1719 eben diese Station an dem Hochfürstl. Sächs. Gothaischen Hofe erhalten, allda er biß jetzo unter gesegneter Regierung Sr. Herzogl. Durchl. Hrn. Friderici II. vergnügt zu leben das Glück geniesset. Sein *Practischer* Beweiß, wie aus einem nach dem wahren Fundamento solcher Noten-Künstelepen gesetzten Canone perpetuo in hypodiapente quatuor vocum, viel und mancherley, theils an Melodie, theils auch nur an Harmonie unterschiedene Canones perpetui à 4 zu machen seyn, ist an. 1725 in 4to gedruckt worden, und beträgt drey Bogen.

Störl (Johann Georg Christian) Stiffs-Organist zu Stuttgardt hat an. 1721 ein Schlag-Gesang-und Noten-Buch daselbst in 4to ausgehen lassen.

Stolle (*Philipp.*) ein Teorbist beym Chur-Prinzen von Sachsen, und nachgehends Cammer-Musicus bey dem Administrator des Erß-Bischoffthums Magdeburg, hat zu David Schirmers an. 1654 zu Dreßden in folio heraus gegebenen Singenden Rosen, oder Sitten- und Tugend-Liedern, 68 an der Zahl, die Melodien à Canto e Basso gesetzet.

Stollius (*Joannes*) Calegiensis Saxo, war erstlich Cantor zu Reichenbach, dann an. 1591 Cantor zu Zwickau, und endlich an. 1604 Capell-Meister zu Weimar: ließ an. 1606 die Epicedia oder Grabe-Lieder des an. 1605 den 31 Oct. verstorbenen, und den 20 Nov. in die Stadt-Kirche allhier begrabenen Hertzogs Joannis, zu Jena mit 4 und 8 Stimmen in 4to drucken. Sonst hat er auch an 1614 auf des Beichtlingischen Gerichts-Verwesers und Notarii P. Johann Heverts den 1 Martii gehaltener Hochzeit, die Motette: Wer die Braut hat, der ist der Bräutigam, ꝛc. von 6 Stimmen drucken lassen.

Stollerus, oder Stolcer (*Thomas*) ein Schlesier, aus Schweidnitz gebürtig, war (ohngefehr ums Jahr 1520) beym Könige in Ungarn, Ludovico, zu Ofen Capellmeister. s. *Melch. Adami* Vitas German. Jureconsultorum & Politicorum, unterm Articul. Joannes Langus, p. 79.

Stoßen (*Petrus de*) ein teutscher Mönch, und Abt des Benedictiner-Closters zu - - - (Abbas Monasterii Bozzaviensis) florirte ums Jahr 1494, und schrieb un-

STR.

ter andern auch ein Buch von der Music. s. *Anton. Possevini* Apparat. Sacr. T. 2.

Strabo (*Walafridus*) ein gelehrter teutscher Mönch, Benedictiner-Ordens, erstlich zu Fulda, woselbst er ein Discipul des berühmten Rabani Mauri gewesen, hernach Decanus zu St. Gallen in der Schweitz, und endlich an. 842 der zwölffte Abt zu Reichenau (Abbas Monasterii Augiæ divitis) schrieb unter andern einen Tractat: de Officiis Divinis, s. de Exordiis & incrementis Rerum Ecclesiasticarum, in solchem handelt das 25te Capitel: de Hymnis, & Cantilenis, eorumque incrementis, &c. und starb an. 849. Den Zunahmen hat er von seinem schielenden Gesichte bekommen. s. des Cardinals *Joan. Bonæ* Notit. Auctorum, und *Possevini* Apparat. Sacr. T. 2. Johannes Ego, ein Prior des Closters Reichenau, in seinem an. 1630 geschriebenen Tractate: de Viris illustribus Angiæ majoris, seu divitis, c. 11. P. 2. erweiset wieder Trithemium, daß Walafridus Strabus niemahls ein Mönch, oder Abt zu S. Gallen; wohl aber erstlich ein Mönch, an. 821. und hierauf von an. 824 bis an. 849 Abt zu Reichenau gewesen, und in nurgedachtem Jahre den 18 Augusti im 43 Jahre seines Alters gestorben sey.

Strancantare (*ital.*) fehl singen, sich versingen.

Stradel, ein in der Republic Venedig gestandener Opern-Componist, ist, wegen Entführung eines dasigen Patricii Maitresse, die er im Singen perfectioniret sollen, in Rom und Turin von 3 dazu bestellten Assassins aufgesucht, und endlich zu Genua ums Jahr 1670 ermordet worden. s. die *Histoire de la Musique.* T. 1. p. 41. *sqq.*

Stratonica, eines armen alten Musici Tochter, nahm mit ihrer Stimme den Asiatischen König Mithridatem M. dergestalt ein, daß er sie so fort zu seiner Maitresse erkiesete, ihren Vater reichlichst beschenckete, und nachher mit ihr den Xipharem zeugete, den er aber endlich auch vor den Augen dieser ihrer Mutter eigenhändig wieder umbrachte. s. Hederichs Schul-Lexicon, und *Plutarchum* in Pompejo.

Stratonicus, ein ausbündiger Citharœdus zu Athen, florirte zu den Zeiten Alexandri und Ptolemæi, zog am ersten viel Saiten auf die kleine Cither, und wurde

wurde von Nicocle, dem Könige in Cypern, wegen eines bittern gegen seine Prinzen gebrauchten Scherzes, mit Gifft hingerichtet. Wer ein und andere Scherz-Rede von ihm zu wissen verlanget, lese Athenæum lib. 8. woselbst vom 347 biß zum 352 Blatte der Commelinischen Edition deren verschiedene befindlich sind; ingleichen Prinzens Musf. Histor. c. 6. §. 31. sqq

Strattner (Georg Christoph) aus Ungarn gebürtig, hat zu Durlach in Diensten gestanden, und als Capell-Meister zu Franckfurt am Mayn zu Neanders Bundes- und Himmels-Liedern in der 5ten Edition, die Melodien à Canto e Continuo verfertiget; ist als Vice-Capell-Meister alhier zu Weimar an. 1704 oder 1705 gestorben.

Strauß (Christoph) Kaysers Matthiæ Cammer-Organist, ließ an. 1613 Cantiones sacras oder Motetten von 5-10 Stimmen, in Wien drucken.

Stretto (ital.) heißt enge; und zeiget an: Daß die Tact-Theile enge und kurz, folglich sehr geschwind gegeben werden sollen. Ist demnach des Largo sein contrarium. s. Brossards Diction: Man findet es aber auch gesetzet, anzuzeigen: daß ein, oder etliche themata ganz kurz zusammen gezogen sind, und behende auf einander folgen.

Stricker (Augustin Reinhard) hat, als Königl. Preußischer Cammer-Musicus die Music und Symphonien der Opera, genannt: Alexanders und Roxanen Heyrath, bey Vermählung Sr. Königl. Majestät von Preussen mit der Durchlauchtigsten Princeßin, Sophie Louyse, Herzogin von Mecklenburg, geschehen den 28 Nov an. 1708, componiret. s. des Hrn. von Bessers Schrifften, unter dem Beylagers-Gedichten, p. 284. Als Hochfürstl. Anhaltischer Capell-Meister zu Cöthen, hat er an. 1715 daselbst den 1sten aus 6 Italiänischen Cantaten à Voce sola bestehenden Theil, worzu eine Violin oder Hautbois accompagniret, in folio oblongo drucken lassen.

Striggio (Alessandro) oder Alexander Striggius, ein Italiänischer Musicus und Lautenist, dessen Lansius in Oratione pro Italia, p. 709 und Garzoni nella Pizza universale, p. 374. gedencken. In Draudii Bibl. Class p. 1630. wird ein fünffstimmiges Madrigalien-Werck, und noch ein anders von 6 Stimmen, so

an. 1566 zu Venedig gedruckt worden, von seiner Arbeit angeführet.

Strobel (Valentin) ein zu Anfange des vorigen Seculi berühmt gewesener teutscher Lautenist. s. Prinzens Musf. Hist. c. 12. §. 19.

Strofa [ital.] Strophe [gall.] Stropha (lat.) ein Absatz, Gesetz oder Vers in einem Liede.

Stromenti da arco (ital.) Instrumente, so mit Bogen tractiret werden.

Stromenti da fiato (ital.) blasende Instrumente.

Stromento (ital.) pl. Stromenti, musicalische Spiel-Zeuge.

Stroncare (ital.) ein Saiten-Spiel übel tractiren. Stroncar' il Liuto, auf der Laute kratzen. Stroncar' una Villanella in sulla Chitarra, ein Bauer-Liedgen auf der Zitter schrumpffen.

Strotia (Laurentia) oder Strozzia, eine Dominicaner-Nonne zu Florenz, oder eigentlich im S. Nicolai-Kloster zu Prato im Florentinischen, hat, nebst andern Sprachen, auch die Griechische und Lateinische, ingleichen die Philosophie u. Music wohl verstanden, Lateinische auf die Fest-Tage gerichtete Hymnos verfertiget, welche Jacobus Mauduitus, ein Pariser Französisch vertirt, und mit Noten versehen. Sie ist an. 1591 im 77 Jahr ihres Alters gestorben, und von Sebastiano Hormoltio, einem Würtembergischen Rathe, mit einem Epitaphio acrosticho beehret worden. s. Miræi Bibl. Part. II. p. 152. und M. Joan. Paschii Gynecæum doctum.

Strozza (Barbara) oder Strozzi hat ein Madrigalien-Werck von 2. 3. 4. und 5 Stimmen; ferner Cantate, Ariette e Duetti vor dem 1653ten Jahre herausgegeben. s. Parstorff. Catal. p. 33. 35.

Strozzi (Berardo) ein Generale Predicatore des Franciscaner-Ordens, hat an. 1618 und 1629 Motetten zu Venedig drucken lassen. Im Parstorfferischen Catalogo stehen folgende Wercke von ihm angeführet, als:

Sacri Concentus, Messe, Salmi, Sinfonie, Motetti, Compiette & Antifone, à 1. 2. 3. 4. 5. 8 Voci.

Salmi, magnificat e Concerti. à 2 e- 3 Voci;

Concerti, Motetti e Salmi, à 2. 3. 4 Voci; und noch andere

Con-

Concerti, Messe, Salmi, Magnificat à 1.2.3. e 4 Voci.

Strumstrum, ist bey den Indianern ein der Cither etwas gleichendes Instrument, so sie in den Kirchen brauchen. Die meisten sind aus einem grossen mitten von einander geschnittenen Kürbis gemacht, worüber sie ein dünnes Bret fest anbinden, u. über solchen Bauch des Instruments Saiten ziehen. s. *Dampier* Reise-Beschreib. P. I. c. 5.

Strunck (*Delphin*) gebohren an. 1601, wurde anfänglich in Braunschweig an der S. Martins-Kirche Organist, allwo er 60 Jahr in Diensten gestanden, nachdem ihm E. E. Rath nach und nach 5 Orgeln anvertrauet, die er durch seinen jüngsten Sohn, Tochter, und 2 Scholaren verwalten lassen, und starb an. 1694. Er hat viel Orgel-Stücke componiret, und insonderheit die Orgel so wohl tractiret, daß er dadurch nicht allein viele Scholaren aus frembden Ländern an sich gezogen, sondern daß auch Ihro Durchl.Hertzog Rudolph August, da sie noch Erb-Printz gewesen, öffters von Wolffenbüttel nach Braunschweig hinüber gereiset, um das Vesper-Spielen des Sonnabends anzuhören.

Strunck (*Nicolaus Adam*) der älteste Sohn des vorigen, wurde anfänglich zu Hannover, bey Hertzog Johann Friedrichen, und nachgehends bey Hertzog Ernst Augusten, Violinist, gieng mit diesem nach Italien, und hatte daselbst zu Rom mit den Corelli folgende avanture, daß, als dieser ihn befraget: ob er ein Musicus sey? und er geantwortet: ja, er spiele das Clavier, und wolle er ihm zur Violin (wenns beliebig) accompagniren; als dieses geschehen, und er weiter befraget worden: ob er gar nichts auf der Violin spiele? weil er ein so grosser Meister auf dem Clavier sey; und er solches folgender gestalt beantwortet: ja, so etwas, auch hierauf etwas schlecht sich hören lassen, und Corelli gesprochen: er habe einen ziemlichen Strich, und sey es Schade, daß er sich nicht ferner exercire; er sodann mit verstimmter Violin dergestalt gespielet, daß Corelli in diese Worte ausgebrochen: Herr, ich werde hier der Ertz-Engel (Arcangelo) genennet, ihr aber möget wol der Ertz-Teuffel darauf heissen! Ist hernach eine geraume Zeit am Chur-Sächsischen Hofe Vice-Capellmeister, von an. 1692 aber bis an. 1696 (in welchem er dimittiret werden) als würcklicher Capellmeister gestanden, und hat hierauf die Opern in Leipzig componiret. Folgende zu Hamburg aufgeführte Opern hat er auch in die Music gebracht, als: an. 1678 den steigenden und fallenden *Sejanum*; an. 1680 die Esther; Doris; Cecrops Töchter; und die Alceste; an. 1683 den Theseus; die Semiramis; und *Floretto.* s *Matth. sonii Musical.* Patrioten, p. 177. sqq. Er hat sich zu zweyen mahlen am Kayserlichen Hofe auf dem Clavier und Violin hören lassen, und 2 güldene Ketten zum Præsent bekommen. Man hat nebst andern Clavier Stücken, von seiner Arbeit auch ein Ricercar, so er auf seine an 1685 den 28 Augusti zu Braunschweig verstorbene Mutter, Catharinen Marien, gebohrne Stubenrauen, den 20 Decemb. nurgedachten Jahres zu Venedig verfertiget. Seine Musicalische Ubung auf der Violin und Viola dagamba, in etlichen Sonaten über die Fest-Gesänge, ingleichen etlichen Ciaconen mit 2 Violinen, bestehend, ist an. 1691 zu Dreßden in folio oblongo heraus gekommen.

Stuberus (*Conradus*) ein Discipul Joan. Thomæ Freigii, hat eine Musicam geschrieben, so aber nicht gedruckt worden, deren sich nurgedachter Freigius (laut eigenem Geständniß) in seinem Pædagogo hernach bedienet.

Stuckius (*Joan. Guil.*) der an. 1542 den 21 Maii zu Zürch oder vielmehr zu Tossensee bey Zürch gebohrne, und an. 1607 den 3 Septemb. daselbst verstorbene Professor Theologiæ, welcher vorher Schul-Rector in gedachter Stadt gewesen, hat, unter andern, auch drey Bücher Antiquitatum Convivalium geschrieben, welche an. 1597 in Zürch zum zweyten mahle in folio gedruckt, vom Auctore, selbst revidirt und vermehrt worden. Im dritten Buche handelt das 20 Capitel: de Musicæ divisione, vi, utilitate ac suavitate, usu multiplici in Sacris, bellis, epulis, apud Hebræos, Græcos, Romanos, &c. de Lyra & myrto, ἄσαρκα dicta, in conviviis circumferri solita; de Scoliis & cantiunculis epularibus; an & quatenus Musica in epulis adhibenda; de ejus abusu, in 7 Blättern. Das 21 Capitel lib. cit: handelt: de Saltationum sive Chorearum nominibus, origine, differentiis, usu quadripartito, nempe superstitioso,

ſtitioſo, theatrico, militari & convivali. De Saltationum epularium uſu apud Græcos, Jonas, Sybaritas, Macedonas, quæ ut olim Romanis, ita hodiè Moſcovitis feruntur eſſe exoſæ. Quot nominibus illæ ſint improbandæ, atque vitandæ, præſertim Chriſtianis, in 6 Blättern. Und das 22te Capitul handelt in 4 Blättern: de Ludis convivialibus in genere, variis illorum generibus, ut Comœdiis, Tragœdiis, Ludo aleatorio, ut olim, ita hodie in epulis frequentiſſimo, de pugnis, certaminibus, ludis obſcœnis inter epulandum edi ſolitis.

Stürzerus (*Matthias*) ein nicht allein in der Philoſophie, ſondern auch auf der Orgel trefflich geübter Ungar, und des Buliowski de Dulicz Informator ſo wohl in andern guten Künſten, als auf dem Claviere. ſ dieſes *Emendationem Organi Muſici.* §. 2.

Stylus (*lat.*) Stilo (*ital.*) ſtile (*gall.*) wird in der Muſic von der Art und Weiſe verſtanden, welche eine jede Perſon beſonders vor ſich zu componiren, zu executiren, und zu informiren hat; und alles dieſes iſt ſehr unterſchieden, nach Maßgebung des Genii der Verfaſſer, des Landes und des Volckes, nachdem die Materien, der Ort, die Zeit, die Subjecta, der Expreſſiones &c. es erfordert. Alſo ſagt man: Cariſſimi, Luly, Lambert ſein ſtyl u. ſ. w. Der Stylus luſtig-und frölicher Muſicken iſt ſehr unterſchieden von dem ernſthafften und ernſtlichen; der Kirchen-Styl iſt ſehr unterſchieden von dem theatraliſchen oder Cammer-Styl; der Italiäniſche Styl iſt ſcharff, bunt und ausdruckend; der Frantzöſiſche hergegen natürlich, flieſſend, zärtlich ꝛc. Daher entſpringen verſchiedene Beywörter, um alle dieſe Eigenſchafften wohl zu bemercken, als da ſind: der alte und neue Styl; der Italiäniſche, Frantzöſiſche, Teutſche-Styl ꝛc. Der Kirchen Opern-und Cammer-Styl ꝛc. Der luſtige, frölich, bunte, ſcharffe, ebenträchtige, ausdruckende, ehrbare, ernſthaffte, majeſtätiſche Styl; der natürliche, flieſſende, zärtliche, bewegende Styl; der groſſe, hohe, galante Styl; der gewöhnliche, gemeine, niederträchtige, kriechende Styl ꝛc. Die Italiäner haben eigene Nahmen vor dieſe Sorten, welche ihrer Ordnung nach, aus des Broſſards Diction. und Mattheſonii Orcheſtre II. hier kürtzlich angeführt werden ſollen.

Stilo Choraico, lat. ſtylus Choraicus oder Choricus, gr. χορικὸς, gall. Stile choraique, iſt eigentlich zum Tantzen, und ſubdividirt ſich in eben ſo viele Theile wiederum, als es Tantz-Arten giebt. Man hat demnach den ſarabanden-Menuetten-Paſſepieds-Gavotten-Boureen-Rigaudon-Galliarden-Couranden-Styl, u. ſ. w.

Stilo Drammatico oder Recitativo, lat. ſtylus Recitativus, gall. ſtile Recitatif, ein, die Gemüths-Bewegungen auszudrucken, geſchickter Styl.

Stilo Eccleſiaſtico, gall. Stile pour l' Egliſe, lat. Stylus Eccleſiaſticus, der Kirchen-Styl, iſt voller Majeſtät, ehrbar und ernſthafft, krafftig die Andacht einzuflöſſen, und die Seele zu GOtt zu erheben.

Stilo Fantaſtico, lat. Stylus Phantaſticus, gehöret vor Inſtrumente, und iſt gar eine freye von allem Zwanck ausgenommene Art zu componiren.

Stilo Hyporchematico, lat. ſtylus Hyporchematicus, erreget Freude und locket zum Tantzen ꝛc. iſt daher voll ergeſchwinden, luſtigen und wohl ausgedruckten Bewegungen, dienet auf dem Theatro allein, und zwar zu Chaconnes, Paſſacaglies, Entrées, und andern groſſen Täntzen.

Stilo Madrigaleſco, lat. ſtylus Madrigaleſcus, iſt zur Liebe, Zärtlichkeit, zum Mitleiden, und andern gelinden Gemüths-Bewegungen, die das Hertz annehmlicher Weiſe rühren, geſchickt. Dahin werden gerechnet alle Oratoria, ſo genannte Paſſiones, Dialogi, ſoliloquia, Arie, Accompagnements, Cavate, Recitative, &c. die jetzund vor allen den Vorzug haben. Hat demnach in Cammern und Sälen bey ſerenaden, Aubaden, Cantaten, und dergleichen ſtatt.

ſtilo Melismatico, lat. ſtylus Melismaticus, iſt ein natürlicher Styl, den alle Welt faſt ohne Kunſt ſingen kan. Er dienet zu Arietten, Gaſſenhauern, u. d. g. und hat ſeinen Nahmen vom Griechiſchen Verbo: μελίζω, modulor, ich ſinge.

ſtilo Motectico, lat ſtylus Motecticus oder Muteticus iſt ein bunter Styl, der alle Veränderungen und allen Zierrath der Kunſt annimmt, einfolglich geſchickt iſt, verſchiedene Affecten, vor allen aber Verwunderung, Beſtürtzung, Schmertzen,

ten, u. s. w. auszudrucken. Er begreifft die Fugen, allabreven, doppelte Contrapuncte, und Canones oder Fugen in Consequenza, und demnach den Stylum Canonicum in sich.

Stilo sinfoniaco, lat. stylus Symphoniacus, gehöret vor Instrumente. Und wie ein jedes Instrument seine eigene Würckung hat, so befinden sich unter diesem Styl auch eben so viele subdivisiones. Der Violinen-Styl ist gemeiniglich etwas frisch; der Flöten, insonderheit der Queerflöten-Styl, traurig und wehmüthig ꝛc. Der Trompeten-Styl muthig, munter und kriegerisch ꝛc. Dieser stylus lieffert Concerten, Ouverturen, Sonaten, Suiten u. d. g.

Hierzu kömmt noch: der Romanische, Venetianische, Neapolitanische, und Sicilianische stylus. " Der erste wird (sind Worte des Hrn. Capellmeister Matthesons, Orch. I. p. 203 und 204 befindlich) wohl gravitätischer als der zwepte seyn; dieser wird gemeiniglich mehr auf eine blosse leichte Melodie, jener aber mehr auf eine durchgehende Harmonie reflectiren; dieser wird ehender ins Gehör dringen, und nicht so langsam gefallen, als jener, der etwas mehr auf sich hat; bey diesem wird man mehr galantes, bey jenem mehr reelles finden. Der Neapolitanische und Sicilianische stylus kommt hauptsächlich auf eine gantz particuliere und negligente Art zu singen an. Ihre vornehmste species ist entweder ein langsamer Englischer Giquen- oder ein schlechter Tact, da eine ungeschmünckte tendresse statt hat; die andere species aber, vom allegro oder lustigen Tact, enthält meistentheils einen Gesang à la barquerole, denn, weil sich in diesen Ländern der gemeine Mann meistens der Guitarre zu seiner Ergetzung bedienet, und weil daselbst von der approbation des Vulgi viel dependiret, so bleibet auch immer bey derselben Art zu componiren von dem gemeinen gusto etwas kleben. "

Strunck (Nicolaus) ist an. 1700 den 20. septembris gestorben.

Stürtzer (Michael) ein Breslauer Lautenmacher hat so wohl auf die Zierlichkeit als den Wohl-Klang gesehen. s. Barons Unters. des Instruments der Laute p. 97.

sturm (Christoph) war an. 1655 an Kaysers Ferdinandi III. Hofe ein Instrumental-Musicus. Bucelinus.

Sturm (Frantz Martin) und Johann Frantz Sturm, waren an. 1721 in der Kayserlichen Capelle Fagottisten; an.1727 war nur der erstere noch vorhanden.

sub, eine lateinische Præposition, so offt den Griechischen Nahmen der Music-intervallen (an statt hypo) vorgesetzet wird, und unter, drunter, untsen, bedeutet, z. E. sub-Diatessaron, Sub-Diapente, Sub-Diapason, d. i. die Quart, Quint, Octav drunter oder tieffer. Und dieses geschiehet gemeiniglich im Titul der Canonum, anzuzeigen, daß die den Ducem imitirende Stimme eine Quart, Quint, oder Octav tieffer als jener einhergehen soll. Man findet sie auch in solchen Proportionibus oder Rationibus gebraucht, in welchen die kleinere Zahl voran, und die grössere hinten an gesetzt wird; und aus diesem fundament setzen sie auch die Italiäner zu verschiedenen Tripel-Arten, als:

Subdupla oder subdupla subsuperbi partiente terza, bedeutet den $\frac{3}{8}$ Tact.

subsesquiterza, bedeutet den $\frac{3}{4}$ Tact.

subsuperbipartiente sesta, bedeutet den $\frac{5}{6}$ Tact.

subsuperquadri partiente duodecima, bedeutet den $\frac{12}{18}$ Tact.

subsupersettipartiente nona, bedeutet den $\frac{9}{16}$ Tact.

Sub-Baß, ist eine gedeckte Stimme im Pedal, von 32 oder 16 Fuß-Ton, aus Holtz gemacht.

subjectum (lat.) s. Soggetto.

subito (lat. ital.) subitement (gall.) geschwinde.

subscus (lat.) la queüe (gall.) bedeutet beym Mersenno das Saiten-Bretgen an Violinen u. d. g. woran die Saiten angeknüpffet werden; heisset sonsten auch Hypomagadium.

sublatio, (lat.) bedeutet beym Fab. Quintiliano lib. 9. c. 4. Institut. Orator. eben dasjenige, was sonsten im Tact geben Arsis oder Elevatio genennet wird. Bey andern bedeutet es auch die Erhöhung einer Sylbe der pronunciation nach.

succenteur (gall.) Succentor (lat.) also heisset an einigen Cathedral-Kirchen in Franckreich der Unter-Cantor Sonsten aber bedeutet es auch ein Bassisten.

succinere (lat.) nachsingen.

Sudorius (*Nicolaus*) ein an. 1505 verstorbener Muficus, hat den Aragonischen Königen 34 Jahr gedienet, laut seines in Rom befindlichen Epitaphii, also lautend:

> Nicolaus Sudorius,
> Muficus, qui Arragoniis Regibus quatuor & XXX
> annos fervivit, obiit M. D. V.
> Cur te, Mufice, Muficus peremit
> sagittâ Nicolae peftilenti?
> Invidit modulis meis Apollo.

f. *Ottonis Aicheri* Theatrum Funebre. P. 3. Scena VII. p. 445.

Suegliato (*ital.*) auf eine muntere, aufgeweckte Art.

Suevus (*Felicianus*) oder Feliciano Suevi, ein Guardian Franciscaner-Ordens, und Music-Director, hat an. 1651 das Magnificat feu Vaticinium Dei Parentis, semper Virginis cum Hymno Ambrofiano & Falfi Bordoni 4 vocibus, adjuncto Choro fecundo cum Violinis & symphoniis non necessariis; ingleichen Psalmen, zu Insprück in 4to drucken lassen, und das erstere Francisco Ludovico Fauft à Stromberg, der hohen Stiffts-Kirchen zu Würtzburg und Worms respectivè Custodi Canonico Capitulari, dediciret. An. 1661 sind auch daselbst zwölff Litania B. M. Virginis Lauretanæ von 2 oder 5, von 3 oder 5, oder 5 Stimmen in 4to gedruckt worden. Im Parstorfferischen Music-Catalogo stehen folgende Sachen von seiner Arbeit angeführt, als:

Salmi à 3 Voci.

Sacra Eremus piarum cantionum, 2 & 3 voc. cum 2 Violinis.

Motetti à 2. 3. 4. e 5 Voci con Violini.

Concerti à 1. 2. e 3 voci, unter dem Titul: Tuba facra; und

Magnificat à 3 Voci.

Sueur (*Jean le*) ein sinnreicher und Erfindungs-voller Französischer Componift von Rouen ums Jahr 1680, welcher gute studia, dabey aber, als er in der Königl. Capelle zu Paris employrt seyn wollen, wegen einer aufgeführten lateinischen Motette: Qui habitat in adjutorio &c. unglückliche fata gehabt; wovon in der Histoire de la Musique, T. IV. p. 122. und, aus selbiger, in der Critica Musica Matthesonii. T. I. p. 310. sq. zu lesen.

Suffolo (*ital.*) eine Pfeiffe; suffoletto und suffolino (*ital.*) ein Pfeifflein. f. *Zuffolo.*

Sujet (*gall.*) f. *Soggetto.*

Sumphoneia, ist bey den Juden ein unsern Sack-Pfeiffen nicht unähnliches Instrument gewesen. Es wird dessen im sten Vers des dritten Capitels Danielis gedacht. f. Printzens Muf. Hiftor. c. 3. §. 28.

Suonar' a raccolta (*ital.*) zum Abzuge blasen.

Suonatore (*ital.*) der ein gewisses Instrument tractiret.

Suono (*ital.*) ein Klang, pl. suoni, Klänge.

Suoni acuti (*ital.*) soni acuti (*lat.*) sons aigus oder sons hauts (*gall.*) scharffe, hohe Klänge.

Suoni alterati [*ital.*] soni alterati [*lat.*] sind die durch die chromatische Zeichen ♯ oder ♭ erhöhet- oder erniedrigte Klänge.

Suoni antifoni (*ital.*) sind um eine oder mehrere Octaven von einander stehende consonirende Klänge.

Suoni apicni (*ital.*) φθόγγοι ἄπυκνοι (*gr.*) f. ἄπυκνος

Suoni baripicni (*ital.*) φθόγγοι βαρύπυκνο (*gr.*) diesen Nahmen führten ehemahls folgende fünff Saiten oder Klänge, als: die Hypate Hypaton, Hypate Neson, Mese, Paramese, und die Nete diezeugmenon

Suoni chromatici [*ital.*] sind die um ein Semitonium minus, vermittelst des signi chromatici ♯ erhöhete Klänge.

Suoni consoni (*ital.*) wohl zusammenstimmende Klänge.

Suoni continui [*ital.*] Klänge, so in einerley spatio oder Linie stehen.

Suoni diafoni *ital.*] übel klingende Klänge, oder Dissonanzen.

Suoni diatonici [*ital.*] diatonische Klänge.

Suoni dissoni [*ital.*] dissonirende oder übellautende Klänge.

Suoni distinti [*ital.*] der Höhe und Tieffe nach unterschiedene Klänge.

Suoni ecmeli [*ital.*] Klänge von einerley Tone.

Suoni emmeli [*ital.*] Klänge von verschiedenen Tonen.

Suoni enharmonici [*ital.*] enharmonische Klänge, die nemlich über ihr natürliches Lager um etliche Commata, vermittelst der enharmonischen Zeichen, erhöhet sind.

Suoni equisoni [*ital.*] s. *Æquisonus*.

Suoni homofoni [*ital.*] φθόγγοι ὁμόφωνοι [*gr.*] gleichlautende Klänge.

Suoni mesopicni [*ital.*] φθόγγοι μεσόπυκνοι [*gr.*] also hiessen ehemahls die 5 chordæ mobiles, oder bewegbare Säiten, als: die Parhypate Hypaton, Parhypate Meson, Trite Synemmenon, Trite Diezeugmenon, und die Trite Hyperbolæon.

Suoni mobili [*ital.*] soni mobiles [*lat.*] bewegbare Klänge, waren bey den Alten, die zweyte und dritte Saite eines jeden Tetrachordi.

Suoni naturali [*ital.*] soni naturales [*lat.*] natürliche Klänge, oder solche, so fast jedermann, ohne darzu bedürffende Kunst, von Natur angeben kan.

Suoni non unissoni [*ital.*] Klänge, so nicht einerley Ton haben.

Suoni oxipicni [*ital.*] φθόγγοι ὀξύπυκνοι [*gr.*] also hiessen ehedessen die folgende 5 chordæ mobiles, oder bewegbare Säiten, als: die Lichanos Hypaton, Lichanos Meson, Paranete synemmenon, Paranete Diezeugmenon, und die Paranete Hyperbolæon welche alle aufwerts gerechnet, die dritte, oder die letzte ohne eine in jedem tetrachordo waren.

Suoni parafoni [*ital.*] φθόγγοι παράφωνοι [*gr.*] zusammenstimmende Klänge.

Suoni stabili oder perpetui [*ital.*] soni stabiles oder perpetui [*lat.*] also hiessen ehemahls die erste und vierdte Saite eines jeden Tetrachordi; weil sie keine Veränderung, so sonsten bey andern Saiten durch die Dieses chromaticas und enharmonicas geschehe, litten, sondern allezeit beständig in ihrer gehörigen Stimmung blieben. Es waren solche, in dem Systemate der Alten, folgende 8, als:

die Proslambanomenos, Hypate hypaton, Hypate meson, Mese, Nete synemmenon, Paramese, Nete diezeugmenon, oder, nach jetziger Einrichtung, folgende Claves: A, H, e, a, h, d̄, e ū.a.

Suoni vaganti [*ital.*] soni vagantes [*lat.*] sind mit den Suoni mobili einerley.

Suoni unissoni [*ital.*] soni unisoni [*lat.*] sind eben was suoni homofoni.

Supachino (*Bernardino*) hat an. 1683 zwo-stimmige Singe-Sachen in Venedig drucken lassen.

Superjectio [*lat.*] ein Uberwurff oder Accent, der einer längern Note aufsteigend noch gantz kurtz anhängt wird. s. *Accento*, und zwar des Hrn. *Loulié* Meynung.

Superbipartiente quarta [*ital.*] bedeutet den $\frac{6}{4}$ Tact.

Superbipartiente terza [*ital.*] ist diejenige Proportion, da die grössere Zahl die kleinere einmahl, und noch zweene Theile dieser kleinern in sich fasset, als:

5 - 3. $\quad \frac{\frac{2}{8}}{8} \quad 1\frac{2}{3}$

super-Octav, also heisset ein offenes Orgel-Register, so gegen ein 16füßiges Principal, von 4 Fuß; gegen ein 8füßiges Principal, 2 Fuß; und gegen ein 4füßiges Principal, von 1 Fuß-Tone ist: der nemlich dessen unterster C-Clavis eben den Ton von sich giebt, welchen ein 16, 8, und 4füßiges Principal im c hat.

Suppig (Friedrich) ein Organist zu Dreßden an einer Kirche in der Vorstadt, hat ein Manuscript aufgesetzet, und an. 1722 bekannt werden lassen, so aus dreyen Stücken bestehet, deren Titul diese sind: (1. Calculus Musicus vom grossen C biß ins kleine dreygestrichene c, alle intervalla gerechnet durch gantze Clavier, welches alle Subsemitonia hat, nebst dem calculo oder dispositione ac denominatione oder commatum ad noten fünff-fachen Transponir-Claviers, mit allen circulis musicis, durch eine Octav hindurch inventirt und ausgerechnet. (2. Circulus Musicus omnium intervallorum, quæ Octava præcedens continet. (3. Labyrinthus Musicus, bestehend in einer Fantasie durch alle tonos, nemlich: durch 12 duros und 12 molles,

zusam-

zusammen 24 tonos, und kan so wohl auf dem Clavicymbel ohne Pedal, als auf der Orgel mit dem Pedal gespielt werden. s. *Matthesonii* Crit. Mus. T. I. p. 152.

Suppofition [*gall.*] ist, nach Mr. Brossards Beschreibung, eben dasjenige, so bey andern Celer Progressus und Ornamentum Cantus heisset, wenn man ziemlich gegen eine stillstehende lange Note, zwey geschwindere in der andern Partie setzet, davon die erste consoniret, die zweyte und gradatim fortgehende aber ordinairement dissoniret; kommen aber mehrere Noten gegen eine solche grosse zu stehen, so muß in egalen Tacte allezeit die gerade davon, als die 2te, 4te, 6te, 8te, u. s. f. dissoniren, hingegen die ungerade, als die 1ste, 3te, 5te, 7de, u. s. f. consonirend gesetzt seyn. Diese Figur wird von andern Auctoribus, Diminutio, it. Transitus regularis, Commissura und Symbleuma genennet. Wie in Tripel-Tacten damit zu verfahren sey, ist in obgedachten Auctoris Dictionaire p. 144 sq. mit Worten und Exempeln erläutert anzutreffen. Wenn aber die schon gemeldte Ordnung umgekehret wird, so daß die in thesi stehende Noten dissoniren, und hingegen die in arsi befindliche consoniren, so ist es eine Diminutio oder Transitus irregularis. s. davon *M. Joan. Baptistæ Sambers* Continuation Manuductionis ad Organum, c. 23. der dritten Unterweisung, vom 109 bis zum 281 Blatte.

Supra [*lat.*] über.

Surdastrum [*lat.*] surdastro [*ital.*] ist beym Kirchero s. 595 Artis Magneticæ, eine Trummel, so mit hölzernen Klöppeln oben und unten geschlagen, und nebst einer Schäffer-Pfeiffe, bey Curirung der von den Tarantulen gestochenen Personen, gebraucht wird.

Surianus (*Franciscus*) s. Soriano.

surus (*Philippus*) diesem hat Andreas Ornithoparchus das dritte Buch seines Micrologi dediciret; in solcher Zuschrifft wird er genennet: bonarum artium Magister, Musicus argutissimus, & Sacelli Palatini Principis ac Bavariæ Ducis Moderator præcipuus.

susanna, eine im Hospital alla Pietà zu Venedig anjetzo auf der Hautbois excellirende Italiänerin. s. des Hrn. Hof-Rath Uemeizens Nachlese besonderer Nachrichten von Italien, p. 61.

Suttermann (*Matthias*) von Antwerpen gebürtig, war an. 1655 an Kaysers Ferdinandi III. Hofe ein Instrumental-Musicus. s. *Bucelinus*.

Swaen (*de*) hat ein Werck von 6 Sonaten, à due Violini, Violoncello e Continuo bey Roger zu Amsterdam graviren lassen.

swelinck (*Joan. Petrus*) ein Organist an der S. Nicolai-Kirche zu Amsterdam, von Daventer gebürtig, gab, unter andern, die Davidischen Psalmen mit 4, 8 Stimmen heraus, und starb an. 1621 den 16 und 21 Oct. im 60 Jahr ætat. s. *Wittenii* Diarium Biographic. Swertius. welcher sein sehr guter Freund gewesen, nennet ihn nur schlechtweg einen Niederländer, anbey aber auch ein Miracul des Musicorum und Organisten, zu welchem täglich, wenn er gespielet, ein grosser Zulauff geschehen, um ihn zu hören und kennen zu lernen. Er habe, nebst den Davidischen Psalmen, auch andere geist- und weltliche Lieder von 3. 5. 6. und 8 Stimmen herausgegeben, und sey an. 1622 im November gestorben.

swertius (*Franciscus*) ein an. 1567 zu Antwerpen gebohrner, und an. 1629 daselbst verstorbener gelehrter Keuffmann, hat, unter andern, über Hyeronimi Magii Tractat: de Tintinnabulis, lateinische Anmerckungen; und die also genannte Athenas Belgicas geschrieben, worinn, nebst andern gelehrten Niederländern, auch viele dergleichen Musici samt ihren Schrifften angeführet sind. Nurgedachtes Buch ist an. 1628 zu Antwerpen in klein folio lateinisch gedruckt worden.

syfert (*Paul*) ein Organist an der Marien-Kirche zu Dantzig, welcher zuvor in der Capelle Sigismundi III Königs in Polen gedienet, gab, als er wegen seiner herausgegebenen Psalmen von Marco Scacchio getadelt wurde, an. 1645 seine Verantwortung unter folgendem Titul daselbst in folio, von 9 Bogen heraus: Pauli Syferti, Organistæ Gedanensis, Anticribratio musica, ad avenam Scacchianam, h. e. ocularis demonstratio crassissimorum errorum, quos Marcus Scacchius, Autor libri, An. 1643 Venetiis editi, quem Cribrum musicum ad triticum Syferticum baptizavit, passim in eo commisit, cum annexa Syferti justa defensione honoris ac bonæ famæ, adversus ampullas & falsitates Scacchianas, in usum studio-

studiosorum Musices, & defensionem innocentiæ Autoris, publicæ luci commissa. Die Zuschrifft dieses Buchs ist an den König in Polen, Uladislaum IV. gestellet. s. *Matthesonii* Crit. Mus. T. 2. p. 80. und 83. Sein auf höchstgedachten Königs mit der Printzeßin Ludovica Maria, an. 1646 den 11ten Mertz zu Warschau gehaltenes Beylager, verfertigtes Epithalamium von 6 Chören, ist in nurbesagtem Jahre zu Dantzig, auf des Auctoris Kosten gebruckt worden.

syllaba, gr. συλλαβη, also ist in alten Zeiten die Quarta genennet worden s. *Aristid.* Quintil. lib. 1. de Musica. p. 17.

syllabicatio, ist eben was solmisatio.

syllabæ inferiores [*lat.*] die untern Sylben sind in der Solmisation das: ut, re, mi.

syllabæ superiores [*lat.*] die obern Stimmen sind: fa, sol, la.

syllius (*Blegabrid,s*) der 61 König in Britannien, so 112 Jahr vor Christi Geburt gelebt, und 20 Jahr regieret, soll ein guter Poet, von Natur schertzhafft, und in der Music sehr erfahren gewesen seyn. s. *Balei* Catal. Scriptor. illustr. majoris Britanniæ, Centur. I. f. 13. sq.

sylvester II. s. *Gilbertus.*

sylvestrino, ein anjetzo florirender Violinist zu Rom, welchen der Hof-Rath Nemeitz an 1721 daselbst gehöret. s. dessen Nachlese besonderer Nachrichten von Italien, p. 228.

symblema [*lat.*] σύμβλημα [*gr.*] von συμβάλλειν, welches Wort unter andern auch: committere aliquos, i. e. sibi invicem inimicos reddere, Feindschafft unter einander stifften, bedeutet. Und in eben diesem Verstande wird diese Figur auf lateinisch auch Commissura genennet, und von Rückungen oder Syncopationibus, item von solchen durchgehenden Noten gebraucht, die beyderseits dergleichen dissonirend darstellen. conf. *Commissura.*

symphoneta [*lat.*] bedeutet beym Glareano lib. 2. c. 38. Dodecachordi einen Componisten.

symphonia [*lat.*] symphonie [*gall.*] heisset in genere alles was zusammen klinget; in specie aber bedeutet es eine solche Composition die allein auf Instrumenten hervorgebracht wird. In dieser Arbeit hat ein Componist völlige Licenz und ist an keine Zahl noch Maaße stricte gebunden, sondern darff sich deren so viel, und welche er will, nach eigenem Gefallen nehmen, doch so, daß kein unförmlicher Chaos draus werde. Die Italiäner bedienen sich dieser Sorte von ihren Opern und andern Dramatischen Wercken, so wohl, als auch vor Kirchen-Sachen; vor jenen an statt der Ouverturen, vor diesen aber an statt der Sonaten. Gemeiniglich fangen sie (sonderlich die vor weltliche Sachen gehören) mit einem etwas brillirenden und dabey majestätischen Wesen an, allwo nicht selten die Haupt-Partie sonderlich zu dominiren pfleget; dieselbe theilet sich in zwey Theile, einerley mensur, deren jeder seine Reprisen haben mag, und schliesset hernach mit einem lustigen Menuet-gleichen Satze, welcher ebenfalls 2 oder mehr Reprisen leidet, in der Kirchen aber sich nimmer melden wird. s. *Matthesonii* Orchestre I. p. 171. 172. Dieses hat auch seine Ausnahme, und kan man solchen ersten Satz ohne Reprisen setzen, dabey aber sonst eine Veränderung anbringen, als z. E. Man lasse das frische Wesen etwa 4 oder 6 Täcte lang anheben; hernach wechsele man mit einem Trio von Bassons, oder andern Instrumenten in einem andante ab, und continuire solches 8 oder 12 Täcte durch, so ist der erste Theil fertig. Denn falle man ohne Wiederholung des vorigen, in einen andern Tact, er sey nun gerade oder ungerade, nachdem der erste Satz es erfordert; oder man changire nur das mouvement, und bleibe bey einerley mensur, so ist es schon genug. In solchem veränderten Tact, oder mouvement, führe man eine ordentliche Fuge durch; können 2 oder 3 themata angebracht werden, so ist es desto besser; und verfahre man mit mehr solidité, als bey den täglichen wilden Ouverturen, und tractire das thema, oder die themata, fein rein, mit hin und wieder untermischten Trio, vor Bassons, Traverses, oder dergleichen ausnehmende Instrumente. Wenn eine solche reguläre Fuge denn etwa auf 50 oder 60 Täcte wohl gerathen ist, so kan man sie gerne zweymahl hören und repetiren lassen. Hiernächst aber muß noch ein Satz den Schluß machen, weil es bey dramatischen Sachen gar zu ernsthafft seyn würde, mit einer Fuge aufzuhören. Solcher dritter Satz aber muß gantz hurtig und lustig, entweder a tempo di Giga, oder aber à l'Imitation d'un Passepie,

mit

mit 2 Reprisen eingerichtet werden. s. nurgedachten Auctoris Anmerckungen über Niedtens Musicalische Handleitung zur Variation des G. B. p. 106. woselbst p. 107. des Hrn. Capellmeister Hendels Symphony or Ouverture über die gravitte Opera, Rinaldo genannt, zu einem noch andern Muster, anatomirt vorgeschlagen und recommendirt wird. Daß übrigens dieses Wort Griechischer Ankunfft sey, und συμφωνία heisse, dürffte wohl fast jederman, dieses aber nicht so bekannt seyn: daß bey den Griechen auch das Quart-Quint- und Octav-Intervallum, mit seinen Repliquen, den Nahmen συμφωνία geführt habe.

symphoniacus, a, um, [*lat.*] heisset (1. zur Symphonie gehörig. (2. einen Instrumentisten, gall. Symphoniste.

synaphe [*lat.*] συναφη [*gr.*] conjunctio, connexio; also hieß ehemahls der Zusammenhang zweyer Tetrachordorum, da nemlich die letzte oder vierdte Saite des einen Tetrachordi, wiederum die erste des folgenden war.

synaulia, gr. συναυλία, hieß: wenn zweene Pfeiffer einerley bliesen; oder die Cithara und Pfeiffe eine Zusammenstimmung machten; quum tibicines duo incinunt idem; aut certe, ubi cithara & tibia concertum faciunt. s. *Cælii Rhodigini* Lect. Antiq. lib. 9. c. 4. conf. Salom. van Til Sing-Dicht- und Spiel-Kunst, p. 133. woselbst folgende Worte zu lesen sind: "Gewiß ists, daß bey den Atheniensern eine Gewohnheit gewesen, auf ihr grosses Jahr-Fest (von ihnen Panathenæa genannt; welches aus allen Ecken der Stadt gemeiniglich zu Ehren ihrer Schutz-Göttin Minervæ gefeyret wurde, eine Zusammen-Stimmungs-Music von Pfeiffenspiel anzustellen, worinn verschiedene Pfeiffer zugleich mit übereinkommenden Stimmen spielen musten. Doch kan ich nicht läugnen, daß andere die Synaulian vor eine Art der zusammenfügung des Pfeiffen-Spiels mit der menschlichen Sang-Stimme aufgenommen haben.

syncopatio oder syncope [*lat.*] syncopatione oder syncope [*ital.*] syncope [*gall.*] vom Griechischen Verbo συγκόπτω, ferio, verbero, ich schlage; bedeutet eine wieder den Tact angebrachte Rück- oder Zertheilung einer Note, so ein semibrevis, Minima oder semiminima seyn kan.

syncopatio catachrestica, ist: wenn eine dissonirende Note nicht, wie es sonst die Regel erfodert, durch eine folgende consonirende, die um ein Grad tiefer stehet, aufgelöset wird; sondern sich durch eine andere, fremdere, weitentlegenere, und höhere Consonanz, auch wohl gar durch eine abermahlige Dissonanz, einen Ausweg suchet. s. *Matthesonii* Crit. Mus. T. 2. p. 151.

syncope consonans æquivagans, oder **syncopatio sine dissonantiarum intermixtione,** ist: wenn alle Stimmen zugleich ohne dissonanz sich rücken, und wieder den Tact gehen. s nro. 1. Tab. XX. Fig. 6.

syncope consonans desolata ist: wenn nur eine Stimme, und zwar ohne dissonanz sich rücket. s. nro. 2. ej. Tab. & Fig.

syncope consono-dissonans ist: wenn der erste Theil der Note, so wieder den Tact gehet, consoniret, der zweyte Theil aber derselben dissoniret, worauf wieder eine Consonanz folget, welche die syncopirte Stimme mit ordentlichen Absceigen machet. Diese ist wiederum zweyerley: Tactualiter dissecta und Realiter dissecta. Jene behält die syncopirte oder wieder den Tact gehende Note gantz: diese aber zertheilet sie wegen des Texts würcklich. s. nro. 3. cit. Tab. & Fig.

syncoper [*gall.*] rückende oder wieder den Tact gehende Noten anbringen.

synodia, συνωδία [*gr.*] concentus, ein Zusammenklang, von συνάδω. concino, ich singe oder stimme mit ein. Daher synodium eine Zusammenstimmung 2 einander gleichen Pfeiffen; und συνωδός, consonum, socium in cantu, qui concinit, beym *Bulengero* lib. 2. c. 29. de Theatro, und *Matth. Martinio* in Lex. Etymolog bedeutet.

syntonus, a, um [*lat.*] syntono [*ital.*] σύντονος [*gr.*] von συντείνειν, so unter andern auch contrahere, zusammenziehen bedeutet; weil das von Zarlino erfundene, und jetzo gebräuchliche Genus modulandi Syntonum zwar bey nahe mit dem Diatonico naturali übereinkommt, doch aber wegen darzu gekommener temperatur, nicht mehr diejenigen Proportiones sondern etwas kleinere und enger zusammen gezogene hat. conf. *Brossards* Diction. p 155. und *Printzens* Sat. Componist 2. Th. p. 42. sqq.

syrena

syrena (*Galeatius*) hat ein Opus 4. 8ſtim̄ſtim̄iger Miſſen nebſt einem G. B. in Druck gegeben. ſ. *Parſtorff.* Catal. p.1.

syricius, ein Römer und Sohn Tiburtii, wurde an 387 Pabſt, und ſoll die Antiphonas unter die Pſalmen vermiſchet haben. Er hat mit Ambroſio gute Freundſchafft gepflogen: wie denn des Ambroſii Epiſtel an Syricium noch vorhanden, und in der Ordnung die 49 und 54 ſind. ſ. **Printzens** Muſ. Hiſt. c. 8. §. 36.

syrinx [*lat.*] σύριγξ [*gr.*] Syringe [*gall.*] eine Hirten=Pfeiffe; von συρίσσω oder συρίττω, fistula cano, fistulo. ich blaſe oder ſpiele auf der Pfeiffe.

syringium, συρίγγιον [*gr.*] eine kleine Pfeiffe.

systaltica, gr. συςαλτικη, war eine ſpecies der Melopœie, wodurch das menſchliche Hertze eingeſchräncket, und zur Traurigkeit gebracht werden kunte.

systema, pl. systemata (*lat.*) systema, pl. systemi (*ital.*) systeme, pl. systemes (*gall.*) σύςημα, pl. συςήματα (*gr.*) iſt, überhaupt davon zu reden, nichts anders, als eine Zuſammenfüg- oder Zuſammen-Ordnung vieler Theile, welche ein gantzes ausmachen und conſtituiren. Daher auch *Boethius* es durch Conſtitutio gegeben und überſetzet hat. Es bedeutet demnach im muſicaliſchen Verſtande, (1. bey den Alten, einen Zuſammenſatz wenigſtens zweener diaſtematum oder intervallen, dergleichen alle Terz-Arten ſind, und folglich um ſo vielmehr alle Zuſammenſetzungen gröſſerer intervallen, dergleichen die Quart, Quint, Sext, Septima und Octav ſind, ſo Syſtemata particularia, oder beſondere Syſtemata heiſſen. (2. beym *Boethio* ſo viel, als Modum oder Tonum, weil ein ſolcher in der That eine Zuſammenhäng-oder Zuſammen-Stellung verſchiedener Klänge, intervallen, und beſonderer Syſtematum iſt. (3. bey den Neuern und jetzo, die collection oder zuſammengenommene fünff ordinaire Linien mit ihren ſpatiis, oder die Scalam muſicam. Die Einrichtung und Beſchaffenheit der Syſtematum von Anfange bis hieher, iſt in *Broſſards* Dictionaire vom 156 bis 268 Blatte weitläufftig zu erſehen.

systemata consona oder σύμφωνα; alſo werden beym Euclide p. 13. Edit. Meib.

das Quart-Quint-und Octav-intervallum, mit ihren Repliquen, genennet; da hingegen Syſtemata diſſona oder διάφωνα diejenige intervalla, ſo entweder kleiner als die Quart, oder zwiſchen nurbeſagten intervallis conſonis enthalten ſind, l. c. heiſſen.

systema diatono-syntonum, iſt diejenige diſpoſition; da zwiſchen dem H und C, das ſemitonium, in proportione ſuperquinta decima 16-15; zwiſchen dem c und d, tonus major, in proportione ſuperoctava, 9-8; und zwiſchen dem d und e. tonus minor, in proportione ſupernona, 10-9 enthalten. ſ. *Meibomii* Notas in Euclidis Introduct. Harmon. p. 43.

systema durum oder **regulare** heiſſet dasjenige, in welchem der h-Clavis mit keinem b bezeichnet wird, ſondern unverändert bleibet. Die erſtere Benennung mag auch wohl ſtatt haben in denen Modis, deren terz hart oder major iſt.

systema molle, oder **irregulare** u. **transpoſitum**, iſt dasjenige, welches in der Verzeichnung im h-Clave ein rundes b hat. In Anſehung des Modi möchte man auch wohl die erſtere Benennung denen beylegen, die eine weiche oder tertiam minorem habe.

systema icoſachordum oder **icoſichordum**, iſt das aus 20 Klängen beſtehende Guidonianiſche; ἴκοσι, viginti, zwantzig und χορδή, chorda, eine Saite. Es wird auch Syſtema maximum, it. Scala magna und perfecta genennet. ſ. *Meibomii* Notas in Euclidis Introd.Harm. p. 45.

syzygia, gr. συζυγία, conjunctio conſonantiarum iſt, wenn drey oder mehr zuſammenſtimmende Klänge auf- oder über einander geſetzt werden. Man nennet es insgemein auf Teutſch: einen Satz.

syzygia ſimplex iſt, wenn drey Conſonantiæ ohne Octav über einander ſtehen

syzygia ſimplex propinqua iſt, wenn die Soni ſo nahe beyſammen ſtehen, daß ohdiſtonanz keiner mehr darzwiſchen geſetzt werden kan, und über diß alle Soni in ihren natürlichen Orten ſtehen, z. E. c. e. g.

syzygia ſimplex remora iſt, wenn nurgedachte Soni unter einander zerſtreuet werden; welche Zerſtreuung in die Octaven auf vielerley Art geſchehen kan;
welc=

welches alsdenn zerstreuete Sätze heissen.

Syzygia composita ist, wenn die in einer triade harmonica befindliche Klänge vermehret, oder doppelt gesetzt werden.

Syzygia imperfectè composita ist, wenn entweder der unterste oder oberste Sonus einer triadis harmonicæ allein, oder alle beyde zugleich einmahl doppelt gesetzt werden.

Syzygia perfectè composita ist, wenn alle drey Klänge einer triadis harmonicæ duplirt werden. f hiervon mit mehrern Printzens Satyrischen Componist: 1 Theil, c. 13.

T.

T. dieser grosse Buchstabe bedeutet (1. so viel, als Tenore, oder bey den Frantzosen Taille. (2. auch so viel, als Tutti Das kleine mit oder ohne r gesetzte t, zeiget ein trillo an.

Tablature [*gall.*] **Tabulatura** [*ital.*] bedeutet allerhand Clavier-Stücke, so, ausser dem G. B. entweder in Noten, oder teutschen Buchstaben, samt darzu gehörigen Geltungs-Zeichen, vorgestellet werden. Die erste Art heisset Italiänische; und die zwente Teutsche Tabulatur. In dieser werden die Buchstaben in 7 grosse, als: C, D, E, F, G, A, H; in sieben kleine oder ungestrichene, als: c, d, e, f, g, a, h; ferner in 7 einmahl gestrichene, als: c, d, e, f, g, a, h, und in sieben zweymahl gestrichene, als: c d e f g a h, worzu noch das dreygestrichene c kommt, eingetheilet; Die Geltung aber der Noten und Pausen f. Tab. XXI. Fig. 2.

Wenn zwey oder mehr Buchstaben von einerley Geltung unmittelbar nach einander vorkommen, werden sie solcher gestalt gezeichnet: wie Fig. 3. Tab. XXI. ausweiset, wobey zu mercken, daß die herunterwerts hangende Striche sich auf eben so viele Buchstaben beziehen, die queer-striche aber die Geltung anzeigen.

Einige brauchen, um mehrerer Bequemlichkeit willen, an statt der vier letztern Gattungen, folgende Ziefern, als: 2. 3. 4. 5.

In Lauten-Theorben-Guitarr-und Violdigamben-Stücken wird iede Saite, so bloß, d. i. ohne Finger-application der lincken Hand, gegriffen werden soll, mit einem t; der erste Bund mit b, da denn der Zeige-Finger applicirt wird; der zweyte Bund mit c, u. s. w. bemercket.

Table [*gall.*] **Tabula** (*lat.*) die Decke, oder der Resonanz-Boden auf Instrumenten.

Tabourin [*gall.*] eine kleine Trommel oder Paucke; it. ein Trommelschläger auf kleinen Trommeln, welcher auch Tabourineur oder Tambourineur genennet wird.

Tabouriner oder **tambouriner** [*gall.*] auf der Trommel schlagen.

Tace [*ital.*] **tacet** [*lat*] wird gebraucht, wenn ein Periodus eines Music-Stücks allzulang ist, und man gar zu viel Pausen hinschreiben müste; diese Mühe des Schreibens und Zehlens zu erspahren, setzet man z. E. hin: Christe, tace; Deposuit, tace, u. d. g. um anzuzeigen, daß, so lange die andern Stimmen das Christe in einer Misse, oder den Vers-Deposuit in einem Magnificat executiren, diejenige Stimme, worinnen das tace oder tacet befindlich, stille schweigen und *pausiren* soll.

Tact. [*gall. & german.*] **Tactus** [*lat.*] **Tatto** [*ital.*] die Abmessung der Zeit, und Music-Noten: ohne Zweiffel à tangendo, vom berühren, weil in den ältesten Zeiten solche Abmessung durch den Fuß (daher auch in der Poesie die pedes entstanden,) gleich wie jetzo gemeiniglich durch die Hand verrichtet, und mit selbigem die Erde berührt worden.

Taegio [*Francesco Rognone*] ein Mayländer, dessen Vorfahren in den Adel-Stand erhoben, und mit der Würde eines Kayserl. Comitis Palatini begnadiget worden, war daselbst am Hofe, Capo Musico d' instromenti oder Concert-Meister, und Capell-Meister zu s. Ambrosio Maggiore. Von seiner Arbeit sind gedruckt worden:

Messe e Salmi, Falsi bordoni, e Motetti à 5, col Basso per l' Organo. Milano 1610.

Madrigali à 5. col Basso. Venetia 1613.

Aggionta del scolaro di Violino, & altri strumenti col Basso continuo per l' Organo, Milano 1614.

Sel-

selva de varii paſſaggi ſecondo
l'uſo moderno, per cantare &
ſuonare con ogni ſorte de ſtromenti, diviſa in due Parti. Nella prima de quali ſi dimoſtra il
modo di cantar polito, e con
gratia, e la maniera di portar la
voce accentata, con tremoli,
groppi, trilli, eſclamationi, &
paſſeggiare di grado in grado,
ſalti di terza, quinta, ſeſta, ottava, & cadenze finali per tutte le
parti, con diverſi altri eſſempi
& motetti paſſeggiati: coſa ancora utile à Suonatori per imitare la voce humana. Nella ſeconda poi ſi tratta de paſſaggi
difficili per gl' inſtromenti, del
dar l'arcata ò lireggiare, portar
della lingua, diminuire di grado
in grado, cadenze finali, eſſempi con canti diminuiti, con la
maniera di ſuonare alla baſtarda.
Milano 1620, und 1646. Die Dedication iſt lateiniſch, und an Sigismundum III. König in Pohlen
gerichtet.

Correnti e Gagliarde à 4. con la
quinta parte ad arbitrio, per
ſuonar ſù varii ſtrumenti. Milano 1623.

Partito all' organo delle Meſſe,
Motetti à 4. Venetia 1624.

ſ. *Picinelli* Ateneo dei Letterati Milaneſi, p. 220.

Taegio (*Gio. Domenico Rognone*) ein
Geiſtlicher, von Mayland gebürtig, und
Capell-Meiſter daſelbſt, nicht allein an der
Kirche di S. Sepolcro, ſondern auch bey
Hofe, hat auf der Orgel ungemein ſpielen
können, und folgende Sachen dem Druck
übergeben, als:

Canzonette a 3 e 4. inſieme, con
alcun' altre di Rugger Trofeo,
Milano 1615.

Madrigali à 8. lib. 1. due Chori con
Partitura. Milano 1619.

Meſſa per Defonti all' Ambroſiana, con l'aggiunta per ſervirſene alla Romana. Milano, 1624.

Michel Angelo Grancini, und Franceſco Lucini haben ihren Büchern noch
andere Motetten von deſſen Arbeit einverleibet. ſ. *Picinelli* Ateneo dei Letterati Milaneſi, p. 296.

Taglia (*Pietro*) hat an. 1555 vierſtimmige Madrigalien zu Mayland drucken laſſen. ſ. *Draudii* Bibl. Claſſ. p. 1630.

Tagliato [*ital.*] ſ. C barré.

Tagliavia. ſ. *Palazzottus*.

Taglietti (*Giulio*) ein Componiſt an dem
von den Jeſuiten zu Breſcia aufgerichteten Collegio de Nobili di S. Antonio,
hat verſchiedene Sachen heraus gegeben,
als:

Sei Concerti e quattro Sinfonie à
tre, due Violini e B. C. Opera 2.

Arie da ſuonare col Violoncello e
ſpinetta o Violone al uſo di Arie cantabili le quali finite, ſi
torna da capo. Opera terza.

Concerti à quattro, due Violini,
Alto Viola e B. C. Opera quarta.

Sonate da Camera à tre, due Violini e B. C. Opera quinta.

Penſieri Muſicali ad uſo d' Arie
Cantabili à Violino e Violoncello in Partitura col Baſſo Continuo. Opera Seſta.

Sonate à Violino e Baſſo. Opera
Settima.

Concerti à 4 Violini e Viola col
Violone, Violoncello e B. C. Opera ottava.

Sonate da Camera à due Violini,
Violoncello, Violone o Claveceno. Opera Nona.

Arie ad uſo delle cantabili da ſonare col Violino, Violoncello, e
Violone o Claveceno. Opera
Decima.

Concerti à quattro con ſuoi Rinforzi. Opera undecima.

Penſieri da Camera à due Violini
e Baſſo. Opera Duodecima.

Alle dieſe Wercke ſind vor dem 1715 Jahre ans Licht getreten. ſ. *Roger* Catal.
und Franc. Gaſparini Armonico Pratico al Cimbalo, am Ende, nach dem
Regiſter.

Taglietti (*Luigi*) im nurgedachtem Regiſter werden Sonate a Violino e Violoncello, col Baſſo Continuo; und
Concertini, e Preludii con diverſi
Penſieri, e Divertimenti a cinque,
beyde als Opera quarta und als Opera ſeſta, Concerti à quattro, und Sinfonie à tre in ſich haltend, ſtehet in des
Roger Catal. de Muſique p. 39.

Taille [*gall.*] bedeutet die Tenor-Stimme, und hat seine Benennung von der taille oder dem Wachsthum eines Menschen, weil fast eine jede erwachsene Manns-Person, die zu ihrer rechten taille kommen, eine solche Stimme, wie der Tenor ist, von Natur hat. s. *Matthesonii* Orch. I, p. 69.

Taire [*gall.*] schweigen; se taire, still seyn, pausiren.

Taisnierius (*Joannes*) ein berühmter Philosophus, Mathematicus, Poet, Musicus, und J. U. Doctor, von Ath im Hennegau gebürtig, hat gantz Europam, auch von Africa und Asien einen guten Theil durchreiset; zu Rom, Ferara, und auf andern Italiänischen Academien, unter grossem Zulauff, gelehret; Kayser Carolo V. als Pagen-Informator, Capellan und Hof-Musicus in der expedition auf Tunis in Africa, auch nachgehends dem Ertz-Bischoffe zu Cöln, Joan. Gebhardo, als Music-Director, gedienet; unter andern ein aus acht Büchern bestehendes Opus Mathematicum geschrieben, so an 1562 und 1583 zu Cöln in folio gedruckt worden, und am Ende des 16 Seculi sein Leben in einem sehr hohen Alter geendiget. Sein von Jean. Fontaine verfertigtes Epitaphium lautet folgender maassen:

Taisnerius jacet hîc, parvâ resupinus in urnâ,
Qui vaga dum vixit sydera transiliit.
Quò non dexteritas, quò non prænobile magni
Pertigit ingenium, cura, laborque viri?

s. *Isaac Bullart*. Academie des Sciences & des Arts, T. II, liv. 4. fol. 258 sq. und *Valerii Andreæ* Biblioth. Belgic. p. 535. und 536.

Takoa, war bey den Juden ein aus Ertz oder Silber gemachtes musicalisches Kriegs-Instrument, wie aus dem 7 Capitel Ezechielis, v. 14. erhellet. s. Printzens Mus. Histor. c. 3. §. 24. woselbst die Abbildung davon auch zu sehen ist

Tallissius (*Thomas*) hat nebst Wilhelm Bird, 5 und 6stimmige Cantiones Sacras zu Londen an. 1571 in 4to drucken lassen. s. *Draud.* Biblioth. Class. p. 1619.

Tambour [*gall.*] Tamburo, pl. Tamburi [*ital.*] Tambor [*Hisp.*] eine Trommel. Es haben einige dieses Wort vom Arabischen Altambour hergeleitet; alleine, Mr. de Caseneuve in seinen Origines de la Langue Françoise hält davor: daß es sowohl bey den Arabern, Spaniern und Frantzosen, von dem starcken Getöse, so dieses Kriegs-Instrument machet, den Nahmen her habe, weil bey den Griechen ϑόρυβος, einen Tumult bedeute, und die alten Frantzosen, an statt bruit, das Wort tabor gebraucht hätten

Tamburino [*ital.*] ein kleiner Trommel-Schläger.

Tambureggiare [*ital.*] die Trommel rühren, schlagen.

Tambureggiamento, tambureggio [*ital.*] das Trommel-Schlagen, das Trommeln.

Tamis [*gall.*] Tamiso [*ital.*] bedeutet in den Orgeln, das durchlöcherte Bret, worauf die Pfeiffen stehen; weil es einem Siebe ähnlich siehet.

Tansillus (*Ludovicus*) hat an. 1595 zu München eine Passion unter dem Titul: Lacrymæ S. Petri, bey Adam Berg in folio, und Italiänischer Sprache drucken lassen. s. *Draud.* Biblioth. Class. p. 1648. Ob dieses Werck musicalisch sey, stehet dahin?

Tapòn, ist bey den Inwohnern des Königreichs Siam in Ost-Indien eine Trommel, deren Felle mit beyden Fäusten oben und unten geschlagen werden. Sie siehet aus wie ein länglichtes Faß. s. Mr. *de la Loubere* Beschreibung gedachten Königreichs, T. 1. chap. 12. p. 209. woselbst die Abbildung davon zu sehen ist.

Tarantella, also heisset eine gewisse wider den Stich der Tarantulen dienende Melodie. s. *Kircheri* Artem Magneticam, c. 8. woselbst deren etliche in Noten vorgestellt sind, auch vieles von der Tarantula selbst, ihrem tarantratis, oder von dieser Spinne gestochenen zu lesen vorkommt. conf. *Georgi Baglivi* Dissert. de Anatome, morsu, & effectibus Tarantulæ.

Taratantara, also wird von Ennio der Trompeten-Schall genennet.

Tarditi (*Oratio*) Capell-Meister am Dom zu Faenza, einer kleinen am Fluß Amone in Romagna liegenden Päbstlichen Stadt, lat. Faventia genannt, hat verschiedene Wercke ediret, als:

Messa e Salmi con Litanie à 3 Voci.
Messe e Salmi concertati à 4 Voci.
Messe à 4 e 5 voci, con 2 Violini.

Messe

Messe e Salmi concertati à 3. 4. e 5 voci, con e senza stromenti.
Messe e Salmi con Motetti à 1. 3. e 4 voci con Violini e senza. lib. trigesimo terzo.
Salmi à 3 voci, con Litanie della Madonna, lib. 2.
Salmi ad Completorium e Litanie con 4 Antifone, à 4 Voci.
Salmi à 8 voci.
Concerti, Salmi, e Litanie, à 2. 3. 4. e 5 Voci, con 2 Violini.
Motetti à 2. 3. e 4 Voci, con Litanie à 4 voci. lib. 4.
Motetti à 1. 2. 3. 4 e 5 voci, con una Messa e Salmi à 5 voci in concerto, lib. 2.
Motetti e Salmi à 2 & 3 Voci in concerto.
Motetti à voce sola, lib. 3.
Motetti e Salmi, à 3 e 4 voci, con una Messa concertata à 4 Voci.
Motetti à Voce sola, lib. 4.
Motetti, Salmi, e Hinni à 1. 2. e 3 voci concertati con Violini e senza.
Litanie della B Vergine a 3. 4. e 5 Voci, con le Antifone &. alcuni Motetti, & il: Te Deum laudamus concertato a 4 voci.

Alle diese Sachen sind vor dem 1653 Jahre gedruckt worden. s. *Parfloriferi* Music-Catal. An. 1670 sind auch Motetti a Voce sola con 2 Violini zu Bologna von ihm heraus gekommen.

Tardo [*ital.*] langsam, schleppend.

Taroni (*Antonio*) ein Canonicus an der Herzogl. Kirche zu S. Barbara in Mantua, hat an. 1612 fünfstimmige Madrigalien, und an. 1646 ein dergleichen Missen-Werck da Capella zu Venedig drucken lassen.

Tarot oder taraud [*gall.*] eine grosse Baß-Pfeiffe oder Fagot.

Tarpejus, ein zur Zeit des Kaysers Vespasiani berühmt gewesener Citharœdus, dessen Suetonius gedencket. s. Printzens Muf. Histor. c. 8. §. 11.

Tartini (*Giuseppe*) von Padua gebürtig, hat XVIII Concerti à 5 stromenti, als einer Violino Principale, 2 Violini, Alto Viola, Organo e Violoncello heraus gegeben, welche zu Amsterdam bey Mr. le Cene in 3 Theil. gravirt zu bekommen sind.

Tartre (*le*) ein Organist zu Paris, ums Jahr 1716, dessen im Druck gegebene Motetten bey grossen Messen vielfältig musicirt werden. s. das *Séjour de Paris*, c. 25. §. 7. p. 276. Nach Anzeige des Französ. Muf. Cat. Mr. Boivins aufs Jahr 1729 hat er unter dem Titul: la Paix, eine Cantate; ferner ein Miserere à grand Chœur; und 8 Recüeils d' Airs à chanter zu Paris drucken lassen.

Tasis, gr. τάσις, bedeutet einerley Klang.

Tassoni (*Alessandro*) ein Italianischer Poet von Modena, hat unter andern zehen Bücher di Pensieri diversi geschrieben, welche an 1620 zu Carpi zum erstenmahle, und nachgehends an 1635 zu Venedig in 4to gedruckt worden sind. Im 10 Buche handelt das 23 Capitel in nicht gar drey völligen Blättern von alten und neuern Music-Auctoribus, und dergleichen Instrumenten gantz kurtz.

Tastatura [*ital.*] bedeutet überhaupt die Griff-Tafel, oder die Claviere aller Instrumenten, die dergleichen haben; insonderheit aber das Clavier oder die Griff-Tafel der Orgeln, Glavicymbel, u. s. f. daher kommts, daß man auch diejenige Gattungen Præludien oder Phantasien, so die Meister auf dergleichen Instrumenten aus dem Steg-Reiff machen, l'astatura und Tastature nennet, weil sie gleichsam versuchen und probiren; ob das Clavier in gutem Stand, rein und richtig gestimmt sey?

Tasto, pl. tasti (*ital.*) bedeutet jedes Clavier insonderheit.

Tasto solo (*ital.*) kömmt im General-Basse vor, und bedeutet: daß an dem Orte die Noten gantz allein, ohne etwas mit der rechten Hand dazu zu greiffen, gespielt werden sollen; und dieses währet so lange, biß man wiederum Ziefern, oder die Worte: Accordo oder Accompagnamento antrifft, welche anzeigen, daß man einfach zu spielen aufhören, und wiederum mit der rechten Hand das gehörige dazu greiffen soll.

Tatto [*ital.*] s. **Tact**.

Taylor s. *Misc.* 1. 7. *p.* 321.

Tecchelmann (*Matthias*) war an. 1703 in der Kayserl. Capelle der zweyte Organist.

Tedesco (*Antonia*) ein ums Jahr 1470 berühmt gewesener Citharist an des Hertz. zu Mayland Galeazzo Maria Hofe, aus dem Brescianischen gebürtig ist von dreyen Mayländischen zusammen verschwornen Edel-Leuten erstochen worden. s. *Leon. Cozzando* Librar. Brescian p. 50 sq

Tegeler (*Henricus Guntherus*) ein Notarius Cæsareus Publicus und Organist zu S Stephani in Bremen an. 1721. hat eine aus 42 Stimmen bestehende, und von Arp Schnittker erbauete Orgel unter Händen. s. *Matthes.* Anh. zu Niedtens Mus. Handl. p. 161.

Tegetmeyer (Georg) ist gebohren an 1687 den 20ten Januarii zu Badersleben im Fürstenthum Halberstadt, allwo sein Vater Amts-Richter gewesen. An. 1696 hat er bey dem damahligen alten Organisten nurgedachten Orts, Jacobo Delio, das Clavier-Spielen zu erlernen angefangen, selbiges an. 1699. bey dem annoch lebenden Dom-Organisten in Halberstadt, Hrn. Carl Steinbrücken in die 4 Jahr dergestalt fortgesetzet, daß er schon an. 1701 in der S. Pauli-Kirche daselbst, den damahligen Organisten zur Lieben Frauen, Hrn. Rücklingen (welcher beyde Kirchen verwalten müssen) subleviren, und den völligen Gottes-Dienst versehen können. Dieses hat er drey Jahr angetrieben, bis er an. 1703 mit einem vornehmen Herrn und Kenner der Music sich 4 Jahr auf Reisen begeben. An. 1708 ist er, nach abgelegter Probe, erstlich Organist zu Hornburg, einer kleinen am Wasser Olse, 5 Meilen von Halberstadt liegenden kleinen Stadt und Amt; hierauf an. 1711. Hof-Organist in Quedlinburg; an 1715 den 4ten May an der Marckt-Kirche daselbst zu S. Benedicti; endlich aber, und in eben diesem Jahre den 12ten Junii zu Magdeburg an der Dom-Kirche Vicarius und Organist geworden, welcher function er jetzo noch vorstehet.

Teghius (*Petrus*) von Padua (Patavinus) hat Frantzösische Lieder und Motetten auf die Laute appliciret, und an. 1573 zu Löven drucken lassen. s. *Gesner.* Bibl.

Telemann (Georg Philipp) ist gebohren an. 1681, den 14 Mertz in Magdeburg, woselbst sein seel. Herr Vater, Henricus, Prediger an der H. Geist-Kirche gewesen; in nurgedachter Stadt hat er die Johannis- und Dom-Schule, hierauf die auf dem Zellerfelde auf dem Hartze, und endlich das Gymnasium zu Hildesheim von 1694 biß 1700 frequentiret; zu Leipzig aber 4 Jahr lang bis 1704 die Studia academica getrieben. Die Music hat er zeitig excoliret, und schon im 11ten oder 12ten Jahre eine Oper, so auch in Magdeburg aufgeführt worden, verfertiget, zu geschweigen der Kirchen-Stücke und Motetten fürs Chor, deren er schon vorher eine ziemliche Anzahl gemacht, woben er zugleich fürs letztere verschiedene Arien poetisch aufgesetzet, wie auch nicht weniger die Flöte à bec, Violine nebst dem Claviere ergriffen, und sich auf dem letztern gleich zum General-Baße gewendet. Bey allem dem ist die bloße Natur seine Lehr-Meisterin, ohne die geringste Anweisung, gewesen, es müßte denn seyn, daß er anfangs 14 Tage lang auf dem Claviere unterrichtet worden. Seine Bedienungen betreffend: so hat er schon an. 1695 in der Catholischen Gotthardiner-Kirche zu Hildesheim, mit des dortigen Lutherischen Superintend. Genehmhaltung, die Music dirigiret. In Leipzig ward er 1701 Director Musices und Organist in der Neuen Kirche; hierauf 1704 Capellmeister in Sorau beym Grafen von Promnitz, ferner 1708 Concert- und bald hernach Capellmeister, wie auch Secretarius in Eisenach; von da gieng er als Capellmeister an. 1711 nach Franckfurt am Mayn, woselbst ihm zugleich die Verwaltung des Kayserl. Palais, zum Frauenstein, mit welcher eine Rechnung über mehr, als 100000. fl. verknüpffet ist, anvertrauet, und von neuem die Eisenachische Capellmeister-Stelle von Haus-aus, nebst einer Besoldung, übergeben ward; endlich ward er an. 1721 den 10 Julii Director Musices in Hamburg, von da aus er annoch, wie vorhin, in Eisenachischen Diensten, und zugleich als Correspondent stehet; auch ist er an. 1723 Capellmeister von Haus-aus in Bareuth geworden. Was er in den stylis der Music gethan, ist überall zur Gnüge bekannt. Erst war es der Polnische, dem folgte der Frantzösische, Kirchen-Cammer- und Opern-Styl, und was sich auch dem Italiänischen nennet, mit welchem er denn jetzo das mehreste zu thun hat. Nebst vielen Jahr-Gängen schöner Kirchen-Stücke, ingleichen einer grossen Menge Concerten, Ouverturen, Cantaten und Sonaten, so alle nicht gedruckt worden sind, hat man auch von ihm noch folgende Sachen, als;

(1. Six Sonates à Violon seul, accompagné par le Clavessin, dediées à S. A. S. Monseigneur le Prince *Jean. Ernest*e, Duc de Saxe-Weimar, &c. an. 1715 zu Franckfurt am Mayn in folio gravirt.

(2. Die Kleine Cammer-Music, bestehend aus 6 Partien vor die Violin, Flûte traverse, wie auch vors Clavier, besonders aber vor die Hautbois, an. 1716 zu Franckfurt am Mayn in folio gedruckt.

(3. sei

(3. Sei Suonatine, per Violino e Cembalo, in kleinem Format gestochen, an. 1718.

(4. Sechs Trio in Kupffer vor verschiedene Instrumente, als: die Hautbois, Flute à bec, Flûte traverse, Violinen, Baße de Viole, Basson oder Violoncello und G. B. an 1718.

(5. Den Harmonischen Gottes Dienst, oder geistliche Cantaten auf die gewöhnlichen Sonn- und Fest-täglichen Episteln durchs gantze Jahr gerichtet, und aus einer Singe-Stimme bestehende, die entweder von einer Violine, oder Hautbois, oder Flute traverse, oder Flute à bec, nebst dem G B. begleitet wird, zu Hamburg in folio gedruckt, an. 1726.

(6. Den Auszug derjenigen musicalischen und auf die gewöhnlichen Evangelia gerichtete Arien, welche in den Hamburgischen Haupt-Kirchen durchs 1727 Jahr vor der Predigt aufgeführet worden, bestehend aus einer Stimme, nebst dem G. B. zu Hamburg in folio gedruckt.

(7. Den getreuen Music-Meister, welcher so wohl für Sänger als Instrumentalisten allerhand Gattungen musicalischer Stücke, so auf verschiedene Stimmen und fast alle gebräuchliche Instrumente gerichtet sind, und moralische Opern und andere Arien, desgleichen Trii, Duetti, Soli &c. Sonaten, Ouverturen &c. wie auch Fugen, Contrapuncte, Canones &c. enthalten, mithin das mehreste, was nur in der Music vorkommen mag, nach Italiänis. Frantzösis. Englis. Polnischer, &c. so ernsthaft- als lebhaft- und lustigen Art, nach und nach alle 14 Tage in einer Lection vorzutragen gedenket. Hamburg an. 1728 in klein folio und Kupferstich.

(8. Sonate à due Flauti traversi ò due Violini senza Basso. s. den Holländischen Music-Catalogum des *le Cene*, p. 38.

(9. Das fast allgemeine Evangelisch-Musicalische Lieder-Buch, welches (1. sehr viele alte Chorale nach ihren Uhr-Melodien und Modis wieder herstellet, aber auch zugleich (2. eine grosse Menge der jetzt üblichen Abweichungen anzeiget; hiernächst (3.

den Baß also verfasset enthält, daß man die Lieder durchgehends mit 4 Stimmen spielen kan; zu welchem Ende dann (4. die Ziefern aufs sorgfältigste hinzu gefüget worden; welches ferner (5. so wohl Chor- als Cammer-mäßig werden mag; und endlich (6. über 2000 Gesänge, in 500 und etlichen Melodien, darstellet: zusammen getragen, in die Harmonie gebracht, mit einem Register versehen, und nebst einem zu Ende angehangenen Unterrichte, der unter andern zur vierstimmigen Composition, und zum damit verknüpften General-Baß anleitet; in kleinem Zwerch über liegenden Quart, mit saubern Noten nach Kupffer-Art, herausgegeben. Wer sich solches anschaffen will, kan es um 8 Marck oder 4 Fl. beym Auctore bekommen. Hamburg an 1730. s. die Neuen Zeitungen von gelehrten Sachen im Mertz *a. c.* nro. XVIII. p. 157. *sq.*

Tellen, ein sehr schlimmer Pfeiffer, und vielleicht nicht viel besserer Lyrischer Poet: ob er gleich von einigen wegen seines Plauderns æstimiret worden. s. *D. Fabricii* Bibl. Gr. lib. 2. c. 15. p. 598.

Tellerus (*Marcus*) hat IX. kurtze Motetten, und 2 solenne Missen von 4 concertirenden Stimmen, 2 Violinen, einer Viole, Fagott und G B. in folio durch den Druck publiciret. s. Lotters Music-Catal.

Telesilla, eine Argivische Poetin und Musica, welche wieder den Cleomenem und die Lacedæmonier die Stadt Argos nebst dem Frauenzimmer tapfer defendicet, und die Feinde abgehalten. s. *Beyerlinckii* Theatrum vitæ humanæ aus dem 8ten Buche Polyæn.

Telin (*Guillaume*) Herr von Gutmone und Morillonvilliers, von Cusset in Auvergne gebürtig, hat unter andern auch: la Louange de Musique, oder das Lob der Music, geschrieben, so an. 1533 zu Paris in 4to gedruckt worden. s. die Bibliotheque des Hrn. *Verdier*, und das compend. Gelehrten-*Lexicon*.

Temperamento [*ital*] temperament [*gall.*] Temperatur, ist in der musicalischen Stimmung, ein kleiner Abschnitt von der Vollkommenheit der musicalischen Proportionen, wodurch die Zusammenbindung der progressen süßlich geschiehet, und das Gehör vergnüget wird. s. Werckmeisters musicalische Temperatur,

ratur. p 3. Die Italiäner nennen es auch sonst: Participatione; und dieses hat sie auch dahin gebracht, daß sie das heutige Systema, Systema temperato und participato heißen. s. hiervon ein mehrers in *Mr. Brossards* Diction. p. 171. sqq. conf. Printzens Satyr. Componist 2 Th. p. 69. sqq.

Tempo, pl. tempi [*ital.*] Temps [*gall.*] Tempus [*lat.*] bedeutet (1. zweene Tacte. (2. auch die partes aliquotas eines Tacts; also sagt man: daß es Tacte von 2. 3. 4. und mehrern Tact-Theilen (tempi) giebt. (3. gewisse Tact-Zeichen.

Tempo alla breve [*ital*] ist, wenn eine Brevis oder zweyschlägige Note ein tempo oder einen Tact ausmachet.

Tempo alla Semibreve [*ital.*] heißet, wenn eine Semibrevis oder also gestaltete Note ◯ einen Tact ausmachet.

Tempo di buona [*ital.*] der gute Tact-Theil, ist in tactu æquali, unter 2 Minimis die erste Minima, oder die erste Helffte des Tacts; unter 4 Vierteln, das 1ste und 3te Viertel; unter 8 Achteln, das 1ste, 3te, 5te, und 7de Achtel u. s. w. weil erwehnte tempi oder ungerade Tact-Theile bequehm sind, daß auf ihnen eine Cæsur, eine Cadanz, eine lange Sylbe, eine syncopirte Dissonanz, und vor allen eine Consonanz (als von welcher eben der Bey-Nahme: di buona entstanden) angebracht werde.

Tempo di cattiva, oder di mala [*ital.*] der schlimme Tact-Theil, ist in tactu æquali, unter 2 Minimis die zweyte Minima, oder die zweyte Helffte des Tacts; unter 4 Vierteln, das 2te und 4te Viertel; unter 8 Achteln, das 2te, 4te, 6te und 8te Achtel; weil nurbesagte tempi oder gerade Tact-Theile einige von obenzehlten Stücken nicht, wohl aber deren contrarium leiden.

Tempo di Gavotta, di Minuetta, di Sarabanda [*ital.*] bedeutet: daß man eine mit gedachten Worten bezeichnete Piéce, ob sie gleich keines von ihnen würcklich ist, dennoch nach dem mouvement derselben zu executiren habe.

Tempo perfetto [*ital.*] Temps parfait [*gall.*] Tempus perfectum [*lat.*] also ward e von den Alten der gantze oder durchschnittene Circul, worinnen kein Punct war, genennet; da alsdenn eine Brevis, auch ohne Punct, dennoch 3 Semibreves galt. s. nr. 1. Fig. 7. Tab. XX.

Tempo imperfetto [*ital.*] Temps imparfait [*gall.*] Tempus imperfectum [*lat.*] also hieß ehemahls der halbe Circul, er möchte gantz oder zerschnitten seyn; in dieser Tact-Art giengen zwo Semibreves auf eine Brevem. s. nr. 2. ej. Tab. & Fig. Andere Neuere kamen zwar mit nurgedachten Alten in der Eintheilung des Temporis perfecti und imperfecti überein, prætendirten aber doch (1. daß die signa des temporis perfecti die Krafft nicht hätten, die Brevem zu perfectioniren, wenn nicht die Ziefern $\frac{3}{1}$ oder $\frac{3}{2}$ drauf folgten. (2. Daß durch Hülffe jetztbesagter Ziefern die über nr. 2. befindliche Zeichen vermögend wären, die Brevem zu perfectioniren, oder ihr den valorem dreyer Semibrevium so wohl als jenen zu geben. Wenn aber auf die Zeichen des letztern Exempels keine Ziefern folgten, so liessen sie solche Zeichen nicht allein zur mensur der Brevis in Absicht auf die Semibrevem, sondern auch ohne Unterscheid auf alle weniger geltende Noten dienen.

Tempo maggiore [*ital.*] Temps majeur [*gall.*] wird durch ein ₵ angedeutet, welches andeutet, daß alle Noten nur die Helffte ihres ordentlichen valoris gelten.

Tempo minore it. ordinario [*ital.*] Temps mineur [*gall.*] wird durch ein C angezeiget, welches bedeutet, daß alle Noten in ihrer natürlichen und gewöhnlichen Geltung executirt werden sollen.

Tempo sonore [*ital.*] also wird von einigen der Tact genennet.

Tempo ternario [*ital.*] Tripel-Tact.

Temporeggiato [*ital.*] heißt gemeiniglich eben das, was à tempo, daß nemlich, nach vorher gegangenem Recitativ, der Tact wiederum ordentlich geschlagen, und dessen Theile einander gleich exprimirt werden sollen; es deutet aber auch offt an, daß die accompagnirende Stimmen, und der Tact-Geber gewisse Tacte verlängern sollen; es geschehe nun, daß der Acteur die passion zu exprimiren, oder entweder die ihm vorgeschriebene oder auch selbst vor gut befindende Manieren heraus- und anzubringen Gelegenheit überkommen möge.

Tenck (Carl) oder Denck war an. 1721 und 1727 einer von dem 23 Violinisten in der Kayserlichen Capelle.

Tendre

Tendre [*gall.*] tendrement, zärtlich, lieblich.

Tenebres [*gall.*] ein Gesang in den Früh-Messen, der sich lateinisch mit Tenebræ anfängt, und in der Char-Woche beym Römischen Gottesdienste gesungen wird. f. Frischens Lex.

Tenellus, τήνελλος und τήνελλα [*gr.*] it. τήνεβλος und τήνεβλα: also hieß eine gewisse Melodie, so bey Singen auf der Lyra geschlagen wurde.

Tenore [*ital.*] Tenor [*lat.*] Teneur [*gall. obsol.*] also heißt unter den vier Sing-Stimmen die dritte; und hat ohne Zweifel ihre Benennung daher, weil in den alten Motetten der Cantus firmus, als der Inhalt des Stücks, und worzu die übrigen Stimmen figuriren, mehrentheils in dieser Stimme angebracht worden; oder auch à tenendo, weil eben diese Stimme nurgedachter massen längere Noten als die andern Stimmen hat, und demnach auch länger halten muß

Tenore concertante [*ital.*] die concertirende Tenor-Stimme, so sich vor andern zum öfftern allein hören lässet.

Tenore ripieno [*ital.*] eine Tenor-Stimme so nur im tutti mit gehet.

Tenore Violino, oder **Tenore Viola** [*ital.*] eine Tenor-Geige.

Tenorista [*ital.*] der eine Tenor-Stimme singet.

Tenuë [*gall.*] die Haltung eines Klanges.

Terambus, ein am Berge Othrys in Thessalien wohnhafft gewesener sehr reicher Schaaf-Hirte, soll vor andern die Music wohl verstanden und mit selbiger die Nymphen, so ihm hüten helffen, belustiget haben. f. *Antonini* Liberalis Metamorphoseon c. 22.

Teretisare, gr. τερετίζειν, singen. **Teretismata**, gr. τερετίσματα, allerhand Lieder. f. *Jac. Perizonii* Anmerckungen über das 4te Cap. des 3ten Buchs Æliani de Varia Historia, p. 276.

Terpander, des Homeri Sohn, hat zur Zeit des Propheten Esaiä, ohngefehr 100 Jahr vor der Babylonischen Gefängniß, nemlich im 33 Seculo ums Jahr der Welt 3236, oder 712 Jahr vor Christi Geburt, als ein Musicus florirt, und am ersten die Lyram, so anfänglich nur vier, und zu seiner Zeit 6 Saiten hatte, mit sieben bezogen: um welcher Ursache willen ihm der Lacedæmonier Ephori eine Straffe auferleget, wie Plutarchus in Laconicis Institutis bezeuget. f. Printzens Mus. Histor. c. 2. §. 25. und c. 5. §. 3. Salomon van Til schliesset aus einer andern von ihm p. 84. verteutschten Plutarchischen Schrifft-Stelle: "Daß die siebensäitige Harffe schon vor Terpandri Zeiten gebräuchlich gewesen, dieser aber dieselbe nur in mehr Stimmen vertheilet, und gantz in andere Ordnung gebracht, auch vor grosse Spiele beybehalten habe; und daher sey vielleicht die Sage entstanden: als ob er der Erfinder derselben wäre; denn dieser Fehler klebe den Historicis an: Daß sie die Verbesserer eines Kunst-Wercks vor die ersten Erfinder anzugeben pflegen. Terpander aber habe den Griff oder das Kunst-Stück des Olympi, so andere nicht hätten erreichen können, genutzt, nach selbigem die Vielheit der Saiten abgeschaffet, und solche auf die Dreyzahl reduciret, doch mit der Verbesserung, daß er zugleich gelehret, wie man dennoch darauf alle Tone füglich haben könne." Wenn er (wie oben geschehen) als ein Sohn des Homeri von einigen angegeben wird, ist es wohl so anzunehmen: daß er einer von dessen Descendenten mag gewesen seyn. Wie denn so wohl hierinn, als in der Zeit-Rechnung und in dem Geburts-Orte die Auctores gar sehr variiren; indem von einigen (nur bey dem letztern zu bleiben) die auf der Insul Lesbus gelegene Stadt Antissa; nach andern die auf eben dieser Insul gelegene Stadt Methymna; von einigen die Æolische Stadt Cumæ, und wiederum nach andern die Stadt Arna, davor gehalten wird. f. hiervon mit mehrern Hrn. D. *Fabricii* Biblioth. Gr. lib. 1. c. 34. p. 234. und 235.

Terpnus, ein berühmter Citharœdus, welchem der Kayser Nero täglich nach dem Abend-Essen biß in die späte Nacht zugehöret, auch von selbigem Singen gelernet hat. f. Sueton. Neron. c. 20.

Terrachinus oder **Terzachinus** (*Angelus*) ein Italiänischer Augustiner-Mönch, von Lodi gebürtig, hat an. 1615 ein Music-Buch drucken lassen. f. *Elssii* Encomiastic. Augustinian.

Tertia heisset: wenn in den Clöstern und Kirchen in der dritten Stunde des Tages die Horæ gesungen werden. f. Schöttgens Antiquit. Lexicon.

Tertia, ist eine offene 1½füßige Orgel-Stimme.

Tertian, ist gleichfals ein Orgel-Register, dessen grösseste Pfeiffe von 2 Fuß eine tertiam majorem, und die kleinste eine quintam giebt. s. Werckmeisters Orgel-Probe, c. 30.

Tertiarius [*lat.*] τρίτος sc. τόνος, der dritte Kirchen-Ton; nemlich unter den 8 Tonis ecclesiasticis der fünffte und sechste, welche zusammen in die dritte Classe gehören.

Terza maggiore [*ital.*] Tertia major [*lat.*] Tierce majeure [*gall.*] die grosse Terz. z. E. d fis. e gis.

Terze minore [*ital.*] Tertia minor [*lat.*] Tierce mineure [*gall.*] die kleine Terz. z. E. d f. e g.

Terza diminuta [*ital.*] Tertia diminuta [*lat.*] Tierce diminuée [*gall.*] die kleine Terz der ein Semitonium minus noch mangelt. z. E. fis as. gis b.

Terza superflua [*ital.*] Tertia superflua [*lat.*] Tierce superfluë [*gall.*] eine grosse Terz, die noch ein Semitonium minus zu viel und zum Uberschuß hat. z. E. f ais.

Terzetto [*ital.*] eine kurtzgefaßte Composition von drey Sing-Stimmen, mit ihrem besondern Spiel-Baß und andern accompagnirenden Instrumenten; it. eine dergleichen Composition von drey Instrument-Stimmen, die Baß-Stimme mit gerechnet. s. *Matthesonii* Crit. Musl. I.1. p 131.

Terzi (*Gio. Antonio*) ein berühmter Lautenist zu Bergamo, hat an. 1613 zu Venedig bey Ricciardo Amadino ein Lauten-Werck unter folgendem Titul drucken lassen: Intavolatura di Liuto accommodata con diversi passaggi per suonar in concerti à duoi Liuti e solo, libro primo, il qual contiene Motetti, Contrapunti, Canzoni Italiani e Francesi, Madrigali, Fantasie, e Balli di diverse sorti Italiani, Francesi & Alemani. s. *la Scena* Letteraria de gli Scrittori Bergamaschi del P. Donato Calvi, p. 319.

Terzo, masc. terza, foem. ein Italiänisches Adjectivum, bedeutet (1. der oder das dritte, die dritte. z. E. Canto terzo, der dritte Discant; libro terzo, das dritte Buch; Violino terzo, die dritte Violin; Opera terza, das dritte Werck. (2. eine 3stimmige Composition. (3. den dritten Theil eines Gantzen. z. E. un Terzo di battuta, ein Drittel des Tacts; due Terzi di battuta, zwey Drittel eines Tacts.

Tessarini (*Carlo*) ein Violinist von Rimini gebürtig, hat XII. Concerti à Violino Principale, 2 Violini, Violetta, Violoncello e Continuo; und XII Sonate à Flauto traverso e Continuo herausgegeben.

Testa (*Filippo*) ein Römischer Orgelmacher, hat daselbst an. 1721 in die S. Peters-Kirche ein Positiv verfertiget, so, durch Hülffe einiger Räder, hingebracht werden kan, wohin man es haben will. s. *Bonanni* Gabinetto Armonico, p. 81.

Teste, oder tête [*gall.*] testa [*ital. & lat.*] das obere Theil an einigen Instrumenten, als Lauten, Violinen, Violdigamben, u. d g. worinn die Wirbel stecken.

Testo [*ital.*] Texte [*gall.*] Textus [*lat.*] der Text oder die Worte zu einer musicalischen Composition.

Testudo [*lat.*] eine Laute. conf. *Chelys.*

Tetartus [*lat.*] τέταρτος sc. τόνος, i. e. quartus Tonus sc. ecclesiasticus, der vierdte Kirchen-Ton: wodurch unter den acht Kirchen-Tonen der siebende und achte gemennet werden, weil beyde zusammen in die vierdte Classe gehören.

Tetrachordo, oder Tetracordo [*ital.*] Tetrachorde [*gall.*] Tetrachordum [*lat.*] τετράχορδον [*gr.*] also hieß bey den Alten ein aus vier Saiten (von τέτρα, quatuor, viere, und χορδή, chorda, eine Saite) bestehender Theil ihres gantzen Systematis musici.

Tetrachordum diezeugmenon, τετράχορδον διεζευγμένων [*gr.*] i. e. disjunctarum vel divisarum, wurde deswegen also genannt: weil es von der mittelsten Saite des gantzen aus 15 Saiten bestehenden Systematis (als unserm jetzigen a) abgesondert war, demnach mit dem vorhergehenden Tetrachordo nicht zusammen hieng; und bestund, nach jetziger Einrichtung, aus folgenden clavibus: h̄. c. d. e.

Tetrachordum hypaton, τετράχορδον ὑπάτων [*gr.*] i. e. primarum vel principalium sc. chordarum, war das unterste oder tiefste, und hatte, nach jetziger Einrichtung, folgende Claves: H. c. d. e.

Tetrachordum hyperbolæon, τετράχορδον ὑπερβολαίων [*gr.*] i. e. excellentium sc. chordarum, von ὑπερβάλλω, excello lo; war das höchste, und bestund, nach jetziger Art, aus den clavibus: e. f. g. a.

Tetrachordum meson, τετράχορδον μέσων [*gr.*] i. e. mediarum, war unter dreyen das mittlere, und hatte jetzige claves; e. f. g. a.

Tetrachordum synemmenon, τετράχορδον συνημμένων [*gr.*] i. e. connexarum, conjunctarum, von συνάπτω conjungo, hieß deswegen also: weil die höchste oder letzte Saite des vorhergehenden Tetrachordi Meson wiederum die unterste oder erste Saite in diesem, und demnach dieses mit selbigem verbunden war; es hatte aber, nach jetziger disposition, folgende Chorden: a. b. c̄. d̄.

Tetrachordus, a, um, [*lat.*] τετράχορδος, ον [*gr.*] was vier Saiten hat.

Tetracomus [*lat.*] τετράκωμος [*gr.*] heißt so viel, als: quadruplex commessatio; war ein Tantz und Tantz=Lied, so dem Herculi zu Ehren verrichtet wurde. s. *Meursii Orchestr.* Beym Bullengero lib. 2. de Theatro, c. 27. lieset man folgendes: Tetracomus, qs. quatuor commessationes, cantus erat tibiæ cum saltatione in Herculis victorias.

Tetrafonia [*ital.*] bedeutet so viel, als Quarta.

Tetratonon, ein vier=tönichtes *intervallum,* ist eben was Quinta superflua.

Tevo (*Zaccaria*) Saccensis, ein Franciscaner=Mönch, Theologiæ Baccalaureus, und Magister Musices zu Venedig, hat an. 1706 seinen *Musico Testore* daselbst bey Antonio Bortoli in 4to drucken lassen, und diesen aus 2 Alphabeten bestehenden Theoretischen Tractat einem dasigen Patritio, Nahmens Andrea Statio, zugeschrieben. Der Auctor ist damahls 49 Jahr alt gewesen.

Teuksbury (*Thomas de*) ein Engländischer Minorit, hat an. 1351 ein Musicalisches Buch, unter folgendem Titul, Quatuor principalia Musicæ, sive de quatuor Principiis Artis Musicæ, zu Oxford bekannt gemacht s. *Ant. à Wood* Histor. & Antiquit. Universit. Oxonienf. lib 2. p. 5.

Textor (*Guil.*) hat an 1566 fünffstimmige Madrigalien in Venedig drucken lassen. s. *Draudii* Bibl. Class. p. 1630.

Textor (*Joannes*) sonsten Ravisius eigentlich genannt, ein Frantzösischer Philo-

logus von Nevers gebürtig (Nivernensis,) hat die Humaniora im Navarrischen Collegio zu Paris gelehret, und, unter andern, das Theatrum Poëticum & Historicum, sive Officinam geschrieben, so an. 1592 zu Basel in 4to gedruckt worden ist. Im vierten Buche nurgedachten Wercks handelt das 34 Capitel: de Musica, & Instrumentis musicis; c. 35. de Musicis & Cantoribus; c. 36. de iis, qui citharœdicam artem exercuerunt; c. 37. de iis, qui tibia cecinerunt; c. 38. de iis, qui tuba claruerunt; und das 39 Cap. de Sirenarum cantu. Alle 6 Capitel machen nicht gar 3 Blätter aus. Sonsten handelt er auch noch von andern zur Music einiger massen gehörigen Dingen, als: lib. 4. c. 104. de certaminibus olympicis; c. 105. de Pythiis, &c. Ist gestorben an. 1524. s. das *comp.* Gelehrten=Lexic.

Thales oder **Thaletas,** Cretensis zubenahmt, weil er aus der Insul Creta, und zwar, nach einigen, aus der Stadt Elyrus, nach andern, aus der Stadt Cnossus, und, wie noch andere wollen, aus der Stadt Gortyna bürtig gewesen, hat 300 Jahr nach Eroberung der Stadt Troja, zu Anfange der Olympiadum florirt, zu Lacedæmon die Knaben in der Music unterwiesen, wie Boëthius lib. 1. c. 1 de Musica meldet; durch die Lieblichkeit seiner Cithar die Kranckheiten und die Pestilentz vertrieben, wie beym Martiano Capella lib 9. de nuptiis Philologiæ, p. 178. Pausania in Atticis, c. 14. und Plutarcho, nicht weit am Ende des Buchs: de Musica, zu lesen f. hier von mit mehrern des Hrn. D. *J. A. Fabricii* Biblioth. Gr. lib. 1. c. 35. vom 236 bis zum 239 Blatte.

Thalmann (*Frantz*) ein Kayserlicher Musicus und Pensionist ist an. 1727 noch am Leben gewesen.

Thamyras oder **Thamyris,** des Philammonis und der Aryiopæ (*Argiope,*) oder, wie sie auch andere nennen, Arsinoës, einer Nymphen, Sohn, wurde in Thracien bey den Odrysis gebohren, als sie sich von dem Parnasso, wo sie sonst wohnete, dahin gewendet, nachdem sie zwar besagter Philammon um ihre Ehre gebracht, allein nachher nicht heyrathen wolte. Es wird daher solcher Thamyras auch selbst für einen Thracier, oder Odrysier gehalten, und passirte für einen der besten Musicorum und Poeten seiner Zeit.

Zeit. Als er aber bereinst von Oechalia kam, und ihm die Musen bey Dorio begegneten, hatte er die Keckheit, sie auf einen Wettstreit in der Music auszufordern, mit der Bedingung, daß, wenn er obsiegen würde, jede von ihnen ihm einmahl zu Dienste seyn solte; wo er aber verspielen würde, sie auch mit ihm thun möchten, was sie wolten. Als sich aber letzteres ereignete, beraubten sie ihm nicht nur aller Fähigkeit zu singen, sondern auch des Gesichts selbst, wiewohl doch andere auch wollen, daß er seine Strafe erst in der Hölle leiden müssen. Allein am glaublichsten ist es, daß ein Gesicht durch Kranckheit, oder sonst zufälliger weise verlohren, und, da er ein guter Poet gewesen, nach seinem Unfalle aber keine Verse mehr machte, wurde geglaubet, daß ihn die Musen mit vermeldeter Strafe beleget. s. *Zedrerichs* Schul-Lexicon. In des Hrn. D. *Fabricii* Bibl. Gr. lib. 1. c. 3s. liefet man folgendes: Alii, non cum omnibus, sed cum una Musarum certasse, affirmant, proposito si victor abiret praemio nuptiarum; daß er nemlich nur mit einer von den Musen sich in einen Wett-Streit eingelassen habe, mit dem Versprechen, so er den Sieg davon tragen würde, sie zu heyrathen. Es wird auch daselbst der allegorische Verstand dieser Fabel, so, wie selbige Joh. Tzetzes Chil. 7. hist. 168. erkläret, „daß er nemlich ein hochmüthiger Poet „gewesen sey, und weil seine Arbeit verlehren gegangen, deswegen als ein von „den Musen blind gemachter angegeben „werde,,, angeführet. Die Dorische Harmonie soll ihn zum Erfinder haben, s. *Clement. Alexandr.* lib. 2. c. 4. p. 307. Paedagog. so in der Stadt Dorione geschehen. s. *Alex. Sardum*, de rer. inventor. lib. 1. c. 19.

Theatricus, a, um, [*lat.*] θεατρικός, ή, όν, [*gr.*] zum Schau-Platze gehörig. Die Lateiner sagen auch: theatralis, e

Theatrum [*lat.*] θέατρον, [*gr.*] von θεάομαι, video; ein Schau-Platz, oder Ort, da man die Comödien und andere Sachen sehen kan. s. hiervon mit mehrern Schöttgens Antiquitäten-Lexicon. Die vornehmsten Theatra zu Rom sind das von Capranica, und das von Albert; und zu Venedig die zu St. Crisostomo, St. Angelo, St. Moses, und St. Cassano. s. des Hrn. Hofrath Nemeitzens Nachlese besonderer Nachrichten von Italien, p. 227. und 74.

Theile (Johann) eines Schneiders Sohn, wurde gebohren an. 1646 den 29 Julii zu Naumburg; legte den Grund zu seinen Studiis, insonderheit zur Music, in Magdeburg, bey dem damahligen Stadt-Cantore, Schefflern; zog darauf nach Halle und Leipzig auf die Hohe Schulen daselbst, und endlich zum Sächsischen Capellmeister Schützen, der sich damahls zu Weissenfels aufhielt, und ihm die reinen grundmäßigen Sätze in der Composition beybrachte. Hiernechst begab er sich nach Stettin, und unterrichtete daselbst Organisten und Musicos; desgleichen er auch zu Lübeck vornahm, und unter andern des bekannten Burtehuden, des Organistens Haße, des Raths-Musici Zachauens, und anderer Informator ward. An. 1673 wurde er zum Capellmeister nach Gottorff berufen; wie aber der Krieg die Musen von dannen fortjagte, kam er nach Hamburg, und hielt sich daselbst mit Lehren bis an. 1685. auf, da er nach Wolffenbüttel an des verstorbenen Rosenmüllers Stelle vocirt wurde, und als Capellmeister etliche Jahr blieb; hernach aber beym Hertzog Christiano II. in Merseburg Dienste nahm, auch selbige bis an des Hertzogs Tod verwaltete. An. 1695 hat er für eine Messe, so in der Kayserlichen Hof-Capelle ist musicirt worden, durch den damahligen Hrn. Schmeltzer, 100 Reichsthaler bekommen. Es hat ihn auch die gottseelige Königin von Preussen an. 1701 reichlich beschenckt; insonderheit aber der Kayser Leopold, der den Contrapunct wohl verstund, viel von seinen Sachen gehalten. Hochbesagte Königin versprach ihm auch die Capellmeister-Charge in Berlin; kam aber nicht lebendig von Hannover zurück. Er ließ an. 1708 einen Catalogum seiner auserlesensten Kirchen-Sachen zu Merseburg drucken, worinn 23 gantze Messen, 8 Magnificat, 12 Psalmen, &c. verzeichnet werden, die alle 4. bis 11 vocal-real-Stimmen, ohne und mit Instrumenten, in lauter doppelten Contrapuncten, ausgearbeitet sind. Er war ein besonders frommer, redlicher Mann, und verstund die Harmonischen Künste aus dem Grunde, starb endlich bey seinem Hrn. Sohne zu Naumburg, und wurde daselbst an. 1724 am St. Johannis-Tage zur Erden bestattet, nachdem er sein Alter bis ins 79 Jahr gebracht. s. *Matthesonii* Crit. Mus. T. 2. p. 57. Nurgedachter Sohn heisset Benedictus Friedrich, hat in der Wolffenbüttelischen Capelle als Theorbist gestanden, und bekleidet anjetzo den Organisten-Dienst bey S. Wenzel in Naumburg. An. 1673 hat er eine Teutsche Paßion, mit und ohne Instrumenten, zu Lübeck in folio drucken lassen, und selbige seinem Herrn, Hertzog Christian Albrechten, postulirtem Administratori des Stiffts Lübeck, und dessen Gemahlin, Fridericæ Amaliæ, zugeschrieben. Im Musicalischen Patrioten des Hrn. Capellmeisters Matthesons, und zwar in der 22 Betrachtung, p. 177 und 178. werden nachstehende von ihm in die Music gebrachte Opern angeführt, als: an. 1678, Adam und Eva; Orontes; und an. 1681, die Geburt Christi. Sonsten hat er auch an. 1686 nachstehende Wercke zu Wolffenbüttel drucken lassen, als: Noviter inventum *Opus* musicalis Compositionis 4 & 5 vocum, pro pleno Choro, raræ nec auditæ prius artis ac suavitatis *Primum*, super Canticis Ecclesiæ, scilicet Kyrie, Patrem, Sanctus, Osanna, Benedictus, Agnus Dei, secundum harmoniam veri Prænestiniani styli majestaticam simulque regulas fundamentales Artis Musicæ.

Designatio perfectarum jam in specimen XX Missarum.

(1. Missa 4 vocum facta est quadruplicis ex una simplici compositionis, per singularem inventionem, quæ adeo sunt 4 diversæ Missæ.

(2. Missa 5 vocum, itidem facta est triplicis ex una simplici compositionis, sed diversi generis a priori quadruplici, ut adeo hæ quoque sint 3 diversæ Missæ.

(3. Missa 4 vocum, facta est duplicis ex una simplici compositionis, peculiari quoque artis regula constans: & hæ adeo sunt 2 diversæ Missæ.

(4. Missa 5 vocum, iterum est duplicis e simpla compositionis; ex alia denuo artis regula producta: & hæ iterum 2 sunt Missæ.

(5. Missa 4 vocum, singulari arte ita est composita, ut Cantus & Bassus e tribus principalibus duplis Contrapunctis constent, ab initio ad finem; Altus vero & Tenor peculiares in illos ambos exerceant varii generis fugas.

(6. Missa 5 vocum, eodem cum præcedente modo est composita, quod Cantum & Bassum attinet; Altus vero & uterque Tenor suos quoque singulares in illos exercent Fugarum modos.

(7. Sunt 4 Missæ 4 vocum, nec non 5 Missæ 5 vocum, maxime affines eleganti majestatico stylo Prænestiniani ecclesiastico, & insuper tamen peculiaribus adhuc artis principiis instructæ. Summa omnium 20 Missæ, in quibus omnibus & singulis, ad aliquot centenos imo millenos tactus continuatis semper, artis raritatem cum Componentis patientia sæpe certasse, tanto magis quisque mirabitur, quò artis musicæ fuerit intelligentior.

Opus secundum, novæ Sonatæ rarissimæ artis & suavitatis musicæ, partim 2 vocum, cum simplis & duplo inversis Fugis; partim 3 vocum, cum simplis, duplo & triplo inversis Fugis; partim 4 vocum, cum simplis, duplo & triplo & quadruplo inversis Fugis; partim 5 vocum, cum simplis, duplo, triplo, quadruplo aliasque variegatis inventionibus & artificiosis Syncopationibus. Summa 50 Sonatæ. Accedunt 50 Præludia 2. 3. 4. & 5 vocum, cum simplo & duplo syncopato Contrapuncto. 50 Allem. & totidem Cour. 2. 3 & 4 vocum, cum brevibus Fugis similibusque aliis inventionibus suavissimis. 50 Ariæ & 50 Sarab. 2. 3. & 4 vocum, singularis gratissimæque suavitatis. 50 Ghique 2. 3. 4. & 5 vocum, cum simplicis & duplo variique generis inversis Fugis.

Thema [*lat.*] θέμα [*gr*] ein Satz zu einer Fuge, oder andern Ausarbeitung.

Theobaldus, ein Capuciner-Mönch, von Costnitz gebürtig, hat an. 1703 unter dem Titul: *Petra Deserti*, oder Felsen der schmertzhafften Marianischen Linde, geistliche Arien mit 2 Violinen in Ritornello zu Augspurg herausgegeben.

Theobalde, ein Italiänischer Musicus, hat ohngefehr zu Anfange des jetzigen Seculi in der Opera zu Paris das fünffsaitige Violoncello (la basse de violon a cinq

cinq cordes) gespielt, auch eine Opera: Scilla genannt, componiret, welche, wegen ihrer schönen Sinfonien, æstimirt worden. f. die *Histoire de la Musique* T. 2. *p.* 52. und 135.

Theodoricus (*Georgius*) ein Meißner hat an. 1573 Quæstiones Musicas zu Görlitz in 8vo drucken lassen. f. *Draudii* Bibl. Class. p. 1642.

Theodoricus (*Xystus*) hat Magnificat 8 Tonorum heraus gegeben. f. *Gesneri.* Bibl. univers.

Theodorus mit dem Beynamen Phonascus, dessen und seines Buchs: Φωνασκικὸν βιβλίον genannt, Laërtius lib. 2. Segm. 103 gedencket.

Theodorus, ein Römischer Musicus zu Kaysers Caroli M. Zeiten, wird von Joan. Launoio, einem Frantzosen, in seinem Buche de Scholis, &c. im 1sten Capitel, doctissimus Cantor genennet. f. *Matthesonii* Crit. Mus. T. 1. p. 145 in der Anmerckung.

Theodulfus, ein Frantzösischer Bischoff zu Orleans, wurde, wegen der wieder Ludovicum I. von dessen Söhnen erregten Rebellion, an. 838 zu einem Gefängniß condemniret; in solchem hat er als ein guter Poet und Musicus den Lobgesang: Gloria, laus & honor sit tibi, Christe Redemptor, verfertiget, selbigen, als der Kayser am Palm-Sonntage in öffentlicher Procession vorbey gieng, laut abgesungen, und dadurch seine Befreyung erhalten. f. Printzens Mus. Hist. c. 9. §. 15.

Theogerus, ein Bischoff, soll etwas von der Music geschrieben hinterlassen haben, wie Simlerus in seiner Bibliotheca bezeuget; wenn und wo er aber gelebt habe, in was für einer Sprache es geschehen sey, und in welcher Bibliothec solches MS. aufbehalten werde, hat er nicht angemercket. f. *Voss.* lib. 3. c. 48 de nat. artium, f. de Mathesi. In Bernardi Bezii Thesauro Anecdotorum noviss. stehet p. 15. „Tom. 1. folgendes: „Theogeri, Episcopi Metensis, lib. de Musica, inc. „Pythagoras Philosophus apud Græcos primus Musicæ artis repertor „fuisse legitur, &c., woraus, nebst den Anfangs-Worten dieses Buchs, zu ersehen, daß dessen Verfertiger, Bischoff zu Metz gewesen.

Theon, ist ein guter Pfeiffer gewesen, von welchem Hedylus ein schönes Epigramma gemacht, so Athenæus lib. 4. p. m. 176. ins Latein übersetzet hat.

Theon, Smyrnæus, ein von Smyrna gebürtig, und unter den zweyen Römischen Kaysern, Trajano und Hadriano, berühmt gewesener Mathematicus, hat in Griechischer Sprache ein Compendium: von der Geometrie, Arithmetic, Music und Astronomie, ingleichen einen Tractat: de Harmonia Mundi hinterlassen. Die Arithmetic und Music hat Ismaël Bullialdus nebst der lateinischen Übersetzung und gelehrten Anmerckungen an. 1644 zu Paris in 4to ediret.

Theophilus, der Griechische Kayser, welcher vom Jahr 829 bis 842 regieret, hat nicht allein viel Mühe auf das Singen gewendet, sondern auch Hymnos und Carmina selbst componiret, und die Music dergestalt geliebet, daß er auch in den gewöhnlichen Zusammenkünfften in der grossen Kirche auf Instrumenten zu spielen sich nicht enthalten, wie Cedrenus schreibet. f. Printzens Mus. Hist. c 9, §. 14.

Theophilus, ein Cithar-Schläger, hat zu sagen pflegen: Magnus stabilisque thesaurus Musica est edoctis & institutis, die Music ist ein grosser und beständiger Schatz denjenigen, so sie erlernet.

Theophrastus, des Platonis und Aristotelis Scholar und Successor dieses seiner Schule zu Athen der Stadt Eresius auf der Insul Lesbus gebürtig, hat in Griechischer Sprache drey Bücher: περὶ μουσικῆς, de Musica; ein Buch: περὶ ἁρμονικῶν, und eins: περὶ τῶν μουσικῶν, de musicis, geschrieben, f. *Laërt.* lib. 5. Segm. 46. 47. u. 49. hat den Melantam, einen Walcker, zum Vater gehabt, und anfänglich Tyrtamus geheissen: hernach aber von Aristotele, seiner Wohlredenheit halber, den Nahmen Euphrastus, und endlich gar Theophrastus, welches so viel, als der Göttlich-redende heißt, bekommen. Ist im 107 Jahre seines Alters gestorben, und von den Atheniensern insgesamt, und zwar zu Fusse zu Grabe begleitet worden. f. Hederichs Notit. Auctor. antiq. p. 214.

Theorba, Tiorba oder Thiorba [*ital.*] Théorbe, Tiorbe, Tuorbe [*gall.*] ist ein der Laute in vielen Stücken ähnliches Instrument, was sonderlich das Corpus und zum Theil den Hals, der länger, betrifft; allein es befinden sich darauf 8 grosse Saiten im Basse, die zweymahl so lang

lang und dicke sind, als der Lauten ihre 6; diese acht Saiten sind nur einfach, die andern im Basse haben ein Octävchen, und die höhern den Unisonum bey sich auffer der Chanterelle oder so genannten Quinte, eben wie bey den Lauten. Die Italiäner nennen diß Instrument nicht selten Archileuto oder Archiliuto, und die Frantzosen Archiluth. Man will den, vor die Violdigamba, so berühmten Hottemann, für den Erfinder dieses Instruments halten, welcher von Franckreich aus dessen Gebrauch in Italien, und anderswo transferirt haben soll. s *Matthesii* Orch. 1 p. 278. §. 9. Printz c. .§. 20. uf Histor. meldet: es habe ein Marckschreyer, der zugleich ein guter Lautenist gewesen, dieses Instrument erfunden, und selbigem, aus Schertz, diesen Nahmen gegeben; denn es werde dasjenige Werckzeug, worauf die Hand-Schuh-Macher ihre wohlriechende Sachen zu mahlen pflegen, also genennet: und ey eine Art eines Mörsels, gleich denjenigen Mühlchen, auf welchen man die Mandeln, Senff, und dergleichen Gesäme, in einem dazu genossenen sich schickenden liquore in Milch zu dissolviren pflege.

Theoria [*lat. ital.*] Theorie [*gall.*] θεωρία [*gr.*] contemplatio; die blosse Betrachtung über etwas, ohne dabey die Ausübung zu ergreiffen.

Theorico [*ital.*] Theoricien [*gall.*] Theoreticus [*lat.*] θεωρητικος [*gr.*] der das jetztbesagte treibet.

Theresia, eine berühmte Sängerin jetziger Zeit im Hospital al Mendicanti zu Venedig, deren der Hr. Hofrath Nemeitz in der Nachlese besonderer Nachrichten von Italien, p. 61. gedencket.

Theseus, des neunten Königs zu Athen, Ægei Sohn, wurde von seinem mütterlichen Groß-Vater, Pittheo, dem Connidæ anvertrauet, welcher ihn, nebst vielen andern Wissenschafften, auch auf der Lyra unterrichtet. s. *Joan. Meursii* Theseum. c. 2.

Thesis [*lat.*] θέσις [*gr.*] Positio, oder Depressio; also heisset eigentlich der erste Tact-Theil, wenn nemlich die Rede nur von 2 Theilen ist; weil auf solchem die Hand niedergelassen wird.

Thespis, ein Citharœdus beym Aristophane. s. *Fabricii* Bibl. Gr. Vol. IX. p. 807.

Thesselius (*Joan.*) gab. an. 1615 Tricinia sacra zu Wien heraus.

Thevenart, von seiner Composition sind Sonate à Violino solo e Continuo, in der Ceneschen Handlung zu Amsterdam gravirt heraus gekommen.

Theußner (*Zacharias*) ein Orgelmacher zu Merseburg, hat unter andern die Orgel in der Collegen-Kirche zu Jena; das grosse und kostbare Werck in der Dom-Kirche zu Merseburg an. 1702; und die alte Orgel in der Stadt-Kirche zu St. Wentzel in Naumburg, so hiebevor der Cantzel gegen über seitwerts gestanden, von dar weg, und dem Altare ex opposito gebracht, und deswegen vom basigen Magistrat, unterm 14ten Sept. an. 1705, ein gedrucktes Attestat bekommen.

Thiasus, θίασος [*gr.*] ein Lied, so einer Gottheit, und insonderheit dem Baccho zu Ehren tantzend gesungen wurde, qs. Θῦα ᾄσοι.

Thier (*Julianus*) ein Frantzösischer Edelmann, von Maine gebürtig, war ein lateinischer und Frantz. Poet und Musicus, lebte ums Jahr 1574, und hinterließ Gedichte, eine Frantz. Version des Vellejí Paterculi, &c. s. das *comp.* Gelehrten Lex.

Thiers (Jean Battiste) ein Frantzös. Doctor Theologiæ von Chartres gebürtig, hat, unter andern, auch einen Traité des Cloches, oder Tractat von den Glocken geschrieben, welcher 12 Bogen starck ist, und, nach des Hrn. D. J. A. Fabricii bibliograph. antiquar. c. II. §. 17. p. 347. an. 1702, nach andern aber erst an. 1711 zu Paris in 12mo gedruckt worden. Er ist gestorben an. 1703 den 28 Februarii. s. das *comp.* Gelehrten Lex.

Thilo (Georg Abraham) S. S. Minist. Candid. Grosburg. hat ein Specimen Pathologiæ musicæ, oder eine kurtze Anleitung, wie man vermittelst der Music die Affecten erregen könne, geschrieben; so aber noch nicht gedruckt worden ist. s. *Matthesonii* Music. Patriot. nach dem Register, p. 372.

Thinredus, Doverius zubenahmt, weil er aus der in der Engländischen Grafschafft Kent liegenden berühmten See-Stadt Douvvres bürtig gewesen, ein Benedictiner-Mönch, und, wie es scheinet, Præcentor seines Closters daselbst, hat, als ein Phœnix damahliger Zeiten, nemlich ohngefehr ums Jahr 1372, geschrieben: Pentachordorum & Tetrachordorum, lib. 1. und noch ein anderes Buch:

de legitimis ordinibus. Muſicæ. ſ. *Balei* Catal. Scriptor. Britanniæ, Centur. 6.

Thomas a Sancta Maria, ein Spaniſcher Dominicaner-Mönch, von Madrit gebürtig, hat an. 1565 zu Valladolit bey Franciſco Fernandez in Folio herausgegeben: Arte de tanner fantaſia para tecla, viguela, y todo inſtrumendo de tres o quatro ordenes, und iſt an. 1570 geſtorben. ſ. *Antonii* Bibl. Hiſpanam.

Thomas Bajocenſis oder Bayona, der Jüngere zubenahmt, iſt der 27te Erz-Biſchoff zu Yorck in Engelland ums Jahr 1169, zwar von unächter Geburt, und vorher ein Prieſter in der Normandie, aber wegen Lehre und Lebens, inſonderheit aber wegen Keuſchheit ſehr berühmt geweſen, und hat, nebſt andern, Cantus eccleſiaſticos. lib. I. und ein Officiarium geſchrieben. ſ. *Balei* Catal. Scriptor. Britan. Cent. 13.

Thraſyllus, Phliaſius genannt, weil er aus der in Peloponneſo gelegenen Stadt Phliùs bürtig geweſen, hat zur Zeit des Kayſers Tiberii floriret, und de Muſica & Harmonia geſchrieben. ſ. *Voſſ.* de nat. artium lib. 3. c. 20. §. 9. woſelbſt verſchiedene Auctores angeführt werden, die ſeiner gedencken.

Threnodia, Θρηνῳδὶς [gr.] ein Trauerlied.

Threnodus [lat.] Θρηνῳδὸς, [gr.] der ein Trauer-oder Klage Lied ſinget.

Thüring (Johann Trebenſis,) Schuldiener zu Willerſtädt, hat folgende Sachen drucken laſſen, als: an. 1617. etliche Cantiones; an. 1620 zwey Chriſtl. Erndten-Geſänge, zu Jena in 4to; an 1621 funffzehen geiſtliche Motetten, nebſt der Litanen, und dem Te Deum laudamus, von 4 bis 8 Stimmen; und an. 1637 das Sertum Spirituale muſicale, oder geiſtl. Muſic-Cräntzlein, von 3 Stimmen, beyderſeits zu Erffurt in 4to gedruckt.

Thuringus (*Joachimus*) ein Theol. und Lib. Artium Studioſus, ingleichen Poëta Laureatus Cæſareus, von Fürſtenberg aus dem Mecklenburgiſchen gebürtig, hat an. 1625 ſein Opuſculum bipartitum, de Primordiis Muſicis, davon das 1ſte: de Tonis ſive Modis; und das 2te: de Componendi Regulis handelt zu Berlin in 4to drucken laſſen.

Thuſius (*David*) ein Muſicus aus dem Mansfeldiſchen gebürtig, hat an. 1609 ein Epithalamium von 6 Stimmen zu Erffurt drucken laſſen.

Thyard (*Pontus de*) der an. 1521 zu Biſſy, in der Diœces Maſcon gebohrne und an. 1605 verſtorbene Frantzöſiſche Biſchoff von Chalons, hat unter andern vielen Schrifften, nach Garzoni Bericht, im 4 Diſcours ſeiner Piazza univerſale, auch einen Tractat von der Muſic geſchrieben. Ob es nun derjenige ſey, welchen der Hr. Capellmeiſter Mattheſon, T. 2. Crit. Muſ. §. 73. p. 122. anführet, und den Titul: Solitaire ſecond, führet, iſt mir unbekannt? daß er am Ende nur gedachten Wercks, ein von der Muſic handelndes Frantzöſiſches Carmen, ſo mehr als drey Bogen beträgt, angehänget habe, berichtet Merſennus in ſeinem Paralipomenis in Geneſeos Commentar. am 8 4ten Blatte, woſelbſt, und in den folgenden Blättern, ſelbiges mit folgenden Worten angeführt und eingerücket worden iſt: ne tamen Galli, qui neque græcè, neque latinè ſciunt, microcoſmi, & majoris Mundi concentum penitus ignorent, præter ea, quæ bellè refert Pontus de Tyard ad finem Solitarii ſecundi, placet in illorum gratiam afferre, quæ Poëtarum Gallorum in rebus hebraicis facilè doctiſſimus tam accuratè de Harmonia cecinit, ut vix apud Hebræos & Græcos aliquid inveniri poſſit, quod 4 Galliadis circulo non incluſerit. Quæ eò libentius huc transfero, quo liber difficilius reperitur, & quo meliùs circa ſinem oſtendit, quid, & qua ratione coram Regibus, atque Principibus Muſici canere debeant.

Thymele, Θυμέλη [gr.] von θύω, ſacrifico, ich opffere; bedeutet (1. und eigentlich einen Altar. (2. einen fünff Fuß hoch erhabenen Pult, oder eine Catheder im Orcheſtre, worauf die Acteurs das ihrige ehemals verrichteten. ſ. *Matth. Martinii* Lex. Philolog. conf. Mattheſonii Muſical. Patriotens 15te Betrachtung. p. 124. ſq.

Thymelicus, Θυμελικὸς, [gr.] pl. Thymelici, alſo hieſſen ehedeſſen die Acteurs, ingleichen die Muſici, ſo an nurgedachtem Orte ſich mit ihren Inſtrumenten hören lieſſen. ſ. *Martinii* Lex. Philol.

Tibaldi (*Giov. Battiſta*) ein Modaneſer, hat zwey Wercke dreyſtimmiger Sonaten durch

durch Kupfferstich bey Roger zu Amsterdam public gemacht.

Tibia [*lat.*] eine Pfeiffe, Flöte.

Tibia angusta [*lat.*] die Dulz-Flöte; ist eine Orgel-Stimme.

Tibia aperta [*lat.*] eine offene Flöte; oder dergleichen Stimm-Werck in Orgeln, so oben nicht zugedeckt ist. Wie das erstere, nach alter Art zu verstehen sey, ist beym *Bartholino*, de tibiis Veterum, lib. 1. c. 5. p. 58. und c. 8. p. 113. sq. zu lesen.

Tibia Athena. s. *Athena*.

Tibia canere [*lat.*] auf der Flöte spielen.

Tibia succinere [*lat.*] auf der Flöte nachspielen.

Tibia Berecynthia [*lat.*] eine aus Buchsbaum oder Bein gemachte Phrygische Flöte, oder Horn: hieß deswegen also: weil in Phrygien eine Stadt, und ein Berg den Nahmen, Berecynthus, führte. s. *Barthol.* lib. 1. c. 5. p. 45. woselbst eine doppelte Abbildung dieses Instruments zu sehen ist; und c. 6. l. c. p. 72.

Tibiæ conjunctæ, geminæ [*lat.*] zusammen gefügte, Doppel-Pfeiffen; die erstere Gattung bestund zwar würcklich aus zwo Pfeiffen, welche aber oben zusammen giengen, so daß nur ein Mundstück darzu vonnöthen, und demnach bequehmer zu blasen war; die zweyte Gattung aber muste dieses Vortheils entbehren, und dennoch zugleich tractirt werden. s. *Casp. Barthol.* de tibiis Veterum, lib 1. c. 5. p. 50. sq. woselbst die Abbildung von der erstern Gattung zu ersehen ist; und Montfaucon Supplement au Livre de l'Antiquité expliquée & representée en Figures, liv. 8. chap. 2. p. 188. Von solchen hieß eine: *Tibia dextra*, die Rechte, und die zweyte: *Tibia sinistra*, die Lincke, weil die eine mit der rechten, und die andere mit der lincken Hand bespielt wurde; beyde insgesammt aber wurden *impares*, ungleiche genennet; weil eine nicht so viel Löcher als die andere hatte. Ein mehreres von den tibiis dextris und sinistris, imparibus und paribus (aber im andern, als bereits angeführten Verstande) ist befindlich in *Salmasii* Anmerckungen über des Vopisci Carinum.

Tibia gingrina [*lat.*] eine Schallmey.

Tibiæ hemiopæ [*lat.*] αὐλοὶ ἡμίοποι [*gr.*] also hiessen ehemals kleine Flöten vor die Knaben, oder Kinder, und hatten den Nahmen von den engen, d. i. nahe beysammen befindlichen, oder vielmehr kleinen Löchern; von ἥμι, unvollkommen, und ὀπή, foramen, ein Loch. s. Matth. *Martinii* Lex. Philolog.

Tibia lotina. s. *Lotos*.

Tibia Phrygia [*lat.*] eine Phrygische Pfeiffe; soll an der rechten Seite ein Loch, und an der lincken zwey Löcher gehabt haben. s. *Joh. Meursii* Collect. de Tibiis.

Tibia Sarrana [*lat.*] eine Tyrische, oder in der Stadt Tyrus gemachte Flöte; denn nurgedachte Stadt hieß auch sonsten Sarra. s. *Voss.* Instit. Poët. lib. 2. c 38. §. 5.

Tibia spondiaca [*lat.*] s. *Spondiaules*.

Tibia sylvestris [*lat.*] die Wald-Flöte; ist ein offenes weites Stimm-Werck in Orgeln.

Tibia tityrina [*lat.*] eine Hirten-Pfeiffe.

Tibia utricularis [*lat.*] eine Sack-Pfeiffe, Dudel-Sack.

Tibia vulgaris, die Block-Flöte; ist eine Orgel Stimme.

Tibiarius [*lat.*] ein Pfeiffenmacher.

Tibicen [*lat.*] ein Flöten-Pfeiffer.

Tibicina [*lat.*] eine Flöten-Pfeifferin.

Tibicinium [*lat.*] die Flöten-Pfeiffer-Kunst.

Tibilustrium [*lat.*] das Fest der Pfeiff-Weyhung, wurde zu Rom den 13 Junii gehalten. conf. *Quinquatrus minuscula*.

Tieffenbrucker (*Magnus*) Wendelinus und Leonhard, sind allerseits berühmte Lauten-Macher gewesen, und haben meistentheils zu Ausgange des 16ten und Anfange des 17 Seculi in Venedig floriret. s. Barons Unters. des Instrum. der Laute, p. 93 und 94.

Tielke (Joachim) ein Lauten-Macher zu Hamburg, hat Lauten von lauter Elffenbein und Ebenholtz verfertiget, deren Hals mit Gold, Silber und Perlen-Mutter ausgelegt ist. s. Barons Unters. des Instruments der Laute, p. 95. Daß er schon im vorigen Seculo bis 1720 sich mit seiner Arbeit weit und breit berühmt, auch eine Laute, deren Corpus von 9 Spänen der allerschönsten Schildkröte, gemacht habe, ist in dem 33sten Stück der Franckfurter Zeitungen an. 1730 zu lesen gewesen.

Tierce. s. *Terza*.

Tigellius, oder, wie er völliger heisset, M. Tigellius Hermogenes, von Nation ein Sardinier, vom Stande aber ein Freygelassener, und von Profession ein Sänger; stund insonderheit beym Julio Cæsare, Augusto, und der Cleopatra in grossen Gnaden. s. Hederichs Schul-Lexicon.

Tigrini (*Orazio*) ein Italiäner, hat in seiner Sprache ein Compendio della Musica geschrieben, so an. 1588 zu Venedig in 4to gedruckt worden ist. s. *Matthesonii* Theoretische Vorbereitung zum G. B. §. 67. p 30.

Tilesias, oder Telesias, ein Thebanischer Jüngling, zu Zeiten des Aristoxeni, hatte in der Jugend das Flöten-Spielen, und gute Music erlernet, wurde aber bey reiferm Alter von der Theatralischen dergestalt eingenommen, daß er jene zu verachten anfieng, und deswegen die Philoxenische Art zu imitiren bemühet war: kunte aber wegen der guten Unterweisung, die er von Jugend auf gehabt, nicht reüssiren. s. *Plutarch.* de Musica.

Til (Johann Hermann) jetziger Organist zu Spandau, hat einen Catechismum musicum, oder kurtzen Auszug der Heil. Schrifft von dem edlen Studio musico, 41 Haupt-Fragen mit ihrer Beantwortung 2c in sich haltend, geschrieben; ist aber noch nicht gedruckt. s. *Matthesonii* Mus. Patr. p 372.

Til (Salomon van) war gebohren an 1643 zu Wesop bey Amsterdam, kam, ungeachtet seiner schwachen Stimme, und sehr schlechten Gedächtniß, dennoch ins Predigt-Amt zu Huysduynen, Ripa, Medenblick und Dordrecht; gab an letztgedachtem Orte an 1692, als Pastor und Professor Ecclesiæ & Scholæ Dordracenæ, heraus: Digt-Sang-en Speel-Konst soo der Ouden als bysonder der Hebreen; Dieses Buch ist auch in hochteuticher Sprache ans Licht getreten, in welcher nurbesagter Titul also lautet Dicht-Sing-und Spiel-Kunst, so wohl der Alten als besonders der Hebreer, 2c Die zweyte Edition ist an. 1719 zu Franckfurt und Leipzig in 4to gedruckt, 2 Alph. und 15 Bogen starck. Der Auctor wurde an 1702 Professor Theologiæ zu Leyden, woselbst er an. 1713 den 2 Nov. an einem Schlag-Flusse gestorben, nachdem er sein Gedächtniß vollend gar verlohren hatte. s. Benthems Holländischen Kirch-und Schulen-Staats 2 Th. p. 687. Die Unsch. Nachricht. an. 1715, p. 343. sq.

Timbale, pl. timbales [*gall.*] s. m. eine Paucke, Paucken. Timballo, pl. timballi [*ital*]

Timbalier [*gall.*] Timpaliere [*ital.*] ein Paucker.

Timbre [*gall.*] s. m. eine Glocke die keinen Schwengel hat.

Timmer (Frantz) ein Käyserlicher Violinist an. 1721, und 1727.

Timmer (Joseph) ein Kayserlicher Tenorist an. 1721, und 1727.

Timoroso [*ital.*] bedeutet: daß man auf eine furchtsame, oder respectueuse Art singen soll, als ob man zittere.

Timotheus, Milesius zubenahmt, weil er von Mileto, der Jonischen Haupt-Stadt in Klein-Asien bürtig gewesen, wird von einigen als ein Sohn des Thersandri, eines Musici, von andern aber des Neomysi und wiederum von andern des Philopolidis angegeben, hat zur Zeit des Macedonischen Königes Philippi, und seines Sohnes Alexandri M. im 3ten Jahre der 95 Olympiadis, oder 396 Jahr vor Christi Geburt floriret, und es allen andern Citharœdis zuvor gethan; weil er aber sein Instrument, der Spartanischen Gewohnheit zuwieder, mit 1'. Saiten bezogen, demnach zu den 7 ordinairen noch 4 endere entweder selbst, oder, nur die 11te hinzugethan gehabt, (denn man eignet ja sonsten dem Licaon die 8te; dem Prophalto Periotæ, oder Perintho die 9te; und tem Estiaco Colophonio die 10te zu, s. Printzens Mus. Hist c. 2 §. 25.) und die Spartaner besorgten: ihre Jugend möchte durch die daher entstehende neue Music weibisch werden; haben sie ihn an den Gerichts-Ort, welcher Σκιάς hieß, gefordert, und genöthiget, die vier übrigen Saiten mit eigener Hand wiederum abzuschneiden, ihn hierauf aus der Stadt geschaffet, und sein Instrument an einen erhabenen Ort nurgedachter Gallerie mit diesem elogio gehänget: ὅτι καινότατα πολυφωνίας ἐσᾶχεν, i. e. quia novitatem polyphoniæ introduxit. Das hierüber abgefaßte Decret der Lacedämonischen Ephororum ist beym *Bœrio* lib.1. de Musica, und in *Josephi Scaligeri* Anmerckungen über des Manilii Sphæram Barbaricam, p. 385. befindlich, und, nach dieses seiner Meynung, so beschaffen: ut quidvis potius, quam Græca oratio videatur; die lateinische Ubersetzung aber desselben

selben lautet in den Operibus Horarum succisivarum des Philippi Camerarii, Centur. 1. c. 18. folgender massen: Quoniam Timotheus Milesius in nostram veniens civitatem antiquum cantum negligit, & septichordem citharam aversatus, multarum vocum consonantiam, h. e. polyphonian inducens, infecit auditus juvenum per chordarum multiplicitatem i. e. polychordian, & recentissimum melos induxit, & variam pro simplici & ordinata circuminduit modulationem, in Chromaticum constituens melidiesin, pro enarmonio faciens antistrophon alternam; accitus vero in Eleusiniæ Cereris certamen, indecentem dispersit fabularum successionem; Semeles enim dolores non sat juste juvenes docuit: "Edoceri dicimus de his Reges & Ephoros, accusandum esse Timotheum, reassumendum vero undecim chordarum lyram, excidentes superfluas, relicta septichordi cithara, ut quivis intuens urbis gravitatem, caveat in Spartam inferre quippiam inhonestarum indecentiumque consuetudinum." Hieraus erhellet aber auch zugleich, daß er noch etwas anders beschuldiget worden, so die Sacra Eleusina betroffen. Dieses aber war ein Frauen-Fest, so zu Athen, Lacedämon, Rom und andersmo des Nachts mit brennenden Fackeln gehalten wurde, um die Cererem, wie sie ihre vom Plutone geraubte Tochter, die Proserpinam gesuchet, vorzustellen. s. ein mehrers hiervon in Schöttgens Antiquit. Lex. p. 47s. sqq. als von dessen mysteriis er wohl etwas mochte ausgebracht haben, so doch zu thun nicht erlaubt gewesen. conf. Voss. de Poëtis Græcis, c. 7. woselbst gemeldet wird: daß er, als ein Tragischer Poet, unter andern die Niederkunfft der Semeles beschrieben, und diese, wieder die Ehrbarkeit weinend, vorgestellet habe; auch im 97 Jahre seines Alters gestorben sey. Wie er durch seine Music den Alexandrum M. bald zu Ergreiffung der Waffen, bald zu deren Niederlegung bringen können; ingleichen von denen, die noch gar nichts in der Music gelernet gehabt, einfachen; von denen aber, die von andern übel informirt worden, doppelten Lohn sich geben lassen; solches lieset man in Prinßens Mus. Hist. c. 6. . . 25. und 26.

Timpano [*ital.*] eine Heer-Paucke.

Tinctor (*Joannes*) ein Canonicus, und J. U. Doctor zu Nivelle, einer, im Oesterreichischen Brabant, 5 Meilen von Brüssel liegenden kleinen Stadt, von dannen er auch bürtig gewesen, hat vorher dem Könige zu Neapolis, Ferdinando, als Archi-Diaconus und Cantor gedienet, ums Jahr 1495 floriret, und in musicalischen Dingen 3 Bücher de Arte Contrapuncti; ein Buch: de Tonis, und noch ein anders: de origine Musicæ geschrieben. s. *Gesneri* Bibl univ.

Tinnitus [*lat.*] das Geklinge, so auf metallenen Instrumenten, als Glöckgen, Schellen und Becken entstehet.

Tintement [*gall.*] s. m.

Tintinabulum oder Tintinnabulum [*lat.*] ein Glöckgen, Schelle oder anderes Kling-Werck.

Tintoret, und Tintoretta, s. *Robusta*.

Tiorba [*ital.*] s. *Theorba*.

Tirata [*ital.*] Tirade [*gall.*] s. f bedeutet einen Zug oder Strich, und überhaupt eine Reihe vieler Noten von einerley Geltung, die so wohl auf-als absteigend einander gradatim folgen. s. Tab XX. F. 8. Die mit dem A bezeichnete Art heisset: Tirata di Semi minime; und die mit B. Tirata di legature; insonderheit aber: wenn nurbesagte Reihe Noten aus vielen Achteln oder Sechzehntheilen bestehet, vor welchen fast allezeit eine Sechzehntheil-Pause hergehet, und auf welche ordinairement eine grössere Note folget. Man theilet sie in vier Sorten, die

(1. Tirata mezza, oder mezza Tirata, bestehet aufs höchste aus drey oder vier zweygeschwänßten Noten, und machet demnach mit der drauf folgenden Note entweder ein quart - oder quint-intervallum aus. Die

(2. Tirata defectiva [*lat.*] Tirade defectueuse [*gall.*] überschreitet zwar würcklich das quint-intervallum; erreichet aber die Octav nicht. Die

(3. Tirata perfecta [*lat.*] erreichet die Octav vollkommen, so, daß keine Note mehr, weder drüber noch drunter vorkommt; und die

(4. Tirata aucta oder excedens [*lat.*] überschreitet die Grenßen der Octav um einige Noten. v. Tab. XX. Fig. 5. nr. 1. und Tab. XXI. Fig 1. nr. 2. 3. und 4.

Tiraquellus (*Andreas*) der zu Fontenay

in Poitou aus einem vornehmen Geschlechte entsprossene, und an. 1558 im hohen Alter verstorbene Parlaments-Rath zu Paris, hat, nebst rühmlichster Verwaltung seiner hohen Bedienung, jährlich ein Buch heraus gegeben, und unter andern auch einen lateinischen Commentarium: de Nobilitate & Jure Primigeniorum geschrieben, dessen dritte Edition an. 1579 zu Lion in groß folio gedruckt worden ist. Im 31 Capitel werden vom 299 bis zum 306 §. in zwey Blättern folgende die Music betreffende Sätze abgehandelt; Morbos curari carminibus & cantionibus. Ischiadicos carmine curari & Musica. Luxa membra cantionibus curari. Omnes morbos incantationibus curari. Dæmoniacos cantu curari; & lymphaticos; & mentes turbatas; & furiosos. Et viperarum morsus; & omnes morborum dolores; & pestilentias fugari. Musicam mores animi sanare. Citharam Apollini, Medicinæ inventori, assignari Das 34te Capitel handelt zwar mehrentheils, nemlich vom 6ten bis zum 18ten §. von denen Histrionibus; doch wird im 10. 11 und 12ten §. auch insonderheit berühret: Musicam esse laudandam, modo ne sit nimia in viris honestis. Der 21, 22, 23, 24 und 25te §. ist contra Saltatores; die folgenden 6 Paragraphi aber sind pro Saltatoribus, & in laudem artis saltatoriæ eingerichtet.

Tirer un jeu [*gall.*] ein Orgel = Register ziehen.

Tityristæ τιτυρισαὶ, also sind ehemahls von den Italiänern diejenigen Pfeiffer genennet worden, welche in Aufzügen possierliche und lächerliche Bewegungen machten. s. *Jac. Perizonii* Commentar. ad c. 40. lib. 3. Æliani de Var. Hist.

Toccata, pl. Toccate [*ital.*] vom Verbo: toccare, anrühren; ist eine auf die Orgel, oder auch Clavicymbel gesetzte lange Piéce, in welcher entweder beyde Hände mit Veränderung abwechseln, so daß bald die rechte, bald aber die lincke ihr Lauffwerck machet; oder das Pedal hat lang anhaltende Noten, worüber beyde Hände das ihrige verrichten.

Toccatina [*ital.*] ist ein auf nurbesagte Art eingerichtetes kurtzes Stückgen.

Todeschi (*Simplicio*) hat Sacri Concerti von 2 Stimmen und einem G. B. herausgegeben.

Todeschini (*Francesco*) hat Correnti, Gagliarde und Balletti von 2, 3. und 4 Instrumenten, ums Jahr 1653 drucken lassen.

Todini (*Michele*) ein von Saluzzo in Piemont bürtig gewesener Römischer Musicus, und sehr künstlicher Instrument-Macher, hat 10 Jahr lang bey den besten Römischen Musicken den Violone gespielt, und ein überaus vermunderliches Orgel=Werck innerhalb 18 Jahren verfertiget, in dessen Structur weder die besten Orgel=Macher (noch jemand anders) sich finden können. *Kircherus* in seiner Phonurgia p. 120 sqq. und aus ihm Printz in seiner Musica Historica c. 15. §. 21. sqq. geben einige Nachricht davon. Es ist solches in dem Palast des Hrn. Verospi, und zwar in einer Kammer, Galleria armonica genannt, zu Rom jetzo noch zu sehen. s. *Bonanni* Gabinetto armonico, p. 80. Der Auctor aber selbst hat an 1676 ein Tractätgen in 12mo, so 4 Bogen starck ist, und aus 26 Capiteln bestehet, unter dem Titul: Galleria Armonica, zu Rom bey Francesco Tizzoni, so wohl von diesem Wercke, als andern von ihm verfertigten Instrumenten, drucken lassen.

Tollius (*Jacobus*) ein in der Griechischen und Lateinischen Literatur wohlerfahrner Professor von Duisburg, einer im Hertzogthum Cleve, am Fluß Roer, nicht weit vom Rhein an den Bergischen Grentzen zwischen Cöln und Wesel liegenden, und dem Könige in Preussen gehörige Stadt, hat unter andern, an. 1695 nicht allein des Benedicti Bacchini Dissertation: de Sistris, eorumque figuris. ac differentia, mit Anmerckungen; sondern auch in eben diesem Jahre noch eine à parte Dissertatiunculam: de Sistrorum varia figura, zu Utrecht drucken lassen. Beyde sind im VI. Tomo des Thesauri Antiquitatum Romanarum Grævii befindlich, woselbst jene nicht gar 2½ Blätter, und diese fast 1 Blatt in groß folio ausmachet; es gehöret aber zu dieser noch ein halber Bogen Kupffer, auf welchem 26 Figuren allerhand Sistrorum vorgestellet werden. Der Auctor ist an. 1696 gestorben. s. das *comp.* Gelehrten-*Lexicon.*

Tomasi (*Biasio*) oder Blasius de Tomasiis, ein Organist zu Comacchio, einer im Hertzogthum Ferrara, nicht weit vom Golfo di Venezia liegenden kleinen und festen

festen Stadt, hat an. 1611 den 1sten Theil fünffstimmiger Madrigalien; an. 1615 Motetten von 2. 3. und 4 Stimmen, nebst 4stimmigen Litanien; ingleichen 4 Concerti à 1. 2 3. 4. 5. 6 & 8 Voci zu Venedig drucken lassen.

Tomelin, wurde an. 1678 an des verstorbenen Königl. Frantzösischen Organisten Mr. de la Barre Stelle, nebst noch drey andern zugleich bey der Königl. Capelle angenommen, und bekam das 1ste Quartal im Jahre, nemlich die Monate: Jenner, Hornung, und Mertz, zu besorgen. s. den *Mercure Galant a. c.* im Junius-Monat, p. 125.

Tonabulum [*lat.*] bedeutet in des Hrn. *du Cange* Glossario so viel, als Tintinnabulum.

Tonarion, τονάριον [*gr.*] eine Stimm-Pfeiffe.

Τονὴ [*gr.*] Extensio [*lat.*] Fermezza [*ital.*] die beständige Haltung einerley Tones oder Klanges. s. *Extensio*.

Tonina, eine im Hospital alla Pietà zu Venedig, wegen des Orgel-Spielens, jetzo berühmte Italiänerin s. des Hrn Hof-Rath Niemeitzens Nachlese besonderer Nachrichten von Italien, p. 61.

Tonini, ein Italiänischer Componist, hat verschiedene Wercke herausgegeben, worunter das 2te und 4te aus Sonaten von 2 Violinen, einem Violoncello und Continuo; das 3te aber aus Baletti da Camera à Violino e Violone o Basse Continuo bestehet. s *Roger* Catalogue de Musique, p. 31 und 34.

Tonius, ein Sack-Pfeiffer, dessen der berühmte Italiänische Poet, Joan. Baptista Mantuanus oder Spagnoli in seinen Bucolicis gedencket.

Tonnequinus (*Natalis*) war an. 1548 in Kaysers Caroli V. Hof-Capelle ein Altist. s. *Mamerani* Catalog. familiæ totius aulæ Cæsareæ, p. 12.

Tonnolini (*Gio. Battista*) war Organist zu Salo einer im Brescianischen Gebiet, am Garder-See liegenden kleinen Stadt, auch von dannen gebürtig, und ließ an. 1616 achtstimmige Psalmen zu Venedig drucken. s. *Cozzando* Libraria Bresciana, P. I. p. 172.

Tonsor (*Michael*) hat verschiedene Cantiones Sacras oder Motetten von 4. 5. und 6 Stimmen gesetzet, so an. '57: und 1590 zu Nürnberg und München gedruckt worden sind. s. *Draudii* Bibl. Class. p. 1616 und 1620.

Tonus [*lat.*] τόνος [*gr.*] von τείνω, tendo: Ton [*gall.*] bedeutet manchmahl (1. so viel als sonus, oder einen Klang. (2. ein gewisses abgemessenes intervallum, so einen gantzen Ton ausmachet, welcher entweder major oder minor ist. (3. so viel als Modus.

Toph, eine Hebräische Paucke, hatte die Gestalt eines Kahns oder Schiffleins, war mit einem Fell überzogen, und wurde mit einem Klöpfel, oder einer eisernen Ruthe bald starck, bald gelinde, bald geschwinde, bald langsam geschlagen. Eduardus Leigh in Crit. Sac. spricht: dieses Instrument sey hohl, und so wohl unten als oben mit einer Pergamen-Haut überzogen gewesen. s. *Printzens* Mus. Hist. c 3. §. 11. woselbst die Abbildung davon zu sehen ist.

Topham, hat zwey Wercke Sonaten vor eine Flöte und G. B. zu Amsterdam bey Roger und Mortier graviren lassen.

Torelli (*Giuseppe*) ein Veroneser, Academico Filarmonico zu Bologna, und Violinist an der S. Petronii-Kirche daselbst, auch gewesener Concert-Meister zu Anspach ums Jahr 1702, hat verschiedene Wercke von 2. 3 4. und mehr Instrumenten, ingleichen etliche Sing-Stücke herausgegeben Das 2te davon bestehet aus Baletti da Camera à tre, nemlich 2 Violinen und G. B. *Opera* 4ta führet den Titul: Concertino per Camera a Violino e Violoncello, ist dem Hertzoge zu Modona, Francesco II. zugeschrieben worden, und bestehet aus 12. Introduttioni. Das fünffte aus 6 dreystimmigen Sonaten, und 6 vierstimmigen Concerten bestehende *Opus* ist an. 1692 zu Bologna gedruckt, und dem Churfürsten von der Pfaltz, Johann Wilhelm, dedicirt worden. Das 6te Werck enthält vierstimmige Concerten; das 7e, genannt: Capricci Musicali per Camera à Violino e Viola overo Arcileuto, hat der Auctor zu Amsterdam graviren lassen, und es dem Hrn. Giacomo des Obry, als einem grossen Liebhaber der Violin gewiedmet. Das 8te Werck ist an. 1709 zu Bologna, unter dem Titul: Concerti grossi con una Pastorale per il Santissimo Natale, nach des Auctoris Tode, von seinem Bruder Felice Torelli in Druck gegeben, und dem Marchese, Steffano alli Macharani, Cavaglie-

Cavagliere diS.Stefano zugeeignet worden. Es bestehet dieses Werck aus XII. Concerten von 2 Violini Concertini, 2 Violini Ripieni, Viola e Cembalo.

Tornesius (*Franciscus*) ein Doctor Juris von Messina in Sicilien, war in Humanioribus, sonderlich aber in der Poesie und Music wohl erfahren, ward Secretarius bey dem Fürsten von Scaletta, und ein Mitglied der Academie der Officinæ zu Messina, und der Reaccensorium zu Palermo, florirte an. 1642 und schrieb: Poesie; Rime; *Concerti musicali*, &c. s. das comp. Gelehrten-Lexicon.

Torres (*Melchior de*) ein Spanischer Musicus, von Alcala de Henares in Neu-Castilien gebürtig (Complutensis,) hat an. 1554 seine Arte de la Musica daselbst drucken lassen.

Torri (*Pietro*) ist vor etlichen 30 Jahren, als ein Componist, in Bareuthischen Diensten; aber an. 1722 als Ober-Aufseher der Chur-Bayerischen Cammer-Music, auch Ihrer Churfürstl. Durchl. zu Cöln, desgleichen Ihrer Hoheit des Chur-Prinzen, und der Capellen zu Brüssel Capellmeister, noch am Leben gewesen. s. den Anhang zu Nr. 93 der Wienerischen Zeitung, an. 1722 unterm 21. Nov. conf. *Matthesonii* Crit. Mus. T. I. p.234.

Torriani (*Gio. Antonio*) ein Cremoneser, hat das an. 1688 zu Bologna in 4vo gedruckte, und in der S. Blasii-Kirche der Camaldulenser-Patrum zu Fabriano aufgeführte Oratorium, genannt: La Conversione di San Romualdo, &c. in die Music gebracht. s. *Cinelli* Biblioteca Volante, Scanzia 16.

Toscanus (*Nicolaus*) ein Sicilianischer Prediger-Mönch, ist ein vortrefflicher Sänger gewesen, so daß es geschienen: als ob eine Orgel in seiner Brust verborgen sey; s. M_orgioris Bibl. Sicul.T. 2. p. 102. woselbst noch gemeldet wird: daß, nachdem er Italien durchreiset, und zu Jahren gelanget, er sich wiederum in sein Closter zu Eryx begeben, und daselbst an. 1505 seinen Geist aufgegeben, ingleichen verschiedene Musicalien herausgegeben habe, worauf er sich einen Trapaneser nenne. Von vorgedachter Stadt und Berge, so anjetzo il Monte di S. Juliano, oder auch, nach andern, il Monte di Trapani heissen soll, s. Hederichs reales Schul-Lexicon.

Tosetti (*Matteo*) ein Canonicus zu Ravenna, ist ein Musicus gewesen; besage des daselbst bey San Vitale in der Marien-Capelle befindlichen Epitaphii, also lautend:

Mattheo Tosetto, Canonico Ravennati, & Musi.
   Ord. Divi Benedicti side dedito
   Patres Justinianæ Congregationis
  Suo viventis, & B. M. F. tantum dedere.

s. *Girolamo Fabri Sagre* Memorie di Ravenna antica, P. I. p. 365.

Touche [*gall.*] s. f. Palmula, astula [*lat*] ein Clavis auf dem Clavier; ingleichen ein Griff auf dem Lauten-Halse, und dergleichen bebündeten Instrumenten, lat. metatio, gradus.

Toucher [*gall.*] auf musicalischen Instrumenten spielen.

Touches (*des*) oder Desteuches hat verschiedene Opern in die Music gebracht, und dirigiret als Inspecteur General de l' Academié Royale de Musique bey den alten Opern zu Paris so wohl die Vocal-als Instrumental-Music. s. des Hrn. Hof-Rath Nemeitzens Sejour de Paris, p. 81. und 273 an. 1718 edirt. Er lebet jetzo noch, und hat zwey Bücher Cantates, unter dem Titul: Oenone und Semelé, herausgegeben. *Mersennus* lib. 2. Propos. 13. Instrument. Harm. gedenket auch mit vielem Lobe, eines Königl Französischen Flöten-Spielers, welcher eben also geheissen, und die Sack-Pfeiffe ungemein wohl tractiren können.

Tour (*de la*) ein berühmter Französischer Componist, dessen im *Mercure Galant* und zwar im Jenner-Monat des 1678 Jahrs, p. 148 erwehnet wird.

Tournebout [*gall.*] s. m. ein berohrtes Blas-Instrument, so viel Löcher hat, und am Untern-Theile gekrümmet ist. Fistula musica curvata, oder Tubus curvus [*lat.*].

Tournez [*gall.*] wendet um. tournez vite, wendet geschwinde um.

Tout bas [*gall.*] Adv. submisse [*lat*] ganz leise.

Trabaci (*Gio. Maria*) Organist an der Königlichen Capelle zu Neapolis hat verschiedene Sachen heraus gegeben; das zweyte

zweyte Buch seiner 5 stimmigen Madrigalien ist an. 1611 in Venedig bey Angelo Gardano gedruckt worden.

Trabatone (*Egidio*) ein Organist an der Collegiat Kirche des H. Victoris zu Varese im Hertzogthum Mayland, von Decio gebürtig, hat anno 1625 Messe, Motetti, Magnificat, Falsi bordoni und Litanie della B. V. zu Mayland drucken lassen.

Trabertin, eines Dorff-Priesters Tochter in Thüringen, war in der Music so wohl erfahren, daß sie schon in ihrem 12ten Jahre einen gantzen Chor dirigiren konte. Sie ist in der besten Blüthe ihres Alters gestorben. s. das *comp.* Gelehrten-Lexicon.

Tractus (*lat.*) ist ein gewisser aus den Psalmen oder Propheten genommener Kirchen-Gesang, so in der Römischen Kirche vom Sonntage Septuagesimæ bis auf Ostern, als Trauer-und Fast-Tagen, sehr langsam (tractim, à trahendo) gebraucht wird. s. *Prætor.* Synt. T. 1. p. 46. und des Hrn. *du Cange* Glossar.

Tragœdia (*lat.*) τραγωδία (*gr.*) ist ein Schau-Spiel, worinne vornehme Personen aufgeführt werden, mit denen es zwar anfangs gar gut gehet, letzlich aber doch einen betrübten Ausgang nimmt. s. Hederichs Schul-Lexicon. Man nennet es deswegen insgemein ein Trauer-Spiel. Die wahrscheinlichsten Etymologien dieses Worts sind beym Vossio, Instit. Poët. lib. 2. c. 11. §. 1. folgende, daß es neinlich herkomme (1. von τράγος, hircus, und ῳδη, cantus; entweder darum: weil anfänglich die Tragödien dem Baccho zu Ehren gehalten, und ihm ein Bock, als Verderber der Wein-Stöcke, geopffert; oder, weil dieses Thier demjenigen, so sich am besten gehalten, als ein præmium gegeben worden (2. von τρύξ, welches so wol Hefen, als auch neuen Wein oder Most bedeutet;) weil die Acteurs entweder ihr Gesicht mit Hefen beschmiert gehabt, damit sie nicht kenntlich seyn möchten; oder weil sie ein mit Most angefülltes Gefäß zum solennen præmio bekommen.

Tragœdus [*lat.*] ein singender Acteur.

Trainitus (*Josephus Maria*) gebohren zu Messina in Sicilien an 1660 den 13 Mertz, wurde an. 1685 im Sicilianischen Franciscaner-Closter s. Pauli ad Arenulam zu Rom ein Mönch tertii Ordinis, und überkam, nach absolvirtem Studio Theologico, den gradum eines Lectoris; docirte hierauf im Closter zu Bologna die Philosophie, und zu Rom die Theologie, begab sich nach Palermo ins Closter S. Mariæ de Misericordia, wurde daselbst Doctor Theologiæ, und endlich vom Ertz-Bischoffe zu Messina, Josepho Migliaccio, zu seinem Theologo und Cleri Examinatore erwehlet, in welcher function er an. 1714 zu Messina noch gelebt. Er hat, als ein Componist, die Psalmen, Dialogos und andere Kirchen-Gebete in die Music gebracht, welche sich wohl hören lassen. s. *Mongitoris* Bibl. Sicul. in Appendice 1. ad Tom. 1. p. 28 sq.

Trait [*gall.*] s. m. ist eben was Tractus.

Tramp (*David*) ein Orgelmacher, hat unter andern die Haberbergische aus 32 Stimmen bestehende Orgel zu Königsberg in Preussen, und an. 1672 das Steindammische Werck, von 24 Stimmen, daselbst gebauet. s. des Hrn. Capellmeister Matthesons Anhang etlicher 60 mehrentheils berühmter Orgel-Wercke, zu Niedtens Mus. Handleitung zur Variation des G. B. p. 187.

Transitus [*lat.*] ein Durchgang; wenn neinlich die in arsi stehende Noten dissoniren.

Transpositio [*lat.*] Transpositione oder Transportazione [*ital.*] Transposition [*gall.*] eine Versetzung, heisset (1 und jetzo überhaupt: wenn eine pur diatonische Melodie, vermittelst Fortrückung der Tone, und Vorzeichnung eines oder etlicher b, ingleichen eines oder etlicher ♯, in die chromatische; oder diese, durch Hinwegnehmung nurgedachter Zeichen, in die diatonische, verändert wird. Dieser letztere Proceß wird sonsten und eigentlich: Reductio, genennet. (2. nach dem Sinn der Alten: wenn eine pur diatonische Melodie, entweder um eine Quart höher, oder um eine Quint tieffer versetzet wird, da alsdenn nur ein eintziges b in die Vorzeichnung kommt. conf. *Cantus transpositus*.

Traxdorff (*Heinrich*) ein vor mehr als drittehalb hundert Jahren bekannt gewesener Orgelmacher, hat damahls in Nürnberg bey S. Sebald und unser L. Frauen-Kirche die Wercke verfertiget. s. *Præt.* Synt. Mus. *T. 2. p. 110.*

Tre [*ital.*] Trois [*gall.*] heisset: drey; also findet man: à tre Voci [*ital.*] à trois Voix [*gall.*] von drey Stimmen; à tre Violini, ò Stromenti [*ital.*] à trois Violons, ou Instrumens [*gall*] von drey Violinen, oder Instrumenten.

Trê, also nennen die Siamer in Ost-Indien ihre Trompeten. s. des Hrn. *de la Loubere* Beschreibung des Königreichs Siam, T. 1. P. 2. ch. 12. p. 210.

Trebs (Heinrich Nicolaus) eines Tischers Sohn, aus Franckenhausen gebürtig, woselbst er an. 1678 gebohren worden, hat an. 1698 die Orgelmacher-Kunst bey Hrn Christian Rothen in Saltzungen erlernet, hierauf in verschiedenen Reichs- und See-Städten dieselbe excoliret, endlich an. 1709 von Mühlhausen sich hieher nach Weimar gewendet, und an. 1712 das Hochfürstl. Privilegium, als Hof-Orgelmacher, bekommen, auch in der Zeit, nebst dem hiesigen S. Jacob, noch andere 16 Orgel-Wercke gebauet.

Treiber (Johann Friedrich) ein Magister und gewesener Schul-Rector zu Arnstadt, hat an. 1701 durch ein musicalisches Programma von einem Bogen, die dasigen Gelehrten zu Anhörung vier Schul-Reden, in Hebräischer, Griechischer und Lateinischer Sprache: de Musica Davidica, itemque Discursibus per urbem cum Musica nocturnis, eingeladen.

Treiber (Johann Philipp) ein Doctor Juris und Sohn des vorigen, hat, als Adjunctus der Philosophischen Facultät zu Jena, an. 1702 seine also genannte sonderbahre invention, eine eintzige Arie aus allen Tonen und Accorden, auch jeglichen Tacten oder Mensuren zu componiren, daselbst in folio drucken lassen. Dieser ist an. 1704 der accurate Organist im General-Basse von 7 Bogen zu Arnstadt, gleichfalls in folio, gefolget. Der Auctor ist an. 1727 in Erffurt gestorben.

Tremblant de l'Orgue (*gall.*) Tremolante dell' Organo [*ital.*] Organi tremulus [*lat.*] der Tremulant; ist eine Klappe in der Wind-Röhre der Orgeln, welche, wenn man sie anziehet, ein Zittern oder Schweben im Spielen verursachet. s. Niedtens Mus. Handl. zur Variat. des G. B. p. 115.

Tremblement [*gall.*] s. m. ein Trillo.

Tremolo oder Tremulo [*ital*] und abbrevirt. Trem. bedeutet, daß auf besaiteten und mit Bogen zu tractirenden Instrumenten, viele in einerley Tone vorkommende Noten, mit einem zitternden Striche absolvirt werden sollen, um den Orgel-Tremulanten zu imitiren; manchmahl aber auch, nebst seinem Diminutivo-Tremoletto, ein Trillo. s. *Brossards* Diction. Printz in seinem Compendio Musicæ Signatoriæ & modulatoriæ vocalis, hat p. 47. dieses: *Tremolo* ist ein scharffes Zittern der Stimme über einer grössern Note, so den nächsten Clavem mit berühret; und giebt davon das Tab. XXII. Fig. 1. befindliche Exempel.

Treuger (Johann Carl) ein Kayserlicher Violoncellist an. 1727, und zwar der sechste und letzte in der Ordnung.

Tresti (*Flaminio*) hat an. 1590 sechsstimmige Concentus vespertinos zu Mayland in 4to drucken lassen. s. *Draudii* Bibl. Class. p. 1653.

Treu (*Abdias*) gebohren zu Anspach den 29 Jul. 1597, allwo sein Vater, Michael Treu, das Stadt-Cantorat damahls noch bekleidete, wurde von an. 1601 bis 1618 zu Heilbrunn, woselbst sein Vater Conrector am Gymnasio geworden, erzogen, gieng in letztgedachtem Jahre auf die Universität Wittenberg, promovirte daselbst an. 1621 in Magistrum, begab sich im folgenden Jahre wiederum nach Hause, wurde erstl. Pfarr-Substitut zu Heidenheim, nicht lange hernach Diaconus zu Merckerlbach, und endlich, nachdem er an. 1623 sich verheyrathet, an. 1625 Schul-Rector zu Anspach; als aber, wegen damahliger Kriegs-Unruhe, die Besoldung nicht verfolgte, so daß man ihm völlige 3 Jahr restirte, resignirte er an. 1635 diesen Dienst, auf Vernehmen, daß auf der Universität Altorff einige Professur-Stellen vacant wären; kunte aber nicht so gleich unterkommen, sondern es verzog sich bis ins folgende 1636ste Jahr, da er den 30ten Januar. als Professor Mathematum angenommen wurde, an. 1650 bekam er auch zugleich die Professionem Physicam, an. 1654. das Amt eines Inspectoris Norici, bekleidete zweymahl das Universitäts-Rectorat, sechsmahl das Decanat, und starb im siebenden, nemlich am andern Oster-Tage an. 1669. s. *Freheri* Theatrum Viror. erudit. clar. p. 1556 und das comp. Gelehrten-Lexicon. Sein Directorium Mathematicum ist mit einer Vorrede des hochberühmten Theologi J. M.

J. M. Dilherrns an. 1657 zu Nürnberg in 4to heraus gekommen. f. *Matthesonii* Orch. III. p. 695. in der Anmerckung. Dessen dritten Buche soll ein Compendium Harmonicæ f. Canonicæ, ad partes Matheseos speciales pertinens, einverleibt seyn; das 4te Capitel: de Postulatis & Axiomatibus Harmonicis handeln, und das 5te Theoremata & Problemata Harmonica enthalten. Daß dieser Auctor der Erfinder derjenigen Temperatur sey, welche Printz im 3ten Theile seines Phrynidis beschrieben; auch etliche Disputationes Musicas gehalten habe, so gedruckt worden, berichtet dieser in seiner *Muf. Hift.* c. 1. §. 74. Eine von nurgedachten Disputationibus, so an. 1662 der Respondens, Tobias Gabriel Mayr, unter seinem Præsidio gehalten, handelt: de divisione Monochordi.

Treu (Daniel Theophilus.) f. *Fedele*.

Trezelius, ein Nürnbergischer frommer Musicus ums Jahr 1631, dessen Joh. Saubertus in Epistola ad M. J. Dilligerum gedencket.

Trias anarmonica [*lat.*] Triade anarmonique [*gall.*] ist eine Zusammensetzung dreyer verschiedenen Klänge, die unrein zusammen klingen. z. E. e g h. h d f. und f a cis. c e gis. Die erste Art kan insonderheit Trias deficiens, und die zweyte: Trias superflua genennet werden.

Trias harmonica oder musica [*lat.*] Triade harmonique [*gall.*] ist eine Zusammensetzung dreyer verschiedenen Klänge, die rein zusammen klingen. z. E. c e g, oder c es g; d fis a, oder d f a. Wenn unter jetztbesagten drey Klängen, die mittlere gegen den untern eine tertiam majorem, und gegen den obern, eine tertiam minorem constituiret, so heisset ein solcher Satz insonderheit: *Trias harmonica major, naturalis* und *perfecta*; machet er aber gegen den untern eine tertiam minorem, und gegen den obern eine tertiam majorem, so heisset er alsdenn: *Trias harmonica minor, mollis* und *imperfecta*.

Trias harmonica aucta [*lat.*] die vermehrte *Trias harmonica*, ist: wenn einer von nurbesagten Klängen in einem Satze oder Griffe duplirt wird; es können aber auch alle drey Klänge wiederholt werden.

Trias diffusa [*lat.*] ein zerstreueter Satz, heisset: wenn gedachte 3 Klänge nicht in der schon gemeldten Ordnung, sondern unter einander verworffen angebracht werden. E. c g e, oder c g es.

Tribune [*gall.*] f. f. bedeutet den Ort, wo die Orgel stehet. f. Frischens Lex.

Tricarius (*Josephus*) ein trefflicher und mit alle Natur-Gaben gezierter Musicus, dessen Kircherus in seiner Musurgie p. 607. gedencket.

Tricinium [*lat.*] qf. triplex cantus, ein drey-stimmiges Stück.

Triemituono oder Trihemituono [*ital.*] Trihemitonium [*lat.*] die kleine Terz; weil sie aus dreyen *Semitoniis* bestehet.

Trifonia maggiore [*ital.*] die grosse Terz.

Trigonum [*lat.*] war ein dreyeckigtes mit vielen Saiten bezogenes Instrument, oder Harffe.

Trillo, pl. trilli [*ital.*] ist eine Sing- und Spiel-Manier, zu deren expression (nach Beschaffenheit der Vorzeichnung) entweder die secunda major oder minor gebraucht, und diese mit der auf dem Papier gesetzten, und mit einem tr, oder t bezeichneten Note, wechselsweise behende und scharff angeschlagen wird; jedoch dergestalt, daß man bey der höhern Note anhebet, und bey der tiefern, als gegenwärtigen, Note aufhöret.

Trilletto, pl. trilletti (*ital.*) ist das Diminutivum von trillo, und bedeutet: daß es kurtz gemacht werden soll.

Trio (*ital.*) bedeutet: (1. eine Composition von drey Sing-Stimmen, mit ihrem besondern Spiel-Baß und andern accompagnirenden Instrumenten. (2. eine Composition von zwey Instrumenten sammt darzu gehörigen Spiel-Basse. f. *Matthesonii* Crit. Muf. T. 1. p. 131.

Triodium (*lat.*) ist in der Griechischen Kirche ein Buch, darinn beschrieben stehet, wie der Gottesdienst und Horæ von septuagesima bis Ostern, (so lange nemlich bey ihnen die Fasten-Zeit währet) abgewartet werden soll. Die Ursache der Benennung ist, weil die darinn befindlichen Gesänge gemeiniglich drey Oden oder Gesetze ausmachen. f. Schöttgens Antiquitäten-Lexicon.

Tripola, oder abbrevirt, Tripla (*ital.*) Triple (*gall.*) sc. Proportione oder Pro-

Proportion, bedeutet einen aus dreyen membris von einerley Geltung bestehenden Tripel i. e. ungeraden Tact, davon die 2 ersten im Niederschlagen, und das 3te im Aufheben der Hand tractirt werden.

Tripola maggiore (*ital.*) Triple majeur, auch Trois un (*gall.*) Tripla major (*lat.*) der Grosse Tripel=Tact bestehet entweder aus 3 semibrevibus oder einer Brevi und Semibrevi, oder andern diesen an der Geltung gleichkommenden Noten; s. Tab XXI. Fig. 2. In dieser Tact=Art gelten die Pausen nur halb so viel als sonsten. vid. Tab. XXII. Fig. 3.

Tripola minore (*ital.*) Triple mineur, oder Triple de Blanches, it. Triple double und Trois deux (*gall.*)

Tripla minor (*lat.*) der Kleine Tripel=Tact, sonsten auch Proportio sesquialtera genent, ist, auf welchen entweder eine Semibrevis mit einer Minima, oder drey Minimæ, oder auch andere diesen an der Geltung correspondirende Noten gehen, und wird wie Fig. 4. Tab XXII. gezeichnet.

In diesem Exempel sind einige Noten, neml. im 3ten und 7den Tacte, deswegen schwartz gemacht und ausgefüllet, weil thesis und arsis auf einer Note zusammen kommen, und selbige wieder den Tact gehen. Dieses haben die Alten allezeit genau in acht genommen, und, nach Belieben, bald alle beyde, bald aber nur die rückende schwartz gemacht, den Anfängern eine Erleichterung und eine Nota bene dadurch zu geben; allein, die heutigen Musici nehmen sich die Mühe und Zeit nicht, sondern lassen sie weiß und offen, und sind übrigens zufrieden, wenn nur der Tact immer richtig abgetheilt wird, als welches nöthig und nützlich ist. Denn, gleichwie man ein obscur scriptum, darinnen die signa divisionis außengelassen sind, einem andern so fort nicht wohl und verständlich vorlesen kan, so lange die divisions-Zeichen nicht substituiret werden; also kan man auch ein schwer gesetztes Musicalisches Stück nicht so leicht ohne Anstoß und ex tempore tractiren, worinnen die Tact=Abzeichnung mangelt. s. den Musical. Trichter. p. 47. Ob nun zwar nicht zu leugnen, daß solche Abzeichnung einem Sänger oder Instrumentisten, der nicht capable ist den Noten ihre richtige Geltung sonsten zu geben, wenig helffen wird; so kan dennoch solche andern geübtern ad benc esse dienen, und wenigstens darinn: daß, wenn sie manchmahl von der Stimme weg zu sehen haben, sie den Ort desto eher wieder finden können. Sonsten findet man auch in dieser Tact=Art an statt der Seminimarum oder Viertel=Noten, eingeschwäntzte Minimas, u. an statt der Achtel=Noten, zweygeschwäntzte Minimas, auf die Fig. 5. Tab. XXII. befindliche Art gesetzet.

Tripola picciola, it. Subsesquiterza (*ital.*) Petit Triple, Triple de Noires, oder Triple de trois pour quatre (*gall.*) Proportio subsesquitertia (*lat.*) drey Viertel=Tripel, ist derjenige Tact, auf welchen entweder eine Minima und Seminima, oder drey Seminimæ, oder auch andere diesen an Geltung gleich kommende Noten gehen; und wird wie Fig. 6. Tab. XXII. gezeichnet.

Tripola Crometta oder ottina, Tripola di Crome, it. subdupla subsuperbiparziente terza (*ital.*) Triple de Croches oder Triple de trois pour huit, auch schlechtweg, Trois huit (*gall.*) Proportio subdupla subsuperbipartiens tertias (*lat.*) drey Achtel=Tripel, ist derjenige Tact, auf welchen entweder eine Seminima punctata, oder Seminima mit einer Fusa, drey Fusæ, oder auch sechs Semifusæ gehen; und wird wie Fig. 7. Tab. XXII. gezeichnet.

Tripola semi-crometta oder di Semicrome (*ital.*) Triple de doubles Croches, oder schlechtweg, trois seize (*gall.*) drey Sechzentheil=Tripel, ist derjenige Tact, auf welchen entweder eine Fusa punctata, eine Fusa mit einer Semifusa, drey Semifusæ, oder auch sechs Fusellæ gehen; und wird wie Fig 8. Tab. XXII. gezeichnet: s. *Bross*. Diction.

Triple Croche (*gall.*) ein zwey und dreyßig Theil=Note.

Triple de 9. pour 4. oder neuf quatre (*gall.*) Nonupla di Seminime, oder Dupla sesquiquarta (*ital.*) Neun Viertel=Tripel, siehet aus wie Fig. 9. Tab. XXII.

Triple de 9. pour 8, oder schlechtweg, neuf huit (*gall.*) Nonupla di Crome, oder sesquiottava (*ital.*) Neun Achtel-Tripel, siehet aus wie Fig. 10. Tab. XXII

Triple de 9. pour 16 oder schlechtweg, neuf seize (*gall.*) Nonupla di semicrome oder Subsupersettiparziente nona (*ital.*) Nein Sechzehntheil-Tripel, wird gezeichnet, wie Fig 11. Tab. XXII.

Triple de 6. pour 4, oder six quatre (*gall.*) Sestupla di semiminime, oder Superbiparziente quarta (*ital.*) Sechs Viertel-Tact. $\frac{6}{4}$.

Triple de 6. pour 8, oder six huit (*gall.*) Sestupla di Crome, oder Subsuperbiparziente sesta (*ital.*) Sechs Achtel-Tact. $\frac{6}{8}$.

Triple de 6 pour 16, oder six seize (*gall.*) Sestupla di Semicroma (*ital.*) Sechs Sechzehntheil-Tact. $\frac{6}{16}$.

Triple de 12 pour 8, oder douze huit (*gall.*) Dodupla oder Dosdupla di Crome, ingleichen Superquadriparziente ottava (*ital.*) Zwölff Achtel-Tact. $1\frac{2}{8}$. NB. der $\frac{5}{4}$, $\frac{6}{4}$ und $1\frac{2}{8}$ Tact wird auch von einigen Spondäischer Tripel überhaupt; die erste Gattung aber insonderheit: sesquialtera; die zweyte: Proportio æqualis sesquialterata; und die dritte: Proportio vulgaris sesquialterata genennet; weil eben so viel gleiche Noten (wo nicht in gleicher Anzahl, jedoch in gleicher Gültigkeit) in Nieder=als Aufschlag kommen. Da hingegen die übrigen Tripel, *Trochäische* Tripel heissen: weil in selbigen gerade noch einmahl so viel gleiche Noten (wo nicht in gleicher Anzahl, jedoch in gleichem Werth) in Nieder= als Aufschlag kommen. s. den Musicalischen Trichter, p. 45. und 48. Hierwieder schreibet der Hr. Capellmeister Matthesor folgendes: Wie man $\frac{5}{8}$ oder $\frac{5}{4}$; ja wohl gar $1\frac{2}{8}$ Tripel schelten könne, ist nicht abzusehen; obgleich nichts gewöhnlichers. Die Mensur ist ja nicht ungerade, eben so wenig als die Theilung; denn ob sich 6 gleich sonst in drey Theile schneiden lassen, so geschiehet doch solches nimmer in obigen Tact=Arten, da partes æquales vorhanden sind, und der Nieder=Schlag so wohl als der Aufschlag drey membra haben muß. Wer in proportione sesquialtera $\frac{3}{2}$ sechs Viertel betrachtet, und mercket, was die 4 im Niederschlage, und die 2 im Aufschlage für ein mouvement enthalten, der wird den Unterscheid zwischen Tripel und æqual Täcten mit Händen greiffen können. Viele setzen das Wort spondäisch hinzu, und meynen der Sache wohl gerathen zu haben; allein ein spondäischer Tripel ist eine vollkommene contradictio in adjecto, eben so wohl als Triple binaire, wie es Brossard giebt. s. dessen Anmerckung über Niedtens Musical. Handleitung zur Variation des G. B. p. 7. und 8. Und am 33ten Blatte heisset es ferner: In Summa $\frac{5}{4}$, $\frac{6}{8}$ u. $1\frac{2}{8}$ sind Proportiones æqualitatis rationales, ergo sind sie von der Natur des Tripels so weit entfernet, als der Mond von der Sonnen. Conf. Syntag. Prætor. Tom. III. Part. II. c. 7. p 74. allwo Tactus inæqualis trochaicus dem Tactui sextuplo æquali Schnurstracks entgegen gesetzet wird. Besiehe auch Histor. Mus. Bontempi, p 219. da Boncini in diesem Stücke widerleget wird.

Triple de 12 pour 16, oder douze seize (*gall.*) Dodecupla oder Dosdupla di Semicrome, ingleichen Subsuperbiparciente duodecima (*gall.*) Zwölff Sechzehntheil-Tact. $1\frac{2}{16}$. Von diesen, und noch mehrern Tripel=Gattungen kan Mr. Brossards Dictionaire, vom 195ten bis 221ten Blatte, und Gio Maria Bononcini Musico Prattico, P. 1. c. 10. nachgeschlagen werden. Hierbey kan nicht umhin, die in Gio Giacomo Carissimi verteutschter Arte Canendi befindliche Worte hier einzurücken, welche „also lauten: „Es befinden sich zwar „nicht wenige, welche in allen Triplis „ohne Unterschied einerley Tact u. Mensur gebrauchen, geben dabey vor: die „vielfältige Veränderung der Zahlen „sey nur von den Componisten ersunden, „die Musicos dadurch zu vexiren; aber „weit gefehlt! daß die Triplæ alle in der „quantität Austheilung, oder Proporti=on übereinkommen, gestehet man gerne; „aber in der qualität, Langsam=oder Geschwindigkeit, oder wie es die Italiäner „tempo, und die Frantzosen mouve=„ment nennen, wird rotunde negirt, „und gäntzlich widersprochen, auch in den „unterschiedlichen modis, und Gemüths=„Bewegungen der Gesänge gnugsam „probirt, wie weit solche Kluglinge sich „verschiessen." Weiter fähret dieser „Auctor fort: „Ist eben, als sagte man:

„Ein Gulden wird in drey Theile, nemlich „drey Kopfstücke getheilet: ein Groschen „auch in drey Theile, nemlich in drey „Kreuzer getheilet, so folget denn, daß ein „Gulden und ein Groschen eins ist? Man „sehe und höre nur den grossen Unter- „schied der Tripel in Couranten, Sara- „banden, Menuetten, Giquen, und „dergleichen; wird alsdenn mehrere „Proben nicht brauchen „ Schlüßli- chen, jeden proportionirten Tact recht auszusprechen, kan dieses noch mitgenom- men werden: daß die obere Zahl allezeit anzeiget, wie viel Noten, und die unte- re Zahl was für Noten einen Tact aus- machen sollen.

Trismegistus. s. *Hermes*.

Tristabocca (*Paschale*) ein gelehrter, und wegen der Music berühmter Cœle- stiner = Mönch, von Aquila, der Haupt- Stadt im Abbruzzo oltra, im Königs reich Neapolis gebürtig, hat an. 1590 zu Venedig drucken lassen: Unà muta di Messe a 5 voci, und sie dem Cardinal von Aragona, in nachstehenden 2 lateinischen Versen zugeschrieben:

Munera parva quidem sunt hæc, amplissime Præsul,
Accipias, nostri pignus amoris erunt.

s. *Nicol. Toppi* Biblioth Napolet.

Trite, τρίτη (*gr.*) sc. χορδὴ, tertia sc. chorda, die dritte Saite in einigen Te- trachordis der alten Griechen (aus der Höhe nemlich in die Tieffe gerechnet,) als: Trite diezeugmenon, die dritte derer von einander getrenneten Saiten, cor- respondirte auf unsern jetzigen Orgeln dem c̄. Trite hyperbolæon, die dritte Saite unter den vier höhesten, corre- spondirte auf unsern jetzigen Orgeln dem f̄. Trite synemmenon, die dritte unter den vier zusammengefügten Saiten, cor- respondirte unserm jetzigen ungestriche- nen b.

Tritono (*ital.*) Triton (*gall.*) Trito- nus (*lat.*) von τρὶς ter, und τόνος, to- nus; ist ein aus drey gantzen Tonen be- stehendes intervallum, oder die Quarta superflua. z. E. c fis. d gis. u. s f.

Tritus [*lat.*] τρίτος. τόνος, i. e. tertius Tonus sc. ecclesiasticus, der dritte Kir- chen=Ton; wodurch unter den acht Kir- chen = Tonen der fünffte und sechste ge- mennet werden, weil beyde zusammen in die dritte Classe gehören.

Trô, also nennen die Chineser ihre mit drey Saiten bezogene Geigen. s des Hrn. *de la Loubere* Beschreibung des König- reichs Siam, T. I. P. 2. ch. 12. p. 208.

Trofeo (*Ruggero*) ein Capellmeister an der Kirche della Scala zu Mayland, hat an. 158) sechs=stimmige Canzonetten zu Venedig drucken lassen. An. 1600 sind auch zu Mayland drey = stimmige Canzonetten, so wohl von ihm, als Gio. Domenico Rognone gesetzt, heraus ge- kommen. s. *Picinelli* Ateneo dei Let- terati Milanesi, p. 484.

Trojano (*Massimo*) ein Musicus in der Bayerischen Capelle zu Zeiten des Orlandi di Lasso, von Neapolis gebürtig, hat an. 1568 bey Adam Berg zu München in 4to drucken lassen: Discorsi de Trion- fi, Giostre, Apparati, e delle cose più notabili falle nelle sontuose nozze dell' Illustrissimo ed Eccellentissimo Signor, Duca Guglielmo, primoge- nito del generosissimo Alberto V, Conte Palatino del Reno, e Duca del- la Baviera alta e bassa, nell' anno 1568, a' 22 di Febbrajo. In der Vorrede dieser Schrifft meldet er: la stagion no- vella prossima, che viene, avrete il mio quarto libro delle Vilanelle alla Napoletana, nate in Germania, due copie di Madrigali a cinque, che a mia requisizione il Signor Orlando di Lasso, ed altri spiriti gentili della flo- rida Cappella di Baviera hanno dati alle stampe di Vinegia in compagnia d'alcuni miei, &c. s. *Lionardo Ni- çodemo* Addizioni alla Bibliotheca Napoletana del Nicolò Toppi, p. 172.

Trojanus (*Joannes*) von Todi, einer im Herzogthum Spoleto, im Kirchen=Staa- te, nicht weit von der Tyber liegenden Stadt gebürtig (Tudertinus,) ist ein sehr erfahrner Componist, und an der Kirche S. Maria Majoris zu Rom Mu- sic = Director gewesen. s. *Kirch*. Mu- surg. T. I. p. 601.

Trois un [*gall.*] bedeutet den $\frac{3}{1}$ Tact.

Trois deux (*gall.*) bedeutet den $\frac{3}{2}$ Tact; Trois quatre, den $\frac{3}{4}$ Tact; Troix huit, den $\frac{3}{8}$ Tact; und Trois seize, den $\frac{3}{16}$ Tact. s. *Loulié* Elements de Musique, p. 37.

Tromba [*ital.*] eine Trompete.

Tromba marina [*ital.*] Trompette marine [*gall.*] Tuba marina, it Fidis ad modum tubæ resonans [*lat.*] eine MarineTrompete, oder Trompeten=Geige, ist ein aus drey Bretern bestehendes, und, wie ein Triangul, unten etwas weit und offen, oben aber schmal zu=lauffendes Musicalisches Instrument, mit einem langen Halse, so starck auf dem Meer gebrauchet wird, und davon den Nahmen bekommen. Hat nur eine starcke Darm=Saite, welche oben mit dem Fiedelbogen gestrichen, und mit dem lincken Daumen des Spielers an gewissen Orten angedruckt wird, da es denn, wie eine Trompete, aber sanffter und angenehmer klingt. In Bonanni Gabinetto Armonico, p. 103. ist die Abbildung davon zu sehen.

Trombare, trombeggiare, trombettare [*ital.*] die Trompete blasen.

Tromba sorda [*ital.*] eine Trompete, worein ein Sordino gesteckt ist, klingt einen Ton höher, und zwar als von ferne. Beym Juvenale, Satyr. 7. v. 71. kommt Buccina surda vor, und bedeutet eine Trompete, die keinen hellen Ton von sich giebt.

Tromba prima, oder 1ma [*ital.*] Premiere Trompette (*gall.*) die erste Trompete.

Tromba seconda, oder 2da (*ital.*) Seconde Trompette (*gall.*) die zweyte Trompet.

Tromba terza, oder 3a (*ital.*) Troisiéme Trompette (*gall.*) die dritte Trompete.

Trombetta, das Diminutivum von Tromba (*ital.*) Petite Trompette (*gall.*) bedeutet (1. eine kleine Trompete, (2. einen Trompeter, oder eine Trompeterin.

Trombettata, trombata (*ital.*) das Blasen auf Trompeten, ein Trompeten=Schall, it. ein Stoß in die Trompete.

Trombettiere, pl. Trombettieri (*ital.*) ein Trompeter, die Trompeter.

Tromboncino (*ital.*) eine Sack=Pfeiffe. s. Castelli Dizzionario.

Trombone (*ital.*) eine Posaune, ist ein Blas=Instrument, das in zweyen Theilen bestehet, nemlich im Haupt=Stück und Stangen, welche in einer Scheide stecken; es wird aber das Haupt=Stück auf die Stangen eingezäpfft, und mit der lincken Hand die gantze Posaune gehalten: da man indessen mit der rechten Hand die Scheide zwischen die Finger fasset, und mit deren Auf= und Niederziehen den Ton formirt. Eine Posaune hat vornemlich drey a 4 Züge; einen bey dem Mund=Stück, welcher sieben sonos angiebt, nemlich: das contra A, groß A, c, a, c̄, ē. gl.(gis) u. a bey dem c̄. muß ein paar Finger=breit vorwärts gezogen werden. Der andere Zug ist beym Haupt=Stück, und giebt folgende Tone, G, d, g, h, d̄. Der dritte Zug ist vier=Finger breit ausser dem Haupt=Stück, und hat nur drey sonos, nemlich F, c, u. f. Der vierte Zug auf einer Tenor=Posaune, wenn ein Baß darauf tractirt wird, ist so weit hinaus, als man mit dem Arm fast abrecken kan, und hat diese drey Klänge: E, H, und B. Die zweyte Art der Posaunen ist eine Alt=oder Quint=Posaune, die drey Züge auf eben die Art hat, wie die Tenor=Posaune; allein sie giebt andere Klänge an, nemlich bey dem ersten Zuge d, a, d̄, f̄, ā, c̄; bey dem andern c, g, c̄, e, g, h̄; bey dem dritten nur f und h. s. Niedtens Musical. Handleitung zur Variation des G. B. p. 12. sq.

Trombone piccolo (*ital.*) die kleine Alt=Posaune.

Trombone maggiore (*ital.*) die grosse Alt=Posaune.

Trombone grosso (*ital.*) die grosse Quart=Posaune.

Trombone grande (*ital.*) schlechtweg, und ohne Zusatz: Trombone, die Baß= oder Octav=Posaune.

Trombonista, pl. Trombonisti (*ital.*) der oder die die Posaune blasen.

Trompe (*gall.*) s. f. ol. eine Trompete; ein Wald=Horn, eine Maul=Trummel.

Trompette (*gall.*) s. f. eine Trompete ein Trompeter. s. m.

Trompette harmonieuse (*gall.*) eine Posaune.

Trompetter (*gall.*) durch Trompeten=Schall ausblasen.

Tromparium, von τρέπω, verto, heißt in der Griechischen Kirche nichts anders, als die kurtzen Zeilen, welche in der Kirche zwischen den Liedern abgesungen werden ben, da manchmahl der Priester das Volck, manchmahl dieses jenen anredet. Hernach heißt auch das Buch so, darinn solche Gesetze oder Zeilen stehen. s. Schöttgens Antiquit. Lexicon. Troparium, τροπάριον, sectio canonis psaltici. Nam in orientali Ecclesia certis diebus certos canones canebant, quos in troparia dividebant, plerumque in 30 : sed unum magnum canonem in 250. *Meurs. Gloss. Græcob.* Videntur dicti à tropis musicis diversis. *s Matth. Martini Lex Philol.*

Tropus [*lat.*] τρόπος [*gr.*] von τρέπω, verto, torqueo, ich kehre um, drehe, biege, kräusele, lencke, regiere. s. *Matthesonii* Organisten-Probe, in der Theoretischen Vorbereitung, p. 29. ist die letzte Schluß-Clausul eines Davidischen Psalms oder Magnificat, und wird zu Ende einer jeglichen Antiphonæ, über dem Wort, Evovæ gefunden, welches die Vocales der Wörter Seculorum Amen in sich begreifft; heißt deswegen Tropus, weil sie in allen Tonis (sc Ecclesiasticis) umgewechselt und verändert wird; denn es hat ein ieglicher Ton seine gewisse Art und Weise zu schliessen, da doch der Anfang, oder die erste Anstimmung in etlichen Tonis überein kommt, als in dem 1sten und 6ten, ingleichen im 1ten und 8ten Tone. s. *Ribovii* Enchiridion, p 123. Dieses ist nun die eigentliche Bedeutung, wenn von den Tropis Tonorum die Rede ist. Sonsten aber werden auch die Modi Musici selbst von einigen Tropi genennet, und zwar, wie *Joach. Thuringus* P. I. C. I. seines Opusculi bipartiti will, propter Quartæ *conversionem* seu *mutationem* in octavis, in quibus modo superne in avthentis, modo inferne in plagalibus constituitur, ubi per Quartæ conversionem unius Tonus in alium vertitur, Avthentus sc. in Plagalem.

Trost (Caspar) Organist zu Jena, ließ an. 162. bey Beerdigung Fr. Margarethen, Hrn. Ortolphi Johmanns, des jüngern, J. U. D Ehelichsten eine 4stimmige Arie: Ich weiß, daß mein Hr. JEsus Christ, der mich erlöst, beym Leben ist ꝛc. ingleichen an. 162; eine Hochzeit-Motette an Hrn. M. Johann Hentselmanns, Pfarrers zu Landstedt, und Jfr. Annen Margarethen, Hrn. Friedrich Schröters, vornehmen Bürgers und Handelsmannes a hier zu Weimar, Tochter Hochzeit, mit 8 Stimmen gesetzt, zu Jena drucken.

Trost (Johann Caspar) der jüngere, hat einen Tractat: de juribus & privilegiis Musicorum; ferner an. 1677 die Beschreibung des neuen Orgelwercks auf der Augustus-Burg zu Weissenfels, in 12mo von 3 Bogen; und Musicalische Monats-Gespräche geschrieben, und herausgeben wollen.

Trost (Johann Caspar) der Vater des vorhergehenden, Regierungs-Advocatus Ordinarius zu Halberstadt, und Organist daselbst an der S Martins-Kirche, hat folgende Musicalische Schrifften verfertiget, als:

(1. Adversaria Musica, ad theoriam & praxin, in duas partes divisa, in 4to.

(2. Præcepta Musicæ theoreticæ & practicæ, Tabulis Synopticis inclusæ, in 4to.

(3. Organographiam redivivam Michaelis Prætorii, in 4to.

(4. Examen Organi pneumatici contra Sycophantas, mit unterschiedenen nothwendigen Kupffern. in 4to.

(5. Monochordum, mit unterschiedenen Kupffern; in 4to.

(6. Ausmachung des Clavicymbel-Claviers, Joh Alberti Bann, mit nöthigen Anmerckungen; in 4to.

(7. Eigentliche Beschreibung der heutigen vornehmsten Orgeln in Teutschund Niederlanden, und unterschiedlichen auswärtigen mit HistorischMathematisch und Mechanischen Anmerckungen; in 4to

(8. Tractatum de Modis Musicis vindicatum, mit vielen Exempeln, mehrentheils aus den berühmtesten Italiänern; in 4to.

(9. L'Arte del Contrapunto, ridotta in tavole da Gio. Maria Artusi, da Bologna, aus dem Italiänischen, mit kurtzen Anmerckungen; in 4to.

(10. Transilvano Dialogo, del Girolamo Diruta, sopra il vero modo di suonar Organi, & istromenti da penna, aus dem Italiänischen, mit Anmerckungen;

(11. Le Istitutioni harmoniche, di M. Gioseffo Zarlino, aus dem Italiänischen, benderseits in 4to;

(12. Regola facile, e breve, per suonare sopra il Basso Continuo, nell' Organo, Manocordo, ò altro simile stromento, composta

sta da Galeazzo Sabbatini, aus dem Italiänischen, mit Anmerckungen; in 4to.
(13. Muſicam Practicam Thomas Morley, aus dem Engliſchen; in fol.
(14. Inſtitution Harmonique, Salom. de Caus, aus dem Frantzöſiſchen, mit Kupffern und Anmerckungen; in folio; und
(15 Dreyßig nützliche Vorreden des Freſcobaldi, Donati, Rovettæ, Malgarini, und anderer, aus dem Italiäniſchen, mit Anmerckungen; in 4to ſ. den Beſchluß der Beſchreibung des neuen Orgelwercks auf der Auguſtus-Burg zu Weiſſenfels. Es iſt aber wohl nicht eine davon gedruckt worden.

Trotzendorff (Valentin Friedland) oder Trocedorffius, von dem eine Meile von Görlitz in der Ober-Lauſitz liegenden Dorffe, Trotzendorff, woſelbſt er an. 1490 den 14 Febr. gebohren worden, alſo genannt; ſ. *Ludovici* Schul-Hiſtorie P. 1. p. 107 ein Schulmeiſter (oder Rector) zu Goldberg, hat ſeine Diſcipul mit folgenden Worten zu Erlernung der Muſic aufzumuntern pflegen: Lernet ſingen, lieben Söhne, lernet ſingen, wenn ihr werdet in Himmel kommen, ſo werden euch die H. Engel laſſen zu ihrem Chor treten. ſ. *Valerii* Herbergers Hertz-Poſtilla, Dom. Cantate, p. 30. Daß er als Schul-Rector zu Liegnitz an. 1556 in währenden docieren, bey Erklährung des 23 Pſalms, an einem Schlag-Fluße geſtorben, und in die S Johannis-Kirche daſelbſt begraben worden ſey; lieſet man in Hr. Samuel Groſſers Lauſitziſchen Merckwürdigkeiten, im 4ten Theile, p 177.

Troyer (Philipp) ein Muſicus in der Polniſchen Capelle an. 1729. ſ. den Dreßdeniſchen Hof-und Staats-Calender.

Trummel-Scheit. ſ. *Tympani Schiza*.

Tſchortſch (Johann Georg) hat zwey Wercke in folio drucken laſſen, als: X. Litanias Lauretano-Marianas; und VII. Miſſen, nebſt einem Requiem, von 4 Sing-Stimmen, 2 Violinen, Violonc. und Cont. an. 1731. ſ. Lotters Muſic-Catal.

Tuba [*lat.*] eine Trompete.

Tuba ductilis [*lat.*] eine Poſaune.

Tuba major [*lat.*] eine Quart-Poſaune.

Tuba marina *lat.*] ſ. *Tromba marina*.

Tubal-Flöte, iſt in der neuen Görlitziſchen Orgel eine 8 und 4füßige Pedal-Stimme.

Tubarius [*lat.*] ein Trompeten-Macher.

Tubicen, pl. tubicines [*lat.*] ein Trompeter, die Trompeter.

Tubiluſtrium [*lat.*] ein Feſt zu Rom, welches im April-Monat gefeyert ward, da die tubæ, die man beym Gottesdienſt brauchte, luſtriret und gereiniget wurden ſ. Schöttgens Antiquit. Lexicon. In Hrn. D Meiers Unvorgreifflichen Gedancken über die Kirchen-Muſic, c. 2. p 23. wird der 13. Mertz angegeben.

Tudway (Thomas) ein Doctor und Profeſſor Muſices auf der Univerſität zu Cambridge in England, iſt zugleich Organiſt im Königl. Collegio und in der Pembrockiſchen Verſammlung geweſen: den erſten Dienſt hat er über 50 Jahr verwaltet, in der Kirchen-Muſic gute Wiſſenſchafft gehabt, und an. 17 6 im Decemb. über 70 Jahr alt, das Zeitliche mit dem Ewigen verwechſelt. ſ. *Matthesonii* Göttingiſchen Ephorum p. 9.

Tunſtede oder Tuſtude (Simon de) ein Engländiſcher Minorit, und Doctor Theologiæ zu Oxford ums Jahr 1351, iſt ein guter Muſicus geweſen. ſ. *Antonii à Wood* Hiſtor. & Antiquitates Univerſitatis Oxonienſis, lib. 2. p. 5.

Tuono, pl. tuoni [*ital.*] Ton [*gall.*] Tonus (*lat.*) τόνος (*gr.*) ſ. *Tonus*. Hiervon kan Mr. *Broſſards* Dictionaire, vom 217 bis 242 Blatte, geleſen werden, alsſelbſt die Lehre von den 8 Kirchen-Tonen, unter andern, weitläufftig vorgetragen wird.

Tuorbe ſ. *Theorba*.

Turato (Antonio Maria) dienete in ſeiner Jugend als Diſcantiſt am Dom zu Mayland, wurde, nebſt andern Muſicis, auf ein Beylager nach Turin verſchrieben, und daſelbſt mit einer güldenen Kette, und dergleichen groſſen Medaille regaliret; bekam, als er 23 Jahr alt war, erſtlich die Organiſten-und Capellmeiſter-Stelle bey S. Celſo in Mayland, und als ein Clericus, nachgehends die Capellmeiſter-Charge am Dom daſelbſt, und ſtarb an. 1650 im 42ten Jahre ſeines Alters. Von ſeinen vielen dem Druck gewidmeten Compoſitionen, die verlohren gegangen, iſt nach ſeinem Tode zu Mayland gedruckt worden: Una Muta di Motetti à 2. 3. e 4 voci. ſ. *Picinelli* Ateneo dei Letterati Milaneſi, p 47. ſq.

Turbelinus (Jacobus) hat, wie *Geſneus* lib. 7. tit. 3. Partition. univerſalium erweh-

erwehnet, etwas von der Music geschrieben.

Turco (*Giov. del*) ein S. Stephans-Ritter, hat an. 1614 zu Florentz Madrigalien drucken lassen.

Turriani (*Michel Angelo*) ein Ordens-Mann, ist ums Jahr 1645 Organist und Capellmeister an der Collegiat Kirche in Terra Forte gewesen.

Turini (*Francesco*) ein Sohn des Gregorio Turini, wurde, nach seines Vaters Tode, als ein Knabe noch, vom Kayser Rudolpho II. aus besonderer Gnade, zu seinem Cammer-Organisten declariret, und deswegen nachgehends zu Rom und Venedig bey die besten Meister gethan, sich daselbst unterrichten zu lassen; bediente hierauf höchstgedachtem Kayser so lange, bis ihn das Dom-Capitul zu Brescia zum Organisten berief, woselbst er an. 1656 im 66ten Jahre seines Alters, gestorben, und in die Kirche di S. Clemente begraben worden. In dieser Bedienung hat er 4 und 5stimmige Missen a Capella, als sein erstes Werck, zu Venedig in der Gardanischen Druckerey herausgegeben, und sie obgedachtem Dom-Capitul zugeschrieben. Weiter sind daselbst herausgekommen: Motetti a voce sola, da potersi cantare in Soprano, in Contr' Alto, in Tenore, & in Basso, an. 1629. (Dieses ist die zwente Auflage, denn sie vorher auch zu Brescia gedruckt worden.) Madrigali à cinque con Violini, e Chittarone; an. 1624. Madrigali à 1. 2. 3. con Sonate à 2. 3; und Motetti commodi in ogni parte. s. *Leonardo Cozzando* Libraria Bresciana, P. 1. p. 113. sqq. Es ist auch noch ein 4stimmiges Missen-Werck da Capella an. 1643 zu Venedig von seiner Arbeit durch den Druck bekannt gemacht worden.

Turini (*Gregorio*) ein Sänger, und excellenter Cornettist, von Brescia gebürtig, wurde, nachdem er verschiedenen Fürsten gedienet, an Kaysers Rudolphi II. Hof nach Prag beruffen, woselbst er sehr jung gestorben. An 1589 sind zu Venedig von seiner Arbeit gedruckt worden. Cantiones admodum devotæ cum aliquot Psalmis Davidicis, in Ecclesia Dei decantandis, ad quatuor æquales voces. s. die Libraria Bresciana des *Leon Cozzando*. P. 1. p. 215.

Turinomarus (*Joannes*) hat Rudimenta Musicæ drucken lassen. s. *Gesneri* Bibl. univers.

Turnhout (*Joannes de*) s. *Fienus.*

Tutilo, ein Benedictiner-Mönch zu St. Gallen ums Jahr 883, ist ein guter Mahler, Poet, Redner, Bildhauer und Musicus, auch in der Griechischen und Lateinischen Sprache wohl versirt gewesen, und in die St. Catharinen-Capelle seines Closters (welche, wie auch der dran stossende Kirchhoff heutiges Tages noch den Nahmen von ihm haben) an die rechte Seite des Altars mit diesem Epitaphio begraben worden:

Virginis almificæ pictor mira arte Tutilo
Excellens meritis & pietate potens.
Nemo tristis abit, qui te colit & veneratur,
Fers cunctis placidam quippe salutis opem.

s. *Jodoci Mezleri* Tractat: de Viris illustribus Monasterii S. Galli, lib. 1. c. 24. woselbst noch folgendes von ihm zu lesen stehet: edidit non pauca sui ingenii & pietatis monumenta: ex quibus *Tropi* & *melodiæ* plures, quarum etiam in sacris usus. Cujus & universa dictata singularis (ait Eckarardus) & agnoscibilis melodiæ sunt; quia per *Psalterium* seu *Rotam* (textus habet *Rhotham*,) qua potentior ipse erat, neumata inventa dulciora sunt, ut apparet in: *Hodie cantandus est.* Et: *Omnium virtutum gemmis.* Quos quidem *Tropos* Carolo Crasso ad Offerendam, quam Rex ipse fecerat, Tutilo obtulit canendos. Rex vero etiam: *Vivi Galilei*, cum dictasset, Tutiloni, ut versus adderet, injunxit; puta: *Dominus Jesus cum esset* &c. *Omnipotens genitor fons & origo*. Cum sequentibus &c. Hos enim solus libuit adferre, ut, si Musicus sis, quam dispar ejus & aliorum Melodia sit, videas. In dieser aus dem Eckarardo genommenen passage scheinen die Wörter: Tropus und Melodia, ingleichen: Rota und Psalterium, einerley zu bedeuten, und eines durchs andere nur erklähret zu seyn.

Tutti [*ital.*] ist der Pluralis von tutto, und heisset: alle zusammen.

Tuyau d'Orgue [*gall.*] eine Orgel-Pfeiffe.

Tyard (*Pontus de*) s. *Thyard.*

Tylko.

Tylkowſchi (*Adalbertus*) ein Polniſcher Jeſuite, gebohren an. 1624, hat, unter andern, eine Philoſophiam curioſam geſchrieben, ſo im Cloſter Oliva bey Dantzig, in acht duodez-Bänden gedruckt worden; in ſolchen ſoll er auch von der Muſic handeln. Der Auctor iſt im hohen Alter zu Vilna geſtorben.

Τυμϐαύλαι [*gr.*] Leichen-Pfeiffer. ſ. *Siticines*.

Tympaniſta [*lat.*] τυμπανιϛής [*gr.*] ein Paucker, it. ein Trummelſchläger.

Tympaniſtria [*lat.*] eine Pauckerin, Trummelſchlägerin.

Tympani ſchiza, ein Trummel-Scheit, iſt nach *Glareani* Beſchreibung, ein bey den Frantzoſen und Rhein-Ländern gebräuchliches Inſtrument, und wohl nichts anders, als eine Marin-Trompete.

Tympanizo, τυμπανίζω [*gr.*] ich ſchlage die Paucken, oder Trummel.

Tympanotriba τυμπανοτρίϐης [*gr.*] ein Paucker, Trummelſchläger.

Tympanum [*lat.*] τύμπανον [*gr.*] eine Paucke, Trummel.

Tyrrhenus, Piræus ſoll die ehrne Trompete zu erſt erfunden, und damit die Soldaten encuragirt haben. ſ *Beyerlinckii* Theatr. V. H. Iſt ein Sohn des Herculis geweſen, und, nach *Saliani* Rechnung, anno Mundi 2854 geſtorben. ſ. *Bonanni* Gabinetto Armonico, p. 59.

Tyrtæus, oder Dircæus, ſoll eine Art der Trompete, und, wie Porphyrius ſaget, zum allererſten eine gewiſſe Melodie oder Weiſe, dieſelbe zu blaſen erfunden haben. Als die Lacedämonier, wie Juſtinus im 3ten Buche erzehlet, Krieg wieder die Meſſenier führten, und der Ausgang deſſelben lange Zeit zweiffelhafftig war, haben ſie den Gott Apollinem zum Rath gefraget: welcher ihnen zur Antwort gegeben; ſo ſie wolten überwinden, ſolten ſie einen Athenienſiſchen Heer-Führer gebrauchen. Da nun die Athenienſer von ihnen um einen ſolchen gebeten worden, haben ſie ihnen den vorbeſagten Dircæum oder Tyrtæum, einen lahmen, einäugigten, und gantz und gar ungeſtalten und greulichen Menſchen, ſie nur damit zu verhöhnen und zu verſpotten, geſchicket. Deme aber ungeachtet, haben doch die Lacedämonier, welche wohl muſten, daß bisweilen auch in ungeſtalten Leibern ein kluger und heroiſcher Geiſt ſtecke, ſich ſeiner Hülffe und Dienſtes gebraucht, und ihn zu ihren General gemacht. Als nun Dircæus das Ober-Gebiet über die Lacedämoniſche Armee erlanget, hat er etliche die Trompete zu blaſen gelehret, und, nachdem er ſie wohl abgerichtet hatte, ſein untergebenes Heer an den Feind geführet. Da nun die Schlacht angegangen, hat er befohlen, allenthalben Lermen zu blaſen: da ſolches geſchehen, erſchracken die Meſſenier durch den unerhörten, und ungewöhnlichen Schall, dermaſſen, daß ſie alſobald durchgiengen, und die Flucht nahmen: wodurch die Lacedämonier mit geringer Mühe einen ſtattlichen Sieg erhielten. ſ. *Printzens* Muſ. Hiſt. c. 2. §. 14. conf. c. 5. §. 15. woſelbſt er in ſehr berühmten Flöten-Pfeiffer, Trompeter und Elegien-Schreiber genennet, und gemeldet wird: daß er anno Mundi 3314. florirt habe.

Tzamen (*Thomas*) von Aachen gebürtig (Aquægranenſis,) iſt des Adami Luyr Lehrmeiſter geweſen. ſ. *Glareani* Dodecach. lib. 3. c. 17.

V.

V. Dieſer groſſe lateiniſche Buchſtab bedeutet: Violino; und als eine Römiſche Zahl betrachtet, ſo viel als fünffe. Sind zweene Buchſtaben, alſo VV. beyſammen, ſo bedeuten ſie 2 Violinen; V. S. bemercket: Volti ſubito, d. i. wende behende um.

Vacca (*Gio. Franceſco*) wird von Garzoni, in der Anmerckung über den 42ten Diſcorſo ſeiner Piazza univerſale, ein Muſicus univerſalis theoreticus & practicus genennet. Es wird auch daſelbſt gemeldet: Daß in wenig Monaten deſſen muſicaliſche-Wercke ans Licht treten, ſo den Gelehrten und Virtuoſen anſtändig ſeyn würden.

Vachelli (*Gio. Battiſta*) hat Motetti Concertati von 2, 3, und 4 Stimmen heraus gegeben.

Vatherius, ein ſehr berühmter Pfeiffer beym Merſenno lib. 2. Propoſ. 3. de Inſtrumentis Harmonicis.

Vachter (*Jacob*) Organiſt zu Zaim in Mähren, iſt ein habiler Componiſt.

Vænalitarii [*lat.*] ſ. *Mangones*.

Vaelrandus (*Hubertus*) hat Cantiones Neapolitanas, von 3 und 4 Stimmen, an. 1565; ingleichen die Symphoniam Ange-

624 VAE. VAL.   VAL.

Angelicam 4 5. 6. 7. & 8 Vocum zu Venedig in 4to, an. 1594 zu Antwerpen drucken laſſen. ſ. *Draudii* Bibl. Claſſ. p. 1623 und 1644. ſ. *Waelrant*.

Vaet (*Jacobus*) hat ſtimmige Miſſen, Motetten und Magnificat bekannt gemachet, und ums Jahr 1560 floriret.

Vagans. ſ. *Vox vagans.*

Vaiſſelius (*Matthæus*) ein Preuſſe, hat 4. 5 und 6ſtimmige Lauten-Stücke zu Franckfurt an der Oder in folio drucken laſſen. ſ. *Gesneri* Bibl. univerſ.

Valdau Rheni hat XII. Sonate à Violino ſolo e Violone o Cembalo zu Amſterdam graviren laſſen. ſ. des *le Cene* Muſic-Catal. p. 43. Im Pariſer Muſic-Catalogo aufs Jahr 1729, ſtehet der Nahme folgendergeſtalt: Valdaurheni, mit einem kleinen v, und zuſammen gehänget, exprimirt.

Valderrabano (*Henricus de*) ein Spaniſcher Muſicus, aus der im Königreich Leon liegenden Stadt Pennaranda gebürtig, hat an. 1547 zu Valladolid in folio, unter dem Titul: Silva di Sirenas, ein Muſic-Buch de Vihuela, drucken laſſen. ſ. *Antonii* Bibl. Hiſpan.

Valenti (*Joannes Vincentius*) ein Sicilianiſcher Prieſter, iſt ſo wohl in der Muſic, als in Humanioribus ſehr erfahren und bewandert, ſonſten aber von Alcara bürtig geweſen; hat lange Zeit zu Noaria die Grammatic gelehret, und ums Jahr 1 50 ſein Leben im 49ten Jahr zu Melitello geendet. ſ. *Mongitoris* Biblioth. Sicul. T. 1. p. 368.

Valentine (*Roberto*) von ſeiner Arbeit ſind zu Amſterdam bey Roger verſchiedene Wercke durch Kupferſtich bekannt worden; davon das 1ſte aus dreyſtimmigen Sonaten vor Violinen; das 2te und 3te aus 12 Sonaten vor eine Flöte und G. B. das 4te aus dreyſtimmigen Sonaten mit Violinen; das 5te aus Sonaten von 2 Flöten; und das 6te aus Sonaten à Flauto ſolo e Baſſo Continuo beſtehet.

Valentini (*Giovanni*) hat, als Organiſt des Königs in Polen und Schweden, Sigismundi III. an. 1611 zu Venedig 4. 5. und 6ſtimmige Motetten drucken laſſen, und als Kayſerlicher Organiſt zu Wien an. 16 9 Muſiche concertate con Voci, & Iſtromenti, à 6. 7. 8. 9. &10; an. 1621 Miſſen, Magnificat und Jubilate von 6 Chören; an. 1622 Muſiche à due Voci; und an. 1625 Sacri Concerti à 2. 3. 4 e 5 voci in Venedig herausgegeben.

Valentini (*Giuseppe*) ein Florentiner, hat verſchiedene Wercke heraus gegeben, als:
   Opera una, Sinfonie à tre, due Violini, Violonc. e Cont.
   Opera 2da, Bizarrie per Camera à tre, due Violini, Violonc. e Cont.
   Opera 3za, Fantaſie à tre, due Violini e Violoncello o Baſſo Cont.
   Opera 4ta, Idee da Camera, à Violino ſolo e Violone. o Baſſo Cont.
   Opera 5ta, Sonate à tre, due Violini e Baſſo Continuo.
   Opera 7ma, lib. 1. e 2. Concerti à 4 Violini, Alto Viola, Baſſo, e B. C
   Opera va, Sonate à Violino ſolo e Baſſo Continuo; und
   Opera 9 à X Concerti, welche ſämtlich zu Amſterdam bey Roger gravirt worden ſind.

Valentinus (*Petrus Franciscus*) ein Römer, und Mann zu Emporbringung der Muſic gebohren, welcher groſſe Bücher de variis Muſicæ Inſtitutis geſchrieben, und nicht allein in Muſica practica, ſondern auch in ſpeculativa ſehr erfahren geweſen. Er hat einen Canonem geſetzet, welchen er Nodum Salomonis nennet, den man mit 90 Stimmen ſingen können. Er hat auch eine neue Manier erdacht, eine Fugam zu ſetzen, zu welcher man nur eine Linie bedarff. ſ. *Kircb.* Muſurg. lib. 7. c. 5. p. 84 ſq. woſelbſt zwo Proben hiervon zu ſehen ſind. Joan. Maria Bononcini, P. 2. c. 12 del Muſico Prattico, gedencket ſeines 14ten Wercks. In des Mandoſii Bibliotheca Romana, Cent. 2 lieſet man folgendes von ihm: Petrus Franciſcus Valentinus, qui literas amœniores, & Muſicam etiam coluit, ſuam ad poſteros memoriam, virtutemque conſecravit, typis edendo anno 1645. La Transformatione di Dafne, Favola morale con due Intermedii; il primo contiene il ratto di Proſerpina, il ſecondo la cattività nella rete di Venere, e Marte. La Metra Favola Greca verſificata; con due Intermedii; il primo rappreſentante l'ucciſione di Orfeo & il ſecondo, Pitagora, che ritrova la Muſica.

Valet oder **Vallet** (*Nicolas*) ein Lauteniſt, hat unter dem Titul: le Secret des Muſis,

Muses, an 1618 den erſten, und an. 1619 den 2ten Theil ſeiner Lauten-Pièces; ingleichen in nurgedachtem Jahre 21 Pſalmen Davids, welche zugleich geſpielt und geſungen werden können, zu Amſterdam in länglicht 4to durch Kupfferſtich ediret. Im ten Theile ſind auch pieces auf vier Lauten befindlich. Das gantze Werck beſtehet, auſſer der Sing-Stimme in den Pſalmen aus teutſcher Tabulatur. An. 1642 iſt zu Amſterdam in 4to gedruckt worden: *Apollinis* ſüſſe Leyer, etliche Pavanen, Gaillarden, Balletten, Bransles, Couranten, &c. in ſich haltend, auf der Viol und Baß zu ſpielen, &c.

Valette, ein von Montigny gebürtiger Muſicus und Componiſt hat ein Motetten-Buch herausgegeben. ſ. den *Catalogue general* von an. 1729 zu Paris in 4to gedruckt, p. 4.

Velkiers (*Eſter Eliſabetha*) ein blindes doch gelehrtes Frauenzimmer von Genff aus der Schweitz, lebte an. 1685. Sie war noch nicht ein Jahr alt, da ſie durch Unvorſichtigkeit einer Perſon, welche ſie allzunahe an einen von Hitze gantz glüenden Ofen geſtellet, ſich die Augen verbrennet, ſo daß ſie gäntzlich um ihr Geſichte kommen, oder doch nur mit dem Obertheil des einen Auges, ein ſehr weniges ſehen konte; jedoch hatte ſie ein ungemeines Gedächtniß, und war in der Frantzöſiſchen, Italiäniſchen, Teutſchen und Lateiniſchen Sprache wohl verſiret, ſie hat den gantzen Curſum Philoſophicum abſolviret, ja, nebſt der Theologie, auch die neuen Staats-Sachen ſehr inne, verſtund die Vocal-und Inſtrumental-Muſic gar wohl, und kunte auch leſerlich ſchreiben. Ihr Herr Vater hat ihr das Alphabet von Holtz ſchnitzen laſſen, und durch deſſen vorgehende Benennung und darauf öffters wiederholtes Betaſten, hat ſie ſich eine ſo ſtarcke Impreſſion gemacht, daß ſie gantz leſerlich ſchreiben konte. ſ. das *comp.* Gelehrten-*Lexic.* Conf. *D. Gisberti Burnets* curieuſe Reiſe-Beſchreibung durch die Schweitz, Italien, auch einige Oerter Teutſchlandes und Franckreichs, im 2ten Brieſe; und *Peyeri* Parergon Anatomicum & Medicum quartum.

Valla (*Georgius*) ein von Piacenza bürtig geweſener Medicus und Profeſſor Humaniorum zu Venedig um die Mitte des 15ten Seculi, hat, unter andern: de Muſica lib. 5. geſchrieben. ſ. *Geſneri* Bibl. univerſ. und, wie *Simlerus* in Epitome Bibliothecæ Geſnerianæ angemercket, primo de inventione & commoditate ejus ſc. Muſicæ.

Valle (*Petrus à*) ein Römiſcher Ritter, iſt, wie in allen Freyen Künſten, alſo auch in der geheimen Muſic ſehr erfahren geweſen. ſ. *Kirch.* Muſurg. T. I. lib. 7. c. 9. p. 675.

Valor Notarum primæ impoſitionis [*lat.*] iſt die Zeit oder Währung der Noten im Spondæiſchen Tact.

Valor Notarum ſecundæ impoſitionis [*lat.*] iſt die Zeit oder Währung der Noten in proportionirten Tacte, als in welchem die Währung einer Note primæ impoſitionis verglichen oder entgegen gehalten wird der Währung eben derſelben Noten ſecundæ impoſitionis. ſ. Printzens Compend. Sign. & Modulat. voc. P. I. c. 4. p. 24.

Valore, oder **Valuta** [*ital.*] **Valeur** [*gall.*] die Geltung, nemlich der Noten.

Valvaſenſis (*Lazaro*) ein Organiſt zu Valvaſone (von welchem Orte er wohl den Zunahmen mag bekommen haben,) hat an. 1561 ein Miſſen-Werck (ſo das 16te iſt) zu Venedig drucken laſſen

Vanneo (*Steffano*) ein von Recanati, einer in der Marca d'Ancona auf einem Berge im Kirchen-Staate liegenden kleinen Stadt, bürtig geweſener Auguſtiner-Mönch (Recanatenſis, it. Recinenſis,) und Muſic-Director zu Aſcoli, hat in Italiäniſcher Sprache einen Tractat von der Muſic geſchrieben, welchen Vincentius Roſſetus ins Latein überſetzet, und unter dem Titul: *Recanetum de Muſica aurea*, an 1533 zu Rom bey Valerio Dorico in klein folio drucken laſſen. Er beſtehet aus drey Büchern folgenden Inhalts: Des 1ſten Buchs c. 1. handelt: de Muſices inventione ex malleorum ponderibus. c. 2. de Muſices definitione. c. 3. de Muſices diviſione. c. 4. de Muſica harmonica. c. 5. de diviſione Muſices harmonicæ. c. 6. de Cantu. c. 7. de Muſici & Cantoris diſcrimine. c. 8. de Literis, Syllabis, vocalibus, & Poſitionibus manus. c. 9. quare Gamma, græca litera, cæteras præcedat latinas. c. 10. de poſitionibus manus inverſæ, vel à tergo conſtitutis. c. 11. de Literis gravibus, acutis, & ſuperacutis. c. 12. de Vocibus. c 13. de triplici Notularum pronunciatione. c. 14 de proprietatibus Cantus.

c. 15. de Deductionibus. c. 16. de Clavibus. c. 17. de tribus variis Clavium nominibus. c. 18. de b mollis inventione. c. 19. de Mutationibus regulariter faciendis. c. 20. utrum fiat in B fa ♮ mi Mutatio. c. 21. de quibusdam Mutationum præceptis. c. 22. de Mutationum exemplis. c. 23. de Mutationibus in Cantu figurato practice faciendis. c. 24. de Cantilenarum speciebus. c. 25. de Unisono. c. 26. de Tono. c. 27. de multiplici nomine Toni. c. 28. de Semitonio majori & minori. c. 29. de Toni & utriusque Semitonii compositione. c. 30. de Consonantiis ex Tono & Semitonio productis. c. 31. de Ditono. c. 32. de Semiditono. c. 33. de Diatessaron, seu Ditono & Semitonio. c. 34. de græcis Diatessaron nominibus. c. 35 de objectione cum solutione, cur prima Diatessaron species à Re potius quam ab Ut, non sumat initium. c. 36. de Tritono, seu Ditono cum tono. c. 37. de Diapente, seu Diatessaron & tono. c. 38. de familiari quadam disceptatione, cur prima Diapente species, in A re non inchoat. c. 39. de Diapente cum tono. c. 40. de Diapente cum Semitonio. c. 41. de Diapente cum Ditono. c. 42. de Diapente cum Semiditono. c. 43. de Archisymphonia Diapason, seu Diapente cum Diatessaron c. 44. de septem Diapason speciebus. c. 45. quare Quinta & Quarta una conjunctæ Octavam potius quam Nonam pariant. c. 46. de intervallis seu spatiis omnium in Musica Consonantiarum. c. 47. de Tonis quot & qui sint, tam apud Græcos quam Latinos. c. 48. de Clavibus seu literis Tonorum finalibus & confinalibus. c. 49. de Tonorum ascensu atque descensu. c. 50. de primi secundique Toni compositione. c. 51. de tertii quartique Toni formatione. c. 52. de quinti sextique Toni modulatione. c. 53. de septimi octavique Toni compositione. c. 54. de diversis Tonorum differentiis. c. 55. de judiciali Tonorum chorda. c. 56. de Tonorum initiis, i. e. Evovæ. c. 57. de Cantoris regimine. c. 58. de solenni Tonorum applicatione ad Psalmos, quoad principium. c. 59. de Tonorum mediatione atque fine. c. 60. de simplici Tonorum intonatione. c. 61. de Introituum cognitione cujus sint toni. c. 62. de modo cantandi Gloria Patri super versiculum Psalmi Introitus. c. 63. de cognoscendis Responsoriis cujus sint toni. c. 64. de modo cantandi Gloria Patri super versiculum Responsorii. c. 65. de Musica ficta, seu de Conjunctis. c. 66. de Conjunctarum locis. c. 67. de modulandis Generibus, vel melodicis generationibus, & primo de Genere Diatonico. c. 68. de Genere Chromatico. c. 69. de Genere Enarmonico. Des 2ten Buchs c. 1. handelt: de Musices figuris. c. 2. de Figurarum descriptione. c. 3. de Notularum partibus. c. 4. de Modo majori perfecto & imperfecto. c. 5. de Modo minori perfecto & imperfecto. c. 6. de Tempore perfecto & imperfecto. c. 7. de Prolatione perfecta & imperfecta. c. 8. de tribus mensuris quibus cantum metimur. c. 9. de mensurabilium cantilenarum Pausis. c. 10. de Ligaturis. c. 11. de Longis, Brevibus, ac Semibrevibus, in principio, medio, ac fine ligatis. c. 12. de Punctis in Musica necessariis c. 13. de Perfectionis & Augmentationis Puncto. c. 14 de Divisionis Puncto. c. 15. de Alteratione. c. 16. de Syncopa. c. 17. de mensurabilium notularum perfectione c. 18. de mensurabilium notularum imperfectione. c. 19. de Diminutione, seu Notularum variatione. c. 20. de Proportionum definitione, & distinctione. c. 21. de quinque Generibus Proportionum, majoris, & minoris inæqualitatis. c. 22. quomodo quantave quantitate diminutionem & incrementum recipiant Notulæ, sub majoris & minoris inæqualitatis proportione, subjectæ. c. 23. de Multiplici genere, ejusque speciebus. c. 24. de Dupla proportione. c. 25. de Tripla proportione. c. 26. de Quadrupla proportione. c. 27. de Superparticulari genere. c. 28. de Proportione Sesquialtera, seu Hemiolia. c. 29. de numerorum Sesquialteræ proportionis descriptione. c. 30. de signorum ac notularum Sesquialteræ proportionis compositione. c. 31. de Sesquitertia, seu Epitrita proportione. c. 32. de Superpartienti genere. c. 33. de Superpartientis generis speciebus. c. 34. de Multiplici Super-

Superparticulari genere. *c. 35.* de Multiplicis Superparticularis generis speciebus. *c. 36.* de Multiplici Superpartienti genere. *c. 37.* de Multiplicis Superpartientis generis speciebus. Des 3ten Buchs *c. 1.* handelt: de Contrapuncti definitione atque distinctione. *c. 2.* de Contrapuncti speciebus seu Consonantiis. *c. 3.* de Consonantiarum divisione. *c. 4.* de alia Consonantiarum divisione. *c. 5.* de octo regulis seu praeceptis Contrapuncti, vel Compositionis. *c. 6.* de prima regula. *c. 7.* de secunda norma. *c. 8.* de tertia norma. *c. 9.* de quarta regula. *c. 10.* de quinta norma. *c. 11.* de sexta regula. *c. 12.* de septima norma. *c. 13.* de octava & ultima norma. *c. 14.* de Simplicis Contrapuncti ordinatione, cum suis Cadentiis. *c. 15.* de curiosa quadam Consonantiarum inquisitione. *c. 16.* de Floridi Contrapuncti institutione, & Dissonantiis quae extra Cadentias venustatem Consonantiis afferunt. *c. 17.* de Dissonantiis quibus floridae Contrapuncti Cadentiae constant. *c. 18.* de modo componendi. *c. 19.* de Basso & Alto cum Tenore, stante Tenore in Unisono cum Cantu. *c. 20.* de Basso pariter & Alto cum Tenore, stante Tenore in tertia cum Cantu. *c. 21.* de Basso & Alto Tenore existente cum Cantu in Quarta. *c. 22.* de Basso & Alto iterum cum Tenore, existente Tenore in Quinta cum Cantu. *c. 23.* de Basso & Alto, iterum cum Tenore, eodem Tenore stante cum Cantu in Sexta. *c. 24.* de Basso pariter & Alto cum Tenore manente, semper Suprano cum Tenore in Octava. *c. 25.* de Basso simul & Alto, stante Tenore cum Cantu in Decima. *c. 26.* de Basso quoque & Alto, Undecima cum fuerit inter Supranum & Tenorem. *c. 27.* de Basso pariter & Alto, habentibus Tenore & Suprano Duodecimam. *c. 28.* de Basso & Alto, iterum cum Tenore, eo congruente cum Suprano in Tertiadecima. *c. 29.* de Basso & Alto iterum cum Tenore, eodem cum Suprano, quintamdecimam habente. *c. 30.* de duobus Cadentiarum generibus. *c. 31.* de Cadentiis, quae fiunt per Unisonum. *c. 32.* de Cadentiis per Octavam faciendis. *c. 33.* quod Cadentiarum regulae superius datae aliquando patiantur exceptionem. *c. 34.* quod ultima Cadentiae notula in Basso non semper fiat, ut 32 dictum est, deque ejus pariter remediis. *c. 35.* de uno quoque Diapente, omnibusque Cadentiis universis cantilenis proprie accommodatis. *c. 36.* de Diesi quid sit cumque utendum sit in Cadentiis. *c. 37.* de Notulis extra Cadentias Diesi sustentandis. *c. 38.* de Compositoris regimine in componendo. *c. 39.* de Tonorum qualitate i. e. quibus verbis annectendi sint. *c. 40.* de quibusdam gravioribus praeceptis, optimo Compositori, semper observandis. Die gantze Schrifft beträgt zusammen 48 und ein halben Bogen. Sonsten hat er auch verschiedene practische Sachen herausgegeben. s. *Elssii* Encomiast. Augustin.

Vannius (*Joannes*) ein ums Jahr 1516 berühmt gewesener Componist zu Friburg in Brisgau, dessen in Prinzens Mus. Hist. c. 11. §. 4. gedacht wird.

Vanzoglio (*Agostino*) hat 1. 2. 3 und 4stimmige Concerti heraus gegeben.

Varenius (*Alanus*) ein Frantzose von Montauban gebürtig (Montalbanus Tolosas) hat ums Jahr 1503 florirt, verschiedene Dialogos: de amore: de luce; de rerum praecipue divinarum unitate: &c. und unter selbigen einen Dialogum, de harmonia, und noch einen andern: de harmoniae elementis, bey Roberto Stephano zu Paris drucken lassen. s. *Voss.* de Mathesi, lib. 3 c. 59. p. 131. und *Simleri* Epitomen Bibliothecae Conradi Gesneri. In *Boecleri* Bibliographia Critica, p. 508 liesst man folgendes: Alanus Varenius, Montalbanus Tolosas, Dialogos de Harmonia ejusque elementis edidit, apud Robertum Stephanum; daß demnach die sämtlichen Dialogi von der Harmonie und derselben Elementis handeln sollen.

Varese (*Fabio*) ein Maylandischer Poet, und Cantor an der Kirche della Passione daselbst, hat an. 1592 dreystimmige Canzonetten drucken lassen s. *Vicinelli* Ateneo dei Letterati Milanesi, p 179.

Varese (*Giov. Battista*) ein Geistlicher von Novara bürtig, und Organist zu Borgo di Romagno, ließ an. 1621 zu Mayland ein Moretten-Werck drucken.

Varja (*Stephanus*) ein Ungarischer Edelmann, hat an. 1707 zu Tirnau herausgegeben;

geben: Curiosum Quare per Quia Aristotelicum resolutum, in 12mo von 8½ Bogen, darinnen 400 curiöse Fragen ex Philosophia naturali mit beygefügter Antwort enthalten, und unter andern von der Music folgende sind: cur, si paleas spargas in choro musico, vox minus audiatur? cur Ungaris & Orientalibus magis placeat unus canens ad tibiam, quam aut plures, aut ad plures tibias? cur ossa asini sint aptissima pro fistula musica? s. die *Nova Liter. Germ.* 1708. *p.* 261. *sq.*

Variazione [*ital.*] Variation [*gall.*] Variatio [*lat.*] heisset: wenn eine schlechte Sing-oder Spiel-Melodie durch Anbringung kleinerer Noten verändert und ausgeschmücket wird, doch so, daß man dennoch die Grund-Melodie mercket und verstehet.

Variato [*ital.*] varié [*gall.*] variatus [*lat.*] verändert.

Varoti (*Michele*) hat an. 1568 fünffstimmige Cantiones sacras in omnes anni festivitates; ingleichen fünffstimmige Hymnos zu Venedig in 4to; und an. 1588 ein Missen-Werck von 2. 5. und 6 Stimmen zu Mayland in 4to drucken lassen. Vor diesen ist an. 1565 auch ein Missen-Opus von 6, und de S. Trinitate von 8 Stimmen zu Venedig in 4to von seiner Arbeit gedruckt worden. s. *Draudii* Bibl. Class. *p.* 1615, 1627. u. 1636.

Vaudeville, pl. Vaudevilles (*gall*) s. m. heisset (1. nach einigen, so viel als: *qui va par la ville,* Cantilena de trivio [*lat.*] ein gemeines Gassen-Lied. (2. nach andern, so viel als: Voix de ville. (3. aber, und zwar nach des Hrn. Ménage Dictionaire Etymologicale, ist es ein aus *Vaudevire* corrupte erwachsenes Wort, und bedeutet eine Art alter Lieder, so ein Tuch-Walcker aus der Stadt Vire in der Normandie, Nahmens Olivier Bastelin, erfunden, und welche zu erst an einem nahe bey nurgedachter Stadt liegenden Orte, Vaudevire genannt, gesungen worden.

Vayer (*Felix de la Mothe le*) ein sehr gelehrter Polyhistor und Parlaments-Advocat zu Paris, von Mans gebürtig, florirte ums Jahr 1584. Seine Schrifften sind Tr. de legatione; Gedichte; Reden; *Dialogue de la Musique,* &c. s. das *comp.* Gelehrten-*Lex.*

Vayer (*François de la Mothe le*) ein von Paris bürtig gewesener Königlicher Etats-Rath, und Mitglied der Academie Françoise, in welche er an. 1639 aufgenommen worden, handelt in seinen also genannten Oeuvres, und zwar im 1sten, 5ten 10ten und 12ten Tomo etwas sehr weniges von der Music, und dahin gehörigen Sachen; im 4ten Tomo, aber ist, vom 218 bis zum 258ten Blatte der an. 1668 zu Paris heraus gekommenen Edition, ein desto längerer Discours Sceptique sur la Musique enthalten. Der Auctor ist, nach VVittenii Bericht, an. 1664 den 19 sept. im 78 Jahre, oder, wie das *comp.* Gelehrten-Lexion angiebt, an. 1672 im 86 Jahre seines Alters gestorben.

Ubertus (*Gratiosus*) oder Gracioso Uberti, Cæsenas J. C. hat in Italiänischer Sprache an. 1630 zu Rom. bey Ludov. Grignano drucken lassen: (1. Contrasto Musico, diviso in sette parti, in 8. und (2. Legales Congressus, in 4to. s. *Allatii* Apes Urbanas.

Uccellini (*Marco*) hat heraus gegeben: Sonate, Sinfonie e Correnti a 2. 3. e 4 Stromenti, lib. 2. Sonate a 2 e 3 Violini ò altri Stromenti, lib. 3. und Sonate, Correnti, ed Arie a 1. 2. e 3 Strom. lib. 4. s. den Parstorfferischen Music-Catalogum. und ums Jahr 1642 florirt.

Udalschalcus, ein Augspurgischer Prælat vom Geschlechte Maysak (nobilis de Maysak, Abbas Augustanus) ist zu seiner Zeit einer der berühmtesten Theologorum, dabey ein guter Poet, Musicus u. Componist gewesen, hat ein Buch: de Musica geschrieben, und an. 1151 sein Leben beschlossen. s. die *Centuriat. Magdeburg. Centur.* 12. *c.* 10.

Vecchi (*Oratio*) ein von Mayland gebürtig, und berühmt gewesener Componist zu Mantua, hat nachstehende Musicalische Wercke drucken lassen, als:

Canzonette a 4. Venetia 1580 e 1581.

Canzonette a 4. Milano 1586.

Madrigali a 6 lib. 1. Milano 1588.

Canzonette a 4. lib. 4. Venetia 1593.

Canzonette a 4. lib. 2. Venetia 1595.

Canzonette a 3. lib. 1. Venetia 1597.

Sacrarum Cantionum a 5. 6. 7. & 8. lib. 2. Venet. 1597,

Le Veglie di Siena, a 3. 4. 5. 6. Venetia 1604.
Messe a 6 e 8. lib. 1. Venetia 1607.
Lamentationi a 4. Venetia 1608.
Canzonette a 3. Milano 1611.
Canzonette a 4. lib. 1. e 2. Venetia 1613.
f. *Picinelli* Ateneo dei Letterati Milanesi, p. 435. und Erythræi Pinacothecam 3. p. 144.

Vecchi (*Orfeo*) ein Priester und hochberühmter Capellmeister an der Kirche di S. Maria della scala zu Mayland, zu Ausgange des 16 Seculi, hat bis 24 Musicalische Wercke an Motetten, Psalmen, Messen, Canzonen, und andern von 4. 5. 6. und 8 Stimmen, heraus gegeben. f. *Picinelli* Ateneo, p. 436. und Morigia Nòbiltà di Milano, lib. 3. c. 36. p, 185.

Vegeria (*Justina*) ein mit sehr grossem Verstande und hohem Geiste begabtes Italiänisches Frauenzimmer, und Eheweib des Georgii Caretti, hat im 16 Seculo florirt, und die Music, Poesie, Mathematic und Jurisprudenz wohl verstanden, auch einige Sachen, als: de Anni cursu, Æquinoctio, & Cæsaris Calendario reformando, &c. geschrieben. f. *Aug. Olduini* Athenæum Ligusticum, p. 391.

Vegetius (*Flavius*) von Constantinopel, lebte in 4ten Seculo, unter dem Kayser Valentiniano. f. das *comp.* Gelehrten-*Lexicon*. Hederich in Notitia Auctorum Antiq. & Media, p. 720. sagt: er sey ein Römer von vornehmer Extraction, und Comes am Hofe zu Constantinopel ums Jahr 390 gewesen. Unter seinen vieren de Re militari geschriebenen Büchern, handelt das 22te Capitel des 2ten Buchs die Materie ab: quid inter Tubicines, & Cornicines, & Classicum intersit; und im 5ten Capitel des 3ten Buchs berührt er mit wenigen den Unterscheid zwischen der Tuba, Buccina, und dem Cornu; welches alles in Godefcalci Stewechii Commentario weitläufftiger erklärt wird.

Veloce, velocemente [*ital.*] geschwinde.

Velocissimamente, velocissimo [*ital.*] sehr geschwinde; wird aber selten, sondern fast allezeit: presto und prestissimo, dafür gebraucht.

Velthemin (C. E.) eine sehr berühmte und virtuose Comödiantin, so vor wenig Jahren verstorben, und von welcher die berühmte Velthemische Bande ihren Nahmen geführet, hat eine Schrifft, unter dem Titul: Zeugniß der Wahrheit vor die Schau-Spiele oder Comödien, wider Johann Joseph Wincklers, Diac. in Magdeburg, Tractat, mit der Uberschrifft: Des H. Vaters *Chrysostomi* Zeugniß der Wahrheit wider die Schau-Spiele, an. 1701 in 4to heraus gegeben. f. *M.* Hermann Christoph Engelckens Dissertation von Hoch-und Wohlgelahrten Frauens-Personen, zu Rostock an. 1707. gehalten, §. 33.

Venosa. Das 3te und 4te Buch seiner fünfstimmigen Madrigalien ist an. 1690 in Venedig bey Angelo Gardano wiederum aufgelegt worden. conf *Gesualdus*.

Vento (*Jvo de*) war des Hertzogs in Bayern, Wilhelmi, Capellmeister, und ließ folgende Wercke zu München in 4to drucken, als: an 1569 vierstimmige Cantiones sacras; an. 1570 Cantiones germanicas 4. 5. & 6 vocum; ingleichen wiederum 4stimmige Teutsche Lieder, nebst 2 Dialogis, einen von 8, und den zweyten von 7 Stimmen; an. 1572 dreystimmige, und andere achtstimmige Cantiones; an. 1573 fünffstimmige Cantiones, mit einem 8stimmigen Dialogo; u. an. 1576 fünff Motetten, zwey Madrigalien, zwey Frantzösische, und vier Teutsche Lieder, von 5 und 8 Stimmen. f. *Gesneri* Biblioth univerf.

Venturini (*Francesco*) ein annoch lebender berühmter Violinist, und Concert-Meister beym Churfürsten zu Hannover, Georg Ludwig, (der nachhero König in Engeland geworden) hat ein aus 4 bis 9 Instrumenten gesetztes Concerten-Werck bey Roger zu Amsterdam graviren lassen. Er ist ein Scholar des Hrn. Farinelli.

Veracini (*Antonio*) hat 3 Wercke heraus gegeben, davon das 1ste aus dreystimmigen Sonaten; das 2te aus Sonate da Chiesa, à Violino e Violoncello ò B. C. und das 3te abermahl aus Sonaten von einer Violin, Violoncello ò B. C. bestehet. Sie sind sämmtlich zu Amsterdam gestochen.

Veracini (*Francesco Maria*) ein Florentiner, und Cammer-Componist Sr. Königl. Majestät in Pohlen, Friderici Augusti, hat an. 1721 sein erstes, aus Sonate à Violino solo e Basso bestehendes Werck, zu Dreßden in sauber Kupffer stechen lassen, und es Sr. Königl. Hoheit dem Chur-Printzen von Sachsen dediciret. Der erste Theil dieses Wercks bestehet aus 6 Sonaten von allerhand Pieces, und der zweyte Theil aus 6 langen Sonaten, so zusammen in breit folio 20 Bogen betragen. Daß dieser weltberühmte Virtuose plötzlich närrisch und so rasend geworden, daß er am 13 Aug. an. 1722 zwey Stockwercke hoch, zum Fenster hinaus gesprungen, den einen Fuß zweymahl, und die Hüffte gantz entzwey gefallen habe, liefet man in *Matthesonii* Crit. Muf. T. 1 p. 151. woselbst noch gemeldet wird: Daß die Schuld sothaner Verrückung des Verstandes, theils seiner allzugrossen application auf die Music, theils der Lesung chymischer Schrifften, als in welchen letztern er sich so sehr vertieffet, daß er endlich gar nicht mehr hat schlaffen können, beygemessen werde. Er ist nachhero an. 1723 über Prage, nach Italien abgereiset, in Hoffnung, daß seine Kranckheit, welche verschiedene mahl, (nachdem er schon gantze Wochen fanæ mentis gewesen) wieder gekommen, durch das clima in Welschland, ihn verlassen werde. *ibid. p. 187.*

Verdelot, ein Niederländischer Componist, hat ohngefehr um die Mitte des 16ten Seculi floriret.

Verdier (*la du*) eine Französische Sängerin, hat, nach Anzeige der Histoire de la Musique, p. 5. Tom. 3. vom 15ten Jahre ihres Alters bis fast ins 60te in den Schau-Spielen agiret.

Verdier (*Claude du*) ein Sohn Antonii du Verdier, hat ein Frantzösisches Carmen, le Luth genannt, verfertiget gehabt, welches auf seiner Studier-Stube von seinem Hrn. Vater gefunden, und seiner Bibliotheque p. 205. einverleibet worden ist, als der Sohn, Studirens halber, sich zu Bologna in Italien befunden. Es bestehet aus 2 Bogen in Folio. Daß er nachhero Parlaments-Advocat zu Paris geworden, und an. 1586 eine Censuram omnium Auctorum publicirt habe, darin er die besten Auctores, auch seinen Vater selbst, meist zur Ungebühr, critifiret; solches berichtet das comp. Gelehrten-Lexicon.

Verdonck (*Cornelius*) war an. 1564 zu Tornhaut, einer kleinen im Teutschen Flandern, 3½ Stunden von Brügge liegenden Stadt, gebohren, ein vortrefflicher Musicus und Componist, wie er denn geist- und weltliche Cantiones gesetzet, die zu Amsterdam und Antwerpen gedruckt worden, ist an letztgedachtem Orte an. 1625 den 4ten Julii gestorben, und liegt bey den Carmeliten daselbst mit diesem Epitaphio begraben:

D. O. M. S.
Siste gradum viator,
ut perlegas quam ob rem
hic lapis litteratus fiet.
Muficorum deliciæ
Cornelius Verdonckius
hoc cippo eheu clausus
perpetuum filet:
qui
dum vixit
voce & arte mufica
mortem
furda ni effet
flexiffet
quam dum fruftra demulcet
ouli choris vocem æternum
Sacraturus abit
IV. Non. Jul. Anno M. DC. XXV.
ætat. LXII.
At tu bene precare lector
& vale
Clienti fuo moeftus ponebat
De Cordes.

f. *Swertii* Athenas Belgicas. In *Draudii* Biblioth. Claff. werden p. 1631. g stimmige Madrigalien allegiret, die an. 1604 zu Antwerp. in 4to gedruckt worden sind.

Vergella oder **Verghetta** [*ital.*] bedeutet das Strichelgen an dem Kopff der Noten.

Vergelli (*Giov. Battista*) ein Altist in der Kayserl. Capelle an. 1721, und 1727.

Vergilius (*Polydorus*) ein Italiäner, von Urbino gebürtig, excolirte die Literatur zu Bologna, wurde Päbstlicher Cammer-Meister zu Rom, und, als er nach Engelland geschicket worden, daselbst von König Henrico VIII. zum Archidiacono an der Kirche zu Wells gemacht, (daß er auch Canonicus zu Londen gewesen, bezeuget unten gesetzte Grabschrifft) that im hohen Alter eine Reise nach Italien, um die Seinigen zu besuchen, und starb an. 1555 den 18 April in seiner Geburts-Stadt, woselbst ihm nachstehendes Epitaphium aufgerichtet worden:

Polydoro Vergilio Urb.
Viro & moribus & fere omni Scientiarum
Genere excultiss. Oratori & Historico insigni
Alex. VI. Pontif. Max. in regno Angliæ Quæstori & tanquam
Legato, atque ab Henrico VII. & VIII. & Edovardo
VI. Regibus
Ob Historiam rerum ab ipsis gestarum conscriptam maximis
semper honoribus & muneribus affecto, demumque
Reginæ Mariæ gratiss.
nec minus Urbini Ducibus suisque civibus
propter summam virtutem & singularem doctrinam
charo,
Archidiacono Wellensi & Canonico Londin.
cum suos ex Anglia invisisset morte insperata
hic sublato,
Vergilius Patruo bene merenti hoc Sepulchrum
erigi curavit,
Obiit quarto decimo Calendas Maii cIↄ D. LV.
Annos natus plus minus quinque & nonaginta.

Er hat, unter andern, auch 8 Bücher: *de rerum inventoribus*, an. 1499 geschrieben, davon das 14 und 15te Capitel des 1sten Buchs folgenden Inhalts sind: quis primus Musicam repererit, & quantum ea valeat ad tolerandos humanæ vitæ labores; qui primum Instrumenta diversi generis invenerint, & ea in Latium attulerint: ac quod sit organum, & de antiquissimo tibiarum usu in præliis. Diese zwey Capitel betragen nicht gar 5 Octav-Blätter.

Vernizzi (*Ottavio*) hat 2. 3. und 4stimmige Concerten heraus gegeben.

Verondini (*Giov.*) ein jetzo berühmter Componist und Hautboist zu Venedig.

Verrillon [*gall.*] ein Glas-Spiel, bestehet aus 8 oder 9 weiten Bier-Gläsern, die, nach ihrer verschiedenen Grösse, G A H c d e f g a angeben, und mit zween kleinen Stecken angeschlagen werden. Diese Stecken sind mit Tuch bewunden, womit auch das Bret bekleidet ist, darauf die Gläser gesetzt werden, deren jedes daselbst sein eignes Räumlein hat, damit es nicht wancke. Der Spieler aber stellet diese Machine nicht in die Breite, sondern in die Länge, vor sich, und schlägt an beyden Seiten gelinde drauf. s. *Matthesonii* Crit. Mus. T. 2. p. 96. Hr. *Christian Gottfried Helmond*, ein Schlesier, von Reiche, einem ohnweit Brieg liegenden Städtgen gebürtig, tractiret dergleichen zu à part dazu mit Violinen und Baß gesetzten Concerten.

Verrochio (*Andrea*) der an. 1488 im 56 Jahre seines Alters verstorbene berühmte Florentinische Mahler, und Lehr-Meister des *Lionardo da Vinci*, ist ein guter Geometra, Opticus, Bildhauer, Baumeister, Goldschmidt, Kupferstecher und Musicus gewesen. s. Mr. *de Piles* Historie und Leben der berühmtesten Europäischen Mahler, p. 184. und das Leben des vortrefflichen Mahlers *Lionardo da Vinci*. Daß er in Venedig gestorben, seine Gebeine aber von da in die S. Ambrosii-Kirche zu Florentz, und zwar in das Grab *Michaelis de Cionis*, von *Lorenzo di Credi* gebracht worden, lieset man in *Giorgio Vasari* Vite de' Pittori, P. 2. p. 389.

Verso (*Antonio lo*) ein Musicus und Scholar des *Petri Vinci*, von Plaza aus Si-

Sicilien (*Platiensis*) florirte an 1595, und schrieb verschiedene Musicalische Wercke, davon Mongitor T. 1. Biblioth. Sicul p. 74. folgende anführet, als:
Il primo libro de' Madrigali a 5 voci. Palermo 1590.
Secondo libro di Motetti di *Pietro Vinci* con alcuni Ricercati di *Antonio* il *Verso* suo discepulo. Venetia 1591.
Il primo libro de' Madrigali a 6 voci. Venetia 1595.
Settimo libro de' Madrigali a 5 voci, intitolato: i soavissimi ardori. Venetia 1603
Nono libro de' Madrigali a 5 voci, Venet. 1605.
Undecimo libro de' Madrigali a 5 voci, con alcuni Romanzi alla Spagnola. Palermo 1608.
Decimo terzo libro de' Madrigali a 5 voci. Palermo 1612.
Decimo quarto libro de' Madrigali a 5 voci. Palermo 1612. allerseits in 4to gedruckt.

Verso und Versetto pl. Versi versetti [*ital.*] vers, verset, pl versets [*gall.*] versus, versiculus; pl. versiculi [*lat.*] ein Vers, Verse, Gesätz, oder Gesätze in einem Liede.

Verte subito [*lat.*] wende geschwind um.

Verticuli [*lat.*] it. verticilla, Wirbel.

Vesi (*Simon*) war von Forli in Romagna gebürtig, Capellmeister, zu Padua, und gab an. 1656 Psalmen zu Venedig in Druck. Im Porstorfferischen Music-Catalogo werden 2 Wercke von ihm angeführt, als: Messa e Salmi concertati a 6 voci con Violini; und Motetti e salmi a Voce sola concertati con instromenti, nebst vierstimmigen Litanien de B. V.

Vespasianus (*Titus Flavius*) welcher an. Christi 79 Kayser worden, und bis an. 82 regieret, auch so wol durch seine sonderbahre Güte, als grosse Freygebigkeit verdienet, daß man ihn die Lust des menschlichen Geschlechts genennet hat, ist der Music nicht unwissend gewesen, als der da lieblich und künstlich singen und spielen können, wie Svetonius in seiner Lebens-Beschreibung erzehlet. s. Printzens Mus. Hist. c. 8. §. 12.

Vetter (*Daniel*) Organist zu S. Nicolai in Leipzig, hat an. 1716 seine Musicalische Kirch- und Hauß-Ergötzlichkeit, bestehend in den gewöhnlichen geistlichen Liedern, an der Zahl 103, so durchs gantze Jahr bey öffentlichem Gottes-Dienst gesungen werden, auf eine gantz angenehme, jedoch leichte Manier in Italiänische Tabulatur gesetzt, so, daß allemahl der Choral eines jedweden Liedes auf der Orgel, nachgehends eine gebrochene Variation auf dem Spinett oder Clavichordio zu tractiren folget, in Kupffer radirt heraus gegeben, und zwar den 1sten Theil zu Dreßden; den 2ten Theil aber hat der nunmehro verstorbene Auctor selbst verleget. Beyde sind in folio oblongo.

Vetter (*Nicolaus*) ist gebohren an. 1666 den 30ten Octobr. in Königsee, hat das Clavier erstlich an. 1681 bey dem seel. Hrn. Georg Caspar Weckern in Nürnberg und nachgehends an. 1688 bey dem seel. Hrn. Johann Pachelbeln in Erffurt erlernet, diesem an. 1690, nachdem er nach Stuttgardt vociret worden, in dem Organisten-Dienste an der Prediger-Kirche succediret, und an. 1691 als Hof-Organist nach Rudolstadt beruffen worden, in welcher Function er noch stehet, hierbey ist er auch Fürstl. Regierungs-Advocatus ordinarius und Kirchen-Procurator.

Ugabh, heisset bey den Hebräern ein Instrument insgemein; es soll aber auch, wie Schütterus meldet, ein sonderbahres Special-Instrument bey ihnen gewesen seyn, welches man, eben als wie die Griechen ihr Organon, κατ' ἐξοχὴν, Ugabh, genennet. Dieses beschreibet er mit folgenden Worten: Ugabh, eine Orgel, unsern heutigen Orgeln nicht ungleich, war ein Instrument von unterschiedl. Pfeiffen, wie ein Thurm gebauet: in dem förbern Theil war ein Clavier, so die Italiän. Tastatura nennen; in dem hintern aber zween Blas-Bälge, durch deren Wind die Pfeiffen angeblasen wurden. Jedoch, wenn man dieses Instrument gegen unsere Orgeln hält; so muß man glauben, daß es ein unvollkommen und mangelhafftes Werck gewesen sey. s. Printzens Mus. Hist. c. 3. §. 29. woselbst die Abbildung davon zu sehen ist.

Ugherio (*Pompeo*) ein sehr beliebt gewesener Tantzmeister, und delicater Spieler auf der Doppel-Harffe zu Mayland, hat an. 1627 Suonate, Balletti, Gagliarde e Correnti à 3, cioè 2 Canti, & il Basso con partitura daselbst drucken lassen. s. *Picinelli* Ateneo dei Letterati Milanesi, p. 474.

Ugolini (*Vincenzo*) von Perugia gebürtig, war Päbstlicher Capellmeister, gab ver-

verschiedene Musical.Wercke heraus,als: Quattro mute di Concerti, Motetti, e Salmi à due, e trè Chori.

Due mute di Madrigali à cinque voci.

Messe, e Motetti à due, e trè Chori, und

Salmi à due, e trè Chori; u. starb an. 1638. s. *Oldoini* Athenæum Augustum, p. 338. Seine Psalmi ad Vesperas sind an. 1640 heraus gekommen.

Viadana (*Jacobus Morus*) von seiner Arbeit sind an. 1613 vierstimmige Concerti Ecclesiastici zu Antwerpen gedruckt worden.

Viadana (*Ludovico*) hat uns Jahr 1605 die Monodien, Concerten, und den General-Baß, durch diese Gelegenheit, erfunden. Es wurden zu seiner Zeit die Motetten mit Fugis, Syncopationibus, dem Contrapuncto fracto und florido dergestalt ausgezieret, daß man sie gewiß als künstlich muste passiren lassen. Indem aber die Componisten mehr auf die Kunst der Harmonie Achtung gaben, als auf den Text, etliche auch die Harmonie zu erst machten, und hernach den Text, wie sie kunten, darunter flickten: entstund eine solche confusion und Gezerre, daß man fast nicht ein Wort, will geschweigen, den gantzen Contextum vernehmen kunte: welches denn auch vortrefflichen Leuten Anlaß gabe, zu sagen: Musicam esse inanem sonorum strepitum: Die Music wäre nur ein leerer Schall, die sonst nichts hinter sich führete, als eine vergebliche Kützelung der Ohren. Als nun dieser Italiänische Kunstreiche Organist, der, wie Christophorus Demantius von ihm saget, mit einem Griff auf der Orgel, die Gemüther der Zuhörer mehr zur Verwunderung bringen kunte, als andere mit zehen, und dabey berühmter und wohlgeübter Componist, solches vermercket: hat er Anlaß genommen, die Monodien und Concerten zu erfinden; als in welchen, wenn eine deutliche Pronunciation des Sängers hinzukommt der Text leicht, und wohl verstanden werden kan. Weil aber hierzu nothwendig ein Fundament erfordert wurde: als hat ihm solche Nothwendigkeit die Erfindung des General-Basses an die Hand gegeben: indem er nemlich gesehen, daß nothwendig ein Baß zu solchen Monodien und Concerten müste gesetzt seyn; und doch gleichwohl nicht von nöthen wäre; daß sie von dem Organisten erst müßten in die Tabulatur gebracht werden. s. Printzens Mus. Hist. c. 12. §. 11. Von seiner Arbeit ist, nach Draudii Bericht, heraus gekommen: (1. Vespertina omnium solennitatum Psalmodia, cum duobus Magnificat & falsis Bordonis, cum 5 vocibus, an. 1610. (2. Salmi e Magnificat à 4 voci. (3. Opus musicum sacrorum Concentuum, qui & unica voce, nec non duabus, tribus, & quatuor vocibus variatis concinentur, una cum basso Cont. ad Organum applicato, an. 1612. (4. Opera omnia sacrorum Concentuum, 1. 2.3. & 4 vocum, cum Basso continuo & generali, Organo applicato, novaque inventione pro omni genere & sorte Cantorum & Organistarum accommodata. Adjuncta insuper in Basso generali hujus novæ inventionis instructione, & suecincta explicatione. Latine, Italice & Germanice, an. 1613. (item an. 1620) (5. Concentuum Ecclesiasticorum ab 1. 2. 3. & 4 vocibus, opus completum, cum solennitate omnium vespertinarum, an. 1615. allerseits zu Franckfurth am Mayn in 4to gedruckt. s dessen *Biblioth. Class.* p. 1622. 1643. 1636. 1649 und 1654. Auf einem an. 1644 zu Venedig gedruckten Missen-Wercke wird er genennet: Ecclesiæ Cathedralis Mantuæ Musicæ Præfectus, oder Capellmeister an der Dom-Kirche zu Mantua. Daß er auch Capellmeister am Dom zu Fano, einer am Golfo di Venetia im Hertzogthum Urbino liegenden Päbstl. Stadt, gewesen, ist aus seinen an. 1612 in Venedig gedruckten Cento Concerti Ecclesiastici abzunehmen.

Vibrissare [*lat.*] i. e. vocem in cantando crispare, die Stimme im Singen drehen, wenden, kräuseln.

Vicentino, ein Florentiner, war ein Castrat, und an. 1676 in der Kayserlichen Hof-Capelle Sopranist.

incentino (*Nicolò*) ein Römischer Musicus ums Jahr 1551, hat, damit er die Enharmonische Music wieder anrichtete, ein Archicymbalum verfertiget mit einem sechsfachen Clavier, mit welchem er alle ersinnliche Harmonien vorzustellen versprochen. Donius hat hernach dieses sechsfache Clavier in ein dreyfaches, und also gleichsam in einen kurtzen Begriff gebracht. Es ist auch eine in Italiänischer Sprache abgefaßte, und aus etlichen Büchern bestehende Pratica Musica von ihm

ihm gedruckt worden. s. den Musico Testore des *Zaccaria Tevo,* p. 48 u. 66. und Prinzens Mus. Hist. c. 12. §. 36. Filippo Bonanni p. 90. seines Gabinetto Armonico sagt: er habe ums Jahr 1492 florirt.

Victoria (*Thomas Ludovicus de*) von seiner Arbeit sind heraus gekommen: Hymni totius anni 4 vocum, una cum quatuor Psalmis 8 vocum, an. 1591 zu Rom in groß folio; und Sacræ Cantiones de præcipuis totius anni Festis, 4. 5. 6. 8. & 12. vocum, an. 1602 zu Franckfurth am Mayn gedruckt. s. *Draudii* Bibl. Class. p. 1615. und 1626.

Victor ab Harlemio (er mag vielleicht aus der Holländischen Stadt Harlem bürtig gewesen seyn) war in Kaysers Caroli V. Capelle ein Tenorist, und starb an. 1547 den 2 Merz zu Ulm. s. *Mamerani* Catalogum familiæ totius aulæ Cæsareæ p. 12.

Victor (*Laurentius*) ein Römischer Edelmann, und stattlicher Musicus ums Jahr 1647.

Victorinus (*Georgius*) von Hulbschön gebürtig, war an der Jesuiter-Kirche zu S. Michaël in München Music-Director, und gab folgende Musicalische Wercke daselbst bey Adam Berg in Druck, als: (1. an. 1596 den *Thesaurum Litaniarum* von 4-10 Stimmen, in 4to. Dieses Werck bestehet aus 3 Theilen; im 1sten sind 11; im 2ten 46; und im 3ten 13 Litanien verschiedener Auctorum, und in jedem Theile auch eine von des Collectoris eigener Arbeit, enthalten. (2. die *Philomelam cœlestem*, sive Cantiones sacras cum Falsis Bordonibus, Magnificat, Canzonis, 2 3. & 4 vocum, an. 1624.

Victorius (*Loretus*) ein von Spoleto bürtig, und hochberühmt gewesener Sänger, erstlich in des Groß-Herzogs von Florenz, Cosini, und hernach in des Cardinals, Ludovici Ludovisii, Pabsts Gregorii XV. Brudern-Sohnes, Diensten zu Rom. s. *Jani Nicii Erythræi* Pinacothec. II. Edit. Lips. an. 1692. woselbst vom 216 bis 221ten Blatte vieles Merck-und Lobwürdiges von ihm zu lesen stehet.

Vidal (*Petrus*) ein Frantzösischer Poet und Musicus von Toulose, hat verschiedene Schrifften hinterlassen, und ist an. 1229 gestorben. s. das *comp.* Gelehrten-Lexicon.

Vidda (*Paolo*) ein vortrefflicher Italiänischer Falsettiste in der Breslauischen Oper an. 1725, hat sich an. 1726 nach Prag gewendet. s. *Matthesonii* Musical. Patr. 43te Betrachtung, p. 347 und 348.

Vidula, vitula, Viella [*lat.*] bedeuten in des Hrn. du Cange Glossario so viel, als der Frantzosen ihre *Vielle*, und *Violons* und vitulari bedeutet: cum vitula canere; Vielle aber, eine Leyer; Vieller, leyren; und Vielleur, einen Leyrer, Leyermann.

Vierdanck (Johann) Organist bey der S. Marien-Kirche zu Stralsund, ließ an. 1641 den 1sten Theil geistlicher Concerten von 3-9 Stimmen, zu Greiffswald; und den 2ten Theil an. 1643 zu Rostock drucken.

Vieszkowic (*Florianus*) ein Richter und Advocat zu Lezaisk, einer in der Polnischen Woywodschafft Sendomir liegenden Stadt, hat die Music sehr wohl verstanden, sein Leben im May an. 1625 beschlossen, und nachstehendes Epitaphium bekommen:

D. O. M.

Spectabilis Florianus Vieszkowic, civis & causarum Judex Advocatus Lezaiscensis orthodoxus fide, Zelosus devotione, in Jure doctus, Musicæ peritissimus, ad altare majus Missæ pro defunctis fundator. Obiit desideratus templo, oppido, civibus universis, M. DC. XXV. in Majo. s. *Starovulscii* Monumenta Sarmatarum, p. 434.

Vieuville, (*de la*) ein Frantzose, hat eine Dissertation sur le bon gout de la Musique d'Italie, de la Musique Françoise & sur les Opera, d. i. eine Rede über den guten Geschmack an der Italiänischen Music, an der Frantzösischen Music, und über die Opern, geschrieben; solche hat jemand an. 1712 in Form eines Briefes dem Hrn. Bonnet, zugesandt, und dieser hat sie, mit einigen Zugaben, von eigner invention, seiner Histoire de la Musique einverleibet, woselbst sie das 12te Capitel ausmacht. s. *Matthesonii* Crit. Mus. T. 1. p. 91. sq. und 138.

Vigesima prima, seconda, terza, quarta, quinta, sesta, settima, ottava, nona, diese bey dem Italiänischen Worte Opera stehende gleichfalls Italiänische Wörter bedeuten: das 21te, 22, 23, 24, 25, 26, 27, 28 und 29te Werck; bloß gesetzt aber, bedeuten die beyden ersten: die zur Grund-Note dreymahl genommene, oder von selbiger

selbiger abgezehlte 7mam und 8vam; u. die sieben übrigen die viermahl von der Grund=Note abgezehlte 2. 3. 4. 5. 6. 7. und Octav.

Vignali (*Francesco*) ein Venetianer hat Sacri Ribombi di Pace e di Guerra, von 2. 3. und 4 Stimmen, und einen von 8 Stimmen, heraus gegeben.

Vigoroso, oder vigorosamente [*ital.*] vigoureusement (*gall.*) bedeutet: daß mit Nachdruck und starck soll gesungen u. gespielt werden.

Vilsmayr (*Johannes Josephus*) hat VI. Partien à Violino solo e Cont. ediret. s. Lotters Music=Catal.

Villanella (*ital.*) Villanelle (*gall.*) s. f. ein Bauren=Lied, dessen Verse oder Absätze sich immer auf einerley Art enden. s. Frischens Lex. conf. l'Histoire de la Musique, Tom. III p. 97. und *Pretorii* syntag. Mus. T. 3. p. 20. sq.

Villani (*Casparo*) Organist an der Dom=Kirche zu Piacenza ums Jahr 1610, hat Psalmen von 5 und 8 Stimmen, mit einem G. B. zu Venedig drucken lassen; auch an. 1611 Missen und Vespern hieselbst heraus gegeben.

Villanova (*Silvio*) ist zu seiner Zeit der beste Lautenist zu Maylland gewesen. s. *Morigia* Nobiltà di Milano, lib 3. c. 36, p. 186.

Villeneuve, ein Frantzösischer Componist, hat eine Cantate, le Voyage de Cythere genannt; ingleichen neuf Leçons de Tenebres, six Motets & un Miserere, ferner un Concert Spirituel heraus gegeben. s. *M. Boivin*. Catalogue general des Livres de Musique, pour l'année 1729, p. 12. & 13.

Vinaccesi, hat das vom Hr. Doctor Francesco Arisi, verfertigte, an. 1696 zu Cremona aufgeführte Oratorium, genannt: il Cuor nello scrigno, in die Music gebracht. s. *Cinelli* Bibliotheca Volante, Scanzia XIV. Der an. 1723. an der St. Marx=Kirche zu Venedig gestandene zweyte Organist, heisset auch also, s. des Hrn. Hof=Rath Nemeitzens Nachlese besonderer Nachrichten von Italien, p. 50. und kan gar wohl eine Person seyn.

Vincenti (*Giov.*) ein Scholar des Horatio Benevoli, hat lange Jahre als Capellmeister am H. Hause zu Loreto gedienet, sich nachgehends, nemlich ums Jahr 1685, zu Rom aufgehalten, und daselbst von seinen Einkünfften in Ruhe gelebt. s. *Antimo* Liberati Lettera.

Vincentina, eine ums Jahr 1687 sehr berühmt gewesene Sängerin zu Venedig, deren Misson im 17 Schreiben seiner Reisen gedencket.

Vincentius à S. Severino, ein Augustiner=Mönch, hat an. 1601 Lamentationem B. M. Magdalenæ musice elucubratam heraus gegeben. s. *Elssii* Encomiasticum Augustinianum.

Vincentius, ein aus Burgund bürtig gewesener, Dominicaner=Mönch und Bischoff zu Beauvais (*Bellovacensis*,) hat, auf Veranlassung Königs Ludovici IX. in Franckreich, ein grosses Werck: Speculum genannt, geschrieben, und selbiges in 4 Tomos, nemlich: in Speculum doctrinale, historiale, naturale, und morale, getheilet. s. das *comp.* Gelehrten=Lexicon. Im 1sten Tomo nurbesagten Wercks wird, wie Vossius lib. 3. c. 59, §. 12. de Mathesi bezeuget, vom 10 bis 36 Capitel des 18ten Buchs, von der Music gehandelt.

Vincentius (*Caspar*) s. *Schadeus*.

Vincenzi (*Giov.*) war an. 1721 der zweyte an. 1727 aber der erste Sopranist in der Kayserlichen Hof=Capelle.

Vinci (*Leonardo de*) ein Florentiner, oder vielmehr gebohren auf dem Schloß Vinci, welches unten in dem Thal Arno, nicht weit von Florentz lieget, war ein trefflicher Baumeister, Bildhauer, Mechanicus, Mathematicus, Musicus, Anatomicus, Philosophus Poet und Historicus, und starb an. 1570 im 75 Jahr seines Alters zu Paris, (oder, nach andern, zu Fontainebleau,) in den Armen Königs Francisci I. welcher ihn besuchet, und dem er, obwohl in äusserster Schwachheit, aus dem Bette entgegen gegangen. s. den 41sten Brief ins *Missons* Reise=Beschreibung. p. 974. In *Mr. de Piles* Historie und Leben der berühmtesten Europäischen Mahler, p. 193. sqq. Daß der Hertzog von Meyland, Ludovicus Sforzia, ihn an seinen Hof beruffen, und ihm, als einem guten Violinisten eine jährliche Besoldung von 500 Thalern gegeben; er selber aber eine Geige von Silber, in Gestalt eines Pferde=Kopffs geführt, und bisweilen drein gesungen habe, ist in seinem Lebens=Lauffe, welchen Johann Georg Böhm, Sen. nebst dessen Tractat von der Mahle=

rey an. 1724 zu Nürnberg in 4to zum Druck befördert hat, zu lesen.

Vincius (*Petrus*) ein hochberühmter Musicus aus der im Val di Demona liegenden Sicilianischen Stadt Nicosia gebürtig, ist, nachdem er so wohl zu Rom, als zu Bergamo an der Kirche S. Mariæ Majoris, und anderswo, Music-Director gewesen, endlich an. 1584 in seinem Vaterlande gestorben, und von seinen Lands-Leuten mit nachstehendem Epitaphio beehret worden:

Temporis Amphion nostri hac modo conditur urna:
Hæc Petrum vinci barbara saxa tenent.
Ille tamen lapides sonitus dulcedine traxit:
Hunc trahit in cineres efferus iste lapis.

wie solches von glaubwürdigen Personen dem Mongitori hinterbracht worden; allein, Benedictus à Passaflumine, de origine Eccles. Cephalæd. p. 81. berichtet, daß er in der S. Nicolai-Kirche mit folgendem Epitaphio begraben liege:

Non opus est metro, cùm toto notus in Orbe,
Inclyta jam Vinci Musica morte caret.

s. *Mongitoris* Bibl. Sicul. T. 2. p. 162. woselbst von seinen heraus gegebenen Wercken nur folgende, so der Recensente selbst gesehen, angeführet werden, als:

Motectorum, quæ 4 vocibus decantantur, liber 1mus. Venetiis 1578.

Primo e Secondo libro de' Madrigali à 6 voci, con un Dialogo. 1579.

Quattordeci Sonetti Spirituali. Venet. 1580.

Primo, Secondo, Terzo, Quarto, Quinto, Sesto, e Settimo libro de' Madrigali à 5 voci. Venet. an 1583-1589.

Libro primo de' Madrigali à 3 voci Venet. 1583.

Secondo libro de' Madrigali à 4 voci. Venet. 1583.

Terzo libro de' Motetti à 5 e 6 voci, con alcuni altri di Antonio il Verso. Palermo an. 1598. und

Primo e Secondo libro de' Motetti, con alcuni Ricercari di Antonio il Verso, suo Discepolo. Venet. 1591. allerseits in 4to gedruckt.

Vinea (*Antonius à*) ein ehemahliger Componist von Utrecht.

Vinette oder **Vinate** [*ital.*] Trinck- oder Sauff-Lieder beym Wein; it. ein Liedlein eines Weinmeisters oder Wintzers; denn Vinetto heist ein Wintzer oder Weinmeister. s. *Præt.* Synt. T. 3. p. 20.

Vinzius (*Georgius*) ein Hällischer Musicus, und Organist am Dom zu Naumburg uns Jahr 1630, hat verschiedener Auctorum Missas zusammen gesammlet, und mit einem G. B. vermehret, drucken lassen. s. *Printzens* Mus. Hist. c. 12. §. 31.

Viocca, hat die an. 1722 auf dem Hamburgischen Theatro aufgeführte Oper: **Krönung** *Ludovici XV*, Königs in Franckreich, in die Music gebracht. s. *Matthesonii* Musical. Patr. 23te Betrachtung, p. 191.

Viola (*Alfonso dalla*) hat ein Madrigalien-Werck zu Ferrara herausgegeben. s. *Gesneri* Partition. universf. lib. 7. tit. 7.

Viola [*ital.*] Viole [*gall.*] eine Alt- oder Tenor-Geige; man setzet aber insgemein die Wörter: Alto und Tenore dabey.

Viola Basso [*ital.*] Basse de Viole [*gall.*] eine Viola di Gamba.

Viola Bastarda [*ital.*] ist, wie Mr. Brossard davor hält, eine mit 6 oder 7 Saiten bezogene Baß-Geige.

Viola d'Amore [*ital.*] Viole d'Amour [*gall.*] eine mit 4 stählernen oder meßingernen Saiten, und einer Darm-Saite (welche die Quinte ist) bezogene Violine, von besonderer Form und Stimmung. Diese ist der Accord c moll oder auch c dur: e. g. $\left\{\begin{array}{c}\overline{es}\\ \overline{e}\end{array}\right\}$ c. g. wiewohl es fast bessere Art hat, und nicht so gezwungen ist, wenn sie wie eine ordinaire Violine gestimmt wird, weil man alsdann, sonst aber mit vieler Mühe, und in etlichen Stücken gar nicht, allerhand Sachen darauf spielen kan. Ihr Klang ist argentin oder silbern, dabey überaus angenehm und lieblich. s. *Matthesonii* Orchest. 1. p. 282.

Viola da Braccio oder **Brazzo**, **Violetta** [*ital.*] ist von grösserer Structur und Pro-

Proportion als die Violin, sonst aber eben der Natur, und wird nur eine Quint tieffer gestimmet, nemlich a. d. g. c. *idem ibid. p.* 283, heisset eigentlich, dem Worte nach, eine Arm-Geige.

Viola di Bardone [*ital.*] ist, nach Brossards Bericht, eine grosse Geige, die bis 44 Saiten hat.

Viola da Gambista [*ital.*] der die Bein-Viole spielet.

Viola di (da) Gamba [*ital.*] Basse de Viole, it. Viole de Gambe [*gall.*] eine Bein-Viole, weil sie zwischen den Beinen gehalten wird, hat ordinairement sechs Saiten, welche von oben nach unten zu folgender massen gestimmet werden: d. a. e. c, G, D. Es führet auch ein Orgel-Register diesen Nahmen.

Viola (*Francesco*) Alphonsi d' Este, Hertzogs zu Ferrara Capellmeister, ist, mit seinem Herrn und andern Musicis, an. 1562 im April nach Venedig gegangen, beym Zarlino eingesprochen, der sie auf den S. Marcus-Platz und Kirche geführt, allwo sich, nach geendigter Vesper, der Organist M. Claudius Merula zu ihnen verfüget, worauf sie sämtlich den damahligen Capellmeister der Republic, M. Adriano Vuillaert besuchet. Den unter einander geführten weitläufftigen musicalischen Discours (wozu ein Lombardischer Edelmann von Pavia, Nahmens Desiderio, welcher gleichfalls als ein Fremder und Freund des Vuillaert ohngefehr dazu gekommen, aus dem 2ten Capitel des 2ten Theils der Zarlinischen Institutionum harmonicarum Anlaß gegeben) hat Zarlinus Volum. 2. vom 1sten bis 20ten Blatte aufgezeichnet hinterlassen: wie er denn auch die sämtlich in fünff Ragionamenti getheilten Demonstrationes Harmonicas, unter nurgedachter Interlocutorum Nahmen, Gesprächs-weise continuiret hat.

Viola (*Raphaël*) ein Italiänischer Lautenist, hat ein aus allerhand Sachen und Stücken bestehendes Lauten-Buch verfertiget, welches an. 1580 zu Löven in 4to gedruckt worden. f. *Gesneri Bibl. univerl.*

Violetta [*ital.*] ist eine Geige zur Mittel-Partie, sie werde gleich auf Braccien, oder kleinen Viole di Gamben gemacht. f. Niedtens Mus. Handleitung zur Variation des G. B. p. 115. Die Discant-Viola di Gamba gehet vom c bis ins $\overline{\overline{g}}$, $\overline{\overline{a}}$; und die Alt-Viola di Gamba, (so Violetta heisset) vom G bis ins $\overline{d}$, $\overline{e}$.

Violinista Violista [*ital.*] Violon [*gall.*] der die Violin spielet.

Violino, pl. Violini [*ital.*] Violon, pl. Violons [*gall.*] Violinum [*lat.*] eine Discant-Geige, deren vier Darm-Saiten, von ungleicher Stärcke, von oben nach unten zu, ordinair also gestimmt werden: $\overline{\overline{e}}$. $\overline{a}$. $\overline{d}$. g. Johann George Ahle in seiner Unfruhtinne, oder Musical. Garten-Lust am 49ten Blatte behauptet: daß man, anstatt Violino auch Violina [*ital.*] brauchen könne.

Violino piccolo [*ital.*] $\overline{\overline{\overline{c}}}$ $\overline{\overline{\overline{g}}}$ $\overline{\overline{d}}$ $\overline{\overline{a}}$ ein Quart-Geiglein, wird ins $\overline{\overline{c}}$. g. $\overline{d}$. $\overline{a}$. gestimmt.

Violino scordato [*ital.*] eine verstimmte Violin.

Violoncello, die Bassa Viola und Viola di Spala [*ital.*] sind kleine Baß-Geigen, in Vergleichung der grössern, mit 5, auch wohl 6 Saiten, worauf man mit leichterer Arbeit als auf den grossen Machinen allerhand geschwinde Sachen, Variationen und Manieren machen kan; insonderheit hat die Viola di Spala, oder Schulter-Viole einen grossen Effect beym Accompagnement, weil sie starck durchschneiden und die Tön rein exprimiren kan. Sie wird mit einem Bande an der Brust befestiget, und gleichsam auf die rechte Schulter geworffen, hat also nichts, das ihren Resonanz im geringsten aufhält oder verhindert. f. *Mithesonii* Orch. 1. p 285. Die viersäitigten werden wie eine Viola, C. G. d. a. gestimmt und gehen bis ins $\overline{a}$.

Violone, pl. Violoni [*ital.*] Basse de Violon [*gall*] eine Grosse Baß-Geige, wird also gestimmt: G. C. F. A. d. g. oder auch: G. C. E. A. d. g. und gehet vom contra G bis ins $\overline{d}$. $\overline{e}$.

Violonista [*ital.*] ein Baß-Geiger.

Virchi (*Paolo*) ein Bresciauer, begab sich anfänglich, als man ihn in seinem Vaterlande nicht achten wolte, an den Hof des letzten Hertzogs Alphonsi zu Ferrara, allwo er, als ein excellenter Organist, angenehmer Componist und Citharist, viele Jahre in guter Besoldung und Ansehen gestanden; hernach aber, wegen einiger Verdrüßlichkeiten, an Hertzogs Wilhelmi Hof nach Mantua, daselbst er

als

als Organist bis an sein Ende an. 1570 gedienet. s. *Leonardo Cozzando* Libraria Bresciana. p. 288.

Virdung (Sebastian) ein Priester zu Amberg, der Ober-Pfälzischen Haupt-Stadt, hat an. 1511 seine verteutschte Musicam zu Basel drucken lassen.

Virginale [*lat.*] ein Clavier vors Frauenzimmer.

Virgola [*lat.*] Virgula [*ital.*] der Strich an einer Note, welcher, wenn er aufwerts gehet: Virgola ascendente [*ital.*] virgula ascendens [*lat.*] wenn er aber herunterwerts hänget: virgola descendente oder pendente [*ital.*] virgula descendens oder pendens [*lat.*] genennet wird. Beyderseits Art kan auch Virgola diretta [*ital.*] Virgula directa [*lat.*] genennet werden, weil der Strich gleich aus gehet; da hingegen, wenn an dessen Ende noch 1 oder 2 krumme Hacken nach der 12ten Fig. der XXII. Tab. angehängt sind, die erste Gattung sodann Virgola obliqua [*ital.*] virgula obliqua [*lat.*] und die zweyte Virgola Virgula bistorta heisset.

Virtu [*ital.*] bedeutet diejenige Musicalische Geschicklichkeit, vermöge welche jemand für vielen andern, entweder in der Theorie, oder in der Ausübung, etwas ungemeines zum Voraus hat. Der oder die solche besitzen, werden daher mit dem Epitheto: virtuoso oder virtudioso, und virtuosa oder virtudiosa beleget. s. *Brossards* Diction.

Viscargui (*Gundisalvus Martinez de*) ein Spanischer Musicus, hat an. 1511 Entonaciones corregîdas segun el uso de los modernos, zu Burgos in 4to; und an. 1512. Arte de Canto llano, contrapunto y de Organo, zu Saragossa in 8vo, drucken lassen. s. *Antonii* Bibl. Hispanam.

Visconti (*Gasparo*) ein Cremoneser, hat 2 Musicalische Wercke herausgegeben und zu Amsterdam graviren lassen, davon das 1ste aus 6 Sonate à Violino e Cambalo, so er, laut der in London unterm 3ten Merz an. 1703 datirten Unterschrifft, dem Engländischen Hertzoge von Devonshire, Wilhelm Cavendish, zugeschrieben hat; und das 2te aus 2stimmigen Arien vor die Flöte ohne Baß, bestehet.

Vistamente oder **visto** [*ital.*] geschwind.

Vitali (*Giov. Battista*) von seiner Arbeit sind 6stimmige Sonaten bekannt. Im Holländischen Music-Catalogo wird das 9te Werck von Vitali angeführet, so aus 2 Violinen und G. B. bestehet.

Vitali (*Hieronymus*) ein Clericus Regularis, von Capua gebürtig, hat an. 1692 ein Lexicon Mathematicum, h. e. rerum omnium ad universam plane Mathesin, quoquo modo, directe spectantium, collectionem, &c. zu Rom in 4to drucken lassen.

Vite, vitement [*gall.*] geschwinde, behende.

Vitium anhelitus [*lat.*] ist, wenn der Sänger die Stimme nicht im Halse, sondern in den Backen formiret, und mit einem allzugrosen unlieblichen Hauchen, die Noten gleichsam drückend herausstösset.

Vitium clausulæ [*lat.*] ist, wenn die Instrumentisten ein abgeschmacktes final machen.

Vitium concordantiarum [*lat.*] ist, wenn (a. der Sänger auf das Fundament und andere Neben-Stimmen nicht acht hat, falsch pausiret, und daher Relationes anarmonicas, als Quinten und Octaven auf einander singet. (b. wenn die besaiteten Instrumente nicht nach dem Fundament rein gestimmet werden, und daher nachmahls falsch klingen.

Vitium conjunctionis [*lat.*] ist, wenn man altväterische Passagien zusammensetzet.

Vitium erroris [*lat.*] ist, wenn der Sänger meynet, er singe das rechte intervallum, und trifft doch eins zu hoch oder zu niedrig.

Vitium gestus [*lat.*] ist, wenn ein Sänger oder Instrumentist üble Geberden unter währender Music von sich giebt.

Vitium intensionis [*lat.*] ist, wenn ein Sänger die Stimme über sich zeucht und zu hoch singet.

Vitium inversionis [*lat.*] ist, wenn der Vocalist und Instrumentist die Noten nicht in derjenigen Octav singet oder spielet, darinn sie stehen

Vitium mensuræ [*lat.*] ist, wenn (a. wieder den Tact, entweder zu langsam, oder zu geschwinde von einem und dem andern musiciret, und (b. beym Tact geben von dem Directore das decorum nicht in acht genommen wird.

Vitium moderaminis [*lat.*] ist, wenn eine Stimme oder Instrument nicht gemäßiget wird.

Vitium multiplicationis [*lat.*] ist, wenn ein super-kluger immer noch einmahl so viel Noten und Veränderungen, auf ungebührliche Art, machet, als aufm Papiere stehen.

Vitium permutationis [*lat.*] ist, wenn ein Sänger eine Note nicht so starck als die andere singet, sondern in der Höhe starck schreyet, und in der Tieffe leise fistuliret.

Vitium pronunciationis [*lat.*] ist, wenn ein Sänger (a. die weichen und harten Buchstaben, b und p, d und t, g und j nicht rein exprimiret, sondern solche vermischet. (b. Wenn er die einsylbigten Wörter unter langsamen Noten nicht deutlich genug ausspricht. (c. die fünff Vocales. a, e, i, o, u, vermenget, verbeisset, oder durch die Nase und Zähne singet.

Vitium remissionis [*lat.*] ist, wenn der Sänger die Stimme sincken lässet, und zu lahm singet.

Vitium tremuli [*lat*] ist, wenn der Sänger im Trillo-Schlagen wie eine Ziege meckert, s. hiervon mit mehrern den **Musicalischen Trichter**, pp. 72. 73. 74. 75. 76. 77. und 78.

Vitruvius (*M.*) Pollio, ein berühmter Römischer Baumeister von Verona, lebte unter Kaysers Augusti Regierung, welchem er sein vortreffliches Werck von der Baukunst, so in zehn Bücher eingetheilt ist, zuschrieb. In solchem wird an verschiedenen Orten von der Music und einiger massen dahin gehörigen Sachen gehandelt, als: lib. 1. c. 1. lib. 5 c. 3. de Theatro ejusque salubri constitutione. c. 4. de Harmonia secundum Aristoxeni traditionem. c. 5. de Theatri vasis. c. 8. de tribus Scenarum generibus; und c. 13. lib. 10. de Hydraulicis machinis, quibus organa perficiuntur.

Vivace, vivacemente vivamente [*ital.*] lebhafft. **Vivacissimo** [*ital.*] sehr lebhafft.

Vivaldi (*Antonio*) ein vortrefflicher Violinist, und Capellmeister am Hospital della Pieta zu Venedig, hat verschiedene Wercke herausgegeben, davon

    Opera 1na aus 12. Sonaten à due Violini e Cont.

    Opera 2da aus 12 Sonaten à Violino solo e Cont.

    Opera 3za aus 12 Concerten à 4 Violini, due Alti, Violonc. e Cont.

    Opera 4ta aus Concerten à Violino Concertino, 2 Violini, Alto Viola e Basso Cont.

    Opera 5ta aus Sonaten à Violino solo e à tre.

    Opera 6ta aus 5stimmigen Concert.

    Opera 7ma abermahl aus dergleichen Concerten bestehet.

    Opera 8va führet den Titul: il Cimento dell' Armonia e dell' Inventione, bestehet aus 4 bis 5 Instrumenten, und stellet die 4 Jahres-Zeiten; ingleichen den Sturm des Meers vor.

    Opera 9na heisset: la Cetra, und bestehet aus 5stimmigen Concerten.

    Opera 10ma liefert Concerti à Flauto traverso, Violini, Alto, Violoncello e Organo.

    Opera 11ma und 12ma bestehen zusammen aus XII. Concerti à tre Violini, Alto Viola, Violoncello e Continuo.

Viviani (*Giov. Buonaventura*) ließ an. 1676 sein Intreccio Armonico di Fiori Ecclesiastici drucken.

Vivoli (*Rosa*) eine Italiänische Sängerin, ist an. 1725 von Dreßden nach Breßlau in die dasige Oper gekommen. s. *Matthesonii* Musical. Patr. p. 347.

Ulich (*Johann*) von Leipzig gebürtig, war Cantor in Wittenberg, und ließ an. 1678 seine kurtze Anleitung zur Singe-Kunst, in einer Tabelle abgefasset, daselbst in folio von 3 Bogen drucken. In der Vorrede meldet er folgendes: Solte sich ein Verleger zu meiner geringen, doch unterschiedlichen Arbeit, als da seyn: (1. Concerten mit wenig Vocal- und Instrumental-Stimmen, (2. Concerten mit viel Vocal- und Instrumental-Stimmen, (3. ein Werck aus lauter Sanctus theils mit wenig-theils mit viel Vocal- und Instrumental-Stimmen bestehend, (4. etliche Muteten, (5. letzlichen etliche Stücke solo, bey mir angeben, so wolte ich, GOtt zu Ehren, demselben hertzlich gerne damit willfahren

Unda maris [*lat.*] ist ein höltzernes Principal von 8 Fuß-Ton in der Görlitzischen Orgel bey S. Petri und Pauli, so zu keinem Register mehr, als zum Principale gebrauchet wird, über welches es ein wenig höher gestimmt ist, und daher eine artige Schwebung erhält, gleichsam als wie ein Wasser von einem gelinden Winde bewegt, kleine *fluctus* machet, davon es auch den Nahmen empfangen. s. Boybergs Beschreibung nurgedachter Orgel.

Unde.

Undecima [*ital. lat.*] bedeutet die noch einmahl abgezehlte oder genommene Quart. z. E. c f.

Ungarelli (*Rosa*) eine virtuose und berühmte Italiänische Sängerin.

Unichordum [*lat.*] so nennet Mersennus die Marin=Trompete.

Unicorni (*Giuseppe*) ein Gelehrter zu Bergamo, handelt in seinem an. 1584 daselbst heraus gegebenen Tractat: de Mathematicarum Artium utilitate, unter andern, auch von der Music. Ist an. 1610 den 28 Sept. im 87 Jahre seines Alters gestorben, und liegt bey S. Gottardo mit folgendem Epitaphio begraben:

Jacet hic Joseph Unicornius Nob. Ambraciæ in Albania, & Antiquus Bergomi civis sua tempestate clarissimus in Mathematicis vir, & Philosophus morum virtute ornatus, ac vitæ probitate, qui obiit ætatis suæ annorum curriculo LXXXVII. quarto Calend. Octobr. M. D. CX. s. *Donato Calvi Scena Letteraria de gli Scrittori Bergamaschi,* p 288. *sq.*

Unisono [*ital.*] Unisson [*gall.*] Unisonus [*lat.*] qs. unus sonus, ist, wenn zwo oder mehr Stimmen (es seyn nun singende oder spielende) in einem Ton stehen oder fortgehen. s. *Matthesonii Orch.* 1. p. 47. Mag mit einem Worte: ein Ein= oder Gleich=Laut heissen.

Un poco [*ital.*] ein wenig, un peu [*gall.*] z. E. un poco allegro [*ital.*] un peu gayement [*gall.*] ein wenig, etwas geschwinde.

Vocale [*ital.*] vocalis, e [*lat.*] was mit der Stimme geschiehet, oder zur Menschen=Stimme gehöret.

Voce, pl. Voci [*ital.*] Voix [*gall.*] eine Sing=Stimme, Sing=Stimmen.

Voce sola [*ital.*] Voix seule [*gall.*] eine Sing=Stimme alleine.

Voces Aretinæ [*lat.*] sind das: ut, re, mi, fa sol, la.

Voces Belgicæ [*lat.*] sind folgende; bo, ce, di, ga, lo, ma, ni.

Voces Hammerianæ [*lat.*] sind diese: ut, re, mi, fa, sol, la, si. Kilianus Hauner, ein ehemahliger Schul=Mann zu Bohenstrauß, und gewesener Præceptor des berühmten Wolffgang Caspar Printzens, in der Lateinischen Sprache und Musica Practica, hat, wie dieser c. 17. §.

5. Mus. Histor. berichtet, die siebende Sylbe Si zu den sechs Aretinischen hinzu gethan.

Vociparius [*lat.*] qui vocem parat, seu Magister informandæ vocis, qui Græcis Φωνασκος, der im Singen unterrichtet. s. des Hrn du Cange Glossar.

Voctus (*Michael*) hat an. 1568 floriret, und 4stimmige Missen in 4to heraus gegeben.

Vogel (*Christian*) ein Zittauer, war daselbst an der Peter=und Paul=Kirche von an. 1692 biß 1698 Organist, und starb in nurgedachtem Jahre den 3ten Augusti. s. Hrn. D. *Carpzovii* Analecta Pastor. Zittav. P. l. c. 4. p. 95.

Vogel (*Hanß*) ein Lauten=Macher, ist des alten und sehr berühmten Sebastian Ochsenkühns Lehrmeister gewesen. s. Barons Unters. des Instrum. der Laute, p. 62.

Vogel (*Wolff*) ein Nürnbergischer Instrumentmacher, war wegen seiner Wissenschafft, um gute Instrumenta zu machen, bey den Liebhabern der Musique in Ansehen. Starb den 18 Febr. an. 1650. s. Hrn Doppelmayers Historische Nachricht von den Nürnbergischen Künstlern, p. 298.

Vogel=Gesang, ist ein Register, so in alten Orgeln noch zu finden. Es bestehet in einem bleyernen Kästgen, worinn 3 oder 4 Pfeiffen sind, und wenn Wasser dazu gegossen wird, so giebt es ein Zwitschern von sich, als wenns lauter Vögel wären. s. Niedtens Mus. Handleitung zur Variation des G. B. p. 115.

Vogelsank (*Johann*) von Lindau gebürtig, hat Quæstiones musicas zu Augspurg in 8vo drucken lassen. s. *Gesneri* Biblioth. universal.

Vogt (*Johann Georg*) aus Zelle gebürtig, hat noch etliche Jahre bey dem basigen verstorbenen Hertzoge, als Oboiste, gedienet, ist hierauf nach Anspach gekommen, und stehet daselbst jetzo als geheimer Cantzellist und Oboiste in Diensten. Er tractiret, nebst der Oboë, auch die Flûte traver.

Vogt (*Mauritius*) ein Pater Cisterciens=ser=Ordens, hat an 1710 zu Prag nachstehendes Werck in folio drucken lassen: Conclave thesauri magnæ artis musicæ, in quo tractatur præcipuè de compositione pura musicæ theoria, anatomia sonori, musica enharmonica, chromatica, diatonica, mixta, nova, & antiqua: terminorum musicorum no-

nomenclatura: musica authenta, plagali, chorali, figurali, musicæ historia, antiquitate, novitate, laude & vituperio: symphonia, cacophonia, psychophonia proprietate, tropo, stylo, modo, affectu, & defectu, &c.

Vogtlender, (Gabriel) ein Königl. Dänischer Hof-und Feld-Trompeter, hat an. 1642 zu Sorau in folio drucken lassen: Allerhand Oden und Lieder, auf allerhand Italiänischer, Frantzösischer, Englischer, und Teutscher Componisten Melodien u. Arien gerichtet. s. *Jac. Molleri* Hyponnemata Historico-Critica ad librum Alberti Bartholini de Scriptis Danorum posthumum, p. 215. woselbst er homo illiteratus, sed in Poësi haud infelix genennet wird.

Vogler (Johann Caspar) eines Müllers Sohn, ist gebohren an. 1698 in May-Monat zu Haussen, einem in Schwartzburgischen unweit Arnstadt liegenden Orte; wurde an. 1715 zum Organisten in Stadt-Ilm, und an. 1721 zum Hof-Organisten alhier in Weimar an des verstorbenen Hrn. Schubarts Stelle angenommen.

Voigt (Johann Christoph) ein Hochfürstl. Eisenachischer Cammer-Musicus, ist an. 1689 den 2ten Febr. zu Eisleben gebohren, hat an. 1712 in Halle studiret, hernach bey dem Grafen von Reuß in Gera, und an. 1717 den 25sten April an oben gedachten Hofe Dienste bekommen.

Volaterranus (*Raphael*) ein sehr tugendhaffter und gelehrter Mann von Volterra im Florentinischen, allwo er sich, nachdem er die meisten Italiänischen Academien besehen, gesetzet, schrieb ein vortrefflich Werck, so er Commentarios Urbanos nennet, weil er solches in der Stadt Rom verfertiget. In solchem kommt vieles von Musicalischen Sachen vor, als: wenn im 13, 15, 16, 18, 19 und 20ten Buche von verschiedenen alten Musicis und Poeten; ingleichen lib. 35 de Harmoniacis, Instrumentis musicis, und Saltationibus gehandelt wird. Der Auctor ist, nach Anzeige des comp. Gelehrten-Lexici, an. 1521 im 70 Jahre, oder, wie Baillet setzet, an 1506 gestorben.

Volckmar (Tobias) Music-Director, u. Organist an der Evangelischen Creutz-Kirche vor Hirschberg in Schlesien, hat, unter dem Titul: GOtt-gefälliger Music-Freude, 15 geistliche Sing-Stücke à Voce sola, 2 Violini, Viola, und einem blasenden Instrumente, nebst dem Basso organo zu Hirschberg an. 1723 in folio drucken lassen. Hr. Gottfried Hillger, Music-Director und Cantor bey der Evangelischen Kirche zu Landshut, hat dem Auctori zu Ehren, ein langes teutsches Carmen verfertiget, und voran drucken lassen.

Voll (Georg) ein Nürnbergischer Orgelmacher, soll unter den ersten seyn, der kleine Regale, die man zusammen-und in die Blasebälge legen kan, gemacht. Er war auch in Leitung der Wasser-Wercke, und wie dazu lange und schöne Röhren zu giessen, sehr geübt. Starb ums Jahr 156?. s. die Histor. Nachricht von den Nürnb. Künstlern des Hrn. Prof. Doppelmayrs, p. 290.

Volta [*ital.*] Volte (*gall.*) duorum in gyrum saltatio (*lat.*) ein alter aus Italien nach Franckreich gekommener Tantz, und Gaillarden-Gattung, in welchem die Manns-Person das Frauen-Zimmer offt herum drehete; wurde in Tripel-Tackte gesetzet. volt. bedeutet auch so viel, als fiata. oder der Frantzosen ihr fois, nemlich: mahl; daher findet man: una volta [*ital.*] une fois [*gall*] einmahl; due volte [*ital.*] deux fois [*gall.*] zweymahl; tre volte [*ital.*] trois fois [*gall.*] dreymahl; quattro volte [*ital.*] quatre fois [*gall.*] viermahl, u. s. w. mit den Worten: si replica, gesetzet; daß nemlich etwas so vielmahl wiederholt werden soll.

Volti [*ital.*] wende um. vo. Signoria volti, oder v. S. volti, der Herr wende (nemlich das Blat oder Papier) um.

Volumier, oder Woulmyer (*Jean Baptiste*) ein Frantzose, ist anfänglich am Königlichen Preußischen Hofe, als Tantz-und Concert-Meister an. 1706, und noch vorher; nachhero aber in dergleichen Bedienung am Königl Polnischen und Chur-Sächs. Hofe zu Dreßden bis an. 1728 gestanden, in welchem er zur Herbst-Zeit gestorben.

vommelius (*Cyprianus*) oder Stapertius, ein JCtus, gebohren in Frießland an. 1515, studirte in Wittenberg, wurde zu Maynz Professor Juris, und an. 1563 Assessor beym Cammer-Gericht zu Speyer, und starb an 1578 den 6ten May. s. das comp. Gelehrten-Lexic. wird von Martino Sore, in der Vorrede seines Büchleins, de octo tonorum regularium compositione, genennet: cum sui amantissimus, tum Poeticæ Musicæ-
que

que artis egregiè peritus. f. *Sive*.
hat auch zu Mart. Agricolæ Scholiis in Musicam planam Vvenceslai Philomatis de nova domo, ein kurtzes lateinisches Carmen gratulatorium verfertiget.

Vorzeichnung, heisset: wenn die Accidenti musicali gleich nach dem Clave signata an gehörigem Orte, dem Modo gemäß, stehen.

Voſſius (*Gerhardus Johann*) Joannis Voſſii, eines Niederländischen Theologi Sohn, gebohren zu Heydelberg an. 1577, wurde anfänglich Rector der Schule zu Dordrecht, hernach Regent des Collegii Theologici zu Leyden, ferner 1630 Canonicus zu Canterbury in England, und hatte die Gnade, solches auch ausser Landes zu geniessen, hierauf an. 1631 der erste Professor in dem angerichteten Gymnasio zu Amſterdam, und starb an. 1650. f. das *comp*. Gelehrten=*Lex*. Dieser gelehrte und hochberühmte Mann handelt in seinem Wercke: de Artium & Scientiarum natura & constitutione, und zwar lib. 1. de quatuor artibus popularibus, c. 4. in 50 kurtzen §. §. so zusammen 2 Bogen betragen: de Musice; ferner lib. 3. c. 19. de Muſicæ contemplativæ objecto, ac duplici ejus κριτηρίῳ; & pro eo variantibus Musicorum sectis; c. 20. de Musices antiquitate, & quantum ea Pythagoræ debeat, & quis primus de Musicis scripserit. Item alii aliquot veteres Musices scriptores; sed qui injuria temporum deperierint; c. 21. de utilitate Musices; c. 22. de Musices partibus, generibus; ac præcipuis ejus, quos habemus, Scriptoribus. Diese vier Capitel machen wiederum fast zween Bogen aus; Weiter c. 58 lib. 3 de Muſicis Græcis priori hujus operis parte indictis; und c. 59. de Musicis Latinis antea omissis, in einem Bogen; noch mehr lib 2. & 3 Institutionum Poëticarum sehr weitläufftig von Dingen, so zur Music dienlich, oder mit ihr verknüpfft zu seyn pflegen.

Voſſius (*Iſaac*) des vorigen Sohn, war gebohren an. 1618, reisete 3 Jahr lang durch Italien, Franckreich und Engeland, gieng an. 1640 nach Schweden, von dar nach Holland, und von hier nach Engeland, allwo er an. 1670 den Titul eines Doctoris Juris annahm, wurde an. 1673 Canonicus zu Windsor, und starb daselbst

an. 1688 den 10 Februarii. f. das *comp.* Gelehrten=*Lexicon*. Dieser gleichfalls gelehrte und berühmte Mann hat, unter andern, auch einen lateinischen Tractat: de Poematum cantu & viribus Rhythmi geschrieben, welcher an. 1673 zu Oxford in klein 4to gedruckt worden, und, ohne die Vorrede, 18 Bogen starck ist.

Vox aſſa. f. *Aſſa*.

Vox cœca [*lat.*] bedeutet einen Klang ohne Nachklang.

Vox canora [*lat.*] eine hell=klingende Stimme.

Vox contenta [*lat.*] die Alt=Stimme.

Vox humana, regalis [*lat.*] voix humaine, régale [*gall.*] die Menschen=Stimme, ist eine so genannte Orgel=Stimme von 8 Fuß=Ton.

Vox retusa [*lat.*] eine stumpffe, heisere Stimme.

Vox vagans [*lat.*] also wird in einer fünffstimmigen Composition die fünffte Stimme genennet; weil sie bald ein Discant, Alt, Tenor, und Baß ist, heisset sonsten auch Vox quinta, oder schlecht weg: Quinta; insgemein aber wird dadurch der 2te Tenor bedeutet.

Vox vinnolata, vinula [*lat.*] eine liebliche, feine Stimme, die flexible ist.

Upser (*Francesco*) oder Usper ein Organist an der Kirche von S. Salvatore zu Venedig ums Jahr 1619, hat verschiedene Sachen in Druck gegeben, worunter das fünffte Werck aus 4 - 8 stimmigen Psalmen bestehet.

Urbano (*Gregorio*) D. ein Römer, und Prior der Caſſinenſiſchen Congregation, ließ an. 1640 Motetten zu Venedig drucken.

Vredeman (*Giacomo*) hat an. 1603 Musica miscella, oder Mescolanza di Madrigali, Canoani, e Villanelle à 4 e 5 voci, in Frießländischer Sprache (in lingua Frisica) heraus gegeben. f. *Draudii* Bibl. Claſſ. p. 1631.

Urſinus (*Joachimus*) von seiner Arbeit sind vierstimmige Madrigalien zu Venedig, bey Hier. Scoto gedruckt worden. *ibidem*. Er hat ums Jahr 1550 floriret, und ist von l'antremoli bürtig gewesen; wie aus einem in nurgedachtem Jahre zu Venedig gedruckten Wercke erhellet; auf welchem er aber, dem Vornahmen nach, Giacomo genennet wird.

Uſedemannus (*Sebaſtianus*) der 2te Theil seiner

USE. USO. UTE. VUL. 643

feiner Lauten-Stücke ist an. 1569 zu Löven in 4to herauß gekommen f. *Draudii* Bibl. Claſſ. p. 1622.

Uſez (*Petrus de*) ein Frantzöſiſcher Poete und Muſicus im 13 seculo, war aus einem vornehmen Geſchlechte entſproſſen. ſ. das *comp.* Gelehrten-*Lexicon*.

Uſo [*ital.*] Uſus [*lat.*] bedeutet (1. eben was Chreſis; nemlich denjenigen Theil der Melopœiæ, welcher den Componiſten anweiſet, wie die Klänge auf einander folgen, und in was für Stellung dieſelben ſtehen können und ſollen, daß eine gute Melodie herauskomme. (2. eine ſolche Ausübung, die nicht durch Regeln und ordentliche Anführung, ſondern bloß aus Gewohnheit und blinder Nachahmung anderer erlangt wird. Hiervon ſtehet eine merckwürdige paſſage in des Hrn. *du Cange* Gloſſario, den Kirchen-Geſang betreffend, welche alſo lautet: Poſt incarnationem Chriſti plures doctores S. Eccleſiæ, & ſpecialiter S. Gregorius & Ambroſius, cantum muſicalem, quo tam Latini, quam Alemanni, cum cæteris linguarum diverſarum nationibus, utuntur in divino officio, in duo volumina librorum, videlicet in Antiphonarium & Graduale collegit, dictavit, & neumavit, ſeu notavit. Proceſſu tamen temporis quidam Alemanni, & præcipue Canonici Ordinis S. Benedicti, qui cantum muſicalem non ſolum ex arte, verum etiam ex uſu & conſuetudine perfecte & cordetenus didicerant, ipſum, omiſſis clavibus & lineis, quæ in neuma & nota muſicali requiruntur ſimpliciter in libris eorum notare cœperunt, & ſic decantaverunt deinde juniores, & ſuos diſcipulos ſine arte, ex frequenti uſu & ex magna conſuetudine cantum informare; qui cantus ſic per conſuetudinem doctus ad diverſa pervenit loca. Unde jam non *Muſica*, ſed *Uſus* eſt denominatus. In quo tamen cantu diſcipuli deinde a doctoribus, & doctores a diſcipulis multiformiter diſcrepare cœperunt, ex qua diſcrepantia & artis ignorantia *Uſus* dictus eſt *confuſus*. Quo uſu confuſo ſpreto nunc fere omnes Alemanni hactenus miſerabiliter per cantum ſeducti ad veram artem Muſicæ revertuntur.

Ut, iſt die erſte unter den ſechs Aretiniſchen Sylben, womit im alſo genannten cantu naturali, das c; in cantu durali, das g; und in cantu b mollis, das f (in allen Octaven) pflegt belegt zu werden.

Ut, re, mi, fa, ſol, la. Dieſes ſind die ſechs Sylben, ſo Guido Aretinus aus folgendem in der Römiſchen Kirche gebräuchlichen Hymno, worinn der H. Johannes, als ein Patron der Sänger, und weil er ſich ſelbſt Vocem clamantis in deſerto genennet, wieder die Heiserkeit angeruffen wird:

Ut queant laxis *Re*ſonare fibris
*Mi*ra geſtorum *Fa*muli tuorum
*Sol*ve poluti *La*bii reatum
Sancte Johannes.

Utendal (*Alexander*) ein Muſicus des Ertz-Hertzogs Ferdinandi, gab verſchiedene Wercke heraus, als: an. 1570 fünff- und sechsſtimmige Cantiones Sacras; ingleichen die 7 Buß Pſalmen; an. 1573 drey 5 und 6 ſtimmige Miſſen; 4 ſtimmige Magnificat über die 8 Kirchen-Tone; und Mutetas ſacras von 6 und mehr Stimmen; an. 1574 Cantiones gallicas von 4, 5 und mehr Stimmen; und an. 1577 den 2ten und 3ten Theil ſeiner und 5 ſtimmigen Cantionum ſacrarum; ſämtlich zu Nürnberg in 4to gedruckt ſ. *Draudii* Bibl. Claſſ. und Printzens Muſ. Hiſt. c. II. §. 31. woſelbſt geſagt wird: er habe durch ſeine herausgegebene Motetten nicht ein ſchlechtes Lob erworben

Uthmüller (Anton Heinrich) war an. 1723 Organiſt an der S. Catharinen-Kirche in Hamburg. ſ. das jetztlebende Hamburg *anni citati*.

Utremifaſollarii, alſo werden diejenigen genennet, welche nurgemeldte 6 Sylben, anſtatt der 7 Clavium, c d e f g a h, brauchen.

Utricularius [*lat.*] ein Sack-Pfeiffer.

Vulpius (*Melchior*) von Waſungen, einer im Hennebergiſchen Gebiete an der Werre liegenden kleinen Stadt, Schloß und Amt, gebürtig, war allhier in Weimar Cantor, und gab folgende Sachen in Druck, als: an. 1603 den 1ſten Theil ſeiner 5, 6 und 8ſtimmigen Cantionum Sacrarum, zu Jena; und an. 1611 den 2ten Theil derſelben, zu Erffurt; an. 1605 das Canticum Mariæ von 5, 6. und mehr Stimmen; an. 1608 lateiniſche Hochzeit-Stücke in folio; an. 1609 vier- und fünffſtimmige Choral-Lieder, in 4to zu Jena gedruckt; an. 1610 das Opuſculum novum selectissimarum cantionum sacrarum von 4. 5. 6. 7 und 8 Stimmen, dem Landgrafen zu Hessen, Ludovico zugeschrieben, und zu Erffurt in 4to gedruckt. Der 1ste Theil der Sonntäglichen Sprüche ist an. 1515, und der 2te Theil an. 1617 zu Jena herausgekommen. Jenen hat der Auctor dem Rathe und Ministerio zu Erffurt, unterm 9ten Januarii an. 1612; und diesen dem Rathe und Ministerio der Städte Schweinfurt und Königsberg in Francken an. 1614 dediciret. Sonsten hat er auch das Compendium musicum M. Henrici Fabri mit lateinischen und teutschen Text herausgegeben. Die 1te Edition ist an. 1636 zu Jena, und die 7de an. 1665 zu Erffurt in 8vo ans Licht getreten. Er ist gestorben an. 1616. Zu seinem an. 1609 in 4to gedruckten Gesangbuche mit Noten, hat der damahlige General-Superintendens allhier, Antonius Probus, eine schöne Vorrede gemacht, darinnen er cum excellentissimis artificibus superioris & hujus seculi, Orlando, Meilando, Gallo, und andern mehr verglichen wird. f. Wetzels Lieder-Historie, P. 3. p. 349.

W.

Waelrant (*Hubertus*) ein an. 1595 den 19 Novemb. im 78sten Jahre seines Alters zu Antwerpen verstorbener, und in dasige Marien-Kirche begrabener Musicus, hat, nach Swertii Bericht in seinen Athenis Belgicis, zu den 6 Guidonischen Sylben: ut, re, mi, fa, sol, la, noch die 7de, nemlich das si, am ersten hinzugethan; ingleichen, an deren Stelle, diese: bo, ce, di, ga, lo, ma, mi erfunden, auch verschiedene geist- und weltliche Stücke componiret, und herausgegeben. conf. *Vaelrant.*

Wagenseil (Johann Christoph) ein berühmter Polyhistor zu Altdorff, war an. 1633 den 26 Nov. in Nürnberg gebohren, durchreisete innerhalb 6 Jahren fast gantz Europam, und ein Theil von Africa, ward an. 1665 zu Orleans J. U. Doctor, bey seiner Zurückkunfft Profess. Juris Publ. und Histor. hernach Profess. LL. OO. endlich Profess. Jur. Canon. und Bibliothecarius zu Altdorff, und starb daselbst an. 1708 den 9 Octob. Unter seinen Schrifften befindet sich auch ein Tractat: von der Meister-Singer holdseligen Kunst Anfang, Fortübung, Nutzbarkeiten, und Lehr-Sätzen, welcher aus 7 Capiteln bestehet, die zusammen 17 und 1 halben Bogen betragen.

Wagner (Elias) ein Sachse, war an. 1721, und vielleicht noch jetzo, Organist zu Tilse im Brandenburgisch-Preussen. f. *Matthesonii* Anhang etlicher berühmter Orgel-Wercke zu Niedtens Musi Handl. zur Variat. des G. B. p 202.

Wagner (Gotthard) ein Pater Benedictiner-Ordens im Closter Teppensee, hat, unter dem Titul: Musicalischer Hof-Garten, 100 à Canto oder Alto nebst einem G.B. gesetzte Arien, an. 1717 zu Augspurg in 4to drucken lassen. Ferner ist von seiner Arbeit herausgekommen: der Marianische Schwan, vor seinem Tod das Lob Mariä verkündigend, von etlich 80 Arien, in 4to. Der Marianische Spring-Brunn in dem Musicalischen Hof-Garten der Jungfrauen und Mutter Gottes Mariä, in 30 Arien, à Canto oder Alto in 4to. Und das Marianische Immelein, in sich haltend 52 Arien oder teutsche Motetten à Canto, Alto, Tenore, e Basso solo, nebst zugehörigen Instrumenten in 4to. f. Hrn. Lotters Music-Catal.

Walafridus. f. *Strabo.*

Wald-Flöte. f. Hol-Flöte.

Wallis (*Joanns*) ein Engländer aus Kent, studirte zu Cambridge, ward hernach zu Orford an. 1649 Professor Geometriæ Savilianus, und hierauf Doctor Theologiæ, wie auch ein Mitglied der Engländischen Societät, welche er zu erst mit in Stand gebracht, und starb an. 1703 den 28 Octob. im 87 Jahre seines Alters. f. das *comp.* Gelehrten-Lexicon. Hat so wohl des Bryennii als Ptolemæi Harmonica ins Latein übersetzet, und insonderheit zu diesen einen schönen Appendicem verfertiget, worinn die Harmonica der Alten mit der heutigen verglichen wird, welche im 3ten Tomo seiner an 1699 zu Orford in folio gedruckten Operum befindlich sind. f. *D. Fabricii* Bibl. Gr. lib. 3. c. 10. p. 265. sq. conf. *Claud. Ptolemæus.*

Wallifer (Christoph Thomas) ein Magister, von Straßburg gebürtig, wurde nach 10jähriger Reise, ohngeachtet vom Jahr 1599 an der Schule daselbst der 4te Collega, des Capituli Thomani Vicarius, auch so wohl an der Dom- als Tho-

Thomas-Kirche, ingleichen bey der Universität Musicus ordinarius, und gab an. 1611 heraus: Musicæ figuralis præcepta brevia, facili ac perspicua methodo conscripta, & ad captum tyronum accommodata: quibus, præter exempla, præceptorum usum demonstrantia, accessit centuria exemplorum Fugarumque, ut vocant. 2. 3. 4. 5. 6. & plurium vocum, in tres classes distributa, &c. welche 18 Bogen in 4to ausm.ch.n. Sonsten sind von seiner Composition auch nachstehende Sachen daselbst in 4to gedruckt worden, als: an. 1613 Chorus nubium ex Aristophanis Comœdia ad æquales compositus; und Chori musici novi, Eliæ, Dramati sacro tragico accommodati, & 3. 4. – o voc. concinnati; an. 1614 Chori musici novi harmonicis 4 5. & 6 vocum numeris exornati, & in Chariclia Tragico Comœdia, Argentoratensis in Academiæ Theatro exhibita interpositi, s. *Draudii* Bibl. Class. p. 1620 und 1643 In eben diesem 16 4ten Jahre sind auch die Kirchen-Gesänge, oder Psalmen Davids, nicht allein una voce, sondern auch mit Instrumenten von 4. 5. bis 8 Stimmen, daselbst in 4to gedruckt worden. Laut der am Ende obgedachten Music-Buchs befindlichen Nachricht, hat der Auctor schon an. 1611, nebst nurangeführten, auch andere Wercke zum Druck parat gehabt, nemlich: Catecheticas cantiones, Odasque spirituales; Hymnos & Cantica præcipuorum totius anni Festorum; und Madrigalia Er ist an. 1648 den 26 April gestorben. s. *Witenii* Diarium Biographicum

Walther (Johann) war Magister Philosophiæ, brachte mit Luthero manche liebe Stunde im Singen zu, sahe, vor Einführung der ersten Teutschen Messe zu Wittenberg, dessen Composition durch, und nahm, auf seinem Befehl, die Abschrifft davon mit nach Torgau an den Churfürsten. s. Wezels Hymnopœograph. und *Prætorii* Synt. Mus. T. 1. woselbst p 449. sqq. seine eigene Worte hiervon zu lesen sind. Daß er der beyden Churfürsten von Sachsen, Johann Friedrichs, und Moritzens, Capellmeister, und an. 1552 noch am Leben gewesen sey; dessen berichtet uns des Hrn. Schamelii Historisches Register des Naumburgischen Gesang-Buchs, p. 80. An. 1544 ist zu Wittenberg bey Georg Rhaw in 4to oblongo gedruckt worden: "Wittembergisch Teutsch Geistl. Gesangbüchlein, mit 4 und 5 Stimmen, durch Johann Walthern, Churfürstlichen von Sachsen Sengermeistern, aufs neue mit Vleiß *corrigirt*, und mit vielen schönen Liedern gebessert und gemehret." Dieses Werck bestehet aus 53 teutschen Kirchen-Gesängen, davon 30 mit vier, und 33 mit fünff Stimmen gesetzt sind; hierauf folgen 7 lateinische 4 und 5 stimmige Hymni, nebst noch dergleichen 3 sechsstimmigen, worunter einige Canones in Diapente und Subdiapente sich befinden. Daß Churfürst Moritz zu Sachsen ihn von Torgau zur Direction der Music bey der Hof-Capelle in Dresden beruffen, und dessen Gesellschafft aus 18 Sängern, und 12 Singe-Knaben bestanden habe; liesst man in Hrn. Doct. Joh. Andreas Gleichens Dreßbnischer Reformations-und Hof-Prediger-Historie, im Vorbericht, c. 10. §. 1. p. 95.

Walther (Johann Jacob) von Witterda, einem nach Erffurt gehörigen Chur-Mayntzischen Küchen-Dorffe, gebürtig, soll das Violin-Spielen von einem Polacken, dem er als Laquais aufgewartet, erlernet, oder vielmehr abgesehen haben; ist hierauf, als ein berühmter und Kunstreicher Violinist, am Chur-Sächsischen Hofe, nachgehends, als Italiänischer Secretarius am Chur-Mayntzischen Hofe, gestanden, und hat folgende 2 Wercke in Kupffer herausgegeben, als: *Scherzi da Violino solo con il Basso Continuo per l' Organo ò Cimbalo;* accompanabile anche con una Viola ò Leuto, di Giov. Giacomo Walther, Primo Violinista di Camera di S. A. E. di Saxonia. An. 1676 in folio; und den *Hortulum Chelicum*, uni Violino, duabus, tribus & quatuor chordis simul sonantibus, &c. an 1688 zu Mayntz. (Dieser Hortulus Chelicus ist an. 1708 daselbst wiederum aufs neue aufgelegt worden.)

Walther (Leonhard) ein Componist und Organist zu Mertschütz, einem zwo Meilen von Liegnitz liegenden Schlesischen Dorffe, ist so wohl wegen seiner Composition als seines Clavier-Spielens zwar berühmt, und meritiret ein besseres Tractament; hat aber das Glück nicht, eine bessere Stelle zu erlangen.

Wanningus (Joannes) Campensis, war an der Marien-Kirche zu Dantzig Capellmeister

meister, und ließ an 1584 die vornehmsten Sprüche aus den Sonntags-Evangelien, an der Zahl 52 und sämtlich lateinisch, von 5, 6 und 7 Stimmen, zu Dreßden bey Matthæo Stöckel in 4to drucken.

Weberus (*Georgius*) Cantor und Musicus zu Weissenfels, hat an. 1596 die vorher von ihm mit 4 Stimmen gesetzten Teutschen Lieder und Psalmen, mit 8 Stimmen auf zween Chöre componirt, und benderley Art zusammen, nemlich 102 Lieder, in 4to drucken lassen. Daß er von Mühlhausen in Thüringen bürtig gewesen, hat *Draudius* p. 620. Bibl. Class. angemercket.

Wecker (Georg Caspar) ein Nürnbergischer Musicus, gebohren den 2 April an. 1632, hatte gleich bey anwachsenden Jahren eine sonderbare Inclination zur Music. Diesem seinem Belieben gemäß legte er hierinnen anfänglich die Fundamenta bey seinem Vater, Johann Weckern, welcher auch der Music ergeben war, hernach aber bey Johann Erasmo Kindermann, unter dessen weitern Information er in kurzer Zeit so weit kam, daß er schon in dem 16ten Jahre seines Alters sich in den Kirchen auf dem Clavier durffte hören lassen. Nach dem Verlauff einiger Jahre avancirte er in dieser Kunst-Übung durch seinen grossen Fleiß noch so trefflich, daß man ihn so wohl in seinem Vaterlande als in der Frembde vor einen trefflichen Organisten und guten Componisten erkennte. Dieser Ruhm diente unserm Weckern zu einer gar zeitlichen Beförderung, dann er schon in seinem 19ten Jahr die Stelle eines ordentlichen Organisten zu Nürnberg verwaltete, welcher Function er, und noch zuletzt als vörderster Organist, bis an sein Ende jederzeit auf das fleißigste vorgestanden. Starb den 20 April an. 1695. s. Hrn. Profess. Doppelmayrs Histor. Nachricht von den Nürnbergischen Künstlern, p. 251.

Weckmann (Matthias) war Churfürstl. Sächs. Hof-Organist, und ließ an. 1651 Canzonen von 2 Violinen, 1 Fagott und G. B. zu Freyberg in Meissen drucken.

Weich (Stephan) hat 1 und 2stimmige Motetten, Litaneyen, und eine Messe vor an. 1612 herausgegeben. s. den Parstorfferischen Music-Catal. p. 21.

Weichardt (Johann Philipp) ist gebohren an 1699 in Bößleben, einem bey Arnstadt liegenden Dorffe, im 15ten Jahre seines Alters in die hiesige Capelle als Discantiste gekommen, auch in solcher, als Altiste, biß an. 1729 geblieben. Er hat zu Jena Jura studiret, und von dar aus Sonn- und Fest-täglich sein Amt verrichtet; jetzo stehet er bey dem Hrn. Marggraffen zu Anspach, als Hofraths-Cantzliste und Altiste in Diensten. Der ambitus seiner Stimme erstrecket sich auf 2 Octaven.

Weichenberger, ein Lautenist zu Wien, soll sonderlich, wegen seiner fermeté, beliebt seyn. s. Barons Unters. des Instrum. der Laute, p. 76.

Weichlein (Frantz) Organist an der Stadt-Pfarr-Kirche zu Grätz, hat an. 1705 sein also genanntes *Musico-Instrumentalisches Divertissement*, aus 3 concertirenden Instrumenten bestehend, zu Augspurg in folio drucken lassen. Es sind auch XII. Sonaten von 5 und mehr Stimmen; ingleichen VII. Missen von 4 und 5 concertirenden Sing und 5 Instrumental-Stimmen, die aber, nach Belieben, weg bleiben können, von ihm in folio heraus gekommen. s. Hrn. Lotters Music-Catal.

Weichmann (Johann) hat an. 1647 eine Musicam oder Singe-Kunst in 8vo herausgegeben.

Weidling (Christian) ein Doctor Juris, hat an. 1684 eine Dissertation: de Instrumentis Ebræorum musicis, zu Leipzig gehalten, und in 4to drucken lassen. s *Jacobi le Long* Biblioth. Sacram, p. 1014.

Weigelt (Christian) ein Musicus auf der Hautbois in der Königl. Capelle und Cammer-Music zu Dreßden an. 1729. s. den dasigen Hof-und Staats-Calend.

Weiland (A) ist ehemahls Cantor in Wolfenbüttel, und ein Componist gewesen.

Weiland (Martin) ist ums Jahr 1637 Cantor allhier zu Weimar, und ein Componist gewesen.

Weisbeck (Nicolaus) von Gebesen, einem an den Zusammen-Fluß der Gehra und Unstrut liegenden Thüringischen Flecken, gebürtig, war an der Marien-Kirche zu Mühlhausen Cantor, und ließ an. 1614 auf Hrn. Otto Christophs von Kerstlingeroda Beylager mit Fr. Beata von Hopffgarten, ein auf ihrer beyder Nahmen Reim- und Gesangs-weise mit 4 Stimmen gerichtetes Colloquium, zu Erfurt bey Martin Wittel drucken.

Weishan

Weißhan (Adolph) ein Lautenist, hat, unter dem Titul: Sylva Musicalis, allerhand Lauten-Stücke, auf seine Kosten zu Cöln in folio durch Kupferstich bekannt gemacht. s. *Draudii* Bibl. Class. p. 651.

Weiß (*Sylvius Leopold*) und Siegmund, Gebrüdere, aus Schlesien gebürtig, haben das Instrument der Laute auf den höchsten Grad der Vollkommenheit gesetzet, und hat sich sonderlich der erste, als ältere, mit seiner vollkommenen Composition hervorgethan, doch fehlt es dem andern auch nicht, welcher noch überdiß ein vortrefflicher Gambist, Violinist und Componist ist. Ihre Lauten-Concerten, Trio, und Galanterie-Partien haben sie mit so sinnreichen, anmuthigen wohl connectirenden Einfällen angefüllet, daß gleichsam ein schöner und besonderer Gedancken den andern begleitet. Der ältere ist der erste gewesen, welcher gezeiget, daß man mehr könte auf der Laute machen, als man sonsten nicht geglaubet; und versichert Mr. Baron: daß es einerley sey, ob man einen künstlichen Organisten auf einem Clavicymbel seine Fantasien und Fugen, oder Mr. Weißen spielen höre. Im Harpeggio habe er eine ungemeine Vollstimmigkeit, in Exprimirung der Affecten sey er incomparable, habe eine stupende Fertigkeit, eine unerhörte Delicatesse und cantable Anmuth, und sey ein grosser Extemporaneus, der im Augenblick, wenn es ihm beliebig, die schönsten Themata, ja gar Violin-Concerten von ihren Noten wegspiele, und extraordinair, so wohl auf der Laute als Tiorba, und General-Baß accompagnire. Er sey an. 1708 mit dem Printz Alexander Sobiesky nach Italien gegangen, allwo er sich eine Zeit lang in Rom aufgehalten, und alle Ausländer in Verwunderung gesetzet habe; nachdem aber dieser Printz daselbst den Weg alles Fleisches gegangen, sey er wiederum nach Breßlau gekommen, und nachgehends in Königl. Polnische Dienste, als Cammer-Lautenist, getreten, und befinde sich noch bis dato in Dreßden. Er habe auch die besondere Gnade gehabt, sich vor beyderseits annoch lebenden und regierenden Kayserlichen Majestäten mit ungemeinem applausu hören zu lassen. s. des Hrn. Barons Unters. des Instruments der Laute, p. 77. sqq. Daß er auch bey der an. 1722 geschehenen Heimführung der Kayserl. Princeßin, als vermählten Braut des damahligen Chur-Printzen, jetzo regierenden Churfürsten, in Bayern, sich zu München hören lassen, und zur Abfertigung 100 species-Ducaten, nebst einer Schnupf-Tobacks-Dose mit Diamanten besetzt, bekommen; solches hat man in öffentlichen Zeitungen gelesen.

Weiße, ist Stiffts-Capellmeister in Augspurg.

Weissensee (Friedrich) von Schwerstedt, einem am Ettersberge in Thüringen liegenden Dorffe, gebürtig, war zu Gebesen Schuldiener, und ließ an. 1595 Evangelische Sprüche, auf die vornehmsten Fest-Tage, von 5 Stimmen drucken. Sein aus 72 Teutsch und Lateinischen Stücken bestehendes Opus musicum, continens harmonias selectiores 4. 5. 6 - 2. vocum, singulis diebus dominicis & festis accommodatas, ist an. 1603 zu Magdeburg in folio gedruckt worden. s. *Draudii* Bibl. Class. p 1615.

Welckes (*Thomas*) oder Welkes ein Engländischer Componist, zu Ende des 16ten Seculi.

Weldon (*John*) war, als Miege seinen Groß-Britannischen Staat herausgab, in der Königlichen Engländischen Hof-Capelle zu St. James-Westminster Unter-Organist, und bekam 40 Pfund Sterling zur Gage. s. den 1sten Theil, c. 33. p. 1071.

Weldtschütz (Johann) war in Kaysers Ferdinandi III. Hof-Capelle, ums Jahr 1655 ein Instrumental-Musicus. s. *Bucelinum.*

Wellerse (Judith von) ein gelehrtes und künstliches Frauenzimmer in Goßlar, hat nicht nur gut Latein schreiben und reden können, sondern ist auch in der Arithmetic, Astronomie, Instrumental-Music, und Mahler-Kunst sehr erfahren gewesen. s. *Amaranthis* Frauen-Zimmer-Lex.

Welter (Johann) ein Musicus an der Nürnbergischen Capelle, war an. 16.. gebohren, und starb an. 1666. s. Barons Unters. des Instrum. der Laute, p. 65.

Wenceslaus. s. *Philomates.*

Wendestein (Johann) hat an. 1507 eine Musicam activam zu Cöln drucken lassen. s. *Voss.* de Mathesi. lib. 3. c. 59. §. 17. mag vielleicht der Cochiæus seyn.

Wentzel (Johann Christoph) wer gebohren an. 1659 den 8ten Febr zu Unter-Ellen im Eisenachischen, studirte zu Mühlhausen, Eisenach, Erffurt und Jena, und
legte

legte sich, wie auf die Physic und Philosophie, also auch Medicin, und ward dahero zu Jena nicht nur Magister an. 1686, sondern auch an. 1694 Doctor Medicinæ an. 1695 Director zu Altenburg, und an. 1713 zu Zittau, daselbst er an 1723 den 2 Martii verstorben. Hat die Musicalische Composition verstanden. In den Analectis Fastorum Zittaviensium des Hrn. D. Carpzovii, und zwar im 6ten Capitul des 3ten Theils. p. 111. lieset man: Er sey an. 1660 den 19 Febr. zu Marcksuhl in Thüringen gebohren worden.

Wentzelius (*Nicolaus*) war an. 1701 Capellmeister an der Ertz-Bischöflichen Kirche zu S. Viti in Prag. s. *Janowka* Clavem ad Thesaurum magna artis Musicæ, p. 57. woselbst gemeldet wird: daß er Flores Vernos oder Missen edirt habe.

Wentzelius (*Nicolaus Franciscus Xaverius*) hat v Missen, nebst einem Requiem, und Salve Regina, von 4 Sing-Stimmen, 2 Violinen, und 3 Posaunen, in folio publiciret. s. Lotters Music-Catal.

Werckmeister (Andreas) gebohren an. 1645 den 30 Nov. zu Bennickenstein, einem in der Graffschafft Hohenstein in Thüringen liegenden Flecken, Amt und Hüttenwerck, woselbst sein Vater, Joachimus, ein Bürger, Brauer u. Ackermann gewesen, ist anfänglich von seines Vaters Bruder, Hr. Christian Werckmeister, wohlbestallt gewesenen Organisten zu Bennungen einer kleinen in Thüringen, am Fluß Helm, nicht weit von den Mansfeldischen Grentzen liegenden Stadt, so wol in der Schule, als in musicis über 2 Jahr informirt worden; hat hierauf an. 1660 den 1sten Augusti sich nach Nordthausen in die Schule begeben, allwo er wiederum 1 Jahr lang des berühmten Rectoris Hildebrandi information genossen; nachgehends auf dem Quedlinburgischen Gymnasio (woselbst damahls der andere Bruder seines Vaters, Hr. Victor Werckmeister, Cantor war) in seinen studiis so proficiret, daß er mit Nutzen auf Universitäten ziehen können; weil ihm aber an. 1664 den 24 Dec. eine ordentliche Vocation zur Organisten-Bedienung von E. Wohlweisen Rathe zu Hasselfelde, (einer im Fürstenthum Blanckenburg auf dem Hartze liegenden Stadt) eingehändiget worden, hat er dieselbe angenommen, und, nebst einiger Schul-Arbeit, in die 10 Jahr verrichtet.

In währender Zeit hat er verschiedene Vocationes, und unter andern an. 1670 von Ellrich erhalten; welche aber von Ihro Hochfürstl. Durchl. Hertzog Rudolpho Augusto, welcher ihn gerne im Blanckenburgischen beybehalten wollen, in ihrem Fortgange gehindert worden; doch hat er die an. 1674 von Elbingeroda, zur Organisten- und Stadtschreiberey-Bedienung erhaltene acceptiret; im drauf folgenden Jahre aber, auf Veranlassung seines obgedachten Vetters, des damahligen Schloß-Cantoris zu Quedlinburg, um den Hof-Organisten-Dienst an ietztgedachten Orte mit angehalten, und nicht nur selbigen, sondern auch an. 1696 den Organisten-Dienst bey S. Martini in Halberstadt, emportiret, in welcher function er an. 1706 den 26 Oct. an einem Steck- und Schlag-Flusse zugleich unvermuthet gestorben ist. s. Hrn. D. Johann Melchior Götzens ihm gehaltene und an. 1707 gedruckte Stand-Rede, welche den Titul: der weitberühmte *Musicus* und *Organista*, führet: woraus zugleich erhellet: daß er Königl. Preußischer Inspector über alle Orgelwercke im Fürstenthum Halberstadt gewesen. Er hat edirt: (1. Orgel-Probe, an. 1681, in 12mo. (2. Musicæ Mathematicæ Hodegum curiosum, 1687. in 4to, 1 Alphabet starck (3. Musicalische Temperatur, an. 1691. von 14 Bogen (4. Hypomnemata musica, an. 1697. à 5 Bogen. (5. Erweiterte Orgel-Probe, 1698 in 4to, 18½ Bogen starck. (6. Cribrum musicum, 1700. in 4to von 8¼ Bogen. (7. Ubersetzung des Stephanischen Sendschreibens, 1700. in 8vo, à 6¼ Bogen. (8. Anmerckungen vom General-Baß, sine anno, in 4to, von 9½ Bogen. (9. Harmonologiam musicam, 1702 in 4to, 1 Alphabet starck. (10 Organum Gruningense redivivum, 1705 in 4to, von 4½ Bogen. (11. Musicalische Paradoxal-Discurse, 1707 in 4to, von 15 Bogen. Dieses Werck haben die Erben nach des Hrn. Verfassers Tode herausgegeben. Der Nucleus musicus (welchen der seel. Mann an 1704 mir gezeiget) ist lateinisch abgefasset, und noch nicht gedruckt worden. Sonsten hat er auch noch an 1689 seine aus einer Violin und General-Baß bestehende Musicalische *Privat*-Lust in länglicht 4to; und an 1691 der edlen Music-Kunst Würde, Gebrauch und Mißbrauch, zu Franckfurt u. Leipzig in 4to heraus gegeben. We-

Werembertus, ein Mönch zu St. Gallen, ist (nach Trithemii Zeugniß) aus Chur in Graubündten gebürtig (Curiensis,) des Rabani Mauri Zuhörer, in der Griechischen Sprache sehr erfahren, ein vortrefflicher Theologus und Historiographus, ingleichen ein vollkommener Musicus gewesen, und hat ums Jahr 862 floriret. s. *Jodoci Mezleri* Tractat: de Viris illustribus Monasterii S. Galli, lib. 1. c.16. welcher in dem an. 1721 edirten Thesauro Anecdotorum novissimo des berühmten Benedictiner-Mönchs, Bern. Pezii, Tom. I. Part. III. befindlich ist.

Werndle (**Anton**) ein Baßist in der Kayserl. Hof-Capelle an. 1727, und zwar der 8te in der Ordnung.

Werner (**Christoph**) Cantor zu Dantzig, hat an. 1646 Motetten oder Concerten zu Königsberg in Preussen heraus gegeben.

Werner (**Johann Friedrich**) eines Messer-Schmidts Sohn von Schmalkalden, gebohren den 4 Martii an. 1663, gieng an. 1685 mens. Sept. nach Leipzig auf die Universität, und wurde, nachdem er 7 Jahre daselbst den studiis Academicis rühmlichst obgelegen, an. 1703, auf abgelegte Probe am Neuen Jahrs-Tage, Cantor und Collega III. des Fürstl. Lycei zu Meinungen. s. Wetzels Hymnopœogr. P. 3. p. 411. woselbst er ein geschickter Musicus genennet wird.

Wernitzheuser (**Bernhard**) hat D. Henr. Susonis Exercitium Passionis mit 4 Stimmen gesetzt, und an. 1624 zu Strasburg in 4to drucken lassen. s. *Draudii* Bibl. Class. p. 1547.

Wert (*Jaques de*) von seiner Arbeit sind an. 1583 drey Bücher Modulationum Sacrarum von 5 6 7. und 8 Stimmen zu Nürnberg in 4to gedruckt worden; und das 1ste Buch 5stimmiger Motetten ist an. 1566 zu Venedig, und an. 1568 zu Nürnberg heraus gekommen s. *Draudii* Bibl. Class. p. 1620. und 1640. A. 1599 hat Venedig 4stimmige Madrigalien geliefert.

Westenholtz (**Ernst Carl Ludwig**) ist gebohren an. 1654 den 24ten Dec. in Weserlingen, wurde an. 1704 von Jhro Durchl. der Frau-Marggräfin zu Culmbach als Discantist angenommen, gieng an. 1710 nach Magdeburg in die Johannis-, an. 1711 zu Braunschweig in die Martins- und an. 1713 zu Wolffenbüttel in die Fürstl. Land-Schule, und war hieselbst zugleich in der Hochfürstl. Capelle mit bedient; zog an. 1718 nach Helmstädt auf die Universität, an. 1719 den 15ten April, auf Verlangen des damahligen Opern-Directoris, Hrn. Gumbrechts: nach Hamburg, und engagirte sich daselbst, als Baßist, bey der Oper; an. 1721 gieng er nach Coppenhagen in Königl. Dänische Dienste, kam aber von da an. 1723 wieder nach Hamburg zurück, allwo er so wohl bey der Kirchen- als Oper-Music annoch bedienet ist.

Westhoff (**Friedrich von**) ein aus der Kayserl. freyen Reichs-Stadt Lübeck bürtig gewesener ehemahliger Rittmeister unter ihrer Königl. Majestät von Schweden, Gustavo Adolpho, hat, nachdem ihm nachgehends durch Räuber alles weggenommen worden, sich nach Dreßden gewendet, und, da er in seiner Jugend der edlen Music obgelegen, daselbst das Glück gehabt, von Sr. Churfürstl. Durchl. Johann Georg I. als Cammer-Musicus angenommen zu werden, in welcher Bedienung er auch bis zur Regierung Joh. Georgii III. geblieben und verstorben.

Westhoff (**Johann Paul von**) des vorigen Sohn, ein in der Italiänischen, Frantzösischen und Spanischen Sprache wohl versirter Musicus und Violinist, ward gebohren zu Dreßden an. 1656, bekam an. 1671 die damahls Chur-Sächsische Printzen, nemlich Hrn. Johann Georg IV u. Friedrich Augusten, jetzige Königl. Majest. in Polen, in linguis exoticis zu informiren, that an. 1674 eine tour nach Lübeck, wurde aber von dem Churfürsten, Johann Georg II. wiederum nach Hofe, und zwar als Cammer-Musicus beruffen; gieng an. 1679, wegen eingefallener Pest, in der Suite der an Sr. Königl. Maj. in Schweden vermählten Dänischen Princeßin, mit nach Schweden, von dar aber über Liefland wiederum zurück nach Sachsen, wurde vom Kayserl General von Schultz an. 1680 zum Fähnrich unter der Leib-Compagnie gemacht, und dienete in dieser Qualität in Ungarn gegen die Türcken; muste aber die Kriegs-Dienste verlassen, und auf Churfürsts Johann Georg des IV Befehl abermahl nach Hofe kommen, that hierauf, mit anädigster Erlaubniß, an. 1681 eine Reise nach Italien und Franckreich, woselbst er nicht nur mit den berühmtesten, gelehrtesten Leuten und virtuosen bekannt, sondern auch so gar mit dem Groß-Hertzoge von Florentz, und Könige in Franckreich mit ansehnlichen præsenten begnadiget worden, welches auch hernach an. 1684 am Kayserl. Hofe geschehen, allwo man ihm eine güldene Kette anhängen lassen. Da diese Reise vollbracht, und von ihm auch Holl- und England, nicht minder Nieder-Teutschland, Brabant und Flandern besehen war, heyrathete er an. 1685 Hrn. M. Bernhard Schmiedens, Archidiaconi an der Marien-Kirche zu Dreßden älteste Tochter: wurde, bey Veränderung des Dreßdenischen Hofes, wegen Besteigung des Königl. Polnischen Thrones, zur Professur der fremden Sprachen nach Witenberg von da aber an. 1698 an den hiesigen Hochfürstl. Hof und Capelle zu Weimar beruffen, und ihm der Character eines Cammer-Secretarii beygeleget, in welcher Qualität er an. 1705 im April gestorben ist. Dieser, auch wegen anderer guten und Christlichen Tugenden, sehr beliebt gewesene gelehrte Musicus hat an. 1694 sechs Sonaten à Violino solo e Basso Continuo, auf seine Kosten zu Dreßden in Kupffer stechen lassen, und ein Denckmahl seiner Kunst hinterlassen.

Weymenn (Andreas Michael) ist gebohren an. 1695 den 22ten Novembr. zu Falckenberg, einer im Oppelschen Fürstenthum in Ober-Schlesien liegenden kleinen Stadt hat an. 1707 bey dem damahligen Cantore und Organisten in Löben, Hrn. Michael Kirsten, jetzigem wohlbestallten Organisten an der Marien-Magdalenen-Kirche zu Breßlau, die Music auf verschiedenen Instrumenten erlernet, hierauf an. 714 dem Grafen von Röder in Crappitz drey Jahr, und dem Grafen von Zirotin zwey Jahr als Musicus gedienet: aber wegen der Religion flüchtig werden müssen, da er denn an. 1720 am hiesigen Hoch-Fürstl. Ernst-Augustischen Hofe erstl. als Hof- und an. 1727 als Cammer-Musicus angenommen worden.

Wideburg (Matthias Christoph) stund an 1723 als secretarius bey dem Kays. Residenten im Nieder-Sächsischen Creyse zu Hamburg in Diensten, und war zugleich Hoch-Gräfl. Geraischer Capellmeister. s. das jetzt lebende Hamburg obgedachten Jahres.

Widenhuoberus (Joannes) ein Lautenist von St. Gallen, hat ein Lauten-Buch heraus gegeben. s. Gesneri Partit. univers. lib. 7. tit. 7. p. 85. b.

Widerstain (Sebastian) hat 4. 5. 6. 7. u. 8stimmige Miserere mei Deus, nebst einigen Violinen ad placitum, mit einer Litania Lauretana heraus gegeben. s.

den Parstorfferischen Music-Catalog. p. 30.

Widmannus (Erasmus) ein Kayserl. gecrönter Poet, Cantor und Organist zu Rotenburg an der Tauber, von Halle gebürtig, hat an. 1615 seine Musicæ Præcepta latino-germanica von 6 Bogen zu Nürnberg in 8vo drucken lassen. Diesen sind an. 1619 gefolget 31 geistliche Motetten von 3. 4. 5. 6. und 8 Stimmen, gleichfalls daselbst in 4to gedruckt; sie sind theils teutsch, theils aber lateinisch, und dem Magistrat zu Ulm von ihm dedicirt worden. Sein Libellus, Antiphon. Hymn. & Responsoria continens, ist an 1527 zu Rotenburg, auf seine Kosten, heraus gekommen Auf dem an. 1613 von ihm edirten Musicalischen Tugend-Spiegel, welcher zu Nürnberg gedruckt worden ist, heisset er: ein Gräflich Hohenloischer Capellmeister zu Weyckersheim. An. 16 8 sind von ihm in Nürnberg gedruckt worden: Canzonen, Intraden, Ballete und Couranten vor 4 und 5 Instrumente.

Wieland, ein Lautenist, hat sehr viele Ouverturen gesetzet. s. Barons Untersuchung des Instr. der Laute, p. 76.

Wilcke (Heinrich Jacob) Bürger und Orgelmacher in Halberstadt, ließ, als der nunmehro seel. Werckmeister an. 1698 seine erweiterte Orgel-Probe heraus gab, ihm zu Ehren ein teutsches Distichon derselben mit anfügen.

Wildt (Johann Baptist) ein zu Breslau sich aufhaltender Mathematicus, von München in Bayern gebürtig, woselbst er an. 1702 das Licht dieser Welt erblicket, ist starck auf der Violin und Viole d'Amour.

Wilderer (Joan. Hugo) Vice-Capellmeister und Cammer-Rath Sr. Churfürstl. Durchl. zu Pfaltz, hat ein lateinisches Motetten-Werck von 2. 3. und 4 Sing-Stimmen, nebst 2 Violinen, zu Amsterdam graviren lassen, und es seinem Herrn in Italiänischer Sprache zugeschrieben. Auf einer an. 1713 zu Düsseldorff in 8vo gedruckten Italiänischen Opera: Amalasunta genannt, wird er genennet: Maestro di Cappella, e Consigliere di S. A. S. C.

Wilfflings oder (Ambrosius) Cantor an der Sebalder-Schule zu Nürnberg, von Braunau gebürtig, gab an. 1574 eine Teutsche Musicam daselbst bey Dietrich Ger=

Gerlachen in Druck. Sie ist in 8vo und machet 7 Bogen aus.

Wilisch (Christian Friedrich) ein von Liebstädt gebürtiger Magister, und Rector der Schule zu Annaberg, hat an. 1710 de celebrioribus Musicorum solidiori doctrina illustrium exemplis, loco alicujus propemptici geschrieben.

Wilkomm (*Eugenius*) ein Pater, hat XVIII. Arien in laudem B. V. Mariæ, sanctorum gloriam & Mundi contemtum, von einer Sing=Stimme, 2 Violinen, einer obligaten Viola und G. B. an. 1730. durch den Druck bekannt gemacht. s. Hrn. Lotters Music=Catal.

Willart (*Adrianus*) oder Willaert, ein von Brügge aus Flandern bürtig gewesener hochberühmter Musicus, hat zu Paris Jura studiret, solche aber nachgehends fahren lassen, und die Music davor excoliret wurde zu Venedig der Durchl. Signoria Capellmeister, excellirte in praxi, war von grossem judicio, ingleichen gutem Gedächtniß, und des Zarlini in Musica Practica Lehrmeister; wie dieser solches selbst Volum. 2. lib. 2. p. 9. bekennet. Als er zur Zeit Pabst Leonis X. aus Flandern nach Rom gekommen, haben die Päbstlichen Musici das Stück: verbum bonum & suave, so auf die Marien=Feste pflegte musicirt zu werden, und von ihnen für eins der besten des Josquini gehalten wurde, auch aufs Tapet gebracht: als er aber ihnen entdecket, daß es von seiner Arbeit sey, haben sie es, aus maliz und ignoranz, nicht mehr musiciren wollen. s. *Zarl.* vol I. P. 4. p. 448. Von seiner Arbeit sind zu Venedig bey Antonio Gardano gedruckt worden: an. 1542 Motettæ 6 vocum; an. 1557 ejusdem & Jachet Psalmi vespertini omnium dierum festorum per annum, 4 vocum; s. *Gesneri* Bibl. univers. An. 1559 und 1569 Musica nova 3. 4. 5. & 7 vocum; (dieses Werck ist auch an. 1558 zu Ferrara heraus gekommen.) it. Cantiones musicæ, seu Motettæ, cum aliis ejusdem Cantionibus italicis 4. 5. 6. & 7 vocum; und Villanellæ Neapolitanæ 4 vocum. s. *Draudi* Bibl. Class. p 1540. 1642. und 1654. Daß er ein Scholar des Königl. Frantzösischen Capellmeisters, Jean. Mouton gewesen, hat Baryphonus in seinen Plejadibus musicis, p. 25. edit. auct. angemercket.

Willer (*Franciscus*) oder Vuyler, ein Franciscaner=Mönch ums Jahr 1475, hat de Musica ejusque laudibus geschrieben. s. *Gesneri* Bibl. univers.

Willichius (*Jodocus*) hat eine Introductionem in artem musicam geschrieben, so an. 1613 zu Wesel in 8vo gedruckt worden. s. *Lipenii* Biblioth. Philosoph.

Wilson (*John*) ein Musicus in Engand, von Feversham in Kent gebürtig, wurde an. 1644 Doctor in der Music, an. 1656 Professor Musices zu Oxford, starb an. 1673 den 22 Febr. zu Westmünster im 79 Jahre seines Alters, und ließ im Englischen: Psalterium Carolinum; Arien, und andere schöne Musicalien. s. das comp. Gelehrten=Lexicon. Nurgedachtes Psalterium Carolinum ist an. 1660 zu Londen in folio gedruckt worden, und führet eigentlich folgenden Titul: the Devotions of his late Majestie, in his solitudes and sufferings, rendred in Verse, and sed to Musick for three Voices, and an Organ or Theorbo, by John Wilson, Dr and Musickprofessor in Oxford, d. i. die Andachten Sr. Majest. in dero Einsamkeit und Creutz, in Verse gebracht, und in Music gesetzt, auf 3 Stimmen und eine Orgel oder Theorbe, durch Johann Wilson, Doct. und Profess. Musices zu Oxford.

Wind=Lade, ist ein Orgelmacher=Terminus, und an ihr selber ein Rahme von Eichenen Holtze, ohngefehr 3 oder 4 queer Finger hoch, mit eichenen Schenckeln oder Höltzern in so viel Theile oder Cancellen gesetzet, als ein Orgel=Werck Claves bekommen soll. Nurgedachte Cancellen werden alle mit einander, mehrentheils über die Helffte, am untern Theile fest verwahret und versöhndet, was denn offen bleibet, unter daßelbe wird der Wind=Kasten geleget; in diesem Wind=Kasten sind die Haupt=Ventile, welche den untern Theil der Cancellen, so da noch offen bleiben, vollend bedecken, und durchs Clavier eröffnet werden. Auf den obern Theil dieses Rahmens, oder nunmehr Wind=Lade wird das Fundament=Bret geleget, und feste gefüget, welches auch etwa $\frac{1}{2}$ oder $\frac{3}{4}$ Zoll dicke ist: wiewohl etliche gar kein Fundament=Bret brauchen, sondern die Cancellen an dem obern Theile der Wind=Lade durchaus gantz feste zuspünden, ja die Spünde werden auch eingefasset, und in die Rath geleget, jedoch nicht von allen. Auf dieses Fundament=Bret, oder Spündung, welches erst mit Leder gefüt-

gefüttert wird, werden die Register und Dämme geleget und gerichtet, die auch ohngefehr ½ Zoll dicke sind, und durch die gantze Lade gehen. Durch diese Register und Fundament=Bret oder Spündung werden nun die Löcher bis in die Cancellen hinein gebohret, und auf diese Register und Dämme die Stöcke ohngefehr 1½ Zoll dicke aufgerichtet, und zwar so accurat, daß auch nicht das geringste vom Winde dadurch streichen, noch der Wind von einem Clave zum andern kommen kan; jedoch, daß sich die Register darzwischen hin und her ziehen, und schleiffen, also: daß die durchs Register und Fundament=Bret oder gespündete Cancellen gebohrte Löcher auf= u. an einander, und demnach sich ab= u. anziehen lassen, weswegen sie auch Schleiff=Laden genennet werden. Hierbey ist zu mercken: daß man heutiges Tages keine Fundament=Breter mehr machet, denn sie machen öffters Ungelegenheit in einem Wercke, darum werden die eingesaltzeten Spündungen von den vornehmsten Orgelmachern am besten gehalten, und die Fundament=Breter verworffen. s. Werckmeisters Orgel-Probe, c. 8. woselbst, und c. 8. auch von den also genannten Spring=Laden Nachricht ertheilet wird.

Wind=Wage, oder Wind=Probe, ist ein sonderliches Instrument oder ein aus Metall gemachtes, und mit Wasser gefülltes Kästgen, etwa zwey oder 3 Zoll lang, und halb so breit und tieff, auf solches wird ein gläsernes Röhrgen, so im diametro ½ Zoll hält, gesetzet, der Kropff aber des Kästgens in den Wind Canal gestecket, sodann (wenn die Orgel=Bälge getreten werden) an gedachtes Röhrgen ein im 60 grad getheiltes Maaß Stäbgen von ¼ Elle gehalten, und solcher gestalt erfahren, wie hoch der Wind treibet, und ob er gleich, oder ungleich ist.

Winnigsteten (Elias) ein Orgelmacher, hat in die Barfüsser=Kirche zu Halberstadt ein Werck von 27 Stimmen, für 700 Thaler, gebauet, dessen disposition in Præt. Synt. Muſ. T. 2. p. 182. sq. befindlich ist.

Windsheim (*Jodocus*) ein Thüringer und Music-Director in arce † rxl.b. ließ an. 1624 Triadem melodiarum sacrarum drucken.

Winter (Johann Adam) des Collegiat-Stiffts S. Johannis Baptistæ zu Vilshoven in Nieder=Bayern Chor=Regent, hat, unter dem Titul: Musicalisches Blumen=Träntzlein, zwölff geistliche teutsche Arien von einer Sing=Stimme nebst verschiedenen Instrumenten, als sein drittes Werck, in 4to heraus gegeben.

Wintzer (Johann) gewesener Pfarrer zu Meuselbach, ließ 12stimmige Sachen, auf 3 Chöre, drucken.

Wintzig (Jürge) ein Orgelmacher aus Schlesien, hat eine aus 45 Stimmen bestehende Orgel in Stockholm verfertiget. s. *Matthesonii* Anhang etlicher 60 Orgel-Wercke zu Niedtens Muſ. Handl. zur Variation des G. B. p 199.

Wismario (*Filippo*) war von Bologna gebürtig, und in Kaysers Ferdinandi III. Hof-Capelle, ums Jahr 1655 ein Discantist. s. *Bucelin*.

Witt (Christian Friedrich) war von Altenburg gebürtig, woselbst sein Hr. Vater Hof=Organist gewesen, wurde von des Höchstsel. Herrn Hertzogs Friderici I. zu Sachsen=Gotha Hochfürstl. Durchl. nach Wien und Saltzburg geschicket, sodann erst. zum Hof=Organisten, hierauf zum Capell-Directore, und endlich von jetzt regierender Hochfürstl. Durchl. nach des Hrn. Mylii Tode zum Capellmeister aufm Friedenstein gnädigst bestellet. Er hat an. 1715 seine Psalmodiam Sacram, auf Hoch=Fürstl. Befehl, in 4to ediret. Sie bestehet aus Choralen, auf General-Baſs-Art eingerichtet: Hr. Albrecht Christian Ludwig, Consistorial-Rath, Ober-Hof=Prediger und Beichtvater, hat die Vorrede dazu gemacht.

Witte (Peter) von Einbeck, war unter den 53 verschriebenen Organisten der 31te, welche das an. 1596 in die Schloß=Kirche zu Gröningen erbauete Orgel=Werck bespielte und examinirte. s. Werckmeisters Organ. Gruning rediv. §. 11.

Wittmann (Andreas) ein Hautboist in der Kayserlichen Hof-Capelle an. 1727.

Witzendorffen (*Wilhelmina* von) gebohrne von Böschen, wird in Amaranthis Frauenzimmer=Lexico, ein in der Instrumental= und Vocal=Music wohlerfahrnes Frauenzimer genennet, weil sie nicht nur ein nettes Clavier spielt, sondern auch im Singen wenig ihres gleichen haben wird.

Witvogel (Gerhard Friedrich) von Varel, einem in der Graffschafft Oldenburg liegenden Amt, Schloß und Flecken, gebürtig,

bürtig, ist jetzo an der Neuen Lutherischen Kirche in Amsterdam Organist.

Woodcock, hat ein Opus Concerten heraus gegeben, so 15 Livres kostet. s. den Pariser Music-Cataligum aufs Jahr 1729. p. 15

Wolckenstein (David) von Breßlau gebürtig, hat an. 1579 zu Straßburg in 8vo: Musicum volumen scholarum Argentinensium; und an. 1583 in 4to: Psalmos Davidis 4 vocum, in teutscher Sprache, daselbst drucken lassen. s. *Gesneri* Biblioth. universal.

Wolkmerus (*Joannes*) ließ an. 1538 eine Epitomen utriusque Musicæ activæ in 4to heraus gehen. *idem ibidem.*

Wollebius (*Joan. Jacobus*) ein Sohn, Joan Wollebii Doct. Theologiæ u. Pastori-Primarii an der Dom-Kirche zu Basel, war an. 1613 den 26 Januarii gebohren, wurde Professor Oratoriæ und Musices in seinem Vaterlande zu Basel, lebte zugleich im Predigt-Amte, und starb an. 1667. s das *comp.* Gelehrten-*Lex.*

Woller (Ferdinand) war an. 1721 u. 1727 in der Kayserl. Hof-Capelle ein Violinist.

Wollicus (*Nicolaus*) oder Vuollick, von Serouilla; seine drey Tractate: de Musica, sind an. 1501 zu Cöln bey Henr. Quentel gedruckt worden; und sein Enchiridion Musices, ist an. 1512 zu Paris in 8vo (oder, wie Thomas Hyde in Catalogo Bibl. Bodlejanæ setzet, in 4to) heraus gekommen. s. *Gesneri* Bibl. univers. conf. *Bolicio.*

Wolstanus ein Engländischer Mönch, und, wegen seiner schönen Stimme, sehr beliebter Musicus und Præceptor in seinem Closter zu Winton (Vuintoniensis coenobii) ums Jahr 1000, hat ein Buch: de tonorum harmonia, geschrieben. s. *Balei* Catal. scriptorum Britanniæ, Cent. 2.

Woltz (Johann) ein Bürger und alter Organist, auch Pfarr-Verwalter zu Heilbrunn, hat an 1617 seine Novam Musices Organices Tabulaturam, worinnen lateinische und teutsche Motetten, ingleichen Fugen und Canzonen, von den berühmtesten Musicis und Organisten in Teutsch- u. Welschland, in Teutsche Tabulatur gebracht sind, zu Basel in folio drucken lassen. In der Zuschrifft an den Rath zu gedachtem Heilbrunn führet er an: daß er über 40 Jahr als Organist bey

gemeldter Stadt in Diensten gestanden, und daß ihm sein Sohn succediret habe. Das gantze Werck ist in 3 Theile getheilt, und beträgt in allem 90 Bogen.

Woulmyer. s *Volumier.*

Woschittka (Tobias) ein Fagottist in der Kayserlichen Hof-Capelle an. 1727.

Wünter (Jacob) oder Winter war an. 1721 und 727 in der Römischen Kayserin, Amaliæ Wilhelminæ, Hof-Capelle ein Violoncellist.

Wurtzel-Zahlen. s. *Numeri radicales.*

Wüst, hat an. 1723 als Violinist und Hautboist am Bischöfflichen Hofe zu Freysingen gestanden.

Wysocki (*Adam*) war an der Cathedral-Kirche zu Wladislaw in Polen Vicarius, ein wohlverdienter Musicus, starb an. 1642 am 5ten Januarii, und bekam nachstehendes Epitaphium:

D. O. M.

Adamus Wysocki de domo Godziembarum, Ecclesiæ hujus Cathedralis Vladislavien. Vicarius perpetuus, vir pius & probus, liberalis & hospitalis, de literis humanioribus & arte Musica bene meritus, quem mors in medio ætatis cursu veluti arborem virentem, & ad fructus uberiores maturescentem sustulit, ac ut in die resurrectionis, illud quod mortale & corruptibile fuit, reflorescat, hic deposuit. Obiit Anno Dom. 1642 die 5 mensis Januarii. s. *Sim. Starovolscii* Monumenta Sarmatarum, p. 409.

X.

Xanthus, ein Musicus von Athen, lebte mit Theophrasto zu einer Zeit, und schrieb Histor. eruditorum. s. das *comp* Gelehrten-*Lexicon.*

Xenocritus, ein Musicus und Poet aus dem Locrischen Geschlechte in Italien, hat Pæanes gemacht. Der Inhalt seiner Verse sollen gemeiniglich tapffere Helden-Thaten gewesen seyn: Daher denn auch seine Argumenta von etlichen Dithyrambi genennet worden. s *Printzens* Mus. Histor. c. 7. §. 38.

Xenodamus, Cytherius, ist ein Tichter der Hyporchematum gewesen. *idem ibid.* §. 37.

Xenophantus, ein berühmter Pfeiffer, welcher

welcher bey der Leiche des Königes Demetrii Poliorcetis geistliche Lieder gepfiffen, und seine Kunst rühmlich erwiesen. s. Printzens Mus. Hist. c. 6. §. 47. Beym Sabellico lib. 1. c. 4. Ex. stehet, nach *Beyerlinckii* Bericht, dieses: Xenophantus, modulator insignis, maxima & inaudita modulatione cecinit in funere Demetrii regis.

Xenophilus, ein gelehrter Musicus, ist dem Vaterlande nach, ein Chalcidenser, sonsten aber ein Pythagorischer Philosophus, und dem Alter nach, zwey Jahr jünger, als Gorgias, welcher 107 Jahr gelebt, an Glückseeligkeit aber nicht geringer gewesen. Denn, wie Aristoxenus meldet, so hat er niemahls einige menschliche Ungelegenheit ausgestanden, sondern ist im hohen Alter, im höchsten Glantz der vollkommensten Gelehrsamkeit verstorben. Valerius. Der Glückseeligkeit dieses Xenophili gedencket auch *Plinius* lib. 7. c. 50. s. Printzens Mus. Hist. c. 7. §. 10.

Xilorgano [*ital.*] Xylorganum [*lat.*] ein Hölzernes Gelächter; von ξύλον, lignum, Holtz, und ὄργανον, instrumentum. conf. *Claquebois*.

Xylander (*Wilhelm*) oder Holtzmann, von Augspurg gebürtig, woselbst er an. 1512 von Blutarmen Eltern gebohren worden, ist, wie Freherus von ihm meldet, ein Logicus, Poëta, Mathematicus, Musicus, Historicus und Physicus, auch in der Griechischen und Hebräischen Sprache sehr erfahren gewesen; hat aber dennoch in sehr dürfftigem Zustande leben, und sich fast nur von Bücher-Schreiben ernehren müssen, ob er gleich Professor der Griechischen Sprache zu Heydelberg gewesen. Er ist durch unmäßiges Studiren an. 1576 den 10. Febr. im 44 Jahre seines Alters gestorben. s. das *comp.* Gelehrten=*Lexicon*.

Y.

Young (*Wilhelm*) ein Engländer, hat an. 1653 drey = vier = und fünfstimmige Sonaten zu Inspruck in folio herausgegeben, und sie dem Ertz=Hertzoge von Oesterreich, Ferdinando Carolo, zugeschrieben. Daß der Præsident an. 1724 zu Londen bey nahe von hundert ansehnlichen Herren und Kauffleuten aufgerichteten Musicalischen Societät auch Young heisse, ein berühmter Musicus in der Königl. Capelle daselbst sey, und auf S. Pauli Kirchhofe daselbst wohne, lieset man in *Matthesonii* Crit. Mus. T. 2 p. 29.

Yssandon (*Jean*) ein Frantzösischer Musicus, von Lesart, einem in der Graffschafft Foix liegenden Orte, gebürtig, hat zu Avignon florirt, und einen aus 2 Theilen bestehende Traité de la Musique, an. 1582 zu Paris bey Adrian le Roy und Robert Ballard in folio drucken lassen. s. *Verdier* Bibliotheque, und das *comp.* Gelehrt.n=*Lexicon*.

Z.

Zaccariis (*Cesar de*) ein von Cremona bürtig, und am Bayerischen Hofe bedient gewesener Musicus, hat folgende Wercke zu München bey Adam Berg drucken lassen, als: an. 1590 Cantiones Sacr. 4. vocum, in 4to an 1594 Intonationes vespertinarum precum, una cum singulorum tonorum Psalmodiis (quæ vulgo Falsi Bordoni dicuntur) 4 vocum: Hymnos 5 vocum de tempore per totum annum, &c. in folio; an. 1595 anzonette à quattro voci, in 4to. s. *A isi* Cremon. literat. p 454.

Zacconi (*Ludovico*) ein Augustiner=Mönch, von Pesaro gebürtig, und Musicus oder Sänger erstlich in der Oesterreichischen, hernach aber in der Bayerischen Capelle, hat eine aus 2 Theilen bestehende Prattica di Musica geschrieben; davon der erste an. 1596, und der zweyte an 1622 zu Venedig in folio gedruckt worden. Jener enthält in 4 Büchern 272; Dieser aber in eben so vielen 122 kurtze Capitel, die zusammen ein drey = queer = Finger = dickes Buch ausmachen. Der völlige Titul von beyden ist in *Matthesonii* Crit. Mus. T. 2. p. 89 und 97 befindlich.

Zachau (*Friedrich Wilhelm*) war gebohren an. 1663 den 19 Novembr. in Leipzig, woselbst und nachgehends in Eilenburg sein Vater Stadt=Musicus gewesen, erlernete, nebst Abwartung der Schule, so wohl die Organisten = als Stadt=Pfeiffer-Kunst ex fundamento; wurde an. 1684 zum Organisten an die L. Frauen=Kirche in Halle vociret, welche function er auch, bis an sein an. 1721 den 14 Augusti plötzlich erfolgtes Ende, mit grossem Ruhm verwaltet hat, indem er nicht nur viele Kirchen = und Clavier=Stücke gesetzet, het, sondern auch verschiedene brave Leute, und unter solchen insonderheit den weltberühmten Capellmeister, Hrn. Hendel, gezogen.

Zaffiri (*Filippo*) von Novara gebürtig, hat, als ein Philosophus und Medicus ums Jahr 1561 zu Pavia floriret, ist dabey ein guter Cosmographus und perfecter Musicus gewesen, und im 34ten Jahre seines Alters daselbst gestorben. f. *Ghilini* Theatro d' Huomini letterati, P. 2. p. 81.

Zahn (Johann Christoph) ist gebohren an. 1568 in Sättelstädt, einem ohnweit Eisenach unter dem berühmten Hörselberge liegenden Dorffe, alda sein Vater, Georg Zahn, Schulmeister gewesen, hat bey diesem einen ziemlichen Anfang auf dem Claviere gemachet, sich aber hernach bey Hrn. Johann Pachelbeln in Erffurt noch mehr hierinnen habilitiret; ist an. 1690 nach Eißfeldt als Organist und Schul-Collega, und an. 1710 in dergleichen qualität nach Hildburghausen vocirt worden.

Zampogna, pl. Zampogne [*ital.*] bedeutet nach einigen eine Sack-Pfeiffe; nach andern aber, eine aus allerhand Rohr gemachte Kinder-Pfeiffe.

Zampognare [*ital.*] heißt in Castelli Lexico, auf der Sack-Pfeiffe blasen.

Zampognaro [*ital.*] ein Bock-Pfeiffer.

Zanchius (*Liveratis*) ein Trevisaner (Tarvisinus,) war an Kaysers Rudolphi II. Hofe zu Prag Organist, und gab daselbst an 160; die fünff Vesper-Psalmen von 8. und 12 Stimmen in Druck.

Zanetto (*Zaccaria*) von ihm sind, vor dem 1653ten Jahre, herausgekommen Sacræ Cantiones 2 & 3 vocum. f. den Parstorfferischen Music-Catal.

Zangerus (*Joannes*) ein Musicus von Inspruck gebürtig, hat Institutiones Musicæ practicæ geschrieben, so an. 1554 zu Leipzig gedruckt worden. f. *Gesneri* Biblioth. univers.

Zangius (*Nicolaus*) war bey dem Churfürsten von Brandenburg, Johan Sigismundo, Capellmeister und hinterließ einige von 5 und 6 Stimmen gesetzte weltliche Lieder und Quodlibere, welche ein Musicus des Churfürsten Georg Wilhelms, Nahmens Jacob Schmidt, zusammen getragen, und an 1620 zu Berlin in 4to drucken lassen. Es sind deren an der Zahl 32. In *Draudii* Bibl. Class.

werden auch 5stimmige Quodlibeta, so an. 1596 zu Cöln; ingleichen 6stimmige Cantiones Sacræ oder Motetten, so an. 1621 zu Leipzig gedruckt worden, von ihm angeführet. f. p. 1650, und 1620.

Zani (*Margherita Catterina*) war an. 1718 eine Virtuosin in der Dreßdener Opera.

Zanotti (*Camillo*) seine so wohl Italiänische als Lateinische Madrigalien von 5, 6, und 12 Stimmen, sind an. 1590 zu Nürnberg gedruckt worden. f. *Draudii* Bibl. Class. p. 1631.

Zara (*Antonio*) von Aquileja, war anfänglich nachgehends aber Bischoff zu Biben, (Episcopus Petinensis) einer im Histerreich in der Grafschafft Mittelburg liegenden Stadt, allwo er an. 1620 verstorben, und schrieb eine Anatomiam ingeniorum & scientiarum; in solchem Tractat wird in der 4 Sect. memb. 3. p. 475. von der Musica Practica gehandelt. f. das *comp. Gelehrten-Lexicon*, und *Tevo* Musico Testore, p. 86.

Zarlino (*Gioseppe*) ein sehr berühmter und gelehrter Capellmeister zu Venedig, von Chioggia gebürtig (Clodiensis), begab sich an. 1541 nach Venedig, succedirte daselbst dem aus der Republic Diensten gegangenen Cipriano Rore; schrieb Istitutioni Harmoniche; Demonstrationi Harmoniche; Supplementi musicali; della Patienza; del vero anno & giorno della morte di Christo, und della origine dei R. F. Cappucini. Alle diese Wercke sind nachgehends zusammen in 4 tomis daselbst in folio gedruckt worden. Die Institutiones hat er dem Patriarchen zu Venedig, Vincenzo Diedo; die Demonstrationes dem Venetianischen Hertzoge Aluigi Mocenigo; die Supplementa dem Pabst, Sixto V. und die übrigen drey Tractate (welche Volumen 4tum & ultimum ausmachen) der Leonora da Este, zugeschrieben. Er hat auch einen Tractat, unter dem Titul: Melopeo ô Musico Perfetto; ingleichen 2 Bücher de Re Musica in lateinischer Sprache, verfertiget. f. das Ende der *Supplementorum*, und *Giacomo Alberici* Catalogo breve de gl' illustri & famosi Scrittori Venetiani, p. 41. allwo stehet: de utraque Musica, libri venticinque latini, (1556) Er ist an. 1599 den 14ten Febr. ohngefehr im 59 Jahr seines Alters gestorben, und in die S. Laurentii-Kirche begraben worden.

Zasa

Zasa (*Paolo*) hat einen aus 4 Theilen bestehenden Selva spirituale armonica von 1. 2. 3 und 4 Sing-Stimmen, nebst Violinen, worinn Motetten, Psalmen, Magnificat, Messen, und Cazonen enthalten sind, vor dem 1653 Jahre herausgegeben. s. den Parstorfferischen Music-Catal.

Zavalioli (*Simon*) von seiner Composition sind vor dem 1653ten Jahre 2. 3. 4 und 5stimmige Messe und Sacræ Laudes mit 2 Violinen gedruckt worden. s. den Parstorfferischen Music-Catal. p. 3.

Zehmin, eine geschickte Leipzigerin, hat nicht nur etliche nette Cantaten mit ihrer poetischen Feder aufgesetzet, sondern ist auch eine virtuose Sängerin, und Music-verständiges Frauenzimmer gewesen. s. *Amaranthis* Frauenzimmer-Lexic.

Zeidler (*Joh. Georg*) ein Magister, von Chemnitz aus Meissen gebürtig, hat eine aus 3 Quæstionibus bestehende Disputation, unter dem Titul: Ternarius Musicus, an. 1615 zu Jena pro loco gehalten. Die Fragen sind folgende: (1. an duæ Consonantiæ perfectæ ejusdem speciei sine vitio in pluribus vocibus se se sequi possint. (2. an Dissonantiæ etiam, textu præsertim postulante, adhiberi debeant. (3. an Musicum deceat esse Philosophum? Der Respondens ist ein Vinariensen, Nahmens, Urbanus Fritsch, gewesen.

Zeising (*Heinrich Christian*) jetziger Capellmeister zu Hildburghausen, ist vorher Violinist zu Durlach gewesen, und hat Hrn. Johann Georg Seebachs Lieder von Zion, so gedruckt worden sind, componiret.

Zelenska (*Joh. Dismas*) ein Violinist in der Königl. Capelle und Cammer-Music zu Dreßden an. 1729. s. den dasigen Hof-und Staats-Calender.

Zeitlinger (*Sebastian*) war an. 1721 und 1727 in der Kayserl. Capelle ein Tenorist.

Zenari (*Giulio*) hat an. 1589 dreystimmige Madrigalien zu Venedig drucken lassen.

Zermignasius (*Joannes Maria*) ein Cremonenser ums Jahr 1570, wird in *Arisii* Cremona literata, p. 452. ein perspicuus Symphoneta genennet.

Zeutschner (*Tobias*) ein Notarius Publ. Cæsareus, und Organist an der Marien-Magdalenen-Kirche zu Breslau, ließ an. 1661 seine Musicalische Kirch- und Haus-Freude, von 1. 2 bis 6 Stimmen und Instrumenten gesetzt, zu Leipzig in 4to drucken. Daß er aus der Grafschafft Glatz, am Riesen-Gebürge bürtig gewesen; in seiner Kindheit vom Vater, einem Tuchmacher, der wegen der Evangelischen Religion ins exilium gehen müssen, nach Bernstadt in Schlesien gebracht worden, und noch bey iungen Jahren zu Oelß in Rath gekommen, auch darauf in dasiger Pfarr-Kirche Organist, dann an. 1649 dergleichen zu Breslau an der S. Bernhardin- wie auch hernach an obgedachter S. Marien-Magdalenen-Kirche geworden, und in dieser letztern station an. 1675 den 15 Sept. gestorben sey; dessen berichtet ist in Wetzels Lieder-Historie, P. 3. p. 326.

Ziani (*Antonio*) stund als Vice-Capellmeister am Kayserl. Hofe an 1703 in Diensten. In des Roger Music-Catalogo werden 6 Sonaten von 2 Violinen und G. B. angeführt.

Ziani (*Pietro Andrea*) war ums Jahr 1648 Capellmeister zu S. Marco in Venedig. Sein 7des, aus 3. 4. 5 und 6stimmigen Sonaten bestehendes Werck ist in Freyberg heraus gekommen; auf solchem wird er der Römischen Kayserin, Eleonoræ, Capellmeister genennet.

Ziegler (*Johann Christoph*) gewesener Music-Director, und Organist bey der Universität Wittenberg, gab eine Intavolatura zur *Violadigamba*, aus Entraten, Allemanden, Couranten, Sarabanden und Capriccien bestehend, in 8vo oblongo heraus.

Ziegler (*Johann Gotthilff*) Music-Director und Organist zu St. Ulrich in Halle, wie auch Musicus ordinarius in Pædagogio regio daselbst, ist gebohren an. 1688 zu Dreßden, hat im vierdten Jahre seines Alters die Singe-Kunst, und im sechsten das Clavier zu erlernen angefangen, auch in beyden solche profectus erlanget, daß er im 10ten Jahre eine vorgelegte Partie ohne Anstoß ex tempore wegsingen, und im letztern gar offt für andere Organisten den gantzen Gottes-Dienst verrichten können. Dieses ist nachgehends in Dreßden bey Hrn. Pezolden, an. 1710 ein halb Jahr bey Hrn. Zachauen, und letztlich beym Hrn. Capellmeister Bachen continuiret worden. In der Composition hat er verschiedene Lehrmeister gehabt; weil es aber pure Practici, und ihm ihr methodus informandi nicht anständig gewesen, hat er
endlich

endlich beym Hrn. Capellmeister Theilen mehrere Satisfaction gefunden, hierbey aber dennoch nicht unterlassen, so wohl Italiänische, Frantzösische und Teutsche Music-Auctores, als stumme Lehrmeister, sich anzuschaffen, auch, vermittelst einer zweyjährigen Reise, verschiedene Capellen Teutschlandes zu besuchen. Die Music verschaffte ihm bey dem Hrn. Inspectore Freyern Gelegenheit, von dem seel. Hrn. Professore Francken ins Pædagogium, regium aufgenommen zu werden, und selbiges bey nahe drey Jahr zu frequentiren. Hierauf begab er sich nach Franckfurt am Mayn, und daselbst etliche Jahre in Condition, an. 1713 aber wiederum zurück nach Halle auf die Universität, und studirte drey Jahr Theologiam; da ihm aber die Stimme zu predigen (weil er allzulange den Discant gesungen) nicht favorisiren wollen, ergriff er, auf Einrathen guter Freunde, das Studium Juridicum. In diesen Studenten-Jahren hat er zwar verschiedene Vocationes bekommen, selbige aber, weil er seine letztern Studia, die in Philosophicis, Physicis und Mathematicis bestanden, noch abwarten wollen, ausgeschlagen, bis er endlich an. 1716 nach Reval zum Organisten-Dienste vociret worden. Worauf ihn viele Gönner, und insonderheit sein Antecessor, Hr. Adam Meißner, von Halle nicht weglassen wollen, sondern es dahin gebracht, daß er, nach abgelegten öffentlichen Proben, diesem adjungiret worden. Nach Jahres-Frist ist sein Hr. Vorfahr gestorben, da er denn den völligen Dienst überkommen. Sint der Zeit sind ihm aufs neue wiederum verschiedene Vocationes, und zwar vor 6 Jahren die dritte von Reval zugeschicket worden; Das hochlöbliche Kirchen-Collegium aber so wohl, als die Hrn. Geistlichen, haben ihn nicht folgen lassen wollen, ohngeachtet er diese letztere bereits angenommen gehabt, sondern ihm 50 Thaler an der Besoldung zugeleget. Hierbey hat er einen ungemein stärcken Zugang von Scholaren, so, daß von früh 6 bis Abends 9 Uhr alle Stunden besetzt sind, und haben noch in dem 1730ten Jahre 33 Expectanten sich angegeben, welche bey ihm noch keine Stunden bekommen können. Nebst nurgemeldter starcken Arbeit hat er zweene Evangelien-Jahrgänge und einen Epistel-Jahrgang componiret; auch zweene Tractate von der Music geschrieben. Der Titul des einen heisset: Neu-erfundene Musicalische Anfangs-Gründe, die so genannten Galanterien betreffende; u. der Titul des zweyten: Neu-erfundener Unterricht vom *General*-Baß, dabey nur 5 bis 6 Regeln dürffen auswendig gelernet, die andern aber bloß durch eine erfundene Observation sogleich behalten werden können. Weil nun zu solchen sich bishieher kein Verleger finden wollen, als hat der Hr. Auctor im vergangenen Sommer sich im Kupfferstechen u. radiren unterweisen lassen, und schon verschiedene Tabellen verfertiget, um beyde selbst dem Publico zu liefern. (Diese Nachricht hat einer von dessen ehemahligen Scholaren, nemlich Hr. Andreas Spieler, ein Studiosus Juris und Musicæ Practicus, mir genegst mitgetheilet.)

Ziegler (Christian Gottlieb) ist gebohren an. 1702. den 25ten Mertz zu Pulßnitz, einem in der Ober-Laußitz, nahe an der Meißnischen Grentze liegenden Städtgen, allwo sein Vater, Hr. Joh. Gottlieb Ziegler, ein Bruder des an der St. Ulrichs-Kirche in Halle dermahlen stehenden Music-Directoris, Hrn. Johann Gotthilff Zieglers, Organist und Collega tertius an der Schule ist; hat in dieser bis ins 13de Jahr so wohl in literis, als insonderheit in der Music, unter väterl. information, einen guten Grund geleget; von an. 1715 bis 1720 im Waysen-Hause zu Halle den Schul-studiis, und bey seinem Hrn. Vetter daselbst, der Music obgelegen, hierauf bey nahe drey Jahr lang die Theologie auf dasiger Universität getrieben, das Collegium musicum fleißig dabey besuchet, und in selbigem verschiedene selbst verfertigte Cantaten, Trio, Ouverturen, Concerten, ꝛc. aufgeführet. Als er, aus gewissen Ursachen, von den Eltern nach Hause geruffen worden, hat er sich meistens in Dreßden aufgehalten, daselbst mit dem grossen Virtuosen, dem nunmehro seel. Hrn. Heinichen, Hrn. Weisen, Hrn. Petzolden, Hrn. Pisendeln, und andern Bekanntschafft gepflogen, insonderheit aber von dem 1sten und 3ten vieles in musicis profitiret. Als er auf dieser mit allem Recht also zu nennenden Musicalischen Academie anderthalb Jahr zugebracht, ist er zum zweytenmahle nach Halle gegangen, und hat in einer Zeit von 3 bis nahe 4 Jahren, daselbst die Rechtsgelahrheit tractiret. An. 1727 den 16ten May ist er, nach abgelegter Pro=

Probe, an des verstorbenen Quedlinburgischen Hof-Organistens, Hrn. Mekenhäusers Stelle gnädigst beruffen und angenommen; aber, nach dem Tode Hrn. August. Schmidts, gewesenen Organistens an der Haupt-Kirche zu S. Benedicti in der Alt-Stadt daselbst, auf vorher gegangenes unterthänigstes Ansuchen von Ihro Hochfürstl. Durchl. der Aebtißin, an. 1730 an. 8 Sept. in diese Bedienung versetzet worden. Mit dem Anfange des 1728ten Jahres hat er angefangen einen Tractat vom General-Baß zu schreiben: Den zweyten Theil gedencket er mit dem Ende dieses jetzt lauffenden, 1731sten Jahres zu vollenden, und, so sich ein Verleger finden solte, selbigen unter dem Titul: der wohl informirte General-Baßist, zu publiciren.

Ziegler (Michael) ein Schwäbischer Patritius, hat, nachdem er die mehresten Städte Teutschlandes, Franckreichs und Italiens besehen, sich auf der Universität zu Pavia aufgehalten, so wohl in der Philosophie, Jurisprudenz, als Music sich hervor gethan, und daselbst an. 1564 den 5 Aug. im 27 Jahr seines Alters, als er sich im Fluß Tesino gebadet, sein Leben beschlossen. Sein in der Thom-Kirche zu Pavia befindliches und von Joan. Corradio Cotwitz verfertigtes Epitaphium lautet, wie folget:

Michaeli Zieglero, patritio Suevo, qui plurimis cum Germaniæ & Galliæ, tùm Italiæ civitatibus peragratis, ob præclaras animi ingeniique dotes multorum gratiam conciliaverat. Demum hoc Ticinensi Gymnasio adeò in omni virtutum genere excelluerat, ut non minus in Philosophia, quam in Jurisprudent. atque in Musicæ modulis floreret; quique cum in syriac. ardoribus, æstus leniendi causa, Ticino amni natans se credidisset; ejus vorticibus involutus, diem obiit an. M. D. LXIV. Non. Quinct. ætat. suæ XXVII.

    Joan. Corradius Cotwitz, cui flebile desiderium reliquit, socius socio carissimo, atque opt. merito moestiss. pos.
    Suevia me genuit, rapuit Ticinus habet nunc
    Urna brevis calidis te lave, lector, aquis.

f. *Swertii* Select. Christiani Orbis Delicias p. 180.

Ziller (Bernhard) ein Kayserlicher Violinist an. 1721 und 1727.

Zimmermann (Adrian) ein Orgelbauer, hat an. 1600 die aus 43 Stimmen bestehende Königl. Schloß-Orgel in Königsberg verfertiget. f. *Matthesonii* Anhang etlicher 60 Orgel-Wercke zu Niedtens Musicalischer Handleitung zur Variation des G B. p. 186.

Zimmermann (Felix) hat an. 1580 Sacras Cantiones zu Nürnberg heraus gegeben. f. *Draudii* Bibl. Class. p. 1620.

Zimmermann (Philipp) von Gandersheim, war unter den 53 verschriebenen Organisten der zwölffte, welcher das an. 1596 in die Schloß-Kirche zu Grüningen erbauete Orgel-Werck bespielt und examinirt gehabt. f. Werckmeisters Organum Gruning, rediv. §. 11.

Zindelius (*Philippus*) ließ an. 1609 seine Primitias Odarum sacrarum von 4 Stimmen, zu Dillingen bey Georg Willern in 4to drucken.

Zipoli hat, nach Anzeige des Pariser Music Catalogi in 4to aufs Jahr 1729 p. 15. folgende Wercke heraus gegeben, als: Pieces d'Orgue; Six Ouvertures & Concerts pour le Violon; und l'Apollo.

Zoega (*Christianus*) schrieb an. 1692 eine Dissertation zu Leipzig: de Buccina Hebræorum. f. *Jacobi le Long* Bibl. Sacr. p. 1017.

Zoilo (*Cesare*) ließ an. 1628 Madrigalien in Venedig drucken; auch ist daselbst vorher, nemlich an. 1620 ein fünff-stimmiges Madrigalien-Werck von ihm heraus gekommen.

Zornius (*Petrus*) der ehemahlige Schul-Rector zu Plön, und jetziger Professor Eloquentiæ & Historiarum am Gymnasio zu Stettin, hat an. 1715 eine Commentationem: de usu æreorum Tripodum & *Cymbalorum* in Sacris Græcorum, zu Kiel in 4to von 4½ Bogen drucken lassen, darin der Paulinische Spruch 1 Corinth. 13. v. 1. erläutert, und aus der Griechischen Antiquität dargethan wird: daß durch das thönende Ertz entweder die Päucken der Heydnischen Priester p. 8. oder auch ein ηχειον, d. i. ein ehern Blech, welches den Leyern und Harffen der Alten einen stärckern Resonanz geben müste, p. 9. könne verstanden werden; doch behauptet der Hr. Auctor, als die probableste Meynung p 12.

es ziele Paulus hiermit auf die eherne Dreyfüsse, welche bey den Griechen die Uberwinder im Kampff als einen Gewinst zu erhalten, und hiernechst in die Heydnischen Tempel zu verehren pflegten, woselbst sie vor Behältnisse der Götter gehalten wurden, die mit ihrem Klange zukünfftige Dinge vorher verkündigten: mit diesem Gleichniß werde von dem Apostel der Mißbrauch des doni linguarum abgebildet. Von den Cymbeln und derselben Gebrauch wird p. 26 seqq. mit grossem Fleiß gehandelt, und Braunius, der Pauli Worte aus den Jüdischen Gebräuchen erklären wollen, wiederlegt, p. 34. s. die Unschuldigen Nachrichten an. 1715. p. 1034. sq.

Zotti (*Giovanni de*) sein erstes aus Sonaten à Violino solo e B. C. bestehendes Werck ist zu Amsterdam bey Roger gravirt worden.

Zschuck (*Joachim*) ein Orgelmacher von Plauen, hat an 1612 die in der St. Marien-oder Unser L. Frauen-Kirche zu Zwickau befindliche Orgel verfertiget. s. *M. Tob.* Schmidts Chron. Cygn. p. 59.

Zuber (*Gregorius*) E. E. und Hochweisen Raths der Stadt Lübeck bestallt gewesener Violinist und Musicus, hat an 1649 den 1sten Theil seiner Paduanen, Gaillarden, Balletten, Couranten und Sarabanden von 5 Stimmen daselbst in 4to drucken lassen. Der zweyte Theil von 2 und 4 Stimmen, nebst einem G. B. ist an. 1659 zu Franckfurt am Mayn, gleichfalls in 4to

herausgekommen, hält 54 obiger Stücke in sich, und vom Auctore zehn vornehmen Kauff- und Handels-Leuten der Stadt Lübeck dedicirt worden.

Zuchardus (*Floridus*) hat verschiedene Sachen heraus gegeben, davon das zehnte Buch 5. 6. und 8stimmiger Motetten an. 1591 zu Venedig in 4to gedruckt worden. s. *Draudii* Bibl. Class. p 1640.

Zuchino (*Gregorio*) ein Cassinensischer Mönch, und des H. Georgii Majoris zu Venedig Professus, von Brescia gebürtig, hat an. 1603. unter dem Titul: Harmonia Sacra, 8. 9 10. bis 2stimmige Motetten; ingleichen 8 - 16 stimmige Missen, daselbst in 4to drucken lassen. s. Printzens Mus. Hist. c. 12. §. 1. und *Draudii* Bibl. Class. p. 1625.

Zuffi (*Giov. Ambrosio*) ein Organist zu Manland, hat daselbst an. 1521 zweene Theile 1.2. 3. und 4stimmiger Concerten; und an. 1624 abermahl ein dergleichen Concerten-Werck nebst einem 4stimmigen Magnificat, durch den Druck bekannt gemacht. s *Picinelli* Ateneo dei Letterati Milanesi, p. 258.

Zürcher (*Frantz*) war an 1678 an Kaysers Leopoldi I. Hofe-Lautenist. s *Bucelin.* P. 4. p. 526.

Zurita (*Laurentia de*) eine gelehrte Spanierin, und Eheliebste des Thomæ Gratiani, welcher Königs Philippi II. Secretarius gewesen, und an. 1627 verstorben, hat unter andern, die Music ungemein wohl verstanden. s. *Antonii* Bibl. Hispan.

Tt 2   ADDEN-

ADDENDA.

Die Worte: p. 253. sp. 2. lin. 13. das *Sertum* - - - dati rt; gehören in vorhergehenden Articul.

p. 277. sp 2. l. 5. Anno 1722 ist zu Bologna die vierde Auflage bey Giuseppe Antonio Silvani ans Licht getreten.

p. 320. sp. 1. l. 44. p. 85. und 89 addatur: hat wegen der Vocum musicalium, mit Sethio Calvisio Händel gehabt.

p. 354. sp. 2. In Nicolai Polii an. 1672 zu Leipzig in folio gedrucktem Hemerologio Silesiaco Vratislaviensi lieset man am 164 Blatte folgendes: An. 1587 den . May starb zu S Hieronymus Georgius Langius von Havelberg, ein guter Musicus und Componist, an Händen und Füßen contract.

p. 358. sp. 1. l. 3. Der völlige Titul derjenigen Edition, so mir nachhero bekannt worden, lautet also: Mufomachia, i. e. Bellum musicale, ante quinque lustra belligerarum in gratiam *Ev. Sax.* nunc denuo institutum a primo ejus auctore *Petro Laurembergio*, Professore Academico. Richelianis arma suppeditantibus a *Johanne Hallervordio* (dem Buchhändler in Rostock) toti orbi indictum 639; und der Inhalt in 5 Bogen ist folgender: Cap. 1. Præloquium. Descriptio Regionis, itemque Regni, & Genealogia Imperatorum Musices c. 2. Apollo moriens filiis suis relinquit indivisum imperium. Inter hos orta dissensio prima belli causa. c. 3. Bisthon argumentis confirmat, se præ Orpheo dignum esse cui committantur fasces imperii. c. 4. Orpheus pro se adversus Bisthonem loquens ambit dignitatem regiam. c. 5. Orpheus respondet a : calumnias Bisthonis. c. 6. Judicium postrema sententia. Belli auspicium. c. 7. Denunciatur bellum per Feciales. Recensentur milites Bisthonis. c 8. Recensetur exercitus Orphei. c. 9. Prælium commissum inter Orphea & Bisthonem.

p 427. Müller (Joh. Michael) addatur: ist zu Schmalkalden an. 1683 gebohren, und, nebst gedachten Bedienungen, annoch Tertius am reformirten Gymnasio daselbst, hat einige vierte Choräle; und an. 1719 ein Psalm-und Choral-Buch aufs Clavier mit einem richtigen Baß versehen, zu Franckfurt bey Joh. Adolph Stocken heraus gegeben.

p. 485. sp. 1. Der zweyte Articul: Johann Pachelbel, gehört zu p. 457.

p. 46.. sp. 1. Partie inferieure, gehöret zum Articul: Parte inferiore; und Partie superieure, gehöret zum Articul: Parte superiore.

p 475. sp. 1. l. 47. Meistern, und insonderheit bey Hr. Fischern, die

p. 480. sp. 1. l. 19. heißen: und, laut eines unterm 11ten Dec. 1731. vom Hr. Capellmeister Reüttern, an der Dom-Kirche in Wien erhaltenen Schreibens, eine Sammlung der besten Italiänischen *Virtu*sen unter Händen haben.

p. 4 9. sp. 2. Die Worte: heißet: *Proportio dupla sesquialtera*, gehören in die 13de Zeile, nach den Zahlen 2$\frac{1}{2}$.

Georg Reütter, Kayserl. Cammer-Organist, und Capellmeister zu Wien an der Metropolitan-Kirche zu St. Stephan, ist daselbst gebohren, und 71 Jahr alt.

Carl Reütter, der ältere Sohn, ist an der St. Stephans-Dom-Kirche in Wien Organist, und 34 Jahr alt.

Georg Reütter, der jüngere Sohn, ist Kayserl. Componist, und 25 Jahr alt.

Theresia Reütterin, eine Tochter, ist eine Kayserl. Hof-Sängerin, und gleichfalls 25 Jahr alt.

p. 543. sp 2. l. 30. Sault oder Saut,

p. 5-3. sp. 1. l. 26. Jetzo aber Capellmeister bey der Rußischen Kayserin.

p 534. sp. 2. l. 7. Anno 1475 das große Werck im Stifft Bamberg, und das Werck zum Barfüssern in Nürnberg gebauet; jenes aber an. 1493 mit mehrern Clavibus und Bälgen verbessert.

p. 553. sp. 1. l. 4. Schmidt (Joh. Christoph) Königl. Pohlnischer und Churfürstl. Sächsischer Capellmeister in Dreßden.

p. 569. sp. 2. l. 35. Canonum Add. s. *Matthesonii* Crit. Mus. T. 2. p. 146. in not.

EMENDANDA.

p. 597. ſp. 2. l. 25. addatur: (10. 3 Tricety Methodichy und 3 Scherzi vor 2 Violinen oder 2 Flöten Travers, benebſt dem G. B. vor 1¼ Thaler, an. 1731 in Kupffer geſtochen.

(11. Cantaten mit einer luſtigen Poeſie, welche aus einer Singe-Stimme, benebſt bezifferten G. B. 2. Violinen, Viola und Violoncello beſtehen, vor 3 fl. 24 Creutzer.

(12. 6 neue Sonatinen, welche auf dem Clavier allein können geſpielt werden, oder mit einer Violin oder Flöte Travers benebſt dem G. B.

EMENDANDA.

pag	ſpalte	lin.	an ſtatt	lieſ
1	1	32	b e	be, als eine Sylbe.
		35	d'all	dall'
3	1	4	fertig	fort
		5	N. 1.	Tab. 1. F. 1.
5	1	40	Thon.	Ton.
	2	11	nach *exprimiren.*	vid. Tab. 1. Fig 2.
		31	Vide wie Nom. II.	vid. Tab. 1. F. 3. das 2te Exemp.
		36	No. III.	vid. Tab. 1. F. „ das 1ſte Exemp.
7	2	15	Accordes.	Accords.
		17	Accordes fauſſes.	Accords faux.
9	1	14	adago und ado	adagº und adº
10	1	ult.	Galliarden	Gaillarden
		34	naturel le	naturel pour le.
13	1	27	Vide No. IV.	f. Tab. 1. F. 4.
15	2	33	1686	1486.
16	1	antep.	Rex,	Rex
22	1	35	c.	p.
23	2	12	Franz.	Franc.
27	1	17	V. No 5.	f Tab. I. F. 5.
		38	Alegreſſe	Alegreſſe oder Alaigreſſe.
28	1	29	linem	ſich einem
		35	welche zwar	welche jene zwar
		40	in den	in H. Schrifft den
	2	16	Alouiſius	Aloyſius
29	2	11	zwo Breves	zween Brevibus
		14	Semibreve	Semibrevem
31	1	45	Cimina	Ciminna
38	2	13	wie No. 6.	f. Tab. I. F. 6.
		28	No 7.	f. Tab. I. F. 7.
40	2	27	Ricercali	Ricercari
42	1	3	appogiato	appoggiato
		16	Caſſiodoro	Caſſiodoro
		24	Aputo	Apuzo
44	1	30	Tarſis	Tharſis
47	1	46	Biblioth. lib.	Biblioth. Gr. lib.
49	2	45	6te	8te
51	2	18	das 3	das 2
52	1	21	Vano	llano
		54	de	del
	2	1	neceſſaire	neceſſarie
		26	farrà	farà
		47	Inperfettione	Imperfettione
55	1	6	Vid. No. 8.	f. Tab. I. F. 8.
57	1	17		das zweyte Zeichen muß nur ein halber Circul mit einem Puncte ſeyn

EMENDANDA.

pag.	spalte	lin.	an statt	lies
60	1			zu dem Articul: Authentus, gehören die in der 2ten Tabelle F. 9. befindliche Melodien
	2	21	in hölzernen axibus oder Tafeln eingehauen gewesen.	auf Tafeln, in axibus geschrieben gewesen
62	1	45	♮	♭
	2	49	Marsiæ	Marsyæ
65	2	3	Georgio	Giorgio
66	2	5	Violoncello-Cont.	Violoncello e Cont.
		30	al'l	all'
68	1	19	poscareccio	boscareccio
70	2	6	Barbidos	Barbitos
72	1	32	Cazzando	Cozzando
74	1	24	qua	quæ
75	2	16	Neophitorum	Neophytorum
		24	Sà	à S.
76	1	23	Synthonum	Syntonum
77	2	25	Vilante	Volante
78	2	30	Continne	Continuē
		penult.	Baritono	Bariton
79	1	13	mittlere	mittlern
		23	Basso Concertante Basso Continuo.	Basso Concertante (ital.) der Baß des kleinen, oder concertirenden Chors.
80	1	10	Batallus	Battalus
	2	30	Barbetium	Barberium
83	2	10	gleichfalls	deleatur
84				der Articul Bele, ist gantz weg zu lassen
85	1	ult.	portetta	protetta
86	1	53	sciolimento	scioglimento
88	2	56	Gothische	Gothaische
89	1	51	Pilegrinum	Pelegrinum
90	1	13 sq.	Phil. & F. F. hæredes ex Vinc.	Phil. & Vinc. F. F. hæredes ex testamento P. P.
		15	vigilia	vigila
93	2	51	Jean Franciscus	Joan. Franciscus
95	2	33	bisch-	Bis-chrome
96	1	48	Bazarrerie	Bizarrerie
99	2	23	begraben in	begraben. In
		29	15 o	15:0
103	1	43 sq.	und wie Tab. III. No. 7. aussehende Figur,	bleibende Figur, Tab. III. F. 7. befindlich,
106	1	3	Cumanedo	Comanedo
	2	14	fiono	fiano
107	2	10	Timothei	Timothæi
108	1	31	Milona	Milano
109		41	Musica madrigali	Musica. Madrigali
110	1	19	dactilisches	dactylisches
		55	Fareticre	Furetiere
117	2	2	606	1606
119	1	51	Triumphe	Triomphe
	2	31	1512	1572
120	2	10	Burta	Bursa
148	2	43	Sancto	Santo

pag.

EMENDANDA.

pag.	spalte	lin.	an ſtatt	lieſ
128	2	53	Ptolomæi	Ptolemæi
134	2	29	Cymbeln	Cymbeln
		33	und	deleatur
135	2	15	dem	der
143	1	25	Carpoea	Carpæa
146	1	27	Organe	Organo
		31	pflegt	deleatur
147	1	22	U	ll
149	2	22	welcher	welche
150	1	2	Nobilita	Nobiltà
151	1	28	dediciret	deduciret
155	1	17	Marſenni	Merſenni
152	2	41	Woot	Wood
157	1	32	croe	eroc
	2	6	violine	Violone
		45	⸭	⸭
159	1	ult.	ciudendo chol	chiudendo col
162	1	penult.	Bottſtädt	Buttſtädt
163	1	7	chroatiſch	chromatiſch
166	2	27	Nicoli	Nicolò
167	2	28	κιϑαρῳδία	κιϑαρῳδία
168	1	47	f	f̄
176	1	8	Diminutione	Diminutioni.
	2	1	Picinellis	Picinelli.
182	2	11	auf eine Semibreve	über einer Semibrevi
183	1	ult.	deſſous	deſſus
186	1	19	Petal-	Pedal-
190	2	2	Rothegundæ	Radegundæ
		17	Atheneo	Ateneo.
191	2	6	circa	citra
196	1	41	vacoo, nn	vaco, non
197	1	15	Hemyciclis	Hemicyclis
198	2	5.6	worauſ	worauf
199	2	antep.	f	f̄
201	2	9	Démarets.	Deſmarets.
203	1	29	Giornato	Giornata
204	1	41	Salmidi	Salmi di
206	1	9	intervallum:	intervallum incompoſitum:
207	1	16	Olimpiade	Olympi.
208	2	2.3	über	nur über
242	1	15	ſchließen	ſchlüßen
212	2	9	gebäude	gebäude
213	1	35	Salmiſat.	Solmiſo.
214	1	52	netta	nella
215	1	43	Fritzſchens	Friſchens
	2	41	Trio	Trio,
216	1	20	double	doublée.
218	2	46	lauffenden	deleatur.
220	1	2	U	ll.
	2	20	præto	preſto.
222	1	34	Sl.	Sil.
	2	41	Haumanns	Hanmanns
223	2	3	ſalmiſ.	Solmiſ.
227	1	9	Chœreſtratæ	Chæreſtratæ.

EMENDANDA.

pag.	spalte	lin.	an statt	lies
227	2	24	ᾠδὴ	ᾠδὴ
228	2	5	ἐπωδὸς	ἐπωδὸς
231	2	46	1625.	1652.
238	1	ult.	c	c̄
	2	2	a	ā
239	2	8. 9	und	deleatur
		11	c. 7. Thuringi	c. 7. und Thuringi
240	2	41	Faut (du)	Faut
243	2	6	Ægrætio	Agretio
245	1	9	Antiphoniis	Antiphonis
		25	den Muſicis	den Modis Muſicis
252	1	21	Thaleſtis	Thaleſtris.
255	1	33	Pizzarrie	Bizzarrie.
	2	15	Virtu	Virtù
266	1	9	Fuge	Fugue
267	2	23	Trichter	Tichter
269	1	6	Zwey	ein Zwey
	2	22	Gabrieli	Gabrielli
270	1	1	Gætani	Gaetani
		26	Theorica	Theoria
271	2	53	Gerrardo	Gerardo.
273	1	44	Perza	terza
276	1	3. 4	gebrochene toniſche	gebrochen toniche
277	1	13	Teutſchen	Teutſcher
282	2	16	Piazna	Piazza
		31	†	×
283	1	36	Madona	Modena
		47	vor andern Opera	Opera vor.
288	2	46	erhalten.	diſpenſation erhalten
289	2	48	Dom	Damm
290	2	42	Ptolomæi	Ptolemæi
292	2	55	aber	oder
302	1	21	Lautenberg	Lauterberg
312	2	40	Iſacrotis	Iſocratis
322	2	15	ὑμνέω	ὑμνέω
323	2	1	ὑπερπάτη	ὑπερυπάτη
		21	unterſten	unten
		23	ὑφάλμιον: iſt der Anfang eines neuen Articuls.	
324	1	43	in	auch' in
327	2	27	concheriz	canch.
336	1	3	Drammii	Drammi
341	2	32	Muſurgie, an. 1583 zu Kempten lateiniſch	
344	2	36	Michel	Michael
351	1	37	alle	elle
359	1	11	Tricini-ni	Tricinia
	2	19	Ieggiodro	Leggiadro
360	2	33	Gebſtädt	Gebſtädt
362	1	4	Leütherd	Leütherd
	2	30	Ptolomæi	Ptolemæi
363	1	44	geſchwänzten	geſchwärzten
369	2	7	Londiceer	Londicer
373	1	39	als Secretarius	als Hof-Secretarius
374	2	26 ſq.	vocibus compoſitis	vocibus compoſiti, canonibus
376	1	25	hießen	heiſſen
377	1	27	Cruſco	Cruſca

EMENDANDA.

pap.	spalte	liu.	an statt	lies
377	2	4	Sieg	Steg
385	1	11	Nürnbergischer	Neuburgischer
389	1	21	pontito	pentito.
391	2	33	1719	adde: und 1731
397	2	28	præsto	presto.
398	2	12	Poituo	Poitou
406	2	31	X.	XII.
407	2	21	Messure	Mesure
		49	als man	als was man
408	2	12	du	da
		15	legte	legt'
410	1	3	der	oder
		12	III.	XIII.
		antep.	Hypodorio	Hipodorio
416	1	antep.	Modus	Mode
418	2	5	Vano	llano,
425	1	15	multum	muttum
417	1	24	Muffart	Muffat
	2	51	Meurs	Murs.
429	1	5	fistula	fistula
437	2	16	emmirato Com.	ammirato. Com.
438	1	5	μύσις	μύσης
	2	28	Bestehung	Bestechung.
441	1	49	den	im
	2	27	Tabulaturam heraus	Tabulaturam organorum heraus
442	1	12	Cità	Citta
		16	Comene	Comene
444	1	12		
446	1	8	seinem	seinem dem
448	2	33	Octaviana	Octavina
452	1	40	Organdio	Organâio
460	2	31	Gromatico	Chromatico
462	2	14	c	c
463	1	51	παρωνιοι	παρωνιοι
465	2	25	Gordano	Gardano.
471	2	21	Perccaccio	Percaccio
472	2	52	d.i.	die
480	2	1	le	la
486	1	2	queue	queuë
487	2	27	Suittes	Suites
486	1	7	addatur:	s. Tab. XVIII. F. 16.
495	1	penult.	fanci ulli	fanciulli
497	2		Profius	Profius
498	2	ult.	Pirsen=	Pfirschen=
499	2	12	erfähret	erfähret
54	1	54	Natianz.	Nazianz.
515	1	44	Reco. Ro.	Rec°. R°.
516	1	34	Sanderius	Sanderus
518	1	46	586.	1586
529	2		von	vor
530	1	40	Rubusti	Robusti
531	1	42	Neapolit.	Napolit.
534	1	1	e'	de

ENENDANDA.

pap.	spalte	lin.	an statt	lies
534	1	16	Luigii	Luigi
		22	woran	wovon
		29	Gegliard.	Gagliard.
541	1	36	an dem	am Dom
	2	46	Mutylene	Mitylene
546	1	31	Viacenzo	Vincenzo
548	1	34	Paris	Pars
		48	10	io
556	1	21	Schopar	Schophar
559	2	25	Sagillarius	Sagittarius
56	1	33	Sciocchezza	Sciolto, m. sciolta, f.
562	2	29	Arumdellianis	Arundellianis
565		28	Serpentono	Serpentone
566	1	11	Luco	Luca
	2	50	sexe	Sexte
		52	e	c
567	2	13	Bishopsgate-Straße	Bishopsgate oder Bischoffs-Straße
568	2	46	Costos	Custos.
569	1	42	Simonelli	Simonetti
		penult.	Magnesius	Magnes
571	1	19	Canno	Conno.
572		14	Chorda	Chorde
	2	4	Mova	Nova
573		50	Calabor.	Collab.
575		29	Stabiles	Stabilis
577	1	10	II.	XI.
581	2	23	Angiæ	Augiæ
582	1	54	Pizza	Piazza
	2	10	da arco	d'arco
585	1		Strunck gehöret zu dem p. 583 befindlichen Articul.	
586	2	37	ἐα ὑπυκνο	ἐαρύπυκνοι
		40	Μeson	Meson
587	2	31	der	da
591	2	26	Verz.	Vorz.
592	2	3	t	a
		antep.	Agginta	Aggiunta
595	2	22	Taylor. s.Misc. I. 7. p. 321	deleatur
		49	Antonia	Antonio
596	1	7	Badersl.	Gadersl.
598	2	36	sonore	sonoro
605	1	32	Σρηνῳδις	Σρηνῳδια
617	1	42	5/8	6/8
618	2	21	falle	fatte
624	2	5	una	ima
625	1	21	Velkiers	Valkiers
630	2	22	Tornhaut	Tornhout
634		34	Starovulscii	Starovolscii

Beym Verleger dieses sind folgende nützliche Schul- u. andere Bücher vorhanden, welche denen Liebhabern guter Künste und Wissenschafften bestens recommendiret und bekannt gemachet werden.

Iensii (Joannis) Lexicon puræ & impuræ Latinitatis 8. à 5 gr.

Schonheims Grammatica latina illustrium, vor Jugend von hohen Stande, oder diejenigen, so sich diese Sprache ohne critische Weitläufftigkeit bekannt machen wollen 8. à 4 gr.

Ejusd. Proverbia illustrium, oder gemeine im lateinischer u. teutscher Sprache gewöhnliche Sprichwörter, mit kurtzen moralischen Anmerck. 8. à 4 gr.

Kriegelii 109 Vitae Imperatorum, Regum, Cæsarum &c. ex optimis Autoribus Class. 8. à 8 gr.

Cornelius Nepos mit genannten, M. Kriegels teutschen Noten 12. à 6 gr.

Virgilii Maronis Opera, ex recensione Farnabii, ebenfals mit teutschen Noten 8. à 16 gr.

<small>Diese 6 Büchlein insgesamt weisen durch den beständig guten Abgang, daß sie insonderheit bey Anfängern überaus wohl zu gebrauchen sind, sollen auch künfftighin in noch mehrern Schulen bekannt werden.</small>

Müllers (M. Gottf. Polyc.) Academische Klugheit, darinnen von allen Facultäten wohl zu urtheilen, und sich auf Universitäten wohl zu præpariren gewiesen wird, à 20 gr. ingl.

M. Joh. Andr. Fabricii philosophische Oratorie oder vernünfftige Anleitung zur galanten Beredsamkeit 8. à 8 gr.   und

Das vollständige Geographische Lexicon, in welchem

chem alle Reiche, Länder, Städte, Flüße und dergl. nach ihren ietzigen und vormahligen, auch lateinischen Benennungen enthalten sind, und so eingerichtet ist, daß es nicht alleine bey Erklärung derer Land-Charten, Lesung derer Zeitungen, sondern auch auf Reisen, Posten und Gleits-Einnahmen und sonsten mit sehr grossen Nutzen zu gebrauchen ist, in med. 8. wie gegenwärtiges Lexicon à 1 thlr. 18 gr.

Sind denenjenigen, welche sich denen galanten Studiis widmen, gantz unentbehrlich, ja es haben auch andere Leser sich besondern Nutzen daraus zu versprechen.

Wer zum Zeit-Vertreib, ingleichen zu Erlernung einer reinen teutschen Schreib-Art was Historisches lesen will, dem recommendiret man

Die Gespräche in dem Reiche derer Todten, so unter gegenwärtigen Verlegers Nahmen alhier heraus kommen, ingleichen den Reisenden Chineser und politischen Staats-Mann, welche alle drey noch continuiret werden, ingleichen auch

Johann Gottl. Horns nützliche Sammlungen zu einer historischen Hand-Bibliothec von Sachßen und dessen incorporirten Landen, in welcher vielerhand alte rare und sonst nie gedruckte Nachrichten enthalten 4. ietzo 1 thl. 6 gr.

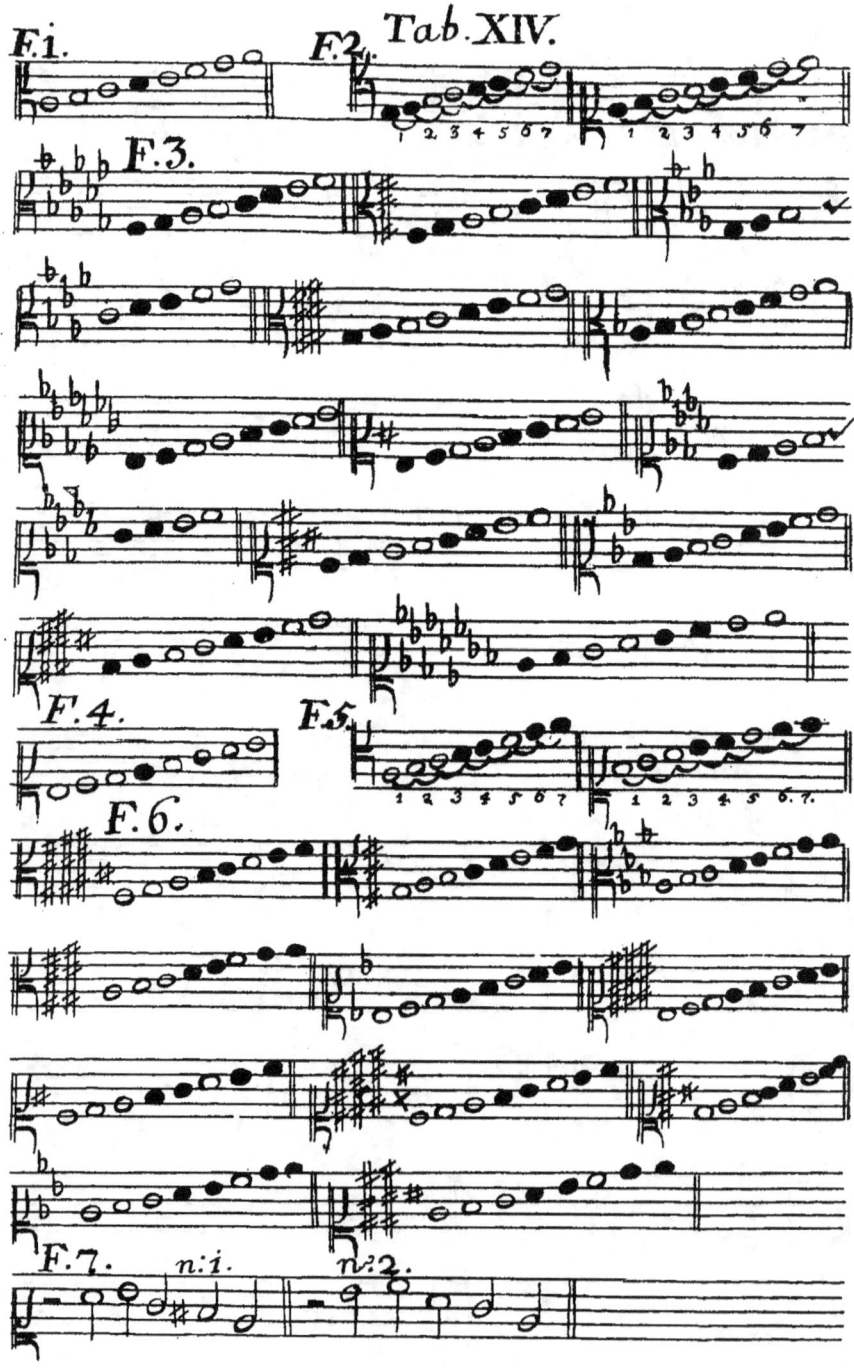

Music and Books published by Travis & Emery Music Bookshop:
Anon.: Hymnarium Sarisburiense, cum Rubricis et Notis Musicis.
Agricola, Johann Friedrich from Tosi: Anleitung zur Singkunst.
Bach, C.P.E.: edited W. Emery: Nekrolog or Obituary Notice of J.S. Bach.
Bateson, Naomi Judith: Alcock of Salisbury
Bathe, William: A Briefe Introduction to the Skill of Song
Bax, Arnold: Symphony #5, Arranged for Piano Four Hands by Walter Emery
Burney, Charles: The Present State of Music in France and Italy
Burney, Charles: The Present State of Music in Germany, The Netherlands …
Burney, Charles: An Account of the Musical Performances ... Handel
Burney, Karl: Nachricht von Georg Friedrich Handel's Lebensumstanden.
Burns, Robert: The Caledonian Musical Museum ..The Best Scotch Songs. (1810)
Cobbett, W.W.: Cobbett's Cyclopedic Survey of Chamber Music. (2 vols.)
Corrette, Michel: Le Maitre de Clavecin
Crimp, Bryan: Dear Mr. Rosenthal … Dear Mr. Gaisberg …
Crimp, Bryan: Solo: The Biography of Solomon
d'Indy, Vincent: Beethoven: Biographie Critique
d'Indy, Vincent: Beethoven: A Critical Biography
d'Indy, Vincent: César Franck (in French)
Fischhof, Joseph: Versuch einer Geschichte des Clavierbaues. (Faksimile 1853).
Frescobaldi, Girolamo: D'Arie Musicali per Cantarsi. Primo & Secondo Libro.
Geminiani, Francesco: The Art of Playing the Violin.
Handel; Purcell; Boyce; Geene et al: Calliope or English Harmony: Volume First.
Häuser: Musikalisches Lexikon. 2 vols in one.
Hawkins, John: A General History of the Science and Practice of Music (5 vols.)
Herbert-Caesari, Edgar: The Science and Sensations of Vocal Tone
Herbert-Caesari, Edgar: Vocal Truth
Hopkins and Rimboult: The Organ. Its History and Construction.
Hunt, John: - see separate list of discographies at the end of these titles
Isaacs, Lewis: Hänsel and Gretel. A Guide to Humperdinck's Opera.
Isaacs, Lewis: Königskinder (Royal Children) A Guide to Humperdinck's Opera.
Kastner: Manuel Général de Musique Militaire
Lacassagne, M. l'Abbé Joseph : Traité Général des élémens du Chant.
Lascelles (née Catley), Anne: The Life of Miss Anne Catley.
Mainwaring, John: Memoirs of the Life of the Late George Frederic Handel
Malcolm, Alexander: A Treaty of Music: Speculative, Practical and Historical
Marx, Adolph Bernhard: Die Kunst des Gesanges, Theoretisch-Practisch
May, Florence: The Life of Brahms
May, Florence: The Girlhood Of Clara Schumann: Clara Wieck And Her Time.
Mellers, Wilfrid: Angels of the Night: Popular Female Singers of Our Time
Mellers, Wilfrid: Bach and the Dance of God
Mellers, Wilfrid: Beethoven and the Voice of God
Mellers, Wilfrid: Caliban Reborn - Renewal in Twentieth Century Music

Music and Books published by Travis & Emery Music Bookshop:
Mellers, Wilfrid: Darker Shade of Pale, A Backdrop to Bob Dylan
Mellers, Wilfrid: François Couperin and the French Classical Tradition
Mellers, Wilfrid: Harmonious Meeting
Mellers, Wilfrid: Le Jardin Retrouvé, The Music of Frederic Mompou
Mellers, Wilfrid: Music and Society, England and the European Tradition
Mellers, Wilfrid: Music in a New Found Land: … ... American Music
Mellers, Wilfrid: Romanticism and the Twentieth Century (from 1800)
Mellers, Wilfrid: The Masks of Orpheus: …… the Story of European Music.
Mellers, Wilfrid: The Sonata Principle (from c. 1750)
Mellers, Wilfrid: Vaughan Williams and the Vision of Albion
Panchianio, Cattuffio: Rutzvanscad Il Giovine
Pearce, Charles: Sims Reeves, Fifty Years of Music in England.
Playford, John: An Introduction to the Skill of Musick.
Purcell, Henry et al: Harmonia Sacra … The First Book, (1726)
Purcell, Henry et al: Harmonia Sacra … Book II (1726)
Quantz, Johann: Versuch einer Anweisung die Flöte trave rsiere zu spielen.
Rameau, Jean-Philippe: Code de Musique Pratique, ou Methodes.
Rastall, Richard: The Notation of Western Music.
Rimbault, Edward: The Pianoforte, Its Origins, Progress, and Construction.
Rousseau, Jean Jacques: Dictionnaire de Musique
Rubinstein, Anton : Guide to the proper use of the Pianoforte Pedals.
Sainsbury, John S.: Dictionary of Musicians. (1825). 2 vols.
Serré de Rieux, Jean de : Les dons des Enfans de Latone
Simpson, Christopher: A Compendium of Practical Musick in Five Parts
Spohr, Louis: Autobiography
Spohr, Louis: Grand Violin School
Tans'ur, William: A New Musical Grammar; or The Harmonical Spectator
Terry, Charles Sanford: Bach's Chorals – Parts 1, 2 and 3.
Terry, Charles Sanford: John Christian Bach
Terry, Charles Sanford: J.S. Bach's Original Hymn-Tunes for Congregational Use.
Terry, Charles Sanford: Four-Part Chorals of J.S. Bach. (German & English)
Terry, Charles Sanford: Joh. Seb. Bach, Cantata Texts, Sacred and Secular.
Terry, Charles Sanford: The Origins of the Family of Bach Musicians.
Tosi, Pierfrancesco: Opinioni de' Cantori Antichi, e Moderni
Tosi, Pierfrancesco: Observations on the Florid Song.
Van der Straeten, Edmund: History of the Violoncello, The Viol da Gamba …
Van der Straeten, Edmund: History of the Violin, Its Ancestors… (2 vols.)
Walther, J. G. [Waltern]: Musicalisches Lexikon [Musikalisches Lexicon]
Zwirn, Gerald: Stranded Stories From The Operas

Travis & Emery Music Bookshop
17 Cecil Court, London, WC2N 4EZ, United Kingdom.
Tel. (+44) 20 7240 2129

© Travis & Emery 2010

Discographies by Travis & Emery:
Discographies by John Hunt.

1987: 978-1-906857-14-1: From Adam to Webern: the Recordings of von Karajan.

1991: 978-0-951026-83-0: 3 Italian Conductors and 7 Viennese Sopranos: 10 Discographies: Arturo Toscanini, Guido Cantelli, Carlo Maria Giulini, Elisabeth Schwarzkopf, Irmgard Seefried, Elisabeth Gruemmer, Sena Jurinac, Hilde Gueden, Lisa Della Casa, Rita Streich.

1992: 978-0-951026-85-4: Mid-Century Conductors and More Viennese Singers: 10 Discographies: Karl Boehm, Victor De Sabata, Hans Knappertsbusch, Tullio Serafin, Clemens Krauss, Anton Dermota, Leonie Rysanek, Eberhard Waechter, Maria Reining, Erich Kunz.

1993: 978-0-951026-87-8: More 20th Century Conductors: 7 Discographies: Eugen Jochum, Ferenc Fricsay, Carl Schuricht, Felix Weingartner, Josef Krips, Otto Klemperer, Erich Kleiber.

1994: 978-0-951026-88-5: Giants of the Keyboard: 6 Discographies: Wilhelm Kempff, Walter Gieseking, Edwin Fischer, Clara Haskil, Wilhelm Backhaus, Artur Schnabel.

1994: 978-0-951026-89-2: Six Wagnerian Sopranos: 6 Discographies: Frieda Leider, Kirsten Flagstad, Astrid Varnay, Martha Moedl, Birgit Nilsson, Gwyneth Jones.

1995: 978-0-952582-70-0: Musical Knights: 6 Discographies: Henry Wood, Thomas Beecham, Adrian Boult, John Barbirolli, Reginald Goodall, Malcolm Sargent.

1995: 978-0-952582-71-7: A Notable Quartet: 4 Discographies: Gundula Janowitz, Christa Ludwig, Nicolai Gedda, Dietrich Fischer-Dieskau.

1996: 978-0-952582-75-5: Leopold Stokowski (1882-1977): Discography and Concert Register

1996: 978-0-952582-76-2: Makers of the Philharmonia: 11 Discographies: Alceo Galliera, Walter Susskind, Paul Kletzki, Nicolai Malko, Issay Dobrowen, Lovro Von Matacic, Efrem Kurtz, Otto Ackermann, Anatole Fistoulari, George Weldon, Robert Irving.

1996: 978-0-952582-72-4: The Post-War German Tradition: 5 Discographies: Rudolf Kempe, Joseph Keilberth, Wolfgang Sawallisch, Rafael Kubelik, Andre Cluytens.

1996: 978-0-952582-73-1: Teachers and Pupils: 7 Discographies: Elisabeth Schwarzkopf, Maria Ivoguen, Maria Cebotari, Meta Seinemeyer, Ljuba Welitsch, Rita Streich, Erna Berger.

1996: 978-0-952582-75-5: Leopold Stokowski: Discography and Concert Listing.

1996: 978-0-952582-76-2: Makers of the Philharmonia: 11 Discographies Alceo Galliera, Walter Susskind, Paul Kletzki, Nicolai Malko, Issay Dobrowen, Lovro Von Matacic, Efrem Kurtz, Otto Ackermann, Anatole Fistoulari, George Weldon, Robert Irving.

1996: 978-0-952582-77-9: Tenors in a Lyric Tradition: 3 Discographies: Peter Anders, Walther Ludwig, Fritz Wunderlich.

1997: 978-0-952582-78-6: The Lyric Baritone: 5 Discographies: Hans Reinmar, Gerhard Huesch, Josef Metternich, Hermann Uhde, Eberhard Waechter.

1997: 978-0-952582-79-3: Hungarians in Exile: 3 Discographies: Fritz Reiner, Antal Dorati, George Szell.

1997: 978-1-901395-00-6: The Art of the Diva: 3 Discographies: Claudia Muzio, Maria Callas, Magda Olivero.

1997: 978-1-901395-01-3: Metropolitan Sopranos: 4 Discographies: Rosa Ponselle, Eleanor Steber, Zinka Milanov, Leontyne Price.

1997: 978-1-901395-02-0: Back From The Shadows: 4 Discographies: Willem Mengelberg, Dimitri Mitropoulos, Hermann Abendroth, Eduard Van Beinum.

1997: 978-1-901395-03-7: More Musical Knights: 4 Discographies: Hamilton Harty, Charles Mackerras, Simon Rattle, John Pritchard.

1998: 978-1-901395-95-2: More Giants of the Keyboard: 5 Discographies: Claudio Arrau, Gyorgy Cziffra, Vladimir Horowitz, Dinu Lipatti, Artur Rubinstein.

1998: 978-1-901395-94-5: Conductors On The Yellow Label: 8 Discographies: Fritz Lehmann, Ferdinand Leitner, Ferenc Fricsay, Eugen Jochum, Leopold Ludwig, Artur Rother, Franz Konwitschny, Igor Markevitch.
1998: 978-1-901395-96-9: Mezzo and Contraltos: 5 Discographies: Janet Baker, Margarete Klose, Kathleen Ferrier, Giulietta Simionato, Elisabeth Hoengen.
1999: 978-1-901395-97-6: The Furtwaengler Sound Sixth Edition: Discography and Concert Listing.
1999: 978-1-901395-98-3: The Great Dictators: 3 Discographies: Evgeny Mravinsky, Artur Rodzinski, Sergiu Celibidache.
1999: 978-1-901395-99-0: Sviatoslav Richter: Pianist of the Century: Discography.
2000: 978-1-901395-04-4: Philharmonic Autocrat 1: Discography of: Herbert Von Karajan [Third Edition].
2000: 978-1-901395-05-1: Wiener Philharmoniker 1 - Vienna Philharmonic and Vienna State Opera Orchestras: Discography Part 1 1905-1954.
2000: 978-1-901395-06-8: Wiener Philharmoniker 2 - Vienna Philharmonic and Vienna State Opera Orchestras: Discography Part 2 1954-1989.
2001: 978-1-901395-07-5: Gramophone Stalwarts: 3 Separate Discographies: Bruno Walter, Erich Leinsdorf, Georg Solti.
2001: 978-1-901395-08-2: Singers of the Third Reich: 5 Discographies: Helge Roswaenge, Tiana Lemnitz, Franz Voelker, Maria Mueller, Max Lorenz.
2001: 978-1-901395-09-9: Philharmonic Autocrat 2: Concert Register of Herbert Von Karajan Second Edition.
2002: 978-1-901395-10-5: Sächsische Staatskapelle Dresden: Complete Discography.
2002: 978-1-901395-11-2: Carlo Maria Giulini: Discography and Concert Register.
2002: 978-1-901395-12-9: Pianists For The Connoisseur: 6 Discographies: Arturo Benedetti Michelangeli, Alfred Cortot, Alexis Weissenberg, Clifford Curzon, Solomon, Elly Ney.
2003: 978-1-901395-14-3: Singers on the Yellow Label: 7 Discographies: Maria Stader, Elfriede Troetsch, Annelies Kupper, Wolfgang Windgassen, Ernst Haefliger, Josef Greindl, Kim Borg.
2003: 978-1-901395-15-0: A Gallic Trio: 3 Discographies: Charles Muench, Paul Paray, Pierre Monteux.
2004: 978-1-901395-16-7: Antal Dorati 1906-1988: Discography and Concert Register.
2004: 978-1-901395-17-4: Columbia 33CX Label Discography.
2004: 978-1-901395-18-1: Great Violinists: 3 Discographies: David Oistrakh, Wolfgang Schneiderhan, Arthur Grumiaux.
2006: 978-1-901395-19-8: Leopold Stokowski: Second Edition of the Discography.
2006: 978-1-901395-20-4: Wagner Im Festspielhaus: Discography of the Bayreuth Festival.
2006: 978-1-901395-21-1: Her Master's Voice: Concert Register and Discography of Dame Elisabeth Schwarzkopf [Third Edition].
2007: 978-1-901395-22-8: Hans Knappertsbusch: Kna: Concert Register and Discography of Hans Knappertsbusch, 1888-1965. Second Edition.
2008: 978-1-901395-23-5: Philips Minigroove: Second Extended Version of the European Discography.
2009: 978-1-901395-24-2: American Classics: The Discographies of Leonard Bernstein and Eugene Ormandy.
2010: 978-1-901395-25-9: Dirigenten der DDR: Conductors of the German Democratic Republic

Discography by Stephen J. Pettitt, edited by John Hunt:
1987: 978-1-906857-16-5: Philharmonia Orchestra: Complete Discography 1945-1987

Available from: Travis & Emery at 17 Cecil Court, London, UK.
(+44) 20 7 240 2129. email on sales@travis-and-emery.com .

© Travis & Emery 2010